TEXTOS

Antes do Ofício, quando rezado a sós, pode-se dizer a seguinte oração:
Abri, Senhor, os meus lábios para bendizer o vosso santo nome. Purificai o meu coração de todos os pensamentos vãos, desordenados e estranhos. Iluminai o meu entendimento e inflamai minha vontade, para que eu possa rezar digna, atenta e devotamente este Ofício, e mereça ser atendido na presença da vossa divina Majestade. Por Cristo, nosso Senhor. Amém.

Invitatório

V. **A**bri os meus **lá**bios, ó Se**nhor**.
R. E minha **bo**ca anuncia**rá** vosso lou**vor**.

Salmo 94(95)
Convite ao louvor de Deus

(Propõe-se e se repete a antífona)

— ¹ Vinde, exul**t**emos de ale**gri**a no Se**nhor**, *
  acla**me**mos o rochedo que nos salva!
— ² Ao seu en**con**tro caminhemos com louvores, *
  e com **can**tos de alegria o celebremos!

(Repete-se a antífona)

— ³ Na ver**da**de, o Senhor é o grande Deus, *
  o grande **Rei**, muito maior que os deuses todos.
— ⁴ Tem nas **mãos** as profundezas dos abismos, *
  e as al**tu**ras das montanhas lhe pertencem;
— ⁵ o mar é **de**le, pois foi ele quem o fez, *
  e a terra **fir**me suas mãos a modelaram.

(Repete-se a antífona)

– ⁶Vinde ado**re**mos e prostremo-nos por terra, *
   e ajoe**lhe**mos ante o Deus que nos criou!
= ⁷Porque **ele** é o nosso Deus, nosso Pastor,†
   e nós **so**mos o seu povo e seu rebanho, *
   as o**ve**lhas que conduz com sua mão.

(Repete-se a antífona)

= ⁸Oxa**lá** ouvísseis hoje a sua voz: †
   "Não fe**cheis** os corações como em Meriba, *
   ⁹como em **Mas**sa, no deserto, aquele dia,
– em que ou**tro**ra vossos pais me provocaram, *
   ape**sar** de terem visto as minhas obras".

(Repete-se a antífona)

=¹⁰Quarenta **a**nos desgostou-me aquela raça †
   e eu **dis**se: "Eis um povo transviado, *
   ¹¹seu cora**ção** não conheceu os meus caminhos!"
– E por **is**so lhes jurei na minha ira: *
   "Não entra**rão** no meu repouso prometido!"

(Repete-se a antífona)

- Glória ao **Pai** e ao **Fi**lho e ao Es**pí**rito **San**to. *
   Como **e**ra no prin**cí**pio, a**go**ra e sempre. A**mém**.

(Repete-se a antífona)

———————————

Ou:

Salmo 23(24)

Entrada do Senhor no templo

(Propõe-se e se repete a antífona)

– ¹Ao Se**nhor** pertence a **ter**ra e o que ela en**cer**ra, *
   o mundo in**tei**ro com os seres que o povoam;
– ²porque **e**le a tornou firme sobre os mares, *
   e sobre as **á**guas a mantém inabalável.   R.

— ³"Quem subirá até o monte do Senhor, *
quem ficará em sua santa habitação?"
= ⁴"Quem tem mãos puras e inocente coração, †
quem não dirige sua mente para o crime, *
nem jura falso para o dano de seu próximo. R.
— ⁵Sobre este desce a bênção do Senhor *
e a recompensa de seu Deus e Salvador".
— ⁶"É assim a geração dos que o procuram, *
e do Deus de Israel buscam a face". R.
= ⁷"Ó portas, levantai vossos frontões! †
Elevai-vos bem mais alto, antigas portas, *
a fim de que o Rei da glória possa entrar!" R.
= ⁸Dizei-nos: "Quem é este Rei da glória?" †
"É o Senhor, o valoroso, o onipotente; *
o Senhor, o poderoso nas batalhas!" R.
= ⁹"Ó portas, levantai vossos frontões! †
Elevai-vos bem mais alto, antigas portas, *
a fim de que o Rei da glória possa entrar!" R.
=¹⁰Dizei-nos: "Quem é este Rei da glória?" †
"O Rei da glória é o Senhor onipotente, *
o Rei da glória é o Senhor Deus do universo!" R.
— Glória ao Pai e ao Filho e ao Espírito Santo. *
Como era no princípio, agora e sempre. Amém. R.

––––––––––

Ou:

Salmo 66(67)

Todos os povos celebrem o Senhor

(Propõe-se e se repete a antífona)

— ²Que Deus nos dê a sua graça e sua bênção, *
e sua face resplandeça sobre nós!
— ³Que na terra se conheça o seu caminho *
e a sua salvação por entre os povos. R.

– [4]Que as **nações** vos glorifiquem, ó Senhor, *
que **to**das as nações vos glorifiquem! R.

– [5]**Exul**te de alegria a terra inteira, *
pois jul**gais** o universo com justiça;

– os **po**vos governais com retidão, *
e gui**ais**, em toda a terra, as nações. R.

– [6]Que as **nações** vos glorifiquem, ó Senhor, *
que **to**das as nações vos glorifiquem! R.

– [7]A **ter**ra produziu sua colheita: *
o Se**nhor** e nosso Deus nos abençoa.

– [8]Que o Se**nhor** e nosso Deus nos abençoe, *
e o res**pei**tem os confins de toda a terra! R.

– Glória ao **Pai** e ao **Fi**lho e ao Es**pí**rito **San**to. *
Como **e**ra no prin**cí**pio, a**go**ra e sempre. **Amém**. R.

———————————

Ou:

Salmo 99(100)
Alegria dos que entram no templo
(Propõe-se e se repete a antífona)

= [2]Acla**mai** o Se**nhor**, ó terra in**tei**ra, †
ser**vi** ao Senhor com alegria, *
ide a **e**le cantando jubilosos! R.

= [3]Sa**bei** que o Senhor, só ele, é Deus! †
Ele **mes**mo nos fez, e somos seus, *
nós **so**mos seu povo e seu rebanho. R.

= [4]En**trai** por suas portas dando graças, †
e em seus **á**trios com hinos de louvor; *
dai-lhe **gra**ças, seu nome bendizei! R.

= [5]Sim, é **bom** o Senhor e nosso Deus, †
sua bon**da**de perdura para sempre, *
seu a**mor** é fiel eternamente! R.

– Glória ao **Pai** e ao **Fi**lho, e ao Es**pí**rito **San**to. *
Como **e**ra no prin**cí**pio, a**go**ra e sempre. **Amém**. R.

Modalidades de "Glória ao Pai"

1º Comum (e para o canto com 2 ou 4 acentos):

V. Glória ao **Pai** e ao **Fi**lho e ao Es**pí**rito **San**to.

R. Como **e**ra no prin**cí**pio, a**go**ra e sempre. A**mém**.

2º Para o Canto (com 3 acentos e estrofes de 2 versos) :

– Glória ao **Pai** e ao **Fi**lho e ao Espírito **San**to. *
Como **e**ra no prin**cí**pio, agora e **sem**pre.

3º (Com 3 acentos e estrofes de 3 versos):

= Glória ao **Pai** e ao **Fi**lho e ao Espírito **San**to, †
ao Deus que **é**, que **e**ra e que **vem**, *
pelos **sé**culos dos **sé**culos. A**mém**.

4º (Com 3 acentos e estrofes de 4 versos):

= Demos **glória** a Deus **Pai** onipo**ten**te
e a seu **Fi**lho, Jesus **Cris**to, Senhor **no**sso, †
e ao Es**pí**rito que ha**bi**ta em nosso **pei**to, *
pelos **sé**culos dos **sé**culos. A**mém**.

5º (Com 3 + 2 acentos):

= Glória ao **Pai** e ao **Fi**lho e ao Espírito **San**to
desde a**go**ra e para **sem**pre, †
ao Deus que **é**, que **e**ra e que **vem**, *
pelos **sé**culos. A**mém**.

Início e conclusão das horas

Início

V. Vinde, ó **Deus**, em meu au**xí**lio.

R. Soco**rrei**-me sem de**mo**ra.

Glória ao **Pai** e ao **Fi**lho e ao Es**pí**rito **San**to.*
Como **e**ra no prin**cí**pio, a**go**ra e sempre. A**mém**. Ale**lui**a.

Na Quaresma, omite-se o Aleluia.

Omite-se a introdução acima no Ofício das Leituras e nas Laudes, quando o Invitatório precede imediatamente.

E segue-se o hino.

No fim das Laudes e Vésperas

Após a oração conclusiva, se um sacerdote ou diácono preside o Ofício, é ele quem despede o povo, dizendo:

O Senhor esteja convosco.

R. Ele está no meio de nós.

Abençoe-vos Deus todo-poderoso, Pai e Filho e Espírito Santo.

R. Amém.

Pode usar também outra fórmula de bênção, como no Apêndice.

Havendo despedida, acrescenta-se:

Ide em **paz** e o Se**nhor** vos acom**pa**nhe.

R. **Gra**ças a **Deus.**

Não havendo sacerdote, ou diácono, e na recitação individual, conclui-se assim:

O **Senhor** nos aben**çoe**, nos **livre** de todo **mal** e nos con**du**za à vida e**ter**na.

R. Amém.

No fim do Ofício das Leituras e da Hora Média

Após a oração conclusiva, pelo menos na celebração comunitária, acrescenta-se a aclamação:

Bendi**ga**mos ao **Senhor**.

R. **Gra**ças a **Deus**.

No fim das Completas

Após a oração conclusiva, segue-se a bênção, inclusive quando se reza sozinho:

O Senhor todo-poderoso nos conceda uma noite tranquila e, no fim da vida, uma morte santa.

R. Amém.

E acrescenta-se uma das antífonas de Nossa Senhora.

LITURGIA DAS HORAS

OFÍCIO DIVINO

RENOVADO CONFORME O DECRETO
DO CONCÍLIO VATICANO II
E PROMULGADO PELO PAPA PAULO VI

Tradução para o BRASIL
da
segunda edição típica

LITURGIA DAS HORAS
SEGUNDO O RITO ROMANO

II

TEMPO DA QUARESMA
TRÍDUO PASCAL
TEMPO DA PÁSCOA

Editora Vozes
Paulinas
Paulus
Editora Ave-Maria
Edições CNBB

APROVAÇÃO

O texto da Liturgia das Horas, apresentado por Editora Vozes, Paulinas, Paulus e Editora Ave-Maria, concorda com os originais aprovados pela Comissão Episcopal de Textos Litúrgicos (CETEL) e confirmados pela Congregação do Culto Divino e Disciplina dos Sacramentos.

Rio de Janeiro, 30 de maio de 1993, Solenidade de Pentecostes

Frei Alberto Beckhäuser, OFM
Coordenador de Traduções e Edições
de Textos Litúrgicos da CNBB

Impressão e acabamento
PAULUS

1ª edição, 1996 (encadernada)
14ª reimpressão, 2025 - corrigida
2ª edição, 2004 (zíper)
11ª reimpressão, 2025 - corrigida

SUMÁRIO

Promulgação 6

Apresentação 7

Decreto da Sagrada Congregação para o Culto Divino
    11 de abril de 1971 9

Decreto da Congregação para o Culto Divino
    7 de abril de 1985 10

Calendário Romano Geral. 19

Próprio do Tempo 31

Ordinário 941

Saltério distribuído em Quatro Semanas 971

Completas 1399

Salmodia complementar. 1421

Próprio dos Santos 1427

Comuns 1633

Ofício dos fiéis defuntos 1929

Apêndice 1963

PROMULGAÇÃO

Na qualidade de Presidente da Conferência Nacional dos Bispos do Brasil, tendo em vista a nova versão brasileira da Liturgia das Horas, aprovada pela Comissão Episcopal de Textos Litúrgicos (CETEL) e confirmada pela Congregação do Culto Divino e Disciplina dos Sacramentos mediante o Protocolo nº CD 1223/92, levamos ao conhecimento de todos e promulgamos os referidos atos para que produzam todos os seus efeitos a partir do dia 16 de abril de 1995, Páscoa do Senhor.

Brasília, Páscoa do Senhor, 11 de abril de 1993.

Luciano Pedro Mendes de Almeida, SJ
Presidente da Conferência Nacional dos Bispos do Brasil

APRESENTAÇÃO

A Liturgia das Horas, fruto da reforma e da renovação litúrgica do Concílio Vaticano II, nos é apresentada em quatro volumes, segundo a sua edição típica, de modo mais perfeito e manuseável.

A riquíssima Introdução Geral, que é um verdadeiro tratado de oração, torna dispensável ressaltar o valor desta coleção de quatro volumes. É o "livro da oração pública e comum do povo de Deus", da qual o clero tem especial responsabilidade na sua celebração.

Aqui encontrarão os salmos, os cânticos, sublinhados pelas antífonas, as leituras breves da Palavra de Deus, os responsórios e versículos. Os mais belos hinos da tradição da Igreja, mais ainda, e, sobretudo, as leituras bíblicas e patrísticas, sendo que estas são um verdadeiro tesouro de espiritualidade. Bem usada, a Liturgia das Horas dispensa livros de meditação e pode nutrir substancialmente a vida espiritual e ação apostólica de quem dela faz uso.

A presente edição da Liturgia das Horas requer uso inteligente e criativo. Para isso muito ajudará o canto, combinado com momentos de silêncio e a diversificada recitação dos Salmos.

Longo foi o percurso para se chegar à tradução deste livro. Primeiro, foi aprovada em Roma a tradução dos Salmos, e só há pouco tempo, a dos textos bíblicos e patrísticos. A Assembleia dos Bispos vacilou muito tempo, entre o "tu" e o "vós", como tratamento dado a Deus, e, posteriormente, sobre o uso da terceira pessoa. Tudo isso causou muitas delongas.

O texto latino, base para a tradução das leituras, foi, por determinação da Sé Apostólica, o da Neovulgata.

Como tudo neste mundo, a obra não é perfeita, nem poderia ser. Vão surgir críticas fundamentadas ou não. Não se desconheça o trabalho heroico e anônimo de cerca de dez colaboradores, assessores ou não da Linha 4, que passaram muitas horas a fio debruçados sobre esta tarefa, inclusive sacrificando horas de sono.

Só podemos desejar que esta Oração oficial da Igreja seja usada e valorizada pelo povo de Deus.

Páscoa de 1993.

D. Clemente José Carlos Isnard
Presidente da Comissão Episcopal de Liturgia

CONGREGAÇÃO DO CULTO DIVINO E DISCIPLINA DOS SACRAMENTOS

Prot. n. CD 1223/92

PARA AS DIOCESES DO BRASIL

Por solicitação do Exmo. Sr. Dom Clemente José Carlos Isnard, OSB, Bispo de Nova Friburgo, Presidente da Comissão Episcopal Brasileira de Liturgia, feita em requerimento datado de 23 de junho de 1992, em virtude das faculdades concedidas a esta Congregação pelo Sumo Pontífice JOÃO PAULO II, de bom grado confirmamos a tradução portuguesa da Liturgia das Horas conforme consta em exemplar a nós enviado.

No texto a ser impresso, inclua-se integralmente este Decreto pelo qual se concede a confirmação pedida à Sé Apostólica.

Além disso, sejam enviados a esta Congregação dois exemplares do texto impresso.

Revogam-se as disposições em contrário.

Dado na Sede da Congregação do Culto Divino e Disciplina dos Sacramentos, a 8 de julho de 1992.

ANTÔNIO M. Card. JAVIERRE
Prefeito

† Geraldo M. Agnelo
Arcebispo Secretário

SAGRADA CONGREGAÇÃO PARA O CULTO DIVINO

Prot. n. 1000/71

DECRETO

A Igreja celebra a Liturgia das Horas no decorrer do dia, conforme antiga tradição. Assim, ela cumpre o mandato do Senhor de orar sem cessar e, ao mesmo tempo, canta os louvores a Deus Pai e interpela pela salvação do mundo.

Por isso, o Concílio Vaticano II valorizou o costume que a Igreja conservava. No desejo de renová-lo, ela procurou rever esta oração, a fim de que os padres e os outros membros da Igreja pudessem rezá-la melhor e mais perfeitamente, nas condições da vida de hoje (cf. Constituição sobre a Sagrada Liturgia *Sacrosanctum Concilium*, n. 84).

O trabalho de renovação está agora terminado e foi aprovado pelo Papa Paulo VI através da Constituição Apostólica *Laudis Canticum*, de 1º de novembro de 1970. Esta Congregação para o Culto Divino elaborou, em latim, o livro para a celebração da Liturgia das Horas, conforme o rito romano, agora o publica e o declara edição típica.

Revogam-se as disposições em contrário.

Da sede da Sagrada Congregação para o Culto Divino, no Domingo da Páscoa da Ressurreição do Senhor, 11 de abril de 1971.

ARTURUS Card. TABERA
Prefeito

A. BUGNINI
Secretário

CONGREGAÇÃO PARA O CULTO DIVINO

Prot. n. 1814/84

DECRETO

A Liturgia das Horas, restaurada no ano de 1971 em conformidade com o decreto do Sacrossanto Concílio Vaticano II, é a oração da Igreja, pela qual são santificados, por cânticos de louvor, ações de graças e orações, tanto o curso completo das horas do dia, como a totalidade das atividades humanas (cf. *Instrução geral da Liturgia das Horas,* nos. 2 e 11). Essa forma de oração requer que suas riquezas espirituais sejam, mais profundamente, penetradas por uma compreensão interior dos textos utilizados tradicionalmente na oração comunitária da Igreja de Rito Romano.

Para melhor alcançar tal finalidade, uma segunda edição da Liturgia das Horas, que sai catorze anos depois da primeira, apresenta como característica própria o texto da edição da "Nova Vulgata Bibliorum Sacrorum", a qual, em virtude de norma prescrita pela Constituição Apostólica *Scripturarum Thesaurus* do Papa João Paulo II, do dia 25 de abril de 1979, substitui obrigatoriamente o texto da versão Vulgata até então utilizada.

As particularidades próprias à presente edição serão expressamente descritas a seguir:

1) A tradução da Nova Vulgata foi usada nas leituras bíblicas do Ofício das Leituras, ou seja, das Vigílias, e também nas leituras breves de Laudes, Vésperas, nas Orações das Nove, das Doze e das Quinze Horas e Completas, assim como em todos os Cânticos do Antigo e do Novo Testamento.

2) Alguns textos bíblicos existentes na primeira edição não se encontram na tradução da Nova Vulgata, ou nela se revestem

Decreto

de um novo significado de modo a não mais corresponderem ao fim para o qual foram outrora escolhidos. Esses textos não são mais apresentados, mas em seu lugar foram escolhidos outros mais apropriados.

3) O texto dos Salmos, mais uma vez revisto na edição da Nova Vulgata, é reproduzido na mesma forma nesta Liturgia das Horas.

4) Os Responsórios do Ofício das Leituras foram revistos tendo em conta o texto da Nova Vulgata, a não ser que por acaso razões peculiares de composição, tradição, melodia musical ou rubricas litúrgicas excluam mudanças do texto.

5) Foram reintroduzidas, nos Domingos e Solenidades, novas antífonas para o *Benedictus* e o *Magnificat* em conformidade com o texto dos Evangelhos de onde foram extraídas.

6) A redação dos hinos mereceu muito cuidado e polimento.

7) Tanto as leituras bíblicas mais longas como os Salmos e os Cânticos do Antigo e do Novo Testamento trazem, em cada versículo, a numeração bíblica comum.

8) Na presente edição, os Salmos vêm designados por dois números. O primeiro é o que sempre usaram tanto a tradução grega, denominada Septuaginta, como a antiga Vulgata, e também os Santos Padres e a Liturgia. Em segundo lugar, colocado entre parênteses, vem o número próprio ao texto hebraico e que muitas vezes é usado, em nossos dias, nas edições dos textos e trabalhos bíblicos.

9) Em apêndice foram acrescentados outros textos, como sejam fórmulas de bênçãos solenes e de atos penitenciais, tirados do Missal Romano.

As notas acima indicadas e algumas pequenas mudanças que foram introduzidas tiveram ainda por finalidade favorecer àquela delicada e proveitosa compreensão das ligações existentes entre a celebração da Liturgia das Horas e a da Sagrada Eucaristia, e também entre ambas e o ano litúrgico, o qual "encerra força peculiar e eficácia sacramental. Através dele, o próprio Cristo, quer nos seus ministros quer na memória dos Santos, e principalmente nas de sua Mãe, continua a sua via de imensa misericórdia, de tal modo que os fiéis de Cristo, não só comemoram e meditam

12 Decreto

os mistérios da Redenção, mas entram mesmo em contato com eles, comungam neles e por eles vivem" (*Cerimonial dos Bispos,* n. 231).

O Sumo Pontífice João Paulo II aprovou com sua Autoridade Apostólica esta segunda edição da Liturgia das Horas, e a Congregação do Culto Divino agora a promulga, bem como declara ser ela a edição típica. Por conseguinte, esta mesma edição, feita em latim, entra em vigor logo ao sair. Quanto às edições em língua vernácula, feitas sobre esta segunda edição, passarão a vigorar no dia determinado pelas respectivas Conferências Episcopais.

Nada havendo em contrário.

Dado na sede da Congregação do Culto Divino, no dia 7 de abril de 1985, Domingo da Páscoa na Ressurreição do Senhor.

† Agostinho Mayer, OSB
Arcebispo titular de Satriano
pró-prefeito

† Virgílio Noè
Arcebispo titular de Voncaria
secretário

TABELA DOS DIAS LITÚRGICOS

Segundo as normas universais sobre o ano litúrgico e o calendário, n. 59-61

A precedência entre os dias litúrgicos, no que se refere à sua celebração, rege-se unicamente pela tabela seguinte:

I

1. Tríduo Pascal da Paixão e Ressurreição do Senhor.
2. Natal do Senhor, Epifania, Ascensão e Pentecostes.
   Domingos do Advento, da Quaresma e da Páscoa.
   Quarta-feira de Cinzas.
   Dias da Semana Santa, de Segunda a Quinta-feira inclusive.
   Dias dentro da oitava da Páscoa.
3. Solenidades do Senhor, da Bem-aventurada Virgem Maria e dos Santos inscritos no Calendário Geral.
   Comemoração de todos os fiéis defuntos.
4. Solenidades próprias, a saber:
   a) Solenidade do Padroeiro principal do lugar ou da cidade.
   b) Solenidade da Dedicação e do aniversário de Dedicação da igreja própria.
   c) Solenidade do Titular da igreja própria.
   d) Solenidade do Titular, do Fundador, ou do Padroeiro principal da Ordem ou Congregação.

II

5. Festas do Senhor inscritas no Calendário geral.
6. Domingos do Tempo do Natal e domingos do Tempo Comum.
7. Festas da Bem-aventurada Virgem Maria e dos Santos do Calendário Geral.
8. Festas próprias, a saber:
   a) Festa do Padroeiro principal da diocese.
   b) Festa do aniversário de Dedicação da igreja catedral.
   c) Festa do Padroeiro principal da região ou província, da nação ou de um território mais amplo.

14   Tabela dos dias litúrgicos

d) Festa do Titular, do Fundador, do Padroeiro principal da Ordem ou Congregação e da província religiosa, salvo o prescrito no n. 4.

e) Outras festas próprias de uma Igreja.

f) Outras festas inscritas no Calendário de alguma diocese ou Ordem ou Congregação.

9. Os dias de semana do Advento, de 17 a 24 de dezembro inclusive.

Dias dentro da oitava do Natal.

Dias de semana da Quaresma.

<h3 style="text-align:center">III</h3>

10. Memórias obrigatórias do calendário geral.

11. Memórias obrigatórias próprias, a saber:

a) Memórias do Padroeiro secundário do lugar, da diocese, da região ou província, da nação, de um território mais amplo, da Ordem ou Congregação e da província religiosa.

b) Outras memórias obrigatórias próprias de uma Igreja.

c) Outras memórias obrigatórias inscritas no Calendário de uma Diocese, Ordem ou Congregação.

12. Memórias facultativas, que podem contudo ser celebradas também nos dias de que fala o n. 9, segundo o modo descrito nas Instruções sobre a Missa e o Ofício. Do mesmo modo, as memórias obrigatórias, que costumam ocorrer nos dias de semana da Quaresma, poderão ser celebradas como memórias facultativas.

13. Os dias de semana do Advento até 16 de dezembro inclusive.

Os dias de semana do Tempo do Natal, de 2 de janeiro até o sábado depois da Epifania.

Os dias de semana do Tempo Pascal, de segunda-feira depois da oitava da Páscoa até o sábado antes de Pentecostes inclusive.

Os dias de semana do Tempo Comum.

A OCORRÊNCIA E A CONCORRÊNCIA DAS CELEBRAÇÕES.

Se várias celebrações ocorrem no mesmo dia, celebra-se aquela que ocupa lugar superior na tabela dos dias litúrgicos.

Entretanto, a solenidade impedida por um dia litúrgico que goze de precedência seja transferida para o dia livre mais próximo, fora dos dias fixados na tabela de precedência, nos n. 1-8, observado o que se prescreve no n. 5 das Normas do Ano Litúrgico. Omitem-se nesse ano as outras celebrações.

Se no mesmo dia devem celebrar-se as Vésperas do Ofício corrente e as Vésperas do dia seguinte, prevalecem as Vésperas da celebração que ocupa lugar superior na tabela dos dias litúrgicos; em caso de igualdade, porém, celebram-se as Vésperas do dia corrente.

TABELA DOS TEMPOS
e das principais festas móveis do ano litúrgico

Ano do Senhor	Ciclo Anual	Ciclo Ferial	Quarta-feira de Cinzas	Páscoa	Ascensão (no Brasil)	Pentecostes	SS. Sacramento do Corpo e Sangue de Cristo	Semanas do Tempo Comum				Primeiro domingo do Advento
								Antes da Quaresma		Depois do Tempo Pascal		
								Até o dia	Até a semana	Do dia	Da semana	
2018	g	B-C	14 fev.	1 abril	13 maio	20 maio	31 maio	13 fev.	6	21 maio	7	2 dez.
2019	f	C-A	6 março	21 abril	2 jun.	9 junho	20 junho	5 março	8	10 junho	10	1 dez.
2020*	e-d	A-B	26 fev.	12 abril	24 maio	31 maio	11 junho	24 fev.	7	1 junho	9	29 nov.
2021	c	B-C	17 fev.	4 abril	16 maio	23 maio	3 junho	16 fev.	6	24 maio	8	28 nov.
2022	b	C-A	2 março	17 abril	29 maio	5 junho	16 junho	1 março	8	6 junho	10	27 nov.
2023	A	A-B	22 fev.	9 abril	21 maio	28 maio	8 junho	21 fev.	7	29 maio	8	3 dez.
2024*	f-g	B-C	14 fev.	31 março	12 maio	19 maio	30 maio	13 fev.	6	20 maio	7	1 dez.
2025	e	C-A	5 março	20 abril	1 jun.	8 junho	19 junho	4 março	8	9 junho	10	30 nov.
2026	d	A-B	18 fev.	5 abril	17 maio	24 maio	4 junho	17 fev.	6	25 maio	8	29 nov.
2027	c	B-C	10 fev.	28 março	9 maio	16 maio	27 maio	9 fev.	5	17 maio	7	28 nov.
2028*	A-b	C-A	1 março	16 abril	28 maio	4 junho	15 junho	29 fev.	8	5 junho	9	3 dez.
2029	g	A-B	14 fev.	1 abril	13 maio	20 maio	31 maio	13 fev.	6	21 maio	7	2 dez.
2030	f	B-C	6 março	21 abril	2 jun.	9 junho	20 junho	5 março	8	10 junho	10	1 dez.
2031	e	C-A	26 fev.	13 abril	25 maio	1 junho	12 junho	25 fev.	7	2 junho	9	30 nov.
2032*	c-d	A-B	11 fev.	28 março	9 maio	16 maio	27 maio	10 fev.	5	17 maio	7	28 nov.
2033	b	B-C	2 março	17 abril	29 maio	5 junho	16 junho	1 março	8	6 junho	10	27 nov.

*Ano bissexto.

LETRA DOMINICAL

Cada um dos dias do ano é precedido de uma destas letras: **A,b,c,d,e,f,g**, que representam os sete dias da semana (cf. Calendário Geral, nas páginas seguintes, col. I). Entre essas letras, chama-se dominical aquela que em cada ano indica o domingo.

Por exemplo, ao ano de 2022 corresponde a letra dominical **b** (cf. Tabela dos tempos, col. II); portanto, todos os dias assinalados com esta letra são domingos: 2,9,16,23,30 de janeiro etc.

No ano bissexto, porém, há duas letras dominicais: a primeira indica os domingos até dia 24 de fevereiro, e a segunda desde 25 de fevereiro até ao fim do ano.

Por exemplo, no ano 2020, correspondem-lhe as letras **e,d**. A letra **e** indica os domingos até 24 de fevereiro: 5,12,19,26 de janeiro etc. A segunda letra dominical indica os domingos depois de 25 de fevereiro: 1,8,15,22,29 de março etc.

LETRA DO CICLO DOMINICAL

Na Tabela dos tempos e das principais festas móveis do ano litúrgico (cf. col. III) coloca-se também a letra do Ciclo das leituras bíblicas para os domingos e festas que indicam quais as antífonas do Cântico evangélico (*Benedictus*, *Magnificat*) a serem tomadas.

A primeira letra refere-se ao ano civil, por exemplo: 2022 é ano C; a segunda letra refere-se ao ano litúrgico que começa com o 1º Domingo do Advento. Por exemplo: 27 de novembro de 2022 é Ano A.

Calendário Romano Geral – Com o próprio do Brasil

JANEIRO

A	1	Oitava do Natal: SANTA MARIA, MÃE DE DEUS	Solenidade
b	2	S. Basílio e S. Gregório de Nazianzo, bispos e doutores da Igreja	Memória
c	3	*Santíssimo Nome de Jesus*	
d	4		
e	5		
f	6		
g	7	*S. Raimundo de Penyafort*, presb.*	
A	8		
b	9		
c	10		
d	11		
e	12		
f	13	*St. Hilário, bispo e doutor da Igreja*	
g	14		
A	15		
b	16		
c	17	Sto. Antão, abade	Memória
d	18		
e	19		
f	20	*S. Fabiano, papa e mártir* *S. Sebastião, mártir*	
g	21	Sta. Inês, virgem e mártir	Memória
A	22	*S. Vicente, diácono e mártir*	
b	23		
c	24	S. Francisco de Sales, bispo e doutor da Igreja	Memória
d	25	CONVERSÃO DE SÃO PAULO, APÓSTOLO	Festa
e	26	S. Timóteo e S. Tito, bispos	Memória
f	27	*Sta. Ângela Mérici, virgem*	
g	28	Sto. Tomás de Aquino, presb. e doutor da Igreja	Memória
A	29		
b	30		
c	31	S. João Bosco, presb.	Memória

Domingo entre os dias 2 e 8 inclusive:
EPIFANIA DO SENHOR — Solenidade

Domingo entre os dias 9 e 13 inclusive:
BATISMO DO SENHOR — Festa

* Quando não se indica o grau da celebração, é Memória facultativa.
As comemorações marcadas, em vermelho não constam no *Próprio dos Santos*,
considerar o ofício correspondente no *Comuns*.

Calendário Romano geral

FEVEREIRO

d	1		
e	2	**APRESENTAÇÃO DO SENHOR**	Festa
f	3	*S. Brás, bispo e mártir*	
		Sto. Oscar, bispo	
g	4		
A	5	Sta. Águeda, virgem e mártir	Memória
b	6	Stos. Paulo Miki e companheiros, mártires	Memória
c	7		
d	8	*S. Jerônimo Emiliani, presbítero*	
		Santa Josefina Bakhita, virgem	Memória
e	9		
f	10	Santa Escolástica, virgem	Memória
g	11	*Nossa Senhora de Lourdes*	
A	12		
b	13		
c	14	S. Cirilo, monge, e S. Metódio, bispo	Memória
d	15		
e	16		
f	17	*Os Sete Santos Fundadores dos Servitas*	
g	18		
A	19		
b	20		
c	21	*S. Pedro Damião, bispo e doutor da Igreja*	
d	22	CÁTEDRA DE SÃO PEDRO, APÓSTOLO	Festa
e	23	S. Policarpo, bispo e mártir	Memória
f	24		
g	25		
A	26		
b	27	*S. Gregório de Narek, abade e doutor da Igreja*	
c	28		

Calendário Romano geral

MARÇO

d	1		
e	2		
f	3		
g	4	S. Casimiro	Memória
A	5		
b	6		
c	7	Sta. Perpétua e Sta. Felicidade, mártires	Memória
d	8	*S. João de Deus, religioso*	
e	9	*Sta. Francisca Romana, religiosa*	
f	10		
g	11		
A	12		
b	13		
c	14		
d	15		
e	16		
f	17	*S. Patrício, bispo*	
g	18	*S. Cirilo de Jerusalém, bispo e doutor da Igreja*	
A	19	S. JOSÉ, ESPOSO DE NOSSA SENHORA	Solenidade
b	20		
c	21		
d	22		
e	23	*S. Turíbio de Mogrovejo, bispo*	
f	24		
g	25	ANUNCIAÇÃO DO SENHOR	Solenidade
A	26		
b	27		
c	28		
d	29		
e	30		
f	31		

Calendário Romano geral

ABRIL

g	1		
A	2	*S. Francisco de Paula, eremita*	
b	3		
c	4	*Sto. Isidoro, bispo e doutor da Igreja*	
d	5	*S. Vicente Ferrer, presb.*	
e	6		
f	7	S. João Batista de La Salle, presb.	Memória
g	8		
A	9		
b	10		
c	11	Sto. Estanislau, bispo e mártir	Memória
d	12		
e	13	*S. Martinho I, papa e mártir*	
f	14		
g	15		
A	16		
b	17		
c	18		
d	19		
e	20		
f	21	*Sto. Anselmo, bispo e doutor da Igreja*	
g	22		
A	23	*S. Jorge, mártir*	
		S. Adalberto, bispo e mártir	
b	24	*S. Fidélis de Sigmaringa, presb. e mártir*	
c	25	S. MARCOS, EVANGELISTA	Festa
d	26		
e	27		
f	28	*S. Pedro Chanel, presb. e mártir*	
		S. Luís Grignion de Montfort, religioso	
g	29	Sta. Catarina de Sena, virgem e doutora da Igreja	Memória
A	30	*S. Pio V, papa*	

Calendário Romano geral

JUNHO

e	1	S. Justino, mártir	Memória
f	2	*S. Marcelino e S. Pedro, mártires*	
g	3	Stos. Carlos Lwanga e seus companheiros, mártires	Memória
A	4		
b	5	S. Bonifácio, bispo e mártir	Memória
c	6	Bem-avent. Virgem Maria, Mãe da Igreja	Memória
		S. Norberto, bispo	
d	7		
e	8	*Sto. Efrém, diác. e doutor da Igreja*	
f	9	São José de Anchieta, presb.	Memória
g	10		
A	11	S. Barnabé, apóstolo	Memória
b	12		
c	13	Sto. Antônio de Pádua (de Lisboa), presb. e doutor da Igreja	Memória
d	14		
e	15		
f	16		
g	17		
A	18		
b	19	*S. Romualdo, abade*	
c	20		
d	21	S. Luís Gonzaga, religioso	Memória
e	22	*S. Paulino de Nola, bispo*	
		S. João Fisher, bispo, e São Tomás More, mártires	
f	23		
g	24	NASCIMENTO DE S. JOÃO BATISTA	Solenidade
A	25		
b	26		
c	27	*S. Cirilo de Alexandria, bispo e doutor da Igreja*	
d	28	Sto. Irineu, bispo, mártir e doutor da Igreja	Memória
e	29	S. PEDRO E S. PAULO, APÓSTOLOS	Solenidade
f	30	*Santos Protomártires da Igreja de Roma*	

Sexta-feira depois do 2º Domingo depois de Pentecostes:
SAGRADO CORAÇÃO DE JESUS — Solenidade

Sábado depois do 2º Domingo depois de Pentecostes:
Imaculado Coração da Virgem Maria — Memória

Calendário Romano geral

MAIO

b	1	*S. José Operário*	
c	2	Sto Atanásio, bispo e doutor da Igreja	Memória
d	3	S. FILIPE E S. TIAGO, APÓSTOLOS	Festa
e	4		
f	5		
g	6		
A	7		
b	8		
c	9		
d	10	*S. João de Ávila, presb. e doutor da Igreja*	
e	11		
f	12	*S. Nereu e Sto. Aquiles, mártires*	
		S. Pancrácio, mártir	
g	13	*N. Sra. de Fátima*	
A	14	S. MATIAS, APÓSTOLO	Festa
b	15		
c	16		
d	17		
e	18	*S. João I, papa e mártir*	
f	19		
g	20	*S. Bernardino de Sena, presb.*	
A	21		
b	22		
c	23		
d	24		
e	25	*S. Beda, o Venerável, presb. e doutor da Igreja*	
		S. Gregório VII, papa	
		Sta. Maria Madalena de Pazzi, virgem	
f	26	S. Filipe Néri, presb.	Memória
g	27	*Sto. Agostinho de Cantuária, bispo*	
A	28		
b	29	*São Paulo VI, papa*	
c	30		
d	31	VISITAÇÃO DE NOSSA SENHORA	Festa

7º Domingo da Páscoa: ASCENSÃO DO SENHOR — Solenidade

1º Domingo depois de Pentecostes: SS. TRINDADE — Solenidade

Quinta-feira depois do domingo da SS. TRINDADE:
SS. CORPO E SANGUE DE CRISTO — Solenidade

Calendário Romano geral

JULHO

g	1		
A	2		
b	3	S. TOMÉ, APÓSTOLO	Festa
c	4	*Sta. Isabel de Portugal*	
d	5	*Sto. Antônio Maria Zacaria, presb.*	
e	6	*Sta. Maria Goretti, virgem e mártir*	
f	7		
g	8	*Sto. Agostinho Zhao Rong, presb., e comp. mártires*	
A	9	Sta. Paulina do Coração Agonizante de Jesus, virgem	Memória
b	10		
c	11	S. Bento, abade	Memória
d	12		
e	13	*Sto. Henrique*	
f	14	*S. Camilo de Lellis, presb.*	
g	15	S. Boaventura, bispo e doutor da Igreja	Memória
A	16	NOSSA SENHORA DO CARMO	Festa
b	17	Bv. Inácio de Azevedo, presb., e seus companheiros, mártires	Memória
c	18		
d	19		
e	20		
f	21	*S. Lourenço de Bríndisi, presb. e doutor da Igreja*	
g	22	STA. MARIA MADALENA	Festa
A	23	*Sta. Brígida, religiosa*	
b	24		
c	25	S. TIAGO Maior, APÓSTOLO	Festa
d	26	S. Joaquim e Sant'Ana, pais de Nossa Senhora	Memória
e	27		
f	28		
g	29	Santos Marta, Maria e Lázaro	Memória
A	30	*S. Pedro Crisólogo, bispo e doutor da Igreja*	
b	31	Sto. Inácio de Loyola, presb.	Memória

Calendário Romano geral

AGOSTO

c	1	Sto. Afonso Maria de Ligório, bispo e doutor da Igreja	Memória
d	2	*Sto. Eusébio de Vercelli, bispo*	
		S. Pedro Julião Eymard, presbítero	
e	3		
f	4	S. João Maria Vianney, presb.	Memória
g	5	*Dedicação da Basílica de Santa Maria Maior*	
A	6	TRANSFIGURAÇÃO DO SENHOR	Festa
b	7	*S. Sisto II, papa, e seus companheiros, mártires*	
		S. Caetano, presb.	
c	8	S. Domingos, presb.	Memória
d	9	*Sta. Teresa Benedita da Cruz, virgem e mártir*	
e	10	S. LOURENÇO, DIÁCONO E MÁRTIR	Festa
f	11	Sta. Clara, virgem	Memória
g	12	Santa Joana Francisca de Chantal, religiosa	Memória
A	13	*S. Ponciano, papa, e Sto. Hipólito, presb., mártires*	
b	14	S. Maximiliano Maria Kolbe, presb. e mártir	Memória
c	15	ASSUNÇÃO DE NOSSA SENHORA**	Solenidade
d	16	*Sto. Estêvão da Hungria*	
e	17		
f	18		
g	19	*S. João Eudes, presb.*	
A	20	S. Bernardo, abade e doutor da Igreja	Memória
b	21	S. Pio X, papa	Memória
c	22	Nossa Senhora, Rainha	Memória
d	23	STA. ROSA DE LIMA, VIRGEM	Festa
e	24	S. BARTOLOMEU, APÓSTOLO	Festa
f	25	*S. Luís de França*	
		S. José de Calasanz, presb.	
g	26		
A	27	Sta. Mônica	Memória
b	28	Sto. Agostinho, bispo e doutor da Igreja	Memória
c	29	Martírio de S. João Batista	Memória
d	30		
e	31		

** Ou no domingo seguinte.

Calendário Romano geral

SETEMBRO

f	1		
g	2		
A	3	S. Gregório Magno, papa e doutor da Igreja	Memória
b	4		
c	5		
d	6		
e	7		
f	8	NATIVIDADE DE NOSSA SENHORA	Festa
g	9	*S. Pedro Claver, presbítero*	
A	10		
b	11		
c	12	*Santíssimo Nome de Maria*	
d	13	S. João Crisóstomo, bispo e doutor da Igreja	Memória
e	14	EXALTAÇÃO DA SANTA CRUZ	Festa
f	15	Nossa Senhora das Dores	Memória
g	16	S. Cornélio, papa, e S. Cipriano, bispo, mártires	Memória
A	17	*S. Roberto Belarmino, bispo e doutor da Igreja*	
		Santa Hildegarda de Bingen, virgem e doutora da Igreja	
b	18		
c	19	*S. Januário, bispo e mártir*	
d	20	Sto. André Kim Taegón, presb., e S. Paulo Chóng Hasang e seus companheiros, mártires	Memória
e	21	S. MATEUS, APÓSTOLO E EVANGELISTA	Festa
f	22		
g	23	São Pio de Pietrelcina, presbítero	Memória
A	24		
b	25		
c	26	*S. Cosme e S. Damião, mártires*	
d	27	S. Vicente de Paulo, presb.	Memória
e	28	*S. Venceslau, mártir*	
		S. Lourenço Ruiz, e seus companheiros, mártires	
f	29	S. MIGUEL, S. GABRIEL E S. RAFAEL ARCANJOS	Festa
g	30	S. Jerônimo, presb. e doutor da Igreja	Memória

OUTUBRO

A	1	Sta. Teresinha do Menino Jesus, virgem e doutora da Igreja	
			Memória
b	2	Stos. Anjos da Guarda	Memória
c	3	Stos. André, Ambrósio, prebs., e companheiros mártires	Memória
d	4	S. Francisco de Assis	Memória
e	5	*S. Benedito, o Negro, religioso*	
		Santa Faustina Kowalska, virgem	
f	6	*S. Bruno, presb.*	
g	7	Nossa Senhora do Rosário	Memória
A	8		
b	9	*S. Dionísio, bispo, e seus companheiros, mártires*	
		S. João Leonardi, presb.	
c	10		
d	11	*São João XXIII, papa*	
e	12	NOSSA SENHORA DA CONCEIÇÃO APARECIDA	Solenidade
f	13		
g	14	*S. Calisto I, papa e mártir*	
A	15	Sta. Teresa de Jesus, virgem e doutora da Igreja	Memória
b	16	*Sta. Edviges, religiosa*	
		Sta. Margarida Maria Alacoque, virgem	
c	17	Sto. Inácio de Antioquia, bispo e mártir	Memória
d	18	S. LUCAS, EVANGELISTA	Festa
e	19	*S. João de Brébeuf e Sto. Isaac Jogues, presbíteros, e seus companheiros, mártires*	
		S. Paulo da Cruz, presb.	
f	20		
g	21		
A	22	*São João Paulo II, papa*	
b	23	*S. João de Capistrano, presb.*	
c	24	*Sto. Antônio Maria Claret, bispo*	
d	25	Santo Antônio de Sant'Ana Galvão, religioso	Memória
e	26		
f	27		
g	28	S. SIMÃO E S. JUDAS, APÓSTOLOS	Festa
A	29		
b	30		
c	31		

Calendário Romano geral

NOVEMBRO

d	1	TODOS OS SANTOS	Solenidade
e	2	COMEMORAÇÃO DE TODOS OS FIÉIS DEFUNTOS	
f	3	*S. Martinho de Lima, religioso*	
g	4	S. Carlos Borromeu, bispo	Memória
A	5		
b	6		
c	7		
d	8		
e	9	DEDICAÇÃO DA BASÍLICA DO LATRÃO	Festa
f	10	S. Leão Magno, papa e doutor da Igreja	Memória
g	11	S. Martinho de Tours, bispo	Memória
A	12	S. Josafá, bispo e mártir	Memória
b	13		
c	14		
d	15	*Sto. Alberto Magno, bispo e doutor da Igreja*	
e	16	*Sta. Margarida da Escócia* *Sta. Gertrudes, virgem*	
f	17	Sta. Isabel da Hungria	Memória
g	18	*Dedicação das Basílicas de S. Pedro e de S. Paulo, Apóstolos*	
A	19	S. Roque González, Sto. Afonso Rodríguez e S. João Del Castillo, presb. e mártires	Memória
b	20		
c	21	Apresentação de Nossa Senhora	Memória
d	22	Sta. Cecília, virgem e mártir	Memória
e	23	*S. Clemente I, papa e mártir* *S. Columbano, abade*	
f	24	Sto. André Dung-Lac, presb., e seus companheiros, mártires	Memória
g	25	*Santa Catarina de Alexandria, virgem e mártir*	
A	26		
b	27		
c	28		
d	29		
e	30	STO. ANDRÉ, APÓSTOLO	Festa

Último domingo do Tempo comum:
NOSSO SENHOR JESUS CRISTO, REI DO UNIVERSO — Solenidade

30 Calendário Romano geral

DEZEMBRO

f	1		
g	2		
A	3	S. Francisco Xavier, presb.	Memória
b	4	*S. João Damasceno, presb. e doutor da Igreja*	
c	5		
d	6	*S. Nicolau, bispo*	
e	7	Sto. Ambrósio, bispo e doutor da Igreja	Memória
f	8	IMACULADA CONCEIÇÃO DE N. SENHORA	Solenidade
g	9	*São João Diego*	
A	10	*Bem-aventurada Virgem Maria de Loreto*	
b	11	*S. Dâmaso I, papa*	
c	12	NOSSA SENHORA DE GUADALUPE	Festa
d	13	Sta. Luzia, virgem e mártir	Memória
e	14	S. João da Cruz, presb. e doutor da Igreja	Memória
f	15		
g	16		
A	17		
b	18		
c	19		
d	20		
e	21	*S. Pedro Canísio, presb. e doutor da Igreja*	
f	22		
g	23	*S. João Câncio, presb.*	
A	24		
b	25	NATAL DO SENHOR	Solenidade
c	26	STO. ESTÊVÃO, O PRIMEIRO MÁRTIR	Festa
d	27	S. JOÃO, APÓSTOLO E EVANGELISTA	Festa
e	28	OS STOS. INOCENTES, MÁRTIRES	Festa
f	29	*S. Tomás Becket, bispo e mártir*	
g	30		
A	31	*S. Silvestre I, papa*	

Domingo dentro da oitava do Natal, ou
na sua falta, dia 30: SAGRADA FAMÍLIA   Festa

PRÓPRIO DO TEMPO

PRÓPRIO DO TEMPO

TEMPO DA QUARESMA

Desde o início do Ofício da Quarta-feira de Cinzas até a Vigília pascal, omite-se o Aleluia.

I. ATÉ O SÁBADO DA 5ª SEMANA

Nos Ofícios do Tempo, desde o início do Ofício da Quarta-feira de Cinzas, até a Hora Média do Sábado da Semana da Quaresma, inclusive:

Vésperas

Hino

Nos domingos:

Ó Pai, nesta Quaresma,
ouvi nossos pedidos:
na mais contrita prece
nos vedes reunidos.

Sondais as nossas almas,
na fé tão inconstantes:
se para vós se voltam,
mudai-as quanto antes.

Pecamos, na verdade,
tão longe da virtude:
Senhor, por vosso nome,
a todos dai saúde.

Fazei que nosso corpo,
enfim disciplinado,
o dia todo fuja
da culpa e do pecado.

Que o tempo da Quaresma
nos leve à santidade,
e assim louvar possamos
a glória da Trindade.

Tempo da Quaresma

Nos dias de semana:

A abstinência quaresmal
vós consagrastes, ó Jesus;
pelo jejum e pela prece,
nos conduzis da treva à luz.

Ficai presente agora à Igreja,
ficai presente à penitência,
pela qual vos suplicamos
para os pecados indulgência.

Por vossa graça, perdoai
as nossas culpas do passado;
contra as futuras protegei-nos,
manso Jesus, Pastor amado,

Para que nós, purificados
por esses ritos anuais,
nos preparemos, reverentes,
para gozar os dons pascais.

Todo o universo vos adore,
Trindade Santa, Sumo Bem.
Novos, por graça, vos cantemos
um canto novo e belo. Amém.

Completas

Na 1ª, 3ª e 5ª Semana diz-se o hino Agora que o clarão, p. 965.
Nas semanas restantes, o hino ó Cristo, dia e esplendor, p. 966.

Invitatório

Nos domingos e dias de semana:

R. **Cristo** por **nós** foi tentado, sofreu e na **cruz** morreu:
Vinde **to**dos, ado**re**mos!

Ou:

R. **Ho**je não fe**cheis** o **vos**so cora**ção**,
mas ouvi a **voz** do **Senhor!**

Salmo invitatório como no Ordinário, p. 944.

Tempo da Quaresma

Ofício das Leituras

Hino

Nos domingos:

Seguindo o preceito místico,
guardemos a abstinência,
durante os quarenta dias
votados à penitência.

A Lei e os Profetas dantes
cumpriram igual preceito,
mas Cristo, no seu deserto,
viveu o jejum perfeito.

Usemos de modo sóbrio
da fala, bebida e pão,
do sono e do riso e, atentos,
peçamos a Deus perdão.

Fujamos do mal oculto
que os laços do amor desfaz;
à voz do tirano astuto
não demos lugar jamais.

Ouvi, Unidade simples,
Trindade, Supremo Bem:
a graça da penitência
dê frutos em nós. Amém.

Nos dias de semana:

Agora é tempo favorável,
divino dom da Providência,
para curar o mundo enfermo
com um remédio, a penitência.

Da salvação refulge o dia,
na luz de Cristo a fulgurar.
O coração, que o mal feriu,
a abstinência vem curar.

Em corpo e alma, a abstinência,
Deus, ajudai-nos a guardar.
Por tal passagem, poderemos
à páscoa eterna, enfim, chegar.

Todo o Universo vos adore,
Trindade Santa, Sumo Bem.
Novos por graça entoaremos
um canto novo a vós. Amém.

Laudes

Hino

Nos domingos:

Humildes, ajoelhados
na prece que a fé inspira,
ao justo Juiz roguemos
que abrande o rigor da ira.

Ferimos por nossas culpas
o vosso infinito amor.
A vossa misericórdia
do alto infundi, Senhor.

Nós somos, embora frágeis,
a obra de vossa mão;
a honra do vosso nome
a outros não deis, em vão.

Senhor, destruí o mal,
fazei progredir o bem;
possamos louvar-vos sempre,
e dar-vos prazer também.

Conceda o Deus Uno e Trino,
que a terra e o céu sustém,
que a graça da penitência
dê frutos em nós. Amém.

Tempo da Quaresma

Nos dias de semana:

Ó Cristo, sol de justiça,
brilhai nas trevas da mente.
Com força e luz, reparai
a criação novamente.

Dai-nos, no tempo aceitável,
um coração penitente,
que se converta e acolha
o vosso amor paciente.

A penitência transforme
tudo o que em nós há de mal.
É bem maior que o pecado
o vosso dom sem igual.

Um dia vem, vosso dia,
e tudo então refloresce.
Nós, renascidos na graça,
exultaremos em prece.

A vós, Trindade clemente,
com toda a terra adoramos,
e no perdão renovados
um canto novo cantamos.

Hora Média

Nos domingos e dias de semana:
Oração das Nove Horas

Hino

Na fé em Deus, por quem vivemos,
na esperança do que cremos,
no dom da santa caridade,
de Cristo as glórias entoemos.

Ao sacrifício da Paixão
na hora terça conduzido,
Jesus levando a cruz às costas,
arranca às trevas o perdido.

Tempo da Quaresma

Vós nos livrastes do decreto
duma total condenação;
do mundo mau livrai o povo,
fruto da vossa redenção.

A Cristo, ao Pai e ao Santo Espírito,
Trindade Santa, Eterno Bem,
nosso louvor e ação de graças
hoje e nos séculos. Amém.

Ant. Chegou o **tempo** de peni**tên**cia,
de conver**são** e de salva**ção**.

Oração das Doze Horas

Hino

Na mesma hora em que Jesus, o Cristo,
sofreu a sede, sobre a cruz pregado,
conceda a sede de justiça e graça
a quem celebra o seu louvor sagrado.

Ao mesmo tempo ele nos seja a fome
e o Pão divino que a Si mesmo dá;
seja o pecado para nós fastio,
só no bem possa o nosso gozo estar.

A unção viva do divino Espírito
impregne a mente dos que cantam salmos;
toda frieza do seu peito afaste,
no coração ponha desejos calmos.

Ao Pai e ao Cristo suplicamos graça,
com seu Espírito, eterno Bem;
Trindade Santa, protegei o orante,
guardai o povo em caridade. Amém.

Ant. Por minha **vi**da, diz o Se**nhor**,
não quero a **mor**te do peca**dor**,
mas que ele **vol**te e tenha **vi**da.

Tempo da Quaresma

Oração das **Quinze Horas**

Hino

O número sagrado,
três vezes três das horas,
abrindo um novo espaço,
nos chama à prece, agora.
Ao nome de Jesus,
perdão seu povo implora.

O Cristo ouviu a prece
sincera do ladrão.
A graça foi-lhe dada,
por sua confissão.
Jesus ouvindo a súplica,
também nos dê perdão.

Agora, morre a morte,
vencida pela cruz;
após as trevas densas,
serena, volta a luz;
o horror do mal se quebra,
nas mentes Deus reluz.

A Cristo nós rogamos
e ao Pai, eterno Bem,
com seu Divino Espírito,
amor que os sustém,
protejam sua Igreja
agora e sempre. Amém.

Ant. Sejamos **fir**mes na prova**ção**:
Sua jus**ti**ça é nossa **for**ça.

Nos dias de semana da 5ª Semana da Quaresma podem-se usar os
hinos da Semana Santa no Ofício das Leituras, nas Laudes e nas
Vésperas, p. 357-360.

QUARTA-FEIRA DE CINZAS

IV Semana do Saltério

Ofício das Leituras

HINO Agora é tempo favorável, p. 35.

Salmos da Quarta-feira da IV Semana do Saltério, p. 1346.

V. Conver**tei**-vos e mu**dai** a vossa **vida**.
R. Reno**vai**-vos de es**pí**rito e cora**ção**!

Primeira leitura
Do Livro do Profeta Isaías

58,1-12

O jejum que agrada a Deus

Assim fala o Senhor Deus:
¹ Grita forte, sem cessar,
levanta a voz como trombeta
e denuncia os crimes do meu povo
e os pecados da casa de Jacó.
² Buscam-me cada dia
e desejam conhecer meus propósitos,
como gente que pratica a justiça
e não abandonou a lei de Deus.
Exigem de mim julgamentos justos
e querem estar na proximidade de Deus:
³ "Por que não te regozijaste, quando jejuávamos,
e o ignoraste, quando nos humilhávamos?"
– É porque no dia do vosso jejum tratais de negócios
e oprimis os vossos empregados.
⁴ É porque ao mesmo tempo que jejuais,
fazeis litígios e brigas
e agressões impiedosas.
Não façais jejum com esse espírito,
se quereis que vosso pedido seja ouvido no céu.
⁵ Acaso é esse jejum que aprecio,
o dia em que uma pessoa se mortifica?

Quarta-feira de Cinzas

Trata-se talvez de curvar a cabeça como junco,
e de deitar-se em saco e sobre cinza?
Acaso chamas a isso jejum,
dia grato ao Senhor?
[6] Acaso o jejum que prefiro não é outro:
– quebrar as cadeias injustas,
desligar as amarras do jugo,
tornar livres os que estão detidos,
enfim, romper todo o tipo de sujeição?
[7] Não é repartir o pão com o faminto,
acolher em casa os pobres e peregrinos?
Quando encontrares um nu, cobre-o,
e não desprezes a tua carne.
[8] Então, brilhará tua luz como a aurora
e tua saúde há de recuperar-se mais depressa;
à frente caminhará tua justiça
e a glória do Senhor te seguirá.
[9] Então invocarás o Senhor e ele te atenderá,
pedirás socorro, e ele dirá: "Eis-me aqui".
Se destruíres teus instrumentos de opressão,
e deixares os hábitos autoritários
e a linguagem maldosa;
[10] se acolheres de coração aberto o indigente
e prestares todo o socorro ao necessitado,
nascerá nas trevas a tua luz
e tua vida obscura será como o meio-dia.
[11] O Senhor te conduzirá sempre
e saciará tua sede na aridez da vida,
e renovará o vigor do teu corpo;
serás como um jardim bem regado,
como uma fonte de águas que jamais secarão.
[12] Teu povo reconstruirá as ruínas antigas;
tu levantarás os fundamentos das gerações passadas:
serás chamado reconstrutor de ruínas,
restaurador de caminhos, nas terras a povoar.

42 Tempo da Quaresma

Responsório cf. Is 58,6.7.9; Mt 25,31.34.35

R. É este o jejum que me agrada:
Reparte o teu **pão** com o faminto,
acolhe os indigentes e os sem teto.
* Naquele dia clamarás pelo Senhor,
gritarás, e ele dirá: Aqui estou!
V. Quando vier o Filho do Homem em sua glória,
dirá àqueles que estão à sua direita:
Vinde, benditos do meu Pai, vinde comigo,
pois tive fome e me destes de comer. * Naquele dia.

Segunda leitura
Da Carta aos Coríntios, de São Clemente I, papa

(Cap. 7,4-8,3; 8,5-9,1; 13,1-4; 19,2:
Funk 1,71-73.77-79.87) (Séc. I)

Fazei penitência

Fixemos atentamente o olhar no sangue de Cristo e compreendamos quanto é precioso aos olhos de Deus seu Pai,
esse sangue que, derramado para nossa salvação, ofereceu
ao mundo inteiro a graça da penitência.

Percorramos todas as épocas do mundo e verificaremos
que em cada geração o Senhor concedeu o *tempo favorável
da penitência* a todos os que a ele quiseram converter-se.
Noé proclamou a penitência, e todos que o escutaram foram salvos. Jonas anunciou a ruína aos ninivitas, mas eles,
fazendo penitência de seus pecados, reconciliaram-se com
Deus por suas súplicas e alcançaram a salvação, apesar de
não pertencerem ao povo de Deus.

Inspirados pelo Espírito Santo, os ministros da graça de
Deus pregaram a penitência. O próprio Senhor de todas as
coisas também falou da penitência, com juramento: *Pela
minha vida,* diz o Senhor, *não quero a morte do pecador,
mas que mude de conduta* (cf. Ez 33,11); e acrescentou esta
sentença cheia de bondade: *Deixa de praticar o mal, ó Casa
de Israel! Dize aos filhos do meu povo: "Ainda que vossos*

pecados subam da terra até o céu, ainda que sejam mais vermelhos que o escarlate e mais negros que o cilício, se voltardes para mim de todo o coração e disserdes: 'Pai', eu vos tratarei como um povo santo e ouvirei as vossas súplicas" (cf. Is 1,18; 63,16; 64,7; Jr 3,4; 31,9).

Querendo levar à penitência todos aqueles que amava, o Senhor confirmou essa sentença com sua vontade todo-poderosa.

Obedeçamos, portanto, à sua excelsa e gloriosa vontade. Imploremos humildemente sua misericórdia e benignidade. Convertamo-nos sinceramente ao seu amor. Abandonemos as obras más, a discórdia e a inveja que conduzem à morte.

Sejamos humildes de coração, irmãos, evitando toda espécie de vaidade, soberba, insensatez e cólera, para cumprirmos o que está escrito. Pois diz o Espírito Santo: *Não se orgulhe o sábio em sua sabedoria, nem o forte com sua força, nem o rico em sua riqueza; mas quem se gloria, glorie-se no Senhor, procurando-o e praticando o direito e a justiça* (cf. Jr 9,22-23; 1Cor 1,31).

Antes de mais nada, lembremo-nos das palavras do Senhor Jesus, quando exortava à benevolência e à longanimidade: *Sede misericordiosos, e alcançareis misericórdia; perdoai, e sereis perdoados; como tratardes o próximo, do mesmo modo sereis tratados; dai, e vos será dado; não julgueis, e não sereis julgados; fazei o bem, e ele também vos será feito; com a medida com que medirdes, vos será medido* (cf. Mt 5,7; 6,14; 7,1.2).

Observemos fielmente este preceito e estes mandamentos, a fim de nos conduzirmos sempre, com toda humildade, na obediência às suas santas palavras. Pois eis o que diz o texto sagrado: *Para quem hei de olhar, senão para o manso e humilde, que treme ao ouvir minhas palavras?* (cf. Is 66,2).

Tendo assim participado de muitas, grandes e gloriosas ações, corramos novamente para a meta que nos foi proposta desde o início: a paz. Fixemos atentamente nosso olhar no

Pai e Criador do universo e desejemos com todo ardor seus dons de paz e seus magníficos e incomparáveis benefícios.

Responsório   Is 55,7; Jl 2,13; cf. Ez 33,11

R. Que o ímpio abandone o seu caminho
e desista de seus planos o malvado;
que ele volte, e o Senhor terá piedade.
* Pois o Senhor, o nosso Deus, é compassivo,
é clemente, é bondoso, é indulgente;
ele se apressa em desistir de seu castigo.
V. O Senhor não quer a morte do pecador,
mas que ele volte, se converta e tenha a vida.
* Pois o Senhor.

Oração como nas Laudes.

Laudes

Os salmos e o cântico, com suas antífonas, podem ser os da Sexta-feira da III Semana do Saltério, p. 1275.

Leitura breve   Dt 7,6b.8-9

O Senhor, teu Deus, te escolheu dentre todos os povos da terra, para seres o seu povo preferido porque o Senhor vos amou e quis cumprir o juramento que fez a vossos pais. Foi por isso que o Senhor vos fez sair com mão poderosa, e vos resgatou da casa da escravidão, das mãos do Faraó, rei do Egito. Saberás, pois, que o Senhor, teu Deus, é o único Deus, um Deus fiel, que guarda a aliança e a misericórdia até mil gerações, para aqueles que o amam e observam seus mandamentos.

Responsório breve

R. Deus nos amou por primeiro.
* Ele fez Aliança conosco. R. Deus.
V. Sem medida é sua ternura! * Ele fez.
Glória ao Pai. R. Deus nos amou.

Quarta-feira de Cinzas

Cântico evangélico, ant.
Jejuai sem ficar **tristes**: não fa**çais** como os hi**pó**critas.

Preces
Demos graças a Deus Pai, que nos concede o dom de iniciar hoje o tempo quaresmal. Supliquemos que durante estes dias de salvação ele purifique e confirme os nossos corações na caridade, pela vinda e ação do Espírito Santo. Digamos, pois, cheios de confiança:
R. **Dai-nos, Senhor, o vosso Espírito Santo!**

Ensinai-nos a saciar o nosso espírito,
– com toda palavra que brota de vossos lábios. R.

Fazei que pratiquemos a caridade, não apenas nas grandes ocasiões,
– mas principalmente no cotidiano de nossas vidas. R.

Concedei que saibamos renunciar ao supérfluo,
– para podermos socorrer os nossos irmãos necessitados. R.

Dai-nos trazer sempre em nosso corpo os sinais da Paixão de vosso Filho,
– vós que nos destes a vida em seu corpo. R.

(intenções livres)

Pai nosso...

Oração
Concedei-nos, ó Deus todo-poderoso, iniciar com este dia de jejum o tempo da Quaresma, para que a penitência nos fortaleça no combate contra o espírito do mal. Por nosso Senhor Jesus Cristo, vosso Filho, na unidade do Espírito Santo.

Hora Média

Oração das Nove Horas
Ant. Chegou o **tem**po de peni**tên**cia,
de conver**são** e de salva**ção**.

Leitura breve
Ez 18,30b-32

Arrependei-vos, convertei-vos de todas as vossas transgressões, a fim de não terdes ocasião de cair em pecado. Afastai-vos de todos os pecados que praticais. Criai para vós um coração novo e um espírito novo. Por que haveis de morrer, ó casa de Israel? Pois eu não sinto prazer na morte de ninguém – oráculo do Senhor Deus. Convertei-vos e vivereis!

V. Criai em **mim** um cora**ção** que seja **pu**ro.

R. Dai-me de **no**vo um es**pí**rito deci**di**do!

Oração das Doze Horas

Ant. Por minha **vi**da, diz o Se**nhor**,
não quero a **mor**te do peca**dor**,
mas que ele **vol**te e tenha a **vi**da.

Leitura breve
Zc 1,3b-4b

Voltai-vos para mim, diz o Senhor dos exércitos, e eu me voltarei para vós, diz o Senhor dos exércitos. Não sejais como os vossos pais, aos quais os antigos profetas gritavam: Assim fala o Senhor dos exércitos: Abandonai vossos maus caminhos e vossos maus pensamentos; mas não me ouviram.

V. Desvi**ai** o vosso o**lhar** dos meus pe**ca**dos.

R. E apa**gai** todas as **mi**nhas transgres**sões**!

Oração das Quinze Horas

Ant. Sejamos **fir**mes na prova**ção**: Sua justi**ça** é nossa **for**ça.

Leitura breve
Dn 4,24b

Expia teus pecados e injustiça com esmolas e obras de misericórdia em favor dos pobres; assim terás longa prosperidade.

Quarta-feira de Cinzas

V. Meu sacrifício é minha **alma** peni**ten**te.
R. Não despre**zeis** um cora**ção** arrepen**di**do!

Oração como nas Laudes.

Vésperas

Leitura breve   Fl 2,12b-15a

Trabalhai para a vossa salvação, com temor e tremor. Pois é Deus que realiza em vós tanto o querer como o fazer, conforme o seu desígnio benevolente. Fazei tudo sem reclamar ou murmurar, para que sejais livres de repreensão e ambiguidade, filhos de Deus sem defeito.

Responsório breve

R. Em **Deus,** cuja palavra me entusi**a**sma,
   * Em **Deus** eu me a**poio.** R. Em **Deus,** cuja pala**v**ra.
V. Nada **mais** me causa **me**do. * Em **Deus** eu me a**poio.**
   Glória ao **Pai.** R. Em **Deus,** cuja pala**v**ra.

Cântico evangélico, ant.

Ao **dar**des es**mo**la não **sai**ba a es**quer**da o que **faz** a di**rei**ta.

Preces

Demos glória a Deus Pai, que no sangue de Cristo firmou uma nova Aliança com seu povo, e a renova pelo sacramento do altar. Peçamos com fé:

R. **Abençoai, Senhor, o vosso povo!**

Dirigi, Senhor, conforme a vossa vontade, as intenções dos povos e dos governantes,
– para que eles se empenhem sinceramente em promover o bem de todos. R.

Fortalecei a fidelidade daqueles que tudo abandonaram para seguir a Cristo;
– que eles deem a todos testemunho e exemplo da santidade da Igreja. R.

Vós, que criastes o gênero humano à vossa imagem e semelhança,
– fazei que todos rejeitem qualquer desigualdade injusta.

R. **Abençoai, Senhor, o vosso povo!**

Reconduzi à vossa amizade e verdade todos os que vivem afastados da fé,
– e ensinai-nos como ajudá-los eficazmente. R.

(intenções livres)

Concedei aos que morreram entrar na vossa glória,
– para que vos louvem eternamente. R.

Pai nosso...

Oração

Concedei-nos, ó Deus todo-poderoso, iniciar com este dia de jejum o tempo da Quaresma, para que a penitência nos fortaleça no combate contra o espírito do mal. Por nosso Senhor Jesus Cristo, vosso Filho, na unidade do Espírito Santo.

QUINTA-FEIRA DEPOIS DAS CINZAS

Ofício das Leituras

V. Quem medita a Lei de **Deus**
R. Dará **fru**tos a seu **tem**po.

Primeira leitura

Início do Livro do Êxodo   1,1-22

Opressão de Israel no Egito

¹ Estes são os nomes dos filhos de Israel, que entraram no Egito com Jacó, cada um com sua família:² Rúben, Simeão, Levi e Judá; ³ Issacar, Zabulon e Benjamim; ⁴ Dã, Neftali, Gad e Asser.⁵ Os descendentes diretos de Jacó eram ao todo setenta; José, porém, já estava no Egito.⁶ Depois, José morreu, assim como todos os seus irmãos e toda aquela

Quinta-feira depois das Cinzas

geração;[7] e os filhos de Israel foram fecundos e se multiplicaram, tornando-se tão numerosos e tão fortes, que o país ficou repleto deles.

[8] Entretanto, surgiu um novo rei no Egito, que não tinha conhecido José,[9] e disse ao seu povo: "Olhai como o povo dos filhos de Israel é mais numeroso e mais forte do que nós. [10] Vamos agir com prudência em relação a ele, para impedir que continue crescendo e, em caso de guerra, se una aos nossos inimigos, combata contra nós e acabe por sair do país". [11] Estabeleceram inspetores de obras, para que o oprimissem com trabalhos penosos; e foi assim que ele construiu para o Faraó as cidades-entrepostos Pitom e Ramsés.[12] Mas, quanto mais o oprimiam, tanto mais se multiplicava e crescia. [13] Obcecados pelo medo dos filhos de Israel, os egípcios impuseram-lhes uma dura escravidão.[14] E tornaram-lhes a vida amarga pelo pesado trabalho da preparação do barro e dos tijolos, com toda espécie de trabalhos dos campos e outros serviços que os levavam a fazer à força.

[15] O rei do Egito disse às parteiras dos hebreus, uma das quais se chamava Sefra e a outra Fua:[16] "Quando assistirdes as mulheres hebreias, e chegar o tempo do parto, se for menino, matai-o, se for menina, deixai-a viver".[17] As parteiras, porém, temeram a Deus e não obedeceram à ordem do rei do Egito, mas deixaram viver os meninos.[18] Então o rei mandou chamá-las e disse-lhes: "Por que agistes assim e deixastes viver os meninos?"[19] Elas responderam: "As mulheres hebreias não são como as egípcias; pois são tão robustas que, antes de chegarmos, já deram à luz".[20] Deus recompensou as parteiras, e o povo continuava a crescer e a tornar-se extremamente forte.[21] E porque as parteiras temiam a Deus, ele concedeu-lhes uma descendência.

[22] Então, o Faraó deu esta ordem a todo o seu povo: "Lançai ao rio Nilo todos os meninos hebreus recém-nascidos, mas poupai a vida das meninas".

Tempo da Quaresma

Responsório   Gn 15,13-14a; Is 49,26c

R. Deus pre**dis**se a Abra**ão**: Eis que a **tua** descendência
    viver**á** em terra estranha como **povo** peregrino
    e ser**á**, por quatro **séculos**, escravizada e oprimi**da**;
  * Eu, por**ém**, hei de jul**gar** a quem **eles** servi**rão**.
V. Sou o Se**nhor**, teu Salva**dor**, sou o Se**nhor**, teu Reden**tor**.
  * Eu, por**ém**.

Segunda leitura

Dos Sermões de São Leão Magno, papa

(Sermo 6 de Quadragesima, 1-2: PL 54,285-287)

(Séc. V)

*A purificação espiritual por meio do jejum
e da misericórdia*

Em todo tempo, amados filhos, *a terra está repleta da misericórdia do Senhor* (Sl 32,5). A própria natureza é para todo fiel uma lição que o ensina a louvar a Deus, pois o céu, a terra, o mar e tudo o que neles existe proclamam a bondade e a onipotência de seu Criador; e a admirável beleza dos elementos postos a nosso serviço requer da criatura racional uma justa ação de graças.

O retorno, porém, desses dias que os mistérios da salvação humana marcaram de modo mais especial e que precedem imediatamente a festa da Páscoa, exige que nos preparemos com maior cuidado por meio de uma purificação espiritual.

Na verdade, é próprio da solenidade pascal que a Igreja inteira se alegre com o perdão dos pecados. Não é apenas nos que renascem pelo santo batismo que ele se realiza, mas também naqueles que desde há muito são contados entre os filhos adotivos.

É, sem dúvida, o banho da regeneração que nos torna criaturas novas; mas todos têm necessidade de se renovar a cada dia para evitarmos a ferrugem inerente à nossa condição mortal, e não há ninguém que não deva se esforçar para

Quinta-feira depois das Cinzas

progredir no caminho da perfeição; por isso, todos sem exceção, devemos empenhar-nos para que, no dia da redenção, pessoa alguma seja ainda encontrada nos vícios do passado.

Por conseguinte, amados filhos, aquilo que cada cristão deve praticar em todo tempo, deve praticá-lo agora com maior zelo e piedade, para cumprir a prescrição, que remonta aos apóstolos, de jejuar quarenta dias, não somente reduzindo os alimentos, mas sobretudo abstendo-se do pecado.

A estes santos e razoáveis jejuns, nada virá juntar-se com maior proveito do que as esmolas. Sob o nome de obras de misericórdia, incluem-se muitas e louváveis ações de bondade; graças a elas, todos os fiéis podem manifestar igualmente os seus sentimentos, por mais diversos que sejam os recursos de cada um.

Se verdadeiramente amamos a Deus e ao próximo, nenhum obstáculo impedirá nossa boa vontade. Quando os anjos cantaram: *Glória a Deus nas alturas e paz na terra aos homens de boa vontade* (Lc 2,14), proclamavam bem-aventurado, não só pela virtude da benevolência mas também pelo dom da paz, todo aquele que, por amor, se compadece do sofrimento alheio.

São inúmeras as obras de misericórdia, o que permite aos verdadeiros cristãos tomar parte na distribuição de esmolas, sejam eles ricos, possuidores de grandes bens, ou pobres, sem muitos recursos. Apesar de nem todos poderem ser iguais na possibilidade de dar, todos podem sê-lo na boa vontade que manifestam.

Responsório
cf. 2Cor 6,4

R. Esse **tempo** de **san**to je**jum** a **por**ta do **céu** nos a**briu**;
acol**ha**mos o **dom** do Se**nhor**
em con**tí**nua ora**ção**, supli**can**do:

52   Tempo da Quaresma

* Que, no **dia** da **Res**surrei**ção**, este**ja**mos com **e**le na **gló**ria.
V. Mos**tre**mo-nos **ser**vos de **Deus**
    no pen**sar**, no fa**lar**, no a**gir**. * Que, no **dia**.

Oração como nas Laudes.

Laudes

Leitura breve   cf. 1Rs 8,51-53a

Nós somos, Senhor, teu povo e tua herança. Teus olhos estejam abertos à súplica do teu servo e do teu povo, Israel, escutando-nos toda vez que te invocarmos. Pois tu nos separaste para ti como herança dentre todos os povos da terra.

Responsório breve

R. Nós **so**mos vosso **po**vo, ó **Se**nhor.
   * Miseri**cór**dia, **Se**nhor, a vós cla**ma**mos! R. Nós **so**mos.
V. Cur**va**dos sob o **pe**so dos pe**ca**dos, **cho**ramos de tris**te**za.
   * Miseri**cór**dia. **Gló**ria ao **Pai**. R. Nós **so**mos.

Cântico evangélico, ant.

Quem qui**ser** me se**guir** renun**ci**e a si **mes**mo;
e, to**man**do sua **cruz**, acom**pa**nhe meus **pas**sos.

Preces

Celebremos a bondade de Deus, que se revelou em Cristo Jesus. E de todo o coração lhe supliquemos:

R. **Lembrai-vos, Senhor, de vossos filhos e filhas!**

Concedei-nos viver mais profundamente o mistério da Igreja;
— que ela seja para toda a humanidade o sacramento eficaz da salvação.   R.

Deus, amigo do ser humano, ensinai-nos a trabalhar generosamente para o progresso da civilização,
— e a buscar em todas as coisas o vosso Reino.   R.

Quinta-feira depois das Cinzas

Levai-nos a saciar nossa sede de justiça
_ na fonte de água viva que nos destes em Cristo. **R.**

Perdoai, Senhor, todos os nossos pecados,
_ e dirigi nossos passos no caminho da justiça e da verdade.

R.

Pai nosso...

Oração

Inspirai, ó Deus, as nossas ações, e ajudai-nos a realizá-las, para que em vós comece e termine tudo aquilo que fizermos. Por nosso Senhor Jesus Cristo, vosso Filho, na unidade do Espírito Santo.

Hora Média

Oração das Nove Horas

Ant. Chegou o **tempo** de penit**ên**cia,
de conver**são** e de salva**ção**.

Leitura breve — Is 55,6-7

Buscai o Senhor, enquanto pode ser achado; invocai-o, enquanto ele está perto. Abandone o ímpio seu caminho, e o homem injusto, suas maquinações; volte para o Senhor, que terá piedade dele, volte para nosso Deus, que é generoso no perdão.

V. Criai em **mim** um cora**ção** que seja **pu**ro.

R. Dai-me de **no**vo um es**pí**rito deci**di**do!

Oração das Doze Horas

Ant. Por minha **vi**da, diz o Se**nhor**,
não quero a **mor**te do peca**dor**,
mas que ele **vol**te e tenha a **vi**da.

Leitura breve — Dt 30,2-3a

Tu te converterás ao Senhor, teu Deus, com teus filhos, e obedecerás aos seus mandamentos com todo o teu coração e com toda a tua alma, conforme tudo o que hoje te ordeno. O Senhor, teu Deus, te fará voltar do cativeiro e se compadecerá de ti.

V. Desviai o vosso olhar dos meus pecados.
R. E apagai todas as minhas transgressões!

Oração das Quinze Horas

Ant. Sejamos firmes na provação: Sua justiça é nossa força.

Leitura breve   Hb 10,35-36
Não abandoneis a vossa coragem, que merece grande recompensa. De fato, precisais de perseverança para cumprir a vontade de Deus e alcançar o que ele prometeu.

V. Meu sacrifício é minha alma penitente.
R. Não desprezeis um coração arrependido.
Oração como nas Laudes.

Vésperas

Leitura breve   Tg 4,7-8.10
Obedecei a Deus, mas resisti ao diabo, e ele fugirá de vós. Aproximai-vos de Deus, e ele se aproximará de vós. Purificai as mãos, ó pecadores, e santificai os corações, homens dúbios. Humilhai-vos diante do Senhor, e ele vos exaltará.

Responsório breve
R. Senhor, atendei minha prece,
    * Meu clamor chegue a vós! R. Senhor.
V. Escutai-me, no dia em que chamo. * Meu clamor.
    Glória ao Pai. R. Senhor.

Cântico evangélico, ant.
Quem perder sua vida por mim,
vai guardá-la nos céus para sempre.

Quinta-feira depois das Cinzas

Preces

Proclamemos a misericórdia de Deus, que nos ilumina com a graça do Espírito Santo, para que resplandeçam em nossas obras a justiça e a santidade; e supliquemos:

R. **Dai a vida, Senhor, ao povo que Cristo redimiu!**

Senhor, fonte e autor de toda santidade, fortalecei os bispos, os sacerdotes e os diáconos em sua união com Cristo por meio do mistério eucarístico,

– para que se renove sempre mais a graça que receberam pela imposição das mãos. R.

Ensinai os vossos fiéis a participarem de modo digno e ativo na mesa da Palavra e do Corpo de Cristo,

– para que mantenham na vida e nos costumes o que receberam pela fé e pelos sacramentos. R.

Ensinai-nos a reconhecer a dignidade de cada pessoa humana, redimida pelo Sangue de vosso Filho,

– e a respeitarmos a liberdade e a consciência de nossos irmãos e irmãs. R.

Fazei que todos os seres humanos saibam moderar seus desejos de bens temporais,

– e atendam às necessidades do próximo. R.

(intenções livres)

Tende piedade dos fiéis que hoje chamastes desta vida para vós,

– e concedei-lhes o dom da eterna bem-aventurança. R.

Pai nosso...

Oração

Inspirai, ó Deus, as nossas ações, e ajudai-nos a realizá-las, para que em vós comece e termine tudo aquilo que fizermos. Por nosso Senhor Jesus Cristo, vosso Filho, na unidade do Espírito Santo.

SEXTA-FEIRA DEPOIS DAS CINZAS

Ofício das Leituras

V. **Voltai** ao **Se**nhor, vosso **Deus**.
R. Ele é **bom**, compassivo e cle**men**te!

Primeira leitura

Do Livro do Êxodo   2,1-22

Nascimento e fuga de Moisés

Naqueles dias, [1]um homem da família de Levi casou-se com uma mulher da mesma tribo, [2]e ela concebeu e deu à luz um filho. Ao ver que era um belo menino, manteve-o escondido durante três meses. [3]Mas não podendo escondê--lo por mais tempo, tomou uma cesta de junco, calafetou-a com betume e piche, pôs dentro dela a criança e deixou-a entre os caniços na margem do rio Nilo. [4]A irmã do menino ficou a certa distância para ver o que ia acontecer.

[5]A filha do Faraó desceu para se banhar no rio, enquanto suas companheiras passeavam pela margem. Vendo, então, a cesta no meio dos caniços, mandou uma das servas apanhá-la. [6]Abrindo a cesta, viu a criança: era um menino, que chorava. Ela compadeceu-se dele e disse: "É um menino dos hebreus". [7]A irmã do menino disse, então, à filha do Faraó: "Queres que te vá chamar uma mulher hebreia, que possa amamentar o menino?" [8]A filha do Faraó respondeu: "Vai". E a menina foi e chamou a mãe do menino. [9]A filha do Faraó disse à mulher: "Leva este menino, amamenta-o para mim, e eu te pagarei o teu salário". A mulher levou o menino e amamentou. [10]Quando já estava crescido, ela levou-o à filha do Faraó, que o adotou como filho e lhe deu o nome de Moisés, porque, disse ela, "eu o tirei das águas".

[11]Um dia, quando já era adulto, Moisés saiu para visitar seus irmãos hebreus; viu sua aflição e como um egípcio maltratava um deles. [12]Olhou para os lados e, não vendo ninguém, matou o egípcio e escondeu-o na areia. [13]No dia

Sexta-feira depois das Cinzas

seguinte, saiu de novo e viu dois hebreus brigando; e disse ao agressor: "Por que bates no teu companheiro?"[14] E este replicou: "Quem te estabeleceu nosso chefe e nosso juiz? Acaso pretendes matar-me, como mataste o egípcio?" Moisés ficou com medo e disse consigo: "Com certeza, o fato se tornou conhecido".

[15] O Faraó foi informado do que aconteceu, e procurava matar Moisés. Mas este, fugindo da sua vista, parou na terra de Madiã, e sentou-se junto a um poço.[16] Ora, o sacerdote de Madiã tinha sete filhas. Estas vieram tirar água e encher os bebedouros para dar de beber ao rebanho de seu pai.[17] Chegaram uns pastores e quiseram expulsá-las dali. Mas Moisés levantou-se em defesa delas e deu de beber ao seu rebanho. [18] Ao voltarem para junto de Raguel, seu pai, este perguntou-lhes: "Por que viestes mais cedo hoje?"[19] Elas responderam: "Um egípcio livrou-nos dos pastores; além disso, ele mesmo tirou água para nós e deu de beber ao rebanho".[20] Raguel, então, perguntou às filhas: "E onde está ele? Por que o deixastes ir embora? Ide chamá-lo, para que coma alguma coisa". [21] Moisés consentiu em ficar com ele, e este homem deu-lhe sua filha Séfora como esposa. [22] Ela teve um filho, a quem Moisés chamou Gersam, pois disse: "Sou um estrangeiro em terra estranha".

Responsório   cf. Hb 11,24-25.26.27

R. Movido pela **fé**, Moisés, já sendo **adul**to,
   recu**sou** conside**rar**-se da fa**mí**lia do Fara**ó**,
   pre**fe**rindo tomar **par**te nas a**gru**ras de seu **po**vo,
   a go**zar**, por algum **tem**po, das van**ta**gens do pe**ca**do;
   * Pois trazia os olhos **fi**xos na espe**ra**da recom**pen**sa.

V. Esti**mou** maior ri**que**za os o**pró**brios pelo **Cris**to
   que os te**sou**ros dos E**gíp**cios;
   pela **fé** deixou o Egito.* Pois tra**zia**.

Segunda leitura

Das Homilias do Pseudo-Crisóstomo

(Supp., Hom. 6 de precatione: PG 64,462-466)

(Séc. IV)

A oração é a luz da alma

A oração, o diálogo com Deus, é um bem incompará-vel, porque nos põe em comunhão íntima com Deus. Assim como os olhos do corpo são iluminados quando recebem a luz, a alma que se eleva para Deus é iluminada por sua luz inefável. Falo da oração que não é só uma atitude exterior, mas que provém do coração e não se limita a ocasiões ou horas determinadas, prolongando-se dia e noite, sem inter-rupção.

Com efeito, não devemos orientar o pensamento para Deus apenas quando nos aplicamos à oração; também no meio das mais variadas tarefas – como o cuidado dos po-bres, as obras úteis de misericórdia ou quaisquer outros ser-viços do próximo – é preciso conservar sempre vivos o de-sejo e a lembrança de Deus. E assim, todas as nossas obras, temperadas com o sal do amor de Deus, se tornarão um alimento dulcíssimo para o Senhor do universo. Podemos, entretanto, gozar continuamente em nossa vida do bem que resulta da oração, se lhe dedicarmos todo o tempo que nos for possível.

A oração é a luz da alma, o verdadeiro conhecimento de Deus, a mediadora entre Deus e os homens. Pela oração a alma se eleva até aos céus e une-se ao Senhor num abraço inefável; como uma criança que, chorando, chama sua mãe, a alma deseja o leite divino, exprime seus próprios desejos e recebe dons superiores a tudo que é natural e visível.

A oração é venerável mensageira que nos leva à presença de Deus, alegra a alma e tranquiliza o coração. Não penses que essa oração se reduza a palavras. Ela é desejo de Deus, amor inexprimível que não provém dos homens, mas é efeito da graça divina, como diz o Apóstolo: *Nós não sabemos o*

Sexta-feira depois das Cinzas

que devemos pedir, nem como pedir; é o próprio Espírito que intercede em nosso favor, com gemidos inefáveis (Rm 8,26).

Semelhante oração, quando o Senhor a concede a alguém, é uma riqueza que não lhe pode ser tirada e um alimento celeste que sacia a alma. Quem a experimentou inflama-se do desejo eterno de Deus, como que de um fogo devorador que abrasa o coração.

Praticando-a em sua pureza original, adorna tua casa de modéstia e humildade, torna-a resplandecente com a luz da justiça. Enfeita-te com boas obras, quais plaquetas de ouro, ornamenta-te de fé e de magnanimidade, em vez de paredes e mosaicos. Como cúpula e coroamento de todo o edifício, coloca a oração. Assim prepararás para o Senhor uma digna morada, assim terás um esplêndido palácio real para o receber, e poderás tê-lo contigo na tua alma, transformada, pela graça, em imagem e templo da sua presença.

Responsório   Lm 5,20.21a; Mt 8,25b

R. Por **que** nos esque**ceis** eterna**men**te?
   Por **que** nos rejei**tais** por toda a **vi**da?
 * Ó Se**nhor**, recondu**zi**-nos para **vós**,
   e para **vós** nós volta**re**mos conver**ti**dos!
V. Sal**vai**-nos, ó Se**nhor**, que pere**ce**mos. * Ó Se**nhor**.

Oração como nas Laudes.

Laudes

Leitura breve   Is 53,11b-12

Meu Servo, o justo, fará justos inúmeros homens, carregando sobre si suas culpas. Por isso, compartilharei com ele multidões e ele repartirá suas riquezas com os valentes seguidores, pois entregou o corpo à morte, sendo contado como um malfeitor; ele, na verdade, resgatava o pecado de todos e intercedia em favor dos pecadores.

Responsório breve

R. **Vós** nos resga**tastes**, ó Se**nhor**!
 *Para **Deus** o vosso **sangue** nos re**miu**. R. **Vós** nos.
V. Dentre **todas** as **tri**bos e **lín**guas,
  dentre os **po**vos da ter**ra** e na**ções**. *Para **Deus**.
  Glória ao **Pai**. R. **Vós** nos.

Cântico evangélico, ant.

Quando **vês** o teu ir**mão** necessi**ta**do,
não o des**prezes**, mas es**ten**de-lhe a **mão**;
e tua **luz** vai levan**tar**-se como a au**ro**ra,
caminha**rá** tua jus**ti**ça à tua **fren**te.

Preces

Imploremos a Cristo Salvador, que nos remiu por sua morte
e ressurreição; e digamos:

R. **Senhor, tende piedade de nós!**

Vós, que subistes a Jerusalém para sofrer a Paixão, e assim
entrar na glória,
—conduzi vossa Igreja à Páscoa da eternidade.   R.

Vós, que, elevado na cruz, deixastes a lança do soldado vos
traspassar,
—curai as nossas feridas.   R.

Vós, que transformastes o madeiro da cruz em árvore da
vida,
—concedei os frutos dessa árvore aos que renasceram pelo
batismo.   R.

Vós, que, pregado na cruz, perdoastes o ladrão arrependido,
—perdoai-nos também a nós pecadores.   R.
(intenções livres)

Pai nosso...

Oração

Ó Deus, assisti com vossa bondade a penitência que iniciamos, para que vivamos interiormente as práticas externas da

Sexta-feira depois das Cinzas

Quaresma. Por nosso Senhor Jesus Cristo, vosso Filho, na unidade do Espírito Santo.

Hora Média

Oração das Nove Horas

Ant. Chegou o **tem**po de penitê**n**cia,
de conver**são** e de salva**ção**.

Leitura breve   Is 55,3

Inclinai vosso ouvido e vinde a mim, ouvi e tereis vida; farei convosco um pacto eterno, manterei fielmente as graças concedidas a Davi.

V. Criai em **mim** um cora**ção** que seja **pu**ro.
R. Dai-me de **no**vo um es**pí**rito deci**di**do!

Oração das Doze Horas

Ant. Por minha **vi**da, diz o Se**nhor**,
não quero a **mor**te do peca**dor**,
mas que ele **vol**te e tenha a **vi**da.

Leitura breve   cf. Jr 3,12b-14a

Voltai, é o Senhor que chama, não desviarei de vós minha face, porque eu sou misericordioso, não estarei irado para sempre. Convertei-vos, filhos, que vos tendes afastado de mim, diz o Senhor.

V. Desvi**ai** o vosso o**lhar** dos meus peca**d**os.
R. E apa**gai** todas as **mi**nhas transgres**sões**!

Oração das Quinze Horas

Ant. Sejamos **fir**mes na prova**ção**: Sua jus**ti**ça é nossa **for**ça.

Leitura breve   Tg 1,27

A religião pura e sem mancha diante de Deus Pai é esta: assistir os órfãos e as viúvas em suas tribulações e não se deixar contaminar pelo mundo.

62 Tempo da Quaresma

V. Meu sacrifício é minha **alma** peni**ten**te.
R. Não despre**zeis** um cora**ção** arrepen**di**do!
Oração como nas Laudes.

Vésperas

Leitura breve   Tg 5,16.19-20
Confessai uns aos outros os vossos pecados e orai uns pelos outros para alcançar a saúde. A oração fervorosa do
justo tem grande poder. Meus irmãos, se alguém de vós se
desviar da verdade e um outro o reconduzir, saiba este que
aquele que reconduz um pecador desencaminhado salvará
da morte a alma dele e cobrirá uma multidão de pecados.

Responsório breve
R. Cu**rai**-me, Se**nhor**, ó Deus **San**to,
 * Pois pe**quei** contra **vós**. R. Cu**rai**-me.
V. Tende pie**da**de de **mim**, reno**vai**-me! * Pois pe**quei**.
 Glória ao **Pai**. R. Cu**rai**-me.

Cântico evangélico, ant.
Quando o espo**so** se ausen**tar**,
os convi**da**dos para as **bodas** have**rão** de jeju**ar**.

Preces
Adoremos o Salvador do gênero humano, que morrendo
destruiu a morte e ressuscitando renovou a vida; e peçamos
com humildade:

R. **Santificai, Senhor, o povo que remistes com vosso
sangue!**

Jesus, nosso Redentor, concedei que, pela penitência, nos
associemos cada vez mais plenamente à vossa Paixão,
—a fim de alcançarmos a glória da ressurreição.   R.

Acolhei-nos sob a proteção de Maria, vossa Mãe, consoladora dos aflitos,

²Apareceu-lhe o anjo do Senhor numa chama de fogo, do meio de uma sarça. Moisés notou que a sarça estava em chamas, mas não se consumia, e disse consigo: ³"Vou aproximar-me desta visão extraordinária, para ver por que a sarça não se consome".

⁴O Senhor viu que Moisés se aproximava para observar e chamou-o do meio da sarça, dizendo: "Moisés! Moisés!" Ele respondeu : "Aqui estou". ⁵E Deus disse: "Não te aproximes! Tira as sandálias dos pés, porque o lugar onde estás é uma terra santa". ⁶E acrescentou: "Eu sou o Deus de teus pais, o Deus de Abraão, o Deus de Isaac e o Deus de Jacó". Moisés cobriu o rosto, pois temia olhar para Deus.

⁷E o Senhor lhe disse: "Eu vi a aflição do meu povo que está no Egito e ouvi o seu clamor por causa da dureza de seus opressores. Sim, conheço os seus sofrimentos. ⁸Desci para libertá-los das mãos dos egípcios, e fazê-los sair daquele país para uma terra boa e espaçosa, uma terra onde corre leite e mel, para o país dos cananeus, dos hititas, dos amorreus, dos fereseus, dos heveus e dos jebuseus. ⁹E agora, o clamor dos filhos de Israel chegou até mim, e vi a opressão que os egípcios fazem pesar sobre eles. ¹⁰Mas vai, eu te envio ao Faraó, para que faças sair do Egito o meu povo, os filhos de Israel". ¹¹E Moisés disse a Deus: "Quem sou eu para ir ao Faraó e fazer sair os filhos de Israel do Egito?" ¹²Deus lhe disse: "Eu estarei contigo; e este será o sinal de que fui eu que te enviei: quando tiveres tirado do Egito o povo, vós servireis a Deus sobre esta montanha".

¹³Moisés disse a Deus: "Sim, eu irei aos filhos de Israel e lhes direi: 'O Deus de vossos pais enviou-me a vós'. Mas, se eles perguntarem: 'Qual é o seu nome?' o que lhes devo responder?" ¹⁴Deus disse a Moisés: *"Eu Sou* aquele que sou". E acrescentou: "Assim responderás aos filhos de Israel: 'Eu sou enviou-me a vós'". ¹⁵E Deus disse ainda a Moisés: "Assim dirás aos filhos de Israel: 'O Senhor, o Deus de vossos pais, o Deus de Abraão, o Deus de Isaac e o Deus de

Sábado depois das Cinzas

– para podermos confortar os tristes com o mesmo auxílio que de vós recebemos. R.

Concedei-nos a graça de tomar parte na vossa Paixão por meio dos sofrimentos da vida,

– para que também em nós se manifeste a vossa salvação. R.

Senhor Jesus, que vos humilhastes na obediência até à morte e morte de cruz,

– ensinai-nos a ser obedientes e a sofrer com paciência. R.

(intenções livres)

Tornai os corpos de nossos irmãos e irmãs falecidos semelhantes à imagem do vosso corpo glorioso,

– e fazei-nos dignos de participar um dia, com eles, da vossa glória. R.

Pai nosso...

Oração

Ó Deus, assisti com vossa bondade a penitência que iniciamos, para que vivamos interiormente as práticas externas da Quaresma. Por nosso Senhor Jesus Cristo, vosso Filho, na unidade do Espírito Santo.

SÁBADO DEPOIS DAS CINZAS

Ofício das Leituras

V. Quem pratica a verdade se **põe** junto à **luz**.
R. E suas **obras** de **filho** de **Deus** se revelam.

Primeira leitura
Do Livro do Êxodo 3,1-20

Vocação de Moisés e revelação do nome de Deus

Naqueles dias, Moisés apascentava o rebanho de Jetro, seu sogro, sacerdote de Madiã. Levou, um dia, o rebanho deserto adentro e chegou ao monte de Deus, o Horeb.

Jacó, enviou-me a vós'. Este é o meu nome para sempre, e assim serei lembrado de geração em geração. [16] Vai, reúne os anciãos de Israel e dize-lhes: 'O Senhor, o Deus de vossos pais, o Deus de Abraão, o Deus de Isaac e o Deus de Jacó, apareceu-me, dizendo: Eu vos visitei e vi tudo o que vos sucede no Egito. [17] E decidi tirar-vos da opressão do Egito e conduzir-vos à terra dos cananeus, dos hititas, dos amorreus, dos fereseus, dos heveus e dos jebuseus, a uma terra onde corre leite e mel. [18] Eles te escutarão e tu, com os anciãos de Israel, irás ao rei do Egito e lhe direis: 'O Senhor, o Deus dos hebreus, veio ao nosso encontro. E, agora, temos que ir, a três dias de marcha no deserto, para oferecermos sacrifícios ao Senhor, nosso Deus'. [19] Eu sei, no entanto, que o rei do Egito não vos deixará partir, se não for obrigado por mão forte. [20] Por isso, estenderei minha mão e castigarei o Egito com toda a sorte de prodígios que vou realizar no meio deles. Depois disso, o rei do Egito vos deixará partir".

Responsório
Ex 3,14; Is 43,11

R. Disse **Deus** a Moisés: eu **sou** o que **sou**.
* Dirás **isto** aos **fi**lhos dos **Is**raelitas:
quem se **cha**ma "Eu **sou**" me envi**ou** até **vós**.
V. Sou **eu** o Se**nhor**, eu **sou** "O que **sou**";
Salva**dor** não há **outro**, al**ém** de mim **mesmo**.* Dirás **isto**.

Segunda leitura
Do Tratado contra as heresias, de Santo Irineu, bispo

(Lib. 4, 13,4–14,1: Sch 100, 534-540)   (Séc. II)

A amizade de Deus
Nosso Senhor, o Verbo de Deus, que primeiro atraiu os homens para serem servos de Deus, libertou em seguida os que lhe estavam submissos, como ele próprio disse a seus discípulos: *Já não vos chamo servos, pois o servo não sabe o que faz o seu senhor. Eu vos chamo amigos, porque vos*

dei a conhecer tudo o que ouvi de meu Pai (Jo 15,15). A amizade de Deus concede a imortalidade aos que a obtêm.

No princípio, Deus formou Adão, não porque tivesse necessidade do homem, mas para ter alguém que pudesse receber os seus benefícios. De fato, não só antes de Adão, mas antes da criação, o Verbo glorificava seu Pai, permanecendo nele, e era também glorificado pelo Pai, como ele mesmo declara: *Pai, glorifica-me com a glória que eu tinha junto de ti antes que o mundo existisse* (Jo 17,5).

Não foi também por necessitar do nosso serviço que Deus nos mandou segui-lo, mas para dar-nos a salvação. Pois seguir o Salvador é participar da salvação, e seguir a luz é receber a luz.

Quando os homens estão na luz, não são eles que a iluminam, mas são iluminados e tornam-se resplandecentes por ela. Nada lhe proporcionam, mas dela recebem o benefício e a iluminação.

Do mesmo modo, o serviço que prestamos a Deus nada acrescenta a Deus, porque ele não precisa do serviço dos homens. Mas aos que o seguem e servem, Deus concede a vida, a incorruptibilidade e a glória eterna. Ele dá seus benefícios aos que o servem precisamente porque o servem e aos que o seguem precisamente porque o seguem; mas não recebe deles nenhum benefício, porque é rico, perfeito e de nada precisa.

Se Deus requer o serviço dos homens é porque, sendo bom e misericordioso, deseja conceder os seus dons aos que perseveram no seu serviço. Com efeito, Deus de nada precisa, mas o homem é que precisa da comunhão com Deus.

É esta, pois, a glória do homem: perseverar e permanecer no serviço de Deus. Por esse motivo dizia o Senhor a seus discípulos: *Não fostes vós que me escolhestes, mas fui eu que vos escolhi* (Jo 15,16), dando assim a entender que não eram eles que o glorificavam seguindo-o, mas, por terem seguido o Filho de Deus, eram por ele glorificados. E disse

Sábado depois das Cinzas

ainda: *Quero que estejam comigo onde eu estiver, para que eles contemplem a minha glória* (Jo 17,24).

Responsório   cf. Dt 10,12; Mt 22,38

R. É isto que **Deus**, teu Se**nhor**, te ordena:
* Que respeites a **Deus**, teu Se**nhor**, e o ames,
  e o sirvas de todo o teu coração,
  de toda a tua alma e com todas as forças.
V. É este o primeiro e o maior mandamento.
* Que respeites.

Oração como nas Laudes.

Laudes

Leitura breve   Is 1,16-18
Lavai-vos, purificai-vos. Tirai a maldade de vossas ações de minha frente. Deixai de fazer o mal! Aprendei a fazer o bem! Procurai o direito, corrigi o opressor. Julgai a causa do órfão, defendei a viúva. Vinde, debatamos – diz o Senhor. Ainda que vossos pecados sejam como púrpura, tornar-se-ão brancos como a neve. Se forem vermelhos como o carmesim, tornar-se-ão como lã.

Responsório breve
R. O **San**gue de Je**sus** nos purifica,
* De todos nossos erros nos liberta. R. O **San**gue.
V. Vinde ver os grandes feitos do Senhor! * De todos.
  Glória ao **Pai**. R. O **San**gue.

Cântico evangélico, ant.
Ajuntai para vós tesouros no céu,
onde a traça e a ferrugem não corroem nem destroem.

Preces
Demos graças a Cristo, nosso Salvador, sempre e em toda parte; e supliquemos com toda a confiança:

R. **Socorrei-nos, Senhor, com a vossa graça!**

Ajudai-nos a conservar sem mancha os nossos corpos,
– para que sejam digna morada do Espírito Santo.   **R.**

Despertai em nós, desde o amanhecer, o desejo de nos sacrificarmos pelos nossos irmãos e irmãs,
– e de cumprirmos a vossa vontade em todas as atividades
deste dia.   **R.**

Ensinai-nos a procurar o pão da vida eterna,
– que vós mesmo nos ofereceis.   **R.**

Interceda por nós a vossa Mãe, refúgio dos pecadores,
– para alcançarmos o perdão dos nossos pecados.   **R.**

(intenções livres)

Pai nosso...

Oração

Ó Deus eterno e todo-poderoso, olhai com bondade a nossa
fraqueza, e estendei, para proteger-nos, a vossa mão poderosa. Por nosso Senhor Jesus Cristo, vosso Filho, na unidade do Espírito Santo.

Hora Média

Oração das Nove Horas

Ant. Chegou o **tem**po de peni**tên**cia,
de conver**são** e de salva**ção**.

Leitura breve   Ap 3,19-20

Eu repreendo e educo os que eu amo. Esforça-te, pois, e
converte-te. Eis que estou à porta, e bato; se alguém ouvir
minha voz e abrir a porta, eu entrarei na sua casa e tomaremos a refeição, eu com ele e ele comigo.

V. Criai em **mim** um cora**ção** que seja **pu**ro.
R. Dai-me de **no**vo um es**pí**rito deci**di**do!

Oração das Doze Horas

Ant. Por minha **vida**; diz o S**enhor**,
não quero a **mor**te do peca**dor**,
mas que ele **vol**te e tenha a **vi**da.

Leitura breve   Is 44,21-22
Lembra-te de que tu és meu servo; eu te criei, és meu servo,
Israel, não me decepciones. Desmanchei como uma nuvem
teus pecados, como a névoa desfiz tuas culpas; volta para
mim, porque te resgatei!

V. Desvi**ai** o vosso **olhar** dos meus pe**ca**dos.
R. E apa**gai** todas as **mi**nhas transgres**sões**!

Oração das Quinze Horas

Ant. Sejamos **fir**mes na prova**ção**: Sua justiça é nossa **for**ça.

Leitura breve   Gl 6,7b-8
De Deus não se zomba, pois o que o homem tiver semeado,
é isso que vai colher. Quem semeia na sua própria carne,
da carne colherá corrupção. Quem semeia no espírito, do
espírito colherá a vida eterna.

V. Meu sacrifício é minha **al**ma peni**ten**te.
R. Não despre**zeis** um cora**ção** arrepen**di**do!

Oração como nas Laudes.

1º DOMINGO DA QUARESMA

I Semana do Saltério

I Vésperas

Hino, p. 33.

Ant. 1 Aceitai o nosso espírito abatido
e recebei o nosso ânimo contrito!
Assim hoje nossa oferta vos agrade.

Salmos e cântico do domingo da I Semana, p. 973.

Ant. 2 Naquele dia invocarás, e o Senhor te ouvirá;
gritarás, e o teu Deus vai responder-te: Eis-me aqui!

Ant. 3 O Cristo morreu pelos nossos pecados,
pelos ímpios o justo e ofertou-nos a Deus;
foi morto na carne, mas vive no Espírito.

Leitura breve   2Cor 6,1-4a

Nós vos exortamos a não receberdes em vão a graça de
Deus, pois ele diz: "No momento favorável, eu te ouvi e
no dia da salvação, eu te socorri". É agora o momento favorável, é agora o dia da salvação. Não damos a ninguém
nenhum motivo de escândalo, para que o nosso ministério
não seja desacreditado. Mas em tudo nos recomendamos
como ministros de Deus.

Responsório breve

R. Eis o tempo favorável!
  * Eis o dia da salvação! R. Eis o tempo.
V. Reuni-vos, resgatados das nações,
  vinde, aproximai-vos! * Eis o dia.
  Glória ao Pai. R. Eis o tempo.

Cântico evangélico, ant.

Ano A   Guiado pelo Espírito de Deus
e tentado pelo espírito do mal,

I Vésperas

Jesus no deserto jejuou quarenta dias
e depois ficou com fome.

Ano B Jesus permaneceu quarenta dias no deserto;
por Satanás era tentado
e vivia em companhia de selvagens animais.
E os anjos o serviam.

Ano C Repleto do Espírito Santo,
Jesus regressou do Jordão;
e pelo mesmo Espírito impelido,
foi guiado através do deserto,
durante quarenta dias,
e pelo diabo ele era tentado.

Preces

Demos glória a Cristo Jesus, que se fez nosso mestre,
exemplo e irmão; e supliquemos, dizendo:

R. **Renovai, Senhor, o vosso povo!**

Senhor Jesus, que vos tornastes semelhante a nós em tudo,
exceto no pecado, ensinai-nos a alegrar-nos com os que se
alegram e a chorar com os que choram,
— para que a nossa caridade aumente cada vez mais. R.

Ensinai-nos a matar a vossa fome nos que têm fome,
— e a saciar a vossa sede nos que têm sede. R.

Vós que ressuscitastes Lázaro do sono da morte,
— fazei que voltem à vida, pela fé e a penitência, os que
estão mortos pelo pecado. R.

Aumentai o número dos que querem seguir mais de perto o
vosso caminho de perfeição,
— a exemplo da bem-aventurada Virgem Maria e dos Santos.
R.

(intenções livres)

Concedei aos nossos irmãos e irmãs falecidos a glória da
ressurreição,

1º Domingo da Quaresma

— para que gozem eternamente do vosso amor.

R. **Renovai, Senhor, o vosso povo!**

Pai nosso...

Oração

Concedei-nos, ó Deus onipotente, que, ao longo desta Quaresma, possamos progredir no conhecimento de Jesus Cristo e corresponder ao seu amor por uma vida santa. Por nosso Senhor Jesus Cristo, vosso Filho, na unidade do Espírito Santo.

Ofício das Leituras

V. O **ho**mem não **vi**ve so**me**nte de **pão**,

R. Mas de **to**da a pa**la**vra da **bo**ca de **Deus**.

Primeira leitura

Do Livro do Êxodo

Ex 5,1–6,1

Opressão do povo de Deus

Naqueles dias,⁵·¹ Moisés e Aarão apresentaram-se ao Faraó e lhe disseram: "Assim disse o Senhor Deus de Israel: 'Deixa o meu povo partir, para me oferecer sacrifícios no deserto!'".² Ele, porém, respondeu: "Quem é o Senhor, para que eu ouça a sua voz e deixe ir Israel? Não conheço o Senhor e não deixarei Israel partir".³ Eles disseram: "O Deus dos hebreus veio ao nosso encontro. Deixa-nos ir a três dias de marcha no deserto, para oferecermos sacrifícios ao Senhor, nosso Deus. Do contrário, a peste e a espada virão sobre vós".⁴ O rei do Egito respondeu-lhes : "Moisés e Aarão, porque distraís o povo de seus trabalhos? Ide para as vossas tarefas!"⁵ E o Faraó acrescentou: "A população do país é muito numerosa; vós vedes que a população aumentou, e quereis agora fazer com que interrompam suas tarefas?"

⁶ Naquele mesmo dia o Faraó ordenou aos inspetores do povo e aos capatazes, dizendo:⁷ "Não forneçais mais palha ao povo para fazer tijolos, como fazíeis antes: que eles mes-

Ofício das Leituras

mos juntem a palha necessária. [8]Exigi, porém, a mesma quantidade de tijolos que antes, sem diminuir nada. Pois são uns preguiçosos e por isso gritam, dizendo: 'Vamos oferecer sacrifícios ao nosso Deus'. [9]Carregai esses homens com mais trabalho, e que realizem suas tarefas; e não deis ouvidos a palavras mentirosas".

[10]Os inspetores do povo e seus capatazes foram, pois, dizer ao povo: "Assim disse o Faraó: Não vos dou mais palha; [11]ide e juntai-a vós mesmos onde a puderdes encontrar. E, nem por isso, se diminuirá em nada o vosso trabalho". [12]O povo, então, se dispersou por toda a terra do Egito em busca de palha. [13]Mas os inspetores de obras os pressionavam, dizendo: "Completai a tarefa marcada para cada dia, como fazíeis quando vos davam palha". [14]E os inspetores do Faraó açoitaram os capatazes dos filhos de Israel, que eles haviam nomeado, alegando: "Por que não completastes nem ontem nem hoje a mesma quantidade de tijolos que fazíeis antes?"

[15]Então os capatazes dos filhos de Israel foram se queixar ao Faraó, e clamaram: "Por que tratas assim os teus servos? [16]Não nos fornecem palha, e exigem a mesma quantidade de tijolos; nós, os teus servos, somos açoitados, mas o culpado é o teu povo". [17]O Faraó respondeu: "Sois uns preguiçosos e por isso dizeis: 'Vamos oferecer sacrifícios ao Senhor'. [18]E, agora, ide trabalhar! Não vos será dada a palha, mas deveis produzir a mesma quantidade de tijolos".

[19]Os capatazes dos filhos de Israel viram-se em má situação, porque lhes diziam: "Nada se diminuirá do número de tijolos que haveis de fornecer cada dia". [20]Quando saíram da presença do Faraó, encontraram Moisés e Aarão, que estavam à espera deles, [21]e lhes disseram: "Que o Senhor vos examine e vos julgue, pois nos tornastes odiosos aos olhos do Faraó e de seus servos, e lhes pusestes na mão a espada para nos matar". [22]Então Moisés voltou-se para o Senhor e disse: "Senhor, por que afligiste este povo? Por que me enviaste? [23]Pois, desde que me apresentei ao Faraó

para lhe falar em teu nome, ele tem atormentado o teu povo e tu de modo algum o libertaste".

6,1 E o Senhor disse a Moisés: "Agora verás o que eu vou fazer ao Faraó. Por mão forte deixará partir os filhos de Israel, e será mesmo coagido a expulsá-los da sua terra".

Responsório   cf. Ex 5,1.3

R. Moisés dirigiu-se ao Faraó e lhe disse:
 * Deixa ir o meu povo para que, no deserto,
   me faça uma festa.
V. O Deus dos hebreus mandou-me dizer-te:* Deixa ir.

Segunda leitura

Dos Comentários sobre os Salmos, de Santo Agostinho, bispo

(Ps 60, 2-3: CCL 39, 766)   (Séc. V)

No Cristo fomos tentados e nele vencemos o demônio

Ouvi, ó Deus, a minha súplica, atendei a minha oração (Sl 60,2). Quem é que fala assim? Parece ser um só: *Dos confins da terra a vós eu clamo, e em mim o coração já desfalece* (Sl 60,3). Então já não é um só, e contudo é somente um, porque o Cristo, de quem todos somos membros, é um só. Como pode um único homem clamar dos confins da terra? Quem clama dos confins da terra é aquela herança a respeito da qual foi dito ao próprio Filho: *Pede-me e te darei as nações como herança e os confins da terra por domínio* (Sl 2,8).

Portanto, é esse domínio de Cristo, essa herança de Cristo, esse corpo de Cristo, essa Igreja de Cristo, essa unidade que somos nós, que clama dos confins da terra. E o que clama? O que eu disse acima: *Ouvi, ó Deus, a minha súplica, atendei a minha oração; dos confins da terra a vós eu clamo*. Sim, clamei a vós *dos confins da terra*, isto é, de toda parte.

Mas por que clamei? Porque *em mim, o coração já desfalece.* Revela com essas palavras que ele está presente a todos os povos no mundo inteiro, não rodeado de grande glória mas no meio de grandes tentações.

Com efeito, nossa vida, enquanto somos peregrinos neste mundo, não pode estar livre de tentações, pois é através delas que se realiza nosso progresso e ninguém pode conhecer-se a si mesmo sem ter sido tentado. Ninguém pode vencer sem ter combatido, nem pode combater se não tiver inimigo e tentações.

Aquele que clama dos confins da terra está angustiado, mas não está abandonado. Porque foi a nós mesmos, que somos o seu corpo, que o Senhor quis prefigurar em seu próprio corpo, no qual já morreu, ressuscitou e subiu ao céu, para que os membros tenham a certeza de chegar também aonde a cabeça os precedeu.

Portanto, o Senhor nos representou em sua pessoa quando quis ser tentado por Satanás. Líamos há pouco no Evangelho que nosso Senhor Jesus Cristo foi tentado pelo demônio no deserto. De fato, Cristo foi tentado pelo demônio. Mas em Cristo também tu eras tentado, porque ele assumiu a tua condição humana, para te dar a sua salvação; assumiu a tua morte, para te dar a sua vida; assumiu os teus ultrajes, para te dar a sua glória; por conseguinte, assumiu as tuas tentações, para te dar a sua vitória.

Se nele fomos tentados, nele também vencemos o demônio. *Consideras que o Cristo foi tentado e não consideras que ele venceu?* Reconhece-te nele em sua tentação, reconhece-te nele em sua vitória. O Senhor poderia impedir o demônio de aproximar-se dele; mas, se não fosse tentado, não te daria o exemplo de como vencer na tentação.

Responsório   cf. Jr 1,19; 39,18

R. Farão **guer**ra contra **ti**, mas **não** te vence**rão**.

 * Porque **eu**, diz o Se**nhor**, contigo esta**rei**

76   1º Domingo da Quaresma

e eu **hei** de te li**vrar**.
V. Da es**pada** escapa**rás** e tua **vida** salva**rás**.
  * Porque **eu**, diz o Se**nhor**, contigo esta**rei**
e eu **hei** de te li**vrar**.

Oração como nas Laudes.

Laudes

Hino, p. 36.

Ant. 1   Quero, **assim**, vos lou**var** pela **vida**
e ele**var** para **vós** minhas **mãos**.

Salmos e cântico do domingo da I Semana, p. 982.

Ant. 2   Can**tai** ao nosso **Deus**, bendi**zei**-o eterna**mente**.
Lou**vai**-o e exal**tai**-o pelos **séculos** sem **fim**!

Ant. 3   De **fato**, o Se**nhor** ama o seu **povo**
e co**roa** com vi**tória** os seus hu**mildes**.

Leitura breve
Ne 8,9b.10b

Este é um dia consagrado ao Senhor, nosso Deus! Não fiqueis tristes nem choreis. Pois este dia é santo para o nosso
Senhor. Não fiqueis tristes, porque a alegria do Senhor será
a vossa força.

Responsório breve

R. A ale**gria** do Se**nhor** é nossa **força** e amparo.
  * Sois bendito, Senhor **Deus**, de gera**ção** em gera**ção**.
  R. A ale**gria**.
V. Seja ben**dito** vosso **nome** glorioso,
que céu e **terra** vos exal**tem**, sem ces**sar**!* Sois ben**dito**.
*Glória ao **Pai**.* R. A ale**gria**.

Cântico evangélico, ant.

Ano A   O **ho**mem não **vive** so**mente** de **pão**,
mas de **toda** palavra da **boca** de **Deus**.

Ano B Jesus dirigiu-se à Galileia
e pregava o Evangelho de **Deus**:
O **tem**po já está completado.
Conver**tei**-vos e **cre**de no Evangelho!
pois o **Reino** de **Deus** está che**gan**do.

Ano C Du**ran**te esses **di**as, Jesus não co**meu** coisa al**gu**ma.
Passa**d**os que **foram** esses **di**as, ele, en**tão**, sentiu
fome.

Preces

Bendigamos o nosso Redentor que na sua bondade nos
concede este tempo de salvação; e supliquemos:

R. **Criai em nós, Senhor, um espírito novo!**

Cristo, nossa vida, que pelo batismo nos sepultastes sacramentalmente convosco na morte para que também convosco ressuscitemos,
– ajudai-nos hoje a ser fiéis à vida nova que recebemos. R.

Senhor Jesus, que passastes pelo mundo fazendo o bem,
– tornai-nos solícitos pelo bem comum de toda a humanidade.   R.

Ensinai-nos a trabalhar generosamente na construção da
cidade terrena,
– e ao mesmo tempo buscar a cidade celeste.   R.

Médico dos corpos e das almas, curai as feridas do nosso
coração,
– para progredirmos sempre no caminho da santidade. R.

(intenções livres)

Pai nosso...

Oração

Concedei-nos, ó Deus onipotente, que, ao longo desta Quaresma, possamos progredir no conhecimento de Jesus Cristo
e corresponder ao seu amor por uma vida santa. Por nosso Senhor Jesus Cristo, vosso Filho, na unidade do Espírito Santo.

1º Domingo da Quaresma

Hora Média

Hino, p. 37.

Oração das Nove Horas

Ant. Chegou o **tempo** de peni**tência**,
de conver**são** e de salva**ção**.

Leitura breve   1Ts 4,1.7

Meus irmãos, eis o que vos pedimos e exortamos no Senhor Jesus: Aprendestes de nós como deveis viver para agradar a Deus, e já estais vivendo assim. Fazei progressos ainda maiores! Pois Deus não nos chamou à impureza, mas à santidade.

V. Criai em **mim** um cora**ção** que seja **puro**.
R. Dai-me de **no**vo um es**pí**rito de**ci**dido!

Oração das Doze Horas

Ant. Por minha **vi**da, diz o S**enhor**,
não quero a **mor**te do peca**dor**,
mas que ele **vol**te e tenha a **vi**da.

Leitura breve   Is 30,15.18

Eis o que diz o Senhor Deus, o Santo de Israel: "Sereis salvos, se buscardes a salvação e a paz; no silêncio e na esperança estará a vossa força". Por isso o Senhor está pronto a compadecer-se de vós, e, perdoando-vos, será glorificado na medida em que o Senhor é um Deus de justiça: felizes todos aqueles que esperam nele.

V. Desvi**ai** o vosso o**lhar** dos meus pe**ca**dos.
R. E apa**gai** todas as **mi**nhas transgres**sões**!

Oração das Quinze Horas

Ant. Sejamos **fir**mes na prova**ção**: Sua justiça é nossa **for**ça.

II Vésperas

Leitura breve   Dt 4,29-31

Quando buscares o Senhor, teu Deus, tu o encontrarás, se o buscares com todo o teu coração e com toda a tua alma. Na tua angústia, depois que tiverem acontecido contigo todas as coisas que foram preditas, nos últimos tempos, tu voltarás para o Senhor, teu Deus, e ouvirás a sua voz. Pois o Senhor, teu Deus, é um Deus misericordioso, que não te abandona, que não te extinguirá inteiramente, nem se esquecerá da aliança que, sob juramento, estabeleceu com teus pais.

V. Meu sacrifício é minha **alma** peni**ten**te.

R. Não despre**zeis** um cora**ção** arrepen**di**do!

Oração como nas Laudes.

II Vésperas

Hino, p. 33.

Ant. 1 Adora**rás** somente a **Deus**, e só a **e**le servi**rás**.

Salmos e cântico do domingo da I Semana, p. 990.

Ant. 2 Eis o **tem**po de **conver**são, eis o **dia** da **salvação!**

Ant. 3 Subi**re**mos a**té** Jerusa**lém**,
e no **Fi**lho do **Ho**mem vão **cum**prir-se
as pa**la**vras que os profetas predis**se**ram.

Leitura breve   cf. 1Cor 9,24-25

Os que correm no estádio correm todos juntos, mas um só ganha o prêmio. Correi de tal maneira que conquisteis o prêmio. Todo atleta se sujeita a uma disciplina rigorosa em relação a tudo, e eles procedem assim, para receberem uma coroa corruptível. Quanto a nós, a coroa que buscamos é incorruptível.

Responsório breve

R. Em abun**dân**cia vós me **dais** muito vi**gor** para o com**ba**te.

  * Ó **Deus** de **mi**nha vi**tó**ria! R. Em abun**dân**cia.

V. Vossa jus**ti**ça me ori**en**te. * Ó **Deus**.

  Glória ao **Pai.** R. Em abun**dân**cia.

Cântico evangélico, ant.

Ano A Então **Jesus** lhe orde**nou**:
Vai em**bora**, Sata**nás**, porque **diz** a Escri**tura**:
Ao Senhor **Deus** adora**rás**, e só a **e**le servi**rás**!

Ano B Vigi**ai** sobre **nós**, compassivo Salva**dor**;
não nos **pren**da nos seus **laços** o maligno Tenta**dor**;
pois só **vós** sois para **nós** a e**ter**na salva**ção**!

Ano C De**pois** de as**sim** havê-lo ten**ta**do de **to**dos os **mo**dos,
o de**mô**nio o dei**xou** até o **tem**po opor**tu**no.

Preces

Demos glória a Deus Pai, que fez de nós o seu povo eleito, renascido de uma semente incorruptível e eterna, por meio de seu Filho, a Palavra que se fez carne; e lhe supliquemos humildemente:

R. **Senhor, sede propício ao vosso povo!**

Deus de misericórdia, escutai as súplicas que vos dirigimos em favor do vosso povo,
_ e fazei que ele deseje, sempre, mais a vossa palavra do que o alimento corporal. **R.**

Ensinai-nos a amar sinceramente e sem discriminação a gente de nossa terra e os povos de todas as raças,
_ e a trabalhar pela felicidade e concórdia de toda a humanidade. **R.**

Acolhei com bondade os que se preparam para o renascimento espiritual do batismo,
_ para que, como pedras vivas, eles construam a vossa casa espiritual que é a Igreja. **R.**

Vós, que pela pregação do profeta Jonas exortastes os ninivitas à penitência,
_ convertei por vossa palavra os corações dos pecadores.
R.
(intenções livres)

Ajudai os agonizantes a esperarem confiantemente o seu encontro com Cristo,
– para que se alegrem eternamente na visão da vossa face.

R.

Pai nosso...

Oração

Concedei-nos, ó Deus onipotente, que, ao longo desta Quaresma, possamos progredir no conhecimento de Jesus Cristo e corresponder ao seu amor por uma vida santa. Por nosso Senhor Jesus Cristo, vosso Filho, na unidade do Espírito Santo.

SEGUNDA-FEIRA

Ofício das Leituras

V. Conver**tei**-vos e **cred**e no Evangelho.
R. Pois o **Reino** de **Deus** está che**gando**.

Primeira leitura
Do Livro do Êxodo

6,2-13

Novo relato da vocação de Moisés

Naqueles dias, 2 o Senhor falou a Moisés, dizendo: "Eu sou o Senhor. 3 Apareci a Abraão, a Isaac e a Jacó, como Deus Poderoso; mas não lhes dei a conhecer o meu nome 'o Senhor'. 4 Estabeleci aliança com eles para lhes dar a terra de Canaã, a terra onde levaram uma vida errante e na qual habitaram como estrangeiros. 5 Eu ouvi o gemido dos filhos de Israel, porque os egípcios os oprimiram, e lembrei-me da minha aliança. 6 Portanto, dize aos filhos de Israel: "Eu sou o Senhor, que vos libertarei do jugo dos egípcios, vos livrarei da escravidão, e vos resgatarei com braço estendido e grandes castigos. 7 Eu vos adotarei como meu povo e serei o vosso Deus, e sabereis que eu sou o Senhor, vosso Deus, que vos liberta do jugo dos egípcios. 8 Eu vos introduzirei na terra que jurei, com mão levantada, dar a Abraão, a Isaac e a Jacó, e vo-la darei em possessão, eu, o Senhor".

82   1ª Semana da Quaresma

⁹Moisés transmitiu tudo isto aos filhos de Israel, que não lhe deram ouvidos, por causa da angústia do seu espírito e do seu trabalho duríssimo.¹⁰O Senhor falou, então, a Moisés, dizendo: ¹¹"Vai dizer ao Faraó, rei do Egito, que deixe sair de sua terra os filhos de Israel".¹²Moisés protestou diante do Senhor: "Se os filhos de Israel não me ouvem, como me ouvirá o Faraó, sobretudo a mim, que tenho dificuldade de falar?"

¹³E o Senhor falou a Moisés e a Aarão, e deu-lhes uma ordem relativa aos filhos de Israel e ao Faraó, rei do Egito, para que fizessem sair os filhos de Israel da terra do Egito.

Responsório   1Pd 2,9a.10a; Ex 6,7a.6

R. Sois a **raça** esco**lhi**da, sacer**dó**cio **ré**gio,
   nação **san**ta e **po**vo conquis**ta**do por **Deus**;
   vós, ou**tro**ra não-**po**vo, sois a**go**ra, de**ve**ras,
   o **po**vo de **Deus**.
   * Eu **hei** de to**mar**-vos para **ser**des meu **po**vo
   e se**rei** vosso **Deus**.
V. Sou **eu** o Se**nhor**: Com **bra**ço esten**di**do
   vou ti**rar**-vos do **ju**go opres**sor** dos e**gíp**cios. * Eu **hei**.

Segunda leitura

Dos Sermões de São Gregório de Nazianzo, bispo

(Oratio 14, *De pauperum amore*, 23-24: PG 35 889-890)

(Séc. IV)

Manifestemos uns para com os outros
a bondade do Senhor

Considera de onde te vem a existência, a respiração, a inteligência, a sabedoria, e, acima de tudo, o conhecimento de Deus, a esperança do Reino dos Céus e a contemplação da glória que, no tempo presente, é ainda imperfeita como num espelho e em enigma, mas que um dia haverá de ser mais plena e mais pura. Considera de onde te vem a graça de seres filho de Deus, herdeiro com Cristo e, falando com mais ousadia, de teres também sido elevado à condição divina. De onde e de quem vem tudo isso?

Ou ainda, – se quisermos falar de coisas menos importantes e que podemos ver com os nossos olhos – quem te concedeu a felicidade de contemplar a beleza do céu, o curso do sol, a órbita da lua, a multidão dos astros e aquela harmonia e ordem que se manifestam em tudo isso como uma lira afinada?

Quem te deu as chuvas, as lavouras, os alimentos, as artes, a morada, as leis, a sociedade, a vida tranquila e civilizada, a amizade e a alegria da vida familiar?

De onde te vem poderes dispor dos animais, os domésticos para teu serviço e os outros para teu alimento?

Quem te constituiu senhor e rei de todas as coisas que há na face da terra?

E, porque não é possível enumerar uma a uma todas as coisas, pergunto finalmente: quem deu ao homem tudo aquilo que o torna superior a todos os outros seres vivos?

Porventura não foi Deus? Pois bem, agora, o que ele te pede em compensação por tudo, e acima de tudo, não é o teu amor para com ele e para com o próximo? Sendo tantos e tão grandes os dons que recebemos ou esperamos dele, não nos envergonharemos de não lhe oferecer nem mesmo esta única retribuição que pede, isto é, o amor? E se ele, embora sendo Deus e Senhor, não se envergonha de ser chamado nosso Pai, poderíamos nós fechar o coração aos nossos irmãos?

De modo algum, meus irmãos e amigos, de modo algum sejamos maus administradores dos bens que nos foram concedidos pela graça divina, a fim de não ouvirmos a repreensão de Pedro: "Envergonhai-vos, vós que vos apoderais do que não é vosso; imitai a justiça de Deus e assim ninguém será pobre".

Não nos preocupemos em acumular e conservar riquezas, enquanto outros padecem necessidade, para não merecermos aquelas duras e ameaçadoras palavras do profeta Amós: *Tomai cuidado, vós que andais dizendo: "Quando passará o mês para vendermos; e o sábado, para abrirmos nossos celeiros?"* (cf. Am 8,5).

Imitemos aquela excelsa e primeira lei de Deus, que faz chover sobre os justos e os pecadores e faz o sol igualmente levantar-se para todos; que oferece aos animais que vivem na terra a extensão dos campos, as fontes, os rios e as florestas; que dá às aves a amplidão dos céus, e aos animais aquáticos, a vastidão das águas; que proporciona a todos, liberalmente, os meios necessários para a sua subsistência, sem restrições, sem condições, sem fronteiras; que põe tudo em comum, à disposição de todos eles, com abundância e generosidade, de modo que nada falte a ninguém. Assim procede Deus para com as suas criaturas, a fim de conceder a cada um os bens de que necessita segundo a sua natureza e dignidade, e manifestar a todos a riqueza da sua bondade.

Responsório   cf. Lc 6,35; Mt 5,45; Lc 6,36

R. Amai os **vos**sos ini**mig**os, fazei o **bem**
   e empres**tai** sem espe**rar** a recompen**s**a,
   a **fim** de serdes **fi**lhos do **vos**so Pai cele**s**te.

   * Ele **faz** seu sol nas**cer** sobre os **maus** e sobre os **bons**
   e igual**men**te faz cho**ver** sobre os **jus**tos e os in**jus**tos.

V. Sede mi**s**ericordiosos, como o **vos**so Pai cele**s**te.

   * Ele **faz.**

Oração como nas Laudes.

Laudes

Leitura breve   Ex 19,4-6a

Vós vistes o que fiz aos egípcios, e como vos levei sobre asas de águia e vos trouxe a mim. Portanto, se ouvirdes a minha voz e guardardes a minha aliança, sereis para mim a porção escolhida dentre todos os povos, porque minha é toda a terra. E vós sereis para mim um reino de sacerdotes e uma nação santa.

Segunda-feira

Responsório breve

R. Feliz o povo cujo **Deus** é o **S**enhor!
 * Caminhemos, olhos fixos em Jesus! R. Feliz o povo.
V. Deus ama o direito e a justiça.* Caminhemos.
 Glória ao **Pai**. R. Feliz o povo.

Cântico evangélico, ant.

Vinde, benditos do meu **Pai**, e recebei o Reino eterno preparado para **vós** desde o início do universo!

Preces

Bendigamos a Jesus, nosso Salvador, que pela sua morte nos abriu o caminho da salvação; e oremos:

R. **Guiai-nos, Senhor, em vossos caminhos!**

Deus de misericórdia, que pelo batismo nos destes uma vida nova,
_ fazei que dia a dia nos configuremos, cada vez mais, à vossa imagem. R.

Ensinai-nos a ser hoje alegria para os que sofrem,
_ e a vos servir em cada irmão ou irmã que precise de nossa ajuda. R.

Ajudai-nos a praticar o que é bom, correto e verdadeiro a vossos olhos,
_ e a sempre vos procurar com sinceridade de coração. R.

Perdoai-nos, Senhor, as faltas que cometemos contra a unidade de vossa família,
_ e fazei que nos tornemos um só coração e uma só alma.

R.
(intenções livres)

Pai nosso...

Oração

Convertei-nos, ó Deus, nosso salvador, e, para que a celebração da Quaresma nos seja útil, iluminai-nos com a doutrina celeste. Por nosso Senhor Jesus Cristo, vosso Filho, na unidade do Espírito Santo.

Hora Média

Oração das Nove Horas

Ant. Chegou o **tem**po de penit**ência,**
de conver**são** e de salva**ção.**

Leitura breve Sb 11,23-24a

De todos tens compaixão, porque tudo podes. Fechas os olhos aos pecados dos homens, para que se arrependam. Sim, amas tudo o que existe, e não desprezas nada do que fizeste.

V. Criai em **mim** um cora**ção** que seja **pu**ro.
R. Dai-me de no**vo** um es**pí**rito deci**di**do!

Oração das Doze Horas

Ant. Por minha **vi**da, diz o Se**nhor,**
não quero a **mor**te do peca**dor,**
mas que ele **vol**te e tenha a **vi**da.

Leitura breve Ez 18,23

Será que eu tenho prazer na morte do ímpio? – oráculo do Senhor Deus. Não desejo, antes, que mude de conduta e viva?

V. Desvi**ai** o vosso o**lhar** dos meus pecados.
R. E apa**gai** todas as **mi**nhas transgres**sões!**

Oração das Quinze Horas

Ant. Sejamos **fir**mes na prova**ção:** Sua justiça é nossa **for**ça.

Leitura breve Is 58,6a.7

Acaso o jejum que prefiro não é outro: não é repartir o pão com o faminto, acolher em casa os pobres e peregrinos? Quando encontrares um nu, cobre-o, e não desprezes a tua carne.

Segunda-feira

V. Meu sacrifício é minha **alma peniten**te.
R. Não despre**zeis** um cora**ção** arrepen**did**o!

Oração como nas Laudes.

Vésperas

Leitura breve   Rm 12,1-2

Pela misericórdia de Deus, eu vos exorto, irmãos, a vos oferecerdes em sacrifício vivo, santo e agradável a Deus: Este é o vosso culto espiritual. Não vos conformeis com o mundo, mas transformai-vos, renovando vossa maneira de pensar e de julgar, para que possais distinguir o que é da vontade de Deus, isto é, o que é bom, o que lhe agrada, o que é perfeito.

Responsório breve

R. Clamo de **to**do cora**ção**:
   * Respon**dei**-me, ó Se**nhor!** **R.** Clamo.
V. Hei de fa**zer** vossa vonta**de.** * Respon**dei**-me.
   Glória ao **Pai.** **R.** Clamo.

Cântico evangélico, ant.

O que fi**zes**tes ao me**nor** dos meus ir**mãos**,
foi a mim **mes**mo que o fi**zes**tes, diz Je**sus**.

Preces

Invoquemos ao Senhor Jesus Cristo que fez de nós o seu povo libertando-nos do pecado; e oremos humildemente:

R. Jesus, filho de Davi, tende piedade de nós!

Ó Cristo, lembrai-vos da vossa santa Igreja, pela qual vos entregastes à morte para santificá-la na água da purificação espiritual e na palavra da vida:
— renovai-a sem cessar e purificai-a pela penitência.   **R.**

Bom Mestre, mostrai aos jovens o caminho que escolhestes para cada um deles,

88 1ª Semana da Quaresma

–para que sigam generosamente o vosso chamado e sejam felizes.

R. **Jesus, filho de Davi, tende piedade de nós!**

Vós, que tivestes compaixão de todos os doentes que vos procuraram, dai esperança aos nossos enfermos e curai-os,
–e fazei-nos solícitos e generosos para com todos os que sofrem. R.

Despertai em nós a consciência da dignidade de filhos de Deus que recebemos pelo batismo,
–e tornai-nos cada vez mais conformes à vossa vontade. R.
(intenções livres)

Dai aos nossos irmãos e irmãs falecidos a vossa paz e a glória eterna,
–e reuni-nos um dia com eles no vosso Reino. R.

Pai nosso...

Oração

Convertei-nos, ó Deus, nosso salvador, e, para que a celebração da Quaresma nos seja útil, iluminai-nos com a doutrina celeste. Por nosso Senhor Jesus Cristo, vosso Filho, na unidade do Espírito Santo.

TERÇA-FEIRA

Ofício das Leituras

V. Eis o **tempo** de conversão!
R. Eis o **dia** da salvação!

Primeira leitura
Do Livro do Êxodo 6,29-7,25

A primeira praga do Egito

6,29O Senhor disse a Moisés: "Eu sou o Senhor. Dize ao Faraó, rei do Egito, tudo o que eu te disse". 30Moisés respondeu ao Senhor: "Mas eu tenho dificuldade de falar. Como me ouvirá o Faraó?"

Terça-feira

7,1 O Senhor disse a Moisés: "Olha, eu faço de ti um Deus para o Faraó, e Aarão, teu irmão, será teu profeta. 2 Dirás tudo o que eu te mandar, e ele falará ao Faraó para que deixe sair de sua terra os filhos de Israel. 3 Eu vou endurecer o coração do Faraó, e multiplicar meus sinais e meus prodígios na terra do Egito. 4 Ele não vos ouvirá. Mas eu estenderei minha mão sobre o Egito e farei sair do Egito meu exército e meu povo, os filhos de Israel, por meio dos maiores castigos. 5 E os egípcios saberão que eu sou o Senhor, quando eu estender minha mão sobre o Egito e fizer sair do meio deles os filhos de Israel".

6 Moisés e Aarão fizeram exatamente como o Senhor lhes havia ordenado. 7 Moisés tinha oitenta anos, e Aarão oitenta e três, quando falaram ao Faraó.

8 O Senhor disse a Moisés e Aarão: 9 "Quando o Faraó vos disser: 'Fazei algum prodígio' , dirás a Aarão: 'Toma a tua vara e lança-a por terra diante do Faraó e ela se transformará em serpente '". 10 Moisés e Aarão apresentaram-se ao Faraó e fizeram como o Senhor havia ordenado. Aarão lançou por terra a vara diante do Faraó e de seus servos, e ela transformou-se em serpente.

11 Mas o Faraó chamou sábios e feiticeiros, e também eles, os magos do Egito, fizeram o mesmo com seus encantamentos. 12 Lançaram por terra cada um deles as suas varas, que se transformaram em serpentes. Mas a vara de Aarão engoliu as suas varas. 13 Todavia, o coração do Faraó ficou inflexível, e ele não os ouviu, conforme o Senhor tinha predito.

14 O Senhor disse, então, a Moisés: "O coração do Faraó se endureceu, pois ele não quer deixar o povo partir. 15 Vai ter com ele amanhã cedo. Quando ele sair para a água, estarás à sua espera à beira do rio, levando contigo a vara que se transformou em serpente. 16 E lhe dirás: O Senhor, o Deus dos hebreus, enviou-me a ti, dizendo: 'Deixa o meu povo partir, para me oferecer sacrifícios no deserto', e tu até agora não

me quiseste ouvir. [17]Portanto, assim diz o Senhor: 'Nisto saberás que eu sou o Senhor: com a vara que tenho na mão, vou bater nas águas do Nilo, e elas se mudarão em sangue. [18]Os peixes que há no rio morrerão, e as águas ficarão tão poluídas que os egípcios não poderão beber da água do Nilo'".

[19]O Senhor disse a Moisés: "Dize a Aarão: 'Toma a tua vara e estende a mão sobre as águas do Egito, dos seus rios, canais e pântanos, e de todos os seus reservatórios de água, para que elas se transformem em sangue. E haverá sangue em todo o país do Egito, até mesmo nas vasilhas de madeira e nos recipientes de pedra'". [20]Moisés e Aarão fizeram como o Senhor lhes havia ordenado. E, diante do Faraó e dos seus servos, erguendo a vara, Aarão feriu a água do rio, que se transformou em sangue. [21]E morreram os peixes que havia no rio, e o rio ficou poluído; de modo que os egípcios não puderam beber da sua água, e houve sangue em toda a terra do Egito.

[22]Mas os magos do Egito fizeram o mesmo com seus encantamentos; o coração do Faraó se endureceu e ele não atendeu a Moisés e Aarão, conforme o Senhor tinha dito. [23]E o Faraó retirou-se para o seu palácio, sem dar atenção àquilo. [24]Os egípcios cavaram nas proximidades do rio à procura de água potável, pois não podiam beber da água do rio. [25]E passaram-se sete dias depois que o Senhor feriu o rio Nilo.

Responsório   cf. Ap 16,4-5.6.7

R. O **an**jo derra**mou** sua **ta**ça sobre os **ri**os,
   e os **ri**os viraram **san**gue.
   E o**u**vi o anjo, **di**zen**do**:
   Justo e **san**to sois, **Se**nhor, que jul**gas**tes com jus**ti**ça,
 * **Por**que **es**tes derra**ma**ram sangue de **san**tos e pro**fe**tas.
V. E ou**vi** um outro **an**jo que **di**zia do al**tar**:
   Sim, ó **Deus** onipo**ten**te, verda**dei**ros e cor**re**tos
   são os **vos**sos jul**ga**mentos. * **Por**que **es**tes.

Segunda Leitura

Do Tratado sobre a Oração do Senhor, de São Cipriano, bispo e mártir

(Cap. 1-3: CSEL 3,267-268)   (Séc. III)

Quem nos deu a vida também nos ensinou a orar

Os preceitos evangélicos, irmãos caríssimos, não são outra coisa que ensinamentos divinos, fundamentos para edificar a esperança, bases para consolidar a fé, alimento para revigorar o coração, guias para mostrar o caminho, garantias para obter a salvação. Enquanto instruem na terra os espíritos dóceis dos que creem, eles os conduzem para o Reino dos Céus.

Outrora quis Deus falar e fazer-nos ouvir de muitas maneiras pelos profetas, seus servos. Mas muito mais sublime é o que nos diz o Filho, a Palavra de Deus, que já estava presente nos profetas e agora dá testemunho pela sua própria voz. Ele não manda mais preparar o caminho para aquele que há de vir, mas vem, ele próprio, mostrar-nos e abrir-nos o caminho para que nós, outrora cegos e imprevidentes, errantes nas trevas da morte, iluminados agora pela luz da graça, sigamos o caminho da vida, sob a proteção e guia do Senhor.

Entre as exortações salutares e os preceitos divinos com que orienta seu povo para a salvação, o Senhor ensinou o modo de orar e nos instruiu e aconselhou sobre o que havemos de pedir. Quem nos deu a vida, também nos ensinou a orar com a mesma bondade com que se dignou conceder-nos tantos outros benefícios, a fim de que, dirigindo-nos ao Pai com a súplica e oração que o Filho nos ensinou, sejamos mais facilmente ouvidos.

Jesus havia predito que chegaria a hora em que os verdadeiros adoradores adorariam o Pai em espírito e em verdade. E cumpriu o que prometera. De fato, tendo nós recebido por sua graça santificadora o Espírito e a verdade, podemos adorar a Deus verdadeira e espiritualmente segundo os seus ensinamentos.

Pode haver, com efeito, oração mais espiritual do que aquela que nos foi ensinada por Cristo, que também nos enviou o Espírito Santo? Pode haver prece mais verdadeira aos olhos do Pai do que aquela que saiu dos lábios do próprio Filho que é a Verdade? Assim, orar de maneira diferente da que o Senhor nos ensinou não é só ignorância, mas também culpa, pois ele mesmo disse: *Anulais o mandamento de Deus a fim de guardar as vossas tradições* (cf. Mc 7,9).

Oremos, portanto, irmãos caríssimos, como Deus, nosso Mestre, nos ensinou. A oração agradável e querida por Deus é a que rezamos com as suas próprias palavras, fazendo subir aos seus ouvidos a oração de Cristo.

Reconheça o Pai as palavras de seu Filho, quando oramos. Aquele que habita interiormente em nosso coração, esteja também em nossa voz; e já que o temos junto ao Pai como advogado por causa de nossos pecados, digamos as palavras deste nosso advogado quando, como pecadores, suplicarmos por nossas faltas. Se ele disse que tudo o que pedirmos ao Pai em seu nome nos será dado (cf. Jo 14,13), quanto mais eficaz não será a nossa súplica para obtermos o que pedimos em nome de Cristo, se pedirmos com sua própria oração!

Responsório

R. Até **agora** não pe**dis**tes coisa al**gu**ma em meu **no**me.
 * Pe**di** e recebe**reis** e tereis **ple**na ale**gri**a.
V. O que pe**dir**des ao meu **Pai,** em meu **no**me, eu vos da**rei,**
 para que **se**ja, assim, o **Pai** glorifi**ca**do no seu **Fi**lho.
 * Pe**di.**
Oração como nas Laudes.

Terça-feira

Laudes

Leitura breve — Jl 2,12-13

Voltai para mim com todo o vosso coração, com jejuns, lágrimas e gemidos; rasgai o coração, e não as vestes; e voltai para o Senhor, vosso Deus; ele é benigno e compassivo, paciente e cheio de misericórdia, inclinado a perdoar o castigo.

Responsório breve

R. Curai-me, ó Deus **Santo,**
* Pois pe**quei** contra **vós!** R. Curai-me.
V. Tende pie**da**de de **mim**, reno**vai**-me! * Pois pe**quei.**
Glória ao **Pai.** R. Curai-me.

Cântico evangélico, ant.

Ensi**nai**-nos, Se**nhor**, a re**zar**,
como aos **seus** ensi**nou** João Ba**tista**!

Preces

Bendigamos a Cristo, que se deu a nós como pão descido do céu; e oremos, dizendo:

R. **Cristo, pão da vida e remédio que nos salva, dai-nos vossa força!**

Senhor, que nos alimentais na vossa ceia eucarística,
– dai-nos a plena participação nos frutos do sacrifício pascal.
R.

Ensinai-nos a acolher vossa palavra num coração bom e reto,
– para darmos frutos na paciência. R.

Fazei que colaboremos alegremente convosco na construção do mundo,
– a fim de que o anúncio da paz se difunda mais eficazmente pela ação da Igreja. R.

Reconhecemos, Senhor, que somos pecadores;
– apagai nossas culpas com a graça da vossa salvação. R.

(intenções livres)

Pai nosso...

Oração

Olhai, ó Deus, vossa família, e fazei crescer no vosso amor aqueles que agora se mortificam pela penitência corporal. Por nosso Senhor Jesus Cristo, vosso Filho, na unidade do Espírito Santo.

Hora Média

Oração das Nove Horas

Ant. Chegou o **tempo** de peni**tên**cia,
de conver**são** e de salva**ção**.

Leitura breve   Jl 2,17

Chorem, postos entre o vestíbulo e o altar, os ministros sagrados do Senhor, e digam: "Perdoa, Senhor, a teu povo, e não deixes que esta tua herança sofra infâmia e que as nações a dominem".

V. Criai em **mim** um cora**ção** que seja pu**ro**.
R. Dai-me de **no**vo um es**pí**rito decidido!

Oração das Doze Horas

Ant. Por minha **vi**da, diz o **Senhor**,
não quero a **mor**te do peca**dor**,
mas que ele **vol**te e tenha a **vi**da.

Leitura breve   Jr 3,25b

Nós ofendemos o Senhor, nosso Deus, nós e nossos pais, desde a juventude até ao dia de hoje, não escutamos a voz do Senhor, nosso Deus.

V. Desvi**ai** o vosso o**lhar** dos meus pe**ca**dos.
R. E apa**gai** todas as **mi**nhas transgres**sões**!

Oração das Quinze Horas

Ant. Sejamos **fir**mes na prova**ção**: Sua jus**ti**ça é nossa **for**ça.

Terça-feira

Leitura breve   Is 58,1-2a

Grita forte, sem cessar, levanta a voz como trombeta e denuncia os crimes do meu povo e os pecados da casa de Jacó. Buscam-me cada dia e desejam conhecer meus propósitos, como gente que pratica a justiça e não abandonou a lei de Deus.

V. Meu sacrifício é minha **alma** peni**ten**te.

R. Não despre**zeis** um cora**ção** arrepen**di**do!

Oração como nas Laudes.

Vésperas

Leitura breve   Tg 2,14.17.18b

Meus irmãos, que adianta alguém dizer que tem fé, quando não a põe em prática? A fé seria então capaz de salvá-lo? A fé, se não se traduz em obras, por si só está morta. Tu, mostra-me a tua fé sem as obras, que eu te mostrarei a minha fé pelas obras!

Responsório breve

R. Ilumi**nai**-me, Se**nhor**, conforme a **vos**sa pala**v**ra,
 * Para que **eu** sempre **faça** a **vo**ssa vonta**de**!
   R. Ilumi**nai**-me.
V. Inclinai meu cora**ção** aos **vos**sos pre**cei**tos.* Para que **eu**. Glória ao **Pai**. R. Ilumi**nai**-me.

Cântico evangélico, ant.

Tu, po**rém**, quando rezares, fecha a **por**ta do teu **quar**to e em se**gre**do adora o **Pai**.

Preces

Imploremos a Cristo Senhor, que nos mandou vigiar e orar para não cairmos em tentação; e digamos confiantemente:

R. **Ouvi-nos, Senhor, e tende piedade!**

Cristo Jesus, que prometestes estar presente no meio daqueles que se reúnem para orar em vosso nome,
– ensinai-nos a orar sempre convosco ao Pai no Espírito Santo. **R.**

Celeste Esposo, purificai de todo pecado vossa amada Igreja,
– e fazei que ela viva sempre na esperança e na alegria do Espírito Santo. **R.**

Amigo do ser humano, tornai-nos solícitos pelo bem do próximo, como nos mandastes,
– a fim de que, por meio de nós, brilhe para todos a luz da vossa salvação. **R.**

Pai pacífico, dai ao mundo a vossa paz,
– para que em toda parte se faça mais sensível vossa presença salvadora. **R.**

(intenções livres)

Abri as portas da bem-aventurança eterna a todos os que morreram,
– e admiti-os na glória da eternidade. **R.**

Pai nosso...

Oração

Olhai, ó Deus, vossa família, e fazei crescer no vosso amor aqueles que agora se mortificam pela penitência corporal. Por nosso Senhor Jesus Cristo, vosso Filho, na unidade do Espírito Santo.

QUARTA-FEIRA

Ofício das Leituras

V. Conver**tei**-vos e mu**dai** a vossa **vi**da.
R. Reno**vai**-vos de es**pí**rito e cora**ção**.

Primeira leitura
Do Livro do Êxodo
10,21–11,10

Praga das trevas e anúncio da morte dos primogênitos

[21]O Senhor disse a Moisés: "Estende a mão para o céu, e haja trevas sobre a terra do Egito, tão densas que se possam apalpar". [22]Moisés estendeu a mão para o céu, e, durante três dias, houve trevas horríveis em toda a terra do Egito. [23]Ninguém podia ver seu irmão, nem mover-se do lugar onde estava, durante três dias. Mas, onde quer que habitassem os filhos de Israel, havia luz.

[24]O Faraó mandou buscar Moisés e Aarão e lhes disse: "Ide e sacrificai ao Senhor; só vossas ovelhas e vossos bois ficarão; as vossas crianças também poderão ir convosco". [25]Moisés respondeu: "Mesmo que nos desses as vítimas dos sacrifícios e dos holocaustos, que vamos oferecer ao Senhor, nosso Deus, [26]os nossos rebanhos deverão ir conosco. Deles não ficará nenhuma rês, porque é deles que devemos tomar tudo que é necessário para o culto ao Senhor, nosso Deus; até porque, enquanto não chegarmos lá, ignoramos o que deveremos oferecer ao Senhor".

[27]Mas o Senhor endureceu o coração do Faraó, e ele não quis deixá-los partir. [28]O Faraó disse a Moisés: "Afasta-te de mim, e cuida de não tornares a ver a minha face, pois, no dia em que me apareceres, morrerás!"

[29]Moisés respondeu: "Assim se fará, como disseste: não verei mais a tua face".

[11,1]O Senhor disse a Moisés: "Mandarei mais uma praga ainda sobre o Faraó e sobre o Egito. Depois disso, ele vos deixará ir embora; e mais: ele mesmo vos obrigará a sair daqui. [2]Dize, pois, ao povo que cada homem peça ao vizinho, e cada mulher à vizinha, objetos de prata e de ouro". [3]O Senhor fez com que o povo conquistasse as boas graças dos egípcios. Também Moisés era um homem muito considerado

98   1ª Semana da Quaresma

na terra do Egito pelos servos do Faraó e por todo o seu povo.

⁴Moisés disse: "Assim diz o Senhor: À meia-noite farei uma incursão pelo Egito, ⁵e morrerão todos os primogênitos na terra dos egípcios, desde o primogênito do Faraó, que se assenta sobre o seu trono, até ao primogênito da escrava que faz girar a mó, e a todos os primogênitos dos animais. ⁶E haverá, então, em toda a terra do Egito, um clamor tal como nunca houve nem haverá jamais. ⁷Mas, quanto aos filhos de Israel, não se ouvirá sequer um cão rosnar, nem contra os homens nem contra os animais, para que saibas com que grande milagre o Senhor distingue entre egípcios e israelitas. ⁸Então todos estes teus servos virão procurar-me e se prostrarão diante de mim, dizendo: 'Vai-te, tu e todo o povo que te segue'. Depois disso, partirei". E Moisés, fervendo de cólera, retirou-se da presença do Faraó.

⁹O Senhor disse a Moisés: "O Faraó não vos ouvirá para que se multipliquem os meus prodígios na terra do Egito". ¹⁰Moisés e Aarão realizaram todos estes prodígios diante do Faraó; mas o Senhor endureceu o coração do Faraó, e ele não deixou que os filhos de Israel saíssem da sua terra.

Responsório   cf. Sb 18,4; 17,20; 18,1
R. Mereciam ser privados da **luz**
   os que encerraram em prisões vossos **filhos**,
 * Por cujo **meio** deveria iniciar-se
   a luz da **lei** imperecível, neste **mun**do.
V. Sobre os **egíp**cios se estendia uma pesada e densa **noi**te,
   mas aos **vos**sos escolhidos, uma **luz** de grande **bri**lho.
 * Por cujo.

Segunda leitura
Das Demonstrações de Afraates, bispo
   (Dem. 11, *De circumcisione*, 11-12: PS 1,498-503)

                                               (Séc. IV)

A circuncisão do coração

A lei e a aliança foram totalmente mudadas. Primeiramente Deus substituiu o pacto com Adão por outro que estabeleceu com Noé; e ainda estabeleceu outro com Abraão, substituindo-o depois por um novo, feito com Moisés. Como a aliança mosaica não era observada, ao chegar a plenitude dos tempos, Deus firmou uma aliança que não seria mais mudada. Com efeito, a Adão Deus ordenara não comer da árvore da vida, a Noé dera o arco-íris, a Abraão, já escolhido por causa da sua fé, deu mais tarde a circuncisão, como sinal característico de seus descendentes; a Moisés deu o cordeiro pascal para ser imolado como propiciação pelo povo.

Todas essas alianças eram diferentes umas das outras. Mas a circuncisão que agrada ao autor de todas elas é aquela de que fala Jeremias: *Circuncidai o vosso coração* (Jr 4,4). Pois se o pacto estabelecido por Deus com Abraão foi firme, também este é firme e imutável e não seria possível estabelecer depois outra lei, seja por parte dos que estão fora da Lei ou dos que a ela estão submetidos.

O Senhor deu a lei a Moisés, com todas as suas observâncias e preceitos; como não cumpriram, anulou a lei e seus preceitos e prometeu fazer uma nova aliança, que seria, como disse, diferente da primeira, embora fosse um só o doador de ambas. E é esta a aliança que prometeu dar: *Todos se reconhecerão, do menor ao maior deles* (Jr 31,34). Nessa aliança não há mais a circuncisão da carne como sinal de pertença a seu povo.

Sabemos com certeza, caríssimos irmãos, que durante várias gerações Deus estabeleceu leis que estiveram em vigor enquanto foi de seu agrado, e que mais tarde caíram em desuso, como disse o Apóstolo: "No passado, o Reino de Deus assumiu formas diversas, segundo os diversos tempos".

1ª Semana da Quaresma

O nosso Deus é veraz e os seus preceitos são fidelíssimos. Por isso, cada uma das alianças foi em seu tempo firme e verdadeira. Agora, os circuncisos de coração têm a vida por meio da nova circuncisão que se realiza no verdadeiro Jordão, isto é, por meio do batismo para a remissão dos pecados.

Josué, filho de Nun, com uma faca de pedra circuncidou o povo pela segunda vez, quando ele e seu povo atravessaram o rio Jordão. Jesus, nosso Salvador, circuncidou pela segunda vez, com a circuncisão do coração, os povos que nele creram purificados pelo batismo e circuncidados com a espada que é *a palavra de Deus, mais cortante do que qualquer espada de dois gumes* (Hb 4,12).

Josué, filho de Nun, introduziu o povo na terra da promissão; Jesus, nosso Salvador, prometeu a terra da vida a todos que atravessassem o Jordão, cressem nele e fossem circuncidados no coração.

Felizes, portanto, os que foram circuncidados em seu coração e renasceram das águas da segunda circuncisão! Estes receberão a herança prometida, juntamente com Abraão, guia fiel e pai de todos os povos, porque a sua fé lhe foi atribuída como justiça.

Responsório   cf. Hb 8,8b.10b; cf. 2Cor 3,3

R. Hei de fazer nova aliança com a casa de Israel,
colocando em suas mentes minhas leis e mandamentos.
 * Escreverei as minhas leis em seus próprios corações;
não com tinta escreverei,
mas com o Espírito do Deus vivo;
V. Não em tábuas de pedra, mas em tábuas de carne
que são vossos corações. * Escreverei.

Oração como nas Laudes.

Laudes

Leitura breve — Dt 7,6b.8-9

O Senhor, teu Deus, te escolheu dentre todos os povos da terra, para seres o seu povo preferido, porque o Senhor vos amou e quis cumprir o juramento que fez a vossos pais. Foi por isso que o Senhor vos fez sair com mão poderosa, e vos resgatou da casa da escravidão, das mãos do Faraó, rei do Egito. Saberás, pois, que o Senhor, teu Deus, é o único Deus, um Deus fiel, que guarda a aliança e a misericórdia até mil gerações, para aqueles que o amam e observam seus mandamentos.

Responsório breve

R. **Deus** nos **a**mou por pri**mei**ro.

  *Ele **fez** Ali**an**ça co**nos**co. R. **Deus** nos **a**mou.

V. Sem me**di**da é a **su**a ter**nu**ra. *Ele **fez.**

  Glória ao **Pai.** R. **Deus** nos **a**mou.

Cântico evangélico, ant.

Esta per**ver**sa e depra**va**da gera**ção**
está pe**din**do um si**nal** vindo dos **céus;**
nenhum si**nal** lhe se**rá** oferecido,
a não **ser** o de **Jo**nas, o Profeta.

Preces

Bendigamos o Autor da nossa salvação, que quis renovar o ser humano em si mesmo, para que as coisas antigas passassem e tudo se fizesse novo. Apoiados nesta esperança viva, roguemos:

R. **Senhor, renovai-nos com o vosso Espírito!**

Senhor, que nos prometestes um novo céu e uma nova terra, renovai-nos sem cessar por vosso Espírito Santo,
— para que gozemos eternamente da vossa presença na nova Jerusalém. R.

102 1ª Semana da Quaresma

Concedei-nos colaborar convosco para infundir no mundo o vosso Espírito,
– e atrair mais eficazmente para a cidade terrena a justiça, a caridade e a paz.

R. **Senhor, renovai-nos com o vosso Espírito!**

Ensinai-nos a corrigir nossa fraqueza e negligência,
– e a procurar de todo o coração os bens eternos. R.

Livrai-nos, Senhor, de todo o mal,
– e preservai-nos do fascínio da vaidade, que obscurece a mente e oculta os verdadeiros valores. R.

(intenções livres)

Pai nosso...

Oração

Considerai, ó Deus, com bondade o fervor do vosso povo. E, enquanto mortificamos o corpo, sejamos espiritualmente fortalecidos pelos frutos das boas obras. Por nosso Senhor Jesus Cristo, vosso Filho, na unidade do Espírito Santo.

Hora Média

Oração das Nove Horas

Ant. Chegou o **tem**po de penit**ên**cia,
de conver**são** e de salva**ção**.

Leitura breve Ez 18,30b-32

Arrependei-vos, convertei-vos de todas as vossas transgressões, a fim de não terdes ocasião de cair em pecado. Afastai-vos de todos os pecados que praticais. Criai para vós um coração novo e um espírito novo. Por que haveis de morrer, ó casa de Israel? Pois eu não sinto prazer na morte de ninguém – oráculo do Senhor Deus. Convertei-vos e vivereis!

V. Criai em **mim** um cora**ção** que seja **pu**ro.
R. Dai-me de **no**vo um es**pí**rito deci**di**do!

Oração das Doze Horas

Ant. Por minha **vida**, diz o Se**nhor**,
não quero a **mor**te do peca**dor**,
mas que ele **vol**te e tenha a **vida**.

Leitura breve Zc 1,3b-4b

Voltai-vos para mim, diz o Senhor dos exércitos, e eu me voltarei para vós, diz o Senhor dos exércitos. Não sejais como os vossos pais, aos quais os antigos profetas gritavam: Assim fala o Senhor dos exércitos: Abandonai vossos maus caminhos e vossos maus pensamentos; mas não me ouviram.

V. Desvi**ai** o o**lhar** dos meus pe**ca**dos.
R. E apa**gai** todas as **minhas transgressões!**

Oração das Quinze Horas

Ant. Sejamos **fir**mes na prova**ção**: Sua justiça é nossa **for**ça.

Leitura breve Dn 4,24b

Expia teus pecados e injustiça com esmolas e obras de misericórdia em favor dos pobres; assim terás longa prosperidade.

V. Meu sacrifício é minha **alma** peni**ten**te.
R. Não despre**zeis** um cora**ção** arrependido!

Oração como nas Laudes.

Vésperas

Leitura breve Fl 2,12b-15a

Trabalhai para a vossa salvação, com temor e tremor. Pois é Deus que realiza em vós tanto o querer como o fazer, conforme o seu desígnio benevolente. Fazei tudo sem reclamar ou murmurar, para que sejais livres de repreensão e ambiguidade, filhos de Deus sem defeito.

104 · 1ª Semana da Quaresma

Responsório breve

R. Em **Deus**, cuja Palavra me entusiasma,
 * Em **Deus** eu me apoio. R. Em **Deus**, cuja Palavra.
V. Nada **mais** me causa **me**do. * Em **Deus** eu me apoio.
 Glória ao **Pai**. R. Em **Deus,** cuja Palavra.

Cântico evangélico, ant.

Jonas esteve por três **di**as e três **noi**tes
no **ven**tre de um **pei**xe;
assim tam**bém** o Filho do **Ho**mem fica**rá**
no cora**ção** da nossa **ter**ra.

Preces

Aclamemos o Deus todo-poderoso e previdente, que conhece todas as nossas necessidades, mas quer que busquemos, antes de tudo, o seu Reino. Rezemos, dizendo:

R. **Senhor, venha a nós o vosso Reino e a sua justiça!**

Pai santo, que nos destes Jesus Cristo como Pastor de nossas almas, assisti os pastores da Igreja e o povo a eles confiado,
– para que não falte ao rebanho a solicitude dos seus pastores nem aos pastores a obediência de suas ovelhas. R.

Aumentai a caridade dos cristãos, para que ajudem os doentes com amor fraterno,
– e socorram neles o vosso próprio Filho, Jesus Cristo. R.

Fazei que ingressem na vossa Igreja os que ainda não creem no Evangelho,
– para que, pelo exemplo das boas obras, a façam crescer na caridade. R.

Dai a nós pecadores a contrição sincera das nossas culpas,
– e a reconciliação perfeita convosco e com a vossa Igreja.
R.
(intenções livres)

Quinta-feira 105

Concedei a vida eterna aos nossos irmãos e irmãs que morreram,
– para que vivam eternamente na vossa presença. R.

Pai nosso...

Oração

Considerai, ó Deus, com bondade o fervor do vosso povo. E, enquanto mortificamos o corpo, sejamos espiritualmente fortalecidos pelos frutos das boas obras. Por nosso Senhor Jesus Cristo, vosso Filho, na unidade do Espírito Santo.

QUINTA-FEIRA

Ofício das Leituras

V. Quem medita a lei de **Deus**
R. Dará **fru**tos a seu **tempo**.

Primeira leitura

Do Livro do Êxodo 12,1-20

A Páscoa e os ázimos

¹O Senhor disse a Moisés e a Aarão no Egito: ²"Este mês será para vós o começo dos meses; será o primeiro mês do ano. ³Falai a toda a comunidade dos filhos de Israel, dizendo: 'No décimo dia deste mês, cada um tome um cordeiro por família, um cordeiro por casa. ⁴Se a família não for bastante numerosa para comer um cordeiro, convidará também o vizinho mais próximo, de acordo com o número de pessoas. Deveis calcular o número de comensais, conforme o tamanho do cordeiro. ⁵O cordeiro será sem defeito, macho, de um ano. Podereis escolher tanto um cordeiro, como um cabrito: ⁶e devereis guardá-lo preso até ao dia catorze deste mês. Então toda a comunidade de Israel reunida o imolará ao cair da tarde. ⁷Tomareis um pouco do seu sangue e untareis os marcos e a travessa da porta, nas casas em que o comerdes. ⁸Comereis a carne nessa mesma noite, assada ao fogo, com pães ázimos e ervas amargas. ⁹Não comereis dele nada cru,

ou cozido em água, mas assado ao fogo, inteiro, com cabeça, pernas e vísceras. [10]Não deixareis nada para o dia seguinte: o que sobrar, devereis queimá-lo ao fogo. [11]Assim devereis comê-lo: com os rins cingidos, sandálias nos pés e cajado na mão. E comereis às pressas, pois é a Páscoa do Senhor!

[12]Naquela noite passarei pela terra do Egito e ferirei na terra do Egito todos os primogênitos, desde os homens até os animais; e infligirei castigos contra todos os deuses do Egito, eu, o Senhor. [13]O sangue servirá de sinal nas casas onde estiverdes. Ao ver o sangue, passarei adiante, e não vos atingirá a praga exterminadora, quando eu ferir a terra do Egito. [14]Este dia será para vós uma festa memorável em honra do Senhor, que haveis de celebrar por todas as gerações, como instituição perpétua.

[15]Durante sete dias comereis pães ázimos. Desde o primeiro dia fareis desaparecer o fermento de vossas casas, pois quem comer pão fermentado, do primeiro ao sétimo dia, será eliminado de Israel.

[16]O primeiro dia será santo e solene, e o sétimo dia será de festa igualmente venerável. Nesses dias não fareis nenhum trabalho, exceto os que forem de preparação da vossa comida.

[17]E observareis a festa dos Ázimos, pois foi nesse mesmo dia que eu fiz sair vossos exércitos do Egito. Guardareis esse dia, por todas as gerações, como instituição perpétua. [18]Comereis pães ázimos desde a tarde do dia catorze do primeiro mês, até a tarde do dia vinte e um desse mesmo mês. [19]Durante sete dias não haja fermento em vossas casas; pois quem comer pão fermentado será eliminado da comunidade de Israel, seja estrangeiro ou natural do país. [20]Não comereis coisa alguma fermentada; em todas as vossas moradas comereis pães ázimos".

Responsório   cf. Ap 5,8.9; cf. 1Pd 1,18.19

R. Os anciãos, recebendo o livro,
    prostraram-se ante o Cordeiro
    e cantaram um cântico novo:

Quinta-feira

* Vós **fostes** por **nós** imolado,
para **Deus** nos re**miu** vosso **sangue**.
V. Não **foi** nem com **ouro** nem **prata**
que **fostes** re**mi**dos, irmãos;
mas **sim** pelo **sangue** precioso de **Cristo**,
o Cor**deiro** sem man**cha**.* Vós **fostes**.

Segunda Leitura

Das Homílias de Santo Astério de Amaseia, bispo

(Hom. 13: PG 40,355-358.362)   (Séc. V)

Imitemos o exemplo de Cristo como pastor

Se quereis parecer-vos com Deus porque fostes criados
à sua imagem, imitai o seu exemplo. Se sois cristãos, nome
que já é uma proclamação de caridade, imitai o amor de
Cristo.

Considerai as riquezas de sua bondade. Estando para
vir como homem ao meio dos homens, enviou à sua frente
João, como pregoeiro e exemplo de penitência; e antes de
João, tinha enviado todos os profetas para ensinarem aos
homens o arrependimento, a volta ao bom caminho e a conversão a uma vida melhor.

Vindo, pouco depois, ele mesmo em pessoa, proclamou
com a sua voz: *Vinde a mim, todos vós que estais cansados e fatigados e eu vos darei descanso* (Mt 11,28). Como
acolheu ele os que ouviram a sua voz? Concedeu-lhes sem
dificuldade o perdão dos pecados e a imediata libertação de
seus sofrimentos. O Verbo os santificou, o Espírito os confirmou; o velho homem foi sepultado nas águas do batismo
e o novo, regenerado, resplandeceu pela graça.

Que conseguimos ainda? De inimigos de Deus, nos tornamos amigos; de estranhos, filhos; e de pagãos, santos e
piedosos.

Imitemos o exemplo de Cristo como pastor. Contemplemos os evangelhos e vendo neles, como num espelho, o

exemplo de sua solicitude e bondade, aprendamos a praticá-las.

Vejo ali, em parábolas e figuras, um pastor de cem ovelhas que, ao verificar que uma delas se afastara do rebanho e andava sem rumo, não permaneceu com as outras que pastavam tranquilamente. Saiu à sua procura, atravessando vales e florestas, transpondo altos e escarpados montes, percorrendo desertos, num esforço incansável até encontrá-la.

Tendo-a encontrado, não a castigou nem a obrigou com violência a voltar para o rebanho; pelo contrário, tomando-a nos ombros e tratando-a com doçura, levou-a para o aprisco, alegrando-se mais por esta única ovelha recuperada do que por todas as outras. Consideremos a realidade oculta na obscuridade da parábola. Nem esta ovelha nem este pastor são propriamente uma ovelha e um pastor; são imagem de uma realidade mais profunda.

Há nesses exemplos um ensinamento sagrado: nunca devemos considerar os homens como perdidos e sem esperança de salvação, nem deixar de ajudar com todo empenho os que se encontram em perigo nem demorar em prestar-lhes auxílio. Pelo contrário, reconduzamos ao bom caminho os que se afastaram da verdadeira vida e alegremo-nos com a sua volta à comunhão daqueles que vivem reta e piedosamente.

Responsório   cf. Zc 7,9; Mt 6,14

R. Respeite cada **um** o direito e a justiça,
  * E **trate** seu irmão com **amor** e compaixão.
V. Se aos **outros** perdoardes suas **faltas**,
  vosso **Pai** vos perdoará vossas ofensas. * E **trate**.

Oração como nas Laudes.

Quinta-feira 109

Laudes

Leitura breve cf. 1Rs 8,51-53a

Nós somos, Senhor, teu povo e tua herança. Teus olhos estejam abertos à súplica do teu servo e do teu povo, Israel, escutando-nos toda vez que te invocarmos. Pois tu nos separaste para ti como herança dentre todos os povos da terra.

Responsório breve

R. Nós somos vosso **povo**, ó Se**nhor**.

  * Miseri**cór**dia, Se**nhor**, a vós cla**ma**mos! R. Nós **so**mos.

V. Curva**dos** sob o **peso** dos pe**ca**dos,

  choramos de tristeza. * Miseri**cór**dia.

  Glória ao **Pai**. R. Nós **so**mos.

Cântico evangélico, ant.

Se **vós**, que sois tão **maus**,

dais o que é **bom** a vossos **filhos**,

quanto **mais** o Pai ce**les**te

o da**rá** a quem lhe **pe**de.

Preces

Louvemos a Cristo nosso Senhor, que se manifestou à humanidade como luz do mundo para que, seguindo-o, não andemos nas trevas, mas tenhamos a luz da vida; e lhe peçamos:

R. **Senhor, que a vossa palavra ilumine os nossos passos!**

Deus de bondade, fazei-nos imitar hoje o vosso exemplo,

– para que recuperemos em vós, novo Adão, o que perdemos no primeiro Adão. R.

A vossa palavra seja luz dos nossos passos,

– para que, realizando sempre as obras da verdade, aumente cada vez mais o nosso amor por vós. R.

Ensinai-nos a promover com retidão o bem de todos por causa do vosso nome,

– para que, por nosso intermédio, a Igreja ilumine cada vez melhor a família humana.

R. **Senhor, que a vossa palavra ilumine os nossos passos!**

Alimentai sempre mais em nós a vossa amizade, por meio de uma sincera conversão,

– para que expiemos as ofensas cometidas contra a vossa sabedoria e bondade.
R.
(intenções livres)

Pai nosso...

Oração

Dai-nos, ó Deus, pensar sempre o que é reto e realizá-lo com solicitude. E como só podemos existir em vós, fazei--nos viver segundo a vossa vontade. Por nosso Senhor Jesus Cristo, vosso Filho, na unidade do Espírito Santo.

Hora Média

Oração das Nove Horas

Ant. Chegou o **tempo** de peni**tência**,
de conver**são** e de salva**ção**.

Leitura breve
Is 55,6-7

Buscai o Senhor, enquanto pode ser achado; invocai-o, enquanto ele está perto. Abandone o ímpio seu caminho, e o homem injusto, suas maquinações; volte para o Senhor, que terá piedade dele, volte para nosso Deus, que é generoso no perdão.

V. Criai em **mim** um cora**ção** que seja **puro**.
R. Dai-me de **novo** um es**pírito** deci**dido**!

Oração das Doze Horas

Ant. Por minha **vida**, diz o Se**nhor**,
não quero a **morte** do peca**dor**,
mas que ele **volte** e tenha a **vida**.

Quinta-feira

Leitura breve — Dt 30,2-3a
Tu te converterás ao Senhor, teu Deus, com teus filhos, e obedecerás aos seus mandamentos com todo o teu coração e com toda a tua alma, conforme tudo o que hoje te ordeno. O Senhor, teu Deus, te fará voltar do cativeiro e se compadecerá de ti.

V. Desviai o vosso olhar dos meus pecados.
R. E apagai todas as minhas transgressões!

Oração das Quinze Horas

Ant. Sejamos firmes na provação: Sua justiça é nossa força.

Leitura breve — Hb 10,35-36
Não abandoneis a vossa coragem, que merece grande recompensa. De fato, precisais de perseverança para cumprir a vontade de Deus e alcançar o que ele prometeu.

V. Meu sacrifício é minha alma penitente.
R. Não desprezeis um coração arrependido.

Oração como nas Laudes.

Vésperas

Leitura breve — Tg 4,7-8.10
Obedecei a Deus, mas resisti ao diabo, e ele fugirá de vós. Aproximai-vos de Deus, e ele se aproximará de vós. Purificai as mãos, ó pecadores, e santificai os corações, homens dúbios. Humilhai-vos diante do Senhor, e ele vos exaltará.

Responsório breve
R. Senhor, atendei minha prece!
  * Meu clamor chegue a vós! R. Senhor.
V. Escutai-me, no dia em que chamo. * Meu clamor.
  Glória ao Pai. R. Senhor.

Cântico evangélico, ant.

Pedi e rece**bereis**, pro**curai** e acha**reis**,
ba**tei** e vos será a**ber**to.

Preces

Oremos a Cristo nosso Senhor, que nos deu o mandamento novo de nos amarmos uns aos outros como ele nos amou; e imploremos:

R. **Senhor, aumentai em nós o vosso amor!**

Bom Mestre, ensinai-nos a vos amar em nossos irmãos e irmãs,
— e a vos servir em cada um deles. R.

Vós, que na cruz pedistes ao Pai perdão para vossos algozes,
— ensinai-nos a amar os nossos inimigos e a orar pelos que nos persigam. R.

Pela participação no mistério do vosso Corpo e Sangue, aumentai em nós a caridade, a fortaleza e a confiança;
— sustentai os fracos, consolai os tristes e dai esperança aos agonizantes. R.

Cristo, Luz do mundo, que na piscina de Siloé destes a vista ao cego de nascença,
— iluminai os catecúmenos pelo sacramento do batismo e pela palavra da vida. R.

(intenções livres)

Concedei a plenitude do vosso amor aos que morreram,
— e contai-nos também entre os vossos escolhidos. R.

Pai nosso...

Oração

Dai-nos, ó Deus, pensar sempre o que é reto e realizá-lo com solicitude. E como só podemos existir em vós, fazei--nos viver segundo a vossa vontade. Por nosso Senhor Jesus Cristo, vosso Filho, na unidade do Espírito Santo.

SEXTA-FEIRA

Ofício das Leituras

V. **Voltai** ao S**e**nhor, vosso **Deus**.

R. Ele é **bom**, compa**ss**ivo e cle**men**te!

Primeira leitura
Do Livro do Êxodo 12,21-36

A morte dos primogênitos

Naqueles dias, 21 Moisés convocou todos os anciãos de Israel e lhes disse: "Ide, tomai um animal para cada uma das vossas famílias, e imolai a vítima da Páscoa. 22 Tomai um ramo de hissopo, molhai-o no sangue que estiver na bacia, e aspergi com ele os dois marcos e a travessa das portas. Mas ninguém de vós saia fora da porta da sua casa até o amanhecer. 23 Quando o Senhor passar pelo Egito para castigá-lo, e vir sangue sobre os marcos e as travessas das portas, passará adiante de vossas portas e não deixará que o exterminador entre em vossas casas e faça dano. 24 Observareis este preceito como decreto perpétuo para vós e vossos filhos. 25 E, quando tiverdes entrado na terra que o Senhor vos há de dar, conforme prometeu, observareis este rito. 26 E quando vossos filhos vos perguntarem: 'Que significa este rito?', 27 respondereis: 'É o sacrifício da Páscoa do Senhor, quando ele passou adiante das casas dos filhos de Israel no Egito, ferindo os egípcios e livrando as nossas casas'". Então o povo, ouvindo isso, prostrou-se e adorou. 28 E, saindo dali, os filhos de Israel fizeram o que o Senhor tinha mandado a Moisés e Aarão.

29 Era meia-noite, quando o Senhor feriu todos os primogênitos na terra do Egito, desde o primogênito do Faraó, que se assentava em seu trono, até ao primogênito do prisioneiro que estava no cárcere, e a todos os primogênitos dos animais. 30 O Faraó levantou-se de noite, e com ele todos os seus servos e todos os egípcios, e houve um grande clamor no

Egito, pois não havia casa onde não houvesse um morto. [31]O Faraó, chamando Moisés e Aarão de noite, disse: "Levantai-vos, saí do meio do meu povo, vós e os filhos de Israel; ide, oferecei sacrifícios ao Senhor, como dissestes. [32]Levai convosco também vossas ovelhas e vosso gado, como pedistes; e despedi-vos de mim e saí". [33]Os egípcios pressionavam o povo e insistiam com ele para que saísse depressa da sua terra, dizendo: "Morreremos todos!" [34]O povo teve de tomar a farinha amassada, antes que levedasse; e, envolvendo-a nas capas, a pôs sobre os ombros. [35]Além disso, os filhos de Israel fizeram o que Moisés lhes tinha dito, pedindo aos egípcios objetos de ouro e prata e grande quantidade de roupas. [36]O Senhor fez com que o povo encontrasse graça aos olhos dos egípcios, de maneira que estes lhes davam o que pediam; assim eles despojaram os egípcios.

Responsório   cf. Ex 12,7.13; cf. 1Pd 1,18.19

R. Com o **san**gue do co**r**de**i**ro marca**reis**
    os dois **pórticos** e os um**brais** de vossas **casas**.
   * Este **san**gue servi**rá** como si**n**al.
V. Não **foi** nem com **ouro**, nem **prat**a,
    que **fos**tes remi**dos**, ir**mãos**;
    mas **sim** pelo **san**gue precioso de **Cris**to,
    o Co**rdei**ro sem **man**cha.
   * Este **san**gue.

Segunda Leitura
Do "Espelho da Caridade", do Bem-aventurado Elredo, abade

(Lib. 3,5: PL 195,582)   (Séc. XII)

O amor fraterno a exemplo de Cristo

Nada nos impele tanto ao amor dos inimigos – e é nisso que consiste a perfeição do amor fraterno – do que considerar com gratidão a admirável paciência de Cristo, *o mais belo dos filhos dos homens* (Sl 44,3). Ele apresentou seu rosto cheio de beleza aos ultrajes dos ímpios; deixou-os velar seus olhos que governam o universo com um sinal; expôs seu corpo aos açoites; submeteu às pontadas dos espinhos sua cabeça, que faz tremer os principados e as potestades; entregou-se aos opróbrios e às injúrias; finalmente, suportou com paciência a cruz, os cravos, a lança, o fel e o vinagre, conservando em tudo a doçura, a mansidão e a serenidade.

Depois, *como cordeiro levado ao matadouro ou como ovelha diante dos que a tosquiam, ele não abriu a boca* (Is 53,7).

Ao ouvir esta palavra admirável, cheia de doçura, cheia de amor e de imperturbável serenidade: *Pai, perdoa-lhes!* (Lc 23,34), quem não abraçaria logo com todo o afeto os seus inimigos? *Pai, perdoa-lhes!* disse Jesus. Poderá haver oração que exprima maior mansidão e caridade?

Entretanto, Jesus não se contentou em pedir; quis ainda desculpar, e acrescentou: *Pai, perdoa-lhes! Eles não sabem o que fazem!* (Lc 23,34). São, na verdade, grandes pecadores, mas não sabem avaliar a gravidade de seu pecado. Por isso, *Pai, perdoa-lhes!* Crucificaram-me, mas não sabem a quem crucificaram, porque, *se soubessem, não teriam crucificado o Senhor da glória* (1Cor 2,8). Por isso, *Pai, perdoa-lhes!* Julgaram-me um transgressor da lei, um usurpador da divindade, um sedutor do povo. Ocultei-lhes a minha face, não reconheceram a minha majestade. Por isso, *Pai, perdoa-lhes! Eles não sabem o que fazem!*

Por conseguinte, se o homem quer amar-se a si mesmo com amor autêntico, não se deixa corromper por nenhum prazer da carne. Para não sucumbir a essa concupiscência da carne, dirija todo o seu afeto à admirável humanidade do Senhor. Para encontrar mais perfeito e suave repouso nas delícias da caridade fraterna, abrace também com verdadeiro amor os seus inimigos.

1ª Semana da Quaresma

Mas, para que esse fogo divino não arrefeça diante das injúrias, contemple sem cessar, com os olhos do coração, a serena paciência de seu amado Senhor e Salvador.

Responsório Is 53,12b; Lc 23,34

R. Ele **pró**prio entre**gou** a sua **vi**da
  e dei**xou**-se colo**car** entre os fa**cí**noras.
   *To**mou** nossos pe**ca**dos sobre **si**,
  interce**den**do em fa**vor** dos peca**do**res.
V. Jesus di**zia**, na **cruz**: Perdoai-lhes, ó **Pai**,
  pois não **sa**bem o que **fa**zem. *To**mou** nossos.

Oração como nas Laudes.

Laudes

Leitura breve Is 53,11b-12

Meu Servo, o justo, fará justos inúmeros homens, carregando sobre si suas culpas. Por isso, compartilharei com ele multidões e ele repartirá suas riquezas com os valentes seguidores, pois entregou o corpo à morte, sendo contado como um malfeitor; ele, na verdade, resgatava o pecado de todos e intercedia em favor dos pecadores.

Responsório breve

R. **Vós** nos resga**tas**tes, ó Se**nhor**!
   *Para **Deus** o vosso **san**gue nos re**miu**. R. **Vós** nos.
V. Dentre **to**das as **tri**bos e **lín**guas,
  dentre os **po**vos da **ter**ra e na**ções**. *Para **Deus**.
  Glória ao **Pai**. R. **Vós** nos.

Cântico evangélico, ant.

Se **vos**sa jus**ti**ça não supe**rar**
a justiça dos escribas e fariseus,
no **Rei**no dos **Céus** não en**tra**reis.

Sexta-feira

Preces

Demos graças a Cristo nosso Senhor que, morrendo na cruz, nos deu a vida; e de coração lhe peçamos:

R. **Pela vossa morte, Senhor, fazei-nos viver!**

Cristo nosso Mestre e Salvador, que nos ensinastes a vossa verdade, e nos renovastes pela vossa gloriosa Paixão,

– não nos deixeis cair na infidelidade do pecado. R.

Ensinai-nos a praticar a abstinência,

– para socorrer com nossos bens os irmãos necessitados. R.

Dai-nos a graça de viver santamente este dia de penitência quaresmal,

– e consagrá-lo a vós com obras de caridade fraterna. R.

Corrigi, Senhor, as nossas vontades rebeldes,

– e dai-nos um coração generoso e agradecido. R.

(intenções livres)

Pai nosso...

Oração

Concedei, ó Deus, que vossos filhos e filhas se preparem dignamente para a festa da Páscoa, de modo que a mortificação desta Quaresma frutifique em todos nós. Por nosso Senhor Jesus Cristo, vosso Filho, na unidade do Espírito Santo.

Hora Média

Oração das Nove Horas

Ant. Chegou o **tem**po de peni**tê**ncia,
de conver**são** e de salva**ção**.

Leitura breve Is 55,3

Inclinai vosso ouvido e vinde a mim, ouvi e tereis vida; farei convosco um pacto eterno, manterei fielmente as graças concedidas a Davi.

1ª Semana da Quaresma

V. Criai em **mim** um cora**ção** que seja **pu**ro.
R. Dai-me de **no**vo um espírito deci**di**do!

Oração das Doze Horas

Ant. Por minha **vi**da, diz o S**e**nhor,
não quero a **mor**te do pec**a**dor,
mas que ele **vol**te e tenha a **vi**da.

Leitura breve cf. Jr 3,12b-14a
Voltai, é o Senhor que chama, não desviarei de vós minha face, porque eu sou misericordioso, não estarei irado para sempre. Convertei-vos, filhos, que vos tendes afastado de mim, diz o Senhor.

V. Desvi**ai** o vosso o**lhar** dos meus pec**a**dos.
R. E apa**gai** todas as **mi**nhas transgres**sões**!

Oração das Quinze Horas

Ant. Sejamos **fir**mes na prova**ção**: Sua jus**ti**ça é nossa **for**ça.

Leitura breve Tg 1,27
A religião pura e sem mancha diante de Deus Pai é esta: assistir os órfãos e as viúvas em suas tribulações e não se deixar contaminar pelo mundo.

V. Meu sacri**fí**cio é minha **al**ma peni**ten**te.
R. Não despre**zeis** um cora**ção** arrepen**di**do!

Oração como nas Laudes.

Vésperas

Leitura breve Tg 5,16.19-20
Confessai uns aos outros os vossos pecados e orai uns pelos outros para alcançar a saúde. A oração fervorosa do justo tem grande poder. Meus irmãos, se alguém de vós se desviar da verdade e um outro o reconduzir, saiba este que aquele que reconduz um pecador desencaminhado salvará da morte a alma dele e cobrirá uma multidão de pecados.

Sexta-feira

Responsório breve

R. Curai-me, Senhor, ó Deus Santo,
 * Pois pequei contra vós. R. Curai-me.
V. Tende piedade de mim, renovai-me! * Pois pequei.
 Glória ao Pai. R. Curai-me.

Cântico evangélico, ant.

Se tu queres que agrade ao Senhor a tua oferta,
vai primeiro a teu irmão, reconcilia-te com ele,
e depois virás a Deus apresentar a tua oferta.

Preces

Elevemos nossas súplicas ao Senhor Jesus Cristo, que nos santificou com o seu sangue; e digamos:

R. **Senhor, tende compaixão do vosso povo!**

Jesus, Redentor nosso, pelos méritos da vossa Paixão, dai aos vossos fiéis o espírito de penitência, sustentai-os no combate contra o mal e reavivai a sua esperança,
– para que se disponham para celebrar mais santamente a vossa Ressurreição. R.

Fazei que os cristãos, exercendo sua missão profética, anunciem por toda parte o Evangelho do Reino,
– e o confirmem com seu testemunho de fé, esperança e caridade. R.

Confortai os aflitos com a força do vosso amor,
– e fazei que saibamos consolá-los com nossa solicitude fraterna. R.

Ensinai-nos a levar nossa cruz em união com os vossos sofrimentos,
– para que manifestemos em nós mesmos a vossa salvação. R.

(intenções livres)

Autor da vida, lembrai-vos daqueles que partiram deste mundo,
– e concedei-lhes a glória da ressurreição.
R. **Senhor, tende compaixão do vosso povo!**

Pai nosso...

Oração

Concedei, ó Deus, que vossos filhos e filhas se preparem dignamente para a festa da Páscoa, de modo que a mortificação desta Quaresma frutifique em todos nós. Por nosso Senhor Jesus Cristo, vosso Filho, na unidade do Espírito Santo.

SÁBADO

Ofício das Leituras

V. Quem pratica a ver**da**de se **põe** junto à **luz**.
R. E suas obras de **fi**lho de **Deus** se revelam.

Primeira leitura
Do Livro do Êxodo   12,37-49; 13,11-16

Partida dos hebreus.
Leis sobre a Páscoa e os primogênitos

Naqueles dias,[12,37] os filhos de Israel partiram de Ramsés para Sucot. Eram cerca de seiscentos mil homens a pé, sem contar as crianças. [38] Além disso, uma multidão numerosa subiu com eles, assim como rebanhos consideráveis de ovelhas e bois. [39] Com a massa trazida do Egito fizeram pães ázimos, já que a massa não pudera fermentar, pois foram expulsos do Egito, e não tinham podido esperar, nem preparar provisões para si.
[40] A permanência dos filhos de Israel no Egito foi de quatrocentos e trinta anos. [41] No mesmo dia em que se concluíam os quatrocentos e trinta anos, todos os exércitos do Senhor saíram da terra do Egito. [42] Aquela foi uma noite

de vigília para o Senhor, quando os fez sair da terra do Egito: essa noite em honra do Senhor deve ser observada por todos os filhos de Israel em todas as suas gerações.

[43] O Senhor disse a Moisés e a Aarão: "Esta é a prescrição da Páscoa. Nenhum estrangeiro dela poderá comer. [44] Todo o escravo comprado a dinheiro, depois de circuncidado, poderá comê-la. [45] O hóspede e o mercenário não poderão participar dela. [46] O cordeiro será consumido numa só casa. Não levareis para fora das casas nenhum pedaço de sua carne, nem lhe quebrareis osso algum. [47] Toda a comunidade dos filhos de Israel celebrará a Páscoa. [48] Se o estrangeiro que vive contigo quiser celebrar a Páscoa do Senhor, fará circuncidar todos os homens da sua família, e então a celebrará segundo o rito e será como um nativo do país; porém, se algum não for circuncidado, dela não comerá. [49] A mesma lei servirá para o nativo do país e para o estrangeiro que vive convosco".

[13,11] "E quando o Senhor te houver introduzido na terra dos cananeus e a tiver dado a ti, conforme te jurou e a teus pais, [12] consagrarás ao Senhor todos os primogênitos desde o ventre materno e também as primeiras crias do teu gado; consagrarás ao Senhor tudo o que tiveres do sexo masculino. [13] Resgatarás o primogênito do jumento com uma ovelha; se, porém, não o resgatares, deverás matá-lo. Resgatarás com dinheiro todo o primogênito de teus filhos. [14] E quando o teu filho, amanhã, te perguntar: 'Que significa isto?', tu lhe responderás: 'O Senhor tirou-nos do Egito, da casa da escravidão, com mão forte. [15] Como o Faraó se obstinasse em não nos deixar partir, o Senhor matou todos os primogênitos na terra do Egito, desde os primogênitos dos homens até aos primogênitos dos animais. Por isso, eu sacrifico ao Senhor todo o primogênito macho dos animais, e resgato todo o primogênito de meus filhos'. [16] Isso será para ti como um sinal em tua mão, e como uma marca entre os teus olhos para lembrança; pois foi com mão forte que o Senhor nos tirou do Egito."

1ª Semana da Quaresma

Responsório cf. Lc 2,22.23.24

R. Seus pais levaram o Menino à Cidade,
  e no templo, apresentaram-no ao Senhor,
 * Como na lei do Senhor está escrito:
  Todo o primogênito masculino
  seja consagrado ao Senhor.
V. Ofereceram ao Senhor em sacrifício
  duas pombinhas, de acordo com a lei. * Como na lei.

Segunda Leitura

Da Constituição Pastoral *Gaudium et Spes,* sobre a Igreja
no mundo de hoje, do Concílio Vaticano II

(N. 9-10)   (Séc. XX)

As interrogações mais profundas do gênero humano

O mundo moderno apresenta-se simultaneamente poderoso e fraco, capaz do melhor e do pior; abre-se diante dele
o caminho da liberdade ou da escravidão, do progresso ou
da regressão, da fraternidade e do ódio. Por outro lado, o
homem toma consciência de que depende dele a boa orientação das forças por ele despertadas e que podem oprimi-lo
ou servi-lo. Eis por que se interroga a si mesmo.

Na verdade, os desequilíbrios que atormentam o mundo
moderno estão ligados a um desequilíbrio mais profundo,
que se enraíza no coração do homem.

No íntimo do próprio homem, muitos elementos lutam
entre si. De um lado, ele experimenta, como criatura, suas
múltiplas limitações; por outro, sente-se ilimitado em seus
desejos e chamado a uma vida superior.

Atraído por muitas solicitações, é continuamente obrigado a escolher e a renunciar. Mais ainda: fraco e pecador,
faz muitas vezes o que não quer e não faz o que desejaria.
Em suma, é em si mesmo que o homem sofre a divisão que
dá origem a tantas e tão grandes discórdias na sociedade.

Muitos, sem dúvida, que levam uma vida impregnada de
materialismo prático, não podem ter uma clara percepção

desta situação dramática; ou, oprimidos pela miséria, sentem-se incapazes de prestar-lhe atenção.

Outros, em grande número, julgam encontrar satisfação nas diversas interpretações da realidade que lhes são propostas.

Alguns, porém, esperam unicamente do esforço humano a verdadeira e plena libertação da humanidade, e estão persuadidos de que o futuro domínio do homem sobre a terra dará satisfação a todos os desejos de seu coração.

Não faltam também os que, desesperando de encontrar o sentido da vida, louvam a audácia daqueles que, julgando a existência humana vazia de qualquer significado próprio, se esforçam por encontrar todo o seu valor apoiando-se apenas no próprio esforço.

Contudo, diante da atual evolução do mundo, cresce o número daqueles que formulam as questões mais fundamentais ou as percebem com nova acuidade. Que é o homem? Qual é o sentido do sofrimento, do mal e da morte que, apesar de tão grandes progressos, continuam a existir? Para que servem semelhantes vitórias, conseguidas a tanto custo? Que pode o homem dar à sociedade e dela esperar? Que haverá depois desta vida terrestre?

A Igreja, porém, acredita que Jesus Cristo, morto e ressuscitado por todo o gênero humano, oferece ao homem, pelo Espírito Santo, luz e forças que lhe permitirão corresponder à sua vocação suprema; ela crê que não há debaixo do céu outro nome dado aos homens pelo qual possam ser salvos.

Crê igualmente que a chave, o centro e o fim de toda a história humana encontra-se em seu Senhor e Mestre.

A Igreja afirma, além disso, que, subjacente a todas as transformações, permanecem imutáveis muitas coisas que têm seu fundamento último em Cristo, o mesmo ontem, hoje e sempre.

1ª Semana da Quaresma

Responsório 1Cor 15,55-56a.57; Lm 3,25

R. Ó **mor**te, onde está tua vit**ória**?
Ó **mor**te, onde está teu aguil**hão**?
O pe**ca**do é da **mor**te o aguil**hão**.
*Graças a **Deus** que nos **dá** a vit**ória**
por **nos**so Senhor Jesus **Cristo**.
V. Bom é o Senhor para **quem** nele espera
para **ca**da pessoa que o **bus**ca. *Graças a **Deus**.

Oração como nas Laudes.

Laudes

Leitura breve Is 1,16-18

Lavai-vos, purificai-vos. Tirai a maldade de vossas ações
de minha frente. Deixai de fazer o mal! Aprendei a fazer o
bem! Procurai o direito, corrigi o opressor. Julgai a causa
do órfão, defendei a viúva. Vinde, debatamos – diz o Senhor. Ainda que vossos pecados sejam como púrpura, tornar-se-ão brancos como a neve. Se forem vermelhos como
o carmesim, tornar-se-ão como lã.

Responsório breve

R. O **San**gue de Jesus nos purifica,
*De **to**dos nossos **er**ros nos li**ber**ta. R. O **San**gue.
V. Vinde **ver** os grandes **fei**tos do Senhor! *De **to**dos.
Glória ao **Pai**. R. O **San**gue.

Cântico evangélico, ant.

O**rai** pelos **que** vos calu**ni**am e per**se**guem,
e sereis **fi**lhos do **Pai** que está nos **céus**, diz o Se**nhor**.

Preces

Glorifiquemos a Cristo Senhor que instituiu o batismo para
fazer de nós criaturas novas e nos preparou a mesa de sua
Palavra e de seu Corpo; rezemos confiantes:

Sábado

R. **Renovai-nos, Senhor, com a vossa graça!**

Jesus, manso e humilde de coração, revesti-nos de sentimentos de misericórdia, mansidão e humildade,
– e tornai-nos pacientes e compreensivos para com todos.
R.

Ensinai-nos a ajudar os pobres e sofredores,
– e assim vos imitarmos, ó Bom Samaritano da humanidade.
R.

A Santa Virgem Maria, vossa Mãe, interceda por todas aquelas que se consagraram ao vosso serviço,
– para que se dediquem cada vez melhor ao bem da Igreja.
R.

Concedei-nos a vossa misericórdia,
– e fazei-nos experimentar a alegria do vosso perdão. **R.**

(intenções livres)

Pai nosso...

Oração

Convertei para vós, ó Pai, nossos corações, a fim de que, buscando sempre o único necessário e praticando as obras da caridade, nos dediquemos ao vosso culto. Por nosso Senhor Jesus Cristo, vosso Filho, na unidade do Espírito Santo.

Hora Média

Oração das Nove Horas

Ant. Chegou o **tem**po de peni**tên**cia,
de conver**são** e de salva**ção**.

Leitura breve Ap 3,19-20

Eu repreendo e educo os que eu amo. Esforça-te, pois, e converte-te. Eis que estou à porta, e bato; se alguém ouvir minha voz e abrir a porta, eu entrarei na sua casa e tomaremos a refeição, eu com ele e ele comigo.

V. Criai em **mim** um cora**ção** que seja **puro**.

R. Dai-me de **no**vo um espírito deci**dido**!

Oração das Doze Horas

Ant. Por minha **vida**, diz o Se**nhor**,
não quero a **morte** do peca**dor**,
mas que ele **volte** e tenha a **vida**.

Leitura breve   Is 44,21-22

Lembra-te de que tu és meu servo; eu te criei, és meu servo, Israel, não me decepciones. Desmanchei como uma nuvem teus pecados, como a névoa desfiz tuas culpas; volta para mim, porque te resgatei!

V. Desvi**ai** o vosso o**lhar** dos meus pe**ca**dos.

R. E apa**gai** todas as **mi**nhas transgres**sões**!

Oração das Quinze Horas

Ant. Sejamos **firmes** na prova**ção**: Sua justi**ça** é nossa **força**.

Leitura breve   Gl 6,7b-8

De Deus não se zomba, pois o que o homem tiver semeado, é isso que vai colher. Quem semeia na sua própria carne, da carne colherá corrupção. Quem semeia no espírito, do espírito colherá a vida eterna.

V. Meu sacrifício é minha **al**ma peni**ten**te.

R. Não despre**zeis** um cora**ção** arrepen**di**do!

Oração como nas Laudes.

2º DOMINGO DA QUARESMA

II Semana do Saltério

I Vésperas

Hino, p. 33.

Ant. 1 Jesus tomou a Pedro, Tiago e João
e os levou a um alto monte
e ali, diante deles, ficou transfigurado.

Salmos e cântico do domingo da II Semana, p. 1078.

Ant. 2 O seu rosto fulgurava como o sol do meio-dia;
suas vestes refulgiam como a neve sobre os montes.

Ant. 3 Elias e Moisés com ele conversavam
sobre aquilo que o esperava
na Cidade, em sua Páscoa.

Leitura breve   2Cor 6,1-4a

Nós vos exortamos a não receberdes em vão a graça de
Deus, pois ele diz: "No momento favorável, eu te ouvi e
no dia da salvação, eu te socorri". É agora o momento favorável, é agora o dia da salvação. Não damos a ninguém
nenhum motivo de escândalo, para que o nosso ministério
não seja desacreditado. Mas em tudo nos recomendamos
como ministros de Deus.

Responsório breve

R. Eis o tempo favorável,
 * Eis o dia da salvação! R. Eis o tempo.
V. Reuni-vos, resgatados das nações,
  vinde, aproximai-vos! * Eis o dia.
  Glória ao Pai. R. Eis o tempo.

Cântico evangélico, ant.

Ano A Disse Pedro a Jesus:
  Senhor, como é bom nós estarmos aqui!

2º Domingo da Quaresma

Se **que**res, fa**re**mos três **ten**das **aqui**;
será **tua** a pri**mei**ra, de Moi**sés** a se**gun**da
e a ter**cei**ra de Elias.

Ano B Jesus transfigu**rou**-se di**an**te dos A**pós**tolos.
Suas **ves**tes se tor**na**ram
muito **bran**cas e bri**lhan**tes.
En**tão** apare**ce**ram-lhes Elias e Moi**sés**,
que fa**la**vam com Jesus.

Ano C En**quan**to rezava Jesus,
seu **ros**to mu**dou** de aparência,
ficou **bran**ca e bri**lhan**te sua **rou**pa.
E dois **ho**mens falavam com **e**le.
Eram **e**les: Moi**sés** e Elias.

Preces

Demos glória a Deus Pai que cuida de todos nós; e lhe peçamos:

R. **Dai, Senhor, a salvação aos que remistes!**

Senhor Deus, doador de todo bem e fonte da verdade, cumulai com vossos dons o colégio universal dos bispos,
– e guardai os fiéis, a eles confiados, na doutrina dos Apóstolos. R.

Derramai a vossa caridade naqueles que comungam o mesmo pão da vida,
– para que se fortaleça a unidade de todos os fiéis no Corpo de Cristo vosso Filho. R.

Fazei que nos despojemos do velho homem com seus atos,
– e nos revistamos do homem novo, à imagem de Cristo, vosso Filho. R.

Concedei aos fiéis um sincero espírito de penitência, para que obtenham o perdão de seus pecados,
– e se tornem participantes dos méritos da redenção de Cristo. R.

(intenções livres)

Ofício das Leituras

Dai a paz aos nossos irmãos e irmãs falecidos, para que vos louvem eternamente no céu,

– onde também nós esperamos glorificar-vos para sempre.

R.

Pai nosso...

Oração

Ó Deus, que nos mandastes ouvir o vosso Filho amado, alimentai nosso espírito com a vossa palavra, para que, purificado o olhar de nossa fé, nos alegremos com a visão da vossa glória. Por nosso Senhor Jesus Cristo, vosso Filho, na unidade do Espírito Santo.

Ofício das Leituras

V. Eis meu **Filho** muito **ama**do.

R. Escu**tai**-o, homens **to**dos!

Primeira leitura

Do Livro do Êxodo   13,17-14,9

O povo caminha até ao mar Vermelho

¹³,¹⁷Quando o Faraó deixou sair o povo, Deus não o conduziu pelo caminho da terra dos filisteus, que é o mais curto, para que o povo, defrontando-se com algum combate, não se arrependesse e voltasse para o Egito. ¹⁸Por isso, Deus fez o povo seguir pelo caminho do deserto, que está junto ao mar Vermelho. Os filhos de Israel saíram bem armados do Egito. ¹⁹Moisés lévou consigo os ossos de José, pois este tinha feito jurar os filhos de Israel: "Deus certamente vos há de visitar: então, levai daqui convosco os meus ossos".

²⁰E, tendo saído de Sucot, eles acamparam em Etam, na extremidade do deserto. ²¹O Senhor ia adiante deles, para lhes mostrar o caminho, de dia numa coluna de nuvem, e de noite numa coluna de fogo, para lhes servir de guia num e noutro tempo. ²²Nunca a coluna de nuvem deixou

2º Domingo da Quaresma

de aparecer diante do povo durante o dia, nem a coluna de fogo durante a noite.

^{14,1}O Senhor falou a Moisés, dizendo: ²"Fala aos filhos de Israel que retrocedam e acampem diante de Fiairot, entre Magdol e o mar, defronte de Beel-Sefon: ali acampareis junto ao mar. ³O Faraó pensará a respeito dos filhos de Israel: 'Eles andam perdidos pelo país, e estão fechados no deserto'.⁴Eu endurecerei o coração do Faraó e ele vos perseguirá. Eu serei glorificado às custas do Faraó e de todo o seu exército, e os egípcios saberão que eu sou o Senhor". E eles assim o fizeram.

⁵Foi anunciado ao rei dos egípcios que o povo tinha fugido. Então, mudaram-se contra ele os sentimentos do Faraó e dos seus servos, os quais disseram: "Que fazemos? Como deixamos Israel escapar, privando-nos assim dos seus serviços?" ⁶O Faraó mandou atrelar o seu carro e levou consigo o seu povo. ⁷Tomou seiscentos carros escolhidos e todos os carros do Egito, com os respectivos escudeiros. ⁸O Senhor endureceu o coração do Faraó, rei do Egito, que foi no encalço dos filhos de Israel, enquanto estes tinham saído de braço erguido. ⁹Os egípcios perseguiram os filhos de Israel com todos os cavalos e carros do Faraó, seus cavaleiros e seu exército, e encontraram-nos acampados junto ao mar, perto de Fiairot, defronte de Beel-Sefon.

Responsório   Sl 113(114),1.2; Ex 13,21a

R. Quando o **po**vo de Israel saiu do E**g**ito
 e os **fi**lhos de Jacó, de um povo est**ra**nho,
 * **Ju**dá tornou-se o **tem**plo do Se**n**hor
 e Israel se transfor**mou** em seu do**mí**nio.

V. O Se**n**hor os prece**di**a numa **nu**vem lumi**no**sa
 e os gui**a**va no ca**mi**nho. * **Ju**dá tornou-se.

Segunda Leitura
Dos Sermões de São Leão Magno, papa

(Sermo 51, 3-4.8: PL 54, 310-311.313)   (Séc. V)

Por meio de Moisés foi dada a Lei, mas a graça e a verdade nos chegaram através de Jesus Cristo

O Senhor manifesta a sua glória na presença de testemunhas escolhidas, e de tal modo fez resplandecer o seu corpo, semelhante ao de todos os homens, que seu rosto se tornou brilhante como o sol e suas vestes brancas como a neve.

A principal finalidade dessa transfiguração era afastar dos discípulos o escândalo da cruz, para que a humilhação da paixão, voluntariamente suportada, não abalasse a fé daqueles a quem tinha sido revelada a excelência da dignidade oculta de Cristo.

Mas, segundo um desígnio não menos previdente, dava-se um fundamento sólido à esperança da santa Igreja, de modo que todo o Corpo de Cristo pudesse conhecer a transfiguração com que ele também seria enriquecido, e os seus membros pudessem contar com a promessa da participação daquela glória que primeiro resplandecera na Cabeça.

A esse respeito, o próprio Senhor dissera, referindo-se à majestade de sua vinda: *Então os justos brilharão como o sol no Reino de seu Pai* (Mt 13,43). E o apóstolo Paulo declara o mesmo, dizendo: *Eu entendo que os sofrimentos do tempo presente nem merecem ser comparados com a glória que deve ser revelada em nós* (Rm 8,18). E ainda: *Vós morrestes e a vossa vida está escondida com Cristo, em Deus. Quando Cristo, vossa vida, aparecer, então vós aparecereis também com ele, revestidos de glória* (Cl 3,3-4).

Entretanto, aos apóstolos que deviam ser confirmados na fé e introduzidos no conhecimento de todos os mistérios do Reino, esse prodígio ofereceu ainda outro ensinamento.

Moisés e Elias, isto é, a Lei e os Profetas, apareceram conversando com o Senhor, a fim de cumprir-se plenamente, na presença daqueles cinco homens, o que fora dito:

2º Domingo da Quaresma

Será digna de fé toda palavra proferida na presença de duas ou três testemunhas (cf. Mt 18,16).

Que pode haver de mais estável e mais firme que esta palavra? Para proclamá-la, ressoa em uníssono a dupla trombeta do Antigo e do Novo Testamento, e os testemunhos dos tempos passados concordam com o ensinamento do Evangelho.

Na verdade, as páginas de ambas as alianças confirmam-se mutuamente; e o esplendor da glória presente mostra, com total evidência, Aquele que as antigas figuras tinham prometido sob o véu dos mistérios. Porque, como diz João, *por meio de Moisés foi dada a Lei, mas a graça e a verdade nos chegaram através de Jesus Cristo* (Jo 1,17). Nele cumpriram-se integralmente não só a promessa das figuras proféticas, mas também o sentido dos preceitos da lei; pois pela sua presença mostra a verdade das profecias e, pela sua graça, torna possível cumprir os mandamentos.

Sirva, portanto, a proclamação do santo Evangelho para confirmar a fé de todos, e ninguém se envergonhe da cruz de Cristo, pela qual o mundo foi redimido.

Ninguém tenha medo de sofrer por causa da justiça ou duvide da recompensa prometida, porque é pelo trabalho que se chega ao repouso, e pela morte, à vida. O Senhor assumiu toda a fraqueza de nossa pobre condição e, se permanecermos no seu amor e na proclamação do seu nome, venceremos o que ele venceu e receberemos o que prometeu.

Assim, quer cumprindo os mandamentos ou suportando a adversidade, deve sempre ressoar aos nossos ouvidos a voz do Pai, que se fez ouvir, dizendo: *Este é o meu filho amado, no qual pus todo o meu agrado. Escutai-o* (Mt 17,5).

Responsório   Hb 12,22a.24a.25; Sl 94(95),8

R. Aproxi**mas**tes-vos, ir**mãos**, de Je**sus**,
    o Media**dor** de uma **no**va Aliança;

Laudes

prestai muita atenção para **não** deixar de ouvir **aquele** que vos **fala**!

* Pois, se **aqueles** que dei**xaram**
de ou**vir** quem os cha**mava**,
adver**tindo**-os sobre a **terra**, não fugiram do castigo,
muito **menos** nós, ir**mãos**, se dei**xarmos** de ou**vir**
ao que **fala** a nós dos **céus**.

V. Oxalá ouvísseis **hoje** a sua **voz**:
Não fe**cheis** os cora**ções** ao Senhor **Deus**!
* Pois, se **aque**les.

Oração como nas Laudes.

Laudes

Hino, p. 36.

Ant. 1 A mão di**reita** do **Se**nhor fez maravilhas,
a mão di**reita** do **Se**nhor me levan**tou**!

Salmos e cântico do domingo da II Semana, p. 1087.

Ant. 2 Como os **jovens** no **meio** das **cha**mas,
can**temos** um **hino** ao Se**nhor**!

Ant. 3 Lou**vai** o Senhor **Deus** no alto **céu** de seu po**der**.

Leitura breve   Ne 8,9b.10b

Este é um dia consagrado ao Senhor, nosso Deus! Não fiqueis tristes nem choreis. Pois este dia é santo para o nosso Senhor. Não fiqueis tristes, porque a alegria do Senhor será a vossa força.

Responsório breve

R. A ale**gria** do **Se**nhor é nossa **força** e am**paro**.
* Sois ben**dito**, Senhor **Deus**, de gera**ção** em gera**ção**.
R. A ale**gria**.
V. Seja ben**dito** vosso **nome** glorio**so**,
que céu e **terra** vos exal**tem**, sem ces**sar**! * Sois ben**dito**.
Glória ao **Pai**. R. A ale**gria**.

2º Domingo da Quaresma

Cântico evangélico, ant.

Ano A Uma **voz** do céu res**so**a: Eis meu **Fi**lho muito **ama**do,
nele **está** meu bem-que**rer**;
escu**tai**-o, homens **to**dos!

Ano B Disse **Pe**dro a Je**sus**:
Ó **Mes**tre, como é **bom** nós es**tar**mos **aqui**!
Fa**ça**mos três **ten**das: Será **tua** a pri**mei**ra,
de Moi**sés** a se**gun**da e a ter**cei**ra de **E**lias.

Ano C Jesus **Cris**to, Senhor **nos**so,
destru**iu** o mal e a **mor**te;
fez bri**lhar** pelo Evan**ge**lho
a luz e a **vi**da impere**cí**veis.

Preces

Glorifiquemos a Deus, cuja bondade é infinita e, por Jesus Cristo, que vive eternamente intercedendo por nós junto ao Pai, rezemos; e digamos:

R. **Acendei em nós, Senhor, o fogo do vosso amor!**

Deus de misericórdia, fazei-nos viver hoje generosamente a prática do amor fraterno,
– para que todos sintam em nós os efeitos da vossa bondade.

R.

Vós, que na arca salvastes Noé das águas do dilúvio,
– salvai os catecúmenos nas águas do batismo. R.

Saciai-nos não apenas de pão,
– mas de toda palavra que sai de vossa boca. R.

Afastai todo sentimento de discórdia e divisão,
– para que reinem sempre entre nós a caridade e a paz. R.

(intenções livres)

Pai **nosso**...

Oração

Ó Deus, que nos mandastes ouvir o vosso Filho amado, alimentai nosso espírito com a vossa palavra, para que,

Hora Média

purificado o olhar de nossa fé, nos alegremos com a visão da vossa glória. Por nosso Senhor Jesus Cristo, vosso Filho, na unidade do Espírito Santo.

Hora Média

Hino, p. 37.

Oração das Nove Horas

Ant. Chegou o **tempo** de peni**tên**cia,
de conver**são** e de salva**ção**.

Leitura breve   1Ts 4,1.7

Meus irmãos, eis o que vos pedimos e exortamos no Senhor Jesus: Aprendestes de nós como deveis viver para agradar a Deus, e já estais vivendo assim. Fazei progressos ainda maiores! Pois Deus não nos chamou à impureza mas à santidade.

V. Criai em **mim** um cora**ção** que seja **pu**ro.
R. Dai-me de **no**vo um es**pí**rito deci**di**do!

Oração das Doze Horas

Ant. Por minha **vi**da, diz o Se**nhor**,
não quero a **mor**te do peca**dor**,
mas que ele **vol**te e tenha a **vi**da.

Leitura breve   Is 30,15.18

Eis o que diz o Senhor Deus, o Santo de Israel: "Sereis salvos, se buscardes a salvação e a paz; no silêncio e na esperança estará a vossa força". Por isso o Senhor está pronto a compadecer-se de vós, e, perdoando-vos, será glorificado na medida em que o Senhor é um Deus de justiça: felizes todos aqueles que esperam nele.

V. Desvi**ai** o vosso o**lhar** dos meus pe**ca**dos.
R. E apa**gai** todas as **mi**nhas transgres**sões**!

2º Domingo da Quaresma

Oração das Quinze Horas

Ant. Sejamos firmes na provação: Sua justiça é nossa **força**.

Leitura breve — Dt 4,29-31

Quando buscares o Senhor, teu Deus, tu o encontrarás, se o buscares com todo o teu coração e com toda a tua alma. Na tua angústia, depois que tiverem acontecido contigo todas as coisas que foram preditas, nos últimos tempos, tu voltarás para o Senhor, teu Deus, e ouvirás a sua voz. Pois o Senhor, teu Deus, é um Deus misericordioso, que não te abandona, que não te extinguirá inteiramente, nem se esquecerá da aliança que, sob juramento, estabeleceu com teus pais.

V. Meu sacrifício é minha **al**ma peniten**te**.
R. Não despre**zeis** um cora**ção** arrepen**dido!**

Oração como nas Laudes.

II Vésperas

Hino, p. 33.

Ant. 1 O **S**enhor estender**á** o do**mí**nio do seu **Cristo** no esplen**dor** de sua **glória**.

Salmos e cântico do Domingo da II Semana, p. 1094.

Ant. 2 É **único** o **Deus** que ado**ra**mos: o **S**enhor que fez o **céu** e fez a **terra.**

Ant. 3 Deus não pou**pou** seu próprio **Filho**, mas o entre**gou** por todos **nós.**

Leitura breve — cf. 1Cor 9,24-25

Os que correm no estádio correm todos juntos, mas um só ganha o prêmio. Correi de tal maneira que conquisteis o prêmio. Todo atleta se sujeita a uma disciplina rigorosa em relação a tudo, e eles procedem assim, para receberem uma coroa corruptível. Quanto a nós, a coroa que buscamos é incorruptível.

II Vésperas

Responsório breve

R. Em abun**dância** vós me **dais** muito vi**gor** para o com**ba**te.
 * Ó **Deus** de **mi**nha vi**tó**ria! R. Em abun**dância**.
V. Vossa jus**ti**ça me ori**en**te. * Ó **Deus**.
  Glória ao **Pai**. R. Em abun**dância**.

Cântico evangélico, ant.

Ano A Não con**teis** a mais nin**guém**
 a vi**são** que vós ti**ves**tes,
 en**quan**to o Filho do **Ho**mem
 não ti**ver** ressus**ci**tado.

Ano B Uma **nu**vem os co**briu** com sua **sombra**,
 e da **nu**vem uma **voz** se ouviu, di**zen**do:
 Eis meu **Fi**lho muito am**a**do, escu**tai**-o!

Ano C Da **nu**vem uma **voz** se fez ou**vir**:
 Eis meu **Fi**lho, o Escol**hi**do, escu**tai**-o!
 Jesus, ao dar-se a **voz,** ficou sozinho.

Preces

Demos graças a Cristo, nosso Mestre e Senhor, que veio para servir e fazer o bem a todos; e supliquemos com humildade e confiança:

R. **Abençoai, Senhor, a vossa Igreja!**

Guiai, Senhor, os nossos bispos e presbíteros, que participam do vosso ministério de Chefe e Pastor da Igreja,
— a fim de que eles, assistidos por vós, conduzam para o Pai a humanidade inteira. R.

Que os vossos anjos acompanhem os viajantes,
— para que evitem todos os perigos do corpo e da alma. R.

Ensinai-nos a servir a todos,
— a fim de imitarmos a vós, que viestes para servir e não para ser servido. R.

Fazei reinar em toda a comunidade humana o espírito de fraternidade sincera,

138   2ª Semana da Quaresma

_ para que se torne, com a vossa presença, uma cidade forte e inabalável.

R. **Abençoai, Senhor, a vossa Igreja!**

(intenções livres)

Sede misericordioso para com todos os que partiram desta vida,

_ e acolhei-os na luz da vossa face.   R.

Pai nosso...

Oração

Ó Deus, que nos mandastes ouvir o vosso Filho amado, alimentai nosso espírito com a vossa palavra, para que, purificado o olhar de nossa fé, nos alegremos com a visão da vossa glória. Por nosso Senhor Jesus Cristo, vosso Filho, na unidade do Espírito Santo.

SEGUNDA-FEIRA

Ofício das Leituras

V. **Conver**tei-vos e **cre**de no Evangelho.

R. Pois o **Reino** de **Deus** está che**gan**do.

Primeira leitura

Do Livro do Êxodo   14,10-31

Passagem do Mar Vermelho

Naqueles dias, 10como o Faraó se aproximasse, levantando os olhos, os filhos de Israel viram os egípcios às suas costas. Aterrorizados, eles clamaram ao Senhor. 11E disseram a Moisés: "Foi por não haver sepulturas no Egito que tu nos trouxeste para morrermos no deserto? De que nos valeu ter sido tirados do Egito? 12Não era isso que te dizíamos lá: 'Deixa-nos em paz servir os egípcios?' Porque era muito melhor servir aos egípcios do que morrer no deserto". 13Moisés disse ao povo: "Não temais! Permanecei firmes, e vereis o que o Senhor fará hoje para vos salvar; os egípcios que hoje estais vendo, nunca mais os tornareis a ver. [14]O Senhor combaterá por vós, e vós, ficai tranquilos". [15]O Senhor disse a Moisés: "Por que clamas a mim por socorro? Dize aos filhos de Israel que se ponham em marcha. [16]Quanto a ti, ergue a vara, estende o braço sobre o mar e divide-o, para que os filhos de Israel caminhem em seco pelo meio do mar. [17]Eu vou endurecer o coração dos egípcios, para que sigam atrás de vós, e eu serei glorificado às custas do Faraó, e de todo o seu exército, dos seus carros e cavaleiros. [18]E os egípcios saberão que eu sou o Senhor, quando eu for glorificado às custas do Faraó, dos seus carros e cavaleiros".

[19]Então, o anjo do Senhor, que caminhava à frente do acampamento de Israel, mudou de posição e foi para trás deles; e com ele, ao mesmo tempo, a coluna de nuvem, que estava na frente, colocou-se atrás, [20]inserindo-se entre o acampamento dos egípcios e o acampamento de Israel. Para aqueles a nuvem era tenebrosa, para estes, iluminava a noite. Assim, durante a noite inteira, uns não puderam aproximar-se dos outros.

[21]Moisés estendeu a mão sobre o mar, e durante toda a noite o Senhor fez soprar sobre o mar um vento leste muito forte; e as águas se dividiram. [22]Então, os filhos de Israel entraram pelo meio do mar a pé enxuto, enquanto as águas formavam como que uma muralha à direita e à esquerda. [23]Os egípcios puseram-se a persegui-los, e todos os cavalos do Faraó, carros e cavaleiros os seguiram mar adentro. [24]Ora, de madrugada, o Senhor lançou um olhar, desde a coluna de fogo e da nuvem, sobre as tropas egípcias e as pôs em pânico. [25]Bloqueou as rodas dos seus carros, de modo que só a muito custo podiam avançar. Disseram, então, os egípcios: "Fujamos de Israel! Pois o Senhor combate a favor deles, contra nós".

[26]O Senhor disse a Moisés: "Estende a mão sobre o mar, para que as águas se voltem contra os egípcios, seus carros

140　2ª Semana da Quaresma

e cavaleiros". [27]Moisés estendeu a mão sobre o mar e, ao romper da manhã, o mar voltou ao seu leito normal, enquanto os egípcios, em fuga, corriam ao encontro das águas, e o Senhor os mergulhou no meio das ondas. [28]As águas voltaram e cobriram carros, cavaleiros e todo o exército do Faraó, que tinha entrado no mar em perseguição de Israel. Não escapou um só. [29]Os filhos de Israel, ao contrário, tinham passado a pé enxuto pelo meio do mar, cujas águas lhes formavam uma muralha à direita e à esquerda.

[30]Naquele dia, o Senhor livrou Israel da mão dos egípcios, e Israel viu os egípcios mortos nas praias do mar, [31]e a mão poderosa do Senhor agir contra eles. O povo temeu o Senhor, e teve fé no Senhor e em Moisés, seu servo.

Responsório　　　　　　　　　　　　　　Ex 15,1.2.3

R. Ao Senhor quero cantar, pois fez brilhar a sua glória:
precipitou no mar Vermelho o cavalo e o cavaleiro.
 * O Senhor é minha força, é a razão do meu cantar,
pois foi ele, neste dia, para mim libertação!
V. O Senhor é um Deus guerreiro, o seu nome é Senhor.
 * O Senhor.

Segunda Leitura
Das Catequeses de São João Crisóstomo, bispo

(Cat. 3,24-27: SCh 50,165-167)　　　　(Séc. IV)

Moisés e Cristo

Os judeus viram milagres. Tu também verás, maiores e mais estupendos do que os do tempo em que os judeus saíram do Egito. Não viste o Faraó afogado no mar com seu exército, mas viste o demônio tragado pelas ondas com as suas armas. Os judeus passaram o Mar Vermelho, tu passaste para além da morte. Eles foram libertados dos egípcios e tu, do poder dos demônios. Eles escaparam da escravidão do estrangeiro e tu escapaste da escravidão muito mais triste do pecado.

Queres ainda mais provas de que foste honrado com favores maiores? Os judeus não puderam contemplar o rosto resplandecente de Moisés, que era homem como eles e servo do mesmo Senhor; tu, porém, viste a glória do rosto de Cristo. E Paulo exclama: *Todos nós, com o rosto descoberto, contemplamos a glória do Senhor* (2Cor 3,18).

Os judeus tinham Cristo que os seguia; mas agora ele nos segue de modo muito mais real. Então o Senhor os acompanhava por causa de Moisés; agora nos acompanha não só por causa de Moisés, mas também por nossa obediência. Os judeus, depois do Egito, encontraram o deserto; tu, depois da morte, encontrarás o céu. Em Moisés eles tinham um guia e chefe excelente; nós temos como chefe e guia o novo Moisés, que é o próprio Deus.

Qual era a característica de Moisés? *Moisés,* diz a Escritura, *era um homem muito humilde, mais do que qualquer outro sobre a terra* (Nm 12,3). Esta qualidade podemos sem erro atribuí-la ao nosso Moisés, porque é assistido pelo suavíssimo Espírito que lhe é intimamente consubstancial. Moisés, erguendo as mãos ao céu, fazia cair o maná, o pão dos anjos; o nosso Moisés ergue as mãos ao céu e nos dá o alimento eterno. Aquele feriu a rocha e fez brotar torrentes de água; este toca na mesa, a mesa espiritual, e faz jorrar as fontes do Espírito. Por isso, a mesa está colocada no meio, como uma fonte, para que de todos os lados acorram os rebanhos à fonte e bebam das águas da salvação.

Uma vez que nos é dada uma tal fonte, um manancial de vida tão abundante, uma vez que a nossa mesa está repleta de bens inumeráveis e nos inunda com seus dons espirituais, aproximemo-nos de coração sincero e consciência pura, para alcançarmos graça e misericórdia no tempo oportuno. Pela graça e misericórdia do Filho único, nosso Senhor e Salvador Jesus Cristo, por quem e com quem seja dada ao Pai e ao Espírito, fonte de vida, a glória, a honra e o poder, agora e para sempre, pelos séculos dos séculos. Amém.

142   2ª Semana da Quaresma

Responsório   cf. Hb 11,24-25.26.27

R. Movido pela **fé**, Moi**sés** já sendo a**dul**to,
    recu**sou** conside**rar**-se da fa**mí**lia do Fara**ó**,
    prefe**rin**do tomar **par**te nas a**gru**ras do seu **po**vo,
    a go**zar**, por algum **tem**po, das van**ta**gens do pe**ca**do;
    * Pois tra**zi**a os olhos **fi**xos na espe**ra**da recom**pen**sa.
V. Esti**mou** maior ri**que**za os o**pró**brios pelo **Cris**to que
    os te**sou**ros dos E**gíp**cios;
    pela **fé** deixou o E**gi**to. * Pois tra**zi**a.

Oração como nas Laudes.

Laudes

Leitura breve   Ex 19,4-6a

Vós vistes o que fiz aos egípcios, e como vos levei sobre asas de águia e vos trouxe a mim. Portanto, se ouvirdes a minha voz e guardardes a minha aliança, sereis para mim a porção escolhida dentre todos os povos, porque minha é toda a terra. E vós sereis para mim um reino de sacerdotes e uma nação santa.

Responsório breve

R. Feliz o **po**vo cujo **Deus** é o Se**nhor**!
    * Cami**nhe**mos, olhos **fi**xos em Jesus! R. Feliz o **po**vo.
V. Deus **a**ma o di**rei**to e a jus**ti**ça. * Cami**nhe**mos.
    Glória ao **Pai**. R. Feliz o **po**vo.

Cântico evangélico, ant.

Sede **to**dos misericordi**o**sos
como o **vos**so Pai ce**les**te, diz Je**sus**.

Preces

Bendigamos a Deus Pai, que nos concede a graça de ofere-cer-lhe o sacrifício de louvor neste dia quaresmal; e o invoquemos:

Segunda-feira

R. **Iluminai-nos, Senhor, com a vossa Palavra!**

Deus todo-poderoso e cheio de misericórdia, concedei-nos o espírito de oração e penitência,

_ e acendei em nossos corações a chama do amor por vós e por nossos irmãos e irmãs. R.

Ensinai-nos a cooperar convosco, para restaurar todas as coisas em Cristo,

_ a fim de que na terra reinem a justiça e a paz. R.

Revelai-nos a íntima natureza e o valor de todas as criaturas,

_ para que nos associemos a elas no cântico de louvor à vossa glória. R.

Perdoai-nos por termos ignorado muitas vezes a presença de Cristo nos pobres, nos infelizes e nos marginalizados,

_ e porque não respeitamos vosso Filho nestes nossos irmãos e irmãs. R.

(intenções livres)

Pai nosso...

Oração

Ó Deus, que para remédio e salvação nossa nos ordenais a prática da mortificação, concedei que possamos evitar todo pecado e cumprir de coração os mandamentos do vosso amor. Por nosso Senhor Jesus Cristo, vosso Filho, na unidade do Espírito Santo.

Hora Média

Oração das Nove Horas

Ant. Chegou o **tem**po de peni**tên**cia,
de conver**são** e de salva**ção**.

Leitura breve   Sb 11,23-24a

De todos tens compaixão, porque tudo podes. Fechas os olhos aos pecados dos homens, para que se arrependam. Sim, amas tudo o que existe, e não desprezas nada do que fizeste.

144 2ª Semana da Quaresma

V. Criai em **mim** um cora**ção** que seja **pu**ro.
R. Dai-me de **no**vo um es**pí**rito deci**di**do!

Oração das Doze Horas

Ant. Por minha **vi**da, diz o Se**nhor**,
não quero a **mor**te do peca**dor**,
mas que ele **vol**te e tenha a **vi**da.

Leitura breve   Ez 18,23

Será que eu tenho prazer na morte do ímpio? – oráculo do Senhor Deus. Não desejo, antes, que mude de conduta e viva?

V. Des**vi**ai o vosso **o**lhar dos meus pe**ca**dos.
R. E apa**gai** todas as **mi**nhas transgres**sões**!

Oração das Quinze Horas

Ant. Sejamos **fir**mes na pro**vação**: Sua justiça é nossa **for**ça.

Leitura breve   Is 58,6a.7

Acaso o jejum que prefiro não é outro: não é repartir o pão com o faminto, acolher em casa os pobres e peregrinos? Quando encontrares um nu, cobre-o, e não desprezes a tua carne.

V. Meu sacrifício é minha **al**ma peni**ten**te.
R. Não despre**zeis** um cora**ção** arrepen**di**do!

Oração como nas Laudes.

Vésperas

Leitura breve   Rm 12,1-2

Pela misericórdia de Deus, eu vos exorto, irmãos, a vos oferecerdes em sacrifício vivo, santo e agradável a Deus: Este é o vosso culto espiritual. Não vos conformeis com o mundo, mas transformai-vos, renovando vossa maneira de pensar e de julgar, para que possais distinguir o que é da

Segunda-feira

vontade de Deus, isto é, o que é bom, o que lhe agrada, o que é perfeito.

Responsório breve

R. Clamo de **to**do cora**ção**:
 * Respon**dei**-me, ó Se**nhor**! R. Clamo.
V. Hei de fa**zer** vossa vonta**de**. * Respon**dei**-me.
  Glória ao **Pai**. R. Clamo.

Cântico evangélico, ant.

Não jul**gueis** e não se**reis** também jul**ga**dos;
na me**di**da em que jul**gar**des vosso ir**mão**,
também **vós**, pelo Se**nhor**, sereis jul**ga**dos.

Preces

Demos glória a Deus nosso Pai, que pela palavra de seu Filho Jesus Cristo prometeu ouvir a oração daqueles que se reúnem para orar em seu nome. Confiantes na sua promessa, digamos:

R. **Escutai, Senhor, a oração do vosso povo!**

Senhor, que levastes à perfeição por meio de Cristo a lei dada a Moisés no monte Sinai,
— fazei que a reconheçamos gravada em nossos corações e pratiquemos fielmente a aliança que fizestes conosco. R.

Concedei aos superiores a solicitude fraterna para com aqueles que lhes foram confiados,
— e despertai nos súditos o espírito de colaboração e obediência. R.

Fortalecei com a vossa assistência o espírito e o coração dos missionários
— e multiplicai, em toda a Igreja, os seus companheiros de evangelização. R.

Fazei que as crianças cresçam em idade e em graça,

146   2ª Semana da Quaresma

e os jovens progridam no amor de Cristo e na santidade de vida.

R. **Escutai, Senhor, a oração do vosso povo!**

(intenções livres)

Lembrai-vos dos nossos irmãos e irmãs que adormeceram na fé em Cristo,

_ e acolhei-os na alegria da vida eterna.   R.

Pai nosso...

Oração

Ó Deus, que para remédio e salvação nossa nos ordenais a prática da mortificação, concedei que possamos evitar todo pecado e cumprir de coração os mandamentos do vosso amor. Por nosso Senhor Jesus Cristo, vosso Filho, na unidade do Espírito Santo.

TERÇA-FEIRA

Ofício das Leituras

V. Eis o **tempo** de conversão.
R. Eis o **dia** da salvação.

Primeira leitura
Do Livro do Êxodo   16,1-18.35

O maná no deserto

¹Toda a comunidade dos filhos de Israel partiu de Elim e chegou ao deserto de Sin, entre Elim e o Sinai, no dia quinze do segundo mês da saída do Egito.

²A comunidade dos filhos de Israel pôs-se a murmurar contra Moisés e Aarão, no deserto, dizendo: ³"Quem dera se tivéssemos morrido pela mão do Senhor no Egito, quando nos sentávamos junto às panelas de carne e comíamos pão com fartura! Por que nos trouxestes a este deserto para matar de fome a toda esta gente?"

⁴O Senhor disse a Moisés: "Eu farei chover para vós o pão do céu. O povo sairá diariamente e só recolherá a

Terça-feira

porção de cada dia a fim de que eu o ponha à prova, para ver se anda ou não na minha lei. [5] No sexto dia, quando prepararem o que tiverem trazido, terão o dobro do que recolherem diariamente".

[6] Moisés e Aarão disseram a todos os filhos de Israel: "Esta tarde, sabereis que foi o Senhor
que vos fez sair da terra do Egito;
[7] e, pela manhã, vereis a glória do Senhor.

Ele ouviu as vossas murmurações contra o Senhor; porém, quem somos nós, para que murmureis contra nós?"
[8] E Moisés continuou:
"O Senhor vos dará esta tarde carne para comerdes,
e pela manhã pão com fartura;
porque ouviu as murmurações que fizestes contra ele. Nós, porém, quem somos? Não é contra nós a vossa murmuração, mas contra o Senhor".

[9] E Moisés disse a Aarão: "Dize a toda a comunidade dos filhos de Israel: 'Apresentai-vos diante do Senhor, pois ele ouviu a vossa murmuração'". [10] Enquanto Aarão falava a toda a comunidade dos filhos de Israel, voltando os olhos para o deserto, eles viram aparecer na nuvem a glória do Senhor. [11] O Senhor falou, então, a Moisés, dizendo: [12] "Eu ouvi as murmurações dos filhos de Israel. Dize-lhes, pois: 'Ao anoitecer, comereis carne, e pela manhã vos fartareis de pão. Assim sabereis que eu sou o Senhor, vosso Deus'".

[13] Com efeito, à tarde, veio um bando de codornizes e cobriu o acampamento; e, pela manhã, formou-se uma camada de orvalho ao redor do acampamento.

[14] Quando se evaporou o orvalho que caíra, apareceu na superfície do deserto uma coisa miúda, em forma de grãos, fina como a geada sobre a terra. [15] Vendo aquilo, os filhos de Israel disseram entre si: "Que é isto?" Porque não sabiam o que era. Moisés respondeu-lhes: "Isto é o pão que o Senhor vos deu como alimento. [16] Eis a ordem que o Senhor vos deu: Que cada um recolha para comer a quantia de que necessita,

148   2ª Semana da Quaresma

quatro litros e meio por cabeça, e de acordo com o número de pessoas que moram em cada tenda". [17]Assim fizeram os filhos de Israel, recolhendo uns mais, outros menos. [18]Mas, ao medir depois as quantias, não sobrava a quem tinha recolhido mais, nem faltava a quem tinha recolhido menos; cada um recolhia quanto podia comer.

[35]Os filhos de Israel comeram maná durante quarenta anos, até entrarem em terra habitada; alimentaram-se com esta comida até chegarem às fronteiras de Canaã.

Responsório   cf. Sb 16,20; Jo 6,32b

R. Saciastes vosso povo com manjar digno de anjos
  e lhes destes pão do céu,
 *Que contém toda delícia e agrada a todo gosto.
V. Não foi Moisés quem deu outrora
  aquele pão que vem do céu,
  porém, meu Pai é quem vos dá o verdadeiro pão do céu.
  *Que contém.

Segunda Leitura

Dos Comentários sobre os Salmos, de Santo Agostinho, bispo

(Ps 14 0,4-6: CCL 40,2028-2029)   (Séc. V)

A paixão de todo o corpo de Cristo

Senhor, eu clamo por vós, socorrei-me sem demora (Sl 140,1). Isto todos nós podemos dizer. Não sou eu que digo, é o Cristo total que diz. Contudo, estas palavras foram ditas especialmente em nome do Corpo, porque, quando Cristo estava neste mundo, orou como homem; orou ao Pai em nome do Corpo; e enquanto orava, gotas de sangue caíram de todo o seu corpo. Assim está escrito no Evangelho: *Jesus rezava com mais insistência e seu suor tornou-se como gotas de sangue* (Lc 22,44). Que significa este derramamento de sangue de todo o seu corpo, senão a paixão dos mártires de toda a Igreja?

Senhor, eu clamo por vós, socorrei-me sem demora. Quando eu grito, escutai minha voz! (Sl 140,1). Julgavas ter acabado de vez o teu clamor ao dizer: *eu clamo por vós.* Clamaste, mas não julgues que já estejas em segurança. Se findou a tribulação, findou também o clamor; mas se a tribulação da Igreja e do Corpo de Cristo continua até o fim dos tempos, não só devemos dizer: *eu clamo por vós, socorrei-me sem demora;* mas: *Quando eu grito, escutai minha voz!*

Minha oração suba a vós como incenso, e minhas mãos, como oferta da tarde (Sl 140,2).

Todo cristão sabe que essa expressão continua a ser atribuída à própria Cabeça. Porque, na verdade, foi ao cair da tarde daquele dia, que o Senhor, voluntariamente, entregou na cruz sua vida, para retomá-la em seguida. Também aqui estávamos representados. Com efeito, o que estava suspenso na cruz foi o que ele assumiu da nossa natureza. Como seria possível que o Pai rejeitasse e abandonasse algum momento seu Filho Unigênito, sendo ambos um só Deus? Contudo, cravando nossa frágil natureza na cruz, onde *o nosso homem velho,* como diz o Apóstolo, foi *crucificado com Cristo* (Rm 6,6), clamou com a voz da nossa humanidade: *Meu Deus, meu Deus, por que me abandonaste?* (Sl 21,2).

Eis, portanto, o verdadeiro sacrifício vespertino: a paixão do Senhor, a cruz do Senhor, a oblação da vítima salvadora, o holocausto agradável a Deus. Esse sacrifício vespertino, ele o converteu, por sua ressurreição, em oferenda da manhã. Assim, a oração que se eleva, com toda pureza, de um coração fiel, é como o incenso que sobe do altar sagrado. Não há aroma mais agradável a Deus: possam todos os fiéis oferecê-lo ao Senhor.

Por isso, *o nosso homem velho* – são palavras do Apóstolo – *foi crucificado com Cristo, para que seja destruído*

150 2ª Semana da Quaresma

o corpo do pecado, de maneira a não mais servirmos ao pecado (Rm 6,6).

Responsório
cf. Gl 2,19.20

R. Estou pregado com **Cristo** na **cruz**.
 * Eu **vivo**, po**rém**, já não **eu**,
  mas **Cristo** é que **vive** em **mim**.
V. Vivo a**gora** esta **vi**da na **fé** no **Filho** de **Deus**, Jesus **Cristo**,
  que me a**mou** e, por **mim**, se entre**gou**. * Eu **vivo**.

Oração como nas Laudes.

Laudes

Leitura breve
Jl 2,12-13

Voltai para mim com todo o vosso coração, com jejuns, lágrimas e gemidos; rasgai o coração, e não as vestes; e voltai para o Senhor, vosso Deus; ele é benigno e compassivo, paciente e cheio de misericórdia, inclinado a perdoar o castigo.

Responsório breve

R. **Cu**rai-me, ó Deus **Santo**,
 * **Pois** pe**quei** contra **vós**! R. **Cu**rai-me.
V. Tende pie**da**de de **mim**, renovai-me! * **Pois** pe**quei**.
  Glória ao **Pai**. R. **Cu**rai-me.

Cântico evangélico, ant.

O vosso **Mestre** é um so**mente**,
é o **Cris**to Se**nhor** que está nos **céus**.

Preces

Rendamos graças a Deus Pai, que nos deu o seu Filho Unigênito, a Palavra que se fez carne, para ser nosso alimento e nossa vida; e supliquemos:

R. **Que a palavra de Cristo habite em nossos corações!**

Terça-feira

Concedei-nos escutar com mais frequência a vossa palavra, nesta quaresma,
_ para louvarmos a Cristo, nossa Páscoa, com maior piedade e devoção, na grande solenidade que se aproxima. R.

Que o vosso Espírito Santo nos ensine,
_ e nos faça testemunhas da vossa verdade e bondade para animar os que vacilam e os que erram. R.

Fazei-nos viver mais profundamente o mistério de Cristo,
_ e manifestá-lo mais claramente em nossa vida. R.

Purificai e renovai a vossa Igreja neste tempo de graça,
_ para que ela proclame cada vez melhor a vossa vontade e a vossa salvação. R.

(intenções livres)

Pai nosso...

Oração

Guardai, Senhor Deus, a vossa Igreja com a vossa constante proteção, e, como a fraqueza humana desfalece sem vosso auxílio, livrai-nos constantemente do mal e conduzi-nos pelos caminhos da salvação. Por nosso Senhor Jesus Cristo, vosso Filho, na unidade do Espírito Santo.

Hora Média

Oração das Nove Horas

Ant. Chegou o **tem**po de peni**tên**cia,
de conver**são** e de salva**ção**.

Leitura breve   Jl 2,17
Chorem, postos entre o vestíbulo e o altar, os ministros sagrados do Senhor, e digam: "Perdoa, Senhor, a teu povo, e não deixes que esta tua herança sofra infâmia e que as nações a dominem".

V. Criai em **mim** um coração que seja **pu**ro.
R. Dai-me de **no**vo um es**pí**rito deci**di**do!

Oração das Doze Horas

Ant. Por minha vida, diz o Se**nhor**,
não quero a **mor**te do peca**dor**,
mas que ele **vol**te e tenha a **vi**da.

Leitura breve Jr 3,25b

Nós ofendemos o Senhor, nosso Deus, nós e nossos pais, desde a juventude até ao dia de hoje, não escutamos a voz do Senhor, nosso Deus.

V. Desvi**ai** o vosso o**lhar** dos meus pe**cados**.
R. E apa**gai** todas as **mi**nhas transgres**sões**!

Oração das Quinze Horas

Ant. Sejamos **fir**mes na prova**ção**: Sua jus**ti**ça é nossa **for**ça.

Leitura breve Is 58,l-2a

Grita forte, sem cessar, levanta a voz como trombeta e denuncia os crimes do meu povo e os pecados da casa de Jacó. Buscam-me cada dia e desejam conhecer meus propósitos, como gente que pratica a justiça e não abandonou a lei de Deus.

V. Meu sacri**fí**cio é minha **al**ma peni**ten**te.
R. Não despre**zeis** um cora**ção** arrepen**di**do!

Oração como nas Laudes.

Vésperas

Leitura breve Tg 2,14.17.18b

Meus irmãos, que adianta alguém dizer que tem fé, quando não a põe em prática? A fé seria então capaz de salvá-lo? A fé, se não se traduz em obras, por si só está morta. Tu, mostra-me a tua fé sem as obras, que eu te mostrarei a minha fé pelas obras!

Terça-feira

Responsório breve

R. Iluminai-me, Senhor, conforme a vossa palavra,
  * Para que eu sempre faça a vossa vontade!
  R. Iluminai-me.
V. Inclinai meu coração aos vossos preceitos. * Para que eu.
  Glória ao Pai. R. Iluminai-me.

Cântico evangélico, ant.

Vós todos sois irmãos e um só é o vosso Pai.
A ninguém chameis de mestre,
um somente é o vosso Mestre:
Jesus Cristo, o Salvador.

Preces

Demos glória ao Senhor Jesus Cristo que, exaltado na cruz, atraiu para si todo o gênero humano; e lhe supliquemos com piedade:

R. **Senhor, atraí tudo para vós!**

Senhor, iluminai com o mistério da vossa cruz todo o gênero humano,
– para que, atraídos por ela, vos reconheçamos como caminho, verdade e vida. R.

Dai água viva a todos os que estão sedentos de vós,
– para que saciem para sempre a sua sede. R.

Iluminai os intelectuais e os artistas,
– para que manifestem a todos os caminhos do vosso Reino. R.

Movei a consciência de todos aqueles a quem o pecado ou o escândalo afastou de vós,
– para que voltem à vida da graça e permaneçam no vosso amor. R.

(intenções livres)

Admiti na glória do céu os nossos irmãos e irmãs falecidos,

154 2ª Semana da Quaresma

– para que se alegrem eternamente na companhia de Nossa Senhora e de todos os santos.

R. **Senhor, atraí tudo para vós!**

Pai nosso...

Oração

Guardai, Senhor Deus, a vossa Igreja com a vossa constante proteção, e, como a fraqueza humana desfalece sem vosso auxílio, livrai-nos constantemente do mal e conduzi-nos pelos caminhos da salvação. Por nosso Senhor Jesus Cristo, vosso Filho, na unidade do Espírito Santo.

QUARTA-FEIRA

Ofício das Leituras

V. Convertei-vos e mudai a vossa vida.
R. Renovai-vos de espírito e coração!

Primeira leitura
Do Livro do Êxodo
17,1-16

A água do rochedo e o combate contra os amalecitas

Naqueles dias, ¹toda a comunidade dos filhos de Israel partiu do deserto de Sin e, seguindo as etapas indicadas pelo Senhor, acamparam em Rafidim, onde o povo não encontrou água para beber. ²Então o povo começou a disputar com Moisés, dizendo: "Dá-nos água para beber!" Moisés respondeu-lhes: "Por que disputais comigo? Por que tentais o Senhor?" ³Mas o povo, sedento de água, murmurava contra Moisés e dizia: "Por que nos fizeste sair do Egito? Foi para nos fazer morrer de sede, a nós, nossos filhos e nosso gado?" ⁴Moisés clamou ao Senhor, dizendo: "Que farei por este povo? Por pouco não me apedrejam!" ⁵O Senhor disse a Moisés: "Passa adiante do povo e leva contigo alguns anciãos de Israel. Toma a tua vara com que feriste o rio Nilo e vai. ⁶Eu estarei lá, diante de ti, sobre o rochedo, no monte

Horeb. Ferirás a pedra e dela sairá água para o povo beber". Moisés assim fez na presença dos anciãos de Israel. [7] E deu àquele lugar o nome de Massa e Meriba, por causa da disputa dos filhos de Israel e porque tentaram o Senhor, dizendo: "O Senhor está no meio de nós, ou não?" [8] Os amalecitas vieram atacar Israel em Rafidim. [9] Moisés disse a Josué: "Escolhe alguns homens e vai combater contra os amalecitas. Amanhã estarei, de pé, no alto da colina, com a vara de Deus na mão". [10] Josué fez o que Moisés lhe tinha mandado e combateu os amalecitas. Moisés, Aarão e Ur subiram ao topo da colina. [11] E, enquanto Moisés conservava a mão levantada, Israel vencia; quando abaixava a mão, vencia Amalec. [12] Ora, as mãos de Moisés tornaram-se pesadas. Pegando então uma pedra, colocaram-na debaixo dele para que se sentasse, e Aarão e Ur, um de cada lado, sustentavam as mãos de Moisés. Assim, suas mãos não se fatigaram até ao pôr do sol, [13] e Josué derrotou Amalec e sua gente a fio de espada. [14] O Senhor disse, então, a Moisés: "Escreve isto no livro para a memória, e leva ao conhecimento de Josué que eu apagarei a lembrança de Amalec do céu". [15] Moisés construiu um altar e deu-lhe o nome de "o Senhor é meu estandarte", dizendo:
[16] "Porque levantou a mão contra o trono do Senhor, o Senhor estará em guerra contra Amalec, de geração em geração".

Responsório   cf. Is 12,3.4. cf. Jo 4,14

R. Com alegria bebereis das águas abundantes
     do manancial do Salvador.
  * E direis naquele dia: Dai louvores ao Senhor
     e invocai seu santo nome.
V. A água que eu vos der, será fonte a jorrar
     até a vida eterna. * E direis.

Segunda Leitura
Do Tratado contra as heresias, de Santo Irineu, bispo

(Lib. 4,14,2-3; 15,1: SCh 100,542.548)   (Séc. II)

156   2ª Semana da Quaresma

Através de figuras, Israel aprendia a temer a Deus e a perseverar em seu serviço

Desde o princípio Deus criou o homem para lhe comunicar seus dons; escolheu os patriarcas, para lhes dar a salvação; ia formando um povo, para ensinar os ignorantes a seguir a Deus; preparava os profetas, para acostumar os homens a serem morada do Espírito e a viverem em comunhão com Deus. Ele, que não precisava de nada, oferecia a comunhão aos que dele precisavam. Para os que lhe eram agradáveis, desenhava, qual um arquiteto, o edifício da salvação; aos que nada viam no Egito, ele mesmo servia de guia; aos que andavam errantes no deserto, dava uma lei perfeita; aos que entravam na terra prometida, concedia uma herança; enfim, para os que voltavam à casa do Pai, matava o vitelo gordo e dava a melhor roupa. Assim, de muitas maneiras, Deus ia preparando o gênero humano em vista da salvação futura.

Eis por que João diz no Apocalipse: *Sua voz era como o fragor de muitas águas* (Ap 1,15). Na verdade, são muitas as águas do Espírito de Deus, porque é muita a riqueza e grandeza do Pai. E, passando através de todas elas, o Verbo concedia generosamente o seu auxílio a quantos lhe estavam submetidos, prescrevendo uma lei adaptada e adequada a cada criatura.

Desse modo, dava ao povo as leis relativas à construção do tabernáculo, à edificação do templo, à escolha dos levitas, aos sacrifícios e oblações, às purificações e a todo o restante do serviço do altar.

Deus não precisava de nada disso, pois é desde sempre rico de todos os bens, e contém em si mesmo a suavidade de todos os aromas e de todos os perfumes, mesmo antes de Moisés existir. Mas educava um povo sempre inclinado a voltar aos ídolos, dispondo-o, através de muitas etapas, a perseverar no serviço de Deus. Por meio das coisas secundárias chamava-o às principais, isto é, pelas figuras à realidade, pelas temporais, às eternas, pelas carnais, às espirituais, pelas terrenas, às celestes, tal como foi dito a Moisés: *Farás tudo segundo o modelo das coisas que viste na montanha* (Ex 25,40).

Durante quarenta dias, com efeito, Moisés aprendeu a guardar *as* palavras de Deus, os sinais celestes, as imagens espirituais e *as* figuras das coisas futuras. Paulo também disse: *Bebiam de um rochedo espiritual que os acompanhava – e esse rochedo era Cristo* (1Cor 10,4). E acrescenta ainda, depois de ter falado dos acontecimentos referidos na Lei: *Estas coisas lhes aconteciam em figura e foram escritas para nos admoestar e instruir, a nós que já chegamos ao fim dos tempos* (1Cor 10,11).

Por meio dessas figuras, portanto, eles aprendiam a temer a Deus e a perseverar em seu serviço. E assim a Lei era para eles, ao mesmo tempo, norma de vida e profecia das realidades futuras.

Responsório   Gl 3,24-25.23

R. A lei foi **nos**so educa**dor**, que nos gui**ou** até **Cris**to,
a **fim** de que nós **fôs**semos justifi**ca**dos pela **fé**.
 * Ao che**gar**, porém, a **fé**, não es**ta**mos mais su**jei**tos
ao an**ti**go educa**dor**.
V. Mas **an**tes que che**gas**se a **é**poca da **fé**,
nós **é**ramos guar**da**dos, tute**la**dos sob a **lei**,
para a **fé** que chega**ri**a. * Ao che**gar**.

Oração como nas Laudes.

Laudes

Leitura breve   Dt 7,6b.8-9
O Senhor, teu Deus, te escolheu dentre todos os povos da terra, para seres o seu povo preferido, porque o Senhor vos amou e quis cumprir o juramento que fez a vossos pais. Foi

por isso que o Senhor vos fez sair com mão poderosa, e vos resgatou da casa da escravidão, das mãos do Faraó, rei do Egito. Saberás, pois, que o Senhor, teu Deus, é o único Deus, um Deus fiel, que guarda a aliança e a misericórdia até mil gerações, para aqueles que o amam e observam seus mandamentos.

Responsório breve

R. **Deus** nos a**mou** por pri**mei**ro,
  * Ele **fez** Aliança co**nos**co. R. **Deus** nos a**mou**.
V. Sem me**di**da é a **sua** ternura. * Ele **fez**.
  Glória ao **Pai**. R. **Deus** nos a**mou**.

Cântico evangélico, ant.

Veio o **Filho** do **Homem** ser**vir** e **não** ser servido, diz **Cris**to; veio **dar** sua **vi**da por **to**dos.

Preces

Demos graças a Deus Pai, e supliquemos que ele purifique e confirme os nossos corações na caridade, pela vinda e ação do Espírito Santo. Digamos, pois, cheios de confiança:
R. **Dai-nos, Senhor, o vosso Espírito Santo!**

Ensinai-nos a receber com um coração agradecido os bens que vós nos dais,
— e a aceitar com paciência os sofrimentos que pesam sobre nós. R.

Fazei que pratiquemos a caridade, não apenas nas grandes ocasiões,
— mas principalmente no cotidiano de nossas vidas. R.

Concedei que saibamos renunciar ao supérfluo,
— para podermos socorrer nossos irmãos e irmãs necessitados. R.

Dai-nos trazer sempre em nosso corpo a imagem da Paixão de vosso Filho,

– vós, que nos destes a vida em seu corpo. R.

(intenções livres)

Pai nosso...

Oração

Ó Deus, conservai constantemente vossa família na prática das boas obras e, assim como nos confortais agora com vossos auxílios, conduzi-nos aos bens eternos. Por nosso Senhor Jesus Cristo, vosso Filho, na unidade do Espírito Santo.

Hora Média

Oração das Nove Horas

Ant. Chegou o **tempo** de penitência,
de conver**são** e de salva**ção**.

Leitura breve   Ez 18,30b-32

Arrependei-vos, convertei-vos de todas as vossas transgressões, a fim de não terdes ocasião de cair em pecado. Afastai-vos de todos os pecados que praticais. Criai para vós um coração novo e um espírito novo. Por que haveis de morrer, ó casa de Israel? Pois eu não sinto prazer na morte de ninguém – oráculo do Senhor Deus. Convertei-vos e vivereis!

V. Criai em **mim** um cora**ção** que seja **pu**ro.

R. Dai-me de **no**vo um es**pí**rito deci**di**do!

Oração das Doze Horas

Ant. Por minha **vi**da, diz o Se**nhor**,
não quero a **mor**te do peca**dor**,
mas que ele **vol**te e tenha a **vi**da.

160   2ª Semana da Quaresma

Leitura breve   Zc 1,3b-4b

Voltai-vos para mim, diz o Senhor dos exércitos, e eu me voltarei para vós, diz o Senhor dos exércitos. Não sejais como os vossos pais, aos quais os antigos profetas gritavam: Assim fala o Senhor dos exércitos: Abandonai vossos maus caminhos e vossos maus pensamentos; mas não me ouviram.

V. Desvi**ai** o vosso **olhar** dos meus pe**ca**dos.

R. E apa**gai** todas as **mi**nhas transgress**ões**!

Oração das Quinze Horas

Ant. Sejamos **fir**mes na prova**ção**: Sua justi**ça** é nossa **força**.

Leitura breve   Dn 4,24b

Expia teus pecados e injustiça com esmolas e obras de misericórdia em favor dos pobres; assim terás longa prosperidade.

V. Meu sacri**fí**cio é minha **al**ma peni**ten**te.

R. Não despre**zeis** um cora**ção** arrepen**di**do!

Oração como nas Laudes.

Vésperas

Leitura breve   Fl 2,12b-15a

Trabalhai para a vossa salvação, com temor e tremor. Pois é Deus que realiza em vós tanto o querer como o fazer, conforme o seu desígnio benevolente. Fazei tudo sem reclamar ou murmurar, para que sejais livres de repreensão e ambiguidade, filhos de Deus sem defeito.

Responsório breve

R. Em **Deus**, cuja Pala**vra** me entusi**as**ma,

  *Em **Deus** eu me a**poi**o. R. Em **Deus**, cuja Pala**vra**.

V. Nada **mais** me causa **me**do. *Em **Deus** eu me a**poi**o.

  Glória ao **Pai**. R. Em **Deus**, cuja Pala**vra**.

Cântico evangélico, ant.

O **Fi**lho do **Ho**mem se**rá** despre**za**do,
se**rá** flage**la**do e, na **cruz,** morre**rá**;
e de**pois** de três **di**as res**sus**cita**rá**.

Preces

Demos glória a Deus Pai, que no sangue de Cristo firmou uma nova Aliança com seu povo, e a renova pelo sacramento do altar. Peçamos com fé:

R. **Abençoai, Senhor, o vosso povo!**

Dirigi, Senhor, conforme a vossa vontade, as intenções dos povos e dos governantes,
— para que eles se empenhem sinceramente em promover o bem de todos. R.

Fortalecei a fidelidade daqueles que tudo abandonaram para seguir a Cristo;
— que eles deem a todos testemunho e exemplo da santidade da Igreja. R.

Vós, que criastes os homens e as mulheres à vossa imagem e semelhança,
— fazei que todos rejeitem qualquer desigualdade injusta. R.

Reconduzi à vossa amizade e verdade todos os que vivem afastados da fé,
— e ensinai-nos como ajudá-los eficazmente. R.

(intenções livres)

Concedei aos que morreram entrar na vossa glória
— para que vos louvem eternamente. R.

Pai nosso...

Oração

Ó Deus, conservai constantemente vossa família na prática das boas obras e, assim como nos confortais agora com vossos auxílios, conduzi-nos aos bens eternos. Por nosso Senhor Jesus Cristo, vosso Filho, na unidade do Espírito Santo.

162 2ª Semana da Quaresma

QUINTA-FEIRA

Ofício das Leituras

V. Quem me**di**ta a lei de **Deus**
R. Dará **fru**tos a seu **tem**po.

Primeira leitura

Do Livro do Êxodo   18,13-27

Moisés nomeia juízes do povo

Naqueles dias,[13] Moisés assentou-se para julgar as questões do povo, que se conservava de pé diante dele desde a manhã até à tarde.[14] Vendo tudo o que fazia pelo povo, Jetro, o sogro de Moisés, disse: "Que é isto que fazes com o povo? Por que estás aí sentado, tu sozinho, enquanto todo o povo espera desde a manhã até à tarde?"[15] Moisés respondeu ao sogro: "É que o povo vem a mim para consultar a Deus. [16] Quando surge entre eles alguma disputa, vêm a mim para que julgue entre eles e lhes mostre os preceitos de Deus e suas leis".[17] Mas o sogro de Moisés lhe disse: "Não está bem o que fazes.[18] Acabarás por sucumbir, tu e este povo que está contigo; essa tarefa está acima das tuas forças e não poderás executá-la sozinho. [19] Agora escuta-me: vou dar-te um conselho, e que Deus esteja contigo: Tu deves representar o povo diante de Deus, e levar perante ele os problemas. [20] Esclarece o povo a respeito dos preceitos e das leis, e dá-lhe a conhecer o caminho a seguir, e o que deve fazer.[21] Mas escolhe entre todo o povo homens de valor, tementes a Deus, dignos de confiança e inimigos da cobiça, e constitui-os chefes de mil, de cem, de cinquenta e de dez. [22] Eles julgarão o povo em todo o tempo. A ti levarão as questões de maior *importância, mas* as de menor importância decidirão eles mesmos. Desta maneira, sendo repartido com os outros, o peso que te oprime será mais leve. [23] Se assim procederes, e Deus te der as suas ordens, poderás resistir, e toda esta gente voltará em paz para suas casas".

Quinta-feira

163

²⁴Moisés ouviu o conselho do sogro, e fez tudo o que ele tinha dito. ²⁵Escolheu entre todo o Israel homens de valor, e os pôs à frente do povo como chefes de mil, de cem, de cinquenta e de dez. ²⁶Eles julgavam o povo em todo o tempo, e levavam a Moisés as questões mais graves, resolvendo eles mesmos as menores. ²⁷Depois disso, Moisés despediu-se do sogro, e este voltou para a sua terra.

Responsório   cf. Nm 11,25; Ex 18,25a

R. O Senhor desceu na nuvem e falou para Moisés;
  e tomando do espírito que estava em Moisés,
  deu aos setenta anciãos.
  * Quando o espírito pousou sobre aqueles anciãos,
  profetizaram sem parar.
V. Moisés, tendo escolhido homens capazes dentre o povo,
  colocou-os como chefes sobre os filhos de Israel.
  * Quando.

Segunda Leitura

Dos Tratados sobre os Salmos, de Santo Hilário, bispo
      (Ps 127,1-3: CSEL 24,628-630)   (Séc. IV)

O verdadeiro temor do Senhor

Feliz és tu se temes o Senhor e trilhas seus caminhos (Sl 127,1). Todas as vezes que na Escritura se fala do temor do Senhor, nunca se fala isoladamente, como se ele bastasse para a perfeição da nossa fé; mas vem sempre acompanhado de muitas outras virtudes que nos ajudam a compreender sua natureza e perfeição. Assim aprendemos desta palavra que disse Salomão no livro dos Provérbios: *Se suplicares a inteligência e pedires em voz alta a prudência; se andares à sua procura como ao dinheiro, e te lançares no seu encalço como a um tesouro, então compreenderás o temor do Senhor* (Pr 2,3-5).

Vemos assim quantos degraus é necessário subir para chegar ao temor do Senhor.

Em primeiro lugar, devemos suplicar a inteligência, pedir a prudência, procurá-la como ao dinheiro e nos lançarmos ao seu encalço como a um tesouro. Então chegaremos a compreender o temor do Senhor.

Porque o temor, na opinião comum dos homens, tem outro sentido. É a perturbação que experimenta a fraqueza humana quando receia sofrer o que não quer que lhe aconteça. Este gênero de temor manifesta-se em nós pelo remorso do pecado, pela autoridade do mais poderoso ou a violência do mais forte, por alguma doença, pelo encontro com um animal feroz e pela ameaça de qualquer mal.

Esse temor, por conseguinte, não precisa ser ensinado, porque deriva espontaneamente de nossa fraqueza natural. Não aprendemos o que se deve temer, mas são as próprias coisas temíveis que nos incutem o terror.

Pelo contrário, sobre o temor de Deus, assim está escrito: *Meus filhos, vinde agora e escutai-me: vou ensinar-vos o temor do Senhor Deus* (Sl 33,12). Portanto, se o temor do Senhor é ensinado, deve-se aprender. Não nasce do nosso receio natural, mas do cumprimento dos mandamentos, das obras de uma vida pura e do conhecimento da verdade.

Para nós, todo o temor do Senhor está contido no amor, e a caridade perfeita expulsa o temor. O nosso amor a Deus leva-nos a seguir os seus conselhos, a cumprir os seus mandamentos e a confiar em suas promessas. Ouçamos o que diz a Escritura: *E agora, Israel, o que é que o Senhor, teu Deus, te pede? Apenas que o temas e andes em seus caminhos; que ames e guardes os mandamentos do Senhor, teu Deus, com todo o teu coração e com toda a tua alma, para que sejas feliz* (Dt 10,12-13).

Ora, os caminhos do Senhor são muitos, embora ele próprio seja o Caminho. Pois, ele chama-se a si mesmo caminho, e mostra a razão porque fala assim: *Ninguém vai ao Pai senão por mim* (Jo 14,6).

Devemos, portanto, examinar e avaliar muitos caminhos, para encontrarmos, por entre os ensinamentos de muitos, o único caminho certo, o único que nos conduz à vida eterna. Há caminhos na Lei, caminhos nos profetas, caminhos nos evangelhos e nos apóstolos, caminhos nas diversas obras dos mestres. Felizes os que andam por eles, movidos pelo temor do Senhor.

Responsório   Eclo 2,19; Lc 1,50

R. Os que **te**mem o Se**nhor**, buscam **aqui**lo que lhe **agra**da;
  * Os que **a**mam o Se**nhor**, se con**ten**tam com sua **lei**.
V. Seu a**mor** para **sem**pre se es**ten**de
    sobre a**que**les que o **te**mem.
    * Os que **a**mam.
Oração como nas Laudes.

Laudes

Leitura breve   cf. 1Rs 8,51-53a

Nós somos, Senhor, teu povo e tua herança. Teus olhos estejam abertos à súplica do teu servo e do teu povo, Israel, escutando-nos toda vez que te invocarmos. Pois tu nos separaste para ti como herança dentre todos os povos da terra.

Responsório breve

R. Nós **so**mos vosso **po**vo, ó Se**nhor**.
  * Miseri**cór**dia, Se**nhor**, a vós cla**ma**mos! R. Nós **so**mos.
V. Cur**va**dos sob o **pe**so dos pe**ca**dos,
    cho**ra**mos de tris**te**za. * Miseri**cór**dia.
    Glória ao **Pai**. R. Nós **so**mos.

Cântico evangélico, ant.
Recor**da**-te, meu **fi**lho:
na **vi**da tinhas **tu**do, mas **Lá**zaro so**fri**a.

2ª Semana da Quaresma

Preces

Celebremos a bondade de Deus, que se revelou em Cristo Jesus. E de todo o coração lhe supliquemos:

R. Lembrai-vos, Senhor, de vossos filhos e filhas!

Concedei-nos viver mais profundamente o mistério da Igreja;
— que ela seja para toda a humanidade o sacramento eficaz da salvação. **R.**

Deus, amigo do ser humano, ensinai-nos a trabalhar generosamente para o progresso da civilização,
— e a buscar em todas as coisas o vosso Reino. **R.**

Levai-nos a saciar nossa sede de justiça,
— na fonte de água viva que nos destes em Cristo. **R.**

Perdoai, Senhor, todos os nossos pecados,
— e dirigi nossos passos no caminho da justiça e da verdade.
R.
(intenções livres)

Pai nosso...

Oração

Ó Deus, que amais e restaurais a inocência, orientai para vós os corações dos vossos filhos e filhas para que, renovados pelo vosso Espírito, sejamos firmes na fé e eficientes nas obras. Por nosso Senhor, Jesus Cristo, vosso Filho, na unidade do Espírito Santo.

Hora Média

Oração das Nove Horas

Ant. Chegou o **tem**po de peni**tên**cia,
de conver**são** e de sal**va**ção.

Leitura breve   Is 55,6-7

Buscai o Senhor, enquanto pode ser achado; invocai-o, enquanto ele está perto. Abandone o ímpio seu caminho, e o homem injusto, suas maquinações; volte para o Senhor, que terá piedade dele, volte para nosso Deus, que é generoso no perdão.

V. Criai em **mim** um cora**ção** que seja **pu**ro.

R. Dai-me de **no**vo um es**pí**rito deci**di**do!

Oração das Doze Horas

Ant. Por minha **vi**da, diz o S**e**nhor,
       não quero a **mor**te do peca**dor**,
       mas que ele **vol**te e tenha a **vi**da.

Leitura breve   Dt 30,2-3a

Tu te converterás ao Senhor, teu Deus, com teus filhos, e obedecerás aos seus mandamentos com todo o teu coração e com toda a tua alma, conforme tudo o que hoje te ordeno. O Senhor, teu Deus, te fará voltar do cativeiro e se compadecerá de ti.

V. Desvi**ai** o vosso **ol**har dos meus pe**ca**dos.

R. E apa**gai** todas as **mi**nhas transgress**ões**!

Oração das Quinze Horas

Ant. Sejamos **fir**mes na prova**ção**: Sua jus**ti**ça é nossa **for**ça.

Leitura breve   Hb 10,35-36

Não abandoneis a vossa coragem, que merece grande recompensa. De fato, precisais de perseverança para cumprir a vontade de Deus e alcançar o que ele prometeu.

V. Meu sacrifí**cio** é minha **al**ma peni**ten**te.

R. Não despre**zeis** um cora**ção** arrepen**di**do.

Oração como nas Laudes.

168 2ª Semana da Quaresma

Vésperas

Leitura breve
Tg 4,7-8.10

Obedecei a Deus, mas resisti ao diabo, e ele fugirá de vós. Aproximai-vos de Deus, e ele se aproximará de vós. Purificai as mãos, ó pecadores, e santificai os corações, homens dúbios. Humilhai-vos diante do Senhor, e ele vos exaltará.

Responsório breve
R. **Se**n**dei** minha **prece**!
   * Meu cla**mor** chegue a **vós**! R. **Senhor**.
V. Escut**ai**-me, no **dia** em que cha**mo**. * Meu cla**mor**.
   Glória ao **Pai**. R. **Senhor**.

Cântico evangélico, ant.
O **rico** em seus tor**men**tos implo**rou** uma gota **d'á**gua, ele que a **Lázaro** ne**gara** as mi**gal**has do seu **pão**.

Preces
Proclamemos a misericórdia de Deus, que nos ilumina com a graça do Espírito Santo, para que resplandeçam em nossas obras a justiça e a santidade; e supliquemos:

R. **Dai a vida, Senhor, ao povo que Cristo redimiu!**

Senhor, fonte e autor de toda santidade, fortalecei os bispos, os sacerdotes e os diáconos em sua união com Cristo por meio do mistério eucarístico,
— para que se renove sempre mais a graça que receberam pela imposição das mãos. R.

Ensinai os vossos fiéis a participarem de modo mais digno e ativo na mesa da Palavra e do Corpo de Cristo,
— para que mantenham na vida e nos costumes o que receberam pela fé e pelos sacramentos. R.

Ensinai-nos a reconhecer a dignidade de cada pessoa humana, redimida pelo Sangue de vosso Filho,
— e a respeitarmos a liberdade e a consciência de nossos irmãos e irmãs. R.

Fazei que todos os seres humanos saibam moderar seus desejos de bens temporais,
– e atendam às necessidades do próximo. **R.**
(intenções livres)

Tende piedade dos fiéis que hoje chamastes desta vida para vós,
– e concedei-lhes o dom da eterna bem-aventurança. **R.**

Pai nosso...

Oração

Ó Deus, que amais e restaurais a inocência, orientai para vós os corações dos vossos filhos e filhas para que, renovados pelo vosso Espírito, sejamos firmes na fé e eficientes nas obras. Por nosso Senhor, Jesus Cristo, vosso Filho, na unidade do Espírito Santo.

SEXTA-FEIRA

Ofício das Leituras

V. Vol**tai** ao Se**nhor**, vosso **Deus**.
R. Ele é **bom**, compassivo e cle** men**te!

Primeira leitura
Do Livro do Êxodo
19,1-19; 20,18-21

Promessa da Aliança e manifestação do Senhor no Sinai

[19,1]No mesmo dia, em que se cumpriam três meses da saída do Egito, Israel chegou ao deserto do Sinai. [2]Partindo de Rafidim, chegaram ao deserto do Sinai, onde acamparam. Israel armou ali suas tendas, defronte da montanha.

[3]Moisés, então, subiu ao encontro de Deus. O Senhor chamou-o do alto da montanha, e disse:
"Assim deverás falar à casa de Jacó
e anunciar aos filhos de Israel:
[4]Vistes o que fiz aos egípcios,

e como vos levei sobre asas de águia
e vos trouxe a mim.
[5]Portanto, se ouvirdes a minha voz
e guardardes a minha aliança,
sereis para mim a porção escolhida
dentre todos os povos,
porque minha é toda a terra.
[6]"E vós sereis para mim um reino de sacerdotes
e uma nação santa.

São estas as palavras que deverás dizer aos filhos de Israel".

[7]Moisés voltou e, convocando os anciãos do povo, expôs tudo o que o Senhor lhe tinha mandado. [8]E o povo todo respondeu a uma só voz: "Faremos tudo o que o Senhor disse". Moisés transmitiu ao Senhor as palavras do povo, [9]e o Senhor lhe falou: "Virei a ti numa nuvem escura, para que o povo ouça quando falar contigo, e creia sempre em ti".

[10]Tendo Moisés transmitido ao Senhor as palavras do povo, o Senhor lhe disse: "Vai ao povo e santifica-os hoje e amanhã. Eles devem lavar as suas vestes, [11]e estar prontos para o terceiro dia, pois nesse dia o Senhor descerá diante de todo o povo sobre a montanha do Sinai. [12]Fixarás em torno da montanha um limite para o povo, dizendo: Guardai-vos de subir a montanha, de tocar-lhe a base. Quem tocar a montanha, morrerá certamente. [13]Ninguém tocará o culpado; mas ele será apedrejado ou atravessado com flechas. Seja pessoa ou animal, não deverá ficar com vida. Só quando soar a trombeta, poderão subir a montanha". [14]Moisés desceu da montanha até onde estava o povo e o santificou. Depois de terem lavado suas vestes, [15]ele lhes disse: "Estai preparados para o terceiro dia, e não vos aproximeis de vossas mulheres".

[16]Quando chegou o terceiro dia, ao raiar da manhã, houve trovões e relâmpagos. Uma nuvem espessa cobriu a montanha, e um fortíssimo som de trombetas se fez ouvir. No acampamento o povo se pôs a tremer. [17]Moisés fez o

Sexta-feira

povo sair do acampamento ao encontro de Deus, e eles pararam ao pé da montanha. [18] Todo o monte Sinai fumegava, pois o Senhor descera sobre ele em meio ao fogo. A fumaça subia como de uma fornalha, e todo o monte tremia violentamente. [19] O som da trombeta ia aumentando cada vez mais. Moisés falava e o Senhor lhe respondia através do trovão.

[20,18] Ora, todo o povo via os trovões, os relâmpagos, o som da trombeta e a montanha fumegando, e, aterrorizado, abalado com pavor, manteve-se à distância. [19] E disseram a Moisés: "Fala-nos tu, e nós te ouviremos. Não nos fale o próprio Deus, para que não morramos". [20] E Moisés disse ao povo: "Não temais, pois o Senhor veio para vos provar e para que o seu temor esteja em vós, e não pequeis". [21] O povo mantinha-se à distância, enquanto Moisés se aproximou da nuvem escura onde Deus estava.

Responsório   Ex 19,5a.6; 1Pd 2,9a

R. Se ouvirdes minha voz e guardardes a Aliança,
   vós sereis meu povo eleito dentre os povos e nações.
 * Sereis nação sacerdotal, o meu reino e povo santo.
V. Sois a raça escolhida, sacerdócio régio
   nação santa e povo conquistado por Deus. * Sereis.

Segunda Leitura
Do Tratado contra as heresias, de Santo Irineu, bispo

(Lib. 4,16,2-5: SCh 100,564-572)   (Séc. II)

A aliança do Senhor

No Deuteronômio, Moisés disse o seguinte ao povo: *O Senhor, teu Deus, firmou uma aliança no Horeb. Não foi com vossos pais que o Senhor firmou esta aliança, mas convosco* (Dt 5,2-3).

Por que não firmou a aliança com seus pais? Porque *a lei não foi feita para o justo* (1Tm 1,9). Ora, seus pais eram justos; tinham o conteúdo do Decálogo gravado em seus corações e em suas almas, pois amavam a Deus que os criara e abstinham-se de toda injustiça para com o próximo. Não precisavam da advertência de uma lei escrita, porque tinham em si mesmos a justiça da Lei.

Mas, quando essa justiça e esse amor para com Deus caíram no esquecimento e se extinguiram no Egito, tornou--se necessário que Deus, em sua grande bondade para com os homens, se manifestasse de viva voz.

Com seu poder fez sair seu povo do Egito, para que o homem voltasse a ser discípulo e seguidor de Deus; e castigou os desobedientes, a fim de que o povo não desprezasse o seu Criador.

Alimentou-o com o maná, para que recebesse um alimento espiritual, conforme disse também Moisés no Deuteronômio: *Ele te alimentou com o maná, que nem tu nem teus pais conheciam, para te mostrar que nem só de pão vive o homem, mas de toda palavra que sai da boca do Senhor* (Dt 8,3).

Deu ainda o mandamento do amor de Deus, e ensinou a justiça para com o próximo, a fim de que o homem não fosse injusto nem indigno de Deus. Assim, por meio do Decálogo, Deus preparava o homem para a sua amizade e para a concórdia com o próximo. Era o homem que tirava proveito de tudo isso, uma vez que Deus não tinha nenhuma necessidade do homem.

Efetivamente, tudo isso contribuía para a glória do homem, dando o que lhe faltava, isto é, a amizade de Deus. Porém, isto nada acrescentava a Deus, pois ele não tinha necessidade do amor do homem.

O homem é que precisava da glória de Deus, a qual de modo algum poderia obter senão servindo a Deus. Por isso, Moisés lhe disse de novo: *Escolhe, pois, a vida, para que vivas, tu e teus descendentes, amando ao Senhor, teu Deus, obedecendo à sua voz e apegando-te a ele – pois é a tua vida e prolonga os teus dias* (Dt 30,19-20).

Sexta-feira

A fim de preparar o homem para esta vida, o Senhor proclamou por si mesmo as palavras do Decálogo, para todos sem exceção; por isso elas não foram abolidas por ocasião da sua vinda segundo a carne, mas permanecem em vigor entre nós, desenvolvidas e amplificadas.

Quanto aos preceitos próprios da servidão, Deus prescreveu-os separadamente ao povo, por intermédio de Moisés, adaptados à sua educação e formação, conforme disse o próprio Moisés: *Naquele tempo, vos ensinei leis e decretos conforme o Senhor Deus me ordenou* (cf. Dt 4,5). Por isso, os preceitos, que implicavam a servidão e tinham o caráter de sinais, foram abolidos pelo Senhor na Nova Aliança da liberdade. Mas os preceitos naturais, que convêm a homens livres e são comuns a todos, foram completados e aperfeiçoados, concedendo generosamente aos homens o dom de conhecer a Deus como Pai adotivo, amá-lo de todo o coração e seguir seu Verbo sem se desviarem.

Responsório

R. Moisés, servo de **Deus**, jejuou quarenta dias,
jejuou quarenta **noi**tes,
 *Para poder, condignamente, receber a lei de **Deus**.
V. Moisés foi ao Senhor, subindo o **mon**te do Sinai;
ali passou quarenta dias e também quarenta noites.
 *Para poder.

Oração como nas Laudes.

Laudes

Leitura breve   Is 53,11b-12

Meu Servo, o justo, fará justos inúmeros homens, carregando sobre si suas culpas. Por isso, compartilharei com ele multidões e ele repartirá suas riquezas com os valentes seguidores, pois entregou o corpo à morte, sendo contado

174 2ª Semana da Quaresma

como um malfeitor; ele, na verdade, resgatava o pecado de todos e intercedia em favor dos pecadores.

Responsório breve

R. **Vós** nos resga**tastes**, ó Se**nhor**!
* Para **Deus** o vosso **sangue** nos re**miu**. R. **Vós** nos.
V. Dentre **todas** as **tribos** e **lín**guas,
dentre os **povos** da **terra** e nações. * Para **Deus**.
Glória ao **Pai**. R. **Vós** nos.

Cântico evangélico, ant.

O Se**nhor** acaba**rá** com os mal**va**dos
e a **outros** sua **vi**nha entrega**rá**,
que lhe **deem** os seus **fru**tos a seu **tempo**.

Preces

Imploremos a Cristo Salvador, que nos remiu por sua morte e ressurreição e digamos:

R. **Senhor, tende piedade de nós!**

Vós, que subistes a Jerusalém para sofrer a Paixão, e assim entrar na glória,
_ conduzi vossa Igreja à Páscoa da eternidade. R.

Vós, que, elevado na cruz, deixastes a lança do soldado vos traspassar,
_ curai as nossas feridas. R.

Vós, que transformastes o madeiro da cruz em árvore da vida,
_ concedei os frutos dessa árvore aos que renasceram pelo batismo. R.

Vós, que, pregado na cruz, perdoastes o ladrão arrependido,
_ perdoai-nos também a nós pecadores. R.

(intenções livres)

Pai nosso...

Oração

Concedei-nos, ó Deus todo-poderoso, que, purificados pelo esforço da penitência, cheguemos de coração sincero às festas da Páscoa que se aproximam. Por nosso Senhor Jesus Cristo, vosso Filho, na unidade do Espírito Santo.

Hora Média

Oração das Nove Horas

Ant. Chegou o **tem**po de peni**tên**cia,
de conver**são** e de salva**ção**.

Leitura breve   Is 55,3

Inclinai vosso ouvido e vinde a mim, ouvi e tereis vida; farei convosco um pacto eterno, manterei fielmente as graças concedidas a Davi.

V. Criai em **mim** um cora**ção** que seja **pu**ro.
R. Dai-me de **no**vo um es**pí**rito deci**di**do!

Oração das Doze Horas

Ant. Por minha **vi**da, diz o Se**nhor**,
não quero a **mor**te do peca**dor**,
mas que ele **vol**te e tenha a **vi**da.

Leitura breve   cf. Jr 3,12b-14a

Voltai, é o Senhor que chama, não desviarei de vós minha face, porque eu sou misericordioso, não estarei irado para sempre. Convertei-vos, filhos, que vos tendes afastado de mim, diz o Senhor.

V. Desvi**ai** o vosso o**lhar** dos meus peca**dos**.
R. E apa**gai** todas as **mi**nhas transgres**sões**!

Oração das Quinze Horas

Ant. Sejamos **fir**mes na prova**ção**: Sua jus**ti**ça é nossa **for**ça.

176 2ª Semana da Quaresma

Leitura breve
Tg 1,27

A religião pura e sem mancha diante de Deus Pai é esta: assistir os órfãos e as viúvas em suas tribulações e não se deixar contaminar pelo mundo.

V. Meu sacrifício é minha alma penitente.
R. Não desprezeis um coração arrependido!

Oração como nas Laudes.

Vésperas

Leitura breve
Tg 5,16.19-20

Confessai uns aos outros os vossos pecados e orai uns pelos outros para alcançar a saúde. A oração fervorosa do justo tem grande poder. Meus irmãos, se alguém de vós se desviar da verdade e um outro o reconduzir, saiba este que aquele que reconduz um pecador desencaminhado salvará da morte a alma dele e cobrirá uma multidão de pecados.

Responsório breve

R. Curai-me, Senhor, ó Deus santo,
 * Pois pequei contra vós. R. Curai-me.
V. Tende piedade de mim, renovai-me! * Pois pequei.
 Glória ao Pai. R. Curai-me.

Cântico evangélico, ant.

Procuravam prender a Jesus;
não o fizeram por medo do povo,
que o tinha por grande Profeta.

Preces

Adoremos o Salvador do gênero humano, que morrendo destruiu a morte e ressuscitando renovou a vida; e peçamos com humildade:

R. **Santificai, Senhor, o povo que remistes com vosso sangue!**

Jesus, nosso Redentor, concedei que, pela penitência, nos associemos cada vez mais plenamente à vossa Paixão,
– a fim de alcançarmos a glória da ressurreição. R.

Acolhei-nos sob a proteção de Maria, vossa Mãe, consoladora dos aflitos,
– para podermos confortar os tristes com o mesmo auxílio que de vós recebemos. R.

Concedei-nos a graça de tomar parte na vossa Paixão por meio dos sofrimentos da vida,
– para que também em nós se manifeste a vossa salvação. R.

Senhor Jesus, que vos humilhastes na obediência até à morte e morte de cruz,
– ensinai-nos a ser obedientes e sofrer com paciência. R.
(intenções livres)

Tornai os corpos de nossos irmãos e irmãs falecidos semelhantes à imagem do vosso corpo glorioso,
– e fazei-nos dignos de participar um dia, com eles, da vossa glória. R.

Pai nosso...

Oração

Concedei-nos, ó Deus todo-poderoso, que, purificados pelo esforço da penitência, cheguemos de coração sincero às festas da Páscoa que se aproximam. Por nosso Senhor Jesus Cristo, vosso Filho, na unidade do Espírito Santo.

SÁBADO

Ofício das Leituras

V. Quem pratica a verdade se põe junto à luz.
R. E suas obras de filho de Deus se revelam.

Primeira leitura
Do Livro do Êxodo
20,1-17

Promulgação da Lei no Sinai

Naqueles dias, ¹Deus pronunciou todas estas palavras: ²"Eu sou o Senhor, teu Deus, que te tirou do Egito, da casa da escravidão. ³Não terás outros deuses além de mim. ⁴Não farás para ti imagem esculpida, nem figura alguma do que existe em cima, nos céus, ou embaixo, na terra, ou do que existe nas águas, debaixo da terra. ⁵Não te prostrarás diante destes deuses nem lhes prestarás culto, pois eu sou o Senhor, teu Deus, um Deus ciumento. Castigo a culpa dos pais nos filhos até à terceira e quarta geração dos que me odeiam, ⁶mas uso da misericórdia por mil gerações com aqueles que me amam e guardam os meus mandamentos.

⁷Não pronunciarás o nome do Senhor, teu Deus, em vão, porque o Senhor não deixará sem castigo quem pronunciar seu nome em vão.

⁸Lembra-te de santificar o dia de sábado. ⁹Trabalharás durante seis dias e farás todos os teus trabalhos, ¹⁰mas o sétimo dia é sábado dedicado ao Senhor, teu Deus. Não farás trabalho algum, nem tu, nem teu filho, nem tua filha, nem teu escravo, nem tua escrava, nem teu gado, nem o estrangeiro que vive em tuas cidades. ¹¹Porque o Senhor fez em seis dias o céu e a terra, o mar e tudo o que eles contêm; mas no sétimo dia descansou. Por isso o Senhor abençoou o dia do sábado e o santificou.

¹²Honra teu pai e tua mãe, para que vivas longos anos na terra que o Senhor, teu Deus, te dará.

¹³Não matarás.

¹⁴Não cometerás adultério.

¹⁵Não furtarás.

¹⁶Não levantarás falso testemunho contra o teu próximo.

¹⁷Não cobiçarás a casa do teu próximo.

Sábado

Não cobiçarás a mulher do teu próximo, nem seu escravo, nem sua escrava, nem seu boi, nem seu jumento, nem coisa alguma que lhe pertença".

Responsório   Sl 18(19),8.9b; Rm 13,8b.10b

R. A **lei** do Senhor **Deus** é perfeita, conforto para a alma.
O testemunho do Senhor é fiel, sabedoria dos humildes.
* O mandamento do Senhor é brilhante,
para os olhos é uma luz.

V. Aquele que ama o seu próximo, tem cumprido a lei,
pois amar é cumprir plenamente a lei do Senhor.
* O mandamento.

Segunda Leitura
Do Tratado sobre a fuga do mundo, de Santo Ambrósio, bispo

(Cap. 6,36; 7,44: 8,45; 9,52: CSEL 32,192.19-8199.204)
(Séc. IV)

Busquemos a Deus, único bem verdadeiro

Onde está o coração do homem está também o seu tesouro; pois Deus não costuma negar o bem aos que lhe pedem.

Porque o Senhor é bom, e é bom sobretudo para os que nele esperam, unamo-nos a ele, permaneçamos com ele de toda a nossa alma, de todo o coração e de todas as forças, para vivermos na sua luz, vermos a sua glória e gozarmos da graça da felicidade eterna. Elevemos nossos corações para esse bem, permaneçamos e vivamos unidos a ele, que está acima de tudo quanto possamos pensar ou imaginar; e concede a paz e a tranquilidade perpétuas, uma paz que ultrapassa toda a nossa compreensão e sentimento.

É esse o bem que tudo penetra; todos vivemos nele e dele dependemos; nada lhe é superior, porque é divino. Só Deus é bom e, portanto, o que é bom é divino e o que é divino é bom; por isso se diz no salmo: *Vós abris a mão e todos se fartam de bens* (Sl 103,28). É, com efeito, da bondade de

180 2ª Semana da Quaresma

Deus que nos vêm todos os bens, sem nenhuma mistura de mal.

Esses bens são os que a Escritura promete aos fiéis, dizendo: *Comereis dos bens da terra* (Is 1,19).

Nós morremos com Cristo e trazemos em nosso corpo a morte de Cristo, para que também a vida de Cristo se manifeste em nós. Portanto, já não é a nossa própria vida que vivemos, mas a vida de Cristo: vida de inocência, vida de castidade, vida de sinceridade e de todas as virtudes. Também ressuscitamos com Cristo; vivamos, pois, unidos a ele, subamos com ele, a fim de que a serpente não possa encontrar na terra o nosso calcanhar e feri-lo.

Fujamos daqui. Podes fugir com o espírito, embora permaneças com o corpo; podes ficar aqui e estar ao mesmo tempo junto do Senhor, se teu coração estiver unido a ele, se teus pensamentos se fixarem nele, se percorreres seus caminhos, guiado pela fé e não pelas aparências, se te refugiares junto dele que é nosso refúgio e nossa força, como disse Davi: *Eu procuro meu refúgio em vós, Senhor, que eu não seja envergonhado para sempre* (Sl 70,1).

Já que Deus é o nosso refúgio, e Deus está nos céus e no mais alto dos céus, é preciso fugir daqui para as alturas onde reina a paz, onde repousaremos de nossas fadigas, onde celebraremos o banquete do grande sábado, como disse Moisés: *O repouso sabático da terra será para vós ocasião de festim* (Lv 25,6). Descansar em Deus e contemplar as suas delícias é, na verdade, um banquete, cheio de alegria e felicidade.

Fujamos, como os cervos, para as fontes das águas. Que a nossa alma sinta a mesma sede de Davi. Qual é esta fonte? Escuta o que ele diz: *Em vós está a fonte da vida* (Sl 35,10). Diga minha alma a esta fonte: *Quando terei a alegria de ver a face de Deus?* (Sl 41,3). Porque a fonte é o próprio Deus.

Sábado

Responsório   Mt 22,37-38; cf. Dt 10,12

R. Amarás o Senhor, o teu **Deus**
de todo o **teu** coração, de todo o teu entendimento
e com todas as forças da alma.
* É este o maior mandamento.
V. Que pede de ti o teu **Deus**?
Que respeites a **Deus**, teu Senhor,
ele pede que o ames e o sirvas,
de todo o **teu** coração e com todas as forças da alma.
* É este.

Oração como nas Laudes.

Laudes

Leitura breve   Is 1,16-18

Lavai-vos, purificai-vos. Tirai a maldade de vossas ações
de minha frente. Deixai de fazer o mal! Aprendei a fazer o
bem! Procurai o direito, corrigi o opressor. Julgai a causa
do órfão, defendei a viúva. Vinde, debatamos – diz o Senhor. Ainda que vossos pecados sejam como púrpura, tornar-se-ão brancos como a neve. Se forem vermelhos como
o carmesim, tornar-se-ão como lã.

Responsório breve

R. O **Sangue** de Jesus nos purifica,
* De todos nossos erros nos liberta. R. O Sangue.
V. Vinde ver os grandes feitos do Senhor! * De todos.
Glória ao **Pai**. R. O Sangue.

Cântico evangélico, ant.

Meu **pai**, eu pequei contra o céu e contra ti!
Não mereço ser teu filho, quero ser teu empregado!

Preces

Demos graças a Cristo nosso Salvador, sempre e em toda
parte; e supliquemos com toda a confiança:

2ª Semana da Quaresma

R. **Socorrei-nos, Senhor, com a vossa graça!**

Ajudai-nos a conservar sem mancha os nossos corpos,
– para que sejam digna morada do Espírito Santo. **R.**

Despertai em nós, desde o amanhecer, o desejo de nos sacrificarmos pelos nossos irmãos,
– e de cumprirmos a vossa vontade em todas as atividades deste dia. **R.**

Ensinai-nos a procurar o pão da vida eterna,
– que vós mesmo nos ofereceis. **R.**

Interceda por nós a vossa Mãe, refúgio dos pecadores,
– para alcançarmos o perdão dos nossos pecados. **R.**

(intenções livres)

Pai nosso...

Oração

Ó Deus, que pelos exercícios da Quaresma já nos dais na terra participar dos bens do céu, guiai-nos de tal modo nesta vida, que possamos chegar à luz em que habitais. Por nosso Senhor Jesus Cristo, vosso Filho, na unidade do Espírito Santo.

Hora Média

Oração das Nove Horas

Ant. Chegou o **tem**po de penit**ên**cia,
de conver**são** e de salva**ção**.

Leitura breve Ap 3,19-20
Eu repreendo e educo os que eu amo. Esforça-te, pois, e converte-te. Eis que estou à porta, e bato; se alguém ouvir minha voz e abrir a porta, eu entrarei na sua casa e tomaremos a refeição, eu com ele e ele comigo.

V. Criai em **mim** um cora**ção** que seja **pu**ro.
R. Dai-me de **no**vo um es**pí**rito deci**di**do!

Sábado

Oração das Doze Horas

Ant. Por minha vida, diz o Senhor,
não quero a morte do pecador,
mas que ele volte e tenha a vida.

Leitura breve   Is 44,21-22

Lembra-te de que tu és meu servo; eu te criei, és meu servo, Israel, não me decepciones. Desmanchei como uma nuvem teus pecados, como a névoa desfiz tuas culpas; volta para mim, porque te resgatei!

V. Desviai o vosso olhar dos meus pecados.
R. E apagai todas as minhas transgressões!

Oração das Quinze Horas

Ant. Sejamos firmes na provação: Sua justiça é nossa força.

Leitura breve   Gl 6,7b-8

De Deus não se zomba, pois o que o homem tiver semeado, é isso que vai colher. Quem semeia na sua própria carne, da carne colherá corrupção. Quem semeia no espírito, do espírito colherá a vida eterna.

V. Meu sacrifício é minha alma penitente.
R. Não desprezeis um coração arrependido!
Oração como nas Laudes.

3º DOMINGO DA QUARESMA

III Semana do Saltério

I Vésperas

Hino, p. 33.

Ant. 1 Convertei-vos e crede no Evangelho.

Salmos e cântico do domingo da III Semana, p. 1193.

Ant. 2 Eu vos oferto um sacrifício de louvor,
invocando o nome santo do Senhor!

Ant. 3 Ninguém poderá tirar-me a vida,
mas eu mesmo a ofereço e a retomo.

Leitura breve   2Cor 6,1-4a

Nós vos exortamos a não receberdes em vão a graça de
Deus, pois ele diz: "No momento favorável, eu te ouvi e
no dia da salvação, eu te socorri". É agora o momento favorável, é agora o dia da salvação. Não damos a ninguém
nenhum motivo de escândalo, para que o nosso ministério
não seja desacreditado. Mas em tudo nos recomendamos
como ministros de Deus.

Responsório breve

R. Eis o tempo favorável,
 *Eis o dia da salvação! R. Eis o tempo.
V. Reuni-vos, resgatados das nações,
 vinde, aproximai-vos! *Eis o dia.
 Glória ao Pai. R. Eis o tempo.

Cântico evangélico, ant.

Ano A Quem beber daquela água que eu lhe der,
não terá sede, eternamente, diz Jesus.

Ano B Tirai daqui essas coisas!
Não façais, diz Jesus, da casa do meu Pai,
uma casa de comércio!

Ano C Eu vos **digo**: Se vós **não** vos conver**ter**des,
todos **vós** perece**reis** do mesmo **mo**do.

Preces

Demos glória a Cristo Jesus, que se fez nosso mestre,
exemplo e irmão; e supliquemos, dizendo:

R. **Renovai, Senhor, o vosso povo!**

Senhor Jesus, que vos tornastes semelhante a nós em tudo,
exceto no pecado, ensinai-nos a alegrar-nos com os que se
alegram e a chorar com os que choram,
– para que a nossa caridade aumente cada vez mais. R.

Ensinai-nos a matar a vossa fome nos que têm fome,
– e a saciar a vossa sede nos que têm sede. R.

Vós que ressuscitastes Lázaro do sono da morte,
– fazei que voltem à vida, pela fé e a penitência, os que
estão mortos pelo pecado. R.

Aumentai o número dos que querem seguir mais de perto o
vosso caminho de perfeição,
– a exemplo da bem-aventurada Virgem Maria e dos Santos.
R.
(intenções livres)

Concedei aos nossos irmãos e irmãs falecidos a glória da
ressurreição,
– para que gozem eternamente do vosso amor. R.
Pai nosso...

Oração

Ó Deus, fonte de toda misericórdia e de toda bondade, vós
nos indicastes o jejum, a esmola e a oração como remédio
contra o pecado. Acolhei esta confissão da nossa fraqueza
para que, humilhados pela consciência de nossas faltas,
sejamos confortados pela vossa misericórdia. Por nosso
Senhor Jesus Cristo, vosso Filho, na unidade do Espírito
Santo.

186   3º Domingo da Quaresma

Ofício das Leituras

V. Vós o nu**tris** com o pão da **vida** e do sa**ber**.
R. E o saci**ais** com uma **água** salu**tar**.

Primeira leitura
Do Livro do Êxodo   22,19-23,9

Leis para proteger o estrangeiro e o pobre
(Código da Aliança)

Eis o que diz o Senhor: [22,19]Quem oferecer sacrifícios aos deuses, e não unicamente ao Senhor, será condenado ao extermínio.

[20]Não oprimas nem maltrates o estrangeiro, pois vós fostes estrangeiros na terra do Egito.

[21]Não façais mal algum à viúva nem ao órfão. [22]Se os maltratardes, gritarão por mim e eu ouvirei o seu clamor. [23]Minha cólera, então, se inflamará e eu vos matarei à espada; vossas mulheres ficarão viúvas, e órfãos os vossos filhos.

[24]Se emprestares dinheiro a alguém do meu povo, a um pobre que vive ao teu lado, não sejas um usurário, dele cobrando juros.

[25]Se tomares como penhor o manto do teu próximo, deverás devolvê-lo antes do pôr do sol. [26]Pois é a única veste que tem para o seu corpo, e coberta que ele tem para dormir. Se clamar por mim, eu o ouvirei, porque sou misericordioso.

[27]Não blasfemarás contra Deus, nem injuriarás o príncipe do povo.

[28]Não atrasarás a oferta da tua colheita e do teu lagar. Deverás dar-me o primogênito de teus filhos.

[29]O mesmo farás com o primogênito das vacas e das ovelhas: ele ficará sete dias com a mãe, e no oitavo dia tu o entregarás a mim.

[30]Para mim, vós deveis ser santos. Não comais carne de animal dilacerado no campo, mas lançai-a aos cães.

Ofício das Leituras

23,1 Não aceitarás rumores falsos contra o teu próximo, nem darás tua mão ao ímpio, pronunciando um falso testemunho. 2 Não seguirás a multidão para fazer o mal; nem aceitarás, num processo, o parecer da maioria, para te desviares da verdade.

3 Não favorecerás um pobre num julgamento.

4 Se encontrares o boi do teu inimigo ou o seu jumento desgarrado, não deixes de reconduzi-los ao seu dono.

5 Se vires o jumento daquele que te odeia caído debaixo da sua carga, não passarás adiante, mas ajudarás a erguê-lo.

6 Não distorcerás o direito do pobre no seu processo.

7 Fugirás da mentira. Não matarás o inocente e o justo, porque eu abomino o ímpio.

8 Não aceitarás presentes, porque eles tornam cegos os perspicazes, e comprometem a causa dos justos.

9 Não oprimirás o estrangeiro; pois sabeis o que sente um estrangeiro, vós que também fostes estrangeiros no Egito.

Responsório   Sl 81(82),3-4; cf. Tg 2,5

R. Fazei justiça aos indefesos e aos órfãos,
    ao pobre e ao humilde absolvei!

* Libertai o oprimido, o infeliz,
    da mão dos opressores arrancai-os.

V. Deus escolheu os que são pobres neste mundo
    para que eles sejam ricos pela fé,
    e se tornem os herdeiros de seu Reino.* Libertai.

Segunda Leitura

Dos Tratados sobre o Evangelho de São João, de Santo Agostinho, bispo

(Tract. 15,10-12.16-17: CCL 36,154-156)   (Séc. V)

Veio uma mulher da Samaria para tirar água

Veio uma mulher. Esta mulher é figura da Igreja, ainda não justificada, mas já a caminho da justificação. É disso que iremos tratar.

3º Domingo da Quaresma

A mulher veio sem saber o que ali a esperava; encontrou Jesus, e Jesus dirigiu-lhe a palavra. Vejamos o fato e a razão por que *veio uma mulher da Samaria para tirar água* (Jo 4,7). Os samaritanos não pertenciam ao povo judeu; não eram do povo escolhido. Faz parte do simbolismo da narração que esta mulher, figura da Igreja, tenha vindo de um povo estrangeiro; porque a Igreja viria dos pagãos, dos que não pertenciam à raça judaica.

Ouçamos, portanto, a nós mesmos nas palavras desta mulher, reconheçamo-nos nela e nela demos graças a Deus por nós. Ela era uma figura, não a realidade; começou por ser figura, e tornou-se realidade. Pois acreditou naquele que queria torná-la uma figura de nós mesmos. *Veio para tirar água.* Viera simplesmente para tirar água, como costumam fazer os homens e as mulheres.

Jesus lhe disse: "Dá-me de beber". Os discípulos tinham ido à cidade para comprar alimentos. A mulher samaritana disse então a Jesus: "Como é que tu, sendo judeu, pedes de beber a mim, que sou uma mulher samaritana?" De fato os judeus não se dão com os samaritanos (Jo 4,7-9).

Estais vendo que são estrangeiros. Os judeus de modo algum se serviam dos cântaros dos samaritanos. Como a mulher trazia consigo um cântaro para tirar água, admirou-se que um judeu lhe pedisse de beber, pois os judeus não costumavam fazer isso. Mas aquele que pedia de beber tinha sede da fé daquela mulher.

Escuta agora quem pede de beber. *Respondeu-lhe Jesus? "Se tu conhecesses o dom de Deus e quem é que te pede: 'Dá-me de beber', tu mesma lhe pedirias a ele, e ele te daria água viva"* (Jo 4,10).

Pede de beber e promete dar de beber. Apresenta-se como necessitado que espera receber, mas possui em abundância para saciar os outros. *Se tu conhecesses o dom de Deus,* diz ele. O dom de Deus é o Espírito Santo. Jesus fala ainda veladamente à mulher, mas pouco a pouco entra em

Laudes

189

seu coração, e vai lhe ensinando. Que haverá de mais suave e bondoso que esta exortação? *Se tu conhecesses o dom de Deus e quem é que te pede: "Dá-me de beber", tu mesma lhe pedirias a ele, e ele te daria água viva.*

Que água lhe daria ele, senão aquela da qual está escrito: *Em vós está a fonte da vida?* (Sl 35,10). Pois como podem ter sede *os que vêm saciar-se na abundância de vossa morada?* (Sl 35,9).

O Senhor prometia à mulher um alimento forte, prometia saciá-la com o Espírito Santo. Mas ela ainda não compreendia. E, na sua incompreensão, que respondeu? *Disse-lhe então a mulher: "Senhor, dá-me dessa água, para que eu não tenha mais sede e nem tenha de vir aqui para tirá-la"* (Jo 4,15). A necessidade a obrigava a trabalhar, mas sua fraqueza recusava o trabalho. Se ao menos ela tivesse ouvido aquelas palavras: *Vinde a mim todos vós que estais cansados e fatigados sob o peso dos vossos fardos e eu vos darei descanso!* (Mt 11,28). Jesus dizia-lhe tudo aquilo para que não se cansasse mais; ela, porém, ainda não compreendia.

Responsório cf. Jo 7,37-39; 4,14

R. Estando em **pé**, Jesus cla**ma**va em alta **voz**:
   Quem tem **se**de venha a **mim**, venha be**ber**;
   e tor**ren**tes de água **vi**va jorra**rão**
   do mais **ín**timo de **quem** tem fé em **mim**.
 * Je**sus** dizia **is**to do Es**pí**rito
   que de**vi**a rece**ber** quem nele cre**sse**.
V. Quem be**ber** daquela água que eu lhe **der**,
   nunca **mais** sentirá **se**de, diz Je**sus**. * Je**sus** dizia.

Oração como nas Laudes.

Laudes

Hino, p. 36.

Ant. 1 Bem mais **for**te que o fra**gor** das grandes **á**guas,
       é a **for**ça da pa**la**vra do Se**nhor**.

190 3º Domingo da Quaresma

Salmos e cântico do domingo da III Semana, p. 1200.

Ant. 2 **Fontes** e nas**cen**tes, bendi**zei** o Se**nhor**,
louvai-o e exaltai-o pelos **séculos** sem **fim!**

Ant. 3 Reis da **terra**, povos **todos**, bendi**zei** o nosso **Deus!**

Leitura breve   Ne 8,9b.10b

Este é um dia consagrado ao Senhor, vosso Deus! Não fiqueis tristes nem choreis. Pois este dia é santo para o nosso
Senhor. Não fiqueis tristes, porque a alegria do Senhor será
a vossa força.

Responsório breve

R. A ale**gria** do Se**nhor** é nossa **força** e amparo.
* Sois bendito, Senhor **Deus**, de geração em geração.
R. A alegria.
V. Seja bendito vosso **nome** glorioso,
que céu e **terra** vos exaltem, sem cessar! * Sois bendito.
Glória ao **Pai**. R. A alegria.

Cântico evangélico, ant.

Ano A Vem a **hora** e já chegou, diz o Se**nhor**,
em **que** os adoradores verdadeiros,
em espírito e verdade adorarão.
E o **Pai** procura a estes que o adorem.

Ano B Destruí este **templo**, disse **Cristo**,
e em três dias haverei de reerguê-lo.
Ele falava do **templo** do seu **corpo**.

Ano C Justificados pela **fé**,
temos **paz** com o Senhor através de Jesus **Cristo**.

Preces

Bendigamos o nosso Redentor que na sua bondade nos
concede este tempo de salvação; e supliquemos:

R. **Criai em nós, Senhor, um espírito novo!**

Hora Média

Cristo, nossa vida, que pelo batismo nos sepultastes sacramentalmente convosco na morte para que também convosco ressuscitemos,
– ajudai-nos hoje a ser fiéis à vida nova que recebemos. R.

Senhor Jesus, que passastes pelo mundo fazendo o bem,
– tornai-nos solícitos pelo bem comum de toda a humanidade. R.

Ensinai-nos a trabalhar generosamente na construção da cidade terrena,
– e ao mesmo tempo buscar a cidade celeste. R.

Médico dos corpos e das almas, curai as feridas do nosso coração,
– para progredirmos continuamente no caminho da santidade. R.

(intenções livres)

Pai nosso...

Oração

Ó Deus, fonte de toda misericórdia e de toda bondade, vós nos indicastes o jejum, a esmola e a oração como remédio contra o pecado. Acolhei esta confissão da nossa fraqueza para que, humilhados pela consciência de nossas faltas, sejamos confortados pela vossa misericórdia. Por nosso Senhor Jesus Cristo, vosso Filho, na unidade do Espírito Santo.

Hora Média

Hino, p. 37.

Oração das Nove Horas

Ant. Chegou o **tempo de penitência**,
de conver**são** e de sal**vação**.

Leitura breve   1Ts 4,1.7

Meus irmãos, eis o que vos pedimos e exortamos no Senhor Jesus: Aprendestes de nós como deveis viver para agradar a Deus, e já estais vivendo assim. Fazei progressos ainda maiores! Pois Deus não nos chamou à impureza mas à santidade.

V. Criai em **mim** um coração que seja **pu**ro.

R. Dai-me de **no**vo um es**pí**rito deci**di**do!

Oração das Doze Horas

Ant. Por minha **vi**da, diz o Se**nhor**,
não quero a **mor**te do peca**dor**,
mas que ele **vol**te e tenha a **vi**da.

Leitura breve
Is 30,15.18

Eis o que diz o Senhor Deus, o Santo de Israel: "Sereis salvos, se buscardes a salvação e a paz; no silêncio e na esperança estará a vossa força". Por isso o Senhor está pronto a compadecer-se de vós, e, perdoando-vos, será glorificado na medida em que o Senhor é um Deus de justiça: felizes todos aqueles que esperam nele.

V. Desvi**ai** o vosso o**lhar** dos meus peca**dos**.

R. E apa**gai** todas as **mi**nhas transgres**sões**!

Oração das Quinze Horas

Ant. Sejamos **fir**mes na prova**ção**: Sua jus**ti**ça é nossa **força**.

Leitura breve
Dt 4,29-31

Quando buscares o Senhor, teu Deus, tu o encontrarás, se o buscares com todo o teu coração e com toda a tua alma. Na tua angústia, depois que tiverem acontecido contigo todas as coisas que foram preditas, nos últimos tempos, tu voltarás para o Senhor, teu Deus, e ouvirás a sua voz. Pois o Senhor, teu Deus, é um Deus misericordioso, que não te abandona, que não te extinguirá inteiramente, nem se esquecerá da aliança que, sob juramento, estabeleceu com teus pais.

V. Meu sacrifício é minha **al**ma peni**ten**te.

R. Não despre**zeis** um cora**ção** arrepen**di**do!

Oração como nas Laudes.

II Vésperas

Hino, p. 33.

Ant. 1 Por vosso **no**me, liber**tai**-nos,
Senhor **Deus** onipo**ten**te!
Dai-nos **tempo** necessário para a **nos**sa conver**são**!

Salmos e cântico do domingo da III Semana, p. 1208.

Ant. 2 Fomos re**mid**os pelo **san**gue precioso
do Cor**dei**ro imaculado, Jesus **Cristo**.

Ant. 3 O **Cris**to to**mou** sobre **si** nossas **do**res,
carre**gou** em seu **cor**po as **nos**sas fra**que**zas.

Leitura breve   cf. 1Cor 9,24-25

Os que correm no estádio correm todos juntos, mas um só ganha o prêmio. Correi de tal maneira que conquisteis o prêmio. Todo atleta se sujeita a uma disciplina rigorosa em relação a tudo, e eles procedem assim, para receberem uma coroa corruptível. Quanto a nós, a coroa que buscamos é incorruptível.

Responsório breve

R. Em abun**dân**cia vós me **dais** muito vi**gor** para o com**ba**te.
* Ó Deus de **mi**nha vi**tó**ria! R. Em abun**dân**cia.
V. Vossa jus**ti**ça me ori**en**te. * Ó **Deus**.
Glória ao **Pai**. R. Em abun**dân**cia.

Cântico evangélico, ant.

Ano A Muitos **ou**tros creram **ne**le e di**zi**am à mu**lher**:
Já não **é** por tua **fa**la que **ne**le acredi**ta**mos;
mas ou**vi**mos e sa**be**mos
que **es**te é, de **fa**to, do **mun**do o Salva**dor**.

Ano B Es**tan**do Jesus na **fes**ta da **Pás**coa em Jerusa**lém**
e **ven**do os si**nais** que ele fa**zia**,
muitos **cre**ram em seu **no**me.

194   3º Domingo da Quaresma

Ano C   Se**nhor**, deixa a fi**guei**ra, **ain**da este **a**no!
            Vou ca**var** em volta **dela**,
            e, quem **sa**be, no fu**turo**, **ain**da dará **fru**tos.

Preces

Demos glória a Deus Pai, que fez de nós o seu povo eleito, renascido de uma semente incorruptível e eterna, por meio de seu Filho, a Palavra que se fez carne; e lhe supliquemos humildemente:

R. **Senhor, sede propício ao vosso povo!**

Deus de misericórdia, escutai as súplicas que vos dirigimos em favor do vosso povo,
– e fazei que ele deseje sempre mais a vossa palavra do que o alimento corporal.   **R.**

Ensinai-nos a amar sinceramente e sem discriminação a gente de nossa terra e os povos de todas as raças,
– e a trabalhar pela felicidade e concórdia de toda a humanidade.   **R.**

Acolhei com bondade os que se preparam para o renascimento espiritual do batismo,
– para que, como pedras vivas, eles construam a vossa casa espiritual que é a Igreja.   **R.**

Vós, que pela pregação do profeta Jonas exortastes os ninivitas à penitência,
– convertei por vossa palavra os corações dos pecadores. **R.**

                        (intenções livres)

Ajudai os agonizantes a esperarem confiantemente o seu encontro com Cristo,
– para que se alegrem eternamente na visão da vossa face.
                        R.

Pai nosso...

Oração

Ó Deus, fonte de toda misericórdia e de toda bondade, vós nos indicastes o jejum, a esmola e a oração como remédio contra o pecado. Acolhei esta confissão da nossa fraqueza para que, humilhados pela consciência de nossas faltas, sejamos confortados pela vossa misericórdia. Por nosso Senhor Jesus Cristo, vosso Filho, na unidade do Espírito Santo.

SEGUNDA-FEIRA

Ofício das Leituras

V. Conver**tei**-vos e **cre**de no Evan**ge**lho.
R. Pois o **Reino** de **Deus** está che**gan**do.

Primeira leitura

Do Livro do Êxodo   24,1-18

Celebração da Aliança no monte Sinai

Naqueles dias, ¹Deus disse a Moisés: "Sobe até ao Senhor, tu e Aarão, Nadab, Abiú e os setenta anciãos de Israel, e prostrai-vos à distância. ²Só Moisés se aproximará do Senhor. Os outros não se aproximarão, nem o povo subirá com ele".

³Moisés veio e transmitiu ao povo todas as palavras do Senhor e todos os decretos. O povo respondeu em coro: "Faremos tudo o que o Senhor nos disse". ⁴Então Moisés escreveu todas as palavras do Senhor. Levantando-se na manhã seguinte, ergueu ao pé da montanha um altar e doze marcos de pedra pelas doze tribos de Israel. ⁵Em seguida, mandou alguns jovens israelitas oferecer holocaustos e imolar novilhos como sacrifícios pacíficos ao Senhor. ⁶Moisés tomou metade do sangue e o pôs em vasilhas, e derramou a outra metade sobre o altar. ⁷Tomou depois o livro da aliança e o leu em voz alta ao povo, que respondeu:

3ª Semana da Quaresma

"Faremos tudo o que o Senhor disse e lhe obedeceremos". ⁸Moisés, então, com o sangue separado, aspergiu o povo, dizendo: "Este é o sangue da aliança, que o Senhor fez convosco, segundo todas estas palavras".

⁹Moisés subiu com Aarão, Nadab e Abiú e os setenta anciãos de Israel. ¹⁰E viram o Deus de Israel, e sob os seus pés havia uma espécie de pavimento de safira, límpido como o próprio céu. ¹¹Ele não estendeu a mão contra os escolhidos dentre os filhos de Israel; eles viram a Deus e depois comeram e beberam.

¹²O Senhor disse a Moisés: "Sobe até mim, ao monte, e fica lá; eu te darei as tábuas de pedra, a lei e os mandamentos que escrevi para que os instruas". ¹³Levantou-se Moisés e, com seu ajudante Josué, subiu ao monte de Deus, ¹⁴depois de ter dito aos anciãos: "Esperai por nós aqui até voltarmos. Aarão e Hur ficam convosco, e quem tiver alguma questão dirija-se a eles".

¹⁵Quando Moisés subiu ao monte, a nuvem cobriu o monte. ¹⁶A glória do Senhor pousou sobre o monte Sinai, e a nuvem cobriu-o durante seis dias. No sétimo dia, chamou Moisés do meio da nuvem. ¹⁷A glória do Senhor aparecia aos filhos de Israel como um fogo ardendo sobre o cume do monte. ¹⁸Subindo a montanha, Moisés penetrou no meio da nuvem, e permaneceu ali quarenta dias e quarenta noites.

Responsório   Eclo 45,5.6; At 7,38a

R. A Moisés Deus fez ouvir a sua voz
   e o fez entrar dentro da nuvem.
 * Entregou-lhe, face a face, seus preceitos,
   a lei da vida e da inteligência,
   para ensinar sua Aliança a Jacó
   e a Israel, os seus preceitos.
V. Foi Moisés quem na assembleia do deserto
   esteve com o anjo que lhe falava da montanha do Sinai.
 * Entregou-lhe.

Segunda-feira
Das Homilias de São Basílio Magno, bispo
(Hom. 20, *De humilitate*, 3: PG 31,530-531) (Séc. IV)

Quem se gloria, glorie-se no Senhor

Não se glorie o sábio de seu saber, não se glorie o forte de sua força, nem o rico de suas riquezas (Jr 9,22).

Qual é então o verdadeiro motivo de glória e em que consiste a grandeza do homem? *Quem se gloria* – diz a Escritura – *glorie-se nisto: em conhecer e compreender que eu sou do Senhor* (Jr 9,23).

A nobreza do homem, a sua glória e a sua dignidade consistem em saber onde está a verdadeira grandeza, aderir a ela e buscar a glória que procede do Senhor da glória. Diz efetivamente o Apóstolo: *Quem se gloria, glorie-se no Senhor*. Estas palavras encontram-se na seguinte passagem: *Cristo se tornou para nós, da parte de Deus, sabedoria, justiça, santificação e libertação, para que, como está escrito, "quem se gloria, glorie-se no Senhor"* (1Cor 1,31).

Por conseguinte, é perfeito e legítimo nos gloriarmos no Senhor quando, longe de orgulhar-nos de nossa própria justiça, reconhecemos que estamos realmente destituídos dela e só pela fé em Cristo somos justificados.

É nisto que Paulo se gloria: desprezando sua própria justiça, busca apenas a que vem por meio de Cristo, ou seja, a que se obtém pela fé e procede de Deus; para assim conhecer a Cristo, o poder de sua ressurreição e a participação em seus sofrimentos, configurando-se à sua morte, na esperança de alcançar a ressurreição dos mortos.

Aqui desaparece todo e qualquer orgulho. Nada te resta para que te possas gloriar, ó homem, pois tua única glória e esperança está em fazeres morrer tudo que é teu e procurares a vida futura em Cristo. E como possuímos as primícias desta vida, já a iniciamos desde agora, uma vez que vivemos inteiramente na graça e no dom de Deus.

É certamente Deus *quem realiza em nós tanto o querer como o fazer, conforme o seu desígnio benevolente* (Fl 2,13). E é ainda Deus que pelo seu Espírito nos revela a sabedoria que, de antemão, destinou para nossa glória.

Deus nos concede força e resistência em nossos trabalhos. *Tenho trabalhado mais do que os outros* – diz também Paulo – *não propriamente eu, mas a graça de Deus comigo* (1Cor 15,10).

Deus nos livra dos perigos para além de toda esperança humana. *Experimentamos, em nós mesmos,* – diz ainda o Apóstolo – *a angústia de estarmos condenados à morte. Assim, aprendemos a não confiar em nós mesmos, mas a confiar somente em Deus que ressuscita os mortos. Ele nos livrou, e continuará a livrar-nos, de um tão grande perigo de morte. Nele temos firme esperança de que nos livrará ainda, em outras ocasiões* (2Cor 1,9-10).

Responsório   Sb 15,3; Jo 17,3

R. Conhe**cer**-vos, ó Se**nhor**, é a justiça consu**ma**da.
* Reconhe**cer** vosso do**mí**nio
é ra**iz** e fund**ame**nto da imortalida**de**.

V. A vida eter**na** é esta: Conhe**cer**-vos, ó **Pai**,
um só **Deus** verdadeiro e a Je**sus**, que envi**aste**.
* Reconhe**cer**.

Oração como nas Laudes.

Laudes

Leitura breve   Ex 19,4-6a

Vós vistes o que fiz aos egípcios, e como vos levei sobre asas de águia e vos trouxe a mim. Portanto, se ouvirdes a minha voz e guardardes a minha aliança, sereis para mim a porção escolhida dentre todos os povos, porque minha é toda a terra. E vós sereis para mim um reino de sacerdotes e uma nação santa.

Segunda-feira 199

R. Feliz o **povo** cujo **Deus** é o Se**nhor**!
 * Cami**nhe**mos, olhos **fi**xos em Je**sus**! R. Feliz o **povo**.
V. Deus **a**ma o di**rei**to e a jus**ti**ça. * Cami**nhe**mos.
 Glória ao **Pai**. R. Feliz o **povo**.

Cântico evangélico, ant.

Eu **di**go com certeza a todos **vós**:
o pro**fe**ta não é a**cei**to em sua **pá**tria.

Preces

Bendigamos a Jesus, nosso Salvador, que pela sua morte
nos abriu o caminho da salvação; e oremos:
R. **Guiai-nos, Senhor, em vossos caminhos!**

Deus de misericórdia, que pelo batismo nos destes uma
vida nova,
– fazei que dia a dia nos configuremos cada vez mais à vossa imagem. R.

Ensinai-nos a ser hoje alegria para os que sofrem,
– e a vos servir em cada irmão ou irmã que precise de nossa
ajuda. R.

Ajudai-nos a praticar o que é bom, correto e verdadeiro a
vossos olhos,
– e a sempre vos procurar com sinceridade de coração. R.

Perdoai-nos, Senhor, as faltas que cometemos contra a unidade de vossa família,
– e fazei que nos tornemos um só coração e uma só alma.
R.

(intenções livres)

Pai nosso...

Oração

Ó Deus, na vossa incansável misericórdia, purificai e protegei a vossa Igreja, governando-a constantemente, pois sem

3ª Semana da Quaresma

vosso auxílio ela não pode salvar-se. Por nosso Senhor Jesus Cristo, vosso Filho, na unidade do Espírito Santo.

Hora Média

Oração das Nove Horas

Ant. Chegou o **tempo** de penit**ência**,
de conver**são** e de salv**ação**.

Leitura breve — Sb 11,23-24a

De todos tens compaixão, porque tudo podes. Fechas os olhos aos pecados dos homens, para que se arrependam. Sim, amas tudo o que existe, e não desprezas nada do que fizeste.

V. Criai em **mim** um cora**ção** que seja **pu**ro.

R. Dai-me de **no**vo um es**pí**rito deci**di**do!

Oração das Doze Horas

Ant. Por minha **vi**da, diz o S**enhor**,
não quero a **mor**te do peca**dor**,
mas que ele **vol**te e tenha a **vi**da.

Leitura breve — Ez 18,23

Será que eu tenho prazer na morte do ímpio? – oráculo do Senhor Deus. Não desejo, antes, que mude de conduta e viva?

V. Desvi**ai** o vosso o**lhar** dos meus pe**ca**dos.

R. E apa**gai** todas as **mi**nhas transgres**sões**!

Oração das Quinze Horas

Ant. Sejamos **fir**mes na provação: Sua jus**ti**ça é nossa **for**ça.

Leitura breve — Is 58,6a.7

Acaso o jejum que prefiro não é outro: não é repartir o pão com o faminto, acolher em casa os pobres e peregrinos?

Quando encontrares um nu, cobre-o, e não desprezes a tua carne.

V. Meu sacrifício é minha **alma** peni**ten**te.

R. Não despre**zeis** um coração arrepen**d**ido!

Oração como nas Laudes.

Vésperas

Leitura breve   Rm 12,1-2

Pela misericórdia de Deus, eu vos exorto, irmãos, a vos oferecerdes em sacrifício vivo, santo e agradável a Deus: Este é o vosso culto espiritual. Não vos conformeis com o mundo, mas transformai-vos, renovando vossa maneira de pensar e de julgar, para que possais distinguir o que é da vontade de Deus, isto é, o que é bom, o que lhe agrada, o que é perfeito.

Responsório breve

R. Clamo de **to**do cora**ção**:
* Respon**dei**-me, ó Se**nhor**! R. Clamo.

V. Hei de fa**zer** vossa von**ta**de. * Respon**dei**-me.
Glória ao **Pai**. R. Clamo.

Cântico evangélico, ant.

Jesus pas**sou** no meio **de**les e afas**tou**-se.

Preces

Invoquemos ao Senhor Jesus Cristo que fez de nós o seu povo libertando-nos do pecado; e oremos humildemente:

R. **Jesus, filho de Davi, tende piedade de nós!**

Ó Cristo, lembrai-vos da vossa santa Igreja, pela qual vos entregastes à morte para santificá-la na água da purificação espiritual e na palavra da vida:

— renovai-a sem cessar e purificai-a pela penitência.   R.

Bom Mestre, mostrai aos jovens o caminho que escolhestes para cada um deles,
– para que sigam generosamente o vosso chamado e sejam felizes.

R. Jesus, filho de Davi, tende piedade de nós!

Vós, que tivestes compaixão de todos os doentes que vos procuraram, dai esperança aos nossos enfermos e curai-os,
– e fazei-nos solícitos e generosos para com todos os que sofrem. R.

Despertai em nós a consciência da dignidade de filhos de Deus que recebemos pelo batismo,
– e tornai-nos cada vez mais conformes à vossa vontade. R.

(intenções livres)

Dai aos nossos irmãos e irmãs falecidos a vossa paz e a glória eterna,
– e reuni-nos um dia com eles no vosso Reino. R.

Pai nosso...

Oração

Ó Deus, na vossa incansável misericórdia, purificai e protegei a vossa Igreja, governando-a constantemente, pois sem vosso auxílio ela não pode salvar-se. Por nosso Senhor Jesus Cristo, vosso Filho, na unidade do Espírito Santo.

TERÇA-FEIRA

Ofício das Leituras

V. Eis o **tempo** de conver**são**!
R. Eis o **dia** da salva**ção**!

Primeira leitura
Do Livro do Êxodo

32,1-20

O bezerro de ouro

Naqueles dias, [1]vendo que Moisés demorava a descer do Monte, o povo reuniu-se em torno de Aarão e lhe disse: "Vamos! Faze-nos deuses que caminhem à nossa frente. Pois quanto àquele Moisés, o homem que nos tirou da terra do Egito, não sabemos o que lhe aconteceu". [2]E Aarão lhes disse: "Tirai os brincos de ouro das vossas mulheres, dos vossos filhos e das vossas filhas e trazei-os a mim". [3]Todo o povo fez o que lhe mandara, trazendo os brincos a Aarão. [4]Recebendo o ouro, ele o moldou com o cinzel e fez um bezerro fundido. Então eles disseram: "Aí tens os teus deuses, Israel, que te fizeram sair do Egito!" [5]Ao ver isto, Aarão construiu um altar diante da imagem e proclamou: "Amanhã, haverá festa em honra do Senhor". [6]Levantando-se na manhã seguinte, ofereceram holocaustos e apresentaram sacrifícios pacíficos. Então, o povo sentou-se para comer e beber, e depois levantou-se para se divertir.

[7]O Senhor falou a Moisés: "Vai, desce, pois corrompeu-se o teu povo, que tiraste da terra do Egito. [8]Bem depressa desviaram-se do caminho que lhes prescrevi. Fizeram para si um bezerro de metal fundido, inclinaram-se em adoração diante dele e ofereceram-lhe sacrifícios, dizendo: 'Estes são os teus deuses, Israel, que te fizeram sair do Egito!'" [9]E o Senhor disse ainda a Moisés: "Vejo que este é um povo de cabeça dura. [10]Deixa que minha cólera se inflame contra eles e que eu os extermine. Mas de ti farei uma grande nação".

[11]Moisés, porém, suplicava ao Senhor, seu Deus, dizendo: "Por que, ó Senhor, se inflama a tua cólera contra o teu povo, que fizeste sair do Egito com grande poder e mão forte? [12]Não permitas, te peço, que os egípcios digam: 'Foi com má intenção que ele os tirou, para fazê-los perecer nas montanhas e exterminá-los da face da terra'. Aplaque-se a tua ira e perdoa a iniquidade do teu povo. [13]Lembra-te de teus servos Abraão, Isaac e Israel, com os quais te comprometeste por juramento, dizendo: 'Tornarei os vossos

descendentes tão numerosos como as estrelas do céu; e toda esta terra de que vos falei, eu a darei aos vossos descendentes como herança para sempre'". [14]E o Senhor desistiu do mal que havia ameaçado fazer ao seu povo.

[15]Moisés voltou do cume da montanha, trazendo nas mãos as duas tábuas da aliança, que estavam escritas de ambos os lados. [16]Elas eram obra de Deus e a escritura nelas gravada era a escritura mesma de Deus. [17]Josué, ouvindo o tumulto do povo que gritava, disse a Moisés: "Há gritos de guerra no acampamento!" [18]Moisés respondeu: "Não são gritos de vitória, nem gritos de derrota; o que ouço são vozes de gente que canta".

[19]Quando chegou perto do acampamento, e viu o bezerro e as danças, Moisés encheu-se de ira e arremessou por terra as tábuas, quebrando-as no sopé da montanha. [20]Em seguida, apoderou-se do bezerro que haviam feito, queimou-o e triturou-o, até reduzi-lo a pó. Depois, espalhou o pó na água, e fez os filhos de Israel beberem dela.

Responsório   Sl 105(106),20.21.22.; cf. Rm 1,21.23

R. Eles tro**car**am o seu **Deus**, que é sua **gló**ria,
   pela i**ma**gem de um **boi**, que come **fe**no.
 * Esque**ce**ram-se de **Deus** que os sal**va**ra,
   que fi**ze**ra mara**vi**lhas no E**gi**to,
   no mar Ver**me**lho, tantas **coi**sas asso**mbro**sas.
V. Seus insen**sa**tos cora**ções** se escure**ce**ram
   e tro**car**am, por i**ma**gens corrup**tí**veis,
   a **gló**ria do **Deus** incorrup**tí**vel. * Esque**ce**ram-se.

Segunda leitura
Dos *Sermões de São Pedro Crisólogo, bispo*

(Sermo 43: PL 52,320.322)   (Séc. IV)

*O que a oração pede, o jejum o alcança
e a misericórdia o recebe*

Há três coisas, meus irmãos, três coisas que mantêm a fé, dão firmeza à devoção e perseverança à virtude. São elas a oração, o jejum e a misericórdia. O que a oração pede, o jejum alcança e a misericórdia recebe. Oração, misericórdia, jejum: três coisas que são uma só e se vivificam reciprocamente.

O jejum é a alma da oração e a misericórdia dá vida ao jejum. Ninguém queira separar estas três coisas, pois são inseparáveis. Quem pratica somente uma delas ou não pratica todas simultaneamente, é como se nada fizesse. Por conseguinte, quem ora também jejue; e quem jejua, pratique a misericórdia. Quem deseja ser atendido nas suas orações, atenda as súplicas de quem lhe pede; pois aquele que não fecha seus ouvidos às súplicas alheias, abre os ouvidos de Deus às suas próprias súplicas.

Quem jejua, pense no sentido do jejum; seja sensível à fome dos outros quem deseja que Deus seja sensível à sua; seja misericordioso quem espera alcançar misericórdia; quem pede compaixão, também se compadeça; quem quer ser ajudado, ajude os outros. Muito mal suplica quem nega aos outros aquilo que pede para si.

Homem, sê para ti mesmo a medida da misericórdia; deste modo alcançarás misericórdia como quiseres, quanto quiseres e com a rapidez que quiseres; basta que te compadeças dos outros com generosidade e presteza.

Peçamos, portanto, destas três virtudes – oração, jejum, misericórdia – uma única força mediadora junto de Deus em nosso favor; sejam para nós uma única defesa, uma única oração sob três formas distintas.

Reconquistemos pelo jejum o que perdemos por não saber apreciá-lo; imolemos nossas almas pelo jejum, pois nada melhor podemos oferecer a Deus como ensina o Profeta: *Sacrifício agradável a Deus é um espírito penitente; Deus não despreza um coração arrependido e humilhado* (cf. Sl 50,19).

206   **3ª Semana da Quaresma**

Homem, oferece a Deus a tua alma, oferece a oblação do jejum, para que seja uma oferenda pura, um sacrifício santo, uma vítima viva que, ao mesmo tempo, permanece em ti e é oferecida a Deus. Quem não dá isto a Deus não tem desculpa, porque todos podem se oferecer a si mesmos.

Mas, para que esta oferta seja aceita por Deus, a misericórdia deve acompanhá-la; o jejum só dá frutos se for regado pela misericórdia, pois a aridez da misericórdia faz secar o jejum. O que a chuva é para a terra, é a misericórdia para o jejum. Por mais que cultive o coração, purifique o corpo, extirpe os maus costumes e semeie as virtudes, o que jejua não colherá frutos se não abrir as torrentes da misericórdia.

Tu que jejuas, não esqueças que fica em jejum o teu campo se jejua a tua misericórdia; pelo contrário, a liberalidade da tua misericórdia encherá de bens os teus celeiros. Portanto, ó homem, para que não venhas a perder por ter guardado para ti, distribui aos outros para que venhas a recolher; dá a ti mesmo, dando aos pobres, porque o que deixares de dar aos outros, também tu não o possuirás.

Responsório   cf. Tb 12,8a.9

R. Boa **coisa** é a ora**ção** com o je**jum**
     e me**lhor** é a es**mo**la com justi**ça**,
     do que a **ri**que**za** junto **com** a iniqui**da**de;
     * Pois é a es**mo**la que **li**vra da **mor**te
     e a nós de **to**do pecado li**ber**ta.
V. Quem dá es**mo**la, te**rá** longa vida. * Pois é.

Oração como nas Laudes.

Laudes

Leitura breve   Jl 2,12-13
Voltai para mim com todo o vosso coração, com jejuns, lágrimas e gemidos; rasgai o coração, e não as vestes;

Terça-feira

e voltai para o Senhor, vosso Deus; ele é benigno e compassivo, paciente e cheio de misericórdia, inclinado a perdoar o castigo.

Responsório breve

R. Cu**rai**-me, ó Deus **San**to,
* Pois pe**quei** contra **vós**! R. Cu**rai**-me.
V. Tende pie**da**de de **mim**, reno**vai**-me! * Pois pe**quei**.
Glória ao **Pai**. R. Cu**rai**-me.

Cântico evangélico, ant.

Disse **Cris**to a Simão **Pe**dro:
Perdoa**rás** o teu ir**mão** não so**men**te sete **ve**zes,
mas se**ten**ta vezes **se**te.

Preces

Bendigamos a Cristo, que se deu a nós como pão descido do céu; e oremos, dizendo:

R. **Cristo, pão da vida e remédio que nos salva, dai-nos vossa força!**

Senhor, que nos alimentais na vossa ceia eucarística,
– dai-nos a plena participação nos frutos do sacrifício pascal.
R.

Ensinai-nos a acolher vossa palavra num coração bom e reto,
– para darmos frutos na paciência.
R.

Fazei que colaboremos alegremente convosco na construção do mundo,
– a fim de que o anúncio da paz se difunda mais eficazmente pela ação da Igreja.
R.

Reconhecemos, Senhor, que somos pecadores;
– apagai as nossas culpas com a graça da vossa salvação.
R.

(intenções livres)

Pai nosso...

3ª Semana da Quaresma

Oração

Ó Deus, que a vossa graça não nos abandone, mas nos faça dedicados ao vosso serviço e aumente sempre em nós os vossos dons. Por nosso Senhor Jesus Cristo, vosso Filho, na unidade do Espírito Santo.

Hora Média

Oração das Nove Horas

Ant. Chegou o **tem**po de peni**tên**cia,
de con**ver**são e de salva**ção**.

Leitura breve — Jl 2,11

Chorem, postos entre o vestíbulo e o altar, os ministros sagrados do Senhor, e digam: "Perdoa, Senhor, a teu povo, e não deixes que esta tua herança sofra infâmia e que as nações a dominem".

V. Criai em **mim** um cora**ção** que seja **pu**ro.
R. Dai-me de **no**vo um es**pí**rito deci**di**do!

Oração das Doze Horas

Ant. Por minha **vi**da, diz o S**e**nhor,
não quero a **mor**te do peca**dor**,
mas que ele **vol**te e tenha a **vi**da.

Leitura breve — Jr 3,25b

Nós ofendemos o Senhor, nosso Deus, nós e nossos pais, desde a juventude até ao dia de hoje, não escutamos a voz do Senhor, nosso Deus.

V. Desvi**ai** o vosso o**lhar** dos meus pe**ca**dos.
R. E apa**gai** todas as **mi**nhas transgres**sões**!

Oração das Quinze Horas

Ant. Sejamos **fir**mes na prova**ção**: Sua jus**ti**ça é nossa **for**ça.

Terça-feira

Leitura breve — Is 58,1-2a

Grita forte, sem cessar, levanta a voz como trombeta e denuncia os crimes do meu povo e os pecados da casa de Jacó. Buscam-me cada dia e desejam conhecer meus propósitos, como gente que pratica a justiça e não abandonou a lei de Deus.

V. Meu sacrifício é minha **alma** peni**ten**te.

R. Não despre**zeis** um cora**ção** arrepen**di**do!

Oração como nas Laudes.

Vésperas

Leitura breve — Tg 2,14.17.18b

Meus irmãos, que adianta alguém dizer que tem fé, quando não a põe em prática? A fé seria então capaz de salvá-lo? A fé, se não se traduz em obras, por si só está morta. Tu, mostra-me a tua fé sem as obras, que eu te mostrarei a minha fé pelas obras!

Responsório breve

R. Ilumi**nai**-me, Se**nhor**, conforme a **vos**sa pa**la**vra,
  * Para que **eu** sempre **faça** a **vos**sa von**ta**de!
    R. Ilumi**nai**-me.
V. Incli**nai** meu cora**ção** aos **vos**sos pre**cei**tos.* Para que **eu**.
    Glória ao **Pai**. R. Ilumi**nai**-me.

Cântico evangélico, ant.

Se **vós** não perdo**ar**des de **to**do cora**ção**,
o meu **Pai**, que está nos **céus**, também **não** vos perdo**a**rá.

Preces

Imploremos ao Cristo Senhor, que nos mandou vigiar e orar para não cairmos em tentação; e digamos confiantemente:

R. **Ouvi-nos, Senhor, e tende piedade!**

Cristo Jesus, que prometestes estar presente no meio daqueles que se reúnem para orar em vosso nome,

210   3ª Semana da Quaresma

– ensinai-nos a orar sempre convosco ao Pai no Espírito Santo.

R. **Ouvi-nos, Senhor, e tende piedade!**

Celeste Esposo, purificai de todo pecado vossa amada Igreja,

– e fazei que ela viva sempre na esperança e na alegria do Espírito Santo. R.

Amigo do ser humano, tornai-nos solícitos pelo bem do próximo, como nos mandastes,

– a fim de que, por meio de nós, brilhe para todos a luz da vossa salvação. R.

Pai pacífico, dai ao mundo a vossa paz,

– para que em toda parte se faça mais sensível vossa presença salvadora. R.

(intenções livres)

Abri as portas da bem-aventurança eterna a todos os que morreram,

– e admiti-os na glória da eternidade. R.

Pai nosso...

Oração

Ó Deus, que a vossa graça não nos abandone, mas nos faça dedicados ao vosso serviço e aumente sempre em nós os vossos dons. Por nosso Senhor Jesus Cristo, vosso Filho, na unidade do Espírito Santo.

QUARTA-FEIRA

Ofício das Leituras

V. Conver**tei**-vos e mu**dai** a vossa **vi**da.

R. Reno**vai**-vos de es**pí**rito e coração!

Quarta-feira

Primeira leitura
Do Livro do Êxodo   33,7-11.18-23; 34,5-9.29-35

O Senhor revela a Moisés a sua glória

Naqueles dias, [33,7] Moisés levantou a tenda e armou-a longe, fora do acampamento, e deu-lhe o nome de Tenda da Reunião. Assim, todo aquele que quisesse consultar o Senhor, saía para a Tenda da Reunião, que estava fora do acampamento. [8] Quando Moisés se dirigia para lá, o povo se levantava e ficava de pé à entrada da própria tenda, seguindo Moisés com os olhos até ele entrar. [9] Logo que Moisés entrava na Tenda, a coluna de nuvem baixava e ficava parada à entrada, enquanto o Senhor falava com Moisés. [10] Ao ver a coluna de nuvem parada à entrada da Tenda, todo o povo se levantava e cada um se prostrava à entrada da própria tenda. [11] O Senhor falava com Moisés face a face, como um homem fala com seu amigo. Depois, Moisés voltava para o acampamento, mas o seu jovem ajudante, Josué, filho de Nun, não se afastava do interior da Tenda.

[18] Moisés disse ao Senhor: "Mostra-me a tua glória". [19] E o Senhor respondeu: "Eu te mostrarei todo o bem, e proclamarei diante de ti o nome 'Senhor'; usarei de misericórdia com quem eu quiser, e serei clemente com aquele de quem me agradar". [20] E acrescentou: "Não poderás ver a minha face, porque o homem não pode ver-me e viver". [21] E o Senhor disse: "Eis um lugar perto de mim; tu ficarás sobre o rochedo. [22] Quando a minha glória passar, eu te porei numa fenda da rocha, e te cobrirei com a minha direita, enquanto eu estiver passando. [23] Depois, tirarei a minha mão, e me verás pelas costas; mas a minha face não a poderás ver".

[34,5] O Senhor desceu na nuvem e permaneceu com Moisés, e este invocou o nome do Senhor. [6] O Senhor passou diante de Moisés, proclamando: "O Senhor, o Senhor, Deus misericordioso e clemente, paciente, rico em bondade e fiel, [7] que conserva misericórdia por mil gerações, e perdoa culpas, rebeldias e pecados, mas não deixa nada impune, pois

castiga a culpa dos pais nos filhos e netos, até à terceira e quarta geração!" [8]Imediatamente, Moisés curvou-se até o chão [9]e, prostrado por terra, disse: "Senhor, se é verdade que gozo de teu favor, peço-te, caminha conosco; embora este seja um povo de cabeça dura, perdoa nossas culpas e nossos pecados e acolhe-nos como propriedade tua".

[29]Quando Moisés desceu da montanha do Sinai, trazendo nas mãos as duas tábuas da aliança, não sabia que a pele do seu rosto resplandecia por ter falado com o Senhor. [30]Aarão e os filhos de Israel, vendo o rosto de Moisés resplandecente, tiveram medo de se aproximar. [31]Então Moisés os chamou, e tanto Aarão como os chefes da comunidade foram para junto dele. E, depois que lhes falou, [32]todos os filhos de Israel também se aproximaram dele, e Moisés transmitiu-lhes todas as ordens que tinha recebido do Senhor no monte Sinai.

[33]Quando Moisés acabou de lhes falar, cobriu o rosto com um véu. [34]Todas as vezes que Moisés se apresentava ao Senhor, para falar com ele, retirava o véu, até a hora de sair; depois saía e dizia aos filhos de Israel tudo o que lhe tinha sido ordenado. [35]E eles viam a pele do rosto de Moisés resplandecer; mas ele voltava a cobrir o rosto com o véu, até o momento em que entrava para falar com o Senhor.

Responsório
cf. 2Cor 3,13.18.15

R. Moisés cobria a face com um véu
para que os filhos de Israel não percebessem
o fim daquele brilho transitório.
* Mas nós todos, refletindo como espelho
a glória do Senhor sem nenhum véu,
em sua imagem nós seremos transformados
numa glória sempre mais resplandecente
pela força do Senhor que é Espírito.
V. E eles continuam até hoje
com um véu a encobrir seus corações. * Mas nós todos.

Segunda leitura

Do Livro A Autólico, de São Teófilo de Antioquia, bispo

(Lib. 1,2.7: PG 6,1026-1027.1035)   (Séc. II)

Bem-aventurados os puros de coração, porque verão a Deus

Se me disserem: "Mostra-me o teu Deus", dir-te-ei: "Mostra-me o homem que és e eu te mostrarei o meu Deus". Mostra, portanto, como veem os olhos de tua mente e como ouvem os ouvidos de teu coração.

Os que veem com os olhos do corpo, percebem o que se passa nesta vida terrena, e observam as diferenças entre a luz e as trevas, o branco e o preto, o feio e o belo, o disforme e o formoso, o que tem proporções e o que é sem medida, o que tem partes a mais e o que é incompleto; o mesmo se pode dizer no que se refere ao sentido do ouvido: sons agudos, graves ou harmoniosos. Assim também acontece com os ouvidos do coração e com os olhos da alma, no que diz respeito à visão de Deus.

Na verdade, Deus é visível para aqueles que são capazes de vê-lo, porque mantêm abertos os olhos da alma. Todos têm olhos, mas alguns os têm obscurecidos e não veem a luz do sol. E se os cegos não veem, não é porque a luz do sol deixou de brilhar; a si mesmos e a seus olhos é que devem atribuir a falta de visão. É o que ocorre contigo: tens os olhos da alma velados pelos teus pecados e tuas más ações.

O homem deve ter a alma pura, qual um espelho reluzente. Quando o espelho está embaçado, o homem não pode ver nele o seu rosto; assim também, quando há pecado no homem, não lhe é possível ver a Deus.

Mas, se quiseres, podes ficar curado. Confia-te ao médico e ele abrirá os olhos de tua alma e de teu coração. Quem é este médico? É Deus, que pelo seu Verbo e Sabedoria dá vida e saúde a todas as coisas. Foi por seu Verbo e Sabedoria que Deus criou o universo: *A Palavra do Senhor criou os*

214   3ª Semana da Quaresma

céus, e o sopro de seus lábios, as estrelas (Sl 32,6). Sua Sabedoria é infinita. Com a sua Sabedoria, Deus fundou a terra; com a sua inteligência consolidou os céus; com sua ciência foram cavados os abismos e as nuvens derramaram o orvalho.

Se compreenderes tudo isto, ó homem, se a tua vida for santa, pura e justa, poderás ver a Deus. Se deres preferência em teu coração à fé e ao temor de Deus, então compreenderás. Quando te libertares da condição mortal e te revestires da imortalidade, então serás digno de ver a Deus. Sim, Deus ressuscitará o teu corpo, tornando-o imortal como a tua alma; e então, feito imortal, tu verás o que é Imortal, se agora acreditares nele.

Responsório   cf. 2Cor 6,2.4.5.7

R. Eis o **tempo** de conver**são**, eis o **dia** da salva**ção**:
  Recomen**de**mo-nos em **tu**do quais mi**nis**tros do Se**nhor**:
  na **mui**ta paciência, na opres**são** e priva**ção**.
  * Pelas **ar**mas da justi**ça**, no po**der** do Senhor **Deus**.
V. Recomen**de**mo-nos em **tu**do quais mi**nis**tros do Se**nhor**,
  na **mui**ta paciência, na opres**são** e priva**ção**.
  * Pelas **ar**mas.

Oração como nas Laudes.

Laudes

Leitura breve   Dt 7,6b.8-9

O Senhor, teu Deus, te escolheu dentre todos os povos da terra, para seres o seu povo preferido, porque o Senhor vos amou e quis cumprir o juramento que fez a vossos pais. Foi por isso que o Senhor vos fez sair com mão poderosa, e vos resgatou da casa da escravidão, das mãos do Faraó, rei do Egito. Saberás, pois, que o Senhor, teu Deus, é o único Deus, um Deus fiel, que guarda a aliança e a misericórdia até mil gerações, para aqueles que o amam e observam seus mandamentos.

Quarta-feira

Responsório breve

R. **Deus** nos **amou** por pri**meiro**,
* Ele **fez** Aliança co**nosco**.R. **Deus** nos **amou**.
V. Sem me**dida** é a **sua** ter**nura**.* Ele **fez**.
Glória ao **Pai**.R. **Deus** nos **amou**.

Cântico evangélico, ant.

Eu não **vim** para abo**lir** a **Lei** e os Pro**fetas**,
mas cum**pri**-los plena**mente**.

Preces

Bendigamos o Autor da nossa salvação, que quis renovar
o ser humano em si mesmo, para que as coisas antigas passassem e tudo se fizesse novo. Apoiados nesta esperança
viva, roguemos:

R. **Senhor, renovai-nos com o vosso Espírito!**

Senhor, que nos prometestes um novo céu e uma nova terra, renovai-nos sem cessar por vosso Espírito Santo,
– para que gozemos eternamente da vossa presença na
nova Jerusalém. R.

Concedei-nos colaborar convosco para infundir no mundo
o vosso Espírito,
– e atrair mais eficazmente para a cidade terrena a justiça, a
caridade e a paz. R.

Ensinai-nos a corrigir nossa fraqueza e negligência,
– e a procurar de todo o coração os bens eternos. R.

Livrai-nos, Senhor, de todo o mal,
– e preservai-nos do fascínio da vaidade, que obscurece a
mente e oculta os verdadeiros valores. R.

(intenções livres)

Pai nosso...

Oração

Ó Deus de bondade, concedei que, formados pela observância da Quaresma e nutridos por vossa palavra, saibamos

3ª Semana da Quaresma

mortificar-nos para vos servir com fervor, sempre unânimes na oração. Por nosso Senhor Jesus Cristo, vosso Filho, na unidade do Espírito Santo.

Hora Média

Oração das Nove Horas

Ant. Chegou o **tem**po de penitência,
de conver**são** e de salva**ção**.

Leitura breve   Ez 18,30b-32

Arrependei-vos, convertei-vos de todas as vossas transgressões, a fim de não terdes ocasião de cair em pecado. Afastai-vos de todos os pecados que praticais. Criai para vós um coração novo e um espírito novo. Por que haveis de morrer, ó casa de Israel? Pois eu não sinto prazer na morte de ninguém – oráculo do Senhor Deus. Convertei-vos e vivereis!

V. Criai em **mim** um cora**ção** que seja **pu**ro.
R. Dai-me de **no**vo um es**pí**rito deci**di**do!

Oração das Doze Horas

Ant. Por minha **vi**da, diz o Se**nhor**,
não quero a **mor**te do peca**dor**,
mas que ele **vol**te e tenha a **vi**da.

Leitura breve   Zc 1,3b-4b

Voltai-vos para mim, diz o Senhor dos exércitos, e eu me voltarei para vós, diz o Senhor dos exércitos. Não sejais como os vossos pais, aos quais os antigos profetas gritavam: Assim fala o Senhor dos exércitos: Abandonai vossos maus caminhos e vossos maus pensamentos; mas não me ouviram nem atenderam.

V. Desvi**ai** o vosso o**lhar** dos meus pe**ca**dos.
R. E apa**gai** todas as **mi**nhas transgres**sões**!

Oração das Quinze Horas

Ant. Sejamos firmes na provação: Sua justiça é nossa força.

Leitura breve — Dn 4,24b

Expia teus pecados e injustiça com esmolas e obras de misericórdia em favor dos pobres; assim terás longa prosperidade.

V. Meu sacrifício é minha alma penitente.
R. Não desprezeis um coração arrependido!

Oração como nas Laudes.

Vésperas

Leitura breve — Fl 2,12b-15a

Trabalhai para a vossa salvação, com temor e tremor. Pois é Deus que realiza em vós tanto o querer como o fazer, conforme o seu desígnio benevolente. Fazei tudo sem reclamar ou murmurar, para que sejais livres de repreensão e ambiguidade, filhos de Deus sem defeito.

Responsório breve

R. Em **Deus**, cuja Palavra me entusiasma,
  * Em **Deus** eu me apoio. R. Em **Deus**, cuja Palavra.
V. Nada **mais** me causa medo. * Em **Deus** eu me apoio.
  Glória ao **Pai**. R. Em **Deus**, cuja Palavra.

Cântico evangélico, ant.

Quem viver e ensinar o Evangelho,
será grande no meu Reino, diz Jesus.

Preces

Aclamemos o Deus todo-poderoso e previdente, que conhece todas as nossas necessidades, mas quer que busquemos, antes de tudo, o seu Reino. Rezemos, dizendo:

R. **Senhor, venha a nós o vosso Reino e a sua justiça!**

Pai santo, que nos destes Jesus Cristo como Pastor de nossas almas, assisti os pastores da Igreja e o povo a eles confiado,
– para que não falte ao rebanho a solicitude dos seus pastores nem aos pastores a obediência de suas ovelhas.

R. **Senhor, venha a nós o vosso Reino e a sua justiça!**

Aumentai a caridade dos cristãos, para que ajudem os doentes com amor fraterno,
– e socorram neles o vosso próprio Filho, Jesus Cristo. R.

Fazei que ingressem na vossa Igreja os que ainda não creem no Evangelho,
– para que, pelo exemplo das boas obras, a façam crescer na caridade.   R.

Dai a nós pecadores a contrição sincera das nossas culpas,
– e a reconciliação perfeita convosco e com a vossa Igreja.
R.
(intenções livres)

Concedei a vida eterna aos nossos irmãos e irmãs que morreram,
– para que vivam eternamente na vossa presença.   R.

Pai nosso...

Oração

Ó Deus de bondade, concedei que, formados pela observância da Quaresma e nutridos por vossa palavra, saibamos mortificar-nos para vos servir com fervor, sempre unânimes na oração. Por nosso Senhor Jesus Cristo, vosso Filho, na unidade do Espírito Santo.

QUINTA-FEIRA

Ofício das Leituras

V. Quem me**dita** a Lei de **Deus**.
R. Dará **fruto** a seu **tempo**.

Quinta-feira

219

Primeira leitura
Do Livro do Êxodo

34,10-28

Segundo código da Aliança

Naqueles dias, o Senhor disse a Moisés:[10] "Eu vou fazer uma aliança. Em presença de todo o teu povo, farei prodígios que nunca se viram sobre a terra, nem em nação alguma, para que todo o povo, no meio do qual estás, perceba como são terríveis as obras do Senhor, que vou realizar contigo. [11] Observa tudo o que hoje te ordeno. Eu mesmo expulsarei da tua frente os amorreus, os cananeus, os hititas, os fereseus, os heveus e os jebuseus. [12] Guarda-te de estabelecer amizade com os habitantes do país onde vais entrar, para que não te sejam ocasião de ruína.[13] Ao contrário, destruirás seus altares, quebrarás suas estelas e cortarás suas árvores sagradas.

[14] Não te prostrarás diante de um deus estrangeiro, por que o Senhor se diz Ciumento, e, de fato, o é.[15] Não estabeleças aliança com os homens daquelas regiões, para que, ao se prostituírem com seus deuses, e quando lhes oferecerem sacrifícios, não te convidem, e tu não venhas a comer de suas vítimas. [16] Nem tomes suas filhas como esposas para teus filhos, para que, ao se prostituírem elas com seus deuses, não levem teus filhos a se prostituírem igualmente com eles.[17] Não farás para ti deuses de metal fundido.

[18] Guardarás a festa dos Ázimos: durante sete dias comerás pães ázimos, como te ordenei, no tempo fixado no mês de Abib; porque foi no mês da primavera que saíste do Egito.

[19] Todo o primogênito do sexo masculino é meu; assim como toda a primeira cria do teu rebanho, tanto das vacas, como das ovelhas.[20] Resgatarás o primogênito do jumento com um cordeiro; caso não queiras resgatá-lo, deves quebrar-lhe a nuca. Resgatarás os primogênitos dos teus filhos, e não te apresentarás diante de mim de mãos vazias.

220 3ª Semana da Quaresma

²¹Trabalharás durante seis dias, e no sétimo dia deixarás de lavrar e de colher.

²²Guardarás a festa das Semanas, no início da colheita do trigo, bem como a festa da Colheita, quando no fim do ano se recolhe tudo.

²³Três vezes por ano, todos os homens do teu povo deverão comparecer diante do Onipotente Senhor Deus de Israel. ²⁴Porque, quando eu tiver tirado da tua vista as nações, e houver dilatado as tuas fronteiras, ninguém cobiçará a tua terra, enquanto estiveres subindo, três vezes por ano, para te apresentares diante do Senhor, teu Deus.

²⁵Não oferecerás o sangue de minhas vítimas com pão fermentado; nem se conserve até ao dia seguinte o que foi sacrificado na festa da Páscoa.

²⁶Oferecerás na casa do Senhor, teu Deus o melhor dos primeiros frutos do teu solo. Não cozinharás o cabrito no leite de sua mãe".

²⁷O Senhor disse a Moisés: "Escreve estas palavras, pois foi sobre elas que celebrei aliança contigo e com Israel".

²⁸Moisés esteve ali com o Senhor quarenta dias e quarenta noites, sem comer pão nem beber água, e escreveu nas tábuas as palavras da aliança, os dez mandamentos.

Responsório   Jo 1,17.18; 2Cor 3,18

R. A **lei** foi-nos **da**da por **mei**o de Moi**sés**,
  mas a **gra**ça e a **ver**da**de** nos vi**era**m por Je**sus**.
 * Ninguém ja**mais** viu a **Deus**, mas o **Fi**lho Uni**gê**nito,
  que está **jun**to do **Pai**, este o **deu** a conhe**cer**.
V. Mas nós **to**dos, refle**tin**do como es**pe**lho
  a **gló**ria do Se**nhor** sem nenhum **véu**,
  em sua i**ma**gem nós se**re**mos transfor**ma**dos
  numa **gló**ria sempre **mais** resplande**cen**te.
    * Ninguém ja**mais**.

Quinta-feira

Segunda leitura
Do Tratado sobre a oração, de Tertuliano, presbítero

(Cap. 28-29: CCL 1,273-274)   (Séc. III)

O sacrifício espiritual

A oração é o sacrifício espiritual que aboliu os antigos sacrifícios. *Que me importa a abundância de vossos sacrifícios? – diz o Senhor. Estou farto de holocaustos de carneiros e de gordura de animais cevados; do sangue de touros, de cordeiros e de bodes, não me agrado. Quem vos pediu estas coisas?* (Is 1,11).

O Evangelho nos ensina o que pede o Senhor: *Está chegando a hora,* diz ele, *em que os verdadeiros adoradores adorarão o Pai em espírito e verdade. Deus é espírito* (Jo 4,23.24), e por isso procura tais adoradores.

Nós somos verdadeiros adoradores e verdadeiros sacerdotes, quando, orando em espírito, oferecemos o sacrifício espiritual da oração, como oferenda digna e agradável a Deus, aquela que ele mesmo pediu e preparou.

Esta oferenda, apresentada de coração sincero, alimentada pela fé, preparada pela verdade, íntegra e inocente, casta e sem mancha, coroada pelo amor, é a que devemos levar ao altar de Deus, acompanhada pelo solene cortejo das boas obras, entre salmos e hinos; ela nos alcançará de Deus tudo o que pedimos.

Que poderia Deus negar à oração que procede do espírito e da verdade, se foi ele mesmo que assim exigiu? Todos nós lemos, ouvimos e acreditamos como são grandes os testemunhos da sua eficácia!

Nos tempos passados, a oração livrava do fogo, das feras e da fome; e no entanto ainda não havia recebido de Cristo toda a sua eficácia.

Quanto maior não será, portanto, a eficácia da oração cristã! Talvez não faça descer sobre as chamas o orvalho do Anjo, não feche a boca dos leões, não leve a refeição aos camponeses famintos, não impeça milagrosamente o sofrimento; mas vem em auxílio dos que suportam a dor com paciência, aumenta a graça aos que sofrem com fortaleza, para que vejam com os olhos da fé a recompensa do Senhor, reservada aos que sofrem pelo nome de Deus.

Outrora a oração fazia vir as pragas, derrotava os exércitos inimigos, impedia a chuva necessária. Agora, porém, a oração autêntica afasta a ira de Deus, vela pelo bem dos inimigos e roga pelos perseguidores. Será para admirar que faça cair do céu as águas, se conseguiu que de lá descessem as línguas de fogo? Só a oração vence a Deus. Mas Cristo não quis que ela servisse para fazer mal algum; quis antes que toda a eficácia que lhe deu fosse apenas para servir o bem.

Consequentemente, ela não tem outra finalidade senão tirar do caminho da morte as almas dos defuntos, robustecer os fracos, curar os enfermos, libertar os possessos, abrir as portas das prisões, romper os grilhões dos inocentes. Ela perdoa os pecados, afasta as tentações, faz cessar as perseguições, reconforta os de ânimo abatido, enche de alegria os generosos, conduz os peregrinos, acalma as tempestades, detém os ladrões, dá alimento aos pobres, ensina os ricos, levanta os que caíram, sustenta os que vacilam, confirma os que estão de pé.

Oram todos os anjos, ora toda criatura. Oram à sua maneira os animais domésticos e as feras, que dobram os joelhos. Saindo de seus estábulos ou de suas tocas, levantam os olhos para o céu e não abrem a boca em vão, fazendo vibrar o ar com seus gritos. Mesmo as aves quando levantam voo, elevam-se para o céu e, em lugar de mãos, estendem as asas em forma de cruz, dizendo algo semelhante a uma prece.

Que dizer ainda a respeito da oração? O próprio Senhor também orou; a ele honra e poder pelos séculos dos séculos.

Quinta-feira

Responsório Jo 4,23-24

R. Adoradores verdadeiros ao **Pai** adorarão
em espírito e verdade;
* Pois são **tais** adoradores que o **Pai** quer e procura.
V. Deus é Espírito e aqueles que o adoram,
o adoram em espírito e em verdade.* Pois são.

Oração como nas Laudes.

Laudes

Leitura breve cf. 1Rs 8,51-53a

Nós somos, Senhor, teu povo e tua herança. Teus olhos estejam abertos à súplica do teu servo e do teu povo, Israel, escutando-nos toda vez que te invocarmos. Pois tu nos separaste para ti como herança dentre todos os povos da terra.

Responsório breve

R. Nós **somos** vosso **povo**, ó Se**nhor**.
* Misericórdia, Senhor, a vós clamamos! R. Nós somos.
V. Curvados sob o peso dos pecados,
choramos de tristeza.* Misericórdia.
Glória ao **Pai**. R. Nós somos.

Cântico evangélico, ant.

Se eu expulso os demônios pela **força** de **Deus**,
o **Reino** dos **Céus** já chegou até **vós**.

Preces

Louvemos a Cristo nosso Senhor, que se manifestou à humanidade como luz do mundo para que, seguindo-o, não andemos nas trevas mas tenhamos a luz da vida; e lhe peçamos:

R. **Senhor, que a vossa palavra ilumine os nossos passos!**

Deus de bondade, fazei-nos imitar hoje o vosso exemplo,
– para que recuperemos em vós, novo Adão, o que perdemos no primeiro Adão. R.

A vossa palavra seja luz dos nossos passos,
—para que, realizando sempre as obras da verdade, aumente cada vez mais o nosso amor por vós.

R. Senhor, que a vossa palavra ilumine os nossos passos!

Ensinai-nos a promover com retidão o bem de todos por causa do vosso nome,
—para que, por nosso intermédio, a Igreja ilumine cada vez melhor a família humana. **R.**

Alimentai sempre mais em nós a vossa amizade, por meio de uma sincera conversão,
—para que expiemos as ofensas cometidas contra a vossa sabedoria e bondade. **R.**

(intenções livres)

Pai nosso...

Oração

À medida que se aproxima a festa da salvação, nós vos pedimos, ó Deus, que nos preparemos com maior empenho para celebrar o mistério da Páscoa. Por nosso Senhor Jesus Cristo, vosso Filho, na unidade do Espírito Santo.

Hora Média

Oração das Nove Horas

Ant. Chegou o **tem**po de penitência,
de conver**são** e de salva**ção**.

Leitura breve   Is 55,6-7

Buscai o Senhor, enquanto pode ser achado; invocai-o, enquanto ele está perto. Abandone o ímpio seu caminho, e o homem injusto, suas maquinações; volte para o Senhor, que terá piedade dele, volte para nosso Deus, que é generoso no perdão.

V. Criai em **mim** um cora**ção** que seja **pu**ro.
R. Dai-me de **no**vo um es**pí**rito deci**di**do!

Oração das Doze Horas

Ant. Por minha **vi**da, diz o Se**n**hor,
não quero a **mor**te do pec**a**dor,
mas que ele **vol**te e tenha a **vi**da.

Leitura breve Dt 30,2-3a

Tu te converterás ao Senhor, teu Deus, com teus filhos, e obedecerás aos seus mandamentos com todo o teu coração e com toda a tua alma, conforme tudo o que hoje te ordeno. O Senhor, teu Deus, te fará voltar do cativeiro e se compadecerá de ti.

V. Desvi**ai** o vosso o**lhar** dos meus pec**a**dos.
R. E apa**gai** todas as **mi**nhas transgres**sões**!

Oração das Quinze Horas

Ant. Sejamos **fir**mes na prova**ção**: Sua jus**ti**ça é nossa **for**ça.

Leitura breve Hb 10,35-36

Não abandoneis a vossa coragem, que merece grande recompensa. De fato, precisais de perseverança para cumprir a vontade de Deus e alcançar o que ele prometeu.

V. Meu sacri**fí**cio é minha **alma** peni**ten**te.
R. Não despre**zeis** um cora**ção** arrepen**di**do.

Oração como nas Laudes.

Vésperas

Leitura breve Tg 4,7-8.10

Obedecei a Deus, mas resisti ao diabo, e ele fugirá de vós. Aproximai-vos de Deus, e ele se aproximará de vós. Purificai as mãos, ó pecadores, e santificai os corações, homens dúbios. Humilhai-vos diante do Senhor, e ele vos exaltará.

Responsório breve

R. Se**nhor**, aten**dei** minha **prece**,
  * Meu cla**mor** chegue a **vós**! R. Se**nhor**.
V. Escu**tai**-me, no **dia** em que **cha**mo. * Meu cla**mor**.
  Glória ao **Pai**. R. Se**nhor**.

Cântico evangélico, ant.

Bendito o **ven**tre que vos ge**rou** e os **sei**os que vos nu**tri**ram!
Antes ben**di**to quem ouve e **guar**da a Palavra santa de **Deus**!

Preces

Oremos a Cristo nosso Senhor, que nos deu o mandamento
novo de nos amarmos uns aos outros como ele nos amou;
e imploremos:

R. **Senhor, fazei crescer o amor em vosso povo!**

Bom Mestre, ensinai-nos a vos amar em nossos irmãos e
irmãs,
— e a vos servir em cada um deles.   R.

Vós, que na cruz pedistes ao Pai perdão para vossos algozes,
— ensinai-nos a amar os nossos inimigos e a orar pelos que
nos perseguem.   R.

Pela participação no mistério do vosso Corpo e Sangue,
aumentai em nós a caridade, a fortaleza e a confiança;
— sustentai os fracos, consolai os tristes e dai esperança aos
agonizantes.   R.

Cristo, Luz do mundo, que na piscina de Siloé destes a vista ao cego de nascença,
— iluminai os catecúmenos pelo sacramento do batismo e
pela palavra da vida.   R.

                                                    (intenções livres)

Concedei a plenitude do vosso amor aos que morreram,
— e contai-nos também entre os vossos escolhidos.   R.

Pai nosso...

Oração

À medida que se aproxima a festa da salvação, nós vos pedimos, ó Deus, que nos preparemos com maior empenho para celebrar o mistério da Páscoa. Por nosso Senhor Jesus Cristo, vosso Filho, na unidade do Espírito Santo.

SEXTA-FEIRA

Ofício das Leituras

V. **Voltai** ao **Senhor**, vosso **Deus**.
R. Ele é **bom**, compassivo e **clemente**.

Primeira leitura
Do Livro do Êxodo   35,30-36,1; 37,1-9

Construção do Santuário e da Arca

Naqueles dias, ^{35,30}Moisés disse aos filhos de Israel: "Vede, o Senhor nomeou especialmente a Beseleel, filho de Uri, filho de Hur, da tribo de Judá; ³¹e o encheu do espírito de Deus, de sabedoria, habilidade e conhecimento para qualquer trabalho, ³²como inventar e executar trabalhos de ouro, prata e bronze, ³³talhar pedras e engastá-las, entalhar madeira, e executar qualquer tipo de obra de arte. ³⁴Também lhe dispôs o coração, a ele e a Ooliab, filho de Aquisamec, da tribo de Dã, para ensinar os outros. ³⁵Dotou-os de habilidade para executar qualquer tipo de obra de escultor, de artista e de bordador em púrpura violácea, vermelha e carmesim, em linho fino, bem como de tecelão, para executar e para projetar obras novas".

^{36,1}Então, Beseleel e Ooliab, e todos os homens hábeis, a quem o Senhor deu habilidade e inteligência para saberem fazer com arte o que era necessário para o uso do santuário, fizeram o que o Senhor tinha mandado.

^{37,1}Beseleel fez a arca de madeira de acácia, de dois côvados e meio de comprimento, de um côvado e meio de largura e de um côvado e meio de altura. Revestiu-a de ouro

puríssimo por dentro e por fora, ²e pôs-lhe em volta uma moldura de ouro. ³Depois, fundiu quatro argolas de ouro para os seus quatro pés, duas argolas de um lado e duas do outro. ⁴Fez varais de madeira de acácia, e revestiu-os de ouro. ⁵E enfiou os varais nas argolas do lado da arca para poder transportá-la.

⁶Fez o propiciatório de ouro puro, com dois côvados e meio de comprimento e um côvado e meio de largura. ⁷Fez também dois querubins de ouro batido para as duas extremidades do propiciatório: ⁸um querubim numa extremidade e outro na extremidade oposta; estes dois querubins figuravam nas duas extremidades do propiciatório. ⁹Os querubins tinham as asas estendidas para cima e cobriam com elas o propiciatório; estavam com as faces voltadas uma para a outra, olhando para o propiciatório.

Responsório   Sl 83(84),2.3; 45(46),5b.6a

R. Quão amável, ó Senhor, é vossa casa,
   quanto a amo, Senhor, Deus do universo!
   Minha alma desfalece de saudades
   e anseia pelos átrios do Senhor.
 * Meu coração e minha carne rejubilam
   e exultam de alegria no Deus vivo.
R. A cidade de Deus é a morada do Altíssimo;
   Quem a pode abalar? Deus está em seu meio.
 * Meu coração.

Segunda leitura

Dos Comentários sobre o livro de Jó, de São Gregório Magno, papa

(Lib. 13,21-23: PL 75,1028-1029)   (Séc. VI)

O mistério da nossa vida nova

O bem-aventurado Jó, como figura da santa Igreja, ora fala em nome do corpo, ora em nome da cabeça. Mas, às vezes, ocorre que, quando fala dos membros, toma subitamente as palavras da cabeça. Eis por que diz: *Sofri tudo isso, embora não haja violência em minhas mãos e minha oração seja pura* (Jó 16,17).

Sem haver violência alguma em suas mãos, teve também que sofrer aquele que não cometeu pecado e em cuja boca não se encontrou falsidade; no entanto, pela nossa salvação, suportou o tormento da cruz. Foi ele o único que elevou a Deus uma oração pura, pois mesmo em meio aos sofrimentos da paixão orou por seus perseguidores, dizendo: *Pai, perdoa-lhes! Eles não sabem o que fazem!* (Lc 23,34).

Quem poderá dizer ou pensar uma oração mais pura do que esta em que se pede misericórdia por aqueles mesmos que infligem a dor? Por isso, o sangue de nosso Redentor, derramado pela crueldade dos perseguidores, se transformou depois em bebida de salvação para os que nele acreditariam e o proclamariam Filho de Deus.

Acerca deste sangue, continua com razão o texto sagrado: *Ó terra, não cubras o meu sangue, nem sufoques o meu clamor* (Jó 16,18). E ao homem pecador foi dito: *És pó e ao pó hás de voltar* (Gn 3,19).

A terra, de fato, não ocultou o sangue de nosso Redentor, pois qualquer pecador, ao beber o preço de sua redenção, o proclama e louva e, como pode, o manifesta aos outros.

A terra não cobriu também o seu sangue porque a santa Igreja já anunciou em todas as partes do mundo o mistério de sua redenção.

Notemos no que se diz a seguir: *Nem sufoques meu clamor.* O próprio sangue da redenção, por nós bebido, é o clamor de nosso Redentor. Por isso diz também Paulo: *Vós vos aproximastes da aspersão do sangue mais eloquente que o de Abel* (Hb 12,24). E do sangue de Abel fora dito: *A voz do sangue de teu irmão está clamando da terra por mim* (Gn 4,10).

O sangue de Jesus é mais eloquente que o de Abel, porque o sangue de Abel pedia a morte do irmão fratricida, ao passo que o sangue do Senhor obteve a vida para seus perseguidores.

Assim, para que não nos seja inútil o sacramento da paixão do Senhor, devemos imitar aquilo que recebemos e anunciar aos outros o que veneramos.

O clamor de Cristo fica sufocado em nós, se a língua não proclama aquilo em que o coração acredita. Para que esse clamor não seja sufocado em nós, é preciso que, na medida de suas possibilidades, cada um manifeste aos outros o mistério de sua vida nova.

Responsório cf. Gn 4,10.11; Hb 12,24

R. Eis, Senhor, a voz do **sangue** de Jesus, o vosso **Filho**, de Jesus, o nosso irmão, que, da **terra**, clama a **vós!**

* Bendita seja a **terra**, cuja **boca** se **abriu**, bebendo o **sangue** redentor!

V. O **sangue** derramado por Jesus, o Mediador, fala melhor, fala mais **alto**, do que o **sangue** de **Abel**.

* Bendita.

Oração como nas Laudes.

Laudes

Leitura breve Is 53,11b-12

Meu Servo, o justo, fará justos inúmeros homens, carregando sobre si suas culpas. Por isso, compartilharei com ele multidões e ele repartirá suas riquezas com os valentes seguidores, pois entregou o corpo à morte, sendo contado como um malfeitor; ele, na verdade, resgatava o pecado de todos e intercedia em favor dos pecadores.

Responsório breve

R. **Vós** nos resgatastes, ó Se**nhor**,

* Para **Deus** o vosso **sangue** nos remiu. R. **Vós** nos;

V. Dentre to**das** as **tribos** e **línguas**, dentre os po**vos** da **terra** e nações.* Para **Deus**.

Glória ao **Pai**. R. **Vós** nos.

Sexta-feira

Cântico evangélico, ant.
É **este** o **maior** mandamento:
amar**ás** o Se**nhor**, o teu **Deus**, de **to**do o **teu** cora**ção**.

Preces
Demos graças a Cristo nosso Senhor que, morrendo na cruz, nos deu a vida; e de coração lhe peçamos:
R. **Pela vossa morte, Senhor, fazei-nos viver!**

Cristo nosso Mestre e Salvador, que nos ensinastes a vossa verdade, e nos renovastes pela vossa gloriosa Paixão,
– não nos deixeis cair na infidelidade do pecado.   R.

Ensinai-nos a praticar a abstinência,
– para socorrer com nossos bens os irmãos necessitados R.

Dai-nos a graça de viver santamente este dia de penitência quaresmal,
– e consagrá-lo a vós com obras de caridade fraterna.   R.

Corrigi, Senhor, as nossas vontades rebeldes,
– e dai-nos um coração generoso e agradecido.   R.

(intenções livres)

Pai nosso...

Oração
Infundi, ó Deus, vossa graça em nossos corações, para que, fugindo aos excessos humanos, possamos, com vosso auxílio, abraçar os vossos preceitos. Por nosso Senhor Jesus Cristo, vosso Filho, na unidade do Espírito Santo.

Hora Média

Oração das Nove Horas

Ant. Chegou o **tempo** de peni**tên**cia,
de conver**são** e de salva**ção**.

232 3ª Semana da Quaresma

Leitura breve Is 55,3

Inclinai vosso ouvido e vinde a mim, ouvi e tereis vida; farei convosco um pacto eterno, manterei fielmente as graças concedidas a Davi.

V. Criai em **mim** um cora**ção** que seja **pu**ro.
R. Dai-me de **no**vo um es**pí**rito deci**di**do!

Oração das Doze Horas

Ant. Por minha **vida**, diz o Se**nhor**,
não quero a **mor**te do pec**ador**,
mas que ele **vol**te e tenha a **vi**da.

Leitura breve cf. Jr 3,12b-14a

Voltai, é o Senhor que chama, não desviarei de vós minha face, porque eu sou misericordioso, não estarei irado para sempre. Convertei-vos, filhos, que vos tendes afastado de mim, diz o Senhor.

V. Desvi**ai** o vosso o**lhar** dos meus pe**ca**dos.
R. E apa**gai** todas as **mi**nhas transgress**ões**!

Oração das Quinze Horas

Ant. Sejamos **fir**mes na prova**ção**: Sua jus**ti**ça é nossa **for**ça.

Leitura breve Tg 1,27

A religião pura e sem mancha diante de Deus Pai, é esta: assistir os órfãos e as viúvas em suas tribulações e não se deixar contaminar pelo mundo.

V. Meu sacrifício é minha **al**ma peni**ten**te.
R. Não despre**zeis** um coração arrepen**di**do!

Oração como nas Laudes.

Vésperas

Leitura breve Tg 5,16.19-20

Confessai uns aos outros os vossos pecados e orai uns pelos outros para alcançar a saúde. A oração fervorosa do justo tem grande poder. Meus irmãos, se alguém de vós se desviar da verdade e outro o reconduzir, saiba este que aquele que reconduz um pecador desencaminhado salvará da morte a alma dele e cobrirá uma multidão de pecados.

Responsório breve

R. **Cu**r**ai**-me, Se**nh**or, ó Deus **San**to,
  * Pois pe**quei** contra **vós**. R. Cu**rai**-me.
V. Tende pie**da**de de **mim**, reno**vai**-me! * Pois pe**quei**.
  Glória ao **Pai**. R. Cu**rai**-me.

Cântico evangélico, ant.

Amar o **pró**ximo **co**mo a si **mes**mo
vale **mais** que qual**quer** sacrifício.

Preces

Elevemos nossas súplicas ao Senhor Jesus Cristo, que nos santificou com o seu sangue; e digamos:

R. **Senhor, tende compaixão do vosso povo!**

Jesus, Redentor nosso, pelos méritos da vossa Paixão, dai aos vossos fiéis o espírito de penitência, sustentai-os no combate contra o mal e reavivai a sua esperança,
– para que se disponham para celebrar mais santamente a vossa Ressurreição. R.

Fazei que os cristãos, exercendo sua missão profética, anunciem por toda parte o Evangelho do Reino,
– e o confirmem com seu testemunho de fé, esperança e caridade. R.

Confortai os aflitos com a força do vosso amor,
– e fazei que saibamos consolá-los com nossa solicitude fraterna. R.

Ensinai-nos a levar nossa cruz em união com os vossos sofrimentos,

234 3ª Semana da Quaresma

– para que manifestemos em nós mesmos a vossa salvação.
R. **Senhor, tende compaixão do vosso povo!**

(intenções livres)

Autor da vida, lembrai-vos daqueles que partiram deste mundo,
– e concedei-lhes a glória da ressurreição. R.
Pai nosso...

Oração

Infundi, ó Deus, vossa graça em nossos corações, para que, fugindo aos excessos humanos, possamos, com vosso auxílio, abraçar os vossos preceitos. Por nosso Senhor Jesus Cristo, vosso Filho, na unidade do Espírito Santo.

SÁBADO

Ofício das Leituras

V. Quem pratica a verdade se **põe** junto à **luz.**
R. E suas **obras** de **filho** de **Deus** se revelam.

Primeira leitura
Do Livro do Êxodo 40,16-38

*Construção do santuário
e manifestação do Senhor na nuvem*

Naqueles dias,[16]Moisés fez tudo o que o Senhor lhe havia ordenado.
[17]No primeiro mês do segundo ano, no primeiro dia do mês, o santuário foi levantado. [18]Moisés levantou o santuário, colocou as bases e as tábuas, assentou as vigas e ergueu as colunas.[19]Estendeu a tenda sobre o santuário, pondo em cima a cobertura da tenda, como o Senhor lhe havia mandado. [20]Depois, tomando o documento da aliança, depositou-o dentro da arca e colocou sobre ela o propiciatório. [21]E, introduzindo a arca no santuário, pendurou diante dela o véu de proteção, como o Senhor tinha prescrito a Moisés. [22]Depois instalou a mesa na Tenda da Reunião, no flanco norte da

morada, do lado de fora do véu, [23]e arrumou sobre ela os pães consagrados ao Senhor, assim como o Senhor tinha mandado a Moisés. [24]Pôs ainda o candelabro na Tenda da Reunião, defronte da mesa, no flanco sul da morada. [25]Colocou nos seus lugares as lâmpadas, assim como o Senhor tinha mandado a Moisés. [26]Colocou o altar de ouro na Tenda da Reunião em frente da cortina, [27]e queimou sobre ele incenso aromático, assim como o Senhor tinha ordenado a Moisés. [28]Pôs também a cortina na entrada da morada, [29]e o altar dos holocaustos no recinto da morada, oferecendo nele o holocausto e o sacrifício, assim como o Senhor tinha ordenado a Moisés. [30]Instalou a bacia entre a Tenda da Reunião e o altar, e pôs água para as abluções. [31]Moisés, Aarão e seus filhos lavavam as mãos e os pés, [32]quando iam entrar na Tenda da Reunião e se aproximavam do altar, assim como o Senhor havia ordenado a Moisés. [33]Levantou também o átrio em torno da morada e do altar, pendurando a cortina na entrada do átrio. E assim Moisés completou a obra.

[34]Então a nuvem cobriu a Tenda da Reunião e a glória do Senhor encheu o santuário. [35]Moisés não podia entrar na Tenda da Reunião, porque a nuvem permanecia sobre ela, e a glória do Senhor tomava todo o santuário. [36]Em todas as etapas da viagem, sempre que a nuvem se elevava de cima do santuário, os filhos de Israel punham-se a caminho; [37]e nunca partiam antes que a nuvem se levantasse. [38]Pois, de dia, a nuvem do Senhor repousava sobre o santuário, e de noite aparecia sobre ela um fogo, que todos os filhos de Israel viam, em todas as suas etapas.

Responsório   1Cor 10,1b.2a; Ex 40,34

R. Nossos **pais** estiveram sob a **nu**vem
    e **to**dos passaram pelo **mar**;
  * Foram **to**dos batizados em Moisés,
    no **mar** e na **nu**vem batizados.
V. A **gló**ria do Se**nhor** encheu a **ten**da,
    pois a **nu**vem enco**briu** o taber**ná**culo. * Foram **to**dos.

236 3ª Semana da Quaresma

Segunda leitura

Dos Sermões de São Gregório de Nazianzo, bispo

(Oratio 14, *De pauperum amore*, 38.40: PG 35,907.910)

(Séc. VI)

Sirvamos a Cristo na pessoa dos pobres

Diz a Escritura: *Bem-aventurados os misericordiosos, porque alcançarão misericórdia* (Mt 5,7). A misericórdia não é certamente a última das bem-aventuranças. Lemos também: *Feliz de quem pensa no pobre e no fraco* (Sl 40,2). E ainda: *Feliz o homem caridoso e prestativo* (Sl 111,5). E noutro lugar: *O justo é generoso e dá esmola* (Sl 36,26). Tornemo-nos dignos destas bênçãos, de sermos chamados misericordiosos e cheios de bondade.

Nem sequer a noite interrompa a tua prática da misericórdia. Não digas: "Vai e depois volta, amanhã te darei o que pedes". Nada se deve interpor entre a tua resolução e o bem que vais fazer. Só a prática do bem não admite adiamento.

Reparte o teu pão com o faminto, acolhe em tua casa os pobres e peregrinos (Is 58,7), com alegria e presteza. *Quem se dedica a obras de misericórdia,* diz o Apóstolo, *faça-o com alegria* (Rm 12,8). Essa presteza e solicitude duplicarão a recompensa da tua dádiva. Mas o que é dado com tristeza e de má vontade não se torna agradável nem é digno.

Devemos alegrar-nos, e não entristecer-nos, quando prestamos algum benefício. Diz a Escritura: *Se quebrares as cadeias injustas e desligares as amarras do jugo* (Is 58,6), isto é, da avareza e das discriminações, das suspeitas e das murmurações, que acontecerá? A tua recompensa será grande e admirável! *Então, brilhará tua luz como a aurora e tua saúde há de recuperar-se mais depressa* (Is 58,8). E quem há que não deseje a luz e a saúde?

Por isso, se me julgais digno de alguma atenção, vós, servidores de Cristo, seus irmãos e co-herdeiros, em todas as ocasiões visitemos a Cristo, alimentemos a Cristo, tratemos as feridas de Cristo, vistamos a Cristo, acolhamos a Cristo, honremos a Cristo; não apenas oferecendo-lhe uma refeição, como fizeram alguns, não apenas ungindo-o com perfumes como Maria, não apenas dando-lhe o sepulcro como José de Arimateia, não apenas dando o necessário para o sepultamento como Nicodemos que dava a Cristo só uma parte do seu amor, nem, finalmente, oferecendo ouro, incenso e mirra, como fizeram os magos, antes de todos esses. O Senhor do universo quer a misericórdia e não o sacrifício, e a compaixão tem muito maior valor que milhares de cordeiros gordos. Ofereçamos a misericórdia e a compaixão na pessoa dos pobres que hoje na terra são humilhados, de modo que, ao deixarmos este mundo, eles nos recebam nas moradas eternas, juntamente com o próprio Cristo nosso Senhor, a quem seja dada a glória pelos séculos dos séculos. Amém.

Responsório   Mt 25,35.40; Jo 15,12

R. Eu tive **fo**me e me **des**tes de co**mer**;
   eu tive **se**de e me **des**tes de be**ber**;
   eu não **ti**nha onde mo**rar** e me aco**lhes**tes.
   * Em ver**da**de, o que fi**zes**tes ao me**nor** dos meus ir**mãos**,
     foi a **mim** que o fi**zes**tes.
V. O **meu** manda**men**to é este: A**mai**-vos como **eu** vos **amei**.
   * Em ver**da**de.

Oração como nas Laudes.

Laudes

Leitura breve   Is 1,16-18

Lavai-vos, purificai-vos. Tirai a maldade de vossas ações de minha frente. Deixai de fazer o mal! Aprendei a fazer o bem!

238 3ª Semana da Quaresma

Procurai o direito, corrigi o opressor. Julgai a causa do órfão, defendei a viúva. Vinde, debatamos – diz o Senhor. Ainda que vossos pecados sejam como púrpura, tornar-se-ão brancos como a neve. Se forem vermelhos como o carmesim, tornar-se-ão como lã.

Responsório breve

R. O **Sangue** de Jesus nos purifica,
  * De todos nossos **erros** nos liberta. R. O **Sangue**.
V. Vinde **ver** os grandes **feitos** do Senhor! * De todos.
  Glória ao **Pai**. R. O **Sangue**.

Cântico evangélico, ant.

Baixando o olhar, o publicano batia no **peito** arrependido, suplicava e pedia humildemente:
Ó meu **Deus**, tende piedade, pois eu **sou** um pecador!

Preces

Glorifiquemos a Cristo Senhor que instituiu o batismo para fazer de nós criaturas novas e nos preparou a mesa de sua Palavra e de seu Corpo; rezemos confiantes:

R. **Renovai-nos , Senhor, com a vossa graça!**

Jesus, manso e humilde de coração, revesti-nos de sentimentos de misericórdia, mansidão e humildade,
– e tornai-nos pacientes e compreensivos para com todos.

R.

Ensinai-nos a ajudar os pobres e sofredores,
– e assim vos imitarmos, ó Bom Samaritano da humanidade.

R.

A Santa Virgem Maria, vossa Mãe, interceda por todas aquelas que se consagraram ao vosso serviço,
– para que se dediquem cada vez melhor ao bem da Igreja.

R.

Concedei-nos a vossa misericórdia,
– e fazei-nos experimentar a alegria do vosso perdão. R.
(intenções livres)

Pai nosso...

Oração

Ó Deus, alegrando-nos cada ano com a celebração da Quaresma, possamos participar com fervor dos sacramentos pascais e colher com alegria todos os seus frutos. Por nosso Senhor Jesus Cristo, na unidade do Espírito Santo.

Hora Média

Oração das Nove Horas

Ant. Chegou o **tem**po de peni**tên**cia,
de conver**são** e de salva**ção**.

Leitura breve — Ap 3,19-20

Eu repreendo e educo os que eu amo. Esforça-te, pois, e converte-te. Eis que estou à porta, e bato; se alguém ouvir minha voz e abrir a porta, eu entrarei na sua casa e tomaremos a refeição, eu com ele e ele comigo.

V. Criai em **mim** um cora**ção** que seja **pu**ro.
R. Dai-me de **no**vo um es**pí**rito deci**di**do!

Oração das Doze Horas

Ant. Por minha **vi**da, diz o Se**nhor**,
não quero a **mor**te do peca**dor**,
mas que ele **vol**te e tenha a **vi**da.

Leitura breve — Is 44,21-22

Lembra-te de que tu és meu servo; eu te criei, és meu servo, Israel, não me decepciones. Desmanchei como uma nuvem teus pecados, como a névoa desfiz tuas culpas; volta para mim, porque te resgatei!

240 3ª Semana da Quaresma

V. Desviai o vosso olhar dos meus pecados.
R. E apagai todas as minhas transgressões!

Oração das Quinze Horas

Ant. Sejamos firmes na provação: Sua justiça é nossa força.

Leitura breve   Gl 6,7b-8

De Deus não se zomba, pois o que o homem tiver semeado, é isso que vai colher. Quem semeia na sua própria carne, da carne colherá corrupção. Quem semeia no espírito, do espírito colherá a vida eterna.

V. Meu sacrifício é minha alma penitente.
R. Não desprezeis um coração arrependido!

Oração como nas Laudes.

4º DOMINGO DA QUARESMA

IV Semana do Saltério

I Vésperas

Hino, p. 33.

Ant. 1 Alegres iremos à casa de **Deus**.

Salmos e cântico do domingo da IV Semana, p. 1297.

Ant. 2 Desper**ta**, tu que **dor**mes, leva**n**ta-te dos **mor**tos:
o **Cris**to te ilu**mi**na!

Ant. 3 Pelo a**mor** sem limi**tes** com que **Deus** nos a**mou**,
deu-nos **vi**da em seu **Cris**to,
quando es**tá**vamos **mor**tos por **nos**sos pe**ca**dos.

Leitura breve
2Cor 6,1-4a

Nós vos exortamos a não receberdes em vão a graça de Deus, pois ele diz: "No momento favorável, eu te ouvi e no dia da salvação, eu te socorri". É agora o momento favorável, é agora o dia da salvação. Não damos a ninguém nenhum motivo de escândalo, para que o nosso ministério não seja desacreditado. Mas em tudo nos recomendamos como ministros de Deus.

Responsório breve

R. Eis o **tempo** favo**rá**vel,
* Eis o **dia** da salva**ção!** R. Eis o **tempo**.
V. Reu**ni**-vos, resga**ta**dos das na**ções**,
vinde, aproxi**mai**-vos! * Eis o **dia**.
Glória ao **Pai**. R. Eis o **tempo**.

Cântico evangélico, ant.

Ano A Ó **Mes**tre, quem pe**cou** para **que** nascesse ce**go**?
Foi **ele** ou seus **pais**? Jesus lhes respon**deu**:
Não foi **ele** nem seus **pais**, mas **foi** para que, **ne**le,
se tor**nas**sem mani**fes**tas as **o**bras do Se**nhor**.

242　　　　　4º Domingo da Quaresma

Ano B Como Moisés ergueu na haste a serpente no deserto, o Filho do Homem há de ser levantado numa cruz; e, assim, quem nele crer, não pereça para sempre, mas possua a vida eterna.

Ano C Eu vou levantar-me e voltar para o meu pai, e a ele vou dizer:
Meu pai, eu pequei contra o céu e contra ti! Não mereço ser teu filho, quero ser teu empregado!

Preces

Demos glória a Deus Pai que cuida de todos nós; e lhe peçamos:

R. **Dai, Senhor, a salvação aos que remistes!**

Senhor Deus, doador de todo bem e fonte da verdade, cumulai com vossos dons o colégio universal dos bispos,
– e guardai os fiéis, a eles confiados, na doutrina dos Apóstolos. R.

Derramai a vossa caridade naqueles que comungam o mesmo pão da vida,
– para que se fortaleça a unidade de todos os fiéis no Corpo de Cristo vosso Filho. R.

Fazei que nos despojemos do velho homem com seus atos,
– e nos revistamos do homem novo, à imagem de Cristo, vosso Filho. R.

Concedei aos fiéis um sincero espírito de penitência, para que obtenham o perdão de seus pecados,
– e se tornem participantes dos méritos da redenção de Cristo. R.

(intenções livres)

Dai a paz aos nossos irmãos e irmãs falecidos, para que vos louvem eternamente no céu,
– onde também nós esperamos glorificar-vos para sempre. R.

Pai nosso...

Ofício das Leituras

Oração

Ó Deus, que por vosso Filho realizais de modo admirável a reconciliação do gênero humano, concedei ao povo cristão correr ao encontro das festas que se aproximam, cheio de fervor e exultando de fé. Por nosso Senhor Jesus Cristo, vosso Filho, na unidade do Espírito Santo.

Ofício das Leituras

V. A vossa palavra, Senhor, é espírito e vida;
R. Só vós é que tendes palavras de vida eterna!

Primeira leitura

Do Livro do Levítico   8,1-17; 9,22-24

Consagração dos sacerdotes

Naqueles dias,[8,1] o Senhor falou a Moisés, dizendo:[2] Toma contigo Aarão e seus filhos, as vestes deles e o óleo da unção, o bezerro para o sacrifício expiatório, dois carneiros, o cesto com pães ázimos,[3] e reúne toda a comunidade à entrada da Tenda da Reunião".[4] Moisés fez como o Senhor lhe tinha mandado a comunidade reuniu-se à entrada da Tenda da Reunião.[5] Moisés disse à comunidade: "Eis o que o Senhor ordenou que se faça".

[6] Apresentou Aarão e seus filhos, e, depois de lavá-los com água,[7] vestiu o pontífice com a túnica de linho, cingiu-o com o cinto, revestiu-o com o manto, colocou-lhe o véu umeral, atou-o com o respectivo cinto;[8] pôs-lhe em seguida o peitoral, colocando nele os *urim* e os *tumim;*[9] cobriu-lhe a cabeça com a mitra, e sobre ela, diante da testa, colocou a lâmina de ouro, o diadema sagrado, conforme o Senhor havia mandado a Moisés.

[10] Depois Moisés tomou o óleo da unção, ungiu o tabernáculo e tudo o que nele havia, para consagrá-los.[11] Aspergiu sete vezes o altar, e ungiu-o com todos os utensílios, bem como a bacia com o suporte, consagrando-os![12] E, derramando

o óleo sobre a cabeça de Aarão, o ungiu e consagrou. [13]Depois mandou que os filhos de Aarão se aproximassem, vestiu-os com as túnicas de linho, cingiu-os com o cinto e lhes pôs os turbantes, como o Senhor havia mandado a Moisés. [14]Em seguida, mandou trazer o bezerro para o sacrifício expiatório, e Aarão e seus filhos puseram as mãos sobre o bezerro. [15]Moisés imolou-o, pegou no sangue e molhou nele o dedo, tocou as pontas em volta do altar, e o purificou. Depois derramou o resto do sangue ao pé do altar, e o consagrou, fazendo sobre ele a expiação. [16]Moisés pegou em toda a gordura que envolve as vísceras, a camada gordurosa do fígado e os dois rins com sua gordura, e queimou tudo no altar. [17]O bezerro, com pele, carne e vísceras, queimou-os fora do acampamento, como o Senhor lhe tinha mandado.

[9,22]Aarão levantou as mãos em direção ao povo e o abençoou. Tendo oferecido o sacrifício expiatório, o holocausto e o sacrifício pacífico, desceu, [23]e Moisés e Aarão entraram na Tenda da Reunião. Ao saírem, abençoaram o povo. Então a glória do Senhor apareceu a todo o povo, [24]e um fogo enviado pelo Senhor consumiu o holocausto e as gorduras que estavam sobre o altar. Vendo isto, o povo inteiro prorrompeu em gritos de alegria, e prostraram-se todos com o rosto em terra.

Responsório   Hb 7,23.24; Eclo 45,7a.8bc

R. Eram **fei**tos sacer**do**tes nume**ro**sos,
   porque a **mor**te os impe**di**a de vi**ver**.
   *Mas o **Cristo**, porque **vi**ve eterna**men**te,
   pos**sui** um sacer**dó**cio para **sem**pre.
V. O Se**nhor** tornou Aa**rão** engrande**ci**do,
   *revestiu-o com um man*to glorio*so*
   e lhe **deu** o sacer**dó**cio do seu **po**vo. * Mas **Cristo**.

Ofício das Leituras

Segunda leitura
Dos Tratados sobre o Evangelho de São João, de Santo Agostinho, bispo

(Tract. 34,8-9: CCL 36,315-316)   (Séc. V)

Cristo é o caminho para a luz, a verdade para a vida

Diz o Senhor: *Eu sou a luz do mundo. Quem me segue, não andará nas trevas, mas terá a luz da vida* (Jo 8,12). Estas breves palavras contêm um preceito e uma promessa. Façamos o que o Senhor mandou, para esperarmos sem receio receber o que prometeu, e não nos vir ele a dizer no dia do Juízo: "Fizeste o que mandei para esperares agora alcançar o que prometi?" Responder-te-á: "Disse que me seguisses". Pediste um conselho de vida. De que vida, senão daquela sobre a qual foi dito: *Em vós está a fonte da vida?* (Sl 35,10).

Por conseguinte, façamos agora o que nos manda, sigamos o Senhor, e quebremos os grilhões que nos impedem de segui-lo. Mas quem é capaz de romper tais amarras se não for ajudado por aquele de quem se disse: *Quebrastes os meus grilhões?* (Sl 115,7). E também noutro salmo: *É o Senhor quem liberta os cativos, o Senhor faz erguer-se o caído* (Sl 145,7.8).

Somente os que assim são libertados e erguidos poderão seguir aquela luz que proclama: *Eu sou a luz do mundo. Quem me segue, não andará nas trevas.* Realmente o Senhor faz os cegos verem. Os nossos olhos, irmãos, são agora iluminados pelo colírio da fé. Para restituir a vista ao cego de nascença, o Senhor começou por ungir-lhe os olhos com sua saliva misturada com terra. Cegos também nós nascemos de Adão, e precisamos de ser iluminados pelo Senhor. Ele misturou sua saliva com a terra: *E a Palavra se fez carne e habitou entre nós* (Jo 1,14). Misturou sua saliva com a terra, como fora predito: *A verdade brotou da terra* (cf. Sl 84,12). E ele próprio disse: *Eu sou o caminho, a verdade e a vida* (Jo 14,6).

A verdade nos saciará quando o virmos face a face, porque também isso nos foi prometido. Pois quem ousaria esperar, se Deus não tivesse prometido ou dado?

Veremos face a face, como diz o Apóstolo: *Agora, conheço apenas de modo imperfeito; agora, nós vemos num espelho, confusamente, mas, então, veremos face a face* (1Cor 13,12). E o apóstolo João diz numa de suas cartas: *Caríssimos, desde já somos filhos de Deus, mas nem sequer se manifestou o que seremos! Sabemos que, quando Jesus se manifestar, seremos semelhantes a ele, porque o veremos tal como ele é* (1Jo 3,2). Eis a grande promessa!

Se o amas, segue-o! "Eu o amo, dizes tu, mas por onde o seguirei?" Se o Senhor te houvesse dito: "Eu sou a verdade e a vida", tu que desejas a verdade e aspiras à vida, certamente procurarias o caminho para alcançá-la e dirias a ti mesmo: "Grande coisa é a verdade, grande coisa é a vida! Ah, se fosse possível à minha alma encontrar o caminho para lá chegar!"

Queres conhecer o caminho? Ouve o que o Senhor diz em primeiro lugar: *Eu sou o caminho*. Antes de dizer aonde deves ir, mostrou por onde deves seguir. *Eu sou*, diz ele, *o caminho*. O caminho para onde? *A verdade e a vida*. Disse primeiro por onde deves seguir e logo depois indicou para onde deves ir. Eu sou o caminho, eu sou a verdade, eu sou a vida. Permanecendo junto do Pai, é verdade e vida; revestindo-se de nossa carne, tornou-se o caminho.

Não te é dito: "Esforça-te por encontrar o caminho, para que possas chegar à verdade e à vida". Decerto não é isso que te dizem. Levanta-te, preguiçoso! O próprio caminho veio ao teu encontro e te despertou do sono em que dormias, se é que chegou a despertar-te; levanta-te e anda!

Talvez tentes andar e não consigas, porque te doem os pés. Por que estão doendo? Não será pela dureza dos caminhos que a avareza te levou a percorrer? Mas o Verbo de Deus curou também os coxos. "Eu tenho os pés sadios,

Laudes 247

respondes, mas não vejo o caminho". Lembra-te de que ele também deu a vista aos cegos.

Responsório   Sl 118(119),104b.105; Jo 6,68

R. Eu **odei**o os ca**mi**nhos da mentira;
  * Vossa palavra é a **luz** para os meus **passos**,
  é uma **lâm**pada luzente em meu caminho.
V. Senhor, a **quem** nós iremos?
  Tu **tens** as palavras da **vi**da eterna. * Vossa palavra.

Oração como nas Laudes.

Laudes

Hino, p. 36.

Ant. 1 Vós sois meu **Deus**, eu vos ben**di**go e agra**de**ço!
      Vós sois meu **Deus**, eu vos e**xal**to!

Salmos e cântico do domingo da IV Semana, p. 1305.

Ant. 2 Vós **sois** pode**ro**so, Se**nhor**:
      arran**cai**-nos das **mãos** vio**len**tas,
      liber**tai**-nos, Se**nhor**, nosso **Deus**!

Ant. 3 Lou**vai** o Senhor **Deus**, por seus **fei**tos grandi**o**sos!

Leitura breve   Ne 8,9b.10b

Este é um dia consagrado ao Senhor, vosso Deus! Não fiqueis tristes nem choreis. Pois este dia é santo para o nosso Senhor. Não fiqueis tristes, porque a alegria do Senhor será a vossa força.

Responsório breve

R. A ale**gri**a do Se**nhor** é nossa **for**ça e am**pa**ro.
  * Sois bendito, Senhor **Deus**, de ge**ra**ção em ge**ra**ção.
  R. A ale**gri**a.
V. Seja ben**di**to vosso **no**me glori**o**so,
  que céu e **ter**ra vos e**xal**tem, sem ces**sar**! * Sois bendito.
  Glória ao **Pai**. R. A ale**gri**a.

4º Domingo da Quaresma

Cântico evangélico, ant.

Ano A   O **ho**mem, cha**ma**do Je**sus**,
        fez **bar**ro e un**giu** os meus **o**lhos.
        Eu **fui**, me la**vei** e estou **ven**do.

Ano B   Tanto **Deus** amou o **mun**do,
        que nos **deu** seu Filho **único**;
        quem crê **ne**le não pe**re**ce, mas te**rá** a vida e**ter**na.

Ano C   De**pres**sa, tra**zei**-me a **ves**te me**lhor**
        e **ves**ti o meu **fi**lho!
        O **a**nel, em seu **de**do e as san**dá**lias, nos **pés**!
        Pois **es**te meu **fi**lho ha**via** mor**ri**do
        e tor**nou** a vi**ver**.
        Es**ta**va per**di**do e **foi** en**con**tra**do**.

Preces

Glorifiquemos a Deus, cuja bondade é infinita, e por Jesus
Cristo, que vive eternamente intercedendo por nós junto ao
Pai, rezemos; e digamos:

R. **Acendei em nós, Senhor, o fogo do vosso amor!**

Deus de misericórdia, fazei-nos viver hoje generosamente
a prática do amor fraterno,
— para que todos sintam em nós os efeitos da vossa bondade.

R.

Vós que na arca salvastes Noé das águas do dilúvio,
— salvai os catecúmenos nas águas do batismo.   R.

Saciai-nos não apenas de pão,
— mas de toda palavra que sai de vossa boca.   R.

Afastai todo sentimento de discórdia e divisão,
— para que reinem sempre entre nós a caridade e a paz. R.

(intenções livres)

Pai nosso...

Hora Média

Oração

Ó Deus, que por vosso Filho realizais de modo admirável a reconciliação do gênero humano, concedei ao povo cristão correr ao encontro das festas que se aproximam, cheio de fervor e exultando de fé. Por nosso Senhor Jesus Cristo, vosso Filho, na unidade do Espírito Santo.

Hora Média

Hino, p. 37.

Oração das Nove Horas

Ant. Chegou o **tempo** de peni**tência**,
de conver**são** e de salva**ção**.

Leitura breve   1Ts 4,1.7

Meus irmãos, eis o que vos pedimos e exortamos no Senhor Jesus: Aprendestes de nós como deveis viver para agradar a Deus, e já estais vivendo assim. Fazei progressos ainda maiores! Pois Deus não nos chamou à impureza mas à santidade.

V. Criai em **mim** um cora**ção** que seja **pu**ro.
R. Dai-me de **no**vo um es**pí**rito deci**di**do!

Oração das Doze Horas

Ant. Por minha **vi**da, diz o Se**nhor,**
não quero a **mor**te do peca**dor,**
mas que ele **vol**te e tenha a **vi**da.

Leitura breve   Is 30,15.18

Eis o que diz o Senhor Deus, o Santo de Israel: "Sereis salvos, se buscardes a salvação e a paz; no silêncio e na esperança estará a vossa força". Por isso o Senhor está pronto a compadecer-se de vós, e, perdoando-vos, será glorificado na medida em que o Senhor é um Deus de justiça: felizes todos aqueles que esperam nele.

250 4º Domingo da Quaresma

V. Desviai o vosso olhar dos meus pecados.
R. E apagai todas as minhas transgressões!

Oração das Quinze Horas

Ant. Sejamos firmes na provação: Sua justiça é nossa força.

Leitura breve   Dt 4,29-31

Quando buscares o Senhor, teu Deus, tu o encontrarás, se o
buscares com todo o teu coração e com toda a tua alma. Na
tua angústia, depois que tiverem acontecido contigo todas
as coisas que foram preditas, nos últimos tempos, tu voltarás para o Senhor, teu Deus, e ouvirás a sua voz. Pois o Senhor, teu Deus, é um Deus misericordioso, que não te abandona, que não te extinguirá inteiramente, nem se esquecerá
da aliança que, sob juramento, estabeleceu com teus pais.

V. Meu sacrifício é minha alma penitente.
R. Não desprezeis um coração arrependido!

Oração como nas Laudes.

II Vésperas

Hino, p. 33.

Ant. 1 Ele foi por Deus constituído
o juiz dos vivos e dos mortos.

Salmos e cântico do domingo da IV Semana, p. 1312.

Ant. 2 Feliz o homem caridoso e prestativo:
é inabalável e jamais vacilará.

Ant. 3 Na paixão de seu Filho Jesus Cristo,
Deus cumpriu o anúncio dos profetas.

Leitura breve   cf. 1Cor 9,24-25

Os que correm no estádio correm todos juntos, mas um só
ganha o prêmio. Correi de tal maneira que conquisteis o
prêmio. Todo atleta se sujeita a uma disciplina rigorosa em
relação a tudo, e eles procedem assim, para receberem uma

II Vésperas

coroa corruptível. Quanto a nós, a coroa que buscamos é incorruptível.

Responsório breve

R. Em abundância vós me **dais** muito **vigor** para o com**ba**te.
* Ó **Deus** de **mi**nha vi**tó**ria! R. Em abun**dân**cia.
V. Vossa jus**ti**ça me ori**en**te. * Ó **Deus**.
Glória ao **Pai**. R. Em abun**dân**cia.

Cântico evangélico, ant.

Ano A **Jamais** se ouviu di**zer** que al**guém**
abriu os **o**lhos a um **ce**go de nas**cença**,
a não **ser** Cristo **Je**sus.

Ano B Quem pra**ti**ca a ver**da**de se **põe** junto à **luz**.
E suas **o**bras de **fi**lhos de **Deus** se re**ve**lam.

Ano C Meu **fi**lho, tu **sem**pre estás co**mi**go,
e **tu**do o que é **meu** é também **teu**;
era pre**ci**so feste**jar** e ale**grar**-nos,
pois teu ir**mão** estava **mor**to e revi**veu**,
estava per**di**do e, de **no**vo, foi a**cha**do.

Preces

Demos graças a Cristo, nosso Mestre e Senhor, que veio para servir e fazer o bem a todos; e supliquemos com humildade e confiança:

R. **Abençoai, Senhor, a vossa Igreja!**

Guiai, Senhor, os nossos bispos e presbíteros, que participam do vosso ministério de Chefe e Pastor da Igreja,
— a fim de que eles, assistidos por vós, conduzam para o Pai a humanidade inteira. R.

Que os vossos anjos acompanhem os viajantes,
— para que evitem todos os perigos do corpo e da alma. R.

Ensinai-nos a servir a todos,

252   4ª Semana da Quaresma

–a fim de imitarmos a vós, que viestes para servir e não para ser servido.

R. **Abençoai, Senhor, a vossa Igreja!**

Fazei reinar em toda a comunidade humana o espírito de fraternidade sincera,
–para que se torne, com a vossa presença, uma cidade forte e inabalável.   R.

(intenções livres)

Sede misericordioso para com todos os que partiram desta vida,
–e acolhei-os na luz da vossa face.   R.

Pai nosso...

Oração

Ó Deus, que por vosso Filho realizais de modo admirável a reconciliação do gênero humano, concedei ao povo cristão correr ao encontro das festas que se aproximam, cheio de fervor e exultando de fé. Por nosso Senhor Jesus Cristo, vosso Filho, na unidade do Espírito Santo.

SEGUNDA -FEIRA

Ofício das Leituras

V. Conver**tei**-vos e **cre**de no Evan**gel**ho.
R. Pois o **Rei**no de **Deus** está che**gan**do.

Primeira leitura
Do Livro do Levítico   16,2-28

O dia da expiação

Naqueles dias, ²o Senhor ordenou a Moisés, dizendo: "Fala a teu irmão Aarão para não entrar a qualquer hora no santuário, que fica por detrás do véu, diante do propiciatório que está sobre a arca, para que não morra quando eu aparecer na nuvem sobre o propiciatório. ³Mas Aarão en-

Segunda-feira

trará deste modo no santuário: oferecerá um bezerro como sacrifício expiatório e um carneiro em holocausto. ⁴Vestirá uma túnica sagrada de linho, usará roupa de baixo de linho, cingirá um cinto de linho e na cabeça trará um turbante de linho. São vestes sacras, que vestirá depois de tomar banho. ⁵Receberá da comunidade dos filhos de Israel dois bodes para o sacrifício pelo pecado e um carneiro para o holocausto. ⁶Depois de ter oferecido o bezerro pelo próprio pecado e feito a expiação por si e por sua família, ⁷apresentará diante do Senhor dois bodes à entrada da Tenda da Reunião. ⁸Depois lançará as sortes sobre os dois bodes, uma para o Senhor e outra para Azazel. ⁹Aarão oferecerá o bode que coube ao Senhor, fazendo um sacrifício pelo pecado. ¹⁰Quanto ao bode que tocou por sorte a Azazel, será apresentado vivo diante do Senhor, para fazer a expiação e mandá-lo para Azazel, ao deserto.

¹¹Aarão oferecerá o bezerro do sacrifício pelo próprio pecado e, fazendo a expiação por si e por sua família, imolará o bezerro. ¹²Tomará, então, um turíbulo cheio de brasas tiradas do altar que está diante do Senhor, e dois punhados cheios de incenso aromático pulverizado, e levará tudo para trás do véu. ¹³Na presença do Senhor porá o incenso sobre o fogo, de modo que a nuvem de incenso cubra o propiciatório que está sobre a arca da aliança; assim não morrerá. ¹⁴Em seguida, pegará um pouco do sangue do bezerro, e, com o dedo fará sete aspersões de sangue diante do propiciatório.

¹⁵Depois de ter imolado o bode pelo pecado do povo, levará seu sangue para trás do véu, como foi ordenado acerca do sangue do bezerro, para fazer a aspersão diante do propiciatório. ¹⁶Assim fará a expiação pelo santuário, por causa das impurezas dos filhos de Israel, de suas transgressões e todos os seus pecados. Fará o mesmo pela Tenda da Reunião, estabelecida entre eles, no meio das suas impurezas. ¹⁷Ninguém esteja na Tenda da Reunião quando o pontífice entrar no santuário para fazer a expiação por si e por sua família, e

por toda a comunidade de Israel, enquanto não tiver saído. [18]Quando tiver saído para o altar que está diante do Senhor, fará a expiação e, pegando um pouco de sangue do bezerro e do bode, o derramará sobre as pontas em torno do altar. [19]Fará com o dedo sete vezes a aspersão de sangue sobre o altar, para santificá-lo e purificá-lo das impurezas dos filhos de Israel.

[20]Concluída a expiação do santuário, da Tenda da Reunião e do altar, mandará trazer o bode vivo; [21]e, impondo ambas as mãos sobre a sua cabeça, Aarão confessará todas as culpas, transgressões e pecados dos filhos de Israel, e os porá sobre a cabeça do bode. Depois, por meio de um homem para isso designado, o enviará ao deserto. [22]Assim o bode levará sobre si todas as culpas dos filhos de Israel para uma região desabitada. Uma vez despachado o bode para o deserto, [23]Aarão entrará na Tenda da Reunião e se despojará das vestes de linho que vestiu para entrar no santuário, deixando-as ali. [24]Lavará o corpo com água em lugar santo e vestirá as suas roupas. Em seguida, sairá e oferecerá o seu holocausto e o holocausto do povo, em expiação por si e pelo povo. [25]Quanto às gorduras do sacrifício pelo pecado, as queimará no altar. [26]Aquele que foi soltar o bode de Azazel, deverá lavar as vestes e tomar banho, e depois poderá entrar no acampamento.

[27]Quanto ao bezerro e ao bode imolados pelo pecado, cujo sangue foi introduzido no santuário para fazer a expiação, serão levados para fora do acampamento e suas peles, carnes e vísceras serão consumidas pelo fogo. E aquele que as queimar, deverá lavar as vestes e tomar banho, e depois poderá entrar no acampamento".

Responsório   cf. Hb 9,11.12.24

* Quando, porém, veio Jesus **Cristo**
como **sumo** sacer**do**te dos **bens** já reali**za**dos,
não pelo **san**gue de beze**rros**,
mas **por** seu próprio **san**gue,

Segunda-feira

* Ele **entrou** no santuário uma **vez** por todo o **sempre**,
alcan**çan**do para **nós** a e**ter**na salva**ção**.
V. Não en**trou** num san**tuá**rio
por mãos hu**ma**nas construído,
mas en**trou** no próprio **céu**.* Ele en**trou**.

Segunda leitura

Das Homilias sobre o Levítico, de Orígenes, presbítero

(Hom. 9,5.10: PG 12 ,515.523)   (Séc. III)

Cristo, sumo sacerdote, é a nossa propiciação

Uma vez por ano o sumo sacerdote, afastando-se do povo, entra no lugar onde estão o propiciatório, os querubins, a arca da aliança e o altar do incenso; ninguém pode entrar aí, exceto o sumo sacerdote.

Mas consideremos o nosso verdadeiro sumo sacerdote, o Senhor Jesus Cristo. Tendo assumido a natureza humana, ele estava o ano todo com o povo – aquele ano do qual ele mesmo disse: *O Senhor enviou-me para anunciar a boa--nova aos pobres; proclamar um ano da graça do Senhor e o dia do perdão* (cf. Lc 4,18.19) – e uma só vez durante esse ano, no dia da expiação, ele entrou no santuário, isto é, penetrou nos céus, depois de cumprir sua missão redentora, e permanece diante do Pai, para torná-lo propício ao gênero humano e interceder por todos os que nele creem.

Conhecendo esta propiciação que reconcilia os homens com o Pai, diz o apóstolo João: *Meus filhinhos, escrevo isto para que não pequeis. No entanto, se alguém pecar, temos junto do Pai um Defensor: Jesus Cristo, o Justo. Ele é a vítima de expiação pelos nossos pecados* (1Jo 2,1-2).

Paulo lembra igualmente esta propiciação, ao falar de Cristo: *Deus o destinou a ser, por seu próprio sangue, instrumento de expiação mediante a realidade da fé* (Rm 3,25). Por isso, o dia da expiação continua para nós até o fim do mundo.

256   4ª Semana da Quaresma

Diz a palavra divina: *Na presença do Senhor porá o incenso sobre o fogo, de modo que a nuvem de incenso cubra o propiciatório que está sobre a arca da aliança; assim não morrerá. Em seguida, pegará um pouco do sangue do bezerro, e com o dedo, aspergirá o lado oriental do propiciatório* (cf. Lv 16,13-14).

Ensinou assim aos antigos como havia de ser celebrado o rito de propiciação, oferecido a Deus em favor dos homens. Tu, porém, que te aproximaste de Cristo, o verdadeiro sumo sacerdote que, com o seu sangue, tornou Deus propício para contigo e te reconciliou com o Pai, não fixes tua atenção no sangue das vítimas antigas. Procura antes conhecer o sangue do Verbo e ouve o que ele mesmo te diz: *Isto é o meu sangue, que será derramado por vós, para remissão dos pecados* (cf. Mt 26,28).

Também a aspersão para o lado do oriente tem o seu significado. Do oriente nos vem a propiciação. É de lá que vem aquele homem cujo nome é Oriente e que foi constituído mediador entre Deus e os homens.

Por esse motivo és convidado a olhar sempre para o oriente, de onde nasce para ti o Sol da justiça, de onde a luz se levanta sobre ti, para que nunca andes nas trevas, nem te surpreenda nas trevas o último dia; a fim de que a noite e a escuridão da ignorância não caiam sorrateiramente sobre ti, mas vivas sempre na luz da sabedoria, no pleno dia da fé e no fulgor da caridade e da paz.

Responsório   cf. Hb 6,20; 7,2.3

R. O Cordeiro imaculado penetrou no santuário
    como nosso precursor,
  * Feito sumo sacerdote para toda a eternidade,
    numa ordem semelhante à do rei Melquisedec.
V. Rei da paz, rei da justiça, sua vida não tem fim.
    * Feito sumo.

Oração como nas Laudes.

Segunda-feira

Laudes

Leitura breve   Ex 19,4-6a

Vós vistes o que fiz aos egípcios, e como vos levei sobre asas de águia e vos trouxe a mim. Portanto, se ouvirdes a minha voz e guardardes a minha aliança, sereis para mim a porção escolhida dentre todos os povos, porque minha é toda a terra. E vós sereis para mim um reino de sacerdotes e uma nação santa.

Responsório breve

R. Feliz o **po**vo cujo **Deus** é o Se**nhor**!
  * Cami**nhe**mos, olhos **fi**xos em Je**sus**! R. Feliz o **po**vo.
V. Deus **a**ma o di**rei**to e a jus**ti**ça. * Cami**nhe**mos.
  Glória ao **Pai**. R. Feliz o **po**vo.

Cântico evangélico, ant.

Supli**ca**va ao Se**nhor** o ofici**al**:
Vinde **lo**go cu**rar** meu filho en**fer**mo.

Preces

Bendigamos a Deus Pai, que nos concede a graça de oferecer-lhe o sacrifício de louvor neste dia quaresmal; e o invoquemos:

R. **Iluminai-nos, Senhor, com a vossa Palavra!**

Deus todo-poderoso e cheio de misericórdia, concedei-nos o espírito de oração e penitência,
— e acendei em nossos corações a chama do amor por vós e por nossos irmãos e irmãs.   R.

Ensinai-nos a cooperar convosco, para restaurar todas as coisas em Cristo,
— a fim de que na terra reinem a justiça e a paz.   R.

Revelai-nos a íntima natureza e o valor de todas as criaturas,
— para que nos associemos a elas no cântico de louvor à vossa glória.   R.

258   4ª Semana da Quaresma

Perdoai-nos por termos ignorado muitas vezes a presença de Cristo nos pobres, nos infelizes e nos marginalizados,
– e porque não respeitamos vosso Filho nestes nossos irmãos e irmãs.

R. **Iluminai-nos, Senhor, com a vossa Palavra!**

(intenções livres)

Pai nosso...

Oração

Ó Deus, que renovais o mundo com admiráveis sacramentos, fazei a vossa Igreja caminhar segundo a vossa vontade sem que jamais lhe faltem neste mundo os auxílios de que necessita. Por nosso Senhor Jesus Cristo, vosso Filho, na unidade do Espírito Santo.

Hora Média

Oração das Nove Horas

Ant. Chegou o **tem**po de peni**tência**,
    de conver**são** e de sal**vação**.

Leitura breve   Sb 11,23-24a

De todos tens compaixão, porque tudo podes. Fechas os olhos aos pecados dos homens, para que se arrependam. Sim, amas tudo o que existe, e não desprezas nada do que fizeste.

V. Criai em **mim** um cora**ção** que seja **pu**ro.

R. Dai-me de **no**vo um es**pí**rito deci**di**do!

Oração das Doze Horas

Ant. Por minha **vi**da, diz o Se**nhor**,
    não quero a **mor**te do peca**dor**,
    mas que ele **vol**te e tenha a **vi**da.

Leitura breve
Ez 18,23

Será que eu tenho prazer na morte do ímpio? – oráculo do Senhor Deus. Não desejo, antes, que mude de conduta e viva?

V. Desviai o vosso olhar dos meus pecados.

R. E apagai todas as minhas transgressões!

Oração das Quinze Horas

Ant. Sejamos firmes na provação: Sua justiça é nossa força.

Leitura breve
Is 58,6a.7

Acaso o jejum que prefiro não é outro: não é repartir o pão com o faminto, acolher em casa os pobres e peregrinos? Quando encontrares um nu, cobre-o, e não desprezes a tua carne.

V. Meu sacrifício é minha alma penitente.

R. Não desprezeis um coração arrependido!

Oração como nas Laudes.

Vésperas

Leitura breve
Rm 12,1-2

Pela misericórdia de Deus, eu vos exorto, irmãos, a vos oferecerdes em sacrifício vivo, santo e agradável a Deus: Este é o vosso culto espiritual. Não vos conformeis com o mundo, mas transformai-vos, renovando vossa maneira de pensar e de julgar, para que possais distinguir o que é da vontade de Deus, isto é, o que é bom, o que lhe agrada, o que é perfeito.

Responsório breve

R. Clamo de todo coração:

 * Respondei-me, ó Senhor! R. Clamo.

V. Hei de fazer vossa vontade. * Respondei-me.

 Glória ao Pai. R. Clamo.

Cântico evangélico, ant.

O **pai** reconhe**ceu** que **for**a aquela **hora**
em que Je**sus** havia **di**to:
Vai em **paz**, teu filho **vive**!
Ele, en**tão**, acredi**tou** com **to**da a sua **ca**sa.

Preces

Demos glória a Deus nosso Pai, que pela palavra de seu Filho Jesus Cristo, prometeu ouvir a oração daqueles que se reúnem para orar em seu nome. Confiantes na sua promessa, digamos:

R. **Escutai, Senhor, a oração do vosso povo!**

Senhor, que levastes à perfeição por meio de Cristo a lei dada a Moisés no monte Sinai,

—fazei que a reconheçamos gravada em nossos corações e pratiquemos fielmente a aliança que fizestes conosco. R.

Concedei aos superiores a solicitude fraterna para com aqueles que lhes foram confiados,

—e despertai nos súditos o espírito de colaboração e obediência. R.

Fortalecei com a vossa assistência o espírito e o coração dos missionários

—e multiplicai, em toda a Igreja, os seus companheiros de evangelização. R.

Fazei que as crianças cresçam em idade e em graça,

—e os jovens progridam no amor de Cristo e na santidade de vida. R.

(intenções livres)

Lembrai-vos dos nossos irmãos e irmãs que adormeceram na fé em Cristo,

—e acolhei-os na alegria da vida eterna. R.

Pai nosso...

Oração

Ó Deus, que renovais o mundo com admiráveis sacramentos, fazei a vossa Igreja caminhar segundo a vossa vontade sem que jamais lhe faltem neste mundo os auxílios de que necessita. Por nosso Senhor Jesus Cristo, vosso Filho, na unidade do Espírito Santo.

TERÇA-FEIRA

Ofício das Leituras

V. Eis o **tem**po de conver**são**.
R. Eis o **dia** da salva**ção**!

Primeira leitura
Do Livro do Levítico   19,1-18.31-37

Preceitos referentes ao próximo

O Senhor falou a Moisés, dizendo: "Fala a toda a comunidade dos filhos de Israel, e dize-lhes: Sede santos, porque eu, o Senhor, vosso Deus, sou santo.

Respeite cada um de vós seu pai e sua mãe. Guardai os meus sábados. Eu sou o Senhor, vosso Deus.

Não vos volteis para ídolos nem façais para vós deuses de metal fundido. Eu sou o Senhor, vosso Deus.

Quando oferecerdes ao Senhor um sacrifício pacífico, oferecei-o de modo a ser aceito. A vítima deverá ser comida no mesmo dia em que for imolada e no dia seguinte; mas tudo o que sobrar para o terceiro dia será queimado no fogo. Se alguém comer da vítima passados dois dias, será profano e réu de impiedade. Quem transgredir será culpado por ter profanado o que se consagrou ao Senhor, e será eliminado do meio do povo.

Quando fizeres a colheita no teu país, não deverás ceifar até o último limite do teu campo, nem apanhar as espigas que restam. Nem tampouco colherão os últimos cachos da tua vinha, nem ajuntarás as uvas caídas, mas deixarás isso para os pobres e os estrangeiros. Eu sou o Senhor, vosso Deus.

[11] Não furteis, não digais mentiras, nem vos enganeis uns aos outros.

[12] Não jureis falso por meu nome, profanando o nome do Senhor, teu Deus. Eu sou o Senhor.

[13] Não explores o teu próximo nem pratiques extorsão contra ele. Não retenhas contigo a diária do assalariado até o dia seguinte.

[14] Não amaldiçoes o surdo, nem ponhas tropeço diante do cego, mas temerás o teu Deus. Eu sou o Senhor.

[15] Não cometas injustiças no exercício da justiça; não favoreças o pobre nem prestigies o poderoso. Julga teu próximo conforme a justiça. [16] Não sejas um maldizente entre o teu povo. Não conspires, caluniando-o, contra a vida do teu próximo. Eu sou o Senhor.

[17] Não tenhas no coração ódio contra teu irmão. Repreende o teu próximo, para não te tornares culpado de pecado por causa dele. [18] Não procures vingança, nem guardes rancor aos teus compatriotas. Amarás o teu próximo como a ti mesmo. Eu sou o Senhor.

[31] Não vos dirijais aos que evocam espíritos nem interrogueis os adivinhos, para que não vos torneis impuros por meio deles. Eu sou o Senhor, vosso Deus.

[32] Levanta-te diante de uma cabeça branca, e honra a pessoa do ancião. Teme o teu Deus. Eu sou o Senhor.

[33] Se um estrangeiro vier morar convosco em vossa terra, não o maltrateis; [34] mas esteja entre vós como um natural do país. Ama-o como a ti mesmo, porque também vós fostes estrangeiros na terra do Egito. Eu sou o Senhor, vosso Deus.

[35] Não cometais injustiças nos julgamentos, nas medidas de comprimento, de peso ou de capacidade. [36] Tende balanças justas, pesos justos e medidas para sólidos e líquidos justas. Eu sou o Senhor, vosso Deus, que vos tirei do Egito.

[37] Guardai todos os meus preceitos e todas as minhas leis e cumpri-os. Eu sou o Senhor".

Terça-feira

Responsório   Gl 5,14.13b; Jo 13,34

R. Esta **frase** contém toda a **lei**:
   Ama o teu **próximo** como a ti **mesmo**.
   * Sede **ser**vos uns dos **ou**tros, pelo a**mor**.
V. Eu vos **dou** novo preceito:
   que uns aos outros vos a**meis**, como **eu** vos tenho ama**do**.
   * Sede **ser**vos.

Segunda leitura

Dos Sermões de São Leão Magno, papa
   (Sermo 10 de Quadragesima, 3-5: PL 54,299-301)

(Séc. V)

O bem da caridade

Diz o Senhor no Evangelho de João: *Nisto todos conhe-cerão que sois meus discípulos, se tiverdes amor uns aos outros* (Jo 13,35). E também se lê numa Carta do mesmo Apóstolo: *Caríssimos, amemo-nos uns aos outros, porque o amor vem de Deus e todo aquele que ama nasceu de Deus e conhece Deus. Quem não ama, não chegou a conhecer Deus, pois Deus é amor* (1Jo 4,7-8).

Examine-se a si mesmo cada um dos fiéis, e procure discernir com sinceridade os mais íntimos sentimentos de seu coração. Se encontrar na sua consciência algo que seja fruto da caridade, não duvide que Deus está com ele; mas se esforce por tornar-se cada vez mais digno de tão grande hóspede, perseverando com maior generosidade na prática das obras de misericórdia.

Se Deus é amor, a caridade não deve ter fim, porque a grandeza de Deus não tem limites.

Para praticar o bem da caridade, amados filhos, todo tem-po é próprio. Contudo, estes dias da Quaresma, a isso nos exortam de modo especial. Se desejamos celebrar a Páscoa do Senhor com o espírito e o corpo santificados, esforcemo--nos o mais possível por adquirir essa virtude que contém em si todas as outras e cobre a multidão dos pecados.

Ao aproximar-se a celebração deste mistério que ultrapassa todos os outros, o mistério do sangue de Jesus Cristo que apagou as nossas iniquidades, preparemo-nos em primeiro lugar mediante o sacrifício espiritual da misericórdia; o que a bondade divina nos concedeu, demo-lo também nós àqueles que nos ofenderam.

Seja, neste tempo, mais larga a nossa generosidade para com os pobres e todos os que sofrem, a fim de que os nossos jejuns possam saciar a fome dos indigentes e se multipliquem as vozes que dão graças a Deus. Nenhuma devoção dos fiéis agrada tanto a Deus como a dedicação para com os seus pobres, pois nesta solicitude misericordiosa ele reconhece a imagem de sua própria bondade.

Não temamos que essas despesas diminuam nossos recursos, porque a benevolência é uma grande riqueza e não podem faltar meios para a generosidade onde Cristo alimenta e é alimentado. Em tudo isso, intervém aquela mão divina que ao partir o pão o faz crescer, e ao reparti-lo multiplica-o.

Quem dá esmola, faça-o com alegria e confiança, porque tanto maior será o lucro quanto menos guardar para si, conforme diz o santo Apóstolo Paulo: *Aquele que dá a semente ao semeador e lhe dará pão como alimento, ele mesmo multiplicará vossas sementes e aumentará os frutos da vossa justiça* (2Cor 9,10), em Cristo Jesus, nosso Senhor, que vive e reina com o Pai e o Espírito Santo pelos séculos dos séculos. Amém.

Responsório   Lc 6,38; Cl 3,13b

R. Dai aos **ou**tros e a **vós** será **da**do.
 * Boa me**di**da, recal**ca**da, sacu**di**da,
   transbor**dan**te, de bom **gra**do, vos da**rão**.
V. Como **Cris**to vos **deu** o per**dão**,
   perdo**ai**-vos, tam**bém**, uns aos **ou**tros. * Boa me**di**da.

Oração como nas Laudes.

Terça-feira

Laudes

Leitura breve   Jl 2,12-13

Voltai para mim com todo o vosso coração, com jejuns, lágrimas e gemidos; rasgai o coração, e não as vestes; e voltai para o Senhor, vosso Deus; ele é benigno e compassivo, paciente e cheio de misericórdia, inclinado a perdoar o castigo.

Responsório breve

R. Curai-me, ó Deus **San**to,
 * Pois pe**quei** contra **vós**! R. Curai-me.
V. Tende pie**da**de de **mim**, reno**vai**-me! * Pois pe**quei**.
 Glória ao **Pai**. R. Curai-me.

Cântico evangélico, ant.

Je**sus** que me cu**rou** é quem man**dou**:
Toma teu **lei**to, ca**mi**nha e vai em **paz**!

Preces

Rendamos graças a Deus Pai, que nos deu o seu Filho Uni-gênito, a Palavra que se fez carne, para ser nosso alimento e nossa vida; e supliquemos:

R. **Que a palavra de Cristo habite em nossos corações!**

Concedei-nos escutar com mais frequência a vossa palavra, nesta quaresma,
 – para louvarmos a Cristo, nossa Páscoa, com maior pieda-de e devoção, na grande solenidade que se aproxima.   R.

Que o vosso Espírito Santo nos ensine,
 – e nos faça testemunhas da vossa verdade e bondade para animar os que vacilam e os que erram.   R.

Fazei-nos viver mais profundamente o mistério de Cristo,
 – e manifestá-lo mais claramente em nossa vida.   R.

Purificai e renovai a vossa Igreja neste tempo de graça,

– para que ela proclame cada vez melhor a vossa vontade e a vossa salvação.

R. **Que a palavra de Cristo habite em nossos corações!**

(intenções livres)

Pai nosso...

Oração

Ó Deus, que a fiel observância dos exercícios quaresmais prepare o coração dos vossos filhos e filhas para acolher com amor o mistério pascal e anunciar ao mundo a salvação. Por nosso Senhor Jesus Cristo, vosso Filho, na unidade do Espírito Santo.

Hora Média

Oração das Nove Horas

Ant. Chegou o **tem**po de penit**ênc**ia,
de conver**são** e de salva**ção**.

Leitura breve   Jl 2,17

Chorem, postos entre o vestíbulo e o altar, os ministros sagrados do Senhor, e digam: "Perdoa, Senhor, a teu povo, e não deixes que esta tua herança sofra infâmia e que as nações a dominem".

V. Criai em **mim** um cora**ção** que seja **pu**ro.
R. Dai-me de **no**vo um es**pí**rito deci**di**do!

Oração das Doze Horas

Ant. Por minha **vi**da, diz o Se**nhor**,
não quero a **mor**te do peca**dor**,
mas que ele **vol**te e tenha a **vi**da.

Leitura breve   Jr 3,25b

Nós ofendemos o Senhor, nosso Deus, nós e nossos pais, desde a juventude até ao dia de hoje, não escutamos a voz do Senhor, nosso Deus.

Terça-feira 267

V. Desviai o vosso olhar dos meus pecados.
R. E apagai todas as minhas transgressões!

Oração das Quinze Horas

Ant. Sejamos firmes na provação: Sua justiça é nossa força.

Leitura breve   Is 58,1-2a
Grita forte, sem cessar, levanta a voz como trombeta e denuncia os crimes do meu povo e os pecados da casa de Jacó. Buscam-me cada dia e desejam conhecer meus propósitos, como gente que pratica a justiça e não abandonou a lei de Deus.

V. Meu sacrifício é minha alma penitente.
R. Não desprezeis um coração arrependido!

Oração como nas Laudes.

Vésperas

Leitura breve   Tg 2,14.17.18b
Meus irmãos, que adianta alguém dizer que tem fé, quando não a põe em prática? A fé seria então capaz de salvá-lo? A fé, se não se traduz em obras, por si só está morta. Tu, mostra-me a tua fé sem as obras, que eu te mostrarei a minha fé pelas obras!

Responsório breve
R. Iluminai-me, Senhor, conforme a vossa palavra,
* Para que eu sempre faça a vossa vontade!
R. Iluminai-me.
V. Inclinai meu coração aos vossos preceitos.* Para que eu.
Glória ao Pai. R. Iluminai-me.

Cântico evangélico, ant.
Eis que agora estás curado; já não voltes a pecar,
para não te acontecer alguma coisa bem pior!

Preces

Demos glória ao Senhor Jesus Cristo que, exaltado na cruz, atraiu para si todo o gênero humano; e lhe supliquemos com piedade:

R. **Senhor, atraí tudo para vós!**

Senhor, iluminai com o mistério da vossa cruz o gênero humano,
– para que, atraídos por ela, vos reconheçamos como caminho, verdade e vida. R.

Dai água viva a todos os que estão sedentos de vós,
– para que saciem para sempre a sua sede. R.

Iluminai os intelectuais e os artistas,
– para que manifestem a todos os caminhos do vosso Reino.
R.

Movei a consciência de todos aqueles a quem o pecado ou o escândalo afastou de vós,
– para que voltem à vida da graça e permaneçam no vosso amor. R.
(intenções livres)

Admiti na glória do céu os nossos irmãos e irmãs falecidos,
– para que se alegrem eternamente na companhia de Nossa Senhora e de todos os santos. R.

Pai nosso...

Oração

Ó Deus, que a fiel observância dos exercícios quaresmais prepare o coração dos vossos filhos e filhas para acolher com amor o mistério pascal e anunciar ao mundo a salvação. Por nosso Senhor Jesus Cristo, vosso Filho, na unidade do *Espírito Santo.*

QUARTA-FEIRA

Ofício das Leituras

V. Conver**tei**-vos e mu**dai** a vossa **vida**.
R. Renova**i**-vos de es**pí**rito e cora**ção**!

Primeira Leitura
Do Livro dos Números   11,4-6,10-30

O Espírito é dado aos anciãos e a Josué

Naqueles dias, ⁴um grupo de pessoas que estava no meio deles foi atacado de um desejo desordenado, e os filhos de Israel começaram a lamentar-se, dizendo: "Quem nos dará carne para comer? ⁵Vêm-nos à memória os peixes que comíamos de graça no Egito, os pepinos e os melões, as verduras, as cebolas e os alhos. ⁶Aqui nada tem gosto ao nosso paladar, não vemos outra coisa a não ser o maná".

¹⁰Moisés ouviu, pois, o povo lamentar-se em cada família, cada um à entrada de sua tenda. ¹¹Então o Senhor tomou-se de uma cólera violenta, e Moisés, achando também tal coisa intolerável, disse ao Senhor: "Por que maltrataste assim o teu povo? Por que gozo tão pouco do teu favor, a ponto de descarregares sobre mim o peso de todo este povo? ¹²Acaso fui eu quem concebeu e deu à luz todo este povo, para que me digas: 'Carrega-o ao colo, como a ama costuma fazer com a criança; e leva-o à terra que juraste dar a seus pais!' ¹³Onde conseguirei carne para dar a toda esta gente? Pois se lamentam contra mim, dizendo: 'Dá-nos carne para comer!' ¹⁴Já não posso suportar sozinho o peso de todo este povo: é grande demais para mim. ¹⁵Se queres continuar a tratar-me assim, peço-te que me tires a vida, se achei graça a teus olhos, para que eu não veja mais tamanha desgraça".

¹⁶O Senhor disse a Moisés: "Reúne-me setenta homens dentre os anciãos de Israel, que tu conheces como anciãos e magistrados do povo, e traze-os à Tenda da Reunião, onde

devem esperar contigo. [17] Descerei ali para falar contigo, e retirarei um pouco do espírito que há em ti e o darei a eles, para que te ajudem a carregar o fardo do povo e não sejas sozinho a suportá-lo. [18] E dirás ao povo: Santificai-vos e amanhã comereis carne. Pois eu os ouvi chorar dizendo: 'Quem nos dará carne para comer? Estávamos tão bem no Egito!...' O Senhor vos dará carne para comer, e vós a comereis. [19] E não apenas um dia, nem dois, nem cinco ou dez, nem mesmo vinte, [20] mas durante um mês inteiro, até que a carne vos saia pelas narinas e vos cause náuseas. Pois rejeitastes o Senhor, que está no meio de vós, e chorastes diante dele, dizendo: 'Por que saímos do Egito?'" [21] Moisés replicou: "O povo no meio do qual estou conta seiscentos mil homens a pé, e tu dizes: 'Vou dar-lhes carne para que comam um mês inteiro!' [22] Porventura se matará uma multidão de ovelhas e bois, para que tenham comida suficiente? Ou se ajuntarão todos os peixes do mar, para que fiquem saciados?" [23] Ao que o Senhor respondeu: "Acaso foi diminuído o poder do Senhor? Agora mesmo verás se minha palavra se cumpre ou não".

[24] Moisés saiu da Tenda, e comunicou ao povo as palavras do Senhor. Reuniu, depois, setenta homens dentre os anciãos do povo, e colocou-os ao redor da Tenda. [25] O Senhor desceu na nuvem e falou a Moisés. Retirou um pouco do espírito que Moisés possuía e o deu aos setenta anciãos. Assim que repousou sobre eles o espírito, puseram-se a profetizar, mas não continuaram. [26] Dois homens, porém, tinham ficado no acampamento. Um chamava-se Eldad e o outro Medad. O espírito repousou igualmente sobre os dois, que estavam na lista mas não tinham ido à Tenda, e eles profetizavam no acampamento. [27] Um jovem correu a avisar Moisés que Eldad e Medad estavam profetizando no acampamento. [28] Josué, filho de Nun, ajudante de Moisés desde a juventude, disse: "Moisés, meu Senhor, manda que eles se calem!" [29] Moisés respondeu: "Tens ciúmes por mim? Quem dera que todo o

povo do Senhor fosse profeta, e que o Senhor lhe concedesse o seu espírito!" [30]E Moisés recolheu-se ao acampamento
com os anciãos de Israel.

Responsório   Jl 3,1bc.2b; At 1,8

R. **Derramarei** meu **Espírito** sobre **todo** ser **vivo**
   e **profetizarão** vossos **filhos** e **filhas**.
   * Naqueles **dias** i**rei** derra**mar** o meu **Espírito**.
V. Rece**bereis** a **força** do Es**pírito**
   e se**reis** teste**munhas** de **mim** a**té** os ex**tremos** da **ter**ra.
   * Naqueles **dias**.

Segunda leitura

Das Cartas de São Máximo, o Confessor, abade
        (Epist. 11: PG 91 ,454-455)   (Séc. VII)

A misericórdia do Senhor para com os pecadores
que se convertem

Os pregadores da verdade e os ministros da graça divina, todos os que, desde o princípio até os nossos dias, cada
um a seu tempo, expuseram a vontade salvífica de Deus,
dizem que nada lhe é tão agradável e conforme a seu amor
como a conversão dos homens a ele com sincero arrependimento.

E para dar a maior prova da bondade divina, o Verbo
de Deus Pai (ou melhor, o primeiro e único sinal de sua
bondade infinita), num ato de humilhação que nenhuma
palavra pode explicar, num ato de condescendência para
com a humanidade, dignou-se habitar no meio de nós, fazendo-se homem. E realizou, padeceu e ensinou tudo o que
era necessário para que nós, seus inimigos e adversários,
fôssemos reconciliados com Deus Pai e chamados de novo
à felicidade eterna que havíamos perdido.

O Verbo de Deus não curou apenas nossas enfermidades com o poder dos milagres. Tomou sobre si as nossas
fraquezas, pagou a nossa dívida mediante o suplício da cruz,
libertando-nos dos nossos muitos e gravíssimos pecados,

como se ele fosse o culpado, quando na verdade era inocente de qualquer culpa. Além disso, com muitas palavras e exemplos, exortou-nos a imitá-lo na bondade, na compreensão e na perfeita caridade fraterna.

Por isso dizia o Senhor: *Eu não vim chamar os justos, mas sim os pecadores para a conversão* (Lc 5,32). E também: *Aqueles que têm saúde não precisam de médicos, mas sim os doentes* (Mt 9,12). Disse ainda que viera procurar a ovelha desgarrada e que fora enviado às ovelhas perdidas da casa de Israel.

Do mesmo modo, pela parábola da dracma perdida, deu a entender mais veladamente que viera restaurar no homem a imagem divina que estava corrompida pelos mais repugnantes pecados. E afirmou: *Em verdade eu vos digo, haverá alegria no céu por um só pecador que se converte* (cf. Lc 15,7).

Por esse motivo, contou a parábola do bom samaritano: àquele homem que caíra nas mãos dos ladrões, e fora despojado de todas as vestes, maltratado e deixado semimorto, atou-lhe as feridas, tratou-as com vinho e óleo e, tendo colocado em seu jumento, deixou-o numa hospedaria para que cuidassem dele; pagou o necessário para o seu tratamento e ainda prometeu dar, na volta, o que porventura se gastasse a mais.

Mostrou-nos ainda a condescendência e bondade do pai que recebeu afetuosamente o filho pródigo que voltava, como o abraçou porque retornara arrependido, revestiu-o de novo com as insígnias de sua nobreza familiar e esqueceu todo o mal que fizera.

Pela mesma razão, reconduziu ao redil a ovelhinha que se afastara das outras cem ovelhas de Deus e fora encontrada vagueando por montes e colinas. Não lhe bateu nem a ameaçou nem a extenuou de cansaço; pelo contrário, colocando-a em seus próprios ombros, cheio de compaixão, trouxe-a sã e salva para o rebanho.

E deste modo exclamou: *Vinde a mim todos vós que estais cansados e fatigados sob o peso dos vossos fardos,*

Quarta-feira

e eu vos darei descanso. Tomai sobre vós o meu jugo (Mt 11,28-29). Ele chamava de jugo os mandamentos ou a vida segundo os preceitos evangélicos; e quanto ao peso, que pela penitência parecia ser grande e mais penoso, acrescentou: *O meu jugo é suave e o meu fardo é leve* (Mt 11,30).

Outra vez, querendo nos ensinar a justiça e a bondade de Deus, exortava-nos com estas palavras: *Sede santos, sede perfeitos, sede misericordiosos, como também vosso Pai celeste é misericordioso* (cf. Mt 5,48; Lc 6,36). E: *Perdoai, e sereis perdoados* (Lc 6,37). *Tudo quanto quereis que os outros vos façam, fazei também a eles* (Mt 7,12).

Responsório   cf. Ez 33,11; Sl 93(94),19

R. Senhor, se eu **não** conhe**ces**se vosso **a**mor compa**ssi**vo
    eu **i**ria so**frer**. Man**das**te di**zer**:
    Eu não **ten**ho pra**zer** na **mor**te do **ím**pio,
    mas que ele **vol**te e tenha a **vi**da!
  * Vós que cha**mas**tes à conver**são**
    a Cana**nei**a e o Publi**ca**no!

V. Quando o **meu** cora**ção** se angus**ti**a,
    conso**lais** e ale**grais** minha **al**ma. * Vós que.

Oração como nas Laudes.

Laudes

Leitura breve   Dt 7,6b.8-9

O Senhor, teu Deus, te escolheu dentre todos os povos da terra, para seres o seu povo preferido, porque o Senhor vos amou e quis cumprir o juramento que fez a vossos pais. Foi por isso que o Senhor vos fez sair com mão poderosa, e vos resgatou da casa da escravidão, das mãos do Faraó, rei do Egito. Saberás, pois, que o Senhor, teu Deus, é o único Deus, um Deus fiel, que guarda a aliança e a misericórdia até mil gerações, para aqueles que o amam e observam seus mandamentos.

274   4ª Semana da Quaresma

Responsório breve

R. **Deus** nos a**mou** por pri**mei**ro,
  * Ele **fez** Aliança conosco. R. **Deus** nos a**mou**.
V. Sem me**di**da é a **sua** ternura. * Ele **fez**.
   Glória ao **Pai**. R. **Deus** nos a**mou**.

Cântico evangélico, ant.

Quem es**cu**ta a minha pa**la**vra e crê no **Pai** que me envi**ou**,
tem a **vi**da eterna**men**te!

Preces

Demos graças a Deus Pai, e supliquemos que ele purifique e
confirme os nossos corações na caridade, pela vinda e ação
do Espírito Santo. Digamos, pois, cheios de confiança:

R. **Dai-nos, Senhor, o vosso Espírito Santo!**

Ensinai-nos a receber com um coração agradecido os bens
que vós nos dais,
– e a aceitar com paciência os sofrimentos que pesam sobre
nós.   R.

Fazei que pratiquemos a caridade, não apenas nas grandes
ocasiões,
– mas principalmente no cotidiano de nossas vidas.   R.

Concedei que saibamos renunciar ao supérfluo,
– para podermos socorrer nossos irmãos e irmãs necessitados.   R.

Dai-nos trazer sempre em nosso corpo a imagem da Paixão
de vosso Filho,
– vós que nos destes a vida em seu corpo.   R.

                                        (intenções livres)

Pai *nosso*...

Oração

Ó Deus, que recompensais os méritos dos justos e perdoais
aos pecadores que fazem penitência, sede misericordioso

para conosco: fazei que a confissão de nossas culpas alcance o vosso perdão. Por nosso Senhor Jesus Cristo, vosso Filho, na unidade do Espírito Santo.

Hora Média

Oração das Nove Horas

Ant. Chegou o **tempo** de peni**tência**,
de conver**são** e de salva**ção**.

Leitura breve   Ez 18,30b-32

Arrependei-vos, convertei-vos de todas as vossas transgressões, a fim de não terdes ocasião de cair em pecado. Afastai-vos de todos os pecados que praticais. Criai para vós um coração novo e um espírito novo. Por que haveis de morrer, ó casa de Israel? Pois eu não sinto prazer na morte de ninguém – oráculo do Senhor Deus. Convertei-vos e vivereis!

V. Criai em **mim** um cora**ção** que seja **pu**ro.
R. Dai-me de **no**vo um es**pí**rito de**ci**dido!

Oração das Doze Horas

Ant. Por minha **vi**da, diz o Se**nhor**,
não quero a **mor**te do pe**ca**dor,
mas que ele **vol**te e tenha a **vi**da.

Leitura breve   Zc 1,3b-4b

Voltai-vos para mim, diz o Senhor dos exércitos, e eu me voltarei para vós, diz o Senhor dos exércitos. Não sejais como os vossos pais, aos quais os antigos profetas gritavam: Assim fala o Senhor dos exércitos: Abandonai vossos maus caminhos e vossos maus pensamentos; mas não me ouviram.

V. Desvi**ai** o vosso o**lhar** dos meus pe**ca**dos.
R. E apa**gai** todas as **mi**nhas transgres**sões**!

Oração das Quinze Horas

Ant. Sejamos firmes na provação: Sua justiça é nossa força.

Leitura breve   Dn 4,24b
Expia teus pecados e injustiça com esmolas e obras de misericórdia em favor dos pobres; assim terás longa prosperidade.

V. Meu sacrifício é minha alma penitente.
R. Não desprezeis um coração arrependido!
Oração como nas Laudes.

Vésperas

Leitura breve   Fl 2,12b-15a
Trabalhai para a vossa salvação, com temor e tremor. Pois é Deus que realiza em vós tanto o querer como o fazer, conforme o seu desígnio benevolente. Fazei tudo sem reclamar ou murmurar, para que sejais livres de repreensão e ambiguidade, filhos de Deus sem defeito.

Responsório breve
R. Em **Deus**, cuja Palavra me entusiasma,
   *Em **Deus** eu me apoio. R. Em **Deus**, cuja Palavra.
V. Nada **mais** me causa medo. *Em **Deus** eu me apoio.
   Glória ao **Pai**. R. Em **Deus**, cuja Palavra.

Cântico evangélico, ant.
Por mim mesmo eu não faço coisa alguma,
mas eu julgo de acordo com o que ouço;
e é justo e verdadeiro o meu juízo.

Preces
Demos glória a Deus Pai, que no sangue de Cristo firmou uma nova Aliança com seu povo, e a renova pelo sacramento do altar. Peçamos com fé:

R. **Abençoai, Senhor, o vosso povo!**

Dirigi, Senhor, conforme a vossa vontade, as intenções dos povos e dos governantes,
— para que eles se empenhem sinceramente em promover o bem de todos. **R.**

Fortalecei a fidelidade daqueles que tudo abandonaram para seguir a Cristo;
— que eles deem a todos testemunho e exemplo da santidade da Igreja. **R.**

Vós, que criastes os homens e as mulheres à vossa imagem e semelhança,
— fazei que todos rejeitem qualquer desigualdade injusta. **R.**

Reconduzi à vossa amizade e verdade todos os que vivem afastados da fé,
— e ensinai-nos como ajudá-los eficazmente. **R.**

(intenções livres)

Concedei aos que morreram entrar na vossa glória,
— para que vos louvem eternamente. **R.**

Pai nosso...

Oração

Ó Deus, que recompensais os méritos dos justos e perdoais aos pecadores que fazem penitência, sede misericordioso para conosco: fazei que a confissão de nossas culpas alcance o vosso perdão. Por nosso Senhor Jesus Cristo, vosso Filho, na unidade do Espírito Santo.

QUINTA-FEIRA

Ofício das Leituras

V. Quem me**dita** a lei de **Deus**
R. Dará **fru**tos a seu **tem**po.

278   4ª Semana da Quaresma

Primeira leitura
Do Livro dos Números   12,16-13,1-3a.17-33

Exploradores israelitas são enviados a Canaã

Naqueles dias, 12,16o povo partiu de Haserot, e foi acampar no deserto de Farã.

13,1O Senhor falou a Moisés, dizendo: 2"Envia alguns homens para explorar a terra de Canaã, que eu vou dar aos filhos de Israel. Enviarás um homem de cada tribo, e que todos sejam chefes".

3Moisés fez o que o Senhor tinha ordenado, enviando ao deserto de Farã chefes entre o povo.

17Moisés enviou-os para explorar o país de Canaã, recomendando-lhes: "Segui pelo deserto de Negueb. Quando chegardes às montanhas, 18observai como é o país, se o povo que nele vive é forte ou fraco, se são poucos ou muitos; 19como é a terra em que esse povo mora, se é boa ou ruim; como são as cidades em que vivem, se muradas ou sem muros; 20se o seu solo é fértil ou pobre, se existem árvores ou não. Sede corajosos e trazei-nos alguns frutos dessa terra". Era então o tempo em que as primeiras uvas já podiam ser comidas.

21Eles subiram e exploraram o país desde o deserto de Sin até Roob, na entrada de Emat. 22Subindo pelo deserto de Negueb, chegaram a Hebron, onde viviam Aimã, Sesai e Tolmai, descendentes de Enac. Hebron foi construída sete anos antes que Tânis no Egito. 23E chegaram ao vale de Escol. Ali cortaram um ramo de videira com seu cacho, que dois homens transportaram numa vara; e apanharam também romãs e figos. 24O lugar foi chamado vale de Escol (vale do Cacho) por causa do cacho de uva que os filhos de Israel dali levaram.

25Ao fim de quarenta dias, eles voltaram do reconhecimento do país, 26e apresentaram-se a Moisés, a Aarão e a toda a comunidade dos filhos de Israel, em Cades, no deserto de Farã. E, falando a eles e a toda a comunidade, mostraram os frutos da terra,[27] e fizeram a sua narração, dizendo: "Entramos no país, ao qual nos enviastes, que de fato é uma terra onde corre leite e mel, como se pode reconhecer por estes frutos. [28] Porém, os habitantes são fortíssimos, e as cidades grandes e fortificadas. Vimos lá descendentes de Enac; [29] os amalecitas vivem no deserto do Negueb; os hititas, jebuseus e amorreus, nas montanhas; mas os cananeus, na costa marítima e ao longo do Jordão".

[30] Entretanto Caleb, para acalmar o povo revoltado, que se levantava contra Moisés, disse: "Subamos e conquistemos a terra, pois somos capazes de fazê-lo". [31] Mas os homens que tinham ido com ele disseram: "Não podemos enfrentar esse povo, porque é mais forte do que nós". [32] E, diante dos filhos de Israel, começaram a difamar a terra que haviam explorado, dizendo: "A terra que fomos explorar é uma terra que devora os seus habitantes: o povo que aí vimos é de estatura extraordinária. [33] Lá vimos gigantes, filhos de Enac, da raça dos gigantes; comparados com eles parecíamos gafanhotos".

Responsório   Dt 1,31a.32.26.27a

R. Ao deserto o Senhor, vosso Deus, vos levou
como um pai que carrega o seu filho no colo.
* Nem assim confiastes no Senhor, vosso Deus.
V. Não quisestes subir para a terra da herança
e, sem ter confiança na palavra de Deus,
contra Deus murmurastes.* Nem assim.

Segunda leitura
Dos Sermões de São Leão Magno, papa

(Sermo 15, *De passione Domini*, 3-4: PL 54,366-367)   (Séc. V)

Contemplemos a paixão do Senhor

Quem venera realmente a paixão do Senhor deve contemplar de tal modo, com os olhos do coração, Jesus crucificado, que reconheça na carne do Senhor a sua própria carne.

Trema a criatura perante o suplício do seu Redentor, quebrem-se as pedras dos corações infiéis e saiam para fora, vencendo todos os obstáculos, aqueles que jaziam debaixo de seus túmulos. Apareçam também agora na cidade santa, isto é, na Igreja de Deus, como sinais da ressurreição futura e realize-se nos corações o que um dia se realizará nos corpos.

A nenhum pecador é negada a vitória da cruz e não há homem a quem a oração de Cristo não ajude. Se ela foi útil para muitos dos que o perseguiam, quanto mais não ajudará os que a ele se convertem?

Foi eliminada a ignorância da incredulidade, foi suavizada a aspereza do caminho, e o sangue sagrado de Cristo extinguiu o fogo daquela espada que impedia o acesso ao reino da vida. A escuridão da antiga noite cedeu lugar à verdadeira luz.

O povo cristão é convidado a gozar as riquezas do paraíso, e para todos os batizados está aberto o caminho de volta à pátria perdida, desde que ninguém queira fechar para si próprio aquele caminho que se abriu também à fé do ladrão arrependido.

Evitemos que as preocupações desta vida nos envolvam na ansiedade e no orgulho, de tal modo que não procuremos, com todo o afeto do coração, conformar-nos a nosso Redentor na perfeita imitação de seus exemplos. Tudo o que ele fez ou sofreu foi para a nossa salvação, a fim de que todo o Corpo pudesse participar da virtude da Cabeça.

Aquela sublime união da nossa natureza com a sua divindade, pela qual *o Verbo se fez carne e habitou entre nós* (Jo 1,14), não exclui ninguém da sua misericórdia senão aquele que recusa acreditar. Como poderá ficar fora da comunhão com Cristo quem recebe aquele que assumiu a sua própria natureza e é regenerado pelo mesmo Espírito por obra do qual nasceu Jesus? Quem não reconhece nele as fraquezas próprias da condição humana? Quem não vê que

Quinta-feira

alimentar-se, buscar o repouso do sono, sofrer angústia e tristeza, derramar lágrimas de compaixão, eram próprios da condição de servo?

Foi precisamente para curar a nossa natureza das antigas feridas e purificá-la das manchas do pecado, que o Filho Unigênito de Deus se fez também Filho do Homem, de modo que não lhe faltasse nem a humanidade em toda a sua realidade, nem a divindade em sua plenitude.

É nosso, portanto, o que esteve morto no sepulcro, o que ressuscitou ao terceiro dia e o que subiu para a glória do Pai, no mais alto dos céus. Se andarmos pelos caminhos de seus mandamentos e não nos envergonharmos de proclamar tudo o que ele fez pela nossa salvação na humildade do seu corpo, também nós teremos parte na sua glória. Então se cumprirá claramente o que prometeu: *Portanto, todo aquele que se declarar a meu favor diante dos homens, também eu me declararei em favor dele diante do meu Pai que está nos céus* (Mt 10,32).

Responsório   1Cor 1,18.23

R. A linguagem da **cruz** é loucura
   para **aque**les que **vão** se per**der**;
 * Para **aque**les, po**rém**, que se **sal**vam,
   para **nós**, é a **força** de **Deus**.
V. Nós **anun**ci**a**mos o **Cristo**, o **Cris**to, o **Crucificado**,
   que é es**cân**dalo **para** os ju**deus**
   e **para** os gen**tios** é lou**cura**.* Para **aque**les.

Oração como nas Laudes.

Laudes

Leitura breve   cf. 1Rs 8,51-53a

Nós somos, Senhor, teu povo e tua herança. Teus olhos estejam abertos à súplica do teu servo e do teu povo, Israel, escutando-nos toda vez que te invocarmos. Pois tu nos separaste para ti como herança dentre todos os povos da terra.

Responsório breve

R. Nós **somos** vosso **po**vo, ó Se**nhor**.
 *Miseri**cór**dia, Se**nhor**, a vós cla**ma**mos! R. Nós **somos**.
V. Cur**va**dos sob o **pe**so dos pe**ca**dos,
 cho**ra**mos de tris**te**za. *Miseri**cór**dia.
 Glória ao **Pai**. R. Nós **somos**.

Cântico evangélico, ant.

O **meu** teste**mu**nho não **é** de um **ho**mem;
mas **is**to vos **di**go para **que** vos sal**veis**.

Preces

Celebremos a bondade de Deus, que se revelou em Cristo Jesus. E de todo o coração lhe supliquemos:

R. **Lembrai-vos, Senhor, de vossos filhos e filhas!**

Concedei-nos viver mais profundamente o mistério da Igreja;
–que ela seja para toda a humanidade o sacramento eficaz da salvação. R.

Deus, amigo do ser humano, ensinai-nos a trabalhar generosamente para o progresso da civilização,
–e a buscar em todas as coisas o vosso Reino. R.

Levai-nos a saciar nossa sede de justiça,
–na fonte de água viva que nos destes em Cristo. R.

Perdoai, Senhor, todos os nossos pecados,
–e dirigi nossos passos no caminho da justiça e da verdade.
R.
(intenções livres)

Pai nosso...

Quinta-feira

Oração

Nós vos pedimos, ó Deus de bondade, que, corrigidos pela penitência e renovados pelas boas obras, possamos perseverar nos vossos mandamentos e chegar purificados às festas pascais. Por nosso Senhor Jesus Cristo, vosso Filho, na unidade do Espírito Santo.

Hora Média

Oração das Nove Horas

Ant. Chegou o **tempo** de peni**tên**cia,
de conver**são** e de salva**ção**.

Leitura breve   Is 55,6-7

Buscai o Senhor, enquanto pode ser achado; invocai-o, enquanto ele está perto. Abandone o ímpio seu caminho, e o homem injusto, suas maquinações; volte para o Senhor, que terá piedade dele, volte para nosso Deus, que é generoso no perdão.

V. Criai em **mim** um cora**ção** que seja **pu**ro.
R. Dai-me de **no**vo um espírito deci**di**do!

Oração das Doze Horas

Ant. Por minha **vi**da, diz o **Se**nhor,
não quero a **mor**te do peca**dor**,
mas que ele **vol**te e tenha a **vi**da.

Leitura breve   Dt 30,2-3a

Tu te converterás ao Senhor, teu Deus, com teus filhos, e obedecerás aos seus mandamentos com todo o teu coração e com toda a tua alma, conforme tudo o que hoje te ordeno. O Senhor, teu Deus, te fará voltar do cativeiro e se compadecerá de ti.

V. Desvi**ai** o vosso **o**lhar dos meus pe**ca**dos.
R. E apa**gai** todas as **mi**nhas transgres**sões**!

Oração das Quinze Horas

Ant. Sejamos firmes na provação: Sua justiça é nossa força.

Leitura breve   Hb 10,35-36

Não abandoneis a vossa coragem, que merece grande recompensa. De fato, precisais de perseverança para cumprir a vontade de Deus e alcançar o que ele prometeu.

V Meu sacrifício é minha alma penitente.

R. Não desprezeis um coração arrependido.

Oração como nas Laudes.

Vésperas

Leitura breve   Tg 4,7-8.10

Obedecei a Deus, mas resisti ao diabo, e ele fugirá de vós. Aproximai-vos de Deus, e ele se aproximará de vós. Purificai as mãos, ó pecadores, e santificai os corações, homens dúbios. Humilhai-vos diante do Senhor, e ele vos exaltará.

Responsório breve

R. Senhor, atendei minha prece,

  *Meu clamor chegue a vós!   R. Senhor.

V Escutai-me, no dia em que chamo.   *Meu clamor.

  Glória ao Pai.   R. Senhor.

Cântico evangélico, ant.

As obras que eu faço é que dão testemunho
que o Pai me enviou.

Preces

Proclamemos a misericórdia de Deus, que nos ilumina com a graça do Espírito Santo, para que resplandeçam em nossas obras a justiça e a santidade; e supliquemos:

R. Dai a vida, Senhor, ao povo que Cristo redimiu!

Sexta-feira

Senhor, fonte e autor de toda santidade, fortalecei os bispos, os sacerdotes e os diáconos em sua união com Cristo por meio do mistério eucarístico,

— para que se renove sempre mais a graça que receberam pela imposição das mãos. **R.**

Ensinai os vossos fiéis a participarem de modo mais digno e ativo na mesa da Palavra e do Corpo de Cristo,

— para que mantenham na vida e nos costumes o que receberam pela fé e pelos sacramentos. **R.**

Ensinai-nos a reconhecer a dignidade de cada pessoa humana, redimida pelo Sangue de vosso Filho,

— e a respeitarmos a liberdade e a consciência de nossos irmãos e irmãs. **R.**

Fazei que todos os seres humanos saibam moderar seus desejos de bens temporais,

— e atendam às necessidades do próximo. **R.**

(intenções livres)

Tende piedade dos fiéis que hoje chamastes desta vida para vós,

— e concedei-lhes o dom da eterna bem-aventurança. **R.**

Pai nosso...

Oração

Nós vos pedimos, ó Deus de bondade, que, corrigidos pela penitência e renovados pelas boas obras, possamos perseverar nos vossos mandamentos e chegar purificados às festas pascais. Por nosso Senhor Jesus Cristo, vosso Filho, na unidade do Espírito Santo.

SEXTA-FEIRA

Ofício das Leituras

V. Voltai ao Senhor, vosso **Deus**.

R. Ele é **bom**, compassivo e clemente!

Primeira leitura
Do Livro dos Números 14,1-25

Murmuração do povo e intercessão de Moisés

Naqueles dias, 1 toda a comunidade começou a gritar, e passou aquela noite chorando. 2 Todos os filhos de Israel murmuravam contra Moisés e Aarão, dizendo: "Antes tivéssemos morrido no Egito, ou ao menos perecido neste deserto! 3 Por que nos leva o Senhor para essa terra? A fim de cairmos ao fio da espada, e para que nossas mulheres e nossos filhos sejam reduzidos ao cativeiro? Não seria melhor voltarmos para o Egito?" 4 E disseram uns aos outros: "Escolhamos um chefe e voltemos para o Egito!"

5 Ouvindo isto, Moisés e Aarão caíram com o rosto em terra perante toda a comunidade dos filhos de Israel. 6 Josué, filho de Nun, e Caleb, filho de Jefoné, que estavam entre os que exploraram a terra, rasgaram suas vestes, 7 e disseram a toda a comunidade dos filhos de Israel: "O país que percorremos e exploramos é uma terra excelente. 8 Se o Senhor nos for propício, nos introduzirá nela e nos dará essa terra onde corre leite e mel. 9 De modo algum deveis revoltar-vos contra o Senhor, nem temer a população daquele país, porque podemos devorá-los como pão. A sua sombra protetora apartou-se deles, enquanto que o Senhor está conosco. Não os temais".

10 Toda a comunidade ameaçava apedrejá-los, quando apareceu a glória do Senhor a todos os filhos de Israel sobre a Tenda da Reunião. 11 E o Senhor disse a Moisés: "Até quando me desprezará este povo? Até quando se recusará a crer em mim, apesar de todos os sinais que tenho feito diante dele? 12 Vou feri-los de peste e os exterminarei; de ti, porém, farei uma nação maior e mais forte do que esta".

13 Moisés disse ao Senhor: "Mas os egípcios sabem que de seu meio tiraste este povo com teu poder, 14 e o dirão aos habitantes desta terra. Eles sabem que tu, Senhor, estás no meio deste povo; que te manifestas a ele face a face; que

Sexta-feira

sobre eles vela a tua nuvem; que de dia o precedes numa coluna de nuvem e de noite numa coluna de fogo. [15]Se fizeres morrer este povo, como se fosse um só homem, as nações ao ouvirem tais notícias a teu respeito, comentarão: [16]'Ele foi incapaz de introduzir o povo no país que lhe prometeu com juramento; por isso os matou no deserto'. [17]Seja, pois, glorificada a grandeza da força do Senhor, como tu mesmo juraste, dizendo: [18]'O Senhor é paciente e misericordioso; suporta a maldade e a rebeldia, mas não a deixa impune; castiga a maldade dos pais nos filhos até a terceira e quarta geração'. [19]Perdoa, te suplico, o pecado deste povo segundo a tua grande misericórdia, assim como lhe foste propício desde o Egito até aqui".

[20]Disse-lhe então o Senhor: "Eu perdoei conforme o teu pedido. [21]No entanto, juro por minha vida e pela glória do Senhor que enche a terra: [22]nenhum dos homens que viram minha glória e os sinais que fiz no Egito e no deserto, e que já por dez vezes me tentaram e desobedeceram, [23]verá a terra que jurei dar a seus pais. Não a verá nenhum dos que me desprezaram. [24]Mas como meu servo Caleb, animado de um outro espírito, me seguiu fielmente, eu o introduzirei no país que visitou e que seus descendentes herdarão. [25]Visto que os amalecitas e os cananeus habitam nos vales, amanhã levantai os acampamentos, e voltai para o deserto pelo caminho do mar Vermelho".

Responsório   Sl 102(103),8.9.13.14

R. O Se**nhor** é indul**gen**te, é favo**rá**vel,
     é pacien**te**, é bon**doso**, é compassivo.
     Não fica **sem**pre repe**tin**do as suas **quei**xas
     nem **guar**da eterna**men**te o seu ran**cor**.
   * Como um **pai** se compa**de**ce de seus **fi**lhos,
     o Se**nhor** tem compai**xão** dos que o **te**mem.
V. Porque **sa**be de que **bar**ro somos **fei**tos,
     e se **lem**bra que ape**nas** somos **pó**. * Como um **pai**.

Segunda leitura

Das Cartas pascais de Santo Atanásio, bispo
(Ep. 5,1-2: PG 26,1379-1380)   (Séc. IV)

O mistério pascal reúne na unidade da fé
os que se encontram fisicamente afastados

É muito belo, meus irmãos, passar de uma para outra festa, de uma oração para outra, de uma solenidade para outra solenidade. Aproxima-se o tempo que nos traz um novo início e o anúncio da santa Páscoa, na qual o Senhor foi imolado.

Do seu alimento nos sustentamos como de um manjar de vida, e a nossa alma se delicia com o Sangue precioso de Cristo como numa fonte. E, contudo, temos sempre sede desse Sangue, sempre o desejamos ardentemente. Mas o nosso Salvador está perto daqueles que têm sede, e na sua bondade convida todos os corações sedentos para o grande dia da festa, dizendo: *Se alguém tem sede, venha a mim, e beba* (Jo 7,37).

Sempre que nos aproximamos dele para beber, ele nos mata a sede; e sempre que pedimos, podemos nos aproximar dele. A graça própria desta celebração festiva não se limita apenas a um determinado momento; nem seus raios fulgurantes conhecem ocaso, mas estão sempre prontos para iluminar as almas de todos que o desejam. Exerce contínua influência sobre aqueles que já foram iluminados e se debruçam dia e noite sobre a Sagrada Escritura. Estes são como aquele homem que o salmo proclama feliz, quando afirma: *Feliz aquele homem que não anda conforme o conselho dos perversos; que não entra no caminho dos malvados, nem junto aos zombadores vai sentar-se; mas encontra seu prazer na lei de Deus e a medita, dia e noite, sem cessar* (Sl 1,1-2).

Sexta-feira

Por outro lado, amados irmãos, o Deus que desde o princípio instituiu esta festa para nós, concede-nos a graça de celebrá-la cada ano. Ele que, para nossa salvação, entregou à morte seu próprio Filho, pelo mesmo motivo nos proporciona esta santa solenidade que não tem igual no decurso do ano. Esta festa nos sustenta no meio das aflições que encontramos neste mundo. Por ela Deus nos concede a alegria da salvação e nos faz amigos uns dos outros. E nos conduz a uma única assembleia, unindo espiritualmente a todos em todo lugar, concedendo-nos orar em comum e render comuns ações de graças, como se deve fazer em toda festividade. É este um milagre de sua bondade: congrega nesta festa os que estão longe e reúne na unidade da fé os que, porventura, se encontram fisicamente afastados.

Responsório   cf. Sf 3,8.9; Jo 12,32

R. Espe**rai**-me até o **dia** em que **eu** me ergue**rei**,
  * Pois da**rei** naquele **dia** lábios **pu**ros para os **po**vos,
    para **que** todos invo**quem**, em um **só** e mesmo es**pí**rito,
    o **no**me do Se**nhor**.
V. Quando eu **for** eleva**do** da **ter**ra,
    atrai**rei** para **mim** todo **ser**. * Pois da**rei**.

Oração como nas Laudes.

Laudes

Leitura breve   Is 53,11b-12

Meu Servo, o justo, fará justos inúmeros homens, carregando sobre si suas culpas. Por isso, compartilharei com ele multidões e ele repartirá suas riquezas com os valentes seguidores, pois entregou o corpo à morte, sendo contado como um malfeitor; ele, na verdade, resgatava o pecado de todos e intercedia em favor dos pecadores.

Responsório breve

R. **Vós** nos resga**tas**tes, ó **Se**nhor,
* Para **Deus** o vosso **san**gue nos re**miu**. R. **Vós** nos.
V. Dentre **to**das as **tri**bos e **lín**guas,
dentre os **po**vos da **ter**ra e na**ções**. * Para **Deus**.
Glória ao **Pai**. R. **Vós** nos.

Cântico evangélico, ant.

Sa**beis** quem eu **sou** e de **on**de eu **vim**;
não **vim** de mim **mes**mo: meu **Pai** me envi**ou**.

Preces

Imploremos a Cristo Salvador, que nos remiu por sua morte
e ressurreição; e digamos:

R. **Senhor, tende piedade de nós!**

Vós, que subistes a Jerusalém para sofrer a Paixão, e assim
entrar na glória,
— conduzi vossa Igreja à Páscoa da eternidade. R.

Vós, que, elevado na cruz, deixastes a lança do soldado vos
traspassar,
— curai as nossas feridas. R.

Vós, que transformastes o madeiro da cruz em árvore da
vida,
— concedei os frutos dessa árvore aos que renasceram pelo
batismo. R.

Vós, que, pregado na cruz, perdoastes o ladrão arrependido,
— perdoai-nos também a nós pecadores. R.

(intenções livres)

Pai nosso...

Oração

Ó Deus, que preparastes para a nossa fraqueza os auxílios
necessários à nossa renovação, dai-nos recebê-los com alegria e vê-los frutificar em nossa vida. Por nosso Senhor
Jesus Cristo, vosso Filho, na unidade do Espírito Santo.

Sexta-feira

Hora Média

Oração das Nove Horas

Ant. Chegou o **tem**po de penitência,
de con**versão** e de sal**vação**.

Leitura breve   Is 55,3
Inclinai vosso ouvido e vinde a mim, ouvi e tereis vida; farei convosco um pacto eterno, manterei fielmente as graças concedidas a Davi.

V. Criai em **mim** um cora**ção** que seja **pu**ro.
R. Dai-me de **no**vo um es**pí**rito deci**di**do!

Oração das Doze Horas

Ant. Por minha **vi**da, diz o S**enhor**,
não quero a **mor**te do peca**dor**,
mas que ele **vol**te e tenha a **vi**da.

Leitura breve   cf. Jr 3,12b-14a
Voltai, é o Senhor que chama, não desviarei de vós minha face, porque eu sou misericordioso, não estarei irado para sempre. Convertei-vos, filhos, que vos tendes afastado de mim, diz o Senhor.

V. Desvi**ai** o vosso **olhar** dos meus pe**ca**dos.
R. E apa**gai** todas as **mi**nhas transgres**sões**!

Oração das Quinze Horas

Ant. Sejamos **fir**mes na prova**ção**: Sua jus**ti**ça é nossa **for**ça.

Leitura breve   Tg 1,27
A religião pura e sem mancha diante de Deus Pai é esta: assistir os órfãos e as viúvas em suas tribulações e não se deixar contaminar pelo mundo.

V. Meu sacri**fí**cio é minha **al**ma peni**ten**te.
R. Não despre**zeis** um cora**ção** arrepen**di**do!

Oração como nas Laudes.

292   4ª Semana da Quaresma

Vésperas

Leitura breve   Tg 5,16.19-20

Confessai uns aos outros os vossos pecados e orai uns pelos outros para alcançar a saúde. A oração fervorosa do justo tem grande poder. Meus irmãos, se alguém de vós se desviar da verdade e outro o reconduzir, saiba este que aquele que reconduz um pecador desencaminhado salvará da morte a alma dele e cobrirá uma multidão de pecados.

Responsório breve

R. **Cu**r**ai-me, Se**nhor, ó Deus **san**to,
  * Pois pe**quei** contra **vós.** R. **Cu**r**ai-me.**
V. Tende pie**da**de de **mim**, reno**vai-me!** * Pois pe**quei.**
  Glória ao **Pai.** R. **Cu**r**ai-me.**

Cântico evangélico, ant.

Nin**guém** teve co**ra**gem de prendê-lo,
pois a**in**da não che**ga**ra a sua **hora.**

Preces

Adoremos o Salvador do gênero humano, que morrendo destruiu a morte e ressuscitando renovou a vida; e peçamos com humildade:

R. **Santificai, Senhor, o povo que remistes com vosso sangue!**

Jesus, nosso Redentor, concedei que, pela penitência, nos associemos cada vez mais plenamente à vossa Paixão,
– a fim de alcançarmos a glória da ressurreição.   R.

Acolhei-nos sob a proteção de Maria, vossa Mãe, consoladora dos aflitos,
– para podermos confortar os tristes com o mesmo auxílio que de vós recebemos.   R.

Concedei-nos a graça de tomar parte na vossa Paixão por meio dos sofrimentos da vida,
– para que também em nós se manifeste a vossa salvação.
R.

Senhor Jesus, que vos humilhastes na obediência até à morte e morte de cruz,
– ensinai-nos a ser obedientes e sofrer com paciência. R.
(intenções livres)

Tornai os corpos de nossos irmãos e irmãs falecidos semelhantes à imagem do vosso corpo glorioso,
– e fazei-nos dignos de participar um dia, com eles, da vossa glória.
R.

Pai nosso...

Oração

Ó Deus, que preparastes para a nossa fraqueza os auxílios necessários à nossa renovação, dai-nos recebê-los com alegria e vê-los frutificar em nossa vida. Por nosso Senhor Jesus Cristo, vosso Filho, na unidade do Espírito Santo.

SÁBADO

Ofício das Leituras

V. Quem pratica a verdade se **põe** junto à **luz**.
R. E suas **obras** de **filho** de **Deus** se revelam.

Primeira leitura
Do Livro dos Números   20,1-13; 21,4-9

As águas de Meriba e a serpente de bronze

Naqueles dias, [20,1]toda a comunidade dos filhos de Israel chegou ao deserto de Sin, no primeiro mês, e o povo permaneceu em Cades. Ali morreu Maria e ali mesmo foi sepultada.

294 4ª Semana da Quaresma

² Como não havia água para o povo, este juntou-se contra Moisés e Aarão, ³ e, levantando-se em motim, disseram: "Antes tivéssemos morrido, quando morreram nossos irmãos diante do Senhor! ⁴ Para que trouxestes a comunidade do Senhor a este deserto, a fim de que morrêssemos, nós e nossos animais? ⁵ Por que nos fizestes sair do Egito e nos trouxestes a este lugar detestável, em que não se pode semear, e que não produz figueiras, nem vinhas, nem romãzeiras, e, além disso, não tem água para beber?"

⁶ Deixando a comunidade, Moisés e Aarão foram até a entrada da Tenda da Reunião, e prostraram-se com a face em terra. E a glória do Senhor apareceu sobre eles. ⁷ O Senhor falou, então, a Moisés, dizendo: ⁸ "Toma a tua vara e reúne o povo, tu e teu irmão Aarão; na presença deles ordenai à pedra e ela dará água. Quando fizeres sair água da pedra, dá de beber à comunidade e aos seus animais".

⁹ Moisés tomou, então, a vara que estava diante do Senhor, como lhe fora ordenado. ¹⁰ Depois, Moisés e Aarão reuniram a assembleia diante do rochedo, e Moisés lhes disse: "Ouvi, rebeldes! Poderemos, acaso, fazer sair água desta pedra para vós?" ¹¹ E, levantando a mão, Moisés feriu duas vezes a rocha com a vara, e jorrou água em abundância, de modo que o povo e os animais puderam beber.

¹² Então o Senhor disse a Moisés e a Aarão: "Visto que não acreditastes em mim, para manifestar a minha santidade aos olhos dos filhos de Israel, não introduzireis este povo na terra que lhe vou dar". ¹³ Estas são as águas de Meriba, onde os filhos de Israel disputaram contra o Senhor, e ele lhes manifestou a sua santidade.

²¹,⁴ Os filhos de Israel partiram do monte Hor, pelo caminho que leva ao mar Vermelho, para contornarem o país de Edom. Durante a viagem o povo começou a impacientar-se, ⁵ e se pôs a falar contra Deus e contra Moisés, dizendo: "Por que nos fizestes sair do Egito para morrermos no deserto?

Não há pão, falta água, e já estamos com nojo desse alimento miserável".

[6]Então o Senhor mandou contra o povo serpentes venenosas, que os mordiam; e morreu muita gente em Israel. [7]O povo foi ter com Moisés e disse: "Pecamos, falando contra o Senhor e contra ti. Roga ao Senhor que afaste de nós as serpentes". Moisés intercedeu pelo povo, [8]e o Senhor respondeu: "Faze uma serpente abrasadora e coloca-a como sinal sobre uma haste; aquele que for mordido e olhar para ela viverá". [9]Moisés fez, pois, uma serpente de bronze e colocou-a como sinal sobre uma haste. Quando alguém era mordido por uma serpente, e olhava para a serpente de bronze, ficava curado.

Responsório   Jo 3,14.15.17

R. Como Moisés ergueu na haste a serpente no deserto,
assim o Filho do Homem há de ser levantado.
* Para que, quem nele crer, não pereça para sempre,
mas possua a vida eterna.
V. Deus enviou seu Filho ao mundo,
para que o mundo seja salvo
e não para julgá-lo. * Para que.

Segunda leitura

Da Constituição Pastoral *Gaudium et Spes* sobre a Igreja no mundo de hoje, do Concílio Vaticano II

(N. 37-38)   (Séc. XX)

Toda a atividade humana deve ser purificada
no mistério pascal

A Sagrada Escritura, confirmada pela experiência dos séculos, ensina à família humana que o progresso, grande bem para o homem, traz também consigo uma enorme tentação. De fato, quando a hierarquia de valores é alterada e o bem e o mal se misturam, os indivíduos e os grupos consideram somente seus próprios interesses e não o dos outros.

Por esse motivo, o mundo deixa de ser o lugar da verdadeira fraternidade, enquanto o aumento do poder da humanidade ameaça destruir o próprio gênero humano.

Se alguém pergunta como pode ser vencida essa miserável situação, os cristãos afirmam que todas as atividades humanas, quotidianamente postas em perigo pelo orgulho do homem e o amor desordenado de si mesmo, precisam ser purificadas e levadas à perfeição por meio da cruz e ressurreição de Cristo.

Redimido por Cristo e tornado nova criatura no Espírito Santo, o homem pode e deve amar as coisas criadas pelo próprio Deus. Com efeito, recebe-as de Deus; olha-as e respeita-as como dons vindos das mãos de Deus.

Agradecendo por elas ao divino Benfeitor e usando e fruindo das criaturas em espírito de pobreza e liberdade, é introduzido na verdadeira posse do mundo, como se nada tivesse e possuísse: *Tudo é vosso, mas vós sois de Cristo, e Cristo é de Deus* (1Cor 3,22-23).

O Verbo de Deus, por quem todas as coisas foram feitas, que se encarnou e veio habitar na terra dos homens, entrou como homem perfeito na história do mundo, assumindo-a e recapitulando-a em si. Ele nos revela que *Deus é amor* (1Jo 4,8) e ao mesmo tempo nos ensina que a lei fundamental da perfeição humana, e, portanto, da transformação do mundo, é o novo mandamento do amor.

Aos que acreditam no amor de Deus, ele dá a certeza de que o caminho do amor está aberto a todos os homens e não é inútil o esforço para instaurar uma fraternidade universal. Adverte-nos *também* que esta caridade não deve ser praticada somente nas grandes ocasiões, mas, antes de tudo, nas circunstâncias ordinárias da vida.

Sofrendo a morte por todos nós pecadores, ele nos ensina com o seu exemplo que devemos também carregar a

Sábado

cruz que a carne e o mundo impõem sobre os ombros dos que procuram a paz e a justiça.

Constituído Senhor por sua ressurreição, Cristo, a quem foi dado todo poder no céu e na terra, age nos corações dos homens pelo poder de seu Espírito. Não somente suscita o desejo do mundo futuro, mas anima, purifica e fortalece por esse desejo os propósitos generosos com que a família humana procura melhorar suas condições de vida e submeter para este fim a terra inteira.

São diversos, porém, os dons do Espírito. Enquanto chama alguns para testemunharem abertamente o desejo da morada celeste e conservarem vivo esse testemunho na família humana, chama outros para se dedicarem ao serviço terrestre dos homens e prepararem com esse ministério a matéria do Reino dos Céus.

A todos, porém, liberta para que, renunciando ao egoísmo e empregando todas as energias terrenas em prol da vida humana, se lancem decididamente para as realidades futuras, quando a própria humanidade se tornará uma oferenda agradável a Deus.

Responsório — 2Cor 5,15; Rm 4,25

R. Cristo por **to**dos mor**reu**,
 * Para que a**que**les que **vi**vem não vivam **mais** para **si**,
  mas vivam, **sim**, para a**que**le que por **e**les mor**reu**
  e ressur**giu** dentre os **mor**tos.

V. Foi en**tre**gue por **nos**sos pe**ca**dos,
  ressur**giu** para jus**ti**fi**car**-nos. * Para que a**que**les.

Oração como nas Laudes.

Laudes

Leitura breve — Is 1,16-18

Lavai-vos, purificai-vos. Tirai a maldade de vossas ações de minha frente. Deixai de fazer o mal! Aprendei a fazer o bem!

298   4ª Semana da Quaresma

Procurai o direito, corrigi o opressor. Julgai a causa do órfão, defendei a viúva. Vinde, debatamos – diz o Senhor. Ainda que vossos pecados sejam como púrpura, tornar-se-ão brancos como a neve. Se forem vermelhos como o carmesim, tornar-se-ão como lã.

Responsório breve
R. O **Sangue** de **Jesus** nos puri**fic**a,
  * De **to**dos nossos **erros** nos li**ber**ta. R. O **San**gue.
V. Vinde **ver** os grandes **feitos** do Se**nhor**! * De **to**dos.
  Glória ao **Pai**. R. O **San**gue.

Cântico evangélico, ant.
Nin**guém** jamais fa**lou** como fa**la** este **ho**mem!

Preces
Demos graças a Cristo nosso Salvador, sempre e em toda parte; e supliquemos com toda a confiança:

R. **Socorrei-me, Senhor, com a vossa graça!**

Ajudai-nos a conservar sem mancha os nossos corpos,
— para que sejam digna morada do Espírito Santo.   R.

Despertai em nós, desde o amanhecer, o desejo de nos sacrificarmos pelos nossos irmãos,
— e de cumprirmos a vossa vontade em todas as atividades deste dia.   R.

Ensinai-nos a procurar o pão da vida eterna,
— que vós mesmo nos ofereceis.   R.

Interceda por nós a vossa Mãe, refúgio dos pecadores,
— para alcançarmos o perdão dos nossos pecados.   R.

(intenções livres)

Pai nosso...

Sábado

299

Oração

Ó Deus, na vossa misericórdia, dirigi os nossos corações, pois sem vosso auxílio não vos podemos agradar. Por nosso Senhor Jesus Cristo, vosso Filho, na unidade do Espírito Santo.

Hora Média

Oração das Nove Horas

Ant. Chegou o **tempo** de penit**ên**cia,
de conver**são** e de salva**ção**.

Leitura breve   Ap 3,19-20

Eu repreendo e educo os que eu amo. Esforça-te, pois, e converte-te. Eis que estou à porta, e bato; se alguém ouvir minha voz e abrir a porta, eu entrarei na sua casa e tomaremos a refeição, eu com ele e ele comigo.

V. Criai em **mim** um cora**ção** que seja **pu**ro.
R. Dai-me de **no**vo um es**pí**rito deci**di**do!

Oração das Doze Horas

Ant. Por minha **vi**da, diz o Se**nhor**,
não quero a **mor**te do peca**dor**,
mas que ele **vol**te e tenha a **vi**da.

Leitura breve   Is 44,21-22

Lembra-te de que tu és meu servo; eu te criei, és meu servo, Israel, não me decepciones. Desmanchei como uma nuvem teus pecados, como a névoa desfiz tuas culpas; volta para mim, porque te resgatei!

V. Desvi**ai** o vosso o**lhar** dos meus pe**ca**dos.
R. E apa**gai** todas as **mi**nhas transgres**sões**!

300 4ª Semana da Quaresma

Oração das Quinze Horas

Ant. Sejamos **fir**mes na provação: Sua justiça é nossa **força**.

Leitura breve Gl 6,7b-8

O que o homem tiver semeado, é isso que vai colher. Quem semeia na sua própria carne, da carne colherá corrupção. Quem semeia no espírito, do espírito colherá a vida eterna.

V. Meu sacrifício é minha **alma** peni**tente**.
R. Não despre**zeis** um cora**ção** arrependido!

Oração como nas Laudes.

5º DOMINGO DA QUARESMA

I Semana do Saltério

I Vésperas

Hino, p. 33.

Ant. 1 Grava**rei** a minha **lei** dentro em **vos**so cora**ção**;
vós se**reis** meu povo e**lei**to, e eu se**rei** o vosso **Deus**!

Salmos e cântico do domingo da I Semana, p. 973.

Ant. 2 Todas as **coi**sas consi**de**ro como **per**da,
compa**ran**do com a ci**ên**cia mais su**bli**me:
conhe**cer** a Jesus **Cris**to, meu Se**nhor**.

Ant. 3 Embora **fos**se o próprio **Fi**lho,
apren**deu** a obedi**ên**cia atra**vés** do sofri**men**to.

Leitura breve   1Pd 1,18-21

Sabeis que fostes resgatados da vida fútil herdada de vossos pais, não por meio de coisas perecíveis, como a prata ou o ouro, mas pelo precioso sangue de Cristo, como de um cordeiro sem mancha nem defeito. Antes da criação do mundo, ele foi destinado para isso, e, neste final dos tempos, ele apareceu, por amor de vós. Por ele é que alcançastes a fé em Deus. Deus o ressuscitou dos mortos e lhe deu a glória, e assim, a vossa fé e esperança estão em Deus.

Responsório breve

R. Jesus, lem**brai**-vos de **mim**, ao che**gar** ao vosso **Reino**.
   *Vós que **não** rejei**tais** um cora**ção** opri**mi**do. R. Jesus.
V. **Vós** vos fi**zes**tes obedi**en**te até a **mor**te. *Vós que **não**.
   Glória ao **Pai**. R. Jesus.

Cântico evangélico, ant.

Ano A **Lá**zaro, nosso amigo, está dormindo;
vamos **lá** para acor**dá**-lo de seu **so**no.

302   5º Domingo da Quaresma

Ano B   Se o grão de **tri**go não mo**rr**er,
caindo em **ter**ra, fica **só**;
mas se mo**rr**er dentro da **ter**ra,
dará **fru**tos abun**dan**tes.

Ano C   En**tão**, o Se**nh**or, se in**cli**nando,
escre**v**ia com o **d**edo no **chão**.
Quem de **vós** esti**v**er sem pe**ca**do,
por pri**mei**ro lhe a**ti**re uma **pe**dra.

Preces

Demos glória a Cristo Jesus, que se fez nosso mestre,
exemplo e irmão; e supliquemos, dizendo:

R. Renovai, Senhor, o vosso povo!

Senhor Jesus, que vos tornastes semelhante a nós em tudo,
exceto no pecado, ensinai-nos a alegrar-nos com os que se
alegram e a chorar com os que choram,
– para que a nossa caridade aumente cada vez mais.   **R.**

Ensinai-nos a matar a vossa fome nos que têm fome,
– e a saciar a vossa sede nos que têm sede.   **R.**

Vós, que ressuscitastes Lázaro do sono da morte,
– fazei que voltem à vida, pela fé e a penitência, os que
estão mortos pelo pecado.   **R.**

Aumentai o número dos que querem seguir mais de perto o
vosso caminho de perfeição,
– a exemplo da bem-aventurada Virgem Maria e dos Santos.
   R.

(intenções livres)

Concedei aos nossos irmãos e irmãs falecidos a glória da
ressurreição,
– para que gozem eternamente do vosso amor.   **R.**

Pai nosso...

Ofício das Leituras

Oração

Senhor, nosso Deus, dai-nos por vossa graça caminhar com alegria na mesma caridade que levou o vosso Filho a entregar-se à morte no seu amor pelo mundo. Por nosso Senhor Jesus Cristo, vosso Filho, na unidade do Espírito Santo.

Ofício das Leituras

V. Quem guardar minha palavra
R. Não verá a morte eterna.

Primeira leitura

Início da Carta aos Hebreus,   1- 2,4

O Filho de Deus, herdeiro de todas as coisas
e colocado acima dos anjos

1,1Muitas vezes e de muitos modos falou Deus outrora aos nossos pais, pelos profetas; 2nestes dias, que são os últimos, ele nos falou por meio do Filho, a quem ele constituiu herdeiro de todas as coisas e pelo qual também ele criou o universo. 3Este é o esplendor da glória do Pai, a expressão do seu ser. Ele sustenta o universo com o poder de sua palavra. Tendo feito a purificação dos pecados, ele sentou-se à direita da majestade divina, nas alturas, 4Ele foi colocado tanto acima dos anjos quanto o nome que ele herdou supera o nome deles.

5De fato, a qual dos anjos Deus disse alguma vez:
"Tu és o meu Filho,
eu hoje te gerei"?
Ou ainda: "Eu serei para ele um Pai
e ele será para mim um filho"?

6Mas, quando faz entrar o Primogênito no mundo, Deus diz:
"Todos os anjos devem adorá-lo!"

7E a respeito dos anjos, ele diz:
"Ele faz dos seus anjos ventos,
e dos seus ministros, chamas de fogo."

304   5º Domingo da Quaresma

⁸Mas a respeito do Filho, ele diz:
"O teu trono, ó Deus, permanece eternamente
e o cetro da retidão é o cetro do teu Reino.
⁹Amaste a justiça e odiaste a iniquidade.
Por isso, o teu Deus te ungiu com o perfume da alegria,
com referência sobre teus companheiros".

¹⁰E ainda:
"Tu, Senhor, no início colocaste os fundamentos da terra
e os céus são a obra de tuas mãos.
¹¹Eles perecerão, mas tu permaneces;
envelhecerão todos como uma veste
¹²e como uma capa os dobrarás;
como uma veste serão mudados,
mas tu permaneces o mesmo
e teus anos jamais terminarão".

¹³E a qual dos anjos ele disse alguma vez:
"Senta-te à minha direita,
até que coloque os teus inimigos
como estrado para os teus pés"?

¹⁴Não são todos eles espíritos que estão ao serviço, enviados para servir aqueles que deverão herdar a salvação?

²,¹Por isso, devemos dar maior atenção à mensagem que ouvimos, para não andarmos à deriva. ²Pois, se a palavra transmitida por meio de anjos se mostrou válida e toda a transgressão e desobediência recebeu sua justa paga, ³como poderemos nós escapar, se não prestarmos atenção a tamanha salvação? De fato, depois de ter sido promulgada, no início, pelo Senhor, esta salvação foi confirmada no meio de nós por aqueles que a tinham ouvido, ⁴e Deus apoiou o testemunho deles mediante sinais, prodígios e milagres de todo tipo e dons do Espírito Santo, distribuídos conforme a sua vontade.

Responsório   Hb 1,3; 12.2
R. O **Cristo Jesus** é do **Pai** resplen**dor**
     e expres**são** de seu **ser**,

Ofício das Leituras

o universo sustenta com o poder da palavra;
depois de ter feito a expiação dos pecados do mundo,
* Agora se senta à direita do Pai, no mais alto dos céus.

V. O autor da nossa fé, em lugar da alegria,
que lhe fora apresentada, preferiu sofrer na cruz.
* Agora.

Segunda leitura

Das Cartas pascais de Santo Atanásio, bispo

(Ep. 14,1-2: PG 26,1419-1420)   (Séc. IV)

Celebremos com palavras e atos
a festa do Senhor que se aproxima

Está próximo de nós o Verbo de Deus, nosso Senhor Jesus Cristo, que se fez tudo por nós, e promete estar conosco para sempre. Ele o proclama com estas palavras: *Eis que eu estarei convosco todos os dias, até ao fim do mundo* (Mt 28,20). E porque quis fazer-se tudo para nós, ele é o nosso pastor, sumo sacerdote, caminho e porta; e é também a nossa festa e solenidade como diz o Apóstolo: *O nosso cordeiro pascal, Cristo, já está imolado* (1Cor 5,7). Cristo, esperança dos homens, veio ao nosso encontro, dando novo sentido às palavras do salmista: *Vós sois a minha alegria; livrai-me daqueles que me cercam* (cf. Sl 31,7). Esta é a verdadeira alegria, esta é a verdadeira solenidade: vermo-nos livres do mal. Para tanto, que cada um se esforce por viver em santidade e medite interiormente na paz e no temor de Deus.

Os santos, enquanto viviam neste mundo, estavam sempre alegres, como em contínua festa. Um deles, o bem-aventurado Davi, levantava-se de noite, não uma mas sete vezes, para atrair com suas preces a benevolência de Deus. Outro, o grande Moisés, exprimia a sua alegria entoando hinos e cânticos de louvor a Deus pela vitória alcançada sobre o Faraó e sobre todos os que tinham oprimido o povo hebreu. Outros, ainda, dedicavam-se alegremente ao exercício contínuo do culto sagrado, como o grande Samuel e o bem-aventurado

5º Domingo da Quaresma

Elias. Todos eles, pelo mérito das suas obras, já alcançaram a liberdade e celebram no céu a festa eterna. Alegram-se com a lembrança da sua peregrinação terrena, vivida entre as sombras do que havia de vir e, passado o tempo das figuras, contemplam agora a verdadeira realidade.

E nós, que nos preparamos para a grande solenidade, que caminho havemos de seguir? Ao aproximarem-se as festas pascais, a quem tomaremos por guia? Certamente nenhum outro, amados irmãos, senão aquele a quem chamamos nosso Senhor Jesus Cristo, e que disse: *Eu sou o caminho* (Jo 14,6). É ele, como diz São João, *que tira o pecado do mundo* (Jo 1,29); é ele que purifica nossas almas, como declara o profeta Jeremias: *Parai um pouco na estrada para observar, e perguntai sobre os antigos caminhos, e qual será o melhor, para seguirdes por ele; assim ficareis mais tranquilos em vossos corações* (Jr 6,16).

Outrora, era com sangue de bodes e a cinza de novilhas que se aspergiam os que estavam impuros, mas só os corpos ficavam purificados. Agora, pela graça do Verbo de Deus, alcançamos a purificação total. Se seguirmos a Cristo, poderemos sentir-nos desde já nos átrios da Jerusalém celeste e saborear de antemão as primícias daquela festa eterna. Assim fizeram os Apóstolos, que foram e continuam a ser os mestres desta graça divina, porque seguiram o Salvador; diziam eles: *Nós deixamos tudo e te seguimos* (Mt 19,17). Sigamos também nós o Senhor; preparemo-nos para celebrar a festa do Senhor não apenas com palavras, mas também com nossos atos.

Responsório   cf. Hb 6,20; Jo 1,29

R. O Cor**dei**ro imaculado pene**trou**
   no santu**á**rio como **nos**so precur**sor**,
 * Feito **su**mo sacer**do**te para **to**da a eterni**da**de
   numa **or**dem seme**lhan**te à do **rei** Melquise**dec**.

Laudes

V. Eis **aqui** o Cor**dei**ro de **Deus**,
o que **tira** o pe**ca**do do **mundo**.
* Feito **sumo**.

Oração como nas Laudes.

Laudes

Hino, p. 36.

Ant. 1 Para **mim**, ó meu **Deus**, fostes **sempre** um so**cor**ro.

Salmos e cântico do domingo da I Semana, p. 982.

Ant. 2 Reno**vai** vossos pro**dí**gios e sal**vai**-nos!
Liber**tai**-nos do po**der** da morte e**ter**na!

Ant. 3 A **hora** já che**gou**:
Jesus o Filho do **Homem**, se**rá** glorifi**ca**do.

Leitura breve   Lv 23,4-7

São estas as solenidades do Senhor em que convocareis santas assembleias no devido tempo: No dia catorze do primeiro mês, ao entardecer, é a Páscoa do Senhor. No dia quinze do mesmo mês é a festa dos Ázimos, em honra do Senhor. Durante sete dias comereis pães ázimos. No primeiro dia tereis uma santa assembleia, não fareis nenhum trabalho servil.

Responsório breve

R. Eis que os **dias** se apro**ximam**,
em que **há** de ser en**tregue** o **Filho** do **Homem**.
* Mas três **dias** de**pois**, ele res**surgirá**.R. Eis que os **dias**.
V. Naqueles **dias** ha**veis** de jeju**ar**, de cho**rar**.
* Mas três **dias**.
Glória ao **Pai**.R. Eis que os **dias**.

Cântico evangélico, ant.

Ano A   Eu sou a res**surreição**, eu sou a **vida**, diz Je**sus**.
Quem crê em **mim**, mesmo de**pois**
de ter mor**rido**, vive**rá**;

e quem **vive** e crê em **mim**,
não morre**rá** eterna**men**te.

Ano B Se al**guém** quer ser**vir**-me, en**tão** que me **si**ga.
E onde **eu** esti**ver**, lá esta**rá** o meu **ser**vo.

Ano C Ao ou**vir** estas pa**la**vras,
foram sa**in**do um a **um**,
a come**çar** pelos mais **ve**lhos.
Je**sus** ficou so**zi**nho, e a mu**lher**, ali, no **mei**o.

Preces

Bendigamos o nosso Redentor que na sua bondade nos concede este tempo de salvação; e supliquemos:

R.**Criai em nós, Senhor, um espírito novo!**

Cristo, nossa vida, que pelo batismo nos sepultastes sacramentalmente convosco na morte para que também convosco ressuscitemos,
–ajudai-nos hoje a ser fiéis à vida nova que recebemos. R.

Senhor Jesus, que passastes pelo mundo fazendo o bem,
–tornai-nos solícitos pelo bem comum de toda a humanidade. R.

Ensinai-nos a trabalhar generosamente na construção da cidade terrena,
–e ao mesmo tempo buscar a cidade celeste. R.

Médico dos corpos e das almas, curai as feridas do nosso coração,
–para progredirmos continuamente no caminho da santidade. R.

(intenções livres)

Pai nosso...

Oração

Senhor, nosso Deus, dai-nos por vossa graça caminhar com alegria na mesma caridade que levou o vosso Filho a entre-

Hora Média

gar-se à morte no seu amor pelo mundo. Por nosso Senhor Jesus Cristo, vosso Filho, na unidade do Espírito Santo.

Hora Média

Hino, p. 37.

Oração das Nove Horas

Ant. Chegou o **tempo** de penit**ên**cia,
de conver**são** e de salva**ção**.

Leitura breve   2Cor 4,10-11

Por toda parte e sempre levamos em nós mesmos os sofrimentos mortais de Jesus, para que também a vida de Jesus seja manifestada em nossa frágil natureza. De fato, nós, os vivos, somos continuamente entregues à morte, por causa de Jesus, para que também a vida de Jesus seja manifestada em nossos corpos.

V. Criai em **mim** um cora**ção** que seja **pu**ro.
R. Dai-me de **no**vo um es**pí**rito deci**di**do!

Oração das Doze Horas

Ant. Por minha **vi**da, diz o Se**nhor,**
não quero a **mor**te do peca**dor,**
mas que ele **vol**te e tenha a **vi**da.

Leitura breve   1Pd 4,13-14

Alegrai-vos por participar dos sofrimentos de Cristo, para que possais também exultar de alegria na revelação da sua glória. Se sofreis injúrias por causa do nome de Cristo, sois felizes, pois o Espírito da glória, o Espírito de Deus repousa sobre vós.

V. Desvi**ai** o vosso o**lhar** dos meus pe**ca**dos.
R. E apa**gai** todas as **mi**nhas transgres**sões!**

Oração das Quinze Horas

Ant. Sejamos firmes na provação: Sua justiça é nossa força.

Leitura breve 1Pd 5,10-11

Depois de terdes sofrido um pouco, o Deus de toda a graça, que vos chamou para a sua glória eterna, em Cristo, vos restabelecerá e vos tornará firmes, fortes e seguros. A ele pertence o poder, pelos séculos dos séculos. Amém.

V. Meu sacrifício é minha alma penitente.

R. Não desprezeis um coração arrependido!

Oração como nas Laudes.

II Vésperas

Hino, p. 33.

Ant. 1 Como a serpente no deserto,
o Filho do Homem há de ser levantado numa cruz.

Salmos e cântico do domingo da I Semana, p. 990.

Ant. 2 Senhor Deus do universo,
protegeis e libertais, acompanhais e enfim salvais.

Ant. 3 Foi ferido por nossos pecados,
esmagado por nossas maldades;
por suas chagas nós fomos curados.

Leitura breve At 13,26-30a

Irmãos, a nós foi enviada esta mensagem de salvação. Os habitantes de Jerusalém e seus chefes não reconheceram a Jesus e, ao condená-lo, cumpriram as profecias que se leem todos os sábados. Embora não encontrassem nenhum motivo para a sua condenação, pediram a Pilatos que fosse morto. Depois de realizarem tudo o que a Escritura diz a respeito de Jesus, eles o tiraram da cruz e o colocaram num túmulo. Mas Deus o ressuscitou dos mortos.

II Vésperas

Responsório breve

R. **Nós** vos bendi**zemos** e ado**ramos**,
  * Ó Jesus, nosso Se**nhor**. R. **Nós** vos.
V. Por vossa **cruz** vós redi**mistes** este **mun**do. * Ó Jesus.
  Glória ao **Pai**. R. **Nós** vos.

Cântico evangélico, ant.

Ano A   Eu **creio** que és o **Cristo**, o **Filho** do Deus **vivo**,
         que vi**este** a este **mun**do.

Ano B   Quando eu **for** elevado da **terra**,
         atrai**rei** para **mim** todo **ser**.

Ano C   Mu**lher**, onde es**tão** os **que** te acu**savam**?
         Nin**guém** te conde**nou**? Nin**guém**, ó Se**nhor**!
         Nem **eu** te con**deno**.
         En**tão** podes **ir** e **não** peques **mais**!

Preces

Demos glória a Deus Pai, que fez de nós o seu povo eleito, renascido de uma semente incorruptível e eterna, por meio de seu Filho, a Palavra que se fez carne; e lhe supliquemos humildemente:

R. **Senhor, sede propício ao vosso povo!**

Deus de misericórdia, escutai as súplicas que vos dirigimos em favor do vosso povo,

_ e fazei que ele deseje, sempre, mais a vossa palavra do que o alimento corporal.   R.

Ensinai-nos a amar sinceramente e sem discriminação a gente de nossa terra e os povos de todas as raças,

_ e a trabalhar pela felicidade e concórdia de toda a huma-nidade.   R.

Acolhei com bondade os que se preparam para o renasci-mento espiritual do batismo,

_ para que, como pedras vivas, eles construam a vossa casa espiritual que é a Igreja.   R.

312   5ª Semana da Quaresma

Vós, que pela pregação do profeta Jonas exortastes os ninivitas à penitência,
— convertei por vossa palavra os corações dos pecadores.

R. **Senhor, sede propício ao vosso povo!**

(intenções livres)

Ajudai os agonizantes a esperarem confiantemente o seu encontro com Cristo,
— para que se alegrem eternamente na visão da vossa face.

R.

Pai nosso...

Oração

Senhor, nosso Deus, dai-nos por vossa graça caminhar com alegria na mesma caridade que levou o vosso Filho a entregar-se à morte no seu amor pelo mundo. Por nosso Senhor Jesus Cristo, vosso Filho, na unidade do Espírito Santo.

Nos dias de semana desta 5ª Semana da Quaresma, podem-se usar os hinos da Semana Santa, no Ofício das Leituras, nas Laudes e nas Vésperas, p. 357-360.

SEGUNDA-FEIRA

Ofício das Leituras

V. Conver**tei**-vos e **cre**de no Evan**ge**lho,
R. Pois o **Reino** de **Deus** está che**gan**do.

Primeira leitura
Da Carta aos Hebreus   2,5-18

Jesus, autor da salvação, feito semelhante aos seus irmãos

⁵Não foi aos anjos que Deus submeteu o mundo futuro, do qual estamos falando. ⁶A este respeito, porém, houve quem afirmasse:
"O que é o homem, para dele te lembrares,
ou o filho do homem, para com ele te ocupares?

Segunda-feira

[7] Tu o fizeste um pouco menor que os anjos,
de glória e honra o coroaste,
[8] e todas as coisas puseste debaixo de seus pés."

Se Deus lhe submeteu todas as coisas, nada deixou que não lhe fosse submisso. Atualmente, porém, ainda não vemos que tudo lhe esteja submisso. [9] Jesus, a quem Deus fez pouco menor do que os anjos, nós o vemos coroado de glória e honra, por ter sofrido a morte. Sim, pela graça de Deus em favor de todos, ele provou a morte.

[10] Convinha de fato que aquele, por quem e para quem todas as coisas existem, e que desejou conduzir muitos filhos à glória, levasse o iniciador da salvação deles à consumação, por meio de sofrimentos. [11] Pois tanto Jesus, o Santificador, quanto os santificados, são descendentes do mesmo ancestral; por esta razão, ele não se envergonha de os chamar irmãos, [12] dizendo:
"Anunciarei o teu nome a meus irmãos;
e no meio da assembleia te louvarei."

[13] E ainda:
"Eu colocarei nele a minha confiança."

E também:
"Eis-me aqui, com os filhos que Deus me deu."

[14] Visto que os filhos têm em comum a carne e o sangue, também Jesus participou da mesma condição, para assim destruir, com a sua morte, aquele que tinha o poder da morte, isto é, o diabo, [15] e libertar os que, por medo da morte, estavam a vida toda sujeitos à escravidão. [16] Pois, afinal, não veio ocupar-se com os anjos, mas com a descendência de Abraão.

[17] Por isso devia fazer-se em tudo semelhante aos irmãos, para se tornar um sumo sacerdote misericordioso e digno de confiança nas coisas referentes a Deus, a fim de expiar os pecados do povo. [18] Pois, tendo ele próprio sofrido ao ser tentado, é capaz de socorrer os que agora sofrem a tentação.

314   5ª Semana da Quaresma

Responsório   Hb 2,11a.17a; cf. Br 3,38

R. Tanto o **San**tifica**dor** como os que **são** santifi**ca**dos,
   todos **têm** a mesma o**ri**gem;
   é por **is**so que con**vi**nha que o **Cris**to fosse em **tu**do
   seme**lhan**te a seus ir**mãos**.
   * Para po**der** ter pena **de**les e ser pon**tí**fice fi**el**.

V. Deus foi **vis**to em nossa **ter**ra
   convi**ven**do em meio aos **ho**mens. * Para po**der**.

Segunda leitura

Dos Comentários sobre os Salmos, de São João Fisher,
bispo e mártir

     (Ps 129: *Opera omnia*, edil. 1579, p. 1610)   (Séc. XVI)

* Se alguém pecar, temos junto do Pai um Defensor*

Jesus Cristo é o nosso sumo sacerdote e o seu precioso
corpo é o nosso sacrifício, que ele ofereceu no altar da cruz
para a salvação de todos os homens.

O sangue derramado por nossa redenção não era de novilhos e bodes (como na antiga Lei), mas do inocentíssimo
cordeiro Cristo Jesus, nosso Salvador.

O templo onde nosso sumo sacerdote ofereceu o sacrifício não era feito por mãos humanas, mas edificado unicamente pelo poder de Deus. Porque ele derramou seu sangue
diante do mundo, que é na verdade o templo construído só
pela mão de Deus.

Este templo tem duas partes: uma é a terra que agora
habitamos; a outra ainda é desconhecida por nós mortais.

Jesus Cristo ofereceu seu primeiro sacrifício aqui na
terra quando padeceu a morte crudelíssima. Em seguida,
revestido da nova veste da imortalidade, com seu próprio
sangue entrou no Santo dos Santos, isto é, no céu, onde
apresentou diante do trono do Pai celeste aquele sangue
de valor infinito, que derramara uma vez para sempre por
todos os homens cativos do pecado.

Este sacrifício é tão agradável e aceito por Deus que,
logo ao vê-lo, não pode deixar de compadecer-se de nós e

Segunda-feira

derramar a sua misericórdia sobre todos os que estão verdadeiramente arrependidos.

É, além disso, um sacrifício eterno. Não é oferecido apenas uma vez cada ano (como acontecia entre os judeus), mas cada dia para o nosso consolo, e ainda mais, a cada hora e a cada momento, para nosso conforto e nossa alegria. Por isso o Apóstolo acrescenta: *Obtendo uma eterna redenção* (Hb 9,12).

Deste santo e eterno sacrifício, participam todos os que experimentaram a verdadeira contrição e arrependimento dos pecados cometidos, e tomaram a inabalável resolução de não mais voltar aos vícios antigos e de perseverar com firmeza no caminho das virtudes a que se consagraram.

É o que ensina São João com estas palavras: *Meus filhinhos, escrevo isto para que não pequeis. No entanto, se alguém pecar, temos junto ao Pai um Defensor: Jesus Cristo, o Justo. Ele é a vítima de expiação pelos nossos pecados, e não só pelos nossos, mas também pelos do mundo inteiro* (1Jo 2,1-2).

Responsório   Rm 5,10.8b

R. Se, quando éramos inimigos,
   fomos com **Deus** reconciliados pela **mor**te de seu **Filho,**
 * Com mai**or** razão **ago**ra, uma **vez** reconci**li**ados,
   seremos **sal**vos por sua **vi**da.
V. Quando ain**da** peca**do**res, morreu **Cris**to por nós **to**dos.
 * Com mai**or.**

Oração como nas Laudes.

Laudes

Leitura breve   Jr 11,19-20

Eu era como manso cordeiro levado ao sacrifício, e não sabia que tramavam contra mim: "Vamos cortar a árvore em toda

5ª Semana da Quaresma

sua força, eliminá-lo do mundo dos vivos, para seu nome não ser mais lembrado". E tu, Senhor dos exércitos, que julgas com justiça e perscrutas os afetos do coração, concede que eu veja a vingança que tomarás contra eles, pois eu te confiei a minha causa.

Responsório breve

R. **Lembra**-te de **Cris**to, ressuscitado dentre os **mor**tos!
   * Ele é **nos**sa salva**ção** e nossa **glória** para **sem**pre.
   R. **Lembra**-te.
V. Se com ele nós morremos, também, com ele viveremos.
   * Ele é Glória ao **Pai**. R. **Lem**bra-te.

Cântico evangélico, ant.

Quem me **segue** não ca**mi**nha em meio às **tre**vas,
mas te**rá** a luz da **vi**da, diz Je**sus**.

Preces

Bendigamos a Jesus, nosso Salvador, que pela sua morte nos abriu o caminho da salvação; e oremos:

R. **Guiai-nos, Senhor, em vossos caminhos!**

Deus de misericórdia, que pelo batismo nos destes uma vida nova,
— fazei que dia a dia nos configuremos cada vez mais à vossa imagem.   R.

Ensinai-nos a ser hoje alegria para os que sofrem,
— e a vos servir em cada irmão ou irmã que precise de nossa ajuda.   R.

Ajudai-nos a praticar o que é bom, correto e verdadeiro a *vossos olhos*,
— e a sempre vos procurar com sinceridade de coração. R.

Perdoai-nos, Senhor, as faltas que cometemos contra a unidade de vossa família,

Segunda-feira

— e fazei que nos tornemos um só coração e uma só alma. R.

(intenções livres)

Pai nosso...

Oração

Ó Deus, que pela vossa graça inefável nos enriqueceis de todos os bens, concedei-nos passar da antiga à nova vida, preparando-nos assim, para o reino da glória. Por nosso Senhor Jesus Cristo, vosso Filho, na unidade do Espírito Santo.

Hora Média

Oração das Nove Horas

Ant. Chegou o **tem**po de peni**tên**cia,
de conver**são** e de salva**ção**.

Leitura breve   Ez 33,10b.11a

Nossos crimes e pecados pesam sobre nós, e por causa deles estamos definhando. Como poderemos viver? Juro por minha vida – oráculo do Senhor Deus – não sinto prazer na morte do ímpio, mas antes, que ele mude de conduta e viva!

V. Criai em **mim** um cora**ção** que seja **pu**ro.
R. Dai-me de **no**vo um es**pí**rito deci**di**do!

Oração das Doze Horas

Ant. Por minha **vi**da, diz o Se**nhor**,
não quero a **mor**te do peca**dor**,
mas que ele **vol**te e tenha a **vi**da.

Leitura breve   Jr 18,20b

Lembra-te de que fui à tua presença, para interceder por eles e tentar afastar deles a tua ira.

V. Desv**iai** o vosso o**lhar** dos meus pe**ca**dos.
R. E apa**gai** todas as **mi**nhas transgres**sões**!

318   5ª Semana da Quaresma

Oração das Quinze Horas

Ant. Sejamos firmes na provação: Sua justiça é nossa força.

Leitura breve   Jr 31,2.3b.4a
Isto diz o Senhor: Encontrou perdão no deserto o povo que escapara à espada; Israel encaminha-se para o seu descanso. Amei-te com amor eterno e te atraí com a misericórdia. De novo te edificarei, serás reedificada, ó jovem nação de Israel.

V. Meu sacrifício é minha alma penitente.
R. Não desprezeis um coração arrependido!
Oração como nas Laudes.

Vésperas

Leitura breve   Rm 5,8-9
A prova de que Deus nos ama é que Cristo morreu por nós, quando éramos ainda pecadores. Muito mais agora, que já estamos justificados pelo sangue de Cristo, seremos salvos da ira por ele.

Responsório breve
R. Jesus, lembrai-vos de mim, ao chegar a vosso Reino!
  * Vós que não rejeitais um coração oprimido. R. Jesus.
V. Vós que vos fizestes obediente até a morte.
    * Vós que não. Glória ao Pai. R. Jesus.

Cântico evangélico, ant.
Não só eu dou testemunho de mim mesmo,
mas o Pai que me enviou também o dá.

Preces
Invoquemos ao Senhor Jesus Cristo que fez de nós o seu povo libertando-nos do pecado; e oremos humildemente:
R. **Jesus, filho de Davi, tende piedade de nós!**

Ó Cristo, lembrai-vos da vossa santa Igreja, pela qual vos entregastes à morte para santificá-la na água da purificação espiritual e na palavra da vida:

— renovai-a sem cessar e purificai-a pela penitência. R.

Bom Mestre, mostrai aos jovens o caminho que escolhestes para cada um deles,

— para que sigam generosamente o vosso chamado e sejam felizes. R.

Vós, que tivestes compaixão de todos os doentes que vos procuraram, dai esperança aos nossos enfermos e curai-os,

— e fazei-nos solícitos e generosos para com todos os que sofrem. R.

Despertai em nós a consciência da dignidade de filhos de Deus que recebemos pelo batismo,

— e tornai-nos cada vez mais conformes à vossa vontade. R.

(intenções livres)

Dai aos nossos irmãos e irmãs falecidos a vossa paz e a glória eterna,

— e reuni-nos um dia com eles no vosso Reino. R.

Pai nosso...

Oração

Ó Deus, que pela vossa graça inefável nos enriqueceis de todos os bens, concedei-nos passar da antiga à nova vida, *preparando-nos*, assim, para o Reino da glória. Por nosso Senhor Jesus Cristo, vosso Filho, na unidade do Espírito Santo.

TERÇA-FEIRA

Ofício das Leituras

V. Eis o **tempo** de conver**são**.
R. Eis o **dia** da salvação.

320   5ª Semana da Quaresma

Primeira leitura
Da Carta aos Hebreus   3,1-19

Jesus, apóstolo da fé que professamos

[1]Irmãos santos, participantes da vocação que vem do céu, fixai bem a mente em Jesus, o apóstolo e sumo sacerdote da fé que nós professamos. [2]Ele foi fiel a Deus, que o constituiu neste cargo, assim como Moisés o foi em toda a casa de Deus. [3]E ele merece glória muito maior do que Moisés, na medida em que o construtor da casa merece maior glória que a casa mesma. [4]Pois toda casa é construída por alguém, e quem constrói tudo é Deus. [5]Moisés foi fiel em tudo o que se refere à casa de Deus, como servidor, em testemunho das coisas que seriam ditas. [6]Cristo, porém, foi fiel como filho, no que diz respeito à sua própria casa. E nós somos sua casa, se conservarmos até ao fim a firme confiança e altivez a respeito da nossa esperança.

[7]Portanto, escutai o que declara o Espírito Santo:
"Hoje, se ouvirdes a sua voz,
[8]não endureçais os vossos corações, como na rebelião,
no dia da tentação, no deserto,
[9]onde vossos pais me tentaram, colocando-me à prova,
[10]embora vissem as minhas obras, durante quarenta anos.
Por isso me irritei com essa geração
e afirmei: sempre se enganam no coração
e desconhecem os meus caminhos.
[11]Assim jurei em minha ira:
não entrarão no meu repouso".

[12]Cuidai, irmãos, que não se ache em algum de vós um coração transviado pela incredulidade, levando-o a afastar-se do Deus vivo. [13]Antes, animai-vos uns aos outros, dia após dia, enquanto ainda se disser "hoje", para que nenhum de vós se endureça pela sedução do pecado [14]– pois tornamo-nos companheiros de Cristo, contanto que mantenhamos firme até ao fim a nossa confiança inicial. [15]E isto, enquanto se diz:

Terça-feira

"Hoje, se ouvirdes a sua voz, não endureçais os vossos corações, como na rebelião".

[16]Ora, quem são aqueles que se revoltaram, depois de ter ouvido a sua voz? Não foram todos aqueles que saíram do Egito pela mão de Moisés? [17]E quais são aqueles com os quais Deus se irritou durante quarenta anos? Não foram aqueles que cometeram pecado, e cujos cadáveres caíram no deserto? [18]E para quem foi que Deus jurou que não entrariam em seu repouso? Não foram aqueles que não quiseram crer? [19]Assim vemos que eles não podiam entrar, por causa da sua falta de fé.

Responsório Hb 3,6a; Ef 2,21

R. Jesus **Cristo**, como **Filho** é o **Senhor** de sua **ca**sa;
* E esta **ca**sa somos **nós**.
V. A in**tei**ra constru**ção** nele **bem** edifi**ca**da,
vai se er**guen**do como um **tem**plo
consa**gra**do ao **Senhor**. * E esta **ca**sa.

Segunda leitura
Dos Sermões de São Leão Magno, papa
(Sermo 8, *De passione Domini*, 6-8: PL 54,340-342)
(Séc. V)

A cruz de Cristo é fonte de todas as bênçãos
e origem de todas as graças

Que a nossa inteligência, iluminada pelo Espírito da Verdade, acolha com o coração puro e liberto, a glória da cruz que se irradia pelo céu e a terra; e perscrute, com o olhar interior, o sentido destas palavras do Senhor, ao falar da iminência de sua paixão: *Chegou a hora em que o Filho do Homem vai ser glorificado* (Jo 12,23). E em seguida: *Agora sinto-me angustiado. E que direi? "Pai, livra-me desta hora!"? Mas foi precisamente para esta hora que eu vim. Pai, glorifica o teu Filho!* (Jo 12,27). E tendo vindo do céu a voz do Pai que dizia: *Eu o glorifiquei e o glorificarei de novo!* (Jo 12,28), Jesus continuou, dirigindo-se aos presentes: *Esta voz que ouvistes não foi por causa de mim, mas por causa de vós. É agora o julgamento deste mundo. Agora o chefe deste mundo vai ser expulso, e eu, quando for elevado da terra, atrairei tudo a mim* (Jo 12,30-32).

Ó admirável poder da cruz! Ó inefável glória da Paixão! Nela se encontra o tribunal do Senhor, o julgamento do mundo, o poder do Crucificado!

Atraístes tudo a vós, Senhor, para que o culto divino fosse celebrado, não mais em sombra e figura, mas num sacramento perfeito e solene; não mais no templo da Judeia, mas em toda parte e por todos os povos da terra.

Agora, com efeito, é mais ilustre a ordem dos levitas, maior a dignidade dos sacerdotes e mais santa a unção dos pontífices. Porque vossa cruz é fonte de todas as bênçãos e origem de todas as graças. Por ela, os que creem recebem na sua fraqueza a força, na humilhação, a glória, na morte, a vida. Agora, abolida a multiplicidade dos sacrifícios antigos, toda a variedade das vítimas carnais é consumada na oferenda única do vosso corpo e do vosso sangue, porque sois o verdadeiro *Cordeiro de Deus que tirais o pecado do mundo* (Jo 1,29). E assim realizais em vós todos os mistérios, para que todos os povos formem um só reino, assim como todas as vítimas são substituídas por um só sacrifício.

Proclamemos, portanto, amados filhos, o que o santo doutor das nações, o apóstolo Paulo, proclamou solenemente: *Segura e digna de ser acolhida por todos é esta palavra: Cristo veio ao mundo para salvar os pecadores* (1Tm 1,15).

E é ainda mais admirável a misericórdia de Deus para conosco porque Cristo não morreu pelos justos, nem pelos santos, mas pelos pecadores e pelos ímpios. E como a natureza divina não estava sujeita ao suplício da morte, ele assumiu, nascendo de nós, o que poderia oferecer por nós.

Outrora ele ameaçava nossa morte com o poder de sua morte, dizendo pelo profeta Oseias: *Ó morte, eu serei a*

Terça-feira

tua morte; inferno, eu serei a tua ruína (cf. Os 13,14). Na verdade, morrendo, ele se submeteu às leis do túmulo, mas destruiu-as, ressuscitando. Rompeu a perpetuidade da morte, transformando-a de eterna em temporal. Pois, *como em Adão todos morrem, assim também em Cristo todos reviverão* (1Cor 15,2).

Responsório
Cl 2,14-15; Jo 8,28a

R. Jesus **Cris**to destru**iu** o **tí**tulo de **dí**vida
que ha**vi**a contra **nós**,
cujas **leis** nos conde**na**vam, pregan**do**-o na **cruz**.

* Despo**jou** os princi**pa**dos e tam**bém** as potes**ta**des
e os ex**pôs** como espe**tá**culo em seu cor**te**jo triun**fal**.

V. Quando ti**ver**des levan**ta**do,
numa **cruz**, o Filho do **Ho**mem,
sabe**reis** que "Eu **sou**". * Despo**jou**.

Oração como nas Laudes.

Laudes

Leitura breve
Zc 12,10-11a

Derramarei sobre a casa de Davi e sobre os habitantes de Jerusalém um espírito de graça e de oração; eles olharão para mim. Ao que eles feriram de morte, hão de chorá-lo, como se chora a perda de um filho único, e hão de sentir por ele a dor que se sente pela morte de um primogênito. Naquele dia, haverá um grande pranto em Jerusalém.

Responsório breve

R. Levan**tai**-vos, ó Se**nhor**, por que dor**mis**?
* **Vós**, a**go**ra, nos dei**xas**tes e humi**lhas**tes!
R. Levan**tai**-vos.

V. Desper**tai**! Não nos dei**xeis** eterna**men**te! * Vós a**go**ra.
Glória ao **Pai**. R. Levan**tai**-vos.

324   5ª Semana da Quaresma

Cântico evangélico, ant.
Quando tiverdes levantado o Filho do Homem,
conhecereis que "Eu Sou", diz o Senhor.

Preces
Bendigamos a Cristo, que se deu a nós como pão descido
do céu; e oremos, dizendo:
R. **Cristo, pão da vida e remédio que nos salva, dai-nos
vossa força!**

Senhor, que nos alimentais na vossa ceia eucarística,
– dai-nos a plena participação nos frutos do sacrifício pascal.
R.

Ensinai-nos a acolher vossa palavra num coração bom e reto,
– para darmos frutos na paciência.   R.

Fazei que colaboremos alegremente convosco na construção do mundo,
– a fim de que o anúncio da paz se difunda mais eficazmente pela ação da Igreja.   R.

Reconhecemos, Senhor, que somos pecadores;
– apagai nossas culpas com a graça da vossa salvação. R.
(intenções livres)
Pai nosso...

Oração
Concedei-nos, ó Deus, perseverar no vosso serviço para
que, em nossos dias, cresça em número e santidade o povo
que vos serve. Por nosso Senhor Jesus Cristo, vosso Filho,
na unidade do Espírito Santo.

Hora Média

Oração das Nove Horas

Ant. Chegou o tempo de penitência,
de conversão e de salvação.

Terça-feira

Leitura breve 1Cor 1,18-19

A pregação a respeito da cruz é uma insensatez para os que se perdem, mas para os que se salvam, para nós, ela é poder de Deus. Com efeito, está escrito: "Destruirei a sabedoria dos sábios e frustrarei a perspicácia dos inteligentes".

V. Criai em **mim** um cora**ção** que seja **pu**ro.
R. Dai-me de **no**vo um es**pí**rito deci**di**do!

Oração das Doze Horas

Ant. Por minha **vi**da, diz o Se**nhor**,
não quero a **mor**te do peca**dor**,
mas que ele **vol**te e tenha a **vi**da.

Leitura breve 1Cor 1,22-24

Os judeus pedem sinais milagrosos, os gregos procuram sabedoria; nós, porém, pregamos Cristo crucificado, escândalo para os judeus e insensatez para os pagãos. Mas para os que são chamados, tanto judeus como gregos, esse Cristo é poder de Deus e sabedoria de Deus: Nós ofendemos o Senhor, nosso Deus, nós e nossos pais, desde a juventude até ao dia de hoje, não escutamos a voz do Senhor, nosso Deus.

V. Desvi**ai** o vosso o**lhar** dos meus pe**ca**dos.
R. E apa**gai** todas as **mi**nhas transgres**sões**!

Oração das Quinze Horas

Ant. Sejamos **fir**mes na prova**ção**: Sua justiça é nossa **for**ça.

Leitura breve 1Cor 1,25.27a

O que é dito insensatez de Deus é mais sábio do que os homens, e o que é dito fraqueza de Deus é mais forte do que os homens. Na verdade, Deus escolheu o que o mundo considera como estúpido, para assim confundir os sábios.

326   5ª Semana da Quaresma

V. Meu sacrifício é minha **alma** peni**ten**te.
R. Não despre**zeis** um cora**ção** arrepen**dido**!
Oração como nas Laudes.

Vésperas

Leitura breve   1Cor 1,27b-30

Deus escolheu o que o mundo considera como fraco, para assim confundir o que é forte; Deus escolheu o que para o mundo é sem importância e desprezado, o que não tem nenhuma serventia, para assim mostrar a inutilidade do que é considerado importante, para que ninguém possa gloriar-se diante dele. É graças a ele que vós estais em Cristo Jesus, o qual se tornou para nós, da parte de Deus: sabedoria, justiça, santificação e libertação.

Responsório breve

R. Ele não **tinha** apa**rên**cia ou be**leza**,
  * Por suas **chagas** nós **fomos** curados. R. Ele não **tinha**.
V. Carre**gou** sobre **si** nossas **culpas**. * Por suas **chagas**.
  Glória ao **Pai**. R. Ele não **tinha**.

Cântico evangélico, ant.

Quem me envi**ou** está co**migo** e ja**mais** me deixa **só**; porque **sempre** faço a**quilo** que **é** de seu **agrado**.

Preces

Imploremos a Cristo Senhor, que nos mandou vigiar e orar para não cairmos em tentação; e digamos confiantemente:

R. **Ouvi-nos, Senhor, e tende piedade!**

Cristo Jesus, que prometestes estar presente no meio daqueles que se reúnem para orar em vosso nome,
– ensinai-nos orar sempre convosco ao Pai no Espírito Santo.   R.

Celeste Esposo, purificai de todo pecado vossa amada Igreja,
— e fazei que ela viva sempre na esperança e na alegria do Espírito Santo. R.

Amigo do ser humano, tornai-nos solícitos pelo bem do próximo, como nos mandastes,
— a fim de que, por meio de nós, brilhe para todos a luz da vossa salvação. R.

Pai pacífico, dai ao mundo a vossa paz,
— para que em toda parte se faça mais sensível vossa presença salvadora. R.

(intenções livres)

Abri as portas da bem-aventurança eterna a todos os que morreram,
— e admiti-os na glória da eternidade. R.
Pai nosso...

Oração

Concedei-nos, ó Deus, perseverar no vosso serviço para que, em nossos dias, cresça em número e santidade o povo que vos serve. Por nosso Senhor Jesus Cristo, vosso Filho, na unidade do Espírito Santo.

QUARTA-FEIRA

Ofício das Leituras

V. Convertei-vos e mudai a vossa vida.
R. Renovai-vos de espírito e coração!

Primeira leitura
Da Carta aos Hebreus 6,9-20

A fidelidade de Deus, garantia de nossa esperança

⁹Quanto a vós, caríssimos, estamos persuadidos de que vos achais numa situação melhor e mais favorável à salva-

ção, ainda que falemos daquele modo. [10]Deus não é injusto, para esquecer aquilo que estais fazendo e a caridade que demonstrastes em seu nome, servindo e continuando a servir os santos. [11]Mas desejamos que cada um de vós mostre até ao fim este mesmo empenho pela plena realização da esperança, [12]para não serdes lentos à compreensão, mas imitadores daqueles que, pela fé e a perseverança, se tornam herdeiros das promessas.

[13]Pois quando Deus fez a promessa a Abraão, não havendo alguém maior por quem jurar, jurou por si mesmo, [14]dizendo: "Eu te cumularei de bênçãos e te multiplicarei em grande número". [15]E assim, Abraão foi perseverante e alcançou a promessa. [16]Os homens juram, de fato, por alguém mais importante, e a garantia do juramento põe fim a qualquer contestação. [17]Por isso, querendo Deus mostrar, com mais firmeza, aos herdeiros da promessa, o caráter irrevogável da sua decisão, interveio com um juramento. [18]Assim, por meio de dois atos irrevogáveis, nos quais não pode haver mentira por parte de Deus, encontramos profunda consolação, nós que tudo deixamos para conseguir a esperança proposta. [19]A esperança, com efeito, é para nós qual âncora da vida, segura e firme, penetrando para além da cortina do santuário, [20]aonde Jesus entrou por nós, como precursor, feito sumo sacerdote eterno na ordem de Melquisedec.

Responsório   cf. Hb 6,19.20; 7,24.25

R. O Cordeiro imaculado penetrou no santuário
    como nosso precursor feito sumo sacerdote
    para toda a eternidade numa ordem semelhante
    à do rei Melquisedec;
  * Ele vive para sempre, intercedendo por nós todos.
V. Ele possui um sacerdócio que perdura para sempre;
    e por isso ele é capaz de salvar integralmente
    aqueles, que por ele, se aproximam de Deus Pai.
    * Ele vive.

Segunda leitura

Dos Comentários sobre os Salmos, de Santo Agostinho, bispo

(Sl 85,1: CCL 39,1176-1177)   (Séc. V)

Jesus Cristo ora por nós, ora em nós, e recebe a nossa oração

Deus não poderia conceder dom maior aos homens do que dar-lhes como Cabeça a sua Palavra, pela qual criou todas as coisas, e a ela uni-los como membros, para que o Filho de Deus fosse também filho do homem, um só Deus com o Pai, um só homem com os homens. Por conseguinte, quando dirigimos a Deus nossas súplicas, não separemos dele o Filho; e, quando o Corpo do Filho orar, não separe de si sua Cabeça. Deste modo, o único salvador de seu corpo, nosso Senhor Jesus Cristo, é o mesmo que ora por nós, ora em nós e recebe a nossa oração.

Ele ora por nós como nosso sacerdote; ora em nós como nossa cabeça e recebe a nossa oração como nosso Deus.

Reconheçamos nele a nossa voz, e em nós a sua voz. E quando se disser sobre o Senhor Jesus, sobretudo nos profetas, algo referente àquela humilhação aparentemente indigna de Deus, não hesitemos em lhe atribuir, já que ele não hesitou em fazer-se um de nós. É a ele que toda a criação serve, porque todo o universo é obra de suas mãos.

Por isso, contemplamos sua divindade e majestade, quando ouvimos: *No princípio era a Palavra, e a Palavra estava com Deus; e a Palavra era Deus. No princípio estava ela com Deus. Tudo foi feito por ela e sem ela nada se fez* (Jo 1,1-3). Mas se nesta passagem contemplamos a divindade do Filho de Deus que supera as mais excelsas criaturas, ouvimos também em outras passagens da Escritura o mesmo Filho de Deus que geme, ora e louva.

5ª Semana da Quaresma

Hesitamos então em atribuir-lhe tais palavras, porque nosso pensamento reluta em passar da contemplação de sua divindade à sua humilhação, como se fosse uma injúria reconhecer como homem aquele a quem orávamos como a Deus; por isso, o nosso pensamento fica muitas vezes perplexo, e esforça-se por alterar o sentido das palavras. Porém, não encontramos na Escritura recurso algum para aplicar tais palavras senão ao Filho de Deus, sem jamais separá-las dele.

Despertemos, pois, e estejamos vigilantes na fé. Consideremos aquele que assumiu a condição de servo, a quem há pouco contemplávamos na condição de Deus; tornando-se *semelhante aos homens e sendo visto como homem, humilhou-se a si mesmo, fazendo-se obediente até à morte* (cf. Fl 2,7-8). E quis tornar suas as palavras do salmo, ao dizer, pregado na cruz: *Meu Deus, meu Deus, por que me abandonaste?* (Sl 21,1).

Ele ora na sua condição de servo, e recebe a nossa oração na sua condição de Deus; ali é criatura, aqui o Criador; sem sofrer mudança, assumiu a condição mutável da criatura, fazendo de nós, juntamente com ele, um só homem, cabeça e corpo. Nossa oração, pois, se dirige a ele, por ele e nele; oramos juntamente com ele e ele ora juntamente conosco.

Responsório   Jo 16,24.23

R. Até **agora** não pe**dis**tes coisa al**gu**ma em meu **no**me;
    * Pe**di** e rece**berei**s e te**reis** plena ale**gria**.
V. O que pe**dirdes** a meu **Pai**, em meu **no**me, ele da**rá**.
    * Pe**di**.

Oração como nas Laudes.

Laudes

Leitura breve   Is 50,5-7

O Senhor abriu-me os ouvidos; não lhe resisti nem voltei atrás. Ofereci as costas para me baterem e as faces para me arrancarem a barba: não desviei o rosto de bofetões e cusparadas. Mas o Senhor Deus é meu Auxiliador, por isso não me deixei abater o ânimo, conservei o rosto impassível como pedra, porque sei que não sairei humilhado.

Responsório breve

R. Foi levado como ovelha ao matadouro;
  e, maltratado, não abriu a sua boca.
  * De sua linhagem quem dela cogitou? R. Foi levado.
V. Da terra dos viventes foi cortado,
  por causa da revolta do seu povo. * De sua linhagem.
  Glória ao Pai. R. Foi levado.

Cântico evangélico, ant.

Se guardardes minha palavra, diz Jesus,
realmente vós sereis os meus discípulos;
havereis de conhecer toda a verdade
e a verdade haverá de libertar-vos.

Preces

Bendigamos o Autor da nossa salvação, que quis renovar o ser humano em si mesmo, para que as coisas antigas passassem e tudo se fizesse novo. Apoiados nesta esperança viva, roguemos:

R. **Senhor, renovai-nos com o vosso Espírito!**

Senhor, que nos prometestes um novo céu e uma nova terra, renovai-nos sem cessar por vosso Espírito Santo,
– para que gozemos eternamente da vossa presença na nova Jerusalém. R.

Concedei-nos colaborar convosco para infundir no mundo o vosso Espírito,
– e atrair mais eficazmente para a cidade terrena a justiça, a caridade e a paz. R.

Ensinai-nos a corrigir nossa fraqueza e negligência,
– e a procurar de todo o coração os bens eternos. R.

332   5ª Semana da Quaresma

Livrai-nos, Senhor, de todo o mal,
– e preservai-nos do fascínio da vaidade, que obscurece a
mente e oculta os verdadeiros valores.
R. **Senhor, renovai-nos com o vosso Espírito!**

(intenções livres)
Pai nosso...

Oração

Ó Deus de misericórdia, iluminai nossos corações purificados pela penitência. E ouvi com paternal bondade aqueles
a quem dais o afeto filial. Por nosso Senhor Jesus Cristo,
vosso Filho, na unidade do Espírito Santo.

Hora Média

Oração das Nove Horas

Ant. Chegou o **tem**po de penitência,
     de conver**são** e de salva**ção**.

Leitura breve   1Tm 2,4-6

Deus, nosso Salvador, quer que todos os homens sejam salvos e cheguem ao conhecimento da verdade. Pois há um só
Deus, e um só mediador entre Deus e os homens: o homem
Cristo Jesus, que se entregou em resgate por todos. Este é o
testemunho dado no tempo estabelecido por Deus.

V. Criai em **mim** um cora**ção** que seja **pu**ro.
R. Dai-me de **no**vo um es**pí**rito deci**di**do!

Oração das Doze Horas

Ant. Por minha **vi**da, diz o Se**nhor**,
     não quero a **mor**te do peca**dor**,
     mas que ele **vol**te e tenha a **vi**da.

Leitura breve   Rm 15,3

Cristo não procurou a sua própria satisfação, mas, como está
escrito: "Os ultrajes dos que te ultrajavam caíram sobre mim".

Quarta-feira

V. Desviai o vosso olhar dos meus pecados.
R. E apagai todas as minhas transgressões!

Oração das Quinze Horas

Ant. Sejamos firmes na provação: Sua justiça é nossa força.

Leitura breve — Hb 9,28

Cristo, oferecido uma vez por todas, para tirar os pecados da multidão, aparecerá uma segunda vez, fora do pecado, para salvar aqueles que o esperam.

V. Meu sacrifício é minha alma penitente.
R. Não desprezeis um coração arrependido!

Oração como nas Laudes.

Vésperas

Leitura breve — Ef 4,32-5,2

Sede bons uns para com os outros, sede compassivos; perdoai-vos mutuamente; como Deus vos perdoou por meio de Cristo. Sede imitadores de Deus, como filhos que ele ama. Vivei no amor, como Cristo nos amou e se entregou a si mesmo a Deus por nós, em oblação e sacrifício de suave odor.

Responsório breve

R. Não há maior prova de amor,
   que dar a vida pelo amigo.
 * Ninguém tira a minha vida, eu a entrego livremente.
   R. Não há maior.
V. A mesma coisa que vos fiz, vós deveis fazer também.
   * Ninguém tira. Glória ao Pai. R. Não há maior.

Cântico evangélico, ant.
Por que quereis matar o homem que falou só a verdade?

334   5ª Semana da Quaresma

Preces

Aclamemos o Deus todo-poderoso e previdente, que conhece todas as nossas necessidades, mas quer que busquemos, antes de tudo, o seu Reino. Rezemos, dizendo:

R. **Senhor, venha a nós o vosso Reino e a sua justiça!**

Pai santo, que nos destes Jesus Cristo como Pastor de nossas almas, assisti os pastores da Igreja e o povo a eles confiado,
– para que não falte ao rebanho a solicitude dos seus pastores nem aos pastores a obediência de suas ovelhas.   R.

Aumentai a caridade dos cristãos, para que ajudem os doentes com amor fraterno,
– e socorram neles o vosso próprio Filho, Jesus Cristo.   R.

Fazei que ingressem na vossa Igreja os que ainda não creem no Evangelho,
– para que, pelo exemplo das boas obras, a façam crescer na caridade.   R.

Dai a nós pecadores a contrição sincera das nossas culpas,
– e a reconciliação perfeita convosco e com a vossa Igreja.
     R.
(intenções livres)

Concedei a vida eterna aos nossos irmãos e irmãs que morreram,
– para que vivam eternamente na vossa presença.   R.

Pai nosso...

Oração

Ó Deus de misericórdia, iluminai nossos corações purificados pela penitência. E ouvi com paternal bondade aqueles a quem dais o afeto filial. Por nosso Senhor Jesus Cristo, vosso Filho, na unidade do Espírito Santo.

QUINTA-FEIRA

Ofício das Leituras

V. Quem medita a Lei de **Deus**
R. Dará **fru**tos a seu **tem**po.

Primeira leitura
Da Carta aos Hebreus   7,1-10

Melquisedec, figura do sacerdote perfeito

Irmãos: [1]Este Melquisedec, rei de Salém, sacerdote de Deus Altíssimo, saiu ao encontro de Abraão, quando esse regressava do combate contra os reis, e o abençoou. [2]Foi a ele que Abraão entregou o dízimo de tudo. E o seu nome significa, em primeiro lugar, "Rei de Justiça"; e, depois: "Rei de Salém", o que quer dizer, "Rei da Paz". [3]Sem pai, sem mãe, sem genealogia, sem início de dias, nem fim de vida! É assim que ele se assemelha ao Filho de Deus e permanece sacerdote para sempre.

[4]Considerai pois como Melquisedec era grande: Abraão, o patriarca, lhe deu a décima parte daquilo que havia de melhor nos despojos. [5]Segundo a lei de Moisés, os descendentes de Levi que se tornam sacerdotes devem cobrar o dízimo do povo, isto é, dos seus irmãos, embora estes também sejam descendentes de Abraão. [6]Melquisedec, porém, não era descendente de Levi, mas mesmo assim cobrou de Abraão a décima parte e ainda deu sua bênção àquele que havia recebido as promessas de Deus. [7]Ora, sem dúvida, aquele que recebe a bênção é menos importante que aquele que a dá!

[8]Além disso, os filhos de Levi, que recebem o dízimo, são homens mortais. Lá, porém, o dízimo foi cobrado por alguém do qual se declara que está vivo. [9]E Levi, que recebe o dízimo, também entregou a sua décima parte, por assim dizer, na pessoa de Abraão. [10]De fato, Levi ainda se encon-

trava no corpo do seu antepassado, quando aconteceu o encontro com Melquisedec.

Responsório

cf. Gn 14,18; Hb 7,3;
cf. Sl 109(110),4; Hb 7,16

R. Melquisedec, rei de Salém, pão e vinho apresentou
porque era sacerdote do Senhor, o Deus Altíssimo;
e nisto se assemelha a Jesus, Filho de Deus.
* Prometeu-lhe o Senhor com juramento:
Tu és sacerdote eternamente
segundo a ordem do rei Melquisedec.
V. Foi feito sacerdote não conforme leis humanas,
mas de acordo com o poder duma vida imperecível.
* Prometeu-lhe.

Segunda leitura

Da Constituição Dogmática *Lumen Gentium* sobre a Igreja,
do Concílio Vaticano II

(N. 9)   (Séc. XX)

A Igreja, sacramento visível da unidade salvífica

Eis que virão dias, diz o Senhor, em que concluirei com
a casa de Israel e a casa de Judá uma nova aliança... Imprimirei minha lei em suas entranhas, e hei de inscrevê-la
em seu coração; serei seu Deus e eles serão meu povo...
Todos me conhecerão, do menor ao maior deles, diz o Senhor (cf. Jr 31,31.33.34).

Foi essa aliança nova que Cristo instituiu, isto é, a nova
aliança no seu sangue, chamando judeus e pagãos para formarem um povo que se reunisse na unidade, não segundo a
carne, mas no Espírito, e constituísse o novo povo de Deus.
Os que creem em Cristo, renascidos não de uma semente
corruptível, mas incorruptível, pela palavra do Deus vivo,
não da carne, mas da água e do Espírito Santo, são por fim
constituídos *a raça escolhida, o sacerdócio do Reino, a na-*

ção santa, o povo que ele conquistou... que antes não eram povo, agora, porém, são povo de Deus (1Pd 2,9.10).

Este povo messiânico tem por cabeça Cristo, que *foi entregue por causa de nossos pecados e foi ressuscitado para nossa justificação* (Rm 4,25) e agora, tendo recebido um nome que está acima de todo nome, reina gloriosamente nos céus.

Este povo tem a dignidade e a liberdade dos filhos de Deus, em cujos corações o Espírito Santo habita como em seu templo.

Tem como lei o novo mandamento de amar como o próprio Cristo nos amou.

Tem como fim o Reino de Deus, que ele mesmo iniciou na terra, e deve desenvolver-se sempre mais, até ser no fim dos tempos consumado pelo próprio Deus, quando Cristo, nossa vida, aparecer e *a criação for libertada da escravidão da corrupção e, assim, participar da liberdade e da glória dos filhos de Deus* (Rm 8,21).

Portanto, o povo messiânico, embora não abranja atualmente todos os homens e apareça muitas vezes como um pequeno rebanho, é entretanto, para todo o gênero humano, fecundíssima semente de unidade, de esperança e de salvação.

Constituído por Cristo para uma comunhão de vida, de amor e de verdade, e por ele assumido para ser instrumento da redenção universal, é enviado ao mundo inteiro como luz do mundo e sal da terra.

Assim como Israel segundo a carne, que peregrinava no deserto, já é chamado Igreja de Deus, também o novo Israel, que caminha neste mundo em busca da cidade futura e permanente, é chamado Igreja de Cristo, pois foi ele que a adquiriu com o seu sangue, encheu-a de seu Espírito e dotou-a de meios aptos para uma união visível e social.

Deus convocou todos aqueles que olham com fé para Jesus, autor da salvação e princípio da unidade e da paz,

338 5ª Semana da Quaresma

e com eles constituiu a Igreja, a fim de que ela seja, para todos e para cada um, o sacramento visível desta unidade salvífica.

Responsório 1Pd 2,9.10; Sl 32(33),12

R. Meus irmãos, sois o povo conquistado por Deus;
* Vós, outrora não-povo, sois agora, deveras,
o povo de Deus;
outrora excluído da misericórdia,
agora alcançastes a graça de Deus.
V. Feliz o povo cujo Deus é o Senhor
e a nação que escolheu por sua herança! * Vós outrora.

Oração como nas Laudes.

Laudes

Leitura breve Hb 2,9b-10

Vemos Jesus coroado de glória e honra, por ter sofrido a morte. Sim, pela graça de Deus em favor de todos, ele provou a morte. Convinha de fato que aquele, por quem e para quem todas as coisas existem, e que desejou conduzir muitos filhos à glória, levasse o iniciador da salvação deles à consumação, por meio de sofrimentos.

Responsório breve

R. Lembra-te de Cristo, ressuscitado dentre os mortos!
* Ele é nossa salvação e nossa glória para sempre.
R. Lembra-te.
V. Se com ele nós morremos, também, com ele viveremos.
* Ele é. Glória ao Pai. R. Lembra-te.

Cântico evangélico, ant.
Quem é de Deus ouve a palavra de Deus;
vós não ouvis porque de Deus vós não sois.

Quinta-feira

Preces

Louvemos a Cristo nosso Senhor, que se manifestou à humanidade como luz do mundo para que, seguindo-o, não andemos nas trevas mas tenhamos a luz da vida; e lhe peçamos:

R. **Senhor, que a vossa palavra ilumine os nossos passos!**

Deus de bondade, fazei-nos imitar hoje o vosso exemplo,
– para que recuperemos em vós, novo Adão, o que perdemos no primeiro Adão. R.

A vossa palavra seja luz dos nossos passos,
– para que, realizando sempre as obras da verdade, aumente cada vez mais o nosso amor por vós. R.

Ensinai-nos a promover com retidão o bem de todos por causa do vosso nome,
– para que, por nosso intermédio, a Igreja ilumine cada vez melhor a família humana. R.

Alimentai sempre mais em nós a vossa amizade, por meio de uma sincera conversão,
– para que expiemos as ofensas cometidas contra a vossa sabedoria e bondade. R.

(intenções livres)

Pai nosso...

Oração

Assisti, ó Deus, aqueles que vos suplicam e guardai com solicitude os que esperam em vossa misericórdia, para que, libertos de nossos pecados, levemos uma vida santa e sejamos herdeiros das vossas promessas. Por nosso Senhor Jesus Cristo, vosso Filho, na unidade do Espírito Santo.

Hora Média

Oração das Nove Horas

Ant. Chegou o **tempo** de peni**tên**cia, de conver**são** e de salva**ção**.

5ª Semana da Quaresma

Leitura breve Hb 4,14-15

Temos um sumo sacerdote eminente, que entrou no céu, Jesus, o Filho de Deus. Por isso, permaneçamos firmes na fé que professamos. Com efeito, temos um sumo sacerdote capaz de se compadecer de nossas fraquezas, pois ele mesmo foi provado em tudo como nós, com exceção do pecado.

V. Criai em **mim** um cora**ção** que seja **pu**ro.
R. Dai-me de **no**vo um es**pí**rito deci**di**do!

Oração das Doze Horas

Ant. Por minha **vi**da, diz o **Senhor**,
Não quero a **mor**te do peca**dor**,
mas que ele **vol**te e tenha a **vi**da.

Leitura breve Hb 7,26-27

Tal é precisamente o sumo sacerdote que nos convinha: santo, inocente, sem mancha, separado dos pecadores e elevado acima dos céus. Ele não precisa, como os sumos sacerdotes, oferecer sacrifícios a cada dia, primeiro por seus próprios pecados e depois pelos do povo. Ele já o fez uma vez por todas, oferecendo-se a si mesmo, Jesus Cristo nosso Senhor.

V. Des**vi**ai o vosso o**lhar** dos meus peca**dos**.
R. E apa**gai** todas as **mi**nhas transgres**sões**!

Oração das Quinze Horas

Ant. Sejamos **fir**mes na prova**ção**: Sua justiça é nossa **for**ça.

Leitura breve Hb 9,11-12

Cristo veio como sumo sacerdote dos bens futuros. Através de uma tenda maior e mais perfeita, que não é obra de mãos humanas, isto é, que não faz parte desta criação, e não com o sangue de bodes e bezerros, mas com o seu próprio sangue, ele entrou no Santuário uma vez por todas, obtendo uma redenção eterna.

Quinta-feira

V. Meu sacrifício é minha **alma** peni**ten**te.
R. Não despre**ze**is um cora**ção** arrepen**di**do.

Oração como nas Laudes.

Vésperas

Leitura breve   Hb 13,12-15

Jesus sofreu do lado de fora da porta, para santificar o povo pelo seu próprio sangue. Vamos, portanto, sair ao seu encontro, fora do acampamento, carregando a sua humilhação. Porque não temos aqui cidade permanente, mas estamos à procura daquela que está para vir. Por meio de Jesus, ofereçamos a Deus um perene sacrifício de louvor, isto é, o fruto dos lábios que celebram o seu nome.

Responsório breve

R. **Nós** vos bendi**ze**mos e ado**ra**mos,
  * Ó Jesus, nosso Se**nhor**. R. **Nós** vos.
V. Por vossa **cruz** vós redi**mis**tes este **mun**do. * Ó Jesus.
  Glória ao **Pai**. R. **Nós** vos.

Cântico evangélico, ant.

Tu nem **tens** cinquenta **a**nos de exis**tên**cia,
como, **pois**, dizes ter **vis**to Abra**ão**?
Eu vos **di**go com cer**te**za, diz Je**sus**,
já bem **an**tes que Abra**ão** nascesse "Eu **Sou**".

Preces

Oremos a Cristo nosso Senhor, que nos deu o mandamento novo de nos amarmos uns aos outros como ele nos amou; e imploremos:

R. **Senhor, fazei crescer o amor em vosso povo!**

Bom Mestre, ensinai-nos a vos amar em nossos irmãos e irmãs,
— e a vos servir em cada um deles.   R.

342 5ª Semana da Quaresma

Vós, que na cruz pedistes ao Pai perdão para vossos algozes,
— ensinai-nos a amar os nossos inimigos e a orar pelos que nos perseguem.

R. Senhor, fazei crescer o amor em vosso povo!

Pela participação no mistério do vosso Corpo e Sangue, aumentai em nós a caridade, a fortaleza e a confiança;
— fortalecei os fracos, consolai os tristes e dai esperança aos agonizantes. **R.**

Cristo, Luz do mundo, que na piscina de Siloé destes a vista ao cego de nascença,
— iluminai os catecúmenos pelo sacramento do batismo e pela palavra da vida. **R.**

(intenções livres)

Concedei a plenitude do vosso amor aos que morreram,
— e contai-nos também entre os vossos escolhidos. **R.**

Pai nosso...

Oração

Assisti, ó Deus, aqueles que vos suplicam e guardai com solicitude os que esperam em vossa misericórdia, para que, libertos de nossos pecados, levemos uma vida santa e sejamos herdeiros das vossas promessas. Por nosso Senhor Jesus Cristo, vosso Filho, na unidade do Espírito Santo.

SEXTA-FEIRA

Ofício das Leituras

V. Voltai ao Senhor, vosso **Deus.**
R. Ele é **bom**, compassivo e clemente!

Primeira leitura
Da Carta aos Hebreus 7,11-28

O sacerdócio eterno de Cristo

[11]O sacerdócio levítico não representa a perfeição, embora em base a ele o povo tenha recebido a Lei. Caso

contrário, que necessidade havia de surgir outro sacerdote, do qual se diz que ele é sacerdote "na ordem de Melquisedec", em vez de dizer "na ordem de Aarão"? [12] Mudou o sacerdócio, então deve mudar também a lei! [13] Pois a pessoa da qual se dizem estas coisas é de uma outra tribo, da qual nenhum membro jamais esteve ao serviço do altar. [14] Ora, é evidente que nosso Senhor é descendente da tribo de Judá, que Moisés não menciona ao falar dos sacerdotes.

[15] Isto se torna ainda mais evidente, quando surge um outro sacerdote, semelhante a Melquisedec, [16] não em virtude de uma prescrição de ordem carnal, mas segundo a força de uma vida imperecível. [17] Pois diz o testemunho:

"Tu és sacerdote para sempre na ordem de Melquisedec".

[18] Assim fica abolida a prescrição anterior, por ser fraca e inútil; [19] de fato, a Lei não levou nada à perfeição; mas ela é a introdução a uma esperança melhor, graças à qual nos aproximamos de Deus.

[20] Além do mais, isso não aconteceu sem juramento. Os outros tornaram-se sacerdotes sem juramento; [21] Jesus, porém, recebeu um juramento daquele que lhe disse:

"O Senhor jurou e não voltará atrás: tu és sacerdote para sempre."

[22] Por essa razão, Jesus se tornou a garantia de uma aliança melhor.

[23] Além disso, os sacerdotes da antiga aliança sucediam-se em grande número, porque a morte os impedia de permanecer. [24] Cristo, porém, uma vez que permanece para a eternidade, possui um sacerdócio que não muda. [25] Por isso ele é capaz de salvar para sempre aqueles que, por seu intermédio, se aproximam de Deus. Ele está sempre vivo para interceder por eles.

[26] Tal é precisamente o sumo sacerdote que nos convinha: santo, inocente, sem mancha, separado dos pecadores e elevado acima dos céus. [27] Ele não precisa, como os sumos sacerdotes, oferecer sacrifícios a cada dia, primeiro por

344   5ª Semana da Quaresma

seus próprios pecados e depois pelos do povo. Ele já o fez uma vez por todas, oferecendo-se a si mesmo. [28]A Lei, com efeito, constituiu sumos sacerdotes sujeitos à fraqueza, enquanto a palavra do juramento, que veio depois da Lei, constituiu alguém que é Filho, perfeito para sempre.

Responsório   Hb 5,5a.6b; 7,20b.21

R. Cristo **não** se atribu**iu** a gl**ó**ria a si **mes**mo
de ser **su**mo sacer**do**te;
mas **es**ta lhe foi **da**da por a**que**le que lhe **dis**se:
 * Tu **és** sacer**do**te eterna**men**te
segun**do** a ordem do **rei** Melquise**dec**.
V. Sem jura**men**to foram **fei**tos os **ou**tros sacer**do**tes;
mas Je**sus** com jura**men**to por a**que**le que lhe **dis**se:
 * Tu **és**.

Segunda leitura
Do Tratado sobre a fé de Pedro, de São Fulgêncio de Ruspe, bispo

     (Cap. 22.62; CCL91 A,726.750-751)   (Séc. VI)

Cristo ofereceu-se por nós

Os sacrifícios das vítimas materiais, que a própria Santíssima Trindade, Deus único do Antigo e do Novo Testamento, tinha ordenado que nossos antepassados lhe ofere-
cessem, prefiguravam a agradabilíssima oferenda daquele
sacrifício em que o Filho unigênito de Deus feito carne iria,
misericordiosamente, oferecer-se por nós.

De fato, segundo as palavras do Apóstolo, ele *se entregou a si mesmo a Deus por nós, em oblação e sacrifício de
suave odor* (Ef 5,2). É ele o verdadeiro Deus e o verdadeiro sumo sacerdote que por nossa causa entrou de uma vez
para sempre no santuário, não com o sangue de touros e
bodes, mas com o seu próprio sangue. Era isto que outrora
prefigurava o sumo sacerdote, quando, uma vez por ano,
entrava no santuário com o sangue das vítimas.

É Cristo, com efeito, que, por si só, ofereceu tudo o quanto sabia ser necessário para a nossa redenção; ele é ao mesmo tempo sacerdote e sacrifício, Deus e templo. Sacerdote, por quem somos reconciliados; sacrifício, pelo qual somos reconciliados; templo, onde somos reconciliados; Deus, com quem somos reconciliados. Entretanto, só ele é o sacerdote, o sacrifício e o templo, enquanto Deus na condição de servo; mas na sua condição divina, ele é Deus com o Pai e o Espírito Santo.

Acredita, pois, firmemente e não duvides que o próprio Filho Unigênito de Deus, a Palavra que se fez carne, se ofereceu por nós como sacrifício e vítima agradável a Deus. A ele, na unidade do Pai e do Espírito Santo, eram oferecidos sacrifícios de animais pelos patriarcas, profetas e sacerdotes do Antigo Testamento. E agora, no tempo do Novo Testamento, a ele, que é um só Deus com o Pai e o Espírito Santo, a santa Igreja católica não cessa de oferecer em toda a terra, na fé e na caridade, o sacrifício do pão e do vinho.

Antigamente, aquelas vítimas animais prefiguravam o corpo de Cristo, que ele, sem pecado, ofereceria pelos nossos pecados, e seu sangue, que ele derramaria pela remissão desses mesmos pecados. Agora, este sacrifício é ação de graças e memorial do Corpo de Cristo que ele ofereceu por nós, e do sangue que o mesmo Deus derramou por nós. A esse respeito, fala São Paulo nos Atos dos Apóstolos: *Cuidai de vós mesmos e de todo o rebanho, sobre o qual o Espírito Santo vos colocou como guardas, para pastorear a Igreja de Deus, que ele adquiriu com o sangue do seu próprio Filho* (At 20,28). Antigamente, aqueles sacrifícios eram figura do dom que nos seria feito; agora, este sacrifício manifesta claramente o que já nos foi doado.

Naqueles sacrifícios anunciava-se de antemão que o Filho de Deus devia sofrer a morte pelos ímpios; neste sacrifício anuncia-se que ele já sofreu essa morte, conforme atesta o Apóstolo: *Quando éramos ainda fracos, Cristo*

346   5ª Semana da Quaresma

morreu pelos ímpios, no tempo marcado (Rm 5,6). E ainda: *Quando éramos inimigos de Deus, fomos reconciliados com ele pela morte do seu Filho* (Rm 5,10).

Responsório   cf. Cl 1,21-22; Rm 3,25a

R. Vós éreis estrangeiros e inimigos
     pelos vossos pensamentos e más obras;
     mas, agora, Deus vos reconciliou
     pela morte corporal de Jesus Cristo.
   * E podeis apresentar-vos diante dele,
     como santos e sem manchas e sem culpas.
V. Deus destinou que Cristo fosse, por seu sangue,
     a vítima de propiciação,
     pela fé que colocamos nele mesmo. * E podeis.

Oração como nas Laudes.

Laudes

Leitura breve   Is 52,13-15

Ei-lo, o meu Servo será bem sucedido; sua ascensão será ao mais alto grau. Assim como muitos ficaram pasmados ao vê-lo – tão desfigurado ele estava que não parecia ser um homem ou ter aspecto humano – do mesmo modo ele espalhará sua fama entre os povos. Diante dele os reis se manterão em silêncio, vendo algo que nunca lhes foi narrado e conhecendo coisas que jamais ouviram.

Responsório breve

R. Ele não tinha aparência ou beleza,
   * Por suas chagas nós fomos curados. R. Ele não tinha.
V. Carregou sobre si nossas culpas. * Por suas chagas.
     Glória ao Pai. R. Ele não tinha.

Cântico evangélico, ant.

Boas obras sem conta eu vos fiz;
por qual delas quereis me apedrejar?

Sexta-feira

Preces

Demos graças a Cristo nosso Senhor que, morrendo na cruz, nos deu a vida; e de coração lhe peçamos:

R. Pela vossa morte, Senhor, fazei-nos viver!

Cristo nosso Mestre e Salvador, que nos ensinastes a vossa verdade, e nos renovastes pela vossa gloriosa Paixão,
– não nos deixeis cair na infidelidade do pecado. R.

Ensinai-nos a praticar a abstinência,
– para socorrer com nossos bens os irmãos necessitados. R.

Dai-nos a graça de viver santamente este dia de penitência quaresmal,
– e consagrá-lo a vós com obras de caridade fraterna. R.

Corrigi, Senhor, as nossas vontades rebeldes,
– e dai-nos um coração generoso e agradecido. R.

(intenções livres)

Pai nosso...

Oração

Perdoai, ó Deus, nós vos pedimos, as culpas do vosso povo. E, na vossa bondade, desfazei os laços do pecado que em nossa fraqueza cometemos. Por nosso Senhor Jesus Cristo, vosso Filho, na unidade do Espírito Santo.

Hora Média

Oração das Nove Horas

Ant. Chegou o **tem**po de penitência,
de conver**são** e de salva**ção**.

Leitura breve   Is 53,2-3

Diante do Senhor ele cresceu como renovo de planta ou como raiz em terra seca. Não tinha beleza nem atrativo para o olharmos, não tinha aparência que nos agradasse. Era desprezado como o último dos mortais, homem coberto de dores, cheio de sofrimentos; passando por ele, tapávamos o rosto; tão desprezível era, não fazíamos caso dele.

V. Criai em **mim** um cora**ção** que seja **pu**ro.
R. Dai-me de **no**vo um es**pí**rito deci**di**do!

Oração das Doze Horas

Ant. Por minha **vi**da, diz o Se**nhor**,
não quero a **mor**te do peca**dor**,
mas que ele **vol**te e tenha a **vi**da.

Leitura breve   Is 53,4-5

A verdade é que ele tomava sobre si nossas enfermidades e sofria, ele mesmo, nossas dores; e nós pensávamos fosse um chagado, golpeado por Deus e humilhado! Mas ele foi ferido por causa de nossos pecados, esmagado por causa de nossos crimes; a punição a ele imposta era o preço da nossa paz, e suas feridas, o preço da nossa cura.

V. Desvi**ai** o vosso o**lhar** dos meus pe**ca**dos.
R. E apa**gai** todas as **mi**nhas transgres**sões**!

Oração das Quinze Horas

Ant. Sejamos **fir**mes na prova**ção**: Sua jus**ti**ça é nossa **for**ça.

Leitura breve   Is 53,6-7

Todos nós vagávamos como ovelhas desgarradas, cada qual seguindo seu caminho; e o Senhor fez recair sobre ele o pecado de todos nós. Foi maltratado, e submeteu-se, não abriu a boca; como cordeiro levado ao matadouro ou como ovelha diante dos que a tosquiam, ele não abriu a boca.

V. Meu sacrifício é minha **al**ma peni**ten**te.
R. Não despre**zeis** um cora**ção** arrepen**di**do!

Oração como nas Laudes.

Sexta-feira

Vésperas

Leitura breve   1Pd 2,21b-24

Cristo sofreu por vós deixando-vos um exemplo, a fim de que sigais os seus passos. Ele não cometeu pecado algum, mentira nenhuma foi encontrada em sua boca. Quando injuriado, não retribuía as injúrias; atormentado, não ameaçava; antes, colocava a sua causa nas mãos daquele que julga com justiça. Sobre a cruz, carregou nossos pecados em seu próprio corpo, a fim de que, mortos para os pecados, vivamos para a justiça. Por suas feridas fostes curados.

Responsório breve

R. Foi levado como ovelha ao matadouro;
   e, maltratado, não abriu a sua boca.
 * De sua linhagem quem dela cogitou? R. Foi levado.
V. Da terra dos viventes foi cortado,
   por causa da revolta do seu povo. * De sua linhagem.
   Glória ao Pai. R. Foi levado.

Cântico evangélico, ant.

Se não credes em mim, crede, então, nestas obras
que, em nome de Deus, realizo entre vós.

Preces

Elevemos nossas súplicas ao Senhor Jesus Cristo, que nos santificou com o seu sangue; e digamos:

R. **Senhor, tende compaixão do vosso povo!**

Jesus, Redentor nosso, pelos méritos da vossa Paixão, dai aos vossos fiéis o espírito de penitência, sustentai-os no combate contra o mal e reavivai a sua esperança,

_ a fim de que se disponham para celebrar mais santamente a vossa ressurreição.   R.

Fazei que os cristãos, exercendo sua missão profética, anunciem por toda parte o Evangelho do Reino,

5ª Semana da Quaresma

– e o confirmem com seu testemunho de fé, esperança e caridade.

R. **Senhor, tende compaixão do vosso povo!**

Confortai os aflitos com a força do vosso amor,
– e fazei que saibamos consolá-los com nossa solicitude fraterna. R.

Ensinai-nos a levar nossa cruz em união com os vossos sofrimentos,
– para que manifestemos em nós mesmos a vossa salvação.
R.
(intenções livres)

Autor da vida, lembrai-vos daqueles que partiram deste mundo,
– e concedei-lhes a glória da ressurreição. R.

Pai nosso...

Oração

Perdoai, ó Deus, nós vos pedimos, as culpas do vosso povo. E, na vossa bondade, desfazei os laços do pecado que em nossa fraqueza cometemos. Por nosso Senhor Jesus Cristo, vosso Filho, na unidade do Espírito Santo.

SÁBADO

Ofício das Leituras

V. Quem pratica a verdade se **põe** junto à **luz**.
R. E suas obras de **filho** de **Deus** se revelam.

Primeira leitura
Da Carta aos Hebreus   8,1-13

O sacerdócio de Cristo na Nova Aliança

Irmãos: ¹O tema mais importante da nossa exposição é este: temos um sumo sacerdote tão grande, que se assentou

Sábado

à direita do trono da majestade, nos céus. ²Ele é ministro do Santuário e da Tenda verdadeira, armada pelo Senhor, e não por mão humana.

³Todo sumo sacerdote, com efeito, é constituído para oferecer dádivas e sacrifícios; portanto, é necessário que tenha algo a oferecer. ⁴Na verdade, se Cristo estivesse na terra, não seria nem mesmo sacerdote, pois já existem os que oferecem dádivas de acordo com a Lei.⁵Estes celebram um culto que é cópia e sombra das realidades celestes, como foi dito a Moisés, quando estava para executar a construção da Tenda. "Vê, faze tudo segundo o modelo que te foi mostrado sobre a montanha".⁶Agora, porém, Cristo possui um ministério superior. Pois ele é o mediador de uma aliança bem melhor, baseada em promessas melhores.⁷De fato, se a primeira aliança fosse sem defeito, não se procuraria estabelecer uma segunda.⁸Com efeito, Deus adverte: "Dias virão, diz o Senhor, em que concluirei com a casa de Israel e com a casa de Judá uma nova aliança. ⁹Não como a aliança que eu fiz com os seus pais, no dia em que os conduzi pela mão para fazê-los sair da terra do Egito. Pois eles não permaneceram fiéis à minha aliança; por isso, me desinteressei deles, diz o Senhor. ¹⁰Eis a aliança que estabelecerei com o povo de Israel, depois daqueles dias – diz o Senhor: colocarei minhas leis na sua mente e as gravarei no seu coração, e serei o seu Deus, e eles serão o meu povo. ¹¹Ninguém mais ensinará o seu próximo, e nem o seu irmão, dizendo: 'Conhece o Senhor!' Porque todos me conhecerão, desde o menor até o maior. ¹²Porque terei misericórdia das suas faltas, e não me lembrarei mais dos seus pecados".

¹³Assim, ao falar de nova aliança, declarou velha a primeira. Ora, o que envelhece e se torna antiquado está prestes a desaparecer.

352 5ª Semana da Quaresma

Responsório Hb 8,1b.2a; 9,24

R. Nós **temos** um pontífice sentado
à direita do **trono** do **Senhor**,
o **Deus** de Majestade, nas alturas celestiais,
servidor do Santuário e da **Tenda** verdadeira.
* Para, agora, apresentar-se, ante a **face** de Deus **Pai**,
e por **nós** interceder.
V. Não entrou num santuário
por mãos humanas construído,
que é sinal do verdadeiro, mas entrou no próprio **céu**.
* Para, agora.

Segunda leitura
Dos Sermões de São Gregório de Nazianzo, bispo
(Oratio 45,23-24: PG 36,654-655) (Séc. IV)

Vamos participar da festa da Páscoa

Vamos participar da festa da Páscoa, por enquanto ainda em figuras, embora mais claramente do que na antiga
lei (a Páscoa legal era, por assim dizer, uma figura muito
velada da própria figura). Mas, em breve, participaremos
de modo mais perfeito e mais puro, quando o Verbo vier
beber conosco o vinho novo no Reino de seu Pai, revelando
definitivamente o que até agora só em parte nos mostrou. A
nossa Páscoa é sempre nova.

Qual é essa bebida e esse conhecimento? A nós compete dizê-lo; e ao Verbo compete ensinar e comunicar essa
doutrina a seus discípulos. Porque a doutrina daquele que
alimenta é também alimento.

Quanto a nós, participemos também dessa festa ritual,
não segundo a letra mas segundo o Evangelho; de modo
perfeito, não imperfeito; para a eternidade, não temporaria-
mente. Seja a nossa capital, não a Jerusalém terrestre, mas
a cidade celeste; não a que é agora arrasada pelos exércitos,
mas a que é exaltada pelo louvor e aclamação dos anjos.

Sábado

353

Sacrifiquemos não novilhos ou carneiros com chifres e cascos, vítimas sem vida e sem inteligência; pelo contrário, ofereçamos a Deus um sacrifício de louvor sobre o altar celeste, em união com os coros angélicos. Atravessemos o primeiro véu, aproximemo-nos do segundo e fixemos o olhar no Santo dos Santos.

Direi mais: imolemo-nos a Deus, ou melhor, ofereça-mo-nos a ele cada dia, com todas as nossas ações. Façamos o que nos sugerem as palavras: imitemos com os nossos sofrimentos a Paixão de Cristo, honremos com o nosso sangue o seu sangue, e subamos corajosamente à sua cruz.

Se és Simão Cireneu, toma a cruz e segue a Cristo.

Se, qual o ladrão, estás crucificado com Cristo, como homem íntegro, reconhece a Deus. Se por tua causa e por teu pecado ele foi tratado como malfeitor, torna-te justo por seu amor. Adora aquele que foi crucificado por tua causa. Preso à tua cruz, aprende a tirar proveito até da tua própria iniquidade. Adquire a tua salvação com a sua morte, entra com Jesus no paraíso, e saberás que bens perdeste com a tua queda. Contempla as belezas daquele lugar, e deixa que o ladrão rebelde fique dele excluído, morrendo na sua blasfêmia.

Se és José de Arimateia, pede o corpo a quem o mandou crucificar; e assim será tua a vítima que expiou o pecado do mundo.

Se és Nicodemos, aquele adorador noturno de Deus, unge-o com perfumes para a sua sepultura.

Se és Maria, ou a outra Maria, ou Salomé, ou Joana, derrama tuas lágrimas por ele. Levanta-te de manhã cedo, procura ser o primeiro a ver a pedra do túmulo afastada, e a encontrar talvez os anjos, ou melhor ainda, o próprio Jesus.

Responsório   Hb 13,12-13; 12,4

R. A **fim** de tornar **san**to o **po**vo por seu **san**gue,
    quis Je**sus** sofrer a **mor**te fora das **por**tas da ci**da**de.

354   5ª Semana da Quaresma

* Vamos sair ao seu encontro, para fora da cidade,
carregando sua infâmia.

V. Pois, ainda, não lutastes contra o pecado até ao sangue.

* Vamos sair.

Oração como nas Laudes.

Laudes

Leitura breve   Is 65,1b-3a

Eu disse: "Eis-me aqui, eis-me aqui" a pessoas que não invocavam o meu nome. Estendi as mãos todo o dia para um povo indócil que anda por caminhos inconvenientes, atrás de seus caprichos; um povo que me provoca ira, à minha frente e sempre.

Responsório breve

R. Ele me **chama** e eu res**pon**do:

   * Quero livrá-lo e exaltá-lo. R. Ele me **chama**.

V. Na prova**ção** estou com ele. * Quero.

   Glória ao **Pai**. R. Ele me **chama**.

Cântico evangélico, ant.

Jesus **Cristo** mor**reu** para u**nir** num só **corpo**
os **filhos** de **Deus** que estavam dis**persos**.

Preces

Glorifiquemos a Cristo Senhor que instituiu o batismo para fazer de nós criaturas novas e nos preparou a mesa de sua Palavra e de seu Corpo; rezemos confiantes:

R. **Renovai-nos, Senhor, com a vossa graça!**

Jesus, manso e humilde de coração, revesti-nos de sentimentos de misericórdia, mansidão e humildade,

– e tornai-nos pacientes e compreensivos para com todos.

                                       R.

Sábado

Ensinai-nos a ajudar os pobres e sofredores,
– e assim vos imitarmos, ó Bom Samaritano da humanidade.
R.

A Santa Virgem Maria, vossa Mãe, interceda por todas aquelas que se consagraram ao vosso serviço,
– para que se dediquem cada vez melhor ao bem da Igreja.
R.

Concedei-nos a vossa misericórdia,
– e fazei-nos experimentar a alegria do vosso perdão.
R.
(intenções livres)

Pai nosso...

Oração

Ó Deus, vós sempre cuidais da salvação dos seres humanos e nesta Quaresma nos alegrais com graças mais copiosas. Considerai com bondade aqueles que escolhestes, para que a vossa proteção paterna acompanhe os que se preparam para o batismo e guarde os que já foram batizados. Por nosso Senhor Jesus Cristo, vosso Filho, na unidade do Espírito Santo.

Hora Média

Oração das Nove Horas

Ant. Chegou o **tem**po de peni**tên**cia,
de conver**são** e de salva**ção**.

Leitura breve   1Jo 1,8-9
Se dissermos que não temos pecado, estamo-nos enganando a nós mesmos, e a verdade não está dentro de nós. Se reconhecermos nossos pecados, então Deus se mostra fiel e justo, para nos perdoar os pecados e nos purificar de toda a culpa.

V. Criai em **mim** um cora**ção** que seja **pu**ro.
R. Dai-me de **no**vo um es**pí**rito deci**di**do!

Oração das Doze Horas

Ant. Por minha **vida**, diz o Se**nhor**,
não quero a **mor**te do peca**dor**,
mas que ele **vol**te, e tenha a **vida**.

Leitura breve   1Jo 2,1b-2
Temos junto do Pai um Defensor: Jesus Cristo, o Justo. Ele
é a vítima de expiação pelos nossos pecados, e não só pelos
nossos, mas também pelos pecados do mundo inteiro.

V. Desvi**ai** o vosso o**lhar** dos meus pe**ca**dos.
R. E apa**gai** todas as **mi**nhas transgres**sões**!

Oração das Quinze Horas

Ant. Sejamos **fir**mes na prova**ção**: Sua justiça é nossa **for**ça.

Leitura breve   1Jo 2,8b-10
As trevas passam e já brilha a luz verdadeira. Aquele que
diz estar na luz, mas odeia o seu irmão, ainda está nas trevas. O que ama o seu irmão permanece na luz e não corre
perigo de tropeçar.

V. Meu sacrifício é minha **al**ma peni**ten**te.
R. Não despre**zeis** um cora**ção** arrepen**di**do!
Oração como nas Laudes.

TEMPO DA QUARESMA

II. SEMANA SANTA

Desde as I Vésperas do Domingo de Ramos da Paixão do Senhor até a Oração das Quinze Horas da Quinta-feira Santa inclusive.

Vésperas

Hino

Do Rei avança o estandarte,
fulge o mistério da Cruz,
onde por nós foi suspenso
o autor da vida, Jesus.

Do lado morto de Cristo,
ao golpe que lhe vibraram;
para lavar meu pecado
o sangue e água jorraram.

Árvore esplêndida e bela,
de rubra púrpura ornada,
de os santos membros tocar
digna, só tu foste achada.

Ó Cruz feliz, dos teus braços
do mundo o preço pendeu;
balança foste do corpo
que ao duro inferno venceu.

Salve, ó altar, salve vítima,
eis que a vitória reluz:
a vida em ti fere a morte,
morte que à vida conduz.

358   Semana Santa

Salve, ó cruz, doce esperança,
concede aos réus remissão;
dá-nos o fruto da graça,
que floresceu na Paixão.

Louvor a vós, ó Trindade,
fonte de todo perdão,
aos que na Cruz foram salvos,
dai a celeste mansão.

Completas

HINO Ó Cristo, dia e esplendor, p. 966.

Invitatório

R. **Cristo** por **nós** foi tentado, so**freu** e na **Cruz** mor**reu**:
Vinde **todos**, adoremos!

Salmo invitatório como no Ordinário, p. 944.

Ofício das Leituras

Hino

Cantem meus lábios a luta
que sobre a cruz se travou;
cantem o nobre triunfo
que no madeiro alcançou
o Redentor do Universo
quando por nós se imolou.

O Criador teve pena
do primitivo casal,
que foi ferido de morte,
comendo o fruto fatal,
e marcou logo outra árvore,
para curar-nos do mal.

Semana Santa

Tal ordem foi exigida
na obra da salvação:
cai o inimigo no laço
de sua própria invenção.
Do próprio lenho da morte
Deus fez nascer redenção.

Na plenitude dos tempos,
a hora santa chegou
e, pelo Pai enviado,
nasceu do mundo o autor;
e duma Virgem no seio
a nossa carne tomou.

Seis lustros tendo passado,
cumpriu a sua missão.
Só para ela nascido,
livre se entrega à Paixão.
Na cruz se eleva o Cordeiro,
como perfeita oblação.

Glória e poder à Trindade.
Ao Pai e ao Filho, louvor.
Honra ao Espírito Santo.
Eterna glória ao Senhor,
que nos salvou pela graça
e nos remiu pelo amor.

Laudes

Hino

O fel lhe dão por bebida
sobre o madeiro sagrado.
Espinhos, cravos e a lança
ferem seu corpo e seu lado.
No sangue e água que jorram,
mar, terra e céu são lavados.

Ó Cruz fiel, sois a árvore
mais nobre em meio às demais,
que selva alguma produz
com flor e frutos iguais.
Ó lenho e cravos tão doces,
um doce peso levais.

Árvore, inclina os teus ramos,
abranda as fibras mais duras.
A quem te fez germinar
minora tantas torturas.
Leito mais brando oferece
ao Santo Rei das alturas.

Só tu, ó Cruz, mereceste
suster o preço do mundo
e preparar para o náufrago
um porto, em mar tão profundo.
Quis o Cordeiro imolado
banhar-te em sangue fecundo.

Glória e poder à Trindade.
Ao Pai e ao Filho, louvor.
Honra ao Espírito Santo.
Eterna glória ao Senhor,
que nos salvou pela graça
e nos remiu pelo amor.

Hora Média

HINO próprio para o Domingo de Ramos da Paixão do Senhor como no Próprio, p. 370.

Nos outros dias desta semana, na Hora Média, diz-se um dos hinos que se encontram indicados à p. 37.

Semana Santa

Oração das Nove Horas

Ant. Quando a **festa** da **Páscoa** estava **perto**,
Jesus, sa**ben**do que chegara a sua **hora**,
amou os **seus**, aqui no **mun**do, até o **fim**.

Oração das Doze Horas

Ant. Como o **Pai** me co**nhece**, eu co**nheço** meu **Pai**;
minha **vi**da eu en**tre**go por **m**inhas ovelhas.

Oração das Quinze Horas

Ant. Para **mim**, viver é **Cris**to e mo**rrer** é uma van**ta**gem;
minha **glória** é a **Cruz** do Se**nhor** Cristo Jesus.

DOMINGO DE RAMOS
DA PAIXÃO DO SENHOR

II Semana do Saltério

I Vésperas

Hino, p. 357.

Ant. 1 Tanto **tempo** eu estive no **meio** de **vós**
ensinando no **templo**, e **não** me prendestes;
já se**rei** flagelado e pregado na **cruz**!

Salmos e cântico do domingo da II Semana, p. 1078.

Ant. 2 O **Senhor** é o meu auxílio, não se**rei** envergonhado!

Ant. 3 Jesus **Cristo** se humi**lhou** e se **fez** obediente,
obediente até à **mor**te, e **mor**te numa **cruz**.

Leitura breve   1Pd 1,18-21

Sabeis que fostes resgatados da vida fútil herdada de vossos pais, não por meio de coisas perecíveis, como a prata ou o ouro, mas pelo precioso sangue de Cristo, como de um cordeiro sem mancha nem defeito. Antes da criação do mundo, ele foi destinado para isso, e neste final dos tempos, ele apareceu, por amor de vós. Por ele é que alcançastes a fé em Deus. Deus o ressuscitou dos mortos e lhe deu a glória, e assim, a vossa fé e esperança estão em Deus.

Responsório breve

R. Jesus, lem**brai**-vos de **mim**, ao che**gar** a vosso **Rei**no!
  * Vós que **não** rejei**tais** um cora**ção** oprimido. R. Jesus.
V. **Vós** que vos fi**zes**tes obedi**ente** até a **mor**te.
  * Vós que **não**. Glória ao **Pai**. R. Jesus.

Cântico evangélico, ant.

Ano A Dizei à **filha** de Si**ão**: Eis, teu **Rei** está che**gan**do!
Vem com **to**da humil**da**de, mon**ta**do num ju**men**to,
num jumen**tin**ho que é **cria** de ani**mal** que leva **car**ga.

I Vésperas

Ano B Muita **gen**te esten**dia** suas **ves**tes no ca**mi**nho,
muitos **ou**tros punham **ra**mos,
que reco**lhi**am pelos **cam**pos.
E **to**dos acla**ma**vam: Ho**sa**na nas **al**turas!

Ano C Os dis**cí**pulos puseram os seus **man**tos no ju**men**to
e Je**sus** nele mon**tou**.
E à me**di**da que pas**sa**va,
as pessoas esten**di**am suas **ves**tes no ca**mi**nho.

Preces

Adoremos a Cristo, que nas vésperas de sua Paixão, ao ver
Jerusalém, chorou sobre ela, porque não quis receber a graça que lhe era oferecida. Arrependidos dos nossos pecados,
peçamos:

R. **Senhor, tende piedade do vosso povo!**

Vós, que quisestes reunir os filhos de Jerusalém, como a
galinha reúne os pintinhos debaixo de suas asas,
— ensinai todos a reconhecer o tempo de vossa visita. R.

Não abandoneis os fiéis que de vós se afastaram;
— convertei-nos e nos voltaremos para vós, Senhor, nosso
Deus. R.

Vós, que pela vossa Paixão reconciliastes o mundo com
Deus,
— dai-nos viver sempre do Espírito que recebemos no batismo. R.

Concedei-nos a graça de imitar vossa Paixão, renunciando
ao pecado com todas as nossas forças,
— para que, livres de todo mal, possamos celebrar santamente a vossa ressurreição. R.

(intenções livres)

Vós, que viveis e reinais na glória do Pai,
— lembrai-vos daqueles que hoje partiram deste mundo. R.

Pai nosso...

Domingo da Paixão do Senhor

Oração

Deus eterno e todo-poderoso, para dar aos seres humanos um exemplo de humildade, quisestes que o nosso Salvador se fizesse homem e morresse na cruz. Concedei-nos aprender o ensinamento da sua Paixão e ressuscitar com ele em sua glória. Por nosso Senhor Jesus Cristo, vosso Filho, na unidade do Espírito Santo.

Ofício das Leituras

V. Quando eu **for** elevado da **terra**,
R. Atrai**rei** para **mim** todo **ser**.

Primeira leitura

Da Carta aos Hebreus   10,1-18

A nossa santificação pelo sacrifício de Cristo

Irmãos: [1]A Lei possui apenas o esboço dos bens futuros e não o modelo real das coisas. Também, com os seus sacrifícios sempre iguais e sem desistência repetidos cada ano, ela é totalmente incapaz de levar à perfeição aqueles que se aproximam para oferecê-los. [2]Se não fosse assim, não se teria deixado de oferecê-los, se os que prestam culto, uma vez purificados, já não tivessem nenhuma consciência dos pecados? [3]Mas, ao contrário, é por meio destes sacrifícios que, anualmente, se renova a memória dos pecados, [4]pois é impossível eliminar os pecados com o sangue de touros e bodes. [5]Por isso, ao entrar no mundo, Cristo afirma:
"Tu não quiseste vítima nem oferenda,
mas formaste-me um corpo.
[6]Não foram do teu agrado holocaustos
nem sacrifícios pelo pecado.
[7]Por isso eu disse: Eis que eu venho.
No livro está escrito a meu respeito:
Eu vim, ó Deus, para fazer a tua vontade."

Ofício das Leituras

365

⁸Depois de dizer: "Tu não quiseste nem te agradaram vítimas, oferendas, holocaustos, sacrifícios pelo pecado" – coisas oferecidas segundo a Lei – ⁹ele acrescenta: "Eu vim para fazer a tua vontade". Com isso, suprime o primeiro sacrifício, para estabelecer o segundo. ¹⁰É graças a esta vontade que somos santificados pela oferenda do corpo de Jesus Cristo, realizada uma vez por todas.

¹¹Todo o sacerdote se apresenta diariamente para celebrar o culto, oferecendo muitas vezes os mesmos sacrifícios, incapazes de apagar os pecados. ¹²Cristo, ao contrário, depois de ter oferecido um sacrifício único pelos pecados, sentou-se para sempre à direita de Deus. ¹³Não lhe resta mais senão esperar até que seus inimigos sejam postos debaixo de seus pés. ¹⁴De fato, com esta única oferenda, levou à perfeição definitiva os que ele santifica. ¹⁵É isto que também nos atesta o Espírito Santo, porque, depois de ter dito: ¹⁶"Eis a aliança que farei com eles, depois daqueles dias", o Senhor declara: "Pondo as minhas leis nos seus corações e inscrevendo-as na sua mente, ¹⁷não me lembrarei mais dos seus pecados, nem das suas iniquidades".

¹⁸Ora, onde existe o perdão, já não se faz oferenda pelo pecado.

Responsório   cf. Hb 10,5-7.4 (Sl 39[40],7-8)

R. Sacrifício e obla**ção** não qui**ses**tes,
   mas for**mas**tes-me um **cor**po, Se**nhor**:
   não pe**dis**tes o**fer**tas, nem **ví**timas
   nem holo**caus**tos por **nos**sos pe**ca**dos;
   en**tão** eu vos **dis**se: Eis que **ven**ho,
   *Venho, ó **Deus**, fazer **vos**sa **von**ta**de**!

V. É impos**sí**vel que o **san**gue de **tou**ros,
   de car**nei**ros, a**pa**gue os pe**ca**dos;
   por **is**so, ao en**trar** neste **mun**do,
   o **Cris**to afir**mou** de si **mes**mo: *Venho, ó **Deus**.

Segunda leitura

Dos Sermões de Santo André de Creta, bispo
(Oratio 9 in ramos palmarum: PG 97,990-994) (Séc. III)

Bendito o que vem em nome do Senhor, o rei de Israel

Vinde, subamos juntos ao monte das Oliveiras e corramos ao encontro de Cristo, que hoje volta de Betânia e se encaminha voluntariamente para aquela venerável e santa Paixão, a fim de realizar o mistério de nossa salvação.

Caminha o Senhor livremente para Jerusalém, ele que desceu do céu por nossa causa – prostrados que estávamos por terra – para elevar-nos consigo *bem acima de toda autoridade, poder, potência e soberania ou qualquer título que se possa mencionar* (Ef 1,21), como diz a Escritura.

O Senhor vem, mas não rodeado de pompa, como se fosse conquistar a glória. *Ele não discutirá,* diz a Escritura, *nem gritará, e ninguém ouvirá sua voz* (Mt 12,19; cf. Is 42,2). Pelo contrário, será manso e humilde, e se apresentará com vestes pobres e aparência modesta.

Acompanhemos o Senhor, que corre apressadamente para a sua Paixão e imitemos os que foram ao seu encontro. Não para estendermos à sua frente, no caminho, ramos de oliveira ou de palma, tapetes ou mantos, mas para nos prostrarmos a seus pés, com humildade e retidão de espírito, a fim de recebermos o Verbo de Deus que se aproxima, e acolhermos aquele Deus que lugar algum pode conter.

Alegra-se Jesus Cristo, porque deste modo nos mostra a sua mansidão e humildade, e *se eleva,* por assim dizer, *sobre o ocaso* (cf. Sl 67,5) de nossa infinita pequenez; ele veio ao nosso encontro e conviveu conosco, tornando-se um de nós, para nos elevar e nos reconduzir a si.

Diz um salmo que ele *subiu pelo mais alto dos céus ao Oriente* (cf. Sl 67,34), isto é, para a excelsa glória da sua

Ofício das Leituras 367

divindade, como primícias e antecipação da nossa condição futura; mas nem por isso abandonou o gênero humano, porque o ama e quer elevar consigo a nossa natureza, erguendo-a do mais baixo da terra, de glória em glória, até tomá-la participante da sua sublime divindade.

Portanto, em vez de mantos ou ramos sem vida, em vez de folhagens que alegram o olhar por pouco tempo, mas depressa perdem o seu verdor, prostremo-nos aos pés de Cristo. Revestidos de sua graça, ou melhor, revestidos dele próprio – *vós todos que fostes batizados em Cristo vos revestistes de Cristo* (Gl 3,27) –, prostremo-nos a seus pés como mantos estendidos.

Éramos antes como escarlate por causa dos nossos pecados, mas purificados pelo batismo da salvação, nos tornamos brancos como a lã. Por conseguinte, não ofereçamos mais ramos e palmas ao vencedor da morte, porém o prêmio da sua vitória.

Agitando nossos ramos espirituais, o aclamemos todos os dias, juntamente com as crianças, dizendo estas santas palavras: *"Bendito o que vem em nome do Senhor, o rei de Israel"*.

Responsório   cf. Jo 12,12.13; cf. Mt 21,8.9

R. Os **fi**lhos dos he**breus** com **ra**mos de oli**vei**ra
   correram ao en**con**tro do **Cris**to que chegava;
   e uma **gran**de multi**dão** no **chão** punha seus **man**tos
   e **ou**tros colo**ca**vam seus **ra**mos
   no **ca**minho e acla**ma**vam a Je**sus**:
  * Salve, ó **Fi**lho de Davi!
   Ben**di**to o que nos **vem**, em **no**me do Se**nhor**!
V. Os que à **fren**te cami**nha**vam
   e os que a**trás** vinham se**guin**do,
   acla**ma**vam com voz **for**te: * Salve, ó **Fi**lho.

Oração como nas Laudes.

Domingo da Paixão do Senhor

Laudes

Hino, p. 359.

Ant. 1 Uma **gran**de multi**dão** que viera para a **festa**
aclamava Jesus **Cristo:**
Ben**dito** o que nos **vem** em nome do **Se**nhor!
Hosana nas al**turas!**

Salmos e cântico do domingo da II Semana, p. 1087.

Ant. 2 Com os **an**jos e as cria**turas** proclamemos nossa **fé**
e aclamemos Jesus **Cristo,**
vence**dor** da própria **mor**te:
"Hosana nas al**turas!**".

Ant. 3 Ben**dito** o que nos **vem** em **no**me do Senhor!
Na **terra**, paz aos **ho**mens. No **céu**, glória ao **Se**nhor!

Leitura breve   Zc 9,9

Exulta, cidade de Sião! Rejubila, cidade de Jerusalém. Eis
que vem teu rei ao teu encontro, ele é justo, ele salva; é
humilde e vem montado num jumento, um potro, cria de
jumenta.

Responsório breve

R. Ó **por**tas, leva**tai** vossos fron**tões!**
* A fim de **que** o Rei da **gló**ria possa en**trar!** R. Ó portas.
V. O Rei da **gló**ria é o **Se**nhor, Deus do uni**verso.**
* A fim de **que**. Glória ao **Pai**. R. Ó **por**tas.

Cântico evangélico, ant.

Ano A Com **pal**mas reful**gen**tes honremos Deus que **vem!**
Acorramos-lhe ao en**con**tro com **hi**nos e can**ções,**
acla**man**do alegre**men**te: Bendito sois, **Se**nhor!

Ano B Os que **iam** à sua **fren**te, e a**que**les que o se**gui**am
acla**ma**vam com Ho**sa**nas:
Ben**dito** o que **vem** em **no**me do **Se**nhor!
Ben**dito** é o **Rei**no de nosso pai **Da**vi!

Laudes

Ano C Todo o **po**vo come**çou** alegre**men**te
a acla**mar**, louvando a **Deus** em alta **voz**:
Bendito o **Rei** que vem em **no**me do Se**nhor**!

Preces

Adoremos a Cristo que, ao entrar em Jerusalém, foi aclamado pela multidão como o Rei e Messias espera-do. Também nós o louvemos com alegria:

R. **Bendito o que vem em nome do Senhor!**

Hosana a vós, Filho de Davi e Rei eterno,
– Hosana a vós, vencedor da morte e do inferno!   **R.**

Vós, que subistes a Jerusalém para sofrer a Paixão, e assim entrar na glória,
– conduzi vossa Igreja à Páscoa da eternidade.   **R.**

Vós, que transformastes o madeiro da cruz em árvore da vida,
– concedei de seus frutos aos que renasceram pelo batismo.

   R.

Cristo, nosso Salvador, que viestes para salvar os pecadores,
– conduzi para o vosso Reino os que creem em vós, em vós esperam e vos amam.   **R.**

(intenções livres)

Pai nosso...

Oração

Deus eterno e todo-poderoso, para dar aos seres humanos um exemplo de humildade, quisestes que o nosso Salvador se fizesse homem e morresse na cruz. Concedei-nos apren-der o ensinamento da sua Paixão e ressuscitar com ele em sua glória. Por nosso Senhor Jesus Cristo, vosso Filho, na unidade do Espírito Santo.

Hora Média

Hino

Todo o mundo fiel rejubile
na alegria de tal salvação:
destruindo a potência da morte,
Jesus Cristo nos traz redenção.

De oliveira com ramos e palmas,
todo o povo, com voz triunfal,
canta hosanas ao Rei de Israel,
de Davi descendente real.

Nós também, acorrendo ao encontro
de tal Rei, com hosanas de glória,
seguremos na mão nossas palmas
de alegria e de fé na vitória.

Por seus dons, nos caminhos da vida,
nos conduza e defenda o Senhor.
E possamos, em todos os tempos,
tributar-lhe o devido louvor.

Glória ao Pai e a Jesus, Filho único,
Deus de Deus, Luz da Luz, Sumo Bem,
com o Espírito, o Amor que consola,
pelos séculos dos séculos. Amém.

Para as demais Horas, escolhe-se um dos Hinos da Quaresma,
p. 37.

Oração das Nove Horas

Ant. Quando a **festa** da **Pás**coa estava **per**to,
Jesus, sa**ben**do que che**ga**ra a sua **hora**,
amou os **seus**, aqui no **mun**do, até o **fim**.

Leitura breve   cf. 2Cor 4,10-11

Por toda parte e sempre levamos em nós mesmos os sofrimentos mortais de Jesus, para que também a vida de Jesus
seja manifestada em nossa frágil natureza. De fato, nós, os

Hora Média

vivos, somos continuamente entregues à morte, por causa de Jesus, para que também a vida de Jesus seja manifestada em nossos corpos.

V. Ofereceu-se livremente em sacrifício.
R. Como um cordeiro, não abriu a sua boca.

Oração das Doze Horas

Ant. Como o **Pai** me conhece, eu conheço meu **Pai**;
minha vida eu entrego por minhas ovelhas.

Leitura breve   1Pd 4,13-14

Alegrai-vos por participar dos sofrimentos de Cristo, para que possais também exultar de alegria na revelação da sua glória. Se sofreis injúrias por causa do nome de Cristo, sois felizes, pois o Espírito da glória, o Espírito de Deus repousa sobre vós.

V. O **Cristo** tomou sobre si nossas dores.
R. Carregou em seu corpo os nossos pecados.

Oração das Quinze Horas

Ant. Para **mim**, viver é **Cristo** e morrer é uma vantagem;
minha glória é a **Cruz** do Senhor Cristo Jesus.

Leitura breve   1Pd 5,10-11

Depois de terdes sofrido um pouco, o Deus de toda a graça, que vos chamou para a sua glória eterna, em Cristo, vos restabelecerá e vos tornará firmes, fortes e seguros. A ele pertence o poder, pelos séculos dos séculos. Amém.

V. Veneremos o sinal da santa **cruz**,
R. Pela **qual** a salvação veio até **nós**.

Oração como nas Laudes.

Domingo da Paixão do Senhor

II Vésperas

Hino, p.357.

Ant. 1 **Deus Pai** exal**tou** à sua di**rei**ta
o seu **Cris**to humi**lha**do e esma**ga**do.

Salmos e cântico do domingo da II Semana, p.1094.

Ant. 2 Pelo **san**gue de Je**sus**, purifi**ca**dos,
sir**va**mos ao Deus **vi**vo para **sem**pre!

Ant. 3 Carre**gou** sobre **si** nossas **cul**pas
em seu **cor**po no **le**nho da **cruz**,
para que, **mor**tos aos **nos**sos pe**ca**dos,
na jus**ti**ça de **Deus** nós vi**va**mos.

Leitura breve
At 13,26-30a

Irmãos, a nós foi enviada esta mensagem de salvação. Os habitantes de Jerusalém e seus chefes não reconheceram a Jesus e, ao condená-lo, cumpriram as profecias que se leem todos os sábados. Embora não encontrassem nenhum motivo para a sua condenação, pediram a Pilatos que fosse morto. Depois de realizarem tudo o que a Escritura diz a respeito de Jesus, eles o tiraram da cruz e o colocaram num túmulo. Mas Deus o ressuscitou dos mortos.

Responsório breve
R. **Nós** vos bendi**ze**mos e ado**ra**mos,
*Ó Je**sus**, nosso Se**nhor**. R. **Nós** vos.
V. Por vossa **cruz** vós redi**mis**tes este **mun**do. *Ó Je**sus**.
Glória ao **Pai**. R. **Nós** vos.

Cântico evangélico, ant.
Ano A Está es**cri**to: O pas**tor** há de ser **mor**to,
e as o**ve**lhas have**rão** de disper**sar**-se.
Mas de**pois** que eu ti**ver** ressusci**ta**do,
esta**rei** antes de **vós** na Gali**lei**a;
lá have**reis** de me encon**trar**, diz o Se**nhor**.

II Vésperas

Ano B Salve, ó **Cristo**, nosso **Rei**, salve, ó **Filho** de **Davi**!
Anunciado dos profetas, Redentor da humanidade!

Ano C Eu vos **digo**: É necessário que se **cumpra**
a palavra da Escritura a meu respeito:
Em **meio** aos malfeitores foi contado.
Pois aquilo que foi dito a meu respeito,
está próximo de ser realizado.

Preces

Adoremos o Salvador do gênero humano, que subiu a Jerusalém para sofrer a Paixão e assim entrar na glória; e peçamos com humildade:

R. **Santificai, Senhor, o povo que remistes com vosso sangue!**

Jesus, nosso Redentor, concedei que, pela penitência, nos associemos cada vez mais plenamente à vossa Paixão,
– a fim de alcançarmos a glória da ressurreição. R.

Acolhei-nos sob a proteção de Maria, vossa Mãe, consoladora dos aflitos,
– para podermos confortar os tristes com o mesmo auxílio que de vós recebemos. R.

Olhai para aqueles que por nossa culpa desfalecem no caminho;
– ajudai-os e corrigi-nos, para que prevaleçam a justiça e a caridade. R.

Senhor Jesus, que vos humilhastes na obediência até à morte e morte de cruz,
– ensinai-nos a ser obedientes e a sofrer com paciência. R.

(intenções livres)

Tornai os corpos de nossos irmãos e irmãs falecidos semelhantes à imagem do vosso corpo glorioso,
– e fazei-nos dignos de participar um dia, com eles, da vossa glória. R.

Pai nosso...

374 Semana Santa

Oração

Deus eterno e todo-poderoso, para dar aos seres humanos um exemplo de humildade, quisestes que o nosso Salvador se fizesse homem e morresse na cruz. Concedei-nos aprender o ensinamento da sua Paixão e ressuscitar com ele em sua glória. Por nosso Senhor Jesus Cristo, vosso Filho, na unidade do Espírito Santo.

SEGUNDA-FEIRA

Ofício das Leituras

V. Quando eu **for** elevado da **terra**,
R. Atrai**rei** para **mim** todo **ser**.

Primeira leitura
Da Carta aos Hebreus   10,19-39

Perseverança na fé. Expectativa do dia do julgamento

[19]Irmãos, temos plena liberdade para entrar no Santuário, pelo sangue de Jesus. [20]Ele nos abriu um caminho novo e vivo, através da cortina, quer dizer, através da sua humanidade. [21]Temos um grande sacerdote constituído sobre a casa de Deus. [22]Aproximemo-nos, portanto, de coração sincero e cheio de fé, com coração purificado de toda a má consciência e o corpo lavado com água pura. [23]Sem desânimo, continuemos a afirmar a nossa esperança, porque é fiel quem fez a promessa. [24]Sejamos atentos uns aos outros, para nos incentivar à caridade e às boas obras. [25]Não abandonemos as nossas assembleias, como alguns costumam fazer. Antes, procuremos animar-nos mutuamente, e tanto mais quanto vedes o dia aproximar-se.

[26]De fato, se preferirmos continuar pecando, depois de *termos recebido o conhecimento* da verdade, já não há sacrifícios que possam tirar os nossos pecados. [27]Fica apenas a terrível expectativa do julgamento e o ardor de um fogo para devorar os rebeldes. [28]Quem desobedece à Lei de Moisés, é condenado à morte, sem piedade, tendo como base o

testemunho de duas ou três pessoas. [29]Podeis então imaginar o castigo bem mais severo, que merecerá aquele que pisou o Filho de Deus, que profanou o sangue da Aliança, pelo qual foi santificado, e que insultou o Espírito da graça! [30]Conhecemos aquele que disse: "A mim pertence a vingança, eu é que retribuirei". E ainda: "O Senhor julgará o seu povo" [31]É terrível cair nas mãos do Deus vivo!

[32]Lembrai-vos dos primeiros dias, quando, apenas iluminados, suportastes longas e dolorosas lutas. [33]Às vezes, éreis apresentados como espetáculo, debaixo de injúrias e tribulações; outras vezes vos tornáveis solidários dos que assim eram tratados. [34]Com efeito, participastes dos sofrimentos dos prisioneiros e aceitastes com alegria o confisco dos vossos bens, na certeza de possuir uma riqueza melhor e mais durável. [35]Não abandoneis, pois, a vossa coragem, que merece grande recompensa. [36]De fato, precisais de perseverança para cumprir a vontade de Deus e alcançar o que ele prometeu.

[37]Porque ainda bem pouco tempo,
e aquele que deve vir, virá e não tardará.
[38]O meu justo viverá por causa de sua fidelidade,
mas, se esmorecer,
não encontrarei mais satisfação nele.

[39]Nós não somos desertores, para a perdição. Somos homens da fé, para a salvação da alma.

Responsório　　　　　　　　　　　Hb 10,35a.36; Lc 21,19

R. Não percais a confiança na palavra do Senhor;
　é preciso ter constância
　* Em fazer sua vontade e alcançar suas promessas.
V. Pela vossa persistência, salvareis as vossas vidas.
　* Em fazer.

Segunda leitura
Dos Sermões de Santo Agostinho, bispo

(Sermo Guelferbytanus 3: PLS 2,545-546)　(Séc. V)

Semana Santa

Gloriemo-nos também nós na Cruz do Senhor!

A Paixão de nosso Senhor e Salvador Jesus Cristo é para nós penhor de glória e exemplo de paciência.

Haverá alguma coisa que não possam esperar da graça divina os corações dos fiéis, pelos quais o Filho unigênito de Deus, eterno como o Pai, não apenas quis nascer como homem entre os homens, mas quis também morrer pelas mãos dos homens que tinha criado?

Grandes coisas o Senhor nos promete no futuro! Mas o que ele já fez por nós e agora celebramos é ainda muito maior. Onde estávamos ou quem éramos, quando Cristo morreu por nós pecadores? Quem pode duvidar que ele dará a vida aos seus fiéis, quando já lhes deu até a sua morte? Por que a fraqueza humana ainda hesita em acreditar que um dia os homens viverão em Deus?

Muito mais incrível é o que já aconteceu: Deus morreu pelos homens.

Quem é Cristo senão aquele que *no princípio era a Palavra, e a Palavra estava com Deus: e a Palavra era Deus?* (Jo 1,1). Essa Palavra de Deus *se fez carne e habitou entre nós* (Jo 1,14). Se não tivesse tomado da nossa natureza a carne mortal, Cristo não teria possibilidade de morrer por nós. Mas deste modo o imortal pôde morrer e dar sua vida aos mortais. Fez-se participante de nossa morte para nos tornar participantes da sua vida. De fato, assim como os homens, pela sua natureza, não tinham possibilidade alguma de alcançar a vida, também ele, pela sua natureza, não tinha possibilidade alguma de sofrer a morte.

Por isso entrou, de modo admirável, em comunhão conosco: de nós assumiu a mortalidade, o que lhe possibilitou morrer; e dele recebemos a vida.

Portanto, de modo algum devemos envergonhar-nos da morte de nosso Deus e Senhor; pelo contrário, nela devemos confiar e gloriar-nos acima de tudo. Pois tomando sobre si a morte que em nós encontrou, garantiu com total fidelidade dar-nos a vida que não podíamos obter por nós mesmos.

Se ele tanto nos amou, a ponto de, sem pecado, sofrer por nós pecadores, como não dará o que merecemos por justiça, fruto da sua justificação? Como não dará a recompensa aos justos, ele que é fiel em suas promessas e, sem pecado, suportou o castigo dos pecadores?

Reconheçamos corajosamente, irmãos, e proclamemos bem alto que Cristo foi crucificado por amor de nós; digamos não com temor, mas com alegria, não com vergonha, mas com santo orgulho.

O apóstolo Paulo compreendeu bem esse mistério e o proclamou como um título de glória. Ele, que teria muitas coisas grandiosas e divinas para recordar a respeito de Cristo, não disse que se gloriava dessas grandezas admiráveis – por exemplo, que sendo Cristo Deus como o Pai, criou o mundo; e, sendo homem como nós, manifestou o seu domínio sobre o mundo –, mas afirmou: *Quanto a mim, que eu me glorie somente na cruz do Senhor nosso, Jesus Cristo* (Gl 6,14).

Responsório

R. Adoramos, Senhor, a vossa **cruz**,
vossa **paixão** gloriosa recordamos.

* Vós que sofrestes por **nós**, tende piedade!

V. Suplicantes, Senhor, vos imploramos:
vinde **logo** ajudar os vossos **servos**,
que remistes pelo **sangue** precioso.

* Vós que sofrestes.

Oração como nas Laudes.

Laudes

Hino, p. 359.

Ant. 1 A minha **alma** está **triste** até à **morte**:
ficai **aqui** e comigo vigiai.

378 Semana Santa

Salmos e cântico da Segunda-feira da II Semana, p. 1104.

Ant. 2 É agora o julgamento deste mundo,
e seu príncipe será lançado fora.

Ant. 3 O autor de nossa fé, que a leva à perfeição,
aceitou sofrer na cruz, desprezando a ignomínia;
mas agora está na glória, à direita de Deus Pai.

Leitura breve Jr 11,19-20

Eu era como manso cordeiro levado ao sacrifício, e não sabia que tramavam contra mim: "Vamos cortar a árvore em toda sua força, eliminá-lo do mundo dos vivos, para seu nome não ser mais lembrado". E tu, Senhor dos exércitos, que julgas com justiça e perscrutas os afetos do coração, concede que eu veja a vingança que tomarás contra eles, pois eu te confiei a minha causa.

Responsório breve

R. Lembra-te de Cristo, ressuscitado dentre os mortos!
* Ele é nossa salvação e nossa glória para sempre.
R. Lembra-te.
V. Se com ele nós morremos, também com ele viveremos.
* Ele é. Glória ao Pai. R. Lembra-te.

Cântico evangélico, ant.

Ó Pai justo, o mundo não te conheceu;
eu, porém, te conheci, pois me enviaste.

Preces

Imploremos a Cristo Salvador, que nos remiu por sua morte e ressurreição; e digamos:

R. Senhor, tende piedade de nós!

Vós, que subistes a Jerusalém para sofrer a Paixão, e assim entrar na glória,
– conduzi vossa Igreja à Páscoa da eternidade. R.

Segunda-feira

Vós, que, elevado na cruz, deixastes a lança do soldado vos traspassar,
– curai as nossas feridas. R.

Vós, que transformastes o madeiro da cruz em árvore da vida,
– concedei de seus frutos aos que renasceram pelo batismo. R.

Vós, que, pregado na cruz, perdoastes o ladrão arrependido,
– perdoai-nos também a nós pecadores. R.

(intenções livres).

Pai nosso...

Oração

Concedei, ó Deus, ao vosso povo, que desfalece por sua fraqueza, recobrar novo alento pela Paixão do vosso Filho. Que convosco vive e reina, na unidade do Espírito Santo.

Hora Média

Oração das Nove Horas

Ant. Quando a **festa** da **Pás**coa estava **per**to,
Jesus, sa**ben**do que che**ga**ra a sua **ho**ra,
amou os **seus**, aqui no **mun**do, até o **fim**.

Leitura breve   Ez 33,10b.11a
Nossos crimes e pecados pesam sobre nós, e por cau-sa deles estamos definhando. Como poderemos viver? Juro por minha vida – oráculo do Senhor Deus – não sinto prazer na morte do ímpio, mas antes, que ele mude de conduta e viva!

V. Ofere**ceu**-se livre**men**te em sacri**fí**cio.
R. Como um cor**dei**ro, não **abriu** a sua **bo**ca.

Oração das Doze Horas

Ant. Como o **Pai** me co**nhe**ce, eu co**nhe**ço meu **Pai**;
minha **vi**da eu en**tre**go por **mi**nhas ovelhas.

380 Semana Santa

Leitura breve Jr 18,20b

Lembra-te de que fui à tua presença, para interceder por eles e tentar afastar deles a tua ira.

V. O **Cris**to to**mou** sobre **si** nossas **do**res.
R. Carre**gou** em seu **cor**po os **nos**sos pe**ca**dos.

Oração das Quinze Horas

Ant. Para **mim**, viver é **Cris**to e mo**rrer** é uma van**ta**gem;
minha **gló**ria é a **Cruz** do Se**nhor** Cristo **Jesus**.

Leitura breve Jr 31,2.3b.4a

Isto diz o Senhor: Encontrou perdão no deserto o povo que escapara à espada; Israel encaminha-se para o seu descanso. Amei-te com amor eterno e te atraí com a misericórdia. De novo te edificarei, serás reedificada, ó jovem nação de Israel.

V. Vene**re**mos o si**nal** da santa **cruz**,
R. Pela **qual** a salva**ção** veio até **nós**.

Oração como nas Laudes.

Vésperas

Hino, p. 357.

Ant. 1 Não tem be**le**za nem apa**rên**cia
e o contem**pla**mos desfigu**ra**do.

Salmos e cântico da Segunda-feira da II Semana, p. 1112.

Ant. 2 Suscita**rei** para meu **ser**vo multi**dões**,
pois entre**gou** a sua **vi**da até à **mor**te.

Ant. 3 O Pai nos **deu** todas as **gra**ças em seu **Fi**lho.
É **ne**le que nós **te**mos reden**ção**,
dos pe**ca**dos remis**são** pelo seu **san**gue.

Leitura breve Rm 5,8-9

A prova de que Deus nos ama é que Cristo morreu por nós, quando éramos ainda pecadores. Muito mais agora, que já

Segunda-feira

estamos justificados pelo sangue de Cristo, seremos salvos da ira por ele.

Responsório breve

R. Jesus, lembrai-vos de **mim**, ao che**gar** a vosso **Reino**!
* Vós que **não** rejeitais um cora**ção** oprimido. R. Jesus.
V. **Vós** que vos fizestes obedien te até a **mor**te.
* Vós que **não**. Glória ao **Pai**. R. Jesus.

Cântico evangélico, ant.

Como Moi**sés** ergueu na **has**te a ser**pen**te no de**ser**to,
o Filho do **Ho**mem há de **ser** levan**ta**do numa **cruz**;
e, as**sim**, quem nele **crer**, não pere**ça** para **sem**pre,
mas pos**sua** a vida e**ter**na.

Preces

Adoremos o Salvador do gênero humano, que morrendo destruiu a morte e ressuscitando renovou a vida; e peçamos com humildade:

R. **Santificai, Senhor, o povo que remistes com vosso sangue!**

Jesus, nosso Redentor, concedei que, pela penitência, nos associemos cada vez mais plenamente à vossa Paixão,
– a fim de alcançarmos a glória da ressurreição. R.

Acolhei-nos sob a proteção de Maria, vossa Mãe, consoladora dos aflitos,
– para podermos confortar os tristes com o mesmo auxílio que de vós recebemos. R.

Concedei aos vossos fiéis a graça de tomar parte na vossa Paixão por meio dos sofrimentos da vida,
– para que também neles se manifeste a vossa salvação. R.

Senhor Jesus, que vos humilhastes na obediência até à morte e morte de cruz,

382   Semana Santa

—ensinai-nos a ser obedientes e a sofrer com paciência.
R. **Santificai, Senhor, o povo que remistes com vosso sangue!**

(intenções livres)

Tornai os corpos de nossos irmãos e irmãs falecidos semelhantes à imagem do vosso corpo glorioso,
—e fazei-nos dignos de participar um dia, com eles, da vossa glória.   R.

Pai nosso...

Oração

Concedei, ó Deus, ao vosso povo, que desfalece por sua fraqueza, recobrar novo alento pela Paixão do vosso Filho. Que convosco vive e reina, na unidade do Espírito Santo.

TERÇA-FEIRA

Ofício das Leituras

V. Quando eu **for** elevado da **te**rra,
R. Atrai**rei** para **mim** todo **ser**.

Primeira leitura
Da Carta aos Hebreus   12,1-13

*Com os olhos fixos em Jesus,
empenhemo-nos no combate que nos é proposto*

Irmãos: ¹Rodeados como estamos por tamanha multidão de testemunhas, deixemos de lado o que nos pesa e o pecado que nos envolve. Empenhemo-nos com perseverança no combate que nos é proposto, ²com os olhos fixos em Jesus, que em nós começa e completa a obra da fé. Em vista da alegria que lhe foi proposta, suportou a cruz, não se importando com a infâmia, e assentou-se à direita do trono de Deus. ³Pensai pois naquele que enfrentou uma tal oposição por parte dos pecadores, para que não vos deixeis abater pelo desânimo.

Terça-feira 383

⁴ Vós ainda não resististes até ao sangue na vossa luta contra o pecado,⁵ e já esquecestes as palavras de encoraja mento que vos foram dirigidas como a filhos:
"Meu filho, não desprezes a educação do Senhor,
não te desanimes quando ele te repreende;
⁶ pois o Senhor corrige a quem ele ama
e castiga a quem aceita como filho".

⁷ É para a vossa educação que sofreis, e é como filhos que Deus vos trata. Pois qual é o filho a quem o pai não corrige?⁸ Pelo contrário, se ficais fora da correção aplicada a todos, então sois bastardos e não filhos.⁹ Ademais, tive-mos os nossos pais humanos como educadores, e os res-peitávamos. Será que não devemos submeter-nos muito mais ao Pai dos espíritos para termos a vida?¹⁰ Nossos pais humanos, por pouco tempo, nos corrigiam como melhor lhes parecia; Deus, porém, nos corrige para o nosso bem, a fim de partilharmos a sua própria santidade.¹¹ No momento mesmo, nenhuma correção parece alegrar, mas causa dor. Depois, porém, produz um fruto de paz e de justiça para aqueles que nela foram exercitados.

¹² Portanto, "firmai as mãos cansadas e os joelhos enfra-quecidos;¹³ acertai os passos dos vossos pés", para que não se extravie o que é manco, mas antes seja curado.

Responsório   cf. Hb 12,2; Fl 2,8a

R. O **Aut**or da nossa **fé**, e que a **lev**a à perfei**ção**,
em lu**gar** da ale**gri**a, que lhe **fora** apresenta**da**,
preferiu sofrer na **cruz**, despre**zan**do a igno**mín**ia.

* **Ago**ra está senta**do** à di**rei**ta de Deus **Pai**.

V. Jesus **Crist**o se humi**lhou** e se **fez** obedi**ente**,
obedi**ente** até à **morte*** **Ago**ra está.

Segunda leitura
Do Livro sobre o Espírito Santo, de São Basílio Magno, bispo

(Cap. 15,35: PG 32,127-130)   (Séc. IV)

Há uma só morte que resgata o mundo e uma só ressurreição dos mortos

O desígnio de nosso Deus e Salvador em relação ao homem consiste em levantá-lo de sua queda e fazê-lo voltar, do estado de inimizade ocasionado por sua desobediência, à intimidade divina. A vinda de Cristo na carne, os exemplos de sua vida apresentados pelo Evangelho, a paixão, a cruz, o sepultamento e a ressurreição não tiveram outro fim senão salvar o homem, para que, imitando a Cristo, ele recuperasse a primitiva adoção filial.

Portanto, para atingir a perfeição, é necessário imitar a Cristo, não só nos exemplos de mansidão, humildade e paciência que ele nos deu durante a sua vida, mas também imitá-lo em sua morte, como diz São Paulo, o imitador de Cristo: *Tornando-me semelhante a ele na sua morte, para ver se alcanço a ressurreição dentre os mortos* (Fl 3,10).

Mas como poderemos assemelhar-nos a Cristo em sua morte? Sepultando-nos com ele por meio do batismo. Em que consiste este sepultamento e qual é o fruto dessa imitação? Em primeiro lugar, é preciso romper com a vida passada. Mas ninguém pode conseguir isto se não nascer de novo, conforme a palavra do Senhor, porque o renascimento, como a própria palavra indica, é o começo de uma vida nova. Por isso, antes de começar esta vida nova, é preciso pôr fim à antiga. Assim como, no estádio, os que chegam ao fim da primeira parte da corrida, costumam fazer uma pequena pausa e descansar um pouco, antes de iniciar o retorno, do mesmo modo, era necessário que nesta mudança de vida interviesse a morte, pondo fim ao passado para começar um novo caminho.

E como imitar a Cristo na sua descida à mansão dos mortos? Imitando no batismo o seu sepultamento. Porque os corpos dos batizados ficam, de certo modo, sepultados nas águas. O batismo simboliza, pois, a deposição das obras da carne, segundo as palavras do Apóstolo: *Vós também re-cebestes uma circuncisão, não feita por mão humana, mas uma circuncisão que é de Cristo, pela qual renunciais ao corpo perecível. Com Cristo fostes sepultados no batismo* (Cl 2,11-12). Ora, o batismo, por assim dizer, lava a alma das manchas contraídas por causa das tendências carnais, conforme está escrito: *Lavai-me e mais branco do que a neve ficarei* (Sl 50,9). Por isso, reconhecemos um só batismo de salvação, já que é uma só a morte que resgata o mundo e uma só a ressurreição dos mortos, das quais o batismo é figura.

Responsório   Rm 6,3.5.4a

R. Batizados em **Cris**to Je**sus**,
em sua **mor**te nós **fo**mos i**mer**sos.
* Se com **el**e nós **so**mos um **só**,
por **mor**te que **é** como a **sua**,
com **el**e se**re**mos um **só**, por re**ssur**rei**ção** como a **sua**.
V. No ba**tis**mo nós **fo**mos, ir**mãos**,
sepul**ta**dos com **el**e na **mor**te.
* Se com **el**e.

Oração como nas Laudes.

Laudes

Hino, p. 359.

Ant. 1 Fazei jus**ti**ça, meu **Deus**, e defen**dei**-me!
Do per**ver**so e menti**ro**so liber**tai**-me!

Salmos e cântico da Terça-feira da II Semana, p. 1121.

Ant. 2 Defen**des**tes minha **cau**sa, ó Se**nhor**;
sois defen**sor** da minha **vi**da, ó meu **Deus**!

Ant. 3 É **jus**to o meu **ser**vo e a **mui**tos fará **jus**tos,
carre**gan**do os seus pe**ca**dos.

386 Semana Santa

Leitura breve
Zc 12,10-11a

Derramarei sobre a casa de Davi e sobre os habitantes de Jerusalém um espírito de graça e de oração; eles olharão para mim. Ao que eles feriram de morte, hão de chorá-lo, como se chora a perda de um filho único, e hão de sentir por ele a dor que se sente pela morte de um primogênito. Naquele dia, haverá um grande pranto em Jerusalém.

Responsório breve

R. **Levantai-vos, ó Senhor, por que dormis?**

　* Vós, **agora**, nos dei**xas**tes e humi**lhas**tes!

　　R. Levan**tai**-vos.

V. Desper**tai**! Não nos dei**xeis** eterna**men**te! * Vós **agora**. Glória ao **Pai**. R. Levan**tai**-vos.

Cântico evangélico, ant.

Glorifica-me, **Pai**, em ti **mes**mo
com a **glória** que eu **tinha** em **ti**
já bem **an**tes do i**ní**cio do **mun**do!

Preces

Imploremos a Cristo Salvador, que nos remiu por sua morte e ressurreição; e digamos:

R. **Senhor, tende piedade de nós!**

Vós, que subistes a Jerusalém para sofrer a Paixão, e assim entrar na glória,

— conduzi vossa Igreja à Páscoa da eternidade. R.

Vós, que, elevado na cruz, deixastes a lança do soldado vos traspassar,

— curai as nossas feridas. R.

Vós, que transformastes o madeiro da cruz em árvore da vida,

— concedei os frutos dessa árvore aos que renasceram pelo batismo. R.

Vós, que, pregado na cruz, perdoastes o ladrão arrependido,
– perdoai-nos também a nós pecadores. R.
(intenções livres)

Pai nosso...

Oração

Deus eterno e todo-poderoso, dai-nos celebrar de tal modo
os mistérios da paixão do Senhor, que possamos alcançar
vosso perdão. Por nosso Senhor Jesus Cristo, vosso Filho,
na unidade do Espírito Santo.

Hora Média

Oração das Nove Horas

Ant. Quando a festa da Páscoa estava perto,
Jesus, sabendo que chegara a sua hora,
amou os seus, aqui no mundo, até o fim.

Leitura breve 1Cor 1,18-19

A pregação a respeito da cruz é uma insensatez para os que
se perdem, mas para os que se salvam, para nós, ela é poder
de Deus. Com efeito, está escrito: "Destruirei a sabedoria
dos sábios e frustrarei a perspicácia dos inteligentes".

V. Ofereceu-se livremente em sacrifício.
R. Como um cordeiro, não abriu a sua boca.

Oração das Doze Horas

Ant. Como o Pai me conhece, eu conheço meu Pai;
minha vida eu entrego por minhas ovelhas.

Leitura breve 1Cor 1,22-24

Os judeus pedem sinais milagrosos, os gregos procuram
sabedoria; nós, porém, pregamos Cristo crucificado, escândalo para os judeus e insensatez para os pagãos. Mas para
os que são chamados, tanto judeus como gregos, esse Cristo é poder de Deus e sabedoria de Deus.

388

Semana Santa

V. O **Cris**to to**mou** sobre **si** nossas **do**res.
R. Carre**gou** em seu **corp**o os **nos**sos peca**do**s.

Oração das Quinze Horas

Ant. Para **mim**, viver é **Cris**to e morrer é uma van**ta**gem;
minha **gló**ria é a **Cruz** do Se**nhor** Cristo Jesus.

Leitura breve 1Cor 1,25.27a
O que é dito insensatez de Deus é mais sábio do que os
homens, e o que é dito fraqueza de Deus é mais forte do
que os homens. Na verdade, Deus escolheu o que o mundo
considera como estúpido, para assim confundir os sábios.

V. Vene**re**mos o si**nal** da santa **cruz**,
R. Pela **qual** a salva**ção** veio até **nós**.

Oração como nas Laudes.

Vésperas

Hino, p. 357.

Ant. 1 Supor**tei** dos malva**dos** in**sul**to e ter**ror**;
o Se**nhor** é co**mi**go qual **for**te guer**rei**ro.

Salmos e cântico da Terça-feira da II Semana, p. 1129.

Ant. 2 Liber**tai**-me, Se**nhor**, e to**mai**-me con**vos**co;
e **ven**ha o mais **for**te lu**tar** contra **mim**!

Ant. 3 Vós **fos**tes por **nós** imolado;
para **Deus** nos re**miu** vosso **san**gue.

Leitura breve 1Cor 1,27b-30
Deus escolheu o que o mundo considera como fraco, para
assim confundir o que é forte; Deus escolheu o que para o
mundo é sem importância e desprezado, o que não tem nenhuma serventia, para assim mostrar a inutilidade do que é
considerado importante, para que ninguém possa gloriar-se
diante dele. É graças a ele que vós estais em Cristo Jesus, o

Terça-feira

qual se tornou para nós, da parte de Deus: sabedoria, justiça, santificação e libertação.

Responsório breve

R. Ele não **tinha** apar**ên**cia ou be**le**za,
* Por suas **cha**gas nós **fo**mos cura**do**s. R. Ele não **tin**ha.
V. Carre**gou** sobre **si** nossas **cul**pas. * Por suas **cha**gas.
Glória ao **Pai**. R. Ele não **tin**ha.

Cântico evangélico, ant.

Eu **ten**ho o po**der** de entre**gar** minha **vi**da
e de **novo** assumi-**la**.

Preces

Adoremos o Salvador do gênero humano, que morrendo destruiu a morte e ressuscitando renovou a vida; e peçamos com humildade:

R. **Santificai, Senhor, o povo que remistes com vosso sangue!**

Jesus, nosso Redentor, concedei que, pela penitência, nos associemos cada vez mais plenamente à vossa Paixão,
– a fim de alcançarmos a glória da ressurreição. R.

Acolhei-nos sob a proteção de Maria, vossa Mãe, consoladora dos aflitos,
– para podermos confortar os tristes com o mesmo auxílio que de vós recebemos. R.

Concedei aos vossos féis a graça de tomar parte na vossa Paixão por meio dos sofrimentos da vida,
– para que também neles se manifeste a vossa salvação.
R.

Senhor Jesus, que vos humilhastes na obediência até à morte e morte de cruz,
– ensinai-nos a ser obedientes e a sofrer com paciência.
R.
(intenções livres)

Tornai os corpos de nossos irmãos e irmãs falecidos semelhantes à imagem do vosso corpo glorioso,
– e fazei-nos dignos de participar um dia, com eles, da vossa glória.
R. **Santificai, Senhor, o povo que remistes com vosso
sangue!**
Pai nosso...

Oração

Deus eterno e todo-poderoso, dai-nos celebrar de tal
modo os mistérios da paixão do Senhor, que possamos
alcançar vosso perdão. Por nosso Senhor Jesus Cristo,
vosso Filho, na unidade do Espírito Santo.

QUARTA-FEIRA

Ofício das Leituras

V. Quando eu **for** eleva**d**o da **terra**,
R. Atrai**rei** para **mim** todo **ser**.

Primeira leitura
Da Carta aos Hebreus   12,14-29

Aproximamo-nos do monte do Deus vivo

Irmãos: [14]Procurai a paz com todos, e a santificação,
sem a qual ninguém verá o Senhor; [15]cuidai para que ninguém abandone a graça de Deus. Que nenhuma raiz venenosa cresça no meio de vós, tumultuando e contaminando
a comunidade. [16]Não haja nenhum imoral ou profanador,
como Esaú, que, por um prato de comida, vendeu seus direitos de filho primogênito. [17]Bem sabeis que a seguir foi
rejeitado, quando quis obter a bênção como herança; não
encontrou modo para seu pai mudar a decisão, embora lhe
pedisse com lágrimas.

[18]Vós não vos aproximastes de uma realidade palpável:
"fogo ardente e escuridão, trevas e tempestade, [19]som da

trombeta e voz poderosa", que os ouvintes suplicaram não continuasse, ²⁰pois não suportavam o que fora ordenado: "Até um animal será apedrejado, se tocar a montanha". ²¹Eles ficaram tão espantados com esse espetáculo, que Moisés disse: "Estou apavorado e com medo". ²²Mas vós vos aproximastes do monte Sião e da cidade do Deus vivo, a Jerusalém celeste; da reunião festiva de milhões de anjos; ²³da assembleia dos primogênitos, cujos nomes estão escritos nos céus; de Deus, o Juiz de todos; dos espíritos dos justos, que chegaram à perfeição; ²⁴de Jesus, mediador da nova aliança, e da aspersão do sangue mais eloquente que o de Abel.

²⁵Cuidado! Não deixeis de escutar aquele que vos fala. Os que recusaram escutar aquele que os advertia na terra, não escaparam do castigo. Menos ainda escaparemos nós do castigo, se nos afastarmos de quem nos fala do alto do céu. ²⁶Aquele, cuja voz aquele dia abalou a terra, agora diz: "Mais uma vez abalarei não somente a terra, mas também o céu". ²⁷A expressão "mais uma vez" anuncia o desaparecimento de tudo aquilo que participa da instabilidade do mundo criado, para que permaneça só o que é inabalável.

²⁸Já que recebemos um reino inabalável, conservemos bem essa graça. Por meio dela, sirvamos a Deus de modo a agradar-lhe, isto é, com respeito e temor. ²⁹Pois o nosso Deus é um fogo devorador.

Responsório   Dt 5,23.24a; cf. Hb 12,22a

R. Depois que percebestes a voz vinda das trevas
    e o Sinai ardendo em fogo, a mim chegastes e dissestes:
  * O Senhor, o nosso Deus, nos mostrou a sua glória,
    nos mostrou sua grandeza.

V. Aproximastes-vos, irmãos, da cidade do Deus vivo,
    da Sião celestial. * O Senhor.

Segunda leitura

Do Tratado sobre o Evangelho de São João, de Santo Agostinho, bispo

(Tract 84,1-2: CCL 36,536-538)   (Séc. V)

A plenitude do amor

Irmãos caríssimos, o Senhor definiu a plenitude do amor com que devemos amar-nos uns aos outros, quando disse: *Ninguém tem amor maior do que aquele que dá sua vida pelos amigos* (Jo 15,13). Daqui se conclui o que o mesmo evangelista João diz em sua epístola: *Jesus deu a sua vida por nós. Portanto, também nós devemos dar a vida pelos irmãos* (1Jo 3,16), amando-nos verdadeiramente uns aos outros, como ele nos amou até dar a sua vida por nós.

É certamente a mesma coisa que se lê nos Provérbios de Salomão: *Quando te sentares à mesa de um poderoso, olha com atenção o que te é oferecido; e estende a tua mão, sabendo que também deves preparar coisas semelhantes* (cf. Pr 23 ,1-2 Vulg.).

Ora, a mesa do poderoso é a mesa em que se recebe o corpo e o sangue daquele que deu a sua vida por nós. Sentar-se à mesa significa aproximar-se com humildade. Olhar com atenção o que é oferecido, é tomar consciência da grandeza desta graça. E estender a mão sabendo que também se devem preparar coisas semelhantes, significa o que já disse antes: assim como Cristo deu a sua vida por nós, também devemos dar a nossa vida pelos irmãos. É o que diz o apóstolo Pedro: *Cristo sofreu por nós, deixando-nos um exemplo, a fim de que sigamos os seus passos* (cf. 1Pd 2,21). Isto significa preparar coisas semelhantes. Foi o que fizeram, com ardente amor, os santos mártires. Se não quisermos celebrar inutilmente as suas memórias e nos sentarmos sem proveito à mesa do Senhor, no banquete onde eles se saciaram, é preciso que, como eles, preparemos coisas semelhantes.

Por isso, quando nos aproximamos da mesa do Senhor, não recordamos os mártires do mesmo modo como aos outros que dormem o sono da paz, ou seja, não rezamos por eles, mas antes pedimos para que rezem por nós, a fim de seguirmos os seus passos. Pois já alcançaram a plenitude daquele amor acima do qual não pode haver outro maior, conforme disse o Senhor. Eles apresentaram a seus irmãos o mesmo que por sua vez receberam da mesa do Senhor.

Não queremos dizer com isso que possamos nos igualar a Cristo Senhor, mesmo que, por sua causa, soframos o martírio até o derramamento de sangue. Ele teve o poder de dar a sua vida e depois retomá-la; nós, pelo contrário, não vivemos quanto queremos, e morremos mesmo contra a nossa vontade. Ele, morrendo, matou em si a morte; nós, por sua morte, somos libertados da morte. A sua carne não sofreu a corrupção; a nossa, só depois de passar pela corrupção, será por ele revestida de incorruptibilidade, no fim do mundo. Ele não precisou de nós para nos salvar; entretanto, sem ele nós não podemos fazer nada. Ele se apresentou a nós como a videira para os ramos; nós não podemos ter a vida se nos separarmos dele.

Finalmente, ainda que os irmãos morram pelos irmãos, nenhum mártir derramou o seu sangue pela remissão dos pecados de seus irmãos, como ele fez por nós. Isto, porém, não para que o imitássemos, mas como um motivo para agradecermos. Portanto, na medida em que os mártires derramaram seu sangue pelos irmãos, prepararam o mesmo que tinham recebido da mesa do Senhor. Amemo-nos também a nós uns aos outros, como Cristo nos amou e se entregou por nós.

Responsório — 1Jo 4,9.11.10b

R. Foi **nis**to que a **nós** se mos**trou**
   o a**mor** que Deus **Pai** tem por **nós**:
   envi**ou**-nos seu **Filho** Unigênito
   para **que** nós vi**va**mos por **e**le.

394 Semana Santa

* Se **Deus** nos **amou** deste **mo**do,
também **nós** nos devemos **amar**.
V. **Deus** nos **amou**, por primeiro,
e enviou-nos seu Filho Unigênito,
como vítima por **nossos** pecados.* Se **Deus**.

Oração como nas Laudes.

Laudes

Hino, p. 359.

Ant. 1 No meu **dia** de afli**ção**, minhas **mãos** buscam a **Deus**.

Salmos e cântico da Quarta-feira da II Semana, p. 1136.

Ant. 2 Se morrermos com **Cristo**, nós **cremos**
que com **Cristo** tam**bém** viveremos.

Ant. 3 Jesus **Cristo** tor**nou**-se para **nós**
sabe**do**ria de **Deus** a mais sublime,
santi**dade**, justiça e reden**ção**.

Leitura breve
Is 50,5-7

O Senhor abriu-me os ouvidos; não lhe resisti nem voltei atrás. Ofereci as costas para me baterem e as faces para me arrancarem a barba: não desviei o rosto de bofetões e cusparadas. Mas o Senhor Deus é meu Auxiliador, por isso não me deixei abater o ânimo, conservei o rosto impassível como pedra, porque sei que não sairei humilhado.

Responsório breve

R. Foi levado como ovelha ao mata**dou**ro;
e, maltratado, não **abriu** a sua **boca**.
* De sua li**nha**gem quem **dela** cogitou? R. Foi levado.
V. Da **terra** dos **viven**tes foi cortado,
por **causa** da revolta do seu **povo**.* De sua li**nha**gem.
Glória ao **Pai**. R. Foi levado.

Cântico evangélico, ant.

O **sangue** de **Cris**to, que a si **mesmo** ofer**tou**-se
pelo Es**pí**rito **San**to como **hós**tia sem **man**cha,

purifica noss'alma das obras da morte,
para servir ao Deus vivo.

Preces

Imploremos a Cristo Salvador, que nos remiu por sua morte e ressurreição; e digamos:

R. **Senhor, tende piedade de nós!**

Vós, que subistes a Jerusalém para sofrer a Paixão, e assim entrar na glória,
—conduzi vossa Igreja à Páscoa da eternidade. R.

Vós, que, elevado na cruz, deixastes a lança do soldado vos traspassar,
—curai as nossas feridas. R.

Vós, que transformastes o madeiro da cruz em árvore da vida,
—concedei de seus frutos aos que renasceram pelo batismo. R.

Vós, que, pregado na cruz, perdoastes o ladrão arrependido,
—perdoai-nos também a nós pecadores. R.
(intenções livres)

Pai nosso...

Oração

Ó Deus, que fizestes vosso Filho padecer o suplício da cruz para arrancar-nos à escravidão do pecado, concedei aos vossos servos e servas, a graça da ressurreição. Por nosso Senhor Jesus Cristo, vosso Filho, na unidade do Espírito Santo.

Hora Média

Oração das Nove Horas

Ant. Quando a festa da Páscoa estava perto,
Jesus, sabendo que chegara a sua hora,
amou os seus, aqui no mundo, até o fim.

Leitura breve 1Tm 2,4-6

Deus, nosso Salvador, quer que todos os homens sejam salvos e cheguem ao conhecimento da verdade. Pois há um só Deus, e um só mediador entre Deus e os homens: o homem Cristo Jesus, que se entregou em resgate por todos. Este é o testemunho dado no tempo estabelecido por Deus.

V. Ofereceu-se livremente em sacrifício.
R. Como um cordeiro, não abriu a sua boca.

Oração das Doze Horas

Ant. Como o **Pai** me conhece, eu conheço meu **Pai**;
minha vida eu entrego por minhas ovelhas.

Leitura breve Rm 15,3

Cristo não procurou a sua própria satisfação, mas, como está escrito: "Os ultrajes dos que te ultrajavam caíram sobre mim".

V. O **Cristo** tomou sobre si nossas dores.
R. Carregou em seu corpo os nossos pecados.

Oração das Quinze Horas

Ant. Para **mim**, viver é Cristo e morrer é uma vantagem;
minha glória é a **Cruz** do Senhor Cristo Jesus.

Leitura breve Hb 9,28

Cristo, oferecido uma vez por todas, para tirar os pecados da multidão, aparecerá uma segunda vez, fora do pecado, para salvar aqueles que o esperam.

V. Veneremos o sinal da santa **cruz**,
R. Pela **qual** a salvação veio até **nós**.

Oração como nas Laudes.

Quarta-feira

Vésperas

Hino, p. 357.

Ant. 1 Os ímpios disseram: Oprimamos o homem justo,
ele é contra as nossas obras.

Salmos e cântico da Quarta-feira da II Semana, p. 1145.

Ant. 2 Carregou os pecados de muitos
e pediu em favor dos injustos.

Ant. 3 É no Cristo que nós temos redenção,
dos pecados remissão pelo seu sangue.

Leitura breve   Ef 4,32-5,2

Sede bons uns para com os outros, sede compassivos; perdoai-vos mutuamente, como Deus vos perdoou por meio
de Cristo. Sede imitadores de Deus, como filhos que ele
ama. Vivei no amor, como Cristo nos amou e se entregou a
si mesmo a Deus por nós, em oblação e sacrifício de suave
odor.

Responsório breve

R. Não há maior prova de amor, que dar a vida pelo amigo.
  * Ninguém tira a minha vida, eu a entrego livremente.
  R. Não há maior.
V. A mesma coisa que vos fiz, vós deveis fazer também.
  * Ninguém tira. Glória ao Pai. R. Não há maior.

Cântico evangélico, ant.

Diz o Mestre e Senhor: o meu tempo é chegado;
eu farei minha Páscoa com os meus em tua casa.

Preces

Adoremos o Salvador do gênero humano, que morrendo
destruiu a morte e ressuscitando renovou a vida; e peçamos
com humildade:

R. **Santificai, Senhor, o povo que remistes com vosso sangue!**

Jesus, nosso Redentor, concedei que, pela penitência, nos associemos cada vez mais plenamente à vossa Paixão,
– a fim de alcançarmos a glória da ressurreição. **R.**

Acolhei-nos sob a proteção de Maria, vossa Mãe, consoladora dos aflitos,
– para podermos confortar os tristes com o mesmo auxílio que de vós recebemos. **R.**

Concedei aos vossos fiéis a graça de tomar parte na vossa Paixão por meio dos sofrimentos da vida,
– a fim de que também neles se manifeste a vossa salvação. **R.**

Senhor Jesus, que vos humilhastes na obediência até à morte e morte de cruz,
– ensinai-nos a ser obedientes e a sofrer com paciência. **R.**

(intenções livres)

Tornai os corpos de nossos irmãos e irmãs falecidos semelhantes à imagem do vosso corpo glorioso,
– e fazei-nos dignos de participar um dia, com eles, da vossa glória. **R.**

Pai nosso...

Oração

Ó Deus, que fizestes vosso Filho padecer o suplício da cruz para arrancar-nos à escravidão do pecado, concedei aos vossos servos e servas, a graça da ressurreição. Por nosso Senhor Jesus Cristo, vosso Filho, na unidade do Espírito Santo.

QUINTA-FEIRA

Ofício das Leituras

Os salmos com suas antífonas podem ser da Sexta-feira da III Semana do Saltério, p. 1272.

Quinta-feira

V. Quando eu **for** elevado da **terra**,
R. Atrai**rei** para **mim** todo **ser**.

Primeira leitura
Da Carta aos Hebreus 4,14-5,10

Jesus Cristo, sumo sacerdote

Irmãos: 4,14Temos um sumo sacerdote eminente, que entrou no céu, Jesus, o Filho de Deus. Por isso, permaneçamos firmes na fé que professamos. 15Com efeito, temos um sumo sacerdote capaz de se compadecer de nossas fraquezas, pois ele mesmo foi provado em tudo como nós, com exceção do pecado. 16Aproximemo-nos então, com toda a confiança, do trono da graça, para conseguirmos misericórdia e alcançarmos a graça de um auxílio no momento oportuno.

5,1De fato, todo o sumo sacerdote é tirado do meio dos homens e instituído em favor dos homens nas coisas que se referem a Deus, para oferecer dons e sacrifícios pelos pecados. 2Sabe ter compaixão dos que estão na ignorância e no erro, porque ele mesmo está cercado de fraqueza. 3Por isso, deve oferecer sacrifícios tanto pelos pecados do povo, quanto pelos seus próprios.

4Ninguém deve atribuir-se esta honra, senão o que foi chamado por Deus, como Aarão. 5Deste modo, também Cristo não se atribuiu a si mesmo a honra de ser sumo sacerdote, mas foi aquele que lhe disse:
"Tu és o meu Filho, eu hoje te gerei".
6Como diz em outra passagem:
"Tu és sacerdote para sempre, na ordem de Melquisedec."

7Cristo, nos dias de sua vida terrestre, dirigiu preces e súplicas, com forte clamor e lágrimas, àquele que era capaz de salvá-lo da morte. E foi atendido, por causa de sua entrega a Deus. 8Mesmo sendo Filho, aprendeu o que significa a obediência a Deus por aquilo que ele sofreu. 9Mas, na consumação de sua vida, tornou-se causa de salvação eterna

400   Semana Santa

para todos os que lhe obedecem. ¹⁰ De fato, ele foi por Deus proclamado sumo sacerdote na ordem de Melquisedec.

Responsório   cf. Hb 5,8.9.7

R. Embora **fos**se o próprio **Fi**lho,
    apren**deu** a obedi**ên**cia atra**vés** do sofri**men**to
  * E para **quem** lhe obe**de**ce
    tor**nou**-se uma **fon**te de e**ter**na salva**ção**.
V. Nos seus **di**as deste **mun**do
    fez su**bir** preces e **sú**plicas com cla**mo**res vee**men**tes
    e por **su**a pie**da**de Jesus foi aten**di**do. * E para **quem**.

Segunda leitura
Da Homilia sobre a Páscoa, de Melitão de Sardes, bispo
        (N. 65-71: SCh 123,94-100)   (Séc. II)

O Cordeiro imolado libertou-nos da morte para a vida

Muitas coisas foram preditas pelos profetas sobre o mistério da Páscoa, que é Cristo, *a quem seja dada a glória pelos séculos dos séculos. Amém* (Gl 1,5). Ele desceu dos céus à terra para curar a enfermidade do homem; revestiu-se da nossa natureza no seio da Virgem e se fez homem; tomou sobre si os sofrimentos do homem enfermo num corpo sujeito ao sofrimento, e destruiu as paixões da carne; seu espírito, que não pode morrer, matou a morte homicida.

Foi levado como cordeiro e morto como ovelha; libertou-nos das seduções do mundo, como outrora tirou os israelitas do Egito; salvou-nos da escravidão do demônio, como outrora fez sair Israel das mãos do faraó; marcou nossas almas com o sinal do seu Espírito e os nossos corpos com seu sangue.

Foi ele que venceu a morte e confundiu o demônio, como outrora Moisés ao faraó. Foi ele que destruiu a iniquidade e condenou a injustiça à esterilidade, como Moisés ao Egito.

Foi ele que nos fez passar da escravidão para a liberdade, das trevas para a luz, da morte para a vida, da tirania para o

Quinta-feira

401

reino sem fim, e fez de nós um sacerdócio novo, um povo eleito para sempre. Ele é a Páscoa da nossa salvação.

Foi ele que tomou sobre si os sofrimentos de muitos: foi morto em Abel; amarrado de pés e mãos em Isaac; exilado de sua terra em Jacó; vendido em José; exposto em Moisés; sacrificado no cordeiro pascal; perseguido em Davi e ultrajado nos profetas.

Foi ele que se encarnou no seio da Virgem, foi suspenso na cruz, sepultado na terra e, ressuscitando dos mortos, subiu ao mais alto dos céus.

Foi ele o cordeiro que não abriu a boca, o cordeiro imolado, nascido de Maria, a bela ovelhinha; retirado do rebanho, foi levado ao matadouro, imolado à tarde e sepultado à noite; ao ser crucificado, não lhe quebraram osso algum, e ao ser sepultado, não experimentou a corrupção; mas ressuscitando dos mortos, ressuscitou também a humanidade das profundezas do sepulcro.

Responsório   Rm 3,23-25a; Jo 1,29b

R. Pois **to**dos os **ho**mens pe**ca**ram
    e **ca**recem da **gló**ria de **Deus**,
    sendo **jus**tificados, de **gra**ça, medi**an**te a li**ber**ta**ção**,
    reali**za**da por **mei**o de **Cris**to.

* Deus desti**nou** que Cristo **fos**se, por seu **san**gue,
    a **ví**tima da **pro**picia**ção**,
    pela **fé** que colo**ca**mos nele **mes**mo.

V. Eis **aqui** o Cor**dei**ro de **Deus**,
    o que **ti**ra o pe**ca**do do **mun**do. * Deus.

Oração como nas Laudes.

Laudes

Hino, p. 359.

Ant. 1   Olhai, **Se**nhor, e contem**plai** meu sofri**men**to!
         Escu**tai**-me e vinde **lo**go em meu au**xí**lio!

Salmos e cântico da Quinta-feira da II Semana, p. 1154.

402   Semana Santa

Ant. 2 Eis o **Deus**, meu Salva**dor**, eu confio e nada **temo!**

Ant. 3 Deus nos **deu** de co**mer** a flor do **trigo**,
        e com o **mel** que sai da **ro**cha nos far**tou.**

Leitura breve   Hb 2,9b-10

Vemos Jesus coroado de glória e honra, por ter sofrido a
morte. Sim, pela graça de Deus em favor de todos, ele provou a morte. Convinha de fato que aquele, por quem e para
quem todas as coisas existem, e que desejou conduzir muitos filhos à glória, levasse o iniciador da salvação deles à
consumação, por meio de sofrimentos.

Responsório breve

R. **Lembra-te de Cristo**, ressusci**ta**do dentre os **mortos!**
    * Ele é **nos**sa salva**ção** e nossa **gló**ria para **sempre.**
     R. **Lembra-te.**
V. Se com ele nós morremos, também, com ele vive**remos.**
     * Ele é. Glória ao **Pai.** R. **Lembra-te.**

Cântico evangélico, ant.

Ardente**men**te eu dese**jei** comer convosco esta **Pás**coa
antes de **ir** sofrer a **mor**te.

Preces

A Cristo, eterno sacerdote, a quem o Pai ungiu com o Espírito Santo para anunciar aos cativos a libertação, supliquemos humildemente; e digamos:

R. **Senhor, tende piedade de nós!**

Vós, que subistes a Jerusalém para sofrer a Paixão, e assim
entrar na glória,
— conduzi vossa Igreja à Páscoa da eternidade.   R.

Vós, que, elevado na cruz, deixastes a lança do soldado vos
traspassar,
— curai as nossas feridas.   R.

Vós, que transformastes o madeiro da cruz em árvore da vida,
– concedei de seus frutos aos que renasceram pelo batismo.
R.

Vós que, pregado na cruz, perdoastes o ladrão arrependido,
– perdoai-nos também a nós pecadores. R.
(intenções livres)

Pai nosso...

Oração

Senhor, nosso Deus, amar-vos acima de tudo é ser perfeito; multiplicai em nós a vossa graça e concedei, aos que firmamos nossa esperança na morte do vosso Filho, alcançarmos por sua ressurreição aqueles bens que na fé buscamos. Por nosso Senhor Jesus Cristo, vosso Filho, na unidade do Espírito Santo.

Hora Média

Oração das Nove Horas

Ant. Quando a **festa** da **Pás**coa estava **per**to,
Jesus, sa**ben**do que **che**gara a sua **hora**,
amou os **seus**, aqui no **mun**do, até o **fim**.

Leitura breve Hb 4,14-15

Temos um sumo sacerdote eminente, que entrou no céu, Jesus, o Filho de Deus. Por isso, permaneçamos firmes na fé que professamos. Com efeito, temos um sumo sacerdote capaz de se compadecer de nossas fraquezas, pois ele mesmo foi provado em tudo como nós, com exceção do pecado.

V. Ofere**ceu**-se livre**men**te em sacri**fí**cio.
R. Como um cor**dei**ro, não **abriu** a sua **boca**.

Oração das Doze Horas

Ant. Como o **Pai** me co**nhece**, eu co**nheço** meu **Pai**;
minha **vi**da eu en**tre**go por **mi**nhas ovelhas.

Leitura breve   Hb 7,26-27

Tal é precisamente o sumo sacerdote que nos convinha:
santo, inocente, sem mancha, separado dos pecadores e
elevado acima dos céus. Ele não precisa, como os sumo
sacerdotes, oferecer sacrifícios a cada dia, primeiro por
seus próprios pecados e depois pelos do povo. Ele já o fez
uma vez por todas, oferecendo-se a si mesmo, Jesus Cristo
nosso Senhor.

V. O **Cris**to to**mou** sobre **si** nossas **do**res.
R. Carre**gou** em seu **cor**po os **nos**sos pe**ca**dos.

Oração das Quinze Horas

Ant. Para **mim**, viver é **Cris**to e mor**rer** é uma van**ta**gem;
minha **gló**ria é a **Cruz** do Se**nhor** Cristo Jesus.

Leitura breve   Hb 9,11-12

Cristo veio como sumo sacerdote dos bens futuros. Através de uma tenda maior e mais perfeita, que não é obra de
mãos humanas, isto é, que não faz parte desta criação, e não
com o sangue de bodes e bezerros, mas com o seu próprio
sangue, ele entrou no Santuário uma vez por todas, obtendo
uma redenção eterna.

V. Vene**remos** o si**nal** da santa **cruz**,
R. Pela **qual** a salva**ção** veio até **nós**.
Oração como nas Laudes.

TRÍDUO PASCAL
DA PAIXÃO E RESSURREIÇÃO DO SENHOR

QUINTA-FEIRA, NA CEIA DO SENHOR

Vésperas

Hoje rezam as Vésperas somente os que não participam da Missa vespertina da Ceia do Senhor.

Hino

Memória da morte
de Cristo Senhor,
Pão vivo, que ao homem
dá vida e valor,
fazei-me viver
de vossa ternura,
sentindo nos lábios
a vossa doçura.

Fiel pelicano,
Jesus, meu Senhor,
lavai-me no sangue,
a mim pecador;
pois dele uma gota
já salva e redime
a todo o Universo
dos laços do crime.

Enfim, contemplando
na glória dos céus
o vosso semblante,
sem sombras nem véus,
irei bendizer-vos,
Jesus, Sumo Bem,
ao Pai e ao Espírito
nos séculos. Amém.

Quinta-feira, na Ceia do Senhor

Ant. 1 O Primogênito dos **mor**tos e **Rei** dos reis da **terra**,
fez de **nós** para o seu **Pai** um **rei**no e sacer**dó**cio.

Salmos e cântico da Quinta-feira da II Semana, p. 1162.

Ant. 2 O Se**nhor** liberta**rá** o infe**liz** do prepo**ten**te,
e o **po**bre salva**rá ao** qual ningu**ém** quer aju**dar**.

Ant. 3 Triun**fa**ram pelo **san**gue do Cor**dei**ro
e o teste**mu**nho que eles **de**ram da Palavra.

Leitura breve   Hb 13,12-15

Jesus sofreu do lado de fora da porta, para santificar o povo
pelo seu próprio sangue. Vamos, portanto, sair ao seu encontro, fora do acampamento, carregando a sua humilhação.
Porque não temos aqui cidade permanente, mas estamos à
procura daquela que está para vir. Por meio de Jesus, ofereçamos a Deus um perene sacrifício de louvor, isto é, o fruto
dos lábios que celebram o seu nome.

Em lugar do responsório se diz:

Ant. Jesus **Cris**to se humi**lhou** e se **fez** obedi**ente**,
obedi**en**te até à **mor**te.

Cântico evangélico, ant.

Na **cei**a derra**dei**ra, Je**sus** tomou o **pão**,
deu **gra**ças e o par**tiu** e o **deu** a seus dis**cí**pulos.

Preces

Adoremos o nosso Salvador, que durante a última Ceia com
os seus discípulos, na noite em que foi entregue, deixou
à Igreja o memorial perene de sua Paixão e Ressurreição.
Oremos, dizendo:

R. **Santificai, Senhor, o povo que remistes com vosso
sangue!**

Jesus, nosso Redentor, concedei que, pela penitência, nos
associemos cada vez mais plenamente à vossa Paixão,
– a fim de alcançarmos a glória da ressurreição.   **R.**

Quinta-feira, na Ceia do Senhor

Acolhei-nos sob a proteção de Maria, vossa Mãe, consoladora dos aflitos,

— para podermos confortar os tristes com o mesmo auxílio que de vós recebemos. R.

Concedei aos vossos fiéis a graça de tomar parte na vossa Paixão por meio dos sofrimentos da vida,

— para que também neles se manifeste a vossa salvação. R.

Senhor Jesus, que vos humilhastes na obediência até à morte e morte de cruz,

— ensinai-nos a ser obedientes e a sofrer com paciência. R.

(intenções livres)

Tornai os corpos de nossos irmãos e irmãs falecidos semelhantes à imagem do vosso corpo glorioso,

— e fazei-nos dignos de participar, um dia, com eles, da vossa glória. R.

Pai nosso...

Oração

Ó Deus, que para a vossa glória e nossa salvação constituístes Jesus Cristo sumo e eterno sacerdote, concedei ao vosso povo, resgatado por seu Sangue, que, ao celebrar o memorial de sua Paixão, receba a força redentora de sua cruz e ressurreição. Por nosso Senhor Jesus Cristo, vosso Filho, na unidade do Espírito Santo.

Completas de domingo, depois das II Vésperas, p. 1402.

Em lugar do responsório se diz:

Ant. Jesus **Cristo** se humil**hou** e se **fez** obediente, obedi**en**te até à **mor**te.

SEXTA-FEIRA DA PAIXÃO DO SENHOR

Invitatório

R. O **Cris**to, o **F**ilho de **Deus**, com seu **san**gue nos re**miu**.
Vinde **to**dos, adoremos!

Salmo invitatório como no Ordinário, p. 944.

Ofício das Leituras

HINO Cantem meus lábios, p. 358.

Salmodia

Ant. 1 Os **reis** de toda a **terr**a se re**ú**nem
e cons**pir**am os go**ver**nos todos **jun**tos
contra o **Deus** onipo**ten**te e o seu Un**gi**do.

Salmo 2

— ¹**P**or que os **po**vos agi**ta**dos se re**vol**tam? *
por que **tra**mam as nações projetos vãos?

= ²**P**or que os **reis** de toda a terra se reúnem, †
e cons**pir**am os governos todos juntos *
contra o **Deus** onipotente e o seu Ungido?

— ³"Vamos que**brar** suas correntes", dizem eles,*
"e lan**çar** longe de nós o seu domínio!"

— ⁴Ri-se **de**les o que mora lá nos céus; *
zomba **de**les o Senhor onipotente.

— ⁵Ele, en**tão**, em sua ira os ameaça, *
e em seu fu**ror** os faz tremer, quando lhes diz:

— ⁶"Fui eu **mes**mo que escolhi este meu Rei, *
e em S**í**ão, meu monte santo, o consagrei!"

= ⁷O de**cre**to do Senhor promulgarei, †
foi as**sim** que me falou o Senhor Deus: *
"Tu és meu **F**ilho, e eu hoje te gerei! —

Ofício das Leituras

=8 Podes pedir-me, e em resposta eu te darei †
por tua herança os povos todos e as nações, *
e há de ser a terra inteira o teu domínio.

– 9 Com cetro férreo haverás de dominá-los,*
e quebrá-los como um vaso de argila!"

–10 E agora, poderosos, entendei; *
soberanos, aprendei esta lição:

–11 Com temor servi a Deus, rendei-lhe glória *
e prestai-lhe homenagem com respeito!

–12 Se o irritais, perecereis pelo caminho, *
pois depressa se acende a sua ira!

– Felizes hão de ser todos aqueles *
que põem sua esperança no Senhor!

Ant. Os reis de toda a terra se reúnem
e conspiram os governos todos juntos
contra o Deus onipotente e o seu Ungido.

Ant. 2 Eles repartem entre si as minhas vestes
e sorteiam entre si a minha túnica.

Salmo 21(22),2-23 [24-32]

– 2 Meu Deus, meu Deus, por que me abandonastes? *
E ficais longe de meu grito e minha prece?

– 3 Ó meu Deus, clamo de dia e não me ouvis, *
clamo de noite e para mim não há resposta!

– 4 Vós, no entanto, sois o santo em vosso Templo, *
que habitais entre os louvores de Israel.

– 5 Foi em vós que esperaram nossos pais; *
esperaram e vós mesmo os libertastes.

– 6 Seu clamor subiu a vós e foram salvos; *
em vós confiaram e não foram enganados.

– 7 Quanto a mim, eu sou um verme e não um homem; *
sou o opróbrio e o desprezo das nações.

Sexta-feira da Paixão do Senhor

– 8 Riem de **mim** todos aqueles que me veem, *
torcem os **láb**ios e sacodem a cabeça:

– 9 "Ao Se**nhor** se confiou, ele o liberte *
e agora o **salv**e, se é verdade que ele o ama!"

–10 Desde a **mi**nha concepção me conduzistes, *
e no **sei**o maternal me agasalhastes.

–11 Desde **quan**do vim à luz vos fui entregue; *
desde o **ven**tre de minha mãe sois o meu Deus!

–12 Não fi**queis** longe de mim, porque padeço; *
ficai **per**to, pois não há quem me socorra!

–13 Por **tou**ros nume**ros**os fui cer**ca**do, *
e as **f**eras de Basã me rodearam; *

–14 escanca**ra**ram contra mim as suas bocas, *
como le**õe**s devoradores a rugir.

–15 Eu me **sin**to como a água derramada, *
e meus **oss**os estão todos deslocados;

– como a **cera** se tornou meu coração, *
e **den**tro do meu peito se derrete.

=16 Minha gar**gan**ta está igual ao barro seco, †
minha **lín**gua está colada ao céu da boca, *
e por **vós** fui conduzido ao pó da morte! *

–17 Cães nume**ros**os me rodeiam furiosos, *
e por um **ban**do de malvados fui cercado.

– Transpass**ar**am minhas mãos e os meus pés *
18 e eu **pos**so contar todos os meus ossos.

= Eis que me **olh**am, e, ao ver-me, se deleitam! †
19 Eles re**par**tem entre si as minhas vestes *
e sor**tei**am entre si a minha túnica.

–20 Vós, po**rém**, ó meu Senhor, não fiqueis longe, *
ó minha **for**ça, vinde logo em meu socorro!

–21 Da es**pad**a libertai a minha alma, *
e das **gar**ras desses cães, a minha vida!

Ofício das Leituras

—22 Arrancai-me da goela do leão, *
e a mim tão **po**bre, desses touros que me atacam!
—23 Anuncia**rei** o vosso nome a meus irmãos *
e no **mei**o da assembleia hei de louvar-vos!

Esta última parte do salmo é facultativa.

=24 Vós que te**meis** ao Senhor Deus, dai-lhe louvores; †
glorifi**cai**-o, descendentes de Jacó, *
e respei**tai**-o toda a raça de Israel!
—25 Porque **Deus** não desprezou nem rejeitou *
a mi**sé**ria do que sofre sem amparo;
— não desvi**ou** do humilhado a sua face, *
mas o ou**viu** quando gritava por socorro.
—26 Sois meu lou**vor** em meio à grande assembleia; *
cumpro meus **vo**tos ante aqueles que vos temem!
=27 Vossos **po**bres vão comer e saciar-se, †
e os que pro**cu**ram o Senhor o louvarão: *
"Seus cora**ções** tenham a vida para sempre!"
—28 Lembrem-se **dis**so os confins de toda a terra, *
para que **vol**tem ao Senhor e se convertam,
— e se **pros**trem, adorando, diante dele *
todos os **po**vos e as famílias das nações.
—29 Pois ao Se**nhor** é que pertence a realeza; *
ele do**mi**na sobre todas as nações.
—30 Somente a **ele** adorarão os poderosos, *
e os que **vol**tam para o pó o louvarão.
— Para **ele** há de viver a minha alma, *
31 toda a **mi**nha descendência há de servi-lo;
— às futu**ras** gerações anunciará *
32 o po**der** e a justiça do Senhor;
— ao povo **no**vo que há de vir, ela dirá: *
"Eis a **o**bra que o Senhor realizou!"

Ant. Eles re**par**tem entre **si** as minhas **ves**tes
e sor**tei**am entre **si** a minha **tú**nica.

Ant. 3 Os que **bus**cam ma**tar**, me perseguem
e pro**cu**ram ti**rar** minha **vi**da.

Salmo 37(38)

– ²Repreen**dei**-me, Se**nhor**, mas sem **i**ra; *
corri**gi**-me, mas não com furor!

– ³Vossas **fle**chas em mim penetraram; *
vossa **mão** se abateu sobre mim.

– ⁴Nada **res**ta de são no meu corpo, *
pois com **mui**to rigor me tratastes!

– Não há **par**te sadia em meus ossos, *
pois pe**quei** contra vós, ó Senhor!

– ⁵Meus pe**ca**dos me afogam e esmagam, *
como um **far**do pesado me oprimem.

– ⁶Cheiram **mal** e supuram minhas **cha**gas *
por mo**ti**vo de minhas loucuras.

– ⁷Ando **tris**te, abatido, encurvado, *
todo o **di**a afogado em tristeza.

– ⁸As en**tra**nhas me ardem de febre, *
já não **há** parte sã no meu corpo.

– ⁹Meu cora**ção** grita e geme de dor, *
esma**ga**do e humilhado demais.

–¹⁰Conhe**ceis** meu desejo, Senhor, *
meus ge**mi**dos vos são manifestos;

=¹¹bate **rá**pido o meu coração, †
minhas **for**ças estão me deixando, *
e sem **luz** os meus olhos se apagam.

=¹²Compa**nhei**ros e amigos se afastam, †
fogem **lon**ge das minhas feridas; *
meus pa**ren**tes mantêm-se à distância.

–¹³Armam **la**ços os meus inimigos, *
que pro**cu**ram tirar minha vida;

Ofício das Leituras

— os que **bus**cam matar-me ameaçam *
e ma**qui**nam traições todo o dia.

—14 Eu me **faço** de **sur**do e não **ou**ço, *
eu me **faço** de mudo e não falo;

—15 seme**lhan**te a alguém que não ouve. *
e não **tem** a resposta em sua boca.

—16 Mas, em **vós**, ó Senhor; eu confio *
e ouvi**reis** meu lamento, ó meu Deus!

—17 Pois re**zei**: "Que não zombem de mim, *
nem se **ri**am, se os pés me vacilam!"

—18 Ó Se**nhor**, estou quase caindo, *
minha **dor** não me larga um momento!

—19 Sim, con**fes**so, Senhor, minha culpa: *
meu pe**ca**do me aflige e atormenta.

=20 São bem **for**tes os meus adversários †
que me **vêm** atacar sem razão; *
quantos **há** que sem causa me odeiam!

—21 Eles **pa**gam o bem com o mal, *
porque **bus**co o bem, me perseguem.

—22 Não dei**xeis** vosso servo sozinho, *
ó meu **Deus**, ficai perto de mim!

—23 Vinde **lo**go trazer-me socorro, *
porque **sois** para mim Salvação!

Ant. Os que **bus**cam ma**tar**, me per**se**guem
e pro**cu**ram ti**rar** minha **vi**da.

V. As **fal**sas teste**mu**nhas se er**gue**ram.
R. E vo**mi**tam vio**lên**cia contra **mim**.

Primeira leitura
Da Carta aos Hebreus   9,11-28

*Cristo, sumo sacerdote, com o seu próprio sangue,
entrou no Santuário uma vez por todas*

414 Sexta-feira da Paixão do Senhor

Irmãos: [11]Cristo veio como sumo sacerdote dos bens futuros. Através de uma tenda maior e mais perfeita, que não é obra de mãos humanas, isto é, que não faz parte desta criação, [12]e não com o sangue de bodes e bezerros, mas com o seu próprio sangue, ele entrou no Santuário uma vez por todas, obtendo uma redenção eterna. [13]De fato, se o sangue de bodes e touros e a cinza de novilhas espalhada sobre os seres impuros os santifica e realiza a pureza ritual dos corpos, [14]quanto mais o Sangue de Cristo, purificará a nossa consciência das obras mortas, para servirmos ao Deus vivo, pois, em virtude do espírito eterno, Cristo se ofereceu a si mesmo a Deus como vítima sem mancha.

[15]Por isso, ele é mediador de uma nova aliança. Pela sua morte, ele reparou as transgressões cometidas no decorrer da primeira aliança. E, assim, aqueles que são chamados recebem a promessa da herança eterna. [16]Onde existe testamento, é preciso que seja constatada a morte de quem fez o testamento. [17]Pois um testamento só tem valor depois da morte, e não tem efeito nenhum enquanto ainda vive aquele que fez o testamento. [18]Por isso, nem mesmo a primeira aliança foi inaugurada sem sangue. [19]Quando anunciou a todo o povo cada um dos mandamentos da Lei, Moisés tomou sangue de novilhos e bodes, junto com água, lã vermelha e um hissopo. Em seguida, aspergiu primeiro o próprio livro e todo o povo, [20]e disse: "Este é o sangue da aliança que Deus faz convosco". [21]Do mesmo modo, aspergiu com sangue também a Tenda e todos os objetos que serviam para o culto. [22]E assim, segundo a Lei, quase todas as coisas são purificadas com sangue, e sem derramamento de sangue não existe perdão.

[23]Portanto, as cópias das realidades celestes tinham que ser purificadas dessa maneira; mas as próprias realidades celestes devem ser purificadas com sacrifícios melhores. [24]De fato, Cristo não entrou num santuário feito por mão humana, imagem do verdadeiro, mas no próprio céu, a fim

Ofício das Leituras

de comparecer, agora, na presença de Deus, em nosso favor. [25] E não foi para se oferecer a si muitas vezes, como o sumo sacerdote que, cada ano, entra no Santuário com sangue alheio. [26] Porque, se assim fosse, deveria ter sofrido muitas vezes, desde a fundação do mundo. Mas foi agora, na plenitude dos tempos, que, uma vez por todas, ele se manifestou para destruir o pecado pelo sacrifício de si mesmo. [27] O destino de todo homem é morrer uma só vez, e depois vem o julgamento. [28] Do mesmo modo, também Cristo, oferecido uma vez por todas, para tirar os pecados da multidão, aparecerá uma segunda vez, fora do pecado, para salvar aqueles que o esperam.

Responsório
cf. Is 53,7.12

R. Foi levado como ovelha ao matadouro;
e, maltratado, não abriu a sua boca;
 * Foi condenado para a vida de seu povo.
V. Ele próprio entregou a sua vida
e deixou-se colocar entre os facínoras.* Foi condenado.

Segunda leitura
Das Catequeses de São João Crisóstomo, bispo

(Cat. 3,13-19: SCh50,174-177)   (Séc. IV)

O poder do sangue de Cristo

Queres conhecer o poder do sangue de Cristo? Voltemos às figuras que o profetizaram e recordemos a narrativa do Antigo Testamento: *Imolai*, disse Moisés, *um cordeiro de um ano e marcai as portas com o seu sangue* (cf. Ex 12,6-7). Que dizes, Moisés? O sangue de um cordeiro tem poder para libertar o homem dotado de razão? É claro que não, responde ele, não porque é sangue, mas por ser figura do sangue do Senhor. Se agora o inimigo, ao invés do sangue simbólico aspergido nas portas, vir brilhar nos lábios dos fiéis, portas do templo dedicado a Cristo, o sangue verdadeiro, fugirá ainda mais para longe.

Queres compreender mais profundamente o poder deste sangue? Repara de onde começou a correr e de que fonte brotou. Começou a brotar da própria cruz, e a sua origem foi o lado do Senhor. Estando Jesus já morto e ainda pregado na cruz, diz o evangelista, um soldado aproximou-se, feriu-lhe o lado com uma lança, e imediatamente saiu água e sangue: a água, como símbolo do batismo; o sangue, como símbolo da Eucaristia. O soldado, traspassando-lhe o lado, abriu uma brecha na parede do templo santo, e eu, encontrando um enorme tesouro, alegro-me por ter achado riquezas extraordinárias. Assim aconteceu com este cordeiro. Os judeus mataram um cordeiro e eu recebi o fruto do sacrifício.

De seu lado saiu sangue e água (Jo 19,34). Não quero, querido ouvinte, que trates com superficialidade o segredo de tão grande mistério. Falta-me ainda explicar-te outro significado místico e profundo. Disse que esta água e este sangue são símbolos do batismo e da Eucaristia. Foi destes sacramentos que nasceu a santa Igreja, pelo banho da regeneração e pela renovação no Espírito Santo, isto é, pelo batismo e pela Eucaristia que brotaram do lado de Cristo. Pois Cristo formou a Igreja de seu lado traspassado, assim como do lado de Adão foi formada Eva, sua esposa.

Por esta razão, a Sagrada Escritura, falando do primeiro homem, usa a expressão *osso dos meus ossos e carne da minha carne* (Gn 2,23), que São Paulo refere, aludindo ao lado de Cristo. Pois assim como Deus formou a mulher do lado do homem, também Cristo, de seu lado, nos deu a água e o sangue para que surgisse a Igreja. E assim como Deus abriu o lado de Adão enquanto ele dormia, também Cristo nos deu a água e o sangue durante o sono de sua morte.

Vede como Cristo se uniu à sua esposa, vede com que alimento nos sacia. Do mesmo alimento nos faz nascer e nos nutre. Assim como a mulher, impulsionada pelo amor natural, alimenta com o próprio leite e o próprio sangue o filho

Laudes

que deu à luz, também Cristo alimenta sempre com o seu sangue aqueles a quem deu o novo nascimento.

Responsório   cf. 1Pd 1,18-19; Ef 2,18; 1Jo 1,7

R. Não **foi** nem com **ou**ro nem **pra**ta
    que **fos**tes re**mi**dos, ir**mãos**;
    mas **sim** pelo **san**gue preci**o**so
    de **Cris**to, o Cor**dei**ro sem **man**cha.
  * Por ele nós **te**mos a**ces**so num **ú**nico Es**pí**rito ao **Pai**.
V. O **san**gue do Filho de **Deus** nos **la**va de **to**do pe**ca**do.
    * Por **e**le.

Oração

Olhai com amor, ó Pai, esta vossa família, pela qual nosso Senhor Jesus Cristo livremente se entregou às mãos dos inimigos e sofreu o suplício da cruz. Por nosso Senhor Jesus Cristo, vosso Filho, na unidade do Espírito Santo.

Laudes

Hino, p. 359.

Salmodia

Ant. 1 Deus não pou**pou** seu próprio **Filho**,
        mas o entre**gou** por todos **nós**.

Salmo 50(51)

— ³ Tende pie**da**de, ó meu **Deus**, miseri**cór**dia! *
    Na imensi**dão** de vosso amor, purificai-me!
— ⁴ La**vai**-me todo inteiro do pecado, *
    e apa**gai** completamente a minha culpa!
— ⁵ Eu reco**nhe**ço toda a minha iniquidade, *
    o meu pe**ca**do está sempre à minha frente.
— ⁶ Foi contra **vós**, só contra vós, que eu pequei, *
    e prati**quei** o que é mau aos vossos olhos!

— Mostrais as**sim** quanto sois justo na sentença, *
    e quanto é **re**to o julgamento que fazeis.

Sexta-feira da Paixão do Senhor

– [7] Vede, Senhor, que eu nasci na iniquidade *
e pecador já minha mãe me concebeu.

– [8] Mas vós amais os corações que são sinceros, *
na intimidade me ensinais sabedoria.

– [9] Aspergi-me e serei puro do pecado, *
e mais branco do que a neve ficarei.

– [10] Fazei-me ouvir cantos de festa e de alegria, *
e exultarão estes meus ossos que esmagastes.

– [11] Desviai o vosso olhar dos meus pecados *
e apagai todas as minhas transgressões!

– [12] Criai em mim um coração que seja puro, *
dai-me de novo um espírito decidido.

– [13] Ó Senhor, não me afasteis de vossa face, *
nem retireis de mim o vosso Santo Espírito!

– [14] Dai-me de novo a alegria de ser salvo *
e confirmai-me com espírito generoso!

– [15] Ensinarei vosso caminho aos pecadores, *
e para vós se voltarão os transviados.

– [16] Da morte como pena, libertai-me, *
e minha língua exaltará vossa justiça!

– [17] Abri meus lábios, ó Senhor, para cantar, *
e minha boca anunciará vosso louvor!

– [18] Pois não são de vosso agrado os sacrifícios, *
e, se ofereço um holocausto, o rejeitais.

– [19] Meu sacrifício é minha alma penitente, *
não desprezeis um coração arrependido!

– [20] Sede benigno com Sião, por vossa graça, *
reconstruí Jerusalém e os seus muros!

– [21] E aceitareis o verdadeiro sacrifício, *
os holocaustos e oblações em vosso altar!

Ant. Deus não poupou seu próprio Filho,
mas o entregou por todos nós.

Laudes

Ant. 2 Jesus **Cristo** nos a**mou** até o **fim**
e la**vou** nossos pecados com seu **sangue**.

Cântico   Hab 3,2-4.13a.15-19

— [2] Eu ou**vi** vossa men**sa**gem, ó Se**nhor**, *
e en**chi**-me de te**mor**.

— Manifes**tai** a vossa obra pelos tempos *
e tor**nai**-a conhecida.

— Ó Se**nhor**, mesmo na cólera, lembrai-vos *
de **ter** misericórdia!

— [3] Deus vi**rá** lá das montanhas de Temã, *
e o **San**to, de Farã.

— O céu se en**che** com a sua majestade, *
e a **ter**ra, com sua glória.

— [4] Seu esplen**dor** é fulgurante como o sol, *
saem **rai**os de suas mãos.

— Nelas se o**cul**ta o seu poder como num véu, *
seu po**der** vitorioso.

— [13] Para sal**var** o vosso povo vós saístes, *
para sal**var** o vosso Ungido.

— [15] E lan**ças**tes pelo mar vossos cavalos *
no turbi**lhão** das grandes águas.

— [16] Ao ou**vi**-lo, estremeceram-me as entranhas *
e tre**me**ram os meus lábios.

— A **cá**rie penetrou-me até os ossos, *
e meus **pas**sos vacilaram.

— Confi**an**te espero o dia da aflição, *
que vi**rá** contra o opressor.

— [17] A**in**da que a figueira não floresça *
nem a **vi**nha dê seus frutos,

— a oli**vei**ra não dê mais o seu azeite, *
nem os **cam**pos, a comida; —

420 Sexta-feira da Paixão do Senhor

— mesmo que **fal**tem as ovelhas nos apriscos *
e o **ga**do nos currais:
—[18] mesmo as**sim** eu me alegro no Senhor, *
exulto em **Deus**, meu Salvador!
—[19] O meu **Deus** e meu Senhor é minha força *
e me faz **ágil** como a corça;
— para as al**tu**ras me conduz com segurança *
ao **cân**tico de salmos.

Ant. Jesus **Cris**to nos a**mou** até o **fim**
e la**vou** nossos pe**ca**dos com seu **san**gue.

Ant. 3 Ado**ra**mos, Se**nhor**, vosso ma**dei**ro,
vossa **res**surrei**ção** nós celebra**mos**.
A ale**gria** che**gou** ao mundo in**teiro**,
pela **cruz** que nós **hoje** venera**mos**.

Salmo 147(147B)

—[12] Glori**fi**ca o Se**nhor**, Jerusalém! *
Ó Si**ão**, canta louvores ao teu Deus!
—[13] Pois refor**çou** com segurança as tuas portas, *
e os teus **fi**lhos em teu seio abençoou;
—[14] a **paz** em teus limites garantiu *
e te **dá** como alimento a flor do trigo.
—[15] Ele en**via** suas ordens para a terra, *
e a palavra que ele diz corre veloz;
—[16] ele **faz** cair a neve como lã *
e es**pa**lha a geada como cinza.
—[17] Como de **pão** lança as migalhas do granizo, *
a seu **frio** as águas ficam congeladas.
—[18] Ele en**via** sua palavra e as derrete, *
sopra o **ven**to e de novo as águas correm.
—[19] Anun**cia** a Jacó sua palavra, *
seus pre**cei**tos e suas leis a Israel.

Laudes

—[20]Nenhum **po**vo recebeu tanto carinho, *
   a nenhum **ou**tro revelou os seus preceitos.

Ant. Ado**ra**mos, Se**nhor**, vosso ma**dei**ro,
   vossa res**sur**rei**ção** nós cele**bra**mos.
   A ale**gri**a che**gou** ao mundo in**tei**ro,
   pela **cruz** que nós **ho**je vene**ra**mos.

Leitura breve   Is 52,13-15

Ei-lo, o meu Servo será bem sucedido; sua ascensão será ao mais alto grau. Assim como muitos ficaram pasmados ao vê-lo – tão desfigurado ele estava que não parecia ser um homem ou ter aspecto humano – do mesmo modo ele espalhará sua fama entre os povos. Diante dele os reis se manterão em silêncio, vendo algo que nunca lhes foi narrado e conhecendo coisas que jamais ouviram.

Em lugar do responsório se diz:

Ant. Jesus **Cris**to se humi**lhou** e se **fez** obedi**en**te,
   obedi**en**te até à **mor**te e **mor**te de **cruz**.

Cântico evangélico, ant.

Acima de **su**a ca**be**ça pu**se**ram es**cri**to o mo**ti**vo
da **cul**pa e do **cri**me de **Cris**to:
Je**sus** Naza**re**no, o **Rei** dos ju**deus**.

Preces

Adoremos com sincera piedade a Cristo, nosso Redentor, que por nós sofreu a Paixão e foi sepultado para ressuscitar ao terceiro dia; e peçamos humildemente:

R. **Senhor, tende piedade de nós!**

Cristo, nosso Mestre e Senhor, obediente até à morte por nosso amor,
– ensinai-nos a obedecer sempre à vontade do Pai.   R.

Cristo, nossa vida, que morrendo na cruz, destruístes o poder da morte e do inferno,

Sexta-feira da Paixão do Senhor

— ensinai-nos a morrer convosco, para merecermos também ressuscitar convosco na glória.

R. **Senhor, tende piedade de nós!**

Cristo, nosso Rei, que fostes desprezado como um verme e humilhado como a vergonha do gênero humano,
— ensinai-nos a imitar a vossa humildade salvadora. **R.**

Cristo, nossa salvação, que destes a vida por amor dos seres humanos, vossos irmãos e irmãs,
— fazei que nos amemos uns aos outros com a mesma caridade. **R.**

Cristo, nosso Salvador, que de braços abertos na cruz quisestes atrair para vós a humanidade inteira,
— reuni em vosso Reino os filhos e as filhas de Deus dispersos pelo mundo. **R.**

(intenções livres)

Pai nosso...

Oração

Olhai com amor, ó Pai, esta vossa família, pela qual nosso Senhor Jesus Cristo livremente se entregou às mãos dos inimigos e sofreu o suplício da cruz. Por nosso Senhor Jesus Cristo, vosso Filho, na unidade do Espírito Santo.

Hora Média

Hino

Oração das Nove Horas

Salvai, ó Redentor, a criatura,
na qual do entendimento fulge a luz;
não seja por Satã dilacerada,
comprou-a vosso sangue em vossa cruz.

Piedade dos que o mal tornou cativos,
dai, pois, vosso perdão aos pobres réus;
aos que com o próprio sangue redimistes
fazei reinar convosco, ó Rei dos céus.

Hora Média

Ant. Era a **ho**ra terceira
    quando eles pregaram Je**sus** sobre a **cruz**.

Oração das Doze Horas

    Ó cruz, do mundo bênção,
    ó divinal troféu:
    da morte foste a porta
    e agora és do céu.

    Venceu o mal aquele
    que tudo atrai a si:
    qual vítima imolada
    suspenso foi em ti.

    Louvor, poder e glória
    por ti, subam, ó cruz,
    ao Deus que é uno e trino,
    inacessível luz.

Ant. Da hora **sexta** à hora **nona** a terra **toda** escure**ceu**.

Oração das Quinze Horas

    Da vida eterna a coroa
    dai-nos agora, Jesus,
    que por nós fostes pregado
    no santo lenho da cruz.

    Rasgando antiga sentença,
    implantais reino de amor,
    já não mais somos escravos,
    se sois de novo o Senhor.

    Ao Pai e ao Espírito glória,
    glória a vós, Cristo Jesus,
    que a vida eterna nos déstes
    pelo triunfo da cruz.

Ant. Jesus gri**tou** em alta **voz** na hora **nona**.
    Meu **Deus**, meu Deus, por **que** me abando**nastes**?

Salmodia

Em uma destas Horas se dizem os seguintes salmos:

Salmo 39(40),2-14.17-18

— 2 Esperando, esperei no Se**nhor**, *
e incli**nan**do-se, ouviu meu clamor.

— 3 Reti**rou**-me da cova da morte *
e de um **char**co de lodo e de lama.

— Colo**cou** os meus pés sobre a rocha, *
devol**veu** a firmeza a meus passos.

— 4 Canto **no**vo ele pôs em meus lábios, *
um poema em louvor ao Senhor.

— Muitos ve**jam**, respeitem, adorem *
e es**pe**rem em Deus, confiantes.

= 5 É fe**liz** quem a Deus se confia; †
quem não **se**gue os que adoram os ídolos *
e se **per**dem por falsos caminhos.

— 6 Quão i**men**sos, Senhor, vossos feitos!*
Maravilhas fizestes por nós!

— Quem a **vós** poderá comparar-se *
nos de**síg**nios a nosso respeito?

— Eu qui**se**ra, Senhor, publicá-los, *
mas são **tan**tos! Quem pode contá-los?

— 7 Sacri**fí**cio e ablação não quisestes, *
mas a**bris**tes, Senhor, meus ouvidos;

= não pe**dis**tes ofertas nem vítimas, †
holo**caus**tos por nossos pecados. *

8 E en**tão** eu vos disse: "Eis que venho!"

= Sobre **mim** está escrito no livro: †

9 "Com pra**zer** faço a vossa vontade, *
guardo em **meu** coração vossa lei!"

= Boas-**no**vas de vossa Justiça †
anun**ciei** numa grande assembleia; *
vós sa**beis**: não fechei os meus lábios!

Hora Média

=[10]Proclama**ei** toda a vo**ss**a justi**ça**, †
sem retê-la no meu coração; *
vosso auxílio e lealdade narrei.

— Não ca**lei** vossa graça e verdade *
na pre**sen**ça da grande assembleia.

—[12]Não ne**gueis** para mim vosso amor!*
Vossa gra**ça** e verdade me guardem!

=[13]Pois des**gra**ças sem conta me cercam, †
minhas **cul**pas me agarram, me prendem, *
e as**sim** já nem posso enxergar.

= Meus pe**ca**dos são mais numerosos †
que os ca**be**los da minha cabeça; *
desfa**leço** e me foge o alento!

—[14]**Dignai**-vos, Senhor, libertar-me, *
vinde **lo**go, Senhor, socorrer-me!

—[17]Mas se a**legre** e em vós rejubile *
todo **ser** que vos busca, Senhor!

— Digam **sem**pre: "É grande o Senhor!" *
os que **bus**cam em vós seu auxílio.

=[18]Eu sou **pobre**, infeliz, desvalido, †
porém, **guar**da o Senhor minha vida, *
e por **mim** se desdobra em carinho.

— Vós me **sois** salvação e auxílio: *
vinde **lo**go, Senhor, não tardeis!

Salmo 53(54),3-6.8-9

—[3] Por vosso **no**me, salvai-me, Se**nhor**: *
e **dai**-me a vossa justiça!

—[4] Ó meu **Deus**, atendei minha prece *
e escu**tai** as palavras que eu digo!

=[5] Pois contra **mim** orgulhosos se insurgem, †
e vio**len**tos perseguem-me a vida: *
não há lu**gar** para Deus aos seus olhos.

Sexta-feira da Paixão do Senhor

– ⁶Quem me protege e me ampara é meu Deus; *
é o Senhor quem sustenta minha vida!

– ⁸Quero ofertar-vos o meu sacrifício *
de coração e com muita alegria;

– quero louvar, ó Senhor, vosso nome, *
quero cantar vosso nome que é bom!

– ⁹Pois me livrastes de toda a angústia, *
e humilhados vi meus inimigos!

Salmo 87(88)

– ² A vós clamo, Senhor, sem cessar, todo o dia, *
e de noite se eleva até vós meu gemido.

– ³Chegue a minha oração até a vossa presença, *
inclinai vosso ouvido a meu triste clamor!

– ⁴Saturada de males se encontra a minh'alma, *
minha vida chegou junto às portas da morte.

– ⁵Sou contado entre aqueles que descem à cova, *
toda gente me vê como um caso perdido!

– ⁶O meu leito já tenho no reino dos mortos, *
como um homem caído que jaz no sepulcro,

– de quem mesmo o Senhor se esqueceu para sempre *
e excluiu por completo da sua atenção.

– ⁷Ó Senhor, me pusestes na cova mais funda, *
nos locais tenebrosos da sombra da morte.

– ⁸Sobre mim cai o peso do vosso furor, *
vossas ondas enormes me cobrem, me afogam.

– ⁹Afastastes de mim meus parentes e amigos, *
para eles tornei-me objeto de horror.

– Eu estou aqui preso e não posso sair, *
¹⁰e meus olhos se gastam de tanta aflição.

– Clamo a vós, ó Senhor, sem cessar, todo o dia, *
minhas mãos para vós se levantam em prece.

Hora Média

—11 Para os **mor**tos, acaso faríeis milagres? *
poderiam as sombras er**guer**-se e louvar-vos?

—12 No se**pul**cro haverá quem vos **can**te o amor *
e pro**cla**me entre os mortos a **vos**sa verdade?

—13 Vossas **o**bras serão conhe**ci**das nas trevas, *
vossa **graça**, no reino onde **tu**do se esquece?

—14 Quanto a **mim**, ó Senhor, clamo a **vós** na aflição, *
minha **pre**ce se eleva até **vós** desde a aurora.

—15 Por que **vós**, ó Senhor, rejei**tais** a minh'alma? *
E por **que** escondeis vossa **fa**ce de mim?

—16 Mori**bun**do e infeliz desde o **tem**po da infância, *
esgo**tei**-me ao sofrer sob o **vos**so terror.

—17 Vossa **i**ra violenta ca**iu** sobre mim *
e o **vos**so pavor redu**ziu**-me a um nada!

—18 Todo **di**a me cercam quais **on**das revoltas, *
todos **jun**tos me assaltam, me **pren**dem, me apertam.

—19 Afas**tas**tes de mim os pa**ren**tes e amigos, *
e por **meus** familiares só **te**nho as trevas!

Para as outras Horas, salmodia complementar, p. 1421.

Oração das Nove Horas

Ant. Era a **ho**ra ter**cei**ra
quando **e**les pregaram Je**sus** sobre a **cruz**.

Leitura breve   Is 53,2-3
Diante do Senhor ele cresceu como renovo de planta ou
como raiz em terra seca. Não tinha beleza nem atrativo para
o olharmos, não tinha aparência que nos agradasse. Era
desprezado como o último dos mortais, homem coberto de
dores, cheio de sofrimentos; passando por ele, tapávamos o
rosto; tão desprezível era, não fazíamos caso dele.

V. Ado**ra**mos-vos, ó **Cris**to e bendi**ze**mos vosso **no**me.

R. Pois re**mis**tes todo o **mun**do pela **vos**sa santa **Cruz**!

Sexta-feira da Paixão do Senhor

Oração das Doze Horas

Ant. Da hora **sexta** à hora **nona** a terra **toda** escure**ceu**.

Leitura breve   Is 53,4-5

A verdade é que ele tomava sobre si nossas enfermidades e sofria, ele mesmo, nossas dores; e nós pensávamos fosse um chagado, golpeado por Deus e humilhado! Mas ele foi ferido por causa de nossos pecados, esmagado por causa de nossos crimes; a punição a ele imposta era o preço da nossa paz, e suas feridas, o preço da nossa cura.

V. Lem**brai**-vos de **mim**, Senhor Je**s**us,
R. Quando tiv**er**des che**g**ado ao vosso **Rei**no.

Oração das Quinze Horas

Ant. Jesus gri**tou** em alta **voz** na hora **no**na.
          Meu **Deus**, meu Deus, por **que** me abando**nas**tes?

Leitura breve   Is 53,6-7

Todos nós vagávamos como ovelhas desgarradas, cada qual seguindo seu caminho; e o Senhor fez recair sobre ele o pecado de todos nós. Foi maltratado, e submeteu-se, não abriu a boca; como cordeiro levado ao matadouro ou como ovelha diante dos que a tosquiam, ele não abriu a boca.

V. Colo**ca**ram-me nas **tre**vas,
R. Como **mor**tos desde **sé**culos.

Oração

Olhai com amor, ó Pai, esta vossa família, pela qual nosso Senhor Jesus Cristo livremente se entregou às mãos dos inimigos e sofreu o suplício da cruz. Por Cristo, nosso Senhor.

Vésperas

Hoje rezam as Vésperas somente os que não participam da Ação litúrgica da Paixão do Senhor.

Vésperas

Hino, p. 357.

Salmodia

Ant. 1 **Olhai**, ó povos **to**dos, e **ve**de a minha **dor**!

Salmo 115(116B)

– [10]Guar**dei** a minha **fé**, mesmo di**zen**do: *
"É de**mais** o sofrimento em minha vida!"

– [11]Confi**ei**, quando dizia na aflição: *
"Todo **ho**mem é mentiroso! Todo homem!"

– [12]Que pode**rei** retribuir ao Senhor Deus *
por tudo a**qui**lo que ele fez em meu favor?

– [13]Elevo o **cá**lice da minha salvação, *
invo**can**do o nome santo do Senhor.

– [14]Vou cum**prir** minhas promessas ao Senhor *
na pre**sen**ça de seu povo reunido.

– [15]É sen**ti**da por demais pelo Senhor *
a **mor**te de seus santos, seus amigos.

= [16]Eis que **sou** o vosso servo, ó Senhor, †
vosso **ser**vo que nasceu de vossa serva; *
mas me que**bras**tes os grilhões da escravidão!

– [17]Por isso o**fer**to um sacrifício de louvor, *
invo**can**do o nome santo do Senhor.

– [18]Vou cum**prir** minhas promessas ao Senhor *
na pre**sen**ça de seu povo reunido;

– [19]nos **á**trios da casa do Senhor, *
em teu **mei**o, ó cidade de Sião!

Ant. **Olhai**, ó povos **to**dos, e **ve**de a minha **dor**!

Ant. 2 O a**len**to em **mim** já se ex**tin**gue,
o cora**ção** se com**pri**me em meu **pei**to.

Salmo 142(143),1-11

– [1]Ó Se**nhor**, escu**tai** minha **pre**ce, *
ó meu **Deus**, atendei minha súplica!

Sexta-feira da Paixão do Senhor

– Respond**ei**-me, ó vós, Deus fiel, *
escu**tai**-me por vossa justiça!
=² Não cha**meis** vosso servo a juízo, †
pois di**an**te da vossa presença *
não é **jus**to nenhum dos viventes.

–³ O ini**mi**go persegue a minha alma, *
ele es**ma**ga no chão minha vida
– e me **faz** habitante das trevas, *
como a**que**les que há muito morreram.

–⁴ Já em **mim** o alento se extingue, *
o cora**ção** se comprime em meu peito!

–⁵ Eu me le**m**bro dos dias de outrora †
e re**pas**so as vossas ações, *
recor**dan**do os vossos prodígios.

=⁶ Para **vós** minhas mãos eu estendo; †
minha **al**ma tem sede de vós, *
como a **ter**ra sedenta e sem água.

–⁷ Escu**tai**-me depressa, Senhor, *
o es**pí**rito em mim desfalece!
= Não escon**dais** vossa face de mim! †
Se o **fizer**des, já posso contar-me *
entre a**que**les que descem à cova!

–⁸ Fazei-me **ce**do sentir vosso amor, *
porque em **vós** coloquei a esperança!
– Indi**cai**-me o caminho a seguir, *
pois a **vós** eu elevo a minha alma!

–⁹ Liber**tai**-me dos meus inimigos, *
porque **sois** meu refúgio, Senhor!

–¹⁰ Vossa vonta**de** ensinai-me a cumprir, *
porque **sois** o meu Deus e Senhor!
– Vosso Es**pí**rito bom me dirija *
e me **gui**e por terra bem plana!–

– [11]Por vosso **no**me e por vosso amor *
conser**vai**, renovai minha vida!
– Pela **voss**a justiça e clemência, *
arran**cai** a minha alma da angústia!

Ant. O a**len**to em **mim** já se ex**tin**gue,
o cora**ção** se com**pri**me em meu **pei**to.

Ant. 3 E, **ten**do to**ma**do o vi**na**gre,
Jesus **disse**: Tudo está consu**ma**do!
E, incli**nan**do a cabeça, entre**gou** o es**pí**rito.

Cântico   Fl 2,6-11

= [6]Embora **fos**se de di**vi**na condi**ção**, †
Cristo **Je**sus não se apegou ciosamente *
a ser i**gual** em natureza a Deus Pai.

(R. Jesus **Cris**to é **Se**nhor para a **gló**ria de Deus **Pai**!)

= [7]Po**rém** esvaziou-se de sua glória †
e assu**miu** a condição de um escravo, *
fa**zen**do-se aos homens semelhante.   (R.)

= [8]Reconhe**ci**do exteriormente como homem, †
humi**lhou**-se, obedecendo até à morte, *
até à **mor**te humilhante numa cruz.   (R.)

= [9]Por isso **Deus** o exaltou sobremaneira †
e deu-lhe o **no**me mais excelso, mais sublime, *
e eleva**do** muito acima de outro nome.   (R.)

= [10]Para **que** perante o nome de Jesus †
se **do**bre reverente todo joelho, *
seja nos **céus**, seja na terra ou nos abismos.   (R.)

= [11]E toda **lín**gua reconheça, confessando, †
para a **gló**ria de Deus Pai e seu louvor: *
"Na ver**da**de Jesus Cristo é o Senhor!"   (R.)

Ant. E, **ten**do to**ma**do o vi**na**gre,
Jesus **dis**se: Tudo es**tá** consu**ma**do!
E, incli**nan**do a cabeça, entre**gou** o es**pí**rito.

Leitura breve 1Pd 2,21b-24

Cristo sofreu por vós deixando-vos um exemplo, a fim de que sigais os seus passos. Ele não cometeu pecado algum, mentira nenhuma foi encontrada em sua boca. Quando injuriado, não retribuía as injúrias; atormentado, não ameaçava; antes, colocava a sua causa nas mãos daquele que julga com justiça. Sobre a cruz, carregou nossos pecados em seu próprio corpo, a fim de que, mortos para os pecados, vivamos para a justiça. Por suas feridas fostes curados.

Em lugar do responsório se diz:

Ant. Jesus **Cris**to se humi**lhou** e se **fez** obedi**en**te,
obedi**en**te até à **mor**te, e **mor**te de **cruz**.

Cântico evangélico, ant.
Ini**mi**gos que nós **é**ramos de **Deus**,
reconcili**a**dos nós fi**ca**mos com Deus **Pai**
pela **mor**te de seu **Fi**lho, Jesus **Cris**to.

Preces

Recomenda-se usar hoje, como Preces das Vésperas, a Oração universal que se propõe para este dia no Missal Romano. Mas, se for preferível, podem-se dizer as Preces que a seguir se propõem, ou então, fazer um momento de oração em silêncio, depois de anunciar cada uma das intenções da Oração universal, antes mencionada.

Comemorando piedosamente a morte de nosso Senhor Jesus Cristo, de onde brotou a vida do mundo, roguemos a Deus Pai:

R. **Pela morte de Cristo, vosso Filho, ouvi-nos, Senhor!**

Fortalecei, Senhor, a unidade da Igreja. **R.**

Protegei o Santo Padre N. **R.**

Vésperas

Santificai pelo Espírito Santo os ministros da Igreja e todo o povo cristão. R.

Aumentai a fé e a sabedoria dos catecúmenos. R.

Congregai todos os cristãos na unidade. R.

Conduzi os judeus à plenitude da redenção. R.

Iluminai com a luz da vossa glória os que não creem em Cristo. R.

Revelai aos ateus os sinais da vossa bondade nas obras da criação. R.

Dirigi o espírito e o coração dos governantes. R.

Confortai os atribulados. R.

(intenções livres)

Socorrei os que morreram. R.
Pai nosso...

Oração

Olhai com amor, ó Pai, esta vossa família, pela qual nosso Senhor Jesus Cristo livremente se entregou às mãos dos inimigos e sofreu o suplício da cruz. Por nosso Senhor Jesus Cristo, vosso Filho, na unidade do Espírito Santo.

Completas de domingo, depois das II Vésperas, p. 1402.
Em lugar do responsório se diz:

Ant. Jesus **Cris**to se humi**lhou** e se **fez** obedi**ente**, obedi**ente** até à **mor**te, e **mor**te de **cruz**.

SÁBADO SANTO

Invitatório

R. **Cris**to por **nós** pade**ceu**, mor**reu** e **foi** sepul**ta**do:
   Vinde **to**dos, ado**re**mos!

Salmo invitatório como no Ordinário, p. 944.

Ofício das Leituras

Hino

Jesus, Senhor supremo,
do mundo redentor,
na cruz salvastes todos,
da morte vencedor!

Mantende, suplicamos,
em nossos corações,
os dons que conquistastes
por todas as nações.

Cordeiro imaculado,
pregado sobre a cruz,
lavastes nossas vestes
em vosso sangue e luz.

Aqueles que lavastes
com sangue de Homem-Deus,
convosco ressurgidos,
levai-os para os céus.

ó povos redimidos,
ao Deus do céu louvai,
Jesus nos fez, morrendo,
um reino para o Pai.

Salmodia

Ant. 1 Tran**qui**lo eu ador**me**ço e re**pou**so em vossa **paz**.

Ofício das Leituras

Salmo 4

=2 Quando eu **cha**mo, respon**dei**-me, ó meu **Deus**, minha justiça! †
Vós que sou**bes**tes aliviar-me nos mo**men**tos de aflição, *
aten**dei**-me por piedade e escu**tai** minha oração!

—3 Filhos dos **ho**mens, até quando fecha**reis** o coração? *
Por que a**mais** a ilusão e procu**rais** a falsidade?

—4 Compreen**dei** que nosso Deus faz mara**vi**lhas por seu servo, *
e que o Se**nhor** me ouvirá quando lhe **faço** a minha prece!

—5 Se fi**car**des revoltados, não pe**queis** por vossa ira; *
medi**tai** nos vossos leitos e ca**lai** o coração!

—6 Sacrifi**cai** o que é justo, e ao Se**nhor** oferecei-o; *
confiai **sem**pre no Senhor, ele é a **ú**nica esperança!

—7 Muitos **há** que se perguntam: "Quem nos **dá** felicidade?" *
Sobre **nós** fazei brilhar o esplen**dor** de vossa face!

—8 Vós me **des**tes, ó Senhor, mais ale**gri**a ao coração, *
do que a **ou**tros na fartura do seu **tri**go e vinho novo.

—9 Eu tran**qui**lo vou deitar-me e na **paz** logo adormeço, *
pois só **vós**, ó Senhor Deus, dais segu**ran**ça à minha vida!

Ant. Tran**qui**lo eu ador**me**ço e re**pou**so em vossa **paz**.

Ant. 2 Até meu **cor**po no re**pou**so está tran**qui**lo.

Salmo 15(16)

=1 Guardai-me, ó **Deus**, porque em **vós** me refúgio! †
2 Digo ao Se**nhor**: "Somente vós sois meu Senhor: *
nenhum **bem** eu posso achar fora de vós!"

—3 Deus me inspi**rou** uma admirável afeição *
pelos **san**tos que habitam sua terra.—

Sábado Santo

— ⁴Multiplicam, no entanto, suas dores *
os que correm para deuses estrangeiros;
— seus sacrifícios sanguinários não partilho, *
nem seus nomes passarão pelos meus lábios.
— ⁵Ó Senhor, sois minha herança e minha taça, *
meu destino está seguro em vossas mãos!
— ⁶Foi demarcada para mim a melhor terra, *
e eu exulto de alegria em minha herança!
— ⁷Eu bendigo o Senhor que me aconselha, *
e até de noite me adverte o coração.
— ⁸Tenho sempre o Senhor ante meus olhos, *
pois se o tenho a meu lado, não vacilo.
= ⁹Eis por que meu coração está em festa, †
minha alma rejubila de alegria, *
e até meu corpo no repouso está tranquilo;
— ¹⁰pois não haveis de me deixar entregue à morte, *
nem vosso amigo conhecer a corrupção.
= ¹¹Vós me ensinais vosso caminho para a vida; †
junto a vós, felicidade sem limites, *
delícia eterna e alegria ao vosso lado!

Ant. Até meu corpo no repouso está tranquilo.

Ant. 3 Elevai-vos bem mais alto, antigas portas,
a fim de que o Rei da glória possa entrar!

Quando o salmo seguinte tiver sido usado no Invitatório, em seu lugar se diz o salmo 94(95), à p. 944.

Salmo 23(24)

— ¹Ao Senhor pertence a terra e o que ela encerra, *
o mundo inteiro com os seres que o povoam;
— ²porque ele a tornou firme sobre os mares, *
e sobre as águas a mantém inabalável. —

Ofício das Leituras

– ³ "Quem subirá até o monte do Senhor, *
quem ficará em sua santa habitação?"

= ⁴ "Quem tem mãos puras e inocente coração, †
quem não dirige sua mente para o crime, *
nem jura falso para o dano de seu próximo.

– ⁵ Sobre este desce a bênção do Senhor *
e a recompensa de seu Deus e Salvador".

– ⁶ "É assim a geração dos que o procuram, *
e do Deus de Israel buscam a face".

= ⁷ "Ó portas, levantai vossos frontões! †
Elevai-vos bem mais alto, antigas portas, *
a fim de que o Rei da glória possa entrar!"

= ⁸ Dizei-nos: "Quem é este Rei da glória?" †
"É o Senhor, o valoroso, o onipotente, *
o Senhor, o poderoso nas batalhas!"

= ⁹ "Ó portas, levantai vossos frontões! †
Elevai-vos bem mais alto, antigas portas, *
a fim de que o Rei da glória possa entrar!"

= ¹⁰ Dizei-nos: "Quem é este Rei da glória?" †
"O Rei da glória é o Senhor onipotente, *
o Rei da glória é o Senhor Deus do universo!"

Ant. Elevai-vos bem mais alto, antigas portas,
a fim de que o Rei da glória possa entrar!

V. Defendei a minha causa e libertai-me.
R. Pela palavra que me destes, dai-me a vida!

Primeira leitura
Da Carta aos Hebreus 4,1-13

Esforcemo-nos por entrar, no repouso de Deus

Irmãos: ¹ Tenhamos cuidado, enquanto nos é oferecida a oportunidade de entrar no repouso de Deus, não aconteça que alguém de vós fique para trás. ² Também nós, como eles, recebemos uma boa-nova. Mas a proclamação da palavra de

Sábado Santo

nada lhes adiantou, por não ter sido acompanhada da fé naqueles que a tinham ouvido, ³enquanto nós, que acreditamos, entramos no seu repouso. É assim como ele falou:
"Por isso jurei na minha ira:
jamais entrarão no meu repouso."

Isso, não obstante as obras de Deus estarem terminadas desde a criação do mundo. ⁴Pois, em certos lugares, assim falou do sétimo dia: "E Deus repousou no sétimo dia de todas as suas obras", ⁵e ainda novamente: "Não entrarão no meu repouso." ⁶Então, ainda há oportunidade para alguns entrarem nesse repouso. E como os que primeiro receberam o anúncio não entraram por causa de sua incredulidade, ⁷Deus marca de novo um dia, um "hoje", falando por Davi, muito tempo depois, como se disse acima: "Hoje, se ouvirdes a sua voz, não endureçais os vossos corações".

⁸Ora, se Josué lhes tivesse proporcionado esse repouso, não falaria de outro dia depois. ⁹Portanto ainda está reservado um repouso sabático para o povo de Deus. ¹⁰Pois aquele que entrou no repouso de Deus está descansando de suas obras, assim como Deus descansou das suas.

¹¹Esforcemo-nos, portanto, por entrar neste repouso, para que ninguém repita o acima referido exemplo de desobediência. ¹²A Palavra de Deus é viva, eficaz e mais cortante do que qualquer espada de dois gumes. Penetra até dividir alma e espírito, articulações e medulas. Ela julga os pensamentos e as intenções do coração. ¹³E não há criatura que possa ocultar-se diante dela. Tudo está nu e descoberto aos seus olhos, e é a ela que devemos prestar contas.

Responsório
cf. Mt 27,66.60.62

R. Sepultado o Senhor, rolaram uma pedra
à entrada do túmulo e lacraram o sepulcro,
  * Colocando soldados a fim de guardá-lo.
V. Os chefes do povo chegaram a Pilatos
e pediram que mandasse vigiar o sepulcro.* Colocando.

Segunda leitura

De uma antiga Homilia no grande Sábado Santo
(PG 43,439.451.462-463) (Séc. IV)

A descida do Senhor à mansão dos mortos

Que está acontecendo hoje? Um grande silêncio reina sobre a terra. Um grande silêncio e uma grande solidão. Um grande silêncio, porque o Rei está dormindo; a terra estremeceu e ficou silenciosa, porque o Deus feito homem adormeceu e acordou os que dormiam há séculos. Deus morreu na carne e despertou a mansão dos mortos.

Ele vai antes de tudo à procura de Adão, nosso primeiro pai, a ovelha perdida. Faz questão de visitar os que estão mergulhados nas trevas e na sombra da morte. Deus e seu Filho vão ao encontro de Adão e Eva cativos, agora libertos dos sofrimentos.

O Senhor entrou onde eles estavam, levando em suas mãos a arma da cruz vitoriosa. Quando Adão, nosso primeiro pai, o viu, exclamou para todos os demais, batendo no peito e cheio de admiração: "O meu Senhor está no meio de nós". E Cristo respondeu a Adão: "E com teu espírito". E tomando-o pela mão, disse: "Acorda, tu que dormes, levanta-te dentre os mortos, e Cristo te iluminará.

Eu sou o teu Deus, que por tua causa me tornei teu filho; por ti e por aqueles que nasceram de ti, agora digo, e com todo o meu poder, ordeno aos que estavam na prisão: 'Saí!'; e aos que jaziam nas trevas: 'Vinde para a luz!'; e aos entorpecidos: 'Levantai-vos!'

Eu te ordeno: Acorda, tu que dormes, porque não te criei para permaneceres na mansão dos mortos. Levanta-te dentre os mortos; eu sou a vida dos mortos. Levanta-te, obra das minhas mãos; levanta-te, ó minha imagem, tu que foste criado à minha semelhança. Levanta-te, saiamos daqui; tu em mim e eu em ti, somos uma só e indivisível pessoa.

Por ti, eu, o teu Deus, me tornei teu filho; por ti, eu, o Senhor, tomei tua condição de escravo. Por ti, eu, que habito no mais alto dos céus, desci à terra e fui até mesmo sepultado debaixo da terra; por ti, feito homem, tornei-me como alguém sem apoio, abandonado entre os mortos. Por ti, que deixaste o jardim do paraíso, ao sair de um jardim fui entregue aos judeus e num jardim, crucificado.

Vê em meu rosto os escarros que por ti recebi, para restituir-te o sopro da vida original. Vê na minha face as bofetadas que levei para restaurar, conforme à minha imagem, tua beleza corrompida.

Vê em minhas costas as marcas dos açoites que suportei por ti para retirar de teus ombros o peso dos pecados. Vê minhas mãos fortemente pregadas à árvore da cruz, por causa de ti, como outrora estendeste levianamente as tuas mãos para a árvore do paraíso.

Adormeci na cruz e por tua causa a lança penetrou no meu lado, como Eva surgiu do teu, ao adormeceres no paraíso. Meu lado curou a dor do teu lado. Meu sono vai arrancar-te do sono da morte. Minha lança deteve a lança que estava dirigida contra ti.

Levanta-te, vamos daqui. O inimigo te expulsou da terra do paraíso; eu, porém, já não te coloco no paraíso mas num trono celeste. O inimigo afastou de ti a árvore, símbolo da vida; eu, porém, que sou a vida, estou agora junto de ti. Constituí anjos que, como servos, te guardassem; ordeno agora que eles te adorem como Deus, embora não sejas Deus.

Está preparado o trono dos querubins, prontos e a postos os mensageiros, construído o leito nupcial, preparado o banquete, as mansões e os tabernáculos eternos adornados, abertos os tesouros de todos os bens e o Reino dos Céus preparado para ti desde toda a eternidade".

Laudes

Responsório

R. Nosso pastor se retirou, ele, a fonte de água viva;
e o sol, na sua morte, escurecendo, se apagou;
e aquele que trazia prisioneiro o homem primeiro,
por Cristo aprisionado.

  * Hoje o nosso Salvador arrombou as portas da morte
  e quebrou os seus ferrolhos.

V. Destruiu as prisões do inferno
e derrubou o poder satânico. * Hoje.

Oração

Pai cheio de bondade, vosso Filho unigênito desceu à mansão dos mortos e dela surgiu vitorioso: concedei aos vossos fiéis, sepultados com ele no batismo, que, pela força de sua ressurreição, participem da vida eterna, com ele. Que convosco vive e reina, na unidade do Espírito Santo.

Laudes

Hino

Chorando vos cantamos
um hino de louvor;
as faltas perdoai-nos,
de todos Redentor!

Vencestes o inimigo,
morrendo sobre a cruz:
marcada em nossas frontes,
é o sol que nos conduz.

Jamais venha lesar-nos
o antigo tentador:
lavou-nos no batismo
o sangue redentor.

Por nós descer quisestes
da morte à região:

Sábado Santo

aos pais que aguardavam
trouxestes salvação.

Vireis no fim dos tempos,
Senhor, Juiz e Rei,
então recompensando
quem segue a vossa lei.

Curai nossas feridas,
pedimo-vos, Senhor,
a vós e ao Pai louvando
e ao Espírito de amor.

Salmodia

Ant. 1 Lamenta**rão** a sua **morte**
como a um **filho** primogênito,
pois foi **morto** o Inoce**nte**,
Jesus **Cristo**, Senhor **nosso**.

Salmo 63(64)

– ^{2}Ó Deus, ou**vi** a minha **voz**, o meu la**men**to! *
salvai-me a **vi**da do inimigo aterrador!
– ^{3}Prote**gei**-me das intrigas dos perversos *
e do tu**mul**to dos obreiros da maldade!
– ^{4}Eles a**fi**am suas línguas como espadas, *
lançam pa**la**vras venenosas como flechas,
– ^{5}para fe**rir** os inocentes às ocultas *
e atin**gi**-los de repente, sem temor.
– ^{6}Uns aos **ou**tros se encorajam para o mal *
e com**bi**nam às ocultas, traiçoeiros,
– onde **pôr** as armadilhas preparadas, *
comen**tan**do entre si: "Quem nos verá?"
– ^{7}Eles **tra**mam e disfarçam os seus crimes. *
É um a**bis**mo o coração de cada homem!
– ^{8}Deus, po**rém**, os ferirá com suas flechas, *
e cai**rão** todos feridos, de repente. –

Laudes

—⁹ Sua **língua** os levará à perdição, *
  e quem os **vir** meneará sua cabeça;
—¹⁰ com te**mor** proclamará a ação de Deus, *
  e tira**rá** uma lição de sua obra.
=¹¹ O homem **jus**to há de alegrar-se no Senhor †
  e junto **d**ele encontrará o seu refúgio, *
  e os de **r**eto coração triunfarão.

Ant. Lamenta**rão** a sua **mor**te como a um **fi**lho primogênito,
  pois foi **mor**to o Inocen**te**, Jesus **Cris**to, Senhor **nos**so.

Ant. 2 Das **por**tas do a**bis**mo li**vrai**-me, Se**nhor**!

Cântico   Is 38,10-14.17-20

—¹⁰ Eu dizia: "É neces**sá**rio que eu me **vá** *
  no apo**geu** de minha vida e de meus dias;
— para a man**são** triste dos mortos descerei, *
  sem vi**ver** o que me resta dos meus anos".
=¹¹ Eu dizia: "Não verei o Senhor Deus †
  sobre a **ter**ra dos viventes nunca mais; *
  nunca **mais** verei um homem neste mundo!"
—¹² Minha mo**ra**da foi à força arrebatada, *
  desar**ma**da como a tenda de um pastor.
— Qual tece**lão**, eu ia tecendo a minha vida, *
  mas a**go**ra foi cortada a sua trama.
—¹³ Vou me aca**ban**do de manhã até à tarde, *
  passo a **noi**te a gemer até a aurora.
— Como um le**ão** que me tritura os ossos todos, *
  assim eu **vou** me consumindo dia e noite.
—¹⁴ O meu **gri**to é semelhante ao da andorinha, *
  o meu ge**mi**do se parece ao da rolinha.
— Os meus **o**lhos já se cansam de elevar-se, *
  de pe**dir**-vos: "Socorrei-me, Senhor Deus!"
—¹⁷ Mas vós li**vras**tes minha vida do sepulcro, *
  e lan**ças**tes para trás os meus pecados.

444 Sábado Santo

– [18]Pois a mansão triste dos mortos não vos louva, *
nem a morte poderá agradecer-vos;

– para quem desce à sepultura é terminada *
a esperança em vosso amor sempre fiel.

– [19]Só os vivos é que podem vos louvar, *
como hoje eu vos louvo agradecido.

– O pai há de contar para seus filhos *
vossa verdade e vosso amor sempre fiel.

= [20]Senhor, salvai-me! Vinde logo em meu auxílio, †
e a vida inteira cantaremos nossos salmos, *
agradecendo ao Senhor em sua casa.

Ant. Das portas do abismo livrai-me, Senhor!

Ant. 3 Estive morto e agora vivo:
sou o Vivente pelos séculos;
tenho as chaves dos abismos
e a vitória sobre a morte.

Salmo 150

– [1]Louvai o Senhor Deus no santuário, *
louvai-o no alto céu de seu poder!

– [2]Louvai-o por seus feitos grandiosos, *
louvai-o em sua grandeza majestosa!

– [3]Louvai-o com o toque da trombeta, *
louvai-o com a harpa e com a cítara!

– [4]Louvai-o com a dança e o tambor, *
louvai-o com as cordas e as flautas!

– [5]Louvai-o com os címbalos sonoros, *
louvai-o com os címbalos de júbilo!

– Louve a Deus tudo o que vive e que respira, *
tudo cante os louvores do Senhor!

Ant. Estive morto e agora vivo: sou o Vivente pelos séculos;
tenho as chaves dos abismos e a vitória sobre a morte.

Laudes

Leitura breve   Os 5,15d-6,2

Eis o que diz o Senhor: Em suas aflições me procurarão. Vinde, voltemos para o Senhor, ele nos feriu e há de tratar-nos, ele nos machucou e há de curar-nos. Em dois dias, nos dará vida, e, ao terceiro dia, há de restaurar-nos, e viveremos em sua presença.

Em lugar do responsório se diz:

Ant. Jesus **Cris**to se humil**hou** e se **fez** obedi**en**te,
obedi**en**te até à **mor**te, e **mor**te de **cruz**.
Por isso **Deus** o exal**tou** sobrema**nei**ra em sua **gló**ria,
e deu-lhe o **no**me mais su**bli**me,
muito **aci**ma de outro **no**me.

Cântico evangélico, ant.

Sal**vai**-nos, Salva**dor** do uni**ver**so!
Por vossa **cruz** e vosso **san**gue nos re**mis**tes:
aju**dai**-nos, vos pe**di**mos, nosso **Deus**!

Preces

Adoremos com sincera piedade a Cristo, nosso Redentor, que por nós sofreu a Paixão e foi sepultado para ressuscitar ao terceiro dia; e peçamos humildemente:

R. **Senhor, tende piedade de nós!**

Cristo, nosso Salvador, que junto à cruz e ao sepulcro quisestes ter presente vossa Mãe dolorosa,
— tornai-nos também participantes da vossa Paixão por meio dos sofrimentos da vida. **R.**

Cristo, nosso Senhor, que como grão de trigo caído na terra fizestes germinar para nós o admirável fruto da vida eterna,
— dai-nos a graça de morrer para o pecado e viver somente para Deus. **R.**

Cristo, nosso Pastor, que jazendo no sepulcro quisestes vos ocultar da vista de todos,

446

Sábado Santo

– ensinai-nos a amar nossa vida escondida convosco em Deus Pai,

R. **Senhor, tende piedade de nós!**

Cristo, novo Adão, que descestes ao reino dos mortos para libertar os justos que, desde a origem do mundo, lá estavam encarcerados,

– compadecei-vos dos que estão mortos no túmulo de seus pecados, para que, escutando a vossa voz, recuperem a vida.

R.

Cristo, Filho do Deus vivo, que pelo batismo nos sepultastes convosco,

– tornai-nos cada vez mais semelhantes a vós, no mistério da vossa ressurreição, para que vivamos a vida nova da graça.

R.

(intenções livres)

Pai nosso...

Oração

Pai cheio de bondade, vosso Filho unigênito desceu à mansão dos mortos e dela surgiu vitorioso: concedei aos vossos fiéis, sepultados com ele no batismo, que, pela força de sua ressurreição, participem da vida eterna, com ele. Que convosco vive e reina, na unidade do Espírito Santo.

Hora Média

Hino

Oração das Nove Horas

Salvai, ó Redentor, a criatura,
na qual do entendimento fulge a luz;
não seja por Satã dilacerada,
comprou-a vosso sangue em vossa cruz.

Piedade dos que o mal tornou cativos,
dai, pois, vosso perdão aos pobres réus;

Hora Média

aos que com o próprio sangue redimistes
fazei reinar convosco, ó Rei dos céus.

Ant. Sei que a bondade do Senhor eu hei de ver
na terra dos viventes.

Oração das Doze Horas

Ó cruz, do mundo bênção,
ó divinal troféu:
da morte foste a porta,
e agora és do céu.

Venceu o mal aquele
que tudo atrai a si:
qual vítima imolada,
suspenso foi em ti.

Louvor, poder e glória
por ti, subam, ó cruz,
ao Deus que é uno e trino,
inacessível luz.

Ant. Arrebatastes dos abismos minha vida, ó Senhor.

Oração das Quinze Horas

Da vida eterna a coroa
dai-nos agora, Jesus,
que por nós fostes pregado
ao santo lenho da cruz.

Rasgando antiga sentença,
implantais reino de amor,
já não mais somos escravos,
se sois de novo o Senhor.

Ao Pai e ao Espírito glória,
glória a vós, Cristo Jesus,
que a vida eterna nos destes
pelo triunfo da cruz.

Ant. É a paz o seu lugar, é Sião sua morada.

448   Sábado Santo

Salmodia
Em uma destas Horas, se dizem os seguintes salmos:

Salmo 26(27)

– ^{1}O Se**nhor** é minha **luz** e salva**ção**; *
de **quem** eu terei **me**do?
– O Se**nhor** é a proteção da minha vida; *
perante **quem** eu tremerei?
– ^{2}Quando a**van**çam os malvados contra mim, *
que**ren**do devorar-me,
– são **eles**, inimigos e opressores, *
que tro**pe**çam e sucumbem.
– ^{3}Se os ini**mi**gos se acamparem contra mim, *
não teme**rá** meu coração;
– se contra **mim** uma batalha estourar, *
mesmo as**sim** confiarei.
– ^{4}Ao Se**nhor** eu peço apenas uma coisa, *
e é só **is**to que eu desejo:
– habi**tar** no santuário do Senhor *
por **to**da a minha vida;
– sabore**ar** a suavidade do Senhor *
e contem**plá**-lo no seu templo.
– ^{5}Pois um a**bri**go me dará sob o seu teto *
nos **di**as da desgraça;
– no interi**or** de sua tenda há de esconder-me *
e prote**ger**-me sobre a rocha.
– ^{6}E a**go**ra minha fronte se levanta *
em **me**io aos inimigos.
– Oferta**rei** um sacrifício de alegria, *
no **tem**plo do Senhor.
– Cantarei **sal**mos ao Senhor ao som da harpa *
e **hi**nos de louvor. –

Hora Média

— [7]Ó Se**nhor**, ouvi a voz do meu apelo, *
aten**dei** por compaixão!
— [8]Meu cora**ção** fala convosco confiante, *
e os meus **o**lhos vos procuram.
— Se**nhor**, é vossa face que eu procuro; *
não me escon**dais** a vossa face!
— [9]Não afas**teis** em vossa ira o vosso servo, *
sois **vós** o meu auxílio!
— Não me esque**çais** nem me deixeis abandonado, *
meu **Deus** e Salvador!
— [10]Se meu **pai** e minha mãe me abandonarem, *
o Se**nhor** me acolherá!
— [11]Ensi**nai**-me, ó Senhor, vossos caminhos *
e mos**trai**-me a estrada certa!
— Por **cau**sa do inimigo, protegei-me, *
[12]não me entre**gueis** a seus desejos!
— Porque **fal**sas testemunhas se ergueram *
e vo**mi**tam violência.
— [13]Sei que a bon**da**de do Senhor eu hei de ver *
na **terra** dos viventes.
— [14]Es**pera** no Senhor e tem coragem, *
es**pera** no Senhor!

Salmo 29(30)

— [2]Eu vos e**xal**to, ó Se**nhor**, pois me li**vras**tes, *
e não dei**xas**tes rir de mim meus inimigos!
— [3]Se**nhor**, clamei por vós, pedindo ajuda, *
e vós, meu **Deus**, me devolvestes a saúde!
— [4]Vós ti**ras**tes minha alma dos abismos *
e me sal**vas**tes, quando estava já morrendo!
— [5]Cantai **sal**mos ao Senhor, povo fiel, *
dai-lhe **gra**ças e invocai seu santo nome!

Sábado Santo

– ⁶Pois sua ira dura apenas um momento, *
mas sua bondade permanece a vida inteira;
– se à tarde vem o pranto visitar-nos, *
de manhã vem saudar a alegria.
– ⁷Nos momentos mais felizes eu dizia: *
"Jamais hei de sofrer qualquer desgraça!"
– ⁸Honra e poder me concedia a vossa graça, *
mas escondestes vossa face e perturbei-me.
– ⁹Por vós, ó meu Senhor, agora eu clamo, *
e imploro a piedade do meu Deus:
–¹⁰"Que vantagem haverá com minha morte, *
e que lucro, se eu descer à sepultura?
– Por acaso, pode o pó agradecer-vos *
e anunciar vossa leal fidelidade?
–¹¹Escutai-me, Senhor Deus, tende piedade! *
Sede, Senhor, o meu abrigo protetor!

–¹²Transformastes o meu pranto em uma festa, *
meus farrapos, em adornos de alegria,
=¹³para minh'alma vos louvar ao som da harpa †
e ao invés de se calar, agradecer-vos: *
Senhor, meu Deus, eternamente hei de louvar-vos!

Salmo 75(76)

– ²Em Judá o Senhor Deus é conhecido, *
e seu nome é grandioso em Israel.
– ³Em Salém ele fixou a sua tenda, *
em Sião edificou sua morada.
– ⁴E ali quebrou os arcos e as flechas, *
os escudos, as espadas e outras armas.
– ⁵Resplendente e majestoso apareceis *
sobre montes de despojos conquistados. _

Hora Média

= ⁶Despojastes os guerreiros valorosos †
que já **dor**mem o seu sono derradeiro, *
inca**pa**zes de apelar para os seus braços.
— ⁷Ante as **vos**sas ameaças, ó Senhor,*
estarre**ce**ram-se os carros e os cavalos.
— ⁸Sois ter**rí**vel, realmente, Senhor Deus! *
E quem **po**de resistir à vossa ira?
— ⁹Lá do **céu** pronunciastes a sentença, *
e a **ter**ra apavorou-se e emudeceu,
—¹⁰quando **Deus** se levantou para julgar*
e liber**tar** os oprimidos desta terra.

—¹¹Mesmo a re**vol**ta dos mortais vos dará glória, *
e os que so**bra**ram do furor vos louvarão.
—¹²Ao vosso **Deus** fazei promessas e as cumpri; *
vós que o cer**cais**, trazei ofertas ao Terrível;
—¹³ele es**ma**ga os reis da terra em seu orgulho, *
e faz tre**mer** os poderosos deste mundo!

Para as outras Horas, salmodia complementar, p. 1421.

Oração das Nove Horas

Ant. Sei que a bon**da**de do **Se**nhor eu hei de **ver**
na **ter**ra dos vi**ven**tes.

Leitura breve   1Jo 1,8-9

Se dissermos que não temos pecado, estamo-nos enganando a nós mesmos, e a verdade não está dentro de nós. Se
reconhecermos nossos pecados, então Deus se mostra fiel
e justo, para nos perdoar os pecados e nos purificar de toda
a culpa.

V. Não ha**veis** de me dei**xar** entregue à **mor**te.
R. Nem vosso a**mi**go conhe**cer** a corrup**ção**.

Oração das Doze Horas

Ant. Arreba**tas**tes dos a**bis**mos minha **vi**da, ó Se**nhor**.

Leitura breve   1Jo 2,1b-2

Temos junto do Pai um Defensor: Jesus Cristo, o Justo. Ele é a vítima de expiação pelos nossos pecados, e não só pelos nossos, mas também pelos pecados do mundo inteiro.

V. É o Senhor quem dá a morte e dá a vida.
R. Faz descer à sepultura e faz voltar.

Oração das Quinze Horas

Ant. É a paz o seu lugar, é Sião sua morada.

Leitura breve   1Jo 2,8b-10

As trevas passam e já brilha a luz verdadeira. Aquele que diz estar na luz, mas odeia o seu irmão, ainda está nas trevas. O que ama o seu irmão permanece na luz e não corre perigo de tropeçar.

V. O Senhor foi sepultado, foi lacrado seu sepulcro.
R. Colocaram os soldados como guarda do seu túmulo.

Oração

Pai cheio de bondade, vosso Filho unigênito desceu à mansão dos mortos e dela surgiu vitorioso: concedei aos vossos fiéis, sepultados com ele no batismo, que, pela força de sua ressurreição, participem da vida eterna, com ele. Que vive e reina para sempre.

Vésperas

Hino

> Ó Cristo, concedei,
> autor da salvação,
> que os homens todos colham
> os frutos da Paixão.
>
> Na cruz vencendo a morte,
> da vida sois Senhor;

Vésperas

calcais o vil demônio,
da morte causador.

Só uma vez morrendo,
da morte triunfais;
aos mortos visitando,
livrastes nossos pais.

Do Pai agora à destra,
ó vítima de amor,
ouvi aos que lavastes
no sangue redentor.

Saibamos erguer alto
o lábaro da cruz,
que aos filhos do pecado
tornou filhos da luz.

Rendamos todos glória
ao Pai e seu Amor,
ao Cristo, morto e vivo,
se eleva igual louvor.

Salmodia

Ant. 1 Ó **mor**te, eu se**rei** a tua **mor**te!
Ó in**fer**no, eu se**rei** tua ru**í**na!

Salmo 115(116B)

— [10]Guar**dei** a minha **fé**, mesmo di**zen**do: *
"É de**mais** o sofrimento em minha vida!"
— [11]Confi**ei**, quando dizia na aflição: *
"Todo **ho**mem é mentiroso! Todo homem!"
— [12]Que pode**rei** retribuir ao Senhor Deus *
por tudo **aqui**lo que ele fez em meu favor?
— [13]Elevo o **cá**lice da minha salvação, *
invo**can**do o nome santo do Senhor.
— [14]Vou cum**prir** minhas promessas ao Senhor *
na pre**sen**ça de seu povo reunido. —

454   Sábado Santo

−15 É sentida por demais pelo Senhor *
    a **mor**te de seus santos, seus amigos.
=16 Eis que **sou** o vosso servo, ó Senhor, †
    vosso **ser**vo que nasceu de vossa serva; *
    mas me que**bras**tes os grilhões da escravidão!
−17 Por isso o**fer**to um sacrifício de louvor, *
    invo**can**do o nome santo do Senhor.
−18 Vou cum**prir** minhas promessas ao Senhor *
    na pre**sen**ça de seu povo reunido;
−19 nos **á**trios da casa do Senhor, *
    em teu **mei**o, ó cidade de Sião!

Ant. Ó **mor**te, eu se**rei** a tua **mor**te!
       Ó in**fer**no, eu se**rei** tua ruína!

Ant. 2 Jonas es**te**ve por três **di**as e três **noi**tes
       no **ven**tre de um **pei**xe;
       assim tam**bém** o Filho do **Ho**mem fica**rá**
       no cora**ção** da nossa **ter**ra.

Salmo 142(143),1-11

− 1 Ó Se**nhor**, escu**tai** minha **pre**ce, *
    ó meu **Deus**, atendei minha súplica!
− Respon**dei**-me, ó vós, Deus fiel, *
    escu**tai**-me por vossa justiça!
=2 Não cha**meis** vosso servo a juízo, †
    pois di**an**te da vossa presença *
    não é **jus**to nenhum dos viventes.
− 3 O ini**mi**go persegue a minha alma, *
    ele es**ma**ga no chão minha vida
− e me **faz** habitante das trevas, *
    como a**que**les que há muito morreram.
− 4 Já em **mim** o alento se extingue, *
    o cora**ção** se comprime em meu peito! −

Vésperas

— 5Eu me lembro dos dias de outrora †
 e repasso as vossas ações, *
 recordando os vossos prodígios.

= 6Para vós minhas mãos eu estendo; †
 minha alma tem sede de vós, *
 como a terra sedenta e sem água.

— 7Escutai-me depressa, Senhor, *
 o espírito em mim desfalece!

= Não escondais vossa face de mim! †
 Se o fizerdes, já posso contar-me *
 entre aqueles que descem à cova!

— 8Fazei-me cedo sentir vosso amor, *
 porque em vós coloquei a esperança!

— Indicai-me o caminho a seguir, *
 pois a vós eu elevo a minha alma!

— 9Libertai-me dos meus inimigos, *
 porque sois meu refúgio, Senhor!

—10Vossa vontade ensinai-me a cumprir, *
 porque sois o meu Deus e Senhor!

— Vosso Espírito bom me dirija *
 e me guie por terra bem plana!

—11Por vosso nome e por vosso amor *
 conservai, renovai minha vida!

— Pela vossa justiça e clemência, *
 arrancai a minha alma da angústia!

Ant. Jonas esteve por três dias e três noites
 no ventre de um peixe;
 assim também o Filho do Homem ficará
 no coração da nossa terra.

Ant. 3 Destruí este templo, disse Cristo,
 e em três dias haverei de reerguê-lo.
 Ele falava do templo do seu corpo.

Sábado Santo

Cântico
Fl 2,6-11

= ⁶Embora **fos**se de di**vi**na condi**ção**, †
Cristo Je**sus** não se apegou ciosamente *
a ser i**gual** em natureza a Deus Pai.

(R. Jesus **Cris**to é Se**nhor** para a **gló**ria de Deus **Pai!**)

= ⁷Po**rém** esvaziou-se de sua glória †
e assu**miu** a condição de um escravo, *
fa**zen**do-se aos homens semelhante. (R.)

= ⁸Reconhe**cido** exteriormente como homem, †
humi**lhou**-se, obedecendo até à morte, *
até à **mor**te humilhante numa cruz. (R.)

= ⁹Por isso **Deus** o exaltou sobremaneira †
e deu-lhe o **no**me mais excelso, mais sublime, *
e eleva**do** muito acima de outro nome. (R.)

= ¹⁰Para **que** perante o nome de Jesus †
se **do**bre reverente todo joelho, *
seja nos **céus**, seja na terra ou nos abismos. (R.)

= ¹¹E toda **lín**gua reconheça, confessando, †
para a **gló**ria de Deus Pai e seu louvor: *
"Na ver**da**de Jesus Cristo é o Senhor!" (R.)

Ant. Destruí este **tem**plo, disse **Cris**to,
e em três **dia**s have**rei** de reer**guê**-lo.
Ele fa**la**va do **tem**plo do seu **cor**po.

Leitura breve
1Pd 1,18-21

Sabeis que fostes resgatados da vida fútil herdada de vossos pais, não por meio de coisas perecíveis, como a prata ou o ouro, mas pelo precioso sangue de Cristo, como de um cordeiro sem mancha nem defeito. Antes da criação do mundo, ele foi destinado para isso, e neste final dos tempos, ele apareceu, por amor de vós. Por ele é que alcançastes a fé em Deus. Deus o ressuscitou dos mortos e lhe deu a glória, e assim, a vossa fé e esperança estão em Deus.

Vésperas

Em lugar do responsório se diz:

Ant. Jesus **Cris**to se humi**lhou** e se **fez** obedi**ente,**
obedi**ente** até à **mor**te, e **mor**te de **cruz.**
Por isso **Deus** o exal**tou** sobrema**nei**ra em sua **gló**ria,
e deu-lhe o **no**me mais su**bli**me,
muito a**ci**ma de outro **no**me.

Cântico evangélico, ant.
Agora **foi** glorifi**ca**do o Filho do **Ho**mem,
e Deus **Pai** nele **foi** glorifi**ca**do,
e em **bre**ve lhe da**rá** a sua **gló**ria.

Preces
Adoremos com sincera piedade a Cristo, nosso Redentor,
que por nós sofreu a Paixão e foi sepultado para ressuscitar
ao terceiro dia; e peçamos humildemente:

R. Senhor, tende piedade de nós!

Senhor Jesus, que do vosso lado aberto pela lança deixastes
correr sangue e água, admirável sacramento de toda a Igreja,
– pelo mistério da vossa morte, sepultura e ressurreição,
renovai a vida do povo de Deus. **R.**

Senhor Jesus, que vos compadecestes até dos que tinham
esquecido vossas promessas de ressurreição,
– lembrai-vos daqueles que não acreditam no vosso triunfo
sobre a morte e vivem sem esperança. **R.**

Cordeiro de Deus, vítima pascal, imolado por todos nós,
– atraí para vós a humanidade inteira. **R.**

Deus do universo, que dominais todos os confins da terra, e
quisestes ser encerrado num sepulcro,
– livrai do inferno o gênero humano e dai-lhe a glória da
imortalidade. **R.**
(intenções livres)

458   Sábado Santo

Cristo, Filho do Deus vivo, que pregado na cruz abristes as portas do paraíso para o ladrão arrependido,
— associai à glória da vossa ressurreição os nossos irmãos e irmãs falecidos, semelhantes a vós na morte e na ressurreição.

R. **Senhor, tende piedade de nós!**

Pai nosso...

Oração

Pai cheio de bondade, vosso Filho unigênito desceu à mansão dos mortos e dela surgiu vitorioso: concedei aos vossos fiéis, sepultados com ele no batismo, que, pela força de sua ressurreição, participem da vida eterna, com ele. Que convosco vive e reina, na unidade do Espírito Santo.

Completas de domingo, depois das II Vésperas, p. 1402. Elas serão ditas somente por quem não participa da Vigília pascal.

Em lugar do responsório se diz:

Ant. Jesus **Cristo** se humi**lhou** e se **fez** obedi**ente,**
obedi**ente** até à **mor**te, e **mor**te de **cruz.**
Por isso **Deus** o exal**tou** sobrema**nei**ra em sua **glória,**
e deu-lhe o **no**me mais sublime,
muito **aci**ma de outro **no**me.

DOMINGO DA PÁSCOA
NA RESSURREIÇÃO DO SENHOR

Começa o Tempo pascal

Ofício das Leituras

A Vigília pascal substitui o Ofício das Leituras. Por isso, quem não participa da Vigília pascal faça pelo menos quatro de suas leituras com os cantos e as orações. Convém escolher as leituras apresentadas abaixo.

Este Ofício inicia imediatamente com as leituras.

Primeira leitura

Do Livro do Êxodo   14,15-15,1

Os filhos de Israel entram pelo meio do mar a pé enxuto

Naqueles dias, ¹⁴,¹⁵O Senhor disse a Moisés: "Por que clamas a mim por socorro? Dize aos filhos de Israel que se ponham em marcha. ¹⁶Quanto a ti, ergue a vara, estende o braço sobre o mar e divide-o, para que os filhos de Israel caminhem em seco pelo meio do mar. ¹⁷Eu vou endurecer o coração dos egípcios, para que sigam atrás de vós, e eu serei glorificado às custas do Faraó, e de todo o seu exército, dos seus carros e cavaleiros. ¹⁸E os egípcios saberão que eu sou o Senhor, quando eu for glorificado às custas do Faraó, dos seus carros e cavaleiros".

¹⁹Então, o anjo do Senhor, que caminhava à frente do acampamento de Israel, mudou de posição e foi para trás deles; e com ele, ao mesmo tempo, a coluna de nuvem, que estava na frente, colocou-se atrás, ²⁰inserindo-se entre o acampamento dos egípcios e o acampamento de Israel. Para aqueles a nuvem era tenebrosa, para estes, iluminava a noite. Assim, durante a noite inteira, uns não puderam aproximar-se dos outros.

²¹Moisés estendeu a mão sobre o mar, e durante toda a noite o Senhor fez soprar sobre o mar um vento leste muito

forte; e as águas se dividiram. [22] Então, os filhos de Israel entraram pelo meio do mar a pé enxuto, enquanto as águas formavam como que uma muralha à direita e à esquerda. [23] Os egípcios puseram-se a persegui-los, e todos os cavalos do Faraó, carros e cavaleiros os seguiram mar adentro. [24] Ora, de madrugada, o Senhor lançou um olhar, desde a coluna de fogo e da nuvem, sobre as tropas egípcias e as pôs em pânico. [25] Bloqueou as rodas dos seus carros, de modo que só a muito custo podiam avançar. Disseram, então, os egípcios: "Fujamos de Israel! Pois o Senhor combate a favor deles, contra nós".

[26] O Senhor disse a Moisés: "Estende a mão sobre o mar, para que as águas se voltem contra os egípcios, seus carros e cavaleiros". [27] Moisés estendeu a mão sobre o mar e, ao romper da manhã, o mar voltou ao seu leito normal, enquanto os egípcios, em fuga, corriam ao encontro das águas, e o Senhor os mergulhou no meio das ondas. [28] As águas voltaram e cobriram carros, cavaleiros e todo o exército do Faraó, que tinha entrado no mar em perseguição de Israel. Não escapou um só. [29] Os filhos de Israel, ao contrário, tinham passado a pé enxuto pelo meio do mar, cujas águas lhes formavam uma muralha à direita e à esquerda.

[30] Naquele dia, o Senhor livrou Israel da mão dos egípcios, e Israel viu os egípcios mortos nas praias do mar, [31] e a mão poderosa do Senhor agir contra eles. O povo temeu o Senhor, e teve fé no Senhor e em Moisés, seu servo.

[15,1] Então, Moisés e os filhos de Israel cantaram ao Senhor este cântico:

Ant. Ao Se**nhor** quero can**tar**, pois fez bri**lhar** a sua **glória.** †

Cântico Ex 15,1-6.17-18

– [1] Ao Se**nhor** quero can**tar**, pois fez bri**lhar** a sua **glória:** *
    † precipi**tou** no mar Vermelho o ca**valo** e o cavaleiro!
– [2] O Se**nhor** é minha força, é a ra**zão** do meu cantar, *
    pois foi **ele** neste dia para **mim** libertação! –

Ofício das Leituras

– Ele é meu **Deus** e o louvarei, Deus de meu **pai** e o honrarei. *
³O Se**nhor** é um Deus guerreiro, o seu **no**me é "Onipotente":
– ⁴os sol**da**dos e os carros do Fara**ó** jogou no mar. *
seus me**lho**res capitães afogou no mar Vermelho,
= ⁵afun**da**ram como pedras e as **on**das os cobriram. †
⁶Ó Se**nhor**, o vosso braço é duma **for**ça insuperável! *
Ó Se**nhor**, o vosso braço esmiga**lhou** os inimigos!
–¹⁷Vós, Se**nhor**, o levareis e o plantareis em vosso Monte,*
no lu**gar** que preparastes para a **vos**sa habitação,
– no Santu**á**rio construído pelas **vos**sas próprias mãos. *
¹⁸O Se**nhor** há de reinar eterna**men**te, pelos séculos!

Ant. Ao Se**nhor** quero can**tar**, pois fez bri**lhar** a sua **gló**ria.

Oração

Ó Deus, à luz do Novo Testamento nos fizestes compreender os prodígios de outrora prefigurando no mar Vermelho
a fonte batismal e, naqueles que libertastes da escravidão,
o povo que renasce do batismo. Concedei a todos os povos
que, participando pela fé do privilégio do povo eleito, re-
nasçam pelo Espírito Santo. Por Cristo, nosso Senhor.

Segunda leitura

Do Livro do Profeta Ezequiel   36,16-28

Derramarei sobre vós uma água pura,
e vos darei um coração novo

¹⁶A palavra do Senhor foi-me dirigida nestes termos:
¹⁷"Filho do homem, os da casa de Israel estavam morando em sua terra. Mancharam-na com sua conduta e suas
más ações; sua conduta era para mim como a impureza da
menstruação. ¹⁸Então derramei sobre eles a minha ira, por
causa do sangue que derramaram no país e dos ídolos com
os quais o mancharam. ¹⁹Eu dispersei-os entre as nações, e
eles foram espalhados pelos países. Julguei-os de acordo

Domingo da Páscoa

com sua conduta e suas más ações. [20]Quando eles chegaram às nações para onde foram, profanaram o meu santo nome; pois deles se comentava: 'Esse é o povo do Senhor; mas tiveram de sair do seu país!' [21]Então eu tive pena do meu santo nome que a casa de Israel estava profanando entre as nações para onde foi.

[22]Por isso, dize à casa de Israel: Assim fala o Senhor Deus: Não é por causa de vós que eu vou agir, casa de Israel, mas por causa do meu santo nome, que profanastes entre as nações para onde fostes. [23]Vou mostrar a santidade do meu grande nome, que profanastes no meio das nações. As nações saberão que eu sou o Senhor. – oráculo do Senhor Deus – quando eu manifestar minha santidade à vista delas por meio de vós. [24]Eu vos tirarei do meio das nações, vos reunirei de todos os países, e vos conduzirei para a vossa terra. [25]Derramarei sobre vós uma água pura, e sereis purificados. Eu vos purificarei de todas as impurezas e de todos os ídolos. [26]Eu vos darei um coração novo e porei um espírito novo dentro de vós. Arrancarei do vosso corpo o coração de pedra e vos darei um coração de carne; [27]porei o meu espírito dentro de vós e farei com que sigais a minha lei e cuideis de observar os meus mandamentos. [28]Habitareis no país que dei a vossos pais. Sereis o meu povo e eu serei o vosso Deus".

Ant. Assim como a corça suspira pelas águas correntes, suspira igualmente minh'alma por vós, ó meu Deus!

Salmo 41(42),2-3.5bcd; 42(43),3-4

– [41,2]Assim como a corça suspira *
  pelas águas correntes,

– suspira igualmente minh'alma *
  por vós, ó meu Deus!

– [3]Minha alma tem sede de Deus, *
  e deseja o Deus vivo.

Ofício das Leituras

— Quando te**rei** a alegria de ver *
a **face** de Deus?

— [5]**Recor**do saudoso o tempo *
em que **ia** com o povo.

— Pere**gri**no e feliz caminhando *
para a **ca**sa de Deus,

— entre **gri**tos, louvor e alegria *
da multi**dão** jubilosa.

— [43,3]**Envi**ai vossa luz, vossa verdade: *
elas se**rão** o meu guia;

— que me **le**vem ao vosso Monte santo, *
até a **vos**sa morada!

— [4]**Então i**rei aos altares do Senhor, *
Deus da **mi**nha alegria.

— Vosso lou**vor** cantarei, ao som da harpa, *
meu Se**nhor** e meu Deus!

Ant. As**sim** como a **cor**ça suspira pelas **águas** cor**ren**tes,
sus**pira** igual**men**te minh'**al**ma por **vós**, ó meu **Deus**!

Oração

Ó Deus, força imutável e luz inextinguível, olhai com bondade o mistério de toda a vossa Igreja e conduzi pelos caminhos da paz a obra da salvação que concebestes desde
toda a eternidade. Que o mundo todo veja e reconheça que
se levanta o que estava caído, que o velho se torna novo e
tudo volta à integridade primitiva por aquele que é princípio de todas as coisas. Por Cristo, nosso Senhor.

Terceira leitura
Da Carta de São Paulo aos Romanos   6,3-11

Cristo ressuscitado dos mortos não morre mais

Irmãos: [3]Será que ignorais que todos nós, batizados em
Jesus Cristo, é na sua morte que fomos batizados? [4]Pelo
batismo na sua morte, fomos sepultados com ele, para que,

Domingo da Páscoa

como Cristo ressuscitou dos mortos pela glória do Pai, assim também nós levemos uma vida nova. [5]Pois, se fomos de certo modo identificados a Jesus Cristo por uma morte semelhante à sua, seremos semelhantes a ele também pela ressurreição. [6]Sabemos que o nosso homem velho foi crucificado com Cristo, para que seja destruído o corpo de pecado, de maneira a não mais servirmos ao pecado. [7]Com efeito, aquele que morreu está livre do pecado.

[8]Se, pois, morremos com Cristo, cremos que também viveremos com ele. [9]Sabemos que Cristo ressuscitado dos mortos não morre mais; a morte já não tem poder sobre ele. [10]Pois aquele que morreu, morreu para o pecado uma vez por todas; mas aquele que vive, é para Deus que vive. [11]Assim, vós também considerai-vos mortos para o pecado e vivos para Deus, em Jesus Cristo.

Ant. Aleluia, aleluia, aleluia.

Salmo 117(118),1-2.16ab-17.22-23

– [1] Dai graças ao Senhor, porque ele é bom! *
   "Eterna é a sua misericórdia!"

– [2] A casa de Israel agora o diga: *
   "Eterna é a sua misericórdia!"

= [16] A mão direita do Senhor fez maravilhas, †
   a mão direita do Senhor me levantou, *
   a mão direita do Senhor fez maravilhas!"

– [17] Não morrerei, mas, ao contrário, viverei *
   para cantar as grandes obras do Senhor!

– [22] "A pedra que os pedreiros rejeitaram *
   tornou-se agora a pedra angular.

– [23] Pelo Senhor é que foi feito tudo isso: *
   Que maravilhas ele fez a nossos olhos.

Ant. Aleluia, aleluia, aleluia.

Quarta leitura

Leitura do Evangelho de Jesus Cristo segundo Mateus

28,1-10

Ele ressuscitou dos mortos,
e vai à vossa frente para a Galileia

[1] Depois do sábado, ao amanhecer do primeiro dia da semana, Maria Madalena e a outra Maria foram ver o sepulcro. [2] De repente, houve um grande tremor de terra: o anjo do Senhor desceu do céu e, aproximando-se, retirou a pedra e sentou-se nela. [3] Sua aparência era como um relâmpago, e suas vestes eram brancas como a neve. [4] Os guardas ficaram com tanto medo do anjo, que tremeram, e ficaram como mortos. [5] Então o anjo disse às mulheres: "Não tenhais medo! Sei que procurais Jesus, que foi crucificado. [6] Ele não está aqui! Ressuscitou, como havia dito! Vinde ver o lugar em que ele estava. [7] Ide depressa contar aos discípulos que ele ressuscitou dos mortos, e que vai à vossa frente para a Galileia. Lá vós o vereis. É o que tenho a dizer-vos." [8] As mulheres partiram depressa do sepulcro. Estavam com medo, mas correram com grande alegria, para dar a notícia aos discípulos.

[9] De repente, Jesus foi ao encontro delas, e disse: "Alegrai-vos!" As mulheres aproximaram-se, e prostraram-se diante de Jesus, abraçando seus pés. [10] Então Jesus disse a elas: "Não tenhais medo. Ide anunciar aos meus irmãos que se dirijam para a Galileia. Lá eles me verão".

HINO Te Deum, p. 949.

Oração

Ó Deus, por vosso Filho Unigênito, vencedor da morte, abristes hoje para nós as portas da eternidade. Concedei que, celebrando a ressurreição do Senhor, renovados pelo vosso Espírito, ressuscitemos na luz da vida nova. Por nosso Senhor Jesus Cristo, vosso Filho, na unidade do Espírito Santo.

Domingo da Páscoa

Invitatório

Hoje o Invitatório é dito sempre antes das Laudes.

R. O Senhor ressurgiu. Aleluia, aleluia!

Salmo invitatório como no Ordinário, p. 944.

Laudes

Hino

Desdobra-se no céu
a rutilante aurora.
Alegre, exulta o mundo;
gemendo, o inferno chora.

Pois eis que o Rei, descido
à região da morte,
àqueles que o esperavam
conduz à nova sorte.

Por sob a pedra posto,
por guardas vigiado,
sepulta a própria morte
Jesus ressuscitado.

Da região da morte
cesse o clamor ingente:
"Ressuscitou!" exclama
o Anjo refulgente.

Jesus, perene Páscoa,
a todos alegrai-nos.
Nascidos para a vida,
da morte libertai-nos.

Louvor ao que da morte
ressuscitado vem,
ao Pai e ao Paráclito
eternamente. Amém.

Laudes

Ant. 1 O Senhor ressuscitou e seu povo iluminou,
ao qual remiu com o seu sangue. Aleluia.

Salmo 62(63),2-9

—² Sois **vós**, ó Senhor, o meu **Deus**! *
Desde a aurora ansioso vos busco!

= A minh'alma tem sede de vós, †
minha carne também vos deseja, *
como terra sedenta e sem água!

—³ Venho, assim, contemplar-vos no templo, *
para ver vossa glória e poder.

—⁴ Vosso amor vale mais do que a vida: *
e por isso meus lábios vos louvam.

—⁵ Quero, pois, vos louvar pela vida *
e elevar para vós minhas mãos!

—⁶ A minh'alma será saciada, *
como em grande banquete de festa;

— cantará a alegria em meus lábios, *
ao cantar para vós meu louvor!

—⁷ Penso em vós no meu leito, de noite, *
nas vigílias suspiro por vós!

—⁸ Para mim fostes sempre um socorro; *
de vossas asas à sombra eu exulto!

—⁹ Minha alma se agarra em vós; *
com poder vossa mão me sustenta.

Ant. O Senhor ressuscitou e seu povo iluminou,
ao qual remiu com o seu sangue. Aleluia.

Ant. 2 Ressuscitou da sepultura o Salvador:
ao nosso Deus cantemos hinos, aleluia.

Cântico   Dn 3,57-88.56

—⁵⁷ Obras do Senhor, bendizei o Senhor, *
louvai-o e exaltai-o pelos séculos sem fim!

Domingo da Páscoa

– [58]**Céus** do Senhor, bendizei o Senhor! *
[59]**Anjos** do Senhor, bendizei o Senhor!

(R. Louvai-o e exaltai-o pelos séculos sem fim!
Ou
R. A Ele glória e louvor eternamente!)

– [60]**Águas** do alto céu, bendizei o Senhor! *
[61]**Potências** do Senhor, bendizei o Senhor!
– [62]**Lua** e sol, bendizei o Senhor! *
[63]**Astros** e estrelas, bendizei o Senhor!   (R.)
– [64]**Chuvas** e orvalhos, bendizei o Senhor! *
[65]**Brisas** e ventos, bendizei o Senhor!
– [66]**Fogo** e calor, bendizei o Senhor! *
[67]**Frio** e ardor, bendizei o Senhor!   (R.)
– [68]**Orvalhos** e garoas, bendizei o Senhor! *
[69]**Geada** e frio, bendizei o Senhor!
– [70]**Gelos** e neves, bendizei o Senhor! *
[71]**Noites** e dias, bendizei o Senhor!   (R.)
– [72]**Luzes** e trevas, bendizei o Senhor! *
[73]**Raios** e nuvens, bendizei o Senhor
– [74]**Ilhas** e terra, bendizei o Senhor! *
Louvai-o e exaltai-o pelos séculos sem fim!   (R.)
– [75]**Montes** e colinas, bendizei o Senhor! *
[76]**Plantas** da terra, bendizei o Senhor!
– [77]**Mares** e rios, bendizei o Senhor! *
[78]**Fontes** e nascentes, bendizei o Senhor!   (R.)
– [79]**Baleias** e peixes, bendizei o Senhor! *
[80]**Pássaros** do céu, bendizei o Senhor!
– [81]**Feras** e rebanhos, bendizei o Senhor! *
[82]**Filhos** dos homens, bendizei o Senhor!   (R.)
– [83]**Filhos** de Israel, bendizei o Senhor! *
Louvai-o e exaltai-o pelos séculos sem fim!
– [84]**Sacerdotes** do Senhor, bendizei o Senhor! *
[85]**Servos** do Senhor, bendizei o Senhor!   (R.)

Laudes

—[86] **Almas dos justos, bendizei o Senhor!** *
[87] **Santos e humildes, bendizei o Senhor!**
—[88] **Jovens Misael, Ananias e Azarias,** *
Louvai-o e exaltai-o pelos **séculos sem fim!** (R.)

— Ao **Pai** e ao Filho e ao Espírito Santo *
louvemos e exaltemos pelos **séculos sem fim!**
—[56] **Bendito sois, Senhor, no firmamento dos céus!** *
Sois **digno de louvor e de glória eternamente!** (R.)

No fim deste cântico não se diz Glória ao Pai.

Ant. Ressuscitou da sepultura o Salvador:
ao nosso **Deus** cantemos **hinos, aleluia.**

Ant. 3 Aleluia, o Senhor ressuscitou
como havia anunciado, aleluia!

Salmo 149

—[1] Cantai ao Senhor **Deus** um canto novo, *
e o seu louvor na assembleia dos fiéis!
—[2] Alegre-se Israel em Quem o fez, *
e Sião se rejubile no seu Rei!
—[3] Com **danças** glorifiquem o seu nome, *
toquem **harpa** e tambor em sua honra!
—[4] Porque, de **fato,** o Senhor ama seu povo *
e **coroa** com vitória os seus humildes.
—[5] Exultem os fiéis por sua glória, *
e cantando se levantem de seus leitos,
—[6] com louvores do Senhor em sua boca *
e espadas de dois gumes em sua mão,
—[7] para exercer sua vingança entre as nações *
e infligir o seu castigo entre os povos,
—[8] colocando nas algemas os seus reis, *
e seus nobres entre ferros e correntes,
—[9] para aplicar-lhes a sentença já escrita: *
Eis a **glória** para todos os seus santos.

Domingo da Páscoa

Ant. Aleluia, o Senhor ressuscitou
como havia anunciado, aleluia!

Leitura breve   At 10,40-43

Deus ressuscitou Jesus no terceiro dia, concedendo-lhe
manifestar-se não a todo o povo, mas às testemunhas que
Deus havia escolhido: a nós, que comemos e bebemos com
Jesus, depois que ressuscitou dos mortos. E Jesus nos mandou pregar ao povo e testemunhar que Deus o constituiu
Juiz dos vivos e dos mortos. Todos os profetas dão testemunho dele: Todo aquele que crê em Jesus recebe, em seu
nome, o perdão dos pecados.

Em lugar do responsório se diz:

Ant. Este é o dia que o Senhor fez para nós;
alegremo-nos, e nele exultemos. Aleluia.

Cântico evangélico, ant.

Na manhã do dia da Páscoa, tendo o sol aparecido,
as mulheres vão ao túmulo. Aleluia.

Preces

Oremos a Cristo, autor da vida, a quem Deus ressuscitou
dos mortos e que pelo seu poder também nos ressuscitará;
e digamos:

R. **Cristo, nossa vida, salvai-nos!**

Cristo, luz esplendorosa que brilhais nas trevas, Senhor da
vida e Salvador da humanidade,
— fazei-nos viver todo este dia no louvor da vossa glória. **R.**

Senhor Jesus, que percorrestes o caminho da paixão e da
cruz,
— concedei que, unidos a vós no sofrimento e na morte,
também convosco ressuscitemos. **R.**

Filho do eterno Pai, nosso mestre e nosso irmão, que fizestes de nós, para Deus, sacerdotes e povo de reis,

Hora Média

— ensinai-nos a oferecer com alegria o nosso sacrifício de louvor. **R.**

Rei da glória, aguardamos na esperança o dia da vossa vinda gloriosa,
— para contemplarmos vossa face e sermos semelhantes a vós. **R.**
(intenções livres)

Pai nosso...

Oração

Ó Deus, por vosso Filho Unigênito, vencedor da morte, abristes hoje para nós as portas da eternidade. Concedei que, celebrando a ressurreição do Senhor, renovados pelo vosso Espírito, ressuscitemos na luz da vida nova. Por nosso Senhor Jesus Cristo, vosso Filho, na unidade do Espírito Santo.

Na despedida se diz:

Ide em paz e o Senhor vos acompanhe. Aleluia, aleluia.
R. Graças a Deus. Aleluia, aleluia.

Hora Média

Hino, p. 488s.
Salmodia

Antífona

Oração das Nove Horas:
O **Cris**to, que dos **mor**tos ressur**giu**,
já não **mor**re, ale**lui**a.

Oração das Doze Horas:
Pelos **nos**sos pe**ca**dos se entre**gou**
e ressur**giu** para **nos** justifi**car**. Ale**lui**a.

Domingo da Páscoa

Oração das Quinze Horas:
Se com **Cris**to ressur**gis**tes,
procu**rai** o que é do **al**to. Ale**lui**a.

Numa destas Horas se diz o salmo seguinte:

Salmo 117(118)

I

– [1]Dai **graças** ao Se**nhor**, porque ele é **bom**! *
  "E**ter**na é a sua misericórdia!"

– [2]A **ca**sa de Israel agora o diga: *
  "E**ter**na é a sua misericórdia!"

– [3]A **ca**sa de Aarão agora o diga: *
  "E**ter**na é a sua misericórdia!"

– [4]Os que **te**mem o Senhor agora o digam: *
  "E**ter**na é a sua misericórdia!"

– [5]Na minha ang**ús**tia eu clamei pelo Senhor, *
  e o Se**nhor** me atendeu e libertou!

– [6]O Se**nhor** está comigo, nada temo; *
  o que **po**de contra mim um ser humano?

– [7]O Se**nhor** está comigo, é o meu auxílio, *
  hei de **ver** meus inimigos humilhados.

– [8]É me**lhor** buscar refúgio no Senhor *
  do que **pôr** no ser humano a esperança;

– [9]é me**lhor** buscar refúgio no Senhor *
  do que con**tar** com os poderosos deste mundo!

II

– [10]Povos pa**gãos** me rodearam todos **e**les, *
  mas em **no**me do Senhor os derrotei;

– [11]de todo **la**do todos eles me cercaram, *
  mas em **no**me do Senhor os derrotei;

= [12]como um enxame de abelhas me atacaram, †
  como um **fo**go de espinhos me queimaram, *
  mas em **no**me do Senhor os derrotei.

Hora Média

—[13] Empurraram-me, tentando derrubar-me, *
mas **veio** o Senhor em meu socorro.

—[14] O Se**nhor** é minha força e o meu canto, *
e tor**nou**-se para mim o Salvador.

—[15] "Cla**mo**res de alegria e de vitória *
res**so**em pelas tendas dos fiéis.

=[16] A mão di**rei**ta do Senhor fez maravilhas, †
a mão di**rei**ta do Senhor me levantou, *
a mão di**rei**ta do Senhor fez maravilhas!"

—[17] Não morre**rei**, mas, ao contrário, viverei *
para can**tar** as grandes obras do Senhor!

—[18] O Se**nhor** severamente me provou, *
mas **não** me abandonou às mãos da morte.

III

—[19] Abri-me **vós**, abri-me as **por**tas da justiça; *
quero en**trar** para dar graças ao Senhor!

—[20] "Sim, **esta** é a porta do Senhor, *
por **ela** só os justos entrarão!"

—[21] Dou-vos **gra**ças, ó Senhor, porque me ouvistes *
e vos tor**nas**tes para mim o Salvador!

—[22] "A **pedra** que os pedreiros rejeitaram *
tor**nou**-se agora a pedra angular.

—[23] Pelo Se**nhor** é que foi feito tudo isso: *
Que maravilhas ele fez a nossos olhos!

—[24] Este é o **dia** que o Senhor fez para nós, *
ale**gre**mo-nos e nele exultemos!

—[25] Ó Se**nhor**, dai-nos a vossa salvação, *
ó Se**nhor**, dai-nos também prosperidade!"

—[26] Ben**di**to seja, em nome do Senhor, *
aquele que em seus átrios vai entrando!

— Desta **casa** do Senhor vos bendizemos. *

[27] Que o Se**nhor** e nosso Deus nos ilumine!

Domingo da Páscoa

– Empunhai ramos nas mãos, formai cortejo, *
aproximai-vos do altar, até bem perto!
– [28]Vós sois meu **Deus**, eu vos bendigo e agradeço! *
Vós sois meu **Deus**, eu vos exalto com louvores!
– [29]Dai **gra**ças ao Senhor, porque ele é bom! *
"E**ter**na é a sua misericórdia!"

Para as outras Horas, Salmodia complementar, p. 1421.

Oração das Nove Horas

Ant. O **Cris**to, que dos **mor**tos ressu**rgiu**,
já não **mor**re, ale**lui**a.

Leitura breve   cf. 1Cor 15,3b-5

Cristo morreu por nossos pecados, segundo as Escrituras,
foi sepultado e, ao terceiro dia, ressuscitou, segundo as Escrituras; e apareceu a Cefas e, depois, aos Doze.

V. Este é o **dia** que o **Se**nhor fez para **nós**. Ale**lui**a.
R. Ale**gre**mo-nos e **ne**le exul**te**mos. Ale**lui**a.

Oração das Doze Horas

Ant. Pelos **nos**sos pe**ca**dos se entre**gou**
e ressu**rgiu** para **nos** justifi**car**. Ale**lui**a.

Leitura breve   Ef 2,4-6

Deus é rico em misericórdia. Por causa do grande amor com
que nos amou, quando estávamos mortos por causa das nossas faltas, ele nos deu a vida com Cristo. É por graça que
vós sois salvos! Deus nos ressuscitou com Cristo e nos fez
sentar nos céus em virtude de nossa união com Jesus Cristo.

V. Este é o **dia** que o **Se**nhor fez para **nós**. Ale**lui**a.
R. Ale**gre**mo-nos e **ne**le exul**te**mos. Ale**lui**a.

Oração das Quinze Horas

Ant. Se com **Cris**to ressu**rgis**tes,
procu**rai** o que é do **al**to. Ale**lui**a.

Vésperas

Leitura breve
Rm 6,4

Pelo batismo na sua morte, fomos sepultados com ele, para que, como Cristo ressuscitou dos mortos pela glória do Pai, assim também nós levemos uma vida nova.

V. Este é o **dia** que o Se**nhor** fez para **nós**. Ale**luia**.
R. Ale**gr**emo-nos e **ne**le exultemos. Ale**luia**.

Oração

Ó Deus, por vosso Filho Unigênito, vencedor da morte, abristes hoje para nós as portas da eternidade. Concedei que, celebrando a ressurreição do Senhor, renovados pelo vosso Espírito, ressuscitemos na luz da vida nova. Por Cristo, nosso Senhor.

Vésperas

Hino

Às núpcias do Cordeiro
em brancas vestes vamos.
Transposto o mar Vermelho,
ao Cristo Rei cantamos.

Por nós no altar da cruz
seu corpo ofereceu.
Bebendo deste sangue,
nascemos para Deus.

Seu sangue em nossas portas
afasta o anjo irado.
Das mãos dum rei injusto
seu povo é libertado.

O Cristo, nossa Páscoa,
morreu como um Cordeiro.
Seu corpo é nossa oferta,
Pão vivo e verdadeiro.

Ó vítima verdadeira,
do inferno a porta abris,

Domingo da Páscoa

livrais o povo escravo,
dais vida ao infeliz.

Da morte o Cristo volta,
a vida é seu troféu.
O inferno traz cativo
e a todos abre o céu.

Jesus, Pascal Cordeiro,
em vós se alegra o povo,
que, livre pela graça,
em vós nasceu de novo.

A glória seja ao Cristo
da morte vencedor.
Ao Pai e ao Santo Espírito
o nosso igual louvor.

Salmodia

Ant. 1 Maria Madalena com a outra Maria
foram ver a sepultura do Senhor. Aleluia.

Salmo 109(110),1-5.7

– ¹Palavra do Senhor ao meu Senhor: *
  "Assenta-te ao lado meu direito,
– até que eu ponha os inimigos teus *
  como escabelo por debaixo de teus pés!"

= ²O Senhor estenderá desde Sião †
  vosso cetro de poder, pois ele diz: *
  "Domina com vigor teus inimigos;

= ³Tu és príncipe desde o dia em que nasceste; †
  na glória e esplendor da santidade, *
  como o orvalho, antes da aurora, eu te gerei!"

= ⁴Jurou o Senhor e manterá sua palavra: †
  "Tu és sacerdote eternamente, *
  segundo a ordem do rei Melquisedec!" –

Vésperas

— [5] À vossa **des**tra está o Senhor, ele vos diz: *
  "No dia da **i**ra esmagarás os reis da terra!
— [7] Beber**ás** água corrente no caminho, *
  por **is**so seguirás de fronte erguida!"

Ant. **Ma**ria Mada**le**na com a **ou**tra **Ma**ria
  foram **ver** a sepu**l**tura do Se**nhor**. Ale**lui**a.

Ant. 2 Vinde **ver** o lu**gar** onde es**ta**va o Se**nhor**
  no se**pul**cro, ale**lui**a.

Salmo 113A(114)

— [1] Quando o **po**vo de Isra**el** saiu do E**gi**to, *
  e os **fi**lhos de Jacó, de um povo estranho,
— [2] Ju**dá** tornou-se o templo do Senhor, *
  e Isra**el** se transformou em seu domínio.

— [3] O **mar**, à vista disso, pôs-se em fuga, *
  e as **á**guas do Jordão retrocederam;
— [4] as mon**ta**nhas deram pulos como ovelhas, *
  e as co**li**nas, parecendo cordeirinhos.

— [5] Ó **mar**, o que tens tu, para fugir? *
  E tu, Jor**dão**, por que recuas desse modo?
— [6] Por que dais **pu**los como ovelhas, ó montanhas? *
  E vós, colinas, parecendo cordeirinhos?

— [7] Treme, ó **ter**ra, ante a face do Senhor, *
  ante a **face** do Senhor Deus de Jacó!
— [8] O ro**che**do ele mudou em grande lago, *
  e da **pe**dra fez brotar águas correntes!

Ant. Vinde **ver** o lu**gar** onde es**ta**va o Se**nhor**
  no se**pul**cro, ale**lui**a.

Ant. 3 Diz o Se**nhor**: Não tenhais **me**do!
  Anunci**ai** a meus ir**mãos** que à Gali**lei**a se di**ri**jam;
  lá todos **vós** me encontra**reis**. Ale**lui**a.

478   Domingo da Páscoa

No cântico seguinte dizem-se os Aleluias entre parênteses somente quando se canta; na recitação, basta dizer o Aleluia no começo e no fim das estrofes.

Cântico   cf. Ap 19,1-2.5-7

= Aleluia, (Aleluia!).
   [1]Ao nosso **Deus** a salva**ção**, *
   honra, **glória** e poder! (Aleluia!).
– [2]Pois são ver**da**de e justiça *
   os juízos do Senhor.
R. Aleluia, (Aleluia!).

= Ale**lu**ia, (Aleluia!).
   [5]Celebrai o nosso Deus, *
   servi**do**res do Senhor! (Aleluia!).
– E vós **to**dos que o temeis, *
   vós os **gran**des e os pequenos!
R. Aleluia, (Aleluia!).

= Aleluia, (Aleluia!).
   [6]De seu **Rei**no tomou posse *
   nosso **Deus** onipotente! (Aleluia!).
– [7]Exul**te**mos de alegria, *
   demos **gló**ria ao nosso Deus!
R. Aleluia, (Aleluia!).

= Aleluia, (Aleluia!).
   Eis que as **núp**cias do Cordeiro *
   redi**vi**vo se aproximam! (Aleluia!).
– Sua Es**po**sa se enfeitou, *
   se ves**tiu** de linho puro.
R. Aleluia, (Aleluia!).

Ant. Diz o Se**nhor**: Não tenhais **me**do!
   Anunci**ai** a meus ir**mãos** que à Gali**lei**a se dirijam;
   lá todos **vós** me encontra**reis**. Ale**lu**ia.

Vésperas

Leitura breve   Hb 10,12-14

Cristo, depois de ter oferecido um sacrifício único pelos pecados, sentou-se para sempre à direita de Deus. Não lhe resta mais senão esperar até que seus inimigos sejam postos debaixo de seus pés. De fato, com esta única oferenda, levou à perfeição definitiva os que ele santifica.

Em lugar do responsório se diz:

Ant. Este é o **dia** que o Se**nhor** fez para **nós**;
    ale**gre**mo-nos e **ne**le exul**te**mos. Ale**lui**a.

Cântico evangélico, ant.

Na **tar**de da **Pás**coa, a **por**tas fe**cha**das,
Je**sus** aparece no **meio** dos **seus**, reu**ni**dos com **medo**,
e lhes **diz**: Paz a **vós**! Ale**lui**a.

Preces

Oremos com alegria a Cristo nosso Senhor, que morreu, ressuscitou e agora, sem cessar, intercede por nós junto do Pai. Digamos cheios de confiança:

R. **Cristo, rei vitorioso, ouvi a nossa oração!**

Cristo, luz e salvação de todos os povos,
— derramai sobre nós, que proclamamos a vossa ressurreição, o fogo do vosso Espírito.

Que Israel, permanecendo fiel às promessas, caminhe firme na esperança,
— e toda a terra se encha do conhecimento de vossa glória. **R.**

Conservai-nos, Senhor, na comunhão dos vossos santos durante a nossa vida sobre a terra,
— e dai-nos a graça de podermos, um dia, descansar com eles dos nossos trabalhos. **R.**

Vós, que triunfastes admiravelmente sobre o poder do pecado e da morte,

480 Domingo da Páscoa

—fazei-nos viver sempre para vós, vencedor imortal.

R. **Cristo, rei vitorioso, ouvi a nossa oração!**

(intenções livres)

Cristo Salvador, que da humilhação na cruz fostes exaltado à direita do Pai,

—acolhei com bondade em vosso Reino glorioso os nossos irmãos e irmãs que partiram desta vida. R.

Pai nosso...

Oração

Ó Deus, por vosso Filho Unigênito, vencedor da morte, abristes hoje para nós as portas da eternidade. Concedei que, celebrando a ressurreição do Senhor, renovados pelo vosso Espírito, ressuscitemos na luz da vida nova. Por nosso Senhor Jesus Cristo, vosso Filho, na unidade do Espírito Santo.

Na despedida se diz:

Ide em paz e o Senhor vos acompanhe. Aleluia, aleluia.

R. Graças a Deus. Aleluia, aleluia.

Aqui termina o Tríduo pascal

Durante a oitava da Páscoa se dizem as Completas de domingo, alternando os dois formulários, p. 1399 ou p. 1402.

Em lugar do responsório se diz:

Ant. Este é o **dia** que o Se**nhor** fez para **nós**; ale**gre**mo-nos e **ne**le exul**te**mos. Ale**lui**a.

TEMPO PASCAL

I. ATÉ A ASCENSÃO DO SENHOR

Vésperas

Hino

Às núpcias do Cordeiro
em brancas vestes vamos.
Transposto o mar Vermelho,
ao Cristo Rei cantamos.

Por nós no altar da cruz
seu corpo ofereceu.
Bebendo deste sangue,
nascemos para Deus.

Seu sangue em nossas portas
afasta o anjo irado.
Das mãos dum rei injusto
seu povo é libertado.

O Cristo, nossa Páscoa,
morreu como um Cordeiro.
Seu corpo é nossa oferta,
Pão vivo e verdadeiro.

Ó vítima verdadeira,
do inferno a porta abris,
livrais o povo escravo,
dais vida ao infeliz.

Da morte o Cristo volta,
a vida é seu troféu.
O inferno traz cativo
e a todos abre o céu.

Jesus, Pascal Cordeiro,
em vós se alegra o povo,

que, livre pela graça,
em vós nasceu de novo.

A glória seja ao Cristo
da morte vencedor.
Ao Pai e ao Santo Espírito
o nosso igual louvor.

Nos dias de semana após a oitava da Páscoa, pode ser este:

Eterno Rei e Senhor,
Filho do Pai muito amado,
à vossa imagem plasmastes
Adão, do barro formado.

Caiu o homem no mal,
pelo inimigo enganado.
Mas assumistes seu corpo
num seio virgem formado.

Unido a nós como homem,
vós nos unistes a Deus.
Pelo Batismo, nos destes
herdar o Reino dos Céus.

Para salvar todo homem,
morrer na cruz aceitastes.
Preço do nosso resgate,
o vosso sangue doastes.

Mas ressurgis, recebendo
do Pai a glória devida.
Por vós, também ressurgidos,
teremos parte na vida.

Sede, Jesus, para nós,
gozo pascal, honra e glória.
Os que nasceram da graça,
uni à vossa vitória.

Glória a Jesus triunfante
que a própria morte venceu.

Tempo Pascal

A ele, ao Pai e ao Espírito
louvor eterno no céu.

Durante a oitava da Páscoa, na despedida se diz:

Ide em paz e o Senhor vos acompanhe. Aleluia, aleluia.
R. Graças a Deus. Aleluia, aleluia.

Completas

Hino

Ó Jesus Redentor,
do universo Senhor,
Verbo eterno do Pai,
Luz da Luz invisível,
que dos vossos remidos
vigilante cuidais.

Vós, artista do mundo,
e de todos os tempos
o sinal divisor,
no silêncio da noite
renovai nosso corpo
que lutando cansou.

Afastai o inimigo,
vós, que os fundos abismos
destruís, ó Jesus!
Não consiga o Maligno
seduzir os remidos
pelo sangue da Cruz.

Quando o corpo cansado
for de noite embalado
pelo sono e a calma,
de tal modo adormeça,
que ao dormir nossa carne
não cochile nossa alma.

484   Tempo Pascal

Escutai-nos, ó Verbo,
por quem Deus fez o mundo,
e o conduz e mantém.
Com o Pai e o Espírito,
vós reinais sobre os vivos
pelos séculos. Amém.

A salmodia se diz com uma só antífona:
Aleluia, aleluia, aleluia.
Durante a oitava da Páscoa se dizem as Completas de domingo,
alternando os dois formulários, p. 1399 ou p. 1402.
Em lugar do responsório se diz:
Ant. Este é o dia que o Senhor fez para nós;
alegremo-nos e nele exultemos. Aleluia.

Invitatório

No Ofício dos domingos e dias de semana:
R. O Senhor ressurgiu realmente. Aleluia.
Salmo invitatório como no Ordinário, p. 944.

Ofício das Leituras

Hino

Eis o dia de Deus verdadeiro,
no clarão de luz santa banhado.
Nele, o sangue do novo Cordeiro
apagou deste mundo o pecado.

Deu a fé novamente aos perdidos,
deu aos cegos de novo a visão.
Quem não há de perder todo o medo,
vendo o céu ser aberto ao ladrão?

Eis o fato que aos anjos assombra:
ver o Cristo na cruz como réu,
e o ladrão que com ele padece,
conquistar a coroa do céu.

Tempo Pascal

Admirável, profundo mistério:
lava a carne da carne a fraqueza
e, tirando os pecados do mundo,
restitui-lhe a antiga nobreza.

O que pode existir mais sublime
que o pecado à procura da graça?
Que da morte nascer vida nova
e um amor que aos temores desfaça?

Ó Jesus, dos fiéis corações
sede eterna alegria pascal;
congregai os nascidos da graça
pelo vosso triunfo imortal.

Glória a vós que vencestes a morte
e brilhais, com o Pai, Sumo Bem,
no esplendor coruscante do Espírito
pelos séculos eternos. Amém.

Nos dias de semana após a oitava da Páscoa, pode ser este:

Exulte o céu do alto,
aplaudam terra e mar;
o Cristo, ressurgindo,
a vida vem nos dar.

O tempo favorável
à terra já voltou;
felizes, contemplamos
o dia salvador,

no qual o mundo, salvo
no sangue do Cordeiro,
já brilha em meio às trevas
com brilho verdadeiro.

A morte mata a morte,
da culpa nos redime;
a força do vencido,
vencendo, apaga o crime.

Tempo Pascal

É esta a nossa espera,
é este o nosso gozo:
também ressurgiremos,
com Cristo glorioso.

Por isso, celebremos
a Páscoa do Cordeiro,
repletos pela graça
do seu amor primeiro.

Jesus, sede a alegria
perene dos remidos;
uni na vossa glória
da graça os renascidos.

Louvor a vós, Jesus,
da morte vencedor,
reinando com o Pai
e o seu eterno Amor.

Laudes

Hino

Desdobra-se no céu
a rutilante aurora.
Alegre, exulta o mundo;
gemendo, o inferno chora.

Pois eis que o Rei, descido
à região da morte,
àqueles que o esperavam
conduz à nova sorte.

Por sob a pedra posto,
por guardas vigiado,
sepulta a própria morte
Jesus ressuscitado.

Da região da morte
cesse o clamor ingente:

Tempo Pascal

"Ressuscitou!" exclama
o Anjo refulgente.

Jesus, perene Páscoa,
a todos alegrai-nos.
Nascidos para a vida,
da morte libertai-nos.

Louvor ao que da morte
ressuscitado vem,
ao Pai e ao Paráclito
eternamente. Amém.

Nos dias de semana após a oitava da Páscoa, pode ser este:

A fiel Jerusalém
canta um hino triunfal,
celebrando, jubilosa,
Jesus Cristo, a Luz pascal.

A serpente é esmagada
pelo Cristo, leão forte,
que ressurge e chama à vida
os cativos pela morte.

Ele vence, refulgindo
de grandeza e majestade.
Ele faz de céus e terra
uma pátria de unidade.

Nosso canto suplicante
pede ao Rei ressuscitado
que receba no seu Reino
o seu povo consagrado.

Ó Jesus, do vosso povo
sede o júbilo pascal.
Dai aos novos pela graça
a vitória triunfal.

Glória a vós, Jesus invicto,
sobre a morte triunfante.

488 Tempo Pascal

Com o Pai e o Santo Espírito
sois luz nova e radiante.

Durante a oitava da Páscoa, na despedida se diz:
Ide em paz e o Senhor vos acompanhe. Aleluia, aleluia.
R. Graças a Deus. Aleluia, aleluia.

Hora Média

Hino

Oração das Nove Horas

Surge a hora terceira, em que Cristo
foi, por nós, elevado na cruz;
fuja a mente de toda soberba,
vá na prece buscar sua luz.

Quem o Cristo acolheu no seu íntimo,
deve ter sempre pura intenção,
implorando ao Espírito Santo
que ele habite no seu coração.

Esta hora pôs fim à velhice,
destruindo do crime as raízes;
e, a seguir, pela graça de Cristo,
começaram os tempos felizes.

Glória a vós, que vencestes a morte
e brilhais, com o Pai, Sumo Bem,
e a chama de Amor, Santo Espírito,
pelos séculos eternos. Amém.

A não ser que haja antífona própria, a salmodia da Oração das
Nove, das Doze e das Quinze Horas, se diz com esta única
antífona:
Aleluia, aleluia, aleluia.

Oração das Doze Horas

Vinde, servos suplicantes,
elevai a mente e a voz:

Tempo Pascal

celebrai com vossos cantos,
o amor de Deus por nós.

Porque foi neste momento
que a sentença de um mortal
entregou à morte injusta
o Juiz universal.

E nós, súditos humildes,
por amor e por temor,
contra todo mau desígnio
do perverso tentador,

imploremos a clemência
de Deus Pai, eterno Bem,
do seu Filho, nosso Rei,
e do Espírito Santo. Amém.

Oração das Quinze Horas

Esta hora brilhou e, esplendente,
afastou toda nuvem da cruz.
Despojando das trevas o mundo,
restitui às nações nova luz.

Nesta hora Jesus ressuscita
do sepulcro os que haviam morrido
e, a morte vencendo, eles saem
com um novo espírito infundido.

Temos fé nessa aurora dos tempos,
das cadeias da morte libertos,
e nas graças da vida, que jorram
como fonte a correr nos desertos.

Glória a vós, que vencestes a morte,
e no céu com o Pai, Sumo Bem,
refulgindo na glória do Espírito
reinais hoje e nos séculos. Amém.

SEGUNDA-FEIRA NA OITAVA DA PÁSCOA

Invitatório

R. O Senhor ressurgiu realmente. Aleluia.

Salmo invitatório como no Ordinário, p. 944.

Ofício das Leituras

Hino, p. 484.

Salmodia

Ant. 1 "Eu sou o que Sou", o Senhor!
Com os maus não está meu querer,
é a lei de meu Deus meu prazer. Aleluia.

Salmo 1

— ¹ Feliz é todo aquele que não anda *
conforme os conselhos dos perversos;
— que não entra no caminho dos malvados, *
nem junto aos zombadores vai sentar-se;
— ² mas encontra seu prazer na lei de Deus *
e a medita, dia e noite, sem cessar.

— ³ Eis que ele é semelhante a uma árvore *
que à beira da torrente está plantada;
= ela sempre dá seus frutos a seu tempo, †
— e jamais as suas folhas vão murchar. *
Eis que tudo o que ele faz vai prosperar,

= ⁴ mas bem outra é a sorte dos perversos. †
Ao contrário, são iguais à palha seca *
espalhada e dispersada pelo vento.
— ⁵ Por isso os ímpios não resistem no juízo *
nem os perversos, na assembleia dos fiéis.
— ⁶ Pois Deus vigia o caminho dos eleitos, *
mas a estrada dos malvados leva à morte.

Ofício das Leituras

Ant. "Eu **sou** o que **Sou**", o **Senhor**!
Com os **maus** não está meu que**rer**,
é a **lei** de meu **Deus** meu prazer. Ale**luia**.

Ant. 2 Eu pe**di** ao meu **Pai**, e ele me **deu**
por minha he**rança** os povos **todos** e as **nações**.

Salmo 2

— ¹Por que os **po**vos agi**ta**dos se re**vol**tam? *
por que **tra**mam as nações projetos vãos?

= ²Por que os **reis** de toda a terra se reúnem, †
e conspiram os governos todos juntos *
contra o **Deus** onipotente e o seu Ungido?

— ³"Vamos que**brar** suas correntes", dizem eles,*
"e lan**çar** longe de nós o seu domínio!"

— ⁴Ri-se **de**les o que mora lá nos céus; *
zomba **de**les o Senhor onipotente.

— ⁵Ele, en**tão**, em sua ira os ameaça, *
e em seu fu**ror** os faz tremer, quando lhes diz:

— ⁶"Fui eu **mes**mo que escolhi este meu Rei, *
e em Sião, meu monte santo, o consagrei!"

= ⁷O de**cre**to do Senhor promulgarei, †
foi as**sim** que me falou o Senhor Deus: *
"Tu és meu **Filho**, e eu hoje te gerei!

= ⁸Podes pe**dir**-me, e em resposta eu te darei †
por tua he**rança** os povos todos e as nações, *
e há de **ser** a terra inteira o teu domínio.

— ⁹Com cetro **fér**reo haverás de dominá-los,*
e que**brá**-los como um vaso de argila!"

—¹⁰E a**go**ra, poderosos, entendei; *
sobe**ra**nos, aprendei esta lição:

—¹¹Com te**mor** servi a Deus, rendei-lhe glória *
e pres**tai**-lhe homenagem com respeito! —

492   Segunda-feira na oitava da Páscoa

—[12] Se o irri**tais**, perecereis pelo caminho, *
     pois de**pres**sa se acende a sua ira!
— Felizes hão de ser todos aqueles *
     que **põem** sua esperança no Senhor!

Ant. Eu pe**di** ao meu **Pai**, e ele me **deu**
       por minha he**rança** os povos **to**dos e as na**ções**.

Ant. 3 Eu me **dei**to e ador**me**ço bem tran**qui**lo;
         acordo em **paz**, pois o Se**nhor** é meu sus**ten**to.
         Ale**lui**a.

Salmo 3

— [2] **Quão** nume**ro**sos, ó Se**nhor**, os que me a**ta**cam; *
     quanta **gen**te se levanta contra mim!
— [3] Muitos **di**zem, comentando a meu respeito: *
     "Ele não **a**cha a salvação junto de Deus!"
— [4] Mas sois **vós** o meu escudo protetor, *
     a minha **gló**ria que levanta minha cabeça!
— [5] Quando eu cha**mei** em alta voz pelo Senhor, *
     do Monte **san**to ele me ouviu e respondeu.
— [6] Eu me **dei**to e adormeço bem tranquilo; *
     acordo em **paz**, pois o Senhor é meu sustento.
— [7] Não terei **me**do de milhares que me cerquem *
     e furiosos se levantem contra mim.
= Levan**tai**-vos, ó Senhor, vinde salvar-me, †
    [8] vós, que fe**ris**tes em seu rosto os que me atacam, *
     e que**bras**tes aos malvados os seus dentes.
— [9] Em vós, Se**nhor**, nós encontramos salvação; *
     e re**pou**se a vossa bênção sobre o povo!

Ant. Eu me **dei**to e ador**me**ço bem tran**qui**lo;
       acordo em **paz**, pois o Se**nhor** é meu sus**ten**to.
       Ale**lui**a.

V. Os dis**cí**pulos ficaram muito a**le**gres, ale**lui**a,
R. Por **ver**em o Se**nhor** ressuscitado. Aleluia.

Ofício das Leituras

Primeira leitura
Início da Primeira Carta de São Pedro 1,1-21

Saudação e ação de graças

[1]Pedro, apóstolo de Jesus Cristo, aos que vivem como estrangeiros na dispersão, no Ponto, na Galácia, Capadócia, Ásia e Bitínia: [2]Vós sois eleitos conforme a presciência de Deus Pai, mediante a santificação do Espírito, para lhe servir em obediência e ser aspergidos com o sangue de Jesus Cristo. A vós, graça e paz em abundância.

[3]Bendito seja Deus, Pai de nosso Senhor Jesus Cristo. Em sua grande misericórdia, pela ressurreição de Jesus Cristo dentre os mortos, ele nos fez nascer de novo, para uma esperança viva, [4]para uma herança incorruptível, que não estraga, que não se mancha nem murcha, e que é reservada para vós nos céus. [5]Graças à fé, e pelo poder de Deus, vós fostes guardados para a salvação que deve manifestar-se nos últimos tempos. [6]Isto é motivo de alegria para vós, embora seja necessário que agora fiqueis por algum tempo aflitos, por causa de várias provações. [7]Deste modo, a vossa fé será provada como sendo verdadeira – mais preciosa que o ouro perecível, que é provado no fogo – e alcançará louvor, honra e glória, no dia da manifestação de Jesus Cristo. [8]Sem ter visto o Senhor, vós o amais. Sem o ver ainda, nele acreditais. Isso será para vós fonte de alegria indizível e gloriosa, [9]pois obtereis aquilo em que acreditais: a vossa salvação.

[10]*Esta salvação tem sido* objeto das investigações e meditações dos profetas. Eles profetizaram a respeito da graça que vos estava destinada. [11]Procuraram saber a que época e a que circunstâncias se referia o Espírito de Cristo, que estava neles, ao anunciar com antecedência os sofrimentos de Cristo e a glória consequente. [12]Foi-lhes revelado que, não para si mesmos, mas para vós, estavam ministrando estas coisas, que agora são anunciadas a vós por aqueles que vos pregam o evangelho em virtude do Espírito Santo,

Segunda-feira na oitava da Páscoa

enviado do céu; revelações essas, que até os anjos desejam contemplar!

[13]Por isso, aprontai a vossa mente; sede sóbrios e colocai toda a vossa esperança na graça que vos será oferecida na revelação de Jesus Cristo. [14]Como filhos obedientes, não modeleis a vossa vida de acordo com as paixões de antigamente, do tempo da vossa ignorância. [15]Antes, como é santo aquele que vos chamou, tornai-vos santos, também vós, em todo o vosso proceder. [16]Pois está na Escritura: "Sede santos, porque eu sou santo". [17]Se invocais como Pai aquele que sem discriminação julga a cada um de acordo com as suas obras, vivei então respeitando a Deus durante o tempo de vossa migração neste mundo. [18]Sabeis que fostes resgatados da vida fútil herdada de vossos pais, não por meio de coisas perecíveis, como a prata ou o ouro, [19]mas pelo precioso sangue de Cristo, como de um cordeiro sem mancha nem defeito. [20]Antes da criação do mundo, ele foi destinado para isso, e neste final dos tempos, ele apareceu, por amor de vós. [21]Por ele é que alcançastes a fé em Deus. Deus o ressuscitou dos mortos e lhe deu a glória, e assim, a vossa fé e esperança estão em Deus.

Responsório   IPd 1,3.13

R. Bendito **seja** o Deus e **Pai** de Jesus **Cris**to, Senhor **nos**so,
    que, por **seu** imenso a**mor**, nova**men**te nos ge**rou**
    para a **vi**va espe**ran**ça,
  * Ressusci**tan**do Jesus **Cris**to dentre os **mor**tos, ale**lui**a.
V. Meus ama**dos**, assu**mi** a disci**pli**na interi**or**;
    sede **só**brios e **pon**de toda a **vos**sa espe**ran**ça
    nesta **gra**ça que vos **foi** pelo Se**nhor** ofere**ci**da.
    * Ressusci**tan**do.

Segunda leitura

Da Homilia sobre a Páscoa, de Melitão, bispo de Sardes

(Nn. 2-7.100-103: SCh 123, 60-61.120-122) (Séc. II)

O louvor de Cristo

Prestai atenção, caríssimos: o mistério pascal é ao mesmo tempo novo e antigo, eterno e transitório, corruptível e incorruptível, mortal e imortal.

É mistério antigo segundo a Lei, novo segundo a Palavra que se fez carne; transitório pela figura, eterno pela graça; corruptível pela imolação do cordeiro, incorruptível pela vida do Senhor; mortal pela sua sepultura na terra, imortal pela sua ressurreição dentre os mortos.

A Lei, na verdade, é antiga, mas a Palavra é nova; a figura é transitória, mas a graça é eterna; o cordeiro é corruptível, mas o Senhor é incorruptível, ele que, imolado como cordeiro, ressuscitou como Deus.

Na verdade, era *como ovelha levada ao matadouro,* e contudo não era ovelha; era *como cordeiro silencioso* (Is 53,7), e no entanto não era cordeiro. Porque a figura passou e apareceu a realidade perfeita: em lugar de um cordeiro, Deus; em vez de uma ovelha, o homem; no homem, porém, apareceu Cristo que tudo contém.

Por conseguinte, a imolação da ovelha, a celebração da páscoa e a escritura da Lei tiveram a sua perfeita realização em Jesus Cristo: pois tudo o que acontecia na antiga Lei se referia a ele, e mais ainda na nova ordem, tudo converge para ele.

Com efeito, a Lei fez-se Palavra e, de antiga, tornou-se nova (ambas oriundas de Sião e de Jerusalém); o preceito deu lugar à graça, a figura transformou-se em realidade, o cordeiro em Filho, a ovelha em homem e o homem em Deus.

O Senhor, sendo Deus, fez-se homem e sofreu por aquele que sofria; foi encarcerado em lugar do prisioneiro, condenado em vez do criminoso e sepultado em vez do que jazia no sepulcro; ressuscitou dentre os mortos e clamou com voz poderosa: *"Quem é que me condena? Que de mim se aproxime* (Is 50,8). Eu libertei o condenado, dei vida ao morto, ressuscitei o que estava sepultado. Quem pode me contradizer? Eu sou Cristo, diz ele, que destruí a morte, triunfei do inimigo, calquei aos pés o inferno, prendi o violento e arrebatei o homem para as alturas dos céus. Eu, diz ele, sou Cristo.

Vinde, pois, todas as nações da terra oprimidas pelo pecado e recebei o perdão. Eu sou o vosso perdão, vossa páscoa da salvação, o cordeiro por vós imolado, a água que vos purifica, a vossa vida, a vossa ressurreição, a vossa luz, a vossa salvação, o vosso rei. Eu vos conduzirei para as alturas, vos ressuscitarei e vos mostrarei o Pai que está nos céus; eu vos levantarei com a minha mão direita".

Responsório   At 13,32b-33a; 10,42b; 2,36b

R. Deus cum**priu** a pro**mes**sa a nossos **pais**,
   ressusci**tan**do dos **mor**tos a Je**sus**.
 * Por Deus **mes**mo ele **foi** constituído
   Juiz dos **vi**vos e dos **mor**tos. Ale**lu**ia.
V. Saibam, **pois**, que Deus **fez** Senhor e **Cris**to
   este Je**sus** a quem **vós** crucifi**cas**tes. * Por Deus.

HINO Te Deum, p. 949.

Oração como nas Laudes.

Laudes

Hino, antífonas, salmos e cântico, como no domingo da Páscoa, p. 466.

Leitura breve   Rm 10,8b-10

A palavra está perto de ti, em tua boca e em teu coração. Essa palavra é a palavra da fé, que nós pregamos. Se, pois, com tua boca confessares Jesus como Senhor e, no teu coração, creres que Deus o ressuscitou dos mortos, serás salvo. É crendo no coração que se alcança a justiça e é confessando a fé com a boca que se consegue a salvação.

Laudes

Em lugar do responsório se diz:

Ant. Este é o **dia** que o Se**nhor** fez para **nós**;
ale**gre**mo-nos e **ne**le exul**te**mos. Ale**lui**a.

Cântico evangélico, ant.

Ide **lo**go di**zer** aos dis**cí**pulos: o Se**nhor** ressur**giu**. Ale**lui**a.

Preces

Glorifiquemos a Cristo Jesus, constituído pelo Pai herdeiro de todos os povos; e rezemos:

R. **Salvai-nos, Senhor, pela vossa vitória!**

Cristo, que pela vossa ressurreição, rompestes as portas do inferno, destruindo o pecado e a morte,
— dai-nos, hoje e sempre, a vitória sobre o mal.   R.

Vós, que expulsastes a morte, dando-nos vida nova,
— fazei-nos hoje caminhar na novidade dessa vida.   R.

Vós, que nos fizestes passar da escravidão do pecado para a gloriosa liberdade de filhos de Deus,
— concedei a vida eterna a todos os que encontrarmos neste dia.   R.

Vós, que confundistes os guardas de vosso sepulcro e alegrastes os discípulos com a vossa ressurreição,
— enchei de alegria pascal todos aqueles que vos amam e servem.   R.

(intenções livres)

Pai nosso...

Oração

Ó Deus, que fazeis crescer a vossa Igreja dando-lhe sempre novos filhos e filhas, concedei que por toda a sua vida estes vossos servos e servas sejam fiéis ao sacramento do batismo que receberam professando a fé. Por nosso Senhor Jesus Cristo, vosso Filho, na unidade do Espírito Santo.

Segunda-feira na oitava da Páscoa

Hora Média

Hino, p. 488-489.

Salmodia

Antífona

Oração das Nove Horas:
O **Cristo**, que dos **mortos** ressur**giu**,
já não **morre**. Ale**luia**.

Oração das Doze Horas:
Pelos **nossos** pecados se entre**gou**
e ressur**giu** para **nos** justificar. Ale**luia**.

Oração das Quinze Horas:
Se com **Cristo** ressur**gistes**,
procu**rai** o que é do **alto**. Ale**luia**.

Numa destas Horas se dizem os salmos seguintes:

Salmo 8

– 2Ó Se**nhor**, nosso **Deus**, como é **gran**de *
vosso **nome** por todo o universo!

– Desdo**brastes** nos céus vossa glória *
com gran**deza**, esplendor, majestade.

= 3O per**feito** louvor vos é dado †
pelos **lábios** dos mais pequeninos, *
de crianças que a mãe amamenta.

– Eis a **força** que opondes aos maus, *
redu**zindo** o inimigo ao silêncio.

– 4Contem**plando** estes céus que plasmastes *
e for**mastes** com dedos de artista;

– vendo a **lua** e estrelas brilhantes, *
5per**guntamos**: "Senhor, que é o homem,

– para **dele** assim vos lembrardes *
e o tra**tardes** com tanto carinho?" _

Hora Média

– [6] Pouco abaixo de um deus o fizestes, *
coroando-o de glória e esplendor;
– [7] vós lhe destes poder sobre tudo, *
vossas obras aos pés lhe pusestes:
– [8] as ovelhas, os bois, os rebanhos, *
todo o gado e as feras da mata;
– [9] passarinhos e peixes dos mares, *
todo ser que se move nas águas.
–[10] Ó Senhor, nosso Deus, como é grande *
vosso nome por todo o universo!

Salmo 18(19)A

– [2] Os céus proclamam a glória do Senhor, *
e o firmamento, a obra de suas mãos;
– [3] o dia ao dia transmite esta mensagem, *
a noite à noite publica esta notícia.
– [4] Não são discursos nem frases ou palavras, *
nem são vozes que possam ser ouvidas;
– [5] seu som ressoa e se espalha em toda a terra, *
chega aos confins do universo a sua voz.
– [6] Armou no alto uma tenda para o sol; *
ele desponta no céu e se levanta
– como um esposo do quarto nupcial, *
como um herói exultante em seu caminho.
– [7] De um extremo do céu põe-se a correr *
e vai traçando o seu rastro luminoso,
– até que possa chegar ao outro extremo, *
e nada pode fugir ao seu calor.

Sl 18B(19B)

– [8] A lei do Senhor Deus é perfeita, *
conforto para a alma!

Segunda-feira na oitava da Páscoa

– O testemunho do Senhor é fiel, *
sabedoria dos humildes.

– ⁹Os preceitos do Senhor são precisos, *
alegria ao coração.

– O mandamento do Senhor é brilhante, *
para os olhos é uma luz.

– ¹⁰É puro o temor do Senhor, *
imutável para sempre.

– Os julgamentos do Senhor são corretos *
e justos igualmente.

– ¹¹Mais desejáveis do que o ouro são eles, *
do que o ouro refinado.

– Suas palavras são mais doces que o mel, *
que o mel que sai dos favos.

– ¹²E vosso servo, instruído por elas, *
se empenha em guardá-las.

– ¹³Mas quem pode perceber suas faltas? *
Perdoai as que não vejo!

– ¹⁴E preservai o vosso servo do orgulho: *
não domine sobre mim!

– E assim puro, eu serei preservado *
dos delitos mais perversos.

– ¹⁵Que vos agrade o cantar dos meus lábios *
e a voz da minha alma;

– que ela chegue até vós, ó Senhor,*
meu Rochedo e Redentor!

Salmodia complementar para as outras Horas, p. 1421.

Oração das Nove Horas

Ant. O Cristo, que dos mortos ressurgiu,
já não morre. Aleluia.

Hora Média

Leitura breve Ap 1,17c-18

Vi o Filho do homem que me disse: Não tenhas medo. Eu sou o Primeiro e o Último, aquele que vive. Estive morto, mas agora estou vivo para sempre. Eu tenho a chave da morte e da região dos mortos.

V. Este é o **dia** que o Se**nhor** fez para **nós**. Ale**lu**ia.
R. Ale**gre**mo-nos e **ne**le exultemos. Ale**lu**ia.

Oração das Doze Horas

Ant. Pelos **nos**sos pecados se entre**gou**
e ressur**giu** para **nos** justifi**car**. Ale**lu**ia.

Leitura breve Cl 2,9.10a.12

Em Cristo habita corporalmente toda a plenitude da divin-dade. Dele também vós estais repletos. Com Cristo fostes sepultados no batismo; com ele também fostes ressuscita-dos por meio da fé no poder de Deus, que ressuscitou a Cristo dentre os mortos.

V. Este é o **dia** que o Se**nhor** fez para **nós**. Ale**lu**ia.
R. Ale**gre**mo-nos e **ne**le exul**te**mos. Ale**lu**ia.

Oração das Quinze Horas

Ant. Se com **Cris**to ressurgistes,
procu**rai** o que é do **al**to. Ale**lu**ia.

Leitura breve 2Tm 2,8.11

Lembra-te de Jesus Cristo, da descendência de Davi, ressus-citado dentre os mortos, segundo o meu evangelho. Merece fé esta palavra: se com ele morremos, com ele viveremos.

V. Este é o **dia** que o Se**nhor** fez para **nós**. Ale**lu**ia.
R. Ale**gre**mo-nos e **ne**le exul**te**mos. Ale**lu**ia.

Oração

Ó Deus, que fazeis crescer a vossa Igreja dando-lhe sempre novos filhos e filhas, concedei que por toda a sua vida estes

Segunda-feira na oitava da Páscoa

vossos servos e servas sejam fiéis ao sacramento do batismo que receberam professando a fé. Por Cristo, nosso Senhor.

Vésperas

Hino, antífonas, salmos e cântico, como no domingo da Páscoa, p. 475.

Leitura breve Hb 8,1b-3a

Temos um sumo sacerdote tão grande, que se assentou à direita do trono da majestade, nos céus. Ele é ministro do Santuário e da Tenda verdadeira, armada pelo Senhor, e não por mão humana. Todo o sumo sacerdote, com efeito, é constituído para oferecer dádivas e sacrifícios.

Em lugar do responsório se diz:

Ant. Este é o **dia** que o Se**nhor** fez para **nós**;
Alegremo-nos e **nel**e exul**temos**. Ale**lui**a.

Cântico evangélico, ant.

Jesus **vem** ao en**contro** das mu**lheres**
e as sa**úda**: Con**vosco** esteja a **paz**!
Abra**çaram** seus **pés** e o ado**raram**. Ale**lui**a.

Preces

Invoquemos a Jesus Cristo, que vivificado pelo Espírito Santo, tornou-se fonte de vida para toda a humanidade; e digamos cheios de alegria:

R. **Senhor, renovai todas as coisas e dai-nos vida nova!**

Cristo, Salvador do mundo e Rei da nova criação, orientai toda a nossa vida para o Reino da glória celeste,
— onde estais sentado à direita do Pai. R.

Senhor, que viveis na vossa Igreja até o fim dos tempos,
— conduzi-a pelo Espírito Santo ao conhecimento da verdade perfeita. R.

Fazei com que os doentes, sofredores e agonizantes sintam
o vosso amor misericordioso;
– confortai-os e fortalecei-os com vossa bondade.   R.
(intenções livres)

Cristo, luz que não se apaga, aceitai o louvor que vos oferecemos ao cair desta tarde,
– e fazei brilhar para os nossos irmãos e irmãs que partiram
desta vida, a luz da vossa ressurreição.   R.

Pai nosso...

Oração

Ó Deus, que fazeis crescer a vossa Igreja dando-lhe sempre novos filhos e filhas, concedei que por toda a sua vida
estes vossos servos e servas sejam fiéis ao sacramento do
batismo que receberam professando a fé. Por nosso Senhor
Jesus Cristo, vosso Filho, na unidade do Espírito Santo.

Durante a oitava da Páscoa se dizem as Completas de domingo,
alternando os dois formulários, p. 1399 ou p. 1402.

Em lugar do responsório se diz:

Ant. Este é o **dia** que o **Senhor** fez para **nós**;
ale**gre**mo-nos e **ne**le exul**te**mos. Ale**lui**a.

TERÇA-FEIRA NA OITAVA DA PÁSCOA

Invitatório

R. O Se**nhor** ressur**giu** real**men**te. Ale**lui**a.

Salmo invitatório como no Ordinário, p. 944.

Ofício das Leituras

Hino, p. 484.

Salmodia

Ant. 1 O Rei da **gló**ria é o **Senhor** onipo**ten**te. Ale**lui**a.

Terça-feira na oitava da Páscoa

Quando o salmo seguinte tiver sido usado no Invitatório, em seu lugar se diz o salmo 94(95), à p. 944.

Salmo 23(24)

– ¹Ao Senhor pertence a terra e o que ela encerra, *
o mundo inteiro com os seres que o povoam;
– ²porque ele a tornou firme sobre os mares, *
e sobre as águas a mantém inabalável.
– ³"Quem subirá até o monte do Senhor, *
quem ficará em sua santa habitação?"
= ⁴"Quem tem mãos puras e inocente coração, †
quem não dirige sua mente para o crime, *
nem jura falso para o dano de seu próximo.

– ⁵Sobre este desce a bênção do Senhor *
e a recompensa de seu Deus e Salvador".
– ⁶"É assim a geração dos que o procuram, *
e do Deus de Israel buscam a face".

= ⁷"Ó portas, levantai vossos frontões! †
Elevai-vos bem mais alto, antigas portas, *
a fim de que o Rei da glória possa entrar!"

= ⁸Dizei-nos: "Quem é este Rei da glória?" †
"É o Senhor, o valoroso, o onipotente, *
o Senhor, o poderoso nas batalhas!"

= ⁹"Ó portas, levantai vossos frontões! †
Elevai-vos bem mais alto, antigas portas, *
a fim de que o Rei da glória possa entrar!"

=¹⁰Dizei-nos: "Quem é este Rei da glória?" †
"O Rei da glória é o Senhor onipotente, *
o Rei da glória é o Senhor Deus do universo!"

Ant. O Rei da glória é o Senhor onipotente. Aleluia.

Ant. 2 Nações, glorificai o nosso Deus,
é ele quem dá vida à nossa vida. Aleluia.

Ofício das Leituras

Salmo 65(66)

I

=¹ Aclamai o Senhor **Deus**, ó terra inteira, †
² cantai **sal**mos a seu nome glorioso, *
dai a **Deus** a mais sublime louvação!

=³ Dizei a **Deus**: "Como são grandes vossas obras! †
Pela grande**za** e o poder de vossa força, *
vossos **pró**prios inimigos vos bajulam.

–⁴ Toda a **ter**ra vos adore com respeito *
e pro**cla**me o louvor de vosso nome!"
–⁵ Vinde **ver** todas as obras do Senhor: *
seus pro**dí**gios estupendos entre os homens!

–⁶ O **mar** ele mudou em terra firme *
e passaram pelo rio a pé enxuto.
– Exul**te**mos de alegria no Senhor! *
⁷ Ele do**mi**na para sempre com poder,
– e seus **o**lhos estão fixos sobre os povos. *
Que os re**bel**des não se elevem contra ele!

–⁸ **Na**ções, glorificai ao nosso Deus, *
anunci**ai** em alta voz o seu louvor!
–⁹ É ele quem dá vida à nossa vida *
e não per**mi**te que vacilem nossos pés.

–¹⁰ Na ver**da**de, ó Senhor, vós nos provastes,*
nos depu**ras**tes pelo fogo como a prata.

–¹¹ Fizestes-nos cair numa armadilha *
e um grande **pe**so nos pusestes sobre os ombros.

=¹² Permi**tis**tes aos estranhos oprimir-nos, †
nós pass**a**mos pela água e pelo fogo, *
mas final**men**te vós nos destes um alívio!

Ant. **Na**ções, glorifi**cai** o nosso **Deus**,
é ele quem dá **vi**da à nossa **vi**da. Ale**lu**ia.

Ant. 3 Vinde e ou**vi**: eu vou con**tar**
todo o **bem** que Deus me **fez**. Ale**lu**ia.

Terça-feira na oitava da Páscoa

II

— [13]Em vossa **ca**sa entra**rei** com sacrifícios, *
e cumpri**rei** todos os votos que vos fiz;
— [14]as pro**mes**sas que meus lábios vos fizeram *
e minha **bo**ca prometeu na minha angústia.

= [15]Eu vos o**fer**to generosos holocaustos, †
e fu**ma**ça perfumosa dos cordeiros; *
ofe**re**ço-vos novilhos e carneiros.

— [16]Todos **vós** que a Deus temeis, vinde escutar; *
vou con**tar**-vos todo o bem que ele me fez!
— [17]Quando a ele o meu grito se elevou, *
já ha**vi**a gratidão em minha boca!
— [18]Se eu guar**das**se planos maus no coração, *
o Se**nhor** não me teria ouvido a voz.
— [19]Entre**tan**to, o Senhor quis atender-me *
e deu ou**vi**dos ao clamor da minha prece.

= [20]Bendito **se**ja o Senhor Deus que me escutou, †
não rejei**tou** minha oração e meu clamor, *
nem afas**tou** longe de mim o seu amor!

Ant. Vinde e ou**vi**: eu vou con**tar**
todo o **bem** que Deus me **fez**. Aleluia.

V. Deus, o **Pai**, ressusci**tou** a Jesus **Cris**to
dentre os **mor**tos, aleluia,

R. Para que esteja no Se**nhor** a nossa **fé**
e espe**ran**ça. Aleluia.

Primeira leitura
Da Primeira Carta de São Pedro   1,22-2,10

A vida dos filhos de Deus

Irmãos: [1,22]Pela obediência à verdade, purificastes as vossas almas, para praticar um amor fraterno sem fingimento. Amai-vos, pois, uns aos outros, de coração e com ardor.

Ofício das Leituras

[23] Nascestes de novo, não de uma semente corruptível, mas incorruptível, mediante a palavra de Deus, viva e permanente. [24] Com efeito,

"toda carne é como erva,
e toda a sua glória como a flor da erva;
secou-se a erva, cai a sua flor.
[25] Mas a palavra do Senhor permanece para sempre."

Ora, esta palavra é a que vos foi anunciada no Evangelho.

[2,1] Portanto, despojai-vos de toda maldade, mentira e hipocrisia, e de toda a inveja e calúnia. [2] Como criancinhas recém-nascidas, desejai o leite legítimo e puro, que vos vai fazer crescer na salvação. [3] Pois já provastes que o Senhor é bom. [4] Aproximai-vos do Senhor, pedra viva, rejeitada pelos homens, mas escolhida e honrosa aos olhos de Deus. [5] Do mesmo modo, também vós, como pedras vivas, formai um edifício espiritual, um sacerdócio santo, a fim de oferecerdes sacrifícios espirituais, agradáveis a Deus, por Jesus Cristo. [6] Com efeito, nas Escrituras se lê:

"Eis que ponho em Sião uma pedra angular,
escolhida e magnífica;
quem nela confiar, não será confundido".

[7] A vós, portanto, que tendes fé, cabe a honra. Mas para os que não creem,

"a pedra que os construtores rejeitaram
tornou-se a pedra angular,
[8] pedra de tropeço e rocha que faz cair". Nela tropeçam os que não acolhem a Palavra; esse é o destino deles.

[9] Mas vós sois a raça escolhida, o sacerdócio do Reino, a nação santa, o povo que ele conquistou para proclamar as obras admiráveis daquele que vos chamou das trevas para a sua luz maravilhosa. [10] Vós sois aqueles que "antes não eram povo, agora porém são povo de Deus; os que não eram objeto de misericórdia, agora porém alcançaram misericórdia".

Responsório   1Pd 2,5.9a

R.Aproximai-vos do Senhor, a Pedra viva
  e quais outras pedras vivas também vós,
  construí-vos como casa espiritual;
  dedicai-vos a um santo sacerdócio,
 *Oferecendo sacrifícios espirituais
  agradáveis a Deus Pai por Jesus Cristo. Aleluia.
V.Sois a raça escolhida, sacerdócio régio,
  nação santa e o povo conquistado por Deus.
  *Oferecendo.

Segunda leitura

Dos Sermões de Santo Anastácio de Antioquia
(Oratio 4, 1-2: PG 89, 1347-1349)   (Séc. VI)

Era necessário que Cristo sofresse
para assim entrar em sua glória

Cristo, por suas palavras e ações, revelou que era verdadeiro Deus e Senhor do universo. Ao subir para Jerusalém com seus discípulos, dizia-lhes: *Eis que estamos subindo para Jerusalém, e o Filho do Homem será entregue aos gentios, aos sumos sacerdotes e aos mestres da Lei, para ser escarnecido, flagelado e crucificado* (Mt 20,18.19). Fazia, na verdade, estas afirmações em perfeita consonância com as predições dos profetas, que haviam anunciado sua morte em Jerusalém.

Desde o princípio, a Sagrada Escritura havia predito a morte de Cristo com os sofrimentos que a precederiam, e também tudo quanto aconteceu com seu corpo depois da morte; predisse igualmente que aquele a quem tudo isto sucedeu é Deus impassível e imortal. De outro modo, nunca poderíamos afirmar que era Deus se, ao contemplarmos a *verdade da encarnação*, não encontrássemos nela razões para proclamar, com clareza e justiça, uma e outra coisa, ou seja, seu sofrimento e sua impassibilidade. O motivo pelo qual o Verbo de Deus, e portanto impassível, se submeteu à morte é que, de outra maneira, o homem não podia salvar-se.

Ofício das Leituras

Este motivo somente ele o conhece e aqueles aos quais revelou. De fato, o Verbo conhece tudo o que é do Pai, *como o Espírito que esquadrinha tudo, mesmo as profundezas de Deus* (1Cor 2,10).

Realmente, era preciso que Cristo sofresse. De modo algum a paixão podia deixar de acontecer. Foi o próprio Senhor quem declarou, quando chamou de insensatos e lentos de coração os que ignoravam ser necessário que Cristo sofresse, para assim entrar em sua glória. Por isso, veio ao encontro do seu povo para salvá-lo, deixando aquela glória que tinha junto do Pai, antes da criação do mundo. Mas a salvação devia consumar-se por meio da morte do autor da nossa vida, como ensina São Paulo: *Consumado pelos sofrimentos, ele se tornou o princípio da vida* (cf. Hb 2,10).

Deste modo se vê como a glória do Filho unigênito, glória esta que por nossa causa ele havia deixado por breve tempo, foi-lhe restituída por meio da cruz, na carne que tinha assumido. É o que afirma São João, no seu evangelho, ao indicar qual era aquela água de que falava o Salvador: *Aquele que crê em mim, rios de água viva jorrarão do seu interior. Falava do Espírito, que deviam receber os que tivessem fé nele; pois ainda não tinha sido dado o Espírito, porque Jesus ainda não tinha sido glorificado* (Jo 7,38-39); e chama glória a morte na cruz. Por isso, quando o Senhor orava, antes de ser crucificado, pedia ao Pai que o glorificasse com aquela glória que tinha junto dele, antes da criação do mundo.

Responsório   Hb 2,10; Ap 1,6b; Lc 24,26

R. Convinha que Aquele, por **quem**
    e para **quem** existe todo **ser**,
    conduzindo para a **glória** grande **nú**mero de **fi**lhos,
    le**vas**se à perfei**ção**, atra**vés** do sofri**men**to,
    o A**utor** da salva**ção**.

Terça-feira na oitava da Páscoa

* A **ele** seja **glória** e do**mí**nio pelos **sé**culos. Ale**lu**ia.
V. Era pre**ci**so que o **Cris**to **sofres**se
para en**trar** em sua **gló**ria. * A **ele** seja.

HINO Te Deum, p. 949.

Oração como nas Laudes.

Laudes

Hino, antífonas, salmos e cântico, como no domingo da Páscoa, p. 466.

Leitura breve
At 13,30-33

Deus ressuscitou Jesus dos mortos e, durante muitos dias, ele foi visto por aqueles que o acompanharam desde a Galileia até Jerusalém. Agora eles são testemunhas de Jesus diante do povo. Por isso, nós vos anunciamos este Evangelho: a promessa que Deus fez aos antepassados, ele a cumpriu para nós, seus filhos, quando ressuscitou Jesus, como está escrito no salmo segundo: Tu és o meu filho, eu hoje te gerei.

Em lugar do responsório se diz:

Ant. Este é o **dia** que o **Senhor** fez para **nós**;
alegremo-nos e **ne**le exul**te**mos. Ale**lu**ia.

Cântico evangélico, ant.
Jesus **disse**: Maria! Ela **disse**: Ó **Mestre**!
E o **Se**nhor: Não me **to**ques!
Não su**bi** a meu **Pai**, que é tam**bém** vosso **Pai**. Ale**lu**ia.

Preces
Exultemos de alegria em Cristo nosso Senhor, que, ressuscitado de entre os mortos, reconstituiu o templo do seu corpo; e lhe supliquemos:

R. **Ouvi-nos, Senhor, pela vossa ressurreição!**

Hora Média

Cristo, Salvador do mundo, que anunciastes às santas mulheres e aos apóstolos a alegria da ressurreição,
– fazei-nos testemunhas do vosso triunfo pascal.   R.

Vós, que prometestes a todos a ressurreição, que nos fará nascer para uma vida nova,
– tornai-nos fiéis mensageiros do vosso evangelho.   R.

Vós, que, aparecendo aos apóstolos depois da ressurreição, lhes comunicastes o Espírito Santo,
– renovai-nos com os dons do Espírito criador.   R.

Vós, que prometestes permanecer com os vossos discípulos até o fim do mundo,
– ficai conosco hoje e sempre.   R.

(intenções livres)

Pai nosso...

Oração

Ó Deus, que nos concedestes a salvação pascal, acompanhai o vosso povo com vossos dons celestes, para que, tendo conseguido a verdadeira liberdade, possa um dia alegrar-se no céu, como exulta agora na terra. Por nosso Senhor Jesus Cristo, vosso Filho, na unidade do Espírito Santo.

Hora Média

Hino, p. 488-489.

Salmodia

Antífona

Oração das Nove Horas:
O **Cris**to, que dos **mor**tos ressur**giu**,
já não **mor**re. Ale**lui**a.

Oração das Doze Horas:
Pelos **nos**sos pe**ca**dos se en**tre**gou
e ressur**giu** para **nos** justifi**car**. Ale**lui**a.

Terça-feira na oitava da Páscoa

Oração das Quinze Horas:
Se com **Crist**o ressur**giste**s,
procu**rai** o que é do **alto**. Ale**lui**a.

Numa destas Horas se dizem os salmos seguintes:

Salmo 118(119),1-8
I (Aleph)

— [1]Feliz o **ho**mem sem pe**ca**do em seu ca**mi**nho, *
que na **lei** do Senhor Deus vai progredindo!

— [2]Feliz o **ho**mem que observa seus preceitos, *
e de **to**do o coração procura a Deus!

— [3]Que não pra**ti**ca a maldade em sua vida, *
mas vai an**dan**do nos caminhos do Senhor.

— [4]Os **vos**sos mandamentos vós nos destes, *
para **se**rem fielmente observados.

— [5]Oxa**lá** seja bem firme a minha vida *
em cum**prir** vossa vontade e vossa lei!

— [6]En**tão** não ficarei envergonhado *
ao repas**sar** todos os vossos mandamentos.

— [7]Quero lou**var**-vos com sincero coração, *
pois apren**di** as vossas justas decisões.

— [8]Quero guar**dar** vossa vontade e vossa lei; *
Se**nhor**, não me deixeis desamparado!

Salmo 15(16)

= [1]Guardai-me, ó **Deus**, porque em **vós** me refu**gio**! †
[2]Digo ao Se**nhor**: "Somente vós sois meu Senhor: *
nenhum **bem** eu posso achar fora de vós!"

— [3]Deus me inspi**rou** uma admirável afeição *
pelos **san**tos que habitam sua terra.

— [4]Multi**pli**cam, no entanto, suas dores *
os que **cor**rem para os deuses estrangeiros;

Hora Média

— seus sacrifícios sanguinários não partilho, *
nem seus **no**mes passarão pelos meus lábios.

— [5]Ó Se**nhor**, sois minha herança e minha taça, *
meu des**ti**no está seguro em vossas mãos!

— [6]Foi demar**ca**da para mim a melhor terra, *
e eu ex**ul**to de alegria em minha herança!

— [7]Eu ben**di**go o Senhor que me aconselha, *
e até de **noi**te me adverte o coração.

— [8]Tenho **sem**pre o Senhor ante meus olhos, *
pois se o **te**nho a meu lado, não vacilo.

= [9]Eis por **que** meu coração está em festa, †
minha **al**ma rejubila de alegria, *
e até meu **cor**po no repouso está tranquilo;

—[10]pois não ha**veis** de me deixar entregue à morte, *
nem vosso **ami**go conhecer a corrupção.

=[11]Vós me ensi**nais** vosso caminho para a vida; †
junto a **vós**, felicidade sem limites, *
delícia e**ter**na e alegria ao vosso lado!

Salmo 22(23)

— [1]O Se**nhor** é o pas**tor** que me con**duz**; *
não me **fal**ta coisa alguma.

— [2]Pelos **pra**dos e campinas verdejantes *
ele me **le**va a descansar.

— Para as **águas** repousantes me encaminha, *
[3]e res**tau**ra as minhas forças.

— Ele me **guia** no caminho mais seguro, *
pela **hon**ra do seu nome.

— [4]Mesmo que eu **pas**se pelo vale tenebroso, *
nenhum **mal** eu temerei;

— estais co**mi**go com bastão e com cajado; *
eles me **dão** a segurança! —

Terça-feira na oitava da Páscoa

— [5] Preparais à minha frente uma mesa, *
bem à vista do inimigo,
— e com óleo vós ungis minha cabeça; *
o meu cálice transborda.
— [6] Felicidade e todo bem hão de seguir-me *
por toda a minha vida;
— e, na casa do Senhor, habitarei *
pelos tempos infinitos.

Salmodia complementar para as outras Horas, p. 1421.

Oração das Nove Horas

Ant. O Cristo, que dos mortos ressurgiu,
já não morre. Aleluia.

Leitura breve   At 4,11-12

Jesus é a pedra, que vós, os construtores, desprezastes, e
que se tornou a pedra angular. Em nenhum outro há salvação, pois não existe debaixo do céu outro nome dado aos
homens pelo qual possamos ser salvos.

V. Este é o dia que o Senhor fez para nós. Aleluia.
R. Alegremo-nos e nele exultemos. Aleluia.

Oração das Doze Horas

Ant. Pelos nossos pecados se entregou
e ressurgiu para nos justificar. Aleluia.

Leitura breve   cf. 1Pd 3,21-22a

O batismo é hoje a vossa salvação pois ele não serve para
limpar o corpo da imundície, mas é um pedido a Deus para
obter uma boa consciência, em virtude da ressurreição de
Jesus Cristo que está à direita de Deus.

V. Este é o dia que o Senhor fez para nós. Aleluia.
R. Alegremo-nos e nele exultemos. Aleluia.

Vésperas 515

Oração das Quinze Horas

Ant. Se com **Cristo** ressur**gistes**,
procu**rai** o que é do **alto**. Ale**luia**.

Leitura breve Cl 3,1-2

Se ressuscitastes com Cristo, esforçai-vos por alcançar as coisas do alto, onde está Cristo, sentado à direita de Deus; aspirai às coisas celestes e não às coisas terrestres.

V. Este é o **dia** que o Se**nhor** fez para **nós**. Ale**luia**.
R. Ale**gre**mo-nos e **ne**le exul**te**mos. Ale**luia**.

Oração

Ó Deus, que nos concedestes a salvação pascal, acompanhai o vosso povo com vossos dons celestes, para que, tendo conseguido a verdadeira liberdade, possa um dia alegrar-se no céu, como exulta agora na terra. Por Cristo, nosso Senhor.

Vésperas

Hino, antífonas, salmos e cântico, como no domingo da Páscoa, p. 475.

Leitura breve 1Pd 2,4-5

Aproximai-vos do Senhor, pedra viva, rejeitada pelos homens, mas escolhida e honrosa aos olhos de Deus. Do mesmo modo, também vós, como pedras vivas, formai um edifício espiritual, um sacerdócio santo, a fim de oferecerdes sacrifícios espirituais, agradáveis a Deus, por Jesus Cristo.

Em lugar do responsório se diz:

Ant. Este é o **dia** que o Se**nhor** fez para **nós**;
ale**gre**mo-nos e **ne**le exul**te**mos. Ale**luia**.

Cântico evangélico, ant.
Quando **jun**to ao se**pul**cro eu cho**ra**va,
vi **Je**sus, meu Se**nhor**. Ale**luia**.

Preces

Aclamemos com alegria a Jesus Cristo, que morreu, foi sepultado e ressuscitou gloriosamente para uma vida nova; e digamos cheios de confiança:

R. Cristo, Rei da glória, ouvi a nossa oração!

Pelos bispos, presbíteros e diáconos, para que desempenhem com generosidade o ministério que lhes foi confiado,
– e guiem o vosso povo no caminho do bem, nós vos pedimos, Senhor. **R.**

Pelos teólogos e pelos que servem à Igreja no estudo da vossa Palavra,
– a fim de que procurem a verdade com pureza de coração, nós vos pedimos, Senhor. **R.**

Pelos fiéis da Igreja, para que combatendo o bom combate da fé até o fim de sua caminhada sobre a terra,
– recebam o prêmio que lhes está preparado desde a origem do mundo, nós vos pedimos, Senhor. **R.**

Vós, que na cruz destruístes a sentença que nos condenava,
– quebrai os laços da nossa escravidão e dissipai as nossas trevas. **R.**

(intenções livres)

Vós, que, descendo à mansão dos mortos, libertastes os justos que esperavam o Salvador,
– acolhei em vosso Reino nossos irmãos e irmãs falecidos. **R.**

Pai nosso...

Oração

Ó Deus, que nos concedestes a salvação pascal, acompanhai o vosso povo com vossos dons celestes, para que, tendo conseguido a verdadeira liberdade, possa um dia alegrar-se no céu, como exulta agora na terra. Por nosso Senhor Jesus Cristo, vosso Filho, na unidade do Espírito Santo.

QUARTA-FEIRA NA OITAVA DA PÁSCOA

Invitatório

R. O **Se**nhor ressur**giu** real**men**te. Ale**lui**a.

Salmo invitatório como no Ordinário, p. 944.

Ofício das Leituras

Hino, p. 484.

Salmodia

Ant. 1 Ó meu **Deus** e meu **Se**nhor, como sois **gran**de!
Ale**lui**a.

Salmo 103(104)

I

– [1] Ben**di**ze, ó minha **al**ma, ao **Se**nhor! *
Ó meu **Deus** e meu Senhor, como sois grande!
– [2] De maje**sta**de e esplendor vos revestis, *
e de **luz** vos envolveis como num manto.

– [3] Esten**deis** qual uma tenda o firmamento, *
constru**ís** vosso palácio sobre as águas;
– das **nu**vens vós fazeis o vosso carro, *
do **ven**to caminhais por sobre as asas;
– [4] dos **ven**tos fazeis vossos mensageiros, *
do fogo e **cha**ma fazeis vossos servidores.

– [5] A **ter**ra vós firmastes em suas bases, *
ficará **fir**me pelos séculos sem fim;
– [6] os **ma**res a cobriam como um manto,*
e as **á**guas envolviam as montanhas.

– [7] Ante a **vos**sa ameaça elas fugiram, *
e tre**me**ram ao ouvir vosso trovão;
– [8] saltaram **mon**tes e desceram pelos vales *
ao lu**gar** que destinastes para elas;

518 **Quarta-feira na oitava da Páscoa**

— [9] elas não **passam** dos limites que fixastes, *
e não **vol**tam a cobrir de novo a terra.

—[10] Fazeis bro**tar** em meio aos vales as nascentes *
que **pas**sam serpeando entre as montanhas;

—[11] dão de be**ber** aos animais todos do campo, *
e os da **sel**va nelas matam sua sede;

—[12] às suas **mar**gens vêm morar os passarinhos, *
entre os **r**amos eles erguem o seu canto.

Ant. Ó meu **Deus** e meu Se**nhor**, como sois **gran**de!
Ale**lu**ia.

Ant. 2 Com vossos **fru**tos saci**ais** a terra in**tei**ra. Ale**lu**ia.

II

—[13] De vossa **ca**sa as mon**ta**nhas irri**gais**, *
com vossos **fru**tos saciais a terra inteira;

—[14] fazeis cres**cer** os verdes pastos para o gado *
e as **plan**tas que são úteis para o homem;

—[15] para da **ter**ra extrair o seu sustento *
e o **vi**nho que alegra o coração,

— o **ó**leo que ilumina a sua face *
e o **pão** que revigora suas forças.

—[16] As **ár**vores do Senhor são bem viçosas *
e os **ce**dros que no Líbano plantou;

—[17] as **a**ves ali fazem os seus ninhos *
e a cegonha faz a casa em suas copas;

—[18] os altos **mon**tes são refúgio dos cabritos, *
os ro**che**dos são abrigo das marmotas.

—[19] Para o **tem**po assinalar destes a lua, *
e o **sol** conhece a hora de se pôr;

—[20] estende**is** a escuridão e vem a noite, *
logo as **fe**ras andam soltas na floresta;

—[21] eis que **ru**gem os leões, buscando a presa, *
e de **Deus** eles reclamam seu sustento. —

Ofício das Leituras

—²²Quando o **sol** vai despontando, se retiram, *
e de **no**vo vão deitar-se em suas tocas.
—²³En**tão** o homem sai para o trabalho, *
para a la**bu**ta que se estende até à tarde.

Ant. Com vossos **fru**tos saci**ais** a terra in**teira**. Ale**lu**ia.

Ant. 3 Que a **gló**ria do Se**nhor** perdure **sempre**. Ale**lu**ia.

III

=²⁴Quão nume**ro**sas, ó Se**nhor**, são vossas **o**bras, †
e **que** sabedoria em todas elas! *
Encheu-se a **terra** com as vossas criaturas!

=²⁵Eis o **mar** tão espaçoso e tão imenso,†
no **qual** se movem seres incontáveis, *
gigan**tes**cos animais e pequeninos;

=²⁶nele os na**vios** vão seguindo as suas rotas, †
e o **mons**tro do oceano que criastes, *
nele **vive** e dentro dele se diverte.

—²⁷Todos **e**les, ó Senhor, de vós esperam *
que a seu **tem**po vós lhes deis o alimento;
—²⁸vós lhes **dais** o que comer e eles recolhem, *
vós **abris** a vossa mão e eles se fartam.

=²⁹Se escon**deis** a vossa face, se apavoram, †
se ti**rais** o seu respiro, eles perecem *
e **vol**tam para o pó de onde vieram;
—³⁰envi**ais** o vosso espírito e renascem *
e da **terra** toda a face renovais.

—³¹Que a **gló**ria do Senhor perdure sempre, *
e **ale**gre-se o Senhor em suas obras!
—³²Ele **o**lha para a terra, ela estremece; *
quando **to**ca as montanhas, lançam fogo.

—³³Vou can**tar** ao Senhor Deus por toda a vida, *
salmodi**ar** para o meu Deus enquanto existo.

Quarta-feira na oitava da Páscoa

—³⁴Hoje **se**ja-lhe agradável o meu canto,*
   pois o Se**nhor** é a minha grande alegria!

=³⁵Desapa**re**çam desta terra os pecadores,†
   e pe**re**çam os perversos para sempre! *
   Ben**di**ze, ó minha alma, ao Senhor!

Ant. Que a **gló**ria do Se**nhor** perdure **sem**pre. Ale**lui**a.

V. Deus, o **Pai**, que a Je**sus**
   nosso Se**nhor** ressusci**tou**. Ale**lui**a.

R. Nos fa**rá** também a **nós**
   ressusci**tar** por seu po**der**. Ale**lui**a.

Primeira leitura
Da Primeira Carta de São Pedro   2,11-25

Os cristãos são estrangeiros no mundo

¹¹Amados, eu vos exorto como a estrangeiros e migrantes: afastai-vos das humanas paixões, que fazem guerra contra vós mesmos. ¹²Tende bom procedimento no meio dos gentios. Deste modo, mesmo caluniando-vos, como se fôsseis malfeitores, eles poderão observar a vossa boa atuação e glorificar a Deus, no dia de sua visitação.

¹³Sede submissos a toda autoridade humana, por amor ao Senhor, quer ao imperador, como soberano, ¹⁴quer aos governadores, que por ordem de Deus castigam os malfeitores e premiam os que fazem o bem. ¹⁵Pois a vontade de Deus é precisamente esta: que, fazendo o bem, caleis a ignorância dos insensatos. ¹⁶Conduzi-vos como pessoas livres, mas sem usar a liberdade como pretexto para o mal.

Pelo contrário, sede servidores de Deus.

¹⁷Honrai a todos, e amai os irmãos. Tende temor de Deus, e honrai o rei.

¹⁸Vós, servos da família, submetei-vos aos patrões com todo o respeito, e não só aos que são bons e afáveis, como também aos que são difíceis. ¹⁹De fato, se suportais sofrimento injusto com o pensamento em Deus, isso lhe agrada.

Ofício das Leituras

[20] Pois que glória há em sofrer, se sois castigados por vossos pecados? Mas, se suportais com paciência aquilo que sofreis por ter feito o bem, isto vos torna agradáveis diante de Deus.
[21] De fato, para isto fostes chamados.
Também Cristo sofreu por vós
deixando-vos um exemplo,
a fim de que sigais os seus passos.
[22] Ele não cometeu pecado algum,
mentira nenhuma foi encontrada em sua boca.
[23] Quando injuriado, não retribuía as injúrias;
atormentado, não ameaçava;
antes, colocava a sua causa nas mãos daquele
que julga com justiça.
[24] Sobre a cruz, carregou nossos pecados
em seu próprio corpo,
a fim de que, mortos para os pecados,
vivamos para a justiça.
Por suas feridas fostes curados.
[25] Andáveis como ovelhas desgarradas, mas agora voltastes ao pastor e guarda de vossas vidas.

Responsório   1Pd 2,21.24

V. O **Cris**to por **vós** pade**ceu**,
   deix**ou**-vos o ex**em**plo a se**guir**:
 * Sigamos, por**tan**to, seus **pas**sos! Ale**lu**ia.
V. Carre**gou** sobre **si** nossas **cul**pas
   em seu **cor**po, no **le**nho da **cruz**,
   para que **mor**tos aos **nos**sos pe**ca**dos,
   na jus**ti**ça de **Deus** nós vi**va**mos. * **Si**gamos.

Segunda leitura
Da Homilia pascal de um Autor antigo
(Sermo 35, 6-9: PL 17 [ed. 1879], 696-697)

Cristo, autor da ressurreição e da vida

Lembrando a felicidade da salvação recuperada, Paulo exclama: *assim como por Adão entrou a morte neste mundo, da mesma forma por Cristo foi restituída a salvação ao mundo* (cf. Rm 5,12). E ainda: *O primeiro homem, tirado da terra, é terrestre; o segundo homem, que vem do céu, é celeste* (1Cor 15,47).

E prossegue, dizendo: *Como já refletimos a imagem do homem terreno,* isto é, envelhecido pelo pecado, assim também refletimos a imagem do *celeste* (1Cor 15,49), ou seja, conservaremos a salvação do homem recuperado, redimido, renovado e purificado em Cristo. Segundo o mesmo Apóstolo, Cristo é o princípio, quer dizer, é o autor da ressurreição e da vida; em seguida, vêm os que são de Cristo, isto é, os que vivendo na imitação da sua santidade, podem considerar-se sempre seguros na esperança da sua ressurreição e receber com ele a glória da promessa celeste. É o próprio Senhor quem afirma no Evangelho: *Quem me segue não perecerá, mas passará da morte para a vida* (cf. Jo 5,24).

Deste modo, a paixão do Salvador é a salvação da vida humana. Precisamente para isso ele quis morrer por nós, a fim de que, acreditando nele, vivamos para sempre. Ele quis, por algum tempo, tornar-se o que somos, para que, alcançando a sua promessa de eternidade, vivamos com ele para sempre.

É esta a imensa graça dos mistérios celestes, é este o dom da Páscoa, é esta a grande festa anual tão esperada, é este o princípio da nova criação.

Nesta solenidade, os novos filhos que são gerados nas águas vivificantes da santa Igreja, com a simplicidade de crianças recém-nascidas, fazem ouvir o balbuciar da sua consciência inocente. Nesta solenidade, os pais e mães cristãos obtêm, por meio da fé, uma nova e inumerável descendência.

Nesta solenidade, à sombra da árvore da fé, brilha o esplendor dos círios com o fulgor que irradia da pura fonte batismal. Nesta solenidade, desce do céu o dom da graça que santifica os recém-nascidos e o sacramento espiritual do admirável mistério que os alimenta.

Nesta solenidade, a assembleia dos fiéis, alimentada no regaço matemo da santa Igreja, formando um só povo e uma só família, adorando a Unidade da natureza divina e o nome da Trindade, canta com o Profeta o salmo da grande festa anual: *Este é o dia que o Senhor fez para nós, alegremo-nos e nele exultemos* (Sl 117,24).

Mas, pergunto, que dia é este? Precisamente, aquele que nos trouxe o princípio da vida, a origem e o autor da luz, o próprio Senhor Jesus Cristo que de si mesmo afirma: *Eu sou a luz. Se alguém caminha de dia, não tropeça (*Jo 8,12; 11,9), quer dizer, aquele que em todas as coisas segue a Cristo, chegará, seguindo os seus passos, ao trono da eterna luz. Assim pedia ele ao Pai em nosso favor, quando ainda vivia em seu corpo mortal, ao dizer: *Pai, quero que onde eu estou, aí estejam também os que acreditaram em mim; para que assim como tu estás em mim e eu em ti, assim também eles estejam em nós* (cf. Jo 17,20s).

Responsório 1Cor 15,47.49.48

R. O homem primeiro é terrestre porque é tirado da terra;
o segundo, porém, é celeste porque é do céu sua origem.
* Assim como em nós carregamos
a imagem do homem terrestre,
carreguemos em nós, igualmente,
a imagem do homem celeste. Aleluia.
V. Os terrestres são como o terrestre;
os celestes são como o celeste. * Assim como.

HINO Te Deum, p. 949.

Oração como nas Laudes.

524   Quarta-feira na oitava da Páscoa

Laudes

Hino, antífonas, salmos e cântico, como no domingo da Páscoa, p. 466.

Leitura breve   Rm 6,8-11

Se morremos com Cristo, cremos que também viveremos com ele. Sabemos que Cristo ressuscitado dos mortos não morre mais; a morte já não tem poder sobre ele. Pois aquele que morreu, morreu para o pecado uma vez por todas; mas aquele que vive, é para Deus que vive. Assim, vós também considerai-vos mortos para o pecado e vivos para Deus, em Jesus Cristo.

Em lugar do responsório se diz:

Ant. Este é o **dia** que o Se**nhor** fez para **nós**;
alegremo-nos e **ne**le exul**te**mos. Ale**lui**a.

Cântico evangélico, ant.

E, come**çan**do por Moi**sés** e os pro**fe**tas,
lhes expli**ca**va a Escri**tu**ra a seu res**pei**to. Ale**lui**a.

Preces

Oremos a Jesus Cristo, que se entregou à morte por nossos pecados e ressuscitou para nossa justificação; e aclamemos:

R. **Salvai-nos, Senhor, pela vossa vitória!**

Cristo Salvador, que ressuscitando de entre os mortos nos restituístes a esperança da vida imortal,
– santificai neste dia os nossos corações com a graça do Espírito Santo.   R.

Vós, que viveis e reinais gloriosamente na assembleia dos anjos e dos santos,
– recebei a adoração que vos prestamos em espírito e em verdade neste tempo santo da ressurreição.   R.

Cristo Jesus, salvai-nos e derramai a vossa misericórdia so-bre o povo que vive na esperança da ressurreição;

Hora Média

— conservai-nos, hoje e sempre, livres de todo o mal. R.

Cristo, rei da glória e nossa vida, reuni todos os fiéis na alegria que não tem fim,
— quando vierdes, no último dia, manifestar ao mundo a glória de vosso poder eterno. R.

(intenções livres)

Pai nosso...

Oração

Ó Deus, que nos alegrais todos os anos com a solenidade da ressurreição do Senhor, concedei-nos, pelas festas que celebramos nesta vida, chegar às eternas alegrias. Por nosso Senhor Jesus Cristo, vosso Filho, na unidade do Espírito Santo.

Hora Média

Hino, p. 488-489.

Salmodia

Antífona

Oração das Nove Horas:
O **Cris**to, que dos **mor**tos ressur**giu**,
já não **mor**re. Ale**lui**a.

Oração das Doze Horas:
Pelos **nos**sos pe**ca**dos se en**tre**gou
e ressur**giu** para **nos** justifi**car**. Ale**lui**a.

Oração das Quinze Horas:
Se com **Cris**to ressur**gis**tes,
procu**rai** o que é do **al**to. Ale**lui**a.

Numa destas Horas se dizem os salmos seguintes:

Quarta-feira na oitava da Páscoa

Salmo 118(119),9-16
II (Beth)

— 9 Como um jovem poderá ter vida pura? *
  Observando, ó Senhor, vossa palavra.

—10 De todo o coração eu vos procuro, *
  não deixeis que eu abandone a vossa lei!

—11 Conservei no coração vossas palavras, *
  a fim de que eu não peque contra vós.

—12 Ó Senhor, vós sois bendito para sempre; *
  os vossos mandamentos ensinai-me!

—13 Com meus lábios, ó Senhor, eu enumero *
  os decretos que ditou a vossa boca.

—14 Seguindo vossa lei me rejubilo *
  muito mais do que em todas as riquezas.

—15 Eu quero meditar as vossas ordens, *
  eu quero contemplar vossos caminhos!

—16 Minha alegria é fazer vossa vontade; *
  eu não posso esquecer vossa palavra.

Salmo 27(28),1-3.6-9

— 1 A vós eu clamo, ó Senhor, ó meu rochedo, *
  não fiqueis surdo à minha voz!

— Se não me ouvirdes, eu terei a triste sorte *
  dos que descem ao sepulcro!

— 2 Escutai o meu clamor, a minha súplica, *
  quando eu grito para vós;

— quando eu elevo, ó Senhor, as minhas mãos *
  para o vosso santuário.

— 3 Não deixeis que eu pereça com os malvados, *
  com quem faz a iniquidade;

— eles falam sobre paz com o seu próximo, *
  mas têm o mal no coração. —

Hora Média

— ⁶Bendito **seja** o Senhor, porque ouviu *
o cla**mor** da minha súplica!
— ⁷Minha **for**ça e escudo é o Senhor; *
meu cora**ção** nele confia.
— Ele aju**dou**-me e alegrou meu coração; *
eu canto em **festa** o seu louvor.
— ⁸O Se**nhor** é a fortaleza do seu povo *
e a salva**ção** do seu Ungido.
— ⁹**Salvai** o vosso povo e libertai-o; *
abençoai a vossa herança!
— Sede **vós** o seu pastor e o seu guia *
pelos **sé**culos eternos!

Salmo 115(116B)

— ¹⁰Guar**dei** a minha **fé**, mesmo di**zen**do: *
"É de**mais** o sofrimento em minha vida!"
— ¹¹Con**fiei**, quando dizia na aflição: *
"Todo **homem** é mentiroso! Todo homem!"
— ¹²Que pode**rei** retribuir ao Senhor Deus *
por tudo a**qui**lo que ele fez em meu favor?
— ¹³Elevo o **cá**lice da minha salvação, *
invo**can**do o nome santo do Senhor.
— ¹⁴Vou cum**prir** minhas promessas ao Senhor *
na pre**sen**ça de seu povo reunido.
— ¹⁵É sen**tida** por demais pelo Senhor *
a **mor**te de seus santos, seus amigos.
= ¹⁶Eis que **sou** o vosso servo, ó Senhor, †
vosso **ser**vo que nasceu de vossa serva; *
mas me que**bras**tes os grilhões da escravidão!
— ¹⁷Por isso o**fer**to um sacrifício de louvor, *
invo**can**do o nome santo do Senhor.
— ¹⁸Vou cum**prir** minhas promessas ao Senhor *
na pre**sen**ça de seu povo reunido;

Quarta-feira na oitava da Páscoa

—[19] nos **átrios** da casa do **Senhor**, *
em teu **meio**, ó cidade de Sião!

Salmodia complementar para as outras Horas, p. 1421.

Oração das Nove Horas

Ant. O **Cris**to, que dos **mor**tos ressur**giu**,
já não **morre**. Ale**lui**a.

Leitura breve
cf. Rm 4,24-25

Cremos naquele que ressuscitou dos mortos Jesus, nosso Senhor. Ele, Jesus, foi entregue por causa de nossos pecados e foi ressuscitado para nossa justificação.

V. Este é o **dia** que o **Se**nhor fez para **nós**. Ale**lui**a.
R. Ale**gre**mo-nos e **ne**le exul**te**mos. Ale**lui**a.

Oração das Doze Horas

Ant. Pelos **nos**sos pe**ca**dos se entre**gou**
e ressur**giu** para **nos** justifi**car**. Aleluia.

Leitura breve
1Jo 5,5-6a

Quem é o vencedor do mundo, senão aquele que crê que Jesus é o Filho de Deus? Este é o que veio pela água e pelo sangue: Jesus Cristo. Não veio somente com a água, mas com a água e o sangue.

V. Este é o **dia** que o **Se**nhor fez para **nós**. Ale**lui**a.
R. Ale**gre**mo-nos e **ne**le exul**te**mos. Ale**lui**a.

Oração das Quinze Horas

Ant. Se com **Cris**to ressurgistes,
procu**rai** o que é do **alto**. Aleluia.

Leitura breve
cf. Ef 4,23-24

Renovai o vosso espírito e a vossa mentalidade. Revesti o homem novo, criado à imagem de Deus, em verdadeira justiça e santidade.

Vésperas 529

V. Este é o **dia** que o Se**nhor** fez para **nós**. Ale**lui**a.
R. Ale**gre**mo-nos e **ne**le exul**te**mos. Ale**lui**a.

Oração

Ó Deus, que nos alegrais todos os anos com a solenidade da ressurreição do Senhor, concedei-nos, pelas festas que celebramos nesta vida, chegar às eternas alegrias. Por Cristo, nosso Senhor.

Vésperas

Hino, antífonas, salmos e cântico, como no domingo da Páscoa, p. 475.

Leitura breve   Hb 7,24-27

Cristo, uma vez que permanece para a eternidade, possui um sacerdócio que não muda. Por isso ele é capaz de salvar para sempre aqueles que, por seu intermédio, se aproximam de Deus. Ele está sempre vivo para interceder por eles. Tal é precisamente o sumo sacerdote que nos convinha: santo, inocente, sem mancha, separado dos pecadores e elevado acima dos céus. Ele não precisa, como os sumos sacerdotes, oferecer sacrifícios em cada dia, primeiro por seus próprios pecados e depois pelos do povo. Ele já o fez uma vez por todas, oferecendo-se a si mesmo.

Em lugar do responsório se diz:

Ant. Este é o **dia** que o Se**nhor** fez para **nós**;
ale**gre**mo-nos e **ne**le exul**te**mos. Ale**lui**a.

Cântico evangélico, ant.
Jesus en**trou** para ce**ar** junto com **e**les;
tomou o **pão** durante a **cei**a e, dando **graç**as,
o par**tiu** e deu a **e**les. Ale**lui**a.

Preces
Oremos a Cristo nosso Senhor, que ressuscitou de entre os mortos e está sentado à direita do Pai; e digamos confiantes:

R. Cristo, rei da glória, ouvi a nossa oração!

Lembrai-vos, Senhor, de todos os que se consagram ao vosso serviço,
— para que deem ao vosso povo o exemplo da verdadeira santidade. **R.**

Concedei aos governantes e legisladores o espírito de justiça e de paz,
— para que reine a concórdia em toda a comunidade humana.

R.

Orientai os caminhos de toda a humanidade para a esperança da salvação,
— e aumentai os bens da terra para podermos socorrer todos os necessitados. **R.**
(intenções livres)

Cristo, nosso Salvador, que nos libertastes da escravidão do pecado e da morte,
— concedei a luz eterna aos nossos irmãos e irmãs falecidos.

R.

Pai nosso...

Oração

Ó Deus, que nos alegrais todos os anos com a solenidade da ressurreição do Senhor, concedei-nos, pelas festas que celebramos nesta vida, chegar às eternas alegrias. Por nosso Senhor Jesus Cristo, vosso Filho, na unidade do Espírito Santo.

QUINTA-FEIRA NA OITAVA DA PÁSCOA

Invitatório

R. O Se**nhor** ressur**giu** real**mente.** Ale**lui**a.

Salmo invitatório como no Ordinário, p. 944.

Ofício das Leituras

Hino, p. 484.

Salmodia

Ant. 1 A **casa** de Israel agora o **diga:**
Eterna é a **sua** miseri**cór**dia. Ale**lu**ia.

Salmo 117(118)

I

—[1] Dai **graças** ao Se**nhor**, porque ele é **bom**! *
"Eterna é a sua misericórdia!"

—[2] A **casa** de Israel agora o **diga**: *
"Eterna é a sua misericórdia!"

—[3] A **casa** de Aarão agora o diga: *
"Eterna é a sua misericórdia!"

—[4] Os que **temem** o Senhor agora o **digam**: *
"Eterna é a sua misericórdia!"

—[5] Na minha an**gústia** eu clamei pelo Senhor, *
e o Se**nhor** me atendeu e libertou!

—[6] O Se**nhor** está comigo, nada temo; *
o que **pode** contra mim um ser humano?

—[7] O Se**nhor** está comigo, é o meu auxílio, *
hei de **ver** meus inimigos humilhados.

—[8] "É me**lhor** buscar refúgio no Senhor *
do que **pôr** no ser humano a esperança;

—[9] é me**lhor** buscar refúgio no Senhor *
do que con**tar** com os poderosos deste mundo!"

Ant. A **casa** de Israel agora o **diga**:
Eterna é a **sua** miseri**cór**dia. Ale**lu**ia.

Ant. 2 O Se**nhor** se tor**nou** para **mim** o Salva**dor**. Ale**lu**ia.

II

—[10] Povos pa**gãos** me rodearam todos **eles**, *
mas em **no**me do Senhor os derrotei;

Quinta-feira na oitava da Páscoa

– [11]de todo lado todos eles me cercaram, *
mas em nome do Senhor os derrotei;

= [12]como um enxame de abelhas me atacaram, †
como um fogo de espinhos me queimaram, *
mas em nome do Senhor os derrotei.

– [13]Empurraram-me, tentando derrubar-me, *
mas veio o Senhor em meu socorro.

– [14]O Senhor é minha força e o meu canto, *
e tornou-se para mim o Salvador.

– [15]"Clamores de alegria e de vitória *
ressoem pelas tendas dos fiéis.

= [16]A mão direita do Senhor fez maravilhas, †
a mão direita do Senhor me levantou, *
a mão direita do Senhor fez maravilhas!"

– [17]Não morrerei, mas, ao contrário, viverei *
para cantar as grandes obras do Senhor!

– [18]O Senhor severamente me provou, *
mas não me abandonou às mãos da morte.

Ant. O Senhor se tornou para mim o Salvador. Aleluia.

Ant. 3 Pelo Senhor é que foi feito tudo isso:
Que maravilhas ele fez a nossos olhos. Aleluia.

III

– [19]Abri-me vós, abri-me as portas da justiça; *
quero entrar para dar graças ao Senhor!

– [20]"Sim, esta é a porta do Senhor, *
por ela só os justos entrarão!"

– [21]Dou-vos graças, ó Senhor, porque me ouvistes *
e vos tornastes para mim o Salvador!

– [22]"A pedra que os pedreiros rejeitaram *
tornou-se agora a pedra angular.

– [23]Pelo Senhor é que foi feito tudo isso: *
Que maravilhas ele fez a nossos olhos!

Ofício das Leituras

—²⁴ Este é o **dia** que o Senhor fez para nós, *
alegremo-nos e nele exultemos!

—²⁵ Ó Se**nhor**, dai-nos a vossa salvação, *
ó Se**nhor**, dai-nos também prosperidade!"

—²⁶ **Bendi**to seja, em nome do Senhor, *
aquele que em seus átrios vai entrando!

— Desta **ca**sa do Senhor vos bendizemos. *
²⁷ Que o Se**nhor** e nosso Deus nos ilumine!

— Empu**nhai** ramos nas mãos, formai cortejo, *
aproxi**mai**-vos do altar, até bem perto!

—²⁸ Vós sois meu **Deus,** eu vos bendigo e agradeço! *
Vós sois meu **Deus**, eu vos exalto com louvores!

—²⁹ Dai **graças** ao Senhor, porque ele é bom! *
"Eterna é a sua misericórdia!"

Ant. Pelo Se**nhor** é que foi **fei**to tudo **isso:**
Que maravilhas ele **fez** a nossos **o**lhos. Ale**lui**a.

V. Céus e **ter**ra se **a**legram can**tan**do, ale**lui**a,
R. Pela re**ssur**rei**ção** do Se**nhor**. Ale**lui**a.

Primeira leitura
Da Primeira Carta de São Pedro   3,1-17

Imitação de Cristo

¹Esposas, submetei-vos aos vossos maridos. Assim, os que ainda não obedecem à Palavra poderão ser conquistados, mesmo sem discursos, pelo comportamento de suas esposas, ²ao observarem a sua conduta casta e respeitosa.³ O vosso adorno não consista em coisas externas, tais como cabelos trançados, joias de ouro, vestidos luxuosos, ⁴ mas na personalidade que se esconde no vosso coração, marcada pela estabilidade de um espírito suave e sereno, coisa preciosa diante de Deus. ⁵ Era assim que se adornavam, outrora, as santas mulheres que colocavam sua esperança em Deus: eram submissas aos seus maridos. ⁶ Deste modo, Sara obedeceu a Abraão chamando-o seu senhor. Vós vos tornareis

534   Quinta-feira na oitava da Páscoa

filhas de Sara, se praticardes o bem, sem vos deixardes intimidar por ninguém.

⁷De igual modo, vós, os maridos, convivei de modo sensato com vossas mulheres, tratando-as como um vaso mais frágil, e prestai-lhes a honra devida a co-herdeiras da graça da vida, para que não sejam frustradas as vossas orações.

⁸Finalmente, sede todos unânimes, compassivos, fraternos, misericordiosos e humildes. ⁹Não pagueis o mal com o mal, nem ofensa com ofensa. Ao contrário, abençoai, porque para isto fostes chamados: para serdes herdeiros da bênção. ¹⁰De fato, quem quer amar a vida
e ver dias felizes,
guarde a sua língua do mal
e seus lábios de falar mentiras.
¹¹Afaste-se do mal e faça o bem,
busque a paz e procure segui-la.
¹²Pois os olhos do Senhor repousam nos justos
e seus ouvidos estão atentos à sua prece,
mas o rosto do Senhor volta-se contra os malfeitores.

¹³Ora, quem é que vos fará mal, se vos esforçais para fazer o bem? ¹⁴Mas também, se tiverdes que sofrer por causa da justiça, sereis felizes. Não tenhais medo de suas intimidações, nem vos deixeis perturbar. ¹⁵Antes, santificai em vossos corações o Senhor Jesus Cristo, e estai sempre prontos a dar razão da vossa esperança a todo aquele que vo-la pedir. ¹⁶Fazei-o, porém, com mansidão e respeito e com boa consciência. Então, se em alguma coisa fordes difamados, ficarão com vergonha aqueles que ultrajam o vosso bom procedimento em Cristo. ¹⁷Pois será melhor sofrer praticando o bem, se esta for a vontade de Deus, do que praticando o mal.

Responsório   Lc 6,22.23a; 1Pd 3,14a
R. Felizes haveis de ser quando os homens vos odiarem,
    vos rejeitarem como ignomínia,
    por causa do Filho do Homem.

Oficio das Leituras

* **Alegrai**-vos naquele **dia** e exul**tai** porque será **grande**, nos **céus**, a vossa recom**pen**sa. Ale**luia**.
V. Fe**li**zes haveis de **ser**, se so**frer**des pela justiça.
* **Alegrai**-vos.

Segunda leitura

Das Catequeses de Jerusalém
(Cat. 20, Mystagogica 2, 4-6: PG 33,1079-1082) (Séc. IV)

O batismo, sinal da paixão de Cristo

Fostes conduzidos à santa fonte do divino batismo, como Cristo, descido da cruz, foi colocado diante do sepulcro.

A cada um de vós foi perguntado se acreditava no nome do Pai e do Filho e do Espírito Santo. Vós professastes a fé da salvação e fostes por três vezes mergulhados na água e por três vezes dela saístes; deste modo, significastes, em imagem e símbolo, os três dias da sepultura de Cristo.

Assim como nosso Senhor passou três dias e três noites no seio da terra, também vós, na primeira emersão, imitastes o primeiro dia em que Cristo esteve debaixo da terra; e na imersão, a primeira noite. De fato, como aquele que vive nas trevas não enxerga nada, pelo contrário, aquele que anda de dia está envolvido em plena luz. Assim também vós, na imersão, como que mergulhados na noite, nada vistes; mas na emersão, fostes como que restituídos ao dia. Num mesmo instante, morrestes e nascestes, e aquela água de salvação tornou-se para vós, ao mesmo tempo, sepulcro e mãe.

Apesar de situar-se em outro contexto, a vós se aplica perfeitamente o que disse Salomão: *Há um tempo para nascer e um tempo para morrer* (Ecl 3,2). Convosco sucedeu o contrário: houve um tempo para morrer e um tempo para nascer. Num mesmo instante realizaram-se ambas as coisas e, com a vossa morte, coincidiu o vosso nascimento.

Ó fato novo e inaudito! Na realidade, não morremos nem fomos sepultados nem crucificados nem ainda ressus-

536 Quinta-feira na oitava da Páscoa

citamos. No entanto, a imitação desses atos foi expressa através de uma imagem e daí brotou realmente a nossa salvação.

Cristo foi verdadeiramente crucificado, verdadeiramente sepultado e ressuscitou verdadeiramente. Tudo isto foi para nós um dom da graça, a fim de que, participando da sua paixão através do mistério sacramental, obtenhamos na realidade a salvação.

Ó maravilha de amor pelos homens! Em seus pés e mãos inocentes, Cristo recebeu os cravos e suportou a dor; e eu, sem dor nem esforço, mas apenas pela comunhão em suas dores, recebo gratuitamente a salvação.

Ninguém, portanto, julgue que o batismo consista apenas na remissão dos pecados e na graça da adoção filial. Assim era o batismo de João que concedia tão somente o perdão dos pecados. Pelo contrário, sabemos perfeitamente que o nosso batismo não só apaga os pecados e confere o dom do Espírito Santo, mas é também o exemplar e a expressão dos sofrimentos de Cristo. É por isso mesmo que Paulo exclama: *Será que ignorais que todos nós, batizados em Jesus Cristo, é na sua morte que fomos batizados? Pelo batismo na sua morte, fomos sepultados com ele* (Rm 6,3-4).

Responsório   cf. Ap 7,9

R. São **estes** os **no**vos cor**dei**ros
   que **de**ram o **seu** teste**mu**nho.
   Saíram há **pou**co das **águas**,
 * Resplen**den**tes de **luz**, ale**lui**a.
V. Estão **e**les, pe**ran**te o Cor**dei**ro,
   vestidos de **cân**didas **ves**tes,
   com **pal**mas de **gló**ria na **mão**. * Resplen**den**tes.

HINO Te Deum, p. 949.

Oração como nas Laudes.

Laudes

Hino, antífonas, salmos e cântico, como no domingo da Páscoa, p. 466.

Leitura breve   Rm 8,10-11

Se Cristo está em vós, embora vosso corpo esteja ferido de morte por causa do pecado, vosso espírito está cheio de vida, graças à justiça. E, se o Espírito daquele que ressuscitou Jesus dentre os mortos mora em vós, então aquele que ressuscitou Jesus Cristo dentre os mortos vivificará também vossos corpos mortais por meio do seu Espírito que mora em vós.

Em lugar do responsório se diz:

Ant. Este é o **dia** que o Se**nhor** fez para **nós**; ale**gre**mo-nos e **ne**le exul**te**mos. Ale**lui**a.

Cântico evangélico, ant.

Jesus apa**rece** no **mei**o dos **seus**
e lhes **diz**: Paz a **vós**! Ale**lui**a.

Preces

Unidos num só coração e numa só alma, invoquemos a Cristo ressuscitado, sempre presente em sua Igreja; e digamos:

R. **Ficai conosco, Senhor!**

Senhor Jesus, vencedor do pecado e da morte, permanecei no meio de nós,
— vós, que viveis e reinais pelos séculos sem fim.   **R.**

Vinde em nosso auxílio com vosso poder invencível,
— e revelai aos nossos corações a infinita bondade de Deus Pai.   **R.**

Salvai o mundo da violência e da discórdia,
— porque só vós tendes poder para renovar e reconciliar. **R.**

Confirmai-nos na fé da vitória final,

538 Quinta-feira na oitava da Páscoa

— e fortalecei-nos na esperança da vossa vinda gloriosa.
R. **Ficai conosco, Senhor!**

(intenções livres)

Pai nosso...

Oração

Ó Deus, que reunistes povos tão diversos no louvor do vosso nome, concedei aos que renasceram nas águas do batismo ter no coração a mesma fé e na vida a mesma caridade. Por nosso Senhor Jesus Cristo, vosso Filho, na unidade do Espírito Santo.

Hora Média

Hino, p. 488-489.
Salmodia

Antífona

Oração das Nove Horas:
O **Cris**to, que dos **mor**tos ressur**giu**,
já não **mor**re. Ale**lui**a.

Oração das Doze Horas:
Pelos **nos**sos peca**dos** se entre**gou**
e ressur**giu** para **nos** justificar. Ale**lui**a.

Oração das Quinze Horas:
Se com **Cris**to ressur**gis**tes,
procu**rai** o que é do **al**to. Ale**lui**a.

Numa destas Horas se dizem os salmos seguintes:

Salmo 118(119),17-24
III (Ghimel)

— [17]Sede **bom** com vosso ser**vo**, e vive**rei**, *
  e guarda**rei** vossa palavra, ó Senhor.
— [18]Abri meus **o**lhos, e então contemplarei *
  as mara**vi**lhas que encerra a **vos**sa lei!

Hora Média

—**¹⁹** Sou apenas peregrino sobre a terra, *
de **mim** não oculteis vossos preceitos!

—**²⁰** Minha **al**ma se consome o tempo todo *
em dese**jar** as vossas justas decisões.

—**²¹** Amea**çais** os orgulhosos e os malvados; *
maldito **se**ja quem transgride a vossa lei!

—**²²** Li**vrai**-me do insulto e do desprezo, *
pois eu **guar**do as vossas ordens, ó Senhor.

—**²³** Que os pode**ros**os reunidos me condenem; *
o que me im**por**ta é o vosso julgamento!

—**²⁴** Minha ale**gria** é a vossa Aliança, *
meus conse**lheiro**s são os vossos mandamentos.

Salmo 29(30)

I

– **²** Eu vos e**xal**to, ó Se**nhor**, pois me li**vrastes**, *
e não deixá**stes** rir de mim meus inimigos!

– **³** Se**nhor**, clamei por vós, pedindo ajuda, *
e vós, meu **Deus**, me devolvestes a saúde!

– **⁴** Vós ti**rastes** minha alma dos abismos *
e me sal**vastes**, quando estava já morrendo!

– **⁵** Cantai **sal**mos ao Senhor, povo fiel, *
dai-lhe **graças** e invocai seu santo nome!

– **⁶** Pois sua **ira** dura apenas um momento, *
mas sua bon**da**de permanece a vida inteira;

– se à **tar**de vem o pranto visitar-nos, *
de man**hã** vem saudar-nos a alegria.

II

– **⁷** Nos mo**men**tos mais fe**li**zes eu dizia: *
"Ja**mais** hei de sofrer qualquer desgraça!"

–**⁸** Honra e po**der** me concedia a vossa graça, *
mas escon**des**tes vossa face e perturbei-me. –

Quinta-feira na oitava da Páscoa

– [9]Por **vós**, ó meu Senhor, agora eu clamo, *
e im**plo**ro a piedade do meu Deus:
– [10]"Que van**ta**gem haverá com minha morte, *
e que **lu**cro, se eu descer à sepultura?

– Por a**ca**so, pode o pó agradecer-vos *
e anunci**ar** vossa leal fidelidade?
– [11]Escu**tai**-me, Senhor Deus, tende piedade! *
Sede, Se**nhor**, o meu abrigo protetor!

– [12]Transfor**mas**tes o meu pranto em uma festa, *
meus fa**rra**pos, em adornos de alegria,
= [13]para minh'**al**ma vos louvar ao som da harpa †
e ao in**vés** de se calar, agradecer-vos: *
Senhor, meu **Deus**, eternamente hei de louvar-vos!

Salmodia complementar para as outras Horas, p. 1421.

Oração das Nove Horas

Ant. O **Cris**to, que dos **mor**tos ressur**giu**,
já não **morre**. Ale**lu**ia.

Leitura breve   1Cor 12,13

Todos nós, judeus ou gregos, escravos ou livres, fomos batizados num único Espírito, para formarmos um único corpo, e todos nós bebemos de um único Espírito.

V. Este é o **dia** que o Se**nhor** fez para **nós**. Ale**lu**ia.
R. Ale**gre**mo-nos e **ne**le exul**te**mos. Ale**lu**ia.

Oração das Doze Horas

Ant. Pelos **nossos** pe**ca**dos se entre**gou**
e ressur**giu** para **nos** justifi**car**. Ale**lu**ia.

Leitura breve   Tt 3,5b-7

Deus nos salvou quando renascemos e fomos renovados no batismo pelo Espírito Santo, que ele derramou abundantemente sobre nós por meio de nosso Salvador Jesus Cristo. Justificados assim, pela sua graça, nos tornamos na esperança herdeiros da vida eterna.

Vésperas

V. Este é o **dia** que o Se**nhor** fez para **nós**. Ale**luia**.
R. Alegremo-nos e **ne**le exultemos. Ale**luia**.

Oração das Quinze Horas

Ant. Se com **Cris**to ressur**gis**tes,
procu**rai** o que é do **al**to. Ale**luia**.

Leitura breve
cf. Cl 1,12-14

Demos graças ao Pai, que nos tornou capazes de participar da luz, que é a herança dos santos. Ele nos libertou do poder das trevas e nos recebeu no Reino de seu Filho amado, por quem temos a redenção, o perdão dos pecados.

V. Este é o **dia** que o Se**nhor** fez para **nós**. Ale**luia**.
R. Alegremo-nos e **ne**le exultemos. Ale**luia**.

Oração

Ó Deus, que reunistes povos tão diversos no louvor do vosso nome, concedei aos que renasceram nas águas do batismo ter no coração a mesma fé e na vida a mesma caridade. Por Cristo, nosso Senhor.

Vésperas

Hino, antífonas, salmos e cântico, como no domingo da Páscoa, p. 475.

Leitura breve
1Pd 3,18.21b-22

Cristo morreu, uma vez por todas, por causa dos pecados, o justo, pelos injustos, a fim de vos conduzir a Deus. Sofreu a morte, na sua existência humana, mas recebeu nova vida pelo Espírito. Pois o batismo não serve para limpar o corpo da imundície, mas é um pedido a Deus para obter uma boa consciência, em virtude da ressurreição de Jesus Cristo. Ele subiu ao céu e está à direita de Deus, submetendo-se a ele anjos, dominações e potestades.

542   Quinta-feira na oitava da Páscoa

Em lugar do responsório se diz:

Ant. Este é o **dia** que o **Senhor** fez para **nós**;
alegremo-nos e **ne**le exul**te**mos. Ale**lui**a.

Cântico evangélico, ant.

Olhai minhas **mãos** e **ve**de meus **pés**: sou **eu**, aleluia.

Preces

Louvemos com alegria a Cristo Jesus, ressuscitado de entre
os mortos como primícias dos que adormeceram na esperança da luz eterna; e rezemos:

R. **Senhor ressuscitado, ouvi a nossa oração!**

Lembrai-vos, Senhor, da vossa Igreja edificada sobre o fundamento dos apóstolos, e que se faz presente pelo mundo
inteiro;

—abençoai todos aqueles que invocam o vosso nome.   R.

Jesus Cristo, médico dos corpos e das almas,

—visitai-nos e salvai-nos pela vossa misericórdia.   R.

Curai e reconfortai os doentes,

— e livrai-os de toda enfermidade.   R.

Ajudai os aflitos e oprimidos,

—e sustentai os que padecem necessidade.   R.

(intenções livres)

Vós, que, pela cruz e ressurreição, abristes para todos o
caminho da imortalidade,

—concedei as alegrias do vosso Reino aos nossos irmãos e
irmãs falecidos.   R.

Pai nosso...

Oração

Ó Deus, *que reunistes povos tão diversos no louvor do vos-*
so nome, concedei aos que renasceram nas águas do batismo ter no coração a mesma fé e na vida a mesma caridade.
Por nosso Senhor Jesus Cristo, vosso Filho, na unidade do
Espírito Santo.

Ofício das Leituras

SEXTA-FEIRA NA OITAVA DA PÁSCOA

Invitatório

R. O Senhor ressurgiu realmente. Aleluia.

Salmo invitatório como no Ordinário, p. 944.

Ofício das Leituras

Hino, p. 484.

Salmodia

Ant. 1 Demos graças ao Senhor porque ele é bom:
somente ele é que fez grandes maravilhas. Aleluia.

Salmo 135(136)

I

— 1 Demos graças ao Senhor, porque ele é bom: *
Porque eterno é seu amor!
— 2 Demos graças ao Senhor, Deus dos deuses: *
Porque eterno é seu amor!
— 3 Demos graças ao Senhor dos senhores: *
Porque eterno é seu amor!

— 4 Somente ele é que fez grandes maravilhas: *
Porque eterno é seu amor!
— 5 Ele criou o firmamento com saber: *
Porque eterno é seu amor!
— 6 Estendeu a terra firme sobre as águas: *
Porque eterno é seu amor!

— 7 Ele criou os luminares mais brilhantes: *
Porque eterno é seu amor!
— 8 Criou o sol para o dia presidir: *
Porque eterno é seu amor!
— 9 Criou a lua e as estrelas para a noite: *
Porque eterno é seu amor!

Ant. Demos graças ao Senhor porque ele é bom:
somente ele é que fez grandes maravilhas. Aleluia.

Sexta-feira na oitava da Páscoa

Ant. 2 Do Egito ele tirou a Israel,
porque eterno é seu amor. Aleluia.

II

– ¹⁰Ele feriu os primogênitos do Egito: *
Porque eterno é seu amor!
– ¹¹E tirou do meio deles Israel: *
Porque eterno é seu amor!
– ¹²Com mão forte e com braço estendido: *
Porque eterno é seu amor!
– ¹³Ele cortou o mar Vermelho em duas partes: *
Porque eterno é seu amor!
– ¹⁴Fez passar no meio dele Israel: *
Porque eterno é seu amor!
– ¹⁵E afogou o Faraó com suas tropas: *
Porque eterno é seu amor

Ant. Do Egito ele tirou a Israel,
porque eterno é seu amor. Aleluia.

Ant. 3 O Senhor nos libertou de nossos inimigos. Aleluia.

III

– ¹⁶Ele guiou pelo deserto o seu povo: *
Porque eterno é seu amor!
– ¹⁷E feriu por causa dele grandes reis: *
Porque eterno é seu amor!
– ¹⁸Reis poderosos fez morrer por causa dele: *
Porque eterno é seu amor!
– ¹⁹A Seon que fora rei dos amorreus: *
Porque eterno é seu amor!
– ²⁰E a **Og**, o soberano de Basã: *
Porque eterno é seu amor!
– ²¹Repartiu a terra deles como herança: *
Porque eterno é seu amor!

Ofício das Leituras

—22 Como herança a Israel, seu servidor: *
Porque eterno é seu amor!
—23 De nós, seu povo humilhado, recordou-se: *
Porque eterno é seu amor!
—24 De nossos inimigos libertou-nos: *
Porque eterno é seu amor!
—25 A todo ser vivente ele alimenta: *
Porque eterno é seu amor!
—26 Demos graças ao Senhor, o Deus dos céus: *
Porque eterno é seu amor!

Ant. O Senhor nos libertou de nossos inimigos. Aleluia.

V. Deus nos fez renascer para a viva esperança, aleluia.
R. Pela ressurreição do Senhor dentre os mortos. Aleluia.

Primeira leitura
Da Primeira Carta de São Pedro   3,18-4,11

A espera da vinda do Senhor

Caríssimos: 3,18 Com efeito, também Cristo morreu, uma vez por todas, por causa dos pecados, o justo, pelos injustos, a fim de vos conduzir a Deus. Sofreu a morte, na sua existência humana, mas recebeu nova vida pelo Espírito. 19 No Espírito, ele foi também pregar aos espíritos na prisão, 20 a saber, aos que foram desobedientes antigamente, quando Deus usava de longanimidade, nos dias em que Noé construía a arca. Nesta arca, umas poucas pessoas – oito – foram salvas por meio da água. 21 À arca corresponde o batismo, que hoje é a vossa salvação. Pois o batismo não serve para limpar o corpo da imundície, mas é um pedido a Deus para obter uma boa consciência, em virtude da ressurreição de Jesus Cristo. 22 Ele subiu ao céu e está à direita de Deus, submetendo-se a ele anjos, dominações e potestades.

4,1 Já que Cristo sofreu na carne, vós também deveis preparar-vos com esta convicção: aquele que sofreu na carne rompeu com o pecado. 2 Assim, ele viverá o resto de sua vida corpo-

546   **Sexta-feira na oitava da Páscoa**

ral guiado pela vontade de Deus e não por paixões humanas. [3]Basta o tempo que passastes praticando os caprichos dos pagãos, entregues à dissolução, paixões, embriaguez, comilanças, bebedeiras e idolatrias abomináveis. [4]Agora, eles estranham que não mais vos entregais à mesma torrente de perdição, e vos cobrem de insultos. [5]Mas eles terão de prestar contas àquele que está pronto para julgar os vivos e os mortos. [6]Pois exatamente para isto o evangelho foi anunciado aos mortos: para que sejam julgados à maneira dos homens, na carne, mas possam viver conforme Deus, no espírito.

[7]O fim de todas as coisas está próximo. Vivei com inteligência e vigiai, dados à oração. [8]Sobretudo, cultivai o amor mútuo, com todo o ardor, porque o amor cobre uma multidão de pecados. [9]Sede hospitaleiros uns com os outros, sem reclamações. [10]Como bons administradores da multiforme graça de Deus, cada um coloque à disposição dos outros o dom que recebeu. [11]Se alguém tem o dom de falar, proceda como com palavras de Deus. Se alguém tem o dom do serviço, exerça-o como capacidade, proporcionada por Deus, a fim de que, em todas as coisas, Deus seja glorificado, em virtude de Jesus Cristo, a quem pertencem a glória e o poder, pelos séculos dos séculos. Amém.

Responsório   1Pd 3,18.22

R. O **Cris**to mor**reu** pelos **nos**sos pecados
    pelos ímpios, o **jus**to e ofer**tou**-nos a **Deus**;
  * Foi **mor**to na **carne**, mas **vive** no Es**pírito**. Ale**luia**.
V. Es**tá** à di**reita** de **Deus**, a**pós** ter a**ceito** a **mor**te
  fi**can**do-lhe su**bordinados** potes**tades**, po**deres** e **anjos**.
  * Foi **mor**to.

Segunda leitura
Das Catequeses de Jerusalém

(Cat. 21, Mystagogica 3, 1-3: PG 33, 1087-1091) (Séc. IV)

A unção do Espírito Santo

Batizados em Cristo e revestidos de Cristo, vós vos tornastes semelhantes ao Filho de Deus. Com efeito, Deus que nos predestinou para a adoção de filhos tornou-nos semelhantes ao corpo glorioso de Cristo. Feitos, portanto, participantes do corpo de Cristo, com toda a razão sois chamados "cristãos", isto é, ungidos; pois foi de vós que Deus disse: *Não toqueis nos meus ungidos* (Sl 104,15).

Tornastes-vos "cristãos" no momento em que recebestes o selo do Espírito Santo; e tudo isto foi realizado sobre vós em imagem, uma vez que sois imagem de Cristo. Na verdade, quando ele foi batizado no rio Jordão e saiu das águas, nas quais deixara a fragrância de sua divindade, realizou-se então a descida do Espírito Santo em pessoa, repousando sobre ele como o igual sobre o igual.

O mesmo aconteceu convosco: depois que subistes da fonte sagrada, o óleo do crisma vos foi administrado, imagem real daquele com o qual Cristo foi ungido, e que é, sem dúvida, o Espírito Santo. Isaías, contemplando profeticamente este Espírito, disse em nome do Senhor: *O Espírito do Senhor está sobre mim, porque o Senhor me ungiu; enviou-me para dar a boa-nova aos humildes* (Is 61,1).

Cristo jamais foi ungido por homem, seja com óleo ou com outro unguento material. Mas o Pai, ao predestiná-lo como Salvador do mundo inteiro, o ungiu com o Espírito Santo. É o que nos diz Pedro: *Jesus de Nazaré foi ungido por Deus com o Espírito Santo* (At 10,38). E o profeta Davi cantava: *Vosso trono, ó Deus, é eterno, sem fim; vosso cetro real é sinal de justiça: vós amais a justiça e odiais a maldade. É por isso que Deus vos ungiu com seu óleo, deu-vos mais alegria que aos vossos amigos* (Sl 44,7-8).

Cristo foi ungido com o óleo espiritual da alegria, isto é, com o Espírito Santo, chamado óleo de alegria, precisamente por ser o autor da alegria espiritual. Vós, porém,

Sexta-feira na oitava da Páscoa

fostes ungidos com o óleo do crisma, tornando-vos participantes da natureza de Cristo e chamados a conviver com ele.

Quanto ao mais, não julgueis que este crisma é um óleo simples e comum. Depois da invocação, já não é um óleo simples ou comum, mas um dom de Cristo e do Espírito Santo, tornando-se eficaz pela presença da divindade. Simbolicamente, unge-se com ele a fronte e os outros membros. E enquanto o corpo é ungido com o óleo visível, o homem é santificado pelo Espírito Santo que dá a vida.

Responsório   Ef 1,13b-14; 2Cor 1,21b-22

R. Quando abraçastes vossa **fé**, fostes marca**dos**
com o si**nal** do Espírito **San**to prome**ti**do,
o **qual** é o pe**nhor** da nossa he**ran**ça,
* Para sal**var** o povo que **ele** conquis**tou**,
em lou**vor** da sua **gló**ria, ale**luia**.

V. Deus nos un**giu** e nos mar**cou** com o seu **se**lo
e deu aos **nos**sos cora**ções** o seu Es**pí**rito,
como pe**nhor** da vida e**ter**na, ale**luia**. * Para sal**var**.

HINO Te Deum, p. 949.

Oração como nas Laudes.

Laudes

Hino, antífonas, salmos e cântico, como no domingo da Páscoa, p. 466.

Leitura breve   At 5,30-32

O Deus de nossos pais ressuscitou Jesus, a quem vós matastes, pregando-o numa cruz. Deus, por seu poder, o exaltou, tornando-o Guia Supremo e Salvador, para dar ao povo de Israel a conversão e o perdão dos seus pecados. E disso somos testemunhas, nós e o Espírito Santo, que Deus concedeu àqueles que lhe obedecem.

Laudes

Em lugar do responsório se diz:

Ant. Este é o **dia** que o Se**nhor** fez para **nós**;
ale**gre**mo-nos e **ne**le exul**te**mos. Ale**lu**ia.

Cântico evangélico, ant.

Je**sus** apare**ceu** terceira **vez** a seus dis**cí**pulos
de**pois** de haver **res**susci**ta**do, ale**lu**ia.

Preces

Oremos a Deus Pai, que pela ressurreição de Jesus Cristo
nos deu uma vida nova; e supliquemos humildemente:

R. **Iluminai-nos, Senhor, com a luz de Cristo!**

Deus de bondade e fidelidade, que criastes o universo e
manifestastes a todas as gerações o vosso desígnio de salvação,
—escutai-nos, ó Pai clementíssimo. R.

Purificai os nossos corações com a luz da vossa verdade,
—para que todas as nossas obras sejam justas e agradáveis
aos vossos olhos. R.

Fazei brilhar sobre nós a luz da vossa face,
—para que, libertos do pecado, nos saciemos com a riqueza
de vossos dons. R.

Vós, que por Cristo nos reconciliastes convosco,
—fazei reinar a vossa paz em toda a terra. R.

(intenções livres)

Pai nosso...

Oração

Deus eterno e todo-poderoso, que no Sacramento pascal
restaurastes vossa aliança, reconciliando convosco a humanidade, concedei-nos realizar em nossa vida o mistério
que celebramos na fé. Por nosso Senhor Jesus Cristo, vosso
Filho, na unidade do Espírito Santo.

Sexta-feira na oitava da Páscoa

Hora Média

Hino, p. 488-489.

Salmodia

Antífona

Oração das Nove Horas:
O **Cristo**, que dos **mor**tos ressur**giu**,
já não **mor**re, ale**luia**.

Oração das Doze Horas:
Pelos **nos**sos peca**dos** se entre**gou**
e ressur**giu** para **nos** justifi**car**. Ale**luia**.

Oração das Quinze Horas:
Se com **Cris**to ressur**gistes**,
procu**rai** o que é do **al**to. Ale**luia**.

Numa destas Horas se dizem os salmos seguintes:

Salmo 118(119),25-32
IV (Daleth)

–25 A minha **al**ma está prostra**da** na poei**ra**, *
vossa pa**la**vra me devolva a minha vida!

–26 Eu vos nar**rei** a minha sorte e me atendestes, *
ensi**nai**-me, ó Senhor, vossa vontade!

–27 Fa**zei**-me conhecer vossos caminhos, *
e en**tão** meditarei vossos prodígios!

–28 A minha **al**ma chora e geme de tristeza, *
vossa pa**la**vra me console e reanime!

–29 Afas**tai**-me do caminho da mentira *
e **dai**-me a vossa lei como um presente!

–30 Esco**lhi** seguir a trilha da verdade, *
diante de **mim** eu coloquei vossos preceitos.

–31 De cora**ção** quero apegar-me à vossa lei; *
ó Se**nhor**, não me deixeis desiludido!

Hora Média

— ³²De **vos**sos mandamentos corro a estrada, *
porque **vós** me dilatais o coração.

Salmo 75(76)

I

— ²Em Ju**dá** o Senhor **Deus** é conhe**ci**do, *
e seu **no**me é grandioso em Israel.
— ³Em Sa**lém** ele fixou a sua tenda, *
em Si**ão** edificou sua morada.
— ⁴E a**li** quebrou os arcos e as flechas, *
os es**cu**dos, as espadas e outras armas.
— ⁵Resplen**den**te e majestoso apareceis *
sobre **mon**tes de despojos conquistados.

= ⁶Despo**jas**tes os guerreiros valorosos †
que já **dor**mem o seu sono derradeiro, *
inca**pa**zes de apelar para os seus braços.
— ⁷Ante as **vos**sas ameaças, ó Senhor, *
estarre**ce**ram-se os carros e os cavalos.

II

— ⁸Sois ter**rí**vel, real**men**te, Senhor **Deus**! *
E quem **po**de resistir à vossa ira?
— ⁹Lá do **céu** pronunciastes a sentença, *
e a **ter**ra apavorou-se e emudeceu,
— ¹⁰quando **Deus** se levantou para julgar *
e liber**tar** os oprimidos desta terra.

— ¹¹Mesmo a re**vol**ta dos mortais vos dará glória, *
e os que so**bra**ram do furor vos louvarão.
— ¹²Ao vosso **Deus** fazei promessas e as cumpri; *
vós que o cer**cais**, trazei ofertas ao Terrível;
— ¹³ele es**ma**ga os reis da terra em seu orgulho, *
e faz tre**mer** os poderosos deste mundo!

Salmodia complementar para as outras Horas, p. 1421.

Oração das Nove Horas

Ant. O **Cris**to, que dos **mor**tos ressur**giu**,
já não **mor**re, ale**lui**a.

Leitura breve   At 2,32.36

Deus ressuscitou Jesus e disto todos nós somos testemunhas. Portanto, que todo o povo de Israel reconheça com
plena certeza: Deus constituiu Senhor e Cristo a este Jesus
que vós crucificastes.

V. Este é o **dia** que o **Se**nhor fez para **nós**. Ale**lui**a.
R. Ale**gre**mo-nos e **ne**le exul**te**mos. Ale**lui**a.

Oração das Doze Horas

Ant. Pelos **nos**sos pe**ca**dos se entre**gou**
e ressur**giu** para **nos** justifi**car**. Ale**lui**a.

Leitura breve   Gl 3,27-28

Vós todos, que fostes batizados em Cristo, vos revestistes
de Cristo. O que vale não é mais ser judeu nem grego, nem
escravo nem livre, nem homem nem mulher, pois todos vós
sois um só, em Jesus Cristo.

V. Este é o **dia** que o **Se**nhor fez para **nós**. Ale**lui**a.
R. Ale**gre**mo-nos e **ne**le exul**te**mos. Ale**lui**a.

Oração das Quinze Horas

Ant. Se com **Cris**to ressur**gis**tes,
procu**rai** o que é do **al**to. Ale**lui**a.

Leitura breve   1Cor 5,7-8

Lançai fora o fermento velho, para que sejais uma massa
nova, já que deveis ser sem fermento. Pois o nosso cordeiro
pascal, Cristo, já está imolado. Assim, celebremos a festa,
não com velho fermento nem com o fermento de maldade
ou de perversidade, mas com os pães ázimos de pureza e
de verdade.

Vésperas 553

V. Este é o **dia** que o Se**nhor** fez para **nós**. Ale**luia**.
R. Ale**gre**mo-nos e **ne**le exul**te**mos. Ale**luia**.

Oração

Deus eterno e todo-poderoso, que no Sacramento pascal restaurastes vossa aliança, reconciliando convosco a humanidade, concedei-nos realizar em nossa vida o mistério que celebramos na fé. Por Cristo, nosso Senhor.

Vésperas

Hino, antífonas, salmos e cântico, como no domingo da Páscoa, p. 475.

Leitura breve   Hb 5,8-10

Mesmo sendo Filho, aprendeu o que significa a obediência a Deus por aquilo que ele sofreu. Mas, na consumação de sua vida, tornou-se causa de salvação eterna para todos os que lhe obedecem. De fato, ele foi por Deus proclamado sumo sacerdote na ordem de Melquisedec.

Em lugar do responsório se diz:

Ant. Este é o **dia** que o Se**nhor** fez para **nós**;
alegremo-nos e **ne**le exul**te**mos. Ale**luia**.

Cântico evangélico, ant.

O dis**cí**pulo, a **quem** Jesus a**ma**va,
disse a **e**les: É o Se**nhor**, ale**lui**a.

Preces

Glorifiquemos a Cristo, caminho, verdade e vida; e o invoquemos, dizendo:
R. **Filho de Deus vivo, abençoai o vosso povo!**

Nós vos pedimos, Senhor Jesus Cristo, por todos os ministros da Igreja, que repartem o pão da vida entre os irmãos,
– para que sejam também eles alimentados e fortalecidos pelo mesmo pão que distribuem.   R.

Nós vos pedimos por todo o povo cristão, para que viva sua vocação de maneira digna,

— e mantenha a unidade de espírito pelo vínculo da paz.

R. **Filho de Deus vivo, abençoai o vosso povo!**

Nós vos pedimos por todos os que nos governam, para que exerçam suas funções com justiça e compreensão,

— e assim promovam a concórdia e a paz entre todos os povos. R.

(intenções livres)

Nós vos pedimos que nos torneis dignos de celebrar a vossa santa ressurreição em comunhão com os anjos e os santos,

— e também com nossos irmãos e irmãs falecidos, que confiamos à vossa infinita misericórdia. R.

Pai nosso...

Oração

Deus eterno e todo-poderoso, que no Sacramento pascal restaurastes vossa aliança, reconciliando convosco a humanidade, concedei-nos realizar em nossa vida o mistério que celebramos na fé. Por nosso Senhor Jesus Cristo, vosso Filho, na unidade do Espírito Santo.

SÁBADO NA OITAVA DA PÁSCOA

Invitatório

R. O Senhor ressurgiu realmente. Aleluia.

Salmo invitatório como no Ordinário, p. 944.

Ofício das Leituras

Hino, p. 484.

Salmodia

Ant. 1 Grande é o Senhor, é sem limites sua grandeza. Aleluia.

Ofício das Leituras

Salmo 144(145)

I

– ¹Ó meu **Deus**, quero exal**tar**-vos, ó meu **Rei**, *
e bendi**zer** o vosso nome pelos séculos.

– ²Todos os **dia**s haverei de bendi**zer**-vos, *
hei de lou**var** o vosso nome para sempre.

– ³Grande é o Se**nhor** e muito digno de louvores, *
e nin**guém** pode medir sua grandeza.

– ⁴Uma i**dade** conta à outra vossas obras *
e pu**blica** os vossos feitos poderosos;

– ⁵proclamam **to**dos o esplendor de vossa glória *
e divul**gam** vossas obras portentosas!

– ⁶Narram **to**dos vossas obras poderosas, *
e de **vos**sa imensidade todos falam.

– ⁷Eles re**cor**dam vosso amor tão grandioso *
e exal**tam**, ó Senhor, vossa justiça.

– ⁸Miseri**cór**dia e piedade é o Senhor, *
ele é a**mor**, é paciência, é compaixão.

– ⁹O Se**nhor** é muito bom para com todos, *
sua ter**nura** abraça toda criatura

Ant. Grande é o Se**nhor**, é sem li**mites** sua gran**deza**.
Ale**lu**ia.

Ant. 2 O Se**nhor** manifes**tou** a sua **glória**
e o ful**gor** de seu **Reino** esplendo**roso**. Ale**lu**ia.

II

– ¹⁰Que vossas **obras**, ó Se**nhor**, vos glorifi**quem**, *
e os vossos **san**tos com louvores vos bendi**gam**!

– ¹¹Narrem a **glória** e o esplendor do vosso Reino *
e **sai**bam proclamar vosso poder!

– ¹²Para espa**lhar** vossos prodígios entre os homens *
e o ful**gor** de vosso Reino esplendo**roso**.

556 Sábado na oitava da Páscoa

—13 O vosso **Rei**no é um reino para sempre, *
vosso po**der**, de geração em geração.

Ant. O Se**nhor** manifes**tou** a sua **gló**ria
e o ful**gor** de seu **Rei**no esplendo**ros**o. Ale**lui**a.

Ant. 3 Ben**di**ga todo **ser** seu nome **san**to
desde a**go**ra e para **sem**pre. Ale**lui**a.

III

—13b O Se**nhor** é amor fi**el** em sua pa**la**vra, *
é santi**da**de em toda obra que ele faz.

—14 Ele sus**ten**ta todo aquele que vacila *
e le**van**ta todo aquele que tombou.

—15 Todos os **o**lhos, ó Senhor, em vós esperam *
e vós lhes **dais** no tempo certo o alimento;

—16 vós **a**bris a vossa mão prodigamente *
e saci**ais** todo ser vivo com fartura.

—17 É **jus**to o Senhor em seus caminhos, *
é **san**to em toda obra que ele faz.

—18 Ele está **per**to da pessoa que o invoca, *
de todo a**que**le que o invoca lealmente.

—19 O Se**nhor** cumpre os desejos dos que o temem, *
ele es**cu**ta os seus clamores e os salva.

—20 O Senhor **guar**da todo aquele que o ama, *
mas dis**per**sa e extermina os que são ímpios.

=21 Que a minha **bo**ca cante a glória do Senhor †
e que ben**di**ga todo ser seu nome santo *
desde a**go**ra, para sempre e pelos séculos.

Ant. Ben**di**ga todo **ser** seu nome **san**to
desde a**go**ra e para **sem**pre. Ale**lui**a.

V. Deus, o **Pai**, ressusci**tou** a Jesus **Cris**to
dentre os **mor**tos, aleluia,

R. Para que esteja no Se**nhor** a nossa **fé**
e esperança. Ale**lui**a.

Ofício das Leituras

Primeira leitura
Da Primeira Carta de São Pedro 4,12-5,14

Recomendações aos presbíteros e aos fiéis

4,12Caríssimos, não estranheis o fogo da provação que se alastra entre vós, como se alguma coisa de estranho vos estivesse acontecendo. 13Alegrai-vos por participar dos sofrimentos de Cristo, para que possais também exultar de alegria na revelação da sua glória. 14Se sofreis injúrias por causa do nome de Cristo, sois felizes, pois o Espírito da glória, o Espírito de Deus repousa sobre vós. 15Mas nenhum de vós queira sofrer como assassino, ladrão ou malfeitor, ou por intrometer-se na vida dos outros. 16Se, porém, alguém sofrer como cristão, não se envergonhe. Antes, glorifique a Deus por este nome.

17Porque chegou o tempo do julgamento, que deve começar pela família de Deus. Ora, se ele começa por nós, qual será o fim dos que se recusam a obedecer ao evangelho de Deus?

18Se mal consegue salvar-se o justo,
o que será do ímpio e do pecador?

19Assim, pois, os que sofrem segundo a vontade de Deus entreguem suas vidas ao Criador, que é fiel, e dediquem-se à prática do bem.

5,1Exorto aos presbíteros que estão entre vós, eu, presbítero como eles, testemunha dos sofrimentos de Cristo e participante da glória que será revelada: 2Sede pastores do rebanho de Deus, confiado a vós; cuidai dele, não por coação, mas de coração generoso; não por torpe ganância, mas livremente; 3não como dominadores daqueles que vos foram confiados, mas antes, como modelos do rebanho. 4Assim, quando aparecer o pastor supremo, recebereis a coroa permanente da glória.

5Igualmente vós, jovens, sede submissos aos mais velhos. Revesti-vos todos de humildade no relacionamento mútuo, porque

Deus resiste aos soberbos,
mas dá a sua graça aos humildes.
⁶Rebaixai-vos, pois, humildemente, sob a poderosa mão de Deus, para que, na hora oportuna, ele vos exalte. ⁷Lançai sobre ele toda a vossa preocupação, pois é ele quem cuida de vós. ⁸Sede sóbrios e vigilantes. O vosso adversário, o diabo, rodeia como um leão a rugir, procurando a quem devorar. ⁹Resisti-lhe, firmes na fé, certos de que iguais sofrimentos atingem também os vossos irmãos pelo mundo afora.

¹⁰Depois de terdes sofrido um pouco, o Deus de toda a graça, que vos chamou para a sua glória eterna, em Cristo, vos restabelecerá e vos tornará firmes, fortes e seguros. ¹¹A ele pertence o poder, pelos séculos dos séculos. Amém.

¹²Por meio de Silvano, que considero um irmão fiel junto de vós, envio-vos esta breve carta, para vos exortar e para atestar que esta é a verdadeira graça de Deus, na qual estais firmes. ¹³A Igreja que está em Babilônia, eleita como vós, vos saúda, como também, Marcos, o meu filho. ¹⁴Saudai-vos uns aos outros com o abraço do amor fraterno. A paz esteja com todos vós que estais em Cristo.

Responsório
cf. 1Pd 4,13; Lc 6,22

R. Alegrai-vos, na medida em que sois participantes
da Paixão de Jesus Cristo,
* A fim de que também vós tenhais grande alegria
ao revelar-se a sua glória. Aleluia.
V. Felizes haveis de ser, quando os homens vos odiarem,
por causa do Filho do Homem. * A fim de que.

Segunda leitura
Das Catequeses de Jerusalém
(Cat. 22, Mystagogica 4, 1.3-6.9: PG 33, 1098-1106) (Séc. IV)

O pão do céu e a bebida da salvação

Na noite em que foi entregue, nosso Senhor Jesus Cristo tomou o pão e, depois de dar graças, partiu-o e deu-o a seus discípulos, dizendo: "Tomai e comei: isto é o meu corpo". Em seguida, tomando o cálice, deu graças e disse: "Tomai e bebei: isto é o meu sangue" (cf. Mt 26,26-27; 1Cor 11,23-24). Tendo, portanto, pronunciado e dito sobre o pão: *Isto é o meu corpo,* quem ousará duvidar? E tendo afirmado e dito: *Isto é o meu sangue,* quem se atreverá ainda a duvidar e dizer que não é o seu sangue?

Recebamos, pois, com toda a convicção, o Corpo e o Sangue de Cristo. Porque sob a forma de pão é o corpo que te é dado, e sob a forma de vinho, é o sangue que te é entregue. Assim, ao receberes o corpo e o sangue de Cristo, te transformas com ele num só corpo e num só sangue. Deste modo, tendo assimilado em nossos membros o seu corpo e o seu sangue, tornamo-nos portadores de Cristo; tornamo-nos, como diz São Pedro, *participantes da natureza divina* (2Pd 1,4).

Outrora, falando aos judeus, dizia Cristo: *Se não comerdes a minha carne e não beberdes o meu sangue, não tereis a vida em vós* (cf. Jo 6,53). Como eles não compreenderam o sentido espiritual do que lhes era dito, afastaram-se escandalizados, julgando estarem sendo induzidos por Jesus a comer carne humana.

Na Antiga Aliança havia os pães da propiciação; por pertencerem ao Velho Testamento, já não mais existem. Na Nova Aliança, porém, trata-se de um pão do céu e de um cálice da salvação que santificam a alma e o corpo. Assim como o pão é próprio para a vida do corpo, também o Verbo é próprio para a vida da alma.

Por isso, não consideres o pão e o vinho eucarísticos como se fossem elementos simples e vulgares. São realmente o corpo e o sangue de Cristo, segundo a afirmativa do Senhor. Muito embora os sentidos te sugiram outra coisa, tem a firme certeza do que a fé te ensina.

Sábado na oitava da Páscoa

Se foste bem instruído pela doutrina da fé, acreditas firmemente que aquilo que parece pão, embora seja como tal sensível ao paladar, não é pão, mas é o corpo de Cristo. E aquilo que parece vinho, muito embora tenha esse sabor, não é vinho, mas é o sangue de Cristo. Antigamente, bem a propósito, já dizia Davi nos salmos: *O pão revigora o coração do homem, e o óleo ilumina a sua face* (Sl 103,15). Fortifica, pois, teu coração, recebendo esse pão espiritual e faze brilhar a alegria no rosto de tua alma.

Com o rosto iluminado por uma consciência pura, contemplando como num espelho a glória do Senhor, possas caminhar de claridade em claridade, em Cristo Jesus, nosso Senhor, a quem sejam dadas honra, poder e glória pelos séculos sem fim. Amém.

Responsório   Lc 22,19; Ex 12,26-27a

R. Na **última** **Ceia**, to**man**do um **pão**,
    Jesus o par**tiu**, após **ter** dado **graças**,
    deu a eles, di**zen**do:
    Isto **é** o meu **Corp**o, en**tre**gue por **vós**;
   * Fazei **is**to em me**mó**ria de **mim**, ale**lui**a!

V. Ao pergun**tar**em vossos **fi**lhos:
    Qual **é** o signifi**ca**do deste **ri**to, respon**dei**-lhes:
    É o sacri**fí**cio da pas**sa**gem, da **Pás**coa do Se**nhor**.
   * Fazei **is**to.

HINO Te Deum, p. 949.

Oração como nas Laudes.

Laudes

Hino, antífonas, salmos e cântico, como no domingo da Páscoa, p. 466.

Leitura breve   Rm 14,7-9
Ninguém dentre nós vive para si mesmo ou morre para si mesmo. Se estamos vivos, é para o Senhor que vivemos; se

Laudes

morremos, é para o Senhor que morremos. Portanto, vivos ou mortos, pertencemos ao Senhor. Cristo morreu e ressuscitou exatamente para isto, para ser o Senhor dos mortos e dos vivos.

Em lugar do responsório se diz:

Ant. Este é o **dia** que o Se**nhor** fez para **nós**;
ale**gre**mo-nos e **ne**le exul**te**mos. Ale**lu**ia.

Cântico evangélico, ant.
Na ma**nhã** do dia da **Pás**coa o Se**nhor** ressusci**tou**
e apare**ceu** primeira**men**te a Ma**ri**a Mada**le**na. Ale**lu**ia.

Preces
Roguemos com alegria a Cristo, pão da vida, que ressuscitará no último dia os que se alimentam à mesa de sua palavra e de seu corpo; e digamos:

R. **Dai-nos, Senhor, paz e alegria!**

Filho de Deus, que ressuscitastes gloriosamente dos mortos como Senhor da vida,
— abençoai e santificai a humanidade inteira. R.

Senhor Jesus, fonte de paz e de alegria para todos os que creem em vós,
— fazei-nos viver como filhos da luz na alegria do vosso triunfo pascal. R.

Confirmai a fé da vossa Igreja, peregrina sobre a terra,
— para que dê ao mundo o testemunho da vossa ressurreição.
R.

Vós, que, depois de muitos sofrimentos, entrastes na glória do Pai,
— mudai em alegria a tristeza dos que choram. R.

(intenções livres)

Pai nosso...

Oração

Ó Deus, que pela riqueza da vossa graça multiplicais os povos que creem em vós, contemplai solícito aqueles que escolhestes e dai aos que renasceram pelo batismo a veste da imortalidade. Por nosso Senhor Jesus Cristo, vosso Filho, na unidade do Espírito Santo.

Hora Média

Hino, p. 488-489.

Salmodia

Antífona

Oração das Nove Horas:
O **Cris**to, que dos **mor**tos ressur**giu**,
já não **mor**re, ale**luia**.

Oração das Doze Horas:
Pelos **nos**sos pecados se entre**gou**
e ressur**giu** para **nos** justifi**car**. Ale**luia**.

Oração das Quinze Horas:
Se com **Cris**to ressur**gis**tes,
procu**rai** o que é do **al**to. Ale**luia**.

Numa destas Horas se dizem os salmos seguintes:

Salmo 118(119),33-40
V (He)

—33Ensi**nai**-me a vi**ver** vossos pre**cei**tos; *
 quero guar**dá**-los fielmente até o fim!
—34Dai-me o sa**ber**, e cumprirei a vossa lei, *
 e de **to**do o coração a guardarei.
—35Guiai meus **pas**sos no caminho que traçastes, *
 pois só **ne**le encontrarei felicidade.
—36Incli**nai** meu coração às vossas leis, *
 e **nun**ca ao dinheiro e à avareza. _

Hora Média

—[37]Desviai o meu olhar das coisas vãs, *
dai-me a vida pelos vossos mandamentos!
—[38]Cumpri, Senhor, vossa promessa ao vosso servo,*
vossa promessa garantida aos que vos temem.
—[39]Livrai-me do insulto que eu receio, *
porque vossos julgamentos são suaves.
—[40]Como anseio pelos vossos mandamentos!*
Dai-me a vida, ó Senhor, porque sois justo!

Sl 95(96)

I

= [1]Cantai ao Senhor Deus um canto novo, †
[2]cantai ao Senhor Deus, ó terra inteira! *
Cantai e bendizei seu santo nome!

= Dia após dia anunciai sua salvação, †
[3]manifestai a sua glória entre as nações, *
e entre os povos do universo seus prodígios!

= [4]Pois Deus é grande e muito digno de louvor, †
é mais terrível e maior que os outros deuses, *
[5]porque um nada são os deuses dos pagãos.

= Foi o Senhor e nosso Deus quem fez os céus: †
[6]diante dele vão a glória e a majestade, *
e o seu templo, que beleza e esplendor!

II

= [7]Ó família das nações, dai ao Senhor, †
ó nações, dai ao Senhor poder e glória, *
[8]dai-lhe a glória que é devida ao seu nome!

= Oferecei um sacrifício nos seus átrios, †
[9]adorai-o no esplendor da santidade, *
terra inteira, estremecei diante dele! —

564   Sábado na oitava da Páscoa

= [10]Publi**cai** entre as nações: "Reina o Senhor!" †
    Ele fir**mou** o universo inabalável, *
    e os **po**vos ele julga com justiça.

– [11]O **céu** se rejubile e exulte a terra, *
    aplauda o **mar** com o que vive em suas águas;

– [12]os **cam**pos com seus frutos rejubilem *
    e e**xul**tem as florestas e as matas

– [13]na pre**sen**ça do Senhor, pois ele vem, *
    porque **vem** para julgar a terra inteira.

– Gover**na**rá o mundo todo com justiça, *
    e os **po**vos julgará com lealdade.

Salmodia complementar para as outras Horas, p. 1421.

Oração das Nove Horas

Ant. O **Cris**to, que dos **mor**tos ressur**giu**,
    já não **morre**, ale**lui**a.

Leitura breve   Rm 5,10-11

Quando éramos inimigos de Deus, fomos reconciliados com ele pela morte do seu Filho; quanto mais agora, estando já reconciliados, seremos salvos por sua vida! Ainda mais: Nós nos gloriamos em Deus, por nosso Senhor Jesus Cristo. É por ele que, já desde o tempo presente, recebemos a reconciliação.

V. Este é o **dia** que o Se**nhor** fez para **nós**. Ale**lui**a.
R. Ale**gre**mo-nos e **ne**le exul**temos**. Ale**lui**a.

Oração das Doze Horas

Ant. Pelos **nos**sos pecados se entre**gou**
    e ressur**giu** para **nos** justi**fi**car. Ale**lui**a.

Leitura breve   1Cor 15,20-22

Cristo ressuscitou dos mortos como primícias dos que morreram. Com efeito, por um homem veio a morte e é também

Hora Média

por um homem que vem a ressurreição dos mortos. Como em Adão todos morrem, assim também em Cristo todos reviverão.

V. Este é o **dia** que o Se**nhor** fez para **nós**. Ale**lui**a.
R. Ale**gre**mo-nos e **ne**le exul**te**mos. Ale**lui**a.

Oração das Quinze Horas

Ant. Se com **Cris**to ressur**gis**tes,
procu**rai** o que é do **al**to. Ale**lui**a.

Leitura breve   2Cor 5,14-15

O amor de Cristo nos pressiona, pois julgamos que um só morreu por todos, e que, logo, todos morreram. De fato, Cristo morreu por todos, para que os vivos não vivam mais para si mesmos, mas para aquele que por eles morreu e ressuscitou.

V. Este é o **dia** que o Se**nhor** fez para **nós**. Ale**lui**a.
R. Ale**gre**mo-nos e **ne**le exul**te**mos. Ale**lui**a.

Oração

Ó Deus, que pela riqueza da vossa graça multiplicais os povos que creem em vós, contemplai solícito aqueles que escolhestes e dai aos que renasceram pelo batismo a veste da imortalidade. Por Cristo, nosso Senhor.

DOMINGO NA OITAVA DA PÁSCOA

2º DOMINGO DA PÁSCOA

I Vésperas

Hino, antífonas, salmos e cântico, como no domingo da Páscoa, p. 475.

Leitura breve   1Pd 2,9-10

Vós sois a raça escolhida, o sacerdócio do Reino, a nação santa, o povo que ele conquistou para proclamar as obras admiráveis daquele que vos chamou das trevas para a sua luz maravilhosa. Vós sois aqueles que "antes não eram povo, agora porém são povo de Deus; os que não eram objeto de misericórdia, agora porém alcançaram misericórdia".

Em lugar do responsório se diz:

Ant. Este é o **dia** que o **Senhor** fez para **nós**;
alegremo-nos e **ne**le exultemos. Ale**lui**a.

Cântico evangélico, ant.

Na oi**ta**va da **Pás**coa, a **por**tas fe**cha**das,
entrando o **Se**nhor lhes fa**lou:** Paz a **vós!** Ale**lui**a.

Preces

Oremos a Jesus Cristo que, ressuscitando dos mortos, destruiu a morte e renovou a vida; e digamos cheios de confiança:

R. **Cristo, vivo para sempre, escutai a nossa prece!**

Vós que sois a pedra rejeitada pelos construtores, mas escolhida pelo Pai como pedra angular,
– fazei de nós pedras vivas na edificação de vossa Igreja.

R.

I Vésperas

Vós, que sois a Testemunha fiel e verdadeira, o Primogênito dentre os mortos,
— concedei que a vossa Igreja possa dar sempre e em toda a terra o testemunho da vossa ressurreição. R.

Vós, que sois o Esposo único da Igreja, nascida de vosso lado aberto na cruz,
— fazei de nós testemunhas do vosso amor pela Igreja e por toda a humanidade. R.

Vós, que sois o Princípio e o Fim, que estivestes morto e agora viveis eternamente,
— concedei aos que foram batizados a perseverança até à morte, para que mereçam a coroa da vitória. R.

(intenções livres)

Vós, que sois a Luz que ilumina a santa cidade de Deus;
— iluminai com vosso esplendor os nossos irmãos e irmãs falecidos, para que reinem convosco eternamente. R.

Pai nosso...

Oração

Ó Deus de eterna misericórdia, que reacendeis a fé do vosso povo na renovação da festa pascal, aumentai a graça que nos destes. E fazei que compreendamos melhor o batismo que nos lavou, o espírito que nos deu vida nova e o sangue que nos remiu. Por nosso Senhor Jesus Cristo, vosso Filho, na unidade do Espírito Santo.

Na despedida se diz:
Ide em paz e o Senhor vos acompanhe. Aleluia, aleluia.
R. Graças a Deus. Aleluia, aleluia.

Invitatório

R. O Senhor ressurgiu realmente. Aleluia.
Salmo invitatório como no Ordinário, p. 944.

Ofício das Leituras

Hino, p. 484.

Salmodia

Ant. 1 "Eu **sou** o que **Sou**", o Se**nhor**!
Com os **maus** não está meu que**rer**,
é a **lei** de meu **Deus** meu prazer. Ale**lu**ia.

Salmo 1

– ¹**Feliz** é todo a**que**le que não **an**da *
con**for**me os conselhos dos perversos;

– que não **en**tra no caminho dos malvados, *
nem **jun**to aos zombadores vai sentar-se;

– ²mas en**con**tra seu prazer na lei de Deus *
e a me**di**ta, dia e noite, sem cessar.

– ³Eis que **e**le é semelhante a uma árvore *
que à **bei**ra da torrente está plantada;

= ela **sem**pre dá seus frutos a seu tempo, †

– e ja**mais** as suas folhas vão murchar. *
Eis que **tu**do o que ele faz vai prosperar,

– ⁴mas bem **ou**tra é a sorte dos perversos. †
Ao con**trá**rio, são iguais à palha seca *
espa**lha**da e dispersada pelo vento.

– ⁵Por isso os **ím**pios não resistem no juízo *
nem os per**ver**sos, na assembleia dos fiéis.

– ⁶Pois Deus vi**gi**a o caminho dos eleitos, *
mas a es**tra**da dos malvados leva à morte.

Ant. "Eu **sou** o que **Sou**", o Se**nhor**!
Com os **maus** não está meu que**rer**,
é a **lei** de meu **Deus** meu prazer. Ale**lu**ia.

Ant. 2 Eu pe**di** ao meu **Pai**, e ele me **deu**
por minha he**ran**ça os povos **to**dos e as na**ções**.

Ofício das Leituras

Salmo 2

—1 Por que os **po**vos agi**ta**dos se re**vol**tam? *
por que **tra**mam as nações projetos vãos?

=2 Por que os **reis** de toda a terra se reúnem, †
e cons**pi**ram os governos todos juntos *
contra o **Deus** onipotente e o seu Ungido?

—3 "Vamos que**brar** suas correntes", dizem eles,*
"e lan**çar** longe de nós o seu domínio!"

—4 Ri-se **de**les o que mora lá nos céus; *
zomba **de**les o Senhor onipotente.

—5 Ele, en**tão**, em sua ira os ameaça, *
e em seu fu**ror** os faz tremer, quando lhes diz:

—6 "Fui eu **mes**mo que escolhi este meu Rei, *
e em Si**ão**, meu monte santo, o consagrei!"

=7 O de**cre**to do Senhor promulgarei, †
foi as**sim** que me falou o Senhor Deus: *
"Tu és meu **Fi**lho, e eu hoje te gerei!

=8 Podes pe**dir**-me, e em resposta eu te darei †
por tua he**ran**ça os povos todos e as nações, *
e há de **ser** a terra inteira o teu domínio.

—9 Com cetro **fér**reo haverás de dominá-los,*
e que**brá**-los como um vaso de argila!"

—10 E a**go**ra, poderosos, entendei; *
sobe**ra**nos, aprendei esta lição:

—11 Com te**mor** servi a Deus, rendei-lhe glória *
e pres**tai**-lhe homenagem com respeito!

—12 Se o irri**tais**, perecereis pelo caminho, *
pois de**pres**sa se acende a sua ira!

— **Fe**lizes hão de ser todos aqueles *
que **põem** sua esperança no Senhor!

Ant. Eu pe**di** ao meu **Pai**, e ele me **deu**
por minha he**ran**ça os povos **to**dos e as na**ções**.

Domingo na oitava da Páscoa

Ant. 3 Eu me **dei**to e ador**me**ço bem tran**qui**lo;
acordo em **paz**, pois o Se**nhor** é meu sus**ten**to.
Ale**lui**a.

Salmo 3

— Quão nume**ro**sos, ó Se**nhor**, os que me a**ta**cam; *
quanta **gen**te se levanta contra mim!

— Muitos **di**zem, comentando a meu respeito: *
"Ele não **a**cha a salvação junto de Deus!"

— Mas sois **vós** o meu escudo protetor, *
a minha **gló**ria que levanta minha cabeça!

— Quando eu cha**mei** em alta voz pelo Senhor, *
do Monte **san**to ele me ouviu e respondeu.

— Eu me **dei**to e adormeço bem tranquilo; *
acordo em **paz**, pois o Senhor é meu sustento.

— Não terei **me**do de milhares que me cerquem *
e furi**o**sos se levantem contra mim.

= Levan**tai**-vos, ó Senhor, vinde salvar-me †
Vós que fe**ris**tes em seu rosto os que me atacam, *
e que**bras**tes aos malvados os seus dentes.

— Em vós, Se**nhor**, nós encontramos salvação; *
e re**pou**se a vossa bênção sobre o povo!

Ant. Eu me **dei**to e ador**me**ço bem tran**qui**lo;
acordo em **paz**, pois o Se**nhor** é meu sus**ten**to. Ale**lui**a.

V. Os dis**cí**pulos ficaram muito a**le**gres, ale**lui**a,
R. Por **ve**rem o Se**nhor** ressus**ci**ta**do**. Ale**lui**a.

Primeira leitura

Da Carta de São Paulo aos Colossenses   3,1-17

Vida nova

Irmãos: Se ressuscitastes com Cristo, esforçai-vos por
alcançar as coisas do alto, onde está Cristo, sentado à direita
de Deus; aspirai às coisas celestes e não às coisas terrestres.

Ofício das Leituras

³ Pois vós morrestes, e a vossa vida está escondida, com Cristo, em Deus. ⁴ Quando Cristo, vossa vida, aparecer em seu triunfo, então vós aparecereis também com ele, revestidos de glória.

⁵ Portanto, fazei morrer o que em vós pertence à terra: imoralidade, impureza, paixão, maus desejos e a cobiça, que é idolatria. ⁶ Tais coisas provocam a ira de Deus contra os que lhe resistem. ⁷ Antigamente vós estáveis enredados por estas coisas e vos deixastes dominar por elas. ⁸ Agora, porém, abandonai tudo isso: ira, irritação, maldade, blasfêmia, palavras indecentes, que saem dos vossos lábios. ⁹ Não mintais uns aos outros. Já vos despojastes do homem velho e da sua maneira de agir ¹⁰ e vos revestistes do homem novo, que se renova segundo a imagem do seu Criador, em ordem ao conhecimento. ¹¹ Aí não se faz distinção entre grego e judeu, circunciso e incircunciso, inculto, selvagem, escravo e livre, mas Cristo é tudo em todos.

¹² Vós sois amados por Deus, sois os seus santos eleitos. Por isso, revesti-vos de sincera misericórdia, bondade, humildade, mansidão e paciência, ¹³ suportando-vos uns aos outros e perdoando-vos mutuamente, se um tiver queixa contra o outro. Como o Senhor vos perdoou, assim perdoai vós também. ¹⁴ Mas, sobretudo, amai-vos uns aos outros, pois o amor é o vínculo da perfeição. ¹⁵ Que a paz de Cristo reine em vossos corações, à qual fostes chamados como membros de um só corpo. E sede agradecidos.

¹⁶ Que a palavra de Cristo, com toda a sua riqueza, habite em vós. Ensinai e admoestai-vos uns aos outros com toda a sabedoria. Do fundo dos vossos corações, cantai a Deus salmos, hinos e cânticos espirituais, em ação de graças. ¹⁷ Tudo o que fizerdes, em palavras ou obras, seja feito em nome do Senhor Jesus Cristo. Por meio dele dai graças a Deus, o Pai.

Domingo na oitava da Páscoa

Responsório — Cl 3,1.2.3

R. Se com **Cris**to ressur**gis**tes, procu**rai** o que é do **al**to;
onde **Cris**to está sen**ta**do à di**rei**ta de Deus **Pai**;
*Pensai nas **coi**sas lá do **al**to,
não nas **que** são desta **ter**ra. Ale**lui**a.
V. Pois mor**res**tes, meus ir**mãos**,
e vossa **vi**da está escon**di**da em **Deus**, com Jesus **Cris**to.
*Pensai.

Segunda leitura

Dos Sermões de Santo Agostinho, bispo

(Sermo 8, in octava Paschae 1.4: PL 46, 838. 841) (Séc. V)

Nova criatura em Cristo

Minha palavra se dirige a vós, filhos recém-nascidos, pequeninos em Cristo, nova prole da Igreja, graça do Pai, fecundidade da Mãe, germe santo, multidão renovada, flor de nossa honra e fruto do nosso trabalho, minha alegria e coroa, todos vós que permaneceis firmes no Senhor.

É com palavras do Apóstolo que vos falo: *Revesti-vos do Senhor Jesus Cristo e não deis atenção à carne para satisfazer as suas paixões* (Rm 13,14), a fim de que, também na vida, vos revistais daquele que revestistes no sacramento. *Todos vós que fostes batizados em Cristo vos revestistes de Cristo. O que vale não é mais ser judeu nem grego, nem escravo nem livre, nem homem nem mulher, pois todos vós sois um só, em Jesus Cristo* (Gl 3,27-28).

Nisto reside a força do sacramento: é o sacramento da vida nova que começa no tempo presente pela remissão de todos os pecados passados, e atingirá sua plenitude na res- surreição dos mortos. *Pelo batismo na sua morte, fostes sepultados com Cristo, para que, como Cristo ressuscitou dos mortos, assim também leveis uma vida nova* (cf. Rm 6,4).

Ofício das Leituras

Agora caminhais pela fé, vivendo neste corpo mortal como peregrinos longe do Senhor. Mas o vosso caminho seguro é aquele mesmo para quem vos dirigis, Jesus Cristo, que se fez homem por amor de nós. Para os seus fiéis ele preparou um grande tesouro de felicidade, que há de revelar e dar abundantemente a todos os que nele esperam, quando recebermos na realidade aquilo que recebemos agora só na esperança.

Hoje é o oitavo dia do vosso nascimento. Hoje completa-se em vós o sinal da fé que, entre os antigos patriarcas, consistia na circuncisão do corpo no oitavo dia depois do nascimento segundo a carne. Por isso, o próprio Senhor, despojando-se por sua ressurreição da mortalidade da carne e revestindo-se de um corpo não diferente mas imortal, ao ressuscitar consagrou o "dia do Senhor", que é o terceiro dia depois de sua paixão, mas na contagem semanal dos dias, é o oitavo a partir do sábado, e coincide com o primeiro dia da semana.

Por conseguinte, também vós participais do mesmo mistério, não ainda na realidade perfeita mas na certeza da esperança, porque recebestes a garantia do Espírito. Com efeito, *se ressuscitastes com Cristo, esforçai-vos por alcançar as coisas do alto, onde está Cristo, sentado à direita de Deus; aspirai às coisas celestes e não às coisas terrestres. Pois vós morrestes, e a vossa vida está escondida, com Cristo, em Deus. Quando Cristo, vossa vida, aparecer em seu triunfo, então vós aparecereis também com ele, revestidos de glória* (Gl 3,1-4).

Responsório   Cl 3,3-4; Rm 6,11

R. Vós mor**restes**, meus ir**mãos**, e vossa **vi**da está esco**ndi**da em **Deus** com Jesus **Cris**to.

574   Domingo na oitava da Páscoa

* Quando **Cristo**, vossa **vida**, apare**cer** em sua **glória**,
    vós se**reis** manifes**tados** com **el**e igual**mente**. Ale**luia**.
V. Conside**rai**-vos, como **mor**tos ao pe**cado**,
    mas vi**ven**do para **Deus** em Jesus **Cristo**.
    * Quando **Cristo**.

HINO Te Deum, p. 949.

Oração como nas Laudes.

Laudes

Hino, antífonas, salmos e cântico, como no domingo da Páscoa, p. 466.

Leitura breve   At 10,40-43

Deus ressuscitou Jesus no terceiro dia, concedendo-lhe manifestar-se não a todo o povo, mas às testemunhas que Deus havia escolhido: a nós, que comemos e bebemos com Jesus, depois que ressuscitou dos mortos. E Jesus nos mandou pregar ao povo e testemunhar que Deus o constituiu Juiz dos vivos e dos mortos. Todos os profetas dão testemunho dele: Todo aquele que crê em Jesus recebe, em seu nome, o perdão dos pecados.

Em lugar do responsório se diz:

Ant. Este é o **dia** que o Se**nhor** fez para **nós**;
    alegre**mo**-nos e **n**ele exultemos. Ale**luia**.

Cântico evangélico, ant.

Com teu **dedo** vem to**car** as minhas **mãos**,
coloca tua **mão** no lado a**berto**,
e não **se**jas um in**cré**dulo, Tomé,
*mas tenhas **fé**, ale**luia**.*

Preces

Invoquemos a Deus Pai todo-poderoso, que ressuscitou nosso Rei e Salvador Jesus Cristo; e digamos com alegria:

Hora Média

R. Iluminai-nos, Senhor, com a luz de Cristo!

Pai santo, que fizestes vosso amado Filho Jesus passar das trevas da morte para a luz da glória,
– dai-nos chegar, um dia, à luz admirável do vosso Reino eterno. **R.**

Vós, que nos salvastes pela fé,
– fazei-nos viver hoje fielmente segundo as promessas do nosso batismo. **R.**

Vós, que nos mandais buscar sempre as coisas do alto, onde Cristo está sentado à vossa direita,
– livrai-nos da sedução do pecado. **R.**

Fazei que a nossa vida, escondida em vós com Cristo, brilhe no mundo,
– para anunciar a todos os novos céus e a nova terra. **R.**
(intenções livres)

Pai nosso...

Oração

Ó Deus de eterna misericórdia, que reacendeis a fé do vosso povo na renovação da festa pascal, aumentai a graça que nos destes. E fazei que compreendamos melhor o batismo que nos lavou, o espírito que nos deu vida nova, e o sangue que nos remiu. Por nosso Senhor Jesus Cristo, vosso Filho, na unidade do Espírito Santo.

Na despedida se diz:
Ide em paz e o Senhor vos acompanhe. Aleluia, aleluia.
R. Graças a Deus. Aleluia, aleluia.

Hora Média

Na Oração das Nove, das Doze e das Quinze Horas, tudo como no domingo da Páscoa, p. 471, exceto a oração, como acima, nas Laudes.

Domingo na oitava da Páscoa

II Vésperas

Hino, antífonas, salmos e cântico, como no domingo da Páscoa. p. 475.

Leitura breve   Hb 10,12-14

Cristo, depois de ter oferecido um sacrifício único pelos pecados, sentou-se para sempre à direita de Deus. Não lhe resta mais senão esperar até que seus inimigos sejam postos debaixo de seus pés. De fato, com esta única oferenda, levou à perfeição definitiva os que ele santifica.

Em lugar do responsório se diz:

Ant. Este é o **dia** que o Se**nhor** fez para **nós**;
     ale**gre**mo-nos e **ne**le exul**te**mos. Ale**lui**a.

Cântico evangélico, ant.

Acredi**tas**te, To**mé**, porque me **vis**te.
Fe**li**zes os que **cre**em sem ter **vis**to. Ale**lui**a.

Preces

Invoquemos a Deus Pai, que ressuscitou Jesus Cristo e o exaltou à sua direita; e peçamos humildemente:

R. **Protegei o vosso povo, Senhor, pela glória de Cristo!**

Pai santo, que pela vitória da cruz glorificastes Jesus sobre a terra,
– atraí para ele todas as coisas.   R.

Por vosso Filho glorificado, enviai, Senhor, sobre a Igreja o Espírito Santo,
– para que ela seja sinal de unidade para todo o gênero humano.   R.

Conservai na fé do seu batismo a vossa família, que fizestes renascer pela água e pelo Espírito Santo,
– para que alcance a vida eterna.   R.

II Vésperas

Por vosso Filho glorificado, dai alegria aos infelizes, libertai os prisioneiros, curai os doentes,
— e estendei à humanidade inteira os benefícios da vossa
redenção.   R.
(intenções livres)

Aos nossos irmãos e irmãs falecidos, que receberam na terra o Corpo e o Sangue de Cristo,
— dai-lhes a glória da ressurreição no último dia.   R.
Pai nosso...

Oração

Ó Deus de eterna misericórdia, que reacendeis a fé do vosso povo na renovação da festa pascal, aumentai a graça que
nos destes. E fazei que compreendamos melhor o batismo
que nos lavou, o espírito que nos deu vida nova, e o sangue
que nos remiu. Por nosso Senhor Jesus Cristo, vosso Filho,
na unidade do Espírito Santo.

Na despedida se diz:

Ide em paz e o Senhor vos acompanhe. Aleluia, aleluia.
R. Graças a Deus. Aleluia, aleluia.

Termina aqui a Oitava da Páscoa.

SEGUNDA-FEIRA

II Semana do Saltério

Ofício das Leituras

V. Meu coração e minha **car**ne reju**bi**lam. Ale**lu**ia.
R. E **ex**ultam de ale**gria** no Deus **vivo**. Ale**lu**ia.

Primeira leitura
Início do Livro do Apocalipse de São João   1,1-20

Visão do Filho do homem

¹Revelação que Deus confiou a Jesus Cristo, para que mostre aos seus servos as coisas que devem acontecer em breve. Jesus as deu a conhecer, através do seu anjo, ao seu servo João. ²Este dá testemunho que tudo quanto viu é palavra de Deus e testemunho de Jesus Cristo. ³Feliz aquele que lê e aqueles que escutam as palavras desta profecia e também praticam o que nela está escrito. Pois o momento está chegando.

⁴João às sete Igrejas que estão na região da Ásia: A vós, graça e paz, da parte daquele que é, que era e que vem; da parte dos sete espíritos que estão diante do trono de Deus; ⁵e da parte de Jesus Cristo, a testemunha fiel, o primeiro a ressuscitar dentre os mortos, o soberano dos reis da terra. Jesus, que nos ama, que por seu sangue nos libertou dos nossos pecados ⁶e que fez de nós um reino, sacerdotes para seu Deus e Pai, a ele a glória e o poder, em eternidade. Amém.

⁷Olhai! Ele vem com as nuvens, e todos os olhos o verão – também aqueles que o traspassaram. Todas as tribos da terra baterão no peito por causa dele. Sim. Amém!

⁸"Eu sou o Alfa e o Ômega", diz o Senhor Deus, "aquele que é, que era e que vem, o Todo-poderoso".

Segunda-feira

⁹Eu, João, vosso irmão e companheiro na tribulação, e também no Reino e na perseverança em Jesus, fui levado à ilha de Patmos, por causa da Palavra de Deus e do testemunho que eu dava de Jesus. ¹⁰No dia do Senhor, fui arrebatado pelo Espírito e ouvi atrás de mim uma voz forte, como de trombeta, ¹¹a qual dizia: "O que vais ver, escreve-o num livro e envia-o às sete Igrejas, a Éfeso, Esmirna, Pérgamo, Tiatira, Sardes, Filadélfia e Laodiceia". ¹²Então voltei-me para ver quem estava falando; e ao voltar-me, vi sete candelabros de ouro. ¹³No meio dos candelabros havia alguém semelhante a um "filho de homem", vestido com uma túnica comprida e com uma faixa de ouro em volta do peito. ¹⁴Sua cabeça e seus cabelos eram brancos como lã pura, cor de neve, e seus olhos eram como chamas de fogo. ¹⁵Seus pés pareciam de bronze, purificado no crisol, e sua voz era como o fragor de uma cachoeira. ¹⁶Na mão direita, segurava sete estrelas, de sua boca saía uma espada afiada, de dois gumes, e seu rosto era como o sol no seu brilho mais forte.

¹⁷Ao vê-lo, caí como morto a seus pés, mas ele colocou sobre mim sua mão direita e disse: "Não tenhas medo. Eu sou o Primeiro e o Último, ¹⁸aquele que vive. Estive morto, mas agora estou vivo para sempre. Eu tenho a chave da morte e da região dos mortos. ¹⁹Escreve pois o que viste, aquilo que está acontecendo e o que vai acontecer depois. ²⁰E este é o significado secreto das sete estrelas que viste na minha mão direita, e dos sete candelabros de ouro: as sete estrelas são os mensageiros das sete Igrejas, e os sete candelabros são as sete Igrejas.

Responsório   Ap 1,5.6b; Cl 1,18b

R. Jesus **Cris**to nos **amou** e do pe**ca**do nos la**vou**,
   em seu **sangue**, ale**lui**a.
   * A ele seja **gló**ria e do**mí**nio pelos **sécu**los. Ale**lui**a.
V. Ele é o **Princí**pio, o Primo**gê**nito entre os **mor**tos,
   a **fim** de ter em **tu**do a primazia. *A ele.

Segunda leitura
Da Homilia pascal de um Autor antigo

(PG 59, 723-724)

A Páscoa espiritual

A Páscoa que celebramos é a causa da salvação de todo o gênero humano, a começar pelo primeiro ser humano, que é salvo e vivificado em cada um de nós.

Mas a salvação foi preparada por diversas instituições, imperfeitas e provisórias, que eram símbolos e imagens das coisas perfeitas e eternas, para anunciarem em esboço a realidade que surge atualmente à plena luz da verdade. Contudo, uma vez que essa verdadeira realidade se tornou presente, a figura deixa de ter sentido. Quando chega o rei, ninguém irá homenagear sua estátua, deixando de lado a pessoa do próprio rei.

Assim se vê claramente em que medida a figura é inferior à realidade verdadeira, pois a figura representa a vida breve dos primogênitos dos judeus, ao passo que a realidade celebra a vida eterna de todos os seres humanos. Não é grande coisa alguém livrar-se da morte por algum tempo, se pouco depois terá de morrer. O que é admirável é evitar a morte de uma vez para sempre, como aconteceu conosco por meio de Cristo, que foi imolado como nosso cordeiro pascal.

O próprio nome da festa, se compreendermos o seu verdadeiro significado, nos sugere a sua peculiar excelência. Páscoa, com efeito, significa "passagem", pois o anjo exterminador, que feria de morte os primogênitos dos egípcios, passava adiante, sem entrar nas casas dos hebreus. Todavia, em relação a nós, a passagem do exterminador é um fato, porque passou realmente sem nos tocar, a nós que por Cristo ressuscitamos para a vida eterna.

E o que significa, em seu sentido místico, o fato de se determinar como início do ano, o tempo em que se celebrava

Segunda-feira

a Páscoa e a salvação dos primogênitos? Significa que também para nós o sacrifício da verdadeira Páscoa constitui o início da vida eterna.

Na verdade, o ano é símbolo da eternidade. Sendo a sua órbita circular, o ano gira continuamente sobre ela sem nunca parar. Mas Cristo, pai do mundo novo, oferecendo-se por nós em sacrifício, como que anulou a nossa existência anterior, proporcionando-nos, pelo batismo do novo nascimento, o começo de uma outra vida, à semelhança da sua morte e ressurreição.

Por conseguinte, quem tiver consciência de que a Páscoa foi imolada em seu benefício, deve aceitar como início de sua vida o momento em que Cristo se imolou por ele. Ora, tal imolação atualiza-se em cada um, quando reconhece essa graça e compreende que vida lhe foi dada por esse sacrifício. Quem chegou a este conhecimento, esforce-se por aceitar o começo da vida nova, sem pretender voltar à vida antiga que foi ultrapassada. De fato, *se já morremos para o pecado,* pergunta o Apóstolo, *como vamos continuar vivendo nele?* (Rm 6,2).

Responsório   1Cor 5,7-8a; Rm 4,25

R. Lançai **fora** o **velho** fer**men**to
para **que** vos tor**neis** massa **nova**,
pois o **nos**so Cordeiro pas**cal**,
Jesus **Cristo** foi sa**crifica**do.

   * Cele**bre**mos, por**tan**to, esta **fes**ta. Ale**luia**.

V. Foi **mor**to por **nos**sos pe**ca**dos,
ressur**giu** para **jus**tifi**car**-nos. * Cele**bre**mos.

Oração como nas Laudes

Laudes

Leitura breve   Rm 10,8b-10

A palavra está perto de ti, em tua boca e em teu coração. Essa palavra é a palavra da fé, que nós pregamos. Se, pois,

2ª Semana do Tempo Pascal

com tua boca confessares Jesus como Senhor e, no teu coração, creres que Deus o ressuscitou dos mortos, serás salvo. É crendo no coração que se alcança a justiça e é confessando a fé com a boca que se consegue a salvação.

Responsório breve
R. O **Senhor** ressur**giu** do se**pul**cro. * Ale**luia**, ale**luia**.
   R. O Se**nhor**.
V. Foi sus**pen**so por **nós** numa **cruz**. * Ale**luia**, ale**luia**.
   Glória ao **Pai**. R. O Se**nhor**.

Cântico evangélico, ant.
Jesus **disse**: Em ver**da**de eu vos **digo**:
Quem não **nasce** de **no**vo do **alto**,
o **Reino** de **Deus** não verá. Ale**luia**.

Preces
Rezemos a Deus Pai, glorificado pela morte e ressurreição de seu Filho; e peçamos confiantes:

R. **Iluminai, Senhor, o nosso coração!**

Deus de eterna glória, que iluminastes o mundo com a luz de Cristo gloriosamente ressuscitado,
— iluminai-nos hoje com a luz da fé.   R.

Vós, que, pela ressurreição de Cristo, abristes a todo ser humano as portas da eternidade
— ajudai-nos no trabalho deste dia, para que aumente em nós a esperança da vida eterna.   R.

Vós, que, por vosso Filho ressuscitado, enviastes ao mundo o Espírito Santo,
— acendei em nossos corações o fogo do vosso amor.   R.

Pelos méritos da cruz de Cristo, que morreu para libertar o mundo,
— dai à humanidade inteira a salvação e a paz.   R.

(intenções livres)

Pai nosso...

Segunda-feira

Oração

Deus eterno e todo-poderoso, a quem ousamos chamar de Pai, dai-nos cada vez mais um coração de filhos, para alcançarmos a herança prometida. Por nosso Senhor Jesus Cristo, vosso Filho, na unidade do Espírito Santo.

Hora Média

Hino, p. 488-489.

Ant. Aleluia, aleluia , aleluia.

Com esta única antífona se dizem os três salmos durante todo o Tempo pascal, a não ser que se indique antífona própria.

Oração das Nove Horas

Leitura breve   cf. Ap 1,17c-18

Vi o Filho do homem que me disse: Não tenhas medo. Eu sou o Primeiro e o Último, aquele que vive. Estive morto, mas agora estou vivo para sempre. Eu tenho a chave da morte e da região dos mortos.

V. O Senhor ressurgiu realmente. Aleluia.
R. E apareceu a Simão. Aleluia.

Oração das Doze Horas

Leitura breve   Cl 2,9.10a.12

Em Cristo habita corporalmente toda a plenitude da divindade. Dele também vós estais repletos. Com Cristo fostes sepultados no batismo; com ele também fostes ressuscitados por meio da fé no poder de Deus, que ressuscitou a Cristo dentre os mortos.

V. Os discípulos ficaram muito alegres, aleluia,
R. Por verem o Senhor ressuscitado. Aleluia.

584 2ª Semana do Tempo Pascal

Oração das Quinze Horas

Leitura breve 2Tm 2,8.11
Lembra-te de Jesus Cristo, da descendência de Davi, ressuscitado dentre os mortos, segundo o meu evangelho. Merece fé esta palavra: se com ele morremos, com ele viveremos.

V. Ó Senhor, ficai conosco, aleluia,
R. Pois o dia já declina. Aleluia.

Oração como nas Laudes.

Vésperas

Leitura breve Hb 8,1b-3a
Temos um sumo sacerdote tão grande, que se assentou à direita do trono da majestade, nos céus. Ele é ministro do Santuário e da Tenda verdadeira, armada pelo Senhor, e não por mão humana. Todo sumo sacerdote, com efeito, é constituído para oferecer dádivas e sacrifícios.

Responsório breve
R. Os discípulos ficaram muito alegres. *Aleluia, aleluia.
  R. Os discípulos.
V. Quando viram o Senhor ressuscitado. *Aleluia, aleluia.
  Glória ao Pai. R. Os discípulos.

Cântico evangélico, ant.
O que nasce da carne é carne,
o que nasce do Espírito é Espírito. Aleluia.

Preces
Roguemos a Cristo, nosso Senhor, que iluminou o mundo com a glória de sua ressurreição; e digamos:

R. **Cristo, nossa vida, ouvi-nos!**

Senhor Jesus Cristo, que vos fizestes companheiro de viagem dos dois discípulos a caminho de Emaús,
_ permanecei sempre com vossa Igreja, peregrina sobre a terra.
R.

Terça-feira

Não permitais que vossos fiéis sejam lentos para crerem,
– mas proclamem o vosso triunfo sobre a morte. R.

Olhai com bondade para aqueles que ainda não vos reconhecem no caminho de suas vidas,
– e mostrai-lhes o vosso rosto, para que também eles se salvem. R.

Vós, que pela cruz reconciliastes toda a humanidade, reunindo-a num só corpo,
– concedei a paz e a unidade a todas as nações. R.

(intenções livres)

Juiz dos vivos e dos mortos,
– concedei o perdão dos pecados a todos os que partiram desta vida e creram em vós. R.

Pai nosso...

Oração

Deus eterno e todo-poderoso, a quem ousamos chamar de Pai, dai-nos cada vez mais um coração de filhos, para alcançarmos a herança prometida. Por nosso Senhor Jesus Cristo, vosso Filho, na unidade do Espírito Santo.

TERÇA-FEIRA

Ofício das Leituras

V. Ressurgindo dentre os mortos,
Jesus Cristo já não morre. Aleluia.

R. E a morte não tem mais nenhum domínio sobre ele.
Aleluia.

Primeira leitura

Do Livro do Apocalipse   2,1-11

Às Igrejas de Éfeso e de Esmirna

Eu, João, ouvi o Senhor que me dizia:
¹Escreve ao anjo da Igreja que está em Éfeso: "Assim fala aquele que tem na mão direita as sete estrelas, aquele

586 2ª Semana do Tempo Pascal

que está andando no meio dos sete candelabros de ouro: [2]Conheço a tua conduta, o teu esforço e a tua perseverança. Sei que não suportas os maus. Colocaste à prova alguns que se diziam apóstolos e descobriste que não eram apóstolos, mas mentirosos. [3]És perseverante. Sofreste por causa do meu nome e não desanimaste. [4]Todavia, há uma coisa que eu reprovo: abandonaste o teu primeiro amor. [5]Lembra-te de onde caíste! Converte-te e volta à tua prática inicial. Se, pelo contrário, não te converteres, virei depressa e arrancarei o teu candelabro do seu lugar. [6]Mas em teu favor tens isto: detestas a prática dos nicolaítas, a qual também eu detesto.

[7]Quem tem ouvidos, ouça o que o Espírito diz às Igrejas. Ao vencedor darei de comer da árvore da vida, que está no paraíso de Deus."

[8]Escreve ao anjo da Igreja que está em Esmirna: "Assim fala o Primeiro e o Último, aquele que esteve morto mas voltou à vida: [9]Conheço tua tribulação e tua pobreza. Contudo, és rico. Também sei que alguns dos que se dizem judeus andaram falando mal; na realidade, eles não são judeus, mas sim, uma sinagoga de Satanás. [10]Não tenhas medo do sofrimento que vai chegar. O diabo lançará alguns dentre vós na prisão. Assim sereis colocados à prova. Conhecereis tribulação durante dez dias. Sê fiel até à morte, e eu te darei como prêmio a coroa da vida.

[11]Quem tem ouvidos, ouça o que o Espírito diz às Igrejas. O vencedor ficará livre da segunda morte".

Responsório   Ap 2,10c.11b; Eclo 4,33

R. Permanece fiel até a morte e a coroa da vida eu te darei.
  * O vencedor não sofrerá a segunda morte. Aleluia.
V. Combate até à morte, em defesa da justiça,
   e Deus combaterá, por ti, teus inimigos. * O vencedor.

Segunda leitura
Dos "Livros a Monimo", de São Fulgêncio, bispo de Ruspe
(Lib. 2,11-12: CCL 91,46-48)   (Séc. VI)

O sacramento da unidade e da caridade

A edificação espiritual do corpo de Cristo realiza-se na caridade, segundo as palavras de São Pedro: *Como pedras vivas, formai um edifício espiritual, um sacerdócio santo, a fim de oferecerdes sacrifícios espirituais, agradáveis a Deus, por Jesus Cristo* (1Pd 2,5). Esta edificação espiritual atinge sua maior eficácia no momento em que o próprio Corpo do Senhor, que é a Igreja, no sacramento do pão e do cálice, oferece o corpo e o sangue de Cristo: *o cálice que bebemos é a comunhão com o sangue de Cristo; e o pão que partimos é a comunhão com o corpo de Cristo. Porque há um só pão, nós todos participamos desse único pão* (cf. 1Cor 10,16-17).

Por isso pedimos que a mesma graça que faz da Igreja o Corpo de Cristo, faça com que todos os membros, unidos pelos laços da caridade, perseverem firmemente na unidade do corpo.

E com razão suplicamos que isto se realize em nós pelo dom daquele Espírito que é ao mesmo tempo o Espírito do Pai e do Filho; porque sendo a Santíssima Trindade, na unidade de natureza, igualdade e amor, o único e verdadeiro Deus, é unânime a ação das três Pessoas divinas na obra santificadora daqueles que adota como filhos.

Eis por que está escrito: *O amor de Deus foi derramado em nossos corações pelo Espírito Santo que nos foi dado* (Rm 5,5).

O Espírito Santo, que é unidade do Pai e do Filho, realiza agora naqueles a quem concedeu a graça da adoção divina, transformação idêntica à que realizou naqueles que receberam o mesmo Espírito, conforme lemos no livro dos Atos dos Apóstolos: *A multidão dos fiéis era um só coração e uma só alma* (At 4,32). Quem fez dessa multidão dos que creram em Deus um só coração e uma só alma, foi aquele Espírito que é unidade do Pai e do Filho e com o Pai e o Filho é um só Deus.

588   2ª Semana do Tempo Pascal

Por isso, o Apóstolo exorta a conservarmos com toda a solicitude esta unidade do espírito no vínculo da paz, quando diz aos efésios: *Eu, prisioneiro no Senhor, vos exorto a caminhardes de acordo com a vocação que recebestes: com toda a humildade e mansidão, suportando-vos uns aos outros com paciência, no amor. Aplicai-vos a guardar a unidade do espírito pelo vínculo da paz. Há um só Corpo e um só Espírito* (Ef 3,1-4).

Deus, com efeito, enquanto conserva na Igreja o amor que ela recebeu pelo Espírito Santo, transforma-a num sacrifício agradável a seus olhos. De modo, que, recebendo continuamente esse dom da caridade espiritual, a Igreja possa sempre se apresentar como sacrifício vivo, santo e agradável a Deus.

Responsório   Jo 17, 20b.21a.22.18

R. Eu te **peço** por **aque**les, que por eles hão de **crer**,
     para que **to**dos sejam **um**, como **tu** estás em **mim**
     e **eu** estou em **ti**.
 * Para que eles sejam **um**, como **nós** o somos, **Pai**. Aleluia.
V. Como ao **mun**do me envi**as**te, também **eu** os envi**ei**.
    * Para que eles.

Oração como nas Laudes.

Laudes

Leitura breve   At 13,30-33

Deus ressuscitou Jesus dos mortos e, durante muitos dias, ele foi visto por aqueles que o acompanharam desde a Galileia até Jerusalém. Agora eles são testemunhas de Jesus diante do povo. Por isso, nós vos anunciamos este Evangelho: a promessa que Deus fez aos antepassados, ele a cumpriu para nós, seus filhos, quando ressuscitou Jesus, como está escrito no salmo segundo: Tu és o meu filho, eu hoje te gerei.

Terça-feira

Responsório breve

R. O Senhor ressurgiu do sepulcro. * Aleluia, aleluia.

R. O Senhor.

V. Foi suspenso por nós numa cruz. * Aleluia, aleluia.

Glória ao Pai. R. O Senhor.

Cântico evangélico, ant.

Sou o Alfa e o Ômega, o primeiro e o último,
o rebento de Davi, a estrela da manhã. Aleluia.

Preces

Demos graças a Deus, Pai de nosso Senhor Jesus Cristo,
o Cordeiro sem mancha, que tira o pecado do mundo; e
rezemos confiantes:

R. **Senhor, fonte da vida, dai-nos a vossa salvação!**

Deus, fonte da vida, lembrai-vos da morte e ressurreição do
Cordeiro imolado na cruz,

– e ouvi as súplicas que ele vos dirige continuamente em
nosso favor.   R.

Purificai-nos, Senhor, de todo fermento de malícia e perversidade,

– para vivermos a páscoa de Cristo com os pães ázimos da
sinceridade e da verdade.   R.

Ajudai-nos a vencer neste dia o pecado da discórdia e da
inveja,

– e tornai-nos mais atentos às necessidades dos nossos irmãos e irmãs.   R.

Dai à nossa vida um autêntico espírito evangélico,

– para andarmos, hoje e sempre, pelo caminho dos vossos
mandamentos.   R.

(intenções livres)

Pai nosso...

2ª Semana do Tempo Pascal

Oração

Fazei-nos, ó Deus todo-poderoso, proclamar o poder do Cristo ressuscitado e, tendo recebido as primícias dos seus dons, consigamos possuí-los em plenitude. Por nosso Senhor Jesus Cristo, vosso Filho, na unidade do Espírito Santo.

Hora Média

Oração das Nove Horas

Leitura breve   At 4,11-12

Jesus é a pedra, que vós, os construtores, desprezastes, e que se tornou a pedra angular. Em nenhum outro há salvação, pois não existe debaixo do céu outro nome dado aos homens pelo qual possamos ser salvos.

V. O Senhor ressurgiu realmente. Aleluia.
R. E apareceu a Simão. Aleluia.

Oração das Doze Horas

Leitura breve   cf. 1Pd 3,21-22a

O batismo é hoje a vossa salvação pois ele não serve para limpar o corpo da imundície, mas é um pedido a Deus para obter uma boa consciência, em virtude da ressurreição de Jesus Cristo que está à direita de Deus.

V. Os discípulos ficaram muito alegres, aleluia,
R. Por verem o Senhor ressuscitado. Aleluia.

Oração das Quinze Horas

Leitura breve   Cl 3,1-2

Se ressuscitastes com Cristo, esforçai-vos por alcançar as coisas do alto, onde está Cristo, sentado à direita de Deus; aspirai às coisas celestes e não às coisas terrestres.

V. Ó Senhor, ficai conosco, aleluia,
R. Pois o dia já declina. Aleluia.

Oração como nas Laudes.

Terça-feira

591

Vésperas

Leitura breve   1Pd 2,4-5

Aproximai-vos do Senhor, pedra viva, rejeitada pelos homens, mas escolhida e honrosa aos olhos de Deus. Do mesmo modo, também vós, como pedras vivas, formai um edifício espiritual, um sacerdócio santo, a fim de oferecerdes sacrifícios espirituais, agradáveis a Deus, por Jesus Cristo.

Responsório breve

R. Os discípulos ficaram muito alegres. * Aleluia, aleluia.

R. Os discípulos.

V. Quando viram o Senhor ressuscitado. * Aleluia, aleluia.
Glória ao Pai. R. Os discípulos.

Cântico evangélico, ant.

Não nos ardia o coração,
quando Jesus, pelo caminho, nos falava? Aleluia.

Preces

Invoquemos a Cristo, que pela sua ressurreição confirmou a esperança do seu povo; e peçamos com muita fé:

R. **Cristo, vivo para sempre, escutai-nos!**

Senhor Jesus Cristo, de cujo lado aberto correu sangue e água,
— fazei da Igreja, vossa esposa imaculada.   R.

Pastor supremo da Igreja, que depois da ressurreição confiastes a Pedro o cuidado do vosso rebanho,
— protegei o nosso papa N. e confirmai-o na caridade a serviço do vosso povo.   R.

Vós, que enchestes de peixes as redes de vossos discípulos que pescavam no lago de Tiberíades,
— enviai operários à vossa Igreja para que continuem seu trabalho apostólico.   R.

592   2ª Semana do Tempo Pascal

Vós, que preparastes pão e peixes para vossos discípulos, na margem do lago,
— não permitais que nossos irmãos e irmãs morram de fome por nossa culpa.   R.

R. **Cristo, vivo para sempre, escutai-nos!**

(intenções livres)

Senhor Jesus, novo Adão, que nos dais a vida, tornai semelhantes à vossa imagem gloriosa os que já deixaram este mundo,
— para que participem plenamente da alegria perfeita no céu.   R.

Pai nosso...

Oração

Fazei-nos, ó Deus todo-poderoso, proclamar o poder do Cristo ressuscitado e, tendo recebido as primícias dos seus dons, consigamos possuí-los em plenitude. Por nosso Senhor Jesus Cristo, vosso Filho, na unidade do Espírito Santo.

QUARTA-FEIRA

Ofício das Leituras

V. Deus, o **Pai**, ressusci**tou** a Jesus **Cristo**
dentre os **mor**tos, ale**lu**ia,

R. Para que esteja no Se**nhor**
a nossa **fé** e espe**ran**ça. Ale**lu**ia.

Primeira leitura
Do Livro do Apocalipse   2,12-29

Às Igrejas de Pérgamo e de Tiatira

Eu, João, ouvi o Senhor que me dizia:
[12]Escreve ao anjo da Igreja que está em Pérgamo:

Quarta-feira

"Assim fala o que tem a espada afiada, de dois gumes: ¹³Conheço o lugar onde tu moras: é lá onde está o trono de Satanás. Mas tu conservas o meu nome e não renegaste a fidelidade para comigo, nem mesmo nos dias em que Antipas, minha testemunha fiel, foi morto entre vós, lá onde mora Satanás. ¹⁴Contudo, tenho algumas coisas contra ti: tens no teu meio adeptos da doutrina de Balaão. Este ensinou Balac a fazer Israel tropeçar, isto é, prostituir-se, comendo carne sacrificada aos ídolos. ¹⁵Do mesmo modo conservas os adeptos da doutrina dos nicolaítas. ¹⁶Converte-te, portanto. Senão, virei depressa e vos farei a guerra com a espada que sai de minha boca.

¹⁷Quem tem ouvidos, ouça o que o Espírito diz às Igrejas. Ao vencedor darei o maná escondido e lhe darei uma pedrinha branca, na qual estará escrito um nome novo, que ninguém conhece, a não ser aquele que a recebe".

¹⁸Escreve ao anjo da Igreja que está em Tiatira:

"Assim fala o Filho de Deus, aquele que tem os olhos como chamas de fogo e os pés como bronze: ¹⁹Eu conheço a tua conduta, teu amor e tua fidelidade, teu serviço e tua perseverança, e as tuas obras recentes, mais numerosas ainda que as do início. ²⁰Mas tenho contra ti que toleras essa mulher, Jezabel, que se diz profetisa, mas instrui os meus servos no erro, levando-os a se prostituírem e a comerem carne sacrificada aos ídolos. ²¹Eu marquei-lhe prazo para se converter, mas ela não quer converter-se de sua imoralidade. ²²Eis que vou colocá-la num leito de doente, e os que se prostituem com ela, numa grande tribulação, se não se converterem de sua conduta. ²³Farei morrer os seus filhos, e então, todas a Igrejas vão saber que eu sou aquele que perscruta os rins e os corações, e que vou retribuir a cada um de vós conforme o seu modo de agir. ²⁴A vós, porém, demais membros da Igreja de Tiatira, que não seguis essa doutrina e não quisestes conhecer as "profundezas" de Satanás, – como dizem – não vos imponho outra responsabilidade,

594   2ª Semana do Tempo Pascal

[25]mas guardai bem a fé que já tendes, até que eu venha. [26]E ao vencedor, ao que observar até ao fim a conduta que eu desejo, eu lhe darei poder sobre todas as nações;
[27]e ele as conduzirá com cetro de ferro,
e elas quebrarão como vasos de argila.
[28]Pois recebi do meu Pai este poder.
Darei ao vencedor a estrela da manhã!
    [29]Quem tem ouvidos, ouça o que o Espírito diz às Igrejas".

Responsório   Ap 2,18b.23b; 22,12a
R. Assim fa**lou** o Filho de **Deus**,
    que tem os **o**lhos, como **cha**mas de um **fogo** cinti**lan**te:
    Sondo os **rins** e os cora**ções**
     * E da**rei** a cada **um** o que me**re**cem suas **o**bras. Ale**lui**a.
V. Eis que **ve**nho, sem de**mo**ra, e tra**rei** a recom**pen**sa.
     * E da**rei**.

Segunda leitura
Dos Sermões de São Leão Magno, papa
      (Sermo 12, De Passione, 3. 6-7: PL 54,355-357) (Séc.V)

Cristo vivo em sua Igreja

Caríssimos filhos, a natureza humana foi assumida tão intimamente pelo Filho de Deus, que o único e mesmo Cristo está não apenas neste homem, primogênito de toda a criatura, mas também em todos os seus santos. Disto não podemos duvidar. E como a Cabeça não pode separar-se dos membros, também os membros não podem separar-se da Cabeça. Se é certo que Deus será tudo em todos não nesta vida mas na eterna, também é verdade que, desde agora, ele habita inseparavelmente no seu templo, que é a Igreja, conforme sua promessa: *Eis que eu estarei convosco todos os dias, até ao fim do mundo* (Mt 28,20).
    Por conseguinte, tudo quanto o Filho de Deus fez e ensinou para a reconciliação do mundo, podemos saber não

apenas pela história do passado, mas experimentando-o na eficácia do que ele realiza no presente.

É ele que, tendo nascido da Virgem Mãe pelo poder do Espírito Santo, por ação do mesmo Espírito, fecunda a sua Igreja imaculada, a fim de gerar pelo nascimento batismal, uma inumerável multidão de filhos de Deus. É deles que se diz: *Estes não nasceram do sangue nem da vontade da carne, nem da vontade do homem, mas de Deus mesmo* (Jo 1,13).

É nele que foi abençoada a descendência de Abraão por meio da adoção filial de todos os povos do mundo; e o santo patriarca torna-se pai das nações quando, pela fé e não pela carne, lhe nascem os filhos da promessa.

É ele que, sem excluir povo algum, reúne em um só rebanho as santas ovelhas de todas as nações que existem debaixo do céu, e todos os dias cumpre o que prometera, ao dizer: *Tenho ainda outras ovelhas que não são deste redil: também a elas devo conduzir; escutarão a minha voz, e haverá um só rebanho e um só pastor* (Jo 10,16).

Embora tenha dito de modo especial a São Pedro: *Apascenta as minhas ovelhas* (Jo 21,17), é ele o único Senhor que orienta o ministério de todos os pastores. É ele que alimenta os que se aproximam desta pedra, com pastos tão férteis e bem irrigados, que inúmeras ovelhas, fortalecidas pela generosidade do seu amor, não hesitam em morrer pelo Pastor, o Bom Pastor que deu a vida por suas ovelhas.

É ele que une à sua Paixão não apenas a gloriosa fortaleza dos mártires, mas também a fé de todos aqueles que renasceram nas águas batismais.

É nisso que consiste celebrar dignamente a Páscoa do Senhor com os ázimos da sinceridade e da verdade: tendo rejeitado o fermento da antiga malícia, a nova criatura se inebria e se alimenta do próprio Senhor.

A nossa participação no corpo e no sangue de Cristo age de tal modo que nos transformamos naquele que recebemos.

596   2ª Semana do Tempo Pascal

Mortos, sepultados e ressuscitados nele, que o tenhamos sempre em nós tanto no espírito quanto no corpo.

Responsório   Jo 10,14; Ez 34,11.13a

R. Eu **sou** o Bom Pas**tor**, diz Je**sus**:
* Eu co**nhe**ço as **mi**nhas o**ve**lhas e **e**las co**nhe**cem a **mim**. Ale**lui**a.

V. Eu **mes**mo i**rei** procu**rar** minhas ovelhas e i**rei** visi**tá**-las, eu **hei** de congre**gar** minhas o**ve**lhas dentre os **po**vos e i**rei** apascen**tá**-las. * Eu co**nhe**ço.

Oração como nas Laudes.

Laudes

Leitura breve   Rm 6,8-11

Se morremos com Cristo, cremos que também viveremos com ele. Sabemos que Cristo ressuscitado dos mortos não morre mais; a morte já não tem poder sobre ele. Pois aquele que morreu, morreu para o pecado uma vez por todas; mas aquele que vive, é para Deus que vive. Assim, vós também considerai-vos mortos para o pecado e vivos para Deus, em Jesus Cristo.

Responsório breve

R. O Se**nhor** ressur**giu** do se**pul**cro. * Ale**lui**a, ale**lui**a.
      R. O Se**nhor**.
V. Foi sus**pen**so por **nós** numa **cruz**. * Ale**lui**a, ale**lui**a.
      Glória ao **Pai**. R. O Se**nhor**.

Cântico evangélico, ant.

Tanto **Deus** amou o **mun**do, que lhe **deu** seu Filho **úni**co; quem crê **ne**le não perece, mas te**rá** a vida eter**na**. Ale**lui**a.

Preces

Elevemos nossas preces a Deus Pai, que quis revelar aos apóstolos a glória de Cristo ressuscitado; e aclamemos:

Quarta-feira

R. **Iluminai-nos, Senhor, com a glória de Cristo!**

Nós vos louvamos, Senhor, fonte de luz e de glória,
– que nos chamastes à vossa luz admirável para alcançarmos a salvação. **R.**

Purificai e fortalecei com o poder do Espírito Santo a atividade da Igreja em toda a terra,
– para que melhorem as relações humanas entre todos os
cidadãos do mundo. **R.**

Fazei que nos dediquemos de tal modo ao serviço do próximo,
– que possamos transformar a comunidade humana numa
oferenda agradável aos vossos olhos. **R.**

Desde o amanhecer, cumulai-nos com os dons da vossa
bondade,
– para vivermos na alegria de vosso louvor durante todo
este dia. **R.**

(intenções livres)

Pai nosso...

Oração

Imploramos, ó Deus, a vossa clemência, ao recordar cada
ano o mistério pascal que renova a dignidade humana, e nos
traz a esperança da ressurreição: concedei-nos acolher sempre com amor o que celebramos com fé. Por nosso Senhor
Jesus Cristo, vosso Filho, na unidade do Espírito Santo.

Hora Média

Oração das Nove Horas

Leitura breve   cf. Rm 4,24-25
Cremos naquele que ressuscitou dos mortos Jesus, nosso
Senhor. Ele, Jesus, foi entregue por causa de nossos peca-
dos e foi ressuscitado para nossa justificação.

598 2ª Semana do Tempo Pascal

V. O Senhor ressurgiu realmente. Aleluia.
R. E apareceu a Simão. Aleluia.

Oração das Doze Horas

Leitura breve   1Jo 5,5-6a
Quem é o vencedor do mundo, senão aquele que crê que
Jesus é o Filho de Deus? Este é o que veio pela água e pelo
sangue: Jesus Cristo. Não veio somente com a água, mas
com a água e o sangue.

V. Os discípulos ficaram muito alegres, aleluia,
R. Por verem o Senhor ressuscitado. Aleluia.

Oração das Quinze Horas

Leitura breve   cf. Ef 4,23-24
Renovai o vosso espírito e a vossa mentalidade. Revesti
o homem novo, criado à imagem de Deus, em verdadeira
justiça e santidade.

V. Ó Senhor, ficai conosco, aleluia,
R. Pois o dia já declina. Aleluia.

Oração como nas Laudes.

Vésperas

Leitura breve   Hb 7,24-27
Cristo, uma vez que permanece para a eternidade, possui
um sacerdócio que não muda. Por isso ele é capaz de salvar
para sempre aqueles que, por seu intermédio, se aproximam de Deus. Ele está sempre vivo para interceder por
eles. Tal é precisamente o sumo sacerdote que nos convinha: santo, inocente, sem mancha, separado dos pecadores
e elevado acima dos céus. Ele não precisa, como os sumos
sacerdotes, oferecer sacrifícios em cada dia, primeiro por
seus próprios pecados e depois pelos do povo. Ele já o fez
uma vez por todas, oferecendo-se a si mesmo.

Quarta-feira

Responsório breve

R. Os discípulos ficaram muito alegres. * Aleluia, aleluia.
   R. Os discípulos.
V. Quando viram o Senhor ressuscitado. * Aleluia, aleluia.
   Glória ao Pai. R. Os discípulos.

Cântico evangélico, ant.

Quem pratica a verdade se põe junto à luz
e suas obras de filho de Deus se revelam. Aleluia.

Preces

Imploremos a Deus todo-poderoso, que em seu Filho ressuscitado, abriu-nos as portas da vida eterna; e digamos confiantes:

R. **Pela vitória de Cristo, salvai, Senhor, o vosso povo!**

Deus de nossos pais, que glorificastes vosso Filho Jesus, ressuscitando-o dos mortos,
– transformai os nossos corações para vivermos a vida nova da filiação divina. R.

Vós, que conduzistes as ovelhas desgarradas, que éramos, a Cristo, pastor e guia de nossas almas,
– conservai-nos fiéis ao evangelho, sob a orientação dos pastores da Igreja. R.

Vós, que escolhestes os primeiros discípulos de vosso Filho dentre o povo judeu,
– dai aos filhos de Israel fidelidade à Aliança para caminharem ao encontro da promessa feita a seus pais. R.

Lembrai-vos de todos os abandonados, dos órfãos e das viúvas,
– e não deixeis que vivam sozinhos aqueles que vosso Filho, com sua morte, reconciliou convosco. R.

(intenções livres)

600   2ª Semana do Tempo Pascal

Vós, que chamastes para o Reino celeste o primeiro mártir Santo Estêvão, depois que ele proclamou a glória de Jesus sentado à vossa direita,

– acolhei também na eternidade os nossos irmãos e irmãs que na fé e na caridade esperaram em vós.

R. **Pela vitória de Cristo, salvai, Senhor, o vosso povo!**

Pai nosso...

Oração

Imploramos, ó Deus, a vossa clemência, ao recordar cada ano o mistério pascal que renova a dignidade humana, e nos traz a esperança da ressurreição: concedei-nos acolher sempre com amor o que celebramos com fé. Por nosso Senhor Jesus Cristo, vosso Filho, na unidade do Espírito Santo.

QUINTA-FEIRA

Ofício das Leituras

V. Deus, o **Pai** que a Jesus, nosso Senhor, ressuscitou, aleluia.

R. Nos fará também a **nós** ressuscitar por seu poder. Aleluia.

Primeira leitura

Do Livro do Apocalipse   3,1-22

Às Igrejas de Sardes, de Filadélfia e de Laodiceia

Eu, João, ouvi o Senhor que me dizia:

¹Escreve ao anjo da Igreja que está em Sardes:

"Assim fala aquele que tem os sete espíritos de Deus e as sete estrelas: Conheço a tua conduta. Tens fama de estar vivo, mas estás morto. ²Acorda! Reaviva o que te resta, e que estava para se apagar! Pois não acho suficiente aos olhos do meu Deus aquilo que estás fazendo. ³Lembra-te daquilo que tens aprendido e ouvido. Observa-o! Converte-te! Se não estiveres vigilante, eu virei como um ladrão, sem que tu saibas em que hora te vou surpreender! ⁴Todavia, aí em

Sardes existem algumas pessoas que não sujaram a roupa. Estas vão andar comigo, vestidas de branco, pois merecem isso. [5]O vencedor vestirá a roupa branca, e não apagarei o seu nome do livro da vida, mas o apresentarei diante de meu Pai e de seus anjos.

[6]Quem tem ouvidos, ouça o que o Espírito diz às Igrejas".

[7]Escreve ao anjo da Igreja que está em Filadélfia: "Assim fala o Santo, o Verdadeiro, o que tem as chaves da casa de Davi, o que abre, sem que ninguém possa fechar, e fecha, sem que ninguém possa abrir: [8]– Conheço a tua conduta. Eis que abri à tua frente uma porta e ninguém a poderá fechar. Pois a tua força é pequena, mas guardaste a minha palavra e não renegaste o meu nome. [9]Olha! Eu te entrego uma parte da sinagoga de Satanás, isto é, daqueles que se dizem judeus, mas na realidade não o são, pois são mentirosos. Vou fazer com que venham prostrar-se diante de teus pés, e reconhecerão, então, que tu tens o meu amor. [10]Porque guardaste a minha ordem de perseverar, também eu te vou guardar da hora da provação, que está para vir sobre todo o universo, para pôr à prova os habitantes da terra. [11]Eu venho logo! Guarda bem o que recebeste, para que ninguém roube a tua coroa. [12]Do vencedor vou fazer uma coluna no templo do meu Deus, e daí não sairá. Nela gravarei o nome do meu Deus, e o nome da cidade do meu Deus, a nova Jerusalém, que desce do céu, de junto do meu Deus. E gravarei nela também o meu novo nome.

[13]O que tem ouvidos, ouça o que o Espírito diz às Igrejas".

[14]Escreve ao anjo da Igreja que está em Laodiceia: "Assim fala o Amém, a testemunha fiel e verdadeira, o princípio da criação de Deus: [15]Conheço a tua conduta. Não és frio nem quente. Oxalá fosses frio ou quente! [16]Mas, porque és morno, nem frio nem quente, estou para vomitar-te de minha boca. [17]Tu dizes: "Sou rico e abastado e não

2ª Semana do Tempo Pascal

careço de nada", em vez de reconhecer que tu és infeliz, miserável, pobre, cego e nu! ¹⁸Dou-te um conselho: compra de mim ouro purificado no fogo, para ficares rico, e vestes brancas, para vestires e não aparecer a tua nudez vergonhosa; e compra também um colírio para curar os teus olhos, para que enxergues. ¹⁹Eu repreendo e educo os que eu amo. Esforça-te, pois, e converte-te. ²⁰Eis que estou à porta, e bato; se alguém ouvir minha voz e abrir a porta, eu entrarei na sua casa e tomaremos a refeição, eu com ele e ele comigo. ²¹Ao vencedor farei sentar-se comigo no meu trono, como também eu venci e estou sentado com meu Pai no seu trono.

²²Quem tem ouvidos, ouça o que o Espírito diz às Igrejas".

Responsório   Ap 3,20b. 2,7b

R. Se **alguém** escu**tar** minha **voz**
e **abrir** para **mim** sua **porta,**
   * **Entrarei** e com ele ce**arei**, e também **ele** co**migo**. Ale**luia.**
V. Ao vence**dor** conce**derei** comer da **árvore** da **vida**
no pa**raíso** do meu **Deus.** * **Entrarei.**

Segunda leitura
Dos Tratados de São Gaudêncio, bispo de Bréscia
                  (Tract. 2: CSEL 68,30-32)   (Séc. V)

O dom do Novo Testamento concedido como herança

O sacrifício celeste instituído por Cristo é verdadeiramente um dom do Novo Testamento concedido como herança; é o dom que ele nos deixou como garantia da sua presença, na noite em que foi entregue para ser crucificado. Este é o viático da nossa peregrinação. É o alimento que nos sustenta nos caminhos desta vida até o dia em que, *partindo deste mundo*, formos ao encontro do Senhor. Pois ele mesmo disse: *Se não comerdes a minha carne e não beberdes o meu sangue, não tereis a vida em vós* (cf. Jo 6,53).

Ele quis efetivamente com seus dons permanecer junto de nós; quis que as almas, remidas com o seu sangue precioso, se santificassem continuamente pelo memorial de sua Paixão. Por esse motivo, ordenou aos seus discípulos fiéis, constituídos como primeiros sacerdotes de sua Igreja, que sem cessar celebrassem estes mistérios da vida eterna. É necessário, portanto, que estes sacramentos sejam celebrados por todos os sacerdotes em cada Igreja do mundo inteiro, até que Cristo desça novamente dos céus. Deste modo, tanto os sacerdotes como todo o povo fiel, tendo diariamente ante os olhos o sacramento da Paixão de Cristo, tomando-o nas suas mãos e recebendo-o na boca e no coração, guardem indelével a memória de nossa redenção.

Com razão se considera o pão como uma imagem inteligível do Corpo de Cristo. De fato, assim como para fazer o pão é necessário reunir muitos grãos de trigo, transformá-los em farinha, amassar a farinha com água e cozê-la ao fogo, assim também o Corpo de Cristo reúne a multidão de todo o gênero humano e o leva à perfeita unidade de um só corpo por meio do fogo do Espírito Santo.

Cristo nasceu pelo poder do Espírito Santo. E porque convinha que nele se cumprisse toda a justiça, penetrou nas águas do batismo para santificá-las, e saiu do rio Jordão cheio do Espírito Santo que tinha descido sobre ele em forma de pomba. O evangelista dá testemunho disso dizendo: *Jesus, cheio do Espírito Santo, voltou do Jordão* (Lc 4,1).

Do mesmo modo, o vinho do seu sangue, proveniente de muitos cachos, quer dizer, feito das uvas da videira por ele plantada, espremido no lagar da cruz, fermenta por si mesmo em amplos recipientes que são os corações dos fiéis. Todos vós, pois, que fostes libertados do Egito e do poder do Faraó, isto é, do demônio, recebei com santa avidez de coração junto conosco, este sacrifício pascal portador de salvação. E assim, sejamos santificados até o mais íntimo de nosso ser por Jesus Cristo nosso Senhor, que cremos estar presente em seus sacramentos. Seu poder inestimável permanece por todos os séculos.

Responsório
Lc 22,19; Jo 6,58

R. Na **Ceia** derra**deira Jesus** tomou o **pão**,
 deu **graças** e o par**tiu**, deu a **eles** e lhes **dis**se:
 * Isto é o meu **Corpo**, en**tregue** por **vós**.
 Fazei isto em me**mória** de **mim**. Ale**luia**.
V. É **este** o pão **vivo** descido dos **céus**;
 quem co**mer** deste **pão**, vive**rá** para sempre. * Isto é.

Oração como nas Laudes.

Laudes

Leitura breve
Rm 8,10-11

Se Cristo está em vós, embora vosso corpo esteja ferido de morte por causa do pecado, vosso espírito está cheio de vida, graças à justiça. E, se o Espírito daquele que ressuscitou Jesus dentre os mortos mora em vós, então aquele que ressuscitou Jesus Cristo dentre os mortos vivificará também vossos corpos mortais por meio do seu Espírito que mora em vós.

Responsório breve

R. O **Senhor** ressur**giu** do se**pul**cro. * Ale**luia**, ale**luia**.
 R. O **Senhor**.
V. Foi sus**pen**so por **nós** numa **cruz**. * Ale**luia**, ale**luia**.
 Glória ao **Pai**. R. O **Senhor**.

Cântico evangélico, ant.

O **Pai** ama seu **Filho** Jesus **Cristo**
e **tu**do colo**cou** em suas **mãos**. Ale**luia**.

Preces

Invoquemos com toda a confiança a Deus Pai, que em Jesus Cristo deu aos seres humanos a certeza da ressurreição; e digamos:

R. **Que o Senhor Jesus seja a nossa vida!**

Quinta-feira

Pela coluna de fogo iluminastes, Senhor, vosso povo no deserto:
— por sua ressurreição, seja Cristo hoje para nós a luz da vida.

R.

Pela voz de Moisés ensinastes, Senhor, o vosso povo no monte Sinai;
— por sua ressurreição seja Cristo hoje para nós a palavra da vida.

R.

Com o maná alimentastes, Senhor, vosso povo peregrino;
— por sua ressurreição, seja Cristo hoje para nós o pão da vida.

R.

Com a água do rochedo destes de beber, Senhor, ao vosso povo;
— pela ressurreição de Cristo, vosso Filho, concedei-nos hoje o Espírito que dá vida.

R.

(intenções livres)

Pai nosso...

Oração

Concedei, ó Deus, que vejamos frutificar em toda a nossa vida as graças do mistério pascal, que instituístes na vossa misericórdia. Por nosso Senhor Jesus Cristo, vosso Filho, na unidade do Espírito Santo.

Hora Média

Oração das Nove Horas

Leitura breve   1Cor 12,13

Todos nós, judeus ou gregos, escravos ou livres, fomos batizados num único Espírito, para formarmos um único corpo, e todos nós bebemos de um único Espírito.

V. O Senhor ressurgiu realmente. Aleluia.
R. E apareceu a Simão. Aleluia.

Oração das Doze Horas

Leitura breve   Tt 3,5b-7

Deus nos salvou quando renascemos e fomos renovados no batismo pelo Espírito Santo, que ele derramou abundantemente sobre nós por meio de nosso Salvador Jesus Cristo. Justificados assim, pela sua graça, nos tornamos na esperança herdeiros da vida eterna.

V. Os discípulos ficaram muito alegres, aleluia.

R. Por verem o Senhor ressuscitado. Aleluia.

Oração das Quinze Horas

Leitura breve   cf. Cl 1,12-14

Demos graças ao Pai, que nos tornou capazes de participar da luz, que é a herança dos santos. Ele nos libertou do poder das trevas e nos recebeu no Reino de seu Filho amado, por quem temos a redenção, o perdão dos pecados.

V. Ó Senhor, ficai conosco, aleluia,
R. Pois o dia já declina. Aleluia.

Oração como nas Laudes.

Vésperas

Leitura breve   1Pd 3,18.21b-22

Cristo morreu, uma vez por todas, por causa dos pecados, o justo, pelos injustos, a fim de vos conduzir a Deus. Sofreu a morte, na sua existência humana, mas recebeu nova vida pelo Espírito. O batismo é hoje a vossa salvação. Pois ele não serve para limpar o corpo da imundície, mas é um pedido a Deus para obter uma boa consciência, em virtude da ressurreição de Jesus Cristo. Ele subiu ao céu e está à direita de Deus, submetendo-se a ele anjos, dominações e potestades.

Responsório breve

R. Os discípulos ficaram muito alegres. *Aleluia, aleluia.

     R. Os discípulos.

Quinta-feira

V. Quando **viram** o Se**nhor** ressuscitado.* Ale**lui**a, ale**lui**a.
Glória ao **Pai**. R. Os discípulos.

Cântico evangélico, ant.

Quem **crê** no **F**ilho de **Deus**, tem a vida eterna. Ale**lui**a.

Preces

Exultemos de alegria em Cristo nosso Senhor, a quem o Pai
constituiu fundamento de nossa esperança e da ressurreição
dos mortos. Aclamemos e peçamos:

R. **Cristo, rei da glória, ouvi-nos!**

Senhor Jesus, que por vosso sangue derramado na cruz e
por vossa ressurreição entrastes no santuário celeste,
– conduzi-nos convosco à glória do Pai. R.

Senhor Jesus, que por vossa ressurreição fortalecestes a
fé dos discípulos e os enviastes ao mundo para anunciar o
evangelho,
– fazei que os bispos e os presbíteros sejam fiéis mensageiros da vossa Palavra. R.

Senhor Jesus, que por vossa ressurreição nos trouxestes a
reconciliação e a paz,
– dai aos cristãos uma perfeita união na fé e na caridade. R.

Senhor Jesus, que por vossa ressurreição curastes o paralítico que estava à porta do Templo,
– olhai com bondade para os enfermos e manifestai neles a
vossa glória. R.

(intenções livres)

Senhor Jesus, que por vossa ressurreição vos tornastes o
primogênito dentre os mortos,
– concedei a participação na glória celeste àqueles que
acreditaram e esperaram em vós. R.
Pai nosso...

Oração

Concedei, ó Deus, que vejamos frutificar em toda a nossa vida as graças do mistério pascal, que instituístes na vossa misericórdia. Por nosso Senhor Jesus Cristo, vosso Filho, na unidade do Espírito Santo.

SEXTA-FEIRA

Ofício das Leituras

V. Céus e terra se alegram cantando: Aleluia.
R. Pela ressurreição do Senhor. Aleluia.

Primeira leitura

Do Livro do Apocalipse   4,1-11

Visão de Deus

Eu, João, ¹vi uma porta aberta no céu, e a voz que antes eu tinha ouvido falar-me como trombeta, disse: "Sobe até aqui, para que eu te mostre as coisas que devem acontecer depois destas." ²Imediatamente, o Espírito tomou conta de mim. Havia no céu um trono e, no trono, alguém sentado. ³Aquele que estava sentado parecia uma pedra de jaspe e cornalina; um arco-íris envolvia o trono com reflexos de esmeralda. ⁴Ao redor do trono havia outros vinte e quatro tronos; neles estavam sentados vinte e quatro anciãos, todos eles vestidos de branco e com coroas de ouro nas cabeças. ⁵Do trono saíam relâmpagos, vozes e trovões. Diante do trono estavam acesas sete lâmpadas de fogo, que são os sete espíritos de Deus. ⁶Na frente do trono havia como que um mar de vidro cristalino. No meio, em redor do trono, estavam *quatro Seres vivos*, cheios de olhos pela frente e por detrás. ⁷O primeiro Ser vivo parecia um leão; o segundo parecia um touro; o terceiro tinha rosto de homem; o quarto parecia uma águia em pleno voo. ⁸Cada um dos quatro Seres vivos tinha seis asas, cobertas de olhos ao redor e por dentro. Dia e noite,

Sexta-feira 609

sem parar, eles proclamavam: "Santo! Santo! Santo! Senhor Deus Todo-poderoso! Aquele que é, que era e que vem!"

⁹Os seres vivos davam glória, honra e ação de graças ao que estava no trono e que vive para sempre. ¹⁰E cada vez que os Seres vivos faziam isto, os vinte e quatro anciãos se prostravam diante daquele que estava sentado no trono, para adorar o que vive para sempre. Colocavam suas coroas diante do trono de Deus, e diziam:

¹¹"Senhor, nosso Deus,
tu és digno de receber a glória, a honra e o poder,
porque tu criaste todas as coisas.
Pela tua vontade é que elas existem e foram criadas".

Responsório
Ap 4,8c; Is 6,3

R. **San**to, santo, **san**to, Senhor **Deus** onipoten**te!**
Deus que **e**ra, Deus que é, também se**rá** eterna**men**te.
* Toda a **ter**ra está **chei**a de sua **gló**ria, ale**lui**a.
V. Di**zi**am acla**man**do os seres **vi**vos uns aos **ou**tros:
Santo, santo, **san**to, Senhor **Deus** onipoten**te!**
* Toda a **ter**ra.

Segunda leitura
Dos Sermões de São Teodoro Estudita

(Oratio in adoratisnem crucis: PG 99, 691-694.695.698-699
(Séc. IX)

É preciosa e vivificante a cruz de Cristo

Ó preciosíssimo dom da cruz! Vede o esplendor de sua forma! Não mostra apenas uma imagem mesclada de bem e de mal, como aquela árvore do Paraíso, mas totalmente bela e magnífica para a vista e o paladar.

É uma árvore que não gera a morte, mas a vida; que não difunde as trevas, mas a luz; que não expulsa do Paraíso, mas nele introduz. A esta árvore subiu Cristo, como um rei que sobe no carro triunfal, e venceu o demônio, detentor do poder da morte, para libertar o gênero humano da escravidão do tirano.

Sobre esta árvore o Senhor, como um valente guerreiro, ferido durante o combate em suas mãos, nos pés e em seu lado divino, curou as chagas dos nossos pecados, isto é, curou a nossa natureza ferida pela serpente venenosa.

Se antes, pela árvore, fomos mortos, agora, pela árvore, recuperamos a vida; se antes, pela árvore, fomos enganados, agora, pela árvore, repelimos a astúcia da serpente. Sem dúvida, novas e extraordinárias mudanças! Em vez da morte, nos é dada a vida; em lugar da corrupção, a incorrupção; da vergonha, a glória.

Não é sem razão que o Apóstolo exclama: *Quanto a mim, que eu me glorie somente na cruz do Senhor nosso, Jesus Cristo. Por ele, o mundo está crucificado para mim, como eu estou crucificado para o mundo* (Gl 6,14). Pois aquela suprema sabedoria que floresceu na cruz, desmascarou a presunção e a arrogante loucura da sabedoria do mundo; toda a espécie de bens maravilhosos que brotaram da cruz, extirparam inteiramente a raiz da maldade e do pecado.

Já desde o começo do mundo, houve figuras e alegorias desta árvore que anunciavam e indicavam realidades verdadeiramente admiráveis. Repara bem, tu que sentes um grande desejo de saber:

Não é verdade que Noé, com seus filhos e esposas, e os animais de toda espécie, escapou da morte do dilúvio, por ordem de Deus, numa frágil arca de madeira?

E o que dizer da vara de Moisés? Não era figura da cruz quando transformou a água em sangue, quando devorou as falsas serpentes dos magos, quando separou as águas do mar com o poder do seu golpe, quando as fez voltar ao seu curso normal, afogando os inimigos e salvando aqueles que eram o povo de Deus?

Símbolo da cruz foi também a vara de Aarão, quando se cobriu de folhas num só dia para indicar quem devia ser o sacerdote legítimo.

Abraão também prenunciou a cruz, quando colocou seu filho amarrado sobre o feixe de lenha.

Pela cruz, a morte foi destruída e Adão recuperou a vida. Pela cruz, todos os apóstolos foram glorificados, todos os mártires coroados e todos os que creem, santificados. Pela cruz, fomos revestidos de Cristo ao nos despojarmos do homem velho. Pela cruz, nós, ovelhas de Cristo, fomos reunidos num só rebanho e destinados às moradas celestes.

Responsório

R. Ó **ár**vore **no**bre, plan**ta**da no **mei**o do **Jar**dim do **Se**nhor!
  * Em **ti**, pelo **Cris**to, a **mor**te de **to**dos foi **mor**ta. Ale**lu**ia.
V. Tu **és** a mais **al**ta de **to**dos os **ce**dros,
  que **exis**tem nas **ma**tas. * Em **ti**.

Oração como nas Laudes.

Laudes

Leitura breve
At 5,30-32

O Deus de nossos pais ressuscitou Jesus, a quem vós matastes, pregando-o numa cruz. Deus, por seu poder, o exaltou, tornando-o Guia Supremo e Salvador, para dar ao povo de Israel a conversão e o perdão dos seus pecados. E disso somos testemunhas, nós e o Espírito Santo, que Deus concedeu àqueles que lhe obedecem.

Responsório breve

R. O **Se**nhor ressur**giu** do se**pul**cro. * Ale**lu**ia, ale**lu**ia.
  R. O **Se**nhor.
V. Foi sus**pen**so por **nós** numa **cruz**. * Ale**lu**ia, ale**lu**ia.
  Glória ao **Pai**. R. O **Se**nhor.

612 2ª Semana do Tempo Pascal

Cântico evangélico, ant.
Jesus tomou os **pães**, e, **ten**do dado **graças**,
os **deu** para os **presen**tes. Ale**luia**.

Preces

Rezemos a Deus Pai, que ressuscitou Jesus de entre os
mortos e dará a vida também aos nossos corpos mortais,
pelo Espírito Santo que habita em nós. Digamos com fé:
R. **Senhor, por vosso Espírito Santo, dai-nos a vida!**

Pai santo, que aceitastes o sacrifício de vosso Filho, ressuscitando-o de entre os mortos,
— recebei a oferenda que hoje vos apresentamos e conduzi-
-nos à vida eterna. R.

Abençoai, Senhor, nossos trabalhos deste dia,
— para que sirvam à vossa glória e à santificação de todos.R.

Fazei que nossas atividades de hoje contribuam para a
construção de um mundo melhor,
— e que assim procedendo, possamos chegar ao vosso Reino celeste. R.

Abri hoje nossos olhos e nosso coração para as necessidades de nossos irmãos e irmãs,
— a fim de que todos nos amemos e nos sirvamos uns aos
outros. R.
(intenções livres)

Pai nosso...

Oração

Concedei, ó Deus, aos vossos servos e servas a graça da ressurreição, pois quisestes que o vosso Filho sofresse por nós
o sacrifício da cruz para nos libertar do poder do inimigo.
Por nosso Senhor Jesus Cristo, vosso Filho, na unidade do
Espírito Santo.

Sexta-feira

Hora Média

Oração das Nove Horas

Leitura breve   At 2,32.36

Deus ressuscitou Jesus e disto todos nós somos testemunhas. Portanto, que todo o povo de Israel reconheça com plena certeza: Deus constituiu Senhor e Cristo a este Jesus que vós crucificastes.

V. O Senhor ressurgiu realmente. Aleluia.
R. E apareceu a Simão. Aleluia.

Oração das Doze Horas

Leitura breve   Gl 3,27-28

Vós todos que fostes batizados em Cristo vos revestistes de Cristo. O que vale não é mais ser judeu nem grego, nem escravo nem livre, nem homem nem mulher, pois todos vós sois um só, em Jesus Cristo.

V. Os discípulos ficaram muito alegres, aleluia.
R. Por verem o Senhor ressuscitado. Aleluia.

Oração das Quinze Horas

Leitura breve   1Cor 5,7-8

Lançai fora o fermento velho, para que sejais uma massa nova, já que deveis ser sem fermento. Pois o nosso cordeiro pascal, Cristo, já está imolado. Assim, celebremos a festa, não com velho fermento nem com o fermento de maldade ou de perversidade, mas com os pães ázimos de pureza e de verdade.

V. Ó Senhor, ficai conosco, aleluia.
R. Pois o dia já declina. Aleluia.

Oração como nas Laudes.

614 2ª Semana do Tempo Pascal

Vésperas

Leitura breve Hb 5,8-10

Mesmo sendo Filho, aprendeu o que significa a obediência a Deus por aquilo que ele sofreu. Mas, na consumação de sua vida, tornou-se causa de salvação eterna para todos os que lhe obedecem. De fato, ele foi por Deus proclamado sumo sacerdote na ordem de Melquisedec.

Responsório breve

R. Os discípulos ficaram muito alegres. * Aleluia, aleluia.
    R. Os discípulos.
V. Quando viram o Senhor ressuscitado. * Aleluia, aleluia.
    Glória ao Pai. R. Os discípulos.

Cântico evangélico, ant.

Jesus sofreu a dura cruz e o inferno derrotou;
revestido de poder, ressuscitou após três dias. Aleluia.

Preces

Glorifiquemos a Cristo, fonte de vida e origem de todas as virtudes; e rezemos com amor e confiança:

R. **Firmai no mundo o vosso Reino, Senhor!**

Jesus Salvador, que experimentastes a morte em vossa carne, mas voltastes à vida pelo Espírito,
– fazei-nos morrer para o pecado e viver a vida nova do vosso Espírito Santo. R.

Vós, que enviastes os discípulos ao mundo inteiro para pregar o evangelho a toda criatura,
– sustentai, com a força do vosso Espírito, os mensageiros de vossa palavra. R.

Vós, que recebestes todo o poder no céu e na terra para dar testemunho da verdade,
– dirigi no espírito de verdade o coração daqueles que nos governam. R.

Vós, que fazeis novas todas as coisas e nos mandais esperar, vigilantes, a vinda do vosso Reino,
– concedei que, quanto mais fervorosamente esperarmos os novos céus e a nova terra, tanto mais generosamente trabalhemos pela edificação do mundo presente. R.
(intenções livres)

Vós, que descestes à mansão dos mortos para lhes anunciar a alegria da salvação,
– sede a alegria e a esperança de todos os que partiram desta vida. R.
Pai nosso...

Oração

Concedei, ó Deus, aos vossos servos e servas a graça da ressurreição, pois quisestes que o vosso Filho sofresse por nós o sacrifício da cruz para nos libertar do poder do inimigo. Por nosso Senhor Jesus Cristo, vosso Filho, na unidade do Espírito Santo.

SÁBADO

Ofício das Leituras

V. Deus nos **fez** renas**cer** para a **vi**va espe**ran**ça, ale**lui**a,
R. Pela **ressurreição** do **Senhor** dentre os **mortos**. Ale**lui**a.

Primeira leitura
Do Livro do Apocalipse 5,1-14

Visão do Cordeiro

Eu, João, [1]vi um livro na mão direita daquele que estava sentado no trono. Era um rolo escrito por dentro e por fora, e estava lacrado com sete selos. [2]Vi então um anjo forte, que proclamava em voz alta: "Quem é digno de romper os selos e abrir o livro?" [3]Ninguém no céu, nem na terra, nem debaixo da terra era digno de abrir o livro ou de ler o que nele estava escrito.[4]Eu chorava muito, porque ninguém foi considerado digno de abrir ou de ler o livro. [5]Um dos anciãos me consolou: "Não chores! Eis que o Leão da tribo de Judá, o Rebento de Davi, saiu vencedor. Ele pode romper os selos e abrir o livro".

[6]De fato, vi um Cordeiro. Estava no centro do trono e dos quatro Seres vivos, no meio dos Anciãos. Estava de pé como que imolado. O Cordeiro tinha sete chifres e sete olhos, que são os sete Espíritos de Deus, enviados por toda a terra. [7]Então, o Cordeiro veio receber o livro da mão direita daquele que está sentado no trono. [8]Quando ele recebeu o livro, os quatro Seres vivos e os vinte e quatro Anciãos prostraram-se diante do Cordeiro. Todos tinham harpas e taças de ouro cheias de incenso, que são as orações dos santos. [9]E entoaram um cântico novo:
"Tu és digno de receber o livro
e abrir seus selos,
porque foste imolado,
e com teu sangue adquiriste para Deus homens de toda a tribo, língua, povo e nação.
[10]Deles fizeste para o nosso Deus um reino de sacerdotes.
E eles reinarão sobre a terra".

[11]Na minha visão, ouvi a voz de numerosos anjos, que estavam em volta do trono, e dos Seres vivos e dos Anciãos. Eram milhares de milhares, milhões de milhões, [12]e proclamavam em alta voz:
"O Cordeiro imolado
é digno de receber o poder, a riqueza, a sabedoria
e a força, a honra, a glória e o louvor".

[13]Ouvi também todas as criaturas que estão no céu, na terra, debaixo da terra e no mar, e tudo o que neles existe, e diziam: "Ao que está sentado no trono e ao Cordeiro, o louvor e a honra, a glória e o poder para sempre".

[14]Os quatro Seres vivos respondiam: "Amém", e os Anciãos se prostraram em adoração daquele que vive para sempre.

Sábado

Responsório Ap 5,9bcd 10a

R. Vós sois **digno**, Se**nhor**, nosso **Deus**,
de o **livro** nas **mãos** rece**ber**
e de **abrir** suas **fo**lhas lacra**das**,
porque **fos**tes por **nós** imola**do**,
* Para **Deus** nos re**miu** vosso **san**gue. Ale**luia**.
V. Pois fi**zes**tes, de **nós**, para **Deus**
sacer**do**tes e **po**vo de **reis**. * Para **Deus**.

Segunda leitura

Da Constituição *Sacrosanctum Concilium* sobre a Sagrada
Liturgia, do Concílio Vaticano II

(N. 5-6) (Séc. XX)

O plano da salvação

Deus *quer que todos os homens sejam salvos e cheguem
ao conhecimento da verdade* (1Tm 2,4); *por isso muitas vezes e de muitos modos falou outrora aos nossos pais, pelos
profetas* (Hb 1,1). *Quando se completou o tempo previsto,
enviou o seu Filho* (Gl 4,4), a Palavra que se fez carne, ungido pelo Espírito Santo, para anunciar a Boa-nova aos pobres
e curar os contritos de coração, como médico dos corpos e
das almas, mediador entre Deus e os homens. Sua humanidade, na unidade da pessoa do Verbo, foi o instrumento de
nossa salvação. Deste modo, em Cristo realizou-se perfeitamente a nossa reconciliação com Deus e nos foi dada a
plenitude do culto divino.

Esta obra da redenção humana e da perfeita glorificação de Deus, prefiguradas pelas obras maravilhosas que ele
operou no povo da Antiga Aliança, foi realizada por Cristo,
principalmente pelo mistério pascal de sua bem-aventurada paixão, ressurreição dos mortos e gloriosa ascensão. Por
este mistério, morrendo destruiu nossa morte e, ressuscitando, restituiu-nos a vida. Foi do lado de Cristo adormecido na
cruz, que nasceu o admirável sacramento de toda a Igreja.

618 2ª Semana do Tempo Pascal

Assim como Cristo foi enviado pelo Pai, da mesma forma enviou os apóstolos, repletos do Espírito Santo, não apenas para pregarem o evangelho a toda criatura, anunciando que o Filho de Deus, por sua morte e ressurreição, nos libertou da morte e do poder de Satanás e nos introduziu no Reino do Pai, mas também para realizarem a obra da salvação que anunciavam, por meio do sacrifício e dos sacramentos, ao redor dos quais se desenvolve toda a vida litúrgica.

Pelo batismo, os homens são incorporados no mistério pascal de Cristo: mortos com ele, sepultados com ele e com ele ressuscitados, recebem o Espírito de adoção filial *no qual todos nós clamamos: Abá – ó Pai!* (Rm 8,15), transformando-nos assim nos verdadeiros adoradores que o Pai procura.

Do mesmo modo, todas as vezes que comem a ceia do Senhor, anunciam a sua morte até que ele venha. Por isso, no próprio dia de Pentecostes, quando a Igreja se manifestou ao mundo, *os que aceitaram as palavras* de Pedro *receberam o batismo* (At 2,41). *Eles eram perseverantes em ouvir o ensinamento dos apóstolos, na comunhão fraterna, na fração do pão e nas orações. Louvavam a Deus e eram estimados por todo o povo* (At 2,42.47).

Desde então, nunca mais a Igreja deixou de se reunir para celebrar o mistério pascal lendo *todas as passagens da Escritura que falavam dele* (Lc 24,27), celebrando a Eucaristia na qual se tornam presentes a vitória e o triunfo de sua morte e, ao mesmo tempo, dando graças a Deus, *pelo seu dom inefável* (2Cor 9,15) em Cristo Jesus, *para o louvor de sua glória* (Ef 1,12).

Responsório cf. Jo 15,5a.9

R. Eu **sou** a vi**dei**ra e **vós** sois os **ra**mos.
* Quem em **mim** perma**ne**ce, no qual **eu** perma**ne**ço,
 esse **dá** muito **fru**to. Ale**lu**ia.

Sábado

V. Como o **Pai** me **amou**, também **eu** vos **amei**;
permane**cei** no meu **amor**. * Quem em **mim**.

Oração como nas Laudes.

Laudes

Leitura breve   Rm 14,7-9
Ninguém dentre nós vive para si mesmo ou morre para si
mesmo. Se estamos vivos, é para o Senhor que vivemos; se
morremos, é para o Senhor que morremos. Portanto, vivos
ou mortos, pertencemos ao Senhor. Cristo morreu e ressuscitou exatamente para isto, para ser o Senhor dos mortos e
dos vivos.

Responsório breve
R. O Se**nhor** ressur**giu** do se**pul**cro. * Ale**luia**, ale**luia**.
   R. O Se**nhor**.
V. Foi sus**pen**so por **nós** numa **cruz** . * Ale**luia**, ale**luia**.
   Glória ao **Pai**. R. O Se**nhor**.

Cântico evangélico, ant.
Paz a **vós**, ale**luia**, não te**mais**, ale**luia**,
pois sou **eu**, ale**luia**.

Preces
Invoquemos a Cristo nosso Senhor, que nos deu a vida
eterna; e peçamos de coração sincero:

R. **Enriquecei-nos, Senhor, com a graça da vossa ressurreição!**

Pastor eterno, olhai com bondade para o vosso rebanho que
desperta do sono da noite,
– e alimentai-nos com as riquezas de vossa palavra e de
vosso pão.

Não permitais que sejamos arrebatados pelo lobo que devora e traídos pelo mercenário que foge,

2ª Semana do Tempo Pascal

– mas fazei-nos ouvir com fidelidade a voz do Bom Pastor.
R. **Enriquecei-nos, Senhor, com a graça da vossa ressurreição!**

Vós, que estais sempre com os ministros do evangelho e
confirmais a sua palavra com o poder da vossa graça,
– fazei que nossas palavras e ações neste dia proclamem
fielmente a vossa ressurreição.   R.

Sede vós mesmo aquela alegria que ninguém pode arrancar
do nosso coração,
– para que, livres da tristeza que é fruto do pecado, busquemos sempre a felicidade da vida eterna.   R.

(intenções livres)

Pai nosso...

Oração

Ó Deus, por quem fomos remidos e adotados como filhos,
velai sobre nós em vosso amor de Pai e concedei aos que
creem no Cristo a liberdade verdadeira e a herança eterna.
Por nosso Senhor Jesus Cristo, vosso Filho, na unidade do
Espírito Santo.

Hora Média

Oração das Nove Horas

Leitura breve   Rm 5,10-11
Quando éramos inimigos de Deus, fomos reconciliados
com ele pela morte do seu Filho; quanto mais agora, estando já reconciliados, seremos salvos por sua vida! Ainda
mais: Nós nos gloriamos em Deus, por nosso Senhor Jesus
Cristo. É por ele que, já desde o tempo presente, recebemos
a reconciliação.

V. O Senhor ressurgiu realmente. Aleluia.
R. E apareceu a Simão. Aleluia.

Oração das Doze Horas

Leitura breve   1Cor 15,20-22

Cristo ressuscitou dos mortos como primícias dos que morreram. Com efeito, por um homem veio a morte e é também por um homem que vem a ressurreição dos mortos. Como em Adão todos morrem, assim também em Cristo todos reviverão.

V. Os discípulos ficaram muito alegres, aleluia.
R. Por verem o Senhor ressuscitado. Aleluia.

Oração das Quinze Horas

Leitura breve   2Cor 5,14-15

O amor de Cristo nos pressiona, pois julgamos que um só morreu por todos, e que, logo, todos morreram. De fato, Cristo morreu por todos, para que os vivos não vivam mais para si mesmos, mas para aquele que por eles morreu e ressuscitou.

V. Ó Senhor, ficai conosco, aleluia,
R. Pois o dia já declina. Aleluia.

Oração como nas Laudes.

3º DOMINGO DA PÁSCOA

III Semana do Saltério

I Vésperas

Hino, p. 481.

Ant. 1 A **gló**ria do **Se**nhor vai a**lém** dos altos **céus**,
mas le**van**ta da poeira o indi**gen**te. Ale**lui**a.

Salmos e cântico do domingo da III Semana. p. 1193.

Ant. 2 Vós que**bras**tes, ó **Se**nhor, minhas ca**dei**as,
por isso o**fer**to um sacri**fí**cio de lou**vor**. Ale**lui**a.

Ant. 3 Embora **fos**se o próprio **Fi**lho,
apren**deu** a obedi**ên**cia atra**vés** do sofri**men**to
e tor**nou**-se para a**que**les que o **se**guem,
uma **fon**te de e**ter**na sal**va**ção. Ale**lui**a.

Leitura breve 1Pd 2,9-10

Vós sois a raça escolhida, o sacerdócio do Reino, a nação
santa, o povo que ele conquistou para proclamar as obras
admiráveis daquele que vos chamou das trevas para a sua
luz maravilhosa. Vós sois aqueles que antes não eram povo,
agora porém são povo de Deus; os que não eram objeto de
misericórdia, agora porém alcançaram misericórdia.

Responsório breve

R. Os dis**cí**pulos fi**ca**ram muito a**le**gres.* Ale**lui**a, ale**lui**a.
R. Os dis**cí**pulos.
V. Quando **vi**ram o **Se**nhor ressusci**ta**do.* Ale**lui**a, ale**lui**a.
Glória ao **Pai**.**R.** Os dis**cí**pulos.

Cântico evangélico, ant.

Ano A Ó **Se**nhor, ficai co**nos**co pois o **dia** já de**cli**na.
Ale**lui**a.

I Vésperas

Ano B **Jesus** aparece no **meio** dos **seus**
e lhes **diz**: Paz a **vós**! Ale**lui**a.

Ano C Trazei dos **pei**xes que apa**nhas**tes, disse **Cris**to.
Simão **Pedro** trouxe a **re**de para a **terra**
cheia de **pei**xes muito **gran**des. Ale**lui**a.

Preces

Invoquemos a Cristo Jesus, nossa vida e ressurreição; e digamos com alegre confiança:

R. **Filho de Deus vivo, protegei o vosso povo!**

Nós vos pedimos, Senhor, pela santa Igreja católica;
— santificai-a e fortalecei-a, para que estabeleça o vosso Reino em todas as nações da terra. R.

Nós vos pedimos, Senhor, por todos os doentes, os tristes, os prisioneiros e os exilados;
— dai-lhes conforto e ajuda. R.

Nós vos pedimos, Senhor, pelos que se afastaram de vossos caminhos;
— concedei-lhes a graça do vosso perdão, para que recomecem com alegria uma vida nova. R.

Salvador do mundo, que fostes crucificado mas ressuscitastes e haveis de voltar para julgar os vivos e os mortos,
— tende compaixão de nós pecadores. R.

(intenções livres)

Nós vos pedimos, Senhor, por todos os que vivem neste mundo,
— e pelos que dele partiram na esperança da ressurreição. R.
Pai nosso...

Oração

Ó Deus, que o vosso povo sempre exulte pela sua renovação espiritual, para que, tendo recuperado agora com alegria a condição de filhos de Deus, espere com plena confiança o

3º Domingo da Páscoa

dia da ressurreição. Por nosso Senhor Jesus Cristo, vosso Filho, na unidade do Espírito Santo.

Ofício das Leituras

V. Refloresceu a minha carne e eu canto: Aleluia.
R. Eu agradeço ao Senhor de coração. Aleluia.

Primeira leitura
Do Livro do Apocalipse 6,1-17

O livro de Deus é aberto pelo Cordeiro

¹ Eu, João, vi o Cordeiro abrir o primeiro dos sete selos, e ouvi o primeiro dos quatro Seres vivos dizer com voz de trovão: "Vem!" ² Vi então aparecer um cavalo branco. O cavaleiro tinha um arco, e deram-lhe uma coroa. Saiu, vitorioso e para vencer ainda mais.

³ E quando o Cordeiro abriu o segundo selo, ouvi o segundo Ser vivo dizer: "Vem!" ⁴ E apareceu um outro cavalo, vermelho, e ao seu cavaleiro foi dado poder de afastar a paz da terra, de modo que os homens se matassem uns aos outros. Foi-lhe dada também uma grande espada.

⁵ E quando o Cordeiro abriu o terceiro selo, ouvi o terceiro Ser vivo dizer: "Vem!" Vi então um cavalo preto, e o seu cavaleiro segurava uma balança. ⁶ E ouvi uma voz que vinha do meio dos quatro Seres vivos: "Um quilo de trigo por um dia de trabalho! Três quilos de cevada por um dia de trabalho! Não estragues o azeite e o vinho".

⁷ E quando o Cordeiro abriu o quarto selo, ouvi o quarto Ser vivo dizer: "Vem!" ⁸ Vi então um cavalo esverdeado, e o seu cavaleiro era chamado "a Morte", e a Morada dos mortos o acompanhava. Foi-lhe dado poder sobre a quarta parte da terra, para que matasse pela espada, pela fome, pela peste e pelas feras da terra.

⁹ E quando o Cordeiro abriu o quinto selo, vi debaixo do altar as almas daqueles que tinham sido imolados por causa da Palavra de Deus e do testemunho que mantinham firme.

Ofício das Leituras

[10] Gritavam com voz forte: "Senhor santo e verdadeiro, até quando tardarás em fazer justiça, vingando o nosso sangue contra os habitantes da terra?

[11] Então, cada um deles recebeu uma veste branca e foi-lhes dito que descansassem mais um pouco de tempo, até se completar o número dos seus companheiros e irmãos, que iriam ser mortos como eles.

[12] E quando o Cordeiro abriu o sexto selo, eu vi acontecer um grande terremoto, e o sol ficou escuro como grosseiro tecido de luto e a lua tornou-se toda cor de sangue. [13] As estrelas do céu caíram sobre a terra, como a figueira deixa cair seus frutos verdes, quando bate um vento forte, [14] e o céu foi-se recolhendo como folha de papel que se enrola. Todas as montanhas e ilhas foram arrancadas de seus lugares. [15] Os reis da terra, os magnatas e os chefes militares, os ricos, os poderosos e todos os escravos e livres, esconderam-se nas cavernas e nas rochas das montanhas [16] e diziam aos montes e aos rochedos: "Caí em cima de nós e escondei-nos da face daquele que está no trono e da ira do Cordeiro. Pois chegou o grande dia de sua ira, e quem poderá ficar de pé?"

Responsório   cf. Ap 6,9.10.11

R. **Ouvi**, sob o al**tar**,
   a **voz** dos que ha**viam** sido **mor**tos e cla**ma**vam:
   Por **que** não defen**deis** nosso **san**gue derramado?
   Rece**be**ram a res**pos**ta do Se**nhor**, que lhes di**zia**:
* A**guar**dai por mais um **pou**co a**té** que se com**ple**te
   o **nú**mero de **vos**sos compa**nhei**ros e ir**mãos**. Ale**lu**ia.

V. Foi **da**da a cada **um** uma veste **bran**ca
   e rece**be**ram do Se**nhor** esta res**pos**ta: * A**guar**dai.

Segunda leitura

Da Primeira Apologia a favor dos cristãos, de São Justino, mártir

(Cap. 66 67: PG 6,427-431)   (Séc. II)

A celebração da Eucaristia

A ninguém é permitido participar da Eucaristia, a não ser àquele que, admitindo como verdadeiros os nossos ensinamentos e tendo sido purificado pelo batismo para a remissão dos pecados e a regeneração, leve uma vida como Cristo ensinou.

Pois não é pão ou vinho comum o que recebemos. Com efeito, do mesmo modo como Jesus Cristo, nosso salvador, se fez homem pela Palavra de Deus e assumiu a carne e o sangue para a nossa salvação, também nos foi ensinado que o alimento sobre o qual foi pronunciada a ação de graças com as mesmas palavras de Cristo e, depois de transformado, nutre nossa carne e nosso sangue, é a própria carne e o sangue de Jesus que se encarnou.

Os apóstolos, em suas memórias que chamamos evangelhos, nos transmitiram a recomendação que Jesus lhes fizera. Tendo ele tomado o pão e dado graças, disse: *Fazei isto em memória de mim. Isto é o meu corpo* (Lc 22,19; Mc 14,22); e tomando igualmente o cálice e dando graças, disse: *Este é o meu sangue* (Mc 14,24), e os deu somente a eles. Desde então, nunca mais deixamos de recordar estas coisas entre nós. Com o que possuímos, socorremos a todos os necessitados e estamos sempre unidos uns aos outros. E por todas as coisas com que nos alimentamos, bendizemos o Criador do universo, por seu Filho Jesus Cristo e pelo Espírito Santo.

No chamado dia do Sol, reúnem-se em um mesmo lugar todos os que moram nas cidades ou nos campos. Leem-se as memórias dos apóstolos ou os escritos dos profetas, na medida em que o tempo permite.

Terminada a leitura, aquele que preside toma a palavra para aconselhar e exortar os presentes à imitação de tão sublimes ensinamentos.

Depois, levantamo-nos todos juntos e elevamos as nossas preces; como já dissemos acima, ao acabarmos de rezar,

Laudes

apresentam-se pão, vinho e água. Então o que preside eleva ao céu, com todo o seu fervor, preces e ações de graças, e o povo aclama: Amém. Em seguida, faz-se entre os presentes a distribuição e a partilha dos alimentos que foram eucaristizados, que são também enviados aos ausentes por meio dos diáconos.

Os que possuem muitos bens dão livremente o que lhes agrada. O que se recolhe é colocado à disposição do que preside. Este socorre os órfãos, as viúvas e os que, por doença ou qualquer outro motivo, se acham em dificuldade, bem como os prisioneiros e os hóspedes que chegam de viagem; numa palavra, ele assume o encargo de todos os necessitados.

Reunimo-nos todos no dia do Sol, não só porque foi o primeiro dia em que Deus, transformando as trevas e a matéria, criou o mundo, mas também porque neste mesmo dia Jesus Cristo, nosso salvador, ressuscitou dos mortos. Crucificaram-no na véspera do dia de Saturno; e no dia seguinte a este, ou seja, no dia do Sol, aparecendo aos seus apóstolos e discípulos, ensinou-lhes tudo o que também nós vos propusemos como digno de consideração.

Responsório

R. Pouco **antes** de pa**ssar** deste **mun**do para o **Pai**,
 * Je**sus** institu**iu**, em me**mó**ria de sua **morte**,
  o Sacra**men**to de seu **Corpo** e de seu **Sangue**. Ale**luia**.

V. Deu seu **Corpo** em co**mi**da e seu **Sangue** em be**bi**da,
  quando **disse**: Fazei **isto** em me**mó**ria de **mim**.* Je**sus**.

HINO Te Deum p. 949.

Oração como nas Laudes.

Laudes

Hino, p. 486.

Ant. 1 Deus é **Rei** e se ve**stiu** de majes**ta**de. Ale**luia**†

3º Domingo da Páscoa

Salmos e cântico do Domingo da III Semana, p.1200.

Ant. 2 As criaturas serão libertadas
na glória dos filhos de Deus. Aleluia.

Ant. 3 O nome do Senhor foi exaltado
na terra e além dos altos céus. Aleluia.

Leitura breve   At 10,40-43

Deus ressuscitou Jesus no terceiro dia, concedendo-lhe manifestar-se não a todo o povo, mas às testemunhas que Deus havia escolhido: a nós, que comemos e bebemos com Jesus, depois que ressuscitou dos mortos. E Jesus nos mandou pregar ao povo e testemunhar que Deus o constituiu Juiz dos vivos e dos mortos. Todos os profetas dão testemunho dele: Todo aquele que crê em Jesus recebe, em seu nome, o perdão dos pecados.

Responsório breve

R. Tende piedade de nós, Cristo, Filho do Deus vivo!
*Aleluia, aleluia. R. Tende piedade.
V. Vós, que dos mortos ressurgistes. *Aleluia.
Glória ao Pai. R. Tende piedade.

Cântico evangélico, ant.

Ano A Era preciso que o Cristo sofresse
e três dias após ressurgisse. Aleluia.

Ano B Olhai minhas mãos e meus pés, sou eu mesmo!
Tocai-me e vede. Aleluia.

Ano C Veio Jesus, tomou o pão e o deu a eles,
igualmente fez com o peixe.
Pela terceira vez assim se revelando,
Jesus mostrou-se aos discípulos,
depois de ressuscitado dentre os mortos. Aleluia.

Preces

Oremos a Cristo, autor da vida, a quem Deus ressuscitou dos mortos e que pelo seu poder também nos ressuscitará; e digamos:

R. **Cristo, nossa vida, salvai-nos!**

Cristo, luz esplendorosa que brilhais nas trevas, Senhor da vida e Salvador da humanidade,

– fazei-nos viver todo este dia no louvor da vossa glória. R.

Senhor Jesus, que percorrestes o caminho da paixão e da cruz,

– concedei que, unidos a vós no sofrimento e na morte, também convosco ressuscitemos. R.

Filho do eterno Pai, nosso mestre e nosso irmão, que fizestes de nós, para Deus, sacerdotes e povo de reis,

– ensinai-nos a oferecer com alegria o nosso sacrifício de louvor. R.

Rei da glória, aguardamos na esperança o dia da vossa vinda gloriosa,

– para contemplarmos vossa face e sermos semelhantes a vós. R.

(intenções livres)

Pai nosso...

Oração

Ó Deus, que o vosso povo sempre exulte pela sua renovação espiritual, para que, tendo recuperado agora com alegria a condição de filhos de Deus, espere com plena confiança o dia da ressurreição. Por nosso Senhor Jesus Cristo, vosso Filho, na unidade do Espírito Santo.

3º Domingo da Páscoa

Hora Média

Oração das Nove Horas

Leitura breve   cf. 1Cor 15,3b-5

Cristo morreu por nossos pecados, segundo as Escrituras, foi sepultado e ao terceiro dia, ressuscitou, segundo as Escrituras; apareceu a Cefas e, depois, aos Doze.

V. O Senhor ressurgiu realmente. Aleluia.
R. A apareceu a Simão. Aleluia.

Oração das Doze Horas

Leitura breve   Ef 2,4-6

Deus é rico em misericórdia. Por causa do grande amor com que nos amou, quando estávamos mortos por causa das nossas faltas, ele nos deu a vida com Cristo. É por graça que vós sois salvos! Deus nos ressuscitou com Cristo e nos fez sentar nos céus em virtude de nossa união com Jesus Cristo.

V. Os discípulos ficaram muito alegres, aleluia,
R. Por verem o Senhor ressuscitado. Aleluia.

Oração das Quinze Horas

Leitura breve   Rm 6,4

Pelo batismo na sua morte, fomos sepultados com ele, para que, como Cristo ressuscitou dos mortos pela glória do Pai, assim também nós levemos uma vida nova.

V. Ó Senhor, ficai conosco, aleluia,
R. Pois o dia já declina. Aleluia.

Oração como nas Laudes.

II Vésperas

Hino, p. 481.

Ant. 1   O Senhor purificou-nos do pecado
e assentou-se à direita de Deus Pai. Aleluia.

II Vésperas

Salmos e cântico do domingo da III Semana, p. 1208.

Ant. 2 Enviou libertação para o seu povo. Aleluia.

Ant. 3 Aleluia, o Senhor tomou posse do seu Reino:
exultemos de alegria, demos glória ao nosso Deus.
Aleluia.

Leitura breve   Hb 10,12-14

Cristo, depois de ter oferecido um sacrifício único pelos
pecados, sentou-se para sempre à direita de Deus. Não lhe
resta mais senão esperar até que seus inimigos sejam postos debaixo de seus pés. De fato, com esta única oferenda,
levou à perfeição definitiva os que ele santifica.

Responsório breve

R. O Senhor ressurgiu, de verdade. * Aleluia, aleluia.
  R. O Senhor.
V. A Simão ele apareceu. * Aleluia.
  Glória ao Pai. R. O Senhor.

Cântico evangélico, ant.

Ano A Jesus sentou-se à mesa com os dois,
tomou o pão durante a ceia e o partiu,
e, dando graças, repartiu e deu a eles.
Foi então que os seus olhos se abriram
e a Jesus reconheceram, aleluia.

Ano B Está escrito que o Cristo devia sofrer
e ressuscitar, três dias depois.
E que, em seu nome fossem anunciados
a todos os povos a mudança de vida
e o perdão dos pecados. Aleluia.

Ano C Tu me amas, Simão Pedro?
Ó Senhor, tu sabes tudo, tu bem sabes que eu te amo!
E Jesus disse a Pedro:
Apascenta as minhas ovelhas. Aleluia.

Preces

Oremos com alegria a Cristo nosso Senhor, que morreu, ressuscitou e agora, sem cessar, intercede por nós junto do Pai. Digamos cheios de confiança:

R. **Cristo, rei vitorioso, ouvi a nossa oração!**

Cristo, luz e salvação de todos os povos,
— derramai sobre nós, que proclamamos a vossa ressurreição, o fogo do vosso Espírito. R.

Que Israel, permanecendo fiel às promessas, caminhe firme na esperança,
— e toda a terra se encha do conhecimento de vossa glória. R.

Conservai-nos, Senhor, na comunhão dos vossos santos durante a nossa vida sobre a terra,
— e dai-nos a graça de podermos, um dia, descansar com eles dos nossos trabalhos. R.

Vós, que triunfastes admiravelmente sobre o poder do pecado e da morte,
— fazei-nos viver sempre para vós, vencedor imortal. R.

(intenções livres)

Cristo Salvador, que da humilhação na cruz fostes exaltado à direita do Pai,
— acolhei com bondade em vosso Reino glorioso os nossos irmãos e irmãs que partiram desta vida. R.

Pai nosso...

Oração

Ó Deus, que o vosso povo sempre exulte pela sua renovação espiritual, para que, tendo recuperado agora com alegria a condição de filhos de Deus, espere com plena confiança o dia da ressurreição. Por nosso Senhor Jesus Cristo, vosso Filho, na unidade do Espírito Santo.

SEGUNDA-FEIRA

Ofício das Leituras

V. Meu cora**ção** e minha **car**ne reju**bi**lam. Ale**lu**ia.
R. E **exul**tam de ale**gri**a no Deus **vi**vo. Ale**lu**ia.

Primeira leitura
Do Livro do Apocalipse   7,1-17

A grande multidão marcada pelo selo de Deus

Eu, João, [1] vi quatro anjos postos nas quatro extremidades da terra. Eles seguravam os quatro ventos da terra, para que o vento não pudesse soprar na terra nem no mar nem nas árvores. [2] Vi um outro anjo, que subia do lado onde nasce o sol. Ele trazia a marca do Deus vivo e gritava, em alta voz, aos quatro anjos que tinham recebido o poder de danificar a terra e o mar, dizendo-lhes: [3] "Não façais mal à terra nem ao mar nem às arvores, até que tenhamos marcado na fronte os servos do nosso Deus". [4] Ouvi então o número dos que tinham sido marcados: eram cento e quarenta e quatro mil, de todas as tribos dos filhos de Israel; [5] da tribo de Judá, doze mil; da tribo de Rubem, doze mil; da tribo de Gad, doze mil; [6] da tribo de Aser, doze mil; da tribo de Neftali, doze mil; da tribo de Manassés, doze mil; [7] da tribo de Simeão, doze mil; da tribo de Levi, doze mil; da tribo de Issacar, doze mil; [8] da tribo de Zabulão, doze mil; da tribo de José, doze mil; da tribo de Benjamim, doze mil.

[9] Depois disso, vi uma multidão imensa de gente de todas as nações, tribos, povos e línguas, e que ninguém podia contar. Estavam de pé diante do trono e do Cordeiro; trajavam vestes brancas e traziam palmas na mão. [10] Todos proclamavam com voz forte: "A salvação pertence ao nosso Deus, que está sentado no trono, e ao Cordeiro".

[11] Todos os anjos estavam de pé, em volta do trono e dos Anciãos e dos quatro Seres vivos e prostravam-se, com o rosto por terra, diante do trono. E adoravam a Deus, dizendo:

634 3ª Semana do Tempo Pascal

[12]"Amém. O louvor, a glória e a sabedoria, a ação de graças, a honra, o poder e a força pertencem ao nosso Deus para sempre. Amém".

[13]E um dos Anciãos falou comigo e perguntou: "Quem são esses vestidos com roupas brancas? De onde vieram?" [14]Eu respondi: "Tu é que sabes, meu senhor." E então ele me disse: "Esses são os que vieram da grande tribulação. Lavaram e alvejaram as suas roupas no sangue do Cordeiro. [15]Por isso, estão diante do trono de Deus e lhe prestam culto, dia e noite, no seu templo. E aquele que está sentado no trono os abrigará na sua tenda. [16]Nunca mais terão fome nem sede. Nem os molestará o sol nem algum calor ardente. [17]Porque o Cordeiro, que está no meio do trono, será o seu pastor e os conduzirá às fontes da água da vida. E Deus enxugará as lágrimas de seus olhos".

Responsório   Ap 7,13.14; 6,9

R. Quem são **estes**, meu Se**nhor**,
   que es**tão** de vestes **branc**as e de **on**de eles vieram?
 * Estes **são** os que vieram de um **gran**de sofri**mento**
   e la**v**aram suas **vest**es,
   alve**jan**do-as no **san**gue do Cor**deir**o, ale**lui**a.
V. Vi de**baix**o do al**tar** as **v**idas dos que **tin**ham
   sido **mor**tos pela **cau**sa da Palavra do Se**nhor**
   e o teste**m**unho que eles **der**am. * Estes **são**.

Segunda leitura
Do Comentário à Primeira Carta de São Pedro, de São Beda Venerável, presbítero

(Cap. 2: PL 93,50-51)   (Séc. VIII)

Raça escolhida, sacerdócio do Reino

Vós sois a raça escolhida, o sacerdócio do Reino (1Pd 2,9). Este elogio foi feito outrora por Moisés ao antigo povo de Deus. Agora com maior razão, o apóstolo Pedro o aplica aos pagãos pois acreditaram em Cristo, que como pedra angular, reuniu todos os povos na mesma salvação que fora dada a Israel.

Chama-os de *raça escolhida,* por causa da fé que os distingue daqueles que, rejeitando a pedra viva, acabaram sendo eles mesmos rejeitados.

Chama-os também *sacerdócio do Reino,* porque estão unidos ao corpo daquele que é o supremo rei e verdadeiro sacerdote. Como rei torna-os participantes do seu Reino e, como sacerdote, purifica-os dos pecados pelo sacrifício do seu sangue. Chama-os *sacerdócio do Reino* para que se lembrem de esperar o Reino eterno e ofereçam continuamente a Deus o sacrifício de uma conduta irrepreensível.

São ainda chamados *nação santa e povo que ele conquistou* (1Pd 2,9), de acordo com o que diz o apóstolo Paulo, comentando uma passagem do Profeta: *O seu justo viverá por causa de sua fidelidade, mas se esmorecer, não encontrarei mais satisfação nele. Nós não somos desertores, para a perdição. Somos homens de fé, para a salvação da alma* (Hb 10,38-39). E nos Atos dos Apóstolos: *O Espírito Santo vos colocou como guardas para pastorear a Igreja de Deus, que ele adquiriu com o sangue de seu próprio Filho* (At 20,28).

Portanto, o sangue de nosso Redentor fez de nós um *povo que ele conquistou,* como outrora o sangue do cordeiro libertou do Egito o povo de Israel.

Eis por que, no versículo seguinte, recordando o significado místico da antiga história, Pedro ensina que ela deve ser realizada espiritualmente pelo novo povo de Deus, acrescentando: *Para proclamar suas obras admiráveis* (cf. 1Pd 2,9). De fato, os que foram libertados da escravidão do Egito por Moisés, entoaram ao Senhor um cântico de vitória, depois de terem atravessado o mar Vermelho e afogado o exército do Faraó. Do mesmo modo, também nós, depois de termos recebido no batismo o perdão dos pecados, devemos agradecer dignamente os benefícios celestes.

3ª Semana do Tempo Pascal

Os egípcios que afligiam o povo de Deus, e por isso eram símbolo das trevas e tribulações, representam muito bem os pecados que nos oprimiam, mas que foram lavados pelas águas do batismo.

A libertação dos filhos de Israel e a sua caminhada para a terra outrora prometida têm íntima relação com o mistério da nossa redenção; por ela nos dirigimos para os esplendores da morada celeste, sob a luz e direção da graça de Cristo. Esta luz da graça foi também prefigurada por aquela nuvem e coluna de fogo que, durante toda a peregrinação pelo deserto defendeu os israelitas das trevas da noite e os conduziu através de veredas indescritíveis para a pátria prometida.

Responsório   1Pd 2,9; cf. Dt 7,7-8

R. Sois a **ra**ça esco**lhi**da,
     nação **san**ta e o **po**vo conquis**ta**do por **Deus**.
 * A **fim** de anunci**ar**des os pro**dígi**os da**que**le
     que, das **tre**vas, vos cha**mou**
     à sua **luz** admi**rá**vel. Ale**lui**a.
V. O Se**nhor** vos esco**lheu**, o Se**nhor** vos liber**tou**
     da escravi**dão** do Fa**raó**. Ale**lui**a. * A **fim**.

Oração como nas Laudes.

Laudes

Leitura breve   Rm 10,8b-10

A palavra está perto de ti, em tua boca e em teu coração. Essa palavra é a palavra da fé, que nós pregamos. Se, pois, com tua boca confessares Jesus como Senhor e, no teu coração, creres que Deus o ressuscitou dos mortos, serás salvo. É crendo no coração que se alcança a justiça e é confessando a fé com a boca que se consegue a salvação.

Segunda-feira

Responsório breve

R. O Senhor ressurgiu do sepulcro. * Aleluia, aleluia.
   R. O Senhor.
V. Foi suspenso por **nós** numa **cruz**. * Aleluia, aleluia.
   Glória ao **Pai**. R. O Senhor.

Cântico evangélico, ant.
Trabalhai não pelo **pão** que é perecível,
mas por **aquele** que perdura eternamente. Aleluia.

Preces
Glorifiquemos a Cristo Jesus, constituído pelo Pai herdeiro
de todos os povos; e rezemos:

R. **Salvai-nos, Senhor, pela vossa vitória!**

Cristo, que pela vossa ressurreição, rompestes as portas do
inferno, destruindo o pecado e a morte,
– dai-nos, hoje e sempre, a vitória sobre o mal. R.

Vós, que expulsastes a morte, dando-nos vida nova,
– fazei-nos hoje caminhar na novidade dessa vida. R.

Vós, que nos fizestes passar da escravidão do pecado para
a gloriosa liberdade de filhos de Deus,
– concedei a vida eterna a todos os que encontrarmos neste
dia. R.

Vós, que confundistes os guardas de vosso sepulcro e alegrastes os discípulos com a vossa ressurreição,
– enchei de alegria pascal todos aqueles que vos amam e
servem. R.

(intenções livres)

Pai nosso...

Oração
Ó Deus, vós que mostrais aos que erram a luz da verdade
para que possam voltar ao bom caminho, concedei a todos
os que se gloriam da vocação cristã rejeitem o que se opõe

a este nome e abracem quanto possa honrá-lo. Por nosso Senhor, Jesus Cristo, vosso Filho, na unidade do Espírito Santo.

Hora Média

Oração das Nove Horas

Leitura breve cf. Ap 1,17c-18

Vi o Filho do homem que me disse: Não tenhas medo. Eu sou o Primeiro e o Último, aquele que vive. Estive morto, mas agora estou vivo para sempre. Eu tenho a chave da morte e da região dos mortos.

V. O Senhor ressurgiu realmente. Aleluia.
R. E apareceu a Simão. Aleluia.

Oração das Doze Horas

Leitura breve Cl 2,9.10a.12

Em Cristo habita corporalmente toda a plenitude da divindade. Dele também vós estais repletos. Com Cristo fostes sepultados no batismo; com ele também fostes ressuscitados por meio da fé no poder de Deus, que ressuscitou a Cristo dentre os mortos.

V. Os discípulos ficaram muito alegres, aleluia,
R. Por verem o Senhor ressuscitado. Aleluia.

Oração das Quinze Horas

Leitura breve 2Tm 2,8.11

Lembra-te de Jesus Cristo, da descendência de Davi, ressuscitado dentre os mortos, segundo o meu evangelho. Merece fé esta palavra: se com ele morremos, com ele viveremos.

V. Ó Senhor, ficai conosco, aleluia,
R. Pois o dia já declina. Aleluia.

Oração como nas Laudes.

Segunda-feira 639

Vésperas

Leitura breve Hb 8,1b-3a

Temos um sumo sacerdote tão grande, que se assentou à direita do trono da majestade, nos céus. Ele é ministro do Santuário e da Tenda verdadeira, armada pelo Senhor, e não por mão humana. Todo sumo sacerdote, com efeito, é constituído para oferecer dádivas e sacrifícios.

Responsório breve

R. Os discípulos ficaram muito alegres.* Aleluia, aleluia.
R. Os discípulos.
V. Quando viram o Senhor ressuscitado.* Aleluia, aleluia.
Glória ao Pai. R. Os discípulos.

Cântico evangélico, ant.

Eis a obra que agrada ao Senhor:
a vossa fé no mensageiro que enviou. Aleluia.

Preces

Invoquemos a Jesus Cristo, que vivificado pelo Espírito Santo, tornou-se fonte de vida para toda a humanidade; e digamos cheios de alegria:

R. **Senhor, renovai todas as coisas e dai-nos vida nova!**

Cristo, Salvador do mundo e Rei da nova criação, orientai toda a nossa vida para o Reino da glória celeste,
– onde estais sentado à direita do Pai. R.

Senhor, que viveis na vossa Igreja até o fim dos tempos,
– conduzi-a pelo Espírito Santo ao conhecimento da verdade perfeita. R.

Fazei com que os doentes, sofredores e agonizantes sintam o vosso amor misericordioso;
– confortai-os e fortalecei-os com vossa bondade. R.

(intenções livres)

640 3ª Semana do Tempo Pascal

Cristo, luz que não se apaga, aceitai o louvor que vos oferecemos ao cair desta tarde,
—e fazei brilhar, para os nossos irmãos e irmãs que partiram desta vida, a luz da vossa ressurreição.
R. **Senhor, renovai todas as coisas e dai-nos vida nova!**
Pai nosso...

Oração

Ó Deus, vós que mostrais aos que erram a luz da verdade
para que possam voltar ao bom caminho, concedei a todos
os que se gloriam da vocação cristã rejeitem o que se opõe
a este nome e abracem quanto possa honrá-lo. Por nosso
Senhor, Jesus Cristo, vosso Filho, na unidade do Espírito
Santo.

TERÇA-FEIRA

Ofício das Leituras

V. Ressurgindo dentre os **mor**tos,
    Jesus **Crist**o já não **mor**re. Ale**lui**a.
R. E a **mor**te não tem **mais**
    nenhum do**mín**io sobre **e**le. Ale**lui**a.

Primeira leitura
Do Livro do Apocalipse   8,1-13

Sete anjos flagelam o mundo

¹Quando o Cordeiro abriu o sétimo selo, fez-se no céu
um silêncio de meia hora. ²Vi então os sete Anjos que estão
diante de Deus. Eles receberam sete trombetas. ³E veio um
outro anjo que se colocou perto do altar, com um turíbulo
de ouro. Ele recebeu uma grande quantidade de incenso,
para oferecê-lo com as orações de todos os santos, no altar
de ouro que está diante do trono. ⁴E da mão do anjo subia
até Deus a fumaça do incenso com as orações dos santos.
⁵Então, o anjo pegou no turíbulo e encheu-o com o fogo do

altar e atirou o turíbulo sobre a terra. Houve trovões, clamores, relâmpagos e um grande terremoto.

⁶Os sete anjos com as sete trombetas prepararam-se para tocar.

⁷O primeiro anjo tocou a trombeta, e caíram sobre a terra granizo e fogo misturados com sangue. A terça parte da terra foi queimada, a terça parte das árvores foi queimada, e toda a erva verde foi queimada.

⁸O segundo anjo tocou a trombeta, e algo como uma grande montanha ardendo em chamas foi lançado no mar. A terça parte do mar transformou-se em sangue. ⁹A terça parte das criaturas, que viviam no mar, morreu. A terça parte dos navios se perdeu.

¹⁰E o terceiro anjo tocou a trombeta, e caiu do céu uma grande estrela, ardendo como uma tocha; caiu sobre a terça parte dos rios e sobre as fontes das águas. ¹¹O nome da estrela é "Amargura". A terça parte das águas tornou-se amargura e muitas pessoas morreram devido às águas, porque se tinham tornado amargas.

¹²E o quarto anjo tocou a trombeta, e foi atingida a terça parte do sol e a terça parte da lua, e a terça parte das estrelas, de modo que escureceu a terça parte delas, e o dia perdeu um terço de sua claridade, e a noite igualmente.

¹³Na minha visão, então, eu ouvi uma águia, que voava no ápice do céu, proclamar em alta voz: "Ai! Ai! Ai dos habitantes da terra, por causa dos próximos toques de trombeta, dos três anjos que devem ainda tocar".

Responsório   cf. Ap 8,3-4; 5,8b

R. Aparecendo um outro anjo, ficou de pé junto ao altar,
    segurando em suas mãos um turíbulo de ouro;
    foi-lhe dado muito incenso, para ser oferecido.

  * E subiu à presença de Deus
    a fumaça do incenso. Aleluia.

V. Cada anjo trazia uma taça de ouro repleta de incenso;
    são as preces dos santos. * E subiu.

642 3ª Semana do Tempo Pascal

Segunda leitura
Dos Sermões de Santo Agostinho, bispo
(Sermo 34,1-3.5-6: CCL 41,424-426)   (Séc. V)

Cantemos ao Senhor o canto do amor

Cantai ao Senhor Deus um canto novo, e o seu louvor na assembleia dos fiéis (Sl 149,1).

Somos convidados a cantar um canto novo ao Senhor. O homem novo conhece o canto novo. O canto é uma manifestação de alegria e, se examinarmos bem, é uma expressão de amor. Quem, portanto, aprendeu a amar a vida nova, aprendeu também a cantar o canto novo. É, pois, pelo canto novo que devemos reconhecer o que é a vida nova. Tudo isso pertence ao mesmo Reino: o homem novo, o canto novo, a aliança nova.

Não há ninguém que não ame. A questão é saber o que se deve amar. Não somos, por conseguinte, convidados a não amar, mas sim a escolher o que havemos de amar. Mas o que podemos escolher, se antes não formos escolhidos? Porque não conseguiremos amar, se antes não formos amados. Escutai o apóstolo João: *Nós amamos porque ele nos amou primeiro* (cf. 1Jo 4,10). Procura saber como o homem pode amar a Deus; não encontrarás resposta, a não ser esta: Deus o amou primeiro. Deu-se a si mesmo aquele que amamos, deu-nos a capacidade de amar. Como ele nos deu esta capacidade, ouvi o apóstolo Paulo que diz claramente: *O amor de Deus foi derramado em nossos corações.* Por quem? Por nós, talvez? Não. Então por quem? *Pelo Espírito Santo que nos foi dado* (Rm 5,5).

Tendo, portanto, uma tão grande certeza, amemos a Deus com o amor que vem de Deus. Escutai ainda mais claramente o mesmo São João: *Deus é amor: quem permanece no amor, permanece com Deus, e Deus permanece com ele* (1Jo 4,16). É bem pouco afirmar: *O amor vem de Deus*

(1Jo,4,7). Quem de nós se atreveria a dizer: *Deus é amor?* Disse-o quem sabia o que possuía.

Deus se oferece a nós pelo caminho mais curto. Clama para cada um de nós: Amai-me e me possuireis; porque não podeis amar-me se não me possuirdes.

Ó irmãos, ó filhos, ó novos rebentos da Igreja católica, ó geração santa e celestial, que renascestes em Cristo para uma vida nova! Ouvi-me, ou melhor, ouvi através do meu convite: *Cantai ao Senhor Deus um canto novo.* Já estou cantando, respondes. Tu cantas, cantas bem, estou escutando. Mas oxalá a tua vida não dê testemunho contra tuas palavras.

Cantai com a voz, cantai com o coração, cantai com os lábios, cantai com a vida: *Cantai ao Senhor Deus um canto novo.* Queres saber o que cantar a respeito daquele a quem amas? Sem dúvida, é acerca daquele a quem amas que desejas cantar. Queres saber então que louvores irás cantar? Já o ouviste: *Cantai ao Senhor Deus um canto novo.* Que louvores? *Seu louvor na assembleia dos fiéis.* O louvor de quem canta é o próprio cantor.

Quereis cantar louvores a Deus? Sede vós mesmos o canto que ides cantar. Vós sereis o seu maior louvor, se viverdes santamente.

Responsório   Rm 6,4b; 1Jo 3,23b; cf. Jt 16,13

R. Assim **como** Jesus ressur**giu**
   dos **mor**tos por **gló**ria do **Pai**,
   nós vi**va**mos também vida **no**va.
   * E a**me**mo-nos **mu**tua**men**te,
   con**for**me nos **deu** por pre**cei**to. Ale**lu**ia.
V. Can**te**mos louvores a **Deus**,
   novo **hi**no ao Se**nhor** entoemos!
    * E a**me**mo-nos.

Oração como nas Laudes.

644   3ª Semana do Tempo Pascal

Laudes

Leitura breve   At 13,30-33

Deus ressuscitou Jesus dos mortos e, durante muitos dias, ele foi visto por aqueles que o acompanharam desde a Galileia até Jerusalém. Agora eles são testemunhas de Jesus diante do povo. Por isso, nós vos anunciamos este Evangelho: a promessa que Deus fez aos antepassados, ele a cumpriu para nós, seus filhos, quando ressuscitou Jesus, como está escrito no salmo segundo: Tu és o meu filho, eu hoje te gerei.

Responsório breve

R. **O Senhor ressurgiu do sepulcro.** * Aleluia, aleluia.

    R. **O Senhor.**

V. Foi suspenso por **nós** numa **cruz**. * Aleluia, aleluia.

    Glória ao **Pai**. R. **O Senhor.**

Cântico evangélico, ant.

Não foi Moisés, mas o meu **Pai** é quem vos **dá**
o verdadeiro pão dos **céus**, diz o Senhor. Aleluia.

Preces

Exultemos de alegria em Cristo nosso Senhor, que, ressuscitado de entre os mortos, reconstituiu o templo do seu corpo; e lhe supliquemos:

R. **Ouvi-nos, Senhor, pela vossa ressurreição!**

Cristo, Salvador do mundo, que anunciastes às santas mulheres e aos apóstolos a alegria da ressurreição,
— fazei-nos testemunhas do vosso triunfo pascal.   R.

Vós, que prometestes a todos a ressurreição, que nos fará nascer para uma vida nova,
— tornai-nos fiéis mensageiros do vosso evangelho.   R.

Vós, que, aparecendo aos apóstolos depois da ressurreição, lhes comunicastes o Espírito Santo,

Terça-feira 645

– renovai-nos com os dons do Espírito criador. R.

Vós, que prometestes permanecer com os vossos discípulos até o fim do mundo,
– ficai conosco hoje e sempre. R.
(intenções livres)

Pai nosso...

Oração

Ó Deus, que abris as portas do Reino dos Céus aos que renasceram pela água e pelo Espírito Santo, aumentai em vossos filhos e filhas a graça que lhes destes para que, purificados de todo pecado, obtenham os bens que prometestes. Por nosso Senhor Jesus Cristo, vosso Filho, na unidade do Espírito Santo.

Hora Média

Oração das Nove Horas

Leitura breve At 4,11-12

Jesus é a pedra, que vós, os construtores, desprezastes, e que se tornou a pedra angular. Em nenhum outro há salvação, pois não existe debaixo do céu outro nome dado aos homens pelo qual possamos ser salvos.

V. O Senhor ressurgiu realmente. Aleluia.
R. E apareceu a Simão. Aleluia.

Oração das Doze Horas

Leitura breve cf. 1Pd 3,21-22a

O batismo é hoje a vossa salvação pois ele não serve para limpar o corpo da imundície, mas é um pedido a Deus para obter uma boa consciência, em virtude da ressurreição de Jesus Cristo que está à direita de Deus.

V. Os discípulos ficaram muito alegres, aleluia,
R. Por verem o Senhor ressuscitado. Aleluia.

646   3ª Semana do Tempo Pascal

Oração das Quinze Horas

Leitura breve   Cl 3,1-2

Se ressuscitastes com Cristo, esforçai-vos por alcançar as coisas do alto, onde está Cristo, sentado à direita de Deus; aspirai às coisas celestes e não às coisas terrestres.

V. Ó Senhor, ficai conosco, aleluia,
R. Pois o dia já declina. Aleluia.

Oração como nas Laudes.

Vésperas

Leitura breve   1Pd 2,4-5

Aproximai-vos do Senhor, pedra viva, rejeitada pelos homens, mas escolhida e honrosa aos olhos de Deus. Do mesmo modo, também vós, como pedras vivas, formai um edifício espiritual, um sacerdócio santo, a fim de oferecerdes sacrifícios espirituais, agradáveis a Deus, por Jesus Cristo.

Responsório breve

R. Os discípulos ficaram muito alegres. * Aleluia, aleluia.
   R. Os discípulos.
V. Quando viram o Senhor ressuscitado. * Aleluia, aleluia.
   Glória ao Pai. R. Os discípulos.

Cântico evangélico, ant.

O pão que Deus dá para o mundo
é Aquele que desce dos céus e dá vida ao mundo. Aleluia.

Preces

Aclamemos com alegria a Jesus Cristo, que morreu, foi sepultado e ressuscitou gloriosamente para uma vida nova; e digamos cheios de confiança:

R. Cristo, rei da glória, ouvi a nossa oração!

Pelos bispos, presbíteros e diáconos, para que desempenhem com generosidade o ministério que lhes foi confiado,

Quarta-feira

— e guiem o vosso povo no caminho do bem, nós vos pedimos, Senhor. **R.**

Pelos teólogos e pelos que servem à Igreja no estudo da vossa Palavra,
— a fim de que procurem a verdade com pureza de coração, nós vos pedimos, Senhor. **R.**

Pelos fiéis da Igreja, para que combatendo o bom combate da fé até o fim de sua caminhada sobre a terra,
— recebam o prêmio que lhes está preparado desde a origem do mundo, nós vos pedimos, Senhor. **R.**

Vós, que na cruz destruístes a sentença que nos condenava,
— quebrai os laços da nossa escravidão e dissipai as nossas trevas. **R.**
(intenções livres)

Vós, que, descendo à mansão dos mortos, libertastes os justos que esperavam o Salvador,
— acolhei em vosso Reino nossos irmãos e irmãs falecidos. **R.**

Pai nosso...

Oração

Ó Deus, que abris as portas do Reino dos Céus aos que renasceram pela água e pelo Espírito Santo, aumentai em vossos filhos e filhas a graça que lhes destes para que, purificados de todo pecado, obtenham os bens que prometestes. Por nosso Senhor Jesus Cristo, vosso Filho, na unidade do Espírito Santo.

QUARTA-FEIRA

Ofício das Leituras

V. Deus, o **Pai**, ressusci**tou** a Jesus **Cris**to
dentre os **mor**tos, ale**lui**a.

R. Para que esteja no Se**nhor** a nossa **fé**
e espe**ran**ça, ale**lui**a.

648   3ª Semana do Tempo Pascal

Primeira leitura
Do Livro do Apocalipse   9,1-12

A praga dos gafanhotos

Eu, João, continuei a ver. [1] O Quinto anjo tocou a trombeta, e eu vi uma estrela, que tinha caído do céu sobre a terra, e foi-lhe dada a chave do poço do Abismo. [2] Ela abriu o Abismo, e do Abismo saiu fumaça, como a fumaça de uma grande fornalha, e o sol e o ar escureceram, por causa da fumaça que saía do poço. [3] Da fumaça se espalharam gafanhotos sobre a terra e receberam poder igual ao dos escorpiões da terra. [4] Foi-lhes dito que não danificassem a vegetação da terra, nem as ervas nem as árvores, mas somente os homens que não levassem na fronte a marca de Deus. [5] Não lhes foi permitido matá-los, mas sim atormentá-los durante cinco meses. E a dor que causavam era semelhante à dor da picada do escorpião. [6] Naqueles dias, as pessoas vão procurar a morte e não a encontrarão. Vão desejar morrer, mas a morte fugirá deles!

[7] Os gafanhotos tinham a aparência de cavalos preparados para a guerra. Levavam na cabeça coroas que pareciam de ouro e os rostos deles pareciam rostos humanos. [8] Tinham cabelo semelhante ao cabelo das mulheres e os seus dentes eram como os dos leões. [9] Seu peito era como couraça de aço e o barulho de suas asas parecia o barulho de uma multidão de carros e cavalos correndo para o combate. [10] Como os escorpiões, tinham um ferrão na cauda. E na sua cauda estava o poder de atormentar as pessoas durante cinco meses. [11] Tinham por rei o Anjo do Abismo, que em hebraico se chama "Abadon" e em grego "Apolion".

[12] Passou o primeiro "ai". Mas eis que depois vêm ainda *outros dois "ais"*.

Quarta-feira 649

Responsório
J1 3,3.5a; Mc 13,33

R. Prod**í**gios eu fa**rei**, no **céu** e sobre a ter**ra**,
de **san**gue e de **fo**go, de fu**ma**ça em turbi**lhão**.
* E **to**do o que invo**car** o **no**me do Se**nhor**
será **sal**vo, ale**lui**a.
V. Fi**cai** de sobreaviso, o**rai** e vi**giai**:
não sa**beis** quando é o **tem**po. * E **to**do.

Segunda leitura
Da Primeira Apologia em defesa dos cristãos, de São Justino, mártir

(Cap. 61: PG 6,419-422)   (Séc. II)

O banho do novo nascimento

Vamos expor de que modo, renovados por Cristo, nos consagramos a Deus.

Todos os que estiverem convencidos e acreditarem no que nós ensinamos e proclamamos, e prometerem viver de acordo com essas verdades, exortamo-los a pedir a Deus o perdão dos pecados, com orações e jejuns; e também nós rezaremos e jejuaremos unidos a eles.

Em seguida, levamo-los ao lugar onde se encontra água; ali renascem do mesmo modo que nós também renascemos: recebem o batismo da água em nome do Senhor Deus Criador de todas as coisas, de nosso Salvador Jesus Cristo e do Espírito Santo.

Com efeito, foi o próprio Jesus Cristo que afirmou: *Se não renascerdes, não entrareis no Reino dos Céus* (cf. Jo 3,3.5). É evidente que não se trata, uma vez nascidos, de entrar novamente no seio materno.

O profeta Isaías também diz àqueles que pecaram e se arrependem, como libertar-se das culpas. São estas as suas palavras: *Tirai a maldade de vossas ações de minha frente. Deixai de fazer o mal! Aprendei a fazer o bem! Julgai a causa do órfão, defendei a viúva. Vinde, debatamos – diz o Senhor. Ainda que vossos pecados sejam como púrpura,*

3ª Semana do Tempo Pascal

tornar-se-ão brancos como a neve. Se não me ouvirdes, uma espada vos destruirá. Assim falou a boca do Senhor (cf. Is 1,16-20).

Esta doutrina, nós a recebemos dos apóstolos. No nosso primeiro nascimento, fomos gerados por um instinto natural, na mútua união de nossos pais, sem disso termos consciência. Fomos educados no meio de uma sociedade desonesta e em maus costumes. Todavia, para termos também um nascimento que não seja fruto da simples natureza e da ignorância, mas sim de uma escolha consciente, e obtermos pela água o perdão dos pecados cometidos, sobre aquele que quiser renascer e fizer penitência dos pecados, é pronunciado o nome do Senhor Deus Criador de todas as coisas. Somente podemos invocar este nome sobre aquele que é levado à água do batismo.

A ninguém é permitido pronunciar o nome inefável de Deus. Se alguém ousa afirmar ter em si este nome, não passa de um louco.

A este batismo dá-se também o nome de "iluminação", porque os iniciados nesta doutrina são iluminados na sua capacidade de compreender as coisas. Mas a purificação daquele que é iluminado, faz-se em nome de Jesus Cristo, crucificado sob Pôncio Pilatos, e em nome do Espírito Santo que, pelos profetas predisse tudo quanto dizia respeito a Jesus.

Responsório   Jo 3,5-6

R. Jesus **disse** a Nico**de**mos: Em ver**da**de, eu te **di**go:
  * Quem **não** renas**cer** da **á**gua e do Es**pí**rito,
    não **po**de en**trar** no **Rei**no de **Deus**. Ale**lu**ia.
V. O que **nas**ce da **car**ne, é **car**ne;
    o que **nas**ce do Espírito, é espírito. * Quem **não** renas**cer**.

Oração como nas Laudes.

Quarta-feira

651

Laudes

Leitura breve — Rm 6,8-11

Se morremos com Cristo, cremos que também viveremos com ele. Sabemos que Cristo ressuscitado dos mortos não morre mais; a morte já não tem poder sobre ele. Pois aquele que morreu, morreu para o pecado uma vez por todas; mas aquele que vive, é para Deus que vive. Assim, vós também considerai-vos mortos para o pecado e vivos para Deus, em Jesus Cristo.

Responsório breve

R. O Senhor ressurgiu do sepulcro. * Aleluia, aleluia.

R. O Senhor.

V. Foi suspenso por **nós** numa **cruz**. * Aleluia, aleluia.

Glória ao **Pai**. R. O Senhor.

Cântico evangélico, ant.

Quem vê o **Filho** e nele **crê** este **tem** a vida eterna,
e eu o farei ressuscitar n'último **dia**. Aleluia.

Preces

Oremos a Jesus Cristo, que se entregou à morte por nossos pecados e ressuscitou para nossa justificação; e aclamemos:

R. **Salvai-nos, Senhor, pela vossa vitória!**

Cristo Salvador, que ressuscitando de entre os mortos nos restituístes a esperança da vida imortal,

— santificai neste dia os nossos corações com a graça do Espírito Santo. R.

Vós, que viveis e reinais gloriosamente na assembleia dos anjos e dos santos,

— recebei a adoração que vos prestamos em espírito e em verdade neste tempo santo da ressurreição. R.

Cristo Jesus, salvai-nos e derramai a vossa misericórdia sobre o povo que vive na esperança da ressurreição,

652 3ª Semana do Tempo Pascal

− conservai-nos, hoje e sempre, livres de todo o mal.

R. **Salvai-nos, Senhor, pela vossa vitória!**

Cristo, rei da glória e nossa vida, reuni todos os fiéis na alegria que não tem fim,

− quando vierdes, no último dia, manifestar ao mundo a glória de vosso poder eterno.   R.

(intenções livres)

Pai nosso...

Oração

Permanecei, ó Pai, com vossa família e, na vossa bondade, fazei que participem eternamente da ressurreição do vosso Filho aqueles a quem destes a graça da fé. Por nosso Senhor Jesus Cristo, vosso Filho, na unidade do Espírito Santo.

Hora Média

Oração das Nove Horas

Leitura breve   cf. Rm 4,24-25

Cremos naquele que ressuscitou dos mortos Jesus, nosso Senhor. Ele, Jesus, foi entregue por causa de nossos pecados e foi ressuscitado para nossa justificação.

V. O Se**nhor** ressur**giu** real**men**te. Ale**lui**a.
R. E apare**ceu** a Si**mão**. Ale**lui**a.

Oração das Doze Horas

Leitura breve   1Jo 5,5-6a

Quem é o vencedor do mundo, senão aquele que crê que Jesus é o Filho de Deus? Este é o que veio pela água e pelo sangue: Jesus Cristo. Não veio somente com a água, mas com a água e o sangue.

V. Os dis**cí**pulos fi**ca**ram muito a**le**gres, ale**lui**a,
R. Por **ve**rem o Se**nhor** ressus**ci**ta**do**. Ale**lui**a.

Oração das Quinze Horas

Leitura breve   cf. Ef 4,23-24

Renovai o vosso espírito e a vossa mentalidade. Revesti o homem novo, criado à imagem de Deus, em verdadeira justiça e santidade.

V. Ó **Senhor**, ficai co**nos**co, ale**lui**a,
R. Pois o **dia** já de**cli**na. Ale**lui**a.
Oração como nas Laudes.

Vésperas

Leitura breve   Hb 7,24-27

Cristo, uma vez que permanece para a eternidade, possui um sacerdócio que não muda. Por isso ele é capaz de salvar para sempre aqueles que, por seu intermédio, se aproximam de Deus. Ele está sempre vivo para interceder por eles. Tal é precisamente o sumo sacerdote que nos convinha: santo, inocente, sem mancha, separado dos pecadores e elevado acima dos céus. Ele não precisa, como os sumos sacerdotes oferecer sacrifícios em cada dia, primeiro por seus próprios pecados e depois pelos do povo. Ele já o fez uma vez por todas, oferecendo-se a si mesmo.

Responsório breve
R. Os dis**cí**pulos fi**ca**ram muito a**le**gres. * Ale**lui**a, ale**lui**a.
    R. Os dis**cí**pulos.
V. Quando **vi**ram o **Se**nhor ressus**ci**tado. * Ale**lui**a, ale**lui**a.
    Glória ao **Pai**. R. Os dis**cí**pulos.

Cântico evangélico, ant.
Todo a**que**le que o **Pai** me entre**gou**
há de **vir** até **mim**, diz **Je**sus;
e quem **vem** até **mim** nunca i**rei** rejei**tar**. Ale**lui**a.

Preces
Oremos a Cristo nosso Senhor, que ressuscitou de entre os mortos e está sentado à direita do Pai; e digamos confiantes:

R. **Cristo, rei da glória, ouvi a nossa oração!**

Lembrai-vos, Senhor, de todos os que se consagram ao vosso serviço,
— para que deem ao vosso povo o exemplo da verdadeira santidade. **R.**

Concedei aos governantes e legisladores o espírito de justiça e de paz,
— para que reine a concórdia em toda a comunidade humana.

R.

Orientai os caminhos de toda a humanidade para a esperança da salvação,
— e aumentai os bens da terra para podermos socorrer todos os necessitados. **R.**

(intenções livres)

Cristo, nosso Salvador, que nos libertastes da escravidão do pecado e da morte,
— concedei a luz eterna aos nossos irmãos e irmãs falecidos.

R.

Pai nosso...

Oração

Permanecei, ó Pai, com vossa família e, na vossa bondade, fazei que participem eternamente da ressurreição do vosso Filho aqueles a quem destes a graça da fé. Por nosso Senhor Jesus Cristo, vosso Filho, na unidade do Espírito Santo.

QUINTA-FEIRA

Ofício das Leituras

V. Deus, o **Pai** que a **Jesus**,
nosso **Se**nhor, ressusci**tou**, ale**lu**ia,

R. Nos fa**rá** também a **nós**
ressus**ci**tar por seu po**der**. Ale**lu**ia.

Primeira leitura
Do Livro do Apocalipse 9,13-21

O flagelo da guerra

Eu, João, continuei a ver. ¹³O sexto anjo tocou a trombeta, e eu ouvi uma voz, vinda de um dos quatro cantos do altar de ouro que está diante de Deus. ¹⁴A voz dizia ao sexto anjo, aquele que segurava a trombeta: "Solta os quatro anjos que se encontram algemados no grande rio, o Eufrates". ¹⁵E foram soltos os quatro anjos, que estavam com a hora, o dia, o mês e o ano marcados para matar a terça parte dos homens. ¹⁶O número das tropas de cavalaria era de vinte mil vezes dez mil. Eu ouvi bem o seu número. ¹⁷E na minha visão, eu vi os cavalos e os cavaleiros do seguinte modo: Tinham couraças de fogo, jacinto e enxofre. As cabeças dos cavalos pareciam cabeças de leões, e de suas bocas saía fogo, fumaça e enxofre. ¹⁸A terça parte da humanidade morreu por causa destas três pragas: o fogo, a fumaça e o enxofre que saíam das bocas dos cavalos. ¹⁹Pois o poder desses cavalos estava na boca e na cauda. Suas caudas pareciam serpentes e com estas causavam mal.

²⁰As demais pessoas, as que não morreram devido a estas pragas, contudo não se converteram das obras de suas mãos. Não deixaram de adorar os demônios, os ídolos de ouro e de prata, de bronze, de pedra e de madeira, que não podem ver nem ouvir nem caminhar. ²¹Também não se converteram de seus homicídios, nem de suas magias, fornicação e roubos.

Responsório
At 17,30b.31a; cf. Jl 1,13.14

R. Que a humanidade inteira, em todo lugar,
se converta a Deus,

* Porque ele fixou o dia no qual
ele há de julgar com justiça o mundo. Aleluia.

V. Ministros de Deus, reuni os habitantes
de toda a terra e clamai ao Senhor! * Porque ele.

Segunda leitura

Do Tratado contra as heresias, de Santo Irineu, bispo

(Lib. 5,2,2-3: SCh 153,30-38)   (Séc. II)

A Eucaristia, penhor da ressurreição

Se não há salvação para a carne, também o Senhor não nos redimiu com o seu sangue. Sendo assim, nem o cálice da Eucaristia é a comunhão do seu sangue nem o pão que partimos é a comunhão do seu corpo. O sangue, efetivamente, procede das veias, da carne, e do que pertence à substância humana. Essa substância, o Verbo de Deus assumiu-a em toda a sua realidade e por ela nos resgatou com o seu sangue, como afirma o Apóstolo: *Pelo seu sangue, nós fomos libertados. Nele, as nossas faltas são perdoadas* (Ef 1,7).

Nós somos seus membros e nos alimentamos das coisas criadas que ele próprio nos dá, fazendo nascer o sol e cair a chuva segundo sua vontade. Por isso, o Senhor declara que o cálice, fruto da criação, é o seu sangue, que fortalece o nosso sangue; e o pão, fruto também da criação, é o seu corpo, que fortalece o nosso corpo.

Portanto, quando o cálice de vinho misturado com água e o pão natural recebem a palavra de Deus, transformam-se na Eucaristia do sangue e do corpo de Cristo. São eles que alimentam e revigoram a substância de nossa carne. Como é possível negar que a carne é capaz de receber o dom de Deus, que é a vida eterna, essa carne que se alimenta com o sangue e o corpo de Cristo e se torna membro do seu corpo?

O santo Apóstolo diz na Carta aos Efésios: *Nós somos membros do seu corpo* (Ef 5,30), *da sua carne e de seus ossos* (cf. Gn 2,23); não é de um homem espiritual e invisível que ele fala – *o espírito não tem carne nem ossos* (cf. Lc 24,39) –, mas sim do organismo verdadeiramente humano, que consta de carne, nervos e ossos, que se nutre com o cálice do seu sangue e se robustece com o pão que é seu corpo.

Quinta-feira

O ramo da videira plantado na terra, frutifica no devido tempo, e o grão de trigo, caído na terra e dissolvido, multiplica-se pelo Espírito de Deus que sustenta todas as coisas. Em seguida, pela arte da fabricação, são transformados para uso do homem. Recebendo a palavra de Deus, tornam-se a Eucaristia, isto é, o corpo e o sangue de Cristo. Assim também os nossos corpos, alimentados pela Eucaristia, depositados na terra e nela desintegrados, ressuscitarão a seu tempo, quando o Verbo de Deus lhes conceder a ressurreição para a glória do Pai. É ele que reveste com sua imortalidade o corpo mortal e dá gratuitamente a incorruptibilidade à carne corruptível. Porque é na fraqueza que se manifesta o poder de Deus.

Responsório   Jo 6,48-51ab

R. Eu **sou** o pão da **vi**da;
vossos **pais**, no de**ser**to, co**mer**am o ma**ná**
e no en**tan**to morreram.
* É **es**te o Pão **vi**vo, des**ci**do dos **céus**,
para **que** todo a**que**le que **de**le co**mer**
não **mor**ra, ale**lui**a.
V. Eu **sou** o Pão **vi**vo, des**ci**do dos **céus**;
quem co**mer** deste **pão**, vive**rá** para **sem**pre.* É **es**te.

Oração como nas Laudes.

Laudes

Leitura breve   Rm 8,10-11

Se, porém, Cristo está em vós, embora vosso corpo esteja ferido de morte por causa do pecado, vosso espírito está cheio de vida, graças à justiça. E, se o Espírito daquele que ressuscitou Jesus dentre os mortos mora em vós, então aquele que ressuscitou Jesus Cristo dentre os mortos vivificará também vossos corpos mortais por meio do seu Espírito que mora em vós.

Responsório breve

R. O **Senhor** ressur**giu** do se**pul**cro. * Ale**luia**, ale**luia**.
R. O **Senhor**.
V. Foi sus**pen**so por **nós** numa **cruz**. * Ale**luia**, ale**luia**.
Glória ao **Pai**. R. O **Senhor**.

Cântico evangélico, ant.

Diz **Jesus**: Em ver**da**de eu vos **digo**:
Quem tem **fé** e con**fia** em **mim**, tem a **vida** e**ter**na. Ale**luia**.

Preces

Unidos num só coração e numa só alma, invoquemos a Cristo ressuscitado, sempre presente em sua Igreja; e digamos:

R. **Ficai conosco, Senhor!**

Senhor Jesus, vencedor do pecado e da morte, permanecei no meio de nós,
– vós, que viveis e reinais pelos séculos sem fim. R.

Vinde em nosso auxílio com vosso poder invencível,
– e revelai aos nossos corações a infinita bondade de Deus Pai. R.

Salvai o mundo da violência e da discórdia,
– porque só vós tendes poder para renovar e reconciliar. R.

Confirmai-nos na fé da vitória final,
– e fortalecei-nos na esperança da vossa vinda gloriosa. R.

(intenções livres)

Pai nosso...

Oração

Ó Deus eterno e onipotente, que nestes dias vos mostrais tão generoso, dai-nos sentir mais de perto o vosso amor paterno para que, libertados das trevas do erro, sigamos com firmeza a luz da verdade. Por nosso Senhor Jesus Cristo, vosso Filho, na unidade do Espírito Santo.

Quinta-feira

Hora Média

Oração das Nove Horas

Leitura breve — 1Cor 12,13

Todos nós, judeus ou gregos, escravos ou livres, fomos batizados num único Espírito, para formarmos um único corpo, e todos nós bebemos de um único Espírito.

V. O Senhor ressurgiu realmente. Aleluia.

R. E apareceu a Simão. Aleluia.

Oração das Doze Horas

Leitura breve — Tt 3,5b-7

Deus nos salvou quando renascemos e fomos renovados no batismo pelo Espírito Santo, que ele derramou abundantemente sobre nós por meio de nosso Salvador Jesus Cristo. Justificados assim, pela sua graça, nos tornamos na esperança herdeiros da vida eterna.

V. Os discípulos ficaram muito alegres, aleluia,

R. Por verem o Senhor ressuscitado. Aleluia.

Oração das Quinze Horas

Leitura breve — cf. Cl 1,12-14

Demos graças ao Pai, que nos tornou capazes de participar da luz, que é a herança dos santos. Ele nos libertou do poder das trevas e nos recebeu no Reino de seu Filho amado, por quem temos a redenção, o perdão dos pecados.

V. Ó Senhor, ficai conosco, aleluia,

R. Pois o dia já declina. Aleluia.

Oração como nas Laudes.

Vésperas

Leitura breve — 1Pd 3,18.21b-22

Cristo morreu, uma vez por todas, por causa dos pecados, o justo, pelos injustos, a fim de vos conduzir a Deus. Sofreu a morte, na sua existência humana, mas recebeu nova vida pelo Espírito. O batismo é hoje a vossa salvação. Pois ele não serve para limpar o corpo da imundície, mas é um pedido a Deus para obter uma boa consciência, em virtude da ressurreição de Jesus Cristo. Ele subiu ao céu e está à direita de Deus, submetendo-se a ele anjos, dominações e potestades.

Responsório breve

R. Os discípulos ficaram muito alegres. *Aleluia, aleluia.
   R. Os discípulos.
V. Quando viram o Senhor ressuscitado. *Aleluia, aleluia.
   Glória ao Pai. R. Os discípulos.

Cântico evangélico, ant.

Eu sou o pão da vida que do céu desceu ao mundo;
quem come deste pão, viverá eternamente.
Este pão que eu vos darei é a minha própria carne
para que o mundo tenha a vida. Aleluia.

Preces

Louvemos com alegria a Cristo Jesus, ressuscitado de entre os mortos como primícias dos que adormeceram na esperança da luz eterna; e rezemos:

R. Senhor ressuscitado, ouvi a nossa oração!

Lembrai-vos, Senhor, da vossa Igreja edificada sobre o fundamento dos apóstolos, e que se faz presente pelo mundo inteiro;
—abençoai todos aqueles que invocam o vosso nome. R.

Jesus Cristo, médico dos corpos e das almas,
—visitai-nos e salvai-nos pela vossa misericórdia. R.

Curai e reconfortai os doentes,
—e livrai-os de toda enfermidade. R.

Ajudai os aflitos e oprimidos,
– e sustentai os que padecem necessidade. R.
(intenções livres)

Vós, que pela cruz e ressurreição abristes para todos o caminho da imortalidade,
– concedei as alegrias do vosso Reino aos nossos irmãos e irmãs falecidos. R.
Pai nosso...

Oração

Ó Deus eterno e onipotente; que nestes dias vos mostrais tão generoso, dai-nos sentir mais de perto o vosso amor paterno para que, libertados das trevas do erro, sigamos com firmeza a luz da verdade. Por nosso Senhor Jesus Cristo, vosso Filho, na unidade do Espírito Santo.

SEXTA-FEIRA

Ofício das Leituras

V. Céus e **terra** se **alegram** can**tan**do: ale**luia**,
R. Pela **res**surrei**ção** do Se**nhor**. Ale**luia**.

Primeira leitura
Do Livro do Apocalipse 10,1-11

A vocação do Vidente é confirmada

Eu, João, ¹vi ainda um outro anjo poderoso descer do céu. Estava vestido com uma nuvem e sobre sua cabeça estava um arco-íris. Seu rosto era como o sol. Suas pernas pareciam colunas de fogo. ²Tinha na mão um livrinho aberto. Colocou o pé direito sobre o mar e o esquerdo na terra, ³e gritou com voz forte, como um leão que ruge. Quando gritou, sete trovões fizeram ouvir suas vozes. ⁴E quando os sete trovões acabaram de falar, preparei-me para escrever.

662 3ª Semana do Tempo Pascal

Mas ouvi uma voz do céu que me dizia: "Guarda sob sigilo o que os sete trovões falaram; não o ponhas por escrito".

⁵Então o anjo poderoso, que estava sobre o mar e a terra, levantou a mão direita ao céu ⁶e jurou, por aquele que vive para sempre e criou o céu e tudo o que nele existe, a terra e tudo o que nela existe, o mar e tudo o que nele existe: "Acabou o tempo! ⁷Quando o sétimo anjo tocar a trombeta, vai-se realizar o plano secreto de Deus, que ele anunciou aos seus servos, os profetas".

⁸Aquela mesma voz do céu, que eu já tinha ouvido, tornou a falar comigo: "Vai. Pega o livrinho aberto da mão do anjo que está de pé sobre o mar e a terra." ⁹Eu fui até ao anjo e pedi que me entregasse o livrinho. Ele me falou: "Pega e come. Será amargo no estômago, mas na tua boca, será doce como mel". ¹⁰Peguei da mão do anjo o livrinho e comi-o. Na boca era doce como mel, mas quando o engoli, meu estômago tornou-se amargo. ¹¹Então ele me disse: "Deves profetizar ainda contra outros povos e nações, línguas e reis".

Responsório cf. Ap 10,7; Mt 24,30

R. Quando a trombeta ressoar,
   então, cumprir-se-á o mistério de Deus,
   * Como ele anunciou por seus servos, os profetas. Aleluia.
V. Nos céus se mostrará o sinal do Filho do Homem
   e hão de ver o Filho do Homem
   vir nas nuvens com poder
   e com grande majestade. * Como ele.

Segunda leitura
Dos Sermões de Santo Efrém, diácono

(Sermo de Domino nostro, 3-4.9:
Opera edit. Lamy, l,152-158.166-168)   (Séc. IV)

A cruz de Cristo, salvação para o gênero humano
Nosso Senhor foi calcado pela morte mas, por sua vez, esmagou-a como quem soca com os pés o pó da estrada.

Sujeitou-se à morte e aceitou-a voluntariamente, para destruir aquela morte que não queria morrer. Nosso Senhor saiu para o Calvário carregando a cruz, para satisfazer as exigências da morte; mas, ao soltar um brado do alto da cruz, fez sair os mortos dos sepulcros, vencendo a oposição da morte. A morte o matou no corpo que assumira; mas ele, com as mesmas armas, saiu vitorioso da morte. A divindade ocultou-se sob a humanidade e assim aproximou-se da morte, que matou, mas também foi morta. A morte matou a vida natural e, por sua vez, foi morta pela vida sobrenatural.

A morte não poderia devorá-lo se ele não tivesse um corpo nem o inferno tragá-lo se não tivesse carne. Foi por isso que desceu ao seio de uma Virgem para tomar um corpo que o conduzisse à mansão dos mortos. Com o corpo que assumira, lá entrou para destruir suas riquezas e arruinar seus tesouros.

A morte foi ao encontro de Eva, a mãe de todos os viventes. Ela é como uma vinha cuja cerca foi aberta pela morte, por meio das próprias mãos de Eva, para que pudesse provar de seus frutos. Então Eva, mãe de todos os viventes, tornou-se fonte da morte para todos os viventes.

Floresceu, porém, Maria, a nova videira, em lugar de Eva, a antiga videira; nela habitou Cristo, a nova vida, a fim de que, ao aproximar-se a morte com sua habitual segurança para alimentar a fome devoradora, encontrasse ali escondida, no seu fruto mortal, a Vida destruidora da morte. Quando, pois, a morte engoliu sem temor o fruto mortal, ele libertou a vida e com ela, multidões.

O admirável filho do carpinteiro, que levou sua cruz até os abismos da morte que tudo devoravam, também levou o gênero humano para a morada da vida. E uma vez que o gênero humano, por causa de uma árvore, tinha se precipitado no reino das sombras, sobre outra árvore passou para o Reino da vida. Na mesma árvore em que fora enxertado um fruto amargo, foi enxertado depois um fruto doce, para que

664 3ª Semana do Tempo Pascal

reconheçamos o Senhor a quem criatura alguma pode resistir.

Glória a vós, que lançastes a cruz como uma ponte sobre a morte, para que através dela as almas possam passar da região da morte para a vida!

Glória a vós, que assumistes um corpo de homem mortal, para transformá-lo em fonte de vida para todos os mortais!

Vós viveis para sempre! Aqueles que vos mataram, trataram vossa vida como os agricultores: enterraram-na como o grão de trigo; mas ela ressuscitou e, junto com ela, fez ressurgir uma multidão de seres humanos.

Vinde, ofereçamos o grande e universal sacrifício do nosso amor. Entoemos com grande alegria cânticos e orações àquele que se ofereceu a Deus no sacrifício da cruz, para nos enriquecer por meio dela com a abundância de seus dons.

Responsório 1Cor 15,55-56a.57; cf. 2Cor 4,13.14

R. Ó **mor**te, onde es**tá** tua vi**tó**ria?
   Ó **mor**te, onde es**tá** teu agui**lhão**?
   O pe**ca**do é da **mor**te o agui**lhão**.
 * Demos **gra**ças a Deus **Pai** que nos do**ou**
   a vi**tó**ria pelo **Cris**to, Senhor **nos**so. Ale**lu**ia.
V. Mo**vi**dos pelo es**pí**rito de **fé**,
   cremos que A**que**le que a Je**sus** ressusci**tou**,
   com Jesus, também, nos **res**suscita**rá**. * Demos **gra**ças.

Oração como nas Laudes.

Laudes

Leitura breve At 5,30-32

O Deus de nossos pais ressuscitou Jesus, a quem vós matastes, pregando-o numa cruz. Deus, por seu poder, o exaltou, tornando-o Guia Supremo e Salvador, para dar ao povo de

Sexta-feira

Israel a conversão e o perdão dos seus pecados. E disso somos testemunhas, nós e o Espírito Santo, que Deus concedeu àqueles que lhe obedecem.

Responsório breve

R. O Senhor ressurgiu do sepulcro.* Aleluia, aleluia.
   R. O Senhor.
V. Foi suspenso por nós numa cruz.* Aleluia, aleluia.
   Glória ao Pai. R. O Senhor.

Cântico evangélico, ant.

Quem come a minha carne e bebe o meu sangue,
fica em mim e eu fico nele. Aleluia.

Preces

Oremos a Deus Pai, que pela ressurreição de Jesus Cristo
nos deu uma vida nova; e supliquemos humildemente:

R. **Iluminai-nos, Senhor, com a luz de Cristo!**

Deus de bondade e fidelidade, que criastes o universo e manifestastes a todas as gerações o vosso desígnio de salvação,
– escutai-nos, ó Pai clementíssimo. R.

Purificai os nossos corações com a luz da vossa verdade,
– para que todas as nossas obras sejam justas e agradáveis aos vossos olhos. R.

Fazei brilhar sobre nós a luz da vossa face,
– para que, libertos do pecado, nos saciemos com a riqueza de vossos dons. R.

Vós, que por Cristo nos reconciliastes convosco,
– fazei reinar a vossa paz em toda a terra. R.

(intenções livres)

Pai nosso...

666 3ª Semana do Tempo Pascal

Oração

Ó Deus todo-poderoso, concedei que, conhecendo a ressurreição do Senhor e a graça que ela nos trouxe, ressuscitemos para uma vida nova pelo amor do vosso Espírito. Por nosso Senhor Jesus Cristo, vosso Filho, na unidade do Espírito Santo.

Hora Média

Oração das Nove Horas

Leitura breve At 2,32.36

Deus ressuscitou Jesus e disto todos nós somos testemunhas. Portanto, que todo o povo de Israel reconheça com plena certeza: Deus constituiu Senhor e Cristo a este Jesus que vós crucificastes.

V. O Senhor ressurgiu realmente. Aleluia.
R. E apareceu a Simão. Aleluia.

Oração das Doze Horas

Leitura breve Gl 3,27-28

Vós todos que fostes batizados em Cristo vos revestistes de Cristo. O que vale não é mais ser judeu nem grego, nem escravo nem livre, nem homem nem mulher, pois todos vós sois um só, em Jesus Cristo.

V. Os discípulos ficaram muito alegres, aleluia,
R. Por verem o Senhor ressuscitado. Aleluia.

Oração das Quinze Horas

Leitura breve 1Cor 5,7-8

Lançai fora o fermento velho, para que sejais uma massa nova, já que deveis ser sem fermento. Pois o nosso cordeiro pascal, Cristo, já está imolado. Assim, celebremos a festa, não com velho fermento nem com o fermento de maldade

Sexta-feira

ou de perversidade, mas com os pães ázimos de pureza e de verdade.

V. Ó **Senhor**, ficai co**nos**co, ale**lui**a.

R. Pois o **dia** já de**cli**na. Ale**lui**a.

Oração como nas Laudes.

Vésperas

Leitura breve Hb 5,8-10

Mesmo sendo Filho, aprendeu o que significa a obediência a Deus por aquilo que ele sofreu. Mas, na consumação de sua vida, tornou-se causa de salvação eterna para todos os que lhe obedecem. De fato, ele foi por Deus proclamado sumo sacerdote na ordem de Melquisedec.

Responsório breve

R. Os discípulos ficaram muito a**le**gres. * Ale**lui**a, ale**lui**a.

R. Os dis**cí**pulos.

V. Quando **vi**ram o S**enhor** ressus**ci**tado. * Ale**lui**a, ale**lui**a. Glória ao **Pai**. R. Os dis**cí**pulos.

Cântico evangélico, ant.

O **Senhor** crucifi**ca**do e por **nós** sacrifi**ca**do dentre os **mor**tos ressur**giu** e a **to**dos nos re**miu**. Ale**lui**a.

Preces

Glorifiquemos a Cristo, caminho, verdade e vida; e o invoquemos, dizendo:

R. **Filho de Deus vivo, abençoai o vosso povo!**

Nós vos pedimos, Senhor Jesus Cristo, por todos os ministros da Igreja, que repartem o pão da vida entre os irmãos,
_ para que sejam também eles alimentados e fortalecidos pelo mesmo pão que distribuem. **R.**

Nós vos pedimos por todo o povo cristão, para que viva sua vocação de maneira digna,
_ e mantenha a unidade de espírito pelo vínculo da paz. **R.**

3ª Semana do Tempo Pascal

Nós vos pedimos por todos os que nos governam, para que exerçam suas funções com justiça e compreensão,
–e assim promovam a concórdia e a paz entre todos os povos.
R. **Filho de Deus vivo, abençoai o vosso povo!**

(intenções livres)

Nós vos pedimos que nos torneis dignos de celebrar a vossa santa ressurreição em comunhão com os anjos e os santos,
–e também com nossos irmãos e irmãs falecidos, que confiamos à vossa infinita misericórdia. R.
Pai nosso...

Oração

Ó Deus todo-poderoso, concedei que, conhecendo a ressurreição do Senhor e a graça que ela nos trouxe; ressuscitemos para uma vida nova pelo amor do vosso Espírito. Por nosso Senhor Jesus Cristo, vosso Filho, na unidade do Espírito Santo.

SÁBADO

Ofício das Leituras

V. Deus nos **fez** renas**cer** para a **vi**va espe**ran**ça, ale**lui**a.
R. Pela **res**surrei**ção** do Se**nhor** dentre os **mor**tos. Ale**lui**a.

Primeira leitura
Do Livro do Apocalipse   11,1-19

As duas testemunhas invictas

Eu, João, continuei a ver. ¹Foi-me dado um caniço, parecido com uma vara de agrimensor, e disseram-me: "Levanta-te e tira as medidas do Templo de Deus, do altar e dos que estão em adoração. ²Deixa fora o pátio externo do Templo; não tires as suas medidas, pois foi entregue às nações pagãs, e estas vão pisar a Cidade Santa durante quarenta e dois meses. ³Mas eu darei às minhas duas testemunhas mil duzentos e sessenta dias para profetizarem, trajando vestes rudes. ⁴Essas duas testemunhas são as duas oliveiras e os dois candelabros, que estão diante do Senhor da terra. ⁵Se alguém quiser fazer-lhes mal, um fogo sairá da boca delas e devorará seus inimigos. Sim, se alguém quiser fazer-lhes mal, é assim que vai morrer. ⁶Elas têm o poder de fechar o céu, de modo que não caia chuva alguma enquanto durar a sua missão profética. Elas têm também o poder de transformar as águas em sangue. E quantas vezes elas quiserem, podem ferir a terra com todo tipo de praga. ⁷Quando elas terminarem o seu testemunho, a besta que sobe do Abismo vai combater contra elas, vai vencê-las e matá-las. ⁸E os cadáveres das duas testemunhas vão ficar expostos na praça da grande cidade, que se chama, simbolicamente, Sodoma e Egito, e na qual foi crucificado também o Senhor delas. ⁹Gente de todos os povos, raças, línguas e nações, verão seus cadáveres durante três dias e meio, e não deixarão que os corpos sejam sepultados. ¹⁰Os habitantes da terra farão festa pela morte das testemunhas; felicitar-se-ão e trocarão presentes, pois estes dois profetas estavam incomodando os habitantes da terra".

¹¹Depois dos três dias e meio, um sopro de vida veio de Deus, penetrou nos dois profetas e eles ficaram de pé. Todos aqueles que os contemplavam, ficaram com muito medo. ¹²Ouvi então uma voz forte vinda do céu e chamando os dois: "Subi para aqui!" Eles subiram ao céu, na nuvem, enquanto os inimigos ficaram olhando. ¹³Na mesma hora aconteceu um grande terremoto, e a décima parte da cidade desmoronou. Sete mil pessoas morreram, e os que sobraram ficaram cheios de medo e deram glória ao Deus do céu.

¹⁴Assim passou o segundo "ai". Eis que o terceiro "ai" vai chegando depressa.

¹⁵O sétimo anjo tocou a trombeta. Vozes bem fortes começaram a exclamar no céu: "O império do mundo per-

670   3ª Semana do Tempo Pascal

tence agora ao nosso Senhor e ao seu Ungido, e ele reinará para sempre".

¹⁶E os vinte e quatro Anciãos, que estão sentados em seus tronos diante de Deus, prostraram-se com seus rostos no chão ¹⁷e adoraram a Deus, dizendo:
"Nós te damos graças,
Senhor Deus, Todo-poderoso,
aquele que é e que era,
porque assumiste o teu grande poder e entraste na posse do teu Reino.
¹⁸As nações pagãs tinham-se enfurecido,
mas chegou a tua ira e o tempo de julgar os mortos e de dar a recompensa aos teus servos, os profetas, e aos santos, e aos que temem o teu nome, pequenos e grandes; chegou o tempo de destruir os que destroem a terra".

¹⁹Abriu-se o Templo de Deus que está no céu e apareceu no Templo a arca da Aliança. Houve relâmpagos, vozes, trovões, terremotos e uma grande tempestade de granizo.

Responsório   Ap 11,15b; Dn 7,26c
R. Insta**lou**-se sobre o **mun**do a rea**le**za,
   a rea**le**za do **Se**nhor e de seu **Cris**to;
 * E **e**le reina**rá** na eterni**da**de. Ale**lui**a.
V. O seu **Reino** é reino e**ter**no e os **reis** de toda a **ter**ra
   hão de ser**vi**-lo e obede**cer**-lhe. * E **e**le.

Segunda leitura
Do Comentário sobre o Evangelho de São João, de São Cirilo de Alexandria, bispo
           (Lib. 4,2: PG 73,563-566)   (Séc. V)

Cristo entregou seu corpo para a vida de todos
    Eu morro por todos, diz o Senhor, a fim de que por mim todos tenham vida. Eu morro para resgatar todos pela minha carne! A morte morrerá em minha morte e, juntamente comigo, a natureza humana que caíra, ressuscitará.

Para tanto tornei-me semelhante a vós, um homem autêntico da descendência de Abraão, a fim de ser semelhante a meus irmãos. São Paulo compreendeu isto perfeitamente, ao dizer: *Visto que os filhos têm em comum a carne e o sangue, também Jesus participou da mesma condição, para assim destruir, com a sua morte, aquele que tinha o poder da morte, isto é, o demônio* (Hb 2,14).

Ora, aquele que tinha o poder da morte, e por conseguinte, a própria morte, não poderia ser destruído de nenhuma outra maneira, se Cristo não tivesse se oferecido em sacrifício por nós. Um só foi imolado pela redenção de todos, porque a morte dominava sobre todos.

Por isso diz-se nos salmos que Cristo se ofereceu a Deus Pai como sacrifício imaculado: *Sacrifício e oblação não quisestes, mas formastes-me um corpo; não pedistes ofertas nem vítimas, holocaustos por nossos pecados. E então eu vos disse: "Eis que venho"* (Sl 39,7-9).

O Senhor foi crucificado por todos e por causa de todos a fim de que, tendo um morrido por todos, vivamos todos nele. Não seria possível que a vida permanecesse sujeita à morte ou sucumbisse à corrupção natural. Sabemos pelas próprias palavras de Cristo que ele ofereceu sua carne pela vida do mundo: *Eu me consagro por eles* (Jo 17,19).

Com isso ele quer dizer que se consagra e se oferece como sacrifício puro de suave perfume. Com efeito, tudo o que era oferecido sobre o altar, era santificado ou chamado santo, conforme a Lei. Cristo, portanto, entregou seu corpo em sacrifício pela vida de todos e assim a vida nos foi dada de novo por meio dele. Como isso se realizou, procurarei dizer na medida do possível.

Depois que o Verbo de Deus, que tudo vivifica, assumiu a carne, restituiu à carne o seu próprio bem, isto é, a vida. Estabeleceu com ela uma comunhão inefável, e tornou-a fonte de vida, como ele mesmo o é por natureza.

3ª Semana do Tempo Pascal

Por conseguinte, o corpo de Cristo dá a vida a todos os que dele participam; repele a morte dos que a ele estão sujeitos e os libertará da corrupção, porque possui em si mesmo a força que a elimina plenamente.

Responsório   Jo 10,14.15b.10b

R. Eu **sou** o Bom Pas**tor**, diz Je**sus**,
   e co**nhe**ço as **mi**nhas o**vel**has
   * E por **e**las eu **dou** minha **vi**da. Ale**lui**a.
V. Eu **vim** para que **te**nham a **vi**da
   e a **te**nham em **gran**de abun**dân**cia.
   * E por **e**las.

Oração como nas Laudes.

Laudes

Leitura breve   Rm 14,7-9

Ninguém dentre nós vive para si mesmo ou morre para si mesmo. Se estamos vivos, é para o Senhor que vivemos; se morremos, é para o Senhor que morremos. Portanto, vivos ou mortos, pertencemos ao Senhor. Cristo morreu e ressuscitou exatamente para isto, para ser o Senhor dos mortos e dos vivos.

Responsório breve.

R. O Se**nhor** ressur**giu** do se**pul**cro. * Ale**lui**a, ale**lui**a.
   R. O Se**nhor**.
V. Foi sus**pen**so por **nós** numa **cruz**. * Ale**lui**a, ale**lui**a.
   Glória ao **Pai**. R. O Se**nhor**.

Cântico evangélico, ant.

A **quem** nós i**re**mos, Se**nhor** Jesus **Cris**to?
Só **tu** tens pa**la**vras de **vi**da e**ter**na.
Nós **cre**mos sa**ben**do que **és** o Se**nhor**,
que **tu** és o **Cris**to, o **Fi**lho de **Deus**. Ale**lui**a.

Sábado 673

Preces

Roguemos com alegria a Cristo, pão da vida, que ressuscitará no último dia os que se alimentam à mesa de sua palavra e de seu corpo; e digamos:

R. **Dai-nos, Senhor, paz e alegria!**

Filho de Deus, que ressuscitastes gloriosamente dos mortos como Senhor da vida,

– abençoai e santificai a humanidade inteira. R.

Senhor Jesus, fonte de paz e de alegria para todos os que creem em vós,

– fazei-nos viver como filhos da luz na alegria do vosso triunfo pascal. R.

Confirmai a fé da vossa Igreja, peregrina sobre a terra,

– para que dê ao mundo o testemunho da vossa ressurreição. R.

Vós, que, depois de muitos sofrimentos, entrastes na glória do Pai,

– mudai em alegria a tristeza dos que choram. R.

(intenções livres)

Pai nosso...

Oração

Ó Deus, que renovastes nas águas do batismo os que creem em vós, protegei os que renasceram no Cristo, para que vençam as ciladas do erro e permaneçam fiéis à vossa graça. Por nosso Senhor Jesus Cristo, vosso Filho, na unidade do Espírito Santo.

Hora Média

Oração das Nove Horas

Leitura breve Rm 5,10-11

Quando éramos inimigos de Deus, fomos reconciliados com ele pela morte do seu Filho; quanto mais agora, estando já

674   3ª Semana do Tempo Pascal

reconciliados, seremos salvos por sua vida! Ainda mais: Nós nos gloriamos em Deus, por nosso Senhor Jesus Cristo. É por ele que, já desde o tempo presente, recebemos a reconciliação.

V. O Senhor ressurgiu realmente. Aleluia.

R. E apareceu a Simão. Aleluia.

Oração das Doze Horas

Leitura breve   1Cor 15,20-22

Cristo ressuscitou dos mortos como primícias dos que morreram. Com efeito, por um homem veio a morte e é também por um homem que vem a ressurreição dos mortos. Como em Adão todos morrem, assim também em Cristo todos reviverão.

V. Os discípulos ficaram muito alegres, aleluia.

R. Por verem o Senhor ressuscitado. Aleluia.

Oração das Quinze Horas

Leitura breve   2Cor 5,14-15

O amor de Cristo nos pressiona, pois julgamos que um só morreu por todos, e que, logo, todos morreram. De fato, Cristo morreu por todos, para que os vivos não vivam mais para si mesmos, mas para aquele que por eles morreu e ressuscitou.

V. Ó Senhor, ficai conosco, aleluia,

R. Pois o dia já declina. Aleluia.

Oração como nas Laudes.

4º DOMINGO DA PÁSCOA

IV Semana do Saltério

I Vésperas

Hino, p. 481.

Ant. 1 A paz de **Cristo** habite em **vós**
e alegre os **vossos corações. Aleluia.**

Salmos e cântico do domingo da IV Semana, p. 1297.

Ant. 2 Para **Deus** nos re**miu** vosso **sangue.** Ale**luia.**

Ant. 3 Era pre**ciso** que o **Cristo** sofresse
para en**trar** em sua **glória.** Ale**luia.**

Leitura breve 1Pd 2,9-10

Vós sois a raça escolhida, o sacerdócio do Reino, a nação
santa, o povo que ele conquistou para proclamar as obras
admiráveis daquele que vos chamou das trevas para a sua
luz maravilhosa. Vós sois aqueles que antes não eram povo,
agora porém são povo de Deus; os que não eram objeto de
misericórdia, agora porém alcançaram misericórdia.

Responsório breve

R. Os discípulos ficaram muito alegres. * Ale**luia**, ale**luia**.
R. Os discípulos.
V. Quando **viram** o **Senhor** ressuscitado. * Ale**luia**, ale**luia**.
Glória ao **Pai**. R. Os discípulos.

Cântico evangélico, ant.

Ano A Em ver**dade**, em ver**dade**, eu vos **digo:**
quem **entra** no a**prisco** pela **porta,**
esse **é** o pa**stor** das ovelhas.
Cami**nhando** ele à **frente**, elas **seguem,**
pois con**hecem** sua **voz.** Ale**luia.**

4º Domingo da Páscoa

Ano B Eu **sou** o Bom Pas**tor**.
O Bom Pas**tor** dá a **v**ida por **s**uas ovelhas. Ale**lui**a.

Ano C Minhas ovelhas reco**nhec**em minha **voz**,
e eu, o Se**nhor** e Bom Pas**tor**, as reco**nheço**. Ale**lui**a.

Preces

Oremos a Jesus Cristo que, ressuscitando dos mortos, destruiu a morte e renovou a vida; e digamos cheios de confiança:

R. **Cristo, vivo para sempre, escutai a nossa prece!**

Vós, que sois a pedra rejeitada pelos construtores, mas escolhida pelo Pai como pedra angular,
– fazei de nós pedras vivas na edificação de vossa Igreja.
R.

Vós, que sois a Testemunha fiel e verdadeira, o Primogênito dentre os mortos,
– concedei que a vossa Igreja possa dar sempre e em toda a terra o testemunho da vossa ressurreição. R.

Vós, que sois o Esposo único da Igreja, nascida de vosso lado aberto na cruz,
– fazei de nós testemunhas do vosso amor pela Igreja e por toda a humanidade. R.

Vós, que sois o Princípio e o Fim, que estivestes morto e agora viveis eternamente,
– concedei aos que foram batizados a perseverança até à morte, para que mereçam a coroa da vitória. R.

(intenções livres)

Vós, que sois a Luz que ilumina a santa cidade de Deus,
– iluminai com vosso esplendor os nossos irmãos e irmãs falecidos, para que reinem convosco eternamente. R.
Pai nosso...

Oração

Deus eterno e todo-poderoso, conduzi-nos à comunhão das alegrias celestes, para que o rebanho possa atingir, apesar de sua fraqueza, a fortaleza do Pastor. Por nosso Senhor Jesus Cristo, vosso Filho, na unidade do Espírito Santo.

Ofício das Leituras

V. Refloresceu a minha carne e eu canto: Aleluia.
R. Eu agradeço ao Senhor de coração. Aleluia.

Primeira leitura

Do Livro do Apocalipse   12,1-18

O sinal da mulher

[1]Apareceu no céu um grande sinal: uma Mulher vestida de sol, tendo a lua debaixo dos pés e sobre a cabeça uma coroa de doze estrelas. [2]Estava grávida e gritava em dores de parto, atormentada para dar à luz. [3]Então apareceu outro sinal no céu: um grande Dragão, cor de fogo. Tinha sete cabeças e dez chifres e, sobre as cabeças, sete coroas. [4]Com a cauda, varria a terça parte das estrelas do céu, atirando-as sobre a terra. O Dragão parou diante da Mulher que estava para dar à luz, pronto para devorar o seu Filho, logo que nascesse. [5]E ela deu à luz um Filho homem, que veio para governar todas as nações com cetro de ferro. Mas o Filho foi levado para junto de Deus e do seu trono. [6]A Mulher fugiu para o deserto, onde Deus lhe tinha preparado um lugar, para que aí fosse alimentada durante mil duzentos e sessenta dias.

[7]Houve então uma batalha no céu: Miguel e seus anjos guerrearam contra o Dragão. O Dragão lutou juntamente com os seus anjos, [8]mas foi derrotado, e não se encontrou mais o seu lugar no céu. [9]E foi expulso o grande Dragão, a antiga Serpente, que é chamado Diabo e Satanás, o sedutor do mundo inteiro. Ele foi expulso para a terra, e os seus anjos foram expulsos com ele.

4º Domingo da Páscoa

¹⁰Ouvi então uma voz forte no céu, proclamando:
"Agora realizou-se a salvação, a força e a realeza do nosso
Deus, e o poder do seu Cristo.
Porque foi expulso o acusador dos nossos irmãos,
aquele que os acusava dia e noite diante do nosso Deus.
¹¹Eles venceram o Dragão pelo sangue do Cordeiro
e pela palavra do seu próprio testemunho,
pois não se apegaram à vida,
mesmo diante da morte.
¹²Por isso, alegra-te, ó céu,
e todos os que viveis nele.

Mas ai da terra e do mar, porque o Diabo desceu para o
meio de vós e está cheio de grande furor; pois sabe que lhe
resta pouco tempo".

¹³Quando viu que tinha sido expulso para a terra, o Dra-
gão começou a perseguir a Mulher que tinha dado à luz o
menino. ¹⁴A Mulher recebeu as duas asas da grande águia
e voou para o deserto, para o lugar onde é alimentada, por
um tempo, dois tempos e meio tempo, bem longe da Serpente. ¹⁵A Serpente, então, vomitou como um rio de água
atrás da Mulher, a fim de a submergir. ¹⁶A terra, porém,
veio em socorro da Mulher: abriu a boca e engoliu o rio que
o Dragão tinha vomitado.

¹⁷Cheio de raiva por causa da Mulher, o Dragão come-
çou a combater o resto dos filhos dela, os que observam os
mandamentos de Deus e guardam o testemunho de Jesus.

¹⁸E colocou-se na praia do mar.

Responsório   Ap 12,11.12a; 2Mac 7,36a
R. Triunfaram pelo sangue do Cordeiro
   e pelo testemunho que eles deram,
   pois desprezaram sua vida até à morte.
 * Por isso, ó céus, cantai alegres e exultai
   e vós todos os que neles habitais! Aleluia.

℣. Tendo eles suportado breve pena,
a vida eterna prometida já alcançaram. * Por isso.

Segunda leitura

Das Homilias sobre os Evangelhos, de São Gregório Magno, papa

(Hom. 14,3-6: PL 76, 1129-1130)   (Séc. VI)

Cristo, o bom pastor

Eu sou o bom pastor. Conheço as minhas ovelhas, isto é, eu as amo, *e minhas ovelhas me conhecem* (Jo 10,14). É como se quisesse dizer francamente: elas correspondem ao amor daquele que as ama. Quem não ama a verdade, é porque ainda não conhece perfeitamente.

Depois de terdes ouvido, irmãos caríssimos, qual é o perigo que corremos, considerai também, por estas palavras do Senhor, o perigo que vós também correis. Vede se sois suas ovelhas, vede se o conheceis, vede se conheceis a luz da verdade. Se o conheceis, quero dizer, não só pela fé, mas também pelo amor, se o conheceis não só pelo que credes, mas também pelas obras. O mesmo evangelista João, de quem são estas palavras, afirma ainda: *Quem diz: "Eu conheço Deus", mas não guarda os seus mandamentos, é mentiroso* (1Jo 2,4).

Por isso, nesta passagem do evangelho, o Senhor acrescenta imediatamente: *Assim como o Pai me conhece, eu também conheço o Pai e dou minha vida por minhas ovelhas* (Jo 10,15). Como se dissesse explicitamente: a prova de que eu conheço o Pai e sou por ele conhecido, é que dou minha vida por minhas ovelhas; por outras palavras, este amor que me leva a morrer por minhas ovelhas, mostra o quanto eu amo o Pai.

Continuando a falar de suas ovelhas, diz ainda: *Minhas ovelhas escutam a minha voz, eu as conheço e elas me seguem. Eu lhes dou a vida eterna* (Jo 10,27-28). É a respeito delas que fala um pouco acima: *Quem entrar por mim, será salvo; entrará e sairá e encontrará pastagem* (Jo 10,9). Entrará, efetivamente, abrindo-se à fé; sairá passando da fé à visão e à contemplação, e encontrará pastagem no banquete eterno.

Suas ovelhas encontram pastagem, pois todo aquele que o segue na simplicidade de coração é nutrido por pastagens sempre verdes. Quais são afinal as pastagens dessas ovelhas, senão as profundas alegrias de um paraíso sempre verdejante? Sim, o alimento dos eleitos é o rosto de Deus, sempre presente. Ao contemplá-lo sem cessar, a alma sacia-se eternamente com o alimento da vida.

Procuremos, portanto, irmãos caríssimos, alcançar essas pastagens, onde nos alegraremos na companhia dos cidadãos do céu. Que a própria alegria dos bem-aventurados nos estimule. Corações ao alto, meus irmãos! Que a nossa fé se afervore nas verdades em que acreditamos; inflame-se o nosso desejo pelas coisas do céu. Amar assim já é pôr-se a caminho.

Nenhuma contrariedade nos afaste da alegria desta solenidade interior. Se alguém, com efeito, pretende chegar a um determinado lugar, não há obstáculo algum no caminho que o faça desistir de chegar aonde deseja.

Nenhuma prosperidade sedutora nos iluda. Insensato seria o viajante que, contemplando a beleza da paisagem, se esquece de continuar sua viagem até o fim.

Responsório cf. Jo 10,14.15. 1Cor 5,7b

R. Ressuscitou o Bom Pastor que entregou a sua vida
   * E morreu por seu rebanho. Aleluia.

V. Pois o Cristo, nossa Páscoa, foi por nós sacrificado.
   * E morreu.

HINO Te Deum, p. 949.

Oração como nas Laudes.

Laudes

Hino, p. 486.

Ant. 1 Não morre**rei**, mas ao con**trá**rio, vive**rei**
para can**tar** as grandes **o**bras do Se**nhor**! Ale**lui**a.

Salmos e cântico do domingo da IV Semana, p. 1305.

Ant. 2 Seja ben**di**to o vosso **no**me,
nome **san**to e glori**o**so! Ale**lui**a.

Ant. 3 Vinde **to**dos, e dai **gló**ria ao nosso **Deus**:
Ele é a **Ro**cha, suas **o**bras são per**fei**tas,
seus ca**mi**nhos, todos **e**les, são jus**ti**ça. Ale**lui**a.

Leitura breve   At 10,40-43

Deus ressuscitou Jesus no terceiro dia, concedendo-lhe manifestar-se não a todo o povo, mas às testemunhas que Deus havia escolhido: a nós, que comemos e bebemos com Jesus, depois que ressuscitou dos mortos. E Jesus nos mandou pregar ao povo e testemunhar que Deus o constituiu Juiz dos vivos e dos mortos. Todos os profetas dão testemunho dele: Todo aquele que crê em Jesus recebe, em seu nome, o perdão dos pecados.

Responsório breve

R. Tende pie**da**de de **nós**, Cristo, **Fi**lho do Deus **vi**vo!
  * Ale**lui**a, ale**lui**a. R. Tende pie**da**de.
V. Vós, que dos **mor**tos ressur**gis**tes. * Ale**lui**a.
  Glória ao **Pai**. R. Tende pie**da**de.

Cântico evangélico, ant.

Ano A Eu sou a **por**ta das o**ve**lhas;
quem en**trar**, por mim, no a**pris**co,
achará **pas**to e será **sal**vo. Ale**lui**a.

Ano B Eu **sou** o pastor das o**ve**lhas,
o ca**mi**nho, a ver**da**de e a **vi**da.
Eu **sou** o Pastor, Bom Pastor,

682   4º Domingo da Páscoa

eu conheço as minhas ovelhas
e elas conhecem a mim.
Bom Pastor, dou a vida por elas. Aleluia.

Ano C   Dou a vida eterna a minhas ovelhas,
e jamais perecerão,
e ninguém as roubará de minhas mãos. Aleluia.

Preces

Invoquemos a Deus Pai todo-poderoso, que ressuscitou
nosso Rei e Salvador Jesus Cristo; e digamos com alegria:
R. **Iluminai-nos, Senhor, com a luz de Cristo!**

Pai santo, que fizestes vosso amado Filho Jesus passar das
trevas da morte para a luz da glória,
— dai-nos chegar, um dia, à luz admirável do vosso Reino
eterno.   R.

Vós, que nos salvastes pela fé,
— fazei-nos viver hoje fielmente segundo as promessas do
nosso batismo.   R.

Vós, que nos mandais buscar sempre as coisas do alto,
onde Cristo está sentado à vossa direita,
— livrai-nos da sedução do pecado.   R.

Fazei que a nossa vida, escondida em vós com Cristo, brilhe no mundo,
— para anunciar a todos os novos céus e a nova terra.   R.
                                (intenções livres)

Pai nosso...

Oração

Deus eterno e todo-poderoso, conduzi-nos à comunhão das
alegrias celestes, para que o rebanho possa atingir, apesar
de sua fraqueza, a fortaleza do Pastor. Por nosso Senhor
Jesus Cristo, vosso Filho, na unidade do Espírito Santo.

Hora Média

Oração das Nove Horas

Leitura breve   cf. 1Cor 15,3b-5

Cristo morreu por nossos pecados, segundo as Escrituras, foi sepultado e, ao terceiro dia, ressuscitou, segundo as Escrituras; apareceu a Cefas e, depois, aos Doze.

V. O Senhor ressurgiu realmente. Aleluia.
R. E apareceu a Simão. Aleluia.

Oração das Doze Horas

Leitura breve   Ef 2,4-6

Deus é rico em misericórdia. Por causa do grande amor com que nos amou, quando estávamos mortos por causa das nossas faltas, ele nos deu a vida com Cristo. É por graça que vós sois salvos! Deus nos ressuscitou com Cristo e nos fez sentar nos céus em virtude de nossa união com Jesus Cristo.

V. Os discípulos ficaram muito alegres, aleluia,
R. Por verem o Senhor ressuscitado. Aleluia.

Oração das Quinze Horas

Leitura breve   Rm 6,4

Pelo batismo na sua morte, fomos sepultados com ele, para que, como Cristo ressuscitou dos mortos pela glória do Pai, assim também nós levemos uma vida nova.

V. Ó Senhor, ficai conosco, aleluia,
R. Pois o dia já declina. Aleluia.

Oração como nas Laudes.

II Vésperas

Hino, p. 481.

Ant. 1 Procurai o que é do alto,
onde Cristo está na glória,
à direita de Deus Pai. Aleluia.

684 4º Domingo da Páscoa

Salmos e cântico do domingo da IV Semana, p. 1312.

Ant. 2 Uma **luz** brilha nas **trevas** para os **jus**tos. Ale**lui**a.

Ant. 3 Ale**lui**a, ao nosso **Deus** a salva**ção**,
honra, **gló**ria e po**der**. Ale**lui**a.

Leitura breve Hb 10,12-14

Cristo, depois de ter oferecido um sacrifício único pelos pecados, sentou-se para sempre à direita de Deus. Não lhe resta mais senão esperar até que seus inimigos sejam postos debaixo de seus pés. De fato, com esta única oferenda, levou à perfeição definitiva os que ele santifica.

Responsório breve

R. O Se**nhor** ressur**giu**, de ver**da**de. * Ale**lui**a, ale**lui**a.
R. O Se**nhor**.
V. A Si**mão** ele apare**ceu**. * Ale**lui**a.
Glória ao **Pai**. R. O Se**nhor**.

Cântico evangélico, ant.

Ano A Eu **sou** o Bom Pas**tor** das o**ve**lhas;
eu **vim** para que **te**nham a **vi**da,
e a **te**nham em **gran**de abun**dân**cia. Ale**lui**a.

Ano B Tenho a**in**da outras o**ve**lhas que não **são** deste re**dil**;
também elas me ouvi**rão** e have**rei** de conduzi-las;
e have**rá** um só re**ba**nho que te**rá** um só pas**tor**.
Ale**lui**a.

Ano C **A**qui**lo** que o **Pai** deu a **mim** é maior do que **tu**do;
e nin**guém** pode**rá** arreba**tar** da **mão** do meu **Pai**.
Ale**lui**a.

Preces

Invoquemos a Deus Pai, que ressuscitou Jesus Cristo e o exaltou à sua direita; e peçamos humildemente:

R. **Protegei o vosso povo, Senhor, pela glória de Cristo!**

Segunda-feira

Pai santo, que pela vitória da cruz glorificastes Jesus sobre a terra,
– atraí para ele todas as coisas. **R.**

Por vosso Filho glorificado, enviai, Senhor, sobre a Igreja o Espírito Santo,
– para que ela seja sinal de unidade para todo o gênero humano. **R.**

Conservai na fé do seu batismo a vossa família, que fizestes renascer pela água e pelo Espírito Santo,
– para que alcance a vida eterna. **R.**

Por vosso Filho glorificado, dai alegria aos infelizes, libertai os prisioneiros, curai os doentes,
– e estendei à humanidade inteira os benefícios da vossa redenção. **R.**

(intenções livres)

Aos nossos irmãos e irmãs falecidos, que receberam na terra o Corpo e o Sangue de Cristo,
– dai-lhes a glória da ressurreição no último dia. **R.**
Pai nosso...

Oração

Deus eterno e todo-poderoso, conduzi-nos à comunhão das alegrias celestes, para que o rebanho possa atingir, apesar de sua fraqueza, a fortaleza do Pastor. Por nosso Senhor Jesus Cristo, vosso Filho, na unidade do Espírito Santo.

SEGUNDA-FEIRA

Ofício das Leituras

V. Meu coração e minha carne rejubilam. Aleluia.
R. E exultam de alegria no Deus vivo. Aleluia.

Primeira leitura
Do Livro do Apocalipse 13,1-18

As duas bestas

Eu, João, [1] vi então uma besta que subia do mar. Tinha dez chifres e sete cabeças. Em cima dos chifres havia dez coroas e sobre as cabeças, um nome blasfemo. [2] A besta que eu via parecia uma pantera. Seus pés eram como os de um urso, sua boca como a boca de um leão. Então o Dragão entregou à besta sua força e seu trono, juntamente com grande poder. [3] Uma das suas cabeças parecia mortalmente ferida, mas sua ferida mortal foi curada.

E toda a terra, cheia de admiração, foi atrás da besta. [4] Adoraram o Dragão, porque tinha entregue o poder à besta, e diziam: "Quem é igual à besta? Quem pode lutar contra ela?" [5] A besta recebeu uma boca para proferir arrogância e blasfêmia. Recebeu também poder para agir durante quarenta e dois meses. [6] Então abriu a boca em blasfêmias contra Deus, blasfemando contra o seu nome e a sua morada e contra os que moram no céu. [7] Foi-lhe permitido combater contra os santos e vencê-los, e recebeu poder sobre toda tribo, povo, língua e nação. [8] Então adoraram a besta todos os habitantes da terra cujo nome não está escrito, desde a fundação do mundo, no livro da vida do Cordeiro imolado. [9] Se alguém tem ouvidos, ouça.
[10] Se alguém está destinado à prisão,
à prisão irá.
Se alguém deve morrer pela espada,
pela espada tem de morrer.

Aqui é preciso a perseverança e a fidelidade dos santos.

[11] Eu vi ainda outra besta sair da terra. Tinha dois chifres como um carneiro, mas falava como um dragão. [12] Ela exerce todo o poder da primeira besta, na presença desta. Ela faz com que a terra e seus habitantes adorem a primeira besta, cuja ferida mortal tinha sido curada. [13] A segunda besta

Segunda-feira

realiza grandes milagres, até mesmo o de fazer descer fogo do céu sobre a terra à vista dos homens. [14]Por causa do poder de fazer estes milagres, sempre na presença da primeira besta, ela consegue seduzir a humanidade, dizendo aos habitantes da terra que devem fazer uma imagem da primeira besta, que tinha sido ferida à espada, mas ficou com vida. [15]Foi-lhe permitido animar a imagem da primeira besta, de modo que a imagem falasse e fosse morto quem não a adorasse. [16]A segunda besta faz com que todos, pequenos e grandes, ricos e pobres, livres e escravos, recebam uma marca na mão direita ou na fronte. [17]E ninguém pode comprar ou vender, se não tiver a marca da besta ou o número do seu nome. [18]Aqui é preciso inteligência: quem é esperto pode decifrar o número da besta. É o número de uma pessoa humana. Seu número é seiscentos e sessenta e seis.

Responsório   Ap 3,5; Mt 10,22b

R. O vence**dor** vesti**rá** a roupa **bran**ca
   e de **mo**do al**gum** apaga**rei** o seu **no**me do **li**vro da **vi**da.
 * Confessa**rei** o seu **no**me aberta**men**te,
   di**an**te de meu **Pai** e de seus **an**jos. Ale**lui**a.
V. Quem for fi**el** até o **fim**, há de ser **sal**vo. * Confessa**rei**.

Segunda leitura
Do Livro Sobre o Espírito Santo, de São Basílio, bispo

        (Cap 15,35-36: PG 32,130-131)   (Séc. IV)

O Espírito vivifica

O Senhor que nos concede a vida, estabeleceu conosco a aliança do batismo, como símbolo da morte e da vida. A água é imagem da morte e o Espírito nos dá o penhor da vida. Assim, torna-se evidente o que antes perguntávamos: por que a água está unida ao Espírito? É dupla, com efeito, a finalidade do batismo: destruir o corpo do pecado para que nunca mais produza frutos de morte, e vivificá-lo pelo Espírito, para que dê frutos de santidade. A água é a imagem da morte porque recebe o corpo como num sepulcro; e o Espírito, por sua vez, comunica a força vivificante que renova nossas almas, libertando-as da morte do pecado e restituindo-lhes a vida. Nisto consiste o novo nascimento da água e do Espírito: na água realiza-se a nossa morte, enquanto o Espírito nos traz a vida.

O grande mistério do batismo realiza-se em três imersões e três invocações, para que não somente fique bem expressa a imagem da morte, mas também a alma dos batizados seja iluminada pelo dom da ciência divina. Por isso, se a água tem o dom da graça, não é por sua própria natureza mas pela presença do Espírito. O batismo, de fato, não é uma purificação da imundície corporal, mas o compromisso de uma consciência pura perante Deus. Eis por que o Senhor, a fim de nos preparar para a vida que brota da ressurreição, propõe-nos todo o programa de uma vida evangélica, prescrevendo que não nos entreguemos à cólera, sejamos pacientes nas contrariedades e livres da aflição dos prazeres e do amor ao dinheiro. Isto nos manda o Senhor, para nos induzir a praticar, desde agora, aquelas virtudes que na vida futura se possuem como condição natural da nova existência.

O Espírito Santo restitui o paraíso, concede-nos entrar no Reino dos Céus e voltar à adoção de filhos. Dá-nos a confiança de chamar a Deus nosso Pai, de participar da graça de Cristo, de sermos chamados filhos da luz, de tomar parte na glória eterna, numa palavra, de receber a plenitude de todas as bênçãos tanto na vida presente quanto na futura. Dá-nos ainda contemplar, como num espelho, a graça daqueles bens que nos foram prometidos e que pela fé esperamos usufruir como se já estivessem presentes. Ora, se é assim o penhor, qual não será a plena realidade? E, se tão grandes são as primícias, como não será a consumação de tudo?

Segunda-feira

Responsório

R. Quando emerge nossa carne das águas do batismo,
deixando ali sepultos os crimes do pecado,

* A pomba do Espírito vem voando para nós
e vem do céu, trazendo a paz que Deus nos dá
e a Igreja é figurada pela arca. Aleluia.

V. Bendito sacramento da água batismal
pelo qual somos capazes de entrar na vida eterna.

* A pomba.

Oração como nas Laudes.

Laudes

Leitura breve
Rm 10,8b-10

A palavra está perto de ti, em tua boca e em teu coração.
Essa palavra é a palavra da fé, que nós pregamos. Se, pois,
com tua boca confessares Jesus como Senhor e, no teu coração, creres que Deus o ressuscitou dos mortos, serás salvo. É crendo no coração que se alcança a justiça e é confessando a fé com a boca que se consegue a salvação.

Responsório breve

R. O Senhor ressurgiu do sepulcro. * Aleluia, aleluia.

R. O Senhor.

V. Foi suspenso por nós numa cruz. * Aleluia, aleluia.

Glória ao Pai. R. O Senhor.

Cântico evangélico, ant.

Eu sou o Bom Pastor das ovelhas,
meu rebanho apascento e conheço
e, por elas, eu dou minha vida. Aleluia.

Preces

Rezemos a Deus Pai, glorificado pela morte e ressurreição
de seu Filho; e peçamos confiantes:

R. Iluminai, Senhor, o nosso coração!

Deus de eterna glória, que iluminastes o mundo com a luz de Cristo gloriosamente ressuscitado,
— iluminai-nos hoje com a luz da fé. **R.**

Vós, que, pela ressurreição de Cristo, abristes a todo ser humano as portas da eternidade
— ajudai-nos no trabalho deste dia, para que aumente em nós a esperança da vida eterna. **R.**

Vós, que, por vosso Filho ressuscitado, enviastes ao mundo o Espírito Santo,
— acendei em nossos corações o fogo do vosso amor. **R.**

Pelos méritos da cruz de Cristo, que morreu para libertar o mundo,
— dai à humanidade inteira a salvação e a paz. **R.**
(intenções livres)

Pai nosso...

Oração

Ó Deus, que pela humilhação do vosso Filho reerguestes o mundo decaído, enchei de santa alegria os vossos filhos e filhas que libertastes da escravidão do pecado e concedei-lhes a felicidade eterna. Por nosso Senhor Jesus Cristo, vosso Filho, na unidade do Espírito Santo.

Hora Média

Oração das Nove Horas

Leitura breve   cf. Ap 1,17c-18

Vi o Filho do homem que me disse: Não tenhas medo. Eu sou o Primeiro e o Último, aquele que vive. Estive morto, mas agora estou vivo para sempre. Eu tenho a chave da morte e da região dos mortos.

V. O **S**enhor ressurgiu realmente. Aleluia.
R. E apareceu a Simão. Aleluia.

Oração das Doze Horas

Leitura breve — Cl 2,9.10a.12

Em Cristo habita corporalmente toda a plenitude da divindade. Dele também vós estais repletos. Com Cristo fostes sepultados no batismo; com ele também fostes ressuscitados por meio da fé no poder de Deus, que ressuscitou a Cristo dentre os mortos.

V. Os discípulos ficaram muito alegres, aleluia.
R. Por verem o Senhor ressuscitado. Aleluia.

Oração das Quinze Horas

Leitura breve — 2Tm 2,8.11

Lembra-te de Jesus Cristo, da descendência de Davi, ressuscitado dentre os mortos, segundo o meu evangelho. Merece fé esta palavra: se com ele morremos, com ele viveremos.

V. Ó Senhor, ficai conosco, aleluia,
R. Pois o dia já declina. Aleluia.

Oração como nas Laudes.

Vésperas

Leitura breve — Hb 8,1b-3a

Temos um sumo sacerdote tão grande, que se assentou à direita do trono da majestade, nos céus. Ele é ministro do Santuário e da Tenda verdadeira, armada pelo Senhor, e não por mão humana. Todo o sumo sacerdote, com efeito, é constituído para oferecer dádivas e sacrifícios.

Responsório breve

R. Os discípulos ficaram muito alegres.* Aleluia, aleluia.
R. Os discípulos.
V. Quando viram o Senhor ressuscitado.* Aleluia, aleluia.
Glória ao Pai. R. Os discípulos.

692   4ª Semana do Tempo Pascal

Cântico evangélico, ant.

Tenho **ainda** outras o**ve**lhas que não **são** deste re**dil**;
também **e**las me ouvi**rão** e have**rei** de conduzi-las;
e have**rá** um só re**ba**nho que te**rá** um só pas**tor**. Ale**lui**a.

Preces

Roguemos a Cristo, nosso Senhor, que iluminou o mundo
com a glória de sua ressurreição; e digamos:
R. **Cristo, nossa vida, ouvi-nos!**

Senhor Jesus Cristo, que vos fizestes companheiro de viagem dos dois discípulos a caminho de Emaús,
—permanecei sempre com vossa Igreja, peregrina sobre a
terra.   R.

Não permitais que vossos fiéis sejam lentos para crerem,
—mas proclamem o vosso triunfo sobre a morte.   R.

Olhai com bondade para aqueles que ainda não vos reconhecem no caminho de suas vidas,
—e mostrai-lhes o vosso rosto, para que também eles se
salvem.   R.

Vós, que pela cruz reconciliastes toda a humanidade, reunindo-a num só corpo,
—concedei a paz e a unidade a todas as nações.   R.
                             (intenções livres)

Juiz dos vivos e dos mortos,
—concedei o perdão dos pecados a todos os que partiram
desta vida e creram em vós.   R.
Pai nosso...

Oração

Ó Deus, que pela humilhação do vosso Filho reerguestes o
mundo decaído, enchei de santa alegria os vossos filhos e
filhas que libertastes da escravidão do pecado e concedei-
-lhes a felicidade eterna. Por nosso Senhor Jesus Cristo,
vosso Filho, na unidade do Espírito Santo.

TERÇA-FEIRA

Ofício das Leituras

V. Ressurgindo dentre os **mor**tos,
Jesus **Cris**to já não **mor**re. Ale**lui**a.

R. E a **mor**te não tem **mais**
nenhum do**mí**nio sobre **e**le. Ale**lui**a.

Primeira leitura

Do Livro do Apocalipse   14,1-13

O triunfo do Cordeiro

¹Eu, João, depois disso, tive esta visão: o Cordeiro estava de pé sobre o monte Sião. Com ele, os cento e quarenta e quatro mil que tinham a fronte marcada com o nome dele e o nome do seu Pai. ²Ouvi uma voz que vinha do céu; parecia o barulho de águas torrenciais e o estrondo de um forte trovão. O ruído que ouvi era como o som de músicos tocando harpa. ³Estavam diante do trono, diante dos quatro Seres vivos e dos Anciãos, e cantavam um cântico novo. Era um cântico que ninguém podia aprender; só os cento e quarenta e quatro mil marcados, que foram resgatados da terra. ⁴Estes são os que não se contaminaram com mulheres, pois são virgens. Eles seguem o Cordeiro aonde quer que vá. Foram resgatados do meio dos homens, como primeira oferta a Deus a ao Cordeiro. ⁵Na sua boca nunca foi encontrada mentira. São íntegros!

⁶Vi então outro anjo, que voava no ápice do céu, com uma mensagem eterna, que ele devia anunciar aos habitantes da terra, a toda nação, tribo, língua e povo. ⁷O anjo clamava em alta voz: "Temei a Deus e dai-lhe glória, porque chegou a hora do julgamento. Adorai aquele que fez o céu e a terra, o mar e as fontes das águas".

⁸Um segundo anjo o seguia, dizendo: "Caiu, caiu Babilônia, a grande, aquela que embriagou todas as nações com o vinho do furor da sua prostituição".

694   4ª Semana do Tempo Pascal

⁹E um terceiro anjo o acompanhava, clamando em alta voz: "Se alguém adora a besta e a imagem dela, e recebe sua marca na fronte e na mão, ¹⁰esse vai beber também o vinho do furor de Deus, servido sem mistura na taça da sua ira. Será atormentado com fogo e enxofre diante dos santos anjos e do Cordeiro. ¹¹A fumaça do seu tormento subirá para sempre, e, dia e noite, não terão descanso aqueles que adoram a besta e a imagem dela, e quem quer que receba a marca com seu nome".

¹²Aqui é preciso a perseverança dos santos, daqueles que guardam os mandamentos de Deus e a fé em Jesus. ¹³Ouvi, então, uma voz vinda do céu, que dizia: "Escreve: Felizes os mortos, os que desde agora morrem unidos ao Senhor. Sim, diz o Espírito, que eles descansem de suas fadigas, pois suas obras os acompanham".

Responsório   cf. Ap 14,7.6

R. Escu**tei** no céu a **voz** de muitos **an**jos, que diziam:
  * Temei a **Deus** e dai-lhe **glór**ia,
     ado**rai** o Cria**dor** do céu e da **terra**, mar e **fon**tes. Ale**luia**.
V. Vi um **an**jo do **Senhor**, que voava em meio aos **céus**,
     e c**lama**va em alta **voz**: * Temei a **Deus**.

Segunda leitura
Dos Sermões de São Pedro Crisólogo, bispo

          (Sermo 108: PL 52,499-500)   (Séc. V)

Sê tu sacrifício e sacerdote de Deus

Pela misericórdia de Deus, eu vos exorto, irmãos (Rm 12,1). Paulo exorta, ou melhor, é Deus que por intermédio de Paulo nos exorta, pois deseja ser mais amado que temido. Deus exorta-nos, porque quer ser mais Pai do que Senhor. Deus exorta-nos, pela sua misericórdia, para não ter de nos castigar com o seu rigor.

Ouve como o Senhor exorta: Vede, vede em mim o vosso corpo, os vossos membros, o vosso coração, os vossos

Terça-feira

ossos, o vosso sangue. E se temeis o que é de Deus, por que não amais o que também é vosso? Se fugis do Senhor, por que não recorreis ao Pai?

Talvez vos perturbe a enormidade de meus sofrimentos causados por vós. Não tenhais medo. Esta cruz não me feriu a mim, mas feriu a morte. Estes cravos não me provocam dor, mas cravam mais profundamente em mim o amor por vós. Estas chagas não me fazem soltar gemidos, mas vos introduzem ainda mais intimamente em meu coração. O meu corpo, ao ser estirado na cruz, não aumenta o meu sofrimento, mas dilata os espaços do coração para vos acolher. Meu sangue não é uma perda para mim, mas é o preço do vosso resgate.

Vinde, pois, convertei-vos e pelo menos assim experimentareis a bondade do Pai, que paga os males com o bem, as injúrias com amor, tão grandes chagas com tamanha caridade.

Ouçamos, porém, a insistência do Apóstolo: *Eu vos exorto a vos oferecerdes em sacrifício vivo* (Rm 12,1). Pedindo deste modo, o Apóstolo ergueu todos os seres humanos à dignidade sacerdotal: *a vos oferecerdes em sacrifício vivo.*

Ó inaudito mistério do sacerdócio cristão, em que o ser humano é para si mesmo vítima e sacerdote! O ser humano não precisa ir buscar fora de si a vítima que deve oferecer a Deus; traz consigo e em si o que irá sacrificar a Deus. Permanecem intactos tanto a vítima como o sacerdote; a vítima é imolada mas continua viva, e o sacerdote que oferece o sacrifício não pode matar a vítima.

Admirável sacrifício em que o corpo é oferecido sem imolação e o sangue sem derramamento! *Pela misericórdia de Deus eu vos exorto a vos oferecerdes em sacrifício vivo.* Irmãos, este sacrifício é imagem do sacrifício de Cristo que, para dar a vida ao mundo, imolou o seu corpo, permanecendo vivo; na verdade, ele fez de seu corpo um sacrifício vivo, porque tendo morrido, continua vivo. Num sacrifício como este, a morte teve a sua parte, mas a vítima permanece; a vítima vive, enquanto a morte é castigada. Por isso, os mártires nascem com a morte, no fim da vida é que começam a vivê-la; com a sua imolação revivem e brilham agora nos céus os que na terra eram tidos como mortos.

Pela misericórdia de Deus, eu vos exorto, irmãos, a vos oferecerdes em sacrifício vivo, santo. É o que também cantava o Profeta: *Tu não quiseste nem vítima nem oferenda, mas formaste-me um corpo* (cf. Sl 39,7; Hb 10,5).

Ó homem, sê tu sacrifício e sacerdote de Deus; não percas aquilo que te foi dado pelo poder do Senhor. Reveste-te com a túnica da santidade, cinge-te com o cíngulo da castidade; seja Cristo o véu de proteção da tua cabeça; que a cruz permaneça em tua fronte como defesa. Grava em teu peito o sinal da divina ciência; eleva continuamente a tua oração como perfume de incenso; empunha a espada do Espírito; faze de teu coração um altar. E assim, com toda confiança, oferece teu corpo como vítima a Deus.

Deus não quer a morte, mas a fé; ele não tem sede do teu sangue, mas do teu sacrifício; não se aplaca com a morte violenta, mas com a vontade generosa.

Responsório   Ap 5,9bcd.10a

R. Vós sois **digno**, Se**nhor**, nosso **Deus**;
    de o **livro** nas **mãos** rece**ber**
    e de **abrir** suas **fo**lhas la**cra**das,
    porque **fos**tes por **nós** imo**la**do,
   * Para **Deus** nos re**miu** vosso **sangue**. Ale**lu**ia.
V. Pois fi**zes**tes, de **nós**, para **Deus**,
    sacer**do**tes e **po**vo de **reis**.
   * Para **Deus**.

Oração como nas Laudes.

Terça-feira

697

Laudes

Leitura breve
At 13,30-33

Deus ressuscitou Jesus dos mortos e, durante muitos dias, ele foi visto por aqueles que o acompanharam desde a Galileia até Jerusalém. Agora eles são testemunhas de Jesus diante do povo. Por isso, nós vos anunciamos este Evangelho: a promessa que Deus fez aos antepassados, ele a cumpriu para nós, seus filhos, quando ressuscitou Jesus, como está escrito no salmo segundo: Tu és o meu filho, eu hoje te gerei.

Responsório breve
R. O Senhor ressurgiu do sepulcro. * Aleluia, aleluia.
R. O Senhor.
V. Foi suspenso por nós numa cruz. * Aleluia, aleluia.
Glória ao Pai. R. O Senhor.

Cântico evangélico, ant.
As obras que eu faço em nome do Pai
é que falam por mim e dão testemunho. Aleluia.

Preces
Demos graças a Deus, Pai de nosso Senhor Jesus Cristo, o Cordeiro sem mancha, que tira o pecado do mundo; e rezemos confiantes:

R. Senhor, fonte da vida, dai-nos a vossa salvação!

Deus, fonte da vida, lembrai-vos da morte e ressurreição do Cordeiro imolado na cruz,
_ e ouvi as súplicas que ele vos dirige continuamente em nosso favor.

Purificai-nos, Senhor, de todo fermento de malícia e perversidade,
_ para vivermos a páscoa de Cristo com os pães ázimos da sinceridade e da verdade. R.

Ajudai-nos a vencer neste dia o pecado da discórdia e da inveja,

698   4ª Semana do Tempo Pascal

– e tornai-nos mais atentos às necessidades dos nossos irmãos e irmãs.

R. **Senhor, fonte da vida, dai-nos a vossa salvação!**

Dai à nossa vida um autêntico espírito evangélico,
– para andarmos, hoje e sempre, pelo caminho dos vossos mandamentos.   R.

(intenções livres)

Pai nosso...

Oração

Concedei, ó Deus todo-poderoso, que, celebrando o mistério da ressurreição do Senhor, possamos acolher com alegria a nossa redenção. Por nosso Senhor Jesus Cristo, vosso Filho, na unidade do Espírito Santo.

Hora Média

Oração das Nove Horas

Leitura breve   At 4,11-12

Jesus é a pedra, que vós, os construtores, desprezastes, e que se tornou a pedra angular. Em nenhum outro há salvação, pois não existe debaixo do céu outro nome dado aos homens pelo qual possamos ser salvos.

V. O Senhor ressurgiu realmente. Aleluia.
R. E apareceu a Simão. Aleluia.

Oração das Doze Horas

Leitura breve   cf. 1Pd 3,21-22a

O batismo é hoje a vossa salvação pois ele não serve para limpar o corpo da imundície, mas é um pedido a Deus para obter uma boa consciência, em virtude da ressurreição de Jesus Cristo que está à direita de Deus.

V. Os discípulos ficaram muito alegres, aleluia,
R. Por verem o Senhor ressuscitado. Aleluia.

Terça-feira

Oração das Quinze Horas

Leitura breve Cl 3,1-2

Se ressuscitastes com Cristo, esforçai-vos por alcançar as coisas do alto, onde está Cristo, sentado à direita de Deus; aspirai às coisas celestes e não às coisas terrestres.

V. Ó Senhor, ficai conosco, aleluia,
R. Pois o dia já declina. Aleluia.

Oração como nas Laudes.

Vésperas

Leitura breve 1Pd 2,4-5

Aproximai-vos do Senhor, pedra viva, rejeitada pelos homens, mas escolhida e honrosa aos olhos de Deus. Do mesmo modo, também vós, como pedras vivas, formai um edifício espiritual, um sacerdócio santo, afim de oferecerdes sacrifícios espirituais, agradáveis a Deus, por Jesus Cristo.

Responsório breve

R. Os discípulos ficaram muito alegres. * Aleluia, aleluia.
R. Os discípulos.
V. Quando viram o Senhor ressuscitado. * Aleluia, aleluia.
Glória ao Pai. R. Os discípulos.

Cântico evangélico, ant.

Eu conheço as minhas ovelhas e elas me ouvem e seguem e a vida eterna eu lhes dou. Aleluia.

Preces

Invoquemos a Cristo, que pela sua ressurreição confirmou a esperança do seu povo; e peçamos com muita fé:

R. **Cristo, vivo para sempre, escutai-nos!**

Senhor Jesus Cristo, de cujo lado aberto correu sangue e água,
– fazei da Igreja vossa esposa imaculada. R.

700 4ª Semana do Tempo Pascal

Pastor supremo da Igreja, que depois da ressurreição confiastes a Pedro o cuidado do vosso rebanho,
– protegei o nosso papa N. e confirmai-o na caridade ao serviço do vosso povo.
R. **Cristo, vivo para sempre, escutai-nos!**

Vós, que enchestes de peixes as redes de vossos discípulos que pescavam no lago de Tiberíades,
– enviai operários à vossa Igreja para que continuem seu trabalho apostólico. R.

Vós, que preparastes pão e peixes para vossos discípulos, na margem do lago,
– não permitais que nossos irmãos e irmãs morram de fome por nossa culpa. R.

(intenções livres)

Senhor Jesus, novo Adão, que nos dais a vida, tornai semelhantes à vossa imagem gloriosa os que já deixaram este mundo,
– para que participem plenamente da alegria perfeita no céu.
R.

Pai nosso...

Oração

Concedei, ó Deus todo-poderoso, que, celebrando o mistério da ressurreição do Senhor, possamos acolher com alegria a nossa redenção. Por nosso Senhor Jesus Cristo, vosso Filho, na unidade do Espírito Santo.

QUARTA-FEIRA

Ofício das Leituras

V. Deus, o **Pai**, ressusci**tou** a Jesus **Cristo**
dentre os **mortos**, ale**luia**.
R. Para que esteja no Se**nhor** a nossa **fé**
e espe**rança**, ale**luia**.

Primeira leitura

Do Livro do Apocalipse
14,14-15,4

A colheita dos últimos tempos

Eu, João, [14,14] na minha visão, vi uma nuvem branca e sentado na nuvem alguém que parecia um "filho de homem". Tinha na cabeça uma coroa de ouro e, nas mãos, uma foice afiada. [15] Saiu do Templo um outro anjo, gritando em alta voz para aquele que estava sentado na nuvem: "Lança tua foice, e ceifa. Chegou a hora da colheita. A seara da terra está madura!" [16] E aquele que estava sentado na nuvem lançou a foice, e a terra foi ceifada.

[17] Então saiu do templo que está no céu mais um anjo. Também ele tinha nas mãos uma foice afiada. [18] E saiu, de junto do altar, outro anjo ainda, aquele que tem o poder sobre o fogo. Ele gritou em alta voz para aquele que segurava a foice afiada: "Lança a foice e colhe os cachos da videira da terra, porque as uvas já estão maduras". [19] E o anjo lançou a foice afiada na terra, e colheu as uvas da videira da terra. Depois, despejou as uvas no grande lagar do furor de Deus. [20] E o lagar foi pisado, fora da cidade, e dele saiu sangue, que subiu até a altura do freio dos cavalos, numa extensão de trezentos quilômetros.

[15,1] Depois, vi no céu outro sinal, grande e admirável: sete anjos, com as sete últimas pragas. Com elas o furor de Deus ia-se consumar.

[2] Vi também como que um mar de vidro misturado com fogo. Sobre este mar estavam, de pé, todos aqueles que saíram vitoriosos do confronto com a besta, com a imagem dela e com o número do nome da besta. Seguravam as harpas de Deus. [3] Entoavam o cântico de Moisés, o servo de Deus, e o cântico do Cordeiro, dizendo:
"Grandes e admiráveis são as tuas obras,
Senhor Deus, Todo-poderoso!
Justos e verdadeiros são os teus caminhos,

702   4ª Semana do Tempo Pascal

ó Rei das nações!
Quem não temeria, Senhor,
e não glorificaria o teu nome?
Só tu és santo!
Todas as nações virão
prostrar-se diante de Ti,
porque tuas justas decisões se tornaram manifestas".

Responsório   Ap 15,3; Ex 15,11

R. O **canto** do **Cordeiro** eles **cantavam:**
    Como são **grandes** e admir**áveis** vossas **obras,**
    ó **Senhor** e nosso **Deus** onipo**tente!**
   * Vossos **caminhos** são ver**dade,** são **justiça,**
    ó **Rei** dos povos **todos** do uni**verso!** Aleluia.
V. Quem se**rá** igual a **vós,** entre os **fortes,** ó **Senhor?**
    Quem se**rá** igual a **vós,** tão i**lustre** em santi**dade?**
    Quem se**rá** igual a **vós,** em pro**dígios,** glori**oso?**
   * Vossos **caminhos.**

Segunda leitura
Do Tratado sobre a Trindade, de Santo Hilário, bispo
       (Lib. 8,13-16: PL 10,246-249)   (Séc. IV)

A união natural dos fiéis em Deus
pela encarnação do Verbo
e pelo sacramento da Eucaristia

Proclamamos como uma verdade que *a Palavra se fez
carne* (Jo 1,14) e que na ceia do Senhor nós recebemos
esta mesma Palavra que se fez carne. Então, como se pode
negar que permaneça naturalmente em nós aquele que, ao
nascer como homem, não só assumiu a natureza da nossa
carne como inseparável de si, mas também uniu sua natureza *humana à natureza* divina no sacramento em que nos dá
a comunhão do seu corpo? Deste modo todos somos um só,
porque o Pai está em Cristo e Cristo está em nós. Portanto,
ele está em nós pela sua carne e nós estamos nele; e através
dele, o que nós somos está em Deus.

Em que medida estamos nele pelo sacramento da comunhão com sua carne e com seu sangue, o próprio Cristo o afirma quando diz: *Pouco tempo ainda, e o mundo não mais me verá, mas vós me vereis, porque eu vivo e vós vivereis,* pois *eu estou no meu Pai e vós em mim e eu em vós* (Jo 14,19.20). Se com estas palavras o Senhor pretendia apenas significar uma unidade de vontade, por que então estabeleceu uma certa gradação e ordem na realização de tal unidade? Assim procedeu para acreditarmos que ele está no Pai pela natureza divina, e que nós estamos nele pelo seu nascimento corporal; além disso, ele também está em nós pelo mistério dos sacramentos. Ensina-nos desta forma a perfeita unidade estabelecida por meio do único Mediador. Nós estamos unidos a Cristo, que é inseparável do Pai, e Cristo, sendo inseparável do Pai, permanece unido a nós. Deste modo, temos acesso à unidade com o Pai. Porque se Cristo está por natureza no Pai, por ter sido gerado por ele, e se nós por natureza estamos em Cristo, então de certa maneira, também nós estamos por natureza no Pai através de Cristo.

Até que ponto esta unidade é natural em nós, o mesmo Senhor o declara: *Quem come a minha carne e bebe o meu sangue, permanece em mim e eu nele* (Jo 6,56). Realmente, ninguém poderá estar em Cristo, se Cristo não estiver nele; isto é, Cristo somente assume em si a carne daquele que recebe a sua.

O Senhor já havia ensinado antes o mistério desta perfeita unidade, dizendo: *Assim como o Pai, que vive, me enviou, e eu vivo por causa do Pai, assim o que me come viverá por causa de mim* (Jo 6,57). Vive, portanto, pelo Pai; e do mesmo modo que vive pelo Pai, também nós vivemos pela sua carne.

Toda a comparação deve ser adaptada à inteligência de tal modo que o exemplo proposto nos ajude a compreender o mistério de que tratamos. Esta é, portanto, a causa da nossa vida: Cristo, pela sua carne, habita em nós, seres carnais, para que nós vivamos por ele como ele vive pelo Pai.

4ª Semana do Tempo Pascal

Responsório   Jo 6,56; cf. Dt 4,7

R. Quem **come** a minha **Car**ne e **be**be o meu **San**gue,
 * Em **mim** perma**ne**ce e **eu** fico **ne**le. Ale**lu**ia.
V. Não há na**ção** tão grande as**sim**,
  que tem seu **Deus** tão perto de**la**,
  como **te**mos nosso **Deus**, que es**tá** junto de **nós**.
  * Em **mim** perma**ne**ce.

Oração como nas Laudes.

Laudes

Leitura breve   Rm 6,8-11

Se morremos com Cristo, cremos que também viveremos com ele. Sabemos que Cristo ressuscitado dos mortos não morre mais; a morte já não tem poder sobre ele. Pois aquele que morreu, morreu para o pecado uma vez por todas; mas aquele que vive, é para Deus que vive. Assim, vós também considerai-vos mortos para o pecado e vivos para Deus, em Jesus Cristo.

Responsório breve

R. O **Se**nhor ressur**giu** do se**pul**cro. * Ale**lu**ia, ale**lu**ia.
  R. O **Se**nhor.
V. Foi sus**pen**so por **nós** numa **cruz**. * Ale**lu**ia, ale**lu**ia.
  Glória ao **Pai**. R. O **Se**nhor.

Cântico evangélico, ant.

Eu vim ao **mun**do como uma **luz**:
quem crê em **mim** não fica nas **tre**vas. Ale**lu**ia.

Preces

Elevemos nossas preces a Deus Pai, que quis revelar aos apóstolos a glória de Cristo ressuscitado; e aclamemos:

R. **Iluminai-nos, Senhor, com a glória de Cristo!**

Quarta-feira

Nós vos louvamos, Senhor, fonte de luz e de glória,
– que nos chamastes à vossa luz admirável para alcançarmos a salvação. R.

Purificai e fortalecei com o poder do Espírito Santo a atividade da Igreja em toda a terra,
– para que melhorem as relações humanas entre todos os cidadãos do mundo. R.

Fazei que nos dediquemos de tal modo ao serviço do próximo,
– que possamos transformar a comunidade humana numa oferenda agradável aos vossos olhos. R.

Desde o amanhecer, cumulai-nos com os dons da vossa bondade,
– para vivermos na alegria de vosso louvor durante todo este dia. R.
(intenções livres)

Pai nosso...

Oração

Ó Deus, vida dos que têm fé em vós, glória dos humildes, e felicidade dos justos, atendei com bondade às nossas preces, e saciai sempre com vossa plenitude os que anseiam pelas riquezas que prometestes. Por nosso Senhor Jesus Cristo, vosso Filho, na unidade do Espírito Santo.

Hora Média

Oração das Nove Horas

Leitura breve   cf. Rm 4,24-25
Cremos naquele que ressuscitou dos mortos Jesus, nosso Senhor. Ele, Jesus, foi entregue por causa de nossos pecados e foi ressuscitado para nossa justificação.

706   4ª Semana do Tempo Pascal

V. O Senhor ressurgiu realmente. Aleluia.
R. E apareceu a Simão. Aleluia.

Oração das Doze Horas

Leitura breve   1Jo 5,5-6a

Quem é o vencedor do mundo, senão aquele que crê que Jesus é o Filho de Deus? Este é o que veio pela água e pelo sangue: Jesus Cristo. Não veio somente com a água, mas com a água e o sangue.

V. Os discípulos ficaram muito alegres, aleluia,
R. Por verem o Senhor ressuscitado. Aleluia.

Oração das Quinze Horas

Leitura breve   cf. Ef 4,23-24

Renovai o vosso espírito e a vossa mentalidade. Revesti o homem novo, criado à imagem de Deus, em verdadeira justiça e santidade.

V. Ó Senhor, ficai conosco, aleluia,
R. Pois o dia já declina. Aleluia.

Oração como nas Laudes.

Vésperas

Leitura breve   Hb 7,24-27

Cristo, uma vez que permanece para a eternidade, possui um sacerdócio que não muda. Por isso ele é capaz de salvar para sempre aqueles que, por seu intermédio, se aproximam de Deus. Ele está sempre vivo para interceder por eles. Tal é precisamente o sumo sacerdote que nos convinha: santo, inocente, sem mancha, separado dos pecadores e elevado acima dos céus. Ele não precisa, como os sumos sacerdotes oferecer sacrifícios em cada dia, primeiro por seus próprios pecados e depois pelos do povo. Ele já o fez uma vez por todas, oferecendo-se a si mesmo.

Quarta-feira

707

Responsório breve

R. Os discípulos ficaram muito alegres. * Aleluia, aleluia.
   R. Os discípulos.
V. Quando viram o Senhor ressuscitado. * Aleluia, aleluia.
   Glória ao Pai. R. Os discípulos.

Cântico evangélico, ant.

Deus não mandou o seu Filho ao mundo
para julgá-lo, mas sim salvá-lo. Aleluia.

Preces

Imploremos a Deus todo-poderoso, que em seu Filho ressuscitado, abriu-nos as portas da vida eterna; e digamos confiantes:

R. **Pela vitória de Cristo, salvai, Senhor, o vosso povo!**

Deus de nossos pais, que glorificastes vosso Filho Jesus, ressuscitando-o dos mortos,
— transformai os nossos corações para vivermos a vida nova da filiação divina. R.

Vós, que conduzistes as ovelhas desgarradas, que éramos, a Cristo, pastor e guia de nossas almas,
— conservai-nos fiéis ao evangelho, sob a orientação dos pastores da Igreja. R.

Vós, que escolhestes os primeiros discípulos de vosso Filho dentre o povo judeu,
— dai aos filhos de Israel fidelidade à Aliança, para caminharem ao encontro da promessa feita a seus pais. R.

Lembrai-vos de todos os abandonados, dos órfãos e das viúvas,
— e não deixeis que vivam sozinhos aqueles que vosso Filho, com sua morte, reconciliou convosco. R.

(intenções livres)

Vós, que chamastes para o Reino celeste o primeiro mártir Santo Estêvão, depois que ele proclamou a glória de Jesus sentado à vossa direita,

– acolhei também na eternidade os nossos irmãos e irmãs que na fé e na caridade esperaram em vós.

R. **Pela vitória de Cristo, salvai, Senhor, o vosso povo!**

Pai nosso...

Oração

Ó Deus, vida dos que têm fé em vós, glória dos humildes, e felicidade dos justos, atendei com bondade às nossas preces, e saciai sempre com vossa plenitude os que anseiam pelas riquezas que prometestes. Por nosso Senhor Jesus Cristo, vosso Filho, na unidade do Espírito Santo.

QUINTA-FEIRA

Ofício das Leituras

V. Deus, o **Pai** que a Jesus,
nosso Se**nhor**, ressusci**tou**, ale**lu**ia,

R. Nos fa**rá** também a **nós**
ressusci**tar** por seu **po**der. Ale**lu**ia.

Primeira leitura

Do Livro do Apocalipse 15,5–16,21

As sete taças da ira divina

Eu, João, [15,5] depois disto, vi abrir-se o Templo da Tenda do Testemunho, que está no céu. [6] Saíram do Templo os sete anjos com as sete pragas. Estavam vestidos de linho puro e brilhante, cingidos à altura do peito com cintos de ouro. [7] Um *dos quatro Seres vivos entregou aos sete anjos* sete taças de ouro, cheias do furor de Deus que vive para sempre. [8] E o Templo encheu-se de fumaça, por causa da glória e do poder de Deus, e ninguém podia entrar no Templo, enquanto não estivessem consumadas as sete pragas dos sete anjos.

Quinta-feira

^{16,1}Depois, ouvi uma voz forte que saía do templo, dizendo aos sete anjos: "Ide, despejai sobre a terra as sete taças do furor de Deus".

^{2}Saiu o primeiro anjo e despejou a sua taça na terra, e causou úlceras feias e malignas nas pessoas que traziam a marca da besta e adoravam a sua imagem.

^{3}O segundo anjo despejou a sua taça no mar, e o mar transformou-se em sangue, como o de um morto, e todos os seres vivos do mar morreram.

^{4}O terceiro anjo despejou a sua taça nos rios e nas fontes das águas, e a água transformou-se em sangue. ^{5}Então, ouvi o anjo das águas dizer: "Justo és tu, Senhor, aquele que é e que era, o Santo, por teres julgado deste modo. ^{6}Pois essa gente derramou o sangue de santos e profetas, e tu lhes deste sangue para beber! É o que eles merecem!" ^{7}Ouvi então a voz que vinha do altar: "Sim, Senhor, Deus Todo-poderoso, teus julgamentos são verdadeiros e justos".

^{8}O quarto anjo despejou a sua taça no sol, e ao sol foi concedido queimar os homens com seu fogo. ^{9}Os homens ficaram gravemente queimados e blasfemaram contra o nome de Deus, que tem o poder sobre essas pragas. Mas não se converteram para dar-lhe glória.

^{10}O quinto anjo despejou a sua taça sobre o trono da besta, e o reino dela ficou em trevas. Os homens mordiam a língua de dor ^{11}e blasfemaram contra o Deus do céu, por causa de suas dores e úlceras, mas não se converteram de sua conduta.

^{12}O sexto anjo despejou a sua taça sobre o grande rio Eufrates. A água do rio secou, de modo que ficou livre o caminho para a invasão dos reis do Oriente. ^{13}Então vi da boca do Dragão, da boca da besta e da boca do falso profeta, sair três espíritos imundos, semelhantes a sapos. ^{14}São espíritos demoníacos, que realizam milagres. Eles se dirigem aos reis da terra, para os reunir para a guerra do grande dia do Deus todo-poderoso.

710 4ª Semana do Tempo Pascal

¹⁵"Eis que venho como um ladrão. Feliz o que fica acordado e conserva suas vestes, para não andar nu e para que não se enxergue a sua vergonha".

¹⁶Então os espíritos reuniram os reis no lugar que, em hebraico, se chama Harmagedon.

¹⁷O sétimo anjo despejou a sua taça no ar e uma voz forte saiu do Templo, de junto do trono, e dizia: "Está feito!" ¹⁸Houve então relâmpagos, vozes, trovões e um forte terremoto. Desde que o homem apareceu na terra nunca tinha acontecido terremoto assim tão violento. ¹⁹A Grande Cidade partiu-se em três e as cidades das nações desmoronaram-se. E Babilônia, a grande, foi lembrada diante de Deus, para que lhe fosse dada a taça com o vinho do furor da sua ira. ²⁰Todas as ilhas desapareceram e não se encontraram mais montes. ²¹Do céu caiu sobre os homens granizo como pedras de trinta quilos, e os homens blasfemaram contra Deus por causa do granizo, pois foi uma praga desastrosa.

Responsório Mt 24,43a; Ap 16,15a; 1Ts 5,3a

R. Se o **do**no da **ca**sa sou**bes**se em que **ho**ra vi**ri**a o la**drão**, fica**ri**a, de **cer**to, acor**da**do.

* Eis que venho i**gual** ao la**drão**, adver**te** o Se**nhor**, e nos **diz**: Feliz quem vi**gi**a. Aleluia.

V. Ao fala**rem** de "**paz, segu**ran**ça**", eis que **vem**, de re**pen**te, a ruína. * Eis que **ve**nho.

Segunda leitura

Dos Tratados sobre o Evangelho de São João, de Santo Agostinho, bispo

(Tract 65,1-3: CCL 36,490-492) (Séc .V)

O novo mandamento

O Senhor Jesus afirma que dá um novo mandamento a seus discípulos, isto é, que se amem mutuamente: *Eu vos dou um novo mandamento: amai-vos uns aos outros* (Jo 13,34).

Mas este mandamento já não estava escrito na antiga lei de Deus, onde se lê: *Amarás o teu próximo como a ti mesmo?* (Lv 19,18). Por que então o Senhor chama novo o que é evidentemente tão antigo? Será um novo mandamento pelo fato de nos revestir do homem novo, depois de nos ter despojado do velho? Na verdade, ele renova o homem que o ouve, ou melhor, que lhe obedece; não se trata, porém, de um amor puramente humano, mas daquele que o Senhor quis distinguir, acrescentando: *Como eu vos amei* (Jo 13,34).

É este amor que nos renova, transformando-nos em homens novos, herdeiros da nova Aliança, cantores do canto novo. Foi este amor, caríssimos irmãos, que renovou outrora os antigos justos, os patriarcas e os profetas e, posteriormente, os santos apóstolos. Ainda hoje é ele que renova as nações e reúne todo o gênero humano espalhado pelo mundo inteiro, formando um só povo novo, o corpo da nova esposa do Filho unigênito de Deus. É dela que se diz no Cântico dos Cânticos: *Quem é esta que sobe vestida de branco?* (cf. Ct 8,5). Vestida de branco, sim, porque renovada; e renovada de que modo, senão pelo mandamento novo?

Por isso os membros desta esposa sentem uma solicitude mútua. Se um membro sofre, todos sofrem com ele; se um membro é honrado, todos os outros se alegram com ele. Pois ouvem e praticam a palavra do Senhor: *Eu vos dou um novo mandamento: amai-vos uns aos outros.* Não como se amam aqueles que vivem na corrupção da carne; nem como se amam os seres humanos apenas como seres humanos; mas como se amam aqueles que são deuses e filhos do Altíssimo. Deste modo, se tornam irmãos do Filho unigênito de Deus, amando-se uns aos outros com aquele mesmo amor com que ele os amou, e por ele serão conduzidos à plenitude final, onde os seus desejos serão completamente

4ª Semana do Tempo Pascal

saciados de bens. Então nada faltará à sua felicidade, quando Deus for tudo em todos.

Quem nos dá este amor é o mesmo que diz: *Amai-vos uns aos outros como eu vos amei.* Foi para isto que ele nos amou, para que nos amássemos mutuamente. E com o seu amor, deu-nos a graça, para que, vivendo unidos em recíproco amor, como membros ligados por tão suave vínculo, formemos o Corpo de tão sublime Cabeça.

Responsório   1Jo 4,21; Mt 22,40

R. Recebemos de **Deus** o pre**cei**to:
  * **Aque**le que ama a **Deus**,
     que **a**me tam**bém** seu ir**mão**. A**le**luia.
V. Destes **dois** manda**men**tos de**pen**dem
     toda a **Lei** e os **Pro**fetas, diz **Cris**to.* **Aque**le.

Oração como nas Laudes.

Laudes

Leitura breve   Rm 8,10-11

Se Cristo está em vós, embora vosso corpo esteja ferido de morte por causa do pecado, vosso espírito está cheio de vida, graças à justiça. E, se o Espírito daquele que ressuscitou Jesus dentre os mortos mora em vós, então aquele que ressuscitou Jesus Cristo dentre os mortos vivificará também vossos corpos mortais por meio do seu Espírito que mora em vós.

Responsório breve

R. O Se**nhor** res**sur**giu do se**pul**cro. * A**le**luia, a**le**luia.
  R. O Se**nhor**.
V. Foi sus**pen**so por **nós** numa **cruz**. * A**le**luia, a**le**luia.
  Glória ao **Pai**. R. O Se**nhor**.

Quinta-feira

Cântico evangélico, ant.
O discípulo não é **mais** do que o **Mestre**;
o que se **tor**na como o **Mes**tre é perfeito. Aleluia.

Preces
Invoquemos com toda a confiança a Deus Pai, que em Jesus Cristo deu aos seres humanos a certeza da ressurreição; e digamos:

R. **Que o Senhor Jesus seja a nossa vida!**

Pela coluna de fogo iluminastes, Senhor, vosso povo no deserto:
– por sua ressurreição, seja Cristo hoje para nós a luz da vida.
R.

Pela voz de Moisés ensinastes, Senhor, o vosso povo no monte Sinai;
– por sua ressurreição seja Cristo hoje para nós a palavra da vida.
R.

Com o maná alimentastes, Senhor, vosso povo peregrino;
– por sua ressurreição, seja Cristo hoje para nós o pão da vida.
R.

Com a água do rochedo destes de beber, Senhor, ao vosso povo;
– pela ressurreição de Cristo, vosso Filho, concedei-nos hoje o Espírito que dá vida.
R.

(intenções livres)

Pai nosso...

Oração
Ó Deus, que restaurais a natureza humana dando-lhe uma dignidade ainda maior, considerai o mistério do vosso amor, conservando para sempre os dons da vossa graça naqueles que renovastes pelo sacramento de uma nova vida. Por nosso Senhor Jesus Cristo, vosso Filho, na unidade do Espírito Santo.

714   4ª Semana do Tempo Pascal

Hora Média

Oração das Nove Horas

Leitura breve   1Cor 12,13

Todos nós, judeus ou gregos, escravos ou livres, fomos batizados num único Espírito, para formarmos um único corpo, e todos nós bebemos de um único Espírito.

V. O Senhor ressurgiu realmente. Aleluia.

R. E apareceu a Simão. Aleluia.

Oração das Doze Horas

Leitura breve   Tt 3,5b-7

Deus nos salvou quando renascemos e fomos renovados no batismo pelo Espírito Santo, que ele derramou abundantemente sobre nós por meio de nosso Salvador Jesus Cristo. Justificados assim, pela sua graça, nos tornamos na esperança herdeiros da vida eterna.

V. Os discípulos ficaram muito alegres, aleluia,

R. Por verem o Senhor ressuscitado. Aleluia.

Oração das Quinze Horas

Leitura breve   cf. Cl 1,12-14

Demos graças ao Pai, que nos tomou capazes de participar da luz, que é a herança dos santos. Ele nos libertou do poder das trevas e nos recebeu no Reino de seu Filho amado, por quem temos a redenção, o perdão dos pecados.

V. Ó Senhor, ficai conosco, aleluia,

R. Pois o dia já declina. Aleluia.

Oração como nas Laudes.

Vésperas

Leitura breve   1Pd 3,18.21b-22

Cristo morreu, uma vez por todas, por causa dos pecados,o justo, pelos injustos, a fim de vos conduzir a Deus. Sofreu a

Quinta-feira

morte, na sua existência humana, mas recebeu nova vida pelo Espírito. O batismo é hoje a vossa salvação. Pois ele não serve para limpar o corpo da imundície, mas é um pedido a Deus para obter uma boa consciência, em virtude da ressurreição de Jesus Cristo. Ele subiu ao céu e está à direita de Deus, submetendo-se a ele anjos, dominações e potestades.

Responsório breve

R. Os discípulos ficaram muito alegres. * Aleluia, aleluia.
  R. Os discípulos.
V. Quando viram o Senhor ressuscitado. * Aleluia, aleluia.
  Glória ao Pai. R. Os discípulos.

Cântico evangélico, ant.

Eu sou o Pastor das ovelhas;
eu vim para que tenham a vida
e a tenham em grande abundância. Aleluia.

Preces

Exultemos de alegria em Cristo nosso Senhor, a quem o Pai constituiu fundamento de nossa esperança e da ressurreição dos mortos. Aclamemos e peçamos:

R. **Cristo, Rei da glória, ouvi-nos!**

Senhor Jesus, que por vosso sangue derramado na cruz e por vossa ressurreição entrastes no santuário celeste,
— conduzi-nos convosco à glória do Pai. R.

Senhor Jesus, que por vossa ressurreição fortalecestes a fé dos discípulos e os enviastes ao mundo para anunciar o evangelho,
— fazei que os bispos e os presbíteros sejam fiéis mensageiros da vossa Palavra. R.

Senhor Jesus, que por vossa ressurreição nos trouxestes a reconciliação e a paz,
— dai aos cristãos uma perfeita união na fé e na caridade. R.

Senhor Jesus, que por vossa ressurreição curastes o paralítico que estava à porta do Templo,

716   4ª Semana do Tempo Pascal

– olhai com bondade para os enfermos e manifestai neles a vossa glória.

R. **Cristo, Rei da glória, ouvi-nos!**

(intenções livres)

Senhor Jesus, que por vossa ressurreição vos tornastes o primogênito dentre os mortos,

– concedei a participação na glória celeste àqueles que acreditaram e esperaram em vós.   R.

Pai nosso...

Oração

Ó Deus, que restaurais a natureza humana dando-lhe uma dignidade ainda maior, considerai o mistério do vosso amor, conservando para sempre os dons da vossa graça naqueles que renovastes pelo sacramento de uma nova vida. Por nosso Senhor Jesus Cristo, vosso Filho, na unidade do Espírito Santo.

SEXTA-FEIRA

Ofício das Leituras

V. Céus e **terra** se ale**gra**m can**ta**ndo: ale**luia**.
R. Pela **ressurreição** do Se**nhor**. Ale**luia**.

Primeira leitura
Do Livro do Apocalipse   17,1-18

A grande Babilônia

Eu, João, continuei a ver. ¹Um dos anjos das sete taças convidou-me: "Vem! Vou te mostrar o julgamento da grande prostituta, que está sentada à beira do grande mar. ²Os reis da terra se prostituíram com ela e os habitantes da terra se embebedaram com o vinho da sua prostituição". ³E o anjo me levou em espírito a um lugar solitário, e eu vi uma mulher montada numa besta de cor escarlate, e que estava cheia de nomes blasfemos. A besta tinha sete cabeças e dez chifres. [4]A mulher estava vestida de púrpura e escarlate, estava toda enfeitada de ouro, pedras preciosas e pérolas. Tinha na mão um cálice de ouro cheio de abominações, que são as imundícies da sua prostituição. [5]Na fronte da mulher estava escrito um nome enigmático: "Babilônia, a grande, a mãe das prostitutas e das abominações da terra".

[6]E reparei que a mulher estava embriagada com o sangue dos santos e com o sangue das testemunhas de Jesus. A visão desta mulher deixou-me profundamente admirado. [7]Disse-me então o anjo: "Por que estás admirado? Eu vou te explicar o segredo da mulher e da besta com sete cabeças e dez chifres que a carrega. [8]A besta que viste existia, mas não existe mais. Ela está para subir do abismo, mas caminha para a perdição. E aqueles habitantes da terra que não têm o seu nome inscrito no livro da vida desde a fundação do mundo, vão notar com admiração a besta que existia, que não existe mais e que tornará a vir. [9]Aqui é preciso uma inteligência perspicaz: As sete cabeças são sete montanhas sobre as quais a mulher está sentada. Mas são também sete reis. [10]Cinco deles já caíram, o sexto está aí, o sétimo ainda não veio. E quando vier, deve durar pouco tempo. [11]A besta que existia e já não existe é o próprio oitavo rei, mas é também um dos sete, e está indo para a perdição. [12]E os dez chifres, que viste, são dez reis que ainda não receberam reinado, mas receberão por uma hora o poder de reinar juntamente com a besta. [13]Estes reis estão de acordo para dar sua força e poder à besta. [14]Eles vão combater contra o Cordeiro, mas o Cordeiro há de vencê-los, pois ele é o Senhor dos Senhores e o Rei dos reis. E serão vencedores também os que foram chamados ao lado dele, os eleitos e fiéis.

[15]O anjo disse-me ainda: "As águas que viste, onde está sentada a prostituta, são os povos, as nações e as línguas. [16]E os dez chifres, que viste, como também a besta, vão-se desgostar da prostituta e a deixarão desolada e nua, comerão

718   4ª Semana do Tempo Pascal

a sua carne e a queimarão com fogo. ¹⁷ É que Deus os incitou a executar o plano dele, entregando de comum acordo o seu poder real à besta, até que se realize o que Deus falou. ¹⁸ E a mulher que viste é a grande cidade, que exerce a realeza sobre os reis da terra".

Responsório   Ap 17,14. 6,2b

R. Os **reis** de toda a **ter**ra lutar**ão** contra o Cor**deir**o
     e o Cor**deir**o os vence**rá**.
    * Porque **el**e é o Rei dos **reis**,
     dos se**nho**res é o **Se**nhor. Ale**lui**a.
V. Foi-lhe **da**da uma co**ro**a e parti**u** vitori**o**so
     para ob**ter** novas vit**ó**rias. * Porque **el**e.

Segunda leitura
Da Carta aos Coríntios, de São Clemente I, papa
       (Cap. 36,1-2; 37-38: Funk 1,107-109)   (Séc. I)

Muitas veredas, um só caminho

Este é o caminho, caríssimos, onde encontramos nossa salvação: Jesus Cristo, o pontífice de nossas oferendas, nosso defensor e arrimo nas fraquezas.

Por ele nossos olhos se voltam para as alturas dos céus; por ele contemplamos, como num espelho, o rosto puríssimo e sublime de Deus; por ele abrem-se os olhos de nosso coração; por ele a nossa inteligência, insensata e obscurecida, desabrocha para a luz; por ele quis o Senhor fazer-nos saborear a ciência imortal, pois sendo ele *o esplendor da glória de Deus, foi colocado tão acima dos anjos quanto o nome que herdou supera o nome deles* (cf. Hb 1,3.4).

Combatamos, portanto, irmãos, com todas as forças, sob as suas ordens irrepreensíveis.

Consideremos os soldados, que combatem sob as ordens dos nossos comandantes. Quanta disciplina, quanta obediência, quanta submissão em executar o que se ordena! Nem todos são chefes supremos, ou comandantes de mil,

Sexta-feira

cem ou cinquenta soldados, e assim por diante; mas cada um, em sua ordem e posto, cumpre as ordens do imperador e dos comandantes. Os grandes não podem passar sem os pequenos, nem os pequenos sem os grandes. A eficiência depende da colaboração recíproca.

Sirva de exemplo o nosso corpo. A cabeça nada vale sem os pés, nem os pés sem a cabeça. Os membros do corpo, por menores que sejam, são necessários e úteis ao corpo inteiro; mais ainda, todos se harmonizam e se subordinam para salvar todo o corpo.

Asseguremos, portanto, a salvação de todo o corpo que formamos em Cristo Jesus, e cada um se submeta ao seu próximo conforme o dom da graça que lhe foi concedido.

O forte proteja o fraco e o fraco respeite o forte; o rico seja generoso para com o pobre e o pobre agradeça a Deus por ter dado alguém que o ajude na pobreza. O sábio manifeste sua sabedoria não por palavras, mas por boas obras; o humilde não dê testemunho de si mesmo, mas deixe que outro o faça. Quem é casto de corpo não se vanglorie, sabendo que é Deus quem lhe dá o dom da continência.

Consideremos, então, irmãos, de que matéria somos feitos, quem éramos e em que condições entramos no mundo, de que túmulo e trevas nos fez sair aquele que nos plasmou e criou, para nos introduzir no mundo que lhe pertence, onde nos tinha preparado tantos benefícios antes mesmo de termos nascido.

Sabendo, pois, que recebemos todas estas coisas de Deus, por tudo lhe demos graças. A ele a glória pelos séculos dos séculos. Amém.

Responsório   Cl 1,18; 2,12b.9-10.12a

R. Cristo é a cabeça da Igreja que é seu corpo,
    é o Princípio, o Primogênito entre os mortos.

720   4ª Semana do Tempo Pascal

* Com **ele** ressur**gis**tes pela **fé**
  no po**der** de Deus, que o **fez** ressusci**tar**. Ale**lui**a.
V. Nele ha**bi**ta, corporal**men**te, a di**vi**na plenitu**de**
  e tendes **ne**le a plenitu**de** porque **fos**tes sepul**ta**dos
  com **e**le no ba**tis**mo. * Com **e**le.

Oração como nas Laudes.

Laudes

Leitura breve   At 5,30-32

O Deus de nossos pais ressuscitou Jesus, a quem vós
matastes, pregando-o numa cruz. Deus, por seu poder, o
exaltou, tornando-o Guia Supremo e Salvador, para dar ao
povo de Israel a conversão e o perdão dos seus pecados. E
disso somos testemunhas, nós e o Espírito Santo, que Deus
concedeu àqueles que lhe obedecem.

Responsório breve
R. O **Se**nhor ressur**giu** do se**pul**cro. * Ale**lui**a, ale**lui**a.
  R. O **Se**nhor.
V. Foi sus**pen**so por **nós** numa **cruz**. * Ale**lui**a, ale**lui**a.
  Glória ao **Pai**. R. O **Se**nhor.

Cântico evangélico, ant.
Vou prepa**rar** para **vós** um lu**gar**
e ao vol**tar** vou le**var**-vos co**mi**go,
para **que** onde es**tou** este**jais**
vós tam**bém** junto a **mim**. Ale**lui**a.

Preces
Rezemos a Deus Pai, que ressuscitou Jesus de entre os
mortos e dará a vida também aos nossos corpos mortais,
pelo Espírito Santo que habita em nós. Digamos com fé:
R. **Senhor, por vosso Espírito Santo, dai-nos a vida!**

Pai santo, que aceitastes o sacrifício de vosso Filho, ressuscitando-o de entre os mortos,

Sexta-feira

— recebei a oferenda que hoje vos apresentamos e conduzi-nos à vida eterna. **R.**

Abençoai, Senhor, nossos trabalhos deste dia,
— para que sirvam à vossa glória e à santificação de todos. **R.**

Fazei que nossas atividades de hoje contribuam para a construção de um mundo melhor,
— e que assim procedendo, possamos chegar ao vosso Reino celeste. **R.**

Abri hoje nossos olhos e nosso coração para as necessidades de nossos irmãos e irmãs,
— a fim de que todos nos amemos e nos sirvamos uns aos outros. **R.**

(intenções livres)

Pai nosso...

Oração

Deus, a quem devemos a liberdade e a salvação, fazei que possamos viver por vossa graça e encontrar em vós a felicidade eterna, pois nos remistes com o sangue do vosso Filho. Que convosco vive e reina, na unidade do Espírito Santo.

Hora Média

Oração das Nove Horas

Leitura breve — At 2,32.36

Deus ressuscitou Jesus e disto todos nós somos testemunhas. Portanto, que todo o povo de Israel reconheça com plena certeza: Deus constituiu Senhor e Cristo a este Jesus que vós crucificastes.

V. O Senhor ressurgiu realmente. Aleluia.
R. E apareceu a Simão, Aleluia.

Oração das Doze Horas

Leitura breve — Gl 3,27-28

Vós todos que fostes batizados em Cristo vos revestistes de Cristo. O que vale não é mais ser judeu nem grego, nem escravo nem livre, nem homem nem mulher, pois todos vós sois um só, em Jesus Cristo.

V. Os discípulos ficaram muito alegres, aleluia,
R. Por verem o Senhor ressuscitado. Aleluia.

Oração das Quinze Horas

Leitura breve — 1Cor 5,7-8

Lançai fora o fermento velho, para que sejais uma massa nova, já que deveis ser sem fermento. Pois o nosso cordeiro pascal, Cristo, já está imolado. Assim, celebremos a festa, não com velho fermento nem com o fermento de maldade ou de perversidade, mas com os pães ázimos de pureza e de verdade.

V. Ó Senhor, ficai conosco, aleluia.
R. Pois o dia já declina. Aleluia.

Oração como nas Laudes.

Vésperas

Leitura breve — Hb 5,8-10

Mesmo sendo Filho, aprendeu o que significa a obediência a Deus por aquilo que ele sofreu. Mas, na consumação de sua vida, tornou-se causa de salvação eterna para todos os que lhe obedecem. De fato, ele foi por Deus proclamado sumo sacerdote na ordem de Melquisedec.

Responsório breve

R. Os discípulos ficaram muito alegres. *Aleluia, aleluia.
  R. Os discípulos.
V. Quando viram o Senhor ressuscitado. *Aleluia, aleluia.
  Glória ao Pai. R. Os discípulos.

Sexta-feira

Cântico evangélico, ant.
O Bom Pastor deu sua vida
para salvar suas ovelhas. Aleluia.

Preces
Glorifiquemos a Cristo, fonte de vida e origem de todas as
virtudes; e rezemos com amor e confiança:

R. **Firmai no mundo o vosso Reino, Senhor!**

Jesus Salvador, que experimentastes a morte em vossa carne, mas voltastes à vida pelo Espírito,
— fazei-nos morrer para o pecado e viver a vida nova do
vosso Espírito Santo. R.

Vós, que enviastes os discípulos ao mundo inteiro para pregar o evangelho a toda criatura,
— sustentai com a força do vosso Espírito, os mensageiros
de vossa palavra. R.

Vós, que recebestes todo o poder no céu e na terra para dar
testemunho da verdade,
— dirigi no espírito de verdade o coração daqueles que nos
governam. R.

Vós, que fazeis novas todas as coisas e nos mandais esperar, vigilantes, a vinda do vosso Reino,
— concedei que, quanto mais fervorosamente esperarmos
os novos céus e a nova terra, tanto mais generosamente
trabalhemos pela edificação do mundo presente. R.

(intenções livres)

Vós, que descestes à mansão dos mortos para lhes anunciar
a alegria da salvação,
— sede a alegria e a esperança de todos os que partiram desta vida. R.
Pai nosso...

724   4ª Semana do Tempo Pascal

Oração

Deus, a quem devemos a liberdade e a salvação, fazei que possamos viver por vossa graça e encontrar em vós a felicidade eterna, pois nos remistes com o sangue do vosso Filho. Que convosco vive e reina, na unidade do Espírito Santo.

SÁBADO

Ofício das Leituras

V. Deus nos **fez** renas**cer** para a **vi**va espe**ran**ça, ale**lui**a,
R. Pela **res**surrei**ção** do Se**nhor** dentre os **mor**tos. Ale**lui**a.

Primeira leitura

Do Livro do Apocalipse   18,1-20

A ruína da Babilônia

Eu, João, vi outro anjo descendo do céu. Tinha grande poder, e a terra ficou toda iluminada com a sua glória. Ele gritou com voz poderosa: "Caiu! Caiu Babilônia, a grande! Tornou-se morada de demônios, abrigo de todos os espíritos maus, abrigo de aves impuras e nojentas. Pois ela embebedou as nações com o vinho do furor da sua prostituição. Com ela se prostituíram os reis da terra, e os comerciantes da terra se enriqueceram com seu luxo desenfreado".

Ouvi uma outra voz do céu, que dizia: "Sai dela, ó meu povo, para que não sejas cúmplice dos pecados dela, nem atingido por suas pragas. Seus pecados se amontoaram até o céu e Deus se lembrou das suas iniquidades. Pagai-lhe com a mesma moeda, restituí-lhe em dobro o que ela fez. Na taça que ela serviu, servi o dobro para ela. Quanto ela se encheu de glória e de luxo, devolvei-lhe agora em dor e luto. Pois dizia para si mesma: "Estou num trono como rainha, não sou viúva, nunca conhecerei luto". Por isso, num só dia, as pragas a surpreenderão: morte, luto e fome. Ela será devorada pelo fogo, pois o Senhor Deus, que a julgou, é forte.

⁹Os reis da terra, que se prostituíram com ela, aqueles que participavam do seu luxo, ao enxergar a fumaça do incêndio vão chorar e bater no peito. ¹⁰Vão ficar longe dela, com medo dos seus sofrimentos, e dirão: "Ai! Ai, ó Grande Cidade! Babilônia, cidade poderosa, uma hora bastou para o teu julgamento!"

¹¹Os comerciantes de toda a terra também hão de chorar e por causa dela ficarão de luto, porque ninguém mais vai comprar as suas mercadorias: ¹²carregamentos de ouro e prata, pedras preciosas e pérolas, linho e púrpura, seda e escarlate, madeiras perfumadas de todo tipo, objetos de marfim e de madeira preciosa, de bronze, de ferro e de mármore, ¹³canela, temperos, perfumes, mirra e incenso, vinho e azeite, flor de farinha e trigo, bois e ovelhas, cavalos e carros, escravos e vidas humanas. ¹⁴"O fruto que almejavas afastou-se de ti. A opulência e o esplendor terminaram para ti, e nunca mais alguém os há de encontrar".

¹⁵Os comerciantes dessas coisas, que se enriqueceram às custas dela, vão lhe ficar longe com medo dos seus sofrimentos; e, chorando e vestindo luto, ¹⁶dirão: "Ai! Ai, ó Grande Cidade, vestida com linho fino, púrpura e escarlate, enfeitada com ouro e pedras preciosas e pérolas, ¹⁷uma hora bastou para destruir toda essa riqueza".

E todos os pilotos e navegantes, marinheiros e quantos trabalham no mar, ficaram longe, ¹⁸e ao ver o lugar do incêndio, gritaram: "Onde há igual à Grande Cidade?" ¹⁹E deitaram cinza na cabeça, choraram, ficaram de luto e gritavam: "Ai! Ai, ó Grande Cidade! Com tua grandeza se enriqueceram todos os armadores. Bastou uma hora para ficares arruinada". ²⁰Alegra-te por causa dela, ó Céu, e também vós, santos, apóstolos e profetas, pois Deus julgou a vossa causa contra ela".

726   4ª Semana do Tempo Pascal

Responsório   Is 52,11b.12b; Jr 51,45 (cf. Ap 18,4)

R. Deixai a Babilônia e **purificai**-vos,
    ó **vós**, que levais os vasos de **Deus**!
    Diante de **vós** irá o Senhor,
   * E o **Deus** de Israel vos **reunirá**. Aleluia.

V. Deixai Babilônia, meu **povo**,
    para **que** cada **um** se pre**ser**ve da **fúria** e da ira de **Deus**.
   * E o **Deus**.

Segunda leitura

Do Comentário sobre a Carta aos Romanos, de São Cirilo
de Alexandria, bispo

      (Cap. 15,7: PG 74,854-855)   (Séc. V)

Pela bondade de Deus, extensiva a toda a humanidade,
o mundo inteiro foi salvo

    Sendo muitos, nós formamos um só corpo e somos
membros uns dos outros; e é Cristo quem nos une pelo vínculo da caridade, como está escrito: *Do que era dividido,*
ele fez uma unidade, destruiu o muro de separação, a ini-
mizade, e aboliu a Lei com seus mandamentos e decretos
(cf. Ef 2,14-15). Convém, portanto, que tenhamos os mesmos sentimentos uns para com os outros; se um membro
sofre, todos os membros sofrem com ele; se um membro é
honrado, os demais se alegrem com ele.

    Acolhei-vos uns aos outros, como Cristo também vos
acolheu, para a glória de Deus (Rm 15,7). Para pôr em prática este acolhimento recíproco, devemos ter os mesmos sentimentos, carregando os fardos uns dos outros e guardando *a*
unidade do espírito pelo vínculo da paz (Ef 4,3). Foi assim
que Deus também nos acolheu em Cristo. Falou a verdade
quem disse: *Deus tanto amou o mundo, que deu seu Filho*
Unigênito (Jo 3,16). De fato, ele foi dado em resgate pela
vida de todos nós, e assim fomos arrebatados da morte e libertados da morte e do pecado. E ilustra a finalidade deste

Sábado

desígnio ao dizer que Cristo se tornou ministro da circuncisão, para demonstrar a fidelidade de Deus. Com efeito, Deus prometera aos patriarcas do povo judeu que abençoaria toda a sua descendência e a multiplicaria como as estrelas do céu. Por isso se revestiu da carne, tornando-se homem, ele o próprio Deus e Verbo que conserva todas as coisas criadas e lhes dá a salvação. Veio, porém, a este mundo na sua carne não para ser servido por ele, mas ao contrário, como ele mesmo afirma, para servi-lo e dar a sua vida pela redenção de todos.

Dizia claramente ter vindo ao mundo de modo visível para cumprir as promessas feitas a Israel: *Eu fui enviado somente às ovelhas perdidas da casa de Israel* (Mt 15,24). Por esta razão, Paulo não mente quando afirma que Cristo foi o ministro da circuncisão, para confirmar as promessas feitas aos patriarcas e, com esse fim, foi entregue por Deus Pai; mas foi para que também os pagãos obtivessem misericórdia e assim o glorificassem como criador, autor, salvador e redentor de todos os seres humanos. Assim, pela bondade de Deus, extensiva a toda a humanidade, os pagãos foram recebidos e o mistério da sabedoria em Cristo não se desviou do seu desígnio de bondade. Efetivamente, em vez daqueles que se afastaram, o mundo inteiro foi salvo pela misericórdia de Deus.

Responsório   At 13,46-47

R. Era a **vós** que devíamos anunci**ar**
     por prim**ei**ro a pal**av**ra de **Deus**;
     mas por**que** a rej**ei**ta**is**
     e vos **não** julgais **dig**nos da **vi**da et**er**na,
   * Nós nos **va**mos vol**tar** aos gentios. Alel**ui**a.

V. Porque as**sim** o Se**nhor** orde**nou**, quando **disse**:
     Eis que **eu** te esco**lhi** para a **luz** das na**ções**.
     * Nós nos **va**mos.

Oração como nas Laudes.

728   4ª Semana do Tempo Pascal

Laudes

Leitura breve   Rm 14,7-9

Ninguém dentre nós vive para si mesmo ou morre para si mesmo. Se estamos vivos, é para o Senhor que vivemos; se morremos, é para o Senhor que morremos. Portanto, vivos ou mortos, pertencemos ao Senhor. Cristo morreu e ressuscitou exatamente para isto, para ser o Senhor dos mortos e dos vivos.

Responsório breve

R. O Senhor ressurgiu do sepulcro. * Aleluia, aleluia.
   R. O Senhor.
V. Foi suspenso por nós numa cruz. * Aleluia, aleluia.
   Glória ao Pai. R. O Senhor.

Cântico evangélico, ant.

Quando vier o supremo Pastor de nossas almas recebereis a coroa de glória imperecível. Aleluia.

Preces

Invoquemos a Cristo nosso Senhor, que nos deu a vida eterna; e peçamos de coração sincero:

R. **Enriquecei-nos, Senhor, com a graça da vossa ressurreição!**

Pastor eterno, olhai com bondade para o vosso rebanho que desperta do sono da noite,
– e alimentai-nos com as riquezas de vossa palavra e de vosso pão.   R.

Não permitais que sejamos arrebatados pelo lobo que devora e traídos pelo mercenário que foge,
– mas fazei-nos ouvir com fidelidade a voz do Bom Pastor.
                                                      R.

Vós, que estais sempre com os ministros do evangelho e confirmais a sua palavra com o poder da vossa graça,

Sábado

— fazei que nossas palavras e ações neste dia proclamem fielmente a vossa ressurreição.
R.

Sede vós mesmo aquela alegria que ninguém pode arrancar do nosso coração,
— para que, livres da tristeza que é fruto do pecado, busquemos sempre a felicidade da vida eterna.
R.
(intenções livres)

Pai nosso...

Oração

Deus eterno e todo-poderoso, fazei-nos viver sempre mais o mistério pascal para que, renovados pelo santo batismo, possamos, por vossa graça, produzir muitos frutos e chegar às alegrias da vida eterna. Por nosso Senhor Jesus Cristo, vosso Filho, na unidade do Espírito Santo.

Hora Média

Oração das Nove Horas

Leitura breve   Rm 5,10-11

Quando éramos inimigos de Deus, fomos reconciliados com ele pela morte do seu Filho; quanto mais agora, estando já reconciliados, seremos salvos por sua vida! Ainda mais: Nós nos gloriamos em Deus, por nosso Senhor Jesus Cristo. É por ele que, já desde o tempo presente, recebemos a reconciliação.

V. O Senhor ressurgiu realmente. Aleluia.
R. E apareceu a Simão. Aleluia.

Oração das Doze Horas

Leitura breve   1Cor 15,20-22

Cristo ressuscitou dos mortos como primícias dos que morreram. Com efeito, por um homem veio a morte e é também por um homem que vem a ressurreição dos mortos. Como em Adão todos morrem, assim também em Cristo todos reviverão.

V. Os discípulos ficaram muito alegres, aleluia.
R. Por verem o Senhor ressuscitado. Aleluia.

Oração das Quinze Horas

Leitura breve   2Cor 5,14-15

O amor de Cristo nos pressiona, pois julgamos que um só morreu por todos, e que, logo, todos morreram. De fato, Cristo morreu por todos, para que os vivos não vivam mais para si mesmos, mas para aquele que por eles morreu e ressuscitou.

V. Ó Senhor, ficai conosco, aleluia,
R. Pois o dia já declina. Aleluia.
Oração como nas Laudes.

5º DOMINGO DA PÁSCOA

I Semana do Saltério

I Vésperas

Hino, p. 481.

Ant. 1 Minha ora**ção** suba a **vós** como in**cen**so
e minhas **mãos** como o**fer**ta da **tar**de. Ale**lui**a.

Salmos e cântico do Domingo da I Semana, p. 973.

Ant. 2 Da pri**são** me arran**cas**tes, **Se**nhor,
e, em lou**vor**, bendi**rei** vosso **no**me. Ale**lui**a.

Ant. 3 Embora **fos**se o próprio **Fi**lho,
apren**deu** a obedi**ên**cia atra**vés** do sofri**men**to
e tor**nou**-se, para a**que**les que o **se**guem,
uma **fon**te de e**ter**na salva**ção**. Ale**lui**a.

Leitura breve
1Pd 2,9-10

Vós sois a raça escolhida, o sacerdócio do Reino, a nação
santa, o povo que ele conquistou para proclamar as obras
admiráveis daquele que vos chamou das trevas para a sua
luz maravilhosa. Vós sois aqueles que antes não eram povo,
agora porém são povo de Deus; os que não eram objeto de
misericórdia, agora porém alcançaram misericórdia.

Responsório breve

R. Os dis**cí**pulos fi**ca**ram muito a**le**gres.* Ale**lui**a, ale**lui**a.
R. Os dis**cí**pulos.
V. Quando **vi**ram o Se**nhor** ressusci**ta**do.* Ale**lui**a, ale**lui**a.
Glória ao **Pai**. R. Os dis**cí**pulos.

Cântico evangélico, ant.

Ano A   Se eu **for** e ti**ver** prepa**ra**do
para **vós** um lu**gar**, diz Je**sus**,
ao vol**tar**, vou le**var**-vos co**mi**go,

5º Domingo da Páscoa

para **que** onde es**tou**, este**jais**
vós, tam**bém**, junto a **mim**. Ale**lu**ia.

Ano B Sou a vi**dei**ra e meu **Pai** é o lavra**dor**.
Todo **ra**mo que der **fru**to,
ele o **po**da, para **que** dê mais **fru**to. Ale**lu**ia.

Ano C O **Fi**lho do **Ho**mem foi glori**fi**cado
e **ne**le, Deus **Pai** foi glori**fi**cado. Ale**lu**ia.

Preces

Invoquemos a Cristo Jesus, nossa vida e ressurreição; e digamos com alegre confiança:
R. **Filho de Deus vivo, protegei o vosso povo!**

Nós vos pedimos, Senhor, pela santa Igreja católica;
– santificai-a e fortalecei-a, para que estabeleça o vosso Reino em todas as nações da terra.   R.

Nós vos pedimos, Senhor, por todos os doentes, os tristes, os prisioneiros e os exilados;
– dai-lhes conforto e ajuda.   R.

Nós vos pedimos, Senhor, pelos que se afastaram de vossos caminhos;
– concedei-lhes a graça do vosso perdão, para que recomecem com alegria uma vida nova.   R.

Salvador do mundo, que fostes crucificado mas ressuscitastes e haveis de voltar para julgar os vivos e os mortos,
– tende compaixão de nós pecadores.   R.
(intenções livres)

Nós vos pedimos, Senhor, por todos os que vivem neste mundo,
– e pelos que dele partiram na esperança da ressurreição. R.
Pai nosso...

Ofício das Leituras

Oração

Ó Deus, por quem fomos remidos e adotados como filhos e filhas, velai sobre nós em vosso amor de Pai e concedei aos que creem no Cristo a liberdade verdadeira e a herança eterna. Por nosso Senhor Jesus Cristo, vosso Filho, na unidade do Espírito Santo.

Ofício das Leituras

V. Refloresceu a minha carne e eu canto: Aleluia.
R. Eu agradeço ao Senhor de coração. Aleluia.

Primeira leitura

Do Livro do Apocalipse   18,21–19,10

Anúncio das núpcias do Cordeiro

[18,21] Um anjo poderoso levantou uma pedra do tamanho de uma grande pedra de moinho e atirou-a ao mar, dizendo: "Com esta força será lançada Babilônia, a Grande Cidade, e nunca mais será encontrada. [22] E o canto de harpistas e músicos, de flautistas e tocadores de trombeta, em ti nunca mais se ouvirá; e nenhum artista de arte alguma em ti jamais se encontrará; e o canto do moinho em ti nunca mais se ouvirá; [23] e a luz da lâmpada em ti nunca mais brilhará; e a voz do esposo e da esposa em ti nunca mais se ouvirá, porque os teus comerciantes eram os grandes da terra, e com magia tu enfeitiçaste todas as nações. [24] E nela foi encontrado o sangue dos profetas e dos santos e de todos os que foram imolados sobre a terra".

[19,1] Depois disso, ouvi um forte rumor, de uma grande multidão no céu, que clamava: "Aleluia!
A salvação, a glória e o poder pertencem ao nosso Deus,
[2] porque seus julgamentos são verdadeiros e justos.
Sim, Deus julgou a grande prostituta que corrompeu a terra com sua prostituição, e vingou nela o sangue dos seus servos".

5º Domingo da Páscoa

³E repetiram: "Aleluia! A fumaça dela fica subindo para toda a eternidade!"

⁴E os vinte e quatro Anciãos e os quatro Seres vivos se prostraram diante de Deus, que está sentado no trono, e disseram: "Amém. Aleluia!"

⁵Então, uma voz saiu do trono, convidando: "louvai o nosso Deus, todos os seus servos e todos os que o temeis, pequenos e grandes".

⁶Ouvi também o rumor de uma grande multidão. Parecia o fragor de águas torrenciais e o ribombar de fortes trovões. A multidão aclamava:
"Aleluia!
O Senhor, nosso Deus, o Todo-poderoso passou a reinar.
⁷Fiquemos alegres e contentes, e demos glória a Deus, porque chegou o tempo das núpcias do Cordeiro.
Sua esposa já se preparou.
⁸Foi-lhe dado vestir-se com linho brilhante e puro". O linho significa as obras justas dos santos.

⁹E um anjo me disse: "Escreve: Felizes são os convidados para o banquete das núpcias do Cordeiro". Disse ainda: "Estas são as verdadeiras palavras de Deus". ¹⁰Eu prostrei-me diante dele para adorá-lo, mas o anjo me disse: "Não faças isso! Eu sou um servo como tu e como os irmãos que guardam o testemunho de Jesus. A Deus é que deves adorar". O testemunho de Jesus é o espírito da profecia.

Responsório   cf. Ap 14,2; 19,6; 12,10; 19,5

R. Do **céu** ouvi uma **voz**, voz tão **forte**, qual trovão:
De seu **Rei**no tomou **posse** nosso **Deus** onipo**ten**te,
* Pois che**gou** a salva**ção**, o po**der**, a realeza
e o do**mí**nio de seu **Cristo**. Ale**lu**ia.

V. Uma **voz** veio do **trono**: Cele**brai** o nosso **Deus**, servidores do Se**nhor**, e vós **to**dos que o te**meis**,
vós os **gran**des e os pe**que**nos! * Pois che**gou**.

Ofício das Leituras

Segunda leitura

Dos Sermões de São Máximo de Turim, bispo

(Sermo 53,1-2.4: CCL 23,214-216)   (Séc. V)

Cristo é o dia

A ressurreição de Cristo abre a mansão dos mortos, os neófitos da Igreja renovam a terra e o Espírito Santo abre as portas do céu. A mansão dos mortos aberta devolve seus habitantes, a terra renovada germina os ressuscitados, o céu reaberto recebe os que para ele sobem.

O ladrão sobe ao paraíso, os corpos dos santos entram na cidade santa, os mortos retornam à região dos vivos. E de certo modo, pela ressurreição de Cristo, todos os elementos são elevados a uma dignidade mais alta.

A habitação dos mortos restitui ao paraíso os que nela estavam detidos, a terra envia ao céu os que foram nela sepultados, o céu apresenta ao Senhor os que recebe em suas moradas. E por um único e mesmo ato, a paixão do Salvador retira o ser humano das profundezas, eleva-o da terra e o coloca no alto dos céus.

A ressurreição de Cristo é vida para os mortos, perdão para os pecadores, glória para os santos. Por isso, o santo profeta convida todas as criaturas para a festa da ressurreição de Cristo, exultando e se alegrando neste dia que o Senhor fez.

A luz de Cristo é um dia sem noite, um dia sem fim. O Apóstolo nos ensina que este dia é o próprio Cristo, quando afirma: *A noite já vai adiantada, o dia vem chegando* (Rm 13,12). Ele diz que a *noite já vai adiantada* e não que ela ainda virá, a fim de compreendermos que a chegada da luz de Cristo afasta as trevas do demônio e dissipa a escuridão do pecado; com seu esplendor eterno ela vence as sombras tenebrosas do passado e impede toda a infiltração dos estímulos pecaminosos.

5º Domingo da Páscoa

Este dia é o próprio Cristo. Sobre ele, o Pai, que é o dia sem princípio, faz resplandecer o sol da sua divindade. Ele mesmo é o dia que assim fala pela boca de Salomão: *Fiz brilhar no céu uma luz que não se apaga* (Eclo 24,6 Vulg.).

Assim como a noite não pode absolutamente suceder ao dia celeste, também as trevas dos pecados não podem suceder à justiça de Cristo. O dia celeste brilha eternamente, e nenhuma obscuridade pode ofuscar o fulgor da sua luz. Do mesmo modo, a luz de Cristo resplandece e irradia a sua claridade, e sombra alguma de pecado poderá ofuscá-la, como diz o evangelista João: *E a luz brilha nas trevas, e as trevas não conseguiram dominá-la* (Jo 1,5).

Portanto, irmãos, todos nós devemos alegrar-nos neste santo dia. Ninguém se exclua desta alegria universal, apesar da consciência de seus pecados; ninguém se afaste das orações comuns, embora sinta o peso de suas culpas. Por mais pecador que seja, ninguém deve neste dia desesperar do perdão. Temos a nosso favor um valioso testemunho: se o ladrão arrependido alcançou o paraíso, por que não alcançaria o cristão a graça de ser perdoado?

Responsório   cf. Sl 18(19),7ac

R. O esplen**dor** e a formo**sura** do Se**nhor**
   estão a**cima** das al**turas** side**rais**.
   * Sua be**leza** resplan**dece** sobre as **nuvens**
   e seu **nome** perma**nece** para **sem**pre. Ale**luia**.
V. De um ex**tremo** do **céu** põe-se a cor**rer**
   até que **pos**sa che**gar** ao outro ex**tremo**. * Sua be**leza**.

HINO Te Deum, p. 949.

Oração como nas Laudes.

Laudes

Hino, p. 486.

Ant. 1 Quem tem **sede** receberá
graciosa**me**nte a água da **vi**da. **Ale**luia.

Salmos e cântico do Domingo da I Semana, p. 982.

Ant. 2 Ado**rai** o **Se**nhor que **fez** céu e **te**rra,
as **fo**ntes das **á**guas e o **mar**. Aleluia.

Ant. 3 E**xul**tem os fi**éis** por sua **gló**ria. Aleluia.

Leitura breve   At 10,40-43

Deus ressuscitou Jesus no terceiro dia, concedendo-lhe
manifestar-se não a todo o povo, mas às testemunhas que
Deus havia escolhido: a nós, que comemos e bebemos
com Jesus, depois que ressuscitou dos mortos. E Jesus
nos mandou pregar ao povo e testemunhar que Deus o
constituiu Juiz dos vivos e dos mortos. Todos os profetas
dão testemunho dele: Todo aquele que crê em Jesus recebe,
em seu nome, o perdão dos pecados.

Responsório breve

R. Tende pie**da**de de **nós**, Cristo, **Fi**lho do Deus **vi**vo!
* Aleluia, aleluia. R. Tende pie**da**de.

V. Vós, que dos **mor**tos ressurgistes. * Ale**lu**ia.
Glória ao **Pai**. R. Tende pie**da**de.

Cântico evangélico, ant.

Ano A   Eu **sou** o Ca**mi**nho, a **Ver**dade e a **Vi**da;
ningu**ém** chega ao **Pai**,
se não **pas**sa por **mim**. Aleluia.

Ano B   Quem em **mim** permanece e no **qual** perma**ne**ço,
da**rá** muito **fru**to. Aleluia.

Ano C   Eu vos **dou** neste mo**men**to o **meu** manda**men**to:
A**mai**-vos uns aos **ou**tros
como **eu** vos tenho ama**do**. Aleluia.

5º Domingo da Páscoa

Preces

Oremos a Cristo, autor da vida, a quem Deus ressuscitou dos mortos e que pelo seu poder também nos ressuscitará; e digamos:

R. **Cristo, nossa vida, salvai-nos!**

Cristo, luz esplendorosa que brilhais nas trevas, Senhor da vida e Salvador da humanidade,
— fazei-nos viver todo este dia no louvor da vossa glória. R.

Senhor Jesus, que percorrestes o caminho da paixão e da cruz,
— concedei que, unidos a vós no sofrimento e na morte, também convosco ressuscitemos. R.

Filho do eterno Pai, nosso mestre e nosso irmão, que fizestes de nós, para Deus, sacerdotes e povo de reis,
— ensinai-nos a oferecer com alegria o nosso sacrifício de louvor. R.

Rei da glória, aguardamos na esperança o dia da vossa vinda gloriosa,
— para contemplarmos vossa face e sermos semelhantes a vós. R.
(intenções livres)

Pai nosso...

Oração

Ó Deus, por quem fomos remidos e adotados como filhos e filhas, velai sobre nós em vosso amor de Pai e concedei aos que creem no Cristo a liberdade verdadeira e a herança eterna. Por nosso Senhor Jesus Cristo, vosso Filho, na unidade do Espírito Santo.

Hora Média

Oração das Nove Horas

Leitura breve   cf. 1Cor 15,3b-5

Cristo morreu por nossos pecados, segundo as Escrituras, foi sepultado e, ao terceiro dia, ressuscitou, segundo as Escrituras; apareceu a Cefas e, depois, aos Doze.

V. O Senhor ressurgiu realmente. Aleluia.

R. E apareceu a Simão. Aleluia.

Oração das Doze Horas

Leitura breve   Ef 2,4-6

Deus é rico em misericórdia. Por causa do grande amor com que nos amou, quando estávamos mortos por causa das nossas faltas, ele nos deu a vida com Cristo. É por graça que vós sois salvos! Deus nos ressuscitou com Cristo e nos fez sentar nos céus em virtude de nossa união com Jesus Cristo.

V. Os discípulos ficaram muito alegres, aleluia,

R. Por verem o Senhor ressuscitado. Aleluia.

Oração das Quinze Horas

Leitura breve   Rm 6,4

Pelo batismo na sua morte fomos sepultados com ele, para que, como Cristo ressuscitou dos mortos pela glória do Pai, assim também nós levemos uma vida nova.

V. Ó Senhor, ficai conosco, aleluia,

R. Pois o dia já declina. Aleluia.

Oração como nas Laudes.

II Vésperas

Hino, p. 481.

Ant. 1 O Senhor ressuscitou cheio de glória
e assentou-se à direita de Deus Pai. Aleluia.

Salmos e cântico do Domingo da I Semana, p. 990.

740   5º Domingo da Páscoa

Ant. 2 Do império das **trevas** arran**cou**-nos
e transpor**tou**-nos para o **Rei**no de seu **Fil**ho. Ale**lui**a.

Ant. 3 Ale**lui**a, o Se**nhor** tomou **pos**se de seu **Rei**no:
exul**te**mos de ale**gri**a,
demos **gló**ria ao nosso **Deus**. Ale**lui**a.

Leitura breve   Hb 10,12-14

Cristo, depois de ter oferecido um sacrifício único pelos pecados, sentou-se para sempre à direita de Deus. Não lhe resta mais senão esperar até que seus inimigos sejam postos debaixo de seus pés. De fato, com esta única oferenda, levou à perfeição definitiva os que ele santifica.

Responsório breve

R. O Se**nhor** ressur**giu**, de verda**de**. * Ale**lui**a, ale**lui**a.
    R. O Se**nhor**.
V. A Si**mão** ele apare**ceu**. * Ale**lui**a.
    Glória ao **Pai**. R. O Se**nhor**.

Cântico evangélico, ant.

Ano A   Se**nhor** Jesus **Cris**to, mos**trai**-nos o **Pai**
e **is**to nos **bas**ta!
Há tanto **tem**po estou con**vos**co,
e ainda **não** me conhe**ceis**?
Ó **Fi**lipe, quem me **vê**,
igual**men**te vê meu **Pai**. Ale**lui**a.

Ano B   O meu **Pai** recebe **gló**ria, ao produ**zir**des muito **fru**to
e ao vos fa**zer**des meus dis**cí**pulos. Ale**lui**a.

Ano C   Nisto **to**dos sabe**rão** que vós **sois** os meus dis**cí**pulos,
se uns aos ou**tros** vos a**mar**des. Ale**lui**a.

Preces

Oremos com alegria a Cristo, nosso Senhor, que morreu, ressuscitou e agora, sem cessar, intercede por nós junto do Pai. Digamos cheios de confiança:

R. **Cristo, rei vitorioso, ouvi nossa oração!**

Cristo, luz e salvação de todos os povos,
– derramai sobre nós, que proclamamos a vossa ressurreição, o fogo do vosso Espírito. R.

Que Israel, permanecendo fiel às promessas, caminhe firme na esperança,
– e toda a terra se encha do conhecimento de vossa glória. R.

Conservai-nos, Senhor, na comunhão dos vossos santos durante a nossa vida sobre a terra,
– e dai-nos a graça de podermos, um dia, descansar com eles dos nossos trabalhos. R.

Vós, que triunfastes admiravelmente sobre o poder do pecado e da morte,
– fazei-nos viver sempre para vós, vencedor imortal. R.
(intenções livres)

Cristo Salvador, que da humilhação na cruz fostes exaltado à direita do Pai,
– acolhei com bondade em vosso Reino glorioso os nossos irmãos e irmãs que partiram desta vida. R.

Pai nosso...

Oração

Ó Deus, por quem fomos remidos e adotados como filhos e filhas, velai sobre nós em vosso amor de Pai e concedei aos que creem no Cristo a liberdade verdadeira e a herança eterna. Por nosso Senhor Jesus Cristo, vosso Filho, na unidade do Espírito Santo.

SEGUNDA-FEIRA

Ofício das Leituras

V. Meu cora**ção** e minha **car**ne reju**bi**lam. Ale**lu**ia.
R. E ex**ul**tam de ale**gri**a no Deus **vi**vo. Ale**lu**ia.

Primeira leitura
Do Livro do Apocalipse 19,11-21

A vitória da Palavra de Deus

Eu, João, [11] vi o céu aberto, e apareceu um cavalo branco e o seu cavaleiro chama-se "fiel" e "verdadeiro". Ele julga e luta com justiça. [12] Seus olhos são chamas de fogo. Sobre sua cabeça há muitas coroas. Ele traz um nome que ninguém conhece, a não ser ele mesmo. [13] Está vestido com um manto embebido de sangue. Ele é chamado pelo nome de "Palavra de Deus". [14] Os exércitos do céu o acompanham, montados em cavalos brancos, com roupas de linho branco e puro. [15] Da sua boca sai uma espada afiada, para com ela ferir as nações pagãs. Ele será o seu pastor, mas com um cetro de ferro. Ele é quem pisa o lagar do vinho, que é a furiosa cólera de Deus, o Todo-poderoso. [16] No manto e na coxa ele traz inscrito o seu nome: "Rei dos Reis e Senhor dos Senhores".

[17] Vi então um anjo, em pé, no sol. Gritou em alta voz a todos os pássaros que voam pela abóbada celeste: "Vinde! Reuni-vos para o grande banquete de Deus, [18] para comer carne de reis e de capitães, carnes de poderosos, carnes de cavalos e cavaleiros, carnes de todos os homens, livres e escravos, pequenos e grandes".

[19] Vi então a besta reunida com os reis da terra e seus exércitos, para combater contra o Cavaleiro e seu exército. [20] A besta, porém, foi aprisionada, junto com o falso profeta, que realizava milagres na presença da besta, seduzindo todos os que haviam recebido a marca da besta e adorado a sua imagem. A besta e o falso profeta foram lançados vivos no lago de fogo com enxofre ardente. [21] E os outros foram mortos pela espada que saía da boca do Cavaleiro, e as aves se fartaram com as carnes deles.

Segunda-feira

Responsório   Ap 19,13.15c.16

R. Tinha o **man**to embe**bi**do de **san**gue
   e seu **no**me é Pala**vra** de **Deus**.
 * É ele quem **pi**sa o la**gar** do **vi**nho da **ira** de **Deus**,
   do **Onipotente**. Ale**lu**ia.
V. Traz es**cri**to em seu **man**to re**al**:
   Rei dos **reis** e Se**nhor** dos se**nhores**. * É ele.

Segunda leitura

Dos Sermões de São Gregório de Nissa, bispo

(Oratio 1 in Christi resurrectionem:
PG 46, 603-606.626-627)   (Séc. IV)

O primogênito da nova criação

Começou o Reino da vida e foi dissolvido o império da
morte. Apareceu um novo nascimento, uma vida nova, um
novo modo de viver; a nossa própria natureza foi transformada. Que novo nascimento é este? É o daqueles que *não
nasceram do sangue nem da vontade da carne nem da vontade do homem, mas de Deus mesmo* (Jo 1,13).

Tu perguntas: como isto pode acontecer? Escuta-me, vou
te explicar em poucas palavras.

Este novo ser é concebido pela fé; é dado à luz pela regeneração do batismo; tem por mãe a Igreja que o amamenta
com sua doutrina e tradições. Seu alimento é o pão celeste;
sua idade adulta é a santidade; seu matrimônio é a familiaridade com a sabedoria; seus filhos são a esperança; sua casa
é o Reino; sua herança e riqueza são as delícias do paraíso;
seu fim não é a morte, mas aquela vida feliz e eterna que está
preparada para os que dela são dignos.

Este é o dia que o Senhor fez para nós (Sl 117,24), dia
muito diferente daqueles que foram estabelecidos desde o
início da criação do mundo e que são medidos pelo decurso
do tempo. Este dia é o início de uma nova criação. Nele Deus
faz um novo céu e uma nova terra, como diz o Profeta. Que
céu é este? Seu firmamento é a fé em Cristo. E que terra é

esta? O coração bom, de que fala o Senhor, é a terra que absorve a água das chuvas e produz frutos em abundância.

O sol desta nova criação é uma vida pura; as estrelas são as virtudes; a atmosfera é um comportamento digno; o mar é a *profundidade da riqueza, da sabedoria e da ciência* (Rm 11,33). As ervas e as sementes são a boa doutrina e a Escritura divina, onde o rebanho, isto é, o povo de Deus, encontra sua pastagem e alimento; as árvores frutíferas são a prática dos mandamentos.

Neste dia, o verdadeiro homem é criado à imagem e semelhança de Deus. Não é, porventura, um novo mundo que começa para ti neste *dia que o Senhor fez?* Não diz o Profeta que esse dia e essa noite não têm igual entre os outros dias e noites?

Mas ainda não explicamos o dom mais precioso que recebemos neste dia de graça. Ele destruiu as dores da morte e deu à luz o primogênito dentre os mortos.

Subo para junto do meu Pai e vosso Pai, meu Deus e vosso Deus (Jo 20,17), diz o Senhor Jesus. Que notícia boa e maravilhosa! O Filho Unigênito de Deus, que por nós se fez homem, a fim de nos tornar seus irmãos, apresenta-se como homem diante de seu verdadeiro Pai, para levar consigo todos os novos membros da sua família.

Responsório   1Cor 15,21-22; 2Pd 3,13a

R. Por um **ho**mem nos **veio** a **mor**te
e por **ou**tro, a **res**surrei**ção**.

* Assim **co**mo em A**dão** todos **mor**rem,
terão **to**dos a **vi**da no **Cris**to. Ale**lu**ia.

V. Novos **céus**, nova **ter**ra espe**ra**mos,
apoi**a**dos na **sua** pro**mes**sa.
* *Assim **co**mo.*

Oração como nas Laudes.

Segunda-feira 745

Laudes

Leitura breve Rm 10,8b-10

A palavra está perto de ti, em tua boca e em teu coração. Essa palavra é a palavra da fé, que nós pregamos. Se, pois, com tua boca confessares Jesus como Senhor e, no teu coração, creres que Deus o ressuscitou dos mortos, serás salvo. É crendo no coração que se alcança a justiça e é confessando a fé com a boca que se consegue a salvação.

Responsório breve

R. O Senhor ressurgiu do sepulcro. * Aleluia, aleluia.
   R. O Senhor.
V. Foi suspenso por nós numa cruz. * Aleluia, aleluia.
   Glória ao Pai. R. O Senhor.

Cântico evangélico, ant.

Quem me ama é amado por meu Pai
e eu o amo e a ele me revelo. Aleluia.

Preces

Glorifiquemos a Cristo Jesus, constituído pelo Pai herdeiro de todos os povos; e rezemos:

R. **Salvai-nos, Senhor, pela vossa vitória!**

Cristo, que pela vossa ressurreição, rompestes as portas do inferno, destruindo o pecado e a morte,
– dai-nos, hoje e sempre, a vitória sobre o mal. R.

Vós, que expulsastes a morte, dando-nos vida nova,
– fazei-nos hoje caminhar na novidade dessa vida. R.

Vós, que fizestes passar todo o gênero humano da escravidão do pecado para a gloriosa liberdade de filhos de Deus,
– concedei a vida eterna a todos os que encontrarmos neste dia. R.

Vós, que confundistes os guardas de vosso sepulcro e alegrastes os discípulos com a vossa ressurreição,

746   5ª Semana do Tempo Pascal

– enchei de alegria pascal todos aqueles que vos amam e servem.

R. **Salvai-nos, Senhor, pela vossa vitória!**

(intenções livres)

Pai nosso...

Oração

Ó Deus, que unis os corações dos vossos fiéis num só desejo, dai ao vosso povo amar o que ordenais e esperar o que prometeis, para que, na instabilidade deste mundo, fixemos os nossos corações onde se encontram as verdadeiras alegrias. Por nosso Senhor Jesus Cristo, vosso Filho, na unidade do Espírito Santo.

Hora Média

Oração das Nove Horas

Leitura breve   cf. Ap 1,17c-18

Vi o Filho do homem que me disse: Não tenhas medo. Eu sou o Primeiro e o Último, aquele que vive. Estive morto, mas agora estou vivo para sempre. Eu tenho a chave da morte e da região dos mortos.

V. O Se**nhor** ressur**giu** real**men**te. Ale**lui**a.

R. E apare**ceu** a Si**mão**. Ale**lui**a.

Oração das Doze Horas

Leitura breve   Cl 2,9.10a.12

Em Cristo habita corporalmente toda a plenitude da divindade. Dele também vós estais repletos. Com Cristo fostes sepultados no batismo; com ele também fostes ressuscitados por meio da fé no poder de Deus, que *ressuscitou a Cristo* dentre os mortos.

V. Os dis**cí**pulos fi**ca**ram muito a**le**gres, ale**lui**a,

R. Por **ver**em o Se**nhor** ressus**cita**do. Ale**lui**a.

Segunda-feira

Oração das Quinze Horas

Leitura breve
2Tm 2,8.11

Lembra-te de Jesus Cristo, da descendência de Davi, ressuscitado dentre os mortos, segundo o meu evangelho. Merece fé esta palavra: se com ele morremos, com ele viveremos.

V. Ó Senhor, ficai conosco, aleluia,
R. Pois o dia já declina. Aleluia.

Oração como nas Laudes.

Vésperas

Leitura breve
Hb 8,1b-3a

Temos um sumo sacerdote tão grande, que se assentou à direita do trono da majestade, nos céus. Ele é ministro do Santuário e da Tenda verdadeira, armada pelo Senhor, e não por mão humana. Todo o sumo sacerdote, com efeito, é constituído para oferecer dádivas e sacrifícios.

Responsório breve

R. Os discípulos ficaram muito alegres. * Aleluia, aleluia.
R. Os discípulos.
V. Quando viram o Senhor ressuscitado. * Aleluia, aleluia.
Glória ao Pai. R. Os discípulos.

Cântico evangélico, ant.

O Espírito Santo, o Paráclito,
que o Pai vai mandar em meu nome
haverá de lembrar-vos de tudo
o que tenho falado entre vós
e tudo haverá de ensinar-vos. Aleluia.

Preces

Invoquemos a Jesus Cristo, que, vivificado pelo Espírito Santo, tornou-se fonte de vida para toda a humanidade; e digamos cheios de alegria:

R. **Senhor, renovai todas as coisas e dai-nos vida nova!**

Cristo, Salvador do mundo e Rei da nova criação, orientai toda a nossa vida para o Reino da glória celeste,
— onde estais sentado à direita do Pai. **R.**

Senhor, que viveis na vossa Igreja até o fim dos tempos,
— conduzi-a pelo Espírito Santo ao conhecimento da verdade perfeita. **R.**

Fazei que os doentes, sofredores e agonizantes sintam o vosso amor misericordioso;
— confortai-os e fortalecei-os com vossa bondade. **R.**

(intenções livres)

Cristo, luz que não se apaga, aceitai o louvor que vos oferecemos ao cair desta tarde,
— e fazei brilhar para os nossos irmãos e irmãs que partiram desta vida, a luz da vossa ressurreição. **R.**

Pai nosso...

Oração

Ó Deus, que unis os corações dos vossos fiéis num só desejo, dai ao vosso povo amar o que ordenais e esperar o que prometeis, para que, na instabilidade deste mundo, fixemos os nossos corações onde se encontram as verdadeiras alegrias. Por nosso Senhor Jesus Cristo, vosso Filho, na unidade do Espírito Santo.

TERÇA-FEIRA

Ofício das Leituras

V. Ressurgindo dentre os mortos,
Jesus Cristo já não morre. Aleluia.

R. E a morte não tem mais
nenhum domínio sobre ele. Aleluia.

Terça-feira 749

Primeira leitura
Do Livro do Apocalipse 20,1-15

O último combate do dragão

Eu, João, [1]vi um anjo descer do céu. Nas mãos tinha a chave do Abismo e uma grande corrente. [2]Ele agarrou o Dragão, a antiga Serpente, que é o Diabo, Satanás. Acorrentou-o por mil anos [3]e lançou-o dentro do Abismo. Depois, trancou e lacrou o Abismo, para que o Dragão não seduzisse mais as nações da terra, até que terminassem os mil anos. Depois dos mil anos, o Dragão deve ser solto, mas por pouco tempo. [4]Vi então tronos, e os seus ocupantes sentaram-se e receberam o poder de julgar. Vi também as almas daqueles que foram decapitados por causa do Testemunho de Jesus e da Palavra de Deus e aqueles que não tinham adorado a besta, nem a imagem dela, nem tinham recebido na fronte ou na mão a marca da besta. Eles voltaram a viver, para reinarem com Cristo durante mil anos. [5]Os outros mortos, porém, não voltaram a viver enquanto não terminaram os mil anos. Assim é a primeira ressurreição. [6]Felizes e santos aqueles que participam da primeira ressurreição. A segunda morte não tem poder sobre eles. Eles serão sacerdotes de Deus e de Cristo e reinarão com ele durante mil anos.

[7]E quando se completarem os mil anos, Satanás será solto da prisão do Abismo. [8]Ele sairá para seduzir as nações dos quatro cantos da terra, de Gog e Magog, a fim de reuni-las para o combate. O número delas é como a areia do mar. [9]Espalharam-se por toda a terra, cercaram o acampamento dos santos e a cidade amada. Mas do céu desceu fogo e devorou-as. [10]O Diabo, que tinha seduzido a todas elas, foi lançado no lago de fogo e enxofre, onde já se achavam a besta e o Falso Profeta. Lá eles serão atormentados noite e dia, para toda a eternidade.

[11]Vi ainda um grande trono branco e aquele que estava sentado nele. O céu e a terra fugiram da sua presença e não

se achou mais o lugar deles. [12]Vi também os mortos, os grandes e os pequenos, em pé diante do trono. Foram abertos livros, e mais um outro livro ainda: o livro da vida. Então foram julgados os mortos, de acordo com sua conduta, conforme está escrito nos livros. [13]O mar devolveu os mortos que se encontravam nele. A morte e a morada dos mortos entregaram de volta os seus mortos. E cada um foi julgado conforme sua conduta. [14]A morte e a morada dos mortos foram então lançados no lago de fogo. Esta é a segunda morte: o lago de fogo. [15]Quem não tinha o seu nome escrito no livro da vida, foi também lançado no lago de fogo.

Responsório   1Cor 15,25.26; cf. Ap 20,13a.14b

R. É preciso que ele **rei**ne até que **ten**ha colo**ca**do
   de**bai**xo de seus **pés** seus ini**mi**gos, todos **e**les.
   * A **mor**te há de **ser** o **úl**timo ini**mi**go
   a **ser** extermina**d**o. Ale**lu**ia.
V. A **mor**te e o seu **rei**no devolve**rão** todos os **mor**tos
   e a **mor**te e o seu **rei**no se**rão** precipitados
   no **la**go incandes**cen**te. * A **mor**te.

Segunda leitura

Do Comentário sobre o Evangelho de São João, de São Cirilo de Alexandria, bispo

(Lib. 10,2: PG 74,331-334)   (Séc. V)

Eu sou a videira, vós os ramos

Querendo mostrar a necessidade de estarmos unidos a ele pelo amor, e a grande vantagem que nos vem desta união, o Senhor afirma que é a videira. Os ramos são os que já se tornaram participantes da sua natureza pela comunicação do Espírito Santo. De fato, é o Espírito de Cristo que nos une a ele.

A adesão a esta videira nasce da boa vontade; a união da videira conosco procede do seu afeto e natureza. Foi, de fato, pela boa vontade que nos aproximamos de Cristo,

Terça-feira

mediante a fé; mas participamos da sua natureza por termos recebido dele a dignidade da adoção filial. Pois, segundo São Paulo, *quem adere ao Senhor torna-se com ele um só espírito* (1Cor 6,17).

Do mesmo modo, o autor sagrado, noutro lugar da Escritura, dá ao Senhor o nome de alicerce e fundamento. Sobre ele somos edificados como pedras vivas e espirituais, para nos tornarmos, pelo Espírito Santo, habitação de Deus e formarmos um sacerdócio santo. Entretanto, isto só será possível se Cristo for nosso fundamento. A mesma coisa vem expressa na analogia da videira: Cristo afirma ser ele próprio a videira e, por assim dizer, a mãe e a educadora dos ramos que dela brotam.

Nele e por ele fomos regenerados no Espírito Santo, para produzirmos frutos de vida, não da vida antiga e envelhecida, mas daquela vida nova que procede do amor para com ele. Esta vida nova, porém, só poderemos conservá--la se nos mantivermos perfeitamente inseridos em Cristo, se aderirmos fielmente aos santos mandamentos que nos foram dados, se guardarmos com solicitude este título de nobreza adquirida e se não permitirmos que se entristeça o Espírito que habita em nós, quer dizer, Deus que por ele mora em nós.

O evangelista João nos ensina sabiamente de que modo estamos em Cristo e ele em nós, quando diz: *A prova de que permanecemos com ele, e ele conosco, é que ele nos deu o seu Espírito* (1Jo 4,13).

Assim como a raiz faz chegar aos ramos a sua seiva natural, também o Unigênito de Deus concede aos homens, sobretudo aos que lhe estão unidos pela fé, o seu Espírito. Ele os conduz à santidade perfeita, comunica-lhes a afinidade e parentesco com sua natureza e a do Pai, alimenta-os na piedade e dá-lhes a sabedoria de toda virtude e bondade.

752   5ª Semana do Tempo Pascal

Responsório   Jo 15,4.16b

R. Ficai em **mim**, e eu em **vós** hei de fi**car**:
 * Como o **ra**mo não dá **fru**to por si **mes**mo,
 se não **fi**ca bem u**ni**do à vi**dei**ra,
 assim **vós**, se não fi**cais** a mim u**ni**dos. Ale**lui**a.
V. **Eu** vos desig**nei** para que **va**des e deis **fru**tos,
 e o vosso **fru**to perma**ne**ça. * Como o **ra**mo.

Oração como nas Laudes.

Laudes

Leitura breve   At 13,30-33

Deus ressuscitou Jesus dos mortos e, durante muitos
dias, ele foi visto por aqueles que o acompanharam desde
a Galileia até Jerusalém. Agora eles são testemunhas de
Jesus diante do povo. Por isso, nós vos anunciamos este
Evangelho: a promessa que Deus fez aos antepassados, ele
a cumpriu para nós, seus filhos, quando ressuscitou Jesus,
como está escrito no salmo segundo: Tu és o meu filho, eu
hoje te gerei.

Responsório breve

R. O Se**nhor** ressur**giu** do se**pul**cro. * Ale**lui**a, ale**lui**a.
 R. O Se**nhor**.
V. Foi sus**pen**so por **nós** numa **cruz**. * Ale**lui**a, ale**lui**a.
 Glória ao **Pai**. R. O Se**nhor**.

Cântico evangélico, ant.

Eu vos **dei**xo a **paz**, ale**lui**a, eu vos **dou** minha **paz**. Ale**lui**a.

Preces

Exultemos de alegria em Cristo, nosso Senhor, que,
ressuscitando de entre os mortos, reconstruiu o templo do
seu corpo; e lhe supliquemos:

R. **Ouvi-nos, Senhor, pela vossa ressurreição!**

Terça-feira

Cristo, Salvador do mundo, que anunciastes às santas mulheres e aos apóstolos a alegria da ressurreição,
– fazei-nos testemunhas do vosso triunfo pascal.   R.

Vós, que prometestes a todos a ressurreição, que nos fará nascer para uma vida nova,
– tornai-nos fiéis mensageiros do vosso evangelho.   R.

Vós, que, aparecendo aos apóstolos depois da ressurreição, lhes comunicastes o Espírito Santo,
– renovai-nos com os dons do Espírito criador.   R.

Vós, que prometestes permanecer com os vossos discípulos até o fim do mundo,
– ficai conosco hoje e sempre.   R.

(intenções livres)

Pai nosso...

Oração

Ó Deus, que pela ressurreição do Cristo nos renovais para a vida eterna, dai ao vosso povo constância na fé e na esperança, para que jamais duvide das vossas promessas. Por nosso Senhor Jesus Cristo, vosso Filho, na unidade do Espírito Santo.

Hora Média

Oração das Nove Horas

Leitura breve   At 4,11-12

Jesus é a pedra, que vós, os construtores, desprezastes, e que se tornou a pedra angular. Em nenhum outro há salvação, pois não existe debaixo do céu outro nome dado aos homens pelo qual possamos ser salvos.

V. O Se**nhor** ressur**giu** real**men**te. Ale**lui**a.
R. E apare**ceu** a Si**mão**. Ale**lui**a.

754   5ª Semana do Tempo Pascal

Oração das Doze Horas

Leitura breve   cf. 1Pd 3,21-22a

O batismo é hoje a vossa salvação pois ele não serve para limpar o corpo da imundície, mas é um pedido a Deus para obter uma boa consciência, em virtude da ressurreição de Jesus Cristo que está à direita de Deus.

V. Os discípulos ficaram muito alegres, aleluia,
R. Por verem o Senhor ressuscitado. Aleluia.

Oração das Quinze Horas

Leitura breve   Cl 3,1-2

Se ressuscitastes com Cristo, esforçai-vos por alcançar as coisas do alto, onde está Cristo, sentado à direita de Deus; aspirai às coisas celestes e não às coisas terrestres.

V. Ó Senhor, ficai conosco, aleluia,
R. Pois o dia já declina. Aleluia.

Oração como nas Laudes.

Vésperas

Leitura breve   1Pd 2,4-5

Aproximai-vos do Senhor, pedra viva, rejeitada pelos homens, mas escolhida e honrosa aos olhos de Deus. Do mesmo modo, também vós, como pedras vivas, formai um edifício espiritual, um sacerdócio santo, a fim de oferecerdes sacrifícios espirituais, agradáveis a Deus, por Jesus Cristo.

Responsório breve

R. Os discípulos ficaram muito alegres. * Aleluia, aleluia.
    R. Os discípulos.
V. Quando viram o Senhor ressuscitado. * Aleluia, aleluia.
    Glória ao Pai. R. Os discípulos.

Terça-feira

Cântico evangélico, ant.
Se me **amais**, exult**areis**
porque eu **vou** para o meu **Pai**. Ale**lu**ia.

Preces
Aclamemos com alegria a Jesus Cristo, que morreu, foi
sepultado e ressuscitou gloriosamente para uma vida nova;
e digamos cheios de confiança:

R. **Cristo, rei da glória, ouvi a nossa oração!**

Pelos bispos, presbíteros e diáconos, para que desempenhem com generosidade o ministério que lhes foi confiado,
– e guiem o vosso povo no caminho do bem, nós vos pedimos, Senhor. R.

Pelos teólogos e pelos que servem à Igreja no estudo da
vossa Palavra,
– a fim de que procurem a verdade com pureza de coração,
nós vos pedimos, Senhor. R.

Pelos fiéis da Igreja, para que combatendo o bom combate
da fé até o fim de sua caminhada sobre a terra,
– recebam o prêmio que lhes está preparado desde a origem
do mundo, nós vos pedimos, Senhor. R.

Vós, que na cruz destruístes a sentença que nos condenava,
– quebrai os laços da nossa escravidão e dissipai as nossas
trevas. R.
(intenções livres)

Vós, que, descendo à mansão dos mortos, libertastes os justos que esperavam o Salvador,
– acolhei em vosso Reino nossos irmãos e irmãs falecidos.
R.

Pai nosso...

Oração
Ó Deus, que pela ressurreição do Cristo nos renovais para
a vida eterna, dai ao vosso povo constância na fé e na espe-

756 · 5ª Semana do Tempo Pascal

rança, para que jamais duvide das vossas promessas. Por nosso Senhor Jesus Cristo, vosso Filho, na unidade do Espírito Santo.

QUARTA-FEIRA

Ofício das Leituras

V. Deus, o **Pai**, ressuscitou a Jesus **Cristo** dentre os **mortos**, aleluia,
R. Para que esteja no Senhor a nossa **fé** e esperança. Aleluia.

Primeira leitura

Do Livro do Apocalipse   21,1-8

A nova Jerusalém

Eu, João, ¹vi um novo céu e uma nova terra. Pois o primeiro céu e a primeira terra passaram, e o mar já não existe. ²Vi a cidade santa, a nova Jerusalém, que descia do céu, de junto de Deus, vestida qual esposa enfeitada para o seu marido. ³Então, ouvi uma voz forte que saía do trono e dizia: "Esta é a morada de Deus entre os homens. Deus vai morar no meio deles. Eles serão o seu povo, e o próprio Deus estará com eles. ⁴Deus enxugará toda lágrima dos seus olhos. A morte não existirá mais, e não haverá mais luto nem choro nem dor, porque passou o que havia antes".

⁵Aquele que está sentado no trono disse: "Eis que faço novas todas as coisas". Depois, ele me disse: "Escreve, porque estas palavras são dignas de fé e verdadeiras". ⁶E disse-me ainda: "Está feito! Eu sou o Alfa e o Ômega, o Princípio e o Fim. A quem tiver sede, eu darei, de graça, da fonte da água viva. ⁷O vencedor receberá esta herança, e eu serei seu Deus, e ele será meu Filho. ⁸Quanto aos covardes, infiéis, corruptos, assassinos, imorais, feiticeiros, idólatras e todos os mentirosos, o lugar deles é o lago ardente de fogo e enxofre, ou seja, a segunda morte".

Quarta-feira

Responsório   Ap 21,3b.4

R. Eis a **ten**da de **Deus** no **mei**o do **po**vo,
seu lu**gar** para mo**rar**.
* E **Deus** enxuga**rá** de seus **o**lhos toda **lágrima. Aleluia.
V. Nunca **mais** haverá **mor**te, nem cla**mor**, nem luto ou **dor**,
pois pas**sou** o tempo an**tigo.** * E **Deus.**

Segunda leitura

Da Carta a Diogneto

                (N. 5-6: Funk 1,317-321)   (Séc. II)

Os cristãos no mundo

Os cristãos não se diferenciam dos outros homens nem
pela pátria nem pela língua nem por um gênero de vida especial. De fato, não moram em cidades próprias, nem usam
linguagem peculiar, e a sua vida nada tem de extraordiná-
rio. A sua doutrina não procede da imaginação fantasista de
espíritos exaltados, nem se apoia em qualquer teoria simplesmente humana, como tantas outras.

Moram em cidades gregas ou bárbaras, conforme as
circunstâncias de cada um; seguem os costumes da terra,
quer no modo de vestir, quer nos alimentos que tomam,
quer em outros usos; mas o seu modo de viver é admirável
e passa aos olhos de todos por um prodígio. Habitam em
suas pátrias, mas como de passagem; têm tudo em comum
como os outros cidadãos, mas tudo suportam como se não
tivessem pátria. Todo país estrangeiro é sua pátria e toda
pátria é para eles terra estrangeira. Casam-se como toda
gente e criam seus filhos, mas não rejeitam os recém-nascidos. Têm em comum a mesa, não o leito.

São de carne, porém, não vivem segundo a carne. Moram na terra, mas sua cidade é no céu. Obedecem às leis
estabelecidas, mas com seu gênero de vida superam as leis.
Amam a todos e por todos são perseguidos. Condenam-nos
sem os conhecerem; entregues à morte, dão a vida. São pobres, mas enriquecem a muitos; tudo lhes falta e vivem na
abundância. São desprezados, mas no meio dos opróbrios

enchem-se de glória; são caluniados, mas transparece o testemunho de sua justiça. Amaldiçoam-nos e eles abençoam. Sofrem afrontas e pagam com honras. Praticam o bem e são castigados como malfeitores; ao serem punidos, alegram-se como se lhes dessem a vida. Os judeus fazem-lhes guerra como a estrangeiros e os pagãos os perseguem; mas nenhum daqueles que os odeiam sabe dizer a causa do seu ódio.

Numa palavra: os cristãos são no mundo o que a alma é no corpo. A alma está em todos os membros do corpo; e os cristãos em todas as cidades do mundo. A alma habita no corpo, mas não provém do corpo; os cristãos estão no mundo, mas não são do mundo. A alma invisível é guardada num corpo visível; todos veem os cristãos, pois habitam no mundo, contudo, sua piedade é invisível. A carne, sem ser provocada, odeia e combate a alma, só porque lhe impede o gozo dos prazeres; o mundo, sem ter razão para isso, odeia os cristãos precisamente porque se opõem a seus prazeres.

A alma ama o corpo e seus membros, mas o corpo odeia a alma; também os cristãos amam os que os odeiam. Na verdade, a alma está encerrada no corpo, mas é ela que contém o corpo; os cristãos encontram-se detidos no mundo como numa prisão, mas são eles que abraçam o mundo. A alma imortal habita numa tenda mortal; os cristãos vivem como peregrinos em moradas corruptíveis, esperando a incorruptibilidade dos céus. A alma aperfeiçoa-se com a mortificação na comida e na bebida; os cristãos, constantemente mortificados, veem seu número crescer dia a dia. Deus os colocou em posição tão elevada que lhes é impossível desertar.

Responsório   Jo 8,12b; Eclo 24,25

R. Eu **sou** a luz do **mun**do:
  *Aquele que me **se**gue, não ca**mi**nha entre as **tre**vas,
    mas te**rá** a luz da **vi**da. Ale**lui**a.

Quarta-feira   759

V. Toda a **graça** do **caminho** e da ver**da**de está em **mim**;
   em **mim** toda a espe**ran**ça da **vi**da e da vir**tu**de.
   * **A**quele que.

Oração como nas Laudes.

Laudes

Leitura breve   Rm 6,8-11

Se morremos com Cristo, cremos que também viveremos
com ele. Sabemos que Cristo ressuscitado dos mortos não
morre mais; a morte já não tem poder sobre ele. Pois aquele
que morreu, morreu para o pecado uma vez por todas; mas
aquele que vive, é para Deus que vive. Assim, vós também
considerai-vos mortos para o pecado e vivos para Deus, em
Jesus Cristo.

Responsório breve

R. O **Se**nhor ressur**giu** do se**pul**cro.* Ale**lui**a, ale**lui**a.
   R. O **Se**nhor.
V. Foi sus**pen**so por **nós** numa **cruz**.* Ale**lui**a, ale**lui**a.
   Glória ao **Pai**.R. O **Se**nhor.

Cântico evangélico, ant.

Sou a vi**dei**ra, ale**lui**a, e **vós** sois os **ra**mos. Ale**lui**a.

Preces

Oremos a Jesus Cristo, que se entregou à morte por nossos
pecados e ressuscitou para nossa justificação; e aclamemos:

R. **Salvai-nos, Senhor, pela vossa vitória!**

Cristo Salvador, que ressuscitando de entre os mortos nos
restituístes a esperança da vida imortal,
— santificai neste dia os nossos corações com a graça do
Espírito Santo.   R.

Vós, que sois glorificado nos céus pelos anjos e adorado na
terra pelos seres humanos,

– recebei a adoração que vos prestamos em espírito e em verdade neste tempo santo da ressurreição.

R. **Salvai-nos, Senhor, pela vossa vitória!**

Cristo Jesus, salvai-nos e derramai a vossa misericórdia sobre o povo que vive na esperança da ressurreição,

– e conservai-nos, hoje e sempre, livres de todo o mal. R.

Cristo, rei da glória e nossa vida, quando vierdes no último dia,

– fazei que também nós apareçamos convosco na vossa glória. R.

(intenções livres)

Pai nosso...

Oração

Ó Deus, que amais e restituís a inocência, orientai para vós os nossos corações, para que jamais se afastem da luz da verdade os que tirastes das trevas da desgraça. Por nosso Senhor Jesus Cristo, vosso Filho, na unidade do Espírito Santo.

Hora Média

Oração das Nove Horas

Leitura breve   cf. Rm 4,24-25

Cremos naquele que ressuscitou dos mortos Jesus, nosso Senhor. Ele, Jesus, foi entregue por causa de nossos pecados e foi ressuscitado para nossa justificação.

V. O Se**nhor** ressur**giu** real**mente**. Ale**lui**a.
R. E apareceu a Si**mão**. Ale**lui**a.

Oração das Doze Horas

Leitura breve   1Jo 5,5-6a

Quem é o vencedor do mundo, senão aquele que crê que Jesus é o Filho de Deus? Este é o que veio pela água e pelo

Quarta-feira

sangue: Jesus Cristo. Não veio somente com a água, mas com a água e o sangue.

V. Os discípulos ficaram muito alegres, aleluia,

R. Por verem o Senhor ressuscitado. Aleluia.

Oração das Quinze Horas

Leitura breve   cf. Ef 4,23-24

Renovai o vosso espírito e a vossa mentalidade. Revesti o homem novo, criado à imagem de Deus, em verdadeira justiça e santidade.

V. Ó Senhor, ficai conosco, aleluia,

R. Pois o dia já declina. Aleluia.

Oração como nas Laudes.

Vésperas

Leitura breve   Hb 7,24-27

Cristo, uma vez que permanece para a eternidade, possui um sacerdócio que não muda. Por isso ele é capaz de salvar para sempre aqueles que, por seu intermédio, se aproximam de Deus. Ele está sempre vivo para interceder por eles. Tal é precisamente o sumo sacerdote que nos convinha: santo, inocente, sem mancha, separado dos pecadores e elevado acima dos céus. Ele não precisa, como os sumos sacerdotes, oferecer sacrifícios em cada dia, primeiro por seus próprios pecados e depois pelos do povo. Ele já o fez uma vez por todas, oferecendo-se a si mesmo.

Responsório breve

R. Os discípulos ficaram muito alegres. * Aleluia, aleluia.

R. Os discípulos.

V. Quando viram o Senhor ressuscitado. * Aleluia, aleluia. Glória ao Pai. R. Os discípulos.

Cântico evangélico, ant.

Se em **mim** permane**cer**des e em **vós**, minha pala**v**ra,
o que pe**dir**des a meu **Pai** certame**n**te vos da**rá**. Ale**lui**a.

Preces

Oremos a Cristo, nosso Senhor, que ressuscitou de entre os mortos e está sentado à direita do Pai; e digamos confiantes:

R. **Cristo, rei da glória, ouvi a nossa oração!**

Lembrai-vos, Senhor, de todos os que se consagram ao vosso serviço,

– para que deem ao vosso povo o exemplo da verdadeira santidade. R.

Concedei aos governantes e legisladores o espírito de justiça e de paz,

– para que reine a concórdia em toda a comunidade humana.

R.

Orientai os caminhos de toda a humanidade para a esperança da salvação,

– e aumentai os bens da terra para podermos socorrer todos os necessitados. R.

(intenções livres)

Cristo, nosso Salvador, que iluminastes o universo e chamastes para a vida toda a criatura marcada pela corrupção, concedei a luz eterna aos nossos irmãos e irmãs falecidos.

R.

Pai nosso...

Oração

Ó Deus, que amais e restituís a inocência, orientai para vós os nossos corações, para que jamais se afastem da luz da verdade os que tirastes das trevas da desgraça. Por nosso Senhor Jesus Cristo, vosso Filho, na unidade do Espírito Santo.

QUINTA-FEIRA

Ofício das Leituras

V. Deus, o **Pai**, que a Je**sus**,
nosso **S**e**nhor**, ressusci**tou**, ale**luia**,

R. Nos fa**rá** também a **nós**
ressusci**tar** por seu po**der**. Ale**luia**.

Primeira leitura

Do Livro do Apocalipse 21,9-27

Visão da Jerusalém celeste, a esposa do Cordeiro

[9] Depois veio até mim um dos sete anjos das sete taças cheias com as últimas pragas. Ele falou comigo e disse: "Vem! Vou mostrar-te a noiva, a esposa do Cordeiro". [10] Então me levou em espírito a uma montanha grande e alta. Mostrou-me a cidade santa, Jerusalém, descendo do céu, de junto de Deus, [11] brilhando com a glória de Deus. Seu brilho era como o de uma pedra preciosíssima, como o brilho de jaspe cristalino. [12] Estava cercada por uma muralha maciça e alta, com doze portas. Sobre as portas estavam doze anjos, e nas portas estavam escritos os nomes das doze tribos de Israel. [13] Havia três portas do lado do oriente, três portas do lado norte, três portas do lado sul e três portas do lado do ocidente. [14] A muralha da cidade tinha doze alicerces, e sobre eles estavam escritos os nomes dos doze apóstolos do Cordeiro.

[15] Aquele que estava falando comigo usava uma vara de ouro para medir a cidade, as portas e a muralha. [16] A cidade é quadrada. Seu comprimento é igual à largura. O anjo mediu a cidade com a vara: doze mil estádios. O comprimento, largura e altura são iguais. [17] O anjo mediu a muralha: cento e quarenta e quatro côvados, em medidas humanas. [18] A muralha é feita de jaspe. A cidade é de ouro purificado, parecendo puro cristal. [19] Os alicerces da muralha da cidade são ornamentados com todo o tipo de pedras preciosas. O primeiro alicerce é de jaspe, o segundo de safira, o terceiro

de calcedônia, o quarto de esmeralda, ²⁰o quinto de sardô-
nica, o sexto de cornalina, o sétimo de crisólito, o oitavo de
berilo, o nono de topázio, o décimo de crisópraso, o décimo
primeiro de jacinto e o décimo segundo de ametista.

²¹As doze portas são doze pérolas; cada porta é feita de
uma única pérola. A praça da cidade é de ouro purificado,
como vidro transparente.

²²Não vi templo na cidade, pois o seu Templo é o próprio
Senhor, o Deus Todo-poderoso, e o Cordeiro. ²³A cidade não
precisa de sol, nem de lua que a iluminem, pois a glória de
Deus é a sua luz e a sua lâmpada é o Cordeiro. ²⁴As nações
caminharão à sua luz e os reis da terra levarão a ela a sua
glória. ²⁵Suas portas não precisam de ser fechadas cada dia,
pois já não haverá noite, ²⁶e a ela levarão a glória e a riqueza
das nações. ²⁷Nunca mais entrará nela o que é impuro, nem
alguém que pratica a abominação e a mentira. Entrarão nela
somente os que estão inscritos no livro da vida do Cordeiro.

Responsório
cf. Ap 21,21; Tb 13,17.18.11

R. Jerusalém, as tuas praças serão calçadas de ouro puro,
  e cantares de alegria em ti ressoarão.
  * E todos cantarão "Aleluia" em tuas ruas.
V. Brilharás qual luz fulgente
  e hão de honrar-te os povos todos.
  * E todos.

Segunda leitura
Dos Tratados de São Gaudêncio de Bréscia, bispo

(Tract. 2: CSEL 68,26.29-30)   (Séc. IV)

A Eucaristia, páscoa do Senhor

Um só morreu por todos. É ele mesmo que em todas as
igrejas do mundo, pelo mistério do pão e do vinho, imolado, nos alimenta, acreditado, nos vivifica e, consagrado,
santifica os que o consagram.

Esta é a carne e este é o sangue do Cordeiro. É o mesmo pão descido do céu que diz: *O pão que eu darei é a minha carne dada para a vida do mundo* (Jo 6,51). Também o seu sangue está expresso sob a espécie do vinho. Ele mesmo afirma no Evangelho: *Eu sou a videira verdadeira* (Jo 15,1), manifestando com toda clareza que é seu sangue todo vinho oferecido como sacramento da paixão. O grande patriarca Jacó já profetizara acerca de Cristo, ao dizer: *Lavará no vinho a sua túnica e no sangue da uva o seu manto* (Gn 49,11). Na verdade, haveria de lavar no seu próprio sangue a túnica do nosso corpo, que tomara sobre si como uma veste.

O Criador e Senhor da natureza, que produz o pão da terra, também transforma o pão no seu próprio Corpo (porque pode fazê-lo e assim havia prometido); do mesmo modo, aquele que transformou a água em vinho, transforma o vinho no seu sangue.

Diz a Escritura: *É a páscoa do Senhor* (Ex 12,11), isto é, a passagem do Senhor. Por isso não julguemos terrestres os elementos que se tornaram celestes, porque o Senhor "passou" para essas realidades terrestres e transformou-as no seu corpo e no seu sangue.

O que recebes é o corpo daquele pão do céu, e o sangue é daquela videira sagrada. Porque, ao dar o pão e o vinho consagrados a seus discípulos, disse-lhes: *Isto é o meu corpo. Isto é o meu sangue* (Mt 26,26.28). Acreditemos, portanto, naquele em quem pusemos a nossa confiança: a Verdade não sabe mentir.

Quando Jesus falava sobre a necessidade de comer seu corpo e de beber seu sangue, a multidão, desconcertada, murmurava: *Esta palavra é dura! Quem consegue escutá-la?* (Jo 6,60). Querendo purificar com o fogo celeste tais pensamentos – que deveis evitar, como já vos disse – ele acrescentou: *O Espírito é que dá vida, a carne não adianta nada. As palavras que vos falei são espírito e vida* (Jo 6,63).

Responsório
Jo 6,57; Lc 22,19b

R. O Pai que **vive** me envi**ou** e eu **vivo** pelo **Pai**:
* E quem de **mim** se alim**en**ta,
viv**erá** também por **mim**. Aleluia.
V. Isto **é** o meu **Corpo**, ent**re**gue por **vós**. * E quem.

Oração como nas Laudes.

Laudes

Leitura breve
Rm 8,10-11

Se Cristo está em vós, embora vosso corpo esteja ferido de morte por causa do pecado, vosso espírito está cheio de vida, graças à justiça. E, se o Espírito daquele que ressuscitou Jesus dentre os mortos mora em vós, então aquele que ressuscitou Jesus Cristo dentre os mortos vivificará também vossos corpos mortais por meio do seu Espírito que mora em vós.

Responsório breve

R. O S**en**hor ressurg**iu** do sep**ul**cro. * Aleluia, aleluia.
R. O S**en**hor.
V. Foi susp**en**so por **nós** numa **cruz**. * Aleluia, aleluia.
Glória ao **Pai**. R. O S**en**hor.

Cântico evangélico, ant.

Se guard**ais** o meu preceito, fica**reis** no meu **amor**. Aleluia.

Preces

Unidos num só coração e numa só alma, invoquemos a Cristo ressuscitado, sempre presente em sua Igreja; e digamos:
R. **Ficai conosco, Senhor!**

Senhor Jesus, vencedor do pecado e da morte, permanecei no meio de nós,
- vós, que viveis e reinais pelos séculos sem fim. R.

Quinta-feira

Vinde em nosso auxílio com vosso poder invencível,
— e revelai aos nossos corações a infinita bondade de Deus Pai. R.

Salvai o mundo da violência e da discórdia,
— porque só vós tendes poder para renovar e reconciliar. R.

Confirmai-nos na fé da vitória final,
— e fortalecei-nos na esperança da vossa vinda gloriosa. R.

(intenções livres)

Pai nosso...

Oração

Ó Deus, vossa graça nos santificou quando éramos pecadores e nos deu a felicidade, quando infelizes. Vinde em socorro das vossas criaturas e sustentai-nos com vossos dons, para que não falte a força da perseverança àqueles a quem destes a graça da fé. Por nosso Senhor Jesus Cristo, vosso Filho, na unidade do Espírito Santo.

Hora Média

Oração das Nove Horas

Leitura breve 1Cor 12,13

Todos nós, judeus ou gregos, escravos ou livres, fomos batizados num único Espírito, para formarmos um único corpo, e todos nós bebemos de um único Espírito.

V. O Senhor ressurgiu realmente. Aleluia.
R. E apareceu a Simão. Aleluia.

Oração das Doze Horas

Leitura breve Tt 3,5b-7

Deus nos salvou quando renascemos e fomos renovados no batismo pelo Espírito Santo, que ele derramou abundantemente sobre nós por meio de nosso Salvador Jesus Cristo.

768   5ª Semana do Tempo Pascal

Justificados assim, pela sua graça, nos tornamos na esperança herdeiros da vida eterna.

V. Os discípulos ficaram muito alegres, aleluia,
R. Por verem o Senhor ressuscitado. Aleluia.

Oração das Quinze Horas

Leitura breve   cf. Cl 1,12-14

Demos graças ao Pai, que nos tornou capazes de participar da luz, que é a herança dos santos. Ele nos libertou do poder das trevas e nos recebeu no Reino de seu Filho amado, por quem temos a redenção, o perdão dos pecados.

V. Ó Senhor, ficai conosco, aleluia,
R. Pois o dia já declina. Aleluia.

Oração como nas Laudes.

Vésperas

Leitura breve   1Pd 3,18.21b-22

Cristo morreu, uma vez por todas, por causa dos pecados, o justo, pelos injustos, a fim de vos conduzir a Deus. Sofreu a morte, na sua existência humana, mas recebeu nova vida pelo Espírito. Pois o batismo não serve para limpar o corpo da imundície, mas é um pedido a Deus para obter uma boa consciência ao céu em virtude da ressurreição de Jesus Cristo. Ele subiu ao céu e está à direita de Deus, submetendo-se a ele anjos, dominações e potestades.

Responsório breve

R. Os discípulos ficaram muito alegres. * Aleluia, aleluia.
    R. Os discípulos.
V. Quando viram o Senhor ressuscitado. * Aleluia, aleluia.
    Glória ao Pai. R. Os discípulos.

Quinta-feira

Cântico evangélico, ant.

Eu vos **di**go estas **coi**sas nesta **hora**
para **que** minha ale**gria** esteja em **vós**
e a **vos**sa ale**gria** seja ple**na**. Ale**lui**a.

Preces

Louvemos com alegria a Cristo Jesus, ressuscitado de entre
os mortos como primícias dos que adormeceram na esperança da luz eterna; e rezemos:

R. **Senhor ressuscitado, ouvi a nossa oração!**

Lembrai-vos, Senhor, da vossa Igreja edificada sobre o fundamento dos apóstolos, e que se faz presente pelo mundo
inteiro;
– abençoai todos aqueles que invocam o vosso nome.   R.

Jesus Cristo, médico dos corpos e das almas,
– visitai-nos e salvai-nos pela vossa misericórdia.   R.

Curai e reconfortai os doentes,
– e livrai-os de toda enfermidade.   R.

Ajudai os aflitos e oprimidos,
– e sustentai os que padecem necessidade.   R.
(intenções livres)

Vós, que pela cruz e ressurreição abristes para todos o caminho da imortalidade,
– concedei as alegrias do vosso Reino aos nossos irmãos e
irmãs falecidos.   R.
Pai nosso...

Oração

Ó Deus, vossa graça nos santificou quando éramos
pecadores e nos deu a felicidade, quando infelizes. Vinde
em socorro das vossas criaturas e sustentai-nos com vossos
dons, para que não falte a força da perseverança àqueles a
quem destes a graça da fé. Por nosso Senhor Jesus Cristo,
vosso Filho, na unidade do Espírito Santo.

SEXTA-FEIRA

Ofício das Leituras

V. Céus e **terra** se **a**le**gram** cant**an**do: ale**lui**a,
R. Pela **res**surr**ei**ção do Se**nhor**. Ale**lui**a.

Primeira leitura

Do Livro do Apocalipse   22,1-9

O rio da água da vida

¹O anjo mostrou-me um rio de água viva, o qual brilhava como cristal. O rio brotava do trono de Deus e do Cordeiro. ²No meio da praça, de cada lado do rio, estão plantadas árvores da vida; elas dão frutos doze vezes por ano; em cada mês elas dão fruto; suas folhas servem para curar as nações. ³Já não haverá maldição alguma. Na cidade estará o trono de Deus e do Cordeiro e seus servos poderão prestar-lhe culto. ⁴Verão a sua face e o seu nome estará sobre suas frontes. ⁵Não haverá mais noite: não se precisará mais da luz da lâmpada, nem da luz do sol, porque o Senhor Deus vai brilhar sobre eles e eles reinarão para toda a eternidade.

⁶Então o anjo disse-me: "Estas palavras são dignas de fé e verdadeiras, pois o Senhor, o Deus que inspira os profetas, enviou o seu Anjo, para mostrar aos seus servos o que deve acontecer muito em breve. ⁷Eis que eu venho em breve. Feliz aquele que observa as palavras da profecia deste livro".

⁸Eu, João, fui quem viu e ouviu estas coisas. E tendo-as ouvido e visto, prostrei-me para adorar o Anjo que mas tinha mostrado. ⁹Mas ele me falou: "Não faças isso! Eu sou servo como tu e como teus irmãos, os profetas e aqueles que observam as palavras deste livro. É a Deus que deves adorar".

Responsório   Ap 22,5.3b

R. Já não **mais** haverá **noi**te, pois brilh**ará** o Senhor **Deus** e será **luz** para os seus **ser**vos.

Sexta-feira

✳ E eles reinarão pelos **séculos** dos **séculos**. Ale**luia**.

V. Na **cidade** do **S**e**nhor** en**con**tra-se o **trono**
de **Deus** e do Cordeiro
e seus **servos** presta**rão** a ele o seu **cul**to. ✳ E **eles**.

Segunda leitura

Dos Sermões do Bem-aventurado Isaac, abade do Mosteiro
de Stella

(Sermo 42: PL 194,1831-1832) (Séc. XII)

O primogênito de muitos irmãos

Como a cabeça e o corpo formam um só homem, assim
o Filho da Virgem e seus membros escolhidos formam um
só homem e um só Filho do homem. *Cristo completo e total,* como diz a Escritura, *é cabeça e corpo.* Com efeito, todos os membros juntos constituem um só corpo que, unido
à sua cabeça, forma um só Filho do homem. Este, pela sua
união com o Filho de Deus, forma um só Filho de Deus, o
qual, pela sua união com Deus, forma um só Deus.

Consequentemente, todo o corpo com a cabeça é Filho
do homem, é Filho de Deus, é Deus. Por isso se diz no
Evangelho: *Quero, Pai, que assim como eu e tu somos um,
também eles sejam um em nós* (cf. Jo 17,21).

Vemos que, segundo esse famoso texto da Escritura,
não existe o corpo sem a cabeça nem a cabeça sem o corpo;
nem Cristo total, cabeça e corpo, sem Deus.

Tudo isto, portanto, pela sua união com Deus é um só
Deus. O Filho de Deus, porém, está unido com Deus por
natureza. O Filho do homem está unido com o Filho de
Deus numa só pessoa; por sua vez, os membros do seu corpo estão unidos com ele sacramentalmente.

Por conseguinte, os membros fiéis e espirituais de Cristo podem afirmar de si, com toda verdade, aquilo que ele
é, até mesmo Filho de Deus e Deus. Mas o que ele é por
natureza, os membros são por participação. O que ele é em

772 5ª Semana do Tempo Pascal

plenitude, os membros são parcialmente. O que o Filho de Deus é por geração, os membros são por adoção, como está escrito: *Recebestes um espírito de filhos adotivos, no qual todos clamamos: Abá – ó Pai!* (Rm 8,15).

Este Espírito *deu-lhes a capacidade de se tornarem filhos de Deus* (Jo 1,12), para que o primogênito de muitos irmãos pudesse ensiná-los a dizer: *Pai nosso que estais nos céus* (Mt 6,9). E noutro lugar: *Subo para junto do meu Pai e vosso Pai* (Jo 20,17).

Pelo Espírito Santo, o Filho do homem nasceu da Virgem Maria como nossa cabeça; pelo mesmo Espírito, nós também renascemos na fonte batismal como filhos de Deus e membros do corpo de Cristo. E assim como ele nasceu livre de todo pecado, também nós renascemos pela remissão de nossos pecados.

Assim como na cruz ele tomou sobre seu corpo de carne os pecados de todo o corpo, do mesmo modo, pela graça da regeneração, concedeu ao seu corpo espiritual que não lhe fosse atribuído nenhum pecado, como está escrito: *Feliz o homem a quem o Senhor não acusa de pecado* (Sl 31,2). Este homem feliz é, sem a menor dúvida, Cristo: enquanto cabeça do Cristo místico é Deus e perdoa os pecados; enquanto cabeça do corpo, é o Filho do homem, nada tendo que se lhe deva perdoar; e enquanto o corpo da cabeça é formado por muitos, nada se lhe atribui.

Ele é justo em si mesmo e justifica-se a si mesmo. Ele próprio é Redentor e redimido. Tomou sobre seu corpo, na cruz, os pecados daquele corpo que ele purifica por meio da água do batismo, e continua salvando pela cruz e pela água. *Ele é o Cordeiro de Deus que tira,* que carrega *o pecado do mundo* (Jo 1,29). Ele é ao mesmo tempo sacerdote e vítima do sacrifício. Ele é Deus que, oferecendo-se a si mesmo, por si reconciliou-se consigo mesmo, com o Pai e com o Espírito Santo.

Sexta-feira

Responsório Rm 12,5; a 2,9-10a; 1,18

R. Somos **mui**tos, mas em **Cris**to,
nós for**ma**mos um só **cor**po,
sendo **mem**bros uns dos **ou**tros.

* Nele ha**bi**ta, corporal**men**te, a di**vi**na plenitude
e tendes **ne**le a plenitu**de**. Ale**lui**a.

V. Ele é a cabeça da **Igre**ja que é seu **cor**po,
é o Prin**cí**pio, o Primo**gê**nito entre os **mor**tos,
a **fim** de ter em **tu**do a primazia. * Nele ha**bi**ta.

Oração como nas Laudes.

Laudes

Leitura breve At 5,30-32

O Deus de nossos pais ressuscitou Jesus, a quem vós matastes, pregando-o numa cruz. Deus, por seu poder, o exaltou, tornando-o Guia Supremo e Salvador, para dar ao povo de Israel a conversão e o perdão dos seus pecados. E disso somos testemunhas, nós e o Espírito Santo, que Deus concedeu àqueles que lhe obedecem.

Responsório breve

R. O Se**nhor** ressur**giu** do se**pul**cro. * Ale**lui**a, ale**lui**a.
R. O Se**nhor**.
V. Foi sus**pen**so por **nós** numa **cruz**. * Ale**lui**a, ale**lui**a.
Glória ao **Pai**. R. O Se**nhor**.

Cântico evangélico, ant.

O **meu** manda**men**to é **es**te:
A**mai**-vos como **eu** vos a**mei**. Ale**lui**a.

Preces

Oremos a Deus Pai, que pela ressurreição de Jesus Cristo nos deu uma vida nova; e supliquemos humildemente:

R. **Iluminai-nos, Senhor, com a luz de Cristo!**

Deus de bondade e fidelidade, que criastes o universo e manifestastes a todas as gerações o vosso desígnio de salvação,

— escutai-nos, ó Pai clementíssimo.

R. **Iluminai-nos, Senhor, com a luz de Cristo!**

Purificai os nossos corações com a luz da vossa verdade,

— para que todas as nossas obras sejam justas e agradáveis aos vossos olhos. R.

Fazei brilhar sobre nós a luz da vossa face e dirigi os nossos passos no caminho da santidade,

— para que, libertos do pecado, nos saciemos com a riqueza de vossos dons. R.

Vós, que por Cristo nos reconciliastes convosco,

— fazei reinar vossa paz em toda a terra. R.

(intenções livres)

Pai nosso...

Oração

Amparai, ó Deus, nossos corações para vivermos dignamente os mistérios pascais, a fim de que esta celebração realizada com alegria nos proteja por sua força inesgotável e nos comunique a salvação. Por nosso Senhor Jesus Cristo, vosso Filho, na unidade do Espírito Santo.

Hora Média

Oração das Nove Horas

Leitura breve   At 2,32.36

Deus ressuscitou Jesus e disto todos nós somos testemunhas. Portanto, que todo o povo de Israel reconheça com plena certeza: Deus constituiu Senhor e Cristo a este Jesus que vós crucificastes.

Sexta-feira

V. O Senhor ressurgiu realmente. Aleluia.
R. E apareceu a Simão. Aleluia.

Oração das Doze Horas

Leitura breve   Gl 3,27-28

Vós todos que fostes batizados em Cristo vos revestistes de Cristo. O que vale não é mais ser judeu nem grego, nem escravo nem livre, nem homem nem mulher, pois todos vós sois um só, em Jesus Cristo.

V. Os discípulos ficaram muito alegres, aleluia,
R. Por verem o Senhor ressuscitado. Aleluia.

Oração das Quinze Horas

Leitura breve   1Cor 5,7-8

Lançai fora o fermento velho, para que sejais uma massa nova, já que deveis ser sem fermento. Pois o nosso cordeiro pascal, Cristo, já está imolado. Assim, celebremos a festa, não com velho fermento nem com o fermento de maldade ou de perversidade, mas com os pães ázimos de pureza e de verdade.

V. Ó Senhor, ficai conosco, aleluia.
R. Pois o dia já declina. Aleluia.

Oração como nas Laudes.

Vésperas

Leitura breve   Hb 5,8-10

Mesmo sendo Filho, aprendeu o que significa a obediência a Deus por aquilo que ele sofreu. Mas, na consumação de sua vida, tornou-se causa de salvação eterna para todos os que lhe obedecem. De fato, ele foi por Deus proclamado sumo sacerdote na ordem de Melquisedec.

Responsório breve

R. Os discípulos ficaram muito **alegres**. * Ale**lui**a, ale**lui**a.
R. Os dis**cí**pulos.
V. Quando **vir**am o S**enhor** ressusci**ta**do. * Ale**lui**a, ale**lui**a.
Glória ao **Pai**. R. Os dis**cí**pulos.

Cântico evangélico, ant.

Não há mai**or** prova de **amor**
que dar a **vi**da pelo a**mi**go. Ale**lui**a.

Preces

Glorifiquemos a Cristo, caminho, verdade e vida; e o invoquemos, dizendo:
R. **Filho de Deus vivo, abençoai o vosso povo!**

Nós vos pedimos, Senhor Jesus Cristo, por todos os ministros da Igreja, que repartem o pão da vida entre os irmãos,
— para que sejam também eles alimentados e fortalecidos
pelo mesmo pão que distribuem. R.

Nós vos pedimos por todo o povo cristão, para que viva sua
vocação de maneira digna,
— e mantenha a unidade de espírito no vínculo da paz. R.

Nós vos pedimos por todos os que nos governam, para que
exerçam suas funções com justiça e compreensão,
— e assim promovam a concórdia e a paz entre todos os
povos. R.

(intenções livres)

Nós vos pedimos que nos torneis dignos de celebrar a vossa
santa ressurreição em comunhão com os anjos e santos,
— e também com nossos irmãos e irmãs falecidos, que confiamos à vossa infinita misericórdia. R.
Pai nosso...

Oração

Amparai, ó Deus, nossos corações para vivermos dignamente os mistérios pascais, a fim de que esta celebração realizada com alegria nos proteja por sua força inesgotável e nos comunique a salvação. Por nosso Senhor Jesus Cristo, vosso Filho, na unidade do Espírito Santo.

SÁBADO

Ofício das Leituras

V. Deus nos **fez** renas**cer** para a **viva** esper**an**ça, ale**lui**a,

R. Pela **res**surrei**ção** do Se**nhor** dentre os **mor**tos. Ale**lui**a.

Primeira leitura
Do Livro do Apocalipse   22,10-21

O testemunho da nossa esperança

¹⁰O anjo disse-me a mim, João: "Não guardes em segredo as palavras deste livro, pois o tempo marcado está próximo. ¹¹O malfeitor continue fazendo o mal, o sujo continue a sujar-se; todavia, que o justo continue praticando a justiça e o santo santifique-se ainda mais.

¹²Eis que venho em breve, trazendo comigo a minha recompensa, para retribuir a cada um segundo as suas obras. ¹³Eu sou o Alfa e o Ômega, o Primeiro e o Último, o Começo e o Fim. ¹⁴Felizes os que lavam suas vestes, assim poderão dispor da árvore da vida e entrar na cidade pelas portas. ¹⁵Mas ficarão de fora os cães, os feiticeiros, os imorais, os assassinos e os idólatras, e todos os que amam e praticam a mentira.

¹⁶Eu, Jesus, enviei o meu anjo, para vos dar este testemunho sobre as Igrejas. Eu sou o rebento e a linhagem de Davi. Eu sou a brilhante estrela da manhã".

¹⁷O Espírito e a Esposa dizem: "Vem!" Aquele que ouve esta profecia também diga: "Vem!" Quem tem sede, venha, e quem quiser, receba de graça a água da vida.

5ª Semana do Tempo Pascal

¹⁸ Para todo o que ouve a palavra da profecia deste livro vai aqui o meu testemunho: se alguém lhe acrescentar qualquer coisa, Deus lhe acrescentará as pragas que estão aqui descritas. ¹⁹ E se alguém retirar algo das palavras do livro desta profecia, Deus lhe retirará a sua parte da árvore da vida e da Cidade Santa, que se encontram descritas neste livro.

²⁰ Aquele que dá testemunho destas coisas diz: "Sim, eu venho em breve". Amém! Vem, Senhor Jesus! ²¹ A graça do Senhor Jesus esteja com todos. Amém.

Responsório   Ap 22,16b.17ab.20c; Is 55,1a.3a

R. Sou o **reben**to da es**tir**pe de Da**vi**,
   a es**tre**la fulgu**ran**te da man**hã**.
   O Es**pí**rito e a Es**po**sa dizem: **"Vem!"**
 * E quem **ou**ve, igual**men**te, diga: **"Vem!"**
   A**mém**! Vem, ó Se**nhor** Jesus! A**mém**! Ale**lui**a!
V. Todos **vós**, que estais se**den**tos, vinde às **águas**!
   Incli**nai** o vosso ou**vi**do e vinde a **mim**! * E quem **ou**ve.

Segunda leitura

Dos Comentários sobre os salmos, de Santo Agostinho, bispo

(Ps 148,1-2: CCL 40,2165-2166)   (Séc. V)

O aleluia pascal

Toda a nossa vida presente deve transcorrer no louvor de Deus, porque louvar a Deus será também a alegria eterna de nossa vida futura. Ora, ninguém pode tornar-se apto para a vida futura se, desde já, não se prepara para ela. Agora louvamos a Deus, mas também rogamos a Deus. Nosso louvor está cheio de alegrias, e nossa oração, de gemidos. Foi-nos prometido algo que ainda não possuímos; porém, por ser feliz quem o prometeu, alegramo-nos na esperança; mas, como ainda não estamos na posse da promessa, gememos de ansiedade. É bom perseverarmos no desejo, até que a promessa se realize; então acabará o gemido e permanecerá somente o louvor.

Assim podemos considerar duas fases da nossa existência: a primeira, que acontece agora em meio às tentações e dificuldades da vida presente; e a segunda, que virá depois na segurança e alegria eterna. Por isso, foram instituídas para nós duas celebrações: a do tempo antes da Páscoa e a do tempo depois da Páscoa.

O tempo antes da Páscoa representa as tribulações que passamos nesta vida. O que celebramos agora, depois da Páscoa, significa a felicidade que alcançamos na vida futura. Portanto, antes da Páscoa celebramos o que estamos vivendo; depois da Páscoa celebramos e significamos o que ainda não possuímos. Eis porque passamos o primeiro tempo em jejuns e orações; no segundo, porém, que estamos celebrando, deixando os jejuns, nos dedicamos ao louvor de Deus. É este o significado do *Aleluia* que cantamos.

Em Cristo, nossa cabeça, ambos os tempos foram figurados e manifestados. A paixão do Senhor mostra-nos as dificuldades da vida presente, em que é preciso trabalhar, sofrer e por fim morrer. A ressurreição e glorificação do Senhor nos revelam a vida que um dia nos será dada.

Agora, pois, irmãos, vos exortamos a louvar a Deus. É isto o que todos nós exprimimos mutuamente quando cantamos: *Aleluia.* Louvai o Senhor, dizemos nós uns aos outros. E assim todos põem em prática aquilo que se exortam mutuamente. Mas louvai-o com todas as vossas forças, isto é, louvai a Deus não só com a língua e a voz, mas também com a vossa consciência, vossa vida, vossas ações.

Na verdade, louvamos a Deus agora que nos encontramos reunidos na igreja. Mas logo ao voltarmos para casa, parece que deixamos de louvar a Deus. Não deixes de viver santamente e louvarás sempre a Deus. Deixas de louvá-lo quando te afastas da justiça e do que lhe agrada. Mas, se nunca te desviares do bom caminho, ainda que tua língua se

5ª Semana do Tempo Pascal

cale, tua vida clamará; e o ouvido de Deus estará perto do teu coração. Porque assim como nossos ouvidos escutam nossas palavras, assim os ouvidos de Deus escutam nossos pensamentos.

Responsório   Jo 16,20b
R. Vossa triste**za** * Vai mu**dar**-se em ale**gria**. Ale**lui**a.
V. O mundo **vai** se ale**grar**, vós ha**veis** de entriste**cer**-vos, po**rém**, vossa triste**za**. * Vai mu**dar**-se.

Oração como nas Laudes.

Laudes

Leitura breve   Rm 14,7-9
Ninguém dentre nós vive para si mesmo ou morre para si mesmo. Se estamos vivos, é para o Senhor que vivemos; se morremos, é para o Senhor que morremos. Portanto, vivos ou mortos, pertencemos ao Senhor. Cristo morreu e ressuscitou exatamente para isto, para ser o Senhor dos mortos e dos vivos.

Responsório breve
R. O Se**nhor** ressur**giu** do se**pul**cro. * Ale**lui**a, ale**lui**a.
   R. O Se**nhor**.
V. Foi sus**pen**so por **nós** numa **cruz**. * Ale**lui**a, ale**lui**a.
   Glória ao **Pai**. R. O Se**nhor**.

Cântico evangélico, ant.
Cristo mor**reu** e, dentre os **mor**tos, ressur**giu**:
para **ser** o Senhor dos **vi**vos e dos **mor**tos. Ale**lui**a.

Preces
Roguemos com alegria a Cristo, pão da vida, que ressuscitará no último dia os que se alimentam à mesa de sua palavra e de seu corpo, e digamos:
R. **Dai-nos, Senhor, paz e alegria!**

Filho de Deus, que ressuscitastes gloriosamente dos mortos como Senhor da vida,
– abençoai e santificai a humanidade inteira. **R.**

Senhor Jesus, fonte de paz e de alegria para todos os que creem em vós,
– fazei-nos viver como filhos da luz na alegria do vosso triunfo pascal. **R.**

Confirmai a fé da vossa Igreja, peregrina sobre a terra,
– para que dê ao mundo o testemunho da vossa ressurreição. **R.**

Vós, que, depois de muitos sofrimentos, entrastes na glória do Pai,
– mudai em alegria a tristeza dos que choram. **R.**

(intenções livres)

Pai nosso...

Oração

Deus eterno e todo-poderoso, vós nos fizestes participar de vossa própria vida pelo novo nascimento do batismo; conduzi à plenitude da glória aqueles a quem concedestes, pela justificação, o dom da imortalidade. Por nosso Senhor Jesus Cristo, vosso Filho, na unidade do Espírito Santo.

Hora Média

Oração das Nove Horas

Leitura breve Rm 5,10-11

Quando éramos inimigos de Deus, fomos reconciliados com ele pela morte do seu Filho; quanto mais agora, estando já reconciliados, seremos salvos por sua vida! Ainda mais: Nós nos gloriamos em Deus, por nosso Senhor Jesus Cristo. É por ele que, já desde o tempo presente, recebemos a reconciliação.

782   5ª Semana do Tempo Pascal

V. O Senhor ressurgiu realmente. Aleluia.
R. E apareceu a Simão. Aleluia.

Oração das Doze Horas

Leitura breve   1Cor 15,20-22

Cristo ressuscitou dos mortos como primícias dos que morreram. Com efeito, por um homem veio a morte e é também por um homem que vem a ressurreição dos mortos. Como em Adão todos morrem, assim também em Cristo todos reviverão.

V. Os discípulos ficaram muito alegres, aleluia.
R. Por verem o Senhor ressuscitado. Aleluia.

Oração das Quinze Horas

Leitura breve   2Cor 5,14-15

O amor de Cristo nos pressiona, pois julgamos que um só morreu por todos, e que, logo, todos morreram. De fato, Cristo morreu por todos, para que os vivos não vivam mais para si mesmos, mas para aquele que por eles morreu e ressuscitou.

V. Ó Senhor, ficai conosco, aleluia,
R. Pois o dia já declina. Aleluia.

Oração como nas Laudes.

6º DOMINGO DA PÁSCOA

II Semana do Saltério

I Vésperas

Hino, p. 481.

Ant. 1 Quem pratica a verdade se **põe** junto à **luz**. Aleluia.

Salmos e cântico do Domingo da II Semana, p. 1078.

Ant. 2 Vencido o domínio da **morte**,
o S**enhor** ressur**giu**, alel**uia**.

Ant. 3 Era preciso que o **Cristo** so**fresse**
para en**trar**, dessa **for**ma, em sua **glória**. Aleluia.

Leitura breve   1Pd 2,9-10

Vós sois a raça escolhida, o sacerdócio do Reino, a nação
santa, o povo que ele conquistou para proclamar as obras
admiráveis daquele que vos chamou das trevas para a sua
luz maravilhosa. Vós sois aqueles que antes não eram povo,
agora porém são povo de Deus; os que não eram objeto de
misericórdia, agora porém alcançaram misericórdia.

Responsório breve

R. Os discípulos ficaram muito alegres. * Aleluia, aleluia.
    R. Os discípulos.
V. Quando viram o S**enhor** ressusci**ta**do. * Alel**uia**, alel**uia**.
    Glória ao **Pai**. R. Os dis**cí**pulos.

Cântico evangélico, ant.

Ano A   Roga**rei** ao meu **Pai**,
e have**rá** de envi**ar**-vos um **ou**tro Paráclito
que fique con**vos**co para **sem**pre, aleluia.

Ano B   Como o **Pai** sempre me **ama**,
assim tam**bém** eu vos **amei**;
permane**cei** no meu a**mor**. Alel**uia**.

784 6º Domingo da Páscoa

Ano C Quem me **ama** real**men**te, guarda**rá** minha pa**la**vra
e meu **Pai** o ama**rá**, e a **e**le nós vi**re**mos
e **ne**le habita**re**mos. Ale**lui**a.

Preces

Oremos a Jesus Cristo que, ressuscitando dos mortos, destruiu a morte e renovou a vida; e digamos, cheios de confiança:

R. **Cristo, vivo para sempre, escutai a nossa prece!**

Vós, que sois a pedra rejeitada pelos construtores, mas escolhida pelo Pai como pedra angular,
— fazei de nós pedras vivas na edificação de vossa Igreja. **R.**

Vós, que sois a Testemunha fiel e verdadeira; o Primogênito dentre os mortos,
— concedei que a vossa Igreja possa dar sempre e em toda a
terra o testemunho da vossa ressurreição. **R.**

Vós, que sois o Esposo único da Igreja, nascida de vosso
lado aberto na cruz,
— fazei de nós testemunhas do vosso amor pela Igreja e por
toda a humanidade. **R.**

Vós, que sois o Princípio e o Fim, que estivestes morto e
agora viveis eternamente,
— concedei aos que foram batizados a perseverança até à
morte, para que mereçam a coroa da vitória. **R.**

(intenções livres)

Vós, que sois a Luz que ilumina a santa cidade de Deus,
— iluminai com vosso esplendor os nossos irmãos e irmãs
falecidos, para que reinem convosco eternamente. **R.**
Pai nosso...

Oração

Deus todo-poderoso, dai-nos celebrar com fervor estes dias
de júbilo em honra do Cristo ressuscitado, para que nossa
vida corresponda sempre aos mistérios que recordamos. Por

Ofício das Leituras

nosso Senhor Jesus Cristo, vosso Filho, na unidade do Espírito Santo.

Ofício das Leituras

V. Refloresceu a minha carne e eu canto: Aleluia.
R. Eu agradeço ao Senhor de coração. Aleluia.

Primeira leitura
Início da Primeira Carta de São João   1,1-10

A Palavra da Vida e a luz de Deus

[1] O que era desde o princípio, o que nós ouvimos, o que vimos com os nossos olhos, o que contemplamos e as nossas mãos tocaram da Palavra da Vida [2] – de fato, a Vida manifestou-se e nós a vimos, e somos testemunhas, e a vós anunciamos a Vida eterna, que estava junto do Pai e que se tornou visível para nós –, [3] isso que vimos e ouvimos, nós vos anunciamos, para que estejais em comunhão conosco. E a nossa comunhão é com o Pai e com seu Filho, Jesus Cristo. [4] Nós vos escrevemos estas coisas para que a nossa alegria fique completa. [5] A mensagem, que ouvimos de Jesus Cristo e vos anunciamos, é esta: Deus é luz e nele não há trevas.

[6] Se dissermos que estamos em comunhão com ele, mas andamos nas trevas, estamos mentindo e não nos guiamos pela verdade. [7] Mas, se andamos na luz, como ele está na luz, então estamos em comunhão uns com os outros, e o sangue de seu Filho Jesus nos purifica de todo o pecado.

[8] Se dissermos que não temos pecado, estamo-nos enganando a nós mesmos, e a verdade não está dentro de nós. [9] Se reconhecermos nossos pecados, então Deus se mostra fiel e justo, para nos perdoar os pecados e nos purificar de toda a culpa. [10] Se dissermos que nunca pecamos, fazemos dele um mentiroso e sua palavra não está dentro de nós.

Responsório   1Jo 1,2; 5,10a.c
R. A vida revelou-se e nós vimos e anunciamos,
   a vida eterna anunciamos,

* Que estava com o **Pai** e a **nós** se reve**lou**. Ale**lui**a.
V. Sabemos, tam**bém**, que o **Filho** de **Deus** já **vei**o entre **nós**:
   É este o **Deus** verda**dei**ro, é esta a **vi**da et**er**na.
   * Que estava.

Segunda leitura

Dos Comentários sobre a Segunda Carta aos Coríntios, de
São Cirilo de Alexandria, bispo

(Cap. 5,5-6,2: PG 74,942-943)   (Séc. V)

Deus, por Cristo, nos reconciliou consigo e nos confiou o ministério da reconciliação

Os que possuem o penhor do Espírito e vivem na esperança da ressurreição, como se já possuíssem aquilo que esperam, podem dizer que desde agora não reconhecem a ninguém segundo a carne; pois somos todos espirituais e isentos da corrupção da carne. Com efeito, desde que brilhou para nós a Luz do Unigênito de Deus, fomos transformados no próprio Verbo que dá vida a todas as coisas. E assim como nos sentíamos acorrentados pelos laços da morte, quando reinava o pecado, agora ficamos livres da corrupção, ao chegar a justiça de Cristo.

Por conseguinte, doravante ninguém vive mais sob o domínio da carne, isto é, sujeito à fraqueza carnal. A ela com certeza, entre outras coisas, deve ser atribuída a corrupção. Neste sentido afirma o apóstolo Paulo: *Se uma vez conhecemos Cristo segundo a carne, agora já não o conhecemos assim* (2Cor 5,16). Como se quisesse dizer: *O Verbo se fez carne e habitou entre nós* (Jo 1,14), sujeitando-se à morte segundo a carne, para a salvação de todos. Foi deste modo que o conhecemos; todavia, desde este momento, já não é mais assim que o reconhecemos. É verdade que ele conserva a sua carne, pois ressuscitou ao terceiro dia, e vive no céu, à direita do Pai; mas a sua existência é superior à vida da carne. *Tendo morrido uma vez,* Cristo *não morre mais; a morte já não tem poder sobre ele. Pois aquele que morreu,*

morreu para o pecado uma vez por todas; mas aquele que vive, é para Deus que vive (Rm 6,9-10).

Então, se ele se apresentou diante de nós como modelo de vida, é absolutamente necessário que também nós, seguindo seus passos, façamos parte daqueles que não vivem mais na carne mas acima da carne. E o que diz o grande Paulo, com toda a razão: *Se alguém está em Cristo, é uma nova criatura. O mundo velho desapareceu. Tudo agora é novo* (2Cor 5,17). Fomos justificados pela fé em Cristo e terminou o domínio da maldade. Uma vez que ele ressuscitou por nossa causa, calcando aos pés o poder da morte, nós conhecemos aquele que por sua própria natureza é o verdadeiro Deus. É a ele que prestamos culto em espírito e verdade, por intermédio de seu Filho que distribui sobre o mundo as bênçãos divinas do Pai.

Por esse motivo, São Paulo diz com muita sabedoria: *Tudo vem de Deus que, por Cristo, nos reconciliou consigo* (2Cor 5,18). Realmente, o mistério da encarnação e a renovação a que ela deu origem não se realizaram sem a vontade do Pai. É por Cristo que temos acesso ao Pai, como ele próprio afirma: ninguém pode ir ao Pai senão por ele. Portanto, *tudo vem de Deus que, por Cristo, nos reconciliou consigo e nos confiou o ministério da reconciliação.*

Responsório Rm 5,11; Cl 1,19-20a

R. Gloriamo-nos em **Deus** por Jesus **Cristo**, Senhor **nos**so;
* Pois por **e**le rece**b**emos a **reconcilia**ç**ão**. Ale**lui**a.
V. Foi do a**gra**do de Deus **Pai** que a pleni**tu**de habi**tass**e em seu **Cris**to plena**men**te.
A**prou**ve-lhe tam**bém**, por **mei**o de Je**sus**, reconcili**ar** consigo **mes**mo as coisas **to**das do uni**ver**so.
* Pois por **e**le.

HINO Te Deum, p. 949.

Oração como nas Laudes.

788 6º Domingo da Páscoa

Laudes

Hino, p. 486.

Ant. 1 Este é o **dia** que o **Senhor** fez para **nós**, ale**lui**a.

Salmos e cântico do Domingo da II Semana, p. 1087.

Ant. 2 Sede ben**di**to no **celes**te firma**men**to,
a vós lou**vor** eterna**men**te, ale**lui**a.

Ant. 3 Ado**rai** a Deus sentado no seu **trono**
e ac**la**mai-o com "A**mém**", com "Ale**lui**a".

Leitura breve
At 10,40-43

Deus ressuscitou Jesus no terceiro dia, concedendo-lhe manifestar-se não a todo o povo, mas às testemunhas que Deus
havia escolhido: a nós, que comemos e bebemos com Jesus,
depois que ressuscitou dos mortos. E Jesus nos mandou pregar ao povo e testemunhar que Deus o constituiu Juiz dos
vivos e dos mortos. Todos os profetas dão testemunho dele:
Todo aquele que crê em Jesus recebe, em seu nome, o perdão
dos pecados.

Responsório breve

R. Tende pie**da**de de **nós**, Cristo, **Filho** do Deus **vivo**!
* Ale**lui**a, ale**lui**a. R. Tende pie**da**de.
V. Vós, que dos **mor**tos ressur**gistes**. * Ale**lui**a.
Glória ao **Pai**. R. Tende pie**da**de.

Cântico evangélico, ant.

Ano A Não vos **deixo** como **ór**fãos: Eu i**rei**, mas volta**rei**,
e o **vos**so cora**ção** have**rá** de se ale**grar**. Ale**lui**a.

Ano B Eu vos **digo** estas **coi**sas nesta **ho**ra
para **que** minha ale**gri**a esteja em **vós**
e a **vos**sa ale**gri**a seja **ple**na. Ale**lui**a.

Laudes

Ano C O Espírito **San**to, o Par**á**clito,
que o **Pai** vai man**dar** em meu **no**me,
have**rá** de lem**brar**-vos de **tu**do
o que **te**nho fa**la**do, ale**lu**ia.

Preces

Invoquemos a Deus Pai todo-poderoso, que ressuscitou nosso Rei e Salvador Jesus Cristo; e digamos com alegria:

R. **Iluminai-nos, Senhor, com a luz de Cristo!**

Pai santo, que fizestes vosso amado Filho Jesus passar das trevas da morte para a luz da glória,

– dai-nos chegar um dia à luz admirável do vosso Reino eterno. **R.**

Vós, que nos salvastes pela fé,

– fazei-nos viver hoje fielmente segundo as promessas do nosso batismo. **R.**

Vós, que nos mandais buscar sempre as coisas do alto, onde Cristo está sentado à vossa direita,

– livrai-nos da sedução do pecado. **R.**

Fazei que a nossa vida, escondida em vós com Cristo, brilhe no mundo,

– para anunciar a todos os novos céus e a nova terra. **R.**

(intenções livres)

Pai nosso...

Oração

Deus todo-poderoso, dai-nos celebrar com fervor estes dias de júbilo em honra do Cristo ressuscitado, para que nossa vida corresponda sempre aos mistérios que recordamos. Por nosso Senhor Jesus Cristo, vosso Filho, na unidade do Espírito Santo.

790 6º Domingo da Páscoa

Hora Média

Oração das Nove Horas

Leitura breve cf. 1Cor 15,3b-5

Cristo morreu por nossos pecados, segundo as Escrituras, foi sepultado e, ao terceiro dia, ressuscitou, segundo as Escrituras; apareceu a Cefas e, depois, aos Doze.

V. O Senhor ressurgiu realmente. Aleluia.
R. E apareceu a Simão. Aleluia.

Oração das Doze Horas

Leitura breve Ef 2,4-6

Deus é rico em misericórdia. Por causa do grande amor com que nos amou, quando estávamos mortos por causa das nossas faltas, ele nos deu a vida com Cristo. É por graça que vós sois salvos! Deus nos ressuscitou com Cristo e nos fez sentar nos céus em virtude de nossa união com Jesus Cristo.

V. Os discípulos ficaram muito alegres, aleluia,
R. Por verem o Senhor ressuscitado. Aleluia.

Oração das Quinze Horas

Leitura breve Rm 6,4

Pelo batismo na sua morte, fomos sepultados com ele, para que, como Cristo ressuscitou dos mortos pela glória do Pai, assim também nós levemos uma vida nova.

V. Ó Senhor, ficai conosco, aleluia,
R. Pois o dia já declina. Aleluia.

Oração como nas Laudes.

II Vésperas

Hino, p. 481.

Ant. 1 O **Pai** ressuscitou Jesus **Cristo** dentre os **mortos** fazendo sentar-se nos **céus**, à sua direita, aleluia.

II Vésperas

Salmos e cântico do Domingo da II Semana, p. 1094.

Ant. 2 Aos falsos **deu**ses renunci**a**stes
para ser**vir**des ao Deus vi**ve**nte. Ale**lu**ia.

Ant. 3 Ale**lu**ia, ao nosso **Deus** a salva**ção**,
honra, **gló**ria e po**der**, ale**lu**ia.

Leitura breve   Hb 10,12-14

Cristo, depois de ter oferecido um sacrifício único pelos pecados, sentou-se para sempre à direita de Deus. Não lhe resta mais senão esperar até que seus inimigos sejam postos debaixo de seus pés. De fato, com esta única oferenda, levou à perfeição definitiva os que ele santifica.

Responsório breve

R. O Se**nhor** ressur**giu**, de ver**da**de.* Ale**lu**ia, ale**lu**ia.
   R. O Se**nhor**.
V. A Si**mão** ele apare**ceu**.* Ale**lu**ia.
   Glória ao **Pai**.**R.** O Se**nhor**.

Cântico evangélico, ant.

Ano A **A**qu**e**le que me **a**ma, será a**ma**do por meu **Pai**,
e **eu** o ama**rei** e lhe **hei** de reve**lar**-me. Ale**lu**ia.

Ano B O **meu** manda**men**to é **es**te:
Amai-vos como **eu** vos a**mei**!
Não **há** maior a**mor**,
que dar a **vi**da pelo a**mi**go. Ale**lu**ia.

Ano C Eu vos **dei**xo a minha **paz**!
Que o **vos**so cora**ção**
não se per**tur**be, nem re**cei**e. Ale**lu**ia.

Preces

Invoquemos a Deus Pai, que ressuscitou Jesus Cristo e o exaltou à sua direita; e peçamos humildemente:

R. Protegei o vosso povo, Senhor, pela glória de Cristo!

Pai santo, que pela vitória da cruz glorificastes Jesus sobre a terra,

— atraí para ele todas as coisas.

R. **Protegei o vosso povo, Senhor, pela glória de Cristo!**

Por vosso Filho glorificado, enviai, Senhor, sobre a Igreja o Espírito Santo,
— para que ela seja sinal de unidade para todo o gênero humano. R.

Conservai na fé do seu batismo os novos filhos e filhas, que fizestes renascer pela água e pelo Espírito Santo,
— para que alcancem a vida eterna. R.

Por vosso Filho glorificado, dai alegria aos infelizes, libertai os prisioneiros, curai os doentes,
— e estendei à humanidade inteira os benefícios da vossa redenção. R.

(intenções livres)

Aos nossos irmãos e irmãs falecidos, que receberam na terra o Corpo e o Sangue de Cristo,
— dai-lhes a glória da ressurreição no último dia. R.
Pai nosso...

Oração

Deus todo-poderoso, dai-nos celebrar com fervor estes dias de júbilo em honra do Cristo ressuscitado, para que nossa vida corresponda sempre aos mistérios que recordamos. Por nosso Senhor Jesus Cristo, vosso Filho, na unidade do Espírito Santo.

SEGUNDA-FEIRA

Ofício das Leituras

V. Meu cora**ção** e minha **car**ne reju**bi**lam. Ale**lui**a.
R. E e**xul**tam de ale**gria** no Deus **vi**vo. Ale**lui**a.

Primeira leitura
Da Primeira Carta de São João 2,1-11

Segunda-feira

O mandamento novo

[1] Meus filhinhos, escrevo isto para que não pequeis. No entanto, se alguém pecar, temos junto do Pai um Defensor: Jesus Cristo, o Justo. [2] Ele é a vítima de expiação pelos nossos pecados, e não só pelos nossos, mas também pelos pecados do mundo inteiro.

[3] Para saber que o conhecemos, vejamos se guardamos os seus mandamentos. [4] Quem diz: "Eu conheço a Deus", mas não guarda os seus mandamentos, é mentiroso, e a verdade não está nele. [5] Naquele, porém, que guarda a sua palavra, o amor de Deus é plenamente realizado. O critério para saber se estamos com Jesus é este: [6] quem diz que permanece nele, deve também proceder como ele procedeu.

[7] Caríssimos, não vos comunico um mandamento novo, mas um mandamento antigo, que recebestes desde o início; este mandamento antigo é a palavra que ouvistes. [8] No entanto, o que vos escrevo é um mandamento novo – que é verdadeiro nele e em vós –, pois que as trevas passam e já brilha a luz verdadeira. [9] Aquele que diz estar na luz, mas odeia o seu irmão, ainda está nas trevas. [10] O que ama o seu irmão permanece na luz e não corre perigo de tropeçar. [11] Mas o que odeia o seu irmão está nas trevas, caminha nas trevas, e não sabe aonde vai, porque as trevas ofuscaram os seus olhos.

Responsório   cf. Jo 13,34; 1Jo 2,10a.3

R. Eu vos **dou** novo pre**cei**to:
    Que uns aos **ou**tros vos a**meis** como **eu** vos tenho a**ma**do.
  * Quem **a**ma a seu ir**mão**, perma**ne**ce na **luz**. Ale**lu**ia.
V. Meus ir**mãos**, nisto sa**be**mos que a **Cris**to conhe**ce**mos:
    Se guar**da**mos seus pre**cei**tos. * Quem ama.

Segunda leitura
Do Tratado sobre a Trindade, de Dídimo de Alexandria
                (Liv. 2,12: PG 39,667-674)   (Séc. IV)

O Espírito Santo nos renova pelo batismo

O Espírito Santo, que é Deus juntamente com o Pai e o Filho, nos renova pelo batismo; e do nosso estado de imperfeição, reintegra-nos na beleza primitiva. Torna-nos de tal forma repletos de sua graça, que não podemos admitir em nós qualquer coisa que não deva ser desejada. Além disso, liberta-nos do pecado e da morte. E de terrenos que somos, quer dizer, feitos do pó da terra, nos faz espirituais, participantes da glória divina, filhos e herdeiros de Deus Pai.

Faz-nos ainda conformes à imagem do Filho, seus co-herdeiros e irmãos, destinados a ser um dia glorificados e a reinar com ele. Em vez da terra, dá-nos de novo o céu, abre-nos generosamente as portas do paraíso, honra-nos mais do que os próprios anjos. E com as águas divinas do batismo, apaga as imensas e inextinguíveis chamas do inferno.

Os homens são concebidos duas vezes: uma corporalmente, a outra, pelo divino Espírito. Acerca de um e de outro nascimento, escreveram muito bem os autores sagrados. Citarei o nome e a doutrina de cada um.

João diz: *A todos que o receberam, deu-lhes a capacidade de se tornarem filhos de Deus, isto é, aos que acreditam em seu nome, pois estes não nasceram do sangue nem da vontade da carne nem da vontade do homem, mas de Deus mesmo* (Jo 1,12-13).

Todos os que acreditaram em Cristo, afirma ele, receberam a capacidade de se tornarem filhos de Deus, quer dizer, do Espírito Santo, e participantes da natureza divina. E para ficar bem claro que o Deus que gera é o Espírito Santo, acrescenta estas palavras de Cristo: *Em verdade, em verdade, te digo, se alguém não nasce da água e do Espírito, não pode entrar no Reino de Deus* (Jo 3,5).

A fonte batismal dá à luz de maneira visível nosso corpo visível, pelo ministério dos sacerdotes; mas o Espírito de Deus, invisível a todas as inteligências, é que batiza e regenera simultaneamente o corpo e a alma, pelo ministério dos anjos.

Segunda-feira

João Batista, historicamente e de acordo com esta expressão: *da água e do Espírito,* diz a respeito de Cristo: *Ele vos batizará no Espírito Santo e no fogo* (Mt 3,11; Lc 3,16).

Como um vaso de barro, o homem precisa primeiro ser purificado pela água; em seguida, fortalecido e aperfeiçoado pelo fogo espiritual (Deus, com efeito, é um fogo devorador). Precisamos, portanto, do Espírito Santo para nossa perfeição e renovação. Pois o fogo espiritual sabe também regar, e a água batismal é também capaz de queimar como o fogo.

Responsório
cf. Is 44,3-4; Jo 4,14b

R. Derramarei, diz o Senhor, na terra seca águas correntes
e torrentes correrão sobre o solo sequioso;
derramarei o meu Espírito,

* E crescerão como o salgueiro
que é plantado à beira d'água. Aleluia.

V. A água que eu vos der, em vós se tornará
uma fonte a jorrar até à vida eterna. * E crescerão.

Oração como nas Laudes.

Laudes

Leitura breve
Rm 10,8b-10

A palavra está perto de ti, em tua boca e em teu coração. Essa palavra é a palavra da fé, que nós pregamos. Se, pois, com tua boca confessares Jesus como Senhor e, no teu coração, creres que Deus o ressuscitou dos mortos, serás salvo. É crendo no coração que se alcança a justiça e é confessando a fé com a boca que se consegue a salvação.

Responsório breve

R. O Senhor ressurgiu do sepulcro. * Aleluia, aleluia.
R. O Senhor.

V. Foi suspenso por nós numa cruz. * Aleluia, aleluia.
Glória ao Pai. R. O Senhor.

Cântico evangélico, ant.

Deus nos **fez** renas**cer** para a **vi**va espe**rança**
e a he**rança** e**ter**na
pela **ressurreição** do Se**nhor** dentre os **mor**tos. Ale**lui**a.

Preces

Rezemos a Deus Pai, glorificado pela morte e ressurreição
de seu Filho; e peçamos confiantes:

R. **Iluminai, Senhor, o nosso coração!**

Deus de eterna glória, que iluminastes o mundo com a luz
de Cristo gloriosamente ressuscitado,
— iluminai-nos hoje com a luz da fé. R.

Vós, que, pela ressurreição de Cristo, abristes a todo ser
humano as portas da eternidade,
— ajudai-nos no trabalho deste dia, para que aumente em
nós a esperança da vida eterna. R.

Vós, que, por vosso Filho ressuscitado, enviastes ao mundo
o Espírito Santo,
— acendei em nossos corações o fogo do vosso amor. R.

Pelos méritos da cruz de Cristo, que morreu para libertar
o mundo,
— dai à humanidade inteira a salvação e a paz. R.

(intenções livres)

Pai nosso...

Oração

Concedei, ó Deus, que vejamos frutificar em toda a nossa
vida as graças do mistério pascal, que instituístes na vossa
misericórdia. Por nosso Senhor Jesus Cristo, vosso Filho,
na unidade do Espírito Santo.

Segunda-feira

Hora Média

Oração das Nove Horas

Leitura breve   cf. Ap 1,17c-18

Vi o Filho do homem que me disse: Não tenhas medo. Eu sou o Primeiro e o Último, aquele que vive. Estive morto, mas agora estou vivo para sempre. Eu tenho a chave da morte e da região dos mortos.

V. O Senhor ressurgiu realmente. Aleluia.

R. E apareceu a Simão. Aleluia.

Oração das Doze Horas

Leitura breve   Cl 2,9.10a.12

Em Cristo habita corporalmente toda a plenitude da divindade. Dele também vós estais repletos. Com Cristo fostes sepultados no batismo; com ele também fostes ressuscitados por meio da fé no poder de Deus, que ressuscitou a Cristo dentre os mortos.

V. Os discípulos ficaram muito alegres, aleluia,

R. Por verem o Senhor ressuscitado. Aleluia.

Oração das Quinze Horas

Leitura breve   2Tm 2,8.11

Lembra-te de Jesus Cristo, da descendência de Davi, ressuscitado dentre os mortos, segundo o meu evangelho. Merece fé esta palavra: se com ele morremos, com ele viveremos.

V. Ó Senhor, ficai conosco, aleluia,

R. Pois o dia já declina. Aleluia.

Oração como nas Laudes.

Vésperas

Leitura breve
Hb 8,1b-3a

Temos um sumo sacerdote tão grande, que se assentou à direita do trono da majestade, nos céus. Ele é ministro do Santuário e da Tenda verdadeira, armada pelo Senhor, e não por mão humana. Todo o sumo sacerdote, com efeito, é constituído para oferecer dádivas e sacrifícios.

Responsório breve

R. Os discípulos ficaram muito alegres. * Aleluia, aleluia.
   R. Os discípulos.
V. Quando viram o Senhor ressuscitado. * Aleluia, aleluia.
   Glória ao Pai. R. Os discípulos.

Cântico evangélico, ant.

O Espírito da verdade que procede do meu Pai
dará de mim seu testemunho
e vós também o haveis de dar. Aleluia.

Preces

Roguemos a Cristo, nosso Senhor, que iluminou o mundo com a glória de sua ressurreição; e digamos:

R. **Cristo, nossa vida, ouvi-nos!**

Senhor, Jesus Cristo, que vos fizestes companheiro de viagem dos dois discípulos a caminho de Emaús,
— permanecei sempre com vossa Igreja, peregrina sobre a terra. R.

Não permitais que vossos fiéis sejam lentos para crerem,
— mas fazei que proclamem o vosso triunfo sobre a morte. R.

Olhai com bondade para aqueles que ainda não vos reconhecem no caminho de suas vidas,
— e mostrai-lhes o vosso rosto, para que também eles se salvem. R.

Vós, que pela cruz reconciliastes toda a humanidade, reunindo-a num só corpo,
– concedei a paz e a unidade a todas as nações. R.
(intenções livres)

Juiz dos vivos e dos mortos,
– concedei o perdão dos pecados a todos os que partiram desta vida e creram em vós. R.
Pai nosso...

Oração

Concedei, ó Deus, que vejamos frutificar em toda a nossa vida as graças do mistério pascal, que instituístes na vossa misericórdia. Por nosso Senhor Jesus Cristo, vosso Filho, na unidade do Espírito Santo.

TERÇA-FEIRA

Ofício das Leituras

V. Ressurgindo dentre os **mortos**,
Jesus **Cristo** já não **mor**re. Ale**lui**a.
R. E a **mor**te não tem **mais**
nenhum do**mín**io sobre **ele**. Ale**lui**a.

Primeira leitura
Da Primeira Carta de São João 2,12-17

O cumprimento da vontade de Deus

[12] Eu vos escrevo, filhinhos: os vossos pecados foram perdoados por meio do seu nome. [13] Eu vos escrevo, pais: vós conheceis aquele que é desde o princípio. Eu vos escrevo, jovens: vós vencestes o Maligno. [14] Já vos escrevi, filhinhos: vós conheceis o Pai. Já vos escrevi, jovens: vós sois fortes, a Palavra de Deus permanece em vós, e vencestes o Maligno.
[15] Não ameis o mundo, nem o que há no mundo. Se alguém ama o mundo, não está nele o amor do Pai. [16] Porque tudo o que há no mundo – as paixões da natureza, a concu-

6ª Semana do Tempo Pascal

piscência dos olhos e a ostentação da riqueza – não vem do Pai, mas do mundo. [17]Ora, o mundo passa, e também a sua concupiscência; mas aquele que faz a vontade de Deus permanece para sempre.

Responsório   1Jo 2,17.15b

R. O mundo **pas**sa e, tam**bém**, seus de**se**jos;
  * Mas os que **fa**zem a von**ta**de de **Deus**,
    vive**rão** para **sem**pre, ale**lu**ia.
V. Quem ama o **mun**do não pos**sui** o amor do **Pai**.
  * Mas os que **fa**zem.

Segunda leitura

Do Comentário sobre o Evangelho de João, de São Cirilo de Alexandria, bispo

(Lib. 11,11: G 74,559-562)   (Séc. V)

Cristo é o vínculo da unidade

Cada vez que participamos do corpo sagrado de Cristo, unimo-nos a ele corporalmente, como afirma São Paulo ao falar do mistério do amor misericordioso de Deus: *Este mistério, Deus não o fez conhecer aos homens das gerações passadas mas acaba de o revelar agora, pelo Espírito, aos seus santos apóstolos e profetas: os pagãos são admitidos à mesma herança, são membros do corpo, são associados à mesma promessa em Jesus Cristo* (Ef 3,5-6).

Ora, se todos nós formamos um só corpo em Cristo, não apenas uns com os outros, mas também com aquele que habita em nós pela sua carne, por que não vivemos plenamente esta união existente entre nós e com Cristo? Com efeito, Cristo é o vínculo da unidade, por ser ao mesmo *tempo Deus e homem*.

Seguindo o mesmo caminho, podemos falar da nossa união espiritual, afirmando que todos nós, ao recebermos o único e mesmo Espírito Santo, nos unimos uns com os outros e com Deus. Embora estejamos separados, somos muitos e, em cada um de nós, Cristo faz habitar o Espírito do Pai que é também o seu. Todavia, o Espírito é um só e indivisível e, com a sua presença e ação, reúne os que individualmente são distintos uns dos outros, fazendo com que em si mesmo todos sejam um só. Assim como a virtude do corpo sagrado de Cristo transforma num só corpo os que dele participam, parece-me que o único e indivisível Espírito de Deus, habitando em cada um, vincula a todos numa unidade espiritual.

Por isso, novamente São Paulo se dirige a nós: *Suportai-vos uns aos outros com paciência, no amor. Aplicai-vos em guardar a unidade do espírito pelo vínculo da paz. Há um só Corpo e um só Espírito, como também é uma só a esperança à qual fostes chamados. Há uma só fé, um só Senhor, um só batismo, um só Deus e Pai de todos, que reina sobre todos, age por meio de todos e permanece em todos* (Ef 4,2-6). Se efetivamente é um só Espírito que habita em nós, também o único Deus e Pai de todos estará em nós por seu Filho, unindo entre si e consigo todos os que participam do mesmo Espírito.

Desde agora, torna-se evidente que, de alguma maneira, estamos unidos ao Espírito Santo por participação. De fato, se de uma vez por todas abandonamos a vida puramente natural e obedecemos às leis do espírito, é claro que, deixando de lado a nossa vida anterior e unindo-nos ao Espírito Santo, adquirimos uma configuração espiritual e, até certo ponto, transformamos em outra a nossa natureza. Assim já não somos simplesmente homens, mas filhos de Deus e habitantes do céu, pelo fato de nos termos tornado participantes da natureza divina.

Todos, portanto, somos um só no Pai, no Filho e no Espírito Santo. Um só, repito, pela identidade de condição, um só pela união da caridade, pela comunhão do corpo sagrado de Cristo e pela participação do único Espírito Santo.

6ª Semana do Tempo Pascal

Responsório   cf. 1Cor 10,17; Sl 67(68),11b.7a

R. Já que existe um pão somente,
apesar de sermos muitos, nós formamos um só corpo:
* Pois todos nós participamos
de um só pão e de um só cálice. Aleluia.
V. Com carinho, preparastes essa terra para o pobre;
é o Senhor quem dá abrigo, dá um lar aos deserdados.
* Pois todos nós.

Oração como nas Laudes.

Laudes

Leitura breve   At 13,30-33

Deus ressuscitou Jesus dos mortos e, durante muitos dias, ele foi visto por aqueles que o acompanharam desde a Galileia até Jerusalém. Agora eles são testemunhas de Jesus diante do povo. Por isso, nós vos anunciamos este Evangelho: a promessa que Deus fez aos antepassados, ele a cumpriu para nós, seus filhos, quando ressuscitou Jesus, como está escrito no salmo segundo: Tu és o meu filho, eu hoje te gerei.

Responsório breve

R. O Senhor ressurgiu do sepulcro. * Aleluia, aleluia.
R. O Senhor.
V. Foi suspenso por nós numa cruz. * Aleluia, aleluia.
Glória ao Pai. R. O Senhor.

Cântico evangélico, ant.

Ainda um pouco e já o mundo não me vê;
vós, porém, haveis de ver-me, pois eu vivo
e igualmente vivereis, aleluia.

Preces

Demos graças a Deus, Pai de nosso Senhor Jesus Cristo, o Cordeiro sem mancha, que tira o pecado do mundo; e rezemos confiantes:

Terça-feira 803

R. **Senhor, fonte da vida, dai-nos a vossa salvação!**

Deus, fonte da vida, lembrai-vos da morte e ressurreição do Cordeiro imolado na cruz,
— e ouvi as súplicas que ele vos dirige continuamente em nosso favor. R.

Purificai-nos, Senhor, de todo fermento de malícia e perversidade,
— para vivermos a páscoa de Cristo com os pães ázimos da sinceridade e da verdade. R.

Ajudai-nos a vencer neste dia o pecado da discórdia e da inveja,
— e tornai-nos mais atentos às necessidades dos nossos irmãos e irmãs. R.

Dai à nossa vida um autêntico espírito evangélico,
— para andarmos, hoje e sempre, pelo caminho dos vossos mandamentos. R.
(intenções livres)

Pai nosso...

Oração

Ó Deus, que o vosso povo sempre exulte, pela sua renovação espiritual. Alegrando-nos hoje porque adotados de novo como filhos de Deus, esperemos confiantes e alegres o dia da ressurreição. Por nosso Senhor Jesus Cristo, vosso Filho, na unidade do Espírito Santo.

Hora Média

Oração das Nove Horas

Leitura breve At 4,11-12
Jesus é a pedra, que vós, os construtores, desprezastes, e que se tornou a pedra angular. Em nenhum outro há salvação, pois não existe debaixo do céu outro nome dado aos homens pelo qual possamos ser salvos.

804   6ª Semana do Tempo Pascal

V. O Senhor ressurgiu realmente. Aleluia.
R. E apareceu a Simão. Aleluia.

Oração das Doze Horas

Leitura breve   cf. 1Pd 3,21-22a

O batismo é hoje a vossa salvação pois ele não serve para limpar o corpo da imundície, mas é um pedido a Deus para obter uma boa consciência, em virtude da ressurreição de Jesus Cristo que está à direita de Deus.

V. Os discípulos ficaram muito alegres, aleluia,
R. Por verem o Senhor ressuscitado. Aleluia.

Oração das Quinze Horas

Leitura breve   Cl 3,1-2

Se ressuscitastes com Cristo, esforçai-vos por alcançar as coisas do alto, onde está Cristo, sentado à direita de Deus; aspirai às coisas celestes e não às coisas terrestres.

V. Ó Senhor, ficai conosco, aleluia,
R. Pois o dia já declina. Aleluia.

Oração como nas Laudes.

Vésperas

Leitura breve   1Pd 2,4-5

Aproximai-vos do Senhor, pedra viva, rejeitada pelos homens, mas escolhida e honrosa aos olhos de Deus. Do mesmo modo, também vós, como pedras vivas, formai um edifício espiritual, um sacerdócio santo, a fim de oferecerdes sacrifícios espirituais, agradáveis a Deus, por Jesus Cristo.

Responsório breve

R. Os discípulos ficaram muito alegres. * Aleluia, aleluia.
    R. Os discípulos.

Terça-feira

V. Quando **viram o Se**nhor** ressuscitado. * Ale**lui**a, ale**lui**a.
Glória ao **Pai**. R. Os dis**cí**pulos.

Cântico evangélico, ant.

Em ver**da**de, em ver**da**de, eu vos **di**go:
é me**lhor** para **vós** que eu me **vá**;
se eu não **for** não vi**rá** o Pa**rá**clito. Ale**lui**a.

Preces

Invoquemos a Cristo, que pela sua ressurreição confirmou
a esperança do seu povo; e peçamos com muita fé:
R. **Cristo, vivo para sempre, escutai-nos!**

Senhor Jesus Cristo, de cujo lado aberto correu sangue e
água,
– fazei da Igreja vossa esposa imaculada. R.

Pastor supremo da Igreja, que depois da ressurreição confiastes a Pedro o cuidado do vosso rebanho,
– protegei o nosso papa N. e confirmai-o na caridade ao
serviço do vosso povo. R.

Vós, que enchestes de peixes as redes de vossos discípulos
que pescavam no lago de Tiberíades,
– enviai operários à vossa Igreja, para que continuem seu
trabalho apostólico. R.

Vós, que preparastes pão e peixes para vossos discípulos,
na margem do lago,
– não permitais que nossos irmãos e irmãs morram de fome
por nossa culpa. R.

(intenções livres)

Senhor Jesus, novo Adão, que nos dais a vida, tornai semelhantes à vossa imagem gloriosa os que já deixaram este
mundo,
– para que participem plenamente da alegria perfeita no céu.
R.

Pai nosso...

806

6ª Semana do Tempo Pascal

Oração

Ó Deus, que o vosso povo sempre exulte, pela sua renovação espiritual. Alegrando-nos hoje porque adotados de novo como filhos de Deus, esperemos confiantes e alegres o dia da ressurreição. Por nosso Senhor Jesus Cristo, vosso Filho, na unidade do Espírito Santo.

QUARTA-FEIRA

Ofício das Leituras

V. Deus, o **Pai**, ressusci**tou** a Jesus **Cristo** dentre os **mor**tos, ale**luia**,

R. Para que esteja no **Senhor** a nossa **fé** e esp**erança**. Ale**luia**.

Primeira leitura

Da Primeira Carta de São João   2,18-29

O Anticristo

[18] Filhinhos, esta é a última hora. Ouvistes dizer que o Anticristo virá. Com efeito, muitos anticristos já apareceram. Por isso, sabemos que chegou a última hora. [19] Eles saíram do nosso meio, mas não eram dos nossos, pois se fossem realmente dos nossos, teriam permanecido conosco. Mas era necessário ficar claro que nem todos são dos nossos. [20] Vós já recebestes a unção do Santo, e todos tendes conhecimento. [21] Se eu vos escrevi, não é porque ignorais a verdade, mas porque a conheceis, e porque nenhuma mentira provém da verdade. [22] Quem é o mentiroso, senão aquele que nega que Jesus é o Cristo? O Anticristo é aquele que nega o Pai e o Filho. [23] Todo aquele que nega o Filho, também não possui o Pai. Quem confessa o Filho, possui também o Pai.

[24] Permaneça dentro de vós aquilo que ouvistes desde o princípio. Se o que ouvistes desde o princípio permanecer em vós, permanecereis com o Filho e com o Pai. [25] E esta é a promessa que ele nos fez: a vida eterna.

Quarta-feira

²⁶Escrevo isto a respeito dos que procuram desencaminhar-vos. ²⁷Quanto a vós mesmos, a unção que recebestes da parte de Jesus permanece convosco, e não tendes necessidade de que alguém vos ensine. A sua unção vos ensina tudo, e ela é verdadeira e não mentirosa. Por isso, conforme a unção que Jesus vos ensinou, permanecei nele.

²⁸Então, agora, filhinhos, permanecei nele. Assim poderemos ter plena confiança, quando ele se manifestar, e não seremos vergonhosamente afastados dele, quando da sua vinda. ²⁹E já que sabeis que ele é justo, sabei também que todo aquele que pratica a justiça nasceu dele.

Responsório   cf. 1Jo 2,27; Jl 2,23

R. Em **vós** perma**ne**ce a un**ção** rece**bi**da,
  * E **não** precisais que al**guém** vos en**si**ne,
    pois a **sua** un**ção** vos faz **sá**bios em **tu**do. Ale**lui**a.
V. Exul**tai** e ale**grai**-vos no Se**nhor**, vosso **Deus**,
    porque **e**le fez ca**ir** uma **chu**va opor**tu**na.
  * E **não** precisais.

Segunda leitura
Dos Sermões de São Leão Magno, papa
    (Sermo 1 de Ascensione, 2-4: PL 54,395-396) (Séc. V)

Os dias entre a ressurreição e a ascensão do Senhor

Caríssimos filhos, os dias entre a ressurreição e a ascensão do Senhor não foram passados na ociosidade. Pelo contrário, neles se confirmaram grandes sacramentos, grandes mistérios foram neles revelados.

No decurso destes dias foi afastado o medo da morte cruel e proclamada a imortalidade não apenas da alma mas também do corpo. Nestes dias, mediante o sopro do Senhor, todos os apóstolos receberam o Espírito Santo; nestes dias foi confiado ao apóstolo Pedro, mais que a todos os outros, o cuidado do rebanho do Senhor, depois de ter recebido as chaves do Reino.

Durante esses dias, o Senhor juntou-se, como um terceiro companheiro, a dois discípulos em viagem, e para dissipar as sombras de nossas dúvidas repreendeu a lentidão de espírito desses homens cheios de medo e pavor. Seus corações, por ele iluminados, receberam a chama da fé; e à medida que o Senhor ia-lhes explicando as Escrituras, foram se convertendo de indecisos que eram em ardorosos. E mais: ao partir o pão, quando estavam sentados com ele à mesa, abriram-se-lhes os olhos. Abriram-se os olhos dos dois discípulos, como os dos nossos primeiros pais. Mas quão mais felizes foram os olhos dos dois discípulos ante a glorificação da própria natureza, manifestada em Cristo, do que os olhos de nossos primeiros pais ante a vergonha da própria prevaricação!

Durante todo esse tempo, caríssimos filhos, passado entre a ressurreição e a ascensão do Senhor, a providência de Deus esforçou-se por ensinar e insinuar não apenas aos olhos mas também aos corações dos seus que a ressurreição do Senhor Jesus Cristo era tão real como o seu nascimento, paixão e morte.

Os santos apóstolos e todos os discípulos ficaram muito perturbados com a tragédia da cruz e hesitavam em acreditar na ressurreição. De tal modo eles foram fortalecidos pela evidência da verdade que, quando o Senhor subiu aos céus, não experimentaram tristeza alguma, mas, pelo contrário, encheram-se de grande alegria.

Na verdade, era grande e indizível o motivo de sua alegria: diante daquela santa multidão, contemplavam a natureza humana que subia a uma dignidade superior à de todas as criaturas celestes, ultrapassando até mesmo as hierarquias dos anjos e a altura sublime dos arcanjos. Deste modo, foi recebida junto do eterno Pai, que a associou ao trono de sua glória, depois de tê-la unido na pessoa do Filho à sua própria natureza divina.

Quarta-feira

Responsório Jo 14,2b.3b.16.18

R. Vou preparar para **vós** um lugar
 * E ao voltar vou levar-vos comigo,
 para **que**, onde estou, estejais
 vós, também, junto a **mim**, aleluia.
V. Rogarei a meu **Pai** e ele **há**
 de enviar-vos um outro Paráclito
 que fique convosco para sempre. * E ao voltar.

Oração como nas Laudes.

Laudes

Leitura breve Rm 6,8-11

Se morremos com Cristo, cremos que também viveremos com
ele. Sabemos que Cristo ressuscitado dos mortos não morre
mais; a morte já não tem poder sobre ele. Pois aquele que morreu, morreu para o pecado uma vez por todas; mas aquele que
vive, é para Deus que vive. Assim, vós também considerai-vos
mortos para o pecado e vivos para Deus, em Jesus Cristo.

Responsório breve

R. O Se**nhor** ressurgiu do sepulcro. * Aleluia, aleluia.
 R. O Se**nhor**.
V. Foi suspenso por **nós** numa **cruz**. * Aleluia, aleluia.
 Glória ao **Pai**. R. O Se**nhor**.

Cântico evangélico, ant.
Tenho ainda muitas coisas a dizer-vos,
mas agora não podeis compreendê-las;
quando vier o Espírito da verdade,
toda a verdade haverá de ensinar-vos. Aleluia.

Preces
Elevemos nossas preces a Deus Pai, que quis revelar aos
apóstolos a glória de Cristo ressuscitado; e aclamemos:

R. Iluminai-nos, Senhor, com a glória de Cristo!

Nós vos louvamos, Senhor, fonte de luz e de glória,
– que nos chamastes à vossa luz admirável para alcançarmos a salvação. **R.**

Purificai e fortalecei com o poder do Espírito Santo a atividade da Igreja em toda a terra,
– para que melhorem as relações humanas entre todos os cidadãos do mundo. **R.**

Fazei que nos dediquemos de tal modo ao serviço do próximo,
– que possamos transformar a comunidade humana numa oferenda agradável aos vossos olhos. **R.**

Desde o amanhecer, cumulai-nos com os dons da vossa bondade,
– para vivermos na alegria do vosso louvor durante todo este dia. **R.**

(intenções livres)

Pai nosso...

Oração

Ó Deus, ao celebrarmos solenemente a ressurreição do vosso Filho, concedei que nos alegremos com todos os santos, quando ele vier na sua glória. Por nosso Senhor Jesus Cristo, vosso Filho, na unidade do Espírito Santo.

Hora Média

Oração das Nove Horas

Leitura breve   cf. Rm 4,24-25

Cremos naquele que ressuscitou dos mortos Jesus, nosso Senhor. Ele, Jesus, foi entregue por causa de nossos pecados e foi ressuscitado para nossa justificação.

Quarta-feira

V. O Senhor ressurgiu realmente. Aleluia.
R. E apareceu a Simão. Aleluia.

Oração das Doze Horas

Leitura breve   1Jo 5,5-6a

Quem é o vencedor do mundo, senão aquele que crê que Jesus é o Filho de Deus? Este é o que veio pela água e pelo sangue: Jesus Cristo. Não veio somente com a água, mas com a água e o sangue.

V. Os discípulos ficaram muito alegres, aleluia,
R. Por verem o Senhor ressuscitado. Aleluia.

Oração das Quinze Horas

Leitura breve   cf. Ef 4,23-24

Renovai o vosso espírito e a vossa mentalidade. Revesti o homem novo, criado à imagem de Deus, em verdadeira justiça e santidade.

V. Ó Senhor, ficai conosco, aleluia,
R. Pois o dia já declina. Aleluia.

Oração como nas Laudes.

Vésperas

Nas regiões onde a solenidade da Ascensão do Senhor é celebrada no domingo seguinte, se diz:

Leitura breve   Hb 7,24-27

Cristo, uma vez que permanece para a eternidade, possui um sacerdócio que não muda. Por isso ele é capaz de salvar para sempre aqueles que, por seu intermédio, se aproximam de Deus. Ele está sempre vivo para interceder por eles. Tal é precisamente o sumo sacerdote que nos convinha: santo, inocente, sem mancha, separado dos pecadores e elevado acima dos céus. Ele não precisa, como os sumos

812 6ª Semana do Tempo Pascal

sacerdotes, oferecer sacrifícios em cada dia, primeiro por seus próprios pecados e depois pelos do povo. Ele já o fez uma vez por todas, oferecendo-se a si mesmo.

Responsório breve
R. Os discípulos ficaram muito alegres. * Aleluia, aleluia.
   R. Os discípulos.
V. Quando viram o Senhor ressuscitado. * Aleluia, aleluia.
   Glória ao Pai. R. Os discípulos.

Cântico evangélico, ant.
O Espírito me glorificará,
pois haverá de receber do que é meu
e haverá de anunciar-vos, aleluia.

Preces
Imploremos a Deus todo-poderoso, que, em seu Filho ressuscitado, nos abriu as portas da vida eterna; e digamos confiantes:

R. **Pela vitória de Cristo, salvai, Senhor, o vosso povo!**

Deus de nossos pais, que glorificastes vosso Filho Jesus, ressuscitando-o dos mortos,
— transformai os nossos corações para vivermos a vida nova da filiação divina.   R.

Vós, que conduzistes as ovelhas desgarradas, que éramos, a Cristo, pastor e guia de nossas almas,
— conservai-nos fiéis ao evangelho, sob a orientação dos pastores da Igreja.   R.

Vós, que escolhestes dentre o povo judeu os primeiros discípulos de vosso Filho,
— revelai aos filhos de Israel a promessa feita a seus antepassados.   R.

Lembrai-vos de todos os abandonados, dos órfãos e das viúvas,

Quinta-feira

—e não deixeis que vivam sozinhos aqueles que vosso Filho, com sua morte, reconciliou conosco. R.
(intenções livres)

Vós, que chamastes para o Reino celeste o primeiro mártir Santo Estêvão, depois que ele proclamou a glória de Jesus sentado à vossa direita,
—acolhei também na eternidade os nossos irmãos e irmãs que na fé e na caridade esperaram em vós. R.

Pai nosso...

Oração

Ó Deus, ao celebrarmos solenemente a ressurreição do vosso Filho, concedei que nos alegremos com todos os santos, quando ele vier na sua glória. Por nosso Senhor Jesus Cristo, vosso Filho, na unidade do Espírito Santo.

QUINTA-FEIRA

Nas regiões onde a solenidade da Ascensão do Senhor é celebrada no domingo seguinte:

Ofício das Leituras

O versículo, as leituras e os responsórios são os da próxima Sexta-feira, p. 848.
Oração como nas Laudes.

Laudes

Leitura breve   Rm 8,10-11

Se, porém, Cristo está em vós, embora vosso corpo esteja ferido de morte por causa do pecado, vosso espírito está cheio de vida, graças à justiça. E, se o Espírito daquele que ressuscitou Jesus dentre os mortos mora em vós, então aquele que ressuscitou Jesus Cristo dentre os mortos vivificará também vossos corpos mortais por meio do seu Espírito que mora em vós.

814   6ª Semana do Tempo Pascal

Responsório breve

R. O **Senhor** ressur**giu** do se**pul**cro. * Ale**lui**a, ale**lui**a.
   R. O **Senhor**.
V. Foi sus**pen**so por **nós** numa **cruz**. * Ale**lui**a, ale**lui**a.
   Glória ao **Pai**. R. O **Senhor**.

Cântico evangélico, ant.

Um **pouco** de **tempo** e já **não** me ve**reis**;
de **no**vo um **pouco** e en**tão** me ve**reis**,
pois eu **vou** para o **Pai**, ale**lui**a.

Preces

Invoquemos com toda a confiança a Deus Pai, que em Jesus
Cristo deu aos seus filhos e filhas a certeza da ressurreição;
e digamos:

R. **Que o Senhor Jesus seja a nossa vida!**

Pela coluna de fogo iluminastes, Senhor, vosso povo no
deserto;
— por sua ressurreição, seja Cristo hoje para nós a luz da vida.
R.

Pela voz de Moisés ensinastes, Senhor, o vosso povo no
monte Sinai;
— por sua ressurreição seja Cristo hoje para nós a palavra da
vida.
R.

Com o maná alimentastes, Senhor, vosso povo peregrino;
— por sua ressurreição, seja Cristo hoje para nós o pão da
vida.
R.

Com a água do rochedo destes de beber, Senhor, ao vosso
povo;
— pela ressurreição de Cristo, vosso Filho, concedei-nos
hoje o Espírito que dá vida.
R.

(intenções livres)

Pai nosso...

Oração

Ó Deus, que fizestes o vosso povo participar da vossa redenção, concedei que nos alegremos constantemente com a ressurreição do Senhor. Que convosco vive e reina, na unidade do Espírito Santo.

Hora Média

Oração das Nove Horas

Leitura breve   1Cor 12,13

Todos nós, judeus ou gregos, escravos ou livres, fomos batizados num único Espírito, para formarmos um único corpo, e todos nós bebemos de um único Espírito.

V. O Senhor ressurgiu realmente. Aleluia.
R. E apareceu a Simão. Aleluia.

Oração das Doze Horas

Leitura breve   Tt 3,5b-7

Deus nos salvou quando renascemos e fomos renovados no batismo pelo Espírito Santo, que ele derramou abundantemente sobre nós por meio de nosso Salvador Jesus Cristo. Justificados assim, pela sua graça, nos tornamos na esperança herdeiros da vida eterna.

V. Os discípulos ficaram muito alegres, aleluia,
R. Por verem o Senhor ressuscitado. Aleluia.

Oração das Quinze Horas

Leitura breve   cf. Cl 1,12-14

Demos graças ao Pai, que nos tornou capazes de participar da luz, que é a herança dos santos. Ele nos libertou do poder das trevas e nos recebeu no Reino de seu Filho amado, por quem temos a redenção, o perdão dos pecados.

6ª Semana do Tempo Pascal

V. Ó **Senhor**, ficai co**nosco**, ale**luia**,
R. Pois o **dia** já de**clina**. Ale**luia**.

Oração como nas Laudes.

Vésperas

Leitura breve   1Pd 3,18.21b-22

Cristo morreu, uma vez por todas, por causa dos pecados, o justo, pelos injustos, a fim de vos conduzir a Deus. Sofreu a morte, na sua existência humana, mas recebeu nova vida pelo Espírito. Pois o batismo não serve para limpar o corpo da imundície, mas é um pedido a Deus para obter uma boa consciência, em virtude da ressurreição de Jesus Cristo. Ele subiu ao céu e está à direita de Deus, submetendo-se a ele anjos, dominações e potestades.

Responsório breve

R. Os dis**cí**pulos fi**ca**ram muito a**legres**. * Ale**luia**, ale**luia**.
    R. Os dis**cí**pulos.
V. Quando **viram** o Se**nhor** ressuscitado. * Ale**luia**, ale-
luia.
    Glória ao **Pai.** R. Os dis**cí**pulos.

Cântico evangélico, ant.

Vossa tris**teza** vai mu**dar**-se em ale**gria**;
e ning**ué**m pode ti**rar** vossa ale**gria**. Ale**luia**.

Preces

Exultemos de alegria em Cristo, nosso Senhor, a quem o Pai constituiu fundamento de nossa esperança e da ressurreição dos mortos. Aclamemos e peçamos:

R. **Cristo, rei da glória, ouvi-nos!**

Senhor Jesus, que pelo vosso sangue derramado na cruz e por vossa ressurreição entrastes no santuário celeste,

Quinta-feira

– conduzi-nos convosco à glória do Pai. **R.**

Senhor Jesus, que por vossa ressurreição fortalecestes a fé dos discípulos e os enviastes ao mundo para anunciar o evangelho,
– fazei que os bispos e os presbíteros sejam fiéis mensageiros da vossa Palavra. **R.**

Senhor Jesus, que por vossa ressurreição nos trouxestes a reconciliação e a paz,
– dai aos cristãos uma perfeita união na fé e na caridade. **R.**

Senhor Jesus, que por vossa ressurreição curastes o paralítico que estava à porta do Templo,
– olhai com bondade para os enfermos e manifestai neles a vossa glória. **R.**

(intenções livres)

Senhor Jesus, que por vossa ressurreição vos tornastes o primogênito dentre os mortos,
– concedei a participação na glória celeste àqueles que acreditaram e esperaram em vós. **R.**

Pai nosso...

Oração

Ó Deus, que fizestes o vosso povo participar da vossa redenção, concedei que nos alegremos constantemente com a ressurreição do Senhor. Que convosco vive e reina, na unidade do Espírito Santo.

ASCENSÃO DO SENHOR

Solenidade

I Vésperas

Hino

Ó Jesus, redenção nossa,
nosso anelo e nosso amor,
novo Rei dos novos tempos
e dos seres Criador.

Que clemência vos venceu
para os crimes carregar,
e, na cruz sofrendo a morte,
doutra morte nos livrar?

À mansão dos mortos indo,
os cativos libertar,
e do Pai à mão direita
triunfante vos sentar?

Esta mesma piedade
nos liberte dos pecados,
e ao clarão de vossa face
nós seremos saciados.

Nosso prêmio no futuro,
nosso gozo sois também.
Sede sempre nossa glória
pelos séculos. Amém.

Salmodia

Ant. 1 Saí do **Pai** e vim ao **mun**do;
deixo o **mun**do e vou ao **Pai**. Ale**lu**ia.

Salmo 112(113)

– ¹Lou**vai**, louvai, ó **ser**vos do Se**nhor**, *
lou**vai**, louvai o nome do Senhor!

I Vésperas

–² Bendito seja o nome do Senhor, *
 agora e por toda a eternidade!
–³ Do nascer do sol até o seu ocaso, *
 louvado seja o nome do Senhor!
–⁴ O Senhor está acima das nações, *
 sua glória vai além dos altos céus.
=⁵ Quem pode comparar-se ao nosso Deus, †
 ao Senhor, que no alto céu tem o seu trono *
 ⁶ e se inclina para olhar o céu e a terra?
–⁷ Levanta da poeira o indigente *
 e do lixo ele retira o pobrezinho,
–⁸ para fazê-lo assentar-se com os nobres, *
 assentar-se com os nobres do seu povo.
–⁹ Faz a estéril, mãe feliz em sua casa, *
 vivendo rodeada de seus filhos.

Ant. Saí do Pai e vim ao mundo;
 deixo o mundo e vou ao Pai. Aleluia.

Ant. 2 O Senhor Jesus Cristo
 falou com os seus pela última vez;
 elevou-se aos céus
 e sentou-se à direita de Deus. Aleluia.

Salmo 116(117)

–¹ Cantai louvores ao Senhor, todas as gentes, *
 povos todos, festejai-o!
–² Pois comprovado é seu amor para conosco, *
 para sempre ele é fiel!

Ant. O Senhor Jesus Cristo
 falou com os seus pela última vez;
 elevou-se aos céus
 e sentou-se à direita de Deus. Aleluia.

Ascensão do Senhor

Ant. 3 Ninguém jamais subiu ao **céu**,
senão **quem** do céu desceu:
o Filho do **Ho**mem, que é do **céu**. Aleluia.

Cântico   Ap 11,17-18; 12,10b-12a

– [11.17] Graças vos **da**mos, Senhor **Deus** onipotente, *
a vós que **sois**, a vós que éreis e sereis,

–   porque assu**mis**tes o poder que vos pertence, *
e en**fim** tomastes posse como rei!

(R. **Nós** vos damos **graças**, nosso **Deus**!)

=   [18] As na**ções** se enfureceram revoltadas, †
mas che**gou** a vossa ira contra elas *
e o **tem**po de julgar vivos e mortos,

=   e de **dar** a recompensa aos vossos servos, †
aos pro**fe**tas e aos que temem vosso nome, *
aos **san**tos, aos pequenos e aos grandes.   (R.)

= [12,10] Chegou a**go**ra a salvação e o poder †
e a rea**le**za do Senhor e nosso Deus, *
e o do**mí**nio de seu Cristo, seu Ungido.

–   Pois foi ex**pul**so o delator que acusava *
nossos ir**mãos**, dia e noite, junto a Deus.   (R.)

=   [11] Mas o ven**ce**ram pelo sangue do Cordeiro †
e o teste**mu**nho que eles deram da Palavra, *
pois despre**za**ram sua vida até à morte.

–   [12] Por isso, ó **céus**, cantai alegres e exultai *
e vós **to**dos os que neles habitais!   (R.)

Ant. Ninguém ja**mais** subiu ao **céu**,
senão **quem** do céu desceu:
o Filho do **Ho**mem, que é do **céu**. Aleluia.

Leitura breve   Ef 2,4-6

Deus é rico em misericórdia. Por causa do grande amor com
que nos amou, quando estávamos mortos por causa das nossas faltas, ele nos deu a vida com Cristo. É por graça que

I Vésperas

vós sois salvos! Deus nos ressuscitou com Cristo e nos fez sentar nos céus em virtude de nossa união com Jesus Cristo.

Responsório breve

R. Por entre aclamações Deus se elevou,
* Aleluia, aleluia. R. Por entre.
V. O Senhor subiu ao toque da trombeta. * Aleluia.
Glória ao Pai. R. Por entre.

Cântico evangélico, ant.

Meu Pai, revelei o teu nome àqueles os quais tu me deste.
Agora eu te peço por eles;
não peço, porém, pelo mundo, pois venho a ti, aleluia.

Preces

Aclamemos a Jesus Cristo, que está sentado à direita do Pai na glória do céu; e digamos na alegria do Espírito:

R. **Cristo, rei da glória, nós vos louvamos!**

Rei da glória, que elevastes convosco a fragilidade da nossa carne para ser glorificada no céu,
– apagai a maldade da antiga culpa e devolvei-nos a dignidade original que havíamos perdido. R.

Vós, que descestes até nós pelo caminho do amor,
– pelo mesmo caminho, fazei-nos subir até vós. R.

Vós, que prometestes atrair para vós a humanidade inteira,
– não permitais que nenhum de nós fique separado da unidade do vosso corpo. R.

Fazei-nos desde agora viver de corpo e alma no céu,
– para onde subistes cheio de glória como Senhor do universo. R.

(intenções livres)

Senhor, a quem esperamos como juiz dos vivos e dos mortos,

822 Ascensão do Senhor

... fazei que, um dia, juntamente com nossos irmãos e irmãs falecidos, possamos contemplar eternamente a vossa infinita misericórdia.

R. **Cristo, rei da glória, nós vos louvamos!**

Pai nosso...

Oração

Ó Deus todo-poderoso, a ascensão do vosso Filho já é nossa vitória. Fazei-nos exultar de alegria e fervorosa ação de graças, pois, membros de seu corpo, somos chamados na esperança a participar da sua glória. Por nosso Senhor Jesus Cristo, vosso Filho, na unidade do Espírito Santo.

Invitatório

R. Adoremos o **Cristo** Se**nhor** que **sobe** aos **céus**. Ale**luia**.

Salmo invitatório como no Ordinário, p. 944.

Ofício das Leituras

Hino

Ó Senhor, Rei eterno e sublime,
dos fiéis imortal Redentor!
Morre a morte, por vós destruída,
e triunfa, por graça, o amor.

Sobre o trono celeste elevado,
à direita do Pai vos sentais,
e um poder é a vós concedido,
que é do céu, não pertence aos mortais,

para que todo ser que criastes
nos abismos, na terra, ou nos céus
ante vós, de joelhos, se incline,
com respeito, adorando seu Deus.

Tremem anjos, perante a mudança
que o destino dos homens sofreu:

Ofício das Leituras

peca a carne e a carne redime,
reina a carne no Verbo de Deus.

Sois, Senhor, nosso gozo e delícia,
que a alegria do mundo ofuscais.
Sois também nosso prêmio perene,
vós que a todo o universo guiais.

Suplicantes, portanto, rogamos:
Nossas culpas, Senhor, perdoai.
Pela força da graça divina,
nossas mentes a vós elevai.

Quando em glória voltardes na nuvem,
a julgar as nações reunidas,
afastai os devidos castigos,
dai de novo as coroas perdidas.

Honra a vós, ó Jesus glorioso,
que às alturas dos céus ascendeis.
Com o Pai e o Espírito Santo
pelos séculos sem fim reinareis.

Salmodia

Ant. 1 Cantai a **Deus**, a Deus lou**vai**,
cantai um **sal**mo a seu **no**me!
Abri ca**mi**nho para A**que**le
que é le**va**do sobre as **nu**vens. Ale**lu**ia.

Salmo 67(68)

I

– 2 Eis que **Deus** se põe de **pé**, e os ini**mi**gos se dis**per**sam! *
Fogem **lon**ge de sua face os que o**dei**am o Senhor!

= 3 Como a fu**ma**ça se dissipa, assim tam**bém** os dissipais, †
como a **ce**ra se derrete, ao con**ta**to com o fogo, *
assim pe**re**çam os iníquos ante a **fa**ce do Senhor!

– 4 Mas os **jus**tos se alegram na pre**sen**ça do Senhor *
reju**bi**lam satisfeitos e e**xul**tam de alegria!

Ascensão do Senhor

= ⁵Cantai a **Deus**, a Deus louvai, cantai um **sal**mo a seu
  nome! †
  Abri ca**min**ho para Aquele que a**van**ça no deserto; *
  o seu **no**me é Senhor: exul**tai** diante dele!

– ⁶Dos **ór**fãos ele é pai, e das viú**vas** protetor; *
  é as**sim** o nosso Deus em sua **san**ta habitação.

= ⁷É o Se**nhor** quem dá abrigo, dá um **lar** aos deserdados, †
  quem li**ber**ta os prisioneiros e os sa**cia** com fartura, *
  mas aban**do**na os rebeldes num de**ser**to sempre estéril!

– ⁸Quando saístes como povo, cami**nhan**do à sua frente *
  e atraves**san**do o deserto, a terra **to**da estremeceu;

– ⁹orva**lhou** o próprio céu ante a **fa**ce do Senhor, *
  e o Si**nai** também tremeu perante o **Deus** de Israel.

–¹⁰Derra**mas**tes lá do alto uma **chu**va generosa, *
  e vossa **ter**ra, vossa herança, já can**sa**da, renovastes;

–¹¹e a**li** vosso rebanho encon**trou** sua morada; *
  com ca**ri**nho preparastes essa **ter**ra para o pobre.

Ant. Cantai a **Deus**, a Deus lou**vai**,
     cantai um **sal**mo a seu **no**me!
     Abri ca**min**ho para A**que**le
     que é le**va**do sobre as **nu**vens. Ale**lui**a.

Ant. 2 Vós su**bis**tes para o **al**to e le**vas**tes os cativos. Ale**lui**a.

II

–¹²O Se**nhor** anun**ci**ou a boa-**no**va a seus ele**i**tos, *
  e uma **gran**de multidão de nossas **jo**vens a proclamam:

–¹³"Muitos **reis** e seus exércitos fogem **um** após o outro, *
  e a mais **be**la das mulheres distri**bui** os seus despojos.

=¹⁴En**quan**to descansais entre a **cer**ca dos apriscos, †
  as **a**sas de uma pomba de **pra**ta se recobrem, *
  e suas **pe**nas têm o brilho de um **ou**ro esverdeado.

–¹⁵O Se**nhor** onipotente disper**sou** os poderosos, *
  dissi**pou**-os como a neve que se es**pa**lha no Salmon!" –

Ofício das Leituras

¹⁶ Montanhas de Basã tão escarpadas e altaneiras, *
ó montes elevados desta serra de Basã,

¹⁷ por que tendes tanta inveja, ó montanhas sobranceiras, †
deste Monte que o Senhor escolheu para morar? *
Sim, é nele que o Senhor habitará eternamente!

¹⁸ Os carros do Senhor são milhares de milhares; *
do Sinai veio o Senhor, para morar no santuário.

¹⁹ Vós subistes para o alto e levastes os cativos, †
os homens prisioneiros recebestes de presente, *
até mesmo os que não querem vão morar em vossa casa.

²⁰ Bendito seja Deus, bendito seja cada dia, *
o Deus da nossa salvação, que carrega os nossos fardos!

²¹ Nosso Deus é um Deus que salva, é um Deus libertador; *
o Senhor, só o Senhor, nos poderá livrar da morte!

²² Ele esmaga a cabeça dos que são seus inimigos, *
e os crânios contumazes dos que vivem no pecado.

²³ Diz o Senhor: "Eu vou trazê-los prisioneiros de Basã, *
até do fundo dos abismos vou trazê-los prisioneiros!

²⁴ No sangue do inimigo o teu pé vai mergulhar, *
e a língua de teus cães terá também a sua parte".

Ant. Vós subistes para o alto e levastes os cativos. Aleluia.

Ant. 3 Contemplamos, ó Senhor,
vosso cortejo que desfila:
é a entrada do meu Deus,
do meu Rei, no santuário. Aleluia. †

III

²⁵ Contemplamos, ó Senhor, vosso cortejo que desfila, *
é a entrada do meu Deus, do meu Rei, no santuário;

²⁶ † os cantores vão à frente, vão atrás os tocadores, *
e no meio vão as jovens a tocar seus tamborins.

²⁷ "Bendizei o nosso Deus, em festivas assembleias ! *
Bendizei nosso Senhor, descendentes de Israel!"

Ascensão do Senhor

=²⁸ Eis o **jovem** Benjamim que vai à **fren**te deles todos; †
eis os **chef**es de Judá, com as **su**as comitivas, *
os princi**pais** de Zabulon e os princi**pais** de Neftali.

—²⁹ Susci**tai**, ó Senhor Deus, susci**tai** vosso poder, *
confir**mai** este poder que por **nós** manifestastes,

—³⁰ a par**tir** de vosso templo, que es**tá** em Jerusalém, *
para **vós** venham os reis e vos ofer**tem** seus presentes!

=³¹ Amea**çai**, ó nosso Deus, a fera **bra**va dos caniços, †
a ma**na**da de novilhos e os **tou**ros das nações! *
Que vos **ren**dam homenagem e vos **tra**gam ouro e prata!

= Disper**sai** todos os povos que na **guer**ra se comprazem! †
³² Venham **prín**cipes do Egito, venham **dele** os poderosos, *
e le**van**te a Etiópia suas **mãos** para o Senhor!

=³³ Reinos da **ter**ra, celebrai o nosso **Deus**, cantai-lhe salmos! †
³⁴ Ele vi**aja** no seu carro sobre os **céus** dos céus eternos. *
Eis que el**eva** e faz ouvir a sua **voz**, voz poderosa.

—³⁵ Dai glória a **Deus** e exaltai o seu po**der** por sobre as
nuvens. *
Sobre Israel, eis sua glória e sua **gran**de majestade!

—³⁶ Em seu **tem**plo é admirável e a seu **po**vo dá poder. *
Bendito **seja** o Senhor Deus, agora e **sem**pre. Amém,
amém!

Ant. Contem**plamos**, ó Se**nhor**,
vosso cortejo que des**fila**:
é a en**tra**da do meu **Deus**,
do meu **Rei**, no santuário. Ale**lui**a.

V. O Se**nhor** abriu suas **men**tes, aleluia,
R. Para enten**derem** a Escritura. Ale**lui**a.

Primeira leitura
Da Carta de São Paulo aos Efésios   4,1-24

Tendo subido às alturas, ele capturou prisioneiros

Irmãos: [1] Eu, prisioneiro no Senhor, vos exorto a caminhardes de acordo com a vocação que recebestes: [2] Com toda a humildade e mansidão, suportai-vos uns aos outros com paciência, no amor. [3] Aplicai-vos a guardar a unidade do espírito pelo vínculo da paz. [4] Há um só Corpo e um só Espírito, como também é uma só a esperança à qual fostes chamados. [5] Há um só Senhor, uma só fé, um só batismo, [6] um só Deus e Pai de todos, que reina sobre todos, age por meio de todos e permanece em todos.

[7] Cada um de nós recebeu a graça na medida em que Cristo lha deu. [8] Daí esta palavra:

"Tendo subido às alturas, ele capturou prisioneiros, e distribuiu dons aos homens".

[9] "Ele subiu!" Que significa isso, senão que ele desceu também às profundezas da terra. [10] Aquele que desceu é o mesmo que subiu mais alto do que todos os céus; a fim de encher o universo.

[11] E foi ele quem instituiu alguns como apóstolos, outros como profetas, outros ainda como evangelistas, outros, enfim, como pastores e mestres. [12] Assim, ele capacitou os santos para o ministério, para edificar o corpo de Cristo, [13] até que cheguemos todos juntos à unidade da fé e do conhecimento do Filho de Deus, ao estado do homem perfeito e à estatura de Cristo em sua plenitude. [14] Assim, não seremos mais crianças ao sabor das ondas, arrastados por todo vento de doutrina, ludibriados pelos homens e induzidos por sua astúcia ao erro. [15] Motivados pelo amor queremos ater-nos à verdade e crescer em tudo até atingirmos aquele que é a Cabeça, Cristo. [16] Graças a ele, o corpo, coordenado e bem unido, por meio de todas as articulações que o servem, realiza o seu crescimento, segundo uma atividade à medida de cada membro, para a sua edificação no amor.

[17] Eis pois o que eu digo e atesto no Senhor: não continueis a viver como vivem os pagãos, cuja inteligência os leva para o nada. [18] O seu pensamento é presa das trevas e

828 Ascensão do Senhor

eles são estranhos à vida de Deus, por causa da ignorância que é produzida pelo endurecimento do seu coração. [19]Em sua inconsciência, eles entregaram-se à devassidão, a ponto de caírem em imoralidade desenfreada.

[20]Quanto a vós, não é assim que aprendestes Cristo, [21]se ao menos foi bem ele que ouvistes falar, e se é ele que vos foi ensinado, em conformidade com a verdade que está em Jesus. [22]Renunciando à vossa existência passada, despojai-vos do homem velho, que se corrompe sob o efeito das paixões enganadoras, [23]e renovai o vosso espírito e a vossa mentalidade. [24]Revesti o homem novo, criado à imagem de Deus, em verdadeira justiça e santidade.

Responsório   Ef 4,8 (Sl 67[68],19); Sl 46(47),6

R. Subindo o **Cris**to para o **al**to, levou ca**ti**vo o **cativei**ro,
 * Deu seus **dons** à humani**da**de. Ale**lui**a.
V. Por **en**tre aclama**ções** Deus se ele**vou**,
 o Se**nhor** subiu ao **to**que da trom**be**ta. * Deu seus **dons**.

Segunda leitura

Dos Sermões de Santo Agostinho, bispo
(Senno de Ascensione Domini, Mai 98,1-2: PLS 2,494-495)
(Séc. V)

Ninguém subiu ao céu a não ser aquele que de lá desceu

Hoje nosso Senhor Jesus Cristo subiu ao céu; suba também com ele o nosso coração.

Ouçamos as palavras do Apóstolo: *Se ressuscitastes com Cristo, esforçai-vos por alcançar as coisas do alto, onde está Cristo, sentado à direita de Deus; aspirai às coisas celestes e não às coisas terrestres* (Cl 3,1-2). E assim como ele subiu sem se afastar de nós, também nós subimos com ele, embora não se tenha ainda realizado em nosso corpo o que nos está prometido.

Cristo já foi elevado ao mais alto dos céus; contudo, continua sofrendo na terra através das tribulações que nós experimentamos como seus membros. Deu testemunho desta verdade quando se fez ouvir lá do céu: *Saulo, Saulo, por que me persegues* (At 9,4). E ainda: *Eu estava com fome e me destes de comer* (Mt 25,35).

Por que razão nós também não trabalhamos aqui na terra de tal modo que, pela fé, esperança e caridade que nos unem a nosso Salvador, já descansemos com ele no céu? Cristo está no céu, mas também está conosco; e nós, permanecendo na terra, estamos também com ele. Por sua divindade, por seu poder e por seu amor ele está conosco; nós, embora não possamos realizar isso pela divindade, como ele, ao menos podemos realizar pelo amor que temos para com ele.

O Senhor Jesus Cristo não deixou o céu quando de lá desceu até nós; também não se afastou de nós quando subiu novamente ao céu. Ele mesmo afirma que se encontrava no céu quando vivia na terra, ao dizer: *Ninguém subiu ao céu, a não ser aquele que desceu do céu, o Filho do homem, que está no céu* (cf. Jo 3,13).

Isto foi dito para significar a unidade que existe entre ele, nossa cabeça, e nós, seu corpo. E ninguém senão ele podia realizar esta unidade que nos identifica com ele mesmo, pois tornou-se Filho do homem por nossa causa, e nós por meio dele nos tornamos filhos de Deus.

Neste sentido diz o Apóstolo: *Como o corpo é um só, embora tenha muitos membros, e como todos os membros do corpo, embora sejam muitos, formam um só corpo, assim também acontece com Cristo* (1Cor 12,12). Ele não diz: "assim é Cristo", mas: *assim também acontece com Cristo*. Portanto, Cristo é um só, formado por muitos membros.

Desceu do céu por sua misericórdia e ninguém mais subiu senão ele; mas nele, pela graça, também nós subimos. Portanto, ninguém mais desceu senão Cristo e ninguém mais subiu além de Cristo.

Isto não quer dizer que a dignidade da cabeça se confunde com a do corpo, mas que a unidade do corpo não se separa da cabeça.

Ascensão do Senhor

Responsório   Cf. At 1,3.9.4

R. De**pois** de ter **padecido**, **Jesus** lhes a**pareceu**,
    du**ran**te qua**ren**ta **dias**, fa**lan**do-lhes **sobre** o **Reino**.
  * E ele **foi** elevado ao **céu**, à **vista** dos **seus amigos**
    e uma **nu**vem o **encobriu** dos **olhos** dos **seus**, ale**luia**.
V. E, co**mendo** com **eles**, ele de**terminou**-lhes
    que **não** se afas**tassem** de **Jerusalém**,
    mas **sim** que espe**rassem** a pro**messa** do **Pai**. * E ele **foi**.

HINO Te Deum, p. 949.

Oração como nas Laudes.

Laudes

Hino

Esperado com ânsia por todos,
hoje o dia sagrado brilhou
em que Cristo, esperança do mundo,
Deus e Homem, ao céu se elevou.

Triunfou sobre o príncipe do mundo,
vencedor num combate gigante,
e apresenta a Deus Pai, no seu rosto,
toda a glória da carne triunfante.

Dos fiéis ele é a esperança,
numa nuvem de luz elevado,
e de novo abre aos homens o céu
que seus pais lhes haviam fechado.

Ó imensa alegria de todos,
quando o Filho que a Virgem gerou,
logo após o flagelo e a cruz,
à direita do Pai se assentou.

Demos graças a tal defensor
que nos salva, que vida nos deu,
e consigo no céu faz sentar-se
nosso corpo no trono de Deus.

Laudes

Com aqueles que habitam o céu
partilhamos tão grande alegria.
Cristo a eles se deu para sempre,
mas conosco estará cada dia.

Cristo, agora elevado às alturas,
nossa mente convosco elevai,
e, do alto, enviai-nos depressa
vosso Espírito, o Espírito do Pai.

Ant. 1 Ó **ho**mens gali**leus**, por que es**tais** a olhar os **céus**?
Je**sus** que aos céus su**biu**, da mesma **for**ma há de **vir**.
Ale**lui**a.

Salmos e cântico do domingo da I Semana, p. 982.

Ant. 2 Exal**tai** o Rei dos **reis**, cantai **hi**nos ao Se**nhor**!
Ale**lui**a.

Ant. 3 O Se**nhor** se ele**vou** à vista **de**les,
e uma **nu**vem o aco**lheu** na glória e**ter**na. Ale**lui**a.

Leitura breve   Hb 10,12-14
Cristo, depois de ter oferecido um sacrifício único pelos
pecados, sentou-se para sempre à direita de Deus. Não lhe
resta mais senão esperar até que seus inimigos sejam postos debaixo de seus pés. De fato, com esta única oferenda,
levou à perfeição definitiva os que ele santifica.

Responsório breve
R. Subindo o **Cris**to para o **al**to,
  * Ale**lui**a, ale**lui**a. R. Subindo.
V. Levou **ca**tivo o cati**vei**ro * Ale**lui**a.
  Glória ao **Pai**. R. Subindo.

Cântico evangélico, ant.
Eu **su**bo ao meu **Pai** e vosso **Pai**,
ao meu **Deus** e vosso **Deus**. Ale**lui**a.

Preces

Invoquemos com alegria o Senhor Jesus Cristo, que, elevado da terra, atrai para si todas as coisas; e o aclamemos:
R. **Cristo, rei da glória, nós, vos louvamos!**

Senhor Jesus, rei da glória, que, oferecido em sacrifício uma vez para sempre, subistes vitorioso para o céu, onde estais à direita do Pai,
– conduzi os homens e as mulheres à perfeição da caridade.
R.

Sacerdote eterno e ministro da Nova Aliança, que viveis eternamente intercedendo por nós,
– salvai o povo que vos suplica.
R.

Senhor, que voltastes à vida depois de sofrer a Paixão e durante quarenta dias aparecestes a vossos discípulos;
– confirmai, hoje, a nossa fé.
R.

Senhor, que, neste dia, prometestes dar aos apóstolos o Espírito Santo, para que fossem testemunhas vossas até os confins da terra,
– fortalecei também, pela força do mesmo Espírito Santo, o nosso testemunho.
R.

(intenções livres)

Pai nosso...

Oração

Ó Deus todo-poderoso, a ascensão do vosso Filho já é nossa vitória. Fazei-nos exultar de alegria e fervorosa ação de graças, pois, membros de seu corpo, somos chamados na esperança a participar da sua glória. Por nosso Senhor Jesus Cristo, vosso Filho, na unidade do Espírito Santo.

Hora Média

Salmodia

Antífona

Oração das Nove Horas:
Vossa **glória**, Se**nhor**, é mais **al**ta que os **céus**. Ale**lu**ia.

Oração das Doze Horas:
De um ex**tre**mo do **céu** põe-se a cor**re**r
e vai tra**çan**do seu **ras**tro lumi**no**so,
até que **pos**sa che**gar** ao outro ex**tre**mo. Ale**lu**ia.

Oração das Quinze Horas:
Levan**tan**do suas **mãos**, abençôou-os,
e para os **céus** foi eleva**do**, ale**lu**ia.

Numa destas Horas se dizem os seguintes salmos:

Salmo 8

- [2]Ó Se**nhor**, nosso **Deus**, como é **gran**de *
vosso **no**me por todo o universo!

- Desdo**bras**tes nos céus vossa glória *
com gran**de**za, esplendor, majestade.

= [3]O per**fei**to louvor vos é dado †
pelos **lá**bios dos mais pequeninos, *
de cri**an**ças que a mãe amamenta.

- Eis a **for**ça que opondes aos maus, *
redu**zin**do o inimigo ao silêncio.

- [4]Contem**plan**do estes céus que plasmastes *
e for**mas**tes com dedos de artista;

- vendo a **lua** e estrelas brilhantes, *
[5]perguntamos: "Senhor, que é o homem,

- para **de**le assim vos lembrardes *
e o tra**tar**des com tanto carinho?"

- [6]Pouco a**bai**xo de um deus o fizestes, *
coro**an**do-o de glória e esplendor;

Ascensão do Senhor

— [7] vós lhe **des**tes poder sobre tudo, *
vossas obras aos pés lhe pusestes:

— [8] as o**vel**has, os bois, os rebanhos, *
todo o **ga**do e as feras da mata;

— [9] passa**rin**hos e peixes dos mares, *
todo **ser** que se move nas águas.

— [10] Ó S**en**hor, nosso Deus, como é grande *
vosso **no**me por todo o universo!

Salmo 18(19)A

— [2] Os céus pro**cla**mam a **glória** do S**en**hor, *
e o firma**men**to, a obra de suas mãos;

— [3] o dia ao **dia** transmite esta mensagem, *
a noite à **noi**te publica esta notícia.

— [4] Não são dis**cur**sos nem frases ou palavras, *
nem são **vo**zes que possam ser ouvidas;

— [5] seu som resso**a** e se espalha em toda a terra, *
chega aos con**fins** do universo a sua voz.

— [6] Armou no **al**to uma tenda para o sol; *
ele des**pon**ta no céu e se levanta

— como um es**po**so do quarto nupcial, *
como um he**rói** exultante em seu caminho.

— [7] De um ex**tre**mo do céu põe-se a correr *
e vai tra**çan**do o seu rastro luminoso,

— até que **pos**sa chegar ao outro extremo, *
e nada **po**de fugir ao seu calor.

Salmo 18B(19B)

— [8] A **lei** do Senhor **Deus** é perfeita, *
con**for**to para a **al**ma!

— O teste**mu**nho do Senhor é fiel, *
sabe**do**ria dos humildes.

— [9] Os pre**cei**tos do Senhor são precisos, *
ale**gri**a ao coração.

Hora Média

– O mandamento do Senhor é brilhante, *
para os olhos é uma luz.

–[10] É puro o temor do Senhor, *
imutável para sempre.

– Os julgamentos do Senhor são corretos *
e justos igualmente.

–[11] Mais desejáveis do que o ouro são eles, *
do que o ouro refinado.

– Suas palavras são mais doces que o mel, *
que o mel que sai dos favos.

–[12] E vosso servo, instruído por elas, *
se empenha em guardá-las.

–[13] Mas quem pode perceber suas faltas? *
Perdoai as que não vejo!

–[14] E preservai o vosso servo do orgulho: *
não domine sobre mim!

– E assim puro, eu serei preservado *
dos delitos mais perversos.

–[15] Que vos agrade o cantar dos meus lábios *
e a voz da minha alma;

– que ela chegue até vós, ó Senhor, *
meu Rochedo e Redentor!

Nas outras Horas salmodia complementar, p. 1421.

Oração das Nove Horas

Ant. Vossa glória, Senhor, é mais alta que os céus. Aleluia.

Leitura breve

cf. Ap 1,17c-18

Vi o Filho do homem, que me disse: Eu sou o Primeiro e o Último, aquele que vive. Estive morto, mas agora estou vivo para sempre. Eu tenho a chave da morte e da região dos mortos.

836   Ascensão do Senhor

V. Que o **vos**so cora**ção** não se per**tur**be. Ale**lui**a.
R. Vou a**go**ra para o **Pai**. Ale**lui**a.

Oração das Doze Horas

Ant. De um ex**tre**mo do **céu** põe-se a cor**rer**
e vai tra**çan**do seu **ras**tro lumi**no**so,
até que **pos**sa che**gar** ao outro ex**tre**mo. Ale**lui**a.

Leitura breve   Hb 8,1b-3a
Temos um sumo sacerdote tão grande, que se assentou à
direita do trono da majestade, nos céus. Ele é ministro do
Santuário e da Tenda verdadeira, armada pelo Senhor, e
não por mão humana. Todo o sumo sacerdote, com efeito,
é constituído para oferecer dádivas e sacrifícios.

V. O **Se**nhor pôs o seu **tro**no lá nos **céus**. Ale**lui**a.
R. E a**bran**ge o mundo in**tei**ro seu rei**na**do. Ale**lui**a.

Oração das Quinze Horas

Ant. Levan**tan**do suas **mãos**, aben**çoou**-os,
e para os **céus** foi ele**va**do, ale**lui**a.

Leitura breve   Cl 3,1-2
Se ressuscitastes com Cristo, esforçai-vos por alcançar as
coisas do alto, onde está Cristo, sentado à direita de Deus;
aspirai às coisas celestes e não às coisas terrestres.

V. Exal**tai** o rei dos **reis**. Ale**lui**a.
R. Cantai **hi**nos ao Se**nhor**. Ale**lui**a.

Oração

Ó Deus todo-poderoso, a ascensão do vosso Filho já é nossa vitória. Fazei-nos exultar de alegria e fervorosa ação de
graças, pois, membros de seu corpo, somos chamados na esperança a participar da sua glória. Por Cristo, nosso Senhor.

II Vésperas

Hino

Ó Jesus, redenção nossa,
nosso anelo e nosso amor,
novo Rei dos novos tempos
e dos seres Criador.

Que clemência vos venceu
para os crimes carregar,
e, na cruz sofrendo a morte,
doutra morte nos livrar?

À mansão dos mortos indo,
os cativos libertar,
e do Pai à mão direita
triunfante vos sentar?

Esta mesma piedade
nos liberte dos pecados,
e ao clarão de vossa face
nós seremos saciados.

Nosso prêmio no futuro,
nosso gozo sois também.
Sede sempre nossa glória
pelos séculos. Amém.

Salmodia

Ant. 1 Subiu aos **céus** e está sen**ta**do
à di**rei**ta de Deus **Pai**. Ale**lui**a.

Salmo 109(110),1-5.7

– [1] **Pa**lavra do Se**nhor** ao meu Se**nhor**: *
"As**sen**ta-te ao lado meu direito,
– a**té** que eu ponha os inimigos teus *
como esca**be**lo por debaixo de teus pés!" –

838   Ascensão do Senhor

= ²O Se**nhor** estenderá desde Sião †
     vosso **cetro** de poder, pois ele diz: *
     "Do**mi**na com vigor teus inimigos;

= ³Tu és **príncipe** desde o dia em que nasceste; †
     na **gló**ria e esplendor da santidade, *
     como o orvalho, antes da aurora, eu te gerei!"

= ⁴Jurou o Se**nhor** e manterá sua palavra: †
     "Tu **és** sacerdote eternamente, *
     segundo a **or**dem do rei Melquisedec!"

– ⁵À vossa **destra** está o Senhor, ele vos diz: *
     "No dia da **ira** esmagarás os reis da terra!

– ⁷Bebe**rás** água corrente no caminho, *
     por **is**so seguirás de fronte erguida!"

Ant. Subiu aos **céus** e está sen**tado**
     à di**rei**ta de Deus **Pai**. Ale**lui**a.

Ant. 2 Por **en**tre aclama**ções** Deus se ele**vou**.
     O Se**nhor** subiu ao **to**que da trombeta. Ale**lui**a.

             Salmo 46(47)
– ²Povos **to**dos do uni**ver**so, batei **pal**mas, *
     gritai a **Deus** aclamações de alegria!

– ³Porque su**bli**me é o Senhor, o Deus Altíssimo, *
     o sobe**ra**no que domina toda a terra.

– ⁴Os **po**vos sujeitou ao nosso jugo *
     e colo**cou** muitas nações aos nossos pés.

– ⁵Foi ele que escolheu a nossa herança, *
     a **gló**ria de Jacó, seu bem-amado.

– ⁶Por **en**tre aclamações Deus se elevou, *
     o Se**nhor** subiu ao toque da trombeta.

– ⁷Salmodi**ai** ao nosso Deus ao som da harpa, *
     salmodi**ai** ao som da harpa ao nosso Rei!

II Vésperas

– [8] Porque **Deus** é o grande Rei de toda a terra, *
   ao som da **harp**a acompanhai os seus louvores!
– [9] Deus **rei**na sobre todas as nações, *
   está sen**ta**do no seu trono glorioso.
–[10] Os **che**fes das nações se reuniram *
   com o **po**vo do Deus santo de Abraão,
–   pois só **Deus** é realmente o Altíssimo, *
   e os pode**ro**sos desta terra lhe pertencem!

Ant. Por **en**tre aclama**ções** Deus se ele**vou**.
   O Se**nhor** subiu ao **to**que da trombeta. Ale**lui**a.

Ant. 3 Agora **foi** glorifi**ca**do o Filho do **Ho**mem,
     e Deus **Pai** nele **foi** glorifi**ca**do. Ale**lui**a.

Cântico Ap 11,17-18; 12,10b-12a

–[11.17] Graças vos **da**mos, Senhor **Deus** onipo**ten**te, *
   a vós que **sois**, a vós que éreis e sereis,
–   porque assu**mis**tes o poder que vos pertence, *
   e en**fim** tomastes posse como rei!

(R. **Nós** vos damos **gra**ças, nosso **Deus**!)

= [18] As na**ções** se enfureceram revoltadas, †
   mas che**gou** a vossa ira contra elas *
   e o **tem**po de julgar vivos e mortos,
=   e de **dar** a recompensa aos vossos servos, †
   aos pro**fe**tas e aos que temem vosso nome, *
   aos **san**tos, aos pequenos e aos grandes.   **(R.)**

=[12.10] Chegou a**go**ra a salvação e o poder †
   e a rea**le**za do Senhor e nosso Deus, *
   e o do**mí**nio de seu Cristo, seu Ungido.
–   Pois foi ex**pul**so o delator que acusava *
   nossos ir**mãos**, dia e noite, junto a Deus.   **(R.)**

= [11] Mas o ven**ce**ram pelo sangue do Cordeiro †
   e o teste**mu**nho que eles deram da Palavra, *
   pois desprezaram sua vida até à morte.

840   Ascensão do Senhor

— ¹² Por isso, ó **céus**, cantai alegres e exultai *
    e vós **to**dos os que neles habitais!   (R.)

Ant. Agora **foi** glorifi**ca**do o Filho do **Ho**mem,
    e Deus **Pai** nele **foi** glorifi**ca**do. Ale**lui**a.

Leitura breve   1Pd 3,18.21b-22

Cristo morreu, uma vez por todas, por causa dos pecados, o
justo, pelos injustos, a fim de vos conduzir a Deus. Sofreu
a morte, na sua existência humana, mas recebeu nova vida
pelo Espírito. Pois o batismo não serve para limpar o corpo
da imundície, mas é um pedido a Deus para obter uma boa
consciência, em virtude da ressurreição de Jesus Cristo. Ele
subiu ao céu e está à direita de Deus, submetendo-se a ele
anjos, dominações e potestades.

Responsório breve

R. Subo a meu **Pai** e vosso **Pai**.
  * Ale**lui**a, ale**lui**a. R. Subo a meu.
V. Subo a meu **Deus** e vosso **Deus**. * Ale**lui**a.
  Glória ao **Pai**. R. Subo a meu.

Cântico evangélico; ant.

Jesus, ó Rei da **gló**ria, Se**nhor** do univer**so**,
que, **ho**je glorio**so**, su**bis**tes para os **céus**:
Man**dai**-nos vosso Es**pí**rito Prome**ti**do pelo **Pai**
e **não** nos deixeis **ór**fãos. Ale**lui**a.

Preces

Aclamemos a Jesus Cristo, que está sentado à direita do Pai
na glória do céu; e digamos na alegria do Espírito:

R. **Cristo, rei da glória, nós vos louvamos!**

Rei da glória, que elevastes convosco a fragilidade da nossa carne para ser glorificada no céu,
— apagai a maldade da antiga culpa e devolvei-nos a dignidade original que havíamos perdido.   R.

II Vésperas

Vós, que descestes até nós pelo caminho do amor,
– pelo mesmo caminho, fazei-nos subir até vós.   R.

Vós, que prometestes atrair para vós a humanidade inteira,
– não permitais que nenhum de nós fique separado da unidade do vosso corpo.   R.

Fazei-nos desde agora viver de corpo e alma no céu,
– para onde subistes cheio de glória como Senhor do universo.   R.

(intenções livres)

Senhor, a quem esperamos como juiz dos vivos e dos mortos,
– fazei que, um dia, juntamente com nossos irmãos e irmãs falecidos, possamos contemplar eternamente a vossa infinita misericórdia.   R.

Pai nosso...

Oração

Ó Deus todo-poderoso, a ascensão do vosso Filho já é nossa vitória. Fazei-nos exultar de alegria e fervorosa ação de graças, pois, membros de seu corpo, somos chamados na esperança a participar da sua glória. Por nosso Senhor Jesus Cristo, vosso Filho, na unidade do Espírito Santo.

TEMPO PASCAL

II. DEPOIS DA ASCENSÃO DO SENHOR

Nos domingos e dias de semana, até as I Vésperas do domingo de Pentecostes, exclusive:

Vésperas

Hino

Oh vinde, Espírito Criador,
as nossas almas visitai
e enchei os nossos corações
com vossos dons celestiais.

Vós sois chamado o Intercessor,
do Deus excelso o dom sem par,
a fonte viva, o fogo, o amor,
a unção divina e salutar.

Sois doador dos sete dons,
e sois poder na mão do Pai,
por ele prometido a nós,
por nós seus feitos proclamais.

A nossa mente iluminai,
os corações enchei de amor,
nossa fraqueza encorajai,
qual força eterna e protetor.

Nosso inimigo repeli,
e concedei-nos vossa paz;
se pela graça nos guiais,
o mal deixamos para trás.

Ao Pai e ao Filho Salvador
por vós possamos conhecer.
Que procedeis do seu amor
fazei-nos sempre firmes crer.

Tempo Pascal

Completas

Hino

Ó Jesus Redentor,
do universo Senhor,
Verbo eterno do Pai,
Luz da Luz invisível,
que dos vossos remidos,
vigilante, cuidais.

Vós, artista do mundo,
e de todos os tempos
o sinal divisor,
no silêncio da noite
renovai nosso corpo
que lutando cansou.

Afastai o inimigo,
vós, que os fundos abismos
destruís, ó Jesus!
Não consiga o Maligno
seduzir os remidos
pelo sangue da Cruz.

Quando o corpo cansado
for de noite embalado
pelo sono e a calma,
de tal modo adormeça,
que, ao dormir nossa carne,
não cochile nossa alma.

Escutai-nos, ó Verbo,
por quem Deus fez o mundo,
e o conduz e mantém.
Com o Pai e o Espírito,
vós reinais sobre os vivos
pelos séculos. Amém.

A salmodia se diz com uma só antífona:
Ale**lu**ia, ale**lu**ia, ale**lu**ia.

844   Tempo Pascal

Invitatório

R. Ao Senhor que prometeu o Santo Espírito,
vinde todos, adoremos, aleluia.

Salmo invitatório como no Ordinário, p. 944.

Ofício das Leituras

Hino

Ó Senhor, Rei eterno e sublime,
dos fiéis imortal Redentor!
Morre a morte, por vós destruída,
e triunfa, por graça, o amor.

Sobre o trono celeste elevado,
à direita do Pai vos sentais,
e um poder é a vós concedido,
que é do céu, não pertence aos mortais,

para que todo ser que criastes
nos abismos, na terra, ou nos céus
ante vós, de joelhos, se incline,
com respeito, adorando seu Deus.

Tremem anjos, perante a mudança
que o destino dos homens sofreu:
peca a carne e a carne redime,
reina a carne no Verbo de Deus.

Sois, Senhor, nosso gozo e delícia,
que a alegria do mundo ofuscais.
Sois também nosso prêmio perene,
vós que a todo o universo guiais.

Suplicantes, portanto, rogamos:
Nossas culpas, Senhor, perdoai.
Pela força da graça divina,
nossas mentes a vós elevai.

Quando em glória voltardes na nuvem,
a julgar as nações reunidas,

Tempo Pascal

afastai os devidos castigos,
dai de novo as coroas perdidas.

Honra a vós, ó Jesus glorioso,
que às alturas dos céus ascendeis.
Com o Pai e o Espírito Santo
pelos séculos sem fim reinareis.

Laudes

Hino

Esperado com ânsia por todos,
hoje o dia sagrado brilhou
em que Cristo, esperança do mundo,
Deus e Homem, ao céu se elevou.

Triunfou sobre o príncipe do mundo,
vencedor num combate gigante,
e apresenta a Deus Pai, no seu rosto,
toda a glória da carne triunfante.

Dos fiéis ele é a esperança,
numa nuvem de luz elevado,
e de novo abre aos homens o céu
que seus pais lhes haviam fechado.

Ó imensa alegria de todos,
quando o Filho que a Virgem gerou,
logo após o flagelo e a cruz,
à direita do Pai se assentou.

Demos graças a tal defensor
que nos salva, que vida nos deu,
e consigo no céu faz sentar-se
nosso corpo no trono de Deus.

Com aqueles que habitam o céu
partilhamos tão grande alegria.
Cristo a eles se deu para sempre,
mas conosco estará cada dia.

846   Tempo Pascal

Cristo, agora elevado às alturas,
nossa mente convosco elevai,
e, do alto, enviai-nos depressa
vosso Espírito, o Espírito do Pai.

Hora Média

Hino

Oração das Nove Horas

Surge a hora terceira, em que Cristo
foi, por nós, elevado na cruz;
fuja a mente de toda soberba,
vá na prece buscar sua luz.

Quem o Cristo acolheu no seu íntimo,
deve ter sempre pura intenção,
implorando ao Espírito Santo
que ele habite no seu coração.

Esta hora pôs fim à velhice,
destruindo do crime as raízes;
e a seguir pela graça de Cristo,
começaram os tempos felizes.

Glória a vós, que vencestes a morte
e brilhais, com o Pai, Sumo Bem,
e a chama de Amor, Santo Espírito,
pelos séculos eternos. Amém.

A não ser que haja antífona própria, a salmodia da Oração
das Nove, das Doze e das Quinze Horas se diz com esta única
antífona:

Aleluia, aleluia, aleluia.

Oração das Doze Horas

Vinde, servos suplicantes,
elevai a mente e a voz:

Tempo Pascal

celebrai com vossos cantos,
o amor de Deus por nós.

Porque foi neste momento
que a sentença de um mortal
entregou à morte injusta
o Juiz universal.

E nós, súditos humildes,
por amor e por temor,
contra todo mau desígnio
do perverso tentador,

imploremos a clemência
de Deus Pai, eterno Bem,
do seu Filho, nosso Rei,
e do Espírito Santo. Amém.

Oração das Quinze Horas

Esta hora brilhou e, esplendente,
afastou toda nuvem da cruz.
Despojando das trevas o mundo,
restitui às nações nova luz.

Nesta hora Jesus ressuscita
do sepulcro os que haviam morrido
e, a morte vencendo, eles saem
com um novo espírito infundido.

Temos fé nessa aurora dos tempos,
das cadeias da morte libertos,
e nas graças da vida, que jorram
como fonte a correr rios desertos.

Glória a vós, que vencestes a morte,
e no céu com o Pai, Sumo Bem,
refulgindo na glória do Espírito
reinais hoje e nos séculos. Amém.

6ª Semana do Tempo Pascal

SEXTA-FEIRA

Invitatório

Antes da Ascensão do Senhor, p. 484; depois da Ascensão do Senhor, p. 844.

Ofício das Leituras

Nos lugares onde a solenidade da Ascensão do Senhor é celebrada no domingo seguinte, o versículo, as leituras e os responsórios são do próximo sábado, p. 858.

HINO antes da Ascensão do Senhor, p. 484; depois da Ascensão do Senhor, p. 844.

V. Céus e terra se alegram cantando: aleluia,
R. Pela ressurreição do Senhor. Aleluia.

Primeira leitura
Da Primeira Carta de São João   3,1-10

Somos filhos de Deus

Caríssimos: [1] Vede que grande presente de amor o Pai nos deu: de sermos chamados filhos de Deus! E nós o somos! Se o mundo não nos conhece, é porque não conheceu o Pai. [2] Caríssimos, desde já somos filhos de Deus, mas nem sequer se manifestou o que seremos! Sabemos que, quando Jesus se manifestar, seremos semelhantes a ele, porque o veremos tal como ele é.

[3] Todo o que espera nele, purifica-se a si mesmo, como também ele é puro. [4] Todo o que comete pecado, comete também a iniquidade, porque o pecado é a iniquidade. [5] Vós sabeis que ele se manifestou para tirar os pecados e que nele não há pecado. [6] Todo aquele que peca mostra que não o viu, nem o conheceu.

[7] Filhinhos, que ninguém vos desencaminhe. O que pratica a justiça é justo, assim como ele é justo. [8] Aquele que comete o pecado é do diabo, porque o diabo é pecador desde o princípio. Para isto é que o Filho de Deus se manifestou:

Sexta-feira

para destruir as obras do diabo.⁹ Todo aquele que nasceu de Deus não comete pecado, porque a semente de Deus fica nele; ele não pode pecar, pois nasceu de Deus.

¹⁰ Nisto se revela quem é filho de Deus e quem é filho do diabo: todo o que não pratica a justiça não é de Deus, nem aquele que não ama o seu irmão.

Responsório
1Jo 3,1.2b

R. Vede, ir**mãos**, quanto a**mor** Deus **Pai** nos mos**trou**:
* Que se**ja**mos cha**ma**dos de **fi**lhos de **Deus**
e o **so**mos de **fa**to. Ale**lu**ia.
V. **Sa**bemos que, **quan**do se **ma**ni**fes**tar,
nós ha**ve**mos de **ser** seme**lhan**tes a **ele**.* Que se**ja**mos.

Segunda leitura
Dos Sermões de São Leão Magno, papa
(Sermo 2 de Ascensione, 1-4: PL 54, 397-399) (Séc. V)

A ascensão do Senhor aumenta a nossa fé

Assim como na solenidade pascal a ressurreição do Senhor foi para nós motivo de grande júbilo, agora também a sua ascensão aos céus nos enche de imensa alegria. Pois recordamos e celebramos aquele dia em que a humildade da nossa natureza foi exaltada, em Cristo, acima de toda a milícia celeste, sobre todas as hierarquias dos anjos, para além da sublimidade de todas as potestades, e associada ao trono de Deus Pai. Toda a vida cristã se funda e se eleva sobre uma série admirável de ações divinas, pelas quais a graça de Deus nos manifesta sabiamente todos os seus prodígios. De tal modo isto acontece que, embora se trate de mistérios que escapam à capacidade humana de compreensão e que inspiram um profundo temor reverencial, nem assim vacile a fé, esmoreça a esperança ou esfrie a caridade.

Nisto consiste, efetivamente, o vigor das grandes almas e a luz dos corações fiéis: crer, sem hesitação, naquilo que não se vê com os olhos do corpo, e fixar o desejo onde a vista não pode chegar. Como poderia nascer esta piedade, ou como poderíamos ser justificados pela fé, se a nossa salvação consistisse apenas naquilo que nos é dado ver?

Na verdade, tudo o que na vida de nosso Redentor era visível passou para os ritos sacramentais; e para que a nossa fé fosse mais firme e autêntica, à visão sucedeu a doutrina, em cuja autoridade se devem apoiar os corações dos que creem, iluminados pela luz celeste.

Esta fé, aumentada com a ascensão do Senhor e fortalecida com o dom do Espírito Santo, nem os grilhões nem os cárceres nem os exílios nem a fome nem o fogo nem as dilacerações das feras nem os tormentos inventados pela crueldade dos perseguidores jamais puderam atemorizá-la. Em defesa desta fé, através de todo o mundo, homens e mulheres, meninos de tenra idade e moças na flor da juventude combateram até ao derramamento do sangue. Esta fé expulsou os demônios, afastou as doenças, ressuscitou os mortos.

Os santos apóstolos, apesar dos milagres contemplados e dos ensinamentos recebidos, ainda se atemorizavam perante as atrocidades da paixão do Senhor e hesitavam ante a notícia de sua ressurreição. Porém, com a ascensão do Senhor progrediram tanto que tudo quanto antes era motivo de temor, se converteu em motivo de alegria. Toda a contemplação do seu espírito se concentrava na divindade daquele que estava sentado à direita do Pai; agora, sem a presença visível do seu corpo, podiam compreender claramente, com os olhos do espírito, que aquele que ao descer à terra não tinha deixado o Pai, também não abandonou os discípulos ao subir para o céu.

A partir de então, caríssimos filhos, o Filho do homem deu-se a conhecer de modo mais sagrado e profundo como Filho de Deus. Ao ser acolhido na glória da majestade do Pai começou, de um modo novo e inefável, a estar mais presente no meio de nós pela divindade quando sua humanidade visível se ocultou de nós.

Por conseguinte, a nossa fé começou a adquirir um maior e progressivo conhecimento da igualdade do Filho com o Pai, e a não mais necessitar da presença palpável da substância corpórea de Cristo, pela qual ele é inferior ao Pai. Pois, subsistindo a natureza do corpo glorificado, a fé dos que creem é atraída para lá, onde o Filho Unigênito, igual ao Pai, poderá ser tocado não mais pela mão carnal, mas pela contemplação do espírito.

Responsório Hb 8,1b; 10,22.23

R. Nós **temos** um pon**tí**fice, sen**ta**do à di**rei**ta
do **trono** do Se**nhor**,
o **Deus** de Majes**ta**de nas al**tu**ras celes**tiais**.
* Apro**xi**memo-nos, en**tão**, com **fé** inaba**lá**vel
e com **reto** co**ra**ção, puri**fi**ca**da** a nossa **mente**
da **cul**pa**da** consci**ência**. Ale**lui**a.
V. Conti**nue**mos profes**san**do nossa espe**ran**ça inven**cí**vel,
pois po**demos** ter cer**te**za de que é **fiel** quem pro**me**teu.
* Apro**xi**memo-nos.

Oração como nas Laudes.

Laudes

HINO antes da Ascensão do Senhor, p. 486; depois da Ascensão
do Senhor, p. 845.

Leitura breve At 5,30-32

O Deus de nossos pais ressuscitou Jesus, a quem vós matastes, pregando-o numa cruz. Deus, por seu poder, o exaltou, tornando-o Guia Supremo e Salvador, para dar ao povo de Israel a conversão e o perdão dos seus pecados. E disso somos testemunhas, nós e o Espírito Santo, que Deus concedeu àqueles que lhe obedecem.

852   6ª Semana do Tempo Pascal

Responsório breve

R. O Senhor ressurgiu do sepulcro. *Aleluia, aleluia.
   R. O Senhor.
V. Foi suspenso por nós numa cruz. *Aleluia, aleluia.
   Glória ao Pai. R. O Senhor.

Cântico evangélico, ant.

Contemplamos Jesus coroado agora de honra e de glória,
por ter padecido a paixão e a morte. Aleluia.

Preces

Antes da Ascensão do Senhor:

Rezemos a Deus Pai, que ressuscitou Jesus de entre os
mortos e dará a vida também aos nossos corpos mortais,
pelo Espírito Santo que habita em nós. Digamos com fé:

R. Senhor, por vosso Espírito Santo, dai-nos a vida!

Pai santo, que aceitastes o sacrifício de vosso Filho, ressuscitando-o de entre os mortos,
—recebei a oferenda que hoje vos apresentamos e conduzi-
-nos à vida eterna.   R.

Abençoai, Senhor, nossos trabalhos deste dia,
—para que sirvam à vossa glória e à santificação de todos.
    R.

Fazei que nossas atividades de hoje contribuam para a
construção de um mundo melhor,
—e que, assim procedendo, possamos chegar ao vosso Reino celeste.   R.

Abri hoje nossos olhos e nosso coração para as necessidades de nossos irmãos,
—a fim de que todos nos amemos e nos sirvamos uns aos
outros.   R.
    (intenções livres)

Pai nosso...

Oração

Ó Deus, fazei que a pregação do Evangelho por toda a terra realize o que prometestes ao glorificar o vosso Verbo, para que possamos alcançar, vivendo plenamente como filhos e filhas, o que foi anunciado pela vossa palavra. Por nosso Senhor Jesus Cristo, vosso Filho, na unidade do Espírito Santo.

Depois da Ascensão do Senhor:

Glorifiquemos a Cristo, nosso Senhor, que subiu ao céu para enviar o Espírito Santo sobre os apóstolos; e peçamos:

R. **Enviai-nos, Senhor, o vosso Espírito!**

Senhor Jesus Cristo, que subistes ao céu, enviai-nos o Espírito prometido pelo Pai,
– para que sejamos revestidos de sua força. R.

Vós, que ensinastes os discípulos a serem prudentes como as serpentes e simples como as pombas,
– ensinai-nos, por vosso Espírito, a prudência e a simplicidade. R.

Vós, que estais à direita do Pai, intercedei por nós como nosso Sacerdote,
– e intercedei em nós como nossa Cabeça. R.

Dai-nos a graça de participar dos vossos sofrimentos através das tribulações da vida,
– para que também tenhamos parte em vossa glória. R.

Pai nosso...

Oração

Ó Deus, que pela ressurreição de Cristo nos restaurais para a vida eterna, elevai nossos corações ao nosso Salvador que está sentado à vossa direita, para que possais revestir com a feliz imortalidade, quando ele vier em sua glória, os que fizestes renascer pelo batismo. Por nosso Senhor Jesus Cristo, vosso Filho, na unidade do Espírito Santo.

854   6ª Semana do Tempo Pascal

Hora Média

Oração das Nove Horas

Leitura breve   At 2,32.36

Deus ressuscitou Jesus e disto todos nós somos testemunhas. Portanto, que todo o povo de Israel reconheça com plena certeza: Deus constituiu Senhor e Cristo a este Jesus que vós crucificastes.

V. O Senhor ressurgiu realmente. Aleluia.
R. E apareceu a Simão. Aleluia.

Oração das Doze Horas

Leitura breve   Gl 3,27-28

Vós todos que fostes batizados em Cristo vos revestistes de Cristo. O que vale não é mais ser judeu nem grego, nem escravo nem livre, nem homem nem mulher, pois todos vós sois um só, em Jesus Cristo.

V. Os discípulos ficaram muito alegres, aleluia,
R. Por verem o Senhor ressuscitado. Aleluia.

Oração das Quinze Horas

Leitura breve   1Cor 5,7-8

Lançai fora o fermento velho, para que sejais uma massa nova, já que deveis ser sem fermento. Pois o nosso cordeiro pascal, Cristo, já está imolado. Assim, celebremos a festa, não com velho fermento nem com o fermento de maldade ou de perversidade, mas com os pães ázimos de pureza e *de verdade.*

V. Ó Senhor, ficai conosco, aleluia.
R. Pois o dia já declina. Aleluia.

Oração como nas Laudes.

Sexta-feira

Vésperas

HINO antes da Ascensão, p. 481; depois da Ascensão, p. 842.

Leitura breve
Hb 5,8-10

Mesmo sendo Filho, aprendeu o que significa a obediência a Deus por aquilo que ele sofreu. Mas, na consumação de sua vida, tornou-se causa de salvação eterna para todos os que lhe obedecem. De fato, ele foi por Deus proclamado sumo sacerdote na ordem de Melquisedec.

Responsório breve

Antes da Ascensão:

R. Os discípulos ficaram muito alegres. * Aleluia, aleluia. R. Os discípulos.
V. Quando viram o Senhor ressuscitado. * Aleluia, aleluia. Glória ao Pai. R. Os discípulos.

Depois da Ascensão:

R. O Espírito Santo, o Paráclito, * Aleluia, aleluia. R. O Espírito.
V. Ele vos ensinará todas as coisas. * Aleluia. Glória ao Pai. R. O Espírito.

Cântico evangélico, ant.

Vosso Pai que está nos céus há de dar o bom Espírito para aqueles que lhe pedem. Aleluia.

Preces

Antes da Ascensão do Senhor:

Glorifiquemos a Cristo, fonte de vida e origem de todas as virtudes; e rezemos com amor e confiança!

R. Firmai no mundo o vosso Reino, Senhor.

Jesus Salvador, que experimentastes a morte em vossa carne, mas voltastes à vida pelo Espírito,
– fazei-nos morrer para o pecado e viver a vida nova do vosso Espírito Santo. R.

856   6ª Semana do Tempo Pascal

Vós, que enviastes os discípulos ao mundo inteiro para pregar o evangelho a toda criatura,
— sustentai com a força do vosso Espírito, os mensageiros de vossa palavra.

R. **Firmai no mundo o vosso Reino, Senhor.**

Vós, que recebestes todo o poder no céu e na terra para dar testemunho da verdade,
— dirigi no espírito de verdade o coração daqueles que nos governam. R.

Vós, que fazeis novas todas as coisas e nos mandais esperar vigilantes a vinda do vosso Reino,
— concedei que, quanto mais fervorosamente esperarmos os novos céus e a nova terra, tanto mais generosamente trabalhemos pela edificação do mundo presente. R.

(intenções livres)

Vós, que descestes à mansão dos mortos para lhes anunciar a alegria da salvação,
— sede a alegria e a esperança de todos os que partiram desta vida. R.

Pai nosso...

Oração

Ó Deus, fazei que a pregação do Evangelho por toda a terra realize o que prometestes ao glorificar o vosso Verbo, para que possamos alcançar, vivendo plenamente como filhos e filhas, o que foi anunciado pela vossa palavra. Por nosso Senhor Jesus Cristo, vosso Filho, na unidade do Espírito Santo.

Depois da Ascensão do Senhor:

Louvemos a Cristo, que foi ungido pelo Espírito Santo; e roguemos:

R. **Vós, que estais à direita do Pai, intercedei por nós!**

Olhai, Senhor, para todos os que trazem o nome de cristãos,
— e fazei que, pelo Espírito Santo, sejam congregados na unidade. R.

Enviai, Senhor, vossa luz a todos os que sofrem perseguição por amor do vosso nome,
— para que saibam responder com sabedoria aos que os perseguem. R.

Fazei que todos vos reconheçam como a verdadeira Videira,
— para que, unidos a vós pelo Espírito, deem abundantes frutos de vida eterna. R.

Jesus Cristo, Rei e Salvador do gênero humano, que subistes ao céu entre aclamações de júbilo,
— fazei que o vosso Reino se estenda a todos os povos. R.

(intenções livres)

A todos os que, pelo batismo, participaram na vossa morte e ressurreição,
— fazei que, unidos a vós na morte, alcancem a verdadeira vida. R.

Pai nosso...

Oração

Ó Deus, que pela ressurreição de Cristo nos restaurais para a vida eterna, elevai nossos corações ao nosso Salvador que está sentado à vossa direita, para que possais revestir com a feliz imortalidade, quando ele vier em sua glória, os que fizestes renascer pelo batismo. Por nosso Senhor Jesus Cristo, vosso Filho, na unidade do Espírito Santo.

SÁBADO

Invitatório

Antes da Ascensão do Senhor, p. 484; depois da Ascensão do Senhor, p. 844.

858   6ª Semana do Tempo Pascal

Ofício das Leituras

Nos lugares onde a Ascensão do Senhor é celebrada no domingo seguinte, o versículo, as leituras e os responsórios são do domingo seguinte, p. 867.

HINO antes da Ascensão do Senhor p. 484; depois da Ascensão do Senhor, p. 844.

V. Deus nos **fez** renas**cer** para a **vi**va espe**ran**ça, ale**lui**a,
R. Pela res**surrei**ção do Se**nhor** dentre os **mor**tos. Ale**lui**a.

Primeira leitura
Da Primeira Carta de São João   3,11-17

A caridade para com os irmãos

Caríssimos: [11]Porque esta é a mensagem que ouvistes desde o início: que nos amemos uns aos outros, [12]não como Caim, que, sendo do Maligno, matou o seu irmão. E por que o matou? Porque as suas obras eram más, ao passo que as do seu irmão eram justas.

[13]Não vos admireis, irmãos, se o mundo vos odeia. [14]Nós sabemos que passamos da morte para a vida, porque amamos os irmãos. Quem não ama, permanece na morte. [15]Todo aquele que odeia o seu irmão é um homicida. E vós sabeis que nenhum homicida conserva a vida eterna dentro de si.

[16]Nisto conhecemos o amor: Jesus deu a sua vida por nós. Portanto, também nós devemos dar a vida pelos irmãos. [17]Se alguém possui riquezas neste mundo e vê o seu irmão passar necessidade, mas diante dele fecha o seu coração, como pode o amor de Deus permanecer nele?

Responsório   1Jo 3,16.14a
R. Eis **co**mo conhe**ce**mos o a**mor** de Deus por **nós**:
    Ele **deu** por *nós* sua **vi**da.
  * Também **nós** devemos **dar**
    pelos ir**mãos** a nossa **vi**da. Ale**lui**a.
V. Nós sa**be**mos que pas**sa**mos da **mor**te para a vida,
    porque a**ma**mos os ir**mãos**. * Também **nós**.

Sábado   859

Segunda leitura
Dos Tratados sobre o Evangelho de João, de Santo Agostinho, bispo
(Tract. 124, 5.7: CCL 36, 685-687)   (Séc. V)

As duas vidas

A Igreja conhece duas vidas, que lhe foram anunciadas por Deus; uma é vivida na fé; a outra, na visão. Uma, no tempo da caminhada; outra, na mansão eterna. Uma, no trabalho; outra, no descanso. Uma no exílio; outra, na pátria. Uma, no esforço da atividade; outra, no prêmio da contemplação.

A primeira é representada pelo apóstolo Pedro; a segunda, pelo apóstolo João. A primeira desenvolve-se completamente sobre a terra até que o mundo acabe, e então encontrará o fim; a outra prolonga-se para além do fim dos tempos, e nunca acabará no mundo que há de vir. Por isso foi dito a Pedro: *Segue-me* (Jo 21,19); mas a João diz-se: *Se eu quero que ele permaneça até que eu venha, o que te importa isso? Tu, segue-me!* (Jo 21,22).

"Segue-me tu, imitando minha paciência em suportar os males temporais. E ele permaneça até que eu venha, para conceder os bens eternos". Ou ainda mais claramente: "Siga-me a atividade que, a exemplo de minha paixão, já terminou. Mas a contemplação, que apenas começou, permaneça assim até que eu venha para levá-la à perfeição".

Portanto, quem segue a Cristo, acompanha-o na santa plenitude da paciência, até à morte. Permanece até a vinda de Cristo, para lhe manifestar a plenitude da ciência. Agora suportam-se os males deste mundo, na terra dos mortais. Depois, contemplaremos os bens do Senhor, na terra dos vivos.

As palavras de Cristo: *Quero que ele permaneça até que eu venha,* não devem ser interpretadas como se quisesse dizer: "permanece até o fim" ou "fica assim para sempre", mas "permanece na esperança"; pois o que João representa não atinge agora a sua plenitude, mas apenas quando Cristo vier. Pelo contrário, o que Pedro representa, a quem o Senhor disse: *Segue-me,* deve cumprir-se agora, para podermos alcançar o que esperamos.

Contudo, ninguém ouse separar estes dois insignes apóstolos. Ambos se encontravam na situação representada por Pedro e ambos haviam de se encontrar na situação representada por João. No plano do símbolo, Pedro seguia e João ficava; mas no plano da fé, ambos suportavam os males da vida presente, ambos esperavam os bens da felicidade futura.

O que sucedeu com eles, sucede com toda a santa Igreja, esposa de Cristo: também ela lutará no meio das tentações do mundo para alcançar a felicidade futura. Pedro e João representavam as duas vidas, cada um simbolizando uma delas; mas ambos viveram esta vida temporal, animados pela fé, e agora já se alegram eternamente na outra vida, pela contemplação.

Pedro, o primeiro apóstolo, recebeu as chaves do Reino dos Céus, com o poder de ligar e desligar os pecados, para que fosse timoneiro de todos os santos, unidos inseparavelmente ao corpo de Cristo, em meio às tempestades desta vida. E João, o evangelista, reclinou a cabeça sobre o peito de Cristo, para exemplo dos mesmos santos, a fim de lhes indicar o porto seguro daquela vida divinamente tranquila e feliz.

Todavia, não é somente Pedro, mas a Igreja universal, que liga e desliga os pecados. E não é só João que bebe da fonte do coração do Senhor, para ensinar com sua pregação que, no princípio, a Palavra era Deus junto de Deus, e outros ensinamentos profundos a respeito da divindade de Cristo, da Trindade e da Unidade de Deus. No Reino dos Céus, estas verdades serão por nós contempladas face a face, mas na terra nos limitamos a vê-las como num espelho e obscura-

Sábado

mente, até que o Senhor venha. Não foi só ele que descobriu estes tesouros do coração de Cristo, mas a todos foi aberta pelo mesmo Senhor a fonte do evangelho, a fim de que por toda a face da terra todos bebessem dele, cada um segundo sua capacidade.

Responsório cf. 1Pd 5,10; 2Cor 4,14

R. O **Deus** de toda a **graça** que, em **Cristo**, nos cha**mou**
à sua **glória** infi**nita**,
* De**pois** que nós te**nha**mos so**fri**do por um **pou**co,
nos aperfei**çoará**, nos fa**rá** inaba**lá**veis
e nos **fortificará**. Ale**luia**.
V. **Aque**le que a Je**sus** ressusci**tou**,
com Je**sus**, também, nos **res**suscita**rá**. * De**pois** que.

Oração como nas Laudes.

Laudes

HINO antes da Ascensão do Senhor, p. 486; depois da Ascensão do Senhor, p. 845.

Leitura breve Rm 14,7-9
Ninguém dentre nós vive para si mesmo ou morre para si mesmo. Se estamos vivos, é para o Senhor que vivemos; se morremos, é para o Senhor que morremos. Portanto, vivos ou mortos, pertencemos ao Senhor. Cristo morreu e ressuscitou exatamente para isto, para ser o Senhor dos mortos e dos vivos.

Responsório breve
R. O Se**nhor** ressur**giu** do se**pul**cro.
* Ale**luia**, ale**luia**. R. O Se**nhor**.
V. Foi sus**pen**so por **nós** numa **cruz**. * Ale**luia**.
Glória ao **Pai**. R. O Se**nhor**.

6ª Semana do Tempo Pascal

Cântico evangélico, ant.
Em verdade, em verdade, eu vos digo:
Se pedirdes em meu nome a meu Pai,
dar-vos-á todas as coisas, aleluia.

Preces

Antes da Ascensão do Senhor:
Invoquemos a Cristo, nosso Senhor, que nos deu a vida
eterna; e peçamos de coração sincero:

R. **Enriquecei-nos, Senhor, com a graça da vossa ressurreição!**

Pastor eterno, olhai com bondade para o vosso rebanho que
desperta do sono da noite,
— e alimentai-nos com as riquezas de vossa palavra e de
vosso pão. R.

Não permitais que sejamos arrebatados pelo lobo que devora e traídos pelo mercenário que foge,
— mas fazei-nos ouvir com fidelidade a voz do Bom Pastor. R.

Vós que estais sempre com os ministros do evangelho e
confirmais a sua palavra com o poder da vossa graça,
— fazei que nossas palavras e ações neste dia proclamem
fielmente a vossa ressurreição. R.

Sede vós mesmo aquela alegria que ninguém pode arrancar
do nosso coração,
— para que, livres da tristeza que é fruto do pecado, busquemos sempre a felicidade da vida eterna. R.

(intenções livres)

Pai nosso...

Oração

Ó Deus, inspirai aos nossos corações a prática das boas
obras, para que, buscando sempre o que é melhor, vivamos
constantemente o mistério pascal. Por nosso Senhor Jesus
Cristo, vosso Filho, na unidade do Espírito Santo.

Sábado

Depois da Ascensão do Senhor:

Glória e louvor a Cristo, que prometeu enviar aos apóstolos a força do Espírito Santo; e supliquemos:

R. **Enviai-nos, Senhor, vossa luz e vossa verdade!**

Verbo eterno, que sois a sabedoria e o esplendor da glória do Pai, enviai-nos vossa luz e vossa verdade,
– para que, em nossas palavras e ações, demos hoje testemunho de vós diante de nossos irmãos e irmãs. R.

Ensinai-nos a saborear e meditar sempre as realidades da vida segundo o Espírito,
– para que a morte não nos domine, mas tenhamos em vós vida plena e paz verdadeira. R.

Enviai-nos vosso Espírito para que ajude a nossa fraqueza,
– e nos ensine a orar como convém. R.

Enchei-nos de amor e sabedoria,
– para que possamos nos ajudar uns aos outros a seguir vossos caminhos. R.

(intenções livres)

Pai nosso...

Oração

Ó Deus, vosso Filho, subindo ao céu, prometeu aos Apóstolos o Espírito Santo. Vós que lhes destes graças inumeráveis para que conhecessem a doutrina da salvação, concedei-nos também os dons do vosso Espírito. Por nosso Senhor Jesus Cristo, vosso Filho, na unidade do Espírito Santo.

Hora Média

Oração das Nove Horas

Leitura breve Rm 5,10-11

Quando éramos inimigos de Deus, fomos reconciliados com ele pela morte do seu Filho; quanto mais agora, estando já

6ª Semana do Tempo Pascal

reconciliados, seremos salvos por sua vida! Ainda mais: Nós nos gloriamos em Deus, por nosso Senhor Jesus Cristo. É por ele que, já desde o tempo presente, recebemos a reconciliação.

V. O Senhor ressurgiu realmente. Aleluia.

R. E apareceu a Simão. Aleluia.

Oração das Doze Horas

Leitura breve   1Cor 15,20-22

Cristo ressuscitou dos mortos como primícias dos que morreram. Com efeito, por um homem veio a morte e é também por um homem que vem a ressurreição dos mortos. Como em Adão todos morrem, assim também em Cristo todos reviverão.

V. Os discípulos ficaram muito alegres, aleluia.

R. Por verem o Senhor ressuscitado. Aleluia.

Oração das Quinze Horas

Leitura breve   2Cor 5,14-15

O amor de Cristo nos pressiona, pois julgamos que um só morreu por todos, e que, logo, todos morreram. De fato, Cristo morreu por todos, para que os vivos não vivam mais para si mesmos, mas para aquele que por eles morreu e ressuscitou.

V. Ó Senhor, ficai conosco, aleluia,

R. Pois o dia já declina. Aleluia.

Oração como nas Laudes.

7º DOMINGO DA PÁSCOA

III Semana do Saltério

No Brasil, Solenidade da Ascensão do Senhor.

Tudo como nas p. 818 a 841.

I Vésperas

Hino, p. 842.

Ant. 1 A **gló**ria do Se**nhor** vai a**lém** dos altos **céus**
mas le**van**ta da **po**eira o indi**gen**te. Ale**lu**ia.

Salmos e cântico do Domingo da III Semana, p. 1193.

Ant. 2 Vós que**bras**tes, ó Se**nhor**, minhas ca**dei**as,
por isso o**fer**to um sacri**fí**cio de lou**vor**. Ale**lu**ia.

Ant. 1 Embora **fos**se o próprio **Fi**lho,
apren**deu** a obedi**ên**cia atra**vés** do sofri**men**to
e tor**nou**-se para a**que**les que o **se**guem
uma **fon**te de e**ter**na sal**va**ção. Ale**lu**ia.

Leitura breve   1Pd 2,9-10

Vós sois a raça escolhida, o sacerdócio do Reino, a nação
santa, o povo que ele conquistou para proclamar as obras
admiráveis daquele que vos chamou das trevas para a sua
luz maravilhosa. Vós sois aqueles que antes não eram povo,
agora porém são povo de Deus; os que não eram objeto de
misericórdia, agora porém alcançaram misericórdia.

Responsório breve

R. O Espírito **San**to, o Pa**rá**clito,
  * Ale**lu**ia, ale**lu**ia. R. O Es**pí**rito.
V. Ele **vos** ensi**na**rá todas as **coi**sas. * Ale**lu**ia.
  Glória ao **Pai**. R. O Es**pí**rito.

866   7º Domingo da Páscoa

Cântico evangélico, ant.

Ano A   A vida eterna é esta: conhecer-vos, ó **Pai**,
          um só **Deus** verdadeiro e a Jesus, que enviastes.
          Aleluia.

Ano B   Jesus disse: ó Pai **san**to,
          em teu **no**me guarda aqueles,
          que me **des**te e que são **teus**,
          para que eles sejam **um**,
          como **nós** somos **um**. Aleluia.

Ano C   Eu não **pe**ço só por estes, também **pe**ço por aqueles,
          que **hão** de crer em **mim** através de sua palavra.
          Aleluia.

Preces

Bendigamos a Cristo, sobre quem desceu o Espírito Santo de forma visível; e rezemos em união com toda a Igreja, dizendo:

R. **Amém, aleluia!**

Enviai, Senhor, o Espírito Santo que prometestes,
– para que vossa Igreja sempre se renove e rejuvenesça. R.

Que todos os povos cantem a glória do vosso nome,
– e Israel volte a ser o povo escolhido.   R.

Vós, que expulsastes os demônios e vencestes o mal,
– afastai do meio de nós todo escândalo e toda maldade. R.

Vós, que no dia de Pentecostes, com o dom das línguas, destruístes a confusão de Babel,
– fazei que, pela ação do Espírito Santo, todos os povos se reúnam na proclamação de uma só fé.   R.

Que o vosso Espírito venha morar em nós,
– e dê a vida eterna a nossos corpos mortais.   R.

(intenções livres)

Pai nosso...

Oração

Ó Deus, ouvi com bondade as nossas súplicas: assim como cremos que o Salvador da humanidade está convosco na glória, possamos sentir a sua presença até o fim dos tempos, como ele mesmo prometeu. Por nosso Senhor Jesus Cristo, vosso Filho, na unidade do Espírito Santo.

Ofício das Leituras

Hino, p. 844.

Ant. 1 O **Pai** ressusci**tou** Jesus **Cristo**, ale**luia**
e lhe **deu** poder e **glória**, ale**luia**.

Salmos e cântico do domingo da III Semana, p. 1197.

Ant. 2 Vós **fostes** exal**tado**, ó **Senhor**,
bem mais **alto** do que os **céus**, ale**luia**.

Ant. 3 Todo o po**der** me foi **da**do, ale**luia**,
no **céu** e na **terra**, ale**luia**.

V. Reflores**ceu** a minha **carne**, e eu **canto**: ale**luia**.
R. Eu agra**deço** ao **Senhor** de cora**ção**, ale**luia**.

Primeira leitura
Da Primeira Carta de São João   3,18-24

Mandamento da fé e da caridade

[18]Filhinhos, não amemos só com palavras e de boca, mas com ações e de verdade! [19]Aí está o critério para saber que somos da verdade e para sossegar diante dele o nosso coração, [20]pois, se o nosso coração nos acusa, Deus é maior que o nosso coração e conhece todas as coisas. [21]Caríssimos, se o nosso coração não nos acusa, temos confiança diante de Deus. [22]E qualquer coisa que pedimos recebemos dele, porque guardamos os seus mandamentos e fazemos o que é do seu agrado.

[23]Este é o seu mandamento: que creiamos no nome do seu Filho, Jesus Cristo, e nos amemos uns aos outros, de

7º Domingo da Páscoa

acordo com o mandamento que ele nos deu. [24]Quem guarda os seus mandamentos permanece com Deus e Deus permanece com ele. Que ele permanece conosco, sabemo-lo pelo Espírito que ele nos deu.

Responsório   1Jo 3,24; Eclo 1,9a.10ab

R. Quem **guar**da os pre**cei**tos de **Deus**,
   em **Deus** perma**ne**ce e Deus **ne**le.
  * Sa**be**mos que em **nós** perma**ne**ce,
   pelo Es**pí**rito que ele nos **deu**. Ale**lui**a.
V. Deus cri**ou** pelo Es**pí**rito **San**to
   e espa**lhou** sobre **to**das as **coi**sas a sa**be**do**ri**a di**vi**na.
   * Sa**be**mos.

Segunda Leitura

Das Homilias sobre o Cântico dos Cânticos, de São Gregório de Nissa, bispo

      (Hom.15: PG 44,1115-1118)   (Séc. IV)

Dei-lhes a glória que tu me deste

Se o amor expulsa completamente o temor, de tal modo que o temor se transforma em amor, então compreenderemos que a salvação nos é obtida pela unidade. Pois a salvação consiste em estarmos todos unidos, na íntima adesão ao único e sumo bem, pela perfeição que está representada naquela pomba de que nos fala o Cântico dos Cânticos.

É o que parece depreender-se das seguintes palavras: *Uma só é a minha pomba, uma só é a minha perfeita; é a única filha de sua mãe, a predileta daquela que lhe deu à luz* (Ct 6,9).

No evangelho, a palavra do Senhor no-lo diz ainda mais claramente. Jesus abençoa seus discípulos, dá-lhes todo o poder e concede-lhes os seus bens. Nestes bens incluem-se também as santas expressões que dirige ao Pai. Mas entre todas as palavras que ele diz e as graças que concede, há uma que é a mais importante e como que a fonte e a síntese de tudo o mais. É aquela em que adverte os seus para nunca mais se separarem por divergência alguma no discernimento das atitudes a tomar; mas, pelo contrário, sejam um só coração e uma só alma, procurando acima de tudo a união com aquele único e sumo bem. Deste modo, unidos no Espírito Santo pelo vínculo da paz, como diz o Apóstolo, serão todos um só corpo e um só espírito, animado pela mesma esperança a que foram chamados.

Entretanto, será melhor referir textualmente as divinas palavras do evangelho: *Que todos sejam um como tu, Pai, estás em mim e eu em ti, e para que eles estejam em nós* (Jo 17,21).

O vínculo desta unidade é a glória. Nenhuma pessoa sensata poderá negar que este nome "glória" é atribuído ao Espírito Santo, se recordar as palavras do Senhor: *Eu dei-lhe a glória que tu me deste* (Jo 17,22). Foi esta glória que o Senhor deu aos discípulos quando lhes disse: *Recebei o Espírito Santo* (Jo 20,22).

Ele sempre possuiu esta glória, antes mesmo que o mundo existisse; mas recebeu-a também ao assumir a natureza humana. E uma vez que a natureza humana de Cristo foi glorificada pelo Espírito Santo, a glória do Espírito foi comunicada a todos os que participam dessa natureza, a começar pelos apóstolos.

Por esta razão diz: *Eu dei-lhes a glória que tu me deste, para que eles sejam um, como nós somos um: eu neles e tu em mim, para que assim eles cheguem à unidade perfeita* (Jo 17,22-23). Por isso, todo aquele que vai crescendo desde a infância até alcançar o estado de homem perfeito, chega àquela maturidade espiritual que somente a inteligência, iluminada pela fé, pode compreender. Então será capaz de receber a glória do Espírito Santo, através de uma vida pura, livre de toda mancha. Esta é aquela pomba perfeita a que se refere o esposo quando afirma: *Uma só e a minha pomba, uma só é a minha perfeita.*

7º Domingo da Páscoa

Responsório cf. Jo 15,15;14,26;15,14

R. Não vos **cha**mo mais meus **ser**vos,
mas vos **cha**mo meus **ami**gos,
pois vos **dei** a conhe**cer** o que **fiz** em vosso **meio**.
 * Rece**bei** o Espírito **Santo**, o Pa**rá**clito em **vós**;
é **ele** a quem o **Pai** em meu **Nome** envia**rá**. Ale**lui**a.
V. Vós se**reis** os meus **ami**gos se se**guir**des meus pre**cei**tos.
 * Rece**bei**.

HINO Te Deum, p. 949.

Oração como nas Laudes.

Laudes

Hino, p. 845.

Ant. 1 Deus é **Rei** e se ves**tiu** de majes**ta**de. Ale**lui**a. †

Salmos e cântico do domingo da III Semana, p. 1200.

Ant. 2 As criaturas se**rão** liber**ta**das
na **gló**ria dos **fi**lhos de **Deus**. Ale**lui**a.

Ant. 3 O **no**me do **Se**nhor foi exal**ta**do
na **ter**ra e a**lém** dos altos **céus**. Ale**lui**a.

Leitura breve At 10,40-43

Deus ressuscitou Jesus no terceiro dia, concedendo-lhe manifestar-se não a todo o povo, mas às testemunhas que Deus
havia escolhido: a nós, que comemos e bebemos com Jesus,
depois que ressuscitou dos mortos. E Jesus nos mandou pregar ao povo e testemunhar que Deus o constituiu Juiz dos
vivos e dos mortos. Todos os profetas dão testemunho dele:
Todo aquele que crê em Jesus recebe, em seu nome, o perdão
dos pecados.

Responsório breve

R. Tende pie**da**de de **nós**, Cristo, **Fi**lho do Deus **vi**vo!
 * Ale**lui**a, ale**lui**a. R. Tende pie**da**de.
V. Vós, que dos **mor**tos ressur**gis**tes. * Ale**lui**a.
Glória ao **Pai**. R. Tende pie**da**de.

Laudes

Cântico evangélico, ant.

Ano A Ó meu **Pai**, eu te dei **glória** sobre a **terra**;
e **agora** termi**nei** minha mi**ssão**,
que me havias confi**ado**, ale**lu**ia.

Ano B **Agora** eu **vou** para **jun**to de **ti**
e es**tou** a di**zer** estas **coi**sas no **mun**do,
para que **e**les possu**am** minha **ple**na ale**gria**.
Ale**lu**ia.

Ano C Eu lhes **dei** minha **gló**ria que tu **mes**mo me **des**te,
para **que** sejam **um** como **nós** somos **um**: Ale**lu**ia.

Preces

Nós nos unimos na oração e no louvor de Deus com todos
os que foram justificados pelo Espírito Santo; e digamos:

R. **Ajudai-nos, Senhor, com a força do vosso Espírito!**

Senhor Jesus, fazei que nos deixemos guiar todo este dia
pelo Espírito Santo,
– e vivamos sempre como filhos de Deus. R.

Intercedei por nós junto do Pai, com o Espírito Santo,
– para que sejamos dignos de alcançar as vossas promessas.
R.

Mudai nosso egoísmo em generosidade,
– para que tenhamos mais alegria em dar do que em receber.
R.

Dai-nos o verdadeiro sentido de Deus,
– para progredirmos cada vez mais, por meio do Espírito
Santo, no conhecimento do Pai e do Filho. R.

(intenções livres)

Pai nosso...

Oração

Ó Deus, ouvi com bondade as nossas súplicas: assim como
cremos que o Salvador da humanidade está convosco na

7º Domingo da Páscoa

glória, possamos sentir a sua presença até o fim dos tempos, como ele mesmo prometeu. Por nosso Senhor Jesus Cristo, vosso Filho, na unidade do Espírito Santo.

Hora Média

Oração das Nove Horas

Leitura breve   cf. 1Cor 15,3b-5

Cristo morreu por nossos pecados, segundo as Escrituras, foi sepultado e ao terceiro dia ressuscitou, segundo as Escrituras; apareceu a Cefas e, depois, aos Doze.

V. O Senhor ressurgiu realmente. Aleluia.
R. E apareceu a Simão. Aleluia.

Oração das Doze Horas

Leitura breve   Ef 2,4-6

Deus é rico em misericórdia. Por causa do grande amor com que nos amou, quando estávamos mortos por causa das nossas faltas, ele nos deu a vida com Cristo. É por graça que vós sois salvos! Deus nos ressuscitou com Cristo e nos fez sentar nos céus em virtude de nossa união com Jesus Cristo.

V. Os discípulos ficaram muito alegres, aleluia,
R. Por verem o Senhor ressuscitado. Aleluia.

Oração das Quinze Horas

Leitura breve   Rm 6,4

Pelo batismo na sua morte, fomos sepultados com ele, para que, como Cristo ressuscitou dos mortos pela glória do Pai, assim também nós levemos uma vida nova.

V. Ó Senhor, ficai conosco, aleluia,
R. Pois o dia já declina. Aleluia.

Oração como nas Laudes.

II Vésperas

Hino, p. 842.

Ant. 1 O Senhor purificou-nos do pecado
e assentou-se à direita de Deus Pai. Aleluia.

Salmos e cântico do Domingo da III Semana, p. 1208.

Ant. 2 Enviou libertação para o seu povo. Aleluia.

Ant. 3 Aleluia, o Senhor tomou posse do seu Reino:
exultemos de alegria, demos glória ao nosso Deus.
Aleluia.

Leitura breve   Hb 10,12-14

Cristo, depois de ter oferecido um sacrifício único pelos
pecados, sentou-se para sempre à direita de Deus. Não lhe
resta mais senão esperar até que seus inimigos sejam postos
debaixo de seus pés. De fato, com esta única oferenda,
levou à perfeição definitiva os que ele santifica.

Responsório breve

R. O Espírito Santo, o Paráclito,
  * Aleluia, aleluia. R. O Espírito.
V. Ele vos ensinará todas as coisas. * Aleluia.
    Glória ao Pai. R. O Espírito.

Cântico evangélico, ant.

Ano A Quando o Paráclito vier que haverei de enviar-vos,
o Espírito da verdade que procede do meu Pai,
dará de mim seu testemunho. Aleluia.

Ano B Como tu me enviaste ao mundo,
assim também os envio.
E eu me consagro por eles para que eles sejam
consagrados, também, na verdade. Aleluia.

Ano C Aqueles que tu me deste, ó Pai,
eu quero que estejam comigo onde estou
e vejam a glória que deste a mim. Aleluia.

7º Domingo da Páscoa

Preces

Nós não sabemos orar como convém, mas o Espírito Santo intercede por nós com gemidos inenarráveis. Por isso, digamos com toda confiança:

R. **Senhor, que o Espírito Santo interceda por nós!**

Cristo, Pastor eterno, concedei aos pastores da Igreja os dons de sabedoria e conselho,
– para que conduzam com segurança o vosso rebanho às fontes da salvação. R.

Vós, que habitais os céus e sois rico em misericórdia,
– socorrei os pobres e os humildes da terra. R.

Vós, que fostes concebido pelo poder do Espírito Santo no seio da Virgem Maria,
– dai a todas aquelas que se consagraram a vós na vida religiosa o espírito da verdadeira santidade. R.

Sumo e eterno Sacerdote, que louvais o Pai na unidade do Espírito Santo,
– associai todos os homens e mulheres ao vosso louvor para que glorifiquem a Deus eternamente. R.

(intenções livres)

Conduzi todos os que partiram desta vida à gloriosa liberdade dos filhos de Deus,
– e à completa redenção de seus corpos. R.
Pai nosso...

Oração

Ó Deus, ouvi com bondade as nossas súplicas: assim como cremos que o Salvador da humanidade está convosco na glória, possamos sentir a sua presença até o fim dos tempos, como ele mesmo prometeu. Por nosso Senhor Jesus Cristo, vosso Filho, na unidade do Espírito Santo.

SEGUNDA-FEIRA

Ofício das Leituras

V. Meu coração e minha **car**ne rejubilam. Ale**lui**a.
R. E **ex**ultam de ale**gri**a no Deus **vi**vo. Ale**lui**a.

Primeira leitura
Da Primeira Carta de São João

4,1-10

Deus nos amou primeiro

¹Caríssimos, não acrediteis em qualquer espírito, mas examinai os espíritos para ver se são de Deus, pois muitos falsos profetas vieram ao mundo. ²Este é o critério para saber se uma inspiração vem de Deus: todo o espírito que leva a professar que Jesus Cristo veio na carne é de Deus; ³e todo o espírito que não professa a fé em Jesus não é de Deus; é o espírito do Anticristo. Ouvistes dizer que o Anticristo virá; pois bem, ele já está no mundo. ⁴Filhinhos, vós sois de Deus e vós vencestes o Anticristo. Pois convosco está quem é maior do que aquele que está no mundo. ⁵Os vossos adversários são do mundo; por isso, agem conforme o mundo, e o mundo lhes presta ouvidos. ⁶Nós somos de Deus. Quem conhece a Deus, escuta-nos; quem não é de Deus não nos escuta. Nisto reconhecemos o espírito da verdade e o espírito do erro.

⁷Caríssimos, amemo-nos uns aos outros, porque o amor vem de Deus e todo aquele que ama nasceu de Deus e conhece Deus. ⁸Quem não ama, não chegou a conhecer Deus, pois Deus é amor. ⁹Foi assim que o amor de Deus se manifestou entre nós: Deus enviou o seu Filho único ao mundo, para que tenhamos vida por meio dele. ¹⁰Nisto consiste o amor: não fomos nós que amamos a Deus, mas foi ele que nos amou e enviou o seu Filho como vítima de reparação pelos nossos pecados.

876 · 7ª Semana do Tempo Pascal

Responsório — 1Jo 4,9; Jo 3,16

R. Nisto mostrou-se o amor de **Deus** para conosco:
enviando-nos seu **Fi**lho Unigênito,

* Para **que** quem nele **crer,** não pereça para **sem**pre,
mas pos**sua** a vida eter**na**. Ale**lui**a.

V. Tanto **Deus** amou o **mun**do, que lhe **deu** seu Filho **único.**
* Para **que.**

Segunda leitura

Das Catequeses de São Cirilo de Jerusalém, bispo

(Cat. 16, De Spiritu Sancto 1,11-12.16:
PG 33,931-935.939-942) (Séc. IV)

A água viva do Espírito Santo

A água que eu lhe der se tornará nele fonte de água viva,
que jorra para a vida eterna (Jo 4,14). Água diferente, esta
que vive e jorra; mas jorra apenas sobre os que são dignos
dela. Por que motivo o Senhor dá o nome de "água" à graça
do Espírito Santo? Certamente porque tudo tem necessidade
de água; ela sustenta as ervas e os animais. A água das chuvas cai dos céus; e embora caia sempre do mesmo modo e
na mesma forma, produz efeitos muito variados. De fato, o
efeito que produz na palmeira não é o mesmo que produz na
videira; e assim em todas as coisas, apesar de sua natureza
ser sempre a mesma e não poder ser diferente de si própria.
Na verdade, a chuva não se modifica a si mesma em qualquer das suas manifestações. Contudo, ao cair sobre a terra,
acomoda-se às estruturas dos seres que a recebem, dando a
cada um deles o que necessita.

Com o Espírito Santo acontece o mesmo. Sendo único,
com uma única maneira de ser e indivisível, distribui a graça
a cada um conforme lhe apraz. E assim como a árvore ressequida, ao receber água, produz novos rebentos, assim também a alma pecadora, ao receber do Espírito Santo o dom
do arrependimento, produz frutos de justiça. O Espírito tem

Segunda-feira

um só e o mesmo modo de ser; mas, por vontade de Deus e pelos méritos de Cristo, produz efeitos diversos.

Serve-se da língua de uns para comunicar o dom da sabedoria; ilumina a inteligência de outros com o dom da profecia. A este dá o poder de expulsar os demônios; àquele concede o dom de interpretar as Sagradas Escrituras. A uns fortalece na temperança, a outros ensina a misericórdia; a estes inspira a prática do jejum e como suportar as austeridades da vida ascética; e àqueles o domínio das tendências carnais; a outros ainda prepara para o martírio. Enfim, manifesta-se de modo diferente em cada um, mas permanece sempre igual a si mesmo, como está escrito: *A cada um é dada a manifestação do Espírito em vista do bem comum* (1Cor 12,5).

Branda e suave é a sua aproximação; benigna e agradável é a sua presença; levíssimo é o seu jugo! A sua chegada é precedida por esplêndidos raios de luz e ciência. Ele vem com o amor entranhado de um irmão mais velho: vem para salvar, curar, ensinar, aconselhar, fortalecer, consolar, iluminar a alma de quem o recebe, e, depois, por meio desse, a alma dos outros.

Quem se encontra nas trevas, ao nascer do sol recebe nos olhos a sua luz, começando a enxergar claramente coisas que até então não via. Assim também, aquele que se tornou digno do Espírito Santo, recebe na alma a sua luz e, elevado acima da inteligência humana, começa a ver o que antes ignorava.

Responsório   1Cor 12,6-7.27

R. Os ministérios são diversos, o Senhor, porém, é o mesmo que realiza tudo em todos.
* É dada a cada um a manifestação
do Espírito para o bem de todos, aleluia.
V. Sois o corpo de Cristo e, um dos outros, sois membros.
* É dada.

Oração como nas Laudes.

7ª Semana do Tempo Pascal

Laudes

Leitura breve   Rm 10,8b-10

A palavra está perto de ti, em tua boca e em teu coração. Essa palavra é a palavra da fé, que nós pregamos. Se, pois, com tua boca confessares Jesus como Senhor e, no teu coração, creres que Deus o ressuscitou dos mortos, serás salvo. É crendo no coração que se alcança a justiça e é confessando a fé com a boca que se consegue a salvação.

Responsório breve

R. O **Senhor** ressur**giu** do se**pul**cro. * Ale**lu**ia, ale**lu**ia.

R. O **Senhor**.

V. Foi sus**pen**so por **nós** numa **cruz**. * Ale**lu**ia, ale**lu**ia.

Glória ao **Pai**. R. O **Senhor**.

Cântico evangélico, ant.

No **mun**do tereis **mui**tos sofri**men**tos; mas, co**ra**gem, porque **eu** venci o **mun**do! Ale**lu**ia.

Preces

Bendigamos a Jesus Cristo, que prometeu enviar o Espírito Santo da parte do Pai e em seu próprio nome; e o invoquemos, dizendo:

R. **Dai-nos, Senhor, o vosso Espírito Santo!**

Nós vos damos graças, Senhor Jesus Cristo, e por meio de vós bendizemos também o Pai e o Espírito Santo,

_ e vos pedimos que neste dia, em todas as nossas palavras e ações, cumpramos a vossa vontade. R.

Concedei-nos os dons do Espírito Santo,

_ para vivermos sempre como membros vivos do vosso Corpo. R.

Dai-nos a graça de nunca julgarmos ou desprezarmos nossos irmãos e irmãs,

Segunda-feira

— para que nos apresentemos confiantes na vossa presença, quando vierdes julgar os vivos e os mortos. R.

Enchei-nos de alegria e de paz na prática de nossa fé, — e aumentai a nossa esperança pela força do Espírito Santo. R.

(intenções livres)

Pai nosso...

Oração

Nós vos pedimos, ó Deus, que venha a nós a força do Espírito Santo, para que realizemos fielmente a vossa vontade e a manifestemos por uma vida santa. Por nosso Senhor Jesus Cristo, vosso Filho, na unidade do Espírito Santo.

Hora Média

Oração das Nove Horas

Leitura breve   cf. Ap 1,17c-18

Vi o Filho do homem que me disse: Não tenhas medo. Eu sou o Primeiro e o Último, aquele que vive. Estive morto, mas agora estou vivo para sempre. Eu tenho a chave da morte e da região dos mortos.

V. O Senhor ressurgiu realmente. Aleluia.
R. E apareceu a Simão. Aleluia.

Oração das Doze Horas

Leitura breve   Cl 2,9.10a.12

Em Cristo habita corporalmente toda a plenitude da divindade. Dele também vós estais repletos. Com Cristo fostes sepultados no batismo; com ele também fostes ressuscitados por meio da fé no poder de Deus, que ressuscitou a Cristo dentre os mortos.

V. Os discípulos ficaram muito alegres, aleluia,
R. Por verem o Senhor ressuscitado. Aleluia.

880   7ª Semana do Tempo Pascal

Oração das Quinze Horas

Leitura breve   2Tm 2,8.11

Lembra-te de Jesus Cristo, da descendência de Davi, ressuscitado dentre os mortos, segundo o meu evangelho. Merece fé esta palavra: se com ele morremos, com ele viveremos.

V. Ó Senhor, ficai conosco, aleluia,
R. Pois o dia já declina. Aleluia.

Oração como nas Laudes.

Vésperas

Leitura breve   Rm 8,14-17

Todos aqueles que se deixam conduzir pelo Espírito de Deus são filhos de Deus. De fato, vós não recebestes um espírito de escravos, para recairdes no medo, mas recebestes um espírito de filhos adotivos, no qual todos nós clamamos: Abá. – ó Pai! O próprio Espírito se une ao nosso espírito para nos atestar que somos filhos de Deus. E, se somos filhos, somos também herdeiros, herdeiros de Deus e co-herdeiros de Cristo; se realmente sofremos com ele, é para sermos também glorificados com ele.

Responsório breve

R. O Espírito Santo, o Paráclito,
  * Aleluia, aleluia. R. O Espírito.
V. Ele vos ensinará todas as coisas. * Aleluia.
  Glória ao Pai. R. O Espírito.

Cântico evangélico, ant.

O Espírito Paráclito ficará em vosso meio,
e em vós habitará. Aleluia.

Preces

Demos graças a Cristo, que enriqueceu os apóstolos e a Igreja inteira com os dons do Espírito Santo; e supliquemos unidos a todos os fiéis cristãos:

R. Fortalecei, Senhor, a vossa Igreja!

Senhor Jesus Cristo, mediador entre Deus e os homens, que escolhestes os sacerdotes como vossos colaboradores,

– fazei que, exercendo o ministério que lhes foi confiado, conduzam para o Pai a humanidade inteira. R.

Ensinai o pobre e o rico a se ajudarem mutuamente, pois de ambos vós sois Deus,

– e que o rico não se vanglorie de seus bens. R.

Difundi pela terra inteira a luz do vosso evangelho,

– para que todos os que forem iluminados por ela recebam o dom da fé. R.

Enviai o vosso Espírito consolador,

– para que enxugue as lágrimas de todos os que choram. R.

(intenções livres)

Purificai de toda culpa as almas dos que morreram,

– e acolhei-as no céu entre os vossos anjos e santos. R.

Pai nosso...

Oração

Nós vos pedimos, ó Deus, que venha a nós a força do Espírito Santo, para que realizemos fielmente a vossa vontade e a manifestemos por uma vida santa. Por nosso Senhor Jesus Cristo, vosso Filho, na unidade do Espírito Santo.

TERÇA-FEIRA

Ofício das Leituras

V. Ressurgindo dentre os mortos,
Jesus Cristo já não morre. Aleluia.

R. E a morte não tem mais
nenhum domínio sobre ele. Aleluia.

Primeira leitura

Da Primeira Carta de São João   4,11-21

Deus é amor

[11]Caríssimos, se Deus nos amou assim, nós também devemos amar-nos uns aos outros. [12]Ninguém jamais viu a Deus. Se nos amamos uns aos outros, Deus permanece conosco e seu amor é plenamente realizado entre nós. [13]A prova de que permanecemos com ele, e ele conosco, é que ele nos deu o seu Espírito. [14]E nós vimos, e damos testemunho, que o Pai enviou o seu Filho como Salvador do mundo. [15]Todo aquele que proclama que Jesus é o Filho de Deus, Deus permanece com ele, e ele com Deus. [16]E nós conhecemos o amor que Deus tem para conosco, e acreditamos nele. Deus é amor: quem permanece no amor, permanece com Deus, e Deus permanece com ele.

[17]Nisto se realiza plenamente o seu amor para conosco: em nós termos plena confiança no dia do julgamento, porque, tal como Jesus, nós somos neste mundo. [18]No amor não há temor. Ao contrário, o perfeito amor lança fora o temor, pois o temor implica castigo, e aquele que teme não chegou à perfeição do amor.

[19]Quanto a nós, amemos, porque ele nos amou primeiro. [20]Se alguém disser: "Amo a Deus", mas entretanto odeia o seu irmão, é um mentiroso; pois quem não ama o seu irmão, a quem vê, não poderá amar a Deus, a quem não vê. [21]E este é o mandamento que dele recebemos: aquele que ama a Deus, ame também o seu irmão.

Responsório   cf. 1Jo 4,10.16a; cf. Is 63,8c.9c

R. Deus **Pai** nos a**mou**, por pri**mei**ro,
   e envi**ou**-nos seu **Fi**lho Uni**gê**nito,
   como **ví**tima por **nos**sos pecados.
  * Conhe**ce**mos e **cre**mos no a**mor**,
   que **Deus** mani**fes**ta por **nós**. Ale**lu**ia.
V. O Se**nhor** se fez o **nos**so Salva**dor**;
   ele **mes**mo nos re**miu** em seu a**mor**. * Conhe**ce**mos.

Segunda leitura

Do Tratado Sobre o Espírito Santo, de São Basílio Magno, bispo

(Cap. 9,22-23: PG 32,107-110) (Séc. IV)

A ação do Espírito Santo

Qual é o homem que, ao ouvir os nomes com os quais é designado o Espírito Santo, não eleva seu ânimo e o seu pensamento para a natureza divina? É chamado Espírito de Deus, Espírito da verdade que procede do Pai, Espírito de retidão, Espírito principal, e como nome próprio e peculiar, Espírito Santo.

Volta-se para ele o olhar de todos os que buscam a santificação; para ele tende a aspiração de todos os que vivem segundo a virtude; é o seu sopro que os revigora e reanima para atingirem o fim natural e próprio para que foram feitos.

Ele é fonte da santidade e luz da inteligência; é ele que dá, de si mesmo, uma certa iluminação à nossa razão natural para que encontre a verdade.

Inacessível por sua natureza, torna-se acessível por sua bondade. Enche tudo com o seu poder, mas comunica-se apenas aos que são dignos; não a todos na mesma medida, mas distribuindo os seus dons em proporção da fé. Simples na essência, múltiplo nas manifestações do seu poder, está presente por inteiro em cada um, sem deixar de estar todo em todo lugar. Reparte-se e não sofre diminuição. Todos dele participam e permanece íntegro, à semelhança dos raios do sol que fazem sentir a cada um a sua luz benéfica como se fosse para ele só, e contudo iluminam a terra e o mar e se difundem pelo espaço.

Assim é também o Espírito Santo: está presente em cada um dos que são capazes de recebê-lo, como se estivesse nele só, e, não obstante, dá a todos a totalidade da graça de que necessitam. Os que participam do Espírito recebem os seus

884　　　7ª Semana do Tempo Pascal

dons na medida em que o permite a disposição de cada um, mas não na medida do poder do mesmo Espírito.

Por ele, os corações são elevados ao alto, os fracos são conduzidos pela mão, os que progridem na virtude chegam à perfeição. Ele ilumina os que foram purificados de toda a mancha e torna-os espirituais pela comunhão consigo.

E como os corpos límpidos e transparentes, sob a ação da luz, se tornam também extraordinariamente brilhantes e irradiam um novo fulgor, da mesma forma também as almas que recebem o Espírito e são por ele iluminadas tornam-se espirituais e irradiam sobre os outros a graça que lhes foi dada.

Dele procede a previsão do futuro, a inteligência dos mistérios, a compreensão das coisas ocultas, a distribuição dos carismas, a participação na vida do céu, a companhia dos coros dos anjos. Dele nos vem a alegria sem fim, a união constante e a semelhança com Deus; dele procede, enfim, o bem mais sublime que se pode desejar: o homem é divinizado.

Responsório　　　cf. Jo 14,27b;16,22b;14,16a

R. Que o **vos**so cora**ção** não se per**tur**be;
　　eu **irei** para o meu **Pai**, mas vou ma**ndar**-vos
　*O Es**pír**ito da ver**da**de, o Advo**ga**do,
　　e o **vos**so cora**ção** se alegra**rá**. Ale**lui**a.
　V. Roga**rei** a meu **Pai** e ele **há** de envi**ar**-vos
　　um **ou**tro Pará**cli**to. *Es**pír**ito.

Oração como nas Laudes.

Laudes

Leitura breve　　　At 13,30-33

Deus ressuscitou Jesus dos mortos e, durante muitos dias, ele foi visto por aqueles que o acompanharam desde a

Galileia até Jerusalém. Agora eles são testemunhas de Jesus diante do povo. Por isso, nós vos anunciamos este Evangelho: a promessa que Deus fez aos antepassados, ele a cumpriu para nós, seus filhos, quando ressuscitou Jesus, como está escrito no salmo segundo: Tu és o meu filho, eu hoje te gerei.

Responsório breve

R. O Senhor ressurgiu do sepulcro. * Aleluia, aleluia.

R. O Senhor.

V. Foi suspenso por nós numa cruz. * Aleluia, aleluia.

Glória ao Pai. R. O Senhor.

Cântico evangélico, ant.

O Senhor ressuscitou como dissera:
exultemos de alegria todos nós,
pois ele reina eternamente, aleluia.

Preces

Glorifiquemos a Cristo, nosso Senhor, que prometeu enviar o Espírito Santo que procede do Pai; e rezemos:

R. Senhor Jesus Cristo, dai-nos o vosso Espírito!

Senhor Jesus Cristo, que a vossa Palavra habite plenamente em nós,

— para sempre vos louvarmos com salmos, hinos e cânticos espirituais. R.

Vós, que, pelo Espírito Santo, nos tornastes filhos e filhas de Deus,

— ensinai-nos, pelo mesmo Espírito, a invocar junto convosco a Deus, nosso Pai. R.

Inspirai com a luz da sabedoria todas as nossas ações,

— a fim de que tudo quanto fizermos seja para a maior glória de Deus. R.

Vós, que sois compassivo e misericordioso,
ajudai-nos a viver sempre em paz com todos.
R. **Senhor Jesus Cristo, dai-nos o vosso Espírito!**

(intenções livres)

Pai nosso...

Oração

Ó Deus de poder e misericórdia, fazei que o Espírito Santo, vindo habitar em nossos corações, nos torne um templo da sua glória. Por nosso Senhor Jesus Cristo, vosso Filho, na unidade do Espírito Santo.

Hora Média

Oração das Nove Horas

Leitura breve At 4,11-12

Jesus é a pedra, que vós, os construtores, desprezastes, e que se tornou a pedra angular. Em nenhum outro há salvação, pois não existe debaixo do céu outro nome dado aos homens pelo qual possamos ser salvos.

V. O Senhor ressurgiu realmente. Aleluia.
R. E apareceu a Simão. Aleluia.

Oração das Doze Horas

Leitura breve cf. 1Pd 3,21-22a

O batismo é hoje a vossa salvação pois ele não serve para limpar o corpo da imundície, mas é um pedido a Deus para *obter uma boa consciência*, em virtude da ressurreição de Jesus Cristo que está à direita de Deus.

V. Os discípulos ficaram muito alegres, aleluia,
R. Por verem o Senhor ressuscitado. Aleluia.

Terça-feira 887

Oração das Quinze Horas

Leitura breve   Cl 3,1-2

Se ressuscitastes com Cristo, esforçai-vos por alcançar as coisas do alto, onde está Cristo, sentado à direita de Deus; aspirai às coisas celestes e não às coisas terrestres.

V. Ó Senhor, ficai conosco, aleluia,
R. Pois o dia já declina. Aleluia.
Oração como nas Laudes.

Vésperas

Leitura breve   Rm 8,26-27

O Espírito vem em socorro da nossa fraqueza. Pois nós não sabemos o que pedir, nem como pedir; é o próprio Espírito que intercede em nosso favor, com gemidos inefáveis. E aquele que penetra o íntimo dos corações sabe qual é a intenção do Espírito. Pois é sempre segundo Deus que o Espírito intercede em favor dos santos.

Responsório breve

R. O Espírito Santo, o Paráclito,
 * Aleluia, aleluia. R. O Espírito.
V. Ele vos ensinará todas as coisas. * Aleluia.
 Glória ao Pai. R. O Espírito.

Cântico evangélico, ant.

Recebereis toda a força do Espírito
que haverá de descer sobre vós;
e sereis testemunhas de mim
até os extremos da terra, aleluia.

Preces

Demos glória ao Senhor Jesus Cristo, que nos fez participantes do seu Espírito; e imploremos:

888   7ª Semana do Tempo Pascal

R. **Jesus Cristo, ouvi-nos!**

Derramai, Senhor, sobre a Igreja o Espírito Santo que procede do Pai,
– para que a purifique, fortaleça e faça crescer por toda a terra. **R.**

Dirigi, Senhor, com a assistência do vosso Espírito, a mente daqueles que nos governam,
– para que promovam fielmente o bem comum, de acordo com a vossa vontade. **R.**

Enviai o vosso Espírito, Pai dos pobres,
– para que conforte, com seu auxílio, todos os necessitados. **R.**

Nós vos pedimos por todos os ministros da Igreja,
– para que sejam fiéis administradores dos vossos mistérios. **R.**

(intenções livres)

Vós, que, pela vossa paixão, ressurreição e ascensão ao céu, abristes para todos as portas do paraíso,
– concedei a plenitude da redenção aos corpos e almas de nossos irmãos e irmãs que morreram. **R.**
Pai nosso...

Oração

Ó Deus de poder e misericórdia, fazei que o Espírito Santo, vindo habitar em nossos corações, nos torne um templo da sua glória. Por nosso Senhor Jesus Cristo, vosso Filho, na unidade do Espírito Santo.

QUARTA-FEIRA

Ofício das Leituras

V. Deus, o **Pai**, ressusci**tou** a Jesus **Cristo** dentre os **mort**os, ale**lui**a,
R. Para que esteja no Se**nhor** a nossa **fé** e espe**rança**. A**lelui**a.

Quarta-feira

889

Primeira leitura
Da Primeira Carta de São João

5,1-12

Esta é a vitória: a nossa fé

Caríssimos:[1] Todo o que crê que Jesus é o Cristo, nasceu de Deus, e quem ama aquele que gerou alguém, amará também aquele que dele nasceu.[2] Podemos saber que amamos os filhos de Deus, quando amamos a Deus e guardamos os seus mandamentos.[3] Pois isto é amar a Deus: observar os seus mandamentos. E os seus mandamentos não são pesados,[4] pois todo o que nasceu de Deus vence o mundo. E esta é a vitória que venceu o mundo: a nossa fé.

[5] Quem é o vencedor do mundo, senão aquele que crê que Jesus é o Filho de Deus?[6] Este é o que veio pela água e pelo sangue: Jesus Cristo (Não veio somente com a água, mas com a água e o sangue). E o Espírito é que dá testemunho, porque o Espírito é a Verdade.[7] Assim, são três que dão testemunho:[8] o Espírito, a água e o sangue; e os três são unânimes.[9] Se aceitamos o testemunho dos homens, o testemunho de Deus é maior. Este é o testemunho de Deus, pois ele deu testemunho a respeito de seu Filho.[10] Aquele que crê no Filho de Deus tem este testemunho dentro de si. Aquele que não crê em Deus faz dele um mentiroso, porque não crê no testemunho que Deus deu a respeito de seu Filho.[11] E o testemunho é este: Deus nos deu a vida eterna, e esta vida está em seu Filho.[12] Quem tem o Filho, tem a vida; quem não tem o Filho, não tem a vida.

Responsório

1Jo 5,6; Zc 13,1

R. É **este** o que **veio** pela **água** e pelo **sangue**:
   Jesus **Cris**to, Senhor **nos**so;
   Não so**men**te pela **água**, mas pela **água** e pelo **sangue**.

* E quem **dá** o teste**mun**ho de que **isto** é a ver**da**de,
   é o Es**pí**rito, ale**lui**a.

V. Naquele **dia** há de jor**rar** uma **fon**te bem vi**sí**vel
   para a **ca**sa de Davi e os habi**tan**tes de Si**ão**,
   para que **la**vem seus pe**ca**dos.* E quem **dá**.

Segunda leitura

Da Constituição dogmática *Lumen gentium* sobre a Igreja, do Concílio Vaticano II

(N . 4.12)   (Séc. XX)

A missão do Espírito Santo na Igreja

Terminada na terra a obra que o Pai confiou ao Filho, o Espírito Santo foi enviado no dia de Pentecostes a fim de santificar continuamente a Igreja e, por Cristo, no único Espírito, terem os fiéis acesso junto ao Pai. Ele é o Espírito da vida, a fonte de água que jorra para a vida eterna. Por ele, o Pai dá vida aos homens mortos pelo pecado, até ressuscitar em Cristo seus corpos mortais.

O Espírito habita na Igreja e nos corações dos fiéis como em um templo. Neles ora e dá testemunho da adoção de filhos. Conduz a Igreja ao conhecimento da verdade total, unifica-a na comunhão e nos ministérios, ilumina-a com diversos dons carismáticos e hierárquicos e enriquece-a com seus frutos.

Pela força do evangelho, rejuvenesce a Igreja, renovando-a constantemente e a conduz à perfeita união com seu Esposo. Pois o Espírito e a Esposa dizem ao Senhor Jesus: "Vem!".

Assim se apresenta a Igreja inteira como um povo reunido pela unidade do Pai, do Filho e do Espírito Santo.

O conjunto dos fiéis, consagrado pela unção do Espírito Santo, não pode enganar-se na fé. Esta peculiaridade se exprime através do sentido sobrenatural da fé, quando na sua totalidade, a hierarquia e os fiéis leigos, manifestam um consenso universal em matéria de fé e costumes.

Com este senso de fé, formado e sustentado pelo Espírito da verdade, o povo de Deus, guiado pelo sagrado magistério a que obedece com fidelidade, acolhe não mais como palavras dos homens, mas, na realidade, a palavra de Deus, e adere sem esmorecimento *à fé que, uma vez para sempre, foi transmitida aos santos* (Jd 3). Nela penetra sempre mais profundamente, com reto julgamento, e cada vez mais plenamente a põe em prática em sua vida.

Além disso, por meio dos sacramentos e ministérios, o Espírito Santo não apenas santifica e conduz o povo de Deus e o adorna com virtudes, mas ainda *distribui a cada um seus dons conforme quer* (1Cor 12,11), e concede também graças especiais aos fiéis de todas as condições. Torna-os assim aptos e disponíveis para assumir deveras obras ou funções, em vista de uma séria renovação e mais ampla edificação da Igreja, conforme foi dito: *A cada um é dada a manifestação do Espírito em vista do bem comum* (1Cor 12,5).

Estes carismas devem ser recebidos com ação de graças e consolação. Pois todos, desde os mais extraordinários aos mais simples e comuns, são perfeitamente apropriados e úteis às necessidades da Igreja.

Responsório   Jo 7,37a.38.39a

R. No último **dia** da **festa**, o mais so**lene**,
   estando em **pé**, Jesus cla**ma**va em alta **voz**:
 * Quem tem **sede** venha a **mim**, venha be**ber**,
   e tor**ren**tes de água **vi**va jorra**rão**
   do mais **ín**timo de **quem** tem fé em **mim**. Ale**lui**a.
V. **Je**sus dizia **is**so do Es**pí**rito,
   que de**vi**a rece**ber** quem nele **cres**se. * Quem tem **sede**.

Oração como nas Laudes.

Laudes

Leitura breve   Rm 6,8-11

Se morremos com Cristo, cremos que também viveremos com ele. Sabemos que Cristo ressuscitado dos mortos não morre mais; a morte já não tem poder sobre ele. Pois aquele que morreu, morreu para o pecado uma vez por todas; mas aquele que vive, é para Deus que vive. Assim, vós também

892 7ª Semana do Tempo Pascal

considerai-vos mortos para o pecado e vivos para Deus, em Jesus Cristo.

Responsório breve

R. O Se**nhor** ressur**giu** do se**pul**cro. *Ale**luia**, ale**luia**.
   R. O Se**nhor**.
V. Foi sus**pen**so por **nós** numa **cruz**. *Ale**luia**, ale**luia**.
   Glória ao **Pai**. R. O Se**nhor**.

Cântico evangélico, ant.

Demos **graças** a Deus **Pai**, que nos **deu**, em Jesus **Cris**to, a vi**tória**, ale**luia**.

Preces

O Espírito Santo nos dá o testemunho de que somos filhos e filhas de Deus. Por isso, dando graças a Deus Pai, rezemos confiantes:

R. **Pai nosso, ouvi a oração de vossos filhos e filhas!**

Deus de paciência e de consolação, fazei que tenhamos uns para com os outros os mesmos sentimentos de Jesus Cristo,
– para que vos glorifiquemos com um só coração e uma só voz por toda a nossa vida. R.

Tornai-nos generosos e prestativos para com nossos irmãos e irmãs,
– para que nunca lhes falte a nossa ajuda e o nosso exemplo. R.

Não permitais que sejamos seduzidos pelo espírito do mundo, dominado pela maldade,
– mas fazei-nos sempre dóceis ao Espírito Santo que de vós procede. R.

Vós, que conheceis profundamente o coração humano,
– guiai-nos sempre pelo caminho da sinceridade e da verdade.

R.
(intenções livres)

Pai nosso...

Quarta-feira

Oração

Ó Deus misericordioso, concedei que a vossa Igreja, reunida no Espírito Santo, se consagre ao vosso serviço num só coração e numa só alma. Por nosso Senhor Jesus Cristo, vosso Filho, na unidade do Espírito Santo.

Hora Média

Oração das Nove Horas

Leitura breve   cf. Rm 4,24-25

Cremos naquele que ressuscitou dos mortos Jesus, nosso Senhor. Ele, Jesus, foi entregue por causa de nossos pecados e foi ressuscitado para nossa justificação.

V. O Senhor ressurgiu realmente. Aleluia.
R. E apareceu a Simão. Aleluia.

Oração das Doze Horas

Leitura breve   1Jo 5,5-6a

Quem é o vencedor do mundo, senão aquele que crê que Jesus é o Filho de Deus? Este é o que veio pela água e pelo sangue: Jesus Cristo. Não veio somente com a água, mas com a água e o sangue.

V. Os discípulos ficaram muito alegres, aleluia,
R. Por verem o Senhor ressuscitado. Aleluia.

Oração das Quinze Horas

Leitura breve   cf. Ef 4,23-24

Renovai o vosso espírito e a vossa mentalidade. Revesti o homem novo, criado à imagem de Deus, em verdadeira justiça e santidade.

V. Ó Senhor, ficai conosco, aleluia,
R. Pois o dia já declina. Aleluia.

Oração como nas Laudes.

894   7ª Semana do Tempo Pascal

Vésperas

Leitura breve
1Cor 2,9-10

O que Deus preparou para os que o amam é algo que os olhos jamais viram, nem os ouvidos ouviram, nem coração algum jamais pressentiu. A nós Deus revelou esse mistério através do Espírito. Pois o Espírito esquadrinha tudo, mesmo as profundezas de Deus.

Responsório breve

R. O Espírito **Santo**, o Paráclito,
  * **Aleluia**, aleluia. R. O Espírito.
V. Ele **vos** ensinará todas as **coisas**. * Aleluia.
  Glória ao **Pai**. R. O Espírito.

Cântico evangélico, ant.

O Se**nhor** vai bati**zar**-vos
no Di**vi**no Espírito **San**to e no **fogo**, aleluia.

Preces

Com os apóstolos e todos aqueles que possuem as primícias do Espírito Santo, louvemos a Deus; e o invoquemos, dizendo:

R. **Senhor, ouvi-nos!**

Deus todo-poderoso, que glorificastes a Cristo no céu,
– fazei que todos reconheçam a sua presença na Igreja. R.

Pai santo, que dissestes de Cristo: Este é o meu Filho amado, escutai-o!,
– fazei que todos ouçam a sua voz e sejam salvos. R.

Enviai o Espírito Santo aos corações de vossos fiéis,
– para que sejam purificados e fortalecidos. R.

Mandai o vosso Espírito, para que dirija os acontecimentos do mundo,
– e renove a face da terra. R.

Quinta-feira

(intenções livres)

Nós vos confiamos todos aqueles que já partiram deste mundo,
– e vos pedimos que façais crescer em nós a esperança da ressurreição futura. **R.**
Pai nosso...

Oração

Ó Deus misericordioso, concedei que a vossa Igreja, reunida no Espírito Santo, se consagre ao vosso serviço num só coração e numa só alma. Por nosso Senhor Jesus Cristo, vosso Filho, na unidade do Espírito Santo.

QUINTA-FEIRA

Ofício das Leituras

V. Deus, o **Pai**, que a **Je**sus,
nosso Se**nhor**, ressusci**tou**, ale**lu**ia.
R. Nos fa**rá** também a **nós**
ressusci**tar** por seu po**der**. Ale**lu**ia.

Primeira leitura
Da Primeira Carta de São João 5,13-21

A oração pelos pecadores

Caríssimos: [13] Eu vos escrevo estas coisas a vós que acreditastes no nome do Filho de Deus, para que saibais que possuís a vida eterna.
[14] Esta é a confiança que temos em Deus: se lhe pedimos alguma coisa de acordo com a sua vontade, ele nos ouve. [15] E se sabemos que ele nos ouve em tudo o que lhe pedimos, sabemos que possuímos o que havíamos pedido. [16] Se alguém vê seu irmão cometer um pecado que não conduz à morte, que ele reze, e Deus lhe dará a vida; isto,

7ª Semana do Tempo Pascal

se, de fato, o pecado cometido não conduz à morte. Existe um pecado que conduz à morte, mas não é a respeito deste que eu digo que se deve rezar. [17]Toda a iniquidade é pecado, mas existe pecado que não conduz à morte.

[18]Sabemos que todo aquele que nasceu de Deus não peca. Aquele que é gerado por Deus o guarda, e o Maligno não o pode atingir. [19]Nós sabemos que somos de Deus ao passo que o mundo inteiro está sob o poder do Maligno. [20]Nós sabemos que veio o Filho de Deus e nos deu a inteligência para conhecermos aquele que é o Verdadeiro. E nós estamos com o Verdadeiro, no seu Filho Jesus Cristo. Este é o Deus verdadeiro e a Vida eterna. [21]Filhinhos, guardai-vos dos ídolos.

Responsório   1Jo 5,20; Jo 1,18

R. Sabemos que o Filho **veio**
  * E **deu**-nos inteligência,
    para po**der**mos compreen**der**
    o verda**dei**ro Deus, ale**lui**a.
V. Ninguém ja**mais** viu a **Deus**, mas o **Filho** Unigênito
    que está **jun**to do **Pai**, este o **deu** a conhe**cer**. * E **deu**-nos.

Segunda leitura

Do Comentário sobre o Evangelho de João, de São Cirilo de Alexandria, bispo

(Lib. 10,16,6-7: PG 74,434)   (Séc. V)

Se eu não for, o Espírito não virá a vós

Cristo tinha cumprido a sua missão sobre a terra, e para nós havia chegado o momento de entrarmos em comunhão com a natureza divina do Verbo. Era preciso que a nossa vida anterior fosse transformada em outra diferente, começando um novo estilo de vida em santidade. Ora, isto só podia ser realizado pela participação do Espírito Santo.

O tempo mais oportuno para o envio do Espírito Santo e sua descida sobre nós foi o que se seguiu à ascensão de Cristo nosso Salvador.

De fato, enquanto Cristo vivia visivelmente entre os seus fiéis, ele mesmo, segundo julgo, dispensava-lhes todos os bens. Mas quando chegou o momento estabelecido para subir ao Pai celeste, era necessário que ele continuasse presente no meio de seus fiéis por meio do Espírito e habitasse pela fé em nossos corações, a fim de que pudéssemos clamar com toda confiança: *Abá – ó Pai!* (Rm 8,15). E ainda nos tornássemos capazes de progredir sem demora no caminho da perfeição, superando com fortaleza invencível as ciladas do demônio e as perseguições dos homens, graças à assistência do Espírito todo-poderoso.

Não é difícil demonstrar, com o testemunho das Escrituras, tanto do Antigo como do Novo Testamento, que o Espírito transforma e comunica uma vida nova àqueles em quem habita.

O servo de Deus Samuel, dirigindo-se a Saul, diz: *O Espírito do Senhor virá sobre ti e tu te tornarás outro homem* (cf. 1Sm 10,6). E São Paulo afirma: *Todos nós, porém, com o rosto descoberto, contemplamos e refletimos a glória do Senhor; e assim seremos transformados à sua imagem, pelo seu Espírito. Pois o Senhor é Espírito* (2Cor 3,18.17).

Vês como o Espírito transforma noutra imagem aqueles em quem habita? Facilmente ele os faz passar do amor das coisas terrenas à esperança das realidades celestes, e do temor e da indecisão à firme e generosa fortaleza de alma. Foi o que sucedeu com os discípulos: animados e fortalecidos pelo Espírito, nunca mais se deixaram intimidar pelos seus perseguidores, permanecendo inseparavelmente unidos e fiéis ao amor de Cristo.

É verdade, portanto, o que diz o Salvador: *É bom para vós que eu volte para os céus* (cf. Jo 16,7), porque tinha chegado o tempo de o Espírito Santo descer sobre eles.

7ª Semana do Tempo Pascal

Responsório   Jo 16,7b.13

R. Se eu não **for**, não há de **vir** o Paráclito a **vós**;
   mas se eu **for**, o envia**rei**.
 * Quando, **porém**, vier a **vós** o Espírito da ver**da**de,
   ele a **vós** ensinará toda a ver**da**de, ale**lui**a.
V. Não fala**rá** sobre si **mesmo**, mas dirá **tudo** o que ele ou**vir**
   e a **vós** anunciará as coisas **to**das que hão de **vir**.
 * Quando, po**rém**.

Oração como nas Laudes.

Laudes

Leitura breve   Rm 8,10-11

Se Cristo está em vós, embora vosso corpo esteja ferido
de morte por causa do pecado, vosso espírito está cheio de
vida, graças à justiça. E, se o Espírito daquele que ressuscitou Jesus dentre os mortos mora em vós, então aquele que
ressuscitou Jesus Cristo dentre os mortos vivificará também
vossos corpos mortais por meio do seu Espírito que mora
em vós.

Responsório breve

R. O Se**nhor** ressur**giu** do se**pul**cro. * Ale**lui**a, ale**lui**a.
   R. O Se**nhor**.
V. Foi sus**pen**so por **nós** numa **cruz**. * Ale**lui**a, ale**lui**a.
   Glória ao **Pai**. R. O Se**nhor**.

Cântico evangélico, ant.

Ide ao **mun**do, ensi**nai** a **to**dos os **povos**,
bati**zai**-os em **no**me do **Pai** e do **Filho** e do Espírito **Santo**.
Ale**lui**a.

Preces

Bendigamos a Cristo, nosso Senhor, pelo qual temos acesso
a Deus Pai no Espírito Santo; e rezemos:

R. **Cristo, ouvi-nos!**

Enviai sobre nós o vosso Espírito,
_ para que seja sempre o amigo e hóspede de nossas almas. **R.**

Vós, que ressuscitastes dos mortos e estais à direita de Deus,
_ intercedei sempre por nós junto do Pai. **R.**

Conservai-nos sempre unidos a vós pelo Espírito Santo,
_ para que nem a tribulação nem a perseguição nem os
perigos jamais nos separem do vosso amor. **R.**

Dai-nos o vosso Espírito de caridade, para que nos amemos
uns aos outros,
_ assim como vós nos amastes, para a glória de Deus. **R.**

(intenções livres)

Pai nosso...

Oração

Nós vos pedimos, ó Deus, que o vosso Espírito nos transforme com a força dos seus dons, dando-nos um coração
capaz de agradar-vos e de aceitar a vossa vontade. Por nosso Senhor Jesus Cristo, vosso Filho, na unidade do Espírito
Santo.

Hora Média

Oração das Nove Horas

Leitura breve 1Cor 12,13

Todos nós, judeus ou gregos, escravos ou livres, fomos
batizados num único Espírito, para formarmos um único
corpo, e todos nós bebemos de um único Espírito.

V. O Senhor ressurgiu realmente. Aleluia.
R. E apareceu a Simão. Aleluia.

Oração das Doze Horas

Leitura breve   Tt 3,5b-7

Deus nos salvou quando renascemos e fomos renovados no batismo pelo Espírito Santo, que ele derramou abundantemente sobre nós por meio de nosso Salvador Jesus Cristo. Justificados assim, pela sua graça, nos tornamos na esperança herdeiros da vida eterna.

V. Os discípulos ficaram muito alegres, aleluia,
R. Por verem o Senhor ressuscitado. Aleluia

Oração das Quinze Horas

Leitura breve   cf. Cl 1,12-14

Demos graças ao Pai, que nos tornou capazes de participar da luz, que é a herança dos santos. Ele nos libertou do poder das trevas e nos recebeu no Reino de seu Filho amado, por quem temos a redenção, o perdão dos pecados.

V. Ó Senhor, ficai conosco, aleluia,
R. Pois o dia já declina. Aleluia.

Oração como nas Laudes.

Vésperas

Leitura breve   1Cor 6,19-20

Ignorais, por acaso, que o vosso corpo é santuário do Espírito Santo, que mora em vós e que vos é dado por Deus? E, portanto, ignorais também que vós não pertenceis a vós mesmos? De fato, fostes comprados, e por preço muito alto. Então, glorificai a Deus com o vosso corpo.

Responsório breve

R. O Espírito Santo, o Paráclito,
  * Aleluia, aleluia. R. O Espírito.
V. Ele vos ensinará todas as coisas. *Aleluia.
  Glória ao Pai. R. O Espírito.

Quinta-feira

Cântico evangélico, ant.

Quando vier o Espírito da verdade,
a vós ensinará toda a verdade,
e anunciará todas as coisas que virão. Aleluia.

Preces

Roguemos a Cristo, bendito para sempre, que envie o Espírito Santo sobre todos aqueles que foram salvos por sua morte e ressurreição; e digamos:

R. **Lançai o vosso olhar, Senhor, sobre todos os que remistes!**

Enviai, Senhor, à vossa Igreja o Espírito de unidade,
– para que desapareça todo sentimento de discórdia, ódio e divisão. R.

Vós, que libertastes a humanidade do poder do mal,
– libertai também o mundo dos sofrimentos que o afligem. R.

Vós, que, em perfeita união com o Espírito Santo, realizastes fielmente a obra da salvação,
– fazei que os sacerdotes encontrem na oração a luz e a força do Espírito para cumprirem o seu ministério com retidão. R.

Iluminai com o vosso Espírito todos os governantes,
– para que promovam generosamente o bem comum. R.

(intenções livres)

Vós, que viveis eternamente na glória do Pai,
– chamai os que morreram à alegria do vosso Reino. R.

Pai nosso...

Oração

Nós vos pedimos, ó Deus, que o vosso Espírito nos transforme com a força dos seus dons, dando-nos um coração capaz de agradar-vos e de aceitar a vossa vontade. Por nosso

Senhor Jesus Cristo, vosso Filho, na unidade do Espírito Santo.

SEXTA-FEIRA

Ofício das Leituras

V. Céus e **terra** se alegram cantando: aleluia,
R. Pela **ressurreição** do Senhor. Aleluia.

Primeira leitura
Segunda Carta de São João

Quem permanece na doutrina, possui o Pai e o Filho

[1] O ancião, à senhora eleita e seus filhos, que amo de verdade – e não só eu, mas todos que conheceram a verdade, vos amam – [2] por amor da verdade, que permanece em nós e esteja convosco para sempre. [3] Estejam conosco na verdade e no amor: a graça, a misericórdia, a paz da parte de Deus Pai e de Jesus Cristo, Filho do Pai.

[4] Muito me alegrei por ter encontrado alguns dos teus filhos que caminham conforme a verdade, segundo o mandamento que recebemos do Pai. [5] E agora, Senhora, eu te peço – não que te esteja escrevendo a respeito de um novo mandamento, pois trata-se daquele que temos desde o princípio: amemo-nos uns aos outros. [6] E amar consiste no seguinte: em viver conforme os seus mandamentos. Este é o mandamento que ouvistes desde o início para guiar o vosso proceder.

[7] Acontece que se espalharam pelo mundo muitos sedutores, que não confessam a Jesus Cristo encarnado. Está aí o Sedutor, o Anticristo. [8] Tomai cuidado, se não quereis perder o fruto do vosso trabalho, mas sim, receber a plena recompensa. [9] Todo o que não permanece na doutrina de Cristo, mas passa além, não possui a Deus. Aquele que permanece na doutrina é o que possui o Pai e o Filho.

Sexta-feira

[10]Se alguém vier ter convosco e não trouxer esta doutrina, não o recebais em casa nem o saudeis. [11]Pois quem o saudar, tem parte em suas obras más.

[12]Apesar de ter mais coisas para vos escrever, não quis fazer com papel e tinta, porque espero ir ter convosco e conversar de viva voz, para nossa alegria ser completa.

[13]Saúdam-te os filhos de tua irmã eleita.

Responsório
cf. 2Jo 5.4b; Dt 5,33a

R. É este o mandamento que, do Pai, nós recebemos,
não como sendo novidade, mas o temos desde o início:
* Vivei no amor e na verdade. Aleluia.
V. Andareis pelo caminho que o Senhor vos ordenou
para que tenhais a vida. * Vivei.

Segunda leitura
Do Tratado Sobre a Trindade, de Santo Hilário, bispo
(Lib. 2,1.33.35: PL 10,50-51.73-75)   (Séc. IV)

O Dom do Pai em Cristo

O Senhor mandou batizar em nome do Pai e do Filho e do Espírito Santo, quer dizer, professando a fé no Criador, no Filho e no que é chamado Dom de Deus.

Um só é o Criador de todas as coisas. Pois um só é Deus Pai, de quem tudo procede; um só é o Filho Unigênito, nosso Senhor Jesus Cristo, por quem tudo foi feito; e um só é o Espírito, que foi dado a todos nós.

Todas as coisas são ordenadas segundo suas capacidades e méritos: um só é o Poder, do qual tudo procede; um só é o Filho, por quem tudo começa; e um só é o Dom, que é penhor da esperança perfeita. Nada falta a tão grande perfeição. Tudo é perfeitíssimo na Trindade, Pai, Filho e Espírito Santo: a infinidade no Eterno, o esplendor na Imagem, a atividade no Dom.

Escutemos o que diz a palavra do Senhor sobre a ação do Espírito em nós: *Tenho ainda muitas coisas a dizer-vos,*

mas não sois capazes de compreendê-las agora (Jo 16,12).
É bom para vós que eu parta: se eu me for, vos mandarei o Defensor (cf. Jo 16,7).

Em outro lugar: *Eu rogarei ao Pai, e ele vos dará um outro Defensor, para que permaneça sempre convosco: o Espírito da Verdade* (Jo 14,16-17). *Ele vos conduzirá à plena verdade. Pois ele não falará por si mesmo, mas dirá tudo o que tiver ouvido; e até as coisas futuras vos anunciará. Ele me glorificará porque receberá do que é meu* (Jo 16,13-14).

Estas palavras, entre muitas outras, foram ditas para nos dar a conhecer a vontade daquele que confere o Dom e a natureza e a perfeição do mesmo Dom. Por conseguinte, já que a nossa fraqueza não nos permite compreender nem o Pai nem o Filho, o Dom que é o Espírito Santo estabelece um certo contato entre nós e Deus, para iluminar a nossa fé nas dificuldades relativas à encarnação de Deus.

Assim, o Espírito Santo é recebido para nos tornar capazes de compreender. Como o corpo natural do homem permaneceria inativo se lhe faltassem os estímulos necessários para as suas funções – os olhos, se não há luz ou não é dia, nada podem fazer; os ouvidos, caso não haja vozes ou sons, não cumprem seu ofício; o olfato, se não sente nenhum odor, para nada serve; não porque percam a sua capacidade natural por falta de estímulo para agir – assim é a alma humana: se não recebe pela fé o Dom que é o Espírito, tem certamente uma natureza capaz de conhecer a Deus, mas falta-lhe a luz para chegar a esse conhecimento.

Este Dom de Cristo está inteiramente à disposição de todos e encontra-se em toda parte; mas é dado na medida do desejo e dos méritos de cada um. Ele está conosco até o fim do mundo; ele é o consolador no tempo da nossa espera; ele, pela atividade dos seus dons, é o penhor da nossa esperança futura; ele é a luz do nosso espírito; ele é o esplendor das nossas almas.

Sexta-feira

Responsório cf. Jo 16,5.6; 14,1.16;16,7

R. Já é **tempo** de eu vol**tar** para o **Pai** que me envi**ou**;
que o **vos**so cora**ção** não se per**tur**be ou fique **tris**te!
* Roga**rei** por vós ao **Pai**
e ele **mes**mo have**rá** de guar**dar**-vos, ale**luia**.
V. Se eu não **for**, não há de **vir** o Pará**cli**to a **vós**;
mas se eu **for** o envia**rei**. * Roga**rei**.

Oração como nas Laudes.

Laudes

Leitura breve At 5,30-32

O Deus de nossos pais ressuscitou Jesus, a quem vós matastes, pregando-o numa cruz. Deus, por seu poder, o exaltou, tornando-o Guia Supremo e Salvador, para dar ao povo de Israel a conversão e o perdão dos seus pecados. E disso somos testemunhas, nós e o Espírito Santo, que Deus concedeu àqueles que lhe obedecem.

Responsório breve

R. O Se**nhor** ressur**giu** do se**pul**cro. * Ale**luia**, ale**luia**.
R. O Se**nhor**.
V. Foi sus**pen**so por **nós** numa **cruz**. * Ale**luia**, ale**luia**.
Glória ao **Pai**. R. O Se**nhor**.

Cântico evangélico, ant.

Cristo Je**sus**, que estava **mor**to e de**pois** ressusci**tou**,
agora **vi**ve eterna**men**te à di**rei**ta de Deus **Pai**,
onde é **nos**so Interce**ssor**. Ale**luia**.

Preces

Honra e glória eterna sejam dadas a Deus Pai, que nos concede a esperança e a força do Espírito Santo. Rezemos com fé:

906 7ª Semana do Tempo Pascal

R. **Senhor, salvai-nos!**

Pai todo-poderoso, enviai o vosso Espírito para interceder por nós,
– porque não sabemos orar como convém. R.

Enviai a luz resplandecente do vosso Espírito,
– para que ilumine e purifique os nossos corações. R.

Não abandoneis, Senhor, a obra de vossas mãos,
– mas defendei-nos de nossas iniquidades. R.

Ensinai-nos a tratar com respeito e compreensão os que vacilam na fé,
– para que possamos ajudá-los com toda paciência e caridade. R.
(intenções livres)

Pai nosso...

Oração

Ó Deus, pela glorificação do Cristo e pela iluminação do Espírito Santo, abristes para nós as portas da vida eterna. Fazei que, participando de tão grandes bens, nos tornemos mais dedicados a vosso serviço e cresçamos constantemente na fé. Por nosso Senhor Jesus Cristo, vosso Filho, na unidade do Espírito Santo.

Hora Média

Oração das Nove Horas

Leitura breve At 2,32.36
Deus ressuscitou Jesus e disto todos nós somos testemunhas. Portanto, que todo o povo de Israel reconheça com plena certeza: Deus constituiu Senhor e Cristo a este Jesus que vós crucificastes.

V. O Senhor ressurgiu realmente. Aleluia.
R. E apareceu a Simão. Aleluia.

Oração das Doze Horas

Leitura breve — Gl 3,27-28

Vós todos que fostes batizados em Cristo vos revestistes de Cristo. O que vale não é mais ser judeu nem grego, nem escravo nem livre, nem homem nem mulher, pois todos vós sois um só, em Jesus Cristo.

V. Os discípulos ficaram muito alegres, aleluia,
R. Por verem o Senhor ressuscitado. Aleluia.

Oração das Quinze Horas

Leitura breve — 1Cor 5,7-8

Lançai fora o fermento velho, para que sejais uma massa nova, já que deveis ser sem fermento. Pois o nosso cordeiro pascal, Cristo, já está imolado. Assim, celebremos a festa, não com velho fermento nem com o fermento de maldade ou de perversidade, mas com os pães ázimos de pureza e de verdade.

V. Ó Senhor, ficai conosco, aleluia.
R. Pois o dia já declina. Aleluia.

Oração como nas Laudes.

Vésperas

Leitura breve — Gl 5,16.22a-23a.25

Procedei segundo o Espírito. Assim, não satisfareis aos desejos da carne. O fruto do Espírito é: caridade, alegria, paz, longanimidade, benignidade, bondade, lealdade, mansidão, continência. Se vivemos pelo Espírito, procedamos também segundo o Espírito, corretamente.

Responsório breve

R. O Espírito Santo, o Paráclito,
 * Aleluia, aleluia. R. O Espírito.
V. Ele vos ensinará todas as coisas. * Aleluia.
 Glória ao Pai. R. O Espírito.

908   7ª Semana do Tempo Pascal

Cântico evangélico, ant.
Todos **eles** fi**c**aram u**ni**dos,
perseve**ran**do em co**mum** ora**ção**
com **Maria**, a **Mãe** de Je**sus**. Ale**luia**.

Preces

Bendigamos a Deus Pai, de quem procede todo dom perfeito, e lhe peçamos que derrame cada vez mais sobre o
mundo os dons do Espírito Santo. Rezemos confiantes:

R. **Desça sobre nós, Senhor, a graça do Espírito Santo!**

Senhor, que fizestes brilhar nas trevas a luz de Cristo,
– revelai aos que ainda não vos conhecem o esplendor da
vossa verdade.   R.

Vós, que ungistes a Cristo com o poder do Espírito Santo
para realizar a obra da salvação da humanidade,
– dai-nos sentir continuamente a sua presença no mundo,
fazendo o bem e curando a todos que o procuram.   R.

Enviai o vosso Espírito Santo, luz dos corações,
– para confirmar os que vacilam na fé.   R.

Enviai o vosso Espírito Santo, repouso dos que estão fatigados,
– para que alivie os sobrecarregados e reconforte os desa-
nimados.   R.
                                    (intenções livres)

Recebei em vosso Reino os nossos irmãos e irmãs falecidos, que esperaram em vós,
– para que, no último dia, alcancem a gloriosa ressurreição.
                                                    R.

Pai nosso...

Oração

Ó Deus, pela glorificação do Cristo e pela iluminação do
Espírito Santo, abristes para nós as portas da vida eterna.

Fazei que, participando de tão grandes bens, nos tornemos mais dedicados a vosso serviço e cresçamos constantemente na fé. Por nosso Senhor Jesus Cristo, vosso Filho, na unidade do Espírito Santo.

SÁBADO

Ofício das Leituras

V. Deus nos **fez** rena**sc**er para a **vi**va espe**ran**ça, ale**lui**a,
R. Pela **res**surrei**ção** do Se**nhor** dentre os **mor**tos. Ale**lui**a.

Primeira leitura
Terceira Carta de São João

Vivamos na verdade

[1]O ancião, ao amado Gaio, a quem amo de verdade.
[2]Caríssimo, desejo que prosperes em tudo e estejas bem de saúde, assim como passa bem tua alma. [3]Alegrei-me muito com a vinda dos irmãos e com o testemunho que deram de tua verdade, isto é, de como vives na verdade. [4]Não tenho maior alegria do que ouvir dizer que meus filhos caminham na verdade.

[5]Caríssimo, é muito leal o teu proceder, agindo assim com teus irmãos, ainda que estrangeiros. [6]Eles deram testemunho da tua caridade diante da Igreja. Farás bem em provê-los para a viagem de um modo digno de Deus. [7]Pois, por amor do nome, eles empreenderam a viagem, sem aceitar nada da parte dos pagãos. [8]A nós, portanto, cabe acolhê-los, para sermos cooperadores da Verdade.

[9]Já escrevi à Igreja; mas Diótrefes, que ambiciona a primazia entre eles, não nos recebe. [10]Por isso, quando lá for, recordarei a ele as obras que pratica, espalhando mentiras contra nós. Não contente ainda, não recebe os irmãos e proíbe os que desejam fazê-lo, e os põe fora da Igreja.

7ª Semana do Tempo Pascal

[11] Caríssimo, não imites o mal mas o bem. Quem pratica o bem é de Deus. Quem faz o mal, não viu Deus. [12] De Demétrio todos e a própria verdade dão bom testemunho. Nós mesmos damos testemunho e sabes que nosso testemunho é verdadeiro.

[13] Muitas coisas teria que te escrever mas não quero fazê-lo com tinta e pena. [14] Espero ver-te em breve e falaremos pessoalmente.

[15] A paz esteja contigo. Os amigos te saúdam. Saúda os amigos, cada um em particular.

Responsório   3Jo 11.4; 1Pd 2,19

R. Não imites o **mal**, mas o **bem**,
  * Pois, **to**dos que **fa**zem o **bem**,
    pro**ce**dem de **Deus**, ale**lui**a.
V. É uma **graça** so**frer** injustiças
    e afli**ções** por a**mor** do Se**nhor**. * Pois, **to**dos.

Segunda leitura

Dos Sermões de um Autor africano anônimo, do século VI

(Sermo 8,1-3: PL 65,743-744)

A unidade da Igreja fala todas as línguas

Os apóstolos começaram a falar em todas as línguas. Aprouve a Deus, naquele momento, significar a presença do Espírito Santo, fazendo com que todo aquele que o tivesse recebido, falasse em todas as línguas. Devemos compreender, irmãos caríssimos, que se trata do mesmo Espírito Santo pelo qual o amor de Deus foi derramado em nossos corações.

O amor haveria de reunir na Igreja de Deus todos os povos da terra. E como naquela ocasião um só homem, recebendo o Espírito Santo, podia falar em todas as línguas, também agora, uma só Igreja, reunida pelo Espírito Santo, se exprime em todas as línguas. Se por acaso alguém nos disser: "Recebeste o Espírito Santo; por que não falas em todas as línguas?" devemos responder: "Eu falo em todas as línguas. Porque sou membro do Corpo de Cristo, isto é, da sua Igreja, que se exprime em todas as línguas. Que outra coisa quis Deus significar pela presença do Espírito Santo, a não ser que sua Igreja haveria de falar em todas as línguas?"

Deste modo, cumpriu-se o que o Senhor tinha prometido: *Ninguém coloca vinho novo em odres velhos. Vinho novo deve ser colocado em odres novos. E assim ambos são preservados* (cf. Lc 5,37-38).

Por isso, quando ouviram os apóstolos falar em todas as línguas, diziam alguns com certa razão: *Estão cheios de vinho* (At 2,13). Na verdade, já se haviam transformado em odres novos, renovados pela graça da santidade, a fim de que, repletos do vinho novo, isto é, do Espírito Santo, parecessem ferver ao falar em todas as línguas. E com este milagre tão evidente prefiguravam a universalidade da futura Igreja, que haveria de abranger as línguas de todos os povos.

Celebrai, pois, este dia como membros do único Corpo de Cristo. E não o celebrareis em vão, se realmente sois aquilo que celebrais, isto é, se estais perfeitamente incorporados naquela Igreja que o Senhor enche do Espírito Santo e faz crescer progressivamente através do mundo inteiro. Esta Igreja ele reconhece como sua e é por ela reconhecida como seu Senhor. O esposo não abandonou sua esposa; por isso ninguém pode substituí-la por outra.

É a vós, homens de todas as nações, que sois a Igreja de Cristo, os membros de Cristo, o corpo de Cristo, a esposa de Cristo, é a vós que o Apóstolo dirige estas palavras: *Suportai-vos uns aos outros com paciência, no amor. Aplicai-vos em guardar a unidade do espírito pelo vínculo da paz* (Ef 4,2-3). Reparai como, ao lembrar o preceito de nos suportarmos uns aos outros, falou-nos do amor, e quando se referiu à esperança da unidade, pôs em evidência o vínculo da paz.

Esta é a casa de Deus, edificada com pedras vivas. Nela o Eterno Pai gosta de morar; nela seus olhos jamais devem ser ofendidos pelo triste espetáculo da divisão entre seus filhos.

Responsório   cf. At 15,8-9;11,18b

R. Deus que co**nhe**ce os cora**ções**,
   deu aos **po**vos seu Es**pí**rito
   da mesma **for**ma como a **nós**.
 * Não fez ne**nhu**ma distin**ção** entre **nós** e os gentios,
   mas, pela **fé**, seus cora**ções** tornou **pu**ros; ale**lui**a.
V. Deus, por**tan**to, deu tam**bém** às na**ções** a conver**são**
   que enca**mi**nha para a vida. * Não fez ne**nhu**ma.

Oração como nas Laudes.

Laudes

Leitura breve   Rm 14,7-9

Ninguém dentre nós vive para si mesmo ou morre para si mesmo. Se estamos vivos, é para o Senhor que vivemos; se morremos, é para o Senhor que morremos. Portanto, vivos ou mortos, pertencemos ao Senhor. Cristo morreu e ressuscitou exatamente para isto, para ser o Senhor dos mortos e dos vivos.

Responsório breve

R. O Se**nhor** ressur**giu** do se**pul**cro. * A**lelu**ia, ale**lui**a.
   R. O Se**nhor**.
V. Foi sus**pen**so por **nós** numa **cruz**. * A**lelu**ia, ale**lui**a.
   Gló**ria** ao **Pai**. R. O Se**nhor**.

Cântico evangélico, ant.

Eis que **eu** estou con**vos**co **to**dos os **dias**
a**té** o fim do **mun**do, lhes **diz** o Se**nhor**. Ale**lui**a.

Sábado

Preces

Nós, que fomos batizados no Espírito Santo, glorifiquemos o Senhor com todos os fiéis; e peçamos:

R. **Senhor Jesus, que o vosso Espírito nos santifique!**

Enviai sobre nós o Espírito Santo,
— para que vos proclamemos Rei e Senhor perante toda a humanidade. R.

Concedei-nos o dom de uma caridade sincera,
— para que nos amemos uns aos outros com amor fraterno. R.

Preparai com a vossa graça o coração dos fiéis,
— para que recebam com alegria e generosidade os dons do Espírito Santo. R.

Dai-nos a força do vosso Espírito Santo,
— para que ela cure nossas feridas e reanime a nossa fraqueza.
R.
(intenções livres)

Pai nosso...

Oração

Concedei-nos, Deus todo-poderoso, conservar sempre em nossa vida e nossas ações a alegria das festas pascais que estamos para encerrar. Por nosso Senhor Jesus Cristo, vosso Filho, na unidade do Espírito Santo.

Hora Média

Oração das Nove Horas

Leitura breve   Rm 5,10-11

Quando éramos inimigos de Deus, fomos reconciliados com ele pela morte do seu Filho; quanto mais agora, estando já reconciliados, seremos salvos por sua vida! Ainda mais: Nós nos gloriamos em Deus, por nosso Senhor Jesus Cristo. É por ele que, já desde o tempo presente, recebemos a reconciliação.

V. O **Senhor** ressurgiu realmente. Aleluia.
R. E apareceu a Simão. Aleluia.

Oração das Doze Horas

Leitura breve   1Cor 15,20-22

Cristo ressuscitou dos mortos como primícias dos que morreram. Com efeito, por um homem veio a morte e é também por um homem que vem a ressurreição dos mortos. Como em Adão todos morrem, assim também em Cristo todos reviverão.

V. Os discípulos ficaram muito alegres, aleluia.
R. Por verem o Senhor ressuscitado. Aleluia.

Oração das Quinze Horas

Leitura breve   2Cor 5,14-15

O amor de Cristo nos pressiona, pois julgamos que um só morreu por todos, e que, logo, todos morreram. De fato, Cristo morreu por todos, para que os vivos não vivam mais para si mesmos, mas para aquele que por eles morreu e ressuscitou.

V. Ó **Senhor**, ficai conosco, aleluia,
R. Pois o dia já declina. Aleluia.

Oração como nas Laudes.

DOMINGO DE PENTECOSTES

Solenidade

I Vésperas

Hino

Oh vinde, Espírito Criador,
as nossas almas visitai
e enchei os nossos corações
com vossos dons celestiais.

Vós sois chamado o Intercessor,
do Deus excelso o dom sem par,
a fonte viva, o fogo, o amor,
a unção divina e salutar.

Sois doador dos sete dons,
e sois poder na mão do Pai,
por ele prometido a nós,
por nós seus feitos proclamais.

A nossa mente iluminai,
os corações enchei de amor,
nossa fraqueza encorajai,
qual força eterna e protetor.

Nosso inimigo repeli,
e concedei-nos vossa paz;
se pela graça nos guiais,
o mal deixamos para trás.

Ao Pai e ao Filho Salvador
por vós possamos conhecer.
Que procedeis do seu amor
fazei-nos sempre firmes crer.

Domingo de Pentecostes

Salmodia

Ant. 1 Chegando o **dia** de Pente**cos**tes,
cinquenta **dias** depois da **Pás**coa,
estavam **to**dos eles reu**ni**dos. Ale**lui**a.

Salmo 112(113)

— ¹Lou**vai**, louvai, ó **ser**vos do Se**nhor**, *
lou**vai**, louvai o nome do Senhor!
— ²Ben**di**to seja o nome do Senhor, *
a**go**ra e por toda a eternidade!
— ³Do nas**cer** do sol até o seu ocaso, *
lou**va**do seja o nome do Senhor!
— ⁴O Se**nhor** está acima das nações, *
sua **gló**ria vai além dos altos céus.
= ⁵Quem **po**de comparar-se ao nosso Deus, †
ao Se**nhor**, que no alto céu tem o seu trono *
⁶e se in**cli**na para olhar o céu e a terra?
— ⁷Le**van**ta da poeira o indigente *
e do **li**xo ele retira o pobrezinho,
— ⁸para fa**zê**-lo assentar-se com os nobres, *
assen**tar**-se com os nobres do seu povo.
— ⁹Faz a es**té**ril, mãe feliz em sua casa, *
vi**ven**do rodeada de seus filhos.

Ant. Chegando o **dia** de Pente**cos**tes,
cinquenta **dias** depois da **Pás**coa,
estavam **to**dos eles reu**ni**dos. Ale**lui**a.

Ant. 2 Línguas de **fo**go apareceram e pousaram sobre **eles**;
e rece**beu** cada um **de**les o Es**pí**rito de **Deus**. Ale**lui**a.

Salmo 146(147A)

= ¹Lou**vai** o Senhor **Deus**, porque ele é **bom**, †
can**tai** ao nosso Deus, porque é suave: *
ele é **di**gno de louvor, ele o merece! —

I Vésperas

— ²O **Se**nhor reconstruiu Jerusalém, *
e os dis**per**sos de Israel juntou de novo;
— ³ele con**for**ta os corações despedaçados, *
ele en**fai**xa suas feridas e as cura;
— ⁴fixa o **nú**mero de todas as estrelas *
e **cha**ma a cada uma por seu nome.
— ⁵É **gran**de e onipotente o nosso Deus, *
seu sa**ber** não tem medidas nem limites.
— ⁶O Senhor **Deus** é o amparo dos humildes, *
mas **do**bra até o chão os que são ímpios.
— ⁷Ento**ai**, cantai a Deus ação de graças, *
to**cai** para o Senhor em vossas harpas!
— ⁸Ele re**ves**te todo o céu com densas nuvens, *
e a **chu**va para a terra ele prepara;
— faz cres**cer** a verde relva sobre os montes *
e as **plan**tas que são úteis para o homem;
— ⁹ele **dá** aos animais seu alimento, *
e ao **cor**vo e aos seus filhotes que o invocam.
—¹⁰Não é a **for**ça do cavalo que lhe agrada, *
nem se de**lei**ta com os músculos do homem,
—¹¹mas **agra**dam ao Senhor os que o respeitam, *
os que con**fi**am, esperando em seu amor!

Ant. Línguas de **fo**go apareceram e pou**sa**ram sobre **eles**;
e rece**beu** cada um **de**les o Es**pí**rito de **Deus**. Ale**lu**ia.

Ant. 3 O Es**pí**rito que pro**ce**de do meu **Pai**
haverá de me dar **gló**ria, ale**lu**ia.

Cântico   Ap 15,3-4

— ³Como são **gran**des e admi**rá**veis vossas **o**bras, *
ó Se**nhor** e nosso Deus onipotente!
— Vossos ca**mi**nhos são verdade, são justiça, *
ó **Rei** dos povos todos do universo!
(**R.** São **gran**des vossas **o**bras, ó Se**nhor**!)

Domingo de Pentecostes

= ⁴Quem, **Senhor**, não haveria de temer-vos, †
e **quem** não honraria o vosso nome? *
Pois so**men**te vós, Senhor, é que sois santo!   (R.)

= As nações **to**das hão de vir perante vós †
e, pros**tra**das, haverão de adorar-vos, *
pois vossas **jus**tas decisões são manifestas.   (R.)

Ant. O Es**pí**rito que pro**ce**de do meu **Pai**
ha**ve**rá de me dar **gló**ria, ale**lui**a.

Leitura breve   Rm 8,11
Se o Espírito daquele que ressuscitou Jesus dentre os mortos mora em vós, então aquele que ressuscitou Jesus Cristo dentre os mortos vivificará também vossos corpos mortais por meio do seu Espírito que mora em vós.

Responsório breve
R. O Espírito **San**to, o Pa**rá**clito,
  * Ale**lui**a, ale**lui**a. R. O Es**pí**rito.
V. Ele **vos** ensi**na**rá todas as **coi**sas. * Ale**lui**a.
  Glória ao **Pai**. R. O Es**pí**rito.

Cântico evangélico, ant.
Vinde, Es**pí**rito de **Deus**,
e en**chei** os cora**ções** dos fi**éis** com vossos **dons**!
Acen**dei** neles o a**mor** como um **fo**go abrasa**dor**!
Vós que u**nis**tes tantas **gen**tes, tantas **lín**guas dife**ren**tes
numa **fé**, na uni**da**de e na **mes**ma cari**da**de. Ale**lui**a.

Preces
Com grande alegria celebremos a glória de Deus que, ao chegar o dia de Pentecostes, deu aos apóstolos a plenitude do Espírito Santo. Cheios de fé e entusiasmo, supliquemos, dizendo:

R. **Enviai, Senhor, o vosso Espírito, e renovai a face da terra!**

I Vésperas

Vós, que no princípio criastes o céu e a terra, e na plenitude dos tempos recriastes todas as coisas por meio de Jesus Cristo,
— renovai continuamente, pelo vosso Espírito, a face da terra e salvai a humanidade. R.

Vós, que infundistes o sopro da vida no rosto de Adão,
— enviai o vosso Espírito à Igreja para que, vivificada e rejuvenescida, comunique vossa vida ao mundo. R.

Iluminai todos os seres humanos com a luz do vosso Espírito, e afastai para longe as trevas do nosso tempo,
— para que o ódio se transforme em amor, o sofrimento em alegria e a guerra em paz. R.

Purificai o gênero humano com a água viva do Espírito, que brota do coração de Cristo,
— e curai as feridas de nossos pecados. R.

(intenções livres)

Vós, que, por meio do Espírito Santo, conduzis os homens e as mulheres à vida eterna,
— dai, pelo mesmo Espírito, aos que morreram, a alegria sem fim da vossa presença. R.

Pai nosso...

Oração

Deus eterno e todo-poderoso, quisestes que o mistério pascal se completasse durante cinquenta dias, até à vinda do Espírito Santo. Fazei que todas as nações dispersas pela terra, na diversidade de suas línguas, se unam no louvor do vosso nome. Por nosso Senhor Jesus Cristo, vosso Filho, na unidade do Espírito Santo.

Invitatório

R. O Espírito do Senhor o universo todo encheu:
Vinde todos, adoremos! Aleluia.

Salmo invitatório como no Ordinário, p. 944.

Domingo de Pentecostes

Ofício das Leituras

Hino

Suave luz, luz esplêndida,
fogo do trono enviado
sobre os discípulos de Cristo
como seu dom mais sagrado.

Os corações torna plenos,
a nossa voz enriquece.
Os corações e as línguas
concordes vibrem, em prece.

Consolador Santo, vinde,
os corações abrandai,
regei as línguas fiéis,
fel e veneno queimai.

Com mente pura cantamos,
criação nova tornados.
Nascidos filhos da ira,
da graça agora gerados.

Sois doador e sois dom,
dos corações todo o bem.
A nossa mente inclinai
para o louvor que convém.

Vós os lavais do pecado,
autor de toda a piedade,
gozem os novos em Cristo
desta total novidade.

Salmodia

Ant. 1 O **Espí**rito **so**pra aonde **quer**,
e **ou**ves seu **ruí**do, mas não **sa**bes
de onde **vem** nem para **on**de ele **vai**. Ale**lui**a.

Ofício das Leituras

Salmo 103(104)

I

— 1 Bendize, ó minha **alma**, ao Se**nhor**! *
Ó meu **Deus** e meu Senhor, como sois grande!
— 2 De majes**ta**de e esplendor vos revestis, *
e de **luz** vos envolveis como num manto.

— 3 Esten**deis** qual uma tenda o firmamento, *
constru**ís** vosso palácio sobre as águas;
— das **nu**vens vós fazeis o vosso carro, *
do **ven**to caminhais por sobre as asas;
— 4 dos **ven**tos fazeis vossos mensageiros, *
do fogo e **cha**ma fazeis vossos servidores.

— 5 A **ter**ra vós firmastes em suas bases, *
ficará **fir**me pelos séculos sem fim;
— 6 os **ma**res a cobriam como um manto,*
e as **á**guas envolviam as montanhas.

— 7 Ante a **vos**sa ameaça elas fugiram, *
e tre**me**ram ao ouvir vosso trovão;
— 8 saltaram **mon**tes e desceram pelos vales *
ao lu**gar** que destinastes para elas;
— 9 elas não **pas**sam dos limites que fixastes, *
e não **vol**tam a cobrir de novo a terra.

— 10 Fazeis bro**tar** em meio aos vales as nascentes *
que **pas**sam serpeando entre as montanhas;
— 11 dão de be**ber** aos animais todos do campo, *
e os da **sel**va nelas matam sua sede;
— 12 às suas **mar**gens vêm morar os passarinhos, *
entre os **ra**mos eles erguem o seu canto.

Ant. O Es**pí**rito **so**pra aonde **quer**,
e **ou**ves seu **ruí**do, mas não **sabes**
de onde **vem** nem para **on**de ele **vai**. Ale**lui**a.

Domingo de Pentecostes

Ant. 2 De repente um estrondo vem dos **céus**
como o ruído de um **ven**to impetuoso. Aleluia.

II

– [13]De vossa **ca**sa as montanhas irri**gais**,*
com vossos **fru**tos saciais a terra inteira;

– [14]fazeis cres**cer** os verdes pastos para o gado *
e as **plan**tas que são úteis para o homem;

– [15]para da **ter**ra extrair o seu sustento *
e o **vi**nho que alegra o coração,

– o **ó**leo que ilumina a sua face *
e o **pão** que revigora suas forças.

– [16]As **ár**vores do Senhor são bem viçosas *
e os **ce**dros que no Líbano plantou;

– [17]as **a**ves ali fazem os seus ninhos *
e a cego**nha** faz a casa em suas copas;

– [18]os altos **mon**tes são refúgio dos cabritos, *
os ro**che**dos são abrigo das marmotas.

– [19]Para o **tem**po assinalar destes a lua, *
e o **sol** conhece a hora de se pôr;

– [20]esten**deis** a escuridão e vem a noite, *
logo as **fe**ras andam soltas na floresta;

– [21]eis que **ru**gem os leões, buscando a presa, *
e de **Deus** eles reclamam seu sustento.

– [22]Quando o **sol** vai despontando, se retiram, *
e de **no**vo vão deitar-se em suas tocas.

– [23]En**tão** o homem sai para o trabalho, *
para a la**bu**ta que se estende até à tarde.

Ant. De re**pen**te um es**tron**do vem dos **céus**
como o ruído de um **ven**to impetu**o**so. Ale**lu**ia.

Ant. 3 Envi**ai** o vosso Es**pí**rito e re**nas**ce todo **ser**
e have**reis** de reno**var** toda a **fa**ce desta **ter**ra!
Ale**lu**ia.

Ofício das Leituras

III

⇒ 24 Quão numerosas, ó **Senhor**, são vossas **obras**, †
e **que** sabedoria em todas elas! *
Encheu-se a **terra** com as vossas criaturas!

⇒ 25 Eis o **mar** tão espaçoso e tão imenso,†
no **qual** se movem seres incontáveis, *
giga**ntesc**os animais e pequeninos;

⇒ 26 nele os na**vio**s vão seguindo as suas rotas, †
e o **mons**tro do oceano que criastes, *
nele **vive** e dentro dele se diverte.

⇒ 27 Todos **eles**, ó Senhor, de vós esperam *
que a seu **tempo** vós lhes deis o alimento;

⇒ 28 vós lhes **dais** o que comer e eles recolhem, *
vós a**bris** a vossa mão e eles se fartam.

⇒ 29 Se escon**deis** a vossa face, se apavoram, †
se ti**rais** o seu respiro, eles perecem *
e **volt**am para o pó de onde vieram;

⇒ 30 envi**ais** o vosso espírito e renascem *
e da **terra** toda a face renovais.

⇒ 31 Que a **glória** do Senhor perdure sempre, *
e **alegre**-se o Senhor em suas obras!

⇒ 32 Ele **o**lha para a terra, ela estremece; *
quando **toca** as montanhas, lançam fogo.

⇒ 33 Vou ca**ntar** ao Senhor Deus por toda a vida, *
salmodi**ar** para o meu Deus enquanto existo.

⇒ 34 Hoje **seja**-lhe agradável o meu canto, *
pois o Se**nhor** é a minha grande alegria!

⇒ 35 Desapa**reç**am desta terra os pecadores, †
e pe**reç**am os perversos para sempre! *
Bend**ize**, ó minha alma, ao Senhor!

Ant. Enviai o vosso Es**p**írito e rena**sce** todo **ser**
e have**reis** de reno**var** toda a **fac**e desta **terra**! Ale**luia**.

V. O Espírito do Senhor encheu todo o universo. Aleluia.
R. Ele une todo ser e conhece toda voz. Aleluia.

Primeira leitura

Da Carta de São Paulo aos Romanos   8,5-27

Os que se deixam conduzir pelo Espírito de Deus são filhos de Deus

Irmãos: Os que vivem segundo a carne aspiram pelas coisas da carne; os que vivem segundo o Espírito, aspiram pelas coisas do espírito. Na verdade, as aspirações da carne levam à morte e as aspirações do Espírito levam à vida e à paz. Tudo isso, porque as tendências da carne são inimizade contra Deus: não se submetem – nem poderiam submeter-se – à Lei de Deus. Os que vivem segundo a carne não podem agradar a Deus.

Vós não viveis segundo a carne, mas segundo o Espírito, se realmente o Espírito de Deus mora em vós. Se alguém não tem o Espírito de Cristo, não pertence a Cristo. Se, porém, Cristo está em vós, embora vosso corpo esteja ferido de morte por causa do pecado, vosso espírito está cheio de vida, graças à justiça. E, se o Espírito daquele que ressuscitou Jesus dentre os mortos mora em vós, então aquele que ressuscitou Jesus Cristo dentre os mortos vivificará também vossos corpos mortais por meio do seu Espírito que mora em vós.

Portanto, irmãos, temos uma dívida, mas não para com a carne, para vivermos segundo a carne. Pois, se viverdes segundo a carne, morrereis, mas se, pelo espírito, matardes o procedimento carnal, então vivereis. Todos aqueles que se deixam conduzir pelo Espírito de Deus são filhos de Deus. *De fato, vós não recebestes um espírito de escravos, para recairdes no medo, mas recebestes um espírito de filhos adotivos, no qual todos nós clamamos: Abá – ó Pai! O próprio Espírito se une ao nosso espírito para nos atestar que somos filhos de Deus. E, se somos filhos, somos também herdeiros – herdeiros de Deus e co-herdeiros de Cristo; se realmente sofremos com ele, é para sermos também glorificados com ele. [18]Eu entendo que os sofrimentos do tempo presente nem merecem ser comparados com a glória que deve ser revelada em nós.

[19]De fato, toda a criação está esperando ansiosamente o momento de se revelarem os filhos de Deus. [20]Pois a criação ficou sujeita à vaidade, não por sua livre vontade, mas por sua dependência daquele que a sujeitou; também ela espera ser libertada [21]da escravidão da corrupção e, assim, participar da liberdade e da glória dos filhos de Deus. [22]Com efeito, sabemos que toda a criação, até ao tempo presente, está gemendo como que em dores de parto. [23]E não somente ela, mas nós também, que temos os primeiros frutos do Espírito, estamos interiormente gemendo, aguardando a adoção filial e a libertação para o nosso corpo. [24]Pois já fomos salvos, mas na esperança. Ora, o objeto da esperança não é aquilo que a gente está vendo; como pode alguém esperar o que já vê? [25]Mas se esperamos o que não vemos, é porque o estamos aguardando mediante a perseverança.

[26]Também o Espírito vem em socorro da nossa fraqueza. Pois nós não sabemos o que pedir, nem como pedir; é o próprio Espírito que intercede em nosso favor, com gemidos inefáveis. [27]E aquele que penetra o íntimo dos corações sabe qual é a intenção do Espírito. Pois é sempre segundo Deus que o Espírito intercede em favor dos santos.

Responsório   Gl 4,6; 3,26; 2Tm 1,7

R. Porque **todos** vós sois **filhos**, pela **fé** em Jesus **Cristo**,
 * Envi**ou** o Senhor **Deus** aos **nos**sos cora**ções**
   o Es**pí**rito de seu **Fi**lho, que **cla**ma: "Abba", **Pai**. Ale**lu**ia.
V. Não nos **deu** Nosso Se**nhor** um es**pí**rito de **me**do,
   mas o Es**pí**rito de **for**ça, de a**mor** e sobrie**da**de. * Envi**ou**.

Segunda leitura

Do Tratado contra as heresias, de Santo Irineu, bispo

(Lib. 3,17,1-3: SCh 34, 302-306)   (Séc. II)

O envio do Espírito Santo

Ao dar a seus discípulos poder para que fizessem os homens renascer em Deus, o Senhor lhes disse: *Ide e fazei discípulos meus todos os povos, batizando-os em nome do Pai e do Filho e do Espírito Santo* (Mt 28,19).

Deus prometera, por meio dos profetas, que nos últimos tempos derramaria o seu Espírito sobre os seus servos e servas para que recebessem o dom da profecia. Por isso, o Espírito Santo desceu sobre o Filho de Deus, que se fez Filho do homem, habituando-se com ele a conviver com o gênero humano, a repousar sobre os homens e a morar na criatura de Deus. Assim renovava os homens segundo a vontade do Pai, fazendo-os passar da sua antiga condição para a vida nova em Cristo.

São Lucas nos diz que esse Espírito, depois da ascensão do Senhor, desceu sobre os discípulos no dia de Pentecostes, com o poder de dar a vida nova a todos os povos e de fazê-los participar da Nova Aliança. Eis por que, naquele dia, todas as línguas se uniram no mesmo louvor de Deus, enquanto o Espírito congregava na unidade as raças mais diferentes e oferecia ao Pai as primícias de todas as nações.

Foi por isso que o Senhor prometeu enviar o Paráclito, que os tornaria capazes de receber a Deus. Assim como a farinha seca não pode, sem água, tornar-se uma só massa nem um só pão, nós também, que somos muitos, não poderíamos transformar-nos num só corpo, em Cristo Jesus, sem a água que vem do céu. E assim como a terra árida não produz fruto se não for regada, também nós, que éramos antes como uma árvore ressequida, jamais daríamos frutos de vida, sem a chuva da graça enviada do alto.

Ofício das Leituras

Com efeito, nossos corpos receberam, pela água do batismo, aquela unidade que os torna incorruptíveis; nossas almas, porém, a receberam pelo Espírito.

O Espírito de Deus desceu sobre o Senhor como *espírito de sabedoria e discernimento, espírito de conselho e fortaleza, espírito de ciência e de temor de Deus* (Is 11,2). É este mesmo Espírito que o Senhor por sua vez deu à Igreja, enviando do céu o Paráclito sobre toda a terra, daquele céu de onde também *Satanás caiu como um relâmpago* (cf. Lc 10,18).

Por esse motivo, temos necessidade deste orvalho da graça de Deus para darmos fruto e não sermos lançados ao fogo, e para que também tenhamos um Defensor onde temos um acusador. Pois o Senhor confiou ao Espírito Santo o cuidado da sua criatura, daquele homem que caíra nas mãos dos ladrões e a quem ele, cheio de compaixão, enfaixou as feridas e deu dois denários reais. Tendo assim recebido pelo Espírito a imagem e a inscrição do Pai e do Filho, façamos frutificar os dons que nos foram confiados e os restituamos multiplicados ao Senhor.

Responsório   At 2,1-2

R. Ao comple**tar**-se Pente**cos**tes, todos **el**es
   na mesma **ca**sa se encon**tran**do reu**ni**dos,
   de re**pen**te um ru**í**do veio do **céu,**
 * Como se **fos**se de um **ven**to impe**tuo**so,
   que en**cheu** a casa **to**da, ale**lui**a.
V. E as**sim**, estando **jun**tos os dis**cí**pulos,
   de re**pen**te, um ru**í**do veio do **céu.** * Como se **fos**se.

HINO Te Deum, p. 949.

Oração como nas Laudes.

928   Domingo de Pentecostes

Laudes

Hino

Na órbita do ano,
de fogo a flor viceja,
o Espírito Paráclito
descendo sobre a Igreja.

Da língua a forma assumem
as chamas eloquentes:
Na fala sejam prontos,
na caridade, ardentes.

Já todos falam línguas
de todas as nações,
que embriaguez presumem
as santas efusões.

Tais coisas sucederam
após a Páscoa santa:
Não mais do temor,
a lei do amor se implanta.

E agora, Deus piedoso,
vos pedimos inclinados,
os dons do vosso Espírito
na terra derramados.

Enchei os corações
da graça que redime.
Senhor, dai-nos a paz,
perdoai o nosso crime.

Louvor ao Pai e ao Filho,
e ao Espírito também,
Que o Filho envie o dom
do Espírito Santo. Amém.

Ant. 1 Como é **bom** e suave, Se**nhor**,
       vosso Es**pí**rito em **nós**, ale**lu**ia.

Salmos e cântico do domingo da I Semana. p. 982.

Laudes

Ant. 2 Vós, **fon**tes e **tu**do o que n'**á**gua se **mo**ve,
louv**ai** o Se**nhor**, cantai **hi**nos a **Deus**. Ale**lu**ia.

Ant. 3 Em várias **lín**guas procla**ma**vam os A**pós**tolos
as mara**vi**lhas que o Se**nhor** reali**zou**. Ale**lu**ia.

Leitura breve
At 5,30-32

O Deus de nossos pais ressuscitou Jesus, a quem vós matastes, pregando-o numa cruz. Deus, por seu poder, o exaltou, tornando-o Guia Supremo e Salvador, para dar ao povo de Israel a conversão e o perdão dos seus pecados. E disso somos testemunhas, nós e o Espírito Santo, que Deus concedeu àqueles que lhe obedecem.

Responsório breve

R. Ficaram **chei**os todos eles do Es**pí**rito de **Deus**.
 * Ale**lu**ia, ale**lu**ia. R. Ficaram.
V. Come**ça**ram a fa**lar** em **lín**guas dife**ren**tes. * Ale**lu**ia.
 Glória ao **Pai**. R. Ficaram.

Cântico evangélico, ant.

Rece**bei** o Es**pí**rito **San**to:
a **quem** perdo**ais** os pe**ca**dos,
os pe**ca**dos es**tão** perdo**a**dos. Ale**lu**ia.

Preces

Oremos a nosso Senhor Jesus Cristo, que pelo Espírito Santo nos reuniu na sua Igreja; e digamos com fé:

R. **Enviai, Senhor, o vosso Espírito, e renovai a face da terra!**

Senhor Jesus, que suspenso no madeiro da cruz deixastes correr de vosso lado aberto uma fonte de água viva,
– enviai-nos o Espírito que dá a vida. R.

Vós, que do céu fizestes descer sobre os discípulos o Dom do Pai,
– enviai o vosso Espírito para renovar o mundo. R.

Domingo de Pentecostes

Vós, que destes aos apóstolos o poder de perdoar pecados,
– enviai o vosso Espírito para ressuscitar e salvar toda a humanidade.

R. **Enviai, Senhor, o vosso Espírito, e renovai a face da terra!**

Vós, que prometestes o Espírito Santo para nos ensinar todas as coisas e recordar tudo o que nos dissestes,
– enviai-nos o mesmo Espírito para que ilumine a nossa fé.

R.

Vós, que prometestes o Espírito da verdade para nos dar testemunho de vós,
– enviai-nos o mesmo Espírito, para que faça de nós testemunhas fiéis da vossa verdade.

R.
(intenções livres)

Pai nosso...

Oração

Deus eterno e todo-poderoso, quisestes que o mistério pascal se completasse durante cinquenta dias, até à vinda do Espírito Santo. Fazei que todas as nações dispersas pela terra, na diversidade de suas línguas, se unam no louvor do vosso nome. Por nosso Senhor Jesus Cristo, vosso Filho, na unidade do Espírito Santo.

Hora Média

Oração das Nove Horas

Hino

Cristo aos astros já subira,
regressando ao seu lugar,
e o Espírito do Pai
prometera nos mandar.

Hora Média

Na feliz terceira hora,
vibra o mundo de repente,
revelando aos Apóstolos
que Deus vem, no fogo ardente.

Do clarão da luz do Pai
é o santo resplendor,
que enche as almas dos fiéis
com o Verbo do Senhor.

Vinde a nós, ó Santo Espírito,
nossas almas adornai
para vós e, como altares,
como templos, consagrai.

O Pai santo e o seu Filho
concedei-nos conhecer.
E que deles procedeis
para sempre dai-nos crer.

Salmodia

Ant. O Espírito que **vem** de Deus **Pai**
pe**ne**tra o mais **ín**timo dos **san**tos A**pós**tolos
de **mo**do invi**sí**vel. Ale**lu**ia.

Oração das Doze Horas

HINO como no Tempo pascal, p. 846.

Ant. **S**e**nhor**, aumen**tai** em **nós** vossa **fé**,
e a **luz** do Divino em **nós** acen**dei**. Ale**lu**ia.

Oração das Quinze Horas

HINO como no Tempo pascal, p. 847.

Ant. Não sois **vós** que fala**reis**,
é o Es**pí**rito do **Pai** que em **vós** há de fa**lar**. Ale**lu**ia.

Numa destas Horas se diz o salmo seguinte:

932 Domingo de Pentecostes

Salmo 117(118)

I

– [1] Dai **graças** ao Se**nhor**, porque ele é **bom**! *
"E**ter**na é a sua misericórdia!"
– [2] A **ca**sa de Israel agora o diga: *
"E**ter**na é a sua misericórdia!"
– [3] A **ca**sa de Aarão agora o diga: *
"E**ter**na é a sua misericórdia!"
– [4] Os que **te**mem o Senhor agora o digam: *
"E**ter**na é a sua misericórdia!"
– [5] Na minha an**gús**tia eu clamei pelo Senhor, *
e o Se**nhor** me atendeu e libertou!
– [6] O Se**nhor** está comigo, nada temo; *
o que **po**de contra mim um ser humano?
– [7] O Se**nhor** está comigo, é o meu auxílio, *
hei de **ver** meus inimigos humilhados.
– [8] "É me**lhor** buscar refúgio no Senhor *
do que **pôr** no ser humano a esperança;
– [9] é me**lhor** buscar refúgio no Senhor *
do que con**tar** com os poderosos deste mundo!"

II

– [10] Povos pa**gãos** me rodearam todos **eles**, *
mas em **no**me do Senhor os derrotei;
– [11] de todo **la**do todos eles me cercaram, *
mas em **no**me do Senhor os derrotei;
= [12] como um enxame de abelhas me atacaram, †
como um **fo**go de espinhos me queimaram, *
mas em **no**me do Senhor os derrotei.
– [13] Empur**ra**ram-me, tentando derrubar-me, *
mas **vei**o o Senhor em meu socorro.
– [14] O Se**nhor** é minha força e o meu canto, *
e tor**nou**-se para mim o Salvador.

Hora Média

—[15]"Clamores de alegria e de vitória *
ressoem pelas tendas dos fiéis.

=[16]A mão direita do Senhor fez maravilhas, †
a mão direita do Senhor me levantou, *
a mão direita do Senhor fez maravilhas!"

—[17]Não morrerei, mas, ao contrário, viverei *
para cantar as grandes obras do Senhor!

—[18]O Senhor severamente me provou, *
mas não me abandonou às mãos da morte.

III

—[19]Abri-me vós, abri-me as portas da justiça; *
quero entrar para dar graças ao Senhor!

—[20]"Sim, esta é a porta do Senhor, *
por ela só os justos entrarão!"

—[21]Dou-vos graças, ó Senhor, porque me ouvistes *
e vos tornastes para mim o Salvador!

—[22]"A pedra que os pedreiros rejeitaram *
tornou-se agora a pedra angular.

—[23]Pelo Senhor é que foi feito tudo isso: *
Que maravilhas ele fez a nossos olhos!

—[24]Este é o dia que o Senhor fez para nós, *
alegremo-nos e nele exultemos!

—[25]Ó Senhor, dai-nos a vossa salvação, *
ó Senhor, dai-nos também prosperidade!"

—[26]Bendito seja, em nome do Senhor, *
aquele que em seus átrios vai entrando!

— Desta casa do Senhor vos bendizemos. *
[27]Que o Senhor e nosso Deus nos ilumine!

— Empunhai ramos nas mãos, formai cortejo, *
aproximai-vos do altar, até bem perto!

934 Domingo de Pentecostes

—[28]Vós sois meu **Deus,** eu vos bendigo e agradeço! *
   Vós sois meu **Deus**, eu vos exalto com louvores!
—[29]Dai **graças** ao Senhor, porque ele é bom! *
   "**Eterna** é a sua misericórdia!"

Nas outras Horas, salmodia complementar, p. 1421.

Oração das Nove Horas

Ant. O Es**pírito** que **vem** de Deus **Pai**
   pe**netra** o mais íntimo dos **san**tos A**pós**tolos
   de **mo**do invisível. Ale**lui**a.

Leitura breve   1Cor 12,13
Todos nós, judeus ou gregos, escravos ou livres, fomos
batizados num único Espírito, para formarmos um único
corpo, e todos nós bebemos de um único Espírito.

V. O Es**pírito** Pa**rá**clito, ale**lui**a,
R. Tudo have**rá** de ensi**nar**-vos. Ale**lui**a.

Oração das Doze Horas

Ant. Se**nhor**, aumen**tai** em **nós** vossa **fé**,
   e a **luz** do Divino em **nós** acen**dei**. Ale**lui**a.

Leitura breve   Tt 3,5b-7
Ele salvou-nos quando renascemos e fomos renovados no
batismo pelo Espírito Santo, que ele derramou abundantemente sobre nós por meio de nosso Salvador Jesus Cristo.
Justificados assim, pela sua graça, nos tornamos na esperança herdeiros da vida eterna.

V. O Es**pírito San**to have**rá** de en**si**nar-vos, ale**lui**a,
R. Todas as **coi**sas que vos **disse** e ensi**nei**. Ale**lui**a.

Oração das Quinze Horas

Ant. Não sois **vós** que fala**reis**,
   é o Es**pírito** do **Pai** que em **vós** há de fa**lar**. Aleluia.

II Vésperas

935

Leitura breve 2Cor 1,21-22

É Deus que nos confirma, a nós e a vós, em nossa adesão a Cristo, como também é Deus que nos ungiu. Foi ele que nos marcou com o seu selo e nos adiantou como sinal o Espírito derramado em nossos corações.

V. Em várias **línguas** falavam os **Após**tolos, ale**lu**ia,

R. As mara**vi**lhas de **Deus**. Ale**lu**ia.

Oração

Concedei-nos, ó Deus onipotente, que brilhe sobre nós o esplendor da vossa claridade, e o fulgor da vossa luz confirme, com o dom do Espírito Santo, aqueles que renasceram pela vossa graça. Por Cristo, nosso Senhor.

II Vésperas

Hino

Oh vinde, Espírito Criador,
as nossas almas visitai
e enchei os nossos corações
com vossos dons celestiais.

Vós sois chamado o Intercessor,
do Deus excelso o dom sem par,
a fonte viva, o fogo, o amor,
a unção divina e salutar.

Sois doador dos sete dons,
e sois poder na mão do Pai,
por ele prometido a nós,
por nós seus feitos proclamais.

A nossa mente iluminai,
os corações enchei de amor,
nossa fraqueza encorajai,
qual força eterna e protetor.

Nosso inimigo repeli,
e concedei-nos vossa paz;

Domingo de Pentecostes

se pela graça nos guiais,
o mal deixamos para trás.

Ao Pai e ao Filho Salvador
por vós possamos conhecer.
Que procedeis do seu amor
fazei-nos sempre firmes crer.

Salmodia

Ant. 1 O Espírito do Senhor encheu todo o universo.
Aleluia.

Salmo 109(110),1-5.7

— ¹Palavra do Senhor ao meu Senhor: *
"Assenta-te ao lado meu direito,
— até que eu ponha os inimigos teus *
como escabelo por debaixo de teus pés!"

= ²O Senhor estenderá desde Sião †
vosso cetro de poder, pois ele diz: *
"Domina com vigor teus inimigos;

= ³Tu és príncipe desde o dia em que nasceste; †
na glória e esplendor da santidade, *
como o orvalho, antes da aurora, eu te gerei!"

= ⁴Jurou o Senhor e manterá sua palavra: †
"Tu és sacerdote eternamente, *
segundo a ordem do rei Melquisedec!"

— ⁵À vossa destra está o Senhor, Ele vos diz: *
"No dia da ira esmagarás os reis da terra!
— ⁷Beberás água corrente no caminho, *
por isso seguirás de fronte erguida!"

Ant. O Espírito do Senhor encheu todo o universo. Aleluia.

Ant. 2 Confirmai em nós, ó Deus, o que em nós realizastes
a partir de vosso templo que está em Jerusalém.
Aleluia.

II Vésperas

Salmo 113A(114)

— [1] Quando o **po**vo de Isra**e**l saiu do Eg**i**to, *
e os **fi**lhos de Jacó, de um povo estranho,
— [2] Jud**á** tornou-se o templo do Senhor, *
e Isra**e**l se transformou em seu domínio.

— [3] O **mar**, à vista disso, pôs-se em fuga, *
e as **á**guas do Jordão retrocederam;
— [4] as mont**a**nhas deram pulos como ovelhas, *
e as col**i**nas, parecendo cordeirinhos.

— [5] **Ó** mar, o que tens tu, para fugir? *
E tu, Jor**dã**o, por que recuas desse modo?
— [6] Por que dais **pu**los como ovelhas, ó montanhas? *
E vós, col**i**nas, parecendo cordeirinhos?

— [7] Treme, ó **terra**, ante a face do Senhor, *
ante a **fa**ce do Senhor Deus de Jacó!
— [8] O roc**he**do ele mudou em grande lago, *
e da **pe**dra fez brotar águas correntes!

Ant. Confir**mai** em nós, ó **Deus**, o que em **nós** reali**za**stes
a **par**tir de vosso **tem**plo que **está** em Jerusal**ém**.
Alel**u**ia.

Ant. 3 Ficaram **chei**os todos **e**les do Esp**í**rito de **Deus**,
e come**ça**ram a fal**ar**. Alel**u**ia.

No cântico seguinte dizem-se os Aleluias entre parênteses somente quando se canta; na recitação, basta dizer o Aleluia no começo
e no fim das estrofes.

Cântico   cf. Ap 19,1-2.5-7

= **Ale**luia, (Alel**u**ia!).
[1] Ao nosso **Deus** a salva**ção**, *
honra, gl**ó**ria e poder! (Alel**u**ia!).
— [2] Pois são ver**da**de e justiça *
os ju**í**zos do Senhor.

R. Ale**lu**ia, (Alel**u**ia!).

Domingo de Pentecostes

= Aleluia, (Aleluia!).
⁵ Celebrai o nosso Deus, *
servidores do Senhor! (Aleluia!).

— E vós todos que o temeis, *
vós os grandes e os pequenos!

R. Aleluia, (Aleluia!).

= Aleluia, (Aleluia!).
⁶ De seu Reino tomou posse *
nosso Deus onipotente! (Aleluia!).

— ⁷ Exultemos de alegria, *
demos glória ao nosso Deus!

R. Aleluia, (Aleluia!).

= Aleluia, (Aleluia!).
Eis que as núpcias do Cordeiro *
redivivo se aproximam! (Aleluia!).

— Sua Esposa se enfeitou, *
se vestiu de linho puro.

R. Aleluia, (Aleluia!).

Ant. Ficaram cheios todos eles do Espírito de Deus,
e começaram a falar. Aleluia.

Leitura breve
Ef 4,3-6

Aplicai-vos a guardar a unidade do espírito pelo vínculo da paz. Há um só Corpo e um só Espírito, como também é uma só a esperança à qual fostes chamados. Há um só Senhor, uma só fé, um só batismo, um só Deus e Pai de todos, que reina sobre todos, age por meio de todos e permanece em todos.

Responsório breve
R. O Espírito do Senhor enche todo o universo.
* Aleluia, aleluia. R. O Espírito.
V. Dá consistência a tudo
e tem conhecimento de tudo o que se diz. * Aleluia.
Glória ao Pai. R. O Espírito.

II Vésperas

Cântico evangélico, ant.

Chegou **hoje** o grande **dia** do sa**gra**do Pente**cos**tes, ale**lui**a;
hoje o Es**pí**rito de **Deus** apare**ceu**
como num **fogo** aos dis**cí**pulos
e lhes **deu** os seus ca**ris**mas, os seus **dons** mais va**ria**dos,
envi**ou**-os pelo **mun**do, teste**mu**nhas do Evangelho:
O que **crer** e rece**ber** o ba**tis**mo do Se**nhor**
será **sal**vo, ale**lui**a.

Preces

Oremos a Deus Pai, que por Jesus Cristo reuniu a sua Igreja;
e supliquemos com fé e alegria:

R. **Enviai, Senhor, o vosso Espírito, e renovai a face da terra!**

Fazei que todos os habitantes da terra, unidos num só batismo e no mesmo Espírito,
— sejam um só coração e uma só alma. R.

Vós, que enchestes o universo inteiro com o vosso Espírito,
— ajudai a humanidade na construção de um mundo novo de justiça e de paz. R.

Senhor Deus, Pai de todos os seres humanos, que quereis reunir numa só fé os vossos filhos e filhas dispersos,
— iluminai a terra inteira com a graça do Espírito Santo. R.

Vós, que renovais todas as coisas pelo vosso Espírito,
— dai saúde aos doentes, alegria aos tristes e a todos a salvação. R.

(intenções livres)

Vós, que pelo Espírito Santo ressuscitastes vosso Filho de entre os mortos,
— dai a vida eterna aos que partiram deste mundo. R.
Pai nosso...

Domingo de Pentecostes

Oração

Deus eterno e todo-poderoso, quisestes que o mistério pascal se completasse durante cinquenta dias, até à vinda do Espírito Santo. Fazei que todas as nações dispersas pela terra, na diversidade de suas línguas, se unam no louvor do vosso nome. Por nosso Senhor Jesus Cristo, vosso Filho, na unidade do Espírito Santo.

Na despedida se diz:

Ide em paz, e o Senhor vos acompanhe. Aleluia, aleluia.

R. Graças a Deus. Aleluia, aleluia.

Completas como à p. 1402.

Termina o Tempo pascal. Após o domingo de Pentecostes começa o Tempo comum (vol. III). Cf. Tabela, à p. 16-17.

ORDINÁRIO
DA
LITURGIA DAS HORAS
NA QUARESMA
E
NO TEMPO PASCAL

Invitatório

O Invitatório tem seu lugar no início da oração cotidiana, ou seja, antepõe-se ao Ofício das Leituras, ou às Laudes, conforme se comece o dia por uma ou por outra ação litúrgica.

V. **Abri** os meus **lá**bios, ó Se**nhor**.

R. E minha **boca** anuncia**rá** vosso lou**vor**.

Em seguida diz-se o Salmo 94(95) com sua antífona, em forma responsorial. Anuncia-se a antífona e imediatamente repete-se a mesma. Depois de cada estrofe, repete-se de novo.

Na recitação individual não é necessário repetir a antífona; basta dizê-la no começo e no fim do salmo.

A antífona para o Invitatório no Tríduo pascal, nas solenidades e festas, encontra-se no Próprio ou no Comum.

Nas memórias dos Santos, não havendo antífona própria, toma-se livremente do Comum ou do dia de semana:

No Ofício dos domingos e dos dias de semana, no Tempo da Quaresma, desde a Quarta-feira de Cinzas até o sábado da 5ª Semana inclusive, diz-se a antífona:

R. **Cris**to por **nós** foi tentado, so**freu** e na **Cruz** mor**reu**: Vinde **to**dos, ado**re**mos!

Ou:

R. **Hoje** não fe**cheis** o **vos**so cora**ção**, mas ouvi a **voz** do Se**nhor**!

Na Semana santa, desde o Domingo de Ramos até a Quinta-feira inclusive:

R. **Cris**to por **nós** foi tentado, so**freu** e na **Cruz** mor**reu**: Vinde **to**dos, ado**re**mos!

No Ofício dos domingos e dias de semana, desde a Segunda-feira da oitava da Páscoa até a Ascensão do Senhor exclusive:

R. O Se**nhor** ressur**giu** real**men**te. Ale**lui**a.

Nos dias entre a Ascensão do Senhor e o Domingo de Pentecostes exclusive:

R. Ao Se**nhor** que prome**teu** o Santo Es**pí**rito, vinde **to**dos, ado**re**mos, ale**lui**a.

Ordinário da Liturgia das Horas

Salmo 94(95)

Convite ao louvor de Deus

Animai-vos uns aos outros, dia após dia, enquanto ainda se disser "hoje" (Hb 3,13).

Um solista canta ou reza a antífona, e a assembleia a repete.

— ¹ Vinde, exultemos de alegria no Senhor, *
aclamemos o Rochedo que nos salva!

— ² Ao seu encontro caminhemos com louvores, *
e com cantos de alegria o celebremos!

Repete-se a antífona.

— ³ Na verdade, o Senhor é o grande Deus,*
o grande Rei, muito maior que os deuses todos.

— ⁴ Tem nas mãos as profundezas dos abismos,*
e as alturas das montanhas lhe pertencem;

— ⁵ o mar é dele, pois foi ele quem o fez,*
e a terra firme suas mãos a modelaram.

Repete-se a antífona.

— ⁶ Vinde adoremos e prostremo-nos por terra, *
e ajoelhemos ante o Deus que nos criou!

= ⁷ Porque ele é o nosso Deus, nosso Pastor, †
e nós somos o seu povo e seu rebanho, *
as ovelhas que conduz com sua mão.

Repete-se a antífona.

= ⁸ Oxalá ouvísseis hoje a sua voz: †
"Não fecheis os corações como em Meriba, *
⁹ como em Massa, no deserto, aquele dia,

— em que outrora vossos pais me provocaram, *
apesar de terem visto as minhas obras".

Repete-se a antífona.

= ¹⁰ Quarenta anos desgostou-me aquela raça †
e eu disse: "Eis um povo transviado, *

—¹¹ seu coração não conheceu os meus caminhos!"

Invitatório

— E por **isso** lhes jurei na minha ira: *
"Não entra**rão** no meu repouso prometido!"

Repete-se a antífona.

(Cantado):

= Demos **gló**ria a Deus **Pai** onipotente
e a seu **Filho**, Jesus **Cris**to, Senhor **nos**so, †
e ao Es**pí**rito que ha**bi**ta em nosso **pei**to *
pelos **sé**culos dos **sé**culos. A**mém**.

(Rezado):

— **Gló**ria ao **Pai** e ao **Filho** e ao Es**pí**rito **San**to. *
Como **e**ra no prin**cí**pio, **ago**ra e sempre. A**mém**.

Repete-se a antífona.

O salmo 94(95) pode ser substituído pelo salmo 99(100), p. 947, salmo 66(67), p. 946, ou salmo 23(24), abaixo. Se um destes salmos ocorre no Ofício, em seu lugar diz-se o salmo 94(95).

Quando o Invitatório é recitado antes das Laudes, pode ser omitido o salmo com sua antífona, conforme as circunstâncias.

Salmo 23(24)

Entrada do Senhor no templo

Na ascensão, as portas do céu se abriram para o Cristo (Sto. Irineu).

—[1] Ao Se**nhor** pertence a **ter**ra e o que ela en**cer**ra, *
o mundo in**tei**ro com os seres que o povoam;

—[2] porque **e**le a tornou firme sobre os mares, *
e sobre as **á**guas a mantém inabalável. R.

—[3] "Quem subi**rá** até o monte do Senhor, *
quem fica**rá** em sua santa habitação?"

=[4] "Quem tem mãos **pu**ras e inocente coração, †
quem não di**ri**ge sua mente para o crime, *
nem jura **fal**so para o dano de seu próximo. R.

Ordinário da Liturgia das Horas

– ⁵Sobre **este** desce a bênção do Senhor *
e a recom**pen**sa de seu Deus e Salvador".

– ⁶"É as**sim** a geração dos que o procuram, *
e do **Deus** de Israel buscam a face". R.

= ⁷"Ó **por**tas, levantai vossos frontões! †
Ele**vai**-vos bem mais alto, antigas portas, *
a fim de **que** o Rei da glória possa entrar!" R.

= ⁸**Dizei**-nos: "Quem é este Rei da glória?" †
"É o Se**nhor**, o valoroso, o onipotente, *
o Se**nhor**, o poderoso nas batalhas!" R.

= ⁹"Ó **por**tas, levantai vossos frontões! †
Ele**vai**-vos bem mais alto, antigas portas, *
a fim de **que** o Rei da glória possa entrar!" R.

= ¹⁰**Dizei**-nos: "Quem é este Rei da glória?" †
"O Rei da **gló**ria é o Senhor onipotente, *
o Rei da **gló**ria é o Senhor Deus do universo!" R.

– **Gló**ria ao **Pai** e ao **Fi**lho e ao Es**pí**rito **San**to. *
Como **e**ra no prin**cí**pio, a**go**ra e sempre. A**mém.** R.

Salmo 66(67)

Todos os povos celebrem o Senhor

*Sabei, pois, que esta salvação de Deus já foi comunicada
aos pagãos! (At 28,28).*

– ²Que Deus nos **dê** a sua **gra**ça e sua **bên**ção, *
e sua **fa**ce resplandeça sobre nós!

– ³Que na **ter**ra se conheça o seu caminho *
e a **su**a salvação por entre os povos. R.

– ⁴Que as **na**ções vos glorifiquem, ó Senhor, *
que **to**das as nações vos glorifiquem! R.

– ⁵**Exul**te de alegria a terra inteira, *
pois jul**gais** o universo com justiça;

Invitatório

— os **po**vos governais com retidão, *
  e gui**ais**, em toda a terra, as nações.   R.

— [6] Que as na**ções** vos glorifiquem, ó Senhor, *
  que **to**das as nações vos glorifiquem!   R.

— [7] A **te**rra produziu sua colheita: *
  o Se**nhor** e nosso Deus nos abençoa.

— [8] Que o Se**nhor** e nosso Deus nos abençoe, *
  e o res**pei**tem os confins de toda a terra!   R.

— Glória ao **Pai** e ao **Fi**lho e ao Es**pí**rito **San**to. *
  Como **e**ra no prin**cí**pio, a**go**ra e sempre. A**mém.**   R.

Salmo 99(100)
Alegria dos que entram no templo

*O Senhor ordena aos que foram salvos que cantem o hino
de vitória* (S. Atanásio).

= [2] Acla**mai** o Se**nhor**, ó terra in**tei**ra, †
  ser**vi** ao Senhor com alegria, *
  ide a ele cantando jubilosos!   R.

= [3] Sa**bei** que o Senhor, só ele, é Deus, †
  Ele **mes**mo nos fez, e somos seus, *
  nós **so**mos seu povo e seu rebanho.   R.

= [4] En**trai** por suas portas dando graças, †
  e em seus **á**trios com hinos de louvor; *
  dai-lhe **gra**ças, seu nome bendizei!   R.

= [5] Sim, é **bom** o Senhor e nosso Deus, †
  sua bon**da**de perdura para sempre, *
  seu a**mor** é fiel eternamente!   R.

— Glória ao **Pai** e ao **Fi**lho e ao Es**pí**rito **San**to. *
  Como **e**ra no prin**cí**pio, a**go**ra e sempre. A**mém.**   R.

Ofício das Leituras

V. Vinde, ó **Deus**, em meu auxílio.
R. Socor**rei**-me sem de**mora**.
   Glória ao **Pai** e ao **Filho** e ao Es**pí**rito **San**to. *
   Como **era** no prin**cí**pio, a**gora** e sempre. A**mém**.
   (T.P. Ale**luia**).

Quando o Invitatório precede imediatamente, omite-se a introdução acima.

HINO

Em seguida, diz-se o hino correspondente ao Ofício do dia.

No Ofício dos domingos e dias de semana, o hino encontra-se no início do respectivo Próprio do Tempo.

Nas solenidades e festas, o hino encontra-se no Próprio ou no Comum.

Nas memórias dos Santos, não havendo próprio, toma-se o hino livremente do Comum ou do dia de semana correspondente.

Pode-se escolher também outro hino aprovado pela Conferência Episcopal, que corresponda ao Ofício do dia e do Tempo (veja Apêndice de hinos, p. 2030).

SALMODIA

Terminado o hino, segue-se a salmodia, que consta de três salmos ou partes de salmos, que se dizem com as antífonas correspondentes.

No Tríduo pascal, nos dias da oitava da Páscoa, nas solenidades e festas, os salmos com suas antífonas são próprios.

No Ofício dos domingos e dias de semana, os salmos com suas antífonas são tomados do Saltério corrente. Os domingos da Páscoa têm antífonas próprias, indicadas no lugar correspondente.

Nas memórias dos Santos, tomam-se os salmos com suas antífonas do Saltério corrente, a não ser que haja salmos ou antífonas próprios.

VERSÍCULO

Antes das leituras diz-se o versículo, que faz a transição da salmodia para a escuta da Palavra de Deus. Este versículo é indicado antes da primeira leitura.

Ofício das Leituras

LEITURAS

Há duas leituras. A primeira é bíblica com seu responsório, conforme requer o Ofício do dia, e toma-se do Próprio do Tempo, exceto nas solenidades e festas, quando se toma do Próprio ou do Comum.

Nas celebrações dos Santos, a segunda leitura é hagiográfica nas solenidades, festas e memórias. Nos demais Ofícios, a segunda leitura é tomada de obras dos Santos Padres ou de Escritores eclesiásticos, e se encontra no correspondente Ofício de Leituras, juntamente com a leitura bíblica, ou em Lecionário suplementar. Após a leitura, segue-se um responsório correspondente.

HINO TE DEUM (A VÓS, Ó DEUS, LOUVAMOS)

Nos dias da oitava da Páscoa, nos domingos da Páscoa, nas solenidades e festas, depois da segunda leitura e seu responsório, se diz o seguinte hino:

A vós, ó Deus, louvamos,
a vós, Senhor, cantamos.
A vós, eterno Pai,
adora toda a terra.

A vós cantam os anjos,
os céus e seus poderes:
Sois Santo, Santo, Santo,
Senhor, Deus do universo!

Proclamam céus e terra
a vossa imensa glória.
A vós celebra o coro
glorioso dos Apóstolos,

vos louva dos Profetas
a nobre multidão
e o luminoso exército
dos vossos santos Mártires.

A vós por toda a terra
proclama a Santa Igreja,
ó Pai onipotente,
de imensa majestade,

Ordinário da Liturgia das Horas

e adora juntamente
o vosso Filho único,
Deus vivo e verdadeiro,
e ao vosso Santo Espírito.

Ó Cristo, Rei da glória,
do Pai eterno Filho,
nascestes duma Virgem,
a fim de nos salvar.

Sofrendo vós a morte,
da morte triunfastes,
abrindo aos que têm fé
dos céus o Reino eterno.

Sentastes à direita
de Deus, do Pai na glória.
Nós cremos que de novo
vireis como juiz.

Portanto, vos pedimos:
salvai os vossos servos,
que vós, Senhor, remistes
com sangue precioso.

Fazei-nos ser contados,
Senhor, vos suplicamos,
em meio a vossos santos
na vossa eterna glória.

(A parte que se segue pode ser omitida, se for oportuno).

Salvai o vosso povo.
Senhor, abençoai-o.
Regei-nos e guardai-nos
até a vida eterna.

Senhor, em cada dia,
fiéis, vos bendizemos,
louvamos vosso nome
agora e pelos séculos.

Ofício das Leituras

Dignai-vos, neste dia,
guardar-nos do pecado.
Senhor, tende piedade
de nós, que a vós clamamos.

Que desça sobre nós,
Senhor, a vossa graça,
porque em vós pusemos
a nossa confiança.

Fazei que eu, para sempre,
não seja envergonhado:
Em vós, Senhor, confio,
sois vós minha esperança!

ORAÇÃO CONCLUSIVA

Depois do Te Deum (A vós, ó Deus), ou depois do segundo responsório, quando não há Te Deum, se diz a oração conclusiva, tirada do Próprio do Tempo ou do Próprio ou do Comum dos Santos, de acordo com o Ofício do dia.

Antes da oração, se diz Oremos, e se acrescenta a conclusão correspondente, isto é:

Se a oração se dirige ao Pai:

Por nosso Senhor Jesus Cristo, vosso Filho, na unidade do Espírito Santo.

Se se dirige ao Pai, com menção do Filho na parte final:

Que convosco vive e reina, na unidade do Espírito Santo.

Se se dirige ao Filho:

Vós, que sois Deus com o Pai na unidade do Espírito Santo.

E responde-se:

Amém.

Depois, pelo menos na celebração comunitária, acrescenta-se a aclamação:

Bendigamos ao Senhor.

R. Graças a Deus.

Se o Ofício das Leituras for integrado na celebração de uma vigília dominical ou de uma solenidade, antes do Hino **Te Deum** dizem-se os cânticos correspondentes e proclama-se o Evangelho, como está indicado no Apêndice, p. 1965.

Se o Ofício das Leituras é rezado imediatamente antes de outra Hora, pode-se então, no começo do referido Ofício, dizer o Hino correspondente a essa Hora; no fim, omitem-se a oração e a aclamação, e no início da Hora seguinte omite-se o versículo introdutório com o **Glória ao Pai.**

Laudes

V. Vinde, ó **Deus**, em meu auxílio.

R. **Socorrei**-me sem de**mora**.

Glória ao **Pai** e ao **Filho** e ao Es**pírito San**to.

Como **era** no prin**cí**pio, a**gora** e sempre. A**mém**.

(T.P. Ale**lu**ia).

Quando o Invitatório precede imediatamente, omite-se a introdução acima.

HINO

Em seguida, diz-se o hino correspondente ao Ofício do dia.

No Ofício dos domingos e dias de semana, como também na oitava da Páscoa, o hino encontra-se no início do respectivo Próprio do Tempo.

No Tríduo pascal, nas solenidades e festas, o hino se encontra no Próprio ou no Comum.

Não havendo hino próprio na memória dos Santos, toma-se o hino livremente do Comum ou do dia de semana correspondente.

Pode-se escolher outro hino aprovado pela Conferência Episcopal, que corresponda ao Ofício do dia e do Tempo (Veja Apêndice de hinos, p. 2030).

SALMODIA

Terminado o hino, segue-se a salmodia, que consta de um salmo matutino, de um cântico do Antigo Testamento e de um salmo de louvor, cada qual com sua antífona correspondente.

Laudes

No Ofício dos domingos e dias de semana, rezam-se os salmos e o cântico com suas respectivas antífonas como estão no Saltério corrente. Têm antífonas próprias os domingos da Quaresma e da Páscoa como também os dias de semana da Semana Santa e do Tempo pascal.

Nos dias da oitava da Páscoa, nas solenidades e festas, os salmos e o cântico são do I Domingo do Saltério, e as antífonas, do Próprio ou do Comum.

Nas memórias dos Santos, os salmos, o cântico e as antífonas são dos dias de semana, a não ser que haja salmos e antífonas próprios.

Terminada a salmodia, faz-se a leitura breve ou longa.

LEITURA BREVE

No Ofício dos domingos e dias de semana no Tempo da Quaresma e da Páscoa, a leitura breve encontra-se no Próprio do Tempo.

Nas solenidades e festas, a leitura breve encontra-se no Próprio ou no Comum.

Não havendo leitura breve própria para as memórias dos Santos, toma-se livremente do Comum ou do dia de semana.

LEITURA MAIS LONGA

Pode-se escolher à vontade uma leitura mais longa, principalmente na celebração com o povo, segundo a norma do n. 46 da Instrução.

Na celebração com o povo, conforme as circunstâncias, pode-se acrescentar uma breve homilia para explicar a leitura.

RESPOSTA À PALAVRA DE DEUS

Depois da leitura ou da homilia, se oportuno, pode-se guardar algum tempo de silêncio.

Em seguida, apresenta-se um canto responsorial ou responsório breve, que se encontra logo depois da leitura breve.

Outros cantos do mesmo gênero podem ser cantados em seu lugar, uma vez que sejam aprovados pela Conferência Episcopal.

Ordinário da Liturgia das Horas

CÂNTICO EVANGÉLICO (*BENEDICTUS*) Lc 1,68-79

Depois se diz o Cântico evangélico com a antífona correspondente.

A antífona para o *Benedictus* toma-se do Próprio. Na celebração dos Santos, não havendo antífona própria, toma-se do Comum. Nas memórias, pode-se escolher livremente a antífona do dia de semana ou do Comum.

O Messias e seu Precursor

—68Bendito **seja** o Senhor **Deus** de Israel, *
  porque a seu **po**vo visi**tou** e liber**tou;**
—69e fez sur**gir** um pode**ro**so Salva**dor** *
  na **ca**sa de Da**vi,** seu servi**dor,**
—70como fa**la**ra pela **bo**ca de seus **san**tos, *
  os pro**fe**tas desde os **tem**pos mais an**tigos,**
—71para sal**var**-nos do po**der** dos ini**mi**gos *
  e da **mão** de todos **quan**tos nos o**deiam.**
—72Assim mos**trou** miseri**cór**dia a nossos **pais,** *
  recor**dan**do a sua **san**ta Aliança
—73e o jura**men**to a Abra**ão,** o nosso **pai,** *
  de conce**der**-nos 74que, li**ber**tos do ini**mi**go,
= a **e**le nós sir**va**mos sem te**mor** †
  75em santi**da**de e em jus**ti**ça diante **de**le, *
  en**quan**to perdu**ra**rem nossos **di**as.
=76Serás profeta do Al**tís**simo, ó menino, †
  pois i**rás** andando à **fren**te do Se**nhor** *
  para aplai**nar** e prepa**rar** os seus ca**minhos,**
—77anunci**an**do ao seu **po**vo a salva**ção,** *
  que es**tá** na remis**são** de seus pe**ca**dos,
—78pela bon**da**de, e compai**xão** de nosso **Deus,** *
  que sobre **nós** fará bri**lhar** o Sol nas**cen**te,
—79para ilumi**nar** a quantos **ja**zem entre as **tre**vas *
  e na **som**bra da **mor**te estão sentados

Laudes

— e **para** diri**gir** os nossos **pass**os, *
  gui**an**do-os no ca**mi**nho da **paz**.
— **Gló**ria ao **Pai** e ao **Fi**lho e ao Es**pí**rito **San**to. *
  Como era no prin**cí**pio, a**go**ra e sempre. **A**mém.

GLÓRIA AO PAI

O Glória ao Pai se diz no fim de todos os salmos e cânticos, a não ser que se indique o contrário.

Para o canto, pode-se escolher outro Glória ao Pai que corresponda ao ritmo e aos acentos do salmo ou do cântico que precede:

1º **Comum** (e para o canto com 2 ou 4 acentos):

V. Glória ao **Pai** e ao **Fi**lho e ao Es**pí**rito **San**to.
R. Como era no prin**cí**pio, a**go**ra e sempre. A**mém**.

2º **Para o Canto** (com 3 acentos e estrofes de 2 versos)

— Glória ao **Pai** e ao **Fi**lho e ao Espírito **San**to. *
  Como era no prin**cí**pio, agora e sempre.

3º (Com 3 acentos e estrofes de 3 versos):

= Glória ao **Pai** e ao **Fi**lho e ao Espírito **San**to, †
  ao Deus que **é**, que **era** e que **vem**, *
  pelos séculos dos séculos. **A**mém.

4º (Com 3 acentos e estrofes de 4 versos):

= Demos **gló**ria a Deus **Pai** onipotente
  e a seu **Fi**lho, Jesus **Cristo**, Senhor **nosso**, †
  e ao Es**pí**rito que habita em nosso **peito**, *
  pelos **sé**culos dos **sé**culos. A**mém**.

5º (Com 3 + 2 acentos):

= Glória ao **Pai** e ao **Fi**lho e ao Espírito **Santo**
  desde agora e para **sempre**, †
  ao Deus que **é**, que **era** e que **vem**, *
  pelos séculos. A**mém**.

Repete-se a antífona.

Em latim:
— 68Benedíctus Dóminus Deus Israel, *
quia visitávit et fecit redemptiónem plebi suae
— 69et eréxit cornu salútis nobis *
in domo David púeri sui,
— 70Sicut locútus est per os sanctórum, *
qui a saéculo sunt, prophetárum eius,
— 71salútem ex inimicis nostris *
et de manu ómnium, qui odérunt nos;
— 72ad faciéndam misericórdiam cum pátribus nostris *
et memorári testaménti sui sancti,
— 73iusiurándum, quod iurávit ad Abraham patrem nostrum, *
datúrum se nobis,
— 74ut sine timóre, de manu inimicórum liberáti, *
serviámus illi
— 75in sanctitáte et iustítia coram ipso *
ómnibus diébus nostris.
— 76Et tu, puer, prophéta Altíssimi vocáberis: *
praeíbis enim ante fáciem Dómini paráre vias eius.
— 77ad dandam sciéntiam salútis plebi eius *
in remissiónem peccatórum eórum,
— 78per víscera misericórdiae Dei nostri, *
in quibus visitábit nos oriens ex alto,
— 79illumináre his, qui in ténebris
et in umbra mortis sedent *
ad dirigéndos pedes nostros in viam pacis.

— Glória Patri, et Fílio, *
et Spirítui Sancto.
— Sicut erat in princípio, et nunc et semper, *
et in saécula saeculórum. Amen.

REFRÃO NOS CÂNTICOS (R.)

Para os cânticos do Antigo e do Novo Testamento é facultativo o refrão entre parênteses (R.). Pode ser usado quando se canta ou se recita o Ofício em comum.

PRECES PARA CONSAGRAR O DIA E O TRABALHO A DEUS

Terminado o cântico, fazem-se as Preces.

No Ofício dos domingos e dias de semana, as preces encontram-se no Próprio do Tempo.

No Tríduo pascal, nos dias da oitava da Páscoa, nas solenidades e festas, as preces estão no Próprio ou no Comum.

Nas memórias dos Santos podem-se tomar livremente as preces do Comum ou do dia de semana, não havendo próprias.

Após as preces, todos rezam o Pai-nosso, que pode ser precedido de breve monição, como se propõe no Apêndice, p. 2020.

Pai nosso que estais nos céus,
santificado seja o vosso nome;
venha a nós o vosso Reino,
seja feita a vossa vontade,
assim na terra como no céu;
o pão nosso de cada dia nos dai hoje;
perdoai-nos as nossas ofensas,
assim como nós perdoamos
a quem nos tem ofendido,
e não nos deixeis cair em tentação,
mas livrai-nos do mal.

Em latim:

Pater noster, qui es in caelis:
sanctificétur nomen tuum;
advéniat regnum tuum;
fiat volúntas tua, sicut in caelo et in terra.
Panem nostrum cotidiánum da nobis hódie;
et dimítte nobis débita nostra,
sicut et nos dimíttimus debitóribus nostris;
et ne nos indúcas in tentatiónem;
sed líbera nos a malo.

ORAÇÃO CONCLUSIVA

Depois do Pai-nosso diz-se imediatamente, sem o convite Oremos, a oração conclusiva. Esta se encontra no Próprio do Tempo, ou no Próprio ou Comum dos Santos. A conclusão da Oração é descrita acima, no Ofício das Leituras, p. 951.

Se um sacerdote ou diácono preside o Ofício, é ele quem despede o povo, dizendo:

O Senhor esteja convosco.

R. Ele está no meio de nós.

Abençoe-vos Deus todo-poderoso, Pai e Filho e Espírito Santo.

R. Amém.

Pode usar também outra fórmula de bênção, como na Missa (veja Apêndice p. 2021). Havendo despedida, acrescenta-se:

Ide em **paz** e o **Senhor** vos acompanhe.

R. **Graç**as a **Deus**.

Do 1º ao 2ª Domingo da Páscoa inclusive:

Ide em **paz** e o **Senhor** vos acompanhe. Aleluia, aleluia.

R. **Graç**as a **Deus**. Aleluia, aleluia.

Não havendo sacerdote, ou diácono, e na recitação individual, conclui-se assim:

O **Senhor** nos abençoe, nos livre de todo o **mal**
e nos conduza à vida eterna.

R. Amém.

Hora Média

Oração das Nove, das Doze e das Quinze Horas

V. Vinde, ó **Deus**, em meu auxílio.

R. Socorrei-me sem demora.
    Glória ao **Pai** e ao **Filho** e ao Espírito Santo. *
    Como era no princípio, agora e sempre. **Amém**.
    (T.P. Aleluia)

Hora Média

Depois diz-se o hino correspondente, que se encontra no início do respectivo Próprio do Tempo.

Nestas Horas, não se faz menção das memórias dos Santos.

SALMODIA

Depois do hino, reza-se a salmodia com suas antífonas próprias. Propõem-se duas salmodias do Saltério: uma corrente e outra complementar.

A salmodia corrente consta de três salmos ou partes de salmos, distribuídos ao longo do Saltério.

A Salmodia complementar consta de salmos invariáveis, escolhidos dentre os denominados salmos graduais, p. 1421.

Quem reza uma só Hora, toma a salmodia corrente, mesmo nas festas.

Quem reza mais Horas, numa delas toma a salmodia corrente e, nas outras, a complementar.

Nas solenidades rezam-se os salmos da salmodia complementar nas três Horas; mas no domingo, tomam-se os salmos do domingo da I Semana do Saltério, p. 987.

No Tríduo pascal, nos dias da oitava da Páscoa e em certas solenidades do Senhor, há salmos próprios.

As solenidades têm antífonas próprias.

Fora das solenidades, tomam-se as antífonas indicadas no respectivo Próprio do Tempo.

LEITURA BREVE

Depois da salmodia, faz-se a leitura breve.

No Ofício dos domingos e dias de semana da Quaresma e do Tempo pascal, a leitura breve encontra-se no respectivo Próprio do Tempo.

Nas solenidades e festas, a leitura breve está no Próprio ou no Comum.

Depois da leitura breve, se for oportuno, pode-se guardar algum tempo de silêncio meditativo. Segue-se brevíssimo responso, ou versículo, que é indicado no mesmo lugar da leitura breve.

ORAÇÃO CONCLUSIVA

Em seguida, diz-se a oração própria do dia, precedida do convite Oremos, e se acrescenta a conclusão correspondente, isto é:

Ordinário da Liturgia das Horas

Se a oração se dirige ao Pai:
Por Cristo, nosso Senhor.

Se se dirige ao Pai, com menção do Filho na parte final:
Que vive e reina para sempre.

Se se dirige ao Filho:
Vós, que viveis e reinais para sempre.

No fim da oração responde-se:
Amém.

Depois, pelo menos na celebração comunitária, acrescenta-se a aclamação:
Bendigamos ao Senhor.
R. Graças a Deus.

Vésperas

V. Vinde, ó Deus, em meu auxílio.
R. Socorrei-me sem demora.
Glória ao Pai e ao Filho e ao Espírito Santo. *
Como era no princípio, agora e sempre. Amém.
(T.P. Aleluia).

HINO

Em seguida, diz-se o hino correspondente.
No Ofício dos domingos e dias de semana, como também na oitava da Páscoa, o hino encontra-se no início do respectivo Próprio do Tempo.
No Tríduo pascal, nas solenidades e festas, o hino se encontra no Próprio ou no Comum.
Não havendo hino próprio na memória dos Santos, toma-se o hino livremente do Comum ou do dia de semana correspondente.
Pode-se escolher outro hino aprovado pela Conferência episcopal, que corresponda ao Ofício do dia e do Tempo (veja Apêndice de hinos, p. 2030).

SALMODIA

Terminado o hino, segue-se a salmodia que consta de dois salmos ou partes de salmos, e de um cântico do Novo Testamento, cada qual com sua antífona.

Vésperas

No Ofício dos domingos e dias de semana, rezam-se os salmos e o cântico com suas respectivas antífonas como estão no saltério corrente. Têm antífonas próprias os domingos da Quaresma e da Páscoa, como também os dias de semana da Semana Santa e do Tempo pascal.

No Tríduo pascal, nos dias da oitava da Páscoa, nas solenidades e festas, os salmos, o cântico e as antífonas são do Próprio ou do Comum.

Nas memórias dos Santos, os salmos, o cântico e as antífonas são dos dias de semana, a não ser que haja salmos e antífonas próprios.

LEITURA BREVE

Terminada a salmodia, faz-se a leitura breve ou longa.

No Ofício dos domingos e dias de semana da Quaresma e do Tempo pascal, a leitura breve encontra-se no Próprio do Tempo. Nas solenidades e festas, a leitura breve encontra-se no Próprio ou no Comum.

Não havendo leitura breve própria para as memórias dos Santos, toma-se livremente do Comum ou do dia de semana.

LEITURA MAIS LONGA

Pode-se escolher à vontade uma leitura mais longa, principalmente na celebração com o povo, segundo a norma do n. **46** da Instrução. Na celebração com o povo, conforme as circunstâncias, pode-se acrescentar uma breve homilia para explicar a leitura.

RESPOSTA À PALAVRA DE DEUS

Depois da leitura ou da homilia, se for oportuno, pode-se guardar algum tempo de silêncio.

Em seguida, apresenta-se um canto responsorial ou o responsório breve, que se encontra logo depois da leitura breve.

Outros cantos do mesmo gênero podem ser cantados em seu lugar, uma vez que sejam aprovados pela Conferência Episcopal.

CÂNTICO EVANGÉLICO (MAGNÍFICAT)   Lc 1,46-55

Depois se diz o Cântico evangélico com a antífona correspondente.

A antífona para o *Magníficat* toma-se do Próprio. Na comemoração dos Santos, não havendo antífona própria, toma-se do Comum; nas memórias, pode-se escolher livremente a antífona do dia de semana ou do Comum.

A alegria da alma no Senhor

—[46]A minha alma engrandece ao Senhor, *
[47]e se alegrou o meu espírito em Deus, meu Salvador,

—[48]pois ele viu a pequenez de sua serva, *
desde agora as gerações hão de chamar-me de bendita.

—[49]O Poderoso fez por mim maravilhas *
e Santo é o seu nome!

—[50]Seu amor, de geração em geração,*
chega a todos que o respeitam.

—[51]Demonstrou o poder de seu braço*
dispersou os orgulhosos.

—[52]Derrubou os poderosos de seus tronos *
e os humildes exaltou.

—[53]De bens saciou os famintos *
e despediu, sem nada, os ricos.

—[54]Acolheu Israel, seu servidor, *
fiel ao seu amor,

—[55]como havia prometido aos nossos pais, *
em favor de Abraão e de seus filhos, para sempre.

—   Glória ao Pai e ao Filho e ao Espírito Santo. *
Como era no princípio, agora e sempre. Amém.

Glória ao Pai, como no Cântico evangélico (*Benedictus*) das Laudes, p. 955.

Repete-se a antífona.

Em latim:

—[46]Magníficat *
ánima mea Dóminum,

—[47]et exultávit spíritus meus *
in Deo salvatóre meo,

—[48]quia respéxit humilitátem ancíllae suae. *
Ecce enim ex hoc beátam me dicent omnes generatiónes.

Vésperas

—[49] quia fecit mihi magna, qui potens est, *
et sanctum nomen eius,

—[50] et misericórdia eius in progénie et progénies *
timéntibus eum.

—[51] Fecit poténtiam in bráchio suo, *
dispérsit supérbos mente cordis sui;

—[52] depósuit poténtes de sede *
et exaltávit húmiles;

—[53] esuriéntes implévit bonis *
et dívites dimísit inánes.

—[54] Suscépit Israel púerum suum, *
recordátus misericórdiae suae,

—[55] sicut locútus est ad patres nostros, *
Abraham et sémini eius in saécula.

— Glória Patri et Fílio *
et Spirítui Sancto.

— Sicut erat in princípio, et nunc et semper, *
et in saécula saeculórum. Amen.

PRECES OU INTERCESSÕES

Terminado o cântico, fazem-se as preces ou intercessões.

No Ofício dos domingos e dias de semana, as preces encontram-se no Próprio do Tempo.

Nas solenidades e festas, as preces estão no Próprio ou no Comum.

Nas memórias dos Santos podem-se tomar livremente as preces do Comum ou do dia de semana.

Após as preces, todos rezam o Pai-nosso, que pode ser precedido de breve monição, como se propõe no Apêndice, p. 2020.

Pai nosso que estais nos céus,
santificado seja o vosso nome;
venha a nós o vosso Reino,
seja feita a vossa vontade,
assim na terra como no céu;
o pão nosso de cada dia nos dai hoje;
perdoai-nos as nossas ofensas,

assim como nós perdoamos
a quem nos tem ofendido,
e não nos deixeis cair em tentação,
mas livrai-nos do mal.

Em latim:

Pater noster, qui es in caelis:
sanctificétur nomen tuum;
advéniat regnum tuum;
fiat volúntas tua, sicut in caelo et in terra.
Panem nostrum cotidiánum da nobis hódie;
et dimítte nobis débita nostra,
sicut et nos dimíttimus debitóribus nostris;
et ne nos indúcas in tentatiónem;
sed líbera nos a malio.

ORAÇÃO CONCLUSIVA

Depois do Pai-nosso diz-se imediatamente, sem o convite Oremos, a oração conclusiva. Esta se encontra no Próprio do Tempo, no Próprio ou Comum dos Santos. A conclusão da Oração é descrita acima, no Ofício das Leituras, p. 951.

Se um sacerdote ou diácono preside o Ofício, é ele quem despede o povo, dizendo:

O Senhor esteja convosco.

R. Ele está no meio de nós.

Abençoe-vos Deus todo-poderoso, Pai e Filho e Espírito Santo.

R. Amém.

Pode usar também outra fórmula de bênção, como na Missa (veja Apêndice, p. 2021).

Dada a bênção, acrescenta-se:

Ide em **paz** e o Se**nhor** vos acom**panhe**.

R. **Graças** a **Deus**.

Completas

Do 1º ao 2º Domingo da Páscoa inclusive:

Ide em **paz** e o Se**nhor** vos acompanhe. Ale**lui**a, ale**lui**a.
R. **Gra**ças a **Deus**. Ale**lui**a, ale**lui**a.

Não havendo sacerdote, ou diácono, e na recitação individual, conclui-se assim:

O Se**nhor** nos aben**çoe,** nos **livre** de todo o **mal**
e nos con**du**za à vida e**ter**na.
R. Amém.

Completas

V. Vinde, ó **Deus**, em meu auxílio.
R. Socor**rei**-me sem de**mora.**
　　Glória ao **Pai** e ao **Filho** e ao Es**pírito San**to. *
　　Como **era** no prin**cí**pio, a**gora** e sempre. A**mém**.
　　(T.P. Ale**luia**)

Depois, recomenda-se o exame de consciência, que na celebração comunitária pode ser inserido num Ato penitencial semelhante às fórmulas usadas na Missa (cf. Apêndice, p. 2028).

HINO

Durante a 1ª, 3ª e 5ª Semanas da Quaresma diz-se o hino seguinte:

Agora que o clarão da luz se apaga,
a vós nós imploramos, Criador:
com vossa paternal misericórdia,
guardai-nos sob a luz do vosso amor.

Os nossos corações sonhem convosco:
no sono, possam eles vos sentir.
Cantemos novamente a vossa glória
ao brilho da manhã que vai surgir.

Saúde concedei-nos nesta vida,
as nossas energias renovai;
da noite a pavorosa escuridão
com vossa claridade iluminai.

Ordinário da Liturgia das Horas

Ó Pai, prestai ouvido às nossas preces,
ouvi-nos por Jesus, nosso Senhor,
que reina para sempre em vossa glória,
convosco e o Espírito de Amor.

Durante a 2ª e 4ª Semanas da Quaresma e na Semana Santa:

Ó Cristo, dia e esplendor,
na treva o oculto aclarais.
Sois luz de luz, nós o cremos,
luz aos fiéis anunciais.

Guardai-nos, Deus, nesta noite,
velai do céu nosso sono;
em vós na paz descansemos
em um tranquilo abandono.

Se os olhos pesam de sono,
vele, fiel, nossa mente.
A vossa destra proteja
quem vos amou fielmente.

Defensor nosso, atendei-nos
freai os planos malvados.
No bem guiai vossos servos,
com vosso sangue comprados.

Ó Cristo, Rei piedoso,
a vós e ao Pai toda a glória,
com o Espírito Santo,
eterna honra e vitória.

No Tempo pascal:

Ó Jesus Redentor,
do universo Senhor,
Verbo eterno do Pai,
Luz da Luz invisível,
que dos vossos remidos
vigilante cuidais.

Completas

Vós, artista do mundo
e de todos os tempos
o sinal divisor,
no silêncio da noite
renovai nosso corpo
que lutando cansou.

Afastai o inimigo,
vós, que os fundos abismos
destruís, ó Jesus!
Não consiga o maligno
seduzir os remidos
pelo sangue da Cruz.

Quando o corpo cansado
for de noite embalado
pelo sono e a calma,
de tal modo adormeça
que ao dormir nossa carne
não cochile nossa alma.

Escutai-nos, ó Verbo,
por quem Deus fez o mundo,
e o conduz e mantém.
Com o Pai e o Espírito,
vós reinais sobre os vivos
pelos séculos. Amém.

SALMODIA

Depois das I Vésperas dos domingos e solenidades, dizem-se os salmos 4 e 133(134), p. 1399 e 1400; e depois das II Vésperas, e no Tríduo pascal, o salmo 90(91), p. 1402. Nos dias da oitava da Páscoa, diz-se um ou outro Completório de domingo.

Nos outros dias, os salmos com suas antífonas encontram-se no Saltério. É permitido também substituir o Completório do dia por um ou outro do domingo.

LEITURA BREVE

Depois da salmodia, faz-se a leitura breve, que se encontra também cada dia no lugar correspondente do Saltério.

RESPONSÓRIO BREVE

Segue-se o responsório breve.

Na Quaresma:

R. **Senhor**, em vossas **mãos**, * Eu en**tre**go o meu es**pí**rito.
   R. **Se**nhor.
V. Vós **sois** o Deus fi**el** que sal**vas**tes vosso **po**vo.
   * Eu en**tre**go. Glória ao **Pai**. R. **Se**nhor.

No Tríduo pascal, em lugar do responsório breve, se diz a antífona: Jesus Cristo se humilhou, p. 407. Durante a oitava da Páscoa, em lugar do responsório breve, a antífona: Este é o dia, como no Próprio do Tempo, p. 480.

No Tempo pascal:

R. **Senhor**, em vossas **mãos**, eu en**tre**go o meu es**pí**rito.
   * Ale**lu**ia, ale**lu**ia. R. **Se**nhor.
V. Vós **sois** o Deus fi**el** que sal**vas**tes vosso **po**vo.* Ale**lu**ia.
   Glória ao **Pai**. R. **Se**nhor.

CÂNTICO EVANGÉLICO (NUNC DIMITTIS)   Lc 2,29-32

Segue-se o Cântico de Simeão com sua antífona:

Ant. Sal**vai**-nos, **Se**nhor, quando ve**la**mos,
     guar**dai**-nos tam**bém** quando dor**mi**mos!
     Nossa **men**te vi**gie** com o **Cris**to,
     nosso **cor**po re**pou**se em sua **paz**! (T. P. Ale**lu**ia).

Cristo, luz das nações e glória de seu povo

—[29] Deixai, agora, vosso **ser**vo ir em **paz**, *
   con**for**me prome**tes**tes, ó **Se**nhor.

—[30] Pois meus **o**lhos viram **vos**sa salva**ção** *
   [31] que prepa**ras**tes ante a **fa**ce das na**ções**:

—[32] uma **Luz** que brilha**rá** para os gen**tios** *
   e para a **gló**ria de Israel, o vosso **po**vo.

— Glória ao **Pai** e ao **Fi**lho e ao Espírito **San**to. *
   Como **e**ra no prin**cí**pio, agora e sempre. A**mém**.

Repete-se a antífona.

Completas

Em latim:

—[29]Nunc dimíttis servum tuum, Dómine, *
secúndum verbum tuum in pace,
—[30]quia vidérunt óculi mei *
salutáre tuum,
—[31]quod parásti *
ante fáciem ómnium populórum,
—[32]lumen ad revelatiónem géntium *
et glóriam plebis tuae Israel.
— Glória Patri et Fílio *
et Spirítui Sancto.
— Sicut erat in princípio, et nunc et semper, *
et in saécula saeculórum. Amen.

ORAÇÃO CONCLUSIVA

Em seguida se diz a oração própria para cada dia, como no Saltério, precedida do convite Oremos. No fim responde-se: Amém.

Segue-se a bênção, inclusive quando se reza sozinho:

O Senhor todo-poderoso nos conceda uma noite tranquila e, no fim da vida, uma morte santa.

R. Amém.

Antífonas finais de Nossa Senhora

Por fim, canta-se ou reza-se uma das seguintes antífonas de Nossa Senhora:

Na Quaresma:

Ó Mãe do Redentor, do céu ó porta,
ao povo que caiu, socorre e exorta,
pois busca levantar-se, Virgem pura,
nascendo o Criador da criatura:
tem piedade de nós e ouve, suave,
o anjo te saudando com seu Ave!

Ou:

Ave, Rainha do céu;
ave, dos anjos Senhora;

Ordinário da Liturgia das Horas

ave, raiz, ave, porta;
da luz do mundo és aurora.
Exulta, ó Virgem tão bela,
as outras seguem-te após;
nós te saudamos: adeus!
E pede a Cristo por nós!
Virgem Mãe, ó Maria!

Ou:

Salve, Rainha, Mãe de misericórdia,
vida, doçura, esperança nossa, salve!
A vós bradamos, os degredados filhos de Eva,
a vós suspiramos gemendo e chorando
neste vale de lágrimas!
Eia, pois, Advogada nossa,
esses vossos olhos misericordiosos a nós volvei,
e depois deste desterro mostrai-nos Jesus,
bendito fruto do vosso ventre!
Ó clemente, ó piedosa,
ó doce sempre Virgem Maria.

Ou:

À vossa proteção recorremos, santa Mãe de Deus;
não desprezeis as nossas súplicas em nossas necessidades,
mas livrai-nos sempre de todos os perigos,
ó Virgem gloriosa e bendita.

No Tempo Pascal:

Rainha do céu, alegrai-vos, aleluia,
pois o Senhor que merecestes trazer em vosso seio, aleluia,
ressuscitou, como disse, aleluia;
rogai a Deus por nós, aleluia.

Pode-se usar outro canto de Nossa Senhora aprovado pela Conferência Episcopal (Apêndice de Hinos, p. 2030), ou uma das
antífonas de Nossa Senhora em latim, p. 2052.

SALTÉRIO
DISTRIBUÍDO EM QUATRO SEMANAS

É a seguinte a relação entre o ciclo de quatro semanas e o ano litúrgico:

O 1º domingo da Quaresma começa com a I semana do Saltério. Na Quarta-feira de Cinzas e nos dias seguintes tomam-se os salmos da IV semana do Saltério. Após a oitava da Páscoa, retoma-se a II semana do Saltério, na segunda-feira após o 2º domingo da Páscoa.

O sinal – (travessão) ao pé da página indica o fim de uma estrofe do salmo.

I SEMANA

I DOMINGO

I Vésperas

V. Vinde, ó **Deus**, em meu auxílio.

R. Socor**rei**-me sem de**mo**ra.

Glória ao **Pai** e ao **Fi**lho e ao Es**pí**rito **San**to. *

Como **e**ra no prin**cí**pio, a**go**ra e sempre. A**mém**.

(T.P. Ale**lu**ia).

HINO correspondente ao Tempo.

Salmodia

Antífona 1

1º Dom. da Quaresma:

Acei**tai** o nosso es**pí**rito aba**ti**do

e rece**bei** o nosso ânimo con**tri**to!

Assim **ho**je nossa o**fer**ta vos a**gra**de.

5º Dom. da Quaresma:

Grava**rei** a minha **lei** dentro em **vos**so cora**ção**;

vós se**reis** meu povo e**lei**to, e eu se**rei** o vosso **Deus**!

5º Dom. da Páscoa:

Minha ora**ção** suba a **vós** como in**cen**so,

e minhas **mãos** como o**fer**ta da **tar**de. Ale**lu**ia.

Salmo 140(141),1-9

Oração nas dificuldades da vida

Da mão do anjo, subia até Deus a fumaça do incenso, com as orações dos santos (Ap 8,4).

— ¹ Senhor, eu **cla**mo por **vós**, socor**rei**-me; *

quando eu **gri**to, escutai minha voz!

— ² Minha ora**ção** suba a vós como incenso, *

e minhas **mãos**, como oferta da tarde! —

I Semana

– [3] Ponde uma **guar**da em minha boca, Senhor, *
e vi**gi**as às portas dos lábios!

– [4] Meu cora**ção** não deixeis inclinar-se *
às obras **más** nem às tramas do crime;

– que eu não **se**ja aliado dos ímpios *
nem par**ti**lhe de suas delícias!

= [5] Se o **jus**to me bate, é um favor; †
porém ja**mais** os perfumes dos ímpios *
sejam u**sa**dos na minha cabeça!

– Continua**rei** a orar fielmente, *
enquanto **e**les se entregam ao mal!

= [6] Seus juízes, que tinham ouvido †
as su**a**ves palavras que eu disse, *
do ro**che**do já foram lançados.

= [7] Como a **mó** rebentada por terra, †
os seus **os**sos estão espalhados *
e dis**per**sos à boca do abismo.

– [8] A vós, **Se**nhor, se dirigem meus olhos, *
em vós me a**bri**go: poupai minha vida!

– [9] Senhor, guar**dai**-me do laço que armaram *
e da arma**di**lha dos homens malvados!

– Glória ao **Pai** e ao **Fi**lho e ao Es**pí**rito **San**to. *
Como **e**ra no prin**cí**pio, a**go**ra e sempre. **Amém.**

Para o canto, outra doxologia, como no Ordinário, p. 955.
Habitualmente se diz o versículo Glória ao Pai no fim de todos os
salmos e cânticos, a não ser que se indique o contrário.

1º Dom. da Quaresma: Ant
Aceitai o nosso es**pí**rito abatido
e rece**bei** o nosso **â**nimo con**tri**to!
Assim **ho**je nossa o**fer**ta vos a**gra**de.

5º Dom. da Quaresma: Ant.
Grava**rei** a minha **lei** dentro em **vos**so cora**ção**;
vós se**reis** meu povo e**lei**to, e eu se**rei** o vosso **Deus**!

Domingo – I Vésperas

5º Dom. da Páscoa: Ant.

Minha ora**ção** suba a **vós** como in**cen**so,
e minhas **mãos** como o**fer**ta da **tar**de. Ale**lui**a.

Antífona 2

1º Dom. da Quaresma:

Naquele **dia** invoca**rás**, e o **Se**nhor te ouvi**rá**;
grita**rás**, e o teu **Deus** vai respon**der**-te: Eis-me a**qui**!

5º Dom. da Quaresma:

Todas as **coi**sas conside**ro** como **per**da,
compa**ran**do com a ci**ên**cia mais su**bli**me:
conhe**cer** a Jesus **Cris**to, meu **Se**nhor.

5º Dom. da Páscoa:

Da pri**são** me arran**cas**tes, **Se**nhor,
e, em lou**vor**, bendi**rei** vosso **no**me. Ale**lui**a.

Salmo 141(142)

Vós sois o meu refúgio, Senhor!

Tudo o que este salmo descreve se realizou no Senhor durante a sua Paixão (Sto. Hilário).

– ²Em voz **al**ta ao **Se**nhor eu im**plo**ro, *
em voz **al**ta suplico ao Senhor!

= ³Eu der**ra**mo na sua presen**ça** †
o la**men**to da minha afli**ção**, *
diante **de**le coloco minha dor!

– ⁴Quando em **mim** desfalece a minh'**al**ma, *
conhe**ceis**, ó Senhor, meus ca**mi**nhos!

– Na es**tra**da por onde eu anda**va** *
contra **mim** ocultaram ciladas.

– ⁵Se me **vol**to à direita e procu**ro**, *
não en**con**tro quem cuide de mim,

– e não **te**nho aonde fu**gir**; *
não im**por**ta a ninguém minha vida!

= ⁶ A vós **grito**, Senhor, a vós clamo †
  e vos **digo**: "Sois vós meu abrigo, *
  minha he**rança** na terra dos vivos".
– ⁷ Escu**tai** meu clamor, minha prece, *
  porque **fui** por demais humilhado!
– ⁸ Arran**cai**-me, Senhor, da prisão, *
  e em lou**vor** bendirei vosso nome!
– Muitos **jus**tos virão rodear-me *
  pelo **bem** que fizestes por mim.

1º Dom. da Quaresma: Ant.
Naquele **dia** invoca**rás**, e o S**e**nhor te ouvi**rá**;
grita**rás**, e o teu **Deus** vai respon**der**-te: Eis-me a**qui**!

5º Dom. da Quaresma: Ant.
Todas as **coi**sas consi**de**ro como **per**da,
compa**ran**do com a ciência mais su**bli**me:
conhe**cer** a Jesus **Cristo**, meu S**e**nhor.

5º Dom. da Páscoa: Ant.
Da pri**são** me arran**cas**tes, S**e**nhor,
e, em lou**vor**, bendi**rei** vosso **no**me. Aleluia.

Antífona 3

1º Dom. da Quaresma:
O **Cristo** mor**reu** pelos **nos**sos pecados,
pelos **ím**pios, o **jus**to e ofer**tou**-nos a **Deus**;
foi **mor**to na **car**ne, mas **vive** no Espírito.

5º Dom. da Quaresma:
Embora **fos**se o próprio **Filho**,
apren**deu** a obedi**ên**cia atra**vés** do sofrimento.

5º Dom. da Páscoa:
Embora **fos**se o próprio **Filho**,
apren**deu** a obedi**ên**cia atra**vés** do sofri**men**to
e tor**nou**-se, para a**que**les que o **se**guem,
uma **fon**te de eter**na** salva**ção**. Aleluia.

Domingo – I Vésperas

Cântico
Fl 2,6-11

Cristo, o Servo de Deus

=⁶ Embora **fosse** de divina condi**ção**, †
Cristo Je**sus** não se apegou ciosamente *
a ser i**gual** em natureza a Deus Pai.

(R. Jesus **Cris**to é Se**nhor** para a **gló**ria de Deus **Pai**!)

=⁷ **Porém** esvaziou-se de sua glória †
e assu**miu** a condição de um escravo, *
fa**zen**do-se aos homens semelhante. (R.)

= Reconhe**ci**do exteriormente como homem, †
⁸ humi**lhou**-se, obedecendo até à morte, *
até à **mor**te humilhante numa cruz. (R.)

=⁹ Por isso **Deus** o exaltou sobremaneira †
e deu-lhe o **no**me mais excelso, mais sublime, *
e ele**va**do muito acima de outro nome. (R.)

=¹⁰ Para **que** perante o nome de Jesus †
se **do**bre reverente todo joelho, *
seja nos **céus**, seja na terra ou nos abismos. (R.)

=¹¹ E toda **lín**gua reconheça, confessando, †
para a **gló**ria de Deus Pai e seu louvor: *
"Na ver**da**de Jesus Cristo é o Senhor!" (R.)

1º Dom. da Quaresma: Ant.
O **Cris**to mor**reu** pelos **nos**sos pe**ca**dos,
pelos **ím**pios, o **jus**to e ofer**tou**-nos a **Deus**;
foi **mor**to na **car**ne, mas **vi**ve no Es**pí**rito.

5º Dom. da Quaresma: Ant.
Embora **fos**se o próprio **Fi**lho,
apren**deu** a obedi**ên**cia atra**vés** do sofri**men**to.

5º Dom. da Páscoa: Ant.
Embora **fos**se o próprio **Fi**lho,
apren**deu** a obedi**ên**cia atra**vés** do sofri**men**to

978

e tornou-se, para aqueles que o seguem,
uma fonte de eterna salvação. Aleluia.

A leitura breve, o responsório, a antífona do *Magnificat*, as preces
e a oração como no Próprio do Tempo.
A conclusão da Hora como no Ordinário.

Invitatório

V. **Abri** os meus **lábios**, ó **Se**nhor.
R. E minha **boca** anunciará vosso **lou**vor.

Salmo invitatório, p. 944 com a antífona própria do respectivo
tempo.

Ofício das Leituras

V. Vinde, ó **Deus**, em meu auxílio.
R. Socor**rei**-me sem de**mo**ra.
    Glória ao **Pai** e ao **Fi**lho e ao Es**pí**rito **San**to. *
    Como **e**ra no prin**cí**pio, **ago**ra e sempre. A**mém**.
    (T.P. Ale**lui**a).

Essa introdução se omite quando o Invitatório precede imediatamente ao Ofício das Leituras.

HINO correspondente ao Tempo.

Salmodia

Antífona 1

1º e 5º Dom. da Quaresma:
A **ár**vore da **vi**da, ó **Se**nhor, é a vossa **cruz**.

5º Dom. da Páscoa:
Ale**lui**a, remo**vi**da foi a **pe**dra
da en**tra**da do se**pul**cro. Ale**lui**a.

Salmo 1

Os dois caminhos do homem

*Felizes aqueles que, pondo toda a sua esperança na Cruz,
desceram até a água do batismo* (Autor do séc. II).

Domingo – Ofício das Leituras

– [1] Feliz é todo aquele que não anda *
conforme os conselhos dos perversos;
– que não entra no caminho dos malvados, *
nem junto aos zombadores vai sentar-se;
– [2] mas encontra seu prazer na lei de Deus *
e a medita, dia e noite, sem cessar.

– [3] Eis que ele é semelhante a uma árvore *
que à beira da torrente está plantada;
= ela sempre dá seus frutos a seu tempo, †
e jamais as suas folhas vão murchar. *
Eis que tudo o que ele faz vai prosperar,

= [4] mas bem outra é a sorte dos perversos. †
Ao contrário, são iguais à palha seca *
espalhada e dispersada pelo vento.

– [5] Por isso os ímpios não resistem no juízo *
nem os perversos, na assembleia dos fiéis.
– [6] Pois Deus vigia o caminho dos eleitos, *
mas a estrada dos malvados leva à morte.

1º e 5º Dom. da Quaresma: Ant.
A árvore da vida, ó Senhor, é a vossa cruz.

5º Dom. da Páscoa: Ant.
Aleluia, removida foi a pedra
da entrada do sepulcro. Aleluia.

Antífona 2

1º e 5º Dom. da Quaresma:
Fui eu mesmo que escolhi este meu Rei,
e em Sião, meu monte santo, o consagrei.

5º Dom. da Páscoa:
Aleluia, quem procuras, ó mulher?
Entre os mortos o Vivente? Aleluia.

Salmo 2

O Messias, rei e vencedor

Uniram-se contra Jesus, teu santo servo, a quem ungiste (At 4,27).

— ¹Por que os **po**vos agi**ta**dos se re**vol**tam? *
por que **tra**mam as nações projetos vãos?

= ²Por que os **reis** de toda a terra se reúnem, †
e cons**pi**ram os governos todos juntos *
contra o **Deus** onipotente e o seu Ungido?

— ³"Vamos que**brar** suas correntes", dizem eles,*
"e lan**çar** longe de nós o seu domínio!"

— ⁴Ri-se **de**les o que mora lá nos céus; *
zomba **de**les o Senhor onipotente.

— ⁵Ele, en**tão**, em sua ira os ameaça, *
e em seu fu**ror** os faz tremer, quando lhes diz:

— ⁶"Fui eu **mes**mo que escolhi este meu Rei, *
e em Si**ão**, meu monte santo, o consagrei!"

= ⁷O de**cre**to do Senhor promulgarei, †
foi as**sim** que me falou o Senhor Deus: *
"Tu és meu **Filho**, e eu hoje te gerei!

= ⁸Podes pe**dir**-me, e em resposta eu te darei †
por tua he**ran**ça os povos todos e as nações, *
e há de **ser** a terra inteira o teu domínio.

— ⁹Com cetro **fér**reo haverás de dominá-los,*
e que**brá**-los como um vaso de argila!"

—¹⁰E a**go**ra, poderosos, entendei; *
sobe**ra**nos, aprendei esta lição:

—¹¹Com te**mor** servi a Deus, rendei-lhe glória *
e pres**tai**-lhe homenagem com respeito!

—¹²Se o irri**tais**, perecereis pelo caminho, *
pois de**pres**sa se acende a sua ira!

— Fe**li**zes hão de ser todos aqueles *
que **põem** sua esperança no Senhor!

Domingo – Ofício das Leituras

1º e 5º Dom. da Quaresma: Ant.
Fui eu **mes**mo que esco**lhi** este meu **Rei**,
e em Si**ão**, meu monte **san**to, o consa**grei**.

5º Dom. da Páscoa: Ant.
Ale**lui**a, quem pro**cu**ras, ó mu**lher**?
Entre os **mor**tos o Vi**ven**te? Ale**lui**a.

Antífona 3

1º e 5º Dom. da Quaresma:
Sois **vós** o meu es**cu**do prote**tor**,
a minha **gló**ria que le**van**ta minha cabeça.

5º Dom. da Páscoa:
Ale**lui**a, não **cho**res, Ma**ri**a:
O Se**nhor** ressur**giu**, ale**lui**a.

Salmo 3

O Senhor é o meu protetor

Jesus adormeceu e ergueu-se do sono da morte, porque o Senhor era o seu protetor (S. Irineu).

—2 Quão nume**ro**sos, ó Se**nhor**, os que me a**ta**cam; *
   quanta **gen**te se levanta contra mim!

—3 Muitos **di**zem, comentando a meu respeito: *
   "Ele não **a**cha a salvação junto de Deus!"

—4 Mas sois **vós** o meu escudo protetor, *
   a minha **gló**ria que levanta minha cabeça!

—5 Quando eu cha**mei** em alta voz pelo Senhor, *
   do Monte **san**to ele me ouviu e respondeu.

—6 Eu me **dei**to e adormeço bem tranquilo; *
   acordo em **paz**, pois o Senhor é meu sustento.

—7 Não terei **me**do de milhares que me cerquem *
   e furiosos se levantem contra mim.

= Levan**tai**-vos, ó Senhor, vinde salvar-me †

   8 Vós que fe**ris**tes em seu rosto os que me atacam, *
   e que**bras**tes aos malvados os seus dentes.

982   I Semana

– ⁹Em vós, Se**nhor**, nós encontramos salvação; *
     e re**pou**se a vossa bênção sobre o povo!

1º e 5º Dom. da Quaresma: Ant.
Sois **vós** o meu es**cu**do prote**tor**,
a minha **gló**ria que le**van**ta minha cabeça.

5º Dom. da Páscoa: Ant.
Ale**lu**ia, não **cho**res, Maria:
O Se**nhor** ressur**giu**, ale**lu**ia.

O versículo, as leituras e a oração como no Próprio do Tempo.

Laudes

V. Vinde, ó **Deus**, em meu auxílio.
R. Socor**rei**-me sem de**mo**ra.
    Glória ao **Pai** e ao **Fi**lho e ao Es**pí**rito **San**to.
    Como **e**ra no prin**cí**pio, a**go**ra e sempre. A**mém**.
    (T.P. Ale**lu**ia).

Essa introdução se omite quando o invitatório precede imediatamente às Laudes.

HINO próprio do Tempo.

Salmodia

Antífona 1

1º Dom. da Quaresma:
Quero, as**sim**, vos lou**var** pela **vi**da
e ele**var** para **vós** minhas **mãos**.

5º Dom. da Quaresma:
Para **mim**, ó meu **Deus**, fostes **sem**pre um so**cor**ro.

5º Dom. da Páscoa:
Quem tem **se**de rece**be**rá graciosa**men**te a água da **vi**da.
Ale**lu**ia.

Salmo 62(63),2-9

Sede de Deus

Vigia diante de Deus, quem rejeita as obras das trevas.

Domingo – Laudes

– [2] Sois **vós**, ó Se**nhor**, o meu **Deus**! *
Desde a au**ro**ra ansioso vos busco!

= A minh'al**ma** tem sede de vós, †
minha **car**ne também vos deseja, *
como **ter**ra sedenta e sem água!

– [3] Venho, as**sim**, contemplar-vos no templo, *
para **ver** vossa glória e poder.

– [4] Vosso a**mor** vale mais do que a vida: *
e por **is**so meus lábios vos louvam.

– [5] Quero, **pois**, vos louvar pela vida *
e ele**var** para **vós** minhas mãos!

– [6] A minh'al**ma** será saciada, *
como em **gran**de banquete de festa;

– cantará a alegria em meus lábios, *
ao can**tar** para vós meu louvor!

– [7] Penso em **vós** no meu leito, de noite, *
nas vi**gí**lias suspiro por vós!

– [8] Para **mim** fostes sempre um socorro; *
de vossas **a**sas à sombra eu exulto!

– [9] Minha **al**ma se agarra em vós; *
com po**der** vossa mão me sustenta.

1º Dom. da Quaresma: Ant.
Quero, as**sim**, vos lou**var** pela **vi**da
e ele**var** para **vós** minhas **mãos**.

5º Dom. da Quaresma: Ant.
Para **mim**, ó meu **Deus**, fostes **sem**pre um so**cor**ro.

5º Dom. da Páscoa: Ant.
Quem tem **se**de recebe**rá** graciosa**men**te a água da **vi**da.
Ale**lu**ia.

Antífona 2

1º Dom. da Quaresma:
Can**tai** ao nosso **Deus**, bendi**zei**-o eterna**men**te!
Lou**vai**-o e exal**tai**-o pelos **sé**culos sem **fim**!

984

5º Dom. da Quaresma:
Reno**vai** vossos pro**dí**gios e sal**vai**-nos!
Liber**tai**-nos do po**der** da morte e**ter**na!

5º Dom. da Páscoa:
Ado**rai** o Se**nhor**, que **fez** céu e **ter**ra,
as **fon**tes das **á**guas e o **mar**, ale**lui**a.

Cântico   Dn 3,57-88.56

Louvor das criaturas ao Senhor

Louvai o nosso Deus, todos os seus servos (Ap 19,5)

– [57]**O**bras do Senhor, bendi**zei** o Senhor, *
  lou**vai**-o e exal**tai**-o pelos **sé**culos sem fim!
– [58]**Céus** do Senhor, bendi**zei** o Senhor! *
  [59]**An**jos do Senhor, bendi**zei** o Senhor!

– (R. Lou**vai**-o e exal**tai**-o pelos **sé**culos sem **fim**!)
Ou
(R. A Ele **gló**ria e lou**vor** eterna**men**te!)

– [60]**Á**guas do alto céu, bendi**zei** o Senhor! *
  [61]**Po**tências do Senhor, bendi**zei** o Senhor!
– [62]**Lua** e sol, bendi**zei** o Senhor! *
  [63]**As**tros e estrelas, bendi**zei** o Senhor!   (R.)
– [64]**Chu**vas e orvalhos, bendi**zei** o Senhor! *
  [65]**Bri**sas e ventos, bendi**zei** o Senhor!
– [66]**Fo**go e calor, bendi**zei** o Senhor! *
  [67]**Frio** e ardor, bendi**zei** o Senhor!   (R.)
– [68]**Or**valhos e garoas, bendi**zei** o Senhor! *
  [69]**Gea**da e frio, bendi**zei** o Senhor!
– [70]**Ge**los e neves, bendi**zei** o Senhor! *
  [71]**Noi**tes e dias, bendi**zei** o Senhor!   (R.)
– [72]**Lu**zes e trevas, bendi**zei** o Senhor! *
  [73]**Rai**os e nuvens, bendi**zei** o Senhor!

Domingo – Laudes

—74 **Ilhas** e terra, bendi**zei** o Senhor! *
Lou**vai**-o e exaltai-o pelos **séculos** sem fim! (R.)

—75 **Mon**tes e colinas, bendi**zei** o Senhor! *
76 **Plan**tas da terra, bendi**zei** o Senhor!

—77 **Mares** e rios, bendi**zei** o Senhor! *
78 **Fon**tes e nascentes, bendi**zei** o Senhor! (R.)

—79 **Bal**eias e peixes, bendi**zei** o Senhor! *
80 **Pás**saros do céu, bendi**zei** o Senhor!

—81 **Feras** e rebanhos, bendi**zei** o Senhor! *
82 **Filhos** dos homens, bendi**zei** o Senhor! (R.)

—83 **Filhos** de Israel, bendi**zei** o Senhor! *
Lou**vai**-o e exaltai-o pelos **séculos** sem fim!

—84 **Sacerdo**tes do Senhor, bendi**zei** o Senhor! *
85 **Ser**vos do Senhor, bendi**zei** o Senhor! (R.)

—86 **Almas** dos justos, bendi**zei** o Senhor! *
87 **San**tos e humildes, bendi**zei** o Senhor!

—88 **Jo**vens Misael, Ananias e Azarias, *
Lou**vai**-o e exaltai-o pelos **séculos** sem fim! (R.)

— Ao **Pai** e ao Filho e ao Es**pí**rito Santo *
lou**ve**mos e exaltemos pelos **séculos** sem fim!

—56 **Bendi**to sois, Senhor, no firma**men**to dos céus! *
Sois **digno** de louvor e de **glória** eternamente! (R.)

No fim deste cântico não se diz Glória ao Pai.

1º Dom. da Quaresma: Ant.
Cantai ao nosso **Deus**, bendi**zei**-o eterna**men**te!
Lou**vai**-o e exal**tai**-o pelos **séculos** sem **fim**!

5º Dom. da Quaresma: Ant.
Reno**vai** vossos pro**dí**gios e sal**vai**-nos!
Liber**tai**-nos do po**der** da morte e**ter**na!

5º Dom. da Páscoa: Ant.
Ado**rai** o Se**nhor**, que **fez** céu e **ter**ra,
as **fon**tes das **águas** e o **mar**, ale**lui**a.

Antífona 3

1º Dom. da Quaresma:
De **fa**to, o Se**nhor** ama o seu **po**vo
e co**ro**a com vit**ó**ria os seus hum**il**des.

5º Dom. da Quaresma:
A **ho**ra já che**gou**:
Jesus, o Filho do **Ho**mem, se**rá** glorifi**ca**do.

5º Dom. da Páscoa:
Exultem os fi**éis** por sua **gló**ria, ale**lui**a.

Salmo 149

A alegria e o louvor dos santos

*Os filhos da Igreja, novo povo de Deus, se alegrem no seu
Rei, Cristo Jesus (Hesíquio).*

— ¹**Can**tai ao Senhor **Deus** um canto **no**vo, *
  e o seu louv**or** na assembleia dos fiéis!

— ²**Ale**gre-se Israel em Quem o fez, *
  e Si**ão** se rejubile no seu Rei!

— ³Com **dan**ças glorifiquem o seu nome, *
  toquem **har**pa e tambor em sua honra!

— ⁴**Por**que, de **fa**to, o Senhor ama seu povo *
  e co**ro**a com vitória os seus humildes.

— ⁵**Exul**tem os fiéis por sua glória, *
  e can**tan**do se levantem de seus leitos,

— ⁶com louv**o**res do Senhor em sua boca *
  e es**pa**das de dois gumes em sua mão,

— ⁷**pa**ra exer**cer** sua vingança entre as nações *
  e infli**gir** o seu castigo entre os povos,

— ⁸colo**can**do nas algemas os seus reis, *
  e seus **no**bres entre ferros e correntes,

— ⁹**pa**ra apli**car**-lhes a sentença já escrita: *
  Eis a **gló**ria para todos os seus santos.

Domingo – Hora Média

1º Dom. da Quaresma: Ant.
De **fato**, o Se**nhor** ama o seu **po**vo
e co**ro**a com vit**ó**ria os seus hum**il**des.

5º Dom. da Quaresma: Ant.
A **ho**ra já che**gou**:
Je**sus**, o Filho do **Ho**mem, se**rá** glorifi**ca**do.

5º Dom. da Páscoa: Ant.
E**xul**tem os fi**éis** por sua **gló**ria, ale**lui**a.

A leitura breve, o responsório, a antífona do *Benedictus*, as preces
e a oração como no Próprio do Tempo.

A conclusão da Hora como no Ordinário.

Hora Média

V. Vinde, ó **Deus**, em meu au**xí**lio.
R. Socor**rei**-me sem de**mo**ra.
  Glória ao **Pai** e ao **Fi**lho e ao Es**pí**rito **San**to.
  Como **e**ra no prin**cí**pio, a**go**ra e sempre. A**mém**.
  (T.P. Ale**lui**a).

HINO correspondente ao Tempo.

Salmodia

Na Quaresma: Antífona como no Próprio do Tempo.

No Tempo pascal: Ant. Ale**lui**a, ale**lui**a, ale**lui**a.

Salmo 117(118)

Canto de alegria e salvação

*Ele é a pedra, que vós, os construtores, desprezastes, e que
se tornou a pedra angular* (At 4,11).

I

– ¹ Dai **gra**ças ao Se**nhor**, porque ele é **bom**! *
  "E**ter**na é a sua mise**ri**córdia!"
– ² A **ca**sa de Israel agora o diga: *
  "E**ter**na é a sua mise**ri**córdia!"

– [3]A casa de Aarão agora o diga: *
"Eterna é a sua misericórdia!"
– [4]Os que temem o Senhor agora o digam: *
"Eterna é a sua misericórdia!"

– [5]Na minha angústia eu clamei pelo Senhor, *
e o Senhor me atendeu e libertou!
– [6]O Senhor está comigo, nada temo; *
o que pode contra mim um ser humano?
– [7]O Senhor está comigo, é o meu auxílio, *
hei de ver meus inimigos humilhados.

– [8]É melhor buscar refúgio no Senhor *
do que pôr no ser humano a esperança;
– [9]é melhor buscar refúgio no Senhor *
do que contar com os poderosos deste mundo!"

II

– [10]Povos pagãos me rodearam todos eles, *
mas em nome do Senhor os derrotei;
– [11]de todo lado todos eles me cercaram, *
mas em nome do Senhor os derrotei;
= [12]como um enxame de abelhas me atacaram, †
como um fogo de espinhos me queimaram, *
mas em nome do Senhor os derrotei.

– [13]Empurraram-me, tentando derrubar-me, *
mas veio o Senhor em meu socorro.
– [14]O Senhor é minha força e o meu canto, *
e tornou-se para mim o Salvador.

– [15]"Clamores de alegria e de vitória *
ressoem pelas tendas dos fiéis.
= [16]A mão direita do Senhor fez maravilhas, †
a mão direita do Senhor me levantou, *
a mão direita do Senhor fez maravilhas!" –

Domingo – Hora Média

—[17]Não morrerei, mas, ao contrário, viverei *
para cantar as grandes obras do Senhor!
—[18]O Senhor severamente me provou, *
mas não me abandonou às mãos da morte.

III

—[19]Abri-me vós, abri-me as portas da justiça; *
quero entrar para dar graças ao Senhor!
—[20]"Sim, esta é a porta do Senhor, *
por ela só os justos entrarão!"
—[21]Dou-vos graças, ó Senhor, porque me ouvistes *
e vos tornastes para mim o Salvador!

—[22]"A pedra que os pedreiros rejeitaram *
tornou-se agora a pedra angular.
—[23]Pelo Senhor é que foi feito tudo isso: *
Que maravilhas ele fez a nossos olhos!
—[24]Este é o dia que o Senhor fez para nós, *
alegremo-nos e nele exultemos!

—[25]Ó Senhor, dai-nos a vossa salvação, *
ó Senhor, dai-nos também prosperidade!"
—[26]Bendito seja, em nome do Senhor, *
aquele que em seus átrios vai entrando!
— Desta casa do Senhor vos bendizemos. *
[27]Que o Senhor e nosso Deus nos ilumine!

— Empunhai ramos nas mãos, formai cortejo, *
aproximai-vos do altar, até bem perto!
—[28]Vós sois meu Deus, eu vos bendigo e agradeço! *
Vós sois meu Deus, eu vos exalto com louvores!
—[29]Dai graças ao Senhor, porque ele é bom! *
"Eterna é a sua misericórdia!"

No Tempo pascal: Ant. Aleluia, aleluia, aleluia.

Para as outras Horas, Salmodia complementar, p. 1421.
A leitura breve, o versículo e a oração como nó Próprio do Tempo.
A conclusão da Hora como no Ordinário.

990   I Semana

II Vésperas

V. Vinde, ó **Deus**, em meu auxílio.

R. Socor**rei**-me sem de**mora**.

Glória ao **Pai** e ao **Filho** e ao Es**pírito Santo**. *
Como **e**ra no prin**cí**pio, a**go**ra e sempre. A**mém**.
(T.P. Ale**luia**).

HINO próprio do Tempo.

Salmodia

Antífona 1

1º Dom. da Quaresma:
Adora**rás** somente a **Deus**, e só a **e**le servi**rás**.

5º Dom. da Quaresma:
Como a ser**pen**te no de**ser**to,
o Filho do **H**omem há de **ser** levan**ta**do numa **cruz**.

5º Dom. da Páscoa:
O Se**nhor** ressusci**tou** cheio de **gló**ria
e assen**tou**-se à di**rei**ta de Deus **Pai**. Ale**luia**.

Salmo 109(110),1-5.7

O Messias, Rei e Sacerdote

*É preciso que ele reine, até que todos os seus inimigos
estejam debaixo de seus pés* (1Cor 15,25).

— ¹**P**alavra do Se**nhor** ao meu Se**nhor**: *
"As**sen**ta-te ao lado meu direito,

— a**té** que eu ponha os inimigos teus *
como esca**be**lo por debaixo de teus pés!"

= ²O Se**nhor** estenderá desde Sião †
vosso **ce**tro de poder, pois ele diz: *
"Do**mi**na com vigor teus inimigos;

= ³Tu és **prín**cipe desde o dia em que nasceste; †
na **gló**ria e esplendor da santidade, *
como o or**va**lho, antes da aurora, eu te gerei!" —

Domingo – II Vésperas

= ⁴Jurou o Senhor e manterá sua palavra: †
"Tu és sacerdote eternamente, *
segundo a ordem do rei Melquisedec!"
– ⁵À vossa destra está o Senhor, ele vos diz: *
"No dia da ira esmagarás os reis da terra!
– ⁷Beberás água corrente no caminho, *
por isso seguirás de fronte erguida!"

1º Dom. da Quaresma: Ant.
Adorarás somente a **Deus**, e só a ele servirás.

5º Dom. da Quaresma: Ant.
Como a serpente no deserto,
o Filho do Homem há de ser levantado numa cruz.

5º Dom. da Páscoa: Ant.
O Senhor ressuscitou cheio de glória
e assentou-se à direita de Deus Pai. Aleluia.

Antífona 2

1º Dom. da Quaresma:
Eis o tempo de conversão, eis o dia da salvação!

5º Dom. da Quaresma:
Senhor Deus do universo, protegeis e libertais,
acompanhais e enfim salvais.

5º Dom. da Páscoa:
Do império das trevas arrancou-nos
e transportou-nos para o Reino de seu Filho. Aleluia.

Salmo 113A(114)
Israel liberta-se do Egito

*Sabei que também vós, que renunciastes a este mundo,
saístes do Egito* (Sto. Agostinho).

– ¹Quando o povo de Israel saiu do Egito, *
e os filhos de Jacó, de um povo estranho,

– ²Judá tornou-se o templo do Senhor, *
  e Israel se transformou em seu domínio.
– ³O mar, à vista disso, pôs-se em fuga, *
  e as águas do Jordão retrocederam;
– ⁴as montanhas deram pulos como ovelhas, *
  e as colinas, parecendo cordeirinhos.
– ⁵Ó mar, o que tens tu, para fugir? *
  E tu, Jordão, por que recuas desse modo?
– ⁶Por que dais pulos como ovelhas, ó montanhas? *
  E vós, colinas, parecendo cordeirinhos?
– ⁷Treme, ó terra, ante a face do Senhor, *
  ante a face do Senhor Deus de Jacó!
– ⁸O rochedo ele mudou em grande lago, *
  e da pedra fez brotar águas correntes!

1º Dom. da Quaresma: Ant.
Eis o tempo de conversão, eis o dia da salvação!

5º Dom. da Quaresma: Ant.
Senhor Deus do universo, protegeis e libertais,
acompanhais e enfim salvais.

5º Dom. da Páscoa: Ant.
Do império das trevas arrancou-nos
e transportou-nos para o Reino de seu Filho. Aleluia.

Antífona 3

1º Dom. da Quaresma:
Subiremos até Jerusalém,
e no Filho do Homem vão cumprir-se
as palavras que os profetas predisseram.

5º Dom. da Quaresma:
Foi ferido por nossos pecados,
esmagado por nossas maldades;
por suas chagas nós fomos curados.

Domingo – II Vésperas

Cântico — 1Pd 2,21-24

A paixão voluntária de Cristo, Servo de Deus

=²¹O **Cris**to por **nós** pade**ceu**, †
deive**xou**-nos o exemplo a seguir. *
Siga**mos**, portanto, seus passos!
—²²Pe**cado** nenhum cometeu, *
nem **hou**ve engano em seus lábios.

(R. Por suas **cha**gas nós **fo**mos cura**dos**.)

=²³Insul**tado**, ele não insultava; †
ao so**frer** e ao ser maltratado, *
ele **não** ameaçava vingança;
— entre**gava**, porém, sua causa *.
Àque**le** que é justo juiz. (R.)

—²⁴Carre**gou** sobre si nossas culpas *
em seu **cor**po, no lenho da cruz,
= para que, **mor**tos aos nossos pecados, †
na jus**ti**ça de Deus nós vivamos. *
Por suas **cha**gas nós fomos curados. (R.)

1º Dom. da Quaresma: Ant.
Subi**remos** a**té** Jerusa**lém**,
e no **Fi**lho do **Ho**mem vão cum**prir**-se
as pala**vras** que os pro**fe**tas predis**seram**.

5º Dom. da Quaresma: Ant.
Foi fe**rido** por **nos**sos pe**cados**,
esma**gado** por **nos**sas mal**da**des;
por suas **cha**gas nós **fo**mos cu**ra**dos.

5º Dom. da Páscoa:
Ale**luia**, o Se**nhor** tomou **pos**se de seu **Reino**:
exul**te**mos de ale**gria**, demos **gló**ria ao nosso **Deus**. Ale**luia**.

No cântico seguinte dizem-se os Aleluias entre parênteses somente quando se canta; na recitação, basta dizer o Aleluia no começo
e no fim das estrofes.

994   I Semana

Cântico   cf. Ap 19,1-2.5-7

As núpcias do Cordeiro

= Aleluia, (Aleluia!).
  ¹ Ao nosso **Deus** a salva**ção**, *
  honra, **glória** e poder! (Aleluia!).
– ² Pois são ver**da**de e justiça *
  os juízos do Senhor.
R. Ale**lui**a, (Aleluia!).

= Aleluia, (Aleluia!).
  ⁵ Celebrai o nosso Deus, *
  servi**do**res do Senhor! (Aleluia!).
– E vós **to**dos que o temeis, *
  vós os **gran**des e os pequenos!
R. Ale**lui**a, (Aleluia!).

= Aleluia, (Aleluia!).
  ⁶ De seu **Rei**no tomou posse *
  nosso **Deus** onipotente! (Aleluia!).
– ⁷ Exul**te**mos de alegria, *
  demos **glória** ao nosso Deus!
R. Ale**lui**a, (Aleluia!).

= Aleluia, (Aleluia!).
  Eis que as **núp**cias do Cordeiro *
  redi**vi**vo se aproximam! (Aleluia!).
– Sua Es**po**sa se enfeitou, *
  se ves**tiu** de linho puro.
R. Ale**lui**a, (Aleluia!).

5º Dom. da Páscoa: Ant.
Aleluia, o Se**nhor** tomou **pos**se de seu **Rei**no:
exul**te**mos de ale**gri**a, demos **gló**ria ao nosso **Deus**. Ale**lui**a.

A leitura breve, o responsório, a antífona do *Magníficat*, as preces
e a oração como no Próprio do Tempo.
A conclusão da Hora como no Ordinário.

I SEGUNDA-FEIRA

Invitatório

V. **Abri** os meus **lábios**, ó Se**nhor**.
R. E minha **boca** anunciará vosso lou**vor**.

Salmo invitatório, p. 944 com a antífona correspondente ao Ofício.

Ofício das Leituras

V. Vinde, ó **Deus**. Glória ao **Pai**. Como era.
   (T.P. Ale**luia**)

Essa introdução se omite quando o Invitatório precede imediatamente ao Ofício das Leituras.

HINO correspondente ao Ofício.

Salmodia

Ant. 1 Por **vos**sa bonda**de**, sal**vai**-me, Se**nhor**!
   (T.P. Aleluia).

Salmo 6

O homem aflito pede clemência ao Senhor

Agora sinto-me angustiado... Pai, livra-me desta hora (Jo 12,27).

— 2Repreen**dei**-me, Se**nhor**, mas sem ira; *
   corri**gi**-me, mas não com furor!
= 3Pie**da**de de mim: estou enfermo †
   e cu**rai** o meu corpo doente! *
   4Minha **al**ma está muito abatida!

= Até **quan**do, Senhor, até quando ... ? †
   5Oh! vol**tai**-vos a mim e poupai-me,*
   e sal**vai**-me por vossa bondade!
— 6Porque, **mor**to, ninguém vos recorda; *
   pode al**guém** vos louvar no sepulcro? _

I Semana

=⁷ Esgotei-me de tanto gemer, †
banho o leito em meu pranto de noite, *
minha cama inundei com as lágrimas!

−⁸ Tenho os olhos turvados de mágoa, *
fiquei velho de tanto sofrer!

−⁹ Afastai-vos de mim, malfeitores,*
porque Deus escutou meus soluços!

−¹⁰ O Senhor escutou meus pedidos; *
o Senhor acolheu minha prece!

−¹¹ Apavorem-se os meus inimigos; *
com vergonha, se afastem depressa!

Ant. Por vossa bondade, salvai-me, Senhor! (T.P. Aleluia).

Ant. 2 O Senhor é o refúgio do oprimido,
seu abrigo nos momentos de aflição. (T.P. Aleluia).

Salmo 9A(9)
Ação de graças pela vitória

*De novo há de vir em sua glória para julgar os vivos e os
mortos.*

I

−² Senhor, de coração vos darei graças,*
as vossas maravilhas cantarei!

−³ Em vós exultarei de alegria, *
cantarei ao vosso nome, Deus Altíssimo!

−⁴ Voltaram para trás meus inimigos, *
perante a vossa face pereceram;

−⁵ defendestes meu direito e minha causa, *
juiz justo assentado em vosso trono.

−⁶ Repreendestes as nações, e os maus perdestes, *
apagastes o seu nome para sempre.

Segunda-feira – Ofício das Leituras

= ⁷O inimigo se arruinou eternamente, †
suas cidades foram todas destruídas, *
e até sua lembrança exterminastes.

— ⁸Mas Deus sentou-se para sempre no seu trono, *
preparou o tribunal do julgamento;

— ⁹julgará o mundo inteiro com justiça, *
e as nações há de julgar com equidade.

—¹⁰O Senhor é o refúgio do oprimido, *
seu abrigo nos momentos de aflição.

—¹¹Quem conhece o vosso nome, em vós espera, *
porque nunca abandonais quem vos procura.

Ant. O Senhor é o refúgio do oprimido,
seu abrigo nos momentos de aflição. (T.P. Aleluia).

Ant. 3 Anunciarei vossos louvores junto às portas de Sião
(T.P. Aleluia).

II

—¹²Cantai hinos ao Senhor Deus de Sião, *
celebrai seus grandes feitos entre os povos!

—¹³Pois não esquece o clamor dos infelizes, *
deles se lembra e pede conta do seu sangue.

=¹⁴Tende pena e compaixão de mim, Senhor! †
Vede o mal que os inimigos me fizeram! *
E das portas dos abismos retirai-me,

=¹⁵para que eu possa anunciar vossos louvores †
junto às portas da cidade de Sião, *
e exultar por vosso auxílio e salvação!

—¹⁶Os maus caíram no buraco que cavaram, *
nos próprios laços foram presos os seus pés.

—¹⁷O Senhor manifestou seu julgamento: *
ficou preso o pecador em seu pecado.

—¹⁸Que tombem no abismo os pecadores *
e toda gente que se esquece do Senhor!

998   I Semana

—19 Mas o **po**bre não será sempre esquecido,*
    nem é **vã** a esperança dos humildes.

—20 Senhor, er**guei**-vos, não se ufanem esses homens! *
    Perante **vós** sejam julgados os soberbos!

—21 Lançai, Se**n**hor, em cima deles o terror,*
    e saibam **to**dos que não passam de mortais!

Ant. Anuncia**rei** vossos lou**vo**res junto às **po**rtas de Si**ão**
    (T.P. Ale**lui**a).

O versículo, as leituras e a oração correspondentes ao Ofício
celebrado.

Laudes

V. Vinde, ó **Deus**. Glória ao **Pai**. Como era (T.P. Ale**lui**a).

Essa introdução se omite quando o Invitatório precede imediatamente às Laudes.

HINO correspondente ao Ofício.

Salmodia

Antífona 1

Na Quaresma:

Eu di**ri**jo a minha **pre**ce a vós, Se**n**hor,
e de man**hã** já me escu**tai**s.

No Tempo pascal:

Sob a **vos**sa prote**ção** se regozijem
os que **a**mam vosso **no**me, ale**lui**a.

Salmo 5,2-10.12-13
Oração da manhã para pedir ajuda

*Aqueles que acolherem interiormente a Palavra de Cristo
nele exultarão eternamente*

— 2 Escu**tai**, ó Senhor **Deus**, minhas pa**la**vras, *
    aten**dei** o meu gemido!

— 3 Ficai a**ten**to ao clamor da minha prece, *
    ó meu **Rei** e meu Senhor! —

Segunda-feira – Laudes

— ⁴É a **vós** que eu dirijo a minha prece; *
de ma**nhã** já me escutais!
— Desde **ce**do eu me preparo para vós, *
e perma**ne**ço à vossa espera.
— ⁵Não sois um **Deus** a quem agrade a iniquidade, *
não pode o **mau** morar convosco;
— ⁶nem os **ím**pios poderão permanecer *
pe**ran**te os vossos olhos.
— ⁷Detes**tais** o que pratica a iniquidade *
e destru**ís** o mentiroso.
— Ó Se**nhor**, abominais o sanguinário, *
o per**ver**so e enganador.
— ⁸Eu, po**rém**, por vossa graça generosa, *
posso en**trar** em vossa casa.
— E, vol**ta**do reverente ao vosso templo, *
com res**pei**to vos adoro.
— ⁹Que me **pos**sa conduzir vossa justiça, *
por **cau**sa do inimigo!
— À minha **fren**te aplainai vosso caminho, *
e gui**ai** meu caminhar!
—¹⁰Não há, nos **lá**bios do inimigo, lealdade: *
seu cora**ção** trama ciladas;
— sua gar**gan**ta é um sepulcro escancarado *
e sua **lín**gua é lisonjeira.
—¹²Mas e**xul**te de alegria todo aquele *
que em **vós** se refugia;
— sob a **vos**sa proteção se regozijem, *
os que **a**mam vosso nome!
—¹³Porque ao **jus**to abençoais com vosso amor, *
e o prote**geis** como um escudo!

1000   I Semana

Na Quaresma: Ant.

Eu dirijo a minha **prec**e a vós, Se**nhor**,
e de ma**nhã** já me escu**tais**.

No Tempo pascal: Ant.

Sob a **vo**ssa prote**ção** se regozijem
os que **a**mam vosso **no**me. Ale**lu**ia.

Antífona 2

Na Quaresma:

Nós que**r**emos vos lou**var**, ó nosso **Deus**,
e cele**brar** o vosso **no**me glorioso.

No Tempo pascal:

A vós, Se**nhor**, per**ten**ce a realeza,
pois sobre a **terra** como **Rei**, vos ele**vais**. Ale**lu**ia.

Cântico   1Cr 29,10-13

Honra e glória, só a Deus

Bendito seja o Deus e Pai de Nosso Senhor Jesus Cristo (Ef 1,3).

=¹⁰ Ben**di**to sejais **vós**, ó Senhor **Deus**, †
Senhor **Deus** de Israel, o nosso Pai, *
desde **sem**pre e por toda a eternidade!

=¹¹ A vós per**ten**cem a grandeza e o poder, †
toda a **gló**ria, esplendor e majestade, *
pois tudo é **vo**sso: o que há no céu e sobre a terra!

= A vós, Se**nhor**, também pertence a realeza, †
pois sobre a **terra**, como rei, vos elevais! *
¹² Toda **gló**ria e riqueza vêm de vós!

= Sois o Se**nhor** e dominais o universo, †
em vossa **mão** se encontra a força e o poder, *
em vossa **mão** tudo se afirma e tudo cresce! _

Segunda-feira – Laudes

=[13] Agora, **pois**, ó nosso Deus, eis-nos aqui! †
e, agrade**cidos**, nós queremos vos louvar *
e cele**brar** o vosso nome glorioso!

Na Quaresma: Ant.
Nós que**remos** vos lou**var**, ó nosso **Deus**,
e cele**brar** o vosso **nome** glorioso.

No Tempo pascal: Ant.
A vós, Se**nhor**, perten**ce** a real**eza**,
pois sobre a **terra** como **Rei**, vos elevais. Aleluia.

Antífona 3

Na Quaresma:
Ado**rai** o Se**nhor** no seu **tem**plo sa**gra**do.

No Tempo pascal:
O Se**nhor** reina**rá** para **sem**pre, ale**lui**a.

Salmo 28(29)

A voz poderosa de Deus

Do céu veio uma voz que dizia:
"Este é o meu Filho amado, no qual eu pus o meu agrado"
(Mt 3,17).

– [1] **Filhos** de **Deus**, tribu**tai** ao Se**nhor**, *
tribu**tai**-lhe a glória e o poder!
– [2] Dai-lhe a gló**ria** devida ao seu nome; *
ado**rai**-o com santo ornamento!
– [3] Eis a **voz** do Senhor sobre as águas, *
sua **voz** sobre as águas imensas!
=[4] Eis a **voz** do Senhor com poder! †
Eis a **voz** do Senhor majestosa, *
sua **voz** no trovão reboando!
– [5] Eis que a **voz** do Senhor quebra os cedros, *
o Se**nhor** quebra os cedros do Líbano.

1002   I Semana

– ⁶Faz o **Líbano** saltar qual novilho, *
  e o Sari**on** como um touro selvagem!

= ⁷Eis que a **voz** do Senhor lança raios, †
  ⁸voz de **Deus** faz tremer o deserto, *
  faz tre**mer** o deserto de Cades.

= ⁹Voz de **Deus** que contorce os carvalhos, †
  voz de **Deus** que devasta as florestas! *
  No seu **tem**plo os fiéis bradam: "Glória!"

– ¹⁰É o Se**nhor** que domina os dilúvios, *
  o Se**nhor** reinará para sempre.

– ¹¹Que o Se**nhor** fortaleça o seu povo, *
  e aben**ço**e com paz o seu povo!

Na Quaresma: Ant.
Ado**rai** o Se**nhor** no seu **tem**plo sagra**do**.

No Tempo pascal: Ant.
O Se**nhor** reina**rá** para **sem**pre, ale**lu**ia.

A leitura breve, o responsório, a antífona do Benedictus, *as preces
e a oração correspondentes ao Ofício celebrado.*

A conclusão da Hora como no Ordinário.

Hora Média

V̶. Vinde, ó **Deus**. Glória ao **Pai**. Como era. (T.P. Aleluia).

HINO correspondente ao Ofício.

Salmodia
Na Quaresma: Antífona como no Próprio do Tempo.

No Tempo pascal: Ant. Ale**lu**ia, ale**lu**ia, ale**lu**ia.

Salmo 18B(19B)
Hino a Deus, Senhor da lei

Sede perfeitos como o vosso Pai celeste é perfeito (Mt 5,48).

– ⁸A lei do Senhor **Deus** é perfeita, *
  confor**to** para a **al**ma!

Segunda-feira – Hora Média

- O testemunho do Senhor é fiel, *
  sabedoria dos humildes.
- ⁹Os preceitos do Senhor são precisos, *
  alegria ao coração.
- O mandamento do Senhor é brilhante, *
  para os olhos é uma luz.
- ¹⁰É puro o temor do Senhor, *
  imutável para sempre.
- Os julgamentos do Senhor são corretos *
  e justos igualmente.
- ¹¹Mais desejáveis do que o ouro são eles, *
  do que o ouro refinado.
- Suas palavras são mais doces que o mel, *
  que o mel que sai dos favos.
- ¹²E vosso servo, instruído por elas, *
  se empenha em guardá-las.
- ¹³Mas quem pode perceber suas faltas? *
  Perdoai as que não vejo!
- ¹⁴E preservai o vosso servo do orgulho: *
  não domine sobre mim!
- E assim puro, eu serei preservado *
  dos delitos mais perversos.
- ¹⁵Que vos agrade o cantar dos meus lábios *
  e a voz da minha alma;
- que ela chegue até vós, ó Senhor, *
  meu Rochedo e Redentor!

Salmo 7

Oração do justo caluniado

Eis que o Juiz está às portas (Tg 5,9).

I

- ²Senhor, meu **Deus**, em vós procuro o meu refúgio: *
  vinde salvar-me do inimigo, libertai-me!

1004   I Semana

= ³Não aconteça que agarrem minha vida †
    como um le**ão** que despedaça a sua presa, *
    sem que nin**guém** venha salvar-me e libertar-me!

— ⁴Senhor **Deus**, se algum mal eu pratiquei, *
    se man**chei** as minhas mãos na iniquidade,

— ⁵se **aca**so fiz o mal a meu amigo, *
    eu que pou**pei** quem me oprimia sem razão

= ⁶que o ini**mi**go me persiga e me alcance, †
    que es**ma**gue minha vida contra o pó, *
    e ar**ras**te minha honra pelo chão!

— ⁷Er**guei**-vos, ó Senhor, em vossa ira; *
    le**van**tai-vos contra a fúria do inimigo!

— Le**van**tai-vos, defendei-me no juízo, *
    porque **vós** já decretastes a sentença!

= ⁸Que vos cir**cun**de a assembleia das nações; †
    to**mai** vosso lugar acima dela! *
    ⁹O Se**nhor** é o juiz dos povos todos.

— Jul**gai**-me, Senhor Deus, como eu mereço*
    e se**gun**do a inocência que há em mim!

=¹⁰Ponde um **fim** à iniquidade dos perversos, †
    e confir**mai** o vosso justo, ó Deus-justiça,*
    vós que son**dais** os nossos rins e corações.

II

—¹¹O Deus **vi**vo é um es**cu**do prote**tor**, *
    e salva a**que**les que têm reto coração.

—¹²Deus é ju**iz**, e ele julga com justiça, *
    mas é um **Deus** que ameaça cada dia.

=¹³Se para **ele** o coração não converterem, †
    prepara**rá** a sua espada e o seu arco, *
    e contra **eles** voltará as suas armas.

—¹⁴Setas mor**tais** ele prepara e os alveja, *
    e dis**pa**ra suas flechas como raios. _

Segunda-feira – Vésperas

— ¹⁵Eis que o **ím**pio concebeu a iniquidade, *
  engravi**dou** e deu à luz a falsidade.
— ¹⁶Um bu**ra**co ele cavou e aprofundou, *
  mas ele **mes**mo nessa cova foi cair.
— ¹⁷O mal que **fez** lhe cairá sobre a cabeça, *
  recai**rá** sobre seu crânio a violência!
— ¹⁸Mas eu da**rei** graças a Deus que fez justiça, *
  e canta**rei** salmodiando ao Deus Altíssimo.

No Tempo pascal: Ant. Ale**lui**a, ale**lui**a, ale**lui**a.

Para as outras Horas, Salmodia complementar, p. 1421.

A leitura breve, o responsório, o versículo e a oração correspondentes ao Ofício celebrado.

A conclusão da Hora como no Ordinário.

Vésperas

V. Vinde, ó **Deus**. Glória ao **Pai**. Como **era**. (T.P. Ale**lui**a)

HINO correspondente ao Ofício.

Salmodia

Antífona 1

Na Quaresma:
Os **o**lhos do Se**nhor** se **vol**tam para o **po**bre.

No Tempo pascal:
Confi**ai**, diz o Se**nhor**, pois **eu** venci o **mun**do. Ale**lui**a.

Salmo 10(11)
Confiança inabalável em Deus

Bem-aventurados os que têm fome e sede de justiça porque serão saciados (Mt 5,6)

= ¹No Se**nhor** encontro a**bri**go; †
  como, en**tão**, podeis dizer-me: *
  "Voa aos **mon**tes, passarinho! _

1006 I Semana

–² Eis os ímpios de arcos tensos, *
  pondo as flechas sobre as cordas,
– e alvejando em meio à noite *
  os de reto coração!
=³ Quando os próprios fundamentos †
  do universo se abalaram, *
  o que pode ainda o justo?"
–⁴ Deus está no templo santo, *
  e no céu tem o seu trono;
– volta os olhos para o mundo, *
  seu olhar penetra os homens.
–⁵ Examina o justo e o ímpio, *
  e detesta o que ama o mal.
=⁶ Sobre os maus fará chover †
  fogo, enxofre e vento ardente, *
  como parte de seu cálice.
–⁷ Porque justo é nosso Deus, *
  o Senhor ama a justiça.
– Quem tem reto coração *
  há de ver a sua face.

Na Quaresma: Ant.
Os olhos do Senhor se voltam para o pobre.

No Tempo pascal: Ant.
Confiai, diz o Senhor, pois eu venci o mundo. Aleluia.

Antífona 2

Na Quaresma:
Felizes os de puro coração,
porque eles haverão de ver a Deus.

No Tempo pascal:
O homem justo morará na vossa casa
e no vosso Monte Santo habitará. Aleluia.

Salmo 14(15)

Quem é digno aos olhos de Deus?

Vós vos aproximastes do monte Sião e da Cidade do Deus vivo (Hb 12,22).

– [1]"Senhor, quem morará em vossa casa *
e em vosso Monte santo habitará?"

– [2]É aquele que caminha sem pecado *
e pratica a justiça fielmente;

– que pensa a verdade no seu íntimo *
[3]e não solta em calúnias sua língua;

– que em nada prejudica o seu irmão, *
nem cobre de insultos seu vizinho;

– [4]que não dá valor algum ao homem ímpio, *
mas honra os que respeitam o Senhor;

– que sustenta o que jurou, mesmo com dano; *
[5]não empresta o seu dinheiro com usura,

– nem se deixa subornar contra o inocente. *
Jamais vacilará quem vive assim!

Na Quaresma: Ant.
Felizes os de puro coração,
porque eles haverão de ver a Deus.

No Tempo pascal: Ant.
O homem justo morará na vossa casa
e no vosso Monte Santo habitará. Aleluia.

Antífona 3

Na Quaresma:
No seu Filho o Pai nos escolheu,
para sermos seus filhos adotivos.

No Tempo pascal:
Quando eu for elevado da terra,
atrairei para mim todo ser. Aleluia.

1008   I Semana

No cântico que se segue, o refrão entre parênteses é opcional.

Cântico   Ef 1,3-10

O plano divino da salvação

— [3] Bendito e louvado seja **Deus**, *
   o **Pai** de Jesus Cristo, Senhor nosso,
— que do alto **céu** nos abençoou em Jesus Cristo *
   com **bênção** espiritual de toda sorte!

(R. Bendito sejais **vós**, nosso **Pai**,
   que **nos** abençoastes em **Cristo**!)

— [4] Foi em **Cristo** que Deus Pai nos escolheu, *
   já bem **antes** de o mundo ser criado,
— para que **fôssemos**, perante a sua face, *
   sem **mácula** e santos pelo amor.   (R.)

= [5] Por **livre** decisão de sua vontade, †
   predesti**nou**-nos, através de Jesus Cristo, *
   a sermos **nele** os seus filhos adotivos,
— [6] para o louv**or** e para a glória de sua graça, *
   que em seu **Filho** bem-amado nos doou.   (R.)

— [7] É **nele** que nós temos redenção, *
   dos pecados remissão pelo seu sangue.
= Sua **graça** transbordante e inesgotável †
 [8] Deus der**rama** sobre nós com abundância, *
   de sa**ber** e inteligência nos dotando.   (R.)

— [9] E as**sim**, ele nos deu a conhecer *
   o mis**tério** de seu plano e sua vontade,
— que propusera em seu querer benevolente, *
 [10] na pleni**tude** dos tempos realizar:
— o de**sígnio** de, em Cristo, reunir *
   todas as **coisas**: as da terra e as do céu.   (R.)

Na Quaresma: Ant.
No seu **Filho** o **Pai** nos escolheu,
para **sermos** seus **filhos** adotivos.

Segunda-feira – Vésperas

No Tempo pascal: Ant.
**Quando eu for elevado da terra,
atrairei para mim todo ser. Aleluia.**

A leitura breve, o responsório, a antífona do *Magnificat*, as preces
e a oração correspondentes ao Ofício celebrado.

A conclusão da Hora como no Ordinário.

I TERÇA-FEIRA

Invitatório

V. **Abri** os meus **lábios**. R. E minha **boca**.

Salmo invitatório, p. 944 com a antífona correspondente ao Ofício.

Ofício das Leituras

V. Vinde, ó **Deus**. Glória ao **Pai**. Como **era**. (T.P. Ale**luia**)

Essa introdução se omite quando o Invitatório precede imediatamente ao Ofício das Leituras.

HINO correspondente ao Ofício.

Salmodia

Ant. 1 O Se**nhor** fará jus**tiça** para os **po**bres (T.P. Ale**luia**)

Salmo 9B(10)
Ação de graças

Bem-aventurados vós, os pobres, porque vosso é o Reino de Deus! (Lc 6,20)

I

— 1 Ó Se**nhor,** por que fi**cais** assim tão **lon**ge, *
  e, no **tem**po da aflição, vos escondeis,
— 2 en**quan**to o pecador se ensoberbece, *
  o pobre **so**fre e cai no laço do malvado?
— 3 O **ím**pio se gloria em seus excessos, *
  blas**fe**ma o avarento e vos despreza;
— 4 em seu or**gu**lho ele diz: "Não há castigo! *
  Deus não e**xis**te!" É isto mesmo que ele pensa.
= Pros**pe**ra a sua vida em todo tempo; †
  vossos ju**í**zos estão longe de sua mente; *
  ele **vi**ve desprezando os seus rivais.
— 6 No seu **ín**timo ele pensa: "Estou seguro! *
  Nunca ja**mais** me atingirá desgraça alguma!" _

Terça-feira – Ofício das Leituras

—⁷ Só há maldade e violência em sua boca, *
em sua língua, só mentira e falsidade.
—⁸ Arma emboscadas nas saídas das aldeias, *
mata inocentes em lugares escondidos.
—⁹ Com seus olhos ele espreita o indefeso, *
como um leão que se esconde atrás da moita;
assalta o homem infeliz para prendê-lo, *
agarra o pobre e o arrasta em sua rede.
—¹⁰ Ele se curva, põe-se rente sobre o chão, *
e o indefeso tomba e cai em suas garras.
—¹¹ Pensa consigo: "O Senhor se esquece dele, *
esconde o rosto e já não vê o que se passa!"

Ant. O Senhor fará justiça para os pobres (T.P. Aleluia).

Ant. 2 Vós, Senhor, vedes a dor e o sofrimento
(T.P. Aleluia).

II

—¹² Levantai-vos, ó Senhor, erguei a mão! *
Não esqueçais os vossos pobres para sempre!
—¹³ Por que o ímpio vos despreza desse modo? *
Por que diz no coração: "Deus não castiga?"
—¹⁴ Vós, porém, vedes a dor e o sofrimento, *
vós olhais e tomais tudo em vossas mãos!
— A vós o pobre se abandona confiante, *
sois dos órfãos vigilante protetor.
—¹⁵ Quebrai o braço do injusto e do malvado! *
Castigai sua malícia e desfazei-a!
—¹⁶ Deus é Rei durante os séculos eternos. *
Desapareçam desta terra os malfeitores!
—¹⁷ Escutastes os desejos dos pequenos, *
seu coração fortalecestes e os ouvistes,

1012   I Semana

= ¹⁸para que os **órfãos** e oprimidos deste mundo †
    tenham em **vós** o defensor de seus direitos, *
    e o homem ter**re**no nunca mais cause terror!

Ant.Vós, Se**nhor,** vedes a **dor** e o sofri**men**to
    (T.P.Ale**lui**a)

Ant. 3As palavras do Se**nhor** são verda**dei**ras
    como a **pra**ta depurada pelo **fogo** (T.P.Ale**lui**a)

Salmo 11(12)
Oração contra as más línguas

Porque éramos pobres, o Pai enviou o seu Filho (Sto.
Agostinho).

— Senhor, salvai-nos! Já não **há** um homem **bom**! *
    Não há **mais** fidelidade em meio aos homens!

— Cada **um** só diz mentiras a seu próximo, *
    com língua **fal**sa e coração enganador.

— Senhor, ca**lai** todas as bocas mentirosas *
    e a **lín**gua dos que falam com soberba,

— dos que **di**zem: "Nossa língua é nossa força! *
    Nossos **lá**bios são por nós! Quem nos domina?"

— ⁶"Por **cau**sa da aflição dos pequeninos,*
    do cla**mor** dos infelizes e dos pobres,

— agora **mes**mo me erguerei, diz o Senhor,*
    e da**rei** a salvação aos que a desejam!"

= ⁷As pa**la**vras do Senhor são verdadeiras, †
    como a **pra**ta totalmente depurada, *
    sete **ve**zes depurada pelo fogo.

— ⁸Vós, po**rém**, ó Senhor Deus, nos guardareis *
    para **sem**pre, nos livrando desta raça!

— Em toda a **par**te os malvados andam soltos, *
    porque se **exal**ta entre os homens a baixeza.

= ⁴"Quem tem mãos puras e inocente coração, †
quem não dirige sua mente para o crime, *
nem jura falso para o dano de seu próximo.

— ⁵Sobre este desce a bênção do Senhor *
e a recompensa de seu Deus e Salvador".

— ⁶"É assim a geração dos que o procuram, *
e do Deus de Israel buscam a face".

= ⁷"Ó portas, levantai vossos frontões! †
Elevai-vos bem mais alto, antigas portas, *
a fim de que o Rei da glória possa entrar!"

= ⁸Dizei-nos: "Quem é este Rei da glória?" †
"É o Senhor, o valoroso, o onipotente, *
o Senhor, o poderoso nas batalhas!"

= ⁹"Ó portas, levantai vossos frontões! †
Elevai-vos bem mais alto, antigas portas, *
a fim de que o Rei da glória possa entrar!"

=¹⁰Dizei-nos: "Quem é este Rei da glória?" †
"O Rei da glória é o Senhor onipotente, *
o Rei da glória é o Senhor Deus do universo!"

Na Quaresma: Ant.
Quem tem mãos puras e inocente coração
subirá até o monte do Senhor.

No Tempo pascal: Ant.
Aquele que desceu ao nosso meio
é o mesmo que subiu aos altos céus. Aleluia.

Antífona 2

Na Quaresma:
Vossas obras celebrem a Deus e exaltem o Rei sempiterno.

No Tempo pascal:
Fazei festa e, alegres, louvai o Senhor. Aleluia.

Terça-feira – Laudes

Ant. As palavras do **Senhor** São verdadeiras
como a **prat**a depur**a**da pelo **fog**o (T.P. Ale**lui**a).

O versículo, as leituras e a oração correspondentes ao Ofício
celebrado.

Laudes

V. Vinde, ó **Deus**. Glória ao **Pai**. Como era. (T.P. Ale**lui**a).

Essa introdução se omite quando o Invitatório precede imediatamente às Laudes.

HINO correspondente ao Ofício.

Salmodia

Antífona 1

Na Quaresma:
Quem tem mãos **pur**as e ino**cen**te cora**ção**
subi**rá** até o **mon**te do **Sen**hor.

No Tempo pascal:
Aquele que des**ceu** ao nosso **mei**o
é o **mes**mo que su**biu** aos altos **céus**. Ale**lui**a.

Quando o salmo seguinte já tiver sido recitado no Invitatório, em
seu lugar se diz o salmo 94(95), à p. 944.

Salmo 23(24)
Entrada do Senhor no templo

Na Ascensão, as ponas do céu se abriram para o Cristo (Sto.
Irineu).

— ¹Ao Se**nhor** pertence a **terra** e o que ela en**cer**ra, *
o mundo in**tei**ro com os seres que o po**voam**;
— ²porque **e**le a tornou firme sobre os **mares**, *
e sobre as **á**guas a mantém inaba**lá**vel.
— ³"Quem subi**rá** até o monte do Se**nhor**, *
quem fica**rá** em sua santa habita**ção**?"

Terça-feira – Laudes

Cântico   Tb 13,2-8
Deus castiga e salva

Bendito seja Deus, Pai de Nosso Senhor Jesus Cristo.
Em sua grande misericórdia nos fez nascer de novo, para
uma esperança viva (1Pd 1,3).

— 2 Vós sois **gran**de, Se**nhor**, para **sem**pre, *
    e o vosso **Rei**no se estende nos séculos!

— Porque **vós** castigais e salvais, *
    fazeis des**cer** aos abismos da terra,

— e de **lá** nos trazeis novamente: *
    de vossa **mão** nada pode escapar.

— 3 Vós que **sois** de Israel, dai-lhe graças *
    e por **en**tre as nações celebrai-o!

— O Se**nhor** dispersou-vos na terra *
    4 para nar**rar**des sua glória entre os povos,

— e fa**zê**-los saber, para sempre, *
    que não **há** outro Deus além dele.

— 5 Casti**gou**-nos por nossos pecados, *
    seu **amor** haverá de salvar-nos.

— Compreen**dei** o que fez para nós, *
    dai-lhe **graças**, com todo o respeito!

— 6 Vossas **obras** celebrem a Deus *
    e e**xal**tem o Rei sempiterno!

— Nesta **ter**ra do meu cativeiro, *
    have**rei** de honrá-lo e louvá-lo,

— pois mos**trou** o seu grande poder, *
    sua **gló**ria à nação pecadora!

— Conver**tei**-vos, enfim, pecadores, *
    diante **d**ele vivei na justiça;

— e sa**bei** que, se ele vos ama, *
    tam**bém** vos dará seu perdão!

— 7 Eu de**se**jo, de toda a minh'alma, *
    ale**grar**-me em Deus, Rei dos céus.

I Semana

– **8**Bendizei o Senhor, seus eleitos, *
fazei **fes**ta e alegres louvai-o!

Na Quaresma: Ant.
Vossas **o**bras celebrem a **Deus** e exal**tem** o **Rei** sempi**ter**no.

No Tempo pascal: Ant.
Fazei **fes**ta e, alegres, lou**vai** o Se**nhor**. Ale**lui**a.

Antífona 3

Na Quaresma:
Ó **jus**tos, ale**grai**-vos no Se**nhor**!
Aos **re**tos fica **bem** glorificá-lo. †

No Tempo pascal:
Trans**bor**da em toda a ter**ra** sua **gra**ça. Ale**lui**a.

Salmo 32(33)
Hino à providência de Deus

Por ele foram feitas todas as coisas (Jo 1,3).

– **1**Ó **jus**tos, ale**grai**-vos no Se**nhor**! *
Aos **re**tos fica bem glorificá-lo.

– **2**† Dai **gra**ças ao Senhor ao som da harpa, *
na **li**ra de dez cordas celebrai-o!

– **3**Can**tai** para o Senhor um canto novo, *
com **ar**te sustentai a louvação!

– **4**Pois **re**ta é a palavra do Senhor, *
e **tu**do o que ele faz merece fé.

– **5**Deus **a**ma o direito e a justiça, *
trans**bor**da em toda a terra a sua graça.

– **6**A pa**la**vra do Senhor criou os céus, *
e o **so**pro de seus lábios, as estrelas.

– **7**Como num **o**dre junta as águas do oceano, *
e man**tém** no seu limite as grandes águas.

– **8**Ado**re** ao Senhor a terra inteira, *
e o res**pei**tem os que habitam o universo!

Terça-feira – Laudes

— [9] Ele fa**lou** e toda a terra foi criada, *
ele orde**nou** e as coisas todas existiram.

— [10] O Se**nhor** desfaz os planos das nações *
e os pro**je**tos que os povos se propõem.

= [11] Mas os de**síg**nios do Senhor são para sempre, †
e os pensa**men**tos que ele traz no coração, *
de ge**ra**ção em geração, vão perdurar.

— [12] Feliz o **po**vo cujo Deus é o Senhor, *
e a na**ção** que escolheu por sua herança!

— [13] Dos altos **céus** o Senhor olha e observa; *
ele se in**cli**na para olhar todos os homens.

— [14] Ele con**tem**pla do lugar onde reside *
e vê a **to**dos os que habitam sobre a terra.

— [15] Ele for**mou** o coração de cada um *
e por **to**dos os seus atos se interessa.

— [16] Um rei não **ven**ce pela força do exército, *
nem o guer**rei**ro escapará por seu vigor.

— [17] Não são ca**va**los que garantem a vitória; *
nin**guém** se salvará por sua força.

— [18] Mas o Se**nhor** pousa o olhar sobre os que o temem, *
e que con**fi**am esperando em seu amor,

— [19] para da **mor**te libertar as suas vidas *
e alimen**tá**-los quando é tempo de penúria.

— [20] No Se**nhor** nós esperamos confiantes, *
porque **e**le é nosso auxílio e proteção!

— [21] Por isso o **nos**so coração se alegra nele, *
seu santo **no**me é nossa única esperança.

— [22] Sobre **nós** venha, Senhor, a vossa graça, *
da mesma **for**ma que em vós nós esperamos!

Na Quaresma: Ant.
Ó **jus**tos, ale**grai**-vos no Se**nhor**!
Aos **re**tos fica **bem** glorificá-lo.

1018   I Semana

No Tempo pascal: Ant.
Trans**bor**da em toda a **ter**ra sua **graça**. Ale**luia**.

A leitura breve, o responsório, a antífona do *Benedictus*, as preces
e a oração correspondentes ao Ofício celebrado.

A conclusão da Hora como no Ordinário.

Hora Média

V. Vinde, ó **Deus**. Glória ao **Pai**. Como era. (T.P. Aleluia).

HINO correspondente ao Ofício.

Salmodia

Na Quaresma: Antífona como no Próprio do Tempo.

No Tempo pascal: Ant. Ale**luia**, ale**luia**, ale**luia**.

Salmo 118(119), 1-8
I (Aleph)
Meditação sobre a Palavra de Deus na Lei

Isto é amar a Deus: observar os seus mandamentos (1Jo
5,3).

- ¹Feliz o **ho**mem sem pe**ca**do em seu **ca**minho, *
  que na **lei** do Senhor Deus vai progredindo!
- ²Feliz o **ho**mem que observa seus preceitos, *
  e de **to**do o coração procura a Deus!
- ³Que não pra**ti**ca a maldade em sua vida, *
  mas vai an**dan**do nos caminhos do Senhor.
- ⁴Os **vos**sos mandamentos vós nos destes, *
  para **se**rem fielmente observados.
- ⁵Oxa**lá** seja bem firme a minha vida *
  em cum**prir** vossa vontade e vossa lei!
- ⁶*Então* não ficarei envergonhado *
  ao repas**sar** todos os vossos mandamentos.
- ⁷Quero lou**var**-vos com sincero coração, *
  pois apren**di** as vossas justas decisões.

Terça-feira – Hora Média

— 8 Quero guar**dar** vossa vontade e vossa lei; *
  Se**nhor**, não me deixeis desamparado!

Salmo 12(13)
Lamentação do justo que confia em Deus

Que o Deus da esperança vos encha de alegria (Rm 15,13).

— 2 Até **quan**do, ó Se**nhor**, me esque**cereis**? *
  Até **quan**do escondereis a vossa face?

= 3 Até **quan**do estará triste a minha alma? †
  e o cora**ção** angustiado cada dia? *
  Até **quan**do o inimigo se erguerá?

= 4 **Olhai**, Senhor, meu Deus, e respondei-me! †
  Não dei**xeis** que se me apague a luz dos olhos *
  e se **fe**chem, pela morte, adormecidos!

= 5 Que o ini**mi**go não me diga: "Eu triunfei!" †
  Nem **exul**te o opressor por minha queda, *
  6 uma **vez** que confiei no vosso amor!

— Meu cora**ção**, por vosso auxílio, rejubile, *
  e que eu vos **can**te pelo bem que me fizestes!

Salmo 13(14)
A insensatez dos ímpios

Onde se multiplicou o pecado, aí superabundou a graça
(Rm 5,20).

— 1 Diz o insen**sa**to em seu **pró**prio cora**ção**: *
  "Não há **Deus**! Deus não existe!"

— Corrom**pe**ram-se em ações abomináveis. *
  Já não **há** quem faça o bem!

— 2 O Se**nhor**, ele se inclina lá dos céus *
  sobre os **fi**lhos de Adão,

— para **ver** se resta um homem de bom senso *
  que a**in**da busque a Deus. —

1020   **I Semana**

- ³Mas todos **eles** igualmente se perderam, *
  corrom**pen**do-se uns aos outros;
- não e**xis**te mais nenhum que faça o bem, *
  não e**xis**te um sequer.
- ⁴Se**rá** que não percebem os malvados *
  quando exp**lo**ram o meu povo?
- Eles de**vo**ram o meu povo como pão, *
  e não in**vo**cam o Senhor.
- ⁵Mas um **di**a vão tremer de tanto medo, *
  porque **Deus** está com o justo.
- ⁶Podeis **rir** da esperança dos humildes, *
  mas o Se**nhor** é o seu refúgio!
- ⁷Que **ven**ha, venha logo de Sião *
  a salva**ção** de Israel!
- Quando o Se**nhor** reconduzir do cativeiro *
  os depor**ta**dos de seu povo,
- que **jú**bilo e que festa em Jacó, *
  que ale**gri**a em Israel!

No Tempo pascal: Ant. **Ale**luia, ale**lui**a, ale**lui**a.

Para as outras Horas, Salmodia complementar, p. 1421.

A leitura breve, o versículo e a oração correspondentes ao Ofício celebrado.

A conclusão da Hora como no Ordinário.

Vésperas

V. Vinde, ó **Deus**. Glória ao **Pai**. Como era. (T.P. Aleluia).

HINO correspondente ao Ofício.

Salmodia

Antífona 1

Na Quaresma:
Ó Se**nhor**, exal**tai** o vosso Ungido!

Terça-feira – Vésperas

No Tempo pascal:
Agora chegou o **Reino** de **Deus**
e o po**der** de seu **Cris**to, ale**lui**a.

Salmo 19(20)
Oração pela vitória do rei

Quem invocar o nome do Senhor, será salvo (At 2,21).

— 2 Que o Se**nhor** te es**cu**te no **di**a da afli**ção,** *
e o **Deus** de Jacó te pro**te**ja por seu nome!

— 3 Que do **seu** santuário te en**vi**e seu auxílio *
e te a**ju**de do alto, do **Mon**te de Sião!

— 4 Que de **to**dos os teus sacri**fí**cios se recorde, *
e os **teus** holocaustos a**cei**te com agrado!

— 5 A**ten**da os desejos que **tens** no coração; *
plena**men**te ele cumpra as **tu**as esperanças!

= 6 Com a **vos**sa vitória en**tão** exultaremos, †
levan**tan**do as bandeiras em **no**me do Senhor. *
Que o Se**nhor** te escute e a**ten**da os teus pedidos!

— 7 E a**go**ra estou certo de que **Deus** dará a vitória, *
que o Se**nhor** há de dar a vi**tó**ria a seu Ungido;

— que have**rá** de atendê-lo do ex**cel**so santuário, *
pela **for**ça e poder de sua **mão** vitoriosa.

— 8 Uns con**fi**am nos carros e **ou**tros nos cavalos; *
nós, po**rém,** somos fortes no **no**me do Senhor.

— 9 Todos **e**les, tombando, ca**í**ram pelo chão; *
nós fi**ca**mos de pé e as**sim** resistiremos.

— 10 Ó Se**nhor,** dai vitória e sal**vai** o nosso rei, *
e escu**tai**-nos no dia em que **nós** vos invocarmos.

Na Quaresma: Ant.
O Se**nhor,** exal**tai** o vosso Ungido!

1022   I Semana

No Tempo pascal: Ant.
Agora che**gou** o **Rei**no de **Deus**
e o po**der** de seu **Cristo**, ale**lui**a.

Antífona 2

Na Quaresma:
Cantaremos cele**bran**do a vossa **for**ça.

No Tempo pascal:
Rece**bes**tes, Se**nhor**, o po**der**,
e exer**ces**tes o **vos**so rei**na**do. Ale**lui**a.

Salmo 20(21),2-8.14
Ação de graças pela vitória do Rei

O Cristo ressuscitado recebeu a vida para sempre (Sto.
Irineu).

– [2]Ó Se**nhor**, em vossa **for**ça o rei se a**le**gra; *
   quanto e**xul**ta de alegria em vosso auxílio!

– [3]O que so**nhou** seu coração, lhe concedestes; *
   não recu**sas**tes os pedidos de seus lábios.

– [4]Com **bên**ção generosa o preparastes; *
   de ouro **pu**ro coroastes sua fronte.

– [5]A **vi**da ele pediu e vós lhe destes *
   longos **di**as, vida longa pelos séculos.

– [6]É **gran**de a sua glória em vosso auxílio; *
   de esplen**dor** e majestade o revestistes.

– [7]Transfor**mas**tes o seu nome numa bênção, *
   e o co**bris**tes de alegria em vossa face.

– [8]Por **is**so o rei confia no Senhor, *
   e por **seu** amor fiel não cairá.

– [14]Levan**tai**-vos com poder, ó Senhor Deus, *
   e cantaremos celebrando a vossa força!

Na Quaresma: Ant.
Canta**re**mos cele**bran**do a vossa **for**ça.

Terça-feira – Vésperas

No Tempo pascal: Ant.
Rece**bes**tes, **Se**nhor, o po**der**,
e exer**ces**tes o **vos**so rei**na**do. Ale**lui**a.

Antífona 3

Na Quaresma:
Fi**zes**tes de **nós** para **Deus** sacer**do**tes e **po**vo de **reis**.

No Tempo pascal:
Toda a **vos**sa criatura vos **sir**va, ó Se**nhor**;
pois man**das**tes, e o uni**ver**so foi criado, ale**lui**a.

Cântico   Ap 4,11; 5,9.10.12

Hino dos remidos

–[4,11] Vós sois **dig**no, Se**nhor**, nosso **Deus**, *
   de rece**ber** honra, glória e poder!

(R. **Po**der, honra e **gló**ria ao Cordeiro de **Deus!**)

=[5,9] Porque **to**das as coisas criastes, †
   é por **vos**sa vontade que existem, *
   e sub**sis**tem porque vós mandais.   (R.)

=   Vós sois **dig**no, Senhor, nosso Deus, †
   de o **li**vro nas mãos receber *
   e de a**brir** suas folhas lacradas!   (R.)

–   Porque **fos**tes por nós imolado; *
   para **Deus** nos remiu vosso sangue
–   dentre **to**das as tribos e línguas, *
   dentre os **po**vos da terra e nações.   (R.)

= [10] Pois fi**zes**tes de nós, para Deus, †
   sacer**do**tes e povo de reis, *
   e i**re**mos reinar sobre a terra.   (R.)

= [12] O Cor**dei**ro imolado é digno †
   de rece**ber** honra, glória e poder, *
   sabedo**ria**, louvor, divindade!   (R.)

1024   I Semana

Na Quaresma: Ant.

Fizestes de nós para Deus sacerdotes e povo de reis.

No Tempo pascal: Ant.

**Toda a vossa criatura vos sirva, ó Senhor;
pois mandastes, e o universo foi criado, aleluia.**

A leitura breve, o responsório, a antífona do *Magníficat*, as preces
e a oração correspondentes ao Ofício celebrado.

A conclusão da Hora como no Ordinário.

I QUARTA-FEIRA

Invitatório

V. **Abri** os meus **lábios**. R. E minha **boca**.

Salmo invitatório, p. 944 com a antífona correspondente ao Ofício.

Ofício das Leituras

V. Vinde, ó **Deus**. Glória ao **Pai**. Como **era**. (T.P. Aleluia).

Essa introdução se omite quando o Invitatório precede imediatamente ao Ofício das Leituras.

HINO correspondente ao Ofício.

Salmodia

Ant. 1 Eu vos **amo**, ó Se**nhor**! Sois minha **força**!
(T.P. Ale**lu**ia).

Salmo 17(18),2-30
Ação de graças pela salvação e pela vitória

Na mesma hora aconteceu um grande terremoto (Ap 11,13).

I

– ²Eu vos **amo**, ó Se**nhor**! Sois minha **força**, *
³minha **rocha**, meu refúgio e Salvador!

= Ó meu **Deus**, sois o rochedo que me abriga, †
minha **força** e poderosa salvação,*
sois meu es**cu**do e proteção: em vós espero!

– ⁴Invoca**rei** o meu Senhor: a ele a glória! *
e dos **meus** perseguidores serei salvo!

– ⁵Ondas da **mor**te me envolveram totalmente, *
e as tor**ren**tes da maldade me aterraram;

– ⁶os **la**ços do abismo me amarraram *
e a própria **mor**te me prendeu em suas redes.

– ⁷Ao Se**nhor** eu invoquei na minha angústia *
e ele**vei** o meu clamor para o meu Deus;

I Semana

— de seu **Templo** ele escutou a minha voz, *
e che**gou** a seus ouvidos o meu grito.

Ant. 1 Eu vos **amo**, ó Se**nhor**! Sois minha **força**!
(**T.P.** Ale**luia**).

Ant. 2 O Se**nhor** me liber**tou**, porque me **ama** (**T.P.** Aleluia).

II

=8 A terra **toda** estreme**ceu** e se aba**lou**, †
os fun**damen**tos das montanhas vacilaram *
e se agi**taram**, porque Deus estava irado.

=9 De seu na**riz** fumaça em nuvens se elevou, †
da **bo**ca lhe saiu um fogo abrasador, *
dos **lábios** seus, carvões incandescentes.

—10 Os **céus** ele abaixou e então desceu, *
pou**sando** em nuvens pretas os seus pés.

—11 Um queru**bim** o conduzia no seu voo, *
sobre as **a**sas do vento ele pairava.

—12 Das **tre**vas fez um véu para envolver-se, *
escon**deu**-se em densas nuvens e água escura.

—13 No cla**rão** que procedia de seu rosto, *
carvões incandescentes se acendiam.

—14 Trove**jou** dos altos céus o Senhor Deus, *
o Al**tíssimo** fez ouvir a sua voz;

—15 e, lan**çan**do as suas flechas, dissipou-os, *
disper**sou**-os com seus raios fulgurantes.

—16 Até o **fun**do do oceano apareceu, *
e os fun**damen**tos do universo foram vistos,

— ante as **vos**sas ameaças, ó Senhor, *
e ao **so**pro abrasador de vossa ira.

—17 Lá do **al**to ele estendeu a sua mão *
e das **águas** mais profundas retirou-me;

—18 liber**tou**-me do inimigo poderoso *
e de ri**vais** muito mais fortes do que eu.

Quarta-feira – Ofício das Leituras

— [19]Assaltaram-me no dia da aflição, *
  mas o Senhor foi para mim um protetor;
— [20]colocou-me num lugar bem espaçoso: *
  o Senhor me libertou, porque me ama.

Ant. O Senhor me libertou, porque me ama (T.P. Aleluia).

Ant. 3 Ó Senhor, fazei brilhar a minha lâmpada!
  Ó meu Deus, iluminai as minhas trevas! (T.P. Aleluia).

III

— [21]O Senhor recompensou minha justiça *
  e a pureza que encontrou em minhas mãos,
— [22]pois nos caminhos do Senhor eu caminhei, *
  e de meu Deus não me afastei por minhas culpas.
— [23]Tive sempre à minha frente os seus preceitos, *
  e de mim não afastei sua justiça.
— [24]Diante dele tenho sido sempre reto *
  e conservei-me bem distante do pecado.
— [25]O Senhor recompensou minha justiça *
  e a pureza que encontrou em minhas mãos.
— [26]Ó Senhor, vós sois fiel com o fiel, *
  sois correto com o homem que é correto;
— [27]sois sincero com aquele que é sincero, *
  mas arguto com o homem astucioso.
— [28]Pois salvais, ó Senhor Deus, o povo humilde, *
  mas os olhos dos soberbos humilhais.
— [29]Ó Senhor, fazeis brilhar a minha lâmpada; *
  ó meu Deus, iluminai as minhas trevas.
— [30]Junto convosco eu enfrento os inimigos, *
  com vossa ajuda eu transponho altas muralhas.

Ant. Ó Senhor, fazei brilhar a minha lâmpada!
  Ó meu Deus, iluminai as minhas trevas! (T.P. Aleluia).

O versículo, as leituras e a oração correspondentes ao Ofício celebrado.

1028   I Semana

Laudes

V. Vinde, ó **Deus**. Glória ao **Pai**. Como era. (T.P. Aleluia).

Essa introdução se omite quando o Invitatório precede imediatamente às Laudes.

HINO correspondente ao Ofício.

Salmodia

Antífona 1

Na Quaresma:
Em vossa **luz** contem**pla**mos a **luz**.

No Tempo pascal:
Em **vós** está a **fon**te da **vi**da! Aleluia.

Salmo 35(36)
A malícia do pecador e a bondade de Deus

Quem me segue, não andará nas trevas, mas terá a luz da vida (Jo 8,12).

– ²O pecado sussurra ao **ímpio** *
   lá no **fun**do do seu coração;
– o te**mor** do Senhor, nosso Deus, *
   não e**xis**te perante seus olhos.
– ³Lison**jei**a a si mesmo, pensando: *
   "Ninguém **vê** nem condena o meu crime!"
– ⁴Traz na **bo**ca maldade e engano; *
   já não **quer** refletir e agir bem.
= ⁵Arqui**te**ta a maldade em seu leito, †
   nos ca**mi**nhos errados insiste *
   e não **quer** afastar-se do mal.
– ⁶Vosso a**mor** chega aos céus, ó Senhor, *
   chega às **nu**vens a vossa verdade.
– ⁷Como as **al**tas montanhas eternas *
   é a **vos**sa justiça, Senhor;

Quarta-feira – Laudes

– e os **vos**sos juízos superam *
  os **abis**mos profundos dos mares.
– Os ani**mais** e os homens salvais: *
  [8]quão preciosa é, Senhor, vossa graça!
– Eis que os **fi**lhos dos homens se abrigam *
  sob a **som**bra das asas de Deus.
– [9]Na abun**dân**cia de vossa morada, *
  eles **vêm** saciar-se de bens.
– Vós lhes **dais** de beber água viva, *
  na tor**ren**te das vossas delícias.
– [10]Pois em **vós** está a fonte da vida, *
  e em vossa **luz** contemplamos a luz.
– [11]Conser**vai** aos fiéis vossa graça, *
  e aos **re**tos, a vossa justiça!
– [12]Não me **pi**sem os pés dos soberbos, *
  nem me ex**pul**sem as mãos dos malvados!
– [13]Os perver**sos**, tremendo, caíram *
  e não **po**dem erguer-se do chão.

Na Quaresma: Ant.
Em vossa **luz** contem**pla**mos a **luz**.

No Tempo pascal: Ant.
Em **vós** está a **fon**te da **vi**da! Ale**lu**ia.

Antífona 2

Na Quaresma:
Vós sois **gran**de, Se**nhor**-Ado**nai**,
admi**rá**vel, de **for**ça inven**cí**vel!

No Tempo pascal:
Envi**as**tes, Se**nhor**, vosso Espírito
e **tu**do pass**ou** a exis**tir**. Ale**lu**ia.

Cântico   Jt 16,1-2.13-15

Deus, Criador do mundo e protetor do seu povo

Entoaram um cântico novo (Ap 5,9).

1030 I Semana

– ¹Cantai ao Senhor com pandeiros, *
entoai seu louvor com tambores!
– Elevai-lhe um salmo festivo, *
invocai o seu nome e exaltai-o!
– ²É o Senhor que põe fim às batalhas, *
o seu nome glorioso é "Senhor"!
–¹³Cantemos louvores a Deus, *
novo hino ao Senhor entoemos!
– Vós sois grande, Senhor-Adonai, *
admirável, de força invencível!
–¹⁴Toda a vossa criatura vos sirva, *
pois mandastes e tudo foi feito!
– Vosso sopro de vida enviastes, *
e eis que tudo passou a existir;
– não existe uma coisa ou pessoa, *
que resista à vossa palavra!
–¹⁵Desde as bases, os montes se abalam, *
e as águas também estremecem;
– como cera, derretem-se as pedras *
diante da vossa presença.
– Mas aqueles que a vós obedecem *
junto a vós serão grandes em tudo.

Na Quaresma: Ant.
Vós sois grande, Senhor-Adonai,
admirável, de força invencível!

No Tempo pascal: Ant.
Enviastes, Senhor, vosso Espírito
e tudo passou a existir. Aleluia.

Antífona 3

Na Quaresma:
Gritai a Deus aclamações de alegria!

Quarta-feira – Laudes

No Tempo pascal:
É **Deus** o grande **Rei** de toda a **ter**ra:
com **ar**te ce**lebrai** os seus lou**vo**res! Ale**lui**a.

Salmo 46(47)

O Senhor, Rei do universo

Está sentado à direita de Deus Pai, e o seu Reino não terá fim.

– ² **Po**vos **to**dos do uni**ver**so, batei **pal**mas, *
gritai a **Deus** aclamações de alegria!

– ³ Porque su**bli**me é o Senhor, o Deus Altíssimo, *
o so**be**rano que domina toda a terra.

– ⁴ Os **po**vos sujeitou ao nosso jugo *
e colo**cou** muitas nações aos nossos pés.

– ⁵ Foi **ele** que escolheu a nossa herança, *
a **gló**ria de Jacó, seu bem-amado.

– ⁶ Por **en**tre aclamações Deus se elevou, *
o S**e**nhor subiu ao toque da trombeta.

– ⁷ Salmodi**ai** ao nosso Deus ao som da harpa, *
salmodi**ai** ao som da harpa ao nosso Rei!

– ⁸ Porque **Deus** é o grande Rei de toda a terra, *
ao som da **har**pa acompanhai os seus louvores!

– ⁹ Deus **rei**na sobre todas as nações, *
está sen**ta**do no seu trono glorioso.

–¹⁰ Os **che**fes das nações se reuniram *
com o **po**vo do Deus santo de Abraão,

– pois só **Deus** é realmente o Altíssimo, *
e os pode**ro**sos desta terra lhe pertencem!

Na Quaresma: Ant.
Gritai a **Deus** aclama**ções** de alegria!

No Tempo pascal: Ant.
É **Deus** o grande **Rei** de toda a **ter**ra:
com **ar**te ce**lebrai** os seus lou**vo**res! Ale**lui**a.

A leitura breve, o responsório, a antífona do *Benedictus*, as preces e a oração correspondentes ao Ofício celebrado.

A conclusão da Hora como no Ordinário.

Hora Média

V. Vinde, ó **Deus**. Glória ao **Pai**. Como era. (T.P. Aleluia).

HINO correspondente ao Ofício.

Salmodia

Na Quaresma: Antífona como no Próprio do Tempo.

No Tempo pascal: Ant. **Aleluia, aleluia, aleluia.**

Salmo 118(119),9-16
II (Beth)
Meditação sobre a Palavra de Deus na Lei

Se me amais, guardareis os meus mandamentos (Jo 14,15).

– 9 Como um **jo**vem pode**rá** ter vida **pu**ra? *
   Obser**van**do, ó Senhor, vossa palavra.

–10 De **to**do o coração eu vos procuro, *
   não dei**xeis** que eu abandone a vossa lei!

–11 Conser**vei** no coração vossas palavras, *
   a **fim** de que eu não peque contra vós.

–12 Ó Se**nhor**, vós sois bendito para sempre; *
   os **vos**sos mandamentos ensinai-me!

–13 Com meus **lá**bios, ó Senhor, eu enumero *
   os de**cre**tos que ditou a vossa boca.

–14 Se**guin**do vossa lei me rejubilo *
   muito **mais** do que em todas as riquezas.

–15 Eu **que**ro meditar as vossas ordens, *
   eu **que**ro contemplar vossos caminhos!

–16 Minha ale**gri**a é fazer vossa vontade; *
   eu não **pos**so esquecer vossa palavra.

Quarta-feira – Hora Média

Salmo 16(17)

Dos ímpios salvai-me, Senhor!

Nos dias de sua vida terrestre, dirigiu preces e súplicas... E foi atendido (Hb 5,7).

I

– ¹Ó Senhor, ouvi a minha justa causa, *
escutai-me e atendei o meu clamor!
– Inclinai o vosso ouvido à minha prece, *
pois não existe falsidade nos meus lábios!
– ²De vossa face é que me venha o julgamento, *
pois vossos olhos sabem ver o que é justo.
= ³Provai meu coração durante a noite, †
visitai-o, examinai-o pelo fogo, *
mas em mim não achareis iniquidade.
– ⁴Não cometi nenhum pecado por palavras, *
como é costume acontecer em meio aos homens.

– Seguindo as palavras que dissestes, *
andei sempre nos caminhos da Aliança.
– ⁵Os meus passos eu firmei na vossa estrada, *
e por isso os meus pés não vacilaram.

– ⁶Eu vos chamo, ó meu Deus, porque me ouvis, *
inclinai o vosso ouvido e escutai-me!
= ⁷Mostrai-me vosso amor maravilhoso, †
vós que salvais e libertais do inimigo *
quem procura a proteção junto de vós.

– ⁸Protegei-me qual dos olhos a pupila *
e guardai-me, à proteção de vossas asas,
– ⁹longe dos ímpios violentos que me oprimem, *
dos inimigos furiosos que me cercam.

II

–¹⁰A abundância lhes fechou o coração, *
em sua boca há só palavras orgulhosas.

1034   I Semana

—[11]Os seus **pas**sos me perseguem, já me cercam, *
 voltam seus **o**lhos contra mim: vão derrubar-me,
—[12]como um le**ão** impaciente pela presa, *
 um leã**o**zinho espreitando de emboscada.

—[13]Levan**tai**-vos, ó Senhor, contra o malvado, *
 com vossa es**pa**da abatei-o e libertai-me!
—[14]Com vosso **bra**ço defendei-me desses homens, *
 que já en**con**tram nesta vida a recompensa.

= Sac**iais** com vossos bens o ventre deles, †
 e seus **fi**lhos também hão de saciar-se *
 e ainda as **so**bras deixarão aos descendentes.
—[15]Mas eu ve**rei**, justificado, a vossa face *
 e ao desper**tar** me saciará vossa presença.

No Tempo pascal: Ant. Ale**lu**ia, ale**lui**a, ale**lu**ia.

Para as outras Horas, Salmodia complementar, p. 1421.

A leitura breve, o versículo e a oração correspondentes ao Ofício celebrado.

A conclusão da Hora como no Ordinário.

Vésperas

V. Vinde, ó **Deus**. Glória ao **Pai**. Como era. (T.P. Ale**lui**a).

HINO correspondente ao Ofício.

Salmodia

Antífona 1

Na Quaresma:
O Se**nhor** é minha **luz** e salva**ção**; de **quem** eu terei **me**do? †

No Tempo pascal:
Deus **Pai** exal**tou** com po**der** o seu **Cris**to
e fez **de**le o Se**nhor**, Salva**dor**, ale**lui**a.

Quarta-feira – Vésperas

Salmo 26(27)
Confiança em Deus no perigo

I

Esta é a morada de Deus entre os homens (Ap 21,3).

– **¹**O Se**nhor** é minha **luz** e salva**ção**; *
de **quem** eu terei **me**do?
– **†** O Se**nhor** é a proteção da minha vida; *
perante **quem** eu tremerei?
– **²**Quando a**van**çam os malvados contra mim, *
que**ren**do devorar-me,
– são **e**les, inimigos e opressores, *
que tro**pe**çam e sucumbem.
– **³**Se os ini**mi**gos se acamparem contra mim, *
não teme**rá** meu coração;
– se contra **mim** uma batalha estourar, *
mesmo as**sim** confia**rei**.
– **⁴**Ao Se**nhor** eu peço apenas uma coisa, *
e é só **is**to que eu desejo:
– habi**tar** no santuário do Senhor *
por **to**da a minha vida;
– sabore**ar** a suavidade do Senhor *
e contem**plá**-lo no seu templo.
– **⁵**Pois um a**bri**go me dará sob o seu teto *
nos **di**as da desgraça;
– no interi**or** de sua tenda há de esconder-me *
e prote**ger**-me sobre a rocha.
– **⁶**E a**go**ra minha fronte se levanta *
em **me**io aos inimigos.
– Oferta**rei** um sacrifício de alegria, *
no **tem**plo do Senhor.
– Cantarei **sal**mos ao Senhor ao som da harpa *
e **hi**nos de louvor.

1036 I Semana

Na Quaresma: Ant.
O Se**nhor** é minha **luz** e salva**ção**; de **quem** eu terei **me**do?

No Tempo pascal: Ant.
Deus **Pai** exal**tou** com po**der** o seu **Cris**to
e fez **de**le o Se**nhor**, Salva**dor**, ale**lui**a.

Antífona 2

Na Quaresma:
Se**nhor**, é vossa **fa**ce que eu pro**cu**ro;
não me escon**dais** a vossa **face**!

No Tempo pascal:
Sei que a bon**da**de do Se**nhor** eu hei de **ver**
na **ter**ra dos vi**ven**tes. Ale**lui**a.

II

Alguns se levantaram e testemunharam falsamente contra Jesus (Mc 14,57).

– [7]Ó Se**nhor**, ouvi a **voz** do meu a**pe**lo, *
  aten**dei** por compai**xão**!
– [8]Meu cora**ção** fala convosco confiante, *
  e os meus **o**lhos vos procuram.
– Se**nhor**, é vossa face que eu procuro; *
  não me escon**dais** a vossa face!
– [9]Não afas**teis** em vossa ira o vosso servo, *
  sois **vós** o meu auxílio!
– Não me esque**çais** nem me deixeis abandonado, *
  meu **Deus** e Salvador!
– [10]Se meu **pai** e minha mãe me abandonarem, *
  o Se**nhor** me acolherá!
– [11]Ensi**nai**-me, ó Senhor, vossos caminhos *
  e mos**trai**-me a estrada certa!
– Por **cau**sa do inimigo, protegei-me, *
  [12]não me entre**gueis** a seus desejos!
– Porque **fal**sas testemunhas se ergueram *
  e vo**mi**tam violência. _

Quarta-feira – Vésperas

– [13]Sei que a bondade do Senhor eu hei de ver *
   na terra dos viventes.
– [14]Espera no Senhor e tem coragem, *
   espera no Senhor!

Na Quaresma: Ant.
Senhor, é vossa **face** que eu pro**cu**ro;
não me escon**dais** a vossa **face**!

No Tempo pascal: Ant.
Sei que a bon**da**de do **Se**nhor eu hei de **ver**
na **ter**ra dos vi**ven**tes. Ale**lui**a.

Antífona 3

Na Quaresma:
É o Primogênito de **to**da cria**tu**ra,
e em **tu**do Ele **tem** a primazia.

No Tempo pascal:
Todas as **coi**sas vêm de **Cris**to, são por **e**le e nele ex**is**tem;
a ele **gló**ria pelos **sé**culos! Ale**lui**a.

Cântico   cf. Cl 1,12-20

**Cristo, o Primogênito de toda a criatura
e o Primogênito dentre os mortos**

= [12]**De**mos **gra**ças a Deus **Pai** onipotente, †
   que nos **cha**ma a partilhar, na sua luz, *
   da he**ran**ça a seus santos reservada!

(R. Glória a **vós**, Primo**gê**nito dentre os **mor**tos!)

= [13]Do im**pé**rio das trevas arrancou-nos †
   e transpor**tou**-nos para o Reino de seu Filho, *
   para o **Rei**no de seu Filho bem-amado,

– [14]no **qual** nós encontramos redenção, *
   dos pe**ca**dos remissão pelo seu sangue.   (R.)

– [15]Do **Deus**, o Invisível, é a imagem, *
   o Primo**gê**nito de toda criatura;

1038   I Semana

=¹⁶ porque **ne**le é que tudo foi criado: †
o que há nos **céus** e o que existe sobre a terra, *
o vi**sí**vel e também o invisível.   (R.)

= Sejam **Tro**nos e Poderes que há nos céus, †
sejam eles Principados, Potestades: *
por ele e para ele foram feitos;

—¹⁷ antes de **to**da criatura ele existe, *
e é por ele que subsiste o universo.   (R.)

=¹⁸ Ele é a Cabeça da Igreja, que é seu Corpo, †
é o prin**cí**pio, o Primogênito dentre os mortos, *
a **fim** de ter em tudo a primazia.

—¹⁹ Pois foi do a**gra**do de Deus Pai que a plenitude *
habi**tas**se no seu Cristo inteiramente.   (R.)

—²⁰ **A**prou**ve**-lhe também, por meio dele, *
reconcili**ar** consigo mesmo as criaturas,

= pacifi**can**do pelo sangue de sua cruz †
tudo a**qui**lo que por ele foi criado, *
o que há nos **céus** e o que existe sobre a terra.   (R.)

Na Quaresma: Ant.
É o Primogênito de **to**da criatura,
e em **tu**do Ele **tem** a primazia.

No Tempo pascal: Ant.
Todas as **coi**sas vêm de **Cris**to, são por ele e nele e**xis**tem;
a ele **gló**ria pelos **sé**culos! Ale**lui**a.

A leitura breve, o responsório, a antífona do *Magnificat*, as preces
e a oração correspondentes ao Ofício celebrado.

A conclusão da Hora como no Ordinário.

I QUINTA-FEIRA

Invitatório

V. **Abri** os meus **lábios**. R. E minha **boca**.

Salmo invitatório, p. 944 com a antífona correspondente ao Ofício.

Ofício das Leituras

V. Vinde, ó **Deus**. Glória ao **Pai**. Como **era**. (T.P. Aleluia).

Essa introdução se omite quando o Invitatório precede imediatamente ao Ofício das Leituras.

HINO correspondente ao Ofício.

Salmodia

Ant. 1 A palavra do Se**nhor** é prote**ção**
para a**que**les que a ele se confiam (T.P. Aleluia).

Salmo 17(18),31-51

Ação de graças

Se Deus é por nós, quem será contra nós? (Rm 8,31).

IV

— ³¹São per**fei**tos os ca**mi**nhos do Se**nhor**, *
sua pa**la**vra é provada pelo fogo;

— nosso **Deus** é um escudo poderoso *
para a**que**les que a ele se confiam.

— ³²Quem é **deus** além de Deus nosso Senhor? *
Quem é Ro**che**do semelhante ao nosso Deus?

— ³³Foi esse **Deus** que me vestiu de fortaleza *
e que tor**nou** o meu caminho sem pecado.

— ³⁴Tomou li**gei**ros os meus pés como os da corça *
e colo**cou**-me em segurança em lugar alto;

— ³⁵ades**trou** as minhas mãos para o combate, *
e os meus **bra**ços, para usar arcos de bronze.

1040   I Semana

Ant. A palavra do Senhor é proteção
para aqueles que a ele se confiam (T.P. Aleluia).

Ant. 2 Com a vossa mão direita me amparastes (T.P. Aleluia).

V

= ³⁶Por escudo vós me destes vossa ajuda; †
com a vossa mão direita me amparastes, *
e a vossa proteção me fez crescer.

— ³⁷Alargastes meu caminho ante meus passos, *
e por isso os meus pés não vacilaram.

— ³⁸Persegui meus inimigos e alcancei-os, *
não voltei sem os haver exterminado;

— ³⁹esmaguei-os, já não podem levantar-se, *
e debaixo dos meus pés caíram todos.

— ⁴⁰Vós me cingistes de coragem para a luta *
e dobrastes os rebeldes a meus pés.

— ⁴¹Vós fizestes debandar meus inimigos, *
e aqueles que me odeiam dispersastes.

— ⁴²Eles gritaram, mas ninguém veio salvá-los; *
os seus gritos o Senhor não escutou.

— ⁴³Esmaguei-os como o pó que o vento leva *
e pisei-os como a lama das estradas.

— ⁴⁴Vós me livrastes da revolta deste povo *
e me pusestes como chefe das nações;

— serviu-me um povo para mim desconhecido, *
⁴⁵mal ouviu a minha voz, obedeceu.

= Povos estranhos me prestaram homenagem, †
⁴⁶povos estranhos se entregaram, se renderam *
e, tremendo, abandonaram seus redutos.

Ant. Com a vossa mão direita me amparastes (T.P. Aleluia).

Ant. 3 Viva o Senhor! Bendito seja o meu Rochedo!
(T.P. Aleluia). †

Quinta-feira – Vésperas

VI

—[47] Viva o Se**nhor**! Bendito **se**ja o meu Ro**che**do! *
   † E louva**do** seja Deus, meu Salvador!
—[48] Porque foi **e**le, o Senhor, que me vingou *
   e os **po**vos submeteu ao meu domínio;
= liber**tou**-me de inimigos furiosos, †
 [49] me exal**tou** sobre os rivais que resistiam*
   e do **ho**mem sanguinário me salvou.
—[50] Por **i**sso, entre as nações, vos louvarei, *
   cantarei **sal**mos, ó Senhor, ao vosso nome.
=[51] Conce**deis** ao vosso rei grandes vitórias †
   e mos**trais** misericórdia ao vosso Ungido, *
   a Da**vi** e à sua casa para sempre.

Ant. Viva o Se**nhor**! Bendito **se**ja o meu Ro**che**do!
   (T.P. Ale**luia**).

O versículo, as leituras e a oração correspondentes ao Ofício celebrado.

Laudes

V. Vinde, ó **Deus**. Glória ao **Pai**. Como era. (T.P. Ale**luia**).

Essa introdução se omite quando o Invitatório precede imediatamente às Laudes.

HINO correspondente ao Ofício.

Salmodia

Antífona 1

Na Quaresma:
Des**per**tem a **har**pa e a **li**ra, eu i**rei** acor**dar** a aurora.

No Tempo pascal:
Ele**vai**-vos, ó **Deus**, sobre os **céus**, ale**luia**.

Salmo 56(57)
Oração da manhã numa aflição

Este salmo canta a Paixão do Senhor (Sto. Agostinho).

– ²Piedade, Senhor, piedade, *
pois em **vós** se abriga a minh'alma!
– De vossas **a**sas, à sombra, me achego, *
até que **pas**se a tormenta, Senhor!

– ³Lanço um **gri**to ao Senhor Deus Altíssimo, *
a este **Deus** que me dá todo o bem.
= ⁴Que me en**vi**e do céu sua ajuda †
e con**fun**da os meus opressores! *
Deus me en**vi**e sua graça e verdade!

– ⁵Eu me en**con**tro em meio a leões, *
que, fa**min**tos, devoram os homens;
– os seus **den**tes são lanças e flechas, *
suas **lín**guas, espadas cortantes.

– ⁶Ele**vai**-vos, ó Deus, sobre os céus, *
vossa **gló**ria refulja na terra!

– ⁷Prepa**ra**ram um laço a meus pés, *
e as**sim** oprimiram minh'alma;
– uma **co**va me abriram à frente, *
mas na **co**va acabaram caindo.

– ⁸Meu cora**ção** está pronto, meu Deus, *
está **pron**to o meu coração!
– ⁹Vou can**tar** e tocar para vós: *
des**per**ta, minh'alma, desperta!
– Des**per**tem a harpa e a lira, *
eu i**rei** acordar a aurora!

– ¹⁰Vou lou**var**-vos, Senhor, entre os povos, *
dar-vos **gra**ças, por entre as nações!

– ¹¹Vosso a**mor** é mais alto que os céus, *
mais que as **nu**vens a vossa verdade!

– ¹²Ele**vai**-vos, ó Deus, sobre os céus, *
vossa **gló**ria refulja na terra!

Quinta-feira – Laudes

Na Quaresma: Ant.
Despertem a harpa e a lira, eu irei acordar a aurora.

No Tempo pascal: Ant.
Elevai-vos, ó **Deus**, sobre os **céus**, aleluia.

Antífona 2

Na Quaresma:
O meu **po**vo há de far**tar**-se de meus **bens**.

No Tempo pascal:
O Senhor redi**miu** o seu **po**vo, aleluia.

Cântico   Jr 31,10-14

A felicidade do povo libertado

Jesus iria morrer... para reunir os filhos de Deus dispersos (Jo 11,51.52).

10 Ouvi, nações, a palavra do Senhor *
    e anunciai-a nas ilhas mais distantes:
– "Quem dispersou Israel, vai congregá-lo, *
    e o guardará qual pastor a seu rebanho!"

11 Pois, na verdade, o Senhor remiu Jacó *
    e o libertou do poder do prepotente.
12 Voltarão para o monte de Sião, †
    entre brados e cantos de alegria *
    afluirão para as bênçãos do Senhor:
– para o **trigo**, o vinho novo e o azeite; *
    para o ga**do**, os cordeirinhos e as ovelhas.
– Terão a alma qual jardim bem irrigado, *
    de sede e fome nunca mais hão de sofrer.

13 Então a virgem dançará alegremente, *
    também o jovem e o velho exultarão;
– mudarei em alegria o seu luto, *
    serei consolo e conforto após a pena.

1044   I Semana

— [14]Sacia**rei** os sacerdotes de delícias, *
    e meu **po**vo há de far**tar**-se de meus bens!

Na Quaresma: Ant.
O meu **po**vo há de far**tar**-se de meus **bens**.

No Tempo pascal: Ant.
O Se**nhor** redi**miu** o seu **po**vo, ale**lu**ia.

Antífona 3

Na Quaresma:
Grande é o Se**nhor** e muito **dig**no de lou**vo**res
na ci**da**de onde ele **mo**ra. †

No Tempo pascal:
Como é **gran**de o nosso **Deus**
desde **sem**pre e para **sem**pre! Ale**lu**ia.

Salmo 47(48)
Ação de graças pela salvação do povo

Ele me levou em espírito a uma montanha grande e alta.
Mostrou-me a cidade santa, Jerusalém (Ap 21,10).

— [2]Grande é o Se**nhor** e muito **dig**no de lou**vo**res *
    na ci**da**de onde ele **mo**ra;

— [3]† seu monte **san**to, esta colina encantadora *
    é a ale**gri**a do universo.

— Monte Sião, no extremo norte situado, *
    és a man**são** do grande Rei!

— [4]Deus reve**lou**-se em suas fortes cidadelas *
    um re**fú**gio poderoso.

— [5]Pois **eis** que os reis da terra se aliaram, *
    e todos **jun**tos avançaram;

— [6]mal a **vi**ram, de pavor estremeceram, *
    deban**da**ram perturbados.

— [7]Como as **do**res da mulher sofrendo parto, *
    uma an**gús**tia os invadiu,

Quinta-feira – Laudes

— [8] seme**lhan**te ao vento leste impetuoso, *
que despe**da**ça as naus de Társis.

— [9] Como ou**ví**mos dos antigos, contemplamos: *
Deus ha**bi**ta esta cidade,

— a ci**da**de do Senhor onipotente, *
que ele a **guar**de eternamente!

— [10] Recor**da**mos, Senhor Deus, vossa bondade *
em **mei**o ao vosso templo;

— [11] com vosso **no**me vai também vosso louvor *
aos con**fins** de toda a terra.

— Vossa di**rei**ta está repleta de justiça, *
[12] exulte o **mon**te de Sião!

— A**le**grem-se as cidades de Judá *
com os **vos**sos julgamentos!

— [13] Vinde a **Si**ão, fazei a volta ao seu redor *
e con**tai** as suas torres;

— [14] obser**vai** com atenção suas muralhas, *
visi**tai** os seus palácios,

— para con**tar** às gerações que hão de vir *
[15] como é **gran**de o nosso Deus!

— O nosso **Deus** é desde sempre e para sempre: *
será **e**le o nosso guia!

Na Quaresma: Ant.
Grande é o Se**nhor** e muito **dig**no de lou**vo**res
na ci**da**de onde ele **mo**ra.

No Tempo pascal: Ant.
Como é **gran**de o nosso **Deus**
desde **sem**pre e para **sem**pre! Ale**lui**a.

A leitura breve, o responsório, a antífona do *Benedictus*, as preces
e a oração correspondentes ao Ofício celebrado.
A conclusão da Hora como no Ordinário.

Hora Média

V. Vinde, ó **Deus**. Glória ao **Pai**. Como era. (T.P. Aleluia).

HINO correspondente ao Ofício.

Salmodia

Na Quaresma: Antífona como no Próprio do Tempo.

No Tempo pascal: Ant. Aleluia, aleluia, aleluia.

Salmo 118(119),17-24
III (Ghimel)
Meditação sobre a Palavra de Deus na Lei

O meu alimento é fazer a vontade daquele que me enviou
(Jo 4,34).

—17Sede **bom** com vosso **ser**vo, e vive**rei**, *
e guarda**rei** vossa palavra, ó Senhor.

—18Abri meus **o**lhos, e então contemplarei *
as mara**vi**lhas que encerra a vossa lei!

—19Sou ape**nas** peregrino sobre a terra, *
de **mim** não oculteis vossos preceitos!

—20Minha **al**ma se consome o tempo todo *
em dese**jar** as vossas justas decisões.

—21Amea**çais** os orgulhosos e os malvados; *
maldito **se**ja quem transgride a vossa lei!

—22Li**vrai**-me do insulto e do desprezo, *
pois eu **guar**do as vossas ordens, ó Senhor.

—23Que os pode**ro**sos reunidos me condenem; *
o que me im**por**ta é o vosso julgamento!

—24Minha ale**gri**a é a vossa Aliança, *
meus consel**hei**ros são os vossos mandamentos.

Quinta-feira – Hora Média

Salmo 24(25)

Prece de perdão e confiança

A esperança não decepciona (Rm 5,5).

I

= [1] Senhor, meu **Deus**, a vós elevo a minha **alma**, †
[2] em vós con**fio**: que eu não seja envergonhado *
nem tri**un**fem sobre mim os inimigos!

– [3] Não se enver**gon**ha quem em vós põe a esperança, *
mas sim, quem **ne**ga por um nada a sua fé.

– [4] Mos**trai**-me, ó Senhor, vossos caminhos, *
e fa**zei**-me conhecer a vossa estrada!

= [5] Vossa ver**da**de me oriente e me conduza, †
porque **sois** o Deus da minha salvação; *
em vós es**pe**ro, ó Senhor, todos os dias!

– [6] Recor**dai**, Senhor, meu Deus, vossa ternura *
e a **vos**sa compaixão que são eternas!

– [7] Não recor**deis** os meus pecados quando jovem, *
nem vos lem**breis** de minhas faltas e delitos!

– De mim lem**brai**-vos, porque sois misericórdia *
e sois bon**da**de sem limites, ó Senhor!

– [8] O Se**nhor** é piedade e retidão, *
e recon**duz** ao bom caminho os pecadores.

– [9] Ele di**ri**ge os humildes na justiça, *
e aos **po**bres ele ensina o seu caminho.

– [10] Verdade e a**mor** são os caminhos do Senhor *
para quem **guar**da sua Aliança e seus preceitos.

– [11] Ó Se**nhor**, por vosso nome e vossa honra, *
perdo**ai** os meus pecados que são tantos!

II

– [12] Qual é o **ho**mem que res**pei**ta o Se**nhor**? *
Deus lhe en**si**na os caminhos a seguir.

1048   I Semana

— ¹³Será **feliz** e viverá na abundância, *
    e os seus **filhos** herdarão a nova terra.
— ¹⁴o Se**nhor** se torna íntimo aos que o temem *
    e lhes **dá** a conhecer sua Aliança.
— ¹⁵Tenho os **o**lhos sempre fitos no Senhor, *
    pois ele **tira** os meus pés das armadilhas.
— ¹⁶Vol**tai**-vos para mim, tende piedade, *
    porque sou **po**bre, estou sozinho e infeliz!
— ¹⁷Alivi**ai** meu coração de tanta angústia, *
    e liber**tai**-me das minhas aflições!
— ¹⁸Conside**rai** minha miséria e sofrimento *
    e conce**dei** vosso perdão aos meus pecados!
— ¹⁹**O**lhai meus inimigos que são muitos, *
    e com que **ó**dio violento eles me odeiam!
— ²⁰Defen**dei** a minha vida e libertai-me; *
    em vós con**fio**, que eu não seja envergonhado!
— ²¹Que a reti**dão** e a inocência me protejam, *
    pois em **vós** eu coloquei minha esperança!
— ²²Liber**tai**, ó Senhor Deus, a Israel *
    de **to**da sua angústia e aflição!

No Tempo pascal: Ant. **Aleluia, aleluia, aleluia.**

Para as outras Horas, Salmodia complementar, p. 1421.

A leitura breve, o versículo e a oração correspondentes ao Ofício celebrado.

A conclusão da Hora como no Ordinário.

Vésperas

V. Vinde, ó **Deus**. Glória ao **Pai**. Como era. (T.P. **Aleluia**).
HINO correspondente ao Ofício

Quinta-feira – Vésperas

Salmodia

Antífona I

Na Quaresma:
Senhor, meu **Deus**, clamei por **vós** e me cu**ra**stes!
A vós lou**vor** eterna**men**te!

No Tempo pascal:
Transfor**mas**tes o meu **pran**to em uma **festa**, ale**lu**ia.

Salmo 29(30)

Ação de graças pela libertação

Cristo, após sua gloriosa ressurreição, dá graças ao Pai
(Cassiodoro).

– [2] Eu vos e**xal**to, ó S**e**nhor, pois me li**vra**stes, *
   e não dei**xas**tes rir de mim meus inimigos!

– [3] S**e**nhor, clamei por vós, pedindo ajuda, *
   e vós, meu **Deus**, me devolvestes a saúde!

– [4] Vós ti**ra**stes minha alma dos abismos *
   e me sal**vas**tes, quando estava já morrendo!

– [5] Cantai **sal**mos ao Senhor, povo fiel, *
   dai-lhe **gra**ças e invocai seu santo nome!

– [6] Pois sua **ira** dura apenas um momento, *
   mas sua bon**da**de permanece a vida inteira;

–   se à **tar**de vem o pranto visitar-nos, *
   de man**hã** vem saudar-nos a alegria.

– [7] Nos mo**men**tos mais felizes eu dizia: *
   "Ja**mais** hei de sofrer qualquer desgraça!"

– [8] Honra e po**der** me concedia a vossa graça, *
   mas escon**des**tes vossa face e perturbei-me.

– [9] Por **vós**, ó meu Senhor, agora eu clamo, *
   e im**plo**ro a piedade do meu Deus:

– [10] "Que van**ta**gem haverá com minha morte, *
   e que **lu**cro, se eu descer à sepultura?_

I Semana

— Por a**ca**so, pode o pó agradecer-vos *
   e anunci**ar** vossa leal fidelidade?

—[11] Escu**tai**-me, Senhor Deus, tende piedade! *
   Sede, Se**nhor**, o meu abrigo protetor!

—[12] Transfor**mas**tes o meu pranto em uma festa, *
   meus far**ra**pos, em adornos de alegria,

=[13] para minh'**al**ma vos louvar ao som da harpa †
   e ao in**vés** de se calar, agradecer-vos: *
   Senhor, meu **Deus**, eternamente hei de louvar-vos!

Na Quaresma: Ant.
Senhor, meu **Deus**, clamei por **vós** e me cu**ras**tes!
A vós lou**vor** eterna**men**te!

No Tempo pascal: Ant.
Transfor**mas**tes o meu **pran**to em uma **fes**ta, ale**lui**a.

Antífona 2

Na Quaresma:
Feliz o **ho**mem a **quem** o Se**nhor**
não olha **mais** como **sen**do cul**pa**do!

No Tempo pascal:
Fomos **re**conciliados com Deus **Pai**
pela **mor**te de seu **Fi**lho, ale**lui**a.

Salmo 31(32)
Feliz o homem que foi perdoado!

*Davi declara feliz o homem a quem Deus credita a justiça
independentemente das obras* (Rm 4,6).

— [1] Feliz o **ho**mem que **foi** perdoado *
   e cuja **fal**ta já foi encoberta!

= [2] Feliz o **ho**mem a quem o Senhor †
   não olha **mais** como sendo culpado, *
   e em cuja **al**ma não há falsidade!

Quinta-feira – Vésperas

= [3]Enquanto **eu** silenciei meu pecado, †
dentro de **mim** definhavam meus ossos *
e eu ge**mia** por dias inteiros,

– [4]porque sen**tia** pesar sobre mim *
a vossa **mão**, ó Senhor, noite e dia;

– e minhas **for**ças estavam fugindo, *
tal como a **sei**va da planta no estio.

– [5]Eu confes**sei**, afinal, meu pecado, *
e minha **fal**ta vos fiz conhecer.

– Disse: "**Eu** irei confessar meu pecado!" *
E perdo**astes**, Senhor, minha falta.

– [6]Todo fi**el** pode, assim, invocar-vos, *
durante o **tem**po da angústia e aflição,

– porque, a**in**da que irrompam as águas, *
não pode**rão** atingi-lo jamais.

– [7]Sois para **mim** proteção e refúgio; *
na minha an**gús**tia me haveis de salvar,

– e envolve**reis** a minha alma no gozo *
da salva**ção** que me vem só de vós.

= [8]"Vou instru**ir**-te e te dar um conselho; †
vou te **dar** um conselho a seguir, *
e sobre **ti** pousarei os meus olhos:

= [9]Não queiras **ser** semelhante ao cavalo, †
ou ao ju**men**to, animais sem razão; *
eles pre**ci**sam de freio e cabresto

– para do**mar** e amansar seus impulsos, *
pois de outro **mo**do não chegam a ti".

= [10]Muito so**frer** é a parte dos ímpios; †
mas quem con**fia** em Deus, o Senhor, *
é envol**vi**do por graça e perdão. –

I Semana

= [1]Regozijai-vos, ó justos, em Deus, †
e no Senhor exultai de alegria! *
Corações retos, cantai jubilosos!

Na Quaresma: Ant.
Feliz o homem a quem o Senhor
não olha mais como sendo culpado!

No Tempo pascal: Ant.
Fomos reconciliados com Deus Pai
pela morte de seu Filho, aleluia.

Antífona 3

Na Quaresma:
O Senhor lhe deu o Reino, a glória e o poder;
as nações hão de servi-lo.

No Tempo pascal:
Quem será igual a vós, entre os fortes, ó Senhor?
Quem será igual a vós, tão ilustre em santidade? Aleluia.

Cântico   Ap 11,17-18;12,10b-12a
O julgamento de Deus

– [11.17]Graças vos damos, Senhor Deus onipotente, *
a vós que sois, a vós que éreis e sereis,

–   porque assumistes o poder que vos pertence, *
e enfim tomastes posse como rei!

(R. Nós vos damos graças, nosso Deus!)

=   [18]As nações se enfureceram revoltadas, †
mas chegou a vossa ira contra elas *
e o tempo de julgar vivos e mortos,

=   e de dar a recompensa aos vossos servos, †
aos profetas e aos que temem vosso nome, *
aos santos, aos pequenos e aos grandes.   (R.)

= [12.10]Chegou agora a salvação e o poder †
e a realeza do Senhor e nosso Deus, *
e o domínio de seu Cristo, seu Ungido.

Quinta-feira – Vésperas

— Pois foi expulso o delator que acusava *
nossos irmãos, dia e noite, junto a Deus. (R.)

= 11 Mas o venceram pelo sangue do Cordeiro †
e o testemunho que eles deram da Palavra, *
pois desprezaram sua vida até à morte.

— 12 Por isso, ó céus, cantai alegres e exultai *
e vós todos os que neles habitais! (R.)

Na Quaresma: Ant.
O Senhor lhe deu o Reino, a glória e o poder;
as nações hão de servi-lo.

No Tempo pascal: Ant.
Quem será igual a vós, entre os fortes, ó Senhor?
Quem será igual a vós, tão ilustre em santidade? Aleluia.

A leitura breve, o responsório, a antífona do *Magníficat*, as preces
e a oração correspondentes ao Ofício celebrado.

A conclusão da Hora como no Ordinário.

I SEXTA-FEIRA

Invitatório

V.**Abri** os meus **lábios**. R.E minha **boca**.

Salmo invitatório, p. 944 com a antífona correspondente ao Ofício.

Ofício das Leituras

V. Vinde, ó **Deus**. Glória ao **Pai**. Como era. (T.P.Aleluia)

Essa introdução se omite quando o Invitatório precede imediatamente ao Ofício das Leituras.

HINO correspondente ao Ofício.

Salmodia

Ant. 1 Levantai-vos, ó **Senhor**, vinde **logo** em meu so**corro**! (T.P.Aleluia)

Salmo 34(35),1-2.3c.9-19.22-23.27.28

O Senhor salva nas perseguições

Reuniram-se... e resolveram prender Jesus por um ardil para o matar (Mt 26,3.4).

I

— ¹Acu**sai** os que me a**cusam**, ó **Senhor**, *
  comba**tei** os que combatem contra mim!
= ²Empu**nhai** o vosso escudo e armadura; †
  levan**tai**-vos, vinde logo em meu socorro *
  ³e di**zei**-me: "Sou a tua salvação!"

— ⁹Então, minh'**alma** no Senhor se alegrará *
  e exul**tará** de alegria em seu auxílio.

— ¹⁰**Direi** ao meu Senhor com todo o ser: *
  "**Senhor**, quem pode a vós se assemelhar,

— pois li**vrais** o infeliz do prepotente *
  e liber**tais** o miserável do opressor?" —

Sexta-feira – Ofício das Leituras

—11 Surgiram testemunhas mentirosas, *
acusando-me de coisas que não sei.
—12 Pagaram com o mal o bem que fiz, *
e a minh'alma está agora desolada!

Ant. Levantai-vos, ó Senhor, vinde logo em meu socorro!
(T.P. Aleluia).

Ant. 2 Defendei minha causa, Senhor poderoso!
(T.P. Aleluia).

II

—13 Quando eram eles que sofriam na doença, †
eu me humilhava com cilício e com jejum *
e revolvia minhas preces no meu peito;
—14 eu sofria e caminhava angustiado *
como alguém que chora a morte de sua mãe.
=15 Mas apenas tropecei, eles se riram; †
como feras se juntaram contra mim *
e me morderam, sem que eu saiba seus motivos;
—16 eles me tentam com blasfêmias e sarcasmos *
e se voltam contra mim rangendo os dentes.

Ant. Defendei minha causa, Senhor poderoso!
(T.P. Aleluia).

Ant. 3 Minha língua anunciará vossa justiça eternamente.
(T.P. Aleluia).

III

=17 Até quando, ó Senhor, podeis ver isso? †
Libertai a minha alma destas feras *
e salvai a minha vida dos leões!
—18 Então, em meio à multidão, vos louvarei *
e na grande assembleia darei graças.
—19 Que não possam nunca mais rir-se de mim *
meus inimigos mentirosos e injustos!

1056   I Semana

– Nem acenem os seus olhos com maldade *
  aqueles que me odeiam sem motivo!

–²²Vós bem vistes, ó Senhor, não vos caleis! *
  Não fiqueis longe de mim, ó meu Senhor!

–²³Levantai-vos, acordai, fazei justiça! *
  Minha causa defendei, Senhor, meu Deus!

–²⁷Rejubile de alegria todo aquele *
  que se faz o defensor da minha causa

– e possa dizer sempre: "Deus é grande, *
  ele deseja todo o bem para o seu servo!"

–²⁸Minha língua anunciará vossa justiça *
  e cantarei vosso louvor eternamente!

Ant. Minha língua anunciará vossa justiça eternamente.
    (T.P. Aleluia).

O versículo, as leituras e a oração correspondentes ao Ofício celebrado.

Laudes

V. Vinde, ó **Deus**. Glória ao **Pai**. Como era (T.P. Aleluia).

Essa introdução se omite quando o invitatório precede imediatamente às Laudes.

HINO: correspondente ao Ofício.

Salmodia

Antífona 1

Na Quaresma:
Aceitareis o verdadeiro sacrifício
no altar do coração arrependido.

No Tempo pascal:
Lembrai-vos de mim, Senhor, meu Deus,
quando tiverdes chegado em vosso Reino! Aleluia.

Salmo 50(51)

Tende piedade, ó meu Deus!

Renovai o vosso espírito e a vossa mentalidade. Revesti o homem novo (Ef 4,23-24).

— [3] Tende pie**d**ade, ó meu **Deus**, miseric**ór**dia! *
Na imensi**dão** de vosso amor, purificai-me!

— [4] La**v**ai-me todo inteiro do pecado, *
e apa**gai** completamente a minha culpa!

— [5] Eu reco**nh**e**ç**o toda a minha iniquidade, *
o meu pe**c**ado está sempre à minha frente.

— [6] Foi contra **vós**, só contra vós, que eu pequei, *
e prati**quei** o que é mau aos vossos olhos!

— Mostrais as**sim** quanto sois justo na sentença, *
e quanto é **ret**o o julgamento que fazeis.

— [7] Vede, Se**nhor**, que eu nasci na iniquidade *
e peca**dor** já minha mãe me concebeu.

— [8] Mas vós **amais** os corações que são sinceros, *
na intimi**da**de me ensinais sabedoria.

— [9] Aspergi-me e serei puro do pecado, *
e mais **bran**co do que a neve ficarei.

— [10] Fazei-me ou**vir** cantos de festa e de alegria, *
e exulta**rão** estes meus ossos que esmagastes.

— [11] Desviai o vosso olhar dos meus pecados *
e apa**gai** todas as minhas transgressões!

— [12] Criai em **mim** um coração que seja puro, *
dai-me de **no**vo um espírito decidido.

— [13] Ó Se**nhor**, não me afasteis de vossa face, *
nem reti**reis** de mim o vosso Santo Espírito!

— [14] Dai-me de **no**vo a alegria de ser salvo *
e confir**mai**-me com espírito generoso!

— [15] Ensina**rei** vosso caminho aos pecadores, *
e para **vós** se voltarão os transviados. —

—¹⁶Da **mor**te como pena, libertai-me, *
e minha **lín**gua exaltará vossa justiça!
—¹⁷Abri meus **lá**bios, ó Senhor, para cantar, *
e minha **bo**ca anunciará vosso louvor!
—¹⁸Pois não **são** de vosso agrado os sacrifícios, *
e, se o**fer**to um holocausto, o rejeitais.
—¹⁹Meu sacri**fí**cio é minha alma penitente, *
não despre**zeis** um coração arrependido!
—²⁰Sede be**nig**no com Sião, por vossa graça, *
reconstruí Jerusalém e os seus muros!
—²¹E aceita**reis** o verdadeiro sacrifício, *
os holo**caus**tos e oblações em vosso altar!

Na Quaresma: Ant.
Aceita**reis** o verda**dei**ro sacri**fí**cio
no al**tar** do cora**ção** arrepen**di**do.

No Tempo pascal: Ant.
Lem**brai**-vos de **mim**, Senhor, meu **Deus**,
quando tiver**des** che**ga**do em vosso **Rei**no! Aleluia.

Antífona 2

Na Quaresma:
Se**rá** vitori**o**sa no Se**nhor** e glori**o**sa toda a **ra**ça de Israel.

No Tempo pascal:
Senhor **Deus** de Israel, ó Salvador,
Deus escon**di**do real**men**te sois, Se**nhor**. Aleluia. †

Cântico   Is 45,15-25

Todos os povos se converterão ao Senhor
Ao nome de Jesus todo joelho se dobre (Fl 2,10)

—¹⁵Senhor **Deus** de Israel, ó Salva**dor**, *
Deus escon**di**do, realmente, sois, Senhor!
=¹⁶†Todos a**que**les que odeiam vosso nome, †
como a**que**les que fabricam os seus ídolos, *
serão co**ber**tos de vergonha e confusão. —

Sexta-feira – Laudes

– [17] Quem sal**vou** Israel foi o Senhor, *
e é para **sem**pre esta sua salvação.
– E não se**reis** envergonhados e humilhados, *
não o se**reis** eternamente pelos séculos!
– [18] Assim fa**la** o Senhor que fez os céus, *
o mesmo **Deus** que fez a terra e a fixou,
– e a cri**ou** não para ser como um deserto, *
mas a for**mou** para torná-la habitável:
= "Somente **eu** sou o Senhor, e não há outro! †
[19] Não fa**lei** às escondidas e em segredo, *
nem fa**lei** de algum lugar em meio às trevas;
– nem **dis**se à descendência de Jacó: *
'Procu**rai**-me e buscai-me inutilmente!'
– Eu, po**rém**, sou o Senhor, falo a verdade *
e anun**cio** a justiça e o direito!
– [20] Reu**ni**-vos, vinde todos, achegai-vos, *
pequeno **res**to que foi salvo entre as nações:
= como são **lou**cos os que levam os seus ídolos †
e os que **o**ram a uma estátua de madeira, *
a um **deus** que é incapaz de os salvar!
– [21] Apresen**tai** as vossas provas e argumentos, *
delibe**rai** e consultai-vos uns aos outros:
– Quem pre**dis**se essas coisas no passado? *
Quem reve**lou** há tanto tempo tudo isso?
= Não fui **eu**, o Senhor Deus, e nenhum outro? †
Não e**xis**te outro deus fora de mim! *
Sou o Deus **jus**to e Salvador, e não há outro!
– [22] Vol**tai**-vos para mim e sereis salvos, *
homens **to**dos dos confins de toda a terra!
– Porque **eu** é que sou Deus e não há outro, *
[23] e isso eu **ju**ro por meu nome, por mim mesmo!
– É ver**da**de o que sai da minha boca, *
minha pa**la**vra é palavra irrevogável!

1060   I Semana

= Diante de **mim** se dobrará todo joelho, †
    e por meu **no**me hão de jurar todas as línguas: *
—²⁴'Só no Se**nhor** está a justiça e a fortaleza!'
— Ao Se**nhor** hão de voltar envergonhados *
    todos a**que**les que o detestam e o renegam.
—²⁵Mas se**rá** vitoriosa no Senhor *
    e glori**o**sa toda a raça de Israel".

Na Quaresma: Ant.

Se**rá** vitori**o**sa no Se**nhor** e glori**o**sa toda a **ra**ça de Isra**el**.

No Tempo pascal: Ant.

Senhor **Deus** de Israel, ó Salva**dor**,
Deus escon**di**do real**men**te sois, Se**nhor**. Ale**lui**a.

Antífona 3

Na Quaresma:

Vinde **to**dos ao Se**nhor** com **can**tos de ale**gri**a!

No Tempo pascal:

Ser**vi** ao Se**nhor** com ale**gri**a. Ale**lui**a.

Quando o salmo seguinte já tiver sido recitado no Invitatório, em
seu lugar se diz o Salmo 94(95), à p. 944.

Salmo 99(100)

A alegria dos que entram no templo

*O Senhor ordena aos que foram salvos cantar um hino de
vitória* (Sto. Atanásio).

= ²Acla**mai** o Se**nhor**, ó terra in**tei**ra, †
    ser**vi** ao Senhor com ale**gri**a, *
    ide a **e**le cantando jubi**lo**sos!
= ³Sa**bei** que o Senhor, só ele, é Deus, †
    Ele **mes**mo nos fez, e somos seus, *
    nós **so**mos seu povo e seu rebanho. —

Sexta-feira – Hora Média 1061

= [4] **Entrai** por suas portas dando graças, †
e em seus **átrios** com hinos de louvor; *
dai-lhe **graças**, seu nome bendizei!
= [5] Sim, é **bom** o Senhor e nosso Deus, †
sua bon**da**de perdura para sempre, *
seu **amor** é fiel eternamente!

Na Quaresma: Ant.
Vinde **to**dos ao Se**nhor** com **can**tos de ale**gri**a!

No Tempo pascal: Ant.
Ser**vi** ao Se**nhor** com ale**gri**a, ale**lui**a.

A leitura breve, o responsório, a antífona do *Benedictus*, as
preces e a oração correspondentes ao Ofício celebrado.

A conclusão da Hora como no Ordinário.

Hora Média

V. Vinde, ó **Deus**. Glória ao **Pai**. Como era(T.P. Ale**lui**a).
HINO correspondente ao Ofício.

Salmodia

Na Quaresma: Antífona como no Próprio do Tempo.

No Tempo pascal: Ant. Ale**lui**a, ale**lui**a, ale**lui**a.

Salmo 118(119),25-32
IV (Daleth)
Meditação sobre a Palavra de Deus na Lei

Ao entrar no mundo, afirma: Eu vim, ó Deus, para fazer a
tua vontade (Hb 10,5.7).

– [25] A minha **al**ma está pros**tra**da na po**ei**ra, *
vossa pa**la**vra me devolva a minha vida!
– [26] Eu vos nar**rei** a minha sorte e me atendestes, *
ensi**nai**-me, ó Senhor, vossa vontade!
– [27] **Fa**zei-me conhecer vossos caminhos, *
e en**tão** meditarei vossos prodígios!

1062

— ²⁸A minha **al**ma chora e geme de tristeza, *
vossa pa**la**vra me console e reanime!
— ²⁹Afas**tai**-me do caminho da mentira *
e **dai**-me a vossa lei como um presente!
— ³⁰Esco**lhi** seguir a trilha da verdade, *
diante de **mim** eu coloquei vossos preceitos.
— ³¹De cora**ção** quero apegar-me a vossa lei; *
ó Se**nhor**, não me deixeis desiludido!
— ³²De **vos**sos mandamentos corro a estrada, *
porque **vós** me dilatais o coração.

Salmo 25(26)
Prece confiante do inocente

*Em Cristo Deus nos escolheu para que sejamos santos e
irrepreensíveis* (Ef 1,4).

— ¹Fazei jus**ti**ça, Se**nhor**: sou ino**cen**te, *
e confi**an**do no Senhor não vacilei.
— ²Pro**vai**-me, Senhor, e examinai-me *
son**dai** meu coração e o meu íntimo!
— ³Pois tenho **sem**pre vosso amor ante meus olhos; *
vossa ver**da**de escolhi por meu caminho.
— ⁴Não me as**sen**to com os homens mentirosos, *
e não **que**ro associar-me aos impostores;
— ⁵eu de**tes**to a companhia dos malvados, *
e com os **ím**pios não desejo reunir-me.
— ⁶Eis que **la**vo minhas mãos como inocente *
e ca**mi**nho ao redor de vosso altar,
— ⁷cele**bran**do em alta voz vosso louvor, *
e as **vos**sas maravilhas proclamando.
— ⁸Se**nhor**, eu amo a casa onde habitais *
e o lu**gar** em que reside a vossa glória.
— ⁹Não jun**teis** a minha alma à dos malvados, *
nem minha **vi**da à dos homens sanguinários;

Sexta-feira – Hora Média

—¹⁰ eles **têm** as suas mãos cheias de crime; *
sua di**rei**ta está repleta de suborno.

—¹¹ Eu, po**rém**, vou caminhando na inocência; *
liber**tai**-me, ó Senhor, tende piedade!

—¹² Está **fir**me o meu pé na estrada certa; *
ao Se**nhor** eu bendirei nas assembleias.

Salmo 27(28),1-3.6-9

Súplica e ação de graças

Pai, eu te dou graças, porque me ouvistes (Jo 11,41).

—¹ A vós eu **cla**mo, ó Se**nhor**, ó meu ro**che**do, *
não fiqueis **sur**do à minha **voz**!

— Se não me ou**vir**des, eu terei a triste sorte *
dos que **des**cem ao sepulcro!

—² Escu**tai** o meu clamor, a minha súplica, *
quando eu **gri**to para vós;

— quando eu e**le**vo, ó Senhor, as minhas mãos *
para o **vos**so santuário.

—³ Não dei**xeis** que eu pereça com os malvados, *
com quem **faz** a iniquidade;

— eles **fa**lam sobre paz com o seu próximo, *
mas têm o **mal** no coração.

—⁶ Bendito **se**ja o Senhor, porque ouviu *
o **cla**mor da minha súplica!

—⁷ Minha **for**ça e escudo é o Senhor; *
meu cora**ção** nele confia.

— Ele aju**dou**-me e alegrou meu coração; *
eu canto em **fes**ta o seu louvor.

—⁸ O Se**nhor** é a fortaleza do seu povo *
e a salva**ção** do seu Ungido.

—⁹ **Sal**vai o vosso povo e libertai-o; *
abenço**ai** a vossa herança!

1064

   — Sede **vós** o seu pastor e o seu guia *
     pelos **séculos** eternos!

No Tempo pascal: Ant.**Aleluia, aleluia, aleluia.**

Para as outras Horas, Salmodia complementar, p. 1421.
A leitura breve, o versículo e a oração correspondentes ao Ofício celebrado.

A conclusão da Hora como no Ordinário.

Vésperas

V.Vinde, ó **Deus**. Glória ao **Pai**. Como era (T.P.Aleluia).
HINO correspondente ao Ofício.
Salmodia

Antífona 1

Na Quaresma:
Curai-me, **Senhor**: eu pe**quei** contra **vós**!

No Tempo pascal:
Por nossa **causa** Jesus **Cristo** se fez **pobre**
e as**sim** com sua po**breza** enrique**ceu**-nos. Ale**luia**.

Salmo 40(41)

Prece de um enfermo

Um de vós, que come comigo, vai me trair (Mc 14,18).

   — ^{2}**Fe**liz de quem **pen**sa no **pobre** e no **fraco**: *
     o Se**nhor** o liberta no **dia** do mal!

   = ^{3}O **Senhor** vai guardá-lo e sal**var** sua vida, †
     o Se**nhor** vai torná-lo fe**liz** sobre a terra, *
     e não **vai** entregá-lo à mer**cê** do inimigo.

   — ^{4}**Deus** i**rá** ampará-lo em seu **lei**to de dor, *
     e lhe **vai** transformar a doença em vigor.

   — ^{5}Eu **digo**: "Meu Deus, tende **pena** de mim, *
     cu**rai**-me, Senhor, pois pe**quei** contra vós!" —

Sexta-feira – Vésperas

– ⁶O **meu** inimigo me **diz** com maldade: *
"Quando **há** de morrer e extin**guir**-se o seu nome?"
= ⁷Se al**guém** me visita, é com **du**pla intenção: †
re**co**lhe más notícias no **seu** coração, *
e, apenas saindo, ele **cor**re a espalhá-las.

– ⁸Vati**ci**nam desgraças os **meus** inimigos, *
reu**ni**dos sussurram o **mal** contra mim:

– ⁹"Uma **pes**te incurável **cai**u sobre ele, *
e do **lei**to em que jaz nunca **mais** se erguerá!"

– ¹⁰Até **mes**mo o amigo em quem **mais** confiava, *
que co**mi**a o meu pão, me cal**cou** sob os pés.

– ¹¹Vós ao **me**nos, Senhor, tende **pe**na de mim, *
levan**tai**-me: que eu possa pa**gar**-lhes o mal.

– ¹²Eu, en**tão**, saberei que vós **sois** meu amigo, *
porque **não** triunfou sobre **mim** o inimigo.

– ¹³Vós, po**rém**, me havereis de guar**dar** são e salvo *
e me **pôr** para sempre na **vos**sa presença.

– ¹⁴Ben**di**to o Senhor, que é **Deus** de Israel, *
desde **sem**pre, agora e **sem**pre. Amém!

Na Quaresma: Ant.
Curai-me, Se**nhor**: eu pe**quei** contra **vós!**

No Tempo pascal: Ant.
Por nossa **cau**sa Jesus **Cris**to se fez **po**bre
e as**sim** com sua po**bre**za enrique**ceu**-nos. Ale**lui**a.

Antífona 2

Na Quaresma:
Co**nos**co **es**tá o Se**nhor** do univer**so!**
O **nos**so re**fú**gio é o **Deus** de Ja**có!**

No Tempo pascal:
Um **ri**o d'água **vi**va vem tra**zer** ale**gri**a
à Ci**da**de de **Deus**. Ale**lui**a.

Salmo 45(46)

O Senhor é refúgio e vigor

Ele será chamado pelo nome de Emanuel, que significa:
Deus está conosco (Mt 1,23).

— ²O Senhor para **nós** é re**fú**gio e vi**gor**, *
sempre **pron**to, mostrou-se um so**cor**ro na angústia;
— ³as**sim** não tememos, se a **ter**ra estremece, *
se os **mon**tes desabam, caindo nos mares,
— ⁴se as **águas** trovejam e as **on**das se agitam, *
se, em fe**roz** tempestade, as mon**tan**has se abalam:

— ⁵Os **braços** de um rio vêm **tra**zer alegria *
à Ci**da**de de Deus, à mo**ra**da do Altíssimo.
— ⁶**Quem** a **po**de abalar? Deus **está** no seu meio! *
Já bem **an**tes da aurora, ele **vem** ajudá-la.
— ⁷Os **po**vos se agitam, os **rei**nos desabam; *
tro**veja** sua voz e a **ter**ra estremece.

— ⁸**Co**nosco está o **Senhor** do universo! *
O **nos**so re**fú**gio é o **Deus** de Jacó!

— ⁹**Vin**de **ver**, contemplai os pro**dí**gios de Deus *
e a **o**bra estu**pen**da que **fez** no universo:
= re**pri**me as guerras na **face** da terra, †
¹⁰ele **que**bra os arcos, as **lan**ças destrói *
e **quei**ma no fogo os es**cu**dos e as armas:
— ¹¹"**Pa**rai e sabei, conhe**cei** que eu sou Deus, *
que do**mino** as nações, que do**mino** a terra!"

— ¹²**Co**nosco está o **Senhor** do universo! *
O **nos**so re**fú**gio é o **Deus** de Jacó!

Na Quaresma: Ant
Conosco está o **Senhor** do universo!
O **nos**so re**fú**gio é o **Deus** de Jacó!

Sexta-feira – Vésperas

No Tempo pascal: Ant.
**Um rio d'água viva vem trazer alegria
à Cidade de Deus. Aleluia.**

Antífona 3

Na Quaresma:
Os povos virão adorar-vos, Senhor.

No Tempo pascal:
**Ao Senhor quero cantar pois fez brilhar a sua glória.
Aleluia.**

Cântico — Ap 15,3-4

Hino de adoração

— ³ Como são **grandes e admiráveis vossas obras,** *
ó **Senhor e nosso Deus onipotente!**
— Vossos **caminhos são verdade, são justiça,** *
ó **Rei dos povos todos do universo!**

(R. São **grandes vossas obras, ó Senhor!**)

= ⁴ Quem, **Senhor, não haveria de temer-vos,** †
e **quem não honraria o vosso nome?** *
Pois so**mente vós, Senhor, é que sois santo!**   (R.)

= As nações **todas hão de vir perante vós** †
e, prostradas, haverão de adorar-vos, *
pois vossas **justas decisões são manifestas.**   (R.)

Na Quaresma: Ant.
Os povos virão adorar-vos, Senhor.

No Tempo pascal: Ant.
**Ao Senhor quero cantar pois fez brilhar a sua glória.
Aleluia.**

A leitura breve, o responsório, a antífona do *Magnificat*, as preces
e a oração correspondentes ao Ofício celebrado.

A conclusão da Hora como no Ordinário.

I SÁBADO

Invitatório

V. **Abri** os meus **lábios**. R. E minha **boca**.
Salmo invitatório, p. 944 com a antífona correspondente ao Ofício.

Ofício das Leituras

V. Vinde, ó **Deus**. Glória ao **Pai**. Como era (T.P. **Aleluia**).
Essa introdução se omite quando o Invitatório precede imediatamente ao Ofício das Leituras.

HINO correspondente ao Ofício.

Salmodia

Ant. 1 Cantai, entoai **sal**mos ao Se**nhor**,
publi**cai** todas as **su**as maravilhas! (T.P. **Aleluia**).

Salmo 104(105)

O Senhor é fiel às suas promessas

Os Apóstolos anunciam aos povos as maravilhas de Deus,
realizadas na vinda de Cristo (Sto. Atanásio).

I

– ¹Dai **graças** ao Se**nhor**, gritai seu **nome**, *
anunci**ai** entre as nações seus grandes feitos!
– ²Cantai, entoai salmos para ele, *
publi**cai** todas as suas maravilhas!
– ³Glori**ai**-vos em seu nome que é santo,*
ex**ul**te o coração que busca a Deus!
– ⁴Procur**ai** o Senhor Deus e seu poder, *
bus**cai** constantemente a sua face!
– ⁵Lembr**ai** as maravilhas que ele fez, *
seus pro**dí**gios e as palavras de seus lábios!
– ⁶Descen**den**tes de Abraão, seu servidor, *
e **fi**lhos de Jacó, seu escolhido,

Sábado – Ofício das Leituras

– **7** ele **mes**mo, o Senhor, é nosso Deus, *
vi**gor**am suas leis em toda a terra.

– **8** Ele **sem**pre se recorda da Aliança, *
promul**gada** a incontáveis gerações;

– **9** da Ali**an**ça que ele fez com Abraão, *
e do seu **san**to juramento a Isaac.

– **10** Confir**mou** sua Promessa a Jacó, *
a Isra**el** como perpétua Aliança,

– **11** quando **dis**se: "Hei de dar-vos Canaã,*
esta **ter**ra que, por sorte, é vossa herança".

– **12** Quando a**in**da eram bem pouco numerosos *
e estran**gei**ros no país, onde acamparam,

– **13** mu**da**vam de nação para nação, *
e de **rei**nos para povos diferentes,

– **14** não consen**tiu** que nenhum povo os oprimisse, *
e até **reis** ele puniu por causa deles.

– **15** Disse **e**le: "Não toqueis nos meus ungidos, *
e a ne**nhum** de meus profetas maltrateis!"

Ant. **Can**tai, entoai **sal**mos ao Se**nhor**,
publi**cai** todas as **s**uas maravilhas!(T.P. Ale**luia**).

Ant. 2 O Se**nhor** não aban**do**na o **jus**to que é traído.
(T.P. Ale**luia**).

II

– **16** Mandou **vir**, então, a **fo**me sobre a **ter**ra *
e os pri**vou** de todo pão que os sustentava;

– **17** um **ho**mem enviara à sua frente,*
José que foi vendido como escravo.

– **18** Aperta**ram** os seus pés entre grilhões *
e amar**rar**am seu pescoço com correntes,

– **19** a**té** que se cumprisse o que previra, *
e a pa**la**vra do Senhor lhe deu razão.–

— ²⁰Orde**nou**, então, o rei que o libertassem, *
    o sobe**ra**no das nações mandou soltá-lo;
— ²¹fez **de**le o senhor de sua casa, *
    e de **to**dos os seus bens o despenseiro,
— ²²para dar **or**dens a seus nobres à vontade *
    e ensi**nar** sabedoria aos anciãos.

Ant. O Se**nhor** não aban**do**na o **jus**to que é traído.
    (T.P.**Ale**luia).

Ant. 3 Deus lem**brou**-se de seu **san**to jura**mento**
    e fez **sair** com grande **jú**bilo o seu **povo**
    (T.P.**Ale**luia).

III

— ²³Foi en**tão** que Israel entrou no E**gi**to *
    e Ja**có** foi habitar no país de Cam.
— ²⁴Deus deu um **gran**de crescimento a seu povo *
    e o fez mais **for**te que os próprios opressores.
— ²⁵Ele mu**dou** seus corações para odiá-lo,*
    e tra**ta**ram com má-fé seus servidores.
— ²⁶En**tão** mandou Moisés, seu mensageiro,*
    e igual**men**te Aarão, seu escolhido;
— ²⁷por meio **de**les realizou muitos prodígios *
    e, na **ter**ra do Egito, maravilhas.
— ²⁸Enviou **tre**vas e fez tudo escurecer, *
    mas **e**les resistiram às suas ordens.
— ²⁹Então, em **san**gue transformou as suas águas *
    e as**sim** fez perecer todos os peixes.
— ³⁰A terra **de**les fervilhou de tantas rãs, *
    que até nos **quar**tos de seus reis elas saltavam.
— ³¹Ele orde**nou**, e vieram moscas como nuvens *
    e mos**qui**tos sobre toda a região.
— ³²Grani**zo** em vez de chuva lhes mandou, *
    chamas de **fo**go sobre toda a sua terra.

Sábado – Ofício das Leituras

—³³ Estragou as suas vinhas e figueiras, *
e as árvores do campo derrubou.

—³⁴ Ele deu ordens e vieram gafanhotos, *
e também vieram grilos incontáveis;

—³⁵ eles comeram toda erva do país *
e devoraram o produto de seus campos.

—³⁶ Matou na própria terra os primogênitos, *
a fina flor de sua força varonil.

—³⁷ Fez sair com ouro e prata o povo eleito, *
nenhum doente se encontrava em suas tribos.

—³⁸ O Egito se alegrou quando partiram, *
tomado de pavor diante deles.

—³⁹ Uma nuvem estendeu para abrigá-los, *
deu-lhes fogo para a noite iluminar.

—⁴⁰ Pediram e mandou-lhes codornizes, *
o Senhor os saciou com pão do céu.

—⁴¹ Fendeu a rocha e as águas irromperam *
e correram qual torrente no deserto.

—⁴² Ele lembrou-se de seu santo juramento *
que fizera a Abraão, seu servidor.

—⁴³ Fez sair com grande júbilo o seu povo, *
e seus eleitos entre gritos de alegria.

—⁴⁴ Então lhes deu as terras das nações, *
e desfrutaram as riquezas desses povos,

—⁴⁵ para guardarem os preceitos do Senhor *
e obedecerem fielmente à sua lei.

Ant. Deus lembrou-se de seu santo juramento
e fez sair com grande júbilo o seu povo (T.P. Aleluia).

O versículo, as leituras e a oração correspondentes ao Ofício
celebrado.

1072 I Semana

Laudes

V. Vinde, ó **Deus**. Glória ao **Pai**. Como era (T.P. Aleluia).
Essa introdução se omite quando o Invitatório precede imediatamente às Laudes.

HINO correspondente ao Ofício.

Salmodia

Antífona 1

Na Quaresma:
A vós dirijo os meus olhos já bem antes da aurora.

No Tempo pascal:
Dai-me a vida, Senhor, por vosso amor. Aleluia.

Salmo 118(119),145-152
XIX (Coph)
Meditação sobre a Palavra de Deus na Lei

*Este é o meu mandamento: Amai-vos uns aos outros, assim
como eu vos amei (Jo 15,12).*

– [145]Clamo de todo o coração: Senhor, ouvi-me! *
   Quero cumprir vossa vontade fielmente!
– [146]Clamo a vós: Senhor, salvai-me, eu vos suplico, *
   e então eu guardarei vossa Aliança!
– [147]Chego antes que a aurora e vos imploro, *
   e espero confiante em vossa lei.
– [148]Os meus olhos antecipam as vigílias, *
   para de noite meditar vossa palavra.
– [149]Por vosso amor ouvi atento a minha voz *
–   e dai-me a vida, como é vossa decisão!
– [150]Meus opressores se aproximam com maldade; *
   como estão longe, ó Senhor, de vossa lei!
– [151]Vós estais perto, ó Senhor, perto de mim; *
   todos os vossos mandamentos são verdade!

Sábado – Laudes

– [152]Desde **criança** aprendi vossa **Aliança** *
que fir**mastes** para sempre, eternamente.

Na Quaresma: Ant.
A vós di**rijo** os meus **o**lhos já bem **antes** da au**rora**.

No Tempo pascal: Ant.
Dai-me a **vida**, Se**nhor**, por vosso **amor**. Ale**luia**.

Antífona 2

Na Quaresma:
O Se**nhor** é minha **força**, é a ra**zão** do meu can**tar**,
pois foi **e**le neste **dia** para **mim** libertação!

No Tempo pascal:
Os que ven**ceram** entoavam o **Canto** de Moisés,
o **servo** do Se**nhor**, e o **canto** do Cordeiro. Ale**luia**.

Cântico   Ex 15,1-4b.8-13.17-18

Hino de vitória após a passagem do Mar Vermelho

Todos aqueles que saíram vitoriosos do confronto com a Besta entoavam o cântico de Moisés, o servo de Deus (cf. Ap 15,2-3).

– [1]Ao Se**nhor** quero can**tar**, pois fez bri**lhar** a sua **glória**: *
precipi**tou** no mar Vermelho o **cava**lo e o cavaleiro!

– [2]O Se**nhor** é minha força, é a ra**zão** do meu cantar, *
pois foi **e**le neste dia para **mim** libertação!

= Ele é meu **Deus** e o louvarei, Deus de meu **pai** e o honrarei. †
[3]O Se**nhor** é um Deus guerreiro, o seu **no**me é "Onipotente": *

[4]os sol**dados** e os carros do Fara**ó** jogou no mar.

= [8]Ao so**prar** a vossa ira, amontoaram-se as águas, †
levan**taram**-se as ondas e for**maram** uma muralha, *
e i**mó**veis se fizeram, em meio ao **mar**, as grandes vagas. –

1074   I Semana

=⁹ O inimigo tinha dito: "Hei de segui-los e alcançá-los! †
Repartirei os seus despojos e minh'alma saciarei; *
arrancarei da minha espada e minha mão os matará!"

–¹⁰ Mas soprou o vosso vento, e o mar os recobriu; *
afundaram como chumbo entre as águas agitadas.

=¹¹ Quem será igual a vós, entre os fortes, ó Senhor? †
Quem será igual a vós, tão ilustre em santidade, *
tão terrível em proezas, em prodígios glorioso?

=¹² Estendestes vossa mão, e a terra os devorou; †
¹³ mas o povo libertado conduzistes com carinho *
e o levastes com poder à vossa santa habitação.

=¹⁷ Vós, Senhor, o levareis e o plantareis em vosso monte, *
no lugar que preparastes para a vossa habitação,

– no Santuário construído pelas vossas próprias mãos. *
¹⁸ O Senhor há de reinar eternamente, pelos séculos!

Na Quaresma: Ant.
O Senhor é minha força, é a razão do meu cantar,
pois foi ele neste dia para mim libertação!

No Tempo pascal: Ant.
Os que venceram entoavam o Canto de Moisés,
o servo do Senhor, e o canto do Cordeiro. Aleluia.

Antífona 3

Na Quaresma:
Cantai louvores ao Senhor, todas as gentes! †

No Tempo pascal:
Foi comprovado o seu amor para conosco, aleluia.

Salmo 116(117)

Louvor ao Deus misericordioso

*Eu digo: ...os pagãos glorificam a Deus, em razão da sua
misericórdia* (Rm 15,8.9)

Sábado – Hora Média   1075

– ¹Cantai louvores ao Se**nhor**, todas as **gen**tes, *
  † povos **todos**, feste**jai**-o!
– ²Pois compro**va**do é seu amor para co**nos**co, *
  para **sem**pre ele é fiel!

Na Quaresma: Ant.
Cantai louvores ao Se**nhor**, todas as **gen**tes!

No Tempo pascal: Ant.
Foi compro**va**do o seu **amor** para co**nos**co, ale**luia**.

A leitura breve, o responsório, a antífona do *Benedictus*, as preces
e a oração correspondentes ao Ofício celebrado.

A conclusão da Hora como no Ordinário.

Hora Média

V. Vinde, ó **Deus**. Glória ao **Pai**. Como **era** (T.P. Ale**luia**).
HINO correspondente ao Ofício.

Salmodia

Na Quaresma: Antífona como no Próprio do Tempo.

No Tempo pascal: Ant. Ale**luia**, ale**luia**, ale**luia**.

Salmo 118(119),33-40
V (He)
Meditação sobre a Palavra de Deus na Lei

Seja feita a tua vontade assim na terra como nos céus (Mt
6,10).

– ³³Ensi**nai**-me a vi**ver** vossos preceitos; *
  quero guar**dá**-los fielmente até o fim!
– ³⁴Dai-me o sa**ber**, e cumprirei a vossa lei, *
  e de **to**do o coração a guardarei.
– ³⁵Guiai meus **pas**sos no caminho que traçastes, *
  pois só **ne**le encontrarei felicidade.
– ³⁶Incli**nai** meu coração às vossas leis, *
  e **nun**ca ao dinheiro e à avareza. –

1076   I Semana

—³⁷ Desviai o meu olhar das coisas vãs, *
    dai-me a vida pelos vossos mandamentos!
—³⁸ Cumpri, Senhor, vossa promessa ao vosso servo, *
    vossa promessa garantida aos que vos temem.
—³⁹ Livrai-me do insulto que eu receio, *
    porque vossos julgamentos são suaves.
—⁴⁰ Como anseio pelos vossos mandamentos! *
    Dai-me a vida, ó Senhor, porque sois justo!

Salmo 33(34)

O Senhor é a salvação dos justos

Vós provastes que o Senhor é bom (1Pd 2,3).

I

—² Bendirei o Senhor **Deus** em todo **tempo**, *
   seu louvor estará sempre em minha boca,
—³ Minha alma se gloria no Senhor, *
   que ouçam os humildes e se alegrem!
—⁴ Comigo engrandecei ao Senhor Deus, *
   exaltemos todos juntos o seu nome!
—⁵ Todas as vezes que o busquei, ele me ouviu, *
   e de todos os temores me livrou.
—⁶ Contemplai a sua face e alegrai-vos, *
   e vosso rosto não se cubra de vergonha!
—⁷ Este infeliz gritou a Deus, e foi ouvido, *
   e o Senhor o libertou de toda angústia.
—⁸ O anjo do Senhor vem acampar *
   ao redor dos que o temem, e os salva.
—⁹ Provai e vede quão suave é o Senhor! *
   Feliz o homem que tem nele o seu refúgio!
—¹⁰ Respeitai o Senhor Deus, seus santos todos, *
    porque nada faltará aos que o temem.

Sábado – Hora Média

1077

—11 Os **ric**os empobrecem, passam fome, *
mas aos que **bus**cam o Senhor não falta nada.

II

—12 Meus **fi**lhos, vinde a**go**ra e escu**tai**-me: *
vou ensi**nar**-vos o temor do Senhor Deus.

—13 Qual o **ho**mem que não ama sua vida, *
procu**ran**do ser feliz todos os dias?

—14 **Afas**ta a tua língua da maldade, *
e teus **lá**bios, de palavras mentirosas.

—15 **Afas**ta-te do mal e faze o bem, *
procura a **paz** e vai com ela em seu caminho.

—16 O Se**nhor** pousa seus olhos sobre os justos, *
e seu ou**vi**do está atento ao seu chamado;

—17 mas ele **vol**ta a sua face contra os maus, *
para da **ter**ra apagar sua lembrança.

—18 Clamam os **jus**tos, e o Senhor bondoso escuta *
e de **to**das as angústias os liberta.

—19 Do cora**ção** atribulado ele está perto *
e con**for**ta os de espírito abatido.

—20 Muitos **ma**les se abatem sobre os justos, *
mas o Se**nhor** de todos eles os liberta.

—21 Mesmo os seus **os**sos ele os guarda e os protege, *
e nenhum **de**les haverá de se quebrar.

—22 A ma**lí**cia do iníquo leva à morte, *
e **quem** odeia o justo é castigado.

—23 Mas o Se**nhor** liberta a vida dos seus servos, *
e casti**ga**do não será quem nele espera.

No Tempo pascal: Ant. A**le**luia, ale**lu**ia, ale**lui**a.

Para as outras Horas, Salmodia complementar, p. 1421.

A leitura breve, o versículo e a oração correspondentes ao Ofício celebrado.

A conclusão da Hora como no Ordinário.

II SEMANA

II DOMINGO

I Vésperas

V. Vinde, ó **Deus**. Glória ao **Pai**. Como era (T.P. Ale**luia**).
HINO como no Próprio do Tempo.
Salmodia

Antífona 1

2º Dom. da Quaresma:
Jesus tomou a **Pe**dro, Tiago e **Jo**ão,
e os le**vou** a um alto **mon**te
e a**li**, diante **de**les, fi**cou** transfigu**ra**do.

Dom. de Ramos:
Tanto **tem**po eu estive no **mei**o de **vós**
ensi**nan**do no **tem**plo, e **não** me prendestes;
já se**rei** flage**la**do e pregado na **cruz**!

6º Dom. da Páscoa:
Quem pratica a ver**da**de se **põe** junto à **luz**, ale**lui**a.

Salmo 118(119),105-112
XIV (Nun)

Meditação sobre a Palavra de Deus na Lei

Este é o meu mandamento: amai-vos uns aos outros (Jo
15,12).

— [105] Vossa pa**la**vra é uma **luz** para os meus **pas**sos, *
   é uma **lâm**pada luzente em meu caminho.
— [106] Eu **fiz** um juramento e vou cumpri-lo: *
   "Hei de guar**dar** os vossos justos julgamentos!"
— [107] Ó Se**nhor**, estou cansado de sofrer; *
   vossa pa**la**vra me devolva a minha vida!

Domingo – I Vésperas

– [108] Que vos agrade a oferenda dos meus lábios; *
ensinai-me, ó Senhor, vossa vontade!

– [109] Constantemente está em perigo a minha vida, *
mas não esqueço, ó Senhor, a vossa lei.

– [110] Os pecadores contra mim armaram laços; *
eu, porém, não reneguei vossos preceitos.

– [111] Vossa palavra é minha herança para sempre, *
porque ela é que me alegra o coração!

– [112] Acostumei meu coração a obedecer-vos, *
a obedecer-vos para sempre, até o fim!

2º Dom. da Quaresma: Ant.
Jesus tomou a Pedro, Tiago e João,
e os levou a um alto monte
e ali, diante deles, ficou transfigurado.

Dom. de Ramos: Ant.
Tanto tempo eu estive no meio de vós
ensinando no templo, e não me prendestes;
já serei flagelado e pregado na cruz!

6º Dom. da Páscoa: Ant.
Quem pratica a verdade se põe junto à luz, aleluia.

Antífona 2

2º Dom. da Quaresma:
O seu rosto fulgurava como o sol do meio-dia;
suas vestes refulgiam como a neve sobre os montes.

Dom. de Ramos:
O Senhor é o meu auxílio, não serei envergonhado.

6º Dom. da Páscoa:
Vencido o domínio da morte,
o Senhor ressurgiu, aleluia.

Salmo 15(16)

O Senhor é minha herança

Deus ressuscitou a Jesus, libertando-o das angústias da morte (At 2,24).

= ¹Guardai-me, ó **Deus**, porque em **vós** me refugio! †
   ²Digo ao Se**nhor**: "Somente vós sois meu Senhor: *
   nenhum **bem** eu posso achar fora de vós!"

– ³Deus me inspi**rou** uma admirável afeição *
   pelos **san**tos que habitam sua terra.

– ⁴Multi**pli**cam, no entanto, suas dores *
   os que **cor**rem para deuses estrangeiros;

– seus sacrifícios sanguinários não partilho, *
   nem seus **no**mes passarão pelos meus lábios.

– ⁵Ó Se**nhor**, sois minha herança e minha taça, *
   meu des**ti**no está seguro em vossas mãos!

– ⁶Foi demar**ca**da para mim a melhor terra, *
   e eu e**xul**to de alegria em minha herança!

– ⁷Eu ben**di**go o Senhor que me aconselha, *
   e até de **noi**te me adverte o coração.

– ⁸Tenho **sem**pre o Senhor ante meus olhos, *
   pois se o **te**nho a meu lado, não vacilo.

= ⁹Eis por **que** meu coração está em festa, †
   minha **al**ma rejubila de alegria, *
   e até meu **cor**po no repouso está tranquilo;

– ¹⁰pois não ha**veis** de me deixar entregue à morte, *
   nem vosso a**mi**go conhecer a corrupção.

= ¹¹Vós me ensi**nais** vosso caminho para a vida; †
   junto a **vós**, felicidade sem limites, *
   delícia e**ter**na e alegria ao vosso lado!

2º Dom. da Quaresma: Ant.
O seu **ros**to fulgu**ra**va como o **sol** do meio-**dia**;
suas **ves**tes reful**gi**am como a **ne**ve sobre os **mon**tes.

Domingo – I Vésperas

Dom. de Ramos: Ant.
O Senhor é o meu auxílio, não serei envergonhado.

6º Dom. da Páscoa: Ant.
Vencido o domínio da **morte**,
o Senhor ressurgiu, aleluia.

Antífona 3

2º Dom. da Quaresma:
Elias e Moisés com ele conversavam
sobre aquilo que o esperava na Cidade, em sua **Páscoa**.

Dom. de Ramos:
Jesus **Cristo** se humilhou e se fez obediente,
obediente até à morte, e morte numa **cruz**.

6º Dom. da Páscoa:
Era preciso que o **Cristo** sofresse
para entrar, desta forma, em sua **glória**. Aleluia.

Cântico   Fl 2,6-11
Cristo, o Servo de Deus

= ⁶Embora **fosse** de divina condi**ção**, †
Cristo Jesus não se apegou ciosamente *
a ser igual em natureza a Deus Pai.

(R. Jesus **Cristo** é Se**nhor** para a **glória** de Deus **Pai!**)

= ⁷**Porém** esvaziou-se de sua glória †
e assu**miu** a condição de um escravo, *
fazendo-se aos homens semelhante.   (R.)

= Reconhe**cido** exteriormente como homem, †
⁸humi**lhou**-se, obedecendo até à morte, *
até à **morte** humilhante numa cruz.   (R.)

= ⁹Por isso **Deus** o exaltou sobremaneira †
e deu-lhe o **no**me mais excelso, mais sublime, *
e eleva**do** muito acima de outro nome.   (R.)

= ¹⁰**Para que** perante o nome de Jesus †
se **do**bre reverente todo joelho, *

1082   I Semana

seja nos **céus**, seja na terra ou nos abismos.   (R.)
=[11] E toda **lín**gua reconheça, confessando, †
para a **gló**ria de Deus Pai e seu louvor: *
"Na ver**da**de Jesus Cristo é o Senhor!"   (R.)

2º Dom. da Quaresma: Ant.

Elias e Moi**sés** com **e**le conver**sa**vam
sobre a**qui**lo que o esper**a**va na Ci**da**de, em sua **Pás**coa.

Dom. de Ramos: Ant.

Jesus **Cris**to se humil**hou** e se **fez** obedi**ente**,
obedi**ente** até à **mor**te, e **mor**te numa **cruz**.

6º Dom. da Páscoa: Ant.

Era pre**ci**so que o **Cris**to so**fres**se
para en**trar**, desta **for**ma, em sua **gló**ria. Ale**lui**a.

A leitura breve, o responsório, a antífona do *Magnificat*, as preces e a oração correspondentes ao Ofício celebrado.

A conclusão da Hora como no Ordinário.

Invitatório

V. **Abri** os meus **lá**bios. R. E minha **bo**ca.
Salmo invitatório, p. 944 com a antífona correspondente ao Ofício.

Ofício das Leituras

V. Vinde, ó **Deus**. Glória ao **Pai**. Como era (T.P. Ale**lui**a).
Essa introdução se omite quando o Invitatório precede imediatamente ao Ofício das Leituras.

HINO como no Próprio do Tempo.

Salmodia

Antífona 1

2º Dom. da Quaresma e Dom. de Ramos:

Ó meu **Deus** e meu **Senhor**, como sois **gran**de!
De majes**ta**de e esplen**dor** vos reves**tis**,
e de **luz** vos envol**veis** como num **man**to!

1084   I Semana

—12 às suas **margens** vêm morar os passarinhos, *
    entre os **ramos** eles erguem o seu canto.

2º Dom. da Quaresma e Dom. de Ramos: Ant.

Ó meu **Deus** e meu **Senhor**, como sois **grande**!
De majestade e esplendor vos revestis,
e de luz vos envolveis como num **manto**!

6º Dom. da Páscoa: Ant.

Aleluia, removida foi a pedra
da entrada do sepulcro, aleluia.

Antífona 2

2º Dom. da Quaresma e Dom. de Ramos:

O Senhor tira da terra o alimento
e o vinho que alegra o coração.

6º Dom. da Páscoa:

Aleluia, quem procuras, ó mulher?
Entre os mortos o Vivente? Aleluia.

II

—13 De vossa **casa** as montanhas irrigais, *
    com vossos **frutos** saciais a terra inteira;
—14 fazeis crescer os verdes pastos para o gado *
    e as **plantas** que são úteis para o homem;
—15 para da terra extrair o seu sustento *
    e o vinho que alegra o coração,
— o óleo que ilumina a sua face *
    e o pão que revigora suas forças.
—16 As árvores do Senhor são bem viçosas *
    e os cedros que no Líbano plantou;
—17 as aves ali fazem os seus ninhos *
    e a cegonha faz a casa em suas copas;
—18 os altos montes são refúgio dos cabritos, *
    os rochedos são abrigo das marmotas. —

Domingo – Ofício das Leituras

6º Dom. da Páscoa:
Aleluia, removida foi a pedra
da entrada do sepulcro, aleluia.

Salmo 103(104)

Hino a Deus Criador

*Se alguém está em Cristo, é uma criatura nova. O mundo
velho desapareceu. Tudo agora é novo (2Cor 5,17).*

I

— ¹Bendize, ó minha alma, ao Senhor! *
  Ó meu Deus e meu Senhor, como sois grande!
— ²De majestade e esplendor vos revestis, *
  e de luz vos envolveis como num manto.

— ³Estendeis qual uma tenda o firmamento, *
  construís vosso palácio sobre as águas;
— das nuvens vós fazeis o vosso carro, *
  do vento caminhais por sobre as asas;
— ⁴dos ventos fazeis vossos mensageiros, *
  do fogo e chama fazeis vossos servidores.

— ⁵A terra vós firmastes em suas bases, *
  ficará firme pelos séculos sem fim;
— ⁶os mares a cobriam como um manto,*
  e as águas envolviam as montanhas.

— ⁷Ante a vossa ameaça elas fugiram, *
  e tremeram ao ouvir vosso trovão;
— ⁸saltaram montes e desceram pelos vales *
  ao lugar que destinastes para elas;
— ⁹elas não passam dos limites que fixastes, *
  e não voltam a cobrir de novo a terra.

— ¹⁰Fazeis brotar em meio aos vales as nascentes *
  que passam serpeando entre as montanhas;
— ¹¹dão de beber aos animais todos do campo, *
  e os da selva nelas matam sua sede;

Domingo – Ofício das Leituras

–[19] Para o **tempo** assinalar destes a lua, *
    e o **sol** conhece a hora de se pôr;
–[20] estend**eis** a escuridão e vem a noite, *
    logo as **f**eras andam soltas na floresta;
–[21] eis que **ru**gem os leões, buscando a presa, *
    e de **Deus** eles reclamam seu sustento.

–[22] Quando o **sol** vai despontando, se retiram, *
    e de **no**vo vão deitar-se em suas tocas.
–[23] En**tão** o homem sai para o trabalho, *
    para a la**bu**ta que se estende até à tarde.

2º Dom. da Quaresma e Dom. de Ramos: Ant.

O Se**nhor** tira da **terra** o ali**men**to
e o **v**inho que a**le**gra o cora**ção.**

6º Dom. da Páscoa: Ant.

Ale**lu**ia, quem pro**cu**ras, o mu**lher**?
Entre os **mor**tos o Viven**te**? Ale**lu**ia.

Antífona 3

2º Dom. da Quaresma e Dom. de Ramos:

Deus **viu** todas as **coi**sas que fizera
e eram todas **e**las muito **bo**as.

6º Dom. da Páscoa:

Ale**lu**ia, não **cho**res, Maria:
O Se**nhor** ressur**giu**, ale**lu**ia.

III

=[24] Quão nume**ro**sas, ó Se**nhor**, são vossas **obras**, †
    e **que** sabedoria em todas elas! *
    Encheu-se a **terra** com as vossas criaturas!

=[25] Eis o **mar** tão espaçoso e tão imenso,†
    no **qual** se movem seres incontáveis, *
    gigan**tes**cos animais e pequeninos;

1086 II Semana

= [26]nele os navios vão seguindo as suas rotas, †
e o **mons**tro do oceano que criastes, *
nele **vi**ve e dentro dele se diverte.

— [27]Todos **el**es, ó Senhor, de vós esperam *
que a seu **tem**po vós lhes deis o alimento;

— [28]vós lhes **dais** o que comer e eles recolhem, *
vós **abris** a vossa mão e eles se fartam.

= [29]Se escon**deis** a vossa face, se apavoram, †
se ti**rais** o seu respiro, eles perecem *
e **vol**tam para o pó de onde vieram;

— [30]envi**ais** o vosso espírito e renascem *
e da **terra** toda a face renovais.

— [31]Que a **gló**ria do Senhor perdure sempre, *
e **alegre**-se o Senhor em suas obras!

— [32]Ele **o**lha para a terra, ela estremece; *
quando **to**ca as montanhas, lançam fogo.

— [33]Vou can**tar** ao Senhor Deus por toda a vida, *
salmodi**ar** para o meu Deus enquanto existo.

— [34]Hoje **se**ja-lhe agradável o meu canto,*
pois o Se**nhor** é a minha grande alegria!

= [35]Desapareçam desta terra os pecadores,†
e pe**reçam** os perversos para sempre! *
Bendi**ze**, ó minha alma, ao Senhor!

2º Dom. da Quaresma e Dom. de Ramos: Ant.

Deus **viu** todas as **coi**sas que fizera
e eram todas **el**as muito **boas**.

6º Dom. da Páscoa: Ant.

Ale**lu**ia, não **cho**res, Maria:
O Se**nhor** ressur**giu**, ale**lu**ia.

O versículo, as leituras e a oração como no Próprio do Tempo.

A conclusão da Hora como no Ordinário.

Laudes

V. Vinde, ó **Deus.** Glória ao **Pai.** Como era (T.P. Alel**uia**).
Essa introdução se omite quando o Invitatório precede imediatamente às Laudes.

HINO como no Próprio do Tempo.
Salmodia

Antífona 1

2º Dom. da Quaresma:
A mão di**re**ita do Se**nhor** fez maravilhas,
a mão di**re**ita do Se**nhor** me leva**ntou**!

Domingo de Ramos:
Uma **gran**de multi**dão** que viera para a **festa**
aclama**va** Jesus **Cristo:**
Ben**dito** o que nos **vem** em **no**me do Se**nhor**!
Hos**ana** nas al**turas**!

6º Dom. da Páscoa:
Este é o **dia** que o Se**nhor** fez para **nós**, ale**luia**.

Salmo 117(118)

Canto de alegria e salvação

Ele é a pedra, que vós, os construtores, desprezastes, e que se tornou a pedra angular (At 4,11).

– ¹ Dai **graças** ao Se**nhor**, porque ele é **bom**! *
  "**Eter**na é a sua misericórdia!"

– ² A **casa** de Israel agora o diga: *
  "**Eter**na é a sua misericórdia!"

– ³ A **casa** de Aarão agora o diga: *
  "**Eter**na é a sua misericórdia!"

– ⁴ Os que **tem**em o Senhor agora o digam: *
  "**Eter**na é a sua misericórdia!"

– ⁵ Na minha ang**ús**tia eu clamei pelo Senhor, *
  e o Se**nhor** me atendeu e libertou!

– ⁶O Senhor está comigo, nada temo; *
   o que pode contra mim um ser humano?
– ⁷O Senhor está comigo, é o meu auxílio, *
   hei de ver meus inimigos humilhados.
– ⁸"É melhor buscar refúgio no Senhor *
   do que pôr no ser humano a esperança;
– ⁹é melhor buscar refúgio no Senhor *
   do que contar com os poderosos deste mundo!"
– ¹⁰Povos pagãos me rodearam todos eles, *
   mas em nome do Senhor os derrotei;
– ¹¹de todo lado todos eles me cercaram, *
   mas em nome do Senhor os derrotei;
= ¹²como um enxame de abelhas me atacaram, †
   como um fogo de espinhos me queimaram, *
   mas em nome do Senhor os derrotei.
– ¹³Empurraram-me, tentando derrubar-me, *
   mas veio o Senhor em meu socorro.
– ¹⁴O Senhor é minha força e o meu canto, *
   e tornou-se para mim o Salvador.
– ¹⁵"Clamores de alegria e de vitória *
   ressoem pelas tendas dos fiéis.
= ¹⁶A mão direita do Senhor fez maravilhas, †
   a mão direita do Senhor me levantou, *
   a mão direita do Senhor fez maravilhas!"
– ¹⁷Não morrerei, mas, ao contrário, viverei *
   para cantar as grandes obras do Senhor!
– ¹⁸O Senhor severamente me provou, *
   mas não me abandonou às mãos da morte.
– ¹⁹Abri-me vós, abri-me as portas da justiça; *
   quero entrar para dar graças ao Senhor!
– ²⁰"Sim, esta é a porta do Senhor, *
   por ela só os justos entrarão!"

Domingo – Laudes

—²¹ Dou-vos **graças**, ó Senhor, porque me ouvistes *
e vos tor**nas**tes para mim o Salvador!

—²² "A **pe**dra que os pedreiros rejeitaram *
tor**nou**-se agora a pedra angular.

—²³ Pelo Se**nhor** é que foi feito tudo isso: *
Que maravilhas ele fez a nossos olhos!

—²⁴ Este é o **dia** que o Senhor fez para nós, *
alegremo-nos e nele exultemos!

—²⁵ Ó Se**nhor**, dai-nos a vossa salvação, *
ó Se**nhor**, dai-nos também prosperidade!"

—²⁶ Ben**di**to seja, em nome do Senhor, *
aquele que em seus átrios vai entrando!

— Desta **ca**sa do Senhor vos bendizemos. *
²⁷ Que o Se**nhor** e nosso Deus nos ilumine!

— Empu**nhai** ramos nas mãos, formai cortejo, *
aproxi**mai**-vos do altar, até bem perto!

—²⁸ Vós sois meu **Deus**, eu vos bendigo e agradeço! *
Vós sois meu **Deus**, eu vos exalto com louvores!

—²⁹ Dai **graças** ao Senhor, porque ele é bom! *
"Eterna é a sua misericórdia!"

2º Dom. da Quaresma: Ant.
A mão di**rei**ta do Se**nhor** fez maravilhas,
a mão di**rei**ta do Se**nhor** me levan**tou**!

Domingo de Ramos: Ant.
Uma **gran**de multi**dão** que viera para a **festa**
acla**ma**va Jesus **Cris**to:
Ben**di**to o que nos **vem** em **no**me do Se**nhor**!
Ho**sa**na nas al**tu**ras!

6º Dom. da Páscoa: Ant.
Este é o **dia** que o Se**nhor** fez para **nós**, ale**lui**a.

Antífona 2

2º Dom. da Quaresma: Ant.

Como os jovens no meio das chamas,
cantemos um hino ao Senhor!

Dom. de Ramos: Ant.

Com os anjos e as crianças proclamemos nossa fé
e aclamemos Jesus Cristo, vencedor da própria morte:
Hosana nas alturas!

6º Dom. da Páscoa: Ant.

Sede bendito no celeste firmamento,
a vós louvor eternamente, aleluia.

Cântico   Dn 3,52-57
Louvor das criaturas ao Senhor

O Criador é bendito para sempre (Rm 1,25).

– ⁵²Sede bendito, Senhor Deus de nossos pais! *
   A vós louvor, honra e glória eternamente!
– Sede bendito, nome santo e glorioso! *
   A vós louvor, honra e glória eternamente!
– ⁵³No templo santo onde refulge a vossa glória! *
   A vós louvor, honra e glória eternamente!
– ⁵⁴E em vosso trono de poder vitorioso! *
   A vós louvor, honra e glória eternamente!
– ⁵⁵Sede bendito, que sondais as profundezas! *
   A vós louvor, honra e glória eternamente!
– E superior aos querubins vos assentais! *
   A vós louvor, honra e glória eternamente!
– ⁵⁶Sede bendito no celeste firmamento! *
   A vós louvor, honra e glória eternamente!
– ⁵⁷Obras todas do Senhor, glorificai-o! *
   A ele louvor, honra e glória eternamente!

Domingo – Laudes

2º Dom. da Quaresma: Ant.
Como os **jo**vens no **meio** das **cha**mas,
cantemos um **hino** ao **Se**nhor!

Dom. de Ramos: Ant.
Com os **an**jos e as crian**ças** proclamemos nossa **fé**
e acla**me**mos Jesus **Cristo**, vence**dor** da própria **mor**te:
Ho**sa**na nas al**tu**ras!

6º Dom. da Páscoa: Ant.
Sede ben**di**to no ce**les**te firma**men**to,
a vós lou**vor** eterna**men**te, ale**lui**a.

Antífona 3

2º Dom. da Quaresma:
Lou**vai** o Senhor **Deus** no alto **céu** de seu po**der**.

Dom. de Ramos:
Ben**di**to o que nos **vem** em **no**me do **Se**nhor!
Na **ter**ra, paz aos **ho**mens. No **céu**, glória ao **Se**nhor!

6º Dom. da Páscoa:
Ado**rai** a Deus sen**ta**do no seu **tro**no
e acla**mai**-o com "A**mém**", com "Ale**lui**a".

Salmo 150

Louvai o Senhor

*Salmodiai com o espírito e salmodiai com a mente, isto é:
glorificai a Deus com a alma e com o corpo (Hesíquio).*

— [1] Lou**vai** o Senhor **Deus** no santu**á**rio, *
lou**vai**-o no alto céu de seu po**der**!

— [2] Lou**vai**-o por seus feitos grandi**o**sos, *
lou**vai**-o em sua grandeza majes**to**sa!

— [3] Lou**vai**-o com o toque da trom**be**ta, *
lou**vai**-o com a harpa e com a **cí**tara!

— [4] Lou**vai**-o com a dança e o tam**bor**, *
lou**vai**-o com as cordas e as **flau**tas! —

II Semana

— ⁵Louvai-o com os címbalos sonoros, *
louvai-o com os címbalos de júbilo!
— Louve a **Deus** tudo o que vive e que respira, *
tudo **can**te os louvores do Senhor!

2º Dom. da Quaresma: Ant.

Lou**vai** o Senhor **Deus** no alto **céu** de seu po**der**.

Dom. de Ramos: Ant.

Ben**di**to o que nos **vem** em **no**me do Se**nhor**!
Na **ter**ra, paz aos **ho**mens. No **céu**, glória ao Se**nhor**!

6º Dom. da Páscoa: Ant.

Ado**rai** a Deus sen**ta**do no seu **tro**no
e acla**mai**-o com "A**mém**", com "Ale**luia**".

A leitura breve, o responsório, a antífona do *Benedictus*, as preces
e a oração como no Próprio do Tempo.

A conclusão da Hora como no Ordinário.

Hora Média

V. Vinde, ó **Deus**. Glória ao **Pai**. Como era (T.P. Ale**luia**).
HINO correspondente ao Ofício.

Salmodia

Na Quaresma: Antífona como no Próprio do Tempo.

No Tempo pascal: Ant. Ale**luia**, ale**luia**, ale**luia**.

Salmo 22(23)

O Bom Pastor

O Cordeiro será o seu pastor e os conduzirá às fontes de
água da vida (Ap 7,17).

— ¹O Se**nhor** é o pas**tor** que me con**duz**; *
não me **fal**ta coisa alguma.
— ²Pelos **pra**dos e campinas verdejantes *
ele me **le**va a descansar.
— Para as **á**guas repousantes me encaminha, *
³e res**tau**ra as minhas forças. —

Domingo – Hora Média

1093

— Ele me **gui**a no caminho mais seguro, *
pela **hon**ra do seu nome.
— [4] Mesmo que eu **pas**se pelo vale tenebroso, *
nenhum **mal** eu temerei;
— estais co**mi**go com bastão e com cajado; *
eles me **dão** a segurança!
— [5] Prepa**rais** à minha frente uma mesa, *
bem à **vi**sta do inimigo,
— e com **ó**leo vós ungis minha cabeça; *
o meu **cá**lice transborda.
— [6] Felici**da**de e todo bem hão de seguir-me *
por **to**da a minha vida;
— e, na **ca**sa do Senhor, habitarei *
pelos **tem**pos infinitos.

Salmo 75(76)

Ação de graças pela vitória

Verão o Filho do Homem vindo sobre as nuvens do céu
(Mt 24,30).

I

— [2] Em Ju**dá** o Senhor **Deus** é conhe**ci**do, *
e seu **no**me é grandioso em Israel.
— [3] Em Sa**lém** ele fixou a sua tenda, *
em Sião edificou sua morada.
— [4] E a**li** quebrou os arcos e as flechas, *
os es**cu**dos, as espadas e outras armas.
— [5] Resplen**den**te e majestoso apareceis *
sobre **mon**tes de despojos conquistados.
= [6] Despo**jas**tes os guerreiros valorosos †
que já **dor**mem o seu sono derradeiro, *
inca**pa**zes de apelar para os seus braços.
— [7] Ante as **vos**sas ameaças, ó Senhor,*
estarre**ce**ram-se os carros e os cavalos.

1094   II Semana

II

– ⁸Sois terrível, realmente, Senhor **Deus**! *
E quem **po**de resistir à vossa ira?
– ⁹Lá do **céu** pronunciastes a sentença, *
e a **ter**ra apavorou-se e emudeceu,
– ¹⁰quando **Deus** se levantou para julgar *
e liber**tar** os oprimidos desta terra.

– ¹¹Mesmo a re**vol**ta dos mortais vos dará glória, *
e os que so**bra**ram do furor vos louvarão.
– ¹²Ao vosso **Deus** fazei promessas e as cumpri; *
vós que o cer**cais**, trazei ofertas ao Terrível;
– ¹³ele es**ma**ga os reis da terra em seu orgulho, *
e faz tre**mer** os poderosos deste mundo!

No Tempo pascal: Ant. Ale**lu**ia, ale**lu**ia, ale**lu**ia.

Para as outras Horas, Salmodia complementar, p. 1421.
A leitura breve, o versículo e a oração correspondentes como no
Próprio do Tempo.
A conclusão da Hora como no Ordinário.

II Vésperas

V. Vinde, ó **Deus**. Glória ao **Pai**. Como era (T.P. Ale**luia**).
HINO como no Próprio do Tempo.
Salmodia

Antífona 1

2º Dom. da Quaresma:
O Se**nhor** estende**rá** o do**mínio** do seu **Cristo**
no esplen**dor** de sua **glória**.

Dom. de Ramos:
Deus **Pai** exal**tou** à sua di**reita**
o seu **Cristo** humi**lha**do e esma**ga**do.

Domingo – II Vésperas

6° Dom. da Páscoa:

O **Pai** ressusci**tou** Jesus **Cristo** dentre os **mor**tos
fa**ze**ndo-o sen**tar**-se nos **céus**, à sua di**rei**ta. Aleluia.

Salmo 109(110),1-5.7

O Messias, Rei e Sacerdote

*É preciso que ele reine, até que todos os seus inimigos
estejam debaixo de seus pés* (1Cor 15,25).

— [1]**Pala**vra do Se**nhor** ao meu Se**nhor**: *
  "**Assen**ta-te ao lado meu direito,

— **até** que eu ponha os inimigos teus *
  como esca**be**lo por debaixo de teus pés!"

= [2]O Se**nhor** estenderá desde Sião †
  vosso **ce**tro de poder, pois ele diz: *
  "Do**mi**na com vigor teus inimigos;

= [3]Tu és **prín**cipe desde o dia em que nasceste; †
  na **gló**ria e esplendor da santidade, *
  como o orvalho, antes da aurora, eu te gerei!"

= [4]Jurou o Se**nhor** e manterá sua palavra: †
  "Tu **és** sacerdote eternamente, *
  se**gun**do a ordem do rei Melquisedec!"

— [5]À vossa **des**tra está o Senhor, ele vos diz: *
  "No dia da **i**ra esmagarás os reis da terra!

— [7]Bebe**rás** água corrente no caminho, *
  por **is**so seguirás de fronte erguida!"

2° Dom. da Quaresma: Ant.

O Se**nhor** estende**rá** o do**mí**nio do seu **Cristo**
no esplen**dor** de sua **gló**ria.

Dom. de Ramos: Ant.

Deus **Pai** exal**tou** à sua di**rei**ta
o seu **Cris**to humi**lha**do e esma**ga**do.

6º Dom. da Páscoa: Ant.

O **Pai** ressusci**tou** Jesus **Cris**to dentre os **mor**tos
fazendo-o sen**tar**-se nos **céus**, à sua di**rei**ta. Ale**lu**ia.

Antífona 2

2º Dom. da Quaresma:

É **úni**co o **Deus** que ado**ra**mos:
o **Se**nhor que fez o **céu** e fez a **ter**ra.

Dom. de Ramos:

Pelo **san**gue de Je**sus**, purifi**ca**dos,
sir**va**mos o Deus **vi**vo para **sem**pre!

6º Dom. da Páscoa:

Aos falsos **deu**ses renunci**as**tes
para ser**vir**des ao Deus vi**ven**te. Ale**lu**ia.

Salmo 113B(115)

Louvor ao Deus verdadeiro

*Vós vos convertestes, abandonando os falsos deuses, para
servir ao Deus vivo e verdadeiro* (1Ts 1,9).

= [1]Não a **nós**, ó **Se**nhor, não a **nós**, †
  ao vosso **no**me, porém, seja a **gló**ria, *
  porque **sois** todo amor e ver**da**de!

– [2]Por que **hão** de dizer os pa**gãos**: *
  "Onde es**tá** o seu Deus, onde es**tá**?"

– [3]É nos **céus** que está o nosso **Deus**, *
  ele **faz** tudo aquilo que **quer**.

– [4]São os **deu**ses pagãos ouro e **pra**ta, *
  todos **e**les são obras hu**ma**nas.

– [5]Têm **bo**ca e não podem fa**lar**, *
  têm **o**lhos e não podem **ver**;

– [6]têm na**riz** e não podem chei**rar**, *
  tendo ou**vi**dos, não podem ou**vir**. –

Domingo – II Vésperas

= ⁷ Têm **mãos** e não podem pegar, †
têm **pés** e não podem andar; *
nenhum **som** sua garganta produz.

– ⁸ Como eles, serão seus autores, *
que os **fa**bricam e neles confiam.

– ⁹ Confia, Israel, no Senhor. *
Ele **é** teu auxílio e escudo!

– ¹⁰ Confia, Aarão, no Senhor. *
Ele **é** teu auxílio e escudo!

– ¹¹ Vós que o te**meis**, confiai no Senhor. *
Ele **é** vosso auxílio e escudo!

– ¹² O Se**nhor** se recorda de nós, *
o Se**nhor** abençoa seu povo.

– O Se**nhor** abençoa Israel, *
o Se**nhor** abençoa Aarão;

– ¹³ abençoa aqueles que o temem, *
aben**ço**a pequenos e grandes!

– ¹⁴ O Se**nhor** multiplique a vós todos, *
a vós **to**dos, também vossos filhos!

– ¹⁵ Abenço**a**dos sejais do Senhor, *
do Se**nhor** que criou céu e terra!

– ¹⁶ Os **céus** são os céus do Senhor, *
mas a **ter**ra ele deu para os homens.

– ¹⁷ Não vos **lou**vam os mortos, Senhor, *
nem a**que**les que descem ao silêncio.

– ¹⁸ Nós, os **vi**vos, porém, bendizemos *
ao Se**nhor** desde agora e nos séculos.

2º Dom. da Quaresma: Ant.
É **único** o **Deus** que ado**ra**mos:
o Se**nhor** que fez o **céu** e fez a **ter**ra.

Dom. de Ramos: Ant.
Pelo **san**gue de Jesus, purifi**ca**dos,
sir**va**mos o Deus **vi**vo para **sem**pre!

1098

6º Dom. da Páscoa: Ant.
Aos falsos **deu**ses renunci**as**tes
para ser**vir**des ao Deus vi**ven**te. Ale**lui**a.

Antífona 3

2º Dom. da Quaresma:
Deus não pou**pou** seu próprio **Fi**lho,
mas o entre**gou** por todos **nós**.

Dom. de Ramos:
Carre**gou** sobre **si** nossas **cul**pas
em seu **cor**po no **le**nho da **cruz**,
para que, **mor**tos aos **nos**sos pe**ca**dos,
na jus**ti**ça de **Deus** nós vi**va**mos.

Cântico   1Pd 2,21-24

A paixão voluntária de Cristo, Servo de Deus

= ²¹O **Cris**to por **nós** pade**ceu**, †
    dei**xou**-nos o exemplo a se**guir**. *
    Si**ga**mos, por**tan**to, seus **pas**sos!
– ²²Pe**ca**do ne**nhum** come**teu**, *
    nem **hou**ve en**ga**no em seus **lá**bios.

(R. Por suas **cha**gas nós **fo**mos cu**ra**dos.)

= ²³In**sul**tado, ele **não** insul**ta**va; †
    ao so**frer** e ao ser maltra**ta**do, *
    ele **não** ame**a**çava vin**gan**ça;
– entre**ga**va, po**rém**, sua **cau**sa *.
    À**que**le que é **jus**to **ju**iz.   (R.)

– ²⁴Carre**gou** sobre **si** nossas **cul**pas *
    em seu **cor**po, no **le**nho da **cruz**,
= para que, **mor**tos aos **nos**sos pe**ca**dos, †
    na jus**ti**ça de **Deus** nós vi**va**mos. *
    Por suas **cha**gas nós **fo**mos cu**ra**dos.   (R.)

Domingo – II Vésperas

2º Dom. da Quaresma: Ant.
Deus não pou**pou** seu próprio **Filho**,
mas o entre**gou** por todos **nós**.

Dom. de Ramos: Ant.
Carre**gou** sobre **si** nossas **cul**pas
em seu **cor**po no **le**nho da **cruz**,
para que, **mor**tos aos **nos**sos peca**dos**,
na jus**ti**ça de **Deus** nós vi**va**mos.

6º Dom. da Páscoa:
Ale**lu**ia, ao nosso **Deus** a salva**ção**,
honra, **gló**ria e po**der**. Ale**lu**ia.
No cântico seguinte dizem-se os Aleluias entre parênteses somente quando se canta; na recitação, basta dizer o Aleluia no começo
e no fim das estrofes.

Cântico   cf. Ap 19,1-2.5-7

As núpcias do Cordeiro

= Ale**lu**ia, (Ale**lu**ia!) .
[1] Ao nosso **Deus** a salva**ção**, *
honra, **gló**ria e poder! (Ale**lu**ia!) .
– [2] Pois são ver**da**de e justiça *
os ju**í**zos do Senhor.
R. Ale**lu**ia, (Ale**lu**ia!) .

= Ale**lu**ia, (Ale**lu**ia!) .
[5] Cele**brai** o nosso Deus, *
servi**do**res do Senhor! (Ale**lu**ia!) .
– E vós **to**dos que o temeis, *
vós os **gran**des e os pequenos!
R. Ale**lu**ia, (Ale**lu**ia!) .

= Ale**lu**ia, (Ale**lu**ia!) .
[6] De seu **Rei**no tomou posse *
nosso **Deus** onipotente! (Ale**lu**ia!) .

1100 II Semana

– ⁷Exultemos de alegria, *
demos **glória** ao nosso Deus!
R. Ale**lui**a, (Ale**lui**a!).

= Ale**lui**a, (Ale**lui**a!).
Eis que as **núp**cias do Cordeiro *
redivivo se aproximam! (Ale**lui**a!).
– Sua Es**po**sa se enfeitou, *
se ves**ti**u de linho puro.
R. Ale**lui**a, (Ale**lui**a!).

6º Dom da Páscoa: Ant.
Ale**lui**a, ao nosso **Deus** a salva**ção**,
honra, **gló**ria e po**der**. Ale**lui**a.

A leitura breve, o responsório, a antífona do *Magníficat*, as preces
e a oração como no Próprio do Tempo.

A conclusão da Hora como no Ordinário.

II SEGUNDA- FEIRA

Invitatório

V. **Abri** os meus **lábios**. R. E minha **boca**.

Salmo invitatório, p. 944 com a antífona correspondente ao Ofício.

Ofício das Leituras

V. Vinde, ó **Deus**. Glória ao **Pai**. Como era (T.P. Ale**luia**).

Essa introdução se omite quando o Invitatório precede imediatamente ao Ofício das Leituras.

HINO correspondente ao Ofício.

Salmodia

Ant. 1 Incli**nai** o vosso ou**vi**do para **mim,**
apres**sai**-vos, ó Se**nhor**, em socor**rer**-me!

Salmo 30(31),2-17.20-25
Súplica confiante do aflito

Pai, em tuas mãos entrego o meu espírito (Lc 23,46).

I

— ² Se**nhor**, eu ponho em **vós** minha espe**ran**ça; *
que eu não **fi**que envergonhado eternamente!
= Porque sois **jus**to, defendei-me e libertai-me, †
³ incli**nai** o vosso ouvido para mim: *
apres**sai**-vos, ó Senhor, em socorrer-me!
— Sede uma **ro**cha protetora para mim, *
um a**bri**go bem seguro que me salve!
— ⁴ Sim, sois **vós** a minha rocha e fortaleza; *
por vossa **hon**ra orientai-me e conduzi-me!
— ⁵ Reti**rai**-me desta rede traiçoeira, *
porque **sois** o meu refúgio protetor!

1102   II Semana

— **6**Em vossas **mãos**, Senhor, entrego o meu espírito, *
porque **vós** me salvareis ó Deus fiel!
— **7**Detes**tais** os que adoram deuses falsos; *
quanto a **mim**, é ao Senhor que me confio.
= **8**Vosso a**mor** me faz saltar de alegria, †
pois ol**has**tes para as minhas aflições *
e conhe**ces**tes as angústias de minh'alma.
— **9**Não me entre**gas**tes entre as mãos do inimigo, *
mas colo**cas**tes os meus pés em lugar amplo!

Ant. Incli**nai** o vosso ou**vi**do para **mim**,
apres**sai**-vos, ó Se**nhor**, em socor**rer**-me!

Ant. 2 Mostrai se**re**na a vossa **face** ao vosso **servo**
(T.P. Ale**luia**).

II

= **10**Tende pie**da**de, ó Se**nhor**, estou so**fren**do: †
os meus **o**lhos se turvaram de tristeza, *
o meu **cor**po e minha alma definharam!
— **11**Minha **vi**da se consome em amargura, *
e se es**co**am os meus anos em gemidos!
— Minhas **for**ças se esgotam na aflição *
e até meus **os**sos, pouco a pouco, se desfazem!
— **12**Tor**nei**-me o opróbrio do inimigo, *
o des**pre**zo e zombaria dos vizinhos,
— e ob**je**to de pavor para os amigos; *
fogem de **mim** os que me veem pela rua.
— **13**Os cora**ções** me esqueceram como um morto, *
e tor**nei**-me como um vaso espedaçado.
— **14**Ao re**dor**, todas as coisas me apavoram; *
ouço **mui**tos cochichando contra mim;
— todos **jun**tos se reúnem, conspirando *
e pen**san**do como vão tirar-me a vida.
— **15**A vós, po**rém**, ó meu Senhor, eu me confio, *
e a**fir**mo que só vós sois o meu Deus!

Segunda-feira – Ofício das Leituras

–[16] Eu entrego em vossas mãos o meu destino; *
    libertai-me do inimigo e do opressor!
–[17] Mostrai serena a vossa face ao vosso servo, *
    e salvai-me pela vossa compaixão!

Ant. Mostrai serena a vossa face ao vosso servo
    (T.P. Aleluia).

Ant. 3 Seja bendito o Senhor Deus
    por seu amor maravilhoso! (T.P. Aleluia).

III

–[20] Como é grande, ó Senhor, vossa bondade, *
    que reservastes para aqueles que vos temem!
– Para aqueles que em vós se refugiam, *
    mostrando, assim, o vosso amor perante os homens.
–[21] Na proteção de vossa face os defendeis *
    bem longe das intrigas dos mortais.
– No interior de vossa tenda os escondeis, *
    protegendo-os contra as línguas maldizentes.
–[22] Seja bendito o Senhor Deus, que me mostrou *
    seu grande amor numa cidade protegida!
–[23] Eu que dizia quando estava perturbado: *
    "Fui expulso da presença do Senhor!"
– Vejo agora que ouvistes minha súplica, *
    quando a vós eu elevei o meu clamor.
=[24] Amai o Senhor Deus, seus santos todos, †
    ele guarda com carinho seus fiéis, *
    mas pune os orgulhosos com rigor.
–[25] Fortalecei os corações, tende coragem, *
    todos vós que ao Senhor vos confiais!

Ant. Seja bendito o Senhor Deus
    por seu amor maravilhoso! (T.P. Aleluia).

O versículo, as leituras e a oração correspondentes ao Ofício celebrado.

1104

II Semana

Laudes

V. Vinde, ó **Deus**. Glória ao **Pai**. Como era (T.P. **Aleluia**).
Essa introdução se omite quando o Invitatório precede imediatamente às Laudes.

HINO correspondente ao Ofício.

Salmodia

Antífona 1

Na Quaresma:

Quando te**rei** a ale**gria** de **ver** vossa **face, Senhor**?

Segunda-feira da Semana Santa:

A minha **alma** está **triste** até à **mor**te:
ficai **aqui** e co**migo** vigi**ai.**

Tempo pascal:

As**sim** como a **corça** suspira pelas **águas** cor**ren**tes,
suspira igual**men**te minh'**alma** por **vós, ó** meu **Deus!**
Ale**luia.**

Salmo 41(42)

Sede de Deus e saudades do templo

Quem tem sede, venha, e quem quiser, receba de graça a
água da vida (Ap 22,17).

— ²As**sim** como a **corça** sus**pira** *
  pelas **águas** cor**ren**tes,
— suspira igual**mente** minh'alma *
  por **vós**, ó meu Deus!
— ³Minha **alma** tem sede de Deus, *
  e de**seja** o Deus vivo.
— Quando te**rei** a alegria de ver *
  a **face** de Deus?
— ⁴O meu **pran**to é o meu alimento *
  de **dia** e de noite,

Segunda-feira – Laudes

– **enquan**to insistentes repetem: *
"Onde **está** o teu Deus?"

– [5]**Recor**do saudoso o tempo *
em que **ia** com o povo.

– **Peregrino** e feliz caminhando *
para a **casa** de Deus,

– entre **gritos**, louvor e alegria *
da multi**dão** jubilosa.

– [6]Por **que** te entristeces, minh'alma, *
a ge**mer** no meu peito?

– Espera em **Deus**! Louvarei novamente *
o meu **Deus** Salvador!

– [7]Minh'**al**ma está agora abatida, *
e en**tão** penso em vós,

– do Jor**dão** e das terras do Hermon *
e do **mon**te Misar.

– [8]Como o a**bismo** atrai outro abismo *
ao fra**gor** das cascatas,

– vossas **on**das e vossas torrentes *
sobre **mim** se lançaram.

– [9]Que o Se**nhor** me conceda de dia *
sua **graça** benigna

– e de **noi**te, cantando, eu bendigo *
ao meu **Deus**, minha vida.

– [10]Digo a **Deus**: "Vós que sois meu amparo, *
por **que** me esqueceis?

– Por que **ando** tão triste e abatido *
pela opres**são** do inimigo?"

– [11]Os meus **os**sos se quebram de dor, *
ao insul**tar**-me o inimigo;

– ao di**zer** cada dia de novo: *
"Onde es**tá** o teu Deus?" –

1106

— ¹²Por **que** te entristeces, minh'alma, *
a ge**mer** no meu peito?
— Espera em **Deus**! Louvarei novamente *
o meu **Deus** Salvador!

Na Quaresma: Ant.
Quando te**rei** a ale**gria** de **ver** vossa **face**, **Senhor**?

Segunda-feira da Semana Santa: Ant.
A minha **alma** está **triste** até à **morte**:
ficai **aqui** e co**migo** vigi**ai**.

Tempo pascal: Ant.
As**sim** como a **corça** sus**pira** pelas **águas** cor**rentes**,
sus**pira** igual**mente** minh'**alma** por **vós,** ó meu **Deus!**
Ale**luia.**

Antífona 2

Na Quaresma
Mos**trai**-nos, ó Se**nhor**, vossa **luz,** vosso **perdão**!

Segunda-feira da Semana Santa:
É a**gora** o julga**men**to deste **mundo**,
e seu **príncipe** se**rá** lançado **fora**.

No Tempo pascal:
En**chei** Jerusa**lém** com vossos **feitos**,
e se pro**cla**mem vossas **grandes** maravilhas. Ale**luia.**

Cântico   Eclo 36,1-7.13-16

Súplica pela cidade santa, Jerusalém

A vida eterna é esta: que eles te conheçam a ti, o único Deus
verdadeiro, e àquele que tu enviaste, Jesus Cristo (Jo 17,3).

— ¹Tende pie**dade** e compai**xão**, Deus do uni**verso**, *
e mos**trai**-nos vossa **luz,** vosso **perdão**!
— ²Espa**lhai** vosso temor sobre as **nações**, *
sobre os **povos** que não querem procurar-vos,
— para que **saibam** que só vós é que sois Deus, *
e pro**cla**mem vossas grandes maravilhas. —

Segunda-feira – Laudes

— ³Levan**tai** a vossa mão contra os estranhos, *
  para que **vejam** como é grande a vossa força.
— ⁴Como em **nós** lhes demonstrastes santidade, *
  assim mos**trai**-nos vossa glória através deles,
— ⁵para que **saibam** e confessem como nós *
  que não **há** um outro Deus, além de vós!
— ⁶Reno**vai** vossos prodígios e portentos, *
  ⁷glorifi**cai** o vosso braço poderoso!
—¹³Reu**ni** todas as tribos de Jacó, *
  e re**ce**bam, como outrora, a vossa herança.

=¹⁴Deste **po**vo que é vosso, tende pena, †
  e de Isra**el** de quem fizestes primogênito, *
  e a quem cha**mas**tes com o vosso próprio nome!
—¹⁵Apie**dai**-vos de Sião, vossa cidade, *
  o lu**gar** santificado onde habitais!
—¹⁶En**chei** Jerusalém com vossos feitos, *
  e vosso **po**vo, com a luz de vossa glória!

Na Quaresma: Ant.
Mos**trai**-nos, ó Se**nhor**, vossa **luz,** vosso per**dão**!

Segunda-feira da Semana Santa: Ant.
É a**go**ra o julga**men**to deste **mun**do,
e seu **prín**cipe se**rá** lançado **fo**ra.

No Tempo pascal: Ant.
En**chei** Jerusa**lém** com vossos **fei**tos,
e se pro**cla**mem vossas **gran**des maravilhas. Ale**lu**ia.

Antífona 3

Na Quaresma:
Sede ben**di**to, Se**nhor**, no mais **al**to dos **céus**.

Segunda-feira da Semana Santa:
O au**tor** de nossa **fé**, quem a **le**va à perfei**ção**,
acei**tou** sofrer na **cruz**, despre**zan**do a igno**mí**nia;
mas a**go**ra está na **gló**ria, à di**rei**ta de Deus **Pai**.

No Tempo pascal:

A **glória** de **Deus** ilumina a **santa Cidade celeste:**
sua **luz** é o Cordeiro. Aleluia.

Salmo 18A(19)

Louvor ao Deus Criador

*O sol que nasce do alto nos visitará, para dirigir nossos
passos no caminho da paz* (Lc 1,78.79).

— ²Os céus proclamam a glória do Senhor, *
e o firmamento, a obra de suas mãos;

— ³o dia ao **dia** transmite esta mensagem, *
a noite à **noite** publica esta notícia.

— ⁴Não são discursos nem frases ou palavras, *
nem são vozes que possam ser ouvidas;

— ⁵seu som ressoa e se espalha em toda a terra, *
chega aos confins do universo a sua voz.

— ⁶Armou no alto uma tenda para o sol; *
ele desponta no céu e se levanta

— como um esposo do quarto nupcial, *
como um herói exultante em seu caminho.

— ⁷De um extremo do céu põe-se a correr *
e vai traçando o seu rastro luminoso,

— até que possa chegar ao outro extremo, *
e nada pode fugir ao seu calor.

Na Quaresma: Ant.
Sede bendito, Senhor, no mais alto dos céus.

Segunda-feira da Semana Santa: Ant.
O autor de nossa fé, quem a leva à perfeição,
aceitou sofrer na cruz, desprezando a ignomínia;
mas agora está na glória, à direita de Deus Pai.

No Tempo pascal: Ant.
A glória de Deus ilumina a santa Cidade celeste:
sua luz é o Cordeiro. Aleluia.

Segunda-feira – Hora Média

A leitura breve, o responsório, a antífona do *Benedictus*, as preces e a oração correspondentes ao Ofício celebrado.

A conclusão da Hora como no Ordinário.

Hora Média

V. Vinde, ó **Deus**. Glória ao **Pai**. Como **era** (T.P. Ale**luia**).
HINO correspondente ao Ofício.

Salmodia

Na Quaresma: Antífona como no Próprio do Tempo.
No Tempo pascal: Ant. Ale**luia**, ale**luia**, ale**luia**.

Salmo 118(119),41-48
VI (Vau)

Meditação sobre a Palavra de Deus na Lei

Minha mãe e meus irmãos são aqueles que ouvem a Palavra de Deus e a põem em prática (Lc 8,21).

– [41]Senhor, que des**ça** sobre **mim** a vossa **graça** *
   e a **vos**sa salvação que prometestes!
– [42]Esta se**rá** minha resposta aos que me insultam: *
   "Eu **con**to com a palavra do Senhor!"
– [43]Não reti**reis** vossa verdade de meus lábios, *
   pois eu con**fio** em vossos justos julgamentos!
– [44]Cumpri**rei** constantemente a vossa lei: *
   para **sem**pre, eternamente a cumprirei!
– [45]É am**plo** e agradável meu caminho, *
   porque **bus**co e pesquiso as vossas ordens.
– [46]Quero fa**lar** de vossa lei perante os reis, *
   e da**rei** meu testemunho sem temor.
– [47]Muito me a**legro** com os vossos mandamentos, *
   que eu **amo**, amo tanto, mais que tudo!
– [48]Eleva**rei** as minhas mãos para louvar-vos *
   e com **prazer** meditarei vossa vontade.

Salmo 39(40),2-14.17-18

Ação de graças e pedido de auxílio

Tu não quiseste vítima nem oferenda, mas formaste-me um corpo (Hb 10,5).

I

– ²Esperando, esperei no Senhor, *
e inclinando-se, ouviu meu clamor.

– ³Retirou-me da cova da morte *
e de um charco de lodo e de lama.

– Colocou os meus pés sobre a rocha, *
devolveu a firmeza a meus passos.

– ⁴Canto novo ele pôs em meus lábios, *
um poema em louvor ao Senhor.

– Muitos vejam, respeitem, adorem *
e esperem em Deus, confiantes.

= ⁵É feliz quem a Deus se confia; †
quem não segue os que adoram os ídolos *
e se perdem por falsos caminhos.

– ⁶Quão imensos, Senhor, vossos feitos! *
Maravilhas fizestes por nós!

– Quem a vós poderá comparar-se *
nos desígnios a nosso respeito?

– Eu quisera, Senhor, publicá-los, *
mas são tantos! Quem pode contá-los?

– ⁷Sacrifício e oblação não quisestes, *
mas abristes, Senhor, meus ouvidos;

= não pedistes ofertas nem vítimas, †
holocaustos por nossos pecados. *
⁸E então eu vos disse: "Eis que venho!"

= Sobre mim está escrito no livro: †
⁹"Com prazer faço a vossa vontade, *
guardo em meu coração vossa lei!"

Segunda-feira – Hora Média

II

= [10]Boas-**no**vas de **vo**ssa Justiça †
anunci**ei** numa grande assembleia; *
vós sa**beis**: não fechei os meus lábios!

= [11]Procla**mei** toda a vossa justiça, †
sem retê-la no meu coração; *
vosso auxílio e lealdade narrei.

– Não cal**ei** vossa graça e verdade *
na pre**sen**ça da grande assembleia.

– [12]Não ne**gueis** para mim vosso amor! *
Vossa **graça** e verdade me guardem!

= [13]Pois des**gra**ças sem conta me cercam, †
minhas **cul**pas me agarram, me prendem, *
e as**sim** já nem posso enxergar.

= Meus pe**ca**dos são mais numerosos †
que os ca**be**los da minha cabeça; *
desfa**le**ço e me foge o alento!

– [14]Di**gnai**-vos, Senhor, libertar-me, *
vinde **lo**go, Senhor, socorrer-me!

– [17]Mas se a**legre** e em vós rejubile *
todo **ser** que vos busca, Senhor!

– Digam **sempre**: "É grande o Senhor!" *
os que **buscam** em vós seu auxílio.

= [18]Eu sou **po**bre, infeliz, desvalido, †
porém, **guar**da o Senhor minha vida, *
e por **mim** se desdobra em carinho.

– Vós me **sois** salvação e auxílio: *
vinde **lo**go, Senhor, não tardeis!

No Tempo pascal: Ant. Ale**luia**, ale**luia**, ale**luia**.

Para as outras Horas, Salmodia complementar, p. 1421.
A leitura breve, o versículo e a oração correspondentes ao Ofí-
cio celebrado.
A conclusão da Hora como no Ordinário.

Vésperas

V. Vinde, ó **Deus**. Glória ao **Pai**. Como era (T.P. Ale**lui**a).
HINO correspondente ao Ofício.
Salmodia

Antífona 1

Na Quaresma:
Sois tão **belo**, o mais **be**lo entre os **fi**lhos dos **ho**mens!
Vossos **lá**bios es**pa**lham a **gra**ça, o en**can**to.

Segunda-feira da Semana Santa:
Não tem be**le**za nem apa**rên**cia
e o contem**pla**mos desfigu**ra**do.

No Tempo pascal:
Ben**di**to o que nos **vem** em **no**me do Se**nhor**! Aleluia.

Salmo 44(45)

As núpcias do Rei

O noivo está chegando. Ide ao seu encontro! (Mt 25,6).

I

= ² Transbor**da** um poema do **meu** cora**ção**; †
vou can**tar**-vos, ó Rei, esta **mi**nha canção; *
minha **lín**gua é qual pena de um **á**gil escriba.

= ³ Sois tão **be**lo, o mais belo entre os **fi**lhos dos homens! †
Vossos **lá**bios espalham a **gra**ça, o encanto, *
porque **Deus**, para sempre, vos **deu** sua bênção.

– ⁴ Le**vai** vossa espada de **gló**ria no flanco, *
he**rói** valoroso, no **vos**so esplendor;

– ⁵ sa**í** para a luta no **car**ro de guerra *
em de**fe**sa da fé, da jus**ti**ça e verdade!

= Vossa **mão** vos ensine va**len**tes proezas, †
⁶ vossas **fle**chas agudas a**ba**tam os povos *
e **fi**ram no seu cora**ção** o inimigo! –

Segunda-feira – Vésperas

= [7] Vosso **trono**, ó Deus, é **eterno**, é sem fim; †
vosso **cetro** real é si**nal** de justiça: *
[8] Vós a**mais** a justiça e odi**ais** a maldade.

= É por **isso** que Deus vos un**giu** com seu óleo, †
deu-vos **mais** alegria que aos **vossos** amigos. *
[9] Vossas **vestes** exalam preci**osos** perfumes.

– De e**búrneos** palácios os **sons** vos deleitam. *
[10] As **filhas** de reis vêm ao **vosso** encontro,

– e à **vossa** direita se en**contra** a rainha *
com **veste** esplendente de **ou**ro de Ofir.

Na Quaresma: Ant.
Sois tão **belo**, o mais **belo** entre os **filhos** dos **homens**!
Vossos **lábios** es**palham** a **graça**, o en**canto**.

Segunda-feira da Semana Santa: Ant.
Não tem be**leza** nem apa**rência**
e o contem**plamos** desfi**gurado**.

No Tempo pascal: Ant.
Ben**dito** o que nos **vem** em **nome** do Se**nhor**! Ale**luia**.

Antífona 2

Na Quaresma:
Eis que **vem** o es**poso** che**gando**:
Saí ao en**contro** de **Cristo**!

Na Segunda-feira da Semana Santa:
Susci**tarei** para meu **servo** multi**dões**,
pois entre**gou** a sua **vida** até à **morte**.

No Tempo pascal:
Felizes os que **são** convi**dados**
para a **Ceia** nupci**al** do Cordeiro! Ale**luia**.

II

– [11] Escu**tai**, minha **filha**, o**lhai**, ouvi isto: *
"Esque**cei** vosso povo e a **casa** paterna!

II Semana

– [12] Que o **Rei** se encante com **vossa** beleza! *
Prestai-lhe homenagem: é **vosso** Senhor!

– [13] O **po**vo de Tiro vos **traz** seus presentes, *
os **gran**des do povo vos **pe**dem favores.

– [14] **Majes**tosa, a princesa **real** vem chegando, *
vestida de ricos **bro**cados de ouro.

– [15] Em **vestes** vistosas ao **Rei** se dirige, *
e as **vir**gens amigas lhe **for**mam cortejo;

– [16] entre **can**tos de festa e com **gran**de alegria, *
ingres**sam**, então, no pa**lácio** real".

– [17] Deixa**reis** vossos pais, mas te**reis** muitos filhos; *
fareis **de**les os reis sobe**ra**nos da terra.

– [18] Canta**rei** vosso nome de ida**de** em idade, *
para **sem**pre haverão de lou**var**-vos os povos!

Na Quaresma: Ant.
Eis que **vem** o espo**so** chegan**do:**
Saí ao en**con**tro de **Cris**to!

Na Segunda-feira da Semana Santa: Ant.
Suscita**rei** para meu **ser**vo multi**dões,**
pois entre**gou** a sua **vi**da até à **morte.**

No Tempo pascal: Ant.
Feli**zes** os que **são** convi**da**dos
para a **Ceia** nupci**al** do Cor**dei**ro! Ale**lui**a.

Antífona 3

Na Quaresma:
Eis que a**gora** se **cum**pre o de**síg**nio do **Pai:**
reu**nir** no seu **Cris**to o que esta**va** dis**per**so.

Segunda-feira da Semana Santa:
O Pai nos **deu** todas as **gra**ças em seu **Fi**lho.
É **ne**le que nós **temos** reden**ção,**
dos pe**ca**dos remis**são** pelo seu **sangue.**

Segunda-feira – Vésperas

No Tempo pascal:
Todos **nós** recebemos de **sua** plenitude
graça após **graça. Aleluia.**

Cântico   Ef 1,3-10

O plano divino da salvação

– ³Bendito e louvado seja **Deus**, *
   o **Pai** de Jesus Cristo, Senhor nosso,
– que do alto **céu** nos abençoou em Jesus Cristo *
   com **bênção** espiritual de toda sorte!

(R. Bendito sejais **vós**, nosso **Pai**,
    que **nos** abençoastes em **Cris**to!)

– ⁴Foi em **Cris**to que Deus Pai nos escolheu, *
   já bem **an**tes de o mundo ser criado,
– para que **fôs**semos, perante a sua face, *
   sem **má**cula e santos pelo amor.   (R.)

= ⁵Por **li**vre decisão de sua vontade, †
   predesti**nou**-nos, através de Jesus Cristo, *
   a sermos **ne**le os seus filhos adotivos,
– ⁶para o lou**vor** e para a glória de sua graça, *
   que em seu **Fi**lho bem-amado nos doou.   (R.)

– ⁷É **ne**le que nós temos redenção, *
   dos pe**ca**dos remissão pelo seu sangue.
= Sua **gra**ça transbordante e inesgotável †
   ⁸Deus der**ra**ma sobre nós com abundância, *
   de sa**ber** e inteligência nos dotando.   (R.)

– ⁹E as**sim**, ele nos deu a conhecer *
   o mis**té**rio de seu plano e sua vontade,
– que propu**se**ra em seu querer benevolente, *
   ¹⁰na plenitu**de** dos tempos realizar:
– o de**síg**nio de, em Cristo, reunir *
   todas as **coi**sas: as da terra e as do céu.   (R.)

II Semana

Na Quaresma: Ant.
Eis que agora se **cum**pre o de**sí**gnio do **Pai**:
reu**nir** no seu **Cris**to o que estava dis**per**so.

Segunda-feira da Semana Santa: Ant.
O Pai nos **deu** todas as **gra**ças em seu **Fi**lho.
É **ne**le que nós **te**mos reden**ção**,
dos pe**ca**dos remis**são** pelo seu **san**gue.

No Tempo pascal: Ant.
Todos **nós** rece**be**mos de **su**a plenitu**de**
graça após **gra**ça. Ale**lui**a.

A leitura breve, o responsório, a antífona do *Magníficat*, as preces
e a oração correspondentes ao Ofício celebrado.

A conclusão da Hora como no Ordinário.

II TERÇA-FEIRA

Invitatório

V. **Abri** os meus **lábios**. R. E minha **boca**.
Salmo invitatório, p. 944 com a antífona correspondente ao Ofício.

Ofício das Leituras

V. Vinde, ó **Deus**. Glória ao **Pai**. Como **era** (T.P. Aleluia).
Essa introdução se omite quando o Invitatório precede imediatamente ao Ofício das Leituras.

HINO correspondente ao Ofício.

Salmodia

Ant. 1 Confia ao Senhor o teu destino;
confia nele e com certeza ele agirá (T.P. Aleluia).

Salmo 36(37)

O destino dos maus e dos bons

Bem-aventurados os mansos, porque possuirão a terra (Mt 5,5).

I

— ¹Não te irrites com as obras dos malvados *
nem invejes as pessoas desonestas;
— ²eles murcham tão depressa como a grama, *
como a erva verdejante secarão.

— ³Confia no Senhor e faze o bem, *
e sobre a terra habitarás em segurança.
— ⁴Coloca no Senhor tua alegria, *
e ele dará o que pedir teu coração.

— ⁵Deixa aos cuidados do Senhor o teu destino; *
confia nele, e com certeza ele agirá.
— ⁶Fará brilhar tua inocência como a luz, *
e o teu direito, como o sol do meio-dia. —

1118

II Semana

— ⁷ Re**pou**sa no Senhor e espera nele! *
Não co**bi**ces a fortuna desonesta,
— nem in**ve**jes quem vai bem na sua vida *
mas o**pri**me os pequeninos e os humildes.

— ⁸ Acalma a ira e depõe o teu furor! *
Não te ir**ri**tes, pois seria um mal a mais!
— ⁹ Porque se**rão** exterminados os perversos, *
e os que es**pe**ram no Senhor terão a terra.

— ¹⁰ Mais um **pou**co e já os ímpios não existem; *
se pro**cu**ras seu lugar, não o acharás.
— ¹¹ Mas os **man**sos herdarão a nova terra, *
e **ne**la gozarão de imensa paz.

Ant. 1 Confia ao Se**nhor** o teu destino;
confia **ne**le e com cer**te**za ele agi**rá** (T.P. Aleluia).

Ant. 2 A**fas**ta-te do **mal** e faze o **bem,**
pois a **for**ça do homem **jus**to é o Se**nhor**
(T.P. Ale**lui**a).

II

— ¹² O peca**dor** arma ci**la**das contra o **jus**to *
e, amea**çan**do, range os dentes contra ele;
— ¹³ mas o Se**nhor** zomba do ímpio e ri-se dele, *
porque **sa**be que o seu dia vai chegar.

— ¹⁴ Os **ím**pios já retesam os seus arcos *
e **ti**ram sua espada da bainha,
— para aba**ter** os infelizes e os pequenos *
e ma**tar** os que estão no bom caminho;
— ¹⁵ mas sua espa**da** há de ferir seus corações, *
e os seus **ar**cos hão de ser despedaçados.

— ¹⁶ Os poucos **bens** do homem justo valem mais *
do que a for**tu**na fabulosa dos iníquos.
— ¹⁷ Pois os **bra**ços dos malvados vão quebrar-se, *
mas aos **jus**tos é o Senhor que os sustenta. —

Terça-feira – Ofício das Leituras

– ¹⁸O Senhor cuida da vida dos honestos, *
  e sua herança permanece eternamente.
– ¹⁹Não serão envergonhados nos maus dias, *
  mas nos tempos de penúria, saciados.
– ²⁰Mas os ímpios com certeza morrerão, *
  perecerão os inimigos do Senhor;
– como as flores das campinas secarão, *
  e sumirão como a fumaça pelos ares.
– ²¹O ímpio pede emprestado e não devolve, *
  mas o justo é generoso e dá esmola.
– ²²Os que Deus abençoar, terão a terra; *
  os que ele amaldiçoar, se perderão.
– ²³É o Senhor quem firma os passos dos mortais *
  e dirige o caminhar dos que lhe agradam;
– ²⁴mesmo se caem, não irão ficar prostrados, *
  pois é o Senhor quem os sustenta pela mão.
= ²⁵Já fui jovem e sou hoje um ancião, †
  mas nunca vi um homem justo abandonado, *
  nem seus filhos mendigando o próprio pão.
– ²⁶Pode sempre emprestar e ter piedade; *
  seus descendentes hão de ser abençoados.
– ²⁷Afasta-te do mal e faze o bem, *
  e terás tua morada para sempre.
– ²⁸Porque o Senhor Deus ama a justiça, *
  e jamais ele abandona os seus amigos.
– Os malfeitores hão de ser exterminados, *
  e a descendência dos malvados destruída;
– ²⁹mas os justos herdarão a nova terra *
  e nela habitarão eternamente.

Ant. Afasta-te do **mal** e faze o **bem**,
  pois a **força** do homem **jus**to é o Se**nhor** (T.P. Aleluia).

II Semana

Ant. 3 Confia em **Deus** e segue **sem**pre seus **ca**minhos!
(T.P. Ale**luia**).

III

—³⁰ O **jus**to tem nos **lá**bios o que é **sá**bio,*
sua **lín**gua tem palavras de justiça;
—³¹ traz a Ali**an**ça do seu Deus no coração,*
e seus **pas**sos não vacilam no caminho.

—³² O **ím**pio fica à espreita do homem justo, *
estu**dan**do de que modo o matará;
—³³ mas o Se**nhor** não o entrega em suas mãos, *
nem o con**de**na quando vai a julgamento.

—³⁴ Confia em **Deus** e segue sempre seus caminhos; *
ele have**rá** de te exaltar e engrandecer;
— possui**rás** a nova terra por herança, *
e assisti**rás** à perdição dos malfeitores.

—³⁵ Eu vi o **ím**pio levantar-se com soberba, *
ele**var**-se como um cedro exuberante;
—³⁶ de**pois** passei por lá e já não era, *
procu**rei** o seu lugar e não o achei.

—³⁷ Observa **bem** o homem justo e o honesto: *
quem ama a **paz** terá bendita descendência.
—³⁸ Mas os **ím**pios serão todos destruídos, *
e a **su**a descendência exterminada.

—³⁹ A salva**ção** dos piedosos vem de Deus; *
ele os pro**te**ge nos momentos de aflição.
=⁴⁰ O Se**nhor** lhes dá ajuda e os liberta, †
defen**de**-os e protege-os contra os ímpios, *
e os **guar**da porque nele confiaram.

Ant. Confia em **Deus** e segue **sem**pre seus **ca**minhos!
(T.P. Ale**luia**).

O versículo, as leituras e a oração correspondentes ao Ofício
celebrado.

Laudes

V. Vinde, ó **Deus**. Glória ao **Pai**. Como era (T.P. Ale**luia**).

Essa introdução se omite quando o Invitatório precede imediatamente às Laudes.

HINO correspondente ao Ofício.

Salmodia

Antífona 1

Na Quaresma:

Envi**ai**-me, ó Se**nhor**, vossa **luz**, vossa ver**da**de!

Terça-feira da Semana Santa:

Fazei jus**ti**ça, meu **Deus,** e defen**dei**-me!
Do per**ver**so e menti**ro**so liber**tai**-me!

No Tempo pascal:

Aproxi**me**mo-nos do **Mon**te de Si**ão**
e da Ci**da**de do Deus **vi**vo, ale**lui**a.

Salmo 42(43)

Saudades do templo

Eu vim ao mundo como luz (Jo 12,46).

— ¹ Fazei jus**ti**ça, meu **Deus**, e defen**dei**-me *
contra a **gen**te impie**do**sa;
— do **ho**mem perverso e mentiroso *
liber**tai**-me, ó Senhor!

— ² Sois **vós** o meu Deus e meu refúgio: *
por **que** me afastais?
— Por que **an**do tão triste e abatido *
pela opres**são** do inimigo?

— ³ Envi**ai** vossa luz, vossa verdade: *
elas se**rão** o meu guia;
— que me **le**vem ao vosso Monte santo, *
até a **vos**sa morada! —

1122   II Semana

– ⁴Então irei aos altares do Senhor, *
Deus da minha alegria.
– Vosso louvor cantarei, ao som da harpa, *
meu Senhor e meu Deus!
– ⁵Por que te entristeces, minh'alma, *
a gemer no meu peito?
– Espera em Deus! Louvarei novamente *
o meu Deus Salvador!

Na Quaresma: Ant.
Enviai-me, ó Senhor, vossa luz, vossa verdade!

Terça-feira da Semana Santa: Ant.
Fazei justiça, meu Deus, e defendei-me!
Do perverso e mentiroso libertai-me!

No Tempo pascal: Ant.
Aproximemo-nos do Monte de Sião
e da Cidade do Deus vivo, aleluia.

Antífona 2

Na Quaresma:
Salvai-nos, ó Senhor, todos os dias!

Terça-feira da Semana Santa:
Defendestes minha causa, ó Senhor;
sois defensor da minha vida, ó meu Deus!

No Tempo pascal:
Vós livrastes, ó Senhor, minha vida do sepulcro. Aleluia.

Cântico   Is 38,10-14.17-20
Angústia de um agonizante e alegria da cura

*Eu sou aquele que vive. Estive morto... Eu tenho a chave
da morte (Ap 1,18).*

– ¹⁰Eu dizia: "É necessário que eu me vá *
no apogeu de minha vida e de meus dias;

Terça-feira – Laudes

– para a mansão triste dos mortos descerei, *
sem viver o que me resta dos meus anos".

=[11] Eu dizia: "Não verei o Senhor Deus †
sobre a terra dos viventes nunca mais; *
nunca mais verei um homem neste mundo!"

–[12] Minha morada foi à força arrebatada, *
desarmada como a tenda de um pastor.

– Qual tecelão, eu ia tecendo a minha vida, *
mas agora foi cortada a sua trama.

–[13] Vou me acabando de manhã até à tarde, *
passo a noite a gemer até a aurora.

– Como um leão que me tritura os ossos todos, *
assim eu vou me consumindo dia e noite.

–[14] O meu grito é semelhante ao da andorinha, *
o meu gemido se parece ao da rolinha.

– Os meus olhos já se cansam de elevar-se, *
de pedir-vos: "Socorrei-me, Senhor Deus!"

Mas vós livrastes minha vida do sepulcro, *
e lançastes para trás os meus pecados.
Pois a mansão triste dos mortos não vos louva, *
nem a morte poderá agradecer-vos;

– para quem desce à sepultura é terminada *
a esperança em vosso amor sempre fiel.

–[19] Só os vivos é que podem vos louvar, *
como hoje eu vos louvo agradecido.

– O pai há de contar para seus filhos *
vossa verdade e vosso amor sempre fiel.

=[20] Senhor, salvai-me! Vinde logo em meu auxílio, †
e a vida inteira cantaremos nossos salmos, *
agradecendo ao Senhor em sua casa.

Na Quaresma: Ant.

Salvai-nos, ó Senhor, todos os dias!

1124   II Semana

Terça-feira da Semana Santa: Ant.
Defendestes minha **cau**sa, ó Se**nhor**;
sois defen**sor** da minha **vi**da, ó meu **Deus**!

No Tempo pascal: Ant.
Vós li**vras**tes, ó Se**nhor**, minha **vi**da do se**pul**cro. Ale**lui**a.

Antífona 3

Na Quaresma:
Ó Se**nhor**, convém can**tar** vosso lou**vor**
com um **hi**no em Sião! †

Terça-feira da Semana Santa:
É **jus**to o meu **ser**vo e a **mui**tos fará **jus**tos,
carre**gan**do os seus pe**ca**dos.

No Tempo pascal:
Visi**tais** a nossa **ter**ra e transbor**da** de far**tu**ra. Ale**lui**a.

Salmo 64(65)

Solene ação de graças

Sião significa a cidade celeste (Orígenes).

— ²Ó Se**nhor**, convém can**tar** vosso lou**vor** *
   com um **hi**no em Sião!
— ³† E cum**prir** os nossos votos e promessas, *
   pois ou**vis** a oração.
— Toda **car**ne há de voltar para o Senhor, *
   por **cau**sa dos pecados.
— ⁴E por **mais** que nossas **cul**pas nos o**pri**mam, *
   perdo**ais** as nossas faltas.
— ⁵É fe**liz** quem escolheis e convi**dais** *
   para mo**rar** em vossos átrios!
— Saci**amo-nos** dos bens de vossa casa *
   e do **vos**so templo santo.
— ⁶Vossa bon**da**de nos responde com prodígios, *
   nosso **Deus** e Salvador!

No Tempo pascal: Ant.

Visitais a nossa terra e transborda de fartura. Aleluia.

A leitura breve, o responsório, a antífona do *Benedictus*, as preces e a oração correspondentes ao Ofício celebrado.

A conclusão da Hora como no Ordinário.

Hora Média

V. Vinde, ó **Deus**. Glória ao **Pai**. Como **era** (T.P. Aleluia).

HINO correspondente ao Ofício.

Salmodia

Na Quaresma: Antífona como no Próprio do Tempo.

No Tempo pascal: Ant. **Aleluia, aleluia, aleluia.**

Salmo 118(119),49-56
VII (Zain)

Meditação sobre a Palavra de Deus na Lei

A quem iremos, Senhor? Tu tens palavras de vida eterna
(Jo 6,68).

— [49]Lembrai-vos da promessa ao vosso **servo**, *
pela **qual** me cumulastes de esperança!

— [50]O que me anima na aflição é a certeza: *
vossa palavra me dá a vida, ó Senhor.

— [51]Por **mais** que me insultem os soberbos, *
eu **não** me desviarei de vossa lei.

— [52]Recordo as **leis** que vós outrora proferistes, *
e esta lembrança me consola o coração.

— [53]Apodera-se de mim a indignação, *
vendo que os ímpios abandonam vossa lei.

— [54]As vossas **leis** são para mim como canções *
que me alegram nesta terra de exílio.

— [55]Até de **noite** eu relembro vosso nome *
e observo a vossa lei, ó meu Senhor!

Terça-feira – Laudes

– Sois a esperança dos confins de toda a terra *
e dos **ma**res mais dis**tan**tes.

–[7] As montanhas sustentais com vossa força: *
estais ves**ti**do de poder.

–[8] Acal**mais** o mar bravio e as ondas fortes *
e o tu**mul**to das nações.

–[9] Os habi**tan**tes mais longínquos se admiram *
com as **vos**sas maravilhas.

– Os ex**tre**mos do nascente e do poente *
inun**dais** de alegria.

–[10] Visi**tais** a nossa terra com as chuvas, *
e trans**bor**da de fartura.

– Rios de **Deus** que vêm do céu derramam águas, *
e prepa**rais** o nosso trigo.

–[11] É as**sim** que preparais a nossa terra: *
vós a re**gais** e aplainais,

– os seus **sul**cos com a chuva amoleceis *
e abenço**ais** as sementeiras.

–[12] O ano **to**do coroais com vossos dons, *
os vossos **pas**sos são fecundos;

– trans**bor**da a fartura onde passais, *
[13] brotam **pas**tos no deserto.

– As colinas se enfeitam de alegria, *
[14] e os **cam**pos, de rebanhos;

– nossos **va**les se revestem de trigais: *
tudo **can**ta de alegria!

Na Quaresma: Ant.

Ó Se**nhor**, convém ca**ntar** vosso lou**vor**
com um **hi**no em Sião!

Terça-feira da Semana Santa: Ant.

É **jus**to o meu **ser**vo e a **mui**tos fará **jus**tos,
carre**gan**do os seus pe**ca**dos.

Terça-feira – Hora Média

1127

—⁵⁶ Quanto a **mim**, uma só coisa me interessa: *
cum**prir** vossos preceitos, ó Senhor!

Salmo 52(53)

A insensatez dos ímpios

Todos pecaram e estão privados da glória de Deus (Rm
3,23).

—¹ Diz o insen**sa**to em seu **pró**prio cora**ção**: *
"Não há **Deus**! Deus não e**xis**te!"

—² Cor**rom**peram-se em ações abomináveis, *
já não **há** quem faça o bem!

—³ Se**nhor**, ele se inclina lá dos céus *
sobre os **fi**lhos de Adão,

— para **ver** se resta um homem de bom senso *
que a**in**da busque a Deus.

—⁴ Mas todos **e**les igualmente se perderam, *
corrom**pen**do-se uns aos outros;

— não e**xis**te mais nenhum que faça o bem, *
não e**xis**te um sequer!

—⁵ Se**rá** que não percebem os malvados *
quanto ex**plo**ram o meu povo?

— Eles de**vo**ram o meu povo como pão, *
e não in**vo**cam o Senhor.

—⁶ Eis que se **põem** a tremer de tanto medo, *
onde não **há** o que temer;

— porque **Deus** fez dispersar até os ossos *
dos **que** te assediavam.

— Eles fi**ca**ram todos cheios de vergonha, *
porque **Deus** os rejeitou.

—⁷ Que **ve**nha, venha logo de Sião *
a salva**ção** de Israel!

— Quando o Se**nhor** reconduzir do cativeiro *
os depor**ta**dos de seu povo,

1128

II Semana

– que **júbilo** e que festa em Jacó, *
que ale**gri**a em Israel!

Salmo 53(54),3-6.8-9

Pedido de auxílio

O profeta reza para escapar, em nome do Senhor, à malda-
de de seus perseguidores (Cassiodoro).

– ³Por vosso **nome**, sal**vai**-me, **Se**nhor: *
e **dai**-me a vossa justiça!

– ⁴Ó meu **Deus**, atendei minha prece *
e escu**tai** as palavras que eu digo!

= ⁵Pois contra **mim** orgulhosos se insurgem, †
e vio**len**tos perseguem-me a vida: *
não há lu**gar** para Deus aos seus olhos.

– ⁶Quem me pro**te**ge e me ampara é meu Deus; *
é o **Se**nhor quem sustenta minha vida!

– ⁸Quero ofer**tar**-vos o meu sacrifício *
de cora**ção** e com muita alegria;

– quero lou**var**, ó Senhor, vosso nome, *
quero can**tar** vosso nome que é bom!

– ⁹Pois me li**vras**tes de toda a angústia, *
e humi**lha**dos vi meus inimigos!

No Tempo pascal: Ant.Ale**lui**a, ale**lui**a, ale**lui**a.

Para as outras Horas, Salmodia complementar, p. 1421.

A leitura breve, o versículo e a oração correspondentes ao Ofício
celebrado.

A conclusão da Hora como no Ordinário.

Vésperas

V. Vinde, ó **Deus**. Glória ao **Pai**. Como era (T.P.Ale**lui**a).

HINO correspondente ao Ofício.

Terça-feira – Vésperas

Salmodia

Antífona 1

Na Quaresma:
Não po**deis** servir a **Deus** e ao di**nhei**ro.

Terça-feira da Semana Santa:
Supor**tei** dos **mal**va**dos** in**sul**to e te**rror**;
o Se**nhor** é co**mi**go qual **for**te guer**rei**ro.

No Tempo pascal:
Procu**rai** o que é do **al**to,
e **não** o que é da **ter**ra. Ale**lui**a.

Salmo 48(49)

A ilusão das riquezas

Dificilmente um rico entrará no Reino dos Céus (Mt 19,23).

I

– [2] Ouvi **is**to, povos **to**dos do uni**ver**so, *
  muita aten**ção**, ó habitantes deste mundo;
– [3] pode**ro**sos e humildes, escutai-me, *
  ricos e **po**bres, todos juntos, sede atentos!
– [4] Minha **bo**ca vai dizer palavras sábias, *
  que medi**tei** no coração profundamente;
– [5] e, incli**nan**do meus ouvidos às parábolas, *
  decifra**rei** ao som da harpa o meu enigma:
– [6] Por que te**mer** os dias maus e infelizes, *
  quando a ma**lí**cia dos perversos me circunda?
– [7] Por que te**mer** os que confiam nas riquezas *
  e se glo**riam** na abundância de seus bens?
– [8] Ninguém se **li**vra de sua morte por dinheiro *
  nem a **Deus** pode pagar o seu resgate.
– [9] A isen**ção** da própria morte não tem preço; *
  não há ri**que**za que a possa adquirir,
– [10] nem dar ao **ho**mem uma vida sem limites *
  e garan**tir**-lhe uma existência imortal.–

II Semana

= [11]Morrem os **sáb**ios e os ricos igualmente; †
morrem os **lou**cos e também os insensatos, *
e deixam **tu**do o que possuem aos estranhos;
= [12]os seus se**pul**cros serão sempre as suas casas, †
suas mo**ra**das através das gerações, *
mesmo se **de**ram o seu nome a muitas terras.
– [13]Não dura **mui**to o homem rico e poderoso; *
é seme**lhan**te ao gado gordo que se abate.

Na Quaresma: Ant.
Não po**deis** servir a **Deus** e ao di**nhei**ro.

Terça-feira da Semana Santa:
Supor**tei** dos malva**dos** in**sul**to e ter**ror**;
o Se**nhor** é co**mi**go qual **for**te guerreiro.

No Tempo pascal: Ant.
Procu**rai** o que é do **al**to,
e **não** o que é da **ter**ra. Ale**lui**a.

Antífona 2

Na Quaresma:
Ajun**tai** vosso te**sou**ro no **céu**, diz o Se**nhor**.

Terça-feira da Semana Santa:
Liber**tai**-me, Se**nhor**, e to**mai**-me convosco;
e **ven**ha o mais **for**te lu**tar** contra **mim**!

No Tempo pascal:
O Se**nhor** me arreba**tou** das mãos da **mor**te, ale**lui**a.

II

– [14]Este é o **fim** do que **espera** estulta**men**te, *
o fim da**que**les que se alegram com sua sorte;
= [15]são um re**ban**ho recolhido ao cemitério, †
e a própria **mor**te é o pastor que os apascenta; *
são empur**ra**dos e deslizam para o abismo.

– Logo seu **cor**po e seu semblante se desfazem, *
e entre os **mor**tos fixarão sua morada.

Terça-feira – Vésperas

—[16] Deus, porém, me salvará das mãos da morte *
e junto a si me tomará em suas mãos.

—[17] Não te inquietes, quando um homem fica rico *
e aumenta a opulência de sua casa;

—[18] pois, ao morrer, não levará nada consigo, *
nem seu prestígio poderá acompanhá-lo.

—[19] Felicitava-se a si mesmo enquanto vivo: *
"Todos te aplaudem, tudo bem, isto que é vida!"

—[20] Mas vai-se ele para junto de seus pais, *
que nunca mais e nunca mais verão a luz!

—[21] Não dura muito o homem rico e poderoso: *
é semelhante ao gado gordo que se abate.

Na Quaresma: Ant.
Ajuntai vosso tesouro no céu, diz o Senhor.

Terça-feira da Semana Santa: Ant.
Libertai-me, Senhor, e tomai-me convosco;
e venha o mais forte lutar contra mim!

No Tempo pascal: Ant.
O Senhor me arrebatou das mãos da morte, aleluia.

Antífona 3

Na Quaresma:
Toda glória ao Cordeiro imolado!
Toda honra e poder para sempre!

Terça-feira da Semana Santa:
Vós fostes por nós imolado;
para Deus nos remiu vosso sangue.

No Tempo pascal:
A vós pertencem, ó Senhor, a grandeza e o poder,
o esplendor e a vitória. Aleluia.

II Semana

Cântico   Ap 4,11; 5,9.10.12

Hino dos remidos

— [4,11]Vós sois **dig**no, Se**nhor**, nosso **Deus**, *
de rece**ber** honra, glória e poder!

(R.**Poder**, honra e **gló**ria ao Cor**dei**ro de **Deus!**)

= [5,9]Porque **to**das as coisas criastes, †
é por **vos**sa vontade que existem, *
e sub**sis**tem porque vós mandais.   (R.)

= Vós sois **dig**no, Senhor, nosso Deus, †
de o **li**vro nas mãos receber *
e de **abrir** suas folhas lacradas!   (R.)

— Porque **fos**tes por nós imolado; *
para **Deus** nos remiu vosso sangue

— dentre **to**das as tribos e línguas, *
dentre os **po**vos da terra e nações.   (R.)

= [10]Pois fi**zes**tes de nós, para Deus, †
sacer**do**tes e povo de reis, *
e i**re**mos reinar sobre a terra.   (R.)

= [12]O Cor**dei**ro imolado é digno †
de rece**ber** honra, glória e poder, *
sabedo**ria**, louvor, divindade!   (R.)

Na Quaresma: Ant.
Toda **gló**ria ao Cor**dei**ro imolado!
Toda **hon**ra e po**der** para **sem**pre!

Terça-feira da Semana Santa: Ant.
Vós **fos**tes por **nós** imolado;
para **Deus** nos re**miu** vosso **san**gue.

No Tempo pascal: Ant.
A vós per**ten**cem, ó Se**nhor,** a gran**de**za e o po**der,**
o esplen**dor** e a vi**tó**ria. Ale**lui**a.

*A leitura breve, o responsório, a antífona do Magnificat, as preces
e a oração correspondentes ao Ofício celebrado.*

A conclusão da Hora como no Ordinário.

II QUARTA-FEIRA

Invitatório

V. **Abri** os meus **lábios**. R. E minha **boca**.

Salmo invitatório, p. 944 com a antífona correspondente ao Ofício.

Ofício das Leituras

V. Vinde, ó **Deus**. Glória ao **Pai**. Como era (T.P. Ale**luia**).

Essa introdução se omite quando o Invitatório precede imediatamente ao Ofício das Leituras.

HINO correspondente ao Ofício.

Salmodia

Ant. 1 Nós so**fre**mos no mais **ín**timo de **nós**,
esper**an**do a reden**ção** de nosso **cor**po.

Salmo 38(39)

Prece de um enfermo

*A criação ficou sujeita à vaidade... por sua dependência
daquele que a sujeitou; esperando ser libertada* (Rm 8,20).

I

— ² Disse co**mi**go: "Vigia**rei** minhas pa**la**vras, *
a **fim** de não pecar com minha língua;
— have**rei** de pôr um freio em minha boca *
enquanto o **ím**pio estiver em minha frente".
= ³ Eu fi**quei** silencioso como um mudo, †
mas de **na**da me valeu o meu silêncio, *
pois minha **dor** recrudesceu ainda mais.
= ⁴ Meu cora**ção** se abrasou dentro de mim, †
um **fo**go se ateou ao pensar nisso, *
⁵ e minha **lín**gua então falou desabafando: —

1134   II Semana

= "Revelai-me, ó Senhor, qual o meu fim, †
    qual é o número e a medida dos meus dias, *
    para que eu veja quanto é frágil minha vida!
— 6De poucos palmos vós fizestes os meus dias; *
    perante vós a minha vida é quase nada.

— 7O homem, mesmo em pé, é como um sopro, *
    ele passa como a sombra que se esvai;
— ele se agita e se preocupa inutilmente, *
    junta riquezas sem saber quem vai usá-las".

Ant. Nós sofremos no mais íntimo de nós,
    esperando a redenção de nosso corpo

Ant. 2 Ó Senhor, prestai ouvido à minha prece,
    não fiqueis surdo aos lamentos do meu pranto!

II

— 8E agora, meu Senhor, que mais espero? *
    Só em vós eu coloquei minha esperança!
— 9De todo meu pecado libertai-me; *
    não me entregueis às zombarias dos estultos !
— 10Eu me calei e já não abro mais a boca, *
    porque vós mesmo, ó Senhor, assim agistes.
— 11Afastai longe de mim vossos flagelos; *
    desfaleço ao rigor de vossa mão!
= 12Punis o homem, corrigindo as suas faltas; †
    como a traça, destruís sua beleza: *
    todo homem não é mais do que um sopro.
= 13Ó Senhor, prestai ouvido à minha prece, †
    escutai-me quando grito por socorro, *
    não fiqueis surdo aos lamentos do meu pranto!
— Sou um hóspede somente em vossa casa, *
    um peregrino como todos os meus pais.
— 14Desviai o vosso olhar, que eu tome alento, *
    antes que parta e que deixe de existir!

Quarta-feira – Ofício das leituras

Ant. Ó Senhor, prestai ouvido à minha prece,
não fiqueis surdo aos lamentos do meu pranto!

Ant. 3 Eu confio na clemência do Senhor
agora e para sempre (T.P. Aleluia).

Salmo 51(52)

Contra a maldade do caluniador

Quem se gloria, glorie-se no Senhor (1Cor 1,31).

— ³ Por que é que te glorias da maldade, *
ó injusto prepotente?
= ⁴ Tu planejas emboscadas todo dia, †
tua língua é qual navalha afiada, *
fabricante de mentiras!

— ⁵ Tu amas mais o mal do que o bem, *
mais a mentira que a verdade!

— ⁶ Só gostas de palavras que destroem, *
ó língua enganadora!

— ⁷ Por isso Deus vai destruir-te para sempre *
e expulsar-te de sua tenda;

— vai extirpar-te e arrancar tuas raízes *
da terra dos viventes!

— ⁸ Os justos hão de vê-lo e temerão, *
e rindo dele vão dizer:

— ⁹ "Eis o homem que não pôs no Senhor Deus *
seu refúgio e sua força,

— mas confiou na multidão de suas riquezas, *
subiu na vida por seus crimes!"

— ¹⁰ Eu, porém, como oliveira verdejante *
na casa do Senhor,

— confio na clemência do meu Deus *
agora e para sempre! –

1136   II Semana

– [11]Louvarei a vossa graça eternamente, *
    porque **vós** assim agistes;
– **espe**ro em vosso nome, porque é bom, *
    pe**ran**te os vossos santos!

Ant. Eu confio na clemência do **Senhor**
     agora e para **sem**pre (T.P. **Aleluia**).

O versículo, as leituras e a oração correspondentes ao Ofício celebrado.

Laudes

V. Vinde, ó **Deus**. Glória ao **Pai**. Como era (T.P. **Aleluia**).
Essa introdução se omite quando o Invitatório precede imediatamente às Laudes.

HINO correspondente ao Ofício.

Salmodia

Antífona 1

Na Quaresma:

São **san**tos, ó **Se**nhor, vossos cami**nhos**;
haverá **deus** que se compa**re** ao nosso **Deus**?

Quarta-feira da Semana Santa:

No meu **dia** de afli**ção**, minhas **mãos** buscam a **Deus**.

No Tempo pascal:

As **águas**, ó **Se**nhor, vos avis**ta**ram;
condu**zis**tes vosso **po**vo pelo **mar**. Aleluia.

Salmo 76(77)

Lembrando as maravilhas do Senhor

Somos afligidos de todos os lados, mas não vencidos (2Cor 4,8)

– [2]Quero cla**mar** ao Senhor **Deus** em alta **voz**, *
    em alta **voz** eu clamo a Deus: que ele me ouça!

Quarta-feira – Laudes

= ³No meu **dia** de aflição busco o Senhor; †
sem me can**sar** ergo, de noite, as minhas mãos, *
e minh'**alma** não se deixa consolar.

— ⁴Quando me **lem**bro do Senhor, solto gemidos, *
e, ao recor**dá**-lo, minha alma desfalece.

— ⁵Não me dei**xas**tes, ó meu Deus, fechar os olhos, *
e, pertur**ba**do, já nem posso mais falar!

— ⁶Eu re**fli**to sobre os tempos de outrora, *
e dos **a**nos que passaram me recordo;

— ⁷meu cora**ção** fica a pensar durante a noite, *
e, de **tan**to meditar, eu me pergunto:

— ⁸Será que **Deus** vai rejeitar-nos para sempre? *
E nunca **mais** nos há de dar o seu favor?

— ⁹Por a**ca**so, seu amor foi esgotado? *
Sua pro**mes**sa, afinal, terá falhado?

— ¹⁰Será que **Deus** se esqueceu de ter piedade? *
Será que a **i**ra lhe fechou o coração?

— ¹¹Eu con**fes**so que é esta a minha dor: *
"A mão de **Deus** não é a mesma: está mudada!"

— ¹²Mas, recor**dan**do os grandes feitos do passado, *
vossos pro**dí**gios eu relembro, ó Senhor;

— ¹³eu me**di**to sobre as vossas maravilhas *
e sobre as **o**bras grandiosas que fizestes.

— ¹⁴São **san**tos, ó Senhor, vossos caminhos! *
Haverá **deus** que se compare ao nosso Deus?

— ¹⁵Sois o **Deus** que operastes maravilhas, *
vosso po**der** manifestastes entre os povos.

— ¹⁶Com vosso **bra**ço redimistes vosso povo, *
os **fi**lhos de Jacó e de José.

— ¹⁷Quando as **á**guas, ó Senhor, vos avistaram, *
elas tre**me**ram e os abismos se agitaram

= ¹⁸ e as **nuv**ens derramaram suas águas, †
a tempes**ta**de fez ouvir a sua voz, *
por todo **la**do se espalharam vossas flechas.

= ¹⁹Ribom**bou** a vossa voz entre trovões, †
vossos **ra**ios toda a terra iluminaram, *
a terra in**tei**ra estremeceu e se abalou.

= ²⁰**Abriu**-se em pleno mar vosso caminho †
e a vossa es**tra**da, pelas águas mais profundas; *
mas ningu**ém** viu os sinais dos vossos passos.

— ²¹Como um re**ba**nho conduzistes vosso povo *
e o gui**as**tes por Moisés e Aarão.

Na Quaresma: Ant.

São **san**tos, ó Se**nhor**, vossos ca**mi**nhos;
haverá **deus** que se compa**re** ao nosso **Deus**?

Quarta-feira da Semana Santa: Ant.

No meu **di**a de afli**ção**, minhas **mãos** buscam a **Deus**.

No Tempo pascal: Ant.

As **águas**, ó Se**nhor**, vos avistaram;
condu**zis**tes vosso **povo** pelo **mar**. Ale**lui**a.

Antífona 2

Na Quaresma:

Exulta no Se**nhor** meu cora**ção**.
É **e**le quem e**xal**ta os humi**lha**dos.

Quarta-feira da Semana Santa:

Se morre**rmos** com **Cristo**, nós **cre**mos
que com **Cristo** tam**bém** vive**re**mos.

No Tempo pascal:

É o Se**nhor** quem dá a **mor**te e dá a **vi**da, ale**lui**a.

Cântico 1Sm 2,1-10

Os humildes se alegram em Deus

Derrubou do trono os poderosos e elevou os humildes.
Encheu de bens os famintos (Lc 1,52-53).

Quarta-feira – Laudes

— ¹**Exul**ta no S**enhor** meu cora**ção**, *
 e se el**eva** a minha fronte no meu Deus;
— minha **bo**ca desafia os meus rivais *
 porque me al**egro** com a vossa salvação.
— ²Não há **san**to como é santo o nosso Deus, *
 ninguém é **for**te à semelhança do Senhor!
— ³Não fal**eis** tantas palavras orgulhosas, *
 nem profiram arrogâncias vossos lábios!
— Pois o S**enhor** é o nosso Deus que tudo sabe. *
 Ele co**nhe**ce os pensamentos mais ocultos.
— ⁴O arco dos **for**tes foi dobrado, foi quebrado, *
 mas os **fra**cos se vestiram de vigor.
— ⁵Os sacia**dos** se empregaram por um pão, *
 mas os **po**bres e os famintos se fartaram.
— Muitas **ve**zes deu à luz a que era estéril, *
 mas a **mãe** de muitos filhos definhou.
— ⁶É o S**enhor** que dá a morte e dá a vida, *
 faz des**cer** à sepultura e faz voltar;
— ⁷é o S**enhor** que faz o pobre e faz o rico, *
 é o S**enhor** que nos humilha e nos exalta.
— ⁸O S**enhor** ergue do pó o homem fraco, *
 e do **lixo** ele retira o indigente,
— para fazê-los assentar-se com os nobres *
 num lu**gar** de muita honra e distinção.
— As co**lu**nas desta terra lhe pertencem, *
 e sobre **e**las assentou o universo.
— ⁹Ele **ve**la sobre os passos de seus santos, *
 mas os **ím**pios se extraviam pelas trevas.
— ¹⁰Ninguém tri**un**fa se apoiando em suas forças; *
 os ini**mi**gos do Senhor serão vencidos;
— sobre eles faz troar o seu trovão, *
 o S**enhor** julga os confins de toda a terra.—

1140   II Semana

– O Senhor dará a seu Rei a realeza *
  e exaltará o seu Ungido com poder.

Na Quaresma: Ant.
Exulta no Senhor meu coração.
É ele quem exalta os humilhados.

Quarta-feira da Semana Santa: Ant.
Se morrermos com Cristo, nós cremos
que com Cristo também viveremos.

No Tempo pascal: Ant.
É o Senhor quem dá a morte e dá a vida, aleluia.

Antífona 3

Na Quaresma:
Deus é Rei! Exulte a terra de alegria! †

Quarta-feira da Semana Santa:
Jesus Cristo tornou-se para nós
sabedoria de Deus, a mais sublime,
santidade, justiça e redenção.

No Tempo pascal:
Uma luz já se levanta para os justos,
e a alegria para os retos corações. Aleluia.

Salmo 96(97)

A glória do Senhor como juiz

*Este salmo expressa a salvação do mundo e a fé dos povos
todos em Deus* (Sto. Atanásio).

– ¹Deus é Rei! Exulte a terra de alegria, *
  † e as ilhas numerosas rejubilem!
– ²Treva e nuvem o rodeiam no seu trono, *
  que se apoia na justiça e no direito.
– ³Vai um fogo caminhando à sua frente *
  e devora ao redor seus inimigos.
– ⁴Seus relâmpagos clareiam toda a terra; *
  toda a terra, ao contemplá-los, estremece.

Quarta-feira – Laudes

– [5]As montanhas se derretem como cera *
ante a **face** do Senhor de toda a terra;
– [6]e as**sim** proclama o céu sua justiça, *
todos os **po**vos podem ver a sua glória.

= [7]"Os que a**do**ram as estátuas se envergonhem †
e os que **põem** a sua glória nos seus ídolos; *
aos pés de **Deus** vêm se prostrar todos os deuses!"
= [8]Sião es**cu**ta transbordante de alegria, †
e e**xul**tam as cidades de Judá, *
porque são **jus**tos, ó Senhor, vossos juízos!

= [9]Porque **vós** sois o Altíssimo, Senhor, †
muito a**ci**ma do universo que criastes, *
e de **mui**to superais todos os deuses.
= [10]O Senhor **a**ma os que detestam a maldade, †
ele pro**te**ge seus fiéis e suas vidas, *
e da **mão** dos pecadores os liberta.

– [11]Uma **luz** já se levanta para os justos, *
e a ale**gri**a, para os retos corações.
– [12]Homens **jus**tos, alegrai-vos no Senhor, *
cele**brai** e bendizei seu santo nome!

Na Quaresma: Ant.
Deus é **Rei**! E**xul**te a **ter**ra de ale**gri**a!

Quarta-feira da Semana Santa: ant.
Jesus **Cris**to tor**nou**-se para **nós**
sabedo**ri**a de **Deus**, a mais su**bli**me,
santi**da**de, justiça e reden**ção**.

No Tempo pascal: Ant.
Uma **luz** já se le**van**ta para os **jus**tos,
e a ale**gri**a para os **re**tos cora**ções**. Ale**lui**a.

A leitura breve, o responsório, a antífona do *Benedictus*, as preces
e a oração correspondentes ao Ofício celebrado.

A conclusão da Hora como no Ordinário.

1142

Hora Média

V. Vinde, ó **Deus**. Glória ao **Pai**. Como era (T.P. Ale**lui**a).

HINO correspondente ao Ofício.

Salmodia

Na Quaresma: Antífona como no Próprio do Tempo.

No Tempo pascal: Ant. Ale**lui**a, ale**lui**a, ale**lui**a.

Salmo 118(119),57-64
VIII (Heth)

Meditação sobre a Palavra de Deus na Lei

Sois uma carta de Cristo, gravada não em tábuas de pedra, mas em vossos corações (2Cor 3,3).

—⁵⁷ É esta a **par**te que esco**lhi** por minha he**ran**ça: *
  obser**var** vossas palavras, ó Senhor!

—⁵⁸ De **to**do o coração eu vos suplico: *
  pie**da**de para mim que o prometestes!

—⁵⁹ Fico pen**san**do, ó Senhor, nos meus caminhos; *
  esco**lhi** por vossa lei guiar meus passos.

—⁶⁰ Eu me a**pres**so, sem perder um só instante, *
  em prati**car** todos os vossos mandamentos.

—⁶¹ Mesmo que os **ím**pios me amarrem com seus laços, *
  nem as**sim** hei de esquecer a vossa lei.

—⁶² Alta **noi**te eu me levanto e vos dou graças *
  pelas **vos**sas decisões leais e justas.

—⁶³ Sou a**mi**go dos fiéis que vos respeitam *
  e da**que**les que observam vossas leis.

—⁶⁴ Transborda em toda a terra o vosso amor; *
  ensi**nai**-me, ó Senhor, vossa vontade!

Salmo 54(55),2-15.17-24

Oração depois da traição de um amigo

Jesus começou a sentir pavor e angústia (Mc 14,33).

I

– ²Ó meu **Deus**, escut**ai** minha **prece**, *
não fu**jais** desta minha oração!
– ³Dig**nai**-vos me ouvir, respondei-me: *
a ang**ús**tia me faz delirar!
– ⁴Ao cla**mor** do inimigo estremeço, *
e ao **grito** dos ímpios eu tremo.
– Sobre **mim** muitos males derramam, *
contra **mim** furiosos investem.
– ⁵Meu cora**ção** dentro em mim se angustia, *
e os ter**ro**res da morte me abatem;
– ⁶o te**mor** e o tremor me penetram, *
o pa**vor** me envolve e deprime!
= ⁷É por **isso** que eu digo na angústia: †
Quem me **dera** ter asas de pomba *
e vo**ar** para achar um descanso!
– ⁸Fugi**ria**, então, para longe, *
e me i**ria** esconder no deserto.
– ⁹Acha**ria** depressa um refúgio *
contra o **ven**to, a procela, o tufão".
= ¹⁰Ó Se**nhor**, confundi as más línguas; †
disper**sai**-as, porque na cidade *
só se **vê** violência e discórdia!
= ¹¹Dia e **noi**te circundam seus muros, †
¹²dentro **de**la há maldades e crimes, *
a injus**ti**ça, a opressão moram nela!
– Viol**ên**cia, imposturas e fraudes *
já não **dei**xam suas ruas e praças.

II

— ¹³ Se o inimigo viesse insultar-me, *
    poderia aceitar certamente;
— se contra **mim** investisse o inimigo, *
    poderia, talvez, esconder-me.

— ¹⁴ Mas és **tu**, companheiro e amigo, *
    tu, meu íntimo e meu familiar,
— ¹⁵ com quem **ti**ve agradável convívio *
    com o **po**vo, indo à casa de Deus!

— ¹⁷ Eu, po**rém**, clamo a Deus em meu pranto, *
    e o Se**nhor** me haverá de salvar!
— ¹⁸ Desde a **tar**de, à manhã, ao meio-dia, *
    faço ou**vir** meu lamento e gemido.

— ¹⁹ O Se**nhor** há de ouvir minha voz, *
    liber**tan**do a minh'alma na paz,
— derro**tan**do os meus agressores, *
    porque **mui**tos estão contra mim!

— ²⁰ Deus me **ou**ve e haverá de humilhá-los, *
    porque é **Rei** e Senhor desde sempre.
— Para os **ím**pios não há conversão, *
    pois não **te**mem a Deus, o Senhor.

— ²¹ Erguem a **mão** contra os próprios amigos, *
    vio**lan**do os seus compromissos;
— ²² sua **bo**ca está cheia de unção, *
    mas o **seu** coração traz a guerra;
— suas pa**la**vras mais brandas que o óleo, *
    na ver**da**de, porém, são punhais.

— ²³ Lança **so**bre o Senhor teus cuidados, *
    porque **e**le há de ser teu sustento,
— e ja**mais** ele irá permitir *
    que o **jus**to para sempre vacile! —

Quarta-feira – Vésperas

– ^{24}Vós, porém, ó Senhor, os lançais *
no abismo e na cova da morte.
– Assassinos e homens de fraude *
não verão a metade da vida.
– Quanto a mim, ó Senhor, ao contrário: *
ponho em vós toda a minha esperança!

No Tempo pascal: Ant. Aleluia, aleluia, aleluia.

Para as outras Horas, Salmodia complementar, p. 1421.

A leitura breve, o versículo e a oração correspondentes ao Ofício celebrado.

A conclusão da Hora como no Ordinário.

Vésperas

V. Vinde, ó Deus. Glória ao Pai. Como era (T.P. Aleluia).
HINO correspondente ao Ofício.

Salmodia

Antífona 1

Na Quaresma:
Aguardemos a bendita esperança
e a vinda gloriosa do Senhor.

Quarta-feira da Semana Santa:
Os ímpios disseram:
Oprimamos o homem justo, ele é contra as nossas obras.

No Tempo pascal:
Que o vosso coração não se perturbe:
crede em mim unicamente, aleluia.

Salmo 61(62)

A paz em Deus

*Que o Deus da esperança vos encha da alegria e da paz
em vossa vida da fé (Rm 15,13).*

1146   II Semana

— ²Só em **Deus** a minha **alma** tem re**pou**so, *
  porque **de**le é que me vem a salvação!
— ³Só **e**le é meu rochedo e salvação, *
  a forta**le**za onde encontro segurança!
— ⁴Até **quan**do atacareis um pobre homem, *
  todos **jun**tos, procurando derrubá-lo,
— como a pa**re**de que começa a inclinar-se, *
  ou um **mu**ro que está prestes a cair?
— ⁵Combi**na**ram empurrar-me lá do alto, *
  e se com**pra**zem em mentir e enganar,
— enquanto **e**les bendizem com os lábios, *
  no cora**ção**, bem lá do fundo, amaldiçoam.
— ⁶Só em **Deus** a minha alma tem repouso, *
  porque **de**le é que me vem a salvação!
— ⁷Só **e**le é meu rochedo e salvação, *
  a forta**le**za, onde encontro segurança!
— ⁸A minha **gló**ria e salvação estão em Deus; *
  o meu re**fú**gio e rocha firme é o Senhor!
= ⁹Povo **to**do, esperai sempre no Senhor, †
  e **a**bri diante dele o coração: *
  nosso **Deus** é um refúgio para nós!
— ¹⁰Todo **ho**mem a um sopro se assemelha, *
  o filho do **ho**mem é mentira e ilusão;
— se su**bis**sem todos eles na balança, *
  pesa**ri**am até menos do que o vento;
— ¹¹Não confi**eis** na opressão e na violência *
  nem vos ga**beis** de vossos roubos e enganos!
— E se cres**ce**rem vossas posses e riquezas, *
  a **e**las não prendais o coração!
= ¹²Uma pa**la**vra Deus falou, duas ouvi: †
  "O po**der** e a bondade a Deus pertencem, *
  pois pa**gais** a cada um conforme as obras".

Quarta-feira – Vésperas

Na Quaresma: Ant.
Aguardemos a bendita esperança
e a vinda gloriosa do Senhor.

Quarta-feira da Semana Santa: Ant.
Os ímpios disseram:
Oprimamos o homem justo, ele é contra as nossas obras.

No Tempo pascal: Ant.
Que o vosso coração não se perturbe:
crede em mim unicamente, aleluia.

Antífona 2

Na Quaresma:
Que Deus nos dê a sua graça e sua bênção,
e sua face resplandeça sobre nós! †

Quarta-feira da Semana Santa:
Carregou os pecados de muitos
e pediu em favor dos injustos.

No Tempo pascal:
Que as nações vos glorifiquem, ó Senhor,
e exultem pela vossa salvação! Aleluia.
Quando o salmo seguinte já tiver sido recitado no Invitatório, em
seu lugar se diz o Salmo 94(95), à p. 944.

Salmo 66(67)
Todos os povos celebrem o Senhor

*Sabei que esta salvação de Deus já foi comunicada aos
pagãos* (At 28,28).

– ²Que Deus nos dê a sua graça e sua bênção, *
 e sua face resplandeça sobre nós!

– ³† Que na terra se conheça o seu caminho *
 e a sua salvação por entre os povos.

– ⁴Que as nações vos glorifiquem, ó Senhor, *
 que todas as nações vos glorifiquem!

1148   II Semana

— [5] **Exul**te de alegria a terra inteira, *
pois jul**gais** o universo com justiça;
— os **po**vos governais com retidão, *
e gui**ais**, em toda a terra, as nações.
— [6] Que as na**ções** vos glorifiquem, ó Senhor, *
que **to**das as nações vos glorifiquem!
— [7] A **ter**ra produziu sua colheita: *
o Se**nh**or e nosso Deus nos abençoa.
— [8] Que o Se**nh**or e nosso Deus nos abençoe, *
e o res**peit**em os confins de toda a terra!

Na Quaresma: Ant.
Que Deus nos **dê** a sua **graça** e sua **bênção**,
e sua **face** resplan**deça** sobre **nós**!

Quarta-feira da Semana Santa: Ant.
Carregou os pe**ca**dos de **mui**tos
e pe**diu** em fa**vor** dos in**jus**tos.

No Tempo pascal: Ant.
Que as na**ções** vos glorifiquem, ó Se**nhor**,
e **ex**ul**tem pela **vos**sa salva**ção**! Aleluia.

Antífona 3

Na Quaresma:
Em **Cris**to é que **tu**do foi criado,
e é por **ele** que subsiste o universo.

Quarta-feira da Semana Santa:
É no **Cris**to que nós **te**mos redenção,
dos pe**ca**dos remissão pelo seu **sangue**.

No Tempo pascal:
O céu se **en**che com a **su**a majestade
e a **terra** com sua **glória**, aleluia.

Quarta-feira – Vésperas

Cântico
Cf. Cl 1,12-20

**Cristo, o Primogênito de toda a criatura
e o Primogênito dentre os mortos**

= [12]Demos **graças** a Deus **Pai** onipote**nte**, †
que nos **cha**ma a partilhar, na sua luz, *
da he**ran**ça a seus santos reservada!

(R. Glória a **vós**, Primogê**ni**to dentre os **mor**tos!)

= [13]Do im**pé**rio das trevas arrancou-nos †
e transpor**tou**-nos para o Reino de seu Filho, *
para o **Rei**no de seu Filho bem-amado,

– [14]no **qual** nós encontramos redenção, *
dos pe**ca**dos remissão pelo seu sangue. (R.)

– [15]Do **Deus**, o Invisível, é a imagem, *
o Primogênito de toda criatura;

= [16]porque **ne**le é que tudo foi criado: †
o que há nos **céus** e o que existe sobre a terra, *
o vi**sí**vel e também o invisível. (R.)

= Sejam **Tro**nos e Poderes que há nos céus, †
sejam **e**les Principados, Potestades: *
por **e**le e para ele foram feitos;

– [17]antes de **to**da criatura ele existe, *
e é por **e**le que subsiste o universo. (R.)

= [18]Ele é a Ca**be**ça da Igreja, que é seu Corpo, †
é o prin**cí**pio, o Primogênito dentre os mortos, *
a **fim** de ter em tudo a primazia.

– [19]Pois foi do a**gra**do de Deus Pai que a plenitude *
habi**tas**se no seu Cristo inteiramente. (R.)

– [20]A**prou**ve-lhe também, por meio dele, *
reconci**li**ar consigo mesmo as criaturas,

= pacifi**can**do pelo sangue de sua cruz †
tudo a**qui**lo que por ele foi criado, *
o que há nos **céus** e o que existe sobre a terra. (R.)

1150 II Semana

Na Quaresma: Ant.

Em Cristo é que **tudo** foi criado,
e é por ele que subsiste o uni**verso**.

Quarta-feira da Semana Santa: Ant.

É no **Cristo** que nós **temos** redenção,
dos pecados remissão pelo seu **sangue**.

No Tempo pascal: Ant.

O céu se **enche** com a **sua** majestade
e a **terra** com sua **glória**, aleluia.

A leitura breve, o responsório, a antífona do *Magnificat*, as preces
e a oração correspondentes ao Ofício celebrado.

A conclusão da Hora como no Ordinário.

II QUINTA-FEIRA

Invitatório

V. **Abri** os meus **lábios**. R. E minha **boca**.

Salmo invitatório, p. 944 com a antífona correspondente ao Ofício.

Ofício das Leituras

V. Vinde, ó **Deus**. Glória ao **Pai**. Como era (T.P. Aleluia).

Essa introdução se omite quando o Invitatório precede imediatamente ao Ofício das Leituras.

HINO correspondente ao Ofício.

Salmodia

Ant. 1 Fostes **vós** que nos salvastes, ó Se**nhor**!
Para **sem**pre louvaremos vosso **no**me (T.P. Aleluia).

Salmo 43(44)

Calamidades do povo

Em tudo isso, somos mais que vencedores, graças àquele que nos amou! (Rm 8,37).

I

— ²Ó **Deus**, nossos ouvidos escutaram, *
  e con**tar**am para nós, os nossos pais,
— as **o**bras que operastes em seus dias, *
  em seus **di**as e nos tempos de outrora:
= ³Expul**sas**tes as nações com vossa mão, †
  e plan**tas**tes nossos pais em seu lugar; *
  para aumen**tá**-los, abatestes outros povos.
— ⁴Não conquis**tar**am essa terra pela espada, *
  nem foi seu **bra**ço que lhes deu a salvação;
— foi, po**rém**, a vossa mão e vosso braço *
  e o esplen**dor** de vossa face e o vosso amor.

II Semana

— 5 Sois **vós**, o meu Senhor e o meu Rei, *
que **des**tes as vitórias a Jacó;
— 6 com vossa a**ju**da é que vencemos o inimigo, *
por vosso **no**me é que pisamos o agressor.
— 7 Eu não **pus** a confiança no meu arco, *
a minha espa**da** não me pôde libertar;
— 8 mas fostes **vós** que nos livrastes do inimigo, *
e co**bris**tes de vergonha o opressor.
— 9 Em vós, ó **Deus**, nos gloriamos todo dia, *
cele**bran**do o vosso nome sem cessar.

Ant. Fostes **vós** que nos sal**vas**tes, ó Se**nhor**!
Para **sem**pre louva**re**mos vosso **no**me (T.P. Ale**lui**a).

Ant. 2 Perdo**ai**, ó Se**nhor**, o vosso **po**vo,
não entre**guei**s à vergonha a vossa he**ran**ça!

II

—10 Porém, a**go**ra nos deixastes e humi**lhas**tes, *
já não sa**ís** com nossas tropas para a guerra!
—11 Vós nos fi**zes**tes recuar ante o inimigo, *
os adver**sá**rios nos pilharam à vontade.
—12 Como o**ve**lhas nos levastes para o corte, *
e no **mei**o das nações nos dispersastes.
—13 Ven**des**tes vosso povo a preço baixo, *
e não lu**cras**tes muita coisa com a venda!
—14 De nós fi**zes**tes o escárnio dos vizinhos, *
zomba**ri**a e gozação dos que nos cercam;
—15 para os pa**gãos** somos motivo de anedotas, *
zombam de **nós** a sacudir sua cabeça.
—16 À minha **fren**te trago sempre esta desonra, *
e a ver**go**nha se espalha no meu rosto,
—17 ante os **gri**tos de insultos e blasfêmias *
do ini**mi**go sequioso de vingança.

Quinta-feira – Laudes

Ant. Perdoai, ó Senhor, o vosso povo,
não entregueis à vergonha a vossa herança!

Ant. 3 Levantai-vos, ó Senhor, e socorrei-nos,
libertai-nos pela vossa compaixão! (T.P. Aleluia).

III

—[18] E tudo isso, sem vos termos esquecido *
e sem termos violado a Aliança;
—[19] sem que o nosso coração voltasse atrás, *
nem se afastassem nossos pés de vossa estrada!
—[20] Mas à cova dos chacais nos entregastes *
e com trevas pavorosas nos cobristes!
—[21] Se tivéssemos esquecido o nosso Deus *
e estendido nossas mãos a um Deus estranho,
—[22] Deus não teria, por acaso, percebido, *
ele que vê o interior dos corações?
—[23] Por vossa causa nos massacram cada dia *
e nos levam como ovelha ao matadouro!
—[24] Levantai-vos, ó Senhor, por que dormis? *
Despertai! Não nos deixeis eternamente!
—[25] Por que nos escondeis a vossa face *
e esqueceis nossa opressão, nossa miséria?
—[26] Pois arrasada até o pó está noss'alma *
e ao chão está colado o nosso ventre.
— Levantai-vos, vinde logo em nosso auxílio, *
libertai-nos pela vossa compaixão!

Ant. Levantai-vos, ó Senhor, e socorrei-nos,
libertai-nos pela vossa compaixão! (T.P. Aleluia).

O versículo, as leituras e a oração correspondentes ao Ofício
celebrado.

Laudes

V. Vinde, ó Deus. Glória ao Pai. Como era (T.P. Aleluia.

II Semana

Essa introdução se omite quando o Invitatório precede imediatamente às Laudes.

HINO correspondente ao Ofício.

Salmodia

Antífona 1

Na Quaresma:

Despertai vosso po**der**, ó nosso **Deus**,
e vin**de** logo nos trazer a salva**ção**.

Quinta-feira da Semana Santa:

Olhai, Se**nhor**, e contem**plai** meu sofri**men**to!
Escu**tai**-me e vinde **logo** em meu auxílio!

No Tempo pascal:

Eu **sou** a vi**dei**ra e **vós** os **ra**mos. Ale**luia**.

Salmo 79(80)

Visitai, Senhor, a vossa vinha

Vinde, Senhor Jesus! (Ap 22,20).

– ²Ó Pas**tor** de Israel, prestai ou**vi**dos. *
Vós, que a Jo**sé** apascentais qual um rebanho!

= Vós, que **so**bre os querubins vos assentais, †
apare**cei** cheio de glória e esplendor *
³ante Efra**im** e Benjamim e Manassés!

– Desper**tai** vosso poder, ó nosso Deus, *
e vinde **logo** nos trazer a salvação!

= ⁴Conver**tei**-nos, ó Senhor Deus do universo, †
e sobre **nós** iluminai a vossa face! *
Se vol**tar**des para nós, seremos salvos!

– ⁵Até **quan**do, ó Senhor, vos irritais, *
ape**sar** da oração do vosso povo?

– ⁶Vós nos **des**tes a comer o pão das lágrimas, *
e a be**ber** destes um pranto copioso.

– ⁷Para os vi**zi**nhos somos causa de contenda, *
de zomba**ri**a para os nossos inimigos. –

Quinta-feira – Laudes

=[8] Conver**tei**-nos, ó Senhor Deus do universo, †
e sobre **nós** iluminai a vossa face! *
Se vol**tar**des para nós, seremos salvos!

—[9] Arran**cas**tes do Egito esta videira *
e expul**sas**tes as nações para plantá-la;

—[10] diante **de**la preparastes o terreno, *
lançou raízes e encheu a terra inteira.

—[11] Os **mon**tes recobriu com sua sombra, *
e os **ce**dros do Senhor com os seus ramos;

—[12] até o **mar** se estenderam seus sarmentos, *
até o **rio** os seus rebentos se espalharam.

—[13] Por que ra**zão** vós destruístes sua cerca, *
para que **to**dos os passantes a vindimem,

—[14] o java**li** da mata virgem a devaste, *
e os ani**mais** do descampado nela pastem?

=[15] Vol**tai**-vos para nós, Deus do universo! †
Olhai dos altos céus e observai. *
Visi**tai** a vossa vinha e protegei-a!

—[16] Foi a **vos**sa mão direita que a plantou; *
prote**gei**-a, e ao rebento que firmastes!

—[17] E a**que**les que a cortaram e a queimaram, *
vão pere**cer** ante o furor de vossa face.

—[18] Pousai a **mão** por sobre o vosso Protegido, *
o filho do **ho**mem que escolhestes para vós!

—[19] E nunca **mais** vos deixaremos, Senhor Deus! *
Dai-nos **vida**, e louvaremos vosso nome!

=[20] Conver**tei**-nos, ó Senhor Deus do universo, †
e sobre **nós** iluminai a vossa face! *
Se vol**tar**des para nós, seremos salvos!

Na Quaresma: Ant.
Desper**tai** vosso po**der**, ó nosso **Deus**,
e vin**de** logo nos tra**zer** a sal**vação**.

1156   II Semana

Quinta-feira da Semana Santa: Ant.
Olhai, Senhor, e contemplai meu sofrimento!
Escutai-me e vinde logo em meu auxílio!
No Tempo pascal: Ant.
Eu sou a videira e vós os ramos. Aleluia.

Antífona 2

Na Quaresma:
Publicai em toda a terra as maravilhas do Senhor!
Quinta-feira da Semana Santa:
Eis o Deus, meu Salvador, eu confio e nada temo.
No Tempo pascal:
Com alegria bebereis das águas abundantes
do manancial do Salvador. Aleluia.

Cântico   Is 12,1-6
Exultação do povo redimido
Se alguém tem sede, venha a mim, e beba (Jo 7,37).

— ¹Dou-vos graças, ó Senhor, porque, estando irritado, *
  acalmou-se a vossa ira e enfim me consolastes.
— ²Eis o Deus, meu Salvador, eu confio e nada temo; *
  o Senhor é minha força, meu louvor e salvação.
— ³Com alegria bebereis no manancial da salvação, *
  ⁴e direis naquele dia: "Dai louvores ao Senhor,
— invocai seu santo nome, anunciai suas maravilhas, *
  entre os povos proclamai que seu nome é o mais sublime.
— ⁵Louvai cantando ao nosso Deus, que fez prodígios e
  portentos, *
  publicai em toda a terra suas grandes maravilhas!
— ⁶Exultai cantando alegres, habitantes de Sião, *
  porque é grande em vosso meio o Deus Santo de Israel!"

Na Quaresma: Ant.
Publicai em toda a terra as maravilhas do Senhor!

Quinta-feira – Laudes

Quinta-feira da Semana Santa: Ant.
Eis o **Deus**, meu Salva**dor**, eu con**fio** e nada **temo**.

No Tempo pascal: Ant.
Com ale**gri**a bebe**reis** das **águas** abun**dantes**
do manan**cial** do Salva**dor**. Ale**luia**.

Antífona 3

Na Quaresma:
Exul**tai** no Se**nhor**, nossa **força**! †

Quinta-feira da Semana Santa:
Deus nos **deu** de co**mer** a flor do **trigo**,
e com o **mel** que sai da **rocha** nos far**tou**.

No Tempo pascal:
O Se**nhor** nos saci**ou** com a flor do **trigo**, ale**luia**.

Salmo 80(81)

Solene renovação da Aliança

*Cuidai, irmãos, que não se ache em algum de vós um
coração transviado pela incredulidade* (Hb 3,12).

— [2] Exul**tai** no Se**nhor**, nossa **força**, *
      † e ao **Deus** de Jacó aclamai!
— [3] Cantai **sal**mos, tocai tamborim, *
      harpa e **lira** suaves tocai!
— [4] Na lua **no**va soai a trombeta, *
      na lua **cheia**, na festa solene!
— [5] Porque **isto** é costume em Jacó, *
      um pre**ceito** do Deus de Israel;
— [6] uma **lei** que foi dada a José, *
      quando o **po**vo saiu do Egito.
= Eis que **ouço** uma voz que não conheço: †
  [7] "Alivi**ei** as tuas costas de seu fardo, *
      cestos pe**sa**dos eu tirei de tuas mãos.

1158

= ⁸Na ang**ús**tia a mim clamaste, e te salvei, †
de uma **nu**vem trovejante te falei, *
e junto às **á**guas de Meriba te provei.

– ⁹Ouve, meu **po**vo, porque vou te advertir! *
Isra**el**, ah! se quisesses me escutar:

– ¹⁰Em teu **me**io não exista um deus estranho *
nem ado**re**s a um deus desconhecido!

= ¹¹Porque eu **sou** o teu Deus e teu Senhor, †
que da **ter**ra do Egito te arranquei. *
Abre **bem** a tua boca e eu te sacio!

– ¹²Mas meu **po**vo não ouviu a minha voz, *
Isra**el** não quis saber de obedecer-me.

– ¹³Deixei, en**tão**, que eles seguissem seus caprichos, *
abando**nei**-os ao seu duro coração.

– ¹⁴Quem me **de**ra que meu povo me escutasse! *
Que Israel andasse sempre em meus caminhos!

– ¹⁵Seus ini**mi**gos, sem demora, humilharia *
e volta**ri**a minha mão contra o opressor.

– ¹⁶Os que o**dei**am o Senhor o adulariam, *
seria **es**te seu destino para sempre;

– ¹⁷eu lhe da**ri**a de comer a flor do trigo, *
e com o **mel** que sai da rocha o fartaria".

Na Quaresma: Ant.

Exul**tai** no Se**nhor**; nossa **força**!

Quinta-feira da Semana Santa: Ant.

Deus nos **deu** de co**mer** a flor do **trigo**,
e com o **mel** que sai da **rocha** nos fartou.

No Tempo pascal: Ant.

O Se**nhor** nos saci**ou** com a flor do **trigo**, aleluia.

A leitura breve, o responsório, a antífona do *Benedictus*, as preces
e a oração correspondentes ao Ofício celebrado.

A conclusão da Hora como no Ordinário.

Quinta-feira – Hora Média

Hora Média

V. Vinde, ó **Deus**. Glória ao **Pai**. Como era (T.P. Aleluia).

HINO correspondente ao Ofício.

Salmodia

Na Quaresma: Antífona como no Próprio do Tempo.

No Tempo pascal: Ant. Aleluia, aleluia, aleluia.

Salmo 118(119),65-72
IX (Teth)

Meditação sobre a Palavra de Deus na Lei

O seu mandamento é vida eterna (Jo 12,50).

– ⁶⁵Tratastes com bondade o vosso **servo**, *
como havíeis prometido, ó Senhor.

– ⁶⁶Dai-me bom **senso**, retidão, sabedoria, *
pois tenho **fé** nos vossos santos mandamentos!

– ⁶⁷Antes de **ser** por vós provado, eu me perdera; *
mas agora sigo firme em vossa lei!

– ⁶⁸Porque sois **bom** e realizais somente o bem, *
ensinai-me a fazer vossa vontade!

– ⁶⁹Forjam calúnias contra mim os orgulhosos, *
mas de **todo** o coração vos sou fiel!

– ⁷⁰Seus corações são insensíveis como pedra, *
mas eu encontro em vossa lei minhas delícias.

– ⁷¹Para **mim** foi muito bom ser humilhado, *
porque assim eu aprendi vossa vontade!

– ⁷²A **lei** de vossa boca, para mim, *
vale **mais** do que milhões em ouro e prata.

Salmo 55(56),2-7b.9-14

Confiança na palavra do Senhor

Neste salmo se manifesta o Cristo em sua Paixão (S. Jerônimo).

= ²Tende **pena** e compai**xão** de mim, ó **Deus**, †
pois há **tan**tos que me calcam sob os pés, *
e agres**so**res me oprimem todo dia!

– ³Meus ini**mi**gos de contínuo me espezinham, *
são nume**ro**sos os que lutam contra mim!

– ⁴Quando o **me**do me invadir, ó Deus Altíssimo, *
porei em **vós** a minha inteira confiança.

= ⁵Confio em **Deus** e louvarei sua promessa, †
é no Se**nhor** que eu confio e nada temo: *
que pode**ria** contra mim um ser mortal?

– ⁶Eles **fa**lam contra mim o dia inteiro, *
eles de**se**jam para mim somente o mal!

– ⁷ᵇArmam ci**la**das e me espreitam reunidos, *
seguem meus **pas**sos, perseguindo a minha vida!

= ⁹Do meu e**xí**lio registrastes cada passo, †
em vosso **o**dre recolhestes cada lágrima, *
e ano**tas**tes tudo isso em vosso livro.

= ¹⁰Meus ini**mi**gos haverão de recuar †
em qualquer **di**a em que eu vos invocar; *
tenho cer**te**za: o Senhor está comigo!

= ¹¹Confio em **Deus** e louvarei sua promessa; †
¹²é no Se**nhor** que eu confio e nada temo: *
que pode**ria** contra mim um ser mortal?

– ¹³Devo cum**prir**, ó Deus, os votos que vos fiz *
e vos o**fer**to um sacrifício de louvor,

– ¹⁴porque da **mor**te arrancastes minha vida *
e não dei**xas**tes os meus pés escorregarem,

– para que eu **an**de na presença do Senhor, *
na presença do Senhor na luz da vida.

Salmo 56(57)
Oração da manhã numa aflição
Este salmo canta a Paixão do Senhor (Sto. Agostinho).

Quinta-feira – Hora Média

— [2] Piedade, Senhor, piedade, *
pois em **vós** se abriga a minh'alma!

— De vossas asas, à sombra, me achego, *
até que **pas**se a tormenta, Senhor!

— [3] Lanço um **gri**to ao Senhor Deus Altíssimo, *
a este **Deus** que me dá todo o bem.

= [4] Que me en**vi**e do céu sua ajuda †
e confun**da** os meus opressores! *
Deus me en**vi**e sua graça e verdade!

— [5] Eu me en**con**tro em meio a leões, *
que, fa**min**tos, devoram os homens;

— os seus **den**tes são lanças e flechas, *
suas **lín**guas, espadas cortantes.

— [6] Ele**vai**-vos, ó Deus, sobre os céus, *
vossa **gló**ria refulja na terra!

— [7] Prepa**ra**ram um laço a meus pés, *
e as**sim** oprimiram minh'alma;

— uma **co**va me abriram à frente, *
mas na **co**va acabaram caindo.

— [8] Meu cora**ção** está pronto, meu Deus, *
está **pron**to o meu coração!

— [9] Vou can**tar** e tocar para vós: *
des**per**ta, minh'alma, desperta!

— Des**per**tem a harpa e a lira, *
eu i**rei** acordar a aurora!

— [10] Vou lou**var**-vos, Senhor, entre os povos, *
dar-vos **gra**ças, por entre as nações!

— [11] Vosso a**mor** é mais alto que os céus, *
mais que as **nu**vens a vossa verdade!

— [12] Ele**vai**-vos, ó Deus, sobre os céus, *
vossa **gló**ria refulja na terra!

No Tempo pascal: Ant. Ale**lui**a, ale**lui**a, ale**lui**a.

Para as outras Horas, Salmodia complementar, p. 1421.

1162　　　　　　　　II Semana

A leitura breve, o versículo e a oração correspóndentes ao Ofício celebrado.

A conclusão da Hora como no Ordinário.

Vésperas

V. Vinde, ó **Deus**. Glória ao **Pai**. Como era (T.P. Aleluia).

HINO correspondente ao Ofício.

Salmodia

Antífona 1

Na Quaresma:

Fiz de **ti** uma **luz** para as na**ções**:
leva**rás** a salva**ção** a toda a **terra**.

Quinta-feira, na Ceia do Senhor:

O Primo**gê**nito dos **mor**tos e **Rei** dos reis da **terra**
fez de **nós** para o seu **Pai** um **Rei**no e sacer**dó**cio.

No Tempo pascal:

Ele **foi** constituído por Deus **Pai**
juiz dos **vivos** e dos **mor**tos, ale**luia**.

Salmo 71(72)

O poder régio do Messias

Abriram seus cofres e ofereceram-lhe presentes: ouro, incenso e mirra (Mt 2,11).

I

— ¹Dai ao **Rei** vossos po**de**res, Senhor **Deus**, *
   vossa jus**ti**ça ao descendente da realeza!
— ²Com jus**ti**ça ele governe o vosso povo, *
   *com equi**da**de ele julgue os vossos pobres.*
— ³Das mon**ta**nhas venha a paz a todo o povo, *
   e **des**ça das colinas a justiça!

Quinta-feira – Vésperas

= ⁴ Este **Rei** defenderá os que são pobres, †
os **fi**lhos dos humildes salvará, *
e por **ter**ra abaterá os opressores!

− ⁵ Tanto **tem**po quanto o sol há de viver, *
quanto a **lua** através das gerações!

− ⁶ Virá do **al**to, como o orvalho sobre a relva, *
como a **chu**va que irriga toda a terra.

− ⁷ Nos seus **dias** a justiça florirá *
e grande **paz**, até que a lua perca o brilho!

− ⁸ De mar a **mar** estenderá o seu domínio, *
e desde o **rio** até os confins de toda a terra!

− ⁹ Seus inim**igos** vão curvar-se diante dele, *
vão lam**ber** o pó da terra os seus rivais.

− ¹⁰ Os reis de **Tár**sis e das ilhas hão de vir *
e ofere**cer**-lhe seus presentes e seus dons;

− e tam**bém** os reis de Seba e de Sabá *
hão de tra**zer**-lhe oferendas e tributos.

− ¹¹ Os **reis** de toda a terra hão de ado**rá**-lo, *
e **to**das as nações hão de servi-lo.

Na Quaresma: Ant.
Fiz de **ti** uma **luz** para as nações:
lev**arás** a salvação a toda a **ter**ra.

Quinta-feira, na Ceia do Senhor: Ant.
O Primogênito dos **mor**tos e **Rei** dos reis da **terra**
fez de **nós** para o seu **Pai** um **rei**no e sacer**dócio**.

No Tempo pascal: Ant.
Ele **foi** constituído por Deus **Pai**
juiz dos **vi**vos e dos **mor**tos, alel**uia**.

Antífona 2

Na Quaresma:
O Se**nhor** fará justiça para os **po**bres
e os salva**rá** da vio**lên**cia e opres**são**.

Quinta-feira, na Ceia do Senhor:

O **Se**n**hor** libertar**á** o infe**liz** do prepo**ten**te,
e o **po**bre salvar**á**, ao qual ningu**é**m quer aju**dar**.

No Tempo pascal:

Todos os **po**vos serão **ne**le abenço**adas**, ale**lui**a.

II

— ¹²Libertar**á** o indi**gen**te que su**pli**ca, *
   e o **po**bre ao qual ninguém quer ajudar.
— ¹³Terá **pe**na do indigente e do infeliz, *
   e a **vi**da dos humildes salvará.
— ¹⁴Há de livr**á**-los da violência e opressão, *
   pois vale **mui**to o sangue deles a seus olhos!
= ¹⁵Que ele **vi**va e tenha o ouro de Sabá! †
   Hão de re**zar** também por ele sem cessar, *
   bendiz**ê**-lo e honrá-lo cada dia.
— ¹⁶Haver**á** grande fartura sobre a terra, *
   até **mes**mo no mais alto das montanhas;
— As co**lhei**tas florirão como no Líbano, *
   tão abun**dan**tes como a erva pelos campos!
— ¹⁷Seja ben**di**to o seu nome para sempre! *
   E que **du**re como o sol sua memória!
— Todos os **po**vos serão nele abençoados, *
   todas as **gen**tes cantarão o seu louvor!
— ¹⁸Bendito **se**ja o Senhor Deus de Israel, *
   porque só **e**le realiza maravilhas!
— ¹⁹Bendito **se**ja o seu nome glorioso! *
   Bendito **se**ja eternamente! Amém, amém!

Na Quaresma: Ant.

O **Se**n**hor** fará justi**ça** para os **po**bres
e os salvar**á** da vio**lên**cia e opress**ão**.

Quinta-feira – Vésperas

Quinta-feira, na Ceia do Senhor: Ant.
O Se**nhor** libertar**á** o infe**liz** do prepo**ten**te,
e o **po**bre salvar**á**, ao qual ningu**ém** quer aju**dar**.

No Tempo pascal: Ant.
Todos os **po**vos serão **ne**le aben**ço**ados, ale**lui**a.

Antífona 3

Na Quaresma:
Chegou a**go**ra a salva**ção** e o **Rei**no do Se**nhor**.

Quinta-feira, na Ceia do Senhor:
Triun**fa**ram pelo **san**gue do Cor**dei**ro
e o teste**mu**nho que eles **de**ram da Pa**la**vra.

No Tempo pascal:
Jesus **Cris**to ontem, **ho**je e eterna**men**te, ale**lui**a.

Cântico   Ap 11,17-18;12,10b-12a
O julgamento de Deus

—[11.17] Graças vos **da**mos, Senhor **Deus** onipo**ten**te, *
a vós que **sois**, a vós que éreis e sereis,

— porque assu**mis**tes o poder que vos pertence, *
e en**fim** tomastes posse como rei!

(R. **Nós** vos damos **gra**ças, nosso **Deus**!)

= [18] As na**ções** se enfureceram revoltadas, †
mas che**gou** a vossa ira contra elas *
e o **tem**po de julgar vivos e mortos,

= e de **dar** a recompensa aos vossos servos, †
aos pro**fe**tas e aos que temem vosso nome, *
aos **san**tos, aos pequenos e aos grandes.   (R.)

=[12.10] Chegou a**go**ra a salvação e o poder †
e a reale**za** do Senhor e nosso Deus, *
e o do**mí**nio de seu Cristo, seu Ungido.

— Pois foi ex**pul**so o delator que acusava *
nossos ir**mãos**, dia e noite, junto a Deus.   (R.)

1166   II Semana

= ¹¹ Mas o venceram pelo sangue do Cordeiro †
e o testemunho que eles deram da Palavra, *
pois desprezaram sua vida até à morte.
– ¹² Por isso, ó céus, cantai alegres e exultai *
e vós todos os que neles habitais!   (R.)

Na Quaresma: Ant.
Chegou agora a salvação e o Reino do Senhor.

Quinta-feira, na Ceia do Senhor: Ant.
Triunfaram pelo sangue do Cordeiro
e o testemunho que eles deram da Palavra.

No Tempo pascal: Ant.
Jesus Cristo ontem, hoje e eternamente, aleluia.

A leitura breve, o responsório, a antífona do *Magnificat*, as preces
e a oração correspondentes ao Ofício celebrado.

A conclusão da Hora como no Ordinário.

II SEXTA-FEIRA

Invitatório

V. **Abri** os meus **lábios**. R. E minha **boca**.
Salmo invitatório, p. 944 com a antífona correspondente ao Ofício.

Ofício das Leituras

V. Vinde, ó **Deus**. Glória ao **Pai**. Como **era** (T.P. **Aleluia**).
Essa introdução se omite quando o Invitatório precede imediatamente ao Ofício das Leituras.

HINO correspondente ao Ofício.

Salmodia

Ant. 1 Repreen**dei**-me, Se**nhor**, mas sem **ira**! †

Salmo 37(38)

Súplica de um pecador em extremo perigo

Todos os conhecidos de Jesus ficaram à distância (Lc 23, 49).

I

— ² Repreen**dei**-me, Se**nhor**, mas sem **ira**; *
   † corri**gi**-me, mas não com furor!
— ³ Vossas **fle**chas em mim penetraram; *
   vossa **mão** se abateu sobre mim.
— ⁴ Nada **res**ta de são no meu corpo, *
   pois com **mui**to rigor me tratastes!
— Não há **par**te sadia em meus ossos, *
   pois pe**quei** contra vós, ó Senhor!
— ⁵ Meus pe**ca**dos me afogam e esmagam, *
   como um **far**do pesado me oprimem.

Ant. Repreen**dei**-me, Se**nhor**, mas sem **ira**!

Ant. 2 Conhe**ceis** meu de**sejo**, Se**nhor**. (T.P. **Aleluia**).

II

— ⁶Cheiram **mal** e supuram minhas **chagas** *
por motivo de minhas loucuras.
— ⁷Ando **triste**, abatido, encurvado, *
todo o **dia** afogado em tristeza.
— ⁸As entranhas me ardem de febre, *
já não **há** parte sã no meu corpo.
— ⁹Meu coração grita e geme de dor, *
esmagado e humilhado demais.
— ¹⁰Conheceis meu desejo, Senhor, *
meus gemidos vos são manifestos;
= ¹¹bate **rápido** o meu coração, †
minhas **forças** estão me deixando, *
e sem **luz** os meus olhos se apagam.
= ¹²Companheiros e amigos se afastam, †
fogem **longe** das minhas feridas; *
meus **parentes** mantêm-se à distância.
— ¹³Armam **laços** os meus inimigos, *
que procuram tirar minha vida;
— os que **buscam** matar-me ameaçam *
e maquinam traições todo o dia.

Ant. Conheceis meu desejo, Se**nhor** (T.P. Aleluia).

Ant. 3 Confesso, Se**nhor**, minha **culpa**:
salvai-me, e jamais me deixeis! (T.P. Aleluia).

III

— ¹⁴Eu me **faço** de **surdo** e não **ouço**, *
eu me **faço** de mudo e não falo;
— ¹⁵*semelhante* a alguém que não ouve. *
e não **tem** a resposta em sua boca.
— ¹⁶Mas, em **vós**, ó Senhor; eu confio *
e ouvi**reis** meu lamento, ó meu Deus!

Sexta-feira – Laudes

— [17] Pois rezei: "Que não zombem de mim, *
nem se **riam**, se os pés me vacilam!"
— [18] Ó Se**nhor**, estou quase caindo, *
minha **dor** não me larga um momento!
— [19] Sim, con**fesso**, Senhor, minha culpa: *
meu pe**ca**do me aflige e atormenta.
= [20] São bem **for**tes os meus adversários †
que me **vêm** atacar sem razão; *
quantos **há** que sem causa me odeiam!
— [21] Eles **pa**gam o bem com o mal, *
porque **busco** o bem, me perseguem.
— [22] Não dei**xeis** vosso servo sozinho, *
ó meu **Deus**, ficai perto de mim!
— [23] Vinde **logo** trazer-me socorro, *
porque **sois** para mim Salvação!

Ant. Con**fesso**, Se**nhor,** minha **cul**pa:
salvai-me, e **jamais** me dei**xeis**! (T.P. Aleluia).

O versículo, as leituras e a oração correspondentes ao Ofício
celebrado.

Laudes

V. Vinde, ó **Deus**. Glória ao **Pai**. Como era (T.P. **Aleluia**).

Essa introdução se omite quando o Invitatório precede imediatamente às Laudes.

HINO correspondente ao Ofício.

Salmodia

Antífona 1

Na Quaresma:
Ó Se**nhor**, não despre**zeis** um cora**ção** arrepen**di**do.

No Tempo pascal:
Meu **filho**, tem **fé** e confia;
teus pe**ca**dos es**tão** perdo**a**dos. Ale**lu**ia.

Salmo 50(51)

Tende piedade, ó meu Deus!

Renovai o vosso espírito e a vossa mentalidade. Revesti o homem novo (Ef 4,23-24).

— [3]Tende piedade, ó meu **Deus**, misericórdia! *
Na imensidão de vosso amor, purificai-me!

— [4]Lavai-me todo inteiro do pecado, *
e apagai completamente a minha culpa!

— [5]Eu reconheço toda a minha iniquidade, *
o meu pecado está sempre à minha frente.

— [6]Foi contra **vós**, só contra vós, que eu pequei, *
e pratiquei o que é mau aos vossos olhos!

— Mostrais assim quanto sois justo na sentença, *
e quanto é reto o julgamento que fazeis.

— [7]Vede, Senhor, que eu nasci na iniquidade *
e pecador já minha mãe me concebeu.

— [8]Mas vós **amais** os corações que são sinceros, *
na intimidade me ensinais sabedoria.

— [9]Aspergi-me e serei puro do pecado, *
e mais **bran**co do que a neve ficarei.

— [10]Fazei-me ouvir cantos de festa e de alegria, *
e exultarão estes meus ossos que esmagastes.

— [11]Desviai o vosso olhar dos meus pecados *
e apagai todas as minhas transgressões!

— [12]Criai em **mim** um coração que seja puro, *
dai-me de **no**vo um espírito decidido.

— [13]Ó Senhor, não me afasteis de vossa face, *
nem retireis de mim o vosso Santo Espírito!

— [14]Dai-me de **no**vo a alegria de ser salvo *
e confirmai-me com espírito generoso!

— [15]Ensinarei vosso caminho aos pecadores, *
e para **vós** se voltarão os transviados. —

Sexta-feira – Laudes

– [16]Da **mor**te como pena, libertai-me, *
e minha **lín**gua exaltará vossa justiça!
– [17]**Abri** meus **lá**bios, ó Senhor, para cantar, *
e minha **bo**ca anunciará vosso louvor!
– [18]Pois não **são** de vosso agrado os sacrifícios, *
e, se **ofer**to um holocausto, o rejeitais.
– [19]Meu sacrifício é minha alma penitente, *
não despre**zeis** um coração arrependido!
– [20]Sede be**nig**no com Sião, por vossa graça, *
reconstruí Jerusalém e os seus muros!
– [21]E aceita**reis** o verdadeiro sacrifício, *
os holo**caus**tos e oblações em vosso altar!

Na Quaresma: Ant.
Ó Se**nhor**, não despre**zeis** um cora**ção** arrepen**di**do.

No Tempo pascal: Ant.
Meu **fi**lho, tem **fé** e confia;
teus pe**ca**dos es**tão** perdo**a**dos. Ale**lui**a.

Antífona 2

Na Quaresma:
Ó Se**nhor**, mesmo na **có**lera, lem**brai**-vos
de **ter** miseri**cór**dia.

No Tempo pascal:
Para sal**var** o vosso **po**vo,
vós sa**ís**tes para sal**var** o vosso Ungido. Ale**lui**a.

Cântico   Hab 3,2-4.13a.15-19

Deus há de vir para julgar

Erguei a cabeça, porque a vossa libertação está próxima
(Lc 21,28).

– [2]Eu ou**vi** vossa mensagem, ó Se**nhor**, *
e en**chi**-me de te**mor**.

1172 II Semana

– Manifestai a vossa obra pelos tempos *
e tornai-a conhecida.
– Ó Senhor, mesmo na cólera, lembrai-vos *
de ter misericórdia!
– ³ Deus virá lá das montanhas de Temã, *
e o Santo, de Farã.
– O céu se enche com a sua majestade, *
e a terra, com sua glória.
– ⁴ Seu esplendor é fulgurante como o sol, *
saem raios de suas mãos.
– Nelas se oculta o seu poder como num véu, *
seu poder vitorioso.
– ¹³ Para salvar o vosso povo vós saístes, *
para salvar o vosso Ungido.
– ¹⁵ E lançastes pelo mar vossos cavalos *
no turbilhão das grandes águas.
– ¹⁶ Ao ouvi-lo, estremeceram-me as entranhas *
e tremeram os meus lábios.
– A cárie penetrou-me até os ossos, *
e meus passos vacilaram.
– Confiante espero o dia da aflição, *
que virá contra o opressor.
– ¹⁷ Ainda que a figueira não floresça *
nem a vinha dê seus frutos,
– a oliveira não dê mais o seu azeite, *
nem os campos, a comida;
– mesmo que faltem as ovelhas nos apriscos *
e o gado nos currais:
– ¹⁸ mesmo assim eu me alegro no Senhor, *
exulto em Deus, meu Salvador!
– ¹⁹ O meu Deus e meu Senhor é minha força *
e me faz ágil como a corça;

Sexta-feira – Laudes

– para as **al**turas me conduz com segurança *
  ao **cân**tico de salmos.

Na Quaresma: Ant.
Ó Se**nhor**, mesmo na **có**lera, lembr**ai**-vos
de **ter** miseri**cór**dia.

No Tempo pascal: Ant.
Para sal**var** o vosso **po**vo,
vós sa**ís**tes para sal**var** o vosso Ungido. Ale**lu**ia.

Antífona 3

Na Quaresma:
Glori**fi**ca o Se**nhor**, Jerusa**lém**;
ó Si**ão**, canta louvores ao teu **Deus**! †

No Tempo pascal:
Ó Si**ão,** canta louvores· ao teu **Deus**,
a **paz** ele ga**ran**te em teus li**mi**tes. Ale**lu**ia.

Salmo 147(147 B)
Restauração de Jerusalém

Vem! Vou mostrar-te a noiva, a esposa do Cordeiro! (Ap
21,9).

– ¹²Glori**fi**ca o Se**nhor**, Jerusa**lém**! *
   Ó Si**ão**, canta louvores ao teu Deus!
– ¹³†Pois refor**çou** com segurança as tuas portas, *
   e os teus **fi**lhos em teu seio aben**ço**ou;
– ¹⁴a **paz** em teus limites garantiu *
   e te **dá** como alimento a flor do trigo.
– ¹⁵Ele en**vi**a suas ordens para a terra, *
   e a pa**la**vra que ele diz corre veloz;
– ¹⁶ele **faz** cair a neve como lã *
   e es**pa**lha a geada como cinza.
– ¹⁷Como de **pão** lança as migalhas do granizo, *
   a seu **fri**o as águas ficam congeladas.

II Semana

— [18] Ele envia sua palavra e as derrete, *
sopra o vento e de novo as águas correm.

— [19] Anuncia a Jacó sua palavra, *
seus preceitos e suas leis a Israel.

— [20] Nenhum povo recebeu tanto carinho, *
a nenhum outro revelou os seus preceitos.

Na Quaresma: Ant.

Glorifica o Senhor, Jerusalém;
ó Sião, canta louvores ao teu Deus!

No Tempo pascal: Ant.

Ó Sião, canta louvores ao teu Deus,
a paz ele garante em teus limites. Aleluia.

A leitura breve, o responsório, a antífona do *Benedictus*, as preces
e a oração correspondentes ao Ofício celebrado.

A conclusão da Hora como no Ordinário.

Hora Média.

V. Vinde, ó Deus. Glória ao Pai. Como era (T.P. Aleluia).

HINO correspondente ao Ofício.

Salmodia

Na Quaresma: Antífona como no Próprio do Tempo.

No Tempo pascal: Ant. Aleluia, aleluia, aleluia.

Salmo 118(119),73-80
X (Iod)

Meditação sobre a Palavra de Deus na Lei

*Meu Pai, se este cálice não pode passar sem que eu o beba,
seja feita a tua vontade! (Mt 26,42).*

— [73] Vossas mãos me modelaram, me fizeram, *
fazei-me sábio e aprenderei a vossa lei!

— [74] Vossos fiéis hão de me ver com alegria, *
pois nas palavras que dissestes esperei. —

Sexta-feira – Hora Média

– ⁷⁵Sei que os **vos**sos julgamentos são corretos, *
e com jus**ti**ça me provastes, ó Senhor!
– ⁷⁶Vosso a**mor** seja um consolo para mim, *
con**for**me a vosso servo prometestes.
– ⁷⁷Venha a **mim** o vosso amor e viverei, *
porque **te**nho em vossa lei o meu prazer!
– ⁷⁸Humilha**ção** para os soberbos que me oprimem! *
Eu, po**rém**, meditarei vossos preceitos.

– ⁷⁹Que se **vol**tem para mim os que vos temem *
e co**nhe**cem, ó Senhor, vossa Aliança!
– ⁸⁰Meu cora**ção** seja perfeito em vossa lei, *
e não se**rei**, de modo algum, envergonhado!

Salmo 58(59),2-5.10-11.17-18
Oração do justo perseguido

*Estas palavras ensinam a todos o amor filial do Salvador
para com seu Pai* (Eusébio de Cesareia).

– ²Liber**tai**-me do ini**mi**go, ó meu **Deus**, *
e prote**gei**-me contra os meus perseguidores!
– ³Liber**tai**-me dos obreiros da maldade, *
defen**dei**-me desses homens sanguinários!
– ⁴Eis que **fi**cam espreitando a minha vida, *
pode**ro**sos armam tramas contra mim.
= ⁵Mas eu, Se**nhor**, não cometi pecado ou crime; †
eles in**ves**tem contra mim sem eu ter culpa: *
desper**tai** e vinde logo ao meu encontro!

= ¹⁰Minha **for**ça, é a vós que me dirijo, †
porque **sois** o meu refúgio e proteção, *
¹¹Deus cle**men**te e compassivo, meu amor!
– Deus vi**rá** com seu amor ao meu encontro, *
e hei de **ver** meus inimigos humilhados.

– ¹⁷Eu, en**tão**, hei de cantar vosso poder, *
e de ma**nhã** celebrarei vossa bondade,

1176   II Semana

– porque **fos**tes para mim o meu abrigo, *
o meu re**fú**gio no dia da aflição.

=[18]Minha **força**, cantarei vossos louvores, †
porque **sois** o meu refúgio e proteção, *
Deus cle**men**te e compassivo, meu amor!

Salmo 59(60)

Oração depois de uma derrota

*No mundo tereis tribulações. Mas tende coragem! Eu venci
o mundo! (Jo 16,33).*

=[3]Rejei**tas**tes, ó **Deus**, vosso **po**vo †
e arra**sas**tes as nossas fileiras; *
vós es**tá**veis irado: voltai-vos!

–[4]Aba**las**tes, partistes a terra, *
repa**rai** suas brechas, pois treme.

–[5]Dura**men**te provastes o povo, *
e um **vi**nho atordoante nos destes.

–[6]Aos fi**éis** um sinal indicastes, *
e os pu**ses**tes a salvo das flechas.

–[7]Sejam **li**vres os vossos amados, *
vossa **mão** nos ajude: ouvi-nos!

=[8]Deus fa**lou** em seu santo lugar: †
"Exulta**rei**, repartindo Siquém, *
e o **va**le em Sucot medirei.

=[9]Gala**ad**, Manassés me pertencem, †

– Efra**im** é o meu capacete, *
e Ju**dá**, o meu cetro real.

=[10]É Mo**ab** minha bacia de banho, †
sobre E**dom** eu porei meu calçado, *
vence**rei** a nação Filisteia!"

–[11]Quem me **le**va à cidade segura, *
e a E**dom** quem me vai conduzir,

Sexta-feira – Vésperas 1177

– [12]se vós, **Deus**, rejeitais vosso povo *
   e não **mais** conduzis nossas tropas?
– Dai-nos, **Deus**, vosso auxílio na angústia; *
   nada **vale** o socorro dos homens!
– [13]Mas com **Deus** nós faremos proezas, *
   e ele **vai** esmagar o opressor.
No Tempo pascal: Ant. **Aleluia**, ale**luia**, ale**luia**.

Para as outras Horas, Salmodia complementar, das séries II e III, p. 1423.

A leitura breve, o versículo e a oração correspondentes ao Ofício celebrado.

A conclusão da Hora como no Ordinário.

Vésperas

V. Vinde, ó **Deus**. Glória ao **Pai**. Como era (T.P. Ale**luia**).
HINO correspondente ao Ofício.

Salmodia

Antífona 1

Na Quaresma:

Liber**tai** minha **vi**da da **mor**te,
e meus **pés** do tropeço, Se**nhor**!

No Tempo pascal:

O Se**nhor** liber**tou** minha **vi**da da **mor**te. Ale**luia**.

Salmo 114(116 A)

Ação de graças

É preciso que passemos por muitos sofrimentos para entrar no Reino de Deus (At 14,22).

– [1]Eu **amo** o Se**nhor**, porque **ou**ve *
   o **gri**to da minha oração.
– [2]Incli**nou** para mim seu ouvido, *
   no **dia** em que eu o invoquei. –

1178 II Semana

– ³Prendiam-me as cordas da morte, *
 apertavam-me os laços do abismo;
= invadiam-me angústia e tristeza: †
 ⁴eu então invoquei o Senhor: *
 "Salvai, ó Senhor, minha vida!"
– ⁵O Senhor é justiça e bondade, *
 nosso Deus é amor-compaixão.
– ⁶É o Senhor quem defende os humildes: *
 eu estava oprimido, e salvou-me.
– ⁷Ó minh'alma, retorna à tua paz, *
 o Senhor é quem cuida de ti!

= ⁸Libertou minha vida da morte, †
 enxugou de meus olhos o pranto *
 e livrou os meus pés do tropeço.
– ⁹Andarei na presença de Deus, *
 junto a ele na terra dos vivos.

Na Quaresma: Ant.
Libertai minha vida da morte,
e meus pés do tropeço, Senhor!
No Tempo pascal: Ant.
O Senhor libertou minha vida da morte. Aleluia.

Antífona 2

Na Quaresma:
Do Senhor é que me vem o meu socorro,
do Senhor que fez o céu e fez a terra.
No Tempo pascal:
O Senhor guarda seu povo como a pupila de seus olhos.
Aleluia.

Salmo 120(121)
Deus protetor de seu povo
Nunca mais terão fome nem sede. Nem os molestará o sol
nem algum calor ardente (Ap 7,16).

Sexta-feira – Vésperas

– ¹Eu levanto os meus olhos para os montes: *
de onde pode vir o meu socorro?
– ²"Do Senhor é que me vem o meu socorro, *
do Senhor que fez o céu e fez a terra!"
– ³Ele não deixa tropeçarem os meus pés, *
e não dorme quem te guarda e te vigia.
– ⁴Oh! não! ele não dorme nem cochila, *
aquele que é o guarda de Israel!
– ⁵O Senhor é o teu guarda, o teu vigia, *
é uma sombra protetora à tua direita.
– ⁶Não vai ferir-te o sol durante o dia, *
nem a lua através de toda a noite.
– ⁷O Senhor te guardará de todo o mal, *
ele mesmo vai cuidar da tua vida!
– ⁸Deus te guarda na partida e na chegada. *
Ele te guarda desde agora e para sempre!

Na Quaresma: Ant.
Do Senhor é que me vem o meu socorro,
do Senhor que fez o céu e fez a terra.

No Tempo pascal: Ant.
O Senhor guarda seu povo como a pupila de seus olhos.
Aleluia.

Antífona 3

Na Quaresma:
Vossos caminhos são verdade, são justiça,
ó Rei dos povos todos do universo!

No Tempo pascal:
O Senhor é minha força, é a razão do meu cantar,
pois foi ele neste dia para mim libertação. Aleluia.

Cântico
Ap 15,3-4

Hino de adoração

— ³ Como são **gran**des e admiráveis vossas **obras**, *
ó **Se**nhor e nosso Deus onipotente!
— Vossos ca**min**hos são ver**dade**, são justiça, *
ó **Rei** dos povos **to**dos do universo!

(R. São **gran**des vossas **obras**, ó **Se**nhor!)

= ⁴ Quem, **Se**nhor, não haveria de temer-vos, †
e **quem** não honraria o vosso nome? *
Pois so**men**te vós, Senhor, é que sois santo!   (R.)

= As nações **to**das hão de vir perante vós †
e, pros**tra**das, haverão de adorar-vos, *
pois vossas **justas** decisões são manifestas.   (R.)

Na Quaresma: Ant.

Vossos ca**min**hos são ver**dade**, são justiça,
ó **Rei** dos povos **to**dos do univer**so**!

No Tempo pascal: Ant.

O **Se**nhor é minha **for**ça, é a ra**zão** do meu can**tar**,
pois foi **ele** neste **dia** para **mim** liberta**ção**. Ale**lu**ia.

A leitura breve, o responsório, a antífona do *Magnificat*, as preces e a oração correspondentes ao Ofício celebrado.

A conclusão da Hora como no Ordinário.

II SÁBADO

Invitatório

V. **Abri** os meus **lábios**. R. E minha **boca**.
Salmo invitatório, p. 944 com a antífona correspondente ao Ofício.

Ofício das Leituras

V. Vinde, ó **Deus**. Glória ao **Pai**. Como era (T.P.Aleluia).
Essa introdução se omite quando o Invitatório precede imediatamente ao Ofício das Leituras.

HINO correspondente ao Ofício.

Salmodia

Ant. 1 Lem**brai**-vos, ó Se**nhor**, de mim, lem**brai**-vos;
visi**tai**-me com a **vos**sa salva**ção**! (T.P. Ale**luia**).

Salmo 105(106)

A bondade do Senhor e a infidelidade do povo

*Estas coisas foram escritas para nos admoestar e instruir,
a nós que já chegamos ao fim dos tempos* (1Cor 10,11).

I

– ¹Dai **graças** ao Se**nhor**, porque ele é **bom**, *
porque e**ter**na é a sua misericórdia!
– ²Quem conta**rá** os grandes feitos do Senhor? *
Quem canta**rá** todo o louvor que ele merece?
– ³Felizes os que guardam seus preceitos *
e praticam a justiça em todo o tempo!
– ⁴Lem**brai**-vos, ó Senhor, de mim, lembrai-vos, *
pelo **amor** que demonstrais ao vosso povo!
– Visi**tai**-me com a vossa salvação, *
⁵para que eu **veja** o bem-estar do vosso povo,
– e **exul**te na alegria dos eleitos, *
e me glo**rie** com os que são vossa herança. –

II Semana

– [6] Pe**ca**mos como outrora nossos pais, *
   prati**ca**mos a maldade e fomos ímpios;
– [7] no E**gi**to nossos pais não se importaram *
   com os **vos**sos admiráveis grandes feitos.

– Logo esque**ce**ram vosso amor prodigioso *
   e provo**ca**ram o Senhor no mar Vermelho;
– [8] mas sal**vou**-os pela honra de seu nome, *
   para **dar** a conhecer o seu poder.

– [9] Amea**çou** o mar Vermelho e ele secou, *
   entre as **on**das os guiou como em deserto;
– [10] dos **seus** perseguidores os salvou, *
   e do po**der** do inimigo os libertou.

– [11] Seus opres**so**res afogaram-se nas águas, *
   tanto as**sim** que não sobrou nenhum sequer.
– [12] En**tão** tiveram fé na sua palavra *
   e can**ta**ram em seguida o seu louvor.

– [13] Mas bem de**pres**sa esqueceram suas obras, *
   não confi**a**ram nos projetos do Senhor.
– [14] No de**ser**to deram largas à cobiça, *
   na soli**dão** eles tentaram o Senhor.

– [15] Conce**deu**-lhes o Senhor o que pediam *
   e saci**ou** a sua gula e seus desejos.
– [16] Inve**ja**ram a Moisés no acampamento, *
   e a Aa**rão**, o consagrado do Senhor.

– [17] Abriu-se a **ter**ra e ali tragou Datan *
   e sepul**tou** o bando todo de Abiron,
– [18] Um **fo**go consumiu seus seguidores, *
   uma **cha**ma devorou aqueles ímpios.

Ant. Lembr**ai**-vos, ó Se**nhor**, de mim, lembr**ai**-vos;
   visit**ai**-me com a **vos**sa salva**ção**! (T.P. Alel**uia**).

Ant. 2 O **po**vo da Aliança somos **nós**:
   não esque**ça**mos o **amor** do nosso **Deus**!

Sábado – Ofício das Leituras

II

— ^{19}Construíram um bezerro no Horeb *
e adoraram uma estátua de metal;
— ^{20}eles trocaram o seu Deus, que é sua glória, *
pela imagem de um boi que come feno.

— ^{21}Esqueceram-se do Deus que os salvara, *
que fizera maravilhas no Egito;
— ^{22}no país de **Cam** fez tantas obras admiráveis, *
no mar Vermelho, tantas coisas assombrosas.

— ^{23}Até pensava em acabar com sua raça, *
não se tivesse Moisés, o seu eleito,
— interposto, intercedendo junto a ele, *
para impedir que sua ira os destruísse.

— ^{24}Desprezaram uma terra de delícias, *
não confiaram na palavra do Senhor;
— ^{25}murmuraram contra ele em suas tendas, *
não quiseram escutar a sua voz.

— ^{26}**Então**, erguendo a mão, ele jurou *
que havia de prostrá-los no deserto
— e dispersar os filhos seus por entre os povos, *
espalhando-os através da terra inteira.

— ^{27}Renderam **cul**to a Baal, deus de Fegor, *
e comeram oblações a deuses mortos;
— ^{28}provocaram o Senhor com suas práticas, *
e uma **pes**te entre eles se alastrou.

— ^{30}Então Fineias levantou-se e fez justiça, *
e a **pes**te em seguida terminou;
— ^{31}justiça seja feita, pois, a ele, *
de geração em geração, por todo o sempre!

— ^{32}Junto às **á**guas de Meriba o irritaram, *
e Moisés saiu-se mal por causa deles;

1184   II Semana

—³³ porque **tinham** irritado seu espírito*
e o le**varam** a falar sem refletir.

Ant. O **po**vo da Aliança somos **nós**:
não esque**ç**amos o **amor** do nosso **Deus**!

Ant. 3 Sal**vai**-nos, ó Se**nhor** e nosso **Deus**,
e, do **meio** das nações, nos congre**gai**! (T.P. Aleluia).

III

—³⁴ Não qui**ser**am supri**mir** aqueles **po**vos, *
que o Se**nhor** tinha mandado exterminar;
—³⁵ mistu**raram**-se, então, com os pagãos, *
e apren**d**eram seus costumes depravados.

—³⁶ Aos ídolos pagãos prestaram culto, *
que se tor**naram** armadilha para eles;
—³⁷ pois imo**laram** até mesmo os próprios filhos, *
sacrifi**caram** suas filhas aos demônios.

—³⁸ O **sangue** inocente derramaram, *
o **san**gue de seus filhos e suas filhas,
— que aos **deu**ses de Canaã sacrificaram, *
profa**nan**do aquele chão com tanto sangue!

—³⁹ Conta**minaram**-se com suas próprias obras, *
prostituíram-se em crimes incontáveis.

—⁴⁰ Acen**deu**-se a ira de Deus contra o seu povo, *
e o Se**nhor** abominou a sua herança.

—⁴¹ E entre**gou**-os entre as mãos dos infiéis, *
para que **fos**sem dominados por estranhos;
—⁴² seus ini**mi**gos se tornaram seus tiranos *
e os humi**lharam** sob o jugo de suas mãos.

=⁴³ Quantas **vezes** o Senhor os libertou! †
Eles, po**rém**, por malvadez o provocavam, *
e afun**da**vam sempre mais em seu pecado.

—⁴⁴ Mas o Se**nhor** tinha piedade do seu povo, *
quando ouvia o seu grito na aflição. —

Sábado – Laudes

1185

— ^{45} Lembrou-se en**tão** da Aliança em seu favor *
    e no **seu** imenso amor se comoveu,
— ^{46} **fazen**do que encontrassem compaixão *
    junto à**que**les que os levaram como escravos.
— ^{47} Salvai-nos, ó Senhor, ó nosso Deus, *
    e do **mei**o das nações nos congregai,
— para ao **vos**so santo nome agradecer *
    e para **ter**mos nossa glória em vos louvar!
= ^{48} Seja ben**di**to o Senhor Deus de Israel, †
    desde **sem**pre e pelos séculos sem fim! *
    Que todo o **po**vo diga amém, oh sim, amém!

Ant. **Salvai**-nos, ó Se**nhor** e nosso **Deus**,
      e, do **mei**o das na**ções**, nos congre**gai!** (T.P. Ale**luia**)

O versículo, as leituras e a oração correspondentes ao Ofício
celebrado.

Laudes

V. Vinde, ó **Deus**. Glória ao **Pai**. Como era (T.P. Ale**luia**)
Essa introdução se omite quando o Invitatório precede imediatamente às Laudes.

HINO correspondente ao Ofício.

Salmodia

Na Quaresma:
Anunciamos de ma**nhã** vossa bon**da**de,
e o **vos**so amor fi**el**, a noite in**tei**ra.

No Tempo pascal:
Alegras**tes**-me, Se**nhor**, com vossos **fei**tos,
reju**bi**lo de ale**gria** em vossas **o**bras. Ale**luia**.

Salmo 91(92)

Louvor ao Deus Criador

Louvores se proclamam pelos feitos do Cristo (Sto. Atanásio).

1186   II Semana

— [2]Como é **bom** agrade**cer**mos ao Se**nhor** *
e cantar **sal**mos de louvor ao Deus Altíssimo!
— [3]Anunci**ar** pela manhã vossa bondade, *
e o **vos**so amor fiel, a noite inteira,
— [4]ao som da **lira** de dez cordas e da harpa, *
com **can**to acompanhado ao som da cítara.

— [5]Pois me ale**gras**tes, ó Senhor, com vossos feitos, *
e reju**bi**lo de alegria em vossas obras.
— [6]Quão i**men**sas, ó Senhor, são vossas obras, *
quão pro**fun**dos são os vossos pensamentos!
— [7]Só o **ho**mem insensato não entende, *
só o es**tul**to não percebe nada disso!
— [8]Mesmo que os **ím**pios floresçam como a erva, *
ou pros**pe**rem igualmente os malfeitores,
— são des**ti**nados a perder-se para sempre. *
[9]Vós, po**rém**, sois o Excelso eternamente!

= [10]Eis que os **vos**sos inimigos, ó Senhor, †
eis que os **vos**sos inimigos vão perder-se, *
e os malfei**to**res serão todos dispersados.

— [11]Vós me **des**tes toda a força de um touro, *
e sobre **mim** um óleo puro derramastes;
— [12]triun**fan**te, posso olhar meus inimigos, *
vito**rio**so, escuto a voz de seus gemidos.

— [13]O **jus**to crescerá como a palmeira, *
flori**rá** igual ao cedro que há no Líbano;
— [14]na **ca**sa do Senhor estão plantados, *
nos **á**trios de meu Deus florescerão.

— [15]Mesmo no **tem**po da velhice darão frutos, *
cheios de **sei**va e de folhas verdejantes;
— [16]e di**rão**: "É justo mesmo o Senhor Deus: *
meu Ro**che**do, não existe nele o mal!"

Sábado – Laudes

Na Quaresma: Ant.
Anunciamos de manhã vossa bondade,
e o vosso amor fiel, a noite inteira.

No Tempo pascal: Ant.
Alegrastes-me, Senhor, com vossos feitos,
rejubilo de alegria em vossas obras. Aleluia.

Antífona 2

Na Quaresma:
Vinde todos e dai glória ao nosso Deus!

No Tempo pascal:
Sou eu que dou a morte e dou a vida;
se eu firo, também curo, aleluia.

Cântico   Dt 32,1-12
Os benefícios de Deus ao povo

*Quantas vezes quis reunir teus filhos, como a galinha reúne
os pintinhos debaixo das asas! (Mt 23,37).*

—1 Ó céus, vinde, escutai; eu vou falar, *
ouça a terra as palavras de meus lábios!

—2 Minha doutrina se derrame como chuva, *
minha palavra se espalhe como orvalho,

— como torrentes que transbordam sobre a relva *
e aguaceiros a cair por sobre as plantas.

—3 O nome do Senhor vou invocar; *
vinde todos e dai glória ao nosso Deus!

—4 Ele é a Rocha: suas obras são perfeitas, *
seus caminhos todos eles são justiça;

— é ele o Deus fiel, sem falsidade, *
o Deus justo, sempre reto em seu agir.

—5 Os filhos seus degenerados o ofenderam, *
essa raça corrompida e depravada!

—6 É assim que agradeces ao Senhor Deus, *
povo louco, povo estulto e insensato?

1188   II Semana

– Não é ele o teu Pai que te gerou, *
  o Criador que te firmou e te sustenta?
– Recorda-te dos dias do passado *
  e relembra as antigas gerações;
– pergunta, e teu pai te contará, *
  interroga, e teus avós te ensinarão.

– Quando o Altíssimo os povos dividiu *
  e pela terra espalhou os filhos de Adão,
– as fronteiras das nações ele marcou *
  de acordo com o número de seus filhos;
– mas a parte do Senhor foi o seu povo, *
  e Jacó foi a porção de sua herança.

– Foi num deserto que o Senhor achou seu povo, *
  num lugar de solidão desoladora;
– cercou-o de cuidados e carinhos *
  e o guardou como a pupila de seus olhos.

– Como a águia, esvoaçando sobre o ninho, *
  incita os seus filhotes a voar,
– ele estendeu as suas asas e o tomou, *
  e levou-o carregado sobre elas.
– O Senhor, somente ele, foi seu guia, *
  e jamais um outro deus com ele estava.

Na Quaresma: Ant.
Vinde todos e dai glória ao nosso Deus!

No Tempo pascal: Ant.
Sou eu que dou a morte e dou a vida;
se eu firo, também curo, aleluia.

Antífona 3

Na Quaresma:
Ó Senhor, nosso Deus, como é grande
vosso nome por todo o universo! †

Sábado – Laudes

No Tempo pascal:
Coroastes vosso **Cristo** de **glória** e esplen**dor**. Ale**luia**.

Salmo 8
Majestade de Deus e dignidade do homem

Ele pôs tudo sob os seus pés e fez dele, que está acima de tudo, a Cabeça da Igreja (Ef 1,22).

— 2Ó S**enhor**, nosso **Deus**, como é **gran**de *
    vosso **no**me por todo o universo!

—†Desdo**bras**tes nos céus vossa glória *
    com grand**eza**, esplendor, majestade.

= 3O per**fei**to louvor vos é dado †
    pelos **lábi**os dos mais pequeninos, *
    de cri**an**ças que a mãe amamenta.

— Eis a **for**ça que opondes aos maus, *
    redu**zin**do o inimigo ao silêncio.

— 4Contem**plan**do estes céus que plasmastes *
    e for**mas**tes com dedos de artista;

— vendo a **lua** e estrelas brilhantes, *
    5pergun**ta**mos: "Senhor, que é o homem,

— para **dele** assim vos lembrardes *
    e o tra**tar**des com tanto carinho?"

— 6Pouco a**bai**xo de um deus o fizestes, *
    coro**an**do-o de glória e esplendor;

— 7vós lhe **des**tes poder sobre tudo, *
    vossas obras aos pés lhe pusestes:

— 8as o**ve**lhas, os bois, os rebanhos, *
    todo o **ga**do e as feras da mata;

— 9passa**ri**nhos e peixes dos mares, *
    todo **ser** que se move nas águas.

—10Ó S**enhor**, nosso Deus, como é grande *
    vosso **no**me por todo o universo!

Na Quaresma: Ant.
Ó Se**nhor**, nosso **Deus**, como é **grand**e vosso **nome** por **todo** o uni**ver**so!

No Tempo pascal: Ant.
Coro**astes** vosso **Cristo** de **glória** e esplen**dor**. Ale**luia**.

A leitura breve, o responsório, a antífona do *Benedictus*, as preces e a oração correspondentes ao Ofício celebrado.

A conclusão da Hora como no Ordinário.

Hora Média

V. Vinde, ó **Deus**. Glória ao **Pai**. Como era (T.P. Ale**luia**).

HINO correspondente ao Ofício.

Salmodia

Na Quaresma: Antífona como no Próprio do Tempo·
No Tempo pascal: Ant. Ale**luia**, ale**luia**, ale**luia**.

Salmo 118(119),81-88
XI (Caph)
Meditação sobre a Palavra de Deus na Lei

Sua misericórdia se estende de geração em geração, a todos os que o respeitam (Lc 1,50).

—81 Desfa**leço** pela **vos**sa sal**vação**, *
vossa pa**lav**ra é minha única esperança!

—82 Os meus **o**lhos se gastaram desejando-a; *
até **quan**do esperarei vosso consolo?

—83 Fiquei tos**ta**do como um odre no fumeiro, *
mesmo as**sim** não esqueci vossos preceitos.

—84 Quantos **di**as restarão ao vosso servo? *
E **quan**do julgareis meus opressores?

—85 Os so**ber**bos já cavaram minha cova; *
eles não **a**gem respeitando a vossa lei.

Sábado – Hora Média

— [86]Todos os **vos**sos mandamentos são verdade; *
quando a cal**ú**nia me persegue, socorrei-me!
— [87]Eles **qua**se me arrancaram desta terra, *
mesmo as**sim** eu não deixei vossos preceitos!
— [88]Se**gun**do o vosso amor, vivificai-me, *
e guarda**rei** vossa Aliança, ó Senhor!

Salmo 60(61)

Oração do exilado

Oração do justo que espera a vida eterna (Sto. Hilário).

— [2]Escu**tai**, ó Senhor **Deus**, minha ora**ção**, *
aten**dei** à minha prece, ao meu clamor!
— [3]Dos con**fins** do universo a vós eu clamo, *
e em **mim** o coração já desfalece.

— Condu**zi**-me às alturas do rochedo, *
e dei**xai**-me descansar nesse lugar!
— [4]Porque **sois** o meu refúgio e fortaleza, *
torre **for**te na presença do inimigo.

— [5]Quem me **de**ra morar sempre em vossa casa *
e abri**gar**-me à proteção de vossas asas!
— [6]Pois ou**vis**tes, ó Senhor, minhas promessas, *
e me fi**zes**tes tomar parte em vossa herança.

— [7]Acrescen**tai** ao nosso rei dias aos dias, *
e seus **a**nos durem muitas gerações!
— [8]Reine **sem**pre na presença do Senhor, *
vossa ver**da**de e vossa graça o conservem!

— [9]Então **sem**pre cantarei o vosso nome *
e cumpri**rei** minhas promessas dia a dia.

II Semana

Salmo 63(64)

Pedido de ajuda contra os perseguidores

Este salmo se aplica de modo especial à Paixão do Senhor *(Sto. Agostinho).*

— ² Ó Deus, ouvi a minha **voz**, o meu la**men**to! *
  Salvai-me a **v**ida do inimigo aterrador!
— ³ Prote**gei**-me das intrigas dos perversos *
  e do tu**mul**to dos obreiros da **mal**dade!
— ⁴ Eles a**fia**m suas línguas como espadas, *
  lançam pala**v**ras venenosas como flechas,
— ⁵ para fe**rir** os inocentes às ocultas *
  e atin**gi**-los de repente, sem temor.
— ⁶ Uns aos **out**ros se encorajam para o mal *
  e com**bin**am às ocultas, traiçoeiros,
— onde **pôr** as armadilhas preparadas, *
  comen**tando** entre si: "Quem nos verá?"
— ⁷ Eles tra**m**am e disfarçam os seus crimes. *
  É um a**b**ismo o coração de cada homem!
— ⁸ Deus, po**rém**, os ferirá com suas flechas, *
  e cai**rão** todos feridos, de repente.
— ⁹ Sua **lín**gua os levará à perdição, *
  e quem os **vir** meneará sua cabeça;
— ¹⁰ com te**mor** proclamará a ação de Deus, *
  e tira**rá** uma lição de sua obra.
= ¹¹ O homem **jus**to há de alegrar-se no Senhor †
  e junto **d**ele encontrará o seu refúgio, *
  e os de **r**eto coração triunfarão.

No Tempo pascal: Ant. Ale**lui**a, ale**lui**a, aleluia.

Para as outras Horas, Salmodia complementar, p. 1421.

A leitura breve, o versículo e a oração correspondentes ao Ofício celebrado.

A conclusão da Hora como no Ordinário.

III SEMANA

III DOMINGO

I Vésperas

V. Vinde, ó **Deus**. Glória ao **Pai**. Como era (T.P. **Aleluia**).
HINO como no Próprio do Tempo.

Salmodia

Antífona 1

3º Dom. da Quaresma:

Convertei-vos e crede no Evangelho.

3º e 7º Dom. da Páscoa:

A **gló**ria do Se**nhor** vai a**lém** dos altos **céus**
mas le**van**ta da po**ei**ra o indi**gen**te, ale**lui**a.

Salmo 112(113)

O nome do Senhor é digno de louvor

Derrubou do trono os poderosos e elevou os humildes (Lc
1,52).

— ¹ Lou**vai**, louvai, ó **ser**vos do Se**nhor**, *
   lou**vai**, louvai o nome do Senhor!

— ² Ben**di**to seja o nome do Senhor, *
   a**go**ra e por toda a eternidade!

— ³ Do nas**cer** do sol até o seu ocaso, *
   lou**va**do seja o nome do Senhor!

— ⁴ O Se**nhor** está acima das nações, *
   sua **gló**ria vai além dos altos céus.

= ⁵ Quem **po**de comparar-se ao nosso Deus, †
   ao Se**nhor**, que no alto céu tem o seu trono *
   ⁶ e se in**cli**na para olhar o céu e a terra?

— ⁷ Le**van**ta da poeira o indigente *
   e do **li**xo ele retira o pobrezinho,

1194   III Semana

– [8]para fazê-lo assentar-se com os nobres, *
assentar-se com os nobres do seu povo.
– [9]Faz a estéril, mãe feliz em sua casa, *
vivendo rodeada de seus filhos.

3º Dom. da Quaresma: Ant.
Convertei-vos e crede no Evangelho.

3º e 7º Dom. da Páscoa: Ant.
A glória do Senhor vai além dos altos céus
mas levanta da poeira o indigente, aleluia.

Antífona 2

3º Dom. da Quaresma:
Eu vos oferto um sacrifício de louvor,
invocando o nome santo do Senhor!

3º e 7º Dom. da Páscoa:
Vós quebrastes, ó Senhor, minhas cadeias,
por isso oferto um sacrifício de louvor. Aleluia.

Salmo 115(116B)

Ação de graças no templo

*Por meio de Jesus, ofereçamos a Deus um perene sacrifício
de louvor* (Hb 13,15).

– [10]Guardei a minha fé, mesmo dizendo: *
"É demais o sofrimento em minha vida!"
– [11]Confiei, quando dizia na aflição: *
"Todo homem é mentiroso! Todo homem!"
– [12]Que poderei retribuir ao Senhor Deus *
por tudo aquilo que ele fez em meu favor?
– [13]Elevo o cálice da minha salvação, *
invocando o nome santo do Senhor.
– [14]Vou cumprir minhas promessas ao Senhor *
na presença de seu povo reunido. –

Domingo – I Vésperas

—¹⁵ É sentida por demais pelo Senhor *
a **mor**te de seus santos, seus amigos.

=¹⁶ Eis que **sou** o vosso servo, ó Senhor, †
vosso **ser**vo que nasceu de vossa serva; *
mas me que**bras**tes os grilhões da escravidão!

—¹⁷ Por isso o**fer**to um sacrifício de louvor, *
invo**can**do o nome santo do Senhor.

—¹⁸ Vou cum**prir** minhas promessas ao Senhor *
na pre**sen**ça de seu povo reunido;

—¹⁹ nos **á**trios da casa do Senhor, *
em teu **mei**o, ó cidade de Sião!

3º Dom. da Quaresma: Ant.
Eu vos o**fer**to um sacrifício de lou**vor**,
invo**can**do o nome **san**to do **Se**nhor!

3º e 7º Dom. da Páscoa: Ant.
Vós que**bras**tes, ó **Se**nhor, minhas ca**dei**as,
por isso o**fer**to um sacrifício de lou**vor**. Ale**lu**ia.

Antífona 3

3º Dom. da Quaresma:
Nin**guém** pode**rá** tirar-me a **vi**da,
mas eu **mes**mo a ofereço e a re**to**mo.

3º e 7º Dom. da Páscoa:
Embora **fos**se o próprio **Fi**lho,
apren**deu** a obedi**ên**cia atra**vés** do sofri**men**to
e tor**nou**-se, para a**que**les que o **se**guem,
uma **fon**te de e**ter**na salva**ção**. Ale**lu**ia.

Cântico   Fl 2,6-11

Cristo, o Servo de Deus

=⁶ Embora **fos**se de divina condi**ção**, †
Cristo Je**sus** não se apegou ciosamente *
a ser i**gual** em natureza a Deus Pai.

(R. Jesus **Cris**to é Se**nhor** para a **gló**ria de Deus **Pai**!)

= [7]**Porém** esvaziou-se de sua glória †
e assu**miu** a condição de um escravo, *
fa**zen**do-se aos homens semelhante.   (R.)

= Reconhe**cido** exteriormente como homem, †
[8]humi**lhou**-se, obedecendo até à morte, *
até à **mor**te humilhante numa cruz.   (R.)

= [9]**Por** isso **Deus** o exaltou sobremaneira †
e deu-lhe o **no**me mais excelso, mais sublime, *
e ele**va**do muito acima de outro nome.   (R.)

= [10]**Para que** perante o nome de Jesus †
se **dobre** reverente todo joelho, *
seja nos **céus**, seja na terra ou nos abismos.   (R.)

= [11]**E** toda **lín**gua reconheça, confessando, †
para a **gló**ria de Deus Pai e seu louvor: *
"Na ver**da**de Jesus Cristo é o Senhor!"   (R.)

3º Dom. da Quaresma: Ant.

Nin**guém** pode**rá** tirar-me a **vi**da,
mas eu **mes**mo a ofe**re**ço e a re**to**mo.

3º e 7º Dom. da Páscoa: Ant.

Embora **fos**se o próprio **Filho**,
apren**deu** a obedi**ên**cia atra**vés** do sofri**men**to
e tor**nou**-se, para a**que**les que o **se**guem,
uma **fon**te de e**ter**na salva**ção**. Ale**lu**ia.

A leitura breve, o responsório, a antífona do Magnificat*, as preces
e a oração como no Próprio do Tempo.*

A conclusão da Hora como no Ordinário.

Invitatório

V. **Abri** os meus **lá**bios. R. E minha **bo**ca.

*Salmo invitatório, p. 944 com a antífona correspondente ao
Ofício.*

Ofício das Leituras

V. Vinde, ó **Deus**. Glória ao **Pai**. Como era (T.P. Ale**luia**).

Essa introdução se omite quando o Invitatório precede imediatamente ao Ofício das Leituras.

HINO como no Próprio do Tempo.

Salmodia

Antífona 1

3º Domingo da Quaresma:
Todos os **dia**s have**rei** de ben**dizer**-vos, Se**nhor**.

3º Dom. da Páscoa:
Ale**lui**a, remo**vi**da foi a **pe**dra da en**tra**da do se**pul**cro.
Ale**lui**a.

7º Dom. da Páscoa:
O **Pai** ressusci**tou** Jesus **Cris**to, ale**lui**a
e lhe **deu** poder e **gló**ria. Ale**lui**a.

Salmo 144(145)
Louvor à grandeza de Deus

Justo és tu, Senhor, aquele que é e que era, o Santo (Ap 16,5).

I

– ¹ Ó meu **Deus**, quero exal**tar**-vos, ó meu **Rei**, *
  e ben**dizer** o vosso nome pelos séculos.
– ² Todos os **di**as haverei de bendizer-vos, *
  hei de lou**var** o vosso nome para sempre.
– ³ Grande é o Se**nhor** e muito digno de louvores, *
  e nin**guém** pode medir sua grandeza.
– ⁴ Uma i**da**de conta à outra vossas obras *
  e pu**bli**ca os vossos feitos poderosos;
– ⁵ proclamam **to**dos o esplendor de vossa glória *
  e di**vul**gam vossas obras portentosas! –

— ⁶Narram **todos** vossas obras poderosas, *
  e de **vos**sa imensidade todos falam.
— ⁷Eles re**cor**dam vosso amor tão grandioso *
  e e**xal**tam, ó Senhor, vossa justiça.
— ⁸Miseri**cór**dia e piedade é o Senhor, *
  ele é a**mor**, é paciência, é compaixão.
— ⁹O Se**nhor** é muito bom para com todos, *
  sua ter**nu**ra abraça toda criatura.

3º Domingo da Quaresma: Ant.
Todos os **dias** have**rei** de bendi**zer**-vos, Se**nhor**.

3º Dom. da Páscoa: Ant.
Ale**luia**, remo**vi**da foi a **pe**dra da en**tra**da do se**pul**cro.
Ale**luia**.

7º Dom. da Páscoa: Ant.
O **Pai** ressusci**tou** Jesus **Cris**to, ale**luia**
e lhe **deu** poder e **gló**ria. Ale**luia**.

Antífona 2

3º Dom. da Quaresma:
O vosso **Rei**no, ó Se**nhor**, é para **sem**pre.

3º Dom. da Páscoa:
Ale**luia**, quem pro**cu**ras, ó mu**lher**?
Entre os **mor**tos o Vi**ven**te? Ale**luia**.

7º Dom. da Páscoa:
Vós **fos**tes exal**ta**do, ó Se**nhor**,
bem mais **al**to do que os **céus**. Ale**luia**.

II
— ¹⁰Que vossas **obras**, ó Se**nhor**, vos glorifi**quem**, *
  e os vossos **san**tos com louvores vos bendi**gam**!
— ¹¹Narrem a **gló**ria e o esplendor do vosso Reino *
  e **sai**bam proclamar vosso poder!
— ¹²Para espa**lhar** vossos prodígios entre os homens *
  e o ful**gor** de vosso Reino esplendoroso.

Domingo – Ofício das Leituras

—¹³ O vosso **Reino** é um reino para sempre, *
vosso po**der**, de geração em geração.

3º Dom. da Quaresma: Ant.

O vosso **Reino**, ó Se**nhor**, é para **sem**pre.

3º Dom. da Páscoa: Ant.

Ale**luia**, quem pro**cu**ras, ó mu**lher**?
Entre os **mor**tos o Vi**ven**te? Ale**luia**.

7º Dom. da Páscoa: Ant.

Vós fos**tes** exaltado, ó Se**nhor**,
bem mais **al**to do que os **céus**, ale**luia**.

Antífona 3

3º Dom. da Quaresma:

O Se**nhor** é amor fi**el** em sua pa**la**vra,
é santi**da**de em toda **obra** que ele **faz**. †

3º Dom. da Páscoa:

Ale**luia**, não **cho**res, Ma**ri**a:
O Se**nhor** ressur**giu**, ale**luia**.

7º Dom. da Páscoa:

Todo o po**der** me foi **da**do, ale**luia**,
no **céu** e na **ter**ra, ale**luia**.

III

—¹³ᵇ O Se**nhor** é amor fi**el** em sua pa**la**vra, *
é santi**da**de em toda obra que ele faz.
—¹⁴† Ele sus**ten**ta todo aquele que va**ci**la *
e le**van**ta todo aquele que tombou.
—¹⁵ Todos os **o**lhos, ó Senhor, em vós esperam *
e vós lhes **dais** no tempo certo o alimento;
—¹⁶ vós **a**bris a vossa mão prodigamente *
e saci**ais** todo ser vivo com fartura.
—¹⁷ É **jus**to o Senhor em seus caminhos, *
é **san**to em toda obra que ele faz.

1200

— [18]Ele está **per**to da pessoa que o invoca, *
de todo **aque**le que o invoca lealmente.
— [19]O Se**nh**or cumpre os desejos dos que o temem, *
ele escu**t**a os seus clamores e os salva.
— [20]O Senhor **guar**da todo aquele que o ama, *
mas dis**per**sa e extermina os que são ímpios.
= [21]Que a minha **bo**ca cante a glória do Senhor †
e que ben**di**ga todo ser seu nome santo *
desde **ago**ra, para sempre e pelos séculos.

3° Dom. da Quaresma: Ant.

O Se**nh**or é amor fi**el** em sua pala**v**ra,
é santi**da**de em toda **o**bra que ele **faz**.

3° Dom. da Páscoa: Ant.

Ale**lui**a, não **cho**res, **Ma**ria:
O Se**nh**or ressur**giu**, ale**lui**a.

7° Dom. da Páscoa: Ant.

Todo o po**der** me foi **da**do, ale**lui**a,
no **céu** e na **ter**ra, ale**lui**a.

O versículo, as leituras e a oração como no Próprio do Tempo.

Laudes

V. Vinde, ó **Deus**. Glória ao **Pai**. Como era (T.P. **Aleluia**).
Essa introdução se omite quando o Invitatório precede imediatamente às Laudes.

HINO como no Próprio do Tempo.

Salmodia

Antífona 1

3° Dom. da Quaresma:

Bem mais **for**te que o fra**gor** das grandes **águas**,
é a **for**ça da pala**v**ra do Se**nh**or.

3° e 7° Dom. da Páscoa:

Deus é **Rei** e se ve**stiu** de majestade, ale**lui**a. †

Domingo – Laudes

Salmo 92(93)

A grandeza do Deus Criador

O Senhor, nosso Deus, o Todo-poderoso passou a reinar. Fiquemos alegres e contentes, e demos glória a Deus! (Ap 19,6-7).

— [1] Deus é **Rei** e se ves**tiu** de majes**tade**, *
  † reves**tiu**-se de poder e de esplendor!

= Vós fir**mas**tes o universo inabalável, †
  [2] vós fir**mas**tes vosso trono desde a origem, *
  desde **sempre**, ó Senhor, vós existis!

= [3] Levantaram as torrentes, ó Senhor, †
  levantaram as torrentes sua voz, *
  levan**taram** as torrentes seu fragor.

= [4] Muito **mais** do que o fragor das grandes águas, †
  muito **mais** do que as ondas do oceano, *
  poder**oso** é o Senhor nos altos céus!

= [5] Verda**dei**ros são os vossos testemunhos, †
  re**ful**ge a santidade em vossa casa *
  pelos **séculos** dos séculos, Senhor!

3º Dom. da Páscoa: Ant.

Bem mais **forte** que o fra**gor** das grandes **águas**,
é a **força** da pa**la**vra do **Se**nhor.

3º e 7º Dom. da Quaresma:

Deus é **Rei** e se ves**tiu** de majes**tade**, ale**luia**.

Antífona 2

3º Dom. da Quaresma:

Fontes e nas**cen**tes, bendi**zei** o **Se**nhor,
lou**vai**-o e exal**tai**-o pelos **séculos** sem **fim**!

3º e 7º Dom. da Páscoa:

As criaturas se**rão** liber**ta**das
na **glória** dos **filhos** de **Deus**. Ale**luia**.

1202   III Semana

Cântico   Dn 3,57-88.56

Louvor das criaturas ao Senhor

Louvai o nosso Deus, todos os seus servos (Ap 19,5).

— [57]**Obras** do Senhor, bendizei o Senhor, *
louvai-o e exaltai-o pelos **séculos** sem fim!

— [58]**Céus** do Senhor, bendizei o Senhor! *
[59]**Anjos** do Senhor, bendizei o Senhor!

(R. Louvai-o e exaltai-o pelos **séculos** sem **fim**!)
ou
(R. A Ele **glória** e lou**vor** eterna**mente**!)

— [60]**Águas** do alto céu, bendizei o Senhor! *
[61]**Potências** do Senhor, bendizei o Senhor!

— [62]**Lua** e sol, bendizei o Senhor! *
[63]**Astros** e estrelas, bendizei o Senhor!   (R.)

— [64]**Chu**vas e orvalhos, bendizei o Senhor! *
[65]**Brisas** e ventos, bendizei o Senhor!

— [66]**Fogo** e calor, bendizei o Senhor! *
[67]**Frio** e ardor, bendizei o Senhor!   (R.)

— [68]**Orvalhos** e garoas, bendizei o Senhor! *
[69]**Geada** e frio, bendizei o Senhor!

— [70]**Gelos** e neves, bendizei o Senhor! *
[71]**Noites** e dias, bendizei o Senhor!   (R.)

— [72]**Luzes** e trevas, bendizei o Senhor! *
[73]**Raios** e nuvens, bendizei o Senhor

— [74]**Ilhas** e terra, bendizei o Senhor! *
Louvai-o e exaltai-o pelos **séculos** sem fim!   (R.)

— [75]**Mon**tes e colinas, bendizei o Senhor! *
[76]**Plan**tas da terra, bendizei o Senhor!

— [77]**Mares** e rios, bendizei o Senhor! *
[78]**Fontes** e nascentes, bendizei o Senhor!   (R.)

— [79]**Baleias** e peixes, bendizei o Senhor! *
[80]**Pássaros** do céu, bendizei o Senhor!

Domingo – Laudes

—[81]**Feras** e **rebanhos**, bendi**zei** o **Senhor**! *
[82]**Filhos** dos homens, bendi**zei** o **Senhor**! (R.)

—[83]**Filhos** de Israel, bendi**zei** o **Senhor**! *
Lou**vai**-o e exal**tai**-o pelos **séculos** sem **fim**!

—[84]**Sacerdotes** do Senhor, bendi**zei** o **Senhor**! *
[85]**Servos** do Senhor, bendi**zei** o **Senhor**! (R.)

—[86]**Almas** dos justos, bendi**zei** o **Senhor**! *
[87]**Santos** e humildes, bendi**zei** o **Senhor**!

—[88]**Jovens** Misael, Ana**nias** e Azarias, *
Lou**vai**-o e exal**tai**-o pelos **séculos** sem **fim**! (R.)

— Ao **Pai** e ao Filho e ao Es**pírito** Santo *
louvemos e exaltemos pelos **séculos** sem **fim**!

—[56]**Bendito** sois, Senhor, no firma**men**to dos céus! *
Sois **digno** de louvor e de **glória** eternamente! (R.)

No fim deste cântico não se diz o Glória ao Pai.

3º Dom. da Quaresma: Ant
Fontes e nas**cen**tes, bendi**zei** o **Se**nhor,
lou**vai**-o e exal**tai**-o pelos **séculos** sem **fim**!

3º e 7º Dom. da Páscoa: Ant.
As **criaturas** se**rão** liberta**das**
na **glória** dos **filhos** de **Deus**. Aleluia.

Antífona 3

3º Dom. da Quaresma:
Reis da **terra**, povos **todos**, bendi**zei** o nosso **Deus**!

3º e 7º Dom. da Páscoa:
O **no**me do Se**nhor** foi exaltado
na **terra** e a**lém** dos altos **céus**. Aleluia.

Salmo 148
Glorificação do Deus Criador

*Ao que está sentado no trono e ao Cordeiro, o louvor e a
honra, a glória e o poder para sempre (Ap 5,13).*

III Semana

– ¹Lou**vai** o Senhor **Deus** nos altos **céus**, *
   lou**vai**-o no excelso firmamento!
– ²Lou**vai**-o, anjos seus, todos louvai-o, *
   lou**vai**-o, legiões celestiais!
– ³Lou**vai**-o, sol e lua, e bendizei-o, *
   lou**vai**-o, vós estrelas reluzentes!
– ⁴Lou**vai**-o, céus dos céus, e bendizei-o, *
   e vós, **águas** que estais por sobre os céus.
– ⁵Louvem **to**dos e bendigam o seu nome, *
   porque man**dou** e logo tudo foi criado.
– ⁶Institu**iu** todas as coisas para sempre, *
   e deu a **tu**do uma lei que é imutável.
– ⁷Lou**vai** o Senhor Deus por toda a terra, *
   grandes **peix**es e abismos mais profundos;
– ⁸fogo e gra**nizo**, e vós, neves e neblinas, *
   fura**cões** que executais as suas ordens.
– ⁹Montes **to**dos e colinas, bendizei-o, *
   cedros **to**dos e vós, árvores frutíferas;
–¹⁰feras do **ma**to e vós, mansos animais, *
   todos os **rép**teis e os pássaros que voam.
–¹¹Reis da **terra**, povos todos, bendizei-o, *
   e vós, **prín**cipes e todos os juízes;
–¹²e vós, **jo**vens, e vós, moças e rapazes, *
   anci**ãos** e criancinhas, bendizei-o!
–¹³Louvem o **no**me do Senhor, louvem-no todos, *
   porque so**men**te o seu nome é excelso!
– A majes**ta**de e esplendor de sua glória *
   ultra**pas**sam em grandeza o céu e a terra.
–¹⁴Ele exal**tou** seu povo eleito em poderio, *
   ele é o mo**ti**vo de louvor para os seus santos.
– É um **hi**no para os filhos de Israel, *
   este **po**vo que ele ama e lhe pertence.

Domingo – Hora Média   1205

3º Dom. da Quaresma: Ant.
Reis da **terra**, povos **to**dos, bendi**zei** o nosso **Deus**!

3º e 7º Dom. da Páscoa: Ant.
O **no**me do Se**nhor** foi exal**ta**do
na **terra** e a**lém** dos altos **céus**. Ale**lu**ia.

A leitura breve, o responsório, a antífona do *Benedictus*, as preces
e a oração como no Próprio do Tempo.

A conclusão da Hora como no Ordinário.

Hora Média

V. Vinde, ó **Deus**. Glória ao **Pai**. Como era (T.P. Ale**lu**ia).
HINO correspondente ao Ofício.

Salmodia

Na Quaresma: Antífona como no Próprio do Tempo.
No Tempo pascal: Ant. Ale**lu**ia, ale**lu**ia, ale**lu**ia.

Salmo 117(118)
Canto de alegria e salvação

Ele é a pedra, que vós, os construtores, desprezastes, e que
se tornou a pedra angular (At 4,11).

I

— ¹Dai **graças** ao Se**nhor**, porque ele é **bom**! *
   "**Eter**na é a sua misericórdia!"

— ²A **ca**sa de Israel agora o diga: *
   "**Eter**na é a sua misericórdia!"

— ³A **ca**sa de Aarão agora o diga: *
   "**Eter**na é a sua misericórdia!"

— ⁴Os que **te**mem o Senhor agora o digam: *
   "**Eter**na é a sua misericórdia!"

— ⁵Na minha an**gús**tia eu clamei pelo Senhor, *
   e o Se**nhor** me atendeu e libertou!

1206   III Semana

– ⁶ O Senhor está comigo, nada temo; *
    o que **po**de contra mim um ser humano?
– ⁷ O Senhor está comigo, é o meu auxílio, *
    hei de **ver** meus inimigos humilhados.
– ⁸ "É me**lhor** buscar refúgio no Senhor *
    do que **pôr** no ser humano a esperança;
– ⁹ é me**lhor** buscar refúgio no Senhor *
    do que con**tar** com os poderosos deste mundo!"

II

– ¹⁰ Povos pa**gãos** me rode**ar**am todos eles, *
    mas em **no**me do Senhor os derrotei;
– ¹¹ de todo la**do** todos eles me cercaram, *
    mas em **no**me do Senhor os derrotei;
= ¹² como um en**xa**me de abelhas me atacaram, †
    como um **fo**go de espinhos me queimaram, *
    mas em **no**me do Senhor os derrotei.
– ¹³ Empur**rar**am-me, tentando derrubar-me, *
    mas **vei**o o Senhor em meu socorro.
– ¹⁴ O Se**nhor** é minha força e o meu canto, *
    e tor**nou**-se para mim o Salvador.
– ¹⁵ "Cla**mo**res de alegria e de vitória *
    res**so**em pelas tendas dos fiéis.
= ¹⁶ A mão di**rei**ta do Senhor fez maravilhas, †
    a mão di**rei**ta do Senhor me levantou, *
    a mão di**rei**ta do Senhor fez maravilhas!"
– ¹⁷ Não morre**rei**, mas, ao contrário, viverei *
    para can**tar** as grandes obras do Senhor!
– ¹⁸ O Se**nhor** severamente me provou, *
    mas **não** me abandonou às mãos da morte.

III

– ¹⁹ Abri-me **vós**, abri-me as **por**tas da justiça; *
    quero en**trar** para dar graças ao Senhor!

Domingo – II Vésperas

— 20"Sim, **esta** é a porta do Senhor, *
por **e**la só os justos entrarão!"
— 21Dou-vos **gra**ças, ó Senhor, porque me ouvistes *
e vos tor**nas**tes para mim o Salvador!
— 22"A **pe**dra que os pedreiros rejeitaram *
tor**nou**-se agora a pedra angular.
— 23Pelo Se**nhor** é que foi feito tudo isso: *
Que maravilhas ele fez a nossos olhos!
— 24Este é o **dia** que o Senhor fez para nós, *
ale**gre**mo-nos e nele exultemos!
— 25Ó Se**nhor**, dai-nos a vossa salvação, *
ó Se**nhor**, dai-nos também prosperidade!"
— 26Ben**di**to seja, em nome do Senhor, *
a**que**le que em seus átrios vai entrando!
— Desta **ca**sa do Senhor vos bendizemos. *
27Que o Se**nhor** e nosso Deus nos ilumine!
— Empu**nhai** ramos nas mãos, formai cortejo, *
aproxi**mai**-vos do altar, até bem perto!
— 28Vós sois meu **Deus,** eu vos bendigo e agradeço! *
Vós sois meu **Deus,** eu vos exalto com louvores!
— 29Dai **gra**ças ao Senhor, porque ele é bom! *
"E**ter**na é a sua misericórdia!"

No Tempo pascal: Ant. A**le**luia, ale**lui**a, ale**lui**a.

Para as outras Horas, Samodia complementar, p. 1421.

A leitura breve, o versículo e a oração como no Próprio do Tempo.

A conclusão da Hora como no Ordinário.

II Vésperas

V. Vinde, ó **Deus**. Glória ao **Pai**. Como era (T.P. Aleluia).
HINO como no Próprio do Tempo.

1208

Salmodia

Antífona 1

3º Dom. da Quaresma:

Por vosso nome, libertai-nos, Senhor Deus onipotente!
Dai-nos tempo necessário para a nossa conversão!

3º e 7º Dom. da Páscoa:

O Senhor purificou-nos do pecado
e assentou-se à direita de Deus Pai. Aleluia.

Salmo 109(110),1-5.7

O Messias, Rei e Sacerdote

É preciso que ele reine, até que todos os seus inimigos es-
tejam debaixo de seus pés (1Cor 15,25).

— ¹ Palavra do Senhor ao meu Senhor: *
   "Assenta-te ao lado meu direito,
— até que eu ponha os inimigos teus *
   como escabelo por debaixo de teus pés!"

= ² O Senhor estenderá desde Sião †
   vosso cetro de poder, pois ele diz: *
   "Domina com vigor teus inimigos;

= ³ Tu és príncipe desde o dia em que nasceste; †
   na glória e esplendor da santidade, *
   como o orvalho, antes da aurora, eu te gerei!"

= ⁴ Jurou o Senhor e manterá sua palavra: †
   "Tu és sacerdote eternamente, *
   segundo a ordem do rei Melquisedec!"

— ⁵ À vossa destra está o Senhor, ele vos diz: *
   "No dia da ira esmagarás os reis da terra!
— ⁷ Beberás água corrente no caminho, *
   por isso seguirás de fronte erguida!"

3º Dom. da Quaresma: Ant.

Por vosso nome, libertai-nos, Senhor Deus onipotente!
Dai-nos tempo necessário para a nossa conversão!

Domingo – II Vésperas

3º e 7º Dom. da Páscoa: Ant.

O Senhor purificou-nos do pecado
e assentou-se à direita de Deus Pai. Aleluia.

Antífona 2

3º Dom. da Quaresma:

Fomos remidos pelo sangue precioso
do Cordeiro imaculado, Jesus Cristo.

3º e 7º Dom. da Páscoa:

Enviou libertação para o seu povo, aleluia.

Salmo 110(111)

As grandes obras do Senhor

*Grandes e maravilhosas são as tuas obras, Senhor Deus
todo-poderoso! (Ap 15,3).*

— [1] Eu agradeço a Deus de todo o coração *
junto com todos os seus justos reunidos!

— [2] Que grandiosas são as obras do Senhor, *
elas merecem todo o amor e admiração!

— [3] Que beleza e esplendor são os seus feitos! *
Sua justiça permanece eternamente!

— [4] O Senhor bom e clemente nos deixou *
a lembrança de suas grandes maravilhas.

— [5] Ele dá o alimento aos que o temem *
e jamais esquecerá sua Aliança.

— [6] Ao seu povo manifesta seu poder, *
dando a ele a herança das nações.

— [7] Suas obras são verdade e são justiça, *
seus preceitos, todos eles, são estáveis,

— [8] confirmados para sempre e pelos séculos, *
realizados na verdade e retidão. —

III Semana

= ⁹Envi**ou** libertação para o seu povo, †
   confir**mou** sua Aliança para sempre. *
   Seu nome é san**to** e é digno de respeito.
= ¹⁰Temer a **Deus** é o princípio do saber †
   e é sá**bio** todo aquele que o pratica. *
   Perma**neça** eternamente o seu louvor.

3° Dom. da Quaresma: Ant.

Fomos remi**dos** pelo san**gue** precioso
do Cordeiro imaculado, Jesus Cris**to**.

3° e 7° Dom. da Páscoa: Ant.

Envi**ou** liberta**ção** para o seu **povo**, ale**lui**a.

Antífona 3

3° Dom. da Quaresma:

O **Cristo** to**mou** sobre **si** nossas **dores**,
carre**gou** em seu cor**po** as **nossas** fraquezas.

Cântico   1Pd 2,21-24

**A paixão voluntária de Cristo,
Servo de Deus**

= ²¹O **Cristo** por **nós** pade**ceu**, †
   dei**xou**-nos o exemplo a seguir. *
   Sigamos, portanto, seus passos!
– ²²Pecado nenhum cometeu, *
   nem **hou**ve engano em seus lábios.
 (R. Por suas cha**gas** nós **fo**mos cur**a**dos.)
= ²³Insul**ta**do, ele não insultava; †
   ao so**frer** e ao ser maltratado, *
   ele **não** ameaçava vingança;
– entregava, porém, sua causa *
   Àque**le** que é justo juiz.   (R.)
– ²⁴Carre**gou** sobre si nossas culpas *
   em seu **corpo**, no lenho da cruz,

Domingo – II Vésperas

= para que, **mor**tos aos nossos pecados, †
na jus**ti**ça de Deus nós vivamos. *
Por suas **cha**gas nós fomos curados. (R.)

3º Dom. da Quaresma: Ant.
O **Cris**to to**mou** sobre **si** nossas **do**res,
carre**gou** em seu **cor**po as **nos**sas fraquezas.

3º e 7º Dom. da Páscoa:
Ale**lu**ia, o **Se**nhor tomou **pos**se do seu **Rei**no:
exul**te**mos de ale**gri**a, demos **gló**ria ao nosso **Deus**! Ale**lui**a.

No cântico seguinte dizem-se os Aleluias entre parênteses somente quando se canta; na recitação, basta dizer os Aleluias no
começo, entre as estrofes e no fim.

Cântico   cf. Ap 19,1-2.5-7
As núpcias do Cordeiro

= Aleluia, (Ale**lu**ia!).
¹ Ao nosso **Deus** a salva**ção**, *
honra, **gló**ria e poder! (Ale**lu**ia!).
–² Pois são ver**da**de e justi**ça** *
os juí**zos** do Senhor.

R. Aleluia, (Ale**lu**ia!).

= Aleluia, (Ale**lu**ia!).
⁵ Cele**brai** o nosso Deus, *
servi**do**res do Senhor! (Ale**lu**ia!).
– E vós **to**dos que o temeis, *
vós os **gran**des e os pequenos!

R. Aleluia, (Ale**lu**ia!).

= Aleluia, (Ale**lu**ia!).
⁶ De seu **Rei**no tomou posse *
nosso **Deus** onipotente! (Ale**lu**ia!).
–⁷ Exul**te**mos de alegria, *
demos **gló**ria ao nosso Deus!

R. Aleluia, (Ale**lu**ia!).

1212   III Semana

= Aleluia, (Aleluia!)
   Eis que as **núpcias** do Cordeiro *
   redivivo se aproximam! (Aleluia!)
– Sua Es**po**sa se enfeitou, *
   se ves**tiu** de linho puro.
R. Aleluia, (Aleluia!)

3º e 7º Dom. da Páscoa: Ant.
Ale**lu**ia, o Se**nhor** tomou **posse** do seu **Reino**:
exul**te**mos de ale**gria**, demos **glória** ao nosso **Deus**! Ale**lu**ia.

A leitura breve, o responsório, a antífona do *Magníficat*, as preces e a oração, como no Próprio do Tempo.

A conclusão da Hora como no Ordinário.

III SEGUNDA-FEIRA

Invitatório

V. **Abri** os meus **lábios**. R. E minha **boca**.

Salmo invitatório, p.944 com a antífona correspondente ao Ofício.

Ofício das Leituras

V. Vinde, ó **Deus**. Glória ao **Pai**. Como era (T.P.Aleluia).

Essa introdução se omite quando o Invitatório precede imediatamente ao Ofício das Leituras.

HINO correspondente ao Ofício.

Salmodia

Ant. 1 Vem a **nós** o nosso **Deus** e nos **fala** abertamente (T.P.Aleluia).

Salmo 49(50)

O culto que agrada a Deus

Eu não vim abolir a Lei, mas dar-lhe pleno cumprimento (cf. Mt 5,17).

I

— ¹**Falou** o Senhor **Deus**, chamou a **terra**, *
do sol nas**cen**te ao sol poente a convocou.
— ²De Si**ão**, beleza plena, Deus refulge, *
³vem a **nós** o nosso Deus e não se cala.
— À sua **fren**te vem um fogo abrasador, *
ao seu re**dor**, a tempestade violenta.
— ⁴Ele con**vo**ca céu e terra ao julgamento, *
para fa**zer** o julgamento do seu povo:
— ⁵"Reu**ni** à minha frente os meus eleitos, *
que se**la**ram a Aliança em sacrifícios!"
— ⁶Teste**mu**nha o próprio céu seu julgamento, *
porque **Deus** mesmo é juiz e vai julgar.

Ant. Vem a **nós** o nosso **Deus** e nos **fala** abertamente
(T.P. Aleluia).

Ant. 2 Oferece ao Senhor um sacrifício de louvor!
(T.P. Aleluia).

II

=7 "Escuta, ó meu **povo**, eu vou **falar**; †
ouve, Israel, eu testemunho contra ti: *
Eu, o Senhor, somente eu, sou o teu Deus!

−8 Eu não **venho** censurar teus sacrifícios, *
pois sempre **estão** perante mim teus holocaustos;

−9 não pre**ciso** dos novilhos de tua casa *
nem dos car**neiros** que estão nos teus rebanhos.

−10 Porque as **feras** da floresta me pertencem *
e os ani**mais** que estão nos montes aos milhares.

−11 Conheço os **pássaros** que voam pelos céus *
e os seres **vivos** que se movem pelos campos.

−12 Não te di**ria**, se com fome eu estivesse, *
porque é **meu** o universo e todo ser.

−13 Por**ventura** comerei carne de touros? *
Bebe**rei**, acaso, o sangue de carneiros?

−14 Imola a **Deus** um sacrifício de louvor *
e cumpre os **votos** que fizeste ao Altíssimo.

−15 Invoca-me no dia da angústia, *
e en**tão** te livrarei e hás de louvar-me".

Ant. Oferece ao Senhor um sacrifício de louvor!
(T.P. Aleluia).

Ant. 3 Eu não **quero** oferenda e sacrifício;
quero o a**mor** e a ciência do Senhor! (T.P. Aleluia).

III

=16 Mas ao **ímpio** é as**sim** que Deus per**gunta**: †
"Como **ousas** repetir os meus preceitos *
e tra**zer** minha Aliança em tua boca?

Segunda-feira – Laudes

— [17]Tu que odiaste minhas leis e meus conselhos *
e deste as costas às palavras dos meus lábios!
— [18]Quando vias um ladrão, tu o seguias *
e te juntavas ao convívio dos adúlteros.
— [19]Tua boca se abriu para a maldade *
e tua língua maquinava a falsidade.
— [20]Assentado, difamavas teu irmão, *
e ao filho de tua mãe injuriavas.
— [21]Diante disso que fizeste, eu calarei? *
Acaso pensas que eu sou igual a ti?
— É disso que te acuso e repreendo *
e manifesto essas coisas aos teus olhos.
= [22]Entendei isto, todos vós que esqueceis Deus, †
para que eu não arrebate a vossa vida, *
sem que haja mais ninguém para salvar-vos!
— [23]Quem me oferece um sacrifício de louvor, *
este sim é que me honra de verdade.
— A todo homem que procede retamente, *
eu mostrarei a salvação que vem de Deus”.

Ant. Eu não quero oferenda e sacrifício;
quero o amor e a ciência do Senhor! (T.P. Aleluia).

O versículo, as leituras e a oração correspondentes ao Ofício
celebrado.

Laudes

V. Vinde, ó Deus. Glória ao Pai. Como era (T.P. Aleluia).
Essa introdução se omite quando o Invitatório precede imediatamente às Laudes.

HINO correspondente ao Ofício.

Antífona 1

Na Quaresma:
Felizes os que habitam vossa casa, ó Senhor!

1216

No Tempo pascal:

Meu cora**ção** e minha **car**ne rejubilam
e e**xul**tam de alegria no Deus **vivo**. Ale**lui**a.

Salmo 83(84)

Saudades do templo do Senhor

*Não temos aqui cidade permanente, mas estamos à procura
daquela que está para vir* (Hb 13,14).

— [2] Quão a**má**vel, ó S**e**nhor, é vossa **ca**sa, *
quanto a **a**mo, Senhor Deus do universo!

— [3] Minha **al**ma desfalece de saudades *
e an**sei**a pelos átrios do Senhor!

— Meu cora**ção** e minha carne rejubilam *
e e**xul**tam de alegria no Deus vivo!

= [4] Mesmo o par**dal** encontra abrigo em vossa casa, †
e a ando**ri**nha aí prepara o seu ninho, *
para **ne**le seus filhotes colocar:

— vossos al**ta**res, ó Senhor Deus do universo! *
vossos al**ta**res, ó meu Rei e meu Senhor!

— [5] Felizes os que habitam vossa casa; *
para **sem**pre haverão de vos louvar!

— [6] Felizes os que em vós têm sua força, *
e se de**ci**dem a partir quais peregrinos!

= [7] Quando **pas**sam pelo vale da aridez, †
o transfor**mam** numa fonte borbulhante, *
pois a **chu**va o vestirá com suas bênçãos.

— [8] Caminha**rão** com ardor sempre crescente *
e hão de **ver** o Deus dos deuses em Sião.

— [9] Deus do univer**so**, escutai minha oração! *
Incli**nai**, Deus de Jacó, o vosso ouvido!

— [10] Olhai, ó **Deus**, que sois a nossa proteção, *
vede a face do eleito, vosso Ungido! —

Segunda-feira – Laudes

—[11] Na verdade, um só dia em vosso templo *
vale **mais** do que milhares fora dele!
— Prefiro es**tar** no limiar de vossa casa, *
a hospe**dar**-me na mansão dos pecadores!
—[12] O Senhor **Deus** é como um sol, é um escudo, *
e larga**men**te distribui a graça e a glória.
— O Se**nhor** nunca recusa bem algum *
à**que**les que caminham na justiça.
—[13] Ó Senhor, Deus poderoso do universo, *
fe**liz** quem põe em vós sua esperança!

Na Quaresma: Ant.
Feli**z**es os que ha**bi**tam vossa **ca**sa, ó Se**nhor**!

No Tempo pascal: Ant.

Meu cora**ção** e minha **car**ne rejubilam
e e**xul**tam de ale**gri**a no Deus **vi**vo. Ale**lui**a.

Antífona 2

Na Quaresma:
Vinde, su**ba**mos a mon**ta**nha do Se**nhor**!

No Tempo pascal:
A **ca**sa do Se**nhor** foi ele**va**da;
a **e**la acorre**rão** todas as **gen**tes. Ale**lui**a.

Cântico
Is 2,2-5

**A montanha da casa do Senhor
é mais alta do que todas as montanhas**

Todas as nações virão prostrar-se diante de Ti (Ap 15,4).

—[2] Eis que **vai** aconte**cer** no fim dos **tem**pos, *
que o **mon**te onde está a casa do Senhor
— será er**gui**do muito acima de outros montes, *
e ele**va**do bem mais alto que as colinas.

— Para ele acorrerão todas as gentes, *
[3] muitos **po**vos chegarão ali dizendo:

1218   III Semana

— "Vinde, subamos a montanha do Senhor, *
vamos à casa do Senhor Deus de Israel,
— para que ele nos ensine seus caminhos, *
e trilhemos todos nós suas veredas.
— Pois de Sião a sua Lei há de sair, *
Jerusalém espalhará sua Palavra".
— ⁴Será ele o Juiz entre as nações *
e o árbitro de povos numerosos.
— Das espadas farão relhas de arado *
e das lanças forjarão as suas foices.
— Uma nação não se armará mais contra a outra, *
nem haverão de exercitar-se para a guerra.
— ⁵Vinde, ó casa de Jacó, vinde, achegai-vos, *
caminhemos sob a luz do nosso Deus!

Na Quaresma: Ant.

Vinde, subamos a montanha do Senhor!

No Tempo pascal: Ant.

A casa do Senhor foi elevada;
a ela acorrerão todas as gentes. Aleluia.

Antífona 3

Na Quaresma:

Cantai ao Senhor Deus, bendizei seu santo nome!

No Tempo pascal:

Publicai entre as nações: Reina o Senhor!

Salmo 95(96)

Deus, Rei e Juiz de toda a terra

*Cantavam um cântico novo diante do trono, na presença do
Cordeiro* (cf. Ap 14,3).

= ¹Cantai ao Senhor Deus um canto novo, †
²cantai ao Senhor Deus, ó terra inteira! *
Cantai e bendizei seu santo nome! –

Segunda-feira – Laudes

= Dia após **dia** anunciai sua salvação, †
    [3] manifes**tai** a sua glória entre as nações, *
    e entre os **po**vos do universo seus prodígios!

= [4] Pois Deus é **gran**de e muito digno de louvor, †
    é mais ter**rí**vel e maior que os outros deuses, *
    [5] porque um **na**da são os deuses dos pagãos.

= Foi o Se**nhor** e nosso Deus quem fez os céus: †
    [6] diante **de**le vão a glória e a majestade, *
    e o seu **tem**plo, que beleza e esplendor!

= [7] Ó fa**mí**lia das nações, dai ao Senhor, †
    ó na**ções**, dai ao Senhor poder e glória, *
    [8] dai-lhe a **gló**ria que é devida ao seu nome!

= Ofere**cei** um sacrifício nos seus átrios, †
    [9] ado**rai**-o no esplendor da santidade, *
    terra in**tei**ra, estremecei diante dele!

= [10] Publi**cai** entre as nações: "Reina o Senhor!" †
    Ele fir**mou** o universo inabalável, *
    e os **po**vos ele julga com justiça.

— [11] O **céu** se rejubile e exulte a terra, *
    aplauda o **mar** com o que vive em suas águas;

— [12] os **cam**pos com seus frutos rejubilem *
    e e**xul**tem as florestas e as matas

— [13] na pre**sen**ça do Senhor, pois ele vem, *
    porque **vem** para julgar a terra inteira.

— Gover**na**rá o mundo todo com justiça, *
    e os **po**vos julgará com lealdade.

Na Quaresma: Ant.
Cantai ao Senhor **Deus**, bendi**zei** seu santo **no**me!

No Tempo pascal: Ant.
Publicai entre as na**ções**: Reina o Se**nhor!**

1220 III Semana

A leitura breve, o responsório, a antífona do *Benedictus*, as preces e a oração correspondentes ao Ofício celebrado.

A conclusão da Hora como no Ordinário.

Hora Média

V. Vinde, ó **Deus**. Glória ao **Pai**. Como era (T.P. Ale**lui**a).

HINO correspondente ao Ofício.

Salmodia

Na Quaresma: Antífona como no Próprio do Tempo.

No Tempo pascal: Ant. Ale**lui**a, ale**lui**a, ale**lui**a.

Salmo 118(119),89-96
XII (Lamed)

Meditação sobre a Palavra de Deus na Lei

Eu vos dou um novo mandamento: Amai-vos uns aos outros, como eu vos amei (cf. Jo 13,34).

— [89]É e**ter**na, ó **Senhor**, vossa palavra, *
   ela é tão **fir**me e estável como o céu.
— [90]De ge**ração** em geração vossa verdade *
   perma**nec**e como a terra que firmastes.
— [91]Porque man**das**tes, tudo existe até agora; *
   todas as **coi**sas, ó Senhor, vos obedecem!
— [92]Se não **fos**se a vossa lei minhas delícias, *
   eu já te**ria** perecido na aflição!
— [93]Eu ja**mais** esquecerei vossos preceitos, *
   por meio **de**les conservais a minha vida.
— [94]Vinde sal**var**-me, ó Senhor, eu vos pertenço!
   Porque **sem**pre procurei vossa vontade.
— [95]Es**prei**tam-me os maus para perder-me, *
   mas conti**nu**o sempre atento à vossa lei.
— [96]Vi que **to**da a perfeição tem seu limite, *
   e só a **vos**sa Aliança é infinita.

Segunda-feira – Hora Média

Salmo 70(71)

Senhor, minha esperança desde a minha juventude!

Sede alegres por causa da esperança, fortes nas tribulações
(Rm 12,12).

I

–¹ Eu procuro meu refúgio em vós, Senhor: *
que eu não seja envergonhado para sempre!

–² Porque sois justo, defendei-me e libertai-me!
Escutai a minha voz, vinde salvar-me!

–³ Sede uma rocha protetora para mim, *
um abrigo bem seguro que me salve!

– Porque sois a minha força e meu amparo, *
o meu refúgio, proteção e segurança!

–⁴ Libertai-me, ó meu Deus, das mãos do ímpio, *
das garras do opressor e do malvado!

–⁵ Porque sois, ó Senhor Deus, minha esperança, *
em vós confio desde a minha juventude!

=⁶ Sois meu apoio desde antes que eu nascesse, †
desde o seio maternal, o meu amparo: *
para vós o meu louvor eternamente!

–⁷ Muita gente considera-me um prodígio, *
mas sois vós o meu auxílio poderoso!

–⁸ Vosso louvor é transbordante de meus lábios, *
cantam eles vossa glória o dia inteiro.

–⁹ Não me deixeis quando chegar minha velhice, *
não me falteis quando faltarem minhas forças!

–¹⁰ Porque falam contra mim os inimigos, *
fazem planos os que tramam minha morte

–¹¹ e dizem: "Deus o abandonou, vamos matá-lo; *
agarrai-o, pois não há quem o defenda!"

–¹² Não fiqueis longe de mim, ó Senhor Deus! *
Apressai-vos, ó meu Deus, em socorrer-me!

III Semana

– ¹³Que sejam humilhados e pereçam *
os que procuram destruir a minha vida!
– Sejam cobertos de infâmia e de vergonha *
os que desejam a desgraça para mim!

II

– ¹⁴Eu, porém, sempre em **vós** confiarei, *
sempre **mais** aumentarei vosso louvor!
– ¹⁵Minha **bo**ca anunciará todos os dias *
vossa justiça e vossas graças incontáveis.
– ¹⁶Cantarei vossos portentos, ó Senhor, *
lembrarei vossa justiça sem igual!
– ¹⁷Vós me ensinastes desde a minha juventude, *
e até **ho**je canto as vossas maravilhas.
– ¹⁸E na velhice, com os meus cabelos brancos, *
eu vos suplico, ó Senhor, não me deixeis!
– ¹⁹Ó meu **Deus**, vossa justiça e vossa força *
são tão **gran**des, vão além dos altos céus!
– Vós fizestes realmente maravilhas. *
Quem, Se**nhor**, pode convosco comparar-se?

= ²⁰Vós permitistes que eu sofresse grandes males, †
mas vireis restituir a minha vida *
e tirar-me dos abismos mais profundos.
– ²¹Confortareis a minha idade avançada, *
e de **no**vo me havereis de consolar.
– ²²Então, vos cantarei ao som da harpa, *
celebrando vosso amor sempre fiel;
– para louvar-vos tocarei a minha cítara, *
glorificando-vos, ó Santo de Israel!
– ²³A alegria cantará sobre meus lábios, *
e a minha **alma** libertada exultará!
– ²⁴Igualmente a minha língua todo o dia, *
cantando, exaltará vossa justiça!

Segunda-feira – Vésperas

— Pois ficaram confundidos e humilhados *
todos aqueles que tramavam contra mim.

No Tempo pascal: Ant. Aleluia, aleluia, aleluia.

Para as outras Horas, Salmodia complementar, das séries I e III, p. 1421.

A leitura breve, o versículo e a oração correspondentes ao Ofício celebrado.

A conclusão da Hora como no Ordinário.

Vésperas

V. Vinde, ó **Deus**. Glória ao **Pai**. Como era (T.P. Aleluia).

HINO correspondente ao Ofício.

Salmodia

Antífona 1

Na Quaresma:

Nossos olhos estão fitos no Senhor,
até que ele tenha pena de seus servos.

No Tempo pascal:

O Senhor há de ser tua luz sempiterna
e teu Deus há de ser tua glória, aleluia.

Salmo 122(123)

Deus, esperança do seu povo

Dois cegos... começaram a gritar: Senhor, Filho de Davi, tem piedade de nós! (Mt 20,30).

— ¹ Eu levanto os meus olhos para vós, *
que habitais nos altos céus.

— ² Como os olhos dos escravos estão fitos *
nas mãos do seu senhor,

— como os olhos das escravas estão fitos *
nas mãos de sua senhora,

1224

III Semana

— **assim** os nossos olhos, no Senhor, *
até de **nós** ter piedade.
— ³Tende pie**dade**, ó Senhor, tende piedade; *
já é de**mais** esse desprezo!
— ⁴Estamos **far**tos do escárnio dos ricaços *
e do des**pre**zo dos soberbos!

Na Quaresma: Ant.

Nossos **o**lhos estão **fi**tos no Se**nhor**,
até que **e**le tenha **pe**na de seus **ser**vos.

No Tempo pascal: Ant.

O Se**nhor** há de **ser** tua **luz** sempi**ter**na
e teu **Deus** há de **ser** tua **gló**ria, ale**lu**ia.

Antífona 2

Na Quaresma:

O nosso auxílio está no **no**me do Se**nhor**,
do Se**nhor** que fez o **céu** e fez a **ter**ra.

No Tempo pascal:

O **la**ço arreben**tou**-se de re**pen**te
e **fo**mos liber**ta**dos, ale**lu**ia.

Salmo 123(124)

O nosso auxílio está no nome do Senhor

*O Senhor disse a Paulo: Não tenhas medo, porque eu estou
contigo (At 18,9-10).*

— ¹Se o Se**nhor** não esti**ves**se ao nosso **la**do, *
que o **di**ga Israel neste momento;
— ²se o Se**nhor** não estivesse ao nosso lado, *
quando os **ho**mens investiram contra nós,
— ³com cer**te**za nos teriam devorado *
no fu**ror** de sua ira contra nós.
— ⁴Então as **á**guas nos teriam submergido, *
a corren**te**za nos teria arrastado,

Segunda-feira – Vésperas

– [5] e então, por sobre nós teriam passado *
essas águas sempre mais impetuosas.
– [6] Bendito seja o Senhor, que não deixou *
cairmos como presa de seus dentes!
– [7] Nossa alma como um pássaro escapou *
do laço que lhe armara o caçador;
– o laço arrebentou-se de repente, *
e assim conseguimos libertar-nos.
– [8] O nosso auxílio está no nome do Senhor, *
do Senhor que fez o céu e fez a terra!

Na Quaresma: Ant.

O nosso auxílio está no nome do Senhor,
do Senhor que fez o céu e fez a terra.

No Tempo pascal: Ant.

O laço arrebentou-se de repente
e fomos libertados, aleluia.

Antífona 3

Na Quaresma:
No seu Filho, o Pai nos escolheu
para sermos seus filhos adotivos.

No Tempo pascal:
Quando eu for elevado da terra
atrairei para mim todo ser. Aleluia.

Cântico   Ef 1,3-10
O plano divino da salvação

– [3] Bendito e louvado seja Deus, *
o Pai de Jesus Cristo, Senhor nosso,
– que do alto céu nos abençoou em Jesus Cristo *
com bênção espiritual de toda sorte!

(R. Bendito sejais vós, nosso Pai,
que nos abençoastes em Cristo!)

1226   III Semana

— ⁴Foi em **Cris**to que Deus Pai nos escolheu, *
já bem **an**tes de o mundo ser criado,
— para que **fôs**semos, perante a sua face, *
sem **má**cula e santos pelo amor.   (R.)
= ⁵Por **li**vre decisão de sua vontade, †
predesti**nou**-nos, através de Jesus Cristo, *
a sermos **ne**le os seus filhos adotivos,
— ⁶para o lou**vor** e para a glória de sua graça, *
que em seu **Fi**lho bem-amado nos doou.   (R.)
— ⁷É **ne**le que nós temos redenção, *
dos pe**ca**dos remissão pelo seu sangue.
= Sua **gra**ça transbordante e inesgotável †
⁸Deus der**ra**ma sobre nós com abundância, *
de sa**ber** e inteligência nos dotando.   (R.)
— ⁹E as**sim**, ele nos deu a conhecer *
o mis**té**rio de seu plano e sua vontade,
— que propu**se**ra em seu querer benevolente, *
¹⁰na pleni**tu**de dos tempos realizar:
— o de**síg**nio de, em Cristo, reunir *
todas as **coi**sas: as da terra e as do céu.   (R)

Na Quaresma: Ant.
No seu **Fi**lho, o **Pai** nos esco**lheu**
para **ser**mos seus **fi**lhos ado**ti**vos

No Tempo pascal: Ant.
Quando eu **for** eleva**do** da **ter**ra
atrai**rei** para **mim** todo **ser**. Ale**lu**ia.

A leitura breve, o responsório, a antífona do *Magnificat*, as preces
e a oração correspondentes ao Ofício celebrado.

A conclusão da Hora como no Ordinário.

III TERÇA-FEIRA

Invitatório

V. **Abri** os meus **lábios**. R. E minha **boca**.

Salmo invitatório, p. 944 com a antífona correspondente ao Ofício.

Ofício das Leituras

V. Vinde, ó **Deus**. Glória ao **Pai**. Como **era** (T.P. **Aleluia**).

Essa introdução se omite quando o Invitatório precede imediatamente ao Ofício das Leituras.

HINO correspondente ao Ofício.

Salmodia

Ant. 1 Eis que **Deus** se põe de **pé**,
e os ini**mi**gos se dis**per**sam! (T.P. Aleluia) †

Salmo 67(68)

Entrada triunfal do Senhor

Tendo subido às alturas, ele capturou prisioneiros e distribuiu dons aos homens (Ef 4,8).

I

– ² Eis que **Deus** se põe de **pé**, e os ini**mi**gos se dis**per**sam! *
† Fogem **lon**ge de sua face os que o**dei**am o Senhor!
= ³ Como a fu**ma**ça se dissipa, assim tam**bém** os dissipais, †
como a **ce**ra se derrete, ao con**ta**to com o fogo, *
assim pe**re**çam os iníquos ante a **fa**ce do Senhor!
– ⁴ Mas os **jus**tos se alegram na pre**sen**ça do Senhor *
reju**bi**lam satisfeitos e e**xul**tam de alegria!
= ⁵ Cantai a **Deus**, a Deus louvai, cantai um **sal**mo a seu
nome! †
Abri ca**mi**nho para Aquele que a**van**ça no deserto; *
o seu **no**me é Senhor: exul**tai** diante dele! –

III Semana

- ⁶Dos **órfãos** ele é pai, e das viú**v**as protetor; *
  é as**sim** o nosso Deus em sua **san**ta habitação.
= ⁷É o Se**nhor** quem dá abrigo, dá um **lar** aos deserdados, †
  quem li**ber**ta os prisioneiros e os sa**cia** com fartura, *
  mas aban**do**na os rebeldes num de**ser**to sempre estéril!
- ⁸Quando saí**stes** como povo, cami**nhan**do à sua frente *
  e atraves**san**do o deserto, a terra **to**da estremeceu;
- ⁹orva**lhou** o próprio céu ante a **fa**ce do Senhor, *
  e o Si**nai** também tremeu perante o **Deus** de Israel.
- ¹⁰Derra**mastes** lá do alto uma **chu**va generosa, *
  e vossa **ter**ra, vossa herança, já can**sa**da, renovastes;
- ¹¹e a**li** vosso rebanho encon**trou** sua morada; *
  com ca**ri**nho preparastes essa **ter**ra para o pobre.

Ant. Eis que **Deus** se põe de **pé**,
     os ini**mi**gos se dis**per**sam! (T.P. Aleluia).

Ant. 2 Nosso **Deus** é um Deus que **sal**va;
      só o Se**nhor** livra da **mor**te. (T.P. Aleluia).

II

- ¹²O Se**nhor** anunciou a boa-**no**va a seus ele**i**tos, *
  e uma **gran**de multidão de nossas **jo**vens a proclamam:
- ¹³"Muitos **reis** e seus exércitos fogem **um** após o outro, *
  e a mais **be**la das mulheres distri**bui** os seus despojos.
= ¹⁴**En**quan**to descansais entre a **cer**ca dos apriscos, †
  as **a**sas de uma pomba de **pra**ta se recobrem, *
  e suas **pe**nas têm o brilho de um **ou**ro esverdeado.
- ¹⁵O Se**nhor** onipotente disper**sou** os poderosos, *
  dissi**pou**-os como a neve que se es**pa**lha no Salmon!"
- ¹⁶Montanhas de Basã tão escar**pa**das e altaneiras, *
  ó **mon**tes elevados desta **ser**ra de Basã,
= ¹⁷por que **ten**des tanta inveja, ó mont**a**nhas sobranceiras, †
  deste **Mon**te que o Senhor esco**lheu** para morar? *
  Sim, é **ne**le que o Senhor habita**rá** eternamente! –

Terça-feira – Ofício das Leituras

—[18] Os **car**ros do Senhor são mi**lha**res de milhares; *
do Si**nai** veio o Senhor, para mo**rar** no santuário.

=[19] Vós su**bis**tes para o alto e le**vas**tes os cativos, †
os **ho**mens prisioneiros rece**bes**tes de presente, *
até **mes**mo os que não querem vão mo**rar** em vossa casa.

—[20] Ben**di**to seja Deus, bendito s**eja** cada dia, *
o Deus da **nos**sa salvação, que car**re**ga os nossos fardos!

—[21] Nosso **Deus** é um Deus que salva, é um **Deus** libertador; *
o Se**nhor**, só o Senhor, nos pode**rá** livrar da morte!

—[22] Ele es**ma**ga a cabeça dos que **são** seus inimigos, *
e os **crâ**nios contumazes dos que **vi**vem no pecado.

—[23] Diz o Se**nhor**: "Eu vou trazê-los prisio**nei**ros de Basã, *
até do **fun**do dos abismos vou trazê-los prisioneiros!

—[24] No **san**gue do inimigo o teu **pé** vai mergulhar, *
e a **lín**gua de teus cães terá tam**bém** a sua parte".

Ant. Nosso **Deus** é um Deus que **sal**va;
só o Se**nhor** livra da **mor**te. (T.P. Ale**lui**a).

Ant. 3 Reinos da **ter**ra, cele**brai**
o nosso **Deus**, cantai-lhe **sal**mos! (T.P. Ale**lui**a).

III

—[25] Contem**pla**mos, ó Se**nhor**, vosso cor**te**jo que des**fi**la, *
é a en**tra**da do meu Deus, do meu **Rei**, no santuário;

—[26] os can**to**res vão à frente, vão a**trás** os tocadores, *
e no **mei**o vão as jovens a to**car** seus tamborins.

—[27] "Bendi**zei** o nosso Deus, em fes**ti**vas assembleias! *
Bendi**zei** nosso Senhor, descen**den**tes de Israel!"

=[28] Eis o **jo**vem Benjamim que vai à **fren**te deles todos; †
eis os **che**fes de Judá, com as **su**as comitivas, *
os princi**pais** de Zabulon e os princi**pais** de Neftali.

—[29] Susci**tai**, ó Senhor Deus, susci**tai** vosso poder, *
confir**mai** este poder que por **nós** manifestastes,

1230

— ³⁰a partir de vosso templo, que está em Jerusalém, *
para vós venham os reis e vos ofertem seus presentes!

= ³¹Ameaçai, ó nosso Deus, a fera brava dos caniços, †
a manada de novilhos e os touros das nações! *
Que vos rendam homenagem e vos tragam ouro e prata!

= Dispersai todos os povos que na guerra se comprazem! †
³²Venham príncipes do Egito, venham dele os poderosos, *
e levante a Etiópia suas mãos para o Senhor!

= ³³Reinos da terra, celebrai o nosso Deus, cantai-lhe salmos!†
³⁴Ele viaja no seu carro sobre os céus dos céus eternos.*
Eis que eleva e faz ouvir a sua voz, voz poderosa.

— ³⁵"Dai glória a Deus e exaltai o seu poder por sobre as
nuvens.*
Sobre Israel, eis sua glória e sua grande majestade!

— ³⁶Em seu templo é admirável e a seu povo dá poder. *
Bendito seja o Senhor Deus, agora e sempre. Amém,
amém!

Ant. Reinos da terra celebrai
o nosso Deus, cantai-lhe salmos! (T.P. Aleluia).

O versículo, as leituras, e a oração correspondentes ao Ofício
celebrado.

Laudes

V. Vinde, ó Deus. Glória ao Pai. Como era (T.P. Aleluia).
Esta introdução se omite quando o Invitatório precede imediatamente às Laudes.

HINO: correspondente ao Ofício.

Salmodia

Antifona 1

Na Quaresma:
Abençoastes, ó Senhor, a vossa terra,
perdoastes o pecado ao vosso povo.

Terça-feira – Laudes

No Tempo pascal:
Vinde, Senhor, restituir a nossa vida
para que em vós se rejubile o vosso povo! Aleluia.

Salmo 84(85)

A nossa salvação está próxima

No Salvador caído por terra, Deus abençoou a sua terra
(Orígenes).

— [2] Favorecestes, ó Senhor, a vossa terra, *
libertastes os cativos de Jacó.

— [3] Perdoastes o pecado ao vosso povo, *
encobristes toda a falta cometida;

— [4] retirastes a ameaça que fizestes, *
acalmastes o furor de vossa ira.

— [5] Renovai-nos, nosso Deus e Salvador, *
esquecei a vossa mágoa contra nós!

— [6] Ficareis eternamente irritado? *
Guardareis a vossa ira pelos séculos?

— [7] Não vireis restituir a nossa vida, *
para que em vós se rejubile o vosso povo?

— [8] Mostrai-nos, ó Senhor, vossa bondade, *
concedei-nos também vossa salvação!

— [9] Quero ouvir o que o Senhor irá falar: *
é a paz que ele vai anunciar;

— a paz para o seu povo e seus amigos, *
para os que voltam ao Senhor seu coração.

— [10] Está perto a salvação dos que o temem, *
e a glória habitará em nossa terra.

— [11] A verdade e o amor se encontrarão, *
a justiça e a paz se abraçarão;

— [12] da terra brotará a fidelidade, *
e a justiça olhará dos altos céus. —

1232   III Semana

– [13]O Senhor nos dará tudo o que é bom, *
    e a nossa terra nos dará suas colheitas;
– [14]a justiça andará na sua frente *
    e a salvação há de seguir os passos seus.

Na Quaresma: Ant.

Abençoastes, ó Senhor, a vossa terra,
perdoastes o pecado ao vosso povo.

No Tempo pascal: Ant.

Vinde, Senhor, restituir a nossa vida
para que em vós se rejubile o vosso povo! Aleluia.

Antífona 2

Na Quaresma:

Durante a noite a minha alma vos deseja,
e meu espírito vos busca desde a aurora.

No Tempo pascal:

Confiamos no Senhor e nos deu a sua paz. Aleluia.

Cântico   Is 26,1-4.7-9.12

Hino depois da vitória

A muralha da cidade tinha doze alicerces (cf. Ap 21,14).

– [1]Nossa cidade invencível é Sião, *
    sua muralha e sua trincheira é o Salvador.
– [2]Abri as portas, para que entre um povo justo, *
    um povo reto que ficou sempre fiel.
– [3]Seu coração está bem firme e guarda a paz, *
    guarda a paz, porque em vós tem confiança.
– [4]Tende sempre confiança no Senhor, *
    pois é ele nossa eterna fortaleza!
– [7]O caminho do homem justo é plano e reto, *
    porque vós o preparais e aplainais;
– [8]foi trilhando esse caminho de justiça *
    que em vós sempre esperamos, ó Senhor! –

Terça-feira – Laudes

– Vossa lembrança e vosso nome, ó Senhor, *
são o desejo e a saudade de noss'alma!
– ⁹Durante a noite a minha alma vos deseja, *
e meu espírito vos busca desde a aurora.

– Quando os vossos julgamentos se cumprirem, *
aprenderão todos os homens a justiça.
– ¹²Ó Senhor e nosso Deus, dai-nos a paz, *
pois agistes sempre em tudo o que fizemos!

Na Quaresma: Ant.

**Durante a noite a minha alma vos deseja,
e meu espírito vos busca desde a aurora.**

No Tempo pascal: Ant.

Confiamos no Senhor e nos deu a sua paz. Aleluia.

Antífona 3

Na Quaresma:

Ó Senhor, que vossa face resplandeça sobre nós!

No Tempo pascal:

A terra produziu sua colheita: alegrem-se os povos. Aleluia.

Quando o salmo seguinte já tiver sido recitado no Invitatório, em
seu lugar se diz o Salmo 94(95), à p. 944.

Salmo 66(67)

Todos os povos celebrem o Senhor

*Sabei que esta salvação de Deus já foi comunicada aos
pagãos* (At 28,28).

– ²Que Deus nos dê a sua graça e sua bênção, *
e sua face resplandeça sobre nós!

– ³Que na terra se conheça o seu caminho *
e a sua salvação por entre os povos.

– ⁴Que as nações vos glorifiquem, ó Senhor, *
que todas as nações vos glorifiquem! –

1234 III Semana

– [5] **Exulte** de alegria a terra inteira, *
 pois jul**gais** o universo com justiça;
– os **po**vos governais com retidão, *
 e gui**ais**, em toda a terra, as nações.
– [6] Que as na**ções** vos glorifiquem, ó Senhor, *
 que **to**das as nações vos glorifiquem!
– [7] A **terra** produziu sua colheita: *
 o Se**nhor** e nosso Deus nos abençoa.
– [8] Que o Se**nhor** e nosso Deus nos abençoe, *
 e o res**pei**tem os confins de toda a terra!

Na Quaresma: Ant.
Ó Se**nhor**, que vossa **face** resplan**de**ça sobre **nós**!

No Tempo pascal: Ant.
A **ter**ra produ**ziu** sua col**hei**ta: a**legrem**-se os **po**vos. Ale**luia**.

A leitura breve, o responsório, a antífona do *Benedictus*, as preces
e a oração correspondentes ao Ofício celebrado.

A conclusão da Hora como no Ordinário.

Hora Média

V. Vinde, ó **Deus**. Glória ao **Pai**. Como era (T.P. Ale**luia**).
HINO correspondente ao Ofício.

Salmodia

Na Quaresma: Antífona como no Próprio do Tempo.

No Tempo pascal: Ant. Ale**luia**, ale**luia**, ale**luia**.

Salmo 118(119),97-104
XIII (Mem)
Meditação sobre a Palavra de Deus na Lei

*Este é o mandamento que dele recebemos: aquele que ama
a Deus, ame também o seu irmão!* (1Jo 4,21).

–[97] Quanto eu **amo**, ó Se**nhor**, a vossa **lei**! *
 Perma**ne**ço o dia inteiro a medi**tá**-la.

Terça-feira – Hora Média

– ⁹⁸ Vossa **lei** me faz mais sábio que os rivais, *
porque **e**la me acompanha eternamente.
– ⁹⁹ Fiquei mais **sá**bio do que todos os meus mestres, *
porque me**di**to sem cessar vossa Aliança.
– ¹⁰⁰ Sou mais pru**den**te que os próprios anciãos, *
porque **cum**pro, ó Senhor, vossos preceitos.
– ¹⁰¹ De **to**do mau caminho afasto os passos, *
para que eu **si**ga fielmente as vossas ordens.
– ¹⁰² De **vos**sos julgamentos não me afasto, *
porque vós **mes**mo me ensinastes vossas leis.
– ¹⁰³ Como é **do**ce ao paladar vossa palavra, *
muito mais **do**ce do que o mel na minha boca!
– ¹⁰⁴ De vossa **lei** eu recebi inteligência, *
por isso o**dei**o os caminhos da mentira.

Salmo 73(74)

Lamentação sobre o templo devastado

Não tenhais medo dos que matam o corpo (Mt 10,28).

I

– ¹Ó Se**nhor**, por que ra**zão** nos reje**itas**tes para **sem**pre *
e vos i**rais** contra as ovelhas do re**ban**ho que guiais?
= ²Recor**dai**-vos deste povo que ou**tro**ra adquiristes, †
desta **tri**bo que remistes para **ser** a vossa herança, *
e do **mon**te de Sião que esco**lhes**tes por morada!
– ³Dirigi-vos até lá para **ver** quanta ruína: *
no santu**á**rio o inimigo destru**iu** todas as coisas;
– ⁴e, ru**gin**do como feras, no lo**cal** das grandes festas, *
lá pu**se**ram suas bandeiras vossos **ímp**ios inimigos.
– ⁵Pare**ci**am lenhadores derru**ban**do uma floresta, *
– ⁶ao que**bra**rem suas portas com mar**te**los e com malhos.
– ⁷Ó Se**nhor**, puseram fogo mesmo em **vos**so santuário! *
Rebai**xa**ram, profanaram o lu**gar** onde habitais! –

1236   III Semana

– ⁸Entre **si** eles diziam: "Destru**a**mos de uma vez!" *
E os **tem**plos desta terra incendi**a**ram totalmente.
– ⁹Já não **ve**mos mais prodígios, já não **te**mos mais profetas, *
ninguém **sabe**, entre nós, até **quan**do isto será!
–¹⁰Até **quan**do, Senhor Deus, vai blasfe**mar** o inimigo? *
Porven**tura** ultrajará eterna**men**te o vosso nome?
–¹¹Por que mo**tivo** retirais a vossa **mão** que nos ajuda? *
Por que re**ten**des escondido vosso **braço** poderoso?
–¹²No en**tan**to, fostes vós o nosso **Rei** desde o princípio, *
e só **vós** realizais a salva**ção** por toda a terra.

II

–¹³Com vossa **força** poderosa divi**distes** vastos **ma**res *
e que**bras**tes as cabeças dos dra**gões** nos oceanos.
–¹⁴Fostes **vós** que ao Leviatã esma**gas**tes as cabeças *
e o jo**gas**tes como pasto para os **mons**tros do oceano.
–¹⁵Vós fi**zes**tes irromper fontes de **águas** e torrentes *
e fi**zes**tes que secassem grandes **rios** caudalosos.
–¹⁶Só a **vós** pertence o dia, só a **vós** pertence a noite; *
vós cri**astes** sol e lua, e os **fixas**tes lá nos céus.
–¹⁷Vós mar**cas**tes para a terra o lu**gar** de seus limite. *
vós for**mas**tes o verão, vós cri**astes** o inverno.
–¹⁸Recor**dai**-vos, ó Senhor, das blas**fê**mias do inimigo
e de um **po**vo insensato que mal**diz** o vosso nome!–
–¹⁹Não entre**gueis** ao gavião a vossa **ave** indefesa. *
não esque**çais** até o fim a humilha**ção** dos vossos pobres!
–²⁰Recor**dai** vossa Aliança! A me**di**da transbordou, *
porque nos **an**tros desta terra só **exis**te violência!
–²¹Que não se es**con**dam envergonhados o hu**mil**de e o
pequeno, *
mas glori**fi**quem vosso nome o in**fe**liz e o indigente!
–²²Levan**tai**-vos, Senhor Deus, e defen**dei** a vossa causa! *
Recor**dai**-vos do insensato que blas**fe**ma o dia todo!

Terça-feira – Vésperas

– ^{23}Escutai o vozerio dos que gritam contra vós, *
e o clamor sempre crescente dos rebeldes contra vós!

No Tempo pascal: Ant. Aleluia, aleluia, aleluia.

Para as outras Horas, Salmodia complementar, das séries I e III,
p. 1421.

A leitura breve, o versículo e a oração correspondentes ao Ofício
celebrado.

A conclusão da Hora como no Ordinário.

Vésperas

V. Vinde, ó **Deus**. Glória ao **Pai**. Como era (T.P. Aleluia).
HINO correspondente ao Ofício.

Salmodia

Antífona 1

Na Quaresma:
Deus nos cerca de carinho e proteção.

No Tempo pascal:
Paz a vós! Não temais, pois sou eu, aleluia.

Salmo 124(125)

Deus, protetor de seu povo

A paz para o Israel de Deus (Gl 6,16).

– ^{1}Quem confia no Senhor é como o monte de Sião: *
nada o pode abalar, porque é firme para sempre.

= ^{2}Tal e qual Jerusalém, toda cercada de montanhas, †
assim Deus cerca seu povo de carinho e proteção, *
desde agora e para sempre, pelos séculos afora.

= ^{3}O Senhor não vai deixar prevalecer por muito tempo †
o domínio dos malvados sobre a sorte dos seus justos, *
para os justos não mancharem suas mãos na iniquidade. –

1238   III Semana

= ⁴Fazei o **bem**, Senhor, aos bons e aos que têm **reto** coração, †
⁵mas os que **seguem** maus caminhos, casti**gai**-os com os
maus! *

Que venha a **paz** a Israel! Que venha a **paz** ao vosso povo!

Na Quaresma: Ant.

Deus nos **cerca** de ca**rinho** e prote**ção**.

No Tempo pascal: Ant.

Paz a **vós**! Não te**mais**, pois sou **eu**, ale**luia**.

Antífona 2

Na Quaresma:

Tor**nai**-nos, Se**nhor**, como cri**anças**,
para po**der**mos en**trar** em vosso **Reino**!

No Tempo pascal:

Con**fia** no Se**nhor**, povo **santo**, ale**luia**.

Salmo 130(131)

Confiança filial e repouso em Deus

Aprendei de mim, porque sou manso e humilde de coração
(Mt 11,29).

— ¹Se**nhor**, meu cora**ção** não é orgu**lhoso**, *
nem se el**eva** arrogante o meu olhar;

— não **ando** à procura de grandezas, *
nem **tenho** pretensões ambiciosas!

— ²Fiz ca**lar** e sossegar a minha alma; *
ela es**tá** em grande paz dentro de mim,

— como a cri**ança** bem tranquila, amamentada *
no re**gaço** acolhedor de sua mãe.

— ³Con**fia** no Senhor, ó Israel, *
desde a**gora** e por toda a eternidade!

Na Quaresma: Ant.

Tor**nai**-nos, Se**nhor**, como cri**anças**,
para po**der**mos en**trar** em vosso **Reino**!

Terça-feira – Vésperas

No Tempo pascal: Ant.
Confia no Senhor, povo santo, aleluia.

Antífona 3

Na Quaresma:
Fizestes de nós para Deus sacerdotes e povo de reis.

No Tempo pascal:
Que vos sirva toda a vossa criatura,
pois mandastes e o universo foi criado. Aleluia.

Cântico Ap 4,11; 5,9-10.12
Hino dos remidos

—[4,11] Vós sois digno, Senhor, nosso Deus, *
    de receber honra, glória e poder!

(R. Poder, honra e glória ao Cordeiro de Deus!)

= [5,9] Porque todas as coisas criastes, †
    é por vossa vontade que existem, *
    e subsistem porque vós mandais.   (R.)

= Vós sois digno, Senhor, nosso Deus, †
    de o livro nas mãos receber *
    e de abrir suas folhas lacradas!   (R.)

— Porque fostes por nós imolado; *
    para Deus nos remiu vosso sangue
— dentre todas as tribos e línguas, *
    dentre os povos da terra e nações.   (R.)

= [10] Pois fizestes de nós, para Deus, †
    sacerdotes e povo de reis, *
    e iremos reinar sobre a terra.   (R.)

= [12] O Cordeiro imolado é digno †
    de receber honra, glória e poder, *
    sabedoria, louvor, divindade!   (R.)

Na Quaresma: Ant.
Fizestes de nós para Deus sacerdotes e povo de reis.

No Tempo pascal: Ant.

**Que vos sirva toda a vossa criatura,
pois mandastes e o universo foi criado. Aleluia.**

A leitura breve, o responsório, a antífona do *Magnificat*, as preces
e a oração correspondentes ao Ofício celebrado.

A conclusão da Hora como no Ordinário.

III QUARTA-FEIRA

Invitatório

V. **Abri** os meus **lá**bios. R. E minha **bo**ca.

Salmo invitatório, p. 944 com a antífona correspondente ao Ofício.

Ofício das Leituras

V. Vinde, ó **Deus**. Glória ao **Pai**. Como era (T.P. Ale**lui**a).

Essa introdução se omite quando o Invitatório precede imediatamente ao Ofício das Leituras.

HINO correspondente ao Ofício.

Salmodia

Ant. 1 O **a**mor e a ver**da**de vão an**dan**do à vossa **fren**te
(T.P. Ale**lui**a).

Salmo 88(89),2-38

As misericórdias do Senhor
com a descendência de Davi

*Conforme prometera, da descendência de Davi, Deus fez
surgir um Salvador, que é Jesus* (At 13,22.23).

I

– ²Ó **Se**nhor, eu can**ta**rei eterna**men**te o vosso **a**mor, *
de ge**ra**ção em geração eu can**ta**rei vossa verdade!

– ³Porque dis**ses**tes: "O amor é garantido para sempre!" *
E a **vos**sa lealdade é tão **fir**me como os céus. *

– ⁴"Eu fir**mei** uma Aliança com meu **ser**vo, meu eleito, *
e eu **fiz** um juramento a Davi, meu servidor:

– ⁵Para **sem**pre, no teu trono, firma**rei** tua linhagem, *
de ge**ra**ção em geração garanti**rei** o teu reinado!"

– ⁶Anun**cia** o firmamento vossas **gran**des maravilhas *
e o **vos**so amor fiel a assem**bleia** dos eleitos,

III Semana

— [7] pois, quem **po**de lá das nuvens ao Se**nhor** se comparar *
e quem **po**de, entre seus anjos, ser a **e**le semelhante?
— [8] Ele **é** o Deus temível no co**nse**lho dos seus santos, *
ele é **gran**de, ele é terrível para **quan**tos o rodeiam.
— [9] Senhor **Deus** do universo, quem se**rá** igual a vós? *
Ó Se**nhor**, sois poderoso, irradi**ais** fidelidade!
— [10] Domi**nais** sobre o orgulho do oceano furioso, *
quando as **on**das se levantam, domi**nan**do as acalmais.
— [11] Vós fe**ris**tes a Raab e o dei**xas**tes como morto, *
vosso **bra**ço poderoso disper**sou** os inimigos.
— [12] É a **vós** que os céus pertencem, e a **ter**ra é também vossa!*
Vós fun**das**tes o universo e tudo a**qui**lo que contém.
— [13] Vós cri**as**tes no princípio tanto o **nor**te como o sul; *
o Ta**bor** e o Hermon em vosso **no**me rejubilam.
— [14] Vosso **bra**ço glorioso se re**ve**la com poder! *
Pode**ro**sa é vossa mão, é su**bli**me a vossa destra!
— [15] Vosso **tro**no se baseia na jus**ti**ça e no direito, *
vão an**dan**do à vossa frente o **a**mor e a verdade.
— [16] Quão fe**liz** é aquele povo que co**nhe**ce a alegria! *
Segui**rá** pelo caminho, sempre à **luz** de vossa face!
— [17] Exulta**rá** de alegria em vosso **no**me dia a dia, *
e com **gran**de entusiasmo exalta**rá** vossa justiça.
— [18] Pois sois **vós**, ó Senhor Deus, a sua **for**ça e sua glória, *
é por **vos**sa proteção que exal**tais** nossa cabeça.
— [19] O Se**nhor** é o nosso escudo, ele é **nos**sa proteção, *
ele **rei**na sobre nós, é o **San**to de Israel

Ant. O **a**mor e a ver**da**de vão an**dan**do à vossa **fren**te
(T.P. Aleluia).

Ant. 2 O Filho de **Deus** se fez **ho**mem
e nas**ceu** da fa**mí**lia de Davi (T.P. Aleluia).

II

= ²⁰Outrora vós falastes em visões a vossos santos: †
"Coloquei uma coroa na cabeça de um herói *
e do meio deste povo escolhi o meu Eleito.

—²¹Encontrei e escolhi a Davi meu servidor, *
e o ungi para ser rei com meu óleo consagrado.

—²²Estará sempre com ele minha mão onipotente, *
e meu braço poderoso há de ser a sua força.

—²³Não será surpreendido pela força do inimigo, *
nem o filho da maldade poderá prejudicá-lo.

—²⁴Diante dele esmagarei seus inimigos e agressores, *
ferirei e abaterei todos aqueles que o odeiam.

—²⁵Minha verdade e meu amor estarão sempre com ele, *
sua força e seu poder por meu nome crescerão.

—²⁶Eu farei que ele estenda sua mão por sobre os mares, *
e a sua mão direita estenderei por sobre os rios.

—²⁷Ele, então, me invocará: 'Ó Senhor, vós sois meu Pai, *
sois meu Deus, sois meu Rochedo onde encontro a
salvação!'

—²⁸E por isso farei dele o meu filho primogênito, *
sobre os reis de toda a terra, farei dele o Rei altíssimo.

—²⁹Guardarei eternamente para ele a minha graça, *
e com ele firmarei minha Aliança indissolúvel.

—³⁰Pelos séculos sem fim conservarei sua descendência, *
e o seu trono, tanto tempo quanto os céus, há de durar".

Ant. O Filho de Deus se fez homem
e nasceu da família de Davi (T.P. Aleluia).

Ant. 3 Eu jurei uma só vez a Davi, meu servidor:
Eis que a tua descendência durará eternamente
(T.P. Aleluia).

III

—³¹Se seus filhos, porventura, abandonarem minha lei *
e deixarem de andar pelos caminhos da Aliança;

—32 se, pecando, violarem minhas **justas** prescrições *
e se **não** obedecerem aos meus **santos** mandamentos:

—33 eu, en**tão**, castigarei os seus **cri**mes com a vara, *
com a**çoi**tes e flagelos puni**rei** as suas culpas.

—34 Mas não **hei** de retirar-lhes minha **graça** e meu favor *
e nem **hei** de renegar o jura**men**to que lhes fiz.

—35 Eu ja**mais** violarei a Ali**an**ça que firmei, *
e ja**mais** hei de mudar o que meus **lá**bios proferiram!

—36 Eu ju**rei** uma só vez por minha **pró**pria santidade, *
e por**tan**to, com certeza, a Davi não mentirei!

—37 Eis que a **sua** descendência dura**rá** eternamente *
e seu **tro**no ficará à minha **fren**te como o sol;

—38 como a **lua** que perdura sempre **fir**me pelos séculos, *
e no **al**to firmamento é teste**mu**nha verdadeira".

Ant. Eu ju**rei** uma só **vez** a Davi, meu servi**dor**:
Eis que a **tua** descen**dên**cia dura**rá** eterna**men**te.
(T.P. Ale**lui**a).

O versículo, as leituras e a oração correspondentes ao Ofício celebrado.

Laudes

V. Vinde ó **Deus**. Glória ao **Pai**. Como era (T.P. Ale**lui**a).

Esta introdução se omite quando o Invitatório precede imediatamente às Laudes.

HINO: correspondente ao Ofício.

Salmodia

Antífona 1

Na Quaresma:
Ale**grai** vosso **servo**, Se**nhor**,
pois a **vós** eu e**le**vo a minh'**al**ma.

Quarta-feira – Laudes

No Tempo pascal:
As nações que criastes virão
adorar vosso nome, aleluia.

Salmo 85(86)
Oração do pobre nas dificuldades

Bendito seja o Deus que nos consola em todas as nossas aflições (2Cor 1,3.4).

— [1]Inclinai, ó Senhor, vosso ouvido, *
escutai, pois sou pobre e infeliz!

= [2]Protegei-me, que sou vosso amigo, †
e salvai vosso servo, meu Deus, *
que espera e confia em vós!

— [3]Piedade de mim, ó Senhor, *
porque clamo por vós todo o dia!

— [4]Animai e alegrai vosso servo, *
pois a vós eu elevo a minh'alma.

— [5]Ó Senhor, vós sois bom e clemente, *
sois perdão para quem vos invoca.

— [6]Escutai, ó Senhor, minha prece, *
o lamento da minha oração!

— [7]No meu dia de angústia eu vos chamo, *
porque sei que me haveis de escutar.

— [8]Não existe entre os deuses nenhum *
que convosco se possa igualar;

— não existe outra obra no mundo *
comparável às vossas, Senhor!

— [9]As nações que criastes virão *
adorar e louvar vosso nome.

— [10]Sois tão grande e fazeis maravilhas: *
vós somente sois Deus e Senhor!

— [11]Ensinai-me os vossos caminhos, *
e na vossa verdade andarei;

1246 III Semana

– meu cora**ção** orientai para vós: *
que res**pei**te, Senhor, vosso nome!
–[12] Dou-vos **graças** com toda a minh'alma, *
sem cess**ar** louvarei vosso nome!
–[13] Vosso a**mor** para mim foi imenso: *
reti**rai**-me do abismo da morte!
=[14] Contra **mim** se levantam soberbos, †
e malva**dos** me querem matar; *
não vos **le**vam em conta, Senhor!
–[15] Vós, po**rém**, sois clemente e fiel, *
sois a**mor**, paciência e perdão.
=[16] Tende **pena** e olhai para mim! †
Confir**mai** com vigor vosso servo, *
de vossa **ser**va o filho salvai.
–[17] Conce**dei**-me um sinal que me prove *
a ver**da**de do vosso amor.
– O ini**mi**go humilhado verá *
que me **des**tes ajuda e consolo.

Na Quaresma: Ant.
Ale**grai** vosso **ser**vo, Se**nhor**,
pois a **vós** eu e**le**vo a minh'**al**ma.

No Tempo pascal: Ant.
As na**ções** que criastes vi**rão**
ado**rar** vosso **no**me, ale**lui**a.

Antífona 2

Na Quaresma:
Fe**líz** de quem ca**mi**nha na justiça,
diz a ver**da**de e não en**ga**na o seme**lhan**te!

No Tempo pascal:
Os **nos**sos **o**lhos ve**rão** o **Cris**to, **Rei** glorioso. Aleluia.

Quarta-feira – Laudes

Cântico — Is 33,13-16

Deus julgará com justiça

A promessa é para vós e vossos filhos, e para todos aqueles que estão longe (At 2,39).

– ¹³Vós que estais longe, escutai o que eu fiz! *
Vós que estais perto, conhecei o meu poder!

– ¹⁴Os pecadores em Sião se apavoraram, *
e abateu-se sobre os ímpios o terror:

– "Quem ficará junto do fogo que devora? *
Ou quem de vós suportará a eterna chama?"

– ¹⁵É aquele que caminha na justiça, *
diz a verdade e não engana o semelhante;

– o que despreza um benefício extorquido *
e recusa um presente que suborna;

– o que fecha o seu ouvido à voz do crime *
e cerra os olhos para o mal não contemplar.

– ¹⁶Esse homem morará sobre as alturas, *
e seu refúgio há de ser a rocha firme.

– O seu pão não haverá de lhe faltar, *
e a água lhe será assegurada.

Na Quaresma: Ant.
Feliz de quem caminha na justiça,
diz a verdade e não engana o semelhante!

No Tempo pascal: Ant.
Os nossos olhos verão o Cristo, Rei glorioso. Aleluia.

Antífona 3

Na Quaresma:
Aclamai ao Senhor e nosso Rei!

No Tempo pascal:
Todo homem há de ver a salvação de nosso Deus.
Aleluia.

Salmo 97(98)

Deus, vencedor como juiz

Este salmo significa a primeira vinda do Senhor e a fé de todos os povos (Sto. Atanásio).

— ¹Cantai ao Senhor **Deus** um canto **no**vo, *
porque **ele** fez pro**dí**gios!

— Sua **mão** e o seu braço forte e santo *
alcan**ça**ram-lhe a vitória.

— ²O Se**nhor** fez conhecer a salvação, *
e às na**ções**, sua justiça;

— ³recor**dou** o seu amor sempre fiel *
pela **ca**sa de Israel.

— Os con**fins** do universo contemplaram *
a salva**ção** do nosso Deus.

— ⁴Acla**mai** o Senhor Deus, ó terra inteira, *
ale**grai**-vos e exultai!

— ⁵Cantai **sal**mos ao Senhor ao som da harpa *
e da **cí**tara suave!

— ⁶Acla**mai**, com os clarins e as trombetas, *
ao Se**nhor**, o nosso Rei!

— ⁷Aplauda o **mar** com todo ser que nele vive, *
o mundo in**tei**ro e toda gente!

— ⁸As mon**ta**nhas e os rios batam palmas *
e e**xul**tem de alegria,

— ⁹na pre**sen**ça do Senhor, pois ele vem, *
vem jul**gar** a terra inteira.

— Julga**rá** o universo com justiça *
e as na**ções** com equidade.

Na Quaresma: Ant.
Acla**mai** ao Se**nhor** e nosso **Rei**!

No Tempo pascal: Ant.
Todo **ho**mem há de **ver** a salva**ção** de nosso **Deus**.
Ale**lui**a.

Quarta-feira – Hora Média　　1249

A leitura breve, o responsório, a antífona do *Benedictus*, as preces e a oração correspondentes ao Ofício celebrado.

A conclusão da Hora como no Ordinário.

Hora Média

V. Vinde ó **Deus**. Glória ao **Pai**. Como era (T.P. Ale**luia**).
HINO correspondente ao Ofício.

Salmodia

Na Quaresma: Antífona como no Próprio do Tempo.

No Tempo pascal: Ant. Ale**luia**, ale**luia**, ale**luia**.

Salmo 118(119),105-112
XIV (Nun)

Meditação sobre a Palavra de Deus na Lei

Outrora éreis trevas, mas agora sois luz no Senhor. Vivei como filhos da luz (Ef 5,8).

—[105] Vossa pa**la**vra é uma **luz** para os meus **pas**sos, *
é uma **lâm**pada luzente em meu caminho.

—[106] Eu **fiz** um juramento e vou cumpri-lo: *
"Hei de guar**dar** os vossos justos julgamentos!"

—[107] Ó Se**nhor**, estou cansado de sofrer; *
vossa pa**la**vra me devolva a minha vida!

—[108] Que vos **agra**de a oferenda dos meus lábios; *
ensi**nai**-me, ó Senhor, vossa vontade!

—[109] Constante**men**te está em perigo a minha vida, *
mas não es**que**ço, ó Senhor, a vossa lei.

—[110] Os peca**do**res contra mim armaram laços; *
eu, po**rém**, não reneguei vossos preceitos.

—[111] Vossa pa**la**vra é minha herança para sempre, *
porque **e**la é que me alegra o coração!

—[112] Acostu**mei** meu coração a obedecer-vos, *
a obede**cer**-vos para sempre, até o fim!

III Semana

Salmo 69(70)

Ó Deus, vinde logo em meu auxílio!

Senhor, salvai-nos, pois estamos perecendo! (Mt 8,25).

– ²Vinde, ó **Deus**, em meu auxílio, sem de**mor**a, *
   apres**sai**-vos, ó Senhor, em socorrer-me!
– ³Que se**jam** confundidos e humilhados *
   os que pro**cu**ram acabar com minha vida!
– Que **vol**tem para trás envergonhados *
   os que se a**le**gram com os males que eu padeço!
– ⁴Que se re**ti**rem, humilhados, para longe, *
   todos a**que**les que me dizem: "É bem feito!"

– ⁵Mas se a**le**grem e em vós se rejubilem *
   todos a**que**les que procuram encontrar-vos;
– e re**pi**tam todo dia: "Deus é grande!" *
   os que **bus**cam vosso auxílio e salvação.

– ⁶Quanto a **mim**, eu sou um pobre e infeliz: *
   socor**rei**-me sem demora, ó meu Deus!
– Sois meu **Deus** libertador e meu auxílio: *
   não tar**deis** em socorrer-me, ó Senhor!

Salmo 74(75)

O Senhor, Juiz supremo

Derrubou do trono os poderosos e elevou os humildes (Lc 1,52).

= ²Nós vos lou**va**mos, dando **graç**as, ó Se**nhor**, †
   dando **graç**as, invocamos vosso nome *
   e publi**ca**mos os prodígios que fizestes!
– ³"No mo**men**to que eu tiver determinado, *
   vou jul**gar** segundo as normas da justiça;
– ⁴mesmo que a **ter**ra habitada desmorone, *
   fui eu **mes**mo que firmei suas colunas!"

Quarta-feira – Vésperas

— [5]"Ó orgulhosos, não sejais tão arrogantes! *
não levanteis vossa cabeça, ó insolentes!
— [6]Não levanteis a vossa fronte contra os céus, *
não faleis esses insultos contra Deus!"
— [7]Porque não **vem** do oriente o julgamento, *
nem do ocidente, do deserto ou das montanhas;
— [8]mas é **Deus** quem vai fazer o julgamento:*
o Senhor exalta a um e humilha a outro.
— [9]Em sua **mão** o Senhor Deus tem uma taça *
com um vinho de mistura inebriante;
— Deus lhes im**põe** que até o fim eles o bebam; *
todos os ímpios sobre a terra hão de sorvê-lo.
— [10]Eu, po**rém**, exultarei eternamente, *
cantarei **sal**mos ao Senhor Deus de Jacó.
— [11]"A **força** dos iníquos quebrarei, *
mas a **fron**te do homem justo exaltarei!"

No Tempo pascal: Ant. Ale**lui**a, ale**lui**a, ale**lui**a.

Para as outras Horas, Salmodia complementar, das séries I e II, p. 1421.

A leitura breve, o versículo e a oração correspondentes ao Ofício celebrado.

A conclusão da Hora como no Ordinário.

Vésperas

V. Vinde ó **Deus**. Glória ao **Pai**. Como era. (T.P. Ale**lui**a).
HINO correspondente ao Ofício.

Salmodia

Antífona 1

Na Quaresma:
Os que em **lá**grimas se**mei**am, ceifa**rão** com ale**gri**a.
No Tempo pascal:
Vossa tristeza vai mu**dar**-se em ale**gri**a, ale**lui**a.

Salmo 125(126)

Alegria e esperança em Deus

Assim como participais dos nossos sofrimentos, participais também da nossa consolação (2Cor 1,7).

— [1]Quando o Senhor reconduziu nossos cativos, *
parecíamos sonhar;
— [2]encheu-se de sorriso nossa boca, *
nossos lábios, de canções.

— Entre os gentios se dizia: "Maravilhas *
fez com eles o Senhor!"
— [3]Sim, maravilhas fez conosco o Senhor, *
exultemos de alegria!

— [4]Mudai a nossa sorte, ó Senhor, *
como torrentes no deserto.
— [5]Os que lançam as sementes entre lágrimas, *
ceifarão com alegria.

— [6]Chorando de tristeza sairão, *
espalhando suas sementes;
— cantando de alegria voltarão, *
carregando os seus feixes!

Na Quaresma: Ant.

Os que em lágrimas semeiam, ceifarão com alegria.

No Tempo pascal: Ant.

Vossa tristeza vai mudar-se em alegria, aleluia.

Antífona 2

Na Quaresma:

Ó Senhor, construí a nossa casa, vigiai nossa cidade!

No Tempo pascal:

Quer vivamos, quer morramos, ao Senhor pertencemos.
Aleluia.

Quarta-feira – Vésperas

Salmo 126(127)
O trabalho sem Deus é inútil

Vós sois a construção de Deus (1Cor 3,9).

—¹ Se o Se**nhor** não constru**i**r a nossa **ca**sa, *
em **vão** trabalharão seus construtores;
— se o Se**nhor** não vigiar nossa cidade, *
em **vão** vigiarão as sentinelas!

—² É in**ú**til levantar de madrugada, *
ou à **noi**te retardar vosso repouso,
— para ga**nhar** o pão sofrido do trabalho, *
que a seus a**ma**dos Deus concede enquanto dormem.

—³ Os **fi**lhos são a bênção do Senhor, *
o **fru**to das entranhas, sua dádiva.
—⁴ Como **fle**chas que um guerreiro tem na mão, *
são os **fi**lhos de um casal de esposos jovens.

—⁵ Fe**li**z aquele pai que com tais flechas *
conse**gue** abastecer a sua aljava!
— Não se**rá** envergonhado ao enfrentar *
seus ini**mi**gos junto às portas da cidade.

Na Quaresma: Ant.
Ó Se**nhor**, constru**í** a nossa **ca**sa, vigi**ai** nossa ci**da**de!

No Tempo pascal: Ant.
Quer vi**va**mos, quer mo**rra**mos, ao Se**nhor** perten**ce**mos.
Ale**lui**a.

Antífona 3

Na Quaresma:
É o Primogênito de **to**da criatura
e em **tu**do ele **tem** a primazia.

No Tempo pascal:
Todas as **coi**sas vêm de **Cris**to, são por **e**le e nele e**xis**tem;
a ele **gló**ria pelos **sé**culos! Ale**lui**a.

1254

Cântico
cf. Cl 1,12-20

Cristo, o Primogênito de toda a criatura
e o Primogênito dentre os mortos

= [13]Demos **graças** a Deus **Pai** onipotente, †
que nos **cha**ma a partilhar, na sua luz, *
da he**ran**ça a seus santos reservada!

(R.Glória a **vós**, Primo**gê**nito dentre os **mor**tos!)

= [13]Do im**pé**rio das trevas arrancou-nos †
e transpor**tou**-nos para o Reino de seu Filho, *
para o **Rei**no de seu Filho bem-amado,

– [14]no **qual** nós encontramos redenção, *
dos pe**ca**dos remissão pelo seu sangue.   (R.)

– [15]Do **Deus**, o Invisível, é a imagem, *
o Primo**gê**nito de toda criatura;

= [16]porque **ne**le é que tudo foi criado: †
o que há nos **céus** e o que existe sobre a terra, *
o vi**sí**vel e também o invisível.   (R.)

= Sejam **Tro**nos e Poderes que há nos céus, †
sejam **e**les Principados, Potestades: *
por **e**le e para ele foram feitos;

– [17]antes de **to**da criatura ele existe, *
e é por **e**le que subsiste o universo.   (R.)

= [18]Ele é a Ca**be**ça da Igreja, que é seu Corpo, †
é o prin**cí**pio, o Primogênito dentre os mortos, *
a **fim** de ter em tudo a primazia.

– [19]Pois foi do a**gra**do de Deus Pai que a plenitude *
habi**tas**se no seu Cristo inteiramente.   (R.)

– [20]A**prou**ve-lhe também, por meio dele, *
reconci**li**ar consigo mesmo as criaturas,

= pacifi**can**do pelo sangue de sua cruz †
tudo a**qui**lo que por ele foi criado, *
o que há nos **céus** e o que existe sobre a terra.   (R.)

Quarta-feira – Vésperas

Na Quaresma: Ant.

É o Primogênito de **toda** criatura
e em **tudo** ele **tem** a primazia.

No Tempo pascal: Ant.

Todas as **coisas** vêm de **Cristo**, são por **ele** e nele **existem**;
a ele **glória** pelos **séculos**! Aleluia.

A leitura breve, o responsório, a antífona do *Magnificat*, as preces
e a oração correspondentes ao Ofício celebrado.

A conclusão da Hora como no Ordinário.

III QUINTA-FEIRA

Invitatório

V. **Abri** os meus **lá**bios. R. E minha **boca**.

Salmo invitatório, p.944 com a antífona correspondente ao Ofício.

Ofício das Leituras

V. Vinde ó **Deus**. Glória ao **Pai**. Como **era** (T.P. **Aleluia**).

Essa introdução se omite quando o Invitatório precede imediatamente ao Ofício das Leituras.

HINO correspondente ao Ofício.

Salmodia

Ant. 1 Olhai e **vede**, ó Se**nhor**, a humilha**ção** do vosso **po**vo!

Salmo 88(89),39-53

Lamentação sobre a ruína da casa de Davi

Fez aparecer para nós uma força de salvação na casa de Davi (Lc 1,69).

IV

– [39] E no en**tan**to vós, Se**nhor,** repudiastes vosso Ungido, *
gra**vemen**te vos irastes contra **e**le e o rejeitastes!
– [40] Despre**za**stes a Aliança com o **vos**so servidor, *
profa**nas**tes sua coroa, ati**ran**do-a pelo chão!
– [41] Derru**bas**tes, destruístes os seus **mu**ros totalmente, *
e as **su**as fortalezas redu**zis**tes a ruínas.
– [42] Os que **pas**sam no caminho sem pie**da**de o saquearam *
e tor**nou**-se uma vergonha para os **po**vos, seus vizinhos.
– [43] Aumen**tas**tes o poder da mão di**rei**ta do agressor, *
e exul**ta**ram de alegria os ini**mi**gos e opressores.
– [44] Vós fi**zes**tes sua espada ficar **ce**ga, sem ter corte, *
não qui**ses**tes sustentá-lo quando es**ta**va no combate. –

Quinta-feira – Ofício das Leituras

—[45] O seu **cetro** glorioso arran**cas**tes de sua mão, *
derru**bas**tes pelo chão o seu **trono** esplendoroso,
—[46] e de **sua** juventude a dura**ção** abreviastes, *
reco**brin**do sua pes**soa** de vergonha e confusão.

Ant. Olhai e **vede**, ó Se**nhor**, a humilha**ção** do vosso **povo**!

Ant. 2 Sou o re**ben**to da es**tir**pe de Da**vi**,
sou a es**tre**la fulgu**ran**te da ma**nhã** (T.P. Ale**luia**).

V

—[47] Até **quan**do, Senhor **Deus,** fica**reis** sempre escon**di**do? *
Arde**rá** a vossa ira como **fogo** eternamente?
—[48] Recor**dai**-vos, ó Senhor, de como é **breve** a minha vida, *
e de **co**mo é perecível todo **ho**mem que criastes!
—[49] Quem a**ca**so viverá sem pro**var** jamais a morte, *
e quem **po**de arrebatar a sua **vi**da dos abismos?
—[50] Onde es**tá**, ó Senhor Deus, vosso a**mor** de antigamente? *
Não jur**as**tes a Davi fideli**da**de para sempre?
—[51] Recor**dai**-vos, ó Senhor, da humilha**ção** dos vossos servos, *
pois car**re**go no meu peito os ul**tra**jes das nações;
—[52] com os **quais** sou insultado pelos **vos**sos inimigos, *
com os **quais** eles ultrajam vosso Un**gi**do a cada passo!
—[53] O Se**nhor** seja bendito desde agora e para sempre! *
Bendito **se**ja o Senhor Deus, eterna**men**te! Amém,
amém!

Ant. Sou o re**ben**to da es**tir**pe de Da**vi**,
sou a es**tre**la fulgu**ran**te da ma**nhã** (T.P. Ale**luia**).

Ant. 3 Os nossos **di**as vão mur**chan**do como a **er**va;
vós, Se**nhor**, sois desde **sem**pre e para **sem**pre.
(T.P. Ale**luia**).

Salmo 89(90)

O esplendor do Senhor esteja sobre nós

Para o Senhor, um dia é como mil anos, e mil anos como um dia (2Pd 3,8).

— ¹Vós fostes um refúgio para nós, *
   ó Senhor, de geração em geração.

= ²Já bem antes que as montanhas fossem feitas †
   ou a terra e o mundo se formassem, *
   desde sempre e para sempre vós sois Deus.

— ³Vós fazeis voltar ao pó todo mortal, *
   quando dizeis: "Voltai ao pó, filhos de Adão!"

— ⁴Pois mil anos para vós são como ontem, *
   qual vigília de uma noite que passou.

— ⁵Eles passam como o sono da manhã, *
   ⁶são iguais à erva verde pelos campos:

— De manhã ela floresce vicejante, *
   mas à tarde é cortada e logo seca.

— ⁷Por vossa ira perecemos realmente, *
   vosso furor nos apavora e faz tremer;

— ⁸pusestes nossa culpa à nossa frente, *
   nossos segredos ao clarão de vossa face.

— ⁹Em vossa ira se consomem nossos dias, *
   como um sopro se acabam nossos anos.

— ¹⁰Pode durar setenta anos nossa vida, *
   os mais fortes talvez cheguem a oitenta;

— a maior parte é ilusão e sofrimento: *
   passam depressa e também nós assim passamos.

— ¹¹Quem avalia o poder de vossa ira, *
   o respeito e o temor que mereceis?

— ¹²Ensinai-nos a contar os nossos dias, *
   e dai ao nosso coração sabedoria! —

Quinta-feira – Laudes

—[13] Senhor, vol**tai**-vos! Até quando tardareis? *
Tende pie**da**de e compaixão de vossos servos!
—[14] Saci**ai**-nos de manhã com vosso amor, *
e exulta**re**mos de alegria todo o dia!
—[15] A**le**grai-nos pelos dias que sofremos, *
pelos **a**nos que passamos na desgraça!
—[16] Manifes**tai** a vossa obra a vossos servos, *
e a seus **fi**lhos revelai a vossa glória!
—[17] Que a bon**da**de do Senhor e nosso Deus *
re**pou**se sobre nós e nos conduza!
— Tornai fe**cun**do, ó Senhor, nosso trabalho, *
fazei dar **fru**tos o labor de nossas mãos!

Ant. Os nossos **di**as vão mur**chan**do como a **er**va;
vós, Se**nhor**, sois desde **sem**pre e para **sem**pre
(T.P. Ale**lui**a).

O versículo, as leituras e a oração correspondentes ao Ofício
celebrado.

Laudes

V. Vinde ó **Deus**. Glória ao **Pai**. Como era (T.P. Ale**lui**a).
Esta introdução se omite quando o Invitatório precede imediatamente às Laudes.

HINO correspondente ao Ofício.

Salmodia

Antífona 1

Na Quaresma:
Dizem **coi**sas gloriosas da Cidade do Se**nhor**.
No Tempo pascal:
Entre **rit**mos fes**ti**vos, a dan**çar**, nós cantaremos:
Estão em **ti** as nossas **fon**tes, ó Ci**da**de do Se**nhor**!
Ale**lui**a.

Salmo 86(87)

Jerusalém: mãe de todos os povos

A Jerusalém celeste é livre, e é a nossa mãe (Gl 4,26).

– ¹O Senhor ama a cidade *
que fundou no Monte santo;
– ²ama as portas de Sião *
mais que as casas de Jacó.

– ³Dizem coisas gloriosas *
da Cidade do Senhor:
– ⁴"Lembro o Egito e Babilônia *
entre os meus veneradores.

= Na Filisteia ou em Tiro †
ou no país da Etiópia, *
este ou aquele ali nasceu".

= ⁵De Sião, porém, se diz: †
"Nasceu nela todo homem; *
Deus é sua segurança".

= ⁶Deus anota no seu livro, †
onde inscreve os povos todos: *
"Foi ali que estes nasceram".

– ⁷E por isso todos juntos *
a cantar se alegrarão;
– e, dançando, exclamarão: *
"Estão em ti as nossas fontes!"

Na Quaresma: Ant.
Dizem coisas gloriosas da Cidade do Senhor.

No Tempo pascal: Ant.
Entre ritmos festivos, a dançar, nós cantaremos:
Estão em ti as nossas fontes, ó Cidade do Senhor!
Aleluia.

Quinta-feira – Laudes

Antífona 2

Na Quaresma:
O Se**nhor**, o nosso **Deus**, vem com po**der**,
e o **preço** da vi**tória** vem com **ele**.

No Tempo pascal:
Como o pa**stor**, ele apas**cen**ta o seu re**banho**
e car**re**ga os cordei**rinhos** nos seus **braços**. Ale**lui**a.

Cântico   Is 40,10-17
O Bom Pastor é o Deus Altíssimo e Sapientíssimo

*Eis que venho em breve, para retribuir a cada um segundo
as suas obras* (Ap 22,12).

⌐10 Olhai e **ve**de: o nosso **Deus** vem com po**der**, *
    domina**rá** todas as coisas com seu braço.

— Eis que o **preço** da vitória vem com ele, *
    e o pre**ce**dem os troféus que conquistou.

(R. Ben**di**to seja A**que**le que há de **vir!**)

⌐11 Como o pa**stor**, ele apascenta o seu rebanho. *
    Ele **to**ma os cordeirinhos em seus braços,

— leva ao **co**lo as ovelhas que amamentam, *
    e re**ú**ne as dispersas com sua mão.   (R.)

⌐12 Quem, no **côn**cavo da mão, mediu o mar? *
    Quem me**diu** o firmamento com seu palmo?

= Quem me**diu** com o alqueire o pó da terra? †
    Quem pe**sou**, pondo ao gancho, as montanhas, *
    e as co**li**nas, colocando-as na balança?   (R.)

⌐13 Quem instru**í**ra o espírito do Senhor? *
    Que conse**lhei**ro o teria orientado?

⌐14 Com **quem** aprendeu ele a bem julgar, *
    e os ca**mi**nhos da justiça a discernir?

— Quem as ve**re**das da prudência lhe ensinou *
    ou os ca**mi**nhos da ciência lhe mostrou?   (R.)

1262   III Semana

—¹⁵Eis as **nações**: qual gota d'água na vasilha, *
um grão de **arei**a na balança diante dele;
— e as **ilh**as pesam menos do que o pó *
perante **ele**, o Senhor onipotente.   (R.)
—¹⁶Não bast**aria** toda a lenha que há no Líbano *
para quei**mar** seus animais em holocausto.
—¹⁷As nações **todas** são um nada diante dele, *
a seus **olh**os, elas são quais se não fossem.   (R.)

Na Quaresma: Ant.
O **Senhor**, o nosso **Deus**, vem com po**der**,
e o **preço** da vi**tória** vem com **ele**.

No Tempo pascal: Ant.
Como o pas**tor**, ele apas**centa** o seu re**banho**
e car**rega** os cor**deirinhos** nos seus **braços**. Ale**luia**.

Antífona 3

Na Quaresma:
Acla**mai** o Se**nhor**, nosso **Deus**,
e ado**rai-o** com **todo** o res**peito**!

No Tempo pascal:
Como é **grande** o Se**nhor** em Si**ão**!
Muito a**cima** dos **povos** se e**leva**. Ale**luia**.

Salmo 98(99)

Santo é o Senhor, nosso Deus

*Vós, Senhor, que estais acima dos Querubins, quando vos
fizestes semelhante a nós, restaurastes o mundo decaído*
(Sto. Atanásio).

= ¹**Deus** é **Rei**: diante **dele** estreme**çam** os **povos**! †
Ele **reina** entre os anjos: que a **terra** se a**bale**! *
²Porque **grande** é o Se**nhor** em Si**ão**!
= Muito a**cima** de **todos** os **povos** se e**leva**; †
³glori**fiquem** seu nome ter**rível** e grande, *
porque **ele** é santo e é forte! —

Quinta-feira – Hora Média

= [4] Deus é **Rei** poderoso. Ele **a**ma o que é justo †
e ga**ran**te o direito, a justi**ç**a e a or**d**em; *
tudo **iss**o ele exerce em Jacó.

= [5] Exal**tai** o Se**n**hor, nosso **Deus**, †
e pros**trai**-vos perante seus pés, *
pois é **san**to o Senhor, nosso Deus!

= [6] Eis Moi**sés** e Aa**rão** entre os **seus** sacer**d**otes. †
E tam**bém** Samuel invo**ca**va seu nome, *
e ele **mes**mo, o Senhor, os ouvia.

= [7] Da coluna de nuvem fa**l**ava com eles. †
E guar**d**avam a lei e os pre**cei**tos divinos, *
que o Se**n**hor, nosso Deus tinha dado.

= [8] Respon**d**íeis a eles, Se**n**hor, nosso Deus, †
porque **é**reis um Deus pa**cien**te com eles, *
mas sa**bí**eis punir seu pecado.

= [9] Exal**tai** o Se**n**hor, nosso **Deus**, †
e pros**trai**-vos perante seu monte, *
pois é **san**to o Senhor, nosso Deus!

Na Quaresma: Ant.

Acla**mai** o Se**n**hor, nosso **Deus**,
e ado**rai**-o com **to**do o res**pei**to!

No Tempo pascal: Ant.

Como é **gran**de o Se**n**hor em Sião!
Muito **a**cima dos **po**vos se e**l**eva. Ale**lui**a.

A leitura breve, o responsório, a antífona do *Benedictus*, as preces
e a oração correspondentes ao Ofício celebrado.

A conclusão da Hora como no Ordinário.

Hora Média

V. Vinde ó **Deus**. Glória ao **Pai**. Como era (T.P. **Aleluia**).
HINO correspondente ao Ofício.

1264

Salmodia

Na Quaresma: Antífona como no Próprio do Tempo.

No Tempo pascal: Ant. **Aleluia, aleluia, aleluia.**

Salmo 118(119),113-120
XV (Samech)

Meditação sobre a Palavra de Deus na Lei

Felizes são aqueles que ouvem a palavra de Deus e a põem em prática (Lc 11,28).

— [113]Eu de**tes**to os cora**ções** que são fin**gi**dos, *
   mas muito **a**mo, ó Senhor, a vossa lei!
— [114]Vós **sois** meu protetor e meu escudo, *
   vossa pa**la**vra é para mim a esperança.
— [115]Longe de **mim**, homens perversos! Afastai-vos, *
   quero guar**dar** os mandamentos do meu Deus!
— [116]Susten**tai**-me e viverei, como dissestes; *
   não po**deis** decepcionar minha esperança!
— [117]Ampa**rai**-me, sustentai-me e serei salvo, *
   e **sem**pre exultarei em vossa lei!
— [118]Despre**zais** os que abandonam vossas ordens, *
   pois seus **pla**nos são engano e ilusão!
— [119]Rejei**tais** os pecadores como lixo, *
   por isso eu **a**mo ainda mais vossa Aliança!
— [120]Perante **vós** sinto tremer a minha carne, *
   porque **te**mo vosso justo julgamento!

Salmo 78(79),1-5.8-11.13

Lamentação sobre Jerusalém

Se tu também conhecesses... o que te pode trazer a paz (Lc 19,42).

= [1]Inva**di**ram vossa he**ran**ça os infi**éis**,†
   profa**na**ram, ó Senhor, vosso templo, *
   Jerusa**lém** foi reduzida a ruínas! —

Quinta-feira – Hora Média

— [2]Lançaram aos abutres como pasto *
os cadáveres dos vossos servidores;
— e às feras da floresta entregaram *
os corpos dos fiéis, vossos eleitos.

= [3]Derramaram o seu sangue como água †
em torno das muralhas de Sião, *
e não houve quem lhes desse sepultura!

= [4]Nós nos tornamos o opróbrio dos vizinhos, †
um objeto de desprezo e zombaria *
para os povos e àqueles que nos cercam.

= [5]Mas até quando, ó Senhor, veremos isto? †
Conservareis eternamente a vossa ira? *
Como fogo arderá a vossa cólera?

= [8]Não lembreis as nossas culpas do passado, †
mas venha logo sobre nós vossa bondade, *
pois estamos humilhados em extremo.

= [9]Ajudai-nos, nosso Deus e Salvador! †
Por vosso nome e vossa glória, libertai-nos! *
Por vosso nome, perdoai nossos pecados!

— [10]Por que há de se dizer entre os pagãos:*
"Onde se encontra o seu Deus? Onde ele está?"

= Diante deles possam ver os nossos olhos †
a vingança que tirais por vossos servos, *
a vingança pelo sangue derramado.

= [11]Até vós chegue o gemido dos cativos: †
libertai com vosso braço poderoso *
os que foram condenados a morrer!

= [13]Quanto a nós, vosso rebanho e vosso povo, †
celebraremos vosso nome para sempre, *
de geração em geração vos louvaremos.

1266

III Semana

Salmo 79(80)

Visitai, Senhor, a vossa vinha

Vem, Senhor Jesus! (Ap 22,20).

– ²Ó Pas**tor** de Israel, prestai ou**vi**dos. *
Vós, que a Jo**sé** apascentais qual um rebanho!

= Vós, que **sobre** os querubins vos assentais, †
apare**cei** cheio de glória e esplendor *
³ante Efra**im** e Benjamim e Manassés!

– Desper**tai** vosso poder, ó nosso Deus, *
e vinde **logo** nos trazer a salvação!

= ⁴Conver**tei**-nos, ó Senhor Deus do universo, †
e sobre **nós** iluminai a vossa face! *
Se vol**tar**des para nós, seremos salvos!

– ⁵Até **quan**do, ó Senhor, vos irritais, *
ape**sar** da oração do vosso povo?

– ⁶Vós nos **des**tes a comer o pão das lágrimas, *
e a be**ber** destes um pranto copioso.

– ⁷Para os vi**zi**nhos somos causa de contenda, *
de zomba**ria** para os nossos inimigos.

= ⁸Conver**tei**-nos, ó Senhor Deus do universo, †
e sobre **nós** iluminai a vossa face! *
Se vol**tar**des para nós, seremos salvos!

– ⁹Arran**cas**tes do Egito esta videira *
e expul**sas**tes as nações para plantá-la;

–¹⁰diante **de**la preparastes o terreno, *
lançou ra**í**zes e encheu a terra inteira.

–¹¹Os **mon**tes recobriu com sua sombra, *
e os **ce**dros do Senhor com os seus ramos;

–¹²até o **mar** se estenderam seus sarmentos, *
até o **rio** os seus rebentos se espalharam. –

Quinta-feira – Vésperas

—[13]Por que **razão** vós destruístes sua cerca, *
para que **to**dos os passantes a vindimem,
—[14]o java**li** da mata virgem a devaste, *
e os ani**mais** do descampado nela pastem?
=[15]**Vol**tai-vos para nós, Deus do universo! †
Olhai dos altos céus e observai. *
Visi**tai** a vossa vinha e protegei-a!
—[16]Foi a **vos**sa mão direita que a plantou; *
prote**gei**-a, e ao rebento que firmastes!
—[17]E **aque**les que a cortaram e a queimaram, *
vão pere**cer** ante o furor de vossa face.
—[18]Pousai a **mão** por sobre o vosso Protegido, *
o filho do **ho**mem que escolhestes para vós!
—[19]E nunca **mais** vos deixaremos, Senhor Deus! *
Dai-nos **vi**da, e louvaremos vosso nome!
=[20]Conver**tei**-nos, ó Senhor Deus do universo, †
e sobre **nós** iluminai a vossa face! *
Se vol**tar**des para nós, seremos salvos!

No Tempo pascal: Ant. **Aleluia, aleluia, aleluia.**

Para as outras Horas, Salmodia complementar, p. 1421.

A leitura breve, o versículo e a oração correspondentes ao Ofício
celebrado.

A conclusão da Hora como no Ordinário.

Vésperas

V. Vinde ó **Deus**. Glória ao **Pai**. Como era (T.P. Aleluia).
HINO correspondente ao Ofício.
Salmodia

Antífona 1

Na Quaresma:
Exul**tem** de ale**gri**a os vossos **san**tos
ao en**tra**rem, ó Se**nhor**, em vossa **ca**sa.

1268   III Semana

No Tempo pascal:
O Senhor lhe deu o **tro**no de seu **pai**, o Rei Davi. Ale**lu**ia.

Salmo 131(132)
As promessas do Senhor à casa de Davi
O Senhor Deus lhe dará o trono de seu pai Davi (Lc 1,32).

I

– [1] Recor**dai**-vos, ó **Se**nhor, do rei Davi *
    e de **quan**to vos foi ele dedicado;
– [2] do jura**men**to que ao Senhor havia feito *
    e de seu **vo**to ao Poderoso de Jacó:

– [3] "Não entra**rei** na minha tenda, minha casa, *
    nem subi**rei** à minha cama em que repouso,
– [4] não deixa**rei** adormecerem os meus olhos, *
    nem cochilarem em descanso minhas pálpebras,
– [5] até que eu **a**che um lugar para o Senhor, *
    uma **ca**sa para o Forte de Jacó!"

– [6] Nós sou**be**mos que a arca estava em Éfrata *
    e nos **cam**pos de Iaar a encontramos:
– [7] En**tre**mos no lugar em que ele habita, *
    ante o esca**be**lo de seus pés o adoremos!

– [8] Subi, **Se**nhor, para o lugar de vosso pouso, *
    subi **vós**, com vossa arca poderosa!
– [9] Que se **vis**tam de alegria os vossos santos, *
    e os **vos**sos sacerdotes, de justiça!
– [10] Por **cau**sa de Davi, o vosso servo, *
    não afas**teis** do vosso Ungido a vossa face!

Na Quaresma: Ant.
Exultem de ale**gria** os vossos **san**tos
ao en**tra**rem, ó **Se**nhor, em vossa **ca**sa.

No Tempo pascal: Ant.
O Senhor lhe deu o **tro**no de seu **pai**, o Rei Davi. Ale**lu**ia.

Quinta-feira – Vésperas

Antífona 2

Na Quaresma:
O Senhor escolheu Jerusalém
para ser sua morada entre os povos.

No Tempo pascal:
Só Jesus é poderoso, Rei dos reis, Senhor dos fortes.
Aleluia.

II

—[11]O Senhor fez a Davi um juramento, *
uma promessa que jamais renegará:
— "Um herdeiro que é fruto do teu ventre *
colocarei sobre o trono em teu lugar!

—[12]Se teus filhos conservarem minha Aliança *
e os preceitos que lhes dei a conhecer,
— os filhos deles igualmente hão de sentar-se *
eternamente sobre o trono que te dei!"

—[13]Pois o Senhor quis para si Jerusalém *
e a desejou para que fosse sua morada:

—[14]"Eis o lugar do meu repouso para sempre, *
eu fico aqui: este é o lugar que preferi!"

—[15]"Abençoarei suas colheitas largamente, *
e os seus pobres com o pão saciarei!

—[16]Vestirei de salvação seus sacerdotes, *
e de alegria exultarão os seus fiéis!"

—[17]"De Davi farei brotar um forte Herdeiro, *
acenderei ao meu Ungido uma lâmpada.

—[18]Cobrirei de confusão seus inimigos, *
mas sobre ele brilhará minha coroa!"

Na Quaresma: Ant.
O Senhor escolheu Jerusalém
para ser sua morada entre os povos.

1270   III Semana

No Tempo pascal: Ant.

Só Jesus é poderoso, Rei dos **reis**, Senhor dos **fortes**.
Ale**luia**.

Antífona 3

Na Quaresma:

O Se**nhor** lhe deu o **Reino**, a **glória** e o po**der**;
as na**ções** hão de servi-lo.

No Tempo pascal:

Quem se**rá** igual a **vós**, entre os **fortes**, ó Se**nhor**?
Quem se**rá** igual a **vós**, tão i**lustre** em santi**dade**? Ale**luia**.

Cântico   Ap 11,17-18; 12,10b-12a

O julgamento de Deus

—[11.17] Graças vos **damos**, Senhor **Deus** onipoten**te**, *
     a vós que **sois**, a vós que éreis e sereis,

—   porque assu**mistes** o poder que vos pertence, *
     e en**fim** tomastes posse como rei!

(R. **Nós** vos damos **graças**, nosso **Deus**!)

=[18]   As na**ções** se enfureceram revoltadas, †
     mas che**gou** a vossa ira contra elas *
     e o **tempo** de julgar vivos e mortos,

=   e de **dar** a recompensa aos vossos servos, †
     aos pro**fetas** e aos que temem vosso nome, *
     aos **san**tos, aos pequenos e aos grandes.   (R.)

=[12.10] Chegou a**gora** a salvação e o poder †
     e a rea**leza** do Senhor e nosso Deus, *
     e o do**mínio** de seu Cristo, seu Ungido.

—   Pois foi ex**pulso** o delator que acusava *
     nossos ir**mãos**, dia e noite, junto a Deus.   (R.)

=[11]   Mas o ven**ceram** pelo sangue do Cordeiro †
     e o teste**munho** que eles deram da Palavra, *
     pois despre**zaram** sua vida até à morte.

Quinta-feira – Vésperas

– [12] Por isso, ó **céus**, cantai alegres e exultai *
e vós **to**dos os que neles habitais!

(R.)

Na Quaresma: Ant.
O Se**nhor** lhe deu o **rei**no, a **gló**ria e o po**der**;
as na**ções** hão de ser**vi**-lo.

No Tempo pascal: Ant.
Quem se**rá** igual a **vós**, entre os **for**tes, ó Se**nhor**?
Quem se**rá** igual a **vós**, tão i**lus**tre em santi**da**de? Ale**lui**a.

A leitura breve, o responsório, a antífona do *Magnificat*, as preces
e a oração correspondentes ao Ofício celebrado.

A conclusão da Hora como no Ordinário.

III SEXTA-FEIRA

Invitatório

V. **Abri** os meus **lábios**. R. E minha **boca**.
Salmo invitatório, p. 944 com a antífona correspondente ao Ofício.

Ofício das Leituras

V. Vinde ó **Deus**. Glória ao **Pai**. Como **era** (T.P. Ale**lu**ia).
Essa introdução se omite quando o Invitatório precede imediatamente ao Ofício das Leituras.

HINO correspondente ao Ofício.

Salmodia

Ant. 1 Estou can**sa**do de gri**tar** e de esper**ar** pelo meu **Deus** (T.P. Aleluia).

Salmo 68(69),2-22.30-37

O zelo pela vossa casa me devora

I

Deram vinho misturado com fel para Jesus beber (Mt 27,34).

— ²Salvai-me, ó meu **Deus**, porque as **águas** *
  a**té** o meu pescoço já chegaram!
— ³Na **la**ma do abismo eu me afundo *
  e não en**con**tro um apoio para os pés.
— Nestas **águas** muito fundas vim cair, *
  e as **on**das já começam a cobrir-me!
— ⁴À **for**ça de gritar, estou cansado; *
  minha gar**gan**ta já ficou enrouquecida.
— Os meus **o**lhos já perderam sua luz, *
  de **tan**to esperar pelo meu Deus!
— ⁵Mais nume**ro**sos que os cabelos da cabeça, *
  são a**que**les que me odeiam sem motivo;

Sexta-feira – Ofício das Leituras

– meus inimigos são mais fortes do que eu; *
   contra mim eles se voltam com mentiras!
– Por acaso poderei restituir *
   alguma coisa que de outros não roubei?
– ⁶Ó Senhor, vós conheceis minhas loucuras, *
   e minha falta não se esconde a vossos olhos.
– ⁷Por minha causa não deixeis desiludidos *
   os que esperam sempre em vós, Deus do universo!
– Que eu não seja a decepção e a vergonha *
   dos que vos buscam, Senhor Deus de Israel!
– ⁸Por vossa causa é que sofri tantos insultos, *
   e o meu rosto se cobriu de confusão;
– ⁹eu me tornei como um estranho a meus irmãos, *
   como estrangeiro para os filhos de minha mãe.
– ¹⁰Pois meu zelo e meu amor por vossa casa *
   me devoram como fogo abrasador;
– e os insultos de infiéis que vos ultrajam *
   recaíram todos eles sobre mim!
– ¹¹Se aflijo a minha alma com jejuns, *
   fazem disso uma razão para insultar-me;
– ¹²se me visto com sinais de penitência, *
   eles fazem zombaria e me escarnecem!
– ¹³Falam de mim os que se assentam junto às portas, *
   sou motivo de canções, até de bêbados!

Ant. Estou cansado de gritar e de esperar pelo meu Deus
   (T.P. Aleluia).

Ant. 2 Deram-me fel como se fosse um alimento,
   em minha sede ofereceram-me vinagre.

II

– ¹⁴Por isso elevo para vós minha oração, *
   neste tempo favorável, Senhor Deus!

1274   III Semana

– Respondei-me pelo vosso imenso amor, *
   pela vossa salvação que nunca falha!

= ¹⁵Retirai-me deste lodo, pois me afundo! †
   Libertai-me, ó Senhor, dos que me odeiam, *
   e salvai-me destas águas tão profundas!

= ¹⁶Que as águas turbulentas não me arrastem, †
   não me devorem violentos turbilhões, *
   nem a cova feche a boca sobre mim!

– ¹⁷Senhor, ouvi-me, pois suave é vossa graça, *
   ponde os olhos sobre mim com grande amor!

– ¹⁸Não oculteis a vossa face ao vosso servo! *
   Como eu sofro! Respondei-me bem depressa!

– ¹⁹Aproximai-vos de minh'alma e libertai-me, *
   apesar da multidão dos inimigos!

= ²⁰Vós conheceis minha vergonha e meu opróbrio, †
   minhas injúrias, minha grande humilhação; *
   os que me afligem estão todos ante vós!

– ²¹O insulto me partiu o coração; *
   não suportei, desfaleci de tanta dor!

= Eu esperei que alguém de mim tivesse pena, †
   mas foi em vão, pois a ninguém pude encontrar; *
   procurei quem me aliviasse e não achei!

– ²²Deram-me fel como se fosse um alimento, *
   em minha sede ofereceram-me vinagre!

Ant. Deram-me fel como se fosse um alimento,
   em minha sede ofereceram-me vinagre.

Ant. 3 Procurai o Senhor continuamente,
   e o vosso coração reviverá (T.P. Aleluia).

III

– ³⁰Pobre de mim, sou infeliz e sofredor! *
   Que vosso auxílio me levante, Senhor Deus!

Sexta-feira – Laudes

– ³¹Cantando eu louvarei o vosso nome *
e agradecido exultarei de alegria!
– ³²Isto será mais agradável ao Senhor, *
que o sacrifício de novilhos e de touros.
= ³³Humildes, vede isto e alegrai-vos: †
o **vos**so coração reviverá, *
se procurardes o Senhor continuamente!
– ³⁴Pois nosso **Deus** atende à prece dos seus pobres, *
e não despreza o clamor de seus cativos.
– ³⁵Que céus e **terra** glorifiquem o Senhor *
com o **mar** e todo ser que neles vive!
= ³⁶Sim, Deus virá e salvará Jerusalém, †
reconstruindo as cidades de Judá, *
onde os **po**bres morarão, sendo seus donos.
= ³⁷A descendência de seus servos há de herdá-las, †
e os que amam o santo nome do Senhor *
dentro delas fixarão sua morada!

Ant. Procurai o **Senhor** continuamente,
e o **vos**so cora**ção** reviverá (T.P. Aleluia).

O versículo, as leituras e a oração correspondentes ao Ofício
celebrado.

Laudes

V. Vinde ó **Deus**. Glória ao **Pai**. Como era (T.P. Aleluia).

Essa introdução se omite quando o Invitatório precede imediatamente às Laudes:

HINO correspondente ao Ofício.

Salmodia

Antífona 1

Na Quaresma:

Foi contra **vós**, só contra **vós** que eu pe**quei**.
ó meu **Deus**, misericórdia e compaixão!

No Tempo pascal:
Do meu pecado todo inteiro,
ó Senhor, purificai-me! Aleluia.

Salmo 50(51)

Tende piedade, ó meu Deus!

Renovai o vosso espírito e a vossa mentalidade. Revesti o homem novo (Ef 4,23-24).

— [3] Tende piedade, ó meu **Deus**, misericórdia! *
    Na imensidão de vosso amor, purificai-me!
— [4] Lavai-me todo inteiro do pecado, *
    e apagai completamente a minha culpa!
— [5] Eu reconheço toda a minha iniquidade, *
    o meu pecado está sempre à minha frente.
— [6] Foi contra **vós**, só contra vós, que eu pequei, *
    e pratiquei o que é mau aos vossos olhos!
— Mostrais assim quanto sois justo na sentença, *
    e quanto é reto o julgamento que fazeis.
— [7] Vede, Senhor, que eu nasci na iniquidade *
    e pecador já minha mãe me concebeu.
— [8] Mas vós amais os corações que são sinceros, *
    na intimidade me ensinais sabedoria.
— [9] Aspergi-me e serei puro do pecado, *
    e mais branco do que a neve ficarei.
— [10] Fazei-me ouvir cantos de festa e de alegria, *
    e exultarão estes meus ossos que esmagastes.
— [11] Desviai o vosso olhar dos meus pecados *
    e apagai todas as minhas transgressões!
— [12] Criai em **mim** um coração que seja puro, *
    dai-me de novo um espírito decidido.
— [13] Ó Senhor, não me afasteis de vossa face, *
    nem retireis de mim o vosso Santo Espírito! —

Sexta-feira – Laudes

— ¹⁴Dai-me de **no**vo a alegria de ser salvo *
e confir**mai**-me com espírito generoso!

— ¹⁵Ensina**rei** vosso caminho aos pecadores, *
e para **vós** se voltarão os transviados.

— ¹⁶Da **mor**te como pena, libertai-me, *
e minha **lín**gua exaltará vossa justiça!

— ¹⁷Abri meus **lá**bios, ó Senhor, para cantar, *
e minha **bo**ca anunciará vosso louvor!

— ¹⁸Pois não **são** de vosso agrado os sacrifícios, *
e, se o**fer**to um holocausto, o rejeitais.

— ¹⁹Meu sacri**fí**cio é minha alma penitente, *
não despre**zeis** um coração arrependido!

— ²⁰Sede be**nig**no com Sião, por vossa graça, *
reconstruí Jerusalém e os seus muros!

— ²¹E aceita**reis** o verdadeiro sacrifício, *
os holo**caus**tos e oblações em vosso altar!

Na Quaresma: Ant.

Foi contra **vós**, só contra **vós** que eu pe**quei**.
ó meu **Deus**, misericór**dia** e compai**xão**!

No Tempo pascal: Ant.

Do meu pe**ca**do todo in**tei**ro,
ó Se**nhor**, purifi**cai**-me! Ale**lui**a.

Antífona 2

Na Quaresma:

Conhe**ce**mos nossas **cul**pas, pois pe**ca**mos contra **vós**.

No Tempo pascal:

Jesus to**mou** nossos pe**ca**dos sobre **si** em sua **cruz**. Ale**lui**a.

Cântico — Jr 14,17-21

Lamentação em tempo de fome e de guerra

*O Reino de Deus está próximo. Convertei-vos e crede no
Evangelho! (Mc 1,15).*

1278   III Semana

– [17]Os meus **olhos**, noite e **dia**, *
  chorem **lá**grimas sem fim;
= pois so**freu** um golpe horrível, †
  foi fe**ri**da gravemente *
  a virgem **fi**lha do meu povo!
– [18]Se eu **sai**o para os campos, *
  eis os **mor**tos à espada;
– se eu **en**tro na cidade, *
  eis as **ví**timas da fome!
= Até o pro**fe**ta e o sacerdote †
  peram**bu**lam pela terra *
  sem sa**ber** o que se passa.
– [19]Rejei**tas**tes, por acaso, *
  a Ju**dá** inteiramente?
– Por a**ca**so a vossa alma *
  desgos**tou**-se de Sião?
– Por que fe**ris**tes vosso povo *
  de um **mal** que não tem cura?
– Espe**rá**vamos a paz, *
  e não che**gou** nada de bom;
– e o **tem**po de reerguer-nos, *
  mas só **ve**mos o terror!
= [20]Conhe**ce**mos nossas culpas †
  e as de **nos**sos ancestrais, *
  pois pe**ca**mos contra vós!
– Por a**mor** de vosso nome, *
  ó Se**nhor**, não nos deixeis!
– [21]Não dei**xeis** que se profane *
  vosso **tro**no glorioso!
– Recor**dai**-vos, ó Senhor! *
  Não rom**pais** vossa Aliança!

Na Quaresma: Ant.
Conhe**ce**mos nossas **cul**pas, pois pe**ca**mos contra **vós**.

Sexta-feira – Laudes

No Tempo pascal: Ant.
Jesus to**mou** nossos pe**ca**dos sobre **si** em sua **cruz**. Ale**lui**a.

Antífona 3

Na Quaresma:
O Se**nhor**, somente **ele** é nosso **Deus**,
e nós **so**mos o seu **po**vo e seu re**ban**ho.

No Tempo pascal:
Ide a **e**le can**tan**do jubi**lo**sos, ale**lui**a.

Quando o salmo seguinte já tiver sido recitado no Invitatório, em
seu lugar se diz o Salmo 94(95), à p. 944.

Salmo 99(100)

A alegria dos que entram no templo

*O Senhor ordena aos que foram salvos que cantem o hino
de vitória* (Sto. Atanásio).

= ²A**cla**mai o Se**nhor**, ó terra in**tei**ra, †
ser**vi** ao Senhor com ale**gri**a, *
ide a **e**le can**tan**do jubi**lo**sos!

= ³**Sa**bei que o Senhor, só ele, é **Deus**, †
Ele **mes**mo nos fez, e **so**mos seus, *
nós **so**mos seu **po**vo e seu re**ban**ho.

= ⁴**En**trai por suas portas dando **graç**as, †
e em seus **á**trios com hinos de lou**vor**; *
dai-lhe **graç**as, seu nome bendi**zei**!

= ⁵Sim, é **bom** o Senhor e nosso **Deus**, †
sua bon**da**de per**du**ra para **sem**pre, *
seu **a**mor é fiel eterna**men**te!

Na Quaresma: Ant.
O Se**nhor**, somente **ele** é nosso **Deus**,
e nós **so**mos o seu **po**vo e seu re**ban**ho.

No Tempo pascal: Ant.
Ide a **e**le can**tan**do jubi**lo**sos, ale**lui**a.

1280   III Semana

A leitura breve, o responsório, a antífona do *Benedictus*, as preces e a oração correspondentes ao Ofício celebrado.

A conclusão da Hora como no Ordinário.

Hora Média

V. Vinde ó **Deus**. Glória ao **Pai**. Como era (T.P. Aleluia).
HINO correspondente ao Ofício.

Salmodia

Na Quaresma: Antífona como no Próprio do Tempo.
No Tempo pascal: Ant. **Ale**lu**ia**, ale**lu**ia, ale**lu**ia.

Salmo 21(22)
Aflição do justo e sua libertação

Jesus deu um forte grito: Meu Deus, meu Deus, por que me abandonastes? (Mt 27,46).

I

— ²Meu **Deus**, meu Deus, por **que** me abando**nas**tes? *
  E ficais **lon**ge de meu grito e minha prece?
— ³Ó meu **Deus**, clamo de dia e não me ouvis, *
  clamo de **noi**te e para mim não há resposta!

— ⁴Vós, no en**tan**to, sois o santo em vosso Templo, *
  que ha**bitais** entre os louvores de Israel.
— ⁵Foi em **vós** que esperaram nossos pais; *
  espe**ra**ram e vós mesmo os libertastes.

— ⁶Seu cla**mor** subiu a vós e foram salvos; *
  em vós confi**a**ram, e não foram enganados.
— ⁷Quanto a **mim**, eu sou um verme e não um homem; *
  *sou o o***pró***brio e o desprezo das nações.*
— ⁸Riem de **mim** todos aqueles que me veem, *
  torcem os **lá**bios e sacodem a cabeça:
— ⁹"Ao Se**nhor** se confiou, ele o liberte *
  e agora o **sal**ve, se é verdade que ele o ama!" —

Sexta-feira – Hora Média

—10 Desde a **mi**nha concepção me conduzistes, *
e no **sei**o maternal me agasalhastes.
—11 Desde **quan**do vim à luz vos fui entregue; *
desde o **ven**tre de minha mãe sois o meu Deus!
—12 Não fi**queis** longe de mim, porque padeço; *
ficai **per**to, pois não há quem me socorra!

II

—13 Por **tou**ros nume**ro**sos fui cer**ca**do, *
e as **fe**ras de Basã me rodearam; *
—14 escanca**ra**ram contra mim as suas bocas, *
como le**ões** devoradores a rugir.

—15 Eu me **sin**to como a água derramada, *
e meus **os**sos estão todos deslocados;
— como a **ce**ra se tornou meu coração, *
e **den**tro do meu peito se derrete.

=16 Minha gar**gan**ta está igual ao barro seco, †
minha **lín**gua está colada ao céu da boca, *
e por **vós** fui conduzido ao pó da morte! *
—17 Cães nume**ro**sos me rodeiam furiosos, *
e por um **ban**do de malvados fui cercado.

— Transpas**sa**ram minhas mãos e os meus pés *
18 e eu **pos**so contar todos os meus ossos.
= Eis que me **o**lham, e, ao ver-me, se deleitam! †
19 Eles re**par**tem entre si as minhas vestes *
e sor**tei**am entre si a minha túnica.

—20 Vós, po**rém**, ó meu Senhor, não fiqueis longe, *
ó minha **for**ça, vinde logo em meu socorro!
—21 Da es**pa**da libertai a minha alma, *
e das **gar**ras desses cães, a minha vida!

—22 Arran**cai**-me da goela do leão, *
e a mim tão **po**bre, desses touros que me atacam!
—23 Anuncia**rei** o vosso nome a meus irmãos *
e no **mei**o da assembleia hei de louvar-vos!

III

= ²⁴Vós que temeis ao Senhor **Deus**, dai-lhe louvores; †
glorificai-o, descendentes de Jacó, *
e respeitai-o toda a raça de Israel!

– ²⁵Porque **Deus** não desprezou nem rejeitou *
a miséria do que sofre sem amparo;
– não desviou do humilhado a sua face, *
mas o ouviu quando gritava por socorro.

– ²⁶Sois meu louvor em meio à grande assembleia; *
cumpro meus votos ante aqueles que vos temem!

= ²⁷Vossos **pobres** vão comer e saciar-se, †
e os que procuram o Senhor o louvarão: *
"Seus corações tenham a vida para sempre!"

– ²⁸Lembrem-se disso os confins de toda a terra, *
para que voltem ao Senhor e se convertam,
– e se prostrem, adorando, diante dele *
todos os povos e as famílias das nações.

– ²⁹Pois ao Senhor é que pertence a realeza; *
ele domina sobre todas as nações.

– ³⁰Somente a ele adorarão os poderosos, *
e os que voltam para o pó o louvarão.
– Para ele há de viver a minha alma, *
³¹toda a minha descendência há de servi-lo;

– às futuras gerações anunciará *
³²o poder e a justiça do Senhor;
– ao povo novo que há de vir, ela dirá: *
"Eis a obra que o Senhor realizou!".

No Tempo pascal: Ant. Aleluia, aleluia, aleluia.

Para as outras Horas, Salmodia complementar, p. 1421.

A leitura breve, o versículo e a oração correspondentes ao Ofício celebrado.

A conclusão da Hora como no Ordinário.

Sexta-feira – Vésperas

Vésperas

V. Vinde ó **Deus**. Glória ao **Pai**. Como era (T.P. Ale**luia**).
HINO correspondente ao Ofício.

Salmodia

Antífona 1

Na Quaresma:
O Se**nhor**, nosso **Deus**, é tão **gran**de,
e mai**or** do que **to**dos os **deu**ses.

No Tempo pascal:
Sou **eu** o Se**nhor** que te **sal**va,
o **teu** Redent**or**, ale**luia**.

Salmo 134(135)

Louvor ao Senhor por suas maravilhas

*Povo que ele conquistou, proclamai as obras admiráveis
daquele que vos chamou das trevas para a sua luz maravilhosa (cf. 1Pd 2,9).*

I

— ¹ Lou**vai** o Se**nhor**, bendi**zei**-o; *
   lou**vai** o Senhor, servos seus,
— ² que cele**brais** o louvor em seu templo *
   e habi**tais** junto aos átrios de Deus!
— ³ Lou**vai** o Senhor, porque é bom; *
   can**tai** ao seu nome suave!
— ⁴ Esco**lheu** para si a Jacó, *
   prefe**riu** Israel por herança.
— ⁵ Eu bem **sei** que o Senhor é tão grande, *
   que é mai**or** do que todos os deuses.
= ⁶ Ele **faz** tudo quanto lhe agrada, †
   nas al**tu**ras dos céus e na terra, *
   no oceano e nos fundos abismos. —

III Semana

1284

= [7]Traz as **nu**vens do extremo da terra, †
transfor**ma** os raios em chuva, *
das ca**ver**nas libera os ventos.

— [8]No E**gi**to feriu primogênitos, *
desde **ho**mens até animais.

— [9]Fez mi**la**gres, prodígios, portentos, *
pe**ran**te Faraó e seus servos.

— [10]Aba**teu** numerosas nações *
e ma**tou** muitos reis poderosos:

= [11]a Se**on** que foi rei amorreu, †
e a **Og** que foi rei de Basã, *
como a **to**dos os reis cananeus.

— [12]Ele **deu** sua terra em herança, *
em he**ran**ça a seu povo, Israel.

Na Quaresma: Ant.

O Se**nhor**, nosso **Deus**, é tão **gran**de,
e mai**or** do que **to**dos os **deu**ses.

No Tempo pascal: Ant.

Sou **eu** o Se**nhor** que te **sal**va,
o **teu** Redentor, ale**lu**ia.

Antífona 2

Na Quaresma:

Israel, bendizei o Se**nhor**, cantai ao seu **no**me suave!

No Tempo pascal:

Ben**di**to o **Rei**no que **vem** de Davi, nosso **Pai**, aleluia.

II

— [13]Ó Se**nhor**, vosso **no**me é e**ter**no; *
para **sem**pre é a vossa lembrança!

— [14]O Se**nhor** faz justiça a seu povo *
e é bon**do**so com aqueles que o servem.

— [15]São os **deu**ses pagãos ouro e prata, *
todos eles são obras humanas.

Sexta-feira – Vésperas

— [16] Têm **boca** e não podem falar, *
têm **o**lhos e não podem ver;

— [17] tendo ou**vi**dos, não podem ouvir, *
nem e**xi**ste respiro em sua boca.

— [18] Como eles serão seus autores, *
que os fa**bri**cam e neles confiam!

— [19] **Is**rael, bendizei o Senhor; *
sacer**do**tes, louvai o Senhor;

— [20] **le**vitas, cantai ao Senhor; *
fi**éis**, bendizei o Senhor!

— [21] Ben**di**to o Senhor de Sião, *
que ha**bi**ta em Jerusalém!

Na Quaresma: Ant.

Israel, bendi**zei** o Se**nhor**, can**tai** ao seu **no**me suave!

No Tempo pascal: Ant.

Ben**di**to o **Rei**no que **vem** de Davi, nosso **Pai**, aleluia.

Antífona 3

Na Quaresma:

Os **po**vos vi**rão** ado**rar**-vos, Se**nhor**.

No Tempo pascal:

Ao Se**nhor** quero can**tar**, pois fez bri**lhar** a sua **gló**ria. Ale**lu**ia.

Cântico   Ap 15,3-4

Hino de adoração

— [3] Como são **gran**des e admi**rá**veis vossas **o**bras, *
ó Se**nhor** e nosso Deus onipotente!

— Vossos ca**mi**nhos são verdade, são justiça, *
ó **Rei** dos povos todos do universo!

(R. São **gran**des vossas **o**bras, ó Se**nhor**!)

1286

= ⁴Quem, **Senhor**, não haveria de temer-vos, †
e **quem** não honraria o vosso nome? *
Pois so**men**te vós, Senhor, é que sois santo! (R.)

= As nações **to**das hão de vir perante vós †
e, pros**tra**das, haverão de adorar-vos, *
pois vossas **justas** decisões são manifestas. (R.)

Na Quaresma: Ant.

Os **po**vos vi**rão** ado**rar**-vos, Se**nhor**.

No Tempo pascal: Ant.

Ao Se**nhor** quero can**tar**, pois fez bri**lhar** a sua **gló**ria.
Ale**lui**a.

A leitura breve, o responsório, a antífona do *Magnificat*, as preces
e a oração correspondentes ao Ofício celebrado.

A conclusão da Hora como no Ordinário.

III SÁBADO

Invitatório

V. **Abri** os meus **lábios**. R. E minha **boca**.

Salmo invitatório, p. 944 com a antífona correspondente ao Ofício.

Ofício das Leituras

V. Vinde ó **Deus**. Glória ao **Pai**. Como **era** (T.P. Ale**luia**).

Essa introdução se omite quando o Invitatório precede imediatamente ao Ofício das Leituras.

HINO correspondente ao Ofício.

Salmodia

Ant. 1 Agradeçamos ao Se**nhor** o seu a**mor**
e as s**u**as maravilhas entre os ho**mens** (T.P. Ale**luia**).

Salmo 106(107)

Ação de graças pela libertação

Deus enviou sua palavra aos israelitas e lhes anunciou a boa-nova da paz, por meio de Jesus Cristo (At 10,36).

I

– [1] Dai **graças** ao Se**nhor,** porque ele é **bom,** *
porque et**er**na é a sua misericórdia!
– [2] Que o **digam** os libertos do Senhor, *
que da **mão** dos opressores os salvou
– [3] e de **to**das as nações os reuniu, *
do Oriente, Ocidente, Norte e Sul.

– [4] Uns vag**av**am, no deserto, extraviados, *
sem a**cha**rem o caminho da cidade.
– [5] Sofriam **fo**me e também sofriam sede, *
e sua **vi**da ia aos poucos definhando. –

1288 III Semana

- ⁶Mas gritaram ao Senhor na aflição, *
  e ele os libertou daquela angústia.
- ⁷Pelo caminho bem seguro os conduziu *
  para chegarem à cidade onde morar.
- ⁸Agradeçam ao Senhor o seu amor *
  e as suas maravilhas entre os homens!
- ⁹Deu de beber aos que sofriam tanta sede *
  e os famintos saciou com muitos bens!
- ¹⁰Alguns jaziam em meio a trevas pavorosas, *
  prisioneiros da miséria e das correntes,
- ¹¹por se terem revoltado contra Deus *
  e desprezado os conselhos do Altíssimo.
- ¹²Ele quebrou seus corações com o sofrimento; *
  eles tombaram, e ninguém veio ajudá-los!
- ¹³Mas gritaram ao Senhor na aflição, *
  e ele os libertou daquela angústia.
- ¹⁴E os retirou daquelas trevas pavorosas, *
  despedaçou suas correntes, seus grilhões.
- ¹⁵Agradeçam ao Senhor o seu amor *
  e as suas maravilhas entre os homens!
- ¹⁶Porque ele arrombou portas de bronze *
  e quebrou trancas de ferro das prisões!

Ant. Agradeçamos ao Senhor o seu amor
  e as suas maravilhas entre os homens (T.P. Aleluia).

Ant. 2 Nós vimos seus prodígios e suas maravilhas
  (T.P. Aleluia).

II

- ¹⁷Uns deliravam no caminho do pecado, *
  sofrendo a consequência de seus crimes;
- ¹⁸todo alimento era por eles rejeitado, *
  e da morte junto às portas se encontravam. –

Sábado – Ofício das Leituras

—¹⁹ Mas gritaram ao Senhor na aflição, *
e ele os libertou daquela angústia.
—²⁰ Enviou sua palavra e os curou, *
e arrancou as suas vidas do sepulcro.
—²¹ Agradeçam ao Senhor o seu amor *
e as suas maravilhas entre os homens!
—²² Ofereçam sacrifícios de louvor, *
e proclamem na alegria suas obras!
—²³ Os que sulcam o alto-mar com seus navios, *
para ir comerciar nas grandes águas,
—²⁴ testemunharam os prodígios do Senhor *
e as suas maravilhas no alto-mar.
—²⁵ Ele ordenou, e levantou-se o furacão, *
arremessando grandes ondas para o alto;
—²⁶ aos céus subiam e desciam aos abismos, *
seus corações desfaleciam de pavor.
—²⁷ Cambaleavam e caíam como bêbados, *
e toda a sua perícia deu em nada.
—²⁸ Mas gritaram ao Senhor na aflição, *
e ele os libertou daquela angústia.
—²⁹ Transformou a tempestade em bonança *
e as ondas do oceano se calaram.
—³⁰ Alegraram-se ao ver o mar tranquilo, *
e ao porto desejado os conduziu:
—³¹ Agradeçam ao Senhor o seu amor *
e as suas maravilhas entre os homens!
—³² Na assembleia do seu povo o engrandeçam *
e o louvem no conselho de anciãos!

Ant. Nós vimos seus prodígios e suas maravilhas
(T.P. Aleluia).

Ant. 3 Que os **jus**tos, vendo as **o**bras do **Se**nhor,
compre**e**ndam como é **gran**de o seu **a**mor!
(T.P. Ale**lui**a).

III

— [33]Ele mu**dou** águas corr**e**ntes em de**ser**to, *
e fontes de **á**gua borbulhante em terra seca;
— [34]transfor**mou** as terras férteis salinas, *
pela ma**lí**cia dos que nelas habitavam.
— [35]Conver**teu** em grandes lagos os desertos *
e a terra **á**rida em fontes abundantes;
— [36]e a**li** fez habitarem os famintos, *
que fun**da**ram sua cidade onde morar.
— [37]Plantaram **vi**nhas, semearam os seus campos, *
que deram **fru**tos e colheitas abundantes.
— [38]Abenço**ou**-os e cresceram grandemente, *
e não dei**xou** diminuir o seu rebanho.
— [39]Mas de**pois** ficaram poucos e abatidos, *
opri**mi**dos por desgraças e aflições;
— [40]porém A**que**le que confunde os poderosos *
e os fez er**rar** por um deserto sem saída
— [41]reti**rou** da indigência os seus pobres, *
e qual re**ba**nho aumentou suas famílias.
— [42]Que os **jus**tos vejam isto e rejubilem, *
e os **maus** fechem de vez a sua boca!
— [43]Quem é **sá**bio, que observe essas coisas *
e compre**en**da a bondade do Senhor!

Ant. Que os **jus**tos, vendo as **o**bras do **Se**nhor,
compre**e**ndam como é **gran**de o seu **a**mor!
(T.P. Ale**lui**a).

O versículo, as leituras e a oração correspondentes ao ofício
celebrado.

Sábado – Laudes

Laudes

V. Vinde ó **Deus**. Glória ao **Pai**. Como era. (T.P. Ale**lui**a).
Essa introdução se omite quando o Invitatório precede imediatamente ao Ofício das Leituras.

HINO correspondente ao Ofício.

Salmodia

Antífona 1

Na Quaresma:
Vós estais **per**to, ó Se**nhor**, perto de **mim**;
todos os **vos**sos manda**men**tos são ver**da**de.

No Tempo pascal:
As pa**la**vras que vos **dis**se são espírito, são **vi**da. Ale**lui**a.

Salmo 118(119),145-152
XIX (Coph)

Meditação sobre a Palavra de Deus na Lei

O amor é o cumprimento perfeito da Lei (Rm 13,10).

— [145]Clamo de **to**do o cora**ção**: Senhor, ou**vi**-me! *
Quero cum**prir** vossa vontade fielmente!

— [146]Clamo a **vós**: Senhor, salvai-me, eu vos suplico, *
e en**tão** eu guardarei vossa Aliança!

— [147]Chego **an**tes que a aurora e vos imploro, *
e es**pe**ro confiante em vossa lei.

— [148]Os meus **o**lhos antecipam as vigílias, *
para de **noi**te meditar vossa palavra.

— [149]Por vosso a**mor** ouvi atento a minha voz *
e dai-me a **vi**da, como é vossa decisão!

— [150]Meus opres**so**res se aproximam com maldade; *
como estão **lon**ge, ó Senhor, de vossa lei!

— [151]Vós estais **per**to, ó Senhor, perto de mim; *
todos os **vos**sos mandamentos são verdade!

— [152]Desde cri**an**ça aprendi vossa Aliança *
que fir**mas**tes para sempre, eternamente.

1292   III Semana

Na Quaresma: Ant.
Vós estais **per**to, ó S**e**nhor, perto de **mim**;
todos os **vos**sos manda**men**tos são ver**da**de.

No Tempo pascal: Ant.
As pa**la**vras que vos **dis**se são es**pí**rito, são **vi**da. Ale**lui**a.

Antífona 2

Na Quaresma:
Que a **vos**sa Sabedo**ri**a, ó S**e**nhor,
es**te**ja junto a **mim** no meu tra**ba**lho.

No Tempo pascal:
Cons**tru**ístes vosso **tem**plo e vosso al**tar**,
ó S**e**nhor, no Monte **San**to, ale**lui**a.

Cântico   Sb 9,1-6.9-11

Senhor, dai-me a Sabedoria!

Eu vos darei palavras tão acertadas que nenhum dos inimi-
gos vos poderá resistir (Lc 21,15).

— [1]**Deus** de meus **pais**, Senhor bon**do**so e compassivo, *
  vossa **Pa**lavra poderosa criou tudo,

— [2]vosso sa**ber** o ser humano modelou *
  para ser **rei** da criação que é vossa obra,

— [3]reger o **mun**do com justiça, paz e ordem, *
  e exer**cer** com retidão seu julgamento:

— [4]**Dai**-me **vos**sa sabedoria, ó Senhor, *
  sabedo**ri**a que partilha o vosso trono.

— Não me exclu**ais** de vossos filhos como indigno: *
  [5]sou vosso **ser**vo e minha mãe é vossa serva;

— [3]sou homem **fra**co e de existência muito breve, *
  inca**paz** de discernir o que é justo.

— [6]A**té mes**mo o mais perfeito dentre os homens *
  não é **na**da, se não tem vosso saber. —

Sábado – Laudes

−[9] Mas junto a **vós**, Senhor, está a sabedoria, *
que co**nhe**ce as vossas obras desde sempre;
= convosco es**ta**va ao criardes o universo, †
ela **sa**be o que agrada a vossos olhos, *
o que é **re**to e conforme às vossas ordens.

−[10] Envi**ai**-a lá de cima, do alto céu, *
mandai-a **vir** de vosso trono glorioso,
− para que es**te**ja junto a mim no meu trabalho *
e me en**si**ne o que agrada a vossos olhos!

=[11] Ela, que **tu**do compreende e tudo sabe, †
há de gui**ar** meus passos todos com prudência, *
com seu po**der** há de guardar a minha vida.

Na Quaresma: Ant.
Que a **vos**sa Sabedo**ri**a, ó S**e**nhor,
esteja junto a **mim** no meu trabalho

No Tempo pascal: Ant.
Constru**ís**tes vosso **tem**plo e vosso al**tar**,
ó S**e**nhor, no Monte **San**to, ale**lui**a.

Antífona 3

Na Quaresma:
O S**e**nhor para **sem**pre é **fiel**.

No Tempo pascal:
Sou o C**a**minho, a Verd**a**de e a **Vi**da, ale**lui**a.

Salmo 116(117)
Louvor ao Deus misericordioso

*Eu digo:... os pagãos glorificam a Deus, em razão da sua
misericórdia* (Rm 15,8.9).

−[1] Cantai lou**vo**res ao S**e**nhor, todas as **gen**tes, *
povos **to**dos, feste**jai**-o!
−[2] Pois comprov**a**do é seu amor para co**nos**co, *
para **sem**pre ele é **fiel**!

1294

III Semana

Na Quaresma: Ant.
O Senhor **para sem**pre é **fiel**.
No Tempo pascal: Ant.
Sou o Caminho, **a Ve**rda**de e a Vi**da, aleluia.
A leitura breve, o responsório, a antífona do Benedictus, as preces e a oração correspondentes ao Ofício celebrado.

A conclusão da Hora como no Ordinário.

Hora Média

V. Vinde ó **Deus**. Glória ao **Pai**. Como **era** *(T.P.* **Aleluia** *).*
HINO correspondente ao Ofício.
Salmodia

Na Quaresma: Antífona como no Próprio do Tempo.

No Tempo pascal: Ant. Aleluia, aleluia, aleluia.

Salmo 118(119),121-128
XVI (Ain)

Meditação sobre a Palavra de Deus na Lei

Sua mãe conservava no coração todas essas coisas (Lc 2,51).

— [121]Pratiquei a equidade e a justiça; *
não me entregueis nas mãos daqueles que me oprimem!
— [122]Assegurai tudo que é bom ao vosso servo, *
não permitais que me oprimam os soberbos!
— [123]Os meus olhos se gastaram de esperar-vos *
e de aguardar vossa justiça e salvação.
— [124]Conforme o vosso amor, Senhor, tratai-me, *
e também vossos desígnios ensinai-me!
— [125]Sou vosso servo: concedei-me inteligência, *
para que eu possa compreender vossa Aliança!
— [126]Já é tempo de intervirdes, ó Senhor; *
está sendo violada a vossa Lei! +

Sábado – Hora Média

—[127] Por isso **amo** os mandamentos que nos destes, *
mais que o **ou**ro, muito mais que o ouro fino!
—[128] Por isso eu **si**go bem direito as vossas leis, *
detesto **to**dos os caminhos da mentira.

Salmo 33(34)

O Senhor é a salvação dos justos

Provastes que o Senhor é bom (1Pd 2,3).

I

—[2] Bendi**rei** o Senhor **Deus** em todo **tempo**, *
seu lou**vor** estará sempre em minha boca,
—[3] Minha **al**ma se gloria no Senhor, *
que **ou**çam os humildes e se alegrem!
—[4] Co**mi**go engrandecei ao Senhor Deus, *
exal**te**mos todos juntos o seu nome!
—[5] Todas as **ve**zes que o busquei, ele me ouviu, *
e de **to**dos os temores me livrou.
—[6] Contem**plai** a sua face e alegrai-vos, *
e vosso **ros**to não se cubra de vergonha!
—[7] Este inf**eliz** gritou a Deus, e foi ouvido, *
e o Se**nhor** o libertou de toda angústia.
—[8] O **an**jo do Senhor vem acampar *
ao re**dor** dos que o temem, e os salva.
—[9] Provai e **ve**de quão suave é o Senhor! *
Feliz o **ho**mem que tem nele o seu refúgio!
—[10] Respei**tai** o Senhor Deus, seus santos todos, *
porque **na**da faltará aos que o temem.
—[11] Os **ri**cos empobrecem, passam fome, *
mas aos que **bus**cam o Senhor não falta nada.

II

—[12] Meus **fi**lhos, vinde a**go**ra e escu**tai**-me: *
vou ensi**nar**-vos o temor do Senhor Deus.

– ¹³Qual o **ho**mem que não ama sua vida, *
procu**ran**do ser feliz todos os dias?

– ¹⁴**Afas**ta a tua língua da maldade, *
e teus **lá**bios, de palavras mentirosas.

– ¹⁵**Afas**ta-te do mal e faze o bem, *
procura a **paz** e vai com ela em seu caminho.

– ¹⁶O Se**nhor** pousa seus olhos sobre os justos, *
e seu ou**vi**do está atento ao seu chamado;

– ¹⁷mas ele **vol**ta a sua face contra os maus, *
para da **ter**ra apagar sua lembrança.

– ¹⁸Clamam os **jus**tos, e o Senhor bondoso escuta *
e de **to**das as angústias os liberta.

– ¹⁹Do cora**ção** atribulado ele está perto *
e con**for**ta os de espírito abatido.

– ²⁰Muitos **ma**les se abatem sobre os justos, *
mas o Se**nhor** de todos eles os liberta.

– ²¹Mesmo os seus **os**sos ele os guarda e os protege, *
e nenhum **de**les haverá de se quebrar.

– ²²A ma**lí**cia do iníquo leva à morte, *
e **quem** odeia o justo é castigado.

– ²³Mas o Se**nhor** liberta a vida dos seus servos, *
e casti**ga**do não será quem nele espera.

No Tempo pascal: Ant. Ale**lui**a, ale**lui**a, ale**lui**a.

Para as outras Horas, Salmodia complementar, das séries I e III,
p. 1421.

A leitura breve, o versículo e a oração correspondentes ao Ofício celebrado.

A conclusão da Hora como no Ordinário.

IV SEMANA

IV DOMINGO

I Vésperas

V. Vinde ó **Deus**. Glória ao **Pai**. Como **era** (T.P. Ale**luia**).
HINO próprio do Tempo.
Salmodia

Antífona 1

4º Dom. da Quaresma:
Alegres iremos à casa de **Deus**.
4º Dom. da Páscoa:
A paz de **Cris**to habite em **vós** e alegre os **vos**sos corações.
Ale**luia**.

Salmo 121(122)

Jerusalém, cidade santa

Vós vos aproximastes do monte Sião e da cidade do Deus vivo, a Jerusalém celeste (Hb 12,22).

– ¹Que ale**gria**, quando ou**vi** que me di**sse**ram: *
  "Vamos à **ca**sa do Se**nhor**!"
– ²E a**gora** nossos pés já se de**têm**, *
  Jerusa**lém**, em tuas portas.
– ³Jerusa**lém**, cidade bem edificada *
  num con**jun**to harmonioso;
– ⁴para **lá** sobem as tribos de Israel, *
  as **tri**bos do Senhor.
– Para lou**var**, segundo a lei de Israel, *
  o **no**me do Senhor.
– ⁵A **se**de da justiça lá está *
  e o **tro**no de Davi. –

1298   IV Semana

– ⁶Rogai que viva em paz Jerusalém, *
    e em segurança os que te amam!
– ⁷Que a paz habite dentro de teus muros, *
    tranquilidade em teus palácios!
– ⁸Por amor a meus irmãos e meus amigos, *
    peço: "A paz esteja em ti!"
– ⁹Pelo amor que tenho à casa do Senhor, *
    eu te desejo todo bem!

4º Dom. da Quaresma: Ant.
Alegres iremos à casa de Deus.

4º Dom. da Páscoa: Ant.
A paz de Cristo habite em vós e alegre os vossos corações.
Aleluia.

Antífona 2

4º Dom. da Quaresma:
Desperta, tu que dormes, levanta-te dos mortos:
o Cristo te ilumina!

4º Dom. da Páscoa:
Para Deus nos remiu vosso sangue, aleluia.

Salmo 129(130)
Das profundezas eu clamo

Ele vai salvar o seu povo dos seus pecados (Mt 1,21).

– ¹Das profundezas eu clamo a vós, Senhor, *
    ²escutai a minha voz!
– Vossos ouvidos estejam bem atentos *
    ao clamor da minha prece!
– ³Se levardes em conta nossas faltas, *
    quem haverá de subsistir?
– ⁴Mas em vós se encontra o perdão, *
    eu vos temo e em vós espero. –

Domingo – I Vésperas

— ^{5}No Se**nhor** ponho a minha esperança, *
  es**pe**ro em sua pala**v**ra.
— ^{6}A minh'**al**ma espera no Senhor *
  mais que o vi**gia** pela aurora.
— ^{7}Es**pe**re Israel pelo Senhor *
  mais que o vi**gia** pela aurora!
— Pois no Se**nhor** se encontra toda graça *
  e co**pi**osa redenção.
— ^{8}Ele **vem** libertar a Israel *
  de **to**da a sua culpa.

4º Dom. da Quaresma: Ant.
Desper**ta**, tu que **dor**mes, levan**ta-te** dos **mor**tos:
o **Cris**to te ilu**mi**na!

4º Dom. da Páscoa: Ant.
Para **Deus** nos re**miu** vosso **san**gue, ale**lui**a.

Antífona 3

4º Dom. da Quaresma:
Pelo a**mor** sem li**mi**tes com que **Deus** nos a**mou**,
deu-nos **vi**da em seu **Cris**to,
quando es**tá**vamos **mor**tos por **nos**sos pe**ca**dos.

4º Dom. da Páscoa:
Era pre**ci**so que o **Cris**to so**fres**se
para en**trar** em sua **gló**ria, ale**lui**a.

Cântico   Fl 2,6-11

Cristo, o Servo de Deus

= ^{6}Embora **fos**se de divina con**di**ção, †
  Cristo Je**sus** não se apegou ciosamente *
  a ser i**gual** em natureza a Deus Pai.
(R. Jesus **Cris**to é Se**nhor** para a **gló**ria de Deus **Pai**!)

IV Semana

=[7] **Porém** esvaziou-se de sua glória †
e assu**miu** a condição de um escravo, *
fa**zen**do-se aos homens semelhante.   (R.)

=[8] Reconhe**cido** exteriormente como homem, †
humi**lhou**-se, obedecendo até à morte, *
até à **mor**te humilhante numa cruz.   (R.)

=[9] Por isso **Deus** o exaltou sobremaneira †
e deu-lhe o **no**me mais excelso, mais sublime, *
e eleva**do** muito acima de outro nome.   (R.)

=[10] Para **que** perante o nome de Jesus †
se **do**bre reverente todo joelho, *
seja nos **céus**, seja na terra ou nos abismos.   (R.)

=[11] E toda **língua** reconheça, confessando, †
para a **gló**ria de Deus Pai e seu louvor: *
"Na ver**da**de Jesus Cristo é o Senhor!"   (R.)

4º Dom. da Quaresma: Ant.

Pelo a**mor** sem limites com que **Deus** nos a**mou**,
deu-nos **vi**da em seu **Cris**to,
quando está**vamos mor**tos por **nos**sos pe**ca**dos.

4º Dom. da Páscoa: Ant.

Era pre**ci**so que o **Cris**to so**fres**se
para en**trar** em sua **gló**ria, ale**lui**a.

A leitura breve, o responsório, a antífona do *Magnificat*, as preces e a oração como no Próprio do Tempo.

A conclusão da Hora como no Ordinário.

Invitatório

V. **Abri** os meus **lábios.** R. E minha **boca.**

Salmo invitatório, p. 944 com a antífona correspondente ao Ofício.

Domingo – Ofício das Leituras

Ofício das Leituras

V. Vinde ó **Deus**. Glória ao **Pai**. Como era (T.P. Aleluia).
Essa introdução se omite quando o Invitatório precede imediatamente ao Ofício das Leituras.

HINO correspondente ao Ofício.

Salmodia

Antífona 1

4º Dom. da Quaresma:
Quem subirá até o monte do Senhor?
Quem ficará em sua santa habitação?

4º Dom. da Páscoa:
Aleluia, removida foi a pedra
da entrada do sepulcro, aleluia.
Quando o salmo seguinte já tiver sido recitado no Invitatório, em seu lugar se diz o Salmo 94(95), à p. 944.

Salmo 23(24)
Entrada do Senhor no templo

Na ascensão, as portas do céu se abriram para o Cristo (Sto. Irineu).

– ¹ Ao Se**nhor** pertence a **ter**ra e o que ela en**ce**rra, *
o mundo in**tei**ro com os seres que o povoam;
– ² porque **e**le a tornou firme sobre os mares, *
e sobre as **á**guas a mantém inabalável.
– ³ "Quem subi**rá** até o monte do Senhor, *
quem fica**rá** em sua santa habitação?"
= ⁴ "Quem tem mãos **pu**ras e inocente coração, †
quem não di**ri**ge sua mente para o crime, *
nem jura **fal**so para o dano de seu próximo.
– ⁵ Sobre **es**te desce a bênção do Senhor *
e a recom**pen**sa de seu Deus e Salvador".
– ⁶ "É as**sim** a geração dos que o procuram, *
e do **Deus** de Israel buscam a face". –

1302

IV Semana

= ⁷"Ó **por**tas, levantai vossos frontões! †
Ele**vai**-vos bem mais alto, antigas portas, *
a fim de **que** o Rei da glória possa entrar!"

= ⁸**Dizei**-nos: "Quem é este Rei da glória?" †
"É o S**en**hor, o valoroso, o onipotente, *
o S**en**hor, o poderoso nas batalhas!"

= ⁹"Ó **por**tas, levantai vossos frontões! †
Ele**vai**-vos bem mais alto, antigas portas, *
a fim de **que** o Rei da glória possa entrar!"

= ¹⁰**Dizei**-nos: "Quem é este Rei da glória?" †
"O Rei da **gló**ria é o Senhor onipotente, *
o Rei da **gló**ria é o Senhor Deus do universo!"

4º Dom. da Quaresma: Ant.

Quem subi**rá** até o **mon**te do S**en**hor?
Quem fica**rá** em sua **san**ta habita**ção**

4º Dom. da Páscoa: Ant.

Ale**lu**ia, removida foi a **pe**dra
da en**tra**da do se**pul**cro, aleluia.

Antífona 2

4º Dom. da Quaresma:

Na**ções**, glorifi**cai** ao nosso **Deus**,
é **e**le quem dá **vi**da à nossa **vi**da.

4º Dom. da Páscoa:

Ale**lu**ia, quem pro**cu**ras, ó mu**lher**?
Entre os **mor**tos o **Vi**vente? Ale**lu**ia.

Salmo 65(66)

Hino para o sacrifício de ação de graças

*Este salmo lembra a ressurreição do Senhor e a conversão
dos gentios* (Hesíquio).

Domingo – Ofício das Leituras

I

= ¹Aclamai o Senhor **Deus**, ó terra inteira, †
²cantai **sal**mos a seu nome glorioso, *
dai a **Deus** a mais sublime louvação!

= ³Dizei a **Deus**: "Como são grandes vossas obras! †
Pela gran**de**za e o poder de vossa força, *
vossos **pró**prios inimigos vos bajulam.

– ⁴Toda a **ter**ra vos adore com respeito *
e pro**cla**me o louvor de vosso nome!"

– ⁵Vinde **ver** todas as obras do Senhor: *
seus pro**dí**gios estupendos entre os homens!

– ⁶O **mar** ele mudou em terra firme *
e passaram pelo rio a pé enxuto.

– Exul**te**mos de alegria no Senhor! *
⁷Ele do**mi**na para sempre com poder,

– e seus **o**lhos estão fixos sobre os povos: *
que os re**bel**des não se elevem contra ele!

– ⁸**Na**ções, glorificai ao nosso Deus, *
anunci**ai** em alta voz o seu louvor!

– ⁹É ele quem dá vida à nossa vida *
e não per**mi**te que vacilem nossos pés.

– ¹⁰Na ver**da**de, ó Senhor, vós nos provastes,*
nos depu**ras**tes pelo fogo como a prata.

– ¹¹Fi**zes**tes-nos cair numa armadilha *
e um grande **pe**so nos pusestes sobre os ombros.

= ¹²Permi**tis**tes aos estranhos oprimir-nos, †
nós pas**sa**mos pela água e pelo fogo, *
mas final**men**te vós nos destes um alívio!

4º Dom. da Quaresma: Ant.
Nações, glorifi**cai** ao nosso **Deus**,
é **e**le quem dá **vi**da à nossa **vi**da.

IV Semana

4º Dom. da Páscoa: Ant.
Aleluia, quem procuras, ó mulher?
Entre os mortos o Vivente? Aleluia.

Antífona 3

4º Dom. da Quaresma:
Todos vós que a Deus temeis, vinde escutar:
Vou contar-vos todo o bem que ele me fez!

4º Dom. da Páscoa:
Aleluia, não chores, Maria:
O Senhor ressurgiu, aleluia.

II

– [13] Em vossa casa entrarei com sacrifícios, *
  e cumprirei todos os votos que vos fiz;
– [14] as promessas que meus lábios vos fizeram *
  e minha boca prometeu na minha angústia.
= [15] Eu vos oferto generosos holocaustos, †
  e fumaça perfumosa dos cordeiros; *
  ofereço-vos novilhos e carneiros.
– [16] Todos vós que a Deus temeis, vinde escutar; *
  vou contar-vos todo o bem que ele me fez!
– [17] Quando a ele o meu grito se elevou, *
  já havia gratidão em minha boca!
– [18] Se eu guardasse planos maus no coração, *
  o Senhor não me teria ouvido a voz.
– [19] Entretanto, o Senhor quis atender-me *
  e deu ouvidos ao clamor da minha prece.
= [20] Bendito seja o Senhor Deus que me escutou, †
  não rejeitou minha oração e meu clamor, *
  nem afastou longe de mim o seu amor!

4º Dom. da Quaresma: Ant.
Todos vós que a Deus temeis, vinde escutar:
Vou contar-vos todo o bem que ele me fez!

Domingo – Laudes

4º Dom. da Páscoa: Ant.
**Aleluia, quem procuras, ó mulher?
Entre os mortos o Vivente? Aleluia.**
O versículo, as leituras e a oração como no Próprio do Tempo.

Laudes

V. Vinde ó **Deus**. Glória ao **Pai**. Como era (T.P. **Aleluia**).
Essa introdução se omite quando o Invitatório precede imediatamente às Laudes.

HINO próprio do Tempo.
Salmodia

Antífona 1

4º Dom. da Quaresma:
**Vós sois meu Deus, eu vos bendigo e agradeço!
Vós sois meu Deus, eu vos exalto com louvores!**
4º Dom. da Páscoa:
**Não morrerei, mas, ao contrário, viverei
para cantar as grandes obras do Senhor! Aleluia.**

Salmo 117(118)
Canto de alegria e salvação
*Ele é a pedra, que vós, os construtores, desprezastes, e que
se tornou a pedra angular (At 4,11).*

— ¹**Dai graças ao Senhor**, porque ele é **bom**! *
  "Eterna é a sua misericórdia!"

— ²A **casa** de Israel agora o diga: *
  "Eterna é a sua misericórdia!"

— ³A **casa** de Aarão agora o diga: *
  "Eterna é a sua misericórdia!"

— ⁴Os que **temem** o Senhor agora o digam: *
  "Eterna é a sua misericórdia!"

— ⁵Na minha ang**ústia** eu clamei pelo Senhor, *
  e o Se**nhor** me atendeu e libertou!

1306   IV Semana

– [6]O Senhor está comigo, nada temo; *
    o que **pode** contra mim um ser humano?
– [7]O Se**nhor** está comigo, é o meu auxílio, *
    hei de **ver** meus inimigos humilhados.
– [8]"É me**lhor** buscar refúgio no Senhor *
    do que **pôr** no ser humano a esperança;
– [9]é me**lhor** buscar refúgio no Senhor *
    do que con**tar** com os poderosos deste mundo!"

– [10]Povos pa**gãos** me rodearam todos eles, *
    mas em **no**me do Senhor os derrotei;
– [11]de todo **la**do todos eles me cercaram, *
    mas em **no**me do Senhor os derrotei;
= [12]como um enx**ame** de abelhas me atacaram, †
    como um **fo**go de espinhos me queimaram, *
    mas em **no**me do Senhor os derrotei.

– [13]Empur**raram**-me, tentando derrubar-me, *
    mas **veio** o Senhor em meu socorro.
– [14]O Se**nhor** é minha força e o meu canto, *
    e tor**nou**-se para mim o Salvador.
– [15]"Clam**ores** de alegria e de vitória *
    ress**oem** pelas tendas dos fiéis.
= [16]A mão di**reita** do Senhor fez maravilhas, †
    a mão di**reita** do Senhor me levantou, *
    a mão di**reita** do Senhor fez maravilhas!"

– [17]Não morre**rei**, mas, ao contrário, viverei *
    para can**tar** as grandes obras do Senhor!
– [18]O Se**nhor** severamente me provou, *
    mas **não** me abandonou às mãos da morte.
– [19]Abri-me **vós**, abri-me as portas da justiça; *
    quero en**trar** para dar graças ao Senhor!
– [20]"Sim, **esta** é a porta do Senhor, *
    por **ela** só os justos entrarão!"

Domingo – Laudes

— [21] Dou-vos **graças**, ó Senhor, porque me ouvistes *
e vos tor**nas**tes para mim o Salvador!

— [22] "A **pe**dra que os pedreiros rejeitaram *
tor**nou**-se agora a pedra angular.

— [23] Pelo Se**nhor** é que foi feito tudo isso: *
Que mara**vi**lhas ele fez a nossos olhos!

— [24] Este é o **dia** que o Senhor fez para nós, *
ale**gre**mo-nos e nele exultemos!

— [25] Ó Se**nhor**, dai-nos a vossa salvação, *
ó Se**nhor**, dai-nos também prosperidade!"

— [26] Ben**di**to seja, em nome do Senhor, *
a**que**le que em seus átrios vai entrando!

— Desta **ca**sa do Senhor vos bendizemos. *
[27] Que o Se**nhor** e nosso Deus nos ilumine!

— Empu**nhai** ramos nas mãos, formai cortejo, *
aproxi**mai**-vos do altar, até bem perto!

— [28] Vós sois meu **Deus,** eu vos bendigo e agradeço! *
Vós sois meu **Deus**, eu vos exalto com louvores!

— [29] Dai **graças** ao Senhor, porque ele é bom! *
"Eterna é a sua misericórdia!"

4º Dom. da Quaresma: Ant.
Vós sois meu **Deus**, eu vos ben**di**go e agra**de**ço!
Vós sois meu **Deus**, eu vos e**xal**to com louvores!

4º Dom. da Páscoa: Ant.
Não morre**rei**, mas, ao con**trá**rio, vive**rei**
para can**tar** as grandes **ob**ras do Se**nhor**! Ale**lu**ia.

Antífona 2

4º Dom. da Quaresma:
Vós **sois** pode**ro**so, Se**nhor**:
arran**cai**-nos das **mãos** violen**tas**,
liber**tai**-nos, Se**nhor**, nosso **Deus**!

4º Dom. da Páscoa:
Seja ben**di**to o vosso **no**me, nome **san**to e glori**o**so! Ale**lu**ia.

1308

Cântico   Dn 3,52-57

Louvor das criaturas ao Senhor

O Criador é bendito para sempre (Rm 1,25).

—[52] Sede bendito, Senhor **Deus** de nossos **pais**! *
A vós louvor, honra e glória eternamente!
— Sede bendito, nome santo e glorioso! *
A vós louvor, honra e glória eternamente!
—[53] No templo **san**to onde refulge a vossa glória! *
A vós louvor, honra e glória eternamente!
—[54] E em vosso **trono** de poder vitorioso! *
A vós louvor, honra e glória eternamente!
—[55] Sede bendito, que sondais as profundezas! *
A vós louvor, honra e glória eternamente!
— E superior aos querubins vos assentais! *
A vós louvor, honra e glória eternamente!
—[56] Sede bendito no celeste firmamento! *
A vós louvor, honra e glória eternamente!
—[57] Obras **to**das do Senhor, glorificai-o! *
A ele louvor, honra e glória eternamente!

4º Dom. da Quaresma: Ant.
Vós **sois** poderoso, Senhor:
arrancai-nos das **mãos** violentas,
libertai-nos, Senhor, nosso **Deus**!

4º Dom. da Páscoa: Ant.
Seja bendito o vosso **no**me, nome **san**to e glorioso! Aleluia.

Antífona 3

4º Dom. da Quaresma:
Louvai o Senhor **Deus**, por seus **fei**tos grandiosos!

4º Dom. da Páscoa:
Vinde **to**dos, e dai **glória** ao nosso **Deus**:
Ele é a **Rocha**, suas **o**bras são perfeitas,
seus **caminhos**, todos **e**les, são justiça. Aleluia.

Domingo – Hora Média

Salmo 150

Louvai o Senhor

*Salmodiai com o espírito e salmodiai com a mente, isto é:
glorificai a Deus com a alma e o corpo* (Hesíquio).

— [1]Louvai o Senhor **Deus** no santuário, *
louvai-o no alto céu de seu poder!

— [2]Louvai-o por seus feitos grandiosos, *
louvai-o em sua grandeza majestosa!

— [3]Louvai-o com o toque da trombeta, *
louvai-o com a harpa e com a cítara!

— [4]Louvai-o com a dança e o tambor, *
louvai-o com as cordas e as flautas!

— [5]Louvai-o com os címbalos sonoros, *
louvai-o com os címbalos de júbilo!

— Louve a **Deus** tudo o que vive e que respira, *
tudo **can**te os louvores do Senhor!

4º Dom. da Quaresma: Ant.

Louvai o Senhor **Deus**, por seus **fei**tos grandiosos!

4º Dom. da Páscoa: Ant.

Vinde **to**dos, e dai **gló**ria ao nosso **Deus**:
Ele é a **Ro**cha, suas **o**bras são perfeitas,
seus **ca**minhos, todos **e**les, são justiça. Aleluia.

A leitura breve, o responsório, a antífona do *Benedictus*, as preces
e a oração como no Próprio do Tempo.

A conclusão da Hora como no Ordinário.

Hora Média

V. Vinde ó **Deus**. Glória ao **Pai**. Como era (T.P. Ale**lui**a).

HINO correspondente ao Próprio do Tempo.

Salmodia

Na Quaresma: Antífona como no Próprio do Tempo.

No Tempo pascal: Ant Aleluia, aleluia, aleluia.

Salmo 22(23)

O Bom Pastor

O Cordeiro será o seu pastor e os conduzirá até às fontes da água viva (Ap 7,17).

– ¹O **Senhor** é o pas**tor** que me con**duz**; *
não me **fal**ta coisa alguma.

– ²Pelos **pra**dos e campinas verdejantes *
ele me **le**va a descansar.

– Para as **á**guas repousantes me encaminha, *
³e res**tau**ra as minhas forças.

– Ele me **gui**a no caminho mais seguro, *
pela **hon**ra do seu nome.

– ⁴Mesmo que eu **pas**se pelo vale tenebroso, *
nenhum **mal** eu temerei;

– estais co**mi**go com bastão e com cajado; *
eles me **dão** a segurança!

– ⁵Prepa**rais** à minha frente uma mesa, *
bem à **vis**ta do inimigo,

– e com **ó**leo vós ungis minha cabeça; *
o meu **cá**lice transborda.

– ⁶Felici**da**de e todo bem hão de seguir-me *
por **to**da a minha vida;

– e, na **ca**sa do Senhor, habitarei *
pelos **tem**pos infinitos.

Salmo 75(76)

Ação de graças pela vitória

Verão o Filho do Homem vindo sobre as nuvens do céu (Mt 24,30).

Domingo – Hora Média

I

– [2]Em Ju**dá** o Senhor **Deus** é conhe**cido**, *
   e seu **no**me é grandioso em Israel.
– [3]Em Sa**lém** ele fixou a sua tenda, *
   em Si**ão** edificou sua morada.
– [4]E a**li** quebrou os arcos e as flechas, *
   os es**cu**dos, as espadas e outras armas.
– [5]Resplen**den**te e majestoso apareceis *
   sobre **mon**tes de despojos conquistados.
= [6]Despo**jas**tes os guerreiros valorosos †
   que já **dor**mem o seu sono derradeiro, *
   inca**pa**zes de apelar para os seus braços.
– [7]Ante as **vos**sas ameaças, ó Senhor, *
   estarre**ce**ram-se os carros e os cavalos.

II

– [8]Sois ter**rí**vel, real**men**te, Senhor **Deus**! *
   E quem **po**de resistir à vossa ira?
– [9]Lá do **céu** pronunciastes a sentença, *
   e a **ter**ra apavorou-se e emudeceu,
– [10]quando **Deus** se levantou para julgar *
   e liber**tar** os oprimidos desta terra.

– [11]Mesmo a re**vol**ta dos mortais vos dará glória, *
   e os que so**bra**ram do furor vos louvarão.
– [12]Ao vosso **Deus** fazei promessas e as cumpri; *
   vós que o cer**cais**, trazei ofertas ao Terrível;
– [13]ele es**ma**ga os reis da terra em seu orgulho, *
   e faz tre**mer** os poderosos deste mundo!

No Tempo pascal: Ant. Ale**lui**a, ale**lui**a, ale**lui**a.

Para as outras Horas, Salmodia complementar, p. 1421.

A leitura breve, o versículo e a oração como no Próprio do Tempo.

A conclusão da Hora como no Ordinário.

1312

II Vésperas

V. Vinde ó **Deus**. Glória ao **Pai**. Como **era** (T.P. Ale**lu**ia).
HINO correspondente ao Tempo.
Salmodia

Antífona 1

4º Dom. da Quaresma:
Ele **foi** por **Deus** constituído
o **ju**iz dos **vi**vos e dos **mor**tos.

4º Dom. da Páscoa:
Procu**rai** o que é do **al**to,
onde **Cris**to está na **gló**ria,
à di**re**ita de Deus **Pai**. Ale**lu**ia.

Salmo 109(110),1-5.7
O Messias, Rei e Sacerdote

É preciso que ele reine, até que todos os seus inimigos estejam debaixo de seus pés (1Cor 15,25).

– ¹**Pa**lavra do Se**nhor** ao meu Se**nhor**: *
   "As**sen**ta-te ao lado meu direito,

– **até** que eu ponha os inimigos teus *
   como esca**be**lo por debaixo de teus pés!"

= ²O Se**nhor** estenderá desde Sião †
   vosso **ce**tro de poder, pois ele diz: *
   "Do**mi**na com vigor teus inimigos;

= ³tu és **prín**cipe desde o dia em que nasceste; †
   na **gló**ria e esplendor da santidade, *
   como o or**va**lho, antes da aurora, eu te gerei!"

= ⁴Jurou o Se**nhor** e manterá sua palavra: †
   "Tu **és** sacerdote eternamente, *
   segundo a **or**dem do rei Melquisedec!"

– ⁵À vossa **des**tra está o Senhor, ele vos diz: *
   "No dia da **i**ra esmagarás os reis da terra!

Domingo – II Vésperas

— [7] **Beberás** água corrente no caminho, *
por **isso** seguirás de fronte erguida!"

4º Dom. da Quaresma: Ant.
Ele **foi** por **Deus** constituído
o **juiz** dos **vivos** e dos **mortos**.

4º Dom. da Páscoa: Ant.
Procu**rai** o que é do **alto**,
onde **Cristo** está na **glória**,
à di**reita** de Deus **Pai**. Ale**luia**.

Antífona 2

4º Dom. da Quaresma:
Feliz o **homem** cari**doso** e presta**tivo**:
é inabalável e ja**mais** vaci**lará**.

4º Dom. da Páscoa:
Uma **luz** brilha nas **trevas** para os **justos**, aleluia.

Salmo 111(112)

A felicidade do justo

Vivei como filhos da luz. E o fruto da luz chama-se: bondade, justiça, verdade (Ef 5,8-9).

— [1] Feliz o **homem** que res**peita** o Se**nhor** *
e que **ama** com carinho a sua lei!

— [2] Sua descen**dência** será forte sobre a terra, *
abençoada a geração dos homens retos!

— [3] Haverá **glória** e riqueza em sua casa, *
e perma**nece** para sempre o bem que fez.

— [4] Ele é correto, generoso e compassivo, *
como **luz** brilha nas trevas para os justos.

— [5] Feliz o **homem** caridoso e prestativo, *
que re**solve** seus negócios com justiça.

— [6] Porque ja**mais** vacilará o homem reto, *
sua lem**brança** permanece eternamente! —

1314 IV Semana

– [7]Ele não **teme** receber notícias más: *
confiando em **Deus**, seu coração está seguro.

– [8]Seu cora**ção** está tranquilo e nada teme, *
e con**fu**sos há de ver seus inimigos.

= [9]Ele re**par**te com os pobres os seus bens, †
perma**ne**ce para sempre o bem que fez, *
e cresce**rão** a sua glória e seu poder.

= [10]O **ím**pio, vendo isso, se enfurece, †
range os **den**tes e de inveja se consome; *
mas os de**se**jos do malvado dão em nada.

4° Dom. da Quaresma: Ant.

Feliz o **ho**mem cari**do**so e presta**ti**vo:
é inaba**lá**vel e ja**mais** vacila**rá**.

4° Dom. da Páscoa: Ant.

Uma **luz** brilha nas **tre**vas para os **jus**tos, ale**lui**a.

Antifona 3

4° Dom. da Quaresma:

Na pai**xão** de seu **Fi**lho Jesus **Cris**to,
Deus cum**priu** o a**nún**cio dos pro**fe**tas.

Cântico   1Pd 2,21-24

A paixão voluntária de Cristo, Servo de Deus

= [21]O **Cris**to por **nós** pade**ceu**, †
dei**xou**-nos o exemplo a se**guir**. *
Si**ga**mos, portanto, seus **pas**sos!

– [22]Pe**ca**do nenhum cometeu, *
nem **hou**ve engano em seus **lá**bios.

(R. Por suas **cha**gas nós **fo**mos cu**ra**dos.)

= [23]Insul**ta**do, ele não insul**ta**va; †
ao so**frer** e ao ser maltra**ta**do, *
ele **não** amea**ça**va vin**gan**ça;

– entre**ga**va, porém, sua **cau**sa *
À**que**le que é justo **juiz**.   (R.)

Domingo – II Vésperas

—24 **Carregou** sobre si nossas culpas *
em seu **cor**po, no lenho da cruz,
= para que, **mor**tos aos nossos pecados, †
na jus**ti**ça de Deus nós vivamos. *
Por suas **cha**gas nós fomos curados. (R.)

4º Dom. da Quaresma: Ant.

Na pai**xão** de seu **Fi**lho Jesus **Cris**to,
Deus cum**pri**u o a**nún**cio dos pro**fe**tas.

4º Dom. da Páscoa:

Ale**lui**a, ao nosso **Deus** a salva**ção**,
honra, **gló**ria e po**der**, ale**lui**a.

No cântico seguinte dizem-se os Aleluias entre parênteses somente quando se canta; na recitação, basta dizer os Aleluias no começo, entre as estrofes e no fim.

Cântico   cf. Ap 19,1-2.5-7

As núpcias do Cordeiro

= Aleluia, (Aleluia!).
1 Ao nosso **Deus** a salva**ção**, *
honra, **gló**ria e poder! (Aleluia!).
—2 Pois são ver**da**de e justiça *
os ju**í**zos do Senhor.
R. Aleluia, (Aleluia!).

= Aleluia, (Aleluia!).
5 Cele**brai** o nosso Deus, *
servi**do**res do Senhor! (Aleluia!).
— E vós **to**dos que o temeis, *
vós os **gran**des e os pequenos!
R. Aleluia, (Aleluia!).

= Aleluia, (Aleluia!).
=6 De seu **Rei**no tomou posse *
nosso **Deus** onipotente! (Aleluia!).

IV Semana

— ⁷Exultemos de alegria, *
demos **glória** ao nosso Deus!

R. Aleluia, (Aleluia!).

= Aleluia, (Aleluia!).
Eis que as **núp**cias do Cordeiro *
redivivo se aproximam! (Aleluia!).

— Sua Es**po**sa se enfeitou, *
se ves**tiu** de linho puro.

R. Aleluia, (Aleluia!).

4º Dom. da Páscoa: Ant.

**Aleluia, ao nosso Deus a salvação,
honra, glória e poder, aleluia.**

A leitura breve, o responsório; a antífona do *Magnificat*, as preces
e a oração como no Próprio do Tempo.

A conclusão da Hora como no Ordinário.

IV SEGUNDA-FEIRA

Invitatório

V. **Abri** os meus **lá**bios. R. E minha **bo**ca.
Salmo invitatório, p. 944 com a antífona correspondente ao Ofício.

Ofício das Leituras

V. Vinde ó **Deus**. Glória ao **Pai**. Como **era** (T.P. Ale**lui**a).
Essa introdução se omite quando o Invitatório precede imediatamente ao Ofício das Leituras.

HINO correspondente ao Ofício.

Salmodia

Ant. 1 Como **Deus** é tão bon**do**so para os **jus**tos,
para a**que**les que têm **pu**ro o cora**ção**! (T.P. Ale**lui**a). †

Salmo 72(73)

O sofrimento do justo

Feliz aquele que não se escandaliza por causa de mim (Mt 11,6).

I

— ¹ Como **Deus** é tão bon**do**so para os **jus**tos, *
para a**que**les que têm puro o coração!
— ² † Mas por **pou**co os meus pés não resvalaram, *
e **qua**se escorregaram os meus passos;
— ³ che**guei** a ter inveja dos malvados, *
ao **ver** o bem-estar dos pecadores.
— ⁴ Para **e**les não existe sofrimento, *
seus **cor**pos são robustos e sadios;
— ⁵ não **so**frem a dureza do trabalho *
nem co**nhe**cem a aflição dos outros homens.
— ⁶ Eles **fa**zem do orgulho o seu colar, *
da vio**lên**cia, uma veste que os envolve;

1318   IV Semana

— ⁷transpira a maldade de seu corpo, *
   transbordam falsidade suas mentes.
— ⁸Zombam do **bem** e elogiam o que é mau, *
   exaltam com orgulho a opressão;
— ⁹investe sua boca contra o céu, *
   e sua língua envenena toda a terra.
— ¹⁰Por isso **vai** meu povo procurá-los *
   e beber com avidez nas suas fontes;
— ¹¹eles dizem: "Por acaso Deus entende, *
   e o Altíssimo conhece alguma coisa?"
— ¹²Olhai **bem**, pois são assim os pecadores, *
   que tranquilos amontoam suas riquezas.

Ant. Como **Deus** é tão bondoso para os **justos**,
   para aqueles que têm **puro** o coração! (T.P. Aleluia).

Ant. 2 Os **maus** que hoje **riem**, amanhã hão de cho**rar**.

II

— ¹³Será em **vão** que guardei **puro** o coração *
   e lavei na inocência minhas mãos?
— ¹⁴Porque **sou** chicoteado todo o tempo *
   e recebo meus castigos cada dia.
— ¹⁵Se eu pensasse: "Vou fazer igual a eles", *
   trairia a geração dos vossos filhos.
— ¹⁶Pus-me en**tão** a refletir sobre este enigma, *
   mas pareceu-me uma tarefa bem difícil.
— ¹⁷Até que um **dia**, penetrando esse mistério, *
   compreendi qual é a sorte que os espera,
— ¹⁸pois colocais os pecadores num declive, *
   e vós **mes**mo os empurrais para a desgraça.
— ¹⁹Num instante eles caíram na ruína, *
   acabaram e morreram de terror!
— ²⁰Como um sonho ao despertar, ó Senhor Deus, *
   ao levan**tar**-vos, desprezais a sua imagem.

Segunda-feira – Laudes

Ant. Os **maus** que hoje **ri**em, ama**nhã** hão de cho**rar**.

Ant. 3 Have**rão** de pere**cer** os que vos **dei**xam;
para **mim** só há um **bem**: é estar com **Deus**.

III

—²¹ Quando en**tão** se revol**ta**va o meu es**pí**rito, *
e dentro em **mim** o coração se atormentava,
—²² eu, es**tul**to, não podia compreender; *
perante **vós** me comportei como animal.
—²³ Mas a**go**ra eu estarei sempre convosco, *
porque **vós** me segurastes pela mão;
—²⁴ vosso con**se**lho vai guiar-me e conduzir-me, *
para le**var**-me finalmente à vossa glória!
—²⁵ Para **mim**, o que há no céu fora de vós? *
Se estou con**vos**co, nada mais me atrai na terra!
=²⁶ Mesmo que o **cor**po e o coração se vão gastando, †
Deus é o a**poi**o e o fundamento da minh'alma, *
é minha **par**te e minha herança para sempre!
—²⁷ Eis que have**rão** de perecer os que vos deixam, *
extermi**nais** os que sem vós se prostituem.
—²⁸ Mas para **mim** só há um bem: é estar com Deus *
é colo**car** o meu refúgio no Senhor
— e anunci**ar** todas as vossas maravilhas *
junto às **por**tas da cidade de Sião.

Ant. Have**rão** de pere**cer** os que vos **dei**xam;
para **mim** só há um **bem**: é estar com **Deus**.

O versículo, as leituras e a oração, correspondentes ao Ofício
celebrado.

Laudes

V. Vinde ó **Deus**. Glória ao **Pai**. Como era (T.P. Aleluia).
Essa introdução se omite quando o Invitatório precede imediatamente às Laudes.

IV Semana

HINO correspondente ao Ofício.
Salmodia

Antífona 1

Na Quaresma:
Saciai-nos de ma**nhã** com vosso **amor!**
No Tempo pascal:
Que a bon**da**de do Se**nhor** e nosso **Deus**
re**pou**se sobre **nós** e nos con**du**za. Ale**lui**a.

Salmo 89(90)

O esplendor do Senhor esteja sobre nós

Para o Senhor, um dia é como mil anos, e mil anos como um dia (2Pd 3,8).

— ¹Vós **fos**tes um re**fú**gio para **nós,** *
ó Se**nhor,** de geração em geração.

= ²Já bem **an**tes que as montanhas fossem feitas †
ou a **ter**ra e o mundo se formassem, *
desde **sem**pre e para sempre vós sois Deus.

— ³Vós fa**zeis** voltar ao pó todo mortal, *
quando di**zeis:** "Voltai ao pó, filhos de Adão!"

— ⁴Pois mil **a**nos para vós são como ontem, *
qual vi**gí**lia de uma noite que passou.

— ⁵Eles **pas**sam como o sono da manhã, *
⁶são i**guais** à erva verde pelos campos:

— De ma**nhã** ela floresce vicejante, *
mas à **tar**de é cortada e logo seca.

— ⁷Por vossa **i**ra perecemos realmente, *
vosso fu**ror** nos apavora e faz tremer;

— ⁸pu**ses**tes nossa culpa à nossa frente, *
nossos se**gre**dos ao clarão de vossa face.

— ⁹Em vossa **i**ra se consomem nossos dias, *
como um **so**pro se acabam nossos anos.

Segunda-feira – Laudes

—[10] Pode durar setenta anos nossa vida, *
os mais fortes talvez cheguem a oitenta;
—   a maior parte é ilusão e sofrimento: *
passam depressa e também nós assim passamos.

—[11] Quem avalia o poder de vossa ira, *
o respeito e o temor que mereceis?

—[12] Ensinai-nos a contar os nossos dias, *
e dai ao nosso coração sabedoria!

—[13] Senhor, voltai-vos! Até quando tardareis? *
Tende piedade e compaixão de vossos servos!

—[14] Saciai-nos de manhã com vosso amor, *
e exultaremos de alegria todo o dia!

—[15] Alegrai-nos pelos dias que sofremos, *
pelos anos que passamos na desgraça!

—[16] Manifestai a vossa obra a vossos servos, *
e a seus filhos revelai a vossa glória!

—[17] Que a bondade do Senhor e nosso Deus *
repouse sobre nós e nos conduza!

—   Tornai fecundo, ó Senhor, nosso trabalho, *
fazei dar frutos o labor de nossas mãos!

Na Quaresma: Ant.
Saciai-nos de manhã com vosso amor!

No Tempo pascal: Ant.
Que a bondade do Senhor e nosso Deus
repouse sobre nós e nos conduza. Aleluia.

Antífona 2

Na Quaresma:
Louvores ao Senhor dos confins de toda a terra!

No Tempo pascal:
Diante deles mudarei em luz as trevas, aleluia.

IV Semana

Cântico   Is 42,10-16

Hino ao Deus vencedor e salvador

Cantavam um cântico novo diante do trono (Ap 14,3).

— ¹⁰Cantai ao Senhor **Deus** um canto **no**vo, *
    louvor a **el**e dos confins de toda a terra!

— Louve ao Se**nhor** o oceano e o que há nele, *
    louvem as **il**has com os homens que as habitam!

— ¹¹Ergam um **can**to os desertos e as cidades, *
    e as **ten**das de Cedar louvem a Deus!

— Habi**tan**tes dos rochedos, aclamai; *
    dos altos **mon**tes sobem gritos de alegria!

— ¹²Todos **e**les deem glória ao Senhor, *
    e nas **il**has se proclame o seu louvor!

— ¹³Eis o Se**nhor** como herói que vai chegando, *
    como guer**rei**ro com vontade de lutar;

— solta seu **gri**to de batalha aterrador *
    como va**len**te que enfrenta os inimigos.

— ¹⁴"Por muito **tem**po me calei, guardei silêncio, *
    fiquei cala**do** e, paciente, me contive;

— mas grito a**go**ra qual mulher que está em parto, *
    ofe**gan**te e sem alento em meio às dores.

— ¹⁵As mon**ta**nhas e as colinas destruirei, *
    farei se**car** toda a verdura que as reveste;

— muda**rei** em terra seca os rios todos, *
    farei se**car** todos os lagos e açudes.

— ¹⁶Conduzi**rei**, então, os cegos pela mão *
    e os leva**rei** por um caminho nunca visto;

— hei de gui**á**-los por atalhos e veredas *
    até en**tão** desconhecidos para eles.

— Diante **de**les mudarei em luz as trevas, *
    farei **pla**nos os caminhos tortuosos.

— Tudo **is**so hei de fazer em seu favor, *
    e ja**mais** eu haverei de abandoná-los!"

Segunda-feira – Laudes

Na Quaresma: Ant.
Louvores ao Senhor dos confins de toda a terra!

No Tempo pascal: Ant.
Diante deles mudarei em luz as trevas, aleluia.

Antífona 3

Na Quaresma:
Louvai o Senhor, bendizei-o,
vós que estais junto aos átrios de Deus!

No Tempo pascal:
Ele faz tudo quanto lhe agrada, aleluia.

Salmo 134(135),1-12

Louvor ao Senhor por suas maravilhas

Povo que ele conquistou, proclamai as obras admiráveis daquele que vos chamou das trevas para a sua luz maravilhosa (cf. 1Pd 2,9).

– ¹ Louvai o Senhor, bendizei-o; *
louvai o Senhor, servos seus,

– ² que celebrais o louvor em seu templo *
e habitais junto aos átrios de Deus!

– ³ Louvai o Senhor, porque é bom; *
cantai ao seu nome suave!

– ⁴ Escolheu para si a Jacó, *
preferiu Israel por herança.

– ⁵ Eu bem sei que o Senhor é tão grande, *
que é maior do que todos os deuses.

= ⁶ Ele faz tudo quanto lhe agrada, †
nas alturas dos céus e na terra, *
no oceano e nos fundos abismos.

= ⁷ Traz as nuvens do extremo da terra, †
transforma os raios em chuva, *
das cavernas libera os ventos. –

1324   IV Semana

– [8]No Egito feriu primogênitos, *
desde homens até animais.
– [9]Fez milagres, prodígios, portentos, *
perante Faraó e seus servos.
– [10]Abateu numerosas nações *
e matou muitos reis poderosos:
= [11]A Seon que foi rei amorreu, †
e a Og que foi rei de Basã, *
como a todos os reis cananeus.
– [12]Ele deu sua terra em herança, *
em herança a seu povo, Israel.

Na Quaresma: Ant.
Louvai o Senhor, bendizei-o,
vós que estais junto aos átrios de Deus!

No Tempo pascal: Ant.
Ele faz tudo quanto lhe agrada, aleluia.
A leitura breve, o responsório, a antífona do *Benedictus*, as preces
e a oração correspondentes ao Ofício celebrado.

A conclusão da Hora como no Ordinário.

Hora Média

V. Vinde ó Deus. Glória ao Pai. Como era (T.P. Aleluia).
HINO correspondente ao Ofício.

Salmodia

Na Quaresma: Antífona como no Próprio do Tempo.

No Tempo pascal: Ant. Aleluia, aleluia, aleluia.

Salmo 118(119),129-136
XVII (Phe)

Meditação sobre a Palavra de Deus na Lei
O amor é o cumprimento perfeito da Lei (Rm 13,10).

Segunda-feira – Hora Média

—[129] Maravilhosos são os **voss**os teste**mu**nhos, *
eis por **que** meu coração os observa!

—[130] Vossa pa**lav**ra, ao revelar-se, me ilumina, *
ela **dá** sabedoria aos pequeninos.

—[131] Abro a **bo**ca e aspiro largamente, *
pois estou **á**vido de vossos mandamentos.

—[132] Senhor, vol**tai**-vos para mim, tende piedade, *
como fa**zeis** para os que amam vosso nome!

—[133] Con**for**me a vossa lei firmai meus passos, *
para que **não** domine em mim a iniquidade!

—[134] Liber**tai**-me da opressão e da calúnia, *
para que eu **pos**sa observar vossos preceitos!

—[135] Fazei bri**lhar** vosso semblante ao vosso servo, *
e ensi**nai**-me vossas leis e mandamentos!

—[136] Os meus **o**lhos derramaram rios de pranto, *
porque os **ho**mens não respeitam vossa lei.

Salmo 81(82)

Admoestação aos juízes iníquos

*Não queirais julgar antes do tempo. Aguardai que o Se-
nhor venha* (1Cor 4,5).

—[1] Deus se le**van**ta no conselho dos juízes *
e pro**fe**re entre os deuses a sentença:

—[2] "Até **quan**do julgareis injustamente, *
favore**cen**do sempre a causa dos perversos?

—[3] Fazei jus**ti**ça aos indefesos e aos órfãos, *
ao **po**bre e ao humilde absolvei!

—[4] Liber**tai** o oprimido, o infeliz, *
da **mão** dos opressores arrancai-os!"

=[5] Mas **e**les não percebem nem entendem, †
pois ca**mi**nham numa grande escuridão, *
aba**lan**do os fundamentos do universo!

1326

IV Semana

– ⁶Eu **disse**: "Ó juízes, vós sois deuses, *
sois **f**ilhos todos vós do Deus Altíssimo!

– ⁷E, con**tu**do, como homens morrereis, *
cai**reis** como qualquer dos poderosos!"

– ⁸Levan**tai**-vos, ó Senhor, julgai a terra! *
porque a **vós** é que pertencem as nações!

Salmo 119(120)

Desejo da paz

Sede fortes nas tribulações, perseverantes na oração (Rm 12,12).

– ¹**Clamei** pelo Se**nhor** na minha ang**ú**stia, *
e **e**le me escutou, quando eu dizia:

– ²ᵃ"Senhor, liv**rai**-me desses lábios mentirosos, *
e da **lín**gua enganadora libertai-me!

– ³Qual **será** a tua paga, o teu castigo, *
ó **lín**gua enganadora, qual será?

– ⁴Serão **f**lechas aguçadas de guerreiros, *
ac**e**sas em carvões incandescentes.

– ⁵Ai de **mim**! sou exilado em Mosoc, *
devo acam**par** em meio às tendas de Cedar!

– ⁶Já se pro**lon**ga por demais o meu desterro *
entre este **po**vo que não quer saber de paz!

– ⁷Quando eu **fa**lo sobre paz, quando a promovo, *
é a **guer**ra que eles tramam contra mim!"

No Tempo pascal: Ant. Ale**lui**a, ale**lui**a, ale**lui**a.

Para as outras Horas, Salmodia complementar, das séries II e III, p. 1423.

A leitura breve, o versículo e a oração correspondentes ao Ofício celebrado.

A conclusão da Hora como no Ordinário.

Segunda-feira – Vésperas

Vésperas

V. Vinde ó **Deus**. Glória ao **Pai**. Como era (T.P. Aleluia).
HINO correspondente ao Ofício.
Salmodia

Antífona 1

Na Quaresma:
Demos **graças** ao Se**nhor**, porque e**ter**no é seu **amor**!

No Tempo pascal:
Quem **vive** em Jesus **Cris**to é uma **no**va criatura. Ale**lui**a.

Quando o salmo seguinte já tiver sido recitado no Invitatório, em seu lugar se diz o Salmo 94(95), à p. 944.

Salmo 135(136)
Hino pascal pelas maravilhas do Deus criador e libertador

Anunciar as maravilhas de Deus é louvá-lo (Cassiodoro).

I

– [1] Demos **graças** ao Se**nhor**, porque ele é **bom**: *
   Porque e**ter**no é seu amor!
– [2] Demos **graças** ao Se**nhor**, Deus dos **deus**es: *
   Porque e**ter**no é seu **amor**!
– [3] Demos **graças** ao Senhor dos senhores: *
   Porque e**ter**no é seu amor!
– [4] Somente **ele** é que fez grandes maravilhas: *
   Porque e**ter**no é seu amor!
– [5] Ele cri**ou** o firmamento com saber: *
   Porque e**ter**no é seu amor!
– [6] Esten**deu** a terra firme sobre as águas: *
   Porque e**ter**no é seu amor!
– [7] Ele cri**ou** os luminares mais brilhantes: *
   Porque e**ter**no é seu amor!

1328

— [8]Criou o **sol** para o dia presidir: *
Porque **eter**no é seu amor!
— [9]Criou a **lua** e as estrelas para a noite: *
Porque **eter**no é seu amor!

Na Quaresma: Ant.

Demos **graças** ao Se**nhor**, porque eter**no** é seu **amor**!

No Tempo pascal: Ant.

Quem **vive** em Jesus **Cris**to é uma **nova** criatura. Ale**luia**.

Antífona 2

Na Quaresma:

Como são **gran**des e admi**rá**veis vossas **obras**,
ó Se**nhor** e nosso **Deus** onipo**ten**te!

No Tempo pascal:

A**me**mos a **Deus**, pois **Ele**, o Se**nhor**,
nos a**mou** por pri**mei**ro, ale**luia**.

II

— [10]Ele fe**riu** os primo**gê**nitos do E**gi**to: *
Porque **eter**no é seu **amor**!
— [11]E ti**rou** do meio deles Israel: *
Porque **eter**no é seu amor!
— [12]Com mão **for**te e com braço estendido: *
Porque **eter**no é seu amor!
— [13]Ele cor**tou** o mar Vermelho em duas partes: *
Porque **eter**no é seu amor!
— [14]Fez pas**sar** no meio dele Israel: *
Porque **eter**no é seu amor!
— [15]E afo**gou** o Faraó com suas tropas: *
Porque **eter**no é seu amor!
— [16]Ele gui**ou** pelo deserto o seu povo: *
Porque **eter**no é seu amor!
— [17]E fe**riu** por causa dele grandes reis: *
Porque **eter**no é seu amor!

Segunda-feira – Vésperas

– ¹⁸Reis poderosos fez morrer por causa dele: *
  Porque eterno é seu amor!
– ¹⁹A Seon que fora rei dos amorreus: *
  Porque eterno é seu amor!
– ²⁰E a Og, o soberano de Basã: *
  Porque eterno é seu amor!
– ²¹Repartiu a terra deles como herança: *
  Porque eterno é seu amor!
– ²²Como herança a Israel, seu servidor: *
  Porque eterno é seu amor!
– ²³De nós, seu povo humilhado, recordou-se: *
  Porque eterno é seu amor!
– ²⁴De nossos inimigos libertou-nos: *
  Porque eterno é seu amor!
– ²⁵A todo ser vivente ele alimenta: *
  Porque eterno é seu amor!
– ²⁶Demos graças ao Senhor, o Deus dos céus: *
  Porque eterno é seu amor!

Na Quaresma: Ant.
Como são grandes e admiráveis vossas obras,
ó Senhor e nosso Deus onipotente!

No Tempo pascal: Ant.
Amemos a Deus, pois Ele, o Senhor,
nos amou por primeiro, aleluia.

Antífona 3

Na Quaresma:
Na plenitude dos tempos,
quis o Pai reunir todas as coisas no Cristo.

No Tempo pascal:
Todos nós recebemos de sua plenitude
graça após graça. Aleluia.

1330   IV Semana

Cântico   Ef 1,3-10

O plano divino da salvação

— ³ Bendito e louvado seja **Deus**, *
     o **Pai** de Jesus Cristo, Senhor nosso,
— que do alto **céu** nos abençoou em Jesus Cristo *
     com **bênção** espiritual de toda sorte!

(R. **Bendito** sejais **vós**, nosso **Pai**,
     que **nos** abençoastes em **Cristo**!)

— ⁴ Foi em **Cristo** que Deus Pai nos escolheu, *
     já bem **antes** de o mundo ser criado,
— para que **fôssemos**, perante a sua face, *
     sem **mácula** e santos pelo amor.   (R.)

= ⁵ Por **livre** decisão de sua vontade, †
     predesti**nou**-nos, através de Jesus Cristo, *
     a sermos **nele** os seus filhos adotivos,
— ⁶ para o lou**vor** e para a glória de sua graça, *
     que em seu **Filho** bem-amado nos doou.   (R.)

— ⁷ É **nele** que nós temos redenção, *
     dos pe**cados** remissão pelo seu sangue.
= Sua **graça** transbordante e inesgotável †
     ⁸ Deus derra**ma** sobre nós com abundância, *
     de sa**ber** e inteligência nos dotando.   (R.)

— ⁹ E **assim**, ele nos deu a conhecer *
     o mis**tério** de seu plano e sua vontade,
— que propu**sera** em seu querer benevolente, *
     ¹⁰ na ple**nitu**de dos tempos realizar:
— o de**sígnio** de, em Cristo, reunir *
     todas as **coisas**: as da terra e as do céu.   (R.)

Na Quaresma: Ant.
Na ple**nitu**de dos **tempos**,
quis o **Pai** reunir todas as **coisas** no **Cristo**.

Segunda-feira – Vésperas

No Tempo pascal: Ant.

Todos nós recebemos de sua plenitude graça após graça. Aleluia.

A leitura breve, o responsório, a antífona do *Magnificat*, as preces e a oração correspondentes ao Ofício celebrado.

A conclusão da Hora como no Ordinário.

IV TERÇA-FEIRA

Invitatório

V. **Abri** os meus **lábios**. R. E minha **boca**.

Salmo invitatório, p. 944 com a antífona correspondente ao Ofício.

Ofício das Leituras

V. Vinde ó **Deus**. Glória ao **Pai**. Como era (T.P. Ale**luia**).

Essa introdução se omite quando o Invitatório precede imediatamente ao Ofício das Leituras.

HINO correspondente ao Ofício.

Salmodia

Ant. 1 Ó Se**nhor**, chegue até **vós** o meu cla**mor**,
não me ocul**teis** a vossa **face** em minha **dor**!

Salmo 101(102)

Anseios e preces de um exilado

Bendito seja Deus que nos consola em todas as nossas aflições! (2Cor 1,4).

I

— ² Ouvi, Se**nhor**, e escu**tai** minha ora**ção**, *
e **che**gue até vós o meu clamor!
— ³ De **mim** não oculteis a vossa face *
no **dia** em que estou angustiado!
— Incli**nai** o vosso ouvido para mim, *
ao invo**car**-vos atendei-me sem demora!
— ⁴ Como fu**ma**ça se desfazem os meus dias, *
estão quei**man**do como brasas os meus ossos.
— ⁵ Meu cora**ção** se tornou seco igual à erva, *
até es**que**ço de tomar meu alimento.
— ⁶ À **for**ça de gemer e lamentar, *
tor**nei**-me tão somente pele e osso. —

Terça-feira – Ofício das Leituras

– [7]Eu pareço um pelicano no deserto, *
   sou igual a uma coruja entre ruínas.
– [8]Perdi o sono e passo a noite a suspirar *
   como a ave solitária no telhado.
– [9]Meus inimigos me insultam todo o dia, *
   enfurecidos lançam pragas contra mim.
– [10]É cinza em vez de pão minha comida, *
   minha bebida eu misturo com as lágrimas.
– [11]Em vossa indignação, em vossa ira *
   me exaltastes, mas depois me rejeitastes;
– [12]Os meus dias como sombras vão passando, *
   e aos poucos vou murchando como a erva.

Ant. Ó Senhor, chegue até vós o meu clamor,
   não me oculteis a vossa face em minha dor!

Ant. 2 Ouvi, Senhor, a oração dos oprimidos!

II

– [13]Mas vós, Senhor, permaneceis eternamente, *
   de geração em geração sereis lembrado!
– [14]Levantai-vos, tende pena de Sião, *
   já é tempo de mostrar misericórdia!
– [15]Pois vossos servos têm amor aos seus escombros *
   e sentem compaixão de sua ruína.
– [16]As nações respeitarão o vosso nome, *
   e os reis de toda a terra, a vossa glória;
– [17]quando o Senhor reconstruir Jerusalém *
   e aparecer com gloriosa majestade,
– [18]ele ouvirá a oração dos oprimidos *
   e não desprezará a sua prece.
– [19]Para as futuras gerações se escreva isto, *
   e um povo novo a ser criado louve a Deus.
– [20]Ele inclinou-se de seu templo nas alturas, *
   e o Senhor olhou a terra do alto céu,

1334 IV Semana

—²¹para os gemidos dos cativos escutar *
e da morte libertar os condenados.
—²²Para que cantem o seu nome em Sião *
e louve ao Senhor Jerusalém,
—²³quando os povos e as nações se reunirem *
e todos os impérios o servirem.

Ant. Ouvi, Senhor, a oração dos oprimidos!

Ant. 3 A terra, no princípio, vós criastes,
e os céus, por vossas mãos, foram criados.
(T.P. Aleluia).

III

—²⁴Ele abateu as minhas forças no caminho *
e encurtou a duração da minha vida.
= Agora eu vos suplico, ó meu Deus: †
²⁵não me leveis já na metade dos meus dias, *
vós, cujos anos são eternos, ó Senhor!
—²⁶A terra no princípio vós criastes, *
por vossas mãos também os céus foram criados;
—²⁷eles perecem, vós porém permaneceis; *
como veste os mudais e todos passam;
— ficam velhos todos eles como roupa, *
²⁸mas vossos anos não têm fim, sois sempre o mesmo!
=²⁹Assim também a geração dos vossos servos †
terá casa e viverá em segurança, *
e ante vós se firmará sua descendência.

Ant. A terra, no princípio, vós criastes
e os céus, por vossas mãos, foram criados.
(T.P. Aleluia).

O versículo, as leituras e a oração correspondentes ao Ofício
celebrado.

Terça-feira – Laudes

Laudes

V. Vinde ó **Deus**. Glória ao **Pai**. Como era (T.P. Ale**luia**).
Essa introdução se omite quando o Invitatório precede imediatamente às Laudes.

HINO correspondente ao Ofício.

Salmodia

Antífona 1

Na Quaresma:
Cant**arei** os meus **hinos** a **vós**, ó S**e**nhor;
desejo tri**lhar** o caminho do **bem**.

No Tempo pascal:
Quem fizer a vontade do **Pai**,
no **Reino** dos **Céus** entrará. Aleluia.

Salmo 100(101)
Propósitos de um rei justo

Se me amais, guardai os meus mandamentos (Jo 14,15).

— ¹Eu qu**ero** cantar o a**mor** e a just**iça**, *
  can**tar** os meus hinos a **vós**, ó Senhor!
— ²Desejo trilhar o ca**minho** do bem, *
  mas **quan**do vireis até **mim**, ó Senhor?
— Viver**ei** na pureza do **meu** coração, *
  no **mei**o de toda a **minha** família.
— ³Di**ante** dos olhos eu nu**nca** terei *
  qual**quer** coisa má, injus**tiça** ou pecado.
— Det**est**o o crime de **quem** vos renega; *
  que **não** me atraia de **mo**do nenhum!
— ⁴Bem **lon**ge de mim, cora**ções** depravados, *
  nem **no**me eu conheço de **quem** é malvado.
— ⁵Far**ei** que se cale di**ante** de mim *
  quem é **fal**so e às ocultas di**fama** seu próximo;
— o cora**ção** orgulhoso, o o**lhar** arrogante *
  não **vou** suportar e não **que**ro nem ver. —

1336   IV Semana

— [6]Aos fiéis desta terra eu **vol**to meus olhos; *
   que eles estejam bem **per**to de mim!
— **Aque**le que vive fa**zen**do o bem *
   ser**á** meu ministro, ser**á** meu amigo.

— [7]Na **mi**nha morada não **po**de habitar *
   o **ho**mem perverso e **aque**le que engana;
— **aque**le que mente e que **faz** injustiça *
   pe**ran**te meus olhos não **po**de ficar.

— [8]Em cada man**hã** have**rei** de acabar *
   com **to**dos os ímpios que **vi**vem na terra;
— fa**rei** suprimir da ci**da**de de Deus *
   a **to**dos aqueles que **fa**zem o mal.

Na Quaresma: Ant.
**Cantarei os meus hinos a vós, ó Senhor;
desejo trilhar o caminho do bem.**

No Tempo pascal: Ant.
**Quem fizer a vontade do Pai,
no Reino dos Céus entrará. Aleluia.**

Antífona 2

Na Quaresma:
Senhor Deus, não nos tireis vosso favor!

No Tempo pascal:
**Que os povos da terra aprendam de nós
vosso amor, aleluia.**

Cântico   Dn 3,26.27.29.34-41

Oração de Azarias na fornalha

*Arrependei-vos e convertei-vos, para que vossos pecados
sejam perdoados!* (At 3,19).

— [26]Sede bendito, Senhor **Deus** de nossos **pais**. *
   Louvor e **gló**ria ao vosso nome para sempre!

Terça-feira – Laudes

—²⁷Porque em **tu**do o que fizestes vós sois justo, *
reto no a**gir,** e no julgar sois verdadeiro.

—²⁹Sim, pe**ca**mos afastando-nos de vós, *
agimos **mal** em tudo aquilo que fizemos.

—³⁴Não nos dei**xeis** eternamente, vos pedimos, *
por vosso **no**me: não rompais vossa Aliança!

—³⁵Senhor **Deus**, não nos tireis vosso favor, †
por Abra**ão**, o vosso amigo, por Isaac, *
o vosso **servo**, e por Jacó, o vosso santo!

=³⁶Pois a **e**les prometestes descendência †
nume**ro**sa como os astros que há nos céus, *
incont**á**vel como a areia que há nas praias.

=³⁷Eis, Se**nhor**, mais reduzidos nós estamos †
do que **to**das as nações que nos rodeiam; *
por nossos **cri**mes nos humilham em toda a terra!

—³⁸Já não **te**mos mais nem chefe nem profeta; *
não há **mais** nem oblação nem holocaustos,

— não há lu**gar** de oferecer-vos as primícias, *
que nos **fa**çam alcançar misericórdia!

=³⁹Mas acei**tai** o nosso espírito abatido, †
e rece**bei** o nosso ânimo contrito *
⁴⁰como holo**caus**tos de cordeiros e de touros.

= Assim, **ho**je, nossa oferta vos agrade, †
pois não se**rão**, de modo algum, envergonhados *
os que **põem** a esperança em vós, Senhor!

=⁴¹De cora**ção** vos seguiremos desde agora, *
com res**pei**to procurando a vossa face!

Na Quaresma: Ant.
Senhor **Deus**, não nos ti**reis** vosso fa**vor**!

No Tempo pascal: Ant.
Que os **po**vos da **ter**ra apre**n**dam de **nós**
vosso **amor**, ale**lui**a.

1338   IV Semana

Antífona 3

Na Quaresma:
Um canto **novo**, meu **Deus**, vou cantar-vos.

No Tempo pascal:
O Se**nhor** é meu re**fú**gio e o **meu** Liberta**dor**. Ale**lu**ia.

Salmo 143(144),1-10
Oração pela vitória e pela paz

Tudo posso naquele que me dá força (Fl 4,13).

= ¹Bendito **seja** o Se**nhor**, meu ro**che**do, †
   que ades**trou** minhas mãos para a luta, *
   e os meus **dedos** treinou para a guerra!

— ²Ele **é** meu amor, meu refúgio, *
   liberta**dor**, fortaleza e abrigo.
— É meu es**cu**do: é nele que espero, *
   ele sub**me**te as nações a meus pés.

= ³Que é o **ho**mem, Senhor, para vós? †
   Por que **de**le cuidais tanto assim, *
   e no **fi**lho do homem pensais?
— ⁴Como o **so**pro de vento é o homem, *
   os seus **di**as são sombra que passa.

— ⁵Incli**nai** vossos céus e descei, *
   tocai os **mon**tes, que eles fumeguem.
— ⁶Fulmi**nai** o inimigo com raios, *
   lançai **fle**chas, Senhor, dispersai-o!

= ⁷Lá do **al**to estendei vossa mão, †
   reti**rai**-me do abismo das águas, *
   e sal**vai**-me da mão dos estranhos;
— ⁸sua **bo**ca só tem falsidade, *
   sua **mão** jura falso e engana.

— ⁹Um canto **no**vo, meu Deus, vou cantar-vos, *
   nas dez **cor**das da harpa louvar-vos,
— ¹⁰a vós que **dais** a vitória aos reis *
   e sal**vais** vosso servo Davi.

Terça-feira – Hora Média

Na Quaresma: Ant.
Um canto **novo**, meu **Deus**, vou can**tar-vos**.
No Tempo pascal: Ant.
O **Se**n**hor** é meu re**fú**gio e o **meu** Liberta**dor**. Ale**lu**ia.
A leitura breve, o responsório, a antífona do *Benedictus*, as preces
e a oração correspondentes ao Ofício celebrado.
A conclusão da Hora como no Ordinário.

Hora Média

V. Vinde ó **Deus**. Glória ao **Pai**. Como era (T.P. Ale**lu**ia).
HINO correspondente ao Ofício.

Salmodia

Na Quaresma: Antífona como no Próprio do Tempo.
No Tempo pascal: Ant. Ale**lu**ia, ale**lu**ia, ale**lu**ia.

Salmo 118(119),137-144
XVIII (Sade)

Meditação sobre a Palavra de Deus na Lei

Feliz aquele que lê e aqueles que escutam as palavras desta
profecia e também praticam o que nela está escrito (Ap 1,3).

—[137]Vós sois **jus**to, na ver**da**de, ó Se**nhor**, *
e os **vos**sos julgamentos são corretos!

—[138]Com jus**ti**ça ordenais vossos preceitos, *
com ver**da**de a toda prova os ordenais.

—[139]O meu **ze**lo me devora e me consome, *
por esque**ce**rem vossa lei meus inimigos.

—[140]**Vos**sa pa**la**vra foi provada e comprovada, *
por **is**so o vosso servo tanto a ama.

—[141]Embora eu **se**ja tão pequeno e desprezado, *
jamais es**que**ço vossas leis, vossos preceitos.

—[142]**Vos**sa jus**ti**ça é justiça eternamente *
e vossa **lei** é a verdade inabalável. —

1340   IV Semana

– [143] **Angús**tia e sofrimento me assaltaram; *
    minhas de**lí**cias são os vossos mandamentos.
– [144] Jus**ti**ça e**ter**na é a vossa Aliança; *
    aju**dai**-me a compreendê-la e viverei!

Salmo 87(88)

Prece de um homem gravemente enfermo

Esta é a vossa hora, a hora do poder das trevas (Lc 22,53).

I

– [2] A vós **cla**mo, Se**nhor**, sem ces**sar**, todo o **dia**, *
    e de **noi**te se eleva até **vós** meu gemido.
– [3] Chegue a **mi**nha oração até a **vos**sa presença, *
    incli**nai** vosso ouvido a meu **tris**te clamor!
– [4] Satu**ra**da de males se en**con**tra a minh'alma, *
    minha **vi**da chegou junto às **por**tas da morte.
– [5] Sou con**ta**do entre aqueles que **des**cem à cova, *
    toda **gen**te me vê como um **ca**so perdido!
– [6] O meu **lei**to já tenho no **rei**no dos mortos, *
    como um **ho**mem caído que **jaz** no sepulcro,
– de quem **mes**mo o Senhor se esque**ceu** para sempre *
    e exclu**iu** por completo da **su**a atenção.
– [7] Ó Se**nhor**, me pusestes na **co**va mais funda, *
    nos lo**cais** tenebrosos da **som**bra da morte.
– [8] Sobre **mim** cai o peso do **vos**so furor, *
    vossas **on**das enormes me **co**brem, me afogam.

II

– [9] Afas**tas**tes de **mim** meus pa**ren**tes e **ami**gos, *
    para **e**les tornei-me ob**je**to de horror.
– Eu es**tou** aqui preso e não **pos**so sair, *
   [10] e meus **o**lhos se gastam de **tan**ta aflição.
– Clamo a **vós**, ó Senhor, sem ces**sar**, todo o dia, *
    minhas **mãos** para vós se le**van**tam em prece.

Terça-feira – Vésperas

– [11] Para os **mor**tos, acaso far**í**eis milagres? *
poder**iam** as sombras erg**uer**-se e louvar-vos?

– [12] No se**pul**cro haverá quem vos **can**te o amor *
e pro**cla**me entre os mortos a **vos**sa verdade?

– [13] Vossas **obras** serão conhe**ci**das nas trevas, *
vossa **graça**, no reino onde **tu**do se esquece?

– [14] Quanto a **mim**, ó Senhor, clamo a **vós** na aflição, *
minha **pre**ce se eleva até **vós** desde a aurora.

– [15] Por que **vós**, ó Senhor, rejei**tais** a minh'alma? *
E por **que** escondeis vossa **fa**ce de mim?

– [16] Mori**bun**do e infeliz desde o **tem**po da infância, *
esgo**tei**-me ao sofrer sob o **vos**so terror.

– [17] Vossa **ira** violenta ca**iu** sobre mim *
e o **vos**so pavor redu**ziu**-me a um nada!

– [18] Todo **dia** me cercam quais **on**das revoltas, *
todos **jun**tos me assaltam, me **pren**dem, me apertam.

– [19] Afas**tas**tes de mim os pa**ren**tes e amigos, *
e por **meus** familiares só **te**nho as trevas!

No Tempo pascal: Ant. **Ale**luia, ale**luia**, ale**luia**.

Para as outras Horas, Salmodia complementar, p. 1421.

A leitura breve, o versículo e a oração correspondentes ao Ofício celebrado.

A conclusão da Hora como no Ordinário.

Vésperas

V. Vinde ó **Deus**. Glória ao **Pai**. Como era (T.P. **Ale**luia).
HINO correspondente ao Ofício.
Salmodia

Antífona 1

Na Quaresma:

Se de **ti**, Jerusa**lém**, algum **dia** eu me esque**cer**,
que resseque a minha **mão**!

1342   IV Semana

No Tempo pascal:
Cantai **hoje** para **nós** algum **canto** de Sião! Aleluia.

Salmo 136(137),1-6
Junto aos rios da Babilônia

Este cativeiro do povo deve-se entender como símbolo do
nosso cativeiro espiritual (Sto. Hilário).

= [1] Junto aos **rios** da Babilônia †
nos sent**á**vamos chorando, *
com sau**da**des de Sião.

– [2] Nos sal**guei**ros por ali *
pendu**ra**mos nossas harpas.

– [3] Pois foi **lá** que os opressores *
nos pe**di**ram nossos cânticos;

– nossos **guar**das exigiam *
ale**gri**a na tristeza:

– "Cantai **hoje** para nós *
algum **can**to de Sião!"

= [4] Como ha**ve**mos de cantar †
os cant**a**res do Senhor *
numa **ter**ra estrangeira?

= [5] Se de **ti**, Jerusalém, †
algum **di**a eu me esquecer, *
que res**se**que a minha mão!

= [6] Que se **co**le a minha língua †
e se **pren**da ao céu da boca, *
se de **ti** não me lembrar!

– Se não **for** Jerusalém *
minha **gran**de alegria!

Na Quaresma: Ant.
Se de **ti**, Jerusa**lém**, algum **di**a eu me esque**cer**,
que resseque a minha **mão**!

Terça-feira – Vésperas 1343

No Tempo pascal: Ant.
Cantai **ho**je para **nós** algum **can**to de Sião! Aleluia.

Antífona 2

Na Quaresma:
Per**ante** os vossos **an**jos vou can**tar**-vos, ó meu **Deus**!

No Tempo pascal:
No **meio** da des**gra**ça me fa**zeis** tornar à **vi**da. Ale**lu**ia.

Salmo 137(138)
Ação de graças

Os reis da terra levarão à Cidade Santa a sua glória (cf. Ap 21,24).

– ¹Ó Se**nhor**, de cora**ção** eu vos dou **gra**ças, *
  porque ou**vis**tes as palavras dos meus lábios!

– Per**ante** os vossos anjos vou can**tar**-vos *
  ²e **an**te o vosso templo vou prostrar-me.

– Eu agra**de**ço vosso amor, vossa verdade, *
  porque fi**zes**tes muito mais que prometestes;

– ³naquele **dia** em que gritei, vós me escutastes *
  e aumen**tas**tes o vigor da minha alma.

– ⁴Os **reis** de toda a terra hão de louvar-vos, *
  quando ou**vi**rem, ó Senhor, vossa promessa.

– ⁵Hão de can**tar** vossos caminhos e dirão: *
  "Como a **gló**ria do Senhor é grandiosa!"

– ⁶Al**tís**simo é o Senhor, mas olha os pobres, *
  e de **lon**ge reconhece os orgulhosos.

– ⁷Se no **meio** da desgraça eu caminhar, *
  vós me fa**zeis** tornar à vida novamente;

– quando os **meus** perseguidores me atacarem *
  e com **ira** investirem contra mim,

– estende**reis** o vosso braço em meu auxílio *
  e have**reis** de me salvar com vossa destra. –

1344   IV Semana

— [8] **Completai** em mim a obra começada; *
    ó **Senhor**, vossa bondade é para sempre!
— Eu vos **peço**: não deixeis inacabada *
    esta **obra** que fizeram vossas mãos!

Na Quaresma: Ant.
Perante os vossos **an**jos vou can**tar**-vos, ó meu **Deus**!

No Tempo pascal: Ant.
No **meio** da des**graça** me fa**zeis** tornar à **vida**. Ale**luia**.

Antífona 3

Na Quaresma:
O Cor**dei**ro imo**la**do é **digno**
de rece**ber** honra, **gló**ria e po**der**.

No Tempo pascal:
A vós per**ten**cem a gran**de**za e o po**der**,
toda a **gló**ria e majes**ta**de, ale**luia**.

Cântico   Ap 4,11; 5, 9.10.12
Hino dos remidos

—[4,11] Vós sois **digno**, Senhor, nosso **Deus**, *
    de rece**ber** honra, glória e poder!

(R. **Poder**, honra e **gló**ria ao Cor**dei**ro de **Deus**!)

=[5,9] Porque **to**das as coisas criastes, †
    é por **vos**sa vontade que existem, *
    e sub**sis**tem porque vós mandais.   (R.)

= Vós sois **digno**, Senhor, nosso Deus, †
    de o **li**vro nas mãos receber *
    e de **abrir** suas folhas lacradas!   (R.)

— Porque **fos**tes por nós imolado; *
    para **Deus** nos remiu vosso sangue
— dentre **to**das as tribos e línguas, *
    dentre os **po**vos da terra e nações.   (R.)

Terça-feira – Vésperas

= [10] Pois fizestes de nós, para Deus, †
sacerdotes e povo de reis, *
e iremos reinar sobre a terra. (R.)

= [12] O Cordeiro imolado é digno †
de receber honra, glória e poder, *
sabedoria, louvor, divindade! (R.)

Na Quaresma: Ant.
O Cordeiro imolado é digno
de receber honra, glória e poder.

No Tempo pascal: Ant.
A vós pertencem a grandeza e o poder,
toda a glória e majestade, aleluia.

A leitura breve, o responsório, a antífona do *Magnificat*, as preces
e a oração correspondentes ao Ofício celebrado.

A conclusão da Hora como no Ordinário.

IV QUARTA-FEIRA

Invitatório

V. **Abri** os meus **lábios**. R. E minha **boca**.

Salmo invitatório, p. 944 com a antífona correspondente ao Ofício.

Ofício das Leituras

V. Vinde ó **Deus**. Glória ao **Pai**. Como era (T.P. Aleluia)

Essa introdução se omite quando o Invitatório precede imediatamente ao Ofício das Leituras.

HINO correspondente ao Ofício.

Salmodia

Ant. 1 Bendize, ó minha **alma**, ao Se**nhor**,
não te es**que**ças de ne**nhum** de seus favores!
(T.P. Ale**lui**a)

Salmo 102(103)

Hino à misericórdia do Senhor

Graças à misericordiosa compaixão de nosso Deus, o sol que nasce do alto nos veio visitar (cf. Lc 1,78).

I

— ¹Ben**di**ze, ó minha **alma**, ao Se**nhor**, *
e **to**do o meu ser, seu santo nome!

— ²Ben**di**ze, ó minha alma, ao Senhor, *
não te es**que**ças de nenhum de seus favores!

— ³Pois **ele** te perdoa toda culpa, *
e **cu**ra toda a tua enfermidade;

— ⁴da sepul**tu**ra ele salva a tua vida *
e te **cer**ca de carinho e compaixão;

— ⁵de **bens** ele sacia tua vida, *
e te **tor**nas sempre jovem como a águia! —

Quarta-feira – Ofício das Leituras

–[6] O Senhor realiza obras de justiça *
e garante o direito aos oprimidos;
–[7] revelou os seus caminhos a Moisés, *
e aos filhos de Israel, seus grandes feitos.

Ant. Bendize, ó minha alma, ao Senhor,
não te esqueças de nenhum de seus favores!
(T.P. Aleluia).

Ant. 2 Como um pai se compadece de seus filhos,
o Senhor tem compaixão dos que o temem.
(T.P. Aleluia).

II

–[8] O Senhor é indulgente, é favorável, *
é paciente, é bondoso e compassivo.
–[9] Não fica sempre repetindo as suas queixas, *
nem guarda eternamente o seu rancor.
–[10] Não nos trata como exigem nossas faltas, *
nem nos pune em proporção às nossas culpas.
–[11] Quanto os céus por sobre a terra se elevam, *
tanto é grande o seu amor aos que o temem;
–[12] quanto dista o nascente do poente, *
tanto afasta para longe nossos crimes.
=[13] Como um pai se compadece de seus filhos, *
o Senhor tem compaixão dos que o temem,
–[14] porque sabe de que barro somos feitos, *
e se lembra que apenas somos pó.
–[15] Os dias do homem se parecem com a erva, *
ela floresce como a flor dos verdes campos;
–[16] mas apenas sopra o vento ela se esvai, *
já nem sabemos onde era o seu lugar.

Ant. Como um pai se compadece de seus filhos,
o Senhor tem compaixão dos que o temem.
(T.P. Aleluia).

Ant. 3 Obras todas do Senhor, glorificai-o! (T.P. Aleluia).

1348   IV Semana

III

— [17]Mas o **amor** do Senhor **Deus** por quem o **teme** *
é de **sem**pre e perdura para sempre;
— e tam**bém** sua justiça se estende *
por gera**ções** até os filhos de seus filhos,
— [18]aos que **guar**dam fielmente sua Aliança *
e se **lem**bram de cumprir os seus preceitos.

— [19]O Se**nhor** pôs o seu trono lá nos céus, *
e a**bran**ge o mundo inteiro seu reinado.

= [20]Bendi**zei** ao Senhor Deus, seus anjos todos, †
valo**ro**sos que cumpris as suas ordens, *
sempre **pron**tos para ouvir a sua voz!

— [21]Bendi**zei** ao Senhor Deus, os seus poderes, *
seus mi**nis**tros, que fazeis sua vontade!

= [22]Bendi**zei**-o, obras todas do Senhor †
em toda **par**te onde se estende o seu reinado! *
Ben**di**ze, ó minha alma, ao Senhor!

Ant. Obras **to**das do Se**nhor**, glorifi**cai**-o!

O versículo, as leituras, e a oração correspondentes ao Ofício
celebrado.

Laudes

V. Vinde, ó **Deus**. Glória ao **Pai**. Como era (T.P. **Aleluia**).
Essa introdução se omite quando o Invitatório precede imediatamente às Laudes.

HINO correspondente ao Ofício.

Salmodia

Antífona 1

Na Quaresma:
Meu coração está **pronto,** meu **Deus,**
está pronto o **meu** coração! †

No Tempo pascal:
Ele**vai**-vos, ó **Deus,** sobre os **céus.** Aleluia.

Salmo 107(108)

Louvor a Deus e pedido de ajuda

Porque o filho de Deus foi exaltado acima dos céus, sua glória foi anunciada por toda a terra (Arnóbio).

— ² Meu cora**ção** está **pron**to, meu **Deus**, *
está **pron**to o meu coração

— † Vou can**tar** e tocar para vós: *
des**per**ta, minh'alma, desperta!

— ³ Des**per**tem a harpa e a lira, *
eu i**rei** acordar a aurora!

— ⁴ Vou lou**var**-vos, Senhor, entre os povos, *
dar-vos **graças** por entre as nações!

— ⁵ Vosso **amor** é mais alto que os céus, *
mais que as **nu**vens a vossa verdade!

— ⁶ Ele**vai**-vos, ó Deus, sobre os céus, *
vossa **gló**ria refulja na terra!

— ⁷ Sejam **li**vres os vossos amados, *
vossa **mão** nos ajude, ouvi-nos!

= ⁸ Deus fa**lou** em seu santo lugar: †
"Exulta**rei**, repartindo Siquém, *
e o **va**le em Sucot medirei.

= ⁹ Gala**ad**, Manassés me pertencem, †
Efra**im** é o meu capacete, *
e **Judá**, o meu cetro real.

=¹⁰ É Mo**ab** minha bacia de banho, †
sobre E**dom** eu porei meu calçado, *
vence**rei** a nação filisteia!"

—¹¹ Quem me **le**va à cidade segura, *
e a E**dom** quem me vai conduzir,

—¹² se vós, **Deus**, rejeitais vosso povo *
e não **mais** conduzis nossas tropas? —

1350   IV Semana

– [13]Dai-nos, **Deus**, vosso auxílio na angústia, *
    nada va**l**e o socorro dos homens!
– [14]Mas com **Deus** nós faremos proezas, *
    e ele **vai** esmagar o opressor.

Na Quaresma: Ant.
Meu cora**ção** está **pron**to, meu **Deus**,
está **pron**to o **meu** cora**ção**!

No Tempo pascal: Ant.
Ele**vai**-vos, ó **Deus**, sobre os **céus**. Ale**luia**.

Antífona 2

Na Quaresma:
Deus me envol**veu** de salva**ção** qual uma **veste**,
e com o **man**to da jus**ti**ça me co**briu**.

No Tempo pascal:
O Senhor **Deus** fará bro**tar** sua jus**ti**ça
e o lou**vor** perante os **po**vos, ale**luia**.

Cântico   Is 61,10-62,5
A alegria do profeta sobre a nova Jerusalém

Vi a cidade Santa, a nova Jerusalém, ... vestida qual espo-
sa enfeitada para o seu marido (cf. Ap 21,2).

– [6L10]Eu e**xul**to de ale**gri**a no Se**nhor**, *
    e minh'**al**ma rejubila no meu Deus.
– Pois me envol**veu** de salvação, qual uma veste, *
    e com o **man**to da justiça me cobriu,
– como o **noi**vo que coloca o diadema, *
    como a **noi**va que se enfeita com suas joias.
– [11]Como a **ter**ra faz brotar os seus rebentos *
    e o jar**dim** faz germinar suas sementes,
– o Senhor **Deus** fará brotar sua justiça *
    e o lou**vor** perante todas as nações. –

Quarta-feira – Laudes

– [62,1]Por ti, **Sião**, não haverei de me calar, *
  nem por **ti**, Jerusalém, terei sossego,
– até que **bri**lhe a tua justiça como aurora *
  e a **tu**a salvação como um farol.
– [2]Então os **po**vos hão de ver tua justiça, *
  e os **reis** de toda terra, a tua glória;
– todos **e**les te darão um nome novo: *
  enunci**a**do pelos lábios do Senhor.
– [3]Serás cor**o**a esplendorosa em sua mão, *
  diadema **ré**gio entre as mãos do teu Senhor.
– [4]Nunca **mais** te chamarão "Desamparada", *
  nem se di**rá** de tua terra "Abandonada";
– mas have**rão** de te chamar "Minha querida", *
  e se di**rá** de tua terra "Desposada".
– Porque o Sen**hor** se agradou muito de ti, *
  e tua **terra** há de ter o seu esposo.
– [5]Como um **jo**vem que desposa a bem-amada, *
  teu Constru**tor**, assim também, vai desposar-te;
– como a es**po**sa é a alegria do marido, *
  será as**sim** a alegria do teu Deus.

Na Quaresma: Ant.
Deus me envol**veu** de salva**ção** qual uma **ves**te,
e com o **man**to da justiça me co**briu**.

No Tempo pascal: Ant.
O Senhor **Deus** fará bro**tar** sua justiça
e o lou**vor** perante os **po**vos, ale**luia**.

Antífona 3

Na Quaresma:
Bendi**rei** ao Se**nhor** toda a **vi**da.

No Tempo pascal:
Ó Sião, o teu **Deus** reinará,
reina**rá** para **sem**pre, ale**luia**.

Salmo 145(146)

Felicidade dos que esperam no Senhor

Louvamos o Senhor em nossa vida, isto é, em nosso proceder (Arnóbio).

= ¹Bendize, minh'alma, ao Senhor! †
²Bendirei ao Senhor toda a vida, *
cantarei ao meu Deus sem cessar!

– ³Não ponhais vossa fé nos que mandam, *
não há homem que possa salvar.

= ⁴Ao faltar-lhe o respiro ele volta †
para a terra de onde saiu; *
nesse dia seus planos perecem.

= ⁵É feliz todo homem que busca †
seu auxílio no Deus de Jacó, *
e que põe no Senhor a esperança.

– ⁶O Senhor fez o céu e a terra, *
fez o mar e o que neles existe.

– O Senhor é fiel para sempre, *
⁷faz justiça aos que são oprimidos;

– ele dá alimento aos famintos, *
é o Senhor quem liberta os cativos.

= ⁸O Senhor abre os olhos aos cegos, †
o Senhor faz erguer-se o caído, *
o Senhor ama aquele que é justo.

= ⁹É o Senhor quem protege o estrangeiro, †
quem ampara a viúva e o órfão, *
mas confunde os caminhos dos maus.

= ¹⁰O Senhor reinará para sempre! †
Ó Sião, o teu Deus reinará *
para sempre e por todos os séculos!

Na Quaresma: Ant.
Bendirei ao Senhor toda a vida.

Quarta-feira – Hora Média 1353

No Tempo pascal: Ant.
Ó Sião, o teu **Deus** reinará,
reinará para sempre, aleluia.

A leitura breve, o responsório, a antífona do *Benedictus*, as preces
e a oração correspondentes ao Ofício celebrado.

A conclusão da Hora como no Ordinário.

Hora Média

V. Vinde, ó **Deus**. Glória ao **Pai**. Como era (T.P. Aleluia).
HINO correspondente ao Ofício.
Salmodia

Na Quaresma: Antífona como no Próprio do Tempo.

No Tempo pascal: Ant. **Aleluia, aleluia, aleluia**.

Salmo 118(119),145-152
XIX(Coph)
Meditação sobre a Palavra de Deus na Lei

Naquele que guarda a sua palavra, o amor de Deus é plenamente realizado (1Jo 2,5).

—[145] Clamo de **to**do o cora**ção**: Senhor, ou**vi**-me! *
    Quero cum**prir** vossa vontade fielmente!
—[146] Clamo a **vós**: Senhor, salvai-me, eu vos suplico, *
    e en**tão** eu guardarei vossa Aliança!
—[147] Chego **an**tes que a aurora e vos imploro, *
    e es**pe**ro confiante em vossa lei.
—[148] Os meus **o**lhos antecipam as vigílias, *
    para de **noi**te meditar vossa palavra.
—[149] Por vosso **amor** ouvi atento a minha voz *
    e dai-me a **vi**da, como é vossa decisão!
—[150] Meus opres**so**res se aproximam com maldade; *
    como estão **lon**ge, ó Senhor, de vossa lei! —

1354

IV Semana

– [151]Vós estais **per**to, ó Senhor, perto de mim; *
   todos os **vos**sos mandamentos são verdade!
– [152]Desde criança aprendi vossa Aliança *
   que fir**mas**tes para sempre, eternamente.

Salmo 93(94)

O Senhor faz justiça

O Senhor se vinga de tudo:... pois Deus não nos chamou à
impureza, mas à santidade (cf. 1Ts 4,6-7).

I

– [1]Senhor **Deus** justi**cei**ro, bri**lhai**, *
   reve**lai**-vos, ó Deus vingador!
– [2]Levan**tai**-vos, Juiz das nações, *
   e pa**gai** seu salário aos soberbos!
– [3]Até **quan**do os injustos, Senhor, *
   até **quan**do haverão de vencer?
– [4]Arro**gan**tes derramam insultos *
   e se **ga**bam do mal que fizeram.
– [5]Eis que o**pri**mem, Senhor, vosso povo *
   e hu**mi**lham a vossa herança;
– [6]estran**gei**ro e viúva trucidam, *
   e assassinam o pobre e o órfão!
– [7]Eles **di**zem: "O Senhor não nos vê *
   e o **Deus** de Jacó não percebe!"
– [8]Enten**dei**, ó estultos do povo; *
   insen**sa**tos, quando é que vereis?
– [9]O que **fez** o ouvido, não ouve? *
   Quem os **o**lhos formou, não verá?
– [10]Quem e**du**ca as nações, não castiga? *
   Quem os **ho**mens ensina, não sabe?
– [11]Ele **sa**be o que pensam os homens: *
   pois um **na**da é o seu pensamento!

Quarta-feira – Hora Média

1355

II

—¹² É **feliz**, ó Se**nhor**, quem for**mais** *
e edu**cais** nos caminhos da Lei,
—¹³ para **dar**-lhe um alívio na angústia, *
quando ao **ím**pio se abre uma cova.

—¹⁴ O Se**nhor** não rejeita o seu povo *
e não **pode** esquecer sua herança:
—¹⁵ volta**rão** a juízo as sentenças; *
quem é **reto** andará na justiça.

—¹⁶ Quem por **mim** contra os maus se levanta *
e a meu **la**do estará contra eles?
—¹⁷ Se o Se**nhor** não me desse uma ajuda, *
no silên**cio** da morte estaria!

—¹⁸ Quando eu **pen**so: "Estou quase caindo!" *
Vosso a**mor** me sustenta, Senhor!
—¹⁹ Quando o **meu** coração se angustia, *
conso**lais** e alegrais minha alma.

=²⁰ Pode a**ca**so juntar-se convosco †
o impos**tor** tribunal da injustiça, *
que age **mal**, tendo a lei por pretexto?
—²¹ Eles **po**dem agir contra o justo, *
conde**nan**do o inocente a morrer:

—²² Para **mim** o Senhor, com certeza, *
é re**fú**gio, é abrigo, é rochedo!
=²³ O Se**nhor**, nosso Deus, os arrasa, †
faz vol**tar** contra eles o mal, *
²⁴ sua **pró**pria maldade os condena.

No Tempo pascal: Ant. **Aleluia, aleluia, aleluia.**

Para as outras Horas, Salmodia complementar, p. 1421.

A leitura breve, o versículo e a oração correspondentes ao Ofício celebrado.

A conclusão da Hora como no Ordinário.

1356

IV Semana

Vésperas

℣. Vinde, ó **Deus**. Glória ao **Pai**. Como era (T.P. Aleluia).
HINO correspondente ao Ofício.

Salmodia

Antífona 1

Na Quaresma:

Vosso sa**ber** é por de**mais** maravilho**so**, ó Se**nhor**.

No Tempo pascal:

A **noi**te será **clara** como o **dia**, ale**luia**.

Salmo 138(139),1-18.23-24

Deus tudo vê

*"Quem conheceu o pensamento do Senhor? Ou quem foi
seu conselheiro?"* (Rm 11,34).

I

— ¹Se**nhor**, vós me son**dais** e conhe**ceis**, *
   ²sa**beis** quando me sento ou me levanto;
= de **lon**ge penetrais meus pensamentos, †
   ³perce**beis** quando me deito e quando eu ando, *
   os meus ca**minhos** vos são todos conhecidos.

— ⁴A pa**la**vra nem chegou à minha língua, *
   e já, Se**nhor**, a conheceis inteiramente.

— ⁵Por de**trás** e pela frente me envolveis; *
   pu**ses**tes sobre mim a vossa mão.

— ⁶Esta ver**da**de é por demais maravilhosa, *
   é tão su**bli**me que não posso compreendê-la.

— ⁷Em que lu**gar** me ocultarei de vosso espírito? *
   E para **on**de fugirei de vossa face?

— ⁸Se eu su**bir** até os céus, aí estais; *
   se eu des**cer** até o abismo, estais presente.

— ⁹Se a au**ro**ra me emprestar as suas asas, *
   para eu vo**ar** e habitar no fim dos mares;

Quarta-feira – Vésperas

–[10] mesmo **lá** vai me guiar a vossa mão *
e segu**rar**-me com firmeza a vossa destra.
–[11] Se eu pen**sas**se: "A escuridão venha esconder-me *
e que a **luz** ao meu redor se faça noite!"
=[12] Mesmo as **tre**vas para vós não são escuras, †
a própria **noi**te resplandece como o dia, *
e a escuri**dão** é tão brilhante como a luz.

Na Quaresma: Ant.
Vosso sa**ber** é por de**mais** maravi**lho**so, ó Se**nhor**.

No Tempo pascal: Ant.
A **noi**te será **cla**ra como o **dia**, aleluia.

Antífona 2

Na Quaresma:
Eu, o Se**nhor**, vejo o mais **ín**timo e con**he**ço os cora**ções**,
recom**pen**so a cada **um** conforme as **o**bras reali**za**das.

No Tempo pascal:
Eu con**he**ço as **mi**nhas ovelhas
e **e**las con**he**cem a **mim**. Aleluia.

II

–[13] Fostes **vós** que me for**mas**tes as en**tra**nhas, *
e no **sei**o de minha mãe vós me tecestes.
=[14] Eu vos **lou**vo e vos dou graças, ó Senhor, †
porque de **mo**do admirável me formastes! *
Que pro**dí**gio e maravilha as vossas obras!
–[15] Até o mais **ín**timo, Senhor, me conheceis; *
nenhuma se**quer** de minhas fibras ignoráveis,
– quando eu **e**ra modelado ocultamente, *
era for**ma**do nas entranhas subterrâneas.
–[16] Ainda in**for**me, os vossos olhos me olharam, *
e por **vós** foram previstos os meus dias;
– em vosso **li**vro estavam todos anotados, *
antes **mes**mo que um só deles existisse. –

1358

— [17]Quão insondáveis são os vossos pensamentos! *
  Incontável, ó Senhor, é o seu número!
— [18]Se eu os **con**to, serão mais que os grãos de areia; *
  se chego ao **fim**, ainda falta conhecer-vos.
— [23]Senhor, son**dai**-me, conhecei meu coração, *
  exami**nai**-me e provai meus pensamentos!
— [24]Vede **bem** se não estou no mau caminho, *
  e conduzi-me no caminho para a vida!

Na Quaresma: Ant.

Eu, o Se**nhor**, vejo o mais **ín**timo e co**nheço** os co**rações**,
recom**pen**so a cada **um** conforme as **o**bras reali**za**das.

No Tempo pascal: Ant.

Eu co**nheço** as **mi**nhas o**ve**lhas
e elas co**nhe**cem a **mim**. Ale**lu**ia.

Antífona 3

Na Quaresma:

Em **Cris**to é que **tu**do foi cri**a**do,
e é por **e**le que sub**sis**te o uni**ver**so.

No Tempo pascal:

O céu se **en**che com **su**a majes**ta**de
e a **ter**ra com sua **gló**ria, ale**lu**ia.

Cântico   cf. Cl 1,12-20

Cristo, o Primogênito de toda a criatura
e o Primogênito dentre os mortos

= [12]Demos **gra**ças a Deus **Pai** onipo**ten**te, †
  que nos **cha**ma a partilhar, na sua luz, *
  da he**ran**ça a seus santos reser**va**da!

(R. Glória a **vós**, Primogênito dentre os **mor**tos!)

= [13]Do im**pé**rio das trevas arrancou-nos †
  e transpor**tou**-nos para o Reino de seu Filho, *
  para o **Rei**no de seu Filho bem-amado,

Quarta-feira – Vésperas

–[14]no **qual** nós encontramos redenção, *
dos pe**ca**dos remissão pelo seu sangue. (R.)

–[15]Do **Deus**, o Invisível, é a imagem, *
o Primo**gê**nito de toda criatura;

=[16]porque **ne**le é que tudo foi criado: †
o que há nos **céus** e o que existe sobre a terra, *
o vi**sí**vel e também o invisível. (R.)

= Sejam **Tro**nos e Poderes que há nos céus, †
sejam **e**les Principados, Potestades: *
por **e**le e para ele foram feitos;

–[17]antes de **to**da criatura ele existe, *
e é por **e**le que subsiste o universo. (R.)

=[18]Ele é a Cabeça da Igreja, que é seu Corpo, †
é o prin**cí**pio, o Primogênito dentre os mortos, *
a **fim** de ter em tudo a primazia.

–[19]Pois foi do a**gra**do de Deus Pai que a plenitude *
habi**tas**se no seu Cristo inteiramente. (R.)

–[20]A**prou**ve-lhe também, por meio dele, *
reconcili**ar** consigo mesmo as criaturas,

= pacifi**can**do pelo sangue de sua cruz †
tudo a**qui**lo que por ele foi criado, *
o que há nos **céus** e o que existe sobre a terra. (R.)

Na Quaresma: Ant.
Em **Cris**to é que **tu**do foi criado,
e é por **e**le que sub**sis**te o universo.

No Tempo pascal: Ant.
O céu se **en**che com **su**a majes**ta**de
e a **ter**ra com sua **gló**ria, ale**lui**a.

A leitura breve, o responsório, a antífona do *Magnificat*, as preces
e a oração correspondentes ao Ofício celebrado.

A conclusão da Hora como no Ordinário.

IV QUINTA-FEIRA

Invitatório

V. **Abri** os meus **lábios**. R. E minha **boca**.

Salmo invitatório, p.944 com a antífona correspondente ao Ofício.

Ofício das Leituras

V. **Vinde** ó **Deus**. Glória ao **Pai**. Como era (T.P.**Aleluia**).

Essa introdução se omite quando o Invitatório precede imediatamente ao Ofício das Leituras.

HINO correspondente ao Ofício.

Salmodia

Ant. 1 Foi vossa **mão** e a **luz** de vossa **face**,
que no passado salvaram nossos **pais** (T.P.**Aleluia**).

Salmo 43(44)
Calamidades do povo

Em tudo isso, somos mais que vencedores, graças àquele que nos amou! (Rm 8,37).

I

– ²Ó **Deus**, nossos ouvidos escutaram, *
e contaram para nós, os nossos pais,
– as **o**bras que operastes em seus dias, *
em seus **di**as e nos tempos de outrora:
= ³Expul**sas**tes as nações com vossa mão, †
e plan**tas**tes nossos pais em seu lugar; *
para aumen**tá**-los, abatestes outros povos.
– ⁴Não conquis**ta**ram essa terra pela espada, *
nem foi seu **bra**ço que lhes deu a salvação;
– foi, po**rém**, a vossa mão e vosso braço *
e o esplen**dor** de vossa face e o vosso amor.
– ⁵Sois **vós**, o meu Senhor e o meu Rei, *
que **des**tes as vitórias a Jacó;

Quinta-feira – Ofício das Leituras

– ⁶com vossa **aju**da é que vencemos o inimigo, *
por vosso **no**me é que pisamos o agressor.

– ⁷Eu não **pus** a confiança no meu arco, *
a minha es**pa**da não me pôde libertar;

– ⁸mas fostes **vós** que nos livrastes do inimigo, *
e co**bris**tes de vergonha o opressor.

– ⁹Em vós, ó **Deus**, nos gloriamos todo dia, *
cele**bran**do o vosso nome sem cessar.

Ant. Foi vossa **mão** e a **luz** de vossa **face**,
que no passado salvaram nossos **pais** (T.P. Ale**luia**).

Ant. 2 O **Senhor** não a**fas**ta de **vós** a sua **face**,
se a **e**le vol**tar**des de **to**do coração (T.P. Ale**luia**).

II

– ¹⁰Porém, **agora** nos dei**xas**tes e humi**lhas**tes, *
já não saís com nossas tropas para a guerra!

– ¹¹Vós nos fi**zes**tes recuar ante o inimigo, *
os adver**sá**rios nos pilharam à vontade.

– ¹²Como o**ve**lhas nos levastes para o corte, *
e no **mei**o das nações nos dispersastes.

– ¹³Ven**des**tes vosso povo a preço baixo, *
e não lu**cras**tes muita coisa com a venda!

– ¹⁴De nós fi**zes**tes o escárnio dos vizinhos, *
zomba**ri**a e gozação dos que nos cercam;

– ¹⁵para os pa**gãos** somos motivo de anedotas, *
zombam de **nós** a sacudir sua cabeça.

– ¹⁶À minha **fren**te trago sempre esta desonra, *
e a vergo**nha** se espalha no meu rosto,

– ¹⁷ante os **gri**tos de insultos e blasfêmias *
do ini**mi**go sequioso de vingança.

Ant. O **Senhor** não a**fas**ta de **vós** a sua **face**,
se a **e**le vol**tar**des de **to**do coração (T.P. Ale**luia**).

Ant. 3 Levantai-vos, ó Senhor,
não nos deixeis eternamente!

III

— [18]E tudo isso, sem vos termos esquecido *
e sem termos violado a Aliança;

— [19]sem que o nosso coração voltasse atrás, *
nem se afastassem nossos pés de vossa estrada!

— [20]Mas à cova dos chacais nos entregastes *
e com trevas pavorosas nos cobristes!

— [21]Se tivéssemos esquecido o nosso Deus *
e estendido nossas mãos a um Deus estranho,

— [22]Deus não teria, por acaso, percebido, *
ele que vê o interior dos corações?

— [23]Por vossa causa nos massacram cada dia *
e nos levam como ovelha ao matadouro!

— [24]Levantai-vos, ó Senhor, por que dormis? *
Despertai! Não nos deixeis eternamente!

— [25]Por que nos escondeis a vossa face *
e esqueceis nossa opressão, nossa miséria?

— [26]Pois arrasada até o pó está noss'alma *
e ao chão está colado o nosso ventre.

— Levantai-vos, vinde logo em nosso auxílio, *
libertai-nos pela vossa compaixão!

Ant. Levantai-vos, ó Senhor, não nos deixeis eternamente!

O versículo, as leituras e a oração correspondentes ao Ofício
celebrado.

Laudes

V. Vinde ó **Deus.** Glória ao **Pai.** Como era (T.P. **Aleluia**).

Essa introdução se omite quando o Invitatório precede imediatamente às Laudes.

HINO correspondente ao Ofício.

Quinta-feira – Laudes

Salmodia

Antífona 1

Na Quaresma:

Fazei-me sen**tir** vosso **amor** desde **cedo**!

No Tempo pascal:

Ó Se**nhor,** por vosso **no**me e vosso **amor**,
reno**vai** a minha **vida**, ale**luia**.

Salmo 142(143),1-11

Prece na aflição

Ninguém é justificado por observar a Lei de Moisés, mas por crer em Jesus Cristo (Gl 2,16).

– [1]Ó Se**nhor**, escu**tai** minha **prece**, *
ó meu **Deus**, atendei minha súplica!

– Respon**dei**-me, ó vós, Deus fiel, *
escu**tai**-me por vossa justiça!

= [2]Não cha**meis** vosso servo a juízo, †
pois di**an**te da vossa presença *
não é **jus**to nenhum dos viventes.

– [3]O ini**mi**go persegue a minha alma, *
ele es**ma**ga no chão minha vida

– e me **faz** habitante das trevas, *
como **aque**les que há muito morreram.

– [4]Já em **mim** o alento se extingue, *
o cora**ção** se comprime em meu peito!

– [5]Eu me le**mbro** dos dias de outrora †
e re**pas**so as vossas ações, *
recor**dan**do os vossos prodígios.

= [6]Para **vós** minhas mãos eu estendo; †
minha **al**ma tem sede de vós, *
como a **ter**ra sedenta e sem água. –

1364

IV Semana

– ⁷Escu**tai**-me depressa, Senhor, *
o es**pí**rito em mim desfalece!
= Não escon**dais** vossa face de mim! †
Se o fi**zer**des, já posso contar-me *
entre a**que**les que descem à cova!

– ⁸Fazei-me **ce**do sentir vosso amor, *
porque em **vós** coloquei a esperança!
– Indi**cai**-me o caminho a seguir, *
pois a **vós** eu elevo a minha alma!
– ⁹Liber**tai**-me dos meus inimigos, *
porque **sois** meu refúgio, Senhor!

– ¹⁰Vossa von**ta**de ensinai-me a cumprir, *
porque **sois** o meu Deus e Senhor!
– Vosso Es**pí**rito bom me dirija *
e me **gui**e por terra bem plana!

– ¹¹Por vosso **no**me e por vosso amor *
conser**vai**, renovai minha vida!
– Pela **vos**sa justiça e clemência, *
arran**cai** a minha alma da angústia!

Na Quaresma: Ant.

Fazei-me sen**tir** vosso **amor** desde **ce**do!

No Tempo pascal: Ant.

Ó Se**nhor,** por vosso **no**me e vosso **amor**,
reno**vai** a minha **vi**da, a**le**luia.

Antífona 2

Na Quaresma:

O Se**nhor** vai fa**zer** correr a **paz** como um **rio**
para a **no**va Sião.

No Tempo pascal:

Hei de **ver**-vos nova**men**te
e o **vos**so cora**ção** have**rá** de se alegrar. Aleluia.

Quinta-feira – Laudes

Cântico

Is 66,10-14a

Consolação e alegria na Cidade Santa

A Jerusalém celeste é livre, e é a nossa mãe (Gl 4,26).

= [10]Alegrai-vos com Sião †
e exultai por sua causa, *
todos vós que a amais;

— tomai parte no seu júbilo, *
todos vós que a lamentais!

= [11]Podereis alimentar-vos, †
saciar-vos com fartura *
com seu leite que consola;

— podereis deliciar-vos *
nas riquezas de sua glória.

= [12]Pois assim fala o Senhor: †
"Vou fazer correr a paz *
para ela como um rio,

— e as riquezas das nações *
qual torrente a transbordar.

= Vós sereis amamentados †
e ao colo carregados *
e afagados com carícias;

— [13]como a mãe consola o filho, *
em Sião vou consolar-vos.

= [14]Tudo isso vós vereis, †
e os vossos corações *
de alegria pulsarão;

— vossos membros, como plantas, *
tomarão novo vigor.

Na Quaresma: Ant.

O Senhor vai fazer correr a paz como um rio
para a nova Sião.

1366

No Tempo pascal: Ant.

Hei de **ver**-vos nova**men**te
e o **vos**so cora**ção** haver**á** de se ale**grar**. Ale**lui**a.

Antífona 3

Na Quaresma:

Can**tai** ao nosso **Deus,** porque é su**a**ve.

No Tempo pascal:

O Se**nhor** reconstru**iu** Jerusal**ém**
e con**for**ta os cora**ções** despeda**ça**dos. Ale**lui**a.

Salmo 146(147A)

Poder e bondade de Deus

A vós, ó Deus, louvamos, a vós, Senhor, cantamos.

= [1] Lou**vai** o Senhor **Deus**, porque ele é **bom**, †
cantai ao nosso Deus, porque é suave: *
ele é **dig**no de louvor, ele o merece!

− [2] O Se**nhor** reconstruiu Jerusalém, *
e os dis**per**sos de Israel juntou de novo;

− [3] ele con**for**ta os corações despedaçados, *
ele enfaixa suas feridas e as cura;

− [4] fixa o **nú**mero de todas as estrelas *
e **cha**ma a cada uma por seu nome.

− [5] É **gran**de e onipotente o nosso Deus, *
seu sa**ber** não tem medidas nem limites.

− [6] O Senhor **Deus** é o amparo dos humildes, *
mas **do**bra até o chão os que são ímpios.

− [7] Ento**ai**, cantai a Deus ação de graças, *
to**cai** para o Senhor em vossas harpas!

− [8] Ele re**ves**te todo o céu com densas nuvens, *
e a **chu**va para a terra ele prepara;

− faz cres**cer** a verde relva sobre os montes *
e as **plan**tas que são úteis para o homem;

Quinta-feira – Hora Média

— ⁹ele **dá** aos animais seu alimento, *
e ao **corvo** e aos seus filhotes que o invocam.
— ¹⁰Não é a **força** do cavalo que lhe agrada, *
nem se de**leita** com os músculos do homem,
— ¹¹mas **agra**dam ao Senhor os que o respeitam, *
os que confiam, esperando em seu amor!

Na Quaresma: Ant.
Can**tai** ao nosso **Deus,** porque é suave.

No Tempo pascal: Ant.
O Se**nhor** reconstruiu Jerusalém
e con**for**ta os cora**ções** despeda**ça**dos. Ale**lu**ia.

A leitura breve, o responsório, a antífona do *Benedictus*, as preces
e a oração correspondentes ao Ofício celebrado.
A conclusão da Hora como no Ordinário.

Hora Média

V. Vinde ó **Deus.** Glória ao **Pai.** Como era (T.P. Ale**lu**ia).
HINO correspondente ao Ofício.

Salmodia

Na Quaresma: Antífona como no Próprio do Tempo.
No Tempo pascal: Ant. Ale**lu**ia, ale**lu**ia, ale**lu**ia.

Salmo 118(119),153-160
XX (Res)

Meditação sobre a palavra de Deus na Lei

Tu tens palavras de vida eterna (Jo 6,69).

— ¹⁵³Vede, Se**nhor,** minha miséria, e li**vrai**-me, *
porque **nun**ca me esqueci de vossa lei!
— ¹⁵⁴Defen**dei** a minha causa e libertai-me! *
Pela pa**la**vra que me destes, dai-me a vida!
— ¹⁵⁵Como estão **lon**ge de salvar-se os pecadores, *
pois não pro**cu**ram, ó Senhor, vossa vontade!

1368

—[156]É infinita, Senhor Deus, vossa ternura: *
conforme prometestes, dai-me a vida!

—[157]Tantos **são** os que me afligem e perseguem, *
mas eu **nun**ca deixarei vossa Aliança!

—[158]Quando **ve**jo os renegados, sinto nojo, *
porque **fo**ram infiéis à vossa lei.

—[159]Quanto eu **a**mo, ó Senhor, vossos preceitos! *
vossa bon**da**de reanime a minha vida!

—[160]Vossa **pa**lavra é fundada na verdade, *
os vossos **jus**tos julgamentos são eternos.

Salmo 127(128)
A paz do Senhor na família

De Sião, isto é, da sua Igreja, o Senhor te abençoe (Arnóbio).

— [1] **Fe**liz és tu se **te**mes o Se**nhor** *
e **tri**lhas seus **ca**minhos!

— [2] Do tra**bal**ho de tuas mãos hás de viver, *
serás **fe**liz, tudo irá bem!

— [3] A tua es**po**sa é uma videira bem fecunda *
no cora**ção** da tua casa;

— os teus **fi**lhos são rebentos de oliveira *
ao re**dor** de tua mesa.

— [4] Será as**sim** abençoado todo homem *
que **te**me o Senhor.

— [5] O Se**nhor** te abençoe de Sião, *
cada **dia** de tua vida;

— para que **ve**jas prosperar Jerusalém *
[6] e os **fi**lhos dos teus filhos.

— Ó Se**nhor**, que venha a paz a Israel, *
que venha a **paz** ao vosso povo!

Salmo 128(129)

A renovada esperança do povo oprimido

A Igreja fala dos sofrimentos que ela suporta (Sto. Agostinho).

— [1]Quanto **eu** fui perse**gui**do desde **jo**vem, *
que o **diga** Israel neste momento!

— [2]Quanto **eu** fui perseguido desde jovem, *
mas **nun**ca me puderam derrotar!

— [3]**Ara**ram lavradores o meu dorso, *
ras**gan**do longos sulcos com o arado.

— [4]Mas o Se**nhor**, que sempre age com justiça, *
fez em pe**da**ços as correias dos malvados.

— [5]Que **vol**tem para trás envergonhados *
todos a**que**les que odeiam a Sião!

— [6]Sejam **e**les como a erva dos telhados, *
que bem **an**tes de arrancada já secou!

— [7]Esta ja**mais** enche a mão do ceifador *
nem o re**ga**ço dos que juntam os seus feixes;

= [8]para **es**tes nunca dizem os que passam: †
"Sobre **vós** desça a bênção do Senhor! *
Em **no**me do Senhor vos bendizemos!"

No Tempo pascal: Ant. Ale**lui**a, ale**lui**a, ale**lui**a.

Para as outras Horas, Salmodia complementar, das séries I e II, p. 1421.

A leitura breve, o versículo e a oração correspondentes ao Ofício celebrado.

A conclusão da Hora como no Ordinário.

Vésperas

V. Vinde ó **Deus**. Glória ao **Pai**. Como **era** (T.P. Ale**lui**a).

HINO correspondente ao Ofício.

1370   IV Semana

Salmodia

Antífona 1

Na Quaresma:

Ele **é** meu a**mor**, meu re**fú**gio,
meu es**cu**do: é **ne**le que es**pe**ro.

No Tempo pascal:

O Se**nhor** é meu re**fú**gio e o **meu** Liberta**dor**. Ale**lu**ia.

Salmo 143(144)

Oração pela vitória e pela paz

*As suas mãos foram treinadas para a luta, quando venceu
o mundo conforme disse: Eu venci o mundo* (Sto. Hilário).

I

= ¹**Ben**dito **seja** o Se**nhor**, meu ro**che**do, †
   que ades**trou** minhas mãos para a **lu**ta, *
   e os meus **de**dos treinou para a **guer**ra!

– ²Ele **é** meu a**mor**, meu re**fú**gio, *
   liberta**dor**, forta**le**za e a**bri**go.

– É meu es**cu**do: é **ne**le que es**pe**ro, *
   ele sub**me**te as na**ções** a meus **pés.**

= ³**Que** é o **ho**mem, Senhor, para **vós**? †
   Por que **de**le cui**dais** tanto as**sim**, *
   e no **fi**lho do **ho**mem pen**sais**?

– ⁴**Co**mo o **so**pro de **ven**to é o **ho**mem, *
   os seus **di**as são **som**bra que **pas**sa.

– ⁵Incli**nai** vossos **céus** e des**cei**, *
   to**cai** os **mon**tes, que eles fu**me**guem.

– ⁶Fulmi**nai** o ini**mi**go com **rai**os, *
   lan**çai fle**chas, Senhor, disper**sai-o!** –

Quinta-feira – Vésperas

1371

= ⁷Lá do **alto** estendei vossa mão, †
retir**ai**-me do abismo das águas, *
e sal**vai**-me da mão dos estranhos;
– ⁸sua **boca** só tem falsidade, *
sua **mão** jura falso e engana.

Na Quaresma: Ant.

Ele **é** meu a**mor**, meu re**fú**gio,
meu escu**do**: é **ne**le que es**pero**.

No Tempo pascal: Ant.

O **Se**nhor é meu re**fú**gio e o **meu** Liberta**dor**. Ale**lu**ia.

Antífona 2

Na Quaresma:

Feliz o **po**vo que **tem** o **Se**nhor por seu **Deus**!

No Tempo pascal:

Demos **gra**ças ao **Pai** que nos **deu** a vi**tó**ria
por **nos**so Se**nhor** Jesus **Cristo**, ale**lu**ia.

II

– ⁹Um canto **no**vo, meu **Deus**, vou can**tar**-vos, *
nas dez **cor**das da harpa louvar-vos,
–¹⁰a vós que **dais** a vitória aos **reis** *
e sal**vais** vosso servo Davi.

–¹¹Da es**pa**da maligna livrai-me *
e sal**vai**-me da mão dos estranhos;
– sua **boca** só tem falsidade, *
sua **mão** jura falso e engana.

–¹²Que nossos **fi**lhos, quais plantas viçosas, *
cresçam sa**dios**, e fortes floresçam!
– As nossas **fi**lhas, colunas robustas *
que um ar**tista** esculpiu para o templo.

–¹³Nossos ce**lei**ros transbordem de cheios, *
abaste**ci**dos de todos os frutos!

1372   IV Semana

— Nossas ovelhas em muitos milhares *
se multipliquem nas nossas campinas!

=¹⁴O nosso gado também seja gordo! †
Não haja brechas em nossas muralhas, *
nem desterro ou gemido nas praças!

—¹⁵Feliz o povo a quem isso acontece, *
e que tem o Senhor por seu Deus!

Na Quaresma: Ant.

Feliz o povo que tem o Senhor por seu Deus!

No Tempo pascal: Ant.

Demos graças ao Pai que nos deu a vitória
por nosso Senhor Jesus Cristo, aleluia.

Antífona 3

Na Quaresma:

Chegou agora a salvação e o poder
e a realeza do Senhor e nosso Deus.

No Tempo pascal:

Jesus Cristo ontem, hoje e eternamente, aleluia.

Cântico   Ap 11,17-18; 12,10b-12a

O julgamento de Deus

—^{11.17} Graças vos damos, Senhor Deus onipotente, *
a vós que sois, a vós que éreis e sereis,

—   porque assumistes o poder que vos pertence, *
e enfim tomastes posse como rei!

(R. Nós vos damos graças, nosso Deus!)

= ¹⁸ As nações se enfureceram revoltadas, †
mas chegou a vossa ira contra elas *
e o tempo de julgar vivos e mortos,

=   e de dar a recompensa aos vossos servos, †
aos profetas e aos que temem vosso nome, *
aos santos, aos pequenos e aos grandes.   (R.)

Quinta-feira – Vésperas

= ^{12.10} Chegou **agora** a salvação e o poder †
e a rea**le**za do Senhor e nosso Deus, *
e o do**mí**nio de seu Cristo, seu Ungido.

– Pois foi ex**pul**so o delator que acusava *
nossos ir**mãos**, dia e noite, junto a Deus.   (R.)

= ¹¹ Mas o ven**ce**ram pelo sangue do Cordeiro †
e o teste**mu**nho que eles deram da Palavra, *
pois despre**za**ram sua vida até à morte.

– ¹² Por isso, ó **céus**, cantai alegres e exultai *
e vós **to**dos os que neles habitais!   (R.)

Na Quaresma: Ant.

Chegou **agora** a salva**ção** e o po**der**
e a rea**le**za do Se**nhor** e nosso **Deus**.

No Tempo pascal: Ant.

Jesus **Cris**to ontem, **ho**je e eterna**men**te, ale**lui**a.

A leitura breve, o responsório, a antífona do Magnificat, as preces e a oração correspondentes ao Ofício celebrado.

A conclusão da Hora como no Ordinário.

IV SEXTA-FEIRA

Invitatório

V. **Abri** os meus **láb**ios. R. E minha **bo**ca.
Salmo invitatório, p. 944 com a antífona correspondente ao Ofício.

Ofício das Leituras

V. Vinde ó **Deus**. Glória ao **Pai**. Como era. (T.P. Aleluia).
Essa introdução se omite quando o Invitatório precede imediatamente ao Ofício das Leituras.

HINO correspondente ao Ofício.

Salmodia

Ant. 1 Nossos **pais** nos transmi**ti**ram as gran**de**zas,
os pro**dí**gios do **Se**nhor e seu po**der**. (T.P. Ale**lui**a).

Salmo 77(78),1-39

**A bondade de Deus e a infidelidade do povo
ao longo da história da Salvação**

Esses fatos aconteceram para serem exemplos para nós
(1Cor 10,6).

I

– ¹ Es**cu**ta, ó meu **po**vo, a minha **Lei**, *
 ouve a**ten**to as palavras que eu te digo;
– ² abri**rei** a minha boca em parábolas, *
 os mis**té**rios do passado lembrarei.
– ³ Tudo a**qui**lo que ouvimos e aprendemos, *
 e transmi**ti**ram para nós os nossos pais,
– ⁴ não have**re**mos de ocultar a nossos filhos, *
 mas à **no**va geração nós contaremos:
– As gran**de**zas do Senhor e seu poder, *
 as mara**vi**lhas que por nós realizou;
– ⁵ um pre**cei**to em Jacó ele ordenou, *
 uma **lei** instituiu em Israel. –

Sexta-feira – Ofício das Leituras

— Ele havia ordenado a nossos pais *
que ensinassem estas coisas a seus filhos,
— 6para que a nova geração as conhecesse *
e os filhos que haveriam de nascer.

— Levantem-se e as contem a seus filhos, *
7para que ponham no Senhor sua esperança;
— das obras do Senhor não se esqueçam, *
e observem fielmente os seus preceitos.

— 8Nem se tornem, a exemplo de seus pais, *
rebelde e obstinada geração,
— uma raça de inconstante coração, *
infiel ao Senhor Deus, em seu espírito.

— 9Os filhos de Efraim, hábeis no arco, *
no dia do combate debandaram;
— 10não guardaram a Aliança do Senhor, *
recusaram-se a andar na sua Lei.

— 11Esqueceram os seus feitos gloriosos *
e os prodígios que outrora lhes mostrara;
— 12na presença de seus pais fez maravilhas, *
no lugar chamado Tânis, lá no Egito.

— 13Rasgou o mar e os conduziu através dele, *
levantando as suas águas como um dique;
— 14durante o dia orientou-os pela nuvem, *
e de noite por um fogo esplendoroso.

— 15Rochedos no deserto ele partiu *
e lhes deu para beber águas correntes;
— 16fez brotar água abundante do rochedo, *
e a fez correr como torrente no deserto.

Ant. Nossos pais nos transmitiram as grandezas,
os prodígios do Senhor e seu poder (T.P. Aleluia).

Ant. 2 Eles comeram o maná vindo do céu,
beberam água de uma rocha espiritual (T.P. Aleluia).

1376

II

—[17] Mas pecaram contra ele sempre **mais**, *
provocaram no deserto o Deus Altíssimo;
—[18] e tentaram o Senhor nos corações, *
exigindo alimento à sua gula.
—[19] Falavam contra Deus e assim diziam: *
"Pode o Senhor servir a mesa no deserto?"
—[20] Eis que fere os rochedos num momento *
e faz as águas transbordarem em torrentes.
—"Mas será também capaz de dar-nos pão, *
e a seu povo poderá prover de carne?"

=[21] A tais palavras, o Senhor ficou irado, †
uma fogueira se ateou contra Jacó, *
e sua ira se acendeu contra Israel;
—[22] porque não creram no Senhor Deus de Israel, *
nem tiveram confiança em sua ajuda.

—[23] Ordenou, então, às nuvens lá dos céus, *
e as comportas das alturas fez abrir;
—[24] fez chover-lhes o maná e alimentou-os, *
e lhes deu para comer o pão do céu.

—[25] O homem se nutriu do pão dos anjos, *
e mandou-lhes alimento em abundância;
—[26] fez soprar o vento leste pelos céus *
e fez vir, por seu poder, o vento sul.

—[27] Fez chover carne para eles como pó, *
choveram aves como areia do oceano;
—[28] elas caíram sobre os seus acampamentos *
e pousaram ao redor de suas tendas,

—[29] eles comeram e beberam à vontade; *
o Senhor satisfizera os seus desejos.
—[30] Mal, porém, se tinham eles saciado, *
e a comida ainda estava em suas bocas, –

Sexta-feira – Ofício das Leituras

=³¹inflamou-se a sua ira contra eles †
e matou os mais robustos entre o povo, *
abatendo a fina flor de Israel.

Ant. Eles comeram o maná vindo do céu,
beberam água de uma rocha espiritual (T.P. Aleluia).

Ant. 3 Recordemos que o Senhor é nossa Rocha
e que o nosso Redentor é o Deus Altíssimo!
(T.P. Aleluia).

III

—³²Com tudo isso, eles pecaram novamente, *
não deram fé às maravilhas do Senhor.

—³³Foram seus dias consumidos como um sopro, *
e seus anos bem depressa se encurtaram.

—³⁴Quando os feria, eles então o procuravam, *
convertiam-se correndo para ele;

—³⁵recordavam que o Senhor é sua rocha *
e que Deus, seu Redentor, é o Deus Altíssimo.

—³⁶Mas apenas o honravam com seus lábios *
e mentiam ao Senhor com suas línguas;

—³⁷seus corações enganadores eram falsos *
e, infiéis, eles rompiam a Aliança.

—³⁸Mas o Senhor, sempre benigno e compassivo, *
não os matava e perdoava seu pecado;

— quantas vezes dominou a sua ira *
e não deu largas à vazão de seu furor.

—³⁹Recordava-se que eles eram carne, *
sopro que passa e jamais torna a voltar.

Ant. Recordemos que o Senhor é nossa Rocha
e que o nosso Redentor é o Deus Altíssimo!
(T.P. Aleluia).

O versículo, as leituras e a oração correspondentes ao Ofício
celebrado.

1378   IV Semana

Laudes

V. Vinde ó **Deus**. Glória ao **Pai**. Como era (T.P. Aleluia).
Essa introdução se omite quando o Invitatório precede imediatamente às Laudes.

HINO correspondente ao Ofício.

Salmodia

Antífona 1

Na Quaresma:

Criai em **mim** um cora**ção** que seja **pu**ro,
dai-me de **no**vo um es**pí**rito deci**di**do!

No Tempo pascal:

O **Cris**to por **nós** se entre**gou**
como o**fer**ta agra**dá**vel a **Deus**. Aleluia.

Salmo 50(51)

Tende piedade, ó meu Deus!

Renovai o vosso espírito e a vossa mentalidade. Revesti o
homem novo (Ef 4,23-24).

– ³Tende pie**da**de, ó meu **Deus**, miseri**cór**dia! *
  Na imensi**dão** de vosso amor, purificai-me!
– ⁴**La**vai-me todo inteiro do pecado, *
  e apa**gai** completamente a minha culpa!
– ⁵Eu recon**he**ço toda a minha iniquidade, *
  o meu pe**ca**do está sempre à minha frente.
– ⁶Foi contra **vós**, só contra vós, que eu pequei, *
  e prati**quei** o que é mau aos vossos olhos!

– Mostrais as**sim** quanto sois justo na sentença, *
  e quanto é **re**to o julgamento que fazeis.
– ⁷**Ve**de, Se**nhor**, que eu nasci na iniquidade *
  e peca**dor** já minha mãe me concebeu.

– ⁸Mas vós a**mais** os corações que são sinceros, *
  na intimi**da**de me ensinais sabedoria.

Sexta-feira – Laudes

– [9] Aspergi-me e serei puro do pecado, *
e mais **bran**co do que a neve ficarei.

– [10] Fazei-me ou**vir** cantos de festa e de alegria, *
e exulta**rão** estes meus ossos que esmagastes.

– [11] Desvi**ai** o vosso olhar dos meus pecados *
e apa**gai** todas as minhas transgressões!

– [12] Criai em **mim** um coração que seja puro, *
dai-me de **no**vo um espírito decidido.

– [13] Ó Se**nhor**, não me afasteis de vossa face, *
nem reti**reis** de mim o vosso Santo Espírito!

– [14] Dai-me de **no**vo a alegria de ser salvo *
e confir**mai**-me com espírito generoso!

– [15] Ensina**rei** vosso caminho aos pecadores, *
e para **vós** se voltarão os transviados.

– [16] Da **mor**te como pena, libertai-me, *
e minha **lín**gua exaltará vossa justiça!

– [17] Abri meus **lá**bios, ó Senhor, para cantar, *
e minha **bo**ca anunciará vosso louvor!

– [18] Pois não **são** de vosso agrado os sacrifícios, *
e, se o**fer**to um holocausto, o rejeitais.

– [19] Meu sacrifício é minha alma penitente, *
não despre**zeis** um coração arrependido!

– [20] Sede be**nig**no com Sião, por vossa graça, *
reconstruí Jerusalém e os seus muros!

– [21] E aceita**reis** o verdadeiro sacrifício, *
os holo**caus**tos e oblações em vosso altar!

Na Quaresma: Ant.
Criai em **mim** um cora**ção** que seja **pu**ro,
dai-me de **no**vo um es**pí**rito deci**di**do!

No Tempo pascal: Ant.
O **Cris**to por **nós** se entre**gou**
como o**fer**ta agra**dá**vel a **Deus**. Aleluia.

1380   IV Semana

Antífona 2

Na Quaresma:

Jerusalém, exulta alegre,
pois em ti serão unidas as nações ao teu Senhor!

No Tempo pascal:

Jerusalém, cidade santa, brilharás qual luz fulgente.
Aleluia.

Cântico   Tb 13,8-11.13-14ab.15-16ab

Ação de graças pela libertação do povo

Mostrou-me a cidade santa, Jerusalém... brilhando com a glória de Deus (Ap 21,10-11).

– ⁸Dai graças ao Senhor, vós todos, seus eleitos; *
   celebrai dias de festa e rendei-lhe homenagem.

– ⁹Jerusalém, cidade santa, o Senhor te castigou, *
   por teu mau procedimento, pelo mal que praticaste.

– ¹⁰Dá louvor ao teu Senhor, pelas tuas boas obras, *
   para que ele, novamente, arme, em ti, a sua tenda.

– Reúna em ti os deportados, alegrando-os sem fim! *
   ame em ti todo infeliz pelos séculos sem fim!

= ¹¹Resplenderás, qual luz brilhante, até os extremos desta
   terra; †
   virão a ti nações de longe, dos lugares mais distantes, *
   invocando o santo nome, trazendo dons ao Rei do céu.

– Em ti se alegrarão as gerações das gerações *
   e o nome da Eleita durará por todo o sempre.

– ¹³Então, te alegrarás pelos filhos dos teus justos, *
   todos unidos, bendizendo ao Senhor, o Rei eterno.

– ¹⁴Haverão de ser ditosos todos quantos que te amam, *
   encontrando em tua paz sua grande alegria. –

Sexta-feira – Laudes

=[15] Ó minh'**alma**, vem bendizer ao Se**nhor**, o grande Rei, †
  [16] pois se**rá** reconstruída sua **ca**sa em Sião, *
    que para **sem**pre há de ficar pelos **sé**culos, sem fim.

Na Quaresma: Ant.
Jerusa**lém**, exulta a**le**gre,
pois em **ti** serão u**ni**das as na**ções** ao teu Se**nhor**!

No Tempo pascal: Ant.
Jerusa**lém**, cidade **san**ta, brilha**rás** qual luz ful**gen**te.
A**le**lu**ia**.

Antífona 3

Na Quaresma:
Ó Si**ão**, canta lou**vo**res ao teu **Deus**;
ele envia suas **or**dens para a **ter**ra.

No Tempo pascal:
Vi a **no**va Si**ão** vir des**cen**do dos **céus**. Ale**lu**ia.

Salmo 147(147B)
Restauração de Jerusalém

Vem! Vou mostrar-te a noiva, a esposa do Cordeiro! (Ap 21,9).

—[12] Glori**fi**ca o Se**nhor**, Jerusa**lém**! *
  Ó Si**ão**, canta lou**vo**res ao teu Deus!

—[13] Pois refor**çou** com segurança as tuas portas, *
  e os teus **fi**lhos em teu seio aben**çoou**;

—[14] a **paz** em teus limites garantiu *
  e te **dá** como alimento a flor do trigo.

—[15] Ele en**vi**a suas ordens para a terra, *
  e a pa**la**vra que ele diz corre veloz;

—[16] ele **faz** cair a neve como lã *
  e es**pa**lha a geada como cinza.

—[17] Como de **pão** lança as migalhas do granizo, *
  a seu **fri**o as águas ficam congeladas.

—[18] Ele en**vi**a sua palavra e as derrete, *
  sopra o **ven**to e de novo as águas correm.—

1382   IV Semana

– [19]Anuncia a Jacó sua palavra, *
seus preceitos e suas leis a Israel.
– [20]Nenhum **povo** recebeu tanto carinho, *
a nenhum **ou**tro revelou os seus preceitos.

Na Quaresma: Ant.
Ó Sião, canta louvores ao teu **Deus**;
ele envia suas **or**dens para a **ter**ra.

No Tempo pascal: Ant.
Vi a **no**va Sião vir des**cen**do dos **céus**. Ale**luia**.

*A leitura breve, o responsório, a antífona do Benedictus, as preces
e a oração correspondentes ao Ofício celebrado.*

A conclusão da Hora como no Ordinário.

Hora Média

V. Vinde ó **Deus**. Glória ao **Pai**. Como era (T.P. Ale**luia**).
HINO correspondente ao Ofício.

Salmodia

Na Quaresma: Antífona como no Próprio do Tempo.

No Tempo pascal: Ant. Ale**luia**, ale**luia**, ale**luia**.

Salmo 118(119),161-168
XXI (Sin)
Meditação sobre a Palavra de Deus na Lei

Sede praticantes da Palavra e não meros ouvintes (Tg 1,22).

– [161]Os pode**ro**sos me perse**guem** sem mo**tivo**; *
meu cora**ção**, porém, só teme a vossa lei.
– [162]Tanto me a**le**gro com as palavras que dissestes, *
quanto al**guém** ao encontrar grande tesouro.
– [163]Eu o**dei**o e detesto a falsidade, *
porém **a**mo vossas leis e mandamentos!
– [164]Eu vos **lou**vo sete vezes cada dia, *
porque **jus**tos são os vossos julgamentos. –

Sexta-feira – Hora Média

– ¹⁶⁵ Os que **amam** vossa lei têm grande paz, *
e não há **nada** que os faça tropeçar.
– ¹⁶⁶ Ó Se**nhor**, de vós espero a salvação, *
pois eu **cum**pro sem cessar vossos preceitos.
– ¹⁶⁸ Obede**ço** fielmente às vossas ordens, *
e as es**timo** ardentemente mais que tudo.
– ¹⁶⁸ Serei fi**el** à vossa lei, vossa Aliança; *
os meus ca**minhos** estão todos ante vós.

Salmo 132(133)
Alegria da união fraterna

Amemo-nos uns aos outros, porque o amor vem de Deus (1Jo
4,7).

– ¹ Vinde e **vede** como é **bom**, como é suave *
os ir**mãos** viverem juntos bem unidos!
– ² É como um **ó**leo perfumado na cabeça, *
que es**corre** e vai descendo até à barba;
– vai des**cen**do até a barba de Aarão, *
e vai che**gan**do até à orla do seu manto.
– ³ É tam**bém** como o orvalho do Hermon, *
que cai su**ave** sobre os montes de Sião.
– Pois a **eles** o Senhor dá sua bênção *
e a **vida** pelos séculos sem fim.

Salmo 139(140),2-9.13-14
Tu és o meu refúgio

O Filho do Homem é entregue nas mãos dos pecadores (Mt
26,45).

– ² Livrai-me, ó Se**nhor**, dos homens **maus**, *
dos **ho**mens violentos defendei-me,
– ³ dos que **tra**mam só o mal no coração *
e plane**jam** a discórdia todo o dia!

IV Semana

— ⁴Como a ser**pen**te eles afiam suas línguas, *
e em seus **lábios** têm veneno de uma víbora.

= ⁵Sal**vai**-me, ó Senhor, das mãos do ímpio,†
defen**dei**-me contra o homem violento, *
contra **aque**les que planejam minha queda!

= ⁶Os so**ber**bos contra mim armaram laços, †
esten**deram**-me uma rede sob os pés *
e puseram em meu caminho seus tropeços.

— ⁷Mas eu **digo** ao Senhor: "Vós sois meu Deus, *
incli**nai** o vosso ouvido à minha prece!"

— ⁸Senhor, meu **Deus**, sois meu auxílio poderoso, *
vós prote**geis** minha cabeça no combate!

— ⁹Não aten**dais** aos maus desejos dos malvados! *
Senhor, fa**zei** que os seus planos não se cumpram!

— ¹³Sei que o Se**nhor** fará justiça aos infelizes, *
defende**rá** a causa justa de seus pobres.

— ¹⁴Sim, os **jus**tos louvarão o vosso nome, *
e junto a **vós** habitarão os homens retos.

No Tempo pascal: Ant. **Ale**luia, ale**luia**, ale**luia**.

Para as outras Horas, Salmodia complementar, p. 1421.

A leitura breve, o versículo e a oração correspondentes ao Ofício
celebrado.

A conclusão da Hora como no Ordinário.

Vésperas

V. Vinde ó **Deus**. Glória ao **Pai**. Como era. (T.P. Aleluia).
HINO correspondente ao Ofício.

Salmodia

Antífona 1

Na Quaresma:
Todos os **dias** have**rei** de bendi**zer**-vos
e con**tar** as vossas **gran**des maravilhas.

Sexta-feira – Vésperas

No Tempo pascal:

Tanto **Deus** amou o **mun**do que lhe **deu** seu Filho **único**.
Ale**lui**a.

Salmo 144(145)

Louvor à grandeza de Deus

Justo és tu, Senhor, aquele que é e que era, o Santo (Ap 16,5).

I

– ¹ Ó meu **Deus**, quero exal**tar**-vos, ó meu **Rei**, *
e bendi**zer** o vosso nome pelos séculos.

– ² Todos os **di**as haverei de bendi**zer**-vos, *
hei de lou**var** o vosso nome para sempre.

– ³ Grande é o Se**nhor** e muito digno de louvores, *
e nin**guém** pode medir sua grandeza.

– ⁴ Uma i**da**de conta à outra vossas obras *
e pu**bli**ca os vossos feitos poderosos;

– ⁵ proclamam **to**dos o esplendor de vossa glória *
e di**vul**gam vossas obras portentosas!

– ⁶ Narram **to**dos vossas obras poderosas, *
e de **vos**sa imensidade todos falam.

– ⁷ Eles re**cor**dam vosso amor tão grandioso *
e e**xal**tam, ó Senhor, vossa justiça.

– ⁸ Miseri**cór**dia e piedade é o Senhor, *
ele é a**mor**, é paciência, é compaixão.

– ⁹ O Se**nhor** é muito bom para com todos, *
sua ter**nu**ra abraça toda criatura.

– ¹⁰ Que vossas **o**bras, ó Senhor, vos glorifiquem, *
e os vossos **san**tos com louvores vos bendigam!

– ¹¹ Narrem a **gló**ria e o esplendor do vosso Reino *
e **sai**bam proclamar vosso poder!

– ¹² Para espa**lhar** vossos prodígios entre os homens *
e o ful**gor** de vosso Reino esplendoroso.

1386   IV Semana

— ¹³O vosso **Rei**no é um reino para sempre, *
     vosso po**der**, de geração em geração.

Na Quaresma: Ant.
Todos os **di**as have**rei** de bendi**zer**-vos
e con**tar** as vossas **grand**es maravilhas.

No Tempo pascal: Ant.
Tanto **Deus** amou o **mun**do que lhe **deu** seu Filho **único**.
Ale**lu**ia.

Antífona 2

Na Quaresma:
Todos os **o**lhos, ó **Se**nhor, em vós es**peram**,
estais **per**to de quem **pe**de vossa a**ju**da.

No Tempo pascal:
Ao Se**nhor**, Rei e**ter**no, imor**tal** e invi**sível**
honra, **gló**ria e po**der**. Ale**lu**ia.

II

— ¹³ᵇO **Se**nhor é amor fiel em sua pa**la**vra, *
     é santi**da**de em **to**da obra que ele faz.
— ¹⁴Ele sus**ten**ta todo aquele que vacila *
     e le**van**ta todo aquele que tombou.
— ¹⁵Todos os **o**lhos, ó Senhor, em vós esperam *
     e vós lhes **dais** no tempo certo o alimento;
— ¹⁶vós a**bris** a vossa mão prodigamente *
     e saci**ais** todo ser vivo com fartura.
— ¹⁷É **jus**to o Senhor em seus caminhos, *
     é **san**to em toda obra que ele faz.
— ¹⁸Ele está **per**to da pessoa que o invoca, *
     de todo a**que**le que o invoca lealmente.
— ¹⁹O Se**nhor** cumpre os desejos dos que o temem, *
     ele es**cu**ta os seus clamores e os salva.
— ²⁰O Senhor **guar**da todo aquele que o ama, *
     mas dis**per**sa e extermina os que são ímpios. —

Sexta-feira – Vésperas

=²¹ Que a minha **boca** cante a glória do Senhor †
    e que ben**di**ga todo ser seu nome santo *
    desde a**go**ra, para sempre e pelos séculos.

Na Quaresma:

Todos os **olhos**, ó **Senhor**, em vós es**peram**,
estais **perto** de quem **pede** vossa a**ju**da.

No Tempo pascal:

Ao **Se**nhor, Rei e**ter**no, imor**tal** e invi**sí**vel
honra, **glória** e po**der**. Ale**luia**.

Antífona 3

Na Quaresma:

Vossos ca**mi**nhos são ver**da**de, são jus**ti**ça,
ó **Rei** dos povos **to**dos do uni**ver**so!

No Tempo pascal:

O **Se**nhor é minha **for**ça, é a ra**zão** do meu can**tar**,
pois foi **e**le neste **di**a para **mim** liberta**ção**. Ale**lui**a.

Cântico   Ap 15,3-4
Hino de adoração

– ³ Como são **gran**des e admi**rá**veis vossas **o**bras, *
    ó **Se**nhor e nosso Deus onipotente!
– Vossos ca**mi**nhos são verdade, são justiça, *
    ó **Rei** dos povos todos do universo!

(R. São **gran**des vossas **o**bras, ó **Senhor**!)

=⁴ Quem, Se**nhor**, não haveria de temer-vos, †
    e **quem** não honraria o vosso nome? *
    Pois so**men**te vós, Senhor, é que sois santo!   (R.)

= As nações **to**das hão de vir perante vós †
    e, pros**tra**das, haverão de adorar-vos, *
    pois vossas **jus**tas decisões são manifestas.   (R.)

1388

IV Semana

Na Quaresma: Ant.

Vossos **caminhos** são ver**da**de, são jus**ti**ça,
ó **Rei** dos povos **to**dos do uni**ver**so!

No Tempo pascal: Ant.

O Se**nhor** é minha **for**ça, é a ra**zão** do meu can**tar**,
pois foi **ele** neste **dia** para **mim** liberta**ção**. Ale**lui**a.

A leitura breve, o responsório, a antífona do *Magnificat*, as preces
e a oração correspondentes ao Ofício celebrado.

A conclusão da Hora como no Ordinário.

IV SÁBADO

Invitatório

V. **Abri** os meus **lá**bios. R. E minha **bo**ca.

Salmo invitatório, p. 944 com a antífona correspondente ao Ofício.

Ofício das Leituras

V. Vinde ó **Deus**. Glória ao **Pai**. Como **era** (T.P. Ale**lui**a).

Essa introdução se omite quando o Invitatório precede imediatamente ao Ofício das Leituras.

HINO correspondente ao Ofício.

Salmodia

Ant. 1 O Se**nhor** nos liber**tou** do po**der** do opre**ssor** (T.P. Ale**lui**a).

Salmo 77(78),40-72

Bondade de Deus e infidelidade do povo ao longo da história da salvação

Esses fatos aconteceram para serem exemplos para nós (1Cor 10,6).

IV

—⁴⁰ Quantas **ve**zes o ten**ta**ram no de**ser**to *
    e provo**ca**ram seu furor na soli**dão**!
—⁴¹ Eles ten**ta**vam o Senhor sempre de novo, *
    e irri**ta**vam o Deus Santo de Israel;
—⁴² não se lem**bra**vam do poder de sua mão *
    nem do **di**a em que os livrou do opressor;
—⁴³ quando **fez** tantos milagres no Egito, *
    seus pro**dí**gios no lugar chamado Tânis;
—⁴⁴ em **san**gue fez mudarem os seus rios, *
    para que de**les** não pudessem mais beber.
—⁴⁵ Mandou-lhes **mos**cas com o fim de devorá-los, *
    e também **rãs** que infestaram toda a terra;

1390

IV Semana

– ⁴⁶pragas vorazes devoraram suas colheitas, *
e gafanhotos, o produto de seus campos.

– ⁴⁷Arrasou as suas vinhas com granizo *
e com geada destruiu suas figueiras;

– ⁴⁸a saraiva acabou com o seu gado *
e a peste exterminou o seu rebanho.

– ⁴⁹Descarregou todo o ardor de sua ira, *
a angústia e o terror em cima deles;

– com multidões de mensageiros da desgraça, *
⁵⁰deu livre curso à vazão de seu furor.

– Da morte não poupou as suas almas, *
e à peste entregou as suas vidas;

– ⁵¹feriu os primogênitos do Egito, *
as primícias dos varões de suas tendas.

Ant. O Senhor nos libertou do poder do opressor
(T.P. Aleluia).

Ant. 2 O Senhor nos conduziu para a Terra Prometida
(T.P. Aleluia).

V

– ⁵²Fez sair seu povo eleito como ovelhas, *
conduziu-os qual rebanho no deserto;

– ⁵³Ele os guiou com segurança e sem temor, *
mas encobriu seus inimigos com o mar.

– ⁵⁴Conduziu-os para a Terra Prometida, *
para o Monte que seu braço conquistou;

– ⁵⁵expulsou diante deles outros povos *
e repartiu-lhes suas terras como herança.

– Nas tendas de outros povos fez morar *
todas as tribos e as famílias de Israel.

– ⁵⁶Mesmo assim, eles tentaram o Altíssimo, *
recusando-se a guardar os seus preceitos. –

—⁵⁷ Como seus **pais**, se transviaram, e o traíram *
  como um **arc**o enganador que volta atrás;
—⁵⁸ irri**tar**am-no com seus lugares altos, *
  provo**car**am-lhe o ciúme com seus ídolos.

—⁵⁹ Deus ou**viu** e enfureceu-se contra eles, *
  e repe**liu** com violência a Israel;
—⁶⁰ abando**nou** o tabernáculo de Silo *
  e a **ten**da em que morava em meio aos homens.

—⁶¹ Entre**gou** a sua arca ao cativeiro, *
  e às **mãos** do inimigo a sua glória;
—⁶² fez pere**cer** seu povo eleito pela espada, *
  e **con**tra a sua herança enfureceu-se.

—⁶³ O **fog**o devorou seus filhos jovens, *
  as suas **virg**ens não puderam mais casar;
—⁶⁴ seus sacer**dot**es pereceram pela espada, *
  suas viú**vas** não puderam mais chorar.

Ant. O Se**nhor** nos condu**ziu** para a **Ter**ra Prome**tid**a
  (T.P. Ale**lu**ia).
Ant. 3 Esco**lheu** a Da**vi**, seu servi**dor**,
  para gui**ar** o seu **po**vo prefe**rid**o (T.P. Ale**lu**ia).

VI

—⁶⁵ Mas o Se**nhor** se desper**tou**, como de um **son**o, *
  como um guer**rei**ro dominado pelo vinho;
—⁶⁶ fe**riu** seus inimigos pelas costas *
  e entre**gou**-os à vergonha sempiterna.

—⁶⁷ Rejei**tou** então a tenda de José, *
  e a **tri**bo de Efraim não escolheu;
—⁶⁸ prefe**riu**, porém, a tribo de Judá *
  e o **mon**te de Sião que sempre amou.

—⁶⁹ E constru**iu** seu santuário como um céu, *
  como a **ter**ra que firmou eternamente.

1392

IV Semana

– ^{70}A **Davi**, seu servidor, ele escolheu *
e **tirou**-o do aprisco das ovelhas;
= ^{71}ovelhas e cordeiros fez deixar, †
para seu **povo** de Jacó pastorear, *
e a **Israel** que escolheu por sua herança;
– ^{72}com **reto** coração apascentou-os *
e com **mão** habilidosa os conduziu.

Ant. **Escolheu** a Davi, seu servi**dor**,
para gui**ar** o seu **povo** prefe**rido** (T.P. Aleluia).

O versículo, as leituras, e a oração correspondentes ao Ofício
celebrado.

Laudes

V. Vinde, ó **Deus**. Glória ao **Pai**. Como era (T.P. Aleluia).
Essa introdução se omite quando o Invitatório precede imediatamente às Laudes.

HINO correspondente ao Ofício.

Salmodia

Antífona 1

Na Quaresma:

Como é **bom** salmodi**ar** em lou**vor** ao Deus Al**tíssimo**!

No Tempo pascal:

Quão i**mens**as, ó **Se**nhor, são vossas **obras**, ale**luia**.

Salmo 91(92)

Louvor ao Deus Criador

Louvores se proclamam pelos feitos do Cristo (Sto. Atanásio).

– ^{2}Como é **bom** agrade**cer**mos ao **Se**nhor *
e cantar **sal**mos de louvor ao Deus Al**tíssimo**!
– ^{3}Anunci**ar** pela manhã vossa bondade, *
e o **vos**so amor fiel, a noite inteira,

Sábado – Laudes

— [4]ao som da **lira** de dez cordas e da harpa, *
com **can**to acompanhado ao som da cítara.

— [5]**Pois** me ale**gras**tes, ó Senhor, com vossos feitos, *
e reju**bi**lo de alegria em vossas obras.

— [6]**Quão i**men**sas, ó Senhor, são vossas obras, *
quão pro**fun**dos são os vossos pensamentos!

— [7]Só o **ho**mem insensato não entende, *
só o es**tul**to não percebe nada disso!

— [8]**Mesmo** que os **ím**pios floresçam como a erva, *
ou pros**pe**rem igualmente os malfeitores,

— são desti**na**dos a perder-se para sempre. *
[9]**Vós**, po**rém**, sois o Excelso eternamente!

= [10]**Eis** que os **vos**sos inimigos, ó Senhor, †
eis que os **vos**sos inimigos vão perder-se, *
e os malfei**to**res serão todos dispersados.

— [11]**Vós** me **des**tes toda a força de um touro, *
e sobre **mim** um óleo puro derramastes;

— [12]triun**fan**te, posso olhar meus inimigos, *
vito**ri**oso, escuto a voz de seus gemidos.

— [13]**O jus**to crescerá como a palmeira, *
flori**rá** igual ao cedro que há no Líbano;

— [14]na **ca**sa do Senhor estão plantados, *
nos **á**trios de meu Deus florescerão.

— [15]**Mesmo** no **tem**po da velhice darão frutos, *
cheios de **sei**va e de folhas verdejantes;

— [16]e di**rão**: "É justo mesmo o Senhor Deus: *
meu Ro**che**do, não existe nele o mal!"

Na Quaresma: Ant.
Como é **bom** salmodi**ar** em lou**vor** ao Deus Al**tís**simo!

No Tempo pascal: Ant.
Quão i**men**sas, ó Se**nhor**, são vossas **obras**, ale**lui**a.

1394   IV Semana

Antífona 2

Na Quaresma:
Dar-vos-**ei** um novo es**p**írito e um **no**vo cora**ção.**

No Tempo pascal:
Have**rei** de derra**mar** sobre **vós** uma água **pura**. Ale**lui**a.

Cântico   Ez 36,24-28

Deus renovará o seu povo

Eles serão o seu povo, e o próprio Deus estará com eles (Ap 21,3).

=²⁴Have**rei** de reti**rar**-vos do **mei**o das na**ções,** †
   have**rei** de reunir-vos de **to**dos os países, *
   e de **vol**ta eu levarei a todos **vós** à **vos**sa terra.

=²⁵Have**rei** de derramar sobre **vós** uma água pura, †
   e de **vos**sas imundícies se**reis** purificados; *
   sim, se**reis** purificados de **to**da idolatria.

=²⁶Dar-vos-**ei** um novo espírito e um **no**vo cora**ção**; †
   tira**rei** de vosso peito este **co**ração de pedra, *
   no lu**gar** colocarei novo **co**ração de carne.

=²⁷Have**rei** de derramar meu Es**p**írito em **vós** †
   e fa**rei** que caminheis obede**cen**do a meus preceitos, *
   que obser**veis** meus mandamentos e guar**deis** a minha Lei.

=²⁸E have**reis** de habitar aquela **ter**ra prometida, †
   que nos **tem**pos do passado eu doei a vossos pais, *
   e se**reis** sempre o meu povo e eu se**rei** o vosso Deus!

Na Quaresma: Ant.
Dar-vos-**ei** um novo es**p**írito e um **no**vo cora**ção.**

No Tempo pascal: Ant.
Have**rei** de derra**mar** sobre **vós** uma água **pura**. Ale**lui**a.

Sábado – Laudes

Antífona 3

Na Quaresma:

O perfeito lou**vor** vos é **dado**
pelos **lábios** dos **mais** pequeninos.

No Tempo pascal:

Tudo é **vosso**, mas **vós** sois de **Cris**to
e **Cris**to é de **Deus**, aleluia.

Salmo 8

Majestade de Deus e dignidade do homem

*Ele pôs tudo sob os seus pés e fez dele, que está acima de
tudo, a Cabeça da Igreja (Ef 1,22).*

– ²Ó Se**nhor**, nosso **Deus**, como é **gran**de *
vosso **no**me por todo o universo!

– Desdo**bras**tes nos céus vossa glória *
com gran**de**za, esplendor, majestade.

= ³O per**fei**to louvor vos é dado †
pelos **lá**bios dos mais pequeninos, *
de cri**an**ças que a mãe amamenta.

– Eis a **for**ça que opondes aos maus, *
redu**zin**do o inimigo ao silêncio.

– ⁴Contem**plan**do estes céus que plasmastes *
e for**mas**tes com dedos de artista;

– vendo a **lua** e estrelas brilhantes, *
⁵pergun**ta**mos: "Senhor, que é o homem,

– para **de**le assim vos lembrardes *
e o tra**tar**des com tanto carinho?"

– ⁶Pouco a**bai**xo de um deus o fizestes, *
coro**an**do-o de glória e esplendor;

– ⁷vós lhe **des**tes poder sobre tudo, *
vossas obras aos pés lhe pusestes: –

1396   IV Semana

— [8] as ovelhas, os bois, os rebanhos, *
todo o **ga**do e as feras da mata;
— [9] **passa**rinhos e peixes dos mares, *
todo **ser** que se move nas águas.
— [10] Ó Se**nhor**, nosso Deus, como é grande *
vosso **no**me por todo o universo!

Na Quaresma: Ant.
O per**fei**to lou**vor** vos é **da**do
pelos **lábios** dos **mais** peque**ni**nos.

No Tempo pascal: Ant.
Tudo é **vos**so, mas **vós** sois de **Cristo**
e **Cristo** é de **Deus**, ale**lui**a.

*A leitura breve, o responsório, a antífona do Benedictus, as preces
e a oração correspondentes ao Ofício celebrado.*

A conclusão da Hora como no Ordinário.

Hora Média

V. Vinde, ó **Deus**. Glória ao **Pai**. Como era (T.P. Ale**lui**a).
HINO correspondente ao Ofício.

Salmodia

Na Quaresma: Antífona como no Próprio do Tempo.

No Tempo pascal: Ant. Ale**lui**a, ale**lui**a, ale**lui**a

Salmo 118(119),169-176
XXII (Tau)
Meditação sobre a Palavra de Deus na Lei
*Sua misericórdia se estende de geração em geração, a todos
os que o respeitam (Lc 1,50).*

— [169] Que o meu **gri**to, ó Se**nhor**, chegue até **vós**; *
fazei-me **sá**bio como vós o prometestes!
— [170] Que a minha **prece** chegue até à vossa face; *
con**for**me prometestes, libertai-me! —

Sábado – Hora Média

—[171]Que prorrompam os meus lábios em canções, *
   pois me fizestes conhecer vossa vontade!
—[172]Que minha língua cante alegre a vossa lei, *
   porque justos são os vossos mandamentos!
—[173]Estendei a vossa mão para ajudar-me, *
   pois escolhi sempre seguir vossos preceitos!
—[174]Desejo a vossa salvação ardentemente *
   e encontro em vossa lei minhas delícias!

—[175]Possa eu viver e para sempre vos louvar; *
   e que me ajudem, ó Senhor, vossos conselhos!
—[176]Se eu me perder como uma ovelha, procurai-me, *
   porque nunca esqueci vossos preceitos!

Salmo 44(45)

As núpcias do Rei

O noivo está chegando. Ide ao seu encontro! (Mt 25,6).

I

= [2]Transborda um poema do meu coração; †
   vou cantar-vos, ó Rei, esta minha canção; *
   minha língua é qual pena de um ágil escriba.
= [3]Sois tão belo, o mais belo entre os filhos dos homens! †
   Vossos lábios espalham a graça, o encanto, *
   porque Deus, para sempre, vos deu sua bênção.

— [4]Levai vossa espada de glória no flanco, *
   herói valoroso, no vosso esplendor;
— [5]saí para a luta no carro de guerra *
   em defesa da fé, da justiça e verdade!

= Vossa mão vos ensine valentes proezas, †
   [6]vossas flechas agudas abatam os povos *
   e firam no seu coração o inimigo!
= [7]Vosso trono, ó Deus, é eterno, é sem fim; †
   vosso cetro real é sinal de justiça: *
   [8]Vós amais a justiça e odiais a maldade. —

1398   IV Semana

= É por **isso** que Deus vos un**giu** com seu óleo, †
deu-vos **mais** alegria que aos **vos**sos amigos. *
⁹Vossas **vestes** exalam preciosos perfumes.

– De eb**úr**neos palácios os **sons** vos deleitam. *
¹⁰As **fi**lhas de reis vêm ao **vos**so encontro,

– e à **vos**sa direita se en**con**tra a rainha *
com **ves**te esplendente de **ouro** de Ofir.

II

– ¹¹Escu**tai**, minha **filha**, ol**hai**, ouvi **isto**: *
"Esque**cei** vosso povo e a **casa** paterna!

– ¹²Que o **Rei** se encante com **vossa** beleza! *
Prestai-lhe homenagem: é **vosso** Senhor!

– ¹³O **po**vo de Tiro vos **traz** seus presentes, *
os **gran**des do povo vos **pe**dem favores.

– ¹⁴Majes**to**sa, a princesa re**al** vem chegando, *
vestida de ricos bro**ca**dos de ouro.

– ¹⁵Em **ves**tes vistosas ao **Rei** se dirige, *
e as **vir**gens amigas lhe for**mam** cortejo;

– ¹⁶entre **can**tos de festa e com **gran**de alegria, *
ingre**ssam**, então, no pa**lá**cio real".

– ¹⁷Deixa**reis** vossos pais, mas te**reis** muitos filhos; *
fareis **de**les os reis sobe**ra**nos da terra.

– ¹⁸Canta**rei** vosso nome de i**da**de em idade, *
para **sem**pre haverão de lou**var**-vos os povos!

No Tempo pascal: Ant. Ale**luia**, ale**luia**, ale**luia**.

Para as outras Horas, Salmodia complementar, p. 1421.

A leitura breve, o versículo e a oração correspondentes ao Ofício
celebrado.

A conclusão da Hora como no Ordinário.

COMPLETAS

DEPOIS DAS I VÉSPERAS DOS DOMINGOS E SOLENIDADES

Tudo como no Ordinário, p. 965, além do que segue:

Salmodia

Na Quaresma: Ant. 1
Ó Senhor, tende piedade, e escutai minha oração!
No Tempo pascal: Ant. Aleluia, aleluia, aleluia.

Salmo 4
Ação de graças

O Senhor fez maravilhas naquele que ressuscitou dos mortos (Sto. Agostinho).

= ²Quando eu chamo, respondei-me, ó meu Deus, minha justiça! †
  Vós que soubestes aliviar-me nos momentos de aflição, *
  atendei-me por piedade e escutai minha oração!

– ³Filhos dos homens, até quando fechareis o coração? *
  Por que amais a ilusão e procurais a falsidade?

– ⁴Compreendei que nosso Deus faz maravilhas por seu servo, *
  e que o Senhor me ouvirá quando lhe faço a minha prece!

– ⁵Se ficardes revoltados, não pequeis por vossa ira; *
  meditai nos vossos leitos e calai o coração!

– ⁶Sacrificai o que é justo, e ao Senhor oferecei-o; *
  confiai sempre no Senhor, ele é a única esperança!

– ⁷Muitos há que se perguntam: "Quem nos dá felicidade?" *
  Sobre nós fazei brilhar o esplendor de vossa face!

– ⁸Vós me destes, ó Senhor, mais alegria ao coração, *
  do que a outros na fartura do seu trigo e vinho novo. –

1400   Completas

— [9]Eu tran**qui**lo vou deitar-me e na **paz** logo ador**me**ço, *
    pois só **vós**, ó Senhor Deus, dais segu**ran**ça à minha vida!

Na Quaresma: Ant.

Ó Se**nhor,** tende pie**da**de, e escutai minha ora**ção**!

No Tempo pascal: Ant. Ale**lu**ia, ale**lu**ia, ale**lu**ia.

Ant. 2 Ben**di**zei o Senhor **Deus** durante a **noi**te!

Salmo 133(134)
Oração da noite no templo

Louvai o nosso Deus, todos os seus servos e todos os que o temeis, pequenos e grandes! (Ap 19,5).

— [1]Vinde, a**go**ra, bendi**zei** ao Senhor **Deus**, *
    vós **to**dos, servidores do Senhor,
— que cele**brais** a liturgia no seu templo, *
    nos **á**trios da casa do Senhor.
— [2]Levan**tai** as vossas mãos ao santuário, *
    bendi**zei** ao Senhor Deus a noite inteira!
— [3]Que o Se**nhor** te abençoe de Sião, *
    o Se**nhor** que fez o céu e fez a terra!

Na Quaresma: Ant.

Bendi**zei** o Senhor **Deus** durante a **noi**te!

No Tempo pascal: Ant. Ale**lu**ia, ale**lu**ia, ale**lu**ia.

Leitura breve   Dt 6,4-7

Ouve, Israel, o Senhor, nosso Deus, é o único Senhor. Amarás o Senhor, teu Deus, com todo o teu coração, com toda a tua alma e com todas as tuas forças. E trarás gravadas em teu coração todas estas palavras que hoje te ordeno. Tu as repetirás com insistência aos teus filhos e delas falarás quando estiveres sentado em tua casa, ou andando pelos caminhos, quando te deitares, ou te levantares.

Responsório breve

Na Quaresma:

R. **Se**nhor, em vossas **mãos**
  * Eu en**tre**go o meu es**pí**rito. R. **Se**nhor.
V. Vós **sois** o Deus fiel, que sal**vas**tes vosso **po**vo.
  * Eu en**tre**go. Glória ao **Pai**. R. **Se**nhor.

Durante a oitava da Páscoa, em vez do Responsório se diz a Antífona Este é o dia como no Próprio do Tempo, p. 484.

No Tempo pascal:

R. **Se**nhor, em vossas **mãos** eu en**tre**go o meu es**pí**rito.
  * Ale**lui**a, ale**lui**a. R. **Se**nhor.
V. Vós **sois** o Deus fiel, que sal**vas**tes vosso **po**vo.
  * Ale**lui**a, ale**lui**a. Glória ao **Pai**. R. **Se**nhor.

Cântico evangélico, Ant.

Sal**vai**-nos, **Se**nhor, quando ve**la**mos,
guar**dai**-nos tam**bém** quando dor**mi**mos!
Nossa **men**te vi**gi**e com o **Cris**to,
nosso **cor**po re**pou**se em sua **paz**! (T.P. Ale**lui**a).

Cântico de Simeão
Lc 2,29-32

Cristo, luz das nações e glória de seu povo

—[29]Deixai, a**go**ra, vosso **ser**vo ir em **paz**, *
  con**for**me prometestes, ó Senhor.

—[30]Pois meus **o**lhos viram vossa salvação, *
  [31]que prepa**ras**tes ante a face das nações:

—[32]uma **Luz** que brilhará para os gentios, *
  e para a **gló**ria de Israel, o vosso povo.

Ant. Sal**vai**-nos, Se**nhor**, quando ve**la**mos,
  guar**dai**-nos tam**bém** quando dor**mi**mos!
  Nossa **men**te vi**gi**e com o **Cris**to,
  nosso **cor**po re**pou**se em sua **paz**! (T.P. Ale**lui**a).

1402 Completas

Oração

Nos domingos e durante a oitava da Páscoa:

Ficai conosco, Senhor, nesta noite, e vossa mão nos levante amanhã cedo, para que celebremos com alegria a ressurreição de vosso Cristo. Que vive e reina para sempre.

Nas solenidades:

Visitai, Senhor, esta casa, e afastai as ciladas do inimigo; nela habitem vossos santos Anjos, para nos guardar na paz, e a vossa bênção fique sempre conosco. Por Cristo, nosso Senhor.

Conclusão da Hora e Antífona de Nossa Senhora como no Ordinário, p. 969.

DEPOIS DAS II VÉSPERAS DOS DOMINGOS E SOLENIDADES

Tudo como no Ordinário, p. 965, além do que segue:

Salmodia

Na Quaresma: Ant.
Não temerás terror algum durante a noite:
o Senhor te cobrirá com suas asas.

No Tempo pascal: Ant. Aleluia, aleluia, aleluia.

Salmo 90(91)

Sob a proteção do Altíssimo

Eu vos dei o poder de pisar em cima de cobras e escorpiões (Lc 10,19).

— ¹ Quem habita ao abrigo do Altíssimo *
  e vive à sombra do Senhor onipotente,
— ² diz ao Senhor: "Sois meu refúgio e proteção, *
  sois o meu Deus, no qual confio inteiramente".
— ³ Do caçador e do seu laço ele te livra. *
  Ele te salva da palavra que destrói.

Depois das II Vésperas dos Domingo e Solenidades 1403

– [4]Com suas asas haverá de proteger-te, *
com seu escudo e suas armas defender-te.

– [5]Não temerás terror algum durante a noite, *
nem a flecha disparada em pleno dia;

– [6]nem a peste que caminha pelo escuro, *
nem a desgraça que devasta ao meio-dia;

= [7]Podem cair muitos milhares a teu lado,†
podem cair até dez mil à tua direita: *
nenhum mal há de chegar perto de ti.

– [8]Os teus olhos haverão de contemplar *
o castigo infligido aos pecadores;

– [9]pois fizeste do Senhor o teu refúgio, *
e no Altíssimo encontraste o teu abrigo.

– [10]Nenhum mal há de chegar perto de ti, *
nem a desgraça baterá à tua porta;

– [11]pois o Senhor deu uma ordem a seus anjos *
para em todos os caminhos te guardarem.

– [12]Haverão de te levar em suas mãos, *
para o teu pé não se ferir nalguma pedra.

– [13]Passarás por sobre cobras e serpentes, *
pisarás sobre leões e outras feras.

– [14]"Porque a mim se confiou, hei de livrá-lo *
e protegê-lo, pois meu nome ele conhece.

– [15]Ao invocar-me hei de ouvi-lo e atendê-lo, *
e a seu lado eu estarei em suas dores.

= Hei de livrá-lo e de glória coroá-lo, †
[16]vou conceder-lhe vida longa e dias plenos, *
e vou mostrar-lhe minha graça e salvação".

Na Quaresma: Ant.
Não temerás terror algum durante a noite:
o Senhor te cobrirá com suas asas.

No Tempo pascal: Ant. Aleluia, aleluia, aleluia.

1404   Completas

Leitura breve   Ap 22,4-5
Verão a face e o seu nome estará sobre suas frontes. Não
haverá mais noite: não se precisará mais da luz da lâmpada,
nem da luz do sol, porque o Senhor Deus vai brilhar sobre
eles e eles reinarão por toda a eternidade.

Responsório breve
Na Quaresma:
R. Se**nhor,** em vossas **mãos**
  * Eu en**tre**go o meu es**pí**rito. R. Se**nhor.**
V. Vós **sois** o Deus fi**el**, que sal**vas**tes vosso **povo.**
    * Eu en**tre**go. Glória ao **Pai**. R. Senhor.
No Tríduo pascal e durante a oitava da Páscoa, em vez do Respon-
sório se diz a Antífona Jesus **Cris**to se humi**lhou**, p. 407 ou Este é
o **dia**, p. 484 como no Próprio do Tempo.

No Tempo pascal:
R. Se**nhor,** em vossas **mãos** eu en**tre**go o meu es**pí**rito.
  * Ale**lui**a, ale**lui**a. R. Senhor.
V. Vós **sois** o Deus fi**el**, que sal**vas**tes vosso **povo.**
    * Ale**lui**a, ale**lui**a. Glória ao **Pai**. R. Senhor.

Cântico evangélico, Ant.
Sal**vai**-nos, Se**nhor**, quando ve**la**mos,
guar**dai**-nos tam**bém** quando dor**mi**mos!
Nossa **men**te vi**gie** com o **Cris**to,
nosso **cor**po re**pou**se em sua **paz!** (T.P. Aleluia).

Cântico de Simeão   Lc 2,29-32
Cristo, luz das nações e glória de seu povo

—[29] Dei**xai**, a**go**ra, vosso **ser**vo ir em **paz,** *
conf**or**me prometestes, ó Senhor.

—[30] Pois meus **o**lhos viram vossa salva**ção,** *
  [31] que prepa**ras**tes ante a face das na**ções:** –

Segunda-feira   1405

—³²uma **Luz** que brilhará para os gentios, *
e para a **glória** de Israel, o vosso povo.
Ant. Sal**vai**-nos, Se**nhor**, quando ve**la**mos,
guar**dai**-nos tam**bém** quando dor**mi**mos!
Nossa **men**te vi**gie** com o **Cris**to,
nosso **cor**po re**pou**se em sua **paz**! (T.P. Ale**lui**a).

Oração

Depois de celebrarmos neste dia a ressurreição do vosso
Filho, nós vos pedimos humildemente, Senhor, que descansemos seguros em vossa paz e despertemos alegres para
cantar vosso louvor. Por Cristo, nosso Senhor.

No Tríduo Pascal e nas solenidades:
Visitai, Senhor, esta casa, e afastai as ciladas do inimigo;
nela habitem vossos santos Anjos, para nos guardar na paz,
e a vossa bênção fique sempre conosco. Por Cristo, nosso
Senhor.

Conclusão e Antífona de Nossa Senhora como no Ordinário, p.
969.

SEGUNDA-FEIRA

Tudo como no Ordinário, p. 965, além do que segue:
Salmodia

Na Quaresma: Ant.
Ó Se**nhor**, sois cle**men**te e fi**el**,
sois a**mor**, paciência e per**dão**!
No Tempo pascal: Ant. Ale**lui**a, ale**lui**a, ale**lui**a.

Salmo 85(86)
Oração do pobre nas dificuldades

*Bendito seja Deus que nos consola em todas as nossas
aflições* (2Cor 1,3.4).

— ¹Incli**nai**, ó Se**nhor**, vosso ouvido, *
escu**tai**, pois sou pobre e infeliz!

Completas

= ²Protegei-me, que sou vosso amigo, †
 e salvai vosso servo, meu Deus, *
 que espera e confia em vós!

− ³Piedade de mim, ó Senhor, *
 porque clamo por vós todo o dia!

− ⁴Animai e alegrai vosso servo, *
 pois a vós eu elevo a minh'alma.

− ⁵Ó Senhor, vós sois bom e clemente, *
 sois perdão para quem vos invoca.

− ⁶Escutai, ó Senhor, minha prece, *
 o lamento da minha oração!

− ⁷No meu dia de angústia eu vos chamo, *
 porque sei que me haveis de escutar.

− ⁸Não existe entre os deuses nenhum *
 que convosco se possa igualar;

− não existe outra obra no mundo *
 comparável às vossas, Senhor!

− ⁹As nações que criastes virão *
 adorar e louvar vosso nome.

−¹⁰Sois tão grande e fazeis maravilhas: *
 vós somente sois Deus e Senhor!

−¹¹Ensinai-me os vossos caminhos, *
 e na vossa verdade andarei;

− meu coração orientai para vós: *
 que respeite, Senhor, vosso nome!

−¹²Dou-vos graças com toda a minh'alma, *
 sem cessar louvarei vosso nome!

−¹³Vosso amor para mim foi imenso: *
 retirai-me do abismo da morte!

=¹⁴Contra mim se levantam soberbos, †
 e malvados me querem matar; *
 não vos levam em conta, Senhor!

Segunda-feira

– ^{15}Vós, porém, sois clemente e fiel, *
sois **amor**, paciência e perdão.
= ^{16}Tende **pena** e olhai para mim! †
Confir**mai** com vigor vosso servo, *
de vossa **ser**va o filho salvai.

– ^{17}Conce**dei**-me um sinal que me prove *
a ver**da**de do vosso amor.
– O inimigo humilhado verá *
que me **des**tes ajuda e consolo.

Na Quaresma: Ant.
Ó **Se**nhor, sois cle**men**te e fiel,
sois **amor**, paciência e per**dão**!

No Tempo pascal: Ant. Ale**lui**a, ale**lui**a, ale**lui**a.

Leitura breve   1Ts 5,9-10

Deus não nos destinou para a ira, mas para alcançarmos a salvação, por meio de nosso Senhor Jesus Cristo. Ele morreu por nós, para que, quer vigiando nesta vida, quer adormecidos na morte, alcancemos a vida junto dele.

Responsório breve

Na Quaresma:
R. **Se**nhor, em vossas **mãos**
  * Eu en**tre**go o meu es**pí**rito. R. **Se**nhor.
V. Vós **sois** o Deus fi**el**, que sal**vas**tes vosso **po**vo.
  * Eu en**tre**go. Glória ao **Pai**. R. **Se**nhor.

No Tempo pascal:
R. **Se**nhor, em vossas **mãos** eu en**tre**go o meu es**pí**rito.
  * Ale**lui**a, ale**lui**a. R. **Se**nhor.
V. Vós **sois** o Deus fi**el**, que sal**vas**tes vosso **po**vo.
  * Ale**lui**a, ale**lui**a. Glória ao **Pai**. R. **Se**nhor.

1408

Completas

Cântico evangélico, Ant.

Salvai-nos, **Senhor**, quando ve**la**mos,
guar**dai**-nos tam**bém** quando dor**mi**mos!
Nossa **men**te vi**gie** com o **Cris**to,
nosso **cor**po re**pou**se em sua **paz**! (T.P. Aleluia).

Cântico de Simeão   Lc 2,29-32

Cristo, luz das nações e glória de seu povo

—²⁹Deixai, a**go**ra, vosso **ser**vo ir em **paz,** *
   con**for**me prometestes, ó Senhor.

—³⁰Pois meus **ol**hos viram vossa salvação, *
   ³¹ que prepa**ras**tes ante a face das nações:

—³²uma **Luz** que brilhará para os gentios, *
   e para a **gló**ria de Israel, o vosso povo.

Ant. Salvai-nos, Se**nhor**, quando ve**la**mos,
     guar**dai**-nos tam**bém** quando dor**mi**mos!
     Nossa **men**te vi**gie** com o **Cris**to,
     nosso **cor**po re**pou**se em sua **paz**! (T.P. Aleluia).

Oração

Concedei, Senhor, aos nossos corpos um sono restaurador,
e fazei germinar para a messe eterna as sementes do Reino,
que hoje lançamos com nosso trabalho. Por Cristo, nosso
Senhor.

Conclusão e Antífona de Nossa Senhora como no Ordinário, p.
969.

TERÇA-FEIRA

Tudo como no Ordinário, p. 965, além do que segue:

Salmodia

Na Quaresma: Ant.

Não escon**dais** vossa **face** de **mim**,
porque em **vós** colo**quei** a espe**ran**ça!

Terça-feira

No Tempo pascal: Ant. **Aleluia, aleluia, aleluia.**

Salmo 142(143),1-11
Prece na aflição

Ninguém é justificado por observar a Lei de Moisés, mas por crer em Jesus Cristo (Gl 2,16).

— [1] Ó Se**nhor**, escu**tai** minha **prece**, *
ó meu **Deus**, atendei minha súplica!

— Respon**dei**-me, ó vós, Deus fiel, *
escu**tai**-me por vossa justiça!

= [2] Não cha**meis** vosso servo a juízo, †
pois di**an**te da vossa presença *
não é **jus**to nenhum dos viventes.

— [3] O ini**mi**go persegue a minha alma, *
ele es**ma**ga no chão minha vida

— e me **faz** habitante das trevas, *
como a**que**les que há muito morreram.

— [4] Já em **mim** o alento se extingue, *
o cora**ção** se comprime em meu peito!

= [5] Eu me le**m**bro dos dias de outrora †
e re**pas**so as vossas ações, *
recor**dan**do os vossos prodígios.

= [6] Para **vós** minhas mãos eu estendo; †
minha **al**ma tem sede de vós, *
como a **ter**ra sedenta e sem água.

— [7] Escu**tai**-me depressa, Senhor, *
o es**pí**rito em mim desfalece!

= Não escon**dais** vossa face de mim! †
Se o fi**zer**des, já posso contar-me *
entre a**que**les que descem à cova!

— [8] Fazei-me **ce**do sentir vosso amor, *
porque em **vós** coloquei a esperança!

1410 Completas

– Indicai-me o caminho a seguir, *
   pois a **vós** eu elevo a minha alma!
– ⁹Liber**tai**-me dos meus inimigos, *
   porque **sois** meu refúgio, Senhor!
– ¹⁰Vossa vontade ensinai-me a cumprir, *
   porque **sois** o meu Deus e Senhor!
– Vosso Espírito bom me dirija *
   e me **guie** por terra bem plana!
– ¹¹Por vosso **no**me e por vosso amor *
   conser**vai**, renovai minha vida!
– Pela **vossa** justiça e clemência, *
   arran**cai** a minha alma da angústia!

Na Quaresma: Ant.
Não escon**dais** vossa **face** de **mim**,
porque em **vós** colo**quei** a esperança!

No Tempo pascal: Ant. Ale**luia**, ale**luia**, ale**luia**.

Leitura breve 1Pd 5,8-9a
Sede sóbrios e vigilantes. O vosso adversário, o diabo, ro-
deia como um leão a rugir, procurando a quem devorar.
Resisti-lhe, firmes na fé.

Responsório breve
Na Quaresma:
R. **Se**nhor, em vossas **mãos**
 * Eu en**tre**go o meu espírito. R. **Se**nhor.
V. Vós **sois** o Deus fiel, que sal**vas**tes vosso **po**vo.
 * Eu en**tre**go. Glória ao **Pai**. R. **Se**nhor.

No Tempo pascal:
R. **Se**nhor, em vossas **mãos** eu entrego o meu es**pí**rito.
 * Ale**lu**ia, ale**lu**ia. R. **Se**nhor.
V. Vós **sois** o Deus fiel, que sal**vas**tes vosso **po**vo.
 * Ale**lu**ia, ale**lu**ia. Glória ao **Pai**. R. **Se**nhor.

Quarta-feira 1411

Cântico evangélico, Ant.

Salvai-nos, Senhor, quando velamos,
guardai-nos também quando dormimos!
Nossa mente vigie com o Cristo,
nosso corpo repouse em sua paz! (T.P. Aleluia).

Cântico de Simeão Lc 2,29-32

Cristo, luz das nações e glória de seu povo

— [29]Deixai, agora, vosso servo ir em paz, *
conforme prometestes, ó Senhor.

— [30]Pois meus olhos viram vossa salvação, *
[31]que preparastes ante a face das nações:

— [32]uma Luz que brilhará para os gentios, *
e para a glória de Israel, o vosso povo.

Ant. Salvai-nos, Senhor, quando velamos,
guardai-nos também quando dormimos!
Nossa mente vigie com o Cristo,
nosso corpo repouse em sua paz! (T.P. Aleluia).

Oração

Iluminai, Senhor, esta noite e fazei-nos dormir tranquilamente, para que em vosso nome nos levantemos alegres ao
clarear do novo dia. Por Cristo, nosso Senhor.

Conclusão e Antífona de Nossa Senhora como no Ordinário, p. 969.

QUARTA-FEIRA

Tudo como no Ordinário, p. 965, além do que segue:
Salmodia

Na Quaresma: Ant. 1
Ó Senhor, sede a minha proteção,
um abrigo bem seguro que me salve!
No Tempo pascal: Ant. Aleluia, aleluia, aleluia.

1412 Completas

Salmo 30(31),2-6

Súplica confiante do aflito

Pai, em tuas mãos entrego o meu espírito! (Lc 23,46).

— ²Senhor, eu ponho em **vós** minha espe**ran**ça; *
que eu não **fi**que envergonhado eternamente!

= Porque sois **jus**to, defendei-me e libertai-me, †
³incli**nai** o vosso ouvido para mim: *
apres**sai**-vos, ó Senhor, em socorrer-me!

— Sede uma **ro**cha protetora para mim, *
um a**bri**go bem seguro que me salve!

— ⁴Sim, sois **vós** a minha rocha e fortaleza; *
por vossa **hon**ra orientai-me e conduzi-me!

— ⁵Reti**rai**-me desta rede traiçoeira, *
porque **sois** o meu refúgio protetor!

— ⁶Em vossas **mãos**, Senhor, entrego o meu espírito, *
porque **vós** me salvareis. ó Deus fiel!

Na Quaresma: Ant.

Ó S**e**nhor, sede a **mi**nha prote**ção**,
um a**bri**go bem se**gu**ro que me **sal**ve!

Ant. 2 Das profun**de**zas eu **cla**mo a vós. Se**nhor**! †

Salmo 129(130)

Das profundezas eu clamo a vós, Senhor!

Ele vai salvar o seu povo dos seus pecados (Mt 1,21).

— ¹Das profun**de**zas eu **cla**mo a vós, Se**nhor**, *
²† escu**tai** a minha **voz**!

— Vossos ou**vi**dos estejam bem atentos *
ao **cla**mor da minha prece!

— ³Se le**var**des em conta nossas faltas, *
quem have**rá** de subsistir?

— ⁴Mas em **vós** se encontra o perdão, *
eu vos **te**mo e em vós espero. —

Quarta-feira

— ⁵ No Senhor ponho a minha esperança, *
espero em sua palavra.
— ⁶ A minh'alma espera no Senhor *
mais que o vigia pela aurora.
— ⁷ Espere Israel pelo Senhor *
mais que o vigia pela aurora!
— Pois no Senhor se encontra toda graça *
e copiosa redenção.
— ⁸ Ele vem libertar a Israel *
de toda a sua culpa.

Na Quaresma: Ant.
Das profundezas eu clamo a vós. Senhor!

No Tempo pascal: Ant. Aleluia, aleluia, aleluia.

Leitura breve   Ef 4,26-27
Não pequeis. Que o sol não se ponha sobre o vosso ressen-
timento. Não vos exponhais ao diabo.

Responsório breve

Na Quaresma:

R. Senhor, em vossas mãos
 * Eu entrego o meu espírito. R. Senhor.
V. Vós sois o Deus fiel, que salvastes vosso povo.
 * Eu entrego. Glória ao Pai. R. Senhor.

No Tempo pascal:

R. Senhor, em vossas mãos eu entrego o meu espírito.
 * Aleluia, aleluia. R. Senhor.
V. Vós sois o Deus fiel, que salvastes vosso povo.
 * Aleluia, aleluia. Glória ao Pai. R. Senhor.

1414

Cântico evangélico, Ant.

Salvai-nos, Senhor, quando velamos,
guardai-nos também quando dormimos!
Nossa mente vigie com o Cristo,
nosso corpo repouse em sua paz! (T.P.Aleluia).

Cântico de Simeão   Lc 2,29-32

Cristo, luz das nações e glória de seu povo

– [29]Deixai, agora, vosso servo ir em paz, *
  conforme prometestes, ó Senhor.

– [30]Pois meus olhos viram vossa salvação, *
  [31]que preparastes ante a face das nações:

– [32]uma Luz que brilhará para os gentios, *
  e para a glória de Israel, o vosso povo.

Ant.Salvai-nos, Senhor, quando velamos,
    guardai-nos também quando dormimos!
    Nossa mente vigie com o Cristo,
    nosso corpo repouse em sua paz! (T.P.Aleluia).

Oração

Senhor Jesus Cristo, manso e humilde de coração, que
tornais leve o fardo e suave o jugo dos que vos seguem,
acolhei os propósitos e trabalhos deste dia e concedei-nos
um repouso tranquilo, para amanhã vos servirmos com
maior generosidade. Vós, que viveis e reinais para sempre.

Conclusão e Antífona de Nossa Senhora como no Ordinário, p.
969.

QUINTA-FEIRA

Tudo como no Ordinário, p.965 , além do que segue:

Salmodia

Na Quaresma: Ant.
Meu corpo no repouso está tranquilo.

Quinta-feira

No Tempo pascal: Ant. Aleluia, aleluia, aleluia.

Salmo 15(16)

O Senhor é minha esperança

Deus ressuscitou a Jesus, libertando-o das angústias da morte (At 2,24).

= ¹ Guardai-me, ó **Deus**, porque em **vós** me refugio! †
 ² Digo ao Se**nhor**: "Somente vós sois meu Senhor: *
 nenhum **bem** eu posso achar fora de vós!"

– ³ Deus me inspi**rou** uma admirável afeição *
 pelos **san**tos que habitam sua terra.

– ⁴ Multi**plicam**, no entanto, suas dores *
 os que co**rrem** para deuses estrangeiros;

– seus sacrifícios sanguinários não partilho, *
 nem seus **nomes** passarão pelos meus lábios.

– ⁵ Ó Se**nhor**, sois minha herança e minha taça, *
 meu des**tino** está seguro em vossas mãos!

– ⁶ Foi demar**ca**da para mim a melhor terra, *
 e eu e**xul**to de alegria em minha herança!

– ⁷ Eu ben**digo** o Senhor que me aconselha, *
 e até de **noi**te me adverte o coração.

– ⁸ Tenho **sem**pre o Senhor ante meus olhos, *
 pois se o **te**nho a meu lado, não vacilo.

= ⁹ Eis por **que** meu coração está em festa, †
 minha **al**ma rejubila de alegria, *
 e até meu **cor**po no repouso está tranquilo;

– ¹⁰ pois não ha**veis** de me deixar entregue à morte, *
 nem vosso a**migo** conhecer a corrupção.

= ¹¹ Vós me ensi**nais** vosso caminho para a vida; †
 junto a **vós**, felicidade sem limites, *
 delícia e**ter**na e alegria ao vosso lado!

1416 Completas

Na Quaresma: Ant.
Meu corpo no repouso está tranquilo.
No Tempo pascal: Ant.**Aleluia, aleluia, aleluia.**

Leitura breve 1Ts 5,23

Que o próprio Deus da paz vos santifique totalmente, e que
tudo aquilo que sois – espírito, alma, corpo – seja conservado sem mancha alguma para a vinda de nosso Senhor Jesus
Cristo!

Responsório breve

Na Quaresma:
R. **Senhor,** em vossas **mãos**
  *Eu **entrego** o meu es**pírito**. R. **Senhor.**
V.Vós **sois** o Deus fi**el,** que sal**vas**tes vosso **po**vo.
    *Eu en**trego**. Glória ao **Pai**. R. **Senhor.**

No Tempo pascal:
R. **Senhor,** em vossas **mãos** eu en**trego** o meu es**pírito.**
  *Ale**luia,** ale**luia.** R. **Senhor.**
V.Vós **sois** o Deus fi**el,** que sal**vas**tes vosso **po**vo.
    *Ale**luia,** ale**luia.** Glória ao **Pai**. R. **Senhor.**

Cântico evangélico, Ant.

Sal**vai**-nos, **Se**nhor, quando ve**la**mos,
guar**dai**-nos tam**bém** quando dor**mi**mos!
Nossa **mente** vigie com o **Cristo,**
nosso **corpo** re**pou**se em sua **paz!** (T.P.Ale**luia**).

Cântico de Simeão Lc 2,29-32

Cristo, luz das nações e glória de seu povo

– [29]**Dei**xai, a**gora,** vosso **ser**vo ir em **paz,** *
  con**for**me prometestes, ó Senhor.

– [30]**Pois** meus **olhos** viram vossa salvação, *
  [31]que prepa**ras**tes ante a face das nações: –

Sexta-feira

—³² uma **Luz** que brilhará para os gentios, *
e para a **gló**ria de Israel, o vosso povo.

Ant. **Salvai**-nos, Se**nhor**, quando ve**la**mos,
guar**dai**-nos tam**bém** quando dor**mi**mos!
Nossa **men**te vi**gie** com o **Cris**to,
nosso **cor**po re**pou**se em sua **paz**! (T.P. Ale**luia**).

Oração

Senhor, nosso Deus, após as fadigas de hoje, restaurai nossas energias por um sono tranquilo, a fim de que, por vós
renovados, nos dediquemos de corpo e alma ao vosso serviço. Por Cristo, nosso Senhor.

Conclusão e Antífona de Nossa Senhora como no Ordinário, p. **969**.

SEXTA-FEIRA

Tudo como no Ordinário, p. **965**, além do que segue:

Salmodia

Na Quaresma: Ant.
De **dia** e de **noi**te eu **cla**mo por **vós**.

No Tempo pascal: Ant. Ale**luia**, ale**luia**, ale**luia**.

Salmo 87(88)

Prece de um homem gravemente enfermo
Mas esta é a vossa hora, a hora do poder das trevas (Lc 22,53).

—² A **vós cla**mo, Se**nhor**, sem ces**sar**, todo o **dia**, *
e de **noi**te se eleva até **vós** meu gemido.

—³ Chegue a **mi**nha oração até a **vos**sa presença, *
incli**nai** vosso ouvido a meu **tris**te clamor!

—⁴ Satu**ra**da de males se en**con**tra a minh'alma, *
minha **vi**da chegou junto às **por**tas da morte.

—⁵ Sou con**ta**do entre aqueles que **des**cem à cova, *
toda **gen**te me vê como um **ca**so perdido! —

Completas

— ⁶O meu **leito** já tenho no **reino** dos mortos, *
como um **homem** caído que **jaz** no sepulcro,
— de quem **mesmo** o Senhor se esque**ceu** para sempre *
e excluiu por completo da **sua** atenção.
— ⁷Ó Senhor, me pusestes na **cova** mais funda, *
nos locais tenebrosos da **sombra** da morte.
— ⁸Sobre **mim** cai o peso do **vosso** furor, *
vossas ondas enormes me cobrem, me afogam.
— ⁹Afastastes de **mim** meus parentes e amigos, *
para eles tornei-me objeto de horror.
— Eu estou aqui preso e não **posso** sair, *
¹⁰e meus olhos se gastam de **tanta** aflição.
— Clamo a **vós**, ó Senhor, sem cessar, todo o dia, *
minhas **mãos** para vós se levantam em prece.
— ¹¹Para os **mortos**, acaso faríeis milagres? *
poderiam as sombras erguer-se e louvar-vos?
— ¹²No sepulcro haverá quem vos cante o amor *
e proclame entre os mortos a vossa verdade?
— ¹³Vossas obras serão conhecidas nas trevas, *
vossa graça, no reino onde tudo se esquece?
— ¹⁴Quanto a **mim**, ó Senhor, clamo a **vós** na aflição, *
minha prece se eleva até **vós** desde a aurora.
— ¹⁵Por que **vós**, ó Senhor, rejeitais a minh'alma? *
E por **que** escondeis vossa face de mim?
— ¹⁶Moribundo e infeliz desde o **tempo** da infância, *
esgotei-me ao sofrer sob o **vosso** terror.
— ¹⁷Vossa ira violenta caiu sobre mim *
e o **vosso** pavor reduziu-me a um nada!
— ¹⁸Todo dia me cercam quais ondas revoltas, *
todos juntos me assaltam, me prendem, me apertam.
— ¹⁹Afastastes de mim os parentes e amigos, *
e por **meus** familiares só tenho as trevas!

Sexta-feira   1419

Na Quaresma: Ant.
De dia e de noite eu clamo por vós.
No Tempo pascal: Ant. Aleluia, aleluia, aleluia.

Leitura breve   cf. Jr 14,9
Tu, Senhor, estás no meio de nós, e teu nome foi invocado
sobre nós; não nos abandones, Senhor, nosso Deus.

Responsório breve

Na Quaresma:
R. Senhor, em vossas mãos
  * Eu entrego o meu espírito. R. Senhor.
V. Vós sois o Deus fiel, que salvastes vosso povo.
    * Eu entrego. Glória ao Pai. R. Senhor.
No Tempo pascal:
R. Senhor, em vossas mãos eu entrego o meu espírito.
  * Aleluia, aleluia. R. Senhor.
V. Vós sois o Deus fiel, que salvastes vosso povo.
    * Aleluia, aleluia. Glória ao Pai. R. Senhor.

Cântico evangélico, Ant.

Salvai-nos, Senhor, quando velamos,
guardai-nos também quando dormimos!
Nossa mente vigie com o Cristo,
nosso corpo repouse em sua paz! (T.P. Aleluia).

Cântico de Simeão   Lc 2,29-32
Cristo, luz das nações e glória de seu povo

—²⁹ Deixai, agora, vosso servo ir em paz, *
    conforme prometestes, ó Senhor.

—³⁰ Pois meus olhos viram vossa salvação, *
  ³¹ que preparastes ante a face das nações:

—³² uma Luz que brilhará para os gentios, *
    e para a glória de Israel, o vosso povo.

Completas

Ant. Salvai-nos, **Senhor**, quando velamos,
guar**dai**-nos também quando dormimos!
Nossa **men**te vi**gie** com o **Cris**to,
nosso **cor**po repou**se** em sua **paz**! (T.P. Aleluia).

Oração

Concedei-nos, Senhor, de tal modo unir-nos ao vosso Filho
morto e sepultado, que mereçamos ressurgir com ele para
uma vida nova. Por Cristo, nosso Senhor.

Conclusão e Antífona de Nossa Senhora como no Ordinário, p. 969.

SALMODIA COMPLEMENTAR

PARA A ORAÇÃO DAS NOVE, DAS DOZE E DAS QUINZE HORAS

Depois do V. Vinde, ó **Deus**, em meu auxílio, e do Hino correspondente, seguem os Salmos graduais com as antífonas próprias para cada Hora, indicadas no Próprio do Tempo ou no Próprio ou Comum dos Santos.

Série I (Para a Oração das Nove Horas)

Salmo 119(120)
Desejo da paz

Sede fortes nas tribulações, perseverantes na oração (Rm 12,12).

— [1] Cla**mei** pelo Se**nhor** na minha angú**stia**, *
   e **e**le me escutou, quando eu dizia:
— [2] "Senhor, li**vrai**-me desses lábios mentirosos, *
   e da **lín**gua enganadora libertai-me!
— [3] Qual **será** a tua paga, o teu castigo, *
   ó **lín**gua enganadora, qual será?
— [4] Serão **fle**chas aguçadas de guerreiros, *
   acesas em carvões incandescentes.
— [5] Ai de **mim**! sou exilado em Mosoc, *
   devo acam**par** em meio às tendas de Cedar!
— [6] Já se pro**lon**ga por demais o meu desterro *
   entre este **po**vo que não quer saber de paz!
— [7] Quando eu **fa**lo sobre paz, quando a promovo, *
   é a **guer**ra que eles tramam contra mim!"

Salmo 120(121)
Deus, protetor do seu povo

Nunca mais terão fome nem sede. Nem os molestará o sol nem algum calor ardente (Ap 7,16).

1422   **Salmodia complementar**

— ¹Eu levanto os meus olhos para os montes: *
de onde pode vir o meu socorro?
— ²"Do Senhor é que me vem o meu socorro, *
do Senhor que fez o céu e fez a terra!"
— ³Ele não deixa tropeçarem os meus pés, *
e não dorme quem te guarda e te vigia.
— ⁴Oh! não! ele não dorme nem cochila, *
aquele que é o guarda de Israel!
— ⁵O Senhor é o teu guarda, o teu vigia, *
é uma sombra protetora à tua direita.
— ⁶Não vai ferir-te o sol durante o dia, *
nem a lua através de toda a noite.
— ⁷O Senhor te guardará de todo o mal, *
ele mesmo vai cuidar da tua vida!
— ⁸Deus te guarda na partida e na chegada. *
Ele te guarda desde agora e para sempre!

Salmo 121(122)
Jerusalém, cidade santa

*Vós vos aproximastes do monte Sião e da cidade do Deus
vivo, a Jerusalém celeste* (Hb 12,22).

— ¹Que alegria, quando ouvi que me disseram: *
"Vamos à casa do Senhor!"
— ²E agora nossos pés já se detêm, *
Jerusalém, em tuas portas.
— ³Jerusalém, cidade bem edificada *
num conjunto harmonioso;
— ⁴para lá sobem as tribos de Israel, *
as tribos do Senhor.
— Para louvar, segundo a lei de Israel, *
o nome do Senhor.
— ⁵A sede da justiça lá está *
e o trono de Davi. —

Série II

1423

- ⁶Rogai que viva em paz Jerusalém, *
  e em segurança os que te amam!
- ⁷Que a paz habite dentro de teus muros, *
  tranquilidade em teus palácios!
- ⁸Por amor a meus irmãos e meus amigos, *
  peço: "A paz esteja em ti!"
- ⁹Pelo amor que tenho à casa do Senhor, *
  eu te desejo todo bem!

Série II (Para a Oração das Doze Horas)

Salmo 122(123)

Deus, esperança do seu povo

*Dois cegos... começaram a gritar: Senhor, Filho de Davi,
tem piedade de nós!* (Mt 20,30).

- ¹Eu levanto os meus olhos para vós, *
  que habitais nos altos céus.
- ²Como os olhos dos escravos estão fitos *
  nas mãos do seu senhor,
- como os olhos das escravas estão fitos *
  nas mãos de sua senhora,
- assim os nossos olhos, no Senhor, *
  até de nós ter piedade.
- ³Tende piedade, ó Senhor, tende piedade; *
  já é demais esse desprezo!
- ⁴Estamos fartos do escárnio dos ricaços *
  e do desprezo dos soberbos!

Salmo 123(124)

O nosso auxílio está no nome do Senhor

*O Senhor disse a Paulo: Não tenhas medo, porque eu estou
contigo* (At 18,9-10).

Salmodia complementar

— ¹Se o **Se**nhor não esti**ves**se ao nosso **la**do, *
que o **di**ga Israel neste momento;
— ²se o **Se**nhor não estivesse ao nosso lado, *
quando os **ho**mens investiram contra nós,
— ³com cer**te**za nos teriam devorado *
no fu**ror** de sua ira contra nós.
— ⁴Então as **á**guas nos teriam submergido, *
a corren**te**za nos teria arrastado,
— ⁵e en**tão**, por sobre nós teriam passado *
essas **á**guas sempre mais impetuosas.
— ⁶Bendito **se**ja o Senhor, que não deixou *
ca**ir**mos como presa de seus dentes!
— ⁷Nossa **al**ma como um pássaro escapou *
do **la**ço que lhe armara o caçador;
— o **la**ço arrebentou-se de repente, *
e as**sim** conseguimos libertar-nos.
— ⁸O nosso auxílio está no nome do Senhor, *
do **Se**nhor que fez o céu e fez a terra!

Salmo 124(125)

Deus, protetor do seu povo

A paz para o Israel de Deus (cf. Gl 6,16).

— ¹Quem con**fi**a no **Se**nhor é como o **mon**te de Sião: *
nada o **po**de abalar, porque é **fir**me para sempre.
= ²Tal e **qual** Jerusalém, toda cer**ca**da de montanhas, †
assim **Deus** cerca seu povo de ca**ri**nho e proteção, *
desde a**go**ra e para sempre, pelos **sé**culos afora.
= ³O **Se**nhor não vai deixar prevale**cer** por muito tempo †
o do**mí**nio dos malvados sobre a **sor**te dos seus justos, *
para os **jus**tos não mancharem suas **mãos** na iniquidade.
= ⁴Fazei o **bem**, Senhor, aos bons e aos que têm **re**to coração, †
⁵mas os que **se**guem maus caminhos, casti**gai**-os com os
maus! *
Que venha a **paz** a Israel! Que venha a **paz** ao vosso povo!

Série III (Para a Oração das Quinze Horas)

Salmo 125(126)

Alegria e esperança em Deus

Assim como participais dos nossos sofrimentos, participais também da nossa consolação (2Cor 1,7).

– ¹Quando o Senhor reconduziu nossos cativos, *
parecíamos sonhar;
– ²encheu-se de sorriso nossa boca, *
nossos lábios, de canções.

– Entre os gentios se dizia: "Maravilhas *
fez com eles o Senhor!"
– ³Sim, maravilhas fez conosco o Senhor, *
exultemos de alegria!

– ⁴Mudai a nossa sorte, ó Senhor, *
como torrentes no deserto.
– ⁵Os que lançam as sementes entre lágrimas, *
ceifarão com alegria.

– ⁶Chorando de tristeza sairão, *
espalhando suas sementes;
– cantando de alegria voltarão, *
carregando os seus feixes!

Salmo 126(127)

O trabalho sem Deus é inútil

Vós sois a construção de Deus (1Cor 3,9).

– ¹Se o Senhor não construir a nossa casa, *
em vão trabalharão seus construtores;
– se o Senhor não vigiar nossa cidade, *
em vão vigiarão as sentinelas!
– ²É inútil levantar de madrugada, *
ou à noite retardar vosso repouso,

1426

Salmodia complementar

– para ga**nhar** o pão sofrido do trabalho, *
que a seus **ama**dos Deus concede enquanto dormem.

– [3]Os **fi**lhos são a bênção do Senhor, *
o **fru**to das entranhas, sua dádiva.

– [4]Como **fle**chas que um guerreiro tem na mão, *
são os **fi**lhos de um casal de esposos jovens.

– [5]**Fe**liz aquele pai que com tais flechas *
con**se**gue abastecer a sua aljava!

– Não se**rá** envergonhado ao enfre**ntar** *
seus ini**mi**gos junto às portas da cidade.

Salmo 127(128)

A paz do Senhor na família

De Sião, isto é, da sua Igreja, o Senhor te abençoe (Arnóbio).

– [1]**Fe**liz és tu se **te**mes o Se**nhor** *
e **tri**lhas seus ca**mi**nhos!

– [2]Do tra**ba**lho de tuas mãos hás de viver, *
serás fe**liz**, tudo irá bem!

– [3]A tua es**po**sa é uma videira bem fecunda *
no cora**ção** da tua casa;

– os teus **fi**lhos são rebentos de oliveira *
ao re**dor** de tua mesa.

– [4]Será as**sim** abençoado todo homem *
que **te**me o Senhor.

– [5]O Se**nhor** te abençoe de Sião, *
cada **di**a de tua vida;

– para que **ve**jas prosperar Jerusalém *
[6]e os **fi**lhos dos teus filhos.

– Ó Se**nhor**, que venha a paz a Israel, *
que venha a **paz** ao vosso povo!

PRÓPRIO DOS SANTOS

PRÓPRIO DOS SANTOS

FEVEREIRO

5 de fevereiro

SANTA ÁGUEDA, VIRGEM E MÁRTIR

Memória

Foi martirizada em Catânia, na Sicília, provavelmente na perseguição de Décio. O seu culto propagou-se desde a Antiguidade por toda a Igreja e seu nome foi incluído no Cânon romano.

Ofício das Leituras

Leitura

Do Sermão na festa de Santa Águeda, de São Metódio da Sicília, bispo

(Analecta Bollandiana, 68, 76-78)   (Séc. IX)

Dom que nos foi concedido por Deus, verdadeira fonte da bondade

A comemoração do aniversário de Santa Águeda nos reúne a todos neste lugar, como se fôssemos um só. Bem conheceis, meus ouvintes, o combate glorioso desta mártir, uma das mais antigas e ao mesmo tempo tão recente que parece estar agora mesmo lutando e vencendo, através dos divinos milagres com os quais, diariamente, é coroada e ornada.

A virgem Águeda nasceu do Verbo de Deus imortal e seu único Filho, que também padeceu a morte por nós. Com efeito, João, o teólogo, assim se exprime: *A todos aqueles que o receberam, deu-lhes a capacidade de se tornarem filhos de Deus* (Jo 1,12).

É uma virgem esta mulher que nos convidou para o sagrado banquete; é a mulher desposada com um único esposo, Cristo, para usar as mesmas expressões do apóstolo Paulo, ao falar da união conjugal.

É uma virgem que pintava e enfeitava os olhos e os lábios com a luz da consciência e a cor do sangue do verdadeiro e divino Cordeiro; e que, pela meditação contínua, trazia sempre em seu íntimo a morte daquele que tanto amava. Deste modo, a mística veste de seu testemunho fala por si mesma a todas as gerações futuras, porque traz em si a marca indelével do sangue de Cristo e o tesouro inesgotável da sua eloquência virginal.

Ela é uma imagem autêntica da bondade, porque, sendo de Deus, vem da parte de seu Esposo nos tornar participantes daqueles bens, dos quais seu nome traz o valor e o significado: Águeda (que quer dizer "boa") é um dom que nos foi concedido por Deus, verdadeira fonte de bondade.

Qual a causa suprema de toda a bondade, senão aquela que é o Sumo Bem? Por isso, quem encontrará algo mais que mereça, como Águeda, os nossos elogios e louvores?

Águeda, cuja bondade corresponde tão bem ao nome e à realidade! Águeda, que pelos feitos notáveis traz consigo um nome glorioso, e no próprio nome demonstra as ilustres ações que realizou! Águeda, que nos atrai com o nome, para que todos venham ao seu encontro, e com o exemplo nos ensina a corrermos sem demora para o verdadeiro bem, que é Deus somente!

Responsório

R. Eu, porém, no Senhor apoiada,
R. fico firme no meu testemunho.
 * O Senhor me salvou, me deu força.
V. O Senhor, o Cordeiro sem mancha,
    todo cheio de amor escolheu
    para si esta serva sem mancha. * O Senhor.

Laudes

Ant. Como se fosse a uma festa,
    caminhava a jovem Águeda com alegria para o cárcere,
    e pedia ao Senhor: Ajudai-me em minha luta!

6 de fevereiro

Oração

Ó Deus, que Santa Águeda virgem e mártir, agradável ao vosso coração pelo mérito da castidade e pela força do martírio, implore vosso perdão em nosso favor. Por nosso Senhor Jesus Cristo, vosso Filho, na unidade do Espírito Santo.

Vésperas

Ant. Jesus **Cristo,** meu bom **Mestre** e meu Se**nhor,**
graças a **vós,** que me fi**ces**tes supe**rar**
as tor**tur**as que so**fri** de meus al**goz**es!
Que eu al**cance** a vossa **gló**ria impere**cível!**

6 de fevereiro

SÃO PAULO MIKI E SEUS COMPANHEIROS, MÁRTIRES

Memória

Paulo nasceu no Japão, entre os anos de 1564 e 1566. Ingressou na Companhia de Jesus e pregou, com muito fruto, o Evangelho entre os seus compatriotas. Tendo se tornado mais violenta a perseguição contra os católicos, foi preso com vinte e cinco companheiros. Depois de muito maltratados, foram levados a Nagasaki, onde os crucificaram a 5 de fevereiro de 1597.

Ofício das Leituras

Leitura

Da História do martírio dos santos Paulo Miki e seus companheiros, escrita por um autor do tempo
(Cap. 14,109-110: Acta Sanctorum Febr. 1,769) (Séc. XVI)

Sereis minhas testemunhas

Quando as cruzes foram levantadas, foi coisa admirável ver a constância de todos, à qual eram exortados pelo Padre

Passos e pelo Padre Rodrigues. O Padre Comissário permaneceu sempre de pé, sem se mexer e com os olhos fixos no céu. O Irmão Martinho cantava salmos de ação de graças à bondade divina, aos quais acrescentava o versículo: *Em vossas mãos, Senhor* (Sl 30,6). Também o Irmão Francisco Blanco dava graças a Deus com voz clara. O Irmão Gonçalo recitava em voz alta o Pai-nosso e a Ave-Maria.

O nosso Irmão Paulo Miki, vendo-se colocado diante de todos no mais honroso púlpito que nunca tivera, começou por declarar aos presentes que era japonês e pertencia à Companhia de Jesus, que ia morrer por haver anunciado o Evangelho e que dava graças a Deus por lhe conceder tão imenso benefício. E por fim disse estas palavras: "Agora que cheguei a este momento de minha vida, nenhum de vós duvidará que eu queira esconder a verdade. Declaro-vos, portanto, que não há outro caminho para a salvação fora daquele seguido pelos cristãos. E como este caminho me ensina a perdoar os inimigos e os que me ofenderam, de todo o coração perdoo o Imperador e os responsáveis pela minha morte, e lhes peço que recebam o batismo cristão.

Em seguida, voltando os olhos para os companheiros, começou a encorajá-los neste momento extremo. No rosto de todos transparecia uma grande alegria, mas era no de Luís que isto se percebia de modo mais nítido. Quando um cristão gritou que em breve estaria no paraíso, ele fez com as mãos e o corpo um gesto tão cheio de contentamento que os olhares dos presentes se fixaram nele.

Antônio estava ao lado de Luís, com os olhos voltados para o céu. Depois de invocar os santíssimos nomes de Jesus e de Maria, entoou o salmo *Louvai, louvai, ó servos do Senhor* (Sl 112,1), que tinha aprendido na escola de catequese em Nagasaki; de fato, durante o catecismo, costumavam ensinar alguns salmos às crianças.

Alguns repetiam com o rosto sereno: "Jesus, Maria"; outros exortavam os presentes a levarem uma vida digna de cristãos; e por estas e outras ações semelhantes demonstravam estar prontos para a morte.

Finalmente os quatro carrascos começaram a tirar as espadas daquelas bainhas que os japoneses costumam usar. Vendo cena tão horrível, os fiéis gritavam: "Jesus! Maria!" Seguiram-se lamentos tão sentidos de tocar os próprios céus. Ferindo-os com um primeiro e um segundo golpe, em pouco tempo os carrascos mataram a todos.

Responsório
cf. Gl 6,14; Fl 1,29

R. Nós devemos gloriar-nos na **cruz** de Jesus **Cris**to;
    nele está a salva**ção**, ressurrei**ção** e nossa **vida**;
  * Pelo **qual** nós fomos **sal**vos, pelo **qual** fomos li**ber**tos.
V. A **vós** foi dada a **graça**, não **só** de crer em **Cris**to,
    mas tam**bém** sofrer por ele. * Pelo **qual**.

Laudes

Ant. Felizes de **vós**, os persegui**dos**
       por **cau**sa da justi**ça** do Se**nhor**,
       porque o **Reino** dos **Céus** há de ser **vosso**!

Oração

Ó Deus, força dos santos, que em Nagasaki chamastes à verdadeira vida São Paulo Miki e seus companheiros pelo martírio da cruz, concedei-nos, por sua intercessão, perseverar até a morte na fé que professamos. Por nosso Senhor Jesus Cristo, vosso Filho, na unidade do Espírito Santo.

Vésperas

Ant. Alegrem-se nos **céus** os **a**migos do Se**nhor**,
       que se**gui**ram os seus **pas**sos;
       derra**ma**ram o seu **san**gue por **a**mor a Jesus **Cris**to,
       e com **e**le reina**rão**.

8 de fevereiro

SÃO JERÔNIMO EMILIANI

Para comemoração

Nasceu na região de Veneza, em 1486. Seguiu a carreira militar, que mais tarde abandonou para se dedicar ao serviço dos pobres, depois de distribuir entre eles o que possuía. Fundou a Ordem dos Clérigos Regulares de Somasca, destinada a socorrer as crianças órfãs e os pobres. Morreu em Somasca, no território de Bérgamo (Itália), em 1537.

Ofício das Leituras

Leitura

Das Cartas de São Jerônimo Emiliani a seus confrades
(Venetiis, die 21 iunii 1535)   (Séc. XVI)

Confiemos unicamente no Senhor

Aos diletíssimos irmãos em Cristo e filhos da Ordem dos Servos dos Pobres.

Vosso pobre pai vos saúda e exorta a que persevereis no amor de Cristo e na fiel observância da lei cristã. Foi o que vos ensinei por obras e palavras, enquanto estive convosco, de modo que o Senhor seja glorificado por meu intermédio no meio de vós.

O nosso fim é Deus, fonte de todos os bens, e devemos, como repetimos em nossa oração, confiar unicamente nele e em mais ninguém.

Nosso bom Senhor, querendo aumentar vossa fé (sem a qual, como diz o evangelista, Cristo não pode realizar muitos milagres) e atender vossa oração, decidiu servir-se de vós assim: pobres, humilhados, aflitos, cansados, desprezados por todos, e agora, por fim, privados até da minha presença física, mas não do espírito de vosso pobre e muito amado pai.

Por que vos trata assim, só ele sabe. Podemos, contudo, vos sugerir três motivos: primeiro, nosso bendito Senhor vos adverte que é seu desejo incluir-vos no número de seus filhos queridos, contanto que persevereis em seus caminhos; é assim que faz com seus amigos e os torna santos.

Segundo motivo: ele quer que cada vez mais confieis somente nele e não em outros; porque, como eu já vos disse, Deus não realiza suas obras naqueles que se recusam a colocar somente nele toda a sua fé e toda a sua esperança, mas infunde sempre a plenitude de sua caridade nos que são cheios de fé e de esperança; neles realiza grandes coisas. Portanto, se estiverdes repletos de fé e de esperança, Deus fará também em vós grandes coisas e exaltará os humildes. Assim, quando ele vos priva de mim ou de qualquer outro que vós estimais, obriga-vos a escolher entre estas duas coisas: ou vos afastais da fé e voltais às coisas do mundo, ou permaneceis fortes na fé e sois aprovados por Deus.

Ainda há um terceiro motivo: Deus quer provar-nos como o ouro no cadinho. O fogo consome as escórias do ouro, mas o ouro de bom quilate permanece e aumenta de valor. Do mesmo modo Deus procede com o servo bom, que na tribulação permanece firme e espera nele. Deus o eleva, e de todas as coisas que abandonou por seu amor, receberá o cêntuplo neste mundo, e a vida eterna no mundo que há de vir.

É sempre assim que ele trata todos os santos. Foi assim com o povo de Israel, depois de tudo quanto sofrera no Egito: não apenas o retirou de lá com tantos prodígios e alimentou-o com o maná no deserto, mas lhe deu ainda a Terra Prometida.

Se, portanto, vós também permanecerdes firmes na fé contra as tentações, o Senhor vos dará paz e descanso por algum tempo neste mundo, e para sempre no outro.

1436

10 de fevereiro

Responsório   cf. 1Pd 3,8.9; Rm 12,10-11

R. Sede **todos** un**â**nimes, compa**ss**ivos, fra**ter**nos,
   misericordi**os**os, mo**des**tos e humi**l**des.
 * **Porque** para i**ss**o é que **fostes** cha**ma**dos,
   a **fim** de alcan**çar**des a he**ran**ça da **bênção**.
V. Uns aos **outros** a**mai-**vos, com a**mor** frater**nal;**
   adian**tai-**vos aos **outros** em **ges**tos de estima,
   sem pre**guiça**, apli**ca**dos, fervo**ros**os de es**pí**rito,
   ser**vin**do ao **Senhor**. * **Porque** para.

Laudes

Ant. Quem tem a**mor** no cora**ção** para os **peque**nos,
     sabe gui**ar** e ensi**nar** como um pas**tor**.

Oração

Ó Deus e Pai de misericórdia, que destes em São Jerônimo
Emiliani um pai e protetor para os órfãos, fazei que ele interceda por nós, para conservarmos fielmente o espírito de
adoção, pelo qual nos chamamos vossos filhos e na verdade
o somos. Por nosso Senhor Jesus Cristo, vosso Filho, na
unidade do Espírito Santo.

Vésperas

Ant. Dei**xai** vir a **mim** as crian**cinhas**,
     pois **de**las é o **Reino** do meu **Pai**.

10 de fevereiro

SANTA ESCOLÁSTICA, VIRGEM

Memória

Escolástica, irmã de São Bento, nasceu em Núrsia, na Úmbria
(Itália), cerca do ano 480. Juntamente com seu irmão, consagrou-
-se a Deus e seguiu-o para Cassino, onde morreu por volta do
ano 547.

Ofício das Leituras

Leitura

Dos Diálogos de São Gregório Magno, papa
(Lib. 2,33: PL 66,194-196)   (Séc. VI)

Foi mais poderosa aquela que mais amou

Escolástica, irmã de São Bento, consagrada ao Senhor onipotente desde a infância, costumava visitar o irmão uma vez por ano. O homem de Deus descia e vinha encontrar-se com ela numa propriedade do mosteiro, não muito longe da porta.

Certo dia, veio ela como de costume, e seu venerável irmão com alguns discípulos foi ao seu encontro. Passaram o dia inteiro a louvar a Deus e em santas conversas, de tal modo que já se aproximavam as trevas da noite quando sentaram-se à mesa para tomar a refeição.

Como durante as santas conversas o tempo foi passando, a santa monja rogou-lhe: "Peço-te, irmão, que não me deixes esta noite, para podermos continuar falando até de manhã sobre as alegrias da vida celeste". Ao que ele respondeu-lhe: "Que dizes tu, irmã? De modo algum posso passar a noite fora da minha cela".

A santa monja, ao ouvir a recusa do irmão, pôs sobre a mesa as mãos com os dedos entrelaçados e inclinou a cabeça sobre as mãos para suplicar o Senhor onipotente. Quando levantou a cabeça, rebentou uma grande tempestade, com tão fortes relâmpagos, trovões e aguaceiro, que nem o venerável Bento nem os irmãos que haviam vindo em sua companhia puderam pôr um pé fora da porta do lugar onde estavam.

Então o homem de Deus, vendo que não podia regressar ao mosteiro, começou a lamentar-se, dizendo: "Que Deus onipotente te perdoe, irmã! Que foi que fizeste?" Ela respondeu: "Eu te pedi e não quiseste me atender. Roguei a

1438 10 de fevereiro

meu Deus e ele me ouviu. Agora, pois, se puderes, vai-te embora; despede-te de mim e volta para o mosteiro".

E Bento, que não quisera ficar ali espontaneamente, teve que ficar contra a vontade. Assim, passaram a noite toda acordados, animando-se um ao outro com santas conversas sobre a vida espiritual.

Não nos admiremos que a santa monja tenha tido mais poder do que ele: se, na verdade, como diz São João, *Deus é amor* (1Jo 4,8), com justíssima razão, teve mais poder aquela que mais amou.

Três dias depois, estando o homem de Deus na cela, levantou os olhos para o alto e viu a alma de sua irmã liberta do corpo, em forma de pomba, penetrar no interior da morada celeste. Cheio de júbilo por tão grande glória que lhe havia sido concedida, deu graças a Deus onipotente com hinos e cânticos de louvor; enviou dois irmãos a fim de trazerem o corpo para o mosteiro, onde foi depositado no túmulo que ele mesmo preparara para si.

E assim, nem o túmulo separou aqueles que sempre tinham estado unidos em Deus.

Responsório   Sl 132(133),1

R. Como rogasse a santa monja ao Senhor,
   que não deixasse seu irmão se retirar,
 * Obteve mais do seu Senhor do coração,
   do que pedira, porque ela mais amou.
V. Vinde e vede como é bom, como é suave,
   os irmãos viverem juntos bem unidos! * Obteve mais.

Laudes

Ant. A virgem prudente entrou para as bodas
     e vive com Cristo na glória celeste.
     Como o sol, ela brilha entre os coros das virgens.

11 de fevereiro

1439

Oração

Celebrando a festa de Santa Escolástica, nós vos pedimos, ó Deus, a graça de imitá-la, servindo-vos com caridade perfeita e alegrando-nos com os sinais do vosso amor. Por nosso Senhor Jesus Cristo, vosso Filho, na unidade do Espírito Santo.

Vésperas

Ant. Oh vinde, esposa de Cristo, recebei a coroa da glória que o Senhor preparou para sempre.

11 de fevereiro

NOSSA SENHORA DE LOURDES

Para comemoração

No ano de 1858 a Imaculada Virgem Maria apareceu a Bernadete Soubirous nas cercanias de Lourdes (França), na gruta de Massabielle. Por meio desta humilde jovem, Maria convida os pecadores à conversão, suscitando na Igreja grande zelo pela oração e pela caridade, sobretudo no que diz respeito ao serviço dos pobres e dos doentes.

Ofício das Leituras

Leitura

De uma carta de Santa Maria Bernarda Soubirous, virgem
(Lettre au P. Gondrand, a. 1861: cf. A. Ravier, Les écrits de sainte Bernadette, Paris 1961, p. 53-59)   (Séc. XIX)

A Senhora falou comigo

Certo dia, fui com duas meninas às margens do rio Gave buscar lenha. Ouvi um barulho, voltei-me para o prado, mas não vi movimento nas árvores. Levantei a cabeça e olhei para a gruta. Vi, então, uma Senhora vestida de branco; tinha um vestido alvo, com uma faixa azul celeste à cintura, e uma rosa de ouro em cada pé, da cor do rosário que trazia.

Ao vê-la, esfreguei os olhos, julgando estar sonhando. Enfiei a mão no bolso de meu vestido onde encontrei o rosário. Quis ainda fazer o sinal da cruz, porém, não consegui levar a mão à testa. Entretanto, quando aquela Senhora fez o sinal da cruz, tentei fazê-lo também; a mão tremia, mas consegui. Comecei a rezar o rosário; a Senhora igualmente ia passando as contas de seu rosário, embora não movesse os lábios. Quando terminei, a visão logo desapareceu.

Perguntei às duas meninas se tinham visto alguma coisa; disseram que não, e quiseram saber o que eu tinha para lhes contar. Garanti-lhes que vira uma Senhora vestida de branco, mas não sabia quem era, e pedi-lhes que não contassem a ninguém. Elas então me aconselharam a não voltar mais àquele lugar, porém não concordei. Voltei pois no domingo, porque me sentia interiormente chamada...

Somente na terceira vez, a Senhora me falou e perguntou-me se queria voltar ali durante quinze dias. Respondi-lhe que sim. Mandou-me dizer aos sacerdotes que construíssem uma capela naquele lugar. Em seguida, ordenou-me que bebesse da fonte. Como não vi fonte alguma, dirigi-me ao rio Gave. Ela disse-me que não era lá, e fez-me um sinal com o dedo, indicando-me o lugar onde estava a fonte. Dirigi-me para lá, mas só vi um pouco de água lamacenta; quis encher a mão para beber, mas não consegui nada. Comecei a cavar, e logo pude tirar um pouco de água. Joguei-a fora por três vezes, até que na quarta pude beber. Em seguida, a visão desapareceu e fui-me embora.

Durante quinze dias, lá voltei e a Senhora apareceu-me todos os dias, com exceção de uma segunda e de uma sexta-feira. Repetiu-me várias vezes que dissesse aos sacerdotes para construírem ali uma capela. Mandava que fosse à fonte para lavar-me e que rezasse pela conversão dos pecadores. Muitas e muitas vezes, perguntei-lhe quem era, mas apenas sorria com bondade. Finalmente, com braços e olhos erguidos para o céu, disse-me que era a Imaculada Conceição.

Durante esses quinze dias, também me revelou três segredos, proibindo-me de dizê-los a quem quer que fosse; até o presente os tenho guardado com toda a fidelidade.

Responsório   Lc 1,46b.49.48b

R. A **minh'al**ma engran**dece** o Se**nhor**:
 * O Pode**ro**so fez em **mim** maravilhas e **san**to é seu **no**me.
V. Dora**van**te as gera**ções** hão de cha**mar**-me de ben**di**ta.
 * O Pode**ro**so.

Laudes

Ant. **Auro**ra lumi**no**sa da **nos**sa salva**ção,**
de **vós**, Virgem **Mar**ia, nas**ceu** o Sol da jus**ti**ça,
que nos **vei**o visi**tar** lá do **al**to, como **luz,**
que ilu**mi**na todo **ho**mem.

Oração

Ó Deus de misericórdia, socorrei a nossa fraqueza para que, ao celebrarmos a memória da Virgem Imaculada, Mãe de Deus, possamos, por sua intercessão, ressurgir de nossos pecados. Por nosso Senhor Jesus Cristo, vosso Filho, na unidade do Espírito Santo.

Vésperas

Ant. **Ma**ria, ale**gra**-te, ó **cheia** de **gra**ça, o Se**nhor** é con**ti**go!
És ben**di**ta entre **to**das as mul**he**res da **ter**ra,
e ben**di**to é o **fru**to que nas**ceu** de teu **ven**tre!

14 de fevereiro

SÃO CIRILO, MONGE, E SÃO METÓDIO, BISPO

Memória

Cirilo, natural de Tessalônica, recebeu uma excelente formação em Constantinopla. Juntamente com seu irmão, Metódio, dirigiu-

1442

14 de fevereiro

-se para a Morávia, a fim de pregar a fé católica. Ambos compuseram os textos litúrgicos em língua eslava, escritos em letras que depois se chamaram "cirílicas". Chamados a Roma, ali morreu Cirilo, a 14 de fevereiro de 869. Metódio foi então ordenado bispo e partiu para a Panônia, onde exerceu intensa atividade evangelizadora. Muito sofreu por causa de pessoas invejosas, mas sempre contou com o apoio dos Pontífices Romanos. Morreu no dia 6 de abril de 885 em Velehrad (República Tcheca). O Papa João Paulo II proclamou-os patronos da Europa junto com São Bento.

Ofício das Leituras

Leitura

Da Vida eslava de Constantino
(Cap. 18: Denkschriften der kaiserl. Akademie der Wissenschaften, 19, Wien 1970, p. 246)

Fazei crescer a vossa Igreja e a todos reuni na unidade

Constantino Cirilo, fatigado por muitos trabalhos, caiu doente; e quando já havia muitos dias que suportava a enfermidade, teve uma visão de Deus e começou a cantar: "O meu espírito alegrou-se e o meu coração exultou, quando me disseram: Vamos para a casa do Senhor".

Depois de ter revestido as vestes de cerimônia, assim permaneceu todo aquele dia, cheio de alegria e dizendo: "A partir de agora, já não sou servo nem do imperador nem de homem algum na terra, mas unicamente do Deus todo-poderoso. Eu não existia, mas agora existo e existirei para sempre. Amém". No dia seguinte, vestiu o santo hábito monástico e, acrescentando luz à luz, impôs-se o nome de Cirilo. E assim permaneceu durante cinquenta dias.

Chegada a hora de encontrar repouso e de emigrar para as moradas eternas, erguendo as mãos para Deus, orava com lágrimas:

"Senhor, meu Deus, que criastes todos os anjos e os espíritos incorpóreos, estendestes o céu, fixastes a terra e formastes do nada todas as coisas que existem; vós que sempre ouvis aqueles que fazem vossa vontade, vos temem e observam vossos preceitos, atendei a minha oração e conservai na fidelidade o vosso rebanho, a cuja frente me colocastes, apesar de incompetente e indigno servo.

Livrai-o da malícia ímpia e pagã dos que blasfemam contra vós; fazei crescer a vossa Igreja e a todos reuni na unidade. Tornai o povo perfeito, concorde na verdadeira fé e no reto testemunho; inspirai aos seus corações a palavra da vossa doutrina; porque é dom que vem de vós ter-nos escolhido para pregar o Evangelho de vosso Cristo, encorajando-nos a praticar as boas obras e a fazer o que é de vosso agrado. Aqueles que me destes, a vós entrego, porque são vossos; governai-os com vossa mão poderosa e protegei-os à sombra de vossas asas, para que todos louvem e glorifiquem o vosso nome, Pai, Filho e Espírito Santo. Amém".

Depois de ter beijado a todos com o ósculo santo, disse: "Bendito seja Deus que não nos entregou como presa aos dentes de nossos invisíveis adversários, mas rompeu suas armadilhas e nos libertou do mal que tramavam contra nós". E assim adormeceu no Senhor, com quarenta e dois anos de idade.

O Sumo Pontífice ordenou que todos os gregos que estavam em Roma, juntamente com os romanos, se reunissem junto de seu corpo com velas acesas e cantando; e que suas exéquias fossem celebradas do mesmo modo como se celebram as do próprio Papa. E assim foi feito.

Responsório cf. Sl 88(89),20-22a; Jr 3,15

R. Outrora vós falastes em visões a vossos santos:
Do meio deste povo escolhi o meu eleito.
Encontrei e escolhi a Davi, meu servidor;
Com meu óleo consagrado o ungi para ser rei;
estará sempre com ele minha mão onipotente.
V. Hei de dar-vos pastores, que sejam
segundo o meu coração;
sabiamente eles hão de guiar-vos.* Com meu óleo.

1444

17 de fevereiro

Laudes

Ant. Durante toda a sua vida, eles serviram ao Senhor
em santidade e justiça.

Oração

Ó Deus, pelos dois irmãos Cirilo e Metódio, levastes a luz
do Evangelho aos povos eslavos; dai-nos acolher no coração
a vossa Palavra e fazei de nós um povo unido na verdadeira
fé e no fiel testemunho do Evangelho. Por nosso Senhor Jesus Cristo, vosso Filho, na unidade do Espírito Santo.

Vésperas

Ant. Eis aqui os homens santos e amigos do Senhor,
gloriosos pelo anúncio do Evangelho da verdade.

17 de fevereiro

OS SETE SANTOS FUNDADORES DOS SERVITAS

Para comemoração

Os sete santos fundadores nasceram em Florença. Levaram primeiramente vida eremítica no monte Senário, venerando de modo
particular a Santíssima Virgem Maria. Depois dedicaram-se à pregação por toda a Toscana e fundaram a Ordem dos Servos de Maria
(Servitas), aprovada em 1304 pela Sé Apostólica. Celebra-se hoje
a sua memória porque, segundo consta, neste dia morreu Santo
Aleixo Falconieri, um dos sete, em 1310.

Ofício das Leituras

Leitura

Da Legenda sobre a origem da Ordem dos Servos de Maria
(Monumenta Ord. Serv. B. Mariae Virginis,
1,3.5.6.9.11, pp. 71s)   (Séc. XIV)

Louvemos os homens gloriosos

Houve sete homens, dignos de reverência e de honra, que Nossa Senhora reuniu como sete estrelas, para dar início, com a sua fraterna união de alma e de corpo, à Ordem sua e de seus servos.

Quando entrei para nossa Ordem, já não encontrei vivo nenhum deles, com exceção do Irmão Aleixo. Foi do agrado de Nossa Senhora preservá-lo da morte corporal até os nossos dias, para que pudéssemos obter, por seu intermédio, informações sobre a origem de nossa Ordem. Como pude verificar por experiência e com meus próprios olhos, a vida desse Irmão Aleixo não apenas servia de exemplo a todos que o rodeavam, mas também era um testemunho vivo do estado de perfeição e profunda religiosidade com que ele e seus companheiros tinham iniciado a mencionada Ordem.

Do modo de vida desses sete homens, antes de terem iniciado a vida em comum, quero realçar quatro aspectos.

Em primeiro lugar, com relação à Igreja. Alguns deles, por estarem decididos a guardar virgindade ou castidade perfeita, não se casaram; outros já estavam ligados pelo vínculo do matrimônio; outros, enfim, eram viúvos.

Em segundo lugar, com relação ao serviço da sociedade civil. Eram todos negociantes, e compravam e vendiam bens terrenos. Mas quando descobriram a pérola preciosa, isto é, a nossa Ordem, não só deram aos pobres tudo o que possuíam, mas entregaram-se a si mesmos a Deus e à Senhora para servi-los com toda a alegria e fidelidade.

O terceiro aspecto diz respeito à veneração e culto de Nossa Senhora. Em Florença, havia uma certa irmandade, fundada já há muito tempo, em honra da Virgem Maria; por sua antiguidade, pelo número de seus membros e pela santidade dos homens e mulheres que dela faziam parte, tinha posição de destaque no meio das outras irmandades; e por isso era chamada "Companhia de Nossa Senhora". Dela também faziam parte os sete homens como membros espe-

1446   17 de fevereiro

cialmente devotos de Nossa Senhora, antes de se reunirem em comunidade.

O quarto aspecto diz respeito à perfeição de suas almas. Amavam a Deus sobre todas as coisas; e dirigindo para ele tudo o que faziam como sendo de justiça, honravam-no por pensamentos, palavras e ações.

Depois que, por inspiração divina, decidiram com firme propósito viver em comum – estimulados de modo particular por Nossa Senhora – dispuseram de suas casas e famílias, deixando a estas o necessário, e distribuíram o resto entre os pobres. Foram, contudo, procurar homens sensatos e de vida exemplar aos quais confiaram seu projeto.

Subiram ao monte Senário e, em cima, construíram uma pequena casa onde foram morar juntos. Ali começaram a pensar não só na própria santificação, mas também na possibilidade de aceitar outros membros e fazer crescer a nova Ordem, que Nossa Senhora havia começado por meio deles. Por isso, trataram de acolher novos irmãos, recebendo alguns que queriam viver com eles. E assim deram início à nossa Ordem.

É principalmente a Nossa Senhora que se deve este empreendimento, fundado na humildade de nossos irmãos, construído na sua concórdia e conservado na pobreza.

Responsório   At 4,32; 2,46b-47a

R. A multidão dos fiéis era um só coração, era uma só alma.
 * Nenhum deles dizia ser seu o que tinha,
   mas tudo era posto em comum entre eles.
V. Tomavam comida, com muita alegria,
   e com simplicidade de seu coração;
   louvavam a Deus e eram benquistos por todo o povo.
 * Nenhum.

Laudes

Ant. Vinde e vede como é bom, como é suave
   os irmãos viverem juntos bem unidos!

Oração

Inspirai-nos, ó Deus, a profunda piedade dos Fundadores dos Servitas, que se distinguiram pela devoção à Virgem Maria e a vós conduziram o vosso povo. Por nosso Senhor Jesus Cristo, vosso Filho, na unidade do Espírito Santo.

Vésperas

Ant. Onde **unidos** os **irmãos** louvam a **Deus**, ali **também** o **Senhor** dá sua **bênção.**

21 de fevereiro

SÃO PEDRO DAMIÃO, BISPO
E DOUTOR DA IGREJA

Para comemoração

Nasceu em Ravena no ano de 1007. Terminados os estudos, dedicou-se ao ensino, que logo abandonou, para se tornar eremita em Fonte Avelana. Eleito prior do mosteiro, dedicou-se incansavelmente a promover a vida religiosa, não só ali, mas também em outras regiões da Itália. Numa época muito difícil, ajudou os Papas em vista da reforma da Igreja, com sua atividade, seus escritos e no desempenho de embaixadas. Foi nomeado cardeal e bispo de Óstia pelo Papa Estêvão IX. Logo depois de sua morte, ocorrida em 1072, começou a ser venerado como santo.

Ofício das Leituras

Leitura

Das Cartas de São Pedro Damião, bispo
(Lib. 8,6: PL 144,473-476)   (Séc. XI)

*Espera confiantemente a alegria
que vem depois da tristeza*

21 de fevereiro

Pediste-me, caríssimo, que te escrevesse palavras de consolação, a fim de reconfortar teu ânimo amargurado por tantos golpes dolorosos.

Mas se tua prudência e sensatez não estiverem adormecidas, a consolação já chegou. Na verdade, as próprias palavras mostram, sem sombra de dúvida, que Deus está te instruindo como a um filho, para alcançares a herança. É o que indicam claramente estas palavras: *Filho, se decidires servir ao Senhor, permanece na justiça e no temor, e prepara tua alma para a provação* (Eclo 2,1-2). Onde existe o temor e a justiça, a prova de qualquer adversidade não é tortura de escravo, mas antes correção paterna.

Pois até o santo Jó, quando diz no meio dos flagelos da infelicidade: *Quem dera que Deus me esmagasse, estendesse a sua mão e pusesse fim à minha vida* (Jó 6,9), imediatamente acrescenta: *É este o meu consolo, porque me atormenta com dores e não me poupa* (Jó 6,10).

Para os eleitos de Deus o castigo divino é consolação, porque através das tribulações passageiras que suportam se fortalecem na firme esperança de alcançar a glória da felicidade eterna.

O artesão bate o ouro com o martelo para retirar os resíduos de impureza; a lima raspa muitas vezes para que os veios do metal brilhante cintilem com maior fulgor. *Como o forno prova os vasos do oleiro, é na tribulação que são provados os homens justos* (Eclo 27,5 Vulg.). Por isso diz também São Tiago: *Meus irmãos, quando deveis passar por diversas provações, considerai isso motivo de grande alegria* (Tg 1,2).

Sem dúvida, é justo que se alegrem aqueles que neste mundo suportam a tribulação passageira por causa de seus pecados, mas que, pelo bem praticado, têm guardada para si uma recompensa eterna no céu.

Por isso, irmão muito querido, enquanto és atingido pelos golpes da desgraça, enquanto és castigado pelos açoites da correção divina, não te deixes abater pelo desalento, não te queixes nem murmures, não fiques amargurado pela tristeza nem te impacientes pela fraqueza de ânimo. Mas conserva sempre a serenidade em teu rosto, a alegria no teu coração, a ação de graças em teus lábios.

De fato, é preciso louvar a providência divina que castiga os seus nesta vida, a fim de poupá-los dos flagelos eternos; abate para elevar, fere para curar, humilha para exaltar.

Portanto, caríssimo, fortalece o teu espírito na paciência, com estes e outros testemunhos das Sagradas Escrituras e espera confiantemente a alegria que vem depois da tristeza. Que a esperança dessa alegria te reanime, e a caridade acenda em ti o fervor, de tal modo que o teu espírito, santamente inebriado, esqueça os sofrimentos exteriores e anseie com entusiasmo pelo que contempla interiormente.

Responsório   cf. Eclo 31,8.11a.10cd

R. **Feliz** aquele **ho**mem que, sem **man**cha, foi **acha**do,
que não **foi** atrás do **ou**ro e não **pôs** sua espe**ran**ça
no di**nheiro** e nos te**souros**.
 * Por **isso** estão seus **bens** apoiados no Se**nhor**.
V. Ele **pôde** vio**lar** a lei de **Deus** e não vio**lou**;
ele **pôde**, igual**men**te, fazer o **mal** e não o **fez**. * Por **isso**.

Laudes

Ant. Quem é **sábio** brilha**rá** como **luz** no firma**men**to;
quem en**sina** à multi**dão** os ca**minhos** da jus**tiça**,
fulgi**rá** como as es**tre**las pelos **séculos** e**ternos**.

Oração

Ó Pai todo-poderoso, dai-nos seguir as exortações e o exemplo de São Pedro Damião, para que, nada antepondo a Cristo e servindo sempre à vossa Igreja, cheguemos às alegrias da luz eterna. Por nosso Senhor Jesus Cristo, vosso Filho, na unidade do Espírito Santo.

1450

22 de fevereiro

Vésperas

Ant. Ó **mes**tre da Ver**da**de! Ó **luz** da santa **Igreja**!
São **Pedro** Dami**ão** cumpri**dor** da lei di**vina**,
ro**gai** por nós a **Cris**to.

22 de fevereiro

CÁTEDRA DE SÃO PEDRO, APÓSTOLO

Festa

Desde o século IV, a festa da Cátedra de Pedro é celebrada neste dia em Roma, como sinal da unidade da Igreja, fundada sobre o Apóstolo.

Invitatório

R. Ao Se**nhor**, Rei dos A**pós**tolos, **vin**de ado**re**mos.
Salmo invitatório como no Ordinário, p. 944.

Ofício das Leituras

Hino

Ó Pedro, pastor piedoso,
desfaze o grilhão dos réus:
com tua palavra podes
abrir e fechar os céus.

Ó Paulo, mestre dos povos,
ensina-nos teu amor:
correr em busca do prêmio,
chegar ao Cristo Senhor.

A vós, ó Trindade, glória,
poder e louvor também;
que sois eterna unidade
nos séculos, sempre. Amém.

22 de fevereiro

Ant. 1 Disse **Pedro**: Este Je**sus** que vós ma**tas**tes,
Deus **Pai** ressusci**tou** e deu-lhe **gló**ria.

Salmos do Comum dos apóstolos, p. 1698.

Ant. 2 O Se**nhor** envi**ou** o seu **an**jo
e li**vrou**-me das **mãos** de He**ro**des.

Ant. 3 Uma **nu**vem os envol**veu** e fez-se ou**vir** a voz do **Pai**:
Eis meu **Fi**lho muito a**ma**do.

V. A **quem** nós i**re**mos, Se**nhor** Jesus **Cris**to?
R. Só **tu** tens pa**la**vras de **vi**da eter**na**.

Primeira leitura

Dos Atos dos Apóstolos   **11,1-18**

Pedro narra a conversão dos gentios

Naqueles dias, ¹os apóstolos e os irmãos, que viviam na
Judeia, souberam que também os pagãos haviam acolhido a
Palavra de Deus. ²Quando Pedro subiu a Jerusalém, os fiéis
de origem judaica começaram a discutir com ele, dizendo:
³"Tu entraste na casa de pagãos e comeste com eles!"

⁴Então, Pedro começou a contar-lhes, ponto por ponto,
o que havia acontecido: ⁵"Eu estava na cidade de Jope e, ao
fazer oração, entrei em êxtase e tive a seguinte visão: vi uma
coisa parecida com uma grande toalha que, sustentada pelas
quatro pontas, descia do céu e chegava até junto de mim.
⁶Olhei atentamente e vi dentro dela quadrúpedes da terra,
animais selvagens, répteis e aves do céu. ⁷Depois ouvi uma
voz que me dizia: 'Levanta-te, Pedro, mata e come.' ⁸Eu
respondi: 'De modo nenhum, Senhor! Porque jamais entrou
coisa profana e impura na minha boca'. ⁹A voz me disse pela
segunda vez: 'Não chames impuro o que Deus purificou'.
¹⁰Isso repetiu-se por três vezes. Depois a coisa foi novamente levantada para o céu. ¹¹Nesse momento, três homens se
apresentaram na casa em que nos encontrávamos. Tinham
sido enviados de Cesareia, à minha procura. ¹²O Espírito me

1452   **22 de fevereiro**

disse que eu fosse com eles sem hesitar. Os seis irmãos que estão aqui me acompanharam e nós entramos na casa daquele homem. [13]Então ele nos contou que tinha visto um anjo apresentar-se em sua casa e dizer: 'Manda alguém a Jope para chamar Simão, conhecido como Pedro. [14]Ele te falará de acontecimentos que trazem a salvação para ti e para toda a tua família'. [15]Logo que comecei a falar, o Espírito Santo desceu sobre eles, da mesma forma que desceu sobre nós no princípio. [16]Então eu me lembrei do que o Senhor havia dito: 'João batizou com água, mas vós sereis batizados no Espírito Santo'. [17]Deus concedeu a eles o mesmo dom que deu a nós que acreditamos no Senhor Jesus Cristo. Quem seria eu para me opor à ação de Deus?"

[18]Ao ouvirem isso, os fiéis de origem judaica se acalmaram e glorificavam a Deus, dizendo: "Também aos pagãos Deus concedeu a conversão que leva para a vida!"

Responsório   Lc 22,32; Mt 16,17b

R. Eu ro**guei** por ti, ó **Pe**dro, que tua **fé** não desfale**ça**;
  * Quando estive**res** conver**ti**do, forta**le**ce os teus ir**mãos**.
V. Não foi a **car**ne nem o **san**gue, que te re**ve**laram **is**to,
  mas **sim** meu Pai ce**les**te. * Quando.

Segunda leitura

Dos Sermões de São Leão Magno, papa
  (Sermo 4 de Natali ipsius, 2-3: PL 54,149-151) (Séc. V)

A Igreja de Cristo
ergue-se na firmeza da fé do apóstolo Pedro

Dentre todos os homens do mundo, Pedro foi o único escolhido para estar à frente de todos os povos chamados à fé, de todos os apóstolos e de todos os padres da Igreja. Embora no povo de Deus haja muitos sacerdotes e pastores, na verdade, Pedro é o verdadeiro guia de todos aqueles que têm Cristo como chefe supremo. Deus dignou-se conceder a este homem, caríssimos filhos, uma grande e admirável participação no seu poder. E se ele quis que os outros chefes da Igreja tivessem com Pedro algo em comum, foi por intermédio do mesmo Pedro que isso lhes foi concedido.

A todos os apóstolos o Senhor pergunta qual a opinião que os homens têm a seu respeito; e a resposta de todos revela de modo unânime as hesitações da ignorância humana.

Mas, quando procura saber o pensamento dos discípulos, o primeiro a reconhecer o Senhor é o primeiro na dignidade apostólica. Tendo ele dito: *Tu és Cristo, o Filho do Deus vivo,* Jesus lhe respondeu: *Feliz és tu, Simão, filho de Jonas, porque não foi um ser humano que te revelou isso, mas o meu Pai que está no céu* (Mt 16,16-17). Quer dizer, és feliz, porque o meu Pai te ensinou, e a opinião humana não te iludiu, mas a inspiração do céu te instruiu; não foi um ser humano que me revelou a ti, mas sim aquele de quem sou o Filho unigênito.

Por isso eu te digo, acrescentou, como o Pai te manifestou a minha divindade, também eu te revelo a tua dignidade: *Tu és Pedro* (Mt 16,18). Isto significa que eu sou a pedra inquebrantável, *a pedra principal que de dois povos faço um só* (cf. Ef 2,20.14), o fundamento sobre o qual ninguém pode colocar outro. Todavia, tu também és pedra, porque és solidário com a minha força. Desse modo, o poder, que me é próprio por prerrogativa pessoal, te será dado pela participação comigo.

E sobre esta pedra construirei a minha Igreja, e o poder do inferno nunca poderá vencê-la (Mt 16,18). Sobre esta fortaleza, construirei um templo eterno. A minha Igreja destinada a elevar-se até ao céu deverá apoiar-se sobre a solidez da fé de Pedro.

O poder do inferno não impedirá esse testemunho, os grilhões da morte não o prenderão; porque essa palavra é

1454   22 de fevereiro

palavra de vida. E assim como conduz aos céus os que a proclamam, também precipita no inferno os que a negam.

Por isso, foi dito a São Pedro: *Eu te darei as chaves do Reino dos Céus: tudo o que ligares na terra será ligado nos céus; tudo o que desligares na terra, será desligado nos céus* (Mt 16,19).

Na verdade, o direito de exercer esse poder passou também para os outros apóstolos, e o dispositivo desse decreto atingiu todos os príncipes da Igreja. Mas não é sem razão que é confiado a um só o que é comunicado a todos. O poder é dado a Pedro de modo singular, porque a sua dignidade é superior à de todos os que governam a Igreja.

Responsório   cf. Mt 16,19

R. Pedro, **eu** te conhe**ci**a, já bem **an**tes de cha**mar**-te
   do teu **bar**co junto ao **la**go, e de **ti** fiz o pas**tor**
   do re**ba**nho que é meu **po**vo.
  * A **ti** eu confi**ei** as **cha**ves do meu **Rei**no.
V. O que ligares na **ter**ra, será li**ga**do nos **céus**;
   na terra o **que** desli**ga**res, nos céus se**rá** desli**ga**do.
   * A **ti** eu.
HINO Te Deum, p. 949.

<h3 style="text-align:center">Oração</h3>

Concedei, ó Deus todo-poderoso, que nada nos possa abalar, pois edificastes a vossa Igreja sobre aquela pedra que foi a profissão de fé do apóstolo Pedro. Por nosso Senhor Jesus Cristo, vosso Filho, na unidade do Espírito Santo.

<h2 style="text-align:center">Laudes</h2>

Hino

Pedro, que rompes algemas
   pelo poder do Senhor,
   de toda a Igreja és mestre,
   de mil rebanhos pastor:

protege, pois, cada ovelha,
retém do lobo o furor.

O que tu ligas na terra,
o céu ligado retém:
o que na terra desligas,
o céu desliga também.
Ao Deus trino que te assiste,
louvemos como convém!

Ant. 1 Jesus disse a Simão: Não tenhas medo!
De homens tu serás um pescador!

Salmos e cântico do domingo da I Semana, p. 982.

Ant. 2 Tu és o Cristo, o Filho do Deus vivo!
Tu és feliz, Simão Pedro, és feliz!

Ant. 3 O Senhor disse a Pedro:
Hei de dar-te as chaves do Reino dos Céus.

Leitura breve   At 15,7b-9

Deus me escolheu, do vosso meio, para que os pagãos ou-
vissem de minha boca a palavra do Evangelho e acreditassem. Ora, Deus, que conhece os corações, testemunhou a
favor deles, dando-lhes o Espírito Santo como o deu a nós.
E não fez nenhuma distinção entre nós e eles, purificando o
coração deles mediante a fé.

Responsório breve

R. Fareis deles os chefes
 * Por toda a terra. R. Fareis.
V. Lembrarão vosso nome, Senhor, para sempre.
  * Por toda. Glória ao Pai. R. Fareis deles.

Cântico evangélico, ant.

Disse o Senhor a Simão Pedro:
eu pedi em teu favor, que tua fé não desfaleça.
Quando estiveres convertido, fortalece os teus irmãos.

1456

22 de fevereiro

Preces

Irmãos caríssimos, tendo recebido dos apóstolos a herança celeste, agradeçamos a Deus, nosso Pai, por todos os seus dons; e aclamemos:

R. **O coro dos apóstolos vos louva, Senhor!**

Louvor a vós, Senhor, pela mesa do vosso Corpo e Sangue que recebemos por intermédio dos apóstolos;
— por ela somos alimentados e vivemos. R.

Louvor a vós, Senhor, pela mesa de vossa Palavra, preparada para nós pelos apóstolos;
— por ela recebemos luz e alegria. R.

Louvor a vós, Senhor, por vossa santa Igreja, edificada sobre o fundamento dos apóstolos;
— com ela formamos um só Corpo. R.

Louvor a vós, Senhor, pelos sacramentos do batismo e da Penitência que confiastes aos apóstolos;
— por eles somos lavados de todo pecado. R.
(intenções livres)

Pai nosso...

Oração

Concedei, ó Deus todo-poderoso, que nada nos possa abalar, pois edificastes a vossa Igreja sobre aquela pedra que foi a profissão de fé do apóstolo Pedro. Por nosso Senhor Jesus Cristo, vosso Filho, na unidade do Espírito Santo.

Hora Média

Antífonas e salmos do dia de semana corrente.

Oração das Nove Horas

Leitura breve   Is 22,22

Eu o farei portar aos ombros a chave da casa de Davi; ele abrirá, e ninguém poderá fechar; ele fechará, e ninguém poderá abrir.

22 de fevereiro

1457

V. Em toda a **terra** se espa**lha** o seu a**nún**cio,
R. E sua **voz**, pelos con**fins** do uni**ver**so.

Oração das Doze Horas

Leitura breve   1Pd 5,1-2a

Exorto aos presbíteros que estão entre vós, eu, presbítero como eles, testemunha dos sofrimentos de Cristo e participante da glória que será revelada: Sede pastores do rebanho de Deus, confiado a vós.
V. Eles guar**da**vam os pre**cei**tos
R. E as **or**dens do Se**nhor**.

Oração das Quinze Horas

Nos salmos graduais, em lugar do Salmo 125(126) pode dizer-se o Salmo 128(129), p. 1369.

Leitura breve   2Pd 1,16

Não foi seguindo fábulas habilmente inventadas que vos demos a conhecer o poder e a vinda de nosso Senhor Jesus Cristo, mas sim por termos sido testemunhas oculares da sua majestade.

V. Ale**grai**-vos e exul**tai**, diz o Se**nhor**,
R. Pois no **céu** estão ins**cri**tos vossos **no**mes!
Oração como nas Laudes.

Vésperas

Hino

> "Pescador de homens te faço!"
> Ouviste, ó Pedro, de Deus:
> redes e remos deixando,
> ganhaste as chaves dos céus.

> Negando Cristo três vezes,
> três vezes clamas amor:

1458   **22 de fevereiro**

então, de todo o rebanho,
tornas-te mestre e pastor.

Ó Pedro, és pedra da Igreja,
que sobre ti se constrói,
que vence as forças do inferno,
e quais grãos de Cristo nos mói.

Quando no mar afundavas,
o Salvador deu-te as mãos:
com as palavras da vida
confirma agora os irmãos.

Pés para o alto apontando,
foste pregado na cruz:
cajado que une o rebanho,
barca que a todos conduz.

Ao Cristo Rei demos glória,
rendamos nosso louvor;
voltando à terra, ele encontre
um só rebanho e pastor.

Ant. 1 Tu me amas, Simão **Pedro**?
Ó Se**nhor**, tu sabes **tu**do, tu bem **sabes** que eu te **amo**!
Apas**cen**ta os meus cor**dei**ros.

Salmos e cântico do Comum dos apóstolos, p. 1710.

Ant. 2 Pedro no **cárcere** era guar**da**do.
E a I**gre**ja sem ces**sar** re**za**va a Deus por **ele**.

Ant. 3 Tu és **Pedro**, e **so**bre esta **pe**dra
eu i**rei** constru**ir** minha I**gre**ja.

Leitura breve   **1Pd 1,3-5**

Bendito seja Deus, Pai de nosso Senhor Jesus Cristo. Em sua
grande misericórdia, pela ressurreição de Jesus Cristo dentre
os mortos, ele nos fez nascer de novo, para uma esperança
viva, para uma herança incorruptível, que não estraga, que

22 de fevereiro 1459

não se mancha nem murcha, e que é reservada para vós nos céus. Graças à fé, e pelo poder de Deus, vós fostes guardados para a salvação que deve manifestar-se nos últimos tempos.

Responsório breve
R. Anunciai entre as nações
  * A glória do Senhor. R. Anunciai.
V. E as suas maravilhas entre os povos do universo.
  * A glória. Glória ao Pai. R. Anunciai.

Cântico evangélico, ant.
És pastor das ovelhas de Cristo, dos apóstolos o chefe; a ti foram entregues as chaves do Reino dos Céus.

Preces
Irmãos, edificados sobre o fundamento dos apóstolos, roguemos a Deus Pai todo-poderoso em favor de seu povo santo; e digamos:

R. Lembrai-vos, Senhor, da vossa Igreja!

Vós quisestes, ó Pai, que o vosso Filho, ressuscitado dos mortos, aparecesse em primeiro lugar aos apóstolos;
– fazei de nós testemunhas do vosso Filho até os confins da terra. R.

Vós, que enviastes vosso Filho ao mundo para evangelizar os pobres,
– fazei que o Evangelho seja pregado a toda criatura. R.

Vós, que enviastes vosso Filho para semear a palavra do Reino,
– concedei-nos colher na alegria os frutos da palavra semeada com o nosso trabalho. R.

Vós, que enviastes vosso Filho para reconciliar o mundo convosco pelo seu sangue,

1460   23 de fevereiro

– fazei que todos nós colaboremos na obra da reconciliação de toda a humanidade.

R. Lembrai-vos, Senhor, da vossa Igreja!

(intenções livres)

Vós, que glorificastes vosso Filho à vossa direita nos céus,
– recebei no Reino da felicidade eterna os nossos irmãos e irmãs falecidos.   **R.**

Pai nosso...

Oração

Concedei, ó Deus todo-poderoso, que nada nos possa abalar, pois edificastes a vossa Igreja sobre aquela pedra que foi a profissão de fé do apóstolo Pedro. Por nosso Senhor Jesus Cristo, vosso Filho, na unidade do Espírito Santo.

23 de fevereiro

SÃO POLICARPO, BISPO E MÁRTIR

Memória

Policarpo, discípulo dos Apóstolos e bispo de Esmirna, deu hospedagem a Inácio de Antioquia; esteve em Roma para tratar com o papa Aniceto da questão relativa à data da Páscoa. Sofreu o martírio cerca do ano 155, queimado vivo no estádio da cidade.

Ofício das Leituras

Leitura

Da Carta da Igreja de Esmirna sobre o martírio de São Policarpo

(Cap. 13,2 - 15,3: Funk 1,297-299)   (Séc. II)

Como um sacrifício perfeito e agradável

Quando a fogueira ficou pronta, Policarpo desfez-se de todas as vestes e desatou o cinto; tentou desamarrar as sandálias, o que há muito não fazia, pois os fiéis sempre

23 de fevereiro

se apressavam em ajudá-lo, desejando tocar-lhe o corpo, no qual muito antes do martírio já brilhava o esplendor da santidade de sua vida.

Rapidamente cercaram-no com o material trazido para a fogueira. Quando os algozes quiseram pregá-lo ao poste, ele disse: "Deixai-me livre. Quem me dá forças para suportar o fogo, também me concederá que fique imóvel no meio das chamas sem necessitar deste vosso cuidado". Assim não o pregaram mas limitaram-se a amarrá-lo.

Amarrado com as mãos para trás, Policarpo era como um cordeiro escolhido, tirado de um grande rebanho para o sacrifício, uma vítima agradável preparada para Deus. Levantando os olhos ao céu, ele disse:

"Senhor Deus todo-poderoso, Pai do vosso amado e bendito Filho Jesus Cristo, por quem vos conhecemos, Deus dos anjos e dos poderes celestiais, de toda a criação e de todos os justos que vivem diante de vós, eu vos bendigo porque neste dia e nesta hora, incluído no número dos mártires, me julgastes digno de tomar parte no cálice de vosso Cristo e ressuscitar em corpo e alma para a vida eterna, na incorruptibilidade, por meio do Espírito Santo. Recebei-me hoje, entre eles, na vossa presença, como um sacrifício perfeito e agradável; e o que me havíeis preparado e revelado, realizai-o agora, Deus de verdade e retidão.

Por isso e por todas as coisas, eu vos louvo, bendigo e glorifico por meio do eterno e celeste Pontífice Jesus Cristo, vosso amado Filho. Por ele e com ele seja dada toda glória a vós, na unidade do Espírito Santo, agora e pelos séculos futuros. Amém".

Depois de ter dito "Amém" e de ter terminado a oração, os algozes atearam o fogo e levantou-se uma grande labareda.

Então nós, a quem foi dado contemplar, vimos um milagre – pois para anunciá-lo aos outros é que fomos poupados: – o fogo tomou a forma de uma abóbada, como

23 de fevereiro

a vela de um barco batida pelo vento, e envolveu o corpo do mártir por todos os lados; ele estava no meio, não como carne queimada, mas como um pão que é cozido ou o ouro e a prata incandescente na fornalha. E sentimos um odor de tanta suavidade que parecia se estar queimando incenso ou outro perfume precioso.

Responsório
Ap 2,8-9a. 10a

R. Escreve ao anjo da Igreja de Esmirna:
   Assim diz o Primeiro e o Último,
   o que estava morto e agora vive.
   Conheço as provações que suportastes,
   conheço tua pobreza, mas és rico.
 * Permanece fiel até à morte e a coroa da vida eu te darei.
V. Não temas ante o que irás sofrer;
   o demônio irá lançar alguns de vós
   no cárcere a fim de vos provar. * Permanece.

Laudes

Ant. Há oitenta e seis anos que eu sirvo a Cristo,
   e nunca ele fez algum mal para mim;
   como posso, então, maldizer o meu Rei,
   meu Senhor e Salvador?

Oração

Ó Deus, criador de todas as coisas, que colocastes o bispo São Policarpo nas fileiras dos vossos mártires, concedei--nos, por sua intercessão, participar com ele do cálice de Cristo, e ressuscitar para a vida eterna. Por nosso Senhor Jesus Cristo, vosso Filho, na unidade do Espírito Santo.

Vésperas

Ant. Bendito sejais, Senhor onipotente,
   que me destes a beber do cálice de Cristo
   e me destes esta graça de tornar-me vosso mártir!

MARÇO

4 de março

SÃO CASIMIRO
Para comemoração

Filho do rei da Polônia, nasceu em 1458. Praticou de modo excelente as virtudes cristãs, principalmente a castidade e a bondade para com os pobres. Tinha um grande zelo pela propagação da fé e uma singular devoção à sagrada Eucaristia e a Nossa Senhora. Morreu vítima de tuberculose, em 1484.

Ofício das Leituras

Leitura

Da Vida de São Casimiro, escrita por um autor quase contemporâneo

(Cap. 2-3, Acta Sanctorum Martii 1, 347-348)

Dispôs de seus tesouros segundo os preceitos do Altíssimo

Uma caridade quase inacreditável, não fingida mas sincera, inflamava o coração de Casimiro no amor de Deus todo-poderoso, pela ação do Espírito divino. E de tal modo este amor transbordava espontaneamente para com o próximo, que não havia alegria maior, nada lhe era tão agradável quanto dar o que era seu e entregar-se inteiramente aos pobres de Cristo, aos peregrinos, aos doentes, aos prisioneiros e aos sofredores.

Para as viúvas, órfãos e oprimidos não era apenas tutor e defensor: era pai, filho e irmão.

Seria necessário escrever uma longa história, se quiséssemos narrar uma por uma as obras de caridade com que demonstrava seu amor para com Deus e os homens.

Dificilmente se poderá descrever ou imaginar o seu amor pela justiça, a sua temperança, a sua prudência, a sua constância e fortaleza de ânimo. E tudo isso, justamente naquela idade da juventude em que os homens costumam ser mais impetuosos e inclinados para o mal.

Lembrava diariamente ao pai o dever de governar com justiça o reino e povos que lhe estavam submetidos. E se, às vezes, ocorria que, por descuido ou fraqueza humana, alguma coisa era negligenciada no governo, nunca deixava de chamar com delicadeza a atenção do rei.

Abraçava e defendia como suas as causas dos pobres e infelizes; por isso o povo se pôs a chamá-lo "defensor dos pobres". Apesar de filho do rei e de ascendência nobre, nunca se mostrou orgulhoso, no trato ou nas palavras, com qualquer pessoa, por mais humilde e pequena que fosse.

Sempre preferiu estar no meio dos humildes e pobres de coração – dos quais é o Reino dos Céus – a se ver entre os ilustres e poderosos deste mundo. Nunca ambicionou nem aceitou o poder, mesmo quando o pai lhe ofereceu. Temia, na verdade, que seu ânimo fosse ferido pelo aguilhão das riquezas, que nosso Senhor Jesus Cristo chamava de espinhos, ou pudesse ser contaminado pelo contágio das coisas terrenas.

Todos os de casa, seus camareiros e secretários, homens de grande valor, dos quais alguns ainda vivem, que o conheciam por dentro e por fora, afirmam e testemunham que ele viveu e se conservou virgem até o fim de seus dias.

Responsório   Eclo 29,14; 1Tm 6,11b

R. Põe tua riqueza nos preceitos do Altíssimo,
* E te será mais proveitoso do que o ouro.
V. Segue a justiça, a piedade e a fé,
   a caridade, a paciência e a mansidão. * E te será.

Laudes

Ant. Quem pratica a verdade, se põe junto à luz;
   e suas obras de filho de Deus se revelam.

7 de março

Oração

Ó Deus todo-poderoso, a quem servir é reinar, dai-nos, pela intercessão de São Casimiro, a graça de vos servir com retidão e santidade. Por nosso Senhor, Jesus Cristo, vosso Filho, na unidade do Espírito Santo.

Vésperas

Ant. Servo **bom** e **fiel**,
vem en**trar** na al**egria** de **Jesus**, teu **Senhor**!

7 de março

SANTAS PERPÉTUA E FELICIDADE, MÁRTIRES

Para comemoração

Sofreram o martírio em Cartago, no ano 203, durante a perseguição de Setímio Severo. Conserva-se ainda uma bela narração da sua morte, escrita em parte pelos próprios confessores da fé cartagineses e em parte por um escritor contemporâneo.

Ofício das Leituras

Leitura

Da narração do martírio dos santos Mártires de Cartago
(Cap. 18.20-21: edit. van Beek, Noviomagi, 1936, pp. 42.46-52)
(Séc. III)

Chamados e escolhidos para a glória do Senhor

Despontou o dia da vitória dos mártires. Saíram do cárcere e entraram no anfiteatro, como se fossem para o céu, de rosto radiante e sereno; e se algum tinha a fisionomia alterada, era de alegria e não de medo.

Perpétua foi a primeira a ser lançada aos ares por uma vaca brava e caiu de costas. Levantou-se imediatamente e, vendo Felicidade caída por terra, aproximou-se, deu-lhe a mão e ergueu-a. Ficaram ambas de pé. Saciada a crueldade do povo, foram reconduzidas à porta chamada Sanavivária.

Ali, Perpétua foi recebida por um catecúmeno chamado Rústico, que permanecia sempre a seu lado. E como que despertando do sono (até esse momento estivera em êxtase do espírito), começou a olhar ao redor e, para espanto de todos, perguntou: "Quando é que seremos expostas àquela vaca?". Ao lhe responderem que já tinha acontecido, não quis acreditar, e só se convenceu quando viu no corpo e nas suas vestes a marca dos ferimentos recebidos. Depois, chamando para junto de si seu irmão e aquele catecúmeno, disse-lhes: "Permanecei firmes na fé, e amai-vos uns aos outros; não vos escandalizeis com os nossos sofrimentos".

Por sua vez, Sáturo, em outra porta do anfiteatro, animava o soldado Pudente com estas palavras: "Até este momento, tal como te havia afirmado e predito, não fui ainda ferido por nenhuma fera. Mas agora, crê de todo o coração: vou avançar de novo para ali, e com uma só dentada de leopardo morrerei". E imediatamente, já no fim do espetáculo, foi lançado a um leopardo; este, com uma só dentada lhe derramou tanto sangue, que o povo, sem saber o que dizia, dando testemunho do seu segundo batismo, aclamava: "Foste lavado, estás salvo! Foste lavado, estás salvo!" Realmente estava salvo quem deste modo foi lavado.

Então Sáturo disse ao soldado Pudente: "Adeus! Lembra-te da fé e de mim; que estas coisas não te perturbem, mas te confirmem". Pediu-lhe depois o anel que trazia no dedo e, mergulhando-o na ferida, devolveu-o como uma herança, deixando-lhe como penhor e lembrança do sangue. Em seguida, já esgotado, foi deitado com os outros no lugar de costume para o golpe de misericórdia.

O povo, no entanto, exigia em alta voz que fossem levados para o meio do anfiteatro aqueles que iam receber o golpe final; pois queriam ver com os próprios olhos, cúmplices do homicídio, a espada penetrar nos corpos das vítimas. Os mártires levantaram-se espontaneamente e foram para onde o povo queria; depois deram uns aos outros o ósculo santo, para coroarem o martírio com este rito de paz. Todos receberam o golpe da espada, imóveis e em silêncio; especialmente Sáturo, que fora o primeiro a subir e o primeiro a entregar a alma. Até o último instante ia confortando Perpétua. E esta, que desejava ainda experimentar maior dor, exultou ao sentir o golpe em seus ossos, puxando ela própria para sua garganta a mão indecisa do gladiador inexperiente.

Talvez esta mulher de tanto valor, temida pelo espírito do mal, não tivesse podido ser morta de outra maneira senão querendo ela própria.

Oh mártires cheios de força e ventura! Verdadeiramente fostes chamados e escolhidos para a glória de nosso Senhor Jesus Cristo!

Responsório　　　　　　　　　　　　　Rm 8,34b-35.37

R. Cristo Jesus está sentado à direita de Deus Pai
　　e por nós intercede.
　*　Quem, portanto, poderá nos separar do amor de Cristo?
　　Será tribulação, perseguição, ou então, angústia,
　　ou fome, ou nudez, ou perigo, ou espada?
V. Mas em todas essas coisas somos mais que vencedores
　　por Jesus que nos amou. * Quem, portanto.

Laudes

Ant. Felizes de vós, os perseguidos
　　　　por causa da justiça do Senhor,
　　　　porque o Reino dos Céus há de ser vosso!

Oração

Ó Deus, pelo vosso amor, as mártires Perpétua e Felicidade resistiram aos perseguidores e superaram as torturas do martírio; concedei-nos, por sua intercessão, crescer constantemente em vossa caridade. Por nosso Senhor Jesus Cristo, vosso Filho, na unidade do Espírito Santo.

Vésperas

Ant. Alegrem-se nos **céus** os **a**migos do Se**nhor**,
que se**g**uiram os seus **pass**os;
derra**maram** o seu **sangue** por a**mor** a Jesus **Cristo**,
e com **ele** reina**rão**.

8 de março

SÃO JOÃO DE DEUS, RELIGIOSO

Para comemoração

Nasceu em Portugal no ano de 1495. Depois de uma vida cheia de perigos na carreira militar, o seu desejo de perfeição levou-o a entregar-se inteiramente ao serviço dos doentes. Fundou em Granada (Espanha) um hospital e associou à sua obra um grupo de companheiros que mais tarde constituíram a Ordem Hospitalar de São João de Deus. Distinguiu-se principalmente na caridade para com os pobres e os doentes. Morreu nesta mesma cidade, em 1550.

Ofício das Leituras

Leitura

Das Cartas de São João de Deus, religioso

(Archiv. gen. Ord . Hospit., Quaderno: De las cartas...,
ff°23ᵛ-24ʳ:27ʳᵛ; O. Marcos, Cartas y escritos de Nuestro
Glorioso Padre San Juan de Diós, Madrid,
1935 pp. 18-19; 48-50)   (Séc. XVI)

Cristo é fiel e tudo providencia

Se considerarmos atentamente a misericórdia de Deus, nunca deixaremos de fazer o bem de que formos capazes. Com efeito, se damos aos pobres, por amor de Deus, aquilo que ele próprio nos dá, promete-nos o cêntuplo na felicidade eterna. Que paga generosa, que lucro feliz! Quem não daria a este excelente mercador tudo o que possui, se ele cuida de

8 de março

nossos interesses e, com braços abertos, pede insistentemente que nos convertamos a ele, que choremos os nossos pecados, e tenhamos caridade para conosco e para com o próximo? Porque assim como a água apaga o fogo, a caridade apaga o pecado.

Vêm aqui tantos pobres, que até eu me espanto como é possível sustentar a todos; mas Jesus Cristo tudo providencia e a todos alimenta. Vêm muitos pobres à casa de Deus, porque a cidade de Granada é grande e muito fria, sobretudo agora que estamos no inverno. Entre todos – doentes e sadios, gente de serviço e peregrinos – há aqui mais de cento e dez pessoas. Como esta casa é geral, recebe doentes de toda espécie e condição: aleijados, mancos, leprosos, mudos, loucos, paralíticos, ulcerosos, alguns já muito idosos e outros ainda muito crianças. E ainda inúmeros peregrinos e viajantes, que aqui chegam e encontram fogo, água, sal e vasilhas para cozinhar os alimentos. De tudo isto não se recebe pagamento algum; Cristo, porém, a tudo provê.

Por esse motivo, vivo endividado e prisioneiro por amor de Jesus Cristo. Vendo-me tão sobrecarregado de dívidas, já nem ouso sair de casa por causa dos débitos que me prendem. Mas vendo tantos pobres e tantos irmãos e próximos meus sofrer para além de suas forças e serem oprimidos por tantas aflições no corpo ou na alma, sinto profunda tristeza por não poder socorrê-los. Todavia, confio em Cristo, que conhece meu coração. Por isso digo: *Maldito o homem que confia no homem* (Jr 17,5), e não somente em Cristo; porque dos homens tu hás de ser separado, quer queiras ou não; mas Cristo é fiel e permanece para sempre. Cristo tudo providencia. A ele demos graças sem cessar. Amém.

Responsório
cf. Is 58,7-8

R. **Re**parte o teu **pão** com o fa**min**to,
  re**ce**be em tua **ca**sa os sem **te**to;

1470

9 de março

* E tua **luz** vai levan**tar**-se como a au**ro**ra,
caminha**rá** tua jus**ti**ça à tua **fren**te.
V. Quando **vês** o teu ir**mão** necessi**ta**do,
não o des**pre**zes, mas esten**de**-lhe a **mão**. * E tua.

Laudes

Ant. Nisto **to**dos sabe**rão**
que vós **sois** os meus dis**cí**pulos:
se uns aos **ou**tros vos a**mar**des.

Oração

Ó Deus, que enchestes de misericórdia o coração de São
João de Deus, fazei que, praticando as boas obras de caridade, nos encontremos entre os escolhidos quando chegar
o vosso Reino. Por nosso Senhor Jesus Cristo, vosso Filho,
na unidade do Espírito Santo.

Vésperas

Ant. O que fi**zes**tes ao me**nor** dos meus ir**mãos**
foi a mim **mes**mo que o fi**zes**tes, diz Je**sus**.
Vinde, ben**di**tos do meu **Pai**, e rece**bei** o Reino eterno prepa**ra**do para **vós** desde o i**ní**cio do univer**so**!

9 de março

SANTA FRANCISCA ROMANA, RELIGIOSA

Para comemoração

Nasceu em Roma, no ano de 1384. Casou-se muito jovem e teve
três filhos. Viveu numa época de grandes calamidades; ajudou
com seus bens os pobres e dedicou-se ao serviço dos doentes.
Foi admirável na sua atividade em favor dos indigentes e na prática das virtudes, especialmente na humildade e na paciência.
Em 1425, fundou a Congregação das Oblatas, sob a regra de São
Bento. Morreu em 1440.

Ofício das Leituras

Leitura

Da Vida de Santa Francisca Romana, escrita por Maria Magdalena Anguillaria, superiora das Oblatas de Tor de Specchi

(Cap. 6-7: Acta Sanctorum Martii 2, *188-*189)

A paciência de Santa Francisca

Deus pôs à prova a paciência de Francisca não apenas nos bens exteriores de sua fortuna, mas quis experimentá-la em seu próprio corpo, por meio de graves e frequentes doenças, com que foi atingida, como já se disse e se dirá em seguida. Mesmo assim, nunca se notou nela o menor gesto de impaciência ou qualquer atitude de desagrado pelo tratamento que, às vezes com certa falta de habilidade, lhe tinha sido ministrado.

Francisca mostrou sua coragem na morte prematura dos filhos, que amava com grande ternura. Aceitava a vontade divina com ânimo sempre tranquilo, dando graças por tudo o que lhe acontecia. Com igual constância, suportou os caluniadores e as más línguas que criticavam seu modo de vida. Jamais demonstrou a menor aversão por estas pessoas que pensavam e falavam mal dela e do que lhe dizia respeito. Mas, pagando o mal com o bem, costumava rezar continuamente a Deus por elas.

Contudo, Deus não a escolheu para ser santa somente para si, mas para fazer reverter em proveito espiritual e corporal do próximo os dons que recebera da graça divina. Por isso, era dotada de grande amabilidade a ponto de que todo aquele que tivesse ocasião de tratar com ela, imediatamente se sentia cativado por sua bondade e estima, e se tornava dócil à sua vontade. Havia em suas palavras tanta eficácia de força divina, que com breves palavras levantava o ânimo dos aflitos e angustiados, sossegava os inquietos, acalmava os encolerizados, reconciliava os inimigos, extinguia ódios inveterados e rancores, e muitas vezes impediu a vingança premeditada. Com uma palavra, era capaz de refrear qualquer paixão humana e de conduzir as pessoas aonde queria.

Por isso, de toda parte recorriam a Francisca como a uma proteção segura, e ninguém saía de perto dela sem ser consolado; no entanto, com toda franqueza, repreendia também os pecados e censurava sem temor tudo o que era ofensivo e desagradável a Deus.

Grassavam em Roma várias epidemias, mortais e contagiosas. Desprezando o perigo do contágio, a santa não hesitava também nessas ocasiões em mostrar o seu coração cheio de misericórdia para com os infelizes e necessitados de auxílio alheio. Depois de encontrar os doentes, primeiro persuadia-os a unirem suas dores à paixão de Cristo; depois, socorria-os com uma assistência assídua, exortando-os a aceitarem de bom grado aquele sofrimento da mão de Deus e a suportá-lo por amor daquele que em primeiro lugar tanto sofrera por eles.

Francisca não se limitava a tratar os doentes que podia agasalhar em sua casa, mas ia à sua procura em casebres e hospitais públicos onde se abrigavam. Quando os encontrava, saciava-lhes a sede, arrumava os leitos e tratava de suas feridas; e por pior que fosse o mau cheiro e maior a repugnância que lhe inspiravam, imensa era a dedicação e a caridade com que deles cuidava. Costumava também ir ao Campo Santo, levando alimentos e finas iguarias, para distribuir entre os mais necessitados; de volta para casa, recolhia e trazia roupas usadas e pobres trapos cheios de sujeira; lavava-os cuidadosamente e consertava-os; depois, como se fossem servir ao seu Senhor, dobrava os com cuidado e guardava no meio de perfumes.

Durante trinta anos, Francisca prestou este serviço aos enfermos e nos hospitais; quando ainda morava em casa de seu marido, visitava com frequência os hospitais de Santa

Maria e de Santa Cecília, no Transtévere, o do Espírito Santo, em Sássia, e ainda outro no Campo Santo. Durante o período de contágio não era apenas difícil encontrar médicos que curassem os corpos, mas também sacerdotes para administrarem os remédios necessários às almas. Ela mesma ia procurá-los e levá-los àqueles que já estavam preparados para receber os sacramentos da penitência e da Eucaristia. Para conseguir isto mais facilmente, sustentava à própria custa um sacerdote, que ia aos referidos hospitais visitar os doentes que ela lhe indicava.

Responsório   cf. Rt 3,10a.11b; cf. Jt 13,19a

R. És bendita de **Deus**!
  * Todos **sabem** que **és** virtu**osa** mu**lher**.
V. O Se**nhor**, de tal **mo**do, tornou **gran**de teu **no**me,
   que não **mais** cessa**rá** teu lou**vor** entre os **po**vos.
  * Todos **sabem**.

Laudes

Ant. Quem **faz** a von**tade** do meu **Pai**,
     é meu **irmão**, minha irmã e minha **mãe**.

Oração

Ó Deus, que nos destes em Santa Francisca Romana admirável modelo de esposa e de monja, fazei-nos sempre fiéis ao vosso serviço, para que possamos reconhecer e seguir a vossa vontade em todas as circunstâncias da vida. Por nosso Senhor Jesus Cristo, vosso Filho, na unidade do Espírito Santo.

Vésperas

Ant. Vós que **tu**do abando**nastes** e me se**guistes**,
     recebe**reis** cem vezes **mais** e a vida e**terna**.

1474   17 de março

17 de março

SÃO PATRÍCIO, BISPO

Para comemoração

Nasceu na Grã-Bretanha, cerca de 385; ainda jovem, foi levado prisioneiro para a Irlanda e mandado pastorear ovelhas. Recuperando a liberdade, abraçou o estado clerical e foi eleito bispo da Irlanda. Evangelizou com grande zelo os habitantes daquela ilha, convertendo muitos à fé cristã e organizando aquela Igreja. Morreu nas cercanias de Down, em 461.

Ofício das Leituras

Leitura
Da Confissão de São Patrício, bispo
             (Cap. 14-16: PL 53,808-809)   (Séc. V)

Por meu intermédio, muitos povos renasceram para Deus

Sem cessar dou graças a meu Deus que me conservou fiel no dia da provação; por isso ofereço hoje, com toda confiança, o sacrifício da minha vida, como hóstia viva, a Cristo meu Senhor, que me salvou de todas as angústias. E lhe pergunto: Quem sou eu, Senhor, qual é a minha vocação, para me terdes concedido tantas graças do céu? Assim, posso hoje exultar constantemente e glorificar o vosso nome, onde quer que eu esteja; não só na prosperidade, mas também nas tribulações. Devo acolher de igual modo tudo quanto me acontecer de bom ou de mau; e sempre agradecerei a Deus que me ensinou a crer nele sem hesitação, sempre, até ao fim. Por vossa graça, nestes últimos tempos, apesar da minha ignorância, pude realizar uma obra tão santa e maravilhosa, a ponto de imitar aqueles que iriam anunciar o Evangelho do Senhor, conforme ele mesmo predissera, em testemunho a todos os povos.

De onde me veio essa sabedoria que não existia em mim, se nem sabia contar o número dos dias, e nada conhecia

17 de março

sobre Deus? De onde me veio depois tão salutar e grande dom: não apenas de conhecer e amar a Deus, mas também largar a pátria e a família, e vir pregar o evangelho aos povos da Irlanda? E ainda sofrer insultos dos incrédulos, ser desprezado como estrangeiro e suportar perseguições sem conta até ser encarcerado, sacrificando minha condição de homem livre pelo bem dos outros?

E se for achado digno de tal honra, estou pronto também, sem vacilar e de boa vontade, para dar minha vida pelo seu nome, entregando-a por ele até à morte, se o Senhor me fizer este favor. Porque minha dívida para com Deus é imensa, ele que me concedeu esta graça tão grande: por meu intermédio, muitos povos renasceram para Deus, e em seguida foram conduzidos à perfeição. Em toda parte, muitos clérigos foram ordenados para servirem este povo recém-chegado à fé, que o Senhor veio buscar dos confins da terra, como prometera no passado pelos profetas: *A ti virão os povos desde os confins da terra, e dirão: Nossos pais reconheceram que os ídolos eram falsos, e neles não havia vantagem alguma* (cf. Jr 16,19). E ainda: *Eu farei de ti luz das nações, para que minha salvação chegue até os confins da terra* (Is 49,6).

E é aqui que quero esperar a realização de sua promessa que nunca falha, como está garantido no evangelho: *Muitos virão do Oriente e do Ocidente e se sentarão à mesa do Reino dos Céus com Abraão, Isaac e Jacó* (Mt 11,8). Assim acreditamos que do mundo inteiro virão os que creem.

Responsório   Rm 15,15b-16; 1,9

R. Foi-me **da**da por **Deus** esta **graça**:
    Ser mi**nis**tro de **Cris**to aos **gen**tios,
    anunci**an**do o Evangelho de **Deus**,
  * Para **que** os **gen**tios se **tor**nem oferta a**cei**ta e **san**tifica**da**
    pelo Es**pí**rito **San**to de **Deus**.

V. Em meu es**pí**rito **sir**vo a Deus **Pai**,
    anunci**an**do o Evangelho do **Fi**lho.* Para **que**.

1476

18 de março

Laudes

Ant. Ide ao **mun**do, ensi**nai** a **to**dos os **po**vos,
batizai-os em **no**me do **Pai** e do **Fi**lho
e do Es**pí**rito **San**to.

Oração

Ó Deus, que na vossa providência, para anunciar o Evangelho aos povos da Irlanda, escolhestes o bispo São Patrício, concedei, por seus méritos e preces, que os cristãos anunciem a todos as maravilhas do vosso Reino. Por nosso Senhor Jesus Cristo, vosso Filho, na unidade do Espírito Santo.

Vésperas

Ant. Virão **mui**tos do Ori**en**te e do Oci**den**te
sentar-se à **me**sa com Abra**ão** no Reino e**ter**no.

18 de março

SÃO CIRILO DE JERUSALÉM, BISPO E DOUTOR DA IGREJA

Para comemoração

Nasceu de pais cristãos, no ano de 315. Sucedeu ao bispo Máximo na Sé de Jerusalém, em 348. Por causa de sua oposição aos arianos foi mais de uma vez condenado ao exílio. Sua atividade pastoral é testemunhada pelos sermões em que explicou aos fiéis a verdadeira doutrina da fé, a Sagrada Escritura e a Tradição. Morreu em 386.

Ofício das Leituras

Leitura

Das Catequeses de São Cirilo de Jerusalém, bispo
(Cat. 3,1-3: PG 33,426-430)   (Séc. IV)

Preparai vasos puros para receber o Espírito Santo

O céu se rejubile e exulte a terra (Sl 95,11), por causa dos que serão aspergidos e purificados com o hissopo espiritual, pelo poder daquele que durante a paixão, também com um hissopo colocado na ponta de uma cana, saciou sua sede. Rejubilem também os poderes celestes e preparem-se as almas que vão se unir ao divino Esposo; pois *uma voz grita no deserto: Preparai o caminho do Senhor* (Mt 3,3).

Obedecei, portanto, filhos da justiça, à advertência de João, que diz: *Endireitai o caminho do Senhor* (Mc 1,3). Afastai de vós todo impedimento e obstáculo, a fim de que, por um caminho reto, chegueis à vida eterna. Preparai vossas almas com fé sincera, como vasos puros, para receber o Espírito Santo. Começai por lavar vossas vestes pela penitência, a fim de que o Espírito celeste vos encontre purificados quando fordes chamados à sua presença.

O Esposo chama a todos sem discriminação. Sua graça é ampla e generosa. Todos são convocados pela voz de seus arautos. Mas depois, ele próprio escolhe aqueles que entrarão para as núpcias, que são uma imagem do batismo.

Não aconteça agora que algum daqueles que já deram seu nome ouça estas palavras: *Amigo, como entraste aqui sem o traje nupcial?* (Mt 22,12).

Ao contrário, que todos possam ouvir: *Muito bem, servo bom e fiel! Como foste fiel na administração de tão pouco, eu te confiarei muito mais. Vem participar da alegria do teu Senhor!* (Mt 25,21.23).

Até agora ficastes do lado de fora da porta; que todos vós possais dizer: *O rei introduziu-me nos seus aposentos* (Ct 1,4). *Minha alma exulta de alegria no Senhor; ele me vestiu com as vestes da salvação, envolveu-me com o manto da justiça e adornou-me como um noivo com sua coroa, ou uma noiva com suas joias* (Is 61,10).

Seja a alma de todos vós encontrada sem mancha nem ruga ou coisa semelhante. Não que já esteja assim antes de terdes recebido a graça – pois, do contrário, não teríeis sido

18 de março

chamados à remissão dos pecados! – mas procedei de modo que vossa consciência nada tenha para vos condenar quando receberdes o batismo, e possa desta maneira dispor-se para os efeitos da graça.

Na verdade, irmãos, trata-se de um acontecimento da maior importância: aproximai-vos do batismo com grande cuidado. Cada um de vós se apresentará diante de Deus, na presença da multidão inumerável de anjos. O Espírito Santo marcará as vossas almas com o seu sinal; vós sereis recrutados para o exército do grande rei.

Por conseguinte, preparai-vos e ficai a postos; não apenas com a brancura resplandecente de vossas vestes, mas com o fervor de vossas almas conscientes da própria inocência.

Responsório   MI 2,6; Sl 88(89),22

R. A doutrina da verdade estava em sua boca
   e não se encontrou falsidade nos seus lábios;
   * Em paz e retidão comigo caminhou.
V. Estará sempre com ele minha mão onipotente
   e meu braço poderoso há de ser a sua força.
   * Em paz.

Laudes

Ant. Quem é sábio brilhará como luz no firmamento;
     quem ensina à multidão os caminhos da justiça,
     fulgirá como as estrelas pelos séculos eternos.

Oração

Ó Deus, que levastes vossa Igreja a penetrar mais profundamente nos mistérios da salvação pela catequese de São Cirilo de Jerusalém, concedei-nos, por suas preces, conhecer de tal modo o vosso Filho, que tenhamos a vida em plenitude. Por nosso Senhor Jesus Cristo, vosso Filho, na unidade do Espírito Santo.

19 de março

SÃO JOSÉ, ESPOSO DE NOSSA SENHORA

Solenidade

I Vésperas

Hino

Celebre a José a corte celeste,
prossiga o louvor o povo cristão:
Só ele merece à Virgem se unir
em casta união.

Ao ver sua Esposa em Mãe transformar-se,
José quer deixar Maria em segredo.
Um anjo aparece: "É obra de Deus!"
Afasta-lhe o medo.

Nascido o Senhor, nos braços o estreitas.
A ti tem por guia, a Herodes fugindo.
Perdido no templo, és tu que o encontras,
chorando e sorrindo.

Convívio divino a outros, somente
após dura morte é dado gozar.
Mas tu, já em vida, abraças a Deus,
e o tens no teu lar!

Ó dai-nos, Trindade, o que hoje pedimos:
Um dia no céu, cantarmos também
o canto que canta o esposo da Virgem
sem mácula. Amém.

Ant. 1 Jacó foi o **pai** de José, o **esposo** da **Virgem Maria**,
da **qual** Jesus **Cristo** nasceu (T.P. **Aleluia**).

Salmos e cântico do Comum dos santos homens, p. 1851.

Ant. 2 O **anjo** Gabriel foi enviado
por **Deus** a Nazaré da Galileia,
a uma **virgem** desposada com José (T.P. **Aleluia**).

1480   19 de março

Ant. 3 **Maria, a Mãe de Cristo, a esposa de José,**
     concebeu do Espírito Santo sem terem convivido
     (T.P. **Aleluia**).

Leitura breve   Cl 3,23-24

Tudo o que fizerdes, fazei-o de coração, como para o Senhor
e não para os homens. Pois vós bem sabeis que recebereis
do Senhor a herança como recompensa. Servi a Cristo, o
Senhor!

Responsório breve

Na Quaresma:
R. O **justo** como o **lírio** brotar**á**. R. O **justo**.
V. E florir**á** ante o **Senhor** eternamente. R. O **justo**.
   Glória ao **Pai**. R. O **justo**.

No Tempo pascal:
R. O **justo** como o **lírio** brotar**á**.
 * Aleluia, aleluia. R. O **justo**.
V. E florir**á** ante o **Senhor** eternamente. * Aleluia.
   Glória ao **Pai**. R. O **justo**.

Cântico evangélico, ant.

Eis o **servo fiel** e pru**den**te,
a quem **Deus** confiou a sua fam**í**lia (T.P. **Aleluia**).

Preces

Invoquemos humildemente a Deus, fonte de toda a paterni-
dade no céu e na terra; e digamos:
R. **Pai santo, que estais nos céus, ouvi-nos!**

Pai santo, que revelastes a São José o mistério de Cristo,
escondido desde toda a eternidade,
— fazei-nos conhecer melhor o vosso Filho, Deus e Homem.
                                R.

Pai celeste, que alimentais as aves do céu e vestis a erva dos campos,
– dai a todos os seres humanos o pão cotidiano do corpo e da alma. R.

Criador de todas as coisas, que nos confiastes a obra de vossas mãos,
– fazei que os operários possam honestamente usufruir a recompensa dos seus trabalhos. R.

Deus de toda justiça, que amais os justos,
– dai-nos, por intercessão de São José, a graça de caminhar na vida praticando o que vos agrada. R.
(intenções livres)

Concedei benignamente a vossa misericórdia aos agonizantes e aos que já partiram desta vida,
– por intercessão de vosso Filho, junto com sua mãe Maria e São José. R.

Pai nosso...

Oração

Deus todo-poderoso, pelas preces de São José, a quem confiastes as primícias da Igreja, concedei que ela possa levar à plenitude os mistérios da salvação. Por nosso Senhor Jesus Cristo, vosso Filho, na unidade do Espírito Santo.

Invitatório

R. Louvemos o Senhor, festejando São José (T.P. Aleluia).
Salmo invitatório como no Ordinário, p. 944.

Ofício das Leituras

Hino

Hoje um grande triunfo cantamos,
celebrando fiéis este dia.

São José mereceu hoje a vida,
e entrou na eterna alegria.

É feliz por demais este homem
que, na hora da extrema agonia,
recebeu o supremo conforto
pela voz de Jesus e Maria.

Homem justo, na paz adormece,
libertado dos laços mortais,
e recebe brilhante coroa
no esplendor das mansões eternais.

Ao que reina, fiéis imploremos,
fique perto de nós, os mortais;
nos liberte da culpa e nos dê
o presente supremo da paz.

A vós glória, poder, majestade,
Trino Deus, que no alto reinais,
com a áurea coroa para sempre,
vosso servo fiel premiais.

Ant. 1 José, **filho** de **Davi**,
não rece**i**es rece**ber** a **Maria**, tua esp**osa**;
será **Mãe** de um **Menino**, e **Jesus** será o seu **nome**
(T.P. Ale**lu**ia).

Salmos do Comum dos santos homens, p. 1857.

Ant. 2 Jos**é**, despe**rtan**do do **sono**,
fez a**qui**lo que o **anjo** orde**nara**:
Rece**beu** sua esp**osa** Maria (T.P. Aleluia).

Ant. 3 José su**biu** de Nazaré, à ci**dade** de **Davi**,
cujo **nome** é Be**lém**, para alis**tar**-se com **Maria**
(T.P. Ale**lu**ia).

V. O **jus**to como o **lírio** brota**rá** (T.P. Aleluia).
R. E flori**rá** ante o Se**nhor** eterna**mente** (T.P. Ale**lu**ia).

19 de março

Primeira leitura

Da Carta dos Hebreus   11,1-16

A fé dos santos patriarcas

Irmãos: [1]A fé é um modo de já possuir o que ainda se espera, a convicção acerca de realidades que não se veem. [2]Foi a fé que valeu aos antepassados um bom testemunho.

[3]Foi pela fé que compreendemos que o universo foi organizado por uma palavra de Deus. Assim, as coisas visíveis provêm daquilo que não se vê.

[4]Foi pela fé que Abel ofereceu a Deus um sacrifício melhor que o de Caim; e por causa dela, ele foi declarado justo, pois Deus aprovou a sua oferta. Graças a ela, mesmo depois de morto, Abel ainda fala!

[5]Foi pela fé que Henoc foi arrebatado, para não ver a morte; e não mais foi encontrado, porque Deus o arrebatou. Antes de ser arrebatado, porém, recebeu o testemunho de que foi agradável a Deus. [6]Ora, sem a fé é impossível ser-lhe agradável, pois aquele que se aproxima de Deus deve crer que ele existe e que recompensa os que o procuram.

[7]Foi pela fé que Noé, avisado divinamente daquilo que ainda não se via, levou a sério o oráculo e construiu uma arca para salvar a sua família. Pela fé, ele se separou do mundo, tornando-se herdeiro da justiça que se obtém pela fé.

[8]Foi pela fé que Abraão obedeceu à ordem de partir para uma terra que devia receber como herança, e partiu, sem saber para onde ia.

[9]Foi pela fé que ele residiu como estrangeiro na terra prometida, morando em tendas com Isaac e Jacó, os co-herdeiros da mesma promessa. [10]Pois esperava a cidade alicerçada que tem Deus mesmo por arquiteto e construtor.

[11]Foi pela fé também que Sara, embora estéril e já de idade avançada, se tornou capaz de ter filhos, porque considerou fidedigno o autor da promessa. [12]É por isso também que de um só homem, já marcado pela morte, nasceu

1484 19 de março

a multidão "comparável às estrelas do céu e inumerável como a areia das praias do mar".

[13]Todos estes morreram na fé. Não receberam a realização da promessa, mas a puderam ver e saudar de longe e se declararam estrangeiros e migrantes nesta terra. [14]Os que falam assim demonstram que estão buscando uma pátria [15]e se se lembrassem daquela que deixaram, até teriam tempo de voltar para lá. [16]Mas agora, eles desejam uma pátria melhor, isto é, a pátria celeste. Por isto, Deus não se envergonha deles, ao ser chamado o seu Deus. Pois preparou mesmo uma cidade para eles.

Responsório   Rm 4,20.22; Tg 2,22

R. Ante a promessa do Senhor, Abraão não vacilou,
   nem perdeu a confiança, mas foi forte pela fé,
   rendendo glória a Deus:
   * Eis porque foi-lhe imputada sua fé para a justiça.
   (T.P. Aleluia).
V. Sua fé cooperava com as obras que fazia;
   e sua fé se fez perfeita mediante suas obras. * Eis porque.

Segunda leitura

Dos Sermões de São Bernardino de Sena, presbítero
(Sermo 2, de S. Ioseph: Opera 7,16.27-30) (Séc. XV)

Guarda fiel e providente

É esta a regra geral de todas as graças especiais concedidas a qualquer criatura racional: quando a providência divina escolhe alguém para uma graça particular ou estado superior, também dá à pessoa assim escolhida todos os carismas necessários para o exercício de sua missão.

Isto verificou-se de forma eminente em São José, pai adotivo do Senhor Jesus Cristo e verdadeiro esposo da rainha do mundo e senhora dos anjos. Com efeito, ele foi escolhido pelo Pai eterno para ser o guarda fiel e providente dos seus maiores tesouros: o Filho de Deus e a Virgem

19 de março

Maria. E cumpriu com a máxima fidelidade sua missão. Eis por que o Senhor lhe disse: *Servo bom e fiel! Vem participar da alegria do teu Senhor!* (Mt 25,21).

Consideremos São José diante de toda a Igreja de Cristo: acaso não é ele o homem especialmente escolhido, por quem e sob cuja proteção se realizou a entrada de Cristo no mundo de modo digno e honesto? Se, portanto, toda a santa Igreja tem uma dívida para com a Virgem Mãe, por ter recebido a Cristo por meio dela, assim também, depois dela, deve a São José uma singular graça e reverência.

Ele encerra o Antigo Testamento; nele a dignidade dos patriarcas e dos profetas obtém o fruto prometido. Mas ele foi o único que realmente possuiu aquilo que a bondade divina lhes tinha prometido.

E não duvidemos que a familiaridade, o respeito e a sublimíssima dignidade que Cristo lhe tributou, enquanto procedeu na terra como um filho para com seu pai, certamente também nada disso lhe negou no céu, mas antes, completou e aperfeiçoou.

Por isso, não é sem razão que o Senhor lhe declara: *Vem participar da alegria do teu Senhor!* Embora a alegria da felicidade eterna penetre no coração do homem, o Senhor preferiu dizer: *Vem participar da alegria.* Quis assim insinuar misteriosamente que a alegria não está só dentro dele, mas o envolve de todos os lados e o absorve e submerge como um abismo sem fim.

Lembrai-vos de nós, São José, e intercedei com vossas orações junto de vosso Filho adotivo; tornai-nos também propícia vossa Esposa, a santíssima Virgem, mãe daquele que vive e reina com o Pai e o Espírito Santo pelos séculos sem fim. Amém.

Responsório   cf. Gn 45,8;50,20;
Sl 104(105),21;Sl 117(118),14

R. Deus me **fez**, como se eu **fos**se o pai do **rei**
e me **fez** senhor de **to**da a sua **ca**sa,

1486   19 de março

*Para salvar a muitos povos me exaltou (T.P. Aleluia).
V.O Senhor é minha força, é a razão do meu cantar,
pois foi ele neste dia para mim libertação. *Para salvar.
HINOTe Deum, p.949.
Oração como nas Laudes.

Laudes

Hino

São José, do céu a glória,
esperança verdadeira
que reluz na nossa vida,
proteção de todo o mundo,
ouve os cantos e louvores
da Igreja agradecida.

A ti, filho de Davi,
como esposo de Maria
escolheu o Criador.
Quis que fosses pai do Verbo
e da nossa salvação
diligente servidor.

Reclinado no presépio,
o Esperado dos profetas,
Redentor do mundo inteiro,
tu contemplas, venturoso,
e, unido à Virgem Mãe,
o adoras por primeiro.

O Senhor e Deus do mundo,
Rei dos reis, a cujo aceno
se ajoelha o céu fulgente
e os infernos estremecem,
revestindo a nossa carne,
fez-se a ti obediente.

19 de março

Glória eterna à Divindade,
Unidade na Trindade,
Deus imenso, Sumo Bem,
que te deu tão grande graça.
Por ti, dê-nos sua vida
e alegria eterna. Amém.

Ant. 1 Os pastores vieram depressa
e encontraram Maria e José
e, no presépio, o Menino deitado(T.P. Aleluia).

Salmos e cântico do domingo da I Semana, p. 982.

Ant. 2 José e Maria, a **Mãe** de Jesus,
se admiravam das **coisas** que **dele** eram **ditas**
(T.P. Aleluia).

Ant. 3 José levantou-se de **noite**,
tomou o Menino e sua **Mãe**,
e fugiu para a **terra** do Egito;
ficou **lá** até a **morte** de Herodes(T.P. Aleluia).

Leitura breve Sm 7,28-29

Senhor Deus, tu és Deus e tuas palavras são verdadeiras.
Pois que fizeste esta bela promessa ao teu servo, abençoa,
então, a casa do teu servo, para que ela permaneça para
sempre na tua presença. Porque és tu, Senhor Deus, que
falaste, e é graças à tua bênção que a casa do teu servo será
abençoada para sempre.

Responsório breve

Na Quaresma:

R. Fez **dele** * O se**nhor** de sua **casa**. R. Fez **dele**.
V. E de **to**dos os seus **bens**, o despenseiro. * O se**nhor**.
Glória ao Pai. R. Fez **dele**.

No Tempo pascal:

R. Fez **dele** o se**nhor** de sua **casa**.
* Aleluia, aleluia. R. Fez **dele**.

1488   19 de março

V. E de **todos** os seus **bens**, o despenseiro. *Ale**lui**a, ale**lui**a.
Glória ao **Pai**. R. Fez **dele** o se**nhor** de sua **casa**.

Cântico evangélico, ant.

José foi habi**tar** em Naza**ré** da Gali**leia**,
para cum**prir**-se a profe**cia**: Naza**reu** será chama**do**
(T.P. **Aleluia**).

Preces

Oremos humildemente ao Senhor, de quem procede toda
perfeição e santidade dos justos; e digamos:

R. **Santificai-nos, Senhor, segundo a vossa justiça!**

Senhor Deus, que chamastes os nossos pais na fé para caminharem na vossa presença com um coração perfeito,
–fazei que, seguindo os seus passos, alcancemos a perfeição de acordo com a vossa vontade.   R.

Vós, que escolhestes São José, homem justo, para cuidar de
vosso Filho na infância e juventude,
–fazei que sirvamos em nossos irmãos e irmãs o Corpo
místico de Cristo.   R.

Vós, que destes a terra aos seres humanos para que a po-
voassem e dominassem,
–ensinai-nos a trabalhar corajosamente neste mundo, buscando sempre a vossa glória.   R.

Pai de todos nós, lembrai-vos da obra de vossas mãos,
–e dai a todos trabalho e condições de vida digna.   R.

                            (intenções livres)

Pai nosso...

Oração

Deus todo-poderoso, pelas preces de São José, a quem confiastes as primícias da Igreja, concedei que ela possa levar à
plenitude os mistérios da salvação. Por nosso Senhor Jesus
Cristo, vosso Filho, na unidade do Espírito Santo.

19 de março   1489

Hora Média

Salmodia complementar, p. 1421.

Oração das Nove Horas

Ant. **Todos os anos, na festa da Páscoa,
os pais de Jesus iam a Jerusalém** (T.P. Aleluia).

Leitura breve   Pr 2,7-8

O Senhor reserva o êxito aos retos. É um escudo para quem
caminha com integridade, protege aquele que segue as veredas da justiça e guarda o caminho dos seus fiéis.

V. Fez dele o senhor de sua casa (T.P. Aleluia).
R. E, de todos os seus bens, o despenseiro (T.P. Aleluia).

Oração das Doze Horas

Ant. Ao voltarem, ficou o Menino na cidade de Jerusalém,
sem que seus pais o soubessem (T.P. Aleluia).

Leitura breve   cf. Sb 10,10

A sabedoria guiou, por caminhos retos, o justo que fugia
do ódio do irmão, mostrou-lhe o Reino de Deus e deu-lhe
conhecimento das coisas santas; deu sucesso às suas tarefas
e recompensa aos seus trabalhos.

V. Haverá glória e riqueza em sua casa (T.P. Aleluia).
R. Permanece para sempre o bem que fez (T.P. Aleluia).

Oração das Quinze Horas

Ant. Não o tendo encontrado, voltaram seus pais
para Jerusalém, procurando o Menino (T.P. Aleluia).

Leitura breve   Eclo 2,18-19

Os que temem o Senhor não desobedecem às suas palavras,
os que o amam observam os seus caminhos. Os que temem
o Senhor procuram o seu beneplácito, os que o amam sa-
ciam-se com a sua lei.

1490   19 de março

V. É **gran**de a sua **glória** em vosso auxílio (T.P. Aleluia).
R. De esplen**dor** e majes**tade** o revestistes (T.P. Aleluia).
Oração como nas Laudes.

II Vésperas

HINO Celebre a José, p. 1479.

Ant. 1 Após três **dias** encontraram, no **templo**, o Menino
sentado entre os doutores, ouvindo e interrogando-os
(T.P. **Aleluia**).

Salmos e cântico do Comum dos santos homens, p. 1876.

Ant. 2 **Maria**, sua **Mãe**, disse a Jesus:
Meu **filho**, por que agiste assim conosco?
Eu e teu **pai** te procurávamos aflitos (T.P. Aleluia).

Ant. 3 Jesus vol**tou** a Nazaré com os seus **pais**
e era-lhes submisso (T.P. Aleluia).

Leitura breve   Cl 3,23-24
Tudo o que fizerdes, fazei-o de coração, como para o Senhor e não para os homens. Pois vós bem sabeis que recebereis do Senhor a herança como recompensa. Servi a
Cristo, o Senhor!

Responsório breve

Na Quaresma:
R. O **jus**to como o **lírio** brotará. R. O **jus**to.
V. E florirá ante o Se**nhor** eterna**mente**. R. O **jus**to.
Glória ao **Pai**. R. O **jus**to.

No Tempo pascal:
R. O **jus**to como o **lírio** brotará.
  * Aleluia, aleluia. R. O **jus**to.
V. E florirá ante o Se**nhor** eterna**mente**. * Aleluia.
Glória ao **Pai**. R. O **jus**to.

19 de março

Cântico evangélico, ant.

Ao começar seu ministério, tinha Jesus uns trinta anos, e era tido pelo povo como filho de José (T.P.Aleluia).

Preces

Invoquemos humildemente a Deus, fonte de toda a paternidade no céu e na terra; e digamos:

R.**Pai santo, que estais nos céus, ouvi-nos!**

Pai santo, que revelastes a São José o mistério de Cristo, escondido desde toda a eternidade,
—fazei-nos conhecer melhor o vosso Filho, Deus e Homem. R.

Pai celeste, que alimentais as aves do céu e vestis a erva dos campos,
—dai a todos os seres humanos o pão do corpo e da alma. R.

Criador de todas as coisas, que nos confiastes a obra de vossas mãos,
—fazei que os operários possam honestamente usufruir a recompensa dos seus trabalhos. R.

Deus de toda justiça, que amais os justos,
—dai-nos, por intercessão de São José, a graça de caminhar na vida praticando o que vos agrada. R.

(intenções livres)

Concedei benignamente a vossa misericórdia aos agonizantes e aos que já partiram desta vida,
—por intercessão de vosso Filho, junto com sua mãe Maria e São José. R.

Pai nosso...

Oração

Deus todo-poderoso, pelas preces de São José, a quem confiastes as primícias da Igreja, concedei que ela possa levar à plenitude os mistérios da salvação. Por nosso Senhor Jesus Cristo, vosso Filho, na unidade do Espírito Santo.

23 de março

SÃO TURÍBIO DE MOGROVEJO, BISPO

Para comemoração

Nasceu na Espanha pelo ano de 1538, e estudou Direito em Salamanca. Eleito bispo de Lima em 1580, partiu para a América. Cheio de zelo apostólico, celebrou vários sínodos e concílios que muito incentivaram a vida cristã em todo o território. Defendeu corajosamente os direitos da Igreja, dedicou-se com grande solicitude ao rebanho que lhe fora confiado, visitando-o com frequência, e preocupando-se de modo especial com os índios. Morreu em 1606.

Ofício das Leituras

Leitura

Do Decreto *Christus Dominus* sobre o múnus pastoral dos bispos na Igreja, do Concílio Vaticano II

(N. 12-13.16)   (Séc. XX)

Aptos para toda boa obra

No exercício da sua missão de ensinar, anunciem aos homens o evangelho de Cristo. Um dos principais deveres dos bispos é chamar os homens à fé, na força do Espírito ou confirmá-los na vida de fé. Proponham-lhes na sua integridade o mistério de Cristo, ou seja, aquelas verdades que não se podem ignorar sem ignorar o próprio Cristo. Ensinem-lhes também o caminho revelado por Deus para que os homens o glorifiquem e desse modo alcancem a felicidade eterna.

Mostrem-lhes ainda que as coisas terrenas e as instituições humanas, segundo os planos de Deus Criador, também se destinam à salvação dos homens, e podem, por conseguinte, muito contribuir para a edificação do Corpo de Cristo.

Ensinem, portanto, como se deve ter em grande estima, segundo a doutrina social da Igreja, a pessoa humana

23 de março

com sua liberdade e a própria vida corporal; a família, sua unidade e estabilidade, a procriação e a educação dos filhos; a sociedade civil com suas leis e profissões; o trabalho e o lazer, as artes e as conquistas da técnica; a pobreza e a riqueza. Exponham, enfim, os meios de solucionar os gravíssimos problemas da propriedade, da promoção e da justa distribuição dos bens materiais, da paz e da guerra, da convivência fraterna entre todos os povos.

Apresentem a doutrina cristã com métodos adaptados às necessidades dos tempos, quer dizer, que correspondam às dificuldades e aos problemas que mais preocupam os homens. Defendam esta doutrina e ensinem aos próprios fiéis como defendê-la e propagá-la. No modo de transmiti-la, mostrem a solicitude materna da Igreja para com todos os homens, quer fiéis ou não fiéis. Com especial cuidado, se interessem pelos pobres e humildes, para cuja evangelização o Senhor os enviou.

No exercício do ofício de pais e pastores, comportem-se os bispos no meio dos seus como quem serve. Sejam bons pastores que conhecem suas ovelhas, e por elas são conhecidos. Como verdadeiros pais, distingam-se pelo seu espírito de amor e solicitude para com todos. Portanto, de bom grado todos se submetam à sua autoridade recebida de Deus. Reúnam ao seu redor e formem de tal modo a família inteira de sua grei que todos, cônscios de suas obrigações, vivam e trabalhem na comunhão da caridade.

Para que possam atingir este ideal, é mister que os bispos, *aptos para toda obra boa* e *suportando qualquer coisa pelos eleitos* (2Tm 2,21.10), orientem de tal modo sua vida que ela corresponda às necessidades dos tempos.

Responsório   cf. 1Pd 5,2-4; At 20,28

R. Apascentai o rebanho de **Deus**,
    sendo modelos do **vosso** rebanho.

1494   23 de março

* E **quan**do o su**pre**mo Pas**tor** se **manifestar**, rece**bereis**
    a co**roa** de **glória** imperec**ível**.
V. Vigi**ai** todo o re**banho**,
    que o Espí**rito** Di**vino** confi**ou**-vos como **bispos**,
    para cui**dar** como pastores da **Igreja** do Se**nhor**.
    * E **quan**do.

Laudes

Ant. Não sois **vós** que fala**reis**,
      é o Espí**rito** do **Pai** que em **vós** há de fa**lar**.

Oração

Ó Deus, que fizestes crescer a vossa Igreja pela solicitude
pastoral de São Turíbio e seu zelo pela verdade, concedei
ao vosso povo um contínuo aumento de fé e santidade. Por
nosso Senhor Jesus Cristo, vosso Filho, na unidade do Espírito Santo.

Vésperas

Ant. Eis o **servo fiel** e pru**dente**,
      a quem **Deus** confi**ou** sua fa**mília**,
      para **dar**-lhes o **pão** a seu **tempo**.

25 de março

ANUNCIAÇÃO DO SENHOR

Solenidade

I Vésperas

Hino

Reconheça o mundo inteiro
ter chegado a salvação:
cessa o jugo do pecado,
aparece a Redenção.

Já se cumpre a profecia:
uma virgem dá à luz;
Gabriel vem a Maria,
anuncia-lhe Jesus.

Do Espírito concebe
a que nele acreditou,
e O que não cabe no mundo
no seu seio se encerrou.

O que o velho Adão manchara
vem lavar o novo Adão;
o que o orgulho destruíra
reconstrói pela Paixão.

Toda a glória seja ao Filho,
que por nós do Pai desceu,
quando à sombra do Paráclito
uma virgem concebeu.

Salmodia

Ant. 1 A raiz de Jessé haverá de brotar;
e haverá de surgir uma flor de seu ramo;
pousará sobre ele o Espírito Santo (T.P. Aleluia).

1496   25 de março

Salmo 112(113)

— ¹Louvai, louvai, ó **ser**vos do Se**nhor**, *
  lou**vai**, louvai o nome do Senhor!
— ²Ben**di**to seja o nome do Senhor, *
  agora e por toda a eternidade!
— ³Do nas**cer** do sol até o seu ocaso, *
  louva**do** seja o nome do Senhor!
— ⁴O Se**nhor** está acima das nações, *
  sua **gló**ria vai além dos altos céus.
= ⁵Quem **po**de comparar-se ao nosso Deus, †
  ao Se**nhor**, que no alto céu tem o seu trono *
  ⁶e se in**cli**na para olhar o céu e a terra?
— ⁷Le**van**ta da poeira o indigente *
  e do **li**xo ele retira o pobrezinho,
— ⁸para fazê-lo assentar-se com os nobres, *
  assen**tar**-se com os nobres do seu povo.
— ⁹Faz a es**té**ril, mãe feliz em sua casa, *
  vi**ven**do rodeada de seus filhos.

Ant. 1 A raiz de Jessé have**rá** de bro**tar**;
        e have**rá** de sur**gir** uma **flor** de seu **ra**mo;
        pousa**rá** sobre **e**le o Es**pí**rito **San**to (T.P. Ale**lui**a).

Ant. 2 O Se**nhor** vai dar-lhe o **tro**no de seu **pai**, o rei Da**vi**;
        e reina**rá** eterna**men**te (T.P. Ale**lui**a).

Salmo 147(147B)

— ¹²Glorifica o Se**nhor**, Jerusa**lém**! *
  Ó Si**ão**, canta louvores ao teu Deus!
— ¹³Pois refor**çou** com segurança as tuas portas, *
  e os teus **fi**lhos em teu seio abençoou;
— ¹⁴a **paz** em teus limites garantiu *
  e te **dá** como alimento a flor do trigo.
— ¹⁵Ele en**vi**a suas ordens para a terra, *
  e a pa**la**vra que ele diz corre veloz;

25 de março

— [16]Ele **faz** cair a neve como lã *
e es**pa**lha a geada como cinza.
— [17]Como de **pão** lança as migalhas do granizo, *
a seu **fri**o as águas ficam congeladas.
— [18]Ele en**via** sua palavra e as derrete, *
sopra o **ven**to e de novo as águas correm.
— [19]Anuncia a Jacó sua palavra, *
seus pre**cei**tos e suas leis a Israel.
— [20]Nenhum **po**vo recebeu tanto carinho, *
a nenhum **ou**tro revelou os seus preceitos.

Ant. O Se**nho**r vai dar-lhe o **tro**no de seu **pai**, o rei **Davi**;
e reina**rá** eterna**men**te (T.P. Ale**lui**a).

Ant. 3 Hoje o **Ver**bo Divino, ge**ra**do pelo **Pai**
já bem **an**tes dos **tem**pos, humi**lhou**-se a si **mes**mo
e por **nós** se fez **ho**mem (T.P. Ale**lui**a).

Cântico Fl 2,6-11

= [6]Embora **fos**se de di**vi**na condi**ção**, †
Cristo Je**sus** não se apegou ciosamente *
a ser i**gual** em natureza a Deus Pai.
(R. Jesus **Cris**to é Se**nhor** para a gló**ri**a de Deus **Pai**!)

= [7]Po**rém** esvaziou-se de sua glória †
e assu**miu** a condição de um escravo, *
fa**zen**do-se aos homens semelhante. (R.)

= Reconhe**ci**do exteriormente como homem, †
[8]humi**lhou**-se, obedecendo até à morte, *
até à **mor**te humilhante numa cruz. (R.)

= [9]Por isso **Deus** o exaltou sobremaneira †
e deu-lhe o **no**me mais excelso, mais sublime, *
e eleva**do** muito acima de outro nome. (R.)

= [10]Para **que** perante o nome de Jesus †
se **do**bre reverente todo joelho, *
seja nos **céus**, seja na terra ou nos abismos. (R.)

1498 25 de março

= [11]E toda **língua** reconheça, confessando, †
    para a **glória** de Deus Pai e seu louvor: *
    "Na ver**da**de Jesus Cristo é o Senhor!" (R.)

Ant. Hoje o **Verbo** Divino, ge**ra**do pelo **Pai**
    já bem **an**tes dos **tem**pos, humil**hou**-se a si **mes**mo
    e por **nós** se fez **ho**mem (T.P. Ale**lui**a).

Leitura breve
1Jo 1,1-2

O que era desde o princípio, o que nós ouvimos, o que vimos com os nossos olhos, o que contemplamos e as nossas mãos tocaram da Palavra da Vida, de fato, a Vida manifestou-se e nós a vimos, e somos testemunhas, e a vós anunciamos a Vida eterna, que estava junto do Pai e que se tornou visível para nós.

Responsório breve

Na Quaresma:
R. A ra**iz** de Jes**sé** germi**nou**.
  * A es**tre**la de Ja**có** despon**tou**. R. A raiz.
V. Da **Vir**gem nas**ceu** o Salva**dor**. * A estrela.
  Glória ao **Pai**. R. A raiz.

No Tempo pascal:
R. A ra**iz** de Jes**sé** germi**nou**, a es**tre**la de Ja**có** despon**tou**.
  * Aleluia, aleluia. R. A raiz.
V. Da **Vir**gem nas**ceu** o Salva**dor**. * Aleluia.
  Glória ao **Pai**. R. A raiz.

Cântico evangélico, ant.

Não **temas**, Maria: O Es**pí**rito **Santo** vi**rá** sobre **ti**,
e o po**der** do Al**tíssimo** te cobri**rá** com sua **sombra**
(T.P. Ale**lui**a).

Preces

Invoquemos com toda confiança o eterno Pai, que hoje por meio do anjo, anunciou a Maria a nossa salvação; e digamos:
R. **Dai-nos, Senhor, a vossa graça!**

25 de março

Vós, que escolhestes a Virgem Maria para ser a Mãe do vosso Filho,
– compadecei-vos de todos os que esperam a sua redenção. R.

Vós, que, por meio do anjo Gabriel, anunciastes a Maria a alegria e a paz,
– dai ao mundo inteiro a alegria da salvação e a paz verdadeira. R.

Vós, que, pela aceitação de vossa serva e por obra do Espírito Santo, quisestes que vossa Palavra viesse morar entre nós,
– preparai os nossos corações para receber a Cristo do mesmo modo que a Virgem Maria o recebeu. R.

Vós, que elevais os humildes e saciais os que têm fome,
– animai os que estão abatidos, socorrei os necessitados e ajudai os agonizantes. R.

(intenções livres)

Deus de infinita bondade, que realizais maravilhas e para quem nada é impossível,
– salvai-nos, junto com os que já morreram, na ressurreição do último dia. R.

Pai nosso...

Oração

Ó Deus, quisestes que vosso Verbo se fizesse homem no seio da Virgem Maria; dai-nos participar da divindade do nosso Redentor, que proclamamos verdadeiro Deus e verdadeiro homem. Por nosso Senhor Jesus Cristo, vosso Filho, na unidade do Espírito Santo.

Invitatório

R. O **Verb**o se fez **car**ne: Vinde **t**odos, ado**r**emos
(T.P. Ale**lui**a).

Salmo invitatório como no Ordinário, p. 944.

25 de março

Ofício das Leituras

Hino

A geração dos mortais
caiu em grande cegueira,
e cultuou, como deuses,
o bronze, a pedra, a madeira.

Seguindo errantes nas trevas,
caem nas mãos do opressor,
e no túmulo mergulham,
na escravidão e terror.

Tanta ruína dos povos
Cristo não pôde sofrer:
A criação de seu Pai
não pode assim perecer.

Reveste um corpo mortal,
que ressurgir deverá,
rompendo os laços da morte,
todos ao Pai levará.

E neste dia natal,
o Criador imprimiu
no barro um sopro de vida
e o Verbo à carne se uniu.

Quanta alegria se encerra
da Virgem pura no seio:
um novo tempo começa,
a luz do alto nos veio.

Jesus, nascido da Virgem,
louvor a vós, Sumo Bem,
com o Pai e o Espírito
hoje nos séculos. Amém.

Salmodia

Ant. 1 Tendo chegado, enfim, a plenitude dos tempos,
Deus mandou-nos seu Filho nascido de mulher,
para que nós recebêssemos a adoção filial
(T.P. Aleluia).

Salmo 2

— ¹Por que os povos agitados se revoltam? *
Por que tramam as nações projetos vãos?
= ²Por que os reis de toda a terra se reúnem, †
e conspiram os governos todos juntos *
contra o Deus onipotente e o seu Ungido?
— ³"Vamos quebrar suas correntes", dizem eles, *
"e lançar longe de nós o seu domínio!"
— ⁴Ri-se deles o que mora lá nos céus; *
zomba deles o Senhor onipotente.
— ⁵Ele, então, em sua ira os ameaça, *
e em seu furor os faz tremer, quando lhes diz:
— ⁶"Fui eu mesmo que escolhi este meu Rei, *
e em Sião, meu monte santo, o consagrei!"
= ⁷O decreto do Senhor promulgarei, †
foi assim que me falou o Senhor Deus: *
"Tu és meu Filho, e eu hoje te gerei!
= ⁸Podes pedir-me, e em resposta eu te darei †
por tua herança os povos todos e as nações, *
e há de ser a terra inteira o teu domínio.
— ⁹Com cetro férreo haverás de dominá-los, *
e quebrá-los como um vaso de argila!"
— ¹⁰E agora, poderosos, entendei; *
soberanos, aprendei esta lição:
— ¹¹Com temor servi a Deus, rendei-lhe glória *
e prestai-lhe homenagem com respeito!
— ¹²Se o irritais, perecereis pelo caminho, *
pois depressa se acende a sua ira!

1502   25 de março

— Felizes hão de ser todos aqueles *
que **põem** sua esperança no Senhor!

Ant. Tendo chegado, enfim, a plenitude dos **tempos**,
Deus mandou-nos seu **Filho** nascido de mulher,
para que **nós** recebêssemos a adoção filial
(T.P. Aleluia).

Ant. 2 Entrando no mundo, ele disse:
Para **mim** preparaste um corpo.
Aqui estou! Eis que venho, ó meu **Deus**,
fazer com prazer vossa vontade (T.P. Aleluia).

Salmo 18(19)A

— ² Os céus proclamam a **glória** do Senhor, *
e o firmamento, a obra de suas mãos;

— ³ o dia ao **dia** transmite esta mensagem, *
a noite à **noite** publica esta notícia.

— ⁴ Não são discursos nem frases ou palavras, *
nem são **vozes** que possam ser ouvidas;

— ⁵ seu som ressoa e se espalha em toda a terra, *
chega aos confins do universo a sua voz.

— ⁶ Armou no **alto** uma tenda para o sol; *
ele desponta no céu e se levanta

— como um esposo do quarto nupcial, *
como um herói exultante em seu caminho.

— ⁷ De um extremo do céu põe-se a correr *
e vai traçando o seu rastro luminoso,

— até que possa chegar ao outro extremo, *
e nada pode fugir ao seu calor.

Ant. Entrando no mundo, ele disse:
Para **mim** preparaste um corpo.
Aqui estou! Eis que venho, ó meu **Deus**,
fazer com prazer vossa vontade (T.P. Aleluia).

Ant. 3 Assim mos**trou**-se o amor de **Deus** para co**nos**co:
Envi**ou** seu Filho **único** ao **mun**do,
para que **nós** tenhamos **vi**da por seu **meio**
(T.P. Ale**luia**).

Salmo 44(45)

= ²Trans**bor**da um poema do **meu** cora**ção**; †
vou can**tar**-vos, ó Rei, esta **mi**nha can**ção**; *
minha **lín**gua é qual pena de um **ágil** escriba.

= ³Sois tão **be**lo, o mais belo entre os **fi**lhos dos homens! †
Vossos **lá**bios espalham a **gra**ça, o encanto, *
porque **Deus**, para sempre, vos **deu** sua bênção.

– ⁴Le**vai** vossa espada de **gló**ria no flanco, *
he**rói** valoroso, no **vos**so esplendor;

– ⁵sa**í** para a luta no **car**ro de guerra *
em de**fe**sa da fé, da jus**ti**ça e verdade!

= Vossa **mão** vos ensine valen**tes** proezas, †
⁶vossas **fle**chas agudas a**ba**tam os povos *
e **fi**ram no seu cora**ção** o inimigo!

= ⁷Vosso **tro**no, ó Deus, é e**ter**no, é sem fim; †
vosso **ce**tro real é si**nal** de justiça: *
⁸Vós a**mais** a justiça e odi**ais** a maldade.

= É por **is**so que Deus vos un**giu** com seu óleo, †
deu-vos **mais** alegria que aos **vos**sos amigos. *
⁹Vossas **ves**tes exalam precio**sos** perfumes.

– De e**búr**neos palácios os **sons** vos deleitam. *
¹⁰As **fi**lhas de reis vêm ao **vos**so encontro,

– e à **vos**sa direita se en**con**tra a rainha *
com **ves**te esplendente de **ou**ro de Ofir.

– ¹¹Es**cu**tai, minha **fi**lha, o**lhai**, ouvi isto: *
"Esque**cei** vosso povo e a **ca**sa paterna!

1504   25 de março

— [12] Que o **Rei** se encante com **vo**ssa beleza! *
Prestai-lhe homenagem: é **vo**sso Senhor!
— [13] O **po**vo de Tiro vos **traz** seus presentes, *
os **gran**des do povo vos **pe**dem favores.
— [14] Majes**to**sa, a princesa re**al** vem chegando, *
ves**ti**da de ricos bro**ca**dos de ouro.
— [15] Em **ves**tes vistosas ao **Rei** se dirige, *
e as **vir**gens amigas lhe **for**mam cortejo;
— [16] entre **can**tos de festa e com **gran**de alegria, *
in**gres**sam, então, no pa**lá**cio real”.
— [17] Deixa**reis** vossos pais, mas te**reis** muitos filhos; *
fa**reis de**les os reis sobe**ra**nos da terra.
— [18] Canta**rei** vosso nome de i**da**de em idade, *
para **sem**pre haverão de lou**var**-vos os povos!

Ant. Assim mos**trou**-se o amor de **Deus** para co**nos**co:
Envi**ou** seu Filho **ú**nico ao **mun**do,
para que **nós** tenhamos **vi**da por seu **mei**o
(T.P. **Aleluia**).

V. O **Ver**bo se fez **carne** (T.P. **Aleluia**).
R. E habi**tou** entre **nós** (T.P. **Aleluia**).

Primeira leitura

Do Primeiro Livro das Crônicas   17,1-15

Profecia sobre o Filho de Davi

[1] Estando sentado em casa, disse Davi ao profeta Natã: “Olha, eu moro numa casa de cedro, enquanto a arca da aliança do Senhor está numa barraca”. [2] Natã disse a Davi: “Podes fazer tudo que estiver em teu coração, pois Deus está contigo”.

[3] Mas naquela noite, a palavra de Deus foi dirigida a Natã nestes termos: [4] “Vai dizer a meu servidor Davi o seguinte: Assim fala o Senhor: Não serás tu que me vais construir uma casa de moradia. [5] Nunca morei numa casa, desde o dia em

que trouxe Israel para cá, até hoje. Passei duma tenda a outra e duma moradia a outra. [6]Durante o tempo em que andei no meio de Israel, acaso falei alguma vez a algum dos juízes de Israel, aos quais confiei o governo do meu povo, dizendo que me construísse uma casa de cedro? [7]Pois bem, agora dize a meu servidor Davi: Assim diz o Senhor dos exércitos: Eu te tirei do campo de pastagens, de detrás do rebanho, para te fazer príncipe de meu povo Israel. [8]Eu estive contigo aonde quer que fosses, destruí todos os inimigos que te enfrentaram e te dei um nome igual ao dos grandes da terra. [9]Preparei para Israel, meu povo, um lugar para o qual o transplantei, para que nele ficasse morando sem ter mais motivo para tremer e sem que os ímpios continuassem a dizimá-lo como antes,[10]desde o tempo em que fiz os juízes governarem Israel, meu povo. Derrotei todos os inimigos e agora te declaro que o Senhor te vai construir uma casa. [11]No fim de tua vida, quando te fores juntar a teus antepassados, então farei tua descendência te suceder, na pessoa de um de teus filhos, cujo reinado eu tornarei estável. [12]Ele me construirá uma casa e eu darei firmeza a seu trono para sempre. [13]Serei para ele um pai e ele será para mim um filho. Nunca retirarei dele o meu favor, como o retirei de teu antecessor. [14]Eu o farei administrar minha casa e meu reino; e seu trono estará firme para sempre".

[15]De acordo com todas estas palavras e de acordo com aquela manifestação divina, Natã falou a Davi.

Responsório   cf. Lc 1,26-32

R. O **an**jo Gabri**el** foi en**via**do
à es**po**sa de Jo**sé**, Virgem **Ma**ria,
anun**cia**ndo-lhe a pa**la**vra do **Se**nhor,
e a **Vir**gem se assus**tou** com a luz di**vi**na:
Não **te**mas, ó **Ma**ria, por **Deus** agraciada;
* Tu **hás** de conce**ber** o **Fi**lho do Al**tí**ssimo(T.P. Ale**lui**a).

V. **Ma**ria, ale**gra**-te, ó **chei**a de **gra**ça, o **Se**nhor é con**ti**go.
* Tu **hás**.

1506   25 de março

Segunda leitura
Das Cartas de São Leão Magno, papa
(Epist. 28, ad Flavianum, 3-4: PL 54,763 -767) (Séc. V)

O sacramento da nossa reconciliação

A humildade foi assumida pela majestade, a fraqueza, pela força, a mortalidade, pela eternidade. Para saldar a dívida de nossa condição humana, a natureza impassível uniu-se à natureza passível. Deste modo, como convinha à nossa recuperação, o único mediador entre Deus e os homens, o homem Jesus Cristo, podia submeter-se à morte através de sua natureza humana e permanecer imune em sua natureza divina.

Por conseguinte, numa natureza perfeita e integral de verdadeiro homem, nasceu o verdadeiro Deus, perfeito na sua divindade, perfeito na nossa humanidade. Por "nossa humanidade" queremos significar a natureza que o Criador desde o início formou em nós, e que assumiu para renová-la. Mas daquelas coisas que o Sedutor trouxe, e o homem enganado aceitou, não há nenhum vestígio no Salvador; nem pelo fato de se ter irmanado na comunhão da fragilidade humana, tornou-se participante dos nossos delitos.

Assumiu a condição de escravo, sem mancha de pecado, engrandecendo o humano, sem diminuir o divino. Porque o aniquilamento, pelo qual o invisível se tornou visível, e o Criador de tudo quis ser um dos mortais, foi uma condescendência da sua misericórdia, não uma falha do seu poder. Por conseguinte, aquele que, na sua condição divina se fez homem, assumindo a condição de escravo, se fez homem.

Entrou, portanto, o Filho de Deus neste mundo tão pequeno, descendo do trono celeste, mas sem deixar a glória do Pai; é gerado e nasce de modo totalmente novo. De modo novo porque, sendo invisível em si mesmo, torna-se visível como nós; incompreensível, quis ser compreendido; existindo antes dos tempos, começou a existir no tempo. O Senhor do universo assume a condição de escravo, envolvendo em sombra a imensidão de sua majestade; o Deus impassível não recusou ser homem passível, o imortal submeteu-se às leis da morte.

Aquele que é verdadeiro Deus, é também verdadeiro homem; e nesta unidade nada há de falso, porque nele é perfeita respectivamente tanto a humanidade do homem como a grandeza de Deus.

Nem Deus sofre mudança com esta condescendência da sua misericórdia nem o homem é destruído com sua elevação a tão alta dignidade. Cada natureza realiza, em comunhão com a outra, aquilo que lhe é próprio: o Verbo realiza o que é próprio do Verbo, e a carne realiza o que é próprio da carne.

A natureza divina resplandece nos milagres, a humana, sucumbe aos sofrimentos. E como o Verbo não renuncia à igualdade da glória do Pai, também a carne não deixa a natureza de nossa raça.

É um só e o mesmo – não nos cansaremos de repetir – verdadeiro Filho de Deus e verdadeiro Filho do homem. É Deus, porque *no princípio era o Verbo, e o Verbo estava com Deus: e o Verbo era Deus. É homem, porque o Verbo se fez carne e habitou entre nós* (Jo 1,1.14).

Responsório   cf. Lc 1,31.42

R. Ó **Vir**gem **Maria**, aco**lhei** a **Pala**vra
   que **Deus** vos en**via** por **meio** do **an**jo:
   sereis **Mãe** do Deus-**Ho**mem,
 * E se**reis** acla**ma**da ben**di**ta
   entre **to**das as mulheres da **terra** (T.P. **Aleluia**).
V. **Da**reis, na ver**da**de, à **luz** um Menino
   e se**reis** sempre **vir**gem, se**reis** Virgem **Mãe**.
   * E se**reis** acla**ma**da.

HINO Te Deum, p. 949.

Oração como nas Laudes.

25 de março

Laudes

Hino

Ó luz que o anjo traz à Virgem
da salvação és mensageira.
Vai se cumprir a profecia,
de gozo enchendo a terra inteira.

O que do Pai no eterno seio
eternamente foi gerado,
escolhe Mãe em nosso mundo,
sujeito ao tempo, que é criado.

Ele se esconde em carne humana,
preço de nossa salvação,
para que o sangue do inocente
trouxesse aos crimes o perdão.

Verdade, em carne concebida
dum seio virgem sob o véu,
a vossa luz é dada aos puros,
dai-nos tal luz, que vem do céu.

E vós, humilde coração,
Serva de Deus vos proclamais,
agora sois do céu Rainha,
sede a patrona dos mortais.

Glória e louvor a vós, Jesus,
da Virgem Mãe por nós nascido,
a vós, ao Pai e ao Espírito
louvor eterno é devido.

Ant. 1 O **anjo** Gabriel foi **enviado**
à es**posa** de José, Virgem Ma**ria** (T.P. Ale**luia**).

Salmos e cântico do domingo da I Semana, p. 982.

Ant. 2 És ben**dita** entre **to**das as mul**he**res da **terra**,
e ben**dito** é o **fru**to que nas**ceu** do teu **ventre**
(T.P. Ale**luia**).

25 de março

Ant. 3 A Santa **Vir**gem conce**beu**,
dando o **seu** consenti**men**to;
permane**cen**do sempre **vir**gem,
deu à **luz** o Salva**dor**
(T.P. Ale**luia**).

Leitura breve
Fl 2,6-7

Jesus Cristo, existindo em condição divina, não fez do ser igual a Deus uma usurpação, mas ele esvaziou-se a si mesmo, assumindo a condição de escravo e tornando-se igual aos homens. E encontrou-se com aspecto humano.

Responsório breve

Na Quaresma:

R. **Maria**, alegra-te, ó **chei**a de **graça**;
 * O Se**nhor** é contigo. R. Maria.
V. És ben**dita** entre **to**das as **mulheres**,
 e ben**dito** é o **fru**to do teu **ven**tre. * O Se**nhor**.
 Glória ao **Pai.** R. Maria.

No Tempo pascal:

R. **Maria**, alegra-te, ó **chei**a de **graça**, o Se**nhor** é contigo.
 * Ale**luia**, ale**luia**. R. Maria.
V. És ben**dita** entre **to**das as **mulheres**,
 e ben**dito** é o **fru**to do teu **ven**tre. * Aleluia.
 Glória ao **Pai.** R. Maria.

Cântico evangélico, ant.

Pelo **amor** infi**ni**to com que **Deus** nos **amou**,
envi**ou**-nos seu **Filho**, numa **car**ne seme**lhan**te
à **car**ne do pe**ca**do (T.P. Ale**luia**).

Preces

A solenidade da Anunciação do Senhor, que hoje celebramos, marca o início da nossa salvação. Cheios de confiança, oremos a Deus Pai:

1510

25 de março

R. **Interceda por nós a santa Mãe de Deus!**

Assim como a Virgem Maria recebeu com alegria a mensagem do anjo,
– fazei, ó Deus, que recebamos com gratidão o nosso Salvador. **R.**

Assim como olhastes para a humildade de vossa serva,
– lembrai-vos e tende compaixão de todos nós, Pai de misericórdia. **R.**

Assim como Maria, a nova Eva, obedeceu plenamente à vossa Palavra divina,
– cumpra-se também em nós a vossa vontade. **R.**

Que a Santa Virgem Maria socorra os pobres, ajude os fracos, console os tristes,
– reze pelo povo, proteja o clero e interceda pelas mulheres em seu devotamento. **R.**

(intenções livres)

Pai nosso...

Oração

Ó Deus, quisestes que vosso Verbo se fizesse homem no seio da Virgem Maria; dai-nos participar da divindade do nosso Redentor, que proclamamos verdadeiro Deus e verdadeiro homem. Por nosso Senhor Jesus Cristo, vosso Filho, na unidade do Espírito Santo.

Hora Média

Salmodia complementar, p. 1421.

Oração das Nove Horas

Ant. A **Vir**gem Ma**ri**a é a **flor** que nas**ceu** da ra**iz** de Jes**sé**; veio a **ser** Mãe de **Deus** pelo Espírito **Santo** (**T.P.** Ale**luia**).

25 de março

Leitura breve   Ef 1,9b-10

Para levar à plenitude o tempo estabelecido, Deus quis recapitular em Cristo o universo inteiro: tudo o que está nos céus e tudo o que está sobre a terra.

V. O **anjo** do Se**nhor** anunci**ou** a Maria (T.P. Aleluia).
R. E ela conce**beu** do Espírito **San**to (T.P. Aleluia).

Oração das Doze Horas

Ant. Eis que a **Vir**gem concebe**rá** um Me**nino** e o dará à **luz,**
     e o seu **no**me é Emanu**el** (T.P. Aleluia).

Leitura breve   1Jo 4,10

Nisto consiste o amor: não fomos nós que amamos a Deus, mas foi ele que nos amou e enviou o seu Filho como vítima de reparação pelos nossos pecados.

V. Eis a **ser**va do Se**nhor** (T.P. Aleluia).
R. Realize-se em **mim** a Pa**la**vra do Se**nhor** (T.P. Aleluia).

Oração das Quinze Horas

Ant. Se**rá** glorifi**ca**do a**té** os confins da **terra:**
     será ele a nossa **paz** (T.P. Aleluia).

Leitura breve   1Tm 2,5-6a

Há um só Deus, e um só mediador entre Deus e os homens: o homem Cristo Jesus, que se entregou em resgate por todos.

V. O **Ver**bo se fez **car**ne (T.P. Aleluia).
R. E habi**tou** entre **nós** (T.P. Aleluia).

II Vésperas

HINO Ave, do mar Estrela, do Comum de Nossa Senhora, 1686.

Salmodia

Ant. 1   O **anjo** do Se**nhor** anunci**ou** a Maria,
     e ela conce**beu** do Espírito **San**to (T.P. Aleluia).

1512

25 de março

Salmo 109(110),1-5.7

— ¹Palavra do Senhor ao meu Senhor: *
 "Assenta-te ao lado meu direito,
— até que eu ponha os inimigos teus *
 como escabelo por debaixo de teus pés!"

= ²O Senhor estenderá desde Sião †
 vosso cetro de poder, pois ele diz: *
 "Domina com vigor teus inimigos;

= ³Tu és príncipe desde o dia em que nasceste; †
 na glória e esplendor da santidade, *
 como o orvalho, antes da aurora, eu te gerei!"

= ⁴Jurou o Senhor e manterá sua palavra: †
 "Tu és sacerdote eternamente, *
 segundo a ordem do rei Melquisedec!"

— ⁵À vossa destra está o Senhor, ele vos diz: *
 "No dia da ira esmagarás os reis da terra!

— ⁷Beberás água corrente no caminho, *
 por isso seguirás de fronte erguida!"

Ant. O anjo do Senhor anunciou a Maria,
 e ela concebeu do Espírito Santo (T.P. Aleluia).

Ant. 2 Não temas, ó Maria, por Deus agraciada;
 haverás de conceber um Menino e o dar à luz;
 seu nome há de ser: o Filho do Altíssimo
 (T.P. Aleluia).

Salmo 129(130)

— ¹Das profundezas eu clamo a vós, Senhor, *
 ²escutai a minha voz!

— Vossos ouvidos estejam bem atentos *
 ao clamor da minha prece!

— ³Se levardes em conta nossas faltas, *
 quem haverá de subsistir?

25 de março · 1513

– [4] Mas em **vós** se encontra o perdão, *
eu vos **te**mo e em vós espero.

– [5] No Se**nhor** ponho a minha esperança, *
es**pe**ro em sua palavra.

– [6] A minh'**al**ma espera no Senhor *
mais que o vi**gi**a pela aurora.

– [7] Es**pe**re Israel pelo Senhor *
mais que o vi**gi**a pela aurora!

– Pois no Se**nhor** se encontra toda graça *
e copi**o**sa redenção.

– [8] Ele **vem** libertar a Israel *
de **to**da a sua culpa.

Ant. Não **te**mas, ó Maria, por **Deus** agraciada;
have**rás** de conce**ber** um Me**ni**no e o dar à **luz**;
e o seu **no**me há de **ser**: o **F**ilho do Al**tís**simo
(T.P. Ale**lui**a).

Ant. 3 Eis a **ser**va do Se**nhor**:
Realize-se em **mim** a Palavra do Se**nhor**
(T.P. Ale**lui**a).

Cântico · cf. Cl 1,12-20

=[12] Demos **gra**ças a Deus **Pai** onipo**ten**te, †
que nos **cha**ma a partilhar, na sua luz, *
da he**ran**ça a seus santos reservada!

(R. Glória a **vós**, Primogênito dentre os **mor**tos!)

=[13] Do im**pé**rio das trevas arrancou-nos †
e transpor**tou**-nos para o reino de seu Filho, *
para o **rei**no de seu Filho bem-amado,

–[14] no **qual** nós encontramos redenção, *
dos pe**ca**dos remissão pelo seu sangue.   (R.)

–[15] Do **Deus**, o Invisível, é a imagem, *
o Primo**gê**nito de toda criatura;

1514　　　　　　　　25 de março

= ¹⁶porque **ne**le é que tudo foi criado: †
　　o que há nos **céus** e o que existe sobre a terra, *
　　o visível e também o invisível. 　　　　　　(R.)
= 　Sejam **Tro**nos e Poderes que há nos céus, †
　　sejam **e**les Principados, Potestades: *
　　por **e**le e para ele foram feitos;
– ¹⁷antes de **to**da criatura ele existe, *
　　e é por **e**le que subsiste o universo. 　　　(R.)
= ¹⁸Ele é a **Ca**beça da Igreja, que é seu Corpo, †
　　é o prin**cí**pio, o Primogênito dentre os mortos, *
　　a **fim** de ter em tudo a primazia.
– ¹⁹Pois foi do **agra**do de Deus Pai que a plenitude *
　　habi**tas**se no seu Cristo inteiramente. 　　(R.)
– ²⁰**A**prou**ve**-lhe também, por meio dele, *
　　reconcili**ar** consigo mesmo as criaturas,
= 　pacifi**can**do pelo sangue de sua cruz †
　　tudo a**qui**lo que por ele foi criado, *
　　o que há nos **céus** e o que existe sobre a terra. 　(R.)

Ant. Eis a **ser**va do Se**nhor**:
　　　Realize-se em **mim** a Palavra do Se**nhor**
　　　(T.P. Ale**lui**a).

Leitura breve 　　　　　　　　　　　　　1Jo 1,1-2

O que era desde o princípio, o que nós ouvimos, o que vimos com os nossos olhos, o que contemplamos e as nossas mãos tocaram da Palavra da Vida; de fato, a Vida manifestou-se e nós a vimos, e somos testemunhas, e a vós
anunciamos a Vida eterna, que estava junto do Pai e que se
tornou visível para nós.

Responsório breve

Na Quaresma:

R. A Palavra se fez **car**ne
　*E habi**tou** entre **nós**. R. A Palavra.

25 de março

V. A Palavra, no princípio, estava com **Deus**.* E habitou.
Glória ao **Pai**. R. A Palavra.

No Tempo pascal:

R. A Palavra se fez **carne** e habi**tou** entre **nós**.
 * Ale**luia**, ale**luia**. R. A Palavra.
V. A Palavra, no princípio, estava com **Deus**.* Aleluia.
Glória ao **Pai**. R. A Palavra.

Cântico evangélico, ant.

Disse o **anjo** à **Virgem**: Ma**ria**, alegra-te,
ó **cheia** de **graça**, o **Senhor** é contigo,
és bendita entre **todas** as mulheres da **terra** (T.P. Aleluia).

Preces

Invoquemos com toda confiança o eterno Pai, que hoje, por
meio do anjo, anunciou a Maria a nossa salvação; e digamos:
R. **Dai-nos, Senhor, a vossa graça!**

Vós, que escolhestes a Virgem Maria para ser a Mãe do
vosso Filho,
– compadecei-vos de todos os que esperam a sua redenção.
R.

Vós, que, por meio do anjo Gabriel, anunciastes a Maria a
alegria e a paz
– dai ao mundo inteiro a alegria da salvação e a paz verdadeira. R.

Vós, que, pela aceitação de vossa serva e por obra do Espírito Santo, quisestes que vossa Palavra viesse morar entre nós,
– preparai os nossos corações para receber a Cristo do mesmo modo que a Virgem Maria o recebeu. R.

Vós, que elevais os humildes e saciais os que têm fome,
– animai os que estão abatidos, socorrei os necessitados e
ajudai os agonizantes. R.
(intenções livres)

1516

25 de março

Deus de infinita bondade, que realizais maravilhas e para quem nada é impossível,
—salvai-nos, junto com os que já morreram, na ressurreição do último dia.

R.**Dai-nos, Senhor, a vossa graça!**

Pai nosso...

Oração

Ó Deus, quisestes que vosso Verbo se fizesse homem no seio da Virgem Maria; dai-nos participar da divindade do nosso Redentor, que proclamamos verdadeiro Deus e verdadeiro homem. Por nosso Senhor Jesus Cristo, vosso Filho, na unidade do Espírito Santo.

ABRIL

2 de abril

SÃO FRANCISCO DE PAULA, EREMITA

Nasceu em Paola, na Calábria (Itália), em 1416. Fundou uma Congregação eremítica, mais tarde transformada na Ordem dos Mínimos, confirmada pela Sé Apostólica, em 1506. Morreu em Tours (França), em 1507.

Do Comum dos santos homens: para religiosos, p. 1907.

Ofício das Leituras

Segunda leitura

Das Cartas de São Francisco de Paula, eremita

(Epístola a. 1486: A. Galuzzi, Origini dell'Ordine dei Minimi, Romae, 1967, pp. 121-122)   (Séc. XV)

Convertei-vos de coração sincero

Nosso Senhor Jesus Cristo, que sabe recompensar com grande generosidade, vos dê a paga de vossos trabalhos.

Fugi do mal, afastai-vos dos perigos. Nós e todos os nossos irmãos, embora indignos, rogamos constantemente a Deus Pai, a seu Filho Jesus Cristo, e também à Virgem Maria, sua Mãe, que sempre vos ajudem e guiem no esforço para alcançar a salvação de vossas almas e corpos.

Portanto, irmãos, exorto-vos insistentemente a que trabalheis com toda prudência e solicitude na salvação de vossas almas. A morte é certa; e a vida, que é breve, se desfaz como a fumaça.

Lembrai-vos da paixão de nosso Senhor Jesus Cristo que, ardendo de amor por nós, desceu do céu para nos salvar; suportou inúmeros tormentos na alma e no corpo, e não quis evitar sofrimento algum por nossa causa. Ele nos deu o exemplo da perfeita paciência e do perfeito amor; portanto, sejamos nós também pacientes nas adversidades.

1518   2 de abril

Afastai de vós toda espécie de ódio e inimizade; evitai cuidadosamente as palavras ásperas e inconvenientes; e se alguma vez tiverem saído de vossa boca, não vos envergonheis de levar o remédio com os mesmos lábios que provocaram a ferida. Perdoai-vos uns aos outros e esquecei totalmente qualquer ofensa recebida. Guardar sentimento do mal é uma injúria, é complemento da ira, retenção do pecado, ódio da justiça, veneno da alma, destruição das virtudes, verme da consciência, obstáculo da oração, impedimento das graças que pedimos a Deus, afastamento da caridade, espinho cravado na alma, maldade sempre desperta, pecado que nunca se apaga, morte cotidiana.

Amai a paz, que é o mais precioso de todos os tesouros. Sabeis certamente que os nossos pecados provocam a ira de Deus; portanto, corrigi-vos e arrependei-vos para que Deus vos poupe na sua misericórdia. O que ocultamos aos homens é manifesto a Deus; convertei-vos, então, de coração sincero. Vivei de tal modo que mereçais receber a bênção do Senhor; e a paz de Deus nosso Pai esteja sempre convosco.

Responsório   2Cor 4,11.16

R. De **fato**, nós, **embora** estando **vivos**,
     por Je**sus** somos en**tre**gues sempre à **morte**,
   * Para **que**, também, a **v**ida do Se**nhor**
     se mani**fes**te em nossa **carne** (T.P. Ale**luia**).
V. **Embora** o nosso **ho**mem exteri**or** vá pere**cen**do,
     o **ho**mem interi**or** se re**no**va dia a **dia**. * Para **que**.

Laudes

Cântico evangélico, ant.

Eis que es**tou** ante a **porta** baten**do**;
se algu**ém** me a**brir** sua **porta**,
entra**rei** e com **ele** cea**rei**
e ele igual**men**te co**migo** (T.P. Ale**luia**).

4 de abril

Oração

Ó Deus, que exaltais os humildes, vós elevastes à glória dos vossos santos São Francisco de Paula. Auxiliados por seus méritos e seguindo seu exemplo, possamos alcançar o prêmio que prometestes aos humildes. Por nosso Senhor Jesus Cristo, vosso Filho, na unidade do Espírito Santo.

Vésperas

Cântico evangélico, ant.

Quem quisesse comprar o amor,
mesmo em troca de todo o dinheiro,
só teria desprezo e repulsa (T.P. Aleluia).

4 de abril

SANTO ISIDORO, BISPO E DOUTOR DA IGREJA

Nasceu em Sevilha (Espanha) cerca do ano 560. Depois da morte do pai, foi educado por seu irmão São Leandro, a quem sucedeu na sede episcopal da sua cidade natal, onde desenvolveu uma grande atividade pastoral e literária. Escreveu muitos livros cheios de erudição, convocou e presidiu vários concílios na Espanha, nos quais foram tomadas muitas medidas sábias para o bem da Igreja. Morreu em 636.

Do Comum dos pastores, p. 1784, e dos doutores da Igreja, p. 1815.

Ofício das Leituras

Segunda leitura

Dos livros das Sentenças, de Santo Isidoro, bispo
(Lib. 3,8-10: PL 83,679-682)   (Séc. VII)

Homem instruído no Reino dos Céus

A oração nos purifica, a leitura nos instrui. Pratiquemos uma e outra coisa, porque ambas são boas. Mas se isso não for possível, é melhor orar do que ler.

4 de abril

Quem deseja estar sempre com Deus, deve orar e ler frequentemente. Quando oramos, falamos com Deus; mas quando lemos, é Deus que fala conosco.

Todo o nosso progresso provém da leitura e da meditação. Pela leitura aprendemos o que ignorávamos; e o que aprendemos, conservamos pela meditação.

É duplo o proveito que tiramos da leitura da Sagrada Escritura: ilumina nossa inteligência e, afastando-nos das vaidades do mundo, leva-nos ao amor de Deus.

Dupla deve ser também a preocupação com o que devemos ler: primeiramente, procurar compreender a Escritura; depois, explicá-la com a devida reverência para proveito do próximo. Evidentemente, só quem procura compreender o que leu estará apto para explicar o que aprendeu.

O leitor diligente pensa mais em praticar o que lê do que em adquirir ciência. Pois é um mal menor não saberes o que desejas do que não cumprires o que sabes. Da mesma forma, assim como lemos para compreender o que é reto, devemos, em seguida, pôr em prática o que compreendemos.

Ninguém pode descobrir o sentido da Sagrada Escritura se não se familiarizar com a sua leitura, como está escrito: *Estima-a, e ela te honrará; se a abraçares, ela será tua glória* (Pr 4,8).

Quanto mais assíduos formos na leitura da Palavra de Deus, tanto melhor a compreenderemos, à semelhança da terra: quanto melhor é cultivada, tanto mais frutifica.

Há alguns que têm boa inteligência, mas são negligentes em ler os textos sagrados; o seu desinteresse mostra o desprezo por aquilo que a leitura lhes poderia ensinar. Há outros, porém, que desejam saber, mas têm pouca inteligência. Estes, no entanto, através de uma leitura assídua, conseguem aprender aquilo que os mais inteligentes, pela sua preguiça, nunca aprenderão.

Como o menos inteligente consegue, por sua aplicação, recolher o fruto do estudo diligente, aquele que menospreza

4 de abril

a inteligência que Deus lhe deu torna-se réu de condenação, porque despreza um dom recebido e o deixa sem fruto.

A doutrina que não é auxiliada pela graça de Deus entra pelos ouvidos, mas não chega ao coração; faz ruído exteriormente, mas interiormente não aproveita ao espírito. A palavra de Deus só desce dos ouvidos para o íntimo do coração quando a graça de Deus tocar a inteligência para fazê-la compreender.

Responsório   Mt 13,52; cf. Pr 14,33

R. Todo **mestre** da **lei** que se **tor**na
discípulo do **Reino** dos **Céus**,
 * É como um **pai** de fa**mí**lia:
do seu te**souro** ele **tira** o **novo** e o **velho** (T.P. Ale**luia**).
V. No cora**ção** do pru**den**te está a **sabedoria**
e ela **há** de ensi**nar** também àqueles que a i**gno**ram.
 *É como.

Laudes

Na Quaresma, para comemoração:

Ant. Quem é **sábio** brilha**rá** como **luz** no firma**men**to;
quem en**sina** à multi**dão** os ca**minhos** da justi**ça**,
fulgi**rá** como as es**tre**las pelos **séculos eter**nos.

Oração

Ouvi, ó Deus, as nossas preces na comemoração de Santo Isidoro, para que sua intercessão ajude a Igreja, por ele alimentada com a vossa doutrina. Por nosso Senhor Jesus Cristo, vosso Filho, na unidade do Espírito Santo.

Vésperas

Na Quaresma, para comemoração:

Ant. Ó **mes**tre da Ver**da**de! Ó **luz** da santa I**gre**ja!
Ó **San**to Isi**do**ro, cumpri**dor** da lei divina,
ro**gai** por nós a **Cris**to.

5 de abril

SÃO VICENTE FERRER, PRESBÍTERO

Nasceu em Valência, na Espanha, em 1350. Foi admitido na Ordem dos Pregadores, onde ensinou Teologia. No exercício do ministério da pregação, percorreu muitas regiões, recolhendo abundantes frutos na defesa da verdadeira fé e na reforma dos costumes. Morreu em Vannes, na França, em 1419.

Do Comum dos pastores: para presbíteros, p. 1784.

Ofício das Leituras

Segunda leitura

Do Tratado sobre a vida espiritual, de São Vicente Ferrer, presbítero

(Cap. 13: ed. Garganta-Forcada, pp. 513 -514)(.Séc. XV)

Sobre o modo de pregar

Nas pregações e exortações, utiliza palavras simples, em tom de conversa, quando se tratar de explicar os deveres particulares. Na medida do possível, serve-te de exemplos, para que o pecador culpado de determinada falta se sinta interpelado como se a pregação fosse só para ele. No entanto, na tua maneira de falar deve transparecer claramente que as advertências não procedem de um espírito soberbo ou irascível, mas de sentimentos de caridade e amor paterno; como um pai que sofre ao ver um filho que erra, gravemente enfermo ou caído no fundo do poço, e se esforça por salvá-lo, livrá-lo do perigo e cuidar dele como se fosse uma mãe. Faze sentir ao pecador tua alegria pelo seu progresso e pela glória que o espera no paraíso.

Este modo de proceder costuma ser proveitoso para os ouvintes. Porque falar em geral sobre as virtudes e os vícios não atrai muito o interesse de quem te escuta.

Também nas confissões, quando confortas os fracos com delicadeza ou quando adverte com severidade os

5 de abril

obstinados no mal, mostra sempre sentimentos de amor, para que o pecador sinta a todo momento que tuas palavras são ditadas unicamente pelo amor sincero. Por isso, as palavras carinhosas e mansas antecedam sempre as que atemorizam. Se desejas, portanto, ser útil ao próximo, recorre primeiro a Deus de todo o coração. Pede-lhe com simplicidade que se digne infundir em ti aquela caridade que é o compêndio de todas as virtudes e a melhor garantia de êxito nas tuas atividades.

Responsório   2Tm 4,2; cf. At 26,20b

R. Proclama, em todo o tempo, a palavra do Senhor;
    persuade, repreende e exorta com coragem,
   * Com saber e paciência (T.P. Aleluia).
V. Aos povos eu preguei que fizessem penitência
    e a Deus se convertessem. * Com saber.

Laudes

Na Quaresma, para comemoração:

Ant. Não sois **vós** que fala**reis**,
     é o Es**pí**rito do **Pai** que em **vós** há de fa**lar**.

Oração

Ó Deus, que suscitastes na Igreja o vosso presbítero São Vicente Ferrer para a pregação do vosso Evangelho, dai-nos a alegria de contemplar no céu o Cristo, nosso Rei, cuja vinda como Juiz foi por ele anunciada. Por nosso Senhor Jesus Cristo, vosso Filho, na unidade do Espírito Santo.

Vésperas

Na Quaresma, para comemoração:

Ant. Fiz-me **tu**do para **to**dos, para **ser**em todos **sal**vos.

7 de abril

SÃO JOÃO BATISTA DE LA SALLE, PRESBÍTERO

Memória

Nasceu em Reims, na França, em 1651. Ordenado sacerdote, dedicou-se principalmente à educação das crianças e à fundação de escolas para os pobres. Com os companheiros que o ajudavam em sua obra, fundou uma Congregação, por cuja subsistência teve que enfrentar muitas provações. Morreu em Ruão (França), em 1719.

Do Comum dos pastores: para presbíteros, p.1784, ou, dos santos homens: para educadores, p. 1918.

Ofício das Leituras

Segunda leitura
Das Meditações de São João Batista de la Salle, presbítero
(Meditatio 201)   (Séc. XVIII)

O amor de Deus nos impulsiona

Considerai o que diz o apóstolo Paulo, isto é, que Deus colocou na Igreja apóstolos, profetas e doutores; e chegareis à conclusão de que foi ele mesmo que vos colocou em vosso cargo. Sobre isto, o mesmo Apóstolo dá testemunho ao dizer que existem diversos ministérios e diversas atividades, mas em cada um deles é o mesmo Espírito Santo que se manifesta em vista do bem comum, ou seja, o bem da Igreja.

Não ponhais em dúvida, portanto, a graça que vos foi dada. Ensinar as crianças, anunciar-lhes o evangelho e educá-las no espírito da religião é um grande dom de Deus. Pois foi ele que vos chamou para tão santo ministério.

Por conseguinte, no vosso modo de ensinar, comportai-vos de tal modo que as crianças confiadas aos vossos cuidados vejam que exerceis vossa atividade como ministros de Deus, com caridade sincera e dedicação fraterna. Além disso, deveis pensar que no cumprimento do vosso dever sois não apenas ministros de Deus, mas também de Jesus Cristo e da Igreja.

É o que afirma São Paulo, quando exorta a todos que considerem como ministros de Cristo os que anunciam o evangelho, os que escrevem aquela carta ditada por Cristo, não com tinta mas com o Espírito do Deus vivo, não em tábuas de pedra mas nas tábuas de carne do coração, que são os corações das crianças. É o amor de Deus que vos impulsiona, pois Jesus Cristo morreu por todos, de modo que os que vivem não vivam mais para si, mas para aquele que morreu e ressuscitou por eles. E assim, vossos discípulos, estimulados pelo vosso exemplo e solicitude, sintam que é Deus quem os exorta por vosso intermédio: Porque vós atuais como embaixadores de Cristo.

É necessário, além disso, que mostreis um grande amor à Igreja e lhe deis prova do vosso empenho. Pois trabalhais pela Igreja que é o Corpo de Jesus Cristo. Demonstrai por vosso zelo que amais aqueles que Deus vos entregou, assim como Cristo ama a Igreja.

Esforçai-vos para que os vossos alunos cheguem realmente a fazer parte deste templo e se tornem dignos de um dia se apresentarem no tribunal de Jesus Cristo, gloriosos, sem mancha nem ruga ou coisa semelhante. E que testemunhem às gerações futuras as transbordantes riquezas da graça que Deus lhes concedeu por vosso intermédio. De fato, é o Senhor que lhes dá a graça de aprender e a vós a de ensiná-los e educá-los, a fim de que recebam a herança do Reino de Deus e de Jesus Cristo nosso Senhor.

Responsório   cf. Mc 10,13-14.16

R. Traziam crianças a ele, a **fim** de que **e**le as to**cas**se;
repreen**di**am, po**rém**, os dis**cí**pulos
à**que**les que as apresen**ta**vam;
Jesus **dis**se indi**gna**do, ao **vê**-los:

1526   11 de abril

* Deixai **vir** as crianças a **mim** e **não** as quei**rais** impe**dir**,
pois **d**elas é o **Reino** de **Deus** (T.P. Aleluia).
V. Em se**gui**da, abra**çan**do-as, pondo as **mãos** sobre elas,
ele as abençoava. * Deixai **vir**.

Laudes

Na Quaresma, para comemoração:

Ant. Quem tem a**mor** no co**ra**ção para os pe**que**nos,
sabe guiar e ensi**nar** como um pas**tor**.

Oração

Ó Deus, que escolhestes São João Batista de la Salle para a
educação cristã dos jovens, suscitai na vossa Igreja educadores que se consagrem inteiramente à formação humana
e cristã da juventude. Por nosso Senhor Jesus Cristo, vosso
Filho, na unidade do Espírito Santo.

Vésperas

Na Quaresma, para comemoração:

Ant. Dei**xai** vir a **mim** as crian**cinhas,**
pois **d**elas é o **Reino** do meu **Pai.**

11 de abril

SANTO ESTANISLAU, BISPO E MÁRTIR

Memória

Nasceu em Szczepanów (Polônia), cerca do ano 1030. Fez seus
estudos em Liège (Bélgica). Ordenado sacerdote, sucedeu a
Lamberto como bispo de Cracóvia, em 1072. Governou sua Igreja como bom pastor, socorreu os pobres e todos os anos visitou
o seu clero. O rei Boleslau, a quem tinha censurado, mandou
matá-lo em 1097.

Do Comum de um mártir, p. 1752, ou, dos pastores: para bispos,
p. 1784.

11 de abril   1527

Ofício das Leituras

Segunda leitura

Das Cartas de São Cipriano, bispo e mártir
(Ep. 58,8-9.11: CSEL 3,663-666)   (Séc. III)

Combatendo o bom combate

Enquanto combatemos o bom combate da fé, Deus, seus anjos e o próprio Cristo nos contemplam. Que glória imensa e que felicidade lutarmos na presença de Deus e sermos coroados por Cristo Juiz!

Armemo-nos, queridos irmãos, de coragem e fortaleza, e preparemo-nos para: a luta com pureza de espírito, fé inquebrantável e generosa confiança. Avance o exército de Deus para a batalha que nos foi proposta. O santo Apóstolo ensina como nos devemos armar e preparar: *Cingi os vossos rins com a verdade, revesti-vos com a couraça da justiça e calçai os vossos pés com a prontidão em anunciar o evangelho da paz. Tomai o escudo da fé, o qual vos permitirá apagar todas as flechas ardentes do Maligno. Tomai, enfim, o capacete da salvação e o gládio do espírito, isto é, a Palavra de Deus* (Ef 6,14-17).

Tomemos estas armas, protejamo-nos com estas defesas espirituais e celestes, para podermos resistir e vencer os assaltos do demônio no dia do combate.

Revistamo-nos com a couraça da justiça. Com ela nosso peito estará protegido e seguro contra as flechas do inimigo. Estejam nossos pés calçados e guarnecidos com a doutrina evangélica. Assim, quando pisarmos e esmagarmos a serpente, não seremos mordidos nem vencidos.

Seguremos com firmeza o escudo da fé, para que nele seja destruído tudo quanto o inimigo lançar contra esta proteção.

Tomemos também o capacete espiritual para proteger nossa cabeça; com ele, os ouvidos não escutarão os anúncios

1528

11 de abril

da maldade, os olhos não verão as imagens detestáveis, a fronte conservará incólume o sinal de Deus e a boca proclamará vitoriosamente a Cristo, seu Senhor.

Armemos finalmente nossa mão direita com a espada espiritual para rejeitar com determinação os sacrifícios infames; e, lembrando-nos da Eucaristia, recebamos o corpo do Senhor e vivamos em união com ele, esperando receber mais tarde, das mãos do mesmo Senhor, o prêmio das coroas celestes.

Que estas realidades, queridos irmãos, fiquem bem gravadas em vossos corações. Se o dia da perseguição nos encontrar nestes pensamentos e meditações, o soldado de Cristo, instruído por suas ordens e preceitos, não temerá o combate, mas estará pronto para a coroa.

Responsório

R. Este **san**to **lu**tou até à **mor**te
pela **lei** de seu **Deus** e não te**meu**
as pa**la**vras e amea**ças** dos mal**va**dos,
* Pois se apoi**ou** sobre a **Ro**cha que é **Cris**to (T.P. Aleluia).
V. As tenta**ções** deste **mun**do supe**rou**
e ao **Rei**no dos **Céus** feliz che**gou**.* Pois se apoiou.

Laudes

Na Quaresma, para comemoração:

Ant. Quem per**der** a sua **vi**da neste **mun**do,
vai guar**dá**-la eterna**men**te para os **céus**.

Oração

Ó Deus, em cuja honra o bispo Santo Estanislau tombou sob a espada dos perseguidores, concedei-nos também perseverar firmes na fé até a morte. Por nosso Senhor Jesus Cristo, vosso Filho, na unidade do Espírito Santo.

13 de abril

Vésperas

Na Quaresma, para comemoração:

Ant. O **Reino celeste** é a **mora**da dos **san**tos,
sua **paz** para **sem**pre.

13 de abril

SÃO MARTINHO I, PAPA E MÁRTIR

Nasceu em Todi, na Úmbria (Itália), e fazia parte do clero romano. Em 649, foi eleito para a Cátedra de Pedro. Nesse mesmo ano celebrou um concílio em que foi condenado o erro dos monotelitas. Em 653 foi preso por ordem do imperador Constante e levado para Constantinopla, onde muito teve que sofrer; finalmente, transferido para o Quersoneso, aí morreu em 656.

Do Comum de um mártir, p. 1752, ou dos pastores: para um papa, p. 1784.

Ofício das Leituras

Segunda leitura

Das Cartas de São Martinho I, papa
(Epist. 17: PL 87,203-204)   (Séc. VII)

O Senhor está perto, por que me afligir?

É meu constante desejo escrever-vos para, reconfortar a vossa caridade e aliviar-vos das preocupações que tendes por minha causa, vós e todos os santos e irmãos meus, que por amor do Senhor tanto se interessam por mim. Também agora vos escrevo acerca dos sofrimentos que me oprimem. Digo-vos a verdade em nome de Cristo nosso Senhor.

Isolado de todo convívio humano e afastado da responsabilidade apostólica, vivo como se não vivesse. Os habitantes desta região são todos pagãos, e aqueles que vieram para cá também adotaram os costumes locais. Não têm o menor sentimento de caridade; e perderam até mesmo o instinto natural de compaixão que os próprios bárbaros tantas vezes demonstram.

1530   13 de abril

Fiquei admirado e continua a surpreender-me a falta de sensibilidade e bondade de todos os que me rodeavam e dos meus amigos e parentes; esqueceram-se tão completamente de meu infortúnio, que nem se interessam por saber onde me encontro nem se ainda estou neste mundo.

E contudo, acusados e acusadores, não somos todos do mesmo barro e da mesma massa? Não havemos de comparecer perante o tribunal de Cristo? E com que consciência nos apresentaremos diante dele? Que medo é este que se abateu sobre os homens para não cumprirem os mandamentos de Deus? Como se justifica tal temor onde não há o que temer? Até esse ponto somos dominados pelo espírito maligno? Ou será que apareci como inimigo da Igreja universal e contrário a essas pessoas?

Todavia, Deus quer que todos os homens se salvem e cheguem ao conhecimento da verdade. Que ele fortaleça os seus corações na verdadeira fé, por intercessão de São Pedro, e os confirme contra todo herege e inimigo da nossa Igreja. Que ele os conserve inabaláveis, especialmente o pastor que está agora à frente deles. De forma alguma se afastem, se desviem ou abandonem nada daquilo que prometeram diante de Deus e de seus anjos, a fim de poderem receber, juntamente com minha humilde pessoa, das mãos de nosso Senhor e Salvador Jesus Cristo, a coroa da justiça e da fidelidade.

O Senhor cuidará deste meu pobre corpo como lhe aprouver, seja em contínuos sofrimentos ou dando-me algum alívio. Ele está perto de mim, por que me afligir? Espero realmente em sua misericórdia; que ela não demore em pôr fim à minha carreira, como for do seu agrado.

Saudai em nome do Senhor vossas famílias e todos os que por amor de Deus se compadecem de minhas cadeias. O Deus altíssimo vos proteja contra toda tentação, com sua mão poderosa, e vos salve em seu reino.

21 de abril

Responsório   2Tm 4,7-8a; Fl 3,8b.10

R. Combati o bom combate, terminei minha carreira, con-
  servei a minha fé;
  * Só me resta receber a coroa da justiça (T.P. Aleluia).
V. Quis perder todas as coisas, para o Cristo conquistar
  e partilhar seus sofrimentos, sendo igual na morte a ele.
  *Só me resta.

Laudes

Na Quaresma, para comemoração:

Ant. Quem perder a sua vida neste mundo,
  vai guardá-la eternamente para os céus.

Oração

Deus todo-poderoso, que destes força ao papa São Martinho para enfrentar as ameaças e vencer os tormentos,
dai-nos também suportar as adversidades desta vida com
inabalável fortaleza. Por nosso Senhor Jesus Cristo, vosso
Filho, na unidade do Espírito Santo.

Vésperas

Na Quaresma, para comemoração:

Ant. O Reino celeste é a morada dos santos,
  sua paz para sempre.

21 de abril

SANTO ANSELMO, BISPO E DOUTOR DA IGREJA

Nasceu em Aosta, no Piemonte (Itália), em 1033. Entrou para a
Ordem de São Bento no mosteiro de Le Bec, na França. Ensinou
Teologia a seus irmãos de hábito, ao mesmo tempo em que ia
progredindo com entusiasmo no caminho da perfeição. Transferido para a Inglaterra, foi eleito bispo de Cantuária. Combateu
valorosamente pela liberdade da Igreja, o que lhe causou duas
vezes o exílio. Escreveu muitas obras de grande valor teológico e
místico. Morreu em 1109.

1532 21 de abril

Do Comum dos pastores: para bispos, p. 1784, e dos doutores da Igreja, p. 1815.

Ofício das Leituras

Segunda leitura

Do livro "Proslógion", de Santo Anselmo, bispo
(Cap. 14.16.26: Opera omnia, edit. Schmitt, Seccovii, 1938, l,ll 1 -113.121-122) (Séc. XI)

Que eu te conheça e te ame;
para encontrar em ti minha alegria

Encontraste, ó minh'alma, o que procuravas? Procuravas a Deus e viste que ele está muito acima de tudo, e nada melhor do que ele se pode pensar; que ele é a própria vida, a luz, a sabedoria, a bondade, a eterna felicidade e a feliz eternidade; e que ele é tudo isto sempre e em toda parte.

Senhor, meu Deus, meu Criador e Redentor, dize à minh'alma sedenta em que és diferente daquilo que ela viu, para que veja mais claramente o que deseja. Ela se esforça por ver sempre mais; contudo nada vê além do que já viu, senão trevas. Ou melhor, não vê trevas, porque elas não existem em ti; porém vê que não pode enxergar mais por causa das trevas que possui.

Verdadeiramente, Senhor, esta é a luz inacessível em que habitas; verdadeiramente nada há que penetre nesta luz para ali te ver, tal como és. De fato, eu não vejo essa luz, porque é excessiva para mim; e, no entanto, tudo quanto vejo é através dela: semelhante à nossa vista humana que, pela sua fraqueza, só pode ver por meio da luz do sol e contudo não pode olhar diretamente para o sol.

Minha inteligência é incapaz de ver essa luz, demasiado brilhante para ser compreendida; os olhos de minh'alma não suportam fixar-se nela por muito tempo. Ficam ofuscados pelo seu esplendor, vencidos pela sua imensidade, confundidos pela sua grandeza.

Ó luz suprema e inacessível! Ó verdade plena e bem-aventurada! Como estás longe de mim que de ti estou tão perto! Quão afastada estás de meu olhar, de mim que estou tão presente ao teu olhar!

Estás presente em toda parte, e eu não te vejo. Em ti me movo, em ti existo, e de ti não posso me aproximar. Estás dentro de mim e a meu redor, e eu não te percebo.

Peço-te, meu Deus, faze que eu te conheça e te ame, para encontrar em ti minha alegria. E se não o posso alcançar plenamente nesta vida, que ao menos vá me aproximando, dia após dia, dessa plenitude. Cresça agora em mim o conhecimento de ti, para que chegue um dia ao conhecimento perfeito; cresça agora em mim o amor por ti até que chegue um dia à plenitude do amor; seja agora a minha alegria grande em esperança, para que um dia seja plena mediante a posse da realidade.

Senhor, por meio de teu Filho ordenas, ou melhor, aconselhas a pedir, e prometes acolher o pedido para que nossa alegria seja completa. Por isso, peço-te, Senhor, o que aconselhas por meio do nosso admirável Conselheiro; possa eu receber o que em tua fidelidade prometes, a fim de que minha alegria seja completa. Deus fiel, eu te peço: faze que o receba, para que minha alegria seja completa.

Por enquanto, nisso medite meu espírito e fale minha língua. Isso ame meu coração e proclame minha boca. Desta felicidade prometida tenha fome e sede a minha carne. Todo o meu ser a deseje, até que um dia entre na alegria do meu Senhor, que é Deus uno e trino, bendito pelos séculos. Amém.

Responsório

R. Eis **Ansel**mo, o pre**cla**ro dou**tor**,
pelo **mestre** Lan**fran**co instruído.
Sendo **pai** tão a**má**vel dos **mon**ges,
foi cha**ma**do por **Deus** a ser **bis**po.

1534

23 de abril

* E lutou com firmeza e coragem
para a Igreja ser santa e ser livre. Aleluia.
V. Afirmava com voz indomável:
É livre e jamais seja escrava
a Esposa sem mancha de Cristo. * E lutou.

Oração

Ó Deus, que concedestes ao bispo Santo Anselmo investigar e ensinar as profundezas de vossa sabedoria, fazei que a fé venha em auxílio de nossa inteligência, tornando suaves ao nosso coração as verdades que devemos crer. Por nosso Senhor Jesus Cristo, vosso Filho, na unidade do Espírito Santo.

23 de abril

SÃO JORGE, MÁRTIR

Já no século IV era venerado em Dióspolis, na Palestina, onde foi construída uma igreja em sua honra. Seu culto propagou-se pelo Oriente e Ocidente desde a Antiguidade.

Do Comum de um mártir no Tempo pascal, p. 1752.

Ofício das Leituras

Segunda leitura

Dos Sermões de São Pedro Damião, bispo
(Sermo 3, De sancto Georgio: PL 144,567-571)

(Séc. XI)

Invencivelmente protegido pelo estandarte da cruz

A festa de hoje, caríssimos irmãos, renova a alegria pascal e, como pedra preciosa, faz brilhar com a beleza do próprio esplendor o ouro em que se engasta.

Jorge foi transferido de uma milícia para outra, porque deixou o cargo de oficial de um exército terreno para se dedicar à milícia cristã. Nesta, como valente soldado, come-

23 de abril

çou por libertar-se dos bens terrenos, distribuindo-os aos pobres; assim, livre e desembaraçado, revestido com a couraça da fé, lançou-se na linha de frente do combate como valoroso guerreiro de Cristo.

Isto nos ensina claramente que não podem lutar com força e eficácia, em defesa da fé, aqueles que ainda têm medo de se despojar dos bens da terra.

Inflamado pelo fogo do Espírito Santo e invencivelmente protegido pelo estandarte da cruz, São Jorge combateu de tal modo contra o rei iníquo que, vencendo este enviado de Satanás, derrotou o chefe de toda iniquidade e estimulou os soldados de Cristo a lutarem com valentia.

Assistia ao combate o supremo e invisível Árbitro que, segundo os planos da sua providência, permitiu que os ímpios o atormentassem. De fato, entregou o corpo de seu mártir às mãos dos carrascos, mas guardou a sua alma com proteção constante no baluarte inexpugnável da fé.

Caríssimos irmãos, não nos limitemos a admirar este combatente do exército celeste, mas imitemo-lo também. Eleve-se o nosso espírito para o prêmio da glória celeste, contemplemo-lo com os olhos do coração. Assim não nos abalaremos nem pelo sorriso enganador do mundo nem pelas ameaças do seu ódio perseguidor.

Purifiquemo-nos de toda mancha na carne e no espírito, como nos manda São Paulo, para merecermos um dia entrar naquele templo da bem-aventurança, que por ora apenas entrevemos com o olhar do espírito.

Todo aquele que quer se oferecer a Deus em sacrifício no templo de Cristo, que é a Igreja, depois de lavar-se no banho sagrado do batismo, tem ainda que se revestir com as vestes das várias virtudes, conforme está escrito: *Que os vossos sacerdotes se vistam de justiça* (Sl 131,9). Quem pelo batismo renasce como homem novo em Cristo, não se vestirá com a mortalha do homem velho, e sim com a veste do homem novo, vivendo sempre renovado numa vida pura.

1536   24 de abril

Só assim, purificados da imundície da nossa antiga condição pecadora e brilhando pelo fulgor de uma vida nova, seremos dignos de celebrar o mistério pascal e imitarmos verdadeiramente o exemplo dos santos mártires.

Responsório

R. Este **san**to lu**tou** até à **mor**te
pela **lei** de seu **Deus** e não te**meu**
as pa**la**vras e ameaças dos mal**va**dos,
* Pois se apoi**ou** sobre a **Ro**cha que é **Cris**to. Ale**lui**a.
V. As tenta**ções** deste **mun**do supe**rou**
e ao **Rei**no dos **Céus** feliz che**gou**. * Pois se apoi**ou**.

Oração

Ó Deus, celebrando o vosso poder, nós vos pedimos que São Jorge seja tão pronto em socorrer-nos, como o foi em imitar a Paixão do Senhor. Por nosso Senhor Jesus Cristo, vosso Filho, na unidade do Espírito Santo.

24 de abril

SÃO FIDÉLIS DE SIGMARINGA, PRESBÍTERO E MÁRTIR

Nasceu em Sigmaringa (Alemanha), em 1578. Ingressou na Ordem dos Frades Menores Capuchinhos, aí levando uma vida de austeridade em vigílias e orações. Conhecida a sua assídua pregação da palavra de Deus, a Sagrada Congregação da Propagação da Fé confiou-lhe a missão de consolidar na Récia a verdadeira doutrina. Perseguido pelos hereges, sofreu o martírio em Seewis, na Suíça, em 1622.

Do Comum de um mártir no Tempo pascal, p. 1752, ou, dos pastores: para presbíteros, p. 1784.

Ofício das Leituras

Segunda leitura

Elogio de São Fidélis, presbítero e mártir

24 de abril

Fiel no nome e na vida

O Papa Bento XIV celebrou a figura de São Fidélis, defensor da fé católica, com estas palavras:

"Fazendo transbordar a plenitude da sua caridade para confortar e auxiliar materialmente o próximo, e apertando em seu coração de pai todos os infelizes, sustentava numerosos grupos de pobres com esmolas que recolhia de toda parte.

Amenizava o abandono dos órfãos e das viúvas, recorrendo à ajuda dos poderosos e dos príncipes; sem cessar, ajudava nos cárceres os prisioneiros que podia, com socorros espirituais e materiais; não deixava de visitar com frequência os doentes; e, confortando-os e reconciliando-os com Deus, preparava-os para a última batalha.

Esta atividade foi sobretudo meritória quando as guarnições do exército austríaco, aquarteladas na Récia, foram dizimadas por uma epidemia, que as transformou em lastimável presa de sofrimentos e mortandade."

Não só na caridade, mas também no zelo pela defesa da fé católica, se notabilizou neste homem, fiel no nome e na vida. Pregou-a sem descanso e, poucos dias antes de confirmá-la com seu sangue, no último sermão que fez, pronunciou as seguintes palavras como um testemunho:

"Ó fé católica, como és estável, sólida, bem arraigada, como és *bem construída sobre a rocha firme!* (cf. Mt 7,25). O céu e a terra passarão, tu, porém, não passarás jamais. O mundo inteiro desde o princípio te fez guerra, mas de todos triunfaste com o teu poder.

Esta é vitória que venceu o mundo: a nossa fé (1Jo 5,4). Ela submeteu ao império de Cristo os reis mais poderosos, ela colocou a serviço de Cristo povos inteiros.

O que fez os santos apóstolos e mártires suportarem tão duros combates e tão dolorosos tormentos, senão a fé, principalmente a fé na ressurreição?

1538

25 de abril

O que fez os anacoretas desprezarem as delícias, rejeitarem as honras, pisarem as riquezas, viverem castamente no deserto, a não ser a fé viva?

O que leva hoje os verdadeiros cristãos a abandonarem o excesso de conforto, não darem importância aos prazeres, suportarem coisas ásperas e aguentarem duros trabalhos?

É a fé viva *agindo pela caridade* (cf. Gl 5,6). É ela que nos faz renunciar aos bens presentes na esperança dos bens futuros e trocar as coisas presentes por aquelas que hão de vir".

Responsório   2Tm 4,7-8a; Fl 3,8b.10

R. Combati o bom combate, terminei minha carreira, conservei a minha fé;

* Só me resta receber a coroa da justiça. Aleluia.

V. Quis perder todas as coisas, para o Cristo conquistar e partilhar seus sofrimentos, sendo igual na morte a ele.

* Só me resta.

Oração

Ó Deus, que destes a palma do martírio a São Fidélis quando, abrasado de amor, propagava a fé verdadeira, concedei, por sua intercessão, que, enraizados na caridade, confiemos na força da ressurreição do Cristo. Que convosco vive e reina, na unidade do Espírito Santo.

25 de abril

SÃO MARCOS, EVANGELISTA

Festa

Era primo de Barnabé. Acompanhou o apóstolo Paulo em sua *primeira viagem*, e depois também o seguiu até Roma. Foi discípulo de Pedro, de cuja pregação se fez intérprete no Evangelho que escreveu. Atribui-se a ele a fundação da Igreja de Alexandria.

Do Comum dos apóstolos no Tempo pascal, p. 1698, exceto o seguinte:

Invitatório

R. Adoremos o Senhor, que nos fala no Evangelho. Aleluia.

Salmo invitatório como no Ordinário, p. 944.

Ofício das Leituras

Hino

Do Apóstolo companheiro,
grande auxílio em seu labor,
sobe a ti, do mundo inteiro,
nossa súplica e louvor.

Boa-nova anunciaram
os arautos do Senhor:
pela terra ressoaram
a verdade, a paz, o amor.

Pelo céu foste escolhido,
Deus te deu igual missão:
eis-te aos Doze reunido,
tendo a Lucas por irmão.

Que as palavras esparzidas,
dando seus frutos de luz,
sejam todas recolhidas
nos celeiros de Jesus.

Com os Apóstolos sentado,
julgarás todo o mortal;
cubra então nosso pecado
teu clarão celestial.

À Trindade celebremos
e peçamos que nos céus
com os Apóstolos cantemos
o louvor do único Deus.

V. O Senhor dá a palavra ao seu mensageiro. Aleluia.
R. O Senhor dá a palavra com grande poder. Aleluia.

Primeira leitura

Da Carta de São Paulo aos Efésios   4,1-16

Diversificação dos dons num único corpo

Irmãos: ¹Eu, prisioneiro no Senhor, vos exorto a caminhardes de acordo com a vocação que recebestes: ²Com toda a humildade e mansidão, suportai-vos uns aos outros com paciência, no amor. ³Aplicai-vos a guardar a unidade do espírito pelo vínculo da paz. ⁴Há um só Corpo e um só Espírito, como também é uma só a esperança à qual fostes chamados. ⁵Há um só Senhor, uma só fé, um só batismo, ⁶um só Deus e Pai de todos, que reina sobre todos, age por meio de todos e permanece em todos.

⁷Cada um de nós recebeu a graça na medida em que Cristo lha deu. ⁸Daí esta palavra:

"Tendo subido às alturas, ele capturou prisioneiros, e distribuiu dons aos homens".

⁹"Ele subiu"! Que significa isso; senão que ele desceu também às profundezas da terra. ¹⁰Aquele que desceu é o mesmo que subiu mais alto do que todos os céus, a fim de encher o universo.

¹¹E foi ele quem instituiu alguns como apóstolos, outros como profetas, outros ainda como evangelistas, outros, enfim, como pastores e mestres. ¹²Assim, ele capacitou os santos para o ministério, para edificar o corpo de Cristo, ¹³até que cheguemos todos juntos à unidade da fé e do conhecimento do Filho de Deus, ao estado do homem perfeito e à estatura de Cristo em sua plenitude. ¹⁴Assim, não seremos mais crianças ao sabor das ondas, arrastados por todo vento de doutrina, ludibriados pelos homens e induzidos por sua astúcia ao erro. ¹⁵Motivados pelo amor queremos ater-nos à verdade e crescer em tudo até atingirmos aquele que é a Cabeça, Cristo. ¹⁶Graças a ele, o corpo, coordenado e bem unido, por meio de todas as articulações que o servem,

25 de abril

realiza o seu crescimento, segundo uma atividade à medida de cada membro, para a sua edificação no amor.

Responsório   cf. 2Pd 1,21; Pr 2,6

R. Profecia alguma existiu pela mente humana inspirada;
 * Pois, os homens de Deus nos falaram
     pelo Espírito Santo inspirados. Aleluia.
V. É o Senhor quem dá a sabedoria,
     de sua boca procede a prudência. * Pois, os homens.

Segunda leitura

Do Tratado contra as heresias, de Santo Irineu, bispo

       (Lib. 1,10,1-3: PG 7,550-554)   (Séc. II)

A pregação da verdade

A Igreja, espalhada pelo mundo inteiro até os confins da terra, recebeu dos apóstolos e de seus discípulos a fé em um só Deus, Pai todo-poderoso, *que criou o céu, a terra, o mar e tudo o que neles existe* (cf. At 4,24); em um só Jesus Cristo Filho de Deus, que se fez homem para nossa salvação; e no Espírito Santo, que, pela boca dos profetas, anunciou antecipadamente os desígnios de Deus: a vinda de Jesus Cristo, nosso amado Senhor, o seu nascimento de uma Virgem, a sua paixão e ressurreição de entre os mortos, a ascensão corporal aos céus, a sua futura vinda do céu na glória do Pai. Então ele virá para *recapitular o universo inteiro* (cf. Ef 1,10) e ressuscitar todos os homens, a fim de que, segundo a vontade do Pai invisível, diante de Cristo Jesus nosso Senhor, Deus, Salvador e Rei, *todo joelho se dobre no céu, na terra e abaixo da terra, e toda língua o proclame* (cf. Fl 2, 10-11), e ele julgue todos os homens com justiça.

A Igreja recebeu, como dissemos, e guarda com todo cuidado esta pregação e esta fé; apesar de espalhada pelo mundo inteiro, guarda-a como se morasse em uma só casa.

1542   25 de abril

Acredita nela como quem possui uma só alma e um só coração; e a proclama, ensina e transmite, como se tivesse uma só boca. Porque, embora através do mundo haja línguas muito diferentes, a força da Tradição é uma só e a mesma para todos.

As Igrejas fundadas na Germânia, as que se encontram na Ibéria e nas terras celtas, as do Oriente, do Egito e Líbia, ou as do centro do mundo, não creem nem ensinam de modo diferente. Assim como o sol, criatura de Deus, é um só e o mesmo para todo o universo, igualmente a pregação da verdade brilha em toda parte e ilumina todos os homens que querem chegar ao conhecimento da verdade.

E dos que presidem às Igrejas, nem mesmo o mais eloquente, dirá coisas diferentes das que afirmamos, pois ninguém está acima do divino Mestre; nem o orador menos hábil enfraquecerá a Tradição. Sendo uma só e mesma a fé, nem aquele que muito diz sobre ela a aumenta, nem aquele que diz menos a diminui.

Responsório   1Cor 1,17-18.21

R. Cristo enviou-me a pregar o Evangelho,
   não com sábias palavras humanas,
   para não tornar vã sua cruz.
 * A linguagem da cruz é loucura,
   para aqueles que vão se perder;
   para aqueles, porém, que se salvam,
   para nós é a força de Deus. Aleluia.
V. Porque o mundo não reconheceu a Deus pela sabedoria,
   agradou-lhe salvar os que creem
   pelo anúncio da louca mensagem. * A linguagem.

HINO Te Deum, p. 949.

Oração como nas Laudes.

25 de abril

1543

Laudes

Hino

Cantamos hoje alegremente,
ó São João Marcos, teu louvor,
pois tu trouxeste a toda gente
a Boa-nova do Senhor.

Por mestre a Pedro tu tiveste,
suas palavras recolhias,
e, se a Jesus não conheceste,
era a Jesus que nele ouvias.

Breve o Evangelho que escreveste,
tão dilatado em seu amor:
em poucas páginas puseste
as maravilhas do Senhor.

Deixa-te Paulo, e a Paulo segues,
vais imitando a sua lida;
perfeita é a cópia que consegues,
dando por Cristo a própria vida.

Filho de Deus O proclamemos,
por ti e Pedro alimentados,
e face a face O contemplemos,
ao céu um dia transportados.

Ant. 1 O **santo** Evange**lista** investi**gou**
o sa**ber** dos grandes **homens** do passado,
e confir**mou** o que os pro**fe**tas predisseram. Aleluia.

Salmos e cântico do domingo da I Semana, p. 982.

Ant. 2 Deus cha**mou**-nos à **fé** na Verda**de**
pelo a**núncio** do **san**to Evangelho,
para ob**ter**mos a **gló**ria de **Cris**to. Ale**lu**ia.

Ant. 3 Muitos louvaram seu sa**ber**, que ja**mais** perece**rá**.
Ale**lu**ia.

1544   25 de abril

Leitura breve   1Cor 15,1-2a.3-4

Irmãos, quero lembrar-vos o evangelho que vos preguei e que recebestes, e no qual estais firmes. Por ele sois salvos. Com efeito, eu vos transmiti em primeiro lugar aquilo que eu mesmo tinha recebido, a saber: que Cristo morreu por nossos pecados, segundo as Escrituras; que foi sepultado; que, ao terceiro dia, ressuscitou, segundo as Escrituras.

Responsório breve

R. Eles contaram as grandezas do Senhor e seu poder.
   * Aleluia, aleluia. R. Eles contaram.
V. E as suas maravilhas que por nós realizou. * Aleluia.
    Glória ao Pai. R. Eles contaram.

Cântico evangélico, ant.

Pela graça de Jesus nosso Senhor,
aos povos e nações são enviados
evangelistas e doutores do Evangelho,
para ajudarem a crescer a nossa fé. Aleluia.

Preces

Invoquemos nosso Salvador que, destruindo a morte, iluminou a vida por meio do Evangelho; e, humildes, peçamos:
R. Confirmai a vossa Igreja na fé e na caridade!

Fizestes resplandecer admiravelmente a vossa Igreja por meio de santos e insignes doutores;
– que os cristãos se alegrem sempre com o mesmo esplendor.
       R.

Quando os santos pastores vos suplicavam, a exemplo de Moisés, perdoastes os pecados do povo;
– por intercessão deles, santificai a vossa Igreja mediante uma contínua purificação.   R.

Tendo-os escolhido entre seus irmãos, consagrastes vossos santos enviando sobre eles o vosso Espírito;

25 de abril

– que o mesmo Espírito Santo inspire aqueles que governam vosso povo. **R.**

Sois vós a herança dos santos pastores;
– concedei que nenhum daqueles que foram resgatados pelo vosso sangue fique longe de vós. **R.**
(intenções livres)

Pai nosso...

Oração

Ó Deus, que concedestes a São Marcos, vosso evangelista, a glória de proclamar a Boa-nova, dai-nos assimilar de tal modo seus ensinamentos, que sigamos fielmente os caminhos do Cristo. Que convosco vive e reina, na unidade do Espírito Santo.

Hora Média

Salmos do dia de semana corrente com a antífona do Tempo.

Oração das Nove Horas

Leitura breve — Rm 1,16-17

Eu não me envergonho do Evangelho, pois ele é uma força salvadora de Deus para todo aquele que crê, primeiro para o judeu, mas também para o grego. Nele, com efeito, a justiça de Deus se revela da fé para a fé, como está escrito: O justo viverá pela fé.

V. Em toda a **ter**ra se es**pa**lha o seu a**nún**cio, ale**lui**a.
R. E sua **voz**, pelos con**fins** do uni**ver**so, ale**lui**a.

Oração das Doze Horas

Leitura breve — 1Ts 2,2b-4

Encontramos em Deus a coragem de vos anunciar o evangelho, em meio a grandes lutas. A nossa exortação não se baseia no erro, na ambiguidade ou no desejo de enganar. Ao

1546   25 de abril

contrário, uma vez que Deus nos achou dignos para que nos confiasse o evangelho, falamos não para agradar aos homens, mas a Deus.

V. Eles guardavam os preceitos, aleluia,
R. E as ordens do Senhor, aleluia.

Oração das Quinze Horas

Nos salmos graduais, em lugar do Salmo 125(126) pode dizer-se o Salmo 128(129), p. 1369.

Leitura breve   2Tm 1,8b-9

Sofre comigo pelo Evangelho, fortificado pelo poder de Deus. Deus nos salvou e nos chamou com uma vocação santa, não devido às nossas obras, mas em virtude do seu desígnio e da sua graça, que nos foi dada em Cristo Jesus.

V. Alegrai-vos e exultai, diz o Senhor, aleluia,
R. Pois no céu estão inscritos vossos nomes, aleluia.

Oração como nas Laudes.

Vésperas

HINO cantamos hoje, p. 1543.

Ant. 1 O Senhor constituiu-me ministro do Evangelho
pelo **dom** de sua **graça**. Aleluia.

Salmos e cântico do Comum dos apóstolos, p. 1710.

Ant. 2 Tudo **faço** por **cau**sa do Evangelho,
para **dele** rece**ber** a minha **parte**. Aleluia.

Ant. 3 A **mim** foi concedida esta **graça**:
aos pa**gãos** anunci**ar** a Boa-**nova**
das ri**quezas** insondáveis de Jesus. Aleluia.

Leitura breve   Cl 1,3-6a

Damos graças a Deus, Pai de nosso Senhor Jesus Cristo, sempre rezando por vós, pois ouvimos acerca da vossa fé em Cristo Jesus e do amor que mostrais para com todos os santos, animados pela esperança na posse do céu. Disso já ouvistes falar no Evangelho, cuja palavra de verdade chegou até vós. E como no mundo inteiro, assim também entre vós ela está produzindo frutos.

Responsório breve

R. Anunciai, entre as nações, a glória do Senhor.
 * Aleluia, aleluia. R. Anunciai.
V. E entre os povos do universo, as suas maravilhas.
 * Aleluia. Glória ao Pai. R. Anunciai.

Cântico evangélico, ant.

A Palavra do Senhor permanece eternamente;
e esta é a Palavra que vos foi anunciada. Aleluia.

Preces

Oremos a Deus Pai, fonte de toda luz, que nos chamou à verdadeira fé por meio do Evangelho de seu Filho; e peçamos em favor do seu povo santo, dizendo:

R. **Lembrai-vos, Senhor, da vossa Igreja!**

Deus Pai, que ressuscitastes dos mortos vosso Filho, o grande Pastor das ovelhas,
– fazei de nós testemunhas do vosso Filho até os confins da terra. R.

Vós, que enviastes vosso Filho ao mundo para evangelizar os pobres,
– fazei que o Evangelho seja pregado a toda criatura. R.

Vós, que enviastes vosso Filho para semear a palavra do Reino,
– concedei-nos colher na alegria os frutos da palavra semeada com o nosso trabalho. R.

Vós, que enviastes vosso Filho para reconciliar o mundo convosco pelo seu sangue,

1548   **28 de abril**

—fazei que todos nós colaboremos na obra da reconciliação de toda a humanidade.

R. Lembrai-vos, Senhor, da vossa Igreja!

(intenções livres)

Vós, que glorificastes vosso Filho à vossa direita nos céus, —recebei no Reino da felicidade eterna os nossos irmãos e irmãs falecidos.   R.

Pai nosso...

Oração

Ó Deus, que concedestes a São Marcos, vosso evangelista, a glória de proclamar a Boa-nova, dai-nos assimilar de tal modo seus ensinamentos, que sigamos fielmente os caminhos do Cristo. Que convosco vive e reina, na unidade do Espírito Santo.

28 de abril

SÃO PEDRO CHANEL, PRESBÍTERO E MÁRTIR

Nasceu em Cuet (França), em 1803. Ordenado sacerdote, exerceu o ministério pastoral por poucos anos. Ingressou na Sociedade de Maria (Maristas), partiu como missionário para a Oceânia. Apesar das grandes dificuldades que encontrou, conseguiu converter alguns pagãos ao cristianismo; isto provocou o ódio dos inimigos da fé cristã, que o levaram à morte na ilha de Futuna, em 1841.

Do Comum de um mártir no Tempo pascal, p. 1752.

Ofício das Leituras

Segunda leitura

Elogio de São Pedro Chanel, presbítero e mártir

O sangue dos mártires é semente de cristãos

Pedro, tão logo entrou para a vida religiosa na Sociedade de Maria, foi a seu pedido enviado para as missões da Oceânia; aportou na ilha de Futuna, no Oceano Pacífico, onde ainda não tinha sido anunciado o nome de Cristo. Um

28 de abril

religioso leigo, que sempre o acompanhava, assim descreveu a sua vida missionária:

"Depois dos seus trabalhos, voltava para casa enfraquecido pela fome, banhado em suor e morto de cansaço, mas sempre animado, disposto e alegre, como se voltasse de um lugar de delícias; e isto não era de vez em quando, mas quase diariamente.

Não costumava negar coisa alguma aos habitantes de Futuna, nem mesmo àqueles que o perseguiam. Sempre os desculpava e nunca os repelia, por mais rudes e importunos que fossem. Tratava a todos com extraordinária amabilidade, que manifestava de diversos modos, sem excetuar ninguém".

Não é de admirar que os indígenas o chamassem "homem de grande coração", àquele que certa vez dissera a um confrade seu: "Em missão tão difícil, é preciso que sejamos santos".

Pouco a pouco foi anunciando o evangelho de Cristo, mas recolhia frutos minguados. Apesar disso, continuava com invencível coragem seu trabalho missionário, ao mesmo tempo religioso e humanitário. Apoiava-se no exemplo e nas palavras de Cristo: *Um é o que semeia e outro o que colhe* (Jo 4,37). E pedia com insistência o amparo da Mãe de Deus, por quem tinha particular devoção.

Na sua pregação da religião cristã, Pedro destruiu o culto dos maus espíritos, alimentado pelos chefes de Futuna para conservar o povo sob seu domínio. Por esse motivo assassinaram-no cruelmente, na esperança de fazerem desaparecer com sua morte as sementes do cristianismo que plantara naquela terra.

Mas, na véspera do martírio, ele próprio afirmou: "Minha morte não tem importância; o cristianismo está tão arraigado nesta ilha, que não será arrancado com minha morte".

O sangue do mártir frutificou primeiramente nos próprios habitantes de Futuna, que, poucos anos depois, abra-

1550   29 de abril

çaram todos a fé em Cristo; mas frutificou também nas outras ilhas da Oceânia, onde existem florescentes Igrejas cristãs, que consideram e invocam Pedro como seu primeiro mártir.

Responsório   Lc 10,2; At 1,8

R. É **gran**de a col**hei**ta e os ope**rá**rios são **poucos**.
 * Por **isso** pe**di** ao Se**nhor** da col**hei**ta
 que **man**de operários à **sua** colheita. Ale**luia**.
V. Recebe**reis** vossa **for**ça do Es**pí**rito,
 que **há** de des**cer** sobre **vós**;
 e se**reis** teste**mu**nhas de **mim**
 até os ex**tre**mos da **ter**ra. * Por **isso**.

Oração

Ó Deus, que para expandir a vossa Igreja coroastes São Pedro Chanel com o martírio, concedei-nos, neste tempo de alegria pascal, celebrar de tal modo a morte e ressurreição de Cristo, que nos tornemos testemunhas de uma vida nova. Por nosso Senhor Jesus Cristo, vosso Filho, na unidade do Espírito Santo.

29 de abril

SANTA CATARINA DE SENA, VIRGEM, E DOUTORA DA IGREJA

Memória

Nasceu em Sena (Itália), em 1347. Ainda adolescente, movida pelo desejo de perfeição, entrou na Ordem Terceira de São Domingos. Cheia de amor por Deus e pelo próximo, trabalhou incansavelmente pela paz e concórdia entre as cidades; defendeu com ardor os direitos e a liberdade do Romano Pontífice e promoveu a renovação da vida religiosa. Escreveu importantes obras de espiritualidade, cheias de boa doutrina e de inspiração celeste. Morreu em 1380.

Do Comum das virgens, p. 1830, exceto o seguinte:

29 de abril

Ofício das Leituras

Hino

Virgem prudente entre as outras,
espera o esposo Jesus;
acende auréolas na noite
da sua lâmpada a luz.

Anel de fúlgidas pedras
põe-lhe no dedo o Senhor:
"Ó minha amada, eu te entrego
dos esponsais o penhor!"

Por tal ardor, Catarina
já desfalece de amor,
vendo em seus membros as chagas,
joias de infindo valor.

Feliz a esposa que o Esposo
acolhe nos braços seus:
dá-lhe na terra o antegozo
da plena glória dos céus.

Possa nos céus o Deus Trino
nosso louvor acolher,
ele, que a terra governa
com seu divino poder.

Segunda leitura

Do Diálogo sobre a divina Providência, de Santa Catarina de Sena

*(Cap. 167, Gratiarum actio ad Trinitatem:
ed. lat., Ingolstadii 1583; f. 290'-291) (Séc. XIV)*

Provei e vi

Ó Divindade eterna, ó eterna Trindade, que pela união
da natureza divina tanto fizeste valer o sangue de teu Filho
unigênito! Tu, Trindade eterna, és como um mar profundo,
onde quanto mais procuro mais encontro; e quanto mais

encontro, mais cresce a sede de te procurar. Tu sacias a alma, mas de um modo insaciável; porque, saciando-se no teu abismo, a alma permanece sempre sedenta e faminta de ti, ó Trindade eterna, cobiçando e desejando ver-te à luz de tua luz.

Provei e vi em tua luz com a luz da inteligência, o teu insondável abismo, ó Trindade eterna, e a beleza de tua criatura. Por isso, vendo-me em ti, vi que sou imagem tua por aquela inteligência que me é dada como participação do teu poder, ó Pai eterno, e também da tua sabedoria, que é apropriada ao teu Filho unigênito. E o Espírito Santo, que procede de ti e de teu Filho, deu-me a vontade que me torna capaz de amar-te.

Pois tu, ó Trindade eterna, és criador e eu criatura; e conheci – porque me fizeste compreender quando de novo me criaste no sangue de teu Filho – conheci que estás enamorado pela beleza de tua criatura.

Ó abismo, ó Trindade eterna, ó Divindade, ó mar profundo! Que mais poderias dar-me do que a ti mesmo? Tu és um fogo que arde sempre e não se consome. Tu és que consomes por teu calor todo o amor profundo da alma. Tu és de novo o fogo que faz desaparecer toda frieza e iluminas as mentes com tua luz. Com esta luz me fizeste conhecer a verdade.

Espelhando-me nesta luz, conheço-te como Sumo Bem, o Bem que está acima de todo bem, o Bem feliz, o Bem incompreensível, o Bem inestimável, a Beleza que ultrapassa toda beleza, a Sabedoria superior a toda sabedoria. Porque tu és a própria Sabedoria, tu, o pão dos anjos, que no fogo da caridade te deste aos homens.

Tu és a veste que cobre minha nudez; alimentas nossa fome com a tua doçura, porque és doce sem amargura alguma. Ó Trindade eterna!

29 de abril

Responsório

R. Catarina, minha irmã, abre-me a porta;
co-herdeira do meu Reino, diz-lhe Cristo,
minha amiga, que conheces meus mistérios,
meus segredos mais ocultos da verdade.
* Enriquecida pelo dom do meu Espírito,
purificada do pecado e toda mancha
por meu sangue derramado, aleluia.
V. Deixa a paz da oração contemplativa
e testemunha minha verdade com firmeza.
* Enriquecida.

Laudes

Hino

Louvamos-te, ó Catarina,
com o mais intenso louvor,
pois toda a Igreja ilumina
a tua glória e fulgor.

A mais sublime virtude
teus santos passos conduz;
tua alma, tão despojada,
segue o caminho da cruz.

Tu és estrela do mundo,
arauto vivo da paz:
tua presença, tão simples,
toda discórdia desfaz.

Com as mais candentes palavras
exiges paz e união,
pois fala o Espírito Santo
que habita em teu coração.

As tuas preces pedimos,
ó santa virgem de Deus:
dá que busquemos na terra
chegar ao Reino dos Céus.

1554

30 de abril

Ao Pai e ao Espírito Santo,
honra, louvor e poder.
Também ao Filho, que homem
quis de uma Virgem nascer.

Cântico evangélico, ant.
A santa **vir**gem Catarina não cessava de rezar
que a paz vol**tasse nova**mente à Igreja do Senhor. Aleluia.

Oração

Ó Deus, que inflamastes de amor Santa Catarina de Sena,
na contemplação da paixão do Senhor e no serviço da Igreja, concedei-nos, por sua intercessão, participar do mistério
de Cristo, e exultar em sua glória. Por nosso Senhor Jesus
Cristo, vosso Filho, na unidade do Espírito Santo.

Vésperas

HINO Louvamos-te, ó Catarina, p. 1553.

Cântico evangélico, ant.
Em toda a **par**te e sem ces**sar**,
Cata**ri**na procu**ra**va e encon**tra**va o Se**nhor**;
e vi**via** unida a **e**le num a**mor** de intimi**da**de. Aleluia.

30 de abril

SÃO PIO V, PAPA

Nasceu nas proximidades de Alessândria (Itália), em 1504. Entrou na Ordem dos Frades Pregadores e ensinou Teologia. Ordenado bispo e criado cardeal, foi eleito, em 1566, para a Cátedra
de Pedro. Continuou decididamente a reforma da Igreja, iniciada
no Concílio de Trento, promoveu a propagação da fé e reformou
o culto divino. Morreu a 1º de maio de 1572.

Do Comum dos pastores: para papas, p. 1784.

30 de abril

1555

Ofício das Leituras

Segunda leitura

Dos Tratados sobre o Evangelho de João, de Santo Agostinho, bispo

(Tract. 124,5: CCL 36,684-685) (Séc. V)

*A Igreja foi fundada sobre a Pedra
que foi objeto da profissão de Pedro*

Deus não cessa de oferecer consolações ao pobre gênero humano. Mas, além delas, quando chegou a plenitude dos tempos, isto é, o momento de realizar o que determinara, enviou seu Filho unigênito, por meio do qual criou todas as coisas. Sem deixar de ser Deus, ele se fez homem e se tornou *mediador entre Deus e os homens: o homem Jesus Cristo* (1Tm 2,5).

Os que acreditassem nele e se purificassem de seus pecados pelo batismo, ficariam livres da condenação eterna. Viveriam na fé, na esperança e na caridade, atravessando como peregrinos este mundo cheio de tentações difíceis e perigosas. Mas ajudados pelas consolações de Deus, espirituais e materiais, chegariam à sua presença seguindo Cristo que para eles se fez caminho.

Todavia, como nem mesmo os que seguem este caminho estão isentos de pecado – consequência da fragilidade humana – deu-lhes o remédio salutar das esmolas, para garantir a eficácia das suas orações, como ele próprio nos ensinou a dizer: *Perdoa-nos as nossas dívidas, assim como nós perdoamos aos nossos devedores* (Mt 6,12).

Assim procede a Igreja, feliz na sua esperança, enquanto vive entre as misérias desta vida; é a obra da Igreja universal que o apóstolo Pedro representava figurativamente pela primazia do seu apostolado.

Consideradas as suas propriedades naturais, era por natureza um homem, por graça um cristão; por graça mais abundante, um apóstolo, o primeiro dos apóstolos. Mas Cristo disse a Pedro: *Eu te darei as chaves do Reino dos Céus: tudo o que ligares na terra será ligado nos céus; tudo o que desligares na terra será desligado nos céus* (Mt 16,19). Em virtude destas palavras, Pedro passou a representar a Igreja universal, que neste mundo é sacudida por toda espécie de provações, como se fossem chuvas torrenciais, raios e tempestades que se lançam contra ela. Contudo, não desaba, porque está alicerçada sobre a pedra, de onde Pedro recebeu o nome.

O Senhor diz: *Sobre esta pedra construirei a minha Igreja* (Mt 16,18). Era a resposta a Pedro que afirmara: *Tu és o Messias, o Filho do Deus vivo* (Mt 16,16). Jesus quer significar o seguinte: sobre esta pedra, que foi objeto da tua profissão de fé, eu construirei a minha Igreja. *Aquela pedra era Cristo* (cf. 1Cor 10,4). Sobre este alicerce também Pedro foi edificado. *De fato, ninguém pode colocar outro alicerce diferente do que está aí, já colocado: Jesus Cristo* (1Cor 3,11).

Portanto, a Igreja, que tem Cristo por alicerce, dele recebeu, na pessoa de Pedro, as chaves do Reino dos Céus, quer dizer, o poder de ligar e desligar os pecados. Esta Igreja é livre de todos os males, porque ama e segue a Cristo. Mas segue a Cristo mais de perto na pessoa daqueles que lutam pela verdade até à morte.

Responsório   Ez 3,21; 1Tm 4,16

R. Se exortares quem é **jus**to, que se a**fas**te do pe**ca**do,
    e ele não pe**car**, com certeza vive**rá**,
 * E tu salvas**te** a ti **mes**mo. Ale**lu**ia.
V. Cuida de **ti** e da dou**tri**na, e as**sim** te salva**rás**
    e salva**rás** os que te **ou**vem. * E tu salvas**te**.

Oração

Ó Deus, que suscitastes na Igreja o papa São Pio V, para defender a fé e restaurar a liturgia, concedei-nos, por sua intercessão, participar dos vossos mistérios com fé ardente e fecunda caridade. Por nosso Senhor Jesus Cristo, vosso Filho, na unidade do Espírito Santo.

MAIO

1º de maio

SÃO JOSÉ OPERÁRIO

Onde esta memória é celebrada com maior destaque, o que aqui falta toma-se de 19 de março, p. 1479.

Invitatório

R. Adoremos Jesus **Cristo**, que quis **ser** considerado como **filho** de **José**, o carpin**teiro**, ale**luia**.

Salmo invitatório como no Ordinário, p. 944.

Ofício das Leituras

Hino

Nossas vozes te celebram,
operário São José,
que a oficina consagraste,
trabalhando em Nazaré.

Tão humilde tu vivias,
tendo em ti sangue de rei!
Em silêncio um Deus nutrias,
ao cumprires sua lei.

O teu lar era um modelo
de trabalho e de oração;
com o suor de tua face
conquistavas o teu pão.

Elimina os egoísmos,
dá aos pobres de comer;
possa a Igreja, Cristo místico,
sob a tua mão crescer.

1558   1º de maio

No Deus trino, autor do mundo,
proclamemos nossa fé,
imitando a vida e a morte
do operário São José.

Segunda leitura

Da Constituição pastoral *Gaudium et spes* sobre a Igreja
no mundo contemporâneo, do Concílio Vaticano II

(N. 33-34)   (Séc. XX)

A atividade humana no mundo

Por seu trabalho e inteligência, o homem procurou sempre mais desenvolver a sua vida. Hoje em dia, porém, ajudado antes de tudo pela ciência e pela técnica, ele estendeu continuamente o seu domínio sobre quase toda a natureza; e, principalmente, graças aos meios de intercâmbio de toda espécie entre as nações, a família humana pouco a pouco se reconhece e se constitui como uma só comunidade no mundo inteiro. Por isso, muitos bens que o homem esperava antigamente obter sobretudo de forças superiores, hoje os consegue por seus próprios meios.

Diante deste esforço imenso, que já penetra a humanidade inteira, surgem muitas perguntas entre os homens. Qual é o sentido e o valor desta atividade? Como todas estas coisas devem ser usadas? Qual a finalidade desses esforços, sejam eles individuais ou coletivos?

A Igreja, guardiã do depósito da palavra de Deus, que é a fonte dos seus princípios de ordem religiosa e moral, embora ainda não tenha uma resposta imediata para todos os problemas, deseja no entanto unir a luz da revelação à *competência de todos*, para iluminar o caminho no qual a humanidade entrou recentemente.

Para os fiéis é pacífico que a atividade humana individual e coletiva, aquele imenso esforço com que os homens, no decorrer dos séculos, tentaram melhorar as suas condições de vida, considerado em si mesmo, corresponde ao plano de Deus.

Com efeito, o homem, criado à imagem de Deus, recebeu a missão de dominar a terra com tudo o que ela contém e de governar o mundo na justiça e na santidade, isto é, reconhecendo a Deus como Criador de todas as coisas, orientando para ele o seu ser e todo o universo; assim, com todas as coisas submetidas ao homem, o nome de Deus seja glorificado na terra inteira.

Isto diz respeito também aos trabalhos cotidianos. Pois os homens e as mulheres que, ao procurar o sustento para si e suas famílias, exercem suas atividades de maneira a bem servir à sociedade, têm razão para ver no seu trabalho um prolongamento da obra do Criador, um serviço a seus irmãos e uma contribuição pessoal para a realização do plano de Deus na história.

Portanto, bem longe de pensar que as obras produzidas pelo talento e esforço dos homens se opõem ao poder de Deus, ou considerar a criatura racional como rival do Criador, os cristãos, pelo contrário, estão convencidos de que as vitórias do gênero humano são um sinal da grandeza de Deus e fruto de seus inefáveis desígnios. Quanto mais, porém, cresce o poder dos homens, tanto mais aumenta a sua responsabilidade, seja pessoal seja comunitária.

Donde se vê que a mensagem cristã não afasta os homens da tarefa de construir o mundo nem os leva a negligenciar o bem de seus semelhantes; mas, antes, os impele a sentir esta obrigação como um verdadeiro dever.

Responsório
cf. Gn 2,15

R. Colo**cou** o Senhor **Deus**, no jardim do **Éden**,
   o **ho**mem que cri**a**ra,
  * Para que **ele** o culti**vas**se e o guar**das**se, ale**lui**a.
V. Era **esta**, no prin**cí**pio, a **con**dição hu**ma**na.
   * Para que **ele**.

1º de maio

Laudes

Hino

Anuncia a aurora o dia,
chama todos ao trabalho;
como outrora em Nazaré,
já se escutam serra e malho.

Salve, ó chefe de família!
Que mistério tão profundo
ver que ensinas teu ofício
a quem fez e salva o mundo!

Habitando agora o alto
com a Esposa e o Salvador,
vem e assiste aqui na terra
todo pobre e sofredor!

Ganhe o pobre um bom salário,
e feliz seja em seu lar;
gozem todos de saúde
com modéstia e bem-estar.

São José, roga por nós
à Trindade que é um só Deus;
encaminha os nossos passos,
guia a todos para os céus.

Leitura breve   2Sm 7,28-29

Senhor Deus, tu és Deus e tuas palavras são verdadeiras.
Pois que fizeste esta bela promessa ao teu servo, abençoa,
então, a casa do teu servo, para que ela permaneça para
sempre na tua presença. Porque és tu, Senhor Deus, que
falaste, e é graças à tua bênção que a casa do teu servo será
abençoada para sempre.

Responsório breve

R. Fez **de**le o se**nhor** de sua **ca**sa.
    * Ale**lu**ia, ale**lu**ia. R. Fez **de**le.

V. E de **todos** os seus **bens,** o despenseiro. * O se**nhor**.
Glória ao **Pai**. R. Fez de**le**.

Cântico evangélico, ant.

Homem fiel e exem**plar** carpin**tei**ro dedi**ca**do
em sua **vi**da de tra**ba**lho, São José é nosso mo**de**lo. Ale**lui**a.

Preces

Oremos humildemente ao Senhor, de quem procede toda
perfeição e santidade dos justos; e digamos:

R. **Santificai-nos, Senhor, segundo a vossa justiça!**

Senhor Deus, que chamastes os nossos pais na fé para caminharem na vossa presença com um coração perfeito,
– fazei que, seguindo os seus passos, alcancemos a perfeição de acordo com a vossa vontade. R.

Vós, que escolhestes São José, homem justo, para cuidar de
vosso Filho na infância e juventude,
– fazei que sirvamos em nossos irmãos e irmãs o Corpo
místico de Cristo. R.

Vós, que destes a terra aos seres humanos para que a po-
voassem e dominassem,
– ensinai-nos a trabalhar corajosamente neste mundo, buscando sempre a vossa glória. R.

Pai de todos nós, lembrai-vos da obra de vossas mãos,
– e dai a todos trabalho e condições de vida digna. R.
(intenções livres)

Pai nosso...

Oração

Ó Deus, criador do universo, que destes aos homens a lei
do trabalho, concedei-nos, pelo exemplo e a proteção de
São José, cumprir as nossas tarefas e alcançar os prêmios
prometidos. Por nosso Senhor Jesus Cristo, vosso Filho, na
unidade do Espírito Santo.

1562   1º de maio

Vésperas

Hino

Celebre a José a corte celeste,
prossiga o louvor o povo cristão:
Só ele merece à Virgem se unir
em casta união.

Ao ver sua Esposa em Mãe transformar-se,
José quer deixar Maria em segredo.
Um anjo aparece: "É obra de Deus!"
Afasta-lhe o medo.

Nascido o Senhor, nos braços o estreitas.
A ti tem por guia, a Herodes fugindo.
Perdido no templo, és tu que o encontras,
chorando e sorrindo.

Convívio divino a outros, somente
após dura morte é dado gozar.
Mas tu, já em vida, abraças a Deus,
e o tens no teu lar!

Ó dai-nos, Trindade, o que hoje pedimos:
Um dia no céu, cantarmos também
o canto que canta o esposo da Virgem
sem mácula. Amém.

Leitura breve
Cl 3,23-24

Tudo o que fizerdes, fazei-o de coração, como para o Senhor e não para os homens. Pois vós bem sabeis que recebereis do Senhor a herança como recompensa. Servi a Cristo, o Senhor!

Responsório breve

R. O **ju**sto como o **lír**io brotará.
  * Aleluia, aleluia. R. O **ju**sto.
V. E flori**rá** ante o Se**nhor** eterna**men**te. * Aleluia.
  Glória ao **Pai**. R. O **ju**sto.

Cântico evangélico, ant.

Jesus **Cristo** quis ser **ti**do como **fi**lho de José, o carpin**tei**ro, ale**lui**a.

Preces

Invoquemos humildemente a Deus, fonte de toda a paterni-dade no céu e na terra; e digamos:

R. **Pai santo, que estais nos céus, ouvi-nos!**

Pai santo, que revelastes a São José o mistério de Cristo, escondido desde toda a eternidade,
– fazei-nos conhecer melhor o vosso Filho, Deus e Homem. R.

Pai celeste, que alimentais as aves do céu e vestis a erva dos campos,
– dai a todos os seres humanos o pão do corpo e da alma. R.

Criador de todas as coisas, que nos confiastes a obra de vossas mãos,
– fazei que os operários possam honestamente usufruir a recompensa dos seus trabalhos. R.

Deus de toda justiça, que amais os justos,
– dai-nos, por intercessão de São José, a graça de caminhar na vida praticando o que vos agrada. R.

(intenções livres)

Concedei benignamente a vossa misericórdia aos agonizan-tes e aos que já partiram desta vida,
– por intercessão de vosso Filho, junto com sua mãe Maria e São José. R.

Pai nosso...

Oração

Ó Deus, criador do universo, que destes aos homens a lei do trabalho, concedei-nos, pelo exemplo e a proteção de São

1564   2 de maio

José, cumprir as nossas tarefas e alcançar os prêmios prometidos. Por nosso Senhor Jesus Cristo, vosso Filho, na unidade do Espírito Santo.

2 de maio

SANTO ATANÁSIO, BISPO E DOUTOR DA IGREJA

Memória

Nasceu em Alexandria no ano 295. No Concílio de Niceia, acompanhou o bispo Alexandre a quem sucedeu no episcopado. Lutou corajosamente contra os arianos; tendo por isso suportado muitos sofrimentos e foi várias vezes condenado ao exílio. Escreveu importantes obras doutrinais e em defesa da verdadeira fé. Morreu em 373.

Do Comum dos pastores: para bispos, p. 1784, e dos doutores da Igreja, p. 1815.

Ofício das Leituras

Segunda leitura

Dos Sermões de Santo Atanásio, bispo

(Oratio de incarnatione Verbi, 8-9: PG 25,110-111) (Séc. IV)

A encarnação do Verbo

O Verbo de Deus, incorpóreo, incorruptível e imaterial, veio habitar no meio de nós, se bem que antes não estivesse ausente. De fato, nenhuma região do mundo jamais esteve privada de sua presença, porque, pela união com seu Pai, ele estava em todas as coisas e em todo lugar.

Por amor de nós, veio a este mundo, isto é, mostrou-se a nós de modo sensível. Compadecido da fraqueza do gênero humano, comovido pelo nosso estado de corrupção, não suportando ver-nos dominados pela morte, tomou um corpo semelhante ao nosso. Assim fez para que não perecesse o

2 de maio

que fora criado nem se tornasse inútil a obra de seu Pai e sua ao criar o homem. Ele não quis apenas habitar num corpo ou somente tornar-se visível. Se quisesse apenas tornar-se visível, teria certamente assumido um corpo mais excelente; mas assumiu o nosso corpo.

Construiu no seio da Virgem um templo para si, isto é, um corpo; habitando nele, fê-lo instrumento mediante o qual se daria a conhecer. Assim, pois, assumindo um corpo semelhante ao nosso, e porque toda a humanidade estava sujeita à corrupção da morte, ele, no seu imenso amor por nós, ofereceu-o ao Pai, aceitando morrer por todos os homens. Deste modo, a lei da morte, promulgada contra a humanidade inteira, ficou anulada para aqueles que morrem em comunhão com ele. Tendo ferido o corpo do Senhor, a morte perdeu a possibilidade de fazer mal aos outros homens, seus semelhantes. Além disso, reconduziu o gênero humano da corrupção para a incorruptibilidade, da morte para a vida, fazendo desaparecer a morte – como a palha é consumida pelo fogo – por meio do corpo que assumira e pelo poder da ressurreição.

Assumiu, portanto, um corpo mortal, para que esse corpo, unido ao Verbo que está acima de tudo, pudesse morrer por todos. E porque era habitação do Verbo, o corpo assumido tornou-se imortal e, pelo poder da ressurreição, remédio de imortalidade para toda a humanidade.

Entregando à morte o corpo que tinha assumido, ele o ofereceu como sacrifício e vítima puríssima, libertando assim da morte todos os seus semelhantes; pois o ofereceu em sacrifício por todos.

O Verbo de Deus, que é superior a todas as coisas, entregando e oferecendo em sacrifício o seu corpo, templo e instrumento da divindade, pagou com a sua morte a dívida que todos tínhamos contraído. Deste modo, o Filho incorruptível de Deus, tornando-se solidário com todos os homens por um corpo semelhante ao seu, tornou a todos

1566

3 de maio

participantes da sua imortalidade, a título de justiça com a promessa da imortalidade.

Por conseguinte, a corrupção da morte já não tem poder algum sobre os homens, por causa do Verbo que por meio do seu corpo habita neles.

Responsório   Jr 15,19.29; 2Pd 2,1

R. Tu serás a minha boca e farei de ti um muro
   resistente como bronze, diante deste povo.
 * Farão guerra contra ti, mas não te vencerão,
   porque eu estou contigo. Aleluia.
V. Surgirão em vosso meio falsos mestres,
   que trarão perniciosas heresias,
   negando o Senhor que os resgatou. * Farão guerra.

Oração

Deus eterno e todo-poderoso, que nos destes em Santo Atanásio um exímio defensor da divindade de vosso Filho, concedei-nos, por sua doutrina e proteção, crescer continuamente no vosso conhecimento e no vosso amor. Por nosso Senhor Jesus Cristo, vosso Filho, na unidade do Espírito Santo.

3 de maio

SÃO FILIPE E SÃO TIAGO, APÓSTOLOS

Festa

Filipe, nascido em Betsaida, foi primeiramente discípulo de João Batista e depois seguiu a Cristo. Tiago, primo do Senhor, filho de Alfeu, governou a Igreja de Jerusalém e escreveu uma Carta. Levou uma vida de muita austeridade e converteu muitos judeus à fé. Recebeu a coroa do martírio no ano 62.

Do Comum dos apóstolos, no Tempo pascal, p. 1698, exceto o seguinte:

Ofício das Leituras

Hino

Filipe, te assemelhas
a Pedro em seu amor:
mostraste, tu e teu chefe,
o mesmo impulso e ardor.

E Cristo, tão bondoso,
esclarecer-te vai:
"Se há tanto me contemplas,
Filipe, viste o Pai!"

Mas não menor, Tiago,
demonstras teu ardor,
coluna que és da Igreja,
irmão que és do Senhor.

Primeiro a presidir
a Igreja de Sião,
nos dás em tua carta
a Lei da Salvação.

Ó mártires ilustres,
faróis de tanta luz,
na fé e na esperança,
já vemos a Jesus.

E um dia em plena glória,
então sem véu algum,
vejamos face a face
o Deus que é trino e um!

Segunda leitura

Do Tratado sobre a prescrição dos hereges, de Tertuliano,
presbítero

(Cap. 20,1-9; 21,3; 22,8-10: CCL 1,201-204)   (Séc. III)

A pregação apostólica

Cristo Jesus, nosso Senhor, durante a sua vida terrena, ensinou quem era ele, quem tinha sido desde sempre, qual era a vontade do Pai que vinha cumprir e qual devia ser o comportamento do homem. Ensinava estas coisas ora em público, diante de todo o povo, ora em particular, aos seus discípulos. Dentre estes escolheu doze para estarem a seu lado, e que destinou para serem os principais mestres das nações.

Quando, depois da sua ressurreição, estava prestes a voltar para o Pai, ordenou aos onze – pois um deles se havia perdido – que fossem ensinar a todos os povos, batizando-os em nome do Pai e do Filho e do Espírito Santo.

Imediatamente os apóstolos (palavra que significa "enviados") chamaram por sorteio a Matias como duodécimo para ocupar o lugar de Judas, segundo a profecia contida num salmo de Davi. Depois de receberem a força do Espírito Santo com o dom de falar e de realizar milagres, começaram a dar testemunho da fé em Jesus Cristo na Judeia, onde fundaram Igrejas; partiram em seguida por todo o mundo, proclamando a mesma doutrina e a mesma fé entre os povos. Em cada cidade por onde passaram fundaram Igrejas, nas quais outras Igrejas que se fundaram e continuam a ser fundadas foram buscar mudas de fé e sementes de doutrina. Por esta razão, são também consideradas apostólicas, porque descendem das Igrejas dos apóstolos.

Toda família deve ser necessariamente considerada segundo sua origem. Por isso, apesar de serem tão numerosas e tão importantes, estas Igrejas não formam senão uma só Igreja: a primeira, que foi fundada pelos apóstolos e que é origem de todas as outras. Assim, todas elas são primeiras e apostólicas, porque todas formam uma só. A comunhão na paz, a mesma linguagem da fraternidade e os laços de hospitalidade manifestam a sua unidade. Estes direitos só têm uma razão de ser: a unidade da mesma tradição sacramental.

3 de maio 1569

Se quisermos saber o conteúdo da pregação dos apóstolos, e, portanto, aquilo que Jesus Cristo lhes revelou, é preciso recorrer a estas mesmas Igrejas fundadas pelos próprios apóstolos e às quais pregaram quer de viva voz, quer por seus escritos.

O Senhor realmente havia dito em certa ocasião: *Tenho ainda muitas coisas a dizer-vos, mas não sois capazes de as compreender agora;* e acrescentou: *quando, porém, vier o Espírito da Verdade, ele vos conduzirá à plena verdade* (Jo 16,12-13). Com estas palavras revelou aos apóstolos que nada ficariam ignorando, porque prometeu-lhes o Espírito da Verdade que os levaria ao conhecimento da *plena verdade.* E, sem dúvida alguma, esta promessa foi cumprida, como provam os Atos dos Apóstolos ao narrarem a descida do Espírito Santo.

Responsório   Jo 12,21-22; Rm 9,26 (cf. Os 2,1b)

R. Vieram alguns **gregos** a Filipe,
    fazendo-lhe o se**guin**te pe**di**do:
    Se**nhor**, queremos **ver** a Je**sus**.
  * Filipe foi dizê-lo a An**dré**, e Filipe e An**dré**, por sua **vez**,
    o disseram a Je**sus**, ale**lu**ia.

V. E i**rá** aconte**cer**, que no lu**gar** onde foi **di**to:
    Vós não **sois** o povo **meu**, mesmo a**li** serão cha**ma**dos
    de **fi**lhos do **Deus vivo**. * Filipe foi dizê-lo.

HINO Te Deum, p. 949.

Oração como nas Laudes.

Laudes

HINO O sol fulgura, do Comum dos apóstolos, p. 1705.

Ant. 1 Se**nhor**, mos**trai**-nos o **Pai**, e **is**to nos basta, ale**lu**ia.

Salmos e cântico do domingo da I Semana, p. 982.

1570   3 de maio

Ant. 2 Há tanto **tempo** estou **convosco,**
e ainda **não** me conhe**ceis?**
Ó **Filipe,** quem me **vê,**
igual**men**te vê meu **Pai.** Alelu**ia.**

Ant. 3 Que o **vo**sso cora**ção** não se per**turbe** nem re**ceie:**
crede em **Deus** e crede em **mim,**
pois são **mui**tas as moradas
que há na **casa** de meu **Pai.** Aleluia.

Leitura breve   Ef 2,19-22
Já não sois mais estrangeiros nem migrantes, mas concida-
dãos dos santos. Sois da família de Deus. Vós fostes integrados no edifício que tem como fundamento os apóstolos
e os profetas, e o próprio Jesus Cristo como pedra principal. É nele que toda a construção se ajusta e se eleva para
formar um templo santo no Senhor. E vós também sois integrados nesta construção, para vos tornardes morada de
Deus pelo Espírito.

Responsório breve
R. Fareis **deles** os **chefes** por **toda** a **terra.**
    *Alelu**ia,** aleluia.   R. Fareis.
V. Lembra**rão** vosso **nome,** Se**nhor,** para **sempre.**
    *Alelu**ia.** Glória ao **Pai.**   R. Fareis **deles.**

Cântico evangélico, ant.
Filipe encon**trou** Natanael e lhe con**tou:**
Encon**tra**mos o Mes**sias** que Moi**sés** previu na **Lei**
e os pro**fetas** predis**seram:**
é o **filho** de José, é **Jesus** de Nazaré. Aleluia.

Preces
Irmãos caríssimos, tendo recebido dos apóstolos a herança
celeste, agradeçamos a Deus, nosso Pai, por todos os seus
dons; e aclamemos:

3 de maio

R. **O coro dos apóstolos vos louva, Senhor!**

Louvor a vós, Senhor, pela mesa do vosso Corpo e Sangue que recebemos por intermédio dos apóstolos;
– por ela somos alimentados e vivemos. **R.**

Louvor a vós, Senhor, pela mesa de vossa Palavra, preparada para nós pelos apóstolos;
– por ela recebemos luz e alegria. **R.**

Louvor a vós, Senhor, por vossa santa Igreja, edificada sobre o fundamento dos apóstolos;
– com ela formamos um só Corpo. **R.**

Louvor a vós, Senhor, pelos sacramentos do batismo e da Penitência que confiastes aos apóstolos;
– por eles somos lavados de todo pecado. **R.**
(intenções livres)

Pai nosso...

Oração

Ó Deus, vós nos alegrais cada ano com a festa dos apóstolos São Filipe e São Tiago. Concedei-nos, por suas preces, participar de tal modo da paixão e ressurreição do vosso Filho que vejamos eternamente a vossa face. Por nosso Senhor Jesus Cristo, vosso Filho, na unidade do Espírito Santo.

Hora Média

Salmos do dia de semana corrente. Antífona do Tempo. Leitura breve do Comum dos apóstolos, p. 1707. Oração como acima.

Vésperas

HINO Aos onze entristecia, do Comum dos apóstolos, p. 1709.

Ant. 1 Ó Filipe, quem me vê,
igual**men**te vê meu **Pai**. Ale**lu**ia.

Salmos e cântico do Comum dos apóstolos, p. 1710.

1572   3 de maio

Ant. 2 Se **vós** me conhe**ceis**, conhe**ceis** também meu **Pai**.
Desde a**gora** o conhe**ceis** e o vis**tes**, ale**luia**.

Ant. 3 Se me a**mais**, obede**cei** meus manda**men**tos, ale**luia**.

Leitura breve   Ef 4,11-13

Cristo instituiu alguns como apóstolos, outros como profetas, outros ainda como evangelistas, outros, enfim, como
pastores e mestres. Assim, ele capacitou os santos para o
ministério, para edificar o corpo de Cristo, até que cheguemos todos juntos à unidade da fé e do conhecimento do
Filho de Deus, ao estado do homem perfeito e à estatura de
Cristo em sua plenitude.

Responsório breve

R. Anunci**ai** entre as na**ções** a gl**ó**ria do Se**nhor**.
 * Ale**luia**, ale**luia**. R. Anunci**ai**.
V. E as su**as** maravilhas entre os po**vos** do univer**so**.
 * Ale**luia**. Glória ao **Pai**. R. Anunci**ai**.

Cântico evangélico, ant.

Se em **mim** permane**cer**des, e em **vós** minha pa**la**vra,
o que pe**dir**des a meu **Pai**, certa**men**te vos da**rá**. Ale**lui**a.

Preces

Irmãos, edificados sobre o fundamento dos apóstolos, roguemos a Deus Pai todo-poderoso em favor de seu povo
santo; e digamos:

R. **Lembrai-vos, Senhor, da vossa Igreja!**

Vós quisestes, ó Pai, que o vosso Filho, ressuscitado dos
mortos, aparecesse em primeiro lugar aos apóstolos;
—*fazei de nós testemunhas do vosso Filho até os confins da
terra.*   R.

Vós, que enviastes vosso Filho ao mundo para evangelizar
os pobres,
—*fazei que o Evangelho seja pregado a toda criatura.* R.

Vós, que enviastes vosso Filho para semear a palavra do Reino,
– concedei-nos colher na alegria os frutos da palavra semeada com o nosso trabalho. R.

Vós, que enviastes vosso Filho para reconciliar o mundo convosco pelo seu sangue,
– fazei que todos nós colaboremos na obra da reconciliação de toda a humanidade. R.

(intenções livres)

Vós, que glorificastes vosso Filho à vossa direita nos céus,
– recebei no Reino da felicidade eterna os nossos irmãos e irmãs falecidos. R.

Pai nosso...

Oração

Ó Deus, vós nos alegrais cada ano com a festa dos apóstolos São Filipe e São Tiago. Concedei-nos, por suas preces, participar de tal modo da paixão e ressurreição do vosso Filho que vejamos eternamente a vossa face. Por nosso Senhor Jesus Cristo, vosso Filho, na unidade do Espírito Santo.

12 de maio

SÃO NEREU E SANTO AQUILES, MÁRTIRES

Eram soldados adscritos ao tribunal militar. Convertidos à fé cristã, abandonaram o exército. Por isso, foram condenados à morte provavelmente no tempo de Diocleciano. Seu sepulcro conserva-se no cemitério da via Ardeatina, onde há uma basílica edificada em sua honra.

Do Comum de vários mártires no Tempo pascal, p. 1722.

1574

12 de maio

Ofício das Leituras

Segunda leitura

Dos Comentários sobre os Salmos, de Santo Agostinho, bispo

(Ps. 61,4: CCL 39,773-775)　　　(Séc. V)

Os sofrimentos de Cristo não são apenas de Cristo

Jesus Cristo é um só homem, com sua cabeça e seu corpo: salvador do corpo e membros do corpo são dois numa só carne, numa só voz, numa só paixão; e quando passar o tempo da iniquidade, num só descanso. Por isso, os sofrimentos de Cristo não são apenas de Cristo, ou melhor, os sofrimentos de Cristo não são senão de Cristo.

Se pensas em Cristo como cabeça e corpo, os sofrimentos de Cristo são apenas de Cristo; se, porém, pensas em Cristo só como cabeça, os sofrimentos de Cristo não são apenas de Cristo. Com efeito, se os sofrimentos de Cristo só atingem a Cristo, isto é, apenas a cabeça, como pode dizer um de seus membros, o apóstolo Paulo: *Procuro completar na minha carne o que falta das tribulações de Cristo?* (Cl 1,24).

Se, pois, és membro de Cristo – quem quer que sejas tu que ouves estas palavras, ou mesmo que não as ouça (no entanto ouves se és membro de Cristo) – tudo quanto sofreres por parte daqueles que não são membros de Cristo, é o que faltava às tribulações de Cristo.

Por isso se diz que faltava. Tu vens encher a medida, mas não a fazes transbordar. Tu sofres apenas o que faltava da tua parte na paixão total de Cristo, que sofreu como nossa cabeça e sofre ainda em seus membros, quer dizer em nós mesmos.

Assim como numa sociedade civil, ou "república", cada um paga conforme as suas posses o que lhe compete, também cada um de nós contribui para esta comunidade, na medida de suas possibilidades, com uma espécie de quota

12 de maio

de sofrimentos. A liquidação total dos sofrimentos de todos só se dará quando chegar o fim do mundo.

Portanto, irmãos, não julgueis que todos os justos que sofreram perseguições dos iníquos, mesmo aqueles que foram enviados antes da vinda do Senhor para anunciar sua chegada, não pertenciam aos membros de Cristo. Longe de vós pensar que não pertença aos membros de Cristo quem faz parte da cidade que tem Cristo como rei.

Pois toda esta cidade fala, desde o sangue do justo Abel até o sangue de Zacarias. E a partir de então, desde o sangue de João Batista, é uma só cidade que fala através do sangue dos apóstolos, do sangue dos mártires, do sangue dos fiéis em Cristo.

Responsório   Ap 21,4; 7,16 (Is 49,10)

R. O Se**nhor** enxuga**rá** de seus olhos toda **lágrima**;
    nunca **mais** haverá **morte**, nem cla**mor**, nem luto ou **dor**,
   * Pois pas**sou** o tempo an**tigo**. Ale**luia**.
V. Nunca **mais** sentirão **fome**, nunca **mais** sentirão **sede**,
    nem o **sol** os queima**rá**, nem al**gum** calor ar**dente**.
   * Pois pas**sou**.

Oração

Ó Deus, ao proclamarmos o glorioso testemunho dos mártires São Nereu e Santo Aquiles, concedei-nos experimentar em nossa vida sua intercessão junto de vós. Por nosso Senhor Jesus Cristo, vosso Filho, na unidade do Espírito Santo.

No mesmo dia 12 de maio

SÃO PANCRÁCIO, MÁRTIR

Sofreu o martírio em Roma, provavelmente na perseguição de Diocleciano. O seu sepulcro conserva-se na via Aurélia, e sobre ele o papa Símaco edificou uma igreja.

Do Comum de um mártir, no Tempo pascal, p. 1752.

1576   12 de maio

Ofício das Leituras

Segunda leitura

Dos Sermões de São Bernardo, abade
(Sermo 17 in psalmum Qui habitat, 4,6:
Opera omnia 4,489-491)   (Séc. XII)

A seu lado eu estarei em suas dores

A seu lado eu estarei em suas dores (Sl 90,15), diz Deus. E eu neste meio-tempo que outra coisa desejarei? *Para mim só há um bem: é estar com Deus,* e não somente isto, mas também *colocar o meu refúgio no Senhor* (Sl 72,28). Porque, diz ele, *hei de livrá-lo e de glória coroá-lo* (Sl 90,15).

A seu lado eu estarei em suas dores. Minhas delícias são estar com os filhos dos homens (cf. Pr 8,31). É o Emanuel, o *Deus conosco.* Desceu para estar perto dos que têm o coração atribulado, para estar conosco na tribulação. E estará conosco quando *formos arrebatados nas nuvens para o encontro com o Senhor, nos ares. E assim estaremos sempre com o Senhor* (1Ts 4,17).

Mas para conseguirmos isso, empenhemo-nos em tê-lo conosco, para que seja nosso companheiro de caminhada aquele que nos conduzirá à pátria; ou melhor, que seja agora nosso caminho aquele que há de ser nossa pátria.

É melhor para mim, Senhor, ser atribulado, contanto que estejas comigo, do que reinar sem ti, banquetear-me sem ti, ser glorificado sem ti. É melhor para mim, Senhor, abraçar-te na tribulação, ter-te comigo no meio do fogo, do que estar sem ti, ainda que fosse no céu: *Para mim, o que há no céu fora de ti? Se estou contigo, nada mais me atrai na terra* (Sl 72,25). *A fornalha prova o ouro, e a tribulação prova os homens justos* (cf. Pr 17,3). Aí, Senhor, estás com eles; aí estás no meio daqueles que se reúnem em teu nome, como outrora estiveste com os três jovens no meio do fogo.

Por que tememos, por que hesitamos, por que fugimos desta fornalha? O fogo é forte, mas o Senhor está ao nosso

12 de maio   1577

lado em nossas dores. *Se Deus é por nós, quem será contra nós?* (Rm 8,31). E também se é ele quem nos liberta, quem poderá arrancar-nos de suas mãos? Enfim, se é ele quem glorifica, quem poderá privar-nos desta glória? Se é ele quem glorifica, quem poderá humilhar-nos?

Vou conceder-lhe vida longa e dias plenos (Sl 90,16). É como se dissesse mais claramente: Sei o que ele deseja, sei do que tem sede, sei o de que gosta. Não é o ouro ou a prata que lhe agrada, nem o prazer nem a sabedoria nem qualquer dignidade do mundo. Tudo isto considera como perda, tudo isto despreza e considera como lixo. Despojou-se inteiramente de si mesmo e não suporta preocupar-se com coisas que sabe não poderem satisfazê-lo. Não ignora à imagem de quem foi criado e de que grandeza é capaz, nem aceita agora uma vantagem pequena que venha a privá-lo de tão grande riqueza.

Por isso, *vou conceder-lhe vida longa e dias plenos,* ao homem que só a verdadeira luz pode satisfazer, só a luz eterna pode saciar; porque aquela vida longa não tem fim, aquela claridade não tem ocaso, aquela saciedade não cansa.

Responsório

R. Este **san**to lu**tou** até à **mor**te
pela **lei** de seu **Deus** e não te**meu**
as **pa**lavras e ame**a**ças dos mal**va**dos,
  * Pois se apoi**ou** sobre a **Ro**cha que é **Cris**to. Ale**lui**a.
V. As tenta**ções** deste **mun**do supe**rou**
e ao **Rei**no dos **Céus** feliz che**gou.** * Pois se apoi**ou.**

Oração

Alegre-se, ó Deus, a vossa Igreja, apoiada nos méritos de São Pancrácio e, por suas preces gloriosas, permaneça em vosso serviço e goze tranquilidade constante. Por nosso Senhor Jesus Cristo, vosso Filho, na unidade do Espírito Santo.

14 de maio

SÃO MATIAS, APÓSTOLO

Festa

Foi escolhido para completar o grupo dos Doze, em substituição de Judas, para ser, como os outros Apóstolos, testemunha da ressurreição do Senhor, como se lê nos Atos dos Apóstolos (1,15-26).

Do Comum dos apóstolos no Tempo pascal, p. 1698, exceto o seguinte:

Ofício das Leituras

Hino

São Matias, és agora
testemunha do Senhor,
como apóstolo chamado
em lugar do traidor.

Do perdão de Deus descrendo,
Judas veio a se enforcar;
como o salmo anunciara,
passe a outro o seu lugar.

Por proposta de São Pedro,
que preside à reunião,
lançam sorte, e eis teu nome!
Quão sublime vocação!

E a tal ponto te consagras
em levar ao mundo a luz,
que proclamas com teu sangue
o Evangelho de Jesus.

Dá que todos nesta vida
percorramos com amor
o caminho revelado
pela graça do Senhor.

14 de maio   1579

Uno e Trino, Deus derrame
sobre nós a sua luz:
conquistemos a coroa,
abraçando a nossa cruz!

Segunda leitura

Das Homilias sobre os Atos dos Apóstolos, de São João
Crisóstomo, bispo

(Hom. 3,1.2.3: PG 60,33-36.38)   (Séc. IV)

Mostra-nos, Senhor, quem escolheste

*Naqueles dias, Pedro levantou-se no meio dos irmãos
e disse* (At 1,15). Pedro, a quem Cristo tinha confiado o
rebanho, movido pelo fervor do seu zelo e porque era o
primeiro do grupo apostólico, foi o primeiro a tomar a palavra: *Irmãos, é preciso escolher dentre nós* (cf. At 1,22).
Ouve a opinião de todos, a fim de que o escolhido seja bem
aceito, evitando a inveja que poderia surgir. Pois, estas coisas, com frequência, são origem de grandes males.

Mas Pedro não tinha autoridade para escolher por si só?
É claro que tinha. Mas absteve-se, para não demonstrar
favoritismo. Além disso, ainda não tinha recebido o Espírito Santo. *Então eles apresentaram dois homens: José,
chamado Barsabás, que tinha o apelido de Justo, e Matias*
(At 1,23). Não foi Pedro que os apresentou, mas todos. O
que ele fez foi aconselhar esta eleição, mostrando que a
iniciativa não era sua, mas fora anteriormente anunciada
pela profecia. Sua intervenção nesse caso foi interpretar a
profecia e não impor um preceito.

E continua: *É preciso dentre os homens que nos acompanharam* (cf. At 1,21-22). Repara como se empenha em
que tenham sido testemunhas oculares; embora o Espírito
Santo devesse ainda vir sobre eles, dá a isso grande importância.

14 de maio

Dentre os homens que nos acompanharam durante todo o tempo em que o Senhor Jesus vivia no meio de nós, a começar pelo batismo de João (At 1,21-22). Refere-se àqueles que conviveram com Jesus, e não aos que eram apenas discípulos. De fato, eram muitos os que o seguiam desde o princípio. Vê como diz o evangelho: *Era um dos dois que ouviram as palavras de João e seguiram Jesus* (Jo 1,40). *Durante todo o tempo em que o Senhor Jesus vivia no meio de nós, a começar pelo batismo de João.* Com razão assinala este ponto de partida, já que ninguém conhecia por experiência o que antes se passara, mas foram ensinados pelo Espírito Santo.

Até ao dia em que foi elevado ao céu. Agora, é preciso que um deles se junte a nós para ser testemunha da sua ressurreição (At 1,22). Não disse: "testemunha de tudo o mais", porém, *testemunha de sua ressurreição*. Na verdade, seria mais digno de fé quem pudesse testemunhar: "Aquele que vimos comer e beber e que foi crucificado, foi esse que ressuscitou". Não interessava ser testemunha do tempo anterior nem do seguinte nem dos milagres, mas simplesmente da ressurreição. Porque todos os outros fatos eram manifestos e públicos; só a ressurreição tinha acontecido secretamente e só eles a conheciam.

E rezaram juntos, dizendo: Senhor, tu conheces o coração de todos. Mostra-nos (At 1,24). Tu, nós não. Com acerto o invocam como aquele que conhece os corações, pois a eleição deveria ser feita por ele e não por mais ninguém. Assim falavam com toda a confiança, porque a eleição era absolutamente necessária. Não disseram: "Escolhe", mas: *Mostra-nos quem escolheste* (At 1,24). Bem sabiam que tudo está predestinado por Deus. *Então tiraram a sorte entre os dois* (At 1,26). Ainda não se julgavam dignos de fazer por si mesmos a eleição; por isso, desejaram ser esclarecidos por algum sinal.

14 de maio 1581

Responsório   At 1,24.25b.26

R. Ó Senhor, que conheceis o coração de cada um,
* Mostrai quem escolhestes para, neste ministério
 e apostolado, ocupar o lugar que foi de Judas. Aleluia.
V. Depois, lançaram sortes sobre os dois,
 vindo a sorte recair sobre Matias,
 que aos onze Apóstolos juntou-se, desde então.
 * Mostrai.

HINO Te Deum, p. 949.

Oração como nas Laudes.

Laudes

Cântico evangélico, ant.

Entre aqueles que viveram estes anos com Jesus,
um se inclua em nosso número
e se torne testemunha do Senhor ressuscitado. Aleluia.

Oração

Ó Deus, que associastes São Matias ao colégio apostólico, concedei por sua intercessão, que, fruindo da alegria de vosso amor, mereçamos ser contados entre os eleitos. Por nosso Senhor Jesus Cristo, vosso Filho, na unidade do Espírito Santo.

Hora Média

Salmos do dia de semana corrente, com a Antífona do Tempo. Leitura breve do Comum dos apóstolos, p. 1707. Oração como nas Laudes.

Vésperas

Cântico evangélico, ant.

Não fostes vós que me escolhestes, mas sim eu vos escolhi
e vos dei esta missão de produzirdes muito fruto,
e o vosso fruto permaneça. Aleluia.

18 de maio

SÃO JOÃO I, PAPA E MÁRTIR

Nasceu na Toscana e foi eleito bispo da Igreja de Roma, em 523. O rei Teodorico enviou-o a Constantinopla como seu delegado junto ao imperador Justino; ao regressar, Teodorico, descontente com o resultado de sua missão diplomática, mandou prendê-lo e encarcerar em Ravena, onde morreu, em 526.

Do Comum de um mártir no Tempo pascal, p. 1752, ou, dos pastores: para papas, p. 1784.

Ofício das Leituras

Segunda leitura
Das Cartas de São João de Ávila, presbítero
(Carta aos amigos, 58: Opera omnia, edit. B.A.C. 1,533-534)
(Séc. XVI)

Que a vida de Jesus seja manifestada em nossos corpos

Bendito seja o Deus e Pai de nosso Senhor Jesus Cristo, o Pai das misericórdias e Deus de toda consolação. Ele nos consola em todas as nossas aflições, para que, com a consolação que nós mesmos recebemos de Deus, possamos consolar os que se acham em toda e qualquer aflição. Pois, à medida que os sofrimentos de Cristo crescem para nós, cresce também a nossa consolação por Cristo (2Cor 1,3-5). Estas palavras são do apóstolo Paulo. Por três vezes foi batido com varas, cinco vezes açoitado, uma vez apedrejado até ser deixado como morto; foi perseguido por todo tipo de gente e atormentado por toda espécie de flagelos e sofrimentos, não uma ou duas vezes, mas, como ele mesmo diz em outro lugar: *Somos continuamente entregues à morte, por causa de Jesus, para que também a vida de Jesus seja manifestada em nossos corpos* (2Cor 4,1).

Em todas essas tribulações não murmura nem se queixa de Deus, como costumam fazer os fracos; não se entristece

18 de maio

como aqueles que amam a glória e o prazer; não roga a Deus que o livre dos sofrimentos, como os que não o conhecem e, por isso, recusam deles compartilhar; não os julga pouca coisa, como quem não lhes dá valor; mas, pondo de lado toda ignorância e fraqueza, bendiz a Deus no meio destas aflições e agradece a quem lhas dá. Reconhece nelas não pequena mercê e considera-se feliz por poder sofrer algo, em honra daquele que tantas ignomínias suportou para libertar-nos dos vexames a que estávamos sujeitos pelo pecado. Por seu Espírito e pela adoção de filhos de Deus, ele nos cobriu de beleza e de honra, dando-nos também o penhor e a garantia de gozarmos com ele e por ele no céu.

Oh! irmãos meus, muito queridos! Abra Deus os vossos olhos para que vejais quanta recompensa existe para nós naquilo que o mundo despreza; quanta honra recebemos ao sermos desonrados por buscarmos a glória de Deus; quanta glória nos está reservada por causa da humilhação presente; como são carinhosos e amigos os braços que Deus nos abre para receber os que foram feridos nos combates por sua causa; sem dúvida, a doçura desses braços é incomparavelmente maior do que todo o mel que os esforços deste mundo podem dar. E se algum entendimento há em nós, havemos de desejar ardentemente esses braços; pois quem não deseja aquele que é a plenitude do amor, senão quem não sabe verdadeiramente o que é desejar?

Pois bem, se vos agradam aquelas festas e se as desejais ver e gozar, tende por certo que não há caminho mais seguro do que o sofrimento. É este o caminho por onde passaram Cristo e todos os seus. Ele o chama caminho estreito, mas é o que conduz diretamente à vida. Ensina-nos também que, se queremos chegar aonde ele está, devemos seguir o mesmo caminho que percorreu. Não convém que, tendo o Filho de Deus passado pelo caminho da ignomínia, sigam os filhos dos homens pelo caminho das honras; porque *o discípulo*

20 de maio

não está acima do mestre, nem o servo acima do seu senhor (Mt 10,24).

Queira Deus que neste mundo a nossa alma não encontre outro descanso nem escolha outra vida que não sejam os sofrimentos da cruz do Senhor.

Responsório   2Cor 11,16

R. De **fato**, nós, em**bora** estando **vivos**,
  por **Jesus** somos en**tre**gues sempre à **mor**te,
 *Para **que**, também, a **vi**da do Se**nhor**
  se mani**fes**te em nossa **car**ne. Ale**lui**a.
V. Em**bora** o nosso **ho**mem exteri**or** vá perecen**do**,
  o **ho**mem interi**or** se re**no**va dia a **dia**. *Para **que**.

Oração

Ó Deus, recompensa dos justos, que consagrastes este dia com o martírio do papa João I, ouvi as preces do vosso povo e concedei que, celebrando seus méritos, imitemos sua constância na fé. Por nosso Senhor Jesus Cristo, vosso Filho, na unidade do Espírito Santo.

20 de maio

SÃO BERNARDINO DE SENA, PRESBÍTERO

Nasceu em Massa Marítima, na Toscana (Itália), em 1380; entrou na Ordem dos Frades Menores, e foi ordenado presbítero. Percorreu toda a Itália, exercendo o ministério da pregação com grande proveito para as almas. Divulgou a devoção ao Santíssimo Nome de Jesus, e teve um papel importante na promoção dos estudos e da disciplina religiosa de sua Ordem, tendo também escrito alguns tratados teológicos. Morreu em Áquila no ano 1444.

Do Comum dos pastores: para presbíteros, p. 1784.

Ofício das Leituras

Segunda leitura

Dos Sermões de São Bernardino de Sena, presbítero

(Sermo 49, De glorioso Nomine Iesu Christi, cap. 2:
Opera omnia, 4,505-506)   (Séc. XV)

O nome de Jesus é a luz dos pregadores

O nome de Jesus é a luz dos pregadores porque ilumina com o seu esplendor os que anunciam e os que ouvem a sua palavra. Por que razão a luz da fé se difundiu no mundo inteiro tão rápida e ardentemente, senão porque foi pregado este nome? Não foi também pela luz e suavidade do nome de Jesus que Deus nos *chamou para a sua luz maravilhosa?* (1Pd 2,9). Com razão diz o Apóstolo aos que foram iluminados e nesta luz veem a luz: *Outrora éreis trevas, mas agora sois luz no Senhor. Vivei como filhos da luz* (Ef 5,8). Portanto, é necessário proclamar este nome para que a sua luz não fique oculta, mas resplandeça. Entretanto, ele não deve ser pregado com o coração impuro ou com a boca profanada; deve ser guardado e proferido por meio de um vaso escolhido.

Por isso, diz o Senhor, referindo-se ao Apóstolo: *Este homem é para mim um vaso escolhido para anunciar o meu nome aos pagãos, aos reis e ao povo de Israel* (cf. At 9,15). Um *vaso escolhido,* diz o Senhor, onde se expõe uma bebida de agradável sabor, para que o brilho e o esplendor dos vasos preciosos provoquem o desejo de beber: *para anunciar* – acrescenta – *o meu nome.*

Com efeito, para limpar os campos se queimam com o fogo os espinheiros secos e inúteis; aos primeiros raios do sol pascente, as trevas desaparecem, e os ladrões, os noctívagos e os arrombadores de casas desaparecem. Da mesma forma, quando Paulo pregava aos povos – semelhante a um forte estrondo de trovão ou à irrupção de um violento incêndio mais luminoso que o nascer do sol – desaparecia a

20 de maio

falta de fé, morria a falsidade e resplandecia a verdade, à semelhança da cera que se derrete ao calor de um fogo ardente.

Ele levava o nome de Jesus a toda parte por meio de suas palavras, cartas, milagres e exemplos. De fato, *continuamente* louvava *o nome* de Jesus e *cantava-lhe hinos de ação de graças* (Eclo 51,15; Ef 5,19-20).

O Apóstolo também apresentava este nome como uma luz *aos pagãos, aos reis e ao povo de Israel,* iluminava as nações e proclamava por toda parte: *A noite já vai adiantada, o dia vem chegando: despojemo-nos das ações das trevas e vistamos as armas da luz. Procedamos honestamente, como em pleno dia* (Rm 13,12-13). E mostrava a todos a lâmpada que arde e ilumina sobre o candelabro, anunciando em todo lugar a *Jesus Cristo crucificado* (1Cor 2,2).

Assim, a Igreja, esposa de Cristo, sempre apoiada em seu testemunho, alegra-se com o Profeta, dizendo: *Deus, vós me ensinastes desde a minha juventude, e até hoje canto as vossas maravilhas* (Sl 70,17), isto é, continuamente. Também o mesmo Profeta a isto nos exorta: *Cantai ao Senhor Deus e bendizei seu santo nome! Dia após dia anunciai sua salvação* (Sl 95,2), quer dizer, Jesus, o Salvador.

Responsório — Eclo 51,15ab; Sl 9,3

R. Louva**rei** continua**men**te o vosso **no**me
  * E o canta**rei** com grati**dão** em meus louv**ores**. Ale**lui**a.
V. Em **vós** exulta**rei** de ale**gria**,
  canta**rei** ao vosso **no**me, Deus Al**tís**simo. * E o canta-
  rei.

Oração

Ó Deus, que destes ao presbítero São Bernardino de Sena ardente amor pelo nome de Jesus, acendei sempre em nossos corações a chama da vossa caridade. Por nosso Senhor Jesus Cristo, vosso Filho, na unidade do Espírito Santo.

25 de maio

SÃO BEDA, O VENERÁVEL, PRESBÍTERO E DOUTOR DA IGREJA

Nasceu no território do mosteiro beneditino de Wearmouth (Inglaterra), em 673; foi educado por São Bento Biscop e ingressou no referido mosteiro, onde recebeu a ordenação de presbítero. Desempenhou o seu ministério dedicando-se ao ensino e à atividade literária. Escreveu obras de cunho teológico e histórico, seguindo a tradição dos Santos Padres e explicando a Sagrada Escritura. Morreu em 735.

Do Comum dos doutores da Igreja, p. 1815, ou, dos santos homens: para religiosos, p.1907.

Ofício das Leituras

Segunda leitura

Da Carta de Cutberto sobre a morte de São Beda, o Venerável

(Nn. 4-6: PL 90,64-66)   (Séc. VIII)

Desejo de ver a Cristo

Ao chegar a terça-feira antes da Ascensão do Senhor, Beda começou a respirar com mais dificuldade e apareceu um pequeno tumor em seu pé. Mas, durante todo aquele dia, ensinou e ditou as suas lições com boa disposição. A certa altura, entre outras coisas, disse: "Aprendei depressa; não sei por quanto tempo ainda viverei e se dentro em breve o meu Criador virá me buscar". Parecia-nos que ele sabia perfeitamente quando iria morrer; tanto assim que passou a noite acordado e em ação de graças.

Raiando a manhã, isto é, na quarta-feira, ordenou que escrevêssemos com diligência a lição começada; assim fizemos até às nove horas. A partir desta hora, fizemos a procissão com as relíquias dos santos, como mandava o costume do dia. Um de nós, porém, ficou com ele, e disse-lhe: "Querido mestre, ainda falta um capítulo do livro que estavas ditando. Seria difícil pedir-te para continuar?" Ele respondeu: "Não, não custa nada; toma a tua pena e tinta, e escreve sem demora". E assim fez o discípulo.

Às três horas da tarde, disse-me: "Tenho em meu pequeno baú algumas coisas de estimação: pimenta, lenços e incenso. Vai depressa chamar os presbíteros do nosso mosteiro para que distribua entre eles os presentinhos que Deus me deu". Quando todos chegaram, falou-lhes, exortando a cada um e pedindo-lhes que celebrassem missas por ele e rezassem por sua alma; o que lhe prometeram de boa vontade.

Todos choravam e lamentavam, principalmente por lhe ouvirem manifestar a persuasão de que não veriam mais por muito tempo o seu rosto neste mundo. No entanto, alegraram-se quando lhes disse: "Chegou o tempo, se assim aprouver a meu Criador, de voltar para aquele que me deu a vida, me criou e me formou do nada quando eu não existia. Vivi muito tempo, e o misericordioso Juiz teve especial cuidado com a minha vida. *Aproxima-se o momento de minha partida* (2Tm 4,6), pois *tenho o desejo de partir para estar com Cristo* (Fl 1,23). Na verdade, minha alma deseja ver a Cristo, meu rei, na sua glória". E disse muitas outras coisas, para nossa edificação, conservando a sua alegria de sempre até à noitinha.

O jovem Wilberto, já mencionado, disse: "Querido mestre, ainda me falta escrever uma só frase". Respondeu ele: "Escreve depressa". Pouco depois disse o jovem: "Agora a frase está terminada". "Disseste bem, – continuou Beda – *tudo está consumado* (Jo 19,30). Agora, segura-me a cabeça com tuas mãos, porque me dá muita alegria sentar-me voltado para o lugar santo, onde costumava rezar; assim também agora, sentado, quero invocar meu Pai".

E colocado no chão de sua cela, cantou: "Glória ao Pai e ao Filho e ao Espírito Santo". Ao dizer o nome do Espírito Santo, exalou o último suspiro. Pela grande devoção com que se consagrou aos louvores de Deus na terra, bem devemos crer que partiu para a felicidade das alegrias do céu.

Responsório

R. Por todo o **tempo** de minha **vida** no mos**teiro**
dedi**quei**-me a medi**tar** as Escri**turas**:
e em **meio** à observância regular,
e ao **canto** na Igreja, cada **dia**,
* Foi-me **sempre** agradável e suave
aprender ou ensinar ou escrever. Aleluia.

V. Quem praticar e ensinar os mandamentos,
no **Reino** dos **Céus** há de ser **grande**. * Foi-me **sempre**.

Oração

Ó Deus, que iluminais a vossa Igreja com a erudição do vosso presbítero São Beda, o Venerável, concedei-nos sempre a luz da sua sabedoria e o apoio de seus méritos. Por nosso Senhor Jesus Cristo, vosso Filho, na unidade do Espírito Santo.

No mesmo dia 25 de maio

SÃO GREGÓRIO VII, PAPA

Hildebrando nasceu na Toscana (Itália), cerca do ano 1028; foi educado em Roma e abraçou a vida monástica. Por diversas vezes foi legado dos papas de seu tempo para auxiliar na reforma da Igreja. Em 1073, eleito para a cátedra de São Pedro, com o nome de Gregório VII, continuou corajosamente a reforma começada. Muito combatido, principalmente pelo rei Henrique IV, foi desterrado para Salerno, onde morreu, em 1085.

Do Comum dos pastores: para papas, p. 1784.

Ofício das Leituras

Segunda leitura

Das Cartas de São Gregório VII, papa
(Ep. 64 extra Registrum: PL 148,709-710) (Séc. XI)

A Igreja livre, casta, católica

Em nome do Senhor Jesus, que nos remiu com sua morte, nós vos pedimos e suplicamos que procureis diligen-

1590   25 de maio

temente informar-vos acerca do motivo e do modo como sofremos tribulações e angústias da parte dos inimigos da religião cristã.

Desde que, por disposição divina, a Mãe Igreja me colocou no trono apostólico, apesar de sentir-me indigno e contra a minha vontade – Deus é testemunha! – procurei com o máximo empenho que a santa Igreja, esposa de Deus, senhora e mãe nossa, voltando à primitiva beleza que lhe é própria, permanecesse livre, casta e católica. Mas como isso desagrada muitíssimo ao antigo inimigo, este armou seus sequazes contra nós, para que tudo sucedesse ao contrário. Por isso, fez ele tanto mal contra nós, ou antes, contra a Sé Apostólica, como ainda não pudera fazê-lo, desde os tempos do imperador Constantino Magno. Nem é de admirar muito, porque, quanto mais o tempo passa, tanto mais ele se esforça para extinguir a religião cristã.

Agora, pois, meus caríssimos irmãos, ouvi com muita atenção o que vos digo. Todos os que no mundo inteiro têm o nome de cristãos e conhecem verdadeiramente a fé cristã, sabem e creem que São Pedro, o príncipe dos apóstolos, é o pai de todos os cristãos e o primeiro pastor, depois de Cristo, e que a santa Igreja Romana é a mãe e mestra de todas as Igrejas.

Se, portanto, acreditais nestas coisas e as afirmais sem hesitação, eu, vosso humilde irmão e indigno mestre, rogovos e recomendo-vos pelo amor de Deus onipotente, que ajudeis e socorrais este vosso pai e esta vossa mãe, se desejais alcançar por seu intermédio a absolvição de todos os pecados, a bênção e a graça, neste mundo e no outro.

Deus onipotente, de quem procedem todos os bens, sempre ilumine a vossa alma e a fecunde com o seu amor e o amor do próximo. Assim, pela vossa constante dedicação, mereceis a recompensa de São Pedro, vosso pai na fé, e da Igreja, vossa mãe, e chegareis sem temor à sua companhia. Amém.

25 de maio

Responsório   Eclo 45,3; Sl 77(78),70a.71bc

R. O Senhor glorificou-o perante os poderosos
e deu-lhe suas ordens diante de seu povo;
* E mostrou-lhe sua glória. Aleluia.
V. O Senhor o escolheu para guiar a Israel
que escolheu por sua herança. * E mostrou-lhe.

Oração

Concedei-nos, ó Deus, o espírito de fortaleza e a sede de
justiça que animaram o papa São Gregório VII, para que
vossa Igreja rejeite o mal, pratique a justiça e viva em perfeita caridade. Por nosso Senhor Jesus Cristo, vosso Filho,
na unidade do Espírito Santo.

No mesmo dia 25 de maio

SANTA MARIA MADALENA DE PAZZI, VIRGEM

Nasceu em Florença (Itália), no ano 1566. Teve uma piedosa educação e entrou na Ordem das Carmelitas; levou uma vida oculta
de oração e abnegação, rezando assiduamente pela reforma da
Igreja e dirigindo suas irmãs religiosas no caminho da perfeição.
Recebeu de Deus muitos dons extraordinários. Morreu em 1607.
Do Comum das virgens, p. 1830, ou, das santas mulheres: para
religiosas, p. 1907.

Ofício das Leituras

Segunda leitura

Dos Escritos sobre a Revelação e a Provação, de Santa Maria Madalena de Pazzi, virgem
(Mss. III, 186.264; IV, 716: Opere di S. M. Maddalena de Pazzi, Firenze, 1965, 4, pp. 200.269; 6, p. 194) (Séc. XVI)

Vem, Espírito Santo

Verdadeiramente és admirável, ó Verbo de Deus, no Espírito Santo, fazendo com que ele se infunda de tal modo

25 de maio

na alma, que ela se una a Deus, conheça a Deus, e em nada se alegre fora de Deus.

O Espírito Santo vem à alma, marcando-a com o precioso selo do sangue do Verbo, ou seja, do Cordeiro imolado. Mais ainda, é esse mesmo sangue que o incita a vir, embora o próprio Espírito já por si tenha esse desejo.

O Espírito que assim deseja é em si a substância do Pai e do Verbo; procede da essência do Pai e da vontade do Verbo; vem como fonte que se difunde na alma, e a alma nele mergulha toda. Assim como dois rios, confluindo, de tal modo se misturam que o menor perde o nome e recebe o do maior, do mesmo modo age este Espírito divino, quando vem à alma, para com ela se unir. É preciso, pois, que a alma, por ser menor, perca seu nome e o ceda ao Espírito Santo; e deve fazer isto transformando-se de tal maneira no Espírito que se torne com ele uma só coisa.

Este Espírito, porém, distribuidor dos tesouros que estão no coração do Pai e guarda dos segredos entre o Pai e o Filho, derrama-se com tanta suavidade na alma, que não se percebe sua chegada e, pela sua grandeza, poucos o apreciam.

Por sua densidade e sua leveza, entra em todos os lugares que estão aptos e preparados para recebê-lo. Na sua palavra frequente, como também no seu profundo silêncio, é ouvido por todos; com o ímpeto do amor, ele, imóvel e mobilíssimo, penetra em todos os corações.

Não ficas, Espírito Santo, no Pai, imóvel, nem no Verbo; contudo, sempre estás no Pai e no Verbo e em ti mesmo, e também em todos os espíritos e criaturas bem-aventuradas. Estás ligado à criatura por estreitos laços de parentesco, por causa do sangue derramado pelo Verbo unigênito que, pela veemência do amor, se fez irmão de sua criatura. Repousas nas criaturas que se predispõem com pureza a receber em si, pela comunicação de teus dons, a tua própria presença. Repousas nas almas que acolhem em si os efeitos do sangue do Verbo e se tornam habitação digna de ti.

26 de maio

Vem, Espírito Santo. Venha a unidade do Pai e do bem--querer do Verbo. Tu, Espírito da Verdade, és o prêmio dos santos, o refrigério dos corações, a luz das trevas, a riqueza dos pobres, o tesouro dos que amam, a saciedade dos famintos, o alívio dos peregrinos; tu és, enfim, aquele que contém em si todos os tesouros.

Vem, tu que, descendo em Maria, realizaste a encarnação do Verbo, e realiza em nós, pela graça, o que nela realizaste pela graça e pela natureza.

Vem, tu que és o alimento de todo pensamento casto, a fonte de toda clemência, a plenitude de toda pureza.

Vem e transforma tudo o que em nós é obstáculo para sermos plenamente transformados em ti.

Responsório
1Cor 2,9-10a

R. Os **olhos** não **viram**, os ou**vi**dos não ou**viram**
   e **nem** suspei**tou** a **men**te hu**ma**na,
 * O que **Deus** prepar**ou** para a**que**les que o **amam**. Ale**lui**a.
V. Deus, porém, reve**lou**-nos pelo Es**pí**rito **San**to.
 * O que **Deus.**

Oração

Ó Deus, que amais a virgindade e cumulastes de graças a Santa Maria Madalena de Pazzi, abrasada de amor por vós, fazei que, celebrando hoje sua festa, imitemos seus exemplos de caridade e pureza. Por nosso Senhor Jesus Cristo, vosso Filho, na unidade do Espírito Santo.

26 de maio

SÃO FILIPE NÉRI, PRESBÍTERO

Memória

Nasceu em Florença (Itália), em 1515. Indo para Roma, aí começou a dedicar-se ao apostolado da juventude, e estabeleceu uma associação em favor dos doentes pobres, levando uma vida

1594   26 de maio

de grande perfeição cristã. Foi ordenado presbítero em 1551 e fundou o Oratório que tinha por finalidade dedicar-se à instrução espiritual, ao canto e às obras de caridade. Notabilizou-se sobretudo por seu amor ao próximo, pela sua simplicidade evangélica e pela sua alegria no serviço de Deus. Morreu em 1595.

Do Comum dos pastores, p. 1784, ou, dos santos homens: para religiosos, p.1907.

Ofício das Leituras

Segunda leitura
Dos Sermões de Santo Agostinho, bispo
(Sermo 171,1-3,5: PL 38,933-935)   (Séc. V)

Alegrai-vos sempre no Senhor

O Apóstolo manda que nos alegremos, mas no Senhor, não no mundo. Pois afirma a Escritura: *A amizade com o mundo é inimizade com Deus* (Tg 4,4). Assim como um homem não pode servir a dois senhores, da mesma forma ninguém pode alegrar-se ao mesmo tempo no mundo e no Senhor.

Vença, portanto, a alegria no Senhor, até que termine a alegria no mundo. Cresça sempre a alegria no Senhor; a alegria no mundo diminua até acabar totalmente. Não se quer dizer com isso que não devamos alegrar-nos, enquanto estamos neste mundo; mas que, mesmo vivendo nele, já nos alegremos no Senhor.

No entanto, pode alguém observar: "Eu estou no mundo; então, se me alegro, alegro-me onde estou". E daí? Por estares no mundo, não estás no Senhor? Escuta o mesmo Apóstolo, que falando aos atenienses, nos Atos dos Apóstolos, *dizia a respeito de Deus e do Senhor, nosso Criador: Nele vivemos, nos movemos e existimos* (At 17,28). Ora, quem está em toda parte, onde é que não está? Não foi para isto que fomos advertidos? *O Senhor está próximo! Não vos inquieteis com coisa alguma* (Fl 4,5-6).

26 de maio

Eis uma realidade admirável: aquele que subiu acima de todos os céus, está próximo dos que vivem na terra. Quem está tão longe e perto ao mesmo tempo, senão aquele que por misericórdia se tornou tão próximo de nós?

Na verdade, todo o gênero humano está representado naquele homem que jazia semimorto no caminho, abandonado pelos ladrões. Desprezaram-no, ao passar, o sacerdote e o levita; mas o samaritano, que também passava por ali, aproximou-se para tratar dele e prestar-lhe socorro. O Imortal e Justo, embora estivesse longe de nós, mortais e pecadores, desceu até nós. Quem antes estava longe, quis ficar perto de nós.

Ele *não nos trata como exigem nossas faltas* (Sl 102,10), porque somos filhos. Como podemos provar isto? O Filho único morreu por nós para deixar de ser único. Aquele que morreu só, não quis ficar só. O Unigênito de Deus fez nascer muitos filhos de Deus. Comprou irmãos para si com seu sangue. Quis ser condenado para nos justificar; vendido, para nos resgatar; injuriado, para nos honrar; morto, para nos dar a vida.

Portanto, irmãos, *alegrai-vos no Senhor* (Fl 4,4) e não no mundo; isto é, alegrai-vos com a verdade, não com a iniquidade; alegrai-vos na esperança da eternidade, não nas flores da vaidade. Alegrai-vos assim onde quer que estejais e em todo o tempo que viverdes neste mundo. *O Senhor está próximo! Não vos inquieteis com coisa alguma.*

Responsório 2Cor 13,11; Rm 15,13a

R. Alegrai-vos, meus irmãos, procurai a perfeição; animai-vos uns aos outros, tende paz e harmonia,
 * E o Deus da paz e do amor convosco estará. Aleluia.
V. Que o Deus da esperança vos cumule de alegria e de paz em vossa fé. * E o Deus.

1596   27 de maio

Oração

Ó Deus, que não cessais de elevar à glória da santidade os vossos servos fiéis e prudentes, concedei que nos inflame o fogo do Espírito Santo que ardia no coração de São Filipe Néri. Por nosso Senhor Jesus Cristo, vosso Filho, na unidade do Espírito Santo.

27 de maio

SANTO AGOSTINHO DE CANTUÁRIA, BISPO

Era do mosteiro de Santo André, em Roma, quando foi enviado por São Gregório Magno, em 597, à Inglaterra, para pregar o evangelho. Foi bem recebido e ajudado pelo rei Etelberto. Eleito bispo de Cantuária, converteu muitos à fé cristã e fundou várias Igrejas, principalmente no reino de Kent. Morreu a 26 de maio, cerca do ano 605.

Do Comum dos pastores: para bispos, p. 1784.

Ofício das Leituras

Segunda leitura

Das Cartas de São Gregório Magno, papa
(Lib. 9,36 : MGH, 1899, Epistolae, 2,305-306)   (Séc. VI)

A nação dos anglos foi iluminada pela luz da santa fé

Glória a Deus no mais alto dos céus, e paz na terra aos homens por ele amados (Lc 2,14), porque Cristo, o grão de trigo, caiu na terra e morreu para não reinar sozinho no céu. Por sua morte nós vivemos, por sua fraqueza nos fortalecemos, por sua paixão nos libertamos da nossa. Por seu amor, procuramos na Grã-Bretanha irmãos que desconhecíamos; por sua bondade, encontramos aqueles que procurávamos sem conhecer.

Quem será capaz de expressar a enorme alegria que encheu o coração de todos os fiéis, pelo fato de a nação dos

27 de maio

anglos, repelindo as trevas do erro, ter sido iluminada pela luz da santa fé? É à ação da graça de Deus todo-poderoso e ao teu ministério, irmão, que devemos isto. Agora com grande fidelidade de espírito calcam aos pés os ídolos que antes adoravam com insensato temor; com pureza de coração, já se prosternam diante de Deus todo-poderoso; obedecendo às normas da santa pregação, abandonam as obras do pecado e aceitam de boa mente os mandamentos de Deus para chegarem a compreendê-lo melhor; inclinam-se profundamente em oração para que o espírito não fique preso à terra. De quem é esta obra? É daquele que disse: *Meu Pai trabalha sempre, portanto também eu trabalho* (Jo 5,17).

Cristo, para mostrar que o mundo não se converte com a sabedoria dos homens mas com o seu poder, escolheu como seus pregadores, para enviar ao mundo, homens iletrados. O mesmo fez também agora com a nação dos anglos, pois se dignou realizar prodígios por meio de fracos instrumentos. Mas nesta graça celestial, irmão caríssimo, há muito para nos alegrarmos e também muito para temermos.

Bem sei que o Deus todo-poderoso realizou grandes milagres por meio do teu amor para com esse povo que ele quis escolher. Mas esta graça do céu deve ser para ti causa de alegria e de temor. De alegria, sem dúvida, por veres como as almas dos anglos são conduzidas, por meio dos milagres exteriores até à graça interior; e de temor para que, à vista dos milagres que se realizam, tua fraqueza não se exalte até à presunção, e enquanto exteriormente és honrado, não caias interiormente na vanglória.

Devemos lembrar-nos de que os discípulos, ao voltarem da pregação cheios de alegria, quando disseram ao divino mestre: *Senhor, até os demônios nos obedecem por causa do teu nome* (Lc 10,17), ouviram como resposta: *Não vos alegreis porque os espíritos vos obedecem. Antes, ficai alegres porque vossos nomes estão escritos no céu* (Lc 10,20).

1598

31 de maio

Responsório   Fl 3,17; 4,9; 1Cor 1,10a

R. Sede **meus** imitadores, meus **irmãos**,
e obser**vai** os que caminham de **acor**do
com o modelo, que vós **ten**des em mim **mesmo**.
* Prati**cai** o que apren**destes** e her**dastes**,
o que ou**vistes** e em **mim** pudestes **ver**,
e con**vosco** estará o Deus da **paz**. Ale**luia**.

V. Eu vos **peço** pelo **nome** de Jesus
que guar**deis** a harmo**nia** entre **vós**! * Prati**cai**.

Oração

Ó Deus, que conduzistes ao Evangelho os povos da Inglaterra pela pregação do bispo Santo Agostinho, concedei
que os frutos do seu trabalho permaneçam na vossa Igreja
com perene fecundidade. Por nosso Senhor Jesus Cristo,
vosso Filho, na unidade do Espírito Santo.

31 de maio

VISITAÇÃO DE NOSSA SENHORA

Festa

Do Comum de Nossa Senhora, p. 1669, exceto o seguinte:

Invitatório

R. Louvemos a **nosso** Se**nhor**, festejemos a **Virgem** Maria,
na **festa** da Visi**tação**. Ale**luia**.

Salmo invitatório como no Ordinário, p. 944.

Ofício das Leituras

Hino

Vem, ó Senhora nossa,
visita-nos, Maria,
que a casa de Isabel
encheste de alegria.

31 de maio

Vem, doce Mãe da Igreja,
vem visitar teu povo,
por nossas culpas roga,
fazendo tudo novo.

Vem, ó do mar Estrela,
de paz nos manda um raio;
perfuma a nossa vida,
suave flor de maio.

Vem ver os teus fiéis,
já prontos para a luta;
renova as suas forças:
não tombem na labuta.

Vem, Mãe da humanidade,
guiar passos errantes:
na mesma estrada um dia
sigamos exultantes.

Vem logo, e louvaremos
contigo o Pai e o Filho;
do Espírito tenhamos,
por teu amor, o auxílio.

Primeira leitura

Do Cântico dos Cânticos   2,8-14; 8,6-7

A vinda do amado

2,8É a voz do meu amado!
Eis que ele vem
saltando pelos montes,
pulando sobre as colinas.
9O meu amado parece uma gazela,
ou um cervo ainda novo.
Eis que ele está de pé atrás de nossa parede,
espiando pelas janelas,
observando através das grades.
10O meu amado me fala dizendo:

1600   31 de maio

"Levanta-te, minha amada,
minha rola, formosa minha, e vem!
[11]O inverno já passou,
as chuvas pararam e já se foram.
[12]No campo aparecem as flores,
chegou o tempo das canções,
a rola já faz ouvir
seu canto em nossa terra.
[13]Da figueira brotam os primeiros frutos,
soltam perfume as vinhas em flor.
Levanta-te, minha amada,
formosa minha, e vem!
[14]Minha rola, que moras nas fendas da rocha,
no esconderijo escarpado,
mostra-me teu rosto,
deixa-me ouvir tua voz!
Pois a tua voz é tão doce,
e gracioso o teu semblante".
[8,6]Grava-me como um selo em teu coração,
como um selo em teu braço!
Porque o amor é forte como a morte
e a paixão é cruel como a morada dos mortos;
suas faíscas são de fogo,
uma labareda divina.
[7]Águas torrenciais jamais apagarão o amor,
nem rios poderão afogá-lo.
Se alguém oferecesse todas as riquezas de sua casa
para comprar o amor,
seria tratado com desprezo.

Responsório   Lc 1,41b-43.44

R. **Isabel** ficou **cheia** do Espírito **Santo**
     e **ela** excla**mou** em alta **voz**:
     És ben**dita** entre **to**das as mul**he**res
     e ben**dito** é o **fru**to do teu **ven**tre!

31 de maio

* Não mereço esta **honra**, que a **Mãe** do **Senhor**,
  do meu **Deus** venha a **mim**! Ale**luia**.
V. Quando ou**vi** resso**ar** tua **voz**, ao sa**udar**-me,
  o me**nino** sal**tou** de ale**gria**, em meu **seio**. * Não me**reço**.

Segunda leitura

Das Homilias de São Beda, o Venerável, presbítero
(Lib. 1,4: CCL 122,25-26.30)   (Séc. VIII)

Maria engrandece o Senhor que age nela

Minha alma engrandece o Senhor e exulta meu espírito em Deus, meu Salvador (Lc 1,46). Com estas palavras, Maria reconhece, em primeiro lugar, os dons que lhe foram especialmente concedidos; em seguida, enumera os benefícios universais com que Deus favorece continuamente o gênero humano.

Engrandece o Senhor a alma daquele que consagra todos os sentimentos da sua vida interior ao louvor e ao serviço de Deus; e, pela observância dos mandamentos, revela pensar sempre no poder da majestade divina.

Exulta em Deus, seu Salvador, o espírito daquele que se alegra apenas na lembrança de seu Criador, de quem espera a salvação eterna.

Embora estas palavras se apliquem a todas as almas santas, adquirem contudo a mais plena ressonância ao serem proferidas pela santa Mãe de Deus. Ela, por singular privilégio, amava com perfeito amor espiritual aquele cuja concepção corporal em seu seio era a causa de sua alegria.

Com toda a razão pôde ela exultar em Jesus, seu Salvador, com júbilo singular, mais do que todos os outros santos, porque sabia que o autor da salvação eterna havia de nascer de sua carne por um nascimento temporal; e sendo uma só e mesma pessoa, havia de ser ao mesmo tempo seu Filho e seu Senhor.

O Poderoso fez em mim maravilhas, e santo é o seu nome! (Lc 1,49). Maria nada atribui a seus méritos, mas reconhece toda a sua grandeza como dom daquele que, sendo por essência poderoso e grande, costuma transformar os seus fiéis, pequenos e fracos, em fortes e grandes.

Logo acrescentou: *E santo é o seu nome!* Exorta assim os que a ouviam, ou melhor, ensinava a todos os que viessem a conhecer suas palavras, que pela fé em Deus e pela invocação do seu nome também eles poderiam participar da santidade divina e da verdadeira salvação. É o que diz o Profeta: *Então, todo aquele que invocar o nome do Senhor, será salvo* (Jl 3,5). É precisamente este o nome a que Maria se refere ao dizer: *Exulta meu espírito em Deus, meu Salvador.*

Por isso, se introduziu na liturgia da santa Igreja o costume belo e salutar, de cantarem todos, diariamente, este hino na salmodia vespertina. Assim, que o espírito dos fiéis, recordando frequentemente o mistério da encarnação do Senhor, se entregue com generosidade ao serviço divino e, lembrando-se constantemente dos exemplos da Mãe de Deus, se confirme na verdadeira santidade. E pareceu muito oportuno que isto se fizesse na hora das Vésperas, para que nossa mente fatigada e distraída ao longo do dia por pensamentos diversos, encontre o recolhimento e a paz de espírito ao aproximar-se o tempo do repouso.

Responsório　　　　　　　　　　Lc 1,45-46; Sl 65(66),16

R. És feliz porque crestes, Maria,
　　pois em ti, a palavra de Deus
　　vai cumprir-se conforme ele disse.
　　Maria, então, exclamou:
　* A minh'alma engrandece o Senhor. Aleluia.
V. Todos vós que a Deus temeis, vinde escutar:
　　Vou contar-vos todo o bem, que ele me fez!
　* A minh'alma.

HINO Te Deum, p. 949.

Oração como nas Laudes.

31 de maio

Laudes

Hino

Vem, Mãe Virgem gloriosa,
visitar-nos, como a João,
com o dom do Santo Espírito
na terrena habitação.

Vem, trazendo o Pequenino
para o mundo nele crer.
A razão dos teus louvores,
possam todos conhecer.

Aos ouvidos da Igreja
soe tua saudação,
e ao ouvi-la, se levante,
com intensa exultação,

percebendo que contigo
chega o Cristo, o Salvador,
desejado pelos povos
como Guia e bom Pastor.

Ergue os olhos, ó Maria,
para o povo dos cristãos.
Para aqueles que procuram
traze auxílio e proteção.

Esperança verdadeira,
alegria dos mortais,
nosso Porto, vem levar-nos
às mansões celestiais.

Mãe, contigo nossas
almas engrandecem o Senhor,
que dos homens e dos anjos
te fez digna do louvor.

Ant. 1 Levantou-se Maria e dirigiu-se depressa
a uma cidade de Judá, na região montanhosa.
Aleluia.

1604

31 de maio

Salmos e cântico do domingo da I Semana, p. 982.

Ant. 2 Quando ouviu Isabel a saudação de Maria,
o menino saltou de alegria em seu seio,
e Isabel ficou cheia do Espírito Santo. Aleluia.

Ant. 3 És feliz porque creste, Maria,
pois em ti a Palavra de Deus vai cumprir-se. Aleluia.

Leitura breve   Jl 2,27-3,1

Sabereis que eu estou no meio de Israel e que eu sou o Senhor, vosso Deus, e que não há outro; e nunca mais deixarei meu povo envergonhado. Acontecerá, depois disto, que derramarei o meu espírito sobre todo o ser humano, e vossos filhos e filhas profetizarão.

Responsório breve

R. O Senhor a escolheu, entre todas preferida.
 * Aleluia, aleluia. R. O Senhor.
V. O Senhor a fez morar em sua santa habitação.
 * Aleluia, aleluia. Glória ao Pai. R. O Senhor.

Cântico evangélico, ant.

Quando ouviu Isabel a saudação de Maria,
exclamou em voz alta: Não mereço esta honra
que a Mãe do Senhor, do meu Deus, venha a mim! Aleluia.

Preces

Celebremos nosso Salvador, que se dignou nascer da Virgem Maria; e peçamos:

R. **Senhor, que a vossa Mãe interceda por nós!**

Sol de justiça, a quem a Virgem Imaculada precedeu como aurora resplandecente,
– concedei que caminhemos sempre à luz da vossa visitação.
R.

Palavra eterna, que ensinastes vossa Mãe a escolher a melhor parte,
— ajudai-nos a imitá-la buscando o alimento da vida eterna. R.

Salvador do mundo, que pelos méritos da redenção preservastes a vossa Mãe de toda a mancha de pecado,
— livrai-nos também de todo pecado. R.

Redentor nosso, que fizestes da Imaculada Virgem Maria o tabernáculo puríssimo da vossa presença e o sacrário do Espírito Santo,
— fazei de nós templos vivos do vosso Espírito. R.

(intenções livres)

Pai nosso...

Oração

Ó Deus todo-poderoso, que inspirastes à Virgem Maria sua visita a Isabel, levando no seio o vosso Filho, fazei-nos dóceis ao Espírito Santo, para cantar com ela o vosso louvor. Por nosso Senhor Jesus Cristo, vosso Filho, na unidade do Espírito Santo.

Hora Média

Antífonas e salmos do dia de semana corrente. Na salmodia complementar, em lugar do Salmo 121(122) pode-se dizer o Salmo 128(129), p. 1369, e em lugar do Salmo 126(127), o 130(131), p. 1238.

Oração das Nove Horas

Leitura breve   Jt 13,18-19

Ó filha, tu és bendita pelo Deus Altíssimo, mais que todas as mulheres da terra! E bendito é o Senhor Deus, que criou o céu e a terra, e te levou a decepar a cabeça do chefe de nossos inimigos! Porque nunca o teu louvor se afastará do

1606   31 de maio

coração dos homens, que se lembrarão do poder de Deus para sempre.

V. Felizes os que ouvém a palavra do Senhor. Aleluia.
R. Felizes os que a vivem e a praticam cada dia. Aleluia.

Oração das Doze Horas

Leitura breve   Tb 12,6b

Bendizei a Deus e dai-lhe graças, diante de todos os viventes, pelos benefícios que vos concedeu. Bendizei e cantai o seu nome.

V. Felizes entranhas da Virgem Maria. Aleluia.
R. Que trouxeram o Filho de Deus, Pai eterno. Aleluia.

Oração das Quinze Horas

Leitura breve   Sb 7,27b-28

A sabedoria, sendo única, tudo pode; permanecendo imutável, renova tudo; e comunicando-se às almas santas de geração em geração, forma os amigos de Deus e os profetas. Pois Deus ama tão somente aquele que vive com a Sabedoria.

V. És bendita entre todas as mulheres da terra. Aleluia.
R. E bendito é o fruto que nasceu do teu ventre. Aleluia.
Oração como nas Laudes.

Vésperas

Hino

Eis que apressada sobes a montanha,
ó Virgem que o Senhor por Mãe escolhe!
Outra mãe vais servir, já tão idosa,
que nos braços te acolhe.

Mal ouve a tua voz, sente em seu seio
a alegria do filho que se agita

31 de maio

e então, Mãe do Senhor já te saúda,
entre todas bendita.

E bendita tu mesma te proclamas,
prorrompendo num hino de vitória,
onde ao sopro do Espírito engrandeces
a Deus, Senhor da História.

Contigo se alegrando, todo o povo
exulta e canta pela terra inteira,
de Deus, ó Mãe e Filha, Escrava, e Esposa,
dos homens Medianeira!

Trazendo o Cristo, quantos dons nos trazes,
ó Virgem que nos tiras da orfandade!
Ao Deus Trino contigo engrandecemos,
ó Mãe da Humanidade!

Ant. 1 Então Maria entrou na casa de Zacarias
e saudou a sua prima Isabel. Aleluia.

Salmos e cântico do Comum de Nossa Senhora, p. 1687.

Ant. 2 Quando ouvi ressoar tua voz ao saudar-me,
o menino saltou de alegria em meu seio. Aleluia.

Ant. 3 És bendita entre todas as mulheres da terra,
e bendito é o fruto que nasceu do teu ventre. Aleluia.

Leitura breve
1Pd 5,5b-7

Revesti-vos todos de humildade no relacionamento mútuo,
porque Deus resiste aos soberbos, mas dá a sua graça aos
humildes. Rebaixai-vos, pois, humildemente, sob a poderosa mão de Deus, para que, na hora oportuna, ele vos exalte. Lançai sobre ele toda a vossa preocupação, pois é ele
quem cuida de vós.

Responsório breve
R. Maria, alegra-te, ó cheia de graça;
o Senhor é contigo!
* Aleluia, aleluia. R. Maria.

1608   31 de maio

V. És bendita entre todas as mulheres da terra
e bendito é o fruto que nasceu do teu ventre!
* Aleluia, aleluia. Glória ao Pai.
R. Maria, alegra-te, ó cheia de graça;
O Senhor é contigo!

Cântico evangélico, ant.

Doravante as gerações hão de chamar-me de bendita,
porque o Senhor voltou os olhos
para a humildade de sua serva. Aleluia.

Preces

Proclamemos a grandeza de Deus Pai todo-poderoso: Ele
quis que Maria, Mãe de seu Filho, fosse celebrada por todas as gerações. Peçamos humildemente:

R. **Cheia de graça, intercedei por nós!**

Vós, que nos destes Maria por Mãe, concedei, por sua intercessão, saúde aos doentes, consolo aos tristes, perdão
aos pecadores,
– e a todos a salvação e a paz.   R.

Fazei, Senhor, que a vossa Igreja seja, na caridade, um só
coração e uma só alma,
– e que todos os fiéis perseverem unânimes na oração com
Maria, Mãe de Jesus.   R.

Vós, que fizestes de Maria a Mãe da misericórdia,
– concedei a todos os que estão em perigo sentirem o seu
amor materno.   R.

Vós, que confiastes a Maria a missão de mãe de família no
lar de Jesus e José,
– fazei que, por sua intercessão, todas as mães vivam em
família o amor e a santidade.   R.

(intenções livres)

31 de maio   1609

Vós, que coroastes Maria como rainha do céu,
– fazei que nossos irmãos e irmãs falecidos se alegrem
eternamente em vosso Reino, na companhia dos santos. R.

Pai nosso...

Oração

Ó Deus todo-poderoso, que inspirastes à Virgem Maria sua
visita a Isabel, levando no seio o vosso Filho, fazei-nos dóceis ao Espírito Santo, para cantar com ela o vosso louvor.
Por nosso Senhor Jesus Cristo, vosso Filho, na unidade do
Espírito Santo.

JUNHO

1º de junho

SÃO JUSTINO, MÁRTIR

Memória

Justino, filósofo e mártir, nasceu no princípio do século II, em Flávia Neápolis (Nablus), na Samaria, de família pagã. Tendo-se convertido à fé cristã, escreveu diversas obras em defesa do cristianismo; mas se conservam apenas as duas *Apologias* e o *Diálogo com Trifão*. Abriu uma escola de filosofia em Roma, onde mantinha debates públicos. Sofreu o martírio, juntamente com seus companheiros, no tempo de Marco Aurélio, cerca do ano 165.

Do Comum de um mártir, no Tempo pascal, p. 1752.

Ofício das Leituras

Segunda leitura

Das Atas do martírio dos santos Justino e seus companheiros

(Cap. 1-5: cf. PG 6, 1566-1571)   (Séc. II)

Abracei a verdadeira doutrina dos cristãos

Aqueles homens santos foram presos e conduzidos ao prefeito de Roma, chamado Rústico. Estando eles diante do tribunal, o prefeito Rústico disse a Justino: "Em primeiro lugar, manifesta tua fé nos deuses e obedece aos imperadores". Justino respondeu: "Não podemos ser acusados nem presos, só pelo fato de obedecermos aos mandamentos de Jesus Cristo, nosso Salvador".

Rústico indagou: "Que doutrinas professas?" E Justino: "Na verdade, procurei conhecer todas as doutrinas, mas acabei por abraçar a verdadeira doutrina dos cristãos, embora ela não seja aceita por aqueles que vivem no erro".

1º de junho

O prefeito Rústico prosseguiu: "E tu aceitas esta doutrina, grande miserável?" Respondeu Justino: "Sim, pois a sigo como verdade absoluta".

O prefeito indagou: "Que verdade é esta?" Justino explicou: "Adoramos o Deus dos cristãos, a quem consideramos como único criador, desde o princípio, artífice de toda a criação, das coisas visíveis e invisíveis: adoramos também o Senhor Jesus Cristo, Filho de Deus, que os profetas anunciaram vir para o gênero humano como mensageiro da salvação e mestre da boa doutrina. E eu, um simples homem, considero insignificante tudo o que estou dizendo para exprimir a sua infinita divindade, mas reconheço o valor das profecias que previamente anunciaram aquele que afirmei ser o Filho de Deus. Sei que eram inspirados por Deus os profetas que vaticinaram a sua vinda entre os homens".

Rústico perguntou: "Então, tu és cristão?" Justino afirmou: "Sim, sou cristão".

O prefeito disse a Justino: "Ouve, tu que és tido por sábio e julgas conhecer a verdadeira doutrina: se fores flagelado e decapitado, estás convencido de que subirás ao céu?" Disse Justino: "Espero entrar naquela morada, se tiver de sofrer o que dizes. Pois sei que para todos os que viverem santamente está reservada a recompensa de Deus até o fim do mundo inteiro".

O prefeito Rústico continuou: "Então, tu supões que hás de subir ao céu para receber algum prêmio em retribuição?" Justino respondeu-lhe: "Não suponho, tenho a maior certeza".

O prefeito Rústico declarou: "Basta, deixemos isso e vamos à questão que importa, da qual não podemos fugir e é urgente. Aproximai-vos e todos juntos sacrificai aos deuses". Justino respondeu: "Ninguém de bom senso abandona a piedade para cair na impiedade".

O prefeito Rústico insistiu: "Se não fizerdes o que vos foi ordenado, sereis torturados sem compaixão". Justino

1612   1º de junho

disse: "Desejamos e esperamos chegar à salvação através dos tormentos que sofrermos por amor de nosso Senhor Jesus Cristo. O sofrimento nos garante a salvação e nos dá confiança perante o tribunal de nosso Senhor e Salvador, que é universal e mais terrível que o teu".

O mesmo também disseram os outros mártires: "Faze o que quiseres; nós somos cristãos e não sacrificaremos aos ídolos".

O prefeito Rústico pronunciou então a sentença: "Os que não quiseram sacrificar aos deuses e obedecer ordem do imperador, depois de flagelados, sejam conduzidos para sofrer a pena capital, segundo a norma das leis". Glorificando a Deus, os santos mártires saíram para o local determinado, onde foram decapitados e consumaram o martírio proclamando a fé no Salvador.

Responsório   cf. At 20,21.24; Rm 1,16

R. Ao **dar** meu teste**mu**nho de **fé** em Jesus **Cris**to,
Senhor **nos**so, nada **te**mo,
*Nem **dou** tanto va**lor** à **mi**nha própria **vi**da,
con**tan**to que eu **le**ve a bom **ter**mo minha car**rei**ra
e o minis**té**rio da pa**la**vra que, de **Cris**to, rece**bi**:
dar teste**mu**nho do Evan**ge**lho da **gra**ça do Se**nhor**.
Ale**lu**ia.
V. Não me enver**gon**ho do Evan**ge**lho;
pois **é** o poder de **Deus** para sal**var** todo o que **crê**,
pri**mei**ro, o ju**deu** e de**pois**, também o **gre**go.
*Nem **dou**.

Laudes

Cântico evangélico, ant.

Em toda a **nos**sa ofe**ren**da, damos lou**vor** ao Cri**ador**
por seu **Fi**lho Jesus **Cris**to e o Es**pí**rito Di**vi**no. Ale**lu**ia.

Oração

Ó Deus, que destes ao mártir São Justino um profundo conhecimento de Cristo pela loucura da cruz, concedei-nos, por sua intercessão, repelir os erros que nos cercam e permanecer firmes na fé. Por nosso Senhor Jesus Cristo, vosso Filho, na unidade do Espírito Santo.

Vésperas

Cântico evangélico, ant.

De repente se acendeu na minh'alma um fogo ardente;
fui tomado pelo amor aos profetas e aos homens
que de Cristo são amigos. Aleluia.

2 de junho

SANTOS MARCELINO E PEDRO, MÁRTIRES

O martírio dos dois, sofrido durante a perseguição de Dioclecia-no, é atestado pelo papa São Dâmaso que obteve essa informação do próprio carrasco. Foram decapitados num bosque, mas seus corpos foram transladados e sepultados no cemitério *Ad duas lauros,* na via Labicana. Sobre o sepulcro de ambos foi construída uma basílica depois que a Igreja obteve a paz.

Do Comum de vários mártires, no Tempo pascal, p. 1722.

Ofício das Leituras

Segunda leitura

Da Exortação ao martírio, de Orígenes, presbítero

(Nn. 41-42: PG 11,618 -619)   (Séc. III)

*Aqueles que participam dos sofrimentos de Cristo,
participarão também da consolação que ele dará*

Se *passamos da morte para a vida* (1Jo 3,14), ao passarmos da infidelidade para a fé, não nos admiremos se o mundo nos odeia. Com efeito, quem não tiver passado da morte para a vida, mas permanecer na morte, não pode amar aqueles que abandonaram a tenebrosa morada da morte, para entrar na morada feita de pedras vivas, onde brilha a luz da vida.

Jesus *deu a sua vida por nós* (1Jo 3,16); portanto, também nós devemos dar a vida, não digo por ele, mas por nós, quero dizer, por aqueles que serão construídos, edificados, com o nosso martírio.

Chegou o tempo, cristãos, de nos gloriarmos. Eis o que está escrito: *E não só isso, pois nos gloriamos também de nossas tribulações, sabendo que a tribulação gera a constância, a constância leva a uma virtude provada, a virtude provada desabrocha em esperança; e a esperança não decepciona. Porque o amor de Deus foi derramado em nossos corações pelo Espírito Santo* (Rm 5,3-5).

Se, *à medida que os sofrimentos de Cristo crescem para nós, cresce também a nossa consolação por Cristo* (2Cor 1,5), acolhamos com entusiasmo os sofrimentos de Cristo; e que eles sejam muitos em nós, se desejamos realmente obter a grande consolação reservada para todos os que choram. Talvez ela não seja igual medida para todos. Pois se assim fosse não estaria escrito: *à medida que os sofrimentos de Cristo crescem em nós, cresce também a nossa consolação.*

Aqueles que participam dos sofrimentos de Cristo, participarão também da consolação que ele dará em proporção aos sofrimentos suportados por seu amor. É o que nos ensina aquele que afirmava cheio de confiança: *Assim como participais dos sofrimentos, participareis também da consolação* (cf. 2Cor 1,7).

Da mesma forma Deus fala através do Profeta: *No momento favorável, eu te ouvi e no dia da salvação, eu te socorri* (cf. Is 49,8; 2Cor 6,2). Haverá, por acaso, tempo mais favorável do que esta hora, quando por causa do nosso

2 de junho

amor a Deus em Cristo somos publicamente levados prisioneiros neste mundo, porém mais como vencedores do que como vencidos?

Na verdade, os mártires de Cristo, unidos a ele, destroçam os principados e as potestades, e com Cristo triunfam sobre eles. Deste modo, tendo participado de seus sofrimentos, também participam dos merecimentos que ele alcançou com a sua coragem heroica. Que outro dia de salvação haverá tão verdadeiro como aquele em que deste modo partireis da terra?

Rogo-vos, porém, que *não deis a ninguém motivo de escândalo, para que o nosso ministério não seja desacreditado; mas em tudo comportai-vos como ministros de Deus, com grande paciência* (cf. 2Cor 6,3-4), dizendo: *E agora, Senhor, que mais espero? Só em vós eu coloquei minha esperança!* (Sl 38,8).

Responsório   Ef 6,12.14a.13

R. Nossa luta não é contra a carne e o sangue,
   mas contra os principados e contra as potestades,
   contra os espíritos do mal nos espaços celestiais.
 * Ficai, portanto, alertas e cingi os vossos rins
   com a verdade, aleluia.
V. Revesti-vos da armadura de Deus
   para poderdes resistir no dia mau
   e de todo o combate sair firmes. * Ficai, portanto.

Oração

Ó Deus, que nos destes o apoio e a proteção do glorioso martírio dos santos Marcelino e Pedro, fazei que seu exemplo nos anime e sua oração nos sustente. Por nosso Senhor Jesus Cristo, vosso Filho, na unidade do Espírito Santo.

3 de junho

SÃO CARLOS LWANGA E SEUS COMPANHEIROS, MÁRTIRES

Memória

Entre os anos 1885 e 1887, muitos cristãos foram condenados à morte, em Uganda, por ordem do rei Mwanga, em ódio da religião. Alguns deles exerciam cargos no próprio palácio real, outros estavam a serviço do próprio rei. Entre eles distinguem-se Carlos Lwanga e seus vinte e um companheiros, pela sua inquebrantável adesão à fé católica. Uns foram decapitados e outros queimados vivos, por não terem consentido nos desejos impuros do rei.
Do Comum de vários mártires, no Tempo pascal, p. 1722.

Ofício das Leituras

Segunda leitura

Da Homilia do papa Paulo VI, pronunciada na canonização dos mártires de Uganda

(AAS 56 [1964],905-906)   (Séc. XX)

A glória dos mártires, sinal de nova vida

Estes mártires africanos acrescentam ao rol dos vencedores, chamado Martirológio, uma página ao mesmo tempo trágica e grandiosa. É uma página verdadeiramente digna de figurar ao lado das célebres narrações da antiga África. No tempo em que vivemos, por causa da pouca fé, julgávamos que nunca mais elas viriam a ter semelhante continuação.

Quem poderia imaginar, por exemplo, que àquelas Atas tão comovedoras dos mártires de Cíli, dos mártires de Cartago, dos mártires "Massa Candida" de Ótica comemorados por Santo Agostinho e Prudêncio, dos mártires do Egito tão louvados por São João Crisóstomo, dos mártires da perseguição dos vândalos, viriam em nossos tempos juntar-se novas páginas de história não menos valorosas nem menos brilhantes?

Quem teria podido pressentir que, às grandes figuras históricas dos santos mártires e confessores africanos bem conhecidos, como Cipriano, Felicidade e Perpétua e o grande Agostinho, haveríamos de um dia associar Carlos Lwanga, Matias Mulimba Kalemba, nomes tão caros para nós, e os seus vinte companheiros? E não querendo também esquecer os outros que, professando a religião anglicana, sofreram a morte pelo nome de Cristo.

Estes mártires africanos dão, sem dúvida, início a uma nova era. Oxalá não seja ela de perseguições e lutas religiosas, mas de renovação cristã e cívica!

Na realidade, a África, orvalhada pelo sangue destes mártires, os primeiros desta nova era (e queira Deus que sejam os últimos – tão grande e precioso é o seu holocausto!), a África, agora sim, renasce livre e independente.

O ato criminoso que os vitimou é tão cruel e significativo, que apresenta fatores suficientes e claros para a formação moral de um povo novo e para a fundação de uma nova tradição espiritual. E também para exprimirem e promoverem a passagem de uma cultura simples e rudimentar – não desprovida de magníficos valores humanos, mas contaminada e enfraquecida, como se fosse escrava de si mesma – a uma civilização aberta às mais altas manifestações da inteligência humana e às mais elevadas formas de vida social.

Responsório

R. Ao lutarmos pela **fé,** Deus nos **vê,** os anjos **o**lham
e o **Cris**to nos con**tem**pla.
  * Quanta **honra** e alegria comba**ter,** vendo-nos **Deus,**
e a co**ro**a rece**ber** do Juiz, que é Jesus **Cris**to. Ale**lui**a.
V. Concen**tre**mos nossas **for**ças, para a **lu**ta prepa**re**mo-nos
com a **men**te pura e **for**te, doa**ção,** fé e cora**ge**m.
  * Quanta **hon**ra.

1618

5 de junho

Oração

Ó Deus, que fizestes do sangue dos mártires semente de novos cristãos, concedei que o campo da vossa Igreja, regado pelo sangue de São Carlos e seus companheiros, produza sempre abundante colheita. Por nosso Senhor Jesus Cristo, vosso Filho, na unidade do Espírito Santo.

5 de junho

SÃO BONIFÁCIO, BISPO E MÁRTIR

Memória

Nasceu na Inglaterra, cerca de 673. Fez a profissão religiosa e viveu no mosteiro de Exeter. Em 719 partiu para a Alemanha, a fim de pregar o evangelho, obtendo excelentes resultados. Ordenado bispo, governou a Igreja de Mogúncia e, com a ajuda de vários colaboradores, fundou e restaurou diversas Igrejas na Baviera, na Turíngia e na Francônia. Realizou concílios e promulgou leis. Quando evangelizava os frisões, foi assassinado por pagãos em 754. Seu corpo foi sepultado no mosteiro de Fulda.

Do Comum de um mártir, no Tempo pascal, p. 1752, ou dos pastores: para bispos, p. 1784.

Ofício das Leituras

Segunda leitura

Das Cartas de São Bonifácio, bispo e mártir
(Ep. 78: MGH, Epistolae, 3,352,354)   (Séc. VIII)

Pastor solícito, vigilante sobre o rebanho de Cristo

A Igreja é como uma grande barca que navega pelo mar deste mundo. Sacudida nesta vida pelas diversas ondas das tentações, não deve ser abandonada a si mesma, mas governada.

Na Igreja primitiva temos o exemplo de Clemente, Cornélio e muitos outros na cidade de Roma, de Cipriano em Cartago, de Atanásio em Alexandria. Sob o reinado dos imperadores pagãos, eles governaram a barca de Cristo, ou melhor, a sua caríssima esposa, que é a Igreja, ensinando-a, defendendo-a, trabalhando e sofrendo até ao derramamento de sangue.

Ao pensar neles e noutros semelhantes, fico apavorado; *o temor e o tremor me penetram* e o pavor dos meus pecados *me envolve e deprime!* (Sl 54,6); gostaria muito de abandonar inteiramente o leme da Igreja, se encontrasse igual precedente nos Padres ou na Sagrada Escritura.

Mas não sendo assim, e dado que a verdade pode ser contestada mas nunca vencida nem enganada, nossa alma fatigada se refugia nas palavras de Salomão: *Confia no Senhor com todo o teu coração, e não te fies em tua própria inteligência; em todos os teus caminhos, reconhece-o, e ele conduzirá teus passos* (Pr 3,5-6). E noutro lugar: *O nome do Senhor é uma torre fortíssima. Nela se refugia o justo e será salvo* (cf. Pr 18,10).

Permaneçamos firmes na justiça e preparemos nossas almas para a provação; suportemos as demoras de Deus, e lhe digamos: *Vós fostes um refúgio para nós. Senhor, de geração em geração* (Sl 89,1).

Confiemos naquele que colocou sobre nós este fardo. Por não podermos carregá-lo sozinhos, carreguemo-lo com o auxílio daquele que é onipotente e nos diz: *O meu jugo é suave e o meu fardo é leve* (Mt 11,30).

Fiquemos firmes no combate, no dia do Senhor, porque vieram sobre nós *dias de angústia e de tribulação* (cf. Sl 118,143). Se Deus assim quiser *morramos pelas santas leis de nossos pais* (cf. 1Mc 2,50), a fim de merecermos alcançar junto com eles a herança eterna.

Não sejamos cães mudos, não sejamos sentinelas caladas, não sejamos mercenários que fogem dos lobos, mas pastores solícitos, vigilantes sobre o rebanho de Cristo. Enquanto Deus nos der forças, preguemos toda a doutrina do Senhor ao grande e ao pequeno, ao rico e ao pobre, e todas as classes e idades, oportuna e inoportunamente, tal como São Gregório escreveu em sua Regra Pastoral.

1620 6 de junho

Responsório
1Ts 2,8; Gl 4,19

R. É tão **gran**de o a**fe**to que **te**nho por **vós**,
que te**ri**a vos **da**do não **só** o Evan**ge**lho,
mas a**té** minha **vi**da,
* Pois é **tan**to o a**fe**to, que eu **te**nho por **vós**. Ale**lui**a.
V. Meus fi**lhi**nhos, de **no**vo por **vós**
eu **so**fro as **do**res do **par**to,
até **Cris**to for**mar**-se em **vós**. * Pois é **tan**to.

Oração

Interceda por nós, ó Deus, o mártir São Bonifácio, para que guardemos fielmente e proclamemos em nossas obras a fé que ele ensinou com a sua palavra e testemunhou com o seu sangue. Por nosso Senhor Jesus Cristo, vosso Filho, na unidade do Espírito Santo.

6 de junho

SÃO NORBERTO, BISPO

Nasceu na Renânia, cerca do ano 1080. Era cônego da Igreja de Xanten e, tendo abandonado a vida mundana, abraçou o ideal religioso e foi ordenado presbítero em 1115. Na sua vida apostólica dedicou-se ao ministério da pregação, particularmente na França e na Alemanha. Juntamente com outros companheiros fundou a Ordem Premonstratense e organizou os seus primeiros mosteiros. Eleito bispo de Magdeburgo em 1126, empenhou-se com entusiasmo na reforma da vida cristã e na propagação do Evangelho entre as populações pagãs da vizinhança. Morreu em 1134.

Do Comum dos pastores: para bispos, p. 1784.

Ofício das Leituras

Segunda leitura
Da Vida de São Norberto, bispo

(As palavras colocadas entre aspas são tiradas da Vida de São Norberto, escrita por um cônego regular premonstratense, seu contemporâneo: PL 170, 1262.1269.1294.1295; Litterae Apostolicae ab Innocentio II ad S. Norbertum II non. iun. 1133 sub plumbo datae: Acta Sanctorum, 21, in Appendice, p. 50)

Grande entre os grandes e pequeno entre os pequenos

Norberto foi um dos mais eficazes colaboradores da reforma gregoriana. Queria primeiramente que o clero fosse convenientemente preparado, dedicado a um ideal de vida autenticamente evangélico e apostólico, casto e pobre; um clero que possuísse "ao mesmo tempo a veste e a beleza do homem novo: aquela pelo hábito religioso, esta pela dignidade do sacerdócio", e que procurassem sempre "seguir as Sagradas Escrituras e ter Cristo por seu guia". Costumava recomendar três coisas: "decoro no altar e nos ofícios divinos; correção das faltas e negligências no Capítulo conventual; cuidado e hospitalidade para com os pobres".

Ao lado dos sacerdotes, que no mosteiro faziam as vezes dos apóstolos, agregou, a exemplo da Igreja primitiva, tamanha quantidade de fiéis leigos, homens e mulheres, que muitos afirmavam jamais ter alguém conquistado para Cristo, desde os tempos apostólicos, tantos imitadores na vida de perfeição, e em tão pouco tempo.

Tendo sido nomeado bispo, chamou os irmãos de sua Ordem para converter à fé a região da Lusácia; e procurou reformar o clero de sua diocese, apesar da oposição e agitação do povo.

A sua maior preocupação foi consolidar e aumentar a harmonia entre a Sé Apostólica e o Império, salvaguardada, porém, a liberdade quanto às nomeações eclesiásticas. Por tal motivo, o Papa Inocêncio II escreveu-lhe: "A Sé Apostólica se congratula contigo, filho dedicadíssimo, de todo o coração". E o imperador o nomeou chanceler do Império.

Tudo ele conseguiu movido pela fé mais intrépida. Dizia-se: "Em Norberto, brilha a fé, como em Bernardo de Claraval, a caridade"; além disso, distinguia-se pela afabilidade no trato: "sendo grande entre os grandes e pequeno

1622

8 de junho

entre os pequenos, mostrava-se amável para com todos". Enfim, era dotado de grande eloquência: contemplando e meditando assiduamente as realidades divinas, pregava com o maior desassombro "a palavra de Deus cheia de fogo, que queimava os vícios, estimulava as virtudes e enriquecia as almas bem dispostas com a sua sabedoria".

Responsório   2Tm 4,2.5; cf. At 20,28

R. **Proclama** em todo o **tempo** a palavra do **Senhor!**
   Persuade, repreende e exorta com coragem,
   com saber e paciência.
  * Suporta o sofrimento e faze o trabalho
   de um bom evangelista. Aleluia.
V. Vigiai todo o rebanho que o Espírito Divino
   confiou-vos, como bispos, para cuidar como pastores
   da Igreja do Senhor. * Suporta.

Oração

Ó Deus, que fizestes do bispo São Norberto fiel ministro da vossa Igreja pela oração e zelo pastoral, concedei por suas preces que o vosso povo encontre sempre pastores segundo o vosso coração, que o alimentem para a vida eterna. Por nosso Senhor Jesus Cristo, vosso Filho, na unidade do Espírito Santo.

8 de junho

SANTO EFRÉM, DIÁCONO E DOUTOR DA IGREJA

Nasceu em Nísibe, cerca de 306, de família cristã. Exerceu o ofício de diácono, para o qual fora ordenado, em sua cidade natal e em Edessa, onde fundou uma escola teológica. Sua vida de intensa ascese não o impediu de se consagrar ao ministério da pregação e de escrever diversas obras para combater os erros do seu tempo. Morreu em 373.

Do Comum dos doutores da Igreja, p. 1815.

8 de junho

Ofício das Leituras

Segunda leitura

Dos Sermões de Santo Efrém, diácono
(Sermo 3, De fine et admonitione, 2.4-5:
ed. Lamy, 3,216-222) (Séc. IV)

A economia divina é imagem do mundo espiritual

Fazei resplandecer, Senhor, o dia radioso do vosso conhecimento e dissipai da nossa mente as trevas noturnas, para que, iluminada, ela vos sirva renovada e pura. O nascer do sol indica aos mortais o início dos seus trabalhos; preparai, Senhor, a morada da nossa alma, para que nela permaneça o esplendor daquele dia que não conhece fim. Concedei, Senhor, que contemplemos em nós mesmos a vida da ressurreição e que nada consiga afastar o nosso espírito de vossas alegrias. Imprimi, Senhor, em nossos corações o sinal daquele dia que não se rege pelo movimento do sol, infundindo-nos uma constante orientação para vós.

Diariamente vos abraçamos nos sacramentos e vos recebemos em nosso corpo; tornai-nos dignos de sentir em nós mesmos a ressurreição que esperamos. Com a graça do batismo, conservamos escondido em nosso corpo o tesouro que nos destes, tesouro que aumenta na mesa dos vossos sacramentos; fazei-nos viver sempre na alegria da vossa graça. Possuímos em nós, Senhor, o memorial que recebemos de vossa mesa espiritual; concedei-nos a graça de possuirmos, na renovação futura, a realidade plena que ele nos recorda.

Nós vos pedimos que, através daquela beleza espiritual que a vossa vontade imortal faz resplandecer até nas criaturas mortais, nos leveis a compreender retamente a beleza da nossa própria dignidade.

A vossa crucifixão, ó Salvador dos homens, foi o termo da vossa vida corpórea; concedei-nos que, pela crucifixão do nosso espírito, alcancemos o penhor da vida espiritual.

Vossa ressurreição, ó Jesus, faça crescer em nós o homem espiritual; e os sinais dos vossos sacramentos sejam para nós um espelho para conhecê-lo. Vossa economia divina, ó Salvador dos homens, é imagem do mundo espiritual; dai-nos correr nele como homens espirituais.

Não priveis, Senhor, a nossa mente da vossa revelação espiritual, e não afasteis de nossos membros o calor da vossa suavidade. A natureza mortal, que se oculta em nosso corpo, leva-nos à corrupção da morte; infundi em nossos corações o vosso amor espiritual, para que afaste de nós os efeitos da mortalidade. Concedei, Senhor, que caminhemos velozmente para a nossa pátria celeste e, como Moisés no alto monte, possamos contemplá-la desde já através da revelação.

Responsório   Eclo 47,10-11.12cd

R. Louvou o Senhor **Deus** de **to**do o cora**ção**
    e amou a **Deus** que o cri**ou**.
   * Ante o al**tar** pôs os can**tor**es
     e fez su**av**es melo**di**as para seus **can**tos. Ale**lui**a.
V. Para lou**var** desde a man**hã** o nome **san**to do Se**nhor**
    e engrande**cer**-lhe a santi**da**de. * Ante o al**tar**.

Oração

Infundi, ó Deus, em nossos corações o Espírito Santo que inspirava ao diácono Efrém cantar os vossos mistérios e consagrar-se inteiramente ao vosso serviço. Por nosso Senhor Jesus Cristo, vosso Filho, na unidade do Espírito Santo.

9 de junho

SÃO JOSÉ DE ANCHIETA, PRESBÍTERO

Memória

Nasceu a 19 de março de 1534 em Tenerife, nas Ilhas Canárias. Tendo entrado na Companhia de Jesus, foi enviado às missões do Brasil. Ordenado sacerdote, dedicou toda a sua vida à evangelização das plagas brasileiras. Escreveu na língua dos indígenas uma gramática e, depois, um catecismo. Foi agraciado com o epíteto de "apóstolo do Brasil". Faleceu a 9 de junho de 1597.

Do Comum dos pastores: para presbíteros, p. 1784, ou dos santos homens: para religiosos, p. 1907.

Ofício das Leituras

Segunda leitura

Das Cartas de São José de Anchieta ao Prepósito-Geral Diego Láyfiez

(Carta de 1º de junho de 1560; cf. Serafim da Silva Leite SJ, Cartas dos primeiros jesuítas do Brasil, vol. 3 (1558-1563), São Paulo 1954, p. 253-255)   (Séc. XVI)

Nada é árduo aos que têm por fim somente a honra de Deus e a salvação das almas

De outros muitos poderia contar, máxime escravos, dos quais uns morrem batizados de pouco, outros já há dias que o foram; acabando sua confissão vão para o Senhor. Pelo que, quase sem cessar, andamos visitando várias povoações, assim de Índios como de Portugueses, sem fazer caso das calmas, chuvas ou grandes enchentes de rios, e muitas vezes de noite por bosques mui escuros a socorrermos aos enfermos, não sem grande trabalho, assim pela aspereza dos caminhos, como pela incomodidade do tempo, máxime sendo tantas estas povoações e tão longe umas das outras, que não somos bastantes a acudir tão várias necessidades,

1626   9 de junho

como ocorrem, nem mesmo que fôramos muito mais, não poderíamos bastar. Ajunta-se a isto, que nós outros que socorremos as necessidades dos outros, muitas vezes estamos mal dispostos e, fatigados de dores, desfalecemos no caminho, de maneira que apenas o podemos acabar; assim que não menos parecem ter necessidade de ajuda os médicos que os mesmos enfermos. Mas nada é árduo aos que têm por fim somente a honra de Deus e a salvação das almas, pelas quais não duvidarão dar a vida. Muitas vezes nos levantamos do sono, ora para os enfermos, ora para os que morrem.

Hei me detido em contar os que morrem, porque aquele se há de julgar verdadeiro fruto que permanece até o fim; porque dos vivos não ousarei contar nada, por ser tanta a inconstância em muitos, que não se pode nem se deve prometer deles coisa que haja muito de durar. *Mas bem-aventurados aqueles que morrem no Senhor* (Ap 14,13), os quais livres das perigosas águas deste mudável mar, abraçada a fé e os mandamentos do Senhor, são transladados à vida, soltos das prisões da morte, e assim os bem-aventurados êxitos destes nos dão tanta consolação, que pode mitigar a dor que recebemos da malícia dos vivos. E contudo trabalhamos com muita diligência em sua doutrina, os admoestamos em públicas predicações e particulares práticas, que perseverem no que têm aprendido. Confessam-se e comungam muitos cada domingo; vêm também de outros lugares onde estão dispersados a ouvir as Missas e confessar-se.

Responsório   cf. 1Cor 9,19; 1Ts 2,9; 1Cor 4,15

R. De **todos** fiz-me **servo**, a **fim** de conquis**tar**
    o maior **nú**mero possível de segui**do**res de Je**sus**.
  * La**bu**tamos noite e **dia**, a **fim** de procla**mar**mos
    o Evangelho do Se**nhor**. Ale**lui**a.
V. Ainda que tivésseis educa**do**res nume**ro**sos,
    não te**rí**eis muitos **pais**, pois, **eu**, pelo Evangelho,
    vos ge**rei** em Jesus **Cris**to. * La**bu**tamos.

Laudes

Cântico evangélico, ant.

Ide ao **mun**do e ensi**nai** a **to**dos os **po**vos,
bati**zan**do-os em **no**me do **Pai** e do **Fi**lho
e do Es**pí**rito **San**to. Ale**lu**ia.

Oração

Derramai, Senhor, sobre nós a vossa graça, a fim de que,
a exemplo de São José de Anchieta, apóstolo do Brasil,
sirvamos fielmente ao Evangelho, tornando-nos tudo para
todos, e nos esforcemos em ganhar para vós nossos irmãos
no amor de Cristo. Que convosco vive e reina, na unidade
do Espírito Santo.

Vésperas

Cântico evangélico, ant.

Virão **mui**tos do Ori**en**te e do Oci**den**te
sentar-se à **me**sa com Abra**ão** no Reino e**ter**no. Ale**lu**ia.

11 de junho

SÃO BARNABÉ, APÓSTOLO

Memória

Era natural da ilha de Chipre e foi um dos primeiros fiéis de Jerusalém. Pregou o Evangelho em Antioquia e acompanhou São
Paulo em sua primeira viagem apostólica. Tomou parte no Concílio de Jerusalém. Voltando à sua pátria para pregar o Evangelho, aí morreu.

Como na festa de São Marcos, dia 25 de abril, p. 1539, exceto o
seguinte:

Invitatório

R. Ado**re**mos o Es**p**írito de **Deus**
que nos **fa**la nos pro**fe**tas e dou**to**res. Ale**lu**ia.

Salmo invitatório como no Ordinário, p. 944.

Ofício das Leituras

Hino

Do Apóstolo companheiro,
grande auxílio em seu labor,
sobe a ti, do mundo inteiro,
nossa súplica e louvor.

Boa-nova anunciaram
os arautos do Senhor:
pela terra ressoaram
a verdade, a paz, o amor.

Com São Paulo em Antioquia,
recebendo igual missão;
tu levaste a ele Marcos
tendo a Lucas por irmão.

Que as palavras esparzidas,
dando seus frutos de luz,
sejam todas recolhidas,
nos celeiros de Jesus.

Com os Apóstolos sentado,
julgarás todo mortal;
cubra então nosso pecado
teu clarão celestial.

À Trindade celebremos,
e peçamos que nos céus
com os Apóstolos cantemos
o louvor do único Deus.

Segunda leitura

Dos Tratados sobre o Evangelho de São Mateus, de São Cromácio, bispo

(Tract. 5,1.3-4: CCL 9,405-407)   (Séc. IV)

Vós sois a luz do mundo

Vós sois a luz do mundo. Não pode ficar escondida uma cidade construída sobre um monte. Ninguém acende uma lâmpada e a coloca debaixo de uma vasilha, mas sim num candeeiro, onde ela brilha para todos os que estão em casa (Mt 5,14-15). O Senhor chamou seus discípulos de sal da terra, porque eles deviam dar um novo sabor, por meio da sabedoria celeste, aos corações dos homens que o demônio tornara insensatos. E também os chamou de luz do mundo porque, iluminados por ele, verdadeira e eterna luz, tornaram-se também eles luz que brilha nas trevas.

O Senhor é o sol da justiça; é, por conseguinte, com toda a razão que chama seus discípulos luz do mundo; pois é por meio deles que irradia sobre o mundo inteiro a luz do seu próprio conhecimento. Com efeito, eles afugentaram dos corações dos homens as trevas do erro, manifestando a luz da verdade.

Iluminados por eles, também nós passamos das trevas para a luz, como afirma o Apóstolo: *Outrora éreis trevas, mas agora sois luz no Senhor. Vivei como filhos da luz* (Ef 5,8). E noutra passagem: *Todos vós sois filhos da luz e filhos do dia. Não somos da noite nem das trevas* (1Ts 5,5).

Com razão diz também São João numa epístola sua: *Deus é luz* (1Jo 1,5); e quem permanece em Deus está na luz, da mesma forma como ele próprio está na luz. Portanto, uma vez que temos a felicidade de estar libertos das trevas do erro, devemos caminhar sempre na luz, como filhos da luz. A esse propósito, diz ainda o Apóstolo: *Vós brilhais como astros no universo. Conservai com firmeza a palavra da vida* (Fl 1,15-16).

1630   11 de junho

Se não procedermos assim, ocultaremos e obscurecere-
mos com o véu da nossa infidelidade, para prejuízo tanto
nosso como dos outros, uma luz tão útil e necessária.

Eis o motivo por que incorreu em merecido castigo
aquele servo que, recebendo o talento para dar juros no céu,
preferiu escondê-lo a depositá-lo no banco.

Assim, aquela lâmpada resplandecente, que foi acesa
para nossa salvação, deve sempre brilhar em nós. Pois temos a lâmpada dos mandamentos de Deus e da graça espiritual a que se refere Davi: *Vosso mandamento é uma luz
para os meus passos, é uma lâmpada em meu caminho* (cf.
Sl 118,105). E Salomão também diz acerca dela: *O preceito da lei é uma lâmpada* (cf. Pr 6,23).

Por isso, não devemos ocultar esta lâmpada da lei e da
fé, mas colocá-la sempre no candelabro da Igreja para a
salvação de todos. Então gozaremos da luz da própria verdade e serão iluminados todos os que creem.

Responsório   At 11,23-24

R. Chegando Barnabé a Antioquia,
   e vendo a **graça** do **Se**nhor, ficou **al**egre,
 * Pois **era** um homem **bom**, cheio de **fé**,
   cheio do Es**pí**rito Divino, ale**luia**.
V. A **to**dos exor**ta**va que fi**ca**ssem fi**éis**
   ao **Se**nhor com leal**da**de. * Pois **era**.

Oração como nas Laudes.

Laudes

Hino

Celebramos a bela vitória
do discípulo fiel, Barnabé,
que foi digno de grande coroa,
padecendo por causa da fé.

Deixa as lidas do campo, animado
pela fé que opera no amor,

para ver florescer novo povo
de cristãos, consagrado ao Senhor.

Vai contente à procura de Paulo,
companheiro na fé, no dever,
e com ele, ao aceno do Espírito,
muitas plagas irá percorrer.

Para si coisa alguma conserva,
e atrai a muitos a Cristo Jesus,
até ser consagrado no sangue
e empunhar uma palma de luz.

Pela prece do servo fiel,
dai, ó Deus, que sigamos também
os caminhos da graça e da vida
e no céu vos louvemos. Amém.

Cântico evangélico, ant.

Barnabé conduziu **Pau**lo à **I**gre**j**a de Antio**qui**a,
e a**li** anunci**a**ram a pa**la**vra do Se**nhor**
a uma **gran**de multi**dão**. Ale**lui**a.

Oração

Ó Deus, que designastes São Barnabé, cheio de fé e do Espírito Santo, para converter as nações, fazei que a vossa Igreja anuncie por palavras e atos o Evangelho de Cristo que ele proclamou intrepidamente. Por nosso Senhor Jesus Cristo, vosso Filho, na unidade do Espírito Santo.

Vésperas

HINO Celebramos a bela vitória, como nas Laudes, p. 1630.

Cântico evangélico, ant.

A assem**blei**a se **ca**lou
e escu**tou** aten**ta**men**te** a **Pau**lo e Barnabé,
que nar**ra**vam os pro**dí**gios e os si**nais** que Deus fizera
entre os gen**ti**os por meio **de**les. Ale**lui**a.

COMUNS

As antífonas do Cântico evangélico indicadas para as I Vésperas das solenidades podem também ser ditas nas Vésperas das memórias dos Santos.

COMPUR

COMUM DA DEDICAÇÃO DE UMA IGREJA

I Vésperas

HINO Jerusalém gloriosa, *como nas II Vésperas, p.* 1656.
Salmodia

Antífona 1

Na Quaresma:

No **templo de Deus** os fiéis bradam "**Glória**"!

No Tempo pascal:

Jerusalém está em **festa**:
ruas e **pra**ças rejubilam de alegria, aleluia.

Salmo 146 (147A)

= ¹ Lou**vai** o Senhor **Deus**, porque ele é **bom**, †
cantai ao nosso Deus, porque é suave: *
ele é **di**gno de louvor, ele o merece!

– ² O Se**nhor** reconstruiu Jerusalém, *
e os dis**per**sos de Israel juntou de novo;

– ³ ele con**for**ta os corações despedaçados, *
ele en**fai**xa suas feridas e as cura;

– ⁴ fixa o **nú**mero de todas as estrelas *
e cha**ma** a cada uma por seu nome.

– ⁵ É **gran**de e onipotente o nosso Deus, *
seu sa**ber** não tem medidas nem limites.

– ⁶ O Senhor **Deus** é o amparo dos humildes, *
mas **do**bra até o chão os que são ímpios.

– ⁷ Ento**ai**, cantai a Deus ação de graças, *
to**cai** para o Senhor em vossas harpas!

– ⁸ Ele reves**te** todo o céu com densas nuvens, *
e a **chu**va para a terra ele prepara;

– faz cres**cer** a verde relva sobre os montes *
e as **plan**tas que são úteis para o homem;

Comum da dedicação de uma igreja

– [9]ele **dá** aos animais seu alimento, *
e ao **cor**vo e aos seus filhotes que o invocam.

– [10]Não é a **for**ça do cavalo que lhe agrada, *
nem se de**lei**ta com os músculos do homem,

– [11]mas **agra**dam ao Senhor os que o respeitam, *
os que con**fi**am, esperando em seu amor!

Na Quaresma: Ant.

No **tem**plo de **Deus** os fi**éis** bradam "**Glória**"!

No Tempo pascal: Ant.

Jerusa**lém** está em **fes**ta:
ruas e **pra**ças reju**bi**lam de ale**gri**a. Ale**lui**a.

Antífona 2

O S**enhor** refor**çou** as tuas **por**tas
e os teus **fi**lhos em teu **sei**o aben**çoou** (T.P. Ale**lui**a).

Salmo 147(147B)

– [12]Glorifica o Se**nhor**, Jerusa**lém**! *
Ó S**ião**, canta louvores ao teu Deus!

– [13]Pois refor**çou** com segurança as tuas portas, *
e os teus **fi**lhos em teu seio abençoou;

– [14]a **paz** em teus limites garantiu *
e te **dá** como alimento a flor do trigo.

– [15]Ele en**via** suas ordens para a terra, *
e a pala**vra** que ele diz corre veloz;

– [16]ele **faz** cair a neve como lã *
e es**pa**lha a geada como cinza.

– [17]Como de **pão** lança as migalhas do granizo, *
a seu **fri**o as águas ficam congeladas.

– [18]Ele en**via** sua palavra e as derrete, *
sopra o **ven**to e de novo as águas correm.

– [19]Anuncia a Jacó sua palavra, *
seus pre**cei**tos e suas leis a Israel.

I Vésperas

— 20 Nenhum **po**vo recebeu tanto carinho, *
a nenhum **out**ro revelou os seus preceitos.

Ant. O Se**nhor** refor**çou** as tuas **por**tas
e os teus **fi**lhos em teu **sei**o abençoou(T.P. Aleluia).

Antífona 3

Na Quaresma:

Seja **gló**ria a vós Deus **Pai,** pelo **Cris**to na Igre**ja.**

Cântico   cf. Cl 1,12-20

= 12 Demos **gra**ças a Deus **Pai** onipoten**te,** †
que nos **cha**ma a partilhar, na sua luz, *
da he**ran**ça a seus santos reservada!

(R. Glória a **vós,** Primo**gê**nito dentre os **mor**tos!)

= 13 Do im**pé**rio das trevas arrancou-nos †
e transpor**tou**-nos para o Reino de seu Filho, *
para o **Rei**no de seu Filho bem-amado,

— 14 no **qual** nós encontramos redenção, *
dos pe**ca**dos remissão pelo seu sangue. (R.)

— 15 Do **Deus,** o Invisível, é a imagem, *
o Primo**gê**nito de toda criatura;

= 16 porque **ne**le é que tudo foi criado: †
o que há nos **céus** e o que existe sobre a terra, *
o vi**sí**vel e também o invisível. (R.)

= Sejam **Tro**nos e Poderes que há nos céus, †
sejam **e**les Principados, Potestades: *
por **e**le e para ele foram feitos;

— 17 antes de **to**da criatura ele existe, *
e é por **e**le que subsiste o universo. (R.)

= 18 Ele é a Ca**be**ça da Igreja, que é seu Corpo, †
é o prin**cí**pio, o Primogênito dentre os mortos, *
a **fim** de ter em tudo a primazia.

— 19 Pois foi do a**gra**do de Deus Pai que a plenitude *
habi**tas**se no seu Cristo inteiramente. (R.)

1638   Comum da dedicação de uma Igreja

– [20]**Aprou**ve-lhe também, por meio dele, *
reconcili**ar** consigo mesmo as criaturas,
= pacifi**can**do pelo sangue de sua cruz †
tudo **aqui**lo que por ele foi criado, *
o que há nos **céus** e o que existe sobre a terra.   (R.)
Ant. Seja **glória** a vós, Deus **Pai**, pelo **Cris**to na Igreja.

No Tempo pascal:
Os **san**tos se **ale**gram na Ci**da**de do Se**nhor**;
os **an**jos cantam **hi**nos de lou**vor** ante seu **tro**no. Aleluia.

No cântico seguinte dizem-se os Aleluias entre parênteses somente quando se canta; na recitação, basta dizer os Aleluias no começo, entre as estrofes e no fim.

Cântico   cf. Ap 19,1-2.5-7

= Aleluia, (Aleluia!).
[1]Ao nosso **Deus** a sal**vação**, *
honra, **glória** e poder! (Aleluia!).
– [2]Pois são ver**da**de e justiça *
os juízos do Senhor.
R. Ale**lui**a, (Ale**lui**a!).

= Ale**lui**a, (Ale**lui**a!).
[5]Celebrai o nosso Deus, *
servi**do**res do Senhor! (Aleluia!).
– E vós **to**dos que o temeis, *
vós os **gran**des e os pequenos!
R. Ale**lui**a, (Ale**lui**a!).

= Aleluia, (Aleluia!).
[6]De seu **Rei**no tomou posse *
nosso **Deus** onipotente! (Aleluia!).
– [7]Exul**te**mos de alegria, *
demos **glória** ao nosso Deus!
R. Ale**lui**a, (Ale**lui**a!).

I Vésperas

= Aleluia, (Aleluia!).

– Eis que as **núp**cias do Cordeiro *
redi**vi**vo se aproximam! (Aleluia!).

– Sua Es**po**sa se enfeitou, *
se ves**tiu** de linho puro.

R. Ale**lu**ia, (Aleluia!).

Ant. Os **san**tos se a**le**gram na Ci**da**de do Se**nhor**;
os **an**jos cantam **hi**nos de lou**vor** ante seu **tro**no.
A**le**luia.

Leitura breve
Ef 2,19-22

Já não sois mais estrangeiros nem migrantes, mas concida-
dãos dos santos. Sois da família de Deus. Vós fostes integrados no edifício que tem como fundamento os apóstolos
e os profetas, e o próprio Jesus Cristo como pedra principal. É nele que toda a construção se ajusta e se eleva para
formar um templo santo no Senhor. E vós também sois integrados nesta construção, para vos tornardes morada de
Deus pelo Espírito.

Responsório breve

Na Quaresma:

R. Re**ful**ge, ó Se**nhor**,
* A santi**da**de em vossa **ca**sa. R. Re**ful**ge.

V. Pelos **sé**culos dos **sé**culos. * A santi**da**de.
Glória ao **Pai**. R. Re**ful**ge.

No Tempo pascal:

R. Re**ful**ge, ó Se**nhor**, a santi**da**de em vossa **ca**sa.
* Aleluia, Aleluia. R. Re**ful**ge.

V. Pelos **sé**culos dos **sé**culos. * Aleluia.
Glória ao **Pai**. R. Re**ful**ge.

Cântico Evangélico, ant.

Ale**grai**-vos com Si**ão** e exul**tai** por sua **cau**sa,
todos **vós** que a a**mais** (T.P. Aleluia).

1640   Comum da dedicação de uma igreja

Preces

Oremos a nosso Salvador, que entregou a vida para reunir num só povo os filhos de Deus dispersos; e digamos:

R. **Lembrai-vos, Senhor, da vossa Igreja!**

Senhor Jesus, que edificastes a vossa casa sobre a rocha firme,

—consolidai e robustecei a fé e a esperança de vossa Igreja. R.

Senhor Jesus, de cujo lado aberto jorraram sangue e água,

—renovai a vossa Igreja pelos sacramentos da nova e eterna aliança. R.

Senhor Jesus, que estais no meio daqueles que se reúnem em vosso nome,

—escutai a oração de toda a vossa Igreja. R.

Senhor Jesus, que vindes com o Pai morar naqueles que vos amam,

—tornai a vossa Igreja perfeita na caridade. R.

(intenções livres)

Senhor Jesus, que nunca rejeitais quem se aproxima de vós,

—fazei entrar na casa do Pai todos os que já morreram. R.

Pai nosso...

Oração

Na própria igreja dedicada:

Ó Deus, que nos fazeis reviver cada ano a dedicação desta igreja, ouvi as preces do vosso povo, e concedei que celebremos neste lugar um culto perfeito e alcancemos a plena salvação. Por nosso Senhor Jesus Cristo, vosso Filho, na unidade do Espírito Santo.

Em outra igreja:

Ó Deus, que edificais o vosso templo eterno com pedras vivas e escolhidas, difundi na vossa Igreja o Espírito que lhe

Ofício das Leituras

destes, para que o vosso povo cresça sempre mais construindo a Jerusalém celeste. Por nosso Senhor Jesus Cristo, vosso Filho, na unidade do Espírito Santo.

Ou:

Ó Deus, que chamastes Igreja o vosso povo, concedei aos
que se reúnem em vosso nome temer-vos, amar-vos e seguir-vos, até alcançar, guiados por vós, as promessas eternas. Por nosso Senhor Jesus Cristo, vosso Filho, na unidade
do Espírito Santo.

Invitatório

R. **Igreja, Esposa de Cristo,
aclama e louva o Senhor** (T.P. **Aleluia**).

Ou:

R. **Adoremos Jesus Cristo, que ama a sua Igreja.**

Salmo invitatório como no Ordinário, p. 944.

Ofício das Leituras

Hino

Senhor Jesus, a quem tudo pertence,
mas aceitais dos homens os presentes:
um lugar santo hoje vos dedicaram,
por isso nós exultamos contentes.

Salve o lugar, Senhor, que foi chamado
Casa do Rei, porta de umbrais celestes,
por onde sobe a Deus todo o seu povo,
como a Escada que a Jacó vós destes!

Eis o lugar, Senhor, onde os fiéis
cantando acorrem neste vosso dia,
para buscar na fonte a vida eterna
e oferecer no altar a Eucaristia!

Ó Deus, volvei a nós um rosto amigo
e com carinho guardai vosso povo,

Comum da dedicação de uma igreja

que hoje celebra o templo consagrado,
cantando em vossa honra um canto novo.

Louvor a vós, ó Pai, e glória ao Filho,
que foi na terra o templo verdadeiro,
e nos mandou o Espírito divino
que faz um templo vivo ao povo inteiro.

Salmodia

Ant. 1 Ó portas, levantai vossos frontões!
Elevai-vos bem mais alto, antigas portas!
(T.P. Aleluia).

Quando o salmo seguinte é usado no Invitatório, diz-se, em seu lugar, o salmo 94(95), à p. 944.

Salmo 23(24)

— ¹Ao Senhor pertence a terra e o que ela encerra, *
o mundo inteiro com os seres que o povoam;
— ²porque ele a tornou firme sobre os mares, *
e sobre as águas a mantém inabalável.
— ³"Quem subirá até o monte do Senhor, *
quem ficará em sua santa habitação?"
= ⁴"Quem tem mãos puras e inocente coração, †
quem não dirige sua mente para o crime, *
nem jura falso para o dano de seu próximo.
— ⁵Sobre este desce a bênção do Senhor *
e a recompensa de seu Deus e Salvador".
— ⁶"É assim a geração dos que o procuram, *
e do Deus de Israel buscam a face".
= ⁷"Ó portas, levantai vossos frontões! †
Elevai-vos bem mais alto, antigas portas, *
a fim de que o Rei da glória possa entrar!"
= ⁸Dizei-nos: "Quem é este Rei da glória?" †
"É o Senhor, o valoroso, o onipotente, *
o Senhor, o poderoso nas batalhas!" —

Ofício das Leituras

1643

= [9] "Ó **por**tas, levantai vossos front**ões**! †
Ele**vai**-vos bem mais alto, antigas portas, *
a fim de **que** o Rei da glória possa entrar!"

= [10] **Dizei**-nos: "Quem é este Rei da glória?" †
"O Rei da **gló**ria é o Senhor onipotente, *
o Rei da **gló**ria é o Senhor Deus do universo!"

Ant.   Ó **por**tas, levan**tai** vossos front**ões**!
Ele**vai**-vos bem mais **alto**, antigas **por**tas!
(T.P. Ale**luia**).

Ant. 2 Quão am**á**vel, ó S**enhor**, é vossa **casa**! (T.P. Ale**luia**). †

Salmo 83(84)

– [2] Quão am**á**vel, ó S**enhor**, é vossa **casa**, *
quanto a **amo**, Senhor Deus do universo!
– [3] Minha **alma** desfalece de saudades *
e an**seia** pelos átrios do Senhor!
– Meu cora**ção** e minha carne rejubilam *
e e**xul**tam de alegria no Deus vivo!
= [4] Mesmo o par**dal** encontra abrigo em vossa casa, †
e a ando**ri**nha aí prepara o seu ninho, *
para **n**ele seus filhotes colocar:
– vossos al**tar**es, ó Senhor Deus do universo! *
vossos al**tar**es, ó meu Rei e meu Senhor!
– [5] Fe**li**zes os que habitam vossa casa; *
para **sem**pre haverão de vos louvar!
– [6] Fe**li**zes os que em vós têm sua força, *
e se de**ci**dem a partir quais peregrinos!
= [7] Quando **pas**sam pelo vale da aridez, †
o trans**for**mam numa fonte borbulhante, *
pois a **chu**va o vestirá com suas bênções.
– [8] Caminha**rão** com ardor sempre crescente *
e hão de **ver** o Deus dos deuses em Sião. –

1644   Comum da dedicação de uma igreja

— ⁹Deus do universo, escutai minha oração! *
Inclinai, Deus de Jacó, o vosso ouvido!
— ¹⁰Olhai, ó **Deus**, que sois a nossa proteção, *
vede a face do eleito, vosso Ungido!

— ¹¹Na verdade, um só dia em vosso templo *
vale **mais** do que milhares fora dele!
— Prefiro estar no limiar de vossa casa, *
a hospedar-me na mansão dos pecadores!

— ¹²O Senhor **Deus** é como um sol, é um escudo, *
e largamente distribui a graça e a glória.
— O Senhor nunca recusa bem algum *
àqueles que caminham na justiça.
— ¹³Ó Senhor, Deus poderoso do universo, *
feliz quem põe em vós sua esperança!

Ant. Quão **amável**, ó Senhor, é vossa **casa**! (T.P. Aleluia).

Ant. 3 Dizem **coisas** gloriosas da Cidade do Senhor
(T.P Aleluia).

Salmo 86(87)

— ¹O Senhor ama a cidade *
que fundou no Monte santo;
— ²ama as **portas** de Sião *
mais que as **casas** de Jacó.

— ³Dizem **coisas** gloriosas *
da Cidade do Senhor:
— ⁴"Lembro o Egito e Babilônia *
entre os **meus** veneradores.

= Na Filisteia ou em Tiro †
ou no país da Etiópia, *
este ou aquele ali nasceu.
= ⁵De Sião, porém, se diz: †
"Nasceu **nela** todo homem; *
Deus é **sua** segurança". —

Ofício das Leituras 1645

= ⁶ Deus **ano**ta no seu livro, †
onde ins**cre**ve os povos todos: *
"Foi **ali** que estes nasceram".

— ⁷ E por **isso** todos juntos *
a can**tar** se alegrarão;

— e, dan**çan**do, exclamarão: *
"Estão em **ti** as nossas fontes!"

Ant. Dizem **coi**sas glori**o**sas da Ci**da**de do Se**nhor**
(T.P. Ale**lui**a).

V. Eu me **vol**to reve**ren**te ao vosso **tem**plo (T.P. Ale**lui**a).

R. E a**do**ro com res**pei**to o vosso **no**me (T.P. Ale**lui**a).

Na Quaresma:

Primeira leitura
Do Primeiro Livro dos Reis   8,1-4.10-13.22-30

Dedicação do templo

Naqueles dias: ¹ Salomão convocou, junto de si em Jerusalém, todos os anciãos de Israel, todos os chefes das tribos e príncipes das famílias dos filhos de Israel, a fim de
transferir da cidade de Davi, que é Sião, a arca da aliança
do Senhor. ² Todo o Israel reuniu-se em torno de Salomão,
no mês de Etanim, ou seja, no sétimo mês, durante a festa.
³ Vieram todos os anciãos de Israel, e os sacerdotes tomaram a arca ⁴ e carregaram-na junto com a tenda da reunião,
como também todos os objetos sagrados que nela estavam;
quem os carregava eram os sacerdotes e os levitas.

¹⁰ Ora, quando os sacerdotes deixaram o santuário, uma
nuvem encheu o templo do Senhor, ¹¹ de modo que os sacerdotes não puderam continuar as funções porque a glória do
Senhor tinha enchido o templo do Senhor. ¹² Então Salomão
disse:

Comum da dedicação de uma igreja

"O Senhor disse que habitaria numa nuvem, [13]e eu edifiquei uma casa para tua morada, um templo onde vivas para sempre".

[22]Salomão pôs-se de pé diante do altar do Senhor, na presença de toda a assembleia de Israel, estendeu as mãos para o céu e disse: [23]"Ó Senhor, Deus de Israel, não há Deus igual a ti nem no mais alto dos céus, nem aqui embaixo na terra; tu és fiel à tua misericordiosa aliança com teus servos, que andam na tua presença de todo o seu coração. [24]Cumpriste a promessa que fizeste ao teu servo Davi, meu pai: aquilo que tua boca pronunciou, tua mão o realizou, como hoje se vê. [25]Agora, Senhor, Deus de Israel, mantém em favor de teu servo Davi, meu pai, a promessa que lhe fizeste, dizendo: 'Jamais te faltará diante de mim um sucessor no trono de Israel, desde que teus filhos cumpram os seus deveres, e andem diante de mim, como tu mesmo o fizeste'.

[26]E agora, Senhor, Deus de Israel, cumpram-se as palavras que disseste a teu servo Davi, meu pai. [27]Mas será que Deus pode realmente morar sobre a terra? Se os mais altos céus não te podem conter, muito menos esta casa que eu construí! [28]Mas atende, Senhor, meu Deus, à oração e à súplica do teu servo, e ouve o clamor e a prece que ele faz hoje em tua presença. [29]Teus olhos estejam abertos noite e dia sobre esta casa, sobre o lugar do qual disseste: 'Aqui estará o meu nome!' Ouve a oração que o teu servo te faz neste lugar. [30]Ouve as súplicas de teu servo e de teu povo Israel, quando aqui orarem. Escuta-os do alto da tua morada, no céu, escuta-os e perdoa!"

Responsório   Mt 18,19-20; 2Cr 7,15

R. *Se dois de* **vós**, *por sobre a* **terra**,
   se u**nir**em para pe**dir** qualquer **coi**sa que quei**rais**,
   será **da**da por meu **Pai**, que está nos **céus**, diz o **Se**nhor.
  * Onde estiverem dois ou **três** reu**ni**dos em meu **no**me,
   eu es**tou** no meio **de**les.

℣. Estão **aber**tos os meus **o**lhos e **aten**tos meus ou**vi**dos, para ou**vir** a ora**ção** que for **fei**ta nesse **tem**plo. * Onde.

No Tempo pascal:

Primeira leitura

Do Apocalipse de São João 21,9-27

Visão da Jerusalém celeste

[9]Veio até mim um dos sete anjos das sete taças cheias com as últimas pragas. Ele falou comigo e disse: "Vem! Vou mostrar-te a noiva, a esposa do Cordeiro".[10]Então me levou em espírito a uma montanha grande e alta. Mostrou-me a cidade santa, Jerusalém, descendo do céu, de junto de Deus, [11]brilhando com a glória de Deus. Seu brilho era como o de uma pedra preciosíssima, como o brilho de jaspe cristalino. [12]Estava cercada por uma muralha maciça e alta, com doze portas. Sobre as portas estavam doze anjos, e nas portas estavam escritos os nomes das doze tribos de Israel. [13]Havia três portas do lado do oriente, três portas do lado norte, três portas do lado sul e três portas do lado do ociden-te. [14]A muralha da cidade tinha doze alicerces, e sobre eles estavam escritos os nomes dos doze apóstolos do Cordeiro.

[15]Aquele que estava falando comigo usava uma vara de ouro para medir a cidade, as portas e a muralha.[16]A cidade é quadrada. Seu comprimento é igual à largura. O anjo me-diu a cidade com a vara: doze mil estádios. O comprimen-to, largura e altura são iguais.[17]O anjo mediu a muralha: cento e quarenta e quatro côvados, em medidas humanas. [18]A muralha é feita de jaspe. A cidade é de ouro purificado, parecendo puro cristal.[19]Os alicerces da muralha da cida-de são ornamentados com todo tipo de pedras preciosas. O primeiro alicerce é de jaspe, o segundo de safira, o terceiro de calcedônia, o quarto de esmeralda, [20]o quinto de sardô-nica, o sexto de cornalina, o sétimo de crisólito, o oitavo

Comum da dedicação de uma igreja

de berilo, o nono de topázio, o décimo de crisópraso, o décimo primeiro de jacinto e o décimo segundo de ametista. ²¹As doze portas são doze pérolas; cada porta é feita de uma única pérola. A praça da cidade é de ouro purificado, como vidro transparente. ²²Não vi templo na cidade, pois o seu Templo é o próprio Senhor, o Deus Todo-poderoso, e o Cordeiro. ²³A cidade não precisa de sol, nem de lua que a iluminem, pois a glória de Deus é a sua luz e a sua lâmpada é o Cordeiro. ²⁴As nações caminharão à sua luz e os reis da terra levarão a ela a sua glória. ²⁵Suas portas não precisam de ser fechadas cada dia, pois já não haverá noite, ²⁶e a ela levarão a glória e a riqueza das nações. ²⁷Nunca mais entrará nela o que é impuro, nem alguém que pratica a abominação e a mentira. Entrarão nela somente os que estão inscritos no livro da vida do Cordeiro.

Responsório   cf. Ap 21,21; Tb 13,17.18.11

R. Jerusalém, as tuas **praças** serão cal**ça**das de ouro **pu**ro, e cantares de ale**gria** em **ti** ressoa**rão**.
   *E **todos** cant**arão** "Ale**luia**" em tuas **ru**as.
V. Brilha**rás** qual luz ful**gen**te e hão de hon**rar**-te os povos **todos**. *E **todos**.

Segunda leitura

Das Homilias sobre o Livro de Josué, de Orígenes, presbítero

          (Homilia 9, 1-2: PG 12, 871-872)   (Séc. III)

Como pedras vivas, constituímos a casa e o altar de Deus

Todos nós, que cremos no Cristo Jesus, somos chamados *pedras vivas,* segundo as palavras das Escrituras: *Também vós, como pedras vivas, formai um edifício espiritual, um sacerdócio santo, a fim de oferecerdes sacrifícios espirituais, agradáveis a Deus, por Jesus Cristo* (1Pd 2,5).

Ora, quando se trata de pedras de construção, sabemos que primeiro são colocadas nos alicerces as mais sólidas e resistentes, para que possamos com segurança colocar-lhes em cima todo o peso do edifício; do mesmo modo, também entre as pedras vivas algumas são colocadas nos alicerces do edifício espiritual. Quais são essas pedras vivas colocadas nos alicerces? *São os apóstolos e os profetas,* como ensina São Paulo: *Vós fostes integrados no edifício que tem como fundamento os apóstolos e os profetas, e o próprio Jesus Cristo, nosso Senhor, como pedra principal* (Ef 2,20).

Tu que me ouves, para melhor participares da construção deste edifício e seres uma das pedras mais próximas do alicerce, fica sabendo ser o próprio Cristo o alicerce do edifício que estamos descrevendo. Assim se exprime o apóstolo Paulo: *Ninguém pode colocar outro alicerce diferente do que aí está, já colocado: Jesus Cristo* (1Cor 3,11). Felizes, pois, aqueles que vão se tornando edifícios religiosos e santos sobre tão nobre alicerce!

Todavia, neste edifício que é a Igreja, também é necessário um altar. Por isso julgo que todos dentre vós, *pedras vivas,* preparados e dispostos para se dedicarem à oração, a fim de oferecer a Deus dia e noite o sacrifício de suas preces e súplicas, sois as pedras com que Jesus edifica o altar.

Considera, portanto, a nobreza dessas pedras do altar: *Como prescreveu o legislador Moisés,* diz a Escritura, *que se construa o altar com pedras inteiras, não talhadas pelo ferro.* Que pedras inteiras e intocadas são estas? Talvez os santos Apóstolos, formando em conjunto um só altar por sua unanimidade e concórdia. De fato, narra-se que *todos eles perseveravam na oração em comum* (At 1,14), e, tomando a palavra, disseram: *Senhor, tu conheces os corações de todos* (At 1,24).

Os que assim podiam orar, num só coração, numa só voz e num só espírito, são realmente dignos de construir um só altar, sobre o qual Jesus ofereça seu sacrifício ao Pai.

Também devemos nos esforçar por ter a mesma linguagem e os mesmos sentimentos, nada fazendo por espírito de

Comum da dedicação de uma igreja

contenda ou vanglória. Permanecendo unidos no mesmo modo de sentir e pensar, certamente nos tornaremos pedras dignas do altar.

Responsório   cf. Is 2,2.3; Sl 125(126),6

R. A casa do Senhor foi construída
   no mais alto, sobre o cume das montanhas
   e elevada muito acima das colinas.
   * Para ela acorrerão todas as gentes,
   dizendo: Honra e glória a vós, Senhor!
V. Cantando de alegria voltarão, carregando os seus feixes.
   * Para ela.

Ou:

Dos Sermões de Santo Agostinho, bispo
   (Sermão 336, 1. 6: PL 38 [edit. 1861], 1471-1472. 1475)
                                                    (Séc. V)

Edificação e consagração da casa de Deus em nós

A solenidade que nos reúne é a dedicação de uma casa de oração. Realmente, esta é a casa de nossas orações; mas a casa de Deus somos nós. Se nós é que somos a casa de Deus, continuemos construindo neste mundo, para sermos consagrados no fim dos tempos. O edifício, ou melhor, a construção exige trabalho, mas a consagração realiza-se com alegria.

O que acontecia aqui, enquanto esta casa estava sendo erguida, é o que acontece agora quando se reúnem os que creem em Cristo. Com efeito, ao abraçarem a fé, foram como a madeira cortada na floresta e as pedras talhadas nos montes; ao serem catequizados, batizados e instruídos, foram lavrados, acertados e aplainados pelas mãos dos carpinteiros e construtores.

Contudo, esses materiais não constroem a casa do Senhor senão quando são unidos pela caridade. Se estas madeiras e pedras não se encaixassem ordenadamente, não se entrelaçassem pacificamente e, por assim dizer, não se amassem mutuamente, ninguém poderia entrar aqui. Mas, quando vês em qualquer construção pedras e madeiras formando um todo bem ajustado, então podes entrar nela sem temer que desabe.

Querendo, pois, o Cristo Senhor entrar e habitar em nós, dizia como se estivesse construindo: *Eu vos dou um novo mandamento: que vos ameis uns aos outros* (Jo 13,34). Disse: *Eu vos dou um novo mandamento.* Vós éreis velhos, deitados em vossas ruínas, sem condições de serdes uma casa para mim. Portanto, para vos levantardes da velhice de vossas ruínas, *amai-vos uns aos outros.*

Considere vossa caridade que esta casa ainda está sendo construída no mundo inteiro, como foi predito e prometido. Depois do cativeiro, quando se edificava o Templo, dizia-se num salmo: *Cantai ao Senhor Deus um canto novo, cantai ao senhor Deus, ó terra inteira* (Sl 95,1). Ao canto novo do salmo corresponde o *mandamento novo* do Senhor. Que há, em verdade, num canto novo senão um amor novo? Cantar é próprio de quem ama! A voz deste cantor é a paixão de um amor sagrado.

O que vemos aqui, materialmente, nas paredes, sucede espiritualmente em vosso íntimo; e o que vemos realizado com perfeição na pedra e madeira, também se realize em vossos corpos, pela graça de Deus.

Acima de tudo, portanto, demos graças ao Senhor, nosso Deus, de quem procedem toda boa dádiva e todo dom perfeito, e louvemos sua bondade com toda a alegria do coração. Para que esta casa de oração fosse construída, ele iluminou o espírito dos fiéis, despertou-lhes o afeto, deu-lhes a sua ajuda, inspirou os que ainda não a queriam a querê-la, levando a termo os esforços de sua boa vontade. E deste modo Deus, *que realiza* nos seus *tanto o querer como o fazer, conforme o seu desígnio benevolente* (Fl 2,13), começou e concluiu tudo isto.

1652   Comum da dedicação de uma igreja

Responsório   Sl 83(84),2-3.5

R. Quão am**á**vel, ó Se**nhor**, é vossa **ca**sa,
    Quanto a amo, Senhor **Deus** do universo!
  * Minha **al**ma desfa**le**ce de sau**da**des
    e an**sei**a pelos **á**trios do Se**nhor**!
V. Fe**li**zes os que ha**bi**tam vossa **ca**sa,
    para **sem**pre have**rão** de vos lou**var**. * Minha **al**ma.

HINO Te Deum, p. 949.

Oração como nas Laudes.

Laudes

Hino

    Do Pai eterno talhado,
    Jesus, à terra baixado,
    tornou-se pedra angular;
    na qual o povo escolhido
    e o das ilações convertido
    vão afinal se encontrar.

    Eis que a Deus é consagrada
    para ser sua morada
    triunfal Jerusalém,
    onde em louvor ao Deus trino
    sobem dos homens o hino,
    os Aleluias e o Amém.

    No vosso altar reluzente
    permanecei Deus, presente,
    sempre a escutar nossa voz;
    acolhei todo pedido,
    acalmai todo gemido
    dos que recorrem a vós.

    Sejamos nós pedras vivas,
    umas das outras cativas,
    que ninguém possa abalar;

Laudes

com vossos santos um dia,
a exultar de alegria
no céu possamos reinar.

Ant. 1 Minha **ca**sa é **ca**sa de oração (T.P. Ale**lu**ia).

Salmos e cântico do domingo da I Semana, p. 982.

Ant. 2 Sede ben**di**to, Senhor **Deus** de nossos **pais**,
no templo **san**to onde re**ful**ge a vossa **gló**ria!
(T.P. Ale**lu**ia).

Ant. 3 Lou**vai** o Se**nhor** na assem**bleia** dos **san**tos!
(T.P. Ale**lu**ia).

Leitura breve   Is 56,7

Eu os conduzirei ao meu santo monte e os alegrarei em minha casa de oração; aceitarei com agrado em meu altar seus holocaustos e vítimas, pois minha casa será chamada casa de oração para todos os povos.

Responsório breve

Na Quaresma:

R. **Gran**de é o Se**nhor**,
  * E muito **dig**no de lou**vor**. R. **Gran**de.
V. No Monte **san**to, na ci**da**de onde ele **mo**ra.
  * E muito **dig**no. Glória ao **Pai**. R. **Gran**de.

No Tempo pascal:

R. **Gran**de é o Se**nhor**, e muito **dig**no de lou**vor**.
  * Ale**lu**ia, ale**lu**ia. R. **Gran**de.
V. No Monte **san**to, na ci**da**de onde ele **mo**ra. * Ale**lu**ia.
  Glória ao **Pai**. R. **Gran**de.

Cântico evangélico, ant.

Zaqueu, desce de**pres**sa,
porque **ho**je vou fi**car** em tua **ca**sa!
Ele des**ceu** rapida**men**te

Comum da dedicação de uma igreja

e o recebeu com alegria em sua casa.
Hoje entrou a salvação nesta casa (T.P. Aleluia).

Preces

Como pedras vivas, edificadas sobre Cristo, pedra angular, peçamos cheios de fé a Deus Pai todo-poderoso em favor de sua amada Igreja, dizendo:

R. **Esta é a casa de Deus e a porta do céu!**

Pai do céu, que sois o agricultor da vinha que Cristo plantou na terra, purificai, guardai e fazei crescer a vossa Igreja,
– para que, sob o vosso olhar, ela se espalhe por toda a terra. R.

Pastor eterno, protegei e aumentai o vosso rebanho,
– para que todas as ovelhas se congreguem na unidade, sob um só pastor, Jesus Cristo, vosso Filho. R.

Semeador providente, semeai a palavra em vosso campo,
– para que dê frutos abundantes para a vida eterna. R.

Sábio construtor, santificai a Igreja, vossa casa e vossa família,
– para que ela apareça no mundo como cidade celeste, Jerusalém nova e Esposa sem mancha. R.

(intenções livres)

Pai nosso...

Oração

Na própria igreja dedicada:

Ó Deus, que nos fazeis reviver cada ano a dedicação desta igreja, ouvi as preces do vosso povo, e concedei que celebremos neste lugar um culto perfeito e alcancemos a plena salvação. Por nosso Senhor Jesus Cristo, vosso Filho, na unidade do Espírito Santo.

Hora Média

Em outra igreja:

Ó Deus, que edificais o vosso templo eterno com pedras vivas e escolhidas, difundi na vossa Igreja o Espírito que lhe destes, para que o vosso povo cresça sempre mais construindo a Jerusalém celeste. Por nosso Senhor Jesus Cristo, vosso Filho, na unidade do Espírito Santo.

Ou:

Ó Deus, que chamastes Igreja o vosso povo, concedei aos que se reúnem em vosso nome temer-vos, amar-vos e seguir-vos, até alcançar, guiados por vós, as promessas eternas. Por nosso Senhor Jesus Cristo, vosso Filho, na unidade do Espírito Santo.

Hora Média

Oração das Nove Horas

Nos salmos graduais da Salmodia complementar, em lugar do Salmo 121(122), pode-se dizer o Salmo 128(129), à p.1369.

Ant. A santa Igreja é o templo do Senhor,
   é a construção, é a plantação que Deus cultiva
   (T.P. Aleluia).

Leitura breve   1Cor 3,16-17

Acaso não sabeis que sois santuário de Deus e que o Espírito de Deus mora em vós? Se alguém destruir o santuário de Deus, Deus o destruirá, pois o santuário de Deus é santo, e vós sois esse santuário.

V. Senhor, eu amo a casa onde habitais (T.P. Aleluia).
R. E o lugar em que reside a vossa glória (T.P. Aleluia).

Oração das Doze Horas

Ant. Refulge a santidade em vossa casa
   pelos séculos dos séculos, Senhor! (T.P. Aleluia).

1656   Comum da dedicação de uma igreja

Leitura breve   2Cor 6,16

Vós sois templo do Deus vivo, como disse o próprio Deus:
Eu habitarei no meio deles e andarei entre eles. Serei o seu
Deus e eles serão o meu povo.

V. **Rogai** que viva em **paz** Jerusa**lém** (T.P. Ale**luia**).
R. E em segu**rança** os que te **a**mam (T.P. Ale**luia**).

Oração das Quinze Horas

Ant. Eis a **C**asa do S**e**nhor solida**me**nte edifi**ca**da,
      construída sobre a **ro**cha (T.P. Ale**luia**).

Leitura breve   Jr 7,2b. 4-5a.7a

Ouvi a palavra do Senhor, todos vós, que entrais por estas
portas para adorar o Senhor. Não ponhais vossa confiança
em palavras mentirosas, dizendo: – É o templo do Senhor,
o templo do Senhor, o templo do Senhor! Mas, se melho-
rardes vossa conduta e vossas obras, então eu vos farei habitar neste lugar.

V. **En**t**rai** por suas **por**tas dando **gra**ças (T.P. Ale**luia**).
R. E em seus **á**trios com **h**inos de lou**vor**! (T.P. Ale**luia**).
Oração como nas Laudes.

II Vésperas

Hino

      Jerusalém gloriosa,
      visão bendita de paz,
      de pedras vivas erguida,
      por entre os astros brilhais
      qual noiva, de anjos cingida,
      que seu caminho perfaz.

      Já vem do céu preparada
      para o festim nupcial,
      e ao Senhor será dada
      no esplendor virginal.

II Vésperas 1657

As suas praças e muros
são do mais puro metal.

Pérolas brilham nas portas
desta cidade sem par,
e pela força dos méritos
vem no seu seio habitar
quem pelo nome de Cristo
soube sofrer e lutar.

Ásperas pedras, talhadas
por um perito no ofício,
com marteladas polidas,
constroem todo o edifício,
umas às outras unidas,
sem qualquer fenda ou orifício.

Ao Pai louvor seja dado,
ao Filho glória também,
com o Espírito sagrado
que dum e doutro provém.
Honra e poder são devidos
aos Três nos séculos. Amém.

Salmodia

Ant. 1 O Senhor tornou santa a sua morada:
Quem a pode abalar? Ele habita em seu meio
(T.P. Aleluia).

Salmo 45(46)

– 2O Senhor para nós é refúgio e vigor, *
sempre pronto, mostrou-se um socorro na angústia;
– 3Assim não tememos, se a terra estremece, *
se os montes desabam, caindo nos mares,
– 4se as águas trovejam e as ondas se agitam, *
se, em feroz tempestade, as montanhas se abalam: –

Comum da dedicação de uma igreja

– 5 Os **braços** de um rio vêm tra**zer** alegria *
à Ci**da**de de Deus, à mo**ra**da do Altíssimo.
– 6 Quem a **po**de abalar? Deus es**tá** no seu meio! *
Já bem **an**tes da aurora, ele **vem** ajudá-la.
– 7 Os **po**vos se agitam, os **reinos** desabam; *
tro**ve**ja sua voz e a **terra** estremece.
– 8 Co**nosco** está o Se**nhor** do universo! *
O **nos**so refúgio é o **Deus** de Jacó!
– 9 Vinde **ver**, contemplai os pro**dí**gios de Deus *
e a **obra** estupenda que **fez** no universo:
= reprime as guerras na **face da terra**, †
10 ele **que**bra os arcos, as **lanças** destrói *
e **quei**ma no fogo os es**cudos** e as armas:
– 11 "**Parai** e sabei, conhe**cei** que eu sou Deus, *
que do**mino** as nações, que do**mino** a terra!"
– 12 Co**nosco** está o Se**nhor** do uni**ver**so! *
O **nos**so refúgio é o **Deus** de Jacó!

Ant. O Se**nhor** tornou **san**ta a sua morada:
Quem a **po**de aba**lar**? Ele **ha**bita em seu **meio**
(T.P. Ale**luia**).

Ant. 2 Alegres i**re**mos à **ca**sa de **Deus**! (T.P. Ale**luia**).

Salmo 121(122)

– 1 Que ale**gria**, quando ou**vi** que me dis**seram**: *
"Vamos à **ca**sa do Se**nhor**!"
– 2 E a**gora** nossos pés já se de**têm**, *
Jerusa**lém**, em tuas portas.
– 3 Jerusa**lém**, cidade bem edificada *
num con**jun**to harmonioso;
– 4 para **lá** sobem as tribos de Israel, *
as **tribos** do Senhor.
– Para lou**var**, segundo a lei de Israel, *
o **nome** do Senhor.

II Vésperas

— ⁵A **sede** da justiça lá está *
e o **trono** de Davi.
— ⁶**Ro**g**ai** que viva em paz Jerusalém, *
e em segu**ran**ça os que te amam!
— ⁷Que a **paz** habite dentro de teus muros, *
tranquili**da**de em teus palácios!
— ⁸Por a**mor** a meus irmãos e meus amigos, *
peço: "A **paz** esteja em ti!"
— ⁹Pelo a**mor** que tenho à casa do Senhor, *
eu te de**se**jo todo bem!

Ant. 2 **Alegres i**r**emos à ca**sa de **Deus!** (T.P. **Aleluia**).

Antífona 3

Na Quaresma:

As nações **to**das hão de **vir** per**an**te **vós**,
e pros**tra**das have**rão** de ado**rar**-vos.

Cântico   Ap 15,3-4

— ³**Co**mo são **gran**des e admi**rá**veis vossas **o**bras, *
ó Se**nhor** e nosso Deus onipotente!
— Vossos ca**mi**nhos são verdade, são justiça, *
ó **Rei** dos povos todos do universo!

(R. São **gran**des vossas **o**bras, ó Se**nhor!**)

= ⁴**Quem**, Se**nhor**, não haveria de temer-vos, †
e **quem** não honraria o vosso nome? *
Pois so**men**te vós, Senhor, é que sois santo! (R.)

= As nações **to**das hão de vir per**an**te vós †
e, pros**tra**das, haverão de ado**rar**-vos, *
pois vossas **jus**tas decisões são manifestas. (R.)

Ant. As nações **to**das hão de **vir** per**an**te **vós**,
e, pros**tra**das, have**rão** de ado**rar**-vos

No Tempo pascal:

Santos **to**dos de **Deus**, ent**oai** seu lou**vor**! Aleluia.

1660 Comum da dedicação de uma igreja

No cântico seguinte dizem-se os Aleluias entre parênteses somente quando se canta; na recitação, basta dizer os Aleluias no começo, entre as estrofes e no fim.

Cântico   cf. Ap 19,1-7

= Aleluia, (Aleluia!).
   1 Ao nosso **Deus** a salva**ção**, *
   honra, **glória e poder!** (Aleluia!).
– 2 Pois são ver**da**de e justiça *
   os juízos do Senhor.
R. Ale**lui**a, (Aleluia!).

= Ale**lui**a, (Aleluia!).
   5 Cele**brai** o nosso Deus, *
   servi**do**res do Senhor! (Aleluia!).
–   E vós **to**dos que o temeis, *
   vós os **gran**des e os pequenos!
R. Ale**lui**a, (Aleluia!).

= Ale**lui**a, (Aleluia!).
   6 De seu **Rei**no tomou posse *
   nosso **Deus** onipotente! (Aleluia!).
– 7 Exul**te**mos de alegria, *
   demos **glória** ao nosso Deus!
R. Ale**lui**a, (Aleluia!).

= Ale**lui**a, (Aleluia!).
   Eis que as **núp**cias do Cordeiro *
   redi**vi**vo se aproximam! (Aleluia!).
–   Sua Es**po**sa se enfeitou, *
   se vestiu de linho puro.
R. Ale**lui**a, (Aleluia!).

Ant. Santos **to**dos de **Deus,** ento**ai** seu lou**vor**! Ale**lui**a.

___

Leitura breve   Ap 21,1 a.2-3,22.27

Vi a cidade santa, a nova Jerusalém, que descia do céu, de junto de Deus, vestida qual esposa enfeitada para o seu ma-

II Vésperas

1661

rido. Então, ouvi uma voz forte que saía do trono e dizia: Esta é a morada de Deus entre os homens. Deus vai morar no meio deles. Eles serão o seu povo, e o próprio Deus estará com eles. Não vi templo na cidade, pois o seu Templo é o próprio Senhor, o Deus Todo-poderoso, e o Cordeiro. Nunca mais entrará nela o que é impuro, nem alguém que pratica a abominação e a mentira. Entrarão nela somente os que estão inscritos no livro da vida do Cordeiro.

Responsório breve
Na Quaresma:

R. Felizes, ó Senhor,
  * Os que habitam vossa casa! R. Felizes.
V. Para sempre haverão de vos louvar. * Os que habitam.
  Glória ao Pai. R. Felizes.

No Tempo pascal:

R. Felizes, ó Senhor, os que habitam vossa casa!
  * Aleluia, aleluia. R. Felizes.
V. Para sempre haverão de vos louvar. * Aleluia.
  Glória ao Pai. R. Felizes.

Cântico evangélico, ant.

O Senhor santificou sua morada;
pois aqui o seu nome é invocado,
e Deus se faz presente em nosso meio (T.P. Aleluia).

Preces

Oremos a nosso Salvador, que entregou sua vida para reunir num só povo os filhos de Deus dispersos; e digamos:

R. **Lembrai-vos, Senhor, da vossa igreja!**

Senhor Jesus, que edificastes a vossa casa sobre a rocha firme,
– consolidai e robustecei a fé e a esperança de vossa Igreja.
                                                          R.
Senhor Jesus, de cujo lado aberto jorraram sangue e água,

Comum da dedicação de uma igreja

– renovai a vossa Igreja pelos sacramentos da nova e eterna aliança.

R. **Lembrai-vos, Senhor, da vossa igreja!**

Senhor Jesus, que estais no meio daqueles que se reúnem em vosso nome,
– escutai a oração de toda a vossa Igreja. R.

Senhor Jesus, que vindes com o Pai morar naqueles que vos amam,
– tornai a vossa Igreja perfeita na caridade. R.

(intenções livres)

Senhor Jesus, que nunca rejeitais quem se aproxima de vós,
– fazei entrar na casa do Pai todos os que já morreram. R.

Pai nosso...

Oração

Na própria igreja dedicada:

Ó Deus, que nos fazeis reviver cada ano a dedicação desta igreja, ouvi as preces do vosso povo, e concedei que celebremos neste lugar um culto perfeito e alcancemos a plena salvação. Por nosso Senhor Jesus Cristo, vosso Filho, na unidade do Espírito Santo.

Em outra igreja:

Ó Deus, que edificais o vosso templo eterno com pedras vivas e escolhidas, difundi na vossa Igreja o Espírito que lhe destes, para que o vosso povo cresça sempre mais construindo a Jerusalém celeste. Por nosso Senhor Jesus Cristo, vosso Filho, na unidade do Espírito Santo.

Ou:

Ó Deus, que chamastes Igreja o vosso povo, concedei aos que se reúnem em vosso nome temer-vos, amar-vos e seguir-vos, até alcançar, guiados por vós, as promessas eternas. Por nosso Senhor Jesus Cristo, vosso Filho, na unidade do Espírito Santo.

COMUM DE NOSSA SENHORA

I Vésperas

Hino

Maria, Mãe dos mortais,
as nossas preces acolhes;
escuta, pois, nossos ais,
e sempre, sempre nos olhes.

Vem socorrer, se do crime
o laço vil nos envolve.
Com tua mão que redime
a nossa culpa dissolve.

Vem socorrer, se do mundo
o brilho vão nos seduz
a abandonar num segundo
a estrada que ao céu conduz.

Vem socorrer, quando a alma
e o corpo a doença prostrar.
Vejamos com doce calma
a eternidade chegar.

Tenham teus filhos, na morte,
tua assistência materna.
E seja assim nossa sorte,
o prêmio da Vida eterna.

Jesus, ao Pai seja glória.
Seja ao Espírito também.
E a vós, ó Rei da vitória,
Filho da Virgem. Amém.

Salmodia

Ant. 1 **Ben**dita se**jais**, ó **Vir**gem Ma**ria**;
trou**xestes** no **ven**tre a Quem **fez** o universo!
(T.P. Aleluia).

Comum de Nossa Senhora

Salmo 112(113)

– [1] Louvai, louvai, ó servos do Senhor, *
louvai, louvai o nome do Senhor!

– [2] Bendito seja o nome do Senhor, *
agora e por toda a eternidade!

– [3] Do nascer do sol até o seu ocaso, *
louvado seja o nome do Senhor!

– [4] O Senhor está acima das nações, *
sua glória vai além dos altos céus.

= [5] Quem pode comparar-se ao nosso Deus, †
ao Senhor, que no alto céu tem o seu trono *
[6] e se inclina para olhar o céu e a terra?

– [7] Levanta da poeira o indigente *
e do lixo ele retira o pobrezinho,

– [8] para fazê-lo assentar-se com os nobres, *
assentar-se com os nobres do seu povo.

– [9] Faz a estéril, mãe feliz em sua casa, *
vivendo rodeada de seus filhos.

Ant. Bendita sejais, ó Virgem Maria;
trouxestes no ventre a Quem fez o universo!
(T.P. Aleluia).

Ant. 2 Vós destes a vida a Quem vos criou,
e Virgem sereis para sempre, ó Maria (T.P. Aleluia).

Salmo 147(147B)

– [12] Glorifica o Senhor, Jerusalém! *
Ó Sião, canta louvores ao teu Deus!

– [13] Pois reforçou com segurança as tuas portas, *
e os teus filhos em teu seio abençoou;

– [14] a paz em teus limites garantiu *
e te dá como alimento a flor do trigo.

– [15] Ele envia suas ordens para a terra, *
e a palavra que ele diz corre veloz;

I Vésperas

— ¹⁶ Ele **faz** cair a neve como lã *
e es**pa**lha a geada como cinza.
— ¹⁷ Como de **pão** lança as migalhas do granizo, *
a seu **frio** as águas ficam congeladas.
— ¹⁸ Ele envia sua palavra e as derrete, *
sopra o **vento** e de novo as águas correm.
— ¹⁹ Anuncia a Jacó sua palavra, *
seus pre**cei**tos e suas leis a Israel.
— ²⁰ Nenhum **po**vo recebeu tanto carinho, *
a nenhum **outro** revelou os seus preceitos.

Ant. Vós **des**tes a **vi**da a **Quem** vos criou,
e **Vir**gem se**reis** para **sem**pre, ó **Ma**ria (T.P. Ale**lu**ia).

Ant. 3 Sois ben**di**ta por **Deus** entre **to**das, Maria,
pois de **vós** rece**be**mos o **Fru**to da **Vi**da (T.P. Ale**lu**ia).

Cântico   Ef 1,3-10

— ³ Ben**di**to e lou**va**do seja **Deus**, *
o **Pai** de Jesus Cristo, Senhor nosso,
— que do alto **céu** nos abençoou em Jesus Cristo *
com **bên**ção espiritual de toda sorte!

(R. Ben**di**to sejais **vós**, nosso **Pai**,
que **nos** abenço**as**tes em **Cris**to!)

— ⁴ Foi em **Cris**to que Deus Pai nos escolheu, *
já bem **an**tes de o mundo ser criado,
— para que **fôs**semos, perante a sua face, *
sem **má**cula e santos pelo amor.   (R.)

= ⁵ Por **li**vre decisão de sua vontade, †
predesti**nou**-nos, através de Jesus Cristo, *
a sermos **ne**le os seus filhos adotivos,
— ⁶ para o lou**vor** e para a glória de sua graça, *
que em seu **Fi**lho bem-amado nos doou.   (R.)

— ⁷ É **ne**le que nós temos redenção, *
dos pe**ca**dos remissão pelo seu sangue.

Comum de Nossa Senhora

= Sua **graça** transbordante e inesgotável †
  [8]Deus derrama sobre nós com abundância, *
  de sa**ber** e inteligência nos dotando. (R.)

– [9]E as**sim**, ele nos deu a conhecer *
  o mis**té**rio de seu plano e sua vontade,

– que propu**sera** em seu querer benevolente, *
  [10]na pleni**tu**de dos tempos realizar:

– o de**sí**gnio de, em Cristo, reunir *
  todas as **coi**sas: as da terra e as do céu. (R.)

Ant. Sois ben**dita** por **Deus** entre **to**das, Maria,
    pois de **vós** recebemos o **Fru**to da **Vida** (T.P. Aleluia).

Leitura breve   Gl 4,4-5

Quando se completou o tempo previsto, Deus enviou o seu Filho, nascido de uma mulher, nascido sujeito à Lei, a fim de resgatar os que eram sujeitos à Lei e para que todos recebêssemos a filiação adotiva.

Responsório breve

Na Quaresma:

R. Depois do **par**to, ó Ma**ria**,
  * Virgem **permane**cestes. R. Depois do **par**to.
V. Rogai por **nós**, Mãe de **Deus**! * Virgem.
  Glória ao **Pai**. R. Depois do **par**to.

No Tempo pascal:

R. Depois do **par**to, ó Maria, Virgem **permane**cestes.
  * Ale**lui**a, ale**lui**a. R. Depois do **par**to.
V. Rogai por **nós**, Mãe de **Deus**! * Ale**lui**a.
  Glória ao **Pai**. R. Depois do **par**to.

Cântico evangélico, ant.

O Pode**ro**so fez em **mim** maravilhas
e **o**lhou para a humi**lda**de de sua **serva** (T.P. Ale**lui**a).

Ou:

Doravante as gerações hão de chamar-me de bendita,
porque o Senhor voltou os olhos
para a humildade de sua serva (T.P. Aleluia).

Preces

Proclamemos a grandeza de Deus Pai todo-poderoso: Ele
quis que Maria, Mãe de seu Filho, fosse celebrada por todas as gerações. Peçamos humildemente:

R. **Cheia de graça, intercedei por nós!**

Deus, autor de tantas maravilhas, que fizestes a Imaculada
– Virgem Maria participar em corpo e alma da glória celeste de Cristo, conduzi para a mesma glória os corações de
vossos filhos e filhas. R.

Vós, que nos destes Maria por Mãe, concedei, por sua intercessão, saúde aos doentes, consolo aos tristes, perdão
aos pecadores,
– e a todos a salvação e a paz. R.

Vós, que fizestes de Maria a cheia de graça,
– concedei a todos a abundância da vossa graça. R.

Fazei, Senhor, que a vossa Igreja seja, na caridade, um só
coração e uma só alma,
– e que todos os fiéis perseverem unânimes na oração com
Maria, Mãe de Deus. R.

(intenções livres)

Vós, que coroastes Maria como rainha do céu,
– fazei que nossos irmãos e irmãs falecidos se alegrem
eternamente em vosso Reino, na companhia dos santos. R.

Ou:

Proclamemos a grandeza de Deus Pai todo-poderoso! Ele
quis que Maria, Mãe de seu Filho, fosse celebrada por todas as gerações. Peçamos humildemente:

Comum de Nossa Senhora

R. Cheia de graça, intercedei por nós!

Vós, que fizestes de Maria a Mãe da misericórdia, concedei a todos os que estão em perigo sentirem o seu amor materno. **R.**

Vós, que confiastes a Maria a missão de mãe de família no lar de Jesus e José,
— fazei que, por sua intercessão, todas as mães vivam em família o amor e a santidade. **R.**

Vós, que destes a Maria força para ficar de pé junto à cruz, e a enchestes de alegria com a ressurreição de vosso Filho,
— socorrei os atribulados e confortai-os na esperança. **R.**

Vós, que fizestes de Maria a serva fiel e atenta à vossa palavra,
— fazei de nós, por sua intercessão, servos e discípulos de vosso Filho. **R.**

(intenções livres)

Vós, que coroastes Maria como rainha do céu,
— fazei que nossos irmãos e irmãs falecidos se alegrem eternamente em vosso Reino, na companhia dos santos. **R.**

Pai nosso...

Oração

Não havendo oração própria, diz-se uma das seguintes:

Na Quaresma:

Derramai, ó Deus, a vossa graça em nossos corações para que, conhecendo pela mensagem do Anjo a encarnação do vosso Filho, cheguemos, por sua paixão e cruz, à glória da ressurreição. Por nosso Senhor Jesus Cristo, vosso Filho, na unidade do Espírito Santo.

Ou:

Perdoai, ó Deus, os pecados dos vossos filhos e filhas, e salvai-nos pela intercessão da Virgem Maria, uma vez que não podemos agradar-vos apenas com os nossos méritos.

Por nosso Senhor Jesus Cristo, vosso Filho, na unidade do Espírito Santo.

No Tempo pascal:

Ó Deus, que vos dignastes alegrar o mundo com a ressurreição do vosso Filho, concedei-nos, por sua Mãe, a Virgem Maria, o júbilo da vida eterna. Por nosso Senhor Jesus Cristo, vosso Filho, na unidade do Espírito Santo.

Ou:

Ó Deus, que destes o Espírito Santo aos Apóstolos quando perseveravam em oração com Maria, a mãe de Jesus, concedei-nos, por sua intercessão, fiéis ao vosso serviço, irradiar a glória do vosso nome em palavras e exemplos. Por nosso Senhor Jesus Cristo, vosso Filho, na unidade do Espírito Santo.

Invitatório

R. Vinde, adoremos o **Cristo Jesus**,
   Filho ben**di**to da **Vir**gem Ma**ri**a! (T.P. Ale**lui**a).

Ou:

R. Lou**ve**mos a **nos**so Se**nhor**,
   feste**je**mos a **Vir**gem Ma**ri**a! (T.P. Ale**lui**a).

Salmo invitatório como no Ordinário, p. 944.

Ofício das Leituras

Hino

   Aquele a quem adoram
   o céu, a terra, o mar,
   o que governa o mundo,
   na Virgem vem morar.

   A lua, o sol e os astros
   o servem, sem cessar.
   Mas ele vem no seio
   da Virgem se ocultar.

Comum de Nossa Senhora

Feliz, ó Mãe, que abrigas
na arca do teu seio
o Autor de toda a vida,
que vive em nosso meio.

Feliz chamou-te o Anjo,
o Espírito em ti gerou
dos povos o Esperado,
que o mundo transformou.

Louvor a vós, Jesus,
nascido de Maria,
ao Pai e ao Espírito
agora e todo o dia.

Salmodia

Ant. 1 Desceu a **bênção** do **Se**nhor sobre **Ma**ria,
e a recom**pen**sa de **Deus**, seu Salva**dor**
(T.P. **Aleluia**).

Quando o salmo seguinte é usado no Invitatório, diz-se, em seu
lugar, o salmo 94(95), à p. 944.

Salmo 23(24)

— ¹Ao Se**nhor** pertence a **ter**ra e o que ela en**cer**ra, *
o mundo in**tei**ro com os seres que o povoam;
— ²porque **e**le a tornou firme sobre os mares, *
e sobre as **á**guas a mantém inabalável.
— ³"Quem subi**rá** até o monte do Senhor, *
quem fica**rá** em sua santa habitação?"
= ⁴"Quem tem mãos **pu**ras e inocente coração, †
quem não di**ri**ge sua mente para o crime, *
nem jura **fal**so para o dano de seu próximo.
— ⁵Sobre **es**te desce a bênção do Senhor *
e a recom**pen**sa de seu Deus e Salvador".
— ⁶"É as**sim** a geração dos que o procuram, *
e do **Deus** de Israel buscam a face". —

Ofício das Leituras

= [7]"Ó **por**tas, levantai vossos frontões! †
Ele**vai**-vos bem mais alto, antigas portas, *
a fim de **que** o Rei da glória possa entrar!".
= [8]Dizei-nos: "Quem é este Rei da glória?" †
"É o Se**nhor**, o valoroso, o onipotente, *
o Se**nhor**, o poderoso nas batalhas!".
= [9]"Ó **por**tas, levantai vossos frontões! †
Ele**vai**-vos bem mais alto, antigas portas, *
a fim de **que** o Rei da glória possa entrar!".
= [10]Dizei-nos: "Quem é este Rei da glória?" †
"O Rei da **gló**ria é o Senhor onipotente, *
o Rei da **gló**ria é o Senhor Deus do universo!"

Ant. Desceu a **bên**ção do Se**nhor** sobre Maria,
e a recom**pen**sa de **Deus**, seu Salva**dor** (T.P. Ale**lui**a).

Ant. 2 O Se**nhor** santifi**cou** sua mora**da** (T.P. Ale**lui**a).

Salmo 45(46)

– [2]O Se**nhor** para **nós** é re**fú**gio e **vi**gor, *
sempre **pron**to, mostrou-se um so**cor**ro na an**gús**tia;
– [3]As**sim** não tememos, se a **ter**ra estremece, *
se os **mon**tes desabam, ca**in**do nos mares,
– [4]se as **á**guas trovejam e as **on**das se agitam, *
se, em fe**roz** tempestade, as mon**ta**nhas se abalam:
– [5]Os **bra**ços de um rio vêm tra**zer** alegria *
à Ci**da**de de Deus, à mo**ra**da do Altíssimo.
– [6]Quem a **po**de abalar? Deus es**tá** no seu meio! *
Já bem **an**tes da aurora, ele **vem** ajudá-la.
– [7]Os **po**vos se agitam, os **rei**nos desabam; *
tro**ve**ja sua voz e a **ter**ra estremece.
– [8]Co**nos**co está o Se**nhor** do universo! *
O **nos**so refúgio é o **Deus** de Jacó! –

Comum de Nossa Senhora

– [9]Vinde **ver**, contemplai os pro**dí**gios de Deus *
e a **o**bra estupenda que **fez** no universo:
= re**pri**me as guerras na **fa**ce da terra, †
[10]ele **que**bra os arcos, as **lan**ças destrói *
e **quei**ma no fogo os es**cu**dos e as armas:
– [11]"**Parai** e sabei, conhe**cei** que eu sou Deus, *
que do**mi**no as nações, que do**mi**no a terra!"
– [12]Co**nos**co está o Se**nhor** do uni**ver**so! *
O **nos**so re**fú**gio é o **Deus** de Jacó!

Ant. O Se**nhor** santifi**cou** sua mo**ra**da (T.P. Aleluia).

Ant. 3 Dizem **coi**sas glori**o**sas sobre **vós**, Virgem **Ma**ria
(T.P. Aleluia).

Salmo 86(87)

– [1]O Se**nhor** ama a ci**da**de *
que fun**dou** no Monte santo;
– [2]ama as **por**tas de Sião *
mais que as **ca**sas de Jacó.

– [3]Dizem **coi**sas glori**o**sas *
da Ci**da**de do Senhor:
– [4]"Lembro o E**gi**to e Babilônia *
entre os **meus** veneradores.

= Na Filis**tei**a ou em Tiro †
ou no pa**ís** da Eti**ó**pia, *
este ou **a**quele ali nasceu.

= [5]De Si**ão**, porém, se diz: †
"Nasceu **ne**la todo homem; *
Deus é **sua** segurança".

= [6]Deus a**no**ta no seu livro, †
onde ins**cre**ve os povos todos: *
"Foi **a**li que estes nasceram". –

Ofício das Leituras — 1673

– [7] E por **isso** todos juntos *
a can**tar** se alegrarão;
– e, dan**çan**do, exclamarão: *
"Estão em **ti** as nossas fontes!"

Ant. Dizem **coi**sas glori**o**sas sobre **vós**, Virgem **Maria**
(T.P. Ale**luia**).

V. **Ma**ria guar**da**va no **seu** cora**ção** (T.P. Ale**luia**).
R. As pa**la**vras e os **fa**tos, e **ne**les pen**sa**va (T.P. Ale**luia**).

Primeira leitura

Na Quaresma:

Do Primeiro Livro das Crônicas 17,1-15

Profecia a respeito do filho de Davi

Naqueles dias, [1] estando sentado em casa, disse Davi ao profeta Natã: "Olha, eu moro numa casa de cedro, enquanto a arca da aliança do Senhor está numa barraca". [2] Natã disse a Davi: "Podes fazer tudo que estiver em teu coração, pois Deus está contigo".

[3] Mas naquela noite a palavra de Deus foi dirigida a Natã nestes termos: [4] "Vai dizer a meu servidor Davi o seguinte: Assim fala o Senhor: Não serás tu que me vais construir uma casa de moradia. [5] Nunca morei numa casa, desde o dia em que trouxe Israel para cá, até hoje. Passei duma tenda a outra e duma moradia a outra. [6] Durante o tempo em que andei no meio de Israel, acaso falei alguma vez a algum dos juízes de Israel, aos quais confiei o governo do meu povo, dizendo que me construísse uma casa de cedro? [7] Pois bem, agora dize a meu servidor Davi: Assim diz o Senhor dos exércitos: Eu te tirei do campo de pastagens, de detrás do rebanho, para te fazer príncipe de meu povo Israel. [8] Eu estive contigo aonde quer que fosses, destruí todos os inimigos que te enfrentaram e te dei um nome igual ao dos grandes da terra. [9] Preparei para Israel, meu povo, um lugar para o qual o transplantei, para que nele ficasse morando sem ter mais

motivo para tremer e sem que os ímpios continuassem a dizimá-lo como antes, ¹⁰desde o tempo em que fiz os juízes governarem Israel, meu povo. Derrotei todos os inimigos e agora te declaro que o Senhor te vai construir uma casa. ¹¹No fim de tua vida, quando te fores juntar a teus antepassados, então farei tua descendência te suceder, na pessoa de um de teus filhos, cujo reinado eu tornarei estável. ¹²Ele me construirá uma casa e eu darei firmeza a seu trono para sempre. ¹³Serei para ele um pai e ele será para mim um filho. Nunca retirarei dele o meu favor, como o retirei de teu antecessor. ¹⁴Eu o farei administrar minha casa e meu reino; e seu trono estará firme para sempre".

¹⁵De acordo com todas estas palavras e de acordo com aquela manifestação divina, Natã falou a Davi.

Responsório   Lc 1,28

R. Ben**di**ta se**jais**, ó **Virgem Maria**,
   trou**xes**tes no **ventre** Quem **fez** o uni**verso**;
 * **Vós destes** a **vida** a **Quem** vos cri**ou**
   e **virgem** se**reis** para **sempre**, ó **Maria!**
V. **Maria**, ale**grai**-vos, ó **cheia** de **graça**,
   o **Senhor** é con**vosco**. * **Vós destes**.

No Tempo pascal:

Do Apocalipse de São João   11,19-12,17

No céu, um grande sinal de mulher

Naqueles dias: ¹¹,¹⁹Abriu-se o Templo de Deus que está no céu; apareceu no Templo a arca da Aliança. Houve relâmpagos, vozes, trovões, terremotos e uma grande tempestade de granizo.

¹²,¹Então apareceu no céu um grande sinal: uma mulher vestida de sol, tendo a lua debaixo dos pés e sobre a cabeça uma coroa de doze estrelas. ²Estava grávida e gritava em dores de parto, atormentada para dar à luz. ³Então apareceu

Ofício das Leituras 1675

outro sinal no céu: um grande Dragão, cor de fogo. Tinha sete cabeças e dez chifres e, sobre as cabeças, sete coroas. [4]Com a cauda, varria a terça parte das estrelas do céu, atirando-as sobre a terra. O Dragão parou diante da Mulher que estava para dar à luz, pronto para devorar o seu Filho, logo que nascesse. [5]E ela deu à luz um filho homem, que veio para governar todas as nações com cetro de ferro. Mas o Filho foi levado para junto de Deus e do seu trono. [6]A mulher fugiu para o deserto, onde Deus lhe tinha preparado um lugar, para que aí fosse alimentada durante mil e duzentos e sessenta dias.

[7]Houve então uma batalha no céu: Miguel e seus anjos guerrearam contra o Dragão. O Dragão lutou juntamente com os seus anjos, [8]mas foi derrotado, e não se encontrou mais o seu lugar no céu. [9]E foi expulso o grande Dragão, a antiga Serpente, que é chamado Diabo e Satanás, o sedutor do mundo inteiro. Ele foi expulso para a terra, e os seus anjos foram expulsos com ele. [10]Ouvi então uma voz forte no céu, proclamando:

"Agora realizou-se a salvação,
a força e a realeza do nosso Deus,
e o poder do seu Cristo.
Porque foi expulso o acusador dos nossos irmãos,
aquele que os acusava dia e noite diante do nosso Deus.
[11]Eles venceram o Dragão
pelo sangue do Cordeiro
e pela palavra do seu próprio testemunho,
pois não se apegaram à vida,
mesmo diante da morte.
[12]Por isso, alegra-te, ó céu,
e todos os que viveis nele.

Mas ai da terra e do mar, porque o Diabo desceu para o meio de vós e está cheio de grande furor; pois sabe que lhe resta pouco tempo".

Comum de Nossa Senhora

¹³Quando viu que tinha sido expulso para a terra, o Dragão começou a perseguir a Mulher que tinha dado à luz o menino. ¹⁴A Mulher recebeu as duas asas da grande águia e voou para o deserto, para o lugar onde é alimentada, por um tempo, dois tempos e meio tempo, bem longe da Serpente. ¹⁵A Serpente, então, vomitou como um rio de água atrás da Mulher, a fim de a submergir. ¹⁶A terra, porém, veio em socorro da Mulher: abriu a boca e engoliu o rio que o Dragão tinha vomitado.

¹⁷Cheio de raiva por causa da Mulher, o Dragão começou a combater o resto dos filhos dela, os que observam os mandamentos de Deus e guardam o testemunho de Jesus.

Responsório 1Cor 15,54; Ap 12,1

R. Quando **este** nosso **cor**po corrup**tí**vel
tiver ves**ti**do a incorrup**ti**bili**da**de,
en**tão**, se cumpri**rá** a Escri**tu**ra:
A **mor**te foi traga**da** na vi**tó**ria.
*Demos **graças** a Deus **Pai** que nos do**ou**
a vi**tó**ria pelo **Cris**to, Senhor **nos**so. Ale**lui**a.

V. Um si**nal** grandi**o**so no **céu** apare**ceu**:
Uma mu**lher** de sol vestida, tendo a **lua** sob os **pés**
e a ca**be**ça coro**a**da de doze es**tre**las. *Demos **graças**.

Segunda leitura

Dos Sermões de São Sofrônio, bispo
(Oratio 2, In sanctissimae Deiparae Annuntiatione,
21-22. 26: PG 87, 3242.3250) (Séc.VII)

Por meio de Maria, a bênção do Pai iluminou os homens

Ave, cheia de graça, o Senhor é convosco (Lc 1,28). Que pode haver de mais sublime que esta alegria, ó Virgem Mãe? Que pode haver de mais excelente que esta graça com a qual somente vós fostes por Deus cumulada? Que de mais jubiloso e esplêndido se pode imaginar? Tudo está longe do milagre que em vós se contempla, muito aquém de vossa graça. As maiores perfeições, comparadas convosco, ocupam um plano secundário, possuem um brilho bem inferior.

O Senhor é contigo. Quem ousará competir convosco? Deus nasceu de vós. Haverá alguém que não se reconheça inferior a vós, e, ainda mais, não vos conceda alegremente a primazia e a superioridade? Por isso, contemplando vossas eminentes prerrogativas, que superam as de todas as criaturas, aclamo-vos com o maior entusiasmo: *Ave, cheia de graça, o Senhor é convosco.* Sois, portanto, a fonte da alegria dos homens, até dos anjos!

Na verdade, *bendita sois vós entre as mulheres* (Lc 1,42), pois transformastes em bênção a maldição de Eva, fazendo com que Adão, abatido pela maldição, fosse por vós erguido e abençoado.

Na verdade, *bendita sois vós entre as mulheres,* porque a bênção do Pai iluminou os homens por meio de vós, livrando-os da antiga maldição.

Na verdade, *bendita sois vós entre as mulheres,* porque até os teus antepassados encontraram em vós a salvação, pois destes à luz o Salvador que obteve para eles a salvação eterna.

Na verdade, *bendita sois vós entre as mulheres,* pois, sem contribuição do homem, produzistes o fruto que trouxe a bênção para toda a terra, redimindo-a da maldição que só produzia espinhos.

Na verdade, *bendita sois vós entre as mulheres,* porque, embora simples mulher, vos tornastes verdadeiramente Mãe de Deus. Se aquele que nasceu de vós é realmente Deus feito homem, sereis com razão chamada Mãe de Deus, dando verdadeiramente à luz aquele que é Deus.

Vós guardais o próprio Deus no claustro do vosso seio; ele habita em vós segundo a natureza humana e sai de vós como um esposo, trazendo para todos os homens a alegria e a luz divina.

Em vós, ó Virgem, como um céu puríssimo e resplandecente, Deus *armou a sua tenda,* de ti sairá *como um esposo do quarto nupcial* (cf. Sl 18,5.6). Imitando a corrida do atleta, ele percorrerá o caminho da sua vida trazendo a salvação para todos os viventes; indo de um extremo a outro do céu, tudo encherá com o calor divino e sua luz vivificante.

Responsório

R. Bendita, na verdade, sois **vós** entre as mulheres,
  pois de Eva a maldição em **bênção** transformastes:
  *Por **vós** brilhou aos **ho**mens
  a **bênção** de Deus **Pai** (T.P. Aleluia).
V. Por **vós** a salvação chegou a vossos **pais**.
  *Por **vós** brilhou.

Ou:

Dos Sermões de Santo Elredo, abade
(Sermo 20, In Nativitate beatae Mariae: PL 195, 322-324)
(Séc. XII)

Maria, nossa Mãe

Aproximemo-nos da esposa do Senhor, aproximemo-nos de sua Mãe, aproximemo-nos de sua ótima serva. Tudo isto é Maria!

Mas que faremos? Que presentes lhe ofereceremos? E se pudéssemos, ao menos, dar-lhe de volta o que por justiça lhe devemos! Nós lhe devemos honra, nós lhe devemos serviço, nós lhe devemos amor, nós lhe devemos louvor. Honra, porque é a Mãe de nosso Senhor. Quem não honra a mãe, sem dúvida alguma, despreza o filho. E a Escritura diz: *Honra teu pai e tua mãe* (Dt 5,16).

Então, irmãos, que diremos? Não é ela nossa mãe? Sim, ela é verdadeiramente nossa mãe. Por ela nascemos, não para o mundo mas para Deus.

Como credes e sabeis, estávamos todos mergulhados na morte, na velhice, nas trevas, na miséria. Na morte, porque perdêramos o Senhor; na velhice, porque estávamos submetidos à corrupção; nas trevas, porque desprezávamos a luz da sabedoria. Deste modo, a morte nos surpreendeu de cheio.

Todavia, como Cristo nasceu de Maria, a vida que por ela nos vem supera de muito a que nos veio por Eva. Em lugar da velhice, recuperamos a juventude; em vez da corrupção, a incorruptibilidade; a luz, em lugar das trevas.

Ela é nossa mãe, mãe da nossa vida, mãe da nossa incorruptibilidade, mãe da nossa luz. O Apóstolo diz, a respeito de nosso Senhor: ele *se tornou para nós, da parte de Deus: sabedoria, justiça, santificação e libertação* (1Cor 1,30).

Sendo mãe de Cristo, ela é, portanto, mãe de nossa sabedoria, de nossa justiça, de nossa santificação, de nossa libertação. Assim é mais nossa mãe do que a mãe do nosso corpo. Dela provindo, é nobre o nosso nascimento; porque vem dela nossa santificação, nossa sabedoria, nossa justiça, santificação e libertação.

Diz a Escritura: *Louvai o Senhor em seus santos* (Sl 150,1). Se nosso Senhor deve ser louvado nos santos, por meio dos quais realiza prodígios e milagres, quanto mais não deve ser louvado em Maria, na qual se fez homem, aquele que é admirável acima de todas as maravilhas!

Responsório

R. Sois fe**liz**, Virgem Ma**ria**; e mere**ceis** todo lou**vor**;
 * Pois de **vós** se levan**tou** o Sol bri**lhan**te da jus**tiça**.
 que é o **Cris**to, nosso **Deus**, pelo **qual** nós fomos **salvos**
 (T.P. Ale**luia**).
V. Cele**bre**mos com **mui**ta ale**gria**
 vossa **festa**, ó **Virgem Ma**ria. * Pois de **vós**.

Comum de Nossa Senhora

Ou:

Da Constituição dogmática *Lumen gentium* sobre a Igreja, do Concílio Vaticano II

(N. 61-62)   (Séc. XX)

A maternidade de Maria na economia da graça

A Santíssima Virgem, predestinada desde toda a eternidade por disposição da divina Providência a ser Mãe de Deus com a encarnação do Verbo divino, foi nesta terra a sublime mãe do Redentor, mais do que ninguém sua generosa companheira e humilde serva do Senhor. Ela concebeu, gerou, alimentou a Cristo, apresentou-o ao Pai no templo, sofreu com seu Filho que morria na cruz. Assim, cooperou de modo absolutamente singular – pela obediência, pela fé, pela esperança e pela caridade ardente – na obra do Salvador para restaurar a vida sobrenatural das almas. Por tudo isto, ela se tornou nossa mãe na ordem da graça.

A maternidade de Maria, na economia da graça, perdura sem cessar, a partir do consentimento que prestou fielmente na Anunciação, que manteve sem vacilar ao pé da cruz, até à consumação final de todos os eleitos. De fato, depois de elevada ao céu, não abandonou esta missão salvífica, mas por sua múltipla intercessão continua a obter-nos os dons da salvação eterna.

Com seu amor de mãe, cuida dos irmãos de seu Filho, que ainda peregrinam rodeados de perigos e dificuldades, até que sejam conduzidos à pátria feliz. Por isso, a bem-aventurada Virgem Maria é invocada na Igreja, com os títulos de Advogada, Auxiliadora, Amparo, Medianeira. Isto, porém, deve ser entendido de tal modo que nada tire nem acrescente à dignidade e eficácia de Cristo, o único Mediador.

Com efeito, nenhuma criatura jamais pode ser colocada no mesmo plano que o Verbo Encarnado e Redentor. Mas, assim como o sacerdócio de Cristo é participado de vários modos, seja pelos ministros, seja pelo povo fiel, e como a bondade de Deus, única, se difunde realmente em medida diversa nas suas criaturas, assim também a única mediação do Redentor não exclui, mas suscita nas criaturas uma cooperação múltipla que participa de uma única fonte.

A Igreja não hesita em atribuir a Maria uma função assim subordinada. Pois sempre a experimenta de novo e a recomenda ao coração dos fiéis para que, apoiados nesta proteção materna, se unam mais intimamente ao Mediador e Salvador.

Responsório cf. Lc 1,42

R. Virgem **san**ta e imacula**da**,
   eu não **sei** com que louvo**re**s pode**rei** engrande**ce**r-vos!
  * Pois A**que**le a quem os **céus** não pude**ram** abran**ger**,
   repou**sou** em vosso **sei**o. (T.P. Ale**lui**a).
V. Sois ben**di**ta entre as mul**he**res
   e ben**di**to é o **Fru**to, que nas**ceu** de vosso **ven**tre.
  * Pois A**que**le.

Nas solenidades e festas se diz o HINO Te Deum, p. 949.

Oração como nas Laudes.

Laudes

Hino

Senhora gloriosa,
bem mais que o sol brilhais.
O Deus que vos criou
ao seio amamentais.

O que Eva destruiu,
no Filho recriais;

1682 Comum de Nossa Senhora

do céu abris a porta
e os tristes abrigais.

Da luz brilhante porta,
sois pórtico do Rei.
Da Virgem veio a vida.
Remidos, bendizei!

Ao Pai e ao Espírito,
poder, louvor, vitória,
e ao Filho, que gerastes
e vos vestiu de glória.

Ant. 1 Bendita sejais, ó Virgem Maria,
por vós veio ao mundo o Deus Salvador!
Da glória feliz do Senhor onde estais
rogai junto ao Filho por nós, vossos filhos!
(T.P. Aleluia).

Salmos e cântico do domingo da I Semana, p. 982.

Ant. 2 Sois a glória de Sião, a alegria de Israel
e a flor da humanidade! (T.P. Aleluia).

Ant. 3 Exultai e alegrai-vos, ó Virgem Maria,
pois trouxestes o Cristo Jesus Salvador!
(T.P. Aleluia).

Leitura breve   cf. Is 61,10

Exulto de alegria no Senhor e minh'alma regozija-se em
meu Deus; ele me vestiu com as vestes da salvação, envolveu-me com o manto da justiça e adornou-me qual noiva
com suas joias.

Responsório breve

Na Quaresma:

R. O Senhor a escolheu,
* Entre todas preferida. R. O Senhor.

Laudes

V. O Senhor a fez morar em sua santa habitação.
 * Entre todas. Glória ao Pai. R. O Senhor.

No Tempo pascal:

R. O Senhor a escolheu, entre todas preferida.
 * Aleluia, aleluia. R. O Senhor.

V. O Senhor a fez morar em sua santa habitação.
 * Aleluia. Glória ao Pai. R. O Senhor.

Cântico evangélico, ant.

A porta do céu foi fechada por Eva;
por Maria ela abriu-se aos homens de novo (T.P. Aleluia).

Preces

Celebremos nosso Salvador, que se dignou nascer da Virgem Maria; e peçamos:

R. Senhor, que a vossa Mãe interceda por nós!

Sol de justiça, a quem a Virgem Imaculada precedeu como aurora resplandecente,
— concedei que caminhemos sempre à luz da vossa presença.
R.

Palavra eterna do Pai, que escolhestes Maria como arca incorruptível para vossa morada,
— livrai-nos da corrupção do pecado. R.

Salvador do mundo, que tivestes vossa Mãe junto à cruz,
— concedei-nos, por sua intercessão, a graça de participar generosamente nos vossos sofrimentos. R.

Jesus de bondade, que pregado na cruz, destes Maria por Mãe a João,
— fazei que vivamos também como seus filhos e filhas. R.

(intenções livres)

Comum de Nossa Senhora

Ou:

Celebremos nosso Salvador, que se dignou nascer da Virgem Maria; e peçamos:

R. **Senhor, que a vossa Mãe interceda por nós!**

Salvador do mundo, que pelos méritos da redenção preservastes a vossa Mãe de toda a mancha de pecado,
– livrai-nos também de todo pecado. R.

Redentor nosso, que fizestes da Imaculada Virgem Maria o tabernáculo puríssimo da vossa presença e o sacrário do Espírito Santo,
– fazei de nós templos vivos do vosso Espírito. R.

Palavra eterna, que ensinastes vossa Mãe a escolher a melhor parte,
– ajudai-nos a imitá-la buscando o alimento da vida eterna. R.

Rei dos reis, que quisestes ter vossa Mãe convosco no céu em corpo e alma,
– fazei que aspiremos sempre aos bens do alto. R.

Senhor do céu e da terra, que colocastes Maria como rainha à vossa direita,
– dai-nos a alegria de participar um dia com ela da mesma glória. R.

(intenções livres)

Pai nosso...

Oração

Não havendo oração própria, diz-se uma das seguintes:

Na Quaresma:

Derramai, ó Deus, a vossa graça em nossos corações para que, conhecendo pela mensagem do Anjo a encarnação do vosso Filho, cheguemos, por sua paixão e cruz, à glória da ressurreição. Por nosso Senhor Jesus Cristo, vosso Filho, na unidade do Espírito Santo.

Hora Média

Ou:

Perdoai, ó Deus, os pecados dos vossos filhos e filhas, e salvai-nos pela intercessão da Virgem Maria, uma vez que não podemos agradar-vos apenas com os nossos méritos. Por nosso Senhor Jesus Cristo, vosso Filho, na unidade do Espírito Santo.

No Tempo pascal:

Ó Deus, que vos dignastes alegrar o mundo com a ressurreição do vosso Filho, concedei-nos, por sua Mãe, a Virgem Maria, o júbilo da vida eterna. Por nosso Senhor Jesus Cristo, vosso Filho, na unidade do Espírito Santo.

Ou:

Ó Deus, que destes o Espírito Santo aos Apóstolos quando perseveravam em oração com Maria, a mãe de Jesus, concedei-nos, por sua intercessão, fiéis ao vosso serviço, irradiar a glória do vosso nome em palavras e exemplos. Por nosso Senhor Jesus Cristo, vosso Filho, na unidade do Espírito Santo.

Hora Média

Nos salmos graduais da Salmodia complementar, em lugar do salmo 121(122), pode-se dizer o salmo 128(129), à p. 1369, e em lugar do salmo 126(127), o salmo 130(131), à p. 1238.

Oração das Nove Horas

Ant. Todos **eles** es**tav**am **uni**dos,
perseve**ran**do em co**mum** or**ação**
com **Ma**ria, a **Mãe** de Je**sus** (T.P. Ale**lui**a).

Leitura breve Sf 3,14.15b

Canta de alegria, cidade de Sião; rejubila, povo de Israel! Alegra-te e exulta de todo o coração, cidade de Jerusalém! O rei de Israel é o Senhor, ele está no meio de ti.

V. Virgem **Mãe**, gloriosa Rainha do **mun**do (T.P. Ale**lui**a),
R. **Ro**gai por nós **to**dos ao **Cris**to Se**nhor**! (T.P. Ale**lui**a).

Comum de Nossa Senhora

Oração das Doze Horas

Ant. A **Mãe** de Je**sus** disse a eles:
Fazei **tudo** o que ele dis**ser** (T.P. Aleluia).

Leitura breve   Zc 9,9
Exulta, cidade de Sião! Rejubila, cidade de Jerusalém. Eis que vem teu rei ao teu encontro; ele é justo, ele salva.

V. Como é **grande** a **gló**ria da **Mãe** (T.P. Aleluia),
R. Que nos **troux**e o **Rei** do uni**ver**so! (T.P. Aleluia).

Oração das Quinze Horas

Ant. Na **Cruz**, o Se**nhor** disse à **Mãe**:
Mulher, eis a**qui** o teu **filho!**
E a João: Eis a**qui** tua **Mãe!** (T.P. Aleluia).

Leitura breve   Jt 13,18-19
Ó filha, tu és bendita pelo Deus Altíssimo, mais que todas as mulheres da terra! E bendito é o Senhor Deus, que criou o céu e a terra, e te levou a decepar a cabeça do chefe de nossos inimigos! Porque nunca o teu louvor se afastará do coração dos homens, que se lembrarão do poder de Deus para sempre.

V. **Maria** guardava no **seu** cora**ção** (T.P. Aleluia),
R. As palavras e os **fa**tos, e **ne**les pen**sa**va (T.P. Aleluia).
Oração como nas Laudes.

II Vésperas

Hino

Ave, do mar Estrela,
bendita Mãe de Deus,
fecunda e sempre Virgem,
portal feliz dos céus.

Ouvindo aquele Ave
do anjo Gabriel

II Vésperas

mudando de Eva o nome,
trazei-nos paz do céu.

Ao cego iluminai,
ao réu livrai também;
de todo mal guardai-nos
e dai-nos todo o bem.

Mostrai ser nossa Mãe,
levando a nossa voz
a Quem, por nós nascido,
dignou-se vir de vós.

Suave mais que todas,
ó Virgem sem igual,
fazei-nos mansos, puros,
guardai-nos contra o mal.

Oh! dai-nos vida pura,
guiai-nos para a luz,
e um dia, ao vosso lado,
possamos ver Jesus.

Louvor a Deus, o Pai,
e ao Filho, Sumo Bem,
com seu Divino Espírito
agora e sempre. Amém.

Salmodia

Ant. 1 **Maria, alegra-te, ó cheia de graça,**
o Se**nhor** é con**ti**go! (T.P. Ale**luia**).

Salmo 121(122)

– ¹Que ale**gria**, quando ou**vi** que me di**sseram**: *
"Vamos à **casa** do Se**nhor**!"
– ²E a**gora** nossos pés já se de**têm**, *
Jerusa**lém**, em tuas portas.
– ³Jerusa**lém**, cidade bem edifi**cada** *
num con**jun**to harmonioso;

Comum de Nossa Senhora

— ^{4}para **lá** sobem as tribos de Israel, *
as **tri**bos do Senhor.

— Para lou**var**, segundo a lei de Israel, *
o **no**me do Senhor.

— ^{5}**A sede** da justiça lá está *
e o **tro**no de Davi.

— ^{6}**Rogai** que viva em paz Jerusalém, *
e em segu**ran**ça os que te amam!

— ^{7}Que a **paz** habite dentro de teus muros, *
tranquili**da**de em teus palácios!

— ^{8}Por a**mor** a meus irmãos e meus amigos, *
peço: "A **paz** esteja em ti!"

— ^{9}Pelo a**mor** que tenho à casa do Senhor, *
eu te de**se**jo todo bem!

Ant. 1 **Ma**ria, a**le**gra-te, ó **chei**a de **gra**ça,
o Se**nhor** é con**ti**go! (T.P. Ale**lui**a).

Ant. 2 **Eis** a **ser**va do Se**nhor**:
realize-se em **mim** a Pala**vra** do Se**nhor**
(T.P. Ale**lui**a).

Salmo 126(127)

— ^{1}**Se** o Se**nhor** não cons**tru**ir a nossa **ca**sa, *
em **vão** trabalharão seus construtores;

— se o Se**nhor** não vigiar nossa cidade, *
em **vão** vigiarão as sentinelas!

— ^{2}**É** i**nú**til levantar de madrugada, *
ou à **noi**te retardar vosso repouso,

— para ga**nhar** o pão sofrido do trabalho, *
que a seus a**ma**dos Deus concede enquanto dormem.

— ^{3}Os **fi**lhos são a bênção do Senhor, *
o **fru**to das entranhas, sua dádiva.

— ^{4}Como **fle**chas que um guerreiro tem na mão, *
são os **fi**lhos de um casal de esposos jovens. —

II Vésperas — 1689

— ⁵**Feliz** aquele pai que com tais flechas *
consegue abastecer a sua aljava!
— Não se**rá** envergonhado ao enfrentar *
seus ini**mi**gos junto às portas da cidade.

Ant. Eis a **serva** do Se**nhor**:
realize-se em **mim** a Palavra do Se**nhor** (T.P. Aleluia).

Ant. 3 És ben**dita** entre **to**das as mu**lhe**res da **terra**,
e ben**di**to é o **fru**to que nas**ceu** do teu **ven**tre!
(T.P. Ale**lu**ia).

Cântico   Ef 1,3-10

— ³**Ben**dito e lou**va**do seja **Deus**, *
o **Pai** de Jesus Cristo, Senhor nosso,
— que do alto **céu** nos aben**çoou** em Jesus Cristo *
com **bên**ção espiritual de toda sorte!

(R. Ben**di**to sejais **vós**, nosso **Pai**,
que **nos** aben**çoas**tes em **Cris**to!)

— ⁴Foi em **Cris**to que Deus Pai nos escolheu, *
já bem **an**tes de o mundo ser criado,
— para que **fôs**semos, perante a sua face, *
sem **má**cula e santos pelo amor.   (R.)

= ⁵Por **li**vre decisão de sua vontade, †
predesti**nou**-nos, através de Jesus Cristo, *
a sermos **ne**le os seus filhos adotivos,
— ⁶para o lou**vor** e para a glória de sua graça, *
que em seu **Fi**lho bem-amado nos doou.   (R.)

— ⁷É **ne**le que nós temos redenção, *
dos pe**ca**dos remissão pelo seu sangue.
= Sua **gra**ça transbordante e inesgotável †
⁸Deus der**ra**ma sobre nós com abundância, *
de sa**ber** e inteligência nos dotando.   (R.)

— ⁹E as**sim**, ele nos deu a conhecer *
o mis**té**rio de seu plano e sua vontade,

Comum de Nossa Senhora

– que propusera em seu querer benevolente, *
[10] na plenitude dos tempos realizar:
– o desígnio de, em Cristo, reunir *
    todas as **coisas**: as da terra e as do céu. (R.)

Ant. És ben**dita** entre **to**das as **mu**lheres da **terra**,
    e ben**dito** é o **fru**to que nas**ceu** do teu **ventre**!
        (T.P. Ale**luia**).

Leitura breve   Gl 4,4-5

Quando se completou o tempo previsto, Deus enviou o seu
Filho, nascido de uma mulher, nascido sujeito à Lei, a fim
de resgatar os que eram sujeitos à Lei e para que todos recebêssemos a filiação adotiva.

Responsório breve

Na Quaresma:

R. Maria, alegra-te, ó **cheia** de **graça**;
 * O Se**nhor** é contigo! **R.** Maria.
V. És ben**dita** entre **to**das as **mu**lheres da **terra**
    e ben**dito** é o **fru**to que nas**ceu** do teu **ventre**! * O Se**nhor**.
    Glória ao **Pai**. **R.** Maria.

No Tempo Pascal:

R. Maria, alegra-te, ó **cheia** de **graça**;
    o Se**nhor** é contigo!
 * Ale**luia**, ale**luia**. **R.** Maria.
V. És ben**dita** entre **to**das as **mu**lheres da **terra**
    e ben**dito** é o **fru**to que nas**ceu** do teu **ventre**!
    * Ale**luia**. Glória ao **Pai**. **R.** Maria.

Cântico evangélico, ant.

É fe**liz** porque **cres**te, Maria,
pois em **ti** a Pa**lavra** de **Deus**
vai cum**prir**-se con**for**me ele **disse** (T.P. Ale**luia**).

Preces

Proclamemos a grandeza de Deus Pai todo-poderoso: Ele quis que Maria, Mãe de seu Filho, fosse celebrada por todas as gerações. Peçamos humildemente:

R. **Cheia de graça, intercedei por nós!**

Deus, autor de tantas maravilhas, que fizestes a Imaculada Virgem Maria participar em corpo e alma da glória celeste de Cristo,
– conduzi para a mesma glória os corações de vossos filhos e filhas. R.

Vós, que nos destes Maria por Mãe, concedei, por sua intercessão, saúde aos doentes, consolo aos tristes, perdão aos pecadores,
– e a todos a salvação e a paz. R.

Vós, que fizestes de Maria a cheia de graça,
– concedei a todos a abundância da vossa graça. R.

Fazei, Senhor, que a vossa Igreja seja, na caridade, um só coração e uma só alma,
– e que todos os fiéis perseverem unânimes na oração com Maria, Mãe de Jesus. R.

(intenções livres)

Vós, que coroastes Maria como rainha do céu,
– fazei que nossos irmãos e irmãs falecidos se alegrem eternamente em vosso Reino, na companhia dos santos. R.

Ou:

Proclamemos a grandeza de Deus Pai todo-poderoso! Ele quis que Maria, Mãe de seu Filho, fosse celebrada por todas as gerações. Peçamos humildemente:

R. **Cheia de graça, intercedei por nós!**

1692

Comum de Nossa Senhora

Vós, que fizestes de Maria a Mãe da misericórdia,
– concedei a todos os que estão em perigo sentirem o seu
amor materno:
R. **Cheia de graça, intercedei por nós!**

Vós, que confiastes a Maria a missão de mãe de família no
lar de Jesus e José,
– fazei que, por sua intercessão, todas as mães vivam em
família o amor e a santidade. R.

Vós, que destes a Maria força para ficar de pé junto à cruz,
e a enchestes de alegria com a ressurreição de vosso Filho,
– socorrei os atribulados e confortai-os na esperança. R.

Vós, que fizestes de Maria a serva fiel e atenta à vossa palavra,
– fazei de nós, por sua intercessão, servos e discípulos de
vosso Filho. R.
(intenções livres)

Vós, que coroastes Maria como rainha do céu,
– fazei que nossos irmãos e irmãs falecidos se alegrem
eternamente em vosso Reino, na companhia dos santos. R.

Pai nosso...

Oração

Não havendo oração própria, diz-se uma das seguintes:

Na Quaresma

Derramai, ó Deus, a vossa graça em nossos corações para
que, conhecendo pela mensagem do Anjo a encarnação do
vosso Filho, cheguemos, por sua paixão e cruz, à glória da
ressurreição. Por nosso Senhor Jesus Cristo, vosso Filho,
na unidade do Espírito Santo.

Ou:

Perdoai, ó Deus, os pecados dos vossos filhos e filhas, e
salvai-nos pela intercessão da Virgem Maria, uma vez que
não podemos agradar-vos apenas com os nossos méritos.

II Vésperas 1693

Por nosso Senhor Jesus Cristo, vosso Filho, na unidade do Espírito Santo.

No Tempo pascal:

Ó Deus, que vos dignastes alegrar o mundo com a ressurreição do vosso Filho, concedei-nos, por sua Mãe, a Virgem Maria, o júbilo da vida eterna. Por nosso Senhor Jesus Cristo, vosso Filho, na unidade do Espírito Santo.

Ou:

Ó Deus, que destes o Espírito Santo aos Apóstolos quando perseveravam em oração com Maria, a mãe de Jesus, concedei-nos, por sua intercessão, fiéis ao vosso serviço, irradiar a glória do vosso nome em palavras e exemplos. Por nosso Senhor Jesus Cristo, vosso Filho, na unidade do Espírito Santo.

COMUM DOS APÓSTOLOS

I Vésperas

HINO Exulte o céu, como nas II Vésperas, p. 1709.

Salmodia

Ant. 1 Jesus chamou os seus discípulos,
escolheu doze dentre eles
e lhes deu o nome de Apóstolos (T.P. Aleluia).

Salmo 116(117)

— [1] Cantai louvores ao Senhor, todas as gentes, *
povos todos, festejai-o!
— [2] Pois comprovado é seu amor para conosco, *
para sempre ele é fiel!

Ant. Jesus chamou os seus discípulos,
escolheu doze dentre eles
e lhes deu o nome de Apóstolos (T.P. Aleluia).

Ant. 2 Deixando suas redes, seguiram o Senhor
(T.P. Aleluia).

Salmo 147(147B)

— [12] Glorifica o Senhor, Jerusalém! *
Ó Sião, canta louvores ao teu Deus!
— [13] Pois reforçou com segurança as tuas portas, *
e os teus filhos em teu seio abençoou;
— [14] a paz em teus limites garantiu *
e te dá como alimento a flor do trigo.
— [15] Ele envia suas ordens para a terra, *
e a palavra que ele diz corre veloz;
— [16] ele faz cair a neve como lã *
e espalha a geada como cinza. —

I Vésperas 1695

– [17]Como de **pão** lança as migalhas do granizo, *
a seu **frio** as águas ficam congeladas.
– [18]Ele en**via** sua palavra e as derrete, *
sopra o **vento** e de novo as águas correm.
– [19]Anun**cia** a Jacó sua palavra, *
seus pre**ceitos** e suas leis a Israel.
– [20]**Nenhum po**vo recebeu tanto carinho, *
a nenhum **outro** revelou os seus preceitos.

Ant. Deixan**do** suas **redes, se**gui**ram** o **Senhor**
(T.P. Ale**luia**).

Ant. 3 Vós **sois** os meus a**migos**, pois guar**dastes** meu **amor**
(T.P. Ale**luia**).

Cântico   Ef 1,3-10

– [3]Bendito e louva**do** seja **Deus**, *
o **Pai** de Jesus Cristo, Senhor nosso,
– que do alto **céu** nos abençoou em Jesus Cristo *
com **bên**ção espiritual de toda sorte!

(R. Ben**dito** sejais **vós**, nosso **Pai**,
que **nos** abençoastes em **Cris**to!)

– [4]Foi em **Cristo** que Deus Pai nos escolheu, *
já bem **an**tes de o mundo ser criado,
– para que **fôs**semos, perante a sua face, *
sem **má**cula e santos pelo amor. (R.)

= [5]Por **livre** decisão de sua vontade, †
predesti**nou**-nos, através de Jesus Cristo, *
a sermos **ne**le os seus filhos adotivos,
– [6]para o lou**vor** e para a glória de sua graça, *
que em seu **Filho** bem-amado nos doou. (R.)

– [7]É **ne**le que nós temos redenção, *
dos pe**ca**dos remissão pelo seu sangue.

1696   Comum dos apóstolos

= Sua **graça** transbordante e inesgotável †
   [8]Deus der**ra**ma sobre nós com abundância, *
   de sa**ber** e inteligência nos dotando.   (R.)

– [9]E as**sim**, ele nos deu a conhecer *
   o mis**tério** de seu plano e sua vontade,

– que propu**sera** em seu querer benevolente, *
   [10]na pleni**tu**de dos tempos realizar:

– o des**íg**nio de, em Cristo, reunir *
   todas as **coi**sas: as da terra e as do céu.   (R)

Ant. Vós **sois** os meus a**mi**gos, pois guar**das**tes meu a**mor**
   (T.P. Ale**luia**).

Leitura breve   At 2,42-45

Todos eram perseverantes em ouvir o ensinamento dos
apóstolos, na comunhão fraterna, na fração do pão e nas
orações. E todos estavam cheios de temor por causa dos
numerosos prodígios e sinais que os apóstolos realizavam.
Todos os que abraçavam a fé viviam unidos e colocavam
tudo em comum; vendiam suas propriedades e seus bens e
repartiam o dinheiro entre todos, conforme a necessidade
de cada um.

Responsório breve

Na Quaresma:

R. Nisto **to**dos sabe**rão**
  * Que vós **sois** os meus dis**cí**pulos. R. Nisto **to**dos.
V. Se uns aos **ou**tros vos a**mar**des. * Que vós **sois**.
  Glória ao **Pai.** R. Nisto **to**dos.

No Tempo pascal:

R. Nisto **to**dos sabe**rão** que vós **sois** os meus dis**cí**pulos.
  * Ale**luia**, ale**luia**. R. Nisto **to**dos.
V. Se uns aos **ou**tros vos a**mar**des. * Ale**luia**.
  Glória ao **Pai.** R. Nisto **to**dos.

I Vésperas.

Cântico evangélico, ant.
Não fostes **vós** que me esco**lhes**tes,
mas, sim, **eu** vos esco**lhi** e vos **dei** esta mis**são**:
de produ**zir**des muito **fru**to e o vosso **fru**to perma**neça**
(T.P. Ale**lui**a).

Preces
Irmãos, edificados sobre o fundamento dos apóstolos, roguemos a Deus Pai todo-poderoso em favor de seu povo
santo; e digamos:
R. **Lembrai-vos, Senhor, da vossa Igreja!**

Vós quisestes, ó Pai, que o vosso Filho, ressuscitado dos
mortos, aparecesse em primeiro lugar aos apóstolos;
– fazei de nós testemunhas do vosso Filho até os confins da
terra. R.

Vós, que enviastes vosso Filho ao mundo para evangelizar
os pobres,
– fazei que o Evangelho seja pregado a toda criatura. R.

Vós, que enviastes vosso Filho para semear a palavra do
Reino,
– concedei-nos colher na alegria os frutos da palavra semeada com o nosso trabalho. R.

Vós, que enviastes vosso Filho para reconciliar o mundo
convosco pelo seu sangue,
– fazei que todos nós colaboremos na obra da reconciliação
de toda a humanidade. R.

(intenções livres)

Vós, que glorificastes vosso Filho à vossa direita nos céus,
– recebei no Reino da felicidade eterna os nossos irmãos e
irmãs falecidos. R.

Pai nosso...
Oração como no Próprio dos Santos.

Comum dos apóstolos

Invitatório

Na Quaresma:

R. Ao Se**nhor**, Rei dos A**pós**tolos, **vinde**, adoremos.

No Tempo pascal:

R. Ale**luia**. Ao Se**nhor**, Rei dos A**pós**tolos,
vinde, ado**re**mos, ale**luia**.

Salmo invitatório como no Ordinário, p. 944.

Ofício das Leituras

HINO como no Próprio dos Santos.

Salmodia

Ant. 1 Em toda a **terra** se es**pal**ha o seu a**núncio**,
e sua **voz** pelos con**fins** do universo (T.P. Ale**luia**).

Salmo 18(19) A

— ²Os céus procl**amam** a gl**óri**a do Se**nhor**, *
e o firma**mento**, a obra de suas mãos;
— ³o dia ao **dia** transmite esta mensagem, *
a noite à **noi**te publica esta notícia.

— ⁴Não são dis**cur**sos nem frases ou palavras, *
nem são **vozes** que possam ser ouvidas;
— ⁵seu som res**soa** e se espalha em toda a terra, *
chega aos con**fins** do universo a sua voz.

— ⁶Armou no **al**to uma tenda para o sol; *
ele des**pon**ta no céu e se levanta
— como um es**po**so do quarto nupcial, *
como um her**ói** exultante em seu caminho.

— ⁷De um ex**tre**mo do céu põe-se a correr *
e vai tra**çan**do o seu rastro luminoso,
— até que **pos**sa chegar ao outro extremo, *
e nada **po**de fugir ao seu calor.

Ofício das Leituras

Ant. Em toda a **ter**ra se es**pa**lha o seu a**nún**cio,
e sua **voz** pelos con**fins** do uni**ver**so (T.P. Ale**lui**a).

Ant. 2 Procla**ma**ram as **o**bras de **Deus**
e enten**de**ram seus **gran**des pro**dí**gios (T.P. Ale**lui**a).

Salmo 63(64)

– [2] Ó Deus, ou**vi** a minha **voz**, o meu la**men**to! *
Salvai-me a **vi**da do inimigo aterrador!

– [3] Prote**gei**-me das intrigas dos perversos *
e do tu**mul**to dos obreiros da maldade!

– [4] Eles a**fi**am suas línguas como espadas, *
lançam pa**la**vras venenosas como flechas,

– [5] para fe**rir** os inocentes às ocultas *
e atingi-los de repente, sem temor.

– [6] Uns aos **ou**tros se encorajam para o mal *
e com**bi**nam às ocultas, traiçoeiros,

– onde **pôr** as armadilhas preparadas, *
comen**tan**do entre si: "Quem nos verá?"

– [7] Eles **tra**mam e disfarçam os seus crimes. *
É um a**bis**mo o coração de cada homem!

– [8] Deus, po**rém**, os ferirá com suas flechas, *
e cai**rão** todos feridos, de repente.

– [9] Sua **lín**gua os levará à perdição, *
e quem os **vir** meneará sua cabeça;

– [10] com te**mor** proclamará a ação de Deus, *
e tira**rá** uma lição de sua obra.

= [11] O homem **jus**to há de alegrar-se no Senhor †
e junto **d**ele encontrará o seu refúgio, *
e os de **r**eto coração triunfarão.

Ant. Procla**ma**ram as **o**bras de **Deus**
e enten**de**ram seus **gran**des pro**dí**gios (T.P. Ale**lui**a).

Comum dos apóstolos

Ant. 3 Anunciaram a justiça do Senhor,
todos os povos podem ver a sua glória (T.P. Aleluia).

Salmo 96(97)

— Deus é Rei! Exulte a terra de alegria, *
e as ilhas numerosas rejubilem!

— Treva e nuvem o rodeiam no seu trono, *
que se apoia na justiça e no direito.

— Vai um fogo caminhando à sua frente *
e devora ao redor seus inimigos.

— Seus relâmpagos clareiam toda a terra; *
toda a terra, ao contemplá-los, estremece.

— As montanhas se derretem como cera *
ante a face do Senhor de toda a terra;

— e assim proclama o céu sua justiça, *
todos os povos podem ver a sua glória.

= "Os que adoram as estátuas se envergonhem †
e os que põem a sua glória nos seus ídolos; *
aos pés de Deus vêm se prostrar todos os deuses!"

= Sião escuta transbordante de alegria, †
e exultam as cidades de Judá, *
porque são justos, ó Senhor, vossos juízos!

= Porque vós sois o Altíssimo, Senhor, †
muito acima do universo que criastes, *
e de muito superais todos os deuses.

= O Senhor ama os que detestam a maldade, †
ele protege seus fiéis e suas vidas, *
e da mão dos pecadores os liberta.

— Uma luz já se levanta para os justos, *
e a alegria, para os retos corações.

— Homens justos, alegrai-vos no Senhor, *
celebrai e bendizei seu santo nome!

Ofício das Leituras

Ant. Anunciaram a justiça do Senhor,
todos os povos podem ver a sua glória (T.P. Aleluia).

V. Eles contaram as grandezas do Senhor e seu poder
(T.P. Aleluia).

R. E as suas maravilhas que por nós realizou (T.P. Aleluia).

Primeira leitura

Da Primeira Carta de São Paulo aos Coríntios   1,18-2,5

Os apóstolos anunciam a cruz

Irmãos: [1,18] A pregação a respeito da cruz é uma insensatez para os que se perdem, mas para os que se salvam, para nós, ela é poder de Deus. [19] Com efeito, está escrito: "Destruirei a sabedoria dos sábios e frustrarei a perspicácia dos inteligentes".

[20] Onde está o sábio? Onde o mestre da Lei? Onde o questionador deste mundo? Acaso Deus não mostrou a insensatez da sabedoria do mundo? [21] De fato, na manifestação da sabedoria de Deus, o mundo não chegou a conhecer Deus por meio da sabedoria; por isso, Deus houve por bem salvar os que creem por meio da insensatez da pregação.

[22] Os judeus pedem sinais milagrosos, os gregos procuram sabedoria; [23] nós, porém, pregamos Cristo crucificado, escândalo para os judeus e insensatez para os pagãos. [24] Mas para os que são chamados, tanto judeus como gregos, esse Cristo é poder de Deus e sabedoria de Deus. [25] Pois o que é dito insensatez de Deus é mais sábio do que os homens, e o que é dito fraqueza de Deus é mais forte do que os homens.

[26] Irmãos, considerai vós mesmos, como fostes chamados por Deus. Pois entre vós não há muitos sábios de sabedoria humana nem muitos poderosos nem muitos nobres. [27] Na verdade, Deus escolheu o que o mundo considera como estúpido, para assim confundir os sábios; Deus escolheu o que o mundo considera como fraco, para assim confundir o que é forte; [28] Deus escolheu o que para o mundo é sem importância e desprezado, o que não tem

Comum dos apóstolos

nenhuma serventia, para assim mostrar a inutilidade do que é considerado importante, [29]para que ninguém possa gloriar-se diante dele. [30]É graças a ele que vós estais em Cristo Jesus, o qual se tornou para nós, da parte de Deus: sabedoria, justiça, santificação e libertação, [31]para que, como está escrito, "quem se gloria, glorie-se no Senhor".

[2,1]Irmãos, quando fui à vossa cidade anunciar-vos o mistério de Deus, não recorri a uma linguagem elevada ou ao prestígio da sabedoria humana. [2]Pois, entre vós, não julguei saber coisa alguma, a não ser Jesus Cristo, e este, crucificado. [3]Aliás, eu estive junto de vós, com fraqueza e receio, e muito tremor. [4]Também a minha palavra e a minha pregação não tinham nada dos discursos persuasivos da sabedoria, mas eram uma demonstração do poder do Espírito, [5]para que a vossa fé se baseasse no poder de Deus e não na sabedoria dos homens.

Responsório   cf. Mt 10,18.19-20

R. Quando **for**des condu**z**idos ante os **reis** e gover**nan**tes, não pen**seis** o que di**z**er e nem **co**mo defen**der**-vos;
   * As pa**lav**ras, que di**reis**, serão pa**la**vras inspi**ra**das.
V. Não sereis **vós** que fala**reis**, e sim o Es**pí**rito do **Pai** é que em **vós** há de fa**lar**. * As pa**lav**ras.

No Tempo pascal:

Dos Atos dos Apóstolos   5,12-32

Os Apóstolos na Igreja nascente

Naqueles dias: [12]Muitos sinais e maravilhas eram realizados entre o povo pelas mãos dos apóstolos. Todos os fiéis se reuniam, com muita união, no Pórtico de Salomão.

[13]Nenhum dos outros ousava juntar-se a eles, mas o povo estimava-os muito. [14]Crescia sempre mais o número dos que aderiam ao Senhor pela fé; era uma multidão de homens e mulheres. [15]Chegavam a transportar para as praças os doentes em camas e macas, a fim de que, quando Pedro passasse,

pelo menos a sua sombra tocasse alguns deles. [16]A multidão vinha até das cidades vizinhas de Jerusalém, trazendo doentes e pessoas atormentadas por maus espíritos. E todos eram curados.

[17]Levantaram-se o sumo sacerdote e todos os do seu partido – isto é, o partido dos saduceus – cheios de raiva [18]e mandaram prender os apóstolos e lançá-los na cadeia pública. [19]Porém, durante a noite, o anjo do Senhor abriu as portas da prisão e os fez sair, dizendo: [20]"Ide falar ao povo, no Templo, sobre tudo o que se refere a este modo de viver". [21]Eles obedeceram e, ao amanhecer, entraram no Templo e começaram a ensinar.

O sumo sacerdote chegou com os seus partidários e convocou o Sinédrio e o Conselho formado pelas pessoas importantes do povo de Israel. Então mandaram buscar os apóstolos à prisão. [22]Mas, ao chegarem à prisão, os servos não os encontraram e voltaram dizendo: [23]"Encontramos a prisão fechada, com toda segurança, e os guardas estavam apostos na frente da porta. Mas, quando abrimos a porta, não encontramos ninguém lá dentro." [24]Ao ouvirem essa notícia, o chefe da guarda do Templo e os sumos sacerdotes não sabiam o que pensar e perguntavam-se o que poderia ter acontecido. [25]Chegou alguém que lhes disse: "Os homens que vós colocastes na prisão estão no Templo ensinando o povo!"

[26]Então o chefe da guarda do Templo saiu com os guardas e trouxe os apóstolos, mas sem violência, porque eles tinham medo que o povo os atacasse com pedras. [27]Eles levaram os apóstolos e os apresentaram ao Sinédrio. O sumo sacerdote começou a interrogá-los, [28]dizendo: "Nós tínhamos proibido expressamente que vós ensinásseis em nome de Jesus. Apesar disso, enchestes a cidade de Jerusalém com a vossa doutrina. E ainda nos quereis tornar responsáveis pela morte desse homem!" [29]Então Pedro e os outros apóstolos responderam: "É preciso obedecer a Deus, antes

Comum dos apóstolos

que aos homens. ³⁰O Deus de nossos pais ressuscitou Jesus, a quem vós matastes, pregando-o numa cruz. ³¹Deus, por seu poder, o exaltou, tornando-o Guia Supremo e Salvador, para dar ao povo de Israel a conversão e o perdão dos seus pecados. ³²E disso somos testemunhas, nós e o Espírito Santo, que Deus concedeu àqueles que lhe obedecem".

Responsório   cf. At 4,33.31b

R. Com **gran**de co**ra**gem, os A**pós**tolos
   testemu**nha**vam a **res**surrei**ção**
   de **Nos**so Se**nhor** Jesus **Cristo**.
 * E tinham **gran**de aceita**ção** entre o **po**vo. Ale**luia**.
V. **Re**pletos do Es**pí**rito **San**to, confi**an**tes, sem **na**da te**mer**,
   anunci**a**vam a Pa**la**vra de **Deus**. * E tinham.

SEGUNDA LEITURA: como no Próprio dos Santos.
Nas solenidades e festas se diz o HINO Te Deum, p. 949.
Oração como no Próprio dos Santos.

Laudes

Hino

Na Quaresma:

Do supremo Rei na corte
sois ministros, que Jesus
instruiu e fez Apóstolos,
sal da terra e sua luz.

A feliz Jerusalém,
cuja lâmpada é o Cordeiro,
vos possui, quais joias raras,
fundamento verdadeiro.

A Igreja vos celebra
como esposa do Senhor.
Vossa voz a trouxe à vida,
vosso sangue a consagrou.

Laudes

Quando os tempos terminarem
e o Juiz vier julgar,
sobre tronos gloriosos
havereis de vos sentar.

Sem cessar, a vossa prece
nos dê força e proteção.
Das sementes que espalhastes
brote a flor e nasça o grão.

Glória a Cristo, que de vós
fez do Pai os enviados,
e vos deu o seu Espírito,
por quem fostes consagrados.

No Tempo pascal:

O sol fulgura sobre o mundo
com o clarão da luz pascal,
quando os Apóstolos veem Cristo
com sua vista corporal.

Na carne fúlgida de Cristo
veem das chagas o esplendor
e para todos anunciam:
Ressurgiu Cristo em seu fulgor.

Ó Jesus Cristo, Rei clemente,
nos corações vinde habitar,
para que possam, todo o tempo,
vossos louvores entoar.

Sede, Jesus, de nossas almas
gozo pascal, perene glória.
Aos renascidos pela graça
dai partilhar vossa vitória.

Glória a Jesus, por quem a morte
foi para sempre destruída.
Pelos Apóstolos abriu
estrada nova para a vida.

1706

Comum dos apóstolos

Ant. 1 O **meu** manda**mento** é **este:**
   amai-vos como **eu** vos a**mei!** (T.P. Ale**luia**).

Salmos e cântico do domingo da I Semana, p. 982.

Ant. 2 Não há mai**or** prova de a**mor,**
   que dar a **vida** pelo a**migo** (T.P. Ale**luia**).

Ant. 3 Vós se**reis** os meus a**migos,**
   se se**guir**des meus pre**ceitos** (T.P. Ale**luia**).

Leitura breve   Ef 2, 19-22

Já não sois mais estrangeiros nem migrantes, mas con-
cidadãos dos santos. Sois da família de Deus. Vós fostes
integrados no edifício que tem como fundamento os apóstolos e os profetas, e o próprio Jesus Cristo como pedra
principal. É nele que toda a construção se ajusta e se eleva
para formar um templo santo no Senhor. E vós também sois
integrados nesta construção, para vos tornardes morada de
Deus pelo Espírito.

Responsório breve

Na Quaresma:

R. Fareis **deles** os **chefes**
   *Por **to**da a **terra** . R. Fareis .
V. Lembra**rão** vosso **nome**, Se**nhor**, para **sempre**.
   *Por **to**da. Glória ao **Pai**. R. Fareis **deles**.

No Tempo pascal:

R. Fareis **deles** os **chefes** por **to**da a **terra**.
   *Ale**luia**, aleluia. R. Fareis.
V. Lembra**rão** vosso **nome**, Se**nhor**, para **sempre**.
   *Ale**luia**. Glória ao **Pai**. R. Fareis **deles**.

Cântico evangélico, ant.

Jerusa**lém**, ó cida**de** ce**les**te,
teus ali**cerces** são os **doze** A**póstolos,**
tua **luz,** teu ful**gor** é o Cor**deiro!** (T.P. Ale**luia**).

Hora Média

1707

Preces

Irmãos caríssimos, tendo recebido dos apóstolos a herança celeste, agradeçamos a Deus, nosso Pai, todos os seus dons; e aclamemos:

R. **O coro dos apóstolos vos louva, Senhor!**

Louvor a vós, Senhor, pela mesa do vosso Corpo e Sangue que recebemos por intermédio dos apóstolos;
– por ela somos alimentados e vivemos. R.

Louvor a vós, Senhor, pela mesa de vossa Palavra, preparada para nós pelos apóstolos;
– por ela recebemos luz e alegria. R.

Louvor a vós, Senhor, por vossa santa Igreja, edificada sobre o fundamento dos apóstolos;
– com ela formamos um só Corpo. R.

Louvor a vós, Senhor, pelos sacramentos do batismo e da penitência que confiastes aos apóstolos;
– por eles somos lavados de todo pecado. R.
(intenções livres)

Pai nosso...

Oração como no Próprio dos Santos.

Hora Média

Oração das Nove Horas

Ant. O Evangelho do **Reino** anunci**ai!**
Dai de **graça** o que de **graça** rece**bestes** (T.P. Ale**luia**).

Leitura breve   2Cor 5,19b-20

Deus colocou em nós a palavra da reconciliação. Somos, pois, embaixadores de Cristo, e é Deus mesmo que exorta através de nós. Em nome de Cristo, nós vos suplicamos: deixai-vos reconciliar com Deus.

Comum dos apóstolos

V. Em toda a terra se espalha o seu anúncio (T.P. Aleluia).
R. E sua voz pelos confins do universo (T.P. Aleluia).

Oração das Doze Horas

Ant. Eis que eu estou convosco em todos os dias
até o fim do mundo, é o que diz o Senhor
(T.P. Aleluia).

Leitura breve   At 5,12a.14

Muitos sinais e maravilhas eram realizados entre o povo
pelas mãos dos apóstolos. Crescia sempre mais o número
dos que aderiam ao Senhor pela fé; era uma multidão de
homens e mulheres.

V. Eles guardavam os preceitos (T.P. Aleluia).
R. E as ordens do Senhor (T.P. Aleluia).

Oração das Quinze Horas

Ant. É na vossa constância que salvareis vossas vidas
(T.P. Aleluia).

Nos salmos graduais, em lugar do Salmo 125(126), pode-se dizer
o Salmo 128(129), à p. 1369.

Leitura breve   At 5,41-42

Os apóstolos saíram do Conselho, muito contentes, por terem sido considerados dignos de injúrias, por causa do nome
de Jesus. E cada dia, no Templo e pelas casas, não cessavam
de ensinar e anunciar o evangelho de Jesus Cristo.

V. Alegrai-vos e exultai, diz o Senhor (T.P. Aleluia).
R. Pois no céu estão inscritos vossos nomes! (T.P. Aleluia).

Oração como no Próprio dos Santos.

II Vésperas

Na Quaresma:
Hino

Exulte o céu com louvores,
e a terra cante vitória:
Dos enviados de Cristo
os astros narram a glória.

Ó vós, juízes dos tempos,
luz verdadeira do mundo,
dos corações que suplicam
ouvi o grito profundo.

Dizendo só uma palavra,
os céus fechais ou abris.
Mandai que sejam desfeitos
de nossa culpa os ardis.

À vossa voz obedecem
enfermidade e saúde.
Sarai nossa alma tão frágil
e dai-nos paz e virtude.

E quando o Cristo vier
no fim dos tempos julgar,
das alegrias eternas
possamos nós partilhar.

Louvor e glória ao Deus vivo,
que em vós nos deu sua luz,
o Evangelho da vida
que para o céu nos conduz.

No Tempo pascal:

Aos Onze entristecia
do seu Senhor a sorte,
por ímpios condenado
a dura, acerba morte.

Comum dos apóstolos

Àquelas que o buscavam
prediz o Anjo de neve:
"Na Galileia o Cristo
vos saudará em breve".

Mas, quando ansiosas correm,
levando aos Onze a nova,
o Cristo aparecendo,
viver de novo prova.

Os Onze tomam logo
da Galileia a estrada;
contemplam do Senhor
a face desejada.

Jesus, nós vos pedimos,
sejais nossa alegria.
A morte morre em nós,
a vida principia.

Louvor ao que da morte
ressuscitado vem,
ao Pai e ao Paráclito
eternamente. Amém.

Salmodia

Ant. 1 Vós fi**cas**tes a meu **la**do quando **vei**o a pro**va**ção
(**T.P.** Ale**lui**a).

Salmo 115(116B)

– **10**Guar**dei** a minha **fé**, mesmo di**zen**do: *
  "É de**mais** o sofrimento em minha vida!"
– **11**Confi**ei**, quando dizia na aflição: *
  "*Todo **ho**mem é mentiroso! Todo homem!*"
– **12**Que pode**rei** retribuir ao Senhor Deus *
  por tudo a**qui**lo que ele fez em meu favor?
– **13**Elevo o **cá**lice da minha salvação, *
  invo**can**do o nome santo do Senhor.

II Vésperas

—14 Vou cum**prir** minhas promessas ao Senhor *
na pre**sença** de seu povo reunido.

—15 É sen**ti**da por demais pelo Senhor *
a **mor**te de seus santos, seus amigos.

=16 Eis que **sou** o vosso servo, ó Senhor, †
vosso **ser**vo que nasceu de vossa serva; *
mas me que**bras**tes os grilhões da escravidão!

—17 Por isso o**fer**to um sacrifício de louvor, *
invo**can**do o nome santo do Senhor.

—18 Vou cum**prir** minhas promessas ao Senhor *
na pre**sença** de seu povo reunido;

—19 nos **átrios** da casa do Senhor, *
em teu **meio**, ó cidade de Sião!

Ant. Vós fi**cas**tes a meu **lado** quando **veio** a pro**vação**
(T.P. Ale**luia**).

Ant. 2 Eu es**tou** em vosso **meio** como a**que**le que vos **serve**
(T.P. Ale**luia**).

Salmo 125(126)

— 1 Quando o Se**nhor** recondu**ziu** nossos **cativos**, *
pare**cíamos** so**nhar**;

— 2 en**cheu**-se de sorriso nossa boca, *
nossos **lábios**, de canções.

— Entre os gen**tios** se dizia: "Maravilhas *
fez com **eles** o Senhor!"

— 3 Sim, mara**vi**lhas fez conosco o Senhor, *
exul**te**mos de alegria!

— 4 Mu**dai** a nossa sorte, ó Senhor, *
como tor**ren**tes no deserto.

— 5 Os que **lançam** as sementes entre lágrimas, *
ceifa**rão** com alegria.

— 6 Cho**ran**do de tristeza sairão, *
espa**lhan**do suas sementes;

1712 Comum dos apóstolos

– cantando de alegria voltarão, *
  carregando os seus feixes!

Ant. Eu estou em vosso meio como aquele que vos serve
     (T.P. Aleluia).

Ant. 3 Não vos chamo mais meus servos,
       mas vos chamo meus amigos,
       pois vos dei a conhecer
       o que o Pai me revelou. (T.P. Aleluia).

Cântico   Ef 1,3-10

– ³Bendito e louvado seja Deus, *
  o Pai de Jesus Cristo, Senhor nosso,
– que do alto céu nos abençoou em Jesus Cristo *
  com bênção espiritual de toda sorte!

(R. Bendito sejais vós, nosso Pai,
    que nos abençoastes em Cristo!)

– ⁴Foi em Cristo que Deus Pai nos escolheu, *
  já bem antes de o mundo ser criado,
– para que fôssemos, perante a sua face, *
  sem mácula e santos pelo amor.   (R.)

= ⁵Por livre decisão de sua vontade, †
  predestinou-nos, através de Jesus Cristo, *
  a sermos nele os seus filhos adotivos,
– ⁶para o louvor e para a glória de sua graça, *
  que em seu Filho bem-amado nos doou.   (R.)

– ⁷É nele que nós temos redenção, *
  dos pecados remissão pelo seu sangue.
= Sua graça transbordante e inesgotável †
  ⁸Deus derrama sobre nós com abundância, *
  de saber e inteligência nos dotando.   (R.)

– ⁹E assim, ele nos deu a conhecer *
  o mistério de seu plano e sua vontade,

II Vésperas 1713

— que propusera em seu querer benevolente, *
¹⁰na plenitude dos tempos realizar:
— o desígnio de, em Cristo, reunir *
todas as **coi**sas: as da terra e as do céu. (R.)

Ant. Não vos **cha**mo mais meus **ser**vos,
mas vos **cha**mo meus **ami**gos,
pois vos **dei** a conhe**cer**
o que o **Pai** me reve**lou**. (T.P. Ale**lui**a).

Leitura breve Ef 4,11-13

Cristo instituiu alguns como apóstolos, outros como profetas, outros ainda como evangelistas, outros, enfim, como
pastores e mestres. Assim, ele capacitou os santos para o
ministério, para edificar o corpo de Cristo, até que cheguemos todos juntos à unidade da fé e do conhecimento do
Filho de Deus, ao estado do homem perfeito e à estatura de
Cristo em sua plenitude.

Responsório breve

Na Quaresma:

R. Anunci**ai** entre as na**ções**
  * A **gló**ria do Se**nhor**. R. Anunci**ai**.
V. E as **su**as maravilhas entre os **po**vos do uni**ver**so.
    * A **gló**ria. Glória ao **Pai**. R. Anunci**ai**.

No Tempo pascal:

R. Anunci**ai** entre as na**ções** a **gló**ria do Se**nhor**.
  * Ale**lui**a, ale**lui**a. R. Anunci**ai**.
V. E as **su**as maravilhas entre os **po**vos do uni**ver**so.
    * Ale**lui**a. Glória ao **Pai**. R. Anunci**ai**.

Cântico evangélico, ant.

Quando o **Fi**lho do **Ho**mem, na **no**va cria**ção**,
vier em sua **gló**ria, com **e**le rei**na**reis
e em vossos **tro**nos julga**reis** as doze **tri**bos de Israel
(T.P. Ale**lui**a).

Comum dos apóstolos

Preces

Irmãos, edificados sobre o fundamento dos apóstolos, roguemos a Deus Pai todo-poderoso em favor de seu povo santo; e digamos:

R. **Lembrai-vos, Senhor, da vossa Igreja!**

Vós quisestes, ó Pai, que o vosso Filho, ressuscitado dos mortos, aparecesse em primeiro lugar aos apóstolos;
– fazei de nós testemunhas do vosso Filho até os confins da terra. R.

Vós, que enviastes vosso Filho ao mundo para evangelizar os pobres,
– fazei que o Evangelho seja pregado a toda criatura. R.

Vós, que enviastes vosso Filho para semear a palavra do Reino,
– concedei-nos colher na alegria os frutos da palavra semeada com o nosso trabalho. R.

Vós, que enviastes vosso Filho para reconciliar o mundo convosco pelo seu sangue,
– fazei que todos nós colaboremos na obra da reconciliação de toda a humanidade. R.

(intenções livres)

Vós, que glorificastes vosso Filho à vossa direita nos céus,
– recebei no Reino da felicidade eterna os nossos irmãos e irmãs falecidos. R.

Pai nosso...

Oração como no Próprio dos Santos.

COMUM DOS MÁRTIRES

PARA VÁRIOS MÁRTIRES

I Vésperas

HINO Dos que partilham a glória, como nas II Vésperas, p. 1737.

Salmodia

Ant. 1 Violência e tortura sofreram os mártires:
testemunhas de Cristo até a vitória (T.P. Aleluia).

Salmo 117(118)

I

— ¹Dai graças ao Senhor, porque ele é bom! *
  "Eterna é a sua misericórdia!"
— ²A casa de Israel agora o diga: *
  "Eterna é a sua misericórdia!"
— ³A casa de Aarão agora o diga: *
  "Eterna é a sua misericórdia!"
— ⁴Os que temem o Senhor agora o digam: *
  "Eterna é a sua misericórdia!"
— ⁵Na minha angústia eu clamei pelo Senhor, *
  e o Senhor me atendeu e libertou!
— ⁶O Senhor está comigo, nada temo; *
  o que pode contra mim um ser humano?
— ⁷O Senhor está comigo, é o meu auxílio, *
  hei de ver meus inimigos humilhados.
— ⁸"É melhor buscar refúgio no Senhor *
  do que pôr no ser humano a esperança;
— ⁹é melhor buscar refúgio no Senhor *
  do que contar com os poderosos deste mundo!"
— ¹⁰Povos pagãos me rodearam todos eles, *
  mas em nome do Senhor os derrotei;

Comum de vários mártires

— 11 de todo **la**do todos eles me cercaram, *
mas em **no**me do Senhor os derrotei;
= 12 como um en**xa**me de abelhas me atacaram, †
como um **fo**go de espinhos me queimaram, *
mas em **no**me do Senhor os derrotei.
— 13 Empu**rra**ram-me, tentando derrubar-me, *
mas **veio** o Senhor em meu socorro.
— 14 O Se**nhor** é minha força e o meu canto, *
e tor**nou**-se para mim o Salvador.
— 15 "Cla**mo**res de alegria e de vitória *
res**so**em pelas tendas dos fiéis.
= 16 A mão di**rei**ta do Senhor fez maravilhas, †
a mão di**rei**ta do Senhor me levantou, *
a mão di**rei**ta do Senhor fez maravilhas!"
— 17 Não morre**rei**, mas, ao contrário, viverei *
para can**tar** as grandes obras do Senhor!
— 18 O Se**nhor** severamente me provou, *
mas **não** me abandonou às mãos da morte.

Ant. Vio**lên**cia e tor**tu**ra sof**re**ram os **már**tires:
teste**mu**nhas de **Cris**to até a vi**tó**ria (T.P. Ale**lui**a).

Ant. 2 Triun**fa**ram os **san**tos e entra**ram** no **Rei**no;
rece**be**ram de **Deus** a co**ro**a de **gló**ria (T.P. Ale**lui**a).

II

— 19 Abri-me **vós**, abri-me as portas da justiça; *
quero en**trar** para dar graças ao Senhor!
— 20 "Sim, **es**ta é a porta do Senhor, *
por **e**la só os justos entrarão!"
— 21 Dou-vos **gra**ças, ó Senhor, porque me ouvistes *
e vos tor**nas**tes para mim o Salvador!
— 22 "A **pe**dra que os pedreiros rejeitaram *
tor**nou**-se agora a pedra angular.

I Vésperas

1717

— ²³Pelo Se**nhor** é que foi feito tudo isso: *
Que maravilhas ele fez a nossos olhos!
— ²⁴Este é o **dia** que o Senhor fez para nós, *
ale**gre**mo-nos e nele exultemos!
— ²⁵Ó Se**nhor**, dai-nos a vossa salvação, *
ó Se**nhor**, dai-nos também prosperidade!"
— ²⁶Ben**di**to seja, em nome do Senhor, *
a**que**le que em seus átrios vai entrando!
— Desta **ca**sa do Senhor vos bendizemos. *
²⁷Que o Se**nhor** e nosso Deus nos ilumine!

— Empu**nhai** ramos nas mãos, formai cortejo, *
aproxi**mai**-vos do altar, até bem perto!
— ²⁸Vós sois meu **Deus,** eu vos bendigo e agradeço! *
Vós sois meu **Deus**, eu vos exalto com louvores!
— ²⁹Dai **gra**ças ao Senhor, porque ele é bom! *
"**E**terna é a sua misericórdia!"

Ant. Triun**fa**ram os **san**tos e en**tra**ram no **Rei**no;
rece**be**ram de **Deus** a co**ro**a de **gló**ria (T.P. Ale**lui**a).

Ant. 3 Os **már**tires, **mor**tos por **Cris**to,
vivem **sem**pre com **e**le nos **céus** (T.P. Ale**lui**a).

Cântico
1Pd 2,21-24

= ²¹O **Cris**to por **nós** pade**ceu**, †
dei**xou**-nos o exemplo a seguir. *
Si**ga**mos, portanto, seus passos!
— ²²Pe**ca**do nenhum cometeu, *
nem **hou**ve engano em seus lábios.

(R. Por suas **cha**gas nós **fo**mos cu**ra**dos.)

= ²³Insul**ta**do, ele não insultava; †
ao so**frer** e ao ser maltratado, *
ele **não** ameaçava vingança;
— entre**ga**va, porém, sua causa *
Àquele que é justo juiz.

(R.)

Comum de vários mártires

– ²⁴ **Carregou** sobre si nossas culpas *
   em seu **corpo**, no lenho da cruz,
= para que, **mortos** aos nossos pecados, †
   na jus**tiça** de Deus nós vivamos. *
   Por suas **cha**gas nós fomos curados. **(R.)**

Ant. Os **mártires, mortos** por **Cristo**,
   vivem **sempre** com ele nos **céus** (T.P. Aleluia).

Na Quaresma

Leitura breve   Rm 8,35.37-39

Quem nos separará do amor de Cristo? Tribulação? Angústia? Perseguição? Fome? Nudez? Perigo? Espada? Mas,
em tudo isso, somos mais que vencedores, graças àquele
que nos amou! Tenho a certeza que nem a morte, nem a
vida, nem os anjos, nem os poderes celestiais, nem o presente nem o futuro, nem as forças cósmicas, nem a altura,
nem a profundeza, nem outra criatura qualquer será capaz
de nos separar do amor de Deus por nós, manifestado em
Cristo Jesus, nosso Senhor.

Responsório breve

R. As **almas** dos **justos**
   * Es**tão** protegidas nas **mãos** do Senhor. R. As **almas**.
V. O tor**men**to da **morte** não **há** de tocá-las.* Estão prote-
   gidas. Glória ao **Pai**. R. As **almas**.

Cântico evangélico, ant.

O **Reino** dos **Céus** vos per**tence**,
pois **destes** a **vi**da por **Cristo**;
la**vastes** as **vestes** no **sangue**
e chegastes ao **prêmio** da **glória**.

I Vésperas

Preces

Nesta hora em que o Rei dos mártires ofereceu sua vida na última Ceia e a entregou na cruz, demos-lhe graças, dizendo:

R. Nós vos louvamos e bendizemos, Senhor!

Nós vos agradecemos, ó Salvador, fonte e exemplo de todo martírio, porque nos amastes até o fim: R.

Porque viestes chamar os pecadores arrependidos para o prêmio da vida eterna: R.

Porque destes à vossa Igreja, como sacrifício para a remissão dos pecados, o Sangue da nova e eterna Aliança: R.

Porque a vossa graça nos mantém até hoje perseverantes na fé: R.

(intenções livres)

Porque associastes à vossa morte, neste dia, muitos de nossos irmãos e irmãs: R.

Pai nosso...

Oração

Não havendo oração própria, diz-se uma das seguintes:

Deus todo-poderoso, que destes aos santos N. e N. a graça de sofrer pelo Cristo, ajudai também a nossa fraqueza, para que possamos viver firmes em nossa fé, como eles não hesitaram em morrer por vosso amor. Por nosso Senhor Jesus Cristo, vosso Filho, na unidade do Espírito Santo.

Ou:

Ó Deus, ao comemorarmos todos os anos a paixão dos mártires N. e N., dai-nos a alegria de ver atendidas as nossas preces, para imitarmos sua firmeza na fé. Por nosso Senhor Jesus Cristo, vosso Filho, na unidade do Espírito Santo.

Para virgens mártires:

Ó Deus, que hoje nos alegrais com a comemoração de vossas santas N. e N., concedei que sejamos ajudados pelos seus méritos e iluminados pelos seus exemplos de castidade e

1720 Comum de vários mártires

fortaleza. Por nosso Senhor Jesus Cristo, vosso Filho, na unidade do Espírito Santo.

Para santas mulheres:

Ó Deus, cuja força se manifesta na fraqueza, fazei que, ao celebrarmos a glória das santas N. e N., que de vós receberam a força para vencer, obtenhamos, por sua intercessão, a graça da vitória. Por nosso Senhor Jesus Cristo, vosso Filho, na unidade do Espírito Santo.

No Tempo pascal

Leitura breve   Ap 3,10-12

Porque guardaste a minha ordem de perseverar, também eu te vou guardar da hora da provação, que está para vir sobre todo o universo, para pôr à prova os habitantes da terra. Eu venho logo! Guarda bem o que recebeste, para que ninguém roube a tua coroa. Do vencedor vou fazer uma coluna no templo do meu Deus, e daí não sairá. Nela gravarei o nome do meu Deus, e o nome da cidade do meu Deus, a nova Jerusalém, que desce do céu, de junto do meu Deus. E gravarei nela também o meu novo nome.

Responsório breve

R. Vós **santos** e **eleitos**, ale**grai**-vos no Se**nhor**!
  * Ale**luia**, aleluia. R. Vós **santos**.
V. Porque **Deus** vos esco**lheu** para **ser**des sua he**rança**.
    * Ale**luia**. Glória ao **Pai**. R. Vós **santos**.

Cântico evangélico, ant.

A luz e**terna** brilha**rá** aos vossos **santos**,
e a **vida** para **sempre**, aleluia.

Preces

Nesta hora em que o Rei dos mártires ofereceu sua vida. na última Ceia e a entregou na cruz, demos-lhe graças, dizendo:

R. **Nós vos louvamos e bendizemos, Senhor!**

Nós vos agradecemos, ó Salvador, fonte e exemplo de todo martírio, porque nos amastes até o fim: R.

Porque viestes chamar os pecadores arrependidos para o prêmio da vida eterna: R.

Porque destes à vossa Igreja, como sacrifício para a remissão dos pecados, o Sangue da nova e eterna Aliança: R.

Porque a vossa graça nos mantém até hoje perseverantes na fé: R.

(intenções livres)

Porque associastes à vossa morte, neste dia, muitos de nossos irmãos e irmãs: R.

Pai nosso...

Oração

Não havendo oração própria, diz-se uma das seguintes:

Ó Deus, força na fé e auxílio na fraqueza, associai-nos à paixão e ressurreição do vosso Filho, pelo exemplo e preces dos mártires N. e N., para gozarmos eternamente com eles a perfeita alegria da vossa presença. Por nosso Senhor Jesus Cristo, vosso Filho, na unidade do Espírito Santo.

Ou:

Alegre-nos, ó Pai, o triunfo de vossos mártires N. e N., aos quais destes a graça de proclamar a paixão e ressurreição do vosso Filho, derramando o sangue em morte gloriosa. Por nosso Senhor Jesus Cristo, vosso Filho, na unidade do Espírito Santo.

Para virgens mártires:

Ó Deus, que hoje nos alegrais com a comemoração de vossas santas N. e N., concedei que sejamos ajudados pelos seus méritos e iluminados pelos seus exemplos de castidade e fortaleza. Por nosso Senhor Jesus Cristo, vosso Filho, na unidade do Espírito Santo.

Para santas mulheres:

Ó Deus, cuja força se manifesta na fraqueza, fazei que, ao celebrarmos a glória das santas N. e N., que de vós receberam a força para vencer, obtenhamos, por sua intercessão, a graça da vitória. Por nosso Senhor Jesus Cristo, vosso Filho, na unidade do Espírito Santo.

Invitatório

R. Ao Senhor, Rei dos mártires, vinde adoremos!
(T.P. Aleluia).

Salmo invitatório como no Ordinário, p. 944.

Ofício das Leituras

Hino

Rei glorioso do mártir,
sois a coroa e o troféu,
pois desprezando esta terra,
procura apenas o céu.

Que o coração inclinando,
possais ouvir nossa voz;
vossos heróis celebrando,
supliquem eles por nós!

Se pela morte venceram,
mostrando tão grande amor,
vençamos nós pela vida
de santidade e louvor.

A vós, Deus uno, Deus trino,
sobe hoje nosso louvor,
pelos heróis que imitaram
a própria cruz do Senhor.

Salmodia

Ant. 1 Até à **morte** fiéis ao Senhor,
derramaram seu sangue por Cristo
e alcançaram o prêmio eterno (T.P. Aleluia).

Ofício das Leituras

Salmo 2

— ¹Por que os **po**vos agi**ta**dos se re**vol**tam? *
por que **tra**mam as nações projetos vãos?

= ²Por que os **reis** de toda a terra se reúnem, †
e cons**pi**ram os governos todos juntos *
contra o **Deus** onipotente e o seu Ungido?

— ³"Vamos que**brar** suas correntes", dizem eles, *
"e lan**çar** longe de nós o seu domínio!"

— ⁴Ri-se **de**les o que mora lá nos céus; *
zomba **de**les o Senhor onipotente.

— ⁵Ele, en**tão**, em sua ira os ameaça, *
e em seu fu**ror** os faz tremer, quando lhes diz:

— ⁶"Fui eu **mes**mo que escolhi este meu Rei, *
e em Si**ão**, meu monte santo, o consagrei!"

= ⁷O de**cre**to do Senhor promulgarei, †
foi as**sim** que me falou o Senhor Deus: *
"Tu és meu **Fi**lho, e eu hoje te gerei!

= ⁸Podes pe**dir**-me, e em resposta eu te darei †
por tua he**ran**ça os povos todos e as nações, *
e há de **ser** a terra inteira o teu domínio.

— ⁹Com cetro **fér**reo haverás de dominá-los, *
e que**brá**-los como um vaso de argila!"

—¹⁰E a**go**ra, poderosos, entendei; *
sobe**ra**nos, aprendei esta lição:

—¹¹Com te**mor** servi a Deus, rendei-lhe glória *
e pres**tai**-lhe homenagem com respeito!

—¹²Se o irri**tais**, perecereis pelo caminho, *
pois de**pres**sa se acende a sua ira!

— Fe**li**zes hão de ser todos aqueles *
que **põem** sua esperança no Senhor!

Ant. Até à **mor**te fi**éis** ao Se**nhor**,
derra**ma**ram seu **san**gue por **Cris**to
e alcan**ça**ram o **prê**mio e**ter**no (T.P. Aleluia).

Comum de vários mártires

Ant. 2 Os **jus**tos vive**rão** eterna**men**te,
e a **su**a recom**pen**sa é o **Se**nhor (T.P. Ale**lui**a).

Salmo 32(33)

I

– ¹Ó **jus**tos, ale**grai**-vos no **Se**nhor! *
Aos **re**tos fica bem glorificá-lo.

– ²Dai **gra**ças ao Senhor ao som da harpa, *
na **li**ra de dez cordas celebrai-o!

– ³Can**tai** para o Senhor um canto novo, *
com **ar**te sustentai a louvação!

– ⁴Pois **re**ta é a palavra do Senhor, *
e **tu**do o que ele faz merece fé.

– ⁵Deus **a**ma o direito e a justiça, *
transbor**da** em toda a terra a sua graça.

– ⁶A pa**la**vra do Senhor criou os céus, *
e o **so**pro de seus lábios, as estrelas.

– ⁷Como num **o**dre junta as águas do oceano, *
e man**tém** no seu limite as grandes águas.

– ⁸**A**dore ao Senhor a terra inteira, *
e o res**pei**tem os que habitam o universo!

– ⁹Ele fa**lou** e toda a terra foi criada, *
ele orde**nou** e as coisas todas existiram.

–¹⁰O **Se**nhor desfaz os planos das nações *
e os pro**je**tos que os povos se propõem.

=¹¹Mas os de**síg**nios do Senhor são para sempre, †
e os pensa**men**tos que ele traz no coração, *
de gera**ção** em geração, vão perdurar.

Ant. Os **jus**tos vive**rão** eterna**men**te,
e a **su**a recom**pen**sa é o **Se**nhor. (T.P. Ale**lui**a).

Ant. 3 Vós lu**tas**tes por **mim** sobre a **ter**ra:
rece**bei**, meus a**mi**gos, o **prê**mio! (T.P. Ale**lui**a).

II

– [12]Feliz o **po**vo cujo **Deus** é o **Se**nhor, *
e a na**ção** que escolheu por sua herança!
– [13]Dos altos **céus** o Senhor olha e observa; *
ele se in**cli**na para olhar todos os homens.
– [14]Ele con**tem**pla do lugar onde reside *
e vê a **to**dos os que habitam sobre a terra.
– [15]Ele for**mou** o coração de cada um *
e por **to**dos os seus atos se interessa.
– [16]Um rei não **ven**ce pela força do exército, *
nem o guer**rei**ro escapará por seu vigor.
– [17]Não são ca**va**los que garantem a vitória; *
nin**guém** se salvará por sua força.
– [18]Mas o Se**nhor** pousa o olhar sobre os que o temem, *
e que con**fi**am esperando em seu amor,
– [19]para da **mor**te libertar as suas vidas *
e alimen**tá**-los quando é tempo de penúria.
– [20]No Se**nhor** nós esperamos confiantes, *
porque **e**le é nosso auxílio e proteção!
– [21]Por isso o **no**sso coração se alegra nele, *
seu santo **no**me é nossa única esperança.
– [22]Sobre **nós** venha, Senhor, a vossa graça, *
da mesma **for**ma que em vós nós esperamos!

Ant. Vós lu**tas**tes por **mim** sobre a **te**rra:
rece**bei**, meus **a**migos, o **prê**mio! (T.P. Ale**lui**a).

V. No Se**nhor** nós espe**ra**mos confi**a**ntes. (T.P. Ale**lui**a).
R. Porque **e**le é nosso auxílio e prote**ção**. (T.P. Ale**lui**a).

Primeira leitura
Na Quaresma:
Quando a vigília for prolongada, no lugar da leitura seguinte,
toma-se a leitura: Sb 5,1-15, p. 1860, com R. Estes mártires,
p. 1727.

Comum de vários mártires

Do Livro da Sabedoria

Sb 3,1-15

A vida dos justos está nas mãos de Deus

¹A vida dos justos está nas mãos de Deus,
e nenhum tormento os atingirá.
²Aos olhos dos insensatos parecem ter morrido;
sua saída do mundo foi considerada uma desgraça,
³e sua partida do meio de nós, uma destruição;
mas eles estão em paz.
⁴Aos olhos dos homens parecem ter sido castigados,
mas sua esperança é cheia de imortalidade;
⁵tendo sofrido leves correções,
serão cumulados de grandes bens,
porque Deus os pôs à prova e os achou dignos de si.
⁶Provou-os como se prova o ouro no fogo
e aceitou-os como ofertas de holocausto;
⁷no dia do seu julgamento hão de brilhar,
correndo como centelhas no meio da palha;
⁸vão julgar as nações e dominar os povos,
e o Senhor reinará sobre eles para sempre.
⁹Os que nele confiam compreenderão a verdade,
e os que perseveram no amor ficarão junto dele,
porque a graça e a misericórdia são para seus eleitos.
¹⁰Os ímpios receberão o castigo
devido por seus pensamentos,
pois desprezaram o justo e se afastaram do Senhor.
¹¹Infeliz o que despreza a sabedoria e a disciplina;
vã é sua esperança, estéreis seus esforços
e inúteis suas obras;
¹²suas mulheres são insensatas, seus filhos depravados
e maldita sua descendência.
¹³Feliz, portanto, a mulher estéril, mas imaculada,
que desconhece a união pecaminosa;
ela terá seu fruto no julgamento das almas.

Ofício das Leituras

¹⁴Feliz também o eunuco
que não cometeu crimes com suas mãos
nem tramou maldades contra o Senhor;
por sua fidelidade receberá uma graça especial
e uma das melhores porções no templo do Senhor.
¹⁵Pois o fruto dos esforços pelo bem é glorioso
e imperecível a raiz da inteligência.

Responsório   cf. Ef 4,4.5

R. Estes **mártires santos** derra**maram**
    o **sangue** he**roi**co por **Deus**;
    a**maram** a **Cristo** na **vida**, imitaram o **Cristo** na **mor**te;
  * Mere**ceram** cor**oas de glória**.
V. Vi**viam un**idos na **fé**, no **amor** e no **mes**mo Es**pí**rito.
    * Mere**ceram**.

No Tempo pascal:

Do Apocalipse de São João   7,9-17

Visão de uma multidão imensa de eleitos

Naqueles dias: ⁹Eu, João, vi uma multidão imensa de gente de todas as nações, tribos, povos e línguas, e que ninguém podia contar. Estavam de pé diante do trono e do Cordeiro; trajavam vestes brancas e traziam palmas na mão. ¹⁰Todos proclamavam com voz forte: "A salvação pertence ao nosso Deus, que está sentado no trono, e ao Cordeiro".

¹¹Todos os anjos estavam de pé, em volta do trono e dos Anciãos e dos quatro Seres vivos e prostravam-se, com o rosto por terra, diante do trono. E adoravam a Deus, dizendo: ¹²"Amém. O louvor, a glória e a sabedoria, a ação de graças, a honra, o poder e a força pertencem ao nosso Deus para sempre. Amém".

¹³E um dos Anciãos falou comigo e perguntou: "Quem são esses, vestidos com roupas brancas? De onde vieram?" ¹⁴Eu respondi: "Tu é que sabes, meu senhor". E então ele

1728 Comum de vários mártires

me disse: "Esses são os que vieram da grande tribulação. Lavaram e alvejaram as suas roupas no sangue do Cordeiro. [15]Por isso, estão diante do trono de Deus e lhe prestam culto, dia e noite, no seu templo. E aquele que está sentado no trono os abrigará na sua tenda. [16]Nunca mais terão fome nem sede. Nem os molestará o sol nem algum calor ardente. [17]Porque o Cordeiro, que está no meio do trono, será o seu pastor e os conduzirá às fontes da água da vida. E Deus enxugará as lágrimas de seus olhos".

Responsório   cf. Sb 10,17-20

R. Vossos **san**tos, ó **S**e**n**hor, têm um **ca**mi**n**ho admi**rá**vel
    ao vi**ver** vossos pre**ce**itos.
 * **I**lesos transpu**ser**am as **á**guas vio**len**tas:
    apare**ceu** a terra **se**ca e eles **sem** dificul**da**de
    atravess**ar**am o mar Vermelho. Ale**lu**ia.
V. Todos **jun**tos cele**bra**ram vossa **mão** vitori**o**sa
    e can**tar**am, ó S**en**hor, então, ao vo**sso** santo **no**me.
    * **I**lesos.

Segunda leitura
Das Cartas de São Cipriano, bispo e mártir
          (Ep. 6, 1-2: CSEL 3, 480-482)   (Séc. III)

Todos os que desejamos alcançar as promessas do Senhor, devemos imitá-lo em tudo

Eu vos saúdo, irmãos caríssimos, ansioso por gozar da vossa presença, se o lugar onde estou me permitisse ir até vós. Que me poderia acontecer de mais desejável e alegre que estar junto a vós neste momento, para apertar essas mãos, puras e inocentes, que, por fidelidade ao Senhor, recusaram os sacrifícios sacrílegos?

Que haveria para mim de mais agradável e sublime que beijar agora os vossos lábios que proclamaram glória do Senhor, como também ser visto por vossos olhos que, des-

Ofício das Leituras

prezando o mundo, se tornaram dignos de contemplar a Deus?

Mas, como não me é dada essa alegria, eu vos envio esta carta, que me substituirá ante os vossos olhos e ouvidos. Por ela vos felicito e ao mesmo tempo exorto a perseverar-des fortes e inabaláveis na proclamação da glória celeste. Uma vez no caminho da graça do Senhor, deveis prosse-guir com espírito forte até conquistardes a coroa, tendo o Senhor como protetor e guia, pois ele disse: *Eis que eu es-tou convosco todos os dias até o fim do mundo* (Mt 28,20).

Ó cárcere feliz, iluminado pela vossa presença! Ó cár-cere feliz, que leva para o céu os homens de Deus! Ó trevas mais luminosas que o próprio sol e mais brilhantes que a luz deste mundo, onde estão agora colocados os templos de Deus, que são os vossos corpos santificados pela proclama-ção da fé!

Nada mais ocupe agora vossas mentes e corações, se-não os preceitos divinos e os mandamentos celestes, pelos quais o Espírito Santo sempre vos animou a suportar os so-frimentos. Ninguém pense na morte mas na imortalidade, nem no sofrimento passageiro, mas na glória eterna. Pois está escrito: *É preciosa aos olhos do Senhor a morte dos seus justos* (Sl 115,15). E também: *É um sacrifício agradá-vel a Deus um espírito que sofre; Deus não desprezará um coração contrito e humilhado* (Sl 50,19).

E ainda em outro lugar fala a Escritura divina dos tor-mentos que consagram os mártires de Deus e os santificam pelas provações dos sofrimentos: *Embora tenham suporta-do tormentos diante dos homens, sua esperança está cheia de imortalidade. Julgarão as nações e dominarão os po-vos, e o Senhor reinará sobre eles para sempre* (Sb 3,4.8). Assim, quando vos lembrais de que ides julgar e reinar com o Cristo Senhor, a alegria é que deve prevalecer em vós, su-perando os suplícios presentes pela exultação futura. Bem sabeis que, desde o princípio, a justiça está em luta com o

1730 — Comum de vários mártires

mundo: logo na origem da humanidade, o justo Abel foi assassinado, como depois dele todos os justos, profetas e apóstolos enviados por Deus.

A todos eles o Senhor quis dar a si mesmo como exemplo, ensinando que só aqueles que seguissem o seu caminho poderiam entrar em seu Reino: *Quem ama a sua vida neste mundo, perdê-la-á. E quem odeia a sua vida neste mundo, conservá-la-á para a vida eterna* (Jo 12,25). E ainda: *Não temais os que matam os corpos, não podem, contudo, matar a alma; temei antes aquele que pode matar na geena a alma e o corpo* (Mt 10,28).

São Paulo também nos exorta a imitar em tudo o Senhor, se desejamos alcançar as suas recompensas. Diz ele: *Somos filhos de Deus. E, se somos filhos, somos também herdeiros – herdeiros de Deus e co-herdeiros de Cristo; se realmente sofremos com ele, é para sermos também glorificados com ele* (Rm 8,17).

Responsório

R. Ao lutarmos pela **fé**, Deus nos **vê**, os anjos **o**lham
e o **Cristo** nos con**tem**pla.
*Quanta **hon**ra e ale**gria** comba**ter**, vendo-nos **Deus**,
e a co**roa** rece**ber** do Juiz, que é Jesus **Cristo**
(T.P. Ale**luia**).
V. Concen**tremos nossas **forças**, para a **luta** prepa**remo-nos
com a **men**te pura e **forte**, doa**ção**, fé e co**ragem**.
*Quanta **hon**ra.

Nas solenidades e festas se diz o HINO Te Deum, p. 949.

Oração como nas Laudes.

Laudes

Hino

De Cristo o dom eterno,
dos mártires vitória,

Laudes

alegres celebremos
com cânticos de glória.

São príncipes da Igreja,
na luta triunfaram.
Do mundo sendo luzes,
à glória já chegaram.

Venceram os terrores,
as penas desprezaram.
Na morte coroados,
à luz feliz chegaram.

Por ímpios torturados,
seu sangue derramaram.
Mas, firmes pela fé,
na vida eterna entraram.

Invictos na esperança,
guardando a fé constantes,
no pleno amor de Cristo
já reinam triunfantes.

Já têm no Pai a glória,
no Espírito a energia,
e exultam pelo Filho,
repletos de alegria.

Pedimos, Redentor,
unidos ser também
dos mártires à glória
no vosso Reino. Amém.

Ant. 1 Os **már**tires de **Cris**to, em seus tor**men**tos,
contem**pla**vam os **céus** e supli**ca**vam:
Ó Se**nhor**, dai-nos a **for**ça nesta **hora**! (T.P. Ale**lui**a).

Salmos e cântico do domingo da I Semana, p. 982.

Na Quaresma:

Ant. 2 Vós **már**tires de **Deus**, bendi**zei**-o para **sem**pre.

1732

Comum de vários mártires

No Tempo pascal:

Ant. 2 Espíritos celestes e santos do Senhor,
cantai com alegria um hino ao nosso **Deus**. Aleluia.

Ant. 3 Vós **mártires todos** em **coro**,
louvai o Senhor nas alturas! (T.P. Aleluia).

Na Quaresma

Leitura breve   2Cor 1,3-5

Bendito seja o Deus e Pai de nosso Senhor Jesus Cristo, o
Pai das misericórdias e Deus de toda consolação. Ele nos
consola em todas as nossas aflições, para que, com a consolação que nós mesmos recebemos de Deus, possamos
consolar os que se acham em toda e qualquer aflição. Pois,
à medida que os sofrimentos de Cristo crescem para nós,
cresce também a nossa consolação por Cristo.

Responsório breve

R. Os santos e os justos
   * Viverão eternamente. R. Os santos.
V. E a sua recompensa é o Senhor. * Viverão.
   Glória ao Pai. R. Os santos.

Cântico evangélico, ant.

Felizes de vós, os perseguidos
por causa da justiça do Senhor,
porque o Reino dos Céus há de ser vosso!

Preces

Irmãos, celebremos nosso Salvador, a Testemunha fiel, nos
mártires que deram a vida pela palavra de Deus; e digamos:
R. **Com vosso sangue nos remistes, Senhor!**

Por intercessão de vossos mártires que abraçaram livremente a morte para testemunharem a sua fé,
– dai-nos, Senhor, a verdadeira liberdade de espírito. R.

Laudes

Por intercessão de vossos mártires, que proclamaram a fé derramando o próprio sangue,
– dai-nos, Senhor, pureza e constância na fé. R.

Por intercessão de vossos mártires que, carregando a cruz, seguiram vossos passos,
– dai-nos, Senhor, suportar com coragem as dificuldades da vida. R.

Por intercessão de vossos mártires, que lavaram suas vestes no sangue do Cordeiro,
– dai-nos, Senhor, vencer todas as ciladas da carne e do mundo. R.
(intenções livres)

Pai nosso...

Oração

Não havendo oração própria, diz-se uma das seguintes:
Deus todo-poderoso, que destes aos santos N. e N. a graça de sofrer pelo Cristo, ajudai também a nossa fraqueza, para que possamos viver firmes em nossa fé, como eles não hesitaram em morrer por vosso amor. Por nosso Senhor Jesus Cristo, vosso Filho, na unidade do Espírito Santo.

Ou:
Ó Deus, ao comemorarmos todos os anos a paixão dos mártires N. e N., dai-nos a alegria de ver atendidas as nossas preces, para imitarmos sua firmeza na fé. Por nosso Senhor Jesus Cristo, vosso Filho, na unidade do Espírito Santo.

Para virgens mártires:
Ó Deus, que hoje nos alegrais com a comemoração de vossas santas N. e N., concedei que sejamos ajudados pelos seus méritos e iluminados pelos seus exemplos de castidade e fortaleza. Por nosso Senhor Jesus Cristo, vosso Filho, na unidade do Espírito Santo.

Comum de vários mártires

Para santas mulheres:

Ó Deus, cuja força se manifesta na fraqueza, fazei que, ao celebrarmos a glória das santas N. e N., que de vós receberam a força para vencer, obtenhamos, por sua intercessão, a graça da vitória. Por nosso Senhor Jesus Cristo, vosso Filho, na unidade do Espírito Santo.

No Tempo pascal

Leitura breve   1Jo 5,3-5

Isto é amar a Deus: observar os seus mandamentos. E os seus mandamentos não são pesados, pois todo o que nasceu de Deus vence o mundo. E esta é a vitória que venceu o mundo: a nossa fé. Quem é o vencedor do mundo, senão aquele que crê que Jesus é o Filho de Deus?

Responsório breve

R. Uma e**tern**a ale**gri**a coro**ará** sua ca**beç**a.
 * A**lelui**a, ale**lui**a. R. Uma e**tern**a.
V. A**legri**a e rego**zi**jo eles **hão** de alcan**çar**.
 * A**lelui**a. Gló**ria** ao **Pai**. R. Uma e**tern**a.

Cântico evangélico, ant.

Santos **to**dos do Se**nhor**, ale**grai**-vos e exul**tai**,
porque a **vo**ssa recom**pen**sa
nos **céus** é muito **gran**de. Ale**lui**a.

Preces

Irmãos, celebremos nosso Salvador, a Testemunha fiel, nos mártires que deram a vida pela palavra de Deus; e digamos:
R. **Com vosso sangue nos remistes, Senhor!**

Por intercessão de vossos mártires que abraçaram livremente a morte para testemunharem a sua fé,
—dai-nos, Senhor, a verdadeira liberdade de espírito. R.

Por intercessão de vossos mártires, que proclamam a fé derramando o próprio sangue,

Laudes

1735

– dai-nos, Senhor, pureza e constância na fé. R.

Por intercessão de vossos mártires que, carregando a cruz, seguiram vossos passos,
– dai-nos, Senhor, suportar com coragem as dificuldades da vida. R.

Por intercessão de vossos mártires, que lavaram suas vestes no sangue do Cordeiro,
– dai-nos, Senhor, vencer todas as ciladas da carne e do mundo. R.

(intenções livres)

Pai nosso...

Oração

Não havendo oração própria, diz-se uma das seguintes:

Ó Deus, força na fé e auxílio na fraqueza, associai-nos à paixão e ressurreição do vosso Filho, pelo exemplo e preces dos mártires N. e N., para gozarmos eternamente com eles a perfeita alegria da vossa presença. Por nosso Senhor Jesus Cristo, vosso Filho, na unidade do Espírito Santo.

Ou:

Alegre-nos, ó Pai, o triunfo de vossos mártires N. e N. aos quais destes a graça de proclamar a paixão e ressurreição do vosso Filho, derramando o sangue em morte gloriosa. Por nosso Senhor Jesus Cristo, vosso Filho, na unidade do Espírito Santo.

Para virgens mártires:

Ó Deus, que hoje nos alegrais com a comemoração de vossas santas N. e N., concedei que sejamos ajudados pelos seus méritos e iluminados pelos seus exemplos de castidade e fortaleza. Por nosso Senhor Jesus Cristo, vosso Filho, na unidade do Espírito Santo.

1736

Comum de vários mártires

Para santas mulheres:

Ó Deus, cuja força se manifesta na fraqueza, fazei que, ao celebrarmos a glória das santas N. e N, que de vós recebe-ram a força para vencer, obtenhamos por sua intercessão, a graça da vitória. Por nosso Senhor Jesus Cristo, vosso Filho, na unidade do Espírito Santo.

Hora Média

Oração das Nove Horas

Ant. Na dureza do combate, o Senhor lhes deu vitória,
pois mais forte do que tudo, é a força do amor
(T.P. Aleluia).

Leitura breve

Na Quaresma: 1Pd 5,10-11

Depois de terdes sofrido um pouco, o Deus de toda a graça, que vos chamou para a sua glória eterna, em Cristo, vos restabelecerá e vos tornará firmes, fortes e seguros. A ele pertence o poder, pelos séculos dos séculos. Amém.

No Tempo pascal: Ap 2,10-11

Não tenhas medo do sofrimento que vai chegar. O diabo lançará alguns dentre vós na prisão. Assim sereis colocados à prova. Conhecereis tribulação durante dez dias. Sê fiel até à morte, e eu te darei como prêmio a coroa da vida.

R. Os santos que esperaram no Senhor (T.P. Aleluia).
V. Encontraram sua força no seu Deus (T.P. Aleluia).

Oração das Doze Horas

Ant. Vós lhes destes, ó Senhor, um nome santo e glorioso
e a coroa de justiça (T.P. Aleluia).

II Vésperas

1737

Leitura breve

Na Quaresma: cf. Hb 11,33

Os santos, pela fé, conquistaram reinos, praticaram a justiça, foram contemplados com promessas em Cristo Jesus nosso Senhor.

No Tempo pascal: Ap 3,21

Ao vencedor farei sentar-se comigo no meu trono, como também eu venci e estou sentado com meu Pai no seu trono.

V. Vossa tristeza brevemente (T.P. Aleluia).
R. Vai mudar-se em alegria (T.P. Aleluia).

Oração das Quinze Horas

Ant. Chorando de tristeza sairão,
espalhando suas sementes (T.P. Aleluia).

Leitura breve

Na Quaresma: Sb 3,1-2a.3b

A vida dos justos está nas mãos de Deus, e nenhum tormento os atingirá. Aos olhos dos insensatos parecem ter morrido; mas eles estão em paz.

No Tempo pascal: Ap 19,7.9

Fiquemos alegres e contentes, e demos glória a Deus, porque chegou o tempo das núpcias do Cordeiro. Felizes são os convidados para o banquete das núpcias do Cordeiro.

V. Cantando de alegria, voltarão (T.P. Aleluia).
R. Carregando os seus feixes (T.P. Aleluia).
Oração como nas Laudes.

II Vésperas

Hino

Dos que partilham a glória dos santos,
queremos juntos cantar os louvores

Comum de vários mártires

e celebrar as ações gloriosas
da nobre estirpe de tais vencedores.

Temeu o mundo e os (as) lançou na prisão,
por desprezarem os seus atrativos
como de terra sem água e sem flores,
e vos seguiram, Jesus, Rei dos vivos.

Por vós, contenda feroz enfrentaram
sem murmurar, nem queixar-se de ofensa,
de coração silencioso e espírito
bem consciente, em fiel paciência.

Que verbo ou voz poderá descrever
o prêmio eterno que aos mártires dais?
Louros vermelhos, brilhantes de sangue,
são seus ornatos, troféus imortais.

A vós, ó Deus Uno e Trino, pedimos:
dai-nos a paz, a ventura e o bem,
lavai a culpa, afastai todo o mal.
Vós que reinais pelos séculos. Amém.

Salmodia

Ant. 1 Os **cor**pos dos **san**tos repou**s**am na **paz**;
vive**rão** para **sem**pre seus **no**mes na **gló**ria
(T.P. Ale**lui**a).

Salmo 114(116A)

— ¹Eu amo o Se**nhor**, porque **ou**ve *
o **gri**to da minha oração.
— ²Incli**nou** para mim seu ouvido, *
no **di**a em que eu o invoquei.
— ³Pren**di**am-me as cordas da morte, *
aper**ta**vam-me os laços do abismo;
= ⁴inva**di**am-me angústia e tristeza: †
eu en**tão** invoquei o Senhor: *
"Sal**vai**, ó Senhor, minha vida!" —

II Vésperas

1739

– [5] O Se**nhor** é justiça e bondade, *
   nosso **Deus** é amor-compaixão.
– [6] É o Se**nhor** quem defende os humildes: *
   eu es**tava** oprimido, e salvou-me.
– [7] Ó minh'**alma**, retorna à tua paz, *
   o Se**nhor** é quem cuida de ti!
= [8] Liber**tou** minha vida da morte, †
   enxu**gou** de meus olhos o pranto *
   e li**vrou** os meus pés do tropeço.
– [9] Anda**rei** na presença de Deus, *
   junto a **ele** na terra dos vivos.

Ant. Os **corpos** dos **santos** re**pou**sam na **paz**;
     vive**rão** para **sem**pre seus **no**mes na **glória**
     (T.P. Ale**luia**).

Ant. 2 Fi**éis** teste**mu**nhas são **estes**
     pois **deram** por **Deus** suas **vidas**(T.P. Ale**luia**).

Salmo 115(116B)

– [10] Guar**dei** a minha **fé**, mesmo di**zen**do: *
   "É de**mais** o sofrimento em minha vida!"
– [11] Confi**ei**, quando dizia na aflição: *
   "Todo **ho**mem é mentiroso! Todo homem!"
– [12] Que pode**rei** retribuir ao Senhor Deus *
   por tudo a**qui**lo que ele fez em meu favor?
– [13] Elevo o **cá**lice da minha salvação, *
   invo**can**do o nome santo do Senhor.
– [14] Vou cum**prir** minhas promessas ao Senhor *
   na pre**sen**ça de seu povo reunido.
– [15] É sen**ti**da por demais pelo Senhor *
   a **mor**te de seus santos, seus amigos.
= [16] Eis que **sou** o vosso servo, ó Senhor, †
   vosso **ser**vo que nasceu de vossa serva; *
   mas me que**bras**tes os grilhões da escravidão! –

Comum de vários mártires

—[17]Por isso oferto um sacrifício de louvor, *
   invocando o nome santo do Senhor.

—[18]Vou cumprir minhas promessas ao Senhor *
   na presença de seu povo reunido;

—[19]nos átrios da casa do Senhor, *
   em teu meio, ó cidade de Sião!

Ant. Fiéis testemunhas são estes
   pois deram por Deus suas vidas (T.P. Aleluia).

Ant. 3 Eis os mártires fortes e fiéis;
   pela Aliança do Senhor deram a vida,
   lavando as vestes no sangue do Cordeiro.
   (T.P. Aleluia).

Cântico   Ap 4,11; 5,9. 10.12

—[4,11]Vós sois digno, Senhor, nosso Deus, *
   de receber honra, glória e poder!

(R. Poder, honra e glória ao Cordeiro de Deus!)

= [5,9]Porque todas as coisas criastes, †
   é por vossa vontade que existem, *
   e subsistem porque vós mandais.   (R.)

= Vós sois digno, Senhor, nosso Deus, †
   de o livro nas mãos receber *
   e de abrir suas folhas lacradas!   (R.)

— Porque fostes por nós imolado; *
   para Deus nos remiu vosso sangue

— dentre todas as tribos e línguas, *
   dentre os povos da terra e nações.   (R.)

= [10]Pois fizestes de nós, para Deus, †
   sacerdotes e povo de reis, *
   e iremos reinar sobre a terra.   (R.)

= [12]O Cordeiro imolado é digno †
   de receber honra, glória e poder, *
   sabedoria, louvor, divindade!   (R.)

II Vésperas

Ant. Eis os **már**tires **for**tes e fi**éis**;
pela Ali**an**ça do **Se**nhor deram a **vi**da,
lavando as **ve**stes no **san**gue do Cor**dei**ro.
(T.P. **Ale**lui**a**).

Na Quaresma

Leitura breve · 1Pd 4,13-14

Alegrai-vos por participar dos sofrimentos de Cristo, para
que possais também exultar de alegria na revelação da sua
glória. Se sofreis injúrias por causa do nome de Cristo, sois
felizes, pois o Espírito da glória, o Espírito de Deus, repousa sobre vós.

Responsório breve

R. Regozij**ai**-vos no **Se**nhor,
 * Ó **jus**tos, exult**ai**! R. Regozij**ai**-vos.
V. Cor**ações re**tos, ale**grai**-vos! * Ó **jus**tos.
Gló**ria** ao **Pai**. R. Regozij**ai**-vos.

Cântico evangélico, ant.

Alegrem-se nos **céus** os **ami**gos do **Se**nhor,
que se**gui**ram os seus **pas**sos;
derra**ma**ram o seu **san**gue por **amor** a Jesus **Cristo**,
e com **e**le reina**rão**.

Preces

Nesta hora em que o Rei dos mártires ofereceu sua vida na
última Ceia e a entregou na cruz, demos-lhe graças, dizendo:
R. **Nós vos louvamos e bendizemos, Senhor!**

Nós vos agradecemos, ó Salvador, fonte e exemplo de todo
martírio, porque nos amastes até o fim: R.

Porque viestes chamar os pecadores arrependidos para o
prêmio da vida eterna: R.

Porque destes à vossa Igreja, como sacrifício para a remissão
dos pecados, o Sangue da nova e eterna Aliança: R.

Porque a vossa graça nos mantém até hoje perseverantes na fé:

R.Nós vos louvamos e bendizemos, Senhor!

(intenções livres)

Porque associastes à vossa morte, neste dia, muitos de nossos irmãos e irmãs: R.

Pai nosso...

Oração

Não havendo oração própria, diz-se uma das seguintes:

Ó Deus, força na fé e auxílio na fraqueza, associai-nos à paixão e ressurreição do vosso Filho, pelo exemplo e preces dos mártires N. e N, para gozarmos eternamente com eles a perfeita alegria da vossa presença. Por nosso Senhor Jesus Cristo, vosso Filho, na unidade do Espírito Santo.

Ou:

Alegre-nos, ó Pai, o triunfo de vossos mártires N. e N. aos quais destes a graça de proclamar a paixão e ressurreição do vosso Filho, derramando o sangue em morte gloriosa. Por nosso Senhor Jesus Cristo, vosso Filho, na unidade do Espírito Santo.

Para virgens mártires:

Ó Deus, que hoje nos alegrais com a comemoração de vossas santas N e N, concedei que sejamos ajudados pelos seus méritos e iluminados pelos seus exemplos de castidade e fortaleza. Por nosso Senhor Jesus Cristo, vosso Filho, na unidade do Espírito Santo.

Para santas mulheres:

Ó Deus, cuja força se manifesta na fraqueza, fazei que, ao celebrarmos a glória das santas N. e N, que de vós receberam a força para vencer, obtenhamos, por sua intercessão, a graça da vitória. Por nosso Senhor Jesus Cristo, vosso Filho, na unidade do Espírito Santo.

II Vésperas

1743

No Tempo pascal

Leitura breve   Ap 7,14b-17

Esses são os que vieram da grande tribulação. Lavaram e alvejaram as suas roupas no sangue do Cordeiro. Por isso, estão diante do trono de Deus e lhe prestam culto, dia e noite, no seu templo. E aquele que está sentado no trono os abrigará na sua tenda. Nunca mais terão fome nem sede. Nem os molestará o sol nem algum calor ardente. Porque o Cordeiro, que está no meio do trono, será o seu pastor e os conduzirá às fontes da água da vida. E Deus enxugará as lágrimas de seus olhos.

Responsório breve

R. Os **jus**tos brilha**rão** como o **sol** ante o Se**nhor**.
   * Ale**lui**a, aleluia. R. Os **jus**tos.
V. E os de **reto** cora**ção** hão de fi**car** muito alegres.
    * Ale**lui**a. Glória ao **Pai**. R. Os **jus**tos.

Cântico evangélico, ant.

Ó **San**tos, alegrai-vos na pre**sen**ça do Cor**dei**ro;
pois o **Rei**no do Se**nhor** para **vós** foi prepa**ra**do
desde a o**ri**gem do uni**ver**so. Ale**lui**a!

Preces

Nesta hora em que o Rei dos mártires ofereceu sua vida na última Ceia e a entregou na cruz, demos-lhe graças, dizendo:

R. **Nós vos louvamos e bendizemos, Senhor!**

Nós vos agradecemos, ó Salvador, fonte e exemplo de todo martírio, porque nos amastes até o fim: R.

Porque viestes chamar os pecadores arrependidos para o prêmio da vida eterna: R.

Porque destes à vossa Igreja, como sacrifício para a remissão dos pecados, o Sangue da nova e eterna Aliança: R.

Porque a vossa graça nos mantém até hoje perseverantes na fé:

R. **Nós vos louvamos e bendizemos, Senhor!**

(intenções livres)

Porque associastes à vossa morte, neste dia, muitos de nossos irmãos e irmãs: R.

Pai nosso...

Oração

Não havendo oração própria, diz-se uma das seguintes:

Ó Deus, força na fé e auxílio na fraqueza, associai-nos à paixão e ressurreição do vosso Filho, pelo exemplo e preces dos mártires N. e N., para gozarmos eternamente com eles a perfeita alegria da vossa presença. Por nosso Senhor Jesus Cristo, vosso Filho, na unidade do Espírito Santo.

Ou:

Alegre-nos, ó Pai, o triunfo de vossos mártires N. e N., aos quais destes a graça de proclamar a paixão e ressurreição do vosso Filho, derramando o sangue em morte gloriosa. Por nosso Senhor Jesus Cristo, vosso Filho, na unidade do Espírito Santo.

Para virgens mártires:

Ó Deus, que hoje nos alegrais com a comemoração de vossas santas N. e N., concedei que sejamos ajudados pelos seus méritos e iluminados pelos seus exemplos de castidade e fortaleza. Por nosso Senhor Jesus Cristo, vosso Filho, na unidade do Espírito Santo.

Para santas mulheres:

Ó Deus, cuja força se manifesta na fraqueza, fazei que, ao celebrarmos a glória das santas N. e N., que de vós receberam a força para vencer, obtenhamos, por sua intercessão, a graça da vitória. Por nosso Senhor Jesus Cristo, vosso Filho, na unidade do Espírito Santo.

PARA UM(A) MÁRTIR

I Vésperas

HINO Ó Deus, dos vossos heróis, como nas II Vésperas p. 1769, ou Da Mãe Autor p. 1770.

Salmodia

Ant. 1 Quem de **mim** der testemunho ante os **homens**,
darei **dele** o testemunho ante meu **Pai** (T.P. Aleluia).

Salmo 117(118)

I

— [1]Dai **graças** ao **Senhor**, porque ele é **bom**! *
"Eterna é a sua misericórdia!"

— [2]A **casa** de Israel agora o diga: *
"Eterna é a sua misericórdia!"

— [3]A **casa** de Aarão agora o diga: *
"Eterna é a sua misericórdia!"

— [4]Os que **temem** o Senhor agora o digam: *
"Eterna é a sua misericórdia!"

— [5]Na minha ang**ústia** eu clamei pelo Senhor, *
e o Se**nhor** me atendeu e libertou!

— [6]O Se**nhor** está comigo, nada temo; *
o que **po**de contra mim um ser humano?

— [7]O Se**nhor** está comigo, é o meu auxílio, *
hei de **ver** meus inimigos humilhados.

— [8]É me**lhor** buscar refúgio no Senhor *
do que **pôr** no ser humano a esperança;

— [9]é me**lhor** buscar refúgio no Senhor *
do que con**tar** com os poderosos deste mundo!"

— [10]Povos pa**gãos** me rodearam todos eles, *
mas em **no**me do Senhor os derrotei;

— [11]de todo **lado** todos eles me cercaram, *
mas em **no**me do Senhor os derrotei; —

Comum de um mártir

=[12] como um en**xa**me de abelhas me atacaram, †
como um **fo**go de espinhos me queimaram, *
mas em **no**me do Senhor os derrotei.

—[13] Empur**ra**ram-me, tentando derrubar-me, *
mas **vei**o o Senhor em meu socorro.

—[14] O Se**nhor** é minha força e o meu canto, *
e tor**nou**-se para mim o Salvador.

—[15] "Cla**mo**res de alegria e de vitória *
res**so**em pelas tendas dos fiéis.

=[16] A mão di**rei**ta do Senhor fez maravilhas, †
a mão di**rei**ta do Senhor me levantou, *
a mão di**rei**ta do Senhor fez maravilhas!"

—[17] Não morre**rei**, mas, ao contrário, viverei *
para can**tar** as grandes obras do Senhor!

—[18] O Se**nhor** severamente me provou, *
mas **não** me abandonou às mãos da morte.

Ant. Quem de **mim** der teste**mu**nho ante os **ho**mens,
darei **de**le o testemunho ante meu **Pai** (T.P. Alelu**ia**).

Ant. 2 Quem me **se**gue não ca**mi**nha em meio às **tre**vas,
mas te**rá** a luz da **vi**da, diz Je**sus** (T.P. Alelu**ia**).

II

—[19] Abri-me **vós**, abri-me as **por**tas da jus**ti**ça; *
quero en**trar** para dar graças ao Senhor!

—[20] "Sim, **es**ta é a porta do Senhor, *
por **e**la só os justos entrarão!"

—[21] Dou-vos **gra**ças, ó Senhor, porque me ouvistes *
e vos tor**nas**tes para mim o Salvador!

—[22] "A **pe**dra que os pedreiros rejeitaram *
tor**nou**-se agora a pedra angular.

—[23] Pelo Se**nhor** é que foi feito tudo isso: *
Que maravilhas ele fez a nossos olhos!

—[24] Este é o **di**a que o Senhor fez para nós, *
ale**gre**mo-nos e nele exultemos! —

I Vésperas

– ^{25}Ó Senhor, dai-nos a vossa salvação, *
ó Senhor, dai-nos também prosperidade!"
– ^{26}Bendito seja, em nome do Senhor, *
aquele que em seus átrios vai entrando!
– Desta casa do Senhor vos bendizemos. *
^{27}Que o Senhor e nosso Deus nos ilumine!

– Empunhai ramos nas mãos, formai cortejo, *
aproximai-vos do altar, até bem perto!
– ^{28}Vós sois meu Deus, eu vos bendigo e agradeço! *
Vós sois meu Deus, eu vos exalto com louvores!
– ^{29}Dai graças ao Senhor, porque ele é bom! *
"Eterna é a sua misericórdia!"

Ant. Quem me segue não caminha em meio às trevas,
mas terá a luz da vida, diz Jesus (T.P. Aleluia).

Ant. 3 Como são grandes em nós os sofrimentos de Cristo,
assim, por ele, é grande o consolo que temos.
(T.P. Aleluia).

Cântico   1Pd 2,21-24

= ^{21}O Cristo por nós padeceu, †
deixou-nos o exemplo a seguir. *
Sigamos, portanto, seus passos!
– ^{22}Pecado nenhum cometeu, *
nem houve engano em seus lábios.

(R. Por suas chagas nós fomos curados.)

= ^{23}Insultado, ele não insultava; †
ao sofrer e ao ser maltratado, *
ele não ameaçava vingança;
– entregava, porém, sua causa *.
Àquele que é justo juiz.

– ^{24}Carregou sobre si nossas culpas *
em seu corpo, no lenho da cruz,

(R.)

1748 — Comum de um mártir

= para que, **mor**tos aos nossos pecados, †
na justiça de Deus nós vivamos. *
Por suas **cha**gas nós fomos curados. (R.)

Ant. Como são **gran**des em **nós** os sofri**men**tos de **Cris**to,
assim, por **ele**, é **gran**de o con**so**lo que **temos**.
(T.P. Ale**luia**).

Na Quaresma

Leitura breve Rm 8,35.37-39

Quem nos separará do amor de Cristo? Tribulação? Angústia? Perseguição? Fome? Nudez? Perigo? Espada? Mas,
em tudo isso, somos mais que vencedores, graças àquele
que nos amou! Tenho a certeza que nem a morte, nem a
vida, nem os anjos, nem os poderes celestiais, nem o presente, nem o futuro, nem as forças cósmicas, nem a altura,
nem a profundeza, nem outra criatura qualquer será capaz
de nos separar do amor de Deus por nós, manifestado em
Cristo Jesus, nosso Senhor.

Responsório breve

Para um santo mártir:

R. De esplen**dor** e de **gló**ria,
 * Ó Se**nhor**, o coro**as**tes. R. De esplen**dor**.
V. Vossas **o**bras aos **pés** lhe pusestes, Se**nhor**.
 * Ó Se**nhor**. Glória ao **Pai**. R. De esplen**dor**.

Para uma santa mártir:

R. O Se**nhor** a esco**lheu**,
 * Entre **to**das prefe**ri**da. R. O Se**nhor**.
V. O Se**nhor** a fez mo**rar** em sua **san**ta habita**ção**. * Entre
 todas. Glória ao **Pai**. R. O Se**nhor**.

Cântico evangélico, ant.

Para um santo mártir:

Por seu **Deus**, são (sto.) N. lu**tou** até à **mor**te;
supe**rou** as prova**ções**, pois Jesus foi sua **força**.

I Vésperas

Para uma santa mártir:

Santa N. foi **forte** no **Senhor**;
ja**mais** a sua **luz** haverá de se apa**gar**.

Preces

Nesta hora em que o Rei dos mártires ofereceu sua vida na última Ceia e a entregou na cruz, demos-lhe graças, dizendo:

R. **Nós vos louvamos e bendizemos, Senhor!**

Nós vos agradecemos, ó Salvador, fonte e exemplo de todo martírio, porque nos amastes até o fim: R.

Porque viestes chamar os pecadores arrependidos para o prêmio da vida eterna: R.

Porque destes à vossa Igreja, como sacrifício para a remissão dos pecados, o Sangue da nova e eterna Aliança: R.

Porque a vossa graça nos mantém até hoje perseverantes na fé: R.

(intenções livres)

Porque associastes à vossa morte, neste dia, muitos de nossos irmãos: R.

Pai nosso...

Oração

Não havendo oração própria, diz-se uma das seguintes:

Deus onipotente e misericordioso, destes a são (sto.) N. superar as torturas do martírio. Concedei que, celebrando o dia do seu triunfo, passemos invictos por entre as ciladas do inimigo, graças à vossa proteção. Por nosso Senhor Jesus Cristo, vosso Filho, na unidade do Espírito Santo.

Ou:

Deus eterno e todo-poderoso, que destes a são (sto.) N. a graça de lutar pela justiça até a morte, concedei-nos, por sua intercessão, suportar por vosso amor as adversidades, e correr ao encontro de vós que sois a nossa vida. Por nosso

Senhor Jesus Cristo, vosso Filho, na unidade do Espírito Santo.

Para uma virgem mártir:

Ó Deus, que hoje nos alegrais com a comemoração de santa N., concedei que sejamos ajudados pelos seus méritos e iluminados pelos seus exemplos de castidade e fortaleza. Por nosso Senhor Jesus Cristo, vosso Filho, na unidade do Espírito Santo.

Para uma santa mulher:

Ó Deus, cuja força se manifesta na fraqueza, fazei que, ao celebrarmos a glória de santa N., que de vós recebeu a força para vencer, obtenhamos, por sua intercessão, a graça da vitória. Por nosso Senhor Jesus Cristo, vosso Filho, na unidade do Espírito Santo.

No Tempo pascal

Leitura breve   Ap 3,10-12

Porque guardaste a minha ordem de perseverar, também eu te vou guardar da hora da provação, que está para vir sobre todo o universo, para pôr à prova os habitantes da terra. Eu venho logo! Guarda bem o que recebeste, para que ninguém roube a tua coroa. Do vencedor vou fazer uma coluna no templo do meu Deus, e daí não sairá. Nela gravarei o nome do meu Deus, e o nome da cidade do meu Deus, a nova Jerusalém, que desce do céu, de junto do meu Deus. E gravarei nela também o meu novo nome.

Responsório breve

R. Vós **san**tos e **el**eitos, ale**gr**ai-vos no **Sen**hor!
  * Ale**l**uia, ale**l**uia. R. Vós **san**tos.
V. Porque **Deus** vos esco**l**heu para **se**rdes sua he**ran**ça.
  * Ale**l**uia. **Gló**ria ao **Pai**. R. Vós **san**tos.

I Vésperas

Cântico evangélico, ant.

A luz eterna brilhará aos vossos santos,
e a vida para sempre, aleluia.

Preces

Nesta hora em que o Rei dos mártires ofereceu sua vida na última Ceia e a entregou na cruz, demos-lhe graças, dizendo:

R. **Nós vos louvamos e bendizemos, Senhor!**

Nós vos agradecemos, ó Salvador, fonte e exemplo de todo martírio, porque nos amastes até o fim: R.

Porque viestes chamar os pecadores arrependidos para o prêmio da vida eterna: R.

Porque destes à vossa Igreja, como sacrifício para a remissão dos pecados, o Sangue da nova e eterna Aliança: R.

Porque a vossa graça nos mantém até hoje perseverantes na fé: R.

(intenções livres)

Porque associastes à vossa morte, neste dia, muitos de nossos irmãos: R.

Pai nosso...

Oração

Não havendo oração própria, diz-se uma das seguintes:

Ó Deus, que exaltastes são (sto.) N. com a vitória do martírio, para a glória da vossa Igreja, dai-nos seguir seus passos na imitação da paixão do Senhor e conquistar a eterna alegria. Por nosso Senhor Jesus Cristo, vosso Filho, na unidade do Espírito Santo.

Ou:

Ó Deus, celebrando o vosso poder, nós vos pedimos que são (sto.) N. seja tão pronto em socorrer-nos, como o foi em imitar a paixão do Senhor. Que convosco vive e reina, na unidade do Espírito Santo.

1752　　　Comum de um mártir

Para uma virgem mártir:

Ó Deus, que hoje nos alegrais com a comemoração de santa N., concedei que sejamos ajudados pelos seus méritos e iluminados pelos seus exemplos de castidade e fortaleza. Por nosso Senhor Jesus Cristo, vosso Filho, na unidade do Espírito Santo.

Para uma santa mulher:

Ó Deus, cuja força se manifesta na fraqueza, fazei que, ao celebrarmos a glória de santa N., que de vós recebeu a força para vencer, obtenhamos, por sua intercessão, a graça da vitória. Por nosso Senhor Jesus Cristo, vosso Filho, na unidade do Espírito Santo.

Invitatório

R. Ao Se**nhor**, Rei dos **már**tires, **vin**de, ado**re**mos
　　(T.P. Ale**luia**).
Salmo invitatório como no Ordinário, p. 944.

Ofício das Leituras

Hino

> Santo(a) mártir, sê propício(a)
> no teu dia de esplendor,
> em que cinges a coroa,
> o troféu de vencedor(a).

> Este dia sobre as trevas
> deste mundo te elevou,
> e, juiz e algoz vencendo,
> todo(a) a Cristo te entregou.

> Entre os anjos ora brilhas,
> *testemunha* inquebrantável,
> com as vestes que lavaste
> no teu sangue venerável.

Ofício das Leituras

Junto a Cristo, sê agora
poderoso(a) intercessor(a);
ouça ele as nossas preces
e perdoe ao pecador.

Desce a nós por um momento,
de Jesus traze o perdão,
e os que gemem sob o fardo
grande alívio sentirão.

A Deus Pai, ao Filho Único
e ao Espírito, a vitória.
Deus te orna com coroa
na mansão da sua glória.

Para uma virgem mártir:

Ó Cristo, flor dos vales,
de todo bem origem,
com palmas de martírio
ornastes vossa virgem.

Prudente, forte, sábia,
professa a fé em vós
por quem aceita, impávida,
a pena mais atroz.

O príncipe do mundo
por vós, Senhor, venceu.
Vencendo o bom combate,
ganhou os bens do céu.

Bondoso Redentor,
por sua intercessão,
uni-nos, de alma pura,
à virgem, como irmãos.

Jesus, da Virgem Filho,
louvor a vós convém,
ao Pai e ao Santo Espírito
agora e sempre. Amém.

1754 — Comum de um mártir

Salmodia

Ant. 1 Vós sereis odiados por meu nome;
quem for fiel até o fim há de ser salvo (T.P. Aleluia).

Salmo 2

– ¹ Por que os povos agitados se revoltam? *
Por que tramam as nações projetos vãos?

= ² Por que os reis de toda a terra se reúnem, †
e conspiram os governos todos juntos *
contra o Deus onipotente e o seu Ungido?

– ³ "Vamos quebrar suas correntes", dizem eles, *
"e lançar longe de nós o seu domínio!"

– ⁴ Ri-se deles o que mora lá nos céus; *
zomba deles o Senhor onipotente.

– ⁵ Ele, então, em sua ira os ameaça, *
e em seu furor os faz tremer, quando lhes diz:

– ⁶ "Fui eu mesmo que escolhi este meu Rei, *
e em Sião, meu monte santo, o consagrei!"

= ⁷ O decreto do Senhor promulgarei, †
foi assim que me falou o Senhor Deus: *
"Tu és meu Filho, e eu hoje te gerei!

= ⁸ Podes pedir-me, e em resposta eu te darei †
por tua herança os povos todos e as nações, *
e há de ser a terra inteira o teu domínio.

– ⁹ Com cetro férreo haverás de dominá-los, *
e quebrá-los como um vaso de argila!"

– ¹⁰ E agora, poderosos, entendei; *
soberanos, aprendei esta lição:

– ¹¹ Com temor servi a Deus, rendei-lhe glória *
e prestai-lhe homenagem com respeito!

– ¹² Se o irritais, perecereis pelo caminho, *
pois depressa se acende a sua ira!

Ofício das Leituras 1755

– Felizes hão de ser todos aqueles *
que **põem** sua esperança no Senhor!

Ant. Vós se**reis** odiados por meu **no**me;
quem for **fiel** até o **fim** há de ser **salvo** (T.P. Ale**luia**).

Ant. 2 Os sofri**men**tos desta **vi**da aqui na **terra**
não se com**param** com a **gló**ria que te**remos**
(T.P. Ale**luia**).

Salmo 10(11)

= ¹No Se**nhor** encontro **abri**go; †
como, en**tão**, podeis dizer-me: *
"Voa aos **mon**tes, passarinho!

– ²Eis os **ím**pios de arcos tensos, *
pondo as **fle**chas sobre as cordas,

– e alve**jan**do em meio à noite *
os de **re**to coração!

= ³Quando os **pró**prios fundamentos †
do uni**ver**so se abalaram, *
o que **po**de ainda o justo?"

– ⁴Deus es**tá** no templo santo, *
e no **céu** tem o seu trono;

– volta os **o**lhos para o mundo, *
seu o**lhar** penetra os homens.

– ⁵Examina o justo e o ímpio, *
e de**tes**ta o que ama o mal.

= ⁶Sobre os **maus** fará chover †
fogo, enxofre e vento ardente, *
como **par**te de seu cálice.

– ⁷Porque **jus**to é nosso Deus, *
o Se**nhor** ama a justiça.

– Quem tem **re**to coração *
há de **ver** a sua face.

Comum de um mártir

Ant. Os sofrimentos desta vida aqui na terra
não se comparam com a glória que teremos
(T.P. Aleluia).

Ant. 3 Deus provou os seus eleitos como o ouro no crisol,
e aceitou seu sacrifício (T.P. Aleluia).

Salmo 16(17)

– ¹ Ó Senhor, ouvi a minha justa causa, *
escutai-me e atendei o meu clamor!
– Inclinai o vosso ouvido à minha prece, *
pois não existe falsidade nos meus lábios!
– ² De vossa face é que me venha o julgamento, *
pois vossos olhos sabem ver o que é justo.

= ³ Provai meu coração durante a noite, †
visitai-o, examinai-o pelo fogo, *
mas em mim não achareis iniquidade.
– ⁴ Não cometi nenhum pecado por palavras, *
como é costume acontecer em meio aos homens.

– Seguindo as palavras que dissestes, *
andei sempre nos caminhos da Aliança.
– ⁵ Os meus passos eu firmei na vossa estrada, *
e por isso os meus pés não vacilaram.

– ⁶ Eu vos chamo, ó meu Deus, porque me ouvis, *
inclinai o vosso ouvido e escutai-me!
= ⁷ Mostrai-me vosso amor maravilhoso, †
vós que salvais e libertais do inimigo *
quem procura a proteção junto de vós.

– ⁸ Protegei-me qual dos olhos a pupila *
e guardai-me, à proteção de vossas asas,
– ⁹ longe dos ímpios violentos que me oprimem, *
dos inimigos furiosos que me cercam.
– ¹⁰ A abundância lhes fechou o coração, *
em sua boca há só palavras orgulhosas.

Ofício das Leituras

—[11]Os seus **pas**sos me perseguem, já me cercam, *
  voltam seus **o**lhos contra mim: vão derrubar-me,
—[12]como um le**ão** impaciente pela presa, *
  um leã**o**zinho espreitando de emboscada.
—[13]Levan**tai**-vos, ó Senhor, contra o malvado, *
  com vossa es**pa**da abatei-o e libertai-me!
—[14]Com vosso **bra**ço defendei-me desses homens, *
  que já en**con**tram nesta vida a recompensa.
= Saci**ais** com vossos bens o ventre deles, †
  e seus **fi**lhos também hão de saciar-se *
  e ainda as **so**bras deixarão aos descendentes.
—[15]Mas eu ve**rei**, justificado, a vossa face *
  e ao desper**tar** me saciará vossa presença.

Ant. Deus pro**vou** os seus e**lei**tos como o **ou**ro no cri**sol**,
  e acei**tou** seu sacri**fí**cio (T.P. Ale**lui**a).

V. Tribula**ção** e sofri**men**to me assal**ta**ram (T.P. Ale**lui**a).
R. Minhas de**lí**cias são os **vos**sos manda**men**tos
  (T.P. Ale**lui**a).

Primeira leitura

Na Quaresma:

Do Livro do Eclesiástico   51,1-17

Ação de graças a Deus que libertou os seus da tribulação

[1]"Vou glorificar-te, ó Senhor, meu rei,
e louvar-te, ó Deus, meu salvador.
[2]Vou dar glória ao teu nome,
pois foste para mim protetor e socorro.
[3]Livraste meu corpo da ruína,
da cilada da língua perversa
e dos lábios que forjam a mentira;
na presença dos inimigos foste o meu amparo
[4]e me libertaste,
segundo a grandeza da tua misericórdia e do teu nome,

1758   Comum de um mártir

das mordeduras daqueles que estavam para me devorar,
[5]da mão dos que procuravam tirar-me a vida,
e das muitas tribulações que sofri;
[6]livraste-me da fogueira sufocante que me cercava
e do meio do fogo que não acendi,
[7]do seio profundo do inferno,
da língua impura e da palavra mentirosa,
e dos ataques de uma língua injusta.
[8]Corri risco de vida
[9]e cheguei bem perto do abismo.
[10]Cercavam-me por toda parte,
e não havia quem me socorresse;
eu olhava, procurando o amparo dos homens,
e não existia.
[11]Lembrei-me então da tua misericórdia, Senhor,
e não existia,
e de teus benefícios desde toda a eternidade,
[12]pois tu libertas aqueles que confiam em ti, Senhor,
e os salvas das mãos dos malvados.
[13]E fiz subir da terra a minha oração,
pedi para ser livre da morte.
[14]Invoquei o Senhor: És o meu Pai,
não me abandones no dia da minha provação,
no tempo dos orgulhosos e do abandono.
[15]Eu louvarei o teu nome continuamente
e o cantarei no meu agradecimento.
E minha oração foi ouvida.
[16]Tu me salvaste da ruína,
livraste-me no tempo mau.
[17]Por isso, quero dar-te graças e louvar-te,
e bendirei o nome do Senhor.

Responsório   Eclo 51,2; Sl 30(31),8

R. Se**nhor**, eu cant**arei**, dando **glória** ao vosso **nome**,
   * Pois vós **fostes** para **mim** um aux**ílio** e prote**ção**.

Ofício das Leituras

V. Vosso **amor** me faz sal**tar** de ale**gria**, ó meu **Deus**.
   * Pois vós **fostes**.

No Tempo pascal:

Do Apocalipse de São João   7,9-17

Visão de uma multidão imensa de eleitos

Naqueles dias: ⁹Eu, João, vi uma multidão imensa de gente de todas as nações, tribos, povos e línguas, e que ninguém podia contar. Estavam de pé diante do trono e do Cordeiro; trajavam vestes brancas e traziam palmas na mão. ¹⁰Todos proclamavam com voz forte: "A salvação pertence ao nosso Deus, que está sentado no trono, e ao Cordeiro".
¹¹Todos os anjos estavam de pé, em volta do trono e dos Anciãos e dos quatro Seres vivos e prostravam-se, com o rosto por terra, diante do trono. E adoravam a Deus, dizendo: ¹²"Amém. O louvor, a glória e a sabedoria, a ação de graças, a honra, o poder e a força pertencem ao nosso Deus para sempre. Amém".
¹³E um dos Anciãos falou comigo e perguntou: "Quem são esses vestidos com roupas brancas? De onde vieram?" ¹⁴Eu respondi: "Tu é que sabes, meu Senhor". E então ele me disse: "Esses são os que vieram da grande tribulação. Lavaram e alvejaram as suas roupas no sangue do Cordei-ro. ¹⁵Por isso, estão diante do trono de Deus e lhe prestam culto, dia e noite, no seu templo. E aquele que está sentado no trono os abrigará na sua tenda. ¹⁶Nunca mais terão fome nem sede. Nem os molestará o sol nem algum calor arden-te. ¹⁷Porque o Cordeiro, que está no meio do trono, será o seu pastor e os conduzirá às fontes da água da vida. E Deus enxugará as lágrimas de seus olhos".

Responsório   Ap 2,10c.11b; Eclo 4,33

R. Perma**nece** fi**el** até a **mor**te
   e a co**roa** da **vi**da eu te da**rei**.

Comum de um mártir

* O vencedor não sofrerá a segunda morte, aleluia.
V. Combate até à morte, em defesa da justiça,
e **Deus** combaterá, por **ti**, teus inimigos. * O vencedor.

Segunda leitura

Dos Sermões de Santo Agostinho, bispo

(Sermo 329, In natali martyrum: PL 38, 1454-1456) (Séc. V)

A preciosa morte dos mártires comprada com o preço da morte de Cristo

Pelos feitos tão gloriosos dos mártires, que fazem a Igreja florescer por toda parte, constatamos com nossos próprios olhos quanto é verdadeiro o que cantamos: *É preciosa aos olhos do Senhor a morte de seus santos* (Sl 115,15); preciosa a nossos olhos, como aos olhos daquele por cujo nome se sofreu. Mas o preço destas mortes foi a morte de um só. Quantas mortes não terá comprado a morte de um só? Se não morresse, seria como o grão de trigo que não frutifica. Ouvistes suas palavras quando se aproximava da paixão, isto é, quando se aproximava da nossa redenção: *Se o grão de trigo, caindo em terra, não morrer, ficará sozinho; se, porém, morrer, produzirá muito fruto* (Jo 12,24).

Ele fez realmente na cruz um grande negócio. Aí foi aberta a bolsa do nosso preço: quando seu lado foi aberto pela lança do perseguidor, derramou-se o preço do mundo inteiro.

Foram comprados fiéis e mártires; mas a fé dos mártires suportou uma prova: testemunho disso é o sangue derramado. Retribuíram do que lhes fora pago e realizaram as palavras de São João: *Assim como Cristo deu a sua vida por nós, também nós devemos dar a vida pelos irmãos* (1Jo 3,16).

E noutro lugar se diz: *Se te sentas a uma grande mesa, observa com atenção o que te servem, porque também tu deves preparar coisa igual* (cf. Pr 23,1-4 Vulg.). A grande mesa é aquela em que as iguarias são o próprio Senhor da mesa! Ninguém alimenta os convivas com a própria pessoa; isto faz o Cristo Senhor. Ele é quem convida, ele é o alimento e a bebida. Os mártires, pois, reconheceram o que comeram e beberam, para retribuírem coisa igual.

Mas como retribuiriam, se aquele que foi o primeiro a pagar não lhes desse com que retribuir? Que nos sugere, então, o salmo que cantamos? *É preciosa aos olhos do Senhor a morte de seus santos.*

Nele, o homem refletiu quanto recebeu de Deus; ponderou os numerosos benefícios da graça do Onipotente que o criou; que o procurou quando estava perdido; que o perdoou quando o encontrou; que o ajudou quando lutava com poucas forças; que não se afastou dele quando estava em perigo; que o coroou quando venceu; e que se lhe deu, ele mesmo, como prêmio. Considerou tudo isto e exclamou: *Que poderei retribuir ao Senhor por tudo aquilo que fez em meu favor? Elevarei o cálice da minha salvação* (Sl 115,12-13). Que cálice é este? O cálice da paixão, amargo mas salutar; cálice que, se o médico não o bebesse antes, o doente recearia tocar. Ele próprio é este cálice; reconhecemo-lo nos lábios de Cristo ao dizer: *Pai, se for possível, afaste-se de mim este cálice* (Mt 26,39).

Desse mesmo cálice disseram os mártires: *Elevarei o cálice da salvação e invocarei o nome do Senhor.* Não tens medo que para isso te faltem as forças? Não, respondes. Por quê? Porque *invocarei o nome do Senhor.* Como poderiam os mártires vencer, se não vencesse neles aquele que disse: *Alegrai-vos, porque eu venci o mundo?* (Jo 16,33). O soberano dos céus dirigia-lhes o espírito e a palavra; através deles, derrotava o demônio na terra e coroava os mártires no céu. Oh! ditosos os que assim beberam deste cálice! Terminaram as dores e receberam as honras.

Portanto, prestai atenção, caríssimos: o que não podeis ver com os olhos, meditai-o com a mente e o coração, e vede como *é preciosa aos olhos do Senhor a morte de seus santos.*

1762 Comum de um mártir

Responsório 2Tm 4,7-8; Fl 3,8-10

R. Combati o bom combate, terminei minha carreira,
   conservei a minha fé;
 * Só me resta receber a coroa da justiça (T.P. Aleluia).
V. Quis perder todas as coisas, para o Cristo conquistar
   e partilhar seus sofrimentos, sendo igual na morte a ele.
   * Só me resta.

Nas solenidades e festas se diz o HINO Te Deum, p. 949.

Oração como nas Laudes.

Laudes

Hino

Ó mártir de Deus, que seguindo
o Filho divino, com amor,
venceste o poder inimigo
e gozas no céu, vencedor:

Na graça da tua oração,
das culpas apaga o sinal,
afasta o desgosto da vida,
afasta o contágio do mal.

Desfeitos os laços do corpo,
triunfas com Cristo nos céus:
Dos laços do mundo nos livra
por causa do Filho de Deus.

Louvor a Deus Pai com o Filho,
e ao Sopro de vida também.
Os Três, com coroa de glória,
no céu te cingiram. Amém.

Para uma virgem mártir:

Do casto sois modelo,
do mártir, fortaleza;
a ambos dais o prêmio:
ouvi-nos com presteza.

Laudes

1763

Louvamos esta virgem
tão grande e de alma forte,
por duas palmas nobre,
feliz por dupla sorte.

Fiel no testemunho,
do algoz o braço armou,
e a vós, na confiança,
o espírito entregou.

Vencendo assim as chagas
e o seu perseguidor,
e o mundo lisonjeiro,
a fé nos ensinou.

Por sua intercessão,
as culpas perdoai.
E, livres do pecado,
na graça nos guardai.

Jesus, da Virgem Filho,
louvor a vós convém,
ao Pai e ao Espírito
nos séculos. Amém.

Ant. 1 Vosso **amor** vale **mais** do que a **vida**,
e por **isso** meus **lábios** vos **louvam** (T.P. Ale**luia**).

Salmos e cântico do domingo da I Semana, p. 982.

Ant. 2 Vós, **mártires** de **Deus**, bendi**zei**-o para **sempre**!
(T.P. Ale**luia**).

Ant. 3 Eu fa**rei** do vence**dor** uma coluna no meu **templo**
(T.P. Ale**luia**).

Na Quaresma

Leitura breve   2Cor 1,3-5

Bendito seja o Deus e Pai de nosso Senhor Jesus Cristo, o
Pai das misericórdias e Deus de toda consolação. Ele nos
consola em todas as nossas aflições, para que, com a conso-

Comum de um mártir

lação que nós mesmos recebemos de Deus, possamos consolar os que se acham em toda e qualquer aflição. Pois, à medida que os sofrimentos de Cristo crescem para nós, cresce também a nossa consolação por Cristo.

Responsório breve

R. O Se**nhor** é minha **for**ça,
  * Ele **é** o meu **can**to. R. O Se**nhor**.
V. E tor**nou**-se para **mim** o Salva**dor**. * Ele **é**.
  Glória ao **Pai**. R. O Se**nhor**.

Cântico evangélico, ant.

Quem per**der** a sua **vi**da neste **mun**do,
vai guar**dá**-la eterna**men**te para os **céus**.

Preces

Irmãos, celebremos nosso Salvador, a Testemunha fiel, nos mártires que deram a vida pela palavra de Deus; e digamos:

R. **Com vosso sangue nos remistes, Senhor!**

Por intercessão de vossos mártires que abraçaram livremente a morte para testemunharem a sua fé,
– dai-nos, Senhor, a verdadeira liberdade de espírito. R.

Por intercessão de vossos mártires, que proclamaram a fé, derramando o próprio sangue,
– dai-nos, Senhor, pureza e constância na fé. R.

Por intercessão de vossos mártires que, carregando a cruz, seguiram vossos passos,
– dai-nos, Senhor, suportar com coragem as dificuldades da vida. R.

Por intercessão de vossos mártires, que lavaram suas vestes no sangue do Cordeiro,
– dai-nos, Senhor, vencer todas as ciladas da carne e do mundo. R.

(intenções livres)

Pai nosso...

Laudes

Oração

Não havendo oração própria, diz-se uma das seguintes:

Deus onipotente e misericordioso, destes a são (sto.) N. superar as torturas do martírio. Concedei que, celebrando o dia do seu triunfo, passemos invictos por entre as ciladas do inimigo, graças à vossa proteção. Por nosso Senhor Jesus Cristo, vosso Filho, na unidade do Espírito Santo.

Ou:

Deus eterno e todo-poderoso, que destes a são (sto.) N. a graça de lutar pela justiça até a morte, concedei-nos, por sua intercessão, suportar por vosso amor as adversidades; e correr ao encontro de vós que sois a nossa vida. Por nosso Senhor Jesus Cristo, vosso Filho, na unidade do Espírito Santo.

Para uma virgem mártir:

Ó Deus, que hoje nos alegrais com a comemoração de santa N., concedei que sejamos ajudados pelos seus méritos e iluminados pelos seus exemplos de castidade e fortaleza. Por nosso Senhor Jesus Cristo, vosso Filho, na unidade do Espírito Santo.

Para uma santa mulher:

Ó Deus, cuja força se manifesta na fraqueza, fazei que, ao celebrarmos a glória de santa N., que de vós recebeu a força para vencer, obtenhamos, por sua intercessão, a graça da vitória. Por nosso Senhor Jesus Cristo, vosso Filho, na unidade do Espírito Santo.

No Tempo pascal

Leitura breve   1Jo 5,3-5

Isto é amar a Deus: observar os seus mandamentos. E os seus mandamentos não são pesados, pois todo o que nasceu de Deus vence o mundo. E esta é a vitória que venceu o mundo:

1766

Comum de um mártir

a nossa fé. Quem é o vencedor do mundo, senão aquele que crê que Jesus é o Filho de Deus?

Responsório breve

R.Uma eterna alegria coroará sua cabeça.
*Aleluia, aleluia. R.Uma eterna.
V.Alegria e regozijo eles hão de alcançar.
*Aleluia. Glória ao Pai. R.Uma eterna.

Cântico evangélico, ant.

Santos todos do Senhor, alegrai-vos e exultai, porque a vossa recompensa nos céus é muito grande. Aleluia.

Preces

Irmãos, celebremos nosso Salvador, a Testemunha fiel, nos mártires que deram a vida pela palavra de Deus; e digamos:

R.Com vosso sangue nos remistes, Senhor!

Por intercessão de vossos mártires que abraçaram livremente a morte para testemunharem a sua fé,
–dai-nos, Senhor, a verdadeira liberdade de espírito. R.

Por intercessão de vossos mártires, que proclamaram a fé, derramando o próprio sangue,
–dai-nos, Senhor, pureza e constância na fé. R.

Por intercessão de vossos mártires que, carregando a cruz, seguiram vossos passos,
–dai-nos, Senhor, suportar com coragem as dificuldades da vida. R.

Por intercessão de vossos mártires, que lavaram suas vestes no sangue do Cordeiro,
–dai-nos, Senhor, vencer todas as ciladas da carne e do mundo. R.

(intenções livres)

Pai nosso...

Oração

Não havendo oração própria, diz-se uma das seguintes:

Ó Deus, que exaltastes são (sto.) N. com a vitória do martírio, para a glória da vossa Igreja, dai-nos seguir seus passos na imitação da paixão do Senhor e conquistar a eterna alegria. Por nosso Senhor Jesus Cristo, vosso Filho, na unidade do Espírito Santo.

Ou:

Ó Deus, celebrando o vosso poder, nós vos pedimos que são (sto.) N. seja tão pronto em socorrer-nos, como o foi em imitar a paixão do Senhor. Que convosco vive e reina, na unidade do Espírito Santo.

Para uma virgem mártir:

Ó Deus, que hoje nos alegrais com a comemoração de santa N., concedei que sejamos ajudados pelos seus méritos e iluminados pelos seus exemplos de castidade e fortaleza. Por nosso Senhor Jesus Cristo, vosso Filho, na unidade do Espírito Santo.

Para uma santa mulher:

Ó Deus, cuja força se manifesta na fraqueza, fazei que, ao celebrarmos a glória de santa N., que de vós recebeu a força para vencer, obtenhamos, por sua intercessão, a graça da vitória. Por nosso Senhor Jesus Cristo, vosso Filho, na unidade do Espírito Santo.

Hora Média

Oração das Nove Horas

Ant. Na dureza do combate, o Senhor lhe deu vitória,
pois mais forte do que tudo é a força do amor
(T.P. Aleluia).

Comum de um mártir

Leitura breve

Na Quaresma: 1Pd 5,10-11

Depois de terdes sofrido um pouco, o Deus de toda a graça, que vos chamou para a sua glória eterna, em Cristo, vos restabelecerá e vos tornará firmes, fortes e seguros. A ele pertence o poder, pelos séculos dos séculos. Amém.

No Tempo pascal: Ap 2,10-11

Não tenhas medo do sofrimento que vai chegar. O diabo lançará alguns dentre vós na prisão. Assim sereis colocados à prova. Conhecereis tribulação durante dez dias. Sê fiel até à morte, e eu te darei como prêmio a coroa da vida.

V. O Senhor o(a) revestiu de alegria (T.P. Aleluia).
R. E lhe deu uma coroa de triunfo (T.P. Aleluia).

Oração das Doze Horas

Ant. Vós lhe destes, ó Senhor, um nome santo e glorioso, e a coroa da justiça (T.P. Aleluia).

Leitura breve

Na Quaresma: Tg 1,12

Feliz o homem que suporta a provação. Porque, uma vez provado, receberá a coroa da vida, que o Senhor prometeu àqueles que o amam.

No Tempo pascal: Ap 3,21

Ao vencedor farei sentar-se comigo no meu trono, como também eu venci e estou sentado com meu Pai no seu trono.

V. O Senhor está comigo, nada temo (T.P. Aleluia).
R. Que poderia contra mim um ser mortal? (T.P. Aleluia).

II Vésperas

1769

Oração das Quinze Horas

Ant. **Cho**rando de tristeza,
sai**rão** espal**han**do suas se**mentes** (T.P. **Aleluia**).

Leitura breve
Na Quaresma: Sb 3,1-2a.3b

A vida dos justos está nas mãos de Deus, e nenhum tormento os atingirá. Aos olhos dos insensatos parecem ter morrido; mas eles estão em paz.

No Tempo pascal: Ap 19,7.9

Fiquemos alegres e contentes, e demos glória a Deus, porque chegou o tempo das núpcias do Cordeiro. Sua esposa já se preparou. Felizes são os convidados para o banquete das núpcias do Cordeiro.

V. **Can**tando de alegria, volta**rão** (T.P. **Aleluia**).
R. **Car**regando os seus **feixes** (T.P. **Aleluia**).
Oração como nas Laudes

II Vésperas

Hino

Ó Deus, dos vossos heróis
coroa, prêmio e destino,
livrai do peso da culpa
quem canta ao (à) mártir um hino.

Seus lábios deram a prova
da fé do seu coração.
Seguindo a Cristo, o encontra
do sangue pela efusão.

Do mundo a vã alegria
julgou fugaz, transitória,
chegando assim, jubiloso (a),
ao gozo eterno da glória.

Comum de um mártir

Passou por duros tormentos
com força e muito valor.
Por vós vertendo seu sangue,
possui os dons do Senhor.

Ó Deus dos fortes, rogamos:
por essa imensa vitória,
livrai da culpa os cativos,
mostrando em nós vossa glória,

para podermos, no céu,
com ele (ela)o prêmio gozar
e, para sempre felizes,
vossos louvores cantar.

Louvor e glória a Deus Pai,
com o seu Filho também,
e o Divino Paráclito
agora e sempre. Amém.

Para uma virgem mártir:

Da Mãe Autor, da Virgem Filho,
que a Virgem trouxe e deu à luz,
ouvi os cantos da vitória
de outra virgem, ó Jesus.

Por dupla sorte contemplada,
sua fraqueza superou:
na virgindade vos seguindo,
por vós seu sangue derramou.

Sem temer a morte nem suplícios,
em duras penas mereceu,
pelo seu sangue derramado,
subir radiante para o céu.

Ó Deus santíssimo, atendei-nos
por sua prece e intercessão.
E os corações purificados
glória sem fim vos cantarão.

II Vésperas

1771

Salmodia

Ant. 1 Quem quiser me seguir renuncie a si mesmo,
e, tomando sua cruz, acompanhe meus passos
(T.P. Aleluia).

Salmo 116(116A)

– ¹ Eu amo o Senhor, porque ouve *
o grito da minha oração.

– ² Inclinou para mim seu ouvido, *
no dia em que eu o invoquei.

– ³ Prendiam-me as cordas da morte, *
apertavam-me os laços do abismo;

= invadiam-me angústia e tristeza: †
⁴ eu então invoquei o Senhor: *
"Salvai, ó Senhor, minha vida!"

– ⁵ O Senhor é justiça e bondade, *
nosso Deus é amor-compaixão.

– ⁶ É o Senhor quem defende os humildes: *
eu estava oprimido, e salvou-me.

– ⁷ Ó minh'alma, retorna à tua paz, *
o Senhor é quem cuida de ti!

= ⁸ Libertou minha vida da morte, †
enxugou de meus olhos o pranto *
e livrou os meus pés do tropeço.

– ⁹ Andarei na presença de Deus, *
junto a ele na terra dos vivos.

Ant. Quem quiser me seguir renuncie a si mesmo,
e tomando sua cruz, acompanhe meus passos
(T.P. Aleluia).

Ant. 2 Se alguém me servir, o meu Pai o honrará
(T.P. Aleluia).

1772

Comum de um mártir

Salmo 115(116B)

– [10]Guardei a minha **fé**, mesmo di**zen**do: *
"É de**mais** o sofrimento em minha vida!"
– [11]Confi**ei**, quando dizia na aflição: *
"Todo **ho**mem é mentiroso! Todo homem!"

– [12]Que pode**rei** retribuir ao Senhor Deus *
por tudo a**qui**lo que ele fez em meu favor?
– [13]Elevo o **cá**lice da minha salvação, *
invo**can**do o nome santo do Senhor.
– [14]Vou cum**prir** minhas promessas ao Senhor *
na pre**sen**ça de seu povo reunido.

– [15]É sen**ti**da por demais pelo Senhor *
a **mor**te de seus santos, seus amigos.
= [16]Eis que **sou** o vosso servo, ó Senhor, †
vosso **ser**vo que nasceu de vossa serva; *
mas me que**bras**tes os grilhões da escravidão!

– [17]Por isso o**fer**to um sacrifício de louvor, *
invo**can**do o nome santo do Senhor.
– [18]Vou cum**prir** minhas promessas ao Senhor *
na pre**sen**ça de seu povo reunido;
– [19]nos **á**trios da casa do Senhor, *
em teu **mei**o, ó cidade de Sião!

Ant. Se al**guém** me ser**vir**, o meu **Pai** o honra**rá**
(T.P. Ale**lui**a).

Ant. 3 Quem per**der** sua **vi**da por **mim**
vai guar**dá**-la para **sem**pre (T.P. Ale**lui**a).

Cântico Ap 4,11; 5,9.10.12

– [4,11]Vós sois **dig**no, Senhor, nosso **Deus**, *
de rece**ber** honra, glória e poder!

(R. **Poder**, honra e **gló**ria ao Cor**dei**ro de **Deus**!)

II Vésperas

= ^{5,9} Porque **to**das as coisas criastes, †
é por **vos**sa vontade que existem, *
e sub**sis**tem porque vós mandais. (R.)

= Vós sois **dig**no, Senhor, nosso Deus, †
de o **li**vro nas mãos receber *
e de **ab**rir suas folhas lacradas! (R.)

— Porque **fos**tes por nós imolado; *
para **Deus** nos remiu vosso sangue

— dentre **to**das as tribos e línguas, *
dentre os **po**vos da terra e nações. (R.)

= ¹⁰ Pois fi**zes**tes de nós, para Deus, †
sacer**do**tes e povo de reis, *
e i**re**mos reinar sobre a terra. (R.)

= ¹² O Cor**dei**ro imolado é digno †
de rece**ber** honra, glória e poder, *
sabedo**ria**, louvor, divindade! (R.)

Ant. Quem per**der** sua **vi**da por **mim**
vai guar**dá**-la para **sem**pre (T.P. Ale**lu**ia).

Na Quaresma

Leitura breve   1Pd 4,13-14

Alegrai-vos, caríssimos, por participar dos sofrimentos de
Cristo, para que possais também exultar de alegria na revelação da sua glória. Se sofreis injúrias por causa do nome
de Cristo, sois felizes, pois o Espírito da glória, o Espírito
de Deus repousa sobre vós.

Responsório breve

R. Na ver**da**de, ó Se**nhor,** vós nos pro**vas**tes,
 * Mas final**men**te vós nos **des**tes um alí**vio**.
 R. Na ver**da**de.
V. Depu**ras**tes-nos no **fo**go como a **pra**ta. * Mas final**men**te.
 Glória ao **Pai**. R. Na ver**da**de.

1774   Comum de um mártir

Cântico evangélico, ant.
O **Reino** cele**ste** é a mo**ra**da dos **san**tos,
sua **paz** para **sem**pre.

Preces
Nesta hora em que o Rei dos mártires ofereceu sua vida na
última Ceia e a entregou na cruz, demos-lhe graças, dizendo:
R. **Nós vos louvamos e bendizemos, Senhor!**
Nós vos agradecemos, ó Salvador, fonte e exemplo de todo
martírio, porque nos amastes até o fim: R.
Porque viestes chamar os pecadores arrependidos para o
prêmio da vida eterna: R.
Porque destes à vossa Igreja, como sacrifício para a remissão
dos pecados, o Sangue da nova e eterna Aliança: R.
Porque a vossa graça nos mantém até hoje perseverantes na
fé: R.
                                        (intenções livres)

Porque associastes à vossa morte, neste dia, muitos de nossos irmãos e irmãs: R.
Pai nosso...

Oração
Não havendo oração própria, diz-se uma das seguintes:
Deus onipotente e misericordioso, destes a são (sto.) N. superar as torturas do martírio. Concedei que, celebrando o
dia do seu triunfo, passemos invictos por entre as ciladas
do inimigo, graças à vossa proteção. Por nosso Senhor, Jesus Cristo, vosso Filho, na unidade do Espírito Santo.
Ou:
Deus eterno e todo-poderoso, que destes a são (sto.) N. a
graça de lutar pela justiça até a morte, concedei-nos, por
sua intercessão, suportar por vosso amor as adversidades, e

II Vésperas

correr ao encontro de vós que sois a nossa vida. Por nosso Senhor Jesus Cristo, vosso Filho, na unidade do Espírito Santo.

Para uma virgem mártir:

Ó Deus, que hoje nos alegrais com a comemoração de santa N., concedei que sejamos ajudados pelos seus méritos e iluminados pelos seus exemplos de castidade e fortaleza. Por nosso Senhor Jesus Cristo, vosso Filho, na unidade do Espírito Santo.

Para uma santa mulher:

Ó Deus, cuja força se manifesta na fraqueza, fazei que, ao celebrarmos a glória de santa N., que de vós recebeu a força para vencer, obtenhamos, por sua intercessão, a graça da vitória. Por nosso Senhor Jesus Cristo, vosso Filho, na unidade do Espírito Santo.

No Tempo pascal

Leitura breve   Ap 7,14b-17

Esses são os que vieram da grande tribulação. Lavaram e alvejaram as suas roupas no sangue do Cordeiro. Por isso, estão diante do trono de Deus e lhe prestam culto, dia e noite, no seu templo. E aquele que está sentado no trono os abrigará na sua tenda. Nunca mais terão fome nem sede. Nem os molestará o sol nem algum calor ardente. Porque o Cordeiro, que está no meio do trono, será o seu pastor e os conduzirá às fontes da água da vida. E Deus enxugará as lágrimas de seus olhos.

Responsório breve

R. Os **justos** brilha**rão** como o **sol** ante o **Senhor**.
  * Ale**luia**, ale**luia**. R. Os **justos**.
V. E os de **reto** cora**ção** hão de fi**car** muito a**legres**.
  * Ale**luia**. Glória ao **Pai**. R. Os **justos**.

1776

Comum de um mártir

Cântico evangélico, ant.

Se o grão de **tri**go não mor**rer** caindo em **ter**ra, fica **só**; mas se mor**rer** dentro da **ter**ra, dará **fru**tos abun**dan**tes (T.P. Ale**lui**a).

Preces

Nesta hora em que o Rei dos mártires ofereceu sua vida na última Ceia e a entregou na cruz, demos-lhe graças, dizendo:

R. **Nós vos louvamos e bendizemos, Senhor!**

Nós vos agradecemos, ó Salvador, fonte e exemplo de todo martírio, porque nos amastes até o fim: R.

Porque viestes chamar os pecadores arrependidos para o prêmio da vida eterna: R.

Porque destes à vossa Igreja, como sacrifício para a remissão dos pecados, o Sangue da nova e eterna Aliança: R.

Porque a vossa graça nos mantém até hoje perseverantes na fé: R.

(intenções livres)

Porque associastes à vossa morte, neste dia, muitos de nossos irmãos e irmãs: R.

Pai nosso...

Oração

Não havendo oração própria, diz-se uma das seguintes:

Ó Deus, que exaltastes são (sto.) N. com a vitória do martírio, para a glória da vossa Igreja, dai-nos seguir seus passos na imitação da paixão do Senhor e conquistar a eterna alegria. Por nosso Senhor Jesus Cristo, vosso Filho, na unidade do Espírito Santo.

Ou:

Ó Deus, celebrando o vosso poder, nós vos pedimos que são (sto.) N. seja tão pronto em socorrer-nos, como o foi em

II Vésperas

imitar a paixão do Senhor. Que convosco vive e reina, na unidade do Espírito Santo.

Para uma virgem mártir:

Ó Deus, que hoje nos alegrais com a comemoração de santa N., concedei que sejamos ajudados pelos seus méritos e iluminados pelos seus exemplos de castidade e fortaleza. Por nosso Senhor Jesus Cristo, vosso Filho, na unidade do Espírito Santo.

Para uma santa mulher:

Ó Deus, cuja força se manifesta na fraqueza, fazei que, ao celebrarmos a glória de santa N., que de vós recebeu a força para vencer, obtenhamos, por sua intercessão, a graça da vitória. Por nosso Senhor Jesus Cristo, vosso Filho, na unidade do Espírito Santo.

COMUM DOS PASTORES

I Vésperas

HINO Claro espelho, p. 1806 ou Trouxe o ano, p. 1808, como nas II Vésperas.

Salmodia

Ant. 1 Hei de **dar**-vos pastores que **sejam**
segun**do** o **meu** cora**ção**;
sabia**men**te have**rão** de gui**ar**-vos (T.P. Ale**lu**ia).

Salmo 112(113)

— ¹ **Lou**vai, louvai, ó **ser**vos do Se**nhor**, *
lou**vai**, louvai o nome do Senhor!
— ² **Ben**dito seja o nome do Senhor, *
agora e por toda a eternidade!
— ³ Do nas**cer** do sol até o seu ocaso, *
lou**va**do seja o nome do Senhor!
— ⁴ O Se**nhor** está acima das nações, *
sua **gló**ria vai além dos altos céus.
= ⁵ Quem **po**de comparar-se ao nosso Deus, †
ao Se**nhor**, que no alto céu tem o seu trono *
⁶ e se in**cli**na para olhar o céu e a terra?
— ⁷ Le**van**ta da poeira o indigente *
e do **li**xo ele retira o pobrezinho,
— ⁸ para fa**zê**-lo assentar-se com os nobres, *
assen**tar**-se com os nobres do seu povo.
— ⁹ Faz a es**té**ril, mãe feliz em sua casa, *
vi**ven**do rodeada de seus filhos.

Ant. Hei de **dar**-vos pastores que
sejam segun**do** o **meu** cora**ção**;
sabia**men**te have**rão** de gui**ar**-vos (T.P. Ale**lu**ia).

I Vésperas

Ant. 2 Eu serei o Bom Pastor de meu rebanho:
procurarei a ovelha extraviada,
trarei de volta a perdida e afastada (T.P. Aleluia).

Salmo 145(146)

= ¹Bendize, minh'alma, ao Senhor! †
²Bendirei ao Senhor toda a vida, *
cantarei ao meu Deus sem cessar!

– ³Não ponhais vossa fé nos que mandam, *
não há homem que possa salvar.

– ⁴Ao faltar-lhe o respiro ele volta †
para a terra de onde saiu; *
nesse dia seus planos perecem.

= ⁵É feliz todo homem que busca †
seu auxílio no Deus de Jacó, *
e que põe no Senhor a esperança.

– ⁶O Senhor fez o céu e a terra, *
fez o mar e o que neles existe.

– O Senhor é fiel para sempre, *
⁷faz justiça aos que são oprimidos;

– ele dá alimento aos famintos, *
é o Senhor quem liberta os cativos.

= ⁸O Senhor abre os olhos aos cegos, †
o Senhor faz erguer-se o caído, *
o Senhor ama aquele que é justo.

= ⁹É o Senhor quem protege o estrangeiro, †
quem ampara a viúva e o órfão, *
mas confunde os caminhos dos maus.

=¹⁰O Senhor reinará para sempre! †
Ó Sião, o teu Deus reinará *
para sempre e por todos os séculos!

Comum dos pastores

Ant. Eu se**rei** o Bom Pas**tor** de meu re**ba**nho:
procura**rei** a ovelha extraviada,
trarei de **vol**ta a per**di**da e afastada (T.P. Ale**lui**a).

Ant. 3 O Bom Pas**tor** deu a **vi**da pelas **su**as o**ve**lhas
(T.P. Ale**lui**a).

Cântico   Ef 1,3-10

– ³ Ben**di**to e louva**do** seja **Deus**, *
o **Pai** de Jesus Cristo, Senhor nosso,

– que do alto **céu** nos abençoou em Jesus Cristo *
com **bên**ção espiritual de toda sorte!

(R. Ben**di**to sejais **vós**, nosso **Pai**,
que **nos** abençoastes em **Cris**to!)

– ⁴ Foi em **Cris**to que Deus Pai nos escolheu, *
já bem **an**tes de o mundo ser criado,

– para que **fôs**semos, perante a sua face, *
sem **má**cula e santos pelo amor.   (R.)

= ⁵ Por **li**vre decisão de sua vontade, †
predesti**nou**-nos, através de Jesus Cristo, *
a sermos **ne**le os seus filhos adotivos,

– ⁶ para o lou**vor** e para a glória de sua graça, *
que em seu **Fi**lho bem-amado nos doou.   (R.)

– ⁷ É **ne**le que nós temos redenção, *
dos pe**ca**dos remissão pelo seu sangue.

= Sua **gra**ça transbordante e inesgotável †
⁸ Deus der**ra**ma sobre nós com abundância, *
de sa**ber** e inteligência nos dotando.   (R.)

– ⁹ E as**sim**, ele nos deu a conhecer *
o mis**té**rio de seu plano e sua vontade,

– que propusera em seu querer benevolente, *
¹⁰ na pleni**tu**de dos tempos realizar:

– o de**síg**nio de em Cristo, reunir *
todas as **coi**sas: as da terra e as do céu.   (R.)

I Vésperas

Ant. O Bom Pastor deu a vida pelas suas ovelhas
(T.P. Aleluia).

Leitura breve
1Pd 5,1-4

Exorto aos presbíteros que estão entre vós, eu, presbítero como eles, testemunha dos sofrimentos de Cristo e participante da glória que será revelada: Sede pastores do rebanho de Deus, confiado a vós; cuidai dele, não por coação, mas de coração generoso; não por torpe ganância, mas livremente; não como dominadores daqueles que vos foram confiados, mas, antes, como modelos do rebanho. Assim, quando aparecer o pastor supremo, recebereis a coroa permanente da glória.

Responsório breve

Na Quaresma:

R. Sacerdotes do Senhor,
 * Bendizei o Senhor. R. Sacerdotes.
V. Vós, santos e humildes de coração, louvai a Deus.
 * Bendizei. Glória ao Pai. R. Sacerdotes.

No Tempo pascal:

R. Sacerdotes do Senhor, bendizei o Senhor.
 * Aleluia, aleluia. R. Sacerdotes.
V. Vós, santos e humildes de coração, louvai a Deus.
 * Aleluia. Glória ao Pai. R. Sacerdotes.

Cântico evangélico, ant.

Para um papa ou bispo:

Sacerdote do Altíssimo, exemplo de virtude,
bom pastor do povo santo, agradastes ao Senhor
(T.P. Aleluia).

Para um presbítero:

Fiz-me tudo para todos, para serem todos salvos
(T.P. Aleluia).

Comum dos pastores

Preces

Rendamos a devida glória a Cristo, constituído Pontífice em favor dos homens nas suas relações com Deus; e lhe peçamos humildemente:

R. **Senhor, salvai o vosso povo!**

Fizestes resplandecer admiravelmente a vossa Igreja por meio de santos e insignes Pastores;

– que os cristãos se alegrem sempre com o mesmo esplendor.

R.

Quando os santos Pastores vos suplicavam, a exemplo de Moisés, perdoastes os pecados do povo;

– por intercessão deles, santificai a vossa Igreja mediante uma contínua purificação. R.

Tendo-os escolhido entre seus irmãos, consagrastes vossos santos, enviando sobre eles o vosso Espírito;

– que o mesmo Espírito Santo inspire aqueles que governam vosso povo. R.

Sois vós a herança dos santos Pastores;

– concedei que nenhum daqueles que foram resgatados pelo vosso sangue fique longe de vós. R.

(intenções livres)

Por meio dos Pastores da Igreja, dais a vida eterna a vossas ovelhas, e não permitis que ninguém as arrebate de vossas mãos;

– salvai os que adormeceram em vós, pelos quais destes a vida. R.

Pai nosso...

Oração

Não havendo oração própria, diz-se uma das seguintes:

Para um papa:

Deus eterno e todo-poderoso, quisestes que são (sto.) N. governasse todo o vosso povo, servindo-o pela palavra e

I Vésperas

pelo exemplo. Guardai, por suas preces, os pastores de vossa Igreja e as ovelhas a eles confiadas, guiando-os no caminho da salvação eterna. Por nosso Senhor Jesus Cristo, vosso Filho, na unidade do Espírito Santo.

Para um bispo:

Ó Deus, que aos vossos pastores associastes são (sto.) N., animado de ardente caridade e da fé que vence o mundo, dai-nos, por sua intercessão, perseverar na caridade e na fé, para participarmos de sua glória. Por nosso Senhor Jesus Cristo, vosso Filho, na unidade do Espírito Santo.

Para um fundador de Igreja:

Ó Deus, que pela pregação de são (sto.) N. chamastes os nossos pais à luz do Evangelho, fazei-nos, por sua intercessão, crescer continuamente na graça e no conhecimento de nosso Senhor Jesus Cristo. Que convosco vive e reina, na unidade do Espírito Santo.

Para um pastor:

Ó Deus, luz dos que creem e pastor de nossas almas, que colocastes são (sto.) N. à frente da vossa Igreja, para formar os fiéis pela palavra e pelo exemplo, concedei-nos, por sua intercessão, guardar a fé que ensinou pela palavra e seguir o caminho que mostrou com sua vida. Por nosso Senhor Jesus Cristo, vosso Filho, na unidade do Espírito Santo.

Ou:

Ó Deus, que enriquecestes são (sto.) N. com o espírito de verdade e de amor para apascentar o vosso povo, concede-nos, celebrando sua festa, seguir sempre mais o seu exemplo, sustentados por sua intercessão. Por nosso Senhor Jesus Cristo, vosso Filho, na unidade do Espírito Santo.

Para um missionário:

Ó Pai, pela vossa misericórdia, são (sto.) N. anunciou as insondáveis riquezas de Cristo. Concedei-nos, por sua intercessão, crescer no vosso conhecimento e viver na vossa

Comum dos pastores

presença segundo o Evangelho, frutificando em boas obras. Por nosso Senhor Jesus Cristo, vosso Filho, na unidade do Espírito Santo.

Invitatório

R. A Jesus **Cris**to, o Bom Pas**tor**,
    oh! vinde, **to**dos, ado**rem**os (T.P. Alelui**a**).

Salmo invitatório como no Ordinário p. 944.

Ofício das Leituras

Hino

Para um pastor:

Cristo Pastor, modelo dos pastores,
comemorando a festa deste Santo,
a multidão fiel e jubilosa,
vosso louvor celebra neste canto.

Para um papa:

Vossas ovelhas, que a são Pedro destes
para guardar, formando um só rebanho,
ele as regeu, por vossa escolha ungido,
e as protegeu contra qualquer estranho.

Para um bispo:

O vosso Espírito ungiu o forte atleta
pelo dom íntimo duma unção de amor;
tornando-o apto para a dura luta,
do povo santo o fez fiel pastor.

Para um presbítero:

Feito por Deus ministro e sacerdote,
associado ao vosso dom perfeito,
bom despenseiro, foi por vós chamado
a presidir o vosso povo eleito.

Ofício das Leituras

Do seu rebanho foi pastor e exemplo,
ao pobre alívio e para os cegos luz,
pai carinhoso, tudo para todos,
seguindo em tudo o Bom Pastor Jesus.

Cristo, que aos santos dais nos céus o prêmio,
com vossa glória os coroando assim,
dai-nos seguir os passos deste mestre
e ter um dia um semelhante fim.

Justo louvor ao Sumo Pai cantemos,
e a vós, Jesus, Eterno Rei, também.
Honra e poder ao vosso Santo Espírito
no mundo inteiro, agora e sempre. Amém.

Para diversos pastores:

Ao celebrarmos, fiéis, este culto,
dos sacerdotes na festa solene,
em vossa honra os louvores ressoem,
Cristo Jesus, sacerdote supremo!

Por vosso dom, nossos padres puderam
guiar os povos nas sendas da luz
e lhes mostrar os caminhos da vida,
como um pastor que o rebanho conduz.

Nem a desgraça logrou demovê-los
de se manterem constantes na fé.
A esperança dos prêmios futuros
dava-lhes força a lutarem de pé.

Após os frágeis trabalhos da vida,
tendo fielmente cumprido a missão,
têm os seus tronos na pátria celeste,
e paz profunda sem fim fruirão.

Honra suprema, louvores e glória
a vós, ó Deus, Rei dos reis, sejam dadas.
Que vos celebrem, por todos os séculos,
todas as coisas que foram criadas.

1786

Comum dos pastores

Salmodia

Ant. 1 Quem quiser ser o primeiro,
seja o servo, seja o último (T.P. Aleluia).

Salmo 20(21),2-8.14

– ²Ó Senhor, em vossa força o rei se alegra; *
quanto exulta de alegria em vosso auxílio!
– ³O que sonhou seu coração, lhe concedestes; *
não recusastes os pedidos de seus lábios.
– ⁴Com bênção generosa o preparastes; *
de ouro puro coroastes sua fronte.
– ⁵A vida ele pediu e vós lhe destes *
longos dias, vida longa pelos séculos.
– ⁶É grande a sua glória em vosso auxílio; *
de esplendor e majestade o revestistes.
– ⁷Transformastes o seu nome numa bênção, *
e o cobristes de alegria em vossa face.
– ⁸Por isso o rei confia no Senhor, *
e por seu amor fiel não cairá.
– ¹⁴Levantai-vos com poder, ó Senhor Deus, *
e cantaremos celebrando a vossa força!

Ant. Quem quiser ser o primeiro,
seja o servo, seja o último (T.P. Aleluia).

Ant. 2 Quando vier o supremo Pastor de nossas almas,
recebereis a coroa de glória imperecível
(T.P. Aleluia).

Salmo 91(92)

I

– ²Como é bom agradecermos ao Senhor *
e cantar salmos de louvor ao Deus Altíssimo!
– ³Anunciar pela manhã vossa bondade, *
e o vosso amor fiel, a noite inteira,

Ofício das Leituras

— ⁴ao som da **lira** de dez cordas e da harpa, *
com **can**to acompanhado ao som da cítara.

— ⁵Pois me ale**gras**tes, ó Senhor, com vossos feitos, *
e reju**bil**o de alegria em vossas obras.

— ⁶Quão i**men**sas, ó Senhor, são vossas obras, *
quão pro**fun**dos são os vossos pensamentos!

— ⁷Só o **ho**mem insensato não entende, *
só o es**tul**to não percebe nada disso!

— ⁸Mesmo que os **ím**pios floresçam como a erva, *
ou pros**per**em igualmente os malfeitores,

— são des**ti**nados a perder-se para sempre. *
⁹Vós, po**rém**, sois o Excelso eternamente!

Ant. Quando vi**er** o su**pre**mo **Pastor** de nossas **al**mas,
rece**bereis** a co**ro**a de **glória** impere**cí**vel
(T.P. Ale**luia**).

Ant. 3 Servo **bom** e **fiel**,
vem en**trar** na ale**gri**a de **Jesus**, teu Se**nhor**
(T.P. Ale**luia**).

II

= ¹⁰Eis que os **vos**sos inimigos, ó Senhor, †
eis que os **vos**sos inimigos vão perder-se, *
e os malfei**to**res serão todos dispersados.

— ¹¹Vós me **des**tes toda a força de um touro, *
e sobre **mim** um óleo puro derramastes;

— ¹²triun**fan**te, posso olhar meus inimigos, *
vitorioso, escuto a voz de seus gemidos.

— ¹³O **jus**to crescerá como a palmeira, *
flori**rá** igual ao cedro que há no Líbano;

— ¹⁴na **ca**sa do Senhor estão plantados, *
nos **á**trios de meu Deus florescerão.

— ¹⁵Mesmo no **tem**po da velhice darão frutos, *
cheios de **sei**va e de folhas verdejantes;

Comum dos pastores

—[16] e di**rão**: "É justo mesmo o Senhor Deus: *
meu Ro**che**do, não existe nele o mal!"

Ant. Servo **bom** e fi**el,**
vem en**trar** na ale**gri**a de Je**sus**, teu Se**nhor**
(T.P. Ale**lui**a).

V. Ouvi**rás** uma pa**la**vra de meus **lábios** (T.P. Ale**lui**a).
R. E have**rás** de transmi**tir**-lhes em meu **no**me
(T.P. Ale**lui**a).

Primeira leitura

Para um papa ou um bispo, na Quaresma:

Da Primeira Carta de São Paulo
aos Tessalonicenses   2,1-13.19-20

Vós vos lembrais dos nossos trabalhos

[1]Bem sabeis, irmãos, que nossa ida até vós não foi em vão. [2]apesar de maltratados e ultrajados em Filipos, como sabeis, encontramos em Deus a coragem de vos anunciar o evangelho, em meio a grandes lutas. [3]A nossa exortação não se baseia no erro, na ambiguidade ou no desejo de enganar. [4]Ao contrário, uma vez que Deus nos achou dignos para que nos confiasse o evangelho, falamos não para agradar aos homens, mas a Deus, que examina os nossos corações. [5]Bem sabeis que nunca usamos palavras de adulação, nem procedemos movidos por disfarçada ganância. Deus é testemunha disso. [6]E também não procuramos elogios humanos, nem da parte de vós, nem de outros, [7]embora pudéssemos fazer valer a nossa autoridade de apóstolos de Cristo. Foi com muita ternura que nos apresentamos a vós, como uma mãe que acalenta os seus filhinhos. [8]Tanto bem vos queríamos, que desejávamos dar-vos não somente o evangelho de Deus, mas até a própria vida; a tal ponto chegou a nossa afeição por vós. [9]Irmãos, certamente ainda vos lembrais dos nossos trabalhos e fadigas. Trabalhamos dia e noite, para não sermos pesados a nenhum de vós. Foi assim que anunciamos o

Ofício das Leituras

evangelho de Deus. [10]Vós sois testemunhas, e Deus também, de quão santo, justo, irrepreensível foi o nosso proceder para convosco, os fiéis. [11]Bem sabeis que, como um pai a seus filhos, [12]nós exortamos a cada um de vós e encorajamos e insistimos, para que vos comporteis de modo digno de Deus, que vos chama ao seu Reino e à sua glória.

[13]Por isso, agradecemos a Deus sem cessar por vós terdes acolhido a pregação da palavra de Deus, não como palavra humana, mas como aquilo que de fato é: Palavra de Deus, que está produzindo efeito em vós que abraçastes a fé.

[19]Com efeito, qual é a nossa esperança, a nossa alegria, a nossa coroa, da qual nos podemos gloriar diante de nosso Senhor Jesus, no dia da sua vinda, senão vós? [20]Sim, vós sois a nossa glória e a nossa alegria.

Responsório   2Tm 4,7.8; 1,12

R. Combati o bom combate, terminei minha carreira,
    conservei a minha fé;
  * Só me resta receber a coroa da justiça.
V. Sei em quem eu coloquei a minha fé
    e estou certo que ele tem poder divino,
    para guardar até o fim o meu depósito. * Só me resta.

Para um papa ou um bispo, no Tempo pascal:

Dos Atos dos Apóstolos   20,17-36

Exortação de Paulo aos dirigentes da Igreja dos Efésios

Naqueles dias: [17]De Mileto, Paulo mandou um recado a Éfeso, convocando os anciãos da Igreja. [18]Quando os anciãos chegaram, Paulo disse-lhes:

"Vós bem sabeis de que modo me comportei em relação a vós, durante todo o tempo, desde o primeiro dia em que cheguei à Ásia. [19]Servi ao Senhor com toda a humildade, com lágrimas e no meio das provações que sofri por causa das ciladas dos judeus. [20]Nunca deixei de anunciar aquilo que pudesse ser de proveito para vós, nem de vos ensinar publicamente e também de casa em casa. [21]Insisti, com judeus e gregos, para que se convertessem a Deus e acreditassem em Jesus nosso Senhor.

[22]E agora, prisioneiro do Espírito, vou para Jerusalém sem saber o que aí me acontecerá. [23]Sei apenas que, de cidade em cidade, o Espírito Santo me adverte, dizendo que me aguardam cadeias e tribulações. [24]Mas, de modo nenhum, considero a minha vida preciosa para mim mesmo, contanto que eu leve a bom termo a minha carreira e realize o serviço que recebi do Senhor Jesus, ou seja, testemunhar o Evangelho da graça de Deus.

[25]Agora, porém, tenho a certeza de que vós não vereis mais o meu rosto, todos vós entre os quais passei anunciando o Reino. [26]Portanto, hoje dou testemunho diante de todos vós: eu não sou responsável se algum de vós se perder, [27]pois não deixei de vos anunciar todo o projeto de Deus a vosso respeito.

[28]Cuidai de vós mesmos e de todo o rebanho, sobre o qual o Espírito Santo vos colocou como guardas, para pastorear a Igreja de Deus, que ele adquiriu com o sangue do seu próprio Filho. [29]Eu sei, depois que eu for embora, aparecerão entre vós lobos ferozes, que não pouparão o rebanho. [30]Além disso, do vosso próprio meio aparecerão homens com doutrinas perversas que arrastarão discípulos atrás de si. [31]Por isso, estai sempre atentos: lembrai-vos que durante três anos, dia e noite, com lágrimas, não parei de exortar a cada um em particular.

[32]Agora entrego-vos a Deus e à mensagem de sua graça, que tem poder para edificar e dar a herança a todos os que foram santificados. [33]Não cobicei prata, ouro ou vestes de ninguém. [34]Vós bem sabeis que estas minhas mãos providenciaram o que era necessário para mim e para os que estavam comigo. [35]Em tudo vos mostrei que, trabalhando

Ofício das Leituras

deste modo, se deve ajudar os fracos, recordando as palavras do Senhor Jesus, que disse: 'Há mais alegria em dar do que em receber'".

³⁶Tendo dito isto, Paulo ajoelhou-se e rezou com todos eles.

Responsório   At 20,28; 1Cor 4,2

R. Vigiai todo o rebanho,
   que o Espírito Divino confiou-vos como bispos
 * Para cuidar, como pastores, da Igreja do Senhor,
   que ele adquiriu pelo sangue de seu Filho. Aleluia.
V. Aquilo que se espera de um administrador,
   é que seja ele fiel. * Para cuidar.

Para um presbítero:

Da Primeira Carta de São Paulo
a Timóteo   5,17-22; 6,10-14

O bom combate do presbítero e do homem de Deus

Caríssimo: ⁵,¹¹Os presbíteros que governam bem, sejam considerados dignos de honra redobrada, principalmente os que trabalham na pregação e no ensino. ¹⁸Pois a Escritura diz: "Não coloques mordaça no boi que mói o trigo". E: "O trabalhador é digno do seu salário". ¹⁹Não recebas acusação contra um presbítero, senão com duas ou três testemunhas. ²⁰Repreende diante de todos aqueles que pecarem, para inspirar temor também aos outros. ²¹Eu te suplico, diante de Deus, de Jesus Cristo e dos seus Anjos eleitos, que observes estas normas, sem prevenção, nada fazendo por parcialidade. ²²A ninguém imponhas as mãos levianamente; nem te faças participante dos pecados alheios. Conserva-te puro.

⁶,¹⁰A raiz de todos os males é a cobiça do dinheiro. Por se terem deixado levar por ela, muitos se extraviaram da fé e se atormentam a si mesmos com muitos sofrimentos. ¹¹Tu que és um homem de Deus, foge das coisas perversas, procura a justiça, a piedade, a fé, o amor, a firmeza, a

1792 Comum dos pastores

mansidão. [12] Combate o bom combate da fé, conquista a vida eterna, para a qual foste chamado e pela qual fizeste tua nobre profissão de fé diante de muitas testemunhas.

[13] Diante de Deus, que dá a vida a todas as coisas, e de Cristo Jesus, que deu o bom testemunho da verdade perante Pôncio Pilatos, eu te ordeno: [14] guarda o teu mandato íntegro e sem mancha até à manifestação gloriosa de nosso Senhor Jesus Cristo.

Responsório   1Cor 4,1-2; Pr 20,6

R. Considerem-nos os homens servidores do Senhor
   e administradores dos mistérios de Deus.
 * Aquilo que se espera de um administrador
   é que seja ele fiel (T.P. Aleluia).
V. Muitos se dizem "homens de bem";
   mas onde está o homem fiel? * Aquilo.

Segunda leitura

Para um papa:

Dos Sermões de São Leão Magno, papa

(Sermo 3 de natali ipsius, 2-3: PL 54, 145-146) (Séc. V)

Permanece o que Cristo instituiu na pessoa de Pedro

Se nos sentimos, caros fiéis, fracos e lentos no cumprimento das obrigações do nosso cargo, quando desejamos proceder com entusiasmo e coragem, somos impedidos pela fragilidade de nossa condição. Gozamos, porém, da incessante proteção do onipotente e eterno Sacerdote que, semelhante a nós e igual ao Pai, fez a divindade descer até à condição humana, elevando o homem à condição divina. Alegramo-nos, então, com justiça e santidade pelo que ele estabeleceu: pois, embora tendo delegado a muitos pastores o cuidado de suas ovelhas, nunca abandonou ele próprio a guarda do seu rebanho.

Ofício das Leituras   1793

Desta principal e eterna vigilância, vem-nos também a proteção do Apóstolo Pedro. De modo algum ele abandona a sua obra, como igualmente a solidez do alicerce sobre o qual se ergue o edifício de toda a Igreja, jamais abalado pelo peso do tempo que sobre ele repousa.

Perene é a solidez daquela fé que foi louvada no Príncipe dos Apóstolos. E, assim como permanece o que Pedro acreditou acerca de Cristo, igualmente permanece o que Cristo instituiu na pessoa de Pedro. Permanece, portanto, o que a verdade dispôs: Pedro, fiel à fortaleza da pedra que recebeu, não abandona o leme da Igreja a ele confiado.

Realmente, ele foi de tal modo colocado acima dos demais que, pelos nomes simbólicos que recebeu, podemos avaliar a sua união com Cristo. Com efeito, é chamado pedra, é declarado fundamento, é constituído porteiro do Reino celeste, é designado juiz do que se deve ligar e desligar, permanecendo até nos céus a decisão de seus julgamentos.

Ele desempenha agora com maior plenitude e poder as funções que lhe foram confiadas, realizando tudo o que lhe compete naquele e com aquele por quem é glorificado.

Se, por conseguinte, fazemos e discernimos algo corretamente, se alguma coisa obtemos da misericórdia de Deus em nossas súplicas diárias, é graças às obras e aos méritos daquele cujo poder continua vivo e cuja autoridade fulgura nesta cátedra que é sua.

Eis o que foi obtido, irmãos caríssimos, mediante aquela profissão de fé, inspirada por Deus Pai ao coração do Apóstolo. Ultrapassando todas as incertezas das opiniões humanas, obteve a solidez da pedra que força alguma jamais poderá abalar.

Em verdade, na Igreja inteira, Pedro proclama todos os dias: *Tu és o Cristo, o Filho do Deus vivo* (Mt 16,16). E toda língua que glorifica o Senhor é movida pelo ensinamento desta palavra.

Comum dos pastores

Responsório   Mt 16,18; Sl 47(48),9

R. Jesus disse, em seguida, a Simão:
Tu és Pedro e sobre esta pedra
eu irei construir minha Igreja.
* E as portas do Inferno não irão derrotá-la (T.P. Aleluia).
V. Deus fundou sua cidade e será para sempre.
* E as portas.

Para um fundador de Igreja:

Do Tratado sobre o Salmo 126, de Santo Hilário, bispo

(Nn. 7-10; PL 696 -697)   (Séc. IV)

Deus constrói e vigia sua cidade

Se o Senhor não construir a casa, em vão trabalharão seus construtores (Sl 126,1). *Vós sois o templo de Deus e o Espírito de Deus mora em vós* (cf. 1Cor 3,16). A casa a que se refere o salmo é o templo de Deus, repleto dos seus ensinamentos e do seu poder, digno de ser habitado pela santidade do seu coração. Sobre este templo assim testemunhava o profeta: *Santo é o vosso templo, admirável pela sua justiça* (cf. Sl 64,5-6). A santidade, a justiça e o equilíbrio humano são um templo para Deus.

Esta casa, portanto, deve ser construída por Deus. Se for construída pelo trabalho dos homens, não resistirá, nem se manterá seguindo as doutrinas do mundo, nem lhe bastarão os cuidados de nossa vigilância e solicitude.

Deve ser construída de outro modo, guardada de maneira diferente, não alicerçada sobre a terra fofa ou sobre a areia movediça, mas sobre os profetas e os apóstolos.

Crescerá com pedras vivas, apoiadas na pedra angular, edificada pela progressiva comunhão dos seus membros até *atingir a estatura do homem perfeito e a medida do Corpo de Cristo*. Seu adorno serão o esplendor e a beleza das graças espirituais.

Edificada assim por Deus, isto é, pelos seus ensinamentos, não sofrerá ruína. Mas se multiplicará em muitas outras,

Ofício das Leituras

segundo as diversas construções realizadas em nós, seus fiéis, para ornato e crescimento da cidade santa.

O Senhor já era o guarda vigilante desta cidade ao proteger Abrão peregrino, ao preservar Isaque da imolação, ao enriquecer seu servo Jacó, ao exaltar José vendido como escravo, ao fortalecer Moisés contra o Faraó, ao escolher Josué para a conquista da terra, ao livrar Davi de todos os perigos, ao conceder a Salomão o dom da sabedoria, ao inspirar os profetas, ao arrebatar Elias, ao escolher Eliseu, ao alimentar Daniel, ao salvar os três jovens da fornalha ardente juntando-se a eles. Como, também, quando por um anjo revela a José que iria nascer da Virgem, quando protege Maria, quando envia João como precursor, quando escolhe os apóstolos, quando ora por eles, dizendo: *Pai santo, guarda-os; quando eu estava com eles, guardava-os em teu nome* (Jo 17,11.12). Enfim, é ainda o guarda vigilante quando, depois da Paixão, nos promete a sua eterna proteção, nestes termos: *Eis que estarei convosco todos os dias, até o fim do mundo* (Mt 28,20).

É ele quem guarda eternamente aquela bem-aventurada e santa cidade que, formada por muitos e presente em cada um, constitui a cidade de Deus. Esta cidade deve ser construída pelo Senhor, para que cresça até à perfeição. Pois, o começo de um edifício não é ainda o seu término, mas pela contínua construção atinge-se a perfeição final.

Responsório   1Pd 2,4-5; Sl 117(118),22

R. Aproxi**mai**-vos do Se**nhor**, a Pedra **vi**va.
  * E quais **ou**tras pedras **vi**vas, também **vós**,
    cons**truí**-vos como **ca**sa espiritu**al**;
    dedi**cai**-vos a um **san**to sacer**dó**cio,
    ofere**cen**do sacrifícios espiritu**ais**,
    agra**dá**veis a Deus **Pai**, por Jesus **Cris**to (T.P. Ale**lui**a).
V. A **pe**dra, que os pe**drei**ros rejei**ta**ram,
    tor**nou**-se agora a **pe**dra angu**lar**. * E quais **ou**tras.

Comum dos pastores

Ou, especialmente para um bispo:

Dos Sermões de São Fulgêncio de Ruspe, bispo
(Sermo 1, 2-3: CCL 91 A, 889-890)   (Séc. VI)

O administrador fiel e prudente

Pergunta o Senhor, querendo determinar melhor o papel dos servos que colocou à frente do seu povo: *Quem é o administrador fiel e prudente que o senhor vai colocar à frente de sua família para dar a medida de trigo a todos na hora certa? Feliz o servo que o senhor, ao chegar, encontrar agindo assim!* (Lc 12,42-43).

Irmãos, quem é este senhor? Sem dúvida, o Cristo, que disse aos seus discípulos: *Vós me chamais Mestre e Senhor, e dizeis bem, pois eu o sou* (Jo 13,13).

E qual a família deste senhor? Evidentemente aquela que o Senhor resgatou das mãos do inimigo e colocou sob o seu poder. Esta família é a santa Igreja católica, que se faz presente por toda a terra com extraordinária fecundidade, gloriando-se de ter sido resgatada pelo sangue precioso do seu Senhor. *O Filho do Homem,* como ele disse, *não veio para ser servido, mas para servir e dar a sua vida como resgate em favor de muitos* (Mt 20,28).

Ele é também o bom pastor que deu a vida por suas ovelhas. O rebanho do bom pastor é, portanto, a própria família do Redentor.

Mas quem é o administrador que deve ser fiel e ao mesmo tempo prudente? Mostra-nos o Apóstolo Paulo, quando diz, falando de si e de seus companheiros: *Que todo o mundo nos considere como servidores de Cristo e administradores dos mistérios de Deus. A este respeito, o que se exige dos administradores é que sejam fiéis* (1Cor 4,1-2).

Para que nenhum de nós julgue que somente os Apóstolos foram constituídos administradores, e, negligenciando o dever da milícia espiritual, venha a adormecer como servo preguiçoso, infiel e imprudente, o mesmo Apóstolo afirma

Ofício das Leituras

que os bispos também são administradores: *É preciso que o bispo, como administrador da casa de Deus, seja irrepreensível!* (Tt 1,7).

Somos, pois, servos do pai de família, somos administradores da casa do Senhor; e recebemos a medida de trigo que havemos de dar-vos.

Se queremos saber qual é essa medida de trigo, também o santo Apóstolo Paulo no-lo indica, dizendo: *Conforme a medida da fé que Deus repartiu a cada um* (Rm 12,3).

Ao que Cristo chama medida de trigo, Paulo chama medida da fé, para reconhecermos que não há outro trigo espiritual senão o venerável mistério da fé cristã. Esta medida de trigo é que vos damos em nome do Senhor todas as vezes que, iluminados pelo dom da graça espiritual, ensinamos de acordo com a regra da verdadeira fé. E vós recebeis dos administradores da casa do Senhor essa medida de trigo sempre que ouvis dos servos de Deus a palavra da verdade.

Responsório   Mt 25,21.20

R. Muito **bem**, servo **bom** e fi**el**,
   porque **fos**te fi**el** sobre o **pou**co,
   sobre o **mui**to te **colocarei**:
 * Vem en**trar** na ale**gria** de **Deus!** (T.P. Ale**luia**).
V. Confi**astes**-me **cin**co ta**len**tos;
   eis a**qui**, eu lu**crei** outros **cin**co. * Vem en**trar**.

Para um presbítero:

Do Decreto *Presbyterorum ordinis* sobre o ministério e a vida dos presbíteros, do Concílio Vaticano II

                        (N. 12)   (Séc. XX)

A vocação dos presbíteros à perfeição

Pelo sacramento da Ordem, os presbíteros são configurados com Cristo sacerdote, na qualidade de ministros da Cabeça, para construir e edificar todo o seu corpo que é a Igreja, como cooperadores da ordem episcopal. De fato, já pela consagração do batismo receberam, como todos os cristãos, o sinal e o dom de tão grande vocação e graça para que, apesar da fraqueza humana, possam e devam procurar a perfeição, segundo a palavra do Senhor: *Sede perfeitos como o vosso Pai celeste é perfeito* (Mt 5,48).

Os sacerdotes, porém, estão obrigados por especial motivo a atingir tal perfeição, uma vez que, consagrados a Deus de modo novo pela recepção do sacramento da Ordem, se transformaram em instrumentos vivos de Cristo, eterno Sacerdote, a fim de poderem continuar através dos tempos sua obra admirável que reuniu com suma eficiência toda a família humana.

Como, pois, cada sacerdote, a seu modo, faz as vezes da própria pessoa de Cristo, é também enriquecido por uma graça especial, para que, no serviço dos homens a ele confiados e de todo o povo de Deus, possa alcançar melhor a perfeição daquele a quem representa, e para que veja a fraqueza do homem carnal curada pela santidade daquele que por nós se fez Pontífice *santo, inocente, sem mancha, separado dos pecadores* (Hb 7,26).

Cristo, a quem o Pai santificou, ou melhor, consagrou e enviou ao mundo, *se entregou por nós, para nos resgatar de toda a maldade e purificar para si um povo que lhe pertença e que se dedique a praticar o bem* (Tt 2,1), e assim, pela Paixão, entrou na sua glória. De modo semelhante, os presbíteros, consagrados pela unção do Espírito Santo e enviados por Cristo, mortificam em si mesmos as obras da carne e dedicam-se totalmente ao serviço dos homens, e assim podem progredir na santidade pela qual foram enriquecidos em Cristo, até atingirem a estatura do homem perfeito.

Deste modo, exercendo o ministério do Espírito e da justiça, se forem dóceis ao Espírito de Cristo que os vivifica e dirige, firmam-se na vida espiritual. Pelas próprias ações sagradas de cada dia, como também por todo o seu ministério, exercido em comunhão com o bispo e com os outros

Ofício das Leituras

presbíteros, eles mesmos se orientam para a perfeição da vida.

A santidade dos presbíteros, por sua vez, contribui muitíssimo para o desempenho frutuoso do próprio ministério; pois, embora a graça divina possa realizar a obra da salvação também por meio de ministros indignos, contudo Deus prefere, segundo a lei ordinária, manifestar as suas maravilhas através daqueles que, dóceis ao impulso e direção do Espírito Santo, pela sua íntima união com Cristo e santidade de vida, podem dizer com o Apóstolo: *Eu vivo, mas não eu, é Cristo que vive em mim* (Gl 2,20).

Responsório   1Ts 2,8; Gl 4,19

R. É tão **grande** o a**fe**to que **te**nho por **vós**,
    que te**ri**a vos **da**do não **só** o Evangelho,
    mas a**té** minha **vi**da,
 * Pois é **tan**to o afeto, que eu **te**nho por **vós** (T.P. Ale**lui**a).
V. Meus fi**lhi**nhos, de **no**vo por **vós**
    eu **so**fro as **do**res do **par**to,
    até **Cristo** for**mar**-se em **vós**. * Pois é **tan**to.

Para um missionário:

Do Decreto *Ad gentes* sobre a atividade missionária da Igreja, do Concílio Vaticano II

(N. 4-5)   (Séc. XX)

Ide e fazei discípulos meus todos os povos

O Senhor Jesus, antes de entregar livremente a sua vida pelo mundo, dispôs de tal forma o ministério apostólico e prometeu o Espírito Santo, que ambos ficaram associados na obra da salvação, a se realizar sempre e em toda parte.

É o Espírito Santo que, no decurso dos tempos, unifica a Igreja inteira, na comunhão e no ministério, dotando-a com diversos dons hierárquicos e carismáticos, vivificando as instituições eclesiásticas, como alma delas, e infundindo nos corações dos fiéis o mesmo espírito da missão que movia o próprio Cristo. Por vezes, chega a antecipar visivelmente a ação apostólica; e a acompanha e dirige incessantemente e de vários modos.

O Senhor Jesus, desde o início, *chamou a si os que ele quis e designou Doze, para que ficassem com ele e para enviá-los a pregar* (Mc 3,13-14). Desta maneira, os apóstolos foram as sementes do novo Israel e ao mesmo tempo a origem da hierarquia sagrada.

Depois de ter, por sua morte e ressurreição, realizado de uma vez por todas em si mesmo os mistérios da nossa salvação e da renovação de todas as coisas, o Senhor recebeu todo o poder no céu e na terra; e, antes de subir ao céu, fundou a sua Igreja como sacramento da salvação, e enviou os apóstolos pelo mundo inteiro tal como ele havia sido enviado pelo Pai, ordenando-lhes: *Ide e fazei discípulos meus todos os povos, batizando-os em nome do Pai e do Filho e do Espírito Santo, e ensinando-os a observar tudo o que vos ordenei!* (Mt 28,19-20).

A partir de então, compete à Igreja o dever de propagar a fé e a salvação trazidas por Cristo, seja em virtude do mandamento expresso, transmitido pelos apóstolos ao colégio dos bispos, assistidos pelos presbíteros, em união com o sucessor de Pedro e supremo Pastor da Igreja; seja em virtude da vida que Cristo infunde em seus membros.

Portanto, a missão da Igreja se realiza quando, obediente ao preceito de Cristo e movida pela graça e pela caridade do Espírito Santo, ela se torna plenamente presente a todos os homens e povos; sua finalidade é de conduzi-los, pelo exemplo da vida e pela pregação, pelos sacramentos e outros meios da graça, à fé, à liberdade e à paz de Cristo. Deste modo, abre-se diante deles o caminho firme e seguro para participarem totalmente no mistério de Cristo.

Laudes

1801

Responsório   Mc 16,15-16; Jo 3,5

R. **Ide** por **to**do o **mun**do, a **to**dos pre**gai** o Evangelho;
  * Quem **crer** e acei**tar** o batismo de **Cris**to,
    este **há** de ser **sal**vo (T.P. Aleluia).
V. Quem **não** renas**cer** da **á**gua e do Es**pí**rito,
  não **po**de en**trar** no **Rei**no de **Deus**. * Quem **crer**.

Nas solenidades e festas diz-se o HINO Te Deum, p. 949.
Oração como nas Laudes

Laudes

Hino

Para um pastor:

    Hoje cantamos o triunfo
    do guia sábio e bom pastor;
    que já reina entre os eleitos
    a testemunha do Senhor.

Para um papa:

    Sentado à cátedra de Pedro,
    de imensa grei mestre e pastor,
    abriu do Reino eterno a porta,
    guardando as chaves do Senhor.

Para um bispo:

    Foi sacerdote, guia e mestre
    do povo santo do Senhor.
    Como prelado e como sábio,
    da vida o dom lhe preparou.

Para um presbítero:

    Foi guia e mestre mui brilhante,
    da vida santa deu lição;
    buscou a Deus ser agradável,
    mantendo puro o coração.

Comum dos pastores

Oremos para que, bondoso,
peça perdão para os faltosos,
e sua prece nos conduza
do céu aos cumes luminosos.

Poder, louvor, honra e glória
ao Deus eterno e verdadeiro,
que, em suas leis, rege e sustenta,
governa e guia o mundo inteiro.

Para vários pastores:

Estes felizes sacerdotes
e consagrados ao Senhor,
a Deus o povo consagraram,
pastoreando-o com amor.

Guardando as bênçãos recebidas,
cingindo os rins de fortaleza,
sempre constantes, mantiveram
nas mãos as lâmpadas acesas.

Quando o Senhor bateu à porta,
eles, de pé e vigilantes,
foram correndo ao seu encontro,
e o receberam exultantes.

A vós, louvor e glória eterna,
sumo esplendor da Divindade
e Rei dos reis, agora e sempre,
hoje e por toda a eternidade.

Ant. 1 Vós sois a luz do mundo.
Não se pode esconder uma cidade situada
sobre o cimo da montanha (T.P. Aleluia).

Salmos e cântico do domingo da I Semana, p. 982.

Ant. 2 Brilhe aos homens vossa luz;
vendo eles vossas obras,
deem glória ao Pai celeste (T.P. Aleluia).

Laudes

Ant. 3 A palavra do **Senhor** é **viva** e efi**caz;**
é cor**ta**nte e pene**tra**nte como es**pa**da de dois **gumes**
(T.P. Ale**luia**).

Leitura breve — Hb 13,7-9a

Lembrai-vos de vossos dirigentes, que vos pregaram a palavra de Deus, e, considerando o fim de sua vida, imitai-lhes a fé. Jesus Cristo é o mesmo, ontem e hoje e por toda a eternidade. Não vos deixeis enganar por qualquer espécie de doutrina estranha.

Responsório breve

Na Quaresma:

R. Colo**cas**tes senti**ne**las
    * Vigi**an**do vosso **po**vo. R. Colo**cas**tes.
V. Anun**ci**am, dia e **noi**te, vosso **no**me, ó **Senhor.**
    * Vigi**an**do. Glória ao **Pai.** R. Colo**cas**tes.

No Tempo pascal:

R. Colo**cas**tes senti**ne**las vigi**an**do vosso **po**vo.
    * Ale**luia,** ale**luia.** R. Colo**cas**tes.
V. Anun**ci**am, dia e **noi**te, vosso **no**me, ó **Senhor.**
    * Ale**luia.** Glória ao **Pai.** R. Colo**cas**tes.

Cântico evangélico, ant.

Não sois **vós** que fala**reis,**
é o Es**pí**rito do **Pai** que em **vós** há de fa**lar** (T.P. Ale**luia**).

Preces

Agradeçamos a Cristo, o bom Pastor que deu a vida por suas ovelhas; e lhe peçamos:

R. **Apascentai, Senhor, o vosso rebanho!**

Cristo, quisestes mostrar vosso amor e misericórdia nos santos pastores;
— por meio deles, sede sempre misericordioso para conosco. R.

Comum dos pastores

Através dos vossos representantes na terra, continuais a ser o Pastor das nossas almas;
– não vos canseis de nos dirigir por intermédio de nossos pastores.
R. **Apascentai, Senhor, o vosso rebanho!**

Em vossos santos, que guiam os povos, sois o médico dos corpos e das almas;
– não cesseis de exercer para conosco o ministério da vida e da santidade. R.

Pela sabedoria e caridade dos santos, instruístes o vosso rebanho;
– guiados pelos nossos pastores, fazei-nos crescer na santidade. R.

(intenções livres)

Pai nosso...

Oração

Não havendo oração própria, diz-se uma das seguintes:

Para um papa:

Deus eterno e todo-poderoso, quisestes que são (sto.) N. governasse todo o vosso povo, servindo-o pela palavra e pelo exemplo. Guardai, por suas preces, os pastores de vossa Igreja e as ovelhas a eles confiadas, guiando-os no caminho da salvação eterna. Por nosso Senhor Jesus Cristo, vosso Filho, na unidade do Espírito Santo.

Para um bispo:

Ó Deus, que aos vossos pastores associastes são (sto.) N., animado de ardente caridade e da fé que vence o mundo, dai-nos, por sua intercessão, perseverar na caridade e na fé, *para participarmos* de sua glória. Por nosso Senhor Jesus Cristo, vosso Filho, na unidade do Espírito Santo.

Para um fundador de Igreja:

Ó Deus, que pela pregação de são (sto.) N. chamastes os nossos pais à luz do Evangelho, fazei-nos, por sua interces-

Hora Média 1805

são, crescer continuamente na graça e no conhecimento de nosso Senhor Jesus Cristo. Que convosco vive e reina, na unidade do Espírito Santo.

Para um pastor:

Ó Deus, luz dos que creem e pastor de nossas almas, que colocastes são(sto.) N. à frente da vossa Igreja, para formar os fiéis pela palavra e pelo exemplo, concedei-nos, por sua intercessão, guardar a fé que ensinou pela palavra e seguir o caminho que mostrou com sua vida. Por nosso Senhor Jesus Cristo, vosso Filho, na unidade do Espírito Santo.

Ou:

Ó Deus, que enriquecestes são(sto.) N. com o espírito de verdade e de amor para apascentar o vosso povo, concedei-nos, celebrando sua festa, seguir sempre mais o seu exemplo, sustentados por sua intercessão. Por nosso Senhor Jesus Cristo, vosso Filho, na unidade do Espírito Santo.

Para um missionário:

Ó Pai, pela vossa misericórdia, são(sto.) N. anunciou as insondáveis riquezas de Cristo. Concedei-nos, por sua intercessão, crescer no vosso conhecimento e viver na vossa presença segundo o Evangelho, frutificando em boas obras. Por nosso Senhor Jesus Cristo, vosso Filho, na unidade do Espírito Santo.

Hora Média

Oração das Nove Horas

Ant. Como **tu** me envi**a**ste ao **mun**do,
também **eu** os envio, ó **Pai**(T.P. Ale**lui**a).

Leitura breve 1Tm 4,16

Cuida de ti mesmo e daquilo que ensinas. Mostra-te perseverante. Assim te salvarás a ti mesmo e também àqueles que te escutam.

1806

Comum dos pastores

℣.O Senhor escolheu o seu **servo** (T.P.Aleluia),
℟.Para ser o pas**tor** de seu **povo** (T.P.Aleluia).

Oração das Doze Horas

Ant.Quem vos recebe, a mim recebe;
quem me recebe, ao Pai recebe (T.P.Aleluia).

Leitura breve   1Tm 1,12

Agradeço àquele que me deu força, Cristo Jesus, nosso Senhor, a confiança que teve em mim ao designar-me para o
seu serviço.

℣.Eu **não** me envergonho do Evangelho (T.P.Aleluia).
℟.É a **força** de **Deus** para salvar-nos (T.P.Aleluia).

Oração das Quinze Horas

Ant.Nós somos ajudantes do Senhor na sua Igreja;
vós **sois** a constru**ção** e a planta**ção** que Deus cultiva
(T.P.Aleluia).

Leitura breve   1Tm 3,13

Os que exercem bem o ministério, recebem uma posição de
estima e muita liberdade para falar da fé em Cristo Jesus.

℣.Se o Senhor não constru**ir** a nossa **casa** (T.P.Aleluia),
℟.Em **vão** trabalha**rão** seus construtores (T.P.Aleluia).
Oração como nas Laudes.

II Vésperas

Hino

Para um pastor:

Claro espelho de virtude,
homem santo, bom pastor,
ouve o hino que, em ti, louva
os prodígios do Senhor,

II Vésperas

que, Pontífice perpétuo,
os mortais a Deus uniu,
e, por nova Aliança,
nova paz nos garantiu.

Previdente, ele te fez
do seu dom o servidor,
para dar ao Pai a glória
e a seu povo vida e amor.

Para um papa:

Tendo em mãos do céu as chaves,
governastes com amor
o rebanho de São Pedro
nos caminhos do Senhor.

Para um bispo:

Consagrado pelo Espírito,
que de força te vestiu,
deste o pão da salvação
às ovelhas do redil.

Para um presbítero:

Atingindo alto cume
por palavras e por vida,
doutor foste e sacerdote,
hóstia a Deus oferecida.

Não te esqueças, pede a Deus,
tu que ao céu foste elevado:
que as ovelhas busquem todas
do Pastor o verde prado.

Glória à Trina Divindade,
que, num servo tão fiel,
recompensa os ministérios
com o júbilo do céu.

Comum dos pastores

Para vários pastores:

Trouxe o ano novamente,
uma data de alegria.
Os pastores das ovelhas
celebramos neste dia.

No cuidado do rebanho
não se poupam ao labor
e às pastagens verdejantes
o conduzem com amor.

Para longe os lobos tangem,
lançam fora o ladrão vil,
alimentam as ovelhas,
nunca deixam o redil.

Ó pastores dos rebanhos,
hoje em glória triunfal,
para nós pedi a graça
ante o justo tribunal.

Cristo, eterno Rei Pastor,
glória a vós e ao Pai também,
com o Espírito Paráclito
pelos séculos. Amém.

Salmodia

Ant. 1 Sou ministro do Evangelho pela **graça** do **Se**nhor.
(T.P. Ale**lui**a).

Salmo 14(15)

— [1]"**Se**nhor, quem mora**rá** em vossa **ca**sa *
e em **vos**so Monte santo habitará?"

— [2]É a**que**le que caminha sem pecado *
e pra**ti**ca a justiça fielmente;

— [3]que **pen**sa a verdade no seu íntimo *
e não **sol**ta em calúnias sua língua; —

II Vésperas   1809

- que em **na**da prejudica o seu irmão, *
  nem **co**bre de insultos seu vizinho;
- [4]que não **dá** valor algum ao homem ímpio, *
  mas **hon**ra os que respeitam o Senhor;
- que sus**ten**ta o que jurou, mesmo com dano; *
  [5]não em**pres**ta o seu dinheiro com usura,
- nem se **dei**xa subornar contra o inocente. *
  Jamais vacilará quem vive assim!

Ant. Sou mi**nis**tro do Evangelho pela **gra**ça do Se**nhor**.
    (T.P. Ale**lui**a).

Ant. 2 Eis o **ser**vo fiel e pru**den**te,
     a quem **Deus** confi**ou** sua fa**mí**lia. (T.P. Ale**lui**a).

Salmo 111(112)

- [1]Feliz o **ho**mem que res**pei**ta o Se**nhor** *
  e que **a**ma com carinho a sua lei!
- [2]Sua descen**dên**cia será forte sobre a terra, *
  aben**ço**ada a geração dos homens retos!
- [3]Haverá **gló**ria e riqueza em sua casa, *
  e perma**ne**ce para sempre o bem que fez.
- [4]Ele é cor**re**to, generoso e compassivo, *
  como **luz** brilha nas trevas para os justos.
- [5]Feliz o **ho**mem caridoso e prestativo, *
  que re**sol**ve seus negócios com justiça.
- [6]Porque ja**mais** vacilará o homem reto, *
  sua lem**bran**ça permanece eternamente!
- [7]Ele não **te**me receber notícias más: *
  confiando em **Deus**, seu coração está seguro.
- [8]Seu cora**ção** está tranquilo e nada teme, *
  e con**fu**sos há de ver seus inimigos.
= [9]Ele re**par**te com os pobres os seus bens, †
  perma**ne**ce para sempre o bem que fez, *
  e cresce**rão** a sua glória e seu poder. —

Comum dos pastores

$=^{10}$ O ímpio, vendo isso, se enfurece, †
range os dentes e de inveja se consome; *
mas os desejos do malvado dão em nada.

Ant. Eis o servo fiel e prudente,
a quem Deus confiou sua família (T.P. Aleluia).

Ant. 3 Minhas ovelhas ouvirão a minha voz,
e haverá um só rebanho e um só pastor.
(T.P. Aleluia).

Cântico   Ap 15,3-4

$-^3$ Como são grandes e admiráveis vossas obras, *
ó Senhor e nosso Deus onipotente!
– Vossos caminhos são verdade, são justiça, *
ó Rei dos povos todos do universo!

(R. São grandes vossas obras, ó Senhor!)

$=^4$ Quem, Senhor, não haveria de temer-vos, †
e quem não honraria o vosso nome? *
Pois somente vós, Senhor, é que sois santo!   (R.)

= As nações todas hão de vir perante vós †
e, prostradas, haverão de adorar-vos, *
pois vossas justas decisões são manifestas.   (R.)

Ant. Minhas ovelhas ouvirão a minha voz,
e haverá um só rebanho e um só pastor (T.P. Aleluia).

Leitura breve   1Pd 5,1-4

Exorto aos presbíteros que estão entre vós, eu, presbítero
como eles, testemunha dos sofrimentos de Cristo e participante da glória que será revelada: Sede pastores do rebanho de Deus, confiado a vós; cuidai dele, não por coação,
mas de coração generoso; não por torpe ganância, mas livremente; não como dominadores daqueles que vos foram
confiados, mas, antes, como modelos do rebanho. Assim,
quando aparecer o pastor supremo, recebereis a coroa permanente da glória.

II Vésperas

Responsório breve

Na Quaresma:

R. Eis o **amigo** dos ir**mãos**,
 *Que inter**ce**de pelo **po**vo. R. Eis o **amigo**.
V. Dedi**cou** a sua **vi**da em fa**vor** de seus ir**mãos**.
 *Que inter**ce**de. Glória ao **Pai**. R. Eis o **amigo**.

No Tempo pascal:

R. Eis o **amigo** dos ir**mãos**, que inter**ce**de pelo **po**vo.
 *Ale**lui**a, aleluia. R. Eis o **amigo**.
V. Dedi**cou** a sua **vi**da em fa**vor** de seus ir**mãos**.
 *Ale**lui**a. Glória ao **Pai**. R. Eis o **amigo**.

Cântico evangélico, ant.

Eis o **ser**vo **fi**el e pru**den**te,
a quem **Deus** confi**ou** sua fa**mí**lia,
para **dar**-lhes o **pão** a seu **tem**po (T.P. Ale**lui**a).

ou:

Eu te dou **gra**ças, ó **Cris**to, Bom Pas**tor**,
que me gui**as**te à **gló**ria do teu **Rei**no!
O re**ba**nho que a **mim** tu confi**as**te
esteja a**qui** onde es**tou** na tua **gló**ria! (T.P. Ale**lui**a).

Preces

Rendamos a devida glória a Cristo, constituído Pontífice
em favor dos homens nas suas relações com Deus; e lhe
peçamos humildemente:

R. **Senhor, salvai o vosso povo!**

Fizestes resplandecer admiravelmente a vossa Igreja por
meio de santos e insignes Pastores;
 – que os cristãos se alegrem sempre com o mesmo esplendor.
R.

Quando os santos Pastores vos suplicavam, a exemplo de
Moisés, perdoastes os pecados do povo;

Comum dos pastores

– por intercessão deles, santificai a vossa Igreja mediante uma contínua purificação.

R. **Senhor, salvai o vosso povo!**

Tendo-os escolhido entre seus irmãos, consagrastes vossos santos, enviando sobre eles o vosso Espírito;
– que o mesmo Espírito Santo inspire aqueles que governam vosso povo. R.

Sois vós a herança dos santos Pastores;
– concedei que nenhum daqueles que foram resgatados pelo vosso sangue fique longe de vós. R.

(intenções livres)

Por meio dos Pastores da Igreja, dais a vida eterna a vossas ovelhas, e não permitis que ninguém as arrebate de vossas mãos;
– salvai os que adormeceram em vós, pelos quais destes a vida. R.

Pai nosso...

Oração

Não havendo oração própria, diz-se uma das seguintes:

Para um papa:

Deus eterno e todo-poderoso, quisestes que são (sto.) N. governasse todo o vosso povo, servindo-o pela palavra e pelo exemplo. Guardai, por suas preces, os pastores de vossa Igreja e as ovelhas a eles confiadas, guiando-os no caminho da salvação eterna. Por nosso Senhor Jesus Cristo, vosso Filho, na unidade do Espírito Santo.

Para um bispo:

Ó Deus, que aos vossos pastores associastes são (sto.) N. , animado de ardente caridade e da fé que vence o mundo, dai-nos, por sua intercessão, perseverar na caridade e na fé, para participarmos de sua glória. Por nosso Senhor Jesus Cristo, vosso Filho, na unidade do Espírito Santo.

II Vésperas

Para um fundador de Igreja:

Ó Deus, que pela pregação de são (sto.) N. chamastes os nossos pais à luz do Evangelho, fazei-nos, por sua intercessão, crescer continuamente na graça e no conhecimento de nosso Senhor Jesus Cristo. Que convosco vive e reina, na unidade do Espírito Santo.

Para um pastor:

Ó Deus, luz dos que creem e pastor de nossas almas, que colocastes são (sto.) N. à frente da vossa Igreja, para formar os fiéis pela palavra e pelo exemplo, concedei-nos, por sua intercessão, guardar a fé que ensinou pela palavra e seguir o caminho que mostrou com sua vida. Por nosso Senhor Jesus Cristo, vosso Filho, na unidade do Espírito Santo.

Ou:

Ó Deus, que enriquecestes são (sto.) N. com o espírito de verdade e de amor para apascentar o vosso povo, concedei-nos, celebrando sua festa, seguir sempre mais o seu exemplo, sustentados por sua intercessão. Por nosso Senhor Jesus Cristo, vosso Filho, na unidade do Espírito Santo.

Para um missionário:

Ó Pai, pela vossa misericórdia, são (sto.) N. anunciou as insondáveis riquezas de Cristo. Concedei-nos, por sua intercessão, crescer no vosso conhecimento e viver na vossa presença segundo o Evangelho, frutificando em boas obras. Por nosso Senhor Jesus Cristo, vosso Filho, na unidade do Espírito Santo.

COMUM DOS DOUTORES DA IGREJA

Como no Comum dos pastores, p. 1778, exceto o seguinte:

I Vésperas

HINO Eterno Sol, como nas II Vésperas, p. 1824.

Leitura breve   Tg 3,17-18

A sabedoria que vem do alto é, antes de tudo, pura, depois pacífica, modesta, conciliadora, cheia de misericórdia e de bons frutos, sem parcialidade e sem fingimento. O fruto da justiça é semeado na paz, para aqueles que promovem a paz.

Responsório breve

Na Quaresma:

R. O justo * Tem nos lábios o que é sábio. R. O justo.
V. Sua língua tem palavras de justiça.
    * Tem nos lábios. Glória ao Pai. R. O justo.

No Tempo pascal:

R. O justo tem nos lábios o que é sábio.
    * Aleluia, aleluia. R. O justo.
V. Sua língua tem palavras de justiça.
    * Aleluia. Glória ao Pai. R. O justo.

Cântico evangélico, ant.

Quem viver e ensinar o Evangelho,
será grande no meu Reino, diz Jesus (T.P. Aleluia).

Oração

Não havendo oração própria, diz-se a seguinte:

Ó Deus, que marcastes pela vossa doutrina a vida de são (sto.) N., concedei-nos, por sua intercessão, que sejamos fiéis à mesma doutrina, e a proclamemos em nossas ações. Por nosso Senhor Jesus Cristo, vosso Filho, na unidade do Espírito Santo.

Ofício das Leituras

Invitatório

R. A Sabedoria eterna, oh vinde, adoremos (T.P. Aleluia).
Salmo invitatório como no Ordinário, p. 944.

Ofício das Leituras

HINO Eterno Sol, como nas II Vésperas, p. 1824.

Primeira leitura

Na Quaresma:

Do Livro da Sabedoria   7,7-16.22-30

A felicidade dos justos em Deus

[7]Orei, e foi-me dada a prudência;
supliquei, e veio a mim o espírito de sabedoria.
[8]Preferi a Sabedoria aos cetros e tronos
e, em comparação com ela, julguei sem valor a riqueza;
[9]a ela não igualei nenhuma pedra preciosa,
pois, a seu lado, todo o ouro do mundo
é um punhado de areia
e, diante dela, a prata será como a lama.
[10]Amei-a mais que a saúde e a beleza,
e quis possuí-la mais que a luz,
pois o esplendor que dela irradia não se apaga.
[11]Todos os bens me vieram com ela,
pois uma riqueza incalculável está em suas mãos.
[12]E alegrei-me com todos estes bens,
pois é a sabedoria quem os guia,
e não sabia que ela é a mãe de todos eles.
[13]Aprendi-a sem maldade e reparto-a sem inveja;
não escondo a sua riqueza.
[14]É um tesouro inesgotável para os homens;
os que a adquirem atraem a amizade de Deus,
porque recomendados pelos dons da instrução.
[15]Deus me conceda falar com inteligência

Comum dos doutores da Igreja

e ter pensamentos dignos dos dons que recebi,
pois ele não só mostra o caminho da Sabedoria,
como também corrige os sábios;
[16]em suas mãos estamos nós e as nossas palavras,
assim como toda a inteligência e habilidade.
[22]Na Sabedoria há um espírito inteligente, santo, único,
múltiplo, sutil, móvel, perspicaz, imaculado,
lúcido, invulnerável, amante do bem, penetrante,
[23]desimpedido, benfazejo, amigo dos homens,
constante, seguro, sem inquietação,
que tudo pode, que tudo supervisiona,
que penetra todos os espíritos,
os inteligentes, os puros, os mais sutis.
[24]Pois a Sabedoria é mais ágil que qualquer movimento,
e atravessa e penetra tudo por causa da sua pureza.
[25]Ela é um sopro do poder de Deus,
uma emanação pura da glória do Todo-poderoso;
por isso, nada de impuro pode introduzir-se nela:
[26]ela é um reflexo da luz eterna,
espelho sem mancha da atividade de Deus
e imagem de sua bondade.
[27]Sendo única, tudo pode;
e comunicando-se às almas santas de geração em geração,
forma os amigos de Deus e os profetas.
[28]Pois Deus ama tão somente
aquele que vive com a Sabedoria.
[29]De fato, ela é mais bela que o sol
e supera todas as constelações;
comparada à luz, ela tem a primazia:
[30]pois a luz cede lugar à noite,
ao passo que, contra a Sabedoria, o mal não prevalece.

Responsório   Sb 7,7-8; Tg 1,5

R. Pe**di** e foi-me **da**da a inteli**gên**cia,

Ofício das Leituras

* **Rogue**i e rece**bi** sabe**dori**a;
   aos **tronos** e ao po**der** a prefe**ri**.
V. Se al**guém** de vós não **tem** sabedoria,
   peça a **Deus** que a dá a **to**dos com lar**gue**za. * **Rogue**i.

No Tempo pascal:

Da Primeira Carta de São Paulo aos Coríntios   2,1-16

Falamos da misteriosa sabedoria de Deus

¹Irmãos, quando fui à vossa cidade anunciar-vos o mistério de Deus, não recorri a uma linguagem elevada ou ao prestígio da sabedoria humana. ²Pois, entre vós, não julguei saber coisa alguma, a não ser Jesus Cristo, e este, crucificado. ³Aliás, eu estive junto de vós, com fraqueza e receio, e muito tremor. ⁴Também a minha palavra e a minha pregação não tinham nada dos discursos persuasivos da sabedoria, mas eram uma demonstração do poder do Espírito, ⁵para que a vossa fé se baseasse no poder de Deus e não na sabedoria dos homens.

⁶Entre os perfeitos nós falamos de sabedoria, não da sabedoria deste mundo, nem da sabedoria dos poderosos deste mundo, que, afinal, estão voltados à destruição. ⁷Falamos, sim, da misteriosa sabedoria de Deus, sabedoria escondida, que, desde a eternidade, Deus destinou para nossa glória. ⁸Nenhum dos poderosos deste mundo conheceu essa sabedoria. Pois, se a tivessem conhecido, não teriam crucificado o Senhor da glória. ⁹Mas, como está escrito, "o que Deus preparou para os que o amam é algo que os olhos jamais viram, nem os ouvidos ouviram, nem coração algum jamais pressentiu".

¹⁰A nós Deus revelou esse mistério através do Espírito. Pois o Espírito esquadrinha tudo, mesmo as profundezas de Deus. ¹¹Quem dentre os homens conhece o que se passa no homem senão o espírito do homem que está nele? Assim também, ninguém conhece o que existe em Deus, a

não ser o Espírito de Deus. [12]Nós não recebemos o espírito do mundo, mas recebemos o Espírito que vem de Deus, para que conheçamos os dons da graça que Deus nos concedeu.

[13]Desses dons também falamos, não com palavras ensinadas pela sabedoria humana, mas com a sabedoria aprendida do Espírito: assim, ajustamos uma linguagem espiritual às realidades espirituais.

[14]O homem psíquico – o que fica no nível de suas capacidades naturais – não aceita o que é do Espírito de Deus: pois isso lhe parece uma insensatez. Ele não é capaz de conhecer o que vem do Espírito, porque tudo isso só pode ser julgado com a ajuda do mesmo Espírito. [15]Ao contrário, o homem espiritual – enriquecido com o dom do Espírito – julga tudo, mas ele mesmo não é julgado por ninguém.

[16]Com efeito, quem conheceu o pensamento do Senhor, de maneira a poder aconselhá-lo?

Nós, porém, temos o pensamento de Cristo.

Responsório   1Cor 1,21.23.25

R. Agra**dou**-lhe sal**var** os que **creem**
    pelo a**nún**cio da **lou**ca men**sa**gem.
  * Nós a**nun**ciamos o **Cris**to,
    o **Cris**to, o **Cru**cifi**ca**do. Ale**lu**ia.
V. Porque a lou**cu**ra de **Deus** é mais **sá**bia do que os **ho**mens,
    e a fra**que**za de **Deus** é mais **for**te do que os **ho**mens.
  * Nós a**nun**ciamos.

Segunda leitura
Do "Espelho da Fé", de Guilherme, abade do Mosteiro de Saint-Thierry

              (PL 180, 384)   (Séc. XII)

*No Espírito Santo é que devemos procurar
a compreensão das verdades da fé*

Tu, alma fiel, quando as verdades da fé te apresentarem mistérios demasiado profundos para a tua natureza vacilante, dize, depois de ouvi-los, não por espírito de contradição, mas com desejo de obedecer: Como podem acontecer tais coisas?

Que a tua pergunta se transforme em oração, em amor, em piedade, em humilde propósito. Que ela não perscrute a majestade de Deus no que tem de mais elevado, mas procure a salvação pelos meios que ele estabeleceu para nos salvar. Então te responderá o Anjo do Grande Conselho: *Quando vier o Paráclito, que eu vos enviarei da parte do Pai, ele vos ensinará tudo e vos conduzirá à plena verdade* (cf. Jo 14,26; 16,13). Porque *ninguém conhece o que se passa no coração do homem senão o espírito do homem que está nele; assim também, ninguém conhece o que existe em Deus, a não ser o Espírito de Deus* (1Cor 2,11).

Apressa-te, pois, em te tornares participante do Espírito Santo. Ao ser invocado, torna-se presente; e, se já estivesse presente, não seria invocado. Quando é invocado, vem e traz consigo a abundância das bênçãos divinas. É a corrente impetuosa do rio que alegra a cidade de Deus.

Quando ele chegar, se te encontrar humilde e tranquilo, cheio de reverência perante as palavras de Deus, repousará em ti e te revelará o que Deus Pai oculta aos sábios e prudentes deste mundo. Começará a brilhar para ti aquilo tudo que a Sabedoria pôde ensinar na terra aos seus discípulos, mas que eles não puderam compreender, enquanto não veio o Espírito da verdade, que lhes ensinaria toda a verdade.

Para se receber e aprender esta verdade, é inútil esperar da boca de um homem o que só se pode receber e aprender da boca da própria Verdade. Pois é ela mesma que afirma: *Deus é Espírito* (Jo 4,24).

Assim como é necessário que seus adoradores o adorem em espírito e verdade, também os que desejam compreendê-lo ou conhecê-lo devem procurar somente no Espírito Santo a compreensão da fé e o sentido daquela verdade pura e simples.

Comum dos doutores da Igreja

Em meio às trevas e à ignorância desta vida, o Espírito Santo é luz que ilumina os que têm espírito de pobreza, é caridade que os atrai, é suavidade que os conforta, é caminho do homem para Deus; é o amor de quem ama, é devoção, é piedade.

É o Espírito Santo que, ao fazer os fiéis crescerem na fé, lhes revela a justiça de Deus, lhes dá graça sobre graça e comunica-lhes a iluminação interior da fé que receberam pela pregação.

Responsório   Mt 13,52; cf. Pr 14,33

R. Todo **mes**tre da **lei** que se **tor**na dis**cí**pulo
    do **Rei**no dos **Céus**,
  * É como um **pai** de fa**mí**lia:
    do seu te**sou**ro ele **ti**ra o **no**vo e o **ve**lho (T.P. Ale**lui**a).
V. No cora**ção** do pru**den**te es**tá** a sabe**do**ria
    e ela **há** de ensi**nar** à**que**les que a ig**no**ram. * É como.

Ou:

Da Constituição dogmática Dei Verbum sobre a Revelação divina, do Concílio Vaticano II

        (N. 7-8)   (séc. XX)

A transmissão da revelação divina

Cristo Senhor, em quem se consuma toda a revelação do Deus altíssimo, ordenou aos apóstolos que o Evangelho, prometido antes pelos profetas, cumprido por ele e promulgado por sua própria boca, fosse pregado por eles a todos os homens como fonte de toda a verdade salvadora e de toda regra moral, comunicando-lhes assim os dons divinos.

Esta determinação foi fielmente cumprida, tanto pelos apóstolos que, pela pregação oral, pelo exemplo de suas vidas e pelas instituições por eles criadas, transmitiram aquelas realidades que tinham recebido por inspiração do Espírito Santo; como também por aqueles apóstolos ou pessoas da comunidade apostólica que, sob a inspiração do mesmo Espírito Santo, escreveram a mensagem da salvação.

Mas, para que o Evangelho se conservasse sempre inalterado e vivo na Igreja, os apóstolos deixaram como seus sucessores os bispos, transmitindo-lhes sua própria função de ensinar. Ora, aquilo que os apóstolos transmitiram, compreende tudo quanto é necessário para que o povo de Deus viva santamente e aumente a sua fé; e assim a Igreja, em sua doutrina, vida e culto, perpetua e transmite a todas as gerações tudo o que ela é, tudo o que ela crê.

Esta Tradição, oriunda dos apóstolos, progride na Igreja sob a assistência do Espírito Santo: com efeito, cresce o conhecimento tanto das realidades como das palavras transmitidas, seja pela contemplação e estudo dos que creem, que as meditam em seu coração, seja pela íntima compreensão que experimentam das coisas espirituais, seja pela pregação daqueles que, com a sucessão do episcopado, receberam o carisma seguro da verdade. A Igreja, pois, no decorrer dos séculos, tende continuamente para a plenitude da verdade divina, até que nela se cumpram as palavras de Deus.

O ensinamento dos santos Padres testemunha a presença vivificante desta Tradição cujas riquezas passam para a prática da Igreja que crê e ora.

Por esta mesma Tradição, a Igreja conhece o Cânon completo dos Livros Sagrados, compreende ainda mais profundamente as próprias Sagradas Escrituras e as faz sem cessar atuantes; desta forma, o Deus que falou outrora mantém um permanente diálogo com a Esposa do seu amado Filho; e o Espírito Santo, pelo qual a voz viva do Evangelho ressoa na Igreja e, através dela, no mundo, conduz os que creem à verdade plena e faz com que a palavra de Cristo habite neles em toda a sua riqueza.

Comum dos doutores da Igreja

Responsório 1Pd 1,25; Lc 1,2

R. A palavra do Senhor permanece eternamente;
* E esta é a palavra que vos foi anunciada.(T.P. Aleluia).
V. Assim como transmitiram as primeiras testemunhas
e em seguida se tornaram os ministros da palavra.
* E esta.

Nas solenidades e festas diz-se o HINO Te Deum, p. 949.

Oração como nas Laudes.

Laudes

Hino

Doutor eterno, vos louvamos, Cristo
que revelais a salvação aos povos.
Só vós, Senhor, tendes palavras vivas
que nos dão vida e geram homens novos.

Nós proclamamos, Bom pastor do orbe,
que vós, do alto, confirmais a Esposa
e suas palavras, pelas quais, constante,
está no mundo como luz radiosa.

Também nos destes refulgentes servos,
que resplandecem como estrelas de ouro,
e nos explicam a doutrina santa
da vida eterna, singular tesouro.

Por isso, ó Mestre, a vossa glória soa,
pois dos doutores pela voz nos dais
maravilhosos bens do Santo Espírito,
mostrando a luz com que no céu brilhais.

Implore o justo, celebrado agora,
que o vosso povo possa andar também
pelos caminhos de uma luz crescente,
até vos ver na plena luz. Amém.

Laudes 1823

Leitura breve
Sb 7,13-14

Aprendi a Sabedoria sem maldade e reparto-a sem inveja; não escondo a sua riqueza. É um tesouro inesgotável para os homens; os que a adquirem atraem a amizade de Deus, porque recomendados pelos dons da instrução.

Responsório breve

Na Quaresma:

R. Que os **povos** da **ter**ra pro**cla**mem
 * A **sa**bedo**ria** dos **san**tos. R. Que os **povos**.
V. E a I**gre**ja anun**cie**, can**tan**do,
 os lou**vo**res que **e**les me**re**cem.
 * A **sa**bedo**ria**. Glória ao **Pai**. R. Que os **povos**.

No Tempo pascal:

R. Que os **povos** da **ter**ra pro**cla**mem
 a **sa**bedo**ria** dos **san**tos.
 * Ale**lui**a, ale**lui**a. R. Que os **povos**.
V. E a I**gre**ja anun**cie**, can**tan**do,
 os lou**vo**res que **e**les me**re**cem.
 * Ale**lui**a. Glória ao **Pai**. R. Que os **povos**.

Cântico evangélico, ant.

Quem é **sá**bio brilha**rá** como **luz** no firma**men**to;
quem en**si**na à multi**dão** os ca**mi**nhos da jus**ti**ça,
fulgi**rá** como as es**tre**las pelos **sé**culos eter**nos**.
(T.P. Ale**lui**a).

Oração

Não havendo oração própria, diz-se a seguinte:

Ó Deus que marcastes pela vossa doutrina a vida de são (sto.) N., concedei-nos, por sua intercessão, que sejamos fiéis à mesma doutrina, e a proclamemos em nossas ações. Por nosso Senhor Jesus Cristo, vosso Filho, na unidade do Espírito Santo.

1824   Comum dos doutores da Igreja

II Vésperas

Hino

Eterno Sol, que envolveis
a criação de esplendor,
a vós, Luz pura das mentes,
dos corações o louvor.

Pelo poder do Espírito,
lâmpadas vivas brilharam.
Da salvação os caminhos
a todo o mundo apontaram.

Por estes servos da graça
fulgiu com novo esplendor
o que a palavra proclama
e que a razão demonstrou.

Tem parte em suas coroas,
pela doutrina mais pura,
este varão que louvamos
e como estrela fulgura.

Por seu auxílio pedimos:
dai-nos, ó Deus, caminhar
na direção da verdade
e assim a vós alcançar.

Ouvi-nos, Pai piedoso,
e vós, ó Filho, também,
com o Espírito Santo,
Rei para sempre. Amém.

Leitura breve   Tg 3,17-18

A sabedoria que vem do alto é, antes de tudo, pura, depois
pacífica, modesta, conciliadora, cheia de misericórdia e de
bons frutos, sem parcialidade e sem fingimento. O fruto da
justiça é semeado na paz, para aqueles que promovem a paz.

II Vésperas

Responsório breve

Na Quaresma:

R. No **meio** da assem**blei**a
* **Falou** palavras **sá**bias. R. No **meio**.
V. Deus o en**cheu** com seu Es**pí**rito de sa**ber** e inteli**gên**cia.
* **Falou**. Glória ao **Pai**. R. No **meio**.

No Tempo pascal:

R. No **meio** da assem**blei**a fa**lou** palavras **sá**bias.
* Ale**lui**a, ale**lui**a. R. No **meio**.
V. Deus o en**cheu** com seu Es**pí**rito de sa**ber** e inteli**gên**cia.
* Ale**lui**a. Glória ao **Pai**. R. No **meio**.

Cântico evangélico, ant.

Ó **mes**tre da Ver**da**de! Ó **luz** da santa I**gre**ja!
São (Sto.) N., cumpri**dor** da lei di**vi**na,
ro**gai** por nós a **Cris**to.

Oração

Não havendo oração própria, diz-se a seguinte:

Ó Deus que marcastes pela vossa doutrina a vida de são
(sto.) N., concedei-nos, por sua intercessão, que sejamos
fiéis à mesma doutrina, e a proclamemos em nossas ações.
Por nosso Senhor Jesus Cristo, vosso Filho, na unidade do
Espírito Santo.

COMUM DAS VIRGENS

I Vésperas

HINO Jesus, coroa das virgens, como nas II Vésperas, p. 1845.

Salmodia

Ant. 1 Vinde, filhas, ao encontro do Senhor,
e sobre vós há de brilhar a sua luz (T.P. Aleluia).

Salmo 112(113)

— ¹Louvai, louvai, ó servos do Senhor, *
louvai, louvai o nome do Senhor!

— ²Bendito seja o nome do Senhor, *
agora e por toda a eternidade!

— ³Do nascer do sol até o seu ocaso, *
louvado seja o nome do Senhor!

— ⁴O Senhor está acima das nações, *
sua glória vai além dos altos céus.

= ⁵Quem pode comparar-se ao nosso Deus, †
ao Senhor, que no alto céu tem o seu trono *
⁶e se inclina para olhar o céu e a terra?

— ⁷Levanta da poeira o indigente *
e do lixo ele retira o pobrezinho,

— ⁸para fazê-lo assentar-se com os nobres, *
assentar-se com os nobres do seu povo.

— ⁹Faz a estéril, mãe feliz em sua casa, *
vivendo rodeada de seus filhos.

Ant. Vinde, filhas, ao encontro do Senhor,
e sobre vós há de brilhar a sua luz (T.P. Aleluia).

Ant. 2 De todo o coração vos seguiremos,
com respeito procurando a vossa face;
ó Senhor, não seja vã nossa esperança!
(T.P. Aleluia).

I Vésperas

Salmo 147(147B)

— ^{12}Glorifica o Senhor, Jerusalém! *
Ó Sião, canta louvores ao teu Deus!

— ^{13}†Pois reforçou com segurança as tuas portas, *
e os teus filhos em teu seio abençoou;

— ^{14}a paz em teus limites garantiu *
e te dá como alimento a flor do trigo.

— ^{15}Ele envia suas ordens para a terra, *
e a palavra que ele diz corre veloz;

— ^{16}ele faz cair a neve como lã *
e espalha a geada como cinza.

— ^{17}Como de pão lança as migalhas do granizo, *
a seu frio as águas ficam congeladas.

— ^{18}Ele envia sua palavra e as derrete, *
sopra o vento e de novo as águas correm.

— ^{19}Anuncia a Jacó sua palavra, *
seus preceitos e suas leis a Israel.

— ^{20}Nenhum povo recebeu tanto carinho, *
a nenhum outro revelou os seus preceitos.

Ant. De todo o coração vos seguiremos,
com respeito procurando a vossa face;
ó Senhor, não seja vã nossa esperança! (T.P. Aleluia).

Ant. 3 Alegrai-vos, ó virgens de Cristo,
no gozo das bodas eternas! (T.P. Aleluia).

Cântico   Ef 1,3-10

— ^{3}Bendito e louvado seja Deus, *
o Pai de Jesus Cristo, Senhor nosso,

— que do alto céu nos abençoou em Jesus Cristo *
com bênção espiritual de toda sorte!

(R. Bendito sejais vós, nosso Pai,
que nos abençoastes em Cristo!)

Comum das virgens

— [4] Foi em **Cris**to que Deus Pai nos escolheu, *
   já bem **an**tes de o mundo ser criado,
— para que **fôs**semos, perante a sua face, *
   sem **má**cula e santos pelo amor.   (R.)

= [5] Por **li**vre decisão de sua vontade, †
   predesti**nou**-nos, através de Jesus Cristo, *
   a sermos **ne**le os seus filhos adotivos,
— [6] para o lou**vor** e para a glória de sua graça, *
   que em seu **Fi**lho bem-amado nos doou.   (R.)

— [7] É **ne**le que nós temos redenção, *
   dos pe**ca**dos remissão pelo seu sangue.
= Sua **gra**ça transbordante e inesgotável †
   [8] Deus der**ra**ma sobre nós com abundância, *
   de sa**ber** e inteligência nos dotando.   (R.)

— [9] E as**sim**, ele nos deu a conhecer *
   o mis**té**rio de seu plano e sua vontade,
— que propu**se**ra em seu querer benevolente, *
   [10] na pleni**tu**de dos tempos realizar:
— o de**síg**nio de, em Cristo, reunir *
   todas as **coi**sas: as da terra e as do céu.   (R.)

Ant. Ale**grai**-vos, ó **vir**gens de **Cris**to,
   no **go**zo das **bo**das e**ter**nas! (T.P. Ale**lui**a).

Leitura breve   1Cor 7,32b.34a

O homem não casado é solícito pelas coisas do Senhor e
procura agradar ao Senhor. Do mesmo modo, a mulher não
casada e a jovem solteira têm zelo pelas coisas do Senhor e
procuram ser santas de corpo e espírito.

Responsório breve

Na *Quaresma:*

R. O **Se**nhor é minha he**ran**ça,
   * É a **par**te que esco**lhi**. R. O **Se**nhor.
V. O **Se**nhor é muito **bom** para **quem** confia **ne**le.
   * É a **par**te. Glória ao **Pai**. R. O **Se**nhor.

I Vésperas

No Tempo pascal:

R. O Senhor é minha herança, é a parte que escolhi.
 * Aleluia, aleluia.R. O Senhor.
V. O Senhor é muito bom para quem confia nele.
 * Aleluia. Glória ao Pai.R. O Senhor.

Cântico evangélico, ant.
Para uma virgem e mártir:
A virgem fiel, hóstia pura ofertada,
já segue o Cordeiro por nós imolado(T.P. Aleluia).
Para uma virgem:
A virgem prudente que estava aguardando,
com lâmpada acesa, o Esposo chegar,
com ele entrou para as bodas eternas(T.P. Aleluia).
Para várias virgens:
Virgens prudentes, vigilantes,
preparai as vossas lâmpadas;
o Esposo está chegando: ide logo ao seu encontro!
(T.P. Aleluia).

Preces
Com alegria, celebremos a Cristo, que louvou quem guarda
a virgindade por causa do Reino dos Céus; e lhe peçamos:
R. Jesus, rei das virgens, ouvi-nos!

Cristo, que chamastes à vossa presença de único Esposo a
Igreja como virgem casta,
– tornai-a santa e imaculada.   R.

Cristo, ao vosso encontro as santas virgens saíram com
lâmpadas acesas;
– não permitais que venha a faltar o óleo da fidelidade nas
lâmpadas de vossas servas consagradas.   R.

Senhor, em vós a Igreja virgem guardou sempre uma fé
íntegra e pura;
– concedei a todos os cristãos a integridade e a pureza da fé.
                                                 R.

1830

Comum das virgens

Dais ao vosso povo regozijar-se com a festa da santa virgem N;
– que ele possa alegrar-se com a sua intercessão.
R.**Jesus, rei das virgens, ouvi-nos!**

(intenções livres)

Recebestes as santas virgens para a ceia de vossas núpcias eternas;
– admiti com bondade no banquete celeste os nossos irmãos e irmãs falecidos. R.

Pai nosso...

Oração

Ó Deus, que prometestes habitar nos corações puros, dai-nos, pela intercessão da virgem santa N, viver de tal modo, que possais fazer em nós vossa morada. Por nosso Senhor Jesus Cristo, vosso Filho, na unidade do Espírito Santo.

Ou:

Atendei, ó Deus, nossa oração para que, recordando as virtudes da virgem santa N, mereçamos permanecer e crescer sempre mais no vosso amor. Por nosso Senhor Jesus Cristo, vosso Filho, na unidade do Espírito Santo.

Para várias virgens:

Ó Deus, mostrai-nos sempre mais a vossa misericórdia e, ao celebrarmos com alegria a festa das virgens santa N. e santa N, concedei-nos também o seu eterno convívio. Por nosso Senhor Jesus Cristo, vosso Filho, na unidade do Espírito Santo.

Invitatório

R.Ao Se**nhor,** Rei das **virgens,** oh **vin**de ado**remos**
(T.P.Ale**luia**).

Ofício das Leituras 1831

Ou:

R. Adoremos o Cordeiro, a quem as **virgens** sempre **seguem.**
(T.P. Aleluia).

Salmo invitatório como no Ordinário, p. 944.

Ofício das Leituras

Hino

Para uma virgem:

O mais suave dos hinos
entoe o povo de Deus,
pois eis que hoje uma virgem
subiu à glória dos céus.

No exílio ainda da terra,
já se entregava ao louvor;
agora, junta-se aos santos
nos mesmos hinos de amor.

A frágil carne domando,
rosa entre espinhos floriu;
calcando as pompas do mundo,
do Cristo os passos seguiu.

As suas preces ouvindo,
Jesus nos dê sua mão,
sempre a guiar nossos passos
para a celeste mansão.

Ao Pai e ao Espírito unido,
nós te adoramos, Jesus:
caminho estreito e seguro
que à vida eterna conduz.

Para várias virgens:

Das santas virgens de Cristo
cantemos hoje o louvor;
de coração puro e casto
seguiram sempre o Senhor.

Comum das virgens

Da castidade sois lírio,
ó Rei das virgens, Jesus;
afastai longe o inimigo
que para o mal nos seduz.

Nos corações que são castos
reinais, Cordeiro de Deus;
dai o perdão do pecado,
livrai das culpas os réus.

Orando, graças vos damos.
Em sendas retas guiai-nos
dai-nos a graça que salva,
sede indulgente, escutai-nos.

A vós, nascido da Virgem,
glória e louvor, Sumo Bem,
com vosso Pai e o Espírito
agora e sempre. Amém.

Salmodia

Ant. 1 Virgem **sá**bia e vigi**lan**te, já bri**lhais** na eterna **gló**ria
com Je**s**us, o eterno **Verbo**, vosso Es**po**so imacula**d**o.
(T.P.Ale**lui**a)

Salmo 18(19)A

— [2]Os céus pro**cla**mam a **gló**ria do Se**nhor**, *
e o firma**men**to, a obra de suas mãos;
— [3]o dia ao **dia** transmite esta mensagem, *
a noite à **noi**te publica esta notícia.
— [4]Não são dis**cur**sos nem frases ou palavras, *
nem são **vo**zes que possam ser ouvidas;
— [5]seu som res**soa** e se espalha em toda a terra, *
chega aos con**fins** do universo a sua voz.
— [6]Armou no **al**to uma tenda para o sol; *
ele des**pon**ta no céu e se levanta
— como um es**po**so do quarto nupcial, *
como um he**rói** exultante em seu caminho. —

Ofício das Leituras

1833

– [7] De um ext**re**mo do céu põe-se a correr *
e vai tra**çan**do o seu rastro luminoso,
– até que **pos**sa chegar ao outro extremo, *
e nada **po**de fugir ao seu calor.

Ant. Virgem **sá**bia e vigi**lan**te, já bri**lhais** na eterna **glória**
com **Je**sus, o eterno **Verb**o, vosso E**sp**oso imacu**la**do.
(T.P. Ale**luia**).

Ant. 2 Todo o **amor** eu consa**grei**
a Jesus **Cris**to, meu Se**nhor**;
e o pref**eri** aos bens do **mun**do
e à **gló**ria desta **terra**. (T.P. Ale**luia**).

Salmo 44(45)

I

= [2] Trans**bor**da um poema do **meu** cora**ção**; †
vou can**tar**-vos, ó Rei, esta **mi**nha canção; *
minha **lín**gua é qual pena de um **á**gil escriba.

= [3] Sois tão **be**lo, o mais belo entre os **fi**lhos dos homens! †
Vossos **lá**bios espalham a **gra**ça, o encanto, *
porque **Deus**, para sempre, vos **deu** sua bênção.

– [4] Le**vai** vossa espada de **gló**ria no flanco, *
her**ói** valoroso, no **vos**so esplendor;
– [5] sa**í** para a luta no **car**ro de guerra *
em de**fe**sa da fé, da jus**ti**ça e verdade!

= Vossa **mão** vos ensine va**len**tes proezas, †
[6] vossas **fle**chas agudas a**ba**tam os povos *
e **fi**ram no seu cora**ção** o inimigo!

= [7] Vosso **tro**no, ó Deus, é eter**no**, é sem fim; †
vosso **ce**tro real é si**nal** de justiça: *
[8] Vós a**mais** a justiça e odi**ais** a maldade. –

Comum das virgens

= É por **isso** que Deus vos un**giu** com seu óleo, †
   deu-vos **mais** alegria que aos **vos**sos amigos. *
   [9]Vossas **vestes** exalam preciosos perfumes.
– De e**búr**neos palácios os **sons** vos deleitam. *
   [10]As **fi**lhas de reis vêm ao **vos**so encontro,
– e à **vos**sa direita se en**con**tra a rainha *
   com **ves**te esplendente de **ou**ro de Ofir.

Ant. Todo o **amor** eu consa**grei** a Jesus **Cristo**, meu Se**nhor**;
   e o prefe**ri** aos bens do **mun**do e à **gló**ria desta **ter**ra.
   (T.P. Ale**luia**).

Ant. 3 O **Rei** se encan**tou** com a **vos**sa be**leza**;
   pres**tai**-lhe home**na**gem: é o **vos**so Se**nhor**!
   (T.P. Ale**luia**).

II

– [11]Escu**tai**, minha **fi**lha, o**lhai**, ouvi **isto**: *
   "Esque**cei** vosso povo e a **ca**sa paterna!
– [12]Que o **Rei** se encante com **vos**sa beleza! *
   Pres**tai**-lhe homenagem: é **vos**so Senhor!
– [13]O **po**vo de Tiro vos **traz** seus presentes, *
   os **gran**des do povo vos **pe**dem favores.
– [14]Majes**to**sa, a princesa re**al** vem chegando, *
   ves**ti**da de ricos bro**ca**dos de ouro.
– [15]Em **ves**tes vistosas ao **Rei** se dirige, *
   e as **vir**gens amigas lhe **for**mam cortejo;
– [16]entre **can**tos de festa e com **gran**de alegria, *
   in**gres**sam, então, no pa**lá**cio real".
– [17]Deixa**reis** vossos pais, mas te**reis** muitos filhos; *
   fareis **de**les os reis sobe**ra**nos da terra.
– [18]Canta**rei** vosso nome de i**da**de em idade, *
   para **sem**pre haverão de lou**var**-vos os povos!

Ofício das Leituras

Ant. 3 O **Rei** se encan**tou** com a **vos**sa beleza;
pres**tai**-lhe home**na**gem: é o **vos**so **Se**nhor!
(T.P. Ale**luia**).

V. O ca**mi**nho da **vi**da me ensi**nais** (T.P. Ale**luia**).
R. De**lí**cia e**ter**na e ale**gri**a ao vosso **la**do (T.P. Ale**luia**).

Primeira leitura
Da Primeira Carta de São Paulo aos Coríntios   7,25-40

A virgindade cristã

Irmãos: [25]A respeito das pessoas solteiras, não tenho nenhum mandamento do Senhor. Mas, como alguém que, por misericórdia de Deus, merece confiança, dou uma opinião: [26]Penso que, em razão das angústias presentes, é vantajoso não se casar, é bom cada qual estar assim. [27]Estás ligado a uma mulher? Não procures desligar-te. Não estás ligado a nenhuma mulher? Não procures ligar-te. [28]Se, porém, casares, não pecas. Mas as pessoas casadas terão as tribulações da vida matrimonial; e eu gostaria de poupar-vos isso. [29]Eu digo, irmãos: o tempo está abreviado. Então, que, doravante, os que têm mulher vivam como se não tivessem mulher; [30]e os que choram, como se não chorassem, e os que estão alegres, como se não estivessem alegres, e os que fazem compras, como se não possuíssem adquirindo coisa alguma; [31]e os que usam do mundo, como se dele não estivessem gozando. Pois a figura deste mundo passa. [32]Eu gostaria que estivésseis livres de preocupações. O homem não casado é solícito pelas coisas do Senhor e procura agradar ao Senhor. [33]O casado preocupa-se com as coisas do mundo e procura agradar à sua mulher [34]e, assim, está dividido. Do mesmo modo, a mulher não casada e a jovem solteira têm zelo pelas coisas do Senhor e procuram ser santas de corpo e espírito. Mas a que se casou preocupa-se com as coisas do mundo e procura agradar ao seu marido. [35]Digo isto para o vosso próprio bem e não para vos armar um laço. O que eu desejo

Comum das virgens

é levar-vos ao que é melhor, permanecendo junto ao Senhor, sem outras preocupações. [36]Se alguém, transbordando de paixão, acha que não vai poder respeitar sua noiva, e que as coisas devem seguir o seu curso, faça o que quiser; não peca; que se casem. [37]Quem, ao contrário, por uma firme convicção, sem constrangimento, mas por livre vontade, resolve respeitar a sua noiva, fará bem. [38]Portanto, quem se casa com sua noiva faz bem, e quem não se casa procede melhor.

[39]A mulher está ligada ao marido enquanto ele vive; uma vez que o marido faleça, ela fica livre de casar com quem quiser, mas só no Senhor. [40]Mais feliz será ela se permanecer assim, conforme meu conselho. Pois também creio ter o Espírito de Deus.

Responsório

R. O **Rei** se encan**tou** com a **tua** be**leza**, que **ele** cri**ou**;
  * É teu **Deus**, é teu **Rei**, teu Se**nhor**, teu Es**poso**.
  (T.P. Ale**luia**).
V. Rece**beste** o **dote** de **Deus**, teu Es**poso**:
  reden**ção**, santi**dade**, en**feites** e **joias**. * É teu **Deus**.

Segunda leitura

Do Tratado sobre a conduta das virgens, de São Cipriano, bispo e mártir

(Nn. 3-4.23: CSEL 3, 189-190. 202-204)   (Séc. III)

Quanto mais a virgindade cresce em número, mais aumenta a alegria da mãe Igreja

Dirijo agora minha palavra às virgens, com tanto mais *solicitude quanto maior* é a sua glória. Elas são a flor da árvore da Igreja, beleza e ornamento da graça espiritual, fonte de alegria, obra perfeita e incorruptível de louvor e de honra, refletindo em santidade a imagem de Deus, a mais ilustre porção do rebanho de Cristo.

Por causa das virgens se alegra a mãe Igreja, que nelas manifesta sua gloriosa fecundidade, crescendo com o número delas sua alegria materna.

É a elas que dirigimos a palavra, exortando-as mais com o afeto que nos inspiram do que com a autoridade do nosso cargo. Conscientes da nossa pequenez e humildade, não pretendemos arvorar-nos em censor, mas demonstrar a solicitude de pastor, prevenindo-vos contra as possíveis ciladas do demônio.

Não é inútil esta precaução nem vão o temor que visam o caminho da salvação, garantindo as orientações de vida que vêm do Senhor; a fim de que aquelas que se consagraram a Cristo e renunciaram aos desejos carnais se entreguem a Deus de corpo e alma, levando a bom termo seu propósito, merecedor de uma grande recompensa. E não queiram enfeitar-se ou agradar a ninguém que não seja o Senhor, de quem esperam o prêmio da virgindade.

Conservai, ó virgens, conservai o que começastes a ser. Conservai o que sereis. Grande recompensa é a vossa, magnífico o prêmio da virtude, máximo o galardão da castidade. Já começastes a ser o que seremos um dia. Já adquiristes neste mundo a glória da ressurreição; passais pelo mundo sem contagiar-vos por ele; perseverando castas e virgens, sois como os anjos de Deus. Guardai firme e fielmente a vossa virgindade, sem quebrar os vossos propósitos, não buscando adornar-vos com joias ou vestes, mas com os enfeites da virtude.

Ouvi a voz do Apóstolo, chamado pelo Senhor vaso de eleição, que ele enviou a proclamar os mandamentos divinos: *O primeiro homem,* disse ele, *tirado da terra, é terrestre; o segundo homem vem do céu. Como foi o homem terrestre, assim também são as pessoas terrestres; e como é o homem celeste, assim também vão ser as pessoas celestes. E como já refletimos a imagem do homem terrestre,*

1838   Comum das virgens

assim também refletiremos a imagem do homem celeste
(1 Cor 15,47-49). É esta a imagem que a virgindade revela: a integridade, a santidade e a verdade.

Responsório   1Cor 7,34; Sl 72(73),26

R. A mulher, tanto a viúva como a virgem,
 *Cuida das coisas do Senhor, para ser santa,
 assim no corpo como no espírito (T.P. Aleluia)
V. O Senhor é minha herança, é a parte que escolhi.
 *Cuida.

Ou

Do Decreto *Perfectae caritatis* sobre a renovação da vida
religiosa, do Concílio Vaticano II

            (N. 1.5.6.12.25)   (Séc. XX)

A Igreja segue seu único esposo

Desde os primórdios da Igreja, existiram homens e mulheres que pela prática dos conselhos evangélicos se propu-
seram seguir a Cristo com maior liberdade e imitá-lo mais
de perto, levando, cada qual a seu modo, uma vida consagrada a Deus. Muitos dentre eles, movidos pelo Espírito
Santo, ou passaram a vida na solidão ou fundaram famílias
religiosas, que a Igreja de boa vontade acolheu e aprovou
com sua autoridade. Assim surgiu, por desígnio de Deus,
uma admirável variedade de comunidades religiosas, que
muito contribuiu para que a Igreja não apenas esteja *quali-
ficada para toda boa obra* (cf. 2Tm 3,17) e preparada para
o exercício do seu ministério, *para edificar o Corpo de
Cristo* (cf. Ef 4,12), mas também, enriquecida com os vários dons de seus filhos, se apresente *qual esposa enfeitada
para o seu marido* (Ap 21,2) e, através dela, se manifeste *a
multiforme sabedoria de Deus* (Ef 3,10).

Em tão grande variedade de dons, todos os que são chamados à prática dos conselhos evangélicos, e os professam

Ofício das Leituras

com fidelidade, consagram-se de maneira especial ao Senhor, seguindo a Cristo que, sendo virgem e pobre, redimiu e santificou os homens pela obediência *até a morte de cruz* (cf. Fl 2,8). Movidos assim pela caridade que o Espírito Santo derramou em seus corações, vivem cada vez mais para Cristo e para *o seu corpo, isto é, a Igreja* (Cl 1,24). Por conseguinte, quanto mais fervorosamente se unem a Cristo, por essa doação de si mesmos que abrange a vida toda, tanto mais se enriquece a vida da Igreja e mais vigorosamente fecundo se torna seu apostolado.

Os membros de cada instituto recordem antes de mais nada que, pela profissão dos conselhos evangélicos, responderam a um chamado divino, de forma que não apenas morrendo para o pecado, mas também renunciando ao mundo, vivam exclusivamente para Deus. Colocaram toda a sua vida ao serviço de Deus, o que constitui uma consagração especial, que está intimamente radicada na consagração do batismo e a exprime mais plenamente.

Os que professam os conselhos evangélicos, acima de tudo, busquem e amem a Deus, que primeiro nos amou; e procurem em todas as circunstâncias cultivar a vida escondida com Cristo em Deus, da qual deriva e recebe estímulo o amor do próximo para a salvação do mundo e a edificação da Igreja. É também esta caridade que anima e dirige a própria prática dos conselhos evangélicos.

A caridade que os religiosos professam *por causa do Reino dos Céus* (Mt 19,12) deve ser considerada como um precioso dom da graça. Liberta de modo singular o coração do homem para que se inflame mais na caridade para com Deus e para com todos os homens; por isso ela é um sinal peculiar dos bens celestes e um meio eficacíssimo para levar os religiosos a se dedicarem generosamente ao serviço de Deus e às obras de apostolado. Assim, eles dão testemunho, perante todos os fiéis cristãos, daquela admirável união estabelecida por Deus e que há de manifestar-se plenamente

1840 — Comum das virgens

na vida futura, pela qual a Igreja tem a Cristo como seu
único Esposo.

Responsório

R. Virgem de **Cristo**, como é **gran**de a tua be**le**za!
 *Do Se**nhor** tu mere**ce**ste rece**ber**
  a co**ro**a da per**pé**tua virgin**dade**. (T.P. Ale**lui**a).
V. Nada **po**de arreba**tar**-te a grande **gló**ria
  da **tua** virgin**dade** consa**gra**da,
  nem sepa**rar**-te do a**mor** de Jesus **Cris**to. *Do Se**nhor**.

Nas solenidades e festas diz-se o HINO Te Deum, p. 949.
Oração como nas Laudes.

Laudes

Hino

Para uma virgem:

Com tua lâmpada acesa,
viste chegar o Senhor:
do Esposo sentas-te à mesa,
cheia de graça e esplendor.

Para uma eterna aliança,
põe-te no dedo um anel;
cessam a fé e a esperança:
Belém se torna Betel.

Dá que aprendamos contigo
ter sempre os olhos nos céus:
calcar o mundo inimigo,
buscar a glória de Deus.

Jesus nos dê, por Maria,
que como Mãe te acolheu,
tê-lo na terra por guia,
ao caminhar para o céu.

Laudes

Ao Pai e ao Espírito glória,
ao Filho o mesmo louvor,
pois virginal é a vitória
da que desposa o Senhor.

Para várias virgens: HINO Jesus, coroa das virgens, **como nas II Vésperas, p. 1845.**

Ant. 1 Eu me decido livremente pelo Cristo:
com ardente coração eu quero amá-lo
e desejo estar com ele para sempre (T.P. Aleluia).

Salmos e cântico do domingo da I Semana, p. 982.

Ant. 2 Bendizei o Senhor, santas virgens,
que vos chama ao amor indiviso
e coroa em vós os seus dons! (T.P. Aleluia).

Ant. 3 Exultem os fiéis em sua glória,
pois a carne e o sangue superaram
e alcançaram a vitória sobre o mundo (T.P. Aleluia).

Leitura breve   Ct 8,7

Águas torrenciais jamais apagarão o amor, nem rios poderão afogá-lo. Se alguém oferecesse todas as riquezas de sua casa para comprar o amor, seria tratado com desprezo.

Responsório breve

Na Quaresma:
R. Senhor, é vossa face que eu procuro.
  * Meu coração fala convosco confiante. R. Senhor.
V. Senhor, não me escondais a vossa face!
   * Meu coração. Glória ao Pai. R. Senhor.

No Tempo pascal:
R. Senhor, é vossa face que eu procuro.
  Meu coração fala convosco confiante.
  * Aleluia, aleluia. R. Senhor.
V. Senhor, não me escondais a vossa face! * Aleluia.
  Glória ao Pai. R. Senhor.

Comum das virgens

Cântico evangélico, ant.

Para uma virgem e mártir:
Tomastes vossa **cruz** como o **Cristo**, ó santa **virgem**.
Na virgindade e no martírio imitastes vosso Esposo.
(T.P. Aleluia).

Para uma virgem:
A **virgem** prudente entrou para as **bodas**
e **vive** com **Cristo** na **glória** celeste.
Como o **sol**, ela **brilha** entre os **coros** das **virgens**.
(T.P. Aleluia).

Para várias virgens:
Santas **virgens** do Senhor, bendizei-o para sempre!
(T.P. Aleluia).

Preces

Glorifiquemos a Cristo, esposo e prêmio das virgens; e lhe
supliquemos com fé:

R. **Jesus, prêmio das virgens, ouvi-nos!**

Cristo, amado pelas santas virgens como único Esposo,
– concedei que nada nos separe do vosso amor.   R.

Coroastes Maria, vossa Mãe, como Rainha das virgens;
– concedei-nos, por sua intercessão, que vos sirvamos sempre de coração puro.   R.

Por intercessão de vossas servas, que a vós se consagraram
de todo o coração para serem santas de corpo e de alma,
– concedei que jamais a instável figura deste mundo nos
afaste de vós.   R.

Senhor Jesus, esposo por cuja vinda as virgens prudentes
esperaram sem desanimar,
– concedei que vos aguardemos vigilantes na esperança. R.

Hora Média

1843

Por intercessão de santa **N**, uma das virgens sábias e pru
dentes,
—concedei-nos sabedoria e uma vida sem mancha. **R.**
(intenções livres)

Pai nosso...

Oração

Ó Deus, que prometestes habitar nos corações puros, dai-nos, pela intercessão da virgem santa **N**, viver de tal modo, que possais fazer em nós vossa morada. Por nosso Senhor Jesus Cristo, vosso Filho, na unidade do Espírito Santo.

Ou:
Atendei, ó Deus, nossa oração para que, recordando as vir-tudes da virgem santa **N**, mereçamos permanecer e crescer sempre mais no vosso amor. Por nosso Senhor Jesus Cris-to, vosso Filho, na unidade do Espírito Santo.

Para várias virgens:
Ó Deus, mostrai-nos sempre mais a vossa misericórdia e, ao celebrarmos com alegria a festa das virgens santa **N.** e santa **N**, concedei-nos também o seu eterno convívio. Por nosso Senhor Jesus Cristo, vosso Filho, na unidade do Espírito Santo.

Hora Média

Nos salmos graduais, em lugar do Salmo 121(122), pode-se dizer o Salmo 128(129), à p. 1369; e, em lugar do Salmo 126(127), o Salmo 130(131), à p. 1238.

Oração das Nove Horas

Ant. Para **mim**, só há um **bem**: é estar com **Deus**,
é colo**car** o meu re**fú**gio no **Se**nhor. (T.P. Ale**lui**a).

Comum das virgens

Leitura breve Sb 8,21a

Compreendi que só poderia obter a Sabedoria, se Deus me concedesse; e já era sinal de inteligência saber a origem desta graça.

V. Eis a **vir**gem previ**den**te e vigi**lan**te em alta **noi**te.
    (T.P. Ale**lui**a).
R. O Se**nhor** a encon**trou** com sua **lâm**pada ace**sa**.
    (T.P. Ale**lui**a).

Oração das Doze Horas

Ant. Susten**tai**-me e vive**rei**, como dis**ses**tes;
        não po**deis** decepcio**nar** minha espe**ran**ça!
        (T.P. Ale**lui**a).

Leitura breve 1Cor 7,25

A respeito das pessoas solteiras, não tenho nenhum manda-mento do Senhor. Mas, como alguém que, por misericórdia de Deus, merece confiança, dou uma opinião.

V. Eis a **vir**gem previ**den**te e vigi**lan**te em alta **noi**te.
    (T.P. Ale**lui**a).
R. Vai, com **su**as compa**nhei**ras, ao en**con**tro do Se**nhor**.
    (T.P. Ale**lui**a).

Oração das Quinze Horas

Ant. Como é **be**la em seu ful**gor** uma **cas**ta gera**ção**!
        (T.P. Ale**lui**a).

Leitura breve Ap 19,6 b.7

O Senhor, nosso Deus, o Todo-poderoso passou a reinar. Fiquemos alegres e contentes, e demos glória a Deus, por-que chegou o tempo das núpcias do Cordeiro. Sua esposa já se preparou.

V. Encon**trei** o grande a**mor** da minha **vi**da (T.P. Ale**lui**a).
R. Vou guar**dá**-lo para **sem**pre junto a **mim**! (T.P. Ale**lui**a).
Oração como nas Laudes

II Vésperas

Hino

Jesus, coroa das virgens,
por Virgem Mãe concebido,
perdoai os nossos pecados,
atendei o nosso pedido!

Por entre as virgens passando,
entre alvos lírios pousais,
e a todas elas saudando
o prêmio eterno entregais.

Por toda a parte onde fordes,
as virgens seguem cantando,
e os mais suaves louvores
vão pelo céu ressoando.

Nós vos pedimos a graça
de um coração sem pecado,
qual diamante sem jaça,
por vosso amor transformado.

Ao Pai e ao Espírito unido,
vos adoramos, ó Filho:
por Virgem Mãe concebido,
das virgens todas auxílio.

Salmodia

Ant. 1 Consa**grei**-me total**men**te
a vós, Se**nhor** divino Es**po**so!
Agora **vou** ao vosso en**con**tro,
tendo ace**sa** a minha **lâm**pada (T.P. Ale**lui**a).

Salmo 121(122)

– [1]Que ale**gri**a, quando ou**vi** que me disseram: *
"Vamos à **ca**sa do Se**nhor!**"
– [2]E a**go**ra nossos pés já se detêm, *
Jerusa**lém**, em tuas portas. –

Comum das virgens

– ³Jerusalém, cidade bem edificada *
num conjunto harmonioso;
– ⁴para lá sobem as tribos de Israel, *
as tribos do Senhor.

– Para louvar, segundo a lei de Israel, *
o nome do Senhor.
– ⁵A sede da justiça lá está *
e o trono de Davi.

– ⁶Rogai que viva em paz Jerusalém, *
e em segurança os que te amam!
– ⁷Que a paz habite dentro de teus muros, *
tranquilidade em teus palácios!

– ⁸Por amor a meus irmãos e meus amigos, *
peço: "A paz esteja em ti!"
– ⁹Pelo amor que tenho à casa do Senhor, *
eu te desejo todo bem!

Ant. Consagrei-me totalmente
a vós, Senhor divino Esposo!
Agora vou ao vosso encontro,
tendo acesa a minha lâmpada (T.P. Aleluia).

Ant. 2 Felizes os puros em seu coração,
porque eles verão o seu Deus face a face.
(T.P. Aleluia).

Salmo 126(127)

– ¹Se o Senhor não construir a nossa casa, *
em vão trabalharão seus construtores;
– se o Senhor não vigiar nossa cidade, *
em vão vigiarão as sentinelas!

– ²É inútil levantar de madrugada, *
ou à noite retardar vosso repouso,

II Vésperas 1847

– para ganhar o pão sofrido do trabalho, *
que a seus amados Deus concede enquanto dormem.

– [3] Os filhos são a bênção do Senhor, *
o fruto das entranhas, sua dádiva.

– [4] Como flechas que um guerreiro tem na mão, *
são os filhos de um casal de esposos jovens.

– [5] Feliz aquele pai que com tais flechas *
consegue abastecer a sua aljava!

– Não será envergonhado ao enfrentar *
seus inimigos junto às portas da cidade.

Ant. Felizes os puros em seu coração,
porque eles verão o seu Deus face a face.
(T.P. Aleluia).

Ant. 3 A minha firmeza é a força de Cristo;
o meu fundamento é a Pedra angular (T.P. Aleluia).

Cântico   Ef 1,3-10

– [3] Bendito e louvado seja Deus, *
o Pai de Jesus Cristo, Senhor nosso,

– que do alto céu nos abençoou em Jesus Cristo *
com bênção espiritual de toda sorte!

(R. Bendito sejais vós, nosso Pai,
que nos abençoastes em Cristo!)

– [4] Foi em Cristo que Deus Pai nos escolheu, *
já bem antes de o mundo ser criado,

– para que fôssemos, perante a sua face, *
sem mácula e santos pelo amor.   (R.)

= [5] Por livre decisão de sua vontade, †
predestinou-nos, através de Jesus Cristo, *
a sermos nele os seus filhos adotivos,

– [6] para o louvor e para a glória de sua graça, *
que em seu Filho bem-amado nos doou.   (R.)

Comum das virgens

– [7]É **ne**le que nós temos redenção, *
dos pe**ca**dos remissão pelo seu sangue.
= Sua **gra**ça transbordante e inesgotável †
[8]Deus der**ra**ma sobre nós com abundância, *
de sa**ber** e inteligência nos dotando. (R.)

– [9]E as**sim**, ele nos deu a conhecer *
o mis**té**rio de seu plano e sua vontade,
– que propu**se**ra em seu querer benevolente, *
[10]na pleni**tu**de dos tempos realizar:
– o de**síg**nio de, em Cristo, reunir *
todas as **coi**sas: as da terra e as do céu. (R)

Ant. A **mi**nha fir**me**za é a **for**ça de **Cris**to;
o **meu** funda**men**to é a **Pe**dra angu**lar** (T.P. Ale**lui**a).

Leitura breve 1Cor 7,32b.34a

O homem não casado é solícito pelas coisas do Senhor e procura agradar ao Senhor. Do mesmo modo, a mulher não casada e a jovem solteira têm zelo pelas coisas do Senhor e procuram ser santas de corpo e espírito.

Responsório breve

Na Quaresma:

R. As **vir**gens a**mi**gas ao **Rei** se di**ri**gem,
* Entre **can**tos de **fes**ta e com **gran**de ale**gria**.
R. As virgens.
V. In**gres**sam, en**tão**, no palácio do **Rei**.
* Entre **can**tos. Glória ao **Pai**. R. As **vir**gens.

No Tempo pascal:

R. As **vir**gens a**mi**gas ao **Rei** se di**ri**gem,
entre **can**tos de **fes**ta e com **gran**de ale**gria**.
* Ale**lui**a, ale**lui**a. R. As **vir**gens.
V. In**gres**sam, en**tão**, no palácio do **Rei**.
* Ale**lui**a. Glória ao **Pai**. R. As **vir**gens.

II Vésperas

Cântico evangélico, ant.

Para uma virgem mártir:

Duas vitórias celebremos neste mesmo sacrifício:
a virgindade consagrada e a glória do martírio
(T.P. Aleluia).

Para uma virgem:

Oh! vinde, esposa de Cristo, recebei a coroa da glória
que o Senhor preparou para sempre. (T.P. Aleluia).

Para várias virgens:

É esta a geração dos que procuram o Senhor;
dos que buscam vossa face, nosso Deus onipotente.
(T.P. Aleluia).

Preces

Com alegria, celebremos a Cristo, que louvou quem guarda
a virgindade por causa do Reino dos Céus; e lhe peçamos:

R. **Jesus, rei das virgens, ouvi-nos!**

Cristo, que chamastes à vossa presença de único Esposo a
Igreja como virgem casta,
—tornai-a santa e imaculada. R.

Cristo, ao vosso encontro as santas virgens saíram com
lâmpadas acesas;
—não permitais que venha a faltar o óleo da fidelidade nas
lâmpadas de vossas servas consagradas. R.

Senhor, em vós a Igreja virgem guardou sempre uma fé
íntegra e pura;
—concedei a todos os cristãos a integridade e a pureza da fé.
R.

Dais ao vosso povo regozijar-se com a festa da santa virgem
N;
—que ele possa sempre alegrar-se com a sua intercessão. R.
(intenções livres)

Recebestes as santas virgens para a ceia de vossas núpcias eternas;
– admiti com bondade no banquete celeste os nossos irmãos e irmãs falecidos.
R. **Jesus, rei das virgens, ouvi-nos!**

Pai nosso...

Oração

Ó Deus, que prometestes habitar nos corações puros, dai-nos, pela intercessão da virgem santaN. , viver de tal modo, que possais fazer em nós vossa morada. Por nosso Senhor Jesus Cristo, vosso Filho, na unidade do Espírito Santo.

Ou:

Atendei, ó Deus, nossa oração para que, recordando as virtudes da virgem santa N. , mereçamos permanecer e crescer sempre mais no vosso amor. Por nosso Senhor Jesus Cristo, vosso Filho, na unidade do Espírito Santo.

Para várias virgens:

Ó Deus, mostrai-nos sempre mais a vossa misericórdia e, ao celebrarmos com alegria a festa das virgens santa N. e santa N., concedei-nos também o seu eterno convívio. Por nosso Senhor Jesus Cristo, vosso Filho, na unidade do Espírito Santo.

COMUM DOS SANTOS HOMENS

I Vésperas

HINO Ó Jesus, Redentor nosso, ou Celebremos os servos de Cristo, como nas II Vésperas, p. 1875 e 1876.

Salmodia

Ant. 1 Santos **todos** do **Senhor**,
cantai um **hino** ao nosso **Deus!** (T.P. Aleluia).

Salmo 112(113)

— ¹**Louvai**, louvai, ó **servos** do **Senhor**, *
lou**vai**, louvai o nome do **Senhor**!
— ²**Bendito** seja o nome do **Senhor**, *
a**gora** e por toda a eternidade!
— ³Do nas**cer** do sol até o seu ocaso, *
lou**va**do seja o nome do **Senhor**!
— ⁴O **Senhor** está acima das nações, *
sua **glória** vai além dos altos céus.
= ⁵**Quem** **po**de comparar-se ao nosso Deus, †
ao **Senhor**, que no alto céu tem o seu trono *
⁶e se **inclina** para olhar o céu e a terra?
— ⁷**Levanta** da poeira o indigente *
e do **lixo** ele retira o pobrezinho,
— ⁸para fazê-lo assentar-se com os nobres, *
assen**tar**-se com os nobres do seu povo.
— ⁹Faz a es**téril**, mãe feliz em sua casa, *
vi**ven**do rodeada de seus filhos.

Ant. Santos **todos** do **Senhor**,
cantai um **hino** ao nosso **Deus!** (T.P. Aleluia).

Ant. 2 Felizes os fa**mintos** e se**dentos** de justiça:
serão **todos** saciados (T.P. Aleluia).

Comum dos santos homens

Salmo 145(146)

=¹ Bendize, minh'alma, ao Senhor! †
² Bendirei ao Senhor toda a vida, *
cantarei ao meu Deus sem cessar!

–³ Não ponhais vossa fé nos que mandam, *
não há homem que possa salvar.
=⁴ Ao faltar-lhe o respiro ele volta †
para a terra de onde saiu; *
nesse dia seus planos perecem.

=⁵ É feliz todo homem que busca †
seu auxílio no Deus de Jacó, *
e que põe no Senhor a esperança.
–⁶ O Senhor fez o céu e a terra, *
fez o mar e o que neles existe.

– O Senhor é fiel para sempre, *
⁷ faz justiça aos que são oprimidos;
– ele dá alimento aos famintos, *
é o Senhor quem liberta os cativos.

=⁸ O Senhor abre os olhos aos cegos, †
o Senhor faz erguer-se o caído, *
o Senhor ama aquele que é justo.

=⁹ É o Senhor quem protege o estrangeiro, †
quem ampara a viúva e o órfão, *
mas confunde os caminhos dos maus.

=¹⁰ O Senhor reinará para sempre! †
Ó Sião, o teu Deus reinará *
para sempre e por todos os séculos!

Ant. Felizes os famintos e sedentos de justiça:
serão todos saciados(T.P. Aleluia).

Ant. 3 Bendito seja Deus, que nos chamou a sermos santos
e sem mancha pelo amor!(T.P. Aleluia).

I Vésperas

Cântico
Ef 1,3-10

— ³ Bendito e louvado seja **Deus**, *
o **Pai** de Jesus Cristo, Senhor nosso,
— que do alto **céu** nos abençoou em Jesus Cristo *
com **bên**ção espiritual de toda sorte!

(R. Bendito sejais **vós**, nosso **Pai**,
que **nos** abençoastes em **Cris**to!)

— ⁴ Foi em **Cris**to que Deus Pai nos escolheu, *
já bem **an**tes de o mundo ser criado,
— para que **fôs**semos, perante a sua face, *
sem **má**cula e santos pelo amor. (R.)

= ⁵ Por **li**vre decisão de sua vontade, †
predesti**nou**-nos, através de Jesus Cristo, *
a sermos **ne**le os seus filhos adotivos,
— ⁶ para o lou**vor** e para a glória de sua graça, *
que em seu **Fi**lho bem-amado nos doou. (R.)

— ⁷ É **ne**le que nós temos redenção, *
dos pe**ca**dos remissão pelo seu sangue.
= Sua **gra**ça transbordante e inesgotável †
⁸ Deus der**ra**ma sobre nós com abundância, *
de sa**ber** e inteligência nos dotando. (R.)

— ⁹ E as**sim**, ele nos deu a conhecer *
o mis**té**rio de seu plano e sua vontade,
— que propu**se**ra em seu querer benevolente, *
¹⁰ na pleni**tu**de dos tempos realizar:
— o de**síg**nio de, em Cristo, reunir *
todas as **coi**sas: as da terra e as do céu. (R.)

Ant. Ben**di**to seja **Deus,** que nos cha**mou** a sermos **san**tos
e sem **man**cha pelo **amor**! (T.P. Ale**lui**a).

Leitura breve
Fl 3,7-8

As coisas que eram vantagens para mim, considerei-as
como perda, por causa de Cristo. Na verdade, considero tudo

Comum dos santos homens

como perda diante da vantagem suprema que consiste em conhecer a Cristo Jesus, meu Senhor. Por causa dele eu perdi tudo, considero tudo como lixo, para ganhar Cristo e ser encontrado unido a ele.

Responsório breve

Na Quaresma:

R. O Se**nhor** amou seu **santo**.
 *E o or**nou** com sua **glória**. R. O Se**nhor**.
V. O Se**nhor** o reves**tiu** com o **man**to da vi**tória**.
 *E o or**nou**. Glória ao **Pai**. R. O Se**nhor**.

No Tempo pascal:

R. O Se**nhor** amou seu **san**to e o or**nou** com sua **glória**.
 *Ale**luia**, ale**luia**. R. O Se**nhor**.
V. O Se**nhor** o reves**tiu** com o **man**to da vi**tória**.
 *Ale**luia**. Glória ao **Pai**. R. O Se**nhor**.

Cântico evangélico, ant.

Para um santo:

O homem **sá**bio e previ**den**te
constru**iu** a sua **ca**sa sobre a **ro**cha inabal**ável** (T.P. Ale**luia**).

Para vários santos:

Os **o**lhos do Se**nhor** estão vol**ta**dos
aos que es**pe**ram confi**an**do em seu a**mor** (T.P. Ale**luia**).

Preces

Peçamos a Deus Pai, fonte de toda a santidade, que, pela intercessão e exemplo dos santos, nos conduza a uma vida mais perfeita; e digamos:

R. **Fazei-nos santos, porque vós sois santo!**

Pai santo, que nos destes a graça de nos chamarmos e sermos realmente vossos filhos,
— fazei que a santa Igreja proclame as vossas maravilhas por toda a terra. R.

I Vésperas

Pai santo, inspirai os vossos servos a viver dignamente, segundo a vossa vontade,
– e ajudai-nos a dar abundantes frutos de boas obras. R.

Pai santo, que nos reconciliastes convosco por meio de Cristo,
– conservai-nos na unidade por amor de vosso nome. R.

Pai santo, que nos convidastes para tomar parte no banquete celeste,
– pela comunhão do pão descido do céu, dai-nos alcançar a perfeição da caridade.

(intenções livres)

Pai santo, perdoai as faltas de todos os pecadores,
– e acolhei na luz da vossa face todos os que morreram. R.

Pai nosso...

Oração

Não havendo oração própria, diz-se uma das seguintes:
Ó Deus, só vós sois santo e sem vós ninguém pode ser bom. Pela intercessão de são (sto.) N., dai-nos viver de tal modo, que não sejamos despojados da vossa glória. Por nosso Senhor Jesus Cristo, vosso Filho, na unidade do Espírito Santo.

Ou:
Ó Deus, que o exemplo de vossos santos nos leve a uma vida mais perfeita e, celebrando a memória de são (sto.) N., imitemos constantemente suas ações. Por nosso Senhor Jesus Cristo, vosso Filho, na unidade do Espírito Santo.

Para vários santos:
Deus eterno e todo-poderoso, que pela glorificação dos santos continuais manifestando o vosso amor por nós, concedei que sejamos ajudados por sua intercessão e animados pelo seu exemplo, na imitação fiel do vosso Filho. Que convosco vive e reina, na unidade do Espírito Santo.

Comum dos santos homens

Para um santo religioso:

Ó Deus, concedei-nos, pelas preces de são (sto.) N., a quem destes perseverar na imitação de Cristo pobre e humilde, seguir a nossa vocação com fidelidade e chegar àquela perfeição que nos propusestes em vosso Filho. Que convosco vive e reina na unidade do Espírito Santo.

Para um santo que se dedicou às obras de caridade:

Ó Pai, como ensinastes à vossa Igreja que todos os mandamentos se resumem em amar a Deus e ao próximo, concedei-nos, a exemplo de são (sto.) N., praticar obras de caridade, para sermos contados entre os benditos do vosso Reino. Por nosso Senhor Jesus Cristo, vosso Filho, na unidade do Espírito Santo.

Para um santo educador:

Ó Deus, que suscitastes são (sto.) N. na vossa Igreja, para mostrar ao próximo o caminho da salvação, concedei-nos seguir também o Cristo, nosso Mestre, e chegar até vós com nossos irmãos. Por nosso Senhor Jesus Cristo, vosso Filho, na unidade do Espírito Santo.

Invitatório

R. **Adoremos o Senhor,** admirável nos seus **san**tos.
(T.P. **Ale**luia).

Ou:

R. Na **fes**ta de são (sto.) N., celeb**re**mos o Se**nhor**
(T.P. **Ale**luia).

Salmo invitatório como no Ordinário, p. 944.

Ofício das Leituras

Hino

Para um santo:

Ó Jesus, Redentor nosso,
coroais os vossos santos;

ouvi hoje, compassivo,
nossas preces, nossos cantos.

Hoje, o santo confessor
vosso nome fez brilhar,
e a Igreja, anualmente,
vem seus feitos celebrar.

Caminhou com passo firme
pela vida transitória,
e seguiu a vossa estrada
que nos leva para a glória.

Desprendendo o coração
de alegrias passageiras,
frui agora, junto aos anjos,
as delícias verdadeiras.

O perdão de nossas culpas
nos alcance a sua prece.
Nos seus passos conduzi-nos
para a luz que não perece.

Glória a Cristo, Rei clemente,
e a Deus Pai louvor também.
Honra e graças ao Espírito
pelos séculos. Amém.

Para vários santos: HINO Celebremos os servos de Cristo, p. 1876

Salmodia

Ant. 1 A **vi**da ele pe**diu**, e vós lhe **des**tes;
de esplen**dor** e majes**ta**de o reves**tis**tes
(T.P. Ale**lu**ia).

Salmo 20(21),2-8.14

— [2] Ó Se**nhor**, em vossa **for**ça o rei se a**le**gra; *
quanto e**xul**ta de alegria em vosso auxílio!
— [3] O que so**nhou** seu coração, lhe concedestes; *
não recu**sas**tes os pedidos de seus lábios. —

Comum dos santos homens

— ⁴Com **bênção** generosa o preparastes; *
  de ouro **puro** coroastes sua fronte.
— ⁵A **vida** ele pediu e vós lhe destes *
  longos **dias**, vida longa pelos séculos.
— ⁶É **gran**de a sua glória em vosso auxílio; *
  de esplen**dor** e majestade o revestistes.
— ⁷Transfor**mastes** o seu nome numa bênção, *
  e o co**bris**tes de alegria em vossa face.
— ⁸Por **isso** o rei confia no Senhor, *
  e por **seu** amor fiel não cairá.
— ¹⁴Levan**tai**-vos com poder, ó Senhor Deus, *
  e canta**remos** celebrando a vossa força!

Ant. A **vida** ele pe**diu**, e vós lhe **destes**;
  de esplen**dor** e majes**tade** o reves**tistes**
  (T.P. Ale**luia**).

Ant. 2 O caminho do **jus**to é uma **luz a brilhar:**
  vai crescen**do** da au**rora** até o **dia** mais **pleno**
  (T.P. Ale**luia**).

Salmo 91(92)
I

— ²Como é **bom** agrade**cermos** ao Se**nhor** *
  e cantar **sal**mos de louvor ao Deus Altíssimo!
— ³Anunci**ar** pela manhã vossa bondade, *
  e o **vos**so amor fiel, a noite inteira,
— ⁴ao som da **lira** de dez cordas e da harpa, *
  com **can**to acompanhado ao som da cítara.
— ⁵Pois me ale**gras**tes, ó Senhor, com vossos feitos, *
  e reju**bi**lo de alegria em vossas obras.
— ⁶*Quão imen*sas, ó Senhor, são vossas obras, *
  quão pro**fun**dos são os vossos pensamentos!
— ⁷Só o **ho**mem insensato não entende, *
  só o estul**to** não percebe nada disso!

Ofício das Leituras

— [8] Mesmo que os **ímp**ios floresçam como a erva, *
ou prosp**er**em igualmente os malfeitores,
— são dest**in**ados a perder-se para sempre. *
[9] Vós, po**rém**, sois o Excelso eternamente!

Ant. O ca**min**ho do **jus**to é uma **luz** a bri**lhar:**
vai cres**cen**do da au**ror**a até o **dia** mais **plen**o
(T.P. Ale**lui**a).

Ant. 3 O homem **jus**to cresce**rá** como a pal**mei**ra,
flor**irá** igual ao **ced**ro que há no **Líb**ano
(T.P. Ale**lui**a).

II

= [10] Eis que os **vos**sos ini**mig**os, ó **Sen**hor, †
eis que os **vos**sos inimigos vão perder-se, *
e os malfei**tor**es serão todos dispersados.
— [11] Vós me **des**tes toda a força de um touro, *
e sobre **mim** um óleo puro derramastes;
— [12] triun**fan**te, posso olhar meus inimigos, *
vitori**oso**, escuto a voz de seus gemidos.

— [13] O **jus**to crescerá como a palmeira, *
flor**irá** igual ao cedro que há no Líbano;
— [14] na **casa** do Senhor estão plantados, *
nos **átr**ios de meu Deus florescerão.

— [15] Mesmo no **tem**po da velhice darão frutos, *
cheios de **sei**va e de folhas verdejantes;
— [16] e di**rão:** "É justo mesmo o Senhor Deus: *
meu Ro**che**do, não existe nele o mal!"

Ant. O homem **jus**to cresce**rá** como a pal**mei**ra,
flor**irá** igual ao **ced**ro que há no **Líb**ano (T.P. Ale**lui**a).

V. O Se**nh**or conduz o **jus**to em seu cami**nho** (T.P. Ale**lui**a).
R. E lhe revela os seg**re**dos do seu **Rei**no (T.P. Ale**lui**a).

Primeira leitura
Na Quaresma
Do Livro da Sabedoria 5,1-15

Os justos, verdadeiros filhos de Deus

¹Então o justo ficará de pé, com grande confiança,
na presença dos que o oprimiram
e dos que desprezaram seu sofrimento.
²Vendo-o, eles serão tomados de terrível pavor,
espantados de ver sua salvação inesperada;
³dirão entre si, arrependidos,
entre gemidos, com a alma angustiada:
⁴"Este é aquele de quem outrora zombávamos,
a quem cobrimos de insultos.
Insensatos, consideramos a sua vida uma loucura
e a sua morte uma vergonha.
⁵Como, então, agora ele é contado entre os filhos de Deus,
e compartilha a sorte dos santos?
⁶Portanto, nós nos desviamos do caminho da verdade,
a luz da justiça não brilhou sobre nós
e o sol não nasceu para nós;
⁷ficamos embaraçados nos caminhos da iniquidade
e da perdição,
atravessamos desertos intransitáveis
e ignoramos o caminho do Senhor!
⁸Que proveito nos trouxe o orgulho?
Que vantagem nos trouxe a riqueza unida à arrogância?
⁹Tudo isso passou como uma sombra,
como notícia inconsistente,
¹⁰como um navio que corta as ondas agitadas,
sem deixar rastro de sua passagem
ou o sulco da sua quilha pelas ondas;
¹¹ou como o pássaro que voa pelos ares
sem deixar sinais de seu percurso;
açoitando o leve ar, com suas penas,

Ofício das Leituras

rasga-o com força impetuosa,
abre caminho com o bater das asas,
sem que se encontre nenhum sinal de sua rota;
[12] ou como a flecha disparada contra o alvo:
cicatriza num instante o ar fendido,
ignorando-se o rumo que tomou.
[13] Assim também nós, mal nascemos, já desaparecemos,
sem mostrarmos qualquer traço de virtude;
na malícia nos deixamos consumir."
[14] Assim, a esperança do ímpio
é como poeira levada pelo vento,
como névoa miúda que a tempestade espalha;
ela se dissipa como a fumaça pelo vento,
apaga-se como a lembrança do hóspede de um dia!
[15] Mas os justos, ao contrário, viverão eternamente.
No Senhor está sua recompensa
e o Altíssimo cuida deles.

Responsório   1Jo 3,7.8.10

R. Que ninguém vos engane;
   quem pratica a justiça, é justo como ele.
 * Quem comete pecado pertence ao demônio,
   pois, desde o princípio, ele é pecador.
V. Nisto são manifestos os filhos de Deus
   e os filhos do diabo. * Quem comete.

Ou:

Da Carta de São Paulo aos Filipenses   1,29-2,16

Tende entre vós o mesmo sentimento
que existe em Cristo Jesus

Irmãos:[1,29] Foi-vos concedido não somente crer em Cristo mas também sofrer por ele,[30] sustentando o mesmo combate que vistes em mim e agora de mim ouvis.

Comum dos santos homens

2,1Se existe consolação na vida em Cristo, se existe alento no mútuo amor, se existe comunhão no Espírito, se existe ternura e compaixão, 2tornai então completa a minha alegria: aspirai à mesma coisa, unidos no mesmo amor; vivei em harmonia, procurando a unidade. 3Nada façais por competição ou vanglória, mas, com humildade, cada um julgue que o outro é mais importante, 4e não cuide somente do que é seu, mas também do que é do outro.

5Tende entre vós o mesmo sentimento que existe em Cristo Jesus. 6Jesus Cristo, existindo em condição divina, não fez do ser igual a Deus uma usurpação, 7mas ele esvaziou-se a si mesmo, assumindo a condição de escravo e tornando-se igual aos homens. Encontrado com aspecto humano, 8humilhou-se a si mesmo, fazendo-se obediente até a morte e morte de cruz. 9Por isso, Deus o exaltou acima de tudo e lhe deu o Nome que está acima de todo nome. 10Assim, ao nome de Jesus, todo o joelho se dobre no céu, na terra e abaixo da terra, 11e toda língua proclame: "Jesus Cristo é o Senhor" – para a glória de Deus Pai.

12Por isso, meus queridos, como sempre fostes obedientes, não só em minha presença, mas ainda mais agora na minha ausência, trabalhai para a vossa salvação, com temor e tremor. 13Pois é Deus que realiza em vós tanto o querer como o fazer, conforme o seu desígnio benevolente. 14Fazei tudo sem reclamar ou murmurar, 15para que sejais livres de repreensão e ambiguidade, filhos de Deus sem defeito, no meio desta geração depravada e pervertida, na qual brilhais como os astros no universo. 16Conservai com firmeza a palavra da vida. Assim, no dia de Cristo, terei a glória de não ter corrido em vão, nem trabalhado inutilmente.

Responsório   Fl 2,12-13; Jo 15,5

R. Meus amados, trabalhai pela vossa salvação,
    com temor e com tremor;

Ofício das Leituras

* Pois é **Deus** que em vós **atua** o que**rer** e o fa**zer** por seu be**névolo** desígnio.

V. Sem **mim**, diz o Se**nhor**, não po**deis** nada fa**zer**.

* Pois é **Deus**.

No Tempo pascal:

Do Apocalipse de São João   14,1-5; 19,5-10

Felizes são os convidados para o banquete das núpcias do Cordeiro

Naqueles dias, [14,1]eu, João, tive esta visão: o Cordeiro estava de pé sobre o monte Sião. Com ele, os cento e quarenta e quatro mil que tinham a fronte marcada com o nome dele e o nome do seu Pai. [2]Ouvi uma voz que vinha do céu; parecia o barulho de águas torrenciais e o estrondo de um forte trovão. O ruído que ouvi era como o som de músicos tocando harpa. [3]Estavam diante do trono, diante dos quatro Seres vivos e dos Anciãos, e cantavam um cântico novo. Era um cântico que ninguém podia aprender; só os cento e quarenta e quatro mil marcados, que foram resgatados da terra. [4]Estes são os que não se contaminaram com mulheres, pois são virgens. Eles seguem o Cordeiro aonde quer que vá. Foram resgatados do meio dos homens, como primeira oferta a Deus e ao Cordeiro. [5]Na sua boca nunca foi encontrada mentira. São íntegros!

[19,5]Então, uma voz saiu do trono, convidando: "Louvai o nosso Deus, todos os seus servos e todos os que o temeis, pequenos e grandes".

[6]Ouvi também o rumor de uma grande multidão. Parecia o fragor de águas torrenciais e o ribombar de fortes trovões. A multidão aclamava:

"Aleluia!

O Senhor, nosso Deus, o Todo-poderoso passou a reinar. [7]Fiquemos alegres e contentes, e demos glória a Deus,

Comum dos santos homens

porque chegou o tempo das núpcias do Cordeiro. Sua esposa já se preparou.

[8]Foi-lhe dado vestir-se com linho brilhante e puro". (O linho significa as obras justas dos santos.)

[9]E um anjo me disse: "Escreve: Felizes são os convidados para o banquete das núpcias do Cordeiro". Disse ainda: "Estas são as verdadeiras palavras de Deus". [10]Eu prostrei-me diante dele para adorá-lo, mas o anjo me disse: "Não faças isso! Eu sou um servo como tu e como os irmãos que guardam o testemunho de Jesus. A Deus é que deves adorar". (O testemunho de Jesus é o espírito da profecia.)

Responsório   cf. Ap 14,2; 19,6; 12,10; 19,5

R. Ouvi uma **voz,** vinda do **céu,** qual est**ron**do de tro**vão:**
De seu **Reino** tomou **posse** nosso **Deus** onipo**ten**te,
* Pois che**gou** a salva**ção,** o po**der** e o do**mínio**
de seu **Cris**to, seu Ungido. Ale**lu**ia.
V. Uma **voz** veio do **tro**no: Cele**brai** o nosso **Deus,**
santos **to**dos do Se**nhor,** todos **vós** que o te**meis,**
vós os **gran**des e os pe**que**nos. * Pois che**gou.**

Para um santo que viveu em matrimônio

Primeira Carta de São Pedro   3,7-17

Santificai em vossos corações o Senhor Jesus Cristo

[7]Vós, os maridos, convivei de modo sensato com vossas mulheres, tratando-as como um vaso mais frágil, e prestai-lhes a honra devida a co-herdeiras da graça da vida, para que não sejam frustradas as vossas orações.

[8]Finalmente, sede todos unânimes, compassivos, fraternos, misericordiosos e humildes. [9]Não pagueis o mal com o mal, nem ofensa com ofensa. Ao contrário, abençoai, porque para isto fostes chamados: para serdes herdeiros da bênção.

[10]De fato, quem quer amar a vida
e ver dias felizes,

Ofício das Leituras

guarde a sua língua do mal
e seus lábios de falar mentiras.
¹¹ Afaste-se do mal e faça o bem,
busque a paz e procure segui-la.
¹² Pois os olhos do Senhor repousam nos justos
e seus ouvidos estão atentos à sua prece,
mas o rosto do Senhor volta-se contra os malfeitores.

¹³ Ora, quem é que vos fará mal, se vos esforçais para fazer o bem? ¹⁴ Mas também, se tiverdes que sofrer por causa da justiça, sereis felizes. Não tenhais medo de suas intimidações, nem vos deixeis perturbar. ¹⁵ Antes, santificai em vossos corações o Senhor Jesus Cristo, e estai sempre prontos a dar razão da vossa esperança a todo aquele que vo-la pedir. ¹⁶ Fazei-o, porém, com mansidão e respeito e com boa consciência. Então, se em alguma coisa fordes difamados, ficarão com vergonha aqueles que ultrajam o vosso bom procedimento em Cristo. ¹⁷ Pois será melhor sofrer praticando o bem, se esta for a vontade de Deus, do que praticando o mal.

Responsório 1Pd 1,13.15; Lv 11,44

R. Meus **ama**dos, assu**mi** a disci**pli**na interi**or**,
  à i**ma**gem do Deus **san**to, que em **Cris**to vos cha**mou**:
 * Sede **san**tos também **vós** em todo o **vos**so proce**der**
   (T.P. Aleluia).
V. Sou o Se**nhor** e vosso **Deus**: Sede **san**tos, pois sou **san**to.
 * Sede.

Segunda leitura

Das Homilias sobre os Atos dos Apóstolos, de São João Crisóstomo, bispo

(Homilia 20,4: PG 60, 162-164)   (Séc. IV)

A luz do cristão não pode permanecer escondida

Nada mais frio do que um cristão que não se preocupa com a salvação dos outros.

Não podes, aqui, alegar tua pobreza, pois aquela viúva que deu ao templo as duas pequenas moedas te acusaria. Também Pedro dizia: *Não tenho ouro nem prata* (At 3,6). E Paulo era tão pobre que muitas vezes passou fome e lhe faltava o alimento necessário.

Não podes justificar-te por tua condição humilde, pois esses dois apóstolos também eram humildes, de origem modesta. Não podes pretextar ignorância, pois eles também não eram letrados. Não podes objetar ser doente; também Timóteo poderia fazer o mesmo, pois sofria de frequentes enfermidades.

Cada um de nós tem a possibilidade de ajudar ao próximo, se quiser cumprir os seus deveres.

Não vedes como as árvores que não produzem frutos são vigorosas, bonitas, copadas, esbeltas e altas? No entanto, se tivéssemos um pomar, preferiríamos, em vez delas, romãzeiras e oliveiras carregadas. Aquelas árvores estão no jardim para ornamento, não para alimento; e se rendem alguma coisa, é pouco.

Assim são as pessoas que só se interessam pelo que é seu. Nem sequer podem comparar-se com estas últimas árvores, mas só merecem censura; ao passo que as árvores sem fruto servem para a construção e o reparo das coisas. Semelhantes a elas eram as virgens imprudentes da parábola: castas, belas e disciplinadas; mas não eram úteis a ninguém e foram lançadas ao fogo. Assim acontece também aos que não alimentam o Corpo de Cristo.

Repara que nenhum deles é acusado de pecado como *impureza*, juramento falso ou qualquer culpa, mas só de não ter ajudado ninguém. Tal era aquele que enterrou o talento recebido: levou vida irrepreensível, mas não foi útil aos outros.

Como, pergunto eu, pode ser cristão um homem desses? Se o fermento misturado à farinha não fizer crescer a massa, terá sido fermento verdadeiro? Se o perfume não espalhar sua fragrância, ainda o chamaremos perfume?

Não digas que és incapaz de influenciar os outros. Se fores cristão, é impossível que não o faças! Se não há contradições na natureza, também é certo o que afirmamos: é natural que o cristão exerça influência sobre seus semelhantes.

Não ofendas a Deus. Se disseres que o sol não é capaz de brilhar, injurias; se disseres que um cristão não pode ser útil a ninguém, é a Deus que ofendes e o chamas mentiroso. Pois, é mais fácil o sol deixar de aquecer ou brilhar que um cristão não irradiar a sua luz; ou a luz se transformar em trevas.

Não digas ser impossível o que é possível. Não ofendas a Deus. Se orientarmos bem a nossa vida, tudo o que dissemos acontecerá normalmente. A luz do cristão não pode permanecer escondida. Não pode ocultar-se lâmpada tão luminosa.

Responsório Ef 5,8-9; Mt 5,14.16

R. Vós **agora** sois **luz** no Se**nh**or;
cami**nh**ai como **fi**lhos da **luz.**
* São **fru**tos da **luz** toda espécie
de bon**da**de, justiça e verda**de** (T.P. Aleluia).

V. Vós **sois** a luz do **mun**do: brilhe aos **ho**mens vossa **luz.**
* São **fru**tos.

Ou:

Dos Sermões de Santo Agostinho, bispo

(Sermo 96,1.4.9: PL 38, 584.586.588) (Séc. V)

A vocação universal à santidade

Se alguém quer me seguir, renuncie a si mesmo, tome a sua cruz e me siga (Mt 16,24). Parece dura e pesada a ordem do Senhor; quem quiser segui-lo, tem de renunciar a si mesmo. Mas não é duro nem pesado o que ordena, pois ele próprio nos ajuda a cumprir seu preceito.

Como é verdade o que lhe dizem no salmo: *Seguindo as palavras de vossos lábios, percorri duros caminhos* (Sl 16,4), também é verdade o que ele nos disse: *O meu jugo é suave e o meu fardo leve* (Mt 11,30). A caridade torna leve tudo quanto é duro no preceito.

Que significa: *Tome a sua cruz?* Quer dizer: suporte tudo o que custa, e então me siga. Na verdade, quem começar a seguir meus exemplos e preceitos, encontrará muitos que o critiquem, que o impeçam, que tentem dissuadi-lo, mesmo entre os que parecem discípulos de Cristo. Andavam com Cristo os que proibiam os cegos de clamar por ele. Tu, portanto, no meio de ameaças, de carinhos ou proibições, sejam quais forem, se quiseres seguir a Cristo, transforma tudo em cruz: suporta, carrega e não sucumbas!

Estamos num mundo santo, bom, reconciliado, salvo, ou melhor, em vias de salvação, mas desde já salvo em esperança – *pois já fomos salvos, mas na esperança* (Rm 8,24). Com efeito, neste mundo, que é a Igreja, seguidora fiel de Cristo, disse ele a todos: *Se alguém quer me seguir, renuncie a si mesmo* (Mt 16,24).

Esta palavra não deve ser ouvida como dirigida apenas às virgens e não às esposas; nem só para as viúvas e não para as casadas; nem só para os monges e não para os maridos; nem só para os clérigos e não para os leigos. Pois toda a Igreja, todo o corpo, todos os seus membros, diferentes e distribuídos segundo suas próprias tarefas, devem seguir o Cristo.

Siga-o toda a Igreja que é uma só, siga-o a pomba, siga-o a esposa, redimida e dotada pelo sangue do Esposo. Nela

Laudes

encontra lugar tanto a integridade das virgens como a castidade das viúvas e o pudor dos casais.

Estes membros, que nela encontram seu lugar, sigam o Cristo, cada um segundo a sua vocação, posição ou medida. Renunciem a si mesmos, isto é, não se vangloriem; tomem a sua cruz, quer dizer, suportem no mundo, por amor de Cristo, tudo o que lançarem contra eles. Amem o único que não ilude, o único que não é enganado nem engana; amem-no, porque é verdade aquilo que promete. Como suas promessas tardam, a fé vacila. Mas sê constante, perseverante, paciente, suporta a demora, e terás tomado a cruz.

Responsório

R. Este **san**to reali**zou gran**des pro**dí**gios
na pre**sen**ça do Se**nhor** e dos ir**mãos**
e de **to**do o cora**ção** louvou a **Deus**.

* Que ele **peça** junto a **Deus** por nossas **cul**pas
(T.P. Ale**lui**a).

V. Tribu**tou** a Deus um **cul**to verda**dei**ro,
no **bem** permane**ceu**, fugiu do **mal**. * Que ele.

Nas solenidades e festas diz-se o HINO Te Deum, p. 949.

Oração como nas Laudes.

Laudes

Hino

Para um santo:

Jesus, coroa celeste,
Jesus, verdade sem véu,
ao servo que hoje cantamos
destes o prêmio do céu.

Dai que por nós interceda
em fraternal comunhão,
e nossas faltas consigam
misericórdia e perdão.

Comum dos santos homens

Bens e honrarias da terra
sem valor ele julgou;
vãs alegrias deixando,
só as do céu abraçou.

Que sois, Jesus, Rei supremo,
jamais cessou de afirmar;
com seu fiel testemunho
soube o demônio esmagar.

Cheio de fé e virtude,
os seus instintos domou.
e a recompensa divina,
servo fiel, conquistou.

A vós, Deus uno, Deus trino,
sobe hoje nosso louvor,
ao celebrarmos o servo
de quem Jesus é o Senhor.

Para vários santos:

Ó fiéis seguidores de Cristo,
a alegria da glória feliz,
como prêmio do vosso martírio,
para sempre no céu possuís.

Escutai, com ouvidos benignos,
os louvores que a vós entoamos.
Nós, ainda exilados da Pátria,
vossa glória, num hino, cantamos.

Pelo amor de Jesus impelidos,
dura cruz sobre os ombros levastes.
Pressurosos, ardentes de amor
e submissos, a fé preservastes.

Desprezastes o ardil do demônio
e os enganos do mundo também.
Testemunhas de Cristo na vida,
vós subistes dos astros além.

Laudes

E agora, na glória celeste,
sede atentos à voz da oração
dos que querem seguir vossos passos
e vos clamam com seu coração.

Glória seja à Divina Trindade
para que nos conduza também
pela ajuda e as preces dos mártires
às moradas celestes. Amém.

Ant. 1 O Senhor lhe deu a glória
e, em seu Reino, um grande nome (T.P. Aleluia).

Salmos e cântico do domingo da I Semana, p. 982.

Ant. 2 Vós, servos do Senhor, bendizei-o para sempre!
(T.P. Aleluia).

Ant. 3 Exultem os fiéis em sua glória,
e cantando se levantem de seus leitos (T.P. Aleluia).

Leitura breve — Rm 12,1-2

Pela misericórdia de Deus, eu vos exorto, irmãos, a vos oferecerdes em sacrifício vivo, santo e agradável a Deus: Este é o vosso culto espiritual. Não vos conformeis com o mundo, mas transformai-vos, renovando vossa maneira de pensar e de julgar, para que possais distinguir o que é da vontade de Deus, isto é, o que é bom, o que lhe agrada, o que é perfeito.

Responsório breve

Na Quaresma:

R. Ele tem o coração
* Na lei do seu Senhor. R. Ele tem.
V. Os seus passos não vacilam.
* Na lei. Glória ao Pai. R. Ele tem.

No tempo pascal:

R. Ele tem o coração na lei do seu Senhor.
* Aleluia, aleluia. R. Ele tem.

Comum dos santos homens

V. Os seus **pas**sos não va**cilam**.
* A**le**luia, ale**lu**ia. Glória ao **Pai**.
R. Ele **tem** o cora**ção** na **lei** do seu **Senhor**.

Cântico evangélico, ant.

Quem pra**tica** a ver**da**de, se **põe** junto à **luz;**
e suas **obras** de **fi**lho de **Deus** se revelam (T.P. Ale**luia**).

Para vários santos:

Felizes **aque**les que **bus**cam a **paz!**
Fe**li**zes os **puros** em **seu** cora**ção**,
porque **eles** ve**rão** o seu **Deus** face a **face** (T.P. Ale**luia**).

Preces

Glorifiquemos, irmãos, a Cristo, nosso Deus, pedindo-lhe
que nos ensine a servi-lo em santidade e justiça diante dele
enquanto perdurarem nossos dias; e aclamemos:

R. **Senhor, só vós sois santo!**

Senhor Jesus, que quisestes ser igual a nós em tudo, menos
no pecado,
− tende piedade de nós. R.

Senhor Jesus, que nos chamastes à perfeição da caridade,
− santificai-nos sempre mais. R.

Senhor Jesus, que nos mandastes ser sal da terra e luz do
mundo,
− iluminai a nossa vida. R.

Senhor Jesus, que viestes ao mundo para servir e não para
ser servido,
− ensinai-nos a vos servir humildemente em nossos irmãos. R.

Senhor Jesus, esplendor da glória do Pai e perfeita imagem
do ser divino,
− dai-nos contemplar a vossa face na glória eterna. R.

(intenções livres)

Pai nosso...

Oração

Não havendo oração própria, diz-se uma das seguintes:

Ó Deus, só vós sois santo e sem vós ninguém pode ser bom. Pela intercessão de são (sto.) N., dai-nos viver de tal modo, que não sejamos despojados da vossa glória. Por nosso Senhor Jesus Cristo, vosso Filho, na unidade do Espírito Santo.

Ou:

Ó Deus, que o exemplo de vossos santos nos leve a uma vida mais perfeita e, celebrando hoje a memória de são (sto.) N., imitemos constantemente suas ações. Por nosso Senhor Jesus Cristo, vosso Filho, na unidade do Espírito Santo.

Para vários santos:

Deus eterno e todo-poderoso, que pela glorificação dos santos continuais manifestando o vosso amor por nós, concedei que sejamos ajudados por sua intercessão e animados pelo seu exemplo, na imitação fiel do vosso Filho. Que convosco vive e reina, na unidade do Espírito Santo.

Para um santo religioso:

Ó Deus, concedei-nos, pelas preces de são (sto.) N., a quem destes perseverar na imitação do Cristo pobre e humilde, seguir a nossa vocação com fidelidade e chegar àquela perfeição que nos propusestes em vosso Filho. Que convosco vive e reina, na unidade do Espírito Santo.

Para um santo que se dedicou às obras de caridade:

Ó Pai, como ensinastes à vossa Igreja que todos os mandamentos se resumem em amar a Deus e ao próximo, concedei-nos, a exemplo de são (sto.) N., praticar obras de caridade, para sermos contados entre os benditos do vosso Reino. Por nosso Senhor Jesus Cristo, vosso Filho, na unidade do Espírito Santo.

1874 Comum dos santos homens

Para um santo educador:
Ó Deus, que suscitastes são (sto.) N. na vossa Igreja, para mostrar ao próximo o caminho da salvação, concedei-nos seguir também o Cristo, nosso Mestre, e chegar até vós com nossos irmãos. Por nosso Senhor Jesus Cristo, vosso Filho, na unidade do Espírito Santo.

Hora Média

Oração das Nove Horas

Ant. Quem observa a Lei de **Cristo** é perfeito em seu **amor**. (T.P. **Aleluia**).

Leitura breve — Gl 6,7b-8
O que o homem tiver semeado, é isso que vai colher. Quem semeia na sua própria carne, da carne colherá corrupção. Quem semeia no espírito, do espírito colherá a vida eterna.

V. Deus di**rige** os hu**mil**des na jus**ti**ça (T.P. Ale**luia**).
R. E aos **pobres** ele en**sina** o seu ca**minho** (T.P. Ale**luia**).

Oração das Doze Horas

Ant. Quem fi**zer** a von**ta**de do **Pai**, no **Reino** dos **Céus** entra**rá** (T.P. Ale**luia**).

Leitura breve — 1Cor 9,26-27b
Eu corro, mas não à toa. Eu luto, mas não como quem dá murros no ar. Trato duramente o meu corpo e o subjugo, para não acontecer que, depois de ter proclamado a boa-nova aos outros, eu mesmo seja reprovado.

V. É feliz, ó Senhor, quem for**mais** (T.P. Ale**luia**).
R. E edu**cais** nos ca**minhos** da **Lei** (T.P. Ale**luia**).

Oração das Quinze Horas

Ant. Nin**guém** jamais **viu,** ó Se**nhor,**
o **prêmio** que **vós** prepa**rastes**
para a**que**les que es**peram** em **vós** (T.P. Ale**luia**).

II Vésperas

1875

Leitura breve
Fl 4,8.9b

Irmãos, ocupai-vos com tudo o que é verdadeiro, respeitá-vel, justo, puro, amável, honroso, tudo o que é virtude ou de qualquer modo mereça louvor. Assim o Deus da paz estará convosco.

V. **Exultem** os que em **vós** se refu**giam** (T.P. Ale**lui**a),
R. Pois con**vos**co habita**rão** eterna**mente!** (T.P. Ale**lui**a).
Oração como nas Laudes.

II Vésperas

Hino

Para um santo:

Ó Jesus, Redentor nosso,
coroais os vossos santos;
ouvi hoje, compassivo,
nossas preces, nossos cantos.

Hoje, o santo confessor
vosso nome fez brilhar,
e a Igreja, anualmente,
vem seus feitos celebrar.

Caminhou com passo firme
pela vida transitória,
e seguiu a vossa estrada
que nos leva para a glória.

Desprendendo o coração
de alegrias passageiras,
frui agora, junto aos anjos,
as delícias verdadeiras.

O perdão de nossas culpas
nos alcance a sua prece.
Nos seus passos conduzi-nos
para a luz que não perece.

Comum dos santos homens

Glória a Cristo, Rei clemente,
e a Deus Pai louvor também.
Honra e graças ao Espírito
pelos séculos. Amém.

Para vários santos:

Celebremos os servos de Cristo
de fé simples e santas ações;
hoje a terra, se unindo às alturas,
faz subir seu louvor em canções.

Caminharam isentos de culpa,
puros, mansos, humildes e castos;
suas almas, partindo da terra,
livres voam e sobem aos astros.

Rejubilam no céu, protegendo
o infeliz e seu pranto enxugando,
dão aos corpos doentes saúde,
as feridas das almas curando.

Nosso canto celebra os louvores
dos fiéis servidores de Deus;
queiram eles nos dar sua ajuda
e guiar-nos também para os céus.

Ao Deus Uno beleza e poder
e louvor nas alturas convém.
Glória Àquele que rege o Universo
e o conduz por leis sábias. Amém.

Salmodia

Ant. 1 Supe**rou** as prova**ções** e triun**fou**:
glória eter**na** seja a e**le** tribu**ta**da (T.P. Ale**luia**).

Salmo 14(15)

– [1]"Se**nhor**, quem mora**rá** em vossa **casa** *
e em **vos**so Monte santo habitará?" –

II Vésperas

— [2]É aquele que caminha sem pecado *
e pratica a justiça fielmente;
— [3]que pensa a verdade no seu íntimo *
e não solta em calúnias sua língua;
— que em nada prejudica o seu irmão, *
nem cobre de insultos seu vizinho;
— [4]que não dá valor algum ao homem ímpio, *
mas honra os que respeitam o Senhor;
— que sustenta o que jurou, mesmo com dano; *
[5]não empresta o seu dinheiro com usura,
— nem se deixa subornar contra o inocente. *
Jamais vacilará quem vive assim!

Ant. Superou as provações e triunfou:
glória eterna seja a ele tributada (T.P. Aleluia).

Ant. 2 Deus manifesta em seus santos sua graça e seu amor,
e protege os seus eleitos (T.P. Aleluia).

Salmo 111(112)

— [1]Feliz o homem que respeita o Senhor *
e que ama com carinho a sua lei!
— [2]Sua descendência será forte sobre a terra, *
abençoada a geração dos homens retos!
— [3]Haverá glória e riqueza em sua casa, *
e permanece para sempre o bem que fez.
— [4]Ele é correto, generoso e compassivo, *
como luz brilha nas trevas para os justos.
— [5]Feliz o homem caridoso e prestativo, *
que resolve seus negócios com justiça.
— [6]Porque jamais vacilará o homem reto, *
sua lembrança permanece eternamente!
— [7]Ele não teme receber notícias más: *
confiando em Deus, seu coração está seguro.

Comum dos santos homens

– [8] Seu coração está tranquilo e nada teme, *
e confusos há de ver seus inimigos.

= [9] Ele reparte com os pobres os seus bens, †
permanece para sempre o bem que fez, *
e crescerão a sua glória e seu poder.

= [10] O ímpio, vendo isso, se enfurece, †
range os dentes e de inveja se consome; *
mas os desejos do malvado dão em nada.

Ant. Deus manifesta em seus santos sua graça e seu amor,
e protege os seus eleitos (T.P. Aleluia).

Ant. 3 Os santos cantavam um cântico novo
Àquele que está em seu trono, e ao Cordeiro;
na terra inteira ressoavam suas vozes (T.P. Aleluia).

Cântico   Ap 15,3-4

– [3] Como são grandes e admiráveis vossas obras, *
ó Senhor e nosso Deus onipotente!

– Vossos caminhos são verdade, são justiça, *
ó Rei dos povos todos do universo!

(R. São grandes vossas obras, ó Senhor!)

= [4] Quem, Senhor, não haveria de temer-vos, †
e quem não honraria o vosso nome? *
Pois somente vós, Senhor, é que sois santo! (R.)

= As nações todas hão de vir perante vós †
e, prostradas, haverão de adorar-vos, *
pois vossas justas decisões são manifestas. (R.)

Ant. Os santos cantavam um cântico novo
Àquele que está em seu trono, e ao Cordeiro;
na terra inteira ressoavam suas vozes (T.P. Aleluia).

Leitura breve   Rm 8,28-30
Sabemos que tudo contribui para o bem daqueles que amam
a Deus, daqueles que são chamados para a salvação, de

II Vésperas

acordo com o projeto de Deus. Pois aqueles que Deus contemplou com seu amor desde sempre, a esses ele predestinou a serem conformes à imagem de seu Filho, para que este seja o primogênito numa multidão de irmãos. E aqueles que Deus predestinou, também os chamou. E aos que chamou, também os tornou justos; e aos que tornou justos, também os glorificou.

Responsório breve

Na Quaresma:

R. É **jus**to o nosso **Deus,**
  *Ele **a**ma a jus**ti**ça. R. É **jus**to.
V. Quem tem **re**to cora**ção** há de **ver** a sua **fa**ce.
    *Ele **a**ma. Glória ao **Pai.** R. É **jus**to.

No Tempo pascal:

R. É **jus**to o nosso **Deus,** ele **a**ma a jus**ti**ça.
  *Ale**lui**a, ale**lui**a. R. É **jus**to.
V. Quem tem **re**to cora**ção** há de **ver** a sua **fa**ce.
    *Ale**lui**a. Glória ao **Pai.** R. É **jus**to.

Cântico evangélico, ant.

Servo **bom** e fi**el,**
vem en**trar** na ale**gri**a de Jesus, teu Se**nhor!** (T.P. Ale**lui**a).

Para vários santos:

Fi**éis** até à **mor**te,
rece**be**ram do Se**nhor** a co**ro**a da justiça (T.P. Ale**lui**a).

Preces

Peçamos a Deus Pai, fonte de toda a santidade, que, pela intercessão e exemplo dos santos, nos conduza a uma vida mais perfeita; e digamos:

R. **Fazei-nos santos, porque vós sois santo!**

Pai santo, que nos destes a graça de nos chamarmos e sermos realmente vossos filhos,

1880   Comum dos santos homens

– fazei que a santa Igreja proclame as vossas maravilhas por toda a terra.

R. **Fazei-nos santos, porque vós sois santo!**

Pai santo, inspirai os vossos servos a viver dignamente, segundo a vossa vontade,
– e ajudai-nos a dar abundantes frutos de boas obras.   R.

Pai santo, que nos reconciliastes convosco por meio de Cristo,
– conservai-nos na unidade por amor de vosso nome.   R.

Pai santo, que nos convidastes para tomar parte no banquete celeste,
– pela comunhão do pão descido do céu, dai-nos alcançar a perfeição da caridade.   R.

(intenções livres)

Pai santo, perdoai as faltas de todos os pecadores,
– e acolhei na luz da vossa face todos os que morreram. R.

Pai nosso...

Oração

Não havendo oração própria, diz-se uma das seguintes:
Ó Deus, só vós sois santo e sem vós ninguém pode ser bom. Pela intercessão de são (sto.) N., dai-nos viver de tal modo, que não sejamos despojados da vossa glória. Por nosso Senhor Jesus Cristo, vosso Filho, na unidade do Espírito Santo.

Ou:
Ó Deus, que o exemplo de vossos santos nos leve a uma vida mais perfeita e, celebrando a memória de são (sto.) N., imitemos constantemente suas ações. Por nosso Senhor Jesus Cristo, vosso Filho, na unidade do Espírito Santo.

Para vários santos:
Deus eterno e todo-poderoso, que pela glorificação dos santos continuais manifestando o vosso amor por nós, con-

II Vésperas

cedei que sejamos ajudados por sua intercessão e animados pelo seu exemplo, na imitação fiel do vosso Filho. Que
convosco vive e reina, na unidade do Espírito Santo.

Para um santo religioso:

Ó Deus, concedei-nos, pelas preces de são (sto.) N., a quem
destes perseverar na imitação de Cristo pobre e humilde,
seguir a nossa vocação com fidelidade e chegar àquela perfeição que nos propusestes em vosso Filho. Que convosco
vive e reina, na unidade do Espírito Santo.

Para um santo que se dedicou às obras de caridade:

Ó Pai, como ensinastes à vossa Igreja que todos os mandamentos se resumem em amar a Deus e ao próximo, concedei-nos, a exemplo de são (sto.) N., praticar obras de
caridade, para sermos contados entre os benditos do vosso Reino. Por nosso Senhor Jesus Cristo, vosso Filho, na
unidade do Espírito Santo.

Para um santo educador:

Ó Deus, que suscitastes são (sto) N. na vossa Igreja, para
mostrar ao próximo o caminho da salvação, concedei-nos
seguir também o Cristo, nosso Mestre, e chegar até vós
com nossos irmãos. Por nosso Senhor Jesus Cristo, vosso
Filho, na unidade do Espírito Santo.

COMUM DAS SANTAS MULHERES

I Vésperas

HINO, Louvor à mulher forte, ou Ó Cristo, autor dos seres, como nas II Vésperas, p. 1900.

Salmodia

Ant. 1 Bendito seja o nome do Senhor,
que em suas santas revelou o seu amor!
(T.P. Aleluia).

Salmo 112(113)

— Louvai, louvai, ó servos do Senhor, *
louvai, louvai o nome do Senhor!
— Bendito seja o nome do Senhor, *
agora e por toda a eternidade!
— Do nascer do sol até o seu ocaso, *
louvado seja o nome do Senhor!
— O Senhor está acima das nações, *
sua glória vai além dos altos céus.
= Quem pode comparar-se ao nosso Deus, †
ao Senhor, que no alto céu tem o seu trono *
e se inclina para olhar o céu e a terra?
— Levanta da poeira o indigente *
e do lixo ele retira o pobrezinho,
— para fazê-lo assentar-se com os nobres, *
assentar-se com os nobres do seu povo.
— Faz a estéril, mãe feliz em sua casa, *
vivendo rodeada de seus filhos.

Ant. Bendito seja o nome do Senhor,
que em suas santas revelou o seu amor! (T.P. Aleluia).

Ant. 2 Glorifica o Senhor, Jerusalém,
que os teus filhos em teu seio abençoou
(T.P. Aleluia).

I Vésperas

1883

Salmo 147(147B)

– ¹²Glorifica o Senhor, Jerusalém! *
　Ó Sião, canta louvores ao teu Deus!

– ¹³Pois reforçou com segurança as tuas portas, *
　e os teus filhos em teu seio abençoou;

– ¹⁴a paz em teus limites garantiu *
　e te dá como alimento a flor do trigo.

– ¹⁵Ele envia suas ordens para a terra, *
　e a palavra que ele diz corre veloz;

– ¹⁶ele faz cair a neve como lã *
　e espalha a geada como cinza.

– ¹⁷Como de pão lança as migalhas do granizo, *
　a seu frio as águas ficam congeladas.

– ¹⁸Ele envia sua palavra e as derrete, *
　sopra o vento e de novo as águas correm.

– ¹⁹Anuncia a Jacó sua palavra, *
　seus preceitos e suas leis a Israel.

– ²⁰Nenhum povo recebeu tanto carinho, *
　a nenhum outro revelou os seus preceitos.

Ant. Glorifica o Senhor, Jerusalém,
　　que os teus filhos em teu seio abençoou (T.P. Aleluia).

Ant. 3 O Senhor se agradou muito de ti,
　　e serás a alegria do teu Deus (T.P. Aleluia).

Cântico

Ef 1,3-10

– ³Bendito e louvado seja Deus, *
　o Pai de Jesus Cristo, Senhor nosso,

– que do alto céu nos abençoou em Jesus Cristo *
　com bênção espiritual de toda sorte!

(R. Bendito sejais vós, nosso Pai,
　que nos abençoastes em Cristo!)

1884   Comum das santas mulheres

– ⁴ Foi em **Cris**to que Deus Pai nos escolheu, *
     já bem **an**tes de o mundo ser criado,
–   para que **fôs**semos, perante a sua face, *
     sem **má**cula e santos pelo amor.   (R.)

= ⁵ Por **li**vre decisão de sua vontade, †
     predesti**nou**-nos, através de Jesus Cristo, *
     a sermos **ne**le os seus filhos adotivos,
– ⁶ para o lou**vor** e para a glória de sua graça, *
     que em seu **Fi**lho bem-amado nos doou.   (R.)

– ⁷ É **ne**le que nós temos redenção, *
     dos pe**ca**dos remissão pelo seu sangue.
=   Sua **gra**ça transbordante e inesgotável †
   ⁸ Deus der**ra**ma sobre nós com abundância, *
     de sa**ber** e inteligência nos dotando.   (R.)

– ⁹ E as**sim**, ele nos deu a conhecer *
     o mis**té**rio de seu plano e sua vontade,
–   que propu**se**ra em seu querer benevolente, *
   ¹⁰ na pleni**tu**de dos tempos realizar:
–   o de**síg**nio de, em Cristo, reunir *
     todas as **coi**sas: as da terra e as do céu.   (R.)

Ant. O Se**nhor** se agra**dou** muito de **ti**,
     e se**rás** a ale**gria** do teu **Deus** (T.P. Ale**luia**).

Leitura breve   Fl 3,7-8
Estas coisas, que eram vantagens para mim, considerei-as
como perda, por causa de Cristo. Na verdade, considero
tudo como perda diante da vantagem suprema que consiste
em conhecer a Cristo Jesus, meu Senhor. Por causa dele eu
perdi tudo. Considero tudo como lixo, para ganhar Cristo e
ser encontrado unido a ele.

I Vésperas

Responsório breve

Na Quaresma:

R. **Exul**to de ale**gri**a
 * Em **vos**so grande a**mor**. R. **Exul**to.
V. Pois o**lhas**tes, ó Se**nhor**, para as **mi**nhas afli**ções**.
 * Em **vos**so. Glória ao **Pai**. R. **Exul**to.

No Tempo pascal:

R. **Exul**to de ale**gri**a em **vos**so grande a**mor**.
 * Ale**lui**a, ale**lui**a. R. **Exul**to.
V. Pois o**lhas**tes, ó Se**nhor**, para as **mi**nhas afli**ções**.
 * Ale**lui**a. Glória ao **Pai**. R. **Exul**to.

Cântico evangélico, ant.

A **vós** o **fru**to e a co**lhei**ta que plan**tar**am vossas **mãos**!
E, nas **nos**sas assem**blei**as, o lou**vor** tão mere**ci**do!
(T.P. Ale**lui**a).

Para várias santas:

Glori**ai**-vos em seu **no**me que é **san**to,
e**xul**te o cora**ção** que busca a **Deus**! (T.P. Ale**lui**a).

Preces

Por intercessão das santas mulheres, peçamos ao Senhor em favor da Igreja; e digamos:

R. **Lembrai-vos, Senhor, da vossa Igreja!**

Por intercessão das santas mártires, que venceram a morte do corpo com o vigor do espírito,
– concedei à vossa Igreja a fortaleza nas provações. R.

Por intercessão das santas casadas, que progrediram em graça na vida matrimonial,
– concedei à vossa Igreja a fecundidade apostólica. R.

Por intercessão das santas viúvas, que superaram e santificaram sua solidão mediante a oração e a hospitalidade,
– concedei à vossa Igreja que manifeste perante o mundo o mistério da vossa caridade. R.

Por intercessão das santas mães, que geraram filhos para o Reino de Deus e para a sociedade humana,
– concedei à vossa Igreja que transmita a vida divina e a salvação a toda a humanidade.
R. **Lembrai-vos, Senhor, da vossa Igreja!**

(intenções livres)

Por intercessão de todas as santas mulheres, que já merece-ram contemplar a luz da vossa face,
– concedei aos irmãos e irmãs falecidos de vossa Igreja a eterna alegria da mesma visão. R.

Pai nosso...

Oração

Não havendo oração própria, diz-se uma das seguintes:
Ó Deus, que nos alegrais cada ano com a festa de santa N., fazei-nos, venerando sua memória, seguir o exemplo de sua vida. Por nosso Senhor Jesus Cristo, vosso Filho, na unidade do Espírito Santo.

Ou:
Concedei-nos, ó Deus, a sabedoria e o amor que inspirastes à vossa filha santa N., para que, seguindo seu exemplo de fidelidade, nos dediquemos ao vosso serviço, e vos agrade-mos pela fé e pelas obras. Por nosso Senhor Jesus Cristo, vosso Filho, na unidade do Espírito Santo.

Para várias santas mulheres:
Ó Deus todo-poderoso, pelas preces das santas N. e N., que nos deixaram em suas vidas um exemplo admirável, conce-dei-nos os auxílios celestes. Por nosso Senhor Jesus Cristo, vosso Filho, na unidade do Espírito Santo.

Para uma santa religiosa:
Ó Deus, concedei-nos, pelas preces de santa N., a quem destes perseverar na imitação do Cristo pobre e humilde, seguir a nossa vocação com fidelidade e chegar àquela per-feição que nos propusestes em vosso Filho. Que convosco vive e reina, na unidade do Espírito Santo.

Ofício das Leituras

Para uma santa que se dedicou às obras de caridade:
Ó Pai, como ensinastes à vossa Igreja que todos os mandamentos se resumem em amar a Deus e ao próximo, concedei-nos, a exemplo de santa N., praticar obras de caridade,
para sermos contados entre os benditos do vosso Reino.
Por nosso Senhor Jesus Cristo, vosso Filho, na unidade do
Espírito Santo.

Para uma santa educadora:
Ó Deus, que suscitastes santa N. na vossa Igreja, para mostrar ao próximo o caminho da salvação, concedei-nos seguir também o Cristo, nosso Mestre, e chegar até vós com
nossos irmãos. Por nosso Senhor Jesus Cristo, vosso Filho,
na unidade do Espírito Santo.

Invitatório

R. **Adoremos o Senhor, admirável nos seus santos**
   (T.P. **Aleluia**).

Ou:

R. Na **festa** de santa N., cele**bremos o Senhor!**
   (T.P. **Aleluia**).

Salmo invitatório como no Ordinário, p. 944.

Ofício das Leituras

Hino

Para uma santa mulher:

    Esta louvável mulher,
    por suas obras honrada,
    já com os anjos triunfa
    pelas virtudes ornada.

    A Deus orava com lágrimas
    e com fiel coração,
    entre jejuns e vigílias,
    fiel à santa oração.

Comum das santas mulheres

Do mundo a glória pisou,
firmando a mente no bem.
E, na perfeita justiça,
dos céus subiu mais além.

Em sua casa ela fez
brilhar as santas ações.
Seu prêmio agora recebe
de Deus nas altas mansões.

Honra, poder, majestade
ao Uno e Trino Senhor.
Ouvindo as preces da santa,
nos una aos santos no Amor.

Para várias santas mulheres:

Estas louváveis mulheres,
por suas obras honradas,
já com os anjos triunfam
pelas virtudes ornadas.

A Deus oravam com lágrimas
e com fiel coração,
entre jejuns e vigílias,
fiéis à santa oração.

Do mundo a glória pisaram,
firmando a mente no bem.
E, na perfeita justiça,
dos céus subiram além.

Em sua casa fizeram
brilhar as santas ações.
Seu prêmio agora recebem
de Deus nas altas mansões.

Honra, poder, majestade
ao Uno e Trino Senhor.
Ouvindo as preces das santas,
nos una aos santos no Amor.

Ofício das Leituras

Salmodia

Ant. 1 Palavras **sábias** proferiram os seus **lábios**,
 e sua **língua** obedeceu à lei do **amor** (T.P. Aleluia).

Salmo 18(19)A

– [2] Os céus pro**cla**mam a **gló**ria do Se**nhor**, *
 e o firma**men**to, a obra de suas mãos;
– [3] o dia ao **dia** transmite esta mensagem, *
 a noite à **noi**te publica esta notícia.

– [4] Não são dis**cur**sos nem frases ou palavras, *
 nem são **vo**zes que possam ser ouvidas;
– [5] seu som res**soa** e se espalha em toda a terra, *
 chega aos con**fins** do universo a sua voz.

– [6] Armou no **al**to uma tenda para o sol; *
 ele des**pon**ta no céu e se levanta
– como um es**po**so do quarto nupcial, *
 como um he**rói** exultante em seu caminho.

– [7] De um ex**tre**mo do céu põe-se a correr *
 e vai tra**çan**do o seu rastro luminoso,
– até que **pos**sa chegar ao outro extremo, *
 e nada **po**de fugir ao seu calor.

Ant. Palavras **sábias** proferiram os seus **lábios**,
 e sua **língua** obedeceu à lei do **amor** (T.P. Aleluia).

Ant. 2 As **san**tas mulheres em **Deus** confiaram
 e a **ele** cantaram em **seu** cora**ção** (T.P. Aleluia).

Salmo 44(45)

I

= [2] Trans**bor**da um poema do **meu** cora**ção**; †
 vou can**tar**-vos, ó Rei, esta **minha** canção; *
 minha **língua** é qual pena de um **ágil** escriba. –

Comum das santas mulheres

= ³Sois tão **belo**, o mais belo entre os **filhos** dos homens! †
Vossos **lábios** espalham a **graça**, o encanto, *
porque **Deus**, para sempre, vos **deu** sua bênção.

— ⁴**Levai** vossa espada de **glória** no flanco, *
her**ói** valoroso, no **vosso** esplendor;

— ⁵sa**í** para a luta no **carro** de guerra *
em defesa da fé, da justiça e verdade!

= Vossa **mão** vos ensine val**entes** proezas, †
⁶vossas **flechas** agudas ab**atam** os povos *
e firam no seu cora**ção** o inimigo!

= ⁷Vosso **trono**, ó Deus, é e**terno**, é sem fim; †
vosso **cetro** real é si**nal** de justiça: *
⁸Vós **amais** a justiça e odi**ais** a maldade.

= É por **isso** que Deus vos un**giu** com seu óleo, †
deu-vos **mais** alegria que aos **vossos** amigos. *
⁹Vossas **vestes** exalam preciosos perfumes.

— De eb**úrneos** palácios os **sons** vos deleitam. *
¹⁰As **filhas** de reis vêm ao **vosso** encontro,

— e à **vos**sa direita se en**contra** a rainha *
com **veste** esplendente de **ouro** de Ofir.

Ant. As **san**tas mulheres em **Deus** confiaram
e a **ele** cantaram em **seu** cora**ção** (T.P. Aleluia).

Ant. 3 Na **celeste** mansão, do **Senhor** se aproximam
entre **cantos** de **festa** e com **grande** alegria
(T.P. Aleluia).

II

— ¹¹Escu**tai**, minha **filha**, olhai, ouvi **isto**: *
"Esque**cei** vosso povo e a **casa** paterna!

— ¹²Que o **Rei** se en**cante** com **vossa** beleza! *
Prestai-lhe homenagem: é **vosso** Senhor!

— ¹³O **povo** de Tiro vos **traz** seus presentes, *
os **grandes** do povo vos **pedem** favores.

Ofício das Leituras

1891

– [14] Majestosa, a princesa real vem chegando, *
vestida de ricos brocados de ouro.

– [15] Em vestes vistosas ao Rei se dirige, *
e as virgens amigas lhe formam cortejo;

– [16] entre cantos de festa e com grande alegria, *
ingressam, então, no palácio real".

– [17] Deixareis vossos pais, mas tereis muitos filhos; *
fareis deles os reis soberanos da terra.

– [18] Cantarei vosso nome de idade em idade, *
para sempre haverão de louvar-vos os povos!

Ant. Na celeste mansão, do Senhor se aproximam
entre cantos de festa e com grande alegria
(T.P. Aleluia).

V. Que vos agrade o cantar dos meus lábios (T.P. Aleluia).
R. Que ele chegue até vós, meu Rochedo e meu Redentor!
(T.P. Aleluia).

Primeira leitura

Toma-se a leitura mais apropriada dentre as que se encontram no
Comum dos Santos homens, p. 1860-1865.

Ou, para uma santa que viveu no matrimônio:

Do Livro dos Provérbios

31,10-31

A mulher que teme a Deus

[10] Uma mulher forte, quem a encontrará?
Ela vale muito mais do que as jóias.
[11] Seu marido confia nela plenamente,
e não terá falta de recursos.
[12] Ela lhe dá só alegria e nenhum desgosto,
todos os dias de sua vida.
[13] Procura lã e linho,
e com habilidade trabalham as suas mãos.
[14] É semelhante ao navio do mercador
que importa de longe a provisão.

Comum das santas mulheres

[15]Ela se levanta, ainda de noite,
para alimentar a família e dar ordens às empregadas.
[16]Examina a um terreno e o compra,
e com o ganho das suas mãos planta uma vinha.
[17]Cinge a cintura com firmeza,
e redobra a força dos seus braços.
[18]Sabe que os negócios vão bem,
e de noite sua lâmpada não se apaga.
[19]Estende a mão para a roca
e seus dedos seguram o fuso.
[20]Abre suas mãos ao necessitado
e estende suas mãos ao pobre.
[21]Se neva, não teme pela casa,
porque todos os criados vestem roupas forradas.
[22]Tece roupas para o seu uso,
e veste-se de linho e púrpura.
[23]Seu marido é respeitado, no tribunal,
quando se assenta entre os anciãos da cidade.
[24]Fabrica tecidos para vender,
e fornece cinturões ao comerciante.
[25]Fortaleza e dignidade são seus adornos
e sorri diante do futuro.
[26]Abre a boca com sabedoria,
e sua língua ensina com bondade.
[27]Supervisiona o andamento da sua casa,
e não come o pão na ociosidade.
[28]Seus filhos levantam-se para felicitá-la,
seu marido, para fazer-lhe elogios:
[29]"Muitas mulheres são fortes,
tu, porém, a todas ultrapassas!"
[30]O encanto é enganador e a beleza é passageira;
a mulher que teme ao Senhor, essa, sim, merece louvor.
[31]Proclamem o êxito de suas mãos,
e na praça louvem-na as suas obras!

Ofício das Leituras

Responsório cf. Pr 31,17.18; cf. Sl 45(46),6

R. Eis **aqui** a mu**lher** que é perfe**i**ta,
revestida da **força** de **Deus**.
 * Sua **luz** não se ap**a**ga de **noi**te (T.P. Aleluia).
V. O Se**nhor** a susten**ta** com a **luz** de sua **face**.
Quem a **po**de aba**lar**? Deus es**tá** junto a **e**la.
 * Sua **luz**.

Ou outra para uma santa que viveu no matrimônio:

Da Primeira Carta de São Pedro 3,1-6.8-17
Santificai em vossos corações o Senhor Jesus Cristo

[1] Esposas, submetei-vos aos vossos maridos. Assim, os que ainda não obedecem à Palavra poderão ser conquistados, mesmo sem discursos, pelo comportamento de suas esposas, [2] ao observarem a sua conduta casta e respeitosa. [3] O vosso adorno não consista em coisas externas, tais como cabelos trançados, joias de ouro, vestidos luxuosos, [4] mas na personalidade que se esconde no vosso coração, marcada pela estabilidade de um espírito suave e sereno, coisa preciosa diante de Deus. [5] Era assim que se adornavam, outrora, as santas mulheres que colocavam sua esperança em Deus: eram submissas aos seus maridos. [6] Deste modo, Sara obedeceu a Abraão chamando-o seu senhor. Vós vos tornareis filhas de Sara, se praticardes o bem, sem vos deixardes intimidar por ninguém.

[8] Finalmente, sede todos unânimes, compassivos, fraternos, misericordiosos e humildes. [9] Não pagueis o mal com o mal, nem ofensa com ofensa. Ao contrário, abençoai, porque para isto fostes chamados: para serdes herdeiros da bênção.

[10] De fato, quem quer amar a vida e ver dias felizes, guarde a sua língua do mal e seus lábios de falar mentiras. [11] Afaste-se do mal e faça o bem, busque a paz e procure segui-la. [12] Pois os olhos do Senhor repousam nos justos e

seus ouvidos estão atentos à sua prece, mas o rosto do Senhor volta-se contra os malfeitores. [13]Ora quem é que vos fará mal, se vos esforçais para fazer o bem? [14]Mas também, se tiverdes que sofrer por causa da justiça, sereis felizes. Não tenhais medo de suas intimidações, nem vos deixeis perturbar. [15]Antes, santificai em vossos corações o Senhor Jesus Cristo, e estai sempre prontos a dar razão da vossa esperança a todo aquele que vo-la pedir. [16]Fazei-o, porém, com mansidão e respeito e com boa consciência. Então, se em alguma coisa fordes difamados, ficarão com vergonha aqueles que ultrajam o vosso bom procedimento em Cristo. [17]Pois será melhor sofrer praticando o bem, se esta for a vontade de Deus, do que praticando o mal.

Responsório   Fl 2,2.3.4; 1Ts 5,14-15

R. Rende **amor**, conside**ran**do cada **um**
    aos **ou**tros superi**o**res a si **mes**mo.
*Não cui**dan**do cada **um** só da**qui**lo que é **seu,**
    mas tam**bém** do que é dos **ou**tros (T.P. Ale**lui**a).
V. Ampa**rai** os que são **fra**cos, sede com **to**dos paci**en**tes,
    bus**cai** constante**men**te o bem dos **ou**tros e de **to**dos.
    *Não cui**dan**do.

Segunda leitura

Toma-se a leitura mais apropriada dentre as que se encontram no Comum dos Santos homens, p. 1865-1869.
Nas solenidades e festas diz-se o HINO Te Deum, p. 949.
Oração como nas Laudes.

Laudes

Hino

Para uma santa mulher:

Na nobre serva de Cristo
com grande esplendor brilhou
da mulher forte a beleza,
que a Santa Bíblia cantou.

Viveu a fé, a esperança
e a caridade integral,
raiz das obras perfeitas
de puro amor fraternal.

Por suas preces movido,
Jesus, salvai os culpados,
e assim a vós louvaremos
de corações renovados.

Glória e poder a Deus Pai,
do qual o mundo provém,
a vós, ó Cristo, e ao Espírito,
agora e sempre. Amém.

Para várias santas mulheres:

Nas nobres servas de Cristo
com grande esplendor brilhou
da mulher forte a beleza,
que a Santa Bíblia cantou.

Não teve o mundo em seus laços
as que só Deus procuraram,
e o odor de Jesus Cristo
por toda parte espalharam.

A alma e o corpo domando
pelo jejum e a oração,
os bens que passam deixaram
por uma eterna mansão.

Louvor e poder a Deus Pai,
que o mundo inteiro governa
e reserva para os seus
a glória da vida eterna.

Ant. 1 Minh'**alma** se a**garra** em **vós**,
com po**der** vossa **mão** me susten**ta** (T.P. Aleluia).

Salmos e cântico do domingo da I Semana, p. 982.

Ant. 2 A **mão** do **Senhor** vos dá **força**,
vós se**reis** para **sem**pre ben**dita!** (T.P. Aleluia).

Ant. 3 E**xulto** de ale**gria** pelo **vosso** grande **amor!**
(T.P. Aleluia).

Leitura breve Rm 12,1-2

Pela misericórdia de Deus, eu vos exorto, irmãos, a vos oferecerdes em sacrifício vivo, santo e agradável a Deus: Este é
o vosso culto espiritual. Não vos conformeis com o mundo,
mas transformai-vos, renovando vossa maneira de pensar e
de julgar, para que possais distinguir o que é da vontade de
Deus, isto é, o que é bom, o que lhe agrada, o que é perfeito.

Responsório breve

Na Quaresma:

R. O **Senhor** a susten**ta**
*Com a **luz** de sua **face**. R. O **Senhor**.
V. Quem a **pode** aba**lar?** Deus es**tá** junto a ela.
*Com a **luz**. Glória ao **Pai**. R. O **Senhor**.

No Tempo pascal:

R. O **Senhor** a susten**ta** com a **luz** de sua **face**.
*Ale**luia**, ale**luia**. R. O **Senhor**.
V. Quem a **pode** aba**lar?** Deus es**tá** junto a ela.
Aleluia*. Glória ao **Pai. R. O **Senhor**.

Cântico evangélico, ant.

O **Reino** dos **Céus** é seme**lhan**te
ao compra**dor** de raras **pérolas** preciosas;

Laudes

1897

quando encontra a mais bela entre todas,
vende tudo o que possui para comprá-la (T.P. Aleluia).

Preces

Juntamente com todas as santas mulheres, louvemos, irmãos, nosso Salvador; e peçamos:
R. **Vinde, Senhor Jesus!**

Senhor Jesus, que perdoastes à mulher pecadora todos os seus pecados porque ela muito amou,
– perdoai-nos também os nossos muitos pecados. R.

Senhor Jesus, a quem as santas mulheres serviam em vossas jornadas,
– concedei-nos seguir fielmente os vossos passos. R.

Senhor Jesus, Mestre a quem Maria escutava, enquanto Marta vos servia,
– concedei-nos também vos servirmos na fé e na caridade. R.

Senhor Jesus, que chamastes irmão, irmã e mãe a todos aqueles que cumprem a vontade do Pai,
– fazei que sempre vos agrademos em palavras e ações. R. (intenções livres)

Pai nosso...

Oração

Não havendo oração própria, diz-se uma das seguintes:

Ó Deus, que nos alegrais cada ano com a festa de santa N., fazei-nos, venerando sua memória, seguir o exemplo de sua vida. Por nosso Senhor Jesus Cristo, vosso Filho, na unidade do Espírito Santo.

Ou:

Concedei-nos, ó Deus, a sabedoria e o amor que inspirastes à vossa filha santa N., para que, seguindo seu exemplo de fidelidade, nos dediquemos ao vosso serviço, e vos agrademos pela fé e pelas obras. Por nosso Senhor Jesus Cristo, vosso Filho, na unidade do Espírito Santo.

1898

Comum das santas mulheres

Para várias santas mulheres:

Ó Deus todo-poderoso, pelas preces das santas N. e N., que nos deixaram em suas vidas um exemplo admirável, concedei-nos os auxílios celestes. Por nosso Senhor Jesus Cristo, vosso Filho, na unidade do Espírito Santo.

Para uma santa religiosa:

Ó Deus, concedei-nos, pelas preces de santa N., a quem destes perseverar na imitação do Cristo pobre e humilde, seguir a nossa vocação com fidelidade e chegar àquela perfeição que nos propusestes em vosso Filho. Que convosco vive e reina, na unidade do Espírito Santo.

Para uma santa que se dedicou às obras de caridade:

Ó Pai, como ensinastes à vossa Igreja que todos os mandamentos se resumem em amar a Deus e ao próximo, concedei-nos, a exemplo de santa N., praticar obras de caridade, para sermos contados entre os benditos do vosso Reino. Por nosso Senhor Jesus Cristo, vosso Filho, na unidade do Espírito Santo.

Para uma santa educadora:

Ó Deus, que suscitastes santa N. na vossa Igreja, para mostrar ao próximo o caminho da salvação, concedei-nos seguir também o Cristo, nosso Mestre, e chegar até vós com nossos irmãos. Por nosso Senhor Jesus Cristo, vosso Filho, na unidade do Espírito Santo.

Hora Média

Nos Salmos graduais, em lugar do Salmo 121(122), pode-se dizer o Salmo 128(129), à p. 1369, e, em lugar do Salmo 126(127), o *Salmo 130(131)*, à p. 1238.

Oração das Nove Horas

Ant. Derrama**rei** meu Es**pí**rito sobre meus **ser**vos e **ser**vas. (T.P. **Aleluia**).

Hora Média

Leitura breve Gl 6,7b-8

O que o homem tiver semeado, é isso que vai colher. Quem semeia na sua própria carne colherá corrupção. Quem semeia no espírito, do espírito colherá a vida eterna.

V. Feliz o **ho**mem sem pe**ca**do em seu **ca**minho
    (T.P. **Ale**luia).
R. Que na **Lei** do Senhor **Deus** vai progre**din**do
    (T.P. Aleluia).

Oração das Doze Horas

Ant. Meu cora**ção** e minha **car**ne rejubilam
    e e**xul**tam de alegria no Deus **vivo** (T.P. **Ale**luia).

Leitura breve 1Cor 9,26-27a

Por isso, eu corro, mas não à toa. Eu luto, mas não como quem dá murros no ar. Trato duramente o meu corpo e o subjugo.

V. Encon**trei** o grande a**mor** da minha **vida** (T.P. **Ale**luia).
R. Vou guar**dá**-lo para **sem**pre junto a **mim** (T.P. Aleluia).

Oração das Quinze Horas

Ant. Eu sou **to**da do Se**nhor**, e o Se**nhor** é todo **meu**
    (T.P. Aleluia).

Leitura breve Fl 4,8.9b

Irmãos, ocupai-vos com tudo o que é verdadeiro, respeitável, justo, puro, amável, honroso, tudo o que é virtude ou de qualquer modo mereça louvor. Assim o Deus da paz estará convosco.

V. Eu **que**ro can**tar** os meus **hi**nos a **Deus** (T.P. **Ale**luia).
R. Desejo tri**lhar** o caminho do **bem** (T.P. Aleluia).
Oração como nas Laudes.

II Vésperas

Hino

Para uma santa mulher:

Louvor à mulher forte,
firme de coração.
Em glória e santidade
refulge o seu clarão.

Calcando aos pés o mundo
das coisas transitórias,
por santo amor ferida,
caminha para a glória.

Domina por jejuns
da carne a rebeldia.
O pão da prece nutre
sua alma de alegria.

Só vós fazeis prodígios,
ó Cristo, Rei dos fortes.
A prece desta santa
na luta nos conforte.

Jesus, a vós a glória!
A nós guiai também,
com vossa humilde serva,
à vida eterna. Amém.

Para várias santas mulheres:

Ó Cristo, autor dos seres,
que a tudo governais,
daqueles que vos louvam
as culpas apagais.

Guardais em vasos frágeis
as pedras preciosas.
Mulheres muito fracas
tornastes valorosas.

II Vésperas

Sensíveis, delicadas,
mas fortes pelo amor,
recebem a coroa
no Reino do Senhor.

Ao Pai e ao Filho glória,
e ao seu Amor também,
poder, louvor, vitória
agora e sempre. Amém.

Salmodia

Ant. 1 Vossa **ser**va, ó **Se**nhor,
exul**tou** de ale**gri**a pela **vo**ssa salva**ção** (T.P. Aleluia).

Salmo 121(122)

— ¹ Que ale**gri**a, quando ou**vi** que me di**sse**ram: *
"**Va**mos à **ca**sa do **Se**nhor!"

— ² E a**go**ra nossos pés já se de**têm**, *
Jerusa**lém**, em tuas portas.

— ³ Jerusa**lém**, cidade bem edificada *
num con**jun**to harmonioso;

— ⁴ para **lá** sobem as tribos de Israel, *
as **tri**bos do Senhor.

— Para lou**var**, segundo a lei de Israel, *
o **no**me do Senhor.

— ⁵ A **se**de da justiça lá está *
e o **tro**no de Davi.

— ⁶ Ro**gai** que viva em paz Jerusalém, *
e em segu**ran**ça os que te amam!

— ⁷ Que a **paz** habite dentro de teus muros, *
tranquili**da**de em teus palácios!

— ⁸ Por a**mor** a meus irmãos e meus amigos, *
peço: "A **paz** esteja em ti!"

— ⁹ Pelo a**mor** que tenho à casa do Senhor, *
eu te de**se**jo todo bem!

Comum das santas mulheres

Ant. Vossa **serva**, ó S**enhor**,
exul**tou** de ale**gria** pela **vos**sa salva**ção** (T.P. Ale**luia**).

Ant. 2 Como ali**cerce** sobre a **rocha** inabal**ável**,
foi a pala**vra** do S**enhor** em sua **vida** (T.P. Ale**luia**).

Salmo 126(127)

— ¹Se o S**enhor** não constru**ir** a nossa **casa**, *
em **vão** trabalharão seus construtores;
— se o S**enhor** não vigiar nossa cidade, *
em **vão** vigiarão as sentinelas!
— ²É in**út**il levantar de madrugada, *
ou à **noi**te retardar vosso repouso,
— para ga**nhar** o pão sofrido do trabalho, *
que a seus a**mados** Deus concede enquanto dormem.
— ³Os **fi**lhos são a bênção do Senhor, *
o **fru**to das entranhas, sua dádiva.
— ⁴Como **fle**chas que um guerreiro tem na **mão**, *
são os **fi**lhos de um casal de esposos jovens.
— ⁵**Feliz** aquele pai que com tais flechas *
consegue abastecer a sua aljava!
— Não se**rá** envergonhado ao enfrentar *
seus ini**mi**gos junto às portas da cidade.

Ant. Como ali**cerce** sobre a **rocha** inabal**ável**,
foi a pala**vra** do S**enhor** em sua **vida** (T.P. Ale**luia**).

Ant. 3 A **mão** do S**enhor** vos dá **força**.
vós se**reis** para **sempre** bendita! (T.P. Ale**luia**).

Cântico   Ef 1,3-10

— ³Bendito e louva**do** seja **Deus**, *
o **Pai** de Jesus Cristo, Senhor nosso,
— que do alto **céu** nos abençoou em Jesus Cristo *
com **bên**ção espiritual de toda sorte!

II Vésperas

1903

(R. **Bendito** sejais **vós**, nosso **Pai**,
que **nos** abençoastes em **Cris**to!)

— [4] Foi em **Cris**to que Deus Pai nos escolheu, *
já bem **an**tes de o mundo ser criado,

— para que **fôs**semos, perante a sua face, *
sem **má**cula e santos pelo amor. (R.)

= [5] Por **li**vre decisão de sua vontade, †
predesti**nou**-nos, através de Jesus Cristo, *
a sermos **ne**le os seus filhos adotivos,

— [6] para o lou**vor** e para a glória de sua graça, *
que em seu **Fi**lho bem-amado nos doou. (R.)

— [7] É **ne**le que nós temos redenção, *
dos pe**ca**dos remissão pelo seu sangue.

= Sua **gra**ça transbordante e inesgotável †
[8] Deus de**rra**ma sobre nós com abundância, *
de sa**ber** e inteligência nos dotando. (R.)

— [9] E as**sim**, ele nos deu a conhecer *
o mis**té**rio de seu plano e sua vontade,

— que propu**se**ra em seu querer benevolente, *
[10] na pleni**tu**de dos tempos realizar:

— o de**síg**nio de, em Cristo, reunir *
todas as **coi**sas: as da terra e as do céu. (R.)

Ant. A **mão** do Se**nhor** vos dá **for**ça.
vós se**reis** para **sem**pre ben**di**ta! (T.P. Ale**lui**a).

Leitura breve   Rm 8,28-30

Sabemos que tudo contribui para o bem daqueles que amam
a Deus, daqueles que são chamados para a salvação, de
acordo com o projeto de Deus. Pois aqueles que Deus contemplou com seu amor desde sempre, a esses ele predestinou a serem conformes à imagem de seu Filho, para que
este seja o primogênito numa multidão de irmãos. E aqueles
que Deus predestinou, também os chamou. E aos que cha-

mou, também os tornou justos; e aos que tornou justos, também os glorificou.

Responsório breve

Na Quaresma:

R. O **Senhor** a esco**lheu**,
  *Entre **to**das prefe**ri**da. R. O **Se**nhor.
V. O **Se**nhor a fez mo**rar** em sua **san**ta habita**ção**.
    *Entre **to**das. Glória ao **Pai**. R. O **Se**nhor.

No Tempo pascal:

R. O **Se**nhor a esco**lheu**, entre **to**das prefe**ri**da.
  *Aleluia, ale**lui**a. R. O **Se**nhor.
V. O **Se**nhor a fez mo**rar** em sua **san**ta habita**ção**.
    *Aleluia. Glória ao **Pai**. R. O **Se**nhor.

Cântico evangélico, ant.

Exulta no **Se**nhor meu cora**ção**
e minh'**al**ma se eleva para **Deus**,
porque me a**le**gro com a **vos**sa salva**ção** (T.P. Aleluia).

Preces

Por intercessão das santas mulheres, peçamos ao Senhor em favor da Igreja; e digamos:

R. **Lembrai-vos, Senhor, da vossa Igreja!**

Por intercessão das santas mártires, que venceram a morte do corpo com o vigor do espírito,
—concedei à vossa Igreja a fortaleza nas provações. R.

Por intercessão das santas casadas, que progrediram em graça na vida matrimonial,
—concedei à vossa Igreja a fecundidade apostólica. R.

Por intercessão das santas viúvas, que superaram e santificaram sua solidão mediante a oração e a hospitalidade,
—concedei à vossa Igreja que manifeste perante o mundo o mistério da vossa caridade. R.

II Vésperas 1905

Por intercessão das santas mães, que geraram filhos para o
Reino de Deus e para a sociedade humana,
— concedei à vossa Igreja que transmita a vida divina e a
salvação a toda a humanidade. R.
(intenções livres)

Por intercessão de todas as santas mulheres, que já merece-
ram contemplar a luz da vossa face,
— concedei aos irmãos e irmãs falecidos de vossa Igreja a
eterna alegria da mesma visão. R.

Pai nosso...

Oração

Não havendo oração própria, diz-se uma das seguintes:

Ó Deus, que nos alegrais cada ano com a festa de santa
N., fazei-nos, venerando sua memória, seguir o exemplo
de sua vida. Por nosso Senhor Jesus Cristo, vosso Filho, na
unidade do Espírito Santo.

Ou:

Concedei-nos, ó Deus, a sabedoria e o amor que inspirastes
à vossa filha santa N., para que, seguindo seu exemplo de
fidelidade, nos dediquemos ao vosso serviço, e vos agrade-
mos pela fé e pelas obras. Por nosso Senhor Jesus Cristo,
vosso Filho, na unidade do Espírito Santo.

Para várias santas mulheres:

Ó Deus todo-poderoso, pelas preces das santas N. e N., que
nos deixaram em suas vidas um exemplo admirável, concedei-nos os auxílios celestes. Por nosso Senhor Jesus Cristo,
vosso Filho, na unidade do Espírito Santo.

Para uma santa religiosa:

Ó Deus, concedei-nos, pelas preces de santa N., a quem
destes perseverar na imitação do Cristo pobre e humilde,
seguir a nossa vocação com fidelidade e chegar àquela perfeição que nos propusestes em vosso Filho. Que convosco
vive e reina, na unidade do Espírito Santo.

Para uma santa que se dedicou às obras de caridade:
Ó Pai, como ensinastes à vossa Igreja que todos os mandamentos se resumem em amar a Deus e ao próximo, concedei-nos, a exemplo de santa N., praticar obras de caridade, para sermos contados entre os benditos do vosso Reino. Por nosso Senhor Jesus Cristo, vosso Filho, na unidade do Espírito Santo.

Para uma santa educadora:
Ó Deus, que suscitastes santa N. na vossa Igreja, para mostrar ao próximo o caminho da salvação, concedei-nos seguir também o Cristo, nosso Mestre, e chegar até vós com nossos irmãos. Por nosso Senhor Jesus Cristo, vosso Filho, na unidade do Espírito Santo.

PARA SANTOS RELIGIOSOS E
SANTAS RELIGIOSAS

Como no Comum dos santos homens, p. 1851, ou das santas mulheres, p. 1882, exceto o seguinte:

I Vésperas

HINO Senhor, a vós cantamos, como nas II Vésperas, p. 1912.

Cântico evangélico, ant.
Quem **não** renunci**ar** a tudo a**qui**lo que pos**sui**,
não pode **ser** o meu dis**cí**pulo (T.P. Ale**lui**a).

Para um santo religioso:
Sobre **este** desce a **bên**ção do **Se**nhor
e a recom**pen**sa de seu **Deus** e Salva**dor**;
porque **esta** é a gera**ção** dos que o pro**cu**ram (T.P. Ale**lui**a).

Para uma santa religiosa:
O **Se**nhor a despo**sou** com seu **amor** sempre fi**el**
(T.P. Ale**lui**a).

Oração

Não havendo oração própria, diz-se uma das seguintes:

Ó Deus, concedei-nos, pelas preces de são (santa) N., a quem destes perseverar na imitação do Cristo pobre e humilde, seguir a nossa vocação com fidelidade e chegar àquela perfeição que nos propusestes em vosso Filho. Que convosco vive e reina, na unidade do Espírito Santo.

Para um santo abade:

Ó Deus, que nos destes no santo abade N., um testemunho de perfeição evangélica, fazei-nos, em meio às agitações deste mundo, fixar os corações nos bens eternos. Por nosso Senhor Jesus Cristo, vosso Filho, na unidade do Espírito Santo.

Invitatório

R. Adoremos o Senhor, admirável nos seus santos (T.P. Aleluia).

Ou:

R. Na festa de são (sto./sta.) N., celebremos o Senhor (T.P. Aleluia).

Salmo invitatório como no Ordinário, p. 944.

Ofício das Leituras

HINO Senhor, a vós cantamos, como nas II Vésperas, p. 1912.

Primeira leitura

Da Carta de São Paulo aos Efésios 4,1-24

A cada um é dada a graça para edificar o corpo de Cristo

Irmãos: ¹Eu, prisioneiro no Senhor, vos exorto a caminhardes de acordo com a vocação que recebestes: ²Com toda a humildade e mansidão, suportai-vos uns aos outros com paciência, no amor. ³Aplicai-vos a guardar a unidade do espírito pelo vínculo da paz. ⁴Há um só Corpo e um só

Espírito, como também é uma só a esperança à qual fostes chamados. [5]Há um só Senhor, uma só fé, um só batismo, [6]um só Deus e Pai de todos, que reina sobre todos, age por meio de todos e permanece em todos.

[7]Cada um de nós recebeu a graça na medida em que Cristo lha deu. [8]Daí esta palavra:
"Tendo subido às alturas,
ele capturou prisioneiros,
e distribuiu dons aos homens".

[9]"Ele subiu"! Que significa isso, senão que ele desceu também às profundezas da terra. [10]Aquele que desceu é o mesmo que subiu mais alto do que todos os céus, a fim de encher o universo.

[11]E foi ele quem instituiu alguns como apóstolos, outros como profetas, outros ainda como evangelistas, outros, enfim, como pastores e mestres. [12]Assim, ele capacitou os santos para o ministério, para edificar o corpo de Cristo, [13]até que cheguemos todos juntos à unidade da fé e do conhecimento do Filho de Deus, ao estado do homem perfeito e à estatura de Cristo em sua plenitude. [14]Assim, não seremos mais crianças ao sabor das ondas, arrastados por todo vento de doutrina, ludibriados pelos homens e induzidos por sua astúcia ao erro. [15]Motivados pelo amor queremos ater-nos à verdade e crescer em tudo até atingirmos aquele que é a Cabeça, Cristo. [16]Graças a ele, o corpo, coordenado e bem unido, por meio de todas as articulações que o servem, realiza o seu crescimento, segundo uma atividade à medida de cada membro, para a sua edificação no amor.

[17]Eis pois o que eu digo e atesto no Senhor: não continueis a viver como vivem os pagãos, cuja inteligência os *leva para o nada*. [18]*O* seu pensamento é presa das trevas e eles são estranhos à vida de Deus, por causa da ignorância que é produzida pelo endurecimento do seu coração. [19]Em sua inconsciência, eles entregaram-se à devassidão, a ponto de caírem em imoralidade desenfreada.

Ofício das Leituras

^{20}Quanto a vós, não é assim que aprendestes Cristo, ^{21}se ao menos foi bem ele que ouvistes falar, e se é ele que vos foi ensinado, em conformidade com a verdade que está em Jesus. ^{22}Renunciando à vossa existência passada, despojai--vos do homem velho, que se corrompe sob o efeito das paixões enganadoras, ^{23}e renovai o vosso espírito e a vossa mentalidade. ^{24}Revesti o homem novo, criado à imagem de Deus, em verdadeira justiça e santidade.

Responsório   Mt 19,29.27

R. Todo aquele que deixar, por causa do meu nome,
    pai e mãe, irmãos, irmãs, esposa, filhos, casa e terras,
  * Receberá cem vezes mais
    e terá a vida eterna (T.P. Aleluia).
V. Eis que nós deixamos tudo, ó Senhor, e te seguimos;
    o que vamos receber? * Receberá.

Ou, para uma santa monja: Lc 10,42.39

R. Uma só coisa é necessária:
  * Ela escolheu a melhor parte,
    que ela nunca perderá (T.P. Aleluia).
V. Assentada aos pés do Mestre, Maria o escutava.
    * Ela escolheu.

Segunda leitura

Das Homilias sobre os Evangelhos, de São Gregório Magno, papa

(Lib. 2, hom. 36, 11-13: PL 76, 1272-1274)   (Séc.V)

No mundo, mas não do mundo

Desejaria exortar-vos a deixar tudo, mas não me atrevo. Se não podeis deixar as coisas do mundo, fazei uso delas de tal modo que não vos prendam a ele, possuindo os bens terrenos sem deixar que vos possuam. Tudo o que possuís esteja sob o domínio do vosso espírito, para que não fiqueis presos pelo amor das coisas terrenas, sendo por elas dominados.

Usemos as coisas temporais, mas desejemos as eternas. As coisas temporais sejam simples ajuda para a caminhada, mas as eternas, o termo do vosso peregrinar. Tudo o que se passa neste mundo seja considerado como acessório. Que o olhar do nosso espírito se volte para frente, fixando-nos firmemente nos bens futuros que esperamos alcançar.

Extirpemos radicalmente os vícios, não só das nossas ações mas também dos pensamentos. Que o prazer da carne, o ardor da cobiça e o fogo da ambição não nos afastem da Ceia do Senhor! Até as coisas boas que realizamos no mundo, não nos apeguemos a elas, de modo que as coisas agradáveis sirvam ao nosso corpo sem prejudicar o nosso coração.

Por isso, irmãos, não ousamos dizer-vos que deixeis tudo. Entretanto, se o quiserdes, mesmo possuindo-as, deixareis todas as coisas se tiverdes o coração voltado para o alto. Pois quem põe a serviço da vida todas as coisas necessárias, sem ser por elas dominado, usa do mundo como se dele não usasse. Tais coisas estão ao seu serviço, mas sem perturbar o propósito de quem aspira às do alto. Os que assim procedem têm à sua disposição tudo o que é terreno, não como objeto de sua ambição, mas de sua utilidade. Por conseguinte, nada detenha o desejo do vosso espírito, nenhuma afeição vos prenda a este mundo.

Se amarmos o que é bom, deleite-se o nosso espírito com bens ainda melhores, isto é, os bens celestes. Se tememos o mal, ponhamos diante dos olhos os males eternos. Desse modo, contemplando na eternidade o que mais devemos amar e o que mais devemos temer, não nos deixaremos prender ao que existe na terra.

Para assim procedermos, contamos com o auxílio do Mediador entre Deus e os homens. Por meio dele logo obteremos tudo, se amarmos realmente aquele que, sendo Deus, vive e reina com o Pai e o Espírito Santo, pelos séculos dos séculos. Amém.

Laudes

1911

Responsório   1Cor 7,29.30.31;2,12

R. Meus ir**mãos**, o tempo é **breve**.
Os que se a**legram** sejam, **pois**,
como se **não** se ale**grass**em;
os que **u**sam deste **mun**do, como se **dele** não u**sass**em,
* Porque **passa** a apa**rên**cia pere**cí**vel deste **mun**do
(T.P. Ale**luia**).

V. Nós, po**rém**, não rece**bemos** o es**pí**rito do **mun**do.
* Porque **passa**.

Nas solenidades e festas diz-se o HINO Te Deum, p. 949.

Oração como nas Laudes.

Laudes

Hino

Jesus Cristo, ternura de Deus,
por quem somos votados ao Pai,
pelos ternos acenos do Espírito,
nossas almas na graça guiai.

Aos nascidos do Deus verdadeiro,
pela água na fonte lavados,
quereis ver darem frutos de graça,
pelo amor com que foram amados.

Vós chamais, e os chamados acorrem,
deixam tudo, ao fulgor desta luz,
e vos seguem, em busca do Pai,
pelos régios caminhos da cruz.

Este(a) santo(a), com todas as forças,
quis a vós se unir pelo amor.
Da virtude as mais altas montanhas
procurou escalar com ardor.

A Deus Pai, e a Jesus, Cristo Rei,
e ao Espírito, perene louvor.
Cem por um dais, ó Deus, para o pobre
que deu pouco, porém, com amor.

1912

Para santos e santas religiosos

Cântico evangélico, ant.

Quem **faz** a vontade do meu **Pai**,
é meu ir**mão,** minha ir**mã** e minha **mãe** (T.P. Ale**luia**).

Ou:

O Se**nhor** é a minha he**rança,**
ele é **bom** pra quem o **busca** (T.P. Ale**luia**).

Oração

Não havendo oração própria, diz-se uma das seguintes:

Ó Deus, concedei-nos, pelas preces de são (santa) N., a quem destes perseverar na imitação do Cristo pobre e humilde, seguir a nossa vocação com fidelidade e chegar àquela perfeição que nos propusestes em vosso Filho. Que convosco vive e reina, na unidade do Espírito Santo.

Para um santo abade:

Ó Deus, que nos destes no santo abade N., um testemunho de perfeição evangélica, fazei-nos, em meio às agitações deste mundo, fixar os corações nos bens eternos. Por nosso Senhor Jesus Cristo, vosso Filho, na unidade do Espírito Santo.

II Vésperas

Hino

Senhor, a vós cantamos
um hino de louvor,
louvando o(a) vosso(a) santo(a)
perfeito(a) servidor(a).

Fiel seguiu a Cristo,
deixando as alegrias,
riquezas e prazeres
que o mundo oferecia.

Humilde, obediente,
a vós se consagrou;

Para os que se dedicaram às obras de caridade   1913

do corpo a castidade
por Cristo conservou.

Buscou a vossa glória,
unido (a) a vós somente,
com todo o ser entregue
do amor ao fogo ardente.

A vós na terra preso (a)
por grande caridade,
no céu, feliz, triunfa
por toda a eternidade.

Seguindo o seu exemplo,
possamos caminhar
e um dia, a vós, Trindade,
louvor sem fim cantar.

Cântico evangélico, ant.
Vós que **tudo** abando**nastes** e me se**guistes**,
rece**bereis** cem vezes **mais** e a vida e**terna** (T.P. Ale**luia**).

Ou:
Onde, **unidos** os ir**mãos**, louvam a **Deus**,
ali também, o Se**nhor** dá sua **bênção** (T.P. Ale**luia**).

Oração como nas Laudes.

PARA OS SANTOS E AS SANTAS QUE SE DEDICARAM ÀS OBRAS DE CARIDADE

Como no Comum dos santos homens, p. 1851 ou das santas mulheres, p. 1882, exceto:

I Vésperas

Cântico evangélico, ant.
Será fe**liz** quem ama o **pobre**:
quem crê em **Deus,** ama seu **próximo** (T.P. Ale**luia**).
Oração como nas Laudes.

1914 Para os que se dedicaram às obras de caridade

Ofício das Leituras

Primeira leitura
Da Primeira Carta de São João   4,7-21

Amemo-nos uns aos outros, porque o amor vem de Deus

[7]Caríssimos, amemo-nos uns aos outros, porque o amor vem de Deus e todo aquele que ama nasceu de Deus e conhece Deus. [8]Quem não ama, não chegou a conhecer Deus, pois Deus é amor. [9]Foi assim que o amor de Deus se manifestou entre nós: Deus enviou o seu Filho único ao mundo, para que tenhamos vida por meio dele. [10]Nisto consiste o amor: não fomos nós que amamos a Deus, mas foi ele que nos amou e enviou o seu Filho como vítima de reparação pelos nossos pecados.

[11]Caríssimos, se Deus nos amou assim, nós também devemos amar-nos uns aos outros. [12]Ninguém jamais viu a Deus. Se nos amamos uns aos outros, Deus permanece conosco e seu amor é plenamente realizado entre nós. [13]A prova de que permanecemos com ele, e ele conosco, é que ele nos deu o seu Espírito. [14]E nós vimos, e damos testemunho, que o Pai enviou o seu Filho como Salvador do mundo. [15]Todo aquele que proclama que Jesus é o Filho de Deus, Deus permanece com ele, e ele com Deus. [16]E nós conhecemos o amor que Deus tem para conosco, e acreditamos nele. Deus é amor: quem permanece no amor, permanece com Deus, e Deus permanece com ele.

[17]Nisto se realiza plenamente o seu amor para conosco: em nós termos plena confiança no dia do julgamento, porque, tal como Jesus, nós somos neste mundo. [18]No amor não há temor. Ao contrário, o perfeito amor lança fora o *temor*, *pois* o temor implica castigo, e aquele que teme não chegou à perfeição do amor.

[19]Quanto a nós, amemos, porque ele nos amou primeiro. [20]Se alguém disser: "Amo a Deus", mas entretanto odeia seu irmão, é mentiroso; pois quem não ama o seu irmão, a

Ofício das Leituras

quem vê, não poderá amar a Deus, a quem não vê. [21]E este é o mandamento que dele recebemos: aquele que ama a Deus, ame também o seu irmão.

Responsório   1Jo 5,3; Eclo 23,37

R. Amar a **Deus** consiste **nis**so:
    obser**var** seus mand**amen**tos.
  *Os mand**amen**tos do Se**nhor**
    não são difíceis de guar**dar** (T.P. Ale**luia**).
V. Não há **na**da mais su**av**e,
    que guar**dar** seus mand**amen**tos. *Os mand**amen**tos.

Segunda leitura

Das Homilias sobre a Carta aos Romanos, de São João Crisóstomo, bispo

(Homilia 15, 6: PG 60, 547-548)   (Séc. IV)

Cristo quer a misericórdia

Deus entregou o seu Filho, e tu nem sequer dás pão àquele que por ti foi entregue e morto.

O Pai, por teu amor, não poupou seu verdadeiro Filho; tu, ao contrário, vendo-o desfalecer de fome, não o socorres, mas te aproprias do que é dele só para teu próprio benefício. Haverá maior iniquidade? Por tua causa foi entregue, por tua causa morreu, por tua causa anda faminto. O que tu deres é dele e para teu lucro, mas nem assim lhe dás nada.

Não serão mais insensíveis que as pedras aqueles que, apossando-se de tantas coisas, permanecem na sua diabólica desumanidade? Não bastou a Cristo sofrer a cruz e a morte, mas quis também ser pobre e peregrino, errante e nu, ser lançado na prisão e suportar o cansaço, tudo isso para te chamar.

Se não me retribuis o que sofri por ti, compadece-te ao menos da minha pobreza. Se não queres compadecer-te da pobreza, comovam-te ao menos meus sofrimentos ou a prisão. Se nem estas coisas te inspiram sentimentos de humanidade, atende à insignificância do meu pedido. Não te peço nada de suntuoso, mas pão, teto e uma palavra de conforto.

Se depois disto permaneces ainda inflexível, decide tornar-te melhor ao menos por causa do Reino dos Céus, ao menos por causa do que prometi. Mas nenhuma destas coisas te convence?

Se te comoves naturalmente ao ver um nu, lembra-te da nudez que sofri na cruz por tua causa. Se não aceitares aquele motivo, aceita ao menos este: ainda estou pobre e nu.

Estive outrora preso por tua causa, e agora de novo, para que, movido por aqueles e estes grilhões, tenhas por mim algum sentimento de compaixão. Jejuei por causa de ti e ainda passo fome por tua causa: tive sede quando estava suspenso na cruz e ainda tenho sede na pessoa dos pobres; a fim de que esta ou aquela razão possam atrair-te a mim e tornar-te misericordioso para tua salvação.

Rogo-te, pois, cumulado que foste por mil benefícios, que por tua vez me pagues. Não o exijo como de um devedor, mas quero recompensar-te como a um doador. Pelo pouco que me deres, dar-te-ei o Reino.

Não te digo: "Põe fim à minha pobreza"; nem: "Cumula-me de riquezas, embora que por ti esteja pobre". Só te peço pão, roupa e esmola.

Se fui lançado na prisão, não te obrigo a me libertares e a retirar-me as algemas. Peço somente que venhas visitar o que está preso por tua causa. Isto será bastante para que eu te dê o céu. Embora eu te haja libertado de pesadíssimos grilhões, dar-me-ei por satisfeito se vieres visitar-me em minha prisão.

Na realidade eu poderia, mesmo sem nada disso, dar-te o prêmio; mas quero ser teu devedor para que, com a coroa, te seja dado também o meu afeto.

II Vésperas   1917

Responsório   Mt 25,35.40; Pr 19,17
R. Eu tive fome e me destes de comer;
    eu tive sede e me destes de beber;
    eu não tinha onde morar e me acolhestes.
  * Em verdade, o que fizestes ao menor dos meus irmãos,
    foi a mim que o fizestes (T.P. Aleluia).
V. Quem dá ao pobre empresta a Deus. * Em verdade.

Nas solenidades e festas diz-se o HINO Te Deum, p. 949.
Oração como nas Laudes.

Laudes

Cântico evangélico, ant.
Nisto todos saberão que vós sois os meus discípulos:
se uns aos outros vos amardes (T.P. Aleluia).

Oração

Não havendo oração própria, diz-se a seguinte:

Ó Pai, como ensinastes à vossa Igreja que todos os mandamentos se resumem em amar a Deus e ao próximo, concedei-nos, a exemplo de são (santa) N., praticar obras de
caridade, para sermos contados entre os benditos do vosso
Reino. Por nosso Senhor Jesus Cristo, vosso Filho, na unidade do Espírito Santo.

II Vésperas

Cântico evangélico, ant.
O que fizestes ao menor dos meus irmãos
foi a mim mesmo que o fizestes, diz Jesus.
Vinde, benditos do meu Pai, e recebei o Reino eterno
preparado para vós desde o início do universo!
(T.P. Aleluia).

PARA SANTOS E SANTAS EDUCADORES

Como no Comum dos santos homens, p. 1851, ou das santas mulheres, p. 1882, exceto o seguinte:

I Vésperas

Cântico evangélico, ant.

Escuta, **filho**, as pa**la**vras de teu **pai**,
e não es**que**ças os con**se**lhos de tua **mãe**;
sempre **tra**ze-os bem **jun**to ao cora**ção** (T.P. Ale**lui**a).
Oração como nas Laudes.

Ofício das Leituras

Segunda leitura

Das Homilias sobre o Evangelho de São Mateus, de São João Crisóstomo, bispo

(Hom. 59: PG 58,580.584)   (Séc. IV)

Devemos visar o verdadeiro bem das crianças

Quando o Senhor disse: *Os seus anjos veem a face do meu Pai* (Mt 18,12); *Para isso eu vim* (cf. Jo 12,27) e: *Esta é a vontade de meu Pai* (Jo 6,40), pretendia estimular o zelo dos responsáveis pela educação das crianças.

Notemos com que baluartes as cercou, ameaçando com terríveis castigos aqueles que as escandalizam, prometendo grandes recompensas aos que a elas se dedicam, e confirmando estes ensinamentos com o próprio exemplo de seu Pai. Imitemo-lo também nós, não poupando nenhum esforço, por mais leve ou pesado que seja, em favor de nossos irmãos. Pois, quando se trata de servir pequenos e pobres, por muito que nos custe ajudá-los, devemos suportar tudo pela sua salvação, mesmo que seja necessário transpor montanhas e precipícios. Na verdade, o interesse de Deus por uma alma é tão grande, que *nem sequer poupou seu próprio Filho* (Rm 8,36). Por isso, peço-vos que, ao sair bem cedo

Ofício das Leituras

de casa, tenhais como objetivo e preocupação dominante salvar o irmão que esteja em perigo.

Nada há de mais precioso que uma alma! Pois, *de que adianta ao homem ganhar o mundo inteiro, se perde a própria alma?* (cf. Mc 8,36). Mas o amor ao dinheiro, pervertendo e corrompendo tudo, extingue o temor de Deus e apodera-se de nós como o tirano que invade uma fortaleza. É o que nos leva a descuidarmos da salvação dos nossos filhos e da nossa, preocupando-nos apenas em amontoar riquezas que deixaremos a outros, estes a seus descendentes e assim por diante, tornando-nos então transmissores e não possuidores de dinheiro e bens. Que loucura! Será que os filhos valem menos que os escravos? Corrigimos os escravos, embora não seja por amor mas por conveniência própria; os filhos, porém, veem-se privados desta providência: são tidos por nós em menor apreço que os escravos.

E por que falo de escravos? Cuidamos menos dos filhos que dos próprios animais, demonstrando mais solicitude pelos jumentos e cavalos. Se alguém possui um animal, terá todo cuidado em arranjar-lhe um excelente tratador, que não seja desonesto nem ladrão, beberrão ou ignorante do seu ofício. No entanto, tratando-se de dar ao filho um educador, aceitamos o primeiro que apareça, sem critério algum. E, no entanto, não existe arte mais importante do que a educação!

Qual é a arte que se pode comparar com a que tem por finalidade dirigir a alma e formar o espírito e o caráter de um jovem? Quem possui qualidades para isso, deve consagrar-se a essa missão com maior empenho do que qualquer pintor ou escultor. Mas, isso não nos preocupa: só queremos que aprenda a falar bem e seja capaz de adquirir riquezas. Se queremos que aprenda a língua, não é tanto para que saiba exprimir-se bem, mas para que possa ganhar dinheiro. Se fosse possível enriquecer sem a necessidade deste aprendizado, não nos importaríamos com ele...

Para santos e santas educadores

Estais vendo como é grande a tirania do dinheiro? Como invade e arrasta os homens para onde quer, como escravos algemados? Mas que proveito tiraremos nós com tantas recriminações? Ataco com palavras a tirania do dinheiro, mas, na prática, é ele que domina. Apesar disso, não cessaremos de persegui-la com palavras. Se conseguir alguma coisa com este sermão, sairemos ganhando eu e vós. Mas se vos obstinardes em vossos propósitos, ao menos terei cumprido o meu dever.

Deus vos livre desse mal e me conceda a graça de poder um dia gloriar-me por vossa causa. A ele a glória e o império pelos séculos dos séculos. Amém.

Responsório cf. Pr 23,26;1,9; 5,1

R. Meu **filho**, entrega a **mim** teu cora**ção**
   e teus **olhos** ob**serv**em meus ca**minhos**,
 * Porque **isto** servi**rá** para o teu **bem** (T.P. Ale**luia**).
V. Meu **filho**, ouve **bem** os meus conselhos
   e es**cu**ta este **homem** experi**en**te.
 * Porque **isto**.

Nas solenidades e festas diz-se o HINO Te Deum, p. 949.

Oração como nas Laudes.

Laudes

Cântico evangélico, ant.

Quem tem **amor** no cora**ção** para os pe**quen**os,
sabe gui**ar** e ensi**nar** como um pas**tor** (T.P. Ale**luia**).

Oração

Não havendo oração própria, diz-se a seguinte:

Ó Deus, que suscitastes são (sto. sta.) N. na vossa Igreja, para mostrar ao próximo o caminho da salvação, concedei-nos seguir também o Cristo, nosso Mestre, e chegar até vós

II Vésperas

1921

com nossos irmãos. Por nosso Senhor Jesus Cristo, vosso Filho, na unidade do Espírito Santo.

II Vésperas

Cântico evangélico, ant.

Deixai vir a **mim** as criancinhas,
pois **delas** é o **Reino** do meu **Pai** (T.P. Aleluia).

ANTÍFONAS
PARA O *BENEDICTUS* E O *MAGNIFICAT*

As antífonas do Cântico evangélico, indicadas para as I Vésperas das solenidades, podem também ser ditas nas Vésperas das memórias dos santos.

Comum da Dedicação de uma igreja

I Vésperas: Alegrai-vos com Sião e exultai por sua causa todos vós que a amais (T.P. Aleluia).

Laudes: Zaqueu, desce depressa,
porque hoje vou ficar em tua casa!
Ele desceu rapidamente
e o recebeu com alegria em sua casa.
Hoje entrou a salvação nesta casa (T.P. Aleluia).

II Vésperas: O Senhor santificou sua morada:
pois aqui o seu nome é invocado,
e Deus se faz presente em nosso meio (T.P. Aleluia).

Comum de Nossa Senhora

I Vésperas: O Poderoso fez em mim maravilhas
e olhou para a humildade de sua serva (T.P. Aleluia).

Ou:
Doravante as gerações hão de chamar-me de bendita,
porque o Senhor voltou os olhos
para a humildade de sua serva (T.P. Aleluia).

Laudes: A porta do céu foi fechada por Eva;
por Maria ela abriu-se aos homens de novo (T.P. Aleluia).

II Vésperas: És feliz porque creste, Maria,
pois em ti a Palavra de Deus
vai cumprir-se conforme ele disse (T.P. Aleluia).

Antífonas para o *Benedictus* e o *Magnificat*

Comum dos Apóstolos

I Vésperas: Não fostes **vós** que me escolhestes,
mas, sim, **eu** vos escolhi e vos **dei** esta missão:
de produzirdes muito **fru**to e o vosso fruto permaneça
(T.P. Aleluia).

Laudes: Jerusalém, ó cidade celeste,
teus alicerces são os **doze** Apóstolos,
tua **luz**, teu fulgor é o Cordeiro! (T.P. Aleluia).

II Vésperas: Quando o Filho do Homem, na nova criação,
vier em sua **glória**, com ele reinareis
e em vossos tronos julgareis as doze tribos de Israel
(T.P. Aleluia).

Comum de vários Mártires

Na Quaresma

I Vésperas: O **Reino** dos **Céus** vos pertence,
pois destes a vida por **Cristo**;
lavastes as vestes no sangue
e chegastes ao **prêmio** da **glória**.

Laudes: Felizes de **vós**, os perseguidos
por causa da justiça do Senhor,
porque o **Reino** dos **Céus** há de ser **vosso**!

II Vésperas: Alegrem-se nos **céus** os amigos do Senhor,
que seguiram os seus **passos**;
derramaram o seu sangue por amor a Jesus Cristo,
e com ele reinarão.

No Tempo pascal

I Vésperas: A luz eterna brilhará aos vossos **santos**,
e a vida para sempre, aleluia.

Laudes: Santos todos do Senhor, alegrai-vos e exultai,
porque a vossa recompensa nos **céus** é muito grande!
Aleluia.

Antífonas para o *Benedictus* e o *Magnificat*

II Vésperas: Ó **Santos**, ale**grai**-vos na pre**sença** do Cor**deiro**;
pois o **Reino** do **Senhor** para **vós** foi prepa**rado**
desde a o**rigem** do uni**verso**! Ale**luia**.

Comum de um Mártir

Na Quaresma

I Vésperas: Para um santo mártir:
Por seu **Deus**, são (sto.) N. lu**tou** até à **morte**;
supe**rou** as pro**vações**, pois Je**sus** foi sua **força**.

Para uma santa mártir: Santa N. foi **forte** no **Senhor**;
ja**mais** a sua **luz** have**rá** de se apa**gar**.

Laudes: Quem per**der** a sua **vida** neste **mundo**,
vai guar**dá**-la eterna**mente** para os **céus**.

II Vésperas: O **Reino** celeste é a mo**rada** dos **santos**,
sua **paz** para **sempre**.

No Tempo pascal

I Vésperas: A luz eter**na** brilha**rá** aos vossos **santos**,
e a **vida** para **sempre**, ale**luia**.

Laudes: Santos **todos** do Se**nhor,** ale**grai**-vos e exul**tai**,
porque a **vossa** recom**pensa** nos **céus** é muito **grande**!
Ale**luia**.

II Vésperas: Se o grão de **trigo** não mo**rrer**
caindo em **terra**, fica **só**;
mas se mo**rrer** dentro da **terra**,
dará **frutos** abun**dantes**. Ale**luia**.

Comum dos Pastores

I Vésperas: Para um papa ou bispo:
Sacer**dote** do Al**tíssimo**, e**xemplo** de vir**tude**,
bom pas**tor** do povo **santo**,
agra**daste** ao Se**nhor** (T.P. Ale**luia**).
Para um presbítero: Fiz-me **tudo** para **todos**,
para **serem** todos **salvos** (T.P. Ale**luia**).

Antífonas para o *Benedictus* e o *Magnificat*   1925

Laudes: Não sois **vós** que fala**reis**,
é o Espírito do **Pai** que em **vós** há de fa**lar** (T.P. Ale**lui**a).

II Vésperas: Eis o **ser**vo fi**el** e pru**den**te,
a quem **Deus** confiou sua fa**mí**lia,
para **dar**-lhe o **pão** a seu **tem**po (T.P. Ale**lui**a).

Ou:
Eu te dou **graças**, ó **Cristo**, Bom Pastor,
que me gui**aste** à **gló**ria do teu **Reino**!
O Reb**a**nho que a **mim** tu confi**aste**
esteja a**qui** onde es**tou** na tua **gló**ria! (T.P. Ale**lui**a).

Comum dos Doutores da Igreja

I Vésperas: Quem vi**ver** e ensi**nar** o Evangelho,
será **gran**de no meu **Reino**, diz Jesus (T.P. Ale**lui**a).

Laudes: Quem é **sá**bio brilha**rá** como **luz** no firma**men**to;
quem ensina à multi**dão** os ca**mi**nhos da jus**ti**ça,
fulgi**rá** como as es**tre**las pelos **sé**culos e**ter**nos
(T.P. Ale**lui**a).

II Vésperas: Ó **mes**tre da Verda**de**! Ó **luz** da santa Ig**re**ja!
São (sto.) N., cumpri**dor** da lei divina,
ro**gai** por nós a **Cristo** (T.P. Ale**lui**a).

Comum das Virgens

I Vésperas: Para uma virgem e mártir:
A **vir**gem fi**el**, hóstia **pura** ofer**ta**da,
já **se**gue o Cor**dei**ro por **nós** imo**la**do (T.P. Ale**lui**a).

Para uma virgem:
A **vir**gem pru**den**te que estava aguar**dan**do,
com **lâm**pada a**ce**sa, o Esposo che**gar**,
com **e**le en**trou** para as **bo**das e**ter**nas (T.P. Ale**lui**a).

Para várias virgens: Virgens pru**den**tes, vigi**lan**tes,
prepa**rai** as vossas **lâm**padas;
o Esposo está che**gan**do;
ide **lo**go ao seu en**con**tro! (T.P. Ale**lui**a).

Antífonas para o *Benedictus* e o *Magnificat*

Laudes: Para uma virgem e mártir:

Tomastes vossa **cruz**
como o **Cris**to, ó santa **virgem**.
Na virgin**da**de e no martírio
imitastes vosso Esposo (T.P. Aleluia).

Para uma virgem: A **vir**gem pru**den**te en**trou** para as **bo**das
e **vive** com **Cris**to na **gló**ria celeste.
Como o **sol**, ela **bri**lha
entre os **co**ros das **vir**gens (T.P. Aleluia).

Para várias virgens: Santas **vir**gens do **Senhor**,
bendizei-o para **sempre** (T.P. Aleluia).

II Vésperas: Para uma virgem e mártir:

Duas vitórias celebramos
neste **mesmo** sacrifício:
a virgin**da**de consa**gra**da
e a **gló**ria do martírio (T.P. Aleluia).

Para uma virgem: Oh **vinde**, esposa de **Cristo**,
rece**bei** a coroa da **gló**ria
que o **Se**nhor prepa**rou** para **sempre** (T.P. Aleluia).

Para várias virgens: É **esta** a gera**ção**
dos que pro**cu**ram o **Se**nhor;
dos que **bus**cam vossa **face**,
nosso **Deus** onipo**ten**te (T.P. Aleluia).

Comum dos Santos Homens

I Vésperas: Para um santo:

O homem **sá**bio e previ**den**te
constru**iu** a sua **ca**sa sobre a **ro**cha inabalável (T.P. Aleluia).

Para vários santos: Os **o**lhos do **Se**nhor estão vol**ta**dos
aos que esperam confi**an**do em seu **a**mor (T.P. Aleluia).

Laudes: Para um santo:

Quem pratica a ver**da**de, se **põe** junto à **luz**;
e suas **o**bras de **fi**lho de **Deus** se re**ve**lam (T.P. Aleluia).

Antífonas para o *Benedictus* e o *Magnificat* 1927

Para vários santos: Felizes aqueles que buscam a paz!
Felizes os puros em seu coração,
porque eles verão o seu Deus face a face (T.P. Aleluia).

II Vésperas: Para um santo:
Servo bom e fiel,
vem entrar na alegria de Jesus, teu Senhor! (T.P. Aleluia).

Para vários santos: Fiéis até à morte,
receberam do Senhor a coroa da justiça (T.P. Aleluia).

Comum das Santas Mulheres

I Vésperas: Para uma santa:
A vós o fruto e a colheita,
que plantaram vossas mãos!
E, nas nossas assembleias,
o louvor tão merecido! (T.P. Aleluia).

Para várias santas: Gloriai-vos em seu nome que é santo,
exulte o coração que busca a Deus! (T.P. Aleluia).

Laudes: O Reino dos Céus é semelhante
ao comprador de raras pérolas preciosas;
quando encontra a mais bela entre todas,
vende tudo o que possui para comprá-la (T.P. Aleluia).

II Vésperas: Exulta no Senhor meu coração
e minh'alma se eleva para Deus,
porque me alegro com a vossa salvação (T.P. Aleluia).

Para Santos e Santas Religiosos

I Vésperas: Quem não renunciar a tudo aquilo que possui,
não pode ser o meu discípulo (T.P. Aleluia).

Ou, para um religioso: Sobre este desce a bênção do Senhor
e a recompensa de seu Deus e Salvador;
porque esta é a geração dos que o procuram (T.P. Aleluia).

Para uma religiosa: O Senhor a desposou,
com seu amor sempre fiel (T.P. Aleluia).

Laudes: Quem **faz** a vontade do meu **Pai**,
é meu ir**mão**, minha ir**mã** e minha **mãe** (T.P. Aleluia).
Ou:

O **S**enhor é a minha her**ança**,
ele é **bom** para quem o **busca** (T.P. Aleluia).

II Vésperas: Vós que **t**udo aband**o**nastes e me seg**ui**stes,
receber**eis** cem vezes **mais** e a vida et**er**na (T.P. Aleluia).
Ou:

Onde, **u**nidos, os ir**mãos** louvam a **Deus**,
ali tam**bém** o **S**enhor dá sua **bênção** (T.P. Aleluia).

Para os Santos e as Santas que se dedicaram
às obras de caridade

I Vésperas: Será fe**liz** quem ama o **pobre**;
quem crê em **Deus**, ama seu **próximo** (T.P. Aleluia).

Laudes: Nisto **t**odos sabe**rão** que vós **sois** meus dis**cí**pulos:
se uns aos **ou**tros vos ama**rdes** (T.P. Aleluia).

II Vésperas: O que fiz**e**stes ao me**nor** dos meus ir**mãos**
foi a mim **mesmo** que o fiz**e**stes, diz Jesus.
Vinde, benditos do meu **Pai**, e recebei o Reino et**er**no
prepara**d**o para **vós** desde o i**ní**cio do uni**ver**so!
(T.P. Aleluia).

Para os Santos e Santas educadores

I Vésperas: Escuta, **fi**lho, as pala**v**ras de teu **pai**,
e não es**que**ças os conselhos de tua **mãe**:
sempre **tra**ze-os bem **jun**to ao cora**ção**! (T.P. Aleluia).

Laudes: Quem tem a**mor** no cora**ção** para os **pequenos**,
sabe gui**ar** e ensi**nar** como um pastor (T.P. Aleluia).

II Vésperas: Dei**xai** vir a **mim** as crian**ci**nhas,
pois **delas** é o **Reino** do meu **Pai** (T.P. Aleluia).

OFÍCIO DOS FIÉIS DEFUNTOS

No Tempo pascal, pode-se dizer, conforme a oportunidade, o Aleluia no fim das antífonas, dos versículos e dos responsórios.

As Orações devem ser adaptadas de acordo com o gênero e número.

OFÍCIO DOS FIÉIS DEFUNTOS

OFÍCIO DOS FIÉIS DEFUNTOS

Invitatório

R. Adoremos o Senhor: para ele todos vivem.

Salmo invitatório como no Ordinário, p. 944.

Ofício das Leituras

Hino

Fonte única da vida,
que nos séculos viveis,
aos mortais e réus da culpa
vosso olhar, ó Deus, volvei.

Pai, ao homem pecador
dais a morte em punição,
para o pó voltar ao pó,
submetendo-o à expiação.

Mas a vida, que inspirastes
por um sopro, permanece
como germe imperecível
dum viver que não fenece.

A esperança nos consola:
nossa vida brotará.
O primeiro a ressurgir,
Cristo, a vós nos levará.

Tenha(m) vida em vosso Reino
vosso(a,s) servo(a,s), que Jesus,
consagrou no Santo Espírito
e o(a,s) guiou da fé à luz.

Ó Princípio e Fim de tudo,
ao chegar a nossa hora,
conduzi-nos para o Reino
onde brilha a eterna aurora.

Ofício dos fiéis defuntos

Salmodia

Ant. 1 Do pó da terra me formastes e de carne me vestistes:
no fim dos dias, ó Senhor,
meu Redentor, ressuscitai-me!

Salmo 39(40),2-14.17-18

I

— ²Esperando, esperei no Senhor, *
e inclinando-se, ouviu meu clamor.

— ³Retirou-me da cova da morte *
e de um charco de lodo e de lama.

— Colocou os meus pés sobre a rocha, *
devolveu a firmeza a meus passos.

— ⁴Canto novo ele pôs em meus lábios, *
um poema em louvor ao Senhor.

— Muitos vejam, respeitem, adorem *
e esperem em Deus, confiantes.

= ⁵É feliz quem a Deus se confia; †
quem não segue os que adoram os ídolos *
e se perdem por falsos caminhos.

— ⁶Quão imensos, Senhor, vossos feitos! *
Maravilhas fizestes por nós!

— Quem a vós poderá comparar-se *
nos desígnios a nosso respeito?

— Eu quisera, Senhor, publicá-los, *
mas são tantos! Quem pode contá-los?

— ⁷Sacrifício e oblação não quisestes, *
mas abristes, Senhor, meus ouvidos;

= não pedistes ofertas nem vítimas, †
holocaustos por nossos pecados. *
⁸E então eu vos disse: "Eis que venho!" —

= Sobre **mim** está escrito no livro: †
  [9] "Com **prazer** faço a vossa vontade, *
  guardo em **meu** coração vossa lei!"

– Glória ao **Pai** e ao **Fi**lho e ao Es**pí**rito **Santo**. *
  Como era no prin**cí**pio, a**gora** e sempre. **Amém.**

Diz-se o Glória ao Pai no fim de todos os salmos e cânticos.

Ant. Do pó da **terra** me for**mastes** e de **carne** me **vestistes:**
  no fim dos **di**as, ó Se**nhor,**
  meu Reden**tor**, ressusci**tai**-me!

Ant. 2 Dig**nai**-vos, Se**nhor**, liber**tar**-me,
  vinde **logo**, Se**nhor**, soco**rrer**-me!

II

= **Boas-no**vas de **vos**sa Jus**ti**ça †
  anunci**ei** numa grande assem**blei**a; *
  vós sa**beis**: não fechei os meus lábios!

=[10]**Procla**mei toda a vossa jus**ti**ça, †
  sem re**tê**-la no meu cora**ção**; *
  vosso au**xí**lio e lealdade narrei.

–[11]Não ca**lei** vossa graça e verdade *
  na pre**sen**ça da grande assembleia.

–[12]Não ne**gueis** para mim vosso amor! *
  Vossa **graça** e verdade me guardem!

=[13]Pois des**graça**s sem conta me cercam, †
  minhas **cul**pas me agarram, me prendem, *
  e as**sim** já nem posso enxergar.

= Meus pe**ca**dos são mais numerosos †
  que os ca**belo**s da minha ca**be**ça; *
  desfa**le**ço e me foge o alento!

–[14]Dig**nai**-vos, Senhor, liber**tar**-me, *
  vinde **logo**, Senhor, soco**rrer**-me!

–[17]Mas se a**legre** e em vós reju**bile** *
  todo **ser** que vos busca, Senhor!

Ofício dos fiéis defuntos

— Digam **sem**pre: "É grande o Senhor!" *
 os que **bus**cam em vós seu auxílio.

= ¹⁸Eu sou **po**bre, infeliz, desvalido, †
 porém, **guar**da o Senhor minha vida, *
 e por **mim** se desdobra em carinho.

— Vós me **sois** salvação e auxílio: *
 vinde **lo**go, Senhor, não tardeis!

Ant. Dig**nai**-vos, Se**nhor**, liber**tar**-me,
 vinde **lo**go, Se**nhor**, soco**rrer**-me!

Ant. 3 Do Deus **vi**vo tem **se**de a minh'**al**ma.
 Quando i**rei** contem**plar** sua face?

Salmo 41(42)

— ²As**sim** como a **cor**ça sus**pi**ra *
 pelas **á**guas co**rren**tes,

— sus**pi**ra igualmente minh'alma *
 por **vós**, ó meu Deus!

— ³Minha **al**ma tem sede de Deus, *
 e de**se**ja o Deus vivo.

— Quando te**rei** a alegria de ver *
 a **face** de Deus?

— ⁴O meu **pran**to é o meu alimento *
 de **dia** e de noite,

— en**quan**to insistentes repetem: *
 "Onde es**tá** o teu Deus?"

— ⁵Re**cor**do saudoso o tempo *
 em que **ia** com o povo.

— Pere**gri**no e feliz caminhando *
 para a **ca**sa de Deus,

— entre **gri**tos, louvor e alegria *
 da multi**dão** jubilosa.

— ⁶Por **que** te entristeces, minh'alma, *
 a ge**mer** no meu peito?

Ofício das Leituras

1935

— Espera em **Deus**! Louvarei novamente *
o meu **Deus** Salvador!

— [7] Minh'**al**ma está agora abatida, *
e en**tão** penso em vós,

— do Jor**dão** e das terras do Hermon *
e do **mon**te Misar.

— [8] Como o a**bis**mo atrai outro abismo *
ao **fra**gor das cascatas,

— vossas **on**das e vossas torrentes *
sobre **mim** se lançaram.

— [8] Que o Se**nhor** me conceda de dia *
sua **gra**ça benigna

— e de **noi**te, cantando, eu bendigo *
ao meu **Deus**, minha vida.

— [10] Digo a **Deus**: "Vós que sois meu amparo, *
por **que** me esqueceis?

— Por que **an**do tão triste e abatido *
pela opres**são** do inimigo?"

— [11] Os meus **os**sos se quebram de dor, *
ao insul**tar**-me o inimigo;

— ao di**zer** cada dia de novo: *
"Onde **es**tá o teu Deus?"

— [12] Por **que** te entristeces, minh'alma, *
a ge**mer** no meu peito?

— Espera em **Deus**! Louvarei novamente *
o meu **Deus** Salvador!

Ant. Do Deus **vi**vo tem **se**de a minh'**al**ma.
Quando **i**rei contem**plar** sua **fa**ce?

V. Como é **gran**de, ó Se**nhor**, o vosso a**mor**!
R. Vossa Palavra me de**vol**va a minha **vi**da!

Primeira leitura
Da Primeira Carta de São Paulo aos Coríntios   15,12-34

A ressurreição de Cristo, esperança dos fiéis

Irmãos: [12]Se se prega que Cristo ressuscitou dos mortos, como podem alguns dizer entre vós que não há ressurreição dos mortos? [13]Se não há ressurreição dos mortos, então Cristo não ressuscitou. [14]E se Cristo não ressuscitou, a nossa pregação é vã e a vossa fé é vã também. [15]Nesse caso, nós seríamos testemunhas mentirosas de Deus, porque teríamos atestado – contra Deus – que ele ressuscitou Cristo, quando, de fato, ele não o teria ressuscitado – se é verdade que os mortos não ressuscitam. [16]Pois, se os mortos não ressuscitam, então Cristo também não ressuscitou. [17]E se Cristo não ressuscitou, a vossa fé não tem nenhum valor e ainda estais nos vossos pecados. [18]Então, também os que morreram em Cristo pereceram. [19]Se é para esta vida que pusemos a nossa esperança em Cristo, nós somos – de todos os homens – os mais dignos de compaixão.

[20]Mas, na realidade, Cristo ressuscitou dos mortos como primícias dos que morreram. [21]Com efeito, por um homem veio a morte e é também por um homem que vem a ressurreição dos mortos. [22]Como em Adão todos morrem, assim também em Cristo todos reviverão. [23]Porém, cada qual segundo uma ordem determinada: em primeiro lugar, Cristo, como primícias; depois, os que pertencem a Cristo, por ocasião da sua vinda. [24]A seguir, será o fim, quando ele entregar a realeza a Deus-Pai, depois de destruir todo o principado e todo o poder e força. [25]Pois é preciso que ele reine até que todos os seus inimigos estejam debaixo de seus pés. [26]O último inimigo a ser destruído é a morte. [27]Com efeito, "Deus pôs tudo debaixo de seus pés". Mas, quando ele disser: "Tudo está submetido", é claro que estará excluído dessa submissão aquele que submeteu tudo a Cristo. [28]E, quando todas as coisas estiverem submetidas a ele, então o

Ofício das Leituras

próprio Filho se submeterá àquele que lhe submeteu todas as coisas, para que Deus seja tudo em todos.

[29]De outro modo, o que pretendem aqueles que batizam em favor dos mortos? Se os mortos realmente não ressuscitam, por que se batizam por eles? [30]E nós, por que nos expomos a perigos a toda hora? [31]Cada dia, irmãos, me exponho à morte, tão certo como sois a minha glória em Jesus Cristo, nosso Senhor. [32]Se foi por intenção humana que combati com feras em Éfeso, o que me aproveita isso? Se os mortos não ressuscitam, comamos e bebamos porque amanhã morreremos. [33]Não vos enganeis: "As más companhias corrompem os bons costumes". [34]Caí em vós, como é justo, e não pequeis porque alguns vivem na ignorância de Deus. Para vossa vergonha é que digo.

Responsório   1Cor 15,25-26; cf. Ap 20,13.14

R. É preciso que ele **reine** até que **tenha** colo**cado**
   de**baixo** de seus **pés** seus ini**migos**, todos **eles**,
 * A **mor**te há de **ser** o seu **úl**timo ini**migo**,
   a **ser** exter**mi**nado.
V. A **mor**te e o seu **reino** devolve**rão** todos os **mortos**
   e a **mor**te e o seu **reino** se**rão** precipitados no la**go**
   incandes**cen**te. * A **mor**te.

Ou:

Da Primeira Carta de São Paulo aos Coríntios   15,35-57

Ressurreição dos mortos e vinda do Senhor

Irmãos: [35]Alguém perguntará: como ressuscitam os mortos? [36]Insensato! O que semeias, não nasce sem antes morrer. [37]E, quando semeias, não semeias o corpo da planta, que há de nascer, mas o simples grão, como o trigo, ou de alguma outra planta. [38]E Deus lhe dá o corpo segundo quis, a cada uma das sementes o próprio corpo. [39]Não é toda carne a mesma carne, senão que uma é a carne dos homens, outra a do gado, outra a das aves e outra a dos peixes. [40]E há corpos celestes e corpos terrestres, e um é o resplendor dos corpos celestes e outro o dos terrestres. [41]Um é o resplendor do sol, outro o da lua e outro o das estrelas, e uma estrela difere da outra no brilho. [42]Pois assim será também a ressurreição dos mortos. [43]Semeia-se em ignomínia, e ressuscita-se em glória. Semeia-se em fraqueza, e ressuscita-se em vigor. [44]Semeia-se um corpo animal, e ressuscita-se um corpo espiritual.

Se há um corpo animal, há também um espiritual. [45]Por isso está escrito: o primeiro homem, Adão, "foi um ser vivo". O segundo Adão é um espírito vivificante. [46]Veio primeiro não o homem espiritual, mas o homem natural; depois é que veio o homem espiritual. [47]O primeiro homem, tirado da terra, é terrestre; o segundo homem vem do céu. [48]Como foi o homem terrestre, assim também são as pessoas terrestres; e como é o homem celeste, assim também vão ser as pessoas celestes. [49]Como já refletimos a imagem do homem terrestre, assim também refletiremos a imagem do homem celeste.

[50]Mas isto vos digo, irmãos: a carne e o sangue não podem possuir o Reino de Deus, nem a corrupção herdará a incorrupção. [51]Eu vos comunico um mistério: Nem todos nós morreremos, mas todos nós seremos transformados. [52]Num instante, num abrir e fechar de olhos, ao soar da trombeta final – pois a trombeta soará – não só os mortos ressuscitarão incorruptíveis, mas nós também seremos transformados. [53]Pois é preciso que este ser corruptível se vista de incorruptibilidade; é preciso que este ser mortal se vista de imortalidade. [54]E quando este ser corruptível estiver vestido de incorruptibilidade e este ser mortal estiver vestido de imortalidade, então estará cumprida a palavra da Escritura: "A morte foi tragada pela vitória. [55]Ó morte, onde está a tua vitória? Onde está o teu aguilhão? [56]O aguilhão da morte é o pecado, e a força do pecado é a Lei. [57]Graças sejam dadas a Deus que nos dá a vitória pelo Senhor nosso, Jesus Cristo.

Ofício das Leituras 1939

Responsório cf. Jó 19,25.26.27

R. Eu **creio** que **vive** o meu Reden**tor**
   e no **último dia** do **pó** me ergue**rei**,
   * Em minha **car**ne eu ve**rei** o meu **Deus**, meu Salva**dor**.
V. Eu **mes**mo o ve**rei**, ve**rei** o Se**nhor**,
   com **meus** próprios **olhos**. * Em minha.

Ou:

Da Segunda Carta de São Paulo aos Coríntios 4,16-5,10

Quando for destruída esta nossa morada terrestre, rece-beremos no céu uma habitação eterna

Irmãos: [4,16]Mesmo se o nosso homem exterior se vai ar-ruinando, o nosso homem interior, pelo contrário, vai-se renovando, dia a dia. [17]Com efeito, o volume insignifican-te de uma tribulação momentânea acarreta para nós uma glória eterna e incomensurável. [18]E isso acontece, porque voltamos os nossos olhares para as coisas invisíveis e não para as coisas visíveis. Pois o que é visível é passageiro, mas o que é invisível é eterno.

[5,1]De fato, sabemos que, se a tenda em que moramos neste mundo for destruída, Deus nos dá uma outra moradia no céu que não é obra de mãos humanas, mas que é eterna. [2]Aliás, é por isso que nós gememos, suspirando por ser revestidos com a nossa habitação celeste; [3]revestidos, digo, se, naturalmente, formos encontrados ainda vestidos e não despidos. [4]Sim, nós que moramos na tenda do corpo esta-mos oprimidos e gememos, porque, na verdade, não quere-mos ser despojados, mas queremos ser revestidos, de modo que o que é mortal, em nós, seja absorvido pela vida. [5]E aquele que nos fez para esse fim é Deus, que nos deu o Espírito como penhor.

[6]Estamos sempre cheios de confiança e bem lembrados de que, enquanto moramos no corpo, somos peregrinos longe do Senhor; [7]pois caminhamos na fé e não na visão

clara. [8]Mas estamos cheios de confiança e preferimos deixar a moradia do nosso corpo, para ir morar junto do Senhor. [9]Por isso, também nos empenhamos em ser agradáveis a ele, quer estejamos no corpo, quer já tenhamos deixado essa morada. [10]Aliás, todos nós temos de comparecer às claras perante o tribunal de Cristo, para cada um receber a devida recompensa – prêmio ou castigo – do que tiver feito ao longo de sua vida corporal.

Responsório   cf. Sl 50(51),5

R. **Senhor**, não me jul**gueis** por minhas **obras**;
    não **fiz** nada de **bom** perante **vós**;
    por isso **peço** à **vos**sa Maje**sta**de:
  * Apa**gai** o meu pe**ca**do, ó meu **Deus**!
V. Do meu pe**ca**do todo in**tei**ro, me la**vai**,
    e apa**gai** completa**men**te a minha **cul**pa. * Apa**gai**.

Segunda leitura
Dos Sermões de Santo Anastácio de Antioquia, bispo

(Oratio 5, de Resurrectione Christi, 6-7.9:
        PG 89, 1358-1359. 1361-1362)   (Séc. VI)

Cristo transformará o nosso corpo corruptível

Cristo morreu e ressuscitou para ser o Senhor dos mortos e dos vivos (Rm 14,9). *Deus, porém, não é Deus dos mortos, mas dos vivos* (Mt 22,32). Por isso, os mortos, que têm por Senhor aquele que vive, já não são mortos, mas vivos; a vida se apossou deles para que vivam sem nenhum temor da morte, à semelhança de *Cristo* que, *ressuscitado dos mortos, não morre mais* (Rm 6,9).

Assim, ressuscitados e libertos da corrupção, não mais sofrerão a morte, mas participarão da ressurreição de Cristo, como Cristo participou da morte que sofreram.

Se ele desceu à terra, até então uma prisão perpétua, foi para *arrombar as portas de bronze e quebrar as trancas de ferro* (cf. Is 45,2; Sl 106,16), a fim de atrair-nos a si, livrando

Oficio das Leituras 1941

da corrupção a nossa vida e convertendo em liberdade a nossa escravidão.

Se este plano da salvação ainda não se realizou – pois os homens continuam a morrer e os corpos a decompor-se – ninguém veja nisso um obstáculo para a fé. Com efeito, já recebemos o penhor de todos os bens prometidos, quando Cristo levou consigo para o alto as primícias de nossa natureza e já estamos sentados com ele nas alturas, como afirma São Paulo: *Ressuscitou-nos com Cristo e nos fez sentar com ele nos céus* (Ef 2,6).

Alcançaremos a consumação quando vier o tempo marcado pelo Pai; então deixaremos de ser crianças e atingiremos *o estado do homem perfeito* (Ef 4,13). Pois o Pai dos séculos quer que o dom que nos foi outorgado seja mantido firmemente e não abolido pela infantilidade do nosso coração.

Não é necessário demonstrar a ressurreição espiritual do Corpo do Senhor, uma vez que São Paulo, falando da ressurreição dos corpos, afirma claramente: *Semeia-se um corpo animal e ressuscita um corpo espiritual* (1Cor 15,44); quer dizer, ele ressuscita transfigurado como o de Cristo, que nos precedeu com sua gloriosa transfiguração.

O Apóstolo bem sabia o que dizia, ao explicar a sorte que espera toda a humanidade, graças à ação de Cristo, que *transformará o nosso corpo humilhado e o tornará semelhante ao seu corpo glorioso* (Fl 3,21).

Se portanto a transfiguração consiste em que o corpo se torne espiritual, isso significa que ele se tornará semelhante ao corpo glorioso de Cristo, que ressuscitou com um corpo espiritual; este não é senão o corpo que foi *semeado na ignomínia* (1Cor 15,43), mas transformado depois em corpo glorioso.

Por este motivo, tendo Cristo elevado para junto do Pai as primícias da nossa natureza, leva também consigo todo o universo. Foi o que prometeu ao dizer: *Quando eu for elevado da terra, atrairei todos a mim* (Jo 12,32).

1942 Ofício dos fiéis defuntos

Responsório Jo 5,28-29; 1Cor 15,52
R. Os que **dor**mem nos se**pul**cros ouvi**rão** a minha **voz;**
 * E os que tiverem feito o **mal**, ressurgi**rão** para o ju**í**zo;
 os que tiverem feito o **bem,** para a **vi**da imor**tal.**
V. Num ins**tan**te, num a**brir** e fechar d'**ol**hos,
 ao **to**que da trom**be**ta derra**dei**ra. * E os que ti**ve**rem.

Ou:
Das Cartas de São Bráulio de Saragoça, bispo
(Epist. 19: PL 80, 665-666) (Séc. VII)

Cristo ressuscitado é a esperança de todos os que creem

Cristo, esperança de todos os que creem, ao dizer: *O nosso amigo Lázaro dorme* (Jo 11,11), chama adormecidos e não mortos os que partem deste mundo.

Também o santo Apóstolo Paulo não quer que nos entristeçamos a respeito dos que já adormeceram, porque a fé nos assegura que todos os que creem no Cristo, segundo a palavra do Evangelho, não morrerão para sempre. Sabemos, pela fé, que ele não está morto e nós também não morreremos. Com efeito, o *Senhor mesmo, quando for dada a ordem, à voz do arcanjo e ao som da trombeta divina, descerá do céu e os que nele tiverem morrido ressuscitarão* (cf. 1Ts 4,16).

Que a esperança da ressurreição nos anime, pois os que perdemos neste mundo tornaremos a vê-los no outro; basta para isso crermos no Senhor com verdadeira fé, obedecendo aos seus mandamentos. Para ele, todo-poderoso, é mais fácil despertar os mortos que acordarmos nós os que dormem. Dizemos estas coisas e, no entanto, levados não sei por que sentimento, desfazemo-nos em lágrimas e a saudade nos perturba a fé. Como é miserável a condição humana e nossa vida sem Cristo torna-se sem sentido!

Ó morte, que separas os casados e, tão dura e cruelmente, separas também os amigos! Mas teu poder já está esma-

Ofício das Leituras

gado! Teu domínio impiedoso foi aniquilado por aquele que te ameaçou com o brado de Oseias: *Ó morte, eu serei a tua morte!* (Os 13,14 Vulgata). Nós também podemos desafiar-te com as palavras do Apóstolo: *Ó morte, onde está a tua vitória? Onde está o teu aguilhão?* (1Cor 15,55).

Quem te venceu nos resgatou, ele que entregou sua amada vida às mãos dos ímpios, para fazer dos ímpios seus amigos. São inúmeras e várias as expressões da Sagrada Escritura que nos podem consolar a todos. Basta-nos, porém, a esperança da ressurreição e termos os olhos fixos na glória de nosso Redentor. Pela fé já nos consideramos ressuscitados com ele, conforme diz o Apóstolo: *Se morremos com Cristo, cremos que também viveremos com ele* (Rm 6,8).

Já não nos pertencemos, mas somos daquele que nos redimiu. Nossa vontade deve sempre depender da sua. Por isso dizemos ao rezar: *Seja feita a vossa vontade* (Mt 6,10). Pela mesma razão, devemos dizer como Jó, quando choramos alguém que morreu: *O Senhor deu, o Senhor tirou; bendito seja o nome do Senhor* (Jó 1,21). Façamos nossas estas palavras dele, a fim de que, aceitando como ele a vontade do Senhor, alcancemos um dia semelhante recompensa.

Responsório   1Ts 4,13-14; Jr 22,10

R. Ir**mãos**, não fiqueis **tris**tes por a**que**les que mor**re**ram
    como **fa**zem os de**mais**, que não **têm** espe**ran**ça.
  * Se **cre**mos que Je**sus** mor**reu** e ressur**giu**,
    também **cre**mos que a**que**les que mor**re**ram em Je**sus**,
    Deus **há** de condu**zi**-los para a **sua** compa**nhia**.
V. Não cho**reis** por quem mor**reu**, nem fa**çais**, como os
    pa**gãos**, lamenta**ções** desespe**ra**das. * Se **cre**mos.

Oração como nas Laudes.

1944 Ofício dos fiéis defuntos

Laudes

Hino

Ressurreição e vida nossa,
Cristo, esperança do perdão,
quando nos fere a dor da morte,
a vós se volta o coração.

Também na cruz a grande angústia
da morte humana vós provastes
quando, inclinando a vossa fronte,
ao Pai o espírito entregastes.

Ó Bom Pastor, em vossos ombros
vós carregastes nossa dor.
Destes a nós morrer convosco
do Pai no seio acolhedor.

Braços abertos, vós pendestes,
e vosso peito transpassado
atrai a si os que carregam
da morte o fardo tão pesado.

Quebrando as portas dos infernos,
do céu o Reino nos abris;
dai força agora aos sofredores,
dai-lhes enfim vida feliz.

O(a,s) nosso(a,s) irmão(ã,s) , que no(s) seu(s) corpo(s)
dorme(m) na paz do vosso amor,
por vós esteja(m) vigilante(s)
para entoar vosso louvor.

Salmodia

Ant. 1 Os **os**sos humi**lha**dos, no Se**nhor** exulta**rão**.

Salmo 50(51)

— [3] Tende pie**da**de, ó meu **Deus**, miseri**cór**dia! *
Na imensi**dão** de vosso amor, purificai-me!

Laudes

1945

⁴Lavai-me todo inteiro do pecado, *
e apagai completamente a minha culpa!
— ⁵Eu reconheço toda a minha iniquidade, *
o meu pecado está sempre à minha frente.
— ⁶Foi contra **vós**, só contra vós, que eu pequei, *
e pratiquei o que é mau aos vossos olhos!
— Mostrais assim quanto sois justo na sentença, *
e quanto é reto o julgamento que fazeis.
— ⁷Vede, Senhor, que eu nasci na iniquidade *
e pecador já minha mãe me concebeu.
— ⁸Mas vós amais os corações que são sinceros, *
na intimidade me ensinais sabedoria.
— ⁹Aspergi-me e serei puro do pecado, *
e mais branco do que a neve ficarei.
— ¹⁰Fazei-me ouvir cantos de festa e de alegria, *
e exultarão estes meus ossos que esmagastes.
— ¹¹Desviai o vosso olhar dos meus pecados *
e apagai todas as minhas transgressões!
— ¹²Criai em **mim** um coração que seja puro, *
dai-me de novo um espírito decidido.
— ¹³Ó Senhor, não me afasteis de vossa face, *
nem retireis de mim o vosso Santo Espírito!
— ¹⁴Dai-me de novo a alegria de ser salvo *
e confirmai-me com espírito generoso!
— ¹⁵Ensinarei vosso caminho aos pecadores, *
e para **vós** se voltarão os transviados.
— ¹⁶Da morte como pena, libertai-me, *
e minha língua exaltará vossa justiça!
— ¹⁷Abri meus lábios, ó Senhor, para cantar, *
e minha boca anunciará vosso louvor!
— ¹⁸Pois não **são** de vosso agrado os sacrifícios, *
e, se ofertou um holocausto, o rejeitais.

1946 Ofício dos fiéis defuntos

—[19]Meu sacrifício é minha alma penitente, *
não desprezeis um coração arrependido!

—[20]Sede benigno com Sião, por vossa graça, *
reconstruí Jerusalém e os seus muros!

—[21]E aceitareis o verdadeiro sacrifício, *
os holocaustos e oblações em vosso altar!

Ant. Os ossos humilhados, no Senhor exultarão.

Ant. 2 Das portas do abismo, livrai-me, Senhor!

Cântico Is 38,10-14.17-20

—[10]Eu dizia: "É necessário que eu me vá *
no apogeu de minha vida e de meus dias;

— para a mansão triste dos mortos descerei, *
sem viver o que me resta dos meus anos".

=[11]Eu dizia: "Não verei o Senhor Deus †
sobre a terra dos viventes nunca mais; *
nunca mais verei um homem neste mundo!"

—[12]Minha morada foi à força arrebatada, *
desarmada como a tenda de um pastor.

— Qual tecelão, eu ia tecendo a minha vida, *
mas agora foi cortada a sua trama.

—[13]Vou me acabando de manhã até à tarde, *
passo a noite a gemer até a aurora.

— Como um leão que me tritura os ossos todos, *
assim eu vou me consumindo dia e noite.

—[14]O meu grito é semelhante ao da andorinha, *
o meu gemido se parece ao da rolinha.

— Os meus olhos já se cansam de elevar-se, *
de pedir-vos: "Socorrei-me, Senhor Deus!"

—[17]Mas vós livrastes minha vida do sepulcro, *
e lançastes para trás os meus pecados.

Laudes

— [18]Pois a mansão triste dos mortos não vos louva, *
  nem a morte poderá agradecer-vos;
— para quem desce à sepultura é terminada *
  a esperança em vosso amor sempre fiel.
— [19]Só os vivos é que podem vos louvar, *
  como hoje eu vos louvo agradecido.
— O pai há de contar para seus filhos *
  vossa verdade e vosso amor sempre fiel.
= [20]Senhor, salvai-me! Vinde logo em meu auxílio, †
  e a vida inteira cantaremos nossos salmos, *
  agradecendo ao Senhor em sua casa.

Ant. Das portas do abismo, livrai-me, Senhor!

Ant. 3 Bendirei o Senhor toda a vida.

Salmo 145(146)

= [1]Bendize, minh'alma, ao Senhor! †
  [2]Bendirei ao Senhor toda a vida, *
  cantarei ao meu Deus sem cessar!
— [3]Não ponhais vossa fé nos que mandam, *
  não há homem que possa salvar.
= [4]Ao faltar-lhe o respiro ele volta †
  para a terra de onde saiu; *
  nesse dia seus planos perecem.
= [5]É feliz todo homem que busca †
  seu auxílio no Deus de Jacó, *
  e que põe no Senhor a esperança.
— [6]O Senhor fez o céu e a terra, *
  fez o mar e o que neles existe.
— O Senhor é fiel para sempre, *
  [7]faz justiça aos que são oprimidos;
— ele dá alimento aos famintos, *
  é o Senhor quem liberta os cativos.

1948   Ofício dos fiéis defuntos

= [8] O Senhor abre os olhos aos cegos, †
    o Senhor faz erguer-se o caído, *
    o Senhor ama aquele que é justo.
= [9] É o Senhor quem protege o estrangeiro, †
    quem ampara a viúva e o órfão, *
    mas confunde os caminhos dos maus.
=[10] O Senhor reinará para sempre! †
    Ó Sião, o teu Deus reinará *
    para sempre e por todos os séculos!

Ant. Bendirei o Senhor toda a vida.

Ou:

Ant. 3 Tudo o que vive e respira, louve a Deus!

Salmo 150

– [1] Louvai o Senhor Deus no santuário, *
    louvai-o no alto céu de seu poder!
– [2] Louvai-o por seus feitos grandiosos, *
    louvai-o em sua grandeza majestosa!
– [3] Louvai-o com o toque da trombeta, *
    louvai-o com a harpa e com a cítara!
– [4] Louvai-o com a dança e o tambor, *
    louvai-o com as cordas e as flautas!
– [5] Louvai-o com os címbalos sonoros, *
    louvai-o com os címbalos de júbilo!
– Louve a Deus tudo o que vive e que respira, *
    tudo cante os louvores do Senhor!

Ant. Tudo o que vive e respira, louve a Deus!

Leitura breve   1Ts 4,14

Se Jesus morreu e ressuscitou – e esta é a nossa fé – de modo semelhante Deus trará de volta, com Cristo, os que através dele entraram no sono da morte.

Laudes 1949

Responsório breve

R. Eu vos exalto,
  * Ó Senhor, pois me livrastes! R. Eu vos exalto.
V. Transformastes o meu pranto em uma festa. * Ó Senhor.
  Glória ao Pai. R. Eu vos exalto.

Cântico evangélico, ant.

Eu **sou** a ressurreição, eu sou a vida, diz Jesus.
Quem crê em **mim**, mesmo depois de ter morrido, viverá;
e quem vive e crê em **mim**, não morrerá eternamente.

Ou, No Tempo pascal:

O Senhor ressuscitou e a seu povo iluminou,
ao qual remiu com seu sangue, aleluia.

Preces

Oremos a Deus Pai todo-poderoso, que ressuscitou Jesus
Cristo dentre os mortos e dará vida também aos nossos corpos mortais; e aclamemos:

R. **Dai-nos, Senhor, a vida em Cristo!**

Pai santo, fazei que nós, sepultados pelo batismo na morte com vosso Filho e com ele ressuscitados, vivamos uma
vida nova;
– para que, depois da nossa morte, vivamos para sempre
em Cristo. R.

Pai de bondade, que nos destes o pão vivo descido do céu,
como alimento das almas,
– fazei-nos alcançar a vida eterna e ressuscitar no último
dia. R.

Senhor, que enviastes um anjo para confortar vosso Filho
em sua agonia,
– fazei-nos sentir o conforto da esperança na hora de nossa
morte. R.

Vós, que salvastes os três jovens da fornalha ardente,
– libertai as almas do castigo que sofrem por seus pecados.
R.

Ofício dos fiéis defuntos

Deus dos vivos e dos mortos, que ressuscitastes Jesus Cristo do sepulcro,

− ressuscitai também os defuntos e dai-nos um lugar junto deles na vossa glória.

R. **Dai-nos, Senhor, a vida em Cristo!**

(intenções livres)

Pai nosso...

Oração

Pode-se dizer uma das seguintes orações:

Ouvi, ó Pai, as nossas preces para que, ao afirmarmos nossa fé na ressurreição do vosso Filho, se confirme também nossa esperança na ressurreição de vosso servo N. Por nosso Senhor Jesus Cristo, vosso Filho, na unidade do Espírito Santo.

Ou:

Ó Deus, glória dos fiéis e vida dos justos, que nos remistes pela morte e ressurreição do vosso Filho, concedei a vosso servo N. que, tendo professado o mistério da nossa ressurreição, mereça alegrar-se na eterna felicidade. Por nosso Senhor Jesus Cristo, vosso Filho, na unidade do Espírito Santo.

Ou, No Tempo pascal:

Ó Pai de misericórdia, dai ao vosso servo N. associar-se à vitória do vosso Filho Jesus, que por nós submeteu-se à morte e ressuscitou glorioso. Por nosso Senhor Jesus Cristo, vosso Filho, na unidade do Espírito Santo.

Para vários defuntos:

Ó Deus, fizestes o vosso Filho único vencer a morte e subir ao céu. Concedei a vossos Filhos N. e N. superar a mortalidade desta vida e contemplar eternamente a vós, Criador e Redentor de todos. Por nosso Senhor Jesus Cristo, vosso Filho, na unidade do Espírito Santo.

Hora Média

Pelos irmãos, parentes e benfeitores:

Ó Deus, que perdoais os homens e desejais salvá-los, concedei aos irmãos, parentes e benfeitores de nossa comunidade que partiram deste mundo, participar da vida eterna por intercessão da Virgem Maria e de todos os Santos. Por nosso Senhor Jesus Cristo, vosso Filho, na unidade do Espírito Santo.

Ou à escolha, no Missal Romano.

Hora Média

Hino

Quando se rezam as três Horas menores, pode-se distribuir o hino em 3 partes: na Oração das Nove: primeira, quarta e quinta estrofes; na Oração das Doze: segunda, quarta e quinta estrofes; na Oração das Quinze: terceira, quarta e quinta estrofes.

1. Vós que por Lázaro chorastes
   junto às irmãs, e compassivo,
   Onipotente, o devolvestes
   aos seus cuidados, redivivo.

2. Pelos culpados implorastes,
   compadecido, a indulgência,
   e ao companheiro de suplício
   destes palavras da clemência.

3. Agonizante, ao discípulo
   por sua mãe destes Maria,
   para os fiéis terem tal mãe
   presente à última agonia.

4. Cristo Senhor, à vossa herança,
   por vosso sangue redimida,
   concedei ver a dor da morte
   mudar-se em gozo e nova vida.

5. Chamai o(a,s) servo(a,s) que partiu (partiram)
   para onde a morte foi vencida.

Ofício dos fiéis defuntos

Um hino eterno ele(a,s) vos cante(m),
Cristo Jesus, Senhor da vida.

Salmodia

Oração das Nove Horas

Ant. **Volt**ai-vos, Se**nhor**, para **mim**,
e **vin**de sal**var** minha **vid**a!

Oração das Doze Horas

Ant. C**ur**ai-me, Se**nhor**, pois p**equ**ei contra **vós**!

Oração das Quinze Horas

Ant. Por vosso **no**me, salv**ai**-me, Se**nhor**!
Por vossa **força**, meu **Deus**, liber**tai**-me!

Salmo 69(70)

– [2] Vinde, ó **Deus**, em meu auxílio, sem de**mo**ra, *
apres**sai**-vos, ó Senhor, em socorrer-me!
– [3] Que **se**jam confundidos e humilhados *
os que pro**cu**ram acabar com minha vida!

– Que **vol**tem para trás envergonhados *
os que se **al**egram com os males que eu padeço!
– [4] Que se re**ti**rem, humilhados, para longe, *
todos a**que**les que me dizem: "É bem feito!"

– [5] Mas se **al**egrem e em vós se rejubilem *
todos a**que**les que procuram encontrar-vos;
– e re**pi**tam todo dia: "Deus é grande!" *
os que **bus**cam vosso auxílio e salvação.

– [6] Quanto a **mim**, eu sou um pobre e infeliz: *
socor**rei**-me sem demora, ó meu Deus!
– Sois meu **Deus** libertador e meu auxílio: *
não tar**deis** em socorrer-me, ó Senhor!

Hora Média

1953

Salmo 84(85)

— [2] Favorecestes, ó Senhor, a vossa terra, *
libertastes os cativos de Jacó.
— [3] Perdoastes o pecado ao vosso povo, *
encobristes toda a falta cometida;
— [4] retirastes a ameaça que fizestes, *
acalmastes o furor de vossa ira.

— [5] Renovai-nos, nosso Deus e Salvador, *
esquecei a vossa mágoa contra nós!
— [6] Ficareis eternamente irritado? *
Guardareis a vossa ira pelos séculos?

— [7] Não vireis restituir a nossa vida, *
para que em vós se rejubile o vosso povo?
— [8] Mostrai-nos, ó Senhor, vossa bondade, *
concedei-nos também vossa salvação!

— [9] Quero ouvir o que o Senhor irá falar: *
é a paz que ele vai anunciar;
— a paz para o seu povo e seus amigos, *
para os que voltam ao Senhor seu coração.
— [10] Está perto a salvação dos que o temem, *
e a glória habitará em nossa terra.

— [11] A verdade e o amor se encontrarão, *
a justiça e a paz se abraçarão;
— [12] da terra brotará a fidelidade, *
e a justiça olhará dos altos céus.

— [13] O Senhor nos dará tudo o que é bom, *
e a nossa terra nos dará suas colheitas;
— [14] a justiça andará na sua frente *
e a salvação há de seguir os passos seus.

Salmo 85(86)

— [1] Inclinai, ó Senhor, vosso ouvido, *
escutai, pois sou pobre e infeliz!

Ofício dos fiéis defuntos

= Protegei-me, que sou vosso amigo, †
e salvai vosso servo, meu Deus, *
que espera e confia em vós!

– Piedade de mim, ó Senhor, *
porque clamo por vós todo o dia!

– Animai e alegrai vosso servo, *
pois a vós eu elevo a minh'alma.

– Ó Senhor, vós sois bom e clemente, *
sois perdão para quem vos invoca.

– Escutai, ó Senhor, minha prece, *
o lamento da minha oração!

– No meu dia de angústia eu vos chamo, *
porque sei que me haveis de escutar.

– Não existe entre os deuses nenhum *
que convosco se possa igualar;

– não existe outra obra no mundo *
comparável às vossas, Senhor!

– As nações que criastes virão *
adorar e louvar vosso nome.

– Sois tão grande e fazeis maravilhas: *
vós somente sois Deus e Senhor!

– Ensinai-me os vossos caminhos, *
e na vossa verdade andarei;

– meu coração orientai para vós: *
que respeite, Senhor, vosso nome!

– Dou-vos graças com toda a minh'alma, *
sem cessar louvarei vosso nome!

– Vosso amor para mim foi imenso: *
retirai-me do abismo da morte!

= Contra mim se levantam soberbos, †
e malvados me querem matar; *
não vos levam em conta, Senhor! –

Hora Média

1955

—[15] Vós, **porém**, sois clemente e fiel, *
   sois **amor**, paciência e perdão.
=[16] Tende **pena** e olhai para mim! †
   Confir**mai** com vigor vosso servo, *
   de vossa **serva** o filho salvai.
—[17] Conce**dei**-me um sinal que me prove *
   a **verda**de do vosso amor.
— O ini**mi**go humilhado verá *
   que me **des**tes ajuda e consolo.

Nas outras Horas se diz a Salmodia complementar das séries II e III, p. 1423.

Oração das Nove Horas

Ant. Vol**tai**-vos, Se**nhor**, para **mim**,
   e **vin**de sal**var** minha **vida**!

Leitura breve   Jó 19,25-26

Eu sei que o meu redentor está vivo e que, por último, se levantará sobre o pó; e depois que tiverem destruído esta minha pele, na minha carne verei a Deus.

Ou: 2Mc 7,9b

O Rei do universo nos ressuscitará para uma vida eterna, a nós que morremos por suas leis.

V. Por **que** te entristeces, minh'**alma**, a **chorar**?
R. Espera em **Deus**: ainda **hei** de louvá-lo!

Oração das Doze Horas

Ant. Cu**rai**-me, Se**nhor**, pois pe**quei** contra **vós**!

Leitura breve   Sb 1,13-14a.15

Deus não fez a morte, nem tem prazer com a destruição dos vivos. Ele criou todas as coisas para existirem. Pois a justiça é imortal.

1956

Ofício dos fiéis defuntos

V. No vale tenebroso nenhum **mal** eu teme**rei**,
R. Porque **vós**, ó meu Se**nhor**, Bom Pas**tor**, estais co**migo**!

Oração das Quinze Horas

Ant. Por vosso **nome**, sal**vai-me**, Se**nhor**!
Por vossa **força**, meu **Deus**, liber**tai-me**!

Leitura breve   Is 25,8

O Senhor Deus eliminará para sempre a morte e enxugará as lágrimas de todas as faces e acabará com a desonra do seu povo em toda a terra, o Senhor o disse.

V. Escu**tai**, ó Senhor **Deus**, minha ora**ção**!
R. Toda **carne** há de vol**tar** para o Se**nhor**.
Oração como nas Laudes.

Vésperas

Hino

Cristo, Rei de poder infinito,
para dar toda a glória a Deus Pai,
e honra a nós, os perdidos outrora,
as cadeias da morte quebrais.

Assumindo dos homens as dores,
enfrentastes a dor derradeira
e, morrendo, vencestes a morte,
pela qual a serpente vencera.

Do sepulcro surgindo mais forte
no fulgor do mistério pascal,
para a vida chamais novamente
quem morreu para a culpa fatal.

Concedei-nos a vida da graça,
para que, ao voltar como Esposo,
nos acheis com a lâmpada acesa,
prontos para o festim glorioso.

Vésperas 1957

Recebei-nos, sereno Juiz,
no descanso e na luz da verdade,
nós, que a fé, o amor, a esperança
sempre uniram à Santa Trindade.

Este(a,s) servo(a,s) liberto(a,s) do corpo,
que suspira(m) por vós, Sumo Bem,
recebei nas celestes moradas
para sempre a louvar-vos. Amém.

Salmodia

Ant. 1 O Senhor te guardará de todo o **mal**:
Ele **mes**mo vai cui**dar** da tua **vi**da!

Salmo 120(121)

– ¹ Eu le**van**to os meus **o**lhos para os **mon**tes: *
de **on**de pode vir o meu socorro?
– ² "Do Se**nhor** é que me vem o meu socorro, *
do Se**nhor** que fez o céu e fez a terra!"
– ³ Ele não **dei**xa tropeçarem os meus pés, *
e não **dor**me quem te guarda e te vigia.
– ⁴ Oh! **não**! ele não dorme nem cochila, *
aquele que é o guarda de Israel!
– ⁵ O Se**nhor** é o teu guarda, o teu vigia, *
é uma **som**bra protetora à tua direita.
– ⁶ Não **vai** ferir-te o sol durante o dia, *
nem a **lu**a através de toda a noite.
– ⁷ O Se**nhor** te guardará de todo o mal, *
ele **mes**mo vai cuidar da tua vida!
– ⁸ Deus te **guar**da na partida e na chegada. *
Ele te **guar**da desde agora e para sempre!

Ant. O Senhor te guardará de todo o **mal**:
Ele **mes**mo vai cui**dar** da tua **vi**da!

Ant. 2 Se le**var**des em **con**ta nossas **fal**tas,
ó Se**nhor**, quem pode**ri**a se sal**var** ?

Salmo 129(130)

– ¹Das profundezas eu **clamo** a vós, Se**nhor**, *
²escu**tai** a minha **voz**!
– Vossos ou**vi**dos estejam bem atentos *
ao cla**mor** da minha prece!
– ³Se le**var**des em conta nossas faltas, *
quem have**rá** de subsistir?
– ⁴Mas em **vós** se encontra o perdão, *
eu vos **te**mo e em vós espero.
– ⁵No Se**nhor** ponho a minha esperança, *
es**pe**ro em sua palavra.
– ⁶A minh'**al**ma espera no Senhor *
mais que o **vi**gia pela aurora.
– ⁷Espere Israel pelo Senhor *
mais que o **vi**gia pela aurora!
– Pois no Se**nhor** se encontra toda graça *
e copiosa redenção.
– ⁸Ele **vem** libertar a Israel *
de **to**da a sua culpa.

Ant. Se le**var**des em con**ta** nossas **fal**tas,
ó Se**nhor**, quem pode**ri**a se **sal**var?

Ant. 3 Como o **Pai** ressuscita e dá a **vi**da,
assim o **Fi**lho dá a **vi**da aos que o **amam**.

Cântico   Fl 2,6-11

= ⁶Embora **fos**se de divina condi**ção**, †
Cristo Je**sus** não se apegou ciosamente *
a ser i**gual** em natureza a Deus Pai.
(R. Jesus **Cris**to é Se**nhor** para a **gló**ria de Deus **Pai**!)
= ⁷Po**rém** esvaziou-se de sua glória †
e assu**miu** a condição de um escravo, *
fa**zen**do-se aos homens semelhante.   (R.)
= Reconhe**ci**do exteriormente como homem, †

Véspera 1959

⁸ humi**lhou**-se, obedecendo até à morte, *
até à **mor**te humilhante numa cruz. (R.)

=⁹ Por isso **Deus** o exaltou sobremaneira †
e deu-lhe o **no**me mais excelso, mais sublime, *
e eleva**do** muito acima de outro nome. (R.)

=¹⁰ Para **que** perante o nome de Jesus †
se **do**bre reverente todo joelho, *
seja nos **céus**, seja na terra ou nos abismos. (R.)

=¹¹ E toda **lín**gua reconheça, confessando, †
para a **gló**ria de Deus Pai e seu louvor: *
"Na ver**da**de Jesus Cristo é o Senhor!" (R.)

Ant. Como o **Pai** ressus**cita** e dá a **vi**da,
assim o **Fi**lho dá a **vi**da aos que o **amam**.

Leitura breve   1Cor 15,55-57
Ó morte, onde está a tua vitória? Onde está o teu aguilhão?
O aguilhão da morte é o pecado, e a força do pecado é a
Lei. Graças sejam dadas a Deus que nos dá a vitória pelo
Senhor nosso, Jesus Cristo.

Responsório breve

R. **Se**nhor, eu ponho em **vós** minha espe**ran**ça:
* Que eu não **fi**que envergo**nha**do eterna**men**te!
R. **Se**nhor.
V. Vosso a**mor** me faz sal**tar** de alegria. * Que eu não **fi**que.
Glória ao **Pai.** R. **Se**nhor.

Ou:

R. Ó **Se**nhor, em vosso a**mor**,
* Dai a eles vossa **luz!** R. Ó **Se**nhor.
V. Vós vi**reis** para julgar os **vi**vos e os **mortos**.
* Dai a eles. Glória ao **Pai**. R. Ó **Se**nhor.

Cântico evangélico, ant.

Todo a**que**le que o **Pai** me entre**gou**,
há de **vir** até **mim**, diz Jesus;
e a quem **vem** até **mim**, nunca i**rei** rejei**tar**.

1960 Ofício dos fiéis defuntos

Ou no Tempo pascal:

Jesus Crucifi**ca**do ressur**giu** dentre os **mor**tos
e ele redi**miu**-nos, ale**lui**a.

Preces

Oremos a Cristo nosso Senhor, que nos deu a esperança
de transformar o nosso pobre corpo à semelhança do seu
corpo glorioso; e o aclamemos:

R. **Senhor, sois nossa vida e ressurreição!**

Cristo, Filho do Deus vivo, que ressuscitastes vosso amigo
Lázaro dentre os mortos,
—ressuscitai para a vida e para a glória os defuntos remidos
com o vosso sangue. R.

Cristo, consolador dos aflitos, que na morte de Lázaro, do
jovem de Naim e da filha de Jairo, acorrestes compassivo a
enxugar as lágrimas de seus parentes e amigos,
—consolai também agora os que choram a morte dos seus
entes queridos. R.

Cristo, Salvador dos homens, destruí em nosso corpo mortal o domínio do pecado, pelo qual merecemos a morte;
—para que em vós alcancemos a vida eterna. R.

Cristo, Redentor do mundo, olhai com bondade para aqueles que não vos conhecem e vivem sem esperança;
—para que também eles acreditem na ressurreição dos mortos e na vida futura. R.

Vós, que, ao curar o cego de nascença, lhe destes a alegria
de poder ver o vosso rosto,
—revelai o esplendor da vossa face aos defuntos que ainda
não chegaram à luz da glória. R.

(intenções livres)

Vós, que permitis a destruição da nossa morada terrestre,
—concedei-nos a eterna morada no Reino dos Céus. R.

Pai nosso...

Véspera

Oração

Pode-se dizer uma das seguintes orações:

Ouvi, ó Pai, as nossas preces para que, ao afirmarmos nossa fé na ressurreição do vosso Filho, se confirme também nossa esperança na ressurreição de vosso servo N. Por nosso Senhor Jesus Cristo, vosso Filho, na unidade do Espírito Santo.

Ou:

Ó Deus, glória dos fiéis e vida dos justos, que nos remistes pela morte e ressurreição do vosso Filho, concedei a vosso servo N. que, tendo professado o mistério da nossa ressurreição, mereça alegrar-se na eterna felicidade. Por nosso Senhor Jesus Cristo, vosso Filho, na unidade do Espírito Santo.

Ou, no Tempo pascal:

Ó Pai de misericórdia, dai ao vosso servo N. associar-se à vitória do vosso Filho Jesus, que por nós submeteu-se à morte e ressuscitou glorioso. Por nosso Senhor Jesus Cristo, vosso Filho, na unidade do Espírito Santo.

Para vários defuntos:

Ó Deus, fizestes o vosso Filho único vencer a morte e subir ao céu. Concedei a vossos Filhos N. e N. superar a mortalidade desta vida e contemplar eternamente a vós, Criador e Redentor de todos. Por nosso Senhor Jesus Cristo, vosso Filho, na unidade do Espírito Santo.

Pelos irmãos, parentes e benfeitores:

Ó Deus, que perdoais os homens e desejais salvá-los, concedei aos irmãos, parentes e benfeitores de nossa comunidade que partiram deste mundo, participar da vida eterna por intercessão da Virgem Maria e de todos os Santos. Por nosso Senhor Jesus Cristo, vosso Filho, na unidade do Espírito Santo.

Ou à escolha, no Missal Romano.

Completas

Tudo como no Domingo, p. 1399.

APÊNDICE

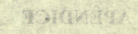

I

CÂNTICOS E EVANGELHOS
PARA AS VIGÍLIAS

Aqueles que, segundo a tradição, desejarem prolongar a celebração da Vigília dos domingos, solenidades e festas, celebrem primeiramente o Ofício das Leituras; depois das duas leituras e antes do A vós, ó Deus (Te Deum) acrescentem os cânticos e o Evangelho indicado adiante. Nas festas do Senhor que ocorrem ao domingo, pode-se dizer o Evangelho do domingo corrente, como adiante se indica, ou da festa; neste caso toma-se o Evangelho do Lecionário da Missa.

Se parecer oportuno, pode-se fazer uma homilia sobre o Evangelho. Depois, no Tempo pascal, nas solenidades e nas festas, canta-se o A vós, ó Deus (Te Deum), diz-se a oração e conclui-se a Hora como no Ordinário.

PRÓPRIO DO TEMPO

TEMPO DA QUARESMA
E SEMANA SANTA

Cânticos

Antífonas

Na Quaresma:

Convertei-nos para **vós**, ó Se**nhor**, e **nos** converte**re**mos;
reno**vai** os nossos **dias**, como ou**tro**ra!

Domingo de Ramos:

Je**sus**, de joelhos, o**ra**va, assim di**zen**do:
Pai, se **que**res, a**fas**ta este **cá**lice de **mim,**
mas não **se**ja o que eu **que**ro, e, **sim,** o que tu **que**res!

Sexta-feira da Paixão do Senhor:

Do **la**do do Se**nhor** crucifi**ca**do,
depois de a**ber**to pela **lan**ça do sol**da**do,
logo sa**iu** sangue e **á**gua para re**mir**-nos.

Sábado Santo:
Do **fun**do do **a**bismo, no **mei**o da ang**ú**stia,
cla**mei** ao Se**nhor** e **e**le me ou**viu**.

Cântico I   Jr 14,17-21

Lamentação em tempo de fome e de guerra

O Reino de Deus está próximo. Convertei-vos e crede no Evangelho! (Mc 1,15).

– ¹⁷Os meus **o**lhos, noite e **dia**, *
    chorem **lá**grimas sem fim;
= pois so**freu** um golpe horrível, †
    foi fe**ri**da gravemente *
    a virgem **f**ilha do meu povo!

– ¹⁸Se eu **sai**o para os campos, *
    eis os **mor**tos à espada;
– se eu **en**tro na cidade, *
    eis as **ví**timas da fome!

= Até o pro**fe**ta e o sacerdote †
    peram**bu**lam pela terra *
    sem sa**ber** o que se passa.

– ¹⁹Rejei**tas**tes, por acaso, *
    a **Ju**dá inteiramente?

– Por a**ca**so a vossa alma *
    desgos**tou**-se de Sião?

– Por que fe**ris**tes vosso povo *
    de um **mal** que não tem cura?

– Espe**rá**vamos a paz, *
    e não che**gou** nada de bom;
– e o **tem**po de reerguer-nos, *
    mas só **ve**mos o terror!

= ²⁰Conhe**ce**mos nossas culpas †
    e as de **nos**sos ancestrais, *
    pois pe**ca**mos contra vós!

Tempo da Quaresma

1967

– Por **amor** de vosso nome, *
ó Se**nhor**, não nos deixeis!

–²¹Não dei**xeis** que se profane *
vosso **tro**no glorioso!

– Recor**dai**-vos, ó Senhor! *
Não rom**pais** vossa Aliança!

Cântico II   Ez 36,24-28
Deus renovará o seu povo

*Eles serão o seu povo, e o próprio Deus estará com eles
(Ap 21,3).*

=²⁴Have**rei** de reti**rar**-vos do **meio** das na**ções**, †
have**rei** de reunir-vos de **to**dos os países, *
e de **vol**ta eu levarei a todos **vós** à vossa terra.

=²⁵Have**rei** de derramar sobre **vós** uma água pura, †
e de **vos**sas imundícies se**reis** purificados; *
sim, se**reis** purificados de **to**da idolatria.

=²⁶Dar-vos-**ei** um novo espírito e um **no**vo coração; †
tira**rei** de vosso peito este **cora**ção de pedra, *
no lu**gar** colocarei novo **cora**ção de carne.

=²⁷Have**rei** de derramar meu Es**pí**rito em vós †
e fa**rei** que caminheis obede**cen**do a meus preceitos, *
que obser**veis** meus mandamentos e guar**deis** a minha
Lei.

=²⁸E have**reis** de habitar aquela **terra** prometida, †
que nos **tem**pos do passado eu do**ei** a vossos pais, *
e se**reis** sempre o meu povo e eu se**rei** o vosso Deus!

Cântico III   Lm 5,1-7.15-17.19-21
Oração na tribulação

*Em toda parte e sempre levamos em nós mesmos os sofri-
mentos mortais de Jesus, para que também a vida de Jesus
seja manifestada em nossa frágil natureza (2Cor 4,10).*

Cânticos e Evangelhos

— ¹Senhor, lembrai-vos do **que** nos suce**deu**, *
olhai e **ve**de a nossa humilhação!

— ²**Nossa he**ran**ça** ficou com estrangeiros, *
nossas **ca**sas passaram a mãos estranhas!

— ³Somos **ór**fãos, pois já não temos pai, *
nossas **mães** se tornaram quais viúvas!

— ⁴**Nossa á**gua, compramos por dinheiro, *
nossa **le**nha nos custa um alto preço!

— ⁵Perse**gui**dos, com a canga no pescoço, *
— sem re**pou**so, estamos esgotados!

— ⁶Ao E**gi**to e à terra dos Assírios *
esten**de**mos a mão para ter pão.

— ⁷**Pe**caram os pais, já não existem;
le**va**mos as culpas dos seus crimes.

— ¹⁵A ale**gri**a fugiu dos corações, *
conver**teu**-se em luto a nossa dança!

— ¹⁶A co**ro**a caiu-nos da cabeça
infe**li**zes de nós, porque pecamos!

— ¹⁷Amargu**rou**-se o nosso coração,*
nossos **o**lhos estão anuviados!

— ¹⁹Ó Se**nhor**, vós reinais eternamente, *
vosso **tro**no perdura para sempre!

— ²⁰Por **que** persistir em esquecer-nos? *
Por **que**, para sempre, abandonar-nos?

— ²¹Conver**tei**-nos a vós e voltaremos, *
reno**vai** nossos dias, como outrora!

Na Quaresma:

Ant. Conver**tei**-nos para **vós**, ó Se**nhor**
e **nos** converte**re**mos;
reno**vai** os nossos **di**as, como ou**tro**ra!

Tempo da Quaresma

Domingo de Ramos:

Ant. **Jesus**, de joelhos, o**ra**va, assim di**zen**do:
Pai, se **que**res, a**fas**ta esse **cá**lice de **mim**,
mas não **se**ja o que eu **que**ro, e, **sim**, o que tu **que**res!

Sexta-feira da Paixão do Senhor:

Ant. Do **la**do do **Se**nhor crucifi**ca**do,
depois de a**ber**to pela **lan**ça do sol**da**do,
logo sa**iu** sangue e **á**gua para re**mir**-nos.

Sábado Santo:

Ant. Do **fun**do do a**bis**mo, no **mei**o da an**gús**tia,
cla**mei** ao **Se**nhor e ele me ou**viu**.

Em seguida, lê-se o Evangelho.

1º DOMINGO DA QUARESMA

Leitura do Evangelho de Jesus Cristo
segundo Lucas   13,22-33

Não convém que um profeta morra fora de Jerusalém

Naquele tempo: [22]Jesus atravessava cidades e povoados, ensinando e prosseguindo o caminho para Jerusalém. [23]Alguém lhe perguntou: "Senhor, é verdade que são poucos os que se salvam?" Jesus respondeu: [24]"Fazei todo esforço possível para entrar pela porta estreita. Porque eu vos digo que muitos tentarão entrar e não conseguirão. [25]Uma vez que o dono da casa se levantar e fechar a porta, vós, do lado de fora, começareis a bater, dizendo: 'Senhor, abre-nos a porta!' Ele responderá: 'Não sei de onde sois.' [26]Então começareis a dizer: 'Nós comemos e bebemos diante de ti, e tu ensinaste em nossas praças!' [27]Ele, porém, responderá: 'Não sei de onde sois. Afastai-vos de mim todos vós que praticais a injustiça!' [28]Ali haverá choro e ranger de dentes, quando virdes Abraão, Isaac e Jacó, junto com todos os profetas no Reino de Deus, e vós, porém, sendo lançados

1970 **Cânticos e Evangelhos**

fora. [29]Virão homens do oriente e do ocidente, do norte e do sul, e tomarão lugar à mesa no Reino de Deus. [30]E assim há últimos que serão primeiros, e primeiros que serão últimos."

[31]Naquela hora, alguns fariseus aproximaram-se e disseram a Jesus: "Tu deves ir embora daqui, porque Herodes quer te matar." [32]Jesus disse: "Ide dizer a essa raposa: eu expulso demônios e faço curas hoje e amanhã; e no terceiro dia terminarei o meu trabalho. [33]Entretanto, preciso caminhar hoje, amanhã e depois de amanhã, porque não convém que um profeta morra fora de Jerusalém.

Ou o Evangelho do domingo que nesse ano não é proclamado na Missa.

Oração como no Próprio, p. 77.

Conclusão da Hora como no Ordinário.

2º DOMINGO DA QUARESMA

Leitura do Evangelho de Jesus Cristo
segundo Marcos   8,27-38

O Filho do homem deve sofrer muito... e ressuscitar

Naquele tempo: [27]Jesus partiu com seus discípulos para os povoados de Cesareia de Filipe. No caminho perguntou aos discípulos: "Quem dizem os homens que eu sou?"[28]Eles responderam: "Alguns dizem que tu és João Batista; outros que és Elias; outros, ainda, que és um dos profetas." [29]Então ele perguntou: "E vós, quem dizeis que eu sou?" Pedro respondeu: "Tu és o Messias." [30]Jesus proibiu-lhes severamente de falar a alguém a seu respeito.

[31]Em seguida, começou a ensiná-los, dizendo que o Filho do Homem devia sofrer muito, ser rejeitado pelos anciãos, pelos sumos sacerdotes e doutores da Lei, devia ser morto, e ressuscitar depois de três dias. [32]Ele dizia isso abertamente. Então Pedro tomou Jesus à parte e começou a repreendê-lo. [33]Jesus voltou-se, olhou para os discípulos e

Tempo da Quaresma

repreendeu a Pedro, dizendo: "Vai para longe de mim, Satanás! Tu não pensas como Deus, e sim como os homens." ³⁴Então chamou a multidão com seus discípulos e disse: "Se alguém me quer seguir, renuncie a si mesmo, tome a sua cruz e me siga. ³⁵Pois quem quiser salvar a sua vida, vai perdê-la; mas quem perder a sua vida por causa de mim e do Evangelho, vai salvá-la. ³⁶Com efeito, de que adianta ao homem ganhar o mundo inteiro, se perde a própria vida? ³⁷E o que poderia o homem dar em troca da própria vida? ³⁸Se alguém se envergonhar de mim e das minhas palavras diante dessa geração adúltera e pecadora, também o Filho do Homem se envergonhará dele, quando vier na glória do seu Pai com seus santos anjos."

Ou o Evangelho do domingo que nesse ano não é proclamado na Missa.

Oração como no Próprio, p. 134.

Conclusão da Hora como no Ordinário.

3º DOMINGO DA QUARESMA

Leitura do Evangelho de Jesus Cristo
segundo Marcos   9,30-48

O Filho do Homem será morto, mas três dias após sua morte, ele ressuscitará

Naquele tempo: ³⁰Jesus e seus discípulos atravessavam a Galileia. Ele não queria que ninguém soubesse disso, ³¹pois estava ensinando a seus discípulos. E dizia-lhes: "O Filho do Homem vai ser entregue nas mãos dos homens, e eles o matarão. Mas, três dias após sua morte, ele ressuscitará." ³²Os discípulos, porém, não compreendiam estas palavras e tinham medo de perguntar.

³³Eles chegaram a Cafarnaum. Estando em casa, Jesus perguntou-lhes: "O que discutíeis pelo caminho?" ³⁴Eles, porém, ficaram calados, pois pelo caminho tinham discutido

1972 **Cânticos e Evangelhos**

quem era o maior. [35]Jesus sentou-se, chamou os doze e lhes disse: "Se alguém quiser ser o primeiro, que seja o último de todos e aquele que serve a todos!" [36]Em seguida, pegou uma criança, colocou-a no meio deles, e abraçando-a disse:

[37]"Quem acolher em meu nome uma destas crianças, é a mim que estará acolhendo. E quem me acolher, está acolhendo, não a mim, mas àquele que me enviou."

[38]João disse a Jesus: "Mestre, vimos um homem expulsar demônios em teu nome. Mas nós o proibimos, porque ele não nos segue." [39]Jesus disse: "Não o proibais, pois ninguém faz milagres em meu nome para depois falar mal de mim. [40]Quem não é contra nós é a nosso favor. [41]Em verdade eu vos digo: quem vos der a beber um copo de água, porque sois de Cristo, não ficará sem receber a sua recompensa.

[42]E se alguém escandalizar um destes pequeninos que creem, melhor seria que fosse jogado no mar com uma pedra de moinho amarrada ao pescoço.

[43]Se tua mão te leva a pecar, corta-a! É melhor entrar na Vida sem uma das mãos, do que, tendo as duas, ir para o inferno, para o fogo que nunca se apaga.[(44)]

[45]Se teu pé te leva a pecar, corta-o! É melhor entrar na Vida sem um dos pés, do que, tendo os dois, ser jogado no inferno.[(46)]

[47]Se teu olho te leva a pecar, arranca-o! É melhor entrar no Reino de Deus com um olho só, do que, tendo os dois, ser jogado no inferno, [48]'onde o verme deles não morre, e o fogo não se apaga'".

Ou o Evangelho do domingo que nesse ano litúrgico não é proclamado na Missa.

Oração como no Próprio, p. 191.

Conclusão da Hora como no Ordinário.

Tempo da Quaresma   1973

4º DOMINGO DA QUARESMA

Leitura do Evangelho de Jesus Cristo
segundo Marcos   10,32-45

*Eis que estamos subindo para Jerusalém,
e o Filho do Homem vai ser entregue*

Naquele tempo: [32]Jesus e os discípulos estavam a caminho subindo para Jerusalém. Jesus ia na frente. Os discípulos estavam espantados, e aqueles que iam atrás estavam com medo. Jesus chamou de novo os Doze à parte e começou a dizer-lhes o que estava para acontecer com ele: [33]"Eis que estamos subindo para Jerusalém, e o Filho do Homem vai ser entregue aos sumos sacerdotes e aos doutores da Lei. Eles o condenarão à morte e o entregarão aos pagãos. [34]Vão zombar dele, cuspir nele, vão torturá-lo e matá-lo. E depois de três dias ele ressuscitará."

[35]Tiago e João, filhos de Zebedeu, foram a Jesus e lhe disseram: "Mestre, queremos que faças por nós o que vamos pedir." [36]Ele perguntou: "O que quereis que eu vos faça?" [37]Eles responderam: "Deixa-nos sentar um à tua direita e outro à tua esquerda, quando estiveres na tua glória!" [38]Jesus então lhes disse: "Vós não sabeis o que pedis. Por acaso podeis beber o cálice que eu vou beber? Podeis ser batizados com o batismo com que vou ser batizado?" [39]Eles responderam: "Podemos." E ele lhes disse: "Vós bebereis o cálice que eu devo beber, e sereis batizados com o batismo com que eu devo ser batizado. [40]Mas não depende de mim conceder o lugar à minha direita ou à minha esquerda. É para aqueles a quem foi reservado".

[41]Quando os outros dez discípulos ouviram isso, indignaram-se com Tiago e João. [42]Jesus os chamou e disse: "Vós sabeis que os chefes das nações as oprimem e os grandes as tiranizam. [43]Mas, entre vós, não deve ser assim: quem quiser ser grande, seja vosso servo; [44]e quem quiser ser o primeiro, seja o escravo de todos. [45]Porque o Filho do Homem não

1974   Cânticos e Evangelhos

veio para ser servido, mas para servir e dar a sua vida como resgate para muitos".

Ou o Evangelho do domingo que nesse ano não é proclamado na Missa.

Oração como no Próprio, p. 249.

Conclusão da Hora como no Ordinário.

5º DOMINGO DA QUARESMA

Leitura do Evangelho de Jesus Cristo
segundo Mateus   21,33-46

Vinde, vamos matá-lo e tomar posse da sua herança!

Naquele tempo, disse Jesus aos príncipes dos sacerdotes e aos anciãos do povo:

[33] Escutai esta outra parábola: Certo proprietário plantou uma vinha, pôs uma cerca em volta, fez nela um lagar para esmagar as uvas e construiu uma torre de guarda. Depois arrendou-a a vinhateiros, e viajou para o estrangeiro. [34] Quando chegou o tempo da colheita, o proprietário mandou seus empregados aos vinhateiros para receber seus frutos. [35] Os vinhateiros, porém, agarraram os empregados, espancaram a um, mataram a outro, e ao terceiro apedrejaram. [36] O proprietário mandou de novo outros empregados, em maior número do que os primeiros. Mas eles os trataram da mesma forma. [37] Finalmente, o proprietário enviou-lhes o seu filho, pensando: 'Ao meu filho eles vão respeitar'. [38] Os vinhateiros, porém, ao verem o filho, disseram entre si: 'Este é o herdeiro. Vinde, vamos matá-lo e tomar posse da sua herança!' [39] Então agarraram o filho, jogaram-no para fora da vinha e o mataram. [40] Pois bem, quando o dono da vinha voltar, o que fará com esses vinhateiros?"

[41] Os sumos sacerdotes e os anciãos do povo responderam: "Com certeza mandará matar de modo violento esses perversos e arrendará a vinha a outros vinhateiros, que lhe

Domingo de Ramos na Paixão do Senhor

entregarão os frutos no tempo certo." [42]Então Jesus lhes disse: "Vós nunca lestes nas Escrituras:
'a pedra que os construtores rejeitaram
tornou-se a pedra angular;
isto foi feito pelo Senhor
e é maravilhoso aos nossos olhos'?

[43]Por isso eu vos digo: o Reino de Deus vos será tirado e será entregue a um povo que produzirá frutos. [44]Quem cair sobre essa pedra, ficará em pedaços; e aquele sobre quem ela cair, será esmagado."

[45]Os sumos sacerdotes e fariseus ouviram as parábolas de Jesus, e compreenderam que estava falando deles. [46]Procuraram prendê-lo, mas ficaram com medo das multidões, pois elas consideravam Jesus um profeta.

Ou o Evangelho do domingo que nesse ano litúrgico não é proclamado na Missa.

Oração como no Próprio, p. 308.

Conclusão da Hora como no Ordinário.

DOMINGO DE RAMOS NA PAIXÃO DO SENHOR

Leitura do Evangelho de Jesus Cristo
segundo João   8,21-30

Eu não sou deste mundo

[21]"Eu parto, e vós me procurareis, mas morrereis no vosso pecado. Para onde eu vou, vós não podeis ir." [22]Os judeus comentavam: "Por acaso, vai-se matar? Pois ele diz: 'Para onde eu vou, vós não podeis ir'?" [23]Jesus continuou: "Vós sois daqui de baixo, eu sou do alto. Vós sois deste mundo, eu não sou deste mundo. [24]Disse-vos que morrereis nos vossos pecados, porque, se não acreditais que eu sou, morrereis nos vossos pecados." [25]Perguntaram-lhe pois: "Quém és tu, então?" Jesus respondeu: "O que vos digo, desde o começo. [26]Tenho muitas coisas a dizer a vosso respeito, e a julgar também. Mas aquele que me enviou é

1976   Cânticos e Evangelhos

fidedigno, e o que ouvi da parte dele é o que falo para o mundo."[27] Eles não compreenderam que lhes estava falando do Pai. [28] Por isso, Jesus continuou: "Quando tiverdes elevado o Filho do Homem, então sabereis que eu sou; e que nada faço por mim mesmo, mas apenas falo aquilo que o Pai me ensinou. [29] Aquele que me enviou está comigo. Ele não me deixou sozinho, porque sempre faço o que é de seu agrado."[30] Enquanto Jesus assim falava, muitos acreditaram nele.

Oração como no Próprio, p. 369.

Conclusão da Hora como no Ordinário.

SEXTA-FEIRA NA PAIXÃO DO SENHOR

Paixão de nosso Senhor Jesus Cristo
segundo Mateus   27,1-2.11-56

Tu és o rei dos judeus?

[1] De manhã cedo, todos os sumos sacerdotes e os anciãos do povo convocaram um conselho contra Jesus, para condená-lo à morte. [2] Eles o amarraram, levaram-no e o entregaram a Pilatos, o governador.

[11] Jesus foi posto diante do governador, e este o interrogou: "Tu és o rei dos judeus?" Jesus declarou: "É como dizes", [12] e nada respondeu, quando foi acusado pelos sumos sacerdotes e anciãos. [13] Então Pilatos perguntou: "Não estás ouvindo de quanta coisa eles te acusam?"[14] Mas Jesus não respondeu uma só palavra, e o governador ficou muito impressionado.

[15] Na festa da Páscoa, o governador costumava soltar o prisioneiro que a multidão quisesse. [16] Naquela ocasião, tinham um prisioneiro famoso, chamado Barrabás. [17] Então Pilatos perguntou à multidão reunida: "Quem vós quereis que eu solte: Barrabás, ou Jesus, a quem chamam de Cristo?"[18] Pilatos bem sabia que eles haviam entregado Jesus por inveja.

Sexta-feira na Paixão do Senhor 1977

[19]Enquanto Pilatos estava sentado no tribunal, sua mulher mandou dizer a ele: "Não te envolvas com esse justo! porque esta noite, em sonho, sofri muito por causa dele." [20]Porém, os sumos sacerdotes e os anciãos convenceram as multidões para que pedissem Barrabás e que fizessem Jesus morrer. [21]O governador tornou a perguntar: "Qual dos dois quereis que eu solte?" Eles gritaram: "Barrabás". [22]Pilatos perguntou: "Que farei com Jesus, que chamam de Cristo?" Todos gritaram: "Seja crucificado!" [23]Pilatos falou: 'Mas, que mal ele fez?" Eles, porém, gritaram com mais força: "Seja crucificado!".

[24]Pilatos viu que nada conseguia e que poderia haver uma revolta. Então mandou trazer água, lavou as mãos diante da multidão, e disse: "Eu não sou responsável pelo sangue deste homem. Este é um problema vosso!" [25]O povo todo respondeu: "Que o sangue dele caia sobre nós e sobre os nossos filhos". [26]Então Pilatos soltou Barrabás, mandou flagelar Jesus, e entregou-o para ser crucificado.

Salve, rei dos judeus!

[27]Em seguida, os soldados de Pilatos levaram Jesus ao palácio do governador, e reuniram toda a tropa em volta dele. [28]Tiraram sua roupa e o vestiram com um manto vermelho; [29]depois teceram uma coroa de espinhos, puseram a coroa em sua cabeça, e uma vara em sua mão direita. Então se ajoelharam diante de Jesus e zombaram, dizendo: "Salve, rei dos judeus!" [30]Cuspiram nele e, pegando uma vara, bateram na sua cabeça. [31]Depois de zombar dele, tiraram-lhe o manto vermelho e, de novo, o vestiram com suas próprias roupas. Daí o levaram para crucificar.

Com ele crucificaram dois ladrões

[32]Quando saíam, encontraram um homem chamado Simão, da cidade de Cirene, e o obrigaram a carregar a cruz de Jesus. [33]E chegaram a um lugar chamado Gólgota, que quer dizer "lugar de caveira". [34]Ali deram vinho misturado

com fel para Jesus beber. Ele provou, mas não quis beber. [35]Depois de o crucificarem, fizeram um sorteio, repartindo entre si as suas vestes. [36]E ficaram ali sentados, montando guarda. [37]Acima da cabeça de Jesus puseram o motivo da sua condenação: "Este é Jesus, o Rei dos Judeus."

[38]Com ele também crucificaram dois ladrões, um à direita e outro à esquerda de Jesus.

Se és o Filho de Deus, desce da cruz!

[39]As pessoas que passavam por ali o insultavam, balançando a cabeça e dizendo: [40]"Tu que ias destruir o Templo e construí-lo de novo em três dias, salva-te a ti mesmo! Se és o Filho de Deus, desce da cruz!" [41]Do mesmo modo, os sumos sacerdotes, junto com os mestres da Lei e os anciãos, também zombaram de Jesus: [42]"A outros salvou... a si mesmo não pode salvar! É Rei de Israel... Desça agora da cruz! e acreditaremos nele. [43]Confiou em Deus; que o livre agora, se é que Deus o ama! Já que ele disse: Eu sou o Filho de Deus." Do mesmo modo, também os dois ladrões que foram crucificados com Jesus o insultavam.

Eli, Eli, lamá sabactâni?

[45]Desde o meio-dia até às três horas da tarde, houve escuridão sobre toda a terra. [46]Pelas três horas da tarde, Jesus deu um forte grito: "Eli, Eli, lamá sabactâni?", que quer dizer: "Meu Deus, meu Deus, por que me abandonaste?" [47]Alguns dos que ali estavam, ouvindo-o, disseram: "Ele está chamando Elias!" [48]E logo um deles, correndo, pegou uma esponja, ensopou-a em vinagre, colocou-a na ponta de uma vara, e lhe deu para beber. [49]Outros, porém, disseram: "Deixa, vamos ver se Elias vem salvá-lo!" [50]Então Jesus deu outra vez um forte grito e entregou o espírito.

Aqui todos se ajoelham, permanecendo assim por algum tempo.

[51]E eis que a cortina do santuário rasgou-se de alto a baixo, em duas partes, a terra tremeu e as pedras se partiram.

Sexta-feira na Paixão do Senhor

1979

⁵²Os túmulos se abriram e muitos corpos dos santos faleci-dos ressuscitaram! ⁵³Saindo dos túmulos, depois da ressur-reição de Jesus, apareceram na Cidade Santa e foram vistos por muitas pessoas. O ⁵⁴oficial e os soldados que estavam com ele guardando Jesus, ao notarem o terremoto e tudo que havia acontecido, ficaram com muito medo e disseram: "Ele era mesmo Filho de Deus!".

⁵⁵Grande número de mulheres estava ali, olhando de longe. Elas haviam acompanhado Jesus desde a Galileia, prestando-lhe serviços. ⁵⁶Entre elas estavam Maria Mada-lena, Maria, mãe de Tiago e de José, e a mãe dos filhos de Zebedeu.

Ou, à escolha:

Paixão de Nosso Senhor Jesus Cristo
segundo Marcos

15,1-41

Vós quereis que eu solte o rei dos judeus?

¹Logo pela manhã, os sumos sacerdotes, com os anciãos, os mestres da Lei e todo o Sinédrio, reuniram-se e tomaram uma decisão. Levaram Jesus amarrado e o entregaram a Pilatos. ²E Pilatos o interrogou: "Tu és o rei dos judeus?" Jesus respondeu: "Tu o dizes." ³E os sumos sacerdotes fa-ziam muitas acusações contra Jesus. ⁴Pilatos o interrogou novamente: "Nada tens a responder? Vê de quanta coisa te acusam!" ⁵Mas Jesus não respondeu mais nada, de modo que Pilatos ficou admirado.

⁶Por ocasião da Páscoa, Pilatos soltava o prisioneiro que eles pedissem. ⁷Havia então um preso, chamado Barrabás, entre os bandidos, que, numa revolta, tinha cometido um assassinato. ⁸A multidão subiu a Pilatos e começou a pe-dir que ele fizesse como era costume. ⁹Pilatos perguntou: "Vós quereis que eu solte o rei dos judeus?" ¹⁰Ele bem sa-bia que os sumos sacerdotes haviam entregado Jesus por inveja. ¹¹Porém, os sumos sacerdotes instigaram a multidão

1980   **Cânticos e Evangelhos**

para que Pilatos lhes soltasse Barrabás. [12]Pilatos perguntou de novo: "Que quereis então que eu faça com o rei dos Judeus?" [13]Mas eles tornaram a gritar: "Crucifica-o!" [14]Pilatos perguntou: "Mas, que mal ele fez?" Eles, porém, gritaram com mais força: "Crucifica-o!" [15]Pilatos, querendo satisfazer a multidão, soltou Barrabás, mandou flagelar Jesus e o entregou para ser crucificado.

Teceram uma coroa de espinhos e a puseram em sua cabeça

[16]Então os soldados o levaram para dentro do palácio, isto é, o pretório, e convocaram toda a tropa. [17]Vestiram Jesus com um manto vermelho, teceram uma coroa de espinhos e a puseram em sua cabeça. [18]E começaram a saudá-lo: "Salve, rei dos judeus!" [19]Batiam-lhe na cabeça com uma vara. Cuspiam nele e, dobrando os joelhos, prostravam-se diante dele. [20]Depois de zombarem de Jesus, tiraram-lhe o manto vermelho, vestiram-no de novo com suas próprias roupas e o levaram para fora, a fim de crucificá-lo.

Levaram Jesus para o lugar chamado Gólgota

[21]Os soldados obrigaram um certo Simão de Cirene, pai de Alexandre e de Rufo, que voltava do campo, a carregar a cruz. [22]Levaram Jesus para o lugar chamado Gólgota, que quer dizer "Calvário". [23]Deram-lhe vinho misturado com mirra, mas ele não o tomou.

[24]Então o crucificaram e repartiram as suas roupas, tirando a sorte, para ver que parte caberia a cada um. [25]Eram nove horas da manhã quando o crucificaram. [26]E ali estava uma inscrição com o motivo de sua condenação: "O Rei dos Judeus". [27]Com Jesus foram crucificados dois ladrões, um à direita e outro à esquerda.(28)

[29]Os que por ali passavam o insultavam, balançando a cabeça e dizendo: "Ah! Tu que destróis o Templo e o reconstróis em três dias, [30]salva-te a ti mesmo, descendo da cruz!" [31]Do mesmo modo, os sumos sacerdotes, com os mestres da Lei; zombavam entre si, dizendo: "A outros

Sexta-feira na Paixão do Senhor

salvou, a si mesmo não pode salvar! [32]O Messias, o rei de Israel, que desça agora da cruz, para que vejamos e acreditemos!" Os que foram crucificados com ele também o insultavam.

Jesus deu um forte grito e expirou

[33]Quando chegou o meio-dia, houve escuridão sobre toda a terra, até as três horas da tarde. [34]Pelas três da tarde, Jesus gritou com voz forte: "Eloi, Eloi, lamá sabactâni?", que quer dizer: "Meu Deus, meu Deus, por que me abandonaste?" [35]Alguns dos que estavam ali perto, ouvindo-o, disseram: "Vejam, ele está chamando Elias!" [36]Alguém correu e embebeu uma esponja em vinagre, colocou-a na ponta de uma vara e lhe deu de beber, dizendo: "Deixai! Vamos ver se Elias vem tirá-lo da cruz." [37]Então Jesus deu um forte grito e expirou.

Aqui todos se ajoelham e permanecem assim por algum tempo.

[38]Neste momento a cortina do santuário rasgou-se de alto a baixo, em duas partes.

[39]Quando o oficial do exército, que estava bem em frente dele, viu como Jesus havia expirado, disse: "Na verdade, este homem era Filho de Deus!"

[40]Estavam ali também algumas mulheres, que olhavam de longe; entre elas, Maria Madalena, Maria, mãe de Tiago Menor e de Joset, e Salomé. [41]Elas haviam acompanhado e servido a Jesus quando ele estava na Galileia. Também muitas outras que tinham ido com Jesus a Jerusalém, estavam ali.

Ou, à escolha:

Paixão de Nosso Senhor Jesus Cristo
segundo Lucas

23,1-49

Não encontro neste homem nenhum crime

Naquele tempo: [1]Em seguida, toda a multidão se levantou e levou Jesus a Pilatos. [2]Começaram então a acusá-lo, dizendo: "Achamos este homem fazendo subversão entre o nosso povo, proibindo pagar impostos a César e afirmando ser ele mesmo Cristo, o Rei." ³Pilatos o interrogou: "Tu és o rei dos judeus?" Jesus respondeu, declarando: "Tu o dizes!" ⁴Então Pilatos disse aos sumos sacerdotes e à multidão: "Não encontro neste homem nenhum crime."

⁵Eles, porém, insistiam: "Ele agita o povo, ensinando por toda a Judeia, desde a Galileia, onde começou, até aqui."

⁶Quando ouviu isto, Pilatos perguntou: "Este homem é galileu?" ⁷Ao saber que Jesus estava sob a autoridade de Herodes, Pilatos enviou-o a este, pois também Herodes estava em Jerusalém naqueles dias.

Herodes, com seus soldados, tratou Jesus com desprezo

⁸Herodes ficou muito contente ao ver Jesus, pois havia muito tempo desejava vê-lo. Já ouvira falar a seu respeito e esperava vê-lo fazer algum milagre. ⁹Ele interrogou-o com muitas perguntas. Jesus, porém, nada lhe respondeu. ¹⁰Os sumos sacerdotes e os mestres da Lei estavam presentes e o acusavam com insistência. ¹¹Herodes, com seus soldados, tratou Jesus com desprezo, zombou dele, vestiu-o com uma roupa vistosa e mandou-o de volta a Pilatos. ¹²Naquele dia Herodes e Pilatos ficaram amigos um do outro, pois antes eram inimigos.

Pilatos entregou Jesus à vontade deles

¹³Então Pilatos convocou os sumos sacerdotes, os chefes e o povo, e lhes disse: ¹⁴"Vós me trouxestes este homem como se fosse um agitador do povo. Pois bem! Já o interroguei diante de vós e não encontrei nele nenhum dos crimes de que o acusais; ¹⁵nem Herodes, pois o mandou de volta para nós. Como podeis ver, ele nada fez para merecer a morte. ¹⁶Portanto, vou castigá-lo e o soltarei.⁽¹⁷⁾

¹⁸Toda a multidão começou a gritar: "Fora com ele! Solta-nos Barrabás!" ¹⁹Barrabás tinha sido preso por causa de uma revolta na cidade e por homicídio.

Sexta-feira na Paixão do Senhor

[20]Pilatos falou outra vez à multidão, pois queria libertar Jesus. [21]Mas eles gritavam: "Crucifica-o! Crucifica-o!" [22]E Pilatos falou pela terceira vez: "Que mal fez este homem? Não encontrei nele nenhum crime que mereça a morte. Portanto, vou castigá-lo e o soltarei." [23]Eles, porém, continuaram a gritar com toda a força, pedindo que fosse crucificado. E a gritaria deles aumentava sempre mais. [24]Então Pilatos decidiu que fosse feito o que eles pediam. [25]Soltou o homem que eles queriam – aquele que fora preso por revolta e homicídio – e entregou Jesus à vontade deles.

Filhas de Jerusalém, não choreis por mim!

[26]Enquanto levavam Jesus, pegaram um certo Simão, de Cirene, que voltava do campo, e impuseram-lhe a cruz para carregá-la atrás de Jesus.

[27]Seguia-o uma grande multidão do povo e de mulheres que batiam no peito e choravam por ele. [28]Jesus, porém, voltou-se e disse: "Filhas de Jerusalém, não choreis por mim! Chorai por vós mesmas e por vossos filhos! [29]Porque dias virão em que se dirá: 'Felizes as mulheres que nunca tiveram filhos, os ventres que nunca deram à luz e os seios que nunca amamentaram'.

[30]Então começarão a pedir às montanhas: 'Caí sobre nós!' e às colinas: 'Escondei-nos!' [31]Porque, se fazem assim com a árvore verde, o que não farão com a árvore seca?"

[32]Levavam também outros dois malfeitores para serem mortos junto com Jesus.

Pai, perdoa-lhes! Eles não sabem o que fazem!

[33]Quando chegaram ao lugar chamado "Calvário", ali crucificaram Jesus e os malfeitores: um à sua direita e outro à sua esquerda. [34]Jesus dizia: "Pai, perdoa-lhes! Eles não sabem o que fazem!"

Depois fizeram um sorteio, repartindo entre si as roupas de Jesus. [35]O povo permanecia lá, olhando. E até os chefes zombavam, dizendo: "A outros ele salvou. Salve-se a si mesmo, se, de fato, é o Cristo de Deus, o Escolhido!" [36] Os soldados também caçoavam dele; aproximavam-se, ofereciam-lhe vinagre, [37] e diziam: "Se és o rei dos judeus, salva-te a ti mesmo!" [38] Acima dele havia um letreiro: "Este é o Rei dos Judeus."

[39] Um dos malfeitores crucificados o insultava, dizendo: "Tu não és o Cristo? Salva-te a ti mesmo e a nós!" [40] Mas o outro o repreendeu, dizendo: "Nem sequer temes a Deus, tu que sofres a mesma condenação? [41] Para nós, é justo, porque estamos recebendo o que merecemos; mas ele não fez nada de mal." [42] E acrescentou: "Jesus, lembra-te de mim, quando entrares no teu reinado." [43] Jesus lhe respondeu: "Em verdade eu te digo: ainda hoje estarás comigo no Paraíso."

Pai, em tuas mãos entrego o meu espírito

[44] Já era mais ou menos meio-dia e uma escuridão cobriu toda a terra até às três horas da tarde, [45] pois o sol parou de brilhar. A cortina do santuário rasgou-se pelo meio, [46] e Jesus deu um forte grito: "Pai, em tuas mãos entrego o meu espírito." Dizendo isso, expirou.

Aqui todos se ajoelham e permanecem assim por algum tempo.

[47] O oficial do exército romano viu o que acontecera e glorificou a Deus dizendo: "De fato! Este homem era justo!" [48] E as multidões, que tinham acorrido para assistir, viram o que havia acontecido, e voltaram para casa, batendo no peito.

[49] Todos os conhecidos de Jesus, bem como as mulheres que o acompanhavam desde a Galileia, ficaram à distância, olhando essas coisas.

Oração como no Próprio, p. 422.

Conclusão da Hora como no Ordinário.

SÁBADO SANTO

Leitura do Evangelho de Jesus Cristo
segundo Mateus   27,57-66

O corpo de Jesus é colocado num túmulo

[57] Ao entardecer, veio um homem rico de Arimateia, chamado José, que também se tornara discípulo de Jesus. [58] Ele foi procurar Pilatos e pediu o corpo de Jesus. Então Pilatos mandou que lhe entregassem o corpo. [59] José, tomando o corpo, envolveu-o num lençol limpo, [60] e o colocou em um túmulo novo, que havia mandado escavar na rocha. Em seguida, rolou uma grande pedra para fechar a entrada do túmulo, e retirou-se. [61] Maria Madalena e a outra Maria estavam ali sentadas, diante do sepulcro.

[62] No dia seguinte, como era o dia depois da preparação para o sábado, os sumos sacerdotes e os fariseus foram ter com Pilatos, [63] e disseram: "Senhor, nós nos lembramos de que quando este impostor ainda estava vivo, disse: 'Depois de três dias eu ressuscitarei!' [64] Portanto, manda guardar o sepulcro até ao terceiro dia, para não acontecer que os discípulos venham roubar o corpo e digam ao povo: 'Ele ressuscitou dos mortos!' pois essa última impostura seria pior do que a primeira." [65] Pilatos respondeu: "Tendes uma guarda. Ide e guardai o sepulcro como melhor vos parecer."

[66] Então eles foram reforçar a segurança do sepulcro: lacraram a pedra e montaram guarda.

Ou, à escolha:

Leitura do Evangelho de Jesus Cristo
segundo Marcos   15,42-47

Foi rolada uma pedra à entrada do sepulcro

[42] Era o dia da preparação, isto é, a véspera do sábado, e já caíra a tarde. [43] Então, José de Arimateia, membro

respeitável do Conselho, que também esperava o Reino de Deus, cheio de coragem, veio a Pilatos e pediu o corpo de Jesus. ⁴⁴Pilatos ficou admirado, quando soube que Jesus estava morto. Chamou o oficial do exército e perguntou se Jesus tinha morrido há muito tempo. ⁴⁵Informado pelo oficial, Pilatos entregou o corpo a José. ⁴⁶José comprou um lençol de linho, desceu o corpo da cruz e o envolveu no lençol. Depois colocou-o num túmulo, escavado na rocha, e rolou uma pedra à entrada do sepulcro. ⁴⁷Maria Madalena, e Maria, mãe de Joset, observavam onde Jesus foi colocado.

Ou, à escolha:

Leitura do Evangelho de Jesus Cristo
segundo Lucas   23,50-56

O corpo de Jesus foi colocado num sepulcro

Naquele tempo: ⁵⁰Havia um homem bom e justo, chamado José, membro do Conselho, ⁵¹o qual não tinha aprovado a decisão nem a ação dos outros membros. Ele era de Arimateia, uma cidade da Judeia, e esperava a vinda do Reino Deus. ⁵²José foi ter com Pilatos e pediu o corpo de Jesus. ⁵³Desceu o corpo da cruz, enrolou-o num lençol e colocou-o num túmulo escavado na rocha, onde ninguém ainda tinha sido sepultado. ⁵⁴Era o dia da preparação da Páscoa, e o sábado já estava começando. ⁵⁵As mulheres, que tinham vindo da Galileia com Jesus, foram com José, para ver o túmulo e como o corpo de Jesus ali fora colocado. ⁵⁶Depois voltaram para casa e prepararam perfumes e bálsamos. E, no sábado, elas descansaram, conforme ordenava a Lei.

Oração como no Próprio, p. 446.
Conclusão da Hora como no Ordinário.

TEMPO PASCAL

Cânticos

Antífonas

Até a Ascensão do Senhor exclusive:

Vinde, **to**dos, ado**re**mos quem da **mor**te ressur**giu**;
foi pela **cruz** que entrou no **mun**do a ale**gri**a. Ale**lui**a!

Ascensão do Senhor e 7º Domingo da Páscoa

Vou prepa**rar**-vos um lu**gar**, virei de **no**vo, para **vós**
e o **vos**so cora**ção** have**rá** de se alegrar. Ale**lui**a!

Domingo de Pentecostes

Não vos **dei**xo como **ór**fão,
e o **vos**so coração have**rá** de se ale**grar**. Ale**lui**a!

Cântico I   Is 63,1-5

O Senhor, único vencedor dos inimigos

Eles venceram o dragão pelo sangue do Cordeiro (cf. Ap 12,11).

— [1] Quem é **es**te que **vem** de E**dom**, *
    vem de **Bos**ra, com vestes vermelhas,

— vem for**mo**so, em trajes de gala, *
    cami**nhan**do com grande poder?

— "Sou **eu**, que proclamo a justiça, *
    sou **eu**, poderoso em salvar!"

— [2] "Mas, por **que** tua veste é vermelha, *
    como a da**que**le que pisa o lagar?"

— [3] "Eu sozinho pisei o lagar, *
    e nin**guém** me ajudou dentre os povos.

— Com fu**ror**, eu, então, os pisei *
    e a **e**les, com ira, esmaguei.

— Salpi**cou**-me seu sangue as vestes, *
    o meu **tra**je está todo manchado.

Cânticos e Evangelhos

– ⁴Da vingança o dia eu queria, *
da redenção já chegou o meu tempo.

– ⁵Eu **olhei,** mas ninguém para ajudar; *
admi**rei** me, pois não tinha apoio.

– **Então**, apelei ao meu braço, *
minha ira me veio ajudar."

Cântico II   Os 6,1-6

**O Senhor é compassivo,
quer misericórdia e não sacrifícios**

Ao terceiro dia, o Cristo ressuscitou, segundo as Escrituras
(1Cor 15,4).

– ¹Vinde, **to**dos, retor**ne**mos ao Se**nhor,** *
pois, se **e**le nos feriu, nos curará.

= ²Em dois **dia**s nos dará, de novo, a vida †
e em três **dia**s haverá de reerguer-nos *
e vive**re**mos na presença do Senhor.

– ³Apli**que**mo-nos, a fim de o conhecer, *
esfor**ce**mo-nos, a fim de o seguir!

= Tão **cer**ta como a aurora é sua vinda, †
como a **chu**va para nós ele virá, *
chuva tar**di**a, que irriga toda a terra.

= ⁴"Que te fa**rei**, ó Efraim, e a ti, Judá? †
O vosso a**mor** é como a nuvem da manhã, *
como or**va**lho que, depressa, se dissipa.

= ⁵Por **isso**, os castiguei pelos profetas †
e os ma**tei** pelas palavras de minha boca *
e meu ju**í**zo resplandece como a luz.

– ⁶Miseri**cór**dia eu quero e não teus sacrifícios, *
conheci**men**to do Senhor, mais que holocaustos."

Tempo pascal 1989

Cântico III
Sf 3,8-13

O resto de Israel, no fim, será salvo

Isaías clama a respeito de Israel: Ainda que o número dos israelitas fosse como a areia do mar, só um resto será salvo (Rm 9,27).

= ⁸ Esperai-me, esperai-me, palavra do Senhor, †
no dia em que **eu** me levantar para **dar** meu testemunho,*
porque é **mi**nha decisão, reu**nir** nações e reinos,

= a **fim** de derramar sobre **e**les meu furor †
– e **to**da a indignação da minha **có**lera inflamada, *
pois o **fo**go do meu zelo consumi**rá** a terra inteira.

– ⁹ En**tão**, eu haverei de dar aos **po**vos lábios puros, †
para **to**dos invocarem o **no**me do Senhor *
e o servirem, lado a lado, com **igual** dedicação.

–¹⁰ De além dos **ri**os da Etiópia virão os **meus** adoradores, *
os meus **fi**lhos espalhados me tra**rão** seus sacrifícios.

–¹¹ Naquele **dia**, não terás de envergo**nhar**-te de tuas obras, *
dos pe**ca**dos cometidos, pelos **quais** tu me traíste,

= porque, en**tão**, eu tirarei do teu **mei**o os teus soberbos †
e arro**gan**tes fanfarrões; e não **mais** te orgulharás *
sobre **es**te Monte santo, que é **meu**, diz o Senhor.

–¹² Em teu **mei**o deixarei um povo humi**lde** e modesto, *
que po**rá** sua esperança no **no**me do Senhor.

= O res**to** de Israel não fa**rá** mais injustiça, †
¹³ nem mentiras falará; e não **mais** se haverá *
de encon**trar** em sua boca uma **lín**gua enganadora.

– Pois se**rão** apascentados e re**pou**so encontrarão *
e não **ha**verá ninguém que os **pos**sa perturbar.

Até a Ascensão do Senhor exclusive:

Ant. Vinde, **to**dos, adoremos quem da **mor**te ressurgiu;
foi pela **cruz** que entrou no **mun**do a alegria. Aleluia!

1990   Cânticos e Evangelhos

Ascensão do Senhor e 7º Domingo da Páscoa:

Ant. **Vou prepara**r-vos um lu**gar**, virei, de **no**vo, para **vós**
e o **vos**so cora**ção** have**rá** de se ale**grar**. Ale**lui**a!

Domingo de Pentecostes:

Ant. Não vos **dei**xo como **ór**fãos,
e o **vos**so cora**ção** have**rá** de se ale**grar**. Ale**lui**a!

Em seguida, lê-se o Evangelho.

DOMINGO NA OITAVA DA PÁSCOA
(2º DOMINGO DA PÁSCOA)

Leitura do Evangelho de Jesus Cristo
segundo Marcos   16,1-20

Jesus de Nazaré, que foi crucificado, ressuscitou

¹Quando passou o sábado, Maria Madalena e Maria, a
mãe de Tiago, e Salomé, compraram perfumes para ungir
o corpo de Jesus. ²E bem cedo, no primeiro dia da semana,
ao nascer do sol, elas foram ao túmulo. ³E diziam entre
si: "Quem rolará para nós a pedra da entrada do túmulo?"
⁴Era uma pedra muito grande. Mas, quando olharam, viram
que a pedra já tinha sido retirada. ⁵Entraram, então, no túmulo e viram um jovem, sentado do lado direito, vestido
de branco. E ficaram muito assustadas. ⁶Mas o jovem lhes
disse: "Não vos assusteis! Vós procurais Jesus de Nazaré,
que foi crucificado? Ele ressuscitou. Não está aqui. Vede o
lugar onde o puseram. ⁷Ide, dizei a seus discípulos e a Pedro
que ele irá à vossa frente, na Galileia. Lá vós o vereis, como
ele mesmo tinha dito." Elas saíram do túmulo e fugiram, pois
estavam tomadas de temor e espanto. E não disseram nada a
ninguém porque tinham medo.

⁹Depois de ressuscitar, na madrugada do primeiro dia
após o sábado, Jesus apareceu primeiro a Maria Madalena,
da qual havia expulsado sete demônios. ¹⁰Ela foi anunciar

Tempo pascal 1991

isso aos seguidores de Jesus, que estavam de luto e chorando. [11]Quando ouviram que ele estava vivo e fora visto por ela, não quiseram acreditar. [12]Em seguida, Jesus apareceu a dois deles, com outra aparência, enquanto estavam indo para o campo. [13]Eles também voltaram e anunciaram isso aos outros. Também a estes não deram crédito.

[14]Por fim, Jesus apareceu aos onze discípulos enquanto estavam comendo, repreendeu-os por causa da falta de fé e pela dureza de coração, porque não tinham acreditado naqueles que o tinham visto ressuscitado. [15]E disse-lhes: "Ide pelo mundo inteiro e anunciai o Evangelho a toda criatura! [16]Quem crer e for batizado será salvo. Quem não crer será condenado. [17]Os sinais que acompanharão aqueles que crerem serão estes: expulsarão demônios em meu nome, falarão novas línguas; [18]se pegarem em serpentes ou beberem algum veneno mortal não lhes fará mal algum; quando impuserem as mãos sobre os doentes, eles ficarão curados".

[19]Depois de falar com os discípulos, o Senhor Jesus foi levado ao céu, e sentou-se à direita de Deus.

[20]Os discípulos então saíram e pregaram por toda parte. O Senhor os ajudava e confirmava sua palavra por meio dos sinais que a acompanhavam.

HINO Te Deum, p. 949. Oração como no Próprio, p. 575. Conclusão da Hora como no Ordinário.

3º DOMINGO DA PÁSCOA
Leitura do Evangelho de Jesus Cristo
segundo Lucas 24,1-12

*Por que estais procurando entre os mortos
aquele que está vivo?*

[1]No primeiro dia da semana, bem de madrugada, as mulheres foram ao túmulo de Jesus, levando os perfumes que haviam preparado. [2]Elas encontraram a pedra do túmulo removida. [3]Mas, ao entrar, não encontraram o corpo do

1992   Cânticos e Evangelhos

Senhor Jesus [4]e ficaram sem saber o que estava acontecendo. Nisso, dois homens com roupas brilhantes pararam
perto delas. [5]Tomadas de medo, elas olhavam para o chão,
mas os dois homens disseram: "Por que estais procurando
entre os mortos aquele que está vivo? [6]Ele não está aqui.
Ressuscitou! Lembrai-vos do que ele vos falou, quando
ainda estava na Galileia: [7]'O Filho do Homem deve ser entregue nas mãos dos pecadores, ser crucificado e ressuscitar ao terceiro dia'". [8]Então as mulheres se lembraram das
palavras de Jesus. [9]Voltaram do túmulo e anunciaram tudo
isso aos Onze e a todos os outros. [10]Eram Maria Madalena,
Joana e Maria, mãe de Tiago. Também as outras mulheres
que estavam com elas contaram essas coisas aos apóstolos. [11]Mas eles acharam que tudo isso era desvairio, e não
acreditaram. [12]Pedro, no entanto, levantou-se e correu ao
túmulo. Olhou para dentro e viu apenas os lençóis. Então
voltou para casa, admirado com o que havia acontecido.

HINO Te Deum, p. 949. Oração como no Próprio, p. 629.
Conclusão da Hora como no Ordinário.

4º DOMINGO DA PÁSCOA

Leitura do Evangelho de Jesus Cristo
segundo Lucas   24,13-34

Fica conosco, pois já é tarde

[13]Naquele mesmo dia, o primeiro da semana, dois dos
discípulos de Jesus iam para um povoado, chamado Emaús,
distante onze quilômetros de Jerusalém. [14]Conversavam
sobre todas as coisas que tinham acontecido. [15]Enquanto
conversavam e discutiam, o próprio Jesus se aproximou
e começou a caminhar com eles. [16]Os discípulos, porém,
estavam como que cegos, e não o reconheceram. [17]Então
Jesus perguntou: "O que ides conversando pelo caminho?"
Eles pararam, com o rosto triste, [18]e um deles, chamado
Cléofas, lhe disse: "Tu és o único peregrino em Jerusalém
que não sabe o que lá aconteceu nestes últimos dias?" [19]Ele

Tempo pascal 1993

perguntou: "O que foi?" Os discípulos responderam: "O que aconteceu com Jesus, o Nazareno, que foi um profeta poderoso em obras e palavras, diante de Deus e diante de todo o povo. [20] Nossos sumos sacerdotes e nossos chefes o entregaram para ser condenado à morte e o crucificaram. [21] Nós esperávamos que ele fosse libertar Israel, mas, apesar de tudo isso, já faz três dias que todas essas coisas aconteceram! [22] É verdade que algumas mulheres do nosso grupo nos deram um susto. Elas foram de madrugada ao túmulo [23] e não encontraram o corpo dele. Então voltaram, dizendo que tinham visto anjos e que estes afirmaram que Jesus está vivo. [24] Alguns dos nossos foram ao túmulo e encontraram as coisas como as mulheres tinham dito. A ele, porém, ninguém o viu."

[25] Então Jesus lhes disse: "Como sois sem inteligência e lentos para crer em tudo o que os profetas falaram! [26] Será que o Cristo não devia sofrer tudo isso para entrar na sua glória?" [27] E, começando por Moisés e passando pelos Profetas, explicava aos discípulos todas as passagens da Escritura que falavam a respeito dele. [28] Quando chegaram perto do povoado para onde iam, Jesus fez de conta que ia mais adiante. [29] Eles, porém, insistiram com Jesus, dizendo: "Fica conosco, pois já é tarde e a noite vem chegando!" Jesus entrou para ficar com eles. [30] Quando se sentou à mesa com eles, tomou o pão, rezou a bênção, partiu-o e lhes distribuía. [31] Nisso os olhos dos discípulos se abriram e eles reconheceram Jesus. Jesus, porém, desapareceu da frente deles. [32] Então um disse ao outro: "Não estava ardendo o nosso coração quando ele nos falava pelo caminho, e nos explicava as Escrituras?" [33] Naquela mesma hora, eles se levantaram e voltaram para Jerusalém onde encontraram os Onze reunidos com os outros. [34] E estes confirmaram: "Realmente, o Senhor ressuscitou e apareceu a Simão!".

HINO Te Deum, p. 949. Oração como no Próprio, p. 682. Conclusão da Hora como no Ordinário.

5º DOMINGO DA PÁSCOA

Leitura do Evangelho de Jesus Cristo
segundo Lucas   24,35-53

Era preciso que o Cristo sofresse e ressurgisse dos mortos

Naquele tempo: [35]os discípulos contaram o que tinha acontecido no caminho, e como tinham reconhecido Jesus ao partir o pão.

[36]Ainda estavam falando, quando o próprio Jesus apareceu no meio deles e lhes disse: "A paz esteja convosco!" [37]Eles ficaram assustados e cheios de medo, pensando que estavam vendo um fantasma. [38]Mas Jesus disse: "Por que estais preocupados, e por que tendes dúvidas no coração? [39]Vede minhas mãos e meus pés: sou eu mesmo! Tocai em mim e vede! Um fantasma não tem carne, nem ossos, como estais vendo que eu tenho." [40]E dizendo isso, Jesus mostrou-lhes as mãos e os pés. [41]Mas eles ainda não podiam acreditar, porque estavam muito alegres e surpresos. Então Jesus disse: "Tendes aqui alguma coisa para comer?" [42]Deram-lhe um pedaço de peixe assado. [43]Ele o tomou e comeu diante deles.

[44]Depois disse-lhes: "São estas as coisas que vos falei quando ainda estava convosco: era preciso que se cumprisse tudo o que está escrito sobre mim na Lei de Moisés, nos Profetas e nos Salmos." [45]Então Jesus abriu a inteligência dos discípulos para entenderem as Escrituras, [46]e lhes disse: "Assim está escrito: O Cristo sofrerá e ressuscitará dos mortos ao terceiro dia [47]e no seu nome, serão anunciados a conversão e o perdão dos pecados a todas as nações, começando por Jerusalém. [48]Vós sereis testemunhas de tudo isso. [49]Eu enviarei sobre vós aquele que meu Pai prometeu. Por isso, permanecei na cidade, até que sejais revestidos da força do alto".

Tempo pascal

1995

⁵⁰Então Jesus levou-os para fora, até perto de Betânia. Ali ergueu as mãos e abençoou-os ⁵¹Enquanto os abençoava, afastou-se deles e foi levado para o céu. ⁵²Eles o adoraram. Em seguida voltaram para Jerusalém, com grande alegria. ⁵³E estavam sempre no Templo, bendizendo a Deus.

HINO Te Deum, p. 949. Oração como no Próprio, p. 738. Conclusão da Hora como no Ordinário.

6º DOMINGO DA PÁSCOA

Leitura do Evangelho de Jesus Cristo
segundo João   20,1-18

Ele devia ressuscitar dos mortos

¹No primeiro dia da semana, Maria Madalena foi ao túmulo de Jesus, bem de madrugada, quando ainda estava escuro, e viu que a pedra tinha sido retirada do túmulo. ²Então ela saiu correndo e foi encontrar Simão Pedro e o outro discípulo, aquele que Jesus amava, e lhes disse: "Tiraram o Senhor do túmulo, e não sabemos onde o colocaram." ³Saíram, então, Pedro e o outro discípulo e foram ao túmulo. ⁴Os dois corriam juntos, mas o outro discípulo correu mais depressa que Pedro e chegou primeiro ao túmulo. ⁵Olhando para dentro, viu as faixas de linho no chão, mas não entrou. ⁶Chegou também Simão Pedro, que vinha correndo atrás, e entrou no túmulo. Viu as faixas de linho deitadas no chão ⁷e o pano que tinha estado sobre a cabeça de Jesus, não posto com as faixas, mas enrolado num lugar à parte. ⁸Então entrou também o outro discípulo, que tinha chegado primeiro ao túmulo. Ele viu, e acreditou. ⁹De fato, eles ainda não tinham compreendido a Escritura, segundo a qual ele devia ressuscitar dos mortos. ¹⁰Os discípulos voltaram então para casa.

1996   Cânticos e Evangelhos

[11]Entretanto, Maria estava do lado de fora do túmulo, chorando. Enquanto chorava, inclinou-se e olhou para dentro do túmulo. [12]Viu, então, dois anjos vestidos de branco, sentados onde tinha sido posto o corpo de Jesus, um à cabeceira e outro aos pés. [13]Os anjos perguntaram: "Mulher, por que choras?" Ela respondeu: "Levaram o meu Senhor e não sei onde o colocaram". [14]Tendo dito isto, Maria voltou-se para trás e viu Jesus, de pé. Mas não sabia que era Jesus. [15]Jesus perguntou-lhe: "Mulher, por que choras? A quem procuras?" Pensando que era o jardineiro, Maria disse: "Senhor, se foste tu que o levaste dize-me onde o colocaste, e eu o irei buscar". [16]Então Jesus disse: "Maria!" Ela voltou-se e exclamou, em hebraico: "Rabuni" (que quer dizer: Mestre). [17]Jesus disse: "Não me segures. Ainda não subi para junto do Pai. Mas vai dizer aos meus irmãos: subo para junto do meu Pai e vosso Pai, meu Deus e vosso Deus". [18]Então Maria Madalena foi anunciar aos discípulos: "Eu vi o Senhor!", e contou o que Jesus lhe tinha dito.

HINO Te Deum, p. 949. Oração como no Próprio, p. 789. Conclusão da Hora como no Ordinário.

ASCENSÃO DO SENHOR

O Evangelho da solenidade que nesse ano litúrgico não é proclamado na Missa.

HINO Te Deum, p. 949. Oração como no Próprio, p. 832. Conclusão da Hora como no Ordinário.

7º DOMINGO DA PÁSCOA

Leitura do Evangelho de Jesus Cristo
segundo João   20,19-31

Oito dias depois Jesus veio

[19]Ao anoitecer daquele dia, o primeiro da semana, estando fechadas, por medo dos judeus, as portas do lugar onde

Tempo pascal 1997

os discípulos se encontravam, Jesus entrou e, pondo-se no meio deles, disse: "A paz esteja convosco". [20] Depois destas palavras, mostrou-lhes as mãos e o lado. Então os discípulos se alegraram por verem o Senhor. [21] Novamente, Jesus disse: "A paz esteja convosco. Como o Pai me enviou, também eu vos envio". [22] E depois de ter dito isto, soprou sobre eles e disse: "Recebei o Espírito Santo. [23] A quem perdoardes os pecados, eles lhes serão perdoados; a quem os não perdoardes, eles lhes serão retidos".

[24] Tomé, chamado Dídimo, que era um dos doze, não estava com eles quando Jesus veio. [25] Os outros discípulos contaram-lhe depois: "Vimos o Senhor!" Mas Tomé disse-lhes: "Se eu não vir a marca dos pregos em suas mãos, se eu não puser o dedo nas marcas dos pregos e não puser a mão no seu lado, não acreditarei".

[26] Oito dias depois, encontravam-se os discípulos novamente reunidos em casa, e Tomé estava com eles. Estando fechadas as portas, Jesus entrou, pôs-se no meio deles e disse: "A paz esteja convosco". [27] Depois disse a Tomé: "Põe o teu dedo aqui e olha as minhas mãos. Estende a tua mão e coloca-a no meu lado. E não sejas incrédulo, mas fiel". [28] Tomé respondeu: "Meu Senhor e meu Deus!" [29] Jesus lhe disse: "Acreditaste, porque me viste? Bem-aventurados os que creram sem terem visto!"

[30] Jesus realizou muitos outros sinais diante dos discípulos, que não estão escritos neste livro. [31] Mas estes foram escritos para que acrediteis que Jesus é o Cristo, o Filho de Deus, e para que, crendo, tenhais a vida em seu nome.

HINO **Te Deum**, p. 949. Oração como no Próprio, p. 871.
Conclusão da Hora como no Ordinário.

DOMINGO DE PENTECOSTES

Leitura do Evangelho de Jesus Cristo
segundo Mateus 28,16-20

Ide e fazei discípulos meus todos os povos

Naquele tempo: [16]Os onze discípulos foram para a Galileia, ao monte que Jesus lhes tinha indicado. [17]Quando viram Jesus, prostraram-se diante dele. Ainda assim alguns duvidaram. [18]Então Jesus aproximou-se e falou: "Toda a autoridade me foi dada no céu e sobre a terra. [19]Portanto, ide e fazei discípulos meus todos os povos, batizando-os em nome do Pai e do Filho e do Espírito Santo, [20]e ensinando-os a observar tudo o que vos ordenei! Eis que eu estarei convosco todos os dias, até ao fim do mundo".

Ou o Evangelho como na Missa da Vigília Jo 7,37-39.

HINO Te Deum, p. 949. Oração como no Próprio, p. 930.
Conclusão da Hora como no Ordinário.

PRÓPRIO DOS SANTOS

19 de março

SÃO JOSÉ, ESPOSO DE NOSSA SENHORA

Ant. O **ho**mem dedi**ca**do será **mui**to elogi**a**do,
o fiel **guar**da do **Se**nhor há de **ser** glorifi**ca**do!
(**T.P.** Ale**lu**ia).

Cânticos como no Comum dos santos homens, p. 2013.

O Evangelho alternativo da solenidade que não for proclamado na Missa: Mt 1,16.18-21.24a, ou Lc 2,41-51a.

HINO Te Deum, p. 949. Oração como no Próprio, p. 1488.

Conclusão da Hora como no Ordinário.

---

25 de março

ANUNCIAÇÃO DO SENHOR

Cânticos

Ant. A**le**gra-te e **lou**va, ó **Fi**lha de Si**ão,**
eis que **ven**ho a **ti,** para mo**rar** em tua **ca**sa,
é o que **diz** o **Se**nhor! (**T.P.** Ale**lu**ia).

Cântico I   Is 9,1-6

Anunciação do Príncipe da paz

O sol que nasce do alto nos visitará para iluminar os que jazem nas trevas e nas sombras da morte (Lc 1,78b.79a).

– [1] O **po**vo que vagava, em meio às **tre**vas, *
viu uma **luz** de grande **bri**lho;

– aos que na **som**bra da morte estão deitados, *
uma **luz** resplandeceu. –

Cânticos e Evangelhos

– [2]Tornastes este povo numeroso *
e a alegria lhe aumentastes.
– Como aqueles que se alegram na colheita, *
perante vós se rejubilam;
– Como exultam os guerreiros vencedores *
na partilha dos despojos.
– [3]Porque o jugo que pesava sobre eles *
por vós mesmo foi quebrado
– e a vara que feria os seus ombros, *
como no dia de Madian.
– [4]Pois toda bota com que marcha o guerreiro, *
no tumulto da batalha,
– e toda veste ensanguentada, entre chamas, *
de pasto ao fogo hão de servir.
– [5]Pois nasceu um menino para nós, *
e um filho nos foi dado.
– Ele tem sobre os seus ombros o domínio *
e seu nome há de ser:
– "Admirável", "Conselheiro" e "Deus forte", *
"Pai eterno" e "Rei da paz".
– [6]Seu reinado sempre mais se estenderá *
e a paz não terá fim.
– Sobre o trono de Davi se assentará *
e sobre ele reinará,
– a fim de reerguê-lo e firmá-lo*
no direito e na justiça
– Isto, o zelo do Senhor do universo *
haverá de realizar.

25 de março   2001

Cântico II   Is 26,1-4.7-9.12
Hino depois da vitória

A cidade santa de Jerusalém estava cercada por uma mu-
ralha maciça e alta, com doze portas (cf. Ap 21,12).

— [1]Nossa cidade invencível é Sião, *
  sua muralha e sua trincheira é o Salvador.
— [2]Abri as portas, para que entre um povo justo, *
  um povo reto que ficou sempre fiel.
— [3]Seu coração está bem firme e guarda a paz, *
  guarda a paz, porque em vós tem confiança.
— [4]Tende sempre confiança no Senhor, *
  pois é ele nossa eterna fortaleza!

— [7]O caminho do homem justo é plano e reto, *
  porque vós o preparais e aplainais;
— [8]foi trilhando esse caminho de justiça *
  que em vós sempre esperamos, ó Senhor!

— Vossa lembrança e vosso nome, ó Senhor, *
  são o desejo e a saudade de noss'alma!
— [9]Durante a noite a minha alma vos deseja, *
  e meu espírito vos busca desde a aurora.

— Quando os vossos julgamentos se cumprirem, *
  aprenderão todos os homens a justiça.
— [12]Ó Senhor e nosso Deus, dai-nos a paz, *
  pois agistes sempre em tudo o que fizemos!

Cântico III   Is 66,10-14a
Consolação e alegria na Cidade Santa

A Jerusalém celeste é livre, e é a nossa mãe (Gl 4,26),

= [10]Alegrai-vos com Sião †
  e exultai por sua causa, *
  todos vós que a amais;

2002   Cânticos e Evangelhos

– tomai **par**te no seu júbilo, *
todos **vós** que a lamentais!

= ¹¹Pode**reis** alimentar-vos, †
saci**ar**-vos com fartura *
com seu **lei**te que consola;

– pode**reis** deliciar-vos *
nas ri**que**zas de sua glória.

= ¹²Pois as**sim** fala o Senhor: †
"Vou fa**zer** correr a paz *
para **e**la como um rio,

– e as ri**que**zas das nações *
qual tor**ren**te a transbordar.

= Vós ser**eis** amamentados †
e ao **co**lo carregados *
e afa**ga**dos com carícias;

– ¹³como a **mãe** consola o filho, *
em Si**ão** vou consolar-vos.

= ¹⁴Tudo **isso** vós vereis, †
e os **vos**sos corações *
de ale**gri**a pulsarão;

– vossos **mem**bros, como plantas, *
toma**rão** novo vigor.

Ant. **A**legra-te e **lou**va, ó **Fi**lha de **Si**ão,
eis que **ve**nho a **ti**, para mo**rar** em tua **ca**sa,
é o que **diz** o Se**nhor**! (T.P. Ale**lui**a).

Evangelho
Leitura do Evangelho de Jesus Cristo
segundo Mateus   1,18-24
Ela concebeu pela ação do Espírito Santo
¹⁸A origem de Jesus Cristo foi assim:
Maria, sua mãe, estava prometida em casamento a José,
e, antes de viverem juntos, ela ficou grávida pela ação do
Espírito Santo.

[19]José, seu marido, era justo e, não querendo denunciá-la, resolveu abandonar Maria, em segredo. [20]Enquanto José pensava nisso, eis que o anjo do Senhor apareceu-lhe, em sonho, e lhe disse: "José, Filho de Davi, não tenhas medo de receber Maria como tua esposa, porque ela concebeu pela ação do Espírito Santo. [21]Ela dará à luz um filho, e tu lhe darás o nome de Jesus, pois ele vai salvar o seu povo dos seus pecados."

[22]Tudo isso aconteceu para se cumprir o que o Senhor havia dito pelo profeta: [23]"Eis que a virgem conceberá e dará à luz um filho. Ele será chamado pelo nome de Emanuel, que significa: Deus está conosco." [24]Quando acordou, José fez conforme o anjo do Senhor havia mandado, e aceitou sua esposa.

HINO Te Deum, p. 949. Oração como no Próprio, p. 1510. Conclusão da Hora como no Ordinário.

COMUNS

Na dedicação de uma igreja e nos Comuns dos Santos toma-se o Evangelho dentre os que não são proclamados na Missa.

COMUM DA DEDICAÇÃO DE UMA IGREJA

Ant. Sois bendito, ó Senhor, no vosso templo glorioso, construído para a glória e louvor do vosso nome! (T.P. Aleluia).

Cântico I   Tb 13,8-11.13-14ab.15-16ab

A glória futura de Jerusalém

Vós vos aproximastes do monte Sião e da cidade do Deus vivo (Hb 12,22).

— [8] Dai graças ao Senhor, vós todos, seus eleitos; *
celebrai dias de festa e rendei-lhe homenagem.

— [9] Jerusalém, cidade santa, o Senhor te castigou, *
por teu mau procedimento, pelo mal que praticaste.

— [10] Dá louvor ao teu Senhor, pelas tuas boas obras, *
para que ele, novamente, arme, em ti, a sua tenda.

— Reúna em ti os deportados, alegrando-os sem fim! *
ame em ti todo infeliz pelos séculos sem fim!

= [11] Resplenderás, qual luz brilhante, até os extremos desta terra; †
virão a ti nações de longe, dos lugares mais distantes, *
invocando o santo nome, trazendo dons ao Rei do céu.

— Em ti se alegrarão as gerações das gerações *
e o nome da Eleita durará por todo o sempre.

— [13] Então, te alegrarás pelos filhos dos teus justos, *
todos unidos, bendizendo ao Senhor, o Rei eterno.

— [14] Haverão de ser ditosos todos quantos que te amam, *
encontrando em tua paz sua grande alegria. —

Comuns   2005

= ¹⁵Ó minh'alma, vem bendizer ao Senhor, o grande Rei, †
¹⁶pois será reconstruída sua casa em Sião, *
que para sempre há de ficar pelos séculos, sem fim.

Cântico II   Is 2,2-3

Todas as nações virão para a casa do Senhor

*Os reis da terra levarão sua glória e a honra à cidade
santa de Jerusalém (Ap 21,24).*

– ²Eis que **vai** acontecer no fim dos tempos, *
que o **mon**te onde está a casa do Senhor
– será erguido muito acima de outros montes, *
e elevado bem mais alto que as colinas.

– Para ele acorrerão todas as gentes, *
³muitos povos chegarão ali dizendo:
– "Vinde, subamos a montanha do Senhor, *
vamos à casa do Senhor Deus de Israel,

– para que ele nos ensine seus caminhos, *
e trilhemos todos nós suas veredas.
– Pois de Sião a sua Lei há de sair, *
Jerusalém espalhará sua Palavra".

Cântico III   Jr 7,2-7

Corrigi vossa conduta e vos farei habitar neste lugar

*Vai primeiro reconciliar-te com teu irmão. Só então vai
apresentar a tua oferta (Mt 5,24).*

– ²Escutai a palavra do Senhor, *
todos vós, de Judá que aqui entrais
– por estas portas, a fim de adorar *
ao Senhor e prostrar-vos diante dele.

= ³Assim fala o Senhor, Deus do universo: †
"Corrigi vossa vida e conduta, *
e aqui vos farei sempre morar! –

2006   Cânticos e Evangelhos

= [4] Não confieis em palavras mentirosas, †
repetindo: É o templo do Senhor! *
É o templo, é o templo do Senhor!'

– [5] Se, porém, corrigirdes vossa vida *
e emendardes o vosso proceder,
– se entre vós praticardes a justiça, *
se o estrangeiro, igualmente, respeitardes,

– [6] não oprimirdes o órfão e a viúva, *
nem disserdes calúnia contra o próximo,
= nem o sangue inocente derramardes, †
nem correrdes atrás de falsos deuses, *
para a vossa desgraça e perdição,

= [7] neste lugar, vos farei sempre morar, †
na terra que dei a vossos pais, *
desde sempre e por toda a eternidade!"

Ant. Sois bendito, ó Senhor, no vosso templo glorioso,
construído para a glória e louvor do vosso nome!
(T.P. Aleluia).

Evangelho do Comum, tirado do Lecionário da Missa.

HINO Te Deum, p. 949. Oração, p. 1654.

Conclusão da Hora como no Ordinário.

COMUM DE NOSSA SENHORA

Ant. Alegra-te, ó Virgem Maria,
mereceste trazer o Messias,
Criador do alto céu e da terra,
pois deste à luz Jesus Cristo,
aquele que salva o mundo! (T.P. Aleluia).

Comuns 2007

Cântico I   Is 61,10-62,3
A alegria do profeta sobre a nova Jerusalém

Vi a cidade santa, a nova Jerusalém, vestida qual esposa enfeitada para o seu marido (Ap 21,2).

— **61,10** Eu **exul**to de ale**gria** no **Se**nhor, *
    e minh'**al**ma rejubila no meu Deus.
— Pois me envol**veu** de salvação, qual uma veste, *
    e com o **man**to da justiça me cobriu,
— como o **noi**vo que coloca o diadema, *
    como a **noi**va que se enfeita com suas joias.

— **11** Como a **ter**ra faz brotar os seus rebentos *
    e o jar**dim** faz germinar suas sementes,
— o Senhor **Deus** fará brotar sua justiça *
    e o louv**or** perante todas as nações.

— **62,1** Por ti, Si**ão**, não haverei de me calar, *
    nem por **ti**, Jerusalém, terei sossego,
— até que **bri**lhe a tua justiça como aurora *
    e a **tu**a salvação como um farol.

— **2** Então os **po**vos hão de ver tua justiça, *
    e os **reis** de toda terra, a tua glória;
— todos **e**les te darão um nome novo: *
    enunci**a**do pelos lábios do Senhor.

— **3** Serás cor**oa** esplendorosa em sua mão, *
    diadema **ré**gio entre as mãos do teu Senhor.

Cântico II   Is 62,4-7
A glória da nova Jerusalém

Esta é a morada de Deus entre os homens. Deus vai morar no meio deles (Ap 21,3).

— **4** Nunca **mais** te chama**rão** "Desamparada", *
    nem se di**rá** de tua terra "Abandonada";

2008   Cânticos e Evangelhos

— mas haverão de te chamar "Minha querida", *
   e se dirá de tua terra "Desposada".
— Porque o Senhor se agradou muito de ti, *
   e tua terra há de ter o seu esposo.
— 5 Como um jovem que desposa a bem-amada, *
   assim também, teu Construtor vai desposar-te;
— como a esposa é a alegria do esposo, *
   serás, assim, a alegria de teu Deus.
— 6 Jerusalém, sobre teus muros postei guardas; *
   nem de dia, nem de noite, hão de calar-se.
— Não vos caleis, vós que ao Senhor fazeis lembrar-se, *
   7 não descanseis nem deis a ele algum descanso,
— até que tenha restaurado a Sião, *
   e, na terra, a tenha feito afamada!

Cântico III   Eclo 39,17-21

Como são admiráveis as vossas obras, ó Senhor!

Graças sejam dadas a Deus que por meio de nós vai espa-
lhando o odor do seu conhecimento (2Cor 2,14).

— 17 Ouvi-me e escutai, rebentos santos, *
   desabrochai como a roseira, junto ao rio!
— 18 Como incenso, exalai suave aroma, *
   19 como o lírio, florescei e perfumai!
— Entoai os vossos cantos de Louvor, *
   bendizei por vossas obras ao Senhor!
— 20 O nome do Senhor engrandecei, *
   glorificai-o com a voz dos vossos lábios!
= Com a música e ao som de vossas harpas, †
   e, à guisa de louvor, assim dizei; *
   21 "Todas as obras do Senhor são excelentes!"

Ant. Alegra-te, ó Virgem Maria,
   mereceste trazer o Messias,

Criador do alto **céu** e da **ter**ra,
pois **des**te à **luz** Jesus Cris**to**,
aquele que **sal**va o **mun**do! (T.P. Alel**uia**).

Evangelho do Comum, tirado do Lecionário da Missa.

HINO Te Deum, p. 949. Oração como no Próprio.

Conclusão da Hora como no Ordinário.

COMUM DOS APÓSTOLOS

Ant. Ale**grai**-vos pri**mei**ro,
porque vossos **no**mes no **céu** estão ins**cri**tos
(T.P. Alel**uia**).

Cântico I   Is 61,6-9

Aliança do Senhor com seus servos

Deus tornou-nos capazes de exercer o ministério de uma aliança nova (2Cor 3,6).

— ⁶**Sacer**dotes do Se**nhor** sereis cha**ma**dos, *
de Deus mi**nis**tros há de ser o vosso nome.

— As ri**que**zas das nações desfrutareis, *
have**reis** de gloriar-vos em sua glória.

— ⁷Por vossa **du**pla humilhação e ignomínia *
recebe**reis**, com alegria, dupla honra.

— Em vossa **ter**ra havereis de possuir *
o **do**bro e a alegria, para sempre!

— ⁸Porque **eu**, vosso Senhor, amo a justiça *
e de**tes**to a iniquidade que há no roubo;

— eu lhes da**rei** a recompensa, fielmente, *
farei com **e**les uma eterna Aliança.

— ⁹Entre as na**ções**, a sua raça será célebre, *
os seus **fi**lhos, conhecidos entre os povos.

— Ao **vê**-los, todos reconhecerão, *
que são a **ra**ça abençoada do Senhor.

Cânticos e Evangelhos

Cântico II   Sb 3,7-9
A glória futura dos justos

Os justos brilharão como o sol no Reino de seu Pai (Mt 13,43).

– ⁷Os **jus**tos brilharão e se**rão** como **ce**ntelhas *
   que se **alas**tram velozmente atra**vés** da palha seca.

– ⁸Aos **po**vos julgarão e às na**ções** dominarão, *
   o **Se**nhor há de reinar sobre **e**les, para sempre.

= ⁹Os que **ne**le confiarem, a ver**da**de entenderão †
   e com **e**le, no amor, vive**rão** os seus fiéis, *
   pois, me**re**cem seus eleitos sua **gra**ça e compaixão.

Cântico III   Sb 10,17-21
Deus, guia do seu povo à salvação

Todos aqueles que saíram vitoriosos do confronto com a besta, entoam o cântico de Moisés, o servo de Deus, e o cântico do Cordeiro (Ap 15,2.3).

=¹⁷O **Se**nhor deu a seus **san**tos o **prê**mio dos trabalhos †
   na sua **vi**da conduziu-os por **ca**minhos admiráveis, *
   pois, de **di**a, lhes foi sombra e, de **noi**te, luz dos astros.

–¹⁸O **Se**nhor os fez passar atra**vés** do Mar Vermelho *
   e os **fez** atravessar águas **mui**to violentas;

–¹⁹po**rém**, seus inimigos no **mar**, os afogou *
   e do **fun**do dos abismos para a **pra**ia os lançou.

=²⁰Sendo os ímpios despojados, os **jus**tos celebraram, †
   com lou**vo**res, vosso nome que é **san**to, ó Senhor *
   e louvaram todos juntos, vossa **mão** que os protegera.

–²¹Pois **abri**u a sabedoria a **bo**ca do que é mudo *
   e sol**tou**, em eloquência, a **lín**gua dos pequenos.

Ant. Alegrai-vos primeiro, por**que** vossos **no**mes
     no **céu** estão ins**cri**tos. (T.P. Ale**lu**ia).

Comuns

2011

O Evangelho do Comum dos Pastores ou, à escolha, da Missa da Sexta-feira da 2ª Semana do Tempo comum: Mc 3,13-19.

HINO Te Deum, p. 949. Oração como no Próprio.

Conclusão da Hora como no Ordinário.

COMUM DOS MÁRTIRES.

I. Para vários mártires

Ant. O **Senhor** enxugará de seus **o**lhos toda **lá**grima;
nunca **mais** haverá **mor**te,
nem cla**mor,** nem luto ou **dor**,
pois pas**sou** o tempo antigo (T.P. Aleluia).

Cântico I   Sb 3,1-6

As almas dos justos estão na mão de Deus

Felizes os mortos, os que desde agora morrem unidos ao Senhor. Sim, que eles descansem de suas fadigas (Ap 14,13).

— ¹As **al**mas dos **jus**tos estão na **mão** do **Se**nhor *
e o tor**men**to da morte não **há** de atingi-los.

— ²Aos **o**lhos dos tolos são **ti**dos por mortos, *
e o **seu** desenlace pa**re**ce desgraça.

= A **su**a partida do **nos**so convívio †
³é **ti**da, igualmente, por **des**truição, *
po**rém**, na verdade, na **paz** estão eles.

— ⁴Se aos **o**lhos dos homens so**fre**ram tormentos, *
sua espe**ran**ça era plena de **vi**da imortal.

— ⁵Pro**va**dos em pouco, te**rão** muitos bens, *
pois **Deus** os provou e achou **dig**nos de si.

= ⁶Como **ou**ro os provou no ca**lor** da fornalha, †
como **gran**de holocausto junto a **si** os acolheu: *
no **di**a da Vinda te**rão** vida nova.

Cântico II   Sb 3,7-9
A glória futura dos justos

Os justos brilharão como o sol no Reino de seu Pai (Mt 13,43).

– ⁷Os **jus**tos brilha**rão** e se**rão** como cen**tel**has *
    que se a**las**tram velozmente atra**vés** da palha seca.
– ⁸Aos **po**vos julgarão e às na**ções** dominarão, *
    o Se**nhor** há de reinar sobre **e**les, para sempre.
= ⁹Os que **ne**le confiarem, a ver**da**de entenderão †
    e com **e**le, no amor, vive**rão** os seus fiéis, *
    pois me**re**cem seus eleitos sua **gra**ça e compaixão.

Cântico III   Sb 10,17-21
Deus, Guia do seu povo à salvação

Todos aqueles que saíram vitoriosos do confronto com a besta entoam o cântico de Moisés, o servo de Deus, e o cântico do Cordeiro (Ap 15,2.3).

– ¹⁷O Se**nhor** deu a seus **san**tos o **prê**mio dos tra**bal**hos †
    na sua **vi**da conduziu-os por ca**min**hos admiráveis, *
    pois, de **dia**, lhes foi sombra e, de **noi**te, luz dos astros.
– ¹⁸O Se**nhor** os fez passar atra**vés** do Mar Vermelho *
    e os **fez** atravessar águas **mui**to violentas;
– ¹⁹po**rém**, seus inimigos no **mar**, os afogou *
    e do **fun**do dos abismos para a **prai**a os lançou.
= ²⁰Sendo os **ím**pios despojados, os **jus**tos celebraram, †
    com louvores, vosso nome que é **san**to, ó Senhor *
    e louvaram todos juntos, vossa **mão** que os protegera.
– ²¹Pois **abri**u a sabedoria a **bo**ca do que é mudo *
    e sol**tou**, em eloquência, a **lín**gua dos pequenos.

Ant. O Se**nhor** enxuga**rá** de seus **o**lhos toda **lá**grima;
    nunca **mais** haverá **mor**te,
    nem cla**mor**, nem luto ou **dor**,
    pois pas**sou** o tempo antigo (T.P. Ale**lui**a).

Evangelho do Comum, tirado do Lecionário da Missa.
HINO Te Deum, p. 949. Oração como no Próprio.
Conclusão da Hora como no Ordinário.

II. Para um mártir

Ant. Completo em minha carne o que falta aos sofrimentos
de Cristo por seu Corpo, por seu Corpo que é a Igreja.
(T.P. Aleluia).

Cânticos como mais adiante, do Comum de um santo.
Evangelho do Comum, tirado do Lecionário da Missa.
HINO Te Deum, p. 949. Oração como no Próprio.
Conclusão da Hora como no Ordinário.

COMUM DE UM SANTO OU DE UMA SANTA
OU
DE VÁRIOS SANTOS OU SANTAS

Para um santo, uma santa ou vários santos:

Ant. Vossas cinturas estejam cingidas,
tende acesas nas mãos vossas lâmpadas!
(T.P. Aleluia).

Para uma santa virgem:

Ant. No meio da noite ouviu-se um clamor:
vem chegando o esposo, saí-lhe ao encontro!
(T.P. Aleluia).

Cântico I Jr 17,7-8
Feliz quem confia no Senhor

*Felizes são aqueles que ouvem a palavra de Deus e a põem
em prática* (Lc 11.28).

— ⁷Bendito quem confia no Senhor *
e nele deposita a esperança!

2014 Cânticos e Evangelhos

– [8]É como a **ár**vore plantada junto às águas, *
que es**ten**de suas raízes ao ribeiro.
– Não **te**me, quando chega o tempo quente: *
suas **fo**lhas continuam verdejantes.
– Não se inquieta com a seca de um ano, *
nem deixa de dar fruto em tempo algum.

Cântico II   Eclo 14,22; 15,3.4.6b

Felicidade do Sábio

A sabedoria foi justificada por todos os seus filhos (Lc 7,35).

= [22] **Fe**liz é quem se a**pli**ca à **sa**bedo**ri**a, †
quem no **co**ração medita nos seus se**gre**dos e caminhos *
e que **com** inteligência re**fle**te e raciocina.
– [15,3] Com o **pão** da prudência ela **há** de nutri-lo *
e o saciará com a água do **co**nhecimento.

– Ela o **sus**tentará, para ele **não** vacilar, *
[4] nela con**fi**ará e não se**rá** envergonhado.
– Ela o exaltará entre **to**dos os outros *
[6b] e um **no**me indelével do Se**nhor** herdará.

Cântico III   Eclo 31,8-11

Feliz quem não correu atrás de ouro

Fazei-vos um tesouro no céu que não se acabe (Lc 12,33).

– [8] **Fe**liz é todo a**que**le, *
que sem **man**cha foi achado,
= que não cor**reu** atrás de ouro, †
nem colo**cou** sua esperança *
no di**nhei**ro e nas riquezas!
– [9] Quem é ele? E o louvaremos, *
pois, fez pro**dí**gios em sua vida!
= [10] Quem foi ten**ta**do pelo ouro †
– e per**fei**to foi achado, *
glória e**ter**na há de alcançar. –

Comuns

– Ele podia transgredir *
   a **lei,** mas não o fez;
– fazer o **mal** ele podia, *
   mas **não** o praticou;
= ¹¹seus bens se**rão** consolidados †
   e a assem**blei**a dos eleitos *
   louva**rá** seus benefícios.

Para um santo, uma santa ou vários santos:

Ant. Vossas cin**tur**as este**jam** cin**gi**das,
   tende a**ce**sas nas **mãos** vossas **lâm**padas
   (T.P. Ale**lui**a).

Para uma santa virgem:

Ant. No **mei**o da **noi**te ou**viu**-se um cla**mor:**
   vem che**gan**do o es**po**so, sa**í**-lhe ao en**con**tro!
   (T.P. Ale**lui**a).

Evangelho do Comum, tirado do Lecionário da Missa.

HINO Te Deum, p. 949. Oração como no Próprio.

Conclusão da Hora como no Ordinário.

II
FÓRMULAS MAIS BREVES
PARA AS PRECES NAS VÉSPERAS

Estas preces mais breves podem ser usadas em lugar daquelas indicadas. Se oportuno, pode citar-se o nome da(s) pessoa(s) por quem se quer rezar.

Domingo

Rezemos a Deus, que cuida de todas as suas criaturas, e digamos com sincera humildade:

R. **Senhor, tende piedade do vosso povo!**

Guardai a Igreja.

Protegei nosso Papa N.

Sede o apoio de nosso Bispo N.

Salvai vosso povo.

Defendei a paz.

Esclarecei aqueles que não têm fé.

Dirigi os governantes dos povos.

Socorrei os pobres.

Consolai os atribulados.

Apiedai-vos dos órfãos.

Acolhei com bondade os falecidos.

Segunda-feira

Rezemos a Deus, que cuida de todas as suas criaturas, e digamos com sincera humildade:

R. **Visitai vosso povo, Senhor!**

Congregai na unidade a vossa Igreja.

Conservai o nosso Papa N.

Protegei o nosso Bispo N.

Dirigi os missionários.

Revesti de justiça os sacerdotes.

Santificai os religiosos.

Fórmulas mais breves

Destruí as inimizades.
Fortalecei as crianças com vossa graça.
Dai aos jovens progredir na sabedoria.
Sustentai e consolai os anciãos.
Cumulai de dons nossos amigos.
Reuni aos santos os nossos falecidos.

Terça feira

Rezemos a Deus, que cuida de todas as suas criaturas, e digamos com sincera humildade:

R. **Atendei-nos, Senhor!**

Lembrai-vos de vossa Igreja.
Defendei nosso Papa N.
Auxiliai nosso Bispo N.
Dai progresso verdadeiro à nossa cidade.
Retribuí aos nossos benfeitores com as vossas graças.
Conservai na concórdia os casados.
Dai discernimento aos noivos.
Concedei trabalho aos desempregados.
Sede o apoio aos necessitados.
Defendei aqueles que sofrem perseguição.
Reconduzi ao bom caminho todos os que erram.
Levai os falecidos para a glória eterna.

Quarta-feira

Rezemos a Deus, que cuida de todas as suas criaturas, e digamos com sincera humildade:

R. **Salvai vosso povo, Senhor!**

Concedei à vossa Igreja uma eterna juventude.
Cumulai nosso Papa N. com vossos dons.
Auxiliai o nosso Bispo N.
Conservai as nações na paz.
Habitai em cada moradia.
Lembrai-vos de nossa comunidade.

Incentivai a justiça.
Concedei aos lavradores boas colheitas.
Acompanhai os viajantes.
Favorecei os artesãos.
Ajudai as viúvas.
Concedei aos falecidos a vida eterna.

Quinta-feira

Rezemos a Deus, que cuida de todas as suas criaturas, e digamos com sincera humildade:

R.**Esperamos em vós, Senhor!**
Concedei que a vossa Igreja cresça sempre na unidade.
Dai vigor ao nosso Papa N.
Iluminai o nosso Bispo N.
Chamai operários para a vossa messe.
Cumulai de bênçãos nossos parentes e amigos.
Curai os enfermos.
Visitai os agonizantes.
Fazei os exilados voltarem à pátria.
Afastai de nós as calamidades.
Concedei-nos clima propício.
Moderai as chuvas.
Dai o repouso eterno aos falecidos.

Sexta-feira

Rezemos a Deus, que cuida de todas as suas criaturas, e digamos com sincera humildade:

R.**Confiamos em vós, Senhor!**
Levai a vossa Igreja à perfeição.
Protegei o nosso Papa N.
Confortai o nosso Bispo N.
Assisti os Bispos do mundo inteiro.
Ajudai os que não têm casa.
Reconfortai os famintos.

Fórmulas mais breves

Iluminai os cegos.
Consolai os idosos.
Fortalecei as virgens consagradas.
Chamai os judeus à nova aliança.
Enchei de prudência os legisladores.
Dai coragem aos que são tentados.
Concedei aos falecidos a luz eterna.

Sábado

Rezemos a Deus, que cuida de todas as suas criaturas, e digamos com sincera humildade:

R. **Socorrei vosso povo, Senhor!**

Que o gênero humano chegue à unidade por meio de vossa Igreja.
Protegei o nosso Papa N.
Auxiliai com a vossa bênção o nosso Bispo N.
Guiai pela vossa mão os sacerdotes.
Santificai os leigos.
Cuidai dos operários.
Fazei que os ricos usem suas riquezas com retidão.
Guardai os fracos.
Libertai os prisioneiros.
Afastai de nós os terremotos.
Preservai-nos da morte repentina.
Concedei aos falecidos verem a vossa face.

III

FÓRMULAS FACULTATIVAS INTRODUTÓRIAS AO PAI-NOSSO

1. E agora digamos juntos a oração que o Cristo Senhor nos ensinou: *Pai nosso...*

2. Nossa prece prossigamos, implorando a vinda do Reino de Deus: *Pai nosso...*

3. Recolhamos agora nossos louvores e pedidos com as palavras do próprio Cristo, e digamos: *Pai nosso...*

4. Confirmemos agora nossos louvores e pedidos pela oração do Senhor: *Pai nosso...*

5. Mais uma vez louvemos a Deus e roguemos com as mesmas palavras de Cristo: *Pai nosso...*

Invocações dirigidas a Cristo

6. Lembrai-vos de nós, Senhor, quando vierdes em vosso Reino e ensinai-nos a dizer: *Pai nosso...*

7. E agora, obedientes à vontade de nosso Senhor, Jesus Cristo, ousamos dizer: *Pai nosso...*

8. E agora, cumprindo a ordem do Senhor, digamos: *Pai nosso...*

9. Atentos ao modelo de oração dado por Cristo, nosso Senhor, digamos: *Pai nosso...*

10. Digamos agora, todos juntos, a oração que Cristo nos entregou como modelo de toda oração: *Pai nosso...*

IV
FÓRMULAS DE BÊNÇÃO
PARA LAUDES E VÉSPERAS

O diácono ou, na falta dele, o próprio sacerdote diz o convite com estas ou outras palavras: Inclinai-vos para receber a bênção. Em seguida, o sacerdote estende as mãos sobre o povo, profere as bênçãos, e, ao terminar, todos aclamam: Amém.

I. Nas celebrações dos vários tempos

1. Tempo da Quaresma

Deus, Pai de misericórdia,
conceda a todos vós,
como concedeu ao filho pródigo,
a alegria do retorno a casa.
R. Amém.

O Senhor Jesus Cristo,
modelo de oração e de vida,
vos guie nesta caminhada quaresmal
a uma verdadeira conversão.
R. Amém

O Espírito de sabedoria e fortaleza
vos sustente na luta contra o mal,
para poderdes com Cristo
celebrar a vitória da Páscoa.
R. Amém.

Abençoe-vos Deus todo-poderoso,
Pai e Filho † e Espírito Santo.
R. Amém.

* Em vez desta fórmula final, pode-se usar o texto seguinte:
E a bênção de Deus todo-poderoso,
Pai e Filho † e Espírito Santo,
desça sobre vós
e permaneça para sempre.
R. Amém.

2. Paixão do Senhor

O Pai de misericórdia,
que vos deu um exemplo de amor na paixão de seu Filho,
vos conceda, pela vossa dedicação a Deus e ao próximo,
a graça de sua bênção.
R. Amém.

O Cristo, cuja morte vos libertou da morte eterna,
conceda-vos receber o dom da vida.
R. Amém.

Tendo seguido a lição de humildade deixada pelo Cristo,
participeis igualmente de sua ressurreição.
R. Amém.

Abençoe-vos Deus todo-poderoso,
Pai e Filho † e Espírito Santo.
R. Amém.

3. Vigília pascal e dia da Páscoa

Que o Deus todo-poderoso
vos abençoe nesta solenidade pascal
e vos proteja contra todo pecado.
R. Amém.

Aquele que vos renova para a vida eterna,
pela ressurreição do seu Filho,
vos enriqueça com o dom da imortalidade.
R. Amém.

E vós que, transcorridos os dias da paixão do Senhor,
celebrais com alegria a festa da Páscoa,
possais chegar exultantes
à festa das eternas alegrias.
R. Amém.

Fórmulas de bênçãos

Abençoe-vos Deus todo-poderoso,
Pai e Filho † e Espírito Santo.
R. Amém.

4. Tempo pascal

Deus, que pela ressurreição do seu Filho único
vos deu a graça da redenção e vos adotou como filhos e
filhas, vos conceda a alegria de sua bênção.
R. Amém.

Aquele que, por sua morte, vos deu a eterna liberdade,
vos conceda, por sua graça, a herança eterna.
R. Amém.

E, vivendo agora retamente,
possais no céu unir-vos a Deus,
para o qual, pela fé, já ressuscitastes no batismo.
R. Amém.

Abençoe-vos Deus todo-poderoso,
Pai e Filho † e Espírito Santo.
R. Amém.

5. Ascensão do Senhor

Que Deus todo-poderoso vos abençoe no dia de hoje,
quando o seu Filho penetrou no mais alto dos céus,
abrindo o caminho para a vossa ascensão.
R. Amém.

Deus vos conceda que o Cristo,
assim como se manifestou aos discípulos após a ressurreição, vos apareça em sua eterna benevolência
quando vier para o julgamento.
R. Amém.

E vós, crendo que o Cristo
está sentado com o Pai em sua glória,
possais experimentar a alegria
de tê-lo convosco até o fim dos tempos,
conforme sua promessa.
R. Amém.

Abençoe-vos Deus todo-poderoso,
Pai e Filho † e Espírito Santo.
R. Amém.

6. Pentecostes

Deus, o Pai das luzes,
que (hoje) iluminou os corações dos discípulos,
derramando sobre eles o Espírito Santo,
vos conceda a alegria de sua bênção
e a plenitude dos dons do mesmo Espírito.
R. Amém.

Aquele fogo, descido de modo admirável sobre os discípulos,
purifique os vossos corações de todo mal
e vos transfigure em sua luz.
R. Amém.

Aquele que na proclamação de uma só fé
reuniu todas as línguas
vos faça perseverar na mesma fé,
passando da esperança à realidade.
R. Amém.

Abençoe-vos Deus todo-poderoso,
Pai e Filho † e Espírito Santo.
R. Amém.

II. Nas celebrações dos santos

7. Nossa Senhora

O Deus de bondade,
que pelo Filho da Virgem Maria
quis salvar a todos,
vos enriqueça com sua bênção.
R. Amém.

Seja-vos dado sentir sempre e por toda parte
a proteção da Virgem,
por quem recebestes o autor da vida.
R. Amém.

E vós, que vos reunistes hoje para celebrar sua solenidade,
possais colher a alegria espiritual e o prêmio eterno.
R. Amém.

Abençoe-vos Deus todo-poderoso,
Pai e Filho † e Espírito Santo.
R. Amém.

8. Santos Apóstolos

Deus, que vos firmou na fé apostólica,
vos abençoe pelos méritos e a intercessão
dos santos Apóstolos N. e N. (do santo Apóstolo N.)
R. Amém.

Aquele que vos quis instruir
pela doutrina e exemplo dos Apóstolos
vos torne, por sua proteção,
testemunhas da verdade para todos.
R. Amém.

Pela intercessão dos Apóstolos,
que vos deram por sua doutrina a firmeza da fé,
possais chegar à pátria eterna.
R. Amém.

Fórmulas de bênções

Abençoe-vos Deus todo-poderoso,
Pai e Filho †e Espírito Santo.
R.Amém.

9. Todos os Santos

Deus, glória e exultação dos Santos
que hoje celebrais solenemente,
vos abençoe para sempre.
R.Amém.

Livres por sua intercessão dos males presentes,
e inspirados pelo exemplo de suas vidas,
possais colocar-vos constantemente
a serviço de Deus e dos irmãos.
R.Amém.

E assim, com todos eles,
vos seja dado gozar a alegria da verdadeira pátria,
onde a Igreja reúne os seus filhos e filhas aos santos
para a paz eterna.
R.Amém.

Abençoe-vos Deus todo-poderoso,
Pai e Filho †e Espírito Santo.
R.Amém.

III. Outras bênções

10. Dedicação de uma igreja

Que Deus, o Senhor do céu e da terra,
reunindo-vos hoje
para a dedicação (o aniversário da dedicação)
de sua casa,
vos cubra com as bênçãos do céu.
R.Amém.

Fórmulas de bênçãos

Reunindo em Cristo os filhos dispersos,
faça de vós os seus templos
e morada do Espírito Santo.
R. Amém.

E assim, plenamente purificados,
possais ser habitação de Deus
e herdar, com todos os santos,
a felicidade eterna.
R. Amém.

Abençoe-vos Deus todo-poderoso,
Pai e Filho † e Espírito Santo.
R. Amém.

9. No Ofício dos fiéis defuntos

O Deus de toda consolação vos dê a sua bênção,
ele que na sua bondade criou o ser humano
e deu aos que creem em seu Filho ressuscitado
a esperança da ressurreição.
R. Amém.

Deus nos conceda o perdão dos pecados,
e a todos os que morreram, a paz e a luz eterna.
R. Amém.

E a todos nós, crendo que Cristo
ressuscitou dentre os mortos,
vivamos eternamente com ele.
R. Amém.

Abençoe-vos Deus todo-poderoso,
Pai e Filho † e Espírito Santo.
R. Amém.

V
FÓRMULAS DO ATO PENITENCIAL NAS COMPLETAS

1. Após breve silêncio, todos juntos confessam, dizendo:

Confesso a Deus todo-poderoso
e a vós, irmãos (e irmãs),
que pequei muitas vezes
por pensamentos e palavras,
atos e omissões

e batendo no peito, dizem:

por minha culpa, minha tão grande culpa.

Em seguida, continuam:

E peço à Virgem Maria,
aos anjos e santos,
e a vós, irmãos (e irmãs),
que rogueis por mim a Deus, nosso Senhor.

Segue-se a absolvição de quem preside:

Deus todo-poderoso tenha compaixão de nós,
perdoe os nossos pecados
e nos conduza à vida eterna.

Todos:

Amém.

2. Ou, quem preside diz:

Tende compaixão de nós, Senhor.

Todos respondem:

Porque somos pecadores.

Quem preside:

Manifestai, Senhor, a vossa misericórdia.

Todos:

E dai-nos a vossa salvação.

Segue-se a absolvição de quem preside:

Fórmulas do ato penitencial

Deus todo-poderoso tenha compaixão de nós,
perdoe os nossos pecados
e nos conduza à vida eterna.
Todos:
Amém.

3. Ou: Quem preside ou outra pessoa designada propõe as seguintes invocações ou outras semelhantes com Kyrie eléison (Senhor, tende piedade de nós):

Senhor,
que viestes salvar os corações arrependidos,
tende piedade de nós.
Todos:
Senhor, tende piedade de nós (Kyrie eléison).
Quem preside:
Cristo,
que viestes chamar os pecadores,
tende piedade de nós.
Todos:
Cristo, tende piedade de nós (Christe eléison).
O que preside:
Senhor,
que intercedeis por nós junto do Pai,
tende piedade de nós.
Todos:
Senhor, tende piedade de nós (Kyrie eléison).
Segue-se a absolvição de quem preside:
Deus todo-poderoso tenha compaixão de nós,
perdoe os nossos pecados
e nos conduza à vida eterna.
Todos:
Amém.

VI
HINOS

Aprovados pela Conferência Nacional
dos Bispos do Brasil

Os hinos seguintes podem ser cantados ou recitados nas Laudes ou nas Vésperas, a não ser que outra coisa se indique. Quando os hinos são recitados, o refrão é dito por todos apenas no início e no fim.

A. QUARESMA

1.

Eis o tempo de conversão,
Eis o dia da salvação:
Ao Pai voltemos, juntos andemos.
Eis o tempo de conversão.

Os caminhos do Senhor
São verdade, são amor:
Dirigi os passos meus,
Em vós espero, ó Senhor!
Ele guia ao bom caminho
Quem errou e quer voltar.
Ele é bom, fiel e justo,
Ele busca e vem salvar.

Viverei com o Senhor:
Ele é o meu sustento.
Eu confio, mesmo quando
Minha dor não mais aguento.
Tem valor aos olhos seus
Meu sofrer e meu morrer:
Libertai o vosso servo
E fazei-o reviver!

A Palavra do Senhor
É a luz do meu caminho;

Quaresma

Ela é vida, é alegria:
Vou guardá-la com carinho.
Sua Lei, seu Mandamento
É viver a caridade:
Caminhemos todos juntos,
Construindo a Unidade!

(L.H. II, p. 135)

2.

O povo de Deus no deserto andava,
mas à sua frente alguém caminhava.
O povo de Deus era rico de nada,
só tinha esperança e o pó da estrada.
Também, sou teu povo, Senhor,
e estou nesta estrada.
Somente a tua graça
me basta e mais nada.

O povo de Deus, também, vacilava,
às vezes, custava a crer no amor.
O povo de Deus chorando rezava,
pedia perdão e recomeçava.
Também, sou teu povo, Senhor,
e estou nesta estrada.
Perdoa se, às vezes,
não creio em mais nada.

O povo de Deus, também, teve fome.
E tu lhe mandaste o pão lá do céu.
O povo de Deus cantando deu graças,
provou teu amor, teu amor que não passa.
Também sou teu povo, Senhor,
e estou nesta estrada.
Tu és alimento
nesta caminhada.

Hinos

O povo de Deus ao longe avistou
a terra querida que o amor preparou.
O povo de Deus corria e cantava
e nos seus louvores teu poder proclamava.
Também sou teu povo, Senhor,
e estou nesta estrada,
cada dia mais perto
da terra esperada.

(H.L. II, p. 171)

3.

Senhor, eis aqui o teu povo,
que vem implorar teu perdão;
é grande o nosso pecado,
porém, é maior o teu coração.

Sabemos que acolheste Zaqueu, o cobrador,
e assim lhe devolveste tua paz e teu amor,
também, nos colocamos ao lado dos que vão
buscar no teu altar a graça do perdão.

Revendo em Madalena a nossa própria fé,
chorando nossas penas diante dos teus pés,
também nós desejamos o nosso amor te dar,
porque só muito amor nos pode libertar.

Motivos temos nós de sempre confiar,
de erguer a nossa voz, de não desesperar,
olhando aquele gesto que o Bom Ladrão salvou,
não foi, também, por nós, teu sangue que jorrou?

(H.L. II, p. 190)

4.

Boca de povo - povo!
Gritando o novo - novo!
Senhor Deus mandou dizer:

(Quando o hino for recitado, diz-se o refrão somente no início)

Quaresma

Eu vou criar
Um novo céu e nova terra
E o que passou, passou.
As misérias suportadas
Já não mais serão lembradas,
Todo mundo a se alegrar
Com o que eu vou criar!

Eu vou tornar
Jerusalém uma alegria,
Todo o povo a sorrir;
Na cidade eu vou vibrar
Vendo o povo a se alegrar,
Já não mais se ouvirão
Choros e lamentação!

Que já não mais
As criancinhas pequeninas
Morrerão sem se criar;
Ninguém mais vai falecer
Sem toda a vida viver,
Com cem anos um menino,
Morrer antes, mau destino!

Que os trabalhadores
Casas construindo,
Nelas eles vão morar;
Seus roçados plantarão,
Dos seus frutos comerão;
Ninguém mais constrói, nem planta,
Pra que outro more e coma!

Os meus eleitos
Como as árvores vivendo
Do trabalho de suas mãos
Eles vão, sim, desfrutar
E não mais em vão cansar;

Por Deus raça abençoada,
Eles e a filharada!

Antes que eles
Por mim chamem, já respondo,
Inda pedem e já atendi;
Comerão bem juntos todos,
Boi, leão, cordeiro e lobo;
Nem mal, nem destruição
Em meu monte mais farão!

(O.O.C., p. 378)

5.

Peregrino nas estradas de um mundo desigual,
espoliado pelo lucro e ambição do capital,
do poder de latifúndio enxotado e sem lugar.
Já não sei pra onde andar.
Da esperança eu me apego ao mutirão.

Quero entoar um canto novo de alegria,
ao raiar aquele dia
de chegada em nosso chão.
Com meu povo celebrar a alvorada,
minha gente libertada,
lutar não foi em vão.

Sei que Deus nunca esqueceu dos oprimidos o clamor.
E Jesus se fez do pobre companheiro e servidor.
Os profetas não se calam, denunciando a opressão,
pois a terra é dos irmãos.
E, na mesa, igual partilha tem que haver.
Pela força do Amor, o Universo tem carinho
e o clarão de suas estrelas ilumina o caminho.
Nas torrentes da justiça meu trabalho é comunhão.
Arrozais florescerão!
E em seus frutos liberdade colherei.

(H.L. II, p. 181)

6.

Dizei aos cativos: "Saí!"
Aos que 'stão nas trevas:
"Vinde à luz!"
Caminhemos para as fontes,
é o Senhor quem nos conduz!

Foi no tempo favorável
que eu te ouvi, te escutei,
no dia da salvação
socorri-te e ajudei.
E assim te guardarei,
te farei Mediador
d' Aliança com o povo,
serás seu Libertador!

Não terão mais fome e sede,
nem o sol os queimará,
o Senhor se compadece
qual Pastor os guiará...
Pelos montes, pelos vales
passarão minhas estradas,
e virão de toda parte
e encontrarão pousada.

Céus e terra, alegrai-vos,
animai-vos e cantai;
o Senhor nos consolou,
dos aflitos se lembrou!
Poderia uma mulher
de seu filho se esquecer?...
Inda que'isso acontecesse,
nunca iria te perder!

(H.L.I I, p. 132)

7.

Como o raiar, raiar do dia
a tua luz surgirá
e minha glória te seguirá!
E minha glória te seguirá!

Penitência que me agrada,
é livrar o oprimido
das algemas da injustiça,
abrigar o desvalido,
repartir comida e roupa
co'o faminto e maltrapilho!

Teus clamores ouvirei,
tuas chagas sararão,
se expulsares de tua terra
toda vil escravidão,
se com pobres e famintos
dividires o teu pão!

Tua noite será clara
como um dia de verão,
te guiarei pelo deserto,
te darei da força o pão
teu jardim florescerá,
vivas fontes jorrarão!

Sobre antigos alicerces
reconstróis nova Cidade,
se prezares o meu nome,
se meu Dia respeitares;
se por mim deixas teus planos,
acharás felicidade!

(H.L. II, p. 126)

Semana santa

B. SEMANA SANTA

8.

Bendita e louvada seja
No céu a divina luz,
E nós, também, cá na terra
Louvemos a santa cruz.

Os céus cantam a vitória
De Nosso Senhor Jesus;
Cantemos nós, igualmente,
Louvores à Santa Cruz.

Sustenta gloriosamente
Nos braços ao bom Jesus;
Sinal de esperança e vida
O lenho da Santa Cruz.

Humildes e confiantes
Levemos a nossa cruz;
Seguindo o sublime exemplo
De Nosso Senhor Jesus.

Cordeiro imaculado,
Por todos morreu Jesus;
Pagando as nossas culpas,
É rei pela sua Cruz.

É arma em qualquer perigo,
É raio de eterna luz;
Bandeira vitoriosa
O santo sinal da Cruz.

Ao povo, aqui reunido,
Dai graça, perdão e luz;
Salvai-nos, ó Deus clemente,
Em nome da Santa Cruz.

(H.L. II, p. 121)

9.

Salve, ó Cristo obediente!
Salve, Amor onipotente,
que te entregou à cruz
e te recebeu na luz!

O Cristo obedeceu até à morte,
humilhou-se e obedeceu o bom Jesus,
humilhou-se e obedeceu sereno e forte,
humilhou-se e obedeceu até à cruz!

Por isso o Pai do Céu o exaltou,
exaltou-o e lhe deu um grande nome,
exaltou-o e lhe deu poder e glória,
diante dele céus e terra se ajoelham.

(V.C., n. 539)

10.

Cristo padeceu por nós,
Um exemplo nos deixou;
Que sigamos os seus passos
Para isto nos chamou.

Quem não cometeu pecado
Nem um falso levantou.
Mal por mal jamais pagava,
Ao Deus justo se entregou.

Em seu corpo lá na cruz
Carregou nossos pecados,
Para que ao pecado mortos
Fôssemos justificados.

Por suas chagas nos curou
Nós ovelhas já perdidas;
Para ele retornemos,
Ao pastor das nossas vidas.

Glória ao Pai onipotente,
E a Jesus o redentor.
E ao Espírito Divino,
Na Trindade eterno amor.

11.

**Quanto tempo eu desejei
com vocês unir-me nesta refeição!
Venham todos, meus irmãos,
de mãos estendidas repartir o Pão!**

Jesus, um dia, reuniu
todos os seus amigos numa refeição,
Cingiu-se com uma toalha
e lavou os pés de todos seus irmãos.
Depois de lhes lavar os pés,
o Mestre explicou-lhes aquela lição:
"Quem quer ser o maior na vida,
deve se tornar o menor dos irmãos".

Jesus, naquela despedida,
Ele pregava vida, Ele pregava amor.
E qual não foi sua tristeza,
quando ali, à mesa, estava o traidor!
Também na nossa própria vida
somos, muitas vezes, "Judas traidor".
Comemos e bebemos juntos
e depois negamos ao irmão amor.

E o Mestre, repartindo o pão
e repartindo o vinho, assim Ele falou:
"Tomai, comei deles agora,
é o meu corpo e sangue, que por vós eu dou!"
Também, no nosso dia a dia,
vamo-nos doar ao pobre, nosso irmão!
Tem gente morrendo de fome
e na nossa mesa está sobrando pão!

Hinos

Assim foi na última Ceia,
a primeira Missa que Jesus rezou,
Tornando-se nosso alimento
e, de amor sedento, por nós se entregou.
No mundo há uma grande ceia,
a festa da vida, a ceia Pascal.
E a festa só será completa,
quando houver no mundo amor universal.

(H.L. II, p. 184)

12.

Eu quis comer esta ceia agora,
pois vou morrer, já chegou minha hora:

**Tomai, comei, é meu corpo e meu sangue que dou,
vivei no amor! Eu vou preparar a ceia na casa do Pai.**

Comei o pão: é meu corpo imolado
por vós; perdão para todo pecado.

E vai nascer do meu sangue a esperança,
o amor, a paz; uma nova aliança.

Eu vou partir, deixo o meu testamento.
Vivei no amor! Eis o meu mandamento.

Irei ao Pai; sinto a vossa tristeza;
Porém, no céu, vos preparo outra mesa.

De Deus virá o Espírito Santo,
Que vou mandar pra enxugar vosso pranto.

Eu vou, mas vós me vereis novamente;
Estais em mim e eu em vós estou presente.

Crerá em mim e estará na verdade,
quem vir cristãos, na perfeita unidade.

(H.L. II, p. 141)

C. PÁSCOA

13.

Cristo ressuscitou, Aleluia!
Venceu a morte com o amor!
Cristo ressuscitou, Aleluia!
Venceu a morte com amor, Aleluia!

Tendo vencido a morte,
o Senhor ficará para sempre entre nós,
para manter viva a chama
do amor que reside em cada cristão,
a caminho do Pai.

Tendo vencido a morte,
o Senhor nos abriu um horizonte feliz,
pois nosso peregrinar
pela face do mundo terá seu final
lá, na casa do Pai.

(H.L. II, p. 128)

14.

Cristo ressuscitou e nós com ele, Aleluia, aleluia!

Bendito seja o Pai de Jesus,
que nos cobriu de bênçãos celestes.

Nós vos louvamos e bendizemos,
porque a luz de Jesus dissipou nossas trevas.

Nós vos louvamos e bendizemos,
porque em nós derramastes o Espírito Santo.

Nós vos louvamos e bendizemos,
nesta celebração da vitória de Cristo.

Nós vos louvamos e bendizemos,
por tudo que em nós, por Jesus, operastes.

Nós vos louvamos e bendizemos,
por nós sermos os membros do Corpo de Cristo.

Nós vos louvamos e bendizemos,
pela fé que se vive nas comunidades.

Nós vos louvamos e bendizemos,
por tantos heróis que doaram sua vida.

Nós vos louvamos e bendizemos,
por tantos que lutam, pra haver mais justiça.

Nós vos louvamos e bendizemos,
pelos que promovem a paz e a unidade.

Nós vos louvamos e bendizemos.
Vem, Senhor Jesus, Amém, Aleluia!

15.

Glória a Cristo ressuscitado,
nosso Irmão, Redentor.
Aleluia, aleluia!

Dentre os mortos ressuscitou,
nosso Cordeiro Pascal!
Aleluia, aleluia!

Rei da vida, ressuscitado,
reina vivo entre nós!
Aleluia, aleluia!

Anunciemos jubilosos
a vitória do Rei!
Aleluia, aleluia!

Adornada, canta a Igreja,
entre tantos fulgores.
Aleluia, aleluia!

Aleluia! Exultem os homens:
Cristo ressuscitou!
Aleluia, aleluia!

(H.L.II, p. 148)

Páscoa

16.

O Senhor ressurgiu, Aleluia, aleluia!
É o Cordeiro Pascal, Aleluia, aleluia!
Imolado por nós, Aleluia, aleluia!
É o Cristo, Senhor, Ele vive e venceu, Aleluia!

O Cristo, Senhor, ressuscitou,
a nossa Esperança realizou:
vencida a morte para sempre,
triunfa a Vida eternamente!

O Cristo remiu a seus irmãos,
ao Pai os conduziu por sua mão;
no Espírito Santo unida esteja,
a família de Deus, que é a Igreja!

O Cristo, nossa Páscoa, se imolou,
seu Sangue da morte nos livrou:
incólumes o Mar atravessamos,
e à Terra Prometida caminhamos!

(H.L. II, p. 175)

17.

Cristo venceu, aleluia!
Ressuscitou, aleluia!
O Pai lhe deu glória e poder,
eis nosso canto, aleluia!

Este é o dia em que o amor venceu.
Brilhante luz iluminou as trevas.
Nós fomos salvos para sempre.

Suave aurora veio anunciando
que nova era foi inaugurada.
Nós fomos salvos para sempre.

No coração de todo homem nasce
a esperança de um novo tempo.
Nós fomos salvos para sempre.

(V.C., n. 185)

D. ASCENSÃO

18.

**Não fiquem tristes, eu vou pro céu, mas volto,
eu vou pro céu, mas volto,
vou preparar para vocês um bom lugar.**

Quando eu falei que ia embora, eu vi tristeza,
é bem fraca a natureza, mas se fortificará.
É bem melhor para vocês que eu vá embora,
se eu não for pro céu agora, o Divino não virá.

O Espírito Santo vem trazer sabedoria,
força, paz e alegria para o povo pecador.
Depois eu volto com poder e majestade,
julgar toda a humanidade e abrasar tudo em meu amor.

(H.L. II, p. 160)

E. PENTECOSTES

19.

**A nós descei, divina luz!
A nós descei, divina luz!
Em nossas almas acendei
O amor, o amor de Jesus!**

Vinde, Santo Espírito
E do Céu mandai
Luminoso raio!
Vinde, Pai dos pobres,
Doador dos dons,
Luz dos corações!

Grande Defensor,
Em nós habitai
E nos confortai!
Na fadiga pouso,
No ardor brandura
E na dor ternura.

Pentecostes

Ó luz venturosa,
Divinais clarões
Encham os corações!
Sem um tal poder,
Em qualquer vivente,
Nada há de inocente.

Lavai o impuro
E regai o seco,
Sarai o enfermo!
Dobrai a dureza,
Aquecei o frio,
Livrai do desvio!

Aos fiéis, que oram
Com vibrantes sons,
Dai os Sete Dons!
Dai virtude e prêmio
E no fim dos dias
Eterna alegria!

Aleluia!
Aleluia!
Aleluia!
Aleluia!
Aleluia!
Aleluia!

(H.L.II, p. 112)

20.

**Nós estamos aqui reunidos,
como estavam em Jerusalém,
pois só quando vivemos unidos,
é que o Espírito Santo nos vem.**

Ninguém para este vento passando;
ninguém vê, e ele sopra onde quer.
Força igual tem o Espírito quando
faz a Igreja de Cristo crescer.

Feita de homens, a Igreja é divina
pois o Espírito Santo a conduz,
como um fogo que aquece e ilumina,
que é Pureza, que é vida, que é luz.

Sua imagem são línguas ardentes,
pois o Amor é Comunicação.
E é preciso que todas as gentes
saibam quanto felizes serão.

Quando o Espírito espalma suas graças,
faz dos povos um só coração.
Cresce a Igreja, onde todas as raças
um só Deus, um só Pai louvarão.

(V.C., n. 200)

21.

Quando o Espírito de Deus soprou,
O mundo inteiro se iluminou!
A esperança deste chão brotou
E um povo novo deu-se as mãos e caminhou!

Lutar e crer, vencer a dor, louvar ao Criador!
Justiça e paz hão de reinar e viva o amor!

Quando Jesus a terra visitou,
A boa-nova da justiça anunciou.
O cego viu, o surdo escutou
E os oprimidos das correntes libertou.

Nosso poder está na união,
O mundo novo vem de Deus e dos irmãos.
Vamos lutando contra a divisão
E preparando a festa da libertação!

Cidade e campo se transformarão,
Jovens unidos na esperança gritarão.
A força nova é o poder do amor,
Nossa fraqueza é força em Deus libertador!

(V.C.; n. 413)

Pentecostes

22.

**Vem, Espírito Santo, vem.
Vem iluminar!**

Nossos caminhos vem iluminar,
nossas ideias vem iluminar,
nossas angústias vem iluminar,
as incertezas vem iluminar.

Toda a Igreja vem iluminar,
a nossa vida vem iluminar,
nossas famílias vem iluminar,
toda a terra vem iluminar.

(V.C., n. 575)

23.

**O Espírito do Senhor repousa sobre mim.
O Espírito do Senhor me escolheu, me enviou.**

Para dilatar o seu Reino entre as nações,
para anunciar a Boa-nova a seus pobres,
para proclamar a alegria e a paz:
exulto de alegria em Deus meu Salvador.

Para dilatar o seu Reino entre as nações,
consolar os corações esmagados pela dor;
para proclamar sua graça e salvação
e acolher quem sofre e chora sem apoio, sem consolo.

Para dilatar o seu Reino entre as nações,
para anunciar libertação e salvação;
para anunciar seu amor e seu perdão,
para celebrar sua glória entre os povos.

(V.C., n. 575)

24.

Enviai, Senhor, sobre os vossos filhos,
o Espírito de santidade.

Que o Espírito nos ensine a rezar,
Que Ele atraia nossas almas para Deus!
Que nossas almas em fogo se transformem,
Pois é ardente o Espírito do Senhor.

Para lutar, para vencer a Satã,
Nos comunique a força de Deus.
Que Ele encha os corações de alegria,
E sua paz ilumine nossa fronte!

Passo a passo Ele nos guie para Deus,
E sua lei grave em nossos corações!
Para servir na Igreja Santa do Cristo,
E que nos dê a audácia dos santos!

(H.L.II, p. 137)

25.

O Espírito de Deus repousa em mim,
o Espírito de Deus me consagrou
e me faz proclamar a paz e o júbilo.

Eterna juventude
do Espírito que gera um homem novo
em Jesus Cristo. Aleluia!

Eterna juventude
do Espírito que gera a Igreja,
comunhão de amor! Aleluia!

Eterna juventude
do Espírito que gera um mundo novo
e cria a vida! Aleluia.

(H.L. II, p. 165).

VII
HINOS EM LATIM

1.

Te Deum laudámus: * te Dominum confitémur.
Te aetérnum Patrem, * omnis terra venerátur.
Tibi omnes Ángeli, * tibi caeli et univérsae Potestátes:
Tibi Chérubim et Séraphim * incessábili voce proclárnant:
Sanctus, * Sanctus, * Sanctus * Dóminus Deus Sábaoth.
Pleni sunt caeli et terra * maiestátis glóriae tuae.

Te gloriósus * Apostolórum chorus,
te prophetárum * laudábilis númerus,
te mártyrum candidátus * laudat exércitus.
Te per orbem terrárum * sancta confitétur Ecclésia,
Patrem * imménsae maiestátis;
venerándum tuum verum * et únicum Filium;
Sanctum quoque * Paráclitum Spíritum.

Tu rex glóriae, * Christe.
Tu Pátris * sempitérnus es Fílius.
Tu, ad liberándum susceptúrus hóminem, *
    non horruísti Vírginis úterum.
Tu, devícto mortis acúleo * aperuísti credéritibus regna
    caelórum.
Tu ad dexteram Dei sedes, * in glória Patris.
Iudex créderis * esse ventúrus.
Te ergo quáesumus, tuis fámulis súbveni, *
    quos pretióso sánguine redemísti.
Aetérna fac cum sanctis tuis * in glória numerári.
(A parte gue segue pode ser omitida se oportuno).

*Salvum fac pópulum tuum, Dómine, *et bénedic hereditáti
    tuae.
Et rege eos, * et extólle illos usque in aetérnum.
Per síngulos dies * benedícimus te;
et laudámus nomen tuum in sáeculum, * et in sáeculum
    sáeculi.
Dignáre, Dómine, die isto * sine peccáto nos custodire.
Miserére nostri, Dómine, * miserére nostri.

Hinos em latim

Fiat misericórdia tua, Dómine, super nos, *
quemádmodum sperávimus in te.
In te, Dómine, sperávi: * non confúndar in aetéernum.

2.

Te lucis ante términum,
rerum creátor, póscimus,
ut sólita cleméntia
sis praesul ad custódiam.

Te corda nostra sóminient,
te per sopórem séntiant,
tuámque semper glóriam
vicína luce cóncinant.

Vitam salúbrem tríbue,
nostrum calórem réfice,
taetram noctis calíginem
tua collústret cláritas.

Praesta, Pater omnípotens,
per Iesum Christum Dóminum;
qui tecum in perpétuum
regnat cum Sancto Spíritu.

Amen.

3.

Vexilla regis pródeunt,
fulget crucis mystérium,
quo carne carnis cónditor
suspénsus est patíbulo.

Quo vulnerátus ínsuper
mucróne diro Iánceae,
ut nos Iaváret crímine,
manávit unda et sánguine.

Hinos em latim

Arbor decóra et fúlgida,
omáta regis púrpura,
elécta digno stípite
tam sancta membra tángere!

Beáta, cuius brácchiis
saecli pepéndit prétium;
statéra facta est córporis
praedam tulitque tártari.

Salve, ara, salve, víctima,
de passiónis glória,
qua Vita mortem pértulit
et morte vitam réddidit!

O crux, ave, spes única!,
hoc passiónis témpore
piis adáuge grátiam
reísque dele crímina.

Te, fons salútis, Trínitas,
colláudet omnis spíritus;
quos per cruxis mystérium
salvas, fove per sáecula.

Amen.

4.

Veni, creátor Spíritus,
mentes tuórum vísita,
imple supérna grátia,
quae tu creásti, péctora.

Qui díceris Paráclitus,
donum Dei altíssimi,
fons vivus, ignis, cáritas
et spiritális únctio.

Tu septifórmis múnere,
dextrae Dei tu dígitus,
tu rite promíssum Patris
sermóne ditans gúttura.

Accénde lumen sénsibus,
infúnde amórem córdibus,
infírma nostri córporis
virtúte firmans pérpeti.

Hostem repéllas lóngius
pacémque dones prótinus;
ductóre sic te práevio
vitémus omne nóxium.

Per te sciámus da Patrem
noscámus atque Fílium,
te utriúsque Spíritum
credámus omni témpore. Amen.

5.

Ave, maris, stella,
Dei mater alma,
atque semper Virgo,
felix caeli porta.

Sumens illud "Ave"
Gabriélis ore,
funda nos in pace,
mutans Evae nomen.

Solve vincla reis,
profer lumen caecis,
mala nostra pelle,
bona cuncta posce.

Monstra te esse matrem,
sumat per te precem

Hinos em latim

qui pro nobis natus
tulit esse tuus.

Virgo singuláris,
inter omnes mitis,
nos culpis solútos
mites fac et castos.

Vitam praesta puram,
iter para tutum,
ut vidéntes Iesum
semper collaetémur.

Sit laus Deo Patri,
summo Christo decus,
Spirítui Sancto
honor, tribus unus. Amen.

6.

Alma Redemptóris Mater,
quae pérvia caeli porta manes,
et stella maris, succúrre cadénti,
súrgere qui curat, pópulo;
tu quae genuísti, natura miránte,
tuum sanctum Genitórem,
Virgo prius ac postérius,
Gabriélis ab ore sumens illud Ave,
peccatórum miserére.

7.

Ave, Regína caelórum
ave, Dómina angelórum,
salve, radix, salve, porta,
ex qua mundo luz est orta.

Gaude, Virgo gloriósa,
super omnes speciósa;

Hinos em latim

vale, o valde decóra,
et pro nobis Christum exóra.

8.

Salve, Regína, mater misericórdiae;
vita, dulcédo et spes nostra, salve.

Ad te clamámus, éxsules fílii Evae.
Ad te suspirámus, geméntes et flentes
in hac lacrimárum valle.

Eia ergo, advocáta nostra,
illos tuos misericórdes óculos
ad nos convérte.

Et Iesum, benedíctum fructum ventris tui,
nobis post hoc exsílium osténde.
O clemens, o pia, o dulcis Virgo Maria.

9.

Sub tuum praesídium confúgimus,
sancta Dei Génitrix;
nostras deprecatiónes ne despícias in necessitátibus,
sed a perículis cunctis líbera nos semper,
Virgo gloriósa et benedícta.

10.

Regína caeli, laetáre, allelúia,
quia quem meruísti portáre, allelúia,
ressurréxit sicut dixit, allelúia;
ora pro nobis Deum, allelúia.

VIII

PREPARAÇÃO PARA A MISSA

Oração de Santo Ambrósio

Senhor Jesus Cristo,
eu, pecador, não presumindo de meus próprios méritos,
mas confiando em vossa bondade e misericórdia,
temo entretanto
e hesito em aproximar-me da mesa de vosso doce convívio.
Pois meu corpo e meu coração
estão manchados por muitas faltas,
e não guardei com cuidado meu espírito e minha língua.
Por isso, ó bondade divina e temível majestade,
em minha miséria recorro a vós, fonte de misericórdia;
corro para junto de vós a fim de ser curado,
refugio-me em vossa proteção
e anseio ter como Salvador
aquele que não posso suportar como juiz.
Senhor, eu vos mostro minhas chagas,
e vos revelo a minha vergonha.
Sei que meus pecados são muitos e grandes
e temo por causa deles,
mas espero em vossa infinita misericórdia.
Olhai-me pois com os vossos olhos misericordiosos,
Senhor Jesus Cristo, Rei eterno, Deus e homem,
crucificado por causa do homem.
Escutai-me, pois espero em vós;
tende piedade de mim, cheio de misérias e pecados,
vós que jamais deixareis de ser para nós
a fonte da compaixão.
Salve, vítima salvadora,
oferecida no patíbulo da Cruz pra mim
e por todos os homens.
Salve, nobre e precioso Sangue,

que brotas das chagas
de meu Senhor Jesus Cristo crucificado
e lavas os pecados do mundo inteiro:
Lembrai-vos, Senhor, da vossa criatura
resgatada por vosso Sangue.
Arrependo-me de ter pecado,
desejo reparar o que fiz.
Livrai-me, ó Pai clementíssimo,
de todas as minhas iniquidades e pecados,
para que inteiramente purificado
mereça participar dos Santos Mistérios.
E concedei que o vosso Corpo e o vosso Sangue,
que eu embora indigno me preparo para receber,
sejam perdão para os meus pecados
e completa purificação de minhas faltas.
Que eles afastem de mim os pensamentos maus
e despertem os bons sentimentos;
tornem eficazes as obras que vos agradam,
e protejam meu corpo e minha alma
contra as ciladas de meus inimigos.
Amém.

Oração de Santo Tomás de Aquino

Ó Deus eterno e todo-poderoso,
eis que me aproximo do sacramento do vosso Filho único,
nosso Senhor Jesus Cristo.
Impuro, venho à fonte da misericórdia;
cego, à luz da eterna claridade;
pobre e indigente, ao Senhor do céu e da terra.
Imploro pois a abundância de vossa imensa liberalidade
para que vos digneis curar minha fraqueza,
lavar minhas manchas, iluminar minha cegueira,
enriquecer minha pobreza, e vestir minha nudez.
Que eu receba o pão dos Anjos,
o Rei dos reis e o Senhor dos senhores,
com o respeito e a humildade,

Preparação para a Missa 2057

com a contrição e a devoção,
a pureza e a fé,
o propósito e a intenção
que convêm à salvação de minha alma.
Dai-me receber não só o sacramento
do Corpo e do Sangue do Senhor,
mas também seu efeito e sua força.
Ó Deus de mansidão,
dai-me acolher com tais disposições
o Corpo que vosso Filho único,
nosso Senhor Jesus Cristo,
recebeu da Virgem Maria,
que seja incorporado a seu corpo místico
e contado entre seus membros.
Ó Pai cheio de amor,
fazei que, recebendo agora o vosso Filho
sob o véu do sacramento,
possa na eternidade contemplá-lo face a face.
Ele, que convosco vive e reina para sempre.
Amém.

Oração a Nossa Senhora

Ó Mãe de bondade e misericórdia, Santa Virgem Maria,
eu, pobre e indigno pecador,
a vós recorro com todo o afeto do meu coração,
implorando a vossa piedade.
Assim como estivestes de pé junto à cruz do vosso Filho,
também vos digneis assistir-me,
não só a mim, pobre pecador, como a todos os sacerdotes
que hoje celebram a Eucaristia em toda a santa Igreja.
Auxiliados por vós,
possamos oferecer ao Deus uno e trino
a vítima do seu agrado.
Amém.

2058 Preparação para a Missa

Fórmula de intenção

Quero celebrar a Missa
e consagrar o Corpo e Sangue de nosso Senhor Jesus Cristo,
conforme o rito da santa Igreja Romana,
em louvor do Deus todo-poderoso
e de toda a Igreja triunfante,
para meu próprio bem e de toda a Igreja militante,
por todos os que se recomendaram às minhas orações,
de modo geral e em particular,
e pela felicidade da santa Igreja Católica.
Amém.
Que Deus todo-poderoso e cheio de misericórdia
nos conceda alegria e paz,
conversão de vida,
tempo para a verdadeira penitência,
a graça e a força do Espírito Santo
e perseverança nas boas obras.
Amém.

IX

AÇÃO DE GRAÇAS DEPOIS DA MISSA

Oração de Santo Tomás de Aquino

Eu vos dou graças,
ó Senhor, Pai santo, Deus eterno e todo-poderoso,
porque, sem mérito algum de minha parte,
mas somente pela condescendência de vossa misericórdia,
vos dignastes saciar-me, a mim pecador,
vosso indigno servo,
com o sagrado Corpo e o precioso Sangue do vosso Filho,
nosso Senhor Jesus Cristo.
E peço que esta santa comunhão
não me seja motivo de castigo,
mas salutar garantia de perdão.
Seja para mim armadura da fé, escudo de boa vontade
e libertação dos meus vícios.
Extinga em mim a concupiscência e os maus desejos,
aumente a caridade e a paciência,
a humildade e a obediência,
e todas as virtudes.
Defenda-me eficazmente contra as ciladas dos inimigos,
tanto visíveis como invisíveis.
Pacifique inteiramente todas as minhas paixões,
unindo-me firmemente a vós, Deus uno e verdadeiro,
feliz consumação de meu destino.
E peço que vos digneis conduzir-me a mim pecador
àquele inefável convívio em que vós,
com vosso Filho e o Espírito Santo,
sois para os vossos Santos a luz verdadeira,
a plena saciedade e a eterna alegria,
a ventura completa e a felicidade perfeita.
Por Cristo, nosso Senhor.
Amém.

Ação de graças depois da Missa

Alma de Cristo

Alma de Cristo, santificai-me.
Corpo de Cristo, salvai-me.
Sangue de Cristo, inebriai-me.
Água do lado de Cristo, lavai-me.
Paixão de Cristo, confortai-me.
Ó bom Jesus, ouvi-me.
Dentro de vossas chagas, escondei-me.
Não permitais que me separe de vós.
Do espírito maligno, defendei-me.
Na hora da morte, chamai-me
e mandai-me ir para vós,
para que com vossos Santos vos louve
por todos os séculos dos séculos.
Amém.

Oferecimento de si mesmo

Recebei, Senhor, minha liberdade inteira.
Recebei minha memória,
minha inteligência e toda a minha vontade.
Tudo que tenho ou possuo de vós me veio;
tudo vos devolvo e entrego sem reserva
para que a vossa vontade tudo governe.
Dai-me somente vosso amor e vossa graça
e nada mais vos peço,
pois já serei bastante rico.

Oração a N. S. J. Cristo Crucificado

Eis-me aqui, ó bom e dulcíssimo Jesus!
De joelhos me prostro em vossa presença
e vos suplico com todo o fervor de minha alma
que vos digneis gravar no meu coração
os mais vivos sentimentos de fé, esperança e caridade,
verdadeiro arrependimento de meus pecados

Ação de graças depois da Missa

e firme propósito de emenda,
enquanto vou considerando,
com vivo afeto e dor,
as vossas cinco chagas,
tendo diante dos olhos
aquilo que o profeta Davi já vos fazia dizer, ó bom Jesus:
"Traspassaram minhas mãos e meus pés,
e contaram todos os meus ossos." (Sl 21,17).

Oração universal atribuída ao Papa Clemente XI

Meu Deus, eu creio em vós, mas fortificai a minha fé;
espero em vós, mas tornai mais confiante a minha esperança;
eu vos amo, mas afervorai o meu amor;
arrependo-me de ter pecado,
mas aumentai o meu arrependimento.

Eu vos adoro como primeiro princípio,
eu vos desejo como fim último;
eu vos louvo como benfeitor perpétuo,
eu vos invoco como benévolo defensor.

Que vossa sabedoria me dirija,
vossa justiça me contenha,
vossa clemência me console,
vosso poder me proteja.

Meu Deus, eu vos ofereço
meus pensamentos, para que só pense em vós;
minhas palavras, para que só fale em vós;
minhas ações, para que sejam do vosso agrado;
meus sofrimentos, para que sejam por vosso amor.

Quero o que quiserdes,
porque o quereis;
como o quereis,
e enquanto o quereis.

Ação de graças depois da Missa

Senhor, eu vos peço:
iluminai minha inteligência,
inflamai minha vontade,
purificai meu coração
e santificai minha alma.

Dai-me chorar os pecados passados,
repelir as tentações futuras,
corrigir as más inclinações
e praticar as virtudes do meu estado.

Concedei-me, ó Deus de bondade,
ardente amor por vós e aversão por meus defeitos,
zelo pelo próximo e desapego do mundo.
Que eu me esforce para obedecer aos meus superiores,
auxiliar os que dependem de mim,
dedicar-me aos amigos e perdoar os inimigos.

Que eu vença a sensualidade pela austeridade,
a avareza pela generosidade,
a cólera pela mansidão
e a tibieza pelo fervor.

Tornai-me prudente nas decisões,
corajoso nos perigos,
paciente nas adversidades
e humilde na prosperidade.

Fazei, Senhor, que eu seja atento na oração,
sóbrio nos alimentos,
diligente no trabalho
e firme nas resoluções.

Que eu procure possuir
pureza de coração e modéstia de costumes,
um procedimento exemplar e uma vida reta.

Que eu me aplique sempre em vencer a natureza,
colaborar com a graça,
guardar os mandamentos
e merecer a salvação.

Aprenda de vós como é pequeno o que é da terra,
como é grande o que é divino,
breve o que é desta vida
e duradouro o que é eterno.

Dai-me preparar-me para a morte,
temer o dia do juízo,
fugir do inferno
e alcançar o paraíso.
Por Cristo, nosso Senhor. Amém.

Oração a Nossa Senhora

Ó Maria, Virgem e Mãe santíssima,
eis que recebi o vosso amado Filho,
que concebestes em vosso seio imaculado e destes à luz,
amamentastes e estreitastes com ternura em vossos braços.
Eis que humildemente e com todo o amor
vos apresento e ofereço de novo
aquele mesmo cuja face vos alegrava e enchia de delícias,
para que, tomando-o em vossos braços
e amando-o de todo o coração,
o apresenteis à Santíssima Trindade
em supremo culto de adoração,
para vossa honra e glória,
por minhas necessidades
e pelas de todo o mundo.
Peço-vos pois, ó Mãe compassiva, que imploreis a Deus
o perdão dos meus pecados,
graças abundantes para servi-lo mais fielmente
e a perseverança final,
para que convosco possa louvá-lo para sempre.
Amém.

Que eu me aplique sempre em vencer a natureza,
colaborar com a graça,
guardar os mandamentos,
e exercer a caridade.

Aprenda de vós tudo e pequeno o que é da terra,
como é grande o que é o do céu,
breve o que é desta vida,
e duradouro o que é eterno.

Dai-me preparar-me para a morte,
temendo dia de ...,
fugir do inferno,
e alcançar o paraíso.
Por Cristo, nosso Senhor. Amém.

Oração a Vossa Senhora

Ó Maria, Virgem e Mãe santíssima,
eis que recebi o vosso amado Filho,
que concebestes em vosso seio imaculado, destes à luz,
amamentastes e estreitastes com ternura em vossos braços.
Eis que humildemente e com todo o amor
vos apresento a oferenda de novo
aquele mesmo que Ele vos alegrava e enchia de delícias,
para que, tomando-o em vossos braços,
e unindo-o de todo o coração,
o apresenteis à Santíssima Trindade
presentando o ...
para vosso honra e glória,
por minhas necessidades
e pelas de todo o mundo.
Rogo-vos pois, ó Mãe compassiva, que imploreis a Deus
o perdão dos meus pecados,
graça abundante para servi-lo mais felizmente
e a perseverança final,
para que .. vos possa louva-lo por toda sempre.
Amém.

ÍNDICES

ÍNDICE ALFABÉTICO DAS CELEBRAÇÕES

Agostinho de Cantuária, bispo, 27 de maio 1596
Águeda, virgem e mártir, 5 de fevereiro 1429
Anselmo, bispo e doutor da Igreja, 21 de abril 1531
Aquiles e Nereu, mártires, 12 de maio 1573
Atanásio, bispo e doutor da Igreja, 2 de maio 1564

Barnabé, apóstolo, 11 de junho 1627
Beda, o Venerável, presbítero e doutor da Igreja,
  25 de maio 1586
Bernardino de Sena, presbítero, 20 de maio 1584
Bonifácio, bispo e mártir, 5 de junho 1618

Carlos Lwanga e seus companheiros, mártires, 3 de junho. 1616
Casimiro, 4 de março 1463
Catarina de Sena, virgem e doutora da Igreja, 29 de abril . 1550
Cátedra de São Pedro, 22 de fevereiro 1450
Cirilo de Jerusalém, bispo e doutor da Igreja, 18 de março. 1476
Cirilo, monge e Metódio, bispo, 14 de fevereiro 1441

Efrém, diácono e doutor da Igreja, 8 de junho 1622
Escolástica, virgem, 10 de fevereiro 1436
Estanislau, bispo e mártir, 11 de abril 1526
Felicidade e Perpétua, mártires, 7 de março 1475

Fidélis de Sigmaringa, presbítero e mártir, 24 de abril . . 1536
Filipe e Tiago, apóstolos, 3 de maio 1566
Filipe Néri, presbítero, 26 de maio 1593
Francisca Romana, religiosa, 9 de março 1470
Francisco de Paula, eremita, 2 de abril 1517
Fundadores dos Servitas, 17 de fevereiro 1444

Gregório VII, papa, 25 de maio 1589

Isidoro, bispo e doutor da Igreja, 4 de abril 1519

Jerônimo Emiliani, 8 de fevereiro 1434
Jesus Cristo Nosso Senhor:
  – Anunciação do Senhor, 25 de março 1495
  – Ascensão 818
  – Ceia, Quinta-feira da Semana Santa 405

Índice alfabético das celebrações

– Paixão, Sexta-feira da Semana Santa 408
– Ressurreição, Primeiro Domingo da Páscoa 459
João Batista de la Salle, presbítero, 7 de abril 1524
João de Deus, religioso, 8 de março 1468
João I, papa e mártir, 18 de maio 1582
Jorge, mártir, 23 de abril 1534
José de Anchieta, presbítero, 9 de junho 1625
José, Esposo de Nossa Senhora, 19 de março. 1479
José, Operário, 1º de maio 1557
Justino, mártir, 1º de junho 1610

Marcelino e Pedro, mártires, 2 de junho 1613
Marcos, evangelista, 25 de abril 1538
Maria Madalena de Pazzi, virgem, 25 de maio 1591
Maria: Ver Nossa Senhora
Martinho I, papa e mártir, 13 de abril 1529
Matias, apóstolo, 14 de maio 1578
Metódio, bispo e Cirilo, monge, 14 de fevereiro 1441

Nereu e Aquiles, mártires, 12 de maio 1573
Norberto, bispo, 6 de junho 1620
Nossa Senhora:
– de Lourdes, 11 de fevereiro 1439
– Visitação, 31 de maio 1598

Pancrácio, mártir, 12 de maio 1575
Patrício, bispo, 17 de março. 1474
Paulo Miki, e companheiros, mártires, 6 de fevereiro . . . 1431
Pedro – Cátedra de Pedro, 22 de fevereiro 1450
Pedro Chanel, presbítero e mártir, 28 de abril 1548
Pedro Damião, bispo e doutor da Igreja, 21 de fevereiro . . 1447
Pedro e Marcelino, mártires, 2 de junho 1613
Perpétua e Felicidade, mártires, 7 de março 1465
Pio V, papa, 30 de abril 1554
Policarpo, bispo e mártir, 23 de fevereiro. 1460

Sete Fundadores da Ordem dos Servos de Maria,
17 de fevereiro 1444
Turíbio de Mogrovejo, bispo, 23 de março 1492

Vicente Ferrer, presbítero, 5 de abril 1522

ÍNDICE DOS HINOS

A abstinência quaresmal 34
A fiel Jerusalém 487
A geração dos mortais. 1500
Agora é tempo favorável 35
Agora que o clarão da luz se apaga 965
Alma Redemptoris Mater 2053
A nós descei, divina luz! 2044
Anuncia a aurora o dia 1560
Ao celebrarmos, fiéis, este culto 1785
Aos Onze entristecia 1709
Aquele a quem adoram 1669
Às núpcias do Cordeiro 475,481
Ave, do mar Estrela 1686
Ave, maris stella. 2052
Ave, Regina caelorum. 2053
A vós, ó Deus, louvamos (Te Deum) 949

Bendita e louvada seja 2037
Boca de povo – povo! 2032

Cantamos hoje alegremente. 1543
Cantem meus lábios a luta 358
Celebramos a bela vitória 1630
Celebremos os servos de Cristo. 1876
Celebre a José a corte celeste 1479, 1562
Chorando vos cantamos. 441
Claro espelho de virtude 1806
Como o raiar, raiar do dia. 2036
Com tua lâmpada acesa 1840
Cristo aos astros já subira 930
Cristo padeceu por nós 2038
Cristo Pastor, modelo dos pastores 1784
Cristo, Rei de poder infinito. 1956
Cristo ressuscitou, Aleluia! 2041

Índice dos hinos

Cristo ressuscitou e nós com ele 2041
Cristo venceu, aleluia! 2043

Da Mãe Autor, da Virgem Filho. 1770
Das santas virgens de Cristo 1831
Da vida eterna a coroa. 423, 447
Desdobra-se no céu 466, 486
Dizei aos cativos: "Saí!" 2035
Do Apóstolo companheiro 1539, 1628
Do casto sois modelo 1762
Do Cristo o dom eterno 1730
Do Pai eterno talhado 1652
Do Rei avança o estandarte 357
Dos que partilham a glória dos santos 1737
Do supremo Rei na corte 1704
Doutor eterno, vos louvamos, Cristo 1822

Eis o dia de Deus verdadeiro 484
Eis o tempo de conversão 2030
Eis que apressada sobes a montanha 1606
Enviai, Senhor, sobre os vossos filhos 2048
Esperado com ânsia por todos. 830,845
Esta hora brilhou e, esplendente 489,847
Esta louvável mulher 1887
Estas louváveis mulheres 1888
Estes felizes sacerdotes 1802
Eterno Rei e Senhor 482
Eterno Sol, que envolveis 1824
Eu quis comer esta ceia agora. 2040
Exulte o céu com louvores 1709
Exulte o céu do alto 485

Filipe, te assemelhas 1567
Fonte única da vida 1931

Glória a Cristo ressuscitado 2042

Hoje cantamos o triunfo. 1801

Índice dos hinos

Hoje um grande triunfo cantamos. 1481
Humildes, ajoelhados 36
Jerusalém gloriosa 1656
Jesus, coroa celeste .1869
Jesus, coroa das virgens 1845
Jesus Cristo, ternura de Deus 1911
Jesus, Senhor supremo 434
Louvamos-te, ó Catarina 1553
Louvor à mulher forte 1900
Maria, Mãe dos mortais 1663
Memória da morte 405
Na fé em Deus, por quem vivemos 37
Na mesma hora em que Jesus, o Cristo 38
Na nobre serva de Cristo 1895
Não fiquem tristes, eu vou pro céu, mas volto 2044
Na órbita do ano 928
Nas nobres servas de Cristo 1895
Nós estamos aqui reunidos 2045
Nossas vozes te celebram 1557
Ó Cristo, autor dos seres 1900
Ó Cristo, concedei .452
Ó Cristo, dia e esplendor 966
Ó Cristo, flor dos vales 1753
Ó Cristo, sol de justiça 37
Ó cruz, do mundo bênção 423,447
Ó Deus, dos vossos heróis 1769
O Espírito de Deus repousa em mim 2048
O Espírito do Senhor repousa sobre mim 2047
O fel lhe dão por bebida 359
Ó fiéis seguidores de Cristo 1870
Oh vinde, Espírito Criador 842, 915, 935
Ó Jesus, redenção nossa 818, 837
Ó Jesus Redentor 483, 843, 966

Índice dos hinos

Ó Jesus Redentor nosso 1856, 1875
Ó luz que o anjo traz à Virgem 1508
O mais suave dos hinos 1831
Ó mártir de Deus, que seguindo. 1762
O número sagrado. 39
Ó Pai, nesta Quaresma 33
Ó Pedro, pastor piedoso. 1450
O povo de Deus no deserto andava 2031
Ó Senhor, Rei eterno e sublime 822, 844
O Senhor ressurgiu, aleluia, aleluia! 2043
O sol fulgura sobre o mundo 1705

Pedro, que rompes algemas 1454
Peregrino nas estradas de um mundo desigual 2034
Pescador de homens te faço! 1457

Quando o Espírito de Deus soprou 2046
Quanto tempo eu desejei 2039

Reconheça o mundo inteiro 1495
Regina caeli, laetare, alleluia 2054
Rei glorioso do mártir. 1722
Ressurreição e vida nossa 1944

Salvai, ó Redendor, a criatura 422,446
Salve, ó Cristo obediente! 2038
Salve, Regina, mater misericordiae 2054
Santo(a) mártir, sê propício(a) 1752
São José, do céu a glória 1486
São Matias, és agora 1578
Seguindo o preceito místico. 35
Senhora gloriosa. 1681
Senhor, a vós cantamos 1912
Senhor, eis aqui o teu povo 2032
Senhor Jesus, a quem tudo pertence 1641
Suave luz, luz esplêndida 920
Sub tuum praesidium confugimus 2054

Índice dos hinos

2073

Surge a hora terceira, em que Cristo 488, 846

Te Deum (A Vós, ó Deus, louvamos) 949
Te Deum Iaudamus 2049
Te lucis ante terminum 2050

Todo o mundo fiel rejubile 370
Trouxe o ano novamente 1808

Vem, Espírito Santo, vem 2047
Vem, Mãe Virgem gloriosa 1603
Vem, ó Senhora nossa 1598
Veni, creátor Spíritus 2051
Vexilla regis prodeunt 2050
Vinde, servos suplicantes 488, 846
Virgem prudente entre as outras. 1551
Vós, que por Lázaro chorastes 1951

ÍNDICE DOS SALMOS

1	Feliz é todo aquele que não anda conforme os conselhos dos perversos	490, 568, 979
2	Por que os povos agitados se revoltam?	408, 491, 569, 980, 1501, 1723, 1754
3	Quão numerosos, ó Senhor, os que me atacam	492, 570, 981
4	Quando eu chamo, respondei-me, ó meu Deus, minha justiça	435, 1399
5,2-10.12-13	Escutai, ó Senhor Deus, minhas palavras	998
6	Repreendei-me, Senhor, mas sem ira	995
7	Senhor, meu Deus, em vós procuro o meu refúgio	1003
8	Ó Senhor, nosso Deus, como é grande	498, 833, 1189, 1395
9A(9)	Senhor, de coração vos darei graças	996
9B(10)	Ó Senhor, por que ficais assim tão longe	1010
10(11)	No Senhor encontro abrigo	1005,1755
11(12)	Senhor, salvai-nos! Já não há um homem bom	1012
12(13)	Até quando, ó Senhor, me esquecereis?	1019
13(14)	Diz o insensato em seu próprio coração	1019
14(15)	Senhor, quem morará em vossa casa	1007, 1808, 1876
15(16)	Guardai-me, ó Deus, porque em vós me refugio!	435, 512, 1080, 1415
16(17)	Ó Senhor, ouvi a minha justa causa	1033, 756
14(15),2-30	Eu vos amo, ó Senhor! Sois minha força	1025
17(18),31-51	São perfeitos os caminhos do Senhor	1039
18(19)A	Os céus proclamam a glória do Senhor	499, 834, 1108, 1502, 1698, 1832, 1889
18(19)B	A lei do Senhor Deus é perfeita	499,834,1002
19(20)	Que o Senhor te escute no dia da aflição	1021
20(21),2-8.14	Ó Senhor, em vossa força o rei se alegra	1022, 1786, 1857

Índice dos salmos

21(22)	Meu Deus, meu Deus, por que me abandonastes?	409, 1280
22(23)	O Senhor é o pastor que me conduz 513, 1092, 1310	
23(24)	Ao Senhor pertence a terra e o que ela encerra . . 36, 504, 945, 1013, 1301, 1642, 1670	
24(25)	Senhor, meu Deus, a vós elevo a minha alma	1047
25(26)	Fazei justiça, ó Senhor: sou inocente	1062
26(27)	O Senhor é minha luz e salvação . . .	448, 1035
27(28),1-3.6-9	A vós eu clamo, ó Senhor, ó meu rochedo	526, 1063
28(29)	Filhos de Deus, tributai ao Senhor	1001
29(30)	Eu vos exalto, ó Senhor, pois me livrastes	449, 539, 1049
30(31),2-17.1720-25	Senhor, eu ponho em vós minha esperança.	1101
31(32),2-6	Senhor, eu ponho em vós minha esperança .	1412
31(32)	Feliz o homem que foi perdoado	1050
32(33)	Ó justos, alegrai-vos no Senhor!. . .	1016,1724
33(34)	Bendirei o Senhor Deus em todo o tempo . .1076, 1295	
34(35),1-2.3c.9-19.22-23.27-28	Acusai os que me acusam, ó Senhor	1054
35(36)	O pecado sussurra ao ímpio	1028
36(37)	Não te irrites com as obras dos malvados . .	1117
37(38)	Repreendei-me, Senhor, mas sem ira .	412, 1167
38(39)	Disse comigo: "Vigiarei minhas palavras"	1133
39(40),2-14.17-18	Esperando, esperei no Senhor.	424, 1110, 1932
40(41)	Feliz de quem pensa no pobre e no fraco . .	1064
41(42)	Assim como a corça suspira 1104, 1934	
41(42),2-3bcd;42(43);3-4	Assim como a corça suspira. . . .462	
42(43)	Fazei justiça, meu Deus, e defendei-me . . .	1121
43(44)	Ó Deus, nossos ouvidos escutaram . .1151, 1360	

Índice dos salmos

44(45)	Transborda um poema do meu coração . . 1112, 1397, 1503, 1833,1 889
45(46)	O Senhor para nós é refúgio e vigor 1066 1657, 1671
46(47)	Povos todos do universo, batei palmas . 838,1031
47(48)	Grande é o Senhor e muito digno de louvores. 1044
48(49)	Ouvi isto, povos todos do universo 1129
49(50)	Falou o Senhor Deus, chamou a terra 1213
50(51)	Tende piedade, ó meu Deus, misericórdia . . 417, 1057, 1170, 1276, 1378
51(52)	Por que é que te glorias da maldade 1135
52(53)	Diz o insensato em seu próprio coração . . . 1127
53(54),3-6.8-9	Por vosso nome, salvai-me, Senhor. . 425, 1128
54(55),2-15.17-24	Ó meu Deus, escutai minha prece . . . 1143
55(56),2-7b.9-14	Tende pena e compaixão de mim, ó Deus 1160
56(57)	Piedade, Senhor, piedade 1042,1161
58(59),2-5.10-11.17-18	Libertai-me do inimigo, ó meu Deus 1175
59(60)	Rejeitastes, ó Deus, vosso povo 1176
60(61)	Escutai, ó Senhor Deus, minha oração . . . 1191
61(62)	Só em Deus a minha alma tem repouso . . . 1146
62(63),2-9	Sois vós, ó Senhor, o meu Deus 467,983
63(64)	Ó Deus, ouvi a minha voz, o meu lamento! . 442, 1192,1699
64(65)	Ó Senhor, convém cantar vosso louvor . . . 1124
65(66)	Aclamai o Senhor Deus, ó terra inteira . . . 505, 1303
66(67)	Que Deus nos dê a sua graça e sua bênção . 946, 1147,1233
67(68)	Eis que Deus se põe de pé, e os inimigos se dispersam! 823,1227
68(69),2-22.30-37	Salvai-me, ó Deus, porque as águas . . 1272

Índice dos salmos

69(70)	Vinde, ó Deus, em meu auxílio, sem demora 1250, 1952
70(71)	Eu procuro meu refúgio em vós, Senhor . . 1221
71(72)	Dai ao Rei vossos poderes, Senhor Deus . . 1162
72(73)	Como Deus é tão bondoso para os justos . . 1317
73(74)	Ó Senhor, por que razão nos rejeitastes para sempre 1235
74(75)	Nós vos louvamos, dando graças, ó Senhor . 1250
75(76)	Em Judá o Senhor Deus é conhecido 450 551, 1093, 1311
76(77)	Quero clamar ao Senhor Deus em alta voz . 1136
77(78),1-39	Escuta, ó meu povo, a minha Lei 1374
77(78),40-78	Quantas vezes o tentaram no deserto 1389
78(79),1-5.8-11.13	Invadiram vossa herança os infiéis. . . . 1264
79(80)	Ó Pastor de Israel, prestai ouvidos . .1154, 1266
80(81)	Exultai no Senhor, nossa força 1157
81(82)	Deus se levanta no conselho dos juízes . . . 1325
83(84)	Quão amável, ó Senhor, é vossa casa .1216, 1653
84(85)	Favorecestes, ó Senhor, a vossa terra .1231, 1953
85(86)	Inclinai, ó Senhor, vosso ouvido. . . .1245, 1405 1953
86(87)	O Senhor ama a cidade 1260, 1644, 1672
87(88)	A vós clamo, Senhor, sem cessar, todo o dia 426, 1340, 1417
88(89),2-38	Ó Senhor, eu cantarei eternamente o vosso amor 1241
88(89),39-53	E no entanto vós, Senhor, repudiastes vosso Ungido. 1256
89(90)	Vós fostes um refúgio para nós 1258, 1320
90(91)	Quem habita ao abrigo do Altíssimo 1402
91(92)	Como é bom agradecermos ao Senhor . . . 1186 1392, 1786, 1858
92(93)	Deus é Rei e se vestiu de majestade 1201
93(94)	Senhor Deus justiceiro, brilhai 1354
94(95)	Vinde, exultemos de alegria no Senhor . . . 944

Índice dos salmos

95(96)	Cantai ao Senhor Deus um canto novo	563,1218
96(97)	Deus é Rei! Exulte a terra de alegria .	1140,1700
97(98)	Cantai ao Senhor Deus um canto novo . . .	1248
98(99)	Deus é Rei: diante dele estremeçam os povos	1262
99(100)	Aclamai o Senhor, ó terra inteira 947, 1060, 1279
100(101)	Eu quero cantar o amor e a justiça.	1335
101(102)	Ouvi, Senhor, e escutai minha oração	1332
102(103)	Bendize, ó minha alma, ao Senhor	1346
103(104)	Bendize, ó minha alma, ao Senhor 517, 921, 1083
104(105)	Dai graças ao Senhor, gritai seu nome. . . .	1068
105(106)	Dai graças ao Senhor, porque ele é bom. . .	1181
106(107)	Dai graças ao Senhor, porque ele é bom. . .	1287
107(108)	Meu coração está pronto, meu Deus.	1349
109(110),1-5.7	Palavra do Senhor ao meu Senhor . . .476, 837, 936, 990, 1095, 1208, 1312, 1512
110(111)	Eu agradeço a Deus de todo o coração . . .	1209
111(112)	Feliz o homem que respeita o Senhor . . . 1313, 1809, 1877
112(113)	Louvai, louvai, ó servos do Senhor . . .818, 916, 1193, 1496, 1664, 1778, 1826, 1851, 1882
113A(114)	Quando o povo de Israel saiu do Egito . . . 477, 937, 991
113B(115)	Não a nós, ó Senhor, não a nós	1096
114(116A)	Eu amo o Senhor, porque ouve . 1177,1738,1771
115(116B)	Guardei a fé, mesmo dizendo 429, 453, 527, 1194, 1710, 1739, 1772
116(117)	Cantai louvores ao Senhor, todas as gentes . 819, 1075, 1293, 1694
117(118)	Dai graças ao Senhor, porque ele é bom . . 464, 472, 531, 932, 987, 1087, 1205, 1305, 1715, 1745
118 I(119),1-8	Feliz o homem sem pecado em seu caminho 512, 1018
118 II (119), 9-16	Como um jovem poderá ter vida pura? . 526, 1032

Índice dos salmos

118 III (119),17-24 Sede bom com vosso servo, e viverei 538
                                         1046
118 IV (119),25-32 A minha alma está prostrada na
           poeira 550, 1061
118 V (119), 33-40 Ensinai-me a viver vossos preceitos . . 562,
                                         1075
118 VI (119), 41-48 Senhor, que desça sobre mim a vossa
           graça 1109
118 VII (119), 49-56 Lembrai-vos da promessa ao vosso
           servo 1126
118 VIII (119), 57-64 É esta a parte que escolhi por minha
           herança. 1142
118 IX (119), 65-72 Tratastes com bondade o vosso servo . 1159
118 X (119), 73-80 Vossas mãos me modelaram, me
           fizeram 1174
118 XI (119), 81-88 Desfaleço pela vossa salvação 1190
118 XII (119), 89-96 É eterna, ó Senhor, vossa palavra . . 1220
118 XIII (119), 97-104 Quanto eu amo, ó Senhor, a vossa
           lei 1234
118 XIV (119),105-112 Vossa palavra é uma luz para os
           meus passos 1078, 1249
118 XV (119), 113-120 Eu detesto os corações que são
           fingidos 1264
118 XVI (119),121-128 Pratiquei a equidade e a justiça . . 1294
118 XVII (119),129-136 Maravilhosos são os vossos
           testemunhos 1325
118 XVIII (119),137-144 Vós sois justo, na verdade,
           ó Senhor 1339
118 XIX (119),145-152 Clamo de todo coração: Senhor,
           ouvi-me 1072, 1291, 1353
118 XX (119),153-160 Vede, Senhor, minha miséria, e
           livrai-me 1367
118 XXI (119),161-168 Os poderosos me perseguem sem
           motivo 1382
118 XXII (119),169-176 Que o meu grito, ó Senhor,
           chegue até vós 1396

Índice dos salmos

119(120)	Clamei pelo Senhor na minha angústia . . .1326, 1421	
120(121)	Eu levanto os meus olhos para os montes . .1179, 1422,1957	
121(122)	Que alegria, quando ouvi que me disseram .1297, 1422, 1658, 1687, 1845, 1901	
122(123)	Eu levanto os meus olhos para vós . .1223, 1423	
123(124)	Se o Senhor não estivesse ao nosso lado . .1224, 1424	
124(125)	Quem confia no Senhor é como o monte de Sião 1237, 1424	
125(126)	Quando o Senhor reconduziu nossos cativos. 1252, 1425, 1711	
126(127)	Se o Senhor não construir a nossa casa . .1253, 1425, 1688, 1846, 1902	
127(128)	Feliz és tu se temes o Senhor 1368, 1426	
128(129)	Quanto eu fui perseguido desde jovem . . . 1369	
129(130)	Das profundezas eu clamo a vós, Senhor . .1298, 1412, 1513, 1958	
130(131)	Senhor, meu coração não é orgulhoso 1238	
131(132)	Recordai-vos, ó Senhor, do rei Davi 1268	
132(133)	Vinde e vede como é bom, como é suave . . 1383	
133(134)	Vinde, agora, bendizei ao Senhor Deus . . . 1400	
134(135)	Louvai o Senhor, bendizei-o 1283	
134(135),1-12	Louvai o Senhor, bendizei-o 1323	
135(136)	Demos graças ao Senhor, porque ele é bom 543, 1327	
136(137),1-6	Junto aos rios da Babilônia 1342	
137(138)	Ó Senhor, de coração eu vos dou graças. . . 1343	
138(139),1-18.23-24	Senhor, vós me sondais e conheceis . 1356	
139(140),2-9.13-14	Livrai-me, ó Senhor, dos homens maus. 1383	
140(141)	Senhor, eu clamo por vós, socorrei-me . . . 973	
141(142)	Em voz alta ao Senhor eu imploro. 975	

Índice dos salmos

142(143),1-11 Ó Senhor, escutai minha prece 429, 454,
1363, 1409
143(144),1-10 Bendito seja o Senhor, meu rochedo .1338, 1370
144(145)   Ó meu Deus, quero exaltar-vos, ó meu
              Rei. 555, 1197, 1385
145(146)   Bendize, minh'alma, ao Senhor! . . 1352, 1779
              1852, 1947
146(147A)   Louvai o Senhor Deus, porque ele é bom . . 961,
              1366, 1635
147(147B)   Glorifica o Senhor, Jerusalém 420, 1173
              1381, 1496, 1636, 1664, 1694, 1827, 1883
148   Louvai o Senhor Deus nos altos céus 1204
149   Cantai ao Senhor Deus um canto novo . 469, 986
150   Louvai o Senhor Deus no santuário . 1309, 1948

ÍNDICE DOS CÂNTICOS

Antigo Testamento

Ex 15,1-4b.8-13. 17- 18	Ao Senhor quero cantar	1073
Ex 15,1-6.17-18	Ao Senhor quero cantar	460
Dt 32,1-12	Ó céus, vinde, escutai: eu vou falar	1187
1Sm 2,1-10	Exulta no Senhor meu coração	1139
1Cr 29,10-13	Bendito sejais vós, ó Senhor Deus	1000
Tb 13,2-8	Vós sois grande, Senhor, para sempre	1015
Tb 13,8- 11.1 3-14ab.l5-l6ab	Dai graças ao Senhor, vós todos, seus eleitos	1380, 2004
Jt 16,1-2.13-15	Cantai ao Senhor com pandeiros	1030
Sb 3,1-6	As almas dos justos estão na mão de Deus	2011
Sb 3,7-9	Os justos brilharão e serão como centelhas	2010,2012
Sb 9,1-6.9-11	Deus de meus pais, Senhor bondoso e compassivo	1292
Sb 10,17-21	O Senhor deu a seus santos o prêmio dos trabalhos	2010, 2012
Eclo 14,22; 15,3.4.6b	Feliz é quem se aplica à sabedoria	2014
Eclo 31,8-11	Feliz é todo aquele	2014
Eclo 36,1-7.13-16	Tende piedade e compaixão, Deus do universo	1106
Eclo 39,17-21	Ouvi-me e escutai, rebentos santos	2008
Is 2,2-5	Eis que vai acontecer no fim dos tempos	1217
Is 2,2-3	Eis que vai acontecer no fim dos tempos	2005
Is 9,1-6	O povo que vagava, em meio às trevas	1999
Is 12,1-6	Dou-vos graças, ó Senhor, porque estando irritado	1156
Is 26 ,1-4.7-9.12	Nossa cidade invencível é Sião	1232, 2001
Is 33,13-16	Vós que estais longe, escutai o que eu fiz!	1247

Índice dos cânticos

Is 38,10-14.17-20 Eu dizia: É necessário que eu me vá . . 443, 1122, 1946

Is 40,10-17 Olhai e vede: o nosso Deus vem com poder 1261

Is 42,10-16 Cantai ao Senhor Deus um canto novo . 1322

Is 45,15-25 Senhor Deus de Israel, ó Salvador . . . 1058

Is 61,6-9 Sacerdotes do Senhor sereis chamados . 2009

Is 61,10-62,3 Eu exulto de alegria no Senhor 1350

Is 61,10-62,5 Eu exulto de alegria no Senhor 2007

Is 62,4-7 Nunca mais te chamarão "Desampa- rada" 2007

Is 63,1-5 Quem é este que vem de Edom 1987

Is 66,10-14a Alegrai-vos com Sião 1365, 2001

Jr 7,2-7 Escutai a palavra do Senhor. 2005

Jr 14,17-21 Os meus olhos, noite e dia . . . 1278, 1966

Jr 17,7-8 Bendito quem confia no Senhor. . . . 2013

Jr 31,10-14 Ouvi, nações, a palavra do Senhor . . . 1043

Lm5,1-7.15-17.19-21 Senhor, lembrai-vos do que nos sucedeu. 1968

Ez 36,24-28 Haverei de retirar-vos do meio das nações 1394, 1967

Dn 3,26.27.29.34-41 Sede bendito, Senhor Deus de nossos pais 1336

Dn 3,52-57 Sede bendito, Senhor Deus de nossos pais 1090,1308

Dn 3,57-88.56 Obras do Senhor, bendizei o Senhor . 467, 984, 1202

Os 6,1-6 Vinde, todos, retornemos ao Senhor . 1988

Sf 3,8-13 Esperai-me, esperai-me, palavra do Senhor 1989

Hab 3,2-4.13a.15-19 Eu ouvi vossa mensagem, ó Senhor . 419, 1171

Índice dos cânticos

Novo Testamento

Lc 1,46-55   A minha alma engrandece ao Senhor . . 962

Lc 1,68-79   Bendito seja o Senhor Deus de Israel . . 954

Lc 2,29-32   Deixai, agora, vosso servo ir em paz . . 968
    1401, 1404, 1408, 1411, 1414, 1416, 1419

Ef 1,3-10   Bendito e louvado seja Deus . . 1008, 1115,
    1225, 1330, 1665, 1689, 1695, 1712, 1780,
    1827, 1847, 1853, 1883,1902

Fl 2,6-11   Embora fosse de divina condição . . 431 ,456
    977, 1081, 1195, 1299, 1497, 1958

Cl 1,12-20 (cf.)   Demos graças a Deus Pai onipotente . 1037,
    1149, 1254, 1358, 1513, 1637

1Pd 2,21-24   O Cristo por nós padeceu 993,1098,
    1210, 1314, 1717, 1747

Ap 4,11; 5,9.10.12 Vós sois digno, Senhor, nosso Deus . 1023,
    1132, 1239, 1344, 1740, 1772

Ap 11,17-18; 12,10b-12a Graças vos damos, Senhor Deus
    onipotente   820, 839, 1052, 1165, 1270,
    1372

Ap 15,3-4   Como são grandes e admiráveis vossas
    obras   917, 1067, 1180, 1285, 1387, 1659,
    1810,1878

Ap 19,1-2.5-7 (cf.) Ao nosso Deus a salvação 478,
    937, 994, 1099, 1211, 1315, 1638, 1660

ÍNDICE DAS LEITURAS BÍBLICAS *

I.

Antigo Testamento:

Ex		
	1,1-22	48
	2,1-22	56
	3,1-20	63
	5,1-6,l	72
	6,2-13	81
	6,29-7,25	88
	10,21-11,10	97
	12,1-20	105
	12,21-36	113
	12,37-49; 13,11-16	120
	13,17-14,9	129
	14,10-31	138
	14,15-15,1	459
	16,1-18.35	146
	17,1-16	154
	18,13-27	162
	19,1-19; 20,18-21	169
	20,1-17	178
	22,19-23,9	186
	24,1-18	195
	32,1-20	202
	33,7-11.18.23; 34,5-9.29-35	211
	34,10-28	219
	35,30-36,1; 37,1-9	227
	40,16-38	234
Lv	8,1-17; 9,22-24	243
	16,2-28	252
	19,1-18.31-37	261

*No primeiro elenco (I) o índice apresenta as leituras longas, e no segundo (II), as leituras breves.

Índice das leituras bíblicas

Nm	11,4-6.10-30	269
	12,16-13,l-3a.l7-33	278
	14,1-25	286
	20,1-13;21,4-9	293
1Rs	8,1-4.10-13.22-30	1645
1Cr	17,1-15	1504, 1673
Ct	2,8-14; 8,6-7	1599
Pr	31,10-31	1891
Sb	3,1-15	1726
	5,1-15	1860
	7,7-16.22-30	1815
Eclo	51,1-17	1757
Is	58,1-12	40
Ez	36,16-28	461

Novo Testamento:

Mt	1,18-24	2002
	21,33-46	1974
	27,1-2.11-56 (Paixão do Senhor)	1976
	27,57-66	1985
	28,1-10	465
	28,16-20	1998
Mc	8,27-28	1970
	9,30-48	1971
	10,32-45	1973
	15,1-41 (Paixão do Senhor)	1979
	15,42-47	1985
	16,1-20	1990
Lc	13,22-33	1969
	23,1-49 (Paixão do Senhor)	1981
	23,50-56	1986
	24,1-12	1991
	24,13-35	1992

Índice das leituras bíblicas

	24,35-53	1994
Jo	8,21-30	1975
	20,1-18	1995
	20,19-31	1996
At	5,12-32	1702
	11,1-18	1451
	20,17-36	1789
Rm	6,3-11	463
	8,5-27	924
1Cor	1,18-2,5	1701
	2,1-16	1817
	7,25-40	1835
	15,12-34	1936
	15,35-57	1937
2Cor	4,16-5,10	1939
Ef	4,1-16	1540
	4,1-24	826, 1907
Fl	1,29-2,16	1861
Cl	3,1-17	570
1Ts	2,1-13.19-20	1788
1Tm	5,17-22; 6,10-14	1791
Hb	1,1-2,4	303
	2,5-18	312
	3,1-19	320
	4,1-13	437
	4,14-5,10	399
	6,9-20	327
	7,1-10	335
	7,11-28	342
	8,1-13	350
	9,11-28	413
	10,1-18	364

Índice das leituras bíblicas

	10,19-39	374
	11,1-16	1483
	12,1-13	382
	12,14-29	390
1Pd	1,1-21	493
	1,22- 2,10	506
	2,11-25	520
	3,1-17	533
	3,1-6.8-17	1893
	3,7-17	1864
	3,18-4,11	545
	4,12-5,14	557
1Jo	1,1-10	785
	2,1-11	792
	2,12-17	799
	2,18-29	806
	3,1-10	848
	3,11-17	858
	3,18-24	867
	4,1-10	875
	4,7-21	1914
	4,11-21	881
	5,1-12	889
	5,13-21	895
2Jo		902
3Jo		909
Ap	1,1-20	578
	2,1-11	585
	2,12-29	592
	3,1-22	600
	4,1-11	608
	5,1-14	615
	6,1-17	624

Índice das leituras bíblicas

7,1-17	633
7,9-17	1727, 1759
8,1-13	640
9,1-12	648
9,13-21	655
10,1-11	661
11,1-19	668
11,19-12,17	1674
12,1-18	677
13,1-18	686
14,1-13	693
14,1-5; 19,5-10	1863
14,14-15,4	701
15,5-16,21	708
17,1-18	716
18,1-20	724
18,21-19,10	733
19,11-21	742
20,1-15	749
21,1-8	756
21,9-27	763, 1647
22,1-9	770
22,10-21	777

II

Antigo Testamento:

Ex	19,4-6a	84, 142, 198, 257
Lv	23,4-7	307
Dt	4,29-31	79, 136, 192, 250
	6,4-7	1400
	7,6b.8-9	101, 157, 214, 273
	30,2-3a	53, 111, 167, 225, 283
1Rs	8,51-53a (cf.)	52, 109, 165, 223, 281
2Sm	7,28-29	1487, 1560

Índice das leituras bíblicas

Tb	12,6b	1606
Jt	13,18-19	1605, 1686
Jó	19,25-26	1955
Ne	8,9b.10b	76, 133, 190, 247
Ct	8,7	1841
Pr	2,7-8	1489
Sb	1,13-14a.15	1955
	3,1-2a.3b	1737, 1769
	7,13-14	1823
	7,27b-28	1606
	8,21a	1844
	10,10 (cf.)	1489
	11,23-24a	86, 143, 200, 258
Eclo	2,18-19	1489
Is	1,16-18	67, 124, 181, 237, 297
	22,22	1456
	25,8	1956
	30,15.18	78, 135, 192, 249
	44,21-22	69, 126, 183, 239, 299
	50,5-7	330, 394
	52,13-15	346, 421
	53,2-3	347, 427
	53,4-5	348, 428
	53,6-7	348, 428
	53,11b-12	59, 116, 173, 230, 289
	55,3	61, 117, 175, 232, 291
	55,6-7	53, 110, 167, 224, 283
	56,7	1653
	58,1-2a	95, 152, 209, 267
	58,6a.7	86, 144, 200, 259
	61,10 (cf.)	1682
	65,1b.3a	354

Índice das leituras bíblicas 2091

Jr	3,12b.14a(cf.)	61, 118, 175, 232, 291
	3,25b	94, 152, 208, 266
	7,2b.4-5a.7a	1656
	11,19-20	315, 378
	14,9(cf.)	1419
	18,20b	317, 380
	31,2.3b.4a	318, 380
Ez	18,23	86, 144, 200, 259
	18,30b-32	46 , 102, 159, 216, 275
	33,10b.11a	317, 379
Dn	4,24b	46, 103, 160 , 217, 276
Os	5,15d-6,2	445
Jl	2,12 13	93, 150, 206, 265
	2,17	94, 151, 208, 266
	2,27-3,1	1604
Sf	3,14.15b	1685
Zc	1,3b-4b	46, 103, 160,216, 275
	9,9	368, 1686
	12,10-11a	323, 386
2Mc	7,9b	1955

Novo Testamento

At	2,32.36	552, 613, 666, 721, 774, 854, 906
	2,42-45	1696
	4,11-12	514, 590, 645, 698, 753, 803, 886
	5,12a.14	1708
	5,30-32	548, 611, 664, 720, 773, 851, 905, 929
	5,41-42	1708
	10,40-43	470, 574, 628, 681, 737, 788, 870
	13,26-30a	310, 372
	13,30-33	510, 588, 644, 697, 752, 802, 884
	15,7b-9	1455
Rm	1,16-17	1545

Índice das leituras bíblicas

	4,24-25(cf.)	528, 597, 652, 705, 760, 810, 893
	5,8-9	318, 380
	5,10-11	564, 620, 673, 729, 781, 863, 913
	6,4	475, 630, 683, 739, 790, 872
	6,8-11	524, 596, 651, 704, 759, 809, 891
	8,10-11	537, 604, 657, 712, 766, 813, 898
	8,11	918
	8,14-17	880
	8,26-27	887
	8,28-30	1878, 1903
	8,35.73-39	1718, 1748
	10,8b-10	496, 581, 636, 689, 745, 795, 878
	12,1-2	87, 144, 201, 259, 1871, 1896
	14,7-9	560, 619, 672, 728, 780, 861, 912
	15,3	332, 396
1Cor	1,18-19	325, 387
	1,22-24	325, 387
	1,25.27a	325, 388
	1,27b-30	326, 388
	2,9-10	894
	3,16-17	1655
	5,7-8	552, 613, 666, 722, 775, 854, 907
	6,19-20	900
	7,25	1844
	7,32b.34a	1828, 1848
	9,24-25(cf.)	79, 136, 193, 250
	9,26-27a	1874, 1899
	12,13	540, 605, 659, 714, 767, 815, 899, 934
	15,1-2a.3-4	1543
	15,3b-5(cf.)	474, 630, 683, 739, 790, 872
	15,20-22	564, 621, 674, 730, 782, 864, 914
	15,55-57	1959
2Cor	1,3-5	1732, 1763
	1,21-22	935

Índice das leituras bíblicas

	4,10-11(cf.)	309, 370
	5,14-15	565, 621, 674, 730, 782, 864, 914
	5,19b-20	1707
	6,1-4 a	70, 127, 184, 241
	6,16	1656
Gl	3,27-28	552, 613, 666, 722, 775, 854, 907
	4,4-5	1666, 1690
	5,16.22-23a25	907
	6,7b-8	69, 126, 183, 240, 300, 1874, 1899
Ef	1,9b-10	1511
	2,4-6	474, 630, 683, 739, 790, 820, 872
	2,19-22	1570, 1639, 1706
	4,3-6	938
	4,11-13	1572, 1713
	4,23-24(cf.)	528, 598, 653, 706, 761, 811, 893
	4,26-27	1413
	4,32-5,2	333, 397
Fl	2,6-7	1509
	2,12b-15a	47, 103, 160, 217, 276
	3,7-8	1853, 1884
	4,8.9b	1875, 1899
Cl	1,3-6	1546
	1,12-14(cf.)	541, 606, 659, 714, 768, 815, 900
	2,9.10a.12	501, 583, 638, 691, 746, 797, 879
	3,1-2	515, 590, 646, 699, 754, 804, 836, 887
	3,23-24	1480, 1490, 1562
1Ts	2,2b-4a	1545
	4,1.7	78, 135, 191, 249
	4,14	1948
	5,9-10	1407
	5,23	1416
1Tm	1,12	1806
	2,4-6	332, 396

Índice das leituras bíblicas

	2,5-6a	1511
	3,13	1806
	4,16	1805
2Tm	1,8b-9	1546
	2,8.11	501, 584, 638, 691, 747, 797, 880
Tt	3,5b-7	540, 606, 659, 714, 767, 815, 900, 934
Hb	2,9b-10	338, 402
	4,14-15	340, 403
	5,8-10	553, 614, 667, 722, 775
	7,24-27	529, 598, 653, 706, 761 , 811
	7,26 27	340, 404
	8,1b-3a	502, 584, 639, 691, 747, 798, 836
	9,11-12	340, 404
	9,28	333, 396
	10,12-14	479, 576, 631, 6 84, 740, 791, 831, 873
	10,35-36	54, 111, 167, 225, 284
	11,33(cf.)	1737
	13,7-9a	1803
	13,12-15	341, 406
Tg	1,12	1768
	1,27	61, 118, 176 , 232, 291
	2,14.17.18b	95, 152, 209, 267
	3,17-18	1814, 1824
	4,7-8.10	54, 111, 168, 225, 284
	5,16.19-20	62, 118, 176, 232, 292
1Pd	1,3-5	1458
	1,18-21	301, 362, 456
	2,4-5	515, 591, 646, 699, 754, 804
	2,9-10	622, 675, 731, 783, 865
	2,21b-24	349, 432
	3,18.21b-22	541, 606, 659, 714, 768, 816, 840
	3,21-22a(cf.)	514, 590, 645, 698, 754, 804, 886
	4,13-14	309, 371, 1741, 1773

Índice das leituras bíblicas

	5,1-2a	1457
	5,1-4	1781, 1810
	5,5b-7	1607
	5,8-9a	1410
	5,10-11	310, 371, 1736, 1768
2Pd	1,16	1457
1Jo	1,1-2	1498, 1514
	1,8-9	355, 451
	2,1b-2	356, 452
	2,8b-10	356, 452
	4,10	1511
	5,3-5	1734, 1765
	5,5-6a	528, 598, 652, 706, 760, 811, 893
Ap	1,17c-18 (cf.)	501, 583, 638, 690, 746, 797, 835, 879
	2,10-11	1736, 1768
	3,10-12	1720, 1750
	3,19-20	68, 125, 182, 239, 299
	3,21	1737, 1768
	7,14b-17	1743, 1775
	19,6b.7	1844
	19,7.9	1737, 1769
	21,1a.2-3.22.27	1660
	22,4-5	1404

ÍNDICE DOS TEXTOS DA SEGUNDA LEITURA

Acta martyrum
        cf. abaixo: Justino
                    Paulo Miki e Companheiros
                    Perpétua e Felicidade
                    Policarpo

Afraates
        Demonstração 11, sobre a circuncisão, 11-12 98

Agostinho
        Comentário sobre o Salmo 60,2-3. 74
        Comentário sobre o Salmo 61,4 1574
        Comentário sobre o Salmo 85,1 329
        Comentário sobre o Salmo 140,4-6 148
        Comentário sobre o Salmo 148,1-2 778
        Sermão Guelferbytano, 3 375
        Sermão 8, na oitava da Páscoa, 1,4 572
        Sermão 34,1-3.5-6 642
        Sermão 96,1.4.9 1867
        Sermão 171,1-3.5 1594
        Sermão 329, no Aniversário dos mártires 1760
        Sermão 336,1.6 1650
        Sermão Mai 98,1-2 sobre a Ascensão do Senhor . . . 828
        Tratado sobre o Evangelho de São João 15,10-12.
            16-17. 187
        Tratado sobre o Evangelho de São João 34,8-9 . . . 245
        Tratado sobre o Evangelho de São João 65,1-3 . . . 710
        Tratado sobre o Evangelho de São João 84,1-2 . . . 392
        Tratado sobre o Evangelho de São João 124,5 . . . 859
        Tratado sobre o Evangelho de São João 124,5.7 . . 1555

Ambrósio de Milão
        Tratado sobre a fuga do mundo, Cap. 6,36; 7,44 . . . 179

Anastácio de Antioquia
        Sermão 4,1-2. 508
        Sermão 5, sobre a Ressurreição de Cristo, 6-7.9 . . 1940

Índice dos textos da segunda leitura

André de Creta
    Sermão 9, sobre os ramos 366
Anselmo de Cantuária
    Proslogion 14.16.26 1532
Astério de Amaseia
    Homilia 13 107
Atanásio de Alexandria
    Carta pascal, 5,1-2 288
    Carta pascal, 14,1-2 305
    Sermão sobre a Encarnação do Verbo, 8-9 1564
Basílio Magno
    Homilia 20, sobre a humildade 197
    Livro sobre o Espírito Santo, Cap. 9,22-23 883
    Livro sobre o Espírito Santo, Cap. 15,35 383
    Livro sobre o Espírito Santo, Cap. 15,35-36 687
Beda Venerável
    Comentário à Primeira Carta de São Pedro, 2 634
    Homilias, Liv. 1,4 1601
Bento XIV, papa
    Elogio de São Fidélis 1536
Bernardino de Sena
    Sermão 2, sobre São José 1484
    Sermão 49, sobre o glorioso Nome de Jesus, 2 . . . 1587
Bernardo Abade
    Sermão sobre o Salmo Qui habitat 17,4,6 1576
Bonifácio
    Carta 78 1618
Bráulio de Saragoça
    Carta 19 1942
Cartas:
    Carta a Diogneto, 5-6 757
    Carta da Igreja de Esmirna sobre o martírio de S. Policarpo,
      Cf. abaixo, Policarpo

2098 Índice dos textos da segunda leitura

Casimiro
  Vida de S. Casimiro 1463
Catarina de Sena
  Diálogo sobre a Divina Providência 167 1551
  Catequeses de Jerusalém
  Catequese 20, Mistagógica 2,4-6 535
  Catequese 21, Mistagógica 3,1-3 546
  Catequese 22, Mistagógica 4,1.3-6.9 558
Cipriano
  Carta 6,1-2 1728
  Carta 58,8-9.11 1527
  Tratado sobre a conduta das virgens, 3-4.22.23 . . . 1836
  Tratado sobre a Oração do Senhor, Cap. 1-3 91
Cirilo de Alexandria
  Comentário sobre a Carta aos Romanos, Cap. 15,7 . . 726
  Comentário sobre a Segunda Carta aos Coríntios,
   Cap. 5,5-62 786
  Comentário sobre o Evangelho de São João, Liv. 4,2 . 670
  Comentário sobre o Evangelho de São João, Liv. 10,2 750
  Comentário sobre o Evangelho de São João,
   Liv. 10,16,6-7 896
  Comentário sobre o Evangelho de São João,
   Liv. 11,11 800
Cirilo de Jerusalém
  Catequese 3,1-3 1476
  Catequese 16, Sobre o Espírito Santo 1,11-12.16 . . . 876
Cirilo (e Metódio)
  Vida de Constantino em eslavo 18 1442
Clemente I
  Carta aos Coríntios, Cap. 7,4-8,3; 8,5-9,1; 14,1-4; 19,2 42
  Carta aos Coríntios, Cap. 36,1-2; 37-38 718
Concílio Vaticano II
  Ad gentes 4-5 1799
  Christus Dominus, 12-13.16 1492

Índice dos textos da segunda leitura

Dei Verbum 7-8 1820
Gaudium et Spes, 9-10 122
Gaudium et Spes, 33-34 1558
Gaudium et Spes, 37-38 295
Lumen Gentium 4.12 890
Lumen Gentium 9 336
Lumen Gentium 61-62 1680
Perfectae caritatis 1.5.6.12.25 1838
Presbyterorum ordinis 12 1797
Sacrosanctum Concilium 5-6 617

Cromácio de Aquileia
Tratado 5, sobre o Evangelho de Mateus, 1.3-4 . . . 1628
Cutberto
Carta sobre a morte de S. Beda Venerável, 4-6 . . . 1587
Dídimo de Alexandria
Tratado sobre a Trindade, Liv. 2,12 793
Efrém Diácono
Sermão sobre Nosso Senhor, 3-4.9 662
Sermão 3, sobre o fim e a exortação, 2.4-5 1623
Elredo
Espelho da Caridade, Liv. 3,5 114
Sermão 20, na Natividade da B.V.M. 1678
Fidélis de Sigmaringa
Elogio de S. Fidélis 1536
Francisca Romana
Vida de S. Francisca Romana escrita por M.M. de
Anguillara 6-7 1471
Francisco de Paula
Carta, de 1486 1517
Fulgêncio de Ruspe
Livro a Monimo 2,11-12 586
Sermão 1,2-3. 1796
Tratado sobre a fé de Pedro, Cap. 22.62. 344

Índice dos textos da segunda leitura

Gaudêncio de Bréscia
Tratado 2 602
Tratado 2 764
Gregório de Nazianzo
Sermão 14, sobre o amor aos pobres, 23-24 82
Sermão 14, sobre o amor aos pobres, 38.40 236
Sermão 45, sobre a oração, 23-24 352
Gregório de Nissa
Homilia 15, sobre o Cântico dos Cânticos 868
Sermão 1, sobre a Ressurreição de Cristo 743
Gregório Magno
Cartas, Liv. 9,36 1596
Comentário sobre o Livro de Jó, Liv. 13,21-23 . . . 228
Diálogos, Liv. 2,33 1437
Homilia sobre os Evangelhos 14,3-6 679
Homilia sobre os Evangelhos 36,11-13 1909
Gregório VII, papa
Carta 64, fora de Registro 1589
Guilherme, Abade do Mosteiro de Saint-Thierry
Espelho da Fé 1818
Hilário de Poitiers
Tratado sobre a Trindade, Liv. 2,1,33-35 903
Tratado sobre a Trindade, Liv. 8,13-16 702
Tratado sobre o Salmo 126,7-10 1794
Tratado sobre o Salmo 127,1-3 163
Homilias
Homilia de um Autor africano do séc. VI 910
Homilia pascal de um autor antigo 580
Homilia pascal de um autor antigo
(Ps. Ambrósio), 35,6-9 521
Homilia no grande Sábado Santo 439
Irineu de Lião
Tratado contra as heresias, Liv. 1,10,1 a3 1541
Tratado contra as heresias, Liv. 3,17,1-3 926

Índice dos textos da segunda leitura

Tratado contra as heresias, Liv. 4,13,4-14,1 65
Tratado contra as heresias, Liv. 4,14,2-3 155
Tratado contra as heresias, Liv. 4,16,2-5 171
Tratado contra as heresias, Liv. 5,2,2-3 656

Isaac, Abade do mosteiro de Stella
Sermão 42 771

Isidoro de Sevilha
Livro das Sentenças, Liv. 3,8-10 1519

Jerônimo Emiliani
Carta aos seus irmãos, de 1535 1434

João Batista de la Salle
Meditação 201 1524

João Crisóstomo
Catequese 3,13-19 415
Catequese 3,24-27 140
Homilia sobre a Carta aos Romanos 15,6 1915
Homilia 59 sobre o Evangelho de São Mateus . . . 1918
Homilia sobre os Atos dos Apóstolos 3,1.2.3 1579
Homilia sobre os Atos dos Apóstolos 20,4 1865

Pseudo-Crisóstomo
Homilia pascal 1 580
Homilia 6 sobre a Oração 58

João de Ávila
Carta aos amigos 58 1582

João de Deus
Cartas, 23-24.27 1468

João Fisher
Comentário sobre o Salmo 129 314

José de Anchieta
Carta de 1º de junho de 1560 1625

Justino Mártir
História do martírio de S. Justino 1-5 1610
Primeira Apologia em defesa dos cristãos, 61 649

Índice dos textos da segunda leitura

Primeira apologia em defesa dos cristãos, 66-67 . . . 625

Leão Magno

Carta 28, a Flaviano, 3-4 1506

Sermão sobre a Quaresma 6,1-2. 50

Sermão sobre a Quaresma 10,3-5 263

Sermão sobre a Paixão do Senhor 8,6-8. 321

Sermão sobre a Paixão do Senhor 12,3.6-7 594

Sermão sobre a Paixão do Senhor, 15,3-4. 279

Sermão sobre a Ascensão 1,2-4 807

Sermão sobre a Ascensão 2,1-4 849

Sermão sobre o Aniversário de sua ordenação 3,2-3   1792

Sermão sobre o Aniversário de sua ordenação 4,2-3 1452

Sermão 51,3-4.8 130

Legenda da origem da Ordem dos Servos de Maria

Cf. Sete Fundadores da Ordem dos Servos de Maria

Maria Bernarda Soubirous

Carta ao Pe. Gondrand, de 1861 1439

Maria Madalena de Pazzi

Escritos sobre a Revelação e a Provação 1591

Martinho I, papa

Carta 17 1529

Máximo Confessor

Carta 11 271

Máximo de Turim

Sermão 53,1-2.4 735

Melitão de Sardes

Homilia sobre a Páscoa, 65-71 400

Homilia sobre a Páscoa, 2-7.100-103 494

Metódio da Sicília

Sermão sobre Santa Ágata 1429

Norberto

Vida de S. Norberto 1620

Índice dos textos da segunda leitura

Orígenes
    Exortação ao martírio 41-42 1613
    Homilia sobre Josué 9,1-2 1648
    Homilia sobre o Levítico, 9,5.10 255
Patrício da Irlanda
    Confissão 14-16 1474
Paulo Miki e Companheiros
    História do seu martírio, 14,109-110 1431
Paulo VI, papa
    Homilia na canonização dos mártires de Uganda . . 1616
Pedro Chanel
    Elogio de S. Pedro Chanel. 1548
Pedro Crisólogo
    Sermão 43 204
    Sermão 108 694
Pedro Damião
    Cartas, Liv. 8,6. 1447
    Sermão 3, sobre S. Jorge 1534
Perpétua e Felicidade
    História do martírio dos santos mártires de Cartago,
    18,20-21 1465
Policarpo de Esmirna
    Carta da Igreja de Esmirna sobre o martírio de S.
    Policarpo 13,2-15,3 1460
Sete Fundadores da Ordem dos Servos de Maria
    Legenda sobre a origem da O.S.M. 1,3.5.6.9.11 . . 1444
Sofrônio
    Sermão 2, sobre a Anunciação da B.V.M., 21-22.26 1676
Teodoro Estudita
    Sermão sobre a adoração da cruz 609
Teófilo de Antioquia
    A Autólico, Liv. 1,2.7 213
Tertuliano
    Tratado sobre a Oração, Cap. 28-29 221

Índice dos textos da segunda leitura

Tratado sobre a prescrição dos hereges 20,2-9; 21,3;
     22,8-10. 1567
Vicente Ferrer
     Tratado sobre a vida espiritual, 13. 1522

ÍNDICE DE SIGLAS

Ab	Livro do Profeta Abdias
Ag	Livro do Profeta Ageu
Am	Livro do Profeta Amós
Ap	Apocalipse do apóstolo São João
At	Atos dos Apóstolos
Br	Livro do Profeta Baruc
Cl	Epístola do apóstolo São Paulo aos Colossenses
1Cor	Primeira Carta do Apóstolo São Paulo aos Coríntios
2Cor	Segunda Carta do Apóstolo São Paulo aos Coríntios
1Cr	Primeiro Livro das Crônicas
2Cr	Segundo Livro das Crônicas
Ct	Cântico dos Cânticos
Dn	Livro do Profeta Daniel
Dt	Livro do Deuteronômio
Ecl	Livro do Eclesiastes (Qohelet)
Eclo	Livro do Eclesiástico (Sirácida)
Ef	Carta de São Paulo aos Efésios
Esd	Livro de Esdras
Est	Livro de Ester
Ex	Livro do Êxodo
Ez	Livro do Profeta Ezequiel
Fl	Carta do Apóstolo São Paulo aos Filipenses
Fm	Carta do Apóstolo São Paulo a Filêmon
Gl	Carta do Apóstolo São Paulo aos Gálatas
Gn	Livro do Gênesis
Hab	Livro do Profeta Habacuc
Hb	Carta aos Hebreus
Is	Livro do Profeta Isaías
Jd	Carta do Apóstolo São Judas
Jl	Livro do Profeta Joel
Jn	Livro do Profeta Jonas
Jó	Livro de Jó
Jo	Evangelho segundo João
1Jo	Primeira Carta do Apóstolo São João
2Jo	Segunda Carta do Apóstolo São João
3Jo	Terceira Carta do Apóstolo São João
Jr	Livro do Profeta Jeremias

Js	Livro de Josué
Jt	Livro de Judite
Jz	Livro dos Juízes
Lc	Evangelho segundo Lucas
Lm	Lamentações
Lv	Livro Levítico
Mc	Evangelho segundo Marcos
1Mc	Primeiro Livro dos Macabeus
2Mc	Segundo Livro dos Macabeus
Ml	Livro do Profeta Malaquias
Mq	Livro do Profeta Miqueias
Mt	Evangelho segundo Mateus
Na	Livro do Profeta Naum
Ne	Livro de Neemias
Nm	Livro dos Números
Os	Livro do Profeta Oseias
1Pd	Primeira Carta do Apóstolo São Pedro
2Pd	Segunda Carta do Apóstolo São Pedro
Pr	Livro dos Provérbios
Rm	Carta do Apóstolo São Paulo aos Romanos
1Rs	Primeiro Livro dos Reis
2Rs	Segundo Livro dos Reis
Rt	Livro de Rute
Sb	Livro da Sabedoria
Sf	Livro do Profeta Sofonias
Sl	Livro dos Salmos
1Sm	Primeiro Livro de Samuel
2Sm	Segundo Livro de Samuel
Tb	Livro de Tobias
Tg	Carta do Apóstolo São Judas
1Tm	Primeira Carta do Apóstolo São Paulo a Timóteo
2Tm	Segunda Carta do Apóstolo São Paulo a Timóteo
1Ts	Primeira Carta do Apóstolo São Paulo aos Tessalonicenses
2Ts	Segunda Carta do Apóstolo São Paulo aos Tessalonicenses
Tt	Carta do Apóstolo São Paulo a Tito
Zc	Livro do Profeta Zacarias

Índice das siglas

II. Escritos dos Padres

AAS	Acta Apostolicae Sedis
B.A.C.	Biblioteca de Autores Cristianos (Barcelona)
CCL	Corpus Christianorum Latinorum (Brespols, Turnhout)
CSEL	Corpus Scriptorum Ecclesiasticorum Latinorum (Viena)
MGG	Monumenta Germaniae Historica (Hannover)
PG	Patrologia Grega
PL	Patrologia Latina
PLS	Patrologia Latina – Suplemento
PS	Patrologia Siríaca
SCh	Sources Chrétiennes (Le Cerf, Paris)

ÍNDICE GERAL

Promulgação 6
Apresentação 7
Decreto de aprovação da tradução da Congregação do Culto
    Divino e Disciplina dos Sacramentos
    (8 de julho de 1992). 8
Decreto da Sagrada Congregação para o Culto Divino
    (11 de abril de 1971) 9
Decreto da Congregação para o Culto Divino
    (7 de abril de 1985) .10
Tabela dos Dias Litúrgicos 13
Tabela Temporária das Celebrações Móveis 16
Calendário Romano Geral 19

Próprio do Tempo
    Tempo da Quaresma I: Até o Sábado da 5ª Semana 33
    Tempo da Quaresma II: Semana Santa. 357
    Tríduo Pascal da Paixão e Ressurreição do Senhor . . 405
    Tempo Pascal I: Até a Ascensão do Senhor 481
    Tempo Pascal II: Depois da Ascensão do Senhor . . . 842

Ordinário 941

Saltério
    I Semana 973
    II Semana. 1078
    III Semana 1193
    IV Semana 1297
    Completas 1399
    Salmodia complementar 1421

Próprio dos Santos
    Fevereiro 1429
    Março 1463
    Abril 1517
    Maio 1557
    Junho 1610

Índice geral

2109

Comuns

Comum da Dedicação de uma igreja 1635
Comum de Nossa Senhora 1663
Comum dos Apóstolos 1694
Comum dos mártires:
    Para vários mártires 1715
    Para um mártir 1745
Comum dos Pastores 1778
Comum dos Doutores da Igreja 1814
Comum das Virgens 1826
Comum dos Santos Homens 1851
Comum das Santas Mulheres 1882
    Para Santos Religiosos e Santas Religiosas . . . 1906
    Para os Santos e as Santas que se dedicaram
    às obras de caridade 1913
    Para Santos e Santas educadores 1918
Antífonas para o *Benedictus* e o *Magnificat* 1922

Ofício dos Fiéis Defuntos 1929

Apêndice

I. Cânticos e Evangelhos para as Vigílias 1965
Próprio do Tempo:
    Tempo da Quaresma e Semana Santa 1965
    Tempo pascal 1987
Próprio dos Santos 1999
Comuns 2004

II. Fórmulas mais breves para as preces
nas Vésperas 2016

III. Fórmulas facultativas introdutórias ao
Pai-nosso 2020

IV. Fórmulas de bênção para Laudes e
Vésperas 2021

V. Fórmulas do ato penitencial nas
Completas 2028

Índice geral

VI. Hinos aprovados pela Conferência Nacional dos
Bispos do Brasil
   A. Quaresma. 2030
   B. Semana Santa. 2037
   C. Páscoa 2041
   D. Ascensão 2044
   E. Pentecostes 2044
VII. Hinos em latim 2049
VIII. Preparação para a missa 2055
IX. Ação de graças depois da missa 2059

Índices

Índice alfabético das celebrações 2067
Índice dos hinos 2069
Índice dos salmos 2074
Índice dos cânticos 2082
Índice das leituras bíblicas 2085
Índice dos textos da segunda leitura 2096
Índice das siglas 2105
Índice geral 2108

PARA AS SOLENIDADES E FESTAS

Laudes

Salmos e cântico do domingo da I Semana

Salmo 62(63),2-9

Sede de Deus

– ² Sois **vós**, ó Se**nhor**, o meu **Deus**! *
  Desde a au**ro**ra, ansioso, vos busco!
= A minh'**al**ma tem sede de vós, †
  minha **car**ne também vos deseja, *
  como **ter**ra sedenta e sem água!

– ³ Venho, as**sim**, contemplar-vos no templo, *
  para **ver** vossa glória e poder.
– ⁴ Vosso a**mor** vale mais do que a vida: *
  e, por **is**so, meus lábios vos louvam.

– ⁵ Quero, **pois**, vos louvar pela vida, *
  e ele**var** para vós minhas mãos!
– ⁶ A minh'**al**ma será saciada, *
  como em **gran**de banquete de festa;
– cantar**á** a alegria em meus lábios, *
  ao can**tar** para vós meu louvor!

= ⁷ Penso em **vós** no meu leito, de noite, *
  nas vi**gí**lias suspiro por vós!
– ⁸ Para **mim** fostes sempre um socorro; *
  de vossas **a**sas, à sombra, eu exulto!
– ⁹ Minha **al**ma se agarra em vós; *
  com po**der** vossa mão me sustenta.

Cântico   Dn 3,57-88.56

Louvor das criaturas ao Senhor

– ⁵⁷ **O**bras do Senhor, bendi**zei** o Senhor, *
  lou**vai**-o e exaltai-o pelos **sé**culos sem fim!

—⁵⁸**Céus** do Senhor, bendi**zei** o Senhor! *
⁵⁹**An**jos do Senhor, bendi**zei** o Senhor!

(R. Louvai-o e exal**tai**-o pelos **séculos** sem **fim**!
Ou:
R. A Ele **gló**ria e lou**vor** eterna**men**te!)

—⁶⁰**Á**guas do alto céu, bendi**zei** o Senhor! *
⁶¹**Po**tências do Senhor, bendi**zei** o Senhor!
—⁶²**Lu**a e sol, bendi**zei** o Senhor! *
⁶³**As**tros e estrelas, bendi**zei** o Senhor!   (R.)

—⁶⁴**Chu**vas e orvalhos, bendi**zei** o Senhor! *
⁶⁵**Bri**sas e ventos, bendi**zei** o Senhor!
—⁶⁶**Fo**go e calor, bendi**zei** o Senhor! *
⁶⁷**Fri**o e ardor, bendi**zei** o Senhor!   (R.)

—⁶⁸**Or**valhos e garoas, bendi**zei** o Senhor! *
⁶⁹**Gea**da e frio, bendi**zei** o Senhor!
—⁷⁰**Ge**los e neves, bendi**zei** o Senhor! *
⁷¹**Noi**tes e dias, bendi**zei** o Senhor!   (R.)

—⁷²**Lu**zes e trevas, bendi**zei** o Senhor! *
⁷³**Rai**os e nuvens, bendi**zei** o Senhor
—⁷⁴**Il**has e terra, bendi**zei** o Senhor! *
Louvai-o e exaltai-o pelos **séculos** sem fim!   (R.)

—⁷⁵**Mon**tes e colinas, bendi**zei** o Senhor! *
⁷⁶**Plan**tas da terra, bendi**zei** o Senhor!

—⁷⁷**Ma**res e rios, bendi**zei** o Senhor! *
⁷⁸**Fon**tes e nascentes, bendi**zei** o Senhor!   (R.)

—⁷⁹**Ba**leias e peixes, bendi**zei** o Senhor! *
⁸⁰**Pás**saros do céu, bendi**zei** o Senhor!
—⁸¹**Fe**ras e rebanhos, bendi**zei** o Senhor! *
⁸²**Fi**lhos dos homens, bendi**zei** o Senhor!   (R.)

—⁸³**Fi**lhos de Israel, bendi**zei** o Senhor! *
Louvai-o e exaltai-o pelos **séculos** sem fim!

TEXTOS COMUNS

II

Laudes

Cântico evangélico: Benedictus   Lc 1,68-79

O Messias e seu Precursor

—[68] Bendito seja o Senhor Deus de Israel, *
porque a seu povo visitou e libertou;

—[69] e fez surgir um poderoso Salvador *
na casa de Davi, seu servidor,

—[70] como falara pela boca de seus santos, *
os profetas desde os tempos mais antigos,

—[71] para salvar-nos do poder dos inimigos *
e da mão de todos quantos nos odeiam.

—[72] Assim mostrou misericórdia a nossos pais, *
recordando a sua santa Aliança

—[73] e o juramento a Abraão, o nosso pai, *
de conceder-nos [74] que, libertos do inimigo,

= a ele nós sirvamos, sem temor, †
em santidade e em justiça diante dele, *
[75] enquanto perdurarem nossos dias.

=[76] Serás profeta do Altíssimo, ó menino, †
pois irás andando à frente do Senhor *
para aplainar e preparar os seus caminhos,

—[77] anunciando ao seu povo a salvação, *
que está na remissão de seus pecados,

—[78] pela bondade e compaixão de nosso Deus, *
que sobre nós fará brilhar o Sol nascente,

—[79] para iluminar a quantos jazem entre as trevas *
e na sombra da morte estão sentados

— e para dirigir os nossos passos, *
guiando-os no caminho da paz.

— Glória ao Pai e ao Filho e ao Espírito Santo. *
Como era no princípio, agora e sempre. Amém.

Vésperas

Cântico evangélico: Magníficat   Lc 1,46-55

A alegria da alma no Senhor

—[46]A minha'**al**ma engran**dec**e o Se**nhor** *
[47]e se ale**grou** o meu es**p**írito em **Deus**, meu Salva**dor**,
—[48]pois ele **viu** a peque**nez** de sua **ser**va, *
   desde a**gor**a as gera**ções** hão de cha**mar**-me de ben**di**ta.
—[49]O Pode**ros**o fez em **mim** mara**vil**has *
   e **San**to é o seu **no**me!
—[50]Seu a**mor**, de gera**ção** em gera**ção**,*
   chega a **to**dos que o res**pei**tam.
—[51]Demons**trou** o po**der** de seu **bra**ço,*
   disper**sou** os orgu**lhos**os.
—[52]Derru**bou** os pode**ros**os de seus **tro**nos *
   e os humi**ldes** exal**tou**.
—[53]De **bens** saci**ou** os fa**min**tos *
   e despe**diu**, sem nada, os **ri**cos.
—[54]Aco**lheu** Israel, seu servi**dor**, *
   fi**el** ao seu a**mor**,
—[55]como ha**via** prome**ti**do aos nossos **pais**, *
   em fa**vor** de Abra**ão** e de seus **fi**lhos para **sem**pre.
— Glória ao **Pai** e ao **Fi**lho e ao Es**p**írito **San**to. *
   Como **e**ra no prin**cí**pio, a**gor**a e sempre. A**mém**.

Completas

Cântico evangélico: Nunc dimíttis   Lc 2,29-32

Cristo, luz das nações e glória de seu povo

—[29]Deixai, a**gor**a, vosso **ser**vo ir em **paz**, *
   con**for**me prome**tes**tes, ó Se**nhor**.
—[30]Pois meus **ol**hos viram **vos**sa salva**ção** *
[31]que prepa**ras**tes ante a **fa**ce das na**ções**:
—[32]uma **Luz** que brilha**rá** para os gen**ti**os *
   e para a **g**lória de Israel, o vosso **po**vo.
— Glória ao **Pai** e ao **Fi**lho e ao Es**p**írito **San**to, *
   Como **e**ra no prin**cí**pio, a**gor**a e sempre. A**mém**.

—[84] Sacerdotes do Senhor, bendizei o Senhor! *
[85] Servos do Senhor, bendizei o Senhor! (R.)
—[86] Almas dos justos, bendizei o Senhor! *
[87] Santos e humildes, bendizei o Senhor!
—[88] Jovens Misael, Ananias e Azarias, *
louvai-o e exaltai-o pelos séculos sem fim! (R.)

— Ao **Pai** e ao Filho e ao Espírito Santo *
louvemos e exaltemos pelos séculos sem fim!
—[56] Bendito sois, Senhor, no firmamento dos céus! *
Sois digno de louvor e de **glória** eternamente! (R.)

No fim desse cântico não se diz Glória ao Pai.

Salmo 149

A alegria e o louvor dos santos

— [1] Cantai ao Senhor **Deus** um canto novo, *
e o seu louvor na assembleia dos fiéis!
— [2] Alegre-se Israel em Quem o fez, *
e Sião se rejubile no seu Rei!
— [3] Com danças glorifiquem o seu nome, *
toquem harpa e tambor em sua honra!

— [4] Porque, de fato, o Senhor ama seu povo *
e coroa com vitória os seus humildes.
— [5] Exultem os fiéis por sua glória, *
e cantando se levantem de seus leitos,
— [6] com louvores do Senhor em sua boca *
e espadas de dois gumes em sua mão,

— [7] para exercer sua vingança entre as nações *
e infligir o seu castigo entre os povos,
— [8] colocando nas algemas os seus reis, *
e seus nobres entre ferros e correntes,
— [9] para aplicar-lhes a sentença já escrita: *
Eis a glória para todos os seus santos.

Ofício das Leituras

Hino **Te Deum (A vós, ó Deus)**

A vós, ó Deus, louvamos;
a vós, Senhor, cantamos.
A vós, Eterno Pai,
adora toda a terra.

A vós cantam os anjos,
os céus e seus poderes:
Sois Santo, Santo, Santo,
Senhor, Deus do universo!

Proclamam céus e terra
a vossa imensa glória.
A vós celebra o coro
glorioso dos Apóstolos,
Vos louva dos Profetas
a nobre multidão
e o luminoso exército
dos vossos santos Mártires.

A vós, por toda a terra,
proclama a Santa Igreja,
ó Pai onipotente,
de imensa majestade,
e adora, juntamente,
o vosso Filho único,
Deus vivo e verdadeiro,
e ao vosso Santo Espírito.

Ó Cristo, Rei da glória,
do Pai eterno Filho,
nascestes duma Virgem,
a fim de nos salvar.
Sofrendo vós a morte,
da morte triunfastes,
abrindo aos que têm fé
dos céus o Reino eterno.

Sentastes à direita
de Deus, do Pai na glória.
Nós cremos que, de novo,
vireis como juiz.

Portanto, vos pedimos:
salvai os vossos servos,
que vós, Senhor, remistes
com sangue precioso.
Fazei-nos ser contados,
Senhor, vos suplicamos,
em meio a vossos santos
na vossa eterna glória.

(A parte que se segue pode ser omitida, se for oportuno).

Salvai o vosso povo,
Senhor, abençoai-o.
Regei-nos e guardai-nos
até a vida eterna.

Senhor, em cada dia,
fiéis, vos bendizemos,
louvamos vosso nome
agora e pelos séculos.
Dignai-vos, neste dia,
guardar-nos do pecado.
Senhor, tende piedade
de nós, que a vós clamamos.
Que desça sobre nós,
Senhor, a vossa graça,
porque em vós pusemos
a nossa confiança.
Fazei que eu, para sempre,
não seja envergonhado:
Em vós, Senhor, confio,
sois vós minha esperança!

ED. VOZES

9788532612762
LITURGIA DAS HORAS
VOL. II - ENCADERNADO